W0055107

Das Photoshop WOW! Buch

Bibliografische Information der Deutschen Bibliothek

Die Deutsche Bibliothek verzeichnet diese Publikation in der Deutschen Nationalbibliografie; detaillierte bibliografische Daten sind im Internet über http://dnb.ddb.de abrufbar.

Umwelthinweis:
Dieses Buch wurde auf chlorfrei gebleichtem Papier gedruckt.

Authorized translation from the English language edition, entitled The Photoshop CS/CS2 WOW! Book, 1st Edition, ISBN 0-321-21345-9 by Dayton, Linnea and Gillespie, Cristen; published by Pearson Education, Inc, publishing as Peachpit Press, Copyright © 2007 by Linnea Dayton & Jack Davis.

GERMAN language edition by PEARSON EDUCATION DEUTSCHLAND GMBH, Copyright © 2008
Autorisierte Übersetzung der englischsprachigen Originalausgabe mit dem Titel »The Photoshop CS/CS2 WOW! Book« von Dayton, Linnea und Gillespie, Cristen, 1. Ausgabe, ISBN 0-321-21345-9, erschienen bei Peachpit Press, einem Imprint von Pearson Education Inc.;
Copyright © 2007 by Linnea Dayton & Jack Davis

10 9 8 7 6 5 4 3 2 1

10 09 08

ISBN 978-3-8273-2270-8

Übersetzung: Claudia Koch, Ilmenau
und Katleen Aermes, Hamburg
Fachliche Beratung und Überarbeitung auf
Photoshop CS3: Heico Neumeyer
Lektorat: Cornelia Karl, ckarl@pearson.de
Herstellung: Claudia Bäurle, cbaurle@pearson.de
Korrektorat: Reemers Publishing Services GmbH, Krefeld
Satz: Reemers Publishing Services GmbH, Krefeld
Einbandgestaltung: Marco Lindenbeck, webwo GmbH,
mlindenbeck@webwo.de
Druck und Verarbeitung: Print Consult GmbH
Printed in Slovak Republic

Linnea Dayton
Cristen Gillespie

Das Photoshop WOW! Buch

Internationaler Bestseller

Aktuell zu Photoshop CS3

auch für
Photoshop CS/CS2

ADDISON-WESLEY

Inhalte

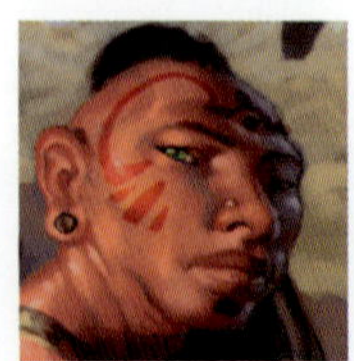

omise beaches like this one.

Herzlich willkommen zum Photoshop-Wow-Buch!

Mehrere Versionen

Dieses Buch deckt mehrere Photoshop-Versionen ab – CS, CS2 und CS3. Die Bildschirmfotos wurden in der Regel in CS3 angefertigt, auch die Begriffe und Befehlsnamen stammen aus dieser Programmversion. Zuweilen wird auf Unterschiede zwischen den verschiedenen Versionen hingewiesen, manchmal heißen Befehle und Menüpunkte auch unterschiedlich – so wurde der Menüpunkt BILD/EINSTELLUNGEN (CS) später zu BILD/ANPASSEN (CS2) bzw. BILD/ANPASSUNGEN (CS3). ImageReady gibt es seit Version CS3 nicht mehr, die Funktionen wurden jedoch vollständig in Photoshop integriert. Mag sein, dass Sie, falls Sie mit einer älteren Version arbeiten, hin und wieder stutzen werden, aber immerhin können Sie das Buch nutzen, ob Sie nun mit CS oder einer neueren Version arbeiten. Und das ist doch was, oder?

Floß gefällig? Oder ein größeres Boot? Machen Sie sich seetüchtig und umschiffen Sie die Photoshop-Klippen – lesen Sie die ersten vier Kapitel. Sie erhalten darin einen Crashkurs, wie Photoshop funktioniert.

ADOBE PHOTOSHOP ist eines der leistungsstärksten Werkzeuge im digitalen Design bzw. der Produktion, die jemals auf einem Computer zur Verfügung standen. Überall, wo Grafiken auftauchen – ob gedruckt oder auf dem Bildschirm – ist Photoshop der Standard bei Design, Produktion und Organisation. Seit einiger Zeit hat Adobe mehrere Programme zu einer Creative Suite zusammengefasst, inkl. Bildbearbeitungs-, Grafik-, Layout und Web-Software – dennoch gibt es Photoshop auch noch als Einzelprogramm. Dieses Buch richtet sich an die Nutzer von mehreren Photoshop-Versionen: CS, CS2 und CS3. Neuerungen in CS3 sind aufgeführt, an gleicher Stelle finden Sie jedoch auch alternative Arbeitsschritte, die in den älteren Programmversionen funktionieren (siehe auch Kasten links).

Das vorliegende Photoshop-Wow!-Buch soll Ihnen inspirierende Beispiele und praktische Tipps geben, mithilfe derer Sie das meiste aus Photoshop herausholen und Ihre eigenen kreativen Ideen umsetzen können. Es soll Ihnen helfen, schneller und einfacher Ihre Ziele umzusetzen und Ihre Arbeiten später leichter weiterzuverwenden. Die verwendeten Begriffe und Bildschirmfotos entsprechen Photoshop CS3, dennoch können Sie allen Workshops auch in den Version CS und CS2 folgen, wenn es nicht explizit angemerkt ist. Dann jedoch erhalten Sie alternative Lösungsvorschläge.

Stellen Sie sich vor …

… Sie sind ein Designer und sollen den Jahresbericht einer Firma zusammenstellen, und Ihr Kunde hat Ihnen gerade stinklangweilige (sprechen Sie es ruhig aus) Fotos und Grafiken übergeben, die eingebunden werden sollen. Alles mit der Bemerkung: »Da machen Sie schon 'was Schönes draus!« Oder Sie sind ein Fotograf, haben ein Produkt aufgenommen, aber nun will der Kunde eine andere Beleuchtung oder ein Objekt ins Bild, das vorher nicht da war. Oder Sie müssen bis Montag ein animiertes Banner auf eine Webseite stellen, den Online-Katalog aktualisieren (bis Dienstag) und »noch ein paar von diesen netten Rollover-Dingern drauftun«. Oder Ihre liebe Tante

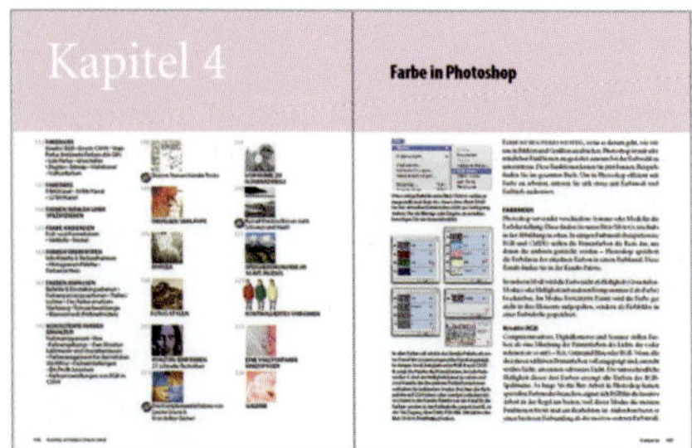

In den Kapiteleinführungen erhalten Sie einen Überblick darüber, wie Photoshop funktioniert.

Gertrud hat Ihnen soeben ein völlig vergilbtes und eingerissenes Familiefoto übergeben, mit den Worten: »Du kennst Dich doch am Computer aus …«

Photoshop startet also und schaut Sie von Ihrem Bildschirm aus groß an – ein virtuelles Meer von Werkzeugen, Paletten und Menüs. Aber keine Panik: Sie müssen nicht den ganzen Ozean befahren, um die gewünschten professionellen Ergebnisse zu erzielen. Wenn Sie ein paar Grundlagen verstehen, haben Sie genug Möglichkeiten, mit diesem Buch zu kreativen Horizonten aufzubrechen und die Welt zu erobern.

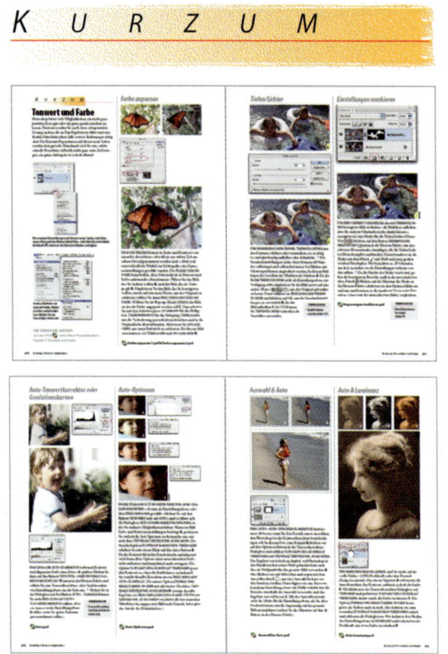

Jeder »Kurzum«-Abschnitt bietet eine kurze Einführung und dann mehrere leicht nachvollziehbare Problemlösungen. Viele der Beispielbilder finden Sie als Dateien mit Ebenen auf der beigelegten DVD-ROM, so dass Sie sich auch daran erproben können.

Wie Photoshop ist auch dieses Buch ein ideales Werkzeug für:

- **Fotografen,** die schnellere und einfachere Lösungen zum Retuschieren, Freistellen, Ändern der Größe und zur Farbkorrektur suchen.
- Druckorientierte **Designer, Illustratoren und Künstler,** deren professioneller Horizont durch Photoshop und die Entwicklung in der Digitalfotografie erweitert wurde.
- **Informationsarchitekten**, die Bilder für das Web oder andere interaktive Informationssysteme gestalten und schaffen.

Außerdem unterstützt das Photoshop Wow!-Buch mit seiner DVD kreative Köpfe, die mithilfe dieser Werkzeuge Strukturen, Muster und alle möglichen visuellen Effekte erzeugen wollen. Diese können sie auf Fotos, Grafiken, Text und Video anwenden. Und Sie können vieles automatisieren – von der Routineproduktion bis hin zu komplexen Spezialeffekten.

Komplexere Techniken und das »Warum« hinter einigen Schritten finden Sie in den längeren Tutorials. Jedes beginnt mit einem Überblick über die verwendete Technik.

FREIE FAHRT!

Wenn Sie bei Photoshop noch neu sind, werden Ihnen die ersten vier Kapitel auf die Beine helfen. Aber auch als alter Photoshop-Hase kann es nicht schaden, sie duchzusehen und zu schauen, ob Sie nicht doch ein paar Neuigkeiten finden, die Ihnen vorher so noch nicht begegnet sind.

Ob Sie nun mit Vorkenntnissen gewappnet sind oder nicht – nehmen Sie sich einfach eine Technik vor und segeln Sie gen Horizont! Die benötigten Anweisungen erhalten Sie Schritt für Schritt in der jeweiligen Technik. Dennoch würden wir vorschlagen, hin und wieder einen Blick auf die Einleitungsseiten eines Kapitels zu werfen, um sich die Grundlagen für das Bevorstehende anzueignen.

Jede »Übung« untersucht einen besonders nützlichen Teil der Photoshop-Oberfläche. Machen Sie sich also damit bekannt.

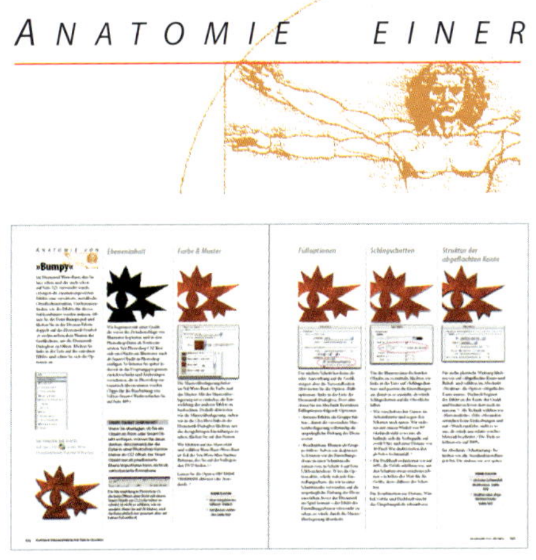

Jeder »Anatomie«-Abschnitt untersucht eine Photoshop-Konstruktion. Zum Beispiel »Anatomie einer Ebenenstilen« auf 522, die wichtige Elemente von Ebenenstilen untersucht, um eine rostige Metalloberfläche zu simulieren.

»Ist es echt? Oder Photoshop« Hier setzen wir Photoshop ins Verhältnis zu traditonellen Techniken in Kunst und Fotografie. In den Abschnitten »Geheimnisse des Universums« stellen wir neue Herangehensweisen an Photoshop vor.

Zeiger wie dieser ▼ und die »Mehr davon«-Kästchen verweisen Sie weiter, wenn Sie mehr Informationen zu Grundlagen haben möchten. Sie können sie aber auch einfach ignorieren, wenn sie gerade nicht unterbrochen werden wollen.

MEHR DAVON

▼ Was ist neu in Photoshop CS3? **Seite 6**

Auch wenn der Termin drückt oder Sie einfach nur eine Photoshop-Exkursion unternehmen wollen, sollten Sie trotzdem einen Blick in die »Kurzum«-Abschnitte werfen, mit deren Tipps auch Einsteiger schnell als Ziel kommen. Wenn Sie jedoch Zeit haben, sind die längeren schrittweisen Arbeitsvorlagen und die neuen »Übung« bzw. »Anatomie«-Abschnitte vielleicht eher etwas für Sie. Diese helfen Ihnen, die zuweilen etwas verborgenen Schätze in Phtoshop zu lüften und zu lernen, wie Photoshop zu »denken«. So lernen Sie, jede Herausforderung selbst einzuschätzen und werden ein Experte, wenn es darum geht, eine Datei so aufzubauen, dass sie Ihr Problem behebt.

Tipps wie im folgenden Kasten finden Sie im gesamten Buch. Das sind sozusagen Goldadern mit Informationen zum Text in der Nähe, aber jede kann auch isoliert gelesen und genutzt werden. So sammeln Sie im Nu nützliche Infromationen, indem Sie einfach das Buch durchblättern und nach grauen Kästchen suchen.

Andere Einblicke erhalten Sie in den Abschnitten »**Die Geheimnisse des Universums**« und »**Ist es real? Oder ist es Photoshop?**« Neu in dieser Ausgabe des Buches ist, dass diese Rubriken etwas ausgefallenere Ansätze anbieten und den ausgetretenen Weg verlassen. Diese Tipps stammen von anderen Photoshop-Anwendern, die uns freundlicherweise einen Einblick in ihre Trickkiste geben.

Jedes Kapitel endet mit einer Galerie, einem Werk eines Photoshop-Profis, das im »richtigen Leben« als herausragende Arbeit mit Photoshop angefertigt wurde. Hier sind Zitate mit nützlichen Informationen gepaart, wie die jeweiligen Kunstwerke entstanden sind.

SCHRUBBEN

In Photoshop können Sie den Wert vieler Eingabefelder in Paletten und Dialogboxen ändern, indem Sie auf den Namen des Feldes klicken, die Maus gedrückt halten und dann einfach nach links oder rechts »schrubben«. Um den Wert zehnmal schneller zu ändern, halten Sie die ⇧-Taste gedrückt. Wenn Sie die Strg/⌘-Taste drücken, während Sie den Cursor direkt auf ein Zahleneingabefeld bewegen, erhalten Sie auch den Schrubbercursor.

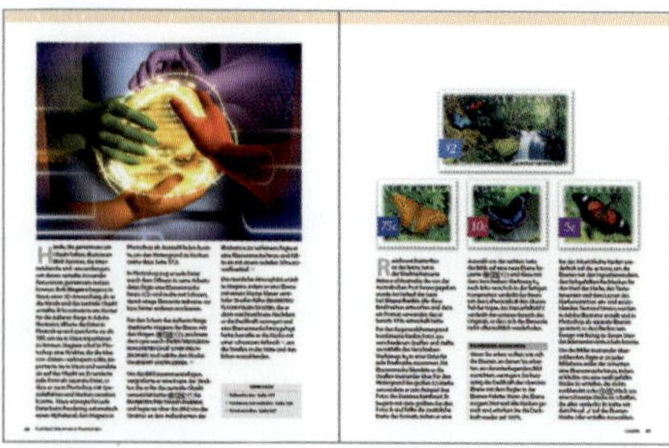

Auf den »Galerie«-Seiten sehen Sie größere Arbeiten. Dabei wird die Arbeitsweise des Künstlers beschrieben.

Hinten im Buch befindet sich der Anhang, der Beispiele für die Zugaben enthält, die Sie auf der DVD zum Buch finden. Außerdem erhalten Sie dort Tipps und Hinweise, wie Sie diese Zugaben zu Ihrem Vorteil einsetzen. In Anhang D finden Sie ein Verzeichnis von Künstlern und Fotografen, deren Arbeiten im Buch zu finden sind.

WOW-KONVENTIONEN

Manche Menübefehle und Tastenkürzel unterscheiden sich leicht auf dem Mac und unter Windows. Hier sind beide Tastenkürzel aufgeführt, z.B. » Ctrl -/rechts-klicken Sie« heißt, halten Sie beim Klicken die Ctrl-Taste gedrückt (Mac) bzw. klicken Sie mit der rechten Maustaste (PC).

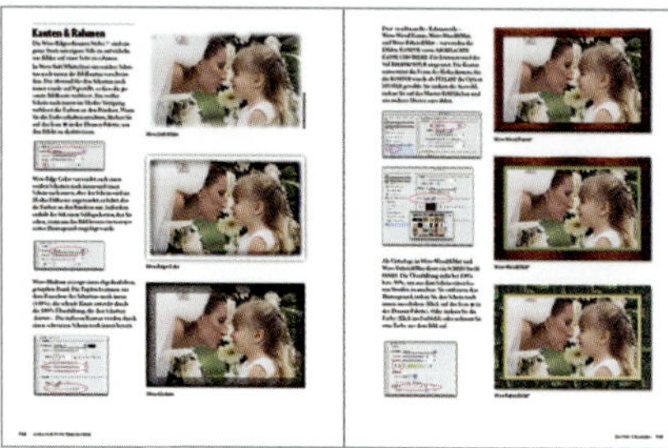

Der »Anhang« am Ende des Buches dient als eine Art Katalog für die Adobe-Filter und die Wow-Ebenenstile und die anderen Zugaben von der Wow-DVD. In Anhang D finden Sie zudem Informationen über Künstler und Fotografen, deren Arbeiten im Buch vertreten sind.

ACHTUNG, DVD-ROM!

Die Wow DVD-ROM enthält Vorher-/Nachher-Dateien für die schrittweisen Arbeitsanleitungen, außerdem fertige Dateien für die Abschnitte »Kurzum«, »Übungen« und »Anatomie«. So können Sie diese Arbeiten beim Nachvollziehen vergleichen und die Buchprojekte besser untersuchen.

Die DVD-ROM enthält auch die **Wow-Vorgaben:**

- **Stile,** die Fotos, Grafiken, Text und Web-Buttons sofort in ein spektakuläres Objekt verwandeln.
- **Werkzeuge,** die speziell zum Malen, Bildbearebiten und Freistellen angelegt wurden.
- **Muster und Verläufe,** die als Füllungen oder Ebenen in Ihren eigenen Stilen eingesetzt werden können.

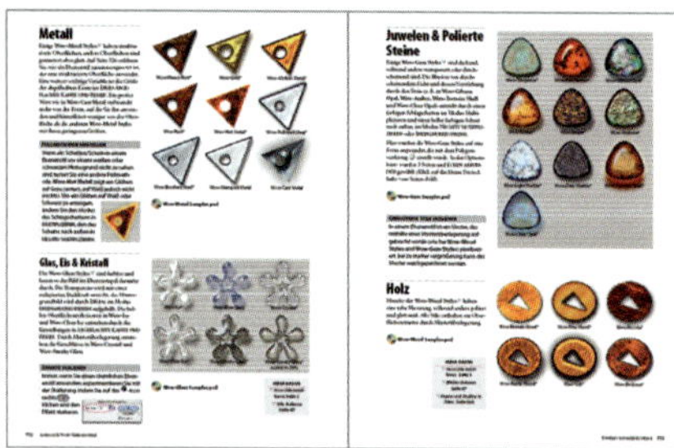

Die Wow-Ebenenstile, Werkzeugvorgaben, Verläufe und Muster machen Ihnen die Arbeit leichter – und spektakulärer. Im Vorgaben-Order auf der DVD finden Sie ein komplettes Set, einzelne Vorgaben sind auch in den Projektordnern zu finden.

GUTE REISE!

Dieses Buch bringt Sie auf den richtigen Weg, so dass Sie »wie Photoshop denken« und die Werkzeuge bedienen lernen, wenn Ihnen das Programm neu ist. Sind Sie schon länger dabei, erhalten Sie hier neue Einblicke und Ideen. Probieren Sie die Tipps, Techniken und Stile aus und setzen Sie sie ein, um Ihre eigenen Ziele in Photoshop zu verwirklichen.

STILE, MUSTER UND VORGABEN INSTALLIEREN

Das Installieren der mitgelieferten Zugaben ist denkbar einfach: Ziehen Sie den Vorgaben-Ordner einfach von der Wow-DVD in den Vorgaben-Ordner des auf Ihrem Rechner installierten Photoshops A. Beim Programmstart findet Photoshop nun auch die Wow-Vorgaben und lädt sie in die Menüs und Dialogboxen, wo Sie sie auswählen können.

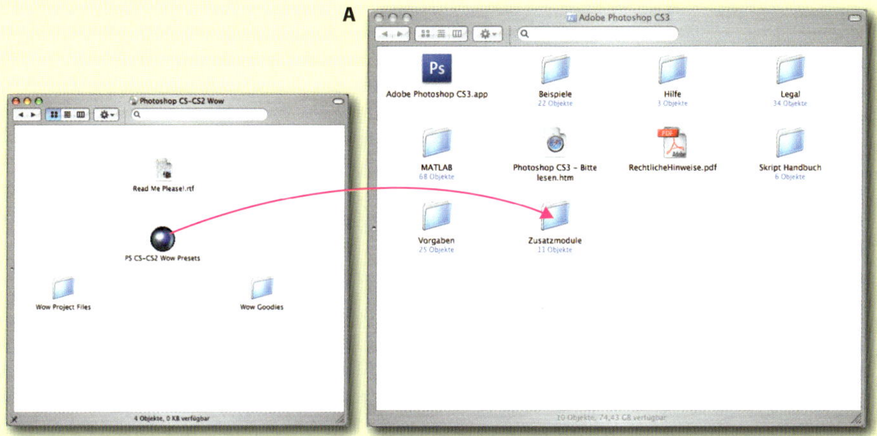

ImageReady (nur bis CS2) findet Vorgaben nur dann, wenn sie sich im korrekt benannten Ordner im Photoshop Vorgaben-Ordner befinden. Falls Sie also in CS2 arbeiten, führen Sie mit den Wow-Stilen einen weiteren Schritt aus, um sie auch in ImageReady nutzen zu können: Sobald Sie die Wow-Vorgaben in den Photoshop-Vorgaben-Ordner gezogen haben, öffnen Sie letzteren und die Wow-Vorgaben und ziehen dann die Wow-Stile in den Stile-Ordner von Photoshop B.

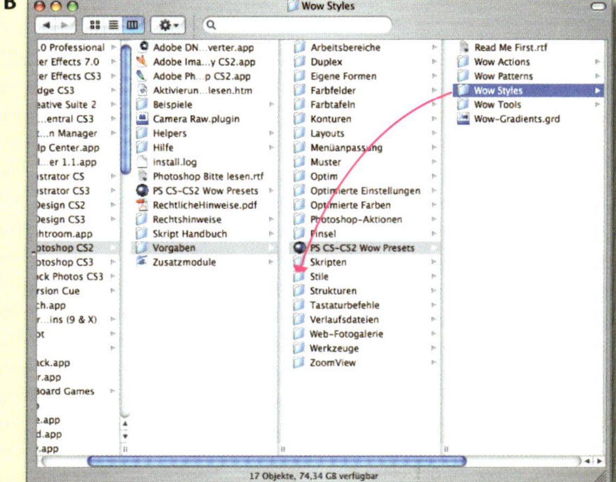

Was ist neu in Photoshop CS3?

Photoshop CS3 bietet nicht nur viele neue, nützliche Funktionen. Auch der Aufbau hat sich geändert: ImageReady fällt komplett weg. Doch Photoshop selbst gibt es nun in zwei getrennten Versionen, offiziell „Photoshop CS3" und „Photoshop CS3 Extended".

Sämtliche für normale Bildgestaltung wichtigen Neuerungen finden sich schon in der deutlich günstigeren Normal-Ausgabe. Diese Änderungen besprechen wir hier zuerst. „Photoshop CS3 Extended" enthält den kompletten „Standard"-Photoshop sowie Zugaben für Videobearbeiter, 3D-Konstrukteure und Wissenschaftler.

Ins Augen fallen natürlich zuerst Änderungen bei der Oberfläche: Die Funktionen der Werkzeugleiste belegen auf Wunsch nur noch eine Spalte. Palettengruppen sammelt Photoshop in Bereichen, die automatisch am rechten oder linken Programmrand andocken. Praktisch: Wird eine Palette vergrößert, verkleinert sich automatisch die oben oder unten angrenzende Palette. Die Paletten lassen sich bis auf Icons zusammenklappen, die an die Werkzeugleiste erinnern. Verteilen Sie jedoch bei Bedarf auch weiterhin jede Palette einzeln über den Schirm.

Wie üblich verschwinden die Paletten per Tabulatur-Taste. Sobald man jedoch die Maus über den Rand des Programmfensters hält, tauchen die Paletten wieder auf – solange, bis man wieder im Bild selbst arbeitet.

Web-Design ohne ImageReady

Photoshop CS3 kommt ohne ImageReady, doch die meisten ImageReady-Funktionen finden Sie auch in Photoshop. Im übrigen: Auch wenn Sie CS3 nutzen, können Sie natürlich noch ImageReady aus den Paketen CS oder CS2 öffnen. Unter www.adobe.com/go/kb400899 gibt es eine englische Gegenüberstellung, welche ImageReady-Funktion wo in Photoshop CS3 auftaucht.

Photoshop CS3 bietet sogar eine Neuheit für Webdesigner, den Befehl Datei > Exportieren > Zoomify. Die Funktion produziert zoombare Riesenbilder für Webseiten

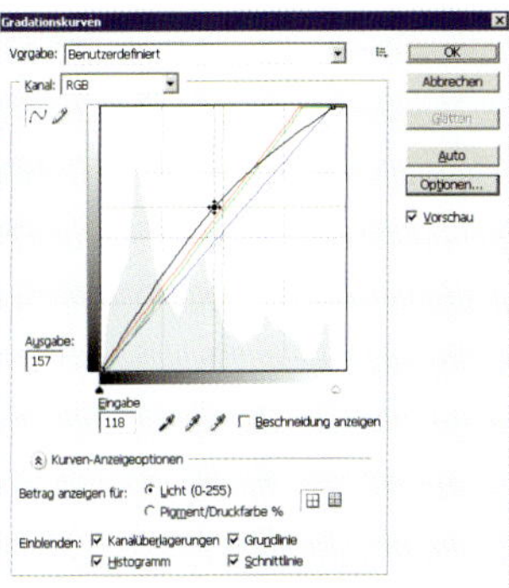

Die aufgewertete **Gradationskurve** ersetzt in Photoshop CS3 mehr und mehr den Befehl **Tonwertkorrektur**. Direkt im Diagramm erscheinen jetzt ein Histogramm und Kurven für einzelne Grundfarben. Schieberegler erleichtern das Erweitern des Tonwertumfangs.

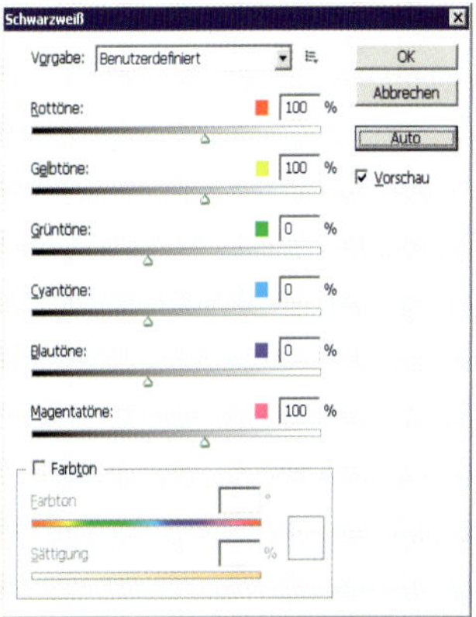

Der **Schwarzweiß**-Befehl erzeugt oft schon mit der **Auto**-Schaltfläche gelungene Schwarzweiß-Umsetzungen. Einzelne Farben lassen sich direkt durch Ziehen im Bild aufhellen oder abdunkeln. Die Farbton-Option erlaubt vielseitigere Einfärbungen als der sonst oft verwendete Befehl **Farbton/Sättigung**.

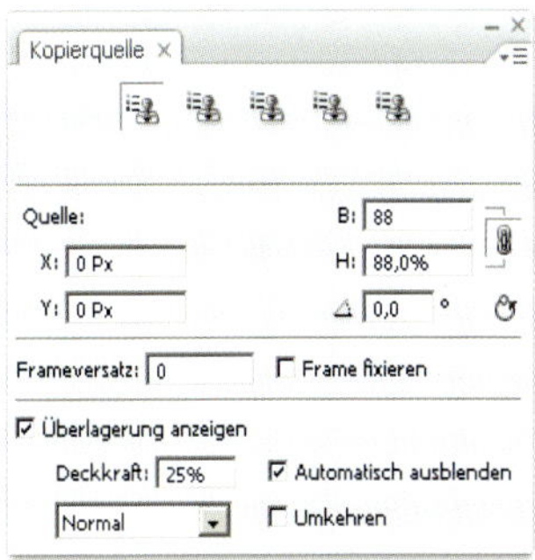

Die Kopierquellenpalette speichert bis zu fünf Kopierursprünge. Sie lassen sich skalieren, drehen und schon vor dem Anwenden über dem Zielbereich einblenden.

KORREKTURFUNKTIONEN

CS3 bekam nützliche neue Korrekturfunktionen:

- Die **Gradationskurve** präsentiert erstmals ein Histogramm direkt im Dialogfeld an, dazu kommen die aus der **Tonwertkorrektur** bekannten Dreiecksregler zur Ausdehnung des Tonwertumfangs. Zudem zeigt das Diagramm die Graphen für Gesamtkanal und drei oder vier einzelne Grundfarben gleichzeitig an.
- Der neue **Schwarzweiß**-Befehl unterstützt beim Abmischen starker Graustufenbilder, und das auch als Einstellungsebene. Der etwas umständliche **Kanalmixer** wird damit seltener benötigt.
- Der bislang oft zu aggressive Befehl **Helligkeit/Kontrast** verändert jetzt nur noch die Mitteltöne, sorgt also nicht mehr so schnell für ausgefressene Lichter und zulaufende Schatten. Nur mit der Option FRÜHEREN WERT VERWENDEN wirkt **Helligkeit/Kontrast** so drastisch wie bisher.
- Erstmals erscheint beim Kopierstempel eine blasse Vorschau noch vor der endgültigen Anwendung. Die neue Kopierquellenpalette merkt sich bis zu fünf Klonquellen, die man zudem vergrößern, verkleinern und drehen kann.
- Der Dialog für Raw-Dateien verarbeitet jetzt auch JPEG- und TIFF-Dateien. Jetzt gibt es neue Regler zum Aufhellen starker Unterbelichtungen wie auch zum leichten Abdunkeln von Spitzlichtern. Interessant sind auch die subtil wirkenden Regler KLARHEIT und DYNAMIK. Die Gradationskurve im Raw-Dialog lässt sich jetzt auch über vier Schieberegler steuern. Eine Tonwerterweiterung samt Histogrammanzeige haben die Programmierer gleich mit eingebaut. Die Scharfzeichnung lässt sich nun viel feiner steuern, zudem können Sie rotgeblitzte Augen und kleine Flecken retuschieren.
- **Selektiver Scharfzeichner**, **Gauß'scher Weichzeichner** und die meisten anderen Filter sowie endlich auch **Tiefen/Lichter** lassen sich jetzt verlustfrei auf ein Bild anwenden, wenn man zuerst ein Smart Objekt anlegt.
- Der **Fluchtpunkt**-Filter blendet neue Oberflächen erstmals auf mehrere Flächen in einem Durchgang. Die verschiedenen Ebenen müssen dabei nicht in 90-Grad-Winkeln aneinanderstoßen.

AUSWAHL UND MONTAGE

Besonders wichtig sind die Verbesserungen bei Auswahl und Montage. Sie beschleunigen viele Arbeiten ganz erheblich:

- Das neue Schnellauswahlwerkzeug macht den Zauberstab oft überflüssig: Man malt grob über die gewünschten Bildbereiche, Photoshop CS3 umgibt sie dann mit einer verblüffend präzisen Auswahllinie.

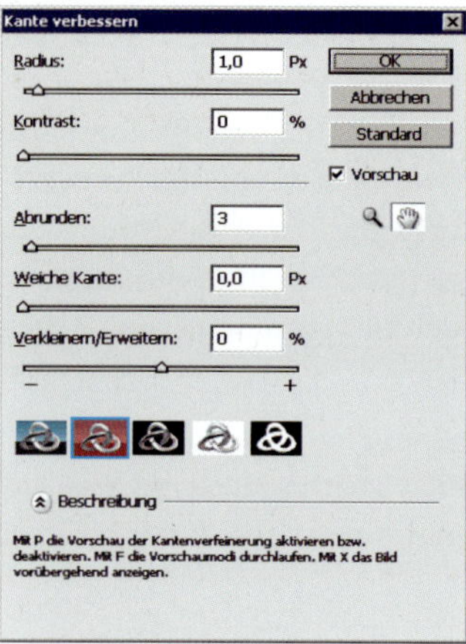

Der Dialog **Kante verbessern** ändert vorhandene Auswahlen passgenau. Sie können die Auswahl skalieren und glätten, die Vorschau zeigt alle Änderungen mit Farbüberzug an.

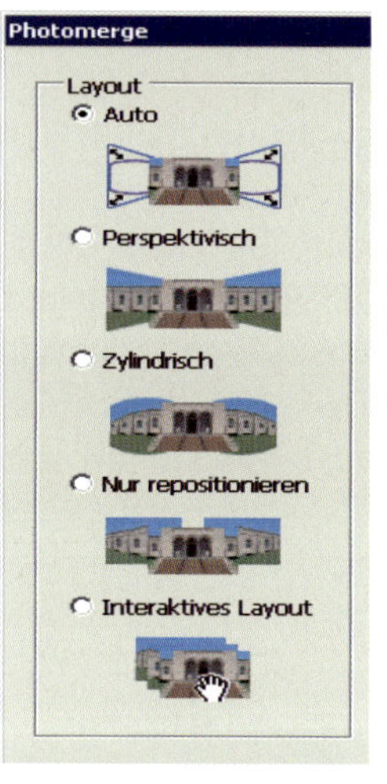

Der **Photomerge**-Befehl zeigt die Panorama-Vorschau nur noch auf ausdrücklichen Wunsch an. In aller Regel werden alle Teilbilder eines Panoramas vollautomatisch perfekt zusammengesetzt.

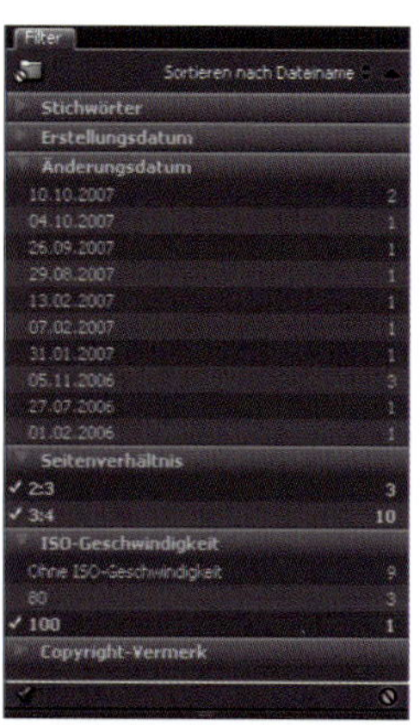

Die neue Filterpalette in Bridge 2 aus Photoshop CS3 beschränkt die Anzeige auf Motive mit den gewünschten Eigenschaften – zum Beispiel nur Dateien mit dem Seitenverhältnis 2:3 oder 3:4, die mit einer Empfindlichkeit von ISO 100 entstanden.

- Einen Sprung nach vorn markiert auch das neue Dialogfeld **Kante verbessern**. Es steht mit beliebigen Auswahlwerkzeugen sowie mit Ebenenmasken zur Verfügung. Hier lassen sich Auswahlumrisse glätten, aufweichen, nachhärten, verkleinern und vergrößern. Die Sofortvorschau im Originalbild zeigt den ausgewählten Bildbereich dabei nach Wunsch vor schwarzem oder weißem Hintergrund.
- Oft sollen Teile von zwei Ebenen wirklich exakt deckungsgleich erscheinen – zum Beispiel bei der HDR-Montage von Doppelbelichtungen oder für Kombinationen von Gruppenfotos. Photoshop CS3 sorgt automatisch für diese Deckungsgleichheit. Eine zweite Funktion gleicht bei Bedarf Kontrastunterschiede aus, nützlich etwa bei Panoramen.
- Auch der umgekrempelte Panorama-Dialog biegt die Bilder nun selbst zurecht, auch wenn Konturen und Helligkeit zunächst kaum harmonieren. Der Blick in den Vorschau-Dialog wird meist überflüssig. Photoshop CS3 produziert automatisch eine Panorama-Montage, bei der jedes Segment eine Ebenenmaske enthält – Fehler bei der Überblendung lassen sich also per Maskenretusche immer noch korrigieren.

BRIDGE

Ordentlich zugelegt hat auch die Bildverwaltung Bridge, jetzt in Version 2.1. Der Grafikbrowser erscheint mit dunklerer Oberfläche und arbeitet deutlich schneller. Wichtige Verbesserungen:

- Die neue Filterpalette sorgt dafür, dass Bridge zum Beispiel nur Bilder zeigt, die Sie mit mehr als drei Sternen bewertet haben, die ab 2008 entstanden sind und das Stichwort „Final" enthalten.
- Die Metadatenpalette wartet mit hierarchisch gegliederten Stichwörtern auf. Sie können die Gliederung als Textdatei in einem Textprogramm tippen, laden und in Bridge neu als Textdatei speichern.
- Zu Bridge CS3 gehört auch ein automatischer Foto-Downloader. Sobald eine Kamera oder Speicherkarte angeschlossen wird, springt das Dialogfeld an. Der Foto-Downloader sorgt wahlweise für Umbenennung und Unterordner, wendet Metadatensätze an und wandelt Raw-Dateien ins universelle DNG-Format um.
- Interessant bei der Anzeige: Im aufgewerteten Vorschaufenster kann man mehrere Fotos größer nebeneinander vergleichen und Details in der 100-Prozent-Ansicht anzeigen. Fotoserien lassen sich zu Stapeln türmen, die nur noch die Fläche einer einzigen Miniatur belegen. Bei der Diaschau direkt aus Bridge heraus kann man zoomen und Überblendeffekte nutzen.

Die Vorschaupalette in Bridge bietet jetzt eine 100-Prozent-Zoomlupe. Sie können mehrere Lupen gleichzeitig öffnen und bei gedrückter ⌘/Strg-Taste gleichzeitig verschieben. Mit dem Mausrad ändern Sie die Zoomstufe.

Stichwörter
Zugewiesene Stichwörter
[Leute] 3
Familie 1
Kinder 2
Martina
Michael
[sonstige Portraits] 2
Frau
Mann
Verwandte
Nahrung 1
Getr□ 2
Kaffee 2
Cappuccino
Espresso
Saft 1
Orangensaft

Bridge 2.1 bietet auch hierarchisch geordnete Stichwörter an.
Klicken Sie zum Beispiel auf „Orangensaft", werden die übergeordneten Stichwörter „Getränke" und „Nahrung" mit angewendet. Sie können die Stichwort-Gliederungen als Textdateien exportieren und laden.

Was bringt Photoshop CS3 Extended?

Vor allem an Forscher, Architekten, Designer und Videobearbeiter richtet sich die erweiterte Ausgabe Photoshop CS3 Extended. Sie bietet den kompletten Lieferumfang von Photoshop CS3 Standard und setzt Spezialfunktionen obendrauf. Zu den wenigen Extended-Spezialitäten, die für Fotobearbeiter interessant sind, zählen Malen auf und Montieren von 32-Bit-HDR-Ebenen. Interessante Bildkombinationen erlaubt der **Stapelmodus**; teilweise kann man diese Ergebnisse auch mit Füllmethoden oder Ebenenmasken nachbauen, wenn auch mühsamer.

Andere Erweiterungen: man kann das CAD-Dateiformat U3D, aber auch AVIs, MPEG-4- und Flash-Videos direkt öffnen, bearbeiten und speichern. 3D-Modelle wie 3DS, OBJ, Collada und KMZ lassen sich direkt innerhalb von Photoshop drehen und bearbeiten. Auch die Texturen auf diesen Modellen kann man mit allen Photoshop-Werkzeugen verändern.

Der **Fluchtpunkt**-Filter bietet gegenüber Photoshop CS3 Standard noch mehr neue Möglichkeiten: Die Dimensionen der bearbeiteten Flächen lassen sich ausmessen und als 3D-Modell in den Formaten 3DS oder DXF exportieren.

Völlig neue Möglichkeiten bietet Photoshop CS3 Extended auch für den Video-Workflow. Erstmals lassen sich Malwerkzeuge oder Ebenen über alle Frames einer Animation hinweg einsetzen. Die Animationspalette zeigt dazu auf Wunsch erstmals eine Zeitleiste nach Art von Premiere Pro oder After Effects. Das Ergebnis lässt sich verlustfrei im Photoshop-PSD-Format sichern.

Dazu kommen die neuen Messfunktionen von Photoshop CS3 Extended - auch erkennbar am komplett neuen **Analyse**-Hauptmenü. So misst das Programm Entfernungen und Flächen, eignet sich aber auch zum Auszählen von Objekten. Die Ergebnisse erscheinen in der neuen Messprotokollpalette. Unterstützt wird auch das DICOM-Format aus dem Medizinbereich, das auch mehrere Bilder gleichzeitig enthalten kann.

Kapitel 1

Die Grundlagen von Photoshop

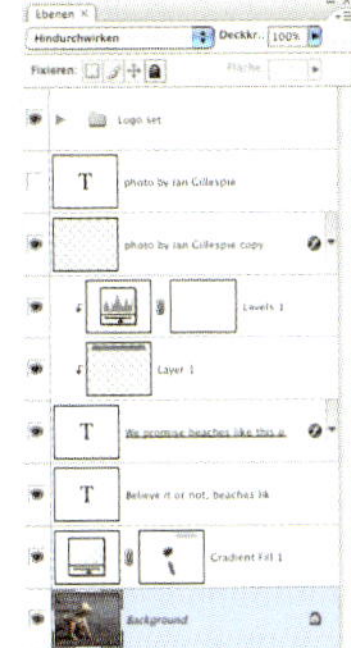

Photoshops Ebenen-Palette zeigt die einzelnen Elemente einer Bilddatei. Ebenen sind in Photoshop eigentlich immer wichtig, wie Sie in den Techniken im Verlauf des Buchs sehen werden. Die verschiedenen Arten von Ebenen und ihr Zusammenwirken untereinander lernen Sie im Abschnitt »Die Anatomie einer Photoshop-Datei« auf Seite 31 kennen.

Dieses Kapitel gibt Ihnen einen Überblick darüber, wie Photoshop funktioniert – wie es mit den Informationen umgeht, wenn Sie ein Bild erstellen oder bearbeiten, wie Sie mit dem Programm interagieren und wie Sie immer gut mit Photoshop auskommen.

WIE PHOTOSHOP DENKT

Als Photoshop geboren wurde (Ende des 20. Jahrhunderts), war die Antwort auf die Frage »Was ist eine Photoshop-Datei?« noch wesentlich einfacher als heute. Damals handelte es sich um ein digitales Bild, das aus einer Ebene mit einzelnen **Bildelementen** oder kurz **Pixeln** bestand – winzige Farbquadrate wie mikroskopisch kleine Kacheln in einem Mosaik. Heutzutage ist das Programm wesentlich leistungsfähiger und die meisten Photoshop-Dateien sind deutlich komplexer.

Ebenen, Masken, Füllmethoden & Stile

Sie können sich eine herkömmliche Photoshop-Datei als Stapel aus einzelnen **Ebenen** vorstellen (wie ein Sandwich). Das Bild, das Sie auf dem Bildschirm sehen oder drucken, ist das, was Sie bei einem Blick auf das Sandwich direkt von oben sehen. Die Ebenen-Palette – links sehen Sie ein Beispiel – ist eine Abbildung dieses Stapels.

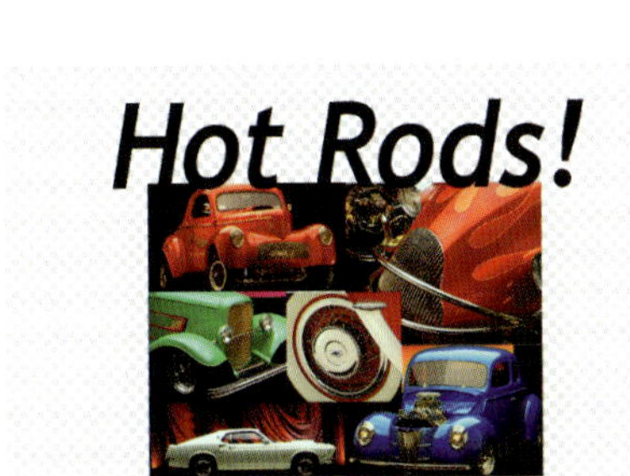

Auf dem Bildschirm verdeutlicht ein grauweißes Schachbrettmuster transparente Bereiche einer Bilddatei. So erkennen Sie die transparenten Bereiche einer sichtbaren Ebene.

Folgende Ebenen können sich in diesem Stapel befinden:

- Unten im Stapel kann sich der **Hintergrund** befinden, der komplett mit Pixeln ausgefüllt ist.
- Wie der *Hintergrund* können auch **normale Ebenen** Pixel enthalten. Diese können jedoch, *anders* als der *Hintergrund*, transparente Bereiche enthalten, so dass Pixel darunterliegender Ebenen durchscheinen können.
- **Einstellungsebenen** steuern überhaupt keine Pixel zum Bild bei. Stattdessen enthalten sie Anweisungen, die die Farbe oder den Tonwert der Pixel darunterliegender Ebenen ändern.
- **Textebenen** enthalten – Sie werden es sich denken können – aktiven Text. Dieser kann bearbeitet werden, falls Sie die

DONAL JOLLEY

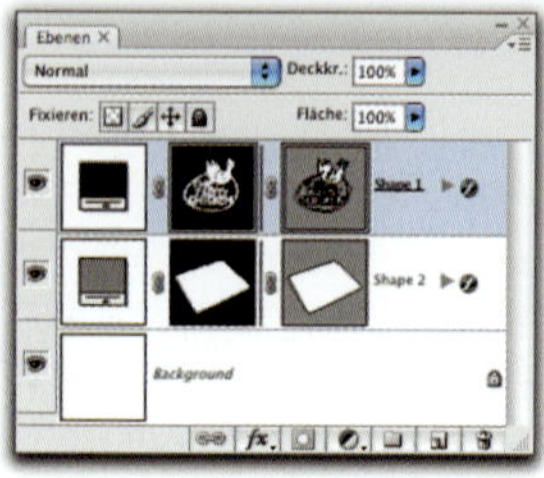

Eine weiche Vektormaske und eine gefilterte Ebenenmaske mit grober Kante bilden den Umriss für dieses Logo. Durch einen Ebenenstil erhält es ein dreidimensionales Aussehen und eine Oberflächenstruktur. Dieses Beispiel finden Sie auf Seite 517.

Schreibweise einiger Wörter oder den Abstand der Buchstaben, die Schriftart, die Farbe oder irgendeine andere Charakteristik der Schrift ändern wollen.

- **Formebenen** und **Füllebenen** sind ebenfalls dynamisch. Sie enthalten jedoch keine farbigen *Pixel*, sondern *Anweisungen*, für welche Farbe sie stehen sollen und welche Teile sichtbar sein sollen. Sie enthalten aber auch *Masken* (unten beschrieben), die festlegen, in welchen Bildbereichen die Farbe zu sehen ist. Sie können die Farbe von Füll- oder Formebenen, die durch die Maske eingeblendet wird, schnell und einfach ändern.
- Ein **Smart Objekt** ist ein Paket einzelner Elemente – quasi eine Datei in der Datei. Smart Objekte können in Photoshop erstellt, aus Adobe Illustrator oder einem anderen Photoshop-Programm importiert werden.

Jede Ebenenart außer *Hintergrundebenen* kann zwei Arten von **Masken** enthalten – eine pixelbasierte **Ebenenmaske** und eine anweisungsbasierte **Vektormaske**. Mit jeder Maske können Sie Teile einer Ebene ausblenden, um darunterliegende Ebenen hindurchscheinen zu lassen. Sie können auch mithilfe der **Deckkraft**, der **Ebenenmodi** (wie die Farben mit dem Rest des Bilds kombiniert werden) und der **Fülloptionen** (welche Farbtöne oder Farben nicht übergeblendet werden) die Transparenz einer Ebene steuern.

Alle Ebenen, auch hier wieder mit Ausnahme der *Hintergrundebene*, können einen **Ebenenstil** enthalten. Mit einem Ebenenstil können Sie Spezialeffekte wie Schatten, Auren, abgeflachte Kanten, Farben und Muster anwenden. »Der Umgang mit Ebenenstilen« auf Seite 40 zeigt, wie vielseitig und effizient Ebenenstile sind.

DONAL JOLLEY

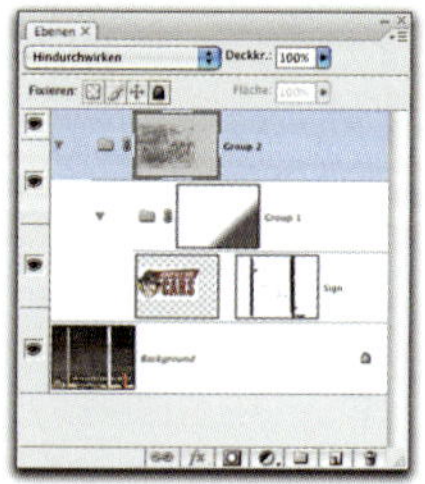

Ebenengruppen eignen sich nicht nur für die Verwaltung von Ebenen, Sie können damit auch zu einer einzelnen Ebene eine Maske hinzufügen – ganz unabhängig vom Ebeneninhalt (wie in diesem Beispiel von Seite 608 zu sehen).

Neben der herkömmlichen Stapelung der Ebenen und deren Masken bietet die Ebenen-Palette auch noch andere Möglichkeiten, die Ebenen zu verwalten. Sie können Ebenen beispielsweise in Gruppen wie in Ordnern zusammenfassen – Ordner lassen sich schließen, um die Palette übersichtlicher zu machen. Wenn Sie eine Maske auf einen Ordner anwenden, werden alle Ebenen in diesem Ordner maskiert. Ebenengruppen und **verbundene** Ebenen können gemeinsam verschoben und skaliert werden.

Pixel oder Anweisungen?

Im »Sandwich« der Photoshop-Datei ist der Unterschied zwischen einem **pixelbasierten Element** und einem **anweisungsbasierten Element** sehr wichtig. Stellen wir uns die pixelbasierte Ebene der Datei jetzt einmal als Brot, Käse und Tomaten vor, die zu einem Sandwich werden. Dann könnten wir uns die anweisungsbasierten Elemente als kleine Hinweise vorstellen, die uns sagen, was wir mit den Zutaten für die einzelnen Schichten genau machen sollen. Anweisungsbasierte Elemente enthalten keine winzigen Quadrate, sondern nur Anweisungen. In einem Photoshop-Sandwich übersetzt der Computer wie von Zauberhand die Anweisungen in ein Bildschirmbild, das uns bereits vorher zeigt, wie das Bild aussehen wird.

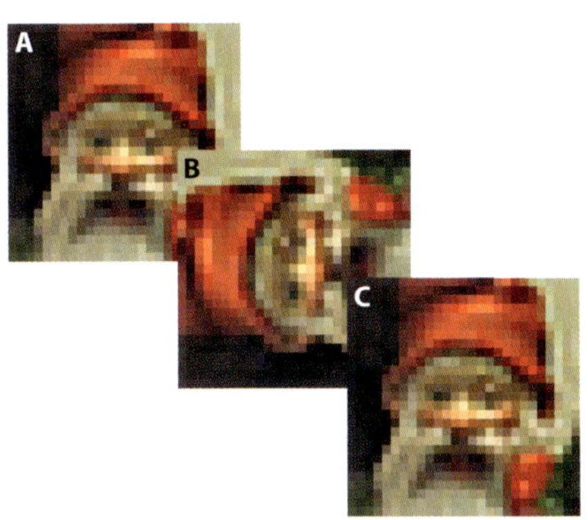

Wenn ein pixelbasiertes Element in 90°-Schritten gedreht wird, ändert sich nur die Position der quadratischen Pixel, das Bild selbst nicht. Hier sehen Sie einen Ausschnitt des Fotos (27 x 27 Pixel) von Seite 204 **A,** um 90° nach links gedreht **B** und wieder um 90° nach rechts gedreht **C**.

Die meisten Photoshop-Dateien verlassen sich sehr stark auf pixelbasierte Elemente, normalerweise gescannte Bilder oder Digitalfotos. In einer Photoshop-Datei mit Ebenen ist der *Hintergrund,* wenn es einen gibt, pixelbasiert, ebenso die herkömmlichen Ebenen mit dem Bildmaterial und auch die Ebenenmaske. Bei pixelbasierten Elementen muss Photoshop die Farbe jedes einzelnen Pixels im Raster ändern oder dessen Position verschieben – das können *Milliarden* oder mehr sein.

Pixelbasierte Elemente können unter Abrundungsfehlern leiden. Hier ein Beispiel: Wenn Sie ein pixelbasiertes Bild um 90° drehen, kann Photoshop damit ohne Probleme umgehen. Es wird nur die Position der quadratischen Pixel geändert. Wenn Sie das Bild jedoch um einen Wert drehen, der kein Vielfaches von 90° ist, gibt es keinen direkten Zusammenhang zwischen den alten Pixeln und den neuen. Photoshop gibt sein Bestes, das neue Bild so aussehen zu lassen wie das alte, allerdings müssen die Farbinformationen *interpoliert* werden. Das Drehen von Bildern ist nur ein Beispiel, wann es zu Bildinterpolationen kommt. Bei jeder Interpolation weicht das Bild ein Stück mehr vom Original ab.

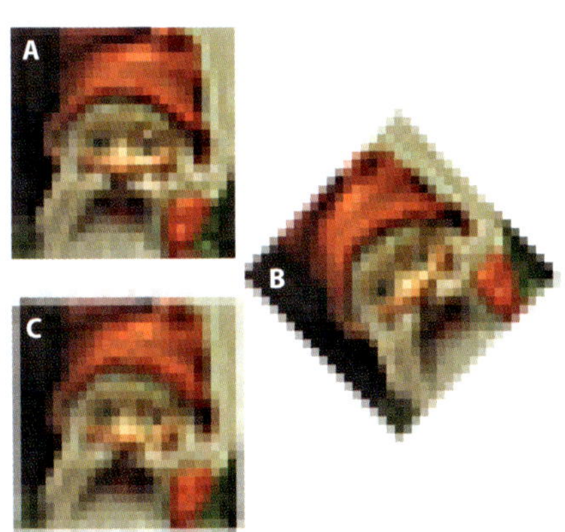

Andere Änderungen, beispielsweise Skalierungen oder Drehungen nicht um ein Vielfaches von 90°, können das Bild verändern. Mit jeder Transformation weicht das Bild stärker vom Original ab. Wenn der Zwerg **A** um 45° nach links gedreht wird **B**, muss Photoshop die Pixel interpolieren oder *neu berechnen*, damit die Pixel wieder in das senkrechte Raster passen. Wird das Bild anschließend wieder um 45° zurück nach rechts gedreht, entstehen noch mehr Mittelwertbildungen und das Bild wird deutlich weichgezeichnet **C**.

Bei anweisungsbasierten Elementen und Anwendungen arbeitet Photoshop mit mathematischen Formeln. Ändern Sie beispielsweise Formen, Farben, Tonwerte oder die Gesamtdeckkraft, braucht Photoshop nur ein paar Zahlen zu vertauschen, ohne die Pixel neu berechnen zu müssen. Ein Vorteil von Anweisungen

Grundlagen der Photoshop-Sprache

Es sind verschiedene Begriffe im Umlauf, die sich auf Pixel und Anweisungen in Photoshop beziehen:

- **Raster** und **Bitmap** werden oft verwendet, um **pixelbasierte** Informationen zu beschreiben.
- Begriffe, die sich auf **anweisungsbasierte** Elemente oder Funktionen beziehen, sind **Vektor** oder **vektorbasiert, Pfad** und **Objekt. Text**, der noch bearbeitet werden kann, ist ebenfalls anweisungsbasiert.
- Unter **Rastern** versteht man die Umwandlung von Anweisungen in Pixel.

gegenüber Pixeln ist, dass Sie Änderungen einfacher und sauberer ausführen können, falls Sie einmal Ihre Meinung ändern. Im Photoshop-Sandwich können Sie die Menge Senf ändern oder den Senf durch Majonaise ersetzen. Sind die einzelnen Zutaten jedoch im Sandwich fixiert – sind es also Pixel –, wird es wesentlich schwieriger, das Sandwich noch einmal umzubauen. Das Ändern von *Anweisungen* ist sauber und hinterlässt keine Spuren. Sie können die Anweisungen ändern, bis das Sandwich Ihren Wünschen entspricht und Sie das Sandwich servieren – also die Ebenendatei in eine einzelne Ebene umwandeln, um sie auszudrucken oder im Web darzustellen. Der Abschnitt »Die Anatomie einer Photoshop-Datei« auf Seite 31 erklärt die einzelnen Dateikomponenten.

Smart Objekte (seit Photoshop CS2) bieten eine Möglichkeit, pixelbasierte Elemente zu skalieren, filtern oder umzuformen, ohne die Datei deutlich zu schädigen. Denn eine Smart-Objekt-Ebene erinnert sich an den Originalinhalt und die Anweisungen der einzelnen Transformationen (skalieren, drehen etc.). Jedes Mal, wenn ein Smart Objekt skaliert oder umgeformt wird, werden die Originalinformationen verwendet und mit den Anweisungen der Transformationen zu einer Änderung kombiniert. So können Sie Smart-Objekt-Ebenen mehrfach umformen oder filtern, ohne die Datei immer stärker zu schädigen.

Kanäle & Pfade

Photoshop stellt sich ein Bild nicht nur als Ebenenstapel vor, sondern auch als **Farbkanäle**. Wenn wir uns die einzelnen Ebenen als Sandwichzutaten vorstellen, sind die Farbkanäle die Nährstoffe des Essens – Proteine, Kohlenhydrate, Fette, Vitamine und Mineralien. Es handelt sich um dasselbe Sandwich, nur um eine andere Analyse der Inhalte. Eine, die für die Funktionsweise von Photoshop ebenfalls wichtig ist. Mehr über Farbkanäle erfahren Sie in Kapitel 4 »Farbe in Photoshop«.

WERFEN SIE DIE EBENEN NICHT WEG!

Für maximale Flexibilität auch in der Zukunft sollten Sie Ihre Photoshop-Dateien auch immer noch mit allen Ebenen aufbewahren. Wenn Sie für die Ausgabe eine Datei mit nur einer Ebene benötigen, erstellen Sie ein Duplikat und reduzieren Sie die Ebenen. Seit den CS-Versionen können Sie in Adobe InDesign oder Adobe GoLive auch Photoshop-Dateien mit Ebenen verwenden.

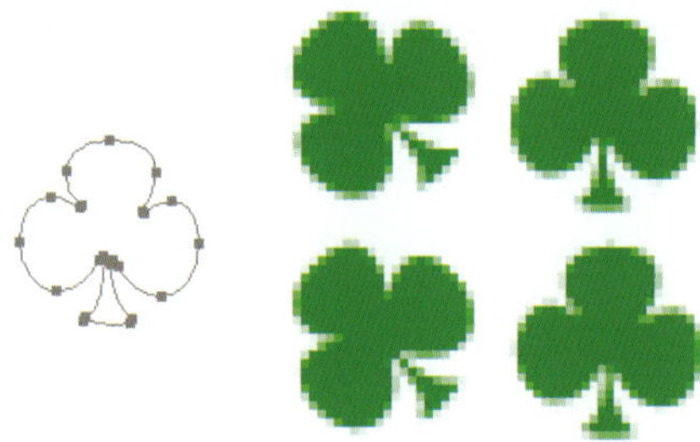

Anweisungsbasierte Elemente wie diese Formebene werden nur in Punkte oder Farbpixel umgewandelt, wenn sie gedruckt oder auf dem Bildschirm dargestellt werden. Sie können die Formebene beliebig oft drehen oder skalieren, ohne dass sie wie ein pixelbasiertes Element Schaden nimmt. Diese Formebene wurde um 45° nach links und zweimal zurückgedreht, wird dabei aber nicht unschärfer.

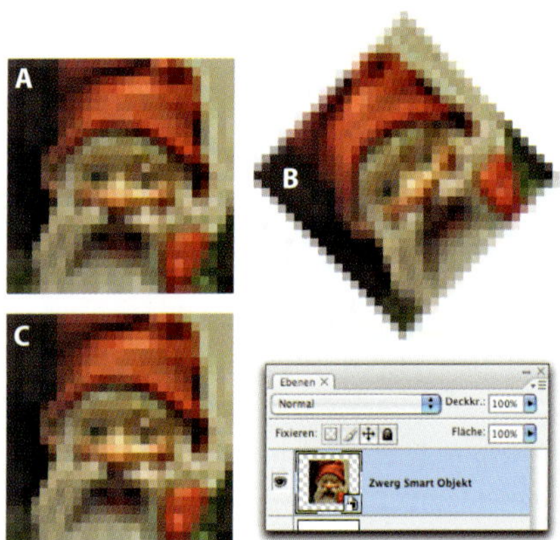

Die Smart-Objekt-Technologie (seit Photoshop CS2) schützt pixelbasierte Elemente beim Drehen, Skalieren und anderen Transformationen. Hier wurde der Zwerg von Seite 13 in ein Smart Objekt umgewandelt **A** (EBENE/SMART OBJEKTE/IN NEUEM SMART OBJEKT GRUPPIEREN) und um 45° nach links gedreht **B**; Photoshop muss das Bild immer noch interpolieren. Wenn es jedoch um 45° zurückgedreht wird **C**, erleidet es keine weiteren Schäden, weil das Smart Objekt die Originalbilddaten wiederherstellt und beide Drehungen zu einer Anweisung kombiniert – der Zwerg sieht wieder aus wie vorher.

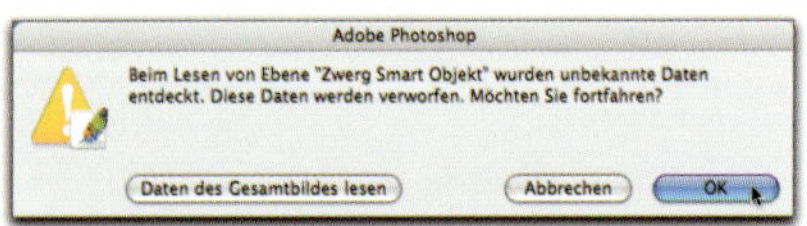

Wenn Sie in Photoshop CS eine Datei mit einem Smart Objekt aus CS2 oder CS3 öffnen, erscheint diese Dialogbox. Klicken Sie auf OK, damit Photoshop die Ebenen der Datei erhält und das Smart Objekt in eine einzelne pixelbasierte Ebene umwandelt.

Neben Ebenen (mit Masken und Stilen) und Farbkanälen können Photoshop-Dateien auch noch Folgendes enthalten:

- **Alphakanäle** sind pixelbasierte Masken, die Sie in der Kanäle-Palette speichern können.
- **Pfade** sind anweisungsbasierte Umrisse oder Kurven, die in der Pfade-Palette aufgelistet werden.
- **Ebenenkompositionen** sind unterschiedliche Arrangements einer Photoshop-Datei – jedes Stadium zeigt, welche Ebenen, Stile und Masken sichtbar sind, wenn die Komposition in der Ebenenkomp-Palette hinzugefügt wird.

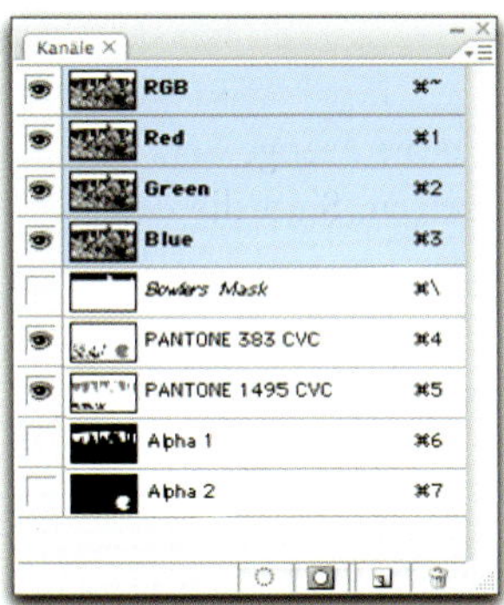

Alphakanäle werden unten in der Kanäle-Palette aufgelistet (die Sie über FENSTER/KANÄLE öffnen). Sie gehören eigentlich nicht wirklich zu den Farbkanälen, die darüber aufgelistet sind. Stattdessen speichern Alphakanäle eigentlich eher Masken, die Sie aktivieren können, um unterschiedliche Bildbereiche einzublenden. Die Ebenenmaske der aktiven Ebene erscheint nur so lange, wie die Ebene aktiv ist. Der Name wird deshalb nur kursiv dargestellt.

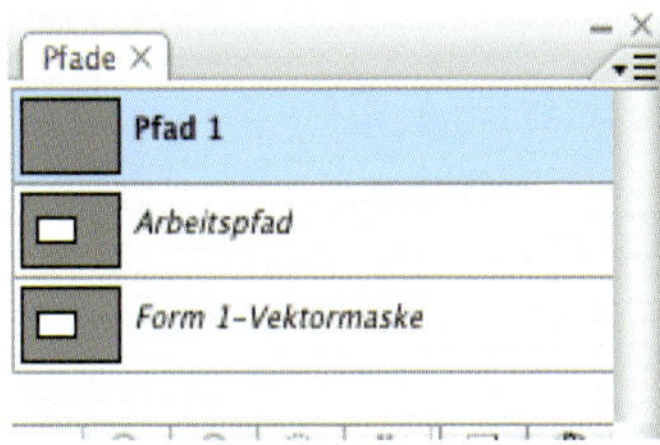

Die Pfade-Palette speichert vektorbasierte Umrisse. Der *Arbeitspfad* ist ein Pfad, der gerade erstellt und noch nicht gespeichert wurde. Die Vektormaske der aktiven Ebene erscheint ebenfalls in der Pfade-Palette. Weil die Vektormaske und der Arbeitspfad nur vorübergehend eingeblendet werden, sind die Namen kursiv.

ORIGINALFOTO: PHOTOSPIN.COM

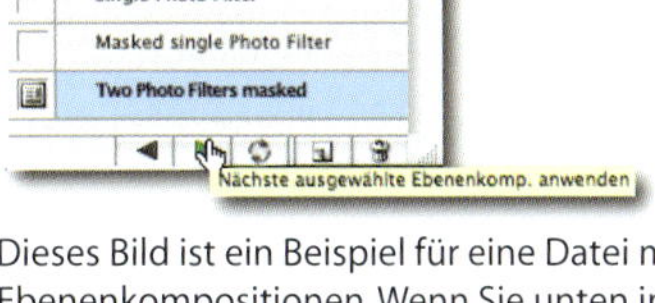

Dieses Bild ist ein Beispiel für eine Datei mit Ebenenkompositionen. Wenn Sie unten in der Ebenenkomp-Palette auf den Button ▶ klicken, können Sie sich die verschiedenen Stadien der Datei ansehen, die gespeichert wurden, um die unterschiedlichen Filtereffekte zu verdeutlichen. (Das Erstellen von Ebenenkompositionen wird auf Seite 287 im Abschnitt »Die Aufmerksamkeit auf das Objekt lenken« beschrieben.)

MIT PHOTOSHOP ARBEITEN

Auf den nächsten drei Seiten finden Sie eine Übersicht der wichtigsten Bestandteile der Photoshop-Benutzeroberfläche. (Die Werkzeug-Palette von ImageReady finden Sie am Anfang von Kapitel 10 – die einzelnen Paletten werden dann im Verlauf dieses Kapitels besprochen.) Wenn Sie mit der Benutzeroberfläche von Photoshop arbeiten – die Werkzeuge, Menüeinträge, Paletten und Dialogboxen verwenden –, können Sie diese auch an Ihre eigenen Bedürfnisse anpassen.

Um die Paletten, Befehle und Werkzeuge besser verwalten zu können, ist Photoshop mit einigen Tastaturkurzbefehlen ausgestattet, die Ihnen einen schnellen Zugriff auf Werkzeuge und Befehle ermöglichen – Sie müssen nur ein paar Tasten drücken und nicht den Cursor im Arbeitsfenster bewegen. Mit dem Befehl BEARBEITEN/TASTATURBEFEHLE können Sie zu den Vorgaben auch eigene Kurzbefehle hinzufügen. Richten Sie sich Ihren Arbeitsbereich ein, wie Sie möchten – speichern Sie Palettenanordnungen oder ändern Sie Menüs, um selten verwendete Befehle auszublenden oder Befehle farbig hervorzuheben (ab CS2). Mit FENSTER/ARBEITSBEREICH können Sie Ihren persönlichen Arbeitsbereich speichern und jederzeit aufrufen.

Hinweis: Auch wenn Sie Menüs anpassen und Befehle ausblenden, stehen diese Befehle immer noch zur Verfügung, wenn sie Teil einer Aktion (eines aufgenommenen Miniprogramms) sind ▼.

SIEHE AUCH
▼ Mit Aktionen automatisieren **Seite 109**

Fortsetzung auf Seite 19

DIE BENUTZEROBERFLÄCHE VON PHOTOSHOP

Hier sehen Sie eine Möglichkeit, einen Bildschirm mit 1024 x 768 Pixeln einzurichten, um alle Paletten praktisch darzustellen. Paletten, die Sie zwar auf dem Bildschirm sehen wollen, jedoch nicht die ganze Zeit benötigen (z.B. Farbfelder, Stile, Aktionen und Protokoll), können Sie rechts oben in der Optionsleiste ablegen. Paletten, die geöffnet bleiben sollen, können Sie gruppieren. Sie haben auch die Möglichkeit, Paletten anzudocken, um sie gemeinsam zu öffnen, zu schließen oder zu verschieben. Anschließend können Sie Ihren Arbeitsplatz speichern.

Photoshops **Optionsleiste** bietet Optionen für das jeweils aktive Werkzeug oder den aktiven Befehl. Rechts finden Sie einen Button, mit dem Sie den Dateibrowser (bis CS) oder Bridge (ab CS2) öffnen können.

In der **Werkzeug-Palette** finden Sie die einzelnen Werkzeuge (beispielsweise das Farbe-ersetzen-Werkzeug oder das Rote-Augen-Werkzeug).

Paletten können gruppiert werden (hintereinander angeordnet), indem Sie den Reiter einer Palette in eine andere ziehen. Um eine Palette in den Vordergrund zubringen, klicken Sie einfach auf den entsprechenden Reiter.

Wenn Ihr Monitor groß genug ist, dass am rechten Ende der Optionsleiste der **Palettenbereich** zu sehen ist, können Sie in CS und CS2 Paletten für einen schnellen Zugriff dort ablegen. Sie öffnen sie durch einen Klick auf den Reiter; klicken Sie ins Arbeitsfenster, werden sie wieder geschlossen.

ORIGINALFOTO: HEICO NEUMEYER

Bei einer **Ansicht von 100% erhalten Sie die genaueste Bilddarstellung.** Wenn Sie eine kleinere Zoomstufe wählen müssen, wählen Sie 50%, 25% oder einen anderen geraden Teiler von 100. Wenn Sie in das Bild hineinzoomen wollen, sollten Sie ein Vielfaches von 100% verwenden. Das Zoom-Feld in der unteren linken Ecke ist »lebendig« – Sie können auch spezielle Prozentwerte eingeben.

Um ein **kontextsensitives Menü** zu öffnen, klicken Sie mit der rechten Maustaste bzw. mit gedrückter Ctrl-Taste.

Mit diesem **Popup-Menü** können Sie Dateigröße, Farbprofil, Effizienz (wie oft Photoshop RAM fehlt und auf das Arbeitsvolumen zugreifen muss) und andere Faktoren einblenden. Im Modus DOKUMENTGRÖSSE (hier zu sehen) wird die Dateigröße mit allen Ebenen und Kanälen (rechts) sowie bei reduzierten Ebenen angezeigt. Seit Photoshop CS2 können Sie über dieses Menü die Datei auch in Bridge öffnen.

Paletten können angedockt werden, indem Sie die Titelleiste der einen auf den unteren Rand einer anderen ziehen, bis dieser eine doppelte Linie zeigt. Angedockte Paletten haben nur einen Button zum Öffnen und Schließen und einen zum Ausdehnen und Zusammenziehen.

PHOTOSHOPS WERKZEUG-PALETTE

In Photoshops Werkzeug-Palette finden Sie in den kleinen Ausklappmenüs die Namen der Werkzeuge und deren Tastaturkurzbefehle.

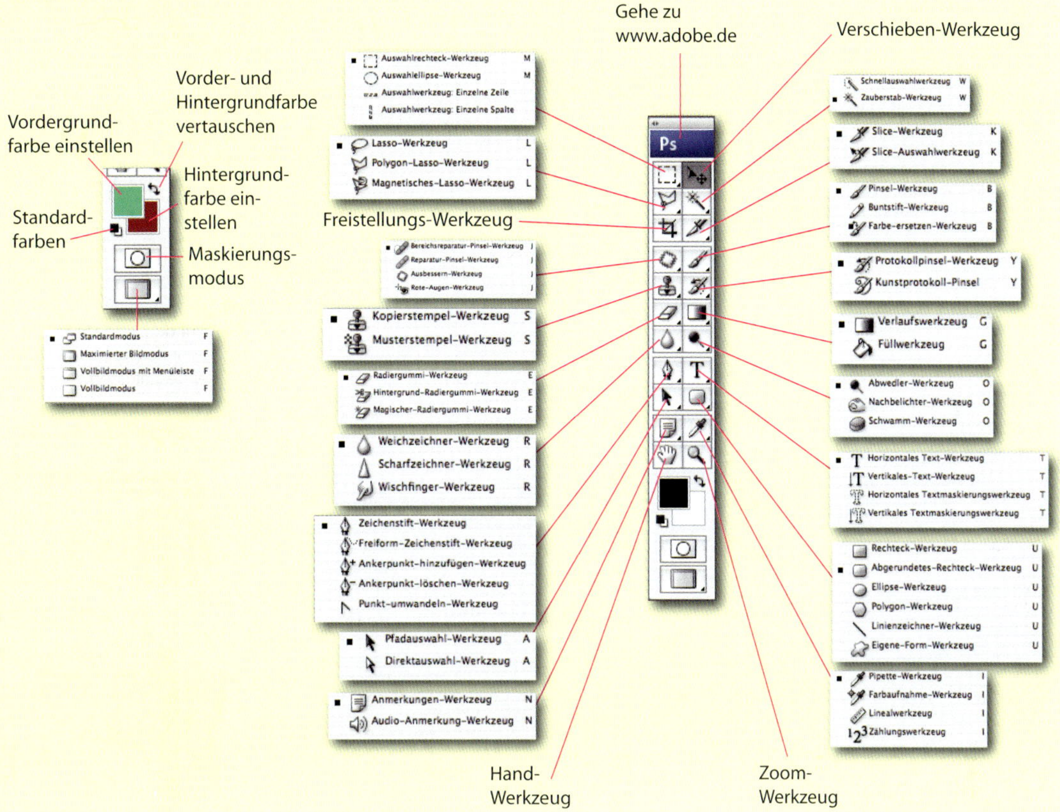

Vordergrundfarbe einstellen

Vorder- und Hintergrundfarbe vertauschen

Hintergrundfarbe einstellen

Standardfarben

Maskierungsmodus

Freistellungs-Werkzeug

Gehe zu www.adobe.de

Verschieben-Werkzeug

Hand-Werkzeug

Zoom-Werkzeug

Ab Photoshop CS2 bietet die Optionsleiste Zugriff auf **Bridge** (das Programm, das den Dateibrowser abgelöst hat). Sie können Menüs anpassen und in einigen Filter-Dialogboxen können Sie **Einstellungen speichern**. Unter allen Paletten weist die **Ebenen-Palette** ab dieser Version die deutlichsten Änderungen auf.

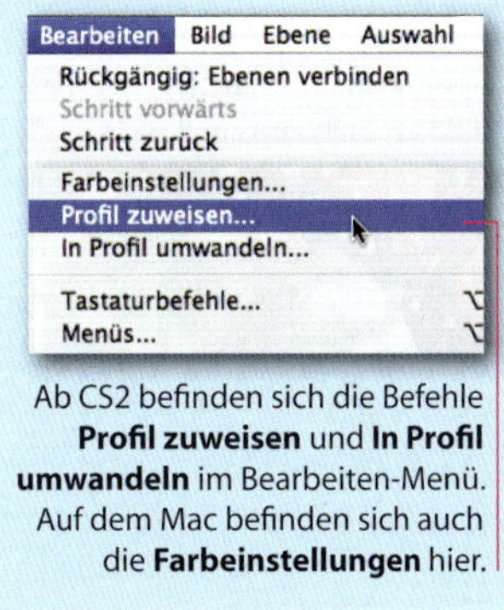

Ab CS2 befinden sich die Befehle **Profil zuweisen** und **In Profil umwandeln** im Bearbeiten-Menü. Auf dem Mac befinden sich auch die **Farbeinstellungen** hier.

Ein **Speichern**-Button in einigen Filter-Dialogboxen ermöglicht das Speichern von Einstellungen.

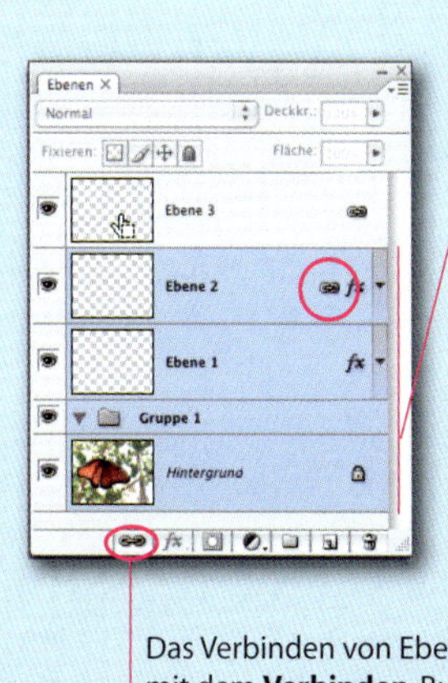

Sie können **mehrere Ebenen gleichzeitig auswählen,** indem Sie mit gedrückter ⇧-Taste oder mit der ⌘/Strg-Taste auf die Miniaturen klicken.

Das Verbinden von Ebenen steuern Sie mit dem **Verbinden**-Button unten in der Ebenen-Palette – hinter dem Ebenennamen erscheint ein entsprechendes Icon.

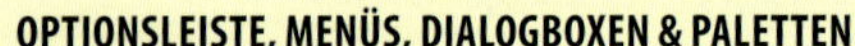

OPTIONSLEISTE, MENÜS, DIALOGBOXEN & PALETTEN

Photoshops Optionsleiste, die standardmäßig oben im Arbeitsfenster erscheint, ist mit Buttons und Eingabefeldern ausgestattet, mit denen Sie das aktuelle Werkzeug oder den aktuellen Befehl steuern können. Photoshops Menüs, Dialogboxen und Paletten bieten die verschiedensten Optionen.

Rechts in der Optionsleiste finden Sie einen Button zum Öffnen des **Dateibrowsers (CS)** oder von **Bridge (ab CS2)**.

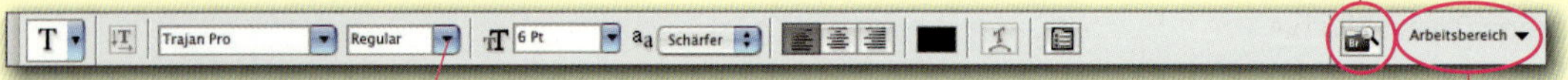

Klicken Sie auf die Buttons mit den **kleinen Pfeilen,** erscheinen weitere Optionen in Form von Paletten, Menüs oder Schiebereglern.

Speichern und laden Sie den Aufbau des Programmfensters.

Viele Befehle in den Photoshop-**Menüs** besitzen **Tastaturkurzbefehle** für eine schnelle Anwendung.

Wenn Sie in Dialogboxen auf **Abbrechen** drücken, brechen Sie den Vorgang ab.

Drücken Sie **OK** bestätigen Sie den Vorgang.

Reiter

Paletten-Menü

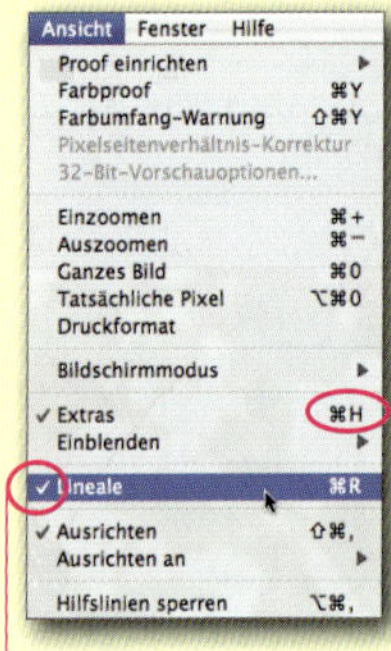

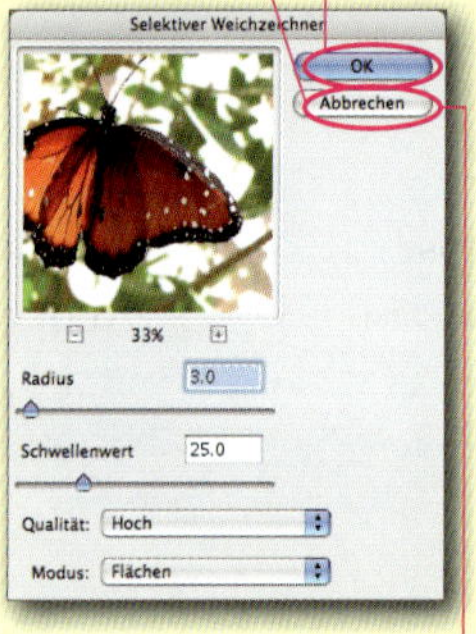

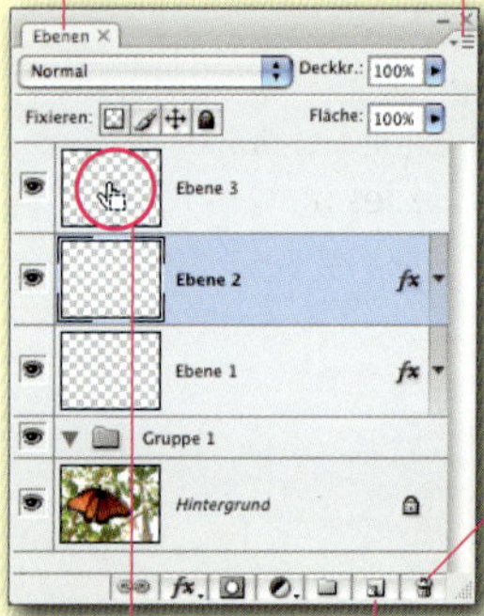

Löschen

Ein **Häkchen** bedeutet, dass der Befehl aktiviert ist; klicken Sie erneut auf den Eintrag, wird er deaktiviert.

Halten Sie die ⌥/Alt-Taste gedrückt, wird aus ABBRECHEN der Button ZURÜCK.

Klicken Sie mit gedrückter ⌘/Strg-Taste auf eine Palettenminiatur, laden Sie diese als Auswahl.

Der Button **NEUE … ERSTELLEN** erstellt neue Ebenen, Kanäle etc. (je nachdem, um was für eine Palette es sich handelt).

Photoshop CS3 liefert willkommene Änderungen bei der Oberfläche: Paletten docken gruppenweise an den Rändern des Programmfensters an, Palettengruppen lassen sich auf Symbole mit oder ohne Beschriftung verkleinern. Wenn Sie mit der Tab-Taste die Paletten ausblenden, halten Sie die Maus über den rechten Rand des Programmfensters, um die Paletten vorübergehend zu sehen.

Programmfensterdarstellung ändern (Alternative: mehrfach Taste F)

Andock-Bereich öffnen/schließen

Titelleiste der Palettengruppe unter/neben andere Gruppe ziehen, um sie anders anzuordnen

Palettengruppe durch Ziehen am vertikalen Rand verkleinern (Beschriftung ein-/ausblenden)

Palette öffnen

Programmfensterdarstellung speichern/abrufen; entspricht Untermenü ANSICHT > ARBEITSBEREICH

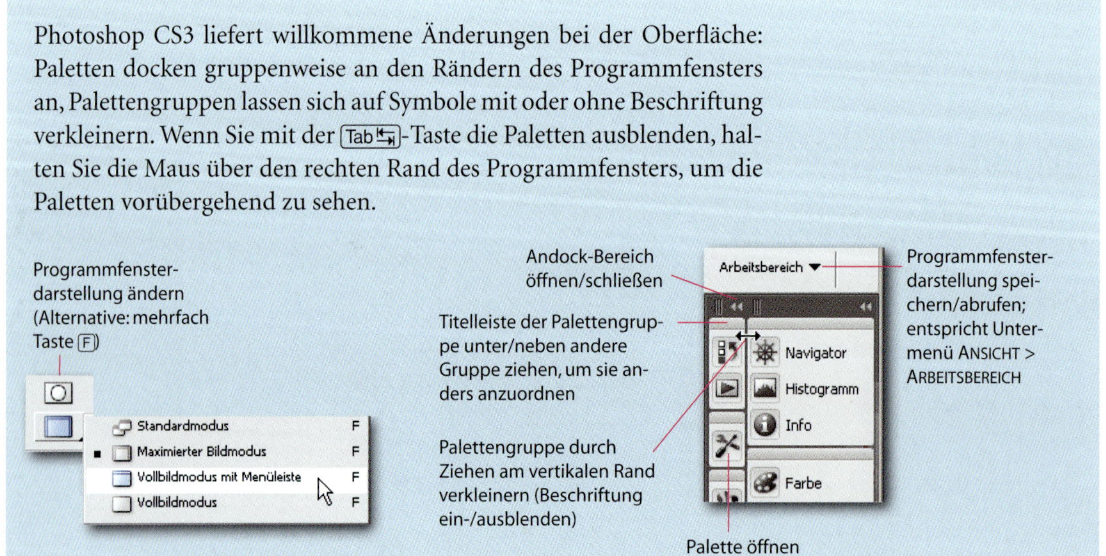

Was Prozentwerte bedeuten

Das Ändern der Ansicht (zu sehen in der Titelleiste oder unten links im Fenster) führt zu keiner Änderung der Dateigröße – nur die Darstellung auf dem Bildschirm ändert sich.

- Wenn Sie ein Bild bei **100%** betrachten, heißt das nicht, dass es sich dabei um die Druckmaße handelt. Es bedeutet nur, dass jedes Pixel der Datei durch ein Pixel auf dem Bildschirm dargestellt wird.
- **Höhere Prozentwerte** bedeuten, dass mehr als ein Bildschirmpixel verwendet wird, um ein Pixel des Bilds darzustellen. Bei 200% wird jedes Bildpixel durch einen 2 x 2-Pixelblock dargestellt.
- **Geringere Prozentwerte** bedeuten genau das Gegenteil: Ein Bildschirmpixel stellt mehr als ein Bildpixel dar. Bei z.B. 50% repräsentiert jedes Bildschirmpixel einen 2 x 2-Pixelblock der Bilddatei.

Die Ansichten bei 100% (oben), 50% und 25% sehen weicher und genauer aus als Werte von 33,3%, 66,7% oder 104% (unten). Ungerade Werte führen oft dazu, dass das Bild fehlerhaft aussieht, auch wenn es eigentlich völlig in Ordnung ist.

Kluger Umgang mit Photoshop

Jeder Photoshop-Nutzer hat seinen eigenen Arbeitsablauf, um möglichst hochqualitative Arbeiten zu erstellen. Der Ansatz von Photoshop Wow! unterstützt schnelles Arbeiten mit größtmöglicher Flexibilität – falls Sie später doch noch einmal Änderungen vornehmen wollen. Hier ein paar Hinweise, die Ihnen dabei helfen können.

Rechtsklick

Wenn Sie auf einem Mac arbeiten, ist es vielleicht gar nicht so verkehrt, die Eintastenmaus gegen eine Zweitastenmaus auszutauschen, damit Sie rechts klicken können und nicht immer die Ctrl-Taste gedrückt halten müssen, wenn die rechte Maustaste erforderlich ist.

Mit mehreren Dateien gleichzeitig arbeiten

Es ist mittlerweise einfacher denn je, in Photoshop mehrere Fotos gleichzeitig zu öffnen. Im Dateibrowser (CS) bzw. in Bridge sehen Sie die Bildminiaturen und können mehrere Dateien gleichzeitig verarbeiten (mehr dazu in Kapitel 3).

Seit Photoshop CS2 gibt es außerdem die Möglichkeit, Dateien über den **Adobe-Dialog** zu öffnen und zu speichern. Dort sehen Sie auch die Miniaturen der Bilder (siehe Seite 20). Diese Option bieten die Befehle ÖFFNEN, IMPORTIEREN, PLATZIEREN, EXPORTIEREN, SPEICHERN und SPEICHERN UNTER.

Die Befehle **Automatisieren** und **Skripten** sind mit einigen sehr nützlichen Automatisierungsprozessen ausgestattet. Sie können **Aktionen** (»Makros«, die aufgenommene Befehle ausführen) auf **Dateistapel** anwenden.

Sie können aus den einzelnen Ebenen oder Ebenenkompositionen einer Datei auch **verschiedene Dateien** exportieren. So können Sie mehrere Versionen in einer Datei speichern und daraus später verschiedene Dateien erstellen. Mehr über Automatisierungen finden Sie in Kapitel 3.

Quickinfos (Werkzeugtipps aktivieren)

Wählen Sie PHOTOSHOP bzw. BEARBEITEN/VOREINSTELLUNGEN/ALLGEMEINE und aktivieren Sie die Checkbox **QUICKINFOS EINBLENDEN**. Das hilft Ihnen beim Navigieren durch Photoshops Benutzeroberfläche, denn unter dem Cursor erscheint ab sofort der aktuelle Werkzeugtipp.

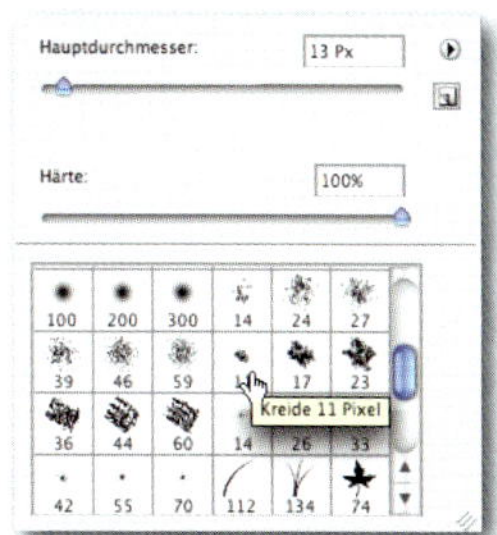

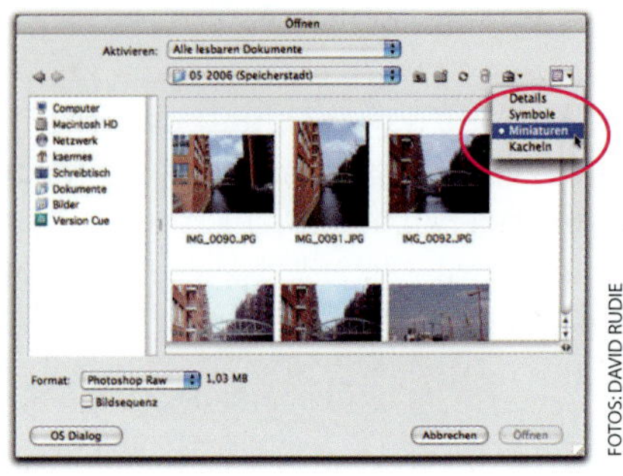

FOTOS: DAVID RUDIE

Wenn Sie in der Speichern-unter-Dialogbox links unten auf den Button Adobe Dialog klicken, können Sie sich Miniaturen Ihrer Dateien ansehen. Wenn Sie oben rechts auf Ansicht klicken, können Sie zusätzlich zu den Miniaturen auch die Dateidaten einblenden.

Der **Bildprozessor** (DATEI/SKRIPTEN/BILDPROZESSOR) ist ideal, um Dateistapel in einem der gebräuchlichen Dateiformate zu speichern (bzw. in mehr als einem Format), sogar in einer bestimmten Größe; auch Aktionen können Teil des Prozesses sein.

Tastaturkurzbefehle

Ob Sie mit dem Befehl BEARBEITEN/TASTATURBEFEHLE eigene Tastenkürzel erstellen oder die voreingestellten Kürzel von Adobe verwenden, Sie sparen wirklich viel Zeit, wenn Sie die Tastaturkurzbefehle für die wichtigsten Werkzeuge und Befehle kennen.

Vorgaben verwenden

Photoshop bietet Ihnen unendlich viel Freiheit, eigene Werkzeuge und Effekte zu erstellen – Pinselspitzen, spezielle Werkzeuge, Ebenenstile, Muster, Verläufe, Farbfelder u.v.a.m. Wenn Sie dieses Potenzial zu Ihrem Vorteil nutzen, können Sie Ihre Kreationen anschließend auch als **Vorgaben** speichern und später auch verwenden. Um eine Vorgabe dauerhaft zu speichern, muss sie in ein Set integriert werden, das dann gespeichert wird. Auf Seite 43 im Kasten »Stile speichern« lernen Sie, mit dem Vorgaben-Manager umzugehen.

Der Vorgang ist für andere Arten von Vorgaben derselbe: Nutzen Sie die Erstellen-Funktion, um zum aktuellen Satz eine neue Vorgabe hinzuzufügen (siehe Kasten). Wählen Sie anschließend BEARBEITEN/VORGABEN-MANAGER, legen Sie die Art der Vorgabe fest und speichern Sie das neue Set.

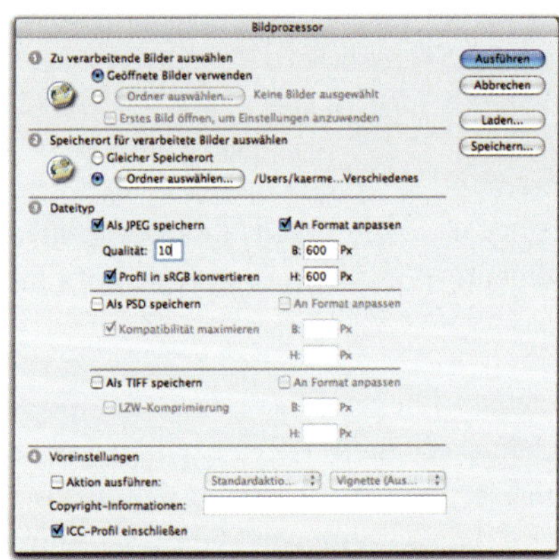

DATEI/SKRIPTEN/BILDPROZESSOR kann verwendet werden, um mehrere Dateien gleichzeitig im selben Format und mit denselben Copyrightinformationen zu speichern. Wenn Sie die Dateien in mehr als einem Format speichern wollen, werden sie in verschiedenen Ordnern abgelegt, die dann nach dem Format benannt werden. Fügen Sie Copyrightinformationen hinzu, erscheint bei geöffneter Datei vor dem Dateinamen in der Titelleiste ein Copyrightsymbol.

DER BUTTON ERSTELLEN

In einer Popup-Palette, beispielsweise zum Erstellen von Pinselspitzen, gibt es einen ERSTELLEN-Button, so dass Sie dem Element einen Namen geben und es speichern können. So können Sie geänderte Werkzeugspitzen sichern oder eine Mustervorgabe erstellen.

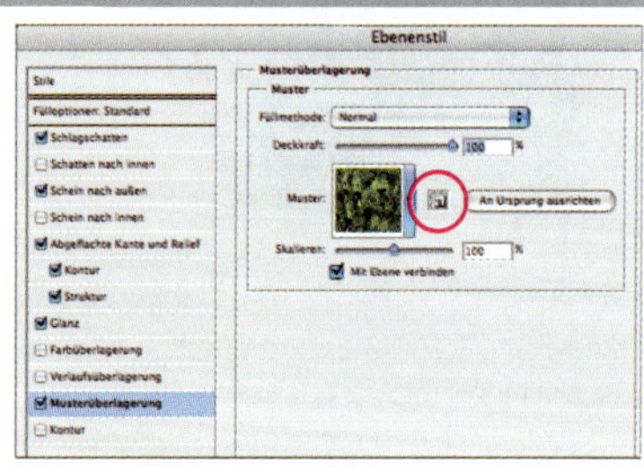

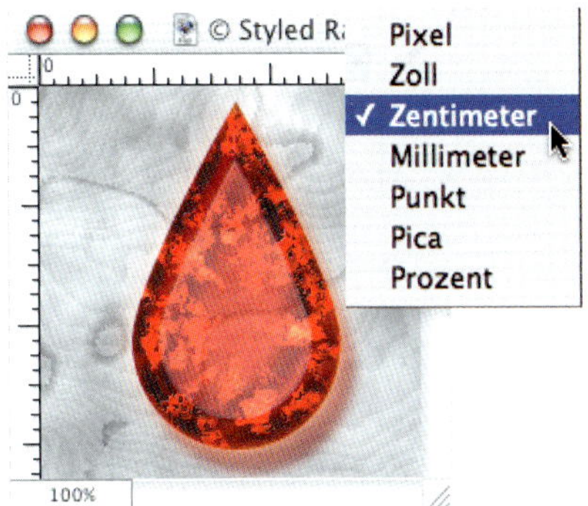

Sie können die Einheit der Lineale ändern, indem Sie sie mit gedrückter [Ctrl]-Taste (PC: Rechtsklick) anklicken.

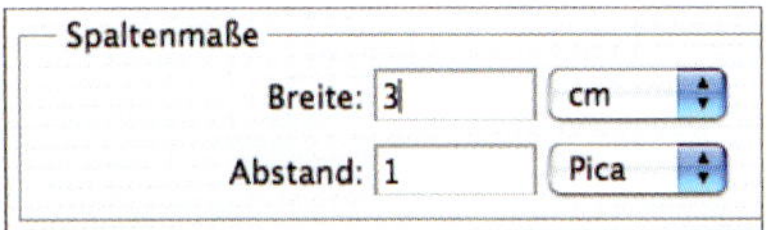

Klicken Sie doppelt auf ein Lineal, um den entsprechenden Abschnitt in der Vorgaben-Dialogbox zu öffnen. Jetzt sehen Sie die eingestellten Maßeinheiten und können diese ändern. Photoshop nutzt die Spaltenbreite für das Erstellen einer neuen Datei oder bei der Größenänderung eines Bilds.

Magnetische Hilfslinien sind nützlich, um Elemente nach Augenmaß aneinander auszurichten. Eine magnetische Hilfslinie erscheint, wenn die Mitte, der obere oder untere Rand oder die Seite eines Elements an die Mitte oder den Rand eines anderen Elements stößt.

Die Optionsleiste für die Transformieren-Befehle zeigt alle Änderungen am Transformieren-Rahmen an. Sie können auch eigene Werte eingeben, um die Parameter zu ändern – den Winkel, die horizontale oder vertikale Neigung.

Die Vorteile der Präzisionswerkzeuge nutzen

Photoshop ist auf Präzision ausgerichtet. Sie können die **Lineale** ein- und ausblenden ([⌘]/[Strg]-[R]) und die Linealeinheiten ändern, indem Sie auf ein Lineal mit gedrückter [Ctrl]-Taste (Mac) bzw. mit der rechten Maustaste (Windows) klicken. Das Doppelklicken eines Lineals öffnet den Abschnitt MASSEINHEITEN UND LINEALE des Dialogs VOREINSTELLUNGEN. Dort sehen Sie die Spaltenbreite und können diese auch bearbeiten.

Sie können auch **Hilfslinien** erstellen, indem Sie sie ganz einfach aus dem oberen oder seitlichen Lineal herausziehen. Ein eigenes **Raster** stellen Sie ein, indem Sie PHOTOSHOP bzw. BEARBEITEN/VOREINSTELLUNGEN/HILFSLINIEN, RASTER UND SLICES wählen. Sie können die Hilfslinien und das Raster ein- und ausblenden, fixieren und magnetisch machen, indem Sie die entsprechenden Optionen im ANSICHT-Menü aktivieren. (Weitere Informationen zu Hilfslinien und Raster finden Sie in den Abschnitten »Auf einem Raster zeichnen« auf Seite 435 und »Übung: Zeichenwerkzeuge« auf Seite 456.)

Seit Photoshop CS2 gibt es **Magnetische Hilfslinien**, die es vorher nur in ImageReady gab. Diese Hilfslinien aktivieren Sie mit ANSICHT/EINBLENDEN/MAGNETISCHE HILFSLINIEN. Solange im ANSICHT-Menü die **Extras** aktiviert sind, erscheinen die magnetischen Hilfslinien, wenn Sie die Ebene mit dem Verschieben-Werkzeug neu positionieren, damit Sie die Ebenenkanten präzise an den Kanten oder der Mitte eines anderen Elements (z.B. Formen, Slices oder Inhalt transparenter Ebenen) ausrichten können.

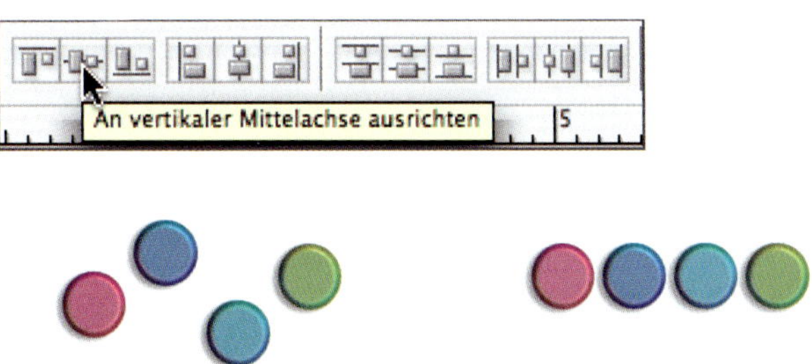

Dieselben Optionen wie bei den Befehlen VERBUNDENE AUSRICHTEN und VERBUNDENE VERTEILEN aus dem EBENE-Menü gibt es als Button in der Optionsleiste, sobald das Verschieben-Werkzeug aktiv ist. Damit können Sie die Inhalte verschiedener miteinander verbundener Ebenen ausrichten oder verteilen. Die Ebenen müssen in der Ebenen-Palette miteinander verbunden sein. Anschließend können Sie EBENE/AUSRICHTEN/VERBUNDENE AUSRICHTEN wählen oder Sie klicken einfach auf den entsprechenden Button in der Optionsleiste (wie in der Abbildung zu sehen).

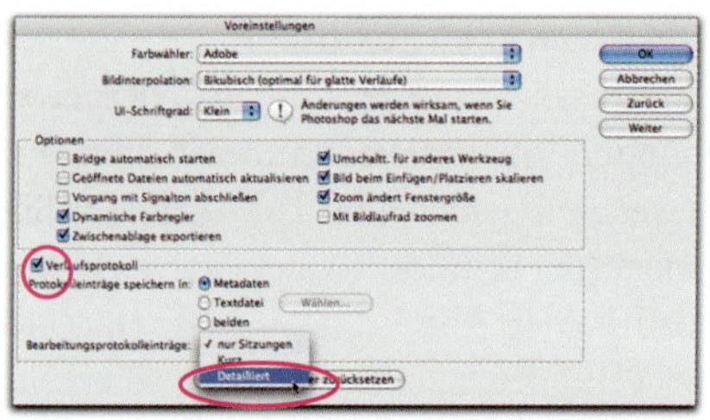

Sie können verschiedene Optionen für ein Verlaufsprotokoll einstellen. Wählen Sie dazu PHOTOSHOP bzw. BEARBEITEN/VOREINSTELLUNGEN/ALLGEMEINE. Die Option **NUR SITZUNGEN** erstellt ein Protokoll immer dann, wenn Sie Photoshop starten oder eine Datei öffnen oder schließen; **KURZ** erstellt ein Protokoll, das dem der Protokoll-Palette ähnelt (siehe Seite 26), und **DETAILLIERT** nimmt sämtliche Informationen so auf, wie sie auch von der Aktionen-Palette angezeigt werden.

Die **Optionsleiste des Transformieren- und Frei-transformieren-Befehls** ermöglicht Ihnen die Eingabe genauer Werte für den Winkel und die Abstände (siehe »Transformieren & Verkrümmen« auf Seite 68).

Ist das **Verschieben-Werkzeug** aktiviert, passen die Befehle VERBUNDENE VERTEILEN und VERBUNDENE AUSRICHTEN des EBENE-Menüs den Abstand und die Ausrichtung der Elemente an.

Aktionen aufnehmen

Immer wenn Sie Bearbeitungen vornehmen, von denen Sie denken, dass Sie diese später auch auf andere Bilder anwenden wollen, sollten Sie den Vorgang als Aktion aufnehmen. Das Aufnehmen nimmt keine zusätzliche Zeit oder RAM in Anspruch. Bei einigen Vorgängen funktionieren Aktionen jedoch besser als bei anderen. Pinselstriche werden beispielsweise nicht aufgenommen. Mehr über Aktionen, wie Sie sie aufnehmen und anwenden, erfahren Sie in Kapitel 3 »Aktionen« ab Seite 109.

Verlaufsprotokoll

Eine andere Möglichkeit, Ihre Arbeitsschritte aufzunehmen, bietet das **Verlaufsprotokoll**. Hier können Sie Ihre Schritte zwar nicht wie bei einer Aktion erneut abspielen, aber es wird in Textform alles festgehalten, was Sie mit der Datei angestellt haben; dabei können Sie in den Allgemeinen Voreinstellungen festlegen, wie detailliert diese Informationen aufgenommen werden. Wird die Datei geschlossen, bleibt das Verlaufsprotokoll als Teil der Metadaten erhalten (Metadaten sind Dateiinformationen wie Kameraeinstellungen, Copyright usw.). Auch beim erneuten Öffnen der Datei bleibt das Protokoll erhalten, ebenso beim Duplizieren der Datei oder Speichern einer Kopie. Das Protokoll kann sehr nützlich sein, wenn es keine andere Möglichkeit gibt, die

DAS VERLAUFSPROTOKOLL LÖSCHEN

Wenn das Verlaufsprotokoll Ihre Aktionen als Teil der Metadaten der Datei aufnimmt, wird das Protokoll mit der Datei oder Kopien der Datei gespeichert. Wollen Sie eine Kopie der Datei an eine dritte Person weitergeben und dazu das Verlaufsprotokoll löschen, wählen Sie DATEI/DATEI-INFORMATIONEN und klicken links auf ERWEITERT. Klicken Sie in der Liste rechts auf den kleinen Pfeil vor dem Eintrag »Adobe Photoshop-Eigenschaften« und dann auf die Zeile mit dem Protokoll. Mithilfe des Löschen-Buttons können Sie diese Zeile entfernen. Mit einem Klick auf OK wird die Dialogbox wieder geschlossen.

Hinweis: Das Löschen des Verlaufsprotokolls kann nicht rückgängig gemacht werden.

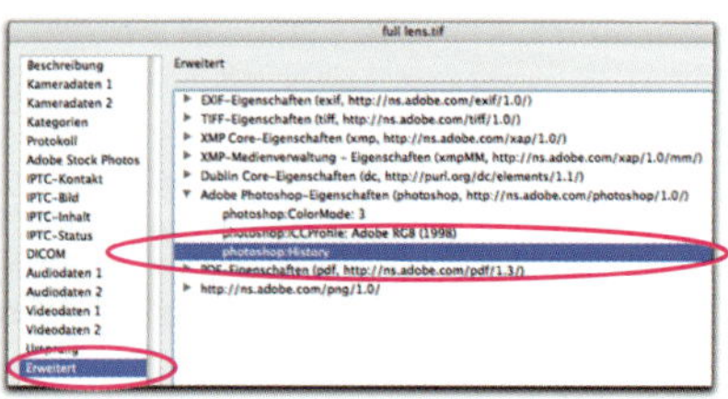

ZWEI ARTEN VON PROTOKOLLEN

Photoshop erstellt zwei Arten von *Protokollen,* die beim Nachvollziehen der Arbeitsschritte sehr nützlich sein können – die Protokoll-Palette und das Verlaufsprotokoll. Die **Protokoll-Palette** ist nur vorübergehend. Alte Schritte werden gelöscht, um neueren Platz zu machen – beim Schließen der Datei gehen sie ganz verloren. Dafür ist sie interaktiv – Sie können frühere Schrittte wieder aufrufen. Das **Verlaufsprotokoll** ist ein dauerhaftes Protokoll, das auch erhalten bleibt, wenn die Datei geschlossen wird. Allerdings ist es nicht interaktiv, Sie können die einzelnen Schritte nicht wieder aufrufen. Das Protokoll wird im Textformat zusammen mit der Datei gespeichert.

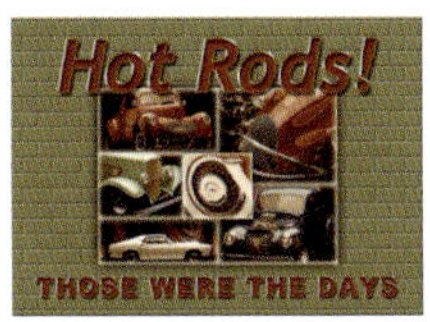

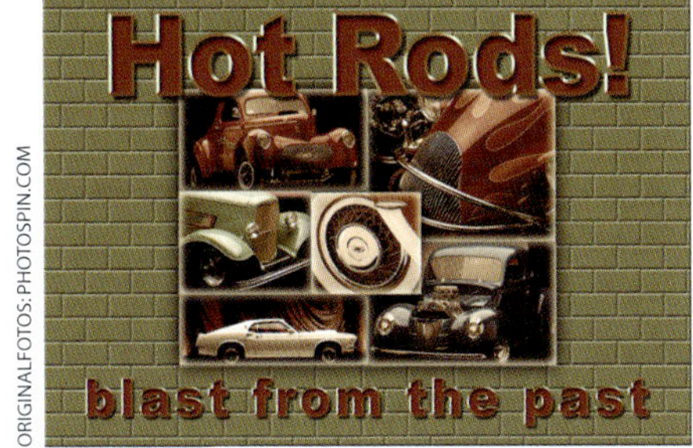

ORIGINALFOTOS: PHOTOSPIN.COM

Wenn Sie einen Ebenenstil auf eine Ebene anwenden und später den Ebeneninhalt verändern, passt sich der Stil automatisch an den neuen Inhalt an, wie hier zu sehen. Es wurde zum einen die Schriftart und auch der Text an sich geändert.

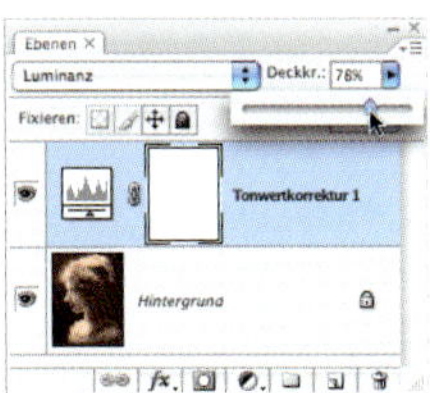

Mit einer Einstellungsebene können Sie Tonwert- und Farboptionen ausprobieren, wie in diesem Beispiel zu sehen (Seite 271). Klicken Sie in der Ebenen-Palette einfach doppelt auf die Ebenenminiatur, um die Dialogbox zu öffnen und Änderungen vorzunehmen. Sie können auch die Deckkraft oder den Ebenenmodus ändern.

durchgeführten Arbeitsschritte einer Datei nachzuvollziehen – beispielsweise Filtereinstellungen, die Sie verwendet haben, aber nicht speichern können, oder Tonwertkorrektureinstellungen, die Sie ohne Einstellungsebene angewendet haben. Wenn Sie DATEI/DATEI-INFORMATIONEN wählen, können Sie sich das Protokoll noch einmal durchlesen.

Falls Sie das Verlaufsprotokoll als separate Datei speichern (mit den Optionen TEXTDATEI oder BEIDEN in den Allgemeinen Voreinstellungen), wird das Verlaufsprotokoll gesichert, auch wenn Sie die Datei nicht speichern. Falls Sie also experimentieren und die Datei schließen, ohne sie zu speichern, Sie sich später aber noch einmal die Filtereinstellungen ansehen wollen, können Sie das Verlaufsprotokoll in einem Textverarbeitungsprogramm öffnen.

Die Flexibilität beibehalten

Bei der Entwicklung einer Photoshop-Datei ist es wichtig, sich alle Optionen offenzuhalten. Durch genaue Planung und den Einsatz anweisungsbasierter Methoden wie Ebenenstilen und Einstellungsebenen erhalten Sie die Flexibilität.

Ebenenstile verwenden. Spezialeffekte, die durch einen Ebenenstil erzeugt werden, eröffnen Ihnen große Flexibilität. Erstens können Sie wiederholte Änderungen der Effekte durchführen, ohne das Bild zu beeinträchtigen. Zweitens können Sie den Stil auch auf andere Ebenen derselben Datei oder auch anderer Dateien anwenden. Drittens können Sie sogar den Ebeneninhalt ändern, der Effekt passt sich anschließend automatisch an.

Mit Einstellungsebenen arbeiten. Wenn Sie Farb- und Tonwertkorrekturen in Einstellungsebenen speichern, statt Menübefehle zu verwenden, können Sie diese ändern, ohne neu beginnen zu müssen oder das Originalbild zu zerstören. Mit Einstellungsebenen können Sie auch Einstellungen aus Dialogboxen ohne eigenen Speichern-Button speichern (z.B. Farbbalance).

Smartfilter nutzen. Wenden Sie Filter-Befehle so an, dass sie jederzeit geändert und zurückgesetzt werden können (siehe Seite 38).

Pixel schützen. Sie können einige Vorteile anwendungsbasierter Elemente auch dann nutzen, wenn Sie mit pixelbasierten Bildern arbeiten. Nutzen Sie einfach **Camera Raw** und **Smart Objekte**. Falls sich Ihre Bilddatei im Raw-Format befindet, öffnet Photoshop diese automatisch in der Camera-Raw-Dialogbox. Dort

Wenn Sie Bildbearbeitungen und Korrekturen auf einer separaten Ebene vornehmen, bleiben Sie flexibel – Sie können die Änderungen immer wieder anpassen. Statt des Abwedlers und des Nachbelichters, die schwierig zu handhaben sind und auf einer separaten Ebene nicht funktionieren, verwenden wir hier eine Abwedeln- und Nachbelichten-Ebene, um den Bereich unter den Augen aufzuhellen. Anschließend können wir noch mit der Ebenendeckkraft experimentieren. Eine Beschreibung dieser Technik finden Sie auf Seite 318.

können Sie Tonwert- und Farbeinstellungen vornehmen und die Änderungen anwenden, bevor Sie die Datei in Photoshop öffnen. Außerdem haben Sie immer Zugriff auf die Original-Raw-Daten der Datei. Auch Smart Objekte bieten einen ähnlichen Schutz. In CS3 ändern Sie auch JPEG- und TIFF-Dateien verlustfrei im Raw-Dialog.

Auswahlen speichern. Wenn Sie die Auswahlwerkzeuge oder Befehle verwenden, um eine komplexe Auswahl zu erstellen (siehe Seite 51), sollten Sie die Auswahl speichern, indem Sie sie in einen Alphakanal umwandeln (AUSWAHL/AUSWAHL SPEICHERN). Vergewissern Sie sich, dass Sie die Auswahl zum Schluss noch einmal sichern.

Eine Reparatur- oder Malebene erstellen. Wenn Sie mit dem Scharfzeichner, Weichzeichner, Wischfinger, Reparatur-Pinsel oder dem Bereichsreparatur-Pinsel arbeiten, können Sie diese Korrekturen in einer separaten, transparenten Ebene vornehmen. Vergewissern Sie sich dabei aber, dass die Option ALLE EBENEN AUFNEHMEN aktiviert ist. (Im Abschnitt »Ein Porträt weichzeichnen« auf Seite 309 finden Sie dazu ein Beispiel.) Mit einer Reparaturebene nehmen Sie beim Scharfzeichnen, Weichzeichnen, Verwischen, Reparieren oder Kopieren Bereiche aus allen Ebenen auf, die Reparatur an sich bleibt jedoch in der separaten Ebene isoliert, so dass das Originalbild nicht verändert wird. Falls Sie Teile Ihrer Arbeit rückgängig machen oder verändern wollen, können Sie radieren oder Bereiche löschen. Sie können auch die Ebenendeckkraft oder die Füllmethode ändern und so die Wirkung des Gesamtbilds variieren ▼. Das gilt auch, wenn Sie den Filter STAUB UND KRATZER anwenden, um Schönheitsflecken aus einem Foto zu entfernen (siehe Seite 304).

SIEHE AUCH
▼ Füllmethoden
Seite 174

Separate Ebenen sind auch praktisch, wenn Sie malen, die bereits bestehende Arbeit jedoch nicht in Gefahr bringen wollen. Wenn Sie sich sicher sind, dass Ihnen die neuen Pinselstriche gefallen, können Sie die Ebenen reduzieren (⌘-/Strg-E), anschließend eine neue Ebene erstellen und weiter experimentieren.

Eine Ebene duplizieren. Manchmal wollen Sie vielleicht Änderungen auf einer bestimmten Ebene vornehmen, aber nicht ohne die Möglichkeit, wieder auf den Zustand vor der Bearbeitung zurückgreifen zu können. Vielleicht wollen Sie aber auch flexibel bleiben und die geänderte Version mit dem Original kombinieren. In diesem Fall müssen Sie die Ebene kopieren (⌘/Strg-J) und auf der Ebenenkopie arbeiten.

EINE REDUZIERTE EBENENKOPIE

Angenommen, Sie haben eine Datei mit mehreren Ebenen erstellt und wollen jetzt eine Änderung auf allen Ebenen vornehmen. Eine Möglichkeit ist, im Ebenenstapel ganz oben eine Ebene zu erstellen, die aus allen sichtbaren Ebenen erzeugt wird. Diese einzelne Ebene können Sie dann ganz leicht bearbeiten, damit experimentieren etc., die einzelnen Ebenen darunter bleiben erhalten.
Und so erstellen Sie diese Ebene: Drücken Sie ⌘-⇧-⌥-E (PC: Strg-⇧-Alt-E), um eine auf eine Ebene reduzierte Version der sichtbaren Ebenen zu erstellen.

WIEDERHERSTELLEN

Auch wenn Sie mit Ebenenstilen, Einstellungsebenen, Smart Objekten und ähnlichen Methoden arbeiten, um möglichst flexibel zu bleiben, haben Sie immer die Möglichkeit, Ihre Schritte rückgängig zu machen. Photoshop bietet ausreichend Optionen, so dass Sie frei experimentieren können.

Widerrufen

Photoshops ⌘/Strg-Z (für BEARBEITEN/RÜCKGÄNGIG), macht den letzten Schritt rückgängig – mithilfe der Protokoll-Palette können Sie aber auch noch weiter zurückgehen. Sie können entweder auf einen der Schritte in der Palette klicken (weitere Informationen dazu finden Sie weiter hinten in diesem Kapitel im Abschnitt »Die Protokoll-Palette«) oder Sie drücken ⌘-⌥-Z (**PC:** Strg-Alt-Z (BEARBEITEN/SCHRITT ZURÜCK), um die letzten Schritte zurückzugehen. Die Einstellung für die Protokollschritte (PHOTOSHOP bzw. BEARBEITEN/VOREINSTELLUNGEN/ALLGEMEINE) legt fest, wie viele Schritte Sie rückgängig machen können. Sie können auch die **Zurück-Funktion** verwenden – mit ⌘/Strg-Z setzen Sie die letzten Einstellungen zurück.

Dialogeinstellungen wiederherstellen

In jeder Dialogbox, in der Sie mindestens einen Wert eingeben können und die einen Abbrechen-Button besitzt, können Sie diesen durch Gedrückthalten der ⌥/Alt-Taste in einen **Zurück**-Button umwandeln; wenn Sie auf diesen Button klicken, bleibt die Dialogbox geöffnet, jedoch werden alle Einstellungen zurückgesetzt.

Verblassen

Direkt nachdem Sie einen Filter, eine Farbeinstellung oder einen Pinselstrich angewendet haben – und bevor Sie etwas anderes machen – können Sie BEARBEITEN/VERBLASSEN wählen, um den Effekt zu reduzieren. Sie können aber auch einfach den Ebenenmodus ändern.

Zurückkehren

Der Befehl DATEI/ZURÜCK ZUR LETZTEN VERSION bringt Sie zu der Dateiversion zurück, die das letzte Mal gespeichert wurde. Sie können zu jedem Zustand zurückkehren, den Sie als Schnappschuss in der Protokoll-Palette gespeichert haben, wie Sie gleich sehen werden. Der Befehl ZURÜCK ZUR LETZTEN VERSION kann auch rückgängig gemacht werden (⌘/Strg-Z), falls Sie Ihre Meinung ändern sollten.

Die Protokoll-Palette

Mit der Protokoll-Palette (FENSTER/PROTOKOLL) können Sie zu einem früheren Zustand des aktuellen Bilds zurückkehren. Die Palette erinnert sich an die wichtigsten Stadien oder Schritte Ih-

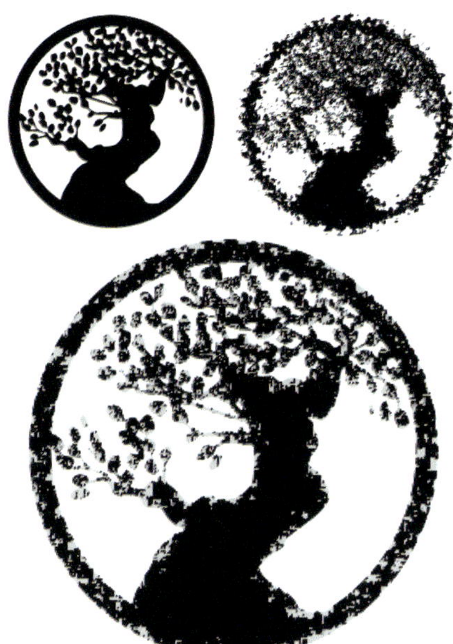

Oben links sehen Sie den Scan einer Linienzeichnung, rechts eine duplizierte Ebene (⌘/Strg-J), auf die der Filter SPRITZER angwendet wurde. Die Deckkraft wurde auf 75% reduziert, als Füllmethode wurde NEGATIV MULTIPLIZIEREN gewählt. In diesem Modus haben schwarze Spritzer keine Auswirkungen; nur die hellen Punkte werden mit dem Original gemischt.

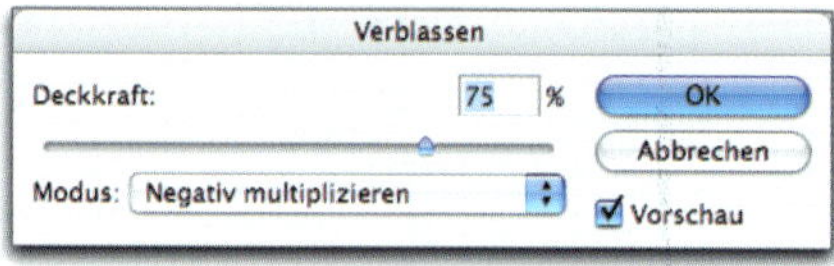

Das Ergebnis des Filters SPRITZER wird auch erreicht, wenn die Originalebene gefiltert und anschließend der Befehl BEARBEITEN/VERBLASSEN angewendet wird, um die Deckkraft etwas zu verringern, und ein neuer Ebenenmodus gewählt wird. Bei der Version mit den zwei Ebenen können Sie den Effekt jedoch genauer anpassen.

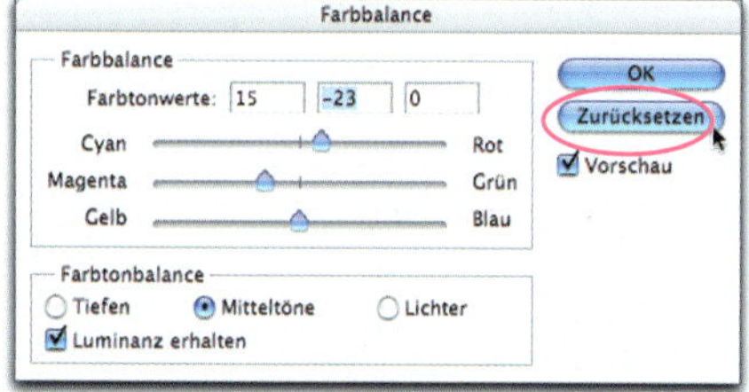

In Dialogboxen wie FARBBALANCE können Sie verschiedene Einstellungen vornehmen. Mit ⌘/Strg-Z machen Sie den letzten Eintrag rückgängig. Um alle Werte zurückzusetzen, drücken Sie mit gedrückter ⌥/Alt-Taste auf den ABBRECHEN-Button.

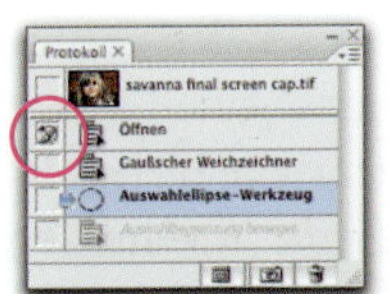

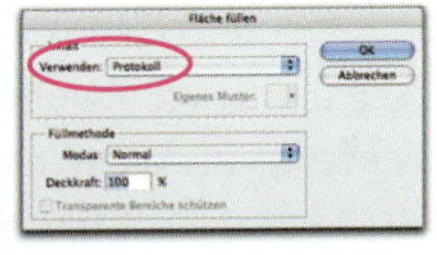

FOTO: BEVERLY GOWARD

Sie können die Protokoll-Palette und den Befehl FÜLLEN verwenden, um Teile der vorhergehenden Bildversion wiederherzustellen. Mit dieser Methode wurde hier das Gesicht des Mädchens betont: Das Bild wurde weichgezeichnet, das Gesicht anschließend mit einer weichen Auswahlkante ausgewählt. Das Originalbild stellte dann die Quelle für den Befehl BEARBEITEN/VERBLASSEN dar. Durch die weiche Auswahlkante entsteht ein weicher Übergang. ▼

SIEHE AUCH

▼ Auswahlen & Weiche Auswahlkante **S. 52**

rer Arbeit – das, was Sie seit dem Öffnen der Datei getan haben – und Sie können Schritt für Schritt zurückgehen.

Ein **Schnappschuss** ist eine gespeicherte Version Ihrer Datei. Einen solchen erstellen Sie, indem Sie mit gedrückter ⌥/Alt-Taste auf den Button NEUEN SCHNAPPSCHUSS ERSTELLEN unten in der Protokoll-Palette klicken. Es ist in der Regel geschickter, einen Schnappschuss der reduzierten Ebenen zu erstellen und nicht von einzelnen Ebenen.

Zurückgehen. Sie können zu einer früheren Dateiversion zurückgehen, indem Sie in der Protokoll-Palette auf die Miniatur eines Schritts oder Schnappschusses klicken. Sie können Teile einer früheren Bildversion auch mit dem Protokoll-Pinsel wiederherstellen. Klicken Sie dazu in die Spalte links neben der entsprechenden Miniatur und beginnen Sie zu malen. Oder stellen Sie die Quelle ein und wählen Sie BEARBEITEN/FÜLLEN.

Sie können den Speicher der Protokoll-Palette auch begrenzen. Um nicht zu viel RAM in Anspruch zu nehmen, speichert die Palette standardmäßig nur die letzten 20 Arbeitsschritte. Sie können die Anzahl zwar erhöhen, das bedeutet dann jedoch

PROTOKOLL

Die Protokoll-Palette speichert Ihre einzelnen Arbeitsschritte – sie nimmt alles auf, was Sie mit der Datei machen. **Schnappschüsse** werden erstellt, wenn Sie die Datei zu einem bestimmten Zeitpunkt sichern wollen. Ein Schnappschuss wird oben in der Palette gesichert. Das Protokoll-Pinsel-Icon in der linken Spalte bedeutet, dass der Schritt oder Schnappschuss rechts daneben als Quelle für ein Werkzeug dient, das mit dem Protokoll arbeiten kann.

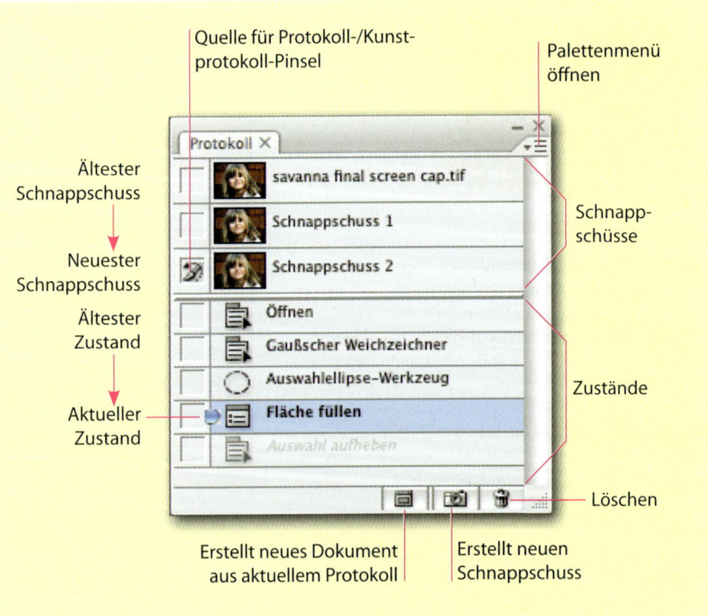

JHDAVIS

Das Protokoll bietet nicht nur die Möglichkeit, mehrere Schritte zurückzugehen, Sie können es auch als Quelle für den Protokoll-Pinsel verwenden. Dieses Werkzeug erzeugt Pinselstriche, die automatisch den Farb- und Kontrastkonturen des Bilds folgen und dabei einen Protokollschritt als Quelle verwenden. Mit sorgfältig ausgewählten Einstellungen können Sie sehr schöne Gemälde erstellen. Der untere Apfel wurde mit einer Wow-Vorgabe erstellt. Weitere Beispiele finden Sie auf den Seiten 308 und 390.

auch, dass mehr RAM benötigt und Photoshop möglicherweise langsamer wird. (Die Anzahl der Protokollschritte ändern Sie in den Allgemeinen Voreinstellungen.) Wenn Sie mit der Protokoll-Palette effizient arbeiten wollen, sollten Sie die Anzahl der gespeicherten Arbeitsschritte auf 20 oder weniger beschränken und lieber einen Schritt duplizieren, von dem Sie denken, dass Sie diesen später noch benötigen (Datei/Speichern unter/Als Kopie); der Schritt wird als geschlossene Datei gespeichert und nimmt keinen RAM in Anspruch.

Protokolloptionen. Wenn Sie das Palettenmenü der Protokoll-Palette öffnen und die Option Protokolloptionen wählen, können Sie verschiedene Einstellungen vornehmen: beim Öffnen automatisch einen neuen Schnappschuss erstellen lassen – diese Option ist standardmäßig aktiviert – oder bei jedem Speichervorgang (der Schnappschuss wird dann nach der Uhrzeit benannt, an dem Sie ihn aufgenommen haben). Mit der Option Nichtlineares Protokoll zulassen können Sie auch zu einer früheren Dateiversion zurückgehen (indem Sie in der Palette auf die entsprechende Miniatur klicken) und dort Änderungen vornehmen – die Zwischenschritte gehen dabei nicht verloren. Die Option

Protokollprobleme

Wenn Sie einen Schnappschuss des kompletten Dokuments erstellen, können später Probleme auftauchen, wenn Sie in der Zwischenzeit noch Ebenen hinzugefügt haben. Versuchen Sie dann nämlich auf einer der neuen Ebenen mit dem Protokoll- oder Kunstprotokoll-Pinsel aus dem Schnappschuss des gesamten Dokuments zu malen, sehen Sie diese Warnung:

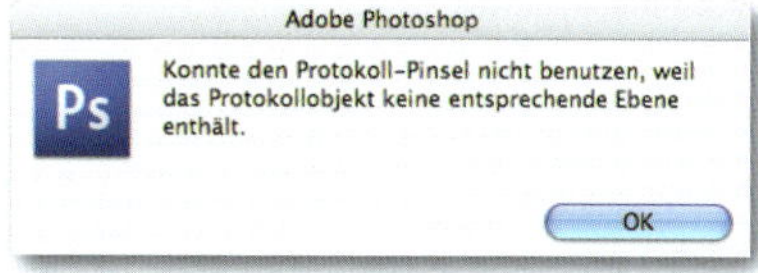

Wenn Sie versuchen, den Radiergummi oder den Befehl Fläche füllen verwenden, wird die Protokoll-Funktion gedimmt und ist nicht mehr verfügbar.

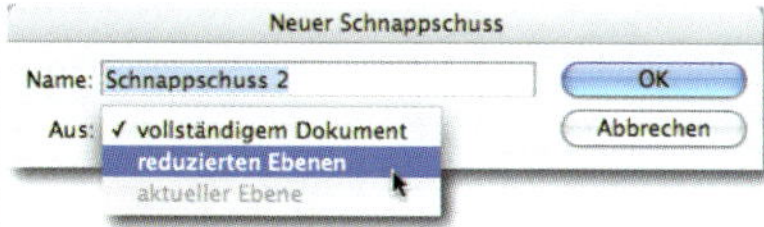

Sie können dieses Problem **vermeiden**, indem Sie beim Aufnehmen des Schnappschusses Reduzierte Ebenen wählen:

Haben Sie jedoch bereits einen Schnappschuss des gesamten Dokuments erstellt und diese Nachricht erhalten oder wurde die Protokolloption gedimmt, gibt es einen **Ausweg**: Aktivieren Sie die Miniatur des Schnappschusses. Erstellen Sie einen neuen Schnappschuss – diesmal reduziert – und ziehen Sie den alten in den Papierkorb, wenn Sie ihn nicht länger benötigen.

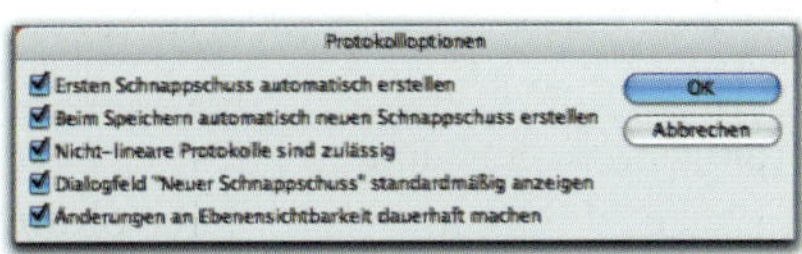

Die Einstellungen in der Dialogbox PROTOKOLL-OPTIONEN bestimmen, wie sich die Protokoll-Palette verhält.

DAS PROTOKOLL ERHALTEN

Das Protokoll verschwindet, wenn Sie die Datei schließen – Sie können die einzelnen Schritte dann nicht mehr nutzen und auch keine Schnappschüsse mehr verwenden. Mit ein bisschen Planung und Willen können Sie die Schnappschüsse allerdings erhalten:

Ziehen Sie vor dem Schließen einer Datei die Miniatur eines Schnappschusses in der Protokoll-Palette auf den Button ERSTELLT EIN NEUES DOKUMENT AUS DEM AKTUELLEN PROTOKOLL.

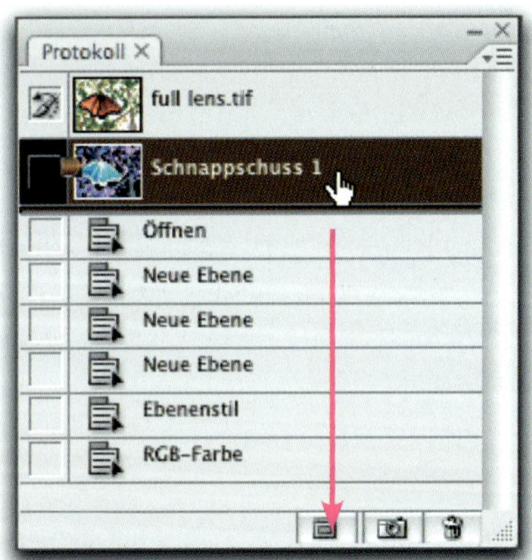

Wiederholen Sie diesen Schritt auch für die anderen Schnappschüsse, die Sie erhalten wollen. Schließen und speichern Sie die neuen Dateien, bevor Sie die Datei schließen. Wenn Sie erneut an der Datei arbeiten wollen, öffnen Sie diese zusammen mit den erstellten Duplikaten. Ziehen Sie die Schnappschüsse wieder in die Originaldatei, um sie zur aktuellen Protokoll-Palette hinzuzufügen.

DIALOGFELD »NEUER SCHNAPPSCHUSS« STANDARDMÄSSIG ANZEIGEN öffnet bei jedem Klick auf den Schnappschuss-erstellen-Button unten in der Protokoll-Palette automatisch die Dialogbox, so dass Sie die Option REDUZIERTE EBENEN wählen können.

Das Ein- und Ausblenden von Ebenen durch Klicken auf das Augen-Icon in der Ebenen-Palette wird nicht als Protokollschritt aufgenommen. Es sei denn, Sie aktivieren in den Protokolloptionen die Checkbox ÄNDERUNGEN AN EBENENSICHTBARKEIT DAUERHAFT MACHEN.

Das Protokoll verschwindet, sobald Sie die Datei schließen – die Schnappschüsse und einzelnen Protokollschritte sind also nicht mehr vorhanden, wenn Sie die Datei erneut öffnen. Wenn Sie jedoch Schnappschüsse der aktuellen Arbeit sichern wollen, lesen Sie den Tipp links »Das Protokoll erhalten«.

WIE SIE PHOTOSHOP GLÜCKLICH MACHEN

Photoshop-Dateien werden meistens sehr groß – die Anzahl der Ebenen wird nur durch die Möglichkeiten Ihres Computers begrenzt. Außerdem müssen viele Informationen verarbeitet werden – beispielsweise die Farbe der unzähligen Pixel eines Bilds. Das einfache Öffnen einer Datei, bei dem die Dateiinformationen in den Arbeitsspeicher (RAM) des Computers geladen werden, kann einige Zeit in Anspruch nehmen. Spezialeffekte können zu schwierigen Berechnungen führen. Sie finden deshalb hier ein paar Vorschläge, wie Sie effizienter mit Photoshop arbeiten.

Photoshop mehr RAM zuweisen

Die Systemvoraussetzungen, die Adobe für Photoshop auflistet, können immer als Minimalwerte betrachtet werden. Je schneller Ihr Computer ist und je mehr RAM er enthält, desto schneller läuft Photoshop und desto mehr Spaß werden Sie haben.

Verwenden Sie ein größeres Arbeitsvolume

Wenn Photoshop nicht ausreichend Platz hat, um eine Datei vollständig im RAM zu bearbeiten, verwendet es auch Festplattenplatz, um den eigenen Speicher zu erweitern – dabei handelt es sich dann um *virtuellen Speicher* oder *Arbeitsvolume*. In diesem Fall werden zwei Aspekte besonders wichtig: Der erste ist, wie viel freien Festplattenplatz Sie für Photoshop reservieren – also alles, was über die Mindestanforderungen hinausgeht. Sie werden wahrscheinlich so viel Platz freigeben wollen, wie Ihnen RAM zur Verfügung steht, mindestens fünfmal die Größe der Datei, an der Sie gerade arbeiten.

EFFIZIENZ

Im Modus ARBEITSDATEI-GRÖSSEN unten links im Bildfenster bekommen Sie angezeigt, wie viel RAM für Photoshop zur Verfügung steht (rechts) und wie viel Speicher von allen offenen Dateien, der Zwischenablage, den Schnappschüssen usw. aktuell benötigt wird (links). Wenn der linke Wert höher ist als der rechte, greift Photoshop auf virtuellen Speicher zurück.

Würde mehr RAM helfen? Sie können sich die **Effizienz** anzeigen lassen, um zu sehen, wie viel RAM allein Photoshop verwendet. Ein Wert um die 100% bedeutet, dass das Arbeitsvolume kaum gebraucht wird – die Leistung also nicht merklich steigt, wenn Sie mehr RAM zuweisen. Ein Wert unter 75% bedeutet, dass es helfen würde, wenn Sie Photoshop mehr RAM zuweisen.

Der zweite Faktor ist die Übertragungsrate des Laufwerks bzw. die Geschwindigeit, mit der Daten von einer CD gelesen werden können. Denken Sie darüber nach, eine gesamte, schnelle und mehrere Gigabyte umfassende Festplatte als Arbeitsvolume zu verwenden. Festplattenplatz wird immer günstiger – mehr Freiheiten für Photoshop also. Ebenso gut ist es, wenn Sie eine mehrere Gigabyte große Partition Ihrer Festplatte als Arbeitsvolume freigeben. Egal, für welche Variante Sie sich entscheiden, da die Daten nicht dauerhaft auf dem Arbeitsvolume gespeichert werden, wird die Partition nicht fragmentiert (der freie Platz wird also nicht in kleine Einzelteile aufgebrochen) und Sie müssen sie nicht regelmäßig defragmentieren.

RAM freigeben

Wenn Sie das Gefühl haben, dass Photoshop recht langsam läuft oder die Effizienz dauerhaft unter 100% liegt (siehe »Effizienz« links im Kasten), gibt es verschiedene Möglichkeiten, um RAM freizugeben oder Photoshop so laufen zu lassen, dass nicht so viel Speicher benötigt wird.

Andere Programme schließen. Auch wenn Sie die anderen Programme im Moment nicht nutzen, offene Anwendungen beanspruchen RAM. Um mehr RAM für Photoshop zur Verfügung zu stellen, sollten Sie die anderen Programme schließen.

Die Anzahl der Vorgaben reduzieren. Wenn Sie Ebenenstile, Farbverläufe, Pinsel oder andere Vorgaben laden, wird dafür reichlich RAM und Arbeitsvolume in Anspruch genommen. Wenn Sie Ihre Vorgaben gut organisieren, so dass sie einfach zu finden und zu laden sind, und Sie auch immer nur die Vorgaben laden, die Sie gerade benötigen, können Sie den RAM-Bedarf reduzieren. Im Abschnitt »Stile, Muster und Vorgaben« auf Seite 5 erfahren Sie, wie Sie am besten auf Ihre Vorgaben zugreifen.

Entleeren. Wenn Photoshop geöffnet ist, lagert es noch wesentlich mehr Dinge im RAM ab, als für die Ausführung von Befehlen unbedingt notwendig ist. Im *Zwischenspeicher* erinnert sich Photoshop immer an das Letzte, was Sie in einer Datei kopiert oder ausgeschnitten haben. Im *Protokoll* werden die letzten Schritte der Arbeitsdatei gespeichert, wie auf Seite 26 beschrieben. Weil Sie in Photoshop mehr als eine Datei gleichzeitig geöffnet haben können und sich Photoshop die Protokolle aller offenen Dateien merkt, kann das etwas mehr Speicher in Anspruch nehmen. Es gibt einige Programmbefehle, für die Photoshop nur auf RAM und nicht auf das Arbeitsvolume zugreift – deshalb ist es vorteilhaft, die Zwischenablage oder das Protokoll zu entleeren, wenn Sie es nicht länger benötigen. Wenn Sie BEARBEITEN/ENTLEEREN wählen, verdeutlichen alle Befehle, die nicht gedimmt dargestellt sind, dass etwas gespeichert ist, was entleert werden kann. Wenn Sie die Protokolle entleeren, werden die einzelnen Protokollschritte gelöscht, die Schnappschüsse bleiben jedoch erhalten.

Kopieren mit wenig Speicherbelastung. Falls der RAM begrenzt ist, können Sie auch ohne Zwischenablage kopieren und einfügen:

- **Um eine Ebene (oder einen ausgewählten Bereich) als neue Ebene in dieselbe Datei zu kopieren**, drücken Sie ⌘/Strg-J (EBENE/NEU/EBENE DURCH KOPIE).▼

- **Um einen ausgewählten Bereich in eine andere offene Datei zu kopieren**, ziehen Sie diesen mit dem Verschieben-Werkzeug in das neue Dokument. Um ihn in der neuen Datei zu zentrieren, halten Sie beim Ziehen die Strg-⇧-Taste gedrückt.
- **Um eine Ebene, einen Kanal oder einen Schnappschuss von einer Datei in eine andere zu kopieren,** ziehen Sie diese bzw. diesen aus der entsprechenden Palette der Quelldatei in die neue Datei.
- **Um ein ganzes Bild in eine neue Datei zu kopieren** (mit allen Ebenen oder reduziert), wählen Sie BILD/BILD DUPLIZIEREN.

ÜBUNG

Lesen Sie auch die folgenden Abschnitte (»Anatomie einer Photoshop-Datei« und »Übungen«), um sich mit einer Photoshop-Datei vertraut zu machen. Anschließend wünsche ich Ihnen viel Spaß mit der Galerie, beginnend auf Seite 44, in der die unterschiedlichsten Ansätze demonstriert werden.

ACHTUNG: ENTLEEREN

Wenn Sie BEARBEITEN/ENTLEEREN/PROTOKOLLE oder ALLE wählen, betrifft das nicht nur die aktuell aktive Datei, sondern *alle* geöffneten Photoshop-Dateien. Um nur das Protokoll der *aktiven Datei zu entleeren*, klicken Sie in der Protokoll-Palette auf den Button PROTOKOLL LÖSCHEN.

Hinweis: Beide Befehle können nicht rückgängig gemacht werden.

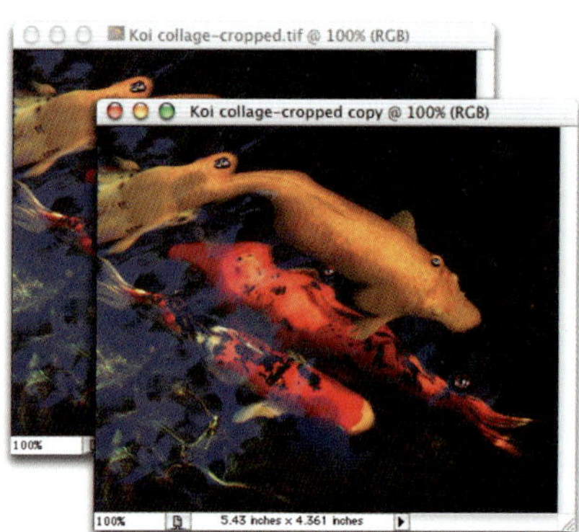

Wenn Sie eine Datei mit dem Befehl BILD/DUPLIZIEREN oder dem Button ERSTELLT EIN NEUES DOKUMENT AUS DEM AKTUELLEN PROTOKOLL in der Protokoll-Palette eine Kopie erstellen, erhält die neue Datei zwar einen Namen, wird jedoch nicht gespeichert. Wählen Sie deshalb direkt im Anschluss DATEI/SPEICHERN (⌘/Strg-S), um die Datei zu sichern.

ANATOMIE EINER

Photoshop-Datei

Das Bild, das wir sehen, wenn wir uns eine Photoshop-Datei als Ausdruck oder auf dem Bildschirm ansehen, ist oft eine Kombination verschiedener Elemente. Die Ebenen-Palette bietet einen Blick auf die Bestandteile einer Datei.

Hier sehen Sie die fertige Datei aus dem Abschnitt »**Text hinzufügen**« in Kapitel 9. Sie sehen die typischen Komponenten, die in der Ebenen-Palette einer Photoshop-Datei zu finden sind.

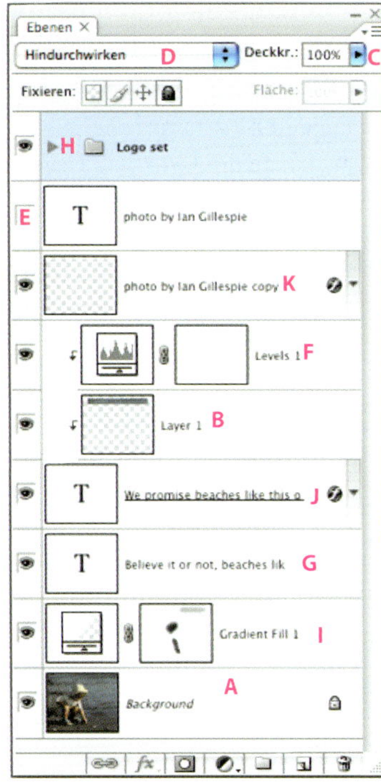

Ebenen
Hindurchwirken D
Deckkr.: 100% C
Fixieren:
Fläche:
H Logo set
E photo by Ian Gillespie
photo by Ian Gillespie copy K
Levels 1 F
Layer 1 B
We promise beaches like this o J
Believe it or not, beaches lik G
Gradient Fill 1 I
Background A

Die drei Ebenen, aus denen das Logo in der unteren rechten Ecke besteht, wurden in einer Ebenengruppe zusammengefasst (oben in der Palette), um die Bestandteile zusammenzuhalten und die Ebenen-Palette übersichtlicher zu gestalten.

Hintergrund

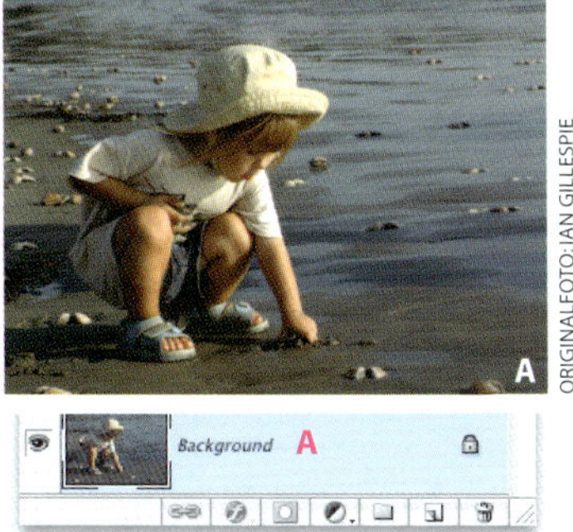

A
ORIGINALFOTO: IAN GILLESPIE
Background A

Ein **Hintergrund A** ist eine pixelbasierte Ebene ohne Transparenz (es können auch keine Ebenenstile angewendet werden). Er ist fix, kann nicht bewegt, gedreht oder skaliert werden. Scans und Digitalfotos bestehen normalerweise nur aus einem *Hintergrund*. Wenn Sie diesen doppelt anklicken, besteht auch die Möglichkeit der Transparenz. Nicht jede Photoshop-Datei besitzt einen *Hintergrund*. Wenn doch, befindet er sich im Ebenenstapel ganz unten.

Transparente Ebenen

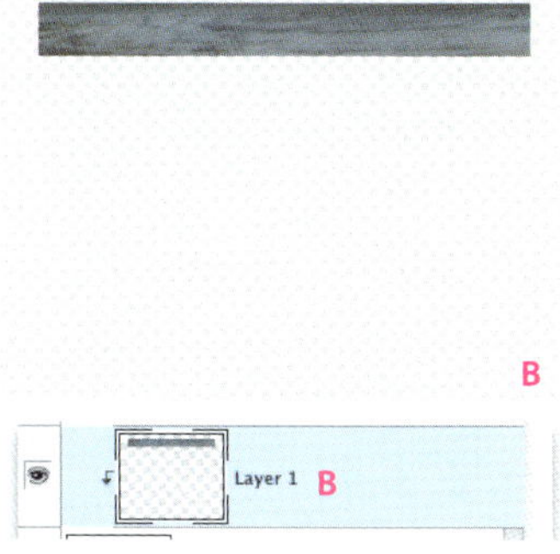

B
Layer 1 B

Herkömmliche pixelbasierte Ebenen, die keine Hintergrundebenen sind, können transparent sein (sie sehen ein grauweißes Schachbrettmuster). Die Ebene **B** enthält die Kopie eines Teils des *Hintergrunds*; hier ist er Teil einer Beschneidungsgruppe (siehe Seite 32). Neben Bildteilen können transparente Ebenen auch Pixel enthalten, die mit Photoshops Mal-, Zeichen- oder Bildbearbeitungswerkzeugen erstellt wurden.

Deckkraft, Ebenenmodus & Sichtbarkeit

Bei allen anderen Ebenen, außer dem *Hintergrund*, können Sie die **Deckkraft** und die **Flächendeckkraft C** einstellen (der Unterschied ist auf Seite 574 erklärt) sowie die **Füllmethode D** ändern (wie die Farben einer Ebene mit dem Rest des Bilds interagieren). Sie können die Deckkraft und den Ebenenmodus immer wieder ändern, ohne die Ebene zu zerstören. Wenn Sie auf das Augen-Icon **E** klicken, können Sie eine Ebene auch ausblenden.

We promise beaches like this one.
Believe it or not, beaches like this still exist. Where the waves are gentle, the sand is soft, and marine life is everywhere in abundance.
For a vacation in unsurpassed natural beauty with wonders that never cease, come to La Playa Island Resorts. You'll find us on the Web at www.laplaya.com.
LA PLAYA ISLAND RESORTS
1.800.555.2323
ORIGINALFOTO: IAN GILLESPIE

Einstellungsebenen

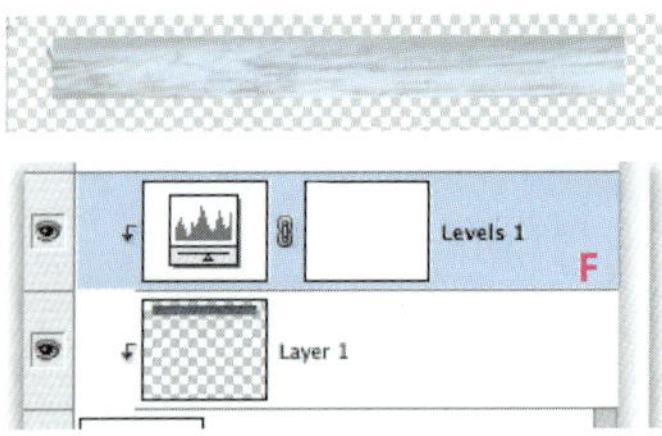

Eine **Einstellungsebene** ist anweisungsbasiert. Sie ändert den Tonwert oder die Farben der darunterliegenden Ebenen im Ebenenstapel. Die Einstellungsebene in dieser Datei **F** soll die darunterliegende Ebene aufhellen. Einstellungsebenen sind mit einer Maske ausgestattet, die Sie bearbeiten können, um den Effekt zu verändern. Die Dialogbox der Einstellung kann jederzeit wieder geöffnet und die Einstellungen können geändert werden. Alle Einstellungsebenen (Tonwertkorrektur, Gradationskurven usw.) werden in der Ebenen-Palette mit einem speziellen Symbol dargestellt – einem schwarzweißen Kreis oder, wenn die Palette größer ist, einer kleinen Grafik.

Textebenen

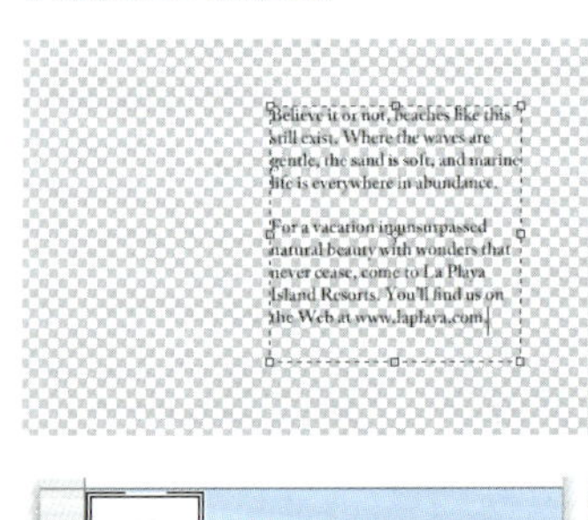

Eine **Textebene,** in der Ebenen-Palette durch ein »T«-Symbol dargestellt, enthält jederzeit editierbaren Text. Wenn der Text dieser Ebene **G** geändert werden soll, können Sie die Ebene auswählen und bearbeiten; Sie können auch Schriftart, Größe oder andere Eigenschaften ändern.

Form- & Füllebenen

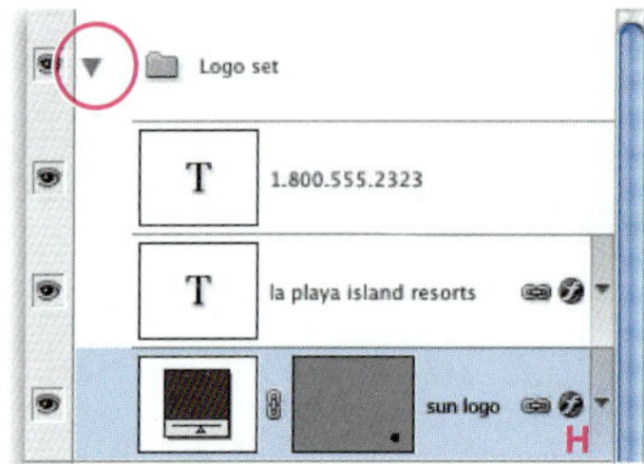

Form- und **Füllebenen** sind anweisungsbasiert. Sie bestimmen, welche Volltonfarbe, welcher Verlauf oder welches Muster auf die Ebene angewendet werden soll. Diese Anweisungen können Sie ändern, ohne die Pixel zu zerstören. Eine eingebaute Maske kontrolliert, wo der Effekt zu sehen ist. In dieser Datei ist das Sonnenlogo unten rechts eine Formebene **H**. Mit einer Verlaufsfüllebene wurde die rechte Bildseite aufgehellt.

Masken

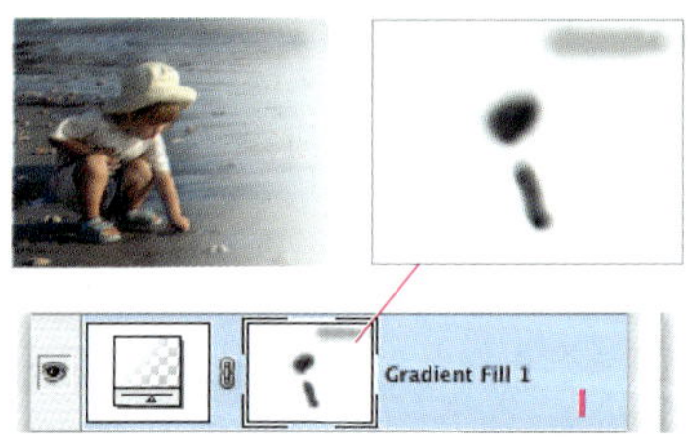

Mit einer Maske können Sie Teile einer Ebene ausblenden, ohne diese entfernen zu müssen (wenn Sie die Maske ändern, können Sie diese Teile dann auch wieder einblenden). Jede Ebene (Ausnahme: *Hintergrund*) kann zwei Masken enthalten – eine pixelbasierte Ebenenmaske und eine anweisungsbasierte Vektormaske. Die **Ebenenmaske** der Verlaufsfüllebene **I** schützt das Gesicht, die Hand und den Bereich hinter der Überschrift vor der Aufhellung. Die **Vektormaske** auf der Formebene (oben zu sehen) bestimmt die Form des Logos; eine Vektormaske kann skaliert und gedreht werden, ohne ihre scharfen Kanten zu verlieren.

Schnittmasken

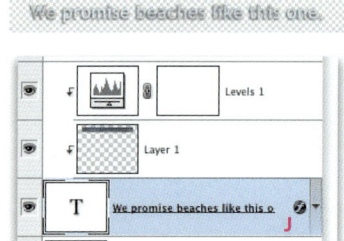

We promise beaches like this one.

Levels 1

Layer 1

We promise beaches like this o

J

Eine **Schnittmaske** ist eine Konstruktion, die eine Beschneidungsebene als eine Art Maske für die darüberliegenden Ebenen verwendet. Hier wurde eine Schnittmaske genutzt, um den Text der Überschrift mit einem Bild zu füllen **J**. Der Text ist die Beschneidungsebene; sie maskiert die Bild- und die Einstellungsebene. Wie Ebenen- und Vektormasken sind auch Schnittmasken nichtdestruktiv. (Auf Seite 66 erfahren Sie mehr.)

Ebenenstile

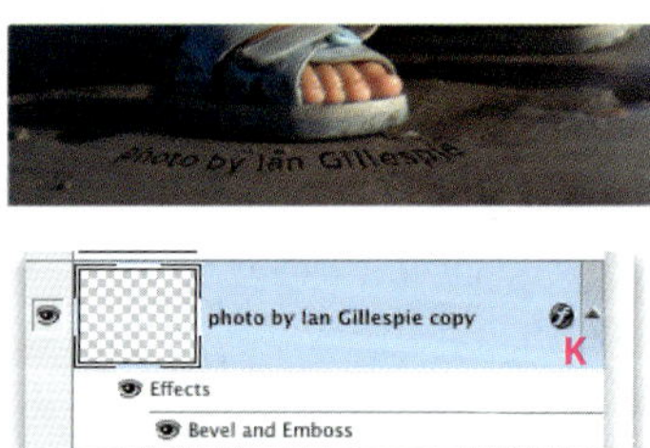

Ein **Ebenenstil** kann Farbe, Struktur, Tiefe oder Beleuchtung für eine beliebige Ebene, außer dem *Hintergrund*, liefern. Auf Seite 40 finden Sie eine Anleitung zum Umgang mit Ebenenstilen. In der Ebenen-Palette wird der Stil durch ein f-Symbol in der Ebene repräsentiert. Sie können eine Liste öffnen, um sich die Bestandteile des Stils anzusehen oder diese Liste schließen, um die Ebenen-Palette kompakter zu halten (klicken Sie auf das kleine Dreieck). Hier wurden Schlagschatten und ein »geritztes« Aussehen mithilfe von Ebenenstilen erzeugt **K**.

Ü B U N G

Smart Objekte

Smart Objekte sind wie eine Datei in der Datei. Sobald Sie ein Smart Objekt erstellt haben (oder aus Adobe Illustrator oder Camera Raw importiert haben), können Sie es zusammen mit der Datei verwalten und als eigenständige Ebene bearbeiten – skalieren, verzerren, verkrümmen, kopieren, einen Ebenenstil anwenden, mit einer Maske füllen, eine Einstellungsebene oder Beschneidungsgruppen anwenden usw.

Sie können das Smart Objekt auch öffnen, indem Sie in der Ebenen-Palette doppelt auf die Miniatur klicken. Das Smart Objekt wird als separate Datei geöffnet (wenn nötig, wird Illustrator oder Camera Raw gestartet), so dass Sie die Inhalte bearbeiten können. Wenn Sie die bearbeitete Datei speichern, werden die Änderungen automatisch in die größere (Photoshop-)Datei übernommen.

Hier ein paar Gründe, warum Smart Objekte so nützlich sind:

- Ein Smart Objekt **schützt pixelbasierte Inhalte** vor einer Verschlechterung durch mehrfaches Skalieren, Drehen oder anderweitiges Transformieren (wie auf Seite 14 beschrieben). Sie können ein Smart Objekt beispielsweise kopieren, skalieren und die Kopie drehen, davon eine weitere Kopie erstellen und diese weiter skalieren und drehen, ohne das Bild zu zerstören bzw. dessen Qualität zu mindern.
- Wenn die große Datei verschiedene Kopien (oder *Instanzen*) eines Smart Objekts enthält, **können Sie diese alle gleichzeitig bearbeiten**. Öffnen, bearbeiten und speichern Sie einfach eine solche Kopie.
- Mit einem Smart Objekt und seinen Instanzen bleibt die **Dateigröße kleiner** als mit herkömmlichen Ebenenkopien. Denn die Smart Objekte beziehen sich immer auf das Original und duplizieren es nicht.
- Sie können **eine oder mehr Instanzen in ein neues Smart Objekt übertragen**. So brauchen Sie nur die Instanz im neuen Smart Objekt zu bearbeiten, ohne die anderen ändern zu müssen oder umgekehrt.

SIE FINDEN DIE DATEIEN

auf der DVD unter Wow Projektdateien/Kapitel 1/ Smart Objekte:

- Übung SO-Vorher.psd
- Tänzer.psd (für Schritt 5)
- Übung SO-Nachher.psd (zum Vergleich)

ORIGINALILLUSTRATIONEN: PHOTOSPIN.COM

Dieser Abschnitt zeigt ihnen den Umgang mit Smart Objekten, indem Sie ein Muster erstellen und bearbeiten. Egal, ob Sie ein begeisterter Nutzer von Mustern sind oder nicht, in dieser Übung lernen Sie das Potenzial von Smart Objekten und außerdem ein paar wichtige Tipps kennen.

Sie werden zunächst mehrere Kopien eines Smart Objekts erstellen und anordnen, um das Muster zu erstellen, das Sie in der Abbildung oben sehen. Anschließend wandeln Sie den Musterausschnitt in ein neues Muster um (das hier für das Kleid verwendet wurde), indem Sie das Smart Objekt bearbeiten, das tanzende Paar ersetzen und den Schriftzug »JOY« hinzufügen. Am Ende der Übung wissen Sie, wie man mit Smart Objekten arbeitet und wie Sie Dateien nutzen können, um eigene Muster zu erstellen. Wenn Sie mehr über Smart Objekt-basierte Muster erfahren wollen, werfen Sie einen Blick in die Galerie auf Seite 568.

1. Die Datei einrichten

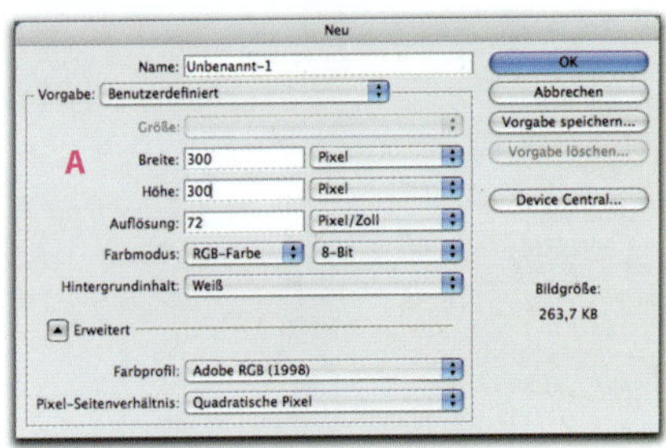

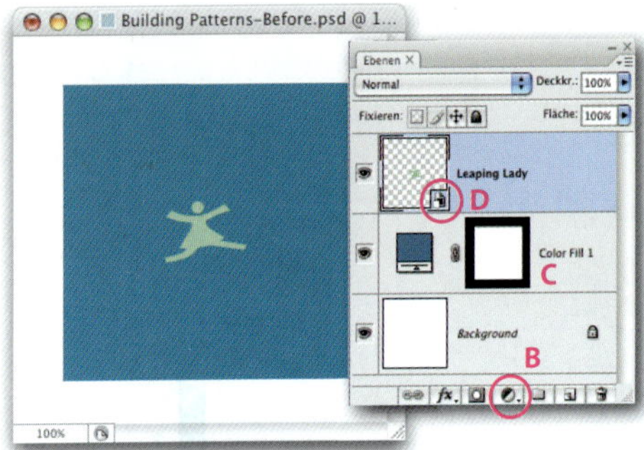

Legen Sie zunächst eine neue Datei (DATEI/NEU) mit 300 × 300 Pixel an **A** – sie sollte etwas größer sein als das Muster, das Sie erstellen wollen. Erstellen Sie anschließend mit gedrückter ⇧-Taste und dem Auswahlrechteck eine quadratische Auswahl, ▼ lassen Sie an den Rändern etwas Platz, damit das Musterelement darüber hinausragen kann. Klicken Sie bei aktiver Auswahl unten in der Ebenen-Palette auf den Button NEUE FÜLLEBENE ODER EINSTELLUNGSEBENE ERSTELLEN **B** und fügen Sie eine Volltonfarbe-Füllebene hinzu **C**, indem Sie den entsprechenden Befehl im Menü auswählen.

In einer separaten Ebene wird das Grafikelement für das Muster hinzugefügt – eine gerasterte Version einer Figur von Pedestria font (MVBFonts.com). Öffnen Sie die Datei **Übung SO-Vorher.psd**, um mit der Übung fortzufahren, oder erstellen Sie eine eigene ähnliche Datei.

Klicken Sie in der Ebenen-Palette auf die Ebene mit dem Musterelement. Wandeln Sie dieses in ein Smart Objekt um, indem Sie EBENE/SMART OBJEKTE/IN NEUEM SMART OBJEKT GRUPPIEREN wählen. In der Ebenenminiatur erscheint ein Hinweis, dass es sich nun um ein Smart Objekt handelt **D**. Durch das Erstellen dieser Datei in der Datei schützen Sie die Grafik bei der späteren Transformation verschiedener Kopien (Schritt 3). Wenn Sie das Muster später ändern wollen, brauchen Sie nur eine Ebene zu bearbeiten (Schritte 5 und 6).

SIEHE AUCH

▼ Auswahlen erstellen **Seite 51**

2. Ein Smart Objekt erstellen und kopieren

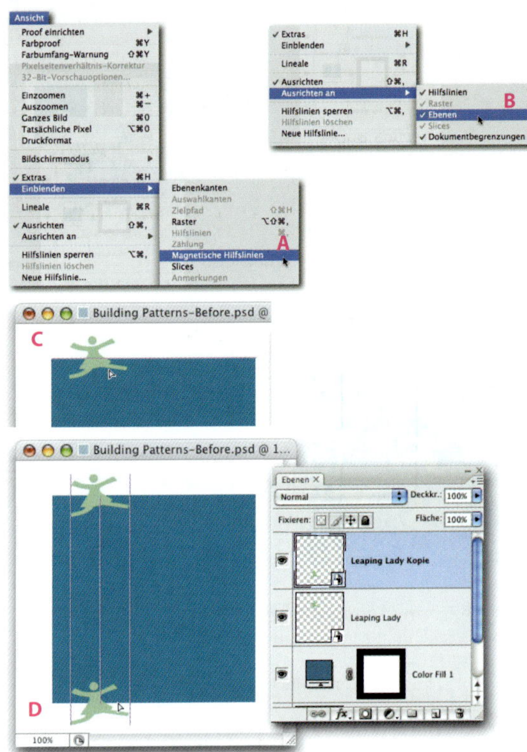

Photoshop besitzt noch eine andere sehr praktische Funktion – **Magnetische Hilfslinien**, mit denen Sie Grafiken besser entlang von Kanten ausrichten können. Wählen Sie ANSICHT/EINBLENDEN/MAGNETISCHE HILFSLINIEN **A**; aktivieren Sie im ANSICHT-Menü außerdem die Option AUSRICHTEN und wählen Sie AUSRICHTEN AN/EBENEN **B**. Ziehen Sie das Musterelement mit dem Verschieben-Werkzeug, wie in der Abbildung zu sehen. Sobald es sich mittig auf der Kante befindet, sehen Sie die magnetische Hilfslinie **C**. Im nächsten Schritt positionieren Sie eine Kopie des Elements auf der gegenüberliegenden Kante. So erstellen Sie einen nahtlosen Übergang von Kachel zu Kachel, wenn Sie in Schritt 4 das endgültige Muster definieren. Duplizieren Sie die Smart-Objekt-Ebene (⌘/⇧-J); die Kopie ist mit dem Original verbunden. Egal, welches Element Sie ändern, es werden immer beide Smart Objekte auf den aktuellen Stand gebracht. Halten Sie die ⇧-Taste gedrückt und ziehen Sie das Element mit dem Verschieben-Werkzeug auf die untere Kante **D**. Durch die ⇧-Taste wird das Element exakt am Original ausgerichtet, die magnetische Hilfslinie verrät Ihnen, wann es sich auf der Mitte der Kante befindet.

3. Mehr »Instanzen«

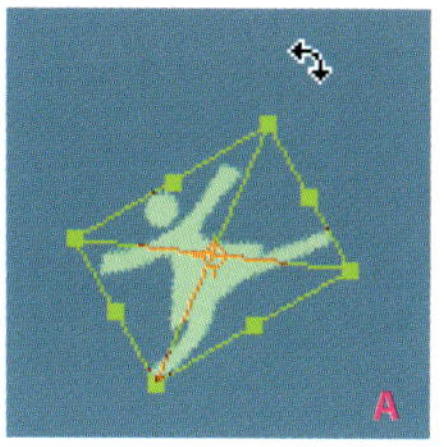

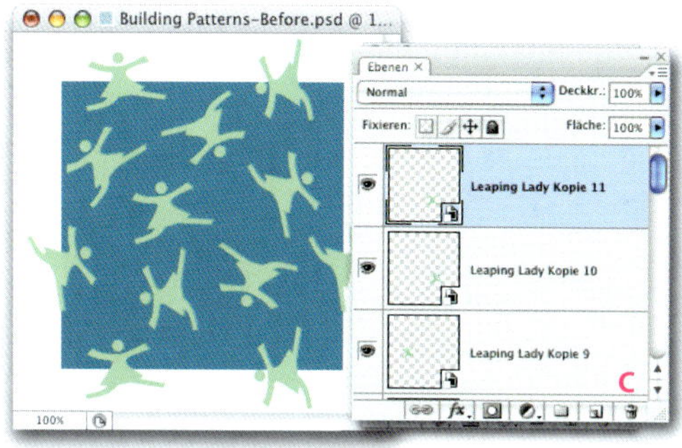

Um weitere Paare zu erzeugen, erstellen Sie zunächst eine weitere Kopie des Smart Objekts: Aktivieren Sie eine der Smart-Objekt-Ebenen und drücken Sie ⌘/Strg-J. Drehen Sie das neue Element für etwas mehr Abwechslung (⌘/Strg-T – verschieben Sie den Cursor außerhalb des Rahmens, bis er sich in einen Pfeil mit zwei Spitzen verwandelt, drehen Sie und drücken Sie dann ↵). **A**. Ziehen Sie dieses gedrehte Element auf eine Kante; auch hier helfen Ihnen die magnetischen Hilfslinien. Erstellen Sie die zweite Hälfte des Paares (⌘/Strg-J) und ziehen Sie es mit gedrückter ⇧-Taste auf die gegenüberliegende Seite.

(Sobald ein Paar ausgerichtet ist, können Sie beide Elemente gleichzeitig verschieben: Klicken Sie in der Ebenen-Palette auf die Miniatur eines Elements und dann mit gedrückter ⌘/Strg-Taste auf das andere.)

Erstellen Sie nach Belieben weitere Kantenelemente **B**. Blenden Sie anschließend die magnetischen Hilfslinien aus und wählen Sie ANSICHT/AUSRICHTEN AN/EBENE, damit sie nicht stören. Duplizieren Sie das aktuelle Smart Objekt erneut und ziehen Sie diese Kopie in das Quadrat. Drehen Sie das Element. Wiederholen Sie anschließend den Vorgang (duplizieren, ziehen, transformieren), bis Sie die gewünschte Anzahl an Elementen erstellt haben **C**. Weil sich alles um Kopien der Smart-Objekt-Ebene handelt, sind alle »Instanzen« miteinander verknüpft – bearbeiten Sie eine, bearbeiten Sie alle.

4. Ein Muster festlegen

Wenn Sie die Elemente angeordnet haben, können Sie das erste Muster definieren: Erstellen Sie eine Auswahl, indem Sie in der Ebenen-Palette mit gedrückter ⌘/Strg-Taste auf die Ebenenmaskenminiatur der Füllebene klicken **A**. Wählen Sie anschließend BEARBEITEN/MUSTER FESTLEGEN **B**, geben Sie dem Muster einen Namen und klicken Sie auf OK **C**.

Um Ihr neues Muster zu testen, erstellen Sie eine neue Datei (DATEI/NEU), die mindestens doppelt so groß ist wie das Muster. Fügen Sie eine Muster-Füllebene hinzu, indem Sie auf den Button NEUE FÜLLEBENE ODER EINSTELLUNGSEBENE ERSTELLEN klicken und MUSTER wählen. Wählen Sie in der Dialogbox Ihr Muster aus **D** (das Letzte in der Palette); klicken Sie auf OK.

Sehen Sie sich das Muster genau an. Wenn zwei Hälften an einer Stelle nicht exakt ausgerichtet sind oder Sie den Abstand der Elemente ändern wollen, gehen Sie zurück in die Erstellungsdatei und passen Sie den Abstand bzw. die Ausrichtung an. Sie können auch Kantenpaare oder einzelne innenliegende Elemente verschieben, um Platz zu schaffen. Legen Sie das Muster anschließend erneut fest (Bearbeiten/Muster festlegen), um eine neue Version zu erstellen.

5. Ein Smart Objekt bearbeiten

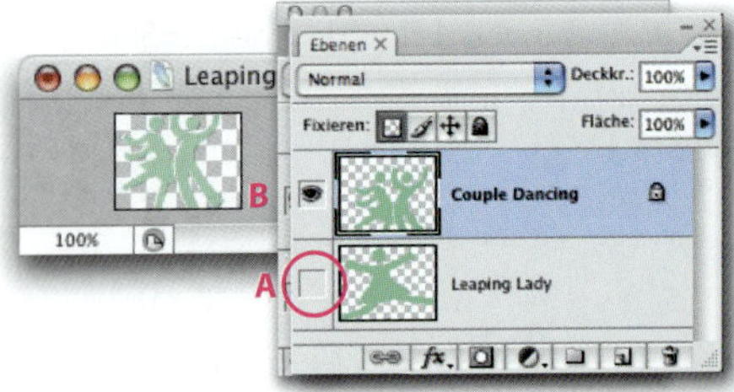

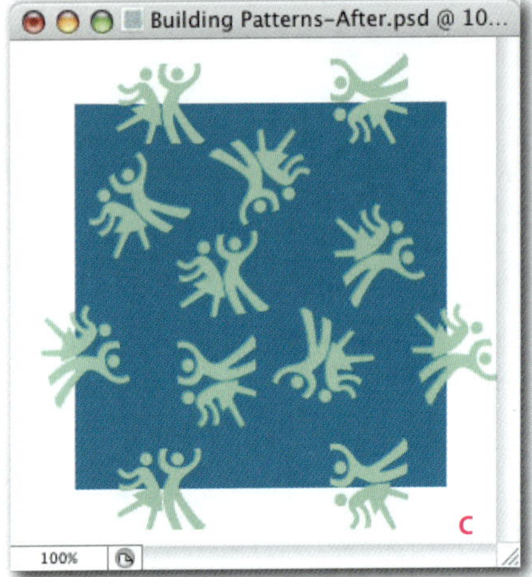

Jetzt geht der Spaß erst richtig los. Die Variationsmöglichkeiten für das Muster sind unendlich. Experimentieren Sie, wie auf den folgenden Seiten beschrieben, und speichern Sie Ihr Muster mit BEARBEITEN/MUSTER FESTLEGEN.

Weil wir das Muster mithilfe von Kopien eines Smart Objekts erstellen, brauchen wir nur ein Element zu ändern, um alle zu ändern. Klicken Sie doppelt auf eine der Smart-Objekt-Miniaturen in der Ebenen-Palette (oder wählen Sie EBENE/SMART OBJEKTE/INHALT BEARBEITEN). Wenn sich die Datei öffnet, blenden Sie die anderen Grafikebenen aus (klicken Sie auf das Augen-Icon in der Ebenen-Palette **A**) und fügen Sie neue Grafiken oder Text auf einer neuen Ebene hinzu. **Hinweis: Das neue Element sollte nicht höher oder breiter als das Original sein;** *skalieren Sie es proportional, wenn nötig* ▼ (siehe Seite 37). Um diesem Beispiel zu folgen, öffnen Sie die Datei **Tänzer.psd** (wieder ein Element von Pedestria font). Positionieren Sie das Element mit dem Verschieben-Werkzeug **B**.

Speichern Sie die Smart-Objekt-Datei (⌘/Strg-S). Aktivieren Sie anschließend die Datei, in der Sie das Muster erstellen; das alte Smart Objekt wird durch das neue ersetzt, inklusive Drehungen **C**.

6. Ein neues Smart Objekt erstellen

Sie können das Muster auch etwas aufbrechen, indem Sie ein neues Smart Objekt erstellen – so dass Sie, wenn Sie ein Element ändern, nicht alle anderen gleichzeitig mit ändern. Klicken Sie dazu in der Ebenen-Palette in der Datei, in der Sie das Muster entwickeln, mit gedrückter ⌘/Strg-Taste auf die Elemente, die Sie ändern wollen. (Falls Sie ein Kantenelement auswählen, wird auch das Partnerelement ausgewählt.) Wir wählen zwei innenliegende Elemente aus **A**.

Wählen Sie anschließend EBENE/SMART OBJEKTE/IN NEUEM SMART OBJEKT GRUPPIEREN. Dieses neue »super« Smart Objekt **B** erinnert sich an alle Transformationen, die Sie mit dem bisherigen Inhalt vorgenommen haben (hier die Drehung). Sie können jetzt jedoch die Grafik ändern, *ohne die anderen Grafiken der Datei ebenfalls zu ändern.*

Klicken Sie in der Ebenen-Palette doppelt auf die Miniatur des super Smart Objekts. In der geöffneten Datei klicken Sie anschließend doppelt auf eine der Smart-Objekt-Komponenten und ändern die Grafik; erstellen Sie beispielsweise Text (»JOY« in Arial Black und orange) **C**. Speichern Sie die Datei (⌘/Strg-S) **D**, um das Smart Objekt zu aktualisieren. Speichern Sie schließlich auch das super Smart Objekt, um die gesamte Datei auf den aktuellsten Stand zu bringen **E**.

7. Stile auf Smart Objekte anwenden

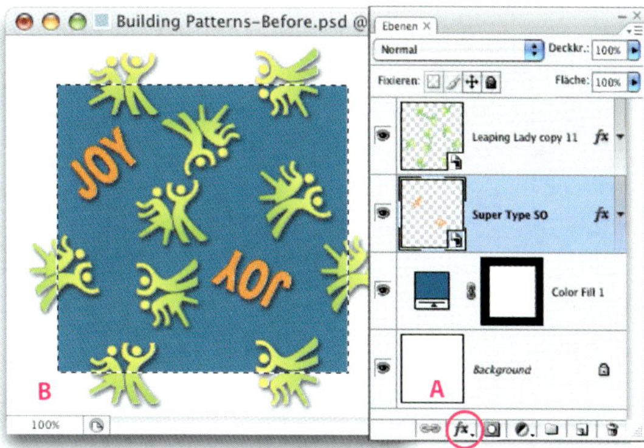

Smart Objekte bieten eine Möglichkeit, einen Ebenenstil auf mehrere Ebenen gleichzeitig anzuwenden. Die Datei **Übung SO-Nachher.psd** beinhaltet die Smart Objekte aus Schritt 6 und die im Folgenden beschriebenen Ebenenstile.

Aktivieren Sie die Ebene mit dem super Smart Objekt (wie oben zu sehen) und fügen Sie einen Schlagschatten hinzu – klicken Sie unten in der Ebenen-Palette auf den Button EBENENSTIL HINZUFÜGEN **A**. Wählen Sie den Schlagschatten aus und nehmen Sie Ihre Einstellungen vor – Versatz, Größe, Winkel und die Art des Schlagschattens. Speichern Sie dieses Smart Objekt anschließend (⌘/Strg-S).

Um denselben Schlagschatten möglichst effizient auch auf die tanzenden Paare anzuwenden, müssen Sie diese zunächst auch in ein super Smart Objekt umwandeln. Aktivieren Sie die entsprechende Ebene in der Ebenen-Palette und wählen Sie EBENE/SMART OBJEKTE/IN NEUEM SMART OBJEKT GRUPPIEREN. Kopieren Sie anschließend den Schlagschatten und fügen Sie ihn in diese Ebene ein.▼

Um die Farbe eines einzelnen Tanzpaars zu ändern, müssen Sie doppelt auf eine der Ebenenminiaturen und anschließend unten in der Ebenen-Palette auf den Button EBENENSTIL HINZUFÜGEN klicken, um eine Verlaufsüberlagerung hinzuzufügen. Sobald Sie die Datei speichern, werden alle Tanzpaare aktualisiert. Wenn Sie die super Smart-Objekt-Datei speichern, wird auch die Datei mit dem Muster aktualisiert.

Wählen Sie anschließend die Kachel aus **B** und legen Sie ein neues Muster fest (wie in Schritt 4). Wir verwendeten die beiden Muster dann in der Illustration auf Seite 33. In der Galerie auf Seite 568 finden Sie Details zur Anwendung von Mustern.

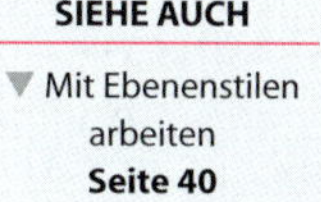

SIEHE AUCH

▼ Mit Ebenenstilen arbeiten **Seite 40**

PAKETE UND INHALTE

Stellen Sie sich vor, ein Smart Objekt besteht aus zwei Komponenten – einem *Paket* und seinem *Inhalt*.

- Die **Inhalte** sind die Grafiken, Text oder Fotos, die Sie in das Smart Objekt integriert haben (indem Sie EBENE/SMART OBJEKTE/IN NEUEM SMART OBJEKT GRUPPIEREN gewählt haben) oder die Sie aus Camera Raw oder Illustrator importiert haben.
- Das **Paket** ist der dafür notwendige Rahmen – das kleinste Rechteck, das groß genug ist, um die nicht transparenten Inhalte des Smart Objekts zu umschließen.

Der grüne (nicht transparente) Bereich ist der **Inhalt**. Das **Paket** ist das kleinste Rechteck, in das dieser Inhalt passt.

Sobald Sie ein Smart Objekt erstellt haben, ermöglicht Ihnen Photoshop die Änderung der *Inhalte* (beispielsweise indem Sie EBENE/SMART OBJEKTE/INHALTE BEARBEITEN wählen). Wenn Sie die bearbeitete Smart-Objekt-Datei speichern, wird die Datei, in der sich das Smart Objekt befindet, aktualisiert.

Das Paket des Smart Objekts oder der Rahmen ist jedoch dauerhaft auf die Form und Größe festgelegt, die Sie zu Beginn gewählt haben. Wenn Sie das Smart Objekt also so verändern, dass der neue Inhalt größer ist als das Original, wird dieser automatisch beschnitten, damit er in den Rahmen passt – in so einem Fall müssen Sie den Inhalt mit ⌘/Strg-T skalieren. Auch wenn Sie den Rahmen des Smart Objekts vergrößern würden, um ihn an den neuen Inhalt anzupassen, würden die Inhalte skaliert werden (meist nicht proportional), um in den Originalrahmen zu passen.

Falls Sie ein Smart Objekt später noch einmal ändern und Beschneidungen oder Skalierungen vermeiden wollen, sollten Sie den Rahmen am Anfang groß genug wählen. Sie können in Photoshop beispielsweise ein Rechteck als Platzhalterebene verwenden (das Sie nicht einblenden). Bei einem Illustrator Smart Objekt sollten Sie ein Rechteck ohne Rahmen und Füllung anwenden, das größer ist als die Grafik.

Ü B U N G

Smartfilter

Mit Smartfiltern wenden Sie in Photoshop CS3 Filterbefehle auf Ebenen an, die Sie zuvor in Smart Objekte verwandelt haben. Auch die Befehle TIEFEN/LICHTER und Variationen aus dem Untermenü BILD/ANPASSUNGEN lassen sich mit Smartfilter-Technik verlustfrei auf einzelne Ebenen anwenden. Sie können die Filterwirkung jederzeit verlustfrei umstellen, dämpfen, per Ebenenmaske örtlich eingrenzen und mit anderen Füllmethoden verwenden. Anders als Einstellungsebenen wirken Smartfilter jedoch immer nur auf exakt eine Ebene, nicht auf alle Ebenen, die in der Ebenenpalette unterhalb angesiedelt sind. In dieser Übung spielen wir die Möglichkeiten der Smartfilter durch.

Das Ausgangsbild soll mit den **Beleuchtungseffekten** bearbeitet werden. Wählen Sie zunächst FILTER/FÜR SMARTFILTER konvertieren. So verwandeln Sie die Hintergrundebene in ein Smart Objekt, das hier **Ebene 0** heißt; der Befehl wirkt ganz genauso wie IN SMART Objekt konvertieren aus dem Kontextmenü der Ebenenpalette. Jetzt folgt FILTER/RENDERFILTER/BELEUCHTUNGSEFFEKTE mit einer deutlichen Veränderung.

Die Ebenenpalette zeigt jetzt den Smartfilter BELEUCHTUNGSEFFEKTE. Klicken Sie doppelt auf den Balken BELEUCHTUNGSEFFEKTE, um das Dialogfeld wieder zu sehen und die Filterwirkung zu ändern. Direkt unter dem Bild sehen Sie die Miniatur der Filtermaske. Sie zeigt zunächst nur Weiß, der Filter wirkt also mit voller Kraft auf die komplette Ebene. Mit dem Augensymbol neben der Filtermaske schalten Sie die Filterwirkung ab, ohne den Filter löschen zu müssen.

Klicken Sie einmal auf die Miniatur der Filtermaske, um sie bearbeiten zu können; sie zeigt also einen zusätzlichen, unterbrochenen Rahmen. Schalten Sie schwarze Vordergrundfarbe ein und malen Sie mit dem Pinsel in Bereichen, in denen Sie die Wirkung der Beleuchtungseffekte zurücknehmen wollen, hier vor allem im linken Bildteil. Wir kehren hier also mehr oder weniger zur ursprünglichen Bilddarstellung zurück.

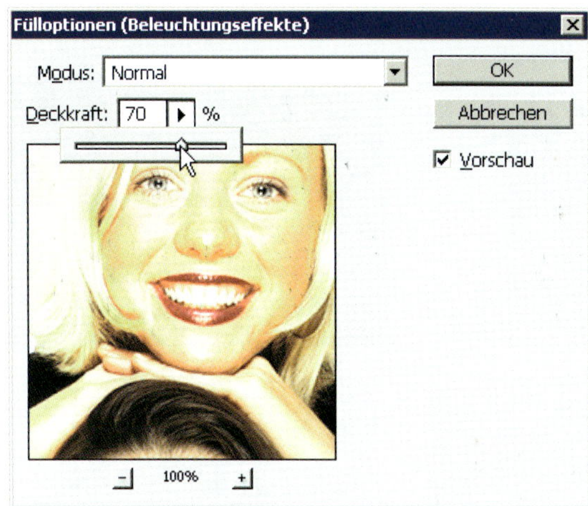

Rechts außen im Balken BELEUCHTUNGSEFFEKTE sehen Sie ein Symbol mit stilisierten Schiebereglern. Wenn Sie dort doppelt klicken, landen Sie in den Fülloptionen. Mit dem Deckkraft-Regler dämpfen Sie die Wirkung des Filters über die gesamte Ebene hin. Mit dem Modus-Klappmenü erzielen Sie andere Bildmischungen. Testen Sie hier zum Beispiel eine Kontrastverstärkung durch »Hartes Licht«.

Wir wenden noch einen weiteren Filter an. Dabei muss das Bild und nicht etwa die Filtermaske aktiviert sein. Klicken Sie bei Bedarf einmal auf die Miniatur der Ebene 0, Sie bearbeiten also nicht mehr die Smartfilter-Maske. Wir wählen jetzt FILTER/SCHARFZEICHNUNGSFILTER/SELEKTIVER SCHARFZEICHNUNGSFILTER.

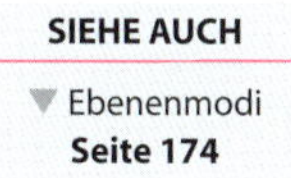
SIEHE AUCH
▼ Ebenenmodi
Seite 174

Auch der selektive Scharfzeichner wird als Smartfilter angewendet, wie Sie in der Ebenenpalette erkennen. Das Dilemma jedoch: Beleuchtungseffekte und Selektiver Scharfzeichner teilen sich eine einzige Filtermaske. Das heißt, dort, wo Sie die Beleuchtungseffekte unterdrückt haben, wird auch der Scharfzeichner nicht wirken.

Damit der Scharfzeichner aufs ganze Bild wirkt, wenden Sie ihn ganz zu Anfang auf die normale Hintergrundebene an, noch bevor Sie ein Smart Objekt anlegen.

Ü B U N G

Ebenenstile

Mit Photoshops Ebenenstilen können Sie einfachen flachen Text und Grafiken in leuchtende, strukturierte, dimensionale Objekte verwandeln oder Fotos ein elegantes Aussehen verleihen. Vom einfachen Schlagschatten bis hin zu farbigen Oberflächen, die Möglichkeiten sind nahezu unbegrenzt. Auf den folgenden Seiten sollen Sie ein Gefühl dafür bekommen, was mit Ebenenstilen alles möglich ist und sich inspirieren lassen. Mehr über den Aufbau von Ebenenstilen, wie Sie sie bearbeiten oder eigene erstellen, erfahren Sie in Kapitel 8 »**Fotos stylen**« ab Seite 197.

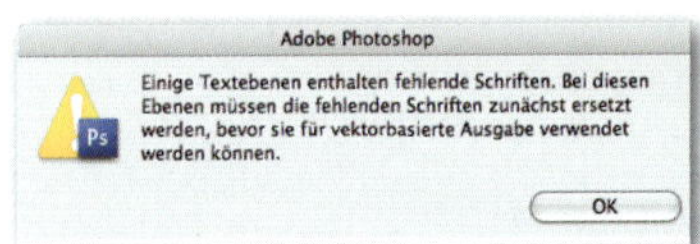

Weil die Datei »Hot Rods« editierbaren Text enthält, haben wir uns für Schriftarten entschieden, die jeder besitzen dürfte (Arial Black und Trebuchet). Falls Sie beim Öffnen der Datei eine Warnmeldung erhalten, haben Sie möglicherweise nicht die richtigen Versionen der Schriften.

SIE FINDEN DIE DATEIEN

auf der DVD unter Wow Projektdateien/Kapitel 1/Stile:

- Hot Rods-Vorher.psd
- Hot Rods-Asphalt.psd (zum Vergleich in Schritt 2)
- Hot Rods-Antik.psd (zum Vergleich in Schritt 5)
- Hot Rods-Buttons.psd (für Schritt 7)
- Wow Übungsstile.asl (Stilvorgaben)

1. Vorbereitung

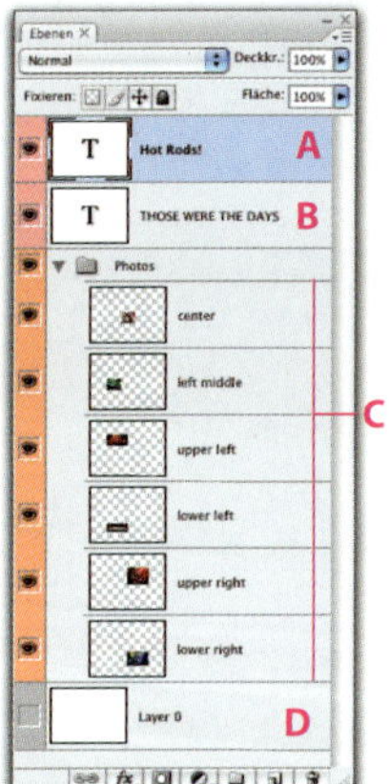

ÖFFNEN SIE die Datei **Hot Rods-Vorher.psd** und werfen Sie einen Blick in die Ebenen-Palette. Da auf jede Ebene nur ein Ebenenstil angewendet werden kann, befindet sich jedes Element in einer eigenen Ebene, um möglichst flexibel zu sein. Um die Ebenen-Palette jedoch übersichtlich zu halten, erstellten wir eine Ebenengruppe und zogen die entsprechenden Ebenen hinein.

Der *Hintergrund* ist die einzige Ebene, die keine Ebenenstile akzeptiert. Deshalb wandelten wir diese in eine normale Ebene um (klicken Sie doppelt mit gedrückter ⌥/Alt-Taste auf die Ebenenminiatur). Hier wurde die Ebene 0 ausgeblendet – durch einen Klick auf das Augen-Icon.

2. Stile anwenden

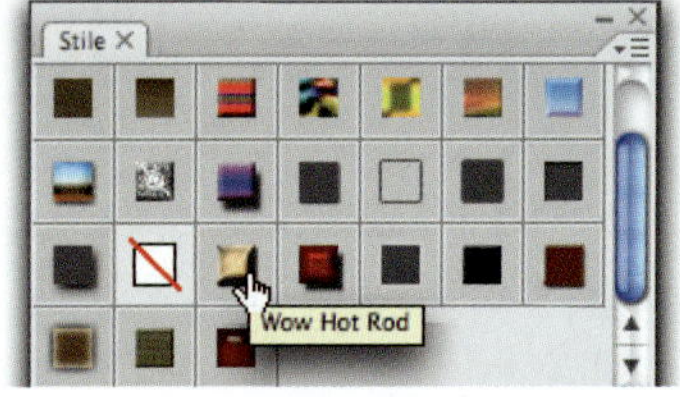

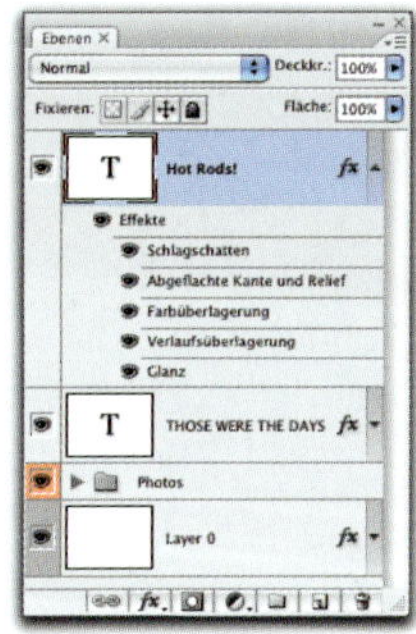

Um die **Wow Übungsstile.asl** zur Stile-Palette hinzuzufügen, wählen Sie aus dem Palettenmenü oben rechts die Option STILE LADEN. Klicken Sie auf die Ebenenminiaturen und wenden Sie einen Stil an, indem Sie auf eine Miniatur in der Stile-Palette klicken.

A Wow Hot Rod (ein Abgeflachte Kante und Relief-Effekt, der die Metallbuchstaben formt)

B Wow Red Letter* (die Farbe entsteht durch die Kombination einer Farb- und einer Musterüberlagerung)

C Wow Edge Glow (der Stil besteht aus einem hellen Schlagschatten im Modus NEGATIV MULTIPLIZIEREN)

D Wow Asphalt* (die Oberfläche entsteht durch die Struktur im Effekt ABGEFLACHTE KANTE UND RELIEF)

Ein Stil für mehrere Ebenen

Wenn Sie einen Stil auf mehrere Ebenen gleichzeitig anwenden wollen, funktioniert das in Photoshop CS und CS2/CS3 unterschiedlich. **In CS:**

1 Um die Ebenen zu verbinden, klicken Sie auf eine Ebene und für die anderen in die Verbinden-Spalte links neben der Miniatur. Das Kettensymbol verdeutlicht, dass die Ebenen miteinander verbunden sind.

2 Wenden Sie auf eine der Ebenen einen Stil an.

3 Kopieren Sie den Stil, indem Sie mit gedrückter Ctrl-Taste (PC: rechte Maustaste) auf das f-Symbol klicken und EBENENSTIL KOPIEREN wählen.

4 Zum Einfügen klicken Sie mit gedrückter Ctrl-Taste (PC: rechte Maustaste) und wählen Sie EBENENSTIL EINFÜGEN.

In CS2 und CS3 brauchen Sie nur mit gedrückter ⇧- oder ⌘/Strg-Taste auf die Ebenen in der Palette zu klicken und anschließend den gewünschten Stil anzuwenden. Falls sich die Ebenen in einer Gruppe befinden, ist es noch einfacher. Klicken Sie auf das Icon für die Gruppe und anschließend auf den gewünschten Stil.

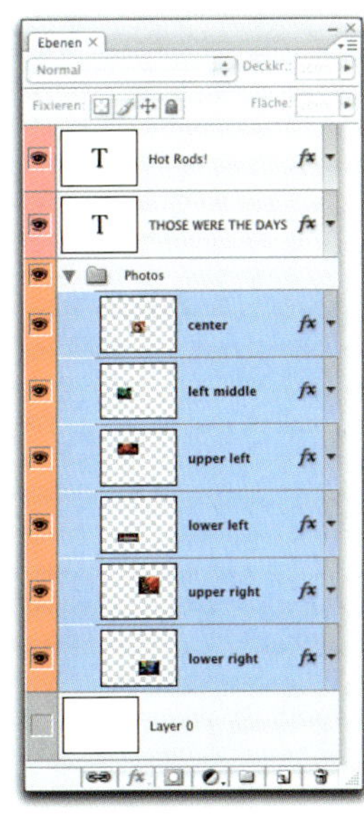

3. Stile skalieren

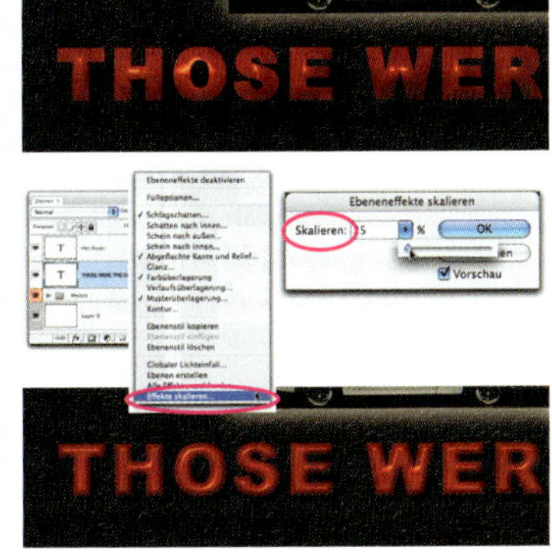

Immer wenn Sie einen Ebenenstil anwenden, müssen Sie zuerst die Skalierung überprüfen. Wenn der Stil bei einer anderen Auflösung oder für ein größeres oder kleineres Element erstellt wurde, müssen Sie wahrscheinlich dessen Größe ändern. Das ist auch beim Stil **Wow Red Letter** für die untere Textzeile der Fall. Sie können die Effekte eines Stils ganz einfach skalieren, indem Sie mit gedrückter Ctrl-Taste (PC: Rechtsklick) auf das f-Symbol neben dem Ebenennamen klicken und EFFEKTE SKALIEREN wählen. Verwenden Sie den Schieberegler, geben Sie einen Wert ein oder halten Sie die ⌘/Strg-Taste gedrückt und wischen Sie im Eingabefeld nach links oder rechts. Wenn Sie den Stil **Wow Red Letter** auf 25% skalieren, kommt die abgeflachte Kante zum Vorschein und der Schlagschatten verschwindet unter der Schrift.

* Die Bedeutung des Sternchens

In der Stile-Palette bedeutet das Sternchen neben einem Wow-Stil, dass in diesem Stil ein pixelbasiertes Muster oder eine solche Struktur verwendet wurde. Passen Sie beim Skalieren also auf. Falls Sie zu stark skalieren, werden die Pixel sichtbar bzw. sieht das Ergebnis verschwommen aus, wenn Sie es zu stark herunterskalieren, besonders wenn es sich nicht um 50% oder 25% handelt.

4. Stile ändern

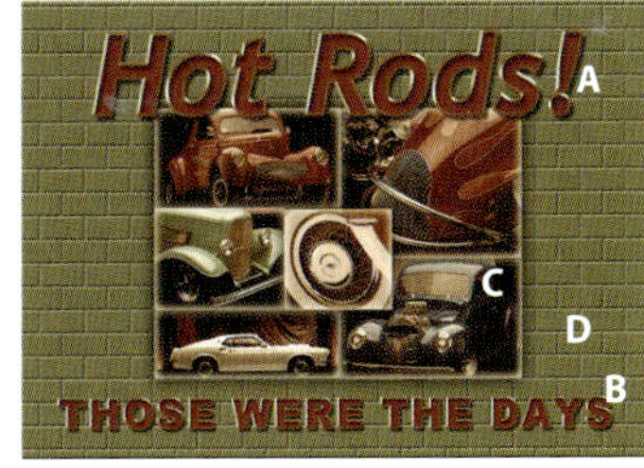

Sie können einen Ebenenstil jederzeit ändern. Aktivieren Sie in der Ebenen-Palette die entsprechende Ebene und wenden Sie einen anderen Stil an. Skalieren Sie den Stil, um sein Aussehen zu verändern (wie links beschrieben) oder ändern Sie die Komponenten.▼

A Wow Brass Edge (ein Abgeflachte Kante und Relief-Effekt, der die Metallbuchstaben formt)

B Wow Brass Edge skaliert auf 50%, um sich an den kleineren Text anzupassen

C Wow Antique (färbt die Fotos mit einer braunen Farbüberlagerung)

D Wow Painted Brick* (dasselbe Muster, das als Musterüberlagerung verwendet wurde, um die Ziegelsteine zu erstellen, wird als Struktur für die abgeflachte Kante und das Relief verwendet)

Hinweis: Bei einem Ebenenstil mit **Wow Painted Brick** ist es möglich, die Räumlichkeit der Oberfläche zu erhalten, jedoch die abgeflachten Kanten am Rand zu entfernen, damit es nicht so aussieht, als würde die Wand an den Bildrändern enden. Im Tipp »**Muster, Struktur & Abgeflachte Kanten**« in Anhang B erfahren Sie, wie das geht.

SIEHE AUCH

▼ Ebenenstilkomponenten **Seite 494**

5. Inhalte ändern

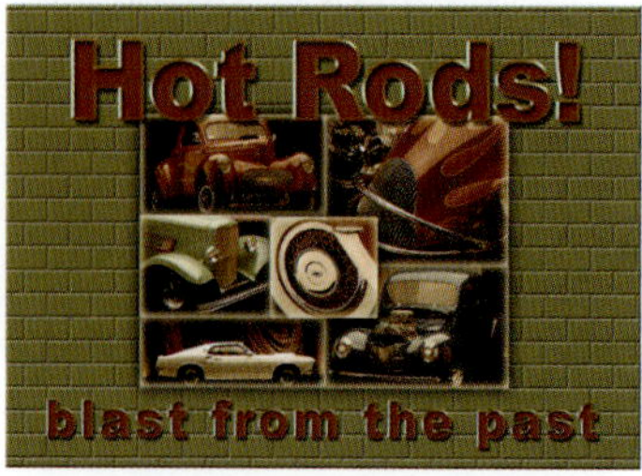

Wenn Sie den Inhalt einer Ebene ändern, wie wir es hier für den Inhalt der Textebenen getan haben, passt sich der Stil an den neuen Inhalt an.

Um die Schriftart der oberen Textebene zu ändern, wählen Sie diese Ebene aus und aktivieren das Textwerkzeug. Ändern Sie, *ohne ins Arbeitsfenster zu klicken*, die Schriftart in der Optionsleiste in Arial Black.

Um die kleine Textzeile zu ändern, klicken Sie in der Ebenen-Palette doppelt auf diese Ebenenminiatur, um den Text auszuwählen. Aktivieren Sie in der Optionsleiste die Schrift Arial Black (oder eine ähnliche) und geben Sie den neuen Text ein.

STILE KOPIEREN UND EINFÜGEN

Sie können den Stil einer Ebene kopieren und in eine andere Ebene einfügen (in derselben Datei oder einer anderen). Das ist besonders nützlich, wenn Sie einen Stil erstellt oder einen aus der Palette variiert haben, dieser jedoch noch keinen Namen besitzt und noch nicht gespeichert wurde.

1 Klicken Sie in der Ebenen-Palette mit gedrückter Ctrl-Taste (PC: Rechtsklick) auf das *fx*-Symbol des Ebenenstils, den Sie kopieren wollen. Wählen Sie EBENENSTIL KOPIEREN.

2 Klicken Sie anschließend ebenfalls mit gedrückter Ctrl-Taste (Rechtsklick) in die Ebene, in der Sie den Stil einfügen wollen und wählen Sie EBENENSTIL EINFÜGEN.

6. Größe ändern

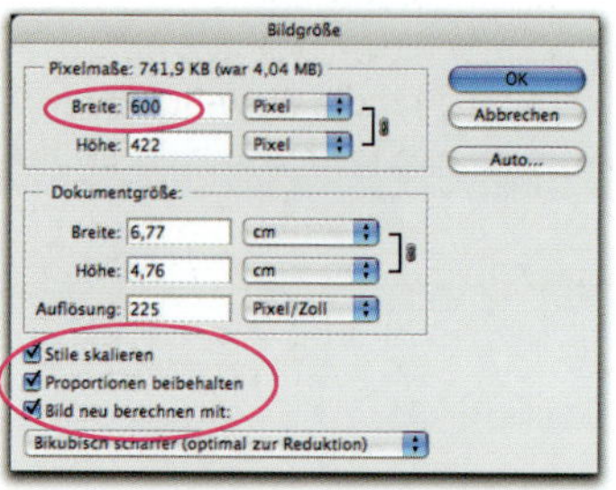

Wenn Sie die Größe einer skalierten Datei ändern wollen, duplizieren Sie sie zunächst, um das Original zu erhalten (BILD/BILD DUPLIZIEREN). Wählen Sie in der neuen Datei BILD/BILDGRÖSSE. Vergewissern Sie sich, dass in der Dialogbox unten links alle drei Checkboxen aktiviert sind. Geben Sie oben dann eine neue Breite und Höhe ein (hier 600 Pixel für die Breite) und klicken Sie auf OK.

DRAG & DROP

Wenn Sie einen **einzelnen Effekt kopieren** wollen (z.B. einen Schlagschatten oder einen Schein nach außen), können Sie das einfach per Drag&Drop tun: Ziehen Sie den Namen des Effekts einfach in die neue Ebene. (Zum Kopieren müssen Sie ab der Version CS2 zusätzlich die ⌥/Alt-Taste gedrückt halten, ansonsten verschieben Sie den Effekt und kopieren ihn nicht.)

Sie können **alle Effekte kopieren,** indem Sie die gesamten Effekte ziehen (denken Sie auch hier an die ⌥/Alt-Taste).

Hinweis: Bei diesem Drag&Drop **werden weder Ebenendeckkraft noch Fülldeckkraft oder Ebenenmodi kopiert** – nur die *Effekte*. Um auch diese Charakteristiken zu kopieren, müssen Sie die Methode mit den Befehlen EBENENSTIL KOPIEREN und EBENENSTIL EINFÜGEN verwenden, wie links beschrieben.

7. Rollover-Stile

B

In ImageReady können Sie mit einem Klick in die Stile-Palette kombinierte Rollover-Stile anwenden, die sich verändern, wenn Sie den Cursor über einen Button bewegen oder auf diesen klicken.▼ Öffnen Sie die Datei **Hot Rods-Buttons.psd** in ImageReady **A**; das ist die verkleinerte Datei aus Schritt 6, zu der Buttonbeschriftungen und Buttons mit kombinierten Rollover-Stilen hinzugefügt wurden.

Hier wurden der Rollover-Stil **Wow Antique Stoplight** auf alle Buttons angewendet. Um den Effekt zu demonstrieren, aktivieren Sie in der Werkzeug-Palette das Dokumentvorschau-Werkzeug **B**; verschieben Sie den Cursor über einen Button **C** und klicken Sie.

Wie andere Stile passen sich auch Rollover-Stile an den Ebeneninhalt an, so dass Sie die Form eines Buttons leicht ändern können **D**.▼ Automatische ebenenbasierte Slices in ImageReady stellen sicher, dass sich der aktive Bereich des Buttons an seine Form anpasst.

SIEHE AUCH
▼ Rollover
Seite 688
▼ Transformieren und Verkrümmen
Seite 68

Denken Sie an die Originalauflösung

Jeder Ebenenstil »erinnert« sich immer an seine Auflösung bei der Erstellung des Originals. Die meisten Stile auf der Wow-DVD-ROM wurden mit 225 ppi für den Druck erstellt; Ausnahmen sind die Wow-Button-Stile, die nur mit 72 ppi für die Bildschirmdarstellung erstellt wurden.

Immer wenn Sie einen Stil auf eine Datei anwenden, deren Auflösung von der des Stils abweicht, skaliert Photoshop den Stil automatisch. Dadurch kann es passieren, dass der Stil nicht mehr proportional ist. Und wenn er eine Struktur oder ein Muster enthält, kann es sein, dass diese schlechter aussehen als vorher.

Wow-Gibson Opal (erstellt mit 225 ppi), angewendet auf eine Datei mit einer Auflösung von 225 ppi

Wow-Gibson Opal, angewendet auf eine Datei mit einer Auflösung von 72 ppi

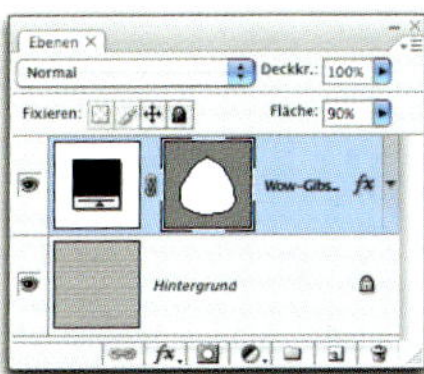

Um unerwünschtes, automatisches Skalieren zu verhindern, sollten Sie vor der Anwendung des Stils die Auflösung der Datei vorübergehend an die des Stils anpassen. Befolgen Sie diese drei Schritte:

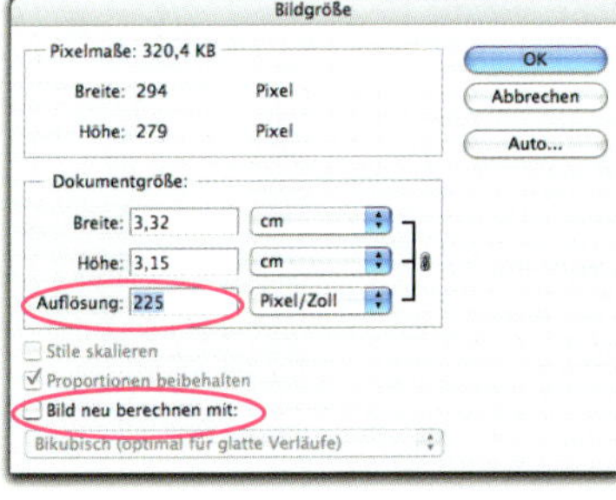

1 Um die Auflösung der Datei vorübergehend und nicht destruktiv auf 225 ppi zu ändern, wählen Sie BILD/BILDGRÖSSE und deaktivieren Sie die Checkbox BILD NEU BERECHNEN MIT. Achten Sie auf die Auflösung der Datei. Ändern Sie die Auflösung anschließend in 225 ppi und klicken Sie auf OK, um die Dialogbox wieder zu schließen.

2 Klicken Sie in der Ebenen-Palette jetzt auf die Miniatur der Ebene, auf die Sie den Ebenenstil anwenden wollen. Aktivieren Sie dann den gewünschten Stil in der Stile-Palette.

3 Jetzt können Sie die Auflösung der Datei wieder ändern: Wählen Sie BILD/BILDGRÖSSE und geben Sie die Originalauflösung aus Schritt 1 wieder ein (die Checkbox BILD NEU BERECHNEN MIT muss deaktiviert sein). **Der Stil ändert sein Aussehen nicht.**

Stile speichern

Immer wenn Sie einen Ebenenstil verändern oder einen neuen Stil erstellen, sollten Sie diesen benennen und als Teil einer Vorgabe speichern, damit Sie ihn später wiederfinden und verwenden können.

Um den Stil einer Ebene zur aktuellen Stile-Palette hinzuzufügen, aktivieren Sie die entsprechende Ebene und klicken Sie unten in der Stile-Palette auf den Button NEUEN STIL ERSTELLEN; geben Sie ihm einen Namen und klicken Sie auf OK.

Um einen Stil dauerhaft als Teil einer Vorgabe zu speichern, müssen Sie ihn zunächst, wie oben beschrieben, zur Stile-Palette hinzufügen. Wählen Sie anschließend im Palettenmenü (oben rechts) die Option VORGABEN-MANAGER, um diesen im Abschnitt STILE zu öffnen.

Um einen Satz mit nur einigen der aktuellen Stile zu speichern, klicken Sie mit gedrückter ⇧ oder ⌘/Strg-Taste auf die Stile und anschließend auf SPEICHERN. Sie können aber auch den umgekehrten Weg gehen und die Stile löschen, die Sie nicht mit speichern wollen. Speichern Sie dann die verbleibenden Stile. Vergeben Sie einen Namen, wählen Sie einen Speicherort und klicken Sie auf OK.

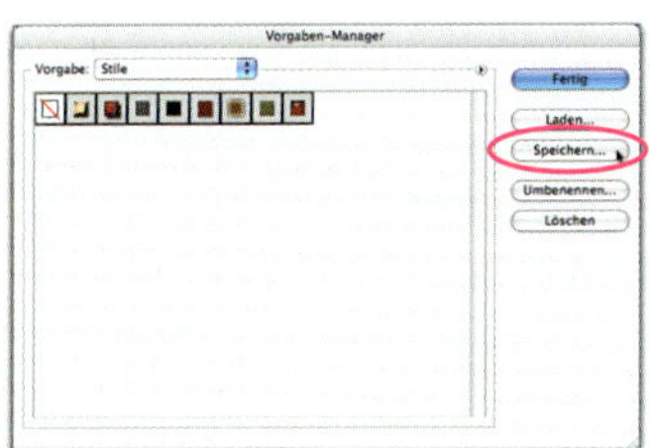

Für seinen Verleger, Haddad's Fine Arts, erstellte der Illustrator **Michael L. Kungl** die Werke ***Retro Tea, Deco Tea*** und ***Espresso Fresco*** in einem Stil, der die harten Kanten und Verläufe des Art Deco mit den erdigen und losen Strukturen natürlicher Gegenstände verbindet. Kungl begann jedes Plakat als Bleistiftzeichnung, bearbeitete es in Adobe Illustrator, dann in Photoshop und Corel Painter und anschließend wieder in Photoshop. In Illustrator erstellte er die harten Kanten und Kurven, die er in Photoshop in Alphakanäle umwandelte. Er speicherte die Datei in Photoshop-Format (.psd) und öffnete sie in Painter. Dort verwendete er die Alphakanäle zum Maskieren und um die Farben und Strukturen, die er in verschiedenen Ebenen anwendete, zu kontrollieren. Schließlich speicherte er die Ebenendatei (wieder als .psd) und öffnete sie erneut in Photoshop, um Farbeinstellungen vorzunehmen und die Dateien in CMYK umzuwandeln. Weitere Details dazu erfahren Sie auf Seite 484.

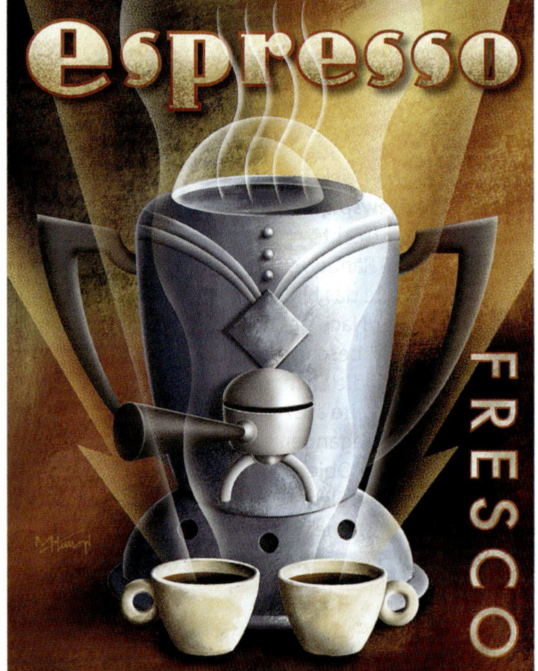

Ebenenmodus-Kompatibilität

Während sich Photoshop und Painter viele Ebenenmodi teilen, besitzt jedes Programm auch eigene Modi, die in dem jeweils anderen Programm nicht geöffnet werden können. Das kann bedeuten, dass Sie einige Ebenen kombinieren müssen, bevor Sie die Datei in einem anderen Programm öffnen.

Für sein preisgekröntes Werk ***Man Walking with a Newspaper*** wandelte **Mark Wainer** sein Foto (rechts zu sehen) in ein Gemälde um. Er beschnitt die Ränder, um störende Elemente zu entfernen, filterte das Bild und nahm einige Transformationen vor. Nach der Anwendung der Filter, wie auf Seite 407 beschrieben, vergrößerte er einige Bildbereiche, um die Elemente besser auszubalancieren und die Breite auszugleichen, die beim Freistellen verloren gegangen ist. Er wählte einzelne Türen und andere Objekte aus und transformierte sie, balancierte die Elemente aus und passte die Proportionen an, ohne den Mann zu stören. ▼ Mit dem Kopierstempel und dem Reparatur-Pinsel ordnete er einige Bildelemente neu an und modifizierte sie (inklusive der Wände, Türen und Treppen). ▼ Er verwendete die Aktion »Kanten einbrennen« von Seite 116, die Sie auch auf der Wow-DVD-ROM finden, um die Bildkanten etwas abzudunkeln.

Wainers fertige Bilder – hyperreal, stilisiert und gemalt – repräsentieren seinen optischen Eindruck der Szenen. Die Bilder wurden 24 × 32 Zoll oder größer auf gestrichenem Wasserpapier mit antiken Farben gedruckt.

SIEHE AUCH

▼ Transformieren und Verkrümmen **Seite 68**

▼ Der Kopierstempel **Seite 255**

▼ Der Reparatur-Pinsel **Seite 317**

Für **Donal Jolleys** Titelillustration für einen Zeitschriftenartikel, »***The Beauty of Your Thorns***«, begann das Isolieren der Rose mit einem Foto. Jolley bestellte sich Rosen, wählte eine aus, hielt sie im gewünschten Winkel vor den Himmel und fotografierte sie. Die Belichtung wählte er, indem er seine Digitalkamera auf eine nahe liegende Wand richtete. Als er die Rose dann aufnahm, wurde der Himmel sehr stark ausgewaschen – so konnte er später ganz einfach eine Silhouette erstellen.

Jolley öffnete die Datei in Photoshop und klickte in der Ebenen-Palette doppelt auf den *Hintergrund*, um ihn in eine normale Ebene mit Transparenz umzuwandeln. Anschließend wählte er AUSWAHL/FARBBEREICH AUSWÄHLEN, um den Himmel auszuwählen. ▼ Er fügte eine Ebenenmaske basierend auf der Auswahl hinzu, indem er mit gedrückter ⌥/Alt-Taste auf den Button EBENENMASKE HINZUFÜGEN klickte. Er säuberte die Ebenenmaske ▼ und lud sie als Auswahl (indem er mit gedrückter ⌘/Strg-Taste auf die Miniatur in der Ebenen-Palette klickte). Er kehrte die Auswahl um (⌘/Strg-⇧-I), aktivierte die Ebene und nicht die Maske und drückte die Entf-Taste, um den Himmel zu entfernen.

Für die Illustration setzte er zwei Kopien der Rose zusammen – die untere scharf, die obere weichgezeichnet im Modus ÜBERLAGERN/INEINANDERKOPIEREN und einer Ebenenmaske, um die Weichzeichnung zum Vorschein zu bringen. Er verwendete außerdem mehrere Kopien eines Farbtropfens, den er gescannt und freigestellt hatte, ein zuvor erstelltes Hintergrundbild und zwei Fotos mit strukturierten Oberflächen. Um alle Bilder miteinander zu kombinieren, arbeitete er mit Ebenenmasken und unterschiedlichen Ebenenmodi. ▼

SIEHE AUCH

▼ Auswahl/Farbbereich auswählen **Seite 54**

▼ Ebenenmasken **Seite 65**

▼ Ebenenmodi **Seite 174**

Alicia Buelow mischte viele Bilder und Techniken miteinander, um ***No. 9, The Escape*** zu erstellen. Nachdem sie ein Foto von Gasbeton gescannt hatte, das sie als Hintergrund verwenden wollte, erstellte sie den oberen Teil des mittleren Rechtecks, indem sie einen Bereich mit dem Auswahlrechteck auswählte und diesen mit BILD/ANPASSEN/FARBTON/SÄTTIGUNG (mit aktivierter Checkbox FÄRBEN) einfärbte.

Den unteren Teil des inneren Rechtecks erstellte sie mit herkömmlichen Collagemethoden. Das Ergebnis scannte sie ein, öffnete es in Photoshop und kehrte die Farben um (⌘/Strg-I), um ein Negativ zu erstellen. Dieses färbte sie mit FARBTON/SÄTTIGUNG ein. sie mit FARBTON/SÄTTIGUNG ein. Buelow malte einen breiten Strich mit einer trockenen Pinselspitze und schwarzer Farbe auf Aquarellpapier. Sie scannte den Strich ein, öffnete ihn in Photoshop und kopierte ihn (⌘/Strg-C), um ihn dann in die Arbeitsdatei einzufügen (⌘/Strg-V). Mit dem Verschieben-Werkzeug positionierte sie die neue Ebene, für die Sie den Modus MULTIPLIZIEREN wählte.

Mit dem Zeichenstift erstellte Sie den Umriss des Vogels und nutzte den Pfad als kalligrafischen Umriss. Die von ihr verwendete Methode finden Sie zusammen mit anderen auf Seite 77 im Abschnitt »Alicia Buelow wendet unterschiedliche Striche an«.

Den schwarzen Rahmen erstellte sie, indem Sie einen Streifen der Gasbetonstruktur auswählte und in eine neue Ebene kopierte (⌘/Strg-J). Als sie den Streifen mit dem Verschieben-Werkzeug positioniert hatte, wählte sie für die Ebene den Modus FARBIG NACHBELICHTEN und eine Deckkraft von 75%. Diesen Vorgang wiederholte sie für die drei anderen Seiten des Rahmens.

Um den Hintergrund zu vervollständigen, färbte sie ihn gold ein und legte ihn über eine gescannte Karte aus dem 19. Jahrhundert (aus *The Complete Encyclopedia of Illustration* von J. G. Heck, einem Buch copyrightfreier Bilder). Für diese Ebene wählte sie ebenfalls FARBIG NACHBELICHTEN und eine Deckkraft von 60%.

MENTORING A CHILD
34 USA
VALUES · GOALS · SKILLS

MENTORING A CHILD
SETTING GOALS
TEACHING SKILLS
TEACHING VALUES
.34 x 20 $6.80
© 2001 USPS
PLATE POSITION

Da er gebeten wurde, für den U. S. Postal Service Briefmarken zu erstellen, reduzierte **Lance Hidy** verschiedene seiner Einzelposter auf Briefmarkengröße, ordnete sie auf einer Seite an, fügte Andeutungen für die Perforation hinzu und schickte sie an Derry Noyes, Art Director des Postal Service. Das Ergebnis war die Zusage für die ***Mentoring-Briefmarke*** und später eine ***Spezial-Olympia-Erinnerungsmarke***. (Werfen Sie auch einen Blick auf Seite 148.)

Hidys Illustrationstechniken kombinieren traditionelle Methoden mit Programmen wie Adobe Photoshop und Illustrator. Als er sich für die Geste und Körperhaltung für die Briefmarke entschied, füllte er mehrere Filmrollen und bat die Models immer wieder, sich etwas zu bewegen, außerdem änderte er den Kamerawinkel zwischen den Aufnahmen. »Für mich ist die Fotografie mehr als eine Referenz«, sagt Hidy. »Ich stelle mir meine Kunstwerke immer als Fotos vor. Ich manipuliere das Foto, indem ich die Formen reduziere, Details entferne, die Aussage des Fotos aber beibehalte.«

Als er sich die Abzüge des Fotoshootings ansah, entschied er sich für ein Bild, das seinen Vorstellungen in Sachen Inhalt und Komposition sehr nahe kam **A**. Hidy scannte den Abzug und hellte ihn in Photoshop mithilfe einer Tonwertkorrektur auf, druckte die hellere Version mit einem Inkjet-Drucker aus und umrandete die Formen mit einem Zeichenstift. Anschließend scannte er dieses Bild wieder ein, entfernte das Foto und arbeitete mit den Umrissen weiter **B**. Mithilfe Photoshops Auswahl- und Füllwerkzeugen erstellte er daraus das Design für die Briefmarken. Für eine erste Version verwendete er einfache Volltonfarben – außer für den Hintergrund, auf den wendete er einen Verlauf von Weiß über Gelb bis Violett an, um die Zukunft des Kindes zu symbolisieren **C**.

Nachdem er die Formen gefüllt hatte, wählte er die schwarze Linienzeichnung aus. Mit dem Pinsel verfeinerte er anschließend die Kanten.

In der finalen Version der Briefmarke (auf der gegenüberliegenden Seite zu sehen), verstärkte Hidy den Effekt der angedeuteten Lichtquelle, indem er auf alle Formen, außer dem T-Shirt des Jungen ebenfalls einen Verlauf anwendete. Zur Vervollständigung des Designs fügte er Text hinzu (in Adobe Penumbra, eine Schriftart, die er selbst entworfen hat).

Mit einer Adobe-Illustrator-Vorlage, die er vom Postal Service erhalten hat, erstellte er auch Text für die Briefmarkenbögen **D**. Er reichte Dateien für den Druckbogen als auch die einzelne Briefmarke ein, die dann gedruckt wurden. Dieselbe Technik wendete er später auch bei der Spezial-Olympia-Marke an.

Wie Sie Fotos in Illustrationen umwandeln, lernen Sie auf Seite 412. Hidys Ansatz für die Bildkomposition und die Farbe ist in *Designing the Mentoring Stamp* beschrieben (**www.katranpress.com**).

A

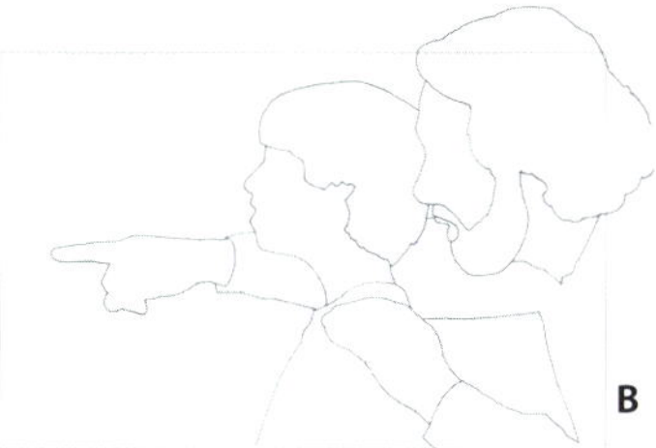

B

C

D

Kapitel 2

Photoshop-Basiswissen

Die Werkzeuge und Befehle im Menü AUSWAHL dienen dazu, Bereiche eines Bilds auszuwählen – sie so zu isolieren, dass sie verändert oder vor Veränderungen geschützt werden können. Mit den Zeichenstift-Werkzeugen erzeugen Sie Pfade, die in Auswahlen umgewandelt werden können (siehe »Die Zeichenstifte« auf Seite 435). Das Slice-Werkzeug unterteilt eine größere Datei in kleinere Bereiche, um sie im Web einzusetzen (siehe Kapitel 10).

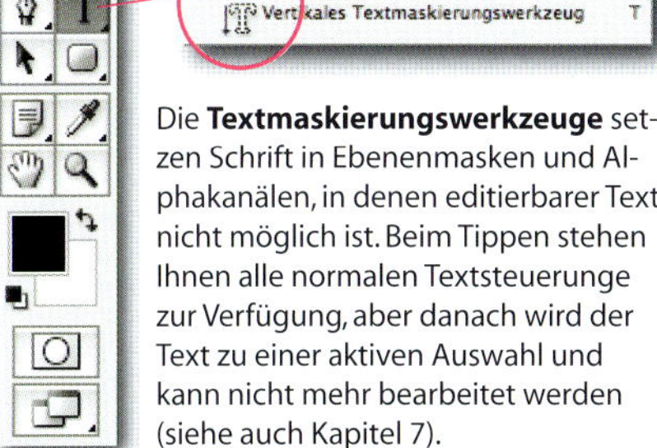

Die **Textmaskierungswerkzeuge** setzen Schrift in Ebenenmasken und Alphakanälen, in denen editierbarer Text nicht möglich ist. Beim Tippen stehen Ihnen alle normalen Textsteuerunge zur Verfügung, aber danach wird der Text zu einer aktiven Auswahl und kann nicht mehr bearbeitet werden (siehe auch Kapitel 7).

Bestimmte Tätigkeiten benötigen Sie fast in jedem Photoshop-Projekt, an dem Sie arbeiten. Um einige davon – auswählen, maskieren, ineinander überblenden und transformieren – soll es in diesem Kapitel gehen. Weitere Grundlagen zu Photoshop finden Sie in Kapitel 3 (Dateiimport, Dateimanagement und Ausgabe) und in Kapitel 4 (Farbe und Kontrast).

AUSWAHLEN ERSTELLEN

Die meisten Befehle und Werkzeuge in Photoshop benötigen eine Auswahl, um festzulegen, welche Bildbereiche bearbeitet werden sollen. Dazu aktivieren Sie eine Ebene oder deren Maske, indem Sie in der Ebenen-Palette auf die Miniatur klicken. Ab Photoshop CS2 können Sie auf mehr als einer Ebene gleichzeitig arbeiten, allerdings nicht mit allen Werkzeugen und Befehlen. Um Änderungen noch weiter einzugrenzen, können Sie Bereiche einer Ebene oder Maske **auswählen.** Wenn Sie Auswahlen anlegen, bereinigen, speichern und wiederherstellen können, sind Sie in der Bildbearbeitung schon einen großen Schritt weiter.

Eine Auswahl pixelbasierter Ebenen und Masken treffen Sie mithilfe des Auswahlmenüs, mit dem Befehl EXTRAHIEREN und den Auswahlwerkzeugen oder indem Sie einen der Farbkanäle verändern – z.B. den roten, grünen oder blauen eines RGB-Bilds – und in eine Auswahl verwandeln.

Manche Werkzeuge wählen **prozessbedingt** aus – indem sie Bildinformationen wie Farbe oder Helligkeit in eine Auswahl umsetzen. Mit anderen Werkzeugen zeichnen Sie den Auswahlumriss **von Hand**. Prozessauswahlen gehen oft schneller und sind genauer. Meist ist es am besten, mit der einen Methode zu beginnen und dann mithilfe einer anderen Methode Bereiche zu dieser Auswahl hinzuzufügen bzw. daraus zu entfernen. Mehr dazu erfahren Sie auf Seite 62, »Auswahlen bearbeiten«.

WEICHE AUSWAHLKANTE IST EINE OPTION

Eine weiche Auswahlkante sorgt für einen nahtlosen Übergang, wenn Bildbereiche ausgewählt, verändert und dann in die unveränderte Umgebung wieder eingepasst werden. Der Radius legt fest, wie breit dieser Übergang ist.

- Mit Lasso und Auswahlwerkzeugen können Sie **sofort eine weiche Auswahlkante erstellen**: Tragen Sie in der Optionsleiste einen Wert in das Feld WEICHE KANTE ein.
- Sie können die Auswahlkante auch später noch weichzeichnen: Wählen Sie bei aktiver Auswahl den Befehl AUSWAHL/ WEICHE AUSWAHLKANTE.
- Noch bequemer: der Befehl AUSWAHL/ KANTE VERBESSERN. Nutzen Sie den Regler WEICHE KANTE und decken Sie nicht Gewähltes schwarz, weiß oder rötlich halbtransparent ab. Sie können die Auswahl hier auch skalieren oder »abrunden«, also Sprünge und Ecken entfernen. Wirkt die Kante ungewollt zu weich, erhöhen Sie den KONTRAST-Wert.

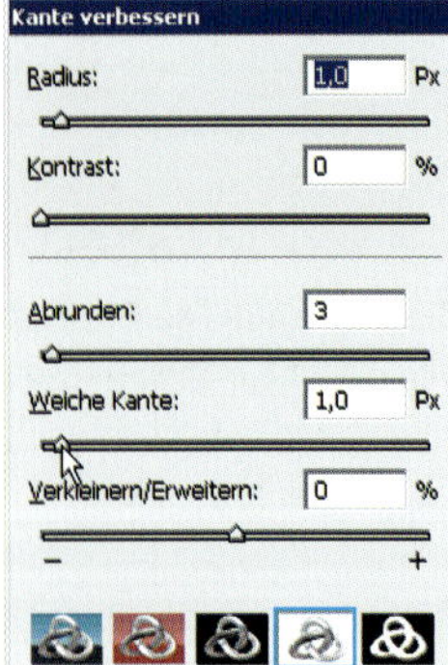

Alternativ legen Sie eine nicht weichgezeichnete oder nur wenig weichgezeichnete Auswahl an, wandeln sie in eine Ebenenmaske um, zeichnen deren Kanten weich und betrachten dabei die Vorschau, bis Ihnen das Ergebnis gefällt (siehe auch Seite 76).

Die Kanten einer Auswahl können hart und »stufig« sein (jedes Pixel wird entweder ganz oder gar nicht ausgewählt); **geglättet** (mit etwas Transparenz an den Kantenpixeln, um den Rand weicher zu machen) oder **weich** (weiche Kanten mit offensichtlichen transparenten Bereichen).

Eine **aktive Auswahl** ist auf dem Bildschirm an einem pulsierenden gestrichelten Rand zu erkennen. Wenn Sie mit einem Auswahlwerkzeug außerhalb dieser Kante klicken, verschwindet der Rand – die Auswahl ist weg. Wenn Sie schnell sind, können Sie eine **Auswahl wiederherstellen**, indem Sie AUSWAHL/ ERNEUT WÄHLEN benutzen, bevor Sie eine andere Auswahl erstellen. Oder Sie speichern die Auswahl auf Dauer, um sie zu erhalten. Sie können sie als **Alphakanal** speichern (siehe Seite 64). Oder Sie wandeln eine Auswahl in eine **Ebene** oder **Ebenenmaske** um, die festlegt, wie viel der Ebene aus- oder eingeblendet wird.

GEMISCHTE AUSWAHLEN

Um eine Auswahl zu erstellen, die zum Teil scharfkantig und zum Teil weich ist, legen Sie in die Optionsleiste die WEICHE KANTE fest und zeichnen zuerst die weiche Auswahl; wählen Sie dann den Wert 0 und fügen Sie die scharfe Auswahl hinzu, indem Sie gleichzeitig die ⇧-Taste gedrückt halten. (Wenn Sie zuerst die scharfe Auswahl erstellen, wird der Übergang weichgezeichnet.)

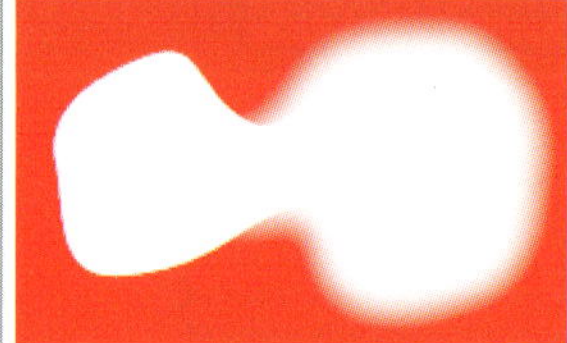

Zuerst wurde die weiche Auswahl erstellt, dann die scharfkantige Auswahl hinzugefügt.

Jedes Auswahlwerkzeug und jeder Befehl hat seine Vor- und Nachteile. Welches Werkzeug Sie verwenden, hängt vom auszuwählenden Bereich ab. Ist er unregelmäßig oder geometrisch? Ist er ein- oder mehrfarbig? Steht er im Kontrast zu seinem Hintergrund oder geht er in diesen über? Oder bilden Teile davon einen Kontrast und andere nicht? Danach wählen Sie das Werkzeug, den Befehl oder eine Kombination von Techniken aus, um die Auswahl anzulegen. Die drei folgenden Abschnitte – »Nach Farbe auswählen«, »Nach Form auswählen« und »Nach Form *und* Farbe auswählen« – helfen Ihnen dabei.

NACH FARBE AUSWÄHLEN

Ein Objekt sauber von anderen abzugrenzen, kann helfen, eine rote Blume inmitten von rosafarbenen auszuwählen oder einen braunen Hund auf grünem Rasen. Auswahl anhand von Farbe ist eine prozessbedingte Methode, die Farbton, Sättigung und Helligkeit des Bilds verwendet, um die Auswahl zu definieren. Um alle Pixel derselben Farbe auszuwählen, benutzen Sie den **Zauberstab**, die Schnellauswahl oder den Befehl AUSWAHL/

Den Hintergrund prüfen

Mit dem Zauberstab können Sie überprüfen, ob der Hintergrund um ein Objekt herum sauber ist oder wie weit sich eine Vignette, ein Schlagschatten oder ein Schein tatsächlich ausdehnen: Stellen Sie die Toleranz in der Optionsleiste des Zauberstabs auf 0 und schalten Sie die Checkbox GLÄTTEN aus. Aktivieren Sie die Option BENACHBART und klicken Sie in den Hintergrund. Die Auswahlkante zeigt, wo der farbige Bereich endet. Kleinere Einsprengsel markieren Unreinheiten im Hintergrund.

Der **Zauberstab** kann Ihnen helfen, die Ausdehnung der weichen Kante zu visualisieren. Damit erkennen Sie auch Verunreinigungen auf einem einfarbigen Hintergrund.

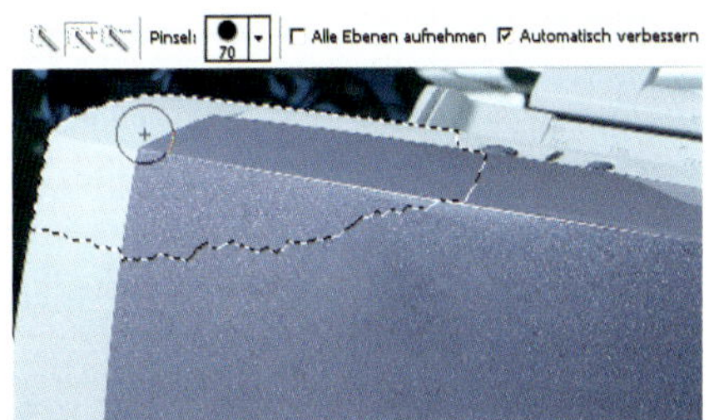

Das Schnellauswahlwerkzeug verwendet sofort den Modus DER AUSWAHL HINZUFÜGEN, so dass Sie eine vorhandene Auswahl bequem erweitern können. Nutzen Sie in der Regel die Vorgabe AUTOMATISCH VERBESSERN.

FARBBEREICH AUSWÄHLEN. Auch **Farbkanäle** können in Auswahlen umgewandelt werden.

Der Zauberstab

Mit dem **Zauberstab** können Sie einfarbige Bereiche schnell und einfach auswählen, ohne alle Bereiche derselben Farbe auswählen zu müssen. Klicken Sie mit dem Zauberstab auf ein Pixel der Farbe, die Sie auswählen wollen. Standardmäßig ist der Modus BENACHBART aktiv, es werden alle Pixel derselben Farbe ausgewählt, die direkt nebeneinander liegen. Sie können damit aber auch **alle Pixel derselben Farbe** auswählen, indem Sie die Benachbart-Checkbox ausschalten. Durch ⇧-Klicken mit dem Zauberstab fügen Sie Bereiche zur Auswahl hinzu.

Um den Farbbereich festzulegen, den der Zauberstab auswählen soll, stellen Sie die TOLERANZ in der Optionsleiste auf einen Wert zwischen 0 und 255. Je geringer der Wert, desto kleiner ist der Farbbereich. **Um zu steuern, ob die Auswahl auf der Farbe einer oder mehrerer sichtbarer Ebenen basieren soll,** benutzen Sie die Checkbox ALLE EBENEN AUFNEHMEN in der Optionsleiste. Standardmäßig werden Auswahlen mit dem Zauberstab **geglättet**, aber Sie können diese Option ausschalten.

Der »Cousin« des Zauberstabs, der **Magische Radiergummi**, wählt genauso aus wie der Zauberstab, wirkt jedoch destruktiv – er löscht alles, was er »auswählt«.

Das Schnellauswahlwerkzeug (CS3)

Die vielleicht wichtigste Neuerung in Photoshop CS3 ist das Schnellauswahlwerkzeug. Es ersetzt den Zauberstab in vielen Situationen und eignet sich vor allem für Hauptmotive mit glatten Konturen, zum Beispiel Produkte – weniger jedoch für Lockenköpfe oder unscharfe und abgeschattete Konturen.

Die Anwendung ist leicht: Sie ziehen das Schnellauswahlwerkzeug einfach über die Bereiche, die Sie auswählen möchten – schon markiert Photoshop die Zonen mit verblüffender Präzision, anders als beim Zauberstab auch ganz unterschiedliche Farbbereiche in einem Zug. In kleinen, unübersichtlichen Zonen reichen einzelne Klicks – dann wählt das Werkzeug weniger aus.

Im PINSEL-Klappmenü stellen Sie die HÄRTE auf 100 Prozent, so lässt sich die Wirkung am besten planen. Verwenden Sie zudem die Vorgabe AUTOMATISCH VERBESSERN. Sie kostet mehr Rechenzeit, sorgt aber für deutlich bessere Kanten.

Der Schnellauswahlzeiger darf nicht in Bildbereiche hineinragen, die Sie gar nicht auswählen wollen. Erscheint der Kreis in engen Bildzonen zu groß, verkleinern Sie den DURCHMESSER

Die Schnellauswahl markiert zunächst auch den Bildbereich hinter dem Hauptmotiv. Ziehen Sie bei gedrückter ⌥/Alt-Taste über dem Hintergrund – er verschwindet aus der Auswahl. Die Farbwerte aus dem Motivhintergrund werden bevorzugt aus der Auswahl herausgehalten.

PHOTOSPIN.COM

Die Optionsleiste für den **Magischen Radiergummi** ähnelt der des Zauberstabs. Das Werkzeug funktioniert auch ähnlich, nur wählt es einen Bereich nicht aus, sondern löscht ihn. Er ist »destruktiv«, denn er entfernt Pixel und ersetzt sie durch Transparenz.

im PINSEL-Klappmenü – nur die tatsächlich auszuwählenden Bereiche sollen unter dem Kreis erscheinen.

Nach dem ersten Klicken schaltet Photoshop das Schnellauswahlwerkzeug automatisch in den Modus DER AUSWAHL HINZUFÜGEN. Klicken Sie also mehrfach ins Bild, um eine vorhandene Auswahl peu à peu auszudehnen.

Hat das Werkzeug zuviel erfasst, werfen Sie überflüssige Bereiche wieder aus der Auswahl heraus: Dazu halten Sie bei den nächsten Klicks die ⌥/Alt-Taste gedrückt oder nehmen Sie die Schaltfläche VON AUSWAHL SUBTRAHIEREN. Der Zeiger erscheint jetzt mit einem Minuszeichen.

Das Interessante dabei: Das Schnellauswahlwerkzeug »merkt sich« Tonwerte, die nicht in die Auswahl gehören. Wenn Sie also dann wieder die ⌥/Alt-Taste freigeben und die Auswahl erweitern, werden unerwünschte Farben besonders wirkungsvoll nicht berücksichtigt. Darum macht es auch Sinn, gleich nach dem ersten normalen Klick mit dem Schnellauswahlwerkzeug einmal bei gedrückter ⌥/Alt-Taste über nicht gewünschte Bereiche zu ziehen; Sie erhalten meist noch präzisere Umrisse.

Auswahl/Farbbereich auswählen

Der Befehl FARBBEREICH AUSWÄHLEN ist komplexer als der Zauberstab, in manchen Fällen bietet er jedoch mehr Kontrolle darüber, was ausgewählt wird, und er **zeigt das Ausmaß der Auswahl deutlicher**. Standardmäßig zeigt das kleine Vorschaufenster in der Dialogbox ein Graustufenbild der Auswahl. Weiße Bereiche werden ausgewählt, graue Bereiche teilweise, schwarze Bereiche liegen außerhalb der Auswahl. Durch die vielen Graustufen ist das Bild viel informativer als die Auswahlkante, die beim Zauberstab zu sehen ist.

Die Einstellung TOLERANZ in der Dialogbox FARBBEREICH AUSWÄHLEN verhält sich wie die Toleranzeinstellung beim Zauberstab, allerdings ist sie leichter zu bedienen, denn der Bereich wird durch einen Schieberegler repräsentiert und das Vorschaufenster reagiert sofort auf Veränderungen. Mit einem Wert über 16 vermeiden Sie normalerweise abgestufte Kanten in der fertigen Auswahl.

CORBIS ROYALTY FREE

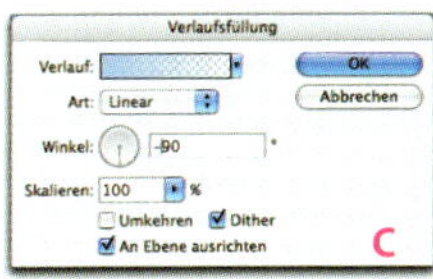

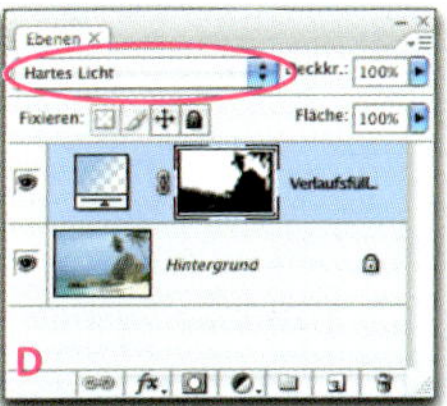

Mit dem Befehl AUSWAHL/FARBBEREICH AUSWÄHLEN im Modus AUFGENOMMENE FARBEN wählen Sie einen breiten Bereich ähnlicher Farben aus. Hier sollte der Himmel etwas dramatischer gestaltet werden, ohne per Hand aufwändige Auswahlen anlegen zu müssen – in einem Foto mit feinen Farbübergängen und komplexen Formen. **A.** Die Farbbereich-Pipette wurde über den Himmel gezogen, um die blauen Farben auszuwählen. Mit gehaltener Alt-/⌥-Taste klickte ich mit der Pipette auf die Farben, die entfernt werden sollten. Eine Toleranz zwischen 15 und 30 – generell ein guter Wert – glättet die Auswahl um die Palmen und am Horizont. **B.** Bei aktiver Auswahl klickte ich auf den Button NEUE FÜLL- ODER EINSTELLUNGSEBENE ERSTELLEN ◐ unten in der Ebenen-Palette. Ich wählte die Option VERLAUF als Füllung. Dann wählte ich einen Verlauf aus und **C** aus der aktiven Auswahl wurde automnatisch eine Ebenenmaske für die neue, aktive Verlaufsebene. Als Modus für die neue Ebene wählte ich HARTES LICHT **D**, was den Farbübergang bewirkte, während die feine Wolkenstruktur größtenteils aus dem Originalhimmel erhalten blieb **E**.

Im Menü AUSWAHL oben in der Dialogbox können Sie die Auswahlkriterien festlegen. Um **anhand der aus dem Bild aufgenommenen Farben** auszuwählen, verwenden Sie die Option AUFGENOMMENE FARBEN. Klicken Sie dann mit der linken Pipette aus der Dialogbox ins Bild. Die Auswahl erstreckt sich über das gesamte Bild, als klickten Sie mit dem Zauberstab ohne Benachbart-Option. (Der Befehl FARBBEREICH AUSWÄHLEN sieht dasselbe, was Sie auf dem Bildschirm sehen. Wenn Sie wollen, dass einige Ebenen von diesem Befehl ignoriert werden, blenden Sie sie durch einen Klick auf deren 👁 -Icons in der Ebenen-Palette aus.) **Um den Farbbereich in der Auswahl zu reduzieren oder zu erweitern**, klicken oder ziehen Sie mit der »+«- oder »-«-Pipette, um neue Farben hinzuzufügen oder andere zu entfernen. Oder bleiben Sie bei der normalen Pipette und halten Sie die ⇧-Taste (Hinzufügen) oder die ⌥-/Alt-Taste (zum Entfernen) gedrückt. Sie können die Auswahl auch mithilfe der Toleranz bearbeiten, aber Pixel mit Extremwerten des ausgewählten Farbbereichs werden nur teilweise ausgewählt.

Um einen Farbbereich statt einer Einzelfarbe auszuwählen, wählen Sie einen Farbbereich aus dem Auswahlmenü. Die Bereiche sind vorgegeben. Sie können also weder eine Toleranz einstellen noch den Bereich mit den Pipetten nachbearbeiten. Um nur **Tiefen, Mitteltöne oder Lichter** eines Bilds auszuwählen, benutzen Sie die entsprechende Option aus dem Menü. Auch hier sind Einstellungen nicht möglich.

UMKEHREN ist eine Möglichkeit, ein **mehrfarbiges Objekt vor einem einfarbigen Hintergrund** auszuwählen. Wählen Sie den Hintergrund mit der Pipette aus und kehren Sie dann die Auswahl um.

Farbkanäle

Ein Farbkanal kann ein guter Ausgangspunkt für eine Auswahl sein. Häufig zeigt ein bestimmter Farbkanal (Rot, Grün, Blau in einer RGB-Datei) einen deutlicheren Kontrast zwischen einem Objekt und seinem Hintergrund als die anderen. Suchen Sie nach einem Kanal, in dem das Objekt sehr hell und die Umgebung dunkel ist oder umgekehrt. Ziehen Sie diesen Kanal auf den Button NEUEN KANAL ERSTELLEN ◻ unten in der Kanäle-Palette, um ihn als Alphakanal zu kopieren. Wenden Sie BILD/ANPASSEN/TONWERTKORREKTUR an, um den Kontrast weiter zu erhöhen. ▼ Laden Sie schließlich den Alphakanal als Auswahl, indem Sie mit gehaltener Strg-/⌘-Taste auf seinen Namen in der Palette klicken. (Diese Technik wird auf der gegenüberliegenden Seite erläutert.)

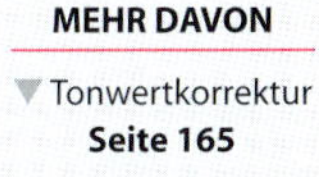

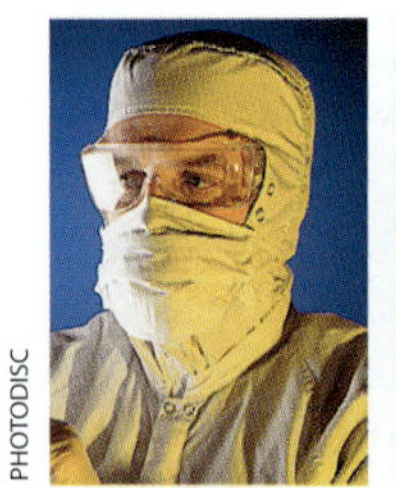

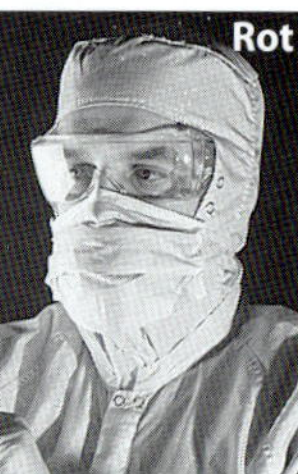

PHOTODISC

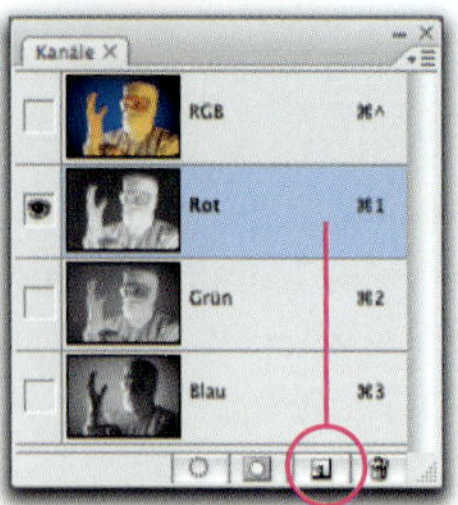

Beim Auswählen des Chirurgen stellten wir fest, dass der rote Kanal einen starken Kontrast zwischen Objekt und Hintergrund aufwies (oben). Wir duplizierten ihn, es entstand ein Alphakanal (unten).

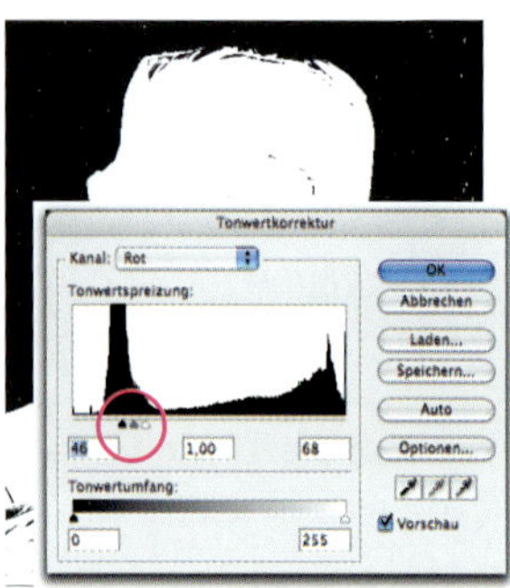

Mithilfe von BILD/ANPASSEN/TONWERTKORREKTUR wurde der Kontrast im Alphakanal verstärkt. Mit dem Pinsel, manchmal im Airbrush-Modus, verbesserten wir den Alphakanal mit schwarzer und weißer Farbe und entsorgten so unliebsame graue Pixel.

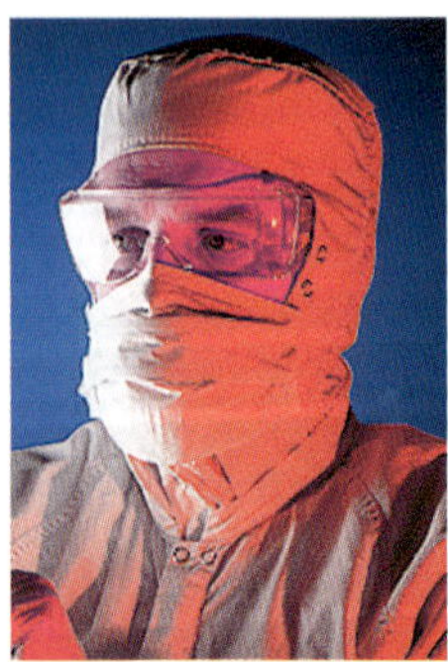

Der fertige Alphakanal wurde als Auswahl geladen, mit BILD/ANPASSEN/VARIATIONEN besserten wir Farbe und Beleuchtung auf.

NACH FORM AUSWÄHLEN

Wenn sich das Objekt, das Sie auswählen wollen, weder in Farbe noch Farbton deutlich von seiner Umgebung abhebt, wählen Sie es am besten anhand seiner Form aus. Dabei wählen Sie zwischen den Auswahl-, Formwerkzeugen, Lassos oder Zeichenstiften.

Geometrische oder eigene Formen auswählen

Um eine Auswahl »einzurahmen«, können Sie Auswahlrechteck oder Auswahlellipse einsetzen oder Sie zeichnen kompliziertere Umrisse mit einem der Formwerkzeuge. Die Auswahlwerkzeuge haben mehrere Auswahloptionen:

- Der Standardmodus für die Auswahlwerkzeuge ist, den Cursor dort zu platzieren, wo eine »Ecke« der Auswahl liegen soll, und dann diagonal zu ziehen. Oftmals können Sie die Auswahl jedoch besser steuern, wenn Sie die **Auswahl von der Mitte herausziehen**. Drücken und halten Sie dazu die ⌥-/Alt-Taste, während Sie mit dem Auswahlwerkzeug ziehen.
- **Um einen quadratischen oder kreisrunden Bereich auszuwählen,** halten Sie die ⇧-Taste gedrückt, wenn Sie mit dem Auswahlrechteck oder der Auswahlellipse ziehen.
- **Um eine Auswahl mit bestimmtem Breite-Höhe-Verhältnis anzulegen,** wählen Sie FESTES SEITENVERHÄLTNIS aus dem Menü ART in der Optionsleiste.

CORBIS ROYALTY FREE

Für einen Vignetteneffekt mit einem weichen Rand benutzen Sie das Auswahlrechteck, die Auswahlellipse oder ein Formwerkzeug, wandeln den Pfad in eine Auswahl um und wählen AUSWAHL/WEICHE AUSWAHLKANTE.

CORBIS ROYALTY FREE

Um einen Bereich mit komplexem Umriss auszuwählen, der sich farblich in seine Umgebung einpasst, ist das Lasso wahrscheinlich das am besten geeignete Werkzeug.

Indem Sie eine Auswahl mit dem Lasso oder dem Polygon-Lasso beginnen und dann die ⌥-/Alt-Taste drücken, können Sie zwischen dem Freiform-Lasso und dem Polygon-Lasso wechseln.

Wenn Sie die ⌥-/Alt-Taste gedrückt halten, können Sie mit dem Lasso außerhalb der Bildgrenzen ziehen, damit bei der Auswahl keine Pixel im Bild vergessen werden.

- **Um eine Auswahl bestimmter Größe zu erstellen,** wählen Sie FESTE GRÖSSE aus dem Menü ART in der Optionsleiste. Geben Sie die Maßangaben in Pixel (»px« nach dem Wert), Zoll (»z« hinzufügen) oder Zentimeter (»cm« hinzufügen) ein.

Außer den Auswahlwerkzeugen bieten auch die vektorbasierten **Formwerkzeuge** viele vorgefertigte Formen – sowohl geometrische als auch eigene –, die Sie zur Auswahl einsetzen können. Ziehen Sie zuerst, um die Form zu zeichnen (⌥-/Alt- und ⇧-Taste genau so einsetzen wie bei den Auswahlwerkzeugen) und wandeln Sie den Pfad in eine Auswahl um, indem Sie mit gehaltener ⌘-/Strg-Taste auf die Miniatur in der Ebenen- oder Pfade-Palette klicken. ▼

Unregelmäßige Formen auswählen

Um ein mehrfarbiges Objekt auszuwählen, das also nicht aufgrund seiner Farbigkeit ausgewählt werden kann, müssen Sie die Auswahl eventuell per Hand mit dem Lasso oder dem Zeichenstift anlegen. Besitzt das Element weiche, geschwungene Kanten, benutzen Sie den Zeichenstift.▼ Ist der Rand komplex, mit vielen Details, versuchen Sie das Lasso:

- **Detailreiche Kanten** zeichnen Sie mit dem **Lasso**.
- Bei relativ weichen Kanten ist es oft einfacher und genauer, mit dem **Polygon-Lasso** eine Reihe **kurzer Liniensegmente** zu klicken, als alles mit dem Lasso nachzuzeichnen. Wenn Sie beim Klicken mit dem Polygon-Lasso die ⇧-Taste gedrückt halten, wird dessen Bewegung auf **vertikal, horizontal** oder **45° diagonal** festgelegt.
- Wenn Sie die ⌥-/Alt-**Taste halten**, können Sie das Werkzeug als Lasso oder Polygon-Lasso verwenden und durch einfaches Ziehen oder Klicken umschalten.

  Durch das Halten der ⌥-/Alt-Taste ergeben sich weitere Vorteile: Erstens **wird die Auswahl nicht geschlossen**, wenn Sie aus Versehen die Maustaste loslassen, bevor die Auswahl fertig ist. Zweitens können Sie bei einem Fehler die **Auswahl schrittweise zurückführen**, indem Sie so lange die Entf-Taste drücken und ⌥/Alt gedrückt halten, bis Sie wieder an einer »guten Stelle« angekommen sind. Wenn die **Auswahl bis an die Bildgrenze** reichen soll, können Sie die ⌥-/Alt-Taste gedrückt halten und mit dem Werkzeug außerhalb des Bilds klicken und ziehen. Schließlich können Sie zwischen diesen beiden Werkzeugen und dem Magnetischen Lasso umschalten, das als Nächstes beschrieben und in Schritt 2 im Abschnitt »Aufmerksamkeit aufs Subjekt« auf Seite 287 demonstriert wird.

MEHR DAVON

▼ Die Formwerkzeuge **Seite 433**

▼ Die Zeichenstiftwerkzeuge **Seite 435**

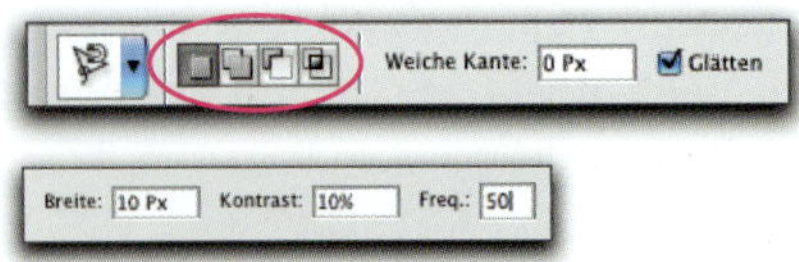

Die Optionsleiste des Magnetischen Lassos enthält vier Buttons, die für alle Auswahlwerkzeuge typisch sind. Hier legen Sie fest, ob eine neue Auswahl entstehen, zur Auswahl hinzugefügt, von ihr abgezogen werden oder eine Schnittmenge gebildet werden soll.

Einfacher Auswählen

Ungeachtet der Methode kann das Auswählen vereinfacht werden, indem Sie den Kontrast oder Farbkontrast zwischen dem auszuwählenden Bereich und seiner Umgebung erhöhen, bevor Sie die Auswahl anlegen. Zum Beispiel können Sie eine Tonwertkorrektur-Einstellungsebene über der Bildebene einfügen, um Farbunterschiede hervorzuheben. So können Sie anhand der Farbe auswählen oder erkennen die Bereiche zumindest besser, wenn Sie von Hand arbeiten. Wenn die Auswahl erstellt ist, können Sie die Einstellungsebene löschen oder ausblenden .

Dieses Bild wurde mit dem Gamma-Regler der TONWERTKORREKTUR aufgehellt, um die Farben deutlicher erscheinen zu lassen.

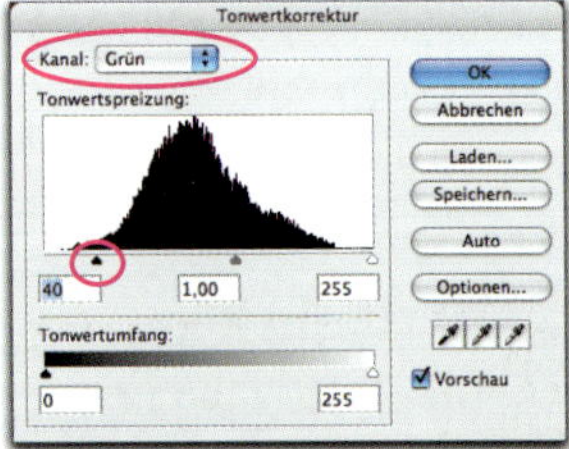

Hier wurde die Tonwertkorrektur nur auf den grünen Kanal angewendet, um die Farbdifferenz zwischen den Blättern und dem Felsen zu verdeutlichen; mehr dazu auf Seite 547.

NACH FORM UND FARBE AUSWÄHLEN

Manche von Photoshops Auswahlwerkzeugen machen sich die Farbunterschiede zu Nutze, wo sie auftreten. In anderen Bereichen können Sie hingegen per Hand auswählen, wenn der Kontrast nicht stark genug ist. Zu diesen Werkzeugen gehören das magnetische Lasso und der Magnetische Zeichenstift . Außerdem der Hintergrund-Radiergummi und der Befehl EXTRAHIEREN; Letztere verwenden »destruktive« Methoden, weil sie die Pixel nicht isolieren, sondern löschen.

Das Magnetische Lasso

Mit dem Magnetischen Lasso klicken Sie mit der Cursormitte auf die Kante, die Sie nachzeichnen wollen, und lassen den Cursor dann entlang der Kante »schweben«: Sie bewegen die Maus, ohne eine Taste zu drücken. Das Magnetische Lasso verfolgt die Kante automatisch. In der Optionsleiste können BREITE, FREQUENZ, KANTENKONTRAST und WEICHE KANTE eingestellt werden, bei einem Grafiktablett auch noch STIFTDRUCK.

Hier einige Tipps zur Arbeit mit dem Magnetischen Lasso :

- Wenn Sie eine gut erkennbare Kante verfolgen, verwenden Sie eine große Breite und ziehen Sie schnell. Um den Kantenkontrast zu erhöhen und so die Arbeit zu vereinfachen, benutzen Sie eine temporäre Einstellungsebene wie links im Tipp beschrieben. Wenn gut erkennbare Kanten in der Nähe sind, sollte die Breite gering sein. Führen Sie den Cursor genau in der Kantenmitte. Ist die Kante weich, verwenden Sie eine geringe Breite und zeichnen Sie langsam. **Wenn das Magnetische Lasso keinen Kontrast verfolgen kann,** können Sie es wie das Polygon-Lasso einsetzen und von Punkt zu Punkt klicken. **Oder Sie halten die ⌥-/Alt-Taste gedrückt, um auf alle drei Lassos zugreifen zu können** und zwischen dem magnetischen (Schweben), dem Polygon-Lasso (Klicken) und dem normalen Lasso (Ziehen) zu wechseln.
- Auch bei diesem Werkzeug kann die Cursorgröße verschieden sein. Sie verändern sie mit den Tasten Ö und #, wie unten beschrieben, oder mithilfe des Stiftdrucks, wenn Sie mit einem Grafiktablett arbeiten. Mit erhöhtem Druck nimmt die Breite ab.

Zwei-Hand-Auswahl

Mit dem Magnetischen Lasso (oder dem Magnetischen Zeichenstift) können Sie die BREITE mit den Tasten Ö und # verändern. Damit können Sie die Wirkung des Werkzeugs ändern, während Sie es bedienen, und es so mit der freien Hand während der Arbeit an die aktuelle Situation anpassen.

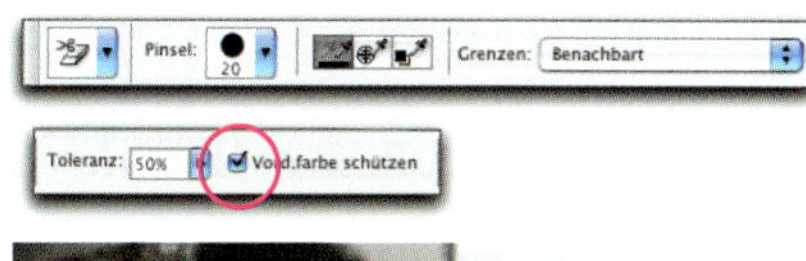

Die Option VORDERGRUNDFARBE SCHÜTZEN des Hintergrund-Radiergummis macht ihn zu einem sehr starken Auswahlwerkzeug. Sie können eine Farbe aufnehmen, die Sie schützen wollen, auch wenn diese Farbe in den Bereich fällt, den Sie löschen. Hier wird diese Option zum Beispiel verwendet, um die Puppe (oben) zu schützen, während die verschiedenen Grautöne aus dem Hintergrund gelöscht werden.

TOLERANZABKÜRZUNG

Um die Toleranz für den Hintergrund-Radiergummi einzustellen, ohne den Cursor bewegen zu müssen, lassen Sie die Maustaste los, während Sie mit der anderen Hand eine Zahl zwischen 1 und 100 eintippen. Dies wird als Wert für die Toleranz eingetragen. Bei einem Grafiktablett können Sie die Dynamikeinstellungen (rechts in der Optionsleiste) ändern, um Toleranz und Breite durch den Stiftdruck einzustellen.

- Erhöhen Sie die **Frequenz**, um mehr Ankerpunkte zu setzen, die festlegen, wie weit die Auswahlkante zurückgenommen wird, wenn Sie die Entf-Taste drücken.
- Der Kantenkontrast legt fest, wie stark der Kontrast für das Werkzeug sein muss, damit es eine Kante findet. Erhöhen Sie ihn, wenn sich das Objekt gut vom Hintergrund abhebt. Verringern Sie ihn an einer kontrastarmen Kante.

Der Hintergrund-Radiergummi

Der Hintergrund-Radiergummi, zu finden an derselben Stelle in der Werkzeugpalette wie die anderen Radierer, löscht die Pixel, über die Sie ihn ziehen, und ersetzt sie durch Transparenz. Das »+« im Zentrum des Cursors ist der »Hotspot«, der Kreis darum definiert den Erkennungsbereich des Radierers. Wenn Sie klicken, nimmt der Hintergrund-Radiergummi die Farbe unter dem Hotspot auf. Beim Ziehen überprüft er im Erkennungsbereich, ob die Farbe gelöscht werden soll. Welche Pixel gelöscht werden, hängt von den Einstellungen in der Optionsleiste ab.

Die Toleranz betrifft den Farbbereich, der gelöscht werden soll. Mit dem Wert **0** werden nur **Pixel einer einzigen Farbe** gelöscht – genau der Farbe, die beim Klicken unter dem Hotspot liegt. Bei **höheren Toleranzwerten** wird der zu löschende **Farbbereich größer.**

Aufnahme steuert, wie der Hotspot die zu löschenden Farben aufnimmt:

- EINMAL: **die Farbe wird gelöscht, die sich beim ersten Mausklick** (oder Knopfdruck auf den Stylus) **unter dem Hotspot befindet**. Beim Klicken wählt der Hintergrund-Radiergummi, welche Farbe gelöscht wird. Er löscht diese Farbe beim Ziehen, bis Sie die Maustaste loslassen. Wenn Sie die Maustaste erneut drücken, nimmt er wieder eine Farbe auf, die sich dann unter dem Hotspot befindet.

»DESTRUKTIVE AUSWAHL«: EINE KOPIE ZUR SICHERHEIT

Der Filter **EXTRAHIEREN**, der **Hintergrund-Radiergummi** und der **Magische Radiergummi**, sind destruktive Methoden – die Ebenen werden verändert, indem Pixel entfernt werden. Bevor Sie sich einer dieser Auswahlmethoden bedienen, sollten Sie eine intakte Kopie der Ebene anfertigen, an der Sie arbeiten wollen. So bleibt ein unberührtes Original, wenn Sie aus einem bestimmten Grund dorthin zurückkehren müssen. Duplizieren Sie dazu die Ebene, indem Sie deren Miniatur in der Ebenen-Palette auf das Icon für eine neue Ebene ziehen.

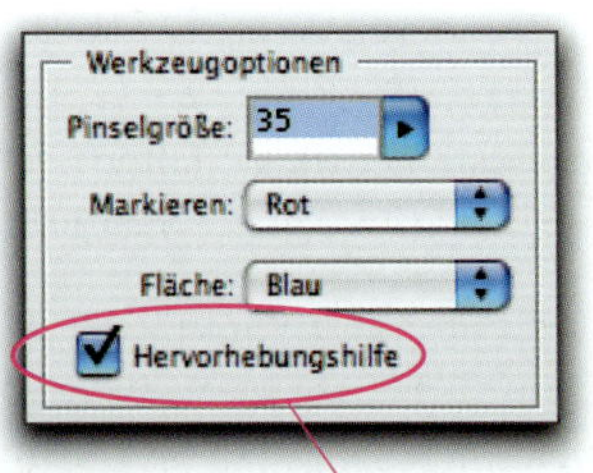

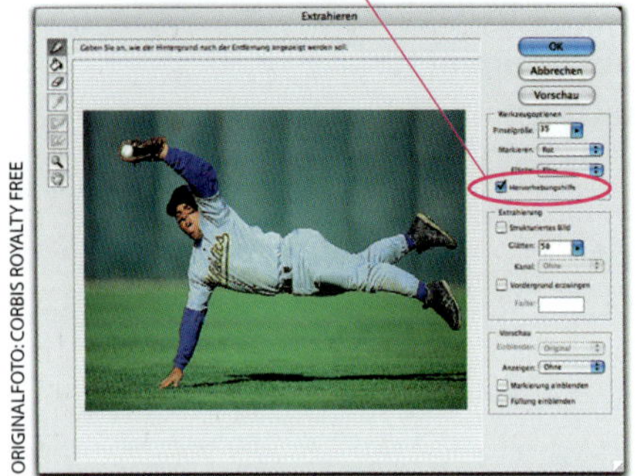

ORIGINALFOTO: CORBIS ROYALTY FREE

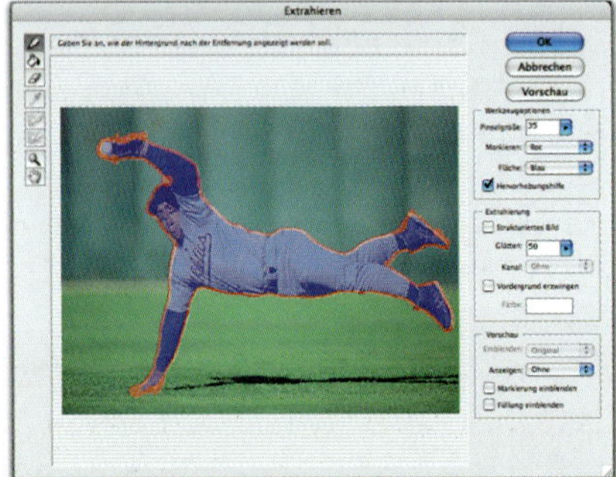

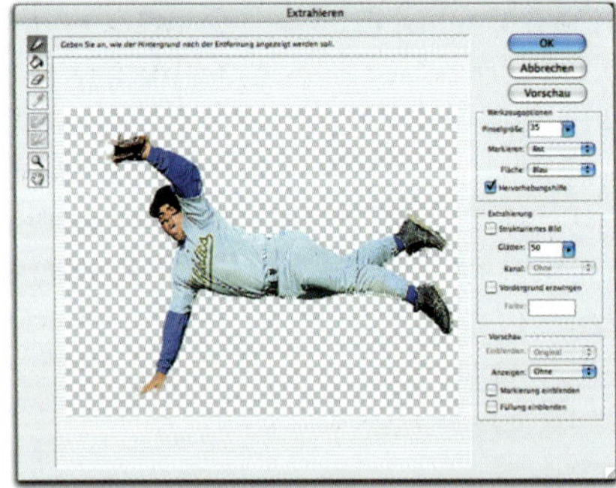

Der Befehl EXTRAHIEREN eignet sich gut, um ein Objekt mit deutlichen Rändern aus einem relativ kontrastarmen Hintergrund zu isolieren. Die Automation dieses Filters erspart Ihnen das mühevolle Nachzeichnen von Hand. Benutzen Sie dabei unbedingt die **Hevorhebungshilfe**, so funktioniert der Kantenmarker magnetisch, was Ihnen das Auffinden der Objektkanten erleichtert. Die **Bereinigen- und Kantenverfeinerer-Werkzeuge** bessern die Kanten des extrahierten Bilds nach, bevor Sie die Dialogbox verlassen.

- Um eine **bestimmte Farbe oder einen Farbton zu löschen**, ungeachtet, wann und wo Sie mit der Maus klicken,wählen Sie die Option HINTERGRUND-FARBFELD und klicken Sie in das Hintergrund-Farbfeld in der Werkzeug-Palette. Bestimmen Sie die Farbe entweder im Farbwähler oder durch einen Klick ins Bild.
- KONTINUIERLICH **aktualisiert** ständig die Farbe, die gelöscht werden soll. Das Werkzeug löscht also jede Farbe, über der der Hotspot steht, wenn sie nicht geschützt ist (siehe unten).

Für die Grenzen können Sie NICHT AUFEINANDER FOLGEND, AUFEINANDER FOLGEND und KANTEN SUCHEN wählen:

- **Um eine Farbe überall innerhalb des runden Cursors zu löschen,** wählen Sie NICHT AUFEINANDER FOLGEND.
- Um nur **Bereiche zu löschen, in denen die Farbe von Hotspot aus ununterbrochen vorkommt**, wählen Sie AUFEINANDER FOLGEND.
- KANTEN SUCHEN ist wie AUFEINANDER FOLGEND, aber es erhält die scharfen Kanten.

Die Option VORDERGRUNDFARBE SCHÜTZEN hebt den Hintergrund-Radiergummi von den anderen Auswahlwerkzeugen ab – destruktiv oder nicht destruktiv. Damit können Sie beim Löschen jede Farbe aufnehmen und schützen. Das ist besonders sinnvoll, wenn Sie ein Element erhalten wollten, dass sich innerhalb einer zu löschenden Farbe befindet. Auch wenn Sie den Cursor darüber ziehen, die Farbe wird nicht gelöscht.

Der Extrahieren-Filter

Der Befehl EXTRAHIEREN (im Filter-Menü) isoliert einen Bereich des Bilds, indem er alle anderen Pixel auf dieser Ebene löscht und durch Transparenz ersetzt. Wählen Sie FILTER/EXTRAHIEREN; in der Dialogbox können Sie Photoshops automatisches Maskieren vorbereiten. (Eine schrittweise Anleitung und Tipps dazu finden Sie im Beispiel »Einen Hintergrund austauschen« auf Seite 625.)

1 Aktivieren Sie den Kantenmarker und wählen Sie eine Pinselgröße in den Werkzeugoptionen. Diese sollte so groß sein, dass Sie sie leicht um die Kante des zu isolierenden Bereichs ziehen können, ohne diese dabei zu verlassen. Aber denken Sie auch daran, dass alles, was der Kantenmarker bemalt, extrahiert werden kann, also voll oder teilweise transparent wird. In Bereichen mit hohem Kantenkontrast

Corel KnockOut 2

Corel KnockOut 2 ist ein Extrahierungs- und Maskierungs-Plug-in, das mehr kann als der Extrahieren-Befehl in Photoshop. KnockOut 2 kann auch Objekte mit komplizierten Rändern wie feine Haare oder Glas freistellen, was mit EXTRAHIEREN bislang noch kaum geht. In Bereichen, wo sich das anbietet, können Sie manuell arbeiten und mehrfach Schritte rückgängig machen und wiederholen, um zu verschiedenen Arbeitsstadien zurückzukehren.

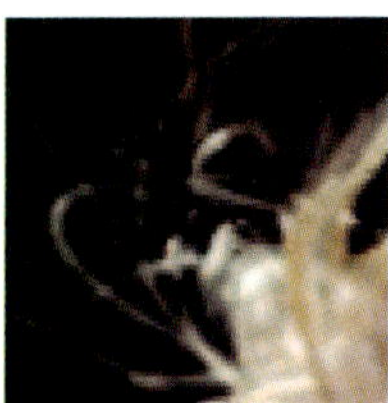

In Corel KnockOut 2 legen Sie fest, was genau sich im auszuwählenden Bildbereich befindet und was nicht. Das Programm kümmert sich ausgezeichnet um den »Bereich dazwischen«. Es bietet Werkzeuge zum Erkennen und Auswählen komplexer Farbübergänge und weicher Kanten, außerdem Werkzeuge zum Nachbessern der Kanten, wenn die Auswahl bereits steht. Oben links sehen Sie eine Auswahl von Corel KnockOut, rechts im Vergleich eine Auswahl von Photoshops Extrahieren-Befehl.

Toleranzwerte

Die Toleranz des Zauberstabs steuert auch den Bereich von AUSWAHL/ÄHNLICHES AUSWÄHLEN und AUSWAHL/AUSWAHL VERGRÖSSERN. Wenn in der Originalauswahl viele Farbvariationen und starker Kontrast auftreten, erhalten Sie vielleicht nicht das erwartete Ergebnis. Probieren Sie es erneut, indem Sie [⌘]-/[Strg]-[Z] drücken, die Toleranz geringer einstellen und den Befehl neu wählen.

zeichnen Sie die Kante »magnetisch« nach, indem Sie die Option HERVORHEBUNGSHILFE aktivieren (Klick in die Checkbox oder [⌘]-/[Strg]-Taste gedrückt halten). Wird der Kontrast wieder niedriger, deaktivieren Sie die Option.

2 Ziehen Sie den Kantenmarker entlang der Kante, bis das gesamte Objekt umrandet ist. Reicht das ausgewählte Objekt an die Bildkante heran, zeichnen Sie genau bis dorthin – um den Rand des Bilds müssen Sie nicht ziehen. Mit den Tasten [Ö] und [#] können Sie die Pinselgröße beim Zeichnen verändern (siehe Seite 58).

3 Um Ihre Extrahierung vorher betrachten zu können, klicken Sie mit dem Füllwerkzeug aus dem Extrahieren-Dialog in den Bereich mit der markierten Kante. Klicken Sie dann auf den Button VORSCHAU, um das extrahierte Objekt zu sehen. Mit dem dialogeigenen Zoom-Werkzeug können Sie die Vorschau vergrößern. Um die Qualität der Kanten zu überprüfen, ändern Sie die Hintergrundfarbe mithilfe des Anzeigen-Menüs im Vorschaubereich der Dialogbox. Mit dem Einblenden-Menü können Sie auch zwischen extrahiertem Objekt und Original umschalten.

Wenn Ihnen die Kantenqualität in der Vorschau noch nicht gefällt, können Sie diese auf verschiedene Weise korrigieren:

- Wenn beim Extrahieren **Probleme an den Kanten** zurückgeblieben sind – übrige Pixel außerhalb oder Halbtransparenz, wo eine Farbe eigentlich decken sollte –, benutzen Sie das **Bereinigen-Werkzeug , um überflüssigen Rand zu entfernen**, oder Sie halten dabei die [⌥]-/[Alt]-**Taste** gedrückt, um **Kantenmaterial wiederherzustellen**. Mit dem Kantenverfeinerer **betonen Sie die Kanten und beseitigen »Pixelschutt«.** Beim Verfeinern einer Extrahierung müssen Sie bedenken, dass es **besser ist, mehr Material an den Kanten zu belassen als zu wenig.** (Was zu viel ist, können Sie auch später noch entfernen, aber fehlendes Material wiederherzustellen, wird schwierig, sobald die Dialogbox geschlossen ist.)
- Sieht die Kante so unschön aus, dass Sie komplett neu beginnen wollen, halten Sie die [⌥]-/[Alt]-Taste gedrückt, dann verwandelt sich der Abbrechen-Button in ZURÜCKSETZEN. Klicken Sie darauf, geben Sie eine neue Pinselgröße ein und beginnen Sie von vorn.
- Wenn die Kante selbst in Ordnung ist, aber Bereiche innerhalb der Kante noch gelöscht werden müssen, müssen Sie diese Flecken nicht komplett umwandeln. Klicken Sie einfach auf OK, um das Extrahieren abzuschließen, und verwenden Sie den **Hintergrund-Radiergummi**.

Der Befehl AUSWAHL TRANSFORMIEREN eignet sich gut, um Auswahlen zu neigen oder zu kippen. Er wurde beim Anlegen eines Schattens für diesen Lippenstift verwendet, der bereits auf einer transparenten Ebene lag. Unter dem Lippenstift fügten wir eine neue Ebene für den Schatten ein, dann klickten wir mit gehaltener ⌘/Strg-Taste auf die Miniatur der Lippenstift-Ebene, um diese als Auswahl zu laden. Dann wählten wir AUSWAHL/AUSWAHL TRANSFORMIEREN. Mit gehaltener ⌘/Strg-Taste zogen wir den oberen mittleren Griff nach rechts unten, wo der Schatten sein sollte. Genauso zogen wir den linken oberen Griff nach rechts, um die Auswahl in der Perspektive schmaler aussehen zu lassen. Mit ↵ bestätigten wir die Veränderungen. Wir füllten die Auswahl mit Grau, hoben die Auswahl auf (⌘/Strg-D) und zeichneten die Ebene weich.

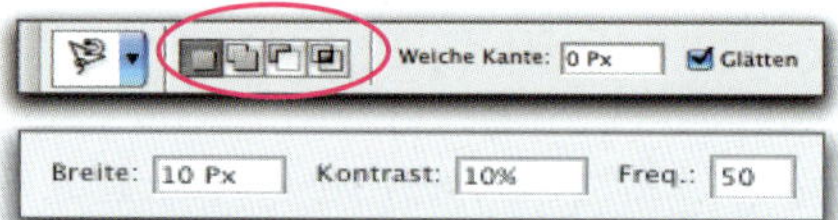

Die Optionsleiste für Auswahlwerkzeuge enthält vier Buttons, um festzulegen, ob die Auswahl eine neue Auswahl sein, zu einer anderen hinzugefügt, von einer abgezogen oder als Schnittmenge zweier Auswahlen gebildet werden soll.

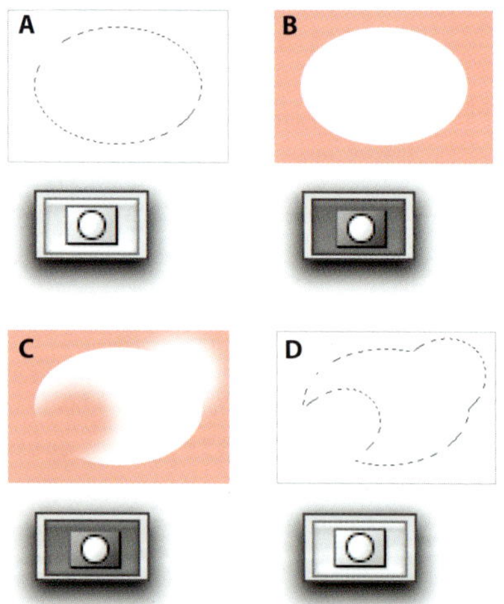

Eine Auswahl im Standardmodus anlegen **A**, in den Maskierungsmodus wandeln **B**, die Maske durch Malen mit Schwarz erweitern, mit Weiß Bereiche daraus entfernen **C**, und die veränderte Maske zurück in eine Auswahl verwandeln **D**.

AUSWAHLEN BEARBEITEN

In Photoshop können Sie einen noch aktiven Auswahlumriss verändern. Wenn die Auswahl abgeschlossen ist:

- Um die **Auswahlkante** zu verschieben, ohne Pixel zu bewegen, ziehen Sie mit einem Auswahlwerkzeug in der Auswahl.
- Um den **Auswahlumriss zu neigen, zu skalieren, zu verzerren oder zu spiegeln,** wählen Sie AUSWAHL/AUSWAHL TRANSFORMIEREN. Klicken Sie mit gehaltener Ctrl-Taste bzw. rechter Maustaste und wählen Sie die Transformation aus dem Kontextmenü. Ziehen Sie die Griffe des Transformationsrahmens (auch mit ⇧-Taste) und drücken Sie ↵ (oder Doppelklick in den Rahmen), um die Transformation abzuschließen. ▼
- Um die **Auswahl umzukehren**, also den nicht ausgewählten Bereich auszuwählen und umgekehrt, drücken Sie ⌘/Strg-⇧-I oder wählen Sie AUSWAHL/AUSWAHL UMKEHREN.
- Um etwas **zur Auswahl hinzuzufügen, daraus zu entfernen oder eine Schnittmenge zu bilden,** klicken Sie auf einen der Buttons links in der Optionsleiste des Auswahlwerkzeugs. Erstellen Sie dann die Auswahl (siehe auch »Finger und Miniaturen« auf Seite 64).
- Um eine Auswahl **zu erweitern,** so dass sie mehr Pixel einschließt, wählen Sie AUSWAHL/AUSWAHL VERÄNDERN/ERWEITERN. Um eine **Auswahl zu schrumpfen**, wählen Sie AUSWAHL/AUSWAHL VERÄNDERN/VERKLEINERN.
- Um alle **farblich ähnlichen Pixel zur Auswahl hinzuzufügen**, wählen Sie AUSWAHL/ÄHNLICHES AUSWÄHLEN.
- Um alle **farblich ähnlichen und benachbarten Pixel zur aktuellen Auswahl hinzuzufügen**, wählen Sie AUSWAHL/AUSWAHL VERGRÖSSERN. Der ausgewählte Farbbereich wird dabei jedes Mal größer.

Maskierungsmodus

Indem Sie eine Auswahl erstellen und dann auf den Maskierungsbutton klicken (unten rechts in der Werkzeug-Palette), sehen Sie eine aktive Auswahl in einer Maske als Bereich, den Sie mit den Malwerkzeugen und Filtern bearbeiten können. Im Maskierungsmodus sehen Sie Bild und Maske, können also beides bearbeiten. Dabei bleibt die Maske stabil und schützt die Auswahl, während Sie daran arbeiten. Nach dem Bearbeiten der Maske verwandeln Sie sie wieder in eine Auswahl, indem Sie auf den Standardmodus-Button klicken.

Masken bereinigen

Pixelige Kanten einer Maske wie einer als Alphakanal gespeicherten Auswahl **A** können durch Weichzeichnen gesäubert **B** und dann mit BILD/ANPASSEN/HELLIGKEIT/KONTRAST scharfgestellt werden. Regeln Sie zuerst den Kontrast, um die Glättung zu reduzieren **C**. Schieben Sie dann den Helligkeitsregler nach rechts, um den weißen Bereich der Maske zu vergrößern (um die Auswahl zu erweitern) **D** oder links, um ihn zu verringern **E**.

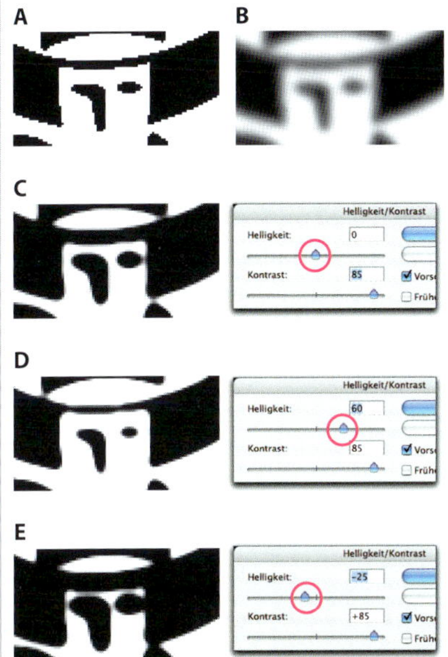

Auswahlen bereinigen

Zwar bietet das Maskieren (ab Seite 65) mehr Optionen, als ein Objekt aus seinem Hintergrund zu entfernen, doch manchmal behalten Sie trotz stärkster Bemühungen ein ausgewähltes Objekt mit einem Rest des Originalhintergrunds um den Rand. Diesen »Schmutzrand« entfernen Sie mit dem Menü EBENE/BASIS. Dort finden Sie die Befehle WEISS ENTFERNEN (um Weiß durch Transparenz in den Kantenpixeln eines aus einem weißen Hintergrund herausgelösten Objekts zu ersetzen), SCHWARZ ENTFERNEN (um Schwarz durch Transparenz zu ersetzen, wenn ein Rand vom Auswählen aus einem schwarzen Hintergrund übrig bleibt) und RAND ENTFERNEN (wenn ein Rand aus einem andersfarbigen Hintergrund geblieben ist). Diese Befehle funktionieren jedoch nur, *nachdem* die Auswahl von den Umgebungspixeln getrennt und auf eine eigene transparente Ebene gelegt wurde.

Eine weitere Option ist, den **Rand zu beschneiden**. Wählen Sie den Ebeneninhalt aus (erstellen Sie also eine Transparenzmaske), indem Sie auf die Miniatur der Ebene in der Ebenen-Palette ⌘-/Strg-klicken. Wählen Sie dann AUSWAHL/AUSWAHL VERÄNDERN/VERKLEINERN. Drücken Sie dann ⌘/Strg-⇧-I, um die Auswahl umzukehren, und dann die Entf-Taste, um den Rand zu entfernen. Sie können auch nicht destruktiv beschneiden, indem Sie mit gehaltener ⌘/Strg-Taste auf die Miniatur der Ebene in der Ebenen-Palette klicken und dann auf den Button IM MASKIERUNGSMODUS BEARBEITEN unten in der Werkzeug-Palette klicken. Im Abschnitt »Einen Hintergrund austauschen« auf Seite 625 finden Sie weitere Hinweise dazu.

Manchmal ist ein Rand von Hintergrundpixeln um ein freigestelltes Objekt kaum zu erkennen, bis Sie es vor einem neuen Hintergrund platzieren (links). Um ihn zu entfernen, wählen Sie EBENE/BASIS/RAND ENTFERNEN, bevor Sie die Ebenen kombinieren. Der Befehl RAND ENTFERNEN schiebt Farbe von innerhalb der Auswahl nach außen, um die Kantenpixel zu ersetzen und so den andersfarbigen Rand zu beseitigen.

Stufen glätten

Um holprige Bereiche in einer Auswahl zu glätten, wählen Sie AUSWAHL/AUSWAHL VERÄNDERN/ABRUNDEN und stellen den Rundungsgrad ein. Dieser Befehl eignet sich auch, um winzige, nicht ausgewählte Löcher in die sie umgebende Auswahl einzubinden.

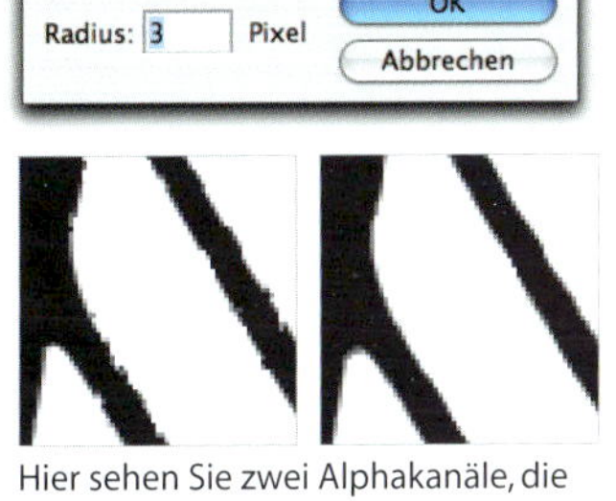

Hier sehen Sie zwei Alphakanäle, die aus derselben Auswahl entstanden. Links ohne Abrunden, rechts mit einem Radius von 3 Pixel.

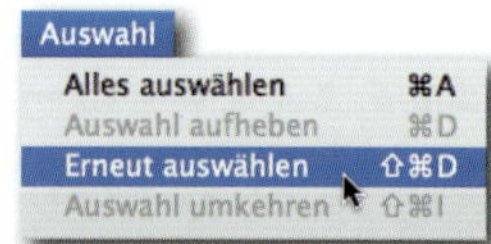

ERNEUT AUSWÄHLEN kann die Auswahl wiederherstellen, nachdem Sie sie aufgehoben haben.

ROB HAGIERA

Beim Erstellen der Bäume für *Seeds of Internet Growth* arbeitete Rob Magiera in Alias Mayavor einem schwarzen Hintergrund, denn er wusste, dass er in Photoshop den Befehl SCHWARZ ENTFERNEN benutzen konnte, wenn der die Bäume freistellte und in Photoshop montierte. Auf Seite 564 finden Sie mehr zu diesem Bild.

AUSWAHLEN LADEN UND SPEICHERN

Wenn Sie eine Auswahl mit viel Zeit und Aufwand erstellt haben, sollten Sie sie sichern, um sie später erneut laden zu können. Sie können Auswahlen in Alphakanälen speichern. Dabei repräsentiert Weiß Bereiche, die als aktive Auswahl wiederhergestellt werden können. Schwarze Bereiche sind nicht ausgewählt, graue sind proportional zur Helligkeit teilweise ausgewählt.

Um aus einer aktiven Auswahl (marschierende Ameisen) einen Alphakanal zu erstellen, wählen Sie AUSWAHL/AUSWAHL SPEICHERN, NEUER KANAL und klicken Sie auf OK. Oder klicken Sie unten in der Kanäle-Palette auf den Button AUSWAHL ALS KANAL SPEICHERN ◘.

Um aus einem Alphakanal eine aktive Auswahl zu erzeugen, ⌘/Strg-klicken Sie auf die Miniatur des Kanals in der Kanäle-Palette. Eine weitere Option ist der Befehl AUSWAHL/AUSWAHL LADEN. In der erscheinenden Dialogbox wählen Sie das Dokument und den Kanal, den Sie laden wollen. Damit können Sie einen Alphakanal aus einem beliebigen geöffneten Dokument mit denselben Pixelmaßen wie das, an dem Sie gerade arbeiten, öffnen.

FINGER UND MINIATUREN

Um einen Pfad, Kanal, eine Ebenenmaske oder die Transparenzmaske einer Ebene als Auswahl zu laden – entweder als neue Auswahl oder in Kombination mit einer anderen –, halten Sie die ⌘/Strg-Taste gedrückt und klicken Sie auf die entsprechende Miniatur in der Pfade-, Kanäle- oder Ebenen-Palette. Der Cursor ändert sich entsprechend seiner Aufgabe:

- Um das Objekt als neue Auswahl zu laden, ⌘/Strg-klicken Sie auf seine Miniatur.
- Um etwas zur aktuellen Auswahl hinzuzufügen, ⌘/Strg-⇧-klicken Sie auf die Miniatur.
- Um etwas aus einer Auswahl zu entfernen, ⌘/Strg-⌥/Alt-klicken Sie auf die Miniatur.
- Um eine Schnittmenge zwischen dem Objekt und der Auswahl zu binden, ⌘/Strg-⇧-⌥/Alt-klicken Sie auf die Miniatur.

EFFIZIENZ DER ALPHAKANÄLE

Warum dieselbe Arbeit doppelt erledigen? Wenn Sie benachbarte Bereiche in einem Bild auswählen wollen, speichern Sie die Auswahl zuerst in einem Alphakanal. Nehmen Sie die zweite Auswahl dann grob vor und ziehen Sie die detaillierte davon ab, um die passende Kante zu formen.

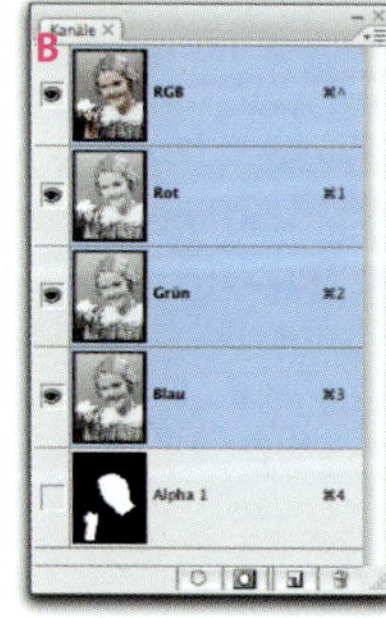

In diesem Handkolorationsprojekt speicherten wir die Hautauswahl **A** in einem Alphakanal **B**. Dann wählten wir das Kleid grob aus, ohne Halsausschnitt oder Armansatz nachzuzeichnen **C**. Wir klickten mit gehaltener ⌘-⌥- bzw. Strg-Alt-Taste in den Alphakanal in der Kanäle-Palette, um diesen von der groben Auswahl zu subtrahieren, so dass wir das Kleid färben konnten **D**.

Alphakanäle oder Masken bearbeiten

Hier zwei Tipps, wie Sie Alphakanäle oder Ebenenmasken leichter bearbeiten:

- Eine maskenähnliche Ansicht mit einer transparenten roten Überlagerung für die Maske erhalten Sie, wenn der Alphakanal per Augen-Icon sichtbar geschaltet und dann aktiviert wird. Drücken Sie dann [~] und nehmen Sie Ihre Veränderungen vor. Drücken Sie erneut [~], dann wird die Maske wieder allein gezeigt.

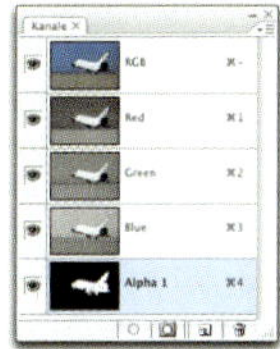

ORIGINALFOTO: PHOTOSPIN.COM

- Um schnell zwischen schwarzer und weißer Farbe umzuschalten, um Bereiche aus der roten Maske zu entfernen bzw. ihr hinzuzufügen, weisen Sie Vorder- und Hintergrundfarbe Schwarz und Weiß zu (drücken Sie [D], dann [X], wenn nötig). Dann wechseln Sie mit [B] und [E] einfach zwischen Pinsel (malt mit Schwarz) und Radiergummi (mal mit Weiß) um. Dabei können Sie in der Optionsleiste für die einzelnen Werkzeuge unterschiedliche Pinselspitzen definieren.

MASKIEREN

Außer der Hintergrundebene kann jede Ebene einer Photoshop-Datei zwei Arten von »Masken« haben, die Bereiche der Ebene verdecken oder zeigen. Diese Masken sind sehr wertvoll, denn Sie blenden Bildbereiche aus, ohne den Ebeneninhalt permanent zu ändern. Statt Teile einer Ebene abzuschneiden oder zu löschen, können Sie sie mit einer **Ebenen- oder Vektormaske** blockieren. Masken werden häufig verwendet um Bilder zu kombinieren, sie eignen sich aber ebenso gut, um verschiedene Versionen desselben Bildes ineinander überzublenden oder Farb- und Farbtoneinstellungen auf einen Bildbereich zu begrenzen. Zwischen Ebenenmasken und Vektormasken bestehen einige wichtige Unterschiede. (Mehr dazu auf Seite 72.)

Ebenenmasken

Eine **Ebenenmaske** ist eine Graustufenmaske auf Pixelbasis, die zwischen Schwarz und Weiß über 256 Graustufen verfügen kann. An den weißen Stellen ist die Maske transparent, das Bild oder die Einstellungen im weißen Bereich sind also sichtbar und wirken im Gesamtbild mit. Wo die Maske schwarz ist, ist sie deckend und der entsprechende Bildbereich ist blockiert (maskiert). Graue Bereiche sind teilweise transparent – je heller das Grau, desto transparenter – und die entsprechenden Bildpixel (und -einstellungen) wirken im Gesamtbild halbtransparent. Eine **Ebenenmaske erzeugen Sie, indem Sie auf den Button** EBENENMASKE HINZUFÜGEN [◻] unten in der Ebenen-Palette klicken. Wenn beim Hinzufügen einer Maske eine Auswahl aktiv ist, wird der ausgewählte Bereich zum weißen Teil der Maske; wenn Sie auf den [◻]-Button mit gehaltener [⌥]-/[Alt]-Taste klicken, wird eine umgekehrte Maske erzeugt, wobei die ausgewählten Bereiche schwarz werden.

Automatisches Maskieren

Mit dem Befehl IN DIE AUSWAHL EINFÜGEN können Sie ein Element innerhalb eines Bilds maskieren. Wählen Sie das Objekt aus und kopieren Sie es ([⌘]/[Strg]-[C]), aktivieren Sie dann die Zielebene (indem Sie in der Ebenen-Palette auf ihren Namen klicken). Wählen Sie den Zielbereich aus und wählen Sie dann BEARBEITEN/EINFÜGEN. Das Element wird als neue Ebene inklusive Ebenenmaske eingefügt.

Wenn Sie die [⌥]-/[Alt]-Taste gedrückt halten, während Sie den Befehl IN DIE AUSWAHL EINFÜGEN wählen, wird der **Inhalt dahinter eingefügt (DAHINTER EINFÜGEN)**. Die Tastenkürzel sind [⌘]/[Strg]-[⇧]-[V] (IN DIE AUSWAHL EINFÜGEN) bzw. [⌘]/[Strg]-[⌥]/[Alt]-[⇧]-[V] (DAHINTER EINFÜGEN).

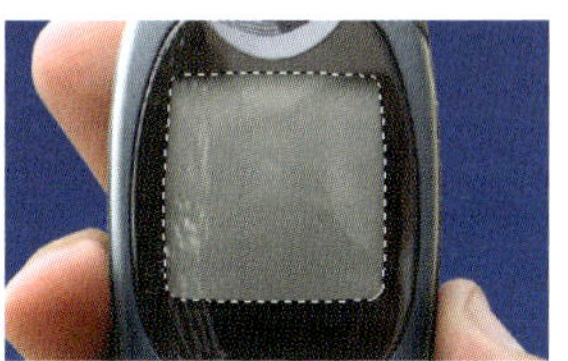

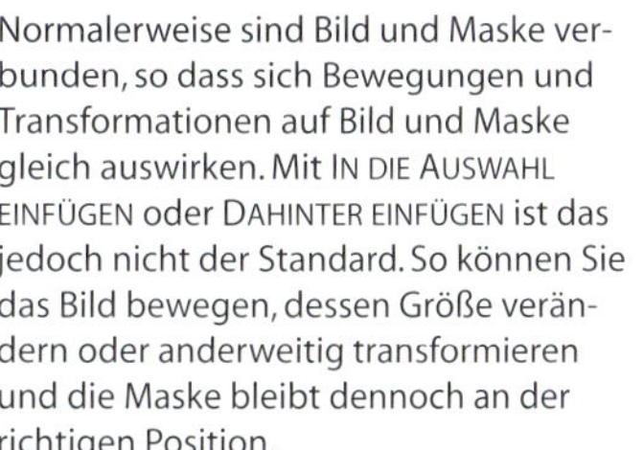

Normalerweise sind Bild und Maske verbunden, so dass sich Bewegungen und Transformationen auf Bild und Maske gleich auswirken. Mit IN DIE AUSWAHL EINFÜGEN oder DAHINTER EINFÜGEN ist das jedoch nicht der Standard. So können Sie das Bild bewegen, dessen Größe verändern oder anderweitig transformieren und die Maske bleibt dennoch an der richtigen Position.

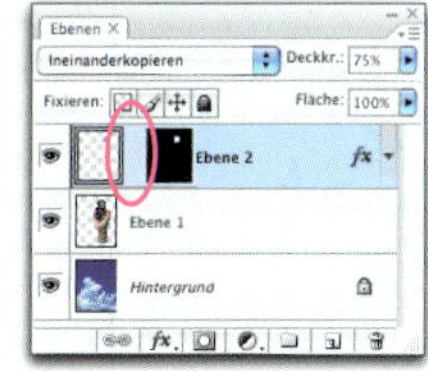

Maskenkürzel

Um eine Maske zu bearbeiten, klicken Sie auf deren Miniatur. Ein Umriss verdeutlicht, dass die Maske aktiv ist. Sie betrachten trotzdem weiterhin eher das Bild als die Maske, aber durch Malen, Filter und andere Veränderungen bearbeiten Sie die Maske, nicht die Ebene.

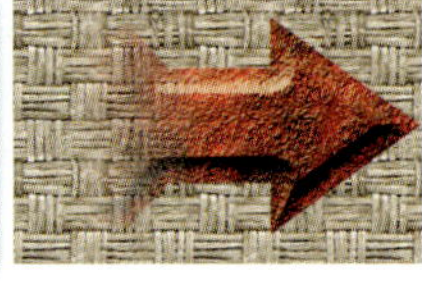

Um nur eine Maske einzublenden, ⌥-/Alt-klicken Sie auf die Miniatur der Maske. ⌥-/Alt-klicken Sie erneut, um wieder das Bild zu sehen.

Um den Umriss einer Vektormaske zu sehen und zu bearbeiten, während Sie die Ebene oder die Maske betrachten, klicken Sie auf die Miniatur der Vektormaske. Ein Rand erscheint um die Miniatur, der Pfad ist auf dem Bildschirm sichtbar. Sie können den Pfad bearbeiten (Pfad-, Formwerkzeuge, Transformieren). Klicken Sie die Miniatur erneut an, um den Umriss auszuschalten.

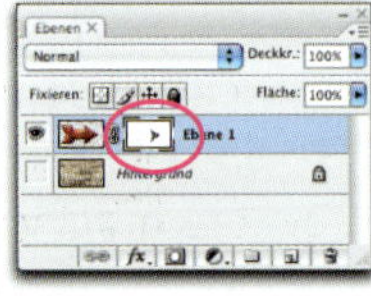
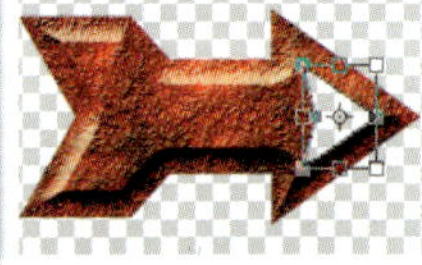

Um eine Ebenenmaske kurzzeitig auszuschalten, ⇧-klicken Sie auf deren Miniatur. Ein »X« auf der Miniatur zeigt, dass die Maske inaktiv ist. ⇧-klicken Sie erneut, um sie wieder zu aktivieren.

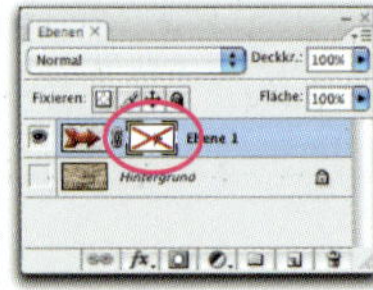
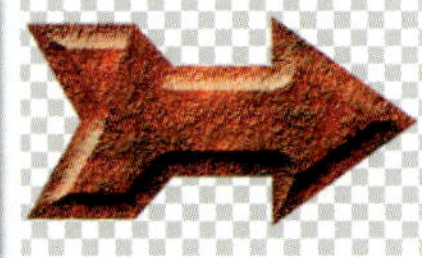

Vektormasken

Der Name sagt es bereits: Vektormasken sind vektorbasiert. Sie sind auflösungsunabhängig, können also in der Größe verändert, gedreht, geneigt und öfter transformiert werden, ohne dass die Qualität leidet. Bei der Ausgabe auf einem PostScript-Drucker entstehen glatte Konturen, ungeachtet der Dateiauflösung (ppi). Vektormasken haben jedoch scharfe Kanten, können nicht weichgezeichnet werden und auch nicht teilweise transparent sein. Sie können eine Vektormaske erstellen, die alles einblendet, indem Sie mit gehaltener ⌘/Strg-Taste auf das Icon ◘ unten in der Ebenen-Palette klicken (dadurch wird er zu VEKTORMASKE HINZUFÜGEN). Wenn die Ebene bereits eine Maske hat, ändert sich der Button automatisch, die ⌘/Strg-Taste brauchen Sie dann nicht. Für eine »Alles ausblenden«-Maske drücken Sie die ⌥-/Alt-Taste. Ist ein Pfad aktiv, wenn Sie die Maske hinzufügen, legt die Maske den Bereich innerhalb des Pfads frei. Es sei denn, Sie benutzen die ⌥-/Alt-Taste, um alles auszublenden. Schnittmasken

Masken und Ebenenstile

Standardmäßig wird eine Maske auf einer Ebene mit einem Ebenenstil **A** die Form festlegen, die der Stil unterstützt. Wenn der Stil z.B. eine Abgeflachte Kante und Relief enthält, werden die Maskenkanten auch abgeflacht **B**. Wenn Sie das vermeiden wollen **C**, ändern Sie die Fülloptionen im Dialog EBENENSTIL (⌘/Strg-Klick auf die Miniatur der Ebene oder EBENE/EBENENSTIL/FÜLLOPTIONEN). Klicken Sie dann im Abschnitt ERWEITERTE FÜLLMETHODE in die entsprechende Checkbox, um die Maskenkanten vom Stil auszusparen: Schalten Sie bei einer Ebenenmaske die Option EBENENMASKE BLENDET EFFEKTE aus; bei einer Vektormaske aktivieren Sie VEKTORMASKE VERBIRGT EFFEKTE.

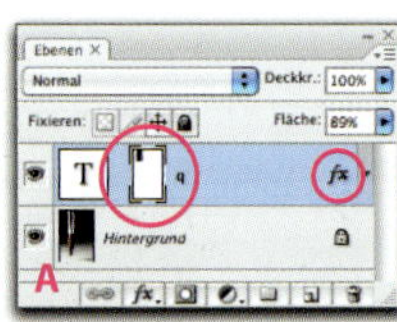

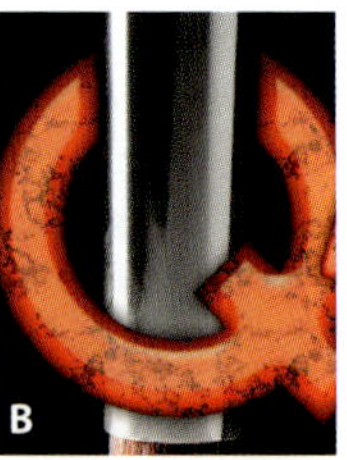

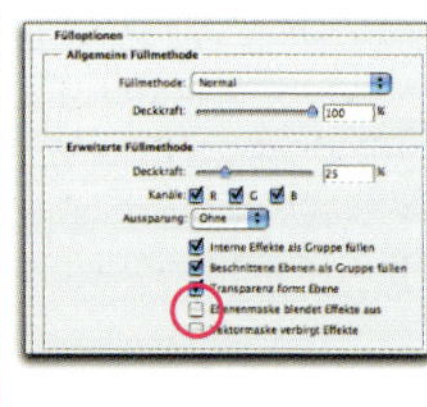

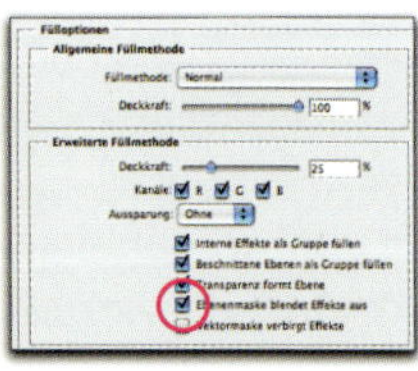

Wenn die Option EBENENMASKE BLENDET EFFEKTE AUS aus ist **A**, folgt der Stil ABGEFLACHTE KANTE UND RELIEF AUF DER »Q«-EBENE den Rändern der Maske, was nicht zu der Illusion des Pinsels passt, der durch das »Q« verläuft. Mit der Option EBENENMASKE BLENDET EFFEKTE AUS bleibt diese Illusion erhalten **B**.

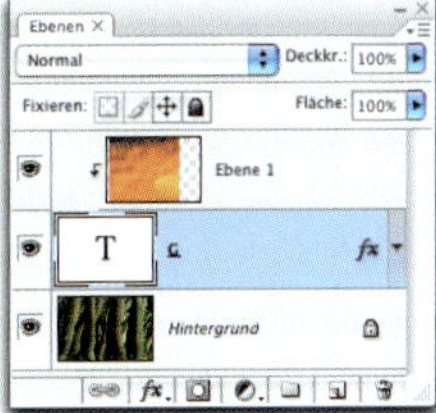

Mit einer Schnittmaske können Sie ein Foto oder Gemälde in Schrift maskieren, wobei der Text weiterhin formatiert und bearbeitet werden kann.

»SCHNITTE« ANLEGEN UND AUFLÖSEN

Um eine Schnittmaske aus der aktiven Ebene und der Ebene darunter zu erstellen, drücken Sie ⌘-⌥-G (Mac) bzw. Strg-Alt-G (Windows). Wenn es bereits eine Schnittmaske gibt, wird die aktive Ebene hinzugefügt. Mit derselben Tastenkombination entlassen Sie auch die aktive Ebene (und jede darüberliegende) aus einer Schnittmaske.

Ein weiteres nichtdestruktives Montageelement sind **Schnittmasken** – Gruppen von Ebenen, von denen die unterste als Maske fungiert. Der Umriss der unteren Ebene – inklusive aller Pixel und Masken – »beschneidet« die anderen Ebenen in der Gruppe, so dass nur die Teile innerhalb des Umrisses zum Bild beitragen können.

Sie erstellen eine Schnittmaske, indem Sie mit gehaltener ⌥-/Alt-Taste auf die Trennlinie zwischen den Namen zweier Ebenen in der Ebenen-Palette klicken. Die untere Ebene wird zur Schnittmaske, ihr Name ist jetzt unterstrichen. Die andere Ebene wird beschnitten; die Miniaturen sind eingezogen, ein Pfeil nach unten weist auf die Schnittebene darunter. Um mehr Ebenen zur Gruppe hinzuzufügen, ⌥-Alt-klicken Sie einfach auf weitere Trennlinien. (Um zu einer Beschneidungsgruppe zu gehören, müssen die Ebenen im Stapel übereinanderliegen. Sie können also nicht die eine in die Gruppe aufnehmen, zwei auslassen, dann wieder eine aufnehmen etc.)

Sie können auch eine Schnittmaske erstellen (bzw. eine Ebene hinzufügen), wenn Sie im Dialog NEUE EBENE die Checkbox SCHNITTMASKE AUS VORHERIGER EBENE ERSTELLEN aktivieren.

FÜLLEN

Zu den Fülloptionen einer Ebene gehören deren Deckkraft, die Fülldeckkraft und andere Optionen, die Sie in den Abschnitten ERWEITERTE FÜLLMETHODEN und FARBBEREICH in der Ebenenstile-Dialogbox einstellen können. Unter FARBBEREICH können Sie festlegen, wie die Pixel der aktiven Ebene (DIESE EBENE) und die des Bilds darunter (DARUNTER LIEGENDE EBENE) zusammenwirken. (Letzteres ist untertrieben, denn gemeint sind alle Ebenen darunter.)

Die Regler DARUNTER LIEGENDE EBENE legen fest, welcher Farbbereich im darunterliegenden Bild von der aktiven Ebene beeinflusst werden soll. Wenn Sie zum Beispiel nur die mittleren bis dunklen Pixel verändern wollen, ziehen Sie den weißen Regler nach innen, so dass die hellsten Töne außerhalb des Bereichs liegen und nicht mehr betroffen sind.

Die Regler DIESE EBENE bestimmen, welcher Farbbereich der aktiven Ebene zum Gesamtbild beiträgt. Wenn nur die dunklen Farben der aktiven Ebene Wirkung zeigen sollen, ziehen Sie den weißen Regler für DIESE EBENE nach innen, so dass die hellen Farben außerhalb des Bereichs liegen.

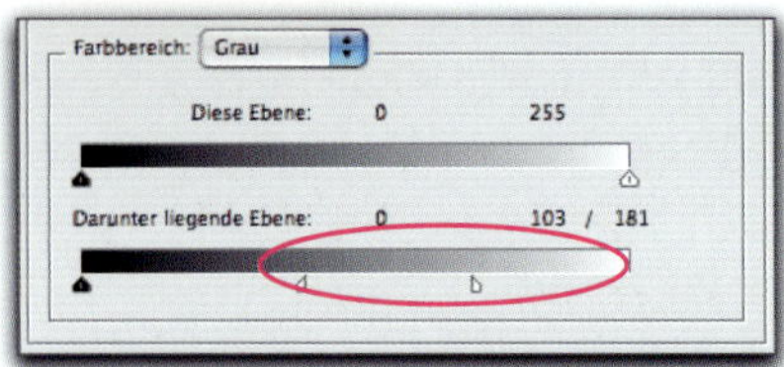

Die Farbbereichsregler können bei der Entwicklung einer Montage wichtig sein. Hier werden die Pixel der Ebene mit der Dose dort ausgeblendet, wo sie sich mit den hellen Pixeln der Flammen überlagern. Durch Ziehen mit gehaltener ⌥-/Alt-Taste können die Schieberegler geteilt werden. Hier glättet das Teilen des weißen Reglers den Übergang von der Dose in die Flammen. Dieser Prozess wird im Abschnitt »Farbbereich« auf Seite 73 und in anderen Beispielen in »Kurzum: Maskieren & Füllen« beschrieben.

Indem Sie die ⌥-/Alt-Taste drücken, wenn Sie den Regler ziehen, teilen Sie ihn. So erhalten Sie weichere Übergänge, indem Sie einen Farbbereich definieren, der nur teilweise sichtbar ist. Weitere Informationen zu den Farbbereichsreglern finden Sie in »Kurzum: Masken & Füllungen« auf Seite 72.

TRANSFORMIEREN UND VERKRÜMMEN

Um ein ausgewähltes Element zu skalieren, zu drehen, zu verzerren, perspektivisch zu verzerren, zu verkrümmen oder zu spiegeln, wählen Sie die Befehle TRANSFORMIEREN oder FREI TRANSFORMIEREN aus dem Bearbeiten-Menü (oder ⌘/Strg-T), um den Transformationsrahmen zu öffnen. Sie transformieren entweder frei Hand durch Ziehen an den Griffen des Rahmens oder numerisch, indem Sie Zahlen in die Felder der Optionsleiste eintragen. (VERZERREN und PERSPEKTIVISCH VERZERREN funktionieren nicht bei Text und Smart Objekten.)

Die Option VERKRÜMMEN – eingeführt in CS2 – wird auf pixel- und vektorbasierte Ebenen und Masken angewendet und funktioniert in mancher Hinsicht ähnlich wie die Textverkrümmung▼. Wie bei Text gibt es auch hier in der Optionsleiste ein Menü vorbereiteter Verkrümmungsstile. Im Unterschied zur Textverkrümmung besitzt der Befehl VERKRÜMMEN ein Raster, mithilfe dessen Sie die Verkrümmung von Hand einstellen können. Ein weiterer Unterschied: Der Verkrümmen-Befehl kann nicht mehr verändert werden, wie das bei verkrümmtem Text der Fall ist. Wenn Sie einmal die ↵-Taste gedrückt haben (oder die Transformation in der Optionsleiste bestätigt haben ✓), ist sie wie jede anderen Transformation aus dem Bearbeiten-Menü abgeschlossen.

Oftmals führen Sie mehr als eine Transformation auf einmal durch – skalieren und dann neigen oder verkrümmen zum Beipiel. Im Transformationsrahmen können Sie Ctrl-/Rechtsklicken, um im Kontextmenü zwischen den Transformationsarten zu wechseln, bis Sie die richtige gefunden haben. Drücken Sie schließlich die ↵-Taste (oder doppelklicken Sie in den Rahmen), um die Transformation abzuschließen. Erst wenn die »Sitzung« beendet ist, zeichnet Photoshop das Bild neu, um alle Ihre Transformationen durchzuführen.

Die beiden Filter FLUCHTPUNKT (Seite 585) und OBJEKTIVKORREKTUR (Seite 278 bis 285), die seit Version CS2 im Programm enthalten sind, führen speziellere Transformationen durch. Wie bei den anderen Transformationsbefehlen werden sie erst im Bild umgesetzt, wenn Sie im Filterdialog auf OK klicken.

MEHR DAVON

▼ Text verkrümmen
Seite 486

»AUTO TRANSFORM«

Ab Photoshop CS2 blendet die Checkbox TRANSFORMATIONSSTEUERUNGEN in der Optionsleiste des Verschieben-Werkzeugs automatisch den Transformationsrahmen für die aktive Ebene ein, sobald das Verschieben-Werkzeug gewählt wird. Sie können also ohne Bearbeiten-Menü oder Tastenkürzel transformieren. Sobald Sie eine Transformation starten, erscheinen die Optionen und mit einem Ctrl-/Rechts-Klick gelangen Sie zu den Transformieren-Befehlen.

Wenn Sie eine Transformation abgeschlossen haben, können Sie diese auf dasselbe Element erneut anwenden, indem Sie den Befehl BEARBEITEN/TRANSFORMIEREN/ERNEUT wählen oder ⌘/Strg-⇧-T drücken. Oder Sie fertigen ein Duplikat an und transformieren auch dieses, indem Sie außerdem die ⌥-Alt-Taste gedrückt halten, wenn Sie den Befehl TRANSFORMIEREN/ERNEUT wählen.

TRANSFORMATIONSOPTIONEN

Die Befehle TRANSFORMIEREN und FREI TRANSFORMIEREN öffnen einen Transformationsrahmen, mit dessen Griffen Sie den Ebeneninhalt skalieren, drehen, neigen und verzerren können. Stattdessen können Sie jedoch auch in der Optionsleiste Parameter numerisch eingeben.

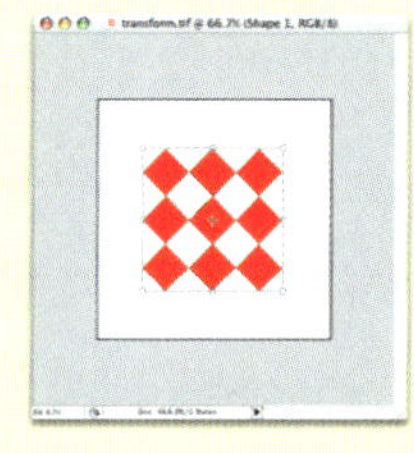

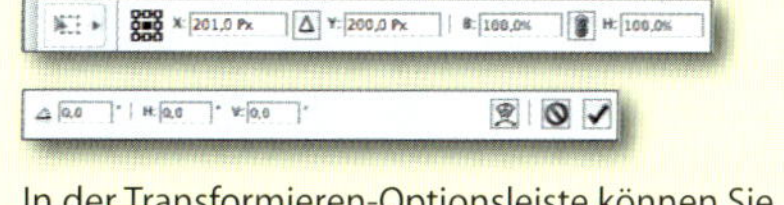

In der Transformieren-Optionsleiste können Sie die genaue Position, Skalierung, Neigungs- und Rotationswinkel festlegen. Sie können dort die Transformation bestätigen ✓ (↵) oder abbrechen ⊘ (Esc).

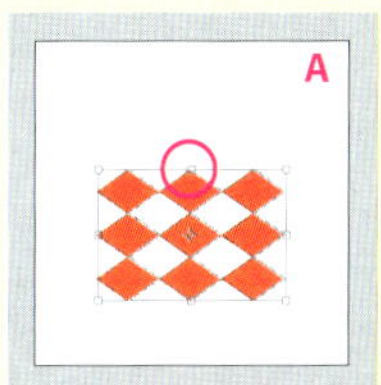

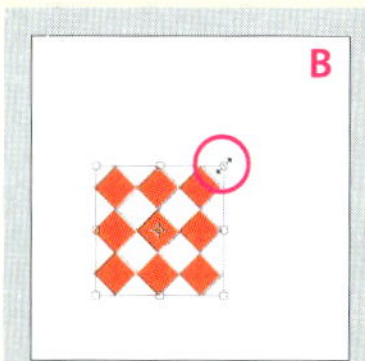

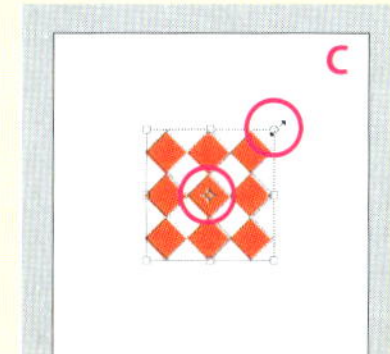

Durch **Ziehen an den Griffen** des Transformationsrahmens ändern Sie die Größe des Ebeneninhalts **A**. ⇧**-Ziehen** behält die Proportionen des Bilds beim Ziehen bei **B**. **Ziehen mit gehaltener** ⌥-/Alt**-Taste** – wie hier mit ⇧-Taste oder ohne – skaliert von der Mitte heraus **C**.

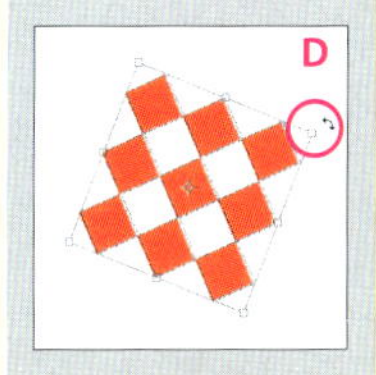

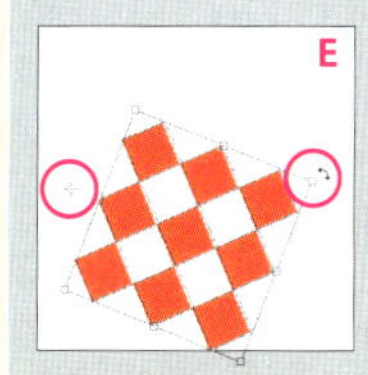

Wenn Sie den Cursor außerhalb des Transformationsrahmens bewegen, wird er zu einem **geknickten Doppelpfeil** und durch Ziehen drehen Sie das Bild **D**. Um das Zentrum der Rotation zu ändern, bevor Sie drehen, ziehen Sie dessen Icon an eine andere Stelle **E**.

Um durch Ziehen einer einzigen Ecke zu **neigen, zu verzerren und perspektivisch zu verzerren,** wählen Sie eine der Optionen aus dem Transformieren-Menü **F**.

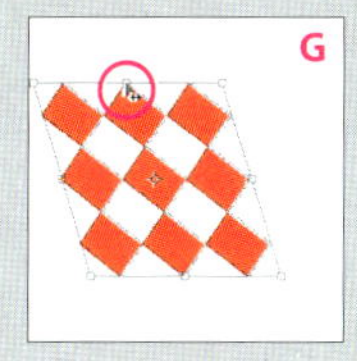

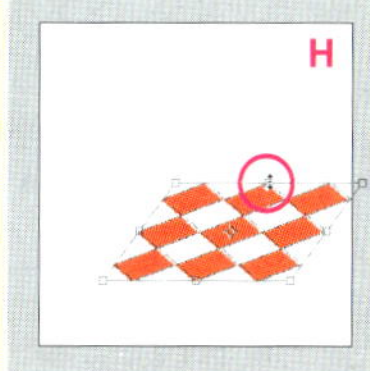

Wenn Sie beim **Neigen** einen Seitengriff ziehen, wird der Rahmen gekippt, die Seiten bleiben parallel **G**. Durch Ziehen eines Eckpunkts können Sie gleichzeitig neigen, skalieren und spiegeln **H**.

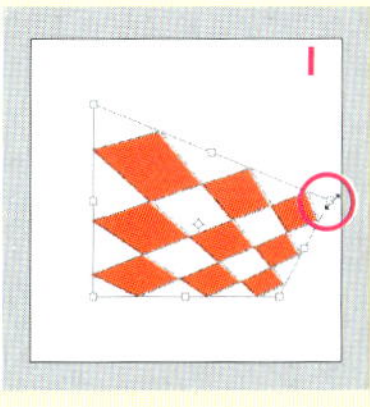

Beim **Verzerren** können Sie eine Ecke einzeln bewegen **I** oder eine Seite ziehen, um zu neigen, zu skalieren und zu spiegeln. Zum Neigen oder Verzerren halten Sie beim Ziehen die ⌘/Strg-Taste gedrückt.

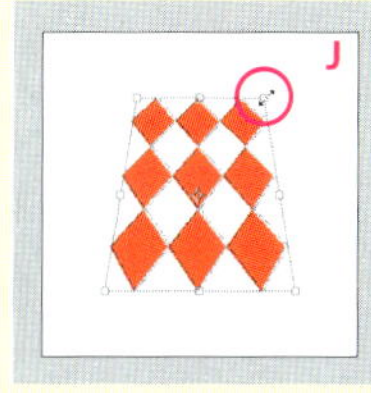

Beim **Perspektivisch verzerren** entsteht beim Ziehen einer Ecke eine gleiche, jedoch umgekehrt gerichtete Bewegung des horizontalen oder vertikalen Gegenübers **J.** Das Tastenkürzel ist, mit gehaltener ⌘-⌥-⇧ (Mac) bzw. Strg-Alt-⇧-Taste (PC) einen Eckgriff zu ziehen.

DER VERKRÜMMEN-BEFEHL

Rechts in der Optionsleiste der Transformationswerkzeuge finden Sie einen Button, mit dessen Hilfe Sie zwischen den normalken Werkzeugen und dem Verkrümmen umschalten können.

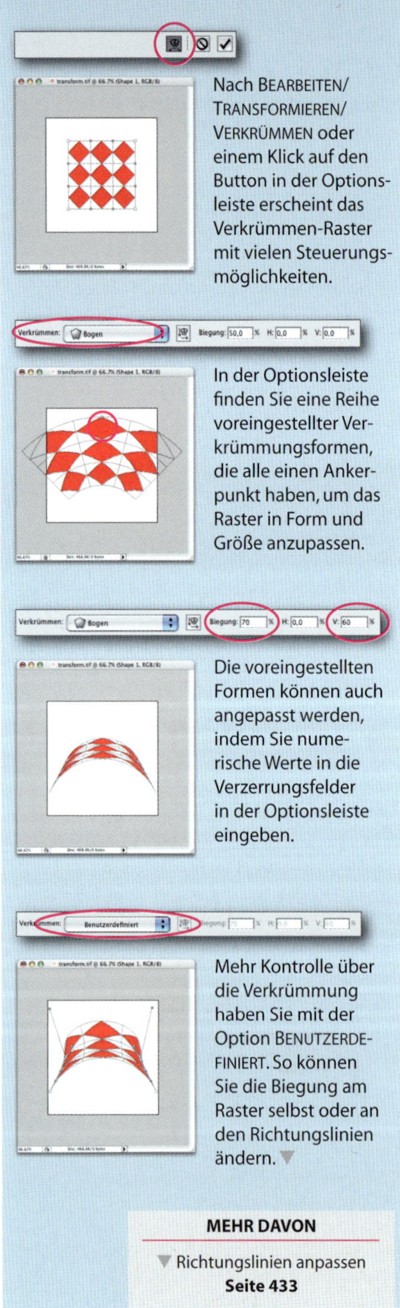

Nach BEARBEITEN/ TRANSFORMIEREN/ VERKRÜMMEN oder einem Klick auf den Button in der Optionsleiste erscheint das Verkrümmen-Raster mit vielen Steuerungsmöglichkeiten.

In der Optionsleiste finden Sie eine Reihe voreingestellter Verkrümmungsformen, die alle einen Ankerpunkt haben, um das Raster in Form und Größe anzupassen.

Die voreingestellten Formen können auch angepasst werden, indem Sie numerische Werte in die Verzerrungsfelder in der Optionsleiste eingeben.

Mehr Kontrolle über die Verkrümmung haben Sie mit der Option BENUTZERDEFINIERT. So können Sie die Biegung am Raster selbst oder an den Richtungslinien ändern. ▼

MEHR DAVON

▼ Richtungslinien anpassen
Seite 433

NEUBERECHNUNG VERSTEHEN

Wie in Kapitel 1 beschrieben, wird das Bild jedes Mal etwas schlechter, wenn Sie ein pixelbasiertes Element transformieren. Es kann z.B. an Schärfe verlieren. Der Grund dafür ist die *Neuberechnung*: Wenn die Transformation das Element vergrößert, werden zusätzliche Pixel eingefügt oder die Farben benachbarter Pixel werden gemittelt und weniger Pixeln zugewiesen, wenn das Element kleiner wird. Nach einer Drehung müssen gekippte Pixel neu an das quadratische Pixelraster angepasst werden. Statt also mehrere Einzeltransformationen vorzunehmen, jedes Mal ⏎ zu drücken und eine neue zu beginnen, sollten Sie alle Transformationen in einer einzigen Sitzung vornehmen, damit das Bild nur einmal neu berechnet wird. Bei Vektorelementen und Smart Objekten treten durch die Transformation keine Qualitätsverluste auf (siehe Seite 14), dennoch ist es effizienter, alle Transformationen auf einmal abzuschließen.

VERGRÖSSERN ODER VERKLEINERN

Wie gut Sie auch planen mögen, hin und wieder müssen Sie eine gesamte Datei kleiner oder größer machen und dabei neu berechnen lassen. Verkleinern müssen Sie sie vielleicht, weil Sie mehr Informationen haben, als zum Drucken nötig sind, und Sie die Datenmenge reduzieren wollen. Vergrößern müssen Sie eine Datei, wenn das Original nicht zum erneuten Scannen zur Verfügung steht, die Sie für eine bestimmte Rasterweite oder Monitorgröße wünschen. Oder beim Original handelt es sich um ein Digitalfoto und dieses können Sie nicht erneut aufnehmen.

Um das Bild neu zu berechnen, verwenden Sie entweder die Dialogbox BILDGRÖSSE, wie auf der folgenden Seite zu sehen, oder den Bild-skalieren-Assistenten (HILFE/BILD SKALIEREN). Der Hilfe-Befehl führt Sie durch den Prozess, in dem Sie eine Reihe von Fragen beantworten müssen. Allerdings können Sie nicht so viele Einstellungen vornehmen wie im Bildgröße-Dialog. Wenn Sie den Dialog BILDGRÖSSE benutzen, stellen Sie sicher, dass die Checkbox PROPORTIONEN ERHALTEN eingeschaltet ist (so dass das Seitenverhältnis gewahrt bleibt). Auch die Checkbox BILD NEU BERECHNEN MIT sollte aktiv sein.

- Wählen Sie aus dem Menü BILD NEU BERECHNEN MIT zum Vergrößern die Option BIKUBISCH GLATTER. Die Option BIKUBISCH SCH ÄRFER ist gut geeignet, um die Bildgröße zu reduzieren.

An Spaltengrösse anpassen

Wenn Sie ein Bild für eine Publikation anpassen, deren Spaltenbreite Sie kennen, wählen Sie PHOTOSHOP bzw. BEARBEITEN/VOREINSTELLUNGEN/MASSEINHEITEN & LINEALE und geben Sie dort Spaltenbreite und -abstand ein. In der Dialogbox BILDGRÖSSE können Sie dann Spalten als Maßeinheit für die Breite wählen und das Bild so an die Anzahl der gewünschten Spalten anpassen. Bei mehr als einer Spalte wird automatisch der Abstand mit eingerechnet.

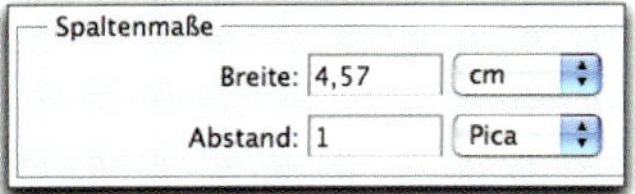

- **Um die Größe zu ändern, in der das Bild gedruckt wird,** geben Sie im Abschnitt DATEIGRÖSSE einen neuen Wert in das Feld HÖHE oder BREITE ein. Das andere Maß ändert sich automatisch, die Auflösung bleibt unverändert, die Dateigröße wird angepasst.
- **Um die Druckgröße beizubehalten, aber die Auflösung zu ändern**, wählen Sie im Abschnitt DATEIGRÖSSE für Höhe und Breite jede Maßeinheit außer Pixel. Geben Sie dann einen neuen Wert in das Feld AUFLÖSUNG ein**.** Die Druckgröße bleibt gleich, aber mit der Auflösung ändert sich die Dateigröße.

Der Dialog Bildgrösse

Der Befehl Bild/Bildgröße öffnet diese Dialogbox, in der Sie die Bildmaße und die Auflösung der Datei sehen und ändern können. ▼

Im Abschnitt **Pixelmaße** ändern Sie die Breite und Höhe des Dokuments in Pixel oder als Prozent der Anfangsgröße. Sie sehen auch die Dateigröße, die bei diesen Maßen entstehen würde. (Nicht enthalten in diesen Werten sind Teile von Ebenen, die über die Dokumentgrenzen hinausreichen, und Alphakanäle.)

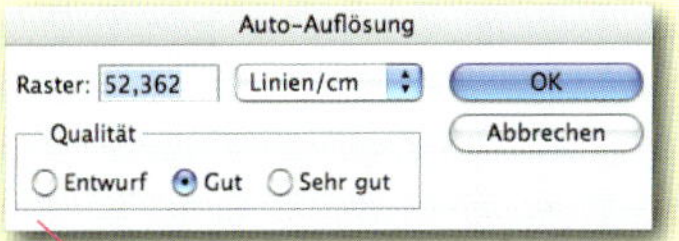

Im Feld **Auflösung** können Sie die gewünschte Anzahl Pixel pro Zoll (oder Zentimeter) eingeben.

Schalten Sie die Option **Stile skalieren** ein, wenn Sie ein Bild verändern. Stile wie Schlagschatten etc. werden dann zusammen mit der Bildgröße verändert. Ist die Option inaktiv, erscheinen diese Effekte unpassend, nachdem sich die Bildgröße geändert hat.

Ist die Option **Proportionen erhalten** aktiv, bewirkt eine Änderung von **Breite** oder **Höhe** jeweils auch die Anpassung des anderen Maßes.

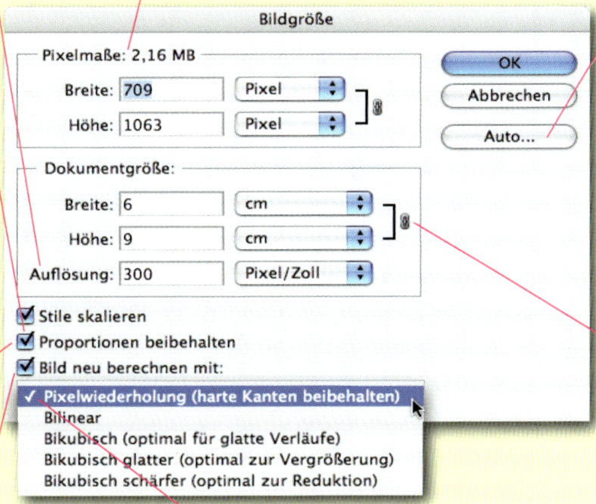

Durch einen Klick auf den **Auto-Button** gelangen Sie zur Dialogbox **Auto-Auflösung**, in der Sie die Rasterweite für den Druck und eine Qualität festlegen können. Die Option GUT erzeugt eine kleinere Datei, mit HOCH ist die Druckqualität jedoch besser.

Das Verbindungs-Icon erinnert daran, dass die Option **Proportionen erhalten** eingeschaltet ist.

Wenn **Bild neu berechnen mit** eingeschaltet ist, wird das Bild nach einer Größen- oder Auflösungsänderung neu berechnet. **Ist die Checkbox inaktiv**, wird die Größenänderung durch die anderen Einstellungen abgefangen, ohne die Anzahl der Pixel im Bild zu ändern, also auch ohne Neuberechnung.

Ist die Checkbox **Bild neu berechnen mit** aktiv, können Sie aus verschiedenen Optionen wählen. **Bikubisch glatter** wurde für eine Bildvergrößerung (größere Datei), **Bikubisch schärfer** für eine Bildverkleinerung (kleinere Datei) entwickelt.

MEHR DAVON

▼ Pixelmaße oder Auflösung für die Ausgabe **Seite 92**

K U R Z U M

Masken & Füllungen

Ebenenmasken, Fülloptionen und Schnittmasken bieten eine Reihe von Optionen beim Montieren von Bildern, wie die Beispiele auf den folgenden fünf Seiten zeigen. Dateien zu einigen der Beispiele finden Sie auf der Wow-DVD zu diesem Buch.

Der Übergang zwischen zwei Fotos kann ziemlich nahtlos und überzeugend aussehen, wenn eines der Bilder formlos oder flüssig ist, wie zum Beispiel Bilder von Wolken Brandung, Feuer oder Pflanzen in der Entfernung. Aber die Maskierungs- und Fülltechniken eignen sich auch gut, um zwei Versionen desselben Bilds (z.B. mit und ohne Filter) nahtlos zu verschmelzen oder Farbbverschiebungen zwischen den beiden Bildern zu finden.

In diesem Buch finden Sie viele Beispiele für Auswahlen, die in Masken gewandelt wurden. Aber die nächsten fünf Seiten demonstrieren, dass Sie in vielen Situationen ohne zeitaufwändige Auswahlen auskommen, indem Sie schnelle Masken, Fülloptionen oder Umrisse verwenden, die zuweilen sogar mit den Fotos geliefert werden.

MEHR DAVON

▼ Verlaufswerkzeug
Seite 160

▼ Pinsel
Seite 364

DIE DATEIEN FINDEN SIE

auf der DVD > Wow Projektdaten > Kapitel 2 > Maskieren und Überblenden

Verlaufsmaske

Um den Boden der Dose in die Flammen übergehen zu lassen, während beide Originale unverändert bleiben, fügen Sie eine Ebenenmaske hinzu (aktivieren Sie die Dosenebene und klicken Sie auf den Button EBENENMASKE HINZUFÜGEN). Füllen Sie die Maske mit einem Schwarzweißverlauf. Zeichnen Sie diesen mit dem Verlaufswerkzeug , in der Optionsleiste wählen Sie aus der Auswahlliste **A** den Verlauf Schwarz, Weiß; die Option LINEAR **B** sollte ausgewählt sein. Aktivieren Sie die Maske in der Ebenen-Palette. Halten Sie die ⇧-Taste, so dass der Verlauf genau senkrecht verläuft, während Sie von einem Punkt kurz über dem Boden der Dose bis an die Stelle ziehen, an der die Dose vollständig aus den Flammen auftauchen soll.

Gemalte Maske

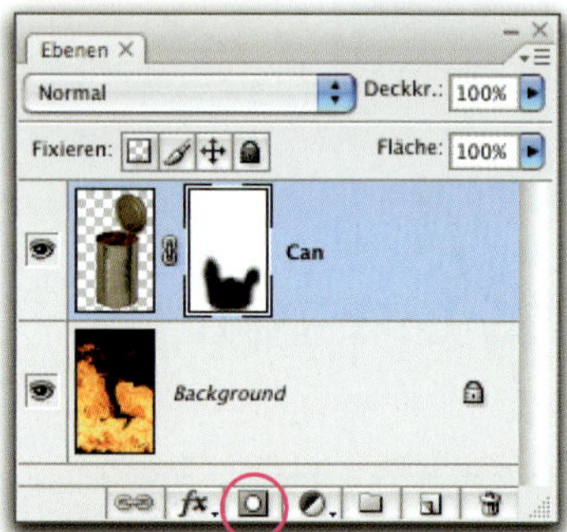

Indem Sie eine Maske von Hand zeichnen, haben Sie genaue Kontrolle darüber, wie die beiden Bilder kombiniert werden. Aktivieren Sie die Dosenebene und fügen Sie eine Ebenenmaske hinzu , nehmen Sie dann den Pinsel mit einer Werkzeugspitze von 100 Pixel; die Deckkraft bleibt bei 100%. (Die verwendete Deckkraft variiert je nach Bildern und Übergang.)▼

Aktivieren Sie die Maske in der Ebenen-Palette und setzen Sie die Vordergrundfarbe auf Schwarz (ein oder zweimal X tippen). Um die Maske leichter einzeichnen zu können, verringern Sie die Deckkraft für die Dosenebene auf ca. 60%, so dass Sie die Flammen, die Sie freilegen wollen, durch die Ebene sehen können. Nach dem Malen der Maske setzen Sie die Deckkraft wieder auf 100%.

Dose in Flammen-Vorher.psd

Unscharfe Maske

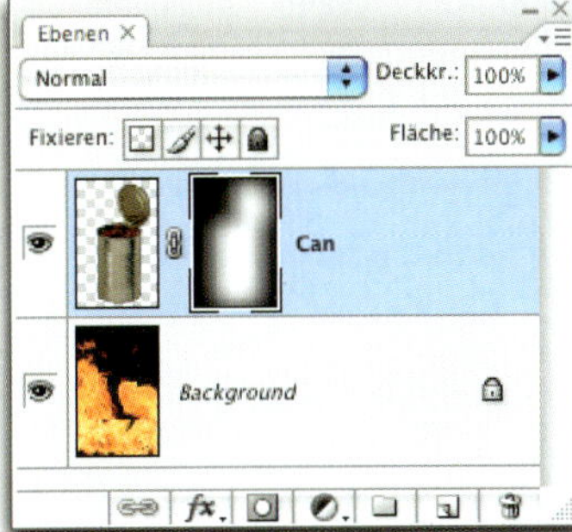

Um eine Ebenenmaske zu erstellen, die den Umriss eines Objekts an den Rändern verblasst (**Dose in Flammen-Vorher.psd**), klicken Sie mit gehaltener ⌘/Strg-Taste auf die Miniatur des Objekts in der Ebenen-Palette. Dadurch wird eine Auswahl basierend auf dem Umriss erzeugt. Klicken Sie dann auf den Button EBENENMASKE HINZUFÜGEN unten in der Ebenen-Palette, um eine Maske zu erzeugen, die den ausgewählten Bereich freilegt und den Rest der Ebene ausblendet (in Ihrem Bild erkennen Sie den Unterschied momentan noch nicht, denn der Rest der Ebene ist transparent, es muss also nichts neu ausgeblendet werden). Zeichnen Sie die Maske nun mit FILTER/WEICHZEICHNUNGSFILTER/GAUSSSCHER WEICHZEICHNER weich, erhöhen Sie den Radius, während Sie das Bild beobachten. Wir haben hier 70 Pixel verwendet. Die reflektierende Oberfläche der Dose spielt im Endergebnis eine wichtige Rolle. Ein nicht reflektierendes Beispiel sehen Sie rechts.

Unscharf und gemalt

Auswahl verkleinern
Verkleinern um: 30 Pixel B

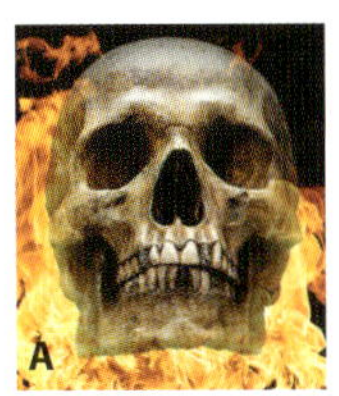

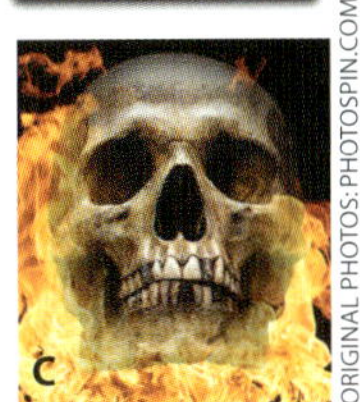

ORIGINAL PHOTOS: PHOTOSPIN.COM

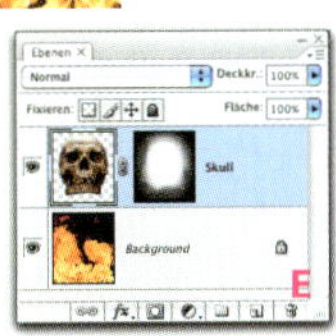

Mit der links gezeigten Methode wird der Rand zwar transparent, ist aber noch sichtbar **A**. Hier zwei Möglichkeiten, wie die Kante weniger deutlich wird:

- Löschen Sie die erstellte Maske (Miniatur auf Button LÖSCHEN ziehen und bestätigen). Klicken Sie mit gehaltener ⌘/Strg-Taste auf die Miniatur, um die Auswahl zu laden. Verkleinern Sie die Auswahl mit AUSWAHL/AUSWAHL VERÄNDERN/VERKLEINERN (hier um 30 Pixel) **B**. Zeichnen Sie die Maske wie eben weich **C**.
- Zeichnen Sie die Ränder der Maske schwarz nach (siehe Seite 72) **D**, **E**; wir verwendeten einen Pinsel mit weicher 100-Pixel-Spitze und 50% Deckkraft.

Totenkopf in Flammen.psd

Farbbereiche

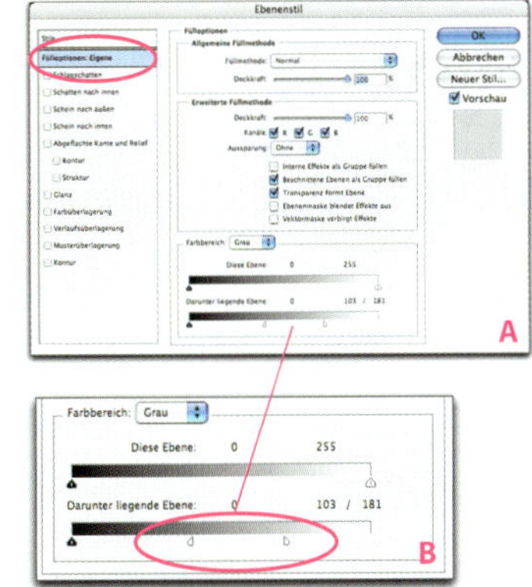

Farbbereich: Grau
Diese Ebene: 0 255
Darunter liegende Ebene: 0 103 / 181
B

Beginnen Sie mit der Datei **Dose in Flammen-Vorher.psd**, doppelklicken Sie auf die Miniatur der Dosenebene in der Ebenen-Palette, um die FÜLLOPTIONEN in der Dialogbox EBENENSTILE zu öffnen **A**. Stellen Sie die Farbbereichsregler ein, um die Ebenen basierend auf ihrer Farbigkeit zu mischen. ▼

Wir stellten die Farbbereichsregler **B** so ein, dass die Dosenebene nicht die hellen Farben im Hintergrund überlagert. Das Trennen der Regler (⌥-/Alt-Taste beim Ziehen halten) lässt die Farbtöne zwischen den beiden Helligkeitswerten teilweise durchscheinen und ermöglich einen weicheren Übergang. Alle Farbtöne, die dunkler sind als die linke Hälfte, werden durch die darüberliegende Ebene verdeckt.

In der Ebenen-Palette sind keine Veränderungen sichtbar, die Sie mit den Farbbereichsreglern vornehmen.

MEHR DAVON

▼ Farbbereichsregler
Seite 67

Farbber. & Maske

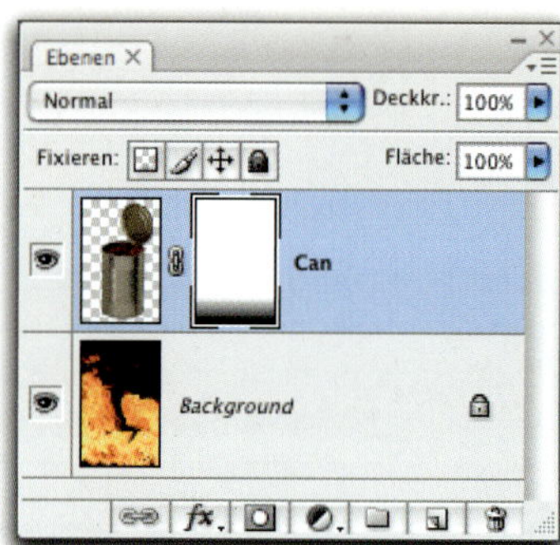

Die Farbbereichsregler (siehe Farbbereiche auf Seite 73) können Sie mit Ebenenmasken kombinieren (wie der aus »Verlaufsmaske« auf Seite 72). Sie sehen, die Ebenen-Palette sieht genauso aus wie die in »Verlaufsmaske«, denn die Farbbereichsänderungen tauchen nicht in der Palette auf.

Füllmethode & Maske

ORIGINALFOTOS: PHOTOSPIN.COM

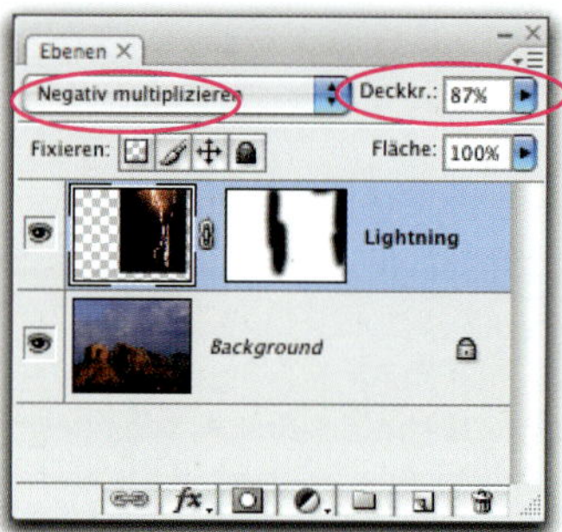

In Ebenen verschwindet das Schwarz, wenn sich die Blitzebene im Modus NEGATIV MULTIPLIZIEREN befindet, denn Schwarz ist in diesem Modus neutral. ▼ Die verringerte Deckkraft schwächt den Blitz etwas ab, eine gemalte Ebenenmaske blendet die ansonsten deutlichen Ränder der Blitzebene aus; wir verwendeten den Pinsel mit einer weichen 100-Pixel-Spitze, 100% Deckkraft und aktivierter Airbrush-Funktion.

MEHR DAVON

▼ Füllmethoden **Seite 176**
▼ Farbbereichsregler **Seite 67**

Modus, Maske, Farbbereich

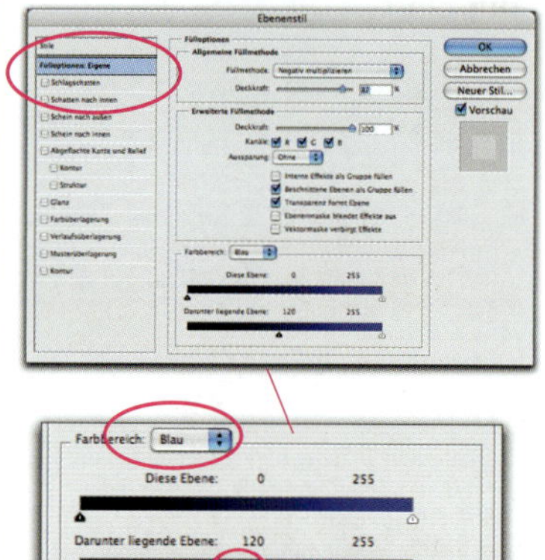

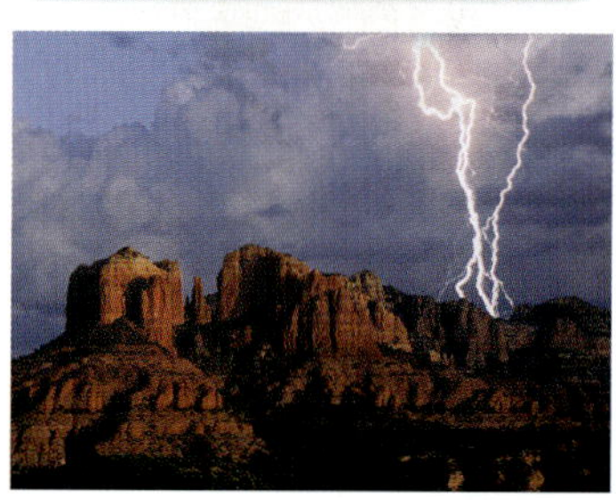

Um den Blitz auf oder hinter die Felsen zu legen, verwenden Sie den Farbbereichsregler für den blauen Kanal. ▼ Öffnen Sie die Fülloptionen im Dialog EBENENSTILE, indem Sie auf den Namen der Ebene in der Ebenen-Palette doppelklicken. Wählen Sie dann Blau (statt Standardgrau) aus dem Menü FARBBEREICH. Der Blitz verschwindet aus Bereichen ohne viel Blau (z.B. den rotbraunen Felsen – schwarze Bereiche im Schieberegler zeigen an, dass dieser Bereich kein Blau enthält). Wieder sind diese Veränderungen nicht in der Ebenen-Palette zu erkennen.

Landschaft aufhellen.psd

Filter maskieren

ORIGINALFOTO: PHOTOSPIN.COM

Um Teile eines Bilds vor Veränderungen zu schützen, duplizieren Sie zuerst das Original in eine neue Ebene (⌘/Strg-J). Wenden Sie die Veränderungen auf die obere Ebene an (wir verwendeten hier den Radialen Weichzeichner mit Zoom auf dem Kopf des Fahrers). Fügen Sie zur veränderten Ebene eine Ebenenmaske hinzu ( ). Für dieses Beispiel verwendeten wir das Verlaufswerkzeug als Radialverlauf mit dem Verlauf SCHWARZ, WEISS, zentriert auf die zu schützende Stelle und nach außen gezogen. Um andere Bereiche des Originals (schärfer) zu zeigen, wie das Schild und die Hände des Fahrers, malen Sie mit Schwarz in die Maske (wie in »Gemalte Maske«, Seite 72). In CS3 können Sie auch direkt einen Smartfilter maskieren, Sie müssen nicht erst eine Ebene duplizieren (siehe Seite 38).

Maskierte Weichzeichnungen.psd

Maske filtern

PHOTOSPIN.COM

Eine Ebenenmaske, die mit einem Filter behandelt wurde, kann Ihr Bild künstlerisch einrahmen. Dafür erstellen Sie eine Auswahl (mit dem Auswahlrechteck), wandeln diese in eine Ebenenmaske um und zeichnen sie dann weich, um an den Kanten etwas Grau zu erzeugen und einen Filter anzuwenden. Siehe Seite 262 für die Technik und die Seiten 266 und 267 für Filterideen.

Hier füllten wir den Hintergrund mit dem Muster **Wow-Weave 0.** Dazu aktivierten wir zuerst die Hintergrundebene in der Ebenen-Palette, wählten dann alles aus (⌘/Strg-A) und wählten schließlich BEARBEITEN/FLÄCHE FÜLLEN/MUSTER und wählten das Muster aus der Palette aus.

MEHR DAVON

▼ Einstellungsebenen
Seite 165

Einst. maskieren

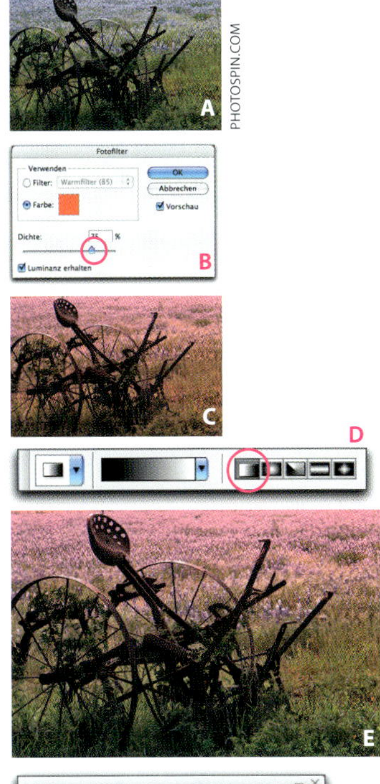

PHOTOSPIN.COM

Einstellungsebenen, die Farbtöne verändern, haben eigene Ebenenmasken. Sie können also Ihre Änderungen maskieren, um den Effekt einzugrenzen und Bereiche unverändert zu lassen. ▼ Nach Öffnen des Bilds **A** klickten wir zuerst auf NEUE FÜLL- ODER EINSTELLUNGSEBENE ERSTELLEN unten in der Ebenen-Palette und wählten FOTOFILTER; in der Dialogbox **B** klickten wir auf das Farbfeld und wählten einen Rotton, erhöhten die Dichte auf 75% und klickten auf OK, um das Bild zu färben **C**. Dann verblassten wir die Färbung durch ⇧-Ziehen des Verlaufswerkzeugs nach oben mit dem Verlauf SCHWARZ, WEISS **D**, **E**, **F**.

Maskierte Anpassungen.psd

Eine Maske weichzeichnen

Eine Maske auf einer Einstellungsebene oder Smartfilter mit etwas unscharfem Rand kann verhindern, dass ein Übergang zwischen Hinter- und Vordergrund unnatürlich deutlich wird. So fügt sich das Objekt harmonisch in seine Umgebung ein. Christine Zalewski, deren Arbeiten u.a. in den Galerien der Kapitel 4 und 5 zu sehen sind, entwickelt manchmal eine Ebenenmaske aus einem der Farbkanäle. ▼ Sie wählt dann Filter/Weichzeichnungsfilter/Gaussscher Weichzeichner und experimentiert mit dem Radius, bis der Übergang im Bild nur noch ein wenig schärfer als gewünscht aussieht. Dann lässt Sie den Filter wiederholt ablaufen (⌘/Strg-F), um kleine Veränderungen an den Maskenrändern vorzunehmen, bis das Bild wie gewünscht aussieht.

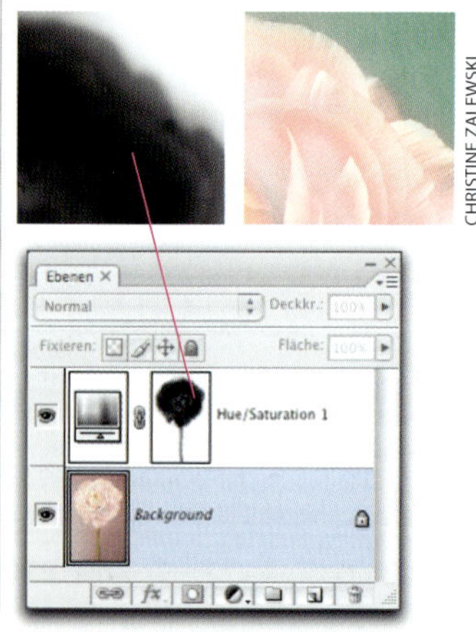

CHRISTINE ZALEWSKI

MEHR DAVON

▼ Auswahlen aus Kanälen erstellen **Seite 55**

▼ Ebenengruppen erstellen **Seite 580**

▼ Ebenen ausrichten **Seite 633**

▼ Ebenenstile anwenden **Seite 40**

Gruppen maskieren

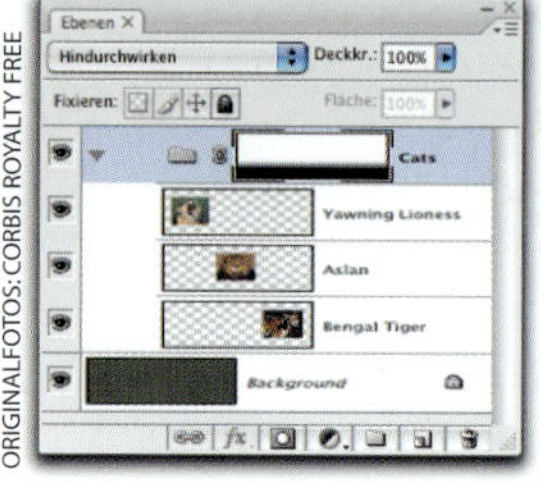

ORIGINALFOTOS: CORBIS ROYALTY FREE

Um mehrere Ebenen auf einmal zu maskieren, wenden Sie die Maske auf die gesamte Kollektion an. Diese Kollektion heißt Ebenengruppe (früher Ebenensatz) und das Symbol ist ein Ordner . ▼

Hier richteten wir drei Bilder aus ▼ und gruppierten sie in einem Ordner. Dann benutzten wir die Maskierungsmethode von Seite 72 (»Verlaufsmaske«), um alle Bilder an den Unterkanten zu verblassen.

Doppelte Maske

Wenn eine Gruppe maskiert ist, wirkt die Maske auf alle enthaltenen Ebenen. Sie blenden also mit einer einzelnen Maske Bereiche einer Ebene der Gruppe ein bzw. aus und wenden auch eine andere Maske auf alle Ebenen an.

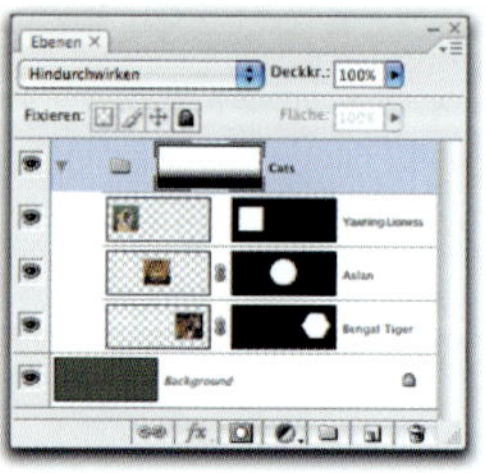

Schnittmaske

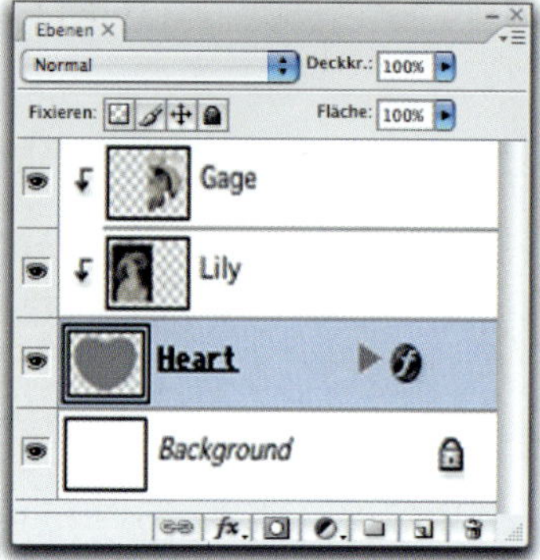

Mit einer Schnittmaske können Sie den Inhalt einer Ebene verwenden, um andere Ebenen darüber zu bearbeiten. Schnittmasken ermöglichen eine komplexere Kombination von Bildern. Mit einer Schnittmaske können Sie zum Beispiel mehr als ein Bild in derselben Form maskieren und einen Ebenenstil (wie den dunklen Schein nach innen) auf die Form anwenden. Der Stil wirkt auf die eingeschlossenen Bilder. ▼ Mit einer Ebenengruppe ist das nicht möglich, denn eine solche Gruppe lässt keine Ebenenstile zu.

Ein weiterer Vorteil von Schnittmasken ist, dass Sie Modus und Deckkraft der zusammengefassten Ebenen reizvoll steuern können.

Alicia Buelow wendet verschiedene Konturen an

GEBEN SIE DER DESIGNERIN ALICIA BUELOW eine Form, mit der sie arbeiten kann, und sie und Photoshop erzeugen daraus genau den Umriss, den sie in einem Bild haben möchte – scharf oder weich, leuchtend oder kalligrafisch. Hier einige ihrer Methoden.

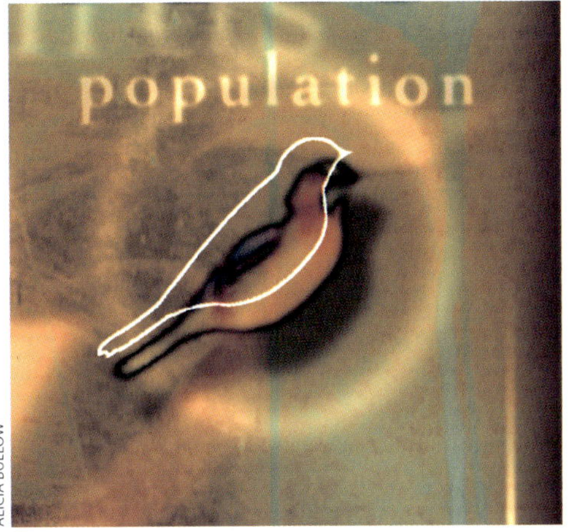

ALICIA BUELOW

Die Interaktion zwischen Umriss und Komposit-Bild entstand durch verschiedene Ebenenmodi und Masken.

Für ihre Illustration *Songbirds* für das *Audubon Magazine*, von der wir hier ein Detail sehen, umriss Alicia jeden Vogel mit Weiß und fügte einen leuchtenden Kreis ein. Für den Umriss wählte sie den Vogel aus, fügte eine neue Ebene ein und konturierte die Auswahl mit Weiß (BEARBEITEN/KONTUR FÜLLEN). Dann verschob sie die Umrissebene mit dem Verschieben-Werkzeug nach links oben.

Auf einer anderen Ebene fügte sie mit der Auswahlellipse (+⇧) einen hellen Kreis hinzu, zeichnete die Auswahl weich (AUSWAHL/WEICHE AUSWAHLKANTE) und wählte BEARBEITEN/KONTUR FÜLLEN.

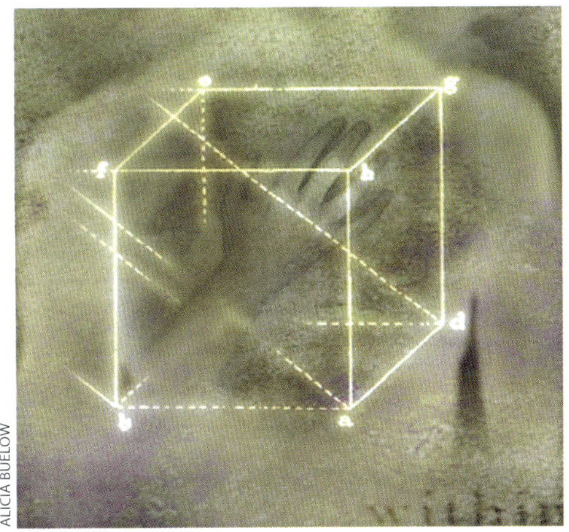

ALICIA BUELOW

Ein Ebenenstil aus Schein nach außen im Modus INEINANDERKOIPIEREN wurde auf die Liniengrafik angewendet.

In *From Far Away She Looked Like Jesus* erhielt Alicia die deutlichen Linien aus dem Würfelnetzwerk, das sie aus Adobe Illustrator importiert hatte, fügte aber einen SCHEIN NACH AUSSEN ein und wählte Größe und Überfüllen so, dass Intensität und Diffusion genau ihren Wünschen entsprachen. Mit einer Ebenenmaske blendete sie Bereiche des Würfels aus und deckte so den Arm aus dem Bild darunter im Würfel auf. Das gesamte Bild sehen Sie auf Seite 562.

ALICIA BUELOW

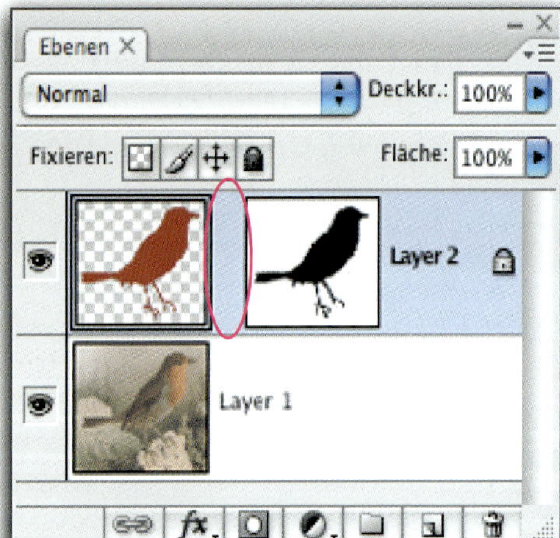

Wenn Sie die Verbindung zwischen Maske und Ebeneninhalt ausschalten, können Sie die Maske einzeln transformieren. (Die Miniatur der Silhouette sehen Sie hier rot statt weiß, damit Sie sie besser erkennen können.)

Hier sehen Sie eine Methode für einen »kalligrafischen« Umriss wie für den Vogel in *No. 9, The Escape* von Seite 47 (ein Detail sehen Sie hier rechts). Alicia umriss zuerst den Vogel mit dem Zeichenstift. Dann fügte sie mit Weiß als Vordergrundfarbe (Tasten D und X) eine neue Ebene hinzu (⌘/Strg-⇧-N) und erstellte eine weiße Silhouette auf Basis des Pfads her (Klick auf den Button PFAD MIT VORDERGRUNDFARBE FÜLLEN).

Um dann eine Ebenenmaske zu erstellen, die den Umriss komplett verdeckte, ⌘/Strg-klickte sie auf die Miniatur der Umrissebene in der Ebenen-Palette, um die Transparenzmaske der Ebene als Auswahl zu laden. Sie verkleinerte die Auswahl etwas, so dass die daraus erstellte Maske einen Umriss des Vogels zeigen konnte (AUSWAHL/AUSWAHL VERÄNDERN/VERKLEINERN). Durch ⌥-/Alt-klicken auf den Button NEUE EBENENMASKE HINZUFÜGEN unten in der Palette entstand eine Maske, die den Vogel zum Großteil verdeckte. Sie »entkoppelte« den Vogel vom Umriss (Klick, um das Icon zwischen den Miniaturen zu deaktivieren), so konnte sie die Maske mit dem Verschieben-Werkzeug bewegen, ohne den weiß gefüllten Vogel zu verändern. So entstand ein unregelmäßiger Umriss des Vogels.

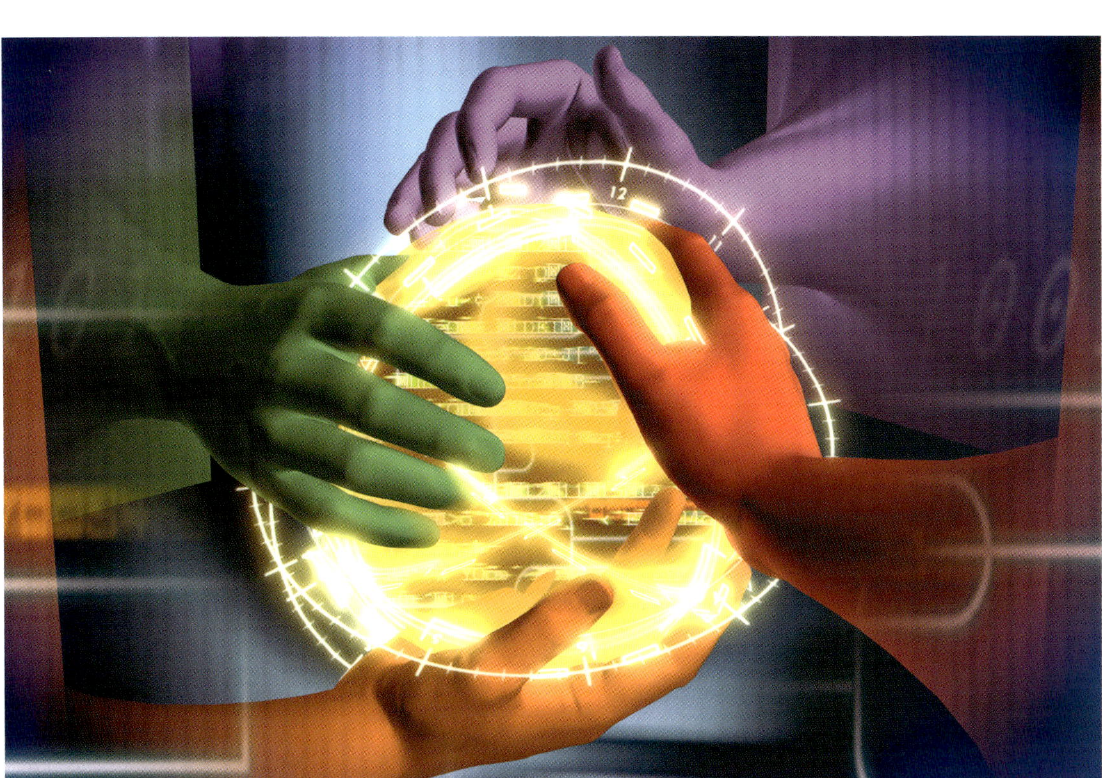

Hände, die gemeinsam ein Objekt halten, illustrieren ***Web Services,*** die Internetdienste und -anwendungen, mit denen verteilte Anwender Ressourcen gemeinsam nutzen können. **Rob Magiera** begann in Maya, einer 3D-Anwendung, als er die Hände und das zentrale Objekt erstellte. Er konstruierte ein Muster für die äußeren Ringe in Adobe Illustrator, öffnete die Datei in Photoshop und speicherte sie als TIFF, um sie in Maya importieren zu können. Magiera schuf in Photoshop eine Struktur, die die Idee von »Daten« verkörpern sollte, importierte sie in Maya und wendete sie auf das Objekt an. Er renderte jede Form als separate Datei, so dass er sie in Photoshop mit Spezialeffekten und Masken versehen konnte. Maya erzeugte für jede Datei beim Rendering automatisch einen Alphakanal, den Magiera in Photoshop als Auswahl laden konnte, um den Hintergrund zu löschen (siehe dazu Seite 564).

In Photoshop zog er jede Datei (nach dem Öffnen) in seine Arbeitsdatei, fügte eine Ebenenmaske hinzu (◻) und malte mit Schwarz, damit einige Elemente teilweise vor bzw. hinter anderen erschienen.

Für den Schein der äußeren Ringe duplizierte Magiera die Ebene mit den Ringen (⌘/Strg-J), zeichnete die Kopie weich (FILTER/WEICHZEICHNUNGSFILTER/GAUSSSCHER WEICHZEICHNER) und wählte den Modus NEGATIV MULTIPLIZIEREN. ▼

Um das Bild zusammenzufügen, vergrößerte er eine Kopie der Struktur, die er für das zentrale Objekt verwendet hatte (⌘/Strg-T für BEARBEITEN/FREI TRANSFORMIEREN) und legte sie über das Bild. Um die Struktur an den Außenkanten der Illustration zu verfeinern, fügte er eine Ebenenmaske hinzu und füllte sie mit einem radialen Schwarzweißverlauf. ▼

Die räumliche Atmosphäre erzielte Magiera, indem er eine Ebene mit einem Muster blauer vertikaler Streifen füllte (BEARBEITEN/FLÄCHE FÜLLEN/MUSTER), die er dann weichzeichnete. Nachdem er die Deckkraft verringert und eine Ebenenmaske hinzugefügt hatte, bemalte er die Maske mit einer schwarzen Airbrush▼, um die Streifen in der Mitte und den Ecken auszublenden.

MEHR DAZU

▼ Füllmethoden **Seite 176**
▼ Maskierte Verläufe **Seite 192**
▼ Pinsel erstellen **Seite 365**

R***ainforest Butterflies*** ist das letzte Set in der Briefmarkenserie ***Nature of Australia***, die von der Australischen Post herausgegeben wurde. Im Verlauf der Serie hat **Wayne Rankin** alle diese Briefmarken entworfen und dazu ein Format verwendet, das er bereits 1996 entwickelt hatte.

Für den Regenwaldhintergrund kombinierte Rankin Fotos aus verschiedenen Quellen und stellte sie mithilfe des Verschieben-Werkzeugs in einer Datei für jede Briefmarke zusammen. Mit Ebenenmaske blendete er die Quellen ineinander über. Für den Hintergrund der großen $2-Marke verwendete er zum Beispiel drei Fotos des Daintree Rainforest. Er begann mit dem größten der drei Fotos **A** und füllte die zusätzliche Breite des Formats, indem er eine Auswahl von der rechten Seite des Bilds auf eine neue Ebene kopierte (⌘/Strg-J) und diese mit dem Verschieben-Werkzeug nach links verschob. In der fertigen Komposition verdeckt der Baum mit den Luftwurzeln **B** den oberen Teil der Kopie, das Wasserfallbild **C** verdeckt den unteren Bereich des Originals, so dass sich die Elemente nicht offensichtlich wiederholen.

BILDEBENEN AUSRICHTEN

Wenn Sie sehen wollen, wie sich die Ebenen, an denen Sie arbeiten, am darunterliegenden Bild ausrichten, verringern Sie kurzzeitig die Deckkraft der obersten Ebene mit dem Regler in der Ebenen-Palette. Wenn die Ebene ausgerichtet und alle Masken gemalt sind, erhöhen Sie die Deckkraft wieder auf 100%.

Bei der Arbeit klickte Rankin wiederholt auf die Icons, um die Ebenen mit den Vignettenrändern, den farbgefüllten Rechtecken für den Wert der Marke, den Textelementen und dem Layout des Markenumrisses ein- und auszublenden. Text und Umriss wurden in Adobe Illustrator erstellt und in Photoshop als separate Ebenen gerastert, so dass Rankin sein Design mit Bezug zu diesen Standardelementen entwickeln konnte.

Um die Bilder ineinander überzublenden, fügte er zu jeder Bildebene außer der untersten eine Ebenenmaske hinzu, indem er klickte, um eine weiß gefüllte Maske zu erstellen, die nichts ausblendet (oder ⌥/Alt-Klick, um eine schwarze Maske zu schaffen, die alles verdeckt). Er malte mit dem Pinsel auf die Ebenen-Maske oder erstellte Auswahlen, die er mit Schwarz oder Weiß füllte und dann durch weiche Kanten modifizierte. Dabei beobachtete er immer das Gesamtbild, um den Effekt der Masken einschätzen zu können. Rankin fügte Einstellungsebenen (z.B. Gradationskurven) und gemalte Masken ein, um Farbton- und Farbveränderungen zu steuern, um einen nahtlosen Übergang zu erreichen. ▼

Um die Schmetterlinge von ihrem Hintergrund zu isolieren **D**, **E**, um sie ins Kompositbild zu ziehen, untersuchte Ranking zuerst die Kanäle.

Für jden Schmetterling wählte er den Kanal mit dem besten Kantenkontrast zwischen Schmetterling und Hintergrund aus und duplizierte ihn als Alphakanal (auf den Button unten in der Kanäle-Palette ziehen). Mit verschiedenen Befehlen im Menü BILD/ANPASSEN ▼ verbesserte er den Kantenkontrast. Im Beispiel unten **F** wurden zum Beispiel TONWERTKORREKTUR und UMKEHREN verwendet. Er aktivierte das -Icon für den RGB-Kanal in der Kanäle-Palette und sah nun gleichzeitig sowohl das Bild als auch den Alphakanal (eine durchsichtige rote Maske) **G**. Mit dem Pinsel malte er mit weiß oder schwarz, um das Rot über den weißen Punkten der Flügel zu entfernen oder den roten Überzug über dem Hintergrund zu verstärken **H**, bis der Alphakanal einen weißen Schmetterling vor schwarzem Hintergrund zeigte **I**. Das bedeutet, der gesamte Schmetterling ist mit allen Details erfolgreich aus seinem Hintergrund herausgelöst. Durch ⌘/Strg-klicken auf dessen Miniatur in der Kanäle-Palette lud er die hellen Bereiche des Kanals als Auswahl. Diese konnte dann mit dem Verschieben-Werkzeug in die Kompositdatei verschoben werden, um eine eigene transparente Ebene zu binden **J**. Mit BEARBEITEN/TRANSFORMIEREN (⌘/Strg-T) skalierte Rankin jede Schmetterlingebene und brachte sie in Position. ▼

Für die Ausgabe wurden dann die Text- und Umrissebenen ausgeblendet **K**, bevor man die Ebenen reduzierte (BILD/DUPLIZIEREN/NUR ZUSAMMENGEFÜGTE EBENEN DUPLIZIEREN). Das fertige Layout mit Text wurde in Illustrator erstellt.

EINEN KANAL FINDEN

Indem Sie auf die Miniatur eines Kanals in der Kanäle-Palette klicken, wird nur dieser Kanal aktiv und sichtbar, so dass sich alle Bearbeitungen nur darauf auswirken.

© LIK HOTSTOCK

© PETER WALTON

© LIK HOTSTOCK

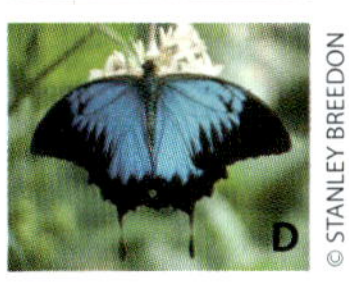

© STANLEY BREEDON

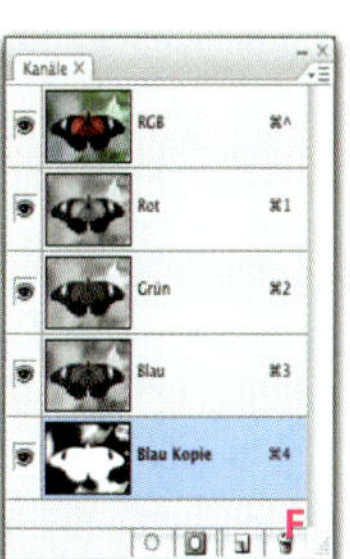

AUSTRALIA POST 2004. REPRODUKTION MIT FREUNDLICHER GENEHMIGUNG VON AUSTRALIA POST.

MEHR DAZU

▼ Einstellungsebenen **Seite 165**

▼ Transformieren und Verkrümmen **Seite 68**

Fireworks Celebration von Cristen Gillespie kombiniert zwei Bilder (rechts), die mit einer Ebenenmaske mit dem Photoshop-Verlauf TRANSPARENTE STREIFEN ineinander übergeblendet werden. Zuerst bearbeitete Gillespie jedes Bild separat, denn die beiden sollten später zueinander passen. Sie wählte bei beiden Bildern BILD/ANPASSEN/TIEFEN/LICHTER, um die Spitzlichter im Feuerwerk zu reduzieren und das Capitol etwas aufzuhellen, wo es von den Raketen »angestrahlt« werden würde. ▼

Um die Leuchtstreifen im Feuerwerk besser darzustellen, kopierte Gillespie die Ebene (⌘/Strg-J) und versetzte sie bei verringerter Deckkraft in den Modus WEICHES LICHT. Sie maskierte den erhöhten Kontrast in den Lichtern, indem Sie nach AUSWAHL/FARBBEREICH AUSWÄHLEN/LICHTER die Checkbox UMKEHREN aktivierte, so dass sich in der Dialogbox die schwarze Maske entwickelte **A**. Sie klickte auf OK und dann auf den Button EBENENMASKE HINZUFÜGEN unten in der Ebenen-Palette. Die Farbbereichsauswahl wurde automatisch zur Maske, die den Einfluss des Modus WEICHES LICHT auf die Lichter verhinderte.

Nun wollte sie die beiden schwarzen Hintergründe aneinander anpassen. Dazu verwendete Gillespie die Info-Palette, einen Farbaufnehmer und eine Selektive Farbkorrektur **B**, **C**. Zuerst platzierte sie einen Farbaufnehmer in einem einfarbig schwarzen Bereich in jedem Bildhintergrund. In der Info-Palette klickte sie auf das Dreieck neben der Pipette und wählte CMYK aus dem Popup-Menü. Sie bearbeitete das Feuerwerksbild zuerst und fügte dort eine Einstellungsebene SELEKTIVE FARBKORREKTUR ein, indem Sie auf den Button unten in der Ebenen-Palette klickte und den entsprechenden Befehl wählte. Aus dem Menü FARBEN wählte sie Schwarz und stellte die Schieberegler für ein neutrales Schwarz ein, bis Magenta und Gelb in der Info-Palette gleich und Cyan etwa 10 Punkte höher eingestellt waren. (Der höhere Cyanwert ist nötig, um Magenta und Gelb für ein neutrales Schwarz auszubalancieren.) Die letztendlichen CMYK-Werte aus der

PHOTOSPIN.COM

PHOTOSPIN.COM

MEHR DAVON

▼ Tiefen/Lichter **Seite 171**
▼ Objektivkorrektur **Seite 278**
▼ Maskierte Verläufe **Seite 192**
▼ Freistellen **Seite 246**

Info-Palette notierte sie sich für das Capitol-Bild. Dann wählte sie Rottöne aus dem Menü Farben und erhöhte den Cyan- und Schwarzanteil, um die Rottöne im Feuerwerk zu intensivieren. Sie klickte auf OK und wiederholte den Prozess mit einer Selektive-Farbkorrektur-Einstellungsebene im Capitol-Bild. Sie stellte die Schieberegler so ein, dass die Werte in der Info-Palette den notierten Zahlen aus dem Feuerwerkbild entsprachen. Schließlich wählte sie Filter/Verzerrungsfilter/Blendenkorrektur, um die vertikale Neigung des Capitols zu korrigieren **D**.▼

Sie speicherte die Datei mit Ebenen und duplizierte beide (Bild/Bild duplizieren/Nur zusammengefügte Ebenen duplizieren) und zog das Feuerwerkbild auf das Capitolbild. In das Feuerwerkbild fügte sie eine Ebenenmaske ein, wählte den Verlauf Transparente Streifen und zog horizontal mit dem Verlaufswerkzeug .▼ (Bei diesem Werkzeug wird die Breite der Streifen dadurch bestimmt, wie weit Sie mit dem Werkzeug ziehen, ein kurzes Ziehen führt also zu schmalen Streifen, wobei ein breiter schwarzer Bereich auf der einen und ein breiter weißer Streifen auf der anderen Seite entsteht. Langes Ziehen führt zu breiten Streifen in der gesamten Maske.) In der Ebenen-Palette klickte sie auf das Verbinden-Icon zwischen Ebenenmasken und Bildminiaturen, um die Verbindung zu unterbrechen. Dann zog sie die Maske im Bildfenster, bis die Streifen die Kuppel freigaben. Anschließend aktivierte sie die Miniatur des Bilds und zog, bis das Feuerwerk über der Kuppel zentriert war. Sie klickte zwischen Miniatur und Maske, um die beiden erneut zu verbinden, so dass sie nicht versehentlich getrennt voneinander bewegt werden konnten.

Um die beiden Bilder so zu kombinieren, dass das Feuerwerk aus dem Inneren der Kuppel zu kommen scheint, aktivierte sie die Ebenenmaske mit dem Verlauf und wählte Filter/Weichzeichnungsfilter/Gaussscher Weichzeichner und erhöhte die Stärke, bis die scharfen Kanten der Maske aus der Vorschau verschwunden waren. Dann wählte sie Bild/Anpassen/Helligkeit/Kontrast. Um die Streifen auf der Ebenenmaske weiter aufzuhellen, so dass die Kuppel deutlicher zu sehen ist, schob sie den Helligkeitsregler nach rechts. Dann zeichnete sie die Kanten der Streifen etwas weich, um sanftere Übergänge zu erreichen, indem sie den Kontrastregler nach links veschob. Sie fügte über dem Capitol eine Tonwertkorrektur-Einstellungsebene hinzu , denn dieses war nun in der Mitte zu hell. Den Gamma-Regler für die Tonwertspreizung stellte sie nach rechts, um die Mitteltöne abzudunkeln. Um diesen Effekt auf die Mitte zu konzentrieren, kehrte sie die eingebaute Maske der Tonwertkorrektur-Ebene um, um sie schwarz zu färben (⌘/Strg-I), und malte mit einem weißen, weichen Pinsel bei geringer Deckkraft auf der Maske **E**. Als sie mit der Komposition zufrieden war, stellte sie das Bild mit dem Freistellungswerkzeug frei.▼

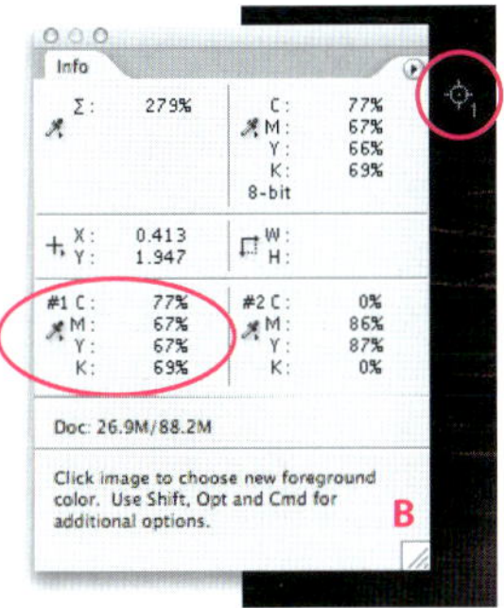

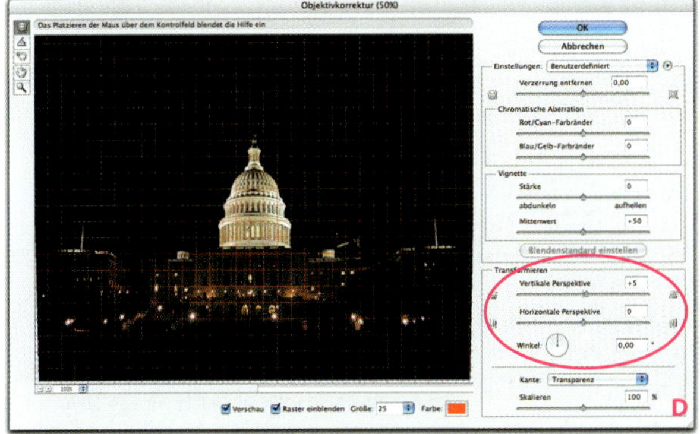

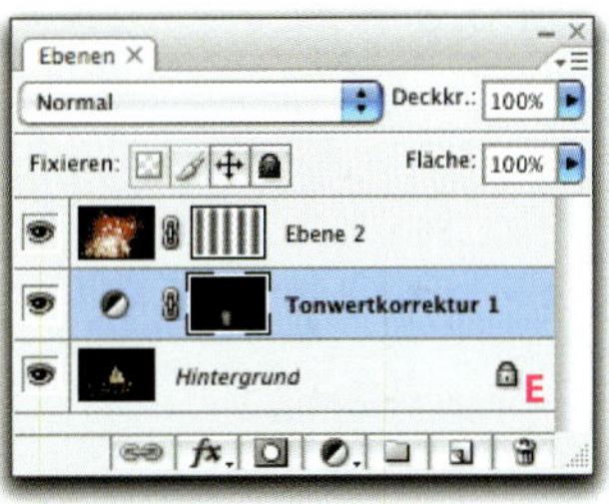

Die organische Geometrie der Linien und Farben in den Bildern der Serie ***Intrusions*** von **Laurie Grace** rührt aus der Interaktion von wiederholten Beispielen aus einem Foto oder Gemälde, das in einem Raster angeordnet oder gespiegelt, mit mehreren Kopien in Ebenen angeordnet und durch unterschiedliche Füllmethoden kombiniert wurde. ▼ Für ***Intrusion* 2**, wie hier zu sehen, erzeugte Grace eine neue Photoshop-Datei (DATEI/NEU, mit RGB-Farbe als Farbmodus und Weiß als Hintergrund) und zog mit dem Verschieben-Werkzeug eine Graustufenversion des Fotos eines Hundes **A** in die neue Datei. Sie richtete das Foto an der linken oberen Ecke aus und verkleinerte es. (⌘/Strg-T öffnet den Transformationsrahmen und indem Sie mit gedrückter ⇧-Taste einen Eckgriff nach innen ziehen, wird das Bild verkleinert und behält dabei seine Originalproportionen bei.) ▼

Grace duplizierte einen Großteil des importierten Bilds direkt im Original **B**. Dazu wählen Sie entweder einen Bildbereich mit dem Auswahlrechteck aus und ziehen dann mit gedrückter ⌘-⌥-Taste (Mac) bzw. Strg-Alt-Taste (PC) seitwärts, um den ausgewählten Bildbereich zu duplizieren; wenn Sie beim Ziehen auch noch die ⇧-Taste gedrückt halten, verläuft die Bewegung exakt horizontal, so dass die Kopie am Original ausgerichtet bleibt und beide zusammen ein Rechteck bilden.

MEHR DAVON

▼ Füllmethoden **Seite 176**

▼ Transformieren und Verkrümmen **Seite 68**

▼ Schlagschatten hinzufügen **Seite 498**

Dann wählte Grace die Zwei-Bild-Einheit aus und kopierte sie auf dieselbe Art und Weise. Es entstand eine Einheit aus vier Bildern, die, kopiert, eine aus acht Bildern formte. Sie wählte die Acht-Bilder-Reihe aus und wiederholte sie viermal, wobei sie jede Kopie nach unten verschob, um das Bildraster zu vollenden **C**.

Sie duplizierte die Bilderebene (⌘/Strg-J) und spiegelte die neue Ebene (BEARBEITEN/TRANSFORMIEREN/HORIZONTAL SPIEGELN) **D**. Für diese Ebene wählte sie den Modus DIFFERENZ (aus dem Popup-Menü oben links in der Ebenen-Palette). Daraufhin sah das Hunderaster plötzlich völlig anders aus **E**.

Durch Hinzufügen einer blau gefüllten Ebene im Differenz-Modus wurde das Schwarz in der Komposition blau, das Weiß wurde mit der gegenüberliegenden Farbe, Orange, eingefärbt **F**; mehr über diese Farbreaktion lesen Sie auf Seite 212.

Danach erstellte Grace auf einer neuen Ebene ein weiteres Bildraster von Auswahlen desselben Originalfotos **G**, wobei dieses Raster etwas kleiner als die anderen Ebenen war **H**. Sie wählte für die neue Ebene die Füllmethode WEICHES LICHT **I** und fügte einen Schlagschatten hinzu, der in der fertigen Montage auf der gegenüberliegenden Seite zu sehen ist. ▼ Schließlich fügte sie eine vergrößerte Kopie eines Details aus dem Raster von **E** ins Bild ein. Sie wählte den Modus NORMAL für diese Ebene und generierte einen Schlagschatten.

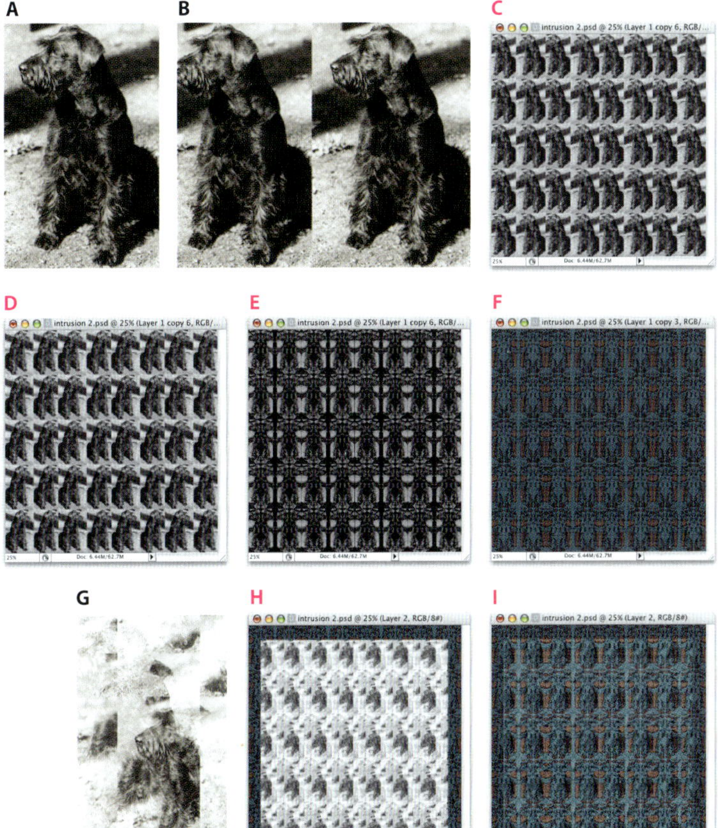

DIE TASTE MACHT DEN UNTERSCHIED

Wenn Sie eine aktive Auswahl ziehen, hängt das Ergebnis davon ab, welche Tasten Sie dabei halten:

- Ziehen mit einem Auswahlwerkzeug ohne zusätzliche Tasten verschiebt den Auswahlrahmen, keine Pixel.

- Wenn Sie beim Ziehen die ⌘/Strg-Taste gedrückt halten, wird das Auswahlwerkzeug kurzzeitig zum Verschieben-Werkzeug, die Pixel bewegen sich mit dem Auswahlrahmen und hinterlassen ein Loch.

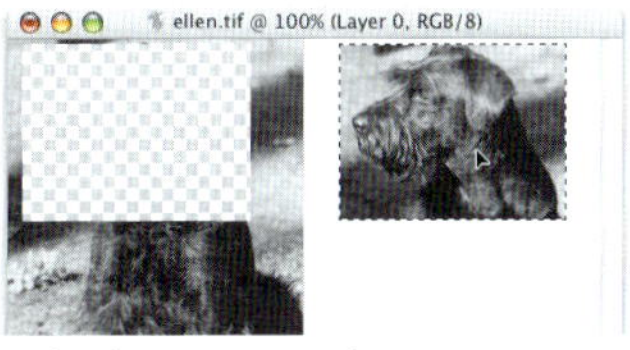

- Gleichzeitiges Halten von ⌘/Strg und ⌥/Alt *kopiert* den ausgewählten Bereich auf derselben Ebene.

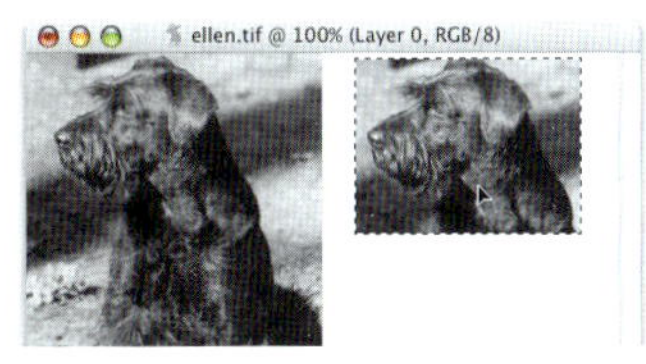

- Um eine Kopie auf einer separaten Ebene zu erstellen, die Sie bewegen können, ohne die Originalebene zu beeinträchtigen, drücken Sie ⌘/Strg-J und halten dann die ⌘/Strg-Taste gedrückt, um das Auswahlwerkzeug kurzzeitig ins Verschieben-Werkzeug zu verwandeln, um die Kopie damit zu ziehen.

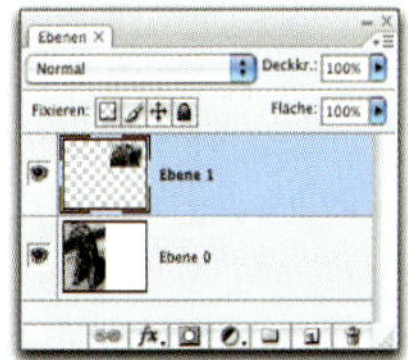

Kapitel 3

Scannen, Vereinfachen & Ausgeben

Dieses Kapitel beschäftigt sich damit, wie Sie Dinge am besten in Photoshop hinein- und später wieder herausbekommen. Sie erhalten außerdem einige Tipps für die Verwaltung Ihrer Dateien und dazu, wie Sie Aktionen oder andere automatische Prozesse erstellen.

In Photoshop hat bereits die Qualität des Bildes bei der Eingabe Einfluss auf die Ausgabequalität. Von der Eingabequalität hängt es auch ab, wie viel Arbeit Sie in Photoshop haben. Als Faustregel gilt: Nehmen Sie lieber mehr Informationen auf, als Sie vielleicht brauchen – Milliarden von Farben statt Millionen in einem RGB-Scan oder einem Digitalfoto, oder beispielsweise die doppelte Auflösung, die Sie für die finale Ausgabe benötigen. Mit einer größeren Farbtiefe und einer höheren Auflösung können Sie weichere Farbübergänge und klarere Kanten erzeugen. Wenn Sie die Anzahl der Farben oder die Auflösung verringern, dann sieht das Bild oder die Zeichnung besser aus, als wenn Sie mit weniger Informationen begonnen hätten.

IN 3D SCANNEN

Wenn Sie kleine Objekte auf einem Flachbettscanner platzieren, können Sie möglicherweise deren Formen aufnehmen. Je nachdem, wie Sie die Objekte platzieren, können Sie mehr als eine Seite sehen. Je weiter Sie das Objekt von der Mitte wegbewegen (in Richtung der Kanten), desto besser ist die Tiefe der Seiten zu erkennen.

SCANNEN

Mit einem Flachbettscanner können Sie Fotos, Zeichnungen, Gemälde oder auch dreidimensionale Objekte aufnehmen und daraus Dateien für die Bearbeitung in Photoshop erstellen. Je mehr **Farbtiefe** Ihr Scanner bietet, desto mehr Tiefen- und Lichterdetails werden aufgenommen. Sie und Photoshop können diese zusätzlichen Informationen nutzen, um feinere Farb- und Tonwerteinstellungen vorzunehmen.

Auch wenn viele neue Flachbettscanner mit einer Durchlichteinheit ausgestattet sind, die es erlaubt, Dias oder Negative zu scannen, ist es bei vielen Negativen und Dias jedoch besser, auf einen Filmscanner zurückzugreifen. Die Preise dafür sind in den letzten Jahren stark gesunken, während Qualität und Auflösung stetig besser werden.

REGENBOGEN VERMEIDEN

Um den Regenbogenschimmer zu vermeiden, der entstehen kann, wenn Sie ein 3D-Objekt scannen, wählen Sie diesen Bereich aus und wenden eine Farbton/Sättigung-Einstellungsebene an, um die Sättigung zu verringern. Wählen Sie oben in der Ebenen-Palette die einzelnen Farbtöne aus (Rottöne, Grüntöne und Blautöne) und ziehen Sie den Sättigungsregler nach links. Die Farbe bleibt erhalten, der Regenbogen verschwindet.

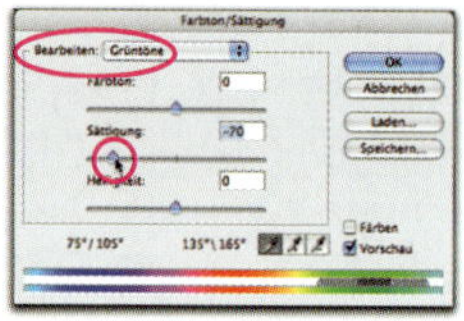

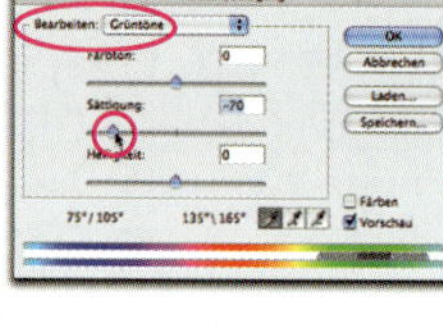

Das Modell des Filmscanners hängt im Wesentlichen davon ab, welches Filmformat Sie scannen wollen. Nicht alle Filmscanner können mit dem APS-Format umgehen, einige jedoch schon. Manche Filmscanner besitzen eine Einrichtung, in die Sie ganze Filmrollen einlegen können.

Sie können Ihren Film auch von einer Service-Agentur scannen und sich als CD-ROM zusenden lassen. In diesem Fall hängt die Qualität des Scans davon ab, wie und mit welchem Gerät der Film eingescannt wurde.

Einen Scan einrichten

Sie können mit einem Scanner eine **Vorschau** Ihres Bildes erstellen, um den zu scannenden Bereich besser festlegen zu können. Anschließend haben Sie die Möglichkeit, wie auf den nächsten beiden Seiten beschrieben, die Abmessungen, den Farbmodus und die gewünschte Auflösung einzustellen. Ziel ist es, alle für die Weiterverarbeitung in Photoshop notwendigen Informationen aufzunehmen, ohne die Menge zu groß werden zu lassen.

EINEN SCAN EINRICHTEN

Die Benutzeroberfläche der Scannersoftware besitzt Eingabefelder, mit denen Sie festlegen, wie viele Informationen aufgenommen werden sollen.

Statt mit tatsächlichen Werten können Sie auch mit Skalierungsfaktoren arbeiten.

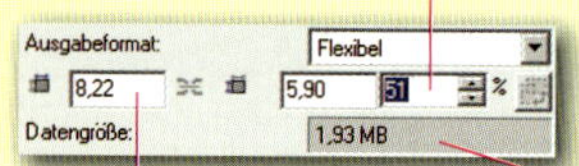

Geben Sie Höhe oder Breite für das gescannte Bild ein. Das Symbol rechts zeigt an, dass bei der Eingabe eines Wertes der andere proportional angepasst wird.

Irgendwo in der Benutzeroberfläche des Scanners finden Sie die Dateigröße in Megabyte.

Passen Sie den Freistellungsrahmen an den Bereich an, den Sie scannen wollen.

ORIGINALFOTO: HEICO NEUMEYER

Bei einem Farbscan sollten Sie so viele Farben wie möglich aufnehmen. Die Scannersoftware bietet Optionen wie »Millionen« oder »Milliarden Farben« oder »True Color«.

Wählen Sie die gewünschte Auflösung.

Die Abmessungen eines Scans einstellen. Wenn Ihnen Ihr Scanner eine Vorschau des Bildes zeigt, sollten Sie mit dem Freistellungswerkzeug der Scansoftware den Bereich festlegen, den Sie scannen wollen. Teilen Sie dem Scanner anschließend mit, ob das gescannte Bild dieselben Abmessungen haben soll wie das Original oder andere. Bei den meisten Scannern können Sie neue Höhen und Breiten (also entweder Höhe oder Breite) eingeben, der andere Wert wird automatisch angepasst. Sie können die neuen Maße auch als Prozentsatz des Originals angeben.

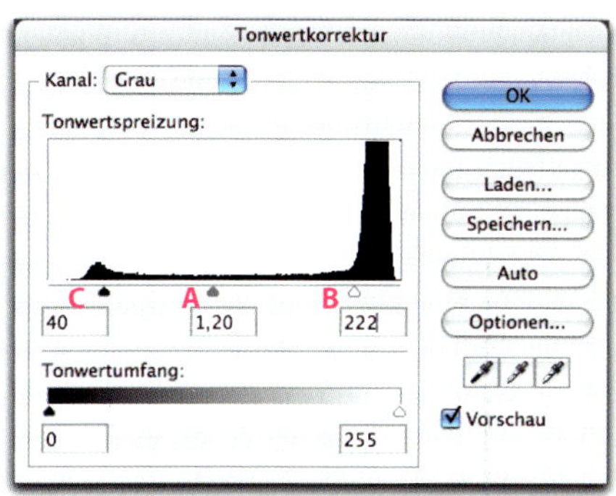

TOMMY YUNE

Wenn Sie Linienzeichnungen im Graustufenmodus scannen, erzeugen Sie weiche Linien, die mit einer Tonwertkorrektur aufgehellt oder abgedunkelt werden können. Nach dem Hinzufügen einer Tonwertkorrektur-Einstellungsebene oder dem Befehl BILD/ANPASSEN/TONWERTKORREKTUR verschieben Sie den Mitteltonregler **A** nach links für dünnere oder nach rechts für dickere Linien. Mit dem Weißpunktregler **B** hellen Sie den Hintergrund auf. Mit dem Schwarzpunktregler **C** dunkeln Sie die Farbe nach.

Den Farbmodus eines Scans einstellen. Der Farbmodus des Scans wirkt sich auf die Dateigröße aus.▼ Ein Vollfarbscan nimmt beispielsweise dreimal mehr Informationen auf als ein Graustufenbild (eines mit Schwarz und Weiß und 254 Grautönen dazwischen). Hier ein paar Kriterien für die Auswahl des richtigen Farbmodus:

- **Farbbilder**, auch wenn Sie sie später in Graustufenbilder umwandeln wollen,▼ sollten Sie als Vollfarbbild scannen. Ihr Scanner nennt diesen Modus »Millionen Farben«, »Milliarden Farben« (für 16 Bit/Kanal) oder »True Color«.
- **Graustufenbilder,** beispielsweise Schwarzweißfotos, sehen oft besser aus, wenn Sie sie als Vollfarbbild scannen und erst in Photoshop in Graustufen umwandeln.
- **Schwarzweißzeichnungen** haben oft weichere und schönere Linien, wenn sie im Graustufenmodus gescannt und in Photoshop mit einer Tonwertkorrektureinstellung bearbeitet werden.▼

Die Auflösung für den Scan einstellen. Die Scannersoftware fragt normalerweise nach der Scanauflösung in **Pixel pro Zoll (ppi)** oder **Punkte pro Zoll (dpi)**. Um die benötigte Scanauflösung herauszufinden, multiplizieren Sie einfach die Druckauflösung (lpi) mit 1,5 oder 2. Die Multiplikation mit 1,5 (z.B. 1,5 ppi/lpi x 150 lpi = 225 ppi) funktioniert ganz gut bei Fotos mit natürlichen Szenen, ohne geometrische Muster, scharfen Farbübergängen oder ganz feinen Details (die meisten Bilder dieses Buches fallen in diese Kategorie). Für Fotos mit Strukturen, geraden Linien, intensiven Farbübergängen oder feinen Details ist es besser, wenn Sie den Wert mit 2 multiplizieren (z.B. 2 ppi/lpi × 150 lpi = 300 ppi). Wenn Sie mit einem größeren Wert multiplizieren, wird die Datei größer, ohne dass das Bild deutlich besser wird. **Hinweis:** Der Unterschied in der Dateigröße zwischen 1,5 und 2 ist beachtlich – mit 2 multiplizierte Dateien sind auch fast doppelt so groß wie die anderen.

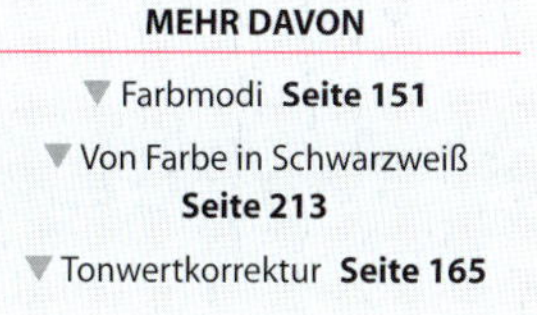
MEHR DAVON

▼ Farbmodi **Seite 151**

▼ Von Farbe in Schwarzweiß **Seite 213**

▼ Tonwertkorrektur **Seite 165**

Gedrucktes Material scannen

Wenn Sie Bilder scannen, die auf einer Druckerpresse ausgegeben wurden, kann das Druckraster mit dem Pixelraster des Scanners interagieren und einen unerwünschten **Moiré-Effekt** erzeugen (ein Interferenzmuster). Viele Scanner besitzen deshalb eine eingebaute **Descreening-Funktion**.

Hinweis: Beachten Sie, dass viele Drucksachen urheberrechtlich geschützt sind.

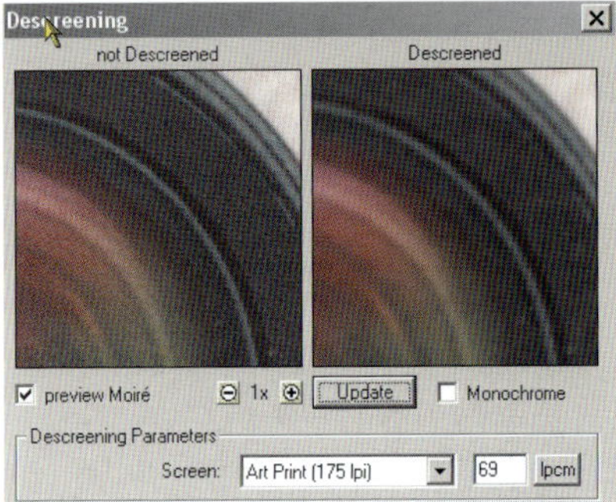

Viele Scanner sind mit einer Software ausgestattet, die den Moiré-Effekt vermeidet, der entsteht, wenn das Druckraster mit dem Pixelraster des Scanners interagiert. Sie sehen hier die Benutzeroberfläche des Descreening-Programms SilverFast AI von LaserSoft (ein Programm, das Sie separat kaufen können. SilverFast SE, die einfache Version, wird mit einigen Scannern ausgeliefert, kann aber auch separat gekauft werden).

Inkjet-Drucker können die Druckauflösung in dpi oder ppi angeben oder verwenden nur Ausdrucke wie »Gut« und »Beste«. Dateien, die später auf einem Inkjet-Drucker ausgegeben werden, sollten Sie eine Auflösung zwischen 225 und 300 ppi zuweisen, und im Drucker sollten Sie die Option »Beste« einstellen, um möglichst Fotoqualität zu erreichen. Inkjet-Drucker für Linienzeichnungen erfordern meistens eine Auflösung zwischen 200 und 400 dpi. Wenn Sie Ihre Datei drucken lassen, müssen Sie in der Druckerei nachfragen, welche Auflösung oder Dateigröße Sie für die gewünschte Druckgröße liefern müssen.

Doppelt hält besser

Sobald Sie sich für eine Bildgröße, einen Farbmodus und eine Auflösung entschieden haben, teilt Ihnen Ihr Scanner mit, wie groß (in Megabyte) die gescannte Datei sein wird. Nutzen Sie zur Kontrolle die Tabelle auf Seite 92 – dort finden Sie Dateigrößen und Druckabmessungen.

Mehrere Bilder gleichzeitig scannen

Wenn Sie mehrere Fotos gleichzeitig auf Ihren Flachbettscanner legen (mit etwas Platz dazwischen), trennt Photoshop die einzelnen Dateien später und richtet sie gerade aus. Wählen Sie dazu einfach DATEI/AUTOMATISIEREN/FOTOS FREISTELLEN UND GERADE AUSRICHTEN.

Hier wurden vier Fotos gleichzeitig gescannt (links). Anschließend wurden sie freigestellt und gerade ausgerichtet. Es entstanden vier einzelne Dateien mit demselben Namen, gefolgt von dem Wort »Kopie« und einer Zahl.

William White erobert »Pepper Grain«

Der DESIGNER WILLIAM WHITE war auf der Suche nach einer Lösung, diese kleinen Punkte zu vermeiden, die entstehen, wenn er große Ausdrucke von Scans erstellt, die mit einem Fuji-Film aufgenommen wurden. »Anders als bei herkömmlichen Vergrößerungen in der Dunkelkammer weisen diese hochauflösenden Scans oft kleine schwarze Punkte auf«, sagt William. Egal, wie intensiv er die Scanneroberfläche vorher säubert, die Punkte sind immer wieder da. Das liegt daran, dass es sich nicht um Schmutz handelt, sondern um eine Interaktion des Lichts des Scanners mit den Filmpartikeln. Hier ist eine schnelle Lösung für das Problem:

Sie können mit der Datei **Pepper Grain.psd** experimentieren, denn diese finden Sie auf der Wow DVD-ROM unter Wow Zugaben/Kapitel 3/ Pepper Grain.

1 Beginnen Sie mit einer sauberen Scanneroberfläche. Achten Sie darauf, dass die Scannersoftware das Bild nicht scharfzeichnet. Öffnen Sie das RGB-Bild in Photoshop und duplizieren Sie die Datei, um mit der Kopie zu arbeiten und das Original zu erhalten.

WILLIAM WHITE

In diesem Bilddetail des Scans eines Holzglockenturms, der 2002 mit einem 35-mm-Velvia-Transparenzfilm aufgenommen wurde, können Sie sehr schön die vielen kleinen schwarzen Punkte erkennen.

2 Wählen Sie FILTER/SCHARFZEICHNUNGSFILTER/UNSCHARF MASKIEREN. »Ziel ist es, das Bild nicht nur scharfzuzeichnen«, sagt William, »sondern die Körnung in ein stechend scharfes Relief zu verwandeln«. Stellen Sie folgende Werte ein: Schwellenwert 0, Radius 1 und passen Sie die Stärke an, bis die Körnung scharf ist. Um das Bild jedoch nicht schlechter zu machen, passen Sie den Schwellenwert an.

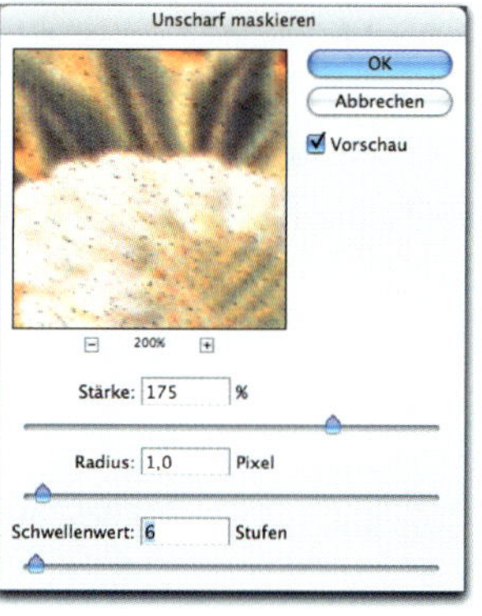

Wenn Sie die Körnung scharfzeichnen, können Sie sie mit dem Filter STAUB UND KRATZER entfernen.

3 Duplizieren Sie nun die Bildebene und wählen Sie FILTER/STÖRUNGSFILTER/STAUB UND KRATZER. Wählen Sie: Schwellenwert 0, Radius 1 oder, wenn das noch nicht hilft, 2. Sorgen Sie sich an dieser Stelle nicht, dass das Bild etwas weichgezeichnet wird. Verschieben Sie den Schwellenwertregler nach rechts, bis die Körnung wieder zu sehen ist; Sie stellen die Filmkörnung wieder her. Verschieben Sie den Regler anschließend zurück nach links, bis die Körnung wieder verschwindet. Wählen Sie schließlich die Füllmethode AUFHELLEN – die Körnung verschwindet, das Bild bleibt dabei jedoch schön scharf.

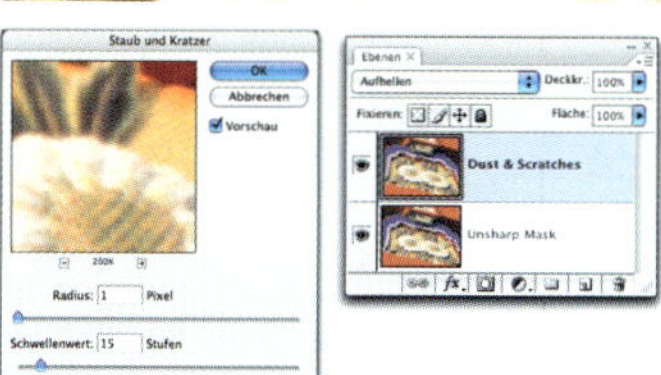

Der Filter STAUB UND KRATZER wurde auf eine Ebenenkopie im Modus AUFHELLEN angewendet – die Körnung verschwindet.

JHDAVIS

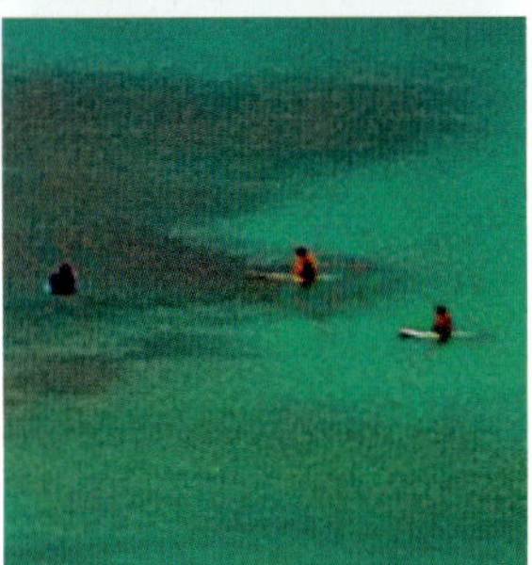

Eine qualitativ hochwertige Digitalkamera kann ein Bild mit ausreichend Details für eine erfolgreiche Vergrößerung aufnehmen.

DIGITALKAMERAS

Digitalkameras benötigen keinen Film, sondern nehmen die Bilder direkt als digitale Dateien auf. Viele sind mit einem USB- oder FireWire-Anschluss ausgestattet, damit Sie die Bilder direkt auf Ihren Computer laden oder in Photoshop importieren können. Um die Batterie der Kamera zu schonen, gibt es sehr günstige Kartenlesegeräte (USB und FireWire) zur Datenübertragung.

Vergleich zu Film

Sie sparen sich nicht nur das Scannen, die Digitaltechnologie bietet noch zwei weitere Vorteile gegenüber der Filmfotografie. Der erste Vorteil ist, dass Sie das Resultat sofort nach der Aufnahme sehen – oder sogar schon davor, so dass Sie den richtigen Bildausschnitt und die Beleuchtung überprüfen können. Der zweite Vorteil ist der »wiederverwendbare Film«. Beide Aspekte können gar nicht oft genug betont werden. Sie verleiten zum Experimentieren und lassen Sie augenblicklich wissen, ob die Aufnahme gelungen ist oder ob Sie es noch einmal versuchen müssen. Verunglückte Bilder können sofort gelöscht werden, um Platz für neue zu schaffen.

MEGAPIXEL, MEGABYTE & DRUCKGRÖSSE

Diese Tabelle ist eine Richtlinie für Digitalkamerabilder (mit der entsprechenden Megapixelgröße) und Scans unterschiedlicher Größen (in Megabyte). Sie können die Tabelle aber auch aus der anderen Richtung lesen – wählen Sie Druckgröße und Druckmethode, und Sie wissen, wie groß Ihre Datei sein muss. Die Werte in der Tabelle sind konservativ – für eine gegebene Vergrößerung gibt es sehr großzügige Auflösungen in Megapixel, Megabyte oder Pixelmaßen, ohne Bildvergrößerung in Photoshop.

			Vergrößerung		
Megapixel	**Megabyte**	**Pixelabmessungen**	**Inkjet-Drucker (300 ppi)***	**Rasterdruck (133 lpi)****	**Poster/Plakate (72 ppi)*****
2	5,5	1600 × 1200	12,7 cm × 10,2 cm	15,2 cm × 11,4 cm	55,9 cm × 41,9 cm
3	9	2048 × 1536	17,8 cm × 12,7 cm	19,1 cm × 15,2 cm	72,4 cm × 53,3 cm
4	11,1	2272 × 1705	19,1 cm × 14,0 cm	21,6 cm × 16,5 cm	80,0 cm × 59,7 cm
5	14,4	2592 × 1944	21,6 cm × 16,5 cm	25,4 cm × 17,8 cm	91,4 cm × 68,6 cm
6	18	3072 × 2048	25,4 cm × 17,8 cm	29,2 cm × 19,1 cm	107,0 cm × 72,4 cm
8	22,9	3264 × 2448	27,9 cm × 20,3 cm	30,5 cm × 22,9 cm	114,3 cm × 86,4 cm
11	31,4	4064 × 2704	34,3 cm × 22,9 cm	38,1 cm × 25,4 cm	143,5 cm × 95,3 cm

* Inkjet-Drucker erzeugen zwischen 225 und 300 ppi qualitativ hochwertige Bilder.

** Rasterdrucke erfordern 1,5 bis 2 Pixel pro Zoll für jede Zeile pro Zoll in einem Halbtonraster. Für die Vergrößerungen bei 133 lpi beträgt das Verhältnis von ppi zu lpi 2 ppi zu 1 lpi; für dieselbe Vergrößerung bei 150 lpi beträgt das Verhältnis 1,77 zu 1; bei 175 lpi sind es 1,52 zu 1.

*** Plakate benötigen möglicherweise eine geringere Auflösung. Poster profitieren von höheren Auflösungen, weil der Betrachtungsabstand geringer ist.

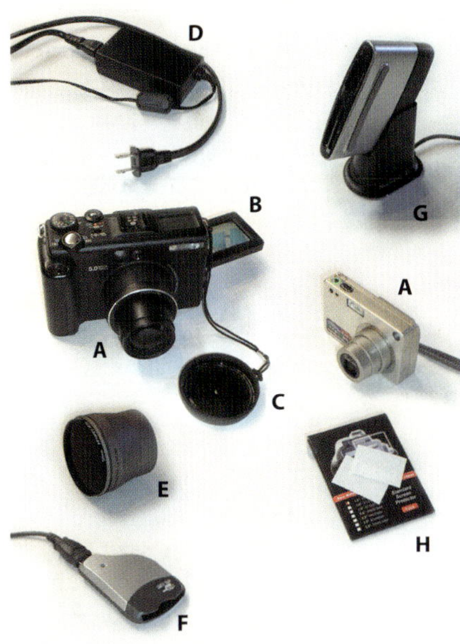

Neben der Bildgröße und dem Format eines Fotos gibt es noch weitere Aspekte, die für einen Digitalkamerabesitzer wichtig sein könnten: die Größe der Kamera – so, dass man sie ohne Probleme herumtragen kann und sie ausreichend Bedienelemente besitzt **A**; ein schwenkbarer LCD-Monitor für vielseitige Perspektiven **B**; ein festgebundener Objektivschutz **C**; ein Netzteil zum Aufladen der Batterien **D**; ein Adapter für den Einsatz von Filtern (beispielsweise eines Infrarotfilters, wie hier zu sehen) **E**; ein separates Kartenlesegerät **F,** das ein oder mehrere Formate **G** unterstützt, so dass Sie die Bilder leichter auf den Computer übertragen können. Und falls der LCD-Monitor nicht schwenkbar ist und geschlossen werden kann, ein Schutz für den Monitor, damit er nicht so leicht zerkratzt **H**.

Beim Vergleich von Digital- mit Filmkameras ist der *Dynamikumfang* (die Fähigkeit, viele unterschiedliche Helligkeitswerte aufzunehmen) in guten Digitalkameras fast so gut wie in Diafilmkameras. Die Größe, auf die Sie ein Foto vergrößern können (siehe Tabelle auf der gegenüberliegenden Seite) ist begrenzt, dennoch können Sie ein Bild in Photoshop mit der Option BIKUBISCH GLATTER vergrößern. ▼ Digitalbilder weisen bei hohen ISO-Werten (ISO 200 und höher) oft Störungen auf. Auch wenn Digitalkameras immer schneller werden, sind viele immer noch langsamer als einige Modelle der aktuellsten Filmkameras. Das Vorfokussieren und Schwenken – zwei Techniken aus der Filmfotografie, um Bewegungen aufzunehmen – stellt für viele Digitalkameras noch ein Problem dar. Blenden (die Öffnung des Objektivs) entsprechen nicht den Relationen bei Filmkameras, so dass Sie nicht so kreativ mit der Schärfentiefe arbeiten können (das Objekt scharf und den Hintergrund unscharf ablichten). ▼ Blendengrößen in Digitalkameras mit festem Objektiv reichen oft nicht an die guter Filmkameras heran. Auch die Verschlusszeiten sind meistens nicht so kurz oder lang wie die Extreme einer Durchschnitts-35-mm-Kamera. Das schränkt die Möglichkeiten bei der Bewegungsfotografie oder unter sehr hellen oder sehr schwachen Lichtbedingungen ein.

MEHR DAVON

▼ Bilder vergrößern **Seite 70**
▼ Geringe Schärfentiefe in Photoshop simulieren **Seite 293**

Vor dem Kauf einer Digitalkamera

Wenn Sie gerade darüber nachdenken, sich eine Digitalkamera zu kaufen oder aufzurüsten, sollten Sie sich vorher ein paar Gedanken machen – damit Sie sich nicht von Funktionen täuschen lassen, die Sie eh nur selten nutzen. Überlegen Sie zunächst, welche Art von Fotos Sie im Wesentlichen erstellen wollen. (Denken Sie daran, dass sich der Horizont deutlich erweitert, wenn Sie erst einmal mit der digitalen Technik arbeiten.) Sie finden hier eine kurze Liste wichtiger Funktionen, auf die Sie beim Kauf einer Digitalkamera achten sollten:

- **Megapixel.** In der Tabelle auf der gegenüberliegenden Seite sehen Sie, dass Sie mit steigender Megapixelzahl größere Ausdrucke erstellen können, ohne die Bilder in Photoshop vergrößern zu müssen. Beim Freistellen eines Bildes wirken sich zu wenig Megapixel im Original negativ aus.
- **Größe und Form.** Probieren Sie die Kamera und ihre Bedienelemente aus, um herauszufinden, ob Sie damit zurechtkommen. Eine sehr kompakte Kamera passt zwar vielleicht in die Hosentasche, aber dafür befinden sich vielleicht nur wenige Kamerafunktionen auf dem Gehäuse, die dann auch noch schlecht zu erreichen sind. Die Funktionen

Ein Vorteil eines ausklappbaren LCD-Bildschirms ist, dass Sie die Kamera unter Objekte halten können – beispielsweise unter Blumen – und einfach mithilfe des Suchers fotografieren können. So nahm auch Katrin Eismann das Bild *Poppy Underbelly* auf.

einer Kamera sind manchmal begrenzt, und es kann sein, dass Sie sich erst durch ein langes Menü kämpfen müssen, um Einstellungen zu ändern. Mittlere Kameras sind etwas größer und schwerer, liegen aber meist gut in der Hand und sind mit mehr Bedienelementen auf der Kamera selbst ausgestattet. Außerdem bieten sie mehr Funktionen. SLR-ähnliche Kameras und richtige SLRs (*Single-Lens-Reflex-Kameras,* also Spiegelreflexgeräte mit austauschbaren Objektiven und der Möglichkeit, direkt durch das Objektiv zu sehen und nicht auf den LCD-Bildschirm angewiesen zu sein) sind noch größer und schwerer. Im Vergleich zu vielen Film-SLRs sind es aber noch richtige Leichtgewichte. Diese Kameras bieten noch mehr Funktionen.

- **Sucher.** Der LCD-Monitor von Digitalkameras kann unterschiedlich groß sein. Einige LCDs lassen sich drehen und ausklappen, so dass Sie leichter Bilder mit ungewöhnlichen Winkeln aufnehmen können oder Blendenflecken vermieden bzw. reduziert werden. Bei einer richtigen SLR muss der Spiegel, mit dem Sie direkt durch das Objektiv sehen können, bei der Aufnahme weggeklappt werden. Deshalb kann das LCD einer digitalen SLR nur für die Bedienung der Menüs und das nachträgliche Ansehen der Bilder genutzt werden, nicht aber für die Bildvorschau. Bei anderen Kameras sehen Sie auf dem Sucher genau das Bild, das Sie aufnehmen werden. Einige LCDs können sogar unter sehr schwachen oder sehr hellen Lichtbedingungen verwendet werden, einige lassen sich bei sehr hellem Licht auch abschirmen. Viele Kameras sind außerdem mit einem **optischen Sucher** ausgestattet. So können Sie das Motiv ständig beobachten, auch wenn der Sucher in der Regel weniger vom Bild zeigt, als eigentlich aufgenommen wird, und von einem Zoom-Objektiv teilweise blockiert werden kann. Trotzdem weisen optische Sucher nur eine kurze Verzögerung auf (bei ausgeschaltetem LCD) – die Zeit zwischen dem Drücken des Auslösers und der Aufnahme des Bildes, die für Bewegungsaufnahmen eine wichtige Rolle spielt. Einige Digitalkameras besitzen statt eines optischen Suchers einen SLR-ähnlichen **elektronischen Sucher** (EVF). Diese zeigen in der Regel meist einen größeren Bildausschnitt. Sie weisen jedoch, ähnlich wie LCDs, eine gewisse Verzögerung auf.

Neben der Anzahl der Megapixel, des Halte- und Bedienkomforts und der Funktionsweise des Suchers gibt es noch einige andere Funktionen, die, natürlich neben dem Preis, bei der Entscheidungsfindung eine wichtige Rolle spielen.

Einfache Digitalkameras

Die Bildqualität, die mit günstigen Digitalkameras erzielt werden kann, ist nicht so gut wie die einer Filmkamera. Wenn ein Bild jedoch stark bearbeitet, nur sehr klein ausgegeben oder mit einer geringen Auflösung verwendet werden soll, macht der direkte Zugriff auf das Foto die Qualitätsunterschiede wieder wett. Auch wenn der Fotograf die Auflösung, oder die Tonwert- und Farbqualität eines traditionellen Films wünscht, kann die Aufnahme mit einer einfachen Digitalkamera erstellt werden – bis er die richtige Einstellung, Beleuchtung usw. gefunden hat, dann greift er auf seine herkömmliche Filmkamera zurück.

Als Photoshop-Nutzer werden Sie vielleicht feststellen, dass einige der Funktionen teurerer Kameras nicht unbedingt notwendig sind, weil Sie die Einstellungen auch in Photoshop vornehmen können. Die Dateiformate, die eine Kamera aufnehmen kann, sind hingegen wesentlich wichtiger, ebenso wie Blendenbereich, Verschlusszeiten, optischer Zoom, Messmethoden, Fokusfunktionen und die Anordnung der Bedienelemente.

Ein Vorteil von Kameras, die Dateien mit 16 Bit/Kanal im Raw-Format aufnehmen, ist, dass Sie Farben und Beleuchtung schnell und einfach anpassen können, bevor Sie die Datei in Photoshop öffnen. Denn Sie öffnen die Bilder zunächst in Photoshops Camera-Raw-Dialogbox (siehe Seite 100). Sollte diese das spezielle Raw-Format Ihrer Kamera nicht unterstützen, müssen Sie die Software des Herstellers verwenden, bevor Sie die Dateien dann in Photoshop öffnen.

- **Dateiformate.▼** Die meisten Kamerahersteller implementieren **JPEG**-Komprimierungen nicht so gut wie Photoshop – JPEG kann so zu Bilddefekten führen. Zwei oder drei JPEG-Optionen (Fein und Normal) eignen sich jedoch dann besonders gut, wenn der Speicherplatz knapp ist.

  Nicht mit allen Kameras können Sie **TIFFs** aufnehmen – das einzige unkomprimierte Bildformat, das von Kameraherstellern unterstützt wird. Wenn die andere Option nur JPEG ist, sollten Sie mehr oder größere Speicherkarten kaufen und Ihre Bilder im TIFF-Format aufnehmen.

  Einige Kameras unterstützen das Raw-Format des Herstellers (z.B. .CRW, .NEF und .MRW bei Canon, Nikon und Minolta). Für Photoshop-Nutzer ist dieses Raw-Format am vielseitigsten. Der erste Vorteil ist, dass diese Dateien mehr Farben enthalten und Photoshops 16-Bit/Kanal-Modus nutzen können.▼ Der zweite Vorteil ist, dass jedes Bild in zwei Teilen aufgenommen wird: den Bilddaten (Beleuchtungsinformationen) und den Kameraeinstellungen. Wenn Sie sich eine Raw-Datei in Photoshops Camera-Raw-Dialogbox ▼ oder der Software des Herstellers ansehen, sehen Sie das Bild so, wie die Kameraeinstellungen auf die Bilddaten angewendet wurden. Sie können aber auch, ohne die Raw-Daten zu ändern, andere Einstellungen anwenden. Das Raw-Format einer Kamera lässt sich meist schneller speichern als ein TIFF.

- **Messen und fokussieren.** Wenn Sie die Kamera zum Messen auf ein Motiv ausrichten, eignet sich die mittenbetonte Messung für gleichmäßig ausgeleuchtete Szenen und Fotos mit Blitz. Eine **Matrix**- oder **Rastermessung** eignet sich besser, wenn helle und dunkle Bereiche im Bild zu sehen sind. Bei der Spotmessung können Sie ein spezielles Motiv unter sehr kontrastreichen Beleuchtungsbedingungen bestens ausmessen. Je mehr Optionen Ihnen zur Verfügung stehen, desto besser können Sie mit den verschiedenen Beleuchtungssituationen umgehen.

MEHR DAVON

▼ Dateiformate **Seite 117**

▼ 16 Bit/Kanal **Seite 156**

▼ Camera Raw **Seite 100**

CLEVER KAUFEN

Das Preis-Leistungs-Verhältnis bei Digitalkameras wird immer besser. Achten Sie beim Kauf einer Digitalkamera immer darauf, dass diese auch mit den Funktionen ausgestattet ist, die Sie benötigen. Vielleicht finden Sie in Ihrer Preiskategorie aber auch Kameras, mit deren Funktionen Sie erst einmal vertraut werden müssen.

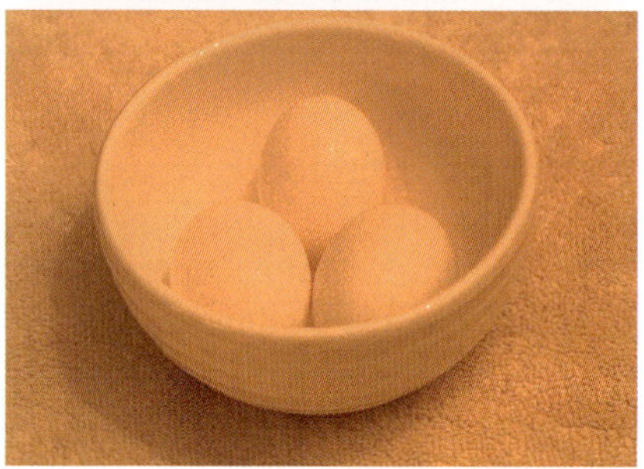

Eine Digitalkamera bezieht bei der Entwicklung der Bilddaten den Weißabgleich mit ein. Diese Fotos wurden bei Kunstlicht und nachts ohne Blitz aufgenommen. Für das obere Bild wurde der Weißabgleich KUNSTLICHT gewählt, damit die Kamera den gelben Farbton im Licht ignoriert. Das untere Bild zeigt, was passiert, wenn Sie die Option TAGESLICHT wählen.

AUFNAHMEN FÜR HDR

Einige Hinweise, die Sie beachten sollten, wenn Sie ein Bild mit unterschiedlichen Belichtungen aufnehmen und dann Photoshops HDR-Befehl anwenden wollen:▼

- Nehmen Sie drei Bilder bei unterschiedlicher Belichtung auf. Falls die Szene einen großen Dynamikumfang aufweist (sehr hell bis sehr dunkel), sollten es mehr Bilder sein. Haben Sie am Ende mehr Bilder als nötig, lassen Sie die überflüssigen unberücksichtigt.
- Um die Schärfentiefe konstant zu halten und Störungen oder Vignetten zu vermeiden, ändern Sie nur die Verschlusszeit, nicht die Blende oder den ISO-Wert.
- Achten Sie darauf, dass sich in der Szene nichts bewegt, und verwenden Sie ein Stativ.
- Achten Sie auf gleichbleibende Lichtverhältnisse – verwenden Sie beispielsweise keinen Blitz oder für alle Fotos dieselbe Einstellung.

Einige Kameras bieten verschiedene **Programmmodi**, beispielsweise Porträt-, Landschafts-, Sport- und Nachtaufnahmen, um jeweils optimal Blende und Verschluss einzustellen. Manche Kameras bieten sogar noch mehr Optionen, mit denen Sie Zeit- oder Blendenautomatik, einen eigenen Weißabgleich, Sättigung und Kontrast sowie manuelle Belichtung, Belichtungsreihen usw. einstellen können.

Weißabgleich ist das digitale Äquivalent zur Änderung des Films, um sich an die Lichtbedingungen anzupassen. Vielleicht kennen Sie die orange- oder grünstichigen Hauttöne, die bei Kunstlicht oder fluoreszierendem Licht mit einem Tageslichtfilm auftreten. Wenn Sie jetzt nicht unbedingt einen Farbstich benötigen (z.B. für kreative Zwecke), können Sie die Weißwerte der Kamera anpassen, um das Bild wie unter natürlichem Tageslicht aussehen zu lassen. Einige Kameras nehmen auch eine eigene Korrektur vor, wenn Sie zuvor beispielsweise ein weißes Blatt Papier fotografieren.

Sättigung- und **Kontrast**-Einstellungen erinnern ebenfalls an das Ändern des Films – in Landschaftsbildern sollen die Farben beispielsweise intensiver leuchten als in Porträts.

Automatische Belichtungsreihen: Sie müssen nur auswählen, was geändert werden soll (z.B. Belichtung, Sättigung), die Kamera nimmt dann drei Bilder hintereinander auf – normal, überbelichtet (oder übersättigt) und unterbelichtet (nicht ausreichend gesättigt). Belichtungsreihen sind besonders nützlich, wenn die Lichtbedingungen schwierig sind (z.B. bei einem schwarzen Hund oder einem Sonnenuntergang).

Seit Photoshop CS2 können Sie mehrere Belichtungen ein und derselben Aufnahme zu einer einzelnen HDR-Datei zusammenfügen.▼ Um die Vorteile der zusätzlichen Tiefen- und Lichterdetails zu nutzen, benötigen Sie eine Kamera, mit der Sie Schritte von mindestens 0,5 (größer als die herkömmlichen 0,33er-Schritte) aufnehmen können oder die eine Zeitautomatik bzw. einen manuellen Modus bietet.

Fokus-Optionen reichen von **Autofokus** über **Schärfespeicher** (für ein Objekt, das sich nicht in der Bildmitte befindet) bis hin zu kontinuierlichem **Fokus** (für bewegliche Objekte). Viele Kameras bieten außerdem einen **Autofokus-Assistenten** in Form eines Lichtstrahls, der Ihnen beim Fokussieren unter schwachen Lichtbedingungen hilft.

- **Zoom.** Wenn es für Sie wichtig ist, dass Sie mit Ihrer Kamera zoomen können, sollten Sie beim Kauf der Kamera auf den **optischen Zoom** achten. Der **digitale Zoom** hat nichts mit dem tatsächlichen Zoomen des Objektivs zu tun. Manchmal werden damit freigestellte Versionen des Bildes aufgenommen; die Qualität leidet zwar

MEHR DAVON

▼ HDR-Reduzierung **Seite 157**

Es werden oft Belichtungsreihen erstellt – einige Digitalkameras ermöglichen aber auch Reihenbilder mit anderen Kriterien. Bei diesen drei Aufnahmen wurde jeweils eine andere Sättigung verwendet (mit einer Minolta Dimage A1).

nicht, der digitale Zoom bietet jedoch keinen Vorteil gegenüber dem Freistellen in Photoshop. In anderen Situationen vergrößert die Kamerasoftware das Bild, jedoch nicht so gut, wie es in Photoshop möglich ist.

- **Blitz.** Die meisten Kameras sind mit einem kleinen eingebauten Blitz ausgestattet, der im **Auto**-Modus funktioniert, eine eingebaute **Rote-Augen-Korrektur** besitzt (die nötig ist, weil sich der Blitz meistens direkt über dem Objektiv befindet)▼ und der deaktiviert werden kann. Einige Kameras bieten auch einen **Aufhellblitz** und Optionen, um unter schwachen Lichtbedingungen mit langen Belichtungen zu fotografieren und das Motiv scharf einzufrieren. Diese Blitzeinstellungen funktionieren jedoch nur auf kurzen Distanzen und selten mit Weitwinkelobjektiven, die einen größeren Blickwinkel einfangen und die der Blitz nicht ausleuchten kann. Ein paar Kameras sind auch mit einem **Blitzschuh** ausgestattet, durch den Sie größere, flexiblere Blitzsysteme auf der Kamera montieren können. Falls Sie sich diese Option offenhalten wollen, müssen Sie sicherstellen, dass die Kamera mit allen Funktionen des externen Blitzes zurechtkommt.

MEHR DAVON

▼ Rote Augen
Seite 315

- **Makro.** Wenn Sie vorhaben, kleine Objekte in einem geringen Abstand zu fotografieren, kann eine Makro-Funktion der Kamera sehr nützlich sein. Achten Sie auf den Fokusbereich – sind zwischen minimalem und maximalem Fokus nicht viel Millimeter Platz, sind die Möglichkeiten der Makro-Fotografie deutlich eingeschränkt. Makro-Einstellungen, die nur bei Weitwinkeleinstellungen eine Rolle spielen, sind auch begrenzt, weil es sein kann, dass Sie das Objekt so stark vergrößern müssen, dass es zu Verzerrungen kommt. Überprüfen Sie außerdem, ob die Kamera mit einem Blitz nachgerüstet werden kann, der für die Makro-Fotografie ausgelegt ist – eine gute Beleuchtung bei kurzen Distanzen kann schwierig sein, der eingebaute Blitz versagt dabei unter Umständen ganz seinen Dienst.

Andere Funktionen, über die es sich lohnt, nachzudenken:

- Langlebige, wiederaufladbare Batterien, die es überall zu kaufen gibt, und die Option, dass sich die Kamera nach einer gewissen Zeit der Inaktivität selbst ausschaltet;
- Adapter für Filter und anderes Objektivzubehör (z.B. Makro-, Tele- und Weitwinkelobjektive);
- Bildstabilisator, um die Kamera auch mit längerem Zoom oder bei schwachem Licht in der Hand halten zu können;
- Wetterschutz;
- Dioptrienanpassung für den Sucher (für Brillenträger).

Die Blitzintensität reduzieren

Falls Sie der Meinung sind, dass der eingebaute Blitz für eine bestimmte Situation zu intensiv ist und Sie keine passende Software besitzen, das zu korrigieren: Nehmen Sie ein Stück ein- oder doppellagiges Toilettenpapier, und halten Sie es vor den Blitz oder kleben Sie es an der Kamera fest, indem Sie eine Ecke etwas anfeuchten.

Digitales Infrarot

Viele Jahre lang erzeugten infrarotsensitive Schwarzweißfilme in Verbindung mit einem sehr dichten Filter spektakuläre und oftmals auch überraschende Ergebnisse. Der Fototgraf kann keine Vorschau der Bilder sehen, weil die Infrarotwellenlängen vom menschlichen Auge nicht wahrgenommen werden. Digitalkameras können unterschiedlich mit Infrarot umgehen – sind sie in der Lage, Infrarot aufzunehmen, bieten sie bestimmte Vorteile gegenüber Filmkameras. Mit Ausnahme einer digitalen SLR liefert Ihnen das LCD eine Vorschau des Bildes. Außerdem sehen Sie das Ergebnis auch direkt nach der Aufnahme. Und schließlich können Sie die Infrarotbilder in Farbe oder in Schwarzweiß aufnehmen.

Infrarot-Fähigkeit testen

Um herauszufinden, ob Ihre Kamera infrarotempfindlich ist, richten Sie eine Fernbedienung auf die Kamera und drücken einen beliebigen Knopf. Wenn Sie auf dem LCD Ihrer Kamera einen Lichtpunkt sehen, erkennt sie Infrarot.

(Fast) echt: Die Fotos auf diesen beiden Seiten sind fast im Original abgebildet: Die Spezialeffekte wurden im Wesentlichen mit der Kamera erzeugt – mit etwas Hilfe von Photoshop. Vielleicht lassen Sie sich dadurch inspirieren.

Um das sichtbare Licht zu blockieren, benötigen Sie einen Infrarotfilter. Welcher Filter am besten funktioniert, hängt von Ihrer Kamera und Ihren persönlichen Vorlieben ab. Einige Infrarotfilter sind schwarz und lassen keinerlei Licht hindurch. Der Filter Hoya R72, der relativ günstig ist, lässt Infrarotlicht und einige tiefe Rottöne hindurch.

Wenn Sie auf Ihre Kamera nicht direkt einen Filter montieren können, sollten Sie den Kauf eines entsprechenden Adapters in Erwägung ziehen. Für einen Großteil der Infrarotfotografie benötigen Sie lange Belichtungszeiten, um ausreichend Licht aufzunehmen. Um keine Verwacklungen zu erzeugen, müssen Sie die Kamera absolut stillhalten; ein Stativ ist sehr nützlich. Achten Sie vor dem Fotografieren auch darauf, den Blitz zu deaktivieren.

Der »echte« Teil: Für das Beispiel unten nahm der Fotograf und Photoshop-Trainer Rod Deutschmann ein Farbbild auf **A** (mit einer Canon PowerShot S45 im Programm-Modus bei 1/1000s und f/7.1). Zu Vergleichszwecken nahm er dasselbe Bild mit derselben Belichtung auch noch einmal in Schwarzweiß auf **B**.

Bei aktivierter Schwarzweißfunktion montierte er für Bild **C** einen Infrarotfilter, wechselte in den manuellen Modus der Kamera und kontrollierte das Bild bei der Einstellung der Belichtung von 0,5s und der Blende f/3.2 auf dem LCD. Um die Kamera ruhig zu halten, legte er sie auf einem kleinen Sandsack ab.

ROD DEUTSCHMANN

Im Vergleich zu einem Farb- **A** oder Schwarzweißfoto **B** sehen grüne Blätter auf Infrarotbildern (**C** und **D**) generell weiß aus. Das liegt an der Art und Weise, wie sie das Infrarotlicht reflektieren. Himmel sehen oft schwarz aus, weil sie das Infrarotlicht absorbieren – manchmal sind sie auch silbern, das hängt davon ab, was gerade so in der Luft ist. Die Tiefen sind oft anders als auf Standardfotos, Wasseroberflächen sehen glatter und weniger reflektierend aus.

Der Photoshop-Teil: Digitale Schwarzweiß-Infrarotbilder enthalten oft sehr wenig Kontrast. Das können Sie korrigieren, indem Sie in Photoshop eine Tonwertkorrektur-Einstellungsebene hinzufügen. In der Tonwertkorrektur-Dialogbox verschob Rod den Schwarz- und den Weißpunktregler nach innen, um den Kontrast anzupassen **D** (gegenüberliegende Seite). ▼

Infrarot in Farbe: Digitale Farb-Infrarotbilder bieten viele neue Möglichkeiten. Wenn Sie Infrarotbilder nicht als Schwarzweißbilder aufnehmen, erhalten Sie als Ergebnis meist ein rotes Bild – je nach Kombination aus Kamera, Filter und Beleuchtung kann der Farbton jedoch variieren. Für das Bild unten fotografierte Alexis Marie Deutschmann das Gebäude in der Nacht mit einer Nikon D100 (0,25 s und f/4), die mit einem Infrarotfilter ausgestattet war; mit einer Tonwertkorrektur verstärkte sie den Kontrast in Photoshop.

Experimentieren: Inspiriert durch Deutschmanns Bilder experimentierten wir selbst ein wenig (wie rechts zu sehen). Wir nahmen Farbbilder im Automatik-Modus mit einer Canon PowerShot G5 auf – der Schnappschuss sah eher durchschnittlich aus **A**. Die Infrarotversion **B**, nahmen wir mit dem Filter Hoya R72 und einer Belichtung von 0,8 s bei f/2.0 auf. Das Bild sah aus, als wäre es mit einem herkömmlichen Film aufgenommen – etwas körnig und weichgezeichnet.

Wir korrigierten die Tonwerte für den Kontrast, indem wir den Weiß- und den Schwarzpunktregler nach innen verschoben **C**. Um das Bild aufzuwärmen, wendeten wir verschiedene Einstellungen an, mit denen wir einen gelb-orangen Farbstich erzeugten **D**. Anschließend fügten wir eine Kanalmixer-Einstellungsebene hinzu. In der Dialogbox aktivierten wir als Ausgabekanal den blauen Kanal **E** und verschoben den blauen Regler von +100 auf +38. Schließlich sollte das Bild noch etwas aufgehellt werden. Dazu fügten wir dem roten Kanal etwas mehr Grün hinzu und dem grünen etwas mehr Rot. ▼

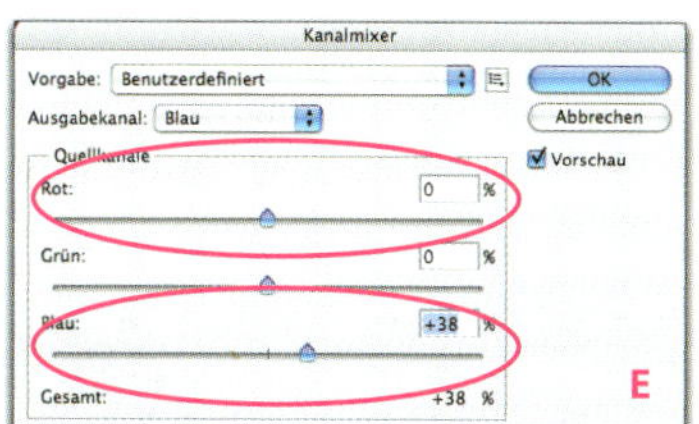

Wow Zugaben/Kapitel 3/ Infrarot-Weiher.psd

ALEXIS MARIE DEUTSCHMANN

Wenn Sie die Kamera nicht ruhig halten oder aus einem fahrenden Auto heraus fotografieren, können Sie mit der digitalen Infrarottechnik verblüffende Ergebnisse erzielen.

MEHR DAVON

▼ Tonwertkorrektur
Seite 165

Es gibt Raw und Raw

Beim Speichern einer Datei in Photoshop ist Ihnen vielleicht schon einmal die Photoshop-Raw-Option aufgefallen. Dieses Format ist nur für sehr wenige Photoshop-Anwender nützlich. Es hat nichts mit den Raw-Dateien der Kamera zu tun. Adobes DNG- (Digital Negative) Format eignet sich zur Speicherung von Raw-Dateien in einem standardisierten Format, das in Camera Raw bearbeitet werden kann.

Bleiben Sie aktuell

Eine aktuelle Liste der Kameras, die von Photoshops Camera-Raw-Plugin unterstützt werden: **www.adobe.com/products/photoshop/cameraraw.html.**

Camera Raw

Photoshops unglaublicher Camera-Raw-Importfilter ist eine wunderbare Motivation, von der Film- zur Digitalfotografie zu wechseln. Probieren Sie es aus, Sie werden überzeugt sein.

Eine Digitalkamera speichert basierend auf den von Ihnen gewählten Kameraeinstellungen und dem Licht ein Bild, das dann auf dem LCD-Monitor angezeigt und als JPEG- oder TIFF-Datei auf Ihren Computer geladen werden kann. Photoshops Camera-Raw-Plugin ist für immer mehr Kameras zugänglich – so haben Sie Einfluss auf die Entwicklung eines Bildes. Camera Raw fängt die Raw-Dateien der Kamera automatisch auf, wenn Sie diese in Photoshop öffnen wollen. Die Möglichkeiten, die Ihnen in der Dialogbox zur Verfügung stehen, übersteigen bei Weitem das, was mit herkömmlichem Film möglich ist. Es ist, als würden Sie den Abzug noch einmal neu entwickeln lassen oder noch einmal genau dasselbe Bild, jedoch mit einer anderen

Camera Raw in CS

Photoshops Hilfedatei bietet eine ausführliche Erklärung der Einstellungen und Möglichkeiten in der Camera-Raw-Dialogbox. Hier ein kurzer Überblick:

Camera Raws Reiter **Anpassen** ermöglicht Ihnen die Kontrolle von Farbe und Kontrast. Über allen steht das Menü **Weißabgleich**, mit dem Sie deutliche Änderungen vornehmen können. Der **Temperatur**-Regler kann für feinere Einstellungen verwendet werden. Mit diesen beiden Einstellungen können Sie die Beleuchtung und die »Filmcharakteristik« beeinflussen – so, wie es in Photoshop nicht möglich ist.

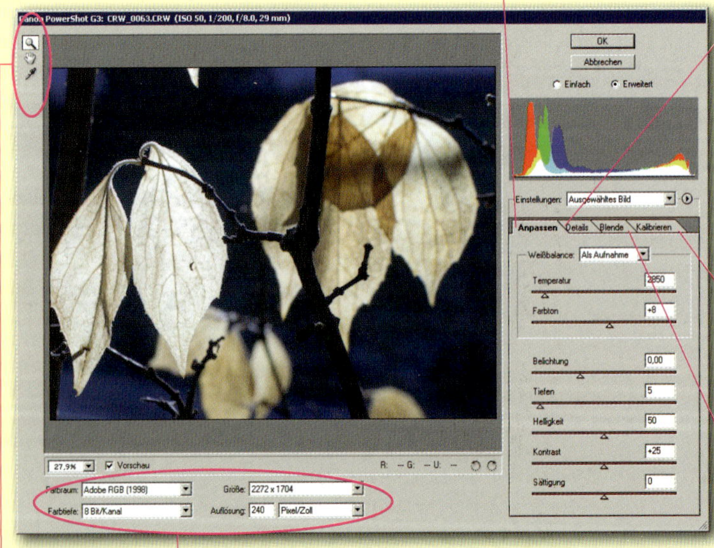

Im Reiter **Details** können Sie das Bild scharfzeichnen (oder nur die Vorschau, je nachdem, wie die Voreinstellungen gewählt sind). Sie können Störungen reduzieren – Bildrauschen (mit dem Regler **Luminanzglättung**) und Farbartefaktes (mit dem Regler **Farbstörungsreduktion**) –, die durch zu schwaches Licht oder eine zu hohe ISO-Einstellung entstehen.

Wenn Sie regelmäßig Bilder in der Dialogbox öffnen und diese anders aussehen als erwartet, können Sie den Reiter **Kalibrieren** nutzen, um eigene Profile zu erstellen und zu speichern.

Zu den Werkzeugen gehören: **Zoom-**, **Hand-** und das **Weißabgleich-Werkzeug**, mit dem Sie in einen neutralen Punkt klicken.

Die Einstellungen im unteren Bereich der Dialogbox teilen Photoshop mit, wie Sie die Datei behandeln wollen, wenn Sie auf OK klicken. Diese Einstellungen können Sie aber auch in Photoshop ändern. Sie können den Farbraum der Kamera ändern oder die Bittiefe des Bildes – beispielsweise von 16 Bit/Kanal in 8 Bit/Kanal. Wenn Sie die Größe (die Pixelabmessungen) ändern, wird das Bild beim Öffnen neu berechnet (das +- oder –-Zeichen zeigt wie). Eine Erhöhung oder Verringerung der Auflösung führt nicht zu einer Neuberechnung des Bildes; es werden lediglich die Druckmaße größer oder kleiner.

Im Reiter **Blende** können Sie chromatische Abberationen korrigieren (Farbränder an kontrastreichen Kanten). Hier können Sie auch Vignetten aufhellen (dunkle Kanten), die oft bei Weitwinkel-Objektiven auftreten.

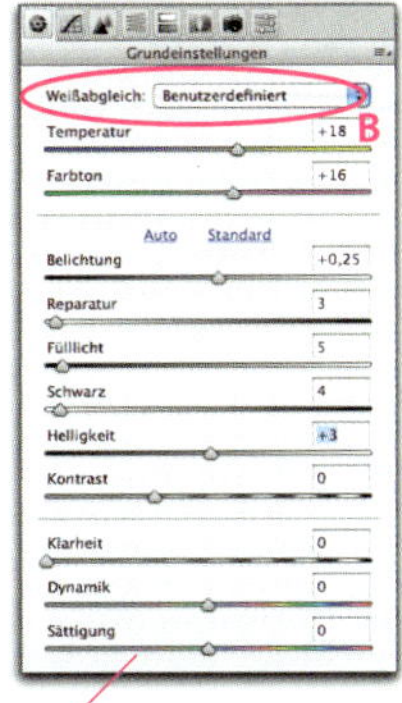

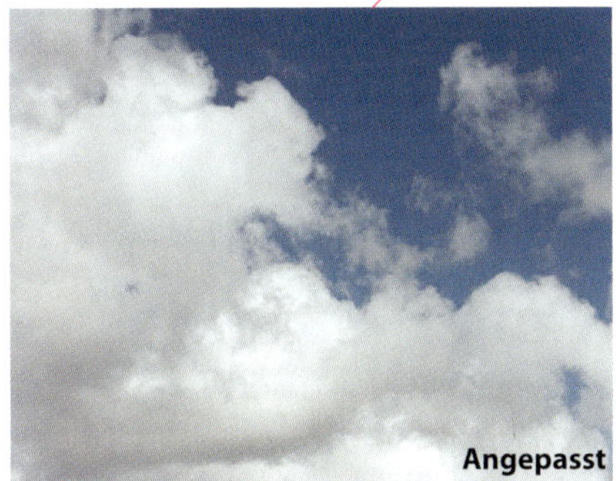

Als dieses Foto (das Original sehen Sie oben) mit einer Minolta Dimage A1-Digitalkamera aufgenommen wurde, ließ sich die Kamera durch die weißen Wolken täuschen – sie verwendete eine kurze Verschlusszeit (1/3200 s) und eine kleine Blende (f/9), was zu einem unterbelichteten Bild führte. Weil das Bild im Raw-Format aufgenommen wurde, wird es beim Öffnen in Photoshop in die Camera-Raw-Dialogbox geladen **A**. Im Reiter ANPASSEN können Sie den Weißabgleich, die Temperatur und andere Einstellungen ändern **B**. Wenn Sie auf OK klicken, öffnen Sie die Datei in Photoshop.

Beleuchtung oder einem anderen Film erstellen. Und dabei geht alles schnell und einfach.

Denken Sie daran, dass das Raw-Format der Digitalkamera aus zwei Komponenten besteht: (1) den Bildinformationen, die durch das Objektiv in die Kamera gelangen, und (2) den Kameraeinstellungen, mit denen das Bild aufgenommen wurde (als Anweisungen für die Entwicklung des Bildes). Camera Raw wirkt sich auf die Kameraeinstellungen aus. Wenn Sie mit den Menüs und Reglern in der Dialogbox experimentieren, sehen Sie eine Vorschau – das Bild wird jedoch erst entwickelt, wenn Sie auf OK klicken und das Bild in Photoshop öffnen.

Das Arbeiten mit Raw-Dateien in der Camera-Raw-Dialogbox bietet einige deutliche Vorteile gegenüber dem direkten Öffnen in Photoshop. Sie können erstens schnell und einfach mit großen Dateien arbeiten (16 Bit/Kanal), die die Farbtiefe und die Details erhalten, ohne die Verarbeitung der Datei durch jede

Fortsetzung auf Seite 103

CAMERA RAW & UND DER DATEIBROWSER (VOR CS2)

Wie Camera Raw, funktioniert auch der Dateibrowser (CS) mit Vorschauen und Anweisungen, die mit der Datei gespeichert werden. Dadurch werden die beiden zu einem unschlagbaren Team, wenn es darum geht, viele Einstellungen in möglichst kurzer Zeit vorzunehmen! Wenn Sie in mehreren Bildern dieselben Korrekturen vornehmen müssen, können Sie den Prozess im Dateibrowser automatisieren:

1 Öffnen Sie die erste Raw-Datei, nehmen Sie die Einstellungen vor und klicken Sie auf OK.

2 Öffnen Sie in Photoshop den Dateibrowser (in der Optionsleiste). Wählen Sie im Dateibrowsers die Miniaturen der Bilder aus, auf die Sie die eben verwendeten Einstellungen anwenden wollen.

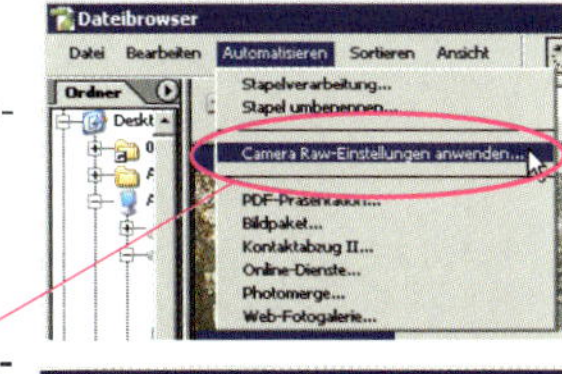

3 Öffnen Sie das Automatisieren-Menü des Dateibrowsers und wählen Sie **CAMERA-RAW-EINSTELLUNGEN ANWENDEN**.

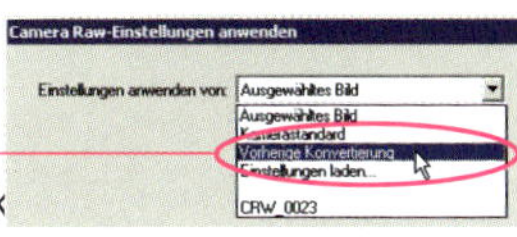

4 Wählen Sie in der Dialogbox **VORHERIGE UMWANDLUNG** und klick auf AKTUALISIEREN.

(Beachten Sie auch die anderen interessanten Optionen, beispielsweise die Verwendung der ausgewählten Dateien als Basis Ihrer Änderungen oder die Verwendung gespeicherter Einstellungen. Wenn Sie die Einstellungen weiter anpassen wollen, klicken Sie auf den Button ERWEITERT, um zu allen Camera-Raw-Einstellungen zu gelangen, allerdings ist hier keine Vorschau möglich.)

CAMERA RAW SEIT CS2

Seit Photoshop CS2 kann der Raw-Dialog mehrere Dateien gleichzeitig öffnen und bearbeiten; Sie können außerdem Farbaufnehmer setzen und Kopien der Bilder in verschiedenen Dateiformaten speichern. Seit CS3 können Sie hier auch JPEG- oder TIFF-Dateien verarbeiten. Es gibt außerdem neue Regler zur Tonwertkorrek-tur wie Fülllicht, Klarheit und Dynamik sowie Regler für Farbton, Sättigung und Helligkeit für acht getrennte Farbbereiche. Die Scharfzeichnung lässt sich über vier Regler steuern, neue Werkzeuge entfernen kleine Flecken und rotgeblitzte Augen.

Neue Werkzeuge in CS2: **Farbaufnehmer, Freistellungswerkzeug** und **Gerade-ausrichten-Werkzeug**. Zusätzlich neu in CS3: **Retuschierwerkzeug** und **Rote-Augen-Korrektur**

Das neue **Freistellungswerkzeug in CS2** stellt die Bilder mit oder ohne Voreinstellungen frei.▼

Schalten Sie die **Vorschau** ein und aus, wenn Sie Einstellungen vergleichen wollen.

Aktivieren Sie **Tiefen** oder **Lichter,** um Warnhinweise zu bekommen, falls Tiefen zu dunkel oder Lichter zu hell sind. Sie können sie aber auch ganz deaktivieren.

Der neue Reiter **Kurve** funktioniert wie die Gradationskurveneinstellungen in Photoshop,▼ hier gibt es drei Vorgaben: Linear, Mittlerer Kontrast und Starker Kontrast. Nehmen Sie Änderungen vor, erstellen Sie eine eigene Kurve.

Einige oder alle Änderungen, die Sie vornehmen, können gespeichert werden, wenn Sie auf diesen Button klicken und EINSTELLUNGEN bzw. EINSTELLUNGSTEILMENGE SPEICHERN wählen.

Bild speichern ermöglicht Ihnen die Umwandlung und Speicherung der Bilder als JPEG, TIFF, DNG oder PSD▼, ohne das Bild in Photoshop zu öffnen.

Dieser Bereich zeigt sowohl die Pixelmaße als auch die Megapixel eines Bildes oder der Freistellung, wenn das Freistellungswerkzeug aktiv ist (siehe auch Tabelle auf Seite 92). Klicken Sie, um Vorgaben zu ändern.

Fertig speichert die Einstellungen mit der Datei, öffnet das Bild jedoch nicht in Photoshop.

MEHR DAVON

▼ Farbaufnehmer **Seite 162**

▼ Freistellen **Seite 246**

▼ Gradationskurven **Seite 166**

▼ Dateiformate **Seite 117**

Camera Raw & Bridge

Falls Sie mit Bildern arbeiten, die im Raw-Format der Kamera erstellt wurden, wird Ihnen die Funktion seit CS2 gefallen, mit der Sie mehrere Dateien in Bridge auswählen ▼ und in Camera Raw öffnen können – kurz mit ⌘/Strg-R. Die Dateien werden im **Synchronisieren-Bereich** geöffnet, so dass Sie die Miniaturen auswählen und bearbeiten können. Wählen Sie anschließend die Bilder, auf die Sie dieselben Einstellungen anwenden wollen, klicken Sie auf SYNCHRONISIEREN und anschließend auf OK. Sie können die Dateien dann noch weiter in Photoshop bearbeiten oder einfach nur speichern, ohne sie zu öffnen.

Sie können auch die Camera-Raw-Einstellungen kopieren und sie in eine oder mehrere Raw-Dateien einfügen bzw. die Standard- oder die vorhergehenden Werte wiederherstellen, ohne die Camera-Raw-Dialogbox öffnen zu müssen. Wählen Sie in Bridge BEARBEITEN/ CAMERA-RAW-EINSTELLUNGEN ANWENDEN/ CAMERA-RAW-EINSTELLUNGEN KOPIEREN. Wählen Sie die Einstellungen aus, die Sie kopieren wollen (Sie müssen nicht über BEARBEITEN gehen, sondern können auch mit gedrückter Ctrl-Taste auf das Bild klicken (PC: Rechts-Klick). Wählen Sie anschließend die Dateien aus, auf die Sie die Einstellungen anwenden wollen, und wählen Sie BEARBEITEN und die entsprechende Option oder gehen Sie über das Kontextmenü.

neue Änderung weiter zu verlangsamen. Je mehr Änderungen Sie in Camera Raw vornehmen können, desto weniger müssen Sie in Photoshop tun.

Ein weiterer großer Vorteil von Camera Raw ist, dass Sie den Weißabgleich ändern können – das ist, als würden Sie den Film an die Beleuchtung anpassen (oder die Beleuchtung selbst ändern). Wenn Sie beispielsweise das warme, gelbe Licht eines Raumes einfangen wollen, der automatische Weißabgleich der Kamera das aber verhindert, können Sie die Stimmung jetzt wiederherstellen. Auch wenn Sie einfach nur mit den Farboptionen für den Druck experimentieren wollen, können Sie das mit dieser Einstellung. Camera Raw folgt dem Raw-Format-Protokoll, bei dem die Einstellungen getrennt von den Pixeln gespeichert werden. Egal, was Sie mit der Datei in Photoshop anstellen, Sie können das Original nicht ändern, denn in Photoshop selbst können Sie die Datei nicht im Raw-Format speichern. So können Sie jederzeit zu den Originaldaten zurückgelangen und die Originaleinstellungen wieder anwenden – auch Wochen, Monate oder Jahre später.

Die Camera-Raw-Einstellungen werden standardmäßig in der Adobe Camera Raw Database-Datei auf Ihrem Computer gespeichert, sie gehören zum Inhalt der Datei, nicht zum Dateinamen oder zum Speicherort. Auch falls Sie die Raw-Datei umbenennen oder verschieben, wenn Sie sie das nächste Mal in Camera Raw öffnen, finden Sie die zuletzt verwendeten Einstellungen. Außerdem haben Sie die Möglichkeit, die Originaleinstellungen wiederherzustellen.

Sie können die Camera-Raw-Einstellungen aber auch als separate Datei (**.xmp**) im selben Ordner wie das Bild speichern. So können Sie die Einstellungen zusammen mit der Raw-Datei versenden (auf CD speichern oder an einen Kollegen weitergeben). Sind alle Einstellungen gemacht, klicken Sie rechts oben auf den kleinen Pfeil

MEHR DAVON

▼ Bridge **Seite 107**

▼ Zu HDR zusammenfügen **Seite 157**

Camera Raw & HDR

Wenn Sie mehrere Belichtungen aufgenommen haben, um sie ab CS2 zu einem HDR-Bild zusammenzufügen, ▼ sehen die Ergebnisse realistischer aus, wenn Sie alle Parameter (Belichtung, Tiefen, Lichter und Kontrast) auf 0 stellen. Sie können zwar die Farbe anpassen, achten Sie aber auf gleiche Einstellungen. Der Synchronisieren-Button in Bridge hilft Ihnen dabei. Sie können die Bilder dann öffnen und zu einem HDR-Bild zusammenfügen.

CHER THREINEN-PENDARVIS

Cher Threinen-Pendarvis verwendete Photoshop mit einem Wacom-Intuos-Grafiktablett auf einem Laptop, um Skizzen (die oberen beiden) für ihre Alpenstudie direkt vor Ort zu erstellen. Sie vervollständigte die Zeichnungen dann auf ihrem Desktop-Computer, ebenfalls mit einem Grafiktablett. Um Photoshops Leistung zu optimieren, malte sie auf einer einzelnen Ebene und entleerte regelmäßig das Protokoll.

neben den Reitern und wählen EINSTELLUNGEN EXPORTIEREN. Über dieses Menü können Sie auch Einstellungen laden und auf andere Dateien anwenden – andere Fotos, die Sie zur selben Zeit aufgenommen haben oder Bilder, die zur selben Serie gehören.

Wenn bestimmte Einstellungen im Einstellungen-Menü erscheinen sollen, speichern Sie die Einstellungen unter einem passenden Namen im Standard-Einstellungen-Ordner.

ARCHIVFOTOS

Zusätzlich zu den Bildern, die Sie selbst scannen oder mit einer Digitalkamera aufnehmen, gibt es auch eine ganze Menge frei verfügbarer Muster, Strukturen und Illustrationen auf CD-ROM bzw. zum Herunterladen aus dem Web – jeweils mit eigenen Nutzungsrechten und Gebühren. Bei manchen Anbietern zahlen Sie nicht pro Bild, sondern eine Pauschale, zu der Sie sich eine bestimmte Anzahl Bilder herunterladen können.

Solche Bilder finden Sie bei PhotoSpin, Corbis Royalty Free, iStockphoto und PhotoDisc. Seit CS2 bietet Adobe auch seinen Adobe Stock Photos Service an (www.adobe.com/products/creativesuite/adobestockphotos). Mit einer Internetverbindung und CS2 können Sie auf den Favoriten-Reiter in Bridge klicken und Adobe Stock Photos wählen, um direkt zur Website zu gelangen. Auch eine gute Quelle ist Stock.XCHNG (www.sxc.hu): Sie selbst beschreiben sich als »freundliche Community von Fotografiebesessenen, die ihre Arbeiten hier freundlicherweise kostenfrei zur Verfügung stellen.« Fotos von Stock.XCHNG, viele stammen von professionellen Fotografen, sind kostenfrei und unterliegen keinen oder nur wenigen Beschränkungen – mit der Ausnahme, dass sie natürlich nicht weiterverkauft oder zu Propagandazwecken verwendet werden dürfen.

DRUCKSENSITIVE GRAFIKTABLETTS

Um traditionelle Zeichenmedien, beispielsweise Pinsel, Bleistift, Airbrush oder Kohle, zu simulieren, verleiht Ihnen ein drucksensitives Grafiktablett – beispielsweise eines von Wacom – ein vertrauteres Gefühl als eine Maus, gleichzeitig bietet es eine bessere Kontrolle. Photoshops Malwerkzeuge (siehe Kapitel 6) können die Druckempfindlichkeit für die Größe der Pinselspitze, die Dicke der Linien, den Farbauftrag und den Fluss zu nutzen.

FOTOS AUS PDF-DATEIEN

Sie können in Photoshop in PDF-Dokumente eingebettete Bilder öffnen. Wählen Sie DATEI/IMPORTIEREN/PDF-BILD (CS) bzw. DATEI/ÖFFNEN. Sie können dann eine PDF-Datei in der PDF-importieren-Dialogbox öffnen, wo Sie auswählen, welche Bilder Sie importieren wollen. Mit einer anderen PDF-Importfunktion (DATEI/AUTOMATISIEREN/MEHRSEITIGE PDF ZU PSD, nur CS) können Sie die einzelnen Seiten trennen und als PSD-Dateien speichern, die sich dann problemlos in Photoshop öffnen lassen. Wie mit dem Befehl DATEI/ÖFFNEN, mit dem Sie eine Seite eines mehrseitigen PDFs öffnen können, führt der Automatisieren-Befehl zu Dateien, die Transparenz enthalten. Es kann also sein, dass sie nicht ganz so aussehen, wie Sie erwarten. Ab CS2 können Sie PDFs auch über das Programm Bridge öffnen (siehe Seite 107). Wählen Sie dann ein PDF aus und DATEI/ÖFFNEN MIT/ADOBE PHOTOSHOP CS2, um die PDF-importieren-Dialogbox zu öffnen. Hier können Sie ein Bild oder eine Seite auswählen und in Photoshop öffnen, indem Sie auf OK klicken.

TESTKURZTEST

THE POD

STATIV-KONKURRENT

Götz Grammerstorf

THE POD			
Produkt	The yellow Pod	The blue Pod	The red Pod

FOTOALBUM VON FUJICOLOR

BILDERBUCH

Rebecca Stolze

PREISE			
Umfang	24 Seiten	48 Seiten	64 Seiten

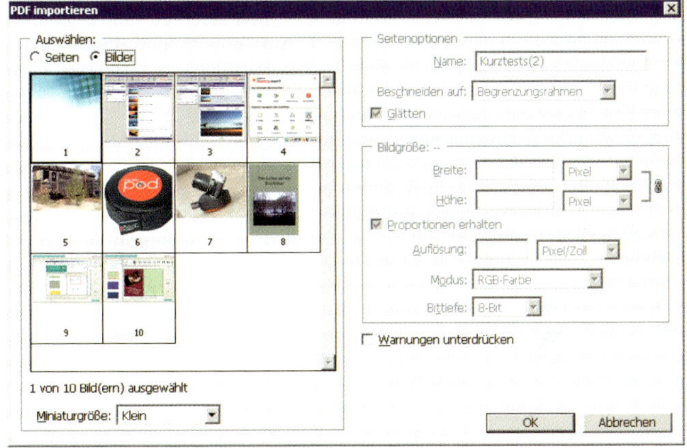

Um PDFs in Photoshop CS3 zu importieren, wählen Sie dort einfach DATEI, ÖFFNEN (unter Windows auch per Doppelklick auf die Photoshop-Hintergrundfläche) und geben eine PDF-Datei an. Im Dialogfeld oben links entscheiden Sie, ob Sie eine komplette Seite oder Einzelbilder öffnen wollen. Wenn Sie die Option SEITE verwenden, können Sie die Auflösung der entstehenden Pixeldatei angeben.

DATEIEN VERWALTEN

Die Adobe Creative Suite bietet Photoshop-Nutzern einige hervorragende Optionen zum Nachverfolgen, Ansehen, Sortieren und automatischen Verarbeiten von Dateien. Die Hauptdarsteller dabei sind der Dateibrowser (CS), Bridge (seit CS2) und Version Cue (in beiden Versionen). Beschreibungen folgen, außerdem lernen Sie mehr im Abschnitt »Übungen: Dateibrowser/Bridge« auf Seite 127.

Version Cue

Version Cue ist ein Programm, mit dem Sie einzelne Dateien eines Projektes verwalten können. Auch wenn Sie Version Cue auf Ihrem Computer nicht installiert haben, können Sie über ein Netzwerk damit arbeiten. Auch wenn es eher für die Gruppenarbeit gedacht ist, können Sie auch als Einzelnutzer Ihr Projektmanagement damit vereinfachen.

Wenn ein Version Cue-Projekt geöffnet ist und eine Quelldatei hinein kopiert wurde, öffnet Version Cue automatisch eine Arbeitskopie für Sie, wenn Sie diese Datei dann innerhalb des Projektes öffnen. Sie können die Arbeitskopie auf Ihrer Festplatte speichern, ohne die Masterdatei zu beeinflussen. Wenn Sie Ihre Arbeiten abgeschlossen haben, wählen Sie DATEI/EINE VERSION SPEICHERN (statt DATEI/SPEICHERN), und Photoshop speichert die neue Version in das Projekt. Sie können jederzeit zu einer früheren Version zurückgehen.

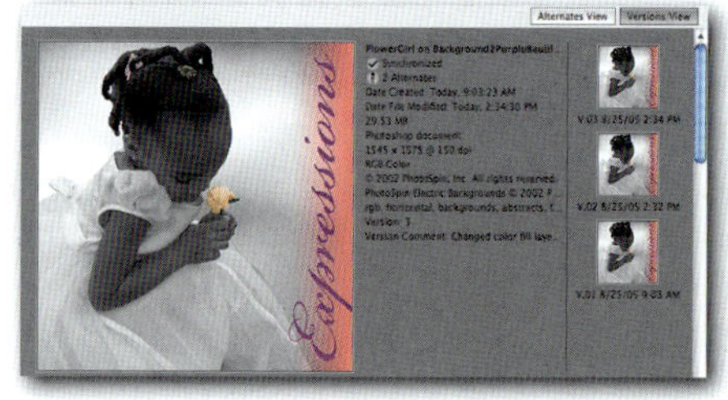

Wählen Sie DATEI/EINE VERSION SPEICHERN, um eine Datei in ein bestehendes Version Cue-Projekt zu speichern. So können Sie Kommentare hinzufügen, die dann zusammen mit der Vorschau in Bridge in der Ansicht ALS VERSIONEN UND ALTERNATIVEN erscheinen.

Seit Photoshop CS2 gibt es zusätzlich die Möglichkeit, eine Datei zu bearbeiten und sie dann als Alternative und nicht als weitere Version zu speichern (verwenden Sie DATEI/SPEICHERN UNTER). Im Adobe-Dialog geben Sie der Datei dann einen neuen Namen und aktivieren unten in der Dialogbox die Checkbox ALS ALTERNATIVE SPEICHERN. In InDesign können Sie oder einer Ihrer Kollegen dann beispielsweise eine der alternativen Dateien platzieren – mit der Verknüpfungen-Palette haben Sie Zugriff auf die Alternativen der Datei und sind so sehr flexibel.

Auch neu seit CS2 ist die Möglichkeit, Projektdateien aus Bridge heraus anzusehen und zu verwalten. Wenn Sie Bridge verwenden, um Dateien in ein Projekt zu verschieben, werden die Dateien automatisch kopiert, damit Sie nicht versehentlich die Originale ändern.

Auf Adobes Website finden Sie Hinweise zum Umgang mit Version Cue: **www.adobe.com/products/creativesuite/versioncue.html.**

MEHRFACHE METADATEN

Wenn Sie im Dateibrowser/in Bridge mehr als eine Datei ausgewählt haben, werden im Abschnitt METADATEN alle Metadaten angezeigt, die für die ausgewählten Dateien identisch sind.

Dateibrowser (CS)

Der Dateibrowser wurde entwickelt, damit Sie wie in einem digitalen Lichtkasten Ihre Dateien suchen und sortieren können. Wenn Sie DATEI/DURCHSUCHEN wählen oder auf den Dateibrowser-Button in der Optionsleiste klicken, öffnet sich der Dateibrowser. Hier können Sie einen Ordner auswählen, sich dessen Inhalte als Miniaturen ansehen, eine Miniatur auswählen und sich deren Metadaten einblenden lassen; Sie können auch einen Bildtitel oder Copyright-Informationen hinzufügen, Dateien mit einem Flaggensymbol versehen, Wertungen abgeben und Stichwörter hinzufügen. Wenn Sie die Datei dann suchen wollen, können Sie nach 13 verschiedenen Kriterien suchen, inklusive den Metadaten, der Wertung und Stichwörtern.

Eine der wirklich praktischen Funktionen des Dateibrowsers ist, dass Sie verschiedene Dateien auswählen und in Photoshop mit einem der Automatisieren-Befehle verwenden können, um beispielsweise ein Panorama, einen Kontaktabzug oder eine Web-Fotogalerie zu erstellen. »Übungen: Dateibrowser/Bridge« auf Seite 132 zeigt Ihnen noch weitere nützliche Funktionen.

Bridge (ab CS2)

Seit CS2 wurden die Verwaltungs- und Suchfunktionen des Dateibrowsers verbessert und in das separate Programm Bridge gepackt, das Sie nicht nur zusammen mit Photoshop, sondern auch mit anderen Programmen verwenden können. Bridge bietet mehr Ansichtsoptionen als der Dateibrowser. Sie können die Größe der Miniaturen ändern, die Vorschau vergrößern oder verkleinern. Das Tag- und Wertungssystem wurde überarbeitet (Sie können jetzt bis zu fünf Sterne verteilen).

Neben den Optionen für Miniaturen und Details bietet Bridge jetzt auch eine kompakte Ansicht (ein kleineres Fenster nur mit Miniaturen, ohne Ordner, Metadaten oder Stichwörter), die Filmstreifen-Ansicht (mit einem großen Bild und einem Streifen kleiner Miniaturen, Alternativen und Versionen, die wie in Version Cue funktionieren) und eine Diashow-Ansicht (eine große Ansicht, die Sie auch drehen können). Wenn Sie in dieser Ansicht mit Tastatur-Kurzbefehlen arbeiten, können Sie sich einzelne Bilder oder die Seiten mehrseitiger PDFs ansehen.

Im Fenster-Menü können Sie Ihre Einstellungen als eigenen Arbeitsplatz speichern (FENSTER/ARBEITSPLATZ/ARBEITSPLATZ SPEICHERN) und jederzeit wieder aufrufen (ebenfalls über dieses Menü).

DIE RICHTIGE DREHUNG

Eine einfache und sehr schnelle Funktion im Dateibrowser/in Bridge ist, die Ausrichtung der Bilder zu ändern und diese zusammen mit den Dateien im Ordner zu speichern. So erscheint später jede Datei so, wie Sie sie ausgerichtet haben:

1 Klicken Sie mit gedrückter ⌘/Strg-Taste auf die Miniaturen, die Sie drehen wollen. Klicken Sie anschließend auf den entsprechenden Button, um sie 90° im oder gegen den Uhrzeigersinn zu drehen.

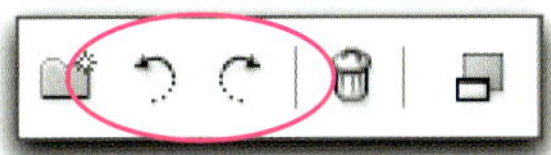

2 Wählen Sie alle Miniaturen aus, die Sie drehen wollen.

3 Haben alle Dateien die Ausrichtung, die sie haben sollen, können Sie noch andere Einstellungen vornehmen – Stichwörter, Wertung usw. Wählen Sie dann DATEI/CACHE EXPORTIEREN (im Dateibrowser) oder WERKZEUGE/CACHE/CACHE EXPORTIEREN (in Bridge). Der Cache wird jetzt in dem Ordner zusammen mit den Bildern gespeichert.

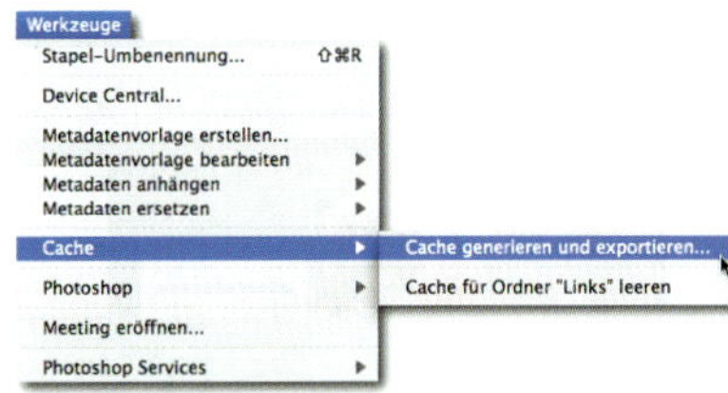

Wenn Sie den Ordner jetzt kopieren – ihn beispielsweise auf CD brennen –, kopieren Sie auch den Cache. Öffnen Sie den Ordner erneut im Dateibrowser oder in Bridge, werden die Miniaturen gleich richtig ausgerichtet. Wenn Sie die Dateien in Photoshop öffnen, erscheinen sie auch dort richtig ausgerichtet.

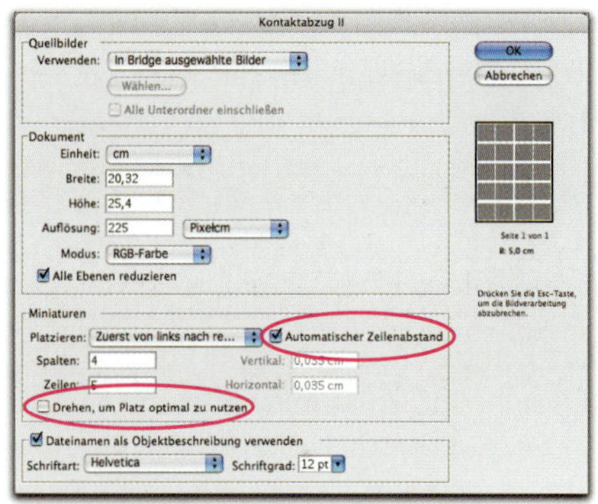

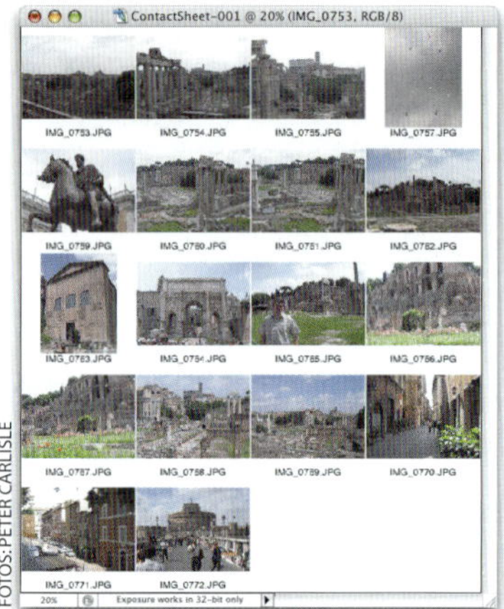

FOTOS: PETER CARLISLE

Photoshops **Kontaktabzug II** erzeugt eine Datei mit Miniaturen nach Ihren Vorgaben. Auch wenn Sie die Option DREHEN, UM Platz zu nutzen deaktivieren (wie hier zu sehen), wird der Platz optimal ausgenutzt. Aktivieren Sie diese Option, werden alle Bilder gleich ausgerichtet, um den Platz bestmöglich zu nutzen. Wenn Sie die Option AUTOMATISCHER ZEILENABSTAND aktivieren, werden die Bilder so eng wie möglich platziert – Sie legen die Anzahl der Zeilen und Spalten fest.

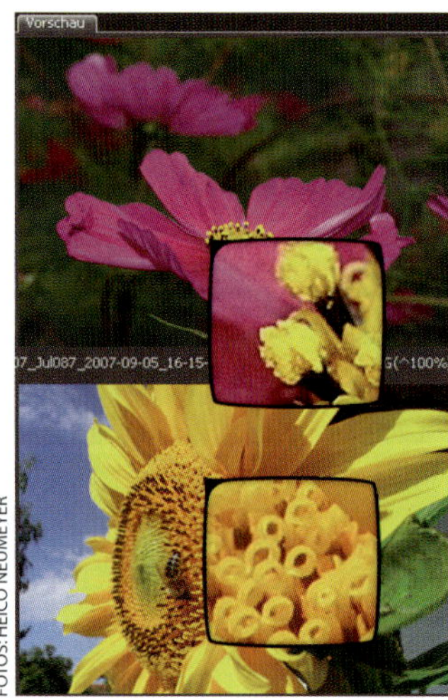

FOTOS: HEICO NEUMEYER

Die Vorschaupalette zeigt mehrere Miniaturen vergrößert – praktisch zum Vergleichen. Die 100-Prozent-Lupe hilft beim Prüfen von Schärfe und Bildrauschen.

Sie können nicht nur Ihre Dateien verwalten und Photoshops Automatisieren-Funktionen anwenden, Bridge koordiniert auch das Farbmanagement zwischen den Programmen der Creative Suite, so dass alle denselben Farbraum verwenden.▼

MEHR DAVON

▼ Bridge & Farbmanagement
Seite 181

Der Dateibrowser (über sein Automatisieren-Menü) und Bridge (über WERKZEUGE/PHOTOSHOP) bieten Zugang zu Photoshops Kontaktabzug, Photomerge und andere Automatisierungen. Nutzen Sie die Programme, um Dateien zu sortieren und dann direkt einen der Automatisierungsbefehle anzuwenden.

Bridge – neu in CS3

In Photoshop CS3 macht Bridge deutliche Fortschritte – auch bei der Geschwindigkeit. Die neue Filterpalette zeigt gezielt nur ganz bestimmte Bilder an, ohne dass Sie dazu den **Suchen**-Befehl brauchen, zum Beispiel nur Bilder mit bestimmten Stichwörtern, Seitenverhältnissen oder Exif-Kameradaten.

Im aufgewerteten Vorschaufenster kann man mehrere Fotos größer nebeneinander vergleichen, wenn man sie in der Inhalt-Palette bei gedrückter ⌘/Strg-Taste anklickt. Per Lupe lassen sich in der Vorschaupalette Details in 100-Prozent-Ansicht anzeigen. Sie können sogar mehrere Lupen anbringen und diese bei gedrückter ⌘/Strg-Taste synchron bewegen. Mit Mausrad oder +- und −-Tasten ändern Sie die Zoomstufe der Lupen. Nehmen Sie die ⌘/Strg-Taste dazu, um in mehreren Lupen gleichzeitig zu zoomen.

Fotoserien lassen sich zu Stapeln türmen, die nur noch die Fläche einer einzigen Miniatur belegen; dazu markieren Sie gewünschten Dateien und wählen **Stapel > Als Stapel gruppieren**. Ziehen Sie Bilder eventuell vorab in die gewünschte Reihenfolge, denn Bridge verwendet das erste aller markierten Fotos als Stapel-Titelbild (aber das lässt sich auch im vorhandenen Stapel noch ändern). Oben links im Stapelsymbol sehen Sie eine Plakette mit der Zahl der gestapelten Bilder. Klicken Sie auf diese Plakette, um den Stapel auf- und zuzuklappen.

Bei der Diaschau direkt aus Bridge heraus kann man nun zoomen und ein paar Überblendeffekte nutzen – Musik erklingt immer noch nicht. Die Metadatenpalette wartet mit hierarchisch gegliederten Stichwörtern auf, nutzen Sie zum Beispiel die Schaltfläche NEUES UNTERGEORDNETES STICHWORT. So entsteht etwa die Hierarchie Europa/Italien/Toskana/Florenz. Klicken Sie nun bei gedrückter Umschalt-Taste auf »Florenz«, erhält das Bild auch die IPTC-Stichwörter »Toskana«, »Italien« und »Europa«. Soll jedoch der Oberbegriff »Europa« nicht mit angewendet werden, dann tragen Sie ihn als »(Europa)« in der

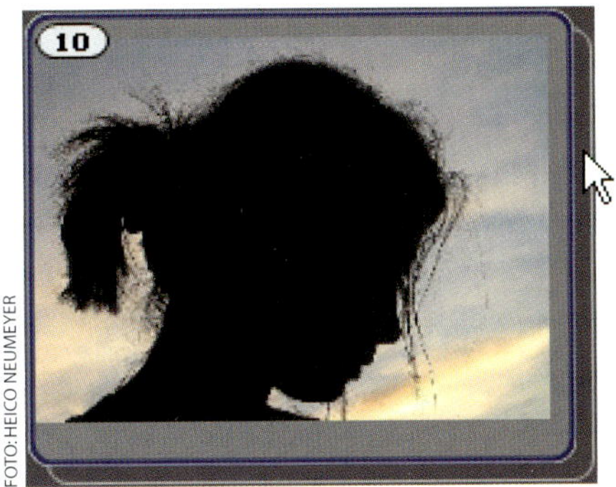

FOTO: HEICO NEUMEYER

Dieser Stapel enthält zehn Bilder. Durch Klicken auf die Zahlenangabe zeigen Sie die Einzelbilder des Stapels als Miniaturen an. Momentan ist nur das oberste Bild aus dem Stapel ausgewählt. Um alle Bilder auszuwählen – etwa für eine Stapelverarbeitung – klicken Sie auf den äußeren Rand des Stapel-Rahmens.

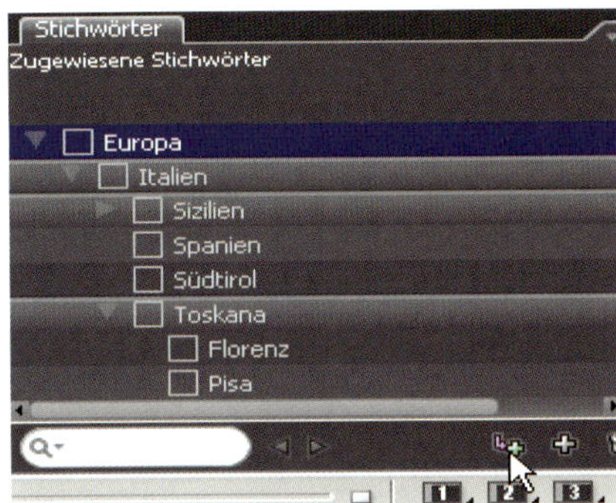

Ab Bridge 2.1 aus Photoshop CS3 können Sie Stichwörter hierarchisch gliedern. Untergeordnete Stichwörter legen Sie nach einem Klick auf die Schaltfläche NEUES UNTERGEORDNETES STICHWORT an. Klicken Sie bei gedrückter ⇧-Taste auf ein untergeordnetes Stichwort, werden die übergeordneten Begriffe ebenfalls als IPTC-Stichwörter ins Bild geschrieben.

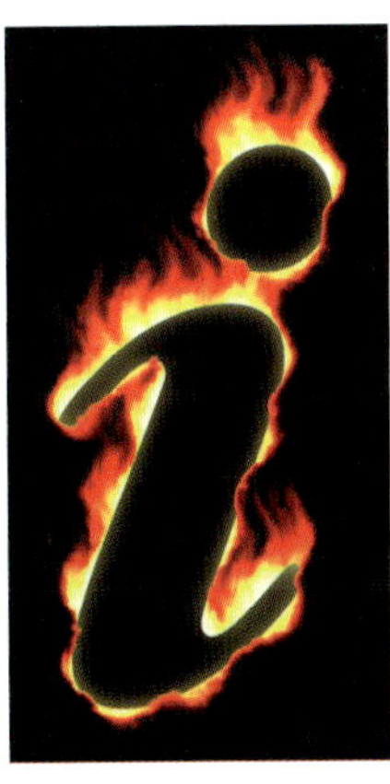

Mit Aktionen können Sie Effekte automatisieren, die in der Anwendung etwas komplexer sind.

Stichwörterpalette ein. Sie können die Gliederung auch als Textdatei in einem Textprogramm tippen, laden und in Bridge neu als Textdatei speichern.

Zu Bridge 2.x in CS3 gehört auch ein automatischer Foto-Downloader. Sobald eine Kamera oder Speicherkarte angeschlossen wird, springt das Dialogfeld an. Der Foto-Downloader sorgt wahlweise für Umbenennung und Unterordner, wendet Metadatensätze an und wandelt Raw-Dateien ins universelle DNG-Format um.

AUTOMATISIERUNGEN

In Photoshop und ImageReady gibt es die unterschiedlichsten Automatisierungen. Viele Filter und Ebenenstile automatisieren komplexe Effekte. Zwei Menüs – DATEI/AUTOMATISIEREN und DATEI/SKRIPTE – bieten diverse Optionen.▼ Die Aktionen-Palette ist eines der nützlichsten Werkzeuge für Automatisierungen in Photoshop oder ImageReady.

MEHR DAVON

▼ **Automatisieren-Befehle:**

Freistellen und gerade ausrichten **Seite 90**

Bildpaket **Seite 666**

Web-Fotogalerie **Seite 689**

Panoramen erstellen **Seite 601**

AKTIONEN

Die Aktionen-Palette bietet eine Möglichkeit, Photoshop- (oder ImageReady-)Anwendungen aufzunehmen und jederzeit wieder ablaufen zu lassen. Sie können die Aktionen auf einzelne Dateien oder ganze Ordner anwenden. Aktionen eignen sich hervorragend, um Routinearbeiten oder kreative Schritte zu automatisieren, damit Sie diese jederzeit wieder nachvollziehen können.

Auf den Punkt gebracht funktionieren Aktionen so: Öffnen Sie eine beliebige Datei, blenden Sie Photoshops (oder ImageReadys) Aktionen-Palette ein, um Ihre Arbeitsschritte aufzunehmen. Führen Sie die Funktionen durch und stoppen Sie die Aufnahme, wenn Sie fertig sind. Anschließend können Sie die Aktion in jeder beliebigen Datei wiedergeben. »Aktionen erstellen, um Videoclips zu animieren« auf Seite 133 zeigt Ihnen Schritt für Schritt, wie Sie eine Aktion aufnehmen.

Die Aktionen werden, nach Namen sortiert, in der Aktionen-Palette angezeigt. Dort sind sie in Sets sortiert, die Sie an dem Ordnersymbol erkennen. So können Sie Einzelteile einer Aktion für bestimmte Aufgaben verwenden, aber auch gleiche Aktionen in unterschiedlichen Gruppen speichern.

Um eine Aktion auf mehr als einer Datei gleichzeitig ablaufen zu lassen, wählen Sie DATEI/AUTOMATISIEREN/STAPELVERARBEITUNG, oder binden Sie die Aktion in den Bildprozessor oder

Fortsetzung auf Seite 111

DIE AKTIONEN-PALETTE

Aktionen werden in der Aktionen-Palette in Sets aufgelistet. Unten in der Palette finden Sie Buttons zum Aufnehmen und Abspielen von Aktionen. Das Paletten-Menü (oben rechts) liefert Befehle zur Bearbeitung, Wiedergabe, Speicherung und zum Laden von Aktionen, inklusive der Tastatur-Kurzbefehle. Jede Aktion besteht aus einzelnen Schritten und ist Teil eines Sets, auch wenn dieses nur eine Aktion enthält.

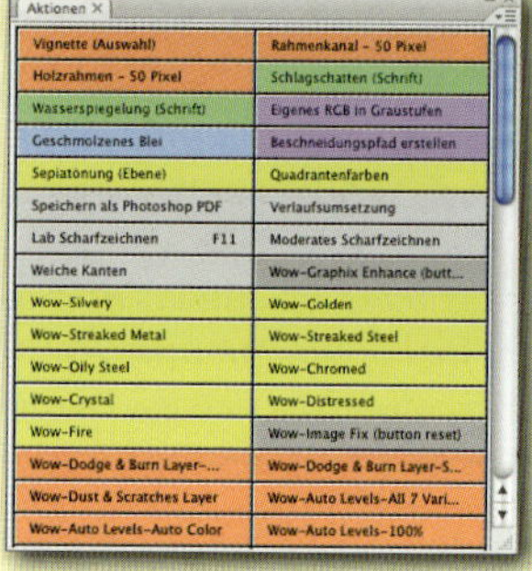

Ein schwarzes Häkchen neben dem Namen eines Sets, einer Aktion oder eines einzelnen Schrittes zeigt, dass diese aktiv sind und wiedergegeben werden, wenn Sie auf den Wiedergabe-Button klicken.

Ein schwarzes Kontrollicon bedeutet, dass es nach jedem Schritt, der eine Dialogbox erfordert oder bei dem Sie ↵ drücken müssen, eine Pause gibt.

Ein rotes Kontrollicon bedeutet, dass es mindestens eine Stelle gibt, an der Sie eine Eingabe tätigen müssen.

Ein schwarzes Kontrollicon neben einem Schritt verdeutlicht, dass hier angehalten wird und Sie eine Eingabe machen müssen.

Ist kein Häkchen zu sehen, wird die Aktion, das Set oder der Schritt nicht wiedergegeben.

Klicken Sie, um die Liste zu erweitern oder zu reduzieren.

Set

Aktion

Schritt

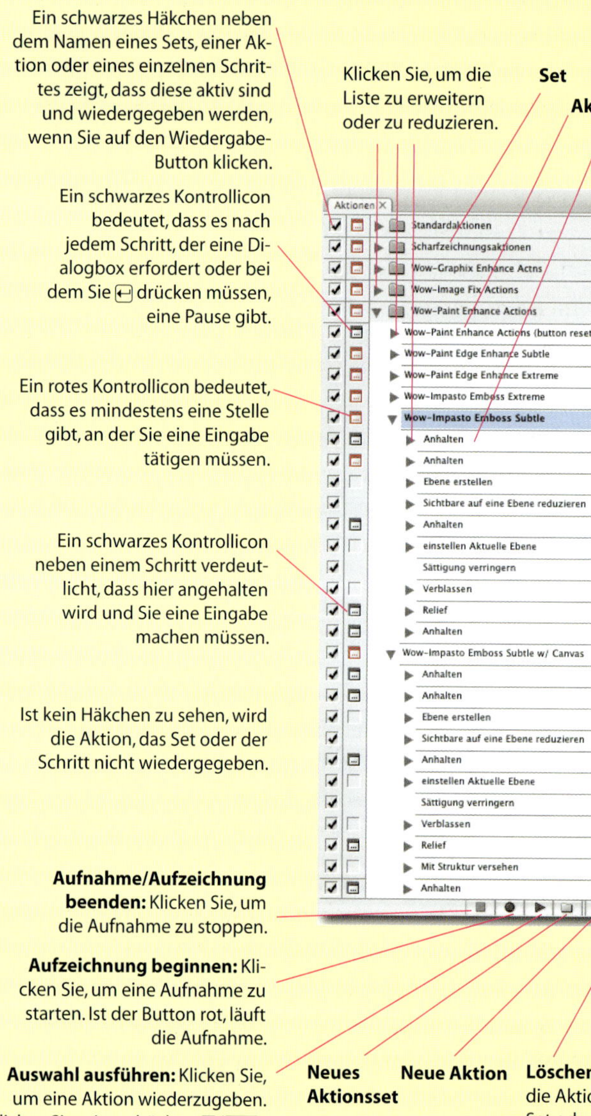

Aufnahme/Aufzeichnung beenden: Klicken Sie, um die Aufnahme zu stoppen.

Aufzeichnung beginnen: Klicken Sie, um eine Aufnahme zu starten. Ist der Button rot, läuft die Aufnahme.

Auswahl ausführen: Klicken Sie, um eine Aktion wiederzugeben. Klicken Sie mit gedrückter ⌘/Strg-Taste, um nur den ausgewählten Schritt wiederzugeben.

Neues Aktionsset

Neue Aktion

Löschen: Entfernt die Aktion, das Set oder den Schritt.

Falls Sie für die Aktionen-Palette den **Schaltflächen-Modus** aktivieren (oben rechts zu sehen), können Sie ein mehrspaltiges Layout verwenden, das weniger Platz beansprucht: Ziehen Sie an der unteren rechten Ecke, um die Palette um weitere Spalten zu verbreitern; die einzelnen Buttons rücken enger zusammen. Um wieder den Listen-Modus zu aktivieren, wählen Sie aus dem Paletten-Menü erneut die Option SCHALTER-MODUS. Sie können Ihre Aktionen auch farbig kennzeichnen, um sie besser auseinanderhalten zu können. Die Farbkodierung nehmen Sie in der Dialogbox NEUE AKTION vor oder Sie wählen sie aus dem Paletten-Menü.

SICHER IST SICHER

Es gibt einige Dinge, die Sie zu Beginn jeder Aktion aufnehmen sollten:

- Sobald Sie mit der Aufnahme beginnen, kopieren Sie die Datei mit dem Befehl BILD/BILD DUPLIZIEREN, um Ihr Original zu erhalten.
- Für einige Photoshop-Aktionen muss sich die Datei in einem bestimmten Modus befinden. Der Beleuchtungseffekte-Filter funktioniert beispielsweise nur im RGB-Modus. Falls sich die Datei für eine Aktion in einem bestimmten Modus befinden muss, nehmen Sie auch diesen Schritt auf: DATEI/AUTOMATISIEREN/BEDINGTE MODUSÄNDERUNG.

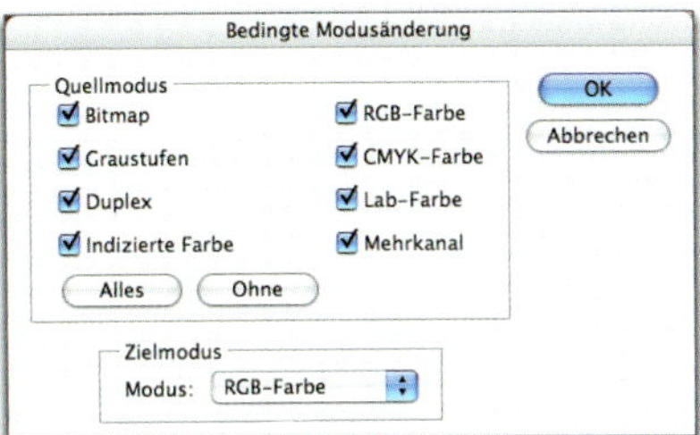

Wenn Sie alle Optionen im Abschnitt QUELLMODUS aktivieren und als Zielmodus RGB wählen, wandelt der Befehl jede Datei, die sich nicht im RGB-Modus befindet, in diesen um.

- Immer wenn Ihre Aktion eine neue Ebene oder einen neuen Kanal erstellt, sollten Sie sicher gehen, einen eindeutigen Namen zu vergeben. So vermeiden Sie Probleme, die auftreten können, wenn Sie die Aktion auf eine Datei anwenden, die beispielsweise ebenfalls eine Ebene mit dem Namen »Ebene 1« besitzt.
- Wenn Sie Ihren Desktop nicht immer perfekt aufgeräumt haben, sollten Sie es vermeiden, Schritte zu integrieren, bei denen Sie Dinge von speziellen Orten laden. Falls die Datei, nach der die Aktion sucht, verschoben oder umbenannt wurde, wird sie nicht gefunden. Aktionen, die sich auf spezielle Speicherorte beziehen, sind auch für andere nicht sehr hilfreich.

den Skriptereignis-Manager ein (siehe Seiten 115 und 117). Wandeln Sie eine Aktion in ein Droplet um –, ein Makro, mit einem eigenen Icon auf dem Desktop – können Sie die Aktion auf alle Dateien anwenden, deren Icon Sie auf das Droplet-Icon auf dem Desktop ziehen, wie auf Seite 114 beschrieben. Sie können Aktionen natürlich auch speichern, laden und bearbeiten.

Aktionen aufnehmen

Um eine Aktion aufzunehmen und alle verwendeten Schritte später wiedergeben zu können, öffnen Sie zunächst eine Datei. Führen Sie anschließend einen der folgenden Schritte durch:

- **Um Ihre Aktion in ein neues Set aufzunehmen,** klicken Sie unten in der Aktionen-Palette auf den Button NEUES AKTIONSSET, vergeben einen Namen und klicken auf OK. Klicken Sie anschließend auf den Button NEUE AKTION, geben Sie der Aktion einen Namen und klicken Sie auf AUFZEICHNUNG BEGINNEN. Führen Sie jetzt Ihre Bearbeitungsschritte aus – achten Sie darauf, welche Schritte Sie aufnehmen können und welche nicht, siehe Seite 112.
- **Um eine Aktion als Teil eines bestehenden Sets aufzunehmen,** folgen Sie den Anweisungen oben, nur dass Sie den Schritt NEUES AKTIONSSET überspringen und gleich mit der neuen Aktion beginnen.

Der Button AUFZEICHNUNG BEGINNEN unten in der Aktionen-Palette bleibt so lange rot (zur Verdeutlichung, dass Sie gerade aufnehmen), bis Sie auf den Button AUFZEICHNUNG BEENDEN klicken.

AKTIONEN VERSCHACHTELN

Sie können auch Befehle aus der Aktionen-Palette in eine Aktion aufnehmen. Das bedeutet, dass Sie eine bestehende Aktion in eine neue Aktion aufnehmen können. Und so geht's: Klicken Sie während der Aufnahme in die Aktionen-Palette, um die Aktion auszuwählen, die Sie integrieren wollen, und anschließend auf AUSWAHL AUSFÜHREN. Die Aktion wird als Schritt zur neuen Aktion hinzugefügt. So können Sie einfach und schnell verschiedene, ineinander verschachtelte Aktionen auf einmal anwenden. Wählen Sie DATEI/AUTOMATISIEREN/STAPELVERARBEITUNG oder DATEI/SKRIPTE/BILDPROZESSOR.

NOTWENDIGE ÄNDERUNGEN

Es gibt einige Dialogboxen und Paletteneinstellungen, die nur aufgenommen werden können, wenn sie sich von einer bestehenden Einstellung unterscheiden. Zu den Beispielen gehören: Ebeneneigenschaften, Farbeinstellungen und die Voreinstellungen. Wenn Sie also aktuelle Einstellungen aufnehmen wollen, müssen Sie vor der Aufnahme die Einstellungen ändern. Nachdem Sie eine Dialogbox oder Palette aufgenommen haben, können Sie feststellen, welche Einstellungen aufgenommen wurden, indem Sie die Aktionen-Palette erweitern und nachsehen, was sie enthält.

BEFEHLE TAUSCHEN

In einer Aktion hängt der Effekt beim Tauschen von Befehlen (beispielsweise AN HILFSLINIEN AUSRICHTEN oder HILFSLINIEN EINBLENDEN/AUSBLENDEN) vom Stadium der Datei zum Zeitpunkt der Aktion ab. Auch wenn der Befehl, den Sie aufgenommen haben, HILFSLINIEN EINBLENDEN war – wenn diese bereits zu sehen sind, werden sie beim Abspielen der Aktion ausgeblendet.

AKTIONEN: VORTEILE IN IMAGEREADY

In ImageReady (nicht in CS3) funktionieren Aktionen anders als in Photoshop. ImageReady verwaltet seine Aktionen nicht in Sets. Trotzdem gibt es Vorteile:

- Sie können **Bedingungsschritte** hinzufügen, die nur dann ausgeführt werden, wenn bestimmte Bedingungen erfüllt sind.
- In Photoshop machen Sie mit BEARBEITEN/RÜCKGÄNGIG direkt im Anschluss an eine Aktion nur den letzten Schritt der Aktion rückgängig – in ImageReady ist es die gesamte Aktion.
- **Droplets**, die Sie in ImageReady erstellt haben, können bearbeitet werden. Klicken Sie dazu doppelt auf ein Droplet-Icon. (Für mehr Details werfen Sie einen Blick in die Hilfe von ImageReady.)

Was lässt sich aufnehmen

Viele Photoshop-Befehle und Werkzeugaktionen können aufgenommen werden – sie werden Teil einer Aktion, wenn Sie den Befehl ausführen oder das Werkzeug benutzen. Auch Einstellungen in der Ebenen-, Kanäle-, Pfade-, Protokoll- und Aktionen-Palette werden aufgenommen (siehe Tipp Seite 111).

Für Befehle und Operationen, die nicht direkt aufgenommen werden können, gibt es verschiedene Umgehungen:

- **Pfade, die Sie von Hand mit den Zeichenstiften erstellt haben, werden beim Zeichnen nicht aufgenommen.** Sie können einen Pfad jedoch als Teil einer Aktion aufnehmen, indem Sie ihn erstellen, in der Pfade-Palette mit einem eindeutigen Namen speichern,▼ anschließend auswählen und in der Aktionen-Palette aus dem Paletten-Menü den Befehl PFAD EINFÜGEN wählen. Wird die Aktion in einer anderen Datei wiedergegeben, wird der Originalpfad zur Pfade-Palette der aktuellen Datei als Arbeitspfad hinzugefügt und kann verwendet werden.

MEHR DAVON
▼ Mit Pfaden arbeiten
Seite 432

- **Die Striche eines Pinselwerkzeugs werden nicht aufgenommen.** Dazu zählen Striche des Pinsels, des Bleistifts, des Reparatur-Pinsels, des Bereichsreparatur-Pinsels, des Kopierstempels, des Musterstempels, des Radiergummis, des Wischfingers, des Scharfzeichners, des Weichzeichners, des Abwedlers und des Nachbelichters. Sie können stattdessen eine Pause aufnehmen und in der Pause eine Bearbeitung mit diesen Werkzeugen durchführen. Um eine Pause in eine Aktion zu integrieren, wählen Sie aus dem Paletten-Menü der Aktionen-Palette den Befehl UNTERBRECHUNG EINFÜGEN, wie auf Seite 113 beschrieben.
- Einige Einstellungen der Optionsleiste, von Paletten und Dialogboxen können aufgenommen werden, andere nicht. (Achten Sie auf die Aktionen-Palette, um zu sehen, ob etwas aufgenommen wird oder nicht.) Fügen Sie auch hier für Schritte, die nicht aufgenommen werden können, eine Unterbrechung ein.
- Befehle, die sich auf die Arbeitsumgebung und nicht auf eine einzelne Datei auswirken – beispielsweise im Fenster- oder Ansicht-Menü – werden nicht direkt aufgenommen. Hier müssen Sie aus dem Paletten-Menü die Option MENÜBEFEHL EINFÜGEN wählen. Anschließend wählen Sie den Befehl oder geben den Namen in die Dialogbox ein.

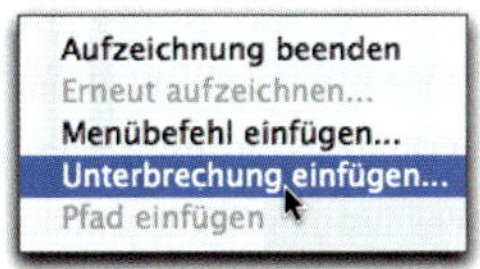

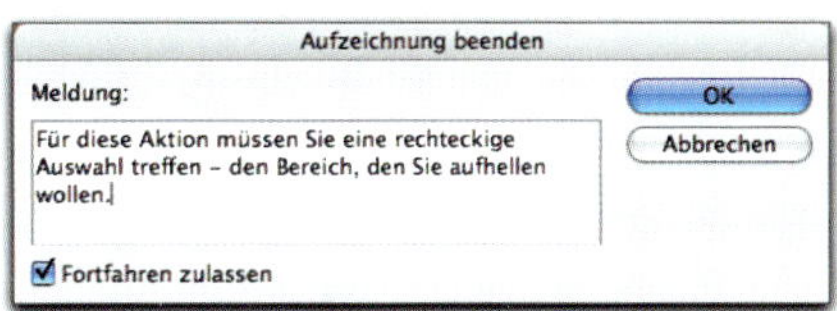

Wenn Sie in der Aktionen-Palette den Befehl UNTERBRECHUNG EINFÜGEN wählen, wird die Aktion unterbrochen, damit Sie eine Eingabe tätigen können. Wenn Sie zusätzlich die Checkbox FORTFAHREN ZULASSEN aktivieren, läuft die Aktion weiter ab, wenn es in der erscheinenden Dialogbox einen FORTFAHREN-Button gibt und der Nutzer keine Eingabe machen muss.

Hinweis: Wenn Sie den Befehl MENÜBEFEHL EINFÜGEN wählen, wird der eingefügte Befehl während der Aufnahme nicht ausgeführt. Wenn Sie einen Befehl benötigen, der zunächst nicht aufgenommen werden kann, müssen Sie den Vorgang in der Datei ausführen und vorab den Befehl MENÜBEFEHL EINFÜGEN verwenden. So nehmen Sie den Vorgang auf und er kann bei der Wiedergabe der Aktion durchgeführt werden.

- Eine Aktion wird natürlich nur durchgeführt, wenn es die Bedingungen der Datei zulassen. Wenn zu Ihrer Aktion beispielsweise das Laden einer Ebenenmaske gehört, wird dieser Schritt nicht durchgeführt, wenn Sie sich gerade auf der Hintergrundebene befinden (da diese keine Ebenenmaske enthalten kann). Sie müssen also sicherstellen, dass Sie in die Aktion alle notwendigen Schritte integrieren. Oder Sie fügen eine Unterbrechung ein (UNTERBRECHUNG EINFÜGEN) und schreiben einen Hinweis, der die Bedingungen erläutert, unter denen die Aktion fortgeführt wird. Aktivieren Sie die Option FORTFAHREN ZULASSEN, wenn der Nutzer den Hinweis lesen und dann mit der Aktion fortfahren soll. Sind Eingaben notwendig, dürfen Sie die Checkbox nicht aktivieren. Klicken Sie in der Dialogbox anschließend auf OK.

Aktionen wiedergeben

Der Befehl AUSFÜHREN-OPTIONEN oder ABSPIELOPTIONEN aus dem Menü der Aktionen-Palette kann genutzt werden, um Aktionen schneller ablaufen zu lassen (die Standardoption ist BESCHLEUNIGT), schrittweise, damit Sie nach jedem Schritt das Ergebnis sehen oder mit einer von Ihnen festgelegten Pause. Standardmäßig hält eine Aktion an, wenn eine Audioanmerkung wiedergegeben wird – diese Option können Sie aber auch deaktivieren. (Sowohl Text- als auch Audioanmerkungen können als Teil einer Aktion aufgenommen werden.)

Wenn Sie eine Aktion aufgenommen oder eine bereits erstellte Aktion geladen haben (siehe »Aktionen speichern und laden« auf Seite 115), haben Sie verschiedene Wiedergabe-Optionen:

- **Um eine Aktion vollständig abzuspielen (oder eine Serie verschachtelter Aktionen),** klicken Sie auf den entsprechenden Namen in der Aktionen-Palette und anschließend auf AUSWAHL AUSFÜHREN unten in der Palette.
- **Um eine Aktion ab einem bestimmten Schritt wiederzugeben** (falls Sie beispielsweise eine Unterbrechung eingefügt haben), klicken Sie einfach auf AUSWAHL AUSFÜHREN. Es wird automatisch der nächste Schritt ausgewählt und die Aktion ab da wiedergegeben.
- **Um einen einzelnen Schritt abzuspielen,** klicken Sie auf diesen Schritt und dann mit gedrückter ⌘/Strg-Taste auf AUSWAHL AUSFÜHREN.

Aktionen automatisieren

Um eine Aktion auf einen ganzen Stapel Dateien anzuwenden, packen Sie alle Dateien in einen Ordner und wählen DATEI/AUTOMATISIEREN/STAPELVERARBEITUNG. Oder erstellen Sie ein **Droplet** (machen Sie aus einer Aktion eine Anwendung), indem Sie DATEI/AUTOMATISIEREN/DROPLET ERSTELLEN wählen. In der

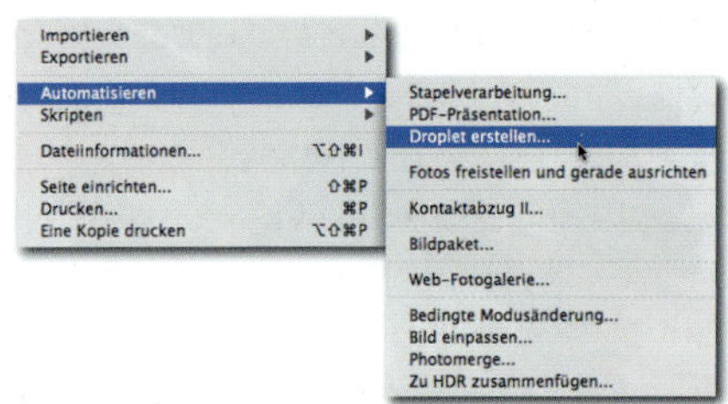

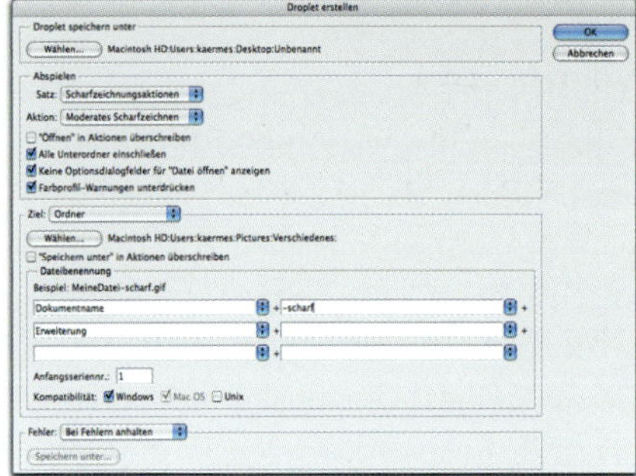

Wenn Sie in der Aktionen-Palette auf den Namen einer Aktion klicken und DATEI/AUTOMATISIEREN/DROPLET ERSTELLEN wählen, erscheint eine Dialogbox, in der Sie den zu verarbeitenden Dateien einen Namen geben können. Verwenden Sie am besten eindeutige Dateinamen und Erweiterungen, damit Sie die Dateien jederzeit schnell wiederfinden.

Wenn Sie in der Droplet-erstellen-Dialogbox auf OK klicken, wird die Aktion als eigenständiges Makro exportiert. Jetzt brauchen Sie nur noch eine Datei auf das Droplet-Icon zu ziehen. Fertig.

erscheinenden Dialogbox wählen Sie dann die Aktion aus, die Sie wiedergeben wollen. Wenn Sie im Abschnitt ZIEL die Option SPEICHERN UND SCHLIESSEN wählen, werden die alten Dateien überschrieben. Wenn Sie die Dateien in einem von Ihnen festgelegten Ordner speichern wollen, stehen Ihnen verschiedenste Optionen zur Dateibenennung zur Verfügung. So können Sie beispielsweise Dateien erstellen, die auf demselben Dateinamen beruhen, sich jedoch beispielsweise durch eine Seriennummer voneinander unterscheiden.

Sie können Aktionen auch über DATEI/SKRIPTE/BILDPROZESSOR oder den SKRIPTEREIGNIS-MANAGER automatisieren, wie auf Seite 117 beschrieben.

Aktionen bearbeiten

Wenn Sie eine Aktion oder ein Set bearbeiten wollen, lernen Sie jetzt ein paar einfache Methoden kennen. Blenden Sie zunächst alle Einzelschritte der Aktion ein, indem Sie auf das Dreieck links neben der Aktion klicken.

- **Um einen Schritt zu entfernen** (oder eine ganze Aktion oder ein Set), ziehen Sie diesen auf den LÖSCHEN-Button unten in der Palette.
- **Um einen neuen Schritt einzufügen** (oder mehrere Schritte), klicken Sie auf den Schritt, auf den der Neue folgen soll. Nehmen Sie jetzt einfach den neuen Schritt auf, vergessen Sie nicht, die Aufnahme wieder zu stoppen.
- **Um die Reihenfolge der Schritte zu ändern,** ziehen Sie deren Namen einfach an die gewünschte Stelle.
- **Um einen Schritt zu duplizieren,** halten Sie die ⌥/Alt-Taste gedrückt und ziehen Sie den Namen des Schrittes, um ihn zu kopieren.
- **Um die Einstellungen** für einen Schritt mit einer Dialogbox zu ändern, klicken Sie doppelt auf den Schritt, um die Dialogbox zu öffnen. Geben Sie die neuen Werte ein und klicken anschließend auf OK.
- Um eine Aktion **anzuhalten,** damit der Nutzer Einstellungen in einer Dialogbox vornehmen kann, klicken Sie links neben dem Namen in das Feld DIALOG AKTIVIEREN/DEAKTIVIEREN. Es erscheint ein Icon, das verdeutlicht, dass die Aktion angehalten wird und Eingaben zulässt. Klicken Sie erneut in das Kästchen, um die Pausenfunktion wieder zu deaktivieren.

Speichern nicht vergessen

Wenn Sie eine Aktion aus einem Set bearbeiten, das zuvor als separate Datei gespeichert wurde, müssen Sie daran denken, das Set anschließend erneut zu speichern, um beim nächsten Laden auch wirklich die geänderte Aktion und nicht die alte Version zu sehen.

Diese Kontrolle funktioniert nicht nur bei Dialogboxen, sondern auch bei Prozessen, bei denen das Drücken der ↵-Taste notwendig ist, um Einstellungen zu bestätigen.

- **Um einen Schritt vorübergehend zu deaktivieren,** klicken Sie auf das Häkchen links neben dem entsprechenden Schritt. Wenn Sie erneut in diese Spalte klicken, aktivieren Sie den Schritt wieder. (So können Sie auch Aktionen aktivieren und deaktivieren, ohne sie aus einem Set entfernen zu müssen.)

Aktionen speichern und laden

Ein neues oder geändertes Aktionenset kann (und sollte!) dauerhaft gespeichert werden. Klicken Sie dazu in der Aktionen-Palette auf den Namen des Sets und wählen aus dem Paletten-Menü den Befehl AKTIONEN SPEICHERN. (Falls Sie die alte Version nicht überschreiben wollen, vergeben Sie einen neuen Namen.)

Sie können das gespeicherte Aktionsset zusätzlich zur aktuellen Palette laden (wählen Sie aus dem Paletten-Menü die Option AKTIONEN LADEN) oder statt der aktuellen Palette (wählen Sie AKTIONEN ERSETZEN).

Hinweis: Bevor Sie Aktionen ersetzen, sollten Sie sichergehen, die aktuellen Aktionen gespeichert zu haben.

SKRIPTE

Es gibt in Photoshop noch weitere Automatisierungen. Sie finden sie unter DATEI/SKRIPTE. Auch wenn Sie keine eigenen Skripte erstellen wollen, probieren Sie die bereits vorgegebenen Skripte ruhig einmal aus (in den verschiedenen Programmversionen von Photoshop finden Sie unterschiedliche Skripte).

Bildprozessor (seit CS2)

Wenn Sie mehrere Dateien in einem bestimmten Format oder einer bestimmten Größe speichern oder gleiche Bearbeitungen durchführen wollen, können Sie das mit dem Bildprozessor deutlich beschleunigen. Wählen Sie DATEI/SKRIPTE/BILDPROZESSOR, wählen Sie einen Ordner oder öffnen Sie Dateien, die Sie verarbeiten wollen, und stellen Sie dann das gewünschte Dateiformat oder die Dateigröße ein. Sie können Copyright-Informationen hinzufügen oder Aktionen ablaufen lassen. Falls Sie den Bildprozessor häufig verwenden, speichern Sie die Einstellungen. Auf den Bildprozessor haben Sie auch aus Bridge heraus Zugriff.

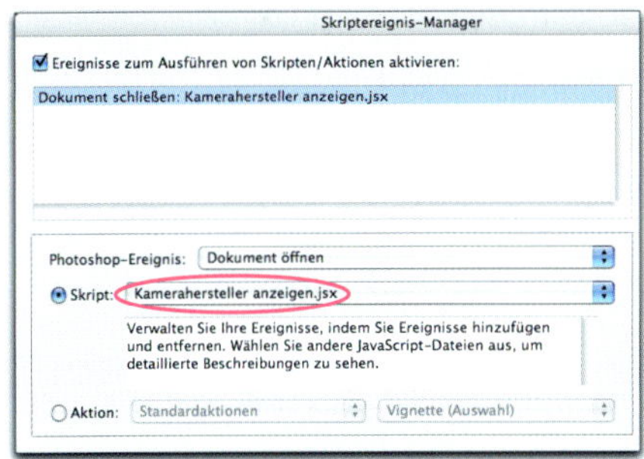

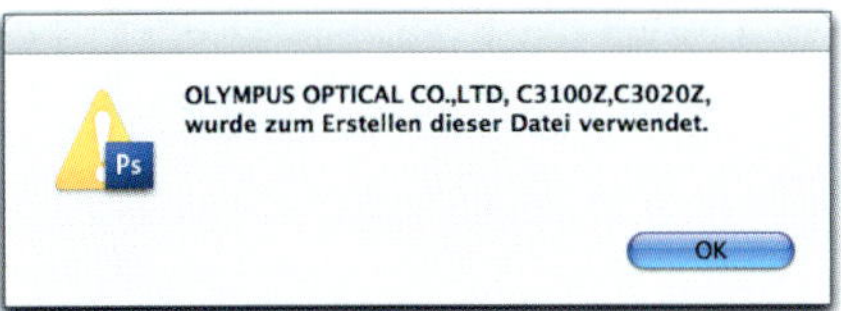

Unter den Möglichkeiten, die Ihnen der Skriptereignis-Manager liefert, befindet sich auch das Skript »Kamerahersteller anzeigen.jsx«. Vielleicht arbeiten Sie ja mit Bildern von zwei oder drei verschiedenen Digitalkameras und wollen nicht immer erst durch die Metadaten scrollen, um herauszufinden, welche Datei von welcher Kamera stammt. Im Skriptereignis-Manager können Sie ein Dokument als Photoshop-Ereignis öffnen und das genannte Skript ablaufen lassen. Immer wenn Sie ab sofort eine Datei öffnen, weist Sie eine Dialogbox darauf hin, mit welcher Digitalkamera dieses Bild aufgenommen wurde.

Fortsetzung auf Seite 117

Geheimnisse des Universums

Mark Wainer und die Prozentoption

WIR SIND ES SO SEHR GEWOHNT, uns Bilder immer in Pixelmaßen, Zoll oder Zentimetern vorzustellen, dass wir die Prozentoption glatt vergessen. Mark Wainer findet diese Option für die Aufnahme bestimmter Aktionen jedoch sehr nützlich. Er entwickelte eine Aktion, die eine Einstellungsebene erstellt, um eine feine Vignette zu seinen Bildern hinzuzufügen. Viele Bilder profitieren davon, wenn die Ecken etwas abgedunkelt werden. In einer herkömmlichen Dunkelkammer wird dieser Effekt als »eingebrannte Kanten« bezeichnet.

Sie finden die Aktion **Mark-Wainers-Eingebrannte-Kanten.atn** auf der DVD zum Buch im Ordner Wow Zugaben/Kapitel 3. Benutzen Sie sie so, wie sie ist, oder zeichnen Sie mit seiner Technik ähnliche eigene Aktionen auf, die auf ihre gewünschte Dateigröße und Vignettierung zugeschnitten sind.

Für seine **»Eingebrannte Kanten«-Aktion** begann Mark mit einem seiner großformatigen Bilder (wie das auf Seite 45) und blendete die Lineale ein (⌘/Strg-R). Als Einheit für die Lineale wählte er »Prozent«; klicken Sie dazu einfach mit gedrückter Ctrl-Taste (PC: Rechts-Klick) auf eines der Lineale und wählen »Prozent«.

Anschließend öffnete Mark die Aktionen-Palette (Fenster/Aktionen) und klickte auf den Button NEUE AKTION erstellen. In der Dialogbox gab er der Aktion einen Namen und klickte auf den AUFNAHME-Button – alles, was er jetzt ausführt, wird als Aktion aufgenommen.

Er weiß aus Erfahrung, dass er für seine großen Bilder eine leichte Vignette mit einer Kante von etwa 10% und einer weichen Auswahlkante von 35 Pixel benötigt. Deshalb aktivierte er das Auswahlrechteck, wählte in der Optionsleiste den Wert für die weiche Auswahlkante und zog von etwa 10% in der Ecke oben links bis etwa 90% in die Ecke unten rechts. Weil er die Lineale in Prozent gewählt hat, nimmt die Aktion die Prozentwerte und nicht die Pixel oder Zentimeterwerte auf. So kann er die Aktion auch auf Bilder mit anderen Abmessungen anwenden und braucht sich keine Gedanken über Hoch- und Querformat zu machen. (Für deutlich kleinere oder größere Bilder würde Mark einen anderen Wert für die weiche Auswahlkante wählen.)

Mark kehrte die Auswahl um (Auswahl/Auswahl umkehren), um die Kanten auszuwählen, und fügte anschließend eine Tonwertkorrektur-Einstellungsebene hinzu. Er verschob den mittleren Regler auf 0,93, um die Ecke abzudunkeln, und klickte auf OK, um die Dialogbox zu schließen. Zur aktiven Kantenauswahl wird eine Maske hinzugefügt, die dafür sorgt, dass nur die Ecken abgedunkelt werden. In der Ebenen-Palette änderte Mark den Ebenenmodus der Einstellungsebene in Luminanz, um keine Farbstiche zu verursachen. Er nannte die Ebene »eingebrannte Kanten« und klickte anschließend auf den Button AUSFÜHREN/AUFZEICHNEN BE-ENDEN (unten in der Aktionen-Palette).

Nun konnte Mark die Aktion auf eines seiner Bilder anwenden – direkt im Anschluss wendete er sie noch einmal an, um den Effekt etwas zu verstärken. Er hätte die Stärke auch reduzieren können, falls der Effekt etwas zu intensiv geraten wäre. Um den Effekt zu reduzieren, malte Mark mit einem großen, relativ weichen Pinsel mit Schwarz auf der Maske der Einstellungsebene (bei seinem 81-Mbyte-Bild beträgt der Durchmesser der Pinselspitze 700 Pixel, die Kantenschärfe 50%.)

Ab CS2 erzielen Sie den Effekt auch mit dem Befehl BLENDENKORREKTUR bzw. OBJEKTIVKORREKTUR.

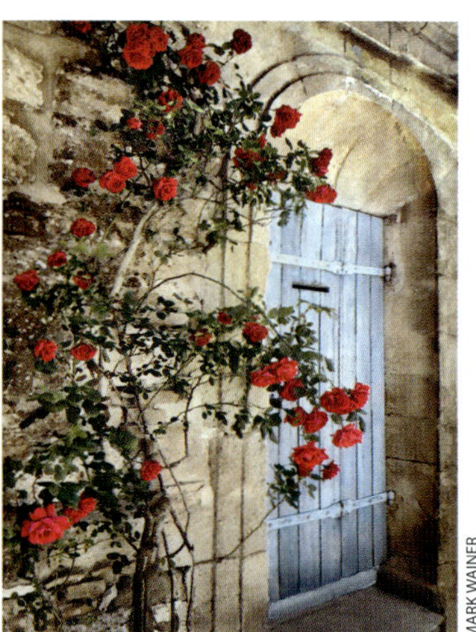

MARK WAINER

Vor (links) und nachdem (rechts) Mark Wainer seine Aktion angewendet hat.

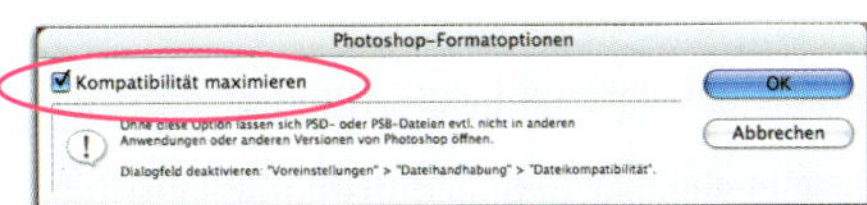

Die Dialogbox PHOTOSHOP-FORMATOPTIONEN erscheint, wenn Sie eine Datei im PSD-Format speichern. Wenn Sie wissen, dass Sie immer alle Ebenen speichern wollen, können Sie das Erscheinen der Dialogbox verhindern: Wählen Sie VOREINSTELLUNGEN/DATEIEN VERARBEITEN und im Pop-up-Menü KOMPATIBILITÄT DER PSD-DATEI MAXIMIEREN die Option NIE.

Skriptereignis-Manager (seit CS2)

Der Skriptereignis-Manager müsste eigentlich eher Skript- und Aktionen-Ereignis-Manager heißen. Mit diesem Befehl können Sie Skripte oder Aktionen Ihrer Wahl ablaufen lassen, wenn ein von Ihnen festgelegtes Ereignis eintritt. Das kann das Starten von Photoshop sein, oder das Öffnen, Erstellen oder Speichern von Dateien.

DATEIFORMATE

Photoshop kann Dateien in den unterschiedlichsten Formaten öffnen und speichern. Für welches Format Sie sich entscheiden, hängt davon ab, wofür Sie die Datei verwenden wollen. Hier sind einige Vorschläge.

Photoshop-(PSD-)Format

Photoshop (PSD) ist ein sehr umgängliches und flexibles Format, mit dem Sie Ihre Dateien später jederzeit wieder ändern können. Ebenen, Masken, Kanäle, Pfade, editierbarer Text, Ebenenstile und Anmerkungen (schriftlich oder auditiv) bleiben in diesem Format erhalten. Immer, wenn Sie vorhaben, eine Datei später noch einmal zu öffnen und zu bearbeiten, sollten Sie diese im PSD-Format speichern. Sie können dann auch entscheiden, ob Sie ein Composite speichern wollen (dann wird die Datei größer) oder nicht (dabei entstehen kleinere Dateigrößen). Bei Composite-Dateien wird das Bild auch in Programmen dargestellt, die Photoshop-Dateien zwar akzeptieren, aber vielleicht nicht alle Funktionen von Photoshop unterstützen (dazu gehören frühere Photoshop-Programmversionen, InDesign und Illustrator CS, die das Composite benötigen, um mit PSD-Dateien mit 16 Bit/Kanal arbeiten zu können). Ein weiterer Grund, der für das PSD-Format spricht, ist die Möglichkeit, die Kompatibilität der Datei zu maximieren. Wenn Sie diese Option aktivieren, bleibt Ihnen die Flexibilität auch für zukünftige Programmversionen erhalten.

Sehr große Dateien

Wenn Sie eine Datei erstellen müssen, die den 2-Gigabyte-Rahmen des PSD- und anderer Formate sprengt, nutzen Sie das PSB-Format, das speziell für solch große Dateien entwickelt wurde. Es unterstützt Dokumente mit bis zu 300 000 × 300 000 Pixel, sowie 32 Bit/Kanal (seit CS2). Wie beim PSD-Format bleiben auch hier der editierbare Text sowie alle Ebenen, Kanäle, Pfade, Ebenenstile und Anmerkungen erhalten. In CS erscheint das PSB-Format standardmäßig nicht in der Speichern-unter-Dialogbox (seit CS2 schon). Sie können es aber auch in CS hinzufügen, indem Sie VOREINSTELLUNGEN/DATEIEN VERARBEITEN wählen und in der Checkbox GROSSES DATEIFORMAT

EIN COMPOSITE-KURZBEFEHL

Ein guter Grund, in der Photoshop-Formatoptionen-Dialogbox die Kompatibilität zu maximieren, ist, ein Composite Ihrer PSD-Datei zu erstellen. So können Sie die Datei auch öffnen, wenn der Speicher nicht mehr ausreicht, die Ebenenversion der Datei anzuzeigen.

Sie können nur die Composite-Version einer Datei öffnen, indem Sie beim Öffnen die ⌥-⇧-Taste (PC: Alt-⇧) gedrückt halten. Das Composite öffnet sich als Hintergrund, Anmerkungen, die der Datei hinzugefügt wurden, sind sichtbar.

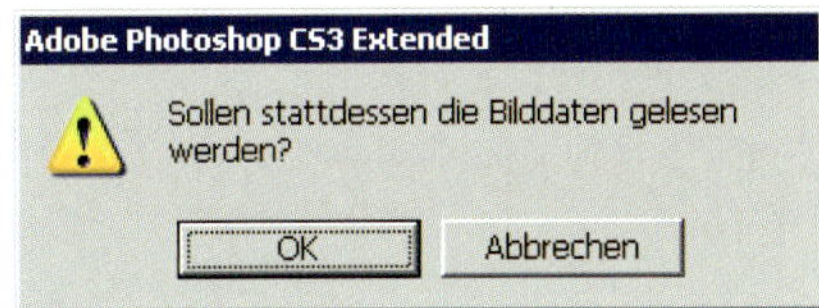

Achtung in CS! Wenn Sie das Composite öffnen und die Datei dann speichern, ohne ihr einen neuen Namen zu geben, verschmelzen die Einzelebenen endgültig zu einer flachen Gesamtansicht – es erscheint keine Warnmeldung! Ab CS2 wird dieses Risiko minimiert. Der Speichern-Befehl steht nicht zur Verfügung, Sie können nur DATEI/SPEICHERN UNTER wählen. Dann erhalten Sie eine Warnmeldung, dass bereits eine entsprechende Datei existiert.

Abwärtskompatibilität mit PSD

Wenn eine PSD-Datei in einer früheren Programmversion geöffnet wird, wird diese ihr Bestes geben, um mit den Funktionen aus CS/CS2 umzugehen, oder sie bietet eine Wahl. Hierzu einige Beispiele:

- Enthält die Photoshop-CS/CS2-Datei eine Ebene im Modus HARTE MISCHUNG (neu seit CS), können Sie mit Photoshop 7 entweder das Composite (dann sehen Sie das Ergebnis des Ebenenmodus) oder die Datei mit allen Ebenen, jedoch mit dem Ebenenmodus NORMAL öffnen. Entsprechendes gilt, wenn Sie in CS3 die neuen Füllmethoden DUNKLERE FARBE oder HELLERE FARBE nutzen.
- Enthält die Photoshop-CS/CS2-Datei Text auf einem Pfad, öffnet Photoshop 7 die Datei mit positioniertem Text, als würde sich dieser auf einem Pfad befinden. Der Pfad ist in Wirklichkeit aber nicht vorhanden.
- Bei einer Ebenendatei mit 16 Bit/Kanal öffnet Photoshop 7 das Composite, sofern es eines gibt.

Eine komplette Liste der Funktionen aus den Versionen 4, 5, 6, 7 und CS/CS2/CS3 finden Sie unter HILFE/PHOTOSHOP-HILFE. Suchen Sie dann nach »Photoshop-Format (PSD)«.

Achtung: Wird eine Photoshop-CS/CS2/CS3-Datei in einer früheren Programmversion geöffnet und dort wieder gespeichert, gehen die Funktionen verloren, die in dieser früheren Programmversion nicht zur Verfügung stehen.

(.PSB) AKTIVIEREN ein Häkchen setzen. **Hinweis:** PSB-Dateien können nur ab Photoshop CS geöffnet werden (in früheren Versionen nicht).

Formate für Layoutprogramme & Druckereien

Photoshop-(PSD-)Dateien können direkt in **Adobe InDesign CS/CS2** platziert werden, so dass die Transparenz erhalten bleibt. Das bedeutet, dass eine Silhouette oder ein teilweise transparentes Element auch auf der InDesign-Seite durchscheinend ist.

Bei Layoutprogrammen, die keine PSD-Dateien unterstützen, eignen sich folgende Formate: TIFF, Photoshop EPS und Photoshop DCS 2.0. **Photoshop-EPS**-Dateien können Beschneidungspfade enthalten, um ein Bild ohne Hintergrund oder weißen Rahmen darzustellen. **TIFF**-Dateien können eine verlustfreie Komprimierung enthalten, so dass die Datei zu Speicherzwecken und für den Transport kleiner wird, ohne dass die Bildqualität leidet. Auch TIFF-Bilder können Beschneidungspfade enthalten. Weil jedoch nicht alle Programme TIFFs und EPS unterstützen, sollten Sie sich vorher im Layoutprogramm oder im Satzstudio erkundigen, welche Formate gewünscht sind.

Dateien mit **Volltonfarben** können im PSD-Format für InDesign CS/CS2/CS3 verwendet werden. Bei QuarkXPress oder früheren Versionen von InDesign müssen Sie solche Dateien als EPS, PDF oder DCS 2.0 speichern. Erkundigen Sie sich auch hier vorher nach dem richtigen Format.

PDF für die Kommunikation mit anderen

Wenn Sie ein Dateiformat benötigen, das **auch von Leuten gelesen werden kann, die kein Photoshop besitzen,** ist **Photoshop PDF** eine sehr flexible Alternative. Um ein Bild mit seinen Anmerkungen anzuzeigen, wird lediglich der Adobe Reader benötigt.

Wenn Sie DATEI/SPEICHERN UNTER/PHOTOSHOP PDF wählen und auf SPEICHERN klicken, haben Sie in der erscheinenden Dialogbox die Möglichkeit, Vektordaten einzubinden, um Text und Pfade als Vektordaten zu erhalten und nicht in Pixel umzuwandeln. Enthält Ihre Datei editierbaren Text, können Sie festlegen, wie damit umgegangen werden soll:

- Wenn Sie die Schriften einbetten, stellen Sie sicher, dass Sie später so angezeigt werden, wie sie erstellt wurden (auch wenn diese Schriften auf dem Computer nicht vorhanden sind).

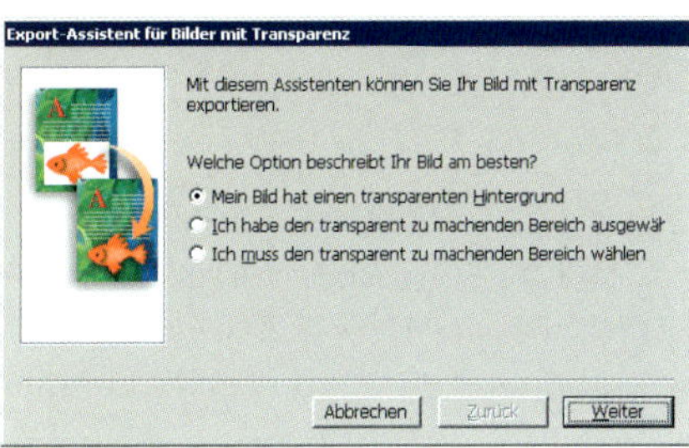

Eine Möglichkeit, eine Datei aus Photoshop heraus mit Transparenz zu exportieren, bietet der Befehl Hilfe/Transparentes Bild exportieren (nicht in CS3).

JPEG – 8 Bit

JPEG ist ein Format mit 8 Bit/Kanal, das keine Ebenen unterstützt. Arbeiten Sie an einer Datei mit 16 Bit/Kanal (egal, ob mit Ebenen oder nicht), von der Sie eine JPEG-Kopie erstellen müssen, steht Ihnen dieses Format nicht zur Verfügung, wenn Sie Datei/Speichern unter wählen. Sie können aber Datei/Für Web speichern wählen. Ab Photoshop CS2 steht Ihnen auch noch der Bildprozessor zur Verfügung. Damit können Sie Kopien aller geöffneten Dateien oder aller Dateien eines Ordners als JPEGs speichern.

JPEG-Vorschau

Die Dialogbox JPEG-Optionen bietet Ihnen eine Vorschau, damit Sie sehen können, wie sich die Komprimierung auf das Bild auswirkt.

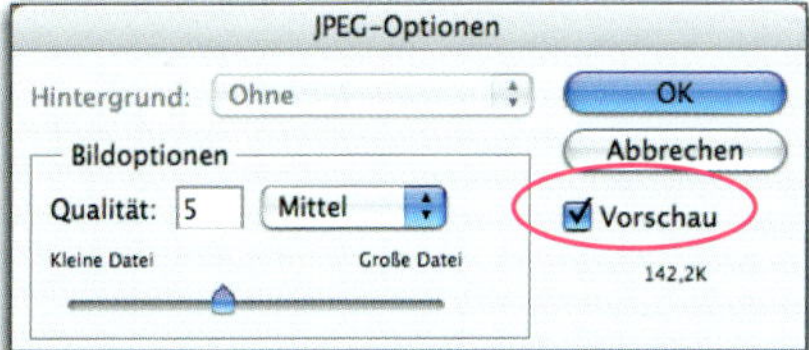

- Falls eingebettete Schriftarten die Datei zu groß werden lassen, wahren Sie glatte Schriftkanten mit der Option Konturen für Text verwenden. Das Aussehen der Schrift bleibt erhalten, die Editierbarkeit geht jedoch verloren.
- Wenn Sie keine der beiden Optionen aktivieren, bleibt es editierbarer Text, der jedoch unter Umständen beim Empfänger nicht mehr so aussieht wie bei Ihnen. Denn wenn die Schriftart auf dem Computer des Empfängers nicht vorhanden ist, wird sie durch eine Standardschriftart ersetzt.

Zusätzlich zur Speicherung einer einzelnen Datei im PDF-Format können Sie auch Präsentationen im PDF-Format erstellen, um mehrere Photoshop-Bilder zu zeigen – eines nach dem anderen, mit Übergängen und vor einem dunklen Hintergrund. Wählen Sie Datei/Automatisieren/PDF-Präsentation. Seit CS2 können Sie eine PDF-Präsentation auch in eine Bridge-Diashow integrieren. Öffnen Sie einen Ordner in Bridge und wählen Sie Ansicht/Diashow – alle PDF-Präsentationen in diesem Ordner werden als Teil der Diashow wiedergegeben – jedoch ohne die Übergänge. Auf Seite 132 erfahren Sie mehr über Diashows in Bridge.

Formate für kompaktes Speichern & Transfer

Einige Dateiformate sind kompakter als andere. Wenn die Dateigröße eine Rolle spielt, hängt das verwendete Format davon ab, was Sie mit der Datei anstellen wollen:

- Wenn Sie die Flexibilität sowie Ebenen und andere Photoshop-Funktionen erhalten wollen, verwenden Sie PSD, TIFF oder PDF.
- Für Bildschirmdarstellungen und den Druck verwenden Sie JPEG oder PDF.
- Wollen Sie die Datei per E-Mail versenden oder nur auf dem Bildschirm ansehen, verwenden Sie JPEG, reduzieren Sie jedoch vorher die Dateigröße (siehe nächste Seite).
- Bilder, die für das Web gedacht sind, speichern Sie als JPEG oder GIF, wie Sie im Abschnitt »Dateiformate für statische Webgrafiken« auf Seite 680 nachlesen können.

Das **JPEG**-Format ist das Standardformat der meisten Digitalkameras. Es eignet sich prima, um Dateien per E-Mail zu versenden. JPEG ist so beliebt, weil es so kompakt sein kann, die Komprimierung ist jedoch verlustbehaftet – beim Reduzieren können beispielsweise Farbinformationen verloren gehen. Der Befehl Datei/Speichern unter/JPEG bietet 12 Stufen für die Komprimierung. Je stärker Sie ein Bild komprimieren, desto schlechter wird die Bildqualität. JPEG wurde entwickelt, um zunächst die Farbinformationen zu verwerfen, die beim Druck sowieso verloren gehen würden. Ein hochqualitatives JPEG zeigt beim Druck kaum Qualitätsverluste.

Standardmäßig wird, wenn Sie DATEI/SPEICHERN UNTER/JPEG wählen, eine Miniatur eingebettet, die die Dateigröße noch einmal erhöht. In den VOREINSTELLUNGEN können Sie jedoch festlegen, ob Sie die Bildübersichten speichern bzw. ob Sie vor der Speicherung gefragt werden wollen.

BILDER FÜR DEN E-MAIL-VERSAND VORBEREITEN

Wenn Sie die Dateigröße verringern wollen, um die Datei beispielsweise per E-Mail zu versenden, ist die Wahl des richtigen Dateiformates nur ein Teil der Lösung. Reduzieren Sie vor dem Speichern die Ebenen Ihrer Datei. Angenommen, Sie wollen die Kopie einer Cover-Illustration versenden, die nur für die Betrachtung auf dem Bildschirm gedacht ist. Die Originaldatei besteht aus mehreren Ebenen und besitzt eine Auflösung für den Druck, sagen wir 225 dpi. Diese Datei hat im PSD-Format eine Größe von etwa 82,7 Mbyte. Was passiert, wenn wir die Datei kleiner machen?

1 Reduzieren Sie zunächst die Ebenen. Wählen Sie BILD/BILD DUPLIZIEREN/NUR ZUSAMMENGEFÜGTE EBENEN DUPLIZIEREN. So bleibt die Datei mit den Ebenen erhalten. Gespeichert im PSD-Format hat diese Datei jetzt nur noch eine Größe von 8,4 Mbyte.

2 Anschließend können Sie die Auflösung der Kopie auf 72 ppi für den Bildschirm reduzieren. Wählen Sie BILD/BILDGRÖSSE, aktivieren Sie die Checkbox BILD NEU BERECHNEN MIT und geben Sie eine Auflösung von 72 ein. Klicken Sie anschließend auf OK. Die Datei ist jetzt 1,37 Mbyte groß.

3 Speichern Sie die 72-ppi-Datei nun im JPEG-Format (DATEI/SPEICHERN UNTER/JPEG mit einer Qualitätseinstellung von 10). Die Datei hat nun eine Größe von nur noch 281,8 Kbyte.

Jede Datei ist unterschiedlich, und die Speicheroptionen hängen von der Dateistruktur, dem Bildinhalt und der Komprimierung ab. Hätten wir in unserem Beispiel bereits nach Schritt 1 – vor der Verringerung der Auflösung – ein JPEG erstellt, hätte dieses eine Größe von 1 Mbyte gehabt, wäre also dreimal größer gewesen als die letztendliche Datei.

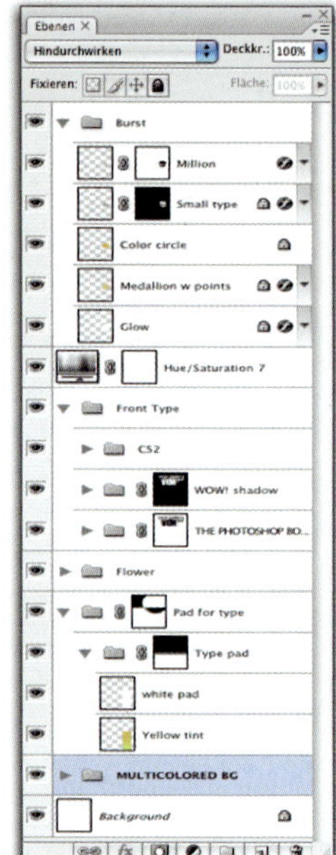

Originaldatei

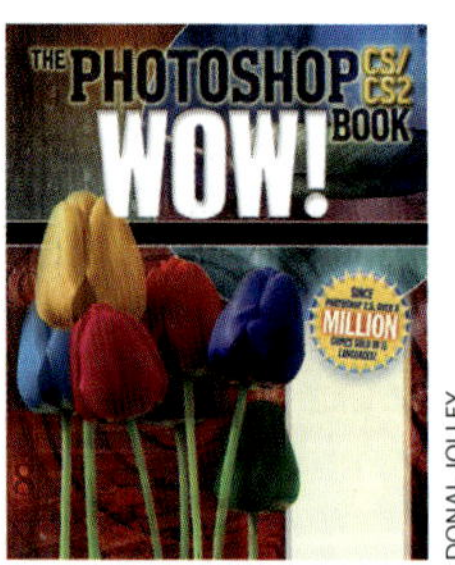

DONAL JOLLEY

Mit ihren reichlich 18 × 23 cm und 281,8 Kbyte kann die Datei gut per E-Mail verschickt werden.

Auf eine Ebene reduzieren

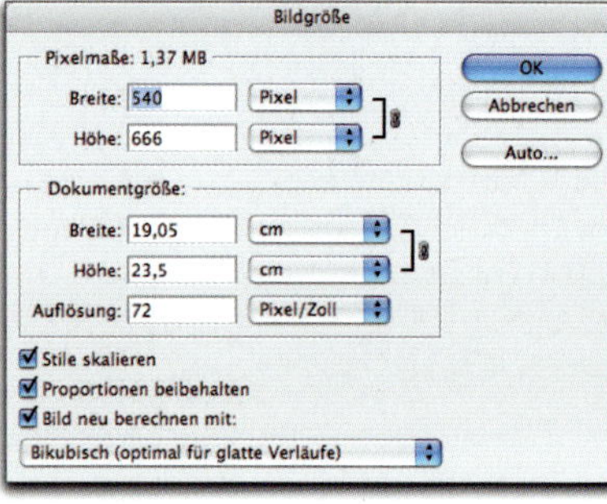

Auflösung auf 72 ppi verringern

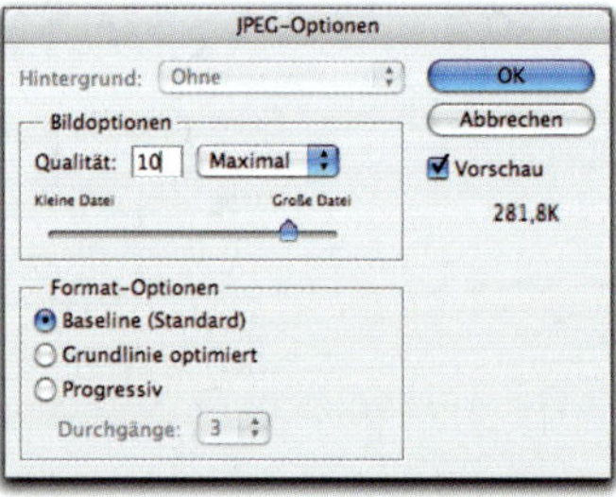

Qualitativ hochwertiges JPEG speichern

QUALITÄTSMINDERUNG VERMEIDEN

Das Standard-JPEG-Format ist verlustbehaftet. Das bedeutet, dass die Qualität der Datei schlechter wird. Um die Verschlechterungen zu minimieren, sollten Sie JPEGs nicht mehrfach speichern. Wählen Sie während der Arbeit PSD oder TIFF und speichern Sie erst am Ende ein JPEG.

DAS JPEG-2000-PLUG-IN

Um Dateien im JPEG-2000-Format speichern zu können – was eine bessere Qualität und Flexibilität bietet –, benötigen Sie das JPEG-2000-Plug-in. Dieses finden Sie auf Installations-CD im Ordner GOODIES/OPTIONAL PLUGINS/PHOTOSHOP ONLY/FILE FORMATS. Ziehen Sie es in den Ordner ADOBE PHOTOSHOP CS oder CS2/ZUSATZMODULE/ADOBE PHOTOSHOP ONLY/DATEIFORMAT.

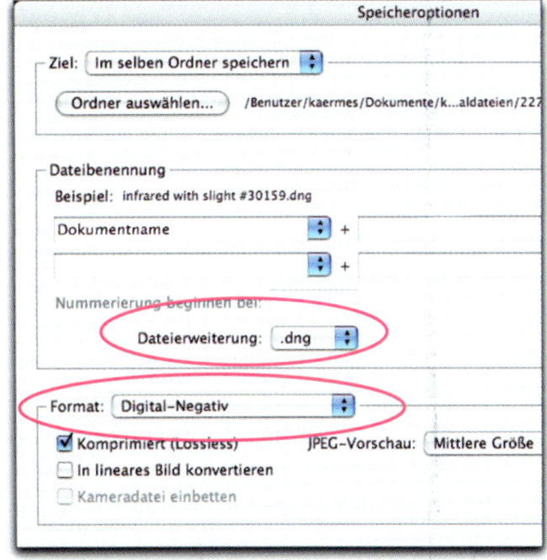

Adobes neues Digital-Negative-(DNG-)Format wurde entwickelt, um von Kameraherstellern aufgegriffen und als Standard für Raw-Fotos verwendet zu werden.

Das **JPEG-2000**-Format erzeugt weniger Artefakte als ein Standard-JPEG, besonders in einfarbigen Bereichen. Außerdem ist es mit einer verlustfreien Komprimierungsoption ausgestattet, mit der sich Artefakte vollständig verhindern lassen. Weitere Vorteile sind, dass Transparenz und 16-Bit-Bilder unterstützt werden. Und es ist das einzige JPEG-Format, das Verlaufsprotokolle einschließen kann. ▼ Für diese besseren JPEG-Optionen benötigen Sie jedoch das JPEG-2000-Plug-in (das sich auf der Programm-CD befindet). Leider wird JPEG 2000 bisher noch nicht von sehr vielen Webbrowsern unterstützt.

Dateiformate für 16 & 32 Bit/Kanal

Photoshop bietet sieben Dateiformate, die den Modus 16 Bit/Kanal unterstützen. Die Formate PSD, PSB, Photoshop PDF und TIFF erhalten Ebenen, Kanäle, Pfade, editierbaren Text, Ebenenstile und Anmerkungen. Cineon (CIN), PNG und Photoshop RAW sind spezielle Formate, die keine Ebenen unterstützen, weshalb Bilder mit 16 Bit/Kanal reduziert gespeichert werden; mehr darüber erfahren Sie in der Photoshop-Hilfe.

Bilder mit 32 Bit/Kanal können in den Formaten PSB, PSD, TIFF, HDR und PBM (Portable Bitmap, ein Format, das oft genutzt wird, um Dateien zwischen Programmen zu verschieben) gespeichert werden.

Digital-Negative-Format (DNG) für Camera-Raw-Dateien

Neu seit CS2 ist Adobes **Digital-Negative-(DNG-)**Format, ein Format, mit dem Sie Raw-Dateien der Kamera archivieren können. (Denken Sie daran, dass Fotos im Raw-Format in zwei Teilen gespeichert werden – die Raw-Daten und die Metadaten.) Adobe hofft, das DNG-Format als Standard bei den Kameraherstellern etablieren zu können. DNG ist eines der Formate, das Sie direkt aus Camera Raw heraus speichern können ▼ (wie auch TIFF, JPEG und PSD), ohne die Datei in Photoshop öffnen zu müssen. Wenn Sie eine Datei in diesem Format speichern, sollten Sie das Original jedoch im Raw-Format belassen, falls die Original-Metadaten der Kamera etwas enthalten, das DNG nicht unterstützt.

VIDEO

Das Erstellen von Videos ist nicht mehr so spezialisiert, exklusiv und teuer wie früher. Camcorder sind klein und relativ günstig, es gibt bereits fertiges Videomaterial. und DVD-Brenner gehören bereits zur Standardausrüstung der aktuellen Computermodelle. Videoschnittprogramme (auch als *nichtlineare Bearbeitungssysteme* bezeichnet) gibt es in den unterschiedlichsten Ausführungen –

MEHR DAVON

▼ Verlaufsprotokoll **Seite 22**

▼ Camera Raw **Seite 100**

ORIGINALVIDEO: JOHN ODAM

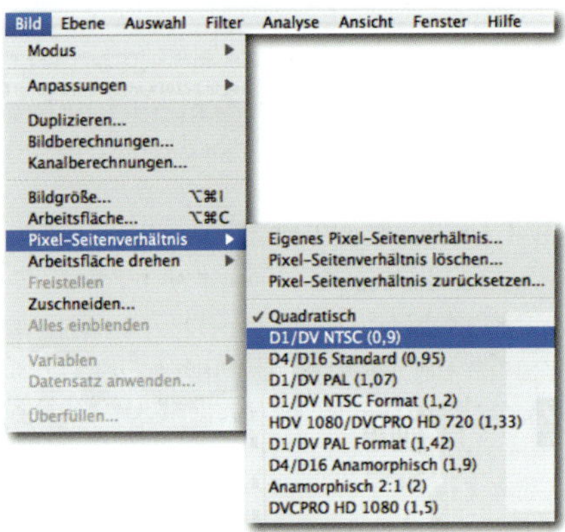

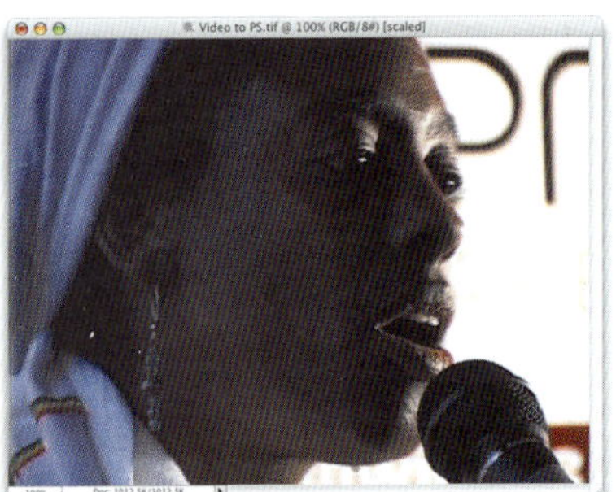

Wenn Sie einen Frame aus einem Video in Photoshop öffnen, sieht dieser möglicherweise unproportional aus (oben), bis Sie Photoshop mitteilen, um welches Format es sich handelt (Mitte). Zusätzlich zu den hier gezeigten Videoformaten gibt es seit CS2 noch die Formate D4/D16 Standard (0,95), HDV Anamorph (1,333) und D4/D16 Anamorph (1,9). Photoshop wandelt die Bildschirmanzeige automatisch um (unten), damit Sie das Standardformat für den Druck oder das Web sehen (wie auf Seite 137 beschrieben).

von Heimanwender bis Profi. Egal, ob Sie professionelles Material oder nur Ihre Urlaubsvideos bearbeiten, Photoshop macht es Ihnen mittlerweile leichter als je zuvor.

Pixelseitenverhältnis

Video für analoges Fernsehen kann digital mit unterschiedlichen Dateiformaten enkodiert werden. Die meisten verwenden dafür nichtquadratische Pixel. Anschließend wird es für den Fernsehbildschirm dekodiert, damit es normal und nicht gequetscht aussieht. Photoshop ist schon immer ein Programm, das mit quadratischen Pixeln arbeitet. Seit der CS-Version kann Photoshop auch mit den Pixeln vieler Videoformate umgehen, damit Sie auf Ihrem Computermonitor genau das sehen, was später auch auf dem Fernsehbildschirm erscheint. Sie können jetzt

- einen Frame aus einem Video in ein Standbild zum Druck oder für das Web umwandeln; Photoshop kann das Videoseiten-Verhältnis schnell in das quadratische Pixelverhältnis überführen und auf dem Computermonitor darstellen;
- eine Videodatei mit nichtquadratischen Pixeln erstellen und das Bild während der Bearbeitung in Photoshop im quadratischen Pixelverhältnis sehen,
- Videoframes importieren, diese mit den Bearbeitungsmöglichkeiten von Photoshop verbessern und anschließend wieder im Videoformat speichern.

Um ein Gefühl für die Möglichkeiten zu bekommen, werfen Sie einen Blick in den Abschnitt »Übungen: Video«, der auf Seite 137 beginnt. Dort finden Sie Tipps für den Umgang mit dem Pixelseitenverhältnis, dem De-Interlacing (die horizontalen Linien, aus denen ein Videobild besteht) und der Größenanpassung von Photoshop-Bildern für Video und umgekehrt.

Seit Photoshop CS2 gibt es unter DATEI/EXPORTIEREN eine neue Funktion für Video. Wenn Sie eine Videokamera oder einen Monitor und ein FireWire-Kabel besitzen, können Sie die Kamera direkt mit dem Computer verbinden und DATEI/EXPORTIEREN/VIDEOVORSCHAU wählen. In der Dialogbox können Sie die Optionen für die Kamera oder den Monitor einstellen. Wählen Sie anschließend DATEI/EXPORTIEREN/VIDEOVORSCHAU AN GERÄT SENDEN. Weitere Möglichkeiten bietet Photoshop CS3 Extended.

Designs für Video

Wenn Sie in Photoshop Designs für Video erstellen, können Sie alle Funktionen nutzen: Ebenen, editierbaren Text, Formen, Masken und Ebenenstile. Achten Sie jedoch auf die Unterschiede bei Designs für Video und denen für den Druck oder das Web.

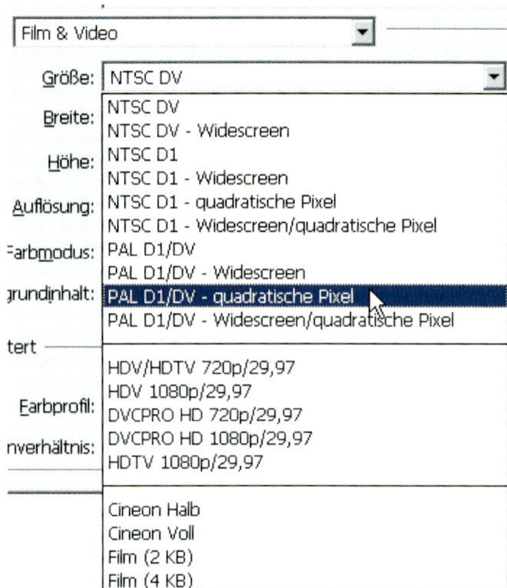

Photoshop bietet in der Dialogbox DATEI/NEU die unterschiedlichsten Videoformate.

Broadcast-Standards. Um eine videofertige Datei zu erstellen, müssen Sie den Broadcast-Standard kennen (von denen es mehrere gibt), an den Sie das Video anpassen wollen. Die bekanntesten Standards sind PAL (Europa, Japan, Australien und Neuseeland), NTSC (Nordamerika), SECAM (Frankreich) und seit Neuestem HDTV (oder HDV). Diese Information müssen Sie kennen, um bei der Erstellung der Datei in Photoshop die richtige Vorgabe zu wählen.

Sichere Bereiche. Wenn Sie eine neue Datei im Videoformat erstellen, hilft Ihnen Photoshop dabei, Text und wichtige Bildbereiche im sicheren Bereich zu halten, so dass diese nicht abgeschnitten oder an den Enden verzerrt werden, wie im Tipp »Hilfslinien beachten« auf Seite 140 zu sehen.

Flimmern. Horizontale Linien, die dünner sind als 2 Pixel, können bei der Darstellung zu unerwünschtem Flimmern führen. Feine Serifen mancher Schriftarten führen zum selben Effekt. Achten Sie deshalb darauf, dass Grafiken und Text etwas »robuster« sind, als Sie es vielleicht für den Druck oder das Web sein müssten.

Kontrast & Farbe. Farbe für Video durchläuft bei der Sendung einen Umwandlungsprozess. Analoges Video reserviert beispielsweise reines Schwarz für bestimmte Keying-Prozesse und reines Weiß kann bedeuten, dass das Signal in eine Audiodatei übergeht. Eine Datei mit scharfem Kontrast, wie Sie ihn beispielsweise in einem stark scharfgezeichneten Bild finden, kann daher von einer kleinen Weichzeichnung profitieren (versuchen Sie es mit FILTER/WEICHZEICHNUNGSFILTER/BEWEGUNGSUNSCHÄRFE mit einem Winkel von 0°). Dadurch fügen Sie möglicherweise ausreichend Zwischentöne hinzu, um die Tendenz des Vibrierens bei der Ausstrahlung zu verringern.

Um den Schwarzweißkontrast in einem sicheren Bereich zu halten, können Sie folgenden Standard verwenden: Schwarz sollte nicht schwächer sein als 16 und Weiß nicht stärker als 235. Diese Werte können Sie mithilfe einer Tonwertkorrektur-Einstellungsebene erreichen (klicken Sie unten in der Ebenen-Palette auf den entsprechenden Button und geben Sie in der Dialogbox diese Werte ein). Wollen Sie noch dunkleres Schwarz und weißeres Weiß, testen Sie die Grenzen des jeweiligen Broadcast-Standards aus.

ORIGINALFOTO: RICK WORTHINGTON

Wenn Sie mit einer neuen Photoshop-Datei beginnen, um ein Bild für ein Video zu erstellen, blenden Sie Hilfslinien für den Action-Safe- und den Title-Safe-Bereich ein, wie auf Seite 140 beschrieben.

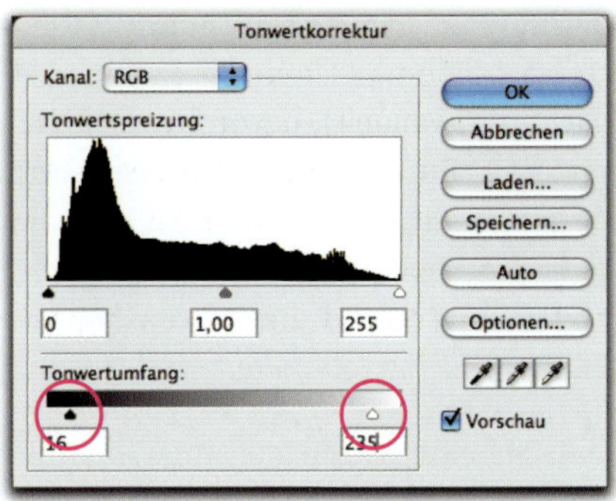

Scharfer Kontrast kann in Videobildern zu Problemen führen. Nutzen Sie eine Tonwertkorrektur-Einstellungsebene, und verschieben Sie die Regler wie hier zu sehen nach innen, um den Kontrast in einen sicheren Bereich zu bewegen. Der Standard von 16 und 235 ist sehr konservativ. Für einige Formatstandards können Sie auch einen breiteren Bereich wählen. Keine Angst, wenn Photoshop das Bild etwas verwaschen darstellt, der Fernsehbildschirm stellt den Kontrast wieder her.

Stark gesättigte (intensive) Farben können für das Fernsehen ebenfalls ein Problem darstellen; ein leuchtend rotes T-Shirt beispielsweise kann an den Rändern »auslaufen« und in den Hintergrund übergehen. Vielleicht reicht die Tonwertkorrektur-Einstellung aus dem vorherigen Schritt schon aus, um das Problem zu korrigieren. Wenn nicht, gibt es drei weitere Möglichkeiten:

- Photoshops Befehl FILTER/VIDEOFILTER/NTSC-FARBEN reduziert die Sättigung der Farben. Denken Sie daran, wenn Sie das Material als PAL oder SECAM oder gar Versionen von NTSC ausgeben wollen, wobei der NTSC-Filter vielleicht zu konservativ ist und die Farben daher flauer aussehen als nötig.
- Sie können Ihre Datei vom normalen RGB-Farbraum in das entsprechende Profil umwandeln, indem Sie BILD/MODUS/IN PROFIL UMWANDELN wählen und den entsprechenden Farbraum einstellen.
- Sie können die Datei im RGB-Farbraum belassen und mit diesem Profil speichern, und die Umwandlung des Farbprofils im Videoschnittprogramm vornehmen.

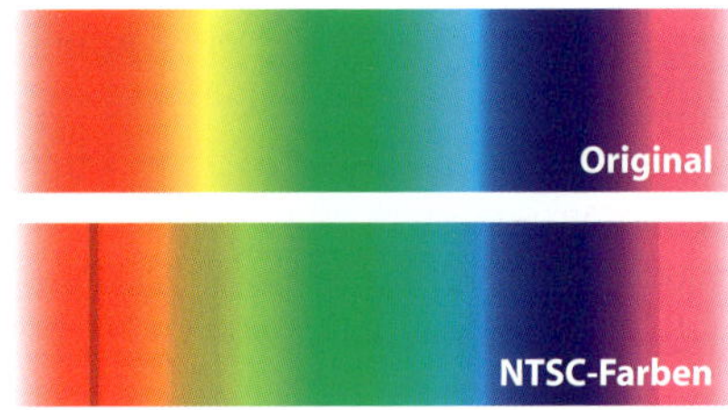

Photoshops Befehl FILTER/VIDEOFILTER/NTSC-FARBEN unterdrückt bestimmte Farben, damit diese nicht in das Bild auslaufen.

Alphakanal-Maskierung. Alphakanäle können in einem Video eine besondere Rolle spielen. Ein einzelner Alphakanal (auch als »track matte« bezeichnet) kann verwendet werden, um vollständige Sequenzen zu maskieren. Ein Alphakanal, der beispielsweise Textformen enthält, kann dafür sorgen, dass der Film nur innerhalb dieser Formen wiedergegeben wird, während das Hintergrundbild darunterliegt.

Dateien für Video speichern

Um Ihr Videodokument zu speichern, müssen Sie wissen, welche Dateiformate das Videoschnittprogramm akzeptiert. Einige Programme, darunter auch Adobe Premiere Pro, können Photoshop-Dateien mit Ebenen (PSD) lesen, fragen jedoch, welche Ebene Sie importieren wollen; Sie können die Ebenen einzeln oder eine reduzierte Version der Datei importieren. Adobe After Effects kann native PSD-Dateien mit Ebenen importieren und erhält sogar die Textebenen. Weil After Effects als Animations- und Compositingprogramm jedoch nicht mit Videoformaten arbeitet, ist es streng genommen eigentlich gar kein nichtlineares Bearbeitungssystem. Einige andere Programme können nur mit reduzierten Dateien umgehen, Dateien, die also nur aus einem Hintergrund bestehen.

MEHR DAVON
Ebenenstile
Seite 40

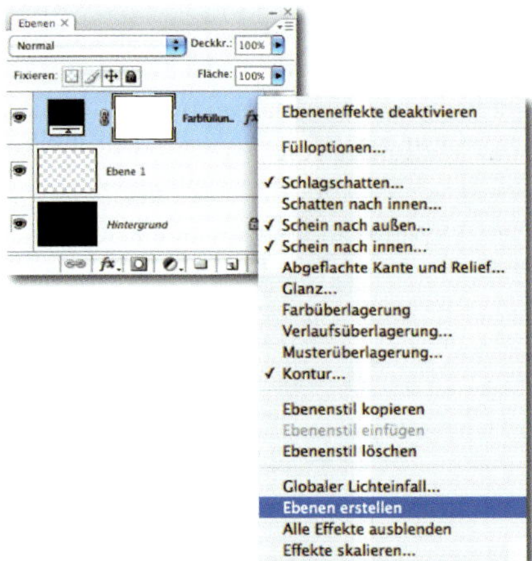

Ebenenstile müssen gerastert werden (in pixelbasierte Ebenen umgewandelt), bevor Sie eine Photoshop-Datei für Video speichern können. Speichern Sie eine intakte Version der PSD-Datei und erstellen Sie anschließend eine Kopie (BILD/BILD DUPLIZIEREN). Rastern Sie die Ebenenstile (EBENE/EBENENSTILE/EBENE ERSTELLEN) und reduzieren Sie die Ebenen.

Ebenenstile. Auch wenn Ihr Videoschnittprogramm Photoshop-Dateien mit Ebenen lesen kann, müssen Ebenenstile gerastert werden (in Pixel umgewandelt), bevor Sie die Datei speichern. Machen Sie in der Ebenen-Palette dafür Folgendes: Klicken Sie mit gedrückter Ctrl-Taste (PC: Rechts-Klick) auf den Namen der Ebene mit dem Ebenenstil und wählen Sie EBENE ERSTELLEN. Photoshop erstellt über und unter der Originalebene pixelbasierte Ebenen. Und so kombinieren Sie die neuen Ebenen mit dem Original: Verbinden Sie alle Ebenen (außer die Schattenebene, wenn das Videoprogramm eine erfordert), indem Sie für jede Ebene in das Kästchen neben dem Augen-Icon klicken bzw. alle Ebenen anklicken und dann EBENE/EBENEN REDUZIEREN (⌘/Strg-E) wählen.

SPEICHERN SIE EIN COMPOSITE!

Einige Videoschnittprogramme, inklusive Adobe Premiere Pro, können von einer Photoshop-Datei mit mehreren Ebenen eine Version mit nur einer Ebene importieren. Allerdings gelingt dies nur, wenn Sie beim Speichern ein Composite angelegt haben. Dazu müssen Sie in der Photoshop-Formatoptionen-Dialogbox die Checkbox KOMPATIBILITÄT MAXIMIEREN aktivieren.

Speichern Sie für maximale Kompatibilität mit dem Videoschnittprogramm immer ein Composite zusammen mit der Photoshop-Datei.

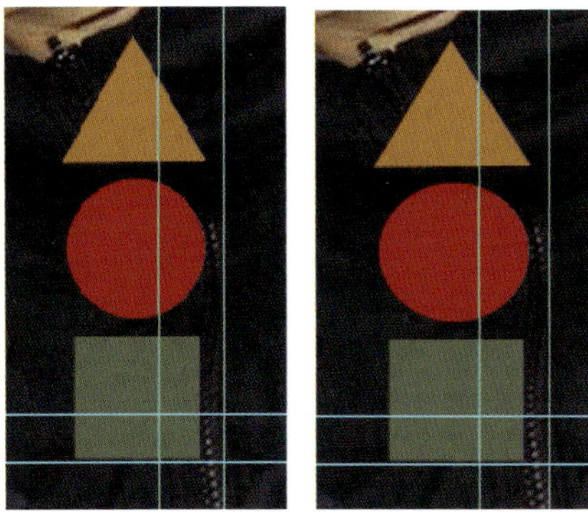

In Photoshops skalierter Ansicht eines Videoframes (mit dem richtigen Pixelseitenverhältnis) können Sie einen Kreis zeichnen, indem Sie die ⇧-Taste gedrückt halten und mit der Ellipse ziehen. Das Ergebnis sieht aus wie ein Kreis (links). In der nicht skalierten Version sieht der Kreis verzerrt aus (rechts). Auf dem Fernsehbildschirm würden Sie in beiden Fällen jedoch einen Kreis sehen.

Vielseitige Videobearbeitung

Angenommen, Sie wollen einen einzelnen oder eine Serie von Frames aus dem Videoschnittprogramm exportieren, mit Photoshops Bearbeitungswerkzeugen verbessern und anschließend wieder in das Videoschnittprogramm importieren. Es gibt verschiedene Wege, Videoframes in Photoshop zu öffnen und sie wieder zu exportieren, inklusive des Exports der Frames als einzelne Dateien, der Verarbeitung, des Speicherns der Dateien in Photoshop und des Wiederimports in das Schnittprogramm. Für ein solches Vorhaben müssen Sie die Videoframes nicht in das quadratische Pixelseitenverhältnis umwandeln. Sie können

ORIGINALVIDEO: JOHN ODAM

Um eine animierte Einblendung für die Einleitung eines Videoclips zu erstellen, wurde ein QuickTime-Videoclip in ImageReady importiert und auf jeden Frame der Kreide-und-Kohle-Filter angewendet. Der gefilterte Clip wurde dann wieder als QuickTime-Clip exportiert. Der Vorgang wurde mit einer Aktion automatisiert, wie auf Seite 133 beschrieben.

Photoshop jedoch anweisen, die Vorschau zu korrigieren, um die verzerrte Darstellung der Frames zu verhindern. Kritisch bei dieser Video-zu-Photoshop-zu-Video-Umwandlung ist, dass Sie wissen müssen, welche Photoshop-kompatiblen Formate das Videoschnittprogramm kennt und welche Dateiformate es akzeptiert, wenn Sie die Dateien wieder importieren wollen. Für eine ganze Serie von Frames müssen Sie auch wissen, wie Sie diese benennen müssen, damit alles glattgeht. Werfen Sie dazu einen Blick in die Hilfe Ihres Videoschnittprogramms.

QuickTime, Photoshop und ImageReady. QuickTime (**.mov**) ist ein gebräuchliches digitales Videoformat. Photoshop kann diese Dateien nicht öffnen, ImageReady hingegen schon. Wenn ImageReady eine .mov-Datei öffnet, erscheint diese als Dokument mit mehreren Ebenen, wobei jeder Frame eine einzelne Ebene bildet. Sie können das Dokument bearbeiten und die Vorteile von ImageReadys Aktionen nutzen, um alle Frames gleichmäßig zu bearbeiten. Speichern Sie die bearbeitete Datei anschließend wieder im QuickTime-Format.

Ü B U N G

Dateibrowser/Bridge

Der Dateibrowser (in Photoshop CS) und Bridge (seit CS2) widmen sich einer Herausforderung, der sich Photoshop-Nutzer immer wieder stellen müssen – wie sortiert und speichert man Bilder, so dass man sie später jederzeit schnell und einfach wiederfindet? Mit beiden Programmen können Sie Dateien sortieren und nach bestimmten Kriterien suchen, sowie einige einfache Bearbeitungen durchführen. Außerdem haben Sie Zugang zu einigen praktischen Automatisieren-Funktionen von Photoshop, beispielsweise Photomerge.▼

Für diese Übung haben wir einen Bilderordner erstellt. Sie können unsere Dateien oder einen eigenen Bilderordner verwenden. Nebenbei werden Sie sicherlich noch weitere Menübefehle entdecken – sehen Sie sich einfach ein bisschen um.

Hinweis: In dieser Übung werden alle Menübefehle über die Menüs des Dateibrowsers/von Bridge gewählt, nicht über Photoshop.

MEHR DAVON

▼ Photomerge
Seite 577

SIE FINDEN DIE DATEIEN

auf der DVD unter Wow Projektdateien/Kapitel 3/ Browser-Bridge

KEIN »RÜCKGÄNGIG«

Der Dateibrowser und Bridge arbeiten direkt mit den Dateien, die sich auf Ihrer Festplatte oder einem Speichermedium befinden. Wenn Sie beispielsweise einen Stapel Dateien auf der Festplatte umbenennen oder verschieben, können Sie das nicht rückgängig machen.

TASTATUR-KURZBEFEHLE

Sie können den Dateibrowser/Bridge auch über die Tastatur öffnen:

- Drücken Sie ⌘-⇧-O (PC: Strg-⇧-O) – den Buchstaben »O«, um den Dateibrowser zu öffnen.
- Drücken Sie ⌘-⌥-O (PC: Strg-Alt-O), um Bridge zu öffnen.

1. Sehen Sie sich um

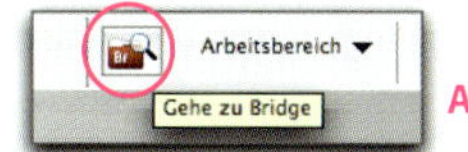

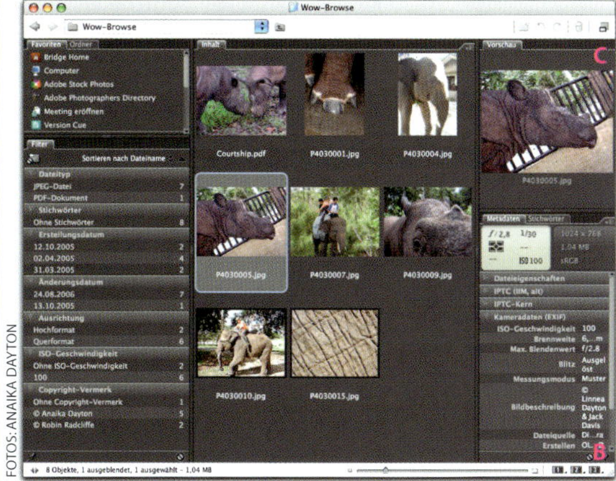

FOTOS: ANAIKA DAYTON

Öffnen Sie Photoshop und klicken Sie am rechten Ende der Optionsleiste auf den Button GEHE ZU DATEIBROWSER/BRIDGE **A**. Sie können auch DATEI/DURCHSUCHEN wählen oder den Tastatur-Kurzbefehl (siehe Kasten unten links) verwenden. Nutzen Sie das Programm-Menü, um zum Ordner **Wow-Browser** zu navigieren. Für jedes Bild wird eine Miniatur erzeugt – bei Ordnern mit vielen Bildern kann das eine Weile dauern, es wird jedoch ein Cache mit Informationen erstellt, so dass es beim nächsten Mal nicht mehr so lange dauert.

Standardmäßig öffnet sich der Dateibrowser/Bridge mit einigen Paletten auf der linken Seite und den Bildminiaturen in alphabetischer oder nummerischer Reihenfolge auf der rechten Seite **B**. Im Dateibrowser erscheinen die Ordner nach den Dateien; in Bridge erscheinen Dateien und Ordner gemischt. Zusätzlich zum Miniatur-Layout bietet das Ansicht-Menü auch die Detail-Ansicht (mit Metadaten oder Dateiinformationen) **C**. In Bridge gibt es zusätzlich den Kompaktmodus (die Paletten links werden ausgeblendet), Präsentationen (siehe Seite 132), Versionen und Alternativen (Seite 106) und Filmstreifen (eine große Vorschau mit einem Streifen der anderen Miniaturen rechts daneben oder darunter); klicken Sie auf den Button FILMSTREIFENAUSRICHTUNG WECHSELN, um die Ausrichtung zu ändern.

2. Passen Sie die Benutzeroberfläche an

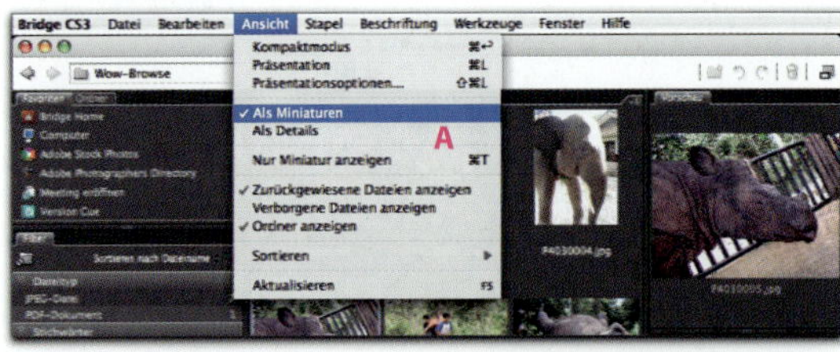

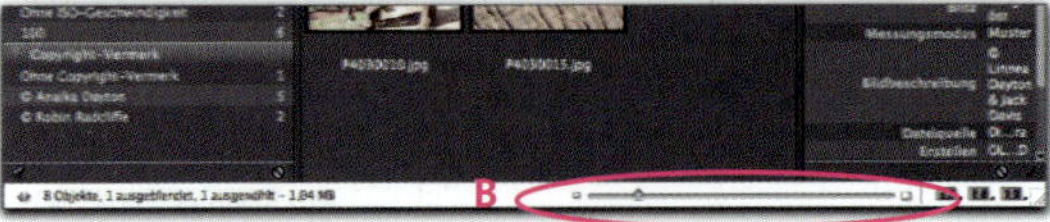

Falls Sie in Schritt 1 andere Ansichten ausprobiert haben, kehren Sie jetzt wieder zur Miniatur-Ansicht zurück:

- Wählen Sie im Dateibrowser ANSICHT/KLEINE, MITTLERE oder GROSSE MINIATUREN. Unter BEARBEITEN/VOREINSTELLUNGEN können Sie auch eine eigene Größe festlegen, die Sie dann über das Ansicht-Menü aufrufen können.
- Wählen Sie in Bridge ANSICHT/ALS MINIATUREN **A**. Um die Größe der Miniaturen zu ändern, verschieben Sie den Regler unten im Fenster **B**.

Passen Sie jetzt die Benutzeroberfläche an. Sie können die relative Größe der Paletten links ändern, indem Sie deren Grenzen nach oben oder unten verschieben. Ziehen Sie am rechten Rand, um die Paletten breiter zu machen. Probieren Sie es aus. Sie können eine Palette ausblenden, indem Sie auf den entsprechenden Reiter klicken (ein Doppelklick öffnet sie wieder); Sie können die Reiter neu anordnen:

- Klicken Sie doppelt auf einen Reiter, um die Palette zu minimieren. Ziehen Sie diesen anschließend an eine andere Stelle.
- In Bridge können Sie die Paletten über das Ansicht-Menü ein- und ausblenden. Zum Vergrößern und Verkleinern klicken Sie doppelt auf einen Reiter; durch Ziehen können Sie die Position ändern.

Beachten Sie, dass die Paletten METADATEN und STICHWÖRTER bzw. in Bridge ORDNER und FAVORITEN standardmäßig zusammen angeordnet sind.

3. Umbenennen (Dateibrowser)

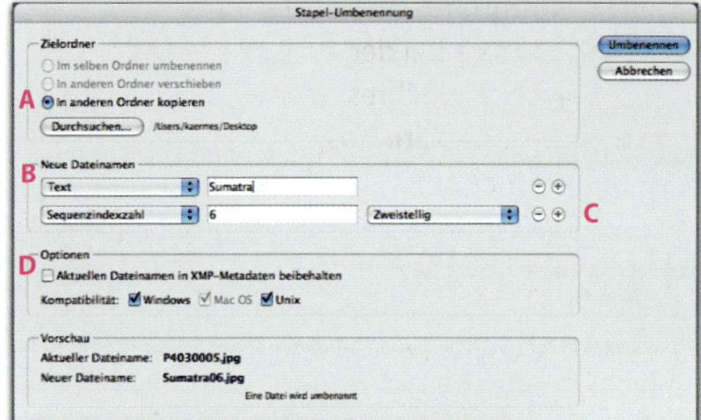

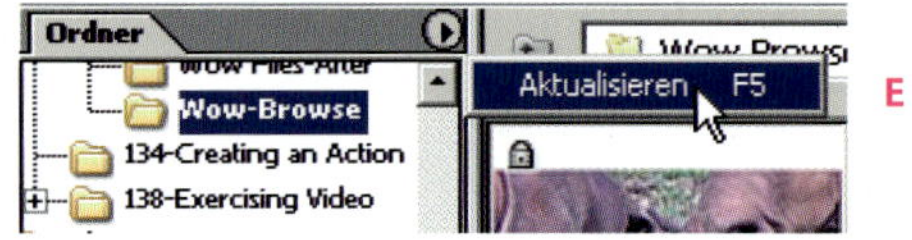

Dateien, die Sie von einer Digitalkamera oder aus dem Web herunterladen, haben oft Namen, die sich wie Seriennummern lesen. So können Sie ganze Ordner mit Dateien im Dateibrowser umbenennen (auf Seite 129 lernen Sie, wie das in Bridge geht): Wählen Sie zunächst alle Dateien aus (⌘/Strg-A oder BEARBEITEN/ALLES AUSWÄHLEN). Wählen Sie anschließend AUTOMATISIEREN/STAPELUMBENENNUNG.

Wenn Sie die entsprechenden Rechte an dem Ordner haben, können Sie die Dateien im selben Ordner umbenennen. Ansonsten müssen Sie in der Dialogbox einen neuen Speicherort festlegen **A**. Aktivieren Sie auch die VERSCHIEBEN-Option; wählen Sie dann einen Ordner aus oder erstellen Sie einen neuen (klicken Sie auf NEUER ORDNER, geben Sie diesem einen Namen und klicken Sie auf ERSTELLEN).

Legen Sie jetzt den neuen Namen der Dateien fest: In das erste der sechs Eingabefelder geben Sie einen Namen ein (wir wählten »Sumatra«) **B**. Drücken Sie die Tab-Taste und wählen Sie für das nächste Eingabefeld eine Option. Wenn Sie unserem Beispiel folgen, wählen Sie »Zweistellige Seriennummer« **C**. (Da Sie die Dateien auch zu bereits mit einer Seriennummer vergebenen Dateien hinzufügen können, können Sie hier auch die Startnummer festlegen; wir behielten den Standard bei.) Drücken Sie erneut die Tab-Taste und wählen Sie eine Erweiterung **D**.

Klicken Sie auf OK – der Dateibrowser zaubert jetzt ein bisschen. Ist die Stapelumbenennung abgeschlossen, können Sie nach den umbenannten Dateien suchen. Haben Sie einen neuen Ordner erstellt, müssen Sie über das Paletten-Menü gehen oder F5 drücken, um die Ansicht zu aktualisieren **E**.

3. Kopieren & Umbenennen (Bridge)

In Bridge können Sie einen gesamten Ordner umbenennen und ihn gleichzeitig an einem neuen Ort speichern: Wählen Sie zunächst alle Dateien aus (⌘/Strg-A oder BEARBEITEN/ALLES AUSWÄHLEN). Wählen Sie anschließend WERKZEUGE/STAPELUMBENENNUNG.

Wenn Sie die entsprechenden Rechte für den Ordner besitzen, können Sie die umbenannten Dateien im selben Ordner speichern. Sie können sie aber auch in einen anderen Ordner kopieren **A**. Es gibt noch eine dritte Option – Sie können die Dateien auch in einen anderen Ordner verschieben, statt Kopien zu erstellen. Aktivieren Sie jetzt aber die Kopieren-Option und klicken Sie auf DURCHSUCHEN. Wählen Sie einen Ordner aus, in dem Sie die Dateien jetzt speichern wollen. Sie können auch einen neuen Ordner erstellen, indem Sie auf NEUER ORDNER klicken, ihm einen Namen geben und anschließend auf ÖFFNEN klicken.

Um den neuen Namen festzulegen, wählen Sie im ersten der Eingabefelder für den Dateinamen eine Option. Wenn Sie unserem Beispiel folgen wollen, wählen Sie TEXT **B** und geben »Sumatra« ein. Klicken Sie anschließend auf den Plus-Button **C,** um eine weitere Option wählen zu können; wir wählten dann SEQUENZSERIENNUMMER **D** und behielten die Startnummer »1« bei. (Sie können auch mit einer anderen Zahl als 1 anfangen, wenn Sie die Dateien beispielsweise in einen Ordner kopieren, in dem sich bereits Dateien mit einer Seriennummer befinden.)

Klicken Sie auf UMBENENNEN. Anschließend können Sie nach dem Ordner mit den umbenannten Dateien suchen. Wenn Sie einen neuen Ordner erstellt haben, müssen Sie über das Paletten-Menü gehen oder die Taste F5 drücken, um die Ansicht zu aktualisieren **E**.

4. Grobes Sortieren (Dateibrowser)

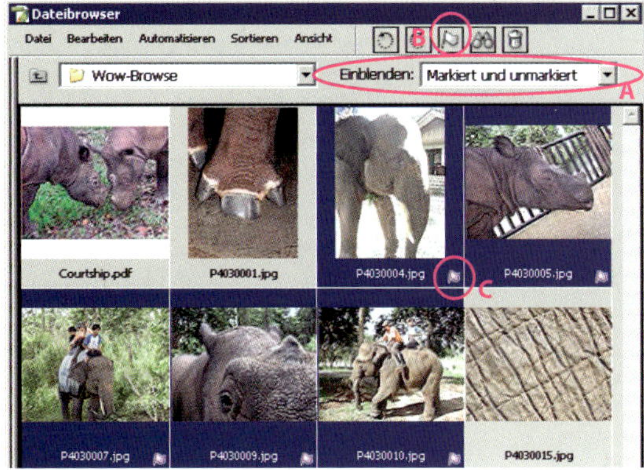

In Photoshop CS bietet der Dateibrowser zwei Möglichkeiten, Dateien in einem Ordner grob zu sortieren: Sie können die Datei markieren oder einen Rang festlegen – zusätzlich gibt es aber auch noch die Möglichkeit einer eigenen Sortierung (Seite 130). Außerdem können Sie Metadaten und Stichwörter hinzufügen (siehe Schritt 6).

Wenn Sie Dateien **markieren**, können Sie sie leichter von anderen unterscheiden. (In der oberen rechten Ecke des Dateibrowser-Fensters finden Sie ein Menü **A**, in dem Sie einstellen können, welche Dateien Sie angezeigt bekommen wollen.) Wenn sich beispielsweise 300 Bilder in einem Ordner befinden, Sie aber nur 20 von ihnen für ein Projekt benötigen, können Sie diese 20 markieren. Probieren Sie es aus: Wählen Sie fünf Miniaturen aus und klicken Sie auf den Button DATEI MARKIEREN **B**. Rechts unter der Miniatur erscheint ein kleines Fähnchen **C**. (Wenn Sie die Markierung einiger Dateien wieder aufheben wollen, klicken Sie auf die Miniatur und dann erneut auf den Button DATEI MARKIEREN.) Wenn Sie jetzt im Einblenden-Menü die Option MARKIERTE DATEIEN wählen, erscheinen nur die Dateien mit dem Fähnchen.

Sie können Ihren Bildern aber auch einen **Rang zuweisen**. Wenn Sie das Wort »Rang« links unter der Miniatur nicht sehen können, wählen Sie ANSICHT/RANG ANZEIGEN. Klicken Sie jetzt einfach auf das Wort und geben Sie einen Buchstaben oder eine Zahl ein. Um mehr als eine Datei mit demselben Rang zu versehen, klicken Sie mit gedrückter ⌘/Strg- oder der ⇧-Taste auf die entsprechenden Miniaturen. Öffnen Sie das Kontextmenü durch Klicken mit gedrückter Ctrl-Taste (PC: Rechts-Klick) und wählen Sie einen Rang aus. Mit SORTIEREN/RANG können Sie jetzt Ordnung in Ihre Dateien bringen.

4. Grobes Sortieren (Bridge)

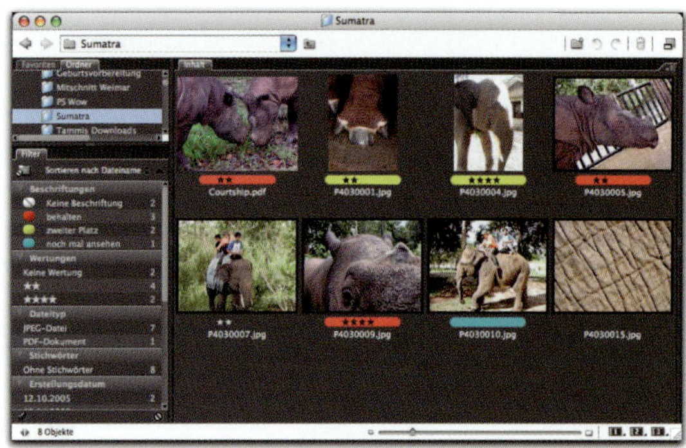

In Bridge haben Sie die Möglichkeit, Ihre Bilder zu beschriften (mit fünf unterschiedlichen Farben) und zu bewerten (mit ein bis fünf Sternen). Angenommen, Sie haben einen Ordner mit 300 Bildern, benötigen jedoch nur 20 und wollen diese farblich markieren. (Beachten Sie, dass Sie die Bewertung und die Beschriftung mit ⌘/Strg-Z rückgängig machen können.)

Beim Beschriften wählen Sie aus dem Beschriften-Menü einfach eine passende Farbe – Sie können auch mit dem Tastatur-Kurzbefehl ⌘/Strg- plus eine Zahl zwischen 6 und 9 arbeiten. Probieren Sie es aus: Wählen Sie die Miniaturen einiger Dateien aus und drücken Sie ⌘/Strg-6 (für Rot); wählen Sie weitere Dateien aus und drücken Sie ⌘/Strg-8 (für Grün).

Beim Bewerten wählen Sie eine oder mehrere Dateien und dann die entsprechende Anzahl der Sterne aus dem Beschriften-Menü. Auch hier können Sie mit einem einfachen Tastatur-Kurzbefehl arbeiten – ⌘/Strg- plus eine Zahl zwischen 1 und 5. Wählen Sie die drei rot markierten Dateien aus und weisen Sie vier Sterne zu. Anschließend versehen Sie die beiden grünen Dateien mit jeweils einem Stern.

Sie können festlegen, welche Dateien angezeigt werden sollen, indem Sie auf das kleine Dreieck neben »Nicht gefiltert« oder »Gefiltert« klicken (oben rechts im Fenster) und eine Option auswählen. Sortieren, also die Reihenfolge ändern, können Sie mit Ansicht/Sortieren. Wählen Sie einfach eine Routine aus, schon werden die Miniaturen neu angeordnet.

5. Eigenes Sortieren

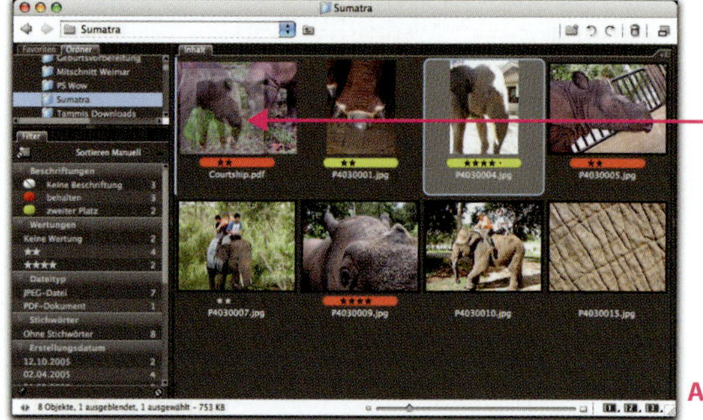

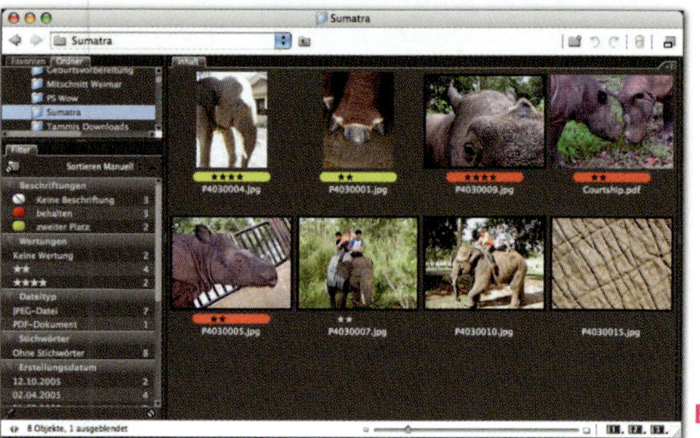

Sie können Ihre Miniaturen aber auch selbst sortieren. Ziehen Sie die Miniaturen einfach an die gewünschte Position und warten Sie, bis eine dunkle Linie erscheint, die deutlich macht, dass Sie die Miniatur an diese Stelle verschieben **A**. Wir haben hier, als Vorbereitung für die Diashow in Bridge (Seite 135) die Elefantenfotos inklusive des PDFs an den Anfang gestellt **B**.

Ihre eigene Sortierung bleibt so lange erhalten, bis Sie die Miniaturen neu anordnen. Die letzte Ordnung können Sie aufrufen, indem Sie Sortieren/Eigene (Dateibrowser) bzw. Ansicht/Sortieren/Manuell (Bridge) wählen.

Stichwörter löschen

Es gibt zwei Möglichkeiten, Stichwörter zu löschen:

- Um ein Stichwort aus einer Stichwörter-Sammlung zu löschen, aktivieren Sie das entsprechende Stichwort und klicken Sie auf den Löschen-Button unten in der Palette. (In den Metadaten der Dateien, zu denen Sie es hinzugefügt haben, bleibt das Stichwort erhalten.)
- Um ein Stichwort von einer Datei zu löschen, aktivieren Sie die Datei und klicken Sie in der Stichwörter-Palette auf das Häkchen vor dem Stichwort. Das Stichwort wird aus den Metadaten der Datei entfernt, bleibt in der Palette jedoch erhalten.

6. Stichwörter hinzufügen

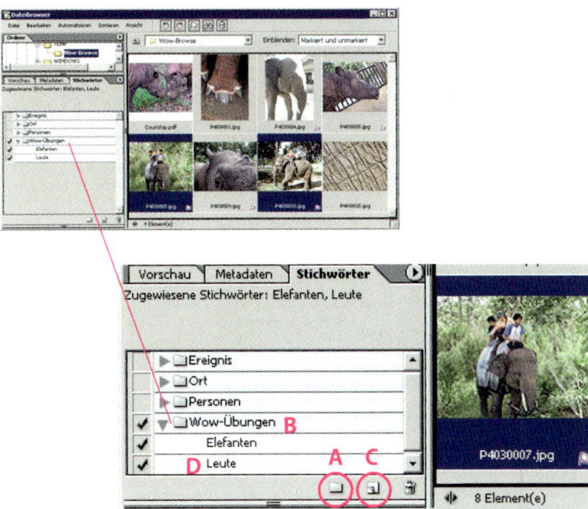

Stichwörter bieten eine Möglichkeit, Informationen über den Inhalt einer Datei zu speichern, und erleichtern das Auffinden. Heben Sie die Auswahl der Miniaturen auf. Klicken Sie auf den Reiter STICHWÖRTER – Sie sehen bereits einige Sets oder Kategorien mit Stichwörtern. Wir werden jetzt eine eigene Kategorie erstellen. Klicken Sie unten in der Palette auf den Button NEUES STICHWORTSET **A**. Oben in der Liste wird ein neues Set hinzugefügt, dem Sie gleich einen eigenen Namen geben können. Drücken Sie nach der Eingabe ↵, die Sets werden jetzt automatisch nach dem Alphabet sortiert **B**. Um in diesem Set ein neues Stichwort zu erstellen, klicken Sie auf den Button NEUES STICHWORT **C** und geben Sie auch diesem einen Namen.

Wählen Sie einige Miniaturen aus, und aktivieren Sie anschließend das Häkchen neben dem soeben erstellten Stichwort oder klicken Sie doppelt auf das Stichwort selbst. Das Häkchen verdeutlicht, dass das Stichwort auf die Miniaturen angewendet wurde. Ein »–« neben dem Namen eines Sets verdeutlicht, dass mindestens ein Stichwort daraus angewendet wurde; ein Häkchen bedeutet, dass alle Stichwörter angewendet wurden. Erstellen Sie ein weiteres Stichwort **D** und weisen Sie auch dieses zu. Wenn Sie sich jetzt die Metadaten dieser Dateien ansehen, finden Sie die zugewiesenen Stichwörter.

STICHWÖRTER VERSCHIEBEN

Wenn ein Stichwort versehentlich in einem falschen Set gelandet ist, keine Bange! Sie können Stichwörter ganz einfach verschieben. Ziehen Sie das Stichwort einfach in das entsprechende Set. Fertig.

7. Nach Dateien suchen

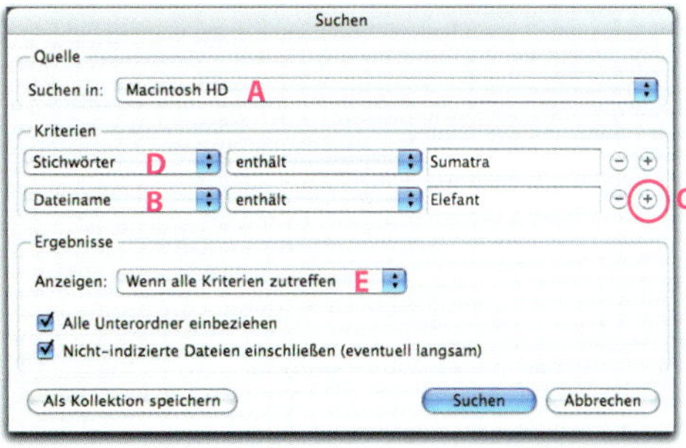

Sie können Dateien anhand 13 verschiedener Kriterien suchen, was die Suche deutlich vereinfacht. So geht's:

- Wählen Sie im Dateibrowser DATEI/SUCHEN oder klicken Sie oben im Fenster auf den SUCHEN-Button. In Bridge wählen Sie BEARBEITEN/SUCHEN (oder drücken ⌘/Strg-F).

Klicken Sie in der Suchen-Dialogbox auf DURCHSUCHEN. Wir suchen in unseren Sumatra-Bildern nach Fotos, auf denen Menschen auf Elefanten reiten. Vergewissern Sie sich, dass auch der Ordner eingeblendet ist, in dem Sie suchen wollen – wenn Sie die Suche auf einen Ordner beschränken, geht es schneller. Meistens werden Sie jedoch nicht unbedingt wissen, wo sich die Bilder befinden, sonst müssten Sie sie ja nicht suchen. Dann müssen Sie die Suche erweitern und auch Unterordner einschließen. (Sie können die gesamte Festplatte durchsuchen lassen, was natürlich entsprechend dauert.) Suchen Sie in diesem Beispiel im Ordner aus Schritt 3 **A**.

Wählen Sie im ersten Eingabefeld die Option DATEINAME **B**, drücken Sie die Tab ⇥-Taste und wählen Sie »enthält«, drücken Sie erneut Tab ⇥ und geben Sie »Sumatra« ein. (»Enthält« ist die sicherere Wahl gegenüber »ist«.) Klicken Sie auf den Plus-Button **C**. Wählen Sie jetzt »Stichwörter«, »enthält« und »Elefant« **D**. (Sehen Sie sich auch die anderen Kriterien an, nach denen Sie Ihre Bilder suchen können.) Vergewissern Sie sich in Bridge, dass die Option ÜBEREINSTIMMUNG auf WENN ALLE KRITERIEN ZUTREFFEN steht **E**. Sie können sich die Suchergebnisse auch in einem neuen Bridge-Fenster anzeigen lassen. Klicken Sie schließlich auf SUCHEN.

Falls die Suche nicht die Ergebnisse hervorbringt, die Sie erwartet haben, oder zu viele Dateien gefunden werden, suchen Sie einfach erneut. Die Suchen-Dialogbox erscheint so, wie Sie sie eben verlassen haben. Sie können Änderungen vornehmen und erneut suchen.

8. Präsentationen in Bridge

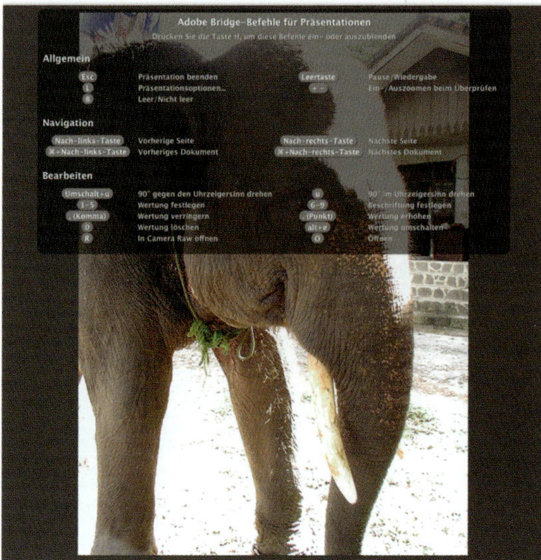

Bridges **Präsentations**-Modus eignet sich hervorragend, um sortierte Dateien in einem Ordner zu sichten – entweder mit einem Kunden oder allein. In diesem Modus wird jedes Bild einzeln angezeigt. Wählen Sie dafür ANSICHT/ DIASHOW. Sobald Sie sich in diesem Modus befinden, können Sie mit der Taste H eine Liste mit allen Tastatur-Kurzbefehlen einblenden (wie in der Abbildung zu sehen).

- Um die Bilder an die Fenstergröße anzupassen, drücken Sie die Taste D bis zur Option ANZEIGEMODUS: ANPASSEN.
- Um nur die Bilder ohne Namen, Beschriftungen usw. einzublenden, drücken Sie die Taste C bis zur Option OBJEKTBESCHREIBUNG: AUS.
- Mit der Leertaste können Sie die Präsentation automatisch ablaufen lassen und entsprechend starten oder anhalten. Mit der Taste S können Sie die Einblendung um 1 Sekunde verlängern, mit ⇧-S verkürzen.
- Sie können auch mit den Pfeiltasten durch die Bilder navigieren.

Bridge CS3 hat die Möglichkeiten etwas ausgebaut, so gibt es dort beispielsweise auch Überblendungen.

PRÄSENTATION IN DER PRÄSENTATION

Wenn Bridge in einem Ordner auf eine PDF-Präsentation stößt, können Sie mit den Pfeiltasten von Seite zu Seite wechseln oder die Präsentation automatisch ablaufen lassen, dann werden alle Bilder eingeblendet. Drücken Sie jedoch zusätzlich zu einer der Pfeiltasten die ⌘/Strg-Taste, werden die verbleibenden Seiten der PDF-Datei übersprungen.

9. Die Filter-Palette (CS3)

Mit der Filter-Palette grenzen Sie in Bridge CS3 die Zahl der angezeigten Miniaturen ein. Klicken Sie Kriterien wie Erstellungsdatum, Wertung oder Stichwörter an – nur Dateien, die die Kriterien erfüllen, erscheinen im Inhaltfenster. Mit den Schaltflächen unten in der Palette können Sie die Filtereinstellungen konservieren oder aufheben:

- Filter beim Durchsuchen beibehalten: Wenn Sie hier klicken, merkt sich Bridge die Filterkriterien beim Wechsel zu einem anderen Ordner.
- Filter löschen: Zeigen Sie wieder den vollständigen Inhalt des kompletten Ordners.

Einige Abfrage-Möglichkeiten:

- Klicken Sie auf die Zeile Obst, um nur Bilder mit diesem IPTC-Stichwort zu sehen. Klicken Sie anschließend auf das Stichwort Orange, präsentiert Bridge alle Bilder, die mindestens einen der beiden Ausdrücke enthalten. Vergleichbar arbeiten Sie auch mit anderen Kriterien wie Beschriftungen oder Erstellungsdatum.
- Klicken Sie bei gedrückter ⌘/Alt-Taste auf die Zeile Obst, sehen Sie nur Bilder, die genau dieses Stichwort nicht enthalten.

Filtern Sie auch nach Wertungen: Klicken Sie auf die Zeile mit drei Sternen, sehen Sie nur noch Motive, denen Sie drei Sterne zugestanden haben. Wollen Sie dagegen Aufnahmen ab drei Sterne aufwärts sehen, klicken Sie die Zeile mit drei Sternen bei gedrückter ⇧-Taste an.

Fragen Sie mehrere Kriterien ab, entsteht eine UND-Verbindung, das Bild muss also beide Bedingungen erfüllen. Klicken Sie zum Beispiel auf Obst und ein bestimmtes Erstellungsdatum, dann sehen Sie nur Obst-Fotos von diesem Tag.

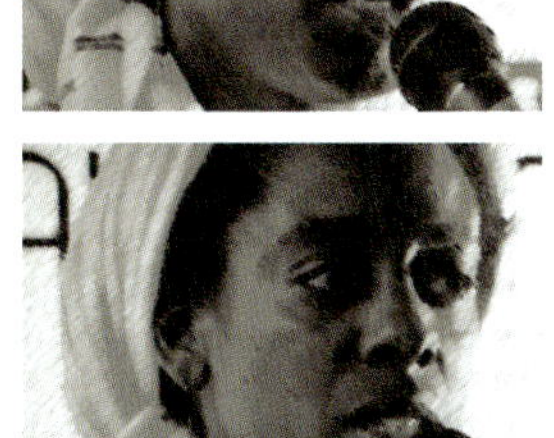

ORIGINALVIDEO: JOHN ODAM

Aktionen erstellen, um Videoclips zu animieren

SIE FINDEN DIE DATEIEN

auf der DVD (WOW) unter Wow Projektdateien/Kapitel 3/Eine Aktion erstellen:

- Video Clip-Vorher.mov (Beginn)
- Video Clip-Nachher.mov (Vergleich)
- Wow ImageReady Kunst Video.isa (zum Vergleichen)

ÖFFNEN SIE DIESE IMAGEREADY-PALETTEN

aus dem Fenster-Menü:

- Ebenen • Aktionen • Animation

ÜBERBLICK

Öffnen Sie eine **.mov**-Datei in ImageReady

- Fügen Sie eine Ebene hinzu
- Nehmen Sie eine Aktion auf, um die Frames zu filtern, inklusive eines bedingten Schrittes, um die Aktion anzuhalten
- Vorschau und Export der bearbeiteten Dateien

Das Aufnehmen von Aktionen funktioniert in Photoshop und ImageReady nahezu identisch. Für diese spezielle Aktion – das Hinzufügen eines Spezialeffekts zu jedem Frames eines Videoclips – ist jedoch ImageReady besser geeignet. ImageReady bietet Funktionen, die es in Photoshop nicht gibt – wie die Möglichkeiten, QuickTime-Filme zu öffnen und zu exportieren, und in eine Aktion bedingte Schritte einzubauen. Außerdem können Sie bestimmte Bearbeitungen an einem gesamten Videoclip vornehmen. ImageReady ist nicht Teil von Photoshop CS3, für Videos arbeiten Sie am besten mit CS3 Extended.

Der Videokünstler John Odam wollte eine Animation als Einleitung für sein Originalvideo erstellen. Er exportierte deshalb einen Clip aus seinem Adobe-Premiere-QuickTime-Film (**.mov**) und öffnete ImageReady, um die Anwendung Photoshops Zeichenfilter zu automatisieren. Wir verwendeten einen Clip mit einer Dauer von 4 Sekunden (das sind etwa 100 Frames) und einer Größe von 720 x 480 Pixel. Um diesem Beispiel zu folgen, können Sie jeden beliebigen QuickTime-Film verwenden oder Sie nutzen eine reduzierte Version von Odams Clip, die Sie auf der Wow-DVD-ROM finden.

1 Die Aktion starten. Öffnen Sie den QuickTime-Film in ImageReady (DATEI/ÖFFNEN). In der Öffnen-Dialogbox können Sie den gesamten Clip **1a** oder mithilfe des Schiebereglers den Bereich auswählen, den Sie ändern wollen (halten Sie die ⇧-Taste gedrückt und ziehen Sie den Regler bis zum Ende des gewünschten Bereichs). Klicken Sie anschließend auf OK, und

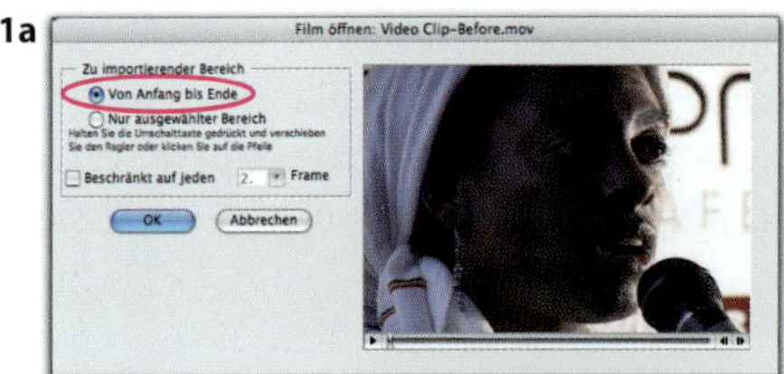

1a In der Dialogbox FILM ÖFFNEN können Sie einen gesamten Clip (wie hier zu sehen) oder mithilfe des Schiebereglers (ziehen Sie ihn mit gedrückter ⇧-Taste) nur einen Teil des Clips auswählen.

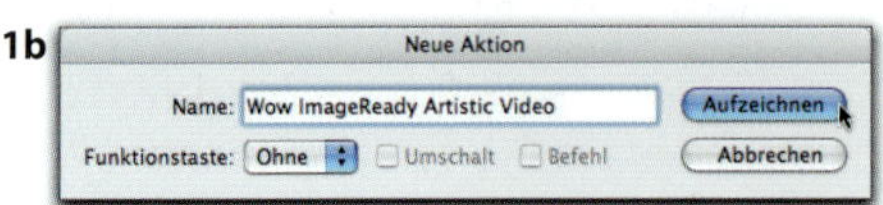

1b Die Aufnahme einer neuen Aktion.

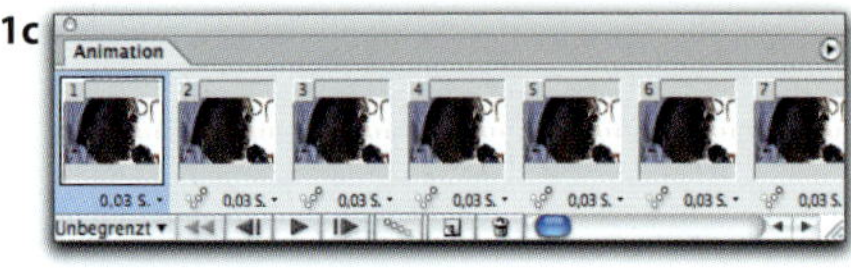

1c

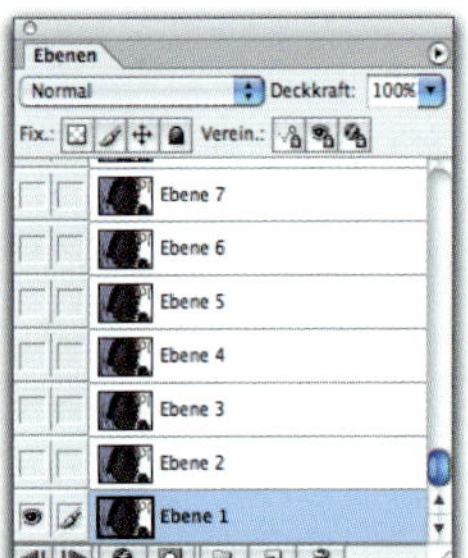

Zu Beginn aktivierten wir den ersten Frame und die unterste Ebene.

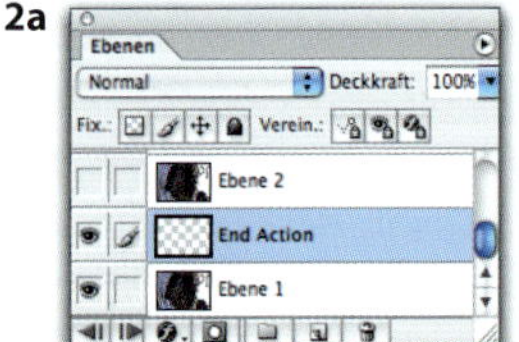

2a Erstellen Sie die Ebene »End Action«.

Benennen Sie Ebenen und Kanäle

Immer, wenn Sie bei der Aufnahme einer Aktion eine Ebene oder einen Alphakanal erstellen, sollten Sie darauf achten, präzise Namen zu vergeben. Damit verhindern Sie, dass Sie durcheinanderkommen, wenn Sie die Aktion auf eine andere Datei anwenden, in der es beispielsweise auch eine »Ebene 1« gibt.

Tastatur-Kurzbefehle in Aktionen verwenden

Egal, ob in Photoshop oder ImageReady: Wenn Sie eine Aktion aufnehmen, bei der Sie in der Ebenen-Palette navigieren, ist es besser, mit den Tastatur-Kurzbefehlen zu arbeiten, statt auf eine Ebene zu klicken. Andersfalls wird der Ebenenname als Teil der Aktion aufgenommen. Bei der Wiedergabe sucht die Aktion dann möglicherweise vergebens nach einer Ebene mit diesem Namen.

warten Sie, bis die Datei geöffnet wurde. (Das Pixelseitenverhältnis sorgt dafür, dass der Clip horizontal verzerrt aussieht. Das stört uns jetzt nicht, weil wir den Clip später wieder in dasselbe Videoformat ausgeben. Falls Sie das Seitenverhältnis jedoch trotzdem ändern wollen, erfahren Sie auf Seite 137 wie das geht.)

Klicken Sie in der Aktionen-Palette (FENSTER/AKTIONEN) unten auf den Button NEUE AKTION ERSTELLEN, geben Sie in der Dialogbox einen Namen ein und klicken Sie auf AUFNAHME **1b**.

Wenn Sie einen QuickTime-Film öffnen, sind zunächst immer der erste Frame und die unterste Ebene aktiv, alle anderen sind nicht zu sehen – das ist auch das richtige Stadium für unsere Aktion **1c**. Es ist jedoch nicht verkehrt, einen Initialschritt in die Aktion zu integrieren, falls Sie Änderungen vorgenommen haben, vor der Wiedergabe der Aktion jedoch den Ausgangszustand wiederherstellen wollen. Um den ersten Frame auszuwählen, drücken Sie ⇧-⌥-⇤ (PC: ⇧-Alt-⇤). Drücken Sie anschließend ⇧-⌥-# (PC: ⇧-Alt-#), um die unterste Ebene zu aktivieren.

2 Bedingung. Wir wollen, dass sich die Aktion von Frame zu Frame und somit auch von Ebene zu Ebene ändert, egal, wie viele Frames sich in diesem Clip befinden. Die Aktion soll dann angehalten werden – dazu fügen wir eine Ebene mit einem speziellen Namen und anschließend eine Bedingung ein, die ImageReady mitteilt, dass die Aktion weiterlaufen soll, bis sie auf die Ebene mit dem speziellen Namen trifft.

Öffnen Sie während der Aufnahme die Dialogbox NEUE EBENE, indem Sie ⌘-⇧-N (PC: Strg-⇧-N) drücken. Geben Sie den Namen »End Action« ein und klicken Sie auf OK. Dadurch fügen Sie direkt über der untersten Ebene eine leere Ebene ein **2a** und nehmen diesen Schritt als Teil der Aktion auf **2b**.

2b

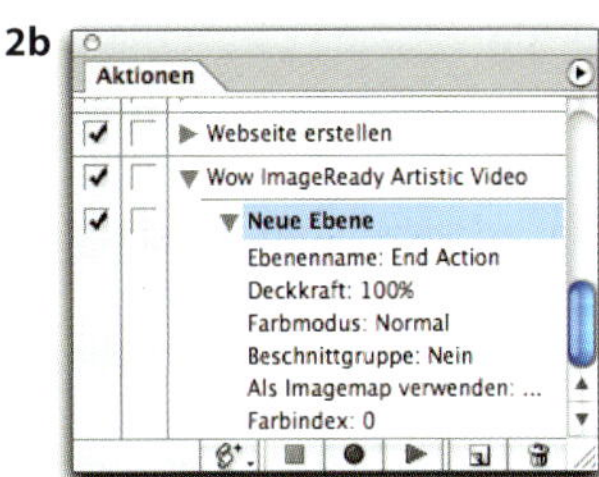

Die Aktion hat auch das Hinzufügen der Ebene mit aufgenommen.

3a

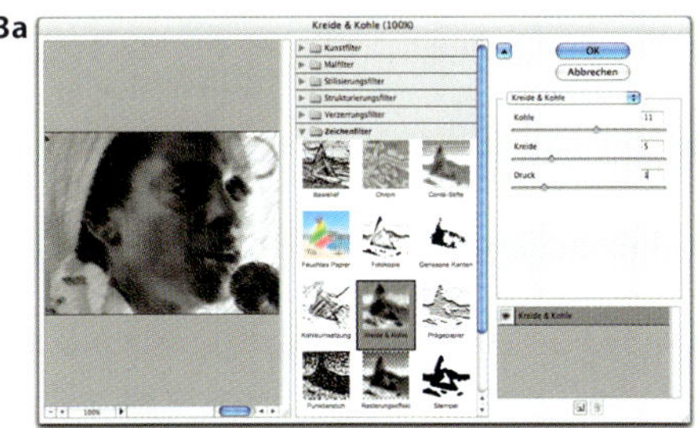

Die Anwendung des Filters KREIDE UND KOHLE. (Die Einstellungen passen zu Odams Videoclip. Sie können auch mit anderen Einstellungen arbeiten.)

3b

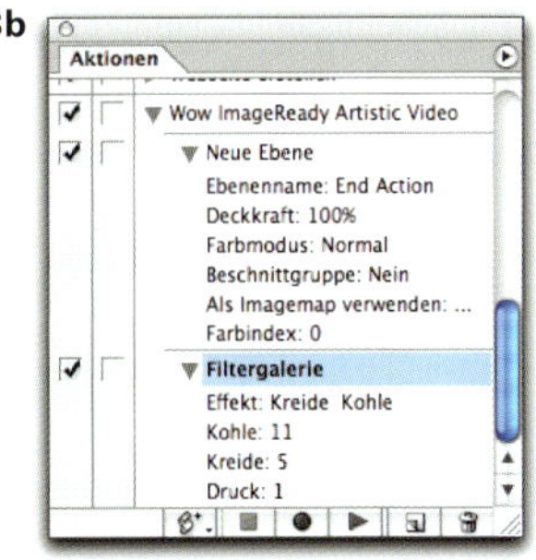

Die Einstellungen aus der Filtergalerie wurden in der Aktion aufgenommen.

4a

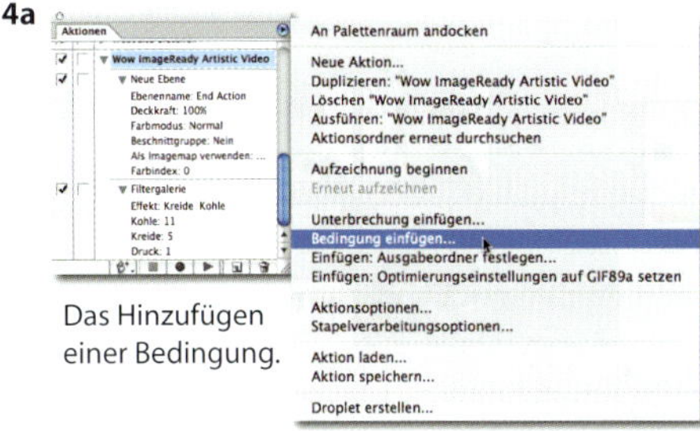

Das Hinzufügen einer Bedingung.

3 Filtern. Wir werden die Aktion so einstellen, dass die direkt darüberliegende Ebene ausgewählt, ein Kunstfilter angewendet und dann wieder die nächste Ebene ausgewählt wird usw. Wenn die Aktion bei der obersten Ebene angekommen ist, soll sie wieder zur untersten Ebene wechseln, wenn sie auf die Ebene »Aktion Ende« stößt, diese löschen und anhalten. Klicken Sie in der Animation-Palette auf den Button WÄHLT NÄCHSTEN FRAME AUS. So wird die nächste darüberliegende Ebene sichtbar; mit ⌘-Ä (PC: Strg-Ä) wird sie aktiv.

Öffnen Sie jetzt die Filtergalerie (FILTER/FILTERGALERIE) und experimentieren Sie. Wählen Sie einen Filter aus, indem Sie auf die entsprechende Miniatur klicken oder den Filter rechts aus dem Pop-up-Menü auswählen **3a**. Wir probierten es mit KOHLE-UMSETZUNG, KREIDE UND KOHLE (aus den Zeichenfiltern) und BUNTSTIFTSCHRAFFUR, NEONSCHEIN und MALMESSER (aus den Kunstfiltern). Wir verwendeten schließlich KREIDE UND KOHLE. Probieren Sie verschiedene Filtereinstellungen aus – die finalen Einstellungen nahmen wir in der Aktion auf **3b**.

4 Bedingung einfügen. Wählen Sie den nächsten Frame des Clips aus. Aktivieren Sie die dazugehörige Ebene, damit der Filter angewendet werden kann. Zuvor müssen Sie jedoch eine Bedingung einfügen. Wählen Sie dazu aus dem Paletten-Menü der Aktionen-Palette den Befehl BEDINGUNG EINFÜGEN **4a**. Legen Sie in der Dialogbox **4b** die Bedingung fest, so dass die Aktion den Namen der aktuellen Ebene überprüft. Handelt es sich nicht um die Ebene »Aktion Ende«, wird der Filter angewendet, der nächste Frame und die nächste Ebene ausgewählt. Geben Sie einen Wert für die maximale Anzahl der Wiederholungen ein – wählen Sie einen Wert, der größer ist als der längste Clip (wir wählten 150). Klicken Sie anschließend auf OK, um die Dialogbox wieder zu schließen.

5 Die Aktion abschließen. Trifft die Aktion auf die Ebene »Aktion Ende«, werden die drei Schritte nicht mehr ausgeführt. Stattdessen geht es mit dem nächsten Schritt der Aktion weiter. Um die nächsten Schritte hinzuzufügen, klicken Sie auf die Ebene »Aktion Ende« und anschließend mit gedrückter ⌥/Alt-Taste auf den Löschen-Button, um diese Ebene zu entfernen. Die Aktion ist nun vollständig, die Aufnahme kann beendet werden. Klicken Sie dazu unten in der Aktionen-Palette auf den Button AUSFÜHREN/AUFZEICHNEN BEENDEN **5**.

6 Die Aktion wiedergeben. Um die Aktion zu testen, wählen Sie DATEI/ÖFFNEN und einen gesamten Clip oder nur einen Teil eines Clips aus, den Sie filtern möchten. (Falls der Clip

4b 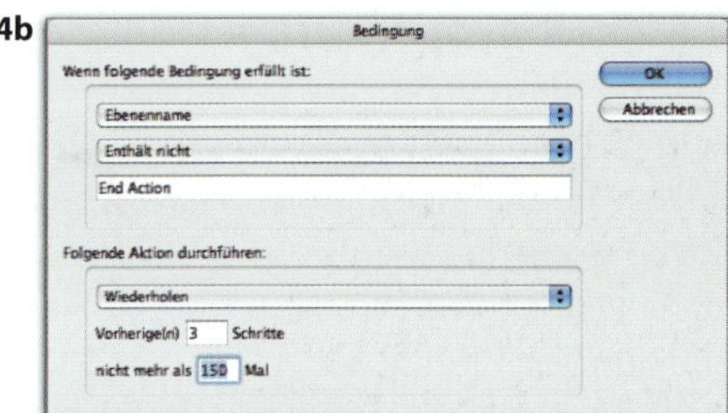

Legen Sie die Bedingung fest, beschränken Sie die Wiederholung auf 150 Mal.

5 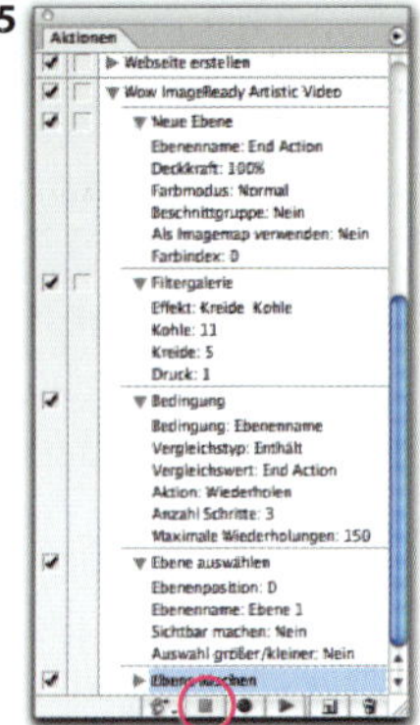

Die letzten beiden Schritte der Aktion löschen die Ebene »Aktion Ende«. Anschließend können Sie die Aufnahme beenden.

6 

Die Aktion wiedergeben.

7a 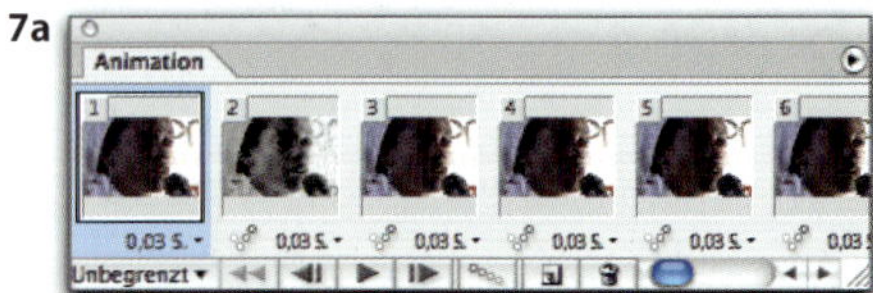

Vorschau der Animation in ImageReady.

7b 

Wiedergabe der Animation im QuickTime-Player.

sehr lang ist, sollten Sie die Aktion zunächst nur an einem kleinen Stück testen). Klicken Sie in der Aktionen-Palette anschließend auf den Namen der neuen Aktion und auf den Wiedergabe-Button **6**. Drei Frames der gefilterten Datei finden Sie oben auf Seite 133.

7 Den Clip exportieren. Nach der Wiedergabe der Aktion können Sie sich eine langsame Version des gefilterten Films in ImageReady ansehen: Klicken Sie unten in der Animation-Palette auf den Wiedergabe-Button **7a**. Wenn Ihnen das Ergebnis gefällt, können Sie die Datei exportieren (DATEI/EXPORTIEREN/ORIGINALDOKUMENT, wählen Sie als Format QUICKTIME-MOVIE und geben Sie der Datei einen neuen Namen). Legen Sie in der Komprimierung-Dialogbox eine passende Komprimierung fest und klicken Sie anschließend auf OK. Wir verwendeten das Originalformat, falls Sie jedoch mit der Datei **Video Clip-Vorher.psd** gearbeitet haben, können Sie auch die Standardfoto-JPEG-Einstellung verwenden. Jetzt können Sie den gefilterten Film in QuickTime öffnen und wiedergeben **7b**. (Einen QuickTime-Player für Mac oder Windows können Sie sich kostenlos unter **www.apple.com** herunterladen).

Kreuzblende. Odam importierte den QuickTime-Clip anschließend wieder in Adobe Premiere und stellte die Kreuzblende ein.

Aktionen adaptieren. Sie können Ihre Aktion auf jeden QuickTime-Film anwenden, der weniger Frames hat, als Sie in der Bedingung als Grenze angegeben haben (Schritt 4). Sie können diese Grenze aber auch ändern, indem Sie einfach doppelt auf die Bedingung in der Aktionen-Palette klicken und in der Dialogbox einen neuen Wert eingeben. Anschließend können Sie die geänderte Aktion anwenden.

Für einen anderen Effekt können Sie die Aktion duplizieren, indem Sie den Namen in der Aktionen-Palette auf den Button NEUE AKTION ziehen. Klicken Sie dann doppelt auf den Schritt mit der Filtergalerie, ändern Sie die Einstellungen und klicken Sie auf OK. Speichern Sie die neue Aktion.

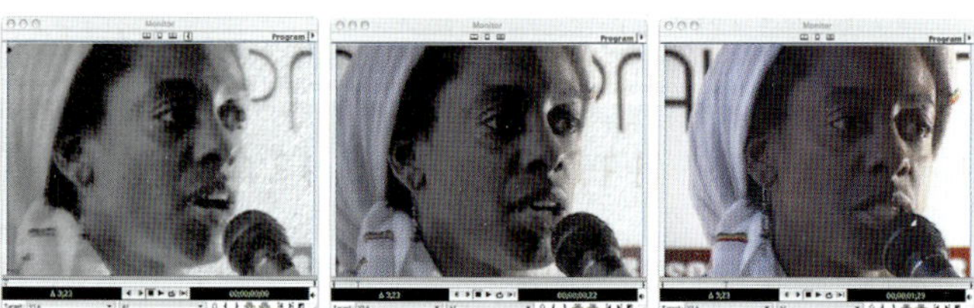

Hier sehen Sie in Adobe Premiere den gefilterten Startframe (links), einen Frame aus der Mitte der Überblendung (Mitte) und einen Frame nach dem Überblenden (ein Frame aus dem Originalvideo).

Ü B U N G

Video: Von Video zu Web oder Druck

Wenn Sie einen einzelnen Videoframe auswählen und für das Web oder den Druck aufbereiten wollen, speichern Sie den Frame einfach in Ihrem Videoschnittprogramm in einem der vielen Dateiformate, die Photoshop öffnen kann (z.B. .tif). Dieses verwendeten wir auch für die Datei **Video zu PS-Vorher.tif** in dieser Übung. (Unter DATEI/ÖFFNEN finden Sie die Formate, die Photoshop öffnen kann.)

SIE FINDEN DIE DATEIEN

auf der DVD unter Wow Projektdateien/Kapitel 3/ Video/Video zu PS:

- Video to PS-Vorher.tif
- Video to PS-Nachher.tif (zum Vergleich)

PIXELSEITENVERHÄLTNIS-WARNUNG

Photoshops Befehl ANSICHT/PIXELSEITENVERHÄLTNIS-KORREKTUR lässt Sie zwischen einer Pixel-für-Pixel-Ansicht und einer skalierten Version umschalten. Immer wenn Sie diesen Befehl wählen, erscheint eine Warnmeldung, die Ihnen mitteilt, dass bei der korrigierten Ansicht Artefakte in der Skalierung auftreten können; für Kantendetails ist die unkorrigierte Ansicht deshalb besser geeignet.

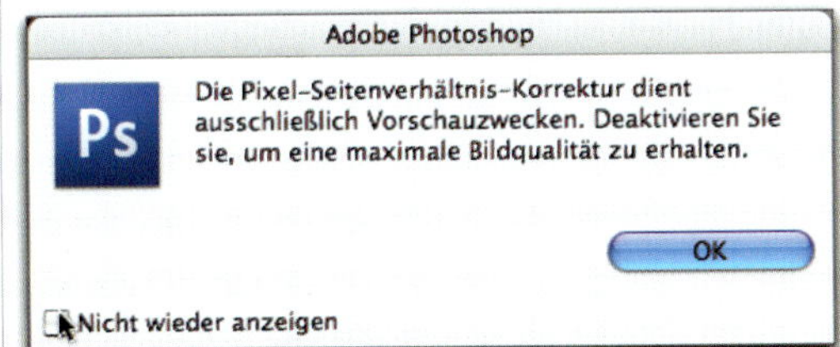

Wenn Sie diese Warnung kennen, können Sie auch die Checkbox NICHT MEHR ANZEIGEN aktivieren, um sie beim nächsten Mal nicht wieder einzublenden.

1. Einen Videoframe öffnen

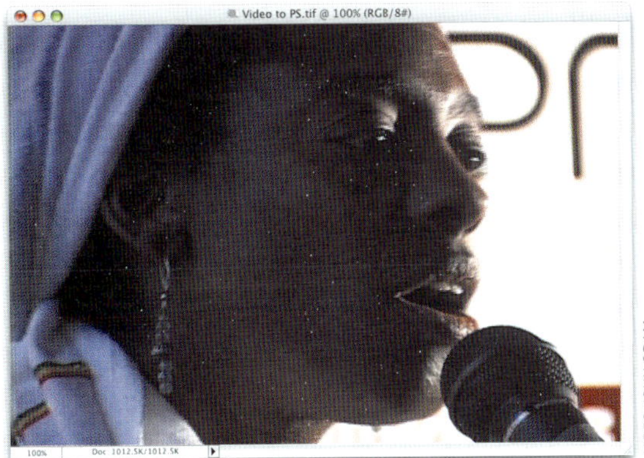

VIDEO: JOHN ODAM

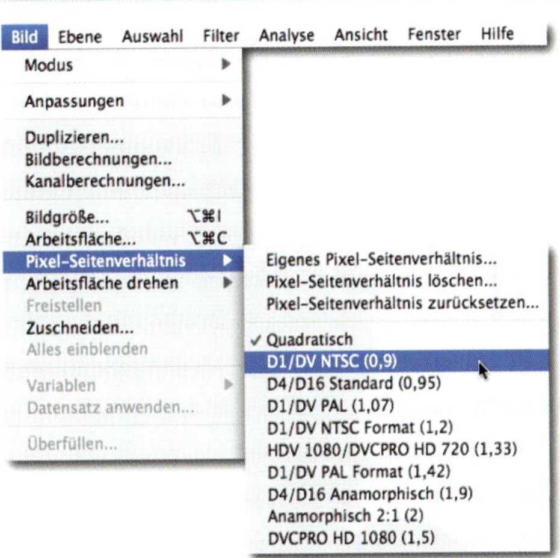

Öffnen Sie den Videoframe (**Video zu PS-Vorher.tif**) in Photoshop (DATEI/ÖFFNEN). Photoshop geht davon aus, dass ein Bild aus quadratischen Pixeln besteht, so lange Sie ihm nichts anderes mitteilen. Es kann also sein, dass das Bild etwas unproportional aussieht. Um die Ansicht zu korrigieren, müssen Sie Photoshop mitteilen, dass das Bild nicht mit quadratischen Pixeln erstellt wurde – wählen Sie BILD/PIXEL-SEITENVERHÄLTNIS und stellen Sie das entsprechende Seitenverhältnis ein.

FEHLT EIN SEITENVERHÄLTNIS?

Wenn Sie eine Videodatei in Photoshop öffnen und dessen Seitenverhältnis unter BILD/PIXEL-SEITENVERHÄLTNIS nicht aufgelistet ist, müssen Sie eine eigene Einstellung erstellen. Falls Sie das Seitenverhältnis des Videoframes nicht kennen, probieren Sie eine andere Standardeinstellung – experimentieren Sie so lange, bis das Bild auf dem Computerbildschirm korrekt dargestellt wird.

2. Die korrekte Ansicht

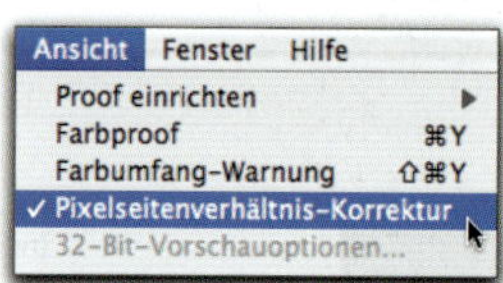

Wenn Sie ein Seitenverhältnis auswählen, skaliert Photoshop die Bildschirmdarstellung des Bildes. In der Titelleiste des Bildes erscheint das Wort »skaliert« so wissen Sie, dass es sich nicht um die korrekte Ansicht handelt.

Um zwischen der skalierten und der nicht korrigierten Ansicht zu wechseln, wählen Sie ANSICHT/PIXELSEITENVERHÄLTNIS-KORREKTUR. Dieser Befehl ist automatisch aktiviert, wenn Sie Photoshop mitteilen, dass es sich um eine Datei mit nichtquadratischen Pixeln handelt.

ZWEI ANSICHTEN GLEICHZEITIG

Um sowohl die korrigierte als auch die nicht korrigierte Ansicht zu sehen, wählen Sie FENSTER/ANORDNEN/NEUES FENSTER FÜR und aktivieren Sie ANSICHT/PIXELSEITENVERHÄLTNIS-KORREKTUR für eines der Fenster.

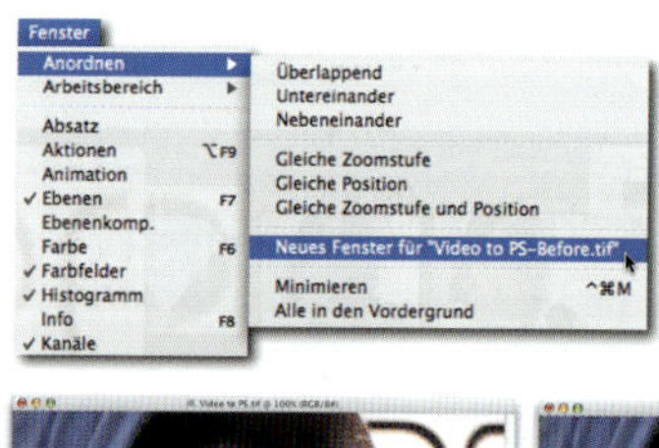

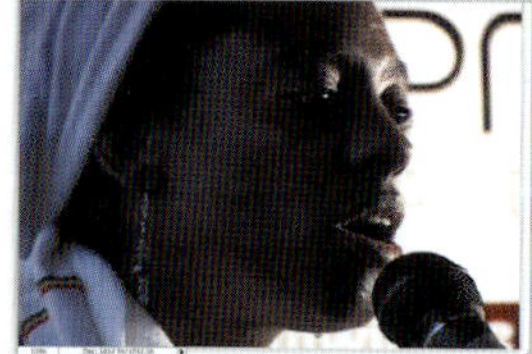

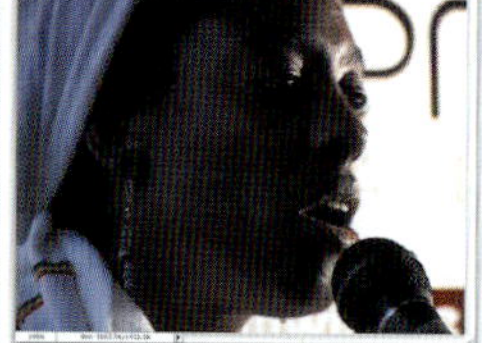

3. Die Datei umwandeln

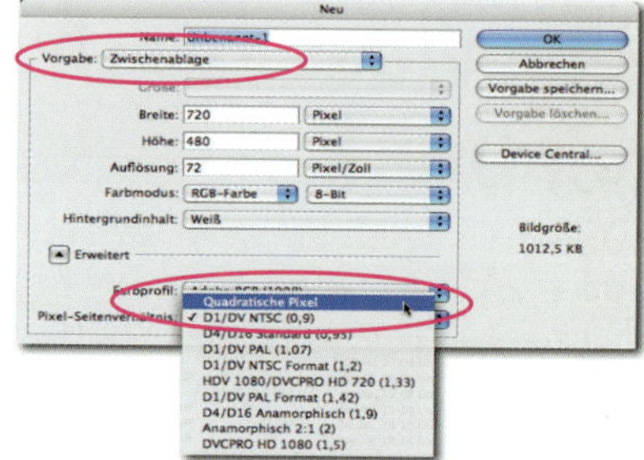

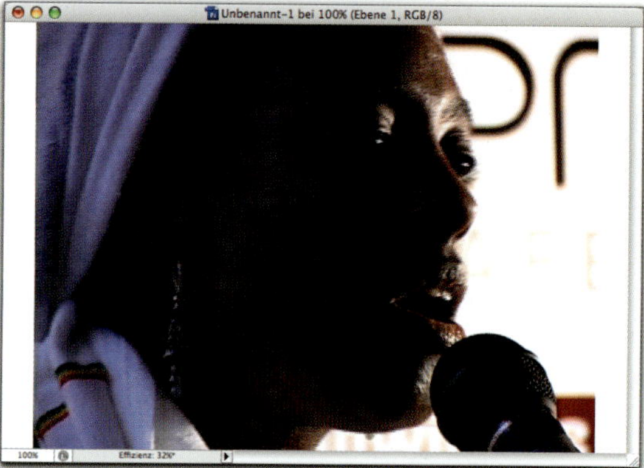

Sobald Ihre Videodatei in Photoshop geöffnet ist und Sie die Pixelseitenverhältnis-Korrektur aktiviert haben, müssen Sie das Bild in die quadratischen Pixel umwandeln, die für das Web oder den Druck notwendig sind. Bisher haben Sie nur die Bildschirmansicht korrigiert; die Pixel in der Datei wurden noch nicht geändert.

Kopieren Sie einfach das Videobild in die Zwischenablage und fügen Sie es wie folgt in eine neue Datei ein: Wählen Sie alles aus (⌘/Strg-A) und kopieren Sie es (⌘/Strg-C). Öffnen Sie im Anschluss eine neue Datei (DATEI/NEU). Photoshop geht davon aus, dass Sie eine Datei in der Größe der Zwischenablage erstellen wollen – gute Annahme! Unten in der Dialogbox sehen Sie, dass Photoshop außerdem davon ausgeht, dass das Pixelseitenverhältnis der Zwischenablage beibehalten werden soll – verständlich, aber nicht das, was wir jetzt wollen. Wählen Sie stattdessen QUADRATISCH. Klicken Sie auf OK und fügen Sie den Inhalt der Zwischenablage in die Datei ein (⌘/Strg-V).

Einige Ränder des Bildes weisen nun einen weißen Rand auf. Wie groß dieser ist, hängt vom Seitenverhältnis der Videodatei ab, die Sie verwendet haben. In Schritt 5 werden wir diesen Rand entfernen.

4. De-Interlacing

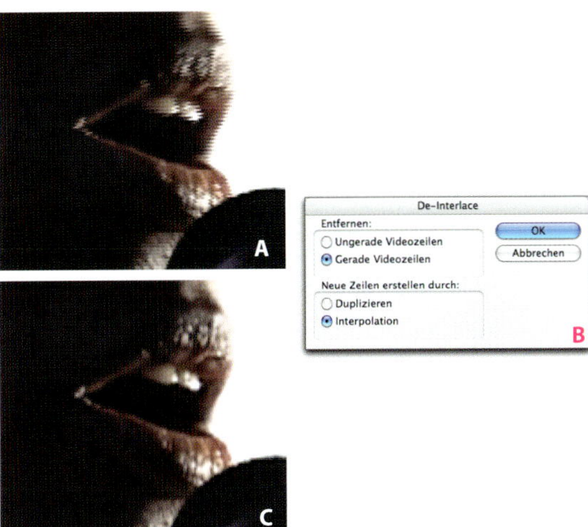

Für ein weiches und flimmerfreies Bild auf einem analogen Fernsehgerät werden die Videobilder normalerweise *geglättet* **A** oder in zwei Felder pro Frame separiert. Jedes Feld besteht aus der Hälfte der horizontalen Scanlinien, die der Fernseher verwendet, um das Bild darzustellen – eine Reihe enthält eine gerade Anzahl Zeilen und die andere eine ungerade. Für den Druck oder das Web müssen Sie dieses Interlacing entfernen. Photoshops De-Interlace-Filter übernimmt diese Aufgabe für Sie, am besten, bevor Sie irgendwelche Änderungen (Größe ändern, glätten, scharfzeichnen usw.) an der Datei vornehmen. Wählen Sie FILTER/VIDEOFILTER/DE-INTERLACE. Das Bild wird geglättet, indem eine Pixelreihe (die gerade oder die ungerade) entfernt wird. Zum Auffüllen können Sie entweder die verbleibenden Zeilen verdoppeln oder zwischen ihnen interpolieren **B**. Probieren Sie es mit einer Einstellung aus, machen Sie den Schritt rückgängig und testen Sie die anderen Einstellungen – entscheiden Sie anschließend, was am besten zu Ihrem Bild passt **C**.

FÜR DEN DRUCK VERGRÖSSERN

Falls Sie das umgewandelte Videobild für den Druck vergrößern müssen, wählen Sie BILD/BILDGRÖSSE und aktivieren Sie die Option BILD NEU BERECHNEN MIT: BIKUBISCH GLATTER. Nach dem Vergrößern kann das Bild so weichgezeichnet sein, dass selbst der Filter UNSCHARF MASKIEREN nicht ausreichend Schärfe ins Bild bringt. Probieren Sie in diesem Fall die Technik »Details verstärken« ab Seite 328.

5. Trimmen, Größe ändern & scharfzeichnen

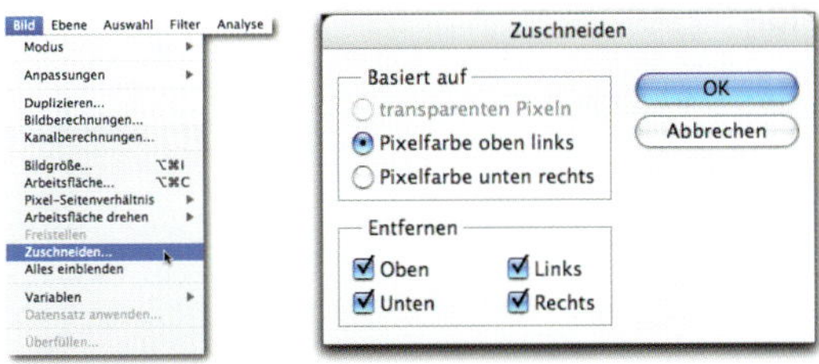

Um überflüssigen weißen Rand zu entfernen (aus Schritt 3), wählen Sie BILD/ZUSCHNEIDEN mit den Optionen BASIERT AUF: PIXEL OBEN LINKS und allen Entfernen-Optionen. Klicken Sie auf OK.

Um die richtige Bildgröße für das Web oder den Druck zu erstellen, wählen Sie BILD/BILDGRÖSSE mit den Optio-nen PROPORTIONEN ERHALTEN und BILD NEU BERECHNEN MIT. Wir wählten eine Breite von 3 Zoll bei 300 ppi; uns gefiel das Aussehen mit der Option BIKUBISCH GLATTER. Klicken Sie auf OK, um die Dialogbox wieder zu schließen.

De-Interlacing und das Ändern der Größe können das Bild weichzeichnen, so dass etwas Schärfe notwendig ist.▼ Vielleicht wollen Sie auch Farbe und Kontrast etwas intensivieren. Für die Videoausstrahlung wird der Bildkontrast meist reduziert, damit das Bild nicht »vibriert«; die Farben werden etwas abgetönt, um nicht auszulaufen. Fügen Sie deshalb eine Tonwertkorrektur-Einstellungsebene hinzu, wenn Sie Farbe und Kontrast stärken wollen.▼

Falls für die Ausgabe ein reduziertes Bild nötig ist, speichern Sie die Ebenendatei im PSD-Format und anschließend als reduzierte Kopie im gewünschten Format.

MEHR DAVON

▼ Scharfzeichnen **Seite 328**

▼ Tonwertkorrektur **Seite 252**

Ü B U N G

Video: Von Photoshop zu Video

Wenn Sie aus einer herkömmlichen Photoshop-Datei mit quadratischen Pixeln ein Videobild erstellen wollen, müssen Sie zunächst eine neue Datei in der richtigen Größe und dem korrekten Seitenverhältnis erzeugen. Verschieben Sie anschließend die Ebenen aus Ihrer Photoshop-Datei in die Videodatei, die Sie dann speichern.

SIE FINDEN DIE DATEIEN

auf der DVD unter Wow Projektdateien/Kapitel 3/Video/PS zu Video:

- PS to Video-Vorher.psd
- PS to Video-Nachher.psd (zum Vergleich)

HILFSLINIEN BEACHTEN

Wenn Sie eine neue Datei im Videoformat erstellen, bietet Photoshop zwei Arten von Hilfslinien. Die äußeren Hilfslinien begrenzen den sicheren Bereich eines Fernsehbildschirms für Aktionen und Bewegungen (action-safe), die inneren den sicheren Bereich für Schrift (title-safe). Nicht alle Fernsehgeräte können alle Standard-Videobilder anzeigen, deshalb sollten Sie darauf achten, wichtige Bildinhalte innerhalb der äußeren Hilfslinien zu belassen. Außerdem werden bei einigen Geräten die Signale an den Bildkanten etwas gestört, so dass die inneren Hilfslinien sicherstellen, dass der Text lesbar bleibt. Bei neueren Geräten werden die Kanten jedoch sehr gut dargestellt und es kommt kaum zu Verzerrungen. Bei Ihrem Home-Video soll jedoch nichts verloren gehen – beachten Sie deshalb unbedingt die Hilfslinien.

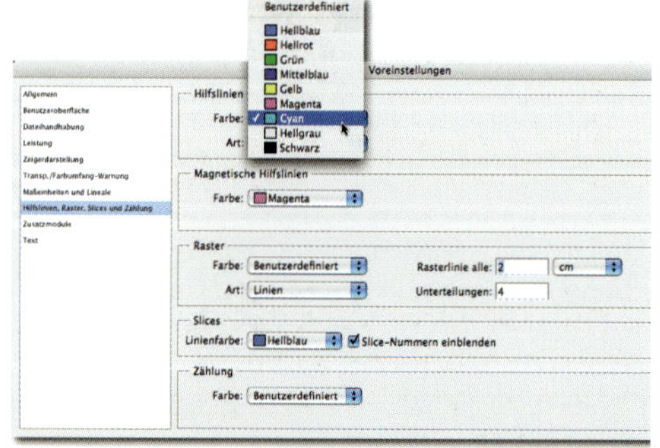

Falls die Hilfslinien vor dem Bildhintergrund nicht so gut zu erkennen sind, wählen Sie PHOTOSHOP bzw. BEARBEITEN/VOREINSTELLUNGEN/HILFSLINIEN, RASTER & SLICES und stellen Sie für die Hilfslinien andere Farben ein.

1. Das Videoformat

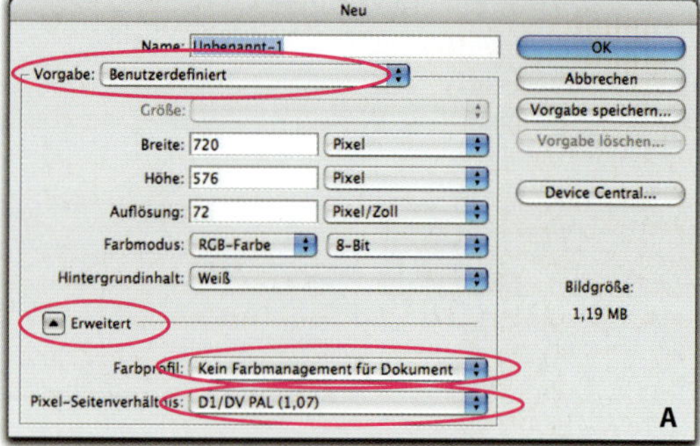

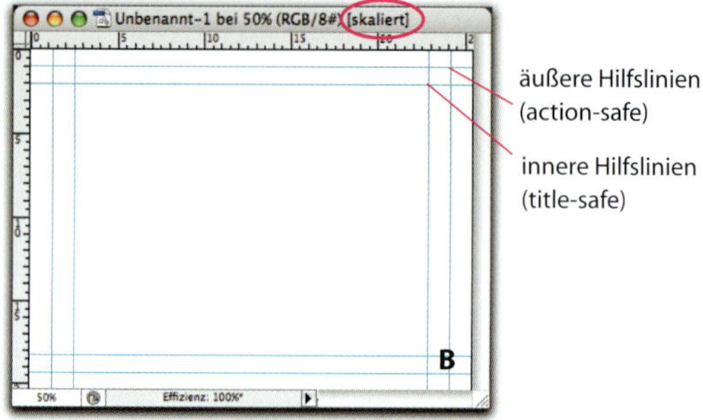

Wählen Sie DATEI/NEU. In der Dialogbox finden Sie ein Pop-up-Menü mit verschiedenen Vorgaben, zu denen auch die Standard-Videoformate gehören. Wählen Sie eine Vorgabe aus **A**.

Unten in der Dialogbox finden Sie den Abschnitt ERWEITERT. Sollte dieser nicht zu sehen sein, klicken Sie auf das kleine Dreieck – Sie sehen, dass Photoshop bereits das Pixelseitenverhältnis gewählt hat, das zur Vorgabe passt. Wählen Sie im Menü FARBPROFIL die Option KEIN FARBMANAGEMENT FÜR DOKUMENT. ▼ Wenn nötig, können Sie die Farben auch später noch einschränken, wie im Abschnitt »Kontrast und Farbe« auf Seite 123 nachzulesen ist. Klicken Sie auf OK – falls eine Warnmeldung erscheint, auch dort.

In dem leeren Dokument **B** finden Sie zwei Arten von Hilfslinien (wenn Sie diese nicht sehen, wählen Sie ANSICHT/EINBLENDEN/HILFSLINIEN). Im Tipp links erfahren Sie, um welche Hilfslinien es sich handelt. Beachten Sie auch die Titelleiste mit dem Hinweis »skaliert«. Die Ansicht wird korrigiert, die Datei jedoch mit nichtquadratischen Pixeln im gewählten Format gespeichert.

MEHR DAVON
▼ Farbmanagement
Seite 180

2. Ein Bild importieren

FOTO: RICK WORTHINGTON

Um ein Bild für das neue Videodokument umzuwandeln, öffnen Sie die Quelldatei **A** (hier die Datei **PS zu Video-Vorher.psd**). Aktivieren Sie das Verschieben-Werkzeug und ziehen Sie das Bild in das Videodokument **B**. Photoshop ändert automatisch das Pixelseitenverhältnis des importierten Materials. Falls sich die Quelldatei im CMYK- oder einem anderen Farbmodus oder im Modus 16 Bit/Kanal befindet, wandelt Photoshop die Elemente automatisch um (in RGB und 8 Bit/Kanal),▼ wie in der Titelleiste des Videodokuments zu sehen.

Mehr als eine Ebene verschieben

Wenn Sie mehr als eine Ebene aus der Quelldatei in die Videodatei bewegen wollen, wählen Sie in der Ebenen-Palette alle gewünschten Ebenen aus.▼ Mit dem Verschieben-Werkzeug (oder zusätzlich mit gedrückter ⇧-Taste) ziehen Sie die Ebenen aus dem Arbeitsfenster in das Videodokument. Die verbundenen Ebenen werden in die Videodatei kopiert. **Hinweis:** Drag&Drop aus der Ebenen-Palette kopiert nur eine Ebene, nicht alle ausgewählten. Sie müssen diese daher aus dem Dokumentfenster ziehen.

3. Das Bild skalieren

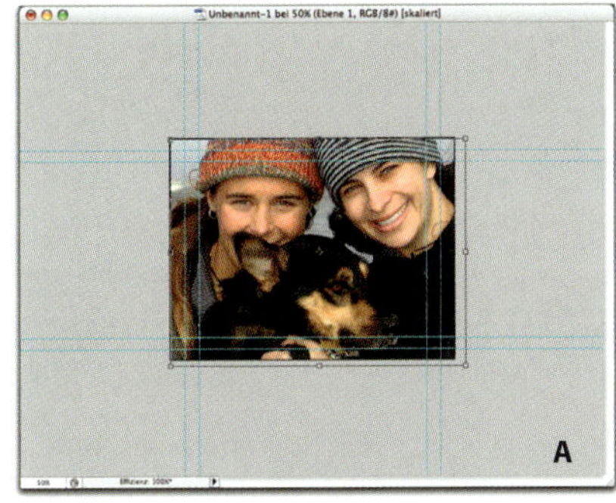

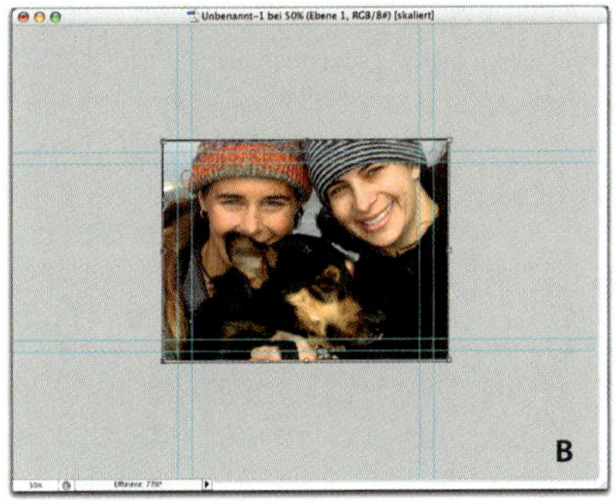

Photoshop passt allerdings nicht automatisch die Größe der Quelldatei an die Videodatei an. Wenn das Quellbild größer ist als das Videodokument, müssen Sie es skalieren. Drücken Sie ⌘/Strg-T (BEARBEITEN/FREI TRANSFORMIEREN). Wenn Sie nicht alle vier Eckpunkte sehen können, drücken Sie ⌘/Strg-0 (Null), um das Fenster zu vergrößern **A**. Ziehen Sie dann einen der Eckpunkte mit gedrückter ⇧-Taste nach innen **B**.▼ Unser Bild passt exakt. Falls das bei Ihnen nicht der Fall sein sollte, können Sie das Bild verschieben, so dass der Bildinhalt zu sehen ist, der zu sehen sein soll (beachten Sie die Hilfslinien). Klicken Sie doppelt innerhalb des Rahmens, wenn Sie mit Größe und Position zufrieden sind, oder drücken Sie ↵, um die Transformation abzuschließen.

MEHR DAVON

▼ Farbmodi **Seite 151**
▼ Ebenen verbinden **Seite 579**
▼ Transformieren und Verkrümmen **Seite 68**

Vorskalieren

Wenn Sie wissen, dass die Photoshop-Datei deutlich größer ist als die Videodatei, ist es besser, die Bilddatei zu duplizieren und anschließend zu verkleinern (BILD/BILDGRÖSSE mit der Option BILD NEU BERECHNEN MIT: BIKUBISCH SCHÄRFER).

4. An der Videodatei arbeiten

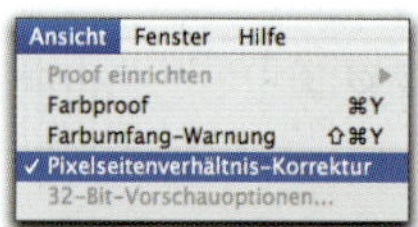

Mit dem Befehl ANSICHT/PIXELSEITENVERHÄLTNIS-KORREKTUR können Sie eine unskalierte Version der Videodatei sehen. Sie können aber auch beide Versionen (skaliert und nicht skaliert) einblenden, indem Sie FENSTER/ANORDNEN/NEUES FENSTER FÜR … wählen.

Jetzt können Sie innerhalb der Grenzen etwas zum Videobild hinzufügen.▼ Photoshop zeigt die Ergebnisse in einer der beiden Ansichten korrekt. Wenn Sie beispielsweise die ⇧-Taste gedrückt halten und mit der Auswahlellipse einen Kreis erstellen,▼ sieht dieser im skalierten Fenster rund aus, in der nicht skalierten Version des Bildes hingegen eher wie ein Ei.

5. Die Datei speichern

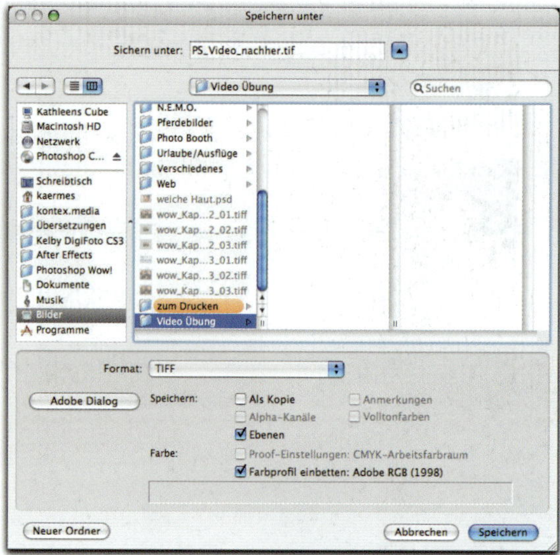

Es gibt zwei Dinge, die Sie erledigen müssen, bevor Sie ein Videodokument speichern: Speichern Sie (für spätere Anwendungen) die Datei im PSD-Format mit allen Ebenen. Finden Sie zweitens heraus, mit welchen Dateiformaten Ihr Videoschnittprogramm umgehen kann (beispielsweise .tif, jedoch ohne Ebenen). Photoshop arbeitet mit allen gängigen Dateiformaten,▼ zusätzlich mit einigen außergewöhnlichen. Reduzieren Sie das importierte Bild mit all seinen Ebenen auf die Hintergrundebene. Dabei werden die Ebenen automatisch für das Videoformat zugeschnitten.

Stellen Sie an diesem Punkt sicher, dass sich die Farben innerhalb des Farbraums für das Videoformat befinden (siehe »Kontrast und Farbe« auf Seite 123), oder belassen Sie die Datei im RGB-Profil und nehmen Sie die Änderung später im Videoschnittprogramm vor (so wie wir).

Wählen Sie DATEI/SPEICHERN UNTER und entscheiden Sie sich für ein Format. Klicken Sie anschließend auf SPEICHERN. Falls Sie die Datei im PSD-Format speichern, sollten Sie auch die Kompatibilität maximieren.

MEHR DAVON

▼ Designs für Video **Seite 122**

▼ Formwerkzeuge **Seite 433**

▼ Dateiformate für Broadcast **Seite 123**

SHARON STEUER

Bei der Erstellung ihrer Gemälde hält **Sharon Steuer** ihre Änderungen immer in Ebenen fest, damit sie nichts zerstört, wenn sie Teile des Bildes korrigieren will. ***Louis Armstrong*** wurde im Graustufenmodus mithilfe eines Grafiktabletts und Photoshops Pinsel und Radiergummi gemalt. Steuer wählte die Einstellungen für den Stylus so, dass dieser nur die Deckkraft beeinflusst. ▼ Bevor sie das Bild für den Druck reduzierte, bestand das finale Porträt aus drei Ebenen (links zu sehen); (1) dem Hauptporträt in der Mitte, (2) einigen

1

2

3

zusätzlichen Elementen aus einer früheren Version in der darunterliegenden und (3) dem Hintergrund und der Kleidung in der darüberliegenden Ebene.

Das Bild rechts zeigt, wie Steuer die Installation einer anderen Version des Gemäldes simulierte. Sie nahm ein Digitalbild des Raumes, erstellte mit dem Polygonlasso eine Auswahl der Wand, wählte in der Datei mit dem Gemälde alles aus, kopierte die Inhalte und fügte sie mit BEARBEITEN/IN DIE AUSWAHL EINFÜGEN ein. So fügte sie das Gemälde als Ebene mit einer Ebenenmaske in das Foto ein.

Die Maske blieb erhalten, als sie die Position des Gemäldes mit dem Verschieben-Werkzeug anpasste und die Perspektive mit BEARBEITEN/FREI TRANSFORMIEREN korrigierte.▼ Anschließend wählte sie das Klavier aus, klickte in der Ebenen-Palette auf die Miniatur der Ebenenmaske und füllte die Auswahl mit Schwarz, damit das Gemälde hinter dem Klavier erscheint und nicht davor.

MEHR DAVON

▼ Pinselspitzen **Seite 367**

▼ Transformieren und Verkrümmen **Seite 68**

Wendy Grossman hat sich bei der Erstellung ihres Gemäldes ***Rosebud Studios custom furniture*** auf Photoshop verlassen. Sie begann mit einem Schrank, entwickelte eine Idee für eine Bildcollage und schaute sich nach Referenzbildern um (beispielsweise das von einer Kuh, einer Sonnenblume usw.). Nachdem sie die Bilder und Objekte gescannt hatte, zog sie die Bilder mit dem Verschieben-Werkzeug in eine neue Datei mit der Größe des Bereichs, den die Bilder später auf dem Schrank einnehmen sollen. Sie skalierte die Ebenen (⌘/Strg-T) und verschob die Elemente im Layout an die richtige Stelle – mit ↵ schloss sie die Transformationen ab. Weil sie das Bild als Referenz für Handgemälde verwenden wollte, musste sie sich nicht so sehr um die Bildqualität sorgen, die bei der Vergrößerung der Elemente etwas litt.

Grossman nahm die Farbänderungen vor dem Druck des Bildes vor. Sie verwendete beispielsweise BILD/ANPASSEN/FARBTON/SÄTTIGUNG, um die Farben eines ausgewählten Bildbereichs zu verändern (damit die Elemente untereinander besser harmonieren).

Schließlich druckte sie das Bild aus. Es erfüllt einen doppelten Zweck: Sie verwendet es mit Transparentpapier, um die Umrisse der Elemente auf das Möbelstück zu bringen. Außerdem dient der Ausdruck der Farb- und Detailreferenz, auf die sie sich beim Malen mit Öl oder Acryl beziehen kann.

Als **Donald Jolley** das Modell für das Bild ***Red-Striped Couch*** fotografierte, zögerte er nicht, eine kurze Verschlusszeit und einen kleinen ISO-Wert (100) zu verwenden, um ein scharfes Bild mit wenig Bildrauschen aufzunehmen. Weil er wusste, dass er die Belichtung später in Camera Raw anpassen kann, konnte er sich auf die richtige Pose und den Blickwinkel konzentrieren.

Er betrachtete seine Bilder in Adobe Bridge **A** und klickte auf die Miniatur des gewünschten Bildes, um es in Camera Raw zu öffnen. Die Auto-Einstellungen passten automatisch Farbe und Tonwerte an, basierend auf den Daten der Raw-Dateien **B**. Camera Raw ist schnell. Jolley passte die Tiefen und Lichter an und verstärkte den Kontrast des Bildes **C**. Im Anschluss öffnete er die Datei in Photoshop, wo er sie im PDS-Format speicherte.

Jolley bearbeitete die Datei im Programm Corel Painter und zeichnete den Motivhintergrund. Aus dem Referenzfoto auf dem Bildschirm nahm er die Farben auf, um die Bilddetails hinzuzufügen.

Öffnen Sie die Datei **Rotes Sofa Detail.psd** (im Ordner Wow-Zugaben/Kapitel 3), um zu sehen, wie Ebenen, Masken und Ebenenmodi interagieren.

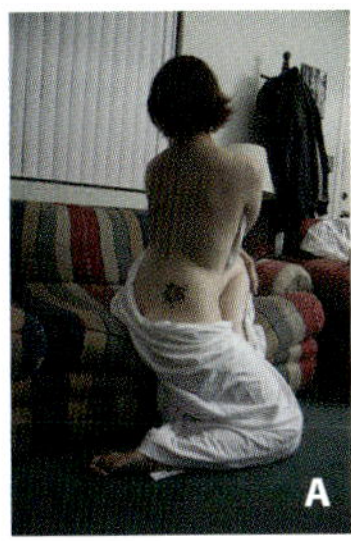

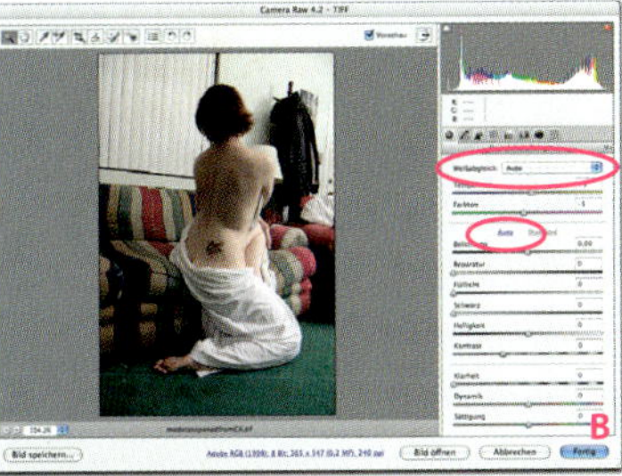

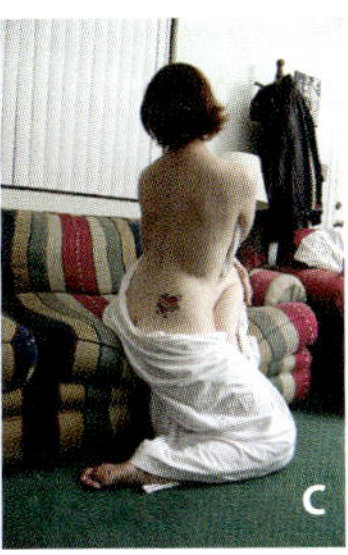

Als er mit dem Malen fertig war **D**, speicherte er die Datei und öffnete sie erneut in Photoshop.

Um dem Bild ein lackartiges Aussehen zu verleihen, fügte Jolley drei Strukturebenen hinzu, wie in der finalen Ebenen-Palette zu sehen **E**.

Die erste Strukturebene war ein Foto eines alten Messers, aus dem Jolley die Sättigung entfernte (BILD/ANPASSEN/SÄTTIGUNG VERRINGERN) und das er anschließend aufhellte und den Kontrast reduzierte (BILD/ANPASSEN/TONWERTKORREKTUR). Als Ebenenmodus wählte er ÜBERLAGERN/INEINANDERKOPIEREN ▼ und fügte eine Ebenenmaske hinzu. Mit dem Verlaufswerkzeug erstellte er eine Maske, die die Ebenenverteilung begrenzt.▼

Die mittlere Ebene ist ein Foto eines Garagenfußbodens, das er weichzeichnete (FILTER/WEICHZEICHNUNGSFILTER/BEWEGUNGSUNSCHÄRFE mit einem Winkel von 90° und einer langen Distanz, um lange vertikale Striche zu erstellen). Für diese Ebene wählte er ebenfalls den Modus ÜBERLAGERN/INEINANDERKOPIEREN mit einer Deckkraft von 34%. Die sehr deutlichen Striche, die durch den Filter entstanden, nutzte er an den Vorder- und Hinterkanten der Weichzeichnung, um an der oberen und unteren Kante eine leichte Vignette zu erzeugen. Er nutzte den Pinsel mit einer weichen Werkzeugspitze und einer geringen Deckkraft sowie der Airbrush-Option, um auf der weichgezeichneten Ebene mit Weiß zu malen. Auf die Person wird keine Struktur angewendet; außerdem kann er so (durch den Modus ÜBERLAGERN/INEINANDERKOPIEREN) die Hauttöne aufhellen.

Für die oberste Struktur verwendete Jolley ein Foto von einer Straße, das er einfärbte (BILD/ANPASSEN/FARBTON/SÄTTIGUNG). Im Modus ÜBERLAGERN/INEINANDERKOPIEREN und mit einer Deckkraft von 24% vervollständigt die leicht oliv-goldfarbene Ebene die Oberflächenstruktur und hellt das gesamte Bild etwas auf, lässt es wärmer erscheinen. Jolley fügte noch eine Ebenenmaske hinzu und malte darauf mit dem Airbrush, um die Struktur vom Torso zu entfernen.▼

MEHR DAVON

▼ Ebenenmodi **Seite 174**
▼ Verlaufsmasken **Seite 192**
▼ Auf Ebenenmasken malen **Seite 72**

LANCE HIDY / CHAZ MAVIYANE-DAVIES (OBEN RECHTS) / BETSY SARLES & SCOTT KOSOFSKY (STAMPERIA VALDONEGA TRADEMARK, UNTEN MITTE)

Um eine Serie von Veranstaltungen der Society of Printers of Boston anzukündigen, entwickelte **Lance Hidy** einen Briefmarkenbogen. Die Kunstwerke für die einzelnen Marken erstellte er mit Photoshop. Zwei der Marken (oben rechts und unten in der Mitte), beinhalten auch Kunstwerke der Aussteller. Hidy setzte die meisten anderen aus Scans seiner eigenen Kollektion zusammen. Für »Papyrus to Print to Pixel at Wellesley« wendete er den Mosaik-Filter (FILTER/VERGRÖBERUNGSFILTER/MOSAIK) mit angepasster Zellengröße an. Mit BILD/ANPASSEN/FARBTON/SÄTTIGUNG färbte er das Bild gelb **A**.

Mit einer Sony CyberShot 4.1 Digitalkamera fotografierte er die *Boston Globe* in seinem Garten. Mit derselben Kamera nahm er die *Charlie Rose*-Grafiken aus dem TV auf, die er leicht weichzeichnete, damit die horizontalen Bildschirmlinien nicht mehr so prominent sind **B**.

Als er die Einzelbilder für die Briefmarken erstellt hatte, platzierte er diese in InDesign **C**, wo er sie drehen und an die Bildrahmen des Layouts anpassen konnte. Durch einen Klick auf den Dateinamen in InDesigns Verknüpfungen-Palette (ORIGINAL BEARBEITEN, unten in der Palette) kann er die einzelnen Bilder jederzeit wieder in Photoshop bearbeiten **D**. InDesign aktualisiert das Layout anschließend automatisch und zeigt immer die aktuellste Bildversion an. Aus InDesign exportierte Hidy PDFs für den Proof und nahm finale Einstellungen vor.

Er druckte die Bögen – zwei Seiten auf eine – auf seinem Epson Stylus Photo 2200 mit pigmentierten Farben, die mindestens 75 Jahre halten sollen. Er perforierte die Bögen, mit jeweils drei Marken, auf einer dafür vorgesehenen antiken Maschine, die er sich aus der Sammlung des Museum of Printing in North Andover, Massachusetts, auslieh.

A

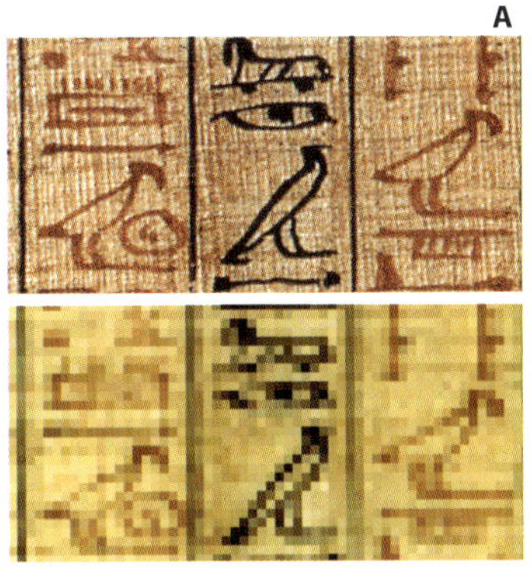

B

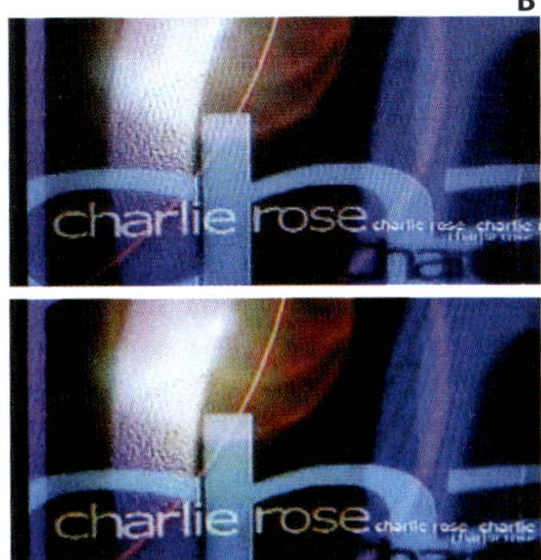

C

D

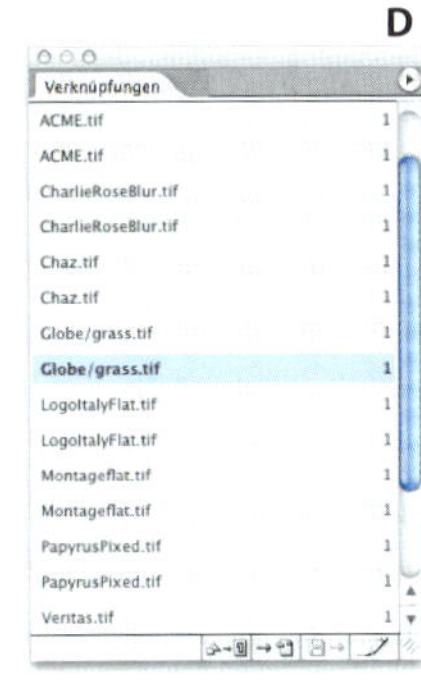

Kapitel 4

Farbe in Photoshop

Wenn einige Befehle unter BILD/MODUS verblasst dargestellt sind, liegt das daran, dass diese Modi für den aktuellen Dateimodus nicht zur Verfügung stehen. Um ein Bitmap oder Duplex zu erstellen, benötigen Sie ein Graustufenbild.

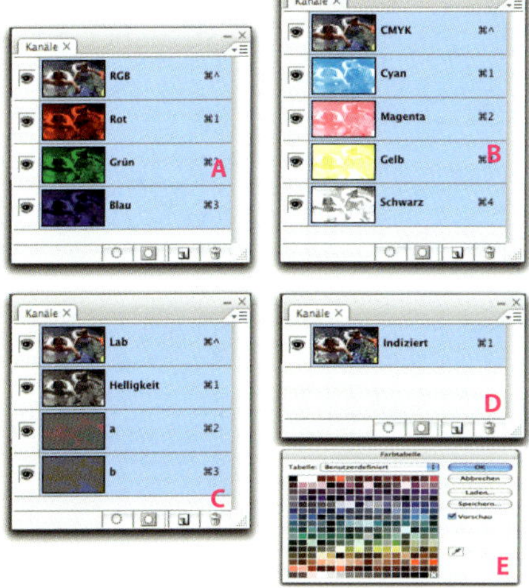

In allen Farbmodi wird in der Kanäle-Palette als erster Kanal der zusammengesetzte Kanal angezeigt. In einigen Modi, beispielsweise RGB **A** und CMYK **B**, zeigt die Palette die Primärfarben. Im Lab-Farbmodus **C** sind der Helligkeitskanal zu sehen und zwei Kanäle, die die anderen Farbinformationen enthalten. Im indizierten Modus (bei dem die Farbpalette auf 256 Farben oder weniger reduziert ist), erscheint in der Kanäle-Palette nur ein Kanal **D**; die Farben werden in der Farbtabelle gespeichert **E**, zu der Sie Zugang über DATEI/FÜR WEB SPEICHERN oder BILD/MODUS/FARBTABELLE haben.

Farbe ist besonders wichtig, wenn es darum geht, wie wir uns in Bildern und Grafiken ausdrücken. Photoshop ist mit sehr nützlichen Funktionen ausgestattet, um uns bei der Farbwahl zu unterstützen. Diese Funktionen lernen Sie jetzt kennen. Beispiele finden Sie im gesamten Buch. Um in Photoshop effizient mit Farbe zu arbeiten, müssen Sie sich etwas mit Farbmodi und Farbtiefe auskennen.

FARBMODI

Photoshop verwendet verschiedene Systeme oder Modi für die Farbdarstellung. Diese finden Sie unter BILD/MODUS, wie links in der Abbildung zu sehen. In einigen Farbmodi (beispielsweise RGB und CMYK) stellen die Primärfarben die Basis dar, aus denen die anderen gemischt werden – Photoshop speichert die Farbdaten der einzelnen Farben in einem Farbkanal. Diese Kanäle finden Sie in der Kanäle-Palette.

In anderen Modi wird die Farbe nicht als Helligkeit (Graustufen-Modus) oder Helligkeit mit anderen Komponenten (Lab-Farbe) beschrieben. Im Modus INDIZIERTE FARBE wird die Farbe gar nicht in ihre Elemente aufgespalten, sondern als Farbfelder in einer Farbtabelle gespeichert.

Kreativ: RGB

Computermonitore, Digitalkameras und Scanner stellen Farben als eine Mischung der Primärfarben des Lichts dar (oder nehmen sie so auf) – Rot, Grün und Blau oder RGB. Wenn alle drei dieser additiven Primärfarben voll ausgeprägt sind, entsteht weißes Licht; ansonsten schwarzes Licht. Die unterschiedliche Helligkeit dieser drei Farben erzeugt alle Farben des RGB-Spektrums. So lange Sie für Ihre Arbeit in Photoshop keinen speziellen Farbmodus brauchen, eignet sich RGB für die kreative Arbeit in der Regel am besten, weil dieser Modus die meisten Funktionen bietet und am flexibelsten ist. Außerdem bietet er einen breiteren Farbumfang als die meisten anderen Farbmodi.

Im additiven Farbmodell (links) ergeben Rot, Grün und Blau weißes Licht. Im subtraktiven Farbmodell (rechts), ergeben Cyan, Magenta und Gelb eine dunkle, fast schwarze Farbe.

CMYK-DATEIEN FILTERN

Einige der besten und spektakulärsten Photoshop-Filter funktionieren im CMYK-Modus nicht. Sie können den Effekt in einer CMYK-Datei aber trotzdem erzeugen. Filtern Sie einfach die einzelnen Farbkanäle: Klicken Sie auf den Namen eines Kanals in der Kanäle-Palette, wenden Sie den Filter an, klicken Sie auf den nächsten Kanal und wenden Sie auch hier den Filter an (⌘/Strg-F) usw.

Die Photoshop-Werkzeuge und Befehle funktionieren in diesem Modus in vollem Umfang, während sie in anderen Modi nur eingeschränkt nutzbar sind.

Innerhalb des RGB-Modus gibt es, wie in anderen Modi auch, verschiedene Farbräume, die von Scannern, Digitalkameras und Monitoren erzeugt werden können. Photoshop kann in seinem Farbmanagement-System mit ICC-Profilen umgehen (Beschreibungen dieser Farbräume). (Im Abschnitt »Farbmanagement« ab Seite 180 erfahren Sie mehr über Profile.)

Druck: CMYK

CMYK, oder Vierfarbprozess, wird für den Druck von Fotos, Illustrationen oder anderen Arbeiten verwendet. Die CMYK-Primärfarben (auch als subtraktive Primärfarben bezeichnet) sind Cyan, Magenta und Gelb; Schwarz wird hinzugefügt, um die dunklen Farben und Details zu intensivieren. Durch das Hinzufügen von Schwarz sehen die dunklen Farben schärfer aus; außerdem ist dabei weniger Farbe notwendig. Das kann wichtig sein, denn es gibt eine Obergrenze für die Menge an Farbe, die ein Drucker sauber auf das Papier bringen kann.

Web-Farbe: Indizierte Farben (für GIF)

Der Vorgang, bei dem 256 oder weniger Farben verwendet werden, um die Millionen möglicher Farben eines Schmuckfarbbildes zu repräsentieren, wird als *indizieren* bezeichnet. Weil die Farbreduzierung meistens bei Webgrafiken verwendet wird, wird die Indizierung in der Regel von Photoshops Befehl FÜR WEB SPEICHERN oder in Photoshop CS und CS2 von ImageReadys Optimieren-Palette durchgeführt (diese bietet mehr Optionen als BILD/MODUS/INDIZIERTE FARBE). Für indizierte Farben können Sie zwischen der **perzeptiven,** der **selektiven** und der **adaptiven** Palette wählen. Jede verwendet unterschiedliche Kriterien, um die Farben (zwischen 2 und 256) auszuwählen, die die Farbe im aktiven Bild am besten darstellen. In ImageReady, das nicht mehr zu Photoshop CS3 gehört, können Sie eine **lokale** Palette (die nur auf dem aktuellen Bild basiert) oder eine **Master**-Palette wählen (basierend auf einer Gruppe von Bildern, so dass auf alle Bilder dieselben Farben angewendet werden können).

Photoshops Dialogbox FÜR WEB SPEICHERN und ImageReadys Optimieren-Palette (hier zu sehen) besitzen mehr Optionen, um die Anzahl der Farben in einem Bild zu reduzieren, als der Befehl BILD/MODUS/INDIZIERTE FARBE.

Der Befehl **FARBTABELLE** unter BILD/MODUS lässt Sie die Farben des indizierten Farbbildes betrachten und bearbeiten. Sie können die Farben in der Farbtabelle auch benennen und speichern oder aus anderen Tabellen und Farbfeldern laden.▼

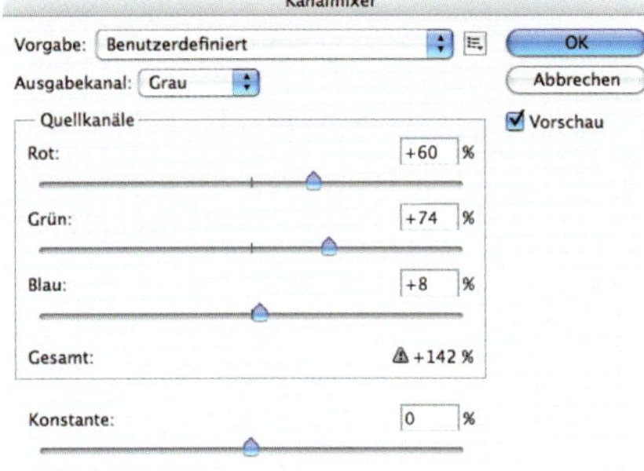

Mit einer Kanalmixer-Einstellungsebene können Sie die Verteilung der Farbkanäle in einer monochromen Version des Bildes kontrollieren.

Lab-Farbe

Photoshops **Lab-Farbe** bricht die Farbe in eine Helligkeits- und zwei Farbton-/Sättigung-Komponenten auf. Weil der Farbumfang groß genug ist, um sowohl den CMYK- als auch den RGB-Farbraum einzuschließen, stellt der Lab-Farbmodus einen Zwischenschritt dar, wenn Photoshop ein Bild von RGB in CMYK umwandelt. Wenn Sie im Helligkeitskanal einer Lab-Datei arbeiten, können Sie schnell und einfach die Hell/Dunkel-Informationen des Bildes verändern, ohne Farbton und Sättigung zu beeinflussen, oder Störungen reduzieren, wenn Sie ein Farbbild in Graustufen umwandeln (Seite 214). Die »a«- und »b«-Kanäle eignen sich hingegen besonders gut, um die Farben zu bearbeiten, ohne den Tonwertbereich zu beeinflussen.

HSB-Farbe

Es gibt einen Aspekt der Farbklassifikation, den Sie nicht unter BILD/MODUS finden, der in Photoshop jedoch sehr wichtig ist. Das **HSB**-System (Farbton, Sättigung und Helligkeit) finden Sie in den Photoshop-Werkzeugen, mit denen Sie Farben auswählen, evaluieren und anpassen können. Dazu gehören u.a. der Farbwähler, die Info-Palette, eine Farbton/Sättigung-Einstellungsebene.

Farbton beschreibt die Qualität, die wir meinen, wenn wir eine Farbe beim Namen nennen. In Photoshop wird der Farbton in Grad als Position auf einem Farbrad angegeben.

Sättigung bezieht sich darauf, ob eine Farbe eher intensiv oder neutral ist.

Helligkeit ist das Maß der Helligkeit oder der Dunkelheit einer Farbe.

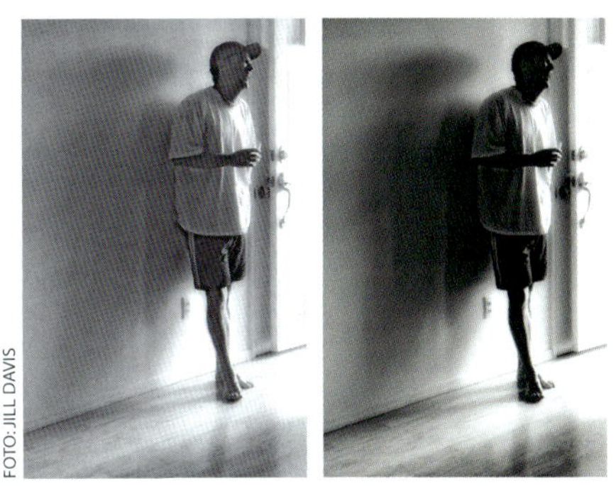

FOTO: JILL DAVIS

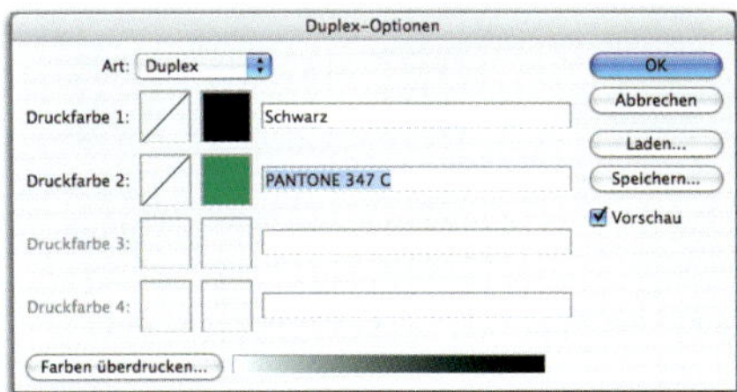

Photoshops Duplex-Modus bietet Gradationskurven, die die Informationen für den Druck eines Graustufenbildes mit ein bis vier Farben speichert. Das Programm bietet verschiedene Vorgaben, die Sie laden können. Sie können aber auch eigene Kurven erstellen.

Graustufen

Ein Bild im Graustufen-Modus, beispielsweise ein Schwarzweißfoto, enthält nur Helligkeitswerte, aber keine Daten für Farbton oder Sättigung. Für die beste Darstellung eines Farbfotos in Schwarzweiß fügen Sie eine Kanalmixer-Einstellungsebene hinzu, bevor Sie das Bild mit BILD/MODUS/GRAUSTUFEN umwandeln. »Von Farbe zu Schwarzweiß« auf Seite 213 beschäftigt sich mit verschiedenen Techniken zur Umwandlung.

Duplex

Mit zwei Druckfarben (oder einer Farbe, die in zwei Durchgängen aufgetragen wird) ist es möglich, mehr Tonwerte zu erzeugen, als es bei nur einem Durchgang möglich wäre. So können mehr Details dargestellt werden. Wenn Sie beispiels-

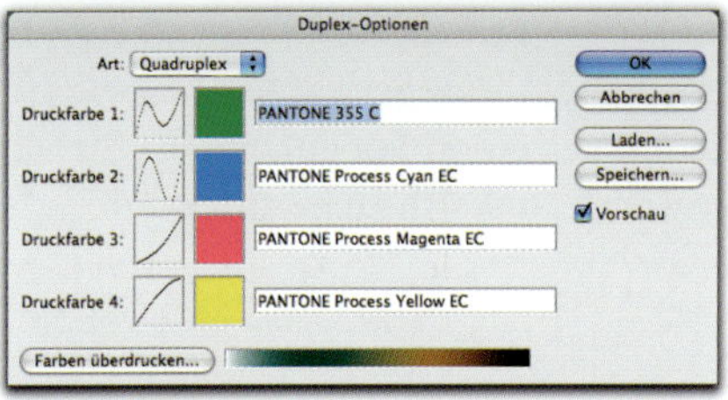

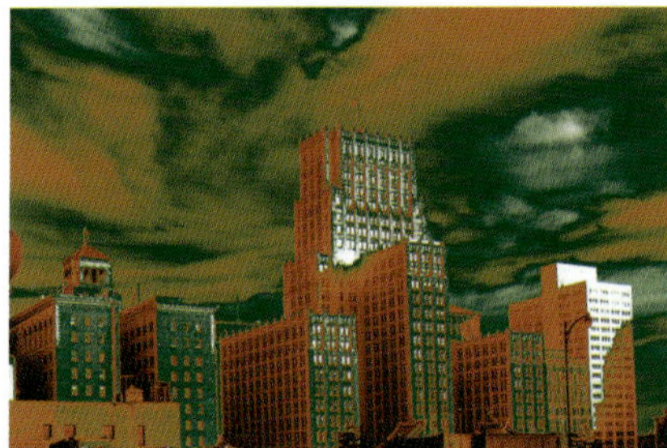

Photoshops Ordner VORGABEN/DUPLEX enthält Einstellungen für Triplex, Quadruplex und Duplex. Sie können aber auch Ihre eigenen Farben festlegen. Durch eine deutliche Umformung der Kurven, wie in diesem Beispiel zu sehen, können Sie verschiedene Farben erzeugen, die die Lichter, Mitteltöne und Tiefen dominieren. Dieses Quadruplex enthält eine eigene Farbe.

weise eine zweite Farbe zu den Lichtern hinzufügen, erhöhen Sie die Anzahl der verfügbaren Tonwerte für die Darstellung der Helligkeitswerte eines Bildes. Sie können nicht nur den Tonwertbereich erweitern, sondern ein Schwarzweißbild mit einer zweiten Farbe auch »aufwärmen« oder »abkühlen«. Mit einer zusätzlichen Farbe lassen sich auch dramatische Effekte erzeugen oder Bilderserien erstellen.

In Photoshops Duplex-Modus bestimmen Gradationskurven, wie die Graustufeninformationen in der jeweiligen Druckfarbe dargestellt werden. Wird die zweite Farbe des Duplex in den Tiefen betont und in den Lichtern ausgelassen? Werden damit die Mitteltöne eingefärbt?

Photoshops Duplex-Modus enthält auch Optionen für ein Triplex und ein Quadruplex, um Druckplatten für drei oder vier Farben festzulegen. Ein Duplex wird als Graustufendatei und Set aus Kurven gespeichert, die mit den Graustufeninformationen agieren, um die Druckplatten zu erzeugen (wie in der Technik auf Seite 193 zu sehen).

FARBEN ÜBERDRUCKEN

Mit dem Button FARBEN ÜBERDRUCKEN in der Duplex-Dialogbox können Sie die Bildschirmanzeige des Duplex anpassen, um zu sehen, wie es mit den eigenen Farben gedruckt wird. Dafür benötigen Sie einen Ausdruck, in dem die Druckfarben einfarbig überdruckt sind. Wenn Sie auf eines der Farbkästchen in der Farben-überdrucken-Dialogbox klicken, öffnet sich der Farbwähler, so dass Sie die Farbe an das gedruckte Beispiel anpassen können. Die Einstellungen dieser Dialogbox finden Sie im Farbverlauf am unteren Rand der Dialogbox DUPLEX-OPTIONEN wieder. Farbgenauigkeit ist nur dann garantiert, wenn Sie einen kalibrierten Monitor haben (»Den Monitor kalibrieren und charakterisieren«, siehe Seite 182).

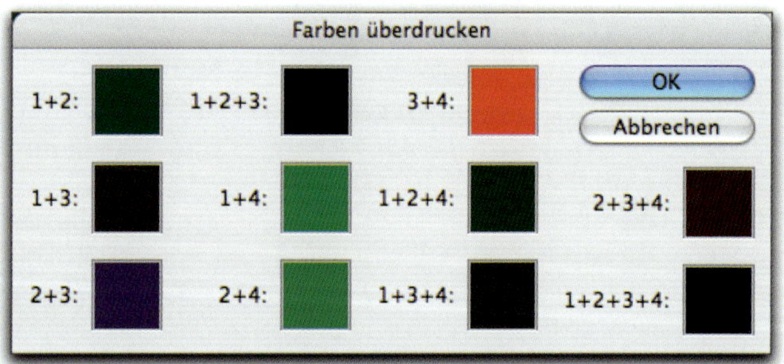

ORIGINALFOTO: PHOTOSPIN.COM

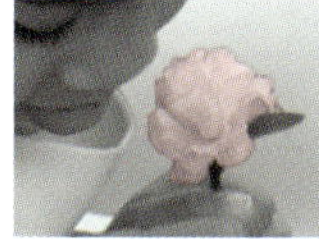

Sie können Volltonfarben in voller Intensität oder als Farbüberlagerungen zu einem Foto hinzufügen (siehe Seite 231).

Bitmap

Wie der Graustufen-Modus verwendet auch der Bitmap-Modus ausschließlich Helligkeitsdaten, keine Farbtöne und keine Sättigung. Jedoch ist ein Pixel in einem Bitmap entweder vollständig AN oder AUS, so dass genau zwei Farben entstehen können – Schwarz und Weiß, ohne graue Zwischentöne. Dieser Modus eignet sich für Grafiken oder einfarbige Bilder.

Mehrkanal

Mehrkanal ist ein *subtraktiver* Farbmodus. Wenn Sie eine RGB-Datei in ein Mehrkanalbild umwandeln, enthält dieses Cyan, Magenta und Gelb. Wenn Sie einen oder mehrere Kanäle entfernen (egal, ob in CMYK oder RGB), entsteht automatisch ein Mehrkanalbild, das aus den verbleibenden Primärfarben besteht.

Volltonfarben

Unter BILD/MODUS können Sie die Volltonfarben nicht finden. Volltonfarben, auch Schmuckfarben oder »Eigene« Farben genannt, können in jedem Farbmodus (außer Bitmap) zu einer Datei hinzugefügt werden. Volltonfarben sind oft spezielle Farbmischungen, die zu einem bestimmten Farbsystem gehören (z.B. Pantone).

In Photoshop können Sie Schmuckfarben hinzufügen, indem Sie aus dem Menü der Kanäle-Palette die Option NEUER VOLLTONFARBENKANAL wählen. Ein Volltonfarbenkanal ist eine gute Wahl, wenn Sie beispielsweise für ein Logo einen speziellen Farbstandard treffen müssen – die eigene Druckfarbe wird vorgemischt, so dass die gedruckte Farbe später genauso aussieht. Volltonfarben werden auch genutzt, um Farben zu drucken, die sich außerhalb des CMYK-Farbumfangs befinden – bestimmte Blau- oder Orangetöne usw. Im Abschnitt »Eine Volltonfarbe hinzufügen« auf Seite 231 erfahren Sie, wie Sie Volltonfarben anwenden.

8 BIT? 16 BIT? 24 BIT? 32 BIT?

Der Begriff für die Farbtiefe, oder die **Bit-Tiefe**, hat sich mit der zunehmenden Leistungsfähigkeit von Scannern, Digitalkameras und Monitoren entwickelt. Hier werden einige der gebräuchlichsten Begriffe erklärt:

8-Bit-Farbe besteht aus 256 (oder 2^8) Helligkeitswerten für jede Primärfarbe. Im Graustufenmodus gibt es 256 Grautöne, inklusive Schwarz und Weiß. Im RGB-Modus gibt es 256 x 256 x 256 = mehr als 16 Millionen möglicher Farben. (Bisher beschrieb man mit diesem Begriff Farben auf Monitoren, die nur 256 Farben oder die maximale Anzahl der Farben einer indizierten Farbpalette darstellen konnten.)

16-Bit-Farbe besteht aus mehr als 65.000 (oder 2^{16}) Helligkeitsstufen für jede Primärfarbe. Das sind mehr als 65.000 Graustufen in einem Schwarzweißbild und Billionen von Farben in einem RGB-Bild.

24-Bit-Farbe ist ein älterer Begriff, der manchmal verwendet wird, um dasselbe auszusagen wie 8-Bit-RGB (8 Bit pro Kanal × 3 Kanäle = 24 Bit).

32-Bit-Farbe gibt es erst seit Photoshop CS2. Bei speziellen Fotos, die in ein HDR-Bild (High Dynamic Range) umgewandelt werden, können Sie die (begrenzten) Vorteile der Bearbeitungsmöglichkeiten im 32-Bit/Kanal-Modus von CS2 und CS3 nutzen.

FARBTIEFE

Neben dem Farbmodus finden Sie unter BILD/MODUS auch die Farbtiefe (oder **Bit-Tiefe**), die anzeigt, wie viele Bits pro Pixel notwendig sind, um die Farbdaten jedes einzelnen Farbkanals einer Datei zu speichern. Je mehr Bits zur Verfügung stehen, desto mehr Farben und Tonwerte können gespeichert werden und kann ein Bild enthalten.

8 Bit/Kanal

Der Standard für Farbe in Photoshop, für den Druck und für die Bildschirmdarstellung ist 8 Bit/Kanal, bei dem Millionen von Farben und Tonwerten möglich sind. In diesem Modus stehen alle Werkzeuge und Funktionen von Photoshop zur Verfügung.

Eine Datei mit 16 Bit/Kanal – beispielsweise eine Raw-Datei einer Digitalkamera oder ein in diesem Modus gescanntes Bild (siehe Seite 219) – enthält eine Menge zusätzlicher Farbinformationen im Vergleich zu einer Datei mit 8 Bit/Kanal. Wenn Sie die Farbe einer Datei im 16-Bit-Modus anpassen und die Datei dann in 8 Bit/Kanal umwandeln, erzeugen Sie tiefere und intensivere Farben, als wenn Sie die Farbkorrektur im 8-Bit-Modus vornehmen. Die meisten der Photoshop-Funktionen, inklusive Ebenen, Masken, Einstellungsebenen und wichtiger Filter (wie GAUSSSCHER WEICHZEICHNER und UNSCHARF MASKIEREN), stehen Ihnen in diesem Modus zur Verfügung.

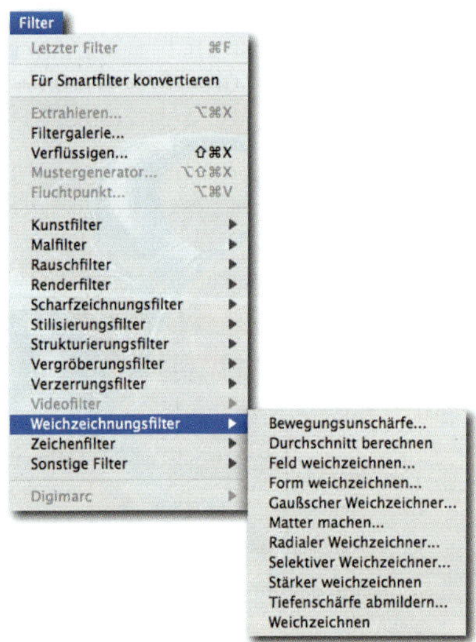

Hier sehen Sie, welche Filter im 16-Bit-Modus verwendet werden können. In Anhang A finden Sie eine ausführliche Liste aller im 16-Bit-Modus zur Verfügung stehenden Filter.

16 Bit/Kanal

Wenn es um die Bearbeitung von Bildern mit 16 Bit/Kanal geht, sind Photoshop CS, CS2 und CS3 ihren Programmvorgängern weit voraus – früher gab es in diesem Modus keine Ebenen, nur sehr wenige Filter, und Kopieren und Einfügen war auch nicht möglich. Photoshop kann in diesem Modus jetzt mit Ebenen (inklusive Einstellungsebenen), Masken und Ebenenstilen arbeiten und die meisten Funktionen anwenden. Wenn Sie ein gescanntes Bild oder ein Digitalfoto mit mehr als 8 Bit/Kanal haben, können Sie es im 16-Bit-Modus öffnen und die zusätzlichen Informationen für Tonwert- und Farbkorrekturen nutzen.

Warum ist die Bearbeitungsmöglichkeit im 16-Bit-Modus so wichtig, dass alle bedeutenden Photoshop-Funktionen jetzt auch hier funktionieren? Weil die Informationen eines solchen Bildes das Potenzial von mehr als 65.000 Variationen für jede Primärfarbe besitzen. (Zum Vergleich: im 8-Bit-Modus sind es nur 256 Variationen pro Kanal.)

Die große Menge zusätzlicher Informationen im 16-Bit-Modus zahlt sich aus. Erstens ist es viel einfacher, gute Tiefen- und Lichterdetails in einem Bild zu erzeugen, weil Sie mehr Tonwerte haben, mit denen Sie arbeiten können. Wenn Sie jemals versucht haben, in einem unterbelichteten Bild mit 8 Bit/Kanal Details hervorzubringen, wissen Sie, was ich meine. Mit 16 Bit/Kanal haben Sie 256 mögliche Tonwertschritte für jeden Schritt, der Ihnen mit 8 Bit/Kanal zur Verfügung steht. Zweitens sind die Farbübergänge durch das vergrößerte Potenzial der Farbkombinationen weicher. Und drittens können Sie bessere Schwarzweißbilder erzeugen, weil Ihnen mehr Graustufen zur Verfügung stehen.

Warum sollten Sie dann überhaupt noch mit 8 Bit/Kanal arbeiten? Ein Grund ist, dass Dateien mit 16 Bit/Kanal doppelt so groß sind wie die mit 8 Bit/Kanal. Und wenn die Datei zu Beginn der Bearbeitung schon relativ groß ist, Sie dann noch Ebenen hinzufügen und bearbeiten, wird alles irgendwann immer langsamer. Auch wenn Sie den RAM und das Arbeitsvolume reduzieren können, wenn Sie im 16-Bit-Modus arbeiten ▼, sollten Sie die Datei spätestens dann wieder in 8 Bit/Kanal umwandeln, wenn Photoshop zu langsam wird. Außerdem müssen einige Bilder mit 8 Bit/Kanal gedruckt werden. Auch wenn Sie für die Farbkorrektur theoretisch in den 16-Bit-Modus wechseln könnten, sind die verbesserten Farbdetails im Druck wahrscheinlich nicht mehr zu sehen.

MEHR DAVON

▼ Speicherökonomie im 16-Bit-Modus **Seite 219**

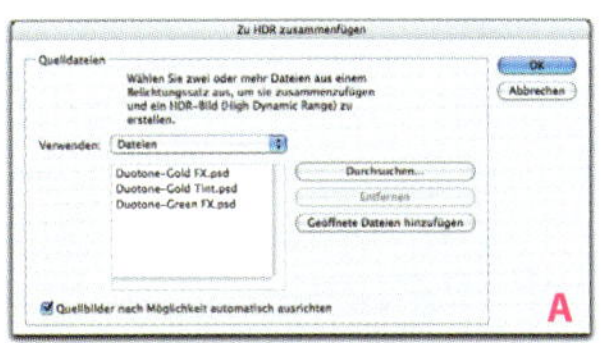

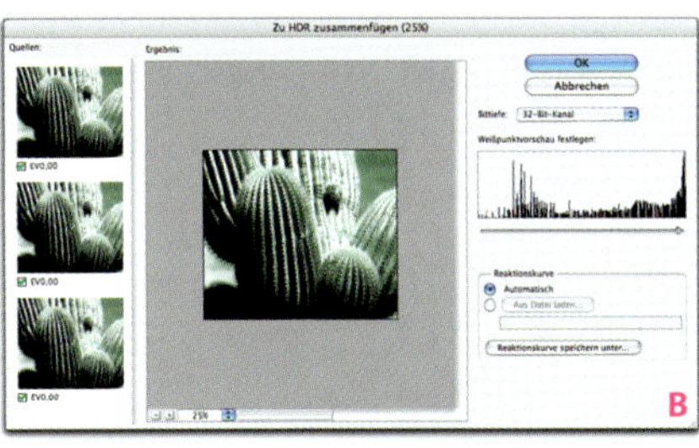

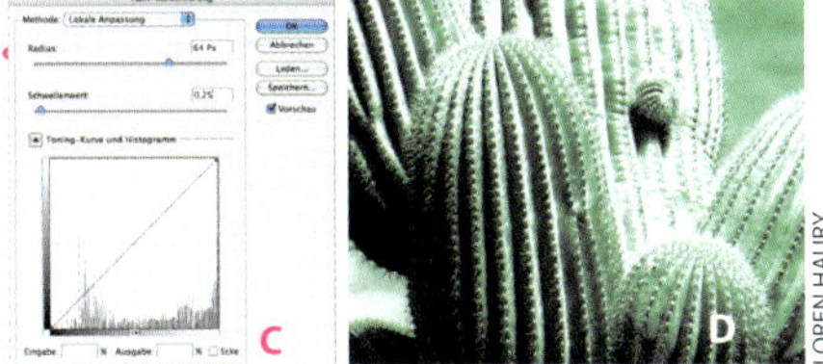

Die 32 Bit/Kanal und die HDR-Funktion ab Photoshop CS2 bieten einen guten Ausgangspunkt, um verschiedene Belichtungen desselben Bildes miteinander zu kombinieren, ohne Auswahlen und Masken erstellen zu müssen. Um den Nutzen von HDR zu demonstrieren, haben wir uns drei Belichtungen von Loren Haury geliehen. Um eine nahtlose Überblendung zu erzeugen, wurden die Lichter einer Belichtung, die Tiefendetails einer anderen und die Mitteltöne einer dritten Belichtung verwendet. Öffnen Sie dazu zunächst drei Bilder (DATEI/AUTOMATISIEREN/ZU HDR ZUSAMMENFÜGEN) **A**. Wählen Sie die gewünschten Dateien aus und klicken Sie auf OK, um sie zusammenzufügen. Sie können die Datei mit intakten Belichtungsdaten speichern, indem Sie die Bit-Tiefe bei 32 Bit/Kanal belassen und auf OK klicken **B**. Für zukünftige Bearbeitungen können Sie eine Kopie der Datei mit 16 oder 8 Bit/Kanal speichern (BILD/BILD DUPLIZIEREN). Nehmen Sie Ihre Einstellungen vor **C, D**. Das Bild ist bereit zum Abwedeln und Nachbelichten, für Farb- und Tonwertkorrekturen, ohne dass Sie Kopieren und Einfügen müssen. Auf Seite 354 sehen Sie die zusammengefügten Belichtungen von Loren Haury.

32 Bit/Kanal

High-Dynamic-Range-(HDR- oder 32-Bit-)Dateien erlauben noch feinere Farb- und Tonwertanpassungen als 16 Bit. Weil HDR einen größeren Dynamikumfang zulässt (das sind die Tonwerte zwischen reinem Schwarz und reinem Weiß), als die meisten Kameras aufnehmen oder Drucker drucken bzw. Monitore anzeigen können, werden Sie sich jetzt vielleicht wundern, warum Sie in diesem Modus arbeiten sollten. Der Grund ist, dass Sie mit den zur Verfügung stehenden Informationen auswählen können, in welchem Bereich des Bildes der Dynamikumfang vergrößert werden soll, ohne druck- oder darstellbare Tonwerte in anderen Bereichen zu verlieren. Die Möglichkeit, die zusätzlichen Informationen in einem 32-Bit-Bild zu verwenden, wenn Sie es in 16- oder 8 Bit umwandeln, simuliert die Fähigkeit der Augen, die unterschiedlichen Helligkeitswerte in den Schatten- und Lichterbereichen des Bildes auszumachen und Details in beiden zu sehen.

Fotografen können Photoshops Befehl DATEI/AUTOMATISIEREN/ZU HDR ZUSAMMENFÜGEN (seit CS2) wählen, um verschiedene 8- oder 16-Bit-Belichtungen desselben Bildes ineinander überzublenden (ohne das aufwändige Maskieren aus früheren Programmversionen). Mit HDR können Sie beispielsweise Fotos eines Raumes kombinieren, bei dem einmal die sonnigen Fenster, die dunklen Schatten und das Licht dazwischen beleuchtet wurden. (Es gibt einige Bedingungen, die bei der Aufnahme der Bilder beachtet werden müssen.▼) Um das Bild weiterzubearbeiten – vielleicht müssen Sie es abwedeln und nachbelichten –, darzustellen oder zu drucken, müssen Sie es in 16 oder 8 Bit/Kanal umwandeln. Nur in Photoshop CS3 Extended können Sie in HDR-Bildern auch malen und montieren. In der Dialogbox ZU HDR ZUSAMMENFÜGEN können Sie zwischen verschiedenen Komprimierungen wählen – probieren Sie diese aus, um herauszufinden, welche Ihnen am besten gefällt.

IM 32-BIT-MODUS SPEICHERN!

Wenn Sie eine HDR-Datei in eine 8- oder 16-Bit-Datei umwandeln, werden einige der Originaldaten bei der Komprimierung notwendigerweise entfernt und können später nicht wiederhergestellt werden. Speichern Sie die HDR-Datei deshalb erst im 32-Bit-Modus und wandeln Sie anschließend eine Kopie um. Die Kopie können Sie dann nach Belieben bearbeiten und weiterkopieren.

MEHR DAVON

▼ Fotos für HDR
Seite 96

Die Aufnahmegrösse ändern

Wenn Sie bei aktiver Pipette mit gedrückter Ctrl-Taste klicken (PC: Rechts-Klick), öffnet sich ein kontextsensitives Menü, in dem Sie eine Aufnahmegröße einstellen können. Sie können auch den Hexadezimalcode einer Farbe in die Zwischenablage kopieren und später in ein HTML-Dokument einfügen.

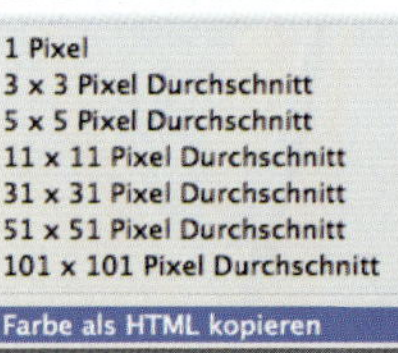

Klicken Sie auf die Vorder- oder Hintergrundfarbe in der Werkzeug-Palette, um den Farbwähler zu öffnen. Oder klicken Sie mit der Pipette, um eine neue Vordergrundfarbe aufzunehmen. Mit gedrückter ⌥/Alt-Taste können Sie eine neue Hintergrundfarbe aufnehmen.

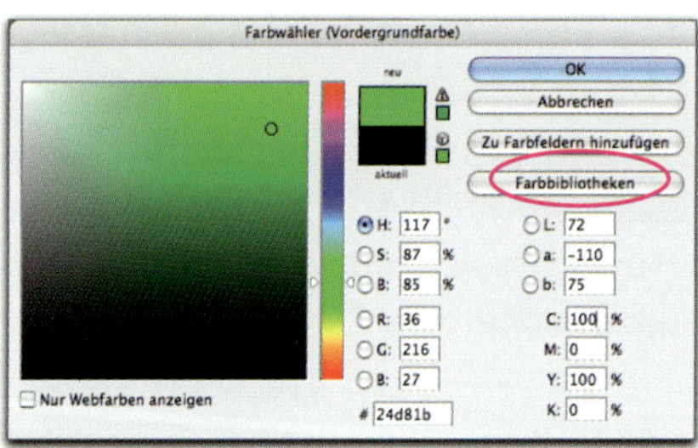

In Photoshops Farbwähler können Sie in jede beliebige Farbe klicken oder einen nummerischen Wert eingeben (im RGB-, CMYK- oder HSB-Modell). Aktivieren Sie einen der Radiobuttons, um das dazugehörige Farbmodell zu aktivieren. Wenn Sie auf den Button Farbbibliotheken klicken, können Sie aus verschiedenen Farbsystemen wählen. Ganz unten in der Dialogbox finden Sie den Hexadezimalcode der aktuellen Farbe, den Sie kopieren und in ein HTML-Dokument einfügen können.

Vordergrund/Hintergrund

Um die Standard-Vordergrund- und Hintergrundfarben (Schwarz und Weiß) wiederherzustellen, drücken Sie die Taste D. Um die Farben zu tauschen, drücken Sie die Taste X.

Farben wählen oder spezifizieren

Die Kästchen für die **Vorder- und Hintergrundfarbe** in der Werkzeug-Palette in Photoshop und ImageReady zeigen an, mit welcher Farbe Sie auf einer Ebene malen (Vordergrundfarbe) oder auf der Hintergrundebene radieren (Hintergrundfarbe). Die Standardfarben sind Schwarz und Weiß. Sie können aber jederzeit neue wählen, indem Sie auf eines der Farbkästchen klicken und den Farbwähler öffnen. Sie können auch mit der Pipette eine neue Vordergrundfarbe festlegen, indem Sie mit dem Werkzeug in eine beliebige Farbe im Bild klicken. Halten Sie dabei die ⌥/Alt-Taste gedrückt und nehmen Sie eine neue Hintergrundfarbe auf.

Sie können auch mithilfe der beiden Farbpaletten (Farbe und Farbfelder) neue Farben einstellen. Die Farbe-Palette ist mit ihren verschiedenen Modi und Reglern ideal, um Farben nach Zahlenwerten, mithilfe des Schiebereglers oder optisch zu mischen.

Farbe aufnehmen

Sehen Sie auf Ihrem Bildschirm eine Farbe, die Ihnen gefällt? Klicken Sie einfach mit der Pipette in eine Photoshop-Datei und ziehen Sie dann nach außen, dann können Sie Farbe von einer beliebigen Stelle aufnehmen.

Den Farbbalken ändern

Sie können auch mit gedrückter Ctrl-Taste (PC: Rechts-Klick) auf den Farbbalken der Farbe-Palette klicken, um diesen in einem anderen Farbmodus dazustellen. Mit gedrückter ⇧-Taste können Sie durch Klicken die Optionen wechseln.

Die **Farbfelder-Palette** zeigt standardmäßig 125 Farbfelder an. Klicken Sie auf eines der Farbfelder, um dieses als Vordergrundfarbe einzustellen (mit gedrückter ⌥/Alt-Taste als Hintergrundfarbe). Sie können auch eine neue Vordergrundfarbe aufnehmen und daraus ein Farbfeld erstellen, indem Sie unten in der Palette auf den Button Neues Farbfeld klicken. Ein ganzes Set neuer Farben fügen Sie hinzu, indem Sie dieses aus dem Menü der Farbfelder-Palette auswählen. Über dieses Menü können Sie auch eigene Sets speichern oder laden.

Schnelle Farbfelder

Wenn Sie eine aufgenommene Farbe zur Farbfelder-Palette hinzufügen, ihr jedoch keinen Namen geben wollen, drücken Sie die ⌥/Alt-Taste, während Sie in den leeren Bereich der Palette klicken.

Bestimmte Werkzeuge besitzen ihre eigenen Farben, die Sie ändern können, ohne Vorder- und Hintergrundfarbe zu ändern. Die Farbe für die Zeichenwerkzeuge (Zeichenstift und Formen) und das Textwerkzeug (für das Ihnen zusätzlich auch die Zeichen-Palette zur Verfügung steht) stellen Sie in der Optionsleiste ein.

Die Farbe-Palette enthält einen Farbbalken, aus dem Sie eine Farbe aufnehmen können. Den Modus dieses Farbbalkens können Sie über das Paletten-Menü ändern. Zur Wahl stehen: RGB-Spektrum **A**, CMYK-Spektrum **B**, Graustufen **C** und Aktuelle Farben (Vordergrund bis Hintergrund) **D**. Sie können auch websichere Farben wählen.

FARBE ANWENDEN

Farbe in Photoshop können Sie mit den **Mal- und Füllwerkzeugen** anwenden; diese werden in Kapitel 6 besprochen. Sie können aber auch mit dem Befehl BEARBEITEN/FLÄCHE/KONTUR FÜLLEN, einer Füll- oder Formebene oder dem Effekt eines Ebenenstils arbeiten (auf Seite 197 finden Sie ein Schritt-für-Schritt-Beispiel).

Füll- und Formebenen

Erstellen Sie eine **Füllebene,** indem Sie unten in der Ebenen-Palette auf den Button NEUE FÜLLEBENE ODER EINSTELLUNGSEBENE ERSTELLEN klicken und eine Option auswählen – Volltonfarbe (für die aktuelle Vordergrundfarbe), Muster oder Verlauf. Die Sichtbarkeit der Füllebene wird von der eingebauten Ebenenmaske gesteuert, die Teile der Farbebene ein- und ausblendet.

In der Farbfelder-Palette können Sie die Option FARBFELDER ZUM AUSTAUSCH SPEICHERN wählen, um die Palette auch in Adobe Illustrator und InDesign verwenden zu können. Damit sparen Sie viel Zeit und stellen konsistente Farben sicher.

TASTATUR-KURZBEFEHLE ZUM FÜLLEN

Testen Sie diese Tastatur-Kurzbefehle für BEARBEITEN/FÜLLEN:

- Um eine gesamte Ebene (oder eine Auswahl) mit der **Vordergrundfarbe** zu füllen, drücken Sie ⌥-Entf (**PC:** Alt-←).
- Mit ⌘-Entf bzw. Strg-← füllen Sie mit der **Hintergrundfarbe**.
- Um nur farbige Bereiche einer Ebene oder Auswahl zu färben (**transparente Bereiche frei zu lassen**), fügen Sie zu den Tastenkürzeln oben die ⇧-Taste hinzu. Dadurch fixieren Sie die Transparenz einer Ebene.

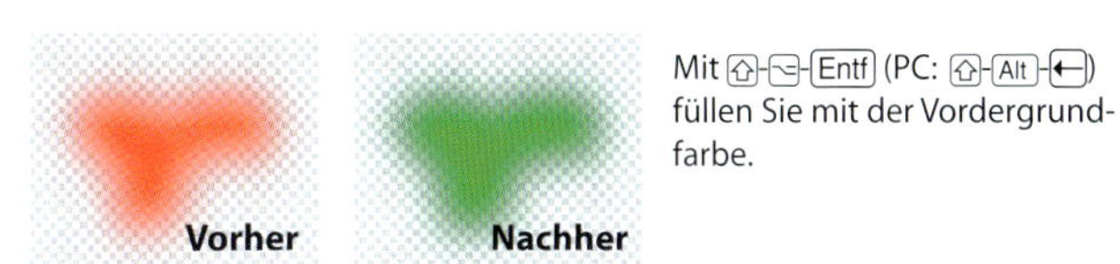

Mit ⇧-⌥-Entf (PC: ⇧-Alt-←) füllen Sie mit der Vordergrundfarbe.

Drei Arten von Füllebenen bieten den Vorteil, dass Sie experimentieren und ausprobieren können, wie auf Seite 593 zu sehen ist.

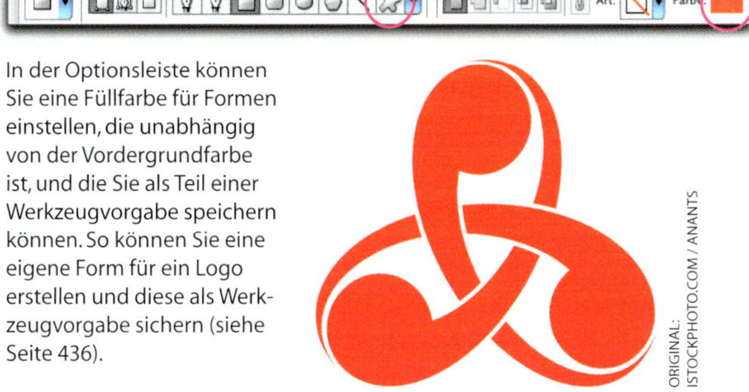

In der Optionsleiste können Sie eine Füllfarbe für Formen einstellen, die unabhängig von der Vordergrundfarbe ist, und die Sie als Teil einer Werkzeugvorgabe speichern können. So können Sie eine eigene Form für ein Logo erstellen und diese als Werkzeugvorgabe sichern (siehe Seite 436).

Die Farbe dieses Fotos stammt hauptsächlich von einer Farbüberlagerung eines Ebenenstils. So kann die Farbe oder der Farbton jederzeit angepasst werden (siehe Seite 197).

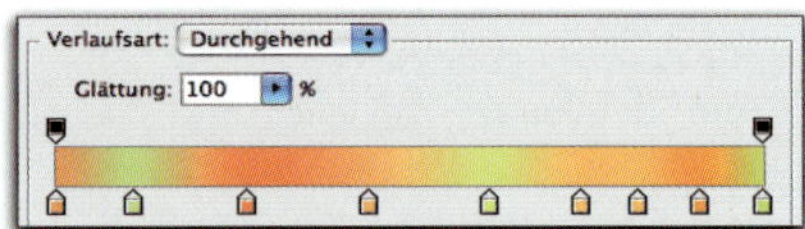

Der Verlauf Wow-Gradient 09 ist ein Verlauf ohne Transparenz. (Beispiele aller Wow-Verläufe finden Sie auf Seite 188).

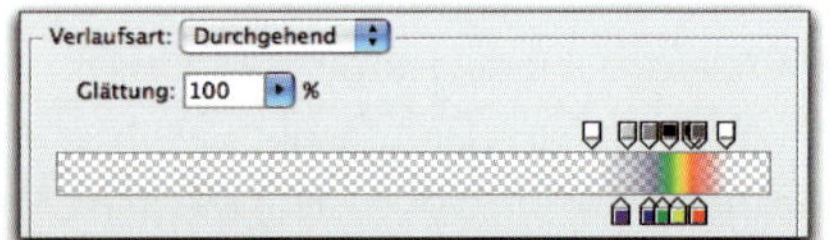

Der Verlauf Wow-Gradient 06 enthält Transparenz.

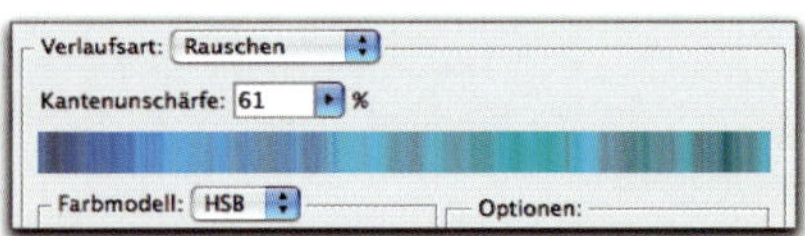

Wow-Gradient 25 ist ein Störungsverlauf.

Linear Radial Winkel Reflektiert Raute

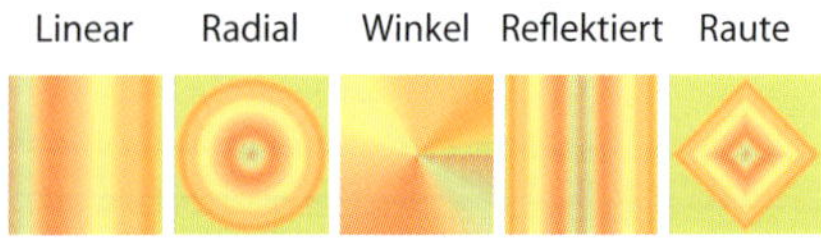

In der Optionsleiste des Verlaufswerkzeugs oder einer verlaufsbezogenen Dialogbox können Sie die Verlaufsart auswählen.

45° 80°

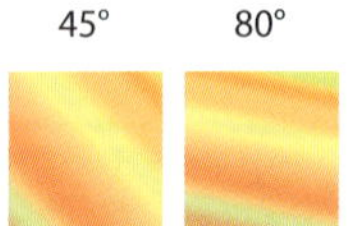

Die Ausrichtung eines linearen Verlaufs legen Sie beim Ziehen mit dem Verlaufswerkzeug fest.

50% 150%

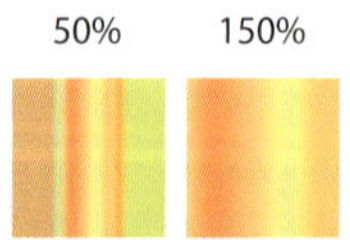

Um die Ausdehnung des Farbübergangs zu ändern, stellen Sie eine andere Distanz oder Skalierung für das Verlaufswerkzeug ein.

Formebenen bieten dieselben Arten farbgefüllter Ebenen, nur dass die eingebaute Maske ein vektorbasierter Ebenenbeschneidungspfad ist. Formebenen werden in Kapitel 7 besprochen. Sie können die Farbe von Füll- oder Formebenen schnell und einfach ändern, indem Sie in der Ebenen-Palette auf die Miniatur der Ebene klicken und eine neue Farbe wählen.

Auch mit einem **Ebenenstil** können Sie eine Farbe anwenden – Ebenenstile sind eine Kombination aus Effekten, die Sie speichern und auf andere Elemente in anderen Dateien anwenden können. Auf Seite 40 finden Sie bereits eine Beschreibung zu Ebenenstilen – Schritt-für-Schritt-Techniken lernen Sie in Kapitel 8 kennen.

Verläufe

Ein Verlauf in Photoshop ist eine Sequenz von Übergängen von Farbe zu Farbe. Einige Verläufe beinhalten auch Transparenz. Sie können Verlaufsvorgaben auswählen, anwenden, verändern (im Verlaufseditor) und als eigene Verläufe speichern. Wenn Sie einen Volltonfarbverlauf erstellen, kontrollieren Sie alle Farb- und Deckkraftänderungen. Bei einem Störungsverlauf ▼ mischt Photoshop die Farben wahllos zusammen, allerdings innerhalb der von Ihnen festgelegten Grenzen. Verläufe wenden Sie mit dem Verlaufswerkzeug, einer Füll- oder Einstellungsebene oder einem Ebenenstil an.

Das Verlaufswerkzeug. Das Verlaufswerkzeug funktioniert ganz einfach – ziehen Sie den Cursor im Bild an der Stelle, an der der Farbübergang erscheinen soll. Sie können fünf verschiedene Verlaufsarten anwenden – Linear, Radial, Winkel, Reflektiert und Raute. Den linearen Verlauf ziehen Sie von dort, wo er beginnen, bis dahin, wo er enden soll. Bei den anderen vier Verläufen ziehen Sie nach außen, von dort, wo sich die Mitte des Verlaufs befinden soll. Das Verlaufswerkzeug erstellt Farbpixel. Es gibt aber auch noch flexiblere Möglichkeiten, Verläufe anzuwenden. Um jedoch eine Ebenenmaske mit Verlauf zu erstellen, eignet sich das Verlaufswerkzeug am besten.

Verlaufsfüllung. Eine Verlaufsfüllebene kann wie die fünf Verlaufsarten angewendet werden. Nur wird bei einer Verlaufsfüllung die Bearbeitung einfacher – klicken Sie einfach doppelt auf die Miniatur in der Ebenen-Palette, um die Dialogbox neu zu öffnen und den Verlauf zu bearbeiten. Um eine Verlaufsfüllung zu erstellen, klicken Sie unten in der Ebenen-Palette auf den Button NEUE FÜLLEBENE ODER EINSTELLUNGSEBENE ERSTELLEN und wählen VERLAUF.

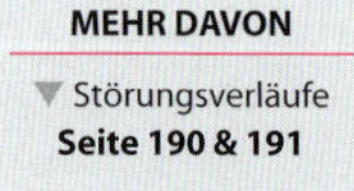
MEHR DAVON
▼ Störungsverläufe
Seite 190 & 191

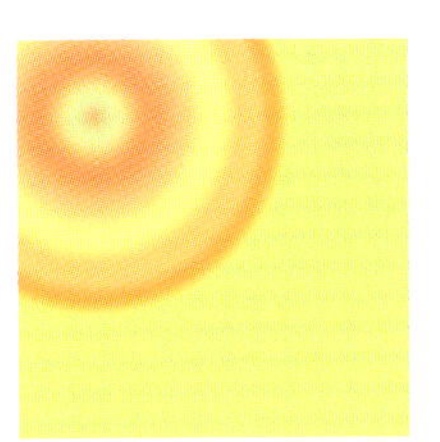

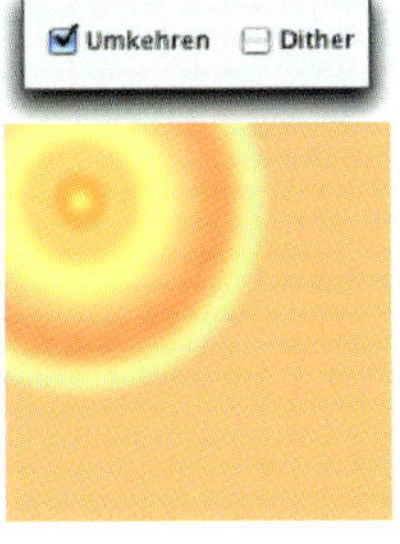

Die Position des Verlaufs wird vom Startpunkt des Ziehens mit dem Verlaufswerkzeug festgelegt. Wenn Sie die Option UMKEHREN aktivieren, kehren Sie die Farbreihenfolge des Verlaufs um.

Verlaufsumsetzung. Die Verlaufsumsetzung ist eine Einstellungsebene, die Anweisungen für das Austauschen von Farbtönen eines Bildes durch die Farben des Verlaufs enthält. Der Ausgangspunkt eines Verlaufs ersetzt Schwarz, der Endpunkt Weiß – die Farben dazwischen ersetzen die dazwischen liegenden Tonwerte.

Ebenenstil. Verläufe als Ebenenstil können Sie als Schein nach innen, Schein nach außen, Kontur oder Verlaufsüberlagerung anwenden. Beispiele finden Sie auf Seite 188 und in Kapitel 8 im Abschnitt »Neonschein«.

VERLÄUFE BEARBEITEN

Einstellungsmöglichkeiten für die Verläufe finden Sie in der Optionsleiste des Verlaufswerkzeugs und in der Dialogbox, die sich öffnet, wenn Sie eine der anderen Verlaufsmethoden anwenden (z.B. Verlaufsfüllung). Wenn Sie die Zusammensetzung des Verlaufs ändern wollen, nutzen Sie in der Dialogbox VERLÄUFE BEARBEITEN.

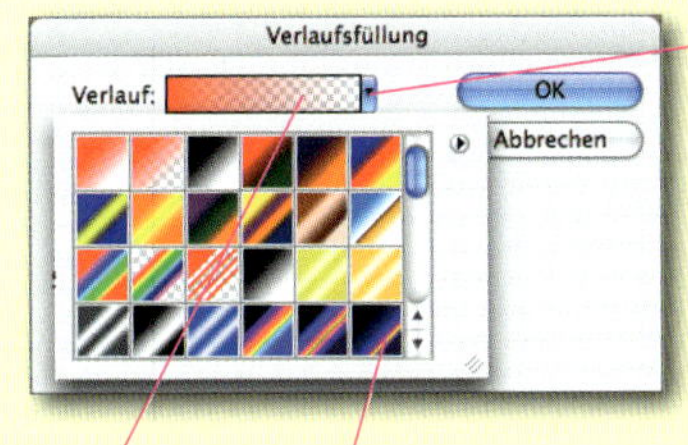

Klicken Sie auf den **Pfeil,** um eine Palette mit Verlaufsvorgaben zu öffnen.

Klicken Sie in die **Vorschau,** um die Dialogbox VERLÄUFE BEARBEITEN zu öffnen.

Klicken Sie auf eines der Farbfelder, um den Verlauf auszuwählen. **Klicken Sie doppelt,** um einen Dialog zu öffnen, in dem Sie den Verlauf umbenennen können. Mit gedrückter ⌥/Alt-Taste löschen Sie den Verlauf aus der Palette.

Einen neuen Verlauf erstellen Sie, indem Sie auf eines der Farbfelder klicken und die Einstellungen unten in der Palette ändern.

Ein **durchgehender Verlauf** (hier zu sehen), blendet zwischen Farben und Deckkräften über, die Sie festlegen. Bei einem **Störungsverlauf** erzeugt Photoshop eine willkürliche Farbverteilung.

Klicken Sie über oder unter der Verlaufsvorschau, um einen neuen Farb- oder Transparenzstopp hinzuzufügen.

Wenn Sie auf eine Unterbrechung klicken, können Sie die Deckkraft oder die Farbe ändern.

Weitere Verläufe können Sie über das Menü laden (klicken Sie auf das kleine Dreieck), oder indem Sie auf den Button LADEN klicken.

Wenn Sie einen Verlauf erstellt haben, den Sie später wieder nutzen wollen, geben Sie einen Namen ein und klicken auf NEU.

Farbunterbrechungen unter der Verlaufsleiste bestimmen die Farbverteilung **A**. Stopps über der Verlaufsleiste kontrollieren die Deckkraft **B**. Wenn Sie auf einen Stopp klicken, erscheint zwischen diesem und der nächsten Farbunterbrechung eine Raute **C**. Ziehen Sie den Stopp oder den Mittelpunkt, um den Farbübergang zu ändern.

Entfernen Sie die ausgewählte Farbunterbrechung, indem Sie auf LÖSCHEN klicken oder sie über den Rand der Dialogbox hinausziehen.

Muster

Wie Verläufe können Photoshops Mustervorgaben als pixelbasierte Füllungen verwendet werden (über BEARBEITEN/FLÄCHE FÜLLEN, den Musterstempel, Füllebenen oder Ebenenstile). Als Teil eines Ebenenstils kann ein Muster als Oberflächenfarbe (als Musterüberlagerung) oder Oberflächenstruktur (über den Effekt ABGEFLACHTE KANTE UND RELIEF) verwendet werden.

Auf der Wow-DVD-ROM finden Sie viele eigene Muster; gedruckte Beispiele finden Sie in Anhang C. Einige dieser Muster werden auch in Ebenenstilen sowohl als Musterüberlagerung wie als Struktur verwendet. Der Stil **Bricks* Style**: links ohne und rechts mit aktivierter Struktur.

FARBEN ÜBERPRÜFEN

Photoshop ist mit einigen hervorragenden Werkzeugen ausgestattet (inklusive der Info- und der Histogramm-Palette), mit denen Sie die Farben und Tonwerte in Ihrem Bild überprüfen können. Mit diesen Werkzeugen können Sie auch Statistiken über Tonwert- und Farbänderungen im Bild führen.

Info-Palette & Farbaufnehmer

Wenn Sie wissen wollen, wie eine Farbe in Ihrem Bild zusammengesetzt ist, nutzen Sie die Info-Palette und den Farbaufnehmer. In der **Info-Palette**, links zu sehen, finden Sie eine dynamische Anzeige der Farbzusammensetzung. Wenn Sie den Cursor im Bild bewegen, ändern sich auch die Werte – es sind immer die Werte des Pixels genau unter dem Cursor zu sehen. Während Sie eine Farbe oder Tonwerteinstellung anwenden (beispielsweise eine Tonwertkorrektur), finden Sie in der Info-Palette zwei verschiedene Angaben – die Farbzusammensetzung *vor* und *nach* der Änderung. Seit CS2 finden Sie in der Info-Palette auch Werkzeugtipps (wie das aktuelle Werkzeug zu verwenden ist) sowie Dokumentinformationen, die Sie auch in der Statusleiste des Arbeitsfensters finden – z.B. Größe, Farbprofil. Die verbesserte Anzeige der Info-Palette ist in zweierlei Hinsicht sehr nützlich: Erstens haben Sie Zugang zu den Dokumentstatistiken, auch wenn Sie sich im Vollbildmodus befinden und die Statusleiste nicht mehr zu sehen ist. Zweitens können Sie sich mehr als eine Dokumentstatistik gleichzeitig anzeigen lassen. Dabei können Sie auswählen, wie viele Informationen in der Palette angezeigt werden sollen. Öffnen Sie einfach das Paletten-Menü, wählen Sie PALETTEN-OPTIONEN und aktivieren Sie die entsprechenden Checkboxen.

Sie haben die Möglichkeit, vier dauerhafte Farbaufnehmer in Ihrem Bild zu platzieren – jeder mit seinen eigenen Werten in der Info-Palette. Um die Farbaufnehmer zu setzen, aktivieren Sie in der Werkzeug-Palette das Farbaufnehmer-Werkzeug und

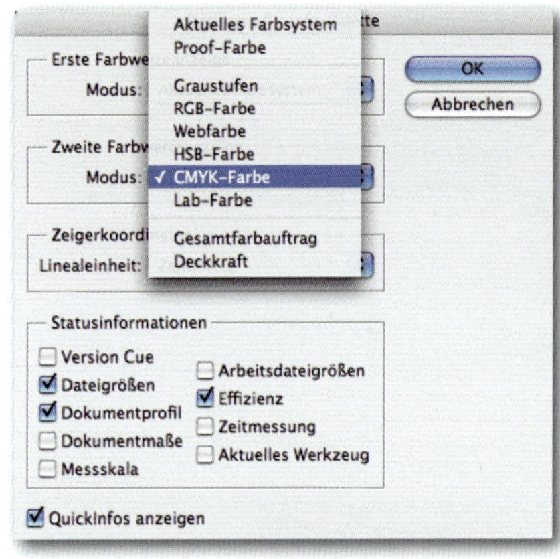

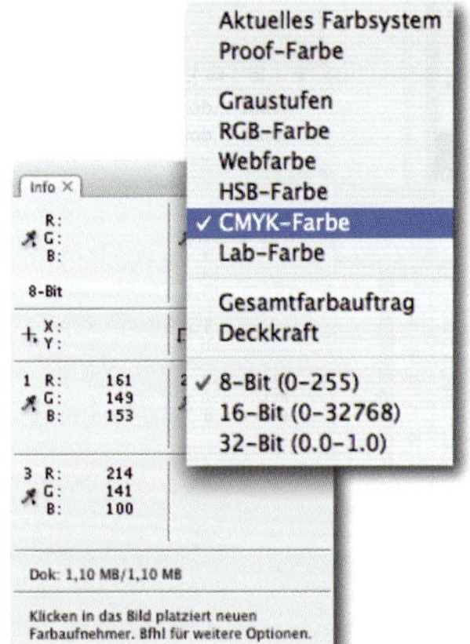

Wenn Sie aus dem Menü der Info-Palette den Befehl PALETTEN-OPTIONEN wählen, öffnet sich die Dialogbox OPTIONEN FÜR INFO-PALETTE. Hier können Sie die Farbwertanzeigen für zwei unterschiedliche Farbmodi einstellen. Anschließend können Sie sich jeweils sehr nützliche Informationen anzeigen lassen, inklusive der Deckkraft. Sie können sich auch die 16-Bit-Farben anzeigen lassen, wenn sich die Datei im 16-Bit-Modus befindet. Zu den Paletten-Optionen gelangen Sie auch, wenn Sie auf eine der Pipetten in der Palette klicken und die Maustaste gedrückt halten.

Ab CS2 wurde die Info-Palette aufgewertet. Jetzt können mehr Informationen angezeigt werden als je zuvor. Die 16-Bit-Option ist jetzt in den kontextsensitiven Menüs der Pipetten zu finden, wie auch die Optionen für die 32-Bit-Farbe.

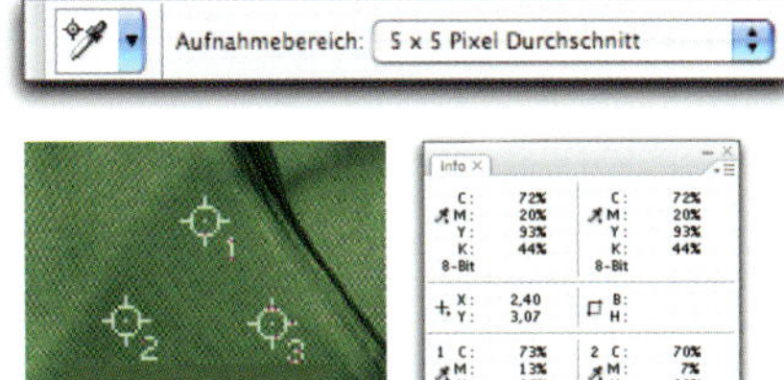

Sie können mit dem Farbaufnehmer-Werkzeug bis zu vier dauerhafte Farbaufnehmer setzen. Diese Farbaufnehmer füttern die Info-Palette mit Farbinformationen. Sie können damit wichtige Bildbereiche und deren Änderung der Farbzusammensetzung bei Farb- oder Tonwertkorrekturen überwachen. Die Aufnahmegröße legen Sie in der Optionsleiste fest (die Einstellung gilt dann für die Pipette und den Farbaufnehmer – wenn Sie die Einstellung ändern, ändern Sie sie für beide Werkzeuge).

E. A. M. VISSER

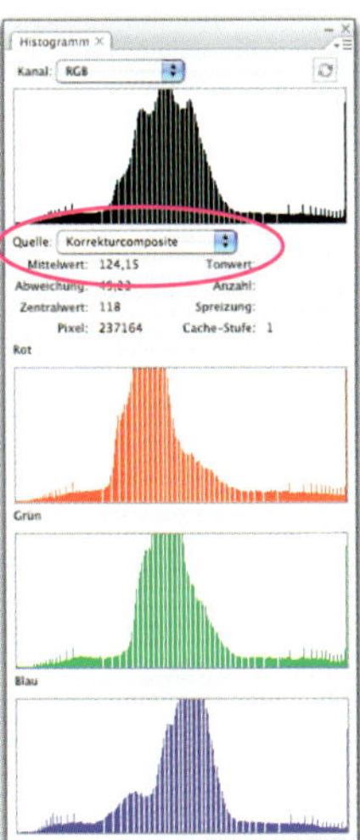

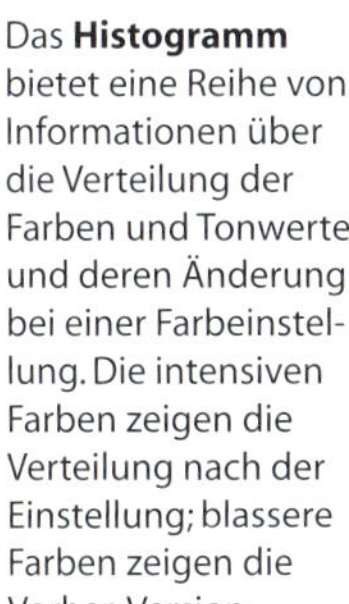

Das **Histogramm** bietet eine Reihe von Informationen über die Verteilung der Farben und Tonwerte und deren Änderung bei einer Farbeinstellung. Die intensiven Farben zeigen die Verteilung nach der Einstellung; blassere Farben zeigen die Vorher-Version.

klicken Sie damit in bis zu vier Stellen. Sobald Sie die Punkte gesetzt haben, können Sie sie mit dem Werkzeug verschieben oder mit gedrückter ⌥/Alt-Taste zum Entfernen anklicken. Auf Seite 323 erfahren Sie mehr über die Farbaufnehmer.

Histogramm-Palette

Photoshops Histogramm-Palette zeigt, wie Farben und Tonwerte im Bild verteilt sind. Das Histogramm, das Ihnen aus der Tonwertkorrektur-Dialogbox bekannt sein sollte, wird jetzt in einer eigenen Palette dargestellt – eine Palette, die Sie öffnen und schließen können. CS3 zeigt das Histogramm auch in der Gradationskurve an. Mit FENSTER/HISTOGRAMM blenden Sie die Palette ein. Um die einzelnen Farbkanäle sehen zu können, müssen Sie die Palette vergrößern. Öffnen Sie dazu das Paletten-Menü und wählen Sie ALLE KANÄLE IN ANSICHT. Die Ansichtsoptionen:

- Wählen Sie »Kanäle in Farbe anzeigen«, um die einzelnen Kurven farbig darzustellen.
- Wählen Sie im Pop-up-Menü »Quelle« die Option »Farbe«, um das Histogramm farbig darzustellen.
- Wenn Sie eine Einstellungsebene oder eine Filter-Dialogbox mit einer Vorschau aktivieren, wählen Sie »Korrekturcomposite«, um die Vorher- und Nachher-Versionen zu sehen.

Klicken Sie in der Histogramm-Palette auf das kleine gelbe Icon, um sicherzugehen, dass immer das aktuellste Histogramm zu sehen ist.

Farbansichten

Im Ansicht-Menü finden Sie drei Befehle, die sich auf die Farbe beziehen. Damit können Sie ein Proof Ihres Bildes auf dem Monitor erstellen, um es möglichst so zu sehen, wie es dann auch gedruckt wird. Dazu benötigen Sie aber korrekte Farbprofile für Ihren Monitor und den Drucker. Bevor Sie den Bildschirmproof sehen können, müssen Sie ihn einrichten (ANSICHT/PROOF EINRICHTEN). Sie können zwischen dem CMYK-Arbeitsfarbraum (der die CMYK-Spezifikationen der Farbeinstellungen-Dialogbox verwendet) und einer Vorschau wählen, die die Farben so anzeigt, wie sie in einem Standard-RGB-Macintosh- oder Windows-Farbraum zu sehen sind. Wählen Sie ANSICHT/PROOF EINRICHTEN/EIGENE, um die Dialogbox PROOF-BEDINGUNGEN ANPASSEN zu öffnen und das Farbprofil eines Ausgabegerätes zu laden. Sie können hier die Optionen PAPIERFARBE SIMULIEREN oder SCHWARZE DRUCKFARBE SIMULIEREN aktivieren.

Der Befehl ANSICHT/FARB-PROOF schaltet den Soft-Proof an oder aus. Anders als bei BILD/MODUS/CMYK-FARBE wandeln Sie mit diesem Befehl die Datei nicht um – Sie erhalten nur eine Vorschau. Die RGB-Farbinformationen gehen auf diese Weise also nicht verloren (was der Fall wäre, wenn Sie die Datei in CMYK umwandeln). Wenn Sie eine zweite Ansicht der RGB-Datei öffnen (FENSTER/ANORDNEN/NEUES FENSTER FÜR…) und dann ANSICHT/FARB-PROOF wählen, können Sie in einem Fenster den Farb-Proof aktiviert lassen und ihn in dem anderen wieder deaktivieren.

Die FARBUMFANG-WARNUNG, die ebenfalls im Ansicht-Menü zu finden ist, identifiziert die Farben eines RGB-Bildes, die möglicherweise außerhalb des druck- oder sichtbaren Farbbereichs liegen, den Sie mit dem Befehl PROOF EINRICHTEN gewählt haben.

NICHT DRUCKBAR! UNSICHER!

Photoshops Farbumfang-Warnung teilt Ihnen mit, wenn eine Farbe in einer RGB-Datei im CMYK-Farbraum (den Sie unter ANSICHT/PROOF EINRICHTEN gewählt haben) nicht wie erwünscht gedruckt werden kann:

- In der **Info-Palette** ist die Warnung als Ausrufezeichen neben den CMYK-Werten zu sehen, die die nächstdruckbare Farbe der spezifizierten RGB-Farbe anzeigen.
- Im **Farbwähler** und der **Farbe-Palette** sehen Sie ein kleines Warndreieck mit einem Farbfeld der nächsten passenden CMYK-Farbe. Wenn Sie auf dieses Farbfeld klicken, ändern Sie die Farbe **A**.

Hinweis: Die Farbumfang-Warnung ist eher konservativ – einige der Farben werden trotzdem gut gedruckt.

Die Warnung für nicht websichere Farben (Farben außerhalb der 216-Farben-Web-Palette) ist ein kleiner Würfel **B**. Klicken Sie in das Farbfeld darunter, um diese Farbe auszuwählen.

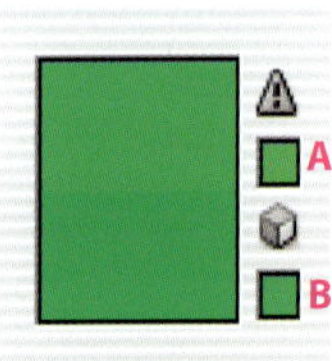

ANSICHTEN WECHSELN

Drücken Sie ⌘/Strg-Y (für ANSICHT/FARB-PROOF), um zwischen dem Arbeitsfarbraum und dem gewählten Farbraum unter ANSICHT/PROOF EINRICHTEN zu wechseln.

FARBUMFANG-WARNUNG

Um die Farbe für den Befehl ANSICHT/FARBUMFANG-WARNUNG zu ändern, wählen Sie VOREINSTELLUNGEN/TRANSPARENZ & FARBUMFANG-WARNUNG. Klicken Sie unten in der Dialogbox in das Farbfeld und wählen Sie aus dem Farbwähler eine neue Farbe aus.

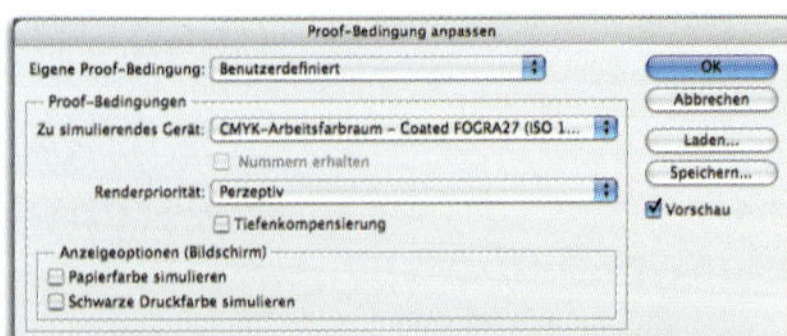

Photoshop bietet einen Bildschirm-Proof für Dateien: ANSICHT/FARB-PROOF, um zu zeigen, was passiert, wenn eine Datei vom RGB-Farbraum Ihres Monitors in einen anderen RGB- oder den CMYK-Druckfarbraum umgewandelt wird. Sie können ein Fenster für den Arbeitsfarbraum öffnen und ein zweites, in dem Sie sich den Farb-Proof anzeigen lassen. Wenn ANSICHT/FARBUMFANG-WARNUNG aktiviert ist, werden die Farben, die sich bei der Umwandlung verändern, grau angezeigt.

JHDAVIS

»CMYK-sichere« Farben

Mit ⌘/Strg-⇧-Y können Sie die Farbumfang-Warnung ein- und ausschalten. Wenn der Farbwähler geöffnet ist, erhalten Sie eine konservative Ansicht der Farben, die in CMYK zur Verfügung stehen. Das Verschieben des Reglers entlang des Farbbalkens zeigt Ihnen, welche Farbfamilien am stärksten unter der Umwandlung von RGB in CMYK leiden.

Der Farbwähler bleibt »CMYK-sicher«, bis Sie diesen Modus wieder deaktivieren, beispielsweise indem Sie ⌘/Strg-⇧-Y drücken, wenn der Farbwähler geöffnet ist.

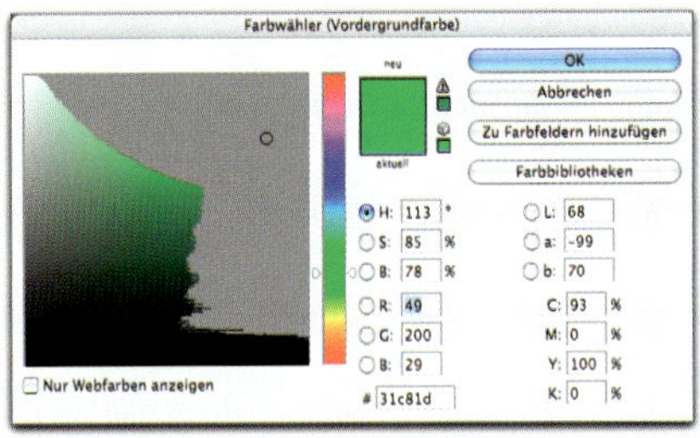

Einstellungsebenen sind eine praktische Möglichkeit, Farb- und Tonwertkorrekturen vorzunehmen.

Farben anpassen

Photoshops leistungsfähige Werkzeuge zur Anpassung von Tonwerten und Farben finden Sie in der Werkzeug-Palette, unter Bild/Anpass(ung)en und unten in der Dialogbox, wenn Sie auf den Button Neue Füllebene oder Einstellungsebene erstellen klicken. Bei einigen dieser Einstellungen können Sie die Farbänderungen auf spezielle Farb- oder Helligkeitsbereiche ausrichten – Tiefen, Lichter, Mitteltöne. Sie lernen gleich die Vorteile der einzelnen Einstellungsmöglichkeiten kennen.

Befehle & Einstellungsebenen

Wenn möglich, sollten Sie lieber mit *Einstellungsebenen* statt mit dem entsprechenden *Befehl* unter Bild/Anpass(ung)en arbeiten. Denn bei einer Einstellungsebene werden die Bildpixel nicht geändert, die Dateigröße wird nur geringfügig oder gar nicht größer und mit der eingebauten Ebenenmaske können Sie die Einstellung gezielt anwenden und später jederzeit bearbeiten. Eine Einstellungsebene kann alle darunterliegenden Ebenen verändern oder auf eine oder wenige Ebenen beschränkt werden. Jedoch stehen nicht alle Befehle, die Sie unter Bild/Anpass-(ung)-en finden, auch als Einstellungsebene zur Verfügung. Falls Sie mit solch einem Befehl arbeiten müssen, ist es besser, die Datei zu schützen, indem Sie vorher alle sichtbaren Ebenen auf eine Ebene reduzieren oder ein Duplikat der gesamten Datei erstellen und den Befehl auf die Kopie anwenden. Die Befehele Tiefen/Lichter und Variationen gibt es in CS3 auch als Smartfilter (siehe Seite 38).

Farbanpassungsoptionen

Eine der größten Herausforderungen bei der Farbanpassung in Photoshop ist, dass Sie entscheiden müssen, welches Werkzeug Sie für welchen Job verwenden. Es folgen kurze Beschreibungen zu den Befehlen, die Sie unter Bild/Anpss(ung)en und in den Einstellungsebenen finden (mit Hinweisen, wo Sie mehr darüber erfahren). Der Abschnitt »Kurzum: Tonwert- und Farbe« auf Seite 268 zeigt Ihnen einige praktische Vorschläge für Einstellungsebenen.

Tonwertkorrektur. Die Tonwertkorrektur-Dialogbox eignet sich bestens, um **gesamtheitliche Tonwerteinstellungen (und manchmal auch Farbeinstellungen)** vorzunehmen. Mithilfe der Schieberegler können Sie den Kontrast verstärken (indem Sie den schwarzen und den weißen Regler verschieben), das Bild aufhellen oder abdunkeln (indem Sie den grauen Gamma-Regler verschieben). Mit den Ausgabereglern können Sie alle Tonwerte des Bildes aufhellen oder abdunkeln (inklusive Schwarz und Weiß) und den Kontrast reduzieren. Wählen Sie den Schwarzpunkt mit der schwarzen Pipette (alle Töne, die dunkler sind als dieser, werden schwarz) sowie den Weißpunkt mit der weißen Pipette (alle Töne, die heller sind als dieser Punkt, werden weiß). Mit der grauen Pipette neutralisieren Sie Farben. In diesem Buch gibt es viele Beispiele für eine Tonwertkorrektur, Kapitel 5 beschäftigt sich ausführlich damit.

Gradationskurven. Die Gradationskurven-Dialogbox eignet sich hervorragend, um spezielle Tonwertbereiche in Ihrem Bild anzupassen, ohne das gesamte Bild aufzuhellen oder abzudunkeln. Sie können beispielsweise die Tiefen aufhellen, um Details hervorzubringen, wie auf der nächsten Seite zu sehen ist. Mit diesem Befehl können Sie auch spezielle Farbeffekte anwenden (z.B. Solarisation).

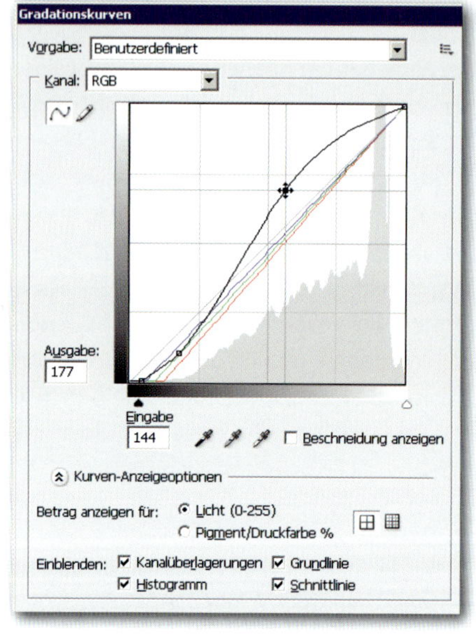

Die Gradationskurve in CS3 zeigt das Histogramm des Bildes vor Beginn der Korrektur an, außerdem können Sie einzelne Farbkanäle einblenden.

Gradationskurven in CS3. Erstmals seit langem zeigt der Gradationsdialog in CS3 wesentliche Änderungen – und die sind höchst willkommen. So erscheint direkt im Diagramm ein Histogramm des Bildes. Es zeigt generell nur die Tonwertverteilung vor der Korrektur und ändert sich auch nicht, wenn Sie die Gradationskurve formen. Um das geänderte Histogramm noch bei geöffnetem **Gradationskurven**-Dialog zu sehen, halten Sie die Histogramm-Palette im Blick.

Erstmals erscheint im Diagramm nicht nur eine einzige Kurve, Sie können vielmehr die Gesamttonwertverteilung und zusätzlich Kurven für die einzelnen Grundfarben wie Rot, Grün und Blau anzeigen. Allerdings können Sie nur an einer einzigen dieser Kurven ziehen, die anderen werden lediglich angezeigt.

Interessant auch die Option BESCHNEIDUNG ANZEIGEN: Tonwerte, bei denen durch die Korrektur Detailverlust entsteht, werden durch Alarmfarben hervorgehoben.

Mit den KURVEN-ANZEIGEOPTIONEN steuern Sie das Erscheinungsbild der Gradationskurve. Die wichtigsten Möglichkeiten: Per KANALÜBERLAGERUNGEN entscheiden Sie, ob Photoshop generell sämtliche Grundfarben einzeln anzeigen soll. Auch das Histogramm können Sie wahlweise ausblenden. Die GRUNDLINIE ist eine starre Diagonale, die permanent den Neutralverlauf der Gradationskurve signalisiert. Sie stört eher, ebenso wie die SCHNITTLINIE; damit gemeint sind Linien vom aktuellen Anfasspunkt in alle vier Richtungen.

PHOTOSPIN.COM

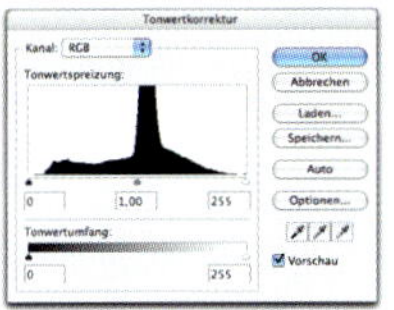

Die **Tonwertkorrektur**-Dialogbox zeigt das Histogramm, je zwei schwarze und weiße Regler, mit denen Sie den Kontrast verstärken oder reduzieren können, und einen grauen Regler für die Mitteltöne.

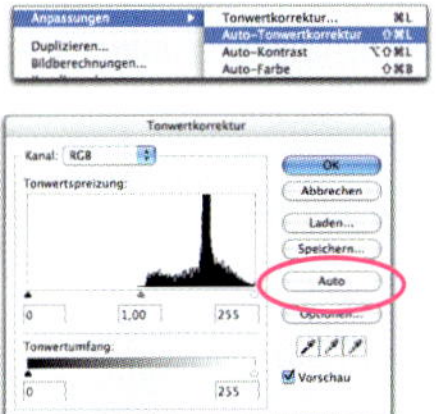

Der Befehl **Auto-Tonwertkorrektur** nimmt dieselben Einstellungen vor wie der **Auto**-Button in der Tonwertkorrektur- oder der Gradationskurven-Dialogbox.

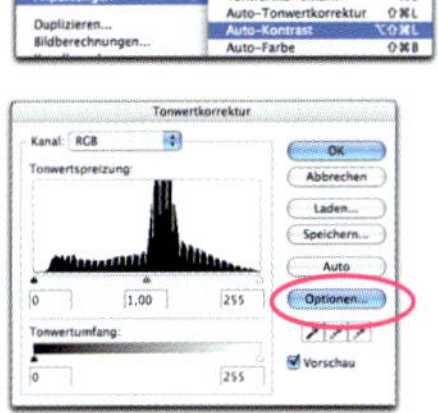

Auto-Kontrast (hier zu sehen) und Auto-Farbe haben ähnliche Auswahlmöglichkeiten wie die Dialogbox AUTO-FARBKORREKTUR-OPTIONEN, die Sie über den Optionen-Button in der Tonwertkorrektur- oder der Gradationskurven-Dialogbox öffnen.

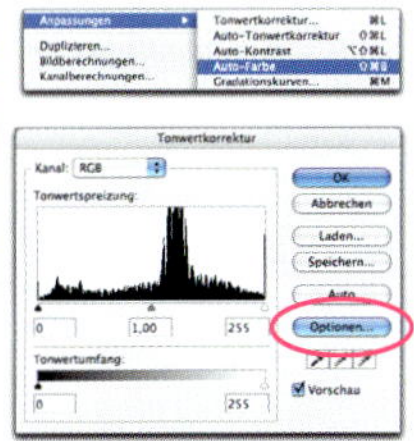

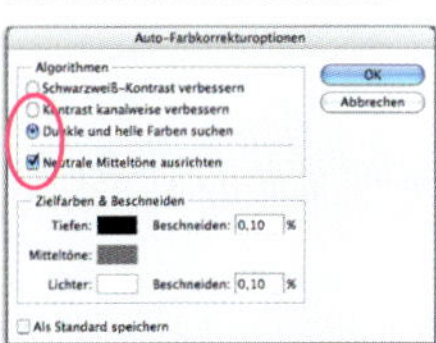

Das Äquivalent des Befehls **Auto-Farbe** finden Sie in der Dialogbox AUTO-FARBKORREKTUR-OPTIONEN unter DUNKLE UND HELLE FARBEN SUCHEN und NEUTRALE MITTELTÖNE AUSRICHTEN.

Auto-Tonwertkorrektur, Auto-Kontrast & Auto-Farbe. Diese drei Befehle, die Sie unter BILD/ANPASSEN finden, stehen Ihnen auch (unter etwas anderen Namen) in den Dialogboxen TONWERTKORREKTUR und GRADATIONSKURVEN zur Verfügung. Beispiele dazu finden Sie auf Seite 268.

- **Auto-Tonwertkorrektur** können Sie nutzen, um Farb- und Tonwertprobleme eines Bildes mit nur einem Klick zu korrigieren; klicken Sie in den genannten Dialogboxen einfach auf den Auto-Button.
- **Auto-Kontrast** schützt die Farbstimmung eines Bildes, hellt jedoch die Lichter auf und dunkelt die Tiefen ab; in den Dialogboxen erzielen Sie dasselbe Ergebnis, wenn Sie auf den Button OPTIONEN klicken und SCHWARZWEISS-KONTRAST VERBESSERN wählen.
- **Auto-Farbe** neutralisiert die Mitteltöne und verstärkt den Kontrast. Dasselbe Ergebnis erreichen Sie über die Dialogboxen, indem Sie auf OPTIONEN klicken und DUNKLE UND HELLE FARBEN SUCHEN und NEUTRALE MITTELTÖNE AUSRICHTEN wählen.

Farbbalance. Mit der Farbbalance können Sie unabhängig voneinander die **Tiefen, Lichter und Mitteltöne der Farben ändern**, auch wenn es Überlappungen gibt. Um Farbstiche zu entfernen, müssen Sie den Regler finden, der die Farbe kontrolliert, von der zu viel im Bild ist. Ziehen Sie ihn in die entgegengesetzte Richtung. Auch zum Einfärben von Bildern ist dieser Befehl ganz gut geeignet.

ÄNDERUNGEN IN DER VORSCHAU

Mit der Histogramm-Palette können Sie die Tonwertverteilung aus der Tonwertkorrektur-Dialogbox in einer eigenen Palette nachverfolgen. Nutzen Sie das Histogramm als Referenz, wenn Sie Farbeinstellungen vornehmen – wählen Sie FENSTER/HISTOGRAMM und dann KORREKTURCOMPOSITE.

JHDAVIS

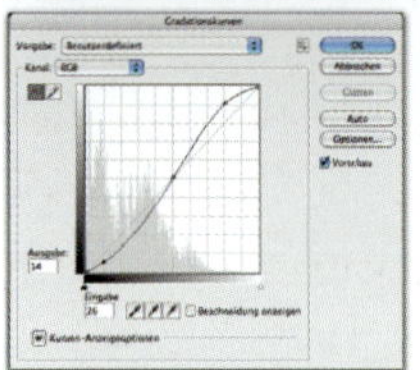

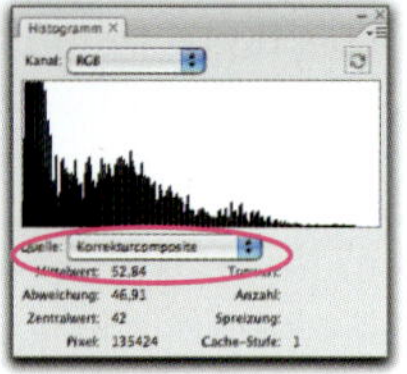

Wenn Sie die Kurve so bearbeiten, dass sie aussieht wie ein leichtes »M«, können Sie die Tiefendetails verstärken und die Lichter aufhellen. Ist die Dialogbox geöffnet und die Vorschau aktiviert, zeigt die Histogramm-Palette (mit der Option KORREKTURCOMPOSITE) die Vorher- (grau) und Nachher-Verteilung der Tonwerte.

Helligkeit/Kontrast. Nutzen Sie diesen Befehl, um Maskenkanten zu schärfen oder weichzuzeichnen, wie auf Seite 63 im Abschnitt »Masken bereinigen« beschrieben.

Der Befehl HELLIGKEIT/KONTRAST arbeitet bei Photoshop CS und CS2 jedoch viel zu grob für normale Fotos, er eignet sich höchstens zur Korrektur von Hintergründen oder Masken. Bei Photoshop CS3 wurde die Funktion jedoch so abgestimmt, dass sich vor allem Mitteltöne verändern; die für die Bildwirkung entscheidenden tiefen Schatten und Spitzlichter ändern sich dagegen kaum. Nutzen Sie in Photoshop CS3 die Option FRÜHEREN WERT VERWENDEN, um wieder die ursprüngliche, harte Wirkung des Befehls zu erhalten.

Farbton/Sättigung. Die Farbton/Sättigung-Dialogbox bietet Kontrolle über den Farbton (Sie können die Farben verschieben), die Sättigung (Farben intensivieren, neutralisieren) und die Helligkeit (eine Farbe näher in Richtung Schwarz oder Weiß verschieben). Sie können die Farben eines Bildes im Ganzen bearbeiten oder einzelne Farben auswählen (Rottöne, Gelbtöne, Grüntöne, Blautöne, Cyan oder Magenta). Dehnen Sie Farbbereiche aus oder verkleinern Sie sie, kontrollieren Sie die Farbübergänge zwischen den bearbeiteten und den nicht bearbeiteten Farben. Beispiele zu diesem Befehl finden Sie ab Seite 275. Den Befehl FARBTON/SÄTTIGUNG können Sie auch zum Einfärben eines Bildes verwenden (Seite 202).

Sättigung verringern. Der Befehl SÄTTIGUNG VERRINGERN ist eine Möglichkeit, die Farbe aus einem Bild zu entfernen und eine Graustufenwirkung zu erzeugen – allerdings können Sie wieder Farbe ins Bild bringen. Dasselbe Ergebnis erzielen Sie

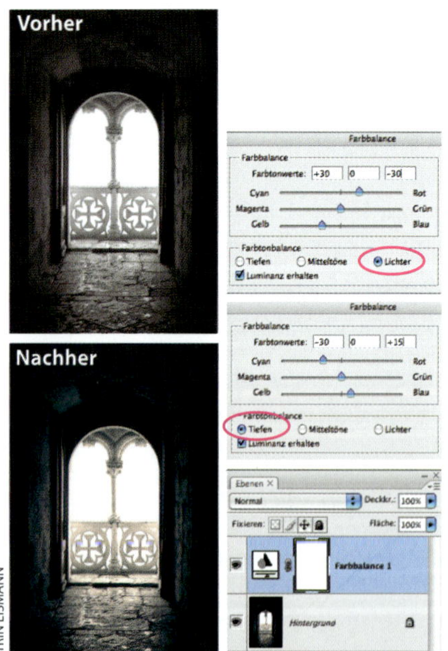

KATRIN EISMANN

Katrin Eismann begann mit einem Foto, dem die Sättigung entzogen wurde (oben), und färbte es mit einer Farbbalance-Einstellungsebene ein (siehe auch Seite 211).

JHDAVIS

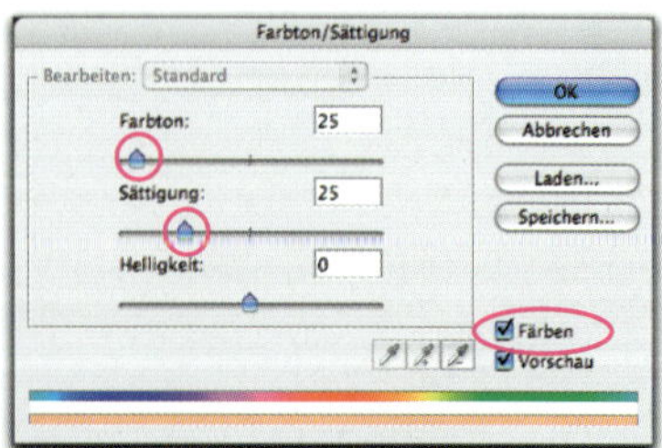

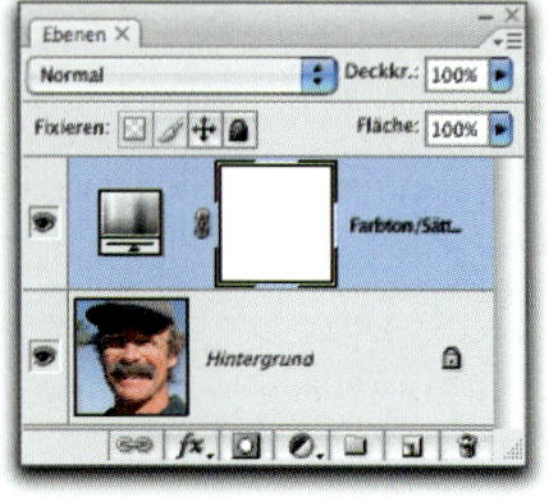

Mit einer Farbton/Sättigung-Einstellungsebene und der Option FÄRBEN wurde dieser braune Effekt erzeugt. Für den Farbton wurde der Farbtonregler in Richtung Orange verschoben und die Sättigung reduziert.

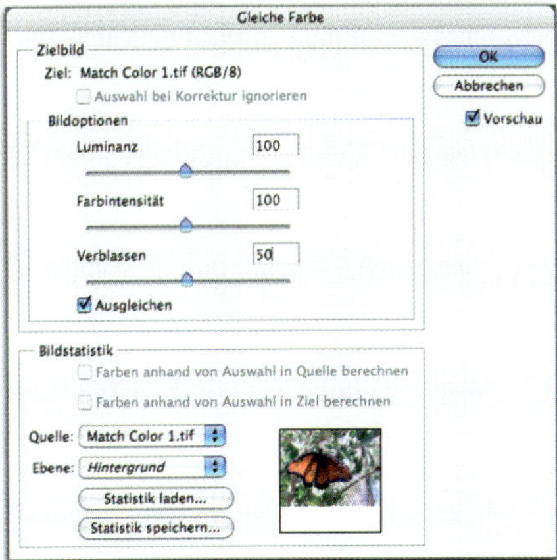

Mit dem Befehl GLEICHE FARBE können Sie Bilder einer Bilderserie aneinander anpassen. Das Foto oben wurde an andere Bilder dieser Serie angepasst. Das Referenzbild sehen Sie unten in der Dialogbox (siehe auch Seite 268).

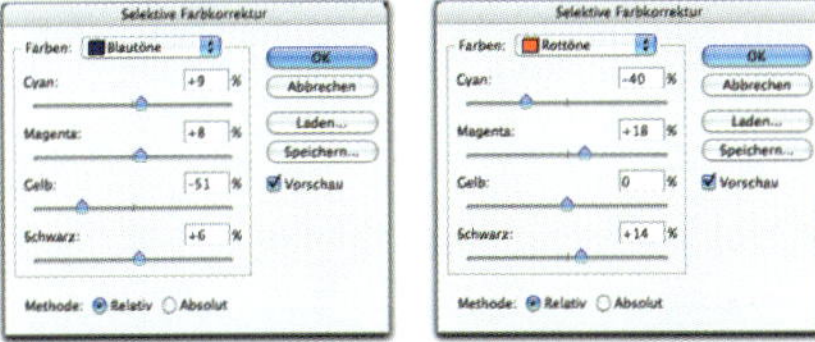

SUSAN THOMPSON

Der Befehl SELEKTIVE FARBKORREKTUR eignet sich sehr gut, um separate Farbeinstellungen in den einzelnen Farbfamilien vorzunehmen. In diesem Detail des Bildes *Summer in Arcata* sehen wir einige der Einstellungen, die Susan Thompson in der Dialogbox SELEKTIVE FARBKORREKTUR vorgenommen hat (siehe Seite 236 für Details).

allerdings auch (und besser) mit dem Sättigungsregler in der Farbton/Sättigung-Dialogbox oder im Kanalmixer; mit diesen beiden haben Sie eine bessere Kontrolle (siehe Seite 213). Noch besser arbeitet der Schwarzweißbefehl aus CS3.

Gleiche Farbe. Mit dem Befehl GLEICHE FARBE können Sie die Farbe eines gesamten Bildes oder von Bildbereichen an die eines anderen Bildes anpassen. Dies gilt sowohl für das Bild, das Sie anpassen, als auch für das Bild, das Sie als Referenz verwenden. Manchmal ist es sinnvoll, die Bilder einer Bilderserie oder die Einzelbilder eines Panoramas aneinander anzupassen. Beispiele dazu finden Sie auf Seite 268 und auf Seite 601 (nicht als Einstellungsebene).

Farbe ersetzen. In der Dialogbox FARBE ERSETZEN können Sie eine Auswahl basierend auf einer aufgenommenen Farbe erstellen und anschließend Farbton, Sättigung oder Helligkeit ändern. Allerdings haben Sie bei diesem Befehl keine Möglichkeit, später noch einmal Änderungen vorzunehmen – Sie können die Auswahl nicht speichern, um sie später wieder aufzurufen; diesen Befehl gibt es nicht als Einstellungsebene.

Selektive Farbkorrektur. Dieser Befehl eignet sich, um spezielle Prozentwerte von Cyan, Magenta, Gelb und Schwarz zu entfernen oder hinzuzufügen. Sie können eine der sechs Farbfamilien (Rottöne, Gelbtöne, Blautöne, Cyan oder Magenta) sowie Schwarz, Weiß oder die neutralen Mitteltöne auswählen. SELEKTIVE FARBKORREKTUR eignet sich bestens, um Einstellungen an einer CMYK-Datei für einen Farb-Proof vorzunehmen, damit Sie die gewünschten Zielfarben erhalten. Wenn die Druckerei

Mithilfe des Kanalmixers können Sie ein Farbbild in ein Graustufenbild umwandeln und dabei die Farbverteilungen kontrollieren.

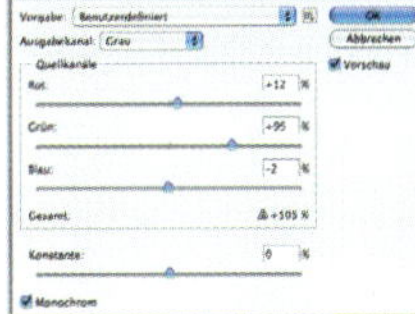

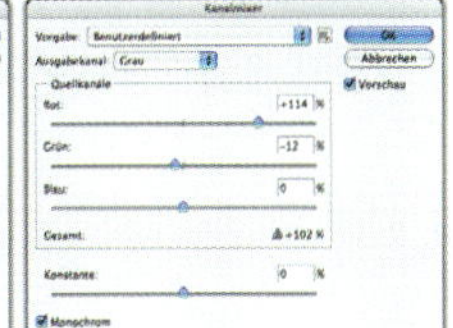

Adobe bietet einige Kanalmixer-Vorgaben für Farbbilder (z.B. **RGB Pastels.cha**). Beispiele finden Sie auf Seite 207.

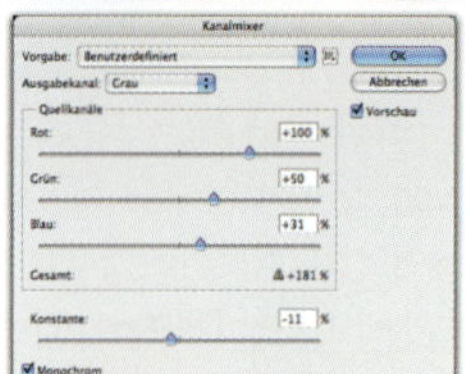

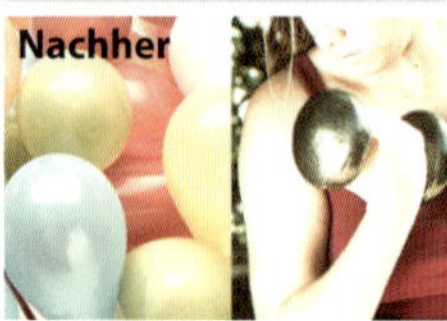

rät, einen bestimmten Prozentsatz einer Farbe hinzuzufügen, nutzen Sie diesen Befehl. Der Befehl ist aber auch ganz nützlich, um Farben im RGB-Modus anzupassen.

Kanalmixer. Mit dem KANALMIXER können Sie die Farbe in einem Bild anpassen, indem Sie etwas von den einzelnen Farbkanälen subtrahieren oder hinzufügen. Außerdem können Sie damit hervorragende Schwarzweißbilder erstellen (Beispiele finden Sie ab Seite 213).

Verlaufsumsetzung. Mit der VERLAUFSUMSETZUNG ersetzen Sie Farbtöne eines Bildes mit den Farben eines von Ihnen gewählten Verlaufs. Mit diesem Befehl können Sie kreativ sein und verschiedene Farblösungen ausprobieren, indem Sie einfach immer wieder einen neuen Verlauf wählen oder den Verlauf bearbeiten. Sie können einen Verlauf auch umkehren, indem Sie die gleichnamige Checkbox aktivieren. Beispiele für Verlaufsumsetzungen finden Sie auf Seite 209; mehr über Verläufe erfahren Sie auf Seite 188.

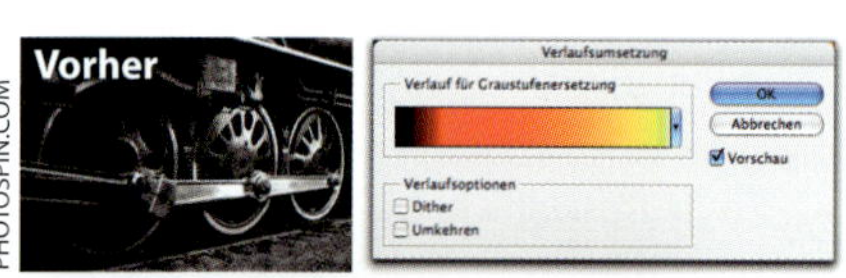

Mit einer Verlaufsumsetzung-Einstellungsebene können Sie Graustufen durch verschiedene Farben ersetzen (siehe Seite 209).

Fotofilter. Mit einer Fotofilter-Einstellungsebene simulieren Sie den Effekt von Farbfiltern vor dem Kameraobjektiv. FOTOFILTER funktioniert gleich, egal, ob Sie in der Dialogbox einen Filter oder eine Farbe auswählen. Unter den Filteroptionen finden Sie jedoch Auswahlmöglichkeiten, die es auch als herkömmliche Objektivfilter gibt (z.B. die Warm- und Kaltfilter). Auf Seite 274 erfahren Sie mehr über Fotofilter-Einstellungen. Wie Sie den Befehl zum Einfärben von Bildern nutzen, erfahren Sie auf Seite 205.

Tiefen/Lichter. Der Befehl TIEFEN/LICHTER soll die Details in unter- oder überbelichteten Bildbereichen wieder zum Vorschein bringen, indem die Schatten aufgehellt und den Lichtern Dichte verliehen wird. Die Standardeinstellungen, die für Fotos mit

Fortsetzung auf Seite 172

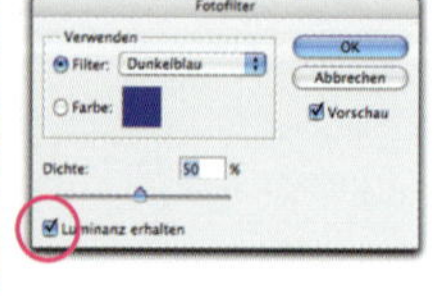

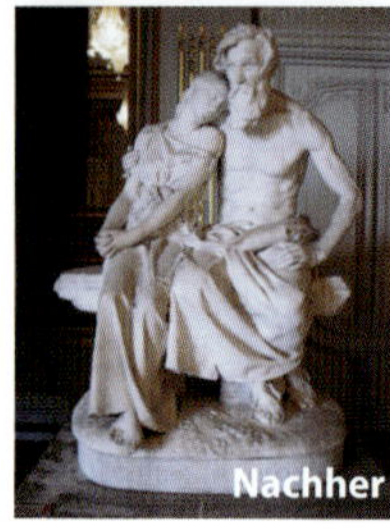

Um eine Fotofilter-Einstellungsebene auf ein RGB-Bild anzuwenden, ohne Belichtung oder Kontrast zu ändern, aktivieren Sie die Checkbox LUMINANZ ERHALTEN. Der Dichteregler kontrolliert die Stärke der Färbung.

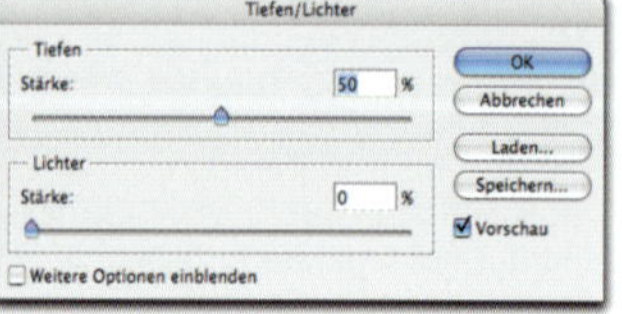

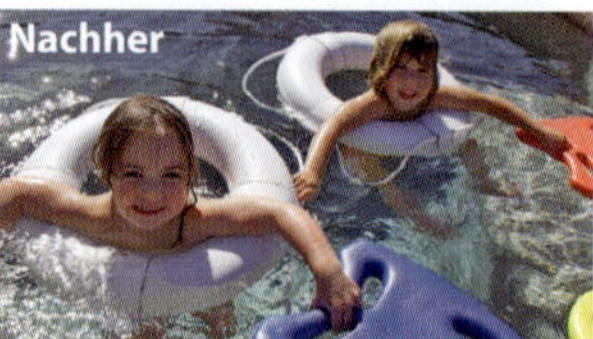

Mit seinen Standardeinstellungen ist der Befehl TIEFEN/LICHTER eine gute Schnellkorrektur für Fotos mit Gesichtern, die im Schatten liegen (siehe Seite 269).

TIEFEN/LICHTER

Der Befehl TIEFEN/LICHTER bietet getrennte Regler zum Aufhellen der Tiefen und zum Abdunkeln der Lichter. Bei jedem Pixel entscheidet der Befehl neu, wie seine Tiefen, seine Lichter oder beides behandelt werden müssen. Anschließend bestimmt er den Grad der Aufhellung oder der Abdunklung. Drei Regler für die Tiefen und drei für die Lichter erzeugen schließlich das Endergebnis.

Die **Tonbreite** bestimmt, wie hell oder dunkel ein Pixel sein muss, um zu den Tiefen oder den Lichtern gezählt zu werden. Eine höhere Tonbreite zählt mehr Pixel zu den Tiefen oder Lichtern. Der Standardwert ist 50%; alles, was dunkler ist als 50% Grau, wird zu den Tiefen gezählt; alles, was heller ist, zu den Lichtern. Aber lesen Sie weiter, es ist noch ein bisschen komplizierter.

Statt den Wert der einzelnen Pixel zu verwenden, um zu bestimmen, ob sie in die Tonbreite der Tiefen oder der Lichter fallen, vergleicht der Befehl jedes Pixel mit dem Durchschnitt der benachbarten Pixel. Der **Radius** legt fest, wie groß die Umgebung dabei ist – wie weit um jedes Pixel herum geschaut wird. Und weil jetzt beispielsweise die meisten Tiefenpixel auch in ihrer unmittelbaren Umgebung nur von dunklen Pixeln umgeben sind, sorgt ein kleinerer Radius dafür, dass der Durchschnitt umso dunkler wird; desto größer ist auch die Wahrscheinlichkeit, dass das Pixel in die Tonbreite für die Tiefen fällt und dementsprechend aufgehellt wird. Wird der Radius größer, sind im Durchschnitt auch mehr helle Pixel enthalten und desto geringer die Wahrscheinlichkeit, dass das Pixel in die Tonbreite für die Tiefen fällt. Mit dem Ergebnis, dass es nicht aufgehellt wird.

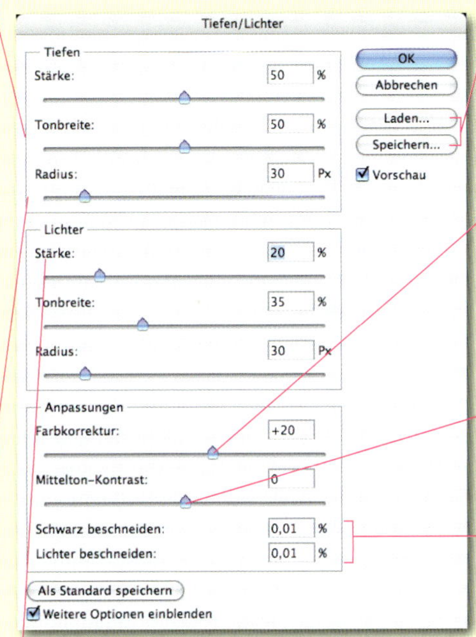

Nachdem Sie die Tonbreite und den Radius festgelegt haben, kommt die **Stärke**-Einstellung ins Spiel. Dieser Wert bestimmt, wie stark ein Tiefenpixel aufgehellt oder ein Lichterpixel abgedunkelt wird. Das dunkelste oder hellste Pixel innerhalb der Tonbreite wird aufgehellt bzw. abgedunkelt. Je höher der Wert, desto intensiver der Effekt. Je geringer die Einstellung, desto geringer der Effekt.

Die Buttons **Speichern** und **Laden** ermöglichen Ihnen das Speichern bestimmter Einstellungen, um sie jederzeit wieder aufrufen und verwenden zu können.

Der Regler **Farbkorrektur** verstärkt die Sättigung (oder verringert sie mit einer negativen Einstellung) in den aufgehellten oder abgedunkelten Bereichen. (Bei Graustufenbildern finden Sie an dieser Stelle einen Helligkeitsregler.)

Der Regler **Mittelton-Kontrast** hilft bei der Korrektur des Mittelton-Kontrastes, ohne dass Sie eigene Gradationskurven verwenden müssen.

Schwarz beschneiden und **Lichter beschneiden** funktionieren wie in den Dialogboxen TONWERTKORREKTUR und GRADATIONSKURVEN. Wenn Sie den Wert erhöhen, verschieben Sie mehr der 256 Tonwerte in Richtung Schwarz bzw. Weiß und verstärken somit den Kontrast. Wenn Sie jedoch zu starke Extreme erzeugen, gehen die Details verloren und es kann zu Tontrennungseffekten kommen (die weichen Übergänge gehen verloren), weil es dann nur noch wenige Werte zwischen den Extremen gibt.

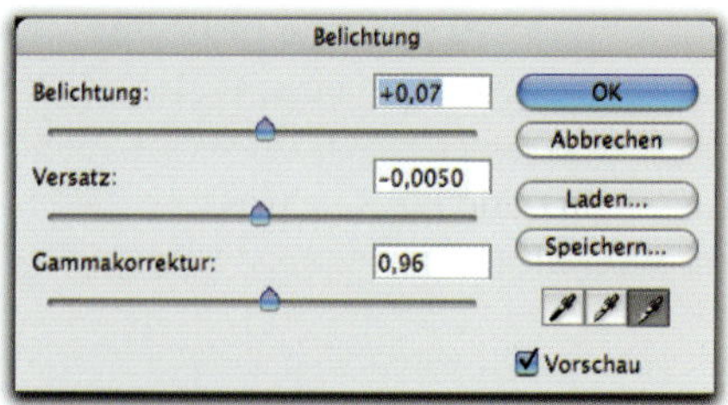

In der Belichtung-Dialogbox verstärken Sie die Helligkeit des Bildes, wenn Sie den Belichtungsregler nach rechts ziehen. Dabei werden die Tiefenbereiche weniger stark verändert als die Lichter. Ziehen Sie den Regler VERSCHIEBUNG nach links, werden die Tiefen schneller abgedunkelt als die Lichter. Mit dem Gammaregler beeinflussen Sie die Mitteltöne stärker als die Tiefen und Lichter (nach rechts verschoben hellen Sie sie auf, nach links werden die Mitteltöne abgedunkelt).

Wir duplizierten die maskierte Farbton/Sättigung-Einstellungsebene, um die Farbe des Himmels anzupassen. Anschließend kehrten wir die Maske um und änderten die Einstellungen, um eine neue Farbe für die Wolken einzustellen.

CORBIS ROYALTY FREE

Im Modus NORMAL erzeugt eine umgekehrte Einstellungsebene Negative der Farben und der Luminanz. Im Modus LUMINANZ wird nur die Farbe umgekehrt.

Gegenlicht gedacht sind, funktionieren bei vielen Tiefen, jedoch nicht bei den Lichtern, wie auf Seite 170 zu sehen. Wenn Sie auf den Button WEITERE OPTIONEN EINBLENDEN klicken, öffnet sich die Dialogbox, die Sie auf Seite 171 sehen. Mit dieser kontrollieren Sie, wie die Tiefen und Lichter feststellen, welche Pixel zu dunkel oder zu hell sind und wie stark diese aufgehellt oder abgedunkelt werden müssen. TIEFEN/LICHTER gibt es nicht als Einstellungsebene, in CS3 jedoch als Smartfilter (siehe Seite 38).

Belichtung. Die Belichtungsanpassung ab Photoshop CS2 ist dafür gedacht, Bilder mit 32 Bit/Kanal zu bearbeiten. Das ist eine der Funktionen, die auch für Bilder in diesem Modus zur Verfügung stehen. In der Dialogbox finden Sie drei Schieberegler. Verschieben Sie einen der Regler nach rechts, wird das Bild aufgehellt; nach links verschoben wird es abgedunkelt. Dabei wirkt sich jedoch jeder Regler auf einen anderen Tonwertbereich aus. Sie können den Befehl natürlich auch auf Bilder mit 8 oder 16 Bit/Kanal anwenden. Allerdings liefern die Befehle TONWERTKORREKTUR und GRADATIONSKURVEN dort möglicherweise bessere Ergebnisse und eine direktere Kontrolle der Tonwerte.

Umkehren. Der Befehl UMKEHREN wandelt Farben und Tonwerte in das Gegenteil um. Neben dem Erzeugen eines Negativ-Looks ist der Befehl auch nützlich, um eine umgekehrte Ebenenmaske zu erstellen (siehe Abbildung links). Wir verwendeten den Befehl, um unterschiedliche Farbton/Sättigung-Einstellungen für den Vorder- und Hintergrund eines Bildes anzuwenden. Mit dem Befehl können Sie aus einer Vordergrundmaske eine Hintergrundmaske erstellen, oder umgekehrt. (Wenn Sie auf einer Ebenenmaske arbeiten, müssen Sie den Befehl BILD/ANPASSEN/UMKEHREN [⌘/Strg-I] wählen, weil sich die Einstellungsebene auf den Ebeneninhalt auswirkt und nicht auf die Maske.)

Tonwertangleichung. Mit dem Befehl TONWERTANGLEICHUNG können Sie sehen, ob eine weiche Kante vorhanden ist, nachdem ein Objekt beispielsweise freigestellt wurde. Der Befehl übertreibt den Kontrast zwischen Pixeln ähnlicher Farbe, damit Sie graue Streifen oder weiche Kanten erkennen können. (Um ein Objekt zu eng freizustellen, wählen Sie BILD/ZUSCHNEIDEN, wie auf Seite 247 demonstriert.)

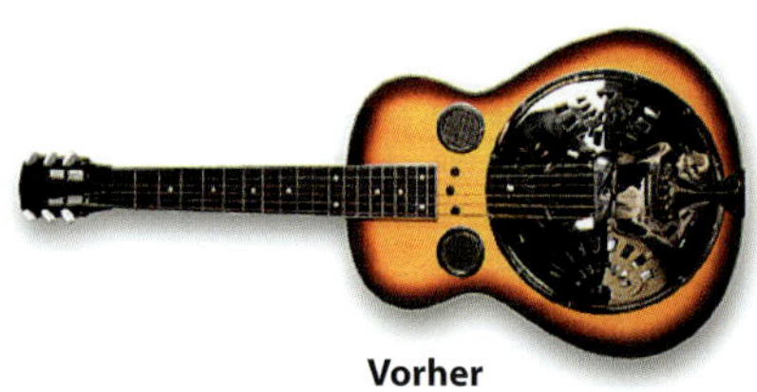

Vorher

Nachher

Der Befehl TONWERTANGLEICHUNG ist nützlich, wenn Sie herausfinden wollen, ob die Kanten eines weichen Schattens entfernt wurden.

CORBIS ROYALTY FREE

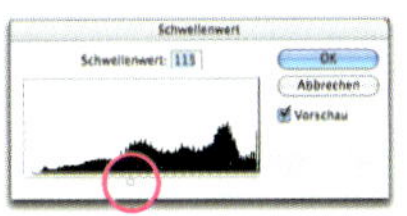

Verschieben Sie den Regler, um zu kontrollieren, welche Tonwerte schwarz und welche weiß werden.

CORBIS ROYALTY FREE

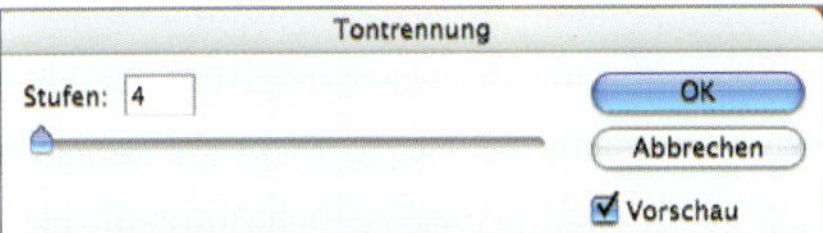

Mit dem Befehl TONTRENNUNG können Sie Bilder für das Web vereinfachen oder Kunsteffekte erzeugen (siehe Seite 396).

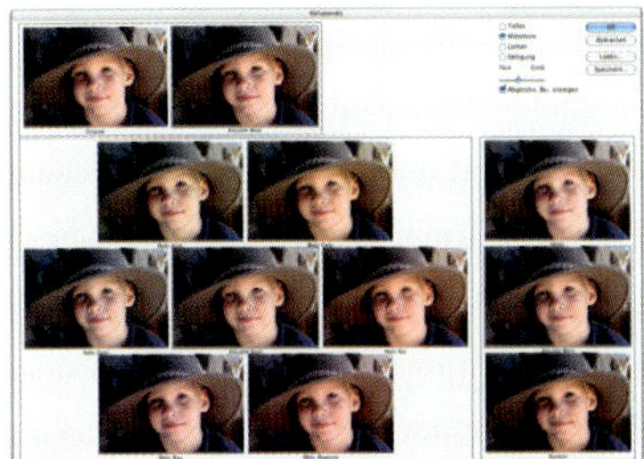

Sie können die Variationen nicht als Einstellungsebene anwenden. Durch Experimentieren können Sie hier jedoch herausfinden, welche Art der Farbkorrektur notwendig ist.

Schwellenwert. Der Befehl SCHWELLENWERT wandelt jedes Bildpixel entweder in Schwarz oder in Weiß um. Mit dem Schieberegler in der Dialogbox kontrollieren Sie, an welcher Stelle die Trennung zwischen Schwarz und Weiß auftritt. Mit diesem Befehl können Sie sehr schön Bleistiftzeichnungen simulieren.

Tontrennung. Mit diesem Befehl vereinfachen Sie ein Bild, indem Sie die Anzahl der Farben reduzieren (oder Tonwerte in einem Graustufenbild). Er bietet einen guten Ausgangspunkt, um die Farbpalette eines Bildes für das Web vorzubereiten, die Dateigröße zu verringern (so dass die Datei schneller geladen wird). Manchmal erhalten Sie weniger und dafür größere Blöcke, wenn Sie das Bild vorher weichzeichnen (FILTER/WEICHZEICHNUNGSFILTER/GAUSSSCHER WEICHZEICHNER oder FILTER/STÖRUNGSFILTER/STÖRUNGEN ENTFERNEN).

Variationen. Der Befehl VARIATIONEN verfolgt zwei Ansätze: Sie können **eine breite Palette an Farbeinstellungen vornehmen** – Sie können für die Lichter, Mitteltöne und Tiefen den Farbton, die Sättigung und die Helligkeit individuell regulieren; und Sie können sich verschiedene Optionen gleichzeitig ansehen, um zwischen diesen auszuwählen. (Auf Seite 276 finden Sie mehr dazu.) Wenn Sie mit dem Befehl experimentieren, fallen Ihnen vielleicht Farbkorrekturen auf, die Sie vorher noch nicht gesehen haben. Wenn Sie beispielsweise glauben, dass ein Bild mehr Rottöne benötigt, kann es sein, dass Sie mit VARIATIONEN feststellen, dass eine Erhöhung des Magenta-Wertes besser wäre. Sie können den Befehl nicht als Einstellungsebene anwenden, aber er steht in CS3 als Smartfilter zur Verfügung (siehe Seite 38).

Das Farbe-ersetzen-Werkzeug

Mit dem Farbe-ersetzen-Werkzeug können Sie an beliebiger Stelle eine Farbänderung ins Bild malen, ohne Hell-Dunkel-Details zu verlieren. Das Werkzeug wendet die Farbe an, die aktuell als Vordergrundfarbe ausgewählt ist. In der Optionsleiste können Sie die Aufnahme steuern – ob nur die Farbe ersetzt werden soll, die Sie beim ersten Klick ausgewählt haben, ob beim Ziehen kontinuierlich Farben aufgenommen werden oder ob nur eine vordefinierte Farbe ersetzt werden soll. Mit der Toleranz legen Sie fest, wie groß der Farbbereich ist, den Sie ersetzen. Der Modus bestimmt, welche Farbkomponenten sich ändern – Farbton, Sättigung, beides oder die Luminanz. Mit der Grenze kontrollieren Sie die Ausdehnung der Änderung.

Tonwertwerkzeuge

Die Tonwertwerkzeuge – Abwedler und Nachbelichter – sollen helfen, die Helligkeit und den Kontrast zu ändern. Dabei sollen Lichter, Tiefen und Mitteltöne unabhängig voneinander kont-

CORBIS ROYALTY FREE

Mit dem Farbe-ersetzen-Werkzeug können Sie eine Farbänderung ins Bild malen und dabei die Details erhalten. Ein Beispiel für den Einsatz dieses Werkzeugs finden Sie auf Seite 296.

rolliert werden. Das Werkzeug, das sich mit diesen beiden einen Platz in der Werkzeug-Palette teilt – der Schwamm –, verstärkt oder verringert die Sättigung. Bei der Korrektur von Belichtungsproblemen sind die Tonwertwerkzeuge jedoch etwas schwierig anzuwenden (eine bessere Methode, um Kontrast, Helligkeit und Details zu kontrollieren, finden Sie auf Seite 331). Sie eignen sich jedoch ganz gut zum Aufhellen und Abdunkeln von einfarbigen Bildern.

Ebenenmodi (Füllmethoden)

Ebenenmodi kontrollieren, wie die Farbe einer neuen Ebene mit dem Rest des Bildes interagiert. Sie sind sehr nützlich, um verschiedene Bilder oder verschiedene Versionen eines Bildes miteinander zu kombinieren (beispielsweise eine gefilterte mit einer ungefilterten Version). Auch wenn Sie eine identische Kopie des Bildes über das Original legen und auf die Ebenenkopie einen anderen Ebenenmodus anwenden, können Sie Farbe und Kontrast des Gesamtbildes verbessern.

Die Füllmethoden stehen als Pop-up-Menü im oberen Bereich der Ebenen-Palette zur Verfügung – für die Malwerkzeuge in der Optionsleiste und auch in verschiedenen Photoshop-Dialogboxen. Im Menü sind die Ebenenmodi in Gruppen sortiert. Jede Gruppe weist Gemeinsamkeiten auf – die Modi in den meisten Gruppen teilen sich dieselbe neutrale Farbe (einen neutralen Tonwert – Schwarz, Weiß oder 50% Grau), die keinen Effekt hat, wenn diese Modi angewendet werden.

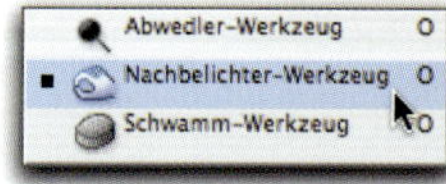

Der Nachbelichter eignet sich, um Farben abzudunkeln (siehe Seite 479).

Zwischen den Füllmethoden wechseln

Wenn Sie in der Ebenen-Palette eine Ebene ausgewählt haben, aktivieren Sie mit ⇧-+ den nächst darunterliegenden Ebenenmodus; mit ⇧-− wählen Sie den nächst darüberliegenden aus. Die Kürzel funktionieren auch bei Werkzeugen mit Füllmethoden.

Füllmethoden

Sie wenden eine Füllmethode an, indem Sie eine Ebene in der Ebenen-Palette aktivieren und eine Option aus dem Pop-up-Menü wählen. Die Ebenenmodi sind gruppiert (siehe Abbildung). Wenn Schwarz die neutrale Farbe ist, hat Weiß den stärksten Effekt, und umgekehrt. Ist 50 % Grau neutral, ist der Effekt für Schwarz und Weiß am intensivsten.

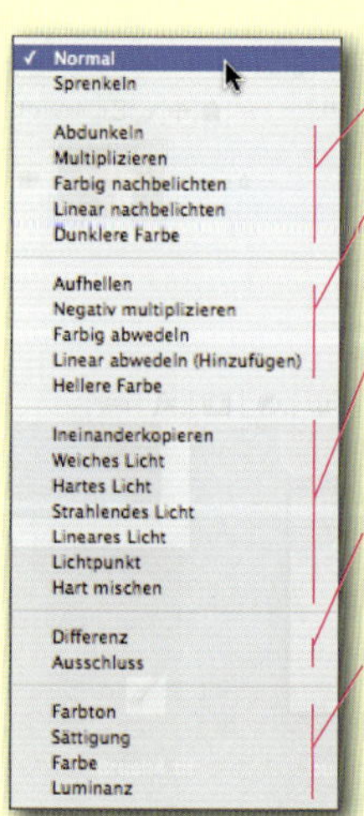

Abdunkeln (Weiß ist neutral)

Aufhellen (Schwarz ist neutral)

Kontrast verstärken (50% Grau ist neutral)

Farbe umkehren (Schwarz ist neutral)

Nur 1 oder 2 Komponenten einer Farbe anwenden

Separate Ebenen

Ein Bild mit zwei identischen Ebenen

Modi, die nur bei reduzierter Deckkraft wirken

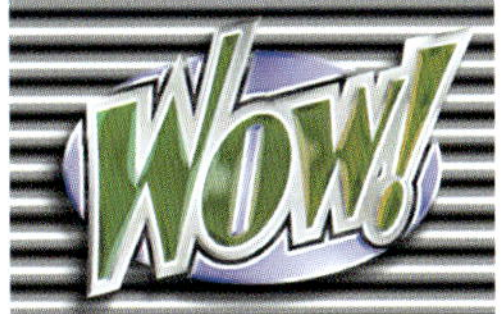
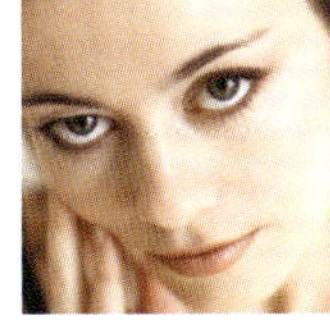
Normal

Sprenkeln (75% Deckkraft)

Modi, die abdunkeln (Weiß ist neutral)

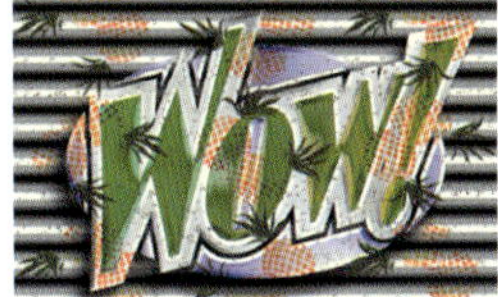

Abdunkeln

Multiplizieren

Farbig nachbelichten

Linear nachbelichten

Im Folgenden finden Sie Beschreibungen der einzelnen Füllmethoden und ihrer Gruppen. Die Beispiele links zeigen, wie sich die Modi auf zwei verschiedene Ebenen sowie auf zwei identische Bildebenen auswirken. Die Dateien befanden sich im RGB-Modus, die überlagerte Ebene hat eine Deckkraft von 100%, außer im Modus SPRENKELN. Die Farbe ist die, die im Ebenenmodus angewendet wurde, die Basisfarbe ist die Originalfarbe des Bildes; die resultierende Farbe diejenige, die nach der Mischung entsteht.

Bei voller Deckkraft zeigen die ersten beiden Modi keine Wirkung. Sie decken einfach das ab, was darunterliegt. Wenn die Deckkraft reduziert wird, wird die Differenz zwischen beiden sichtbar.

Normal. Eine Ebene mit einer Deckkraft von 100% deckt in diesem Modus die darunterliegende Ebene ab. Wenn Sie die Deckkraft verringern, wird die Ebene teilweise transparent, die Farbe der Ebene darunter kann hindurchscheinen.

Sprenkeln. Bei reduzierter Deckkraft entsteht ein willkürliches Muster – die Ebene wird nicht zunehmend transparent. Einige Pixel des Musters werden vollständig transparent (sie verschwinden), die anderen behalten ihre volle Deckkraft. **Je geringer die Deckkraft, desto mehr Pixel verschwinden.**

Die nächsten fünf Ebenenmodi **dunkeln das Bild ab**, in manchen Fällen jedoch nur in den dunklen Farben. Weiß ist bei diesen Modi die neutrale Farbe, hat also keine Auswirkung auf das darunterliegende Bild.

Abdunkeln. In diesem Modus werden die Pixel der darüberliegenden Ebene mit denen in der Ebene darunter Kanal für Kanal verglichen. So werden beispielsweise beide Rot-Kanäle verglichen, und die dunklere Kanalzusammensetzung wird ausgewählt, um sie mit der resultierenden Farbe zu mischen. Der Modus zeigt keinen Effekt, wenn das Bild mit sich selbst gemischt wird.

Multiplizieren. Der Effekt wirkt, als würden Sie zwei Dias übereinanderlegen. Dort, wo beide Dias Farben enthalten, werden diese deutlich dunkler dargestellt. Weiß wirkt wie der durchsichtige Teil des Dias – es hat keinen Effekt. Der Modus eignet sich gut, um Tiefen anzuwenden, ohne die Farben aus den schattierten Bereichen der darunterliegenden Ebene zu entfernen, und um Linienzeichnungen über Farbbilder zu legen (und umgekehrt), wie auf Seite 372 zu sehen. Mit MULTIPLIZIEREN können Sie auch die Dichte verblasster Fotos verstärken (siehe Seite 272).

FÜLLMETHODEN & FARBMODI

Bei einigen Ebenenmodi gibt es deutliche Unterschiede zwischen RGB- und CMYK-Dateien.

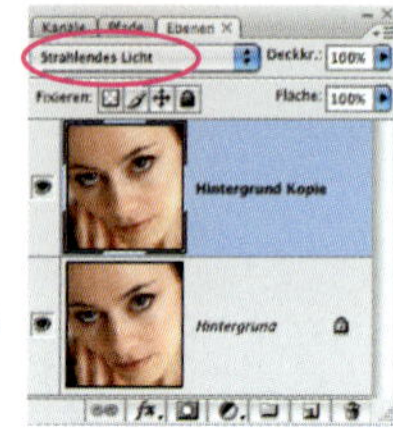

Um das Aussehen eines RGB-Bildes zu schützen, wenn Sie dieses in CMYK umwandeln, sollten Sie die Datei duplizieren (BILD/BILD DUPLIZIEREN), die Kopie auf eine Ebene reduzieren und anschließend umwandeln (BILD/MODUS/CMYK-FARBE).

Modi, die aufhellen (Schwarz ist neutral)

Aufhellen

Negativ multiplizieren

Farbig abwedeln

Linear abwedeln

Farbig nachbelichten. Dieser Modus funktioniert Kanal für Kanal und intensiviert die Farben des darunterliegenden Bildes, während es abgedunkelt wird. Je dunkler die Farbe, mit der gemischt wird, desto intensiver der Effekt auf dem Bild darunter. Das ist auch der Grund, warum nur geringe Änderungen in den Lichtern und hellen Farben auftreten, wenn Sie zwei identische Bilder überlagern. Es wird jedoch sofort deutlich dunkler, je näher die Werte den Mitteltönen kommen. Dieser Modus eignet sich also besonders gut bei geringen Deckkrafteinstellungen, beispielsweise wenn Sie blasse Lippen in einem Porträt intensiver darstellen wollen, ohne die Details auszuwaschen. Ein Beispiel finden Sie auf Seite 314.

Linear nachbelichten. LINEAR NACHBELICHTEN dunkelt alles Darunterliegende ab, indem die Helligkeitskomponente verringert wird. Nutzen Sie diesen Modus, um beispielsweise einen ausgewaschenen Himmel stärker zu definieren. Die dunklen Wolken werden mit diesem Modus noch etwas nachgedunkelt. Wenn Sie anschließend MULTIPLIZIEREN wählen, erhalten die Wolken ein dreidimensionaleres Aussehen. Mit LINEAR NACHBELICHTEN werden die Farben nicht so stark gesättigt wie mit FARBIG NACHBELICHTEN.

Dunklere Farbe. Ähnlich wie ABDUNKELN wirkt DUNKLERE FARBE, ein Neuzugang in CS3. Hier setzt sich nur die dunklere Farbe durch. Im Gegensatz zu Abdunkeln entstehen keine neuen Farbtöne. Nutzen Sie DUNKLERE FARBE und HELLERE FARBE auch für Einstellungsebenen wie die Gradationskurven, wenn Sie tatsächlich nur einen Teil des Helligkeitsspektrums verändern wollen.

Die nächsten fünf Ebenenmodi hellen ein Bild auf, in einigen Fällen jedoch nur dort, wo die darüberliegende Ebene hell ist. Hier ist Schwarz die neutrale Farbe, hat also keine Auswirkung auf das darunterliegende Bild.

Aufhellen. Wie ABDUNKELN vergleicht auch AUFHELLEN die Pixel der darüberliegenden Ebene Kanal für Kanal mit denen im unteren Bild; für jeden Kanal wird die hellere Komponente ausgewählt. Anders als NEGATIV MULTIPLIZIEREN hat AUFHELLEN keine Auswirkung, wenn Sie das Bild mit sich selbst mischen. Dafür können Sie aber natürlich aussehende Strukturen erzeugen.

Negativ multiplizieren. Wirkt, als würden Sie zwei Dias übereinanderprojezieren. Das zusammengesetzte Bild wird insgesamt aufgehellt. Nutzen Sie den Modus, um Lichter auf ein Bild anzuwenden, oder um zu dunkle Bilder aufzuhellen, indem Sie sie mit sich selbst mischen.

Modi, die den Kontrast verstärken (50 % Grau ist neutral)

Überlagern

Weiches Licht

Hartes Licht

Strahlendes Licht

Lineares Licht

Lichtpunkte

Harte Mischung

Farbig abwedeln. Dieser Modus hellt das Bild auf und lässt Farben intensiver strahlen. Helle Farben werden deutlich stärker aufgehellt als dunkle Farben, damit der Kontrast stärker ist als im Modus NEGATIV MULTIPLIZIEREN. Bei einer geringen Deckkraft erzeugen Sie mit diesem Modus Funkeln in den Augen.

Linear abwedeln. LINEAR ABWEDELN verstärkt die Helligkeit eines Bildes. Die hellsten Farben werden intensiver aufgehellt als im Modus NEGATIV MULTIPLIZIEREN und gleichmäßiger als mit FARBIG ABWEDELN.

Hellere Farbe. So ähnlich wie AUFHELLEN arbeitet HELLERE FARBE, das in CS3 neu hinzukam – nur die hellere Farbe setzt sich durch. Anders als beim AUFHELLEN entstehen jedoch keine weitere Farbtöne.

Die folgenden sieben Ebenenmodi verstärken den Kontrast. 50% Grau hat hier keinerlei Auswirkungen.

Überlagern, Weiches Licht & Hartes Licht. Diese Modi bieten drei unterschiedliche komplexe Kombinationen aus MULTIPLIZIEREN und NEGATIV MULTIPLIZIEREN. Alle drei verstärken den Kontrast. **Weiches Licht** hat die schwächste Auswirkung bei sehr dunklen Tiefen und sehr hellen Lichtern; **Hartes Licht** wirkt sich auf diese Extreme am stärksten aus; und **Überlagern** liegt dazwischen. Eine Ebene mit 50% Grau im Modus ÜBERLAGERN/INEINANDERKOPIEREN oder WEICHES LICHT ist ein flexibler und einfacher Ersatz für den Abwedler und den Nachbelichter. Wenn Sie bei geringer Deckkraft mit Weiß oder Schwarz auf der Ebene malen, können Sie Bereiche abwedeln und nachbelichten und das Bild schärfer erscheinen lassen (Beispiel siehe Seite 331).

Strahlendes Licht. Dieser Modus wedelt ab und belichtet Kanal für Kanal nach. Je weiter weg sich die überlagernde Farbe von 50% befindet, desto deutlicher wird der Kontrast verstärkt.

Lineares Licht. LINEARES LICHT ähnelt dem Modus STRAHLENDES LICHT, verstärkt den Kontrast, jedoch nicht so deutlich. Mit diesem Modus erzielen Sie feinere und weichere Änderungen. Bei voller oder nahezu voller Deckkraft erzeugen beide Modi sehr moderne Bilder.

Lichtpunkte. Dieser Modus ist eine komplexe Kombination aus AUFHELLEN und ABDUNKELN. Er vergleicht die Farben der Ebenen Kanal für Kanal. Ist die zu mischende Farbe heller als die Basis, wird die Basisfarbe aufgehellt; ist sie dunkler, wird die Basisfarbe abgedunkelt. Je stärker die zu mischende Farbe 50% Helligkeit entspricht, desto geringer der Effekt in diesem Kanal. Dieser Modus bietet einige nette Alternativen, wenn Sie ihn in Verbindung mit Ebenenstilen verwenden.

Modi, bei denen die Farben umgekehrt werden (Schwarz ist neutral)

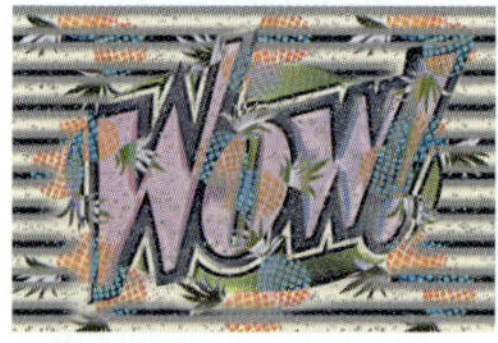

Differenz

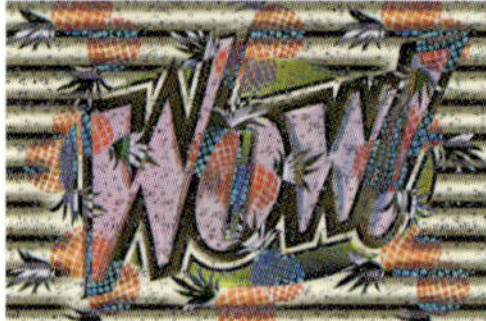

Ausschluss

Modi, die Farbattribute anwenden

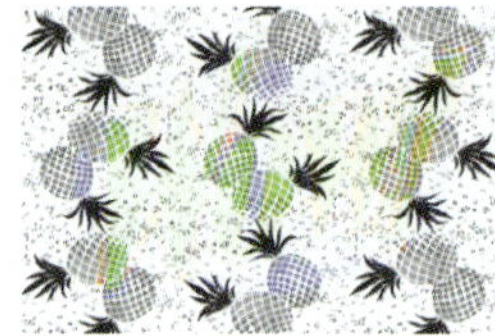

Farbton

Sättigung

Farbe

Luminanz

Harte Mischung. Dieser Modus wendet auf jeden Bildkanal den Schwellenwert-Filter an. Wenn Sie eine Bildebene bei 100% Deckkraft mit einer anderen mischen, entsteht ein Tontrennungseffekt – allerdings mit anderen Farben, als würden Sie eine Tontrennung-Einstellungsebene anwenden. Bei einer geringen Deckkraft wird der Kontrast über die Grenzen der Tiefen, Mitteltöne und Lichter hinaus verstärkt, wenn sich die duplizierte Ebene im Modus HARTES LICHT befindet. Mit den anderen Modi aus dieser Gruppe verstärken Sie eher den Kontrast in den Tiefen und Lichtern als in den Mitteltönen.

Bei den nächsten beiden Modi ist Schwarz die neutrale Farbe; Weiß kehrt die darunterliegenden Farben um und erzeugt die Gegensätze. Nutzen Sie diese Modi auch, um Spezialeffekte zu erzeugen.

Differenz. Dieser Modus nimmt komplexe Berechnungen vor, um die Farben der beiden Ebenen zu vergleichen. Sind keine Unterschiede zu erkennen, entsteht ein schwarzes Bild. Dort, wo sich die Farben unterscheiden, entstehen intensive und manchmal auch sehr überraschende Farben. Weil dieser Modus sämtliche Unterschiede zwischen zwei Bildern deutlich macht, eignet er sich, um Bildbereiche, die zu groß für einen Flachbettscanner oder abgerissen sind, auszurichten. Außerdem können Sie die Unterschiede deutlich machen, die nach einem Filter oder einer Einstellung auftreten. Kopieren Sie das Bild in eine neue Ebene und wählen Sie DIFFERENZ.

Ausschluss. Auch in diesem Modus hat Schwarz keine Auswirkung, und Weiß erzeugt die entgegengesetzte Farbe. Bei hohen Deckkrafteinstellungen können Sie ein Bild mit sich selbst mischen und Ergebnisse erzielen wie FILTER/STILISIERUNGSFILTER/SOLARISATION (Anhang A), jedoch heller und gedämpfter.

Die letzten vier Modi wenden eins oder zwei der drei Farbattribute an (Farbton, Sättigung und Helligkeit oder Luminanz). Hier gibt es keine neutrale Farbe. Die Modi »Farbton«, »Sättigung« und »Luminanz« wenden immer nur eines der drei Farbattribute an; »Farbe« verwendet zwei der drei (Farbton und Sättigung). Bei zwei identischen Ebenen erzeugen diese Modi keinerlei Änderungen.

Farbton. Dieser Modus eignet sich gut, um Farben zu verschieben, ohne die Intensität oder Neutralität einer Farbe, die Helligkeit oder Dunkelheit zu ändern. Wenn die Grundfarbe Schwarz , Weiß oder Grau ist, hat dieser Modus keinerlei Auswirkungen, denn diese Farben enthalten keinen Farbton, der geändert werden kann.

Luminanz scharfzeichnen

Der Ebenenmodus, den Sie für ein Malwerkzeug, einen Filter oder einen Befehl aus dem Menü BILD/ANPASSEN anwenden, kann mithilfe des Befehls VERBLASSEN verändert werden. Wenn Sie ein Bild beispielsweise scharfzeichnen (FILTER/SCHARFZEICHNUNGSFILTER/UNSCHARF MASKIEREN) und dadurch eine unerwünschte Erhöhung des Farbkontrasts entstanden ist, können Sie den Ebenenmodus LUMINANZ wählen, um die Scharfzeichnung der Details zu erhalten, das Farbproblem jedoch zu beheben.

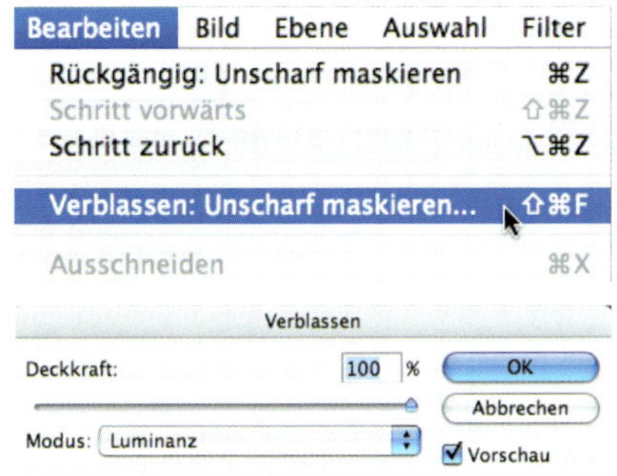

Der Befehl BEARBEITEN/VERBLASSEN steht nur direkt nach einem Filter, einer Einstellung oder wenn Sie gemalt haben zur Verfügung.

»Leere« Einstellungsebenen

Anstatt das Duplikat eines Bildes über das Original zu legen und den Ebenenmodus der oberen Ebene zu nutzen, um beide miteinander zu kombinieren, können Sie auch mit einer »leeren« Einstellungsebene arbeiten. Der Vorteil ist, dass dabei die Datei nicht größer wird.

Hier wurde eine Tonwertkorrektur-Einstellungsebene hinzugefügt. Klicken Sie dazu unten in der Ebenen-Palette auf den Button NEUE FÜLLEBENE ODER EINSTELLUNGSEBENE ERSTELLEN und wählen Sie TONWERTKORREKTUR. Klicken Sie direkt auf OK, um keinerlei Änderungen in der Dialogbox vorzunehmen. Als Ebenenmodus wählten wir anschließend HARTE MISCHUNG, um dieselben Änderungen zu erzeugen wie mit einer Kopie der Ebene im Modus HARTE MISCHUNG (siehe Seite 178).

Sättigung. In diesem Modus legt die Sättigung der gemischten Farbe die Sättigung der resultierenden Farben fest. Neutrale Farben führen zu neutralen Ergebnissen – intensivere Farben erzeugen auch intensivere Ergebnisse, ohne die Tonwerte oder die Helligkeit der Farben zu ändern. Auf Schwarz und Weiß hat dieser Modus keinerlei Auswirkung.

Farbe. Hier ersetzen Farbton und Sättigung der darüberliegenden Farbe die der darunterliegenden – die Hell-Dunkel-Details bleiben erhalten. Schwarz und Weiß werden nicht geändert.

Luminanz. Nutzen Sie diesen Modus, um lediglich die Hell-Dunkel-Informationen einer Struktur, einer Grafik oder eines Graustufenbildes auf das darunterliegende Bild zu übertragen. Auch beim Scharfzeichnen ist dieser Modus sehr nützlich – duplizieren Sie die Bildebene, wenden Sie den Filter UNSCHARF MASKIEREN an und wählen Sie für diese Ebene LUMINANZ, um Farbverschiebungen, die durch den Filter entstanden sind, zu entfernen.

In speziellen Situationen erscheinen drei weitere Modi. Für sie gibt es keine neutrale Farbe.

Dahinter auftragen. Dieser Modus wird mit den Mal- und Füllwerkzeugen und dem Befehl BEARBEITEN/FLÄCHE FÜLLEN angeboten. Damit können Sie Farbe nur auf transparente Ebenenbereiche anwenden; deckende Pixel sind geschützt.

Löschen. In diesem Modus funktioniert ein Mal- bzw. Füllwerkzeug oder -befehl wie ein Radiergummi – Farbe wird durch Transparenz ersetzt.

Hindurchwirken. Dies ist der Standardmodus für Ebenensets (oder Gruppen, wie sie seit CS2 heißen). ▼ Jede Ebene behält ihren eigenen Ebenenmodus. Wenn Sie für das Set bzw. die Gruppe einen anderen Modus wählen, ist es, als würden Sie die Ebenen auf eine reduzieren – der Modus wird dann auf diese Ebenen angewendet. Wenn Sie NORMAL statt HINDURCHWIRKEN wählen, wirkt sich eine Einstellungsebene nur auf die Elemente im Set bzw. in der Gruppe aus. Dieser Modus steht Ihnen nur für Ebenensets bzw. -gruppen zur Verfügung.

MEHR DAVON

▼ Ebenensets bzw. -gruppen **Seite 580**

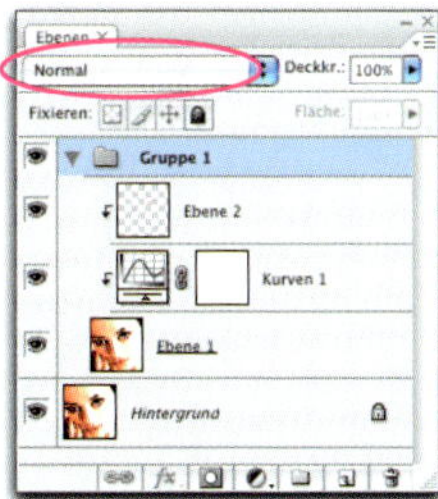

Der Modus HINDURCHWIRKEN erlaubt den Füllmethoden der Ebenen in einem Set bzw. einer Gruppe, sich auf die jeweils darunterliegende Ebene auszuwirken. Wenn Sie den Modus eines Sets bzw. einer Gruppe in NORMAL ändern, wirkt sich die innenliegende Einstellungsebene nur auf die anderen Elemente innerhalb des Sets bzw. der Gruppe aus.

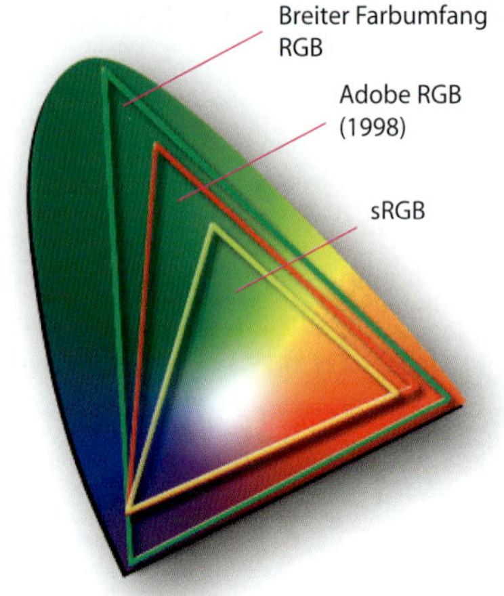

Der Farbumfang oder Farbbereich, der gedruckt oder angezeigt werden kann, variiert zwischen den verschiedenen RGB-Arbeitsräumen. Der sRGB-Farbraum, den Adobe beispielsweise als Standard für seine Webgrafiken empfiehlt, ist kleiner als der Adobe-RGB-(1998)-Farbraum, der für Photoshop-Dateien empfohlen wird, die gedruckt werden. Der breite Farbumfang, der im Menü der Farbeinstellungen ganz unten zu finden ist, ist natürlich größer. (Sie müssen in der Farbeinstellungen-Dialogbox die erweiterten Optionen einblenden, um alle Optionen sehen zu können.)

KONSISTENTE FARBEN ERHALTEN

Es gibt verschiedene wichtige Faktoren, die dafür sorgen, dass gedruckte Farben anders aussehen als Bildschirmfarben. Die Monitorfarben sehen natürlich viel heller aus als die gedruckten Farben. Zweitens ist der Farbumfang, der dargestellt oder gedruckt werden kann, unterschiedlich – einmal handelt es sich um den RGB- und einmal um den CMYK-Farbumfang, die variieren. Nicht alle Farben, die angezeigt werden, können auch gedruckt werden, und umgekehrt. Und wenn Sie drittens ein RGB-Bild für den Druck in CMYK umwandeln, wechseln Sie von einem Dreifarb- zu einem Vierfarbsystem. Aufgrund dieser vierten »Primärfarbe« gibt es verschiedene Möglichkeiten, eine bestimmte RGB-Farbe im CMYK-System darzustellen. Und weil die Farbpigmente unterschiedlich interagieren, können die Ergebnisse auch immer leicht voneinander abweichen. Schließlich variieren auch Druckmethode, Papier und Druckfarbe, was ebenfalls zu unterschiedlichen Ergebnissen führt.

Farbmanagement

Zu allem Übel gibt es zusätzlich auch noch Unterschiede bei der Art und Weise, wie verschiedene Scanner und Digitalkameras Farben aufnehmen und Monitore diese darstellen. Verschiedene Geräte arbeiten mit verschiedenen Farbräumen oder Untergruppen des RGB-Farbraums. Um die verschiedenen Farbräume zu verwalten, bietet Photoshop ein Farbmanagementsystem, mit dem Sie die Farben exakt zwischen verschiedenen Geräten übersetzen können. In der Dialogbox FARBEINSTELLUNGEN (⌘-⇧-K [PC: Strg-⇧-K]) können Sie die entsprechenden Einstellungen vornehmen und festlegen, wie Photoshop mit den Farben umgeht.

In einer perfekten Welt – in einer, in der jede Komponente eines Computergrafiksystems kalibriert ist und ein ICC-Profil besitzt – könnte Photoshops Farbmanagementsystem perfekt arbeiten. (Ein ICC-Profil ist eine Gerätebeschreibungsdatei entsprechend einem internationalen Standard zur korrekten Reproduktion der Farben.) In solch einer Welt wären die Farben immer konsistent, egal, mit welchem Gerät oder Programm Sie sich Photoshop-Dateien ansehen. Aber leider ist die Welt nicht perfekt.

Einige Photoshop-Nutzer, besonders Designer und Fotografen, die nur für sich selbst arbeiten und ihre Dateien nicht mit anderen teilen, ziehen es vor, das Farbmanagement zu deaktivieren. Dadurch vermeiden sie Komplikationen, die auftreten können, wenn eine Datei aus einem anderen Grafikprogramm kommt, das nicht mit denselben Farbmanagementfunktionen ausgestattet ist (beispielsweise Programme zum Generieren von Websites, HTML-Editoren oder Videoschnittprogramme). Wenn Sie jedoch die Option FARBPROFIL EINBETTEN beim Speichern einer Datei (DATEI/SPEICHERN UNTER) aktivieren, können Sie trotzdem Informationen über den verwendeten Farbraum in die Datei einbetten (was manchmal doch sehr nützlich sein kann).

Wenn Ihr Workflow den Austausch von Dateien zwischen verschiedenen Systemen beinhaltet, ist es besser, innerhalb der Gruppe ein Farbmanagementsystem zu nutzen und mit gleichen Profilen zu arbeiten. Um ein Farbmanagementsystem korrekt einzurichten, müssen Sie für jeden Scanner, jede Digitalkamera, jeden Monitor und jeden Drucker (mit verschiedenen Einstellungen für unterschiedliche Auflösungen und Papiereinstellungen) ein ICC-Profil erstellen; außerdem müssen Sie jedes Gerät kalibrieren.

Seit Photoshop CS2 können Sie die Farbeinstellungen aller Programme der Adobe Creative Suite synchronisieren. Öffnen Sie dazu Bridge und wählen Sie BEARBEITEN/CREATIVE SUITE-FARBEINSTELLUNGEN (links zu sehen). Wählen Sie eine Option aus der Liste aus (Sie können diese auch erweitern oder gespeicherte Farbeinstellungen laden). Klicken Sie schließlich einfach auf ANWENDEN.

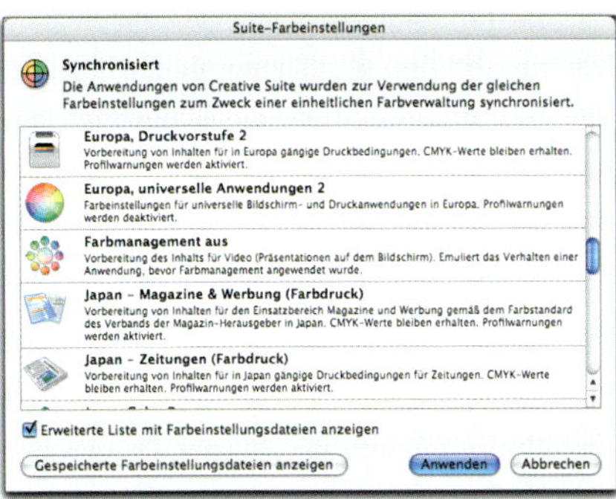

Über Bridge, Teil der Adobe Creative Suite, können Sie die Farbeinstellungen aller zugehörigen Programme verwalten. Hier sehen Sie die erweiterte Ansicht der Farbraumoptionen.

ColorVision Spyder (www.colorvision.com), GretagMacbeths Eye-One Display 2 (www.i1color.com) und MonacoOPTIX (www.xritephoto.com/product) sind relativ kostengünstige Hardware-Software-Lösungen, mit denen Sie Ihren Monitor kalibrieren und ein ICC-Profil erstellen können.

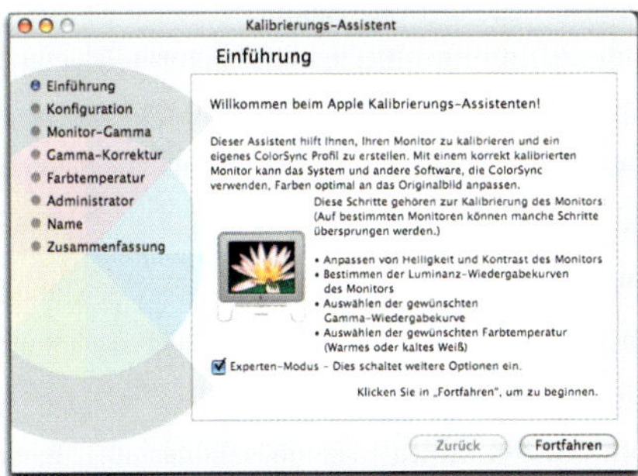

Auf einem Mac können Sie auch den eingebauten Monitor-Kalibrierungsassistenten nutzen, um ein Farbprofil für den Monitor zu erstellen.

Ihre »Farbumgebung«

Um konsistente Farben zu erzeugen, muss nicht nur der Monitor, sondern auch die Betrachtungsumgebung konstant gehalten werden, denn sogar Änderungen in den Beleuchtungsverhältnissen können das Empfinden für die Farben auf dem Bildschirm beeinflussen. Hier sind einige Vorschläge, wie Sie es vermeiden, dass die Umgebung die Farben auf Ihrem Bildschirm beeinflusst:

- Positionieren Sie die Lichtquelle im Raum vom Monitor aus betrachtet oben seitlich. Dimmen Sie das Licht und halten Sie es konstant.
- Wenn die Raumbeleuchtung durch einen Dimmschalter eingeschaltet wird, markieren Sie die Idealposition, um immer dieselbe Lichtintensität zu verwenden.
- Die Wand hinter Ihnen sollte farblich neutral sein, ohne helle Poster und andere Bilder.
- Tragen Sie farblich neutrale Kleidung, um Reflexionen von Ihrer Kleidung auf dem Bildschirm zu minimieren.

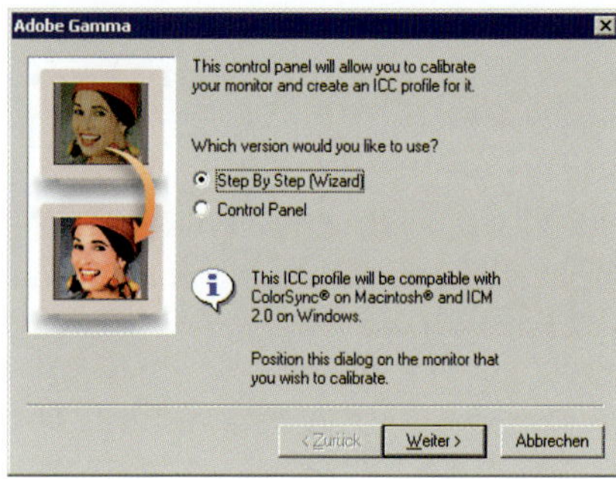

In der Adobe-Gamma-Dialogbox (Windows) können Sie Ihren Monitor Schritt für Schritt kalibrieren und ein ICC-Profil erstellen.

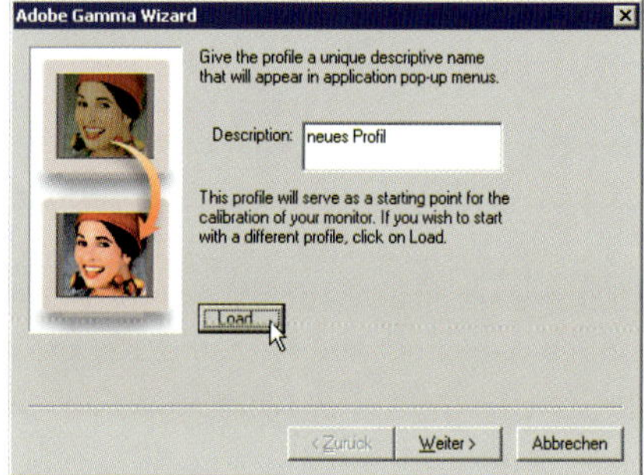

Geben Sie im ersten Fenster einen Namen für das Monitorprofil ein, das Sie erstellen werden.

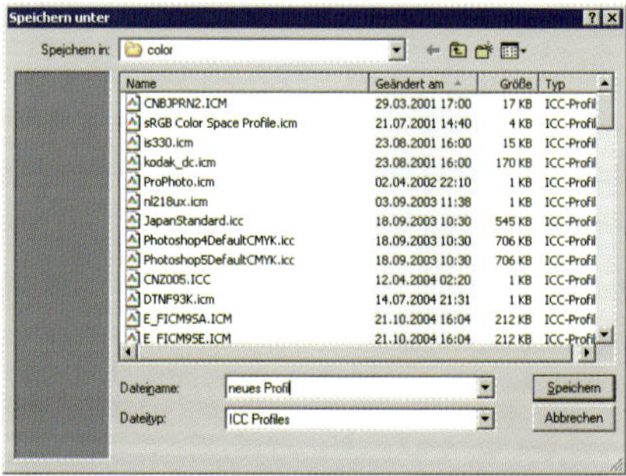

Wenn Sie nach der Kalibrierung auf den Fertig-Button klicken, geben Sie dem Profil denselben Namen wie im ersten Fenster.

- Verwenden Sie einen neutralen Bildschirmhintergrund (50% Grau eignet sich am besten) ohne helle Farben oder störende Bilder.

Den Monitor kalibrieren und charakterisieren

Damit Ihr Computerbildschirm konsistente Farben anzeigt – und die Datei auf dem Monitor heute genauso aussieht, wie sie letzte Woche ausgesehen hat oder nächste Woche aussehen wird –, muss er regelmäßig kalibriert werden. Einige Monitore sind mit einer speziellen Kalibrierungssoftware ausgestattet. Falls das bei Ihrem Monitor nicht das Fall ist, können Sie eine Hardware-Software-Kombination ausprobieren, die den Monitor entweder anpasst oder Ihnen mitteilt, welche Einstellungen korrigiert werden müssen (manuell), bevor ein Profil erstellt werden kann. So kann das Farbmanagementsystem Farben genau zwischen Ihrem Monitor und verschiedenen Ein- und Ausgabegeräten übersetzen.

Unter Windows gibt es noch eine weitere Möglichkeit für die Kalibrierung: **Adobe Gamma** ist Bestandteil von Photoshop und eignet sich für eine einfache Kalibrierung und die Erstellung eines ICC-Profils. Auf dem Mac können Sie den **Monitor-Kalibrierungsassistenten** verwenden, den Sie in den Systemeinstellungen von Apple finden. Beide Methoden arbeiten mit eingebauten Einstellungen, um Ihren Monitor zu kalibrieren und ein Profil für ein bestimmtes Gerät zu erstellen.

Farbmanagement für den lokalen Workflow

Wenn Ihr Monitor kalibriert und sein Profil eingerichtet ist, müssen auch die anderen Geräte – Scanner, Drucker, den Sie zum Proof-Drucken verwenden – kalibriert werden oder zumindest ICC-gemäße Profile besitzen, so dass die Farbe von einem zum anderen Gerät akkurat übersetzt werden kann. Es kann sein, dass Ihr Scanner oder Drucker (und das verwendete Papier) von den Profilstandards des Herstellers abweichen. Die Kalibrierung der Systeme, um sie an die Profile anzupassen, kann recht schwierig werden. Besser ist es, eigene Profile für den jeweiligen Scanner und Drucker zu erstellen.

Wenn Sie die Checkbox BEIM ÖFFNEN WÄHLEN für fehlende Profile in der Farbeinstellungen-Dialogbox aktivieren, werden Sie von Photoshop gefragt, was Sie machen wollen, wenn Sie eine Datei ohne Farbprofil öffnen. Wenn Sie nicht wissen, welches Profil bei der Erstellung verwendet wurde, lassen Sie die Datei, wie sie ist, und wählen Sie später BILD/MODUS/PROFIL ZUWEISEN.

Farbeinstellungen

Die Farbeinstellungen-Dialogbox (⌘/Strg-⇧-K) finden Sie im Menü BEARBEITEN.

In den Einstellungen können Sie eine der voreingestellten Farbmanagementoptionen wählen, um in Ihrem Workflow mit konsistenten Farben zu arbeiten. Sie können die Einstellungen so verwenden, wie sie sind, oder bearbeiten. Adobe empfiehlt, überall BEIM ÖFFNEN WÄHLEN zu aktivieren, damit Sie beim Öffnen einer Datei bereits darauf hingewiesen werden, ob ein Farbprofil fehlt oder es sich möglicherweise um einen falschen Farbraum handelt.

Ein Profil zuweisen

Angenommen, Sie öffnen eine RGB-Datei ohne eingebettetes Farbprofil, weil beim Erstellen der Datei kein Profil eingebettet wurde oder das Bild von einem Scanner oder einer Digitalkamera stammt, der bzw. die keine Profilinformationen einbetten kann. In diesem Fall kann Ihr System leider nicht wissen, wie die Farben angezeigt werden sollen. Wenn Sie die Option BEIM ÖFFNEN WÄHLEN für fehlende Profile aktiviert haben, erscheint die Dialogbox FEHLENDES PROFIL. Hier sind einige Optionen:

- Wenn Sie ziemlich genau wissen, in welcher Umgebung die Datei erstellt wurde (Ihr Freund beispielsweise immer in Apple RGB arbeitet), können Sie den Befehl PROFIL ZUWEISEN verwenden. Dadurch ändert sich vielleicht das Aussehen der Datei auf dem Monitor, die Farbdaten bleiben jedoch gleich.
- Riskanter ist da schon die Option ARBEITSFARBRAUM ZUWEISEN. Das Aussehen der Farben auf dem Monitor ändert sich nicht, die Farbdaten der Datei werden allerdings so geändert, als wäre die Datei auf Ihrem System erstellt worden.
- Wenn Sie den Arbeitsfarbraum, in dem die Datei erstellt wurde, nicht kennen, wählen Sie die Option BEIBEHALTEN(KEIN FARBMANAGEMENT). Auch wenn die Daten für Ihren Monitor interpretiert werden (wie bei ARBEITSFARBRAUM ZUWEISEN), werden keine Daten verändert und Sie haben die Möglichkeit, über BILD/MODUS bzw. BEARBEITEN/PROFIL ZUWEISEN der Datei ein Profil zuzuweisen. Dabei erhalten Sie sogar eine Vorschau – was in der Dialogbox nicht möglich ist.

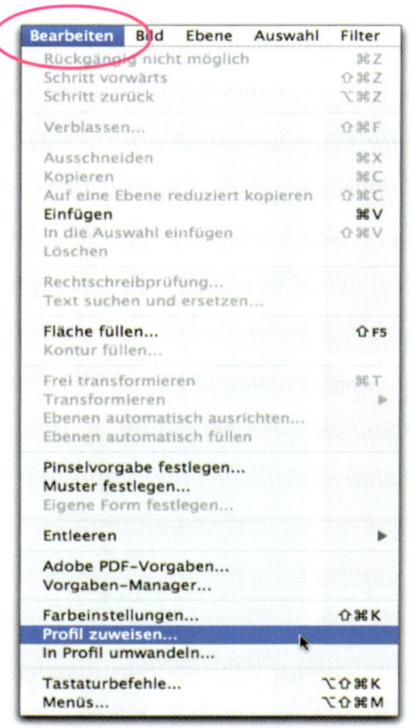

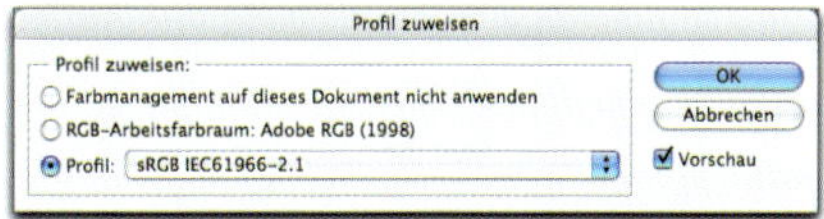

Es gibt einen Vorteil, wenn Sie den Befehl BILD/MODUS/PROFIL ZUWEISEN verwenden (und der Datei nicht beim Öffnen in der erscheinenden Dialogbox ein Profil zuweisen): Mit dem Befehl erhalten Sie eine Vorschau der Datei, bevor Sie das Profil wirklich anwenden. Seit Photoshop CS2 finden Sie die Befehle PROFIL ZUWEISEN und IN PROFIL KONVERTIEREN nicht mehr im Bild-Menü, sondern unter BEARBEITEN.

FARBEINSTELLUNGEN

Die Farbeinstellungen-Dialogbox öffnen Sie am besten mithilfe des Tastatur-Kurzbefehls ⌘/Strg-⇧-K. Klicken Sie je nach Programmversion auf den Button MEHR OPTIONEN, um ein breites Spektrum an Optionen für das Farbmanagement zu öffnen. Die Einstellungen, die Sie hier vornehmen, wirken sich auf die Ergebnisse der Befehle FARBUMFANG-WARNUNG und FARB-PROOF aus.

Adobe empfiehlt, mit den Einstellungen zu beginnen, die den Ausgabeprozess, der zur Herstellung der Bilder verwendet wird, am besten beschreiben. Typisch sind **STANDARD FÜR WEB-GRAFIKEN** oder **STANDARD FÜR DRUCKVORBEREITUNG – EUROPA.** Anschließend können Sie einzelne Einstellungen des Arbeitsfarbraumes ändern, damit diese zu Ihrem Workflow passen. Sie können beispielsweise den CMYK-Arbeitsfarbraum an eigene CMYK-Einstellungen anpassen, die von der ausführenden Druckerei zur Verfügung gestellt werden. Von der Druckerei bekommen Sie vielleicht auch eigene Druckzuwachs-Angaben für nur schwarze oder Schmuckfarb-Jobs. Sobald Sie Einstellungen in der Dialogbox ändern, wandelt sich die Farbeinstellungen-Option automatisch in **EIGENE** um.

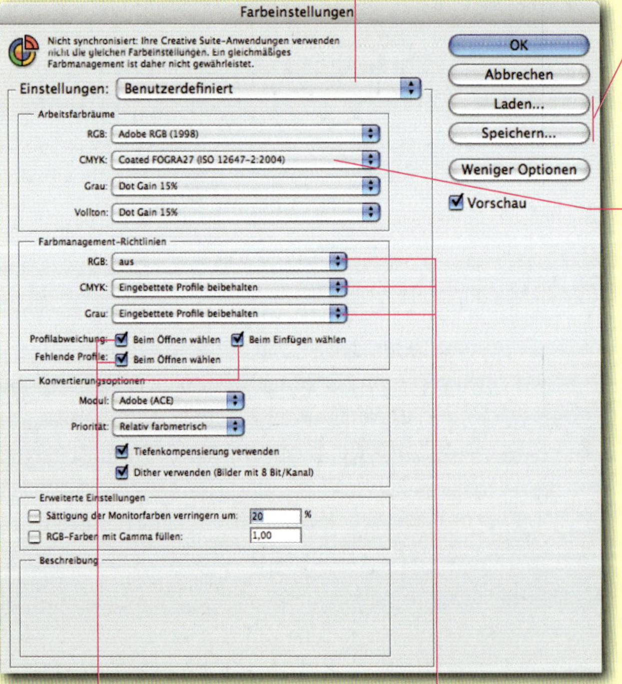

Mit dem Button **SPEICHERN** können Sie verschiedene Einstellungen speichern und diese mit dem Button **LADEN** jederzeit wieder aufrufen.

Wenn die Checkboxen **BEIM ÖFFNEN WÄHLEN** aktiviert sind (so wie es Adobe empfiehlt), können Sie die Farbmanagementrichtlinien jederzeit ändern, wenn Sie eine Datei öffnen, deren Profil nicht zum aktuellen Arbeitsfarbraum passt.

Wenn Sie die Checkboxen BEIM ÖFFNEN WÄHLEN nicht aktivieren, bestimmt Ihre Wahl der **Farbmanagement-Richtlinien,** was passiert, wenn Sie eine Datei öffnen, deren Profil nicht zum aktuellen Arbeitsfarbraum passt.

Wenn Sie im CMYK-Arbeitsfarbraum die Option **EIGENES CMYK** wählen, öffnet sich eine gleichnamige Dialogbox. Dort können Sie die Separations-Optionen einstellen. (Sie können stattdessen auch **CMYK-EINSTELLUNGEN LADEN** wählen – beispielsweise eine Einstellung, die Ihnen von der Druckerei zur Verfügung gestellt wird.)

Auch wenn Sie nicht wissen, in welcher Umgebung die Datei erstellt wurde, können Sie sich selbst etwas Arbeit in Photoshop sparen, wenn Sie den Befehl PROFIL ZUWEISEN nutzen, um herauszufinden, wie sich unterschiedliche Profile auf die Bildschirmdarstellung der Datei auswirken. Falls Sie ein Profil finden, das das Aussehen des Bildes auf Ihrem Monitor verbessert, wählen Sie BILD/MODUS bzw. BEARBEITEN/IN PROFIL UMWANDELN, um die Datei in Ihren RGB-Arbeitsfarbraum umzuwandeln. Wenn Sie diesen Befehl anwenden, ändern Sie die Farbdaten der Datei. Führen Sie anschließend alle notwendigen Arbeiten an der Datei mit dem umgewandelten Profil aus und betten Sie das Arbeitsprofil beim Speichern in die Datei ein. Die nächste Person, die diese Datei bekommt, muss nun nicht erst das passende Profil herausfinden – es ist jetzt bereits in die Datei eingebettet.

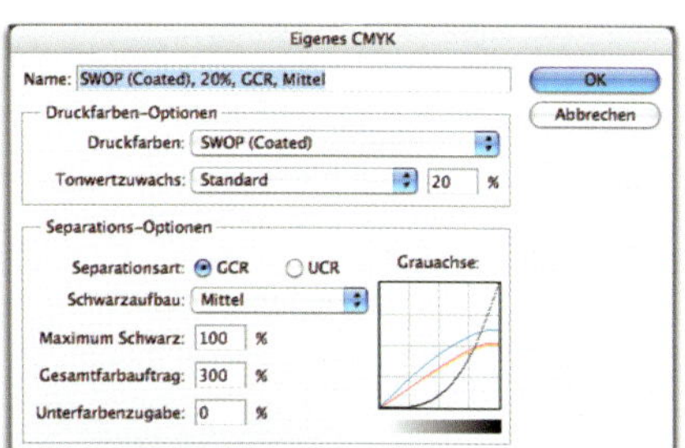

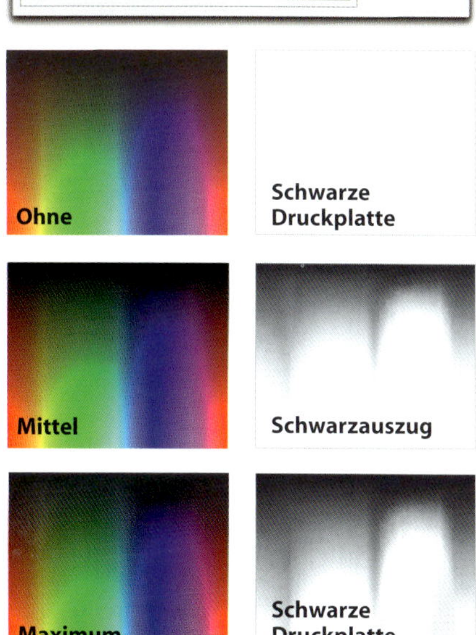

Die Parameter für die Umwandlung von RGB in CMYK können in der Dialogbox EIGENES CMYK angepasst werden (oben). Es gibt mehrere Möglichkeiten für den Schwarzaufbau, der steuert, welcher Teil der dunklen Farbtöne durch schwarze Druckfarbe und welcher Anteil durch einen Mix von Cyan, Magenta und Gelb beigesteuert wird. Hier sehen Sie die Ergebnisse bei der RGB-CMYK-Umwandlung unter Verwendung drei verschiedener Einstellungen für den Schwarzaufbau.

Farbumwandlungen von RGB in CMYK

Wenn Sie ein Bild für den Druck vorbereiten, muss es meist in CMYK-Farben umgewandelt werden, es sei denn, Sie verwenden einen der wenigen Belichter/Drucker, der direkt mit dem RGB-Farbraum belichten/drucken kann. Die Umwandlung können Sie in verschiedenen Entwicklungsstufen des Bildes vornehmen:

- Sie können schon beim Erstellen einer neuen Photoshop-Datei den CMYK-Modus wählen (DATEI/NEU/MODUS: CMYK); manchmal auch schon beim Scannen.
- Wenn Sie im RGB-Modus beginnen, können Sie jederzeit Photoshops Befehl BILD/MODUS/CMYK-FARBE wählen, um die Datei in den eingestellten CMYK-Arbeitsfarbraum zu überführen. Sie können auch BILD/MODUS bzw. BEARBEITEN/IN PROFIL UMWANDELN wählen, um eine CMYK-Separation einzustellen, mit der Sie das Profil beispielsweise an die Vorgaben der Druckerei anpassen. Sobald Sie die Umwandlung vorgenommen haben, können Sie nicht wieder BILD/MODUS/RGB-FARBE wählen. Sollte Ihnen das Ergebnis nicht gefallen, machen Sie den Schritt lieber rückgängig (⌘/Strg-Z) oder wählen Sie aus der Protokoll-Palette einen früheren Schritt oder Schnappschuss. Mit dem Befehl ZURÜCK ZUR LETZTEN VERSION gelangen Sie zur letzten gespeicherten Version der Datei.
- Sie können die Datei so lange im RGB-Modus belassen, bis Sie sie in ein Layoutprogramm einfügen oder ein Separationswerkzeug anwenden. Die meisten Desktop-Drucker wandeln das RGB-Dokument in CMYK um.

MEHR DAVON
▼ Protokoll-Palette **Seite 25**

Behalten Sie eine RGB-Version

Bevor Sie eine RGB-Datei in CMYK umwandeln, sollten Sie eine Kopie im RGB-Modus speichern. So können Sie im Falle eines Falles Änderungen vornehmen und eine neue CMYK-Version speichern.

Die Sättigung in CMYK erhöhen

Photoshops Farbumfang-Warnung soll Ihnen helfen, die Farben eines Bildes aufzuspüren, die möglicherweise nicht erfolgreich von RGB in CMYK übersetzt werden können. Bei einigen CMYK-Druckprozessen ist die Farbumfang-Warnung sehr konservativ – sie meldet also mehr Probleme, als eigentlich vorhanden sind. Statt im RGB-Modus die Sättigung zu verringern oder die Farben zu verschieben, können Sie versuchen, die Datei in CMYK umzuwandeln und dann eine Farbton/Sättigung-Einstellungsebene zu verwenden, um die Farbintensität wiederherzustellen (siehe Seite 254).

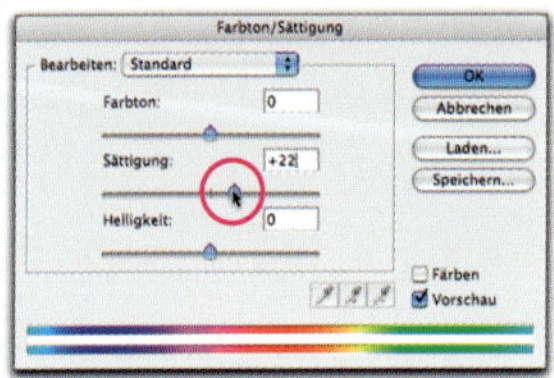

Wie entscheiden Sie, welche der Optionen für eine Umwandlung von RGB in CMYK am besten geeignet ist? Hier sind einige Tipps, die Ihnen bei der Entscheidungsfindung helfen sollen:

- **Der einzige Vorteil, gleich von Beginn an in CMYK zu arbeiten,** ist, dass in letzter Minute keine Farbverschiebungen mehr auftreten können. Es gibt jedoch auch ein Risiko: Wenn Sie im CMYK-Modus arbeiten und sich die Druckspezifikationen ändern (beispielsweise ein anderes Papier ausgewählt wird), kann der gewählte CMYK-Arbeitsfarbraum vielleicht nicht länger angewendet werden.
- Wenn Sie in RGB arbeiten und die CMYK-Umwandlung bis zum letztmöglichen Zeitpunkt aufschieben, haben Sie mehr Freiheiten. Sie können genau die gewünschte Farbe auf dem Bildschirm erzeugen und dann mit Farbton/Sättigung, Selektive Farbkorrektur, Tonwertkorrektur oder Gradationskurven arbeiten, um für Farben außerhalb des Farbumfangs CMYK-Alternativen zu suchen, die dem Original so nah wie möglich kommen.
- Ein weiterer, bedeutender Vorteil der Arbeit in RGB ist, dass viele der besten Funktionen von Photoshop (z.B. Auto-Farbe und Farbe anpassen) in CMYK nicht funktionieren. Auch die Hälfte der Filter steht Ihnen in diesem Modus nicht zur Verfügung.
- Mit der Farbvorschau und der Farbumfang-Warnung ist es sehr sinnvoll, in RGB zu arbeiten und eine CMYK-Vorschau in einem zweiten Fenster zu betrachten. Die endgültige Umwandlung nehmen Sie dann im letzten Schritt vor. Oder arbeiten Sie in nur einem Fenster und wechseln Sie mit ⌘/Strg-Y zwischen der RGB- und CMYK-Vorschau.
- Bei vielen Projekten können Sie den Umwandlungsprozess gänzlich umgehen. Vielleicht hat die Druckerei, mit der Sie arbeiten, ohnehin ein Separationswerkzeug, das die meisten Bilder exzellent von RGB in CMYK umwandelt und auch noch genau an die Druckumgebung anpasst. In diesem Fall können Sie sich Zeit und Aufwand sparen und diesen Service in Anspruch nehmen, auch wenn das vielleicht etwas mehr kostet.

Egal, an welchem Punkt Sie die Umwandlung vornehmen: Die Einstellungen in der Dialogbox Farbeinstellungen und in den Profilen, die diese Einstellungen beeinflussen, werden sich auf das Ergebnis auswirken.

Sharon Steuers Kanäle-Tricks

SHARON STEUER NAHM SICH DER HERAUSFORDERUNG EINER RESTAURATION AN: ein Zeitungsausschnitt von 1937, der an eine Wand geklebt war, und bei dem die Künstlerin und Autorin Sharon Steuer nach einem Farbkanal suchte, den sie zur Rettung des Ausschnittes verwenden konnte. Sie musste über die Kanale Rot, Grün und Blau hinausgehen, aber schließlich fand sie den benötigten Kanal.

MEHR DAVON

▼ Umwandlung von RGB in CMYK
Seite 185

▼ Mit Farbeinstellungen arbeiten
Seite 184

1 Der Ausschnitt war ein Artikel über die erfolgreiche Verteidigung des *New York American,* einer Hearst-Zeitung, in einem Verleumdungsprozess.

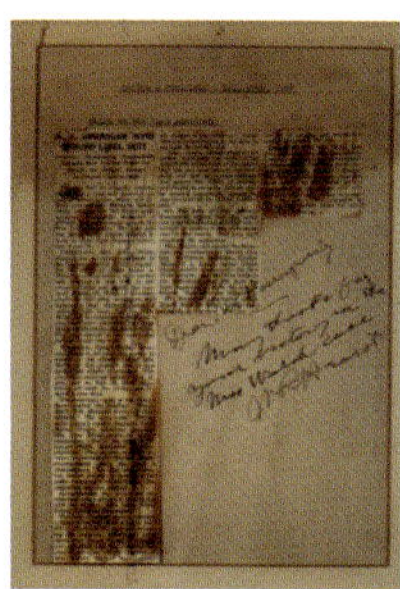

In dem RGB-Scan sehen die von William Randolph Hearst handgeschriebenen Glückwünsche gar nicht so schlecht aus. Allerdings scheint an manchen Stellen die Schrift von der Rückseite durch.

2 Sharon schaute sich die einzelnen Kanäle an (Rot, Grün und Blau) – auf der Suche nach einem guten Ausgangspunkt für die Restauration. Sie erstellte eine Kopie der Datei (BILD/BILD DUPLIZIEREN), um mit ihr zu experimentieren.

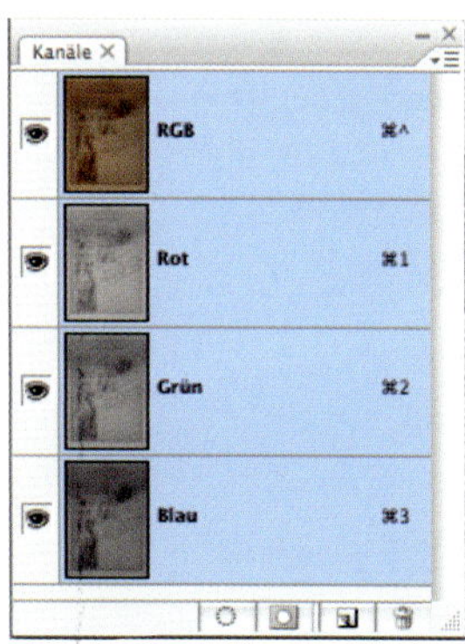

Die dunklen Flecken sind in allen Kanälen zu sehen.

3 Anschließend wandelte sie das Duplikat in den CMYK-Modus um,▼ um zu sehen, ob dabei vielleicht ein besserer Kanal entsteht. (Das Ergebnis, das Sie bei der Umwandlung erhalten, hängt vom CMYK-Arbeits-
farbraum und von der Priorität ab. Einige Priorität-Einstellungen schützen so viele Originalfarben wie möglich. Andere versuchen, die Beziehung zwischen den Farben zu schützen, auch wenn dabei Farben geändert werden müssen.)▼ Weil sie in der Farbeinstellungen-Dialogbox die erweiterten Optionen aktivierte, konnte Sharon eine passende Kombination aus Arbeitsfarbraum und Priorität wählen, auf OK klicken und die Umwandlung vornehmen (BILD/MODUS/CMYK-FARBE). Anschließend konnte sie die Einstellungen rückgängig machen und andere wählen, bis sie einen passenden Kanal gefunden hatte.

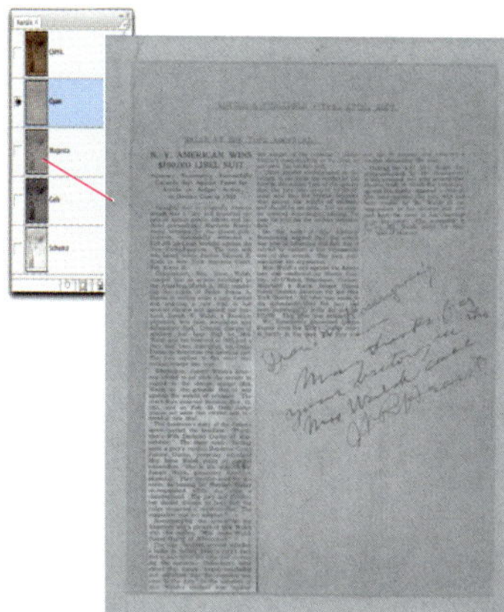

Mithilfe der richtigen Kombination aus CMYK-Arbeitsfarbraum und Priorität konnte ein Cyan-Kanal mit wenigen Störungen und Strichen erzeugt werden.

4 Sharon erstellte eine neue CMYK-Datei mithilfe des Cyan-Kanals. Sie können dazu in der Kanäle-Palette auf den Namen des Kanals klicken, abschließend ⌘/Strg-Alt DRÜCKEN und ihn mit ⌘/Strg-C KOPIEREN. Öffnen Sie dann eine neue Datei (im RGB- oder CMYK-Modus) und fügen Sie die Zwischenablage ein (⌘/Strg-V). Sharon fügte eine Tonwertkorrektur-Einstellungsebene hinzu, verstärkte mithilfe der Regler den Kontrast und die Färbung in den einzelnen Kanälen. Anschließend erstellte sie mehrere Ebenenkopien im Modus MULTIPLIZIEREN, um die Schrift nachzudunkeln. Um Problembereiche zu korrigieren, fügte sie weitere Tonwertkorrektur-Ebenen hinzu und arbeitete mit Ebenenmodi und Ebenenmasken.

Walsh vs New York American

N. Y. AMERICAN WINS $100,000 LIBEL SUIT

Das wiederhergestellte Dokument (**Hearst.psd**) finden Sie auf der Wow-DVD-ROM im Ordner Wow Zugaben/Kapitel 4.

Ü B U N G

Verläufe

Photoshops vielfältige Verläufe werden auf den Seiten 160 und 161 vorgestellt. Auf den nächsten fünf Seiten finden Sie Beispiele für die Verwendung von Verläufen (mit Dateien, anhand derer Sie die Übungen nachvollziehen können).

Sie können einen Verlauf mithilfe des **Verlaufswerkzeugs** (über die Werkzeug-Palette **A**), als Teil eines **Ebenenstils** (über den Button EBENENSTIL ANWENDEN unten in der Ebenen-Palette **B**) oder mit einer **Verlaufsfüllung** oder **Verlaufsumsetzung** (über den Button NEUE FÜLLEBENE ODER EINSTELLUNGSEBENE ERSTELLEN **C**) erstellen.

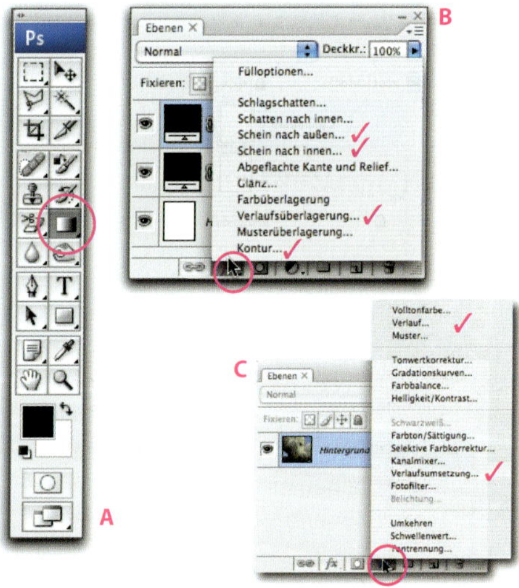

In einigen Beispielen arbeiten wir mit den **Wow-Verläufen**, die Sie auf der beiliegenden Wow-DVD-ROM finden. Wenn Sie diese bereits mit den anderen Wow-Vorgaben geladen haben ▼, können Sie diese zu jeder beliebigen Photoshop-Palette hinzufügen, indem Sie in der Palette auf das kleine Dreieck klicken, um das Paletten-Menü zu öffnen. Falls Sie sie noch nicht geladen haben, sie demnach im Pop-up-Menü auch noch nicht zu sehen sind, sollten Sie die benötigten Verläufe jetzt laden (**Wow-Uebung.grd**).

SIE FINDEN DIE DATEIEN

auf der DVD unter Wow Projektdateien/ Kapitel 4/Verläufe

Wow-Verläufe

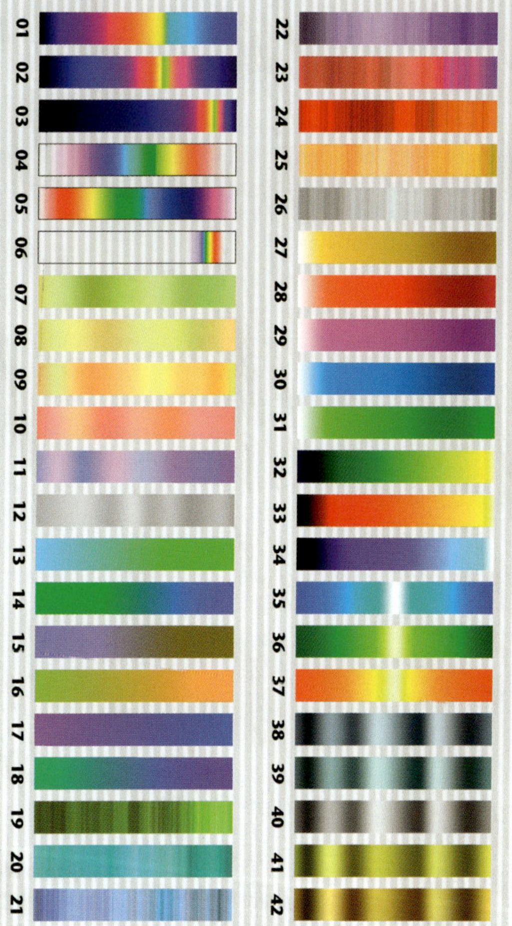

Sobald Sie die Wow-Verläufe geladen haben, ▼ stehen sie Ihnen in Photoshop überall dort zur Verfügung, wo die Verläufe-Palette erscheint – in der Optionsleiste des Verlaufswerkzeugs, den Dialogboxen für die Verlaufsfüllung und die Verlaufsumsetzung, sowie für Ebenenstile und im Vorgaben-Manager.

Die meisten Verläufe sind **Durchgehende Verläufe**, bei einigen handelt es sich (**Wow-Verläufe 19 bis 26**) um **Störungsverläufe**. Die **Wow-Verläufe 4 bis 6** enthalten **Transparenz**.

Eine Verlaufsfüllung ausrichten

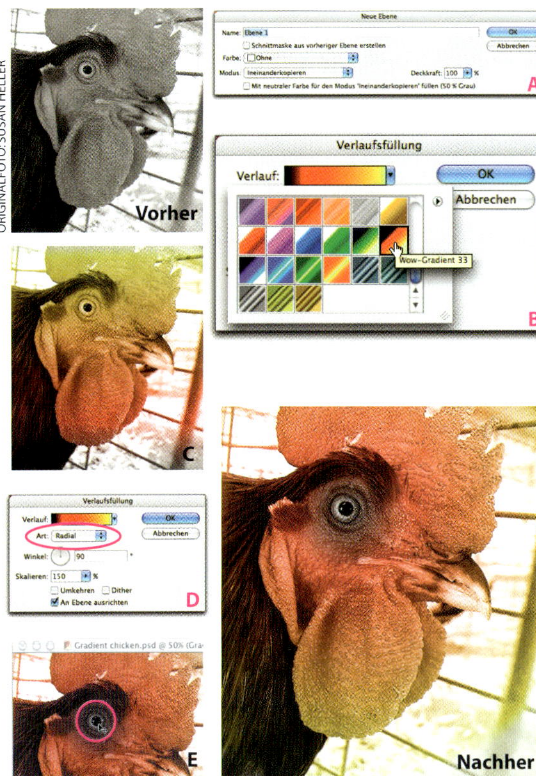

In jeder Dialogbox, in der Sie Verläufe einstellen können, haben Sie die Möglichkeit, die Geometrie, die Ausrichtung und die Skalierung eines Verlaufs zu ändern. Beginnen Sie mit einem Schwarzweißbild im RGB-Modus und fügen Sie eine Farbe hinzu, indem Sie den **Wow-Verlauf 33** als Verlaufsfüllung anwenden; mithilfe der ⌥/Alt-Taste öffnen Sie die Dialogbox NEUE EBENE **A**, in der Sie einen Modus und die Deckkraft für die neue Ebene einstellen können. Versuchen Sie es mit dem Modus ÜBERLAGERN/ INEINANDERKOPIEREN, um das Bild einzufärben und den Kontrast zu verstärken. Reduzieren Sie die Deckkraft auf 50% und klicken Sie anschließend auf OK.

Klicken Sie in der Verlaufsfüllung-Dialogbox auf das kleine Dreieck rechts neben der Verlaufsvorschau, um die Palette mit den Verlaufsfeldern zu öffnen **B**. Klicken Sie doppelt auf den Verlauf **Wow-Gradient 33** – beim ersten Klicken aktivieren Sie den Verlauf **C** und mit dem zweiten schließen Sie die Palette. Wählen Sie den Stil **Radial** und ziehen Sie den Cursor bis in die Mitte des Auges **D**, **E**. Die Ecke unten rechts wird nicht eingefärbt, Sie können jedoch die Skalierung erhöhen, um eine breitere Farbverteilung zu erzielen.

Huhn Verlauf.psd, Wow-Übung.grd

Farbübergänge ändern

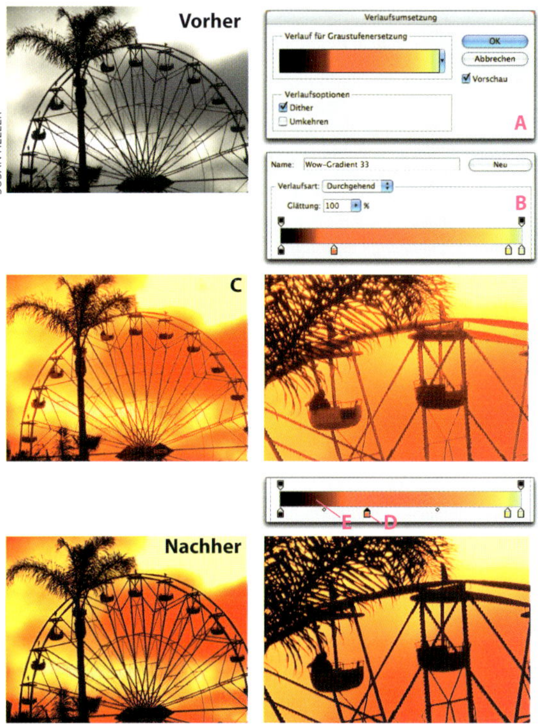

Eine Verlaufsumsetzung mit einem Dunkel-Hell-Verlauf (z.B. **Wow-Gradient 32**, **33** oder **34**) kann Farbe zu Ihrem Bild hinzufügen und dabei einige Originaltonwerte erhalten. Wir begannen hier mit einem Bild, in dem nur sehr wenige Farben vorhanden waren – Sie können auch mit farbigeren Bildern arbeiten. Erstellen Sie einen brillanten Sonnenuntergang: Klicken Sie unten in der Ebenen-Palette auf den Button NEUE FÜLLEBENE ODER EINSTELLUNGSEBENE ERSTELLEN und wählen Sie VERLAUFSUMSETZUNG. Wählen Sie in der Dialogbox **A** einen Verlauf aus – klicken Sie doppelt auf den **Wow-Verlauf 33**. Öffnen Sie die Dialogbox VERLÄUFE BEARBEITEN, indem Sie auf die Verlaufsvorschau klicken **B**, **C**. Um die Silhouette zu verbessern, müssen Sie das Rot verschieben, so dass die dunklen Farbtöne nicht eingefärbt werden: Ziehen Sie den Farbstopp für die rote Farbe nach rechts (weiter weg vom schwarzen Stopp), bis sich die Balance zwischen Rot, Gelb und Orange zu stark zu ändern beginnt. Ziehen Sie den Stopp anschließend ein Stück zurück **D**. Um mehr dunkle Farbtöne von Rot nach Schwarz zu verschieben, ohne die Balance zu verändern, ziehen Sie die Raute zwischen schwarzem und rotem Stopp nach rechts **E**.

Sonnenuntergang Verlauf.psd, Wow-Übung.grd

Verlaufsüberlagerungen

JHDAVIS

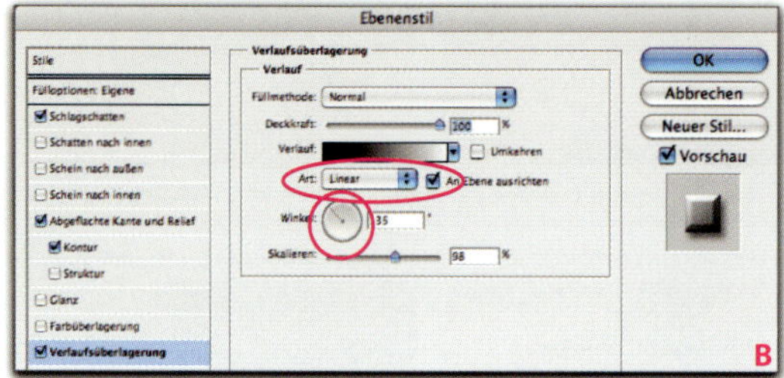

Wenn Sie einen Verlauf als Verlaufsüberlagerung in einem Ebenenstil anwenden, können Sie eine Oberflächenfarbe hinzufügen oder das Bild aufhellen. Hier wendeten wir einen linearen Verlauf auf die Ebene an, die die Oberfläche des Logos enthält; und denselben Verlauf anschließend noch einmal (neu positioniert) auf den schwarzen Kreis. Um die Einstellungen der Verlaufsüberlagerung zu sehen, klicken Sie in der Ebenen-Palette doppelt auf den Effekt **A**. In der Ebenenstil-Dialogbox sehen Sie den Schwarz-Weiß-Verlauf **B** mit dem Stil LINEAR. Wir änderten den WINKEL, um ihn an den Beleuchtungswinkel anzupassen. Anschließend zogen wir den Verlauf im Arbeitsfenster in Position, um die Oberfläche aufzuhellen.

In der Ebenen-Palette kopierten wir die Verlaufsüberlagerung auf die Ebene »Circle Base«. Ziehen Sie dazu den Ebenenstil einfach auf die neue Ebene – beachten Sie, dass Sie seit CS2 die ⌥/Alt-Taste gedrückt halten müssen, um den Stil zu kopieren und nicht einfach nur zu verschieben. Dann öffneten wir die Ebenenstil-Dialogbox erneut, um den Verlauf an die Beleuchtung dieser Ebene anzupassen.

 **Logo Verlauf.psd**

Störungsverläufe

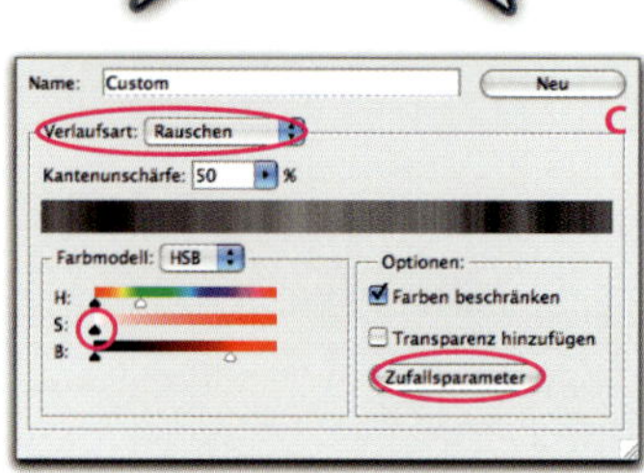

Um ein metallisches Aussehen zu verstärken, wendeten wir auf diese beiden Sterne Störungsverläufe an **A**. Klicken Sie in der Ebenen-Palette auf die Verlaufsüberlagerung der Ebene »small star« **B** und in der Dialogbox auf die Verlaufsvorschau, um die Dialogbox VERLÄUFE BEARBEITEN zu öffnen **C**. Bei einem Störungs- bzw. Rauschen-Verlauf bestimmen Sie mithilfe der Regler im Abschnitt FARBMODELL die Grenzen der Farben, die im Verlauf erscheinen können – meistens beinhaltet der Verlauf jedoch viel weniger Farben. Wir verwendeten das Farbmodell HSB und verschoben den Sättigungsregler ganz nach links, um einen Grauverlauf zu erstellen. Bei dieser Sättigung ist der Farbtonbereich unwichtig. Dafür wählten wir eine sehr große Helligkeit und eine KANTENUNSCHÄRFE von 50%, um deutliche, jedoch nicht zu scharfe Striche zu erzeugen. Außerdem aktivieren wir die Checkbox FARBEN BESCHRÄNKEN, um keine zu satten, CMYK-untauglichen Farben zu verwenden.

Um den Störungsverlauf des großen Sterns zu sehen, klicken Sie in der Ebenen-Palette doppelt auf den Ebenenstil. Hier verwendeten wir exakt dieselben Einstellungen wie für den kleineren Stern. Allerdings erstellten wir einen anderen Verlauf, indem wir mehrmals auf den Button ZUFALLSPARAMETER klickten, bis Photoshop eine passende Version anzeigte.

 **Stern Verlaeufe.psd**

Explosionsverläufe

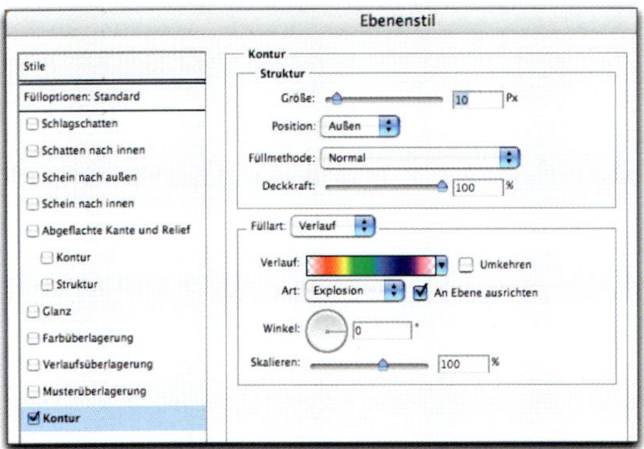

Die **KONTUR**, einer der Effekte in Photoshops Ebenenstilen, bietet einige interessante Optionen – besonders, wenn Sie als Füllung die Option VERLAUF wählen. Auch hier können Sie zwischen den fünf Verlaufsoptionen (Linear, Radial, Winkel, Reflektiert und Raute) wählen. Zusätzlich bekommen Sie jedoch noch die Option EXPLOSION angeboten (sie ähnelt dem Radialverlauf, nur dass die Streuung nicht von einem Mittelpunkt ausgeht). Wir wendeten hier diesen Effekt mit dem Verlauf **Wow-Verlauf 05** und der Position AUSSEN an. Weitere Beispiele für diesen besonderen Verlauf finden Sie auf Seite 455.

Explosion.psd, Wow-Uebungen.grd

AUS DEM VERLAUF AUFNEHMEN

Wenn Sie in der Dialogbox VERLÄUFE BEARBEITEN doppelt auf einen Farbstopp klicken, können Sie eine Farbe auswählen oder mit der Pipette in eine gewünschte Farbe klicken (auch im Arbeitsfenster). Wenn Sie nur einmal klicken, können Sie eine Pipette aus dem Verlaufsbalken selbst aufnehmen. So können Sie Farben, die in einem Verlauf bereits verwendet werden, ganz einfach wiederholen.

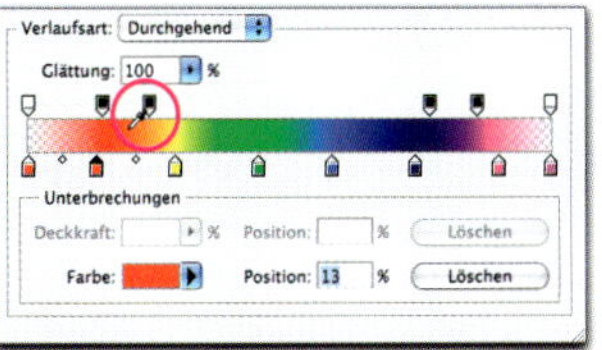

VERLÄUFE & TRANSPARENZ

Wenn Sie Deckkraftunterbrechung einbauen, können Sie Transparenz in Ihre Verläufe integrieren.

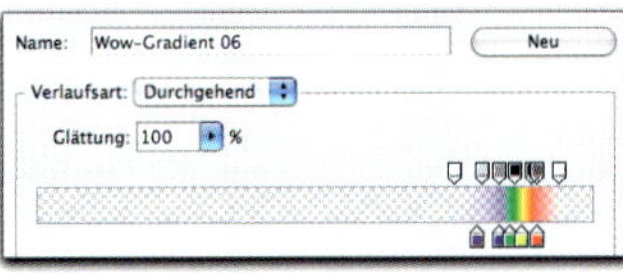

Wow-Gradient 06 enthält Transparenz – in der Dialogbox VERLÄUFE BEARBEITEN wurden Deckkraftstopps gesetzt.

Die eingebaute Transparenz wird unterschiedlich behandelt, je nachdem, wie Sie einen Verlauf anwenden:

- Mit dem **Verlaufswerkzeug** können Sie die eingebaute Transparenz nutzen oder nicht – aktivieren oder deaktivieren Sie einfach die Checkbox in der Optionsleiste.

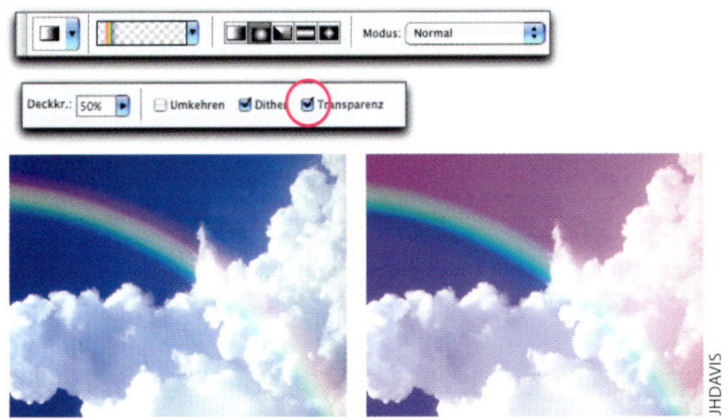

Hier wurde der Verlauf **Wow-Verlauf 06** (mit eingebauter Transparenz) mit dem Verlaufswerkzeug und einer Deckkraft von 50% im Modus NEGATIV MULTIPLIZIEREN angewendet. Links wurde die Transparenz-Option aktiviert, rechts deaktiviert.

- Bei der **Verlaufsfüllung** und den **Verlaufseffekten eines Ebenenstils** können Sie die Transparenz nicht kontrollieren. Eingebaute Transparenz wird immer angewendet.
- Die **Verlaufsumsetzung** ignoriert die Transparenz und verwendet nur die Informationen der Farbunterbrechungen.

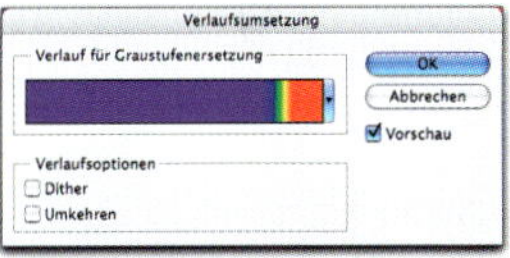

Wow-Verlauf 06

STÖRUNGSVERLÄUFE & TRANSPARENZ

Um einen **Störungsverlauf** mit Transparenz zu versehen, aktivieren Sie die Checkbox TRANSPARENZ HINZUFÜGEN unten rechts in der Dialogbox VERLÄUFE BEARBEITEN. Wenn Sie einen Störungsverlauf erstellt haben, der Ihnen gefällt, führt willkürliche Transparenz möglicherweise zu mehr Variabilität, als Sie eigentlich wollen. Um die Transparenz eines Störungsverlaufs zu kontrollieren, ist es oft besser, mit Ebenenmasken zu arbeiten.

Maskierte Verläufe

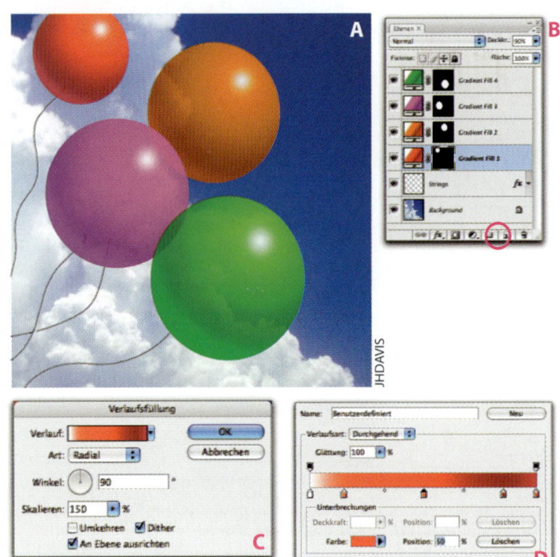

Eine Verlaufsfüllebene kann eine Maske enthalten, mit der Sie den Verlauf formen können. Unser Bild **A** enthält eine Ebene für jeden der vier Ballons **B**. Mit der Auswahlellipse ◌ erstellten wir für jeden Ballon eine Form in seiner Größe; mit aktiver Auswahl klickten wir dann unten in der Ebenen-Palette auf den Button NEUE FÜLLEBENE ODER EINSTELLUNGSEBENE ERSTELLEN und wählten VERLAUF. In der Dialogbox **C** aktivierten wir den Stil RADIAL und öffneten die Verlaufsfelder-Palette, um einen der Verlaufe **Wow-Verläufe 27** bis **31** auszuwählen. Wir experimentierten mit der Skalierung, um die Schattierung der Ballons zu kontrollieren und klickten auf OK, um die Dialogbox schließlich wieder zu schließen. Für die Transparenz der Ballons passten wir die Deckkraft der Ebenen an.

Die Verläufe, die in diesem Bild verwendet wurden, sind komplexer als eine einfache Überblendung von Weiß zu Farbe. Klicken Sie einfach doppelt auf eine der Verlaufsfüllebenen und dann in den Verlaufsbalken, um die Dialogbox VERLÄUFE BEARBEITEN zu öffnen **D**. Um für jeden Verlauf ein scharfes Licht zu erstellen, wurden die Farbstopps zwischen den Übergängen zwischen Weiß und der Farbe enger aneinandergesetzt – dadurch wird der Übergang abrupter. Am rechten Ende des Verlaufs wurde ein dunkler Farbton eingefügt, um die Rundung der Ballons zu erstellen.

Ballon Verlaeufe.psd, Wow-Übungen.grd

Verlaufsgefüllte Masken

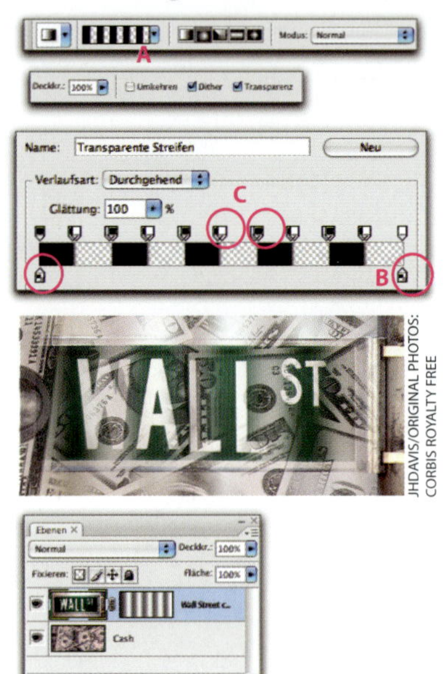

Hier verwendeten wir einen Verlauf in einer Ebenenmaske, um zwei Bilder miteinander zu kombinieren. Zunächst zogen wir das eine Bild in das andere und klickten dann unten in der Ebenen-Palette auf den Button EINE MASKE ERSTELLEN, um eine Maske anzuwenden, die alles einblendet. Mit dem Verlaufswerkzeug und Schwarz als Vordergrundfarbe klickten wir in der Optionsleiste auf das kleine Dreieck neben der Verlaufsvorschau und aktivierten den Verlauf TRANSPARENTE STREIFEN. Wenn Sie direkt in die Vorschau klicken **A**, öffnen Sie die Dialogbox VERLÄUFE BEARBEITEN. Dort sehen Sie, dass der Verlauf nur zwei Farbstopps enthält **B**; das Schachbrettmuster verdeutlicht, dass beide Farbunterbrechungen die aktuelle Vordergrundfarbe verwenden. Jeweils zwei Farbunterbrechungen mit 100% Deckkraft und 0% Transparenz erzeugen die Streifen **C**. Der plötzliche Übergang von der Vordergrundfarbe zur Transparenz tritt auf, weil sich die 100%-Farbunterbrechung für jede Seite sehr nah an der 0%-Farbunterbrechung befindet.

Wenn wir den Cursor über das Bild ziehen, werden die schwarzen Streifen zur Maske hinzugefügt. Wir wählten FILTER/WEICHZEICHNUNGSFILTER/GAUSSSCHER WEICHZEICHNER (Radius 20), um die Maske weichzuzeichnen und den Übergang zu glätten. Mit BILD/ANPASSEN/HELLIGKEIT/KONTRAST konnten wir mit der Helligkeit (für die Dichte der Maske) und dem Kontrast (für die Schärfe des Übergangs) experimentieren; wir wählten Helligkeit: 30 und Kontrast: –10.

Verlaufsmaske.psd

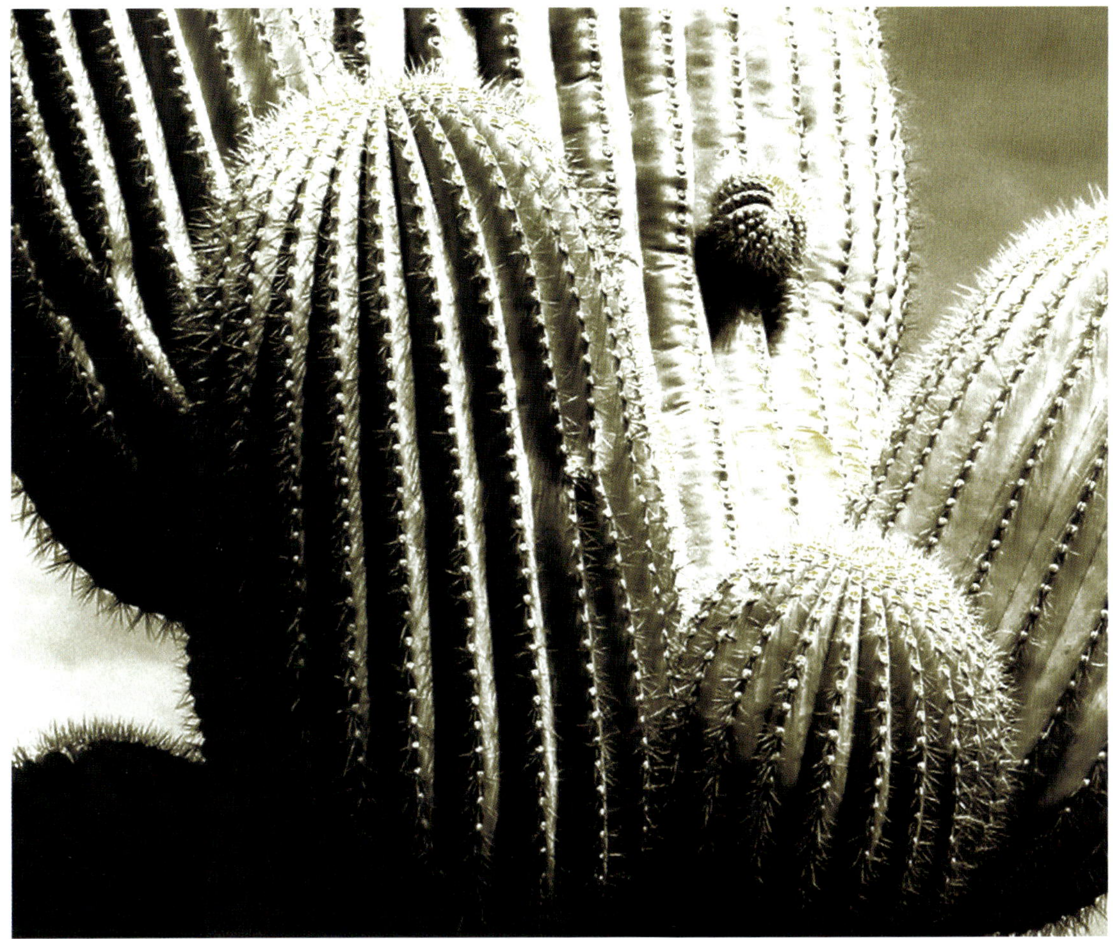

Duplex

SIE FINDEN DIE DATEIEN

auf der DVD unter Wow Projektdateien/Kapitel 4/Duplex:

- Duplex-Vorher.psd
- Wow Duplex (Vorgaben)
- Duplex-Nachher Dateien (Vergleich)

ÖFFNEN SIE DIESE PALETTEN

aus dem Fenster-Menü:

- Ebenen • Kanäle

ÜBERBLICK

Wandeln Sie eine Datei in Graustufen und dann in ein Duplex um • Wählen Sie eine eigene Farbe für das Duplex • Passen Sie die Gradationskurven des Duplex an • Speichern Sie die Datei

Bei vielen zweifarbigen Designprojekten sind die beiden gewählten Farben Schwarz und eine weitere Farbe. Mit Photoshops Duplex-Modus können Sie einen leichten Farbakzent erzeugen oder sehr fein, aber effektiv den druckbaren Farbbereich ausdehnen. Wir beginnen hier mit dem dezenten Einsatz einer zweiten Farbe und werden später Bilder intensiver einfärben. Bei einem Projekt, das in CMYK gedruckt wird (z.B. dieses Buch), können Sie den Duplex-Modus nutzen, um eine Färbung zu entwickeln, und die Datei anschließend in CMYK umwandeln. Weitere Beispiele zum Einfärben von Bildern finden Sie auf den Seiten 197 und 201.

1 In den Duplex-Modus umwandeln. Mit Photoshops Duplex-Modus können Sie kontrollieren, wie die beiden gewählten Druckfarben auf den Bereich von Farbtönen in Ihrem Bild angewendet werden. Dies geschieht mit den Kurven für die Druckfarbe 1 und 2 in der Dialogbox DUPLEX-OPTIONEN. Um aus einem Farb- ein Duplex-Bild zu erstellen **1a,** wandeln Sie es in Graustufen um.▼ Denn nur dann steht Ihnen der Duplex-

1a

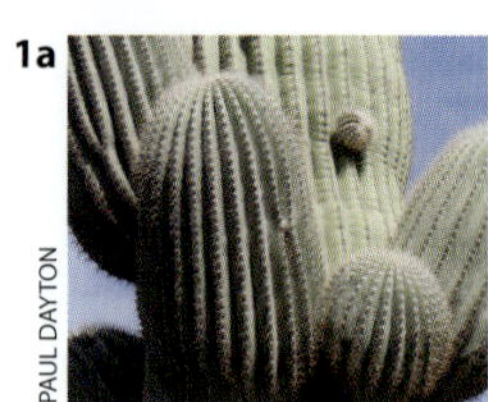

PAUL DAYTON

Das Originalfarbfoto.

1b

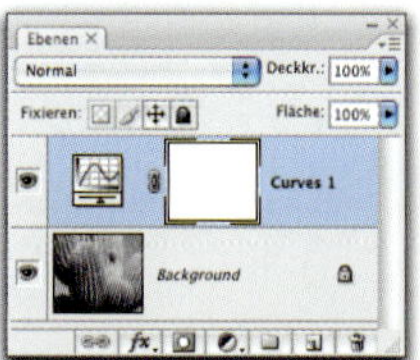

Das Foto wurde in Graustufen umgewandelt, eine Gradationskurven-Einstellungsebene hinzugefügt.

1c

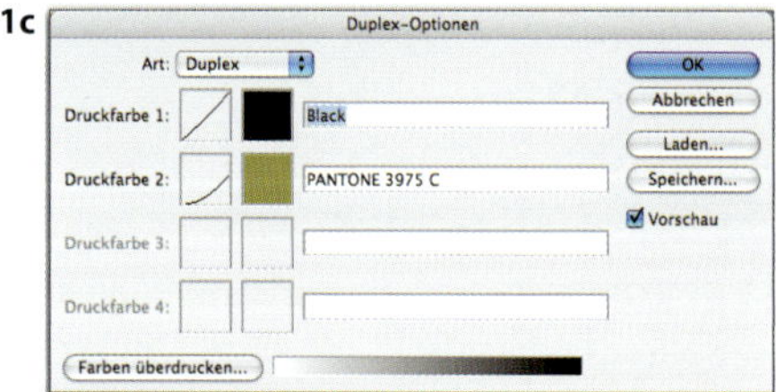

Mit BILD/MODUS/DUPLEX öffnen Sie die Duplex-Optionen-Dialogbox. Wenn Sie auf den Button LADEN klicken, können Sie voreingestellte Kurven auswählen. Klicken Sie alternativ auf das Farbfeld für die zweite Druckfarbe, um eine Dialogbox zu öffnen, in der Sie eine Farbe für die Duplex-Einstellung wählen können.

2a

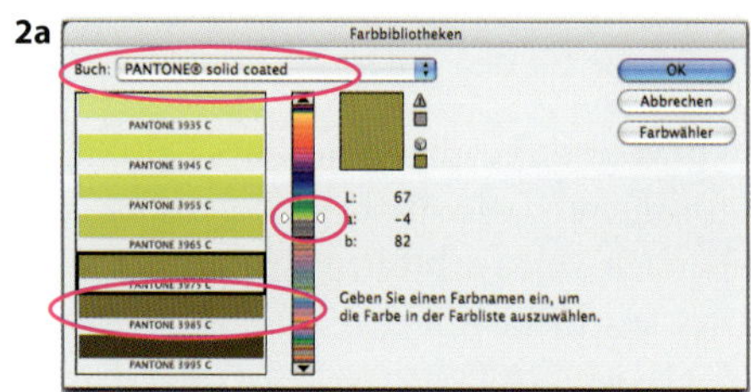

Wählen Sie eine Farbe für die Druckfarbe 2.

Modus zur Verfügung; ein Photoshop-Duplex ist also eigentlich ein Graustufenbild mit speziellen Druckanweisungen. Zum Umwandeln der Datei wählen Sie BILD/MODUS/GRAUSTUFEN. Wir fügten anschließend eine Gradationskurven-Einstellungsebene hinzu und klickten in der Dialogbox auf den Auto-Button, um den Kontrast zu verstärken **1b**.

Wandeln Sie die Graustufendatei jetzt in ein Duplex um (BILD/MODUS/DUPLEX). Duplex ist ein nicht destruktiver Färbeprozess. Die Pixel eines Graustufenbildes werden nicht geändert, wenn Sie die Farbkurven anpassen. So können Sie problemlos mit den Einstellungen experimentieren, um die gewünschte Färbung zu erhalten. (Wenn Sie die Histogramm-Palette öffnen, können Sie erkennen, dass auch wenn sich die Bildschirmdarstellung des Bildes ändert, das Histogramm gleich bleibt.)

Wählen Sie in der Dialogbox DUPLEX-OPTIONEN **1c** die Bildart DUPLEX. Jetzt können Sie die Kurven der beiden Farben anpassen, wie in Schritt 2 beschrieben, oder auf den Button LADEN klicken, um Vorgaben zu laden, oder die Vorgabe **Wow Warming.ado** verwenden, die wir Ihnen für diese Technik zur Verfügung stellen.

2 Ein Foto wärmer darstellen. Um eigene Duplexkurven zu erstellen, belassen Sie die Druckfarbe 1 bei Schwarz und klicken Sie auf das Farbfeld für Druckfarbe 2, um die Dialogbox FARBBIBLIOTHEKEN zu öffnen. (Wenn sich stattdessen der Farbwähler öffnet, klicken Sie dort auf den Button EIGENE bzw. FARBBIBLIOTHEKEN). Wählen Sie in der Dialogbox aus dem Menü FARBTAFELN ein Farbsystem aus **2a**; wir wählten Pantone® Solid Coated (der Standard) und verschoben den Regler auf dem vertikalen Balken in Richtung des Gold-Orange-Bereichs, um das Farbfeld Pantone 3975 C zu aktivieren. Mit diesem Farbton wird das Bild etwas aufgewärmt. Klicken Sie auf OK, um wieder in die Duplex-Optionen-Dialogbox zu gelangen.

Sobald Sie die Druckfarben gewählt haben, klicken Sie links auf die Kurve, um die Dialogbox DUPLEXKURVEN zu öffnen. Durch Klicken und Ziehen können Sie die Kurve verändern – beobachten Sie dabei Ihr Bild. Der Balken unten in der Duplex-Optionen-Dialogbox zeigt, wie die Farben gemischt werden.

Die horizontale Achse der Duplexkurve repräsentiert die Tonwerte des Bildes – die Lichter links, die Tiefen rechts. Die vertikale Achse repräsentiert die Färbung – keine ganz unten, 100% ganz oben. Ein Punkt auf der Kurve bestimmt deshalb, welcher Farbton der Farbe gedruckt

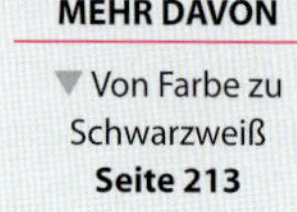
MEHR DAVON
▼ Von Farbe zu Schwarzweiß
Seite 213

2b

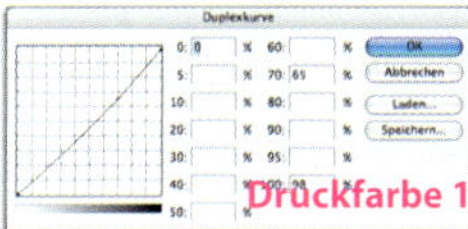

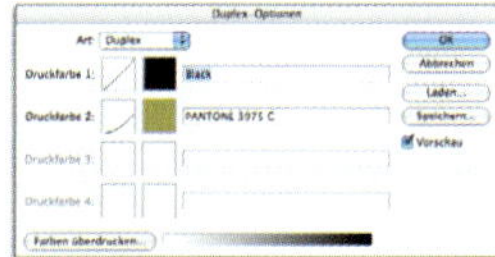

Mit diesen Einstellungen wird das Bild nur ganz leicht golden eingefärbt (achten Sie auch auf den Farbbalken unten in der Dialogbox).

3a

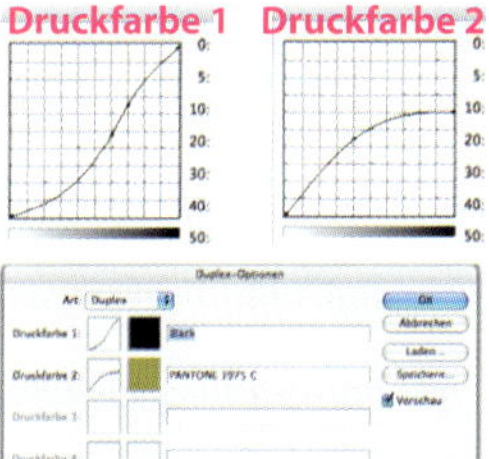

Wenn Sie die Schwarzkurve reduzieren und die Kurve für die Druckfarbe 2 erhöhen, wird das Bild stärker eingefärbt (beachten Sie den Farbbalken unten in der Dialogbox).

wird. Sie kontrollieren die Färbung entweder dadurch, dass Sie auf die Kurven klicken, um einen neuen Punkt zu erstellen (der Punkt rastet immer an der vertikalen Linie ein), oder indem Sie in eines der 13 Eingabefelder einen Wert eingeben.

Für einen feinen Farbauftrag und um die Tonwerte für die Mitteltöne und Tiefen zu erweitern, ließen wir die Kurve für die Druckfarbe 2 nur langsam ansteigen (10% in den hellen Mitteltönen und 60% in den dunklen Tiefen). Wir reduzierten die Menge an Schwarz (Druckfarbe 1) in den Mitteltönen, indem wir den Wert von 70% auf 65% änderten. Klicken Sie auf OK, um wieder in die Duplex-Optionen-Dialogbox zu gelangen **2b**. (Falls Sie Ihre Einstellungen speichern wollen, um sie jederzeit wieder nutzen zu können, klicken Sie auf den Button SPEICHERN. Wenn Sie die Dialogbox schließen und später wieder öffnen, können Sie die Einstellungen wieder laden.)

3 Färben. Bearbeiten Sie die Kurven jetzt so, dass das Bild nicht nur leicht aufgewärmt, sondern deutlich eingefärbt wird. Oder laden Sie die Einstellungen **Wow Gold Tint.ado**; hier wurde die Verteilung der schwarzen Druckfarbe reduziert – besonders in den Lichtern und hellen Mitteltönen, indem die Kurve von 20% auf 5% verschoben wurde. Durch diese Reduzierung kommt das Gold besser zum Vorschein, wenn Sie die Verteilung der Farbe Pantone 3975 verändern, indem Sie die Kurve in der Mitte nach oben ziehen. Das Bild zeigt jetzt eine deutliche Färbung und auch im Farbbalken unten in der Duplex-Optionen-Dialogbox ist die Farbe jetzt zu sehen **3a**.

Um ein surreales Aussehen zu erzeugen, lassen Sie die Kurve für die Druckfarbe 2 ansteigen, wieder abfallen und wieder ansteigen. Hier veränderten wir die Kurve der Druckfarbe 1, um Schwarz auf den Lichtern zu entfernen – mit Druckfarbe 2 fügten wir zu den hellen Tonwerten und vielen anderen Gold hinzu **3b**.

Wenn Sie es mit einer anderen Farbe versuchen wollen, klicken Sie auf das Farbfeld für die Druckfarbe 2 und wählen Sie eine andere Farbe aus **3c**. Wenn Sie die Zahl der Pantone-Farbe kennen, die Sie ausprobieren wollen, geben Sie einfach diese Nummer ein; wir wählten Pantone 368 C.

Vorbereitung für den Druck. Um das Duplex in Druckfarben umzuwandeln, wählen Sie BILD/MODUS/CMYK-FARBE. Wird die Datei in einem Layoutprogramm verwendet, speichern Sie das CMYK in einem kompatiblen Format, beispielsweise TIFF.

Wird Ihr Duplex mit einer eigenen Farbe gedruckt, müssen Sie zwei wichtige Dinge beachten: (1) Welche Platte (Schwarz

3b

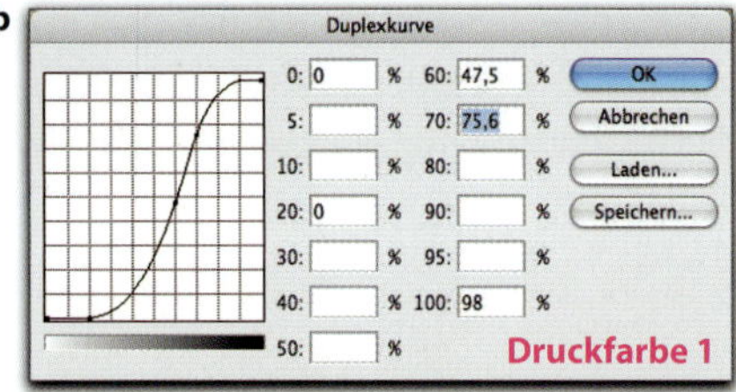

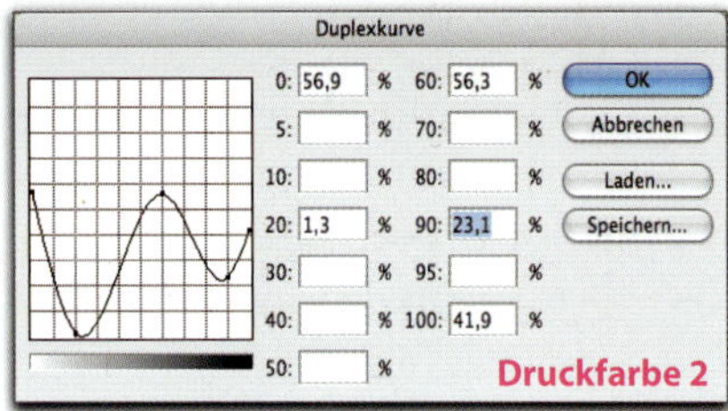

Diese Kurven erzeugen das Bild auf Seite 193 oben. Stellen Sie sie von Hand ein oder klicken Sie auf LADEN, um die Vorgabe **Wow Duotone FX.ado** zu aktivieren.

3c

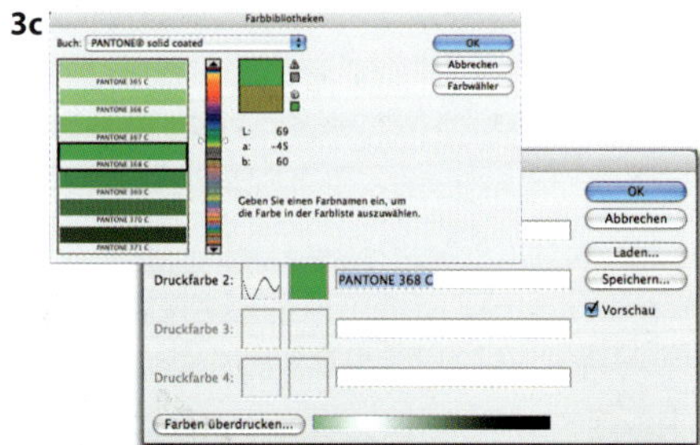

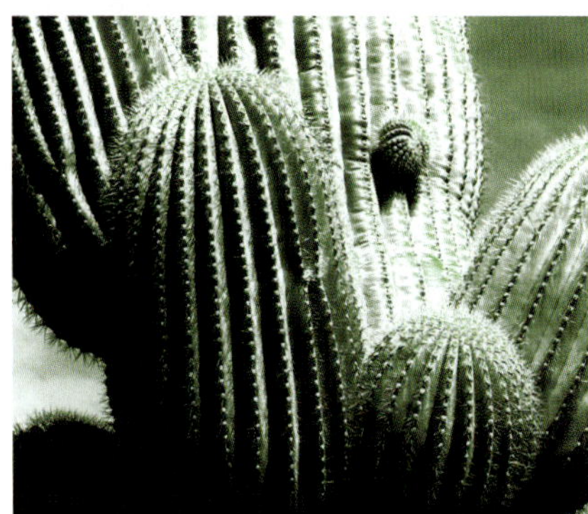

Sobald Sie eine eigene Farbe gewählt haben, öffnen Sie diese Farbe direkt, wenn Sie in der Duplex-Optionen-Dialogbox auf ihr Farbfeld klicken. Für die Druckfarbe 2 wurde Pantone 368 C gewählt (durch schnelles Eingeben der Zahlen 368).

oder Farbe) wird zuerst gedruckt? Und wer ist (2) für den Rasterwinkel zuständig, Sie oder die Druckerei? Meistens wird zuerst die Farbe gedruckt, um keine Interferenzen zu erzeugen, wo sich die Halbtonpunkte überlappen, egal, wie deckend die Farbe ist. Pastellfarben (die deckendes Weiß enthalten), dunkle Farbtöne (die Schwarz enthalten) und metallische Farben sind generell deckender als andere. Für den Rasterwinkel sollten Sie die Druckerei kontaktieren.

Falls Ihr Duplex in einem Layoutprogramm in einer Datei für den Zweifarbdruck platziert wird, empfiehlt Ihnen Adobe beim Speichern der Datei (DATEI/SPEICHERN UNTER) die Formate Photoshop EPS oder Photoshop PDF. (Wenn Sie zum Duplex einen Schmuckfarbkanal hinzugefügt haben, empfiehlt Ihnen Adobe die Umwandlung der Datei in den Mehrkanal-Modus und die Speicherung im Photoshop-DCS-2.0-Format.)

Die Platten eines Duplex ansehen

Im Duplex-Modus können Sie die einzelnen Farbplatten, die für den Druck verwendet werden, nicht sehen. Wenn Sie diesen Schritten folgen, besteht jedoch trotzdem die Möglichkeit: Öffnen Sie die Kanäle-Palette. Wenn Sie die Platten in Farbe sehen wollen, wählen Sie VOREINSTELLUNGEN/BILDSCHIRM- UND ZEIGERDARSTELLUNG/FARBAUSZÜGE IN FARBE. Wählen Sie anschließend BILD/MODUS/MEHRKANAL. Jetzt können Sie sich die einzelnen Kanäle ansehen, indem Sie neben den Miniaturen in der Kanäle-Palette auf die Augen-Icons der einzelnen Kanäle klicken. Wenn Sie ein zweites Fenster für die Datei öffnen (FENSTER/ANORDNEN/NEUES FENSTER FÜR…), können Sie sogar beide Platten nebeneinander sehen.

Egal, ob Sie sich die Datei in ein oder zwei Fenstern ansehen, versuchen Sie nicht, die Datei im Mehrkanal-Modus zu bearbeiten; die Bearbeitungen bleiben nicht erhalten, wenn Sie wieder in den Duplex-Modus wechseln. Wenn Sie sich die Paletten angesehen haben, wählen Sie wieder BILD/MODUS/DUPLEX.

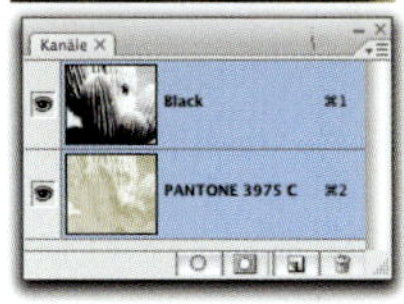

Der Mehrkanal-Modus bietet einen Kanal für jede Farbe.

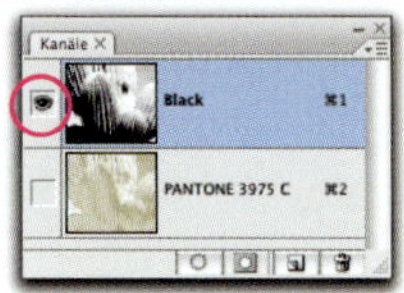

Die schwarze Druckplatte im Mehrkanal-Modus.

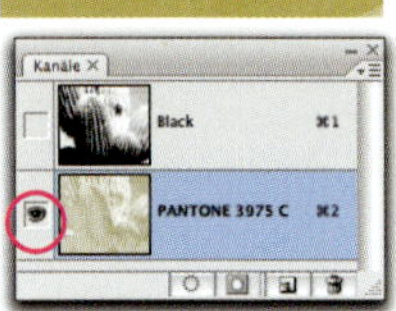

Die farbige Druckplatte im Mehrkanal-Modus.

Fotos stylen

SIE FINDEN DIE DATEIEN

auf der DVD unter Wow Projektdateien/Kapitel 4/Ein Foto stylen:

- Stylen-Vorher.psd
- Stylen-Nachher.psd (zum Vergleich)
- Wow-Hintergrund.pat (eine Mustervorgabe)

ÖFFNEN SIE DIESE PALETTEN

aus dem Fenster-Menü:

- Werkzeuge • Ebenen

ÜBERBLICK

Den Hintergrund in eine reguläre Ebene umwandeln • Einen eigenen Ebenenstil erstellen • Die Arbeitsfläche erweitern, um den Schlagschatten einzublenden • Weißen Rand entfernen

JHDAVIS

Eine einfache und sehr flexible Möglichkeit, ein Bild einzufärben, bietet der Ebenenstil FARBÜBERLAGUNG. Damit erhalten Sie den typischen Sepiaton. Oder entwickeln Sie einen Stil, bei dem einige der Originalfarben hindurchscheinen, wie in dem Bild oben zu sehen. Weil die Farbe in einem Stil gespeichert wird, können Sie auch noch andere Effekte anwenden (einen Schein, eine Kontur, einen Schlagschatten oder eine Struktur) und eine Ebenenstilkombination erzeugen, die Sie auch auf andere Bilder anwenden können.

1

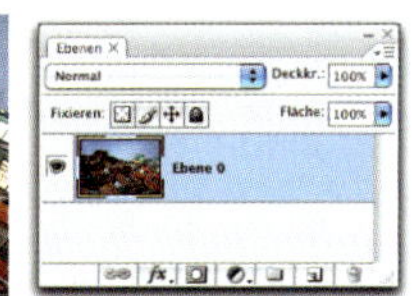

Beginnen Sie mit einem Bild im RGB-Modus, bei dem Sie den Hintergrund in eine herkömmliche Ebene umwandeln.

1 Das Foto vorbereiten. Egal, ob Sie mit einem Schwarzweiß- oder Farbbild beginnen – die Datei muss Farbpotenzial enthalten, so dass Sie eine Farbe hinzufügen können. Handelt es sich um ein Graustufenbild, wandeln Sie es in ein Farbbild um (BILD/MODUS/RGB-FARBE).

Auf einen Hintergrund können Sie keinen Ebenenstil anwenden. Besteht Ihr Bild also nur aus einer Hintergrundebene, wandeln Sie diese in eine herkömmliche Ebene um, indem Sie doppelt und mit gedrückter ⌥/Alt-Taste auf den Namen *Hintergrund* klicken **1**.

2a

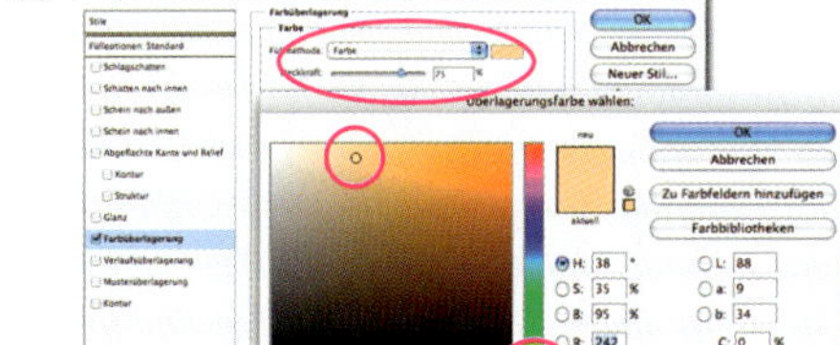

Klicken Sie unten in der Ebene auf den Button EBENENSTIL HINZUFÜGEN und wählen Sie FARBÜBERLAGERUNG. Öffnen Sie den Farbwähler. Weil die Farbüberlagerung mit dem Ebenenmodus FARBE angewendet wird, ist der Luminanzwert der Farbe nicht wichtig.

2 Einfärben. Klicken Sie unten in der Ebenen-Palette auf den Button EBENENSTIL HINZUFÜGEN und wählen Sie FARBÜBERLAGERUNG. In der Ebenenstil-Dialogbox können Sie sehen, dass für diesen Stil bereits der Modus FARBE aktiviert ist. Mit dieser Einstellung kontrolliert der Stil, den Sie erstellen, die Farbe des Fotos, er deckt jedoch nicht die hellen und dunklen Bildinformationen ab. Klicken Sie in das Farbfeld, um den Farbwähler zu öffnen. Wählen Sie eine Farbfamilie (Orange ist gut für einen Sepiaton) und anschließend eine Farbe **2a**. Klicken Sie auf OK, um den Farbwähler wieder zu schließen **2b**, die Ebenenstil-Dialogbox jedoch noch offen zu lassen.

2b

Das Bild mit einem Sepiaeffekt mit 100% Deckkraft.

3

Die Deckkraft der Farbüberlagerung wurde in der Ebenenstil-Dialogbox auf 60% reduziert.

4

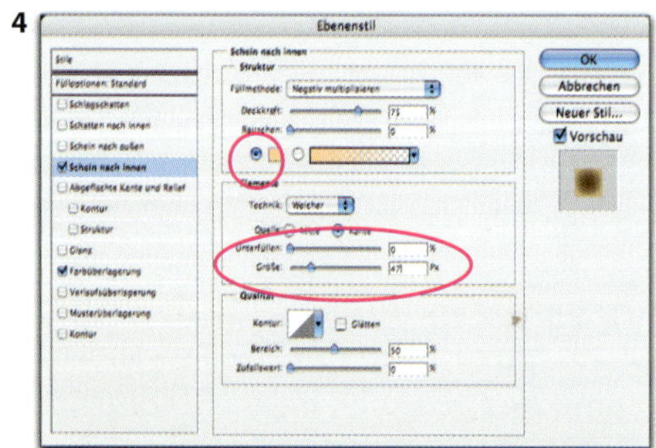

Die helle Kante wurde mit einem Schein nach innen erzeugt. Im Modus NEGATIV MULTIPLIZIEREN haben helle Farben einen intensiveren Effekt. Eine Unterfüllen-Einstellung von 0% erzeugt den weichen Schein.

3 Einige Originalfarben wiederherstellen. Sie können die braune Färbung reduzieren, indem Sie die Deckkraft im Abschnitt FARBÜBERLAGERUNG der Ebenenstil-Dialogbox verringern. Wenn Sie mit einem Farbbild begonnen haben, können einige der Originalfarben hindurchscheinen **3**.

4 Einen Kanteneffekt hinzufügen. In der Ebenenstil-Dialogbox können Sie ebenfalls eine weiche Kante oder einen Schlagschatten hinzufügen. Links in der Liste sehen Sie die Liste mit Effekten. Klicken Sie auf den Namen SCHEIN NACH INNEN (auf den Namen, nicht in die Checkbox), um die dazugehörigen Optionen zu öffnen. Klicken Sie in das Farbfeld und wählen Sie ein blasses Braun. Ansonsten wählten wir die Einstellungen, die Sie in Abbildung **4** sehen. Die **Größe** bestimmt die Ausdehnung des Effekts nach innen. Eine geringe Unterfüllung sorgt dafür, dass der Schein weich ausläuft; ein höherer Wert erzeugt eine dichtere Kante.

5 Einen Schlagschatten hinzufügen. Um einen Schlagschatten hinzuzufügen, der sich an den Bildkanten nach außen ausdehnt, klicken Sie auf SCHLAGSCHATTEN; verwenden Sie diese Einstellungen: MULTIPLIZIEREN; DECKKRAFT: 75%, GRÖSSE: 17 Pixel und DISTANZ: 0 Pixels **5a**.

In der Ebenenstil-Dialogbox sehen Sie eine kleine Miniaturvorschau, erwarten Sie jedoch nicht, den Schlagschatten auch in Ihrem Bild zu sehen. Weil sich der Schlagschatten außerhalb der Bildkanten ausdehnt, müssen Sie erst die Arbeitsfläche vergrößern, um ihn sehen zu können. Und so gehen Sie vor: Klicken Sie zunächst auf OK, um die Dialogbox zu schließen. Wählen Sie dann BILD/ARBEITSFLÄCHE und aktivieren Sie die Checkbox RELATIV sowie die Einheit PROZENT für Höhe und Breite. Geben Sie in beiden Eingabefeldern 10% ein, das ist ausreichend Platz für den Schlagschatten. (Falls die Arbeitsfläche zu groß wird, können Sie sie ohne Probleme zuschneiden, wie Sie in Schritt 7 lernen.) Klicken Sie auf OK, um auch diese Dialogbox wieder zu schließen **5b**.

5a

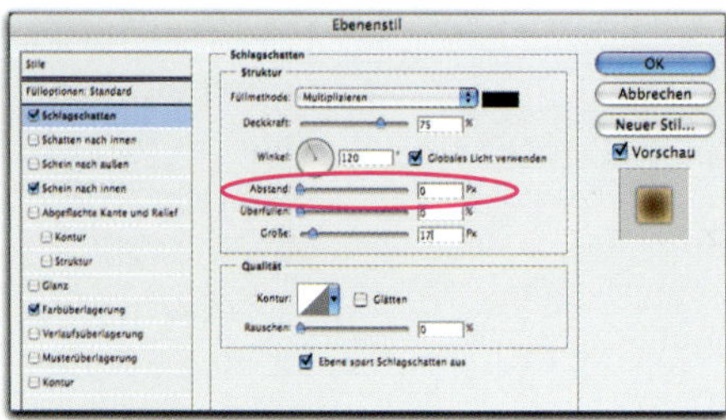

Die Distanz-Einstellung kontrolliert die Verschiebung des Schlagschattens. Die Richtung kontrollieren Sie mit dem Winkel. Unabhängig vom Winkel sorgt eine Distanz von 0 für eine gleichmäßige Verteilung des Schattens um die Kante.

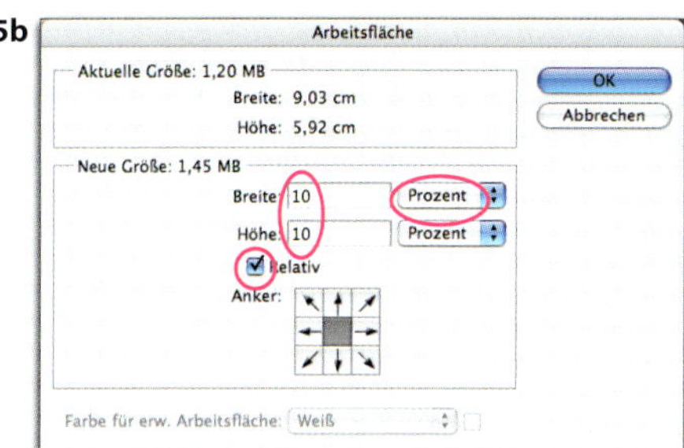

Vergrößern Sie die Arbeitsfläche mit BILD/ARBEITSFLÄCHE, um dem Schlagschatten Platz zu geben. Wenn Sie das mittlere Kästchen aktivieren, wird die Fläche um jeweils 5% nach oben und unten, sowie nach links und nach rechts vergrößert. Die Farbe für die erweiterte Arbeitsfläche können Sie hier nicht wählen, weil die Datei keine Hintergrundebene besitzt.

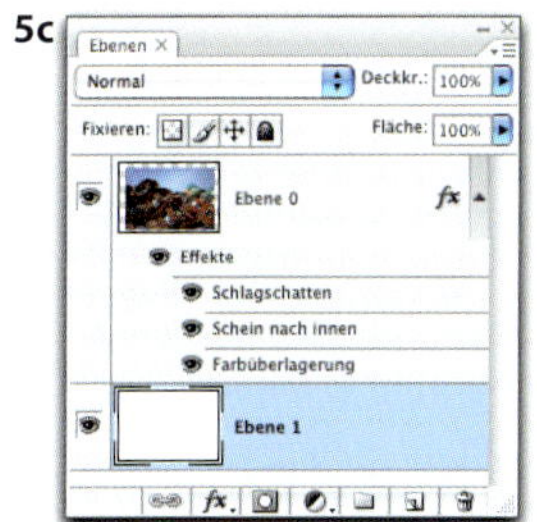

Die Ebenen-Palette zeigt das Foto und den weißen Hintergrund.

Für einen Cyanotypie-Effekt wählten wir für die Farbüberlagerung einen blauen Farbton und erhöhten die Deckkraft auf 90%. Außerdem änderten wir die Farbe des Scheins nach innen und erhöhten dessen Größe auf 86 Pixel.

Wenn Sie unter das Bild eine weiße Ebene hinzufügen, können Sie den Schlagschatten besser sehen: Klicken Sie unten in der Ebenen-Palette mit gedrückter ⌘/Strg-Taste auf den Button NEUE EBENE ERSTELLEN (um die Ebene unter der aktuellen hinzuzufügen). Füllen Sie die Ebene anschließend mit Weiß **5c**. Unser Ergebnis sehen Sie auf Seite 197 oben.

Sobald Sie einen Ebenenstil entwickelt haben, können Sie diesen zur Stile-Palette hinzufügen und jederzeit auch auf andere Fotos anwenden oder dauerhaft im Vorgaben-Manager speichern.▼

6 Probieren Sie andere Optionen. Um zu experimentieren, duplizieren Sie die Ebene mit dem Ebenenstil und blenden die alte Ebene aus. Unter der neuen Ebene finden Sie eine Liste mit Effekten – klicken Sie einfach doppelt auf einen der Effekte, um den entsprechenden Abschnitt der Ebenenstil-Dialogbox zu öffnen. Dort können Sie dann nach Belieben die Einstellungen ändern. Ändern Sie das Aussehen des Fotos, indem Sie beispielsweise einen blauen Farbton für die Farbüberlagerung auswählen und die Deckkraft auf 90% erhöhen. Ändern Sie auch die Farbe für den Schein nach innen in ein helles Blau und die Größe auf 86 Pixel **6a**. Die Einstellungen für den Schlagschatten änderten wir nicht. Wenn Sie den jedoch vergrößern, müssen Sie möglicherweise auch noch einmal die Arbeitsfläche anpassen.

Wenden Sie noch einen weiteren Effekt an: Klicken Sie in der Liste mit den Effekten auf MUSTERÜBERLAGERUNG, um diesen Abschnitt zu öffnen. Klicken Sie auf den kleinen Pfeil rechts neben dem Musterfeld, um die Muster-Palette zu öffnen; öffnen Sie anschließend das Paletten-Menü **6b**. Wenn Sie die Wow-Vorgaben installiert haben,▼ finden Sie die **Wow-Media Muster**; klicken Sie sie an. Klicken Sie in der Warndialogbox auf ANFÜGEN, um diese Muster zur Palette hinzuzufügen, oder auf OK, um die aktuellen durch diese Muster zu ersetzen. Wählen Sie die Miniatur **Wow-Canvas Background** aus. Falls Sie die Wow-Media Muster nicht sehen, können Sie diese laden, indem Sie aus dem Paletten-Menü den Befehl LADEN wählen und nach der Datei **Wow-Canvas Background.pat** suchen.

Sie können den Mustereffekt regulieren, indem Sie die Deckkraft, die Skalierung oder den Modus ändern. Wir änderten den Modus in MULTIPLIZIEREN **6c**. Sie können einen Effekt ein- und ausblenden, indem Sie das Häkchen aktivieren oder deaktivieren bzw. in der Ebenen-Palette auf das Augen-Icon klicken.

MEHR DAVON

▼ Ebenenstile speichern **Seite 43**

▼ Wow-Vorgaben laden **Seite 5**

6b

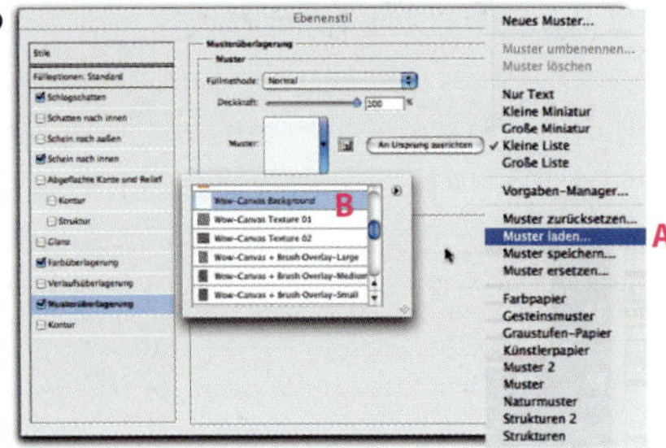

Wenn Sie die Wow-Mustervorgaben bereits geladen haben, wählen Sie Wow-Media Muster **A** und klicken Sie auf Wow-Canvas Background **B**. Alternativ können Sie die Datei **Wow-Canvas Background.pat** auch jetzt laden.

6c

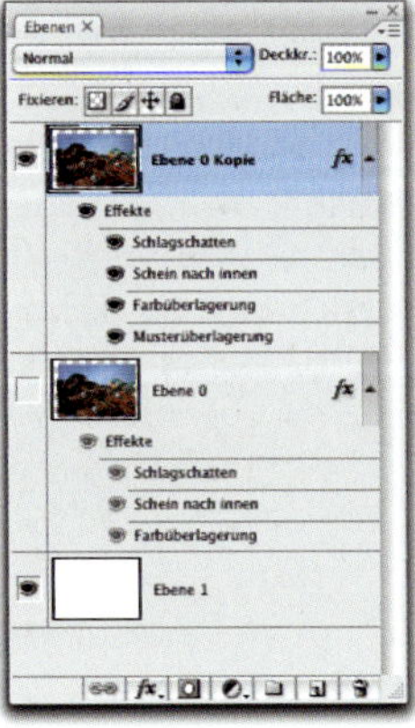

Mit einer Musterüberlagerung können Sie eine Oberflächenstruktur erzeugen (unten).

7 Die Kanten zuschneiden. Wenn Sie den überflüssigen weißen Rand an den Kanten eines Bildes entfernen, ist es später einfacher, wenn Sie das Bild beispielsweise in einem Layout platzieren wollen. Wählen Sie dafür BILD/ZUSCHNEIDEN und aktivieren Sie für BASIERT AUF die Option FARBE PIXEL OBEN LINKS. Die vier Entfernen-Optionen sollten alle aktiviert sein. Klicken Sie anschließend auf OK **7**. Reines Weiß um die Bildkanten wird entfernt, der Schatten wird jedoch nicht beschnitten, weil er nicht rein weiß ist. So erhalten Sie keine unnatürlich aussehenden Kanten.

Andere Effekte für Ihre Fotos. Weitere Techniken zum Einfärben von Bildern finden Sie auf Seite 201. Mehr über die Behandlung von Bildkanten erfahren Sie auf den Seiten 262 und 266. In Anhang B finden Sie gedruckte Beispiele für Farbtöne, Kanten, Rahmen und andere Wow-Stile, die speziell für Fotos entwickelt wurden; und die Sie auch auf der beiliegenden DVD-ROM finden.

7

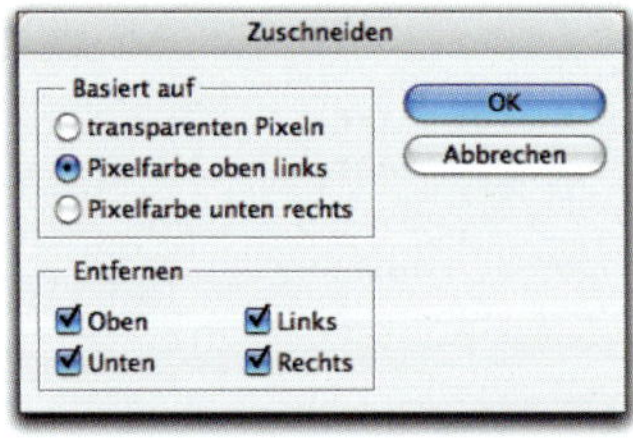

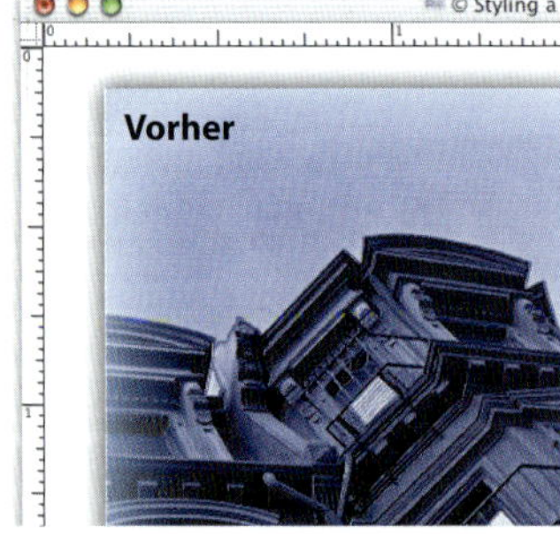

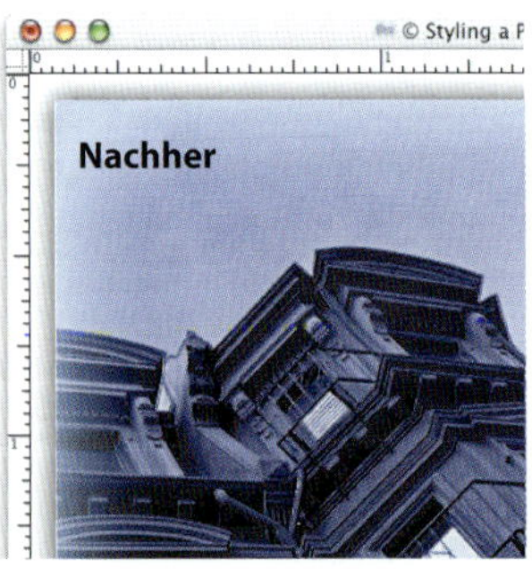

Der Befehl BILD/ZUSCHNEIDEN bietet eine sichere Möglichkeit, überflüssigen weißen Rand an den Kanten eines Bildes zu entfernen, ohne weiche Kanteneffekte zu beschneiden.
Hinweis: Wenn Sie in der Zuschneiden-Dialogbox auf OK klicken und nichts passiert, kann es sein, dass der Schlagschatten über die Bildkanten hinausreicht. Um eine scharfe Kante zu vermeiden, vergrößern Sie die Arbeitsfläche (wie in Schritt 5b) oder wählen erneut BILD/ZUSCHNEIDEN.

K U R Z U M

Einfärben

Im Abschnitt »Schwarzweißfotos per Hand einfärben« auf Seite 340 lernen Sie Schritt für Schritt, wie Sie Fotos mit Werkzeugen und Farben einfärben können und dabei traditionelle Techniken imitieren. Wenn die Bilder jedoch nicht handgefärbt aussehen müssen, können Sie auch mit den Techniken auf den nächsten zehn Seiten hervorragende Ergebnisse erzielen. Bei einigen beginnen Sie mit einem Farbbild, bei anderen mit einem Graustufenbild. Das Bild muss sich jedoch immer in einem Farbmodus befinden. Die meisten Techniken verwenden RGB-Farbe, diejenigen auf Seite 210 eine CMYK- oder Schmuckfarbendatei.

Um ein Graustufenbild in Farbe umzuwandeln, wählen Sie BILD/MODUS/RGB-FARBE.

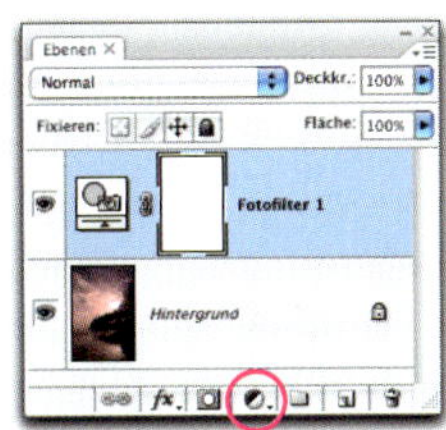

Bei den meisten Techniken müssen Sie auf den Button NEUE FÜLLEBENE ODER EINSTELLUNGSEBENE ERSTELLEN klicken.

Wenn Sie eigene Kanten erstellen wollen, beispielsweise einen Schlagschatten oder eine Oberflächenstruktur, werfen Sie einen Blick auf Seite 197, und werfen Sie einen Blick auf die Wow-Stile für Fotos auf der Wow-DVD-ROM und in Anhang B.

DIE DATEIEN FÜR VIELE EFFEKTE FINDEN SIE

auf der DVD unter Wow Projektdateien/Kapitel 4/Einfaerben

ÖFFNEN SIE DIESE PALETTEN

aus dem Fenster-Menü:

• Werkzeuge • Ebenen

BILDERSERIEN EINFÄRBEN

Wenn Sie eine Einstellungsebene erstellt haben, die Ihnen gefällt, können Sie denselben Effekt ganz einfach per Drag&Drop auf eine ganze Serie von Bildern anwenden.

FOTOS: PHOTOSPIN.COM

Eine Volltonfarbe-Füllebene

BEVERLY GOWARD

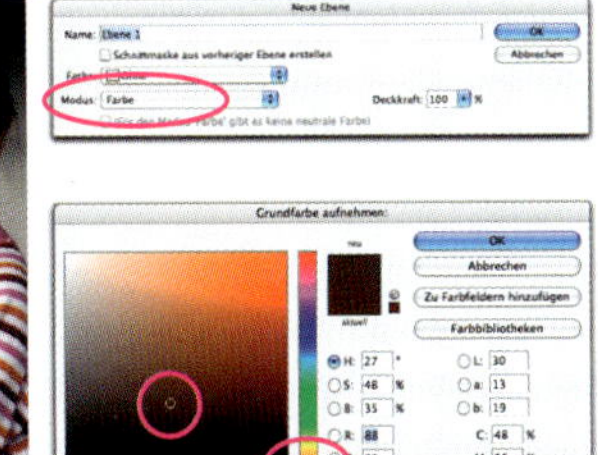

Eine Volltonfarbe-Füllebene bietet Ihnen verschiedene Optionen zum Einfärben eines Bildes. Halten Sie die ⌥/Alt-Taste gedrückt, wenn Sie unten in der Ebenen-Palette auf den Button NEUE FÜLLEBENE ODER EINSTELLUNGSEBENE ERSTELLEN klicken. Wählen Sie dort VOLLTONFARBE aus. Stellen Sie in der Dialogbox NEUE EBENE, die sich öffnet, weil Sie die ⌥/Alt-Taste gedrückt haben, den Modus FARBE ein. Klicken Sie anschließend auf OK. Sobald sich der Farbwähler öffnet, verschieben Sie dort den Regler und beobachten gleichzeitig Ihr Bild, um die Färbung zu überwachen. Wählen Sie ein Farbspektrum aus und klicken in das große Farbfeld, anschließend auf OK, um den Farbwähler zu schließen. In der Ebenen-Palette können Sie die Färbung variieren, indem Sie einen anderen Ebenenmodus auswählen. Während der Modus FARBE alle Farben oder Farbtöne außer Schwarz und Weiß einfärbt, lässt der Modus FARBTON alle neutralen Farben (Schwarz, Weiß und Grau) unberührt – bei einem Schwarzweißfoto gibt es keinen Effekt.

Volltonfarbefüllung.psd

Mit Farbton/Sättigung einfärben

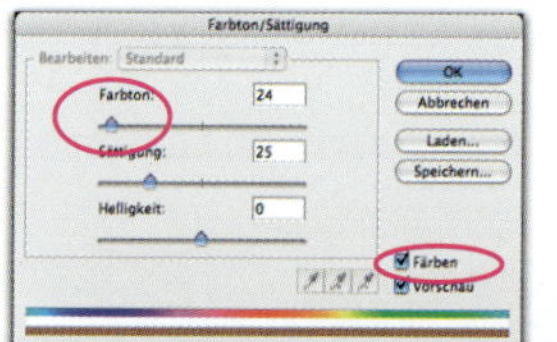

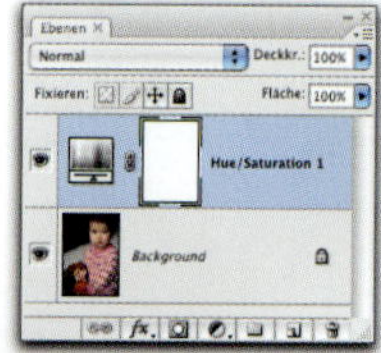

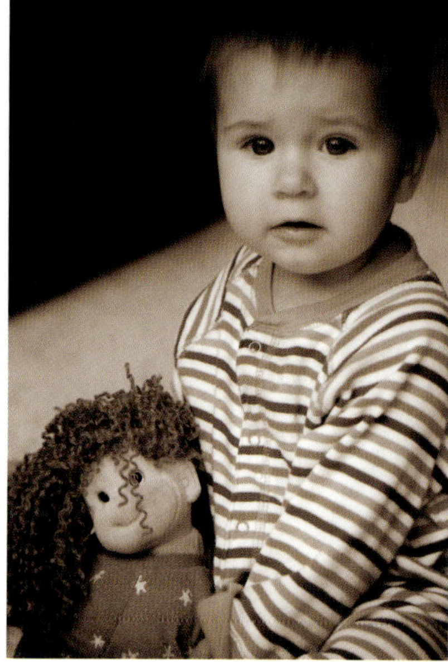

Eine Farbton/Sättigung-Einstellungsebene erzeugt eine etwas andere Färbung als eine Volltonfarbe-Einstellungsebene. Klicken Sie unten in der Ebenen-Palette auf den Button NEUE FÜLLEBENE ODER EINSTELLUNGSEBENE ERSTELLEN ◐ und wählen Sie FARBTON/SÄTTIGUNG. In der Dialogbox aktivieren Sie zuallererst die Checkbox FÄRBEN. Schwarz und Weiß bleiben wie sie sind, Farben und Grautöne werden jetzt jedoch eingefärbt. Experimentieren Sie mit den Reglern FARBTON und SÄTTIGUNG, bis Sie eine Färbung gefunden haben, die Ihnen gefällt; klicken Sie anschließend auf OK. Zum Vergleich wählten wir denselben Farbton wie eben für die Volltonfarbe-Einstellungsebene.

Fotos in Farbe aufnehmen

Viele Digitalkameras bieten eine Sepiaeinstellung, die das Bild nicht in Vollfarbe, sondern in einem Sepiaton aufnimmt. Mit den in Photoshop verfügbaren Methoden ist es jedoch sinnvoller, sich alle Möglichkeiten offenzuhalten und die Bilder alle in Farbe aufzunehmen. Nutzen Sie zum Umfärben Ihrer Bilder die Optionen in Photoshop.

Mit Ebenenmasken schützen

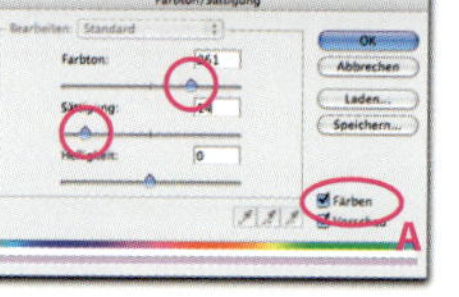

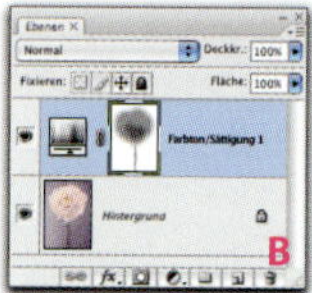

CHRISTINE ZALEWSKI

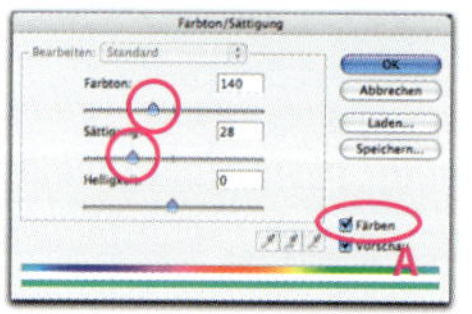

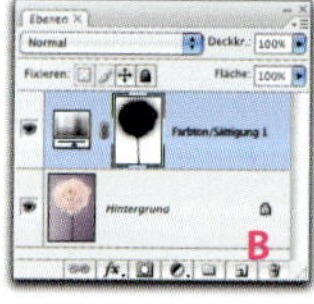

Einstellungsebenen, beispielsweise die Farbton/Sättigungs-Ebenen, die Christine Zalewski nutzte, um zwei unterschiedliche Hintergründe für dieses Bild zu erstellen, haben eingebaute Ebenenmasken, die genutzt werden können, um Bildbereiche vor Änderungen zu schützen. Zalewski fügte eine Einstellungsebene hinzu und nahm in der Dialogbox die gewünschten Änderungen vor **A**. Anschließend klickte sie auf OK, um die Dialogbox wieder zu schließen. Um die Blume vor den Farbänderungen zu schützen, malte sie auf der Ebenenmaske mit einem schwarzen, weichen Pinsel **B**. Die Kanten und einige der Innenbereiche der Maske sind weich genug, so dass die Blume die Hintergrundfarbe leicht aufnehmen und sich so besser in die Umgebung einfügen kann.

Sättigung teilweise verringern

Manchmal reicht es aus, die Farben in einem Foto etwas abzuschwächen, ohne das Bild einzufärben. So können Sie einen gefärbten Schwarzweißlook erzeugen. Bei diesem Bild führt das zu einem etwas antiken Aussehen. Um dem Bild die Sättigung teilweise zu entziehen, fügen Sie eine Farbton/Sättigung-Einstellungsebene hinzu, indem Sie unten in der Ebenen-Palette auf den Button NEUE FÜLLEBENE ODER EINSTELLUNGSEBENE ERSTELLEN klicken. Verschieben Sie anschließend den Sättigungsregler langsam nach links, wie oben zu sehen. Die Checkbox FÄRBEN ist in diesem Fall deaktiviert.

Saettigung teilweise entfernen.psd

Den Farbton ändern

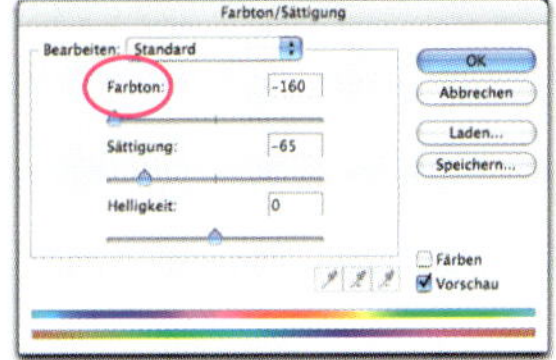

Mit einer Farbton/Sättigung-Einstellungsebene können Sie mit den Farben experimentieren, egal, ob Sie die Sättigung verringern oder das Bild einfärben wollen. Beginnen Sie mit dem eben beschriebenen Effekt. Klicken Sie in der Ebenen-Palette dann doppelt auf die Miniatur der Einstellungsebene, um die Dialogbox zu öffnen. Mit dem Farbtonregler können Sie nun ganz nach Belieben den Farbton des Bildes ändern.

DIE FARBE ÄNDERN

Mit einer Einstellungsebene können Sie die Farbe auch ändern, wenn Sie in der Dialogbox bereits auf OK geklickt haben. Ändern Sie einfach die Ebenendeckkraft, um die ursprüngliche Farbe durchscheinen zu lassen.

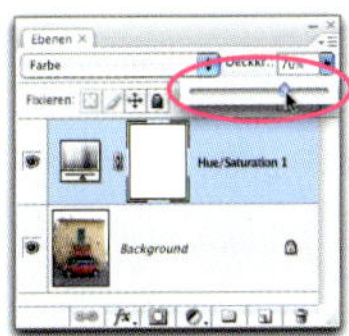

Kanalmixer mit halber Stärke

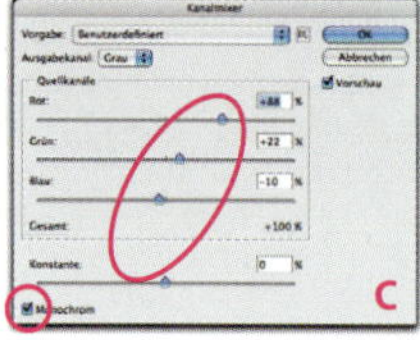

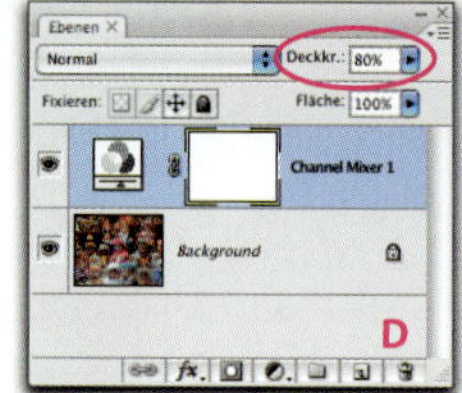

Wenn wir die Sättigung eines Bildes teilweise verringern, wie auf Seite 203, können wir dieses Foto der Puppen in einem Schaufenster einfärben **A** und ein etwas schmutziges Ergebnis erzielen **B**. Für eine bessere Kontrolle änderten wir die Farbton/Sättigungs-Ebene in eine Kanalmixer-Einstellungsebene (EBENE/INHALT DER EBENE ÄNDERN/KANALMIXER). Das geht schneller, als wenn Sie die Ebene löschen und eine neue Einstellungsebene erstellen. In CS3 lässt sich der Schwarzweiß-Befehl noch vielseitiger nutzen.

In der Dialogbox aktivierten wir die Checkbox MONOCHROM und wählten für den roten Kanal 100%, um ein helleres Bild zu erzeugen. Das Ergebnis wird noch besser, wenn wir auch den Regler für den grünen Kanal etwas nach rechts verschieben, um Gesichtsdetails zu intensivieren; verschieben Sie den blauen Regler etwas nach links, um etwas von der Helligkeit aus dem Bild zu nehmen **C**.▼ Im Anschluss reduzierten wir die Deckkraft auf 80% **D,** damit einige der Originalfarben durchscheinen können **E**.

MEHR DAVON

▼ Monochromer Kanalmixer
Seite 214

Differenziertes Einfärben

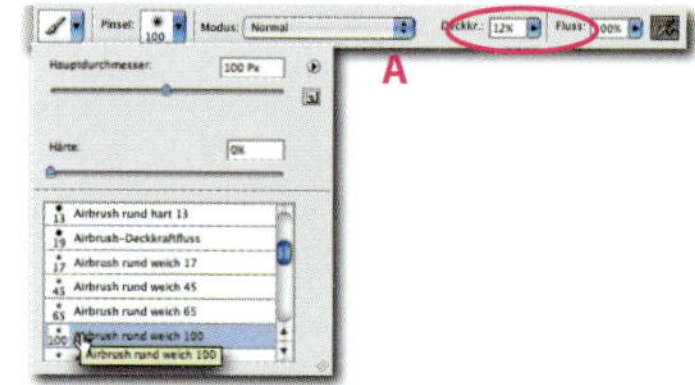

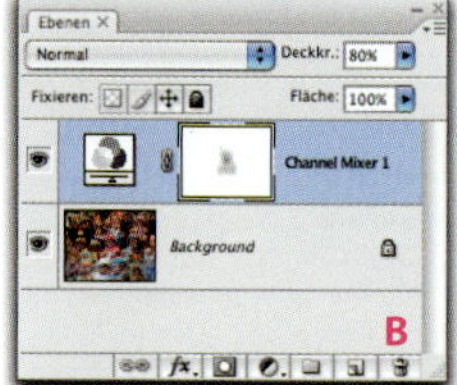

Wenn Sie einige Teile des Bildes intensiver einfärben wollen als andere, können Sie die Ebenenmaske der Einstellungsebene nutzen, um Farben wiederherzustellen. Aktivieren Sie die Kanalmixerebene in dem eben bearbeiteten Bild, indem Sie in der Ebenen-Palette auf die entsprechende Miniatur klicken. Aktivieren Sie den Pinsel und Schwarz als Vordergrundfarbe. Wählen Sie in der Optionsleiste eine weiche Pinselspitze und eine geringe Deckkraft **A**; wir verwendeten einen der Standardpinsel von Photoshop (Airbrush weich, rund 100). Malen Sie über die Puppe in der Mitte, um die Maske an dieser Stelle abzudunkeln **B**, diesen Bildbereich vor dem Effekt zu schützen und Teile der Originalfarben wiederherzustellen.

 **Kanalmixer Einfaerben.psd**

Mit einem Fotofilter einfärben

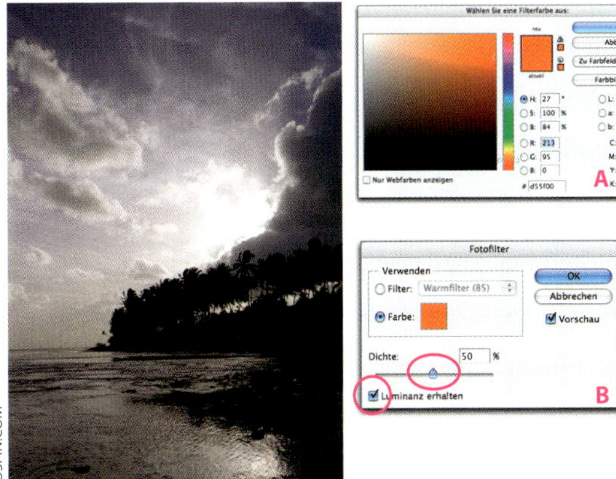

Vorher

PHOTOSPIN.COM

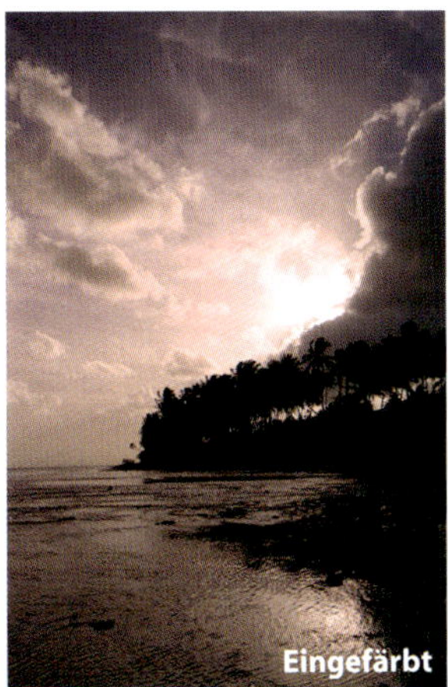

Eingefärbt

Photoshops Fotofilter-Einstellungsebenen simulieren den Effekt eines herkömmlichen Fotofilters, den Sie vor das Objektiv schrauben. Um einen solchen Fotofilter zu Ihrem Bild hinzuzufügen, klicken Sie unten in der Ebenen-Palette auf den Button NEUE FÜLLEBENE ODER EINSTELLUNGSEBENE ERSTELLEN und wählen Sie FOTOFILTER. In der Dialogbox wenden beide Optionen – FILTER und FARBE – die Farbe auf exakt dieselbe Art und Weise auf das Bild an. Der Unterschied zwischen beiden Optionen ist, dass die Filter-Option herkömmliche Farbfilter anbietet, während die Farbe-Option den Farbwähler öffnet. Wir öffneten hier den Farbwähler und entschieden uns für einen Rot-Orange-Farbton **A**. Verstärken Sie die Dichte auf 50% für einen stärkeren Effekt **B**, lassen Sie die Checkbox LUMINANZ ERHALTEN aktiviert, um das Bild nicht abzudunkeln, und klicken Sie auf OK.

Fotofilter Einfaerben.psd

Fotofilter kombinieren

Eingefärbt und maskiert

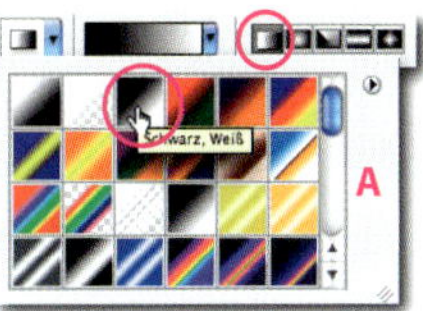

Doppelt eingefärbt

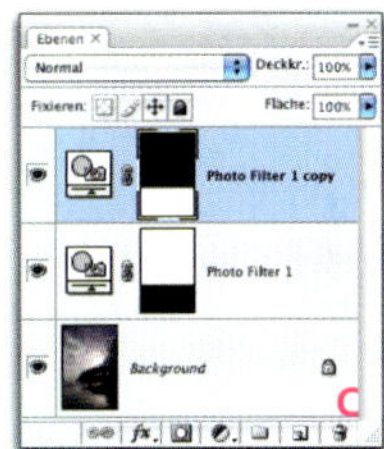

Sie können Fotofilterebenen miteinander kombinieren, um den Effekt eines dualen Filters zu erzeugen oder den Effekt zweier Filter zu mischen. Beginnen Sie mit dem Bild von eben und nutzen Sie die eingebaute Ebenenmaske, um die Farbe des Himmels zu bearbeiten: Aktivieren Sie das Verlaufswerkzeug und wählen Sie den Schwarzweißverlauf mit dem Stil LINEAR aus **A**. Verschieben Sie den Cursor im Bild direkt unter den Horizont, halten Sie die ⇧-Taste gedrückt und ziehen Sie kurz nach oben. Dabei entsteht eine Maske, die oben weiß und unten schwarz ist – die orange Färbung ist nur oben zu sehen **B**. Für die zweite Färbung duplizieren Sie die Fotofilterebene (⌘/Strg-J), kehren die Maske um (⌘/Strg-I) **C** und klicken doppelt auf die Miniatur der Fotofilterebene, um die Dialogbox zu öffnen; klicken Sie in das Farbfeld, um einen violetten Farbton auszuwählen.

Fotofilter kombiniert.psd

Einfärben in CS3

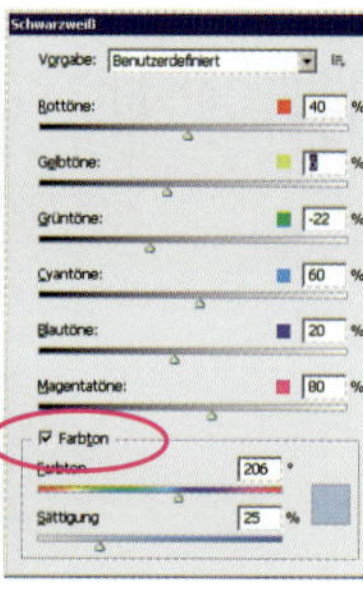

Vielseitig und bequem tonen Sie Ihr Foto in Photoshop CS3 mit dem Befehl BILD/ANPASSUNGEN/SCHWARZWEISS. Die Methode ist vielseitiger als das bekannte Verfahren per FARBTON/SÄTTIGUNG, denn Sie können bei Farbvorlagen neben der Färbung auch den Kontrast sehr vielseitig steuern. SCHWARZWEISS gibt es auch als verlustfreie Einstellungsebene.

Schalten Sie zunächst unten die Option FARBTON ein. Die Färbung steuern Sie dann mit dem FARBTON-Regler. Rot liegt in diesem Fall ganz links auf dem FARBTON-Regler, bei 0 Grad; gehen Sie bis zur Mitte, auf 180 Grad, erhalten Sie ein cyan (blaugrün) getontes Bild. Danach geht es über Blau wieder zurück auf Rot zu. Sepia liegt bei etwa 27 Grad.

Der Regler SÄTTIGUNG bestimmt die Farbintensität. Meist reichen 20 bis 25 Prozent, darüber wird es grell.

Alternative: Klicken Sie auf das Farbfeld rechts neben den Reglern und bestimmen Sie Farbton und Sättigung direkt im Farbwähler. Klicken Sie bei Bedarf in einen Bildteil, um von dort Farbe aufzunehmen und das Bild entsprechend einzufärben; halten Sie die Maustaste gedrückt, nun nehmen Sie Farbe von beliebigen Monitor-Stellen auf.

Sofern Sie ein Farb- und kein Graustufenbild bearbeiten, steuern Sie den Kontrast flexibel:

- Ziehen Sie zum Beispiel über einem Hautton nach rechts, um Rot- und Gelbtöne heller zu zeigen.
- Ziehen Sie über dem Himmel nach links, damit Blaues dunkler erscheint.
- Bearbeiten Sie direkt Schieberegler wie Grüntöne oder Magentatöne.
- Testen die Angebote im Klappmenü Vorgaben wie Infrarot oder Maximales Weiß.

Testen Sie die Funktion auch mit anderen Füllmethoden wie Ineineinanderkopieren oder Hartes Licht.

Einfärben mit Camera Raw

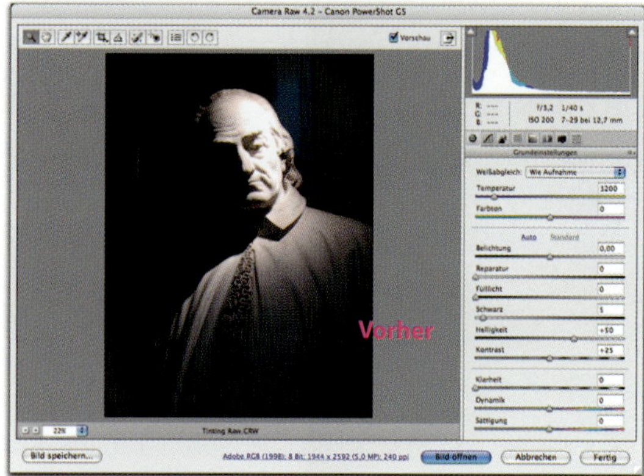

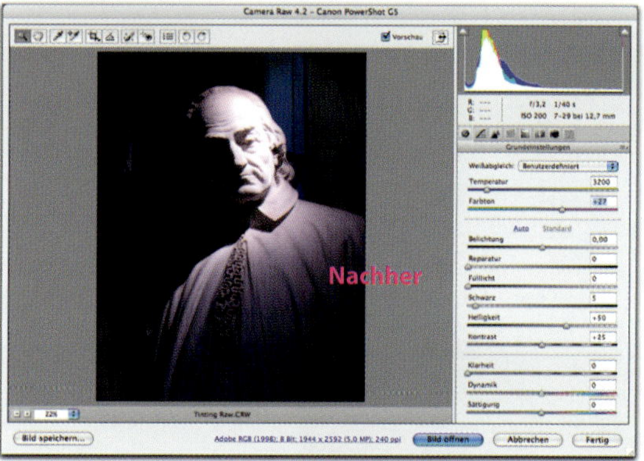

Digitalfotos, die im Raw-Format aufgenommen wurden, können Sie auch in der Camera-Raw-Dialogbox einfärben. Wählen Sie DATEI/ÖFFNEN oder klicken Sie im Dateibrowser oder in Bridge doppelt auf die Miniatur der Datei, um sie in Camera Raw zu öffnen. Die Färbung können Sie im Reiter ANPASSEN vornehmen. Sie wenden gleichzeitig auch noch andere Korrekturen an.▼ Zum Einfärben des Bildes können Sie die Temperatur ändern oder den Farbtonregler verschieben, sowie mit der Sättigung die Farbdichte kontrollieren. Für mehr Kontrolle über die Färbung nutzen Sie auch die Regler im Abschnitt KALIBRIEREN; wir reduzierten die Blausättigung, um den blauen Farbstich im Hintergrund zu neutralisieren. Über das Paletten-Menü der Camera-Raw-Dialogbox können Sie Ihre Einstellungen speichern. So können Sie sie jederzeit auch auf andere Raw-Dateien anwenden: Wählen Sie dann einfach EINSTELLUNGEN LADEN, navigieren Sie zur gespeicherten .xmp-Datei, laden Sie diese und wählen Sie im Menü WEISSBALANCE die Einstellung EIGENE.

MEHR DAVON
▼ Camera Raw
Seite 100

Einfaerben Raw.CRW

Kanalmixer-Pastelltöne

FOTOS: PHOTOSPIN.COM

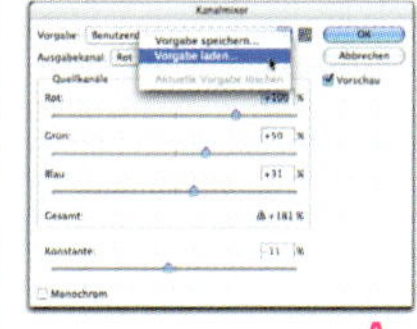

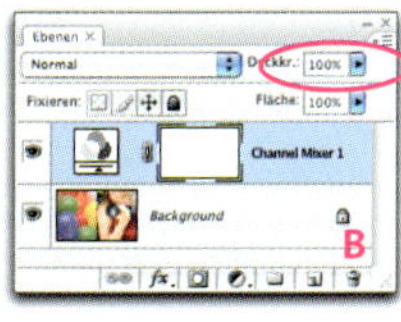

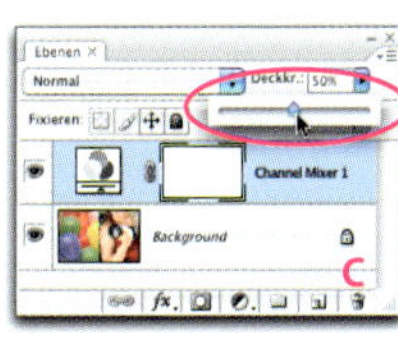

Neben der Umwandlung eines Farbbildes in Graustufen können Sie mit dem Kanalmixer auch einige sehr interessante Farbeffekte erzeugen. Öffnen Sie ein RGB-Bild und fügen Sie eine Kanalmixer-Einstellungsebene hinzu.

Klicken Sie in der Dialogbox auf LADEN und suchen Sie die Datei **RGB Pastels.cha** (sie befindet sich auf der Adobe-Photoshop-CD-ROM unter GOODIES/PHOTOSHOP CS bzw. KANALMIXERVORGABEN/SPEZIALEFFEKTE). Werfen Sie einen Blick auf die Regler in der Dialogbox **A**, beachten Sie, dass der rote Kanal alle Helligkeitsinformationen enthält (Rot 100%), dass die Helligkeitsinformationen des grünen Kanals halbiert sind (Grün 50%) und der blaue Kanal eine Stärke von 31% besitzt (Blau 31%). Wenn Sie aus dem Ausgabekanal-Menü erst GRÜN und dann BLAU wählen, sehen Sie, dass die Helligkeitswerte dieser Kanäle fast identisch sind. Dadurch werden alle Farben im Bild aufgehellt und Pastellfarben erzeugt. Der Kontrast beträgt –11%, um der Aufhellung etwas entgegenzuwirken und das Bild gleichzeitig auch wieder etwas abzudunkeln.

Experimentieren Sie mit der Deckkraft der Kanalmixerebene **B**, **C**, um den erwünschten Effekt zu erzielen.

Kanalmixer Pastellfarben.psd

Andere Kanalmixer-Farben

Spezialeffekte: RGB Blacklight.cha

Spezialeffekte: RGB Burnt Foliage.cha

Spezialeffekte: RGB Easter colors.cha

Spezialeffekte: RGB Holiday Wrap.cha

Spezialeffekte: RGB Over Saturate.cha

Spezialeffekte: Yellows&Blues (RGB or CMYK).cha

Spezialeffekte: Sepiatone subtle color.cha

Spezialeffekte: Sepiatone subtle color2.cha

Spezialeffekte: Sepiatone subtle color3.cha

Graustufen: Grayscale Yellows.cha

Oben sehen Sie einige weitere Kanalmixer-Vorgaben, die Ihnen Adobe zusammen mit Photoshop liefert. Wie bei jeder anderen Einstellungsebene können Sie auch diese Effekte mit reduzierter Deckkraft, wie oben links (**RGB Pastels.cha**) zu sehen, oder maskiert anwenden, um die Färbung besser zu kontrollieren, wie auf Seite 204 beschrieben.

Mit Farbbalance einfärben

KATRIN EISMANN

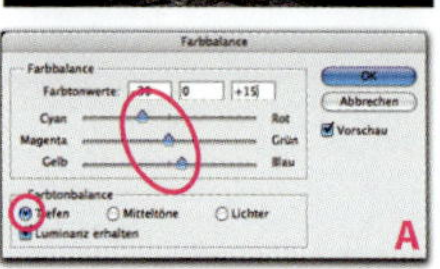

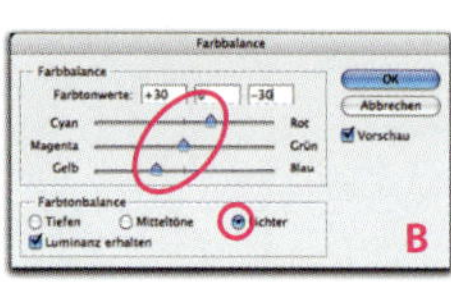

Eine Farbbalance-Einstellungsebene kann ein Schwarzweißfoto einfärben, indem die Lichter in eine Farbrichtung und die Tiefen in eine andere verschoben werden. Um dieses RGB-Foto einzufärben, verwendete Katrin Eismann eine Farbbalance-Einstellungsebene: Sie klickte unten in der Ebenen-Palette auf den Button NEUE FÜLLEBENE ODER EINSTELLUNGSEBENE ERSTELLEN und wählte FARBBALANCE. In der Dialogbox nahm sie keine Änderung der Mitteltöne vor, sondern passte die Tiefen an, um Cyan und Blau hinzuzufügen **A**. Für die Lichter fügte Sie Rot und Gelb hinzu **B**.

VOR DER UMWANDLUNG REDUZIEREN

Einstellungsebenen können in einer RGB-Datei andere Effekte erzielen als in einer CMYK-Datei (im RGB-Modus basieren die Farben auf den Farben des Lichts; in CMYK auf Druckfarben). Um die Farbeinstellungen bei der Umwandlung von RGB in CMYK zu erhalten, sollten Sie die Ebenen vorher reduzieren (BILD/BILD DUPLIZIEREN/NUR ZUSAMMENGEFÜGTE EBENEN DUPLIZIEREN).

Reduziert vor Konvertierung

Reduzierung ohne Konvertierung

Die Farbbalance ändern

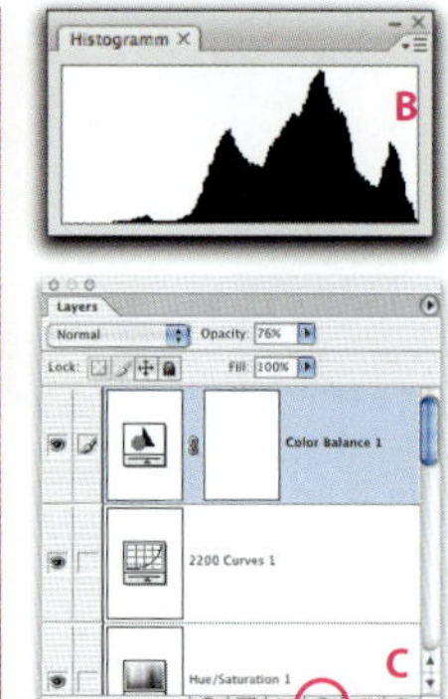

CHRISTINE ZALEWSKI

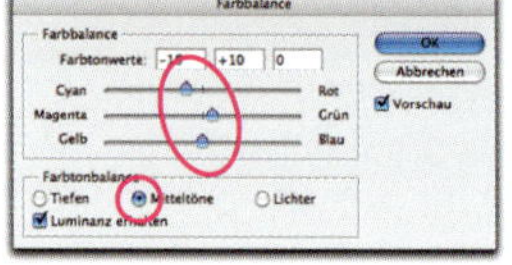

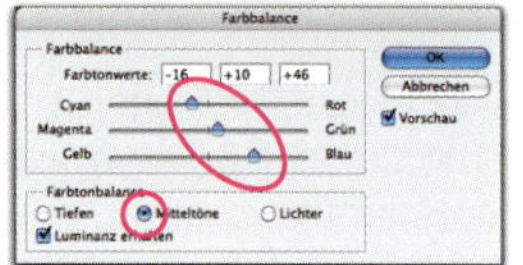

In einer Farbbalance-Einstellungsebene überlappen sich die Bereiche für Lichter, Mitteltöne und Tiefen, damit keine abrupten Farbübergänge entstehen, wenn Sie einen der drei Bereiche anpassen. Christine Zalewski verwendete eine Farbbalance-Einstellungsebene, um verschiedene Versionen ihres *Botanical Portraits*, auf den Seiten 238 und 356 zu sehen, zu erstellen. In diesem Bild **A** sind die dunklen Töne des Hintergrunds Mitteltöne, wie im Histogramm (FENSTER/HISTOGRAMM) zu sehen **B**. Um die Hintergrundfarbe zu ändern, klickte Zalewski auf den Button NEUE FÜLLEBENE ODER EINSTELLUNGSEBENE ERSTELLEN und wählte FARBE **C**. In der Dialogbox passte sie die Mitteltöne an, um Blau und Grün hinzuzufügen und so den rosigen Hintergrund zu neutralisieren **D**. Die Anpassung der Lichter und Tiefen war weniger intensiv. In einer anderen Version des Bildes arbeitete Zalewski mit stärkeren Mitteltonanpassungen, um einen violetten Hintergrund zu erzeugen **E**.

Verlaufsfüllebene

ANAIKA DAYTON

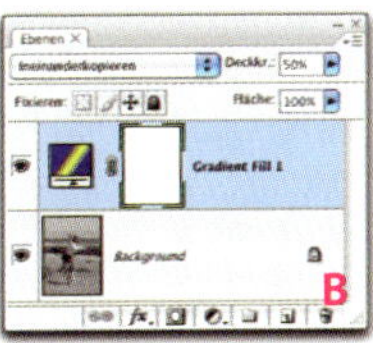

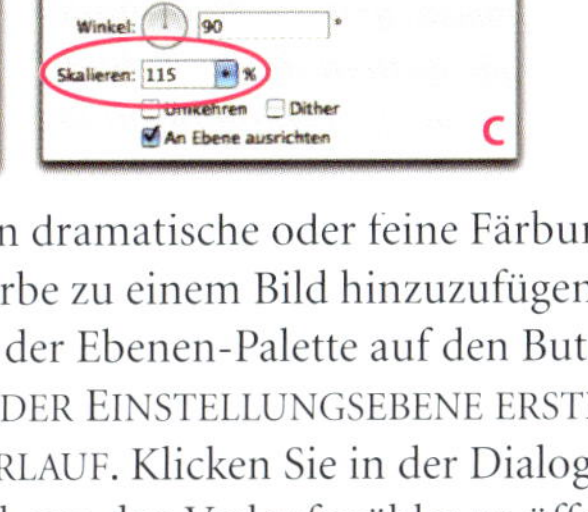

Ein Farbverlauf kann dramatische oder feine Färbungen hervorrufen. Um Farbe zu einem Bild hinzuzufügen, klicken Sie unten in der Ebenen-Palette auf den Button NEUE FÜLLEBENE ODER EINSTELLUNGSEBENE ERSTELLEN und wählen VERLAUF. Klicken Sie in der Dialogbox auf den kleinen Pfeil, um den Verlaufswähler zu öffnen **A**; wir klickten doppelt auf den Adobe-Verlauf **Blau, Gelb, Blau** und verwendeten die Standardeinstellungen WINKEL: 90° und LINEAR). Der Verlauf deckt das Bild vollständig ab, was Sie mit der Füllmethode jedoch korrigieren können. Klicken Sie also auf OK, um die Dialogbox zu schließen.

Experimentieren Sie in der Ebenen-Palette **B** mit der Deckkraft und den Ebenenmodi; wir wählten ÜBERLAGERN/INEINANDERKOPIEREN mit einer Deckkraft von 50% – dabei wird das Bild schön eingefärbt und der Kontrast verstärkt. Allerdings wollten wir nun noch ein paar Änderungen am Verlauf vornehmen.

Um den Verlauf anzupassen, klicken Sie in der Ebenen-Palette doppelt auf die Miniatur der Einstellungsebene, um die Dialogbox erneut zu öffnen. Skalieren Sie den Verlauf (hier 115%), um den gelben Bereich zu vergrößern. Sie können hier auch die Position des Verlaufs anpassen; wir zogen ihn etwas weiter nach oben.

Verlaufsfuellebene.psd

Verlaufsumsetzungsebene

PHOTOSPIN.COM

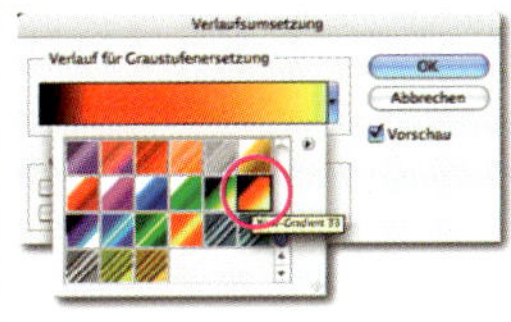

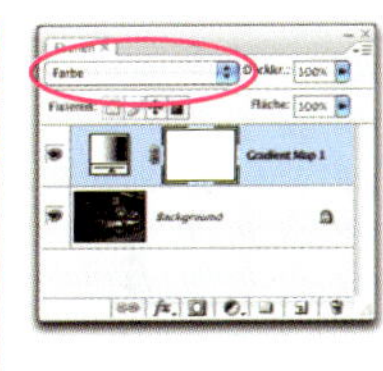

Mit einer Verlaufsumsetzung können Sie Bilder umfärben, indem Sie die Helligkeitswerte der Farben umverteilen. Wenn Sie mit einem Hell-Dunkel-Verlauf (von rechts nach links) arbeiten, können Sie die Lichter und Tiefen erhalten, während Sie die Farbe hinzufügen (besonders dann, wenn Sie als Ebenenmodus FARBE wählen, so dass die Farben geändert werden, die Originaltonwerte jedoch hindurchscheinen können).

Um eine Verlaufsumsetzungsebene hinzuzufügen, die das Bild nicht abdeckt, klicken Sie mit gedrückter ⌥/Alt-TASTE auf den Button NEUE FÜLLEBENE ODER EINSTELLUNGSEBENE ERSTELLEN ◐ und wählen VERLAUFS-UMSETZUNG. Durch Gedrückthalten der Taste öffnet sich die Dialogbox NEUE EBENE, in der Sie den Modus FARBE auswählen können. Klicken Sie auf OK, um die Dialogbox zu schließen.

Klicken Sie in der Verlaufsumsetzung-Dialogbox auf das kleine Dreieck rechts neben dem Verlaufsfeld, um den Verlaufswähler zu öffnen. (Um einen Wow-Verlauf zu nutzen, ▼ öffneten wir das Paletten-Menü und aktivierten die Wow-Verläufe; speziell den Verlauf **Wow-Gradient 33.**) Schließen Sie die Dialogbox mit OK.

MEHR DAVON

▼ Wow-Verläufe installieren **Seite 5**

Verlaufsumsetzung.psd

Eine Fotografik einfärben

PHOTOSPIN.COM

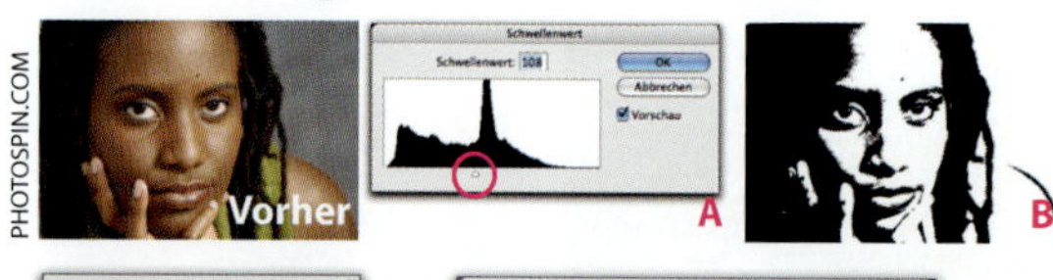

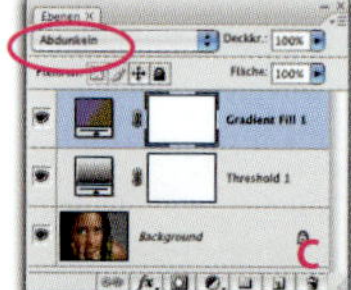

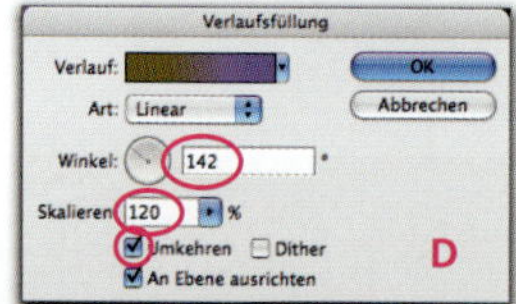

Diese Technik beginnt damit, dass ein Foto auf schwarze und weiße Pixel reduziert wird – keine Farbe, keine Grautöne. Fügen Sie dafür eine Schwellenwert-Einstellungsebene zum Bild hinzu, indem Sie unten in der Ebenen-Palette auf NEUE FÜLLEBENE ODER EINSTELLUNGSEBENE ERSTELLEN klicken. Verschieben Sie den Regler in der Dialogbox, um Schwarz und Weiß ganz nach Ihrem Geschmack anzupassen **A**, **B**.

Füllen Sie eine Verlaufsfüllungsebene hinzu, um die weißen Bereiche einzufärben und Schwarz zu erhalten: Klicken Sie mit gedrückter ⌥/Alt-Taste auf den Button NEUE FÜLLEBENE ODER EINSTELLUNGSEBENE ERSTELLEN und wählen Sie VERLAUF. Aktivieren Sie in der Dialogbox NEUE EBENE den Modus ABDUNKELN und klicken Sie auf OK **C**. (Sie können auch AUFHELLEN wählen, um Schwarz statt Weiß einzufärben.)

Wählen Sie in der Verlaufsfüllung-Dialogbox einen Verlauf aus (für den Verlauf **Wow-Gradient 15** müssen Sie im Paletten-Menü die Wow-Verläufe aktivieren).▼ Experimentieren Sie mit dem Winkel, der Skalieren- und der Umkehren-Option. Wir wählten diese Werte: Winkel: 142°, Skalierung: 120% und aktivierten die Checkbox UMKEHREN **D**; anschließend positionierten wir den Verlauf im Arbeitsfenster und klickten auf OK, um die Dialogbox zu schließen.

MEHR DAVON

▼ Wow-Verläufe installieren
Seite 5

Fotografik.psd

Im Farbkanal malen

ORIGINALFOTO: BEVERLY GOWARD

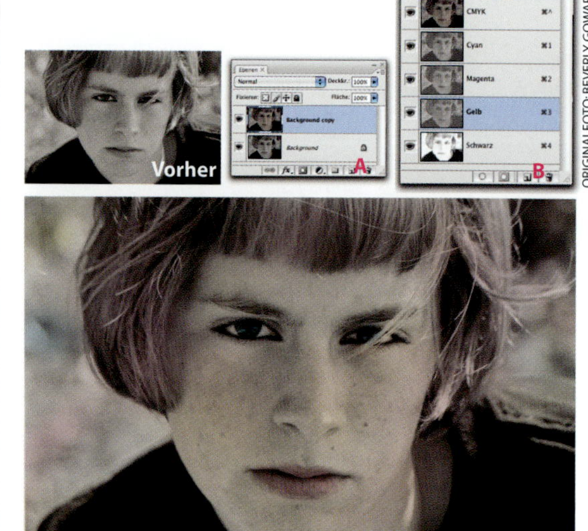

Im CMYK-Modus (und bei Volltonfarben) stellen die Miniaturen in der Kanäle-Palette Druckfarben dar; Schwarz zeigt, wo jede Farbe gedruckt wird, und Weiß, wo keine Farbe gedruckt wird. Es gibt eine schnelle Technik, bei der Sie mit Schwarz in den einzelnen Kanälen malen, um Druckfarben anzuwenden. Wir begannen hier mit einem Schwarzweißbild im RGB-Modus und wandelten die Datei in CMYK um (BILD/MODUS/CMYK-FARBE).

Duplizieren Sie zunächst das Bild in eine neue Ebene (⌘/Strg-J), um auf einer Kopie zu arbeiten und das Original zu schützen **A**. Aktivieren Sie anschließend eine große, weiche Pinselspitze und verringern Sie die Deckkraft auf weniger als 10%. Wählen Sie in der Kanäle-Palette einen der Farbkanäle aus (wir klickten auf die Miniatur des gelben Kanals) **B**. So können Sie die Farbentwicklung nachverfolgen. Klicken Sie für den CMYK-Kanal auf das Augen-Icon. Malen Sie mit Schwarz als Vordergrundfarbe über das Gesicht, die Haare und den Hintergrund.

Malen Sie anschließend auch in den anderen Kanälen. Wir aktivierten den Magenta-Kanal (⌘/Strg-2), reduzierten die Deckkraft des Pinsels noch weiter und malten erneut mit Schwarz; für die Lippen wählten wir eine kleinere Pinselspitze. Für den Cyan-Kanal (⌘/Strg-1) verwendeten wir eine kleine Pinselspitze mit höherer Deckkraft und malten über die Augen, mit einer größeren über die Haare und den Hintergrund.

In Kanaelen malen.psd

Das Ausbessern-Werkzeug

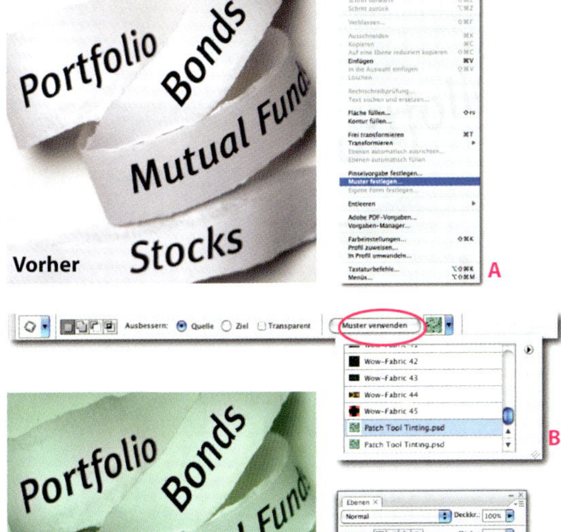

Über diese Technik stolperten wir, als wir mit dem Ausbessern-Werkzeug experimentierten. Bei Schwarzweißbildern im RGB-Modus können Sie damit einen dezenten Schein an kontrastreichen Kanten erzeugen.

Nutzen Sie zunächst das gesamte Bild, um ein Muster zu erstellen. Wählen Sie dazu BEARBEITEN/MUSTER FESTLEGEN **A**. Fügen Sie anschließend eine neue Ebene hinzu (⌘/Strg-⇧-N oder klicken Sie unten in der Ebenen-Palette auf den Button NEUE EBENE ERSTELLEN). Füllen Sie die Ebene mit einer Farbe Ihrer Wahl (z.B. mit BEARBEITEN/FLÄCHE FÜLLEN/FARBE),

Aktivieren Sie anschließend das Ausbessern-Werkzeug. Sie benötigen jetzt eine aktive Auswahl – die Auswahl muss aber nicht mit dem Werkzeug erstellt werden. Wählen Sie also einfach alles aus (⌘/Strg-Alt). Klicken Sie in der Optionsleiste des Werkzeugs auf das Muster, um den Musterwähler zu öffnen **B**. Unten in der Palette finden Sie das eben erstellte Muster. Wählen Sie es aus. Klicken Sie in der Optionsleiste anschließend auf MUSTER VERWENDEN und genehmigen Sie sich einen Kaffee, während Photoshop die Arbeit für Sie übernimmt.

Ausbessern-Werkzeug zum Einfaerben.psd

Vignetten per Ausbessern-Werkzeug

Die Färbemethode mit dem Ausbessern-Werkzeug kann auch verwendet werden, um ein sehr farbiges Bild in einen farbigen Hintergrund einzufügen und ein verträumtes Pastellbild zu erstellen. Legen Sie auch hier das Bild als Muster fest (BEARBEITEN/MUSTER FESTLEGEN), fügen Sie eine neue Ebene hinzu und füllen Sie diese mit einer Farbe Ihrer Wahl. Erstellen Sie eine Auswahl. (Wir aktivierten die Auswahlellipse, hielten die ⇧-Taste und ⌥/Alt gedrückt und erstellten einen Kreis; anschließend passten wir seine Position an.) **A**. Wenden Sie eine weiche Auswahlkante an (AUSWAHL/WEICHE AUSWAHLKANTE mit einem Radius von 20 Pixel).

Aktivieren Sie nun das Ausbessern-Werkzeug und wählen Sie in der Optionsleiste das soeben erstellte Muster aus **B**. Klicken Sie auf MUSTER ANWENDEN und warten Sie, bis die Ausbesserung erledigt ist.

Ausbessern-Werkzeug-Vignetten.psd

Die Komplementärfarben von Laurie Grace und Don Jolley Garner

Komplementärfarben (die sich gegenüberliegenden Farben im Farbkreis) bilden immer einen Kontrast. Künstler und Designer wissen, dass Komplementärfarben nebeneinander wunderschön leuchten, wenn die Farben sehr intensiv sind. Eher gedämpfte Farben sind hingegen ansprechender für das Auge. Laurie Grace und Don Jolley zeigen uns zwei Methoden, passende Komplementärfarben zu finden.

MEHR DAVON

▼ Die Mitte finden
Seite 567

Bei der Entwicklung einer Ihrer Bilder der Intrusions-Serie ersetzte Laurie das Schwarz und Weiß der Hintergrundmontage durch Mintgrün und Rotbraun. Und so ging sie dabei vor:

Laurie erstellte über der Schwarzweißgrafik eine neue Ebene, indem sie unten in der Ebenen-Palette auf den Button NEUE EBENE ERSTELLEN klickte. Anschließend wählte sie eine Farbe aus (dazu klickte sie in der Werkzeug-Palette auf eines der Farbfelder, um den Farbwähler zu öffnen). Laurie füllte die neue Ebene mit dieser Farbe (⌥-Entf [PC: Alt-←]) und aktivierte den Modus DIFFERENZ. Jetzt hatte sie über den schwarzen Bereich die Originalfarbe und über Weiß dessen Komplementärfarbe gelegt.

Hinweis: Wenn die Originalfarbe bei dieser Methode hell oder dunkel ist, weist die Komplementärfarbe den entgegengesetzten Tonwert auf. Beide Farben sind gleichmäßig gesättigt, also gleich intensiv oder gleich neutral.

Bei der Entwicklung eines fiktiven Buchcovers experimentierte Don mit einem mathematischen Ansatz. Er verwendete eine maskierte Farbton/Sättigung-Einstellungsebene, um eine Komplementärfarbe zu finden. Jolley legte vertikale und horizontale Hilfslinien durch die Mitte seiner Hintergrundillustration fest. ▼ Diese nutzte er, als er mit dem Auswahlrechteck den oberen linken Quadranten auswählte. Mit gedrückter ⇧-Taste fügte er den Quadranten unten rechts hinzu.

Bei aktiver Auswahl klickte er unten in der Ebenen-Palette auf den Button NEUE FÜLLEBENE ODER EINSTELLUNGSEBENE ERSTELLEN und wählte FARBTON/SÄTTIGUNG. In der Dialogbox verschob er den Farbtonregler ganz nach links (auf –180; ganz nach rechts verschoben hätte denselben Effekt). Weil ein Kreis 360° umfasst, bedeutet die Verschiebung um die Hälfte, dass die Komplementärfarbe ausgewählt wird. Die aktive Auswahl erstellt eine Maske, die die Farbänderung auf die ausgewählten Quadranten beschränkt.

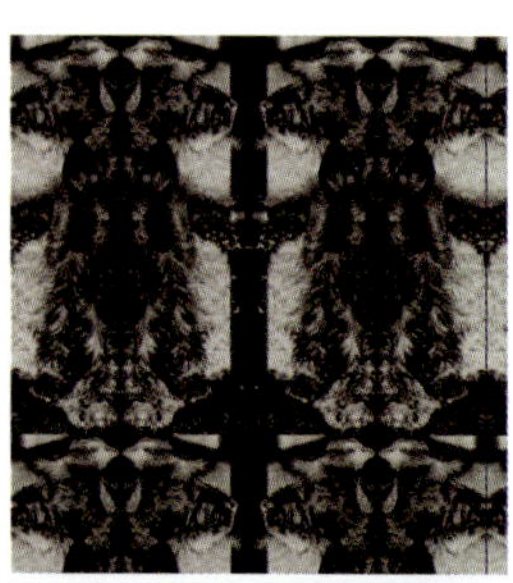

Laurie Grace erstellte den Schwarzweißhintergrund für das Bild und färbte ihn mit einer Ebene im Differenz-Modus ein. (Sie sehen hier ein Detail.) Die weiteren Schritte werden in der Galerie auf Seite 84 beschrieben.

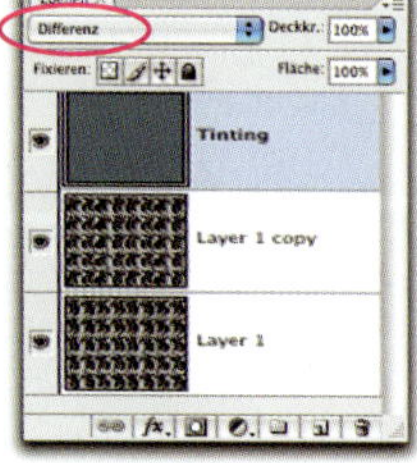

LAURIE GRACE

Don Jolley begann mit diesem Hintergrundbild und experimentierte mit den Komplementärfarben (mithilfe einer Farbton/Sättigung-Einstellungsebene). Während des Ausprobierens entschied sich Jolley später für eine andere Farbe, wie Sie auf Seite 662 sehen können.

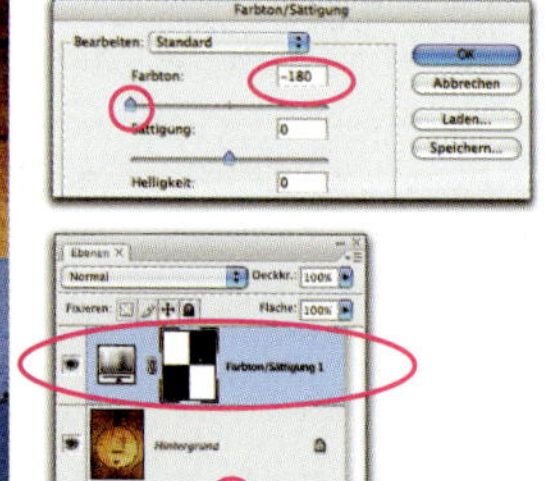

DON JOLLEY

Von Farbe zu Schwarzweiß

SIE FINDEN DIE DATEIEN

auf der DVD unter Wow Projektdateien/Kapitel 4/Schwarzweiss:

- Direkte Umwandlung-Vorher.psd (vor Schritt 1)
- Saettigung verringern-Vorher.psd (vor Schritt 2)
- Kanalmixer-Vorher.psd (vor Schritt 3)
- Gemischte Kanalmixer (vor Schritt 4)

ÖFFNEN SIE DIESE PALETTEN

aus dem Fenster-Menü:

- Werkzeuge • Kanäle • Ebenen

ÜBERBLICK

Probieren Sie eine der einfachen Graustufenumwandlungen aus – direkte Umwandlung, Lab-Umwandlung oder Sättigung verringern • Nutzen Sie den Kanalmixer • Kombinieren Sie Umwandlungsoptionen mit dem Kanalmixer

1

Eine direkte Umwandlung mit BILD/MODUS/GRAUSTUFEN funktioniert vielleicht bei RGB-Bildern, wie dieser Blume **A**, mit einem starken Hell-Dunkel-Kontrast. Nach der Umwandlung **B** nahmen wir eine Auto-Tonwertkorrektur vor, um die Blütenblätter aufzuhellen **C**.▼

MEHR DAVON

▼ Auto-Tonwertkorrektur **Seite 167**

Es gibt viele Möglichkeiten, in Photoshop ein Farbbild in Graustufen umzuwandeln. Die Methode, für die Sie sich entscheiden, hängt von den Eigenschaften des RGB-Originals ab, und ob Sie einfach das beste Schwarzweißbild oder einen speziellen Fotoeffekt erzeugen wollen. In beiden Fällen wollen Sie nach der eigentlichen Umwandlung vielleicht noch ein paar Feinarbeiten vornehmen. Unser Foto einer Schaufensterpuppe wurde mit einer Kombination aus Kanalmixereinstellungsebenen in Graustufen umgewandelt (das ist eine gute Methode für Bilder mit einer komplexen Mischung aus Tonwerten und Farben). Werfen wir jedoch vorher noch einen Blick auf einige einfachere Techniken.

1 Direkte Umwandlung. Für eine direkte Umwandlung wählen Sie einfach BILD/MODUS/GRAUSTUFEN. Diese Methode eignet sich ganz gut für RGB-Bilder mit guten Details und Kontrast. Bei der Umwandlung verlässt sich Photoshop sehr stark auf die Informationen des grünen Kanals, in dem der Detailkontrast oft am stärksten ist – der blaue Kanal wird kaum beachtet, weil er oft die meisten Störungen enthält. Das umgewandelte Bild kann dann mithilfe einer Tonwertkorrektur oder der Gradationskurven noch verfeinert werden **1**. Wir fügten eine Tonwertkorrektur-Einstellungsebene hinzu, indem wir unten in der Ebenen-Palette auf den Button NEUE FÜLLEBENE ODER EINSTELLUNGSEBENE ERSTELLEN klickten und mithilfe des Auto-Buttons in der Dialogbox den Kontrast verstärkten.

2a  

Bei der direkten Umwandlung geht der Kontrast zwischen Blume und Blättern verloren.

2b  

Mit BILD/ANPASSEN/SÄTTIGUNG VERRINGERN (links) und anschließend BILD/MODUS/GRAUSTUFEN entsteht ein besserer Kontrast.

2c 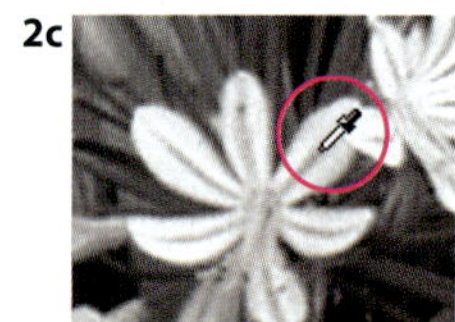 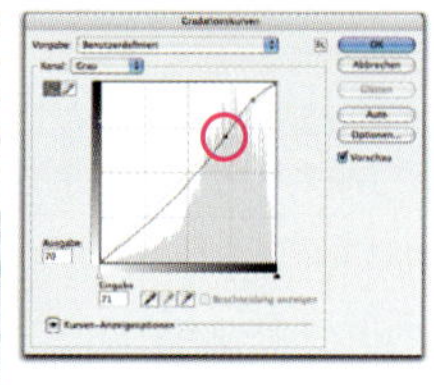

Wir klickten mit gedrückter ⌘/Strg-Taste in das Bild, um einen Punkt zur Kurve hinzuzufügen. Dann erstellten wir auf der Kurve weiter oben noch einen Punkt und zogen diesen etwas nach unten.

2d 

Das umgewandelte Bild nach der Gradationskurveneinstellung. (Eine dynamische und sehr interessante Methode lernen Sie auch auf Seite 218 kennen.)

RGB IN LAB IN GRAUSTUFEN

Falls das Ausgangsfoto Farbstörungen oder Körnung aufweist oder Sie ein etwas anderes Aussehen erzeugen wollen, versuchen Sie es mit BILD/MODUS/LAB-FARBE. Ziehen Sie die Miniaturen der beiden Farbkanäle in der Kanäle-Palette dann auf den Löschen-Button. Die Datei befindet sich jetzt nur mit dem Helligkeitskanal (Alpha 1) im Mehrkanal-Modus; wählen Sie nun BILD/MODUS/GRAUSTUFEN.

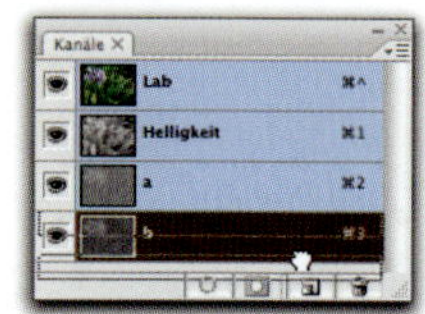

Das RGB-Bild **A** wurde in Lab-Farbe umgewandelt. Die beiden Farbkanäle wurden gelöscht, die Datei anschließend in Graustufen umgewandelt **C**. Zum Vergleich sehen Sie die direkte RGB-in-Graustufen-Umwandlung **B**.

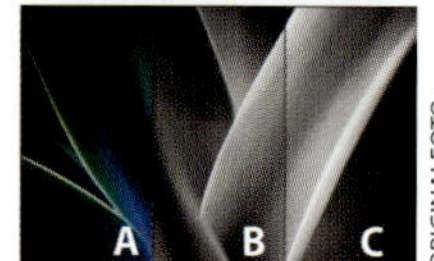

ORIGINALFOTO: CORBIS ROYALTY FREE

2 Sättigung verringern. Wenn der Erfolg der Originalfarben nicht auf dem Hell-Dunkel-Kontrast, sondern auf der Farbdifferenz beruht, reicht eine einfache Graustufenumwandlung meistens nicht aus **2a**. Wenden Sie vor der Umwandlung den Befehl BILD/ANPASSEN/SÄTTIGUNG VERRINGERN an, das hilft **2b**.

Nach der Umwandlung mit BILD/MODUS/GRAUSTUFEN fügten wir eine Gradationskurven-Einstellungsebene hinzu, indem wir unten in der Ebenen-Palette auf den Button NEUE FÜLLEBENE ODER EINSTELLUNGSEBENE ERSTELLEN ◐ klickten. Sie können in der Dialogbox Teile der Kurve schützen und andere Tonwertbereiche bearbeiten. Die Blütenblätter sollten etwas aufgehellt werden, ohne dass deren Markierungen verloren gehen. Deshalb klickten wir mit gedrückter ⌘/Strg-Taste auf einen dieser grauen Striche, um einen Punkt auf der Kurve zu erstellen **2c**. Als wir das Bild aufhellten, schützte dieser Ankerpunkt die graue Striche auf den Blütenblättern **2d**.

3 Kanäle mischen. Manchmal ist einer der Kanäle eines RGB-Bildes ein guter Ausgangspunkt für eine Schwarzweißumwandlung. Werfen Sie dazu einen Blick auf die Miniaturen in der Kanäle-Palette. Sie können die Miniaturen vergrößern – öffnen Sie über das Paletten-Menü die Paletten-Optionen und wählen Sie GROSSE MINIATUREN. Wenn die einzelnen Kanäle in Farbe dargestellt werden, können Sie die Graustufenanzeige aktivieren, indem Sie in den Voreinstellungen unter BILDSCHIRM- UND ZEIGERDARSTELLUNG die Checkbox FARBAUSZÜGE IN FARBE deaktivieren. Bei diesem Bild schauten wir uns die Kanäle einzeln als Graustufenbilder an (klicken Sie dazu auf das Augen-Icon der anderen Kanäle, um diese auszublenden) **3a**.

Wählen Sie einen Kanal aus (hier Grün) und fügen Sie eine Kanalmixer-Einstellungsebene hinzu, indem Sie unten in der Ebe-

3a

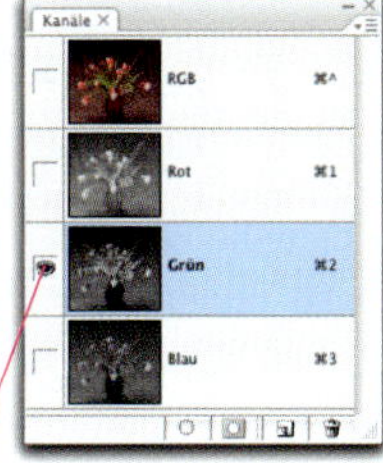

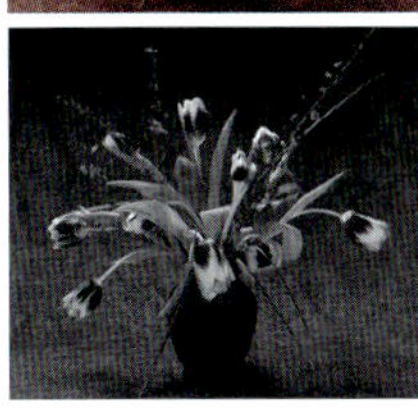

Sehen Sie sich alle Kanäle einzeln an, indem Sie die anderen mithilfe des Augen-Icons ausblenden.

KANÄLE VERGLEICHEN

Wenn Sie sich die Farbkanäle eines Bildes ansehen, ist es vielleicht hilfreich, die drei vergleichend nebeneinander zu sehen. Wählen Sie zweimal FENSTER/ANORDNEN/NEUES FENSTER FÜR... Sie haben jetzt drei Fenster offen und können sich in jedem einen anderen Kanal ansehen, indem Sie die anderen mithilfe des Augen-Icons ausblenden.

3b

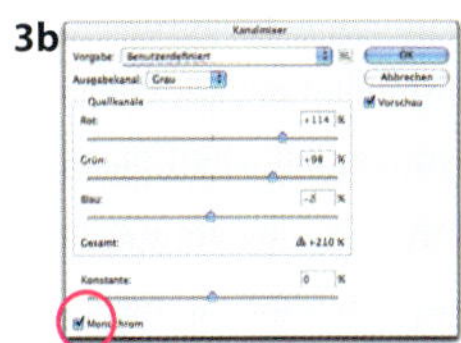

Wir verwendeten den grünen Kanal, um den Kontrast zu erhalten, fügten etwas Rot hinzu, um die Vase aufzuhellen, und subtrahierten Blau, um die Helligkeit nicht zu sehr zu verstärken.

3c

Wenn Sie für den roten Kanal 100% oder mehr wählen, simulieren Sie einen Rotfilter – die roten Bereiche der Tulpen sind sehr hell und auch die rote Vase wird aufgehellt.

nen-Palette auf den Button NEUE FÜLLEBENE ODER EINSTELLUNGSEBNE ERSTELLEN klicken und KANALMIXER auswählen. In der Dialogbox können Sie eine Graustufenumwandlung vornehmen, indem Sie in die Checkbox **MONOCHROM** klicken; aktivieren Sie außerdem die Vorschau. Nehmen Sie jetzt die Umwandlung vor:

- Wenn Sie, wie oben beschrieben, einen Kanal gefunden haben, der einen guten Ausgangspunkt darstellt, verschieben Sie den Regler für diesen Kanal auf 100% und die anderen beiden auf 0%. Für unsere Blumenvase wählten wir 100% für den grünen Kanal.
- Wenn keiner der Kanäle einzeln wirklich überzeugend wirkt, probieren Sie es mit 30% Rot, 60% Grün und 10% Blau – eine Mischung, die Photoshop verwendet, wenn Sie BILD/MODUS/GRAUSTUFEN wählen.

Verschieben Sie anschließend die Regler für die einzelnen Kanäle, um mit den Werten zu experimentieren. Wenn Sie für einen Kanal einen positiven Wert wählen, werden die Bereiche, in denen diese Farbe dominiert, aufgehellt. Negative Werte fügt die negative Version dieses Kanals zur Mischung hinzu. Wenn Sie beispielsweise einen Himmel aufhellen wollen, der im Original blau ist, erhöhen Sie den Wert für Blau; umgekehrt können Sie den Himmel abdunkeln, wenn Sie einen negativen Wert wählen. Weil der blaue Kanal jedoch deutlich häufiger Störungen enthält als die anderen, sollten Sie ihn nur sehr sparsam nutzen. Ein kleiner negativer Wert für Blau kann beispielsweise sehr hilfreich sein, wenn Sie die Helligkeit, die Sie mit den anderen beiden Kanälen erzeugt haben, etwas ausbalancieren wollen. Bei unserer Blumenvase reduzierten wir den grünen Kanal (98%), fügten Rot hinzu (12%) und subtrahierten etwas Blau (–2%) **3b**. Für eine andere Interpretation des Bildes erhöhten wir den roten Kanal auf mehr als 100% und balancierten das Bild mit negativen Werten für den grünen und blauen Kanal aus **3c**.

Wenn Sie eine Mischung erzeugt haben, die Ihnen gefällt, speichern Sie die Datei mit ihren Ebenen und erstellen Sie eine reduzierte Kopie (BILD/BILD DUPLIZIEREN/NUR ZUSAMMENGEFÜGTE EBENEN DUPLIZIEREN), das Sie dann in Graustufen umwandeln.

4 Kanalmixer. Unser Foto wandelten wir bereits einmal direkt um (Schritt 1) und einmal mit verringerter Sättigung (Schritt 2). Beide Methoden erzielten nicht die gewünschten Tonwerte **4a**, deshalb probierten wir es mit dem Kanalmixer. Eine Einstellung funktionierte ganz gut für die Schaufensterpuppe, eine andere ganz gut für den Sonnenschirm. Wir verwendeten also zwei Kanalmixer-Einstellungsebenen und arbeiteten mit Ebenenmasken, um die Effekte gezielt anzuwenden.

Als wir uns die drei Kanäle angesehen hatten, entschieden wir uns, es mit einer Mischung aus rotem (für die Helligkeit) und grünem Kanal (für die Hauttöne und Details) zu versuchen. Wir fügten eine Kanalmixer-Einstellungsebene hinzu und aktivierten die Checkbox MONOCHROM. In der Dialogbox experimentierten wir mit den Reglern und wählten folgende Einstellungen: Rot und Grün: +64% und Blau: –4%. Die Schaufensterpuppe und der Hintergrund sahen jetzt richtig gut aus **4b**. Mit einem Klick auf OK schlossen wir die Dialogbox wieder. Um Verwirrungen zu vermeiden, sollten Sie der Einstellungsebene in der Ebenen-Palette einen eindeutigen Namen geben (klicken Sie doppelt auf den Ebenennamen).

Durch diese Umwandlung wurde jedoch der Sonnenschirm etwas zu hell – dieses Problem konnten wir mit einer weiteren Kanalmixer-Einstellungsebene beheben. Blenden Sie zunächst die eben erstellte Einstellungsebene aus und fügen Sie eine weitere hinzu; aktivieren Sie auch hier die Checkbox MONOCHROM. Achten Sie beim Anpassen der Schieberegler auf den Sonnenschirm – der Gesamtwert sollte ungefähr bei 100% liegen. Wir wählten +16% Rot, +84% Grün und 0% Blau **4c**. Klicken Sie auf OK, um die Dialogbox zu schließen, und geben Sie der Ebene einen Namen.

Um die Effekte der beiden Einstellungsebenen miteinander zu mischen, blenden Sie beide Ebenen ein. Bisher zeigt die Einstellungsebene für den Sonnenschirm noch keine Wirkung. Das liegt (a) daran, dass sich in der Ebene dahinter bereits Graustufen befinden und (b) die 100% weder zu einer Aufhellung noch zu einer Abdunklung führen (wie es bei einem Wert über oder unter 100% der Fall wäre). Aktivieren Sie die Einstellungsebene für die Schaufensterpuppe und wählen Sie den Pinsel mit einer weichen Pinselspitze und einer Deckkraft von 50% oder weniger aus. Malen Sie mit Schwarz als Vordergrundfarbe auf der Ebenenmaske, um den Effekt der Mannequin-Ebene im Bereich des Sonnenschirms zu blockieren und dessen Einstellungsebene einzublenden **4d**. Zum Abschluss wählten wir eine kleinere Pinselspitze und malten über Bereiche des Hutes. Anschließend erstellten wir eine reduzierte Version der Datei und wandelten diese wie in Schritt 3 in Graustufen um.

4a

Weder die direkte Umwandlung noch die Umwandlung über die verringerte Sättigung erzeugten ein Bild, das unseren Vorstellungen entsprach.

4b

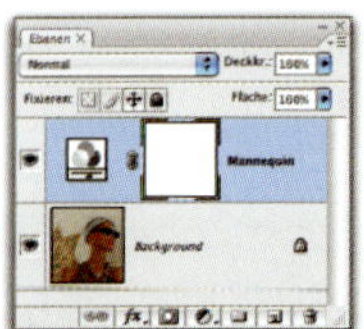

Als wir mit dem Kanalmixer die besten Tonwerte und den besten Kontrast für das Mannequin einstellten, wurde der Schirm etwas zu hell.

4c

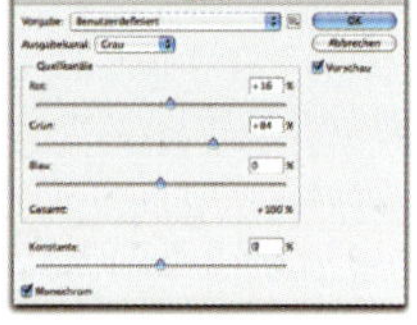

Wenn wir insgesamt einen Wert von 100% einstellen, wird der Schirm etwas dunkel, aber wir können diese Version mit der helleren mischen.

4d

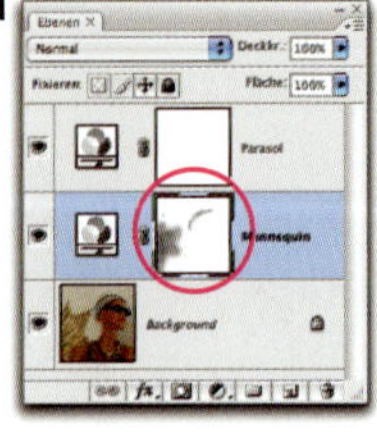

Wir malten auf der unteren Ebene, um den Sonnenschirm zu belichten und auf der oberen für den Hut. Das Ergebnis sehen Sie oben auf Seite 213.

5a

Der Befehl BILD/ANPASSUNGEN/SCHWARZWEISS aus Photoshop CS3 liefert sofort eine erste Graustufenumsetzung, die aber oft nicht überzeugt.

5b

5 Schwarzweiß-Befehl in CS3. Besonders vielseitig und schnell wirkt der CS3-Befehl BILD/ANPASSUNGEN/SCHWARZWEISS. Die Methode ist dem Kanalmixer überlegen, weil Sie hier die Kontraste flexibler und intuitiver steuern – ein Konstante-Regler ist überflüssig. Schwarzweiß gibt es auch als verlustfreie Einstellungsebene.

Gleich wenn Sie den Befehl aufrufen, bietet der Dialog eine erste Schwarzweißumwandlung an **5a**. Sie überzeugt jedoch selten. Klicken Sie auf die Auto-Schaltfläche, schlägt Photoshop meist eine wesentlich attraktivere Graustufenumsetzung vor.

Ändern Sie die Helligkeit einzelner Farbbereiche präzise durch Ziehen im Bild. Um das Blau dunkler zu zeigen, klicken Sie in einen blauen Bereich und ziehen nach rechts **5b**. Beachten Sie, wie sich dabei auch der Blautöne-Regler im Dialogfeld ändert.

Jetzt soll noch das Laub heller werden. Dazu klicken Sie auf ein Blatt und ziehen nach rechts **5c**. So ändern Sie die Grüntöne, wie Sie an der Veränderung im Dialog erkennen.

Wollen Sie die Grüntöne wieder auf den Wert zurücksetzen, den Photoshop zuerst vorgeschlagen hatte? Dann klicken Sie bei gedrückter ⌘/Alt-Taste auf das grüne Kästchen rechts über dem Regler für die Grüntöne. Für andere Farbbereiche funktioniert das natürlich auch.

Um die aktuelle Einstellung als Vorgabe für weitere Bilder zu sichern, klicken Sie oben rechts neben dem Klappmenü auf die Schaltfläche Vorgabeoptionen, die CS3 auch bei anderen Dialogfeldern anbietet, und nehmen Sie Vorgabe speichern. Das Vorgabe-Klappmenü bietet bereits zahlreiche reizvolle Tonwertmischungen an, darunter Blaufilter mit maximalem Kontrast, Infrarot oder Maximales Weiß.

5c

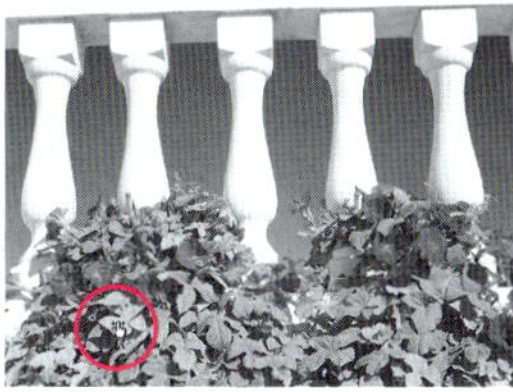

So hellen Sie noch das Laubwerk auf: Klicken Sie auf ein Blatt, und ziehen Sie nach rechts. Alle Grüntöne im Bild werden so heller, der Regler GRÜNTÖNE im Dialogfeld bewegt sich nach rechts.

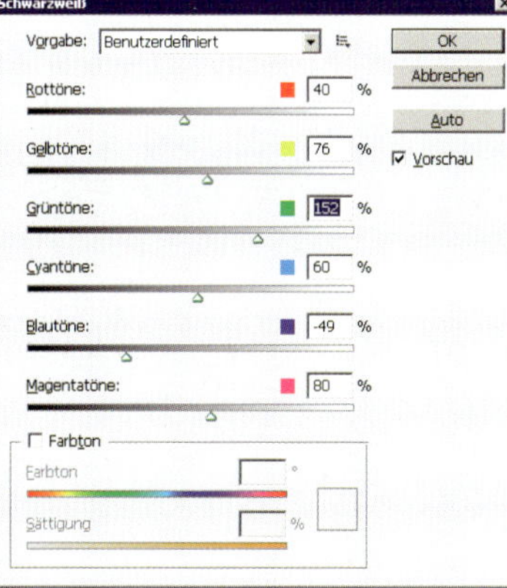

Russell Preston Brown sieht Schwarz und Weiß!

Wenn Sie in Kanälen denken können und eine Vorstellung davon haben, wie Ihr Bild nach der Umwandlung aussehen soll, ist der Kanalmixer ein sehr nützliches Werkzeug. Es gibt aber auch schnellere Umwandlungsmethoden, wie Sie auf Seite 213 nachlesen können. Das Problem bei einer schnellen Einzelmethode ist, dass Sie weder beurteilen können, ob das Ergebnis gut genug aussieht, noch, ob es nicht vielleicht etwas Besseres gibt. »Aber warten Sie – es gibt noch mehr!«, sagt Photoshop-Guru Russell Brown, der eine Umwandlungsmethode entwickelt hat, die schnell und einfach ist und mit zwei Methoden arbeitet. Und so sieht unsere Interpretation dieser Technik aus:

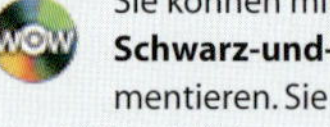

Sie können mit der Datei **Schwarz-und-Weiss.psd** experimentieren. Sie finden sie auf der Wow-DVD-ROM (unter Zugaben). Diese und andere Techniken von Russell Brown finden Sie auch auf seiner Website **www.russellbrown.com.**

1 Beginnen Sie mit einem Farbbild im RGB-Modus. Wir haben uns für ein Bild entschieden, das nicht ganz einfach umzuwandeln ist, weil es einen starken Farbkontrast zwischen Rot und Blau aufweist. Das Rot der Sitze ist heller als der blaue Innenraum, während sich das Rot auf der Außenseite im Schatten befindet und dunkler ist als das Blau.

ORIGINALFOTO: JHDAVIS

Die Wirkung des Fotos geht mit den Befehlen BILD/MODUS/GRAUSTUFEN und BILD/ANPASSEN/SÄTTIGUNG VERRINGERN verloren.

2 Russell will uns zeigen, dass man eine Vorschau verschiedener Umwandlungen erhält, wenn man zwei Farbton/Sättigung-Einstellungsebenen über das Bild legt: Klicken Sie unten in der Ebenen-Palette auf den Button NEUE FÜLLEBENE ODER EINSTELLUNGSEBENE ERSTELLEN und wählen Sie FARBTON/SÄTTIGUNG. Verschieben Sie den Sättigungsregler in der Dialogbox ganz nach links und klicken Sie auf OK. Das Bild wird in Graustufen umgewandelt.

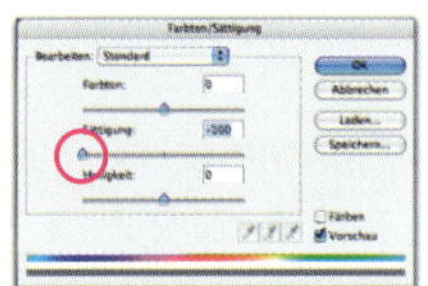

Mit der ersten Farbton/Sättigung-Einstellungsebene entfernen Sie die Farbe.

3 Klicken Sie in der Ebenen-Palette auf die Miniatur für die Farbebene (den Hintergrund der Datei). Halten Sie die ⌥/Alt-Taste gedrückt und fügen Sie zwischen dem farbigen Original und der umgewandelten Ebene eine weitere Farbton/Sättigung-Einstellungsebene ein. Aktivieren Sie in der Di-alogbox NEUE EBENE (die sich öffnet, weil Sie die ⌥/Alt-Taste gedrückt haben) den Modus FARBE und klicken Sie auf OK. In der Dialogbox FARBTON/SÄTTIGUNG experimentieren Sie mit dem Farbtonregler. Wählen Sie die Einstellung, die Ihnen am besten gefällt, und klicken Sie anschließend auf OK, um die Dialogbox wieder zu schließen.

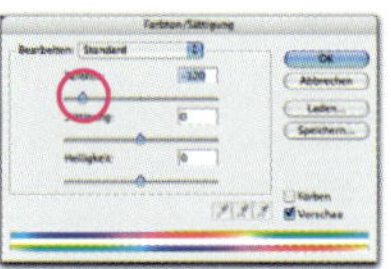

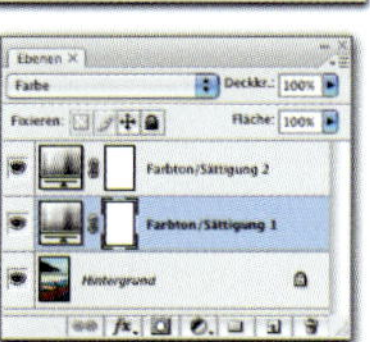

Da sich die mittlere Einstellungsebene im Modus FARBE befindet, können Sie die Farbe ändern, die die obere Ebene »sieht«, und das Bild in Graustufen umwandeln.

Die Farbtoneinstellung von –120 gefiel uns am besten. Jetzt war das Bild bereit für die Umwandlung (BILD/MODUS/GRAUSTUFEN) und eine Verfeinerung mit einer Tonwertkorrektur oder den Gradationskurven.

Speicherökonomie im 16-Bit-Modus

SIE FINDEN DIE DATEIEN

auf der DVD unter Wow Projektdateien/Kapitel 4/RAM-Oekonomie:

- Speicheroekonomie-Vorher.psd (zum Beginn)
- Speicheroekonomie-Nachher.psd (zum Vergleich)

ÖFFNEN SIE DIESE PALETTEN

aus dem Fenster-Menü:

• Werkzeuge • Protokoll

ÜBERBLICK

Tonwerte und Farben anpassen • Ideale Bereiche bearbeiten, allgemeine Anpassungen vornehmen, einen Schnappschuss aufnehmen und dann mit dem Protokoll-Pinsel malen • Den Hochpass-Filter anwenden, einen Schnappschuss erstellen, den Filter rückgängig machen und ihn im Modus ÜBERLAGERN/INEINANDERKOPIEREN wieder ins Bild malen

JHDAVIS

1a

Das Original 16-Bit-Bild

Immer wenn Sie eine Datei im 16-Bits-Modus vorliegen haben – als Scan oder Raw-Datei von einer Digitalkamera –, sollten Sie so viel Arbeiten in diesem Modus vornehmen wie möglich. Durch die Reichhaltigkeit an Informationen entstehen intensivere Bilder, die Sie für die Ausgabe später auch in 8 Bit/Kanal umwandeln können. Alle wichtigen Photoshop-Funktionen – inklusive Ebenen, Masken und Einstellungsebenen – können im 16-Bit-Modus angewendet werden. Auch die wichtigsten Filter stehen Ihnen in diesem Modus zur Verfügung (die wichtigsten finden Sie unter den Scharf- und Weichzeichnungsfiltern). Sie können also in vielerlei Hinsicht mit 16-Bit-Bildern genauso arbeiten wie mit 8-Bit-Bildern.

Der Nachteil an diesem Modus ist, dass Sie wesentlich mehr RAM und Arbeitsvolumen benötigen, um die zusätzlichen Ebenen zu unterstützen. Die RAM-Ökonomie beim Einsatz von Einstellungsebenen und Masken kann bei Dateien im 16-Bit-

1b

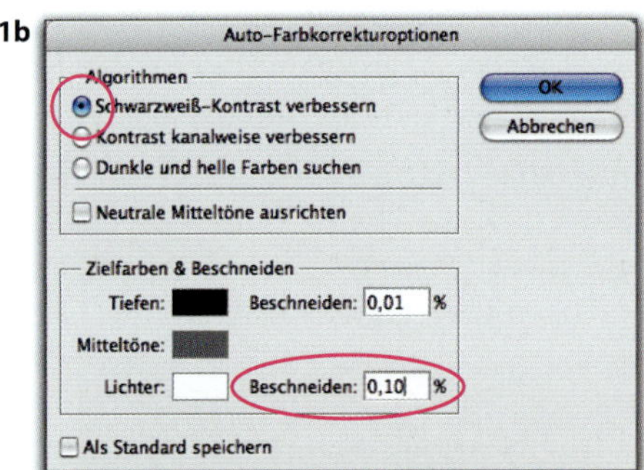

In der Dialogbox AUTO-FARBKORREKTUROPTIONEN wählten wir einen neuen Algorithmus und reduzierten die Werte für die Beschneidung der Tiefen und Lichter.

1c

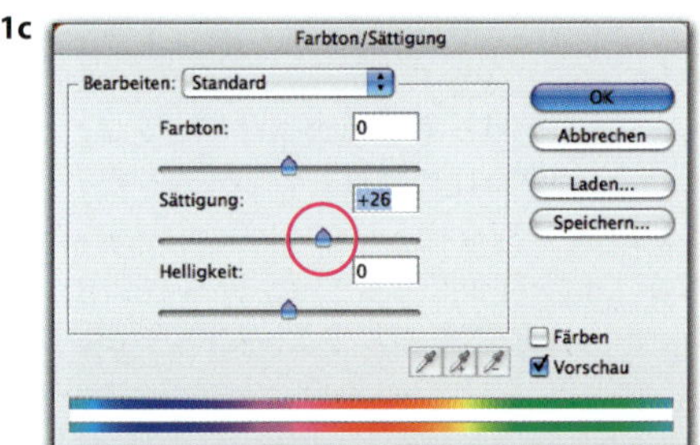

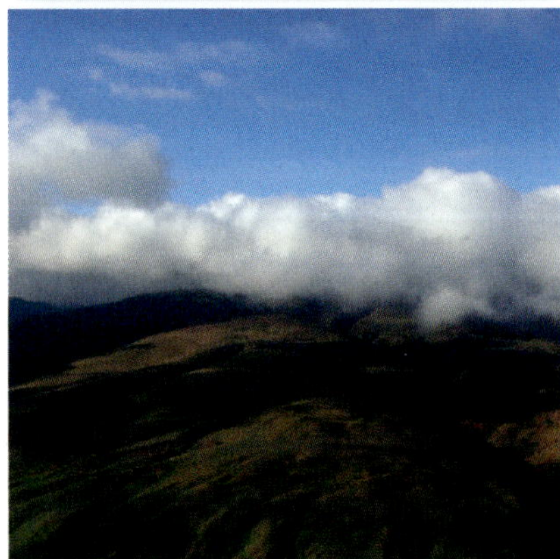

Nach der allgemeinen Farbton/Sättigung-Einstellung.

Modus nicht so angewendet werden wie bei Bildern mit 8 Bit/Kanal. Bereits zu Beginn ist eine Datei im 16-Bit-Modus doppelt so groß wie eine mit 8 Bit/Kanal. Mit jeder zusätzlichen Ebene kann sich der RAM-Bedarf noch einmal mehr als verdoppeln (auch wenn sich das auf die Größe einer gespeicherten Datei nicht so stark auswirkt). Auch bei schnelleren Computern mit viel RAM und großen Festplatten kann es vorkommen, dass Sie sehr sparsam mit dem RAM umgehen müssen – besonders, wenn Sie mit sehr großen Dateien arbeiten. Wir zeigen Ihnen hier eine Möglichkeit, wie Sie Farbe und Kontrast anpassen können, ohne Einstellungsebenen oder Masken anwenden zu müssen, und damit RAM sparen – nutzen Sie einfach die Vorteile der Ebenenmodi. Dafür benötigen Sie lediglich die Hintergrundebene und Photoshops Protokoll-Pinsel sowie die Protokoll-Palette. So können Sie sich das RAM für wirklich Wichtiges oder dringend benötigte Ebenen aufheben.

1 Allgemeine Einstellungen. Öffnen Sie die Datei, und speichern Sie sie unter einem neuen Namen, um das Original zu behalten und auf einer Kopie zu arbeiten **1a**. Vergewissern Sie sich, dass Ihnen im Bild alle Tonwerte zur Verfügung stehen – wählen Sie BILD/ANPASSEN/GRADATIONSKURVEN (oder BILD/ANPASSEN/TONWERTKORREKTUR) und klicken Sie auf den Auto-Button, anschließend auf OPTIONEN. Sobald die Dialogbox AUTO-FARBKORREKTUROPTIONEN geöffnet ist **1b**, lohnt es sich, die drei Algorithmen oben in der Dialogbox auszuprobieren sowie die Option NEUTRALE MITTELTÖNE AUSRICHTEN ein- und auszuschalten. Jede Einstellung erzeugt ein etwas anderes Ergebnis – wählen Sie Ihren Favoriten aus. Für unser Bild aktivierten wir die Option SCHWARZWEISS-KONTRAST VERBESSERN, um keine Farbstiche zu erzeugen. Anschließend reduzierten wir die Werte für TIEFEN und LICHTER BESCHNEIDEN, um mehr Details zu erhalten.▼

MEHR DAVON

▼ Auto-Farbkorrekturoptionen **Seite 167**

Im Anschluss erhöhten wir die allgemeine Sättigung des Bildes mit BILD/ANPASSEN/FARBTON/SÄTTIGUNG. In der Dialogbox verschoben wir den Sättigungsregler nach rechts **1c**.

2 Örtliche Anpassungen auswählen. Jetzt können Sie mit dem Protokoll-Pinsel verschiedene Anpassungen in unterschiedlichen Bildbereichen vornehmen, ohne den Bereich vorher mit dem Lasso oder dem Zeichenstift auswählen zu müssen. Wir wollten die Wolken und den Himmel etwas abdunkeln (nachbelichten) und den Vordergrund aufhellen (abwedeln). Wir

2a

Dunkeln Sie die Tonwerte der Lichter etwas nach (Gradationskurven).

2b

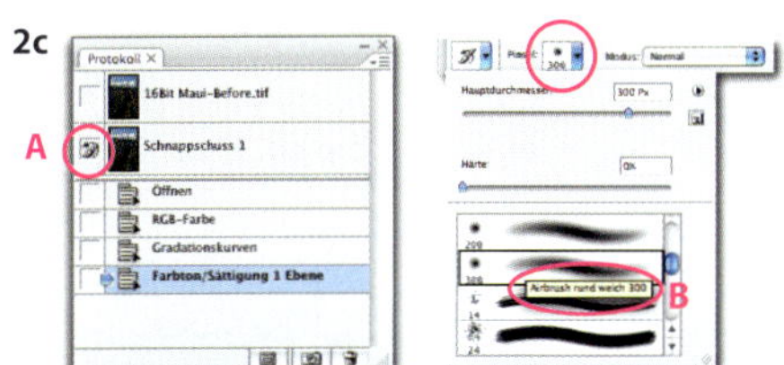

Erstellen Sie einen Protokoll-Schnappschuss der Gradationskurven-Einstellung.

2c

A

B

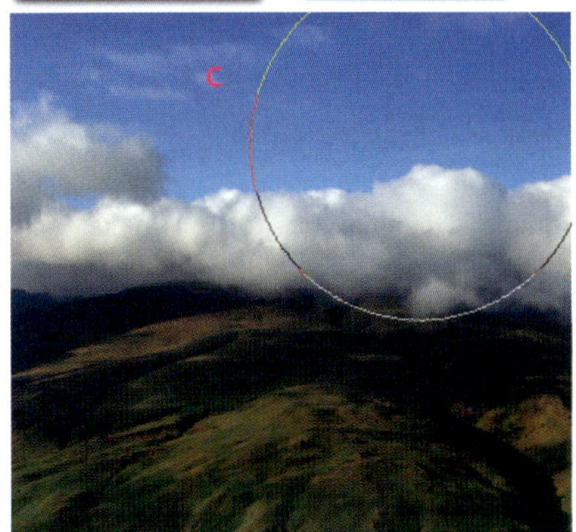

Als Quelle für den Protokoll-Pinsel wurden der Schnappschuss **A** und eine runde, weiche Pinselspitze ausgewählt **B**, um den Schnappschuss nur auf einige Bildbereiche anzuwenden **C**.

wählten Bild/Anpassen/Gradationskurven und klickten in der Dialogbox mit gedrückter ⌘/Strg-Taste in einen hellgrauen Bereich der Wolken, um einen Punkt auf der Kurve zu erzeugen. Anschließend drückten wir die Pfeiltaste nach unten, um das Bild abzudunkeln, die Details jedoch zu erhalten **2a**. (Sie brauchen keine Angst zu haben, dass auch andere Bildbereiche abgedunkelt werden, im nächsten Schritt stellen Sie die Tonwerte wieder her.)

Klicken Sie nun in der Protokoll-Palette mit gedrückter ⌥/Alt-Taste auf den Button Neuen Schnappschuss erstellen (unten in der Palette); geben Sie dem Schnappschuss einen eindeutigen Namen **2b**. In diesem Schnappschuss speichern Sie vorübergehend das angepasste Bild, um es mit dem Protokoll-Pinsel zu nutzen. Sobald der Schnappschuss in der Protokoll-Palette erscheint, können Sie die Gradationskurven-Einstellung rückgängig machen (⌘/Strg-Z).

Klicken Sie im Anschluss in die Spalte links neben der Schnappschuss-Miniatur, um dieses Stadium der Datei als Quelle für den Protokoll-Pinsel auszuwählen. Aktivieren Sie in der Werkzeug-Palette den Protokoll-Pinsel und wählen Sie in der Optionsleiste eine weiche, große Pinselspitze (300 Pixel) aus. Jetzt können Sie klicken und ziehen, um die Gradationskurveneinstellung in den gewünschten Bereichen anzuwenden; wir malten über die Wolken und den Himmel **2c**.

Mit derselben Technik (Bild anpassen, Schnappschuss erstellen, rückgängig machen, Schnappschuss als Quelle auswählen und mit dem Protokoll-Pinsel malen) hellten wir den Vordergrund unseres Fotos auf **2d**.

2d

A

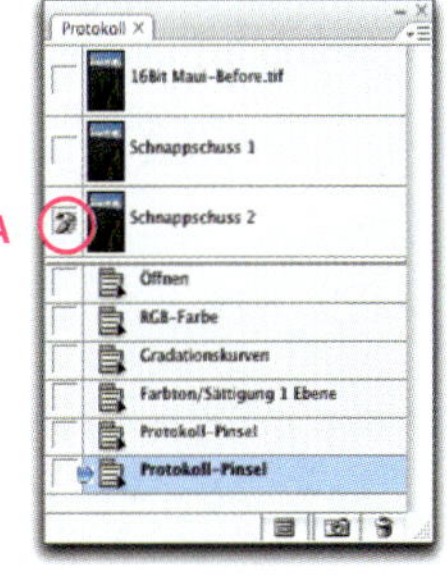

Von der zweiten Gradationskurveneinstellung (abwedeln) wurde ebenfalls ein Schnappschuss erstellt. Er diente als Quelle für den Protokoll-Pinsel **A**, um einige Vordergrundbereiche aufzuhellen **B**.

3a

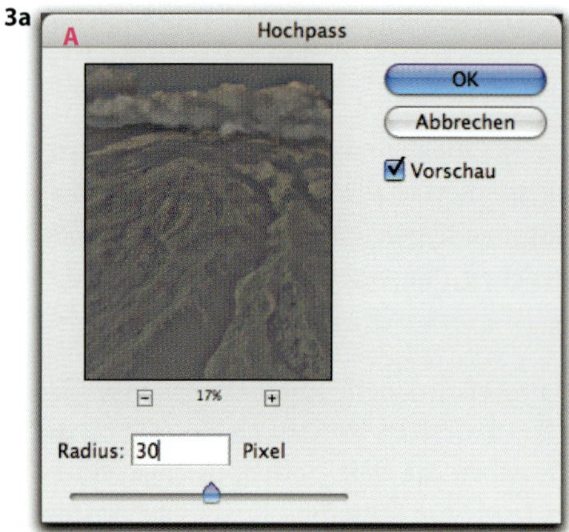

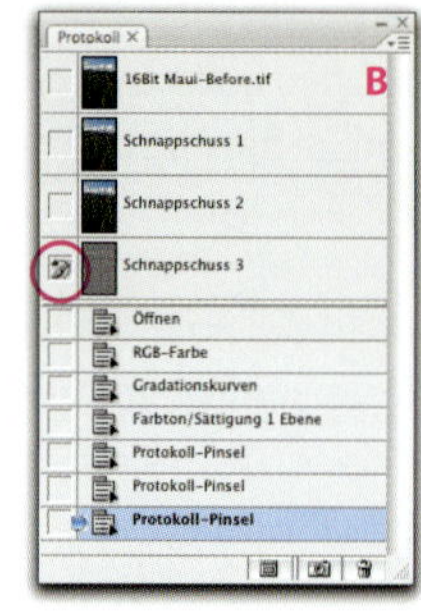

Wir wendeten den Hochpass-Filter an **A**, erstellten einen Schnappschuss, den wir als Quelle für den Protokoll-Pinsel auswählten **B** und machten den Filter wieder rückgängig.

3b

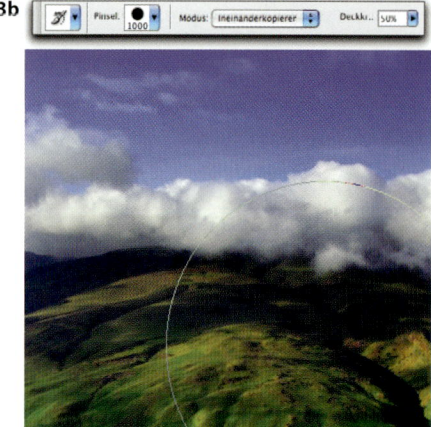

Um nur die hellen und dunklen Attribute des Hochpass-Filter-Schnappschusses auf das gesamte Bild anzuwenden, änderten wir den Modus des Protokoll-Pinsels in ÜBERLAGERN/INEINANDERKOPIEREN, die Deckkraft auf 50% und die Pinselgröße auf 1000 Pixel. So konnten wir den Filtereffekt mit nur einem Pinselstrich anwenden.

Der 32-Bit-Modus benötigt noch mehr RAM als der 16-Bit-Modus. Von den Befehlen unter BILD/ANPASSEN funktionieren nur folgende: KANALMIXER, FOTOFILTER und BELICHTUNG, IN CS3 auch TONWERTKORREKTUR, AUTO-Befehle und FARBTON/SÄTTIGUNG. Weil der Protokoll-Pinsel eines der wenigen Werkzeuge ist, die auch in diesem Modus funktionieren, können Sie Ihre Bilder mit einem dieser Befehle korrigieren, einen Schnappschuss erstellen, die Einstellung rückgängig machen und die Änderungen mithilfe des Schnappschusses wieder ins Bild malen, wie eben für 16-Bit-Bilder beschrieben. Selektive Änderungen wie diese sind nützlich, wenn die Datei für ein anderes Programm bestimmt ist – außerdem erzeugen Sie schönere Ergebnisse, wenn Sie die Datei später in 8 oder 16 Bit/Kanal umwandeln.

3 Hochpass-Filter. Im 16-Bit-Modus können Sie die Protokoll-Pinsel-Technik auch zusammen mit dem Hochpass-Filter anwenden, den Sie unter FILTER/SONSTIGE finden. Bei höheren Einstellungen (hier 30) kann der Filter auch in Farbübergängen den Kontrast verstärken. Wir folgten im Wesentlichen dem Ablauf aus Schritt 2, nur dass wir eben nicht die Gradationskurven anpassten, sondern den Hochpass-Filter anwendeten **3a**, den Schnappschuss aufnahmen, den Filter rückgängig machten und den Schnappschuss als Quelle für den Protokoll-Pinsel einstellten. Die hellen Bereiche des gefilterten Bildes müssen aufgehellt, die dunklen abgedunkelt werden, während die Mitteltöne gleich bleiben. Verwenden Sie dazu den Modus ÜBERLAGERN/INEINANDERKOPIEREN, einen der Modi, bei denen 50% keinen Effekt hat. Wir wählten in der Optionsleiste als Modus für den Protokoll-Pinsel also ÜBERLAGERN/INEINANDERKOPIEREN **3b**. Mit einer großen, harten Pinselspitze und einer Deckkraft von 50% konnten wir mit nur einem Pinselstrich über das gesamte Bild malen und den Filtereffekt mit halber Stärke anwenden. Mit einer kleineren Pinselspitze und einer noch geringeren Deckkraft malten wir noch einmal über spezielle Bereiche.

Hinweis: Der Befehl BEARBEITEN/VERBLASSEN funktioniert auch im 16-Bit-Modus. Sie können also auch den Filter anwenden und statt des Schnappschusses und des Protokoll-Pinsels den Befehl BEARBEITEN/VERBLASSEN wählen, um die Deckkraft zu reduzieren und den Modus in ÜBERLAGERN/INEINANDERKOPIEREN zu ändern. Für präzise Kontrolle müssen Sie aber schon die eben beschriebene Technik mit dem Protokoll-Pinsel anwenden. (Den Hochpass-Filter und BEARBEITEN/VERBLASSEN gibt es auch im 32-Bit-Modus, allerdings den Modus ÜBERLAGERN/INEINANDERKOPIEREN nicht.)

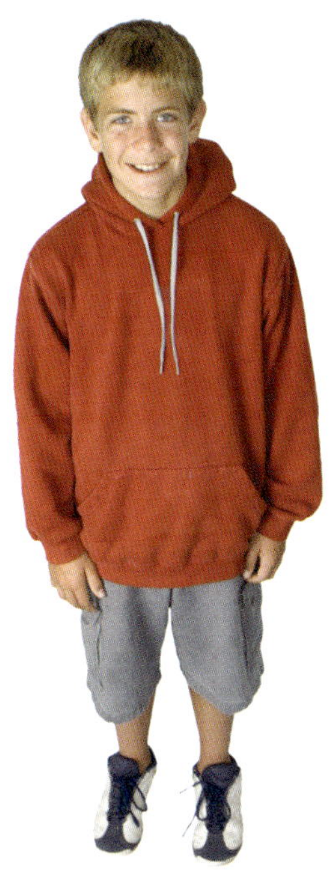

Kontrolliertes Umfärben

SIE FINDEN DIE DATEIEN

auf der DVD unter Wow Projektdateien/ Kapitel 4/kontrolliertes Umfaerben:

- Roter Pullover-Vorher.psd (Beginn)
- Grüner Pullover-Nachher.psd (Vergleich)
- Gelber Pullover-Nachher.psd (Vergleich)

ÖFFNEN SIE DIESE PALETTEN

aus dem Fenster-Menü:

• Werkzeuge • Ebenen • Kanäle • Info

ÜBERBLICK

Erstellen Sie ein eigenes Farbfeld • Wählen Sie das Element aus, das umgefärbt werden soll

CMYK : Erstellen Sie eine Volltonfarbebene • Passen Sie Luminanz und Sättigung an, bis die Farbe zum Farbfeld passt

Lab: In den Lab-Modus umwandeln • Farbaufnehmer hinzufügen • Eine Gradationskurvenebene hinzufügen und die Farben anhand der Zahlenwerte anpassen

Bei vielen Drucksachen, die in Photoshop erstellt werden, ist es sinnvoll, im RGB-Modus zu arbeiten, ein Duplikat der Datei zu erstellen und dieses dann in CMYK umzuwandeln. Wollen sie jedoch eine spezielle Farbe anpassen – beispielsweise in einem Katalog –, ist es besser, im CMYK-Modus zu beginnen. So haben Sie ein klares und eindeutiges Ziel vor Augen – eines, das Sie mit einer Farbtafel überprüfen können und das sich bei der RGB-CMYK-Umwandlung nicht verändern kann.

Eine andere Möglichkeit, die oft bessere Ergebnisse erzielt und weniger Aufwand erfordert, ist die Umwandlung von CMYK in Lab-Farbe. Nehmen Sie in diesem Modus Farbänderungen vor und wandeln die Datei für den Druck anschließend wieder in CMYK um. Lab-Farbe ist der geschickteste Modus für Farbänderungen, weil Sie bei ihm die Luminanz (Helligkeit oder Dunkelheit) unabhängig vom Farbton und der Sättigung kontrollieren können. In diesem Projekt werden wir den Pullover im CMYK-Farbmodus zunächst von Rot in Grün umfärben. **CMYK funktioniert ganz gut bei Farben mit ähnlicher Helligkeit und Sättigung, auch wenn es sich um sehr unterschiedliche Farbtöne handelt.** Dann werden wir wieder mit dem roten Pullover beginnen, ihn jedoch dieses Mal im Lab-Modus umfärben. **Lab-Farbe funktioniert am besten, wenn es zwischen dem Original und der neuen Farbe deutliche Unterschiede in der Sättigung oder dem Tonwert gibt.** Es lohnt sich also, bei solchen Projekten den eher ungewöhnlichen Lab-Farbraum zu verwenden!

1a

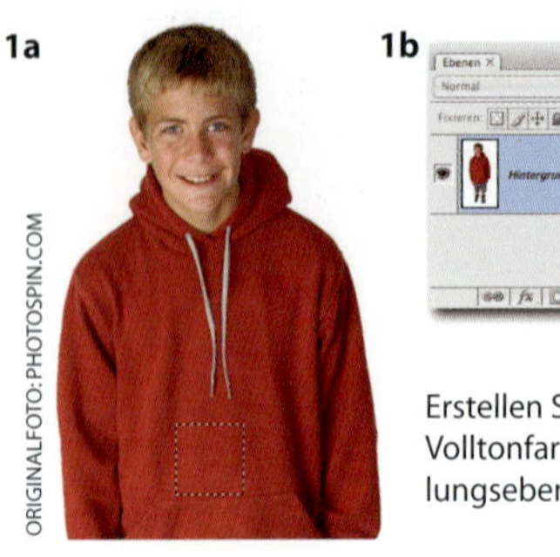

ORIGINALFOTO: PHOTOSPIN.COM

Erstellen Sie eine Auswahl für das Farbfeld.

1b

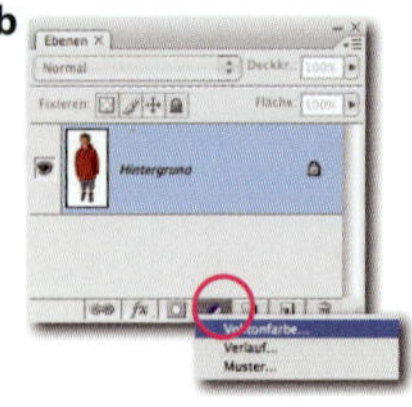

Erstellen Sie eine Volltonfarbe-Einstellungsebene.

1c

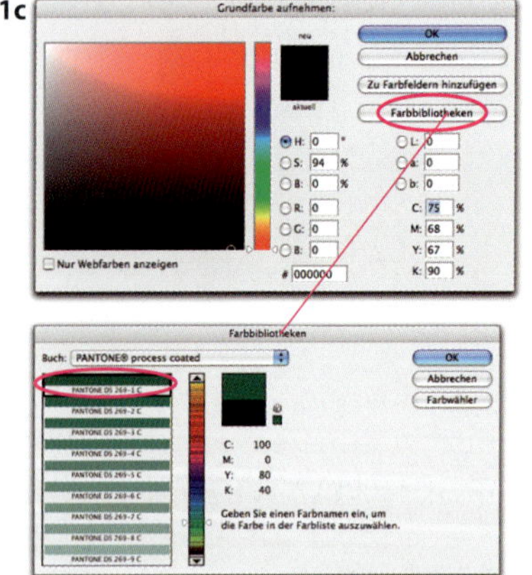

Wählen Sie die Farbe für das Farbfeld aus.

1d

Das eigene Farbfeld.

2a

Der Hintergrund wurde mit dem Zauberstab ausgewählt, die Auswahl umgekehrt.

DER GRÜNE PULLOVER (CMYK-FARBE)

1 Ein Farbfeld erstellen. Öffnen Sie das Foto, das Sie umfärben wollen; in der Datei **Roter Pullover-Vorher.psd** wollten wir das Sweatshirt grün umfärben. Duplizieren Sie die Datei (BILD/BILD DUPLIZIEREN) und schließen Sie das Original. Falls sich die Datei nicht im CMYK-Modus befindet, wählen Sie BEARBEITEN/FARBEINSTELLUNGEN und aktivieren Sie die Farbeinstellung Ihres Druckers. Wählen Sie anschließend BILD/MODUS/CMYK-FARBE. Wir gehen davon aus, dass wir die Datei allerdings schon im CMYK-Modus vom Kunden bekommen haben.

Erstellen Sie eine Füllebene für ein Vergleichsfarbfeld: Erzeugen Sie eine Auswahl in der gewünschten Größe des Farbfeldes (achten Sie darauf, dass sich in dem Bereich weder deutliche Schatten noch Lichter befinden); wir verwendeten dafür das Auswahlrechteck **1a**, klicken Sie auf den Button NEUE FÜLLEBENE ODER EINSTELLUNGSEBENE ERSTELLEN und wählen Sie VOLLTONFARBE **1b**. Wählen Sie im Farbwähler die gewünschte Farbe aus; wir suchten die Farbe Pantone Process 269-1, weshalb wir auf den Button FARBBIBLIOTHEKEN **1c** klickten, PANTONE® PROCESS COATED und die Farbe 269-1 auswählten. Mit einem Klick auf OK erstellten wir die Füllebene **1d**.

FARBWERTE EINGEBEN

In der Farbbibliotheken-Dialogbox können Sie eine Pantone-Farbe auch ohne Scrollen auswählen, indem Sie die Farbnummer eingeben.

2 Das Element auswählen. Wählen Sie nun das Element zum Umfärben aus.▼ In der Datei **Roter Pullover-Vorher.psd** ist bereits eine Auswahl des Pullovers als Alphakanal gespeichert; den erstellten wir wie in Schritt 4 beschrieben. Sie können den Prozess abkürzen, indem Sie einfach mit gedrückter ⌘/Strg-Taste auf die Miniatur des Shirt-Kanals in der Kanäle-Palette klicken, um ihn als Auswahl zu laden.

Weil der Junge vor einem weißen Hintergrund steht, können Sie für die Auswahl den Zauberstab verwenden; in CS3 das Schnellauswahl-Werkzeug – ziehen Sie damit direkt über dem roten Pullover; aktivieren Sie in der Optionsleiste die Optionen GLÄTTEN, BENACHBART und ALLE EBENEN AUFNEHMEN sowie eine TOLERANZ von 0. Klicken Sie anschließend in den weißen Hintergrund. Kehren Sie die Auswahl mit ⌘/Strg-I um, damit der Junge ausgewählt ist **2a**. Wir subtrahierten von der Auswahl anschließend alles das, was nicht zum Sweatshirt gehört: Aktivieren Sie dazu das MAGNETISCHE LASSO im Modus VON DER AUSWAHL SUBTRAHIEREN und fahren Sie mit dem Werkzeug entlang der Kanten, ohne die Maustaste zu drücken; das Lasso erkennt die Kanten an den meisten Stellen automatisch **2b**, dort, wo es Schwierigkeiten hat, können

MEHR DAVON

▼ Auswahlmethoden
Seite 52

2b 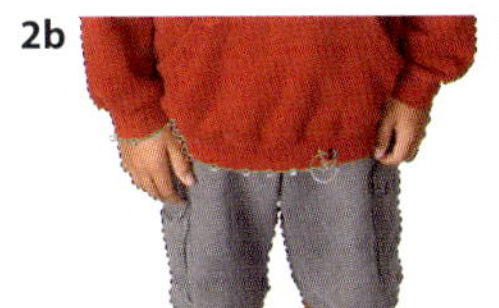

Verkleinern Sie die Auswahl mit dem Lasso im Modus VON DER AUSWAHL SUBTRAHIEREN.

2c 

Entfernen Sie den Bereich unterhalb des Sweatshirts aus der Auswahl.

Sie klicken, um Punkte wie mit dem Polygonlasso zu setzen. Erstellen Sie also eine Auswahl und klicken Sie am Ende wieder auf den Ausgangspunkt **2c**; die Auswahl enthält jetzt nur noch das Sweatshirt. Die Auswahl speicherten wir als Alphakanal, um jederzeit wieder auf sie zugreifen zu können, falls wir einen Fehler machen (AUSWAHL/AUSWAHL SPEICHERN).▼ Auch Kopf und Hals wurden aus der Auswahl entfernt und im selben Alphakanal gespeichert **2d**.

2d 

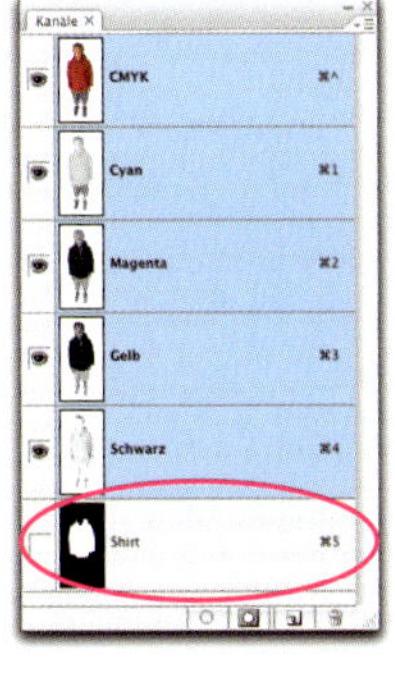

Die Auswahl wurde als Alphakanal gespeichert.

3 Umfärben in CMYK. Mit aktiver Auswahl und Bildebene (klicken Sie dazu auf die Miniatur in der Ebenen-Palette) können Sie nun eine Volltonfarbe-Füllebene wie in Schritt 1 hinzufügen. Halten Sie beim Klicken auf den Button dieses Mal jedoch die ⌥/Alt-Taste gedrückt, um die Dialogbox NEUE EBENE zu öffnen **3a**. Geben Sie der Ebene einen Namen und wählen den Modus FARBTON, klicken Sie anschließend auf OK. Wählen Sie dieselbe Farbe wie in Schritt 1 **3b**.

3a 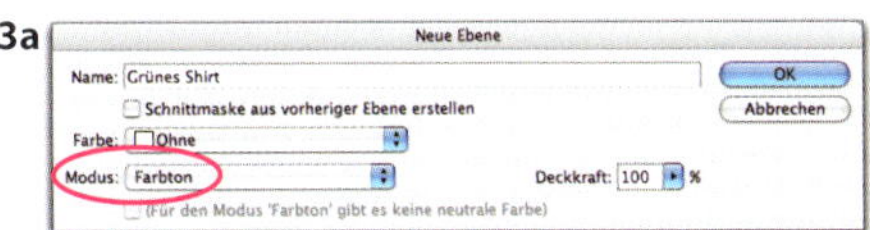

Färben Sie das Shirt mit einer Volltonfarbe-Einstellungsebene im Modus FARBTON ein.

4 Die Maske kontrollieren. Sie sehen jetzt sofort, ob die erstellte Maske perfekt passt oder nicht. Wenn Sie an den Kanten des grünen Sweatshirts rote Kanten sehen oder das Grün ausläuft, klicken Sie auf die entsprechende Maskenminiatur in der Ebenen-Palette, um die Maske anzupassen **4**.▼

3b 

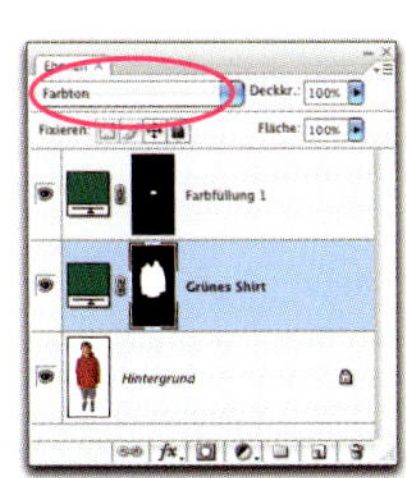

Im Moment ist der Pullover dunkler als das Farbfeld. Die Bänder wurden nicht mit eingefärbt, weil sich die Ebene im Modus FARBTON befindet.

5 Farbe anpassen. Wenn die Kanten sauber und geglättet sind, können Sie reflektierte Farben korrigieren – wie in diesem Bild das Rot, das auf dem Hals reflektiert wird. Aktivieren Sie den Pinsel mit einer geringen Deckkraft und klicken Sie dann auf das kleine Dreieck rechts neben der Pinselminiatur in der Optionsleiste, um den Pinselwähler zu öffnen; aktivieren Sie eine runde Pinselspitze, die die passende Größe für den Hals hat (wir wählten 9 Pixel), wählen Sie für die Kantenschärfe 50% und eine Deckkraft von 10%. Mit Weiß als Vordergrundfarbe (drücken Sie, wenn nötig, die Taste X) zentrierten wir die Pinselspitze auf der Halskante und malten entlang dieser, um den roten Farbton zu dämpfen **5**.

MEHR DAVON

▼ Auswahlen speichern **Seite 64**

▼ Masken bereinigen **Seite 63**

4

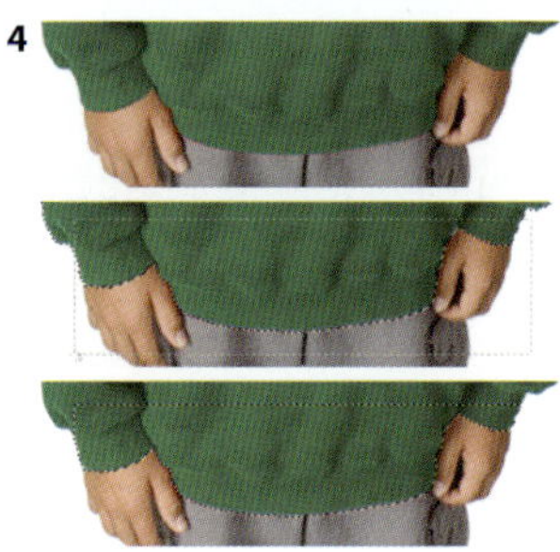

Eine dünne rote Linie an der Unterkante des Sweatshirts (oben) zeigt, dass die Maske angepasst werden muss. Wir luden die Maske als Auswahl und verschoben sie mithilfe der Pfeiltaste etwas nach unten (Mitte). Die Überschneidung wählten wir mit dem Auswahlrechteck aus (unten) und füllten die Auswahl mit Weiß.

5

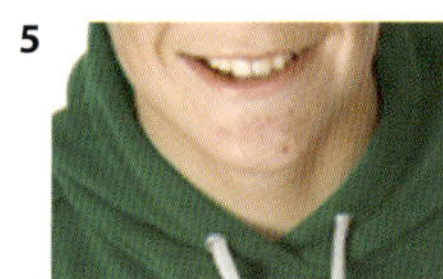

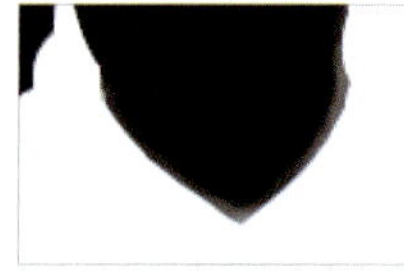

Wir malten auf der Maske, um die roten Reflexionen auf dem Hals zu neutralisieren.

6a

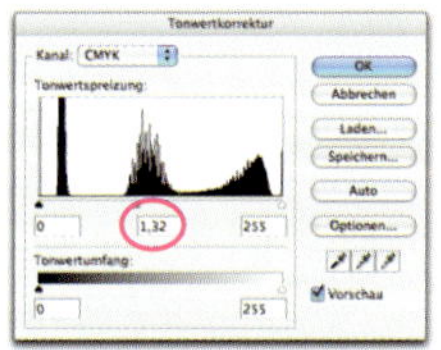

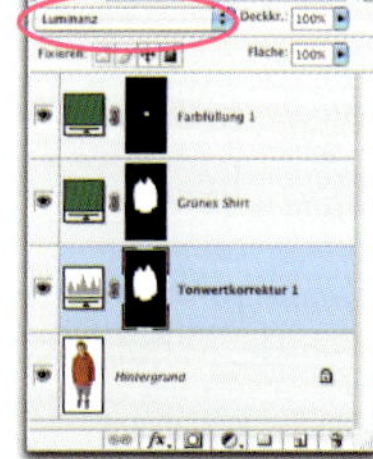

Mit einer Tonwertkorrektur-Einstellungsebene im Modus LUMINANZ über dem Originalbild wurde der Gammawert angepasst, bis das Sweatshirt-Grün mit dem erstellten Farbfeld übereinstimmte.

6b

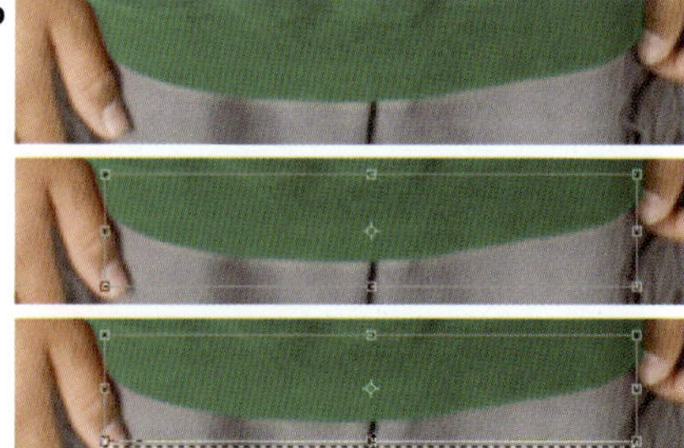

Wir aktivierten die Einstellungsebene und drückten ⌘/Strg-T (BEARBEITEN/FREI TRANSFORMIEREN), um die Unterseite des Rahmens ein wenig hoch zu ziehen, die Ebenenmaske zu verkleinern und die hellen Striche zu entfernen.

6 Die neue Farbe bearbeiten. Vergleichen Sie jetzt das erstellte Farbfeld mit der Farbe des Sweatshirts. Falls die Originalfarbe und die eigene Farbe eine ähnliche Dichte aufweisen – sie ähnlich hell oder dunkel und gleichmäßig gesättigt sind, auch wenn es sich um komplementäre Farbtöne handelt –, sind Sie jetzt möglicherweise fertig. Ist das umgefärbte Element jedoch etwas heller oder dunkler als das Farbfeld (wie hier **3b**), müssen Sie die Luminanz anpassen. Wir wendeten eine Tonwertkorrektur an, um die Luminanz des darunterliegenden Sweatshirts anzupassen: Laden Sie die Pullover-Auswahl, indem Sie mit gedrückter ⌘/Strg-Taste auf die Maskenminiatur der Füllebene klicken. Klicken Sie in der Ebenen-Palette anschließend auf die Miniatur der Hintergrundebene, damit die Einstellungsebene, die Sie gleich hinzufügen werden, direkt darüber erstellt wird (und sich nur auf das Originalfoto auswirkt). Klicken Sie mit gedrückter ⌥/Alt-Taste auf den Button NEUE FÜLLEBENE ODER EINSTELLUNGSEBENE ERSTELLEN ◐ und wählen Sie TONWERTKORREKTUR. Aktivieren Sie für die neue Ebene den Modus LUMINANZ, um nur die Helligkeitswerte anzupassen. Verschieben Sie in der Tonwertkorrektur-Dialogbox den Gammaregler etwas nach links, um das Sweatshirt aufzuhellen **6a** und klicken Sie anschließend auf OK. Am unteren Rand sehen Sie jetzt noch einen hellen Streifen – kürzen Sie die Tonwertkorrektur-Einstellungsebene, um diesen zu entfernen **6b**. Das Ergebnis sehen Sie auf Seite 223.

Falls das Element nach dem Aufhellen oder Abdunkeln immer noch etwas stärker oder weniger stark gesättigt aussieht, können Sie eine Farbton/Sättigung-Einstellungsebene im Modus SÄTTIGUNG hinzufügen (unterhalb der Ebene mit dem Farbfeld) und die Sättigung anpassen.

Hinweis: Diese Anpassung der Sättigung eignet sich jedoch nur für kleinere Korrekturen; bei größeren wird es schwierig, die neutralen Lichter und Tiefen zu schützen. Wenden Sie in solchen Fällen am besten die Lab-Methode an.

DER GELBE PULLOVER (LAB-FARBE)

Bei Farbänderungen schützt der Lab-Modus feine Übergänge und Schattierungen im Bild. Der Lab-Farbraum ist sehr groß und bietet mehr Farben, als ein Monitor anzeigen oder eine Satzmaschine drucken kann. Für deutliche Farbänderungen ist er jedoch sehr gut geeignet, weil Sie die Luminanz separat vom Farbton und der Sättigung steuern und kontrollieren können. Sie können drastische Farbänderungen vornehmen und gleichzeitig die Details in den Tiefen und Lichtern sowie die neutralen Farben erhalten.

Schnelle Farbänderungen

Wenn Sie keine spezielle Farbe erzielen müssen, können Sie die Farbe eines ausgewählten Bildbereichs auch schnell und einfach ändern, indem Sie eine Einstellungsebene erstellen und den Farbtonregler in der Farbton/Sättigung-Dialogbox verschieben. Aktivieren Sie die Checkbox FÄRBEN, um auch wirklich die Farbe anzuwenden, die Sie in der Dialogbox auswählen. Ohne die Option würden alle Farben nur um eine gewisse Strecke auf dem Farbkreis verschoben. Das würde bedeuten, dass Lichter und Schatten, die im Original ihren eigenen Farbton besaßen, nach der Bearbeitung die falsche Farbe hätten – sowohl in Bezug auf die neue Farbe als auch auf die Lichter und Schatten im Rest des Originalbildes.

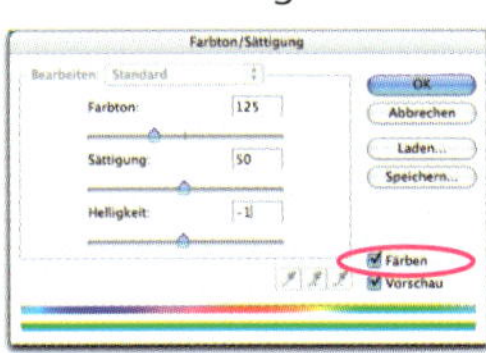

1

Das Farbfeld Pantone 309-6 wurde zur Datei **Roter Pullover-Vorher.psd** hinzugefügt.

2

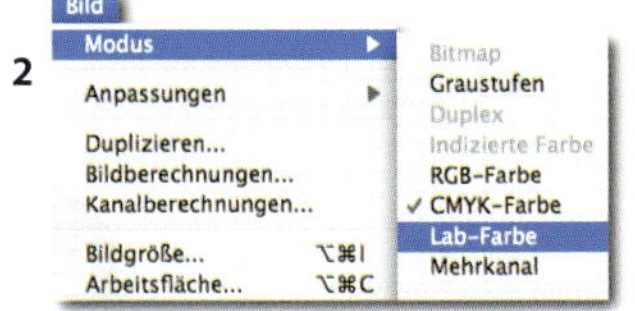

Umwandlung von CMYK in Lab-Farbe.

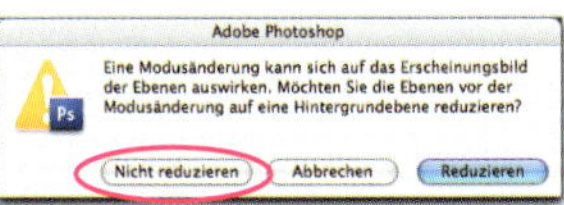

3a

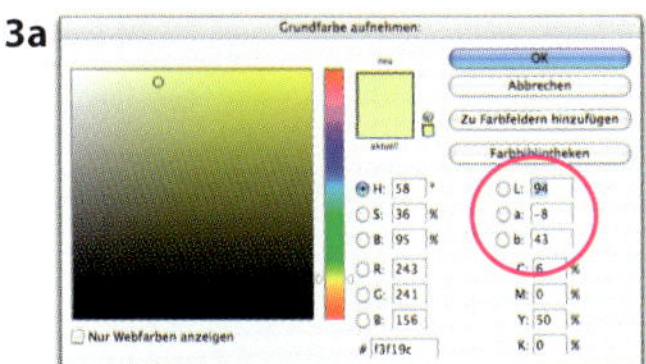

Die Lab-Werte für die Farbe Pantone 369-6.

Sie können auch hier die Farbe nach Augenmaß auswählen. Jedoch gibt es im Lab-Modus einen Vorteil, wenn Sie die Zahlenwerte der Farbe verwenden – Sie können sich auf die Farben verlassen (siehe Seite 230). Im Lab-Modus ist es auch besonders einfach, die Zahlenwerte zu nutzen.

1 Ein Farbfeld erstellen. Öffnen Sie das Foto, das Sie umfärben wollen; auch hier begannen wir mit der Datei **Roter Pullover-Vorher.psd**. Folgen Sie Schritt 1 der vorhergehenden Technik (Seite 224), um die Datei zu duplizieren **1**; die eigene Farbe hier war **Pantone Process Color 309-6**.

2 In Lab-Farbe umwandeln. Wandeln Sie das Bild um, indem Sie BILD/MODUS/LAB-FARBE wählen **2**. Klicken Sie in der Warndialogbox auf NICHT REDUZIEREN – die Ebenen der Datei sind Bildebenen im Modus NORMAL, was keine Probleme bei der Umwandlung verursacht (auch wenn die Warnung erscheint).

Weil der Lab-Modus alle Farben des RGB- und CMYK-Farbraums beinhaltet, brauchen Sie keine Angst zu haben, bei der Umwandlung irgendwelche Bilddaten zu verlieren. Und weil Sie nur mit einer begrenzten Anzahl Farben arbeiten, werden Sie auch keine Farben erzeugen, die zu Problemen führen, wenn Sie das Bild wieder in CMYK umwandeln.

3 Die Lab-Werte finden. Um die Vorteile exakter Farbwerte nutzen zu können, müssen Sie die Lab-Zusammensetzung der gewünschten Farbe kennen. Klicken Sie in der Ebenen-Palette doppelt auf die Miniatur der Farbfeldebene, um die Farbbibliotheken-Dialogbox zu öffnen. Klicken Sie im Anschluss auf den Button FARBWÄHLER, um diesen einzublenden. Merken Sie sich die Werte »L«, »a« und »b« **3a** – für unser Gelb sind es diese Werte: »L«: 94, »a«: –8 und »b«: 43.

Bevor wir weitermachen, hilft Ihnen vielleicht eine kurze Erklärung der Lab-Werte **3b**. Der **»L«-Wert (Luminanz)** reicht von 0 bis 100, wobei 100 der Farbe Weiß entspricht. Die Werte »a« und »b« repräsentieren eine Achse mit jeweils komplementären Farben an den beiden Enden. Das **»a«-Kontinuum reicht von Grün bis Magenta** und die **»b«-Achse von Blau bis Gelb**. Die **warmen Farben Magenta und Gelb werden durch positive Werte dargestellt**; die **»kalten« Farben Grün und Blau durch negative Werte**. Der Gesamtbereich reicht von –128 bis +127. Die meisten Farben im CMYK-Farbraum haben Werte zwischen –80 und +80. Wenn Sie von einem Extrem zum anderen wechseln, gelangen Sie auf der Achse an den Punkt, wo sich beide Gegensätze aufheben; dieser Punkt, **Null (0) auf der »a«- oder »b«-Achse ist neutral** (farblos – weiß, schwarz oder grau, je nach »L«-Wert, 110, 0 oder dazwischen).

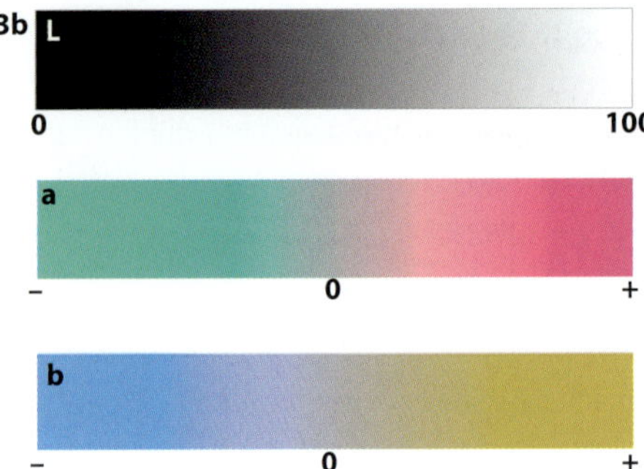

Im Lab-Modus wird die Farbe durch einen Helligkeitswert zwischen 0 und 100 und einen positiven oder negativen Wert für den a- und b-Kanal beschrieben.

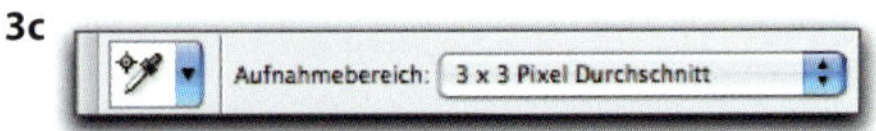

Die Einstellungen für den Farbaufnehmer.

Farbaufnehmer markieren einen Punkt auf dem Sweatshirt und einen auf dem Band, um für diese die Gradationskurven anzupassen.

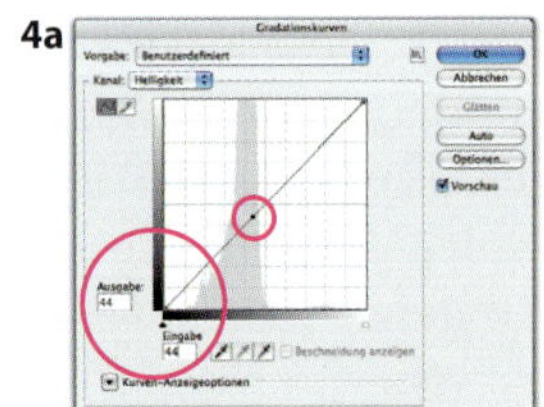

Wenn in der Gradationskurven-Dialogbox die Helligkeitskurve dargestellt wird, klicken Sie mit gedrückter ⌘/Strg-Taste auf den Punkt auf dem Pullover, um einen Punkt auf der Kurve zu erstellen. Weil Sie dir Kurve bisher noch nicht geändert haben, sind beide Werte gleich. (Falls Sie nur vier Spalten und Reihen sehen, klicken Sie mit gedrückter ⌥/Alt-Taste, um zehn Spalten einzublenden.)

Um einige Beispiele für Lab-Werte zu sehen, aktivieren Sie den Farbaufnehmer und in dessen Optionsleiste den Aufnahmebereich **3c** (3 × 3 Pixel Durchschnitt oder 5 × 5 Pixel Durchschnitt, nicht 1 Pixel). Klicken Sie in den roten Pullover, um einen Farbaufnehmer zu setzen; platzieren Sie einen zweiten in einem neutralen Bereich in einem der beiden Bänder **3d**. Wenn Sie in der Ebenen-Palette auf die Miniatur der Hintergrundebene klicken und einen Blick in die Info-Palette werfen, sehen Sie die Werte der Farbaufnehmer. Der »a«-Kanal ist positiv, die Farbe hat einen starken Magenta-Anteil. Auch der »b«-Wert ist positiv, aber nicht so stark wie Magenta – beide Kanäle sorgen dafür, dass das Sweatshirt intensiv rot erscheint. Um den Pullover gelb einzufärben, müssen wir den Luminanzwert erhöhen, der »a«-Kanal braucht etwas mehr Grün und der »b«-Kanal mehr Gelb. Die grauen Bänder sind nahezu neutral, die Luminanz ist allerdings etwas dunkler als Weiß – falls die gelben Sweatshirts des Kunden weiße Bänder besitzen, müssen diese hier etwas aufgehellt werden.

4 Gradationskurven im Lab-Modus. Für die Farbänderungen verwenden wir eine Gradationskurven-Einstellungsebene. Um nur die Farbe des Sweatshirts zu ändern, klicken Sie in der Kanäle-Palette mit gedrückter ⌘/Strg-Taste auf den entsprechenden Alphakanal, um die bereits erstellte Auswahl zu laden. Klicken Sie unten in der Ebenen-Palette anschließend auf den Button NEUE FÜLLEBENE ODER EINSTELLUNGSEBENE ERSTELLEN und wählen Sie GRADATIONSKURVEN. Bewegen Sie den Cursor über den Farbaufnehmer #1 und klicken Sie mit gedrückter ⌘/Strg-Taste, um einen Punkt auf der Helligkeitskurve zu erstellen **4a**. Wenn der Verlauf unterhalb der Kurve links schwarz und rechts weiß ist, wie in unserem Fall, wird die Kurve, die Sie erstellen, sich unserer anpassen – mit dunkleren Werten (kleineren Zahlen) links und helleren Werten (größeren Zahlen) rechts und oben. Falls Ihre Einstellungen genau umgekehrt sind, können Sie entweder auf die kleinen Dreiecke in der Mitte des Verlaufs klicken, um dessen Ausrichtung zu tauschen, oder Sie beachten einfach, dass Ihre Kurve das genaue Gegenteil unserer Kurve ist. Ändern Sie für den eben erstellten Ankerpunkt den Ausgabewert (der Eingabewert bleibt gleich) auf 94 – geben Sie diesen Wert einfach in das Eingabefeld ein **4b**. Beachten Sie, dass gleichzeitig auch die Bänder aufgehellt wurden.

Wählen Sie im Kanal-Menü der Gradationskurven-Dialogbox nun »a« aus. Setzen Sie auch hier einen Ankerpunkt (wie eben für den Helligkeitskanal) und ändern Sie den Ausgabewert in –

4b

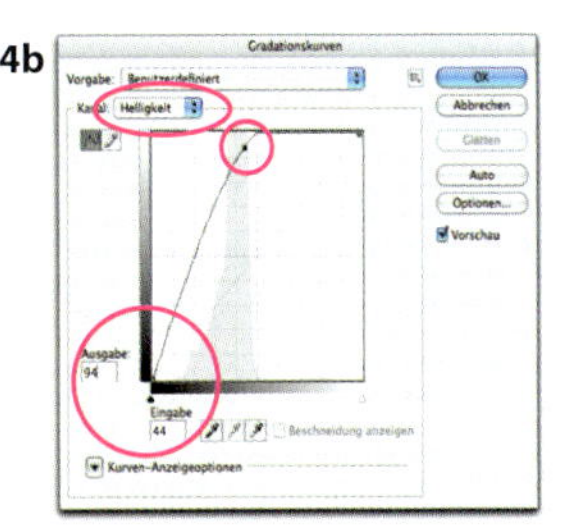

Geben Sie »94« (der Helligkeitswert für Pantone 309-6) in das Ausgabefeld ein, um das Shirt und die Bänder aufzuhellen.

4c

Verschieben Sie den Ankerpunkt nach unten, um die »a«-Kurve zu verringern und Magenta zu entfernen.

4d

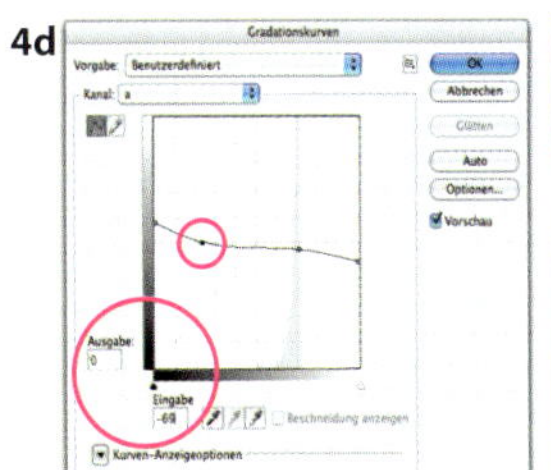

Fügen Sie einen zweiten Punkt hinzu, um die Helligkeit der Bänder anzupassen.

4e

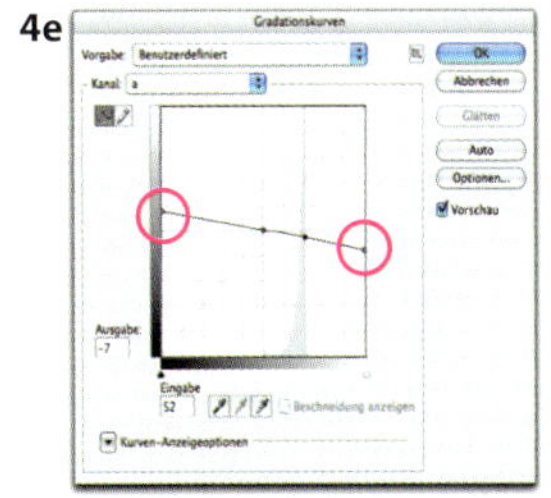

Verschieben Sie die Endpunkte, um die Kurve gerade auszurichten und die Farbübergänge zu glätten.

Präzise Gradationskurveneinstellungen

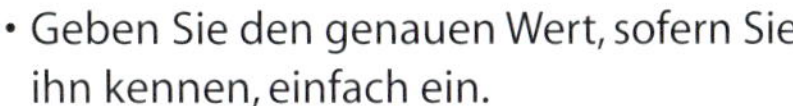

Wenn Sie den Ausgabewert eines Ankerpunktes auf der Kurve ändern und den Eingabewert erhalten wollen:

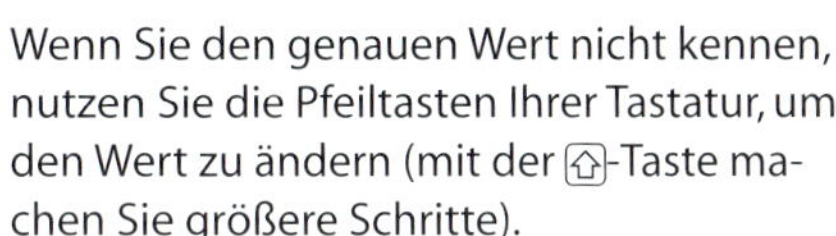

- Geben Sie den genauen Wert, sofern Sie ihn kennen, einfach ein.
- Wenn Sie den genauen Wert nicht kennen, nutzen Sie die Pfeiltasten Ihrer Tastatur, um den Wert zu ändern (mit der ⇧-Taste machen Sie größere Schritte).

8 – die »a«-Komponente unserer eigenen Farbe **4c**. Die Bänder sind jetzt nicht mehr neutral. Erstellen Sie für diese deshalb einen eigenen Ankerpunkt, indem Sie auf den Farbaufnehmer #2 klicken. Ändern Sie den Ausgabewert in 0 (neutral, denn sie sollen keinerlei Farbstiche aufweisen) **4d**. Weil sich gerade Linien in der Gradationskurven-Dialogbox am besten eignen, um die Beziehungen zwischen den Farben zu erhalten, ziehen Sie an den Enden der »a«-Kurve, um sie gerade auszurichten **4e**.

Jetzt ist das Sweatshirt zwar bereits gelb, allerdings wollen wir, dass es genau der Farbe Pantone 309-6 entspricht. Wählen Sie im Pop-up-Menü den »b«-Kanal aus, setzen Sie einen Ankerpunkt und ändern Sie den Ausgabewert in 43 (mehr Gelb). Setzen Sie auch hier einen Ankerpunkt für die Bänder und machen Sie sie neutral (wir drückten die Pfeiltaste nach oben, um für den Ausgabewert 2 einzustellen) **4f**.

Jetzt können wir die Farben anhand der Zahlenwerte in der Info-Palette miteinander vergleichen. Achten Sie auch auf die Tiefen und die Lichter. Unserer Meinung nach waren die Tiefen etwas zu intensiv. Aber zum Glück können wir im Lab-Modus die Tiefen aufhellen, ohne die Farbe zu verändern. Wir verschoben auf der Kurve des Helligkeitskanals einfach den schwarzen Ankerpunkt (in unserer Einstellung unten links) mit der ↑-Taste, um die Tiefen aufzuhellen und sie realistischer aussehen zu lassen **4g**.

5 Die Maske überprüfen. Überprüfen Sie die Maske wie in Schritt 4 auf Seite 225. Die Ösen und Bänder haben einige Details verloren. Deshalb malten wir mit Schwarz auf der Maske, um diese wiederherzustellen. Die Bänder wählten wir mit dem Zauberstab aus und füllten die Auswahl mit einem hellen Grau **5**.

Speichern und umwandeln. Um die Lab-Datei für eventuelle spätere Änderungen aufzuheben, speichern Sie sie im PSD-Format. Blenden Sie anschließend die Farbfeldebene aus (klicken Sie auf das Augen-Icon in der Ebenen-Palette) und wählen Sie

BILD/BILD DUPLIZIEREN/NUR ZUSAMMENGEFÜGTE EBENEN DUPLIZIEREN. (Einstellungsebenen werden nicht immer korrekt umgewandelt; wenn Sie die Ebenen vor der Umwandlung reduzieren, vermeiden Sie Probleme.) Mit BILD/MODUS/CMYK-FARBE können Sie den Ursprungsfarbraum wiederherstellen. Sie können die Datei aber auch in ein Profil für Ihren Drucker umwandeln. Unser Ergebnis sehen Sie auf Seite 223 oben.

4f

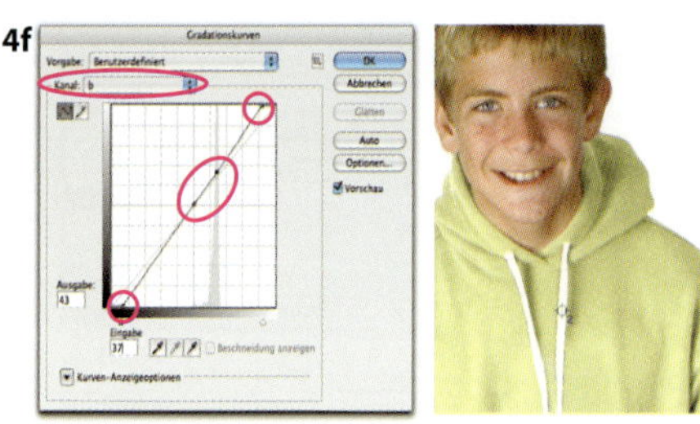

Auf der »b«-Kurve fügten wir einen Punkt für den Farbaufnehmer #1 hinzu und erhöhten den Ausgabewert. Auch für den Farbaufnehmer #2 erstellten wir einen Punkt und änderten den Ausgabewert. Wir verschoben die Endpunkte, um die Linie gerade auszurichten – die Kurve ist jetzt steiler, die Farbdefinition wird dadurch besser.

4g

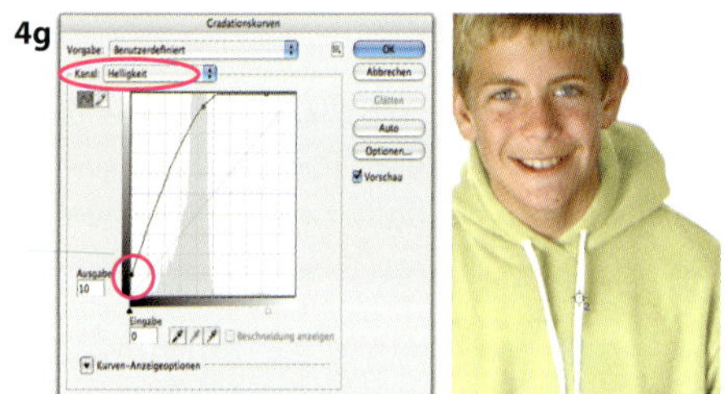

Im Helligkeitskanal verschoben wir den schwarzen Ankerpunkt, um die Tiefen aufzuhellen.

5

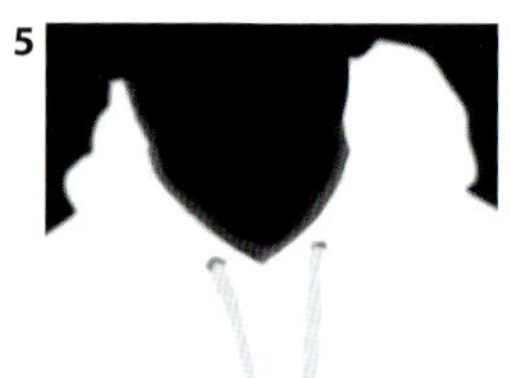

Wenn Sie mit Schwarz auf der Maske malen, können Sie die Ösen wiederherstellen. Die Bänder wurden ausgewählt und mit 10% Schwarz gefüllt.

LAB-FARBE

Lab ist ein sehr leistungsfähiger Farbmodus. Es dauert auch nicht lange, mit ihm vertraut zu werden, wenn Sie den richtigen Ausgangspunkt wählen. Wenn Sie mehr über Lab-Farbe wissen wollen, kann ich Ihnen dieses Buch empfehlen: Dan Margulis:

»Photoshop LAB Color: Das Geheimnis des Canyons und andere Abenteuer im mächtigsten Farbraum der Welt« (Addison-Wesley).

WANN SIE AM BESTEN ZAHLEN EINGEBEN

Wenn Sie die Übereinstimmung mit einer bestimmten CMYK-Prozessfarbe anstreben, liegt die Kunst darin, den richtigen Bereich zu finden, den Sie dann mit Ihrer eigenen Farbe vergleichen – einen gut ausgeleuchteten Bereich ohne Schatten aber auch nicht auswaschen. In einem Foto mit Kleidungsstücken oder glänzenden Objekten kann das recht schwierig werden. Obwohl die Auswahl des richtigen Bereichs eine subjektive Angelegenheit ist, vermeiden wir oft den Umgang mit Zahlen und vergleichen doch mit unseren Augen, richtig? Diese Methode wurde auch auf Seite 224 verwendet – wo sie ganz passend ist.

Sie könnten das Bild aber auch in den Lab-Farbmodus umwandeln und die Zahlenwerte für den Vergleich heranziehen (wie auf Seite 226). Als Beispiel eignen sich unter anderem Objekte, deren Farbe Sie an andere Objekte, die sich auf einer gedruckten Seite befinden, anpassen müssen. Und so geht's: Mit CMYK-Farben können Sie gleiche Farben unterschiedlich herstellen. ▼ Das bedeutet, dass die Farbe, die Sie erzeugen, möglicherweise eine etwas andere Zusammensetzung hat als die Vergleichsfarbe, Sie beide Farben aber als identisch beurteilen. Der Unterschied auf dem Monitor ist so klein, dass Sie ihn nicht erkennen.

MEHR DAVON

▼ CMYK-Farben
Seite 185

Auch auf der gedruckten Seite fällt der Unterschied vielleicht nicht auf, obwohl das Risiko natürlich deutlich höher ist. Außerdem sehen einige CMYK-Druckfarben unter verschiedenen Lichtbedingungen anders aus. Wenn die Farbe, die Sie per Augenmaß erstellt haben, eine etwas andere CMYK-Zusammensetzung aufweist als die Referenzfarbe, die sich in der Nähe befindet, können diese Unterschiede unter verschiedenen Lichtbedingungen sichtbar werden. Lichtänderungen führen beispielsweise zu einem deutlich anderen Cyan als Magenta – wenn die beiden Farben unterschiedliche Anteile Cyan und Magenta enthalten, unterscheiden sie sich deutlicher, wenn die Lichtbedingungen wechseln. Sind die Farbzusammensetzungen exakt gleich, sind auch die Änderungen durch wechselnde Lichtbedingungen identisch.

Eine Volltonfarbe hinzufügen

SIE FINDEN DIE DATEIEN
auf der DVD unter Wow Projektdateien/ Kapitel 4/Volltonfarbe hinzufuegen:
- Volltonfarbe-Vorher.psd (zum Beginn)
- Volltonfarbe-Nachher.psd (zum Vergleich)

ÖFFNEN SIE DIESE PALETTEN
aus dem Fenster-Menü:
• Werkzeuge • Ebenen • Kanäle

ÜBERBLICK
Ein Graustufen- oder Farbbild vorbereiten • Bereiche für Schmuckfarben einrichten, ohne das Bild zu überdrucken • Für jede eigene Farbe einen Schmuckfarbkanal erstellen • Wählen Sie einen Bereich zum Überdrucken aus und füllen diesen bei reduzierter Deckkraft mit Schwarz • Eine Komposition vorbereiten • Kontaktieren Sie die Druckerei und nehmen Sie nötige Änderungen vor

1a

ORIGINALBILDER: PHOTOSPIN.COM

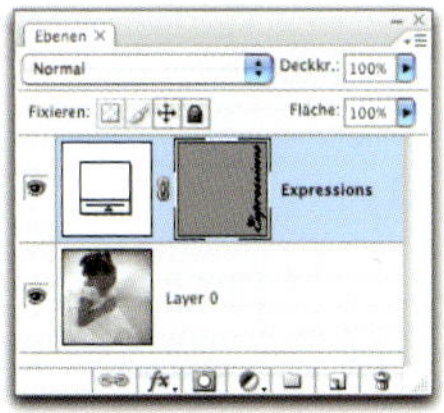

Wir begannen mit einem Graustufen-Hintergrundbild und fügten einen Schriftzug als Formebene hinzu.

Sonderfarben – oder Volltonfarben – eignen sich bestens, um eine spezielle Farbe anzuwenden oder eine Datei für einen T-Shirt- oder Posterdruck zu erstellen. Verwenden Sie Volltonfarben auch, wenn Sie einen fluoreszierenden oder metallischen Akzent setzen oder einen brillanten Farbton bzw. eine Pastellfarbe erzeugen wollen. In der Vergangenheit haben Designer Volltonfarben oft verwendet, um die Druckkosten gering zu halten; meistens war es günstiger, nur in Schwarz und einer (oder zwei) eigenen Farbe zu drucken, als einen Vierfarb-CMYK-Druck zu erstellen. Heutzutage ist es aufgrund der speziellen Farben und der veränderten Druckbedingungen oft teurer, eine Volltonfarbe zu drucken. Wenn ein Projekt bereits eine Volltonfarbe enthält, können Sie diese nutzen, um das Bild weiter aufzuwerten, ohne die Druckkosten zu erhöhen.

Durchdenken Sie das Projekt. Bei einem Etikett einer Bekleidungsfirma (oben zu sehen) wollten wir den Schwarzweißhintergrund mit den Firmenfarben aufwerten. (Sie können den Ansatz auch nutzen, um eigene Bilder mit einer Volltonfarbe zu versehen.) Die beiden Druckfarben aus der Pantone® Solid Coated-Serie (Pantone 708, ein Pink, und Pantone 266, ein Blauviolett) werden als Volltonfarben mit verringerter Deckkraft verwendet, um das Schwarzweißbild einzufärben.

Auch der Schriftzug erscheint in Pantone 266 mit einem weißen Schein. Mit Pantone 708 wird am rechten Rand ein farbiger

ILLUSTRATOR ODER INDESIGN

Um einen glatten Schriftzug oder eine Grafik in einer eigenen Farbe zu einem Foto hinzuzufügen, können Sie das Hintergrundbild auch in ein Zeichen- oder Layoutprogramm importieren und vektorbasierte Elemente lieber dort als in Photoshop hinzufügen. Volltonfarben werden in Photoshop immer als Kanäle angwendet, sind somit also immer pixelbasiert. In Adobe Illustrator oder Adobe InDesign hingegen können Sie die scharfen Kanten vektorbasierter Elemente schützen und die Ausstanzungen automatisch erzeugen.

1b

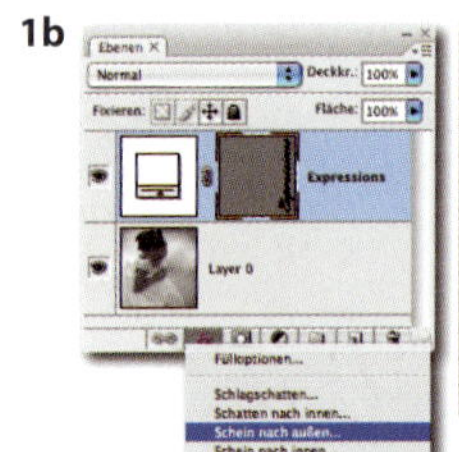

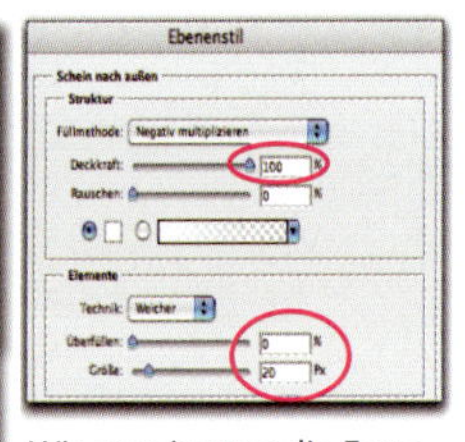

Wir erweiterten die Formebene um einen weißen Schein nach außen.

2a

Fügen Sie zur Hintergrundebene eine Ebenenmaske hinzu.

2b

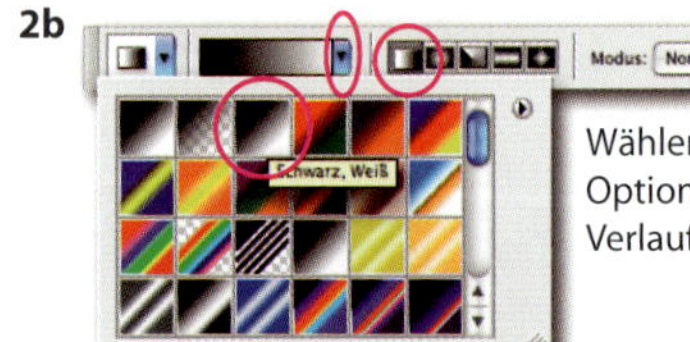

Wählen Sie die Optionen für das Verlaufswerkzeug.

2c

Wählen Sie die Ebenenmaske aus und ziehen mit dem Verlaufswerkzeug von rechts nach links über die Schrift.

Streifen erstellt. Im Graustufenbild werden Ausstanzungen (weiße Bereiche ohne schwarze Druckfarbe) für den Schriftzug und die Kante erstellt. Die Volltonfarben werden dort mit voller Intensität gedruckt. Wir brauchen auch dort Ausstanzungen, wo sich Elemente mit der eigenen Farbe überlappen (damit die Farben nicht überdruckt werden). Das Pink muss beispielsweise dort ausgestanzt werden, wo der violette Schriftzug den pinken Verlauf überlappt.

1 Vorbereiten. Erstellen Sie das Hintergrundbild. Wir wendeten auf die Datei **Volltonfarbe-Vorher.psd** den Filter EXTRAHIEREN an,▼ um eine Silhouette des Kindes zu erstellen. Wir fügten einen abstrakten Hintergrund hinzu, wandelten das Bild mithilfe des Kanalmixers in Graustufen um und wählten schließlich BILD/MODUS/GRAUSTUFEN.▼ Für den Schriftzug wählten wir die Schriftart Bickham Script, wandelten diese in eine Formebene um (EBENE/TEXT/IN FORM KONVERTIEREN) und drehten Sie senkrecht (BEARBEITEN/PFAD TRANSFORMIEREN/90° GEGEN UZS DREHEN) **1a**. Für den weißen Schein klickten wir unten in der Ebenen-Palette auf den Button EBENENSTIL HINZUFÜGEN *fx* und wählten SCHEIN NACH AUSSEN **1b**.▼

2 Ausstanzungen im Graustufenbild erzeugen. Die weiße Formebene stanzt automatisch das Graustufenbild aus. Um die Ausstanzung für den pinken Rand zu erstellen, aktivieren Sie die Fotoebene und klicken unten in der Ebenen-Palette auf den Button MASKE HINZUFÜGEN **2a**. Aktivieren Sie anschließend das Verlaufswerkzeug und wählen Sie in der Optionsleiste **2b** den Schwarzweißverlauf (der dritte im Verlaufswähler, der sich öffnet, wenn Sie auf das kleine Dreieck neben der Verlaufsminiatur in der Optionsleiste klicken).

Um auf der Maske einen Übergang von Schwarz (um das Bild auszublenden) zu Weiß (wo das Bild zu sehen ist) zu erstellen, klicken Sie in der Ebenen-Palette auf die Miniatur der Ebenenmaske. Positionieren Sie den Cursor dann ungefähr auf der vertikalen Grundlinie der Schrift (der Punkt, ab dem die pinke Farbe auslaufen soll), und ziehen Sie mit gedrückter ⇧-Taste nach links bis zur Oberkante des Buchstaben »s« **2c, 2d**.

3 Den ersten Volltonfarbenkanal erstellen. Überall dort, wo die eigene Farbe mit voller Intensität gedruckt wird, ist das Bild jetzt weiß oder transparent – im Schein wird keine Farbe gedruckt. Nutzen Sie die Ausstanzungen, um die Volltonfarbenkanäle zu erstellen. Wir erstellten zunächst den Kanal für den violetten Schriftzug: Laden

MEHR DAVON

▼ Der Extrahieren-Filter **Seite 60**

▼ Graustufenumwandlung **Seite 213**

▼ Auren **Seite 498**

2d

Der schwarze Rand der Ebenenmaske schafft Fläche für die Schmuckfarbe. Das graue Schachbrettmuster verdeutlicht Transparenz.

3a

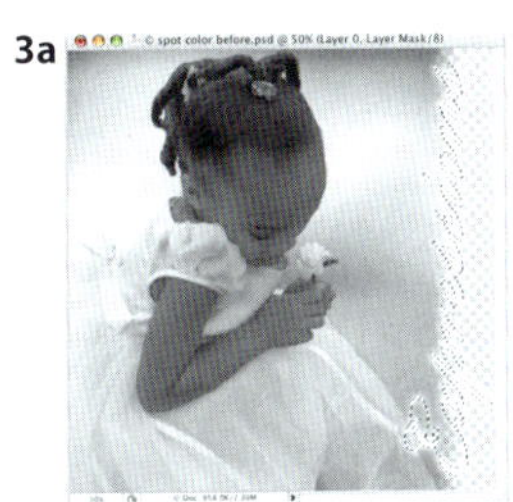

Der Schriftzug wurde als Auswahl geladen. Klicken Sie dazu mit gedrückter ⌘/Strg-Taste auf die Formebene in der Ebenen-Palette.

3b

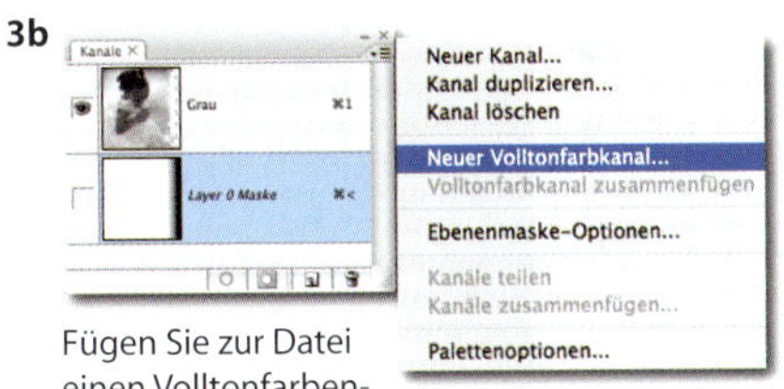

Fügen Sie zur Datei einen Volltonfarbenkanal hinzu.

3c

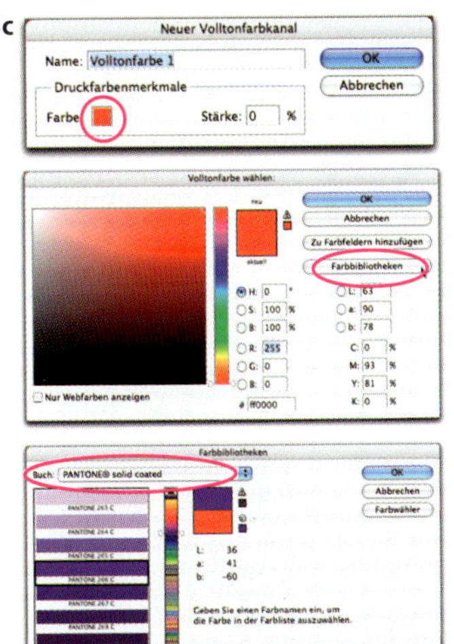

Nachdem Sie in das Farbfeld (oben) und auf den Button FARBBIBLIOTHEKEN (Mitte) geklickt haben, können Sie eine Farbe für den Volltonfarbenkanal auswählen.

Sie den Schriftzug als Auswahl, indem Sie mit gedrückter ⌘/Strg-Taste auf die entsprechende Ebenenminiatur in der Ebenen-Palette klicken **3a**. Wählen Sie bei aktiver Auswahl aus dem Paletten-Menü den Befehl NEUER VOLLTONFARBENKANAL **3b**. Wählen Sie eine eigene Farbe aus, indem Sie in das Farbfeld klicken und den Farbwähler öffnen. Mit einem Klick auf den Button FARBBIBLIOTHEKEN können Sie Farben der Pantone-Serie auswählen (hier: PANTONE® Solid Coated/Pantone 266) **3c**; klicken Sie auf OK, um den Farbwähler zu schließen. In der Dialogbox NEUER VOLLTONFARBENKANAL können Sie die Solidität einstellen; wir wählten 0, weil uns gesagt wurde, dass die Druckfarbe nahezu transparent ist und andere Farben hindurchscheinen können **3d** (siehe Tipp »Vorschau von Volltonfarben« auf Seite 234). Klicken Sie auf OK, um auch diese Dialogbox wieder zu schließen. Weil eine aktive Auswahl bestand, als Sie den Volltonfarbenkanal erstellt haben, wurde die Form für die Erstellung des Kanals verwendet und die Auswahl mit Schwarz gefüllt. Schwarz in einem Volltonfarbenkanal zeigt an, wo die Volltonfarbe mit 100% Deckung gedruckt wird.

4 Einige Bereiche des Volltonfarbenkanals färben. Wenn beide Kanäle (Grau und Pantone 266) sichtbar sind und der Pantone-266-Kanal in der Kanäle-Palette ausgewählt ist, können Sie den Bereich auswählen, den Sie einfärben wollen; wir wählten eine der Haarspangen mit dem Lasso aus **4a**.▼ Wählen Sie BEARBEITEN/FLÄCHE FÜLLEN/FÜLLEN MIT: SCHWARZ und passen Sie die Deckkraft an (hier 40%). Klicken Sie dann auf OK. Mit verschiedenen Werkzeugen wählten wir die zweite Haarspange aus und füllten sie ebenso mit 50% Schwarz **4b**.

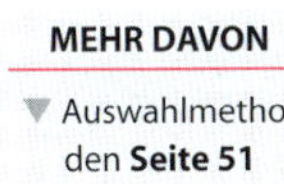
MEHR DAVON

▼ Auswahlmethoden **Seite 51**

3d

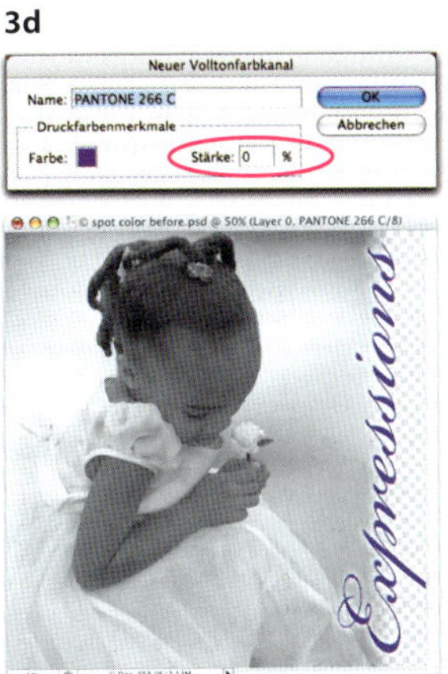

Bei aktiver Auswahl wurde zur Datei ein Volltonfarbenkanal hinzugefügt.

4a

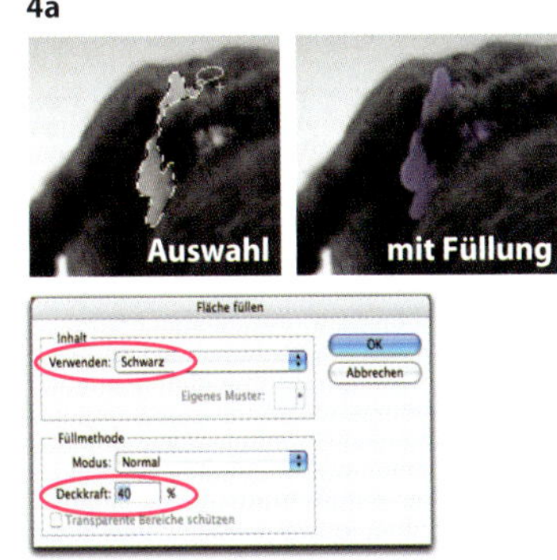

Bei aktivem Volltonfarbenkanal wählten wir mit dem Lasso eine der Haarspangen aus (oben links). Mit gedrückter ⇧-Taste können Sie die zweite Spange zur Auswahl hinzufügen. Füllen Sie die Auswahl mit Schwarz bei einer Deckkraft von 50%.

Vorschau von Volltonfarben

Der Stärke-Wert, den Sie in Photoshops Dialogbox Neuer Volltonfarbenkanal festlegen, simuliert, wie eine überlagerte Schmuckfarbe gedruckt aussieht. Bei 100% ist die Schmuckfarbe deckend – sie deckt die anderen Druckfarben fast komplett ab; bei 0% erscheint die Farbe transparent. Die Einstellung beeinflusst nicht die Dichte der gedruckten Farbe; sie dient nur der Vorschau. Generell sind Pastellfarben, dunkle Farbtöne und Metallicfarben deckender, wohingegen reine Farben und natürliche Lacke transparenter sind. Ein erfahrener Drucker kann Ihnen helfen, die besten Stärke-Einstellungen für die Vorschau herauszufinden.

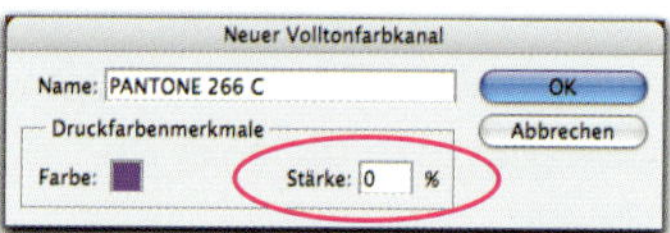

Eine Stärke von 0% funktioniert für die meisten PANTONE® Solid Coated-Druckfarben am besten. Für die PANTONE® Metallic- und Pastell-Serien, erhalten Sie eine bessere Vorschau, wenn Sie höhere Werte verwenden.

4b

Für die zweite Haarspange (rechts) klickten wir mit der Auswahlellipse in die Mitte der großen Perle und zogen mit gedrückter ⇧-Taste (für einen Kreis). Um die Auswahl zu zentrieren, drückten wir die ⌥/Alt-Taste. Mit gedrückter ⇧-Taste konnten wir die zweite Perle zur Auswahl hinzufügen. Mit dem Lasso (auch mit gedrückter ⇧-Taste) wählten wir die restlichten Teile der Haarspange aus, bevor wir die Auswahl mit 40% Farbe füllten.

5a

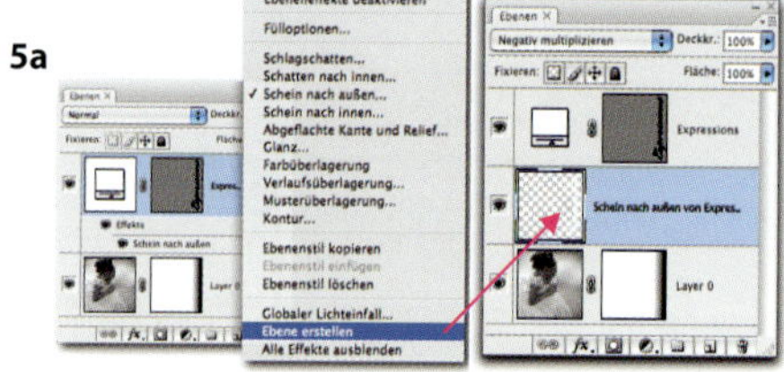

Nutzen Sie das Kontextmenü Ebenenstil erstellen für die Logoebene (links), um den Schein nach außen zu separieren (rechts) und ihn als Auswahl zur Verfügung zu stellen.

5 Den zweiten Volltonfarbenkanal hinzufügen. Für den Pantone-708-Kanal müssen wir die Kantenfarbe erstellen, jedoch den Bereich ausschneiden, wo der Farbstreifen vom Schriftzug und dem Schein überlappt wird; so wird die violette Farbe des Schriftzugs nicht von dem pinken Farbstreifen überdruckt, der weiße Schein bleibt erhalten. Wir können dafür die Kante als Auswahl laden, Schriftzug und Schein subtrahieren, und die verbleibende Auswahl mit Schwarz in einem neuen Volltonfarbenkanal füllen.

Der Schein ist ein Effekt in einem Ebenenstil. Wenn Sie mit gedrückter ⌘/Strg-Taste in der Ebenen-Palette auf die Ebenenminiatur des Schriftzugs klicken, laden Sie diesen als Auswahl (ohne den Schein). Um den Schein in Pixel umzuwandeln, damit Sie auch dessen Miniatur als Auswahl laden können, wählen Sie Ebene/Ebenenstil/Ebene erstellen **5a**.

Erstellen Sie nun eine Auswahl für den zweiten Volltonfarbenkanal: Laden Sie die Fotoebene als Auswahl und kehren Sie diese um (⌘/Strg-⇧-I), um die Kante auszuwählen **5b**. Halten Sie die ⌥/Alt-Taste gedrückt, während Sie mit gedrückter ⌘/Strg-Taste auf die Ebenenminiaturen des Schriftzugs und des Scheins klicken. Wenn Sie nun den neuen Volltonfarbenkanal erstellen (Pantone 708), ist dieser automatisch für den Schriftzug und den Schein ausgestanzt **5c**.

Um die Rose einzufärben, zoomten wir in das Bild hinein und erstellten Sie eine Auswahl von ihr (mit dem Lasso). Füllen Sie die Auswahl mit einer Farbe; wir wählten 40%, wie in Schritt 4 (Bearbeiten/Fläche füllen/Füllen mit: Schwarz, 40% Deckkraft) **5d**.

6 Proof. Eine verlässliche Möglichkeit, eine Komposition für Ihren Kunden oder eine Richtlinie für die Druckerei zu erstellen,

5b

Aktivieren Sie die Ebenenmaske (wie in Abbildung 2a), erstellen Sie eine Auswahl (links) und subtrahieren Sie den Schriftzug (Mitte) sowie den Schein (rechts).

5c

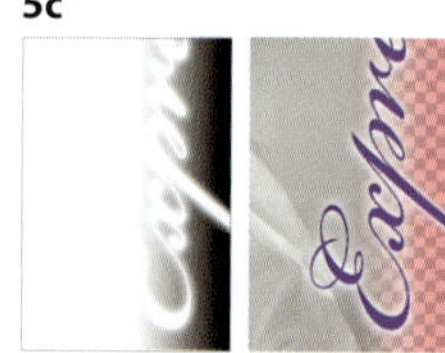

Ein Detail des Pantone-708-Kanals (einzeln: links; mit anderen Kanälen: rechts).

5d

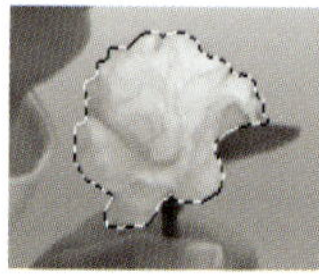

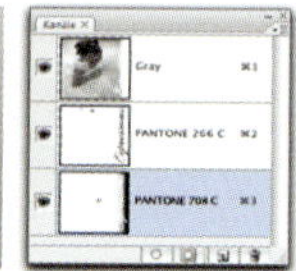

Wählen Sie die Rose aus und füllen Sie sie mit 40% Farbe im Pantone-708-Kanal.

6

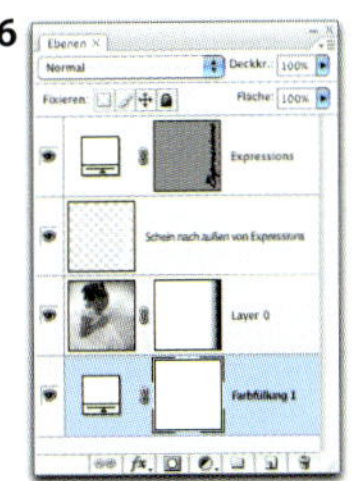

Bevor wir dieses Bildschirmfoto für die Druckerei erstellten, fügten wir unter der Bildebene eine Volltonfarbe-Füllebene hinzu (falls das Bild die Hintergrundebene ist, müssen Sie diese zunächst in eine normale Ebene umwandeln, um die Füllebene darunter anzuordnen).

7a

Wir aktivierten die Ebenenmaske und erweiterten die schwarze Kante, damit der Hintergrund großflächiger ausgeblendet und das Pink sauberer gedruckt wird.

7b

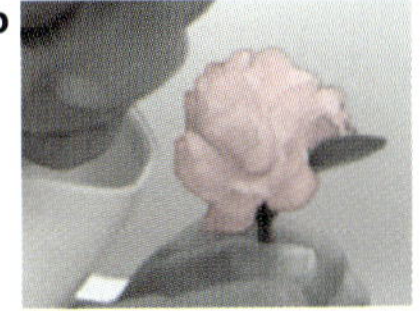

Wir schauten uns die beiden Kanäle an (Grau und Pantone 708), aktivierten den Pantone-Kanal und nutzten den Radiergummi, um die dunkelsten und hellsten Bereiche der Rose etwas aufzuhellen. In der Optionsleiste des Radiergummis aktivierten wir den Pinselmodus und eine kleine weiche Pinselspitze mit einer Deckkraft von 15%.

ist, mit der Bildschirmbildfunktion Ihrer Systemsoftware ein Foto der Bildschirmvorschau zu erstellen **6**:

- Drücken Sie unter Windows Alt-**Bildschirm drucken,** um das aktive Fenster in der Zwischenablage zu speichern. Erstellen Sie in Photoshop eine neue Datei (DATEI/NEU) und fügen Sie die Zwischenablage ein (Strg-V).
- Drücken Sie auf einem Mac ⌘-⇧-4 und ziehen Sie, um den Bereich zu markieren, den Sie aufnehmen wollen. Die Datei wird auf dem Schreibtisch gesichert.

7 Die Datei weiter bearbeiten. Sobald Sie die Photoshop-Datei und eine Komposition erstellt haben, kann der Drucker das Ergebnis sogar noch verbessern. Wir zeigten unsere Datei und das Bildschirmfoto in der Druckerei, wo man uns riet, Schwarz weiter von der Kante zu entfernen, um Pink sauberer auslaufen zu lassen. Wir aktivierten die Ebenenmaske der Fotoebene und wählten mit dem Auswahlrechteck einen Bereich von der Kante aus nach innen. Wir drückten ⌘/Strg-T und zogen an der linken Seite, um die Aussparung für die Kante zu vergrößern. **7a**.

Ein weiterer Vorschlag war, Teile der rosa Rose zu entfernen. Wir arbeiteten mit dem Radiergummi, mit einer geringen Deckkraft und einer kleinen, weichen Pinselspitze auf dem Pantone-708-Kanal, um Teile der Pinkfärbung in den dunkelsten und hellsten Bereichen der Rose zu entfernen **7b**.

Drucken. Wenn Ihre Datei abgesegnet wurde, kann sie gedruckt werden. Soll sie in ein Layoutprogramm importiert werden, speichern Sie eine Kopie im Photoshop-DCS-2.0-Format; fragen Sie am besten in der Druckerei nach den gewünschten Einstellungen.

VORSCHAU DECKENDER DRUCKFARBEN

In einer Graustufendatei mit Schmuckfarbkanälen zeigt Photoshops Bildschirmvorschau, wie das gedruckte Bild aussieht, wenn die Druckfarben so übereinander gelegt werden, wie sie in der Kanäle-Palette erscheinen – ist Schwarz der oberste Kanal, wird er zuerst gedruckt, dann die Farbe in dem Kanal darunter usw. Wenn Sie sehen wollen, wie es aussieht, wenn erst die Schmuckfarbe und dann Schwarz gedruckt wird, müssen Sie die Datei in den Mehrkanal-Modus umwandeln (BILD/MODUS/MEHRKANAL).

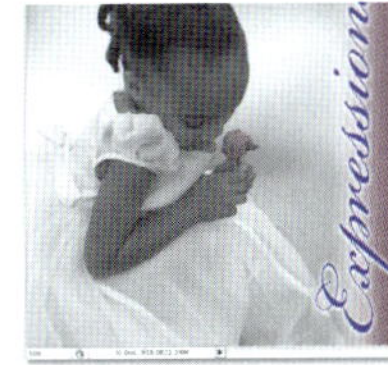

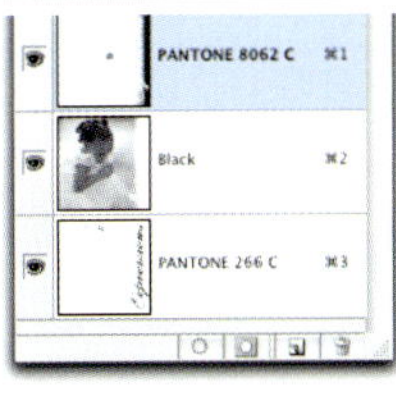

Wenn Sie eine deckende Metallic-Druckfarbe in der Vorschau sehen wollen (z.B. Pantone 8062), die vor den anderen Farben gedruckt wird, wandeln Sie das Bild von Graustufen in Mehrkanal um und sortieren Sie die Kanäle neu. Ein Bildschirmfoto der Vorschau zeigt, wie die Druckerfarben über- oder unterfüllen sollten.

Susan Thompson beginnt ihre impressionistischen Bilder, indem sie die Fotos mit einer altmodischen Polaroid SX-70 aus den 70ern aufnimmt (diese arbeitet mit Film; die Farbe wird unter einer schützenden Schicht Mylar eingeschlossen). Im nächsten Schritt massiert sie die noch flüssige Emulsion mit Essstäbchen, um die Farben zu mischen, wie links zu sehen. (Thompson beginnt mit der Bearbeitung des Films etwa 15 Minuten nach Ausgabe – die Farbe bleibt in der Regel etwa 2 Stunden geschmeidig, so lange ist das Foto warm.)

Thompson scannt das Foto in Photoshop ein und dupliziert es in eine neue Ebene (⌘/Strg-J), um das Original zu erhalten. Sie wählt ANSICHT/TATSÄCHLICHE PIXEL, um eine genaue Ansicht zu erhalten. Sie scrollt durch das Bild und entfernt mit dem Reparatur-Pinsel sowie dem Kopierstempel Flecken und Kratzer. Im Bild **Summer in Arcata** verwendete sie auch den Schwamm im Modus SÄTTIGUNG, um die Farben der Hortensien und der Kapuzinerkresse zu verbessern. ▼

MEHR DAVON

▼ Reparatur-Pinsel **Seite 312**
Kopierstempel **Seite 255**
Schwamm **Seite 174**

Um die Farben des gescannten und bearbeiteten Fotos umzuwandeln, fügte Thompson eine Reihe von Einstellungsebenen hinzu. Sie arbeitet mit einem kalibrierten Monitor und experimentiert mit Einstellungsebenen, bis ihr die Farben gefallen.

Um die gesamte Farbe und den Kontrast zu verbessern, erstellte sie eine Gradationskurven-Einstellungsebene (indem sie in der Ebenen-Palette auf den Button NEUE FÜLLEBENE ODER EINSTELLUNGSEBENE ERSTELLEN klickte). In der Dialogbox aktivierte sie die einzelnen Farbkanäle und zog die Endpunkte der Kurve horizontal nach innen (wie unten für den roten Kanal zu sehen). Das Ergebnis der Anpassung aller drei Kurven ist ähnlich (aber präziser), als hätte sie auf den Auto-Button geklickt, der Farbe und Kontrast dadurch einstellt, dass alle Kanäle einzeln bearbeitet werden. Für die RGB-Kurve klickte Thompson mit gedrückter ⌘/Strg-Taste in die Schattenbereiche des Bildes, die sie anpassen wollte; bei jedem Klick wird ein Punkt auf der Kurve erstellt, die sie dann verschieben kann, um die Tiefen aufzuhellen. Damit die Lichter nicht zu hell werden, fügte sie im oberen Bereich der Kurve noch einen Punkt hinzu und verschob ihn etwas nach unten.

Thompson arbeitet typischerweise auch mit Selektive-Farbkorrektur-Einstellungsebenen, um spezielle Farbfamilien zu bearbeiten. Sie aktiviert im Pop-up-Menü FARBEN zunächst GRAUTÖNE, damit sich die Änderungen primär auf die neutralen Farben im Bild auswirken. Wie unten zu sehen, wärmte sie die Grautöne im Bild auf, indem sie etwas Blau entfernte (Cyan- und Magentaregler nach links verschoben) und Gelb sowie etwas Schwarz hinzufügte. Anschließend intensivierte sie die Grüntöne.

Nach den allgemeinen Änderungen verfeinert Thompson einzelne Bildbereiche mit maskierten Einstellungsebenen. In diesem Bild hellte sie die Tür mit einer selektiven Farbkorrektur auf und neutralisierte die grauen Stufen mit einer Farbton/Sättigung-Einstellungsebene. Die maskierten Einstellungsebenen erstellt sie oft mit dem Lasso-Werkzeug, um wirklich nur den Bereich auszuwählen, den sie anpassen will (die weiche Auswahlkante hat einen Wert von 0 Pixel). Ist die Auswahl aktiv, fügt sie eine Einstellungsebene hinzu. Der ausgewählte Bereich wird automatisch zum weißen Bereich der in die Einstellungsebene eingebauten Maske – die Änderungen, die sie nun vornimmt, werden sichtbar. Thompson zeichnet die Maske weich, um die Kanten zwischen Schwarz und Weiß zu glätten (FILTER/WEICHZEICHNUNGSFILTER/GAUSSSCHER WEICHZEICHNER). Die Übergänge erscheinen dann weicher. Thompson erstellt lieber eine Maske mit einer harten Kante und zeichnet anschließend die Kanten weich, als dass sie bereits beim Erstellen der Auswahl ein weiche Auswahlkante anwendet.

Um die Bilder zu vervollständigen, verwendet sie oft Nik-Filter (www.niksoftware.com). Für das Bild »Summer in Arcata« fügte Sie oben im Ebenenstapel zunächst eine zusammengefügte Ebene hinzu; halten Sie dazu ⌘-⌥-⇧-E (PC: Strg-Alt-⇧-E) gedrückt. Photoshop kopiert automatisch alle sichtbaren Ebenen in eine neue Ebene. Anschließend wendete sie die Filter SUNSHINE und SKYLIGHT (aus der Color Efex Pro-Serie) an und duplizierte das gefilterte Bild in eine neue Ebene (⌘/Strg-J). Zum Abschluss kam ein Scharfzeichnungsfilter der Sharpener Pro-Serie zum Einsatz.

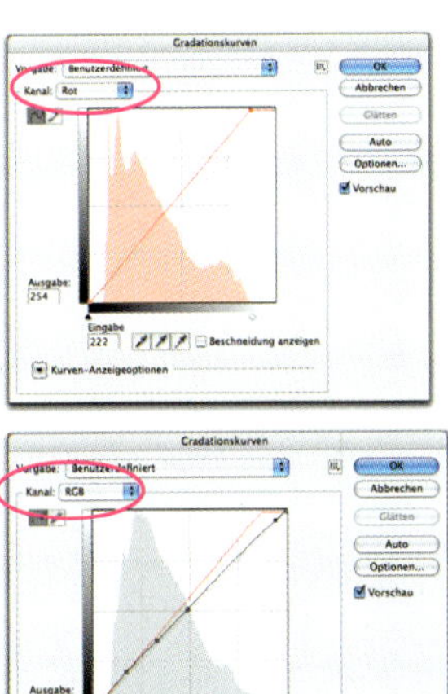

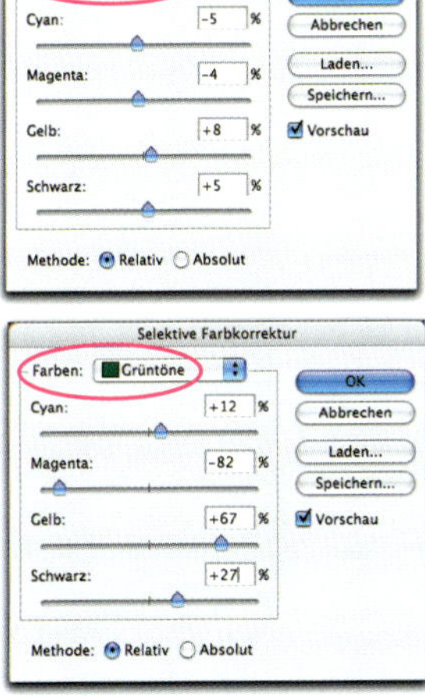

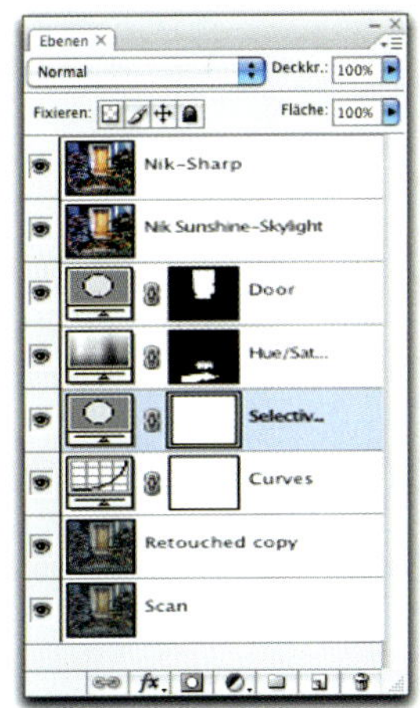

Dieses leuchtende **Botanical Portrait** von **Christine Zalewski** begann mit einem Originalfoto der Blume **A**, welches sie in eine eigene Ebene kopierte (⌘/Strg-J), um das Original zu schützen. Um den Stiel gerade zu halten und die Blätter im unteren Bereich zu entfernen, die Originalproportionen jedoch zu erhalten, erstellte sie mit dem Auswahlrechteck eine Auswahl in der vollen Breite des Fotos und von der unteren Bildkante bis zu den oberen Blättern. Anschließend wählte sie BEARBEITEN/FREI TRANSFORMIEREN, um die Auswahl zu strecken (diese Methode ist auch ganz nützlich, wenn Sie den Hintergrund eines Fotos ausdehnen wollen, wie auf Seite 594 zu sehen).

Nachdem sie mit dem Reparatur-Pinsel einige Flecken entfernte,▼ zeichnete sie das transformierte Duplikat leicht scharf.▼ Dann erstellte sie eine grobe Auswahl der Blume und fügte eine Ebenenmaske hinzu, die die Auswahl ausblendete. Dazu klickte sie mit gedrückter ⌥/Alt-Taste auf den Button EINE MASKE HINZUFÜGEN unten in der Ebenen-Palette. Mit dem Pinsel und Schwarz und Weiß bereinigte sie die Maske.▼

Sie klickte auf die Bildminiatur, um das Bild und nicht die Maske auszuwählen, und fügte Störungen hinzu (FILTER/STÖRUNGSFILTER/STÖRUNGEN HINZUFÜGEN) **B**. Die Störungsebene verstärkte den optischen Kontrast zwischen dem Hintergrund und der weichen Blume. Für die Störungsebene wählte Zalewski den Modus ABDUNKELN, damit die Störungen eine Struktur und kein Funkeln erzeugen.

LEICHTE TARNUNG

Wenn Sie Bildbereiche strecken müssen, die eine deutliche Körnung aufweisen, ist es hilfreich, wenn Sie nach dem Strecken das gesamte Bild mit leichten Störungen versehen, damit der Unterschied nicht auffällt.

Um die Blume zum Leuchten zu bringen, erstellte Zalewski ein weiteres Duplikat des Bildes und platzierte es im Ebenenstapel ganz oben. Dieses Bild zeichnete sie weich (FILTER/WEICHZEICHNUNGSFILTER/GAUSSSCHER WEICHZEICHNER) **C** und änderte den Modus in ÜBERLAGERN/INEINANDERKOPIEREN **D**. (Wie Sie einen Schein mit einer weich-gezeichneten Ebene im Modus NEGATIV MULTIPLIZIEREN, AUFHELLEN oder einem der anderen Kontrast-Ebenenmodi erstellen, wird auf Seite 336 beschrieben.)

Mit einer Serie aus Gradationskurven-Einstellungsebenen, ähnlich denen, wie sie auf Seite 355 beschrieben sind, hellte Zalewski das Bild auf und ließ die Blume stärker leuchten **E**. Anschließend fügte sie eine Farbton/Sättigung-Einstellungsebene hinzu; in der Dialogbox verschob sie den Farbtonregler nur leicht, um das Bild intensiver pink einzufärben; den Sättigungsregler verschob sie etwas nach rechts, um die Farbintensität zu erhöhen. Zum Schluss fügte sie eine Selektive-Farbkorrektur-Einstellungsebene hinzu; sie stellte einen negativen Gelbwert für den roten Kanal ein, um Gelb aus den Rottönen zu entfernen, ohne die anderen Farben zu verändern.

FARBTON/SÄTTIGUNG

Eine Farbton/Sättigung-Einstellungsebene ist ideal für feine Farbänderungen. Um deutliche digitale Farbartefakte zu vermeiden, sollten Sie nur kleine Änderungen vornehmen. Für die Anpassung der Helligkeit eignet sich eine zusätzliche Gradationskurven- oder Tonwertkorrekturebene, mit der Sie mehr Kontrolle haben als mit dem Helligkeitsregler in der Farbton/Sättigung-Dialogbox.

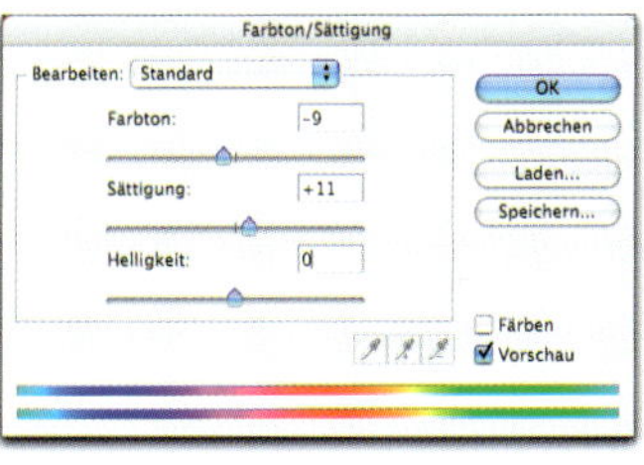

MEHR DAVON

▼ Reparatur-Pinsel **Seite 312**

▼ Bilder scharfzeichnen **Seite 257**

▼ Masken erstellen & auswählen **Seite 51**

A

B

C

D

E

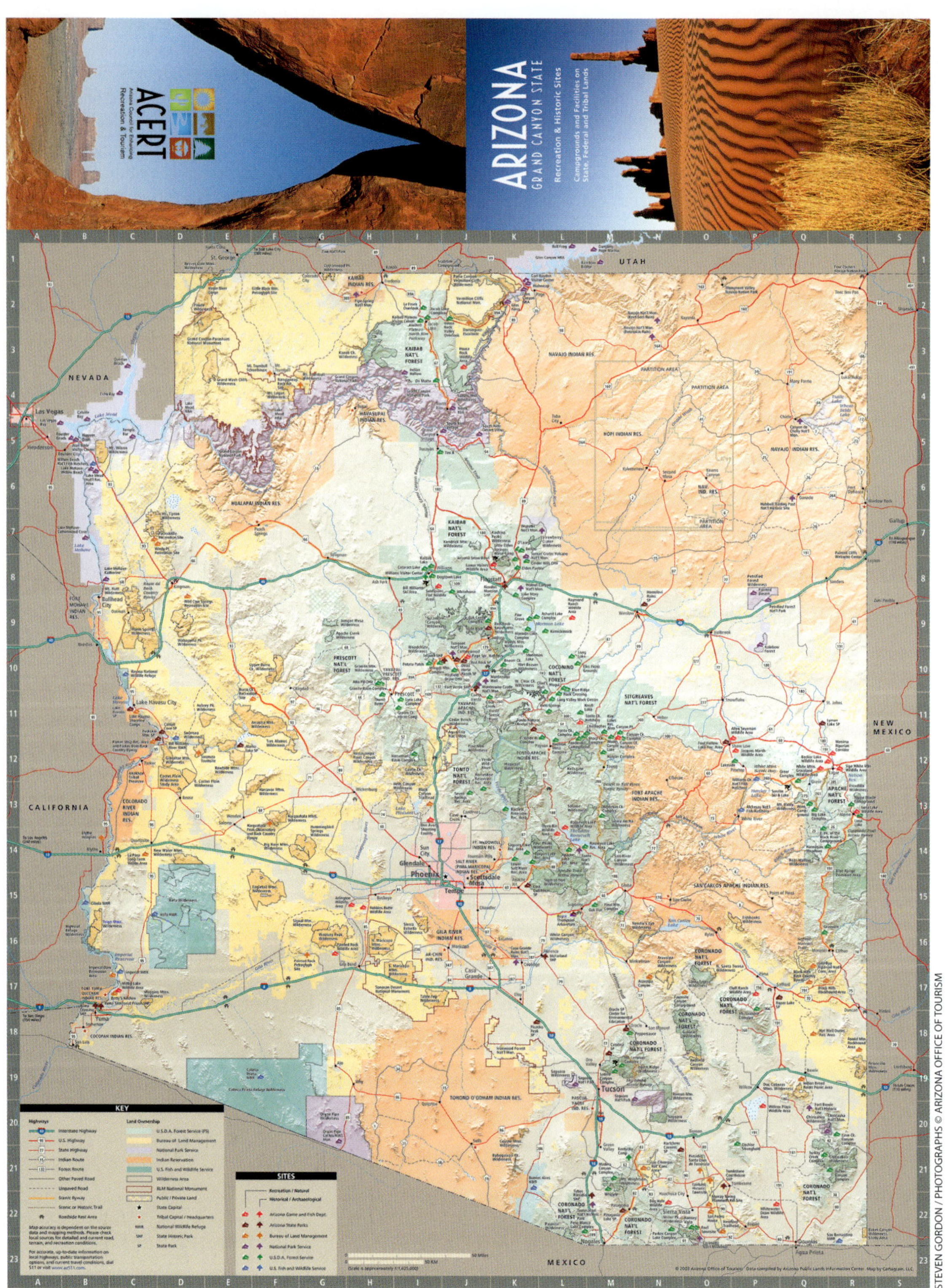

STEVEN GORDON / PHOTOGRAPHS © ARIZONA OFFICE OF TOURISM

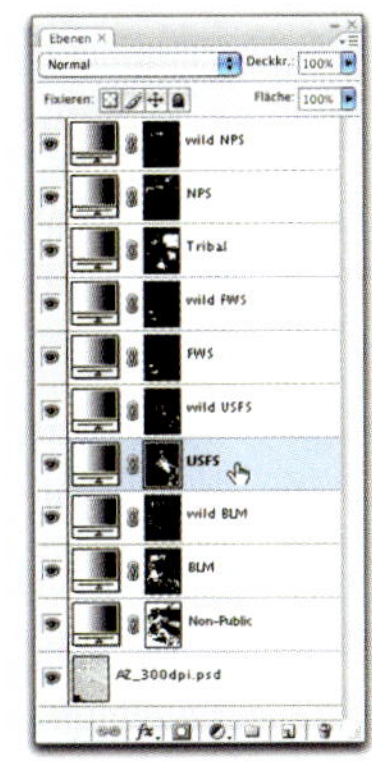

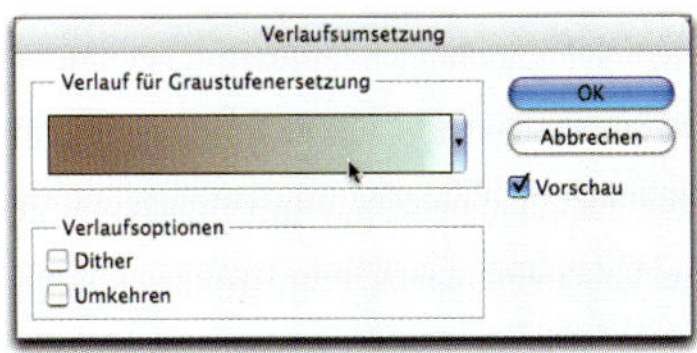

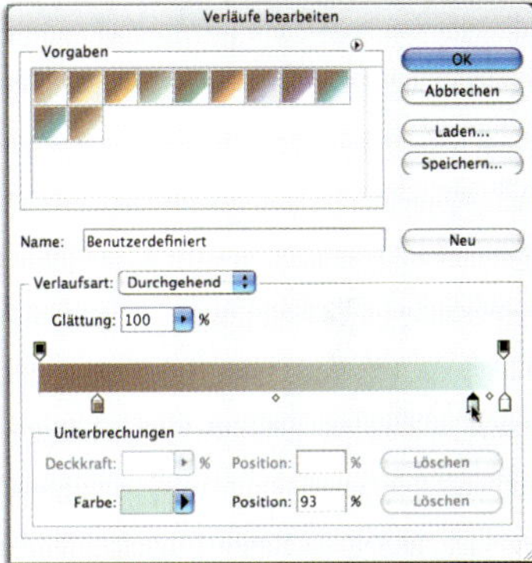

Für die Karte **Arizona Recreation and Historical Sites** erstellte Kartograf **Steven Gordon** eine Geländekarte mit Farben für die Bundesstellen und Stammesvölker, die öffentliches Land in Arizona besitzen. Er erstellte die Geländekarte im Natural Scene Designer, eine Software, die geografische Daten importiert, mit der Sie den Sonnenstand und andere Parameter einstellen und die Daten in ein Bild umwandeln können (**www.naturalgfx.com**). Nachdem er das resultierende RGB-TIFF in Photoshop öffnete, wandelte er das Bild in Graustufen und anschließend in eine CMYK-Datei um (BILD/MODUS/GRAUSTUFEN und dann BILD/MODUS/CMYK-FARBE), um es dann anhand der Richtlinien mit den entsprechenden Farben einfärben zu können.

Um das Bild für die Färbung vorzubereiten, platzierte Gordon Illustrator-Dateien (DATEI/PLATZIEREN), die er bereits mithilfe geografischer Daten erstellt hatte – mithilfe des MAPublisher-Plug-ins (**www.avenza.com**). Er arbeitete mit Verlaufsumsetzung-Einstellungsebenen, um jede Farbe mit einem eigenen Verlauf aufzutragen und natürliche Farbvariationen in den Höhen und Tiefen zu erzeugen. Zunächst erstellte Gordon eine Auswahl der einzelnen Ebenen der platzierten Illustrator-Werke, indem er sie in der Ebenen-Palette mit gedrückter ⌘/Strg-Taste anklickte. Anschließend wählte er aus dem Menü NEUE FÜLLEBENE ODER EINSTELLUNGSEBENE ERSTELLEN ◐ die Option VERLAUFSUMSETZUNG. Dadurch wird automatisch eine Einstellungsebene mit einer Maske der Farbe des ausgewählten Bereichs erstellt, die auch in der Verlaufsumsetzung-Dialogbox zu sehen ist. In dieser klickte er einfach auf OK, um die Einstellungsebene zu erstellen.

Nachdem er alle Einstellungsebenen erstellt hatte, fügte Gordon eine weitere Maske hinzu, um die Bereiche um die öffentlichen Länder herum einzufärben. Er drückte die ⇧-Taste und klickte mit gedrückter ⌘/Strg-Taste auf alle Miniaturen der platzierten Illustrator-Ebenen; anschließend kehrte er die Auswahl um (AUSWAHL/AUSWAHL UMKEHREN) und fügte eine weitere Verlaufsumsetzung-Einstellungsebene ◐ hinzu. Schließlich entfernte er die Illustrator-Ebenen, indem er sie unten in der Ebenen-Palette auf den Löschen-Button 🗑 zog.

Jetzt konnte er die Einstellungsebenen einfärben. Er klickte doppelt auf eine der Verlaufsumsetzungsminiaturen in der Ebenen-Palette, um die Dialogbox erneut zu öffnen. Dort aktivierte er die Checkbox VORSCHAU und klickte auf den Verlaufsbalken, um die Dialogbox VERLÄUFE BEARBEITEN zu öffnen.

Der Verlauf sollte mit einem dunklen Braun beginnen und dann in die Farbe des jeweiligen Gebietes auslaufen. Dazu klickte er unter die Verlaufsvorschau, um einen dritten Farbstopp zu setzen. Dann klickte er doppelt auf die drei Farbstopps, um den Farbwähler zu öffnen, in dem er die gewünschten Farben einstellen konnte. Durch Verschieben der Farbstopps konnte Gordon sich eine Vorschau des Effekts ansehen. Als er mit dem Verlauf zufrieden war, gab er ihm einen Namen und klickte auf den Button NEU, um den Verlauf zu den aktuellen Vorgaben hinzuzufügen. In der Dialogbox VERLÄUFE BEARBEITEN klickte er schließlich auf OK, ebenso in der Dialogbox VERLAUFSUMSETZUNG.

Gordon folgte diesem Schema, um auch die verbleibenden Einstellungsebenen einzufärben. Als er das Bild fertig gestellt hatte, speicherte er eine reduzierte Kopie der Datei als TIFF und platzierte diese in Illustrator. Dort fügte er Text, Symbole und Linien hinzu, um die Karte zu vervollständigen.

JHDAVIS / MODEL: LATISHA TOLBERT / AGENCY: ANDERSON PHOTOGRAPHICS.COM

Um die Aufmerksamkeit des Betrachters auf die Augen des Modells zu lenken, begann **Jack Davis** mit dem Originalfoto **A** und wendete eine schnelle Abwedeln-und-Nachbelichten-Behandlung an, um den Kontrast zwischen dem Hintergrund und den Haaren zu verstärken und den Bereich um die Augen aufzuhellen **B**. Als Erstes fügte er eine neue Ebene hinzu, indem er mit gedrückter ⌥/Alt-Taste auf den Button NEUE EBENE ERSTELLEN unten in der Ebenen-Palette klickte. Dadurch öffnet sich die Dialogbox NEUE EBENE, in der er den Modus ÜBERLAGERN/INEINANDERKOPIEREN einstellt und die Option MIT DER NEUTRALEN FARBE FÜR DEN MODUS »INEINANDERKOPIEREN« FÜLLEN (50% GRAU) wählte. (Mit WEICHES LICHT statt ÜBERLAGERN/INENANDERKOPIEREN bearbeiten Sie die Mitteltöne.)

Aufgrund des Modus traten im Bild noch keine Veränderungen auf, bis Davis begann, mit einem großen, weichen Pinsel auf der Ebene zu malen. Mit Schwarz oder Weiß und einer geringen Deckkrafteinstellung in der Optionsleiste konnte er das Bild an den gewünschten Stellen schnell und einfach aufhellen oder abdunkeln, ohne das Bild selbst zu verändern.▼

Anschließend wandelte er das Bild in Graustufen um **C**. Er fügte eine Kanalmixer-Einstellungsebene hinzu, indem er auf den Button NEUE FÜLLEBENE ODER EINSTELLUNGSEBENE ERSTELLEN klickte. In der Kanalmixer-Dialogbox aktivierte er die Checkbox MONOCHROM und balancierte die drei Kanäle Rot, Grün und Blau aus, um das Aussehen des Schwarzweißbildes zu kontrollieren.▼

Anschließend nutzte er die Vorteile der eingebauten Ebenenmaske, um die Farben der Augen und Haare wiederherzustellen. Er klickte in der Ebenen-Palette auf die Miniatur der Ebenenmaske, um sie zu aktivieren, und malte mit einem hellen Grau **D**, um die Farbe teilweise wieder ins Bild zu bringen.

MEHR DAVON

▼ Abwedeln & Nachbelichten **Seite 331**

▼ Kanalmixer **Seite 214**

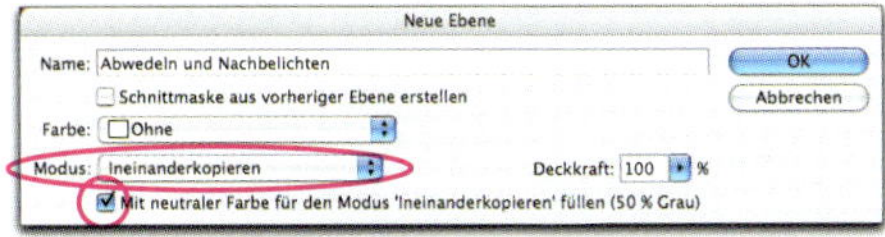

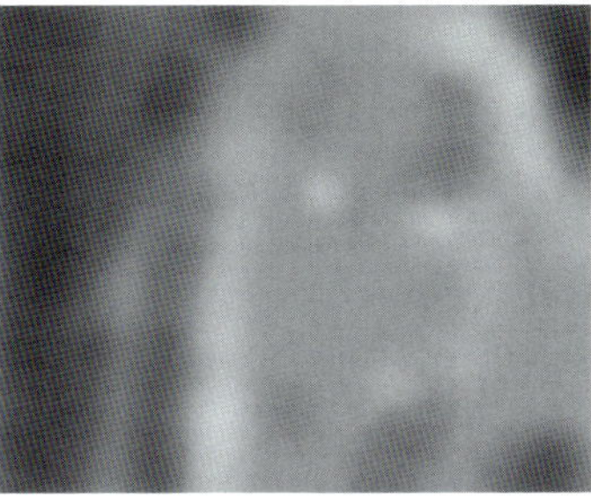

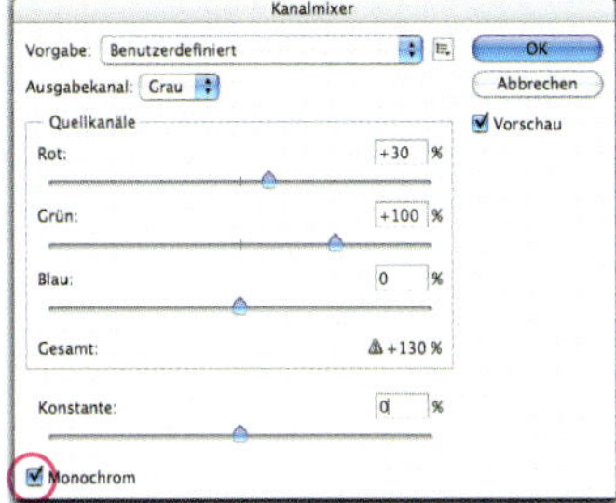

Abwedeln und Nachbelichten in Graustufen

Eine schnelle und effektive Möglichkeit, ein Foto abzuwedeln und nachzubelichten ist, eine Ebene im Modus Überlagern/Ineinanderkopieren (oder manchmal Weiches Licht, wenn Sie hauptsächlich die Mitteltöne bearbeiten wollen) hinzuzufügen und mit Schwarz oder Weiß und einer Pinselspitze mit geringer Deckkraft zu malen. Weil 50% Grau neutral ist (transparent), ist das Ergebnis dasselbe, als würden Sie auf einer leeren, transparenten Ebene oder einer mit 50% Grau gefüllten Ebene malen. Sie sehen die Ergebnisse allerdings besser, wenn Sie die mit Grau gefüllte Ebene verwenden. Wenn Sie den Ebenenmodus temporär von Überlagern/Ineinanderkopieren in Normal umschalten, sehen Sie, wo Sie bereits gemalt haben. Mit dem neutralen grauen Hintergrund sehen Sie die hellen und dunklen Striche besser als auf einer transparenten Ebene.

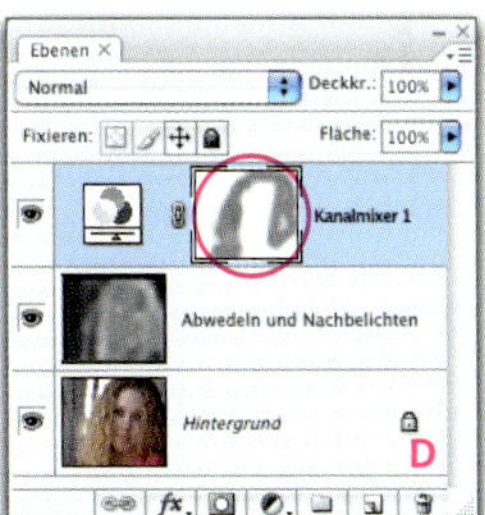

Kapitel 5

Fotos verbessern

Die Retusche-Werkzeuge von Photoshop wurden in den letzten Versionen immer wieder verbessert. Der Reparatur-Pinsel blendet automatisch die Reparaturkanten in die Umgebung über. Er verfügt über die Option ALLE EBENEN AUFNEHMEN, ebenso wie der Kopierstempel und der Bereichsreparatur-Pinsel, so dass Sie Ihre Reparaturen auf einer separaten Ebene ausführen können, um sie später evtl. zu maskieren oder um ihre Deckkraft zu ändern. Der Bereichsreparatur-Pinsel verwendet automatisch den Bereich um die Pinselspitze als Quelle. Weichzeichner, Scharfzeichner, Abwedler und Nachbelichter sind zwar zuweilen recht sinnvoll, können bei Fotos jedoch auch problematisch sein. Oftmals sind Sie mit einem Filter besser beraten, den Sie auf ein maskiertes Duplikat des Bildes anwenden, wie auf den Seiten 255 bis 258 beschrieben ist.

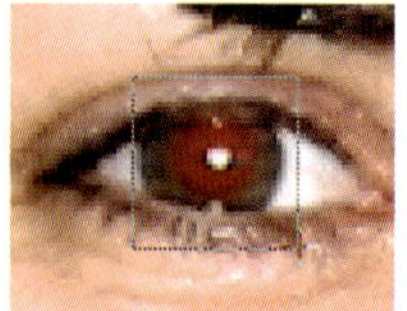
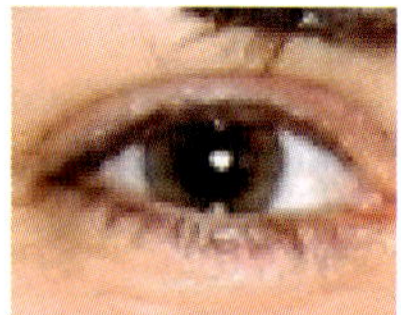

Das Rote-Augen-Werkzeug wurde speziell entwickelt, um das Blitzproblem der roten Augen zu korrigieren (siehe Seite 315).

Photoshop besitzt eine Reihe von Techniken zum Aufbessern von Fotos – vom Emulieren traditioneller Kamera- oder Dunkelkammertechniken, wie Weichzeichnen und Vignetten, bis hin zur Retusche und dem Färben von Hand. Im Alltag mit Photoshop möchten Sie jedoch meistens einfach das Beste aus einem Foto herausholen – Online-Bild oder Abzug, scharf und klar, mit möglichst exakten Tonwerten und Farben. Die meisten Fotos müssen freigestellt und von Störungen befreit werden, weil sie unter schlechten Lichtbedingungen aufgenommen wurden. Viele Fotos profitieren auch von allgemeinen (»globalen«) Farbeinstellungen, selektiven (»lokalen«) Bearbeitungen und Scharfzeichnen, um die Weichzeichnungen beim Scannen oder durch die Bearbeitung wieder zu beheben.

Wenn das Foto bei der Aufnahme im Raw-Format der Kamera gespeichert wurde, können Sie Farbe und Kontrast nachstellen und Störungen in der Camera-Raw-Oberfläche vermindern, bevor das Foto überhaupt in Photoshop geöffnet wird. Seit CS2 ist es sogar möglich, Fotos in Camera Raw bereits freizustellen und auszurichten. ▼

Falls Ihr Foto im 16-Bit/Kanal-Modus vorliegt, ▼ können Sie mittlerweile auch Ebenen und Einstellungsebenen erzeugen und mit Fülloptionen arbeiten – Ihnen stehen fast alle Bearbeitungsmöglichkeiten zur Farbkorrektur wie bei 8-Bit-Bildern zur Verfügung. Bilddateien mit 16 Bit/Kanal sind jedoch recht groß. Lesen Sie deshalb, wie Sie auch mit einer Ebene auskommen: »Speicherökonomie im 16-Bit-Modus«, auf Seite 219.

Falls Ihr Bild mit 32 Bit/Kanal vorliegt, ▼ können Sie es dennoch freistellen, die Belichtung korrigieren▼ und dabei die zusätzlichen Farbinformationen der Datei nutzen, bevor Sie das Bild zur Ausgabe in den 16- oder 8-Bit-Modus konvertieren. In CS3 Extended können Sie 32-Bit-Bilder sogar montieren und darin malen.

FREISTELLEN

Oft schneidet man ein Foto zu, um die Komposition zu verbessern, etwas Ablenkendes aus dem Hintergrund zu entfernen oder bei einem entstellten Foto weniger reparieren zu müssen. Wie immer bietet Ihnen Photoshop auch hierzu verschiedene Möglichkeiten:

- Wählen Sie den Bereich aus, den Sie behalten wollen, und wählen Sie BILD/FREISTELLEN;
- Wählen Sie BILD/ZUSCHNEIDEN und nehmen Sie die Einstellungen in der Dialogbox vor.

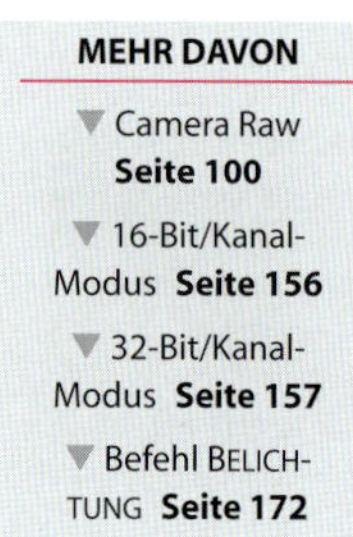
MEHR DAVON

▼ Camera Raw **Seite 100**

▼ 16-Bit/Kanal-Modus **Seite 156**

▼ 32-Bit/Kanal-Modus **Seite 157**

▼ Befehl BELICHTUNG **Seite 172**

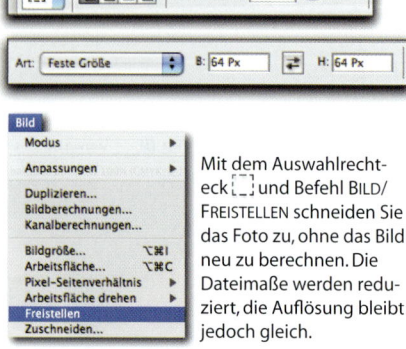

Mit dem Auswahlrechteck und Befehl BILD/FREISTELLEN schneiden Sie das Foto zu, ohne das Bild neu zu berechnen. Die Dateimaße werden reduziert, die Auflösung bleibt jedoch gleich.

Um einen weichen dekorativen Rahmen um eine Freistellung mit dem Auswahlrechteck [⬚] zu erzeugen, wählen Sie sie aus, erzeugen Sie daraus eine Ebenenmaske und verändern Sie diese mit Filtern. Beispiele finden Sie in »Mit Masken rahmen« auf Seite 262.

ORIGINALFOTO: BEVERLY GOWARD

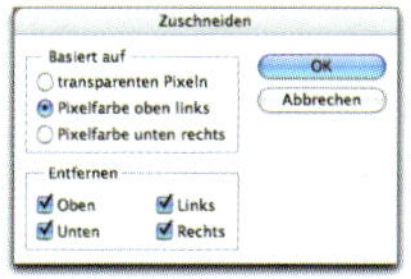

Der Befehl ZUSCHNEIDEN vermeidet, dass ein weicher Rand außen abrupt abgeschnitten wird.

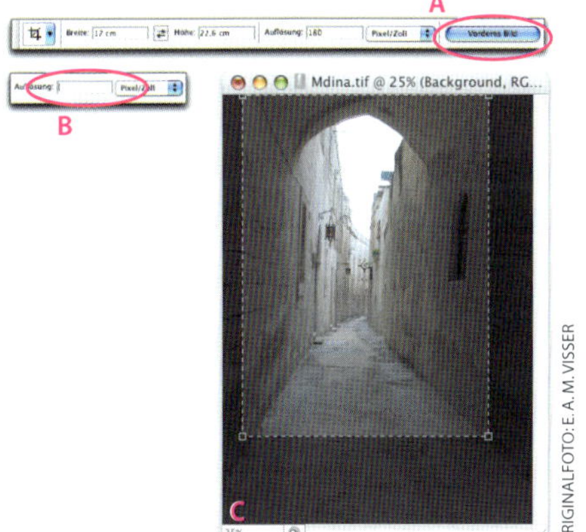

ORIGINALFOTO: E. A. M. VISSER

Um das Verhältnis zwischen Höhe und Breite wie im Original beizubehalten, aktivieren Sie das Freistellungswerkzeug und klicken Sie auf den Button VORDERES BILD in der Optionsleiste **A**; wenn das Bild nicht neu berechnet werden soll, löschen Sie den Wert im Feld AUFLÖSUNG **B** und ziehen Sie mit dem Freistellungswerkzeug, um den Bildausschnitt neu zu wählen **C**.

- Oder Sie benutzen das Freistellungswerkzeug und nehmen in der Optionsleiste Einstellungen vor.

Der Befehl Freistellen

Der Vorteil der ersten Methode – BILD/FREISTELLEN – ist, dass sie sehr einfach und direkt ist. Wenn Sie mit dem Auswahlrechteck [⬚] ausgewählt und dann BILD/FREISTELLEN gewählt haben, wird das Bild anhand der Auswahlkante zugeschnitten. Wenn Sie die Auswahl auf andere Art anlegen, wird das Bild auf das kleinste Rechteck freigestellt, das die Auswahl komplett enthält, inklusive aller Weichzeichnungen und Glättungen *innerhalb* des Auswahlumrisses, *jedoch ohne weiche Kanten und Ebeneneffekte außerhalb der Kante*, wie Schlagschatten, abgeflachte Kante außen oder Schein nach außen. ▼ **Um die Größe oder Proportionen der Freistellung zu ändern,** nachdem Sie die Auswahl erstellt, bevor Sie jedoch BILD/FREISTELLEN gewählt haben, wählen Sie AUSWAHL/AUSWAHL TRANSFORMIEREN, passen die Größe an und schließen dann den Vorgang ab.

MEHR DAVON

▼ Arbeiten mit Ebenenstilen **Seite 40**

Der Befehl Zuschneiden

Die Zuschneiden-Methode ist ideal zum **Beschneiden von Bildern mit weichen Kanten**, um diese auf Minimalgröße zuzuschneiden, ohne dass versehentlich Teile der weichen Kante entfernt werden. Wählen Sie dazu BILD/ZUSCHNEIDEN und wählen Sie die gewünschten Optionen in der Zuschneiden-Dialogbox. Sie können alle vier Bildkanten zuschneiden. Dabei werden Pixel vom Rand einwärts entfernt, auch transparente Pixel können beschnitten werden (bevor Sie diese Option verwenden, müssen Sie alle Hintergrundebenen ausblenden). Des Weiteren können Pixel anhand ihrer Farbigkeit (wie oben links oder unten rechts) beschnitten werden.

Das Freistellungswerkzeug

Das **Freistellungswerkzeug** bietet in manchen Situationen auch Vorteile. Wenn Sie das Werkzeug über Ihr Bild ziehen, legen Sie den Bereich fest, den Sie behalten wollen:

- **Die Größe und Proportionen des Freistellungsrahmens stellen Sie ein,** indem Sie einfach an einem Eckgriff ziehen. Das Seitenverhältnis bleibt konstant, wenn Sie mit gehaltener ⇧-Taste ziehen.
- **Sie können die Ausrichtung eines Bildes** beim Freistellen ändern, indem Sie außerhalb des Rahmens ziehen und diese so drehen. Damit können Sie einen **schiefen Scan gerade ausrichten, den Horizont in einer schrägen Aufnahme begradigen oder einfach ein Bild in neuer Ausrichtung neu rahmen.**

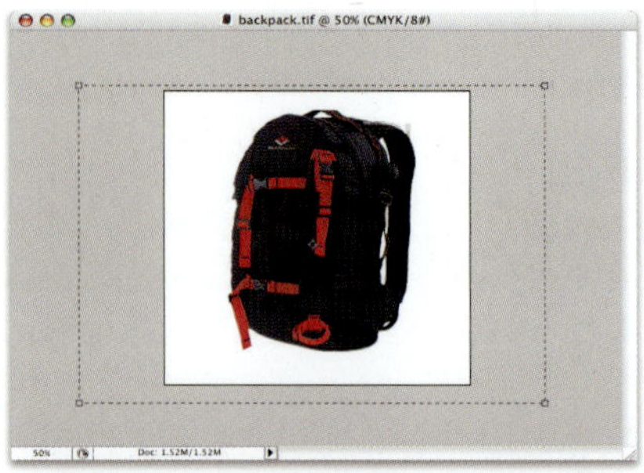

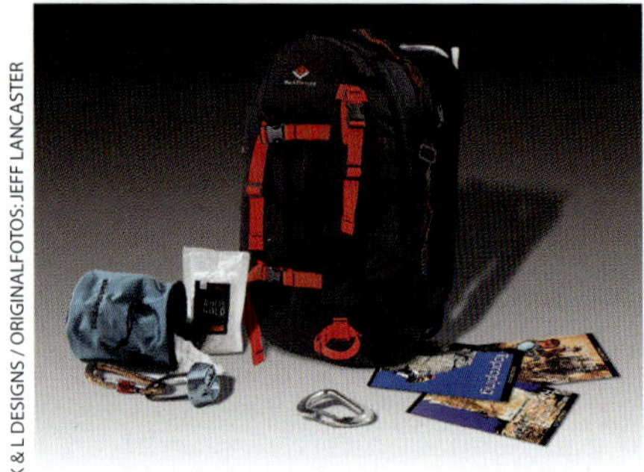

K & L DESIGNS / ORIGINALFOTOS: JEFF LANCASTER

Durch Ziehen des Freistellungswerkzeugs über die Bildkanten hinaus (oben) wurde die Arbeitsfläche vergrößert, um ein Stillleben gestalten zu können.

- **Sie können ein Bild auch in einem Schritt freistellen und in der Größe anpassen,** indem Sie Höhe, Breite und Auflösung für das freigestellte Bild in der Optionsleiste eintragen, bevor Sie mit dem Werkzeug ziehen. (Wenn Sie Breite und Höhe festlegen, müssen Sie die Auflösung nicht bestimmen.) **Hinweis:** Ein Nachteil des Freistellungswerkzeugs ist, dass ein Bild beim Freistellen *versehentlich* leicht neu berechnet wird. Das vermeiden Sie, indem Sie in der Optionsleiste entweder die Abmessungen oder die Auflösung frei lassen und die Abmessungen nicht in Pixel angeben.
- **Um das Original-Seitenverhältnis Ihres Bildes beizubehalten** (so dass nicht erkennbar ist, ob der Bildausschnitt bereits in der Kamera oder erst später gewählt wurde), klicken Sie auf den Button VORDERES BILD in der Optionsleiste des Freistellungswerkzeugs. Damit werden die Maße des Originalbildes verwendet. Wenn Sie das Bild bei gleichem Seitenverhältnis nicht neu berechnen lassen wollen, löschen Sie den Auflösungswert, bevor Sie mit dem Werkzeug ziehen.
- **Sie können die Arbeitsfläche um das Bild vergrößern** und dabei genau steuern, wie viel an jedem Bildrand hinzugefügt werden soll. Ziehen Sie zuerst das Arbeitsfenster größer, um Platz zu schaffen (oder tippen Sie ⌘-⌥-− auf dem Mac

DAS FREISTELLUNGSWERKZEUG STEUERN

In der Optionsleiste des Freistellungswerkzeugs können Sie die Abmessungen und die Auflösung für das freigestellte Bild einstellen. Entsprechend den Einträgen wird das Bild neu berechnet oder nicht.

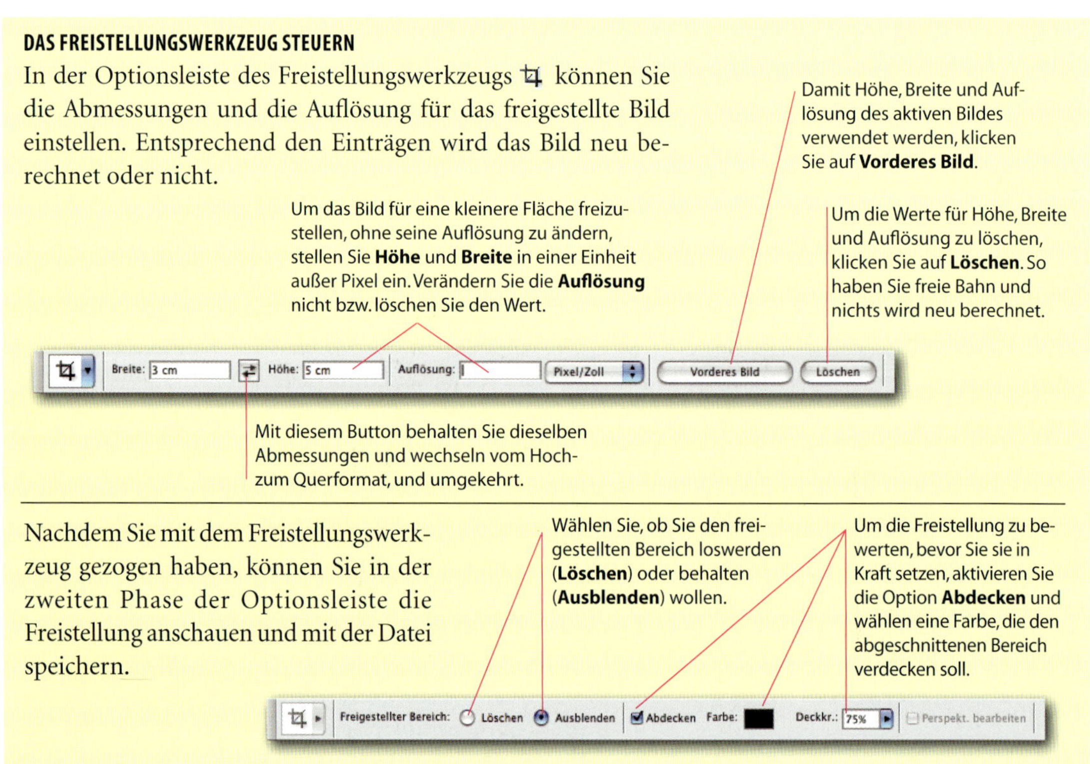

Damit Höhe, Breite und Auflösung des aktiven Bildes verwendet werden, klicken Sie auf **Vorderes Bild**.
Um das Bild für eine kleinere Fläche freizustellen, ohne seine Auflösung zu ändern, stellen Sie **Höhe** und **Breite** in einer Einheit außer Pixel ein. Verändern Sie die **Auflösung** nicht bzw. löschen Sie den Wert.
Um die Werte für Höhe, Breite und Auflösung zu löschen, klicken Sie auf **Löschen**. So haben Sie freie Bahn und nichts wird neu berechnet.
Breite: 3 cm
Höhe: 5 cm
Auflösung:
Pixel/Zoll
Vorderes Bild
Löschen
Mit diesem Button behalten Sie dieselben Abmessungen und wechseln vom Hoch- zum Querformat, und umgekehrt.
Wählen Sie, ob Sie den freigestellten Bereich loswerden (**Löschen**) oder behalten (**Ausblenden**) wollen.
Um die Freistellung zu bewerten, bevor Sie sie in Kraft setzen, aktivieren Sie die Option **Abdecken** und wählen eine Farbe, die den abgeschnittenen Bereich verdecken soll.
Freigestellter Bereich:
Löschen
Ausblenden
Abdecken
Farbe:
Deckkr.:
75%
Perspekt. bearbeiten

Nachdem Sie mit dem Freistellungswerkzeug gezogen haben, können Sie in der zweiten Phase der Optionsleiste die Freistellung anschauen und mit der Datei speichern.

Achtung: »Versteckte« Freistellung

Wenn Sie beim Freistellungswerkzeug ⌗ die Option AUSBLENDEN statt LÖSCHEN verwenden, bleiben die Bereiche außerhalb der Freistellung in der Datei enthalten. Das kann zu Problemen führen, denn für bestimmte Aktionen wie Tonwertkorrekturen oder Gradationskurven bezieht Photoshop das gesamte Bild (auch die ausgeblendeten Bereiche) ein. Das ist auch bei Musterfüllungen (beginnt links oben im Bild) oder Verschiebungsmatrizen (richten sich links oben aus, wird durch Kacheln oder Dehnen eingepasst) der Fall. Wenn Sie die »versteckten« Bildkanten vergessen, kann jede dieser Operationen zu völlig unerwarteten Ergebnissen führen.

Alles unterbringen

Der Befehl BILD/ALLES EINBLENDEN vergrößert die Arbeitsfläche, so dass alle »außerhalb liegenden« Bereiche der Datei zu sehen sind. – auch die Ebenen, die durch einen Klick auf 👁 ausgeblendet sind.

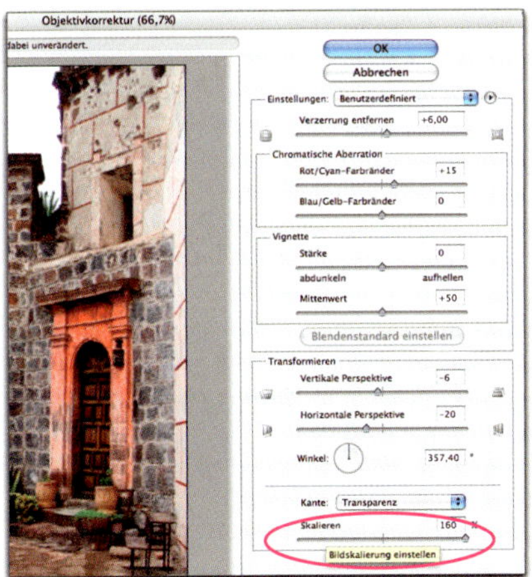

Nach Verzerrungskorrekturen mit dem Filter BLENDENKORREKTUR bleiben oft »leere« Bereiche an den Bildkanten stehen. Die Dialogbox des Filters hat eine eigene Freistellungsoption, mit der Sie das Bild aus der Mitte heraus vergrößern können, bis die transparenten Kanten aus dem Bildausschnitt »geschoben« werden (siehe Seite 285). Oder Sie verlassen die Blendenkorrektur-Dialogbox und verwenden eine der normalen Freistellungsmöglichkeiten in Photoshop.

bzw. (Strg)-(Alt)-(–) auf dem PC). Ziehen Sie dann mit dem Freistellungswerkzeug ⌗ über das gesamte Bild. Ziehen Sie schließlich einen Eckpunkt des Freistellungsrahmens nach außen, bis die gewünschten Abmessungen erreicht sind (um proportional zu arbeiten, halten Sie beim Ziehen die (⇧)-Taste gedrückt, mit (⌥)/(Alt) vergrößern Sie vom Zentrum heraus; eine Kombination beider Tasten bewirkt beides gleichzeitig).

Wenn Sie mit dem Werkzeug ziehen, verändert sich dessen Optionsleiste. Sie können nun den abgeschnittenen Bereich mit einer Farbe abdecken und den Freistellungsrahmen umher bewegen, bis Ihnen der Ausschnitt zusagt. Wenn Ihr Bild nicht nur aus der Hintergrundebene besteht, können Sie auch entscheiden, ob Sie den überflüssigen Bereich LÖSCHEN oder AUSBLENDEN wollen (wobei der abgeschnittene Bereich noch verfügbar, nicht jedoch zu sehen ist). Durch das Ausblenden bleiben Sie flexibler – Sie können später noch entscheiden, den Bildausschnitt zu verändern. Außerdem kann das in Animationen nützlich sein – das freigestellte Bild legt sozusagen den »Bühnenbereich« fest, und die Frames der Animation werden erzeugt, indem Sie das Bild mit dem Verschieben-Werkzeug ▶✥ in kleinen Schritten über die »Bühne« ziehen. Aber das Ausblenden birgt auch Probleme, wie links im Abschnitt »Achtung: Versteckte Freistellung« beschrieben. Um die Freistellung abzuschließen, klicken Sie auf den Button ✓ in der Optionsleiste, um die Operation »zuzulassen«. Oder Sie klicken zum Abbrechen auf den Button ⃠ (ein Doppelklick und die (Esc)-Taste sind die entsprechenden Tastenkürzel).

Am Rand freistellen

Wenn die Option AUSRICHTEN (im Menü ANSICHT) aktiv ist, richtet das Freistellungswerkzeug ⌗ seinen Rahmen an den Bildkanten aus, wenn Sie mit dem Cursor in der Nähe sind. Um in der Nähe des Randes – und nicht genau dort – freizustellen, wählen Sie ANSICHT/AUSRICHTEN, um die Option zu deaktivieren.

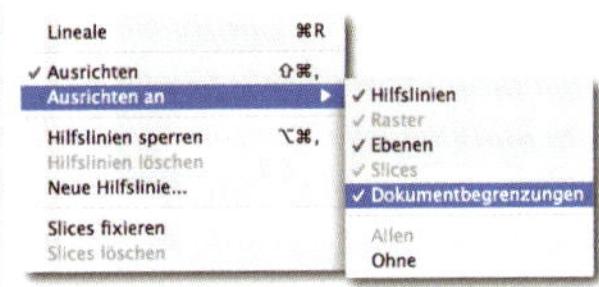

Kameraverzerrungen korrigieren

Die Oberfläche des Filters Blendenkorrektur (FILTER/VERZERRUNGSFILTER/BLENDENKORREKTUR, ab CS2) wurde speziell dazu entwickelt, Kameraverzerrungen sowohl in Geometrie als auch in Farbe zu korrigieren, die bereits bei der Aufnahme entstanden sind. In Versionen vor CS2 verwenden Sie eine Kombination aus Transformieren-Befehlen, Verzerrungsfiltern und Gauß'schem Weichzeichner, um denselben Effekt zu erzielen. Der Workshop »Kameraverzerrungen korrigieren« auf Seite 281 bietet jeweils ein Beispiel mit und eines ohne den Filter BLENDENKORREKTUR. Auf Seite 278 erfahren Sie, wie dieser Filter funktioniert.

ORIGINALFOTO: PHOTOSPIN.COM

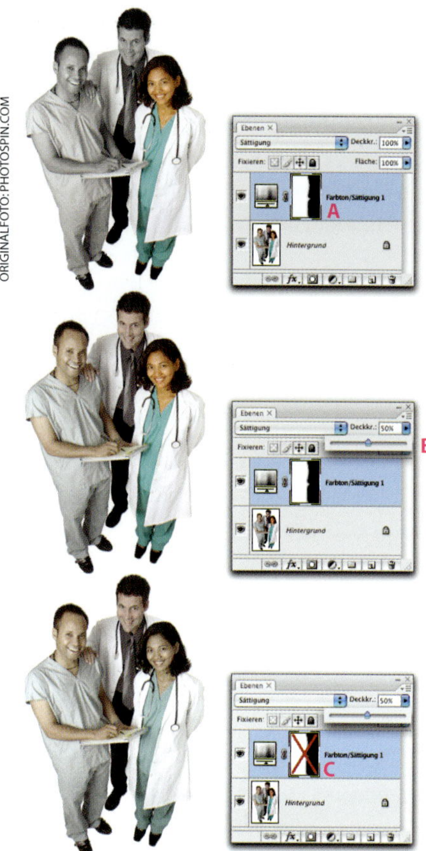

In diesem Beispiel von Seite 300 bietet eine Einstellungsebene mehr Flexibiliät als ein Befehl aus dem Menü BILD/ANPASSEN. Zum Beispiel konnten wir eine Ebenenmaske einzeichnen, um die Anpassung einzugrenzen **A**. Später war es einfach, zurückzukehren und die Sättigung der beiden Herren zu verringern **B**. Außerdem konnten wir die Ebenenmaske ausblenden (⇧-Klick auf ihre Miniatur), so dass die Einstellung auf das gesamte Foto angewendet wurde **C**.

STAPELREIHENFOLGE

Wenn wir Kontrast, Belichtung oder Farbe in einem Bild mit mehr als einer Einstellungsebene korrigieren, ist es, als führte man die Korrekturen nacheinander durch: Je tiefer die Einstellungsebene im Stapel liegt, desto früher wurde die Korrektur ausgeführt.

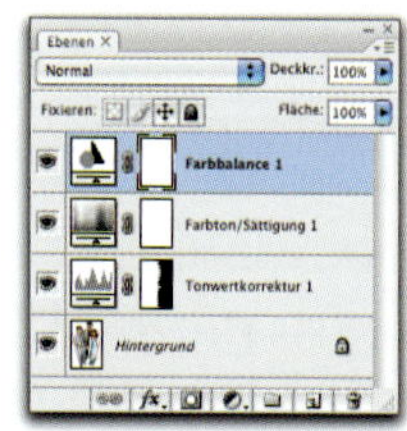

FARBE UND FARBTON ANPASSEN

Nach dem Freistellen wenden Sie häufig Farbkorrekturen auf das gesamte Bild oder einige Bereiche an. Für diese Einstellungen verwenden Sie entweder Befehle aus dem Menü BILD/ANPASSEN oder Sie fügen eine Einstellungsebene hinzu.

Einstellungsebenen

Aufgrund ihrer Flexibilität lohnt sich der Einsatz von Einstellungsebenen fast immer, anstatt denselben Befehl aus dem Anpassen-Menü zu verwenden. Mit der Einstellung auf einer separaten Ebene, die mit der Datei gespeichert wird, können Sie die Einstellung später verändern oder mithilfe der Deckkraft in ihrer Wirkung beeinflussen. Sie können die Einstellung mithilfe der eingebauten Ebenenmaske auch auf einen bestimmten Bereich beschränken. ▼ Oder Sie begrenzen sie mithilfe der Farbbereichsregler auf einen bestimmten Farbbereich oder eine Farbfamilie. ▼ Ähnlich flexibel sind Sie in CS3 auch mit Smartfiltern.

Eine Einstellungsebene erzeugen Sie, indem Sie auf den Button NEUE FÜLL- ODER EINSTELLUNGSEBENE ERSTELLEN unten in der Ebenen-Palette klicken und die Art der gewünschten Einstellung aus dem Pop-up-Menü wählen. In diesem Beispiel und im gesamten Buch finden Sie viele Anwendungsbeispiele für Einstellungsebenen. Seite 269 enthält schrittweise Anweisungen für Farbkorrekturen, von denen viele mit Einstellungsebenen gelöst wurden.

MEHR DAVON

▼ Ebenenmasken **Seite 72**

▼ Fülloptionen **Seite 73**

Das Histogramm

In Photoshop CS bekam das **Histogramm** (das früher nur mit dem Befehl Tonwertkorrektur verfügbar war) seine eigene Palette. Es kann nur jederzeit auf dem Bildschirm angezeigt werden und Änderungen sofort darstellen, während Sie Farbkorrekturen vornehmen. Die Kurve des Histogramms zeigt, welchen Anteil der Bildpixel (dargestellt durch die relative Höhe jeder vertikalen Säule) jeder der 256 Farbtöne oder Luminanzwerte enthält (verteilt auf einer horizontalen Achse, von links, schwarz, bis rechts, weiß). Die dunkelsten Pixel im Bild werden von der linken Säule im Diagramm dargestellt; die hellsten Pixel sind in der rechten Säule zu sehen. CS3 zeigt ein Histogramm auch innerhalb der Gradationskurve. Es stellt aber nur den Bildzustand vor Aufrufen der Dialogbox dar, keine Änderungen innerhalb der Gradationskurve.

Die Farbverteilung im Histogramm eines unkorrigierten Bildes unterstreicht meist nur das, was Sie ohnehin durch bloßes Hin-

ORIGINALFOTO: E. A. M. VISSER

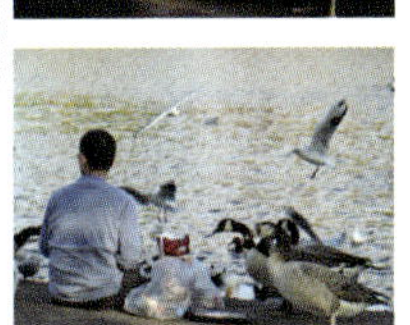

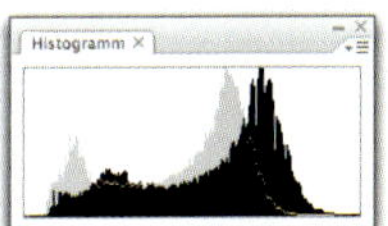

Wenn Sie Änderungen in einer Dialogbox mit Vorschau-Option ausprobieren, zeigt das Histogramm die Verteilung der Farbtöne vor (hellere Kurve) und nach der Änderung. Wenn Sie mit einer Einstellungsebene arbeiten, wählen Sie KORREKTURCOMPOSITE als QUELLE.

Lücken im Histogramm zeigen an, dass der eingestellte Farbbereich mehr potenzielle Farben enthält, als im Bild verwendet werden. (Mit dem AUTO-Button vermeiden Sie Lücken, denn die Farbtöne in jedem Kanal werden separat eingestellt, was aber – aus demselben Grund – zu Farbverschiebungen führen kann.)

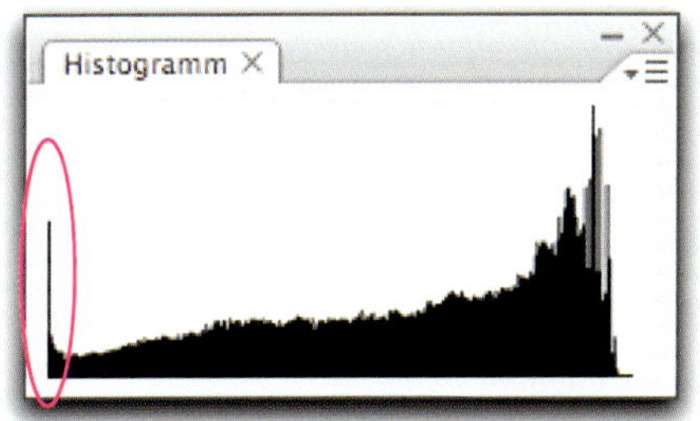

Wenn eine Einstellung zu einer Spitze an einem Ende des Histogramms führt, ist das ein Zeichen dafür, dass Details in Lichtern oder Tiefen verloren gehen, weil die hellsten oder dunkelsten Töne nach Weiß oder Schwarz verschoben werden.

schauen bereits sehen konnten. Wenn die Kurve nicht bis ganz nach links reicht, bedeutet das, dass es keine ganz schwarzen Pixel gibt; reicht sie nicht bis nach rechts, fehlt reines Weiß. Oft werden Sie dann den Kontrast anpassen wollen, aber manchmal könnte man auch den Tonwertbereich verkleinern. Das Histogramm kann Ihnen diese Fragen nicht beantworten – es stellt lediglich den Zustand des Bildes dar.

Bei einem generell sehr dunklen Bild zeigt das Histogramm mehr Pixel auf der linken statt auf der rechten Seite. Bei einem hellen Bild sind rechts im Histogramm mehr Pixel zu finden. Ihr Foto kann über- oder unterbelichtet sein, und das wollen Sie ja korrigieren. Oder das Bild ist einfach aufgrund seines Inhalts dunkel oder hell und muss gar nicht korrigiert werden.

Wenn Sie die Histogramm-Palette erweitern und die Farbverteilung in jedem Kanal betrachten, erkennen Sie leichter Farbstiche und sehen, wie Sie diese korrigieren können.

Das Histogramm kann sehr nützlich sein, um Änderungen in Kontrast (Farbbereich) oder den Details in Lichtern und Tiefen zu beobachten, während Sie Einstellungen vornehmen. Bei jeder Farbton- oder Farb-Dialogbox mit einer Vorschau-Option (z.B. Gradationskurven, Farbton/Sättigung, Farbbalance und viele andere) vergleicht das Histogramm den Zustand des Bildes vor und nach der Bearbeitung (mit den aktuellen Einstellungen in der Dialogbox). Wenn Sie Farbe und Farbton anpassen und sich dabei an einem Ende des Histogramms die Werte häufen, heißt das, dass Sie Details in den Lichtern oder Tiefen verlieren, während sich der Kontrast erhöht und mehr hellere oder dunklere Farbtöne nach Weiß bzw. Schwarz verschoben werden. Wenn sich eine der Farben in einem erweiterten Histogramm weiter verschiebt als die anderen, entwickelt sich ein Farbstich (oder er wird vermindert). ▼

MEHR DAVON

▼ Mit dem Histogramm arbeiten **Seite 163**

Kontrast und Belichtung korrigieren

In einem Bild mit Lichtern und Tiefen wünschen Sie sich meist den größtmöglichen Farbbereich, indem Sie die hellsten Töne des Bildes auf das hellste druckbare »Weiß« aufhellen und die dunkelsten Bereiche in dunkles, dennoch aber druckbares »Schwarz« abdunkeln und so die dazwischen liegenden Töne auf einen breiteren Bereich verteilen.

Auto-Einstellungen. Die Dialogboxen TONWERTKORREKTUR und GRADATIONSKURVEN haben beide AUTO- und OPTIONEN-Buttons, um Farbton und Farbe automatisch korrigieren zu können. Der Abschnitt »Farbanpassungsoptionen« von Seite 165 zeigt Ihnen, wie diese funktionieren, und »Kurzum: Tonwert und Farbe« auf Seite 268 enthält mehrere schrittweise Beispiele, wie

»AUTO«-FLEXIBILITÄT

Manchmal funktioniert eine Auto-Anpassung fast, aber nicht so ganz. Wenn eine Auto-Tonwertkorrektur- oder Auto-Gradationskurven-Einstellungsebene nicht genau zum gewünschten Ergebnis führt und der Bildkontrast jetzt unnatürlich wirkt, reduzieren Sie die Deckkraft der Ebene und somit deren Wirkung.

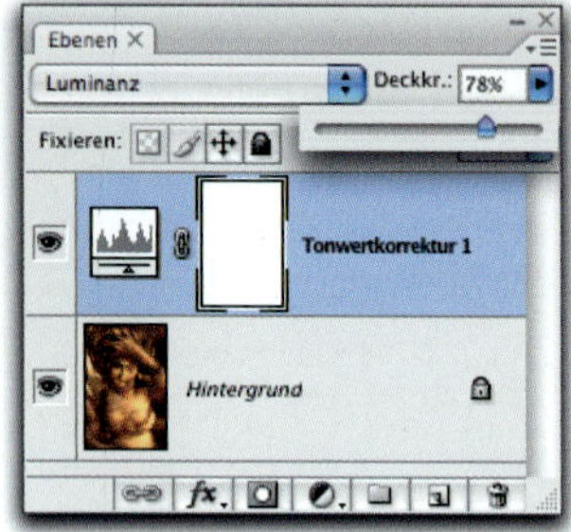

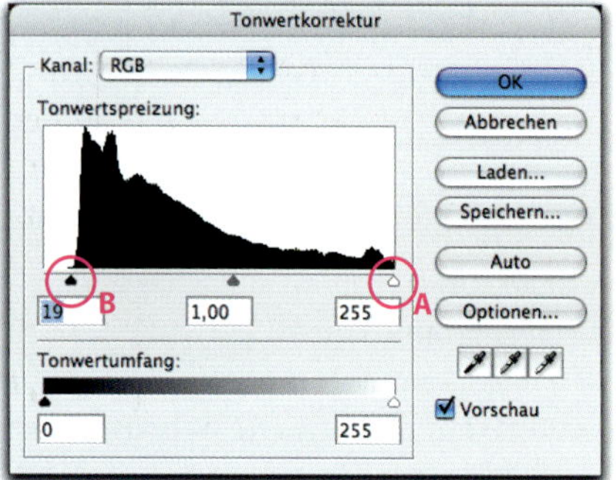

Wenn Sie den Weißpunktregler nach innen ziehen **A**, »weiß« Photoshop, dass alle Pixel, die heller als dieses sind, weiß werden sollen. Ebenso, wenn Sie den Schwarzpunktregler nach innen ziehen **B:** Alle Pixel, die dunkler sind als dieser Wert, werden schwarz.

KEIN HELLIGKEIT/KONTRAST

Außer TONWERTKORREKTUR und GRADATIONSKURVEN ist im Anpassen-Menü auch der Befehl HELLIGKEIT/KONTRAST eine Option. Die Steuerungen sind in ihren Funktionen sehr begrenzt, die Farben und der Farbbereich im Bild können unschön beeinflusst werden, wenn die Steuerungen für sich allein angewendet werden. Um Kontrast und Belichtung einzustellen, ist HELLIGKEIT/KONTRAST also keine gute Wahl. Nur in CS3 ist HELLIGKEIT/KONTRAST brauchbar abgestimmt.

diese Schnellkorrekturen angewendet werden können. Wenn eine Auto-Korrektur von TONWERTKORREKTUR oder GRADATIONSKURVEN nicht funktioniert, können Sie sie widerrufen (⌥/Alt-Taste drücken, um den Button ABBRECHEN in ZURÜCK zu verwandeln, und darauf klicken); probieren Sie dann eine Einstellung von Hand, wie nachfolgend beschrieben.

Tonwertkorrektur und Gradationskurven per Hand. Sie können Schwarzpunkt, Weißpunkt, Mitteltöne und neutrale Farben in den Dialogboxen TONWERTKORREKTUR und GRADATIONSKURVEN von Hand einstellen. Wir besprechen hier beide zusammen, so dass Sie einfach erkennen, welche Einstellungen wie reagieren. Wenn Sie Tonwertkorrektur und Gradationskurven anpassen, achten Sie darauf, die Option VORSCHAU in der Dialogbox einzuschalten, so dass Sie die Auswirkungen aufs Bild sofort sehen können. Damit kann auch die Histogramm-Palette Vorher- und Nachher-Versionen der Farbverteilung anzeigen.

1 Der erste Schritt ist, den Farbbereich des Bildes zu erweitern.

Mit Tonwertkorrektur. Wie die Histogramm-Palette stellt die Tonwertkorrektur-Dialogbox die Farbverteilung im Bild dar. Um den Kontrast zu verbessern, ziehen Sie den Schwarzpunktregler und den Weißpunktregler jeweils unter die Stelle, an der die Balken links und rechts im Diagramm beginnen. Achten Sie auf die Histogramm-Palette. Der Kontrast hat sein technisches Optimum erreicht, wenn einige weiße und schwarze Pixel im Bild enthalten sind. Beenden Sie jedoch Ihre Einstellungen, bevor die schwarzen und weißen Säulen unverhältnismäßig hoch werden, denn damit verlieren Sie Details in den Tiefen und Lichtern, weil dunkle und helle Pixel vollkommen nach schwarz oder weiß verschoben werden.

Manchmal ist ein schmaler »Hügel« ganz rechts oder ganz links im Histogramm zu erkennen, der von irrelevanten sehr dunklen oder sehr hellen Pixeln stammt. In diesem Fall erhalten Sie bessere Ergebnisse, wenn Sie den Schwarzpunkt- oder den Weißpunktregler nach knapp innerhalb des »Hügels« ziehen.

Mit Gradationskurven. Die »Kurve« im Dialog Gradationskurven stellt die Beziehung zwischen den Farbtönen vor und nach Ihren Einstellungen dar. Sie beginnt als gerade Linie, bis Sie Punkte hinzufügen und verschieben, um aus der Linie eine Kurve zu machen. Wenn Sie den Dialog so eingerichtet haben, dass die dunklen Ende der Farbskalen unten rechts liegen, erhöhen Sie den Kontrast, indem Sie die schwarze Ecke horizontal entlang der Achse verschieben, bis die Balken in der Histogramm-Palette ganz links angekommen sind;

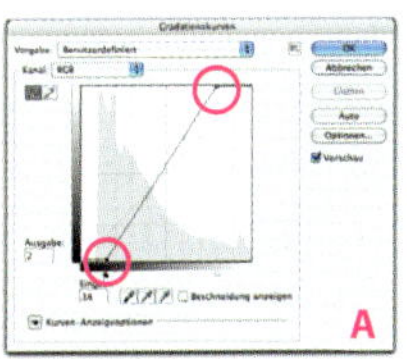

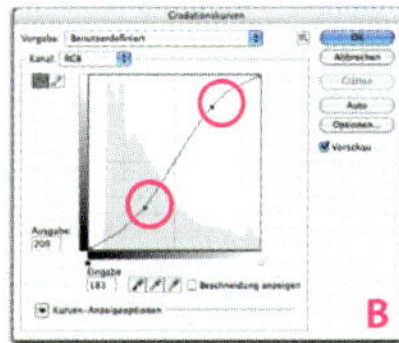

Wenn Sie die Endpunkte der Kurve in der GRADATIONSKURVEN-Dialogbox gerade nach innen ziehen **A** ist das genauso, als schöben Sie die Schwarz- und Weißpunktregler in der Dialogbox TONWERTKORREKTUR nach innen. Sie können eine Kurve in S-Form erstellen **B**, wodurch Sie mehr Kontrolle über die hellsten und dunkelsten Töne haben als in TONWERTKORREKTUR (siehe Seite 334). In CS3 bietet die Gradationskurve Schwarz- und Weißpunktregler direkt an.

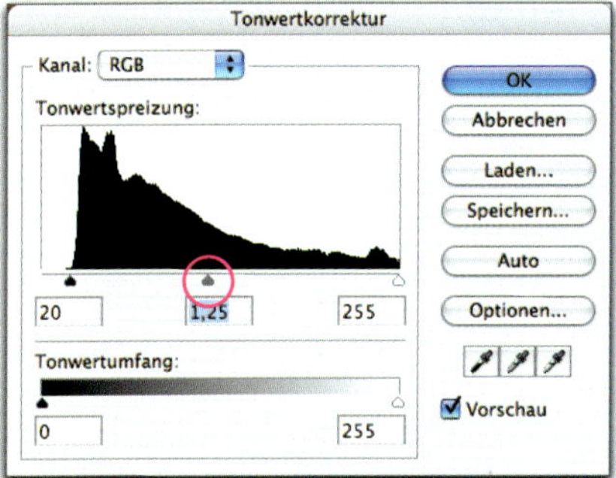

Durch Ziehen des Gamma-Reglers in der Dialogbox TONWERTKORREKTUR wird das Bild generell aufgehellt oder abgedunkelt, ohne die Schwarz- und Weißpunkte zu verändern.

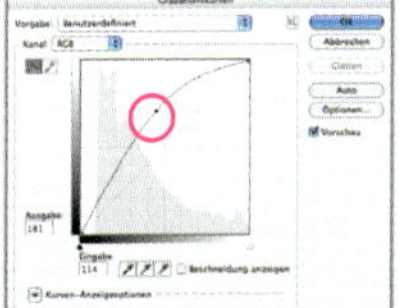

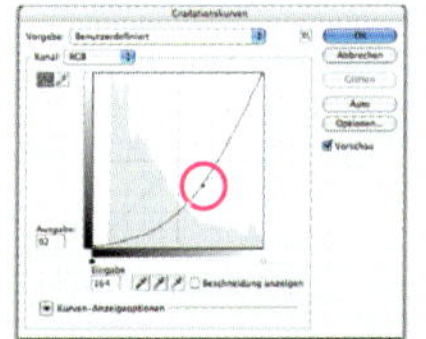

Indem Sie die Mitte der Kurve nach oben oder unten ziehen, hellen Sie das Bild auf oder dunkeln es ab. Da Sie auch nach links und rechts ziehen können, haben Sie mit GRADATIONSKURVEN mehr Kontrolle über die Farbeinstellungen als mit dem Gamma-Regler der TONWERTKORREKTUR.

verschieben sie den Weißpunkt horizontal entlang seiner Achse, bis in der Histogramm-Palette auch am rechten Ende Balken zu sehen sind. Aber übertreiben Sie es nicht, wie vorhin bei der Tonwertkorrektur beschrieben wurde.

2 Wenn Sie die Einstellungen aus Schritt 1 vorgenommen haben, verfügen Sie jetzt über den kompletten Farbbereich von Schwarz bis Weiß. Das Foto könnte dennoch generell zu dunkel (unterbelichtet) oder zu hell (überbelichtet) sein.

Im Dialog TONWERTKORREKTUR können Sie dazu den Gamma-Regler verschieben, um das Bild insgesamt aufzuhellen oder abzudunkeln.

In der Dialogbox nehmen Sie dieselben Korrekturen vor, indem Sie die Mitte der Kurve ziehen. Ziehen Sie nach oben, um das Bild aufzuhellen, und nach unten, um es abzudunkeln. Ein Vorteil der Gradationskurven gegenüber der Tonwertkorrektur ist, dass Sie die Kurve nach unten oder oben »ausbeulen« können, um zu steuern, welcher Bereich steil und welcher eher flach ist. Wo die Kurve steil verläuft, werden die Farbtöne auseinandergedehnt, wobei sich der Kontrast dazwischen erhöht. Der Kontrast kann Schärfe und den Eindruck von Details vermitteln, denn das Auge ist daran gewöhnt, Kanten zu finden, was durch erhöhten Kontrast gefördert wird. Verläuft die Kurve eher flach, wird die Anzahl der Tonwerte reduziert, wodurch Kontrast und Schärfe gemindert werden.

3 Auch wenn Kontrast und allgemeine Belichtung eingestellt sind, können unerwünschte Farbstiche im Bild auftreten. Wenn Sie einen Farbstich korrigieren wollen, wählen Sie die graue Pipette (Mitteltöne setzen) aus der Dialogbox TONWERTKORREKTUR oder GRADATIONSKURVEN und klicken damit auf ein Stelle im Bild, die neutral Grau sein und keine Farbe enthalten sollte. Seite 272 zeigt ein Beispiel dazu. (Wenn Sie keine passende Stelle finden, lesen Sie »Einen Farbstich entfernen« auf der nächsten Seite oder probieren Sie eine der Durchschnittsmethoden von Seite 273 aus.)

Besondere Belichtungsprobleme korrigieren

Sobald der allgemeine Kontrast und die Belichtung eingestellt sind, wird es Zeit, sich um die Belichtungsprobleme in speziellen Farbbereichen oder Bereichen des Bildes zu kümmern.

Mit Gradationskurven messen und einstellen. Sie können bestimmte Helligkeitsbereiche mit GRADATIONSKURVEN einstellen. So können Sie Details in den Tiefen sichtbar machen, ohne andere Farbbereiche zu verändern, oder Sie erhöhen den Kontrast in den Mitteltönen. Wenn Sie den Cursor außerhalb der Dialogbox bewegen, wird er zu einer Pipette. Wenn Sie auf einen bestimmten Wert klicken, wird dessen Position auf der Kurve angezeigt. Durch ⌘-/Strg-Klicken wird der Punkt automatisch

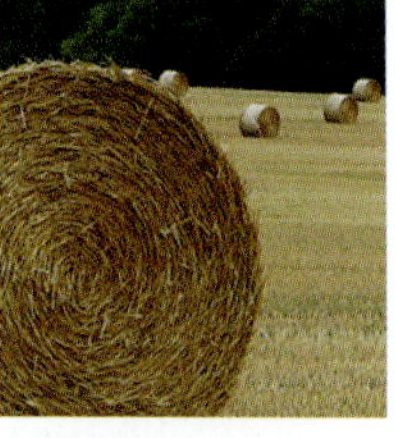

Eine »S«-Kurve erhöht den Kontrast in den Mitteltönen. Auf Seite 334 finden Sie eine schrittweise Anleitung.

Auch eine modifizierte »M«-Kurve kann den Kontrast erhöhen. Mehr dazu auf Seite 334.

PHOTOSPIN.COM

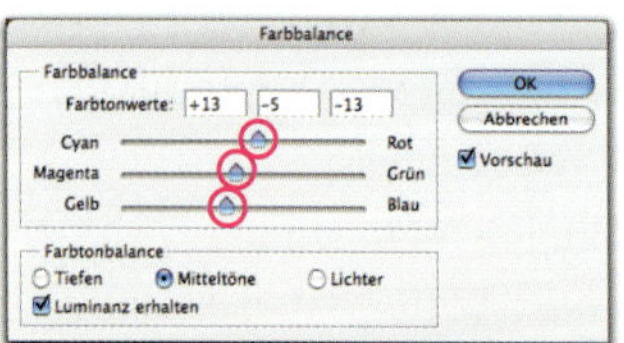

Einen Farbstich können Sie entfernen, indem Sie das Gegenteil der Farbe hinzufügen, die zum Farbstich geführt hat. Hier wurde ein grünblauer Farbstich, hervorgerufen durch das Zelt, durch Hinzufügen von Rot, Gelb und etwas Magenta zu den Mitteltönen entfernt.

zur Kurve hinzugefügt. Wenn Sie den Farbbereich gefunden haben, die Sie bearbeiten wollen, können Sie die Kurve in anderen Bereichen, die nicht verändert werden sollen, fixieren, indem Sie klicken und so Punkte im unveränderten Bereich der Kurve festlegen. Dann hellen Sie den Zielbereich auf oder dunkeln ihn ab, indem Sie einen Punkt ziehen und so die Kurve verformen. Beispiele für sinnvolle Einstellungen – die »M«-Einstellung und die »S«-Einstellung – finden Sie auf Seite 334. **Hinweis:** Wenn Sie die Punkte so verschieben, dass eine extremere Kurve als ein leichtes M oder S entsteht, kann es Probleme geben. Extreme Veränderungen können zu Solarisationseffekten (Umkehrung mancher Farbtöne) und Farbtrennungen (Anzahl der Farben wird deutlich reduziert) führen.

Einen Farbstich entfernen

Wenn das Bild noch immer Probleme aufweist, obwohl Sie den Farbtonbereich erweitert, die Belichtung korrigiert und die Mitteltöne mithilfe von Tonwertkorrektur oder Gradationskurven gesetzt haben, probieren Sie eine Farbton/Sättigung- oder Farbbalance-Einstellungsebene (Beispiele finden Sie in »Kurzum: Tonwert und Farbe« ab Seite 268). In der geöffneten Histogramm-Palette erkennen Sie Änderungen im Kontrast und Verluste an Details in den Tiefen und Lichtern, während Sie arbeiten.

- **Um dieselbe allgemeine Farbverschiebung** in Lichtern, Mitteltönen und Tiefen gleichzeitig auszuführen, verwenden Sie FARBTON/SÄTTIGUNG: Aktivieren Sie die Vorschau-Checkbox, ziehen Sie den Farbton-Regler. Das obere Spektrum unten in der Dialogbox zeigt den »Vorher«-Zustand, das untere den »Nachher«-Zustand des Bildes nach der Farbverschiebung.
- **Um Farbverschiebungen in den Lichtern, Mitteltönen oder Tiefen einzeln vorzunehmen,** verwenden Sie den Befehl FARBBALANCE. Wählen Sie in der Dialogbox aus, welchen der drei Farbbereiche Sie bearbeiten wollen, und ziehen Sie dann die Regler, um das Gegenteil der Farbe hinzuzufügen, die den Farbstich verursacht. Wenn zum Beispiel ein blauer Farbstich auftritt, klicken Sie auf den Lichter-Button und ziehen Sie den Blau/Gelb-Regler in Richtung Gelb.

Gezielte Farbanpassungen

Manche Bilder brauchen eher eine gezielte Bearbeitung als eine generelle Farbverschiebung. **Um eine bestimmte Farbe oder Farbfamilie zu bearbeiten,** wählen Sie die entsprechende Familie aus dem Bearbeiten-Menü oben in der Dialogbox FARBTON/SÄTTIGUNG. Nehmen Sie dann mit der Pipette aus dem Dialog eine Zielfarbe innerhalb dieses Bereichs auf. Sie erweitern den Bereich (zu erkennen an dem grauen Balken zwischen den beiden Spektren) wie links beschrieben.

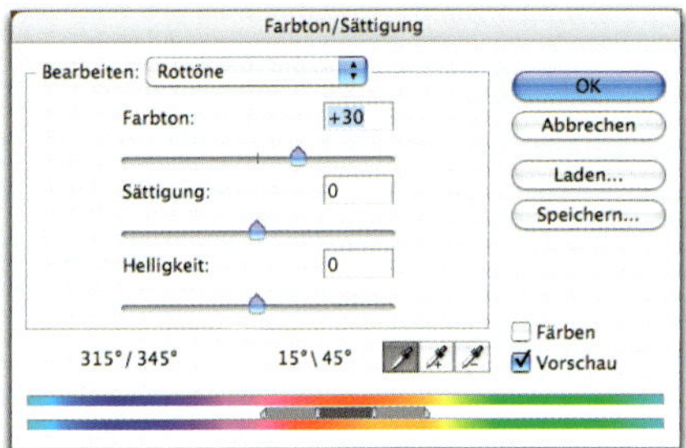

Die gewünschte Farbfamilie – zum Beispiel Orangetöne – steht vielleicht nicht im Bearbeiten-Menü von FARBTON/SÄTTIGUNG zur Wahl. Wählen Sie in diesem Fall einfach die benachbarte Familie im Farbrad – im Fall von Orange Gelb- oder Rottöne. Klicken und ziehen Sie dann mit der »+«-Pipette im Bild, um den Zielfarbbereich zu erweitern. Mit der »-«-Pipette entfernen Sie Farben (zum Beispiel Rottöne, die nicht zu Orange passen) aus dem Zielbereich. Um einen sanfteren Übergang zwischen den bearbeiteten und den bleibenden Farben zu schaffen, ziehen Sie die kleinen weißen Dreiecke nach außen, um die hellgrauen »Weichheits«-Balken zu erweitern, oder nach innen für schärfere Grenzen.

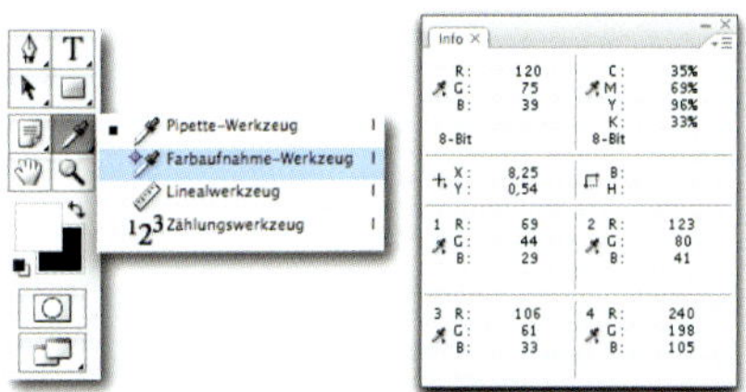

In der Info-Palette einer RGB-Datei zeigen höhere Nachher-Werte für Farbaufnehmer eine Aufhellung an, geringere Werte bedeuten eine Abdunklung (bei CMYK-Dateien gilt das Gegenteil). Ein ungleicher Anstieg in einer oder in mehreren Komponenten bedeutet eine Farbverschiebung.

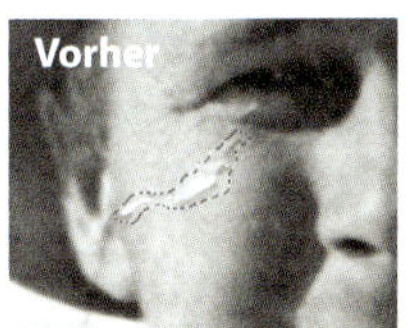

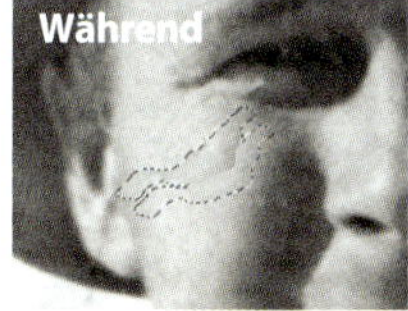

Das Ausbessern-Werkzeug ⬡, das die Reparaturkanten automatisch überblendet, eignet sich gut, um Kratzer und Risse in Fotos zu reparieren (siehe Seite 319). Es besitzt keine Option ALLE EBENEN VERWENDEN, deshalb sollten Sie es auf einer duplizierten Ebene einsetzen.

Mit der Histogramm-Palette können Sie generelle Veränderungen in Farbe und Farbton überwachen, mithilfe der Pipetten ist das in bestimmten Farbbereichen möglich. Mit dem Farbaufnahme-Werkzeug, zu finden in der Werkzeug-Palette bei der Pipette, können Sie vier Aufnahme-Punkte setzen und die Daten dann in der Info-Palette auslesen. ▼

MEHR DAVON
▼ Farbaufnahme-Werkzeug **Seite 162**

FOTOS RETUSCHIEREN

Mit den Retusche-Werkzeugen von Photoshop (siehe Seite 246) können Sie Bilder von Hand reparieren. Wenn Sie diese Werkzeuge direkt auf das Bild anwenden, wird es später schwierig, etwas rückgängig zu machen oder einen Fehler in mehreren Schritten zu korrigieren. Wir zeigen Ihnen einige Möglichkeiten, wie Sie das Original nicht zerstören, wenn ein Fehler passiert, und wie einzelne Korrekturen gut erkennbar sind, um sie später zu entfernen oder zu korrigieren. Schrittweise Anleitungen für die Retusche-Werkzeuge finden Sie in »Kurzum: Abdecken« auf Seite 319 und in »Kurzum: Kosmetische Korrekturen« auf Seite 313.

- Eine Möglichkeit, **Staub und kleine Kratzer schnell zu beseitigen**, ist, die Ebene in eine darüber zu duplizieren und darauf den Filter STAUB & KRATZER anzuwenden. Fügen Sie dann eine mit schwarz gefüllte Ebenenmaske hinzu, um das gesamte gefilterte Bild auszublenden, und malen Sie dann mit Weiß auf der Maske, wo Sie Schönheitsfehler beseitigen wollen. Diese Methode ist in »Ein Problemfoto korrigieren« auf Seite 304 beschrieben. Sie können STAUB & KRATZER auch als »Vorbehandlung« vor dem Reparatur-Pinsel einsetzen, wie in »Ein Muster für den Reparatur-Pinsel« auf Seite 320 beschrieben.
- **Um größere Fehler zu beseitigen oder ein ablenkendes Element im Hintergrund eines Bildes abzudecken,** verwenden Sie das Ausbessern-Werkzeug oder den Kopierstempel. Der Kopierstempel kann auf einer transparenten Reparatur-Ebene über dem Bild arbeiten, wenn Sie die Option ALLE EBENEN AUFNEHMEN in der Optionsleiste einschalten. In CS3 können Sie die Aufnahme auf die aktuelle und die darunterliegende Ebene beschränken. Der Stempel funktioniert besonders gut mit einer weichen Werkzeugspitze ohne die Option AUSGERICHTET. Klicken Sie mit gehaltener ⌥/Alt-Taste, um benachbarte Bilddetails aufzunehmen, klicken Sie dann, um sie anderswo einzusetzen. Da die Reparaturen auf einer separaten Ebene stattfinden, können Sie sie jederzeit ändern.

  Das Ausbessern-Werkzeug funktioniert nur auf der aktiven Ebene, im Unterschied zu den Werkzeugen, die aus allen

Der Reparatur-Pinsel kann zur Reparatur ein Muster benutzen, anstatt eine Farbe oder Struktur aus dem Bild aufzunehmen. Dadurch können feine Linien wie Telefonkabel schnell entfernt werden. Sie müssen auf eine Kopie des Bildes den Filter STAUB & KRATZER anwenden und diese weichgezeichnete Kopie als Muster für den Reparatur-Pinsel verwenden. Mehr dazu auf Seite 320.

Mit einer »Abwedeln-und-Nachbelichten«-Ebene ist es leichter, gezielte Farbanpassungen mit den Füllmethoden ÜBERLAGERN/INEINANDERKOPIEREN oder WEICHES LICHT zu steuern, als Nachbelichter und Abwedler einzusetzen.

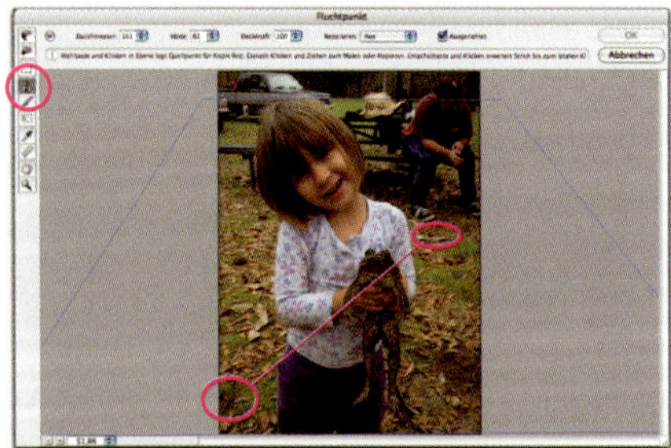

Der Fluchtpunkt-Filter ▼ besitzt einen eigenen Stempel, der entsprechend der Perspektive funktioniert. Hier wurde er verwendet, um Laub und Gras vom Boden zu kopieren und damit störende Elemente im oberen Bildteil abzudecken.

Ebenen aufnehmen und Reparaturen an einer leeren Ebene ausführen können. Duplizieren Sie deshalb die Ebene, die Sie bearbeiten wollen (⌘-/Strg-J), um das Original unverändert zu lassen. Das Ausbessern-Werkzeug verwendet dieselbe Technik für Kantenübergänge und Farbanpassungen wie der Reparatur-Pinsel, er kann aber den Zielbereich auswählen und dann durch anderes Bildmaterial ersetzen. Er eignet sich gut, um große Kratzer oder Risse in einem Bild zu kaschieren, und kann verwendet werden, um ausgewähltes Material in andere Bildbereiche zu kopieren und in die Umgebung zu überblenden. (Wenn das Material für die Reparatur im Vordergrund liegt und die Reparatur selbst aber im Hintergrund ausgeführt werden soll, können Sie das Reparaturmaterial automatisch proportional mit dem Stempel im Fluchtpunkt-Dialog skalieren.) ▼

- **Um Kontrast, Helligkeit oder die Details in bestimmten Bildbereichen zu verbessern,** fügen Sie über Ihrem Bild eine Ebene im Modus ÜBERLAGERN/INEINANDERKOPIEREN oder WEICHES LICHT ein und füllen Sie sie mit 50% Grau, was in diesen Modi neutral (unsichtbar) ist. Malen Sie dann auf dieser Ebene mit Schwarz (abwedeln), Weiß (nachbelichten) oder Grauschattierungen mit einem weichen Pinsel mit oder ohne Airbrush; wählen Sie geringen Druck oder Deckkraft. (Wenn im ÜBERLAGERN/INEINANDERKOPIEREN-Modus eine Übersättigung auftritt, ändern Sie die Füllmethode der graugefüllten Ebene in WEICHES LICHT.) Diese Abwedeln-und-Nachbelichten-Methode wird auf Seite 331 demonstriert, ebenso in Schritt 6 von »Photomerge zum Panorama« auf Seite 605. **Hinweis:** Der Abwedler und der Nachbelichter können auch Kontrast, Helligkeit und Details nachbessern. Diese Werkzeuge sind jedoch zuweilen langsam und etwas verwirrend. Zuerst müssen Sie sich mit den verschiedenen Bereichsoptionen für jedes Werkzeug auseinandersetzen (Lichter, Mitteltöne, Tiefen). Wenn Sie schließlich mit den Werkzeugen malen, merken Sie erst, wenn es zu spät ist, dass Sie eben das optimale Ergebnis erzielt hatten; dann müssen Sie widerrufen und erneut malen, bis alles stimmt. Außerdem können Sie Veränderungen nicht auf einer separaten »Reparatur«-Ebene isolieren. Die oben beschriebene Methode funktioniert also oft besser.
- **Um die Farbsättigung in bestimmten Bildbereichen zu erhöhen oder zu verringern,** fügen Sie eine Farbton/Sättigung-Einstellungsebene hinzu und ändern Sie die Sättigung so, dass das unmittelbare Problem verschwunden ist. Machen Sie sich um den Rest des Bildes vorerst keine Gedanken. Füllen Sie die Maske der Einstellungsebene mit Schwarz, wodurch die Sättigungskorrektur völlig ausgeblendet wird. Malen Sie schließlich mit einem weichen Pinsel mit oder ohne

A

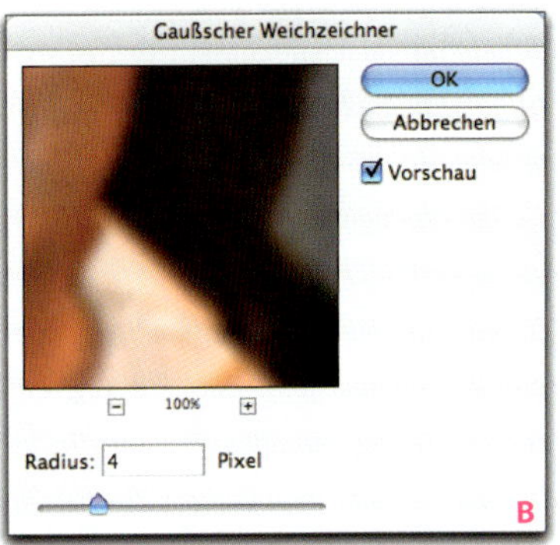

B

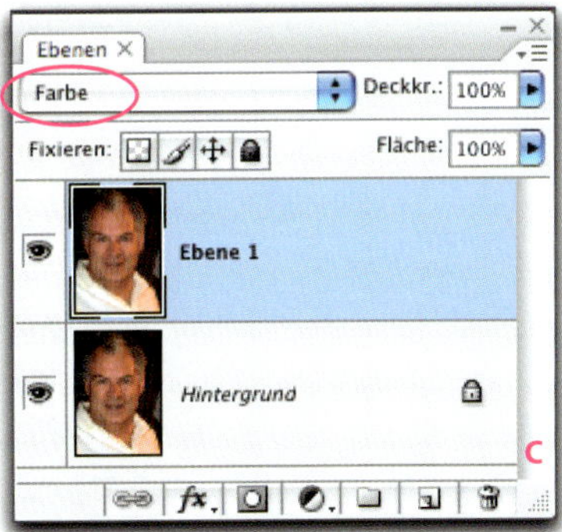

C

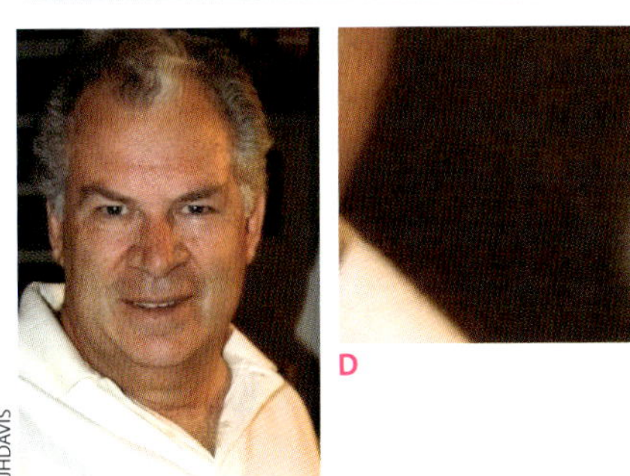
D

JHDAVIS

In einem Bild mit deutlich sichtbarem digitalem Rauschen **A** können Sie die Farben glätten, indem Sie das BIld auf eine neue Ebene duplizieren (⌘/Strg-J) und den Gauß'schen Weichzeichner so anwenden, dass Sie genau die bunten Rauschklumpen beseitigen **B**. Wählen Sie für diese Ebene dann die Füllmethode FARBE **C**. Ihr bearbeitetes Bild sieht sauberer aus und die Störungen sind nicht mehr so offensichtlich **D**. Mit diesem Problem befasst sich auch der Filter STÖRUNGEN REDUZIEREN.

Airbrush-Funktion mit Weiß in die Problembereiche; die aufgehellten Bereiche der Maske lassen nun die Sättigungsänderungen durchscheinen. **Hinweis:** Sie können die Sättigung auch mit dem Schwamm erhöhen oder verringern, aber es wird schwierig, die Sättigung wie gewünscht zu verändern, ohne auch den Kontrast zu beeinflussen oder mehr des Bildes in Mitleidenschaft zu ziehen, als Sie eigentlich wollen. Oftmals funktioniert eine Farbton/Sättigung-Einstellungsebene besser als der Schwamm. Mit diesem können Sie auch keine separaten Reparatur-Ebenen korrigieren.

STÖRUNGEN REDUZIEREN

Die Filter GAUSSSCHER WEICHZEICHNER und STÖRUNGEN REDUZIEREN sind gut geeignet, um Farbunregelmäßigkeiten (Rauschen) in Digitalfotos zu beheben, vor allem in denen, deren Farben stark korrigiert wurden. Mit diesen beiden Methoden können Sie auch einen Farbrand entfernen (chromatische Aberration). Ein Beispiel für die Weichzeichner-Technik finden Sie links. Ein weiteres Beispiel mit dem Gauß'schen Weichzeichner bis Photoshop CS und dem Störungen-reduzieren-Filter ab Photoshop CS2 finden Sie auf Seite 325 in Schritt 3 des Abschnitts »Details hervorheben«.

SCHARFZEICHNEN

Ein gescanntes Foto wird durch den Filter UNSCHARF MASKIEREN bzw. SELEKTIVER SCHARFZEICHNER fast immer verbessert. Durch Transformationen oder Änderungen der Bildgröße werden Bilder oft weichgezeichnet, so dass Scharfzeichnen hilfreich ist. Aber auch die Option BIKUBISCH SCHÄRFER des Menüs BILD NEU BERECHNEN MIT im Dialog BILDGRÖSSE reicht in manchen Fällen als Scharfzeichnung aus. ▼ Schrittweise Beispiele zum Scharfzeichnen, sowohl mit den Scharfzeichnungsfiltern als auch anders, finden Sie in »Kurzum: Details verstärken« auf Seite 328. Scharfzeichnen sollte die letzte Korrektur vor dem Druck sein. Andernfalls könnten die künstlichen Scharfzeichnungseffekte bei anderen Bildbearbeitungen verdeutlicht werden und zum Beispiel die Farbsättigung erhöhen.

MEHR DAVON

▼ Dialogbox Bildgröße **Seite 71**

Um bestimmte Bereiche eines Bildes scharfzuzeichnen, fügen Sie eine duplizierte Ebene hinzu, die Sie mit dem entsprechenden Filter scharfzeichnen (FILTER/SCHARFZEICHNUNGSFILTER/UNSCHARF MASKIEREN oder SELEKTIVER SCHARFZEICHNER). Fügen Sie eine mit Schwarz gefüllte Ebenenmaske hinzu und benutzen Sie den Pinsel und weiße Farbe. Sie können die Scharfzeichnung mit den Farbbereichsreglern oder anderen Steuerungen im Selektiven Scharfzeichner auf bestimmte Farbbereiche begrenzen. Siehe Seite 329.

LUMINANZ SCHARFZEICHNEN

Scharfzeichnen kann Farbveränderungen hervorrufen, weil der Kontrast verstärkt wird. Je intensiver die Scharfzeichnung ist, desto stärker sind die Änderungen. Um die Farbveränderungen zu minimieren, wenden Sie UNSCHARF MASKIEREN oder SELEKTIVER SCHARFZEICHNER an, wählen Sie dann BEARBEITEN/VERBLASSEN und ändern Sie die Füllmethode des angewendeten Filters in LUMINANZ. Oder Sie duplizieren das Bild auf eine andere Ebene, zeichnen die Kopie scharf und wählen den Modus LUMINANZ.

FOTOS UMBAUEN

Manchmal sieht ein Foto nur ungefähr so aus, wie Sie sich das vorstellen, aber eben nicht ganz – die Kamera hat zwar die Bewegung genau richtig eingefroren, aber Sie wollen die Bewegung noch etwas betonen; der Fotograf hat störende Objekte im Hintergrund nicht bemerkt (oder konnte sie nicht beseitigen), aber Sie können das Bild auch nicht freistellen oder retuschieren; die Beleuchtung passt nicht zu dem Zweck, für den Sie das Bild einsetzen wollten. Hier sind einige Tipps für diese Art von Fotos:

TIEFE HINZUFÜGEN

Scharfzeichnen kann helfen, Tiefe und Form im Bild zu verstärken. Schärfen Sie Bereiche im Bild, die sich zum Betrachter hin ausdehnen, und lassen Sie weiter entfernte unverändert.

FRANCOIS GUERIN

Nachdem Francois Guérin ein Stillleben in Corel Painter gemalt hatte (links), öffnete er die Datei in Photoshop (links) und malte mit dem Scharfzeichner △, um die dem Betrachter nahe liegenden Bereiche zu schärfen.

- **Um unerwünschte Details in einem dunklen Objekt vor hellem Hintergrund auszublenden,** erstellen Sie eine Tonwertkorrektur-Einstellungsebene. Ziehen Sie den Schwarzpunktregler so weit nach rechts, dass nur noch die Silhouette des Objekts zu sehen ist oder zumindest ungewollte Details im Vordergrund verschwunden sind. Je nach Bild müssen Sie das Objekt vielleicht dafür auswählen oder die Korrektur mit den Farbbereichsreglern auf die dunkelsten Töne begrenzen. ▼ Oder Sie malen mit Schwarz über hellere Bereiche des abgedunkelten Objekts.
- **Um unerwünschte Details im Hintergrund zu unterdrücken,** wählen Sie den Hintergrund aus und zeichnen ihn weich, wie in »Aufmerksamkeit aufs Subjekt« auf Seite 287 und in einigen Beispielen, die in »Kurzum: Aufmerksamkeit lenken« ab Seite 296 beschrieben sind. In den Übungen »Tiefenschärfe abmildern« auf Seite 293 finden Sie mehrere Möglichkeiten, die Schärfentiefe mit dem Filter TIEFENSCHÄRFE ABMILDERN zu regulieren.
- **Um einen Hintergrund gänzlich zu entfernen,** duplizieren Sie die Bilddatei (so dass Sie eine Kopie haben), wählen dann den Hintergrund aus und löschen ihn. (Um eine Hintergrundebene zu löschen, müssen Sie sie vorher in eine normale Ebene umwandeln. Doppelklicken Sie dazu auf deren Namen in der Ebenen-Palette.) Um ein Objekt für ein Seitenlayout ohne seinen Hintergrund zu kopieren, verwenden Sie eine Schnittmaske, wie auf Seite 444 beschrieben.

MEHR DAVON

▼ Farbbereichsregler **Seite 67**

ORIGINALFOTO: PHOTOSPIN.COM

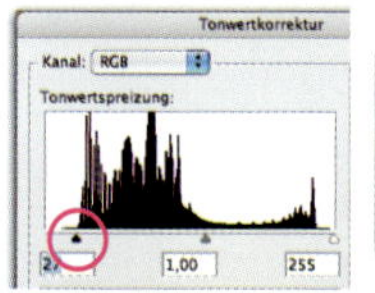

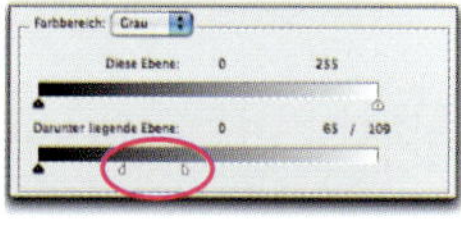

Um die Silhouetten der Kinder hervorzuheben, schoben wir den Schwarzpunktregler nach innen, um Details in deren Kleidung auszublenden. Mit den Farbbereichsreglern begrenzten wir die Abdunklung auf die dunkelsten Farben. ▼

PHOTOSPIN.COM

Wenn Sie die Silhouette eines Bildes mithilfe eines Beschneidungspfades anlegen, kann es ohne seinen Hintergrund exportiert werden, so dass Sie es mit anderen Elementen als Ebene in einem Seitenlayout-Programm einsetzen können.

ORIGINALFOTO: PHOTODISC

Um die Energie in diesem Karatematch zu betonen, wurde eine Kopie der Original-High-Speed-Aufnahme mit FILTER/WEICHZEICHNUNGSFILTER/BEWEGUNGSUNSCHÄRFE bearbeitet und unter das Original gezogen. Zur scharfen Originalebene wurde eine schwarze Ebenenmaske hinzugefügt. Darauf wurde mit Weiß gemalt, um Teile des Athleten links scharfzuzeichnen. Der Filter BEWEGUNGSUNSCHÄRFE zeichnet beidseitig entlang der gewählten Achse weich, deshalb wurden das scharfe Bild und die Maske mit dem Verschieben-Werkzeug geschoben. So war das Ausrichten an der rechten Kante des unscharfen Kämpfers möglich.

- **Um den Hintergrund durch ein anderes Bild zu ersetzen**, entfernen Sie ihn und fügen Sie per Drag&Drop bzw. Kopieren und Einfügen einen anderen Hintergrund in die Datei mit dem Subjekt ein. Hinweise dazu, wie Sie ein Objekt auswählen und vor einen anderen Hintergrund setzen, finden Sie in »Einen Hintergrund austauschen« auf Seite 625.
- Manche Weichzeichnungsfilter (Bewegungsunschärfe und Radialer Weichzeichner) können **Energie und Bewegung** aus einer Szenerie zurück in ein stehendes Bild bringen (siehe links, unten und Seite 74).
- Für **spezielle künstlerische Effekte** probieren Sie einen der Kunst-, Zeichen- oder Malfilter aus. Viele Zeichenfilter benutzen die Vorder- und Hintergrundfarben für ihre

ORIGINALFOTO: PHOTODISC

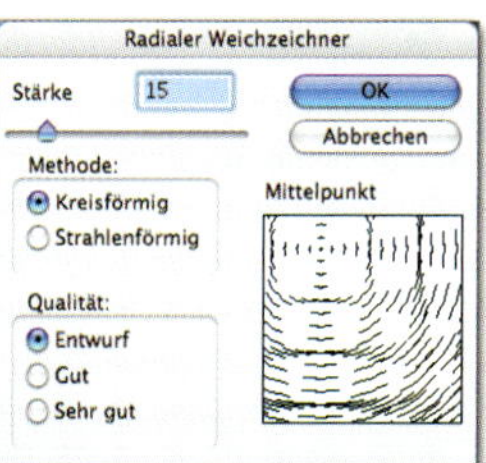

Bevor ein radialer Weichzeichner (FILTER/WEICHZEICHNUNGSFILTER/RADIALER WEICHZEICHNER) angewendet wurde, um die Bewegung der Schaukel zu verstärken, wurde die Arbeitsfläche mit dem Freistellungswerkzeug vergrößert (siehe Seite 248). So konnte das Zentrum der Weichzeichnung über dem Bild definiert werden, wo die Kette befestigt ist. Mit der weichgezeichneten Ebene unter der maskierten scharfen Ebene (wie im Beispiel links) wurde das Foto dann freigestellt, um die zusätzliche Arbeitsfläche zu entfernen.

Effekte, Sie können also die Farben vorher wählen, bevor Sie den Filter einsetzen. Eine weitere Möglichkeit ist, mit UNSCHARF MASKIEREN zu stark scharfzuzeichnen. Anhang A zeigt Beispiele für diesen und andere Filter, und in Schritt 4 von »Mit Masken rahmen« auf Seite 263 sehen Sie, wie Sie Filter mithilfe der Filtergalerie kombinieren.

- **Um ein Bild zu vereinfachen und zu stilisieren,** verwenden Sie einen Filter wie FARBPAPIER-COLLAGE (FILTER/KUNSTFILTER), um einen Tontrennungseffekt zu erzeugen. Sie können die Anzahl von Farben oder Grautönen wählen, die im Bild verwendet werden sollen, und auch die Anzahl der Stufen und die Umsetzung der Farbübergänge steuern. Der Filter FARBPAPIER-COLLAGE erzeugt weichere, sauberere Kanten und mehr Kontrolle über die Farbe, als dies mit einer Tontrennungs-Einstellungsebene möglich ist. Oder probieren Sie FILTER/WEICHZEICHNUNGSFILTER/SELEKTIVER WEICHZEICHNER.

PHOTOSPIN.COM

Der Filter UNSCHARF MASKIEREN kann mit extremen Einstellungen für Farbspezialeffekte eingesetzt werden. Hier wurden Stärke 500, Radius 50 und Schwellenwert 50 verwendet. (Bilder mit großen hellen Flächen wie z.B. Himmel sind meist schlechte Kandidaten dafür.)

ORIGINALFOTO: PHOTOSPIN.COM

Der Filter FARBPAPIER-COLLAGE verwandelt ein Bild in Farbflecken. Hier verwendeten wir ANZAHL STUFEN 8, ABSTRAKTIONSGRAD 5 und UMSETZUNGSGENAUIGKEIT 2.

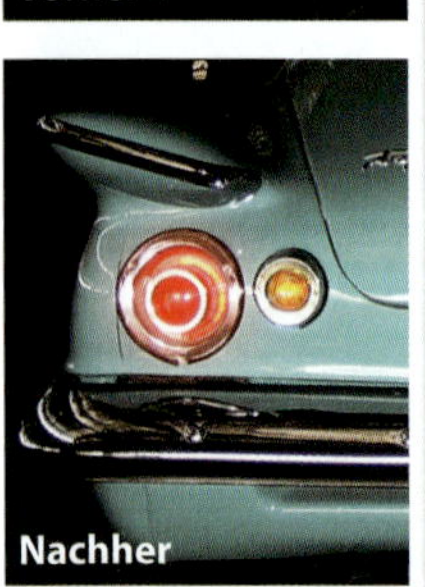

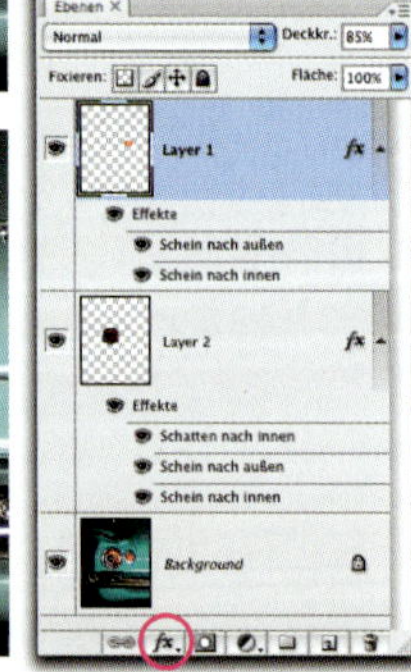

Die Rücklichter auf dem Foto haben den Blitz reflektiert. Um sie etwas mehr aufzuhellen, wählten wir jedes mit der Auswahlellipse aus ◌ und kopierten es auf eine neue Ebene (⌘/Strg-J). Dann klickten wir auf das Effekte-Symbol *fx* unten in der Ebenen-Palette, um einen Ebenenstil bestehend aus SCHEIN NACH INNEN (MITTE, damit er sich von der Mitte nach außen ausbreiten kann) und SCHEIN NACH AUSSEN anzuwenden. Für das größere Rücklicht verwendeten wir einen roten Schein nach innen im Modus NEGATIV MULTIPLIZIEREN.

Valiant.psd

Hier duplizierten wir die Bildebene und wendeten FILTER/WEICHZEICHNUNGSFILTER/SELEKTIVER WEICHZEICHNER mit RADIUS 10, SCHWELLENWERT 30, QUALITÄT HOCH und MODUS FLÄCHEN auf den Hintergrund an. Dann wendeten wir den SELEKTIVEN WEICHZEICHNER auf die Kopie im Modus NUR KANTEN an und kehrten die gefilterte Kopie mit ⌘/Strg-I um. Die Füllmethode für diese Ebene änderten wir in MULTIPLIZIEREN, damit das Weiß verschwand. Die Deckkraft der Ebene reduzierten wir, um die Linien besser mit der Farbe zu vermischen.

Eine Behandlung mit dem Beleuchtungseffekte-Filter beleuchtet die Fenster. Eine andere erzeugt zwei Lampen neben der Tür. (siehe Seite 346).

CRISTEN GILLESPIE

- **Um die Beleuchtung in einem Foto zu verändern,** können Sie einen Ebenenstil mit einem oder beiden Schein-Effekten hinzufügen (wie auf der gegenüberliegenden Seite). Oder probieren Sie den Filter BELEUCHTUNGSEFFEKTE (FILTER/RENDERINGFILTER in CS3 auch verlustfrei als Smartfilter). Damit können Sie einen Spot auf einem Objekt im Bild anbringen, um so die Aufmerksamkeit zu lenken (siehe Seite 303). Oder Sie dunkeln damit eine Ecke einer Szene ab, um etwas Mystik ins Spiel zu bringen. Vereinheitlichen Sie unterschiedliche Bilder in einer gedruckten oder einer Online-Publikation, indem Sie auf alle dasselbe Beleuchtungsschema anwenden. Oder machen Sie einfach die Nacht zum Tag, wie links zu sehen.

BELEUCHTUNGSEFFEKTE

Der Filter BELEUCHTUNGSEFFEKTE kann als Mini-Beleuchtungsstudio verstanden und auf die ganze Ebene oder nur eine Auswahl angewendet werden. Sie können sowohl das Umgebungslicht als auch einzelne Lichtquellen wählen. Umgebungslicht ist diffuses, nicht gerichtetes Licht, das im ganzen Bild gleich wirkt (wie Tageslicht an einem bedeckten Tag). Und es kann eine eigene Farbe haben, wie Sonnenlicht unter Wasser. Das Umgebungslicht steuert die Dichte und Farbe der Schattenbereiche, die von den einzelnen Lichtquellen abgedunkelt werden.

Die drei Varianten für einzelne Lichtquellen sind Diffuses Licht, das in alle Richtungen strahlt, wie eine Glühlampe; ein Spot ist gerichtet und fokussiert; ein Strahler ist gerichtet.

Diffuses Licht
Strahler
✓ Spot

Um ein Beleuchtungsschema zu speichern, damit Sie es später auf eine andere Ebene oder Datei anwenden können, klicken Sie auf Speichern. Ihr neuer Stil wird dem Menü hinzugefügt.

Um Richtung, Größe und Form eines Spots einzustellen, ziehen Sie einen der Griffe an der Ellipse. Um nur den Winkel zu ändern, ⌘/Strg-Ziehen. Nur die Form ändern Sie durch ⇧-Ziehen.

Um eine Lichtquelle zu verschieben, ziehen Sie ihren Mittelpunkt. Durch ⌥/Alt-Ziehen duplizieren Sie sie.

Um eine einzelne Lichtquelle hinzuzufügen, ziehen Sie das Glühlampen-Icon in die Vorschau.

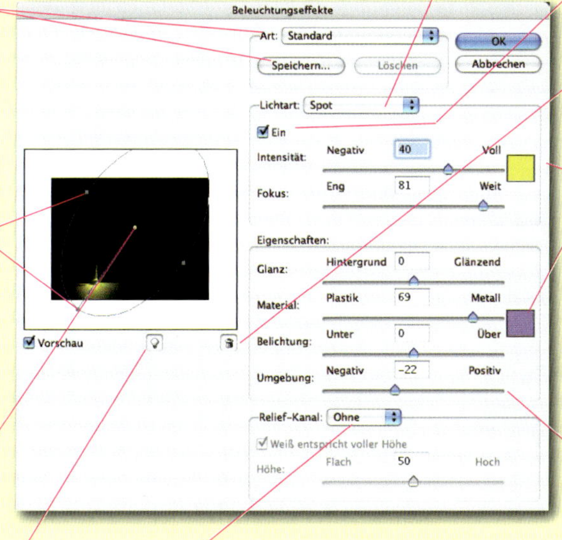

Um eine Lichtquelle kurzzeitig auszuschalten, schalten Sie die Checkbox aus.

Um eine Lichtquelle zu entfernen, ziehen Sie ihr Zentrum auf das 🗑-Icon.

Um die Farbe für eine Lichtquelle oder das Umgebungslicht zu wählen, klicken Sie auf das entsprechende Farbfeld.

Der Abschnitt **Eigenschaften** steuert das Umgebungslicht und andere Umgebungsparameter.

Je positiver die Einstellung **Umgebung** ist, umso stärker ist das Umgebungslicht im Verhältnis zu den einzelnen Lichtquellen im oberen Bereich der Dialogbox, die deshalb weniger auffällige Schatten werfen.

Der **Relief-Kanal** kann als Verschiebungsmatrix dienen, die mit den Lichtquellen für ein Bild interagiert und dem Auge Räumlichkeit und Strukturen vorgaukelt. Die Liste enthält alle Farbkanäle (inklusive aller Volltonfarben) und Alpha-Kanäle (so vorhanden), ebenso alle Transparenzmasken und Ebenenmasken der Ebene, an der Sie arbeiten.

Mit Masken rahmen

DIE DATEIEN FINDEN SIE

auf der DVD > Wow Projektdateien > Kapitel 5 > Mit Masken einrahmen:
- Einrahmen-Vorher.psd (zum Beginn)
- Einrahmen-Nachher.psd (zum Vergleich)

ÖFFNEN SIE DIESE PALETTEN

aus dem Menü FENSTER
- Werkzeuge • Ebenen • Kanäle

ÜBERBLICK

Erzeugen Sie eine Maske, um das Bild freizustellen • Zeichnen Sie diese weich • Fügen Sie schwarzen Hintergrund hinzu • Filtern Sie die Kanten

1a

Original

1b

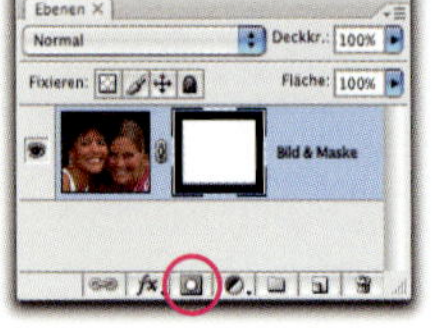

Die Hintergrundebene wird zu einer normalen Ebene, aus einer rechteckigen Auswahl entsteht eine Ebenenmaske.

Es ist nicht schwer, die Kanten von Fotos selbst zu bearbeiten, wenn Sie mit einer Ebenenmaske beginnen, die den Bereich festlegt, der gerahmt werden soll. In diesem Fall zeichnen Sie die schwarzweiße Maske weich, um einen weicheren Übergang in die Seite zu erhalten. Sie können auch eine dunkle Kante für das Bild in der weichen Vignette erzeugen.

1 Die Ebenenmaske erstellen. Öffnen Sie die Datei **Einrahmen-Vorher.psd** oder ein eigenes Foto **1a**. Wenn Ihr Bild aus einer Hintergrundebene besteht, erlauben Sie Transparenz, damit es eine Ebenenmaske haben kann: Doppelklicken Sie in der Ebenen-Palette auf HINTERGRUND. In der Dialogbox NEUE EBENE legen Sie den Namen der Ebene fest und klicken auf OK.

Um die Ebenenmaske festzulegen, ziehen Sie mit dem Auswahlrechteck, um den Bereich des Bildes auszuwählen, den Sie einrahmen wollen; lassen Sie an den Rändern genügend Platz für die weiche Vignette, die Sie in Schritt 2 erstellen. Der Rand unseres 800 Pixel breiten Bildes war ca. 65 Pixel umlaufend. Wandeln Sie Ihre Auswahl in eine Ebenenmaske um, klicken Sie dazu auf den Button EBENENMASKE HINZUFÜGEN unten in

HARTE KANTEN VERMEIDEN

Um zu vermeiden, dass sich die weichen Ränder so weit ausdehnen, dass sie von den Dokumentgrenzen abrupt abgeschnitten werden, sollten Sie die Kante mindestens 1,5-mal so breit machen wie den Radius des GAUSSSCHEN WEICHZEICHNERS, den Sie verwenden wollen. Da Sie diesen Radius in Pixeln angeben, schalten Sie die Lineale ein (⌘/Strg-R) und Strg-Klicken (Mac) bzw. rechtsklicken (PC) Sie auf ein Lineal, und wählen Sie PIXEL.

der Ebenen-Palette **1b**. Bevor Sie die Maske im nächsten Schritt weichzeichnen, speichern Sie die Rahmenform: Ziehen Sie den Namen der Ebenenmaske in der Kanäle-Palette auf den Button NEUEN KANAL ERSTELLEN .

2 Weiche Kanten. Indem Sie unter der Bildebene eine weiß gefüllte Ebene einfügen, erkennen Sie die Rahmenkanten besser: Um eine neue Ebene unter der aktuellen zu erzeugen, ⌘-⌥-klicken (Mac) bzw. Strg-Alt-klicken (PC) Sie auf den Button unten in der Ebenen-Palette. Füllen Sie die Ebene dann mit Weiß (Taste D und dann ⌘/Strg-Entf, um mit der Hintergrundfarbe zu füllen).

Um die Kanten weichzuzeichnen, aktivieren Sie die Ebenenmaske in der Palette und wählen Sie FILTER/WEICHZEICHNUNGSFILTER/GAUSSSCHER WEICHZEICHNER. Experimentieren Sie mit dem Radius, bis das Bild den gewünschten weichen Übergang zwischen Schwarz und Weiß bietet. Wir verwendeten einen Radius von 20 Pixel **2**.

3 Den Rahmen mit Schwarz definieren. Für einen gut sichtbaren Rahmen in Kombination mit einer weichen Kantenbehandlung **3** können Sie eine schwarze Ebene für den Hintergrund erzeugen, die durch die weiche Kante des maskierten Bildes zu sehen ist. Aktivieren Sie dann dieselbe Auswahl, die Sie auch für die Maske verwendet haben (wenn Sie seitdem nichts mehr ausgewählt haben, wählen Sie AUSWAHL/ERNEUT AUSWÄHLEN oder drücken ⌘/Strg-⇧-D; ansonsten ⌘/Strg-klicken Sie in den Alpha-Kanal in der Kanäle-Palette, den Sie in Schritt 1 erstellt haben). Füllen Sie die Auswahl mit der Vordergrundfarbe Schwarz **3**, indem Sie ⌥/Alt-Entf drücken und dann die Auswahl aufheben (⌘/Strg-D).

Um den Übergang zwischen dem scharfen Rahmen und der weichen Kante abzuschwächen, zeichnen Sie die schwarze Ebene weich. Wir verwendeten den GAUSSSCHEN WEICHZEICHNER mit 2 Pixel Radius, das Ergebnis sehen Sie oben auf Seite 262.

4 Die Kanten filtern. Nun einige Experimente mit eigenen Kanteneffekten. Aktivieren Sie die Maske der Ebene Bild und Maske. Bedienen Sie sich dann im Filter-Menü; wir wählten FILTER/MALFILTER/VERWACKELTE STRICHE. Die Filtergalerie öffnet sich, der Filter wurde bereits einmal »angewendet« **4a**. Dadurch ändern sich die Ränder der Maske, also auch der »Rahmen«. Klicken Sie auf OK, um die Filtergalerie zu schließen **4b**.

Probieren Sie stattdessen einen anderen Filter aus. Widerrufen Sie zuerst die Filtergalerie (⌘/Strg-Z). Wenden Sie dann die Filtergalerie erneut an, indem Sie den ersten Eintrag im Filter-Menü wählen oder indem Sie ⌘-⌥-F (Mac) bzw. Strg-Alt-F (PC)

2

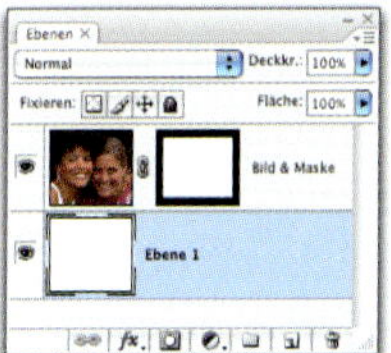

Ein weißer Hintergrund wird hinzugefügt, die Maske weichgezeichnet, mit einem Radius von 20 Pixel für einen ca. 65 Pixel breiten Rand.

3

Eine Ebene mit einem schwarz gefüllten Rechteck von ca. derselben Größe wie die Auswahl wurde hinzugefügt. Diese definiert den Rahmen, ohne die weichen Kanten zu löschen.

4a

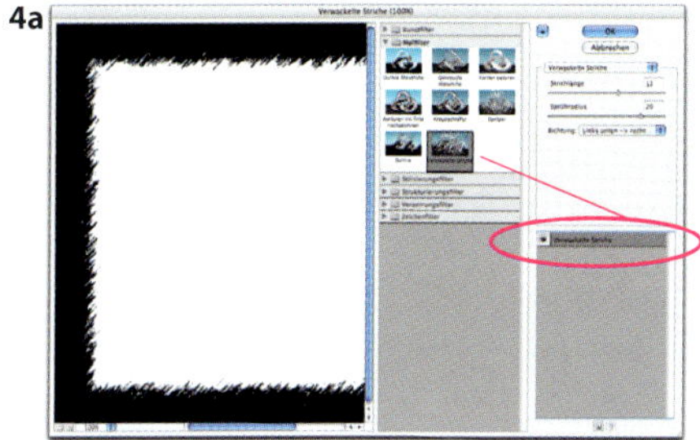

Wir aktivierten die Ebenenmaske und wählten FILTER/MALFILTER/VERWACKELTE STRICHE. In der Filtergalerie können Sie diesen Filter steuern, links sehen Sie eine Vorschau. Für die STRICHLÄNGE wählten wir 12, für den SPRÜHRADIUS 20, als RICHTUNG stellten wir LINKS UNTEN – RECHTS OBEN ein.

4b

Hier wurde nur der Filter VERWACKELTE STRICHE mit den Einstellungen aus Abbildung 4a auf die Maske angewendet; die Sichtbarkeit der schwarzen Ebene schalten Sie aus, indem Sie auf 👁 in der Ebenen-Palette klicken.

4c

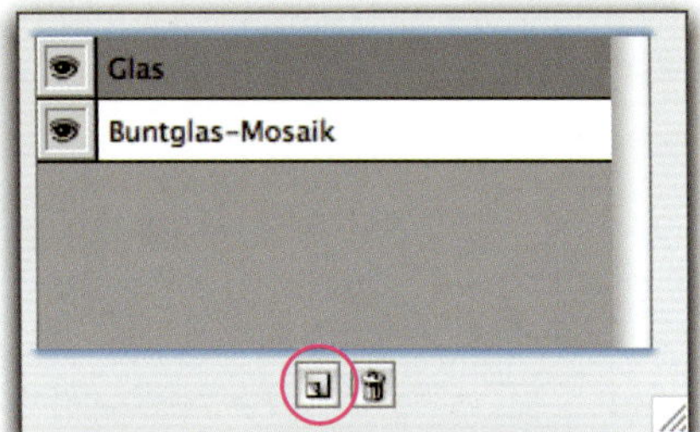

In der Filtergalerie können Sie einige Photoshop-Filter kombinieren. Ein Klick auf ▣ dupliziert die Filter-»Ebene«, an der Sie gearbeitet haben. Sie können diese Kopie dann durch einen anderen Filter ersetzen. Hier wurde BUNTGLAS-MOSAIK angewendet (Zellgröße19, Fugenbreite 2, Lichter-Intensität 10); dann wurde eine GLAS-Ebene hinzugefügt (Verzerrung 2, Glättung 5, Struktur: kleine Linse, Skalierung 100%). Weitere Beispiele für Kombinationen in der Filtergalerie finden Sie auf den Seiten 266 und 267.

drücken. Klicken Sie nun auf die Beispielminiatur im Mittelbereich der Filtergalerie oder wählen Sie aus der alphabetischen Liste (unter dem Button ABBRECHEN). Um noch einen weiteren Effekt hinzuzufügen, klicken Sie auf den Button NEUE EFFEKTEBENE ▣ unten rechts in der Dialogbox und wählen Sie einen weiteren Filter. ÖLFARBE GETUPFT, GROBES PASTELL und STEMPEL bilden interessante Interaktionen mit VERWACKELTE STRICHE. (Diese und andere Kombinationen finden Sie auf Seite 266.)

Ein großer Vorteil der Filtergalerie ist, dass Sie Filter selbst kombinieren können **4c**. Zum Experimentieren klicken Sie auf einen der Filter im Stapel unten rechts und ändern dessen Einstellungen, oder Sie ziehen ihn im Stapel nach oben oder unten und ändern so die Reihenfolge, in der die Filter angewendet werden. Um einen Effekt vollkommen aus dem Stapel zu entfernen, klicken Sie auf den Namen und dann auf den 🗑 Button.

SPEICHERN SIE DIESE KOMBINATION!

Die Filtergalerie besitzt keinen Speichern-Button, aber es ist recht einfach, die Filterkombination zu sichern, so dass Sie sie erneut anwenden können. Entwickeln Sie die gewünschte Kombination und klicken Sie auf OK, um sie anzuwenden. Drücken Sie dann ⌘/Strg-Z, um die Filtergalerie rückgängig zu machen. Klicken Sie in der Aktionen-Palette auf den Button NEUE AKTION ▣, benennen Sie diese in der Dialogbox und klicken Sie auf Aktion. Drücken Sie ⌘/Strg-F (um die vorherigen Filtergalerie-Einstellungen anzuwenden); klicken Sie dann auf den Button AUSFÜHREN/AUFZEICHNUNG BEENDEN ■ unten in der Aktionen-Palette. Ihre Aktion hat die Einstellungen aller Effekte in der Filtergalerie aufgezeichnet. In CS3 können Sie auch einen Smartfilter anlegen und das Bild gegen andere austauschen.

MEHR DAVON

▼ Aktionen speichern und abspielen **Seiten 115 & 113**

AUSSERHALB DER GALERIE

Mit den Maskierungs- und Filtertechniken aus »Rahmen und Filter« können Sie auch mit den Filtern tolle Effekte erzielen, die nicht in der Filtergalerie enthalten sind. Dazu erstellen Sie eine Ebenenmaske, zeichnen deren Kanten weich, wenden einen Filter an, um den unscharfen Bereich der Maske zu verändern, und einen weiteren, um weitere Effekte zu erzielen. Probieren Sie eine verwirbelte Kante (FILTER/VERZERRUNGSFILTER/STRUDEL mit einem großen Winkel).
Oder einen Konfetti-Effekt wie hier, mit FILTER/VEWRGRÖBERUNGSFILTER/FARBRASTER (Standardeinstellungen), gefolgt von FILTER/VERGRÖBERUNGSFILTER/KRISTALLISIEREN (Zellengröße 10).

5a

Der Filter MIT STRUKTUR VERSEHEN wird auf die Maske angewendet (Struktur: Leinwand, Skalierung 125%, Reliefhöhe 10, Licht oben); die schwarze Ebene ist ausgeblendet.

5b

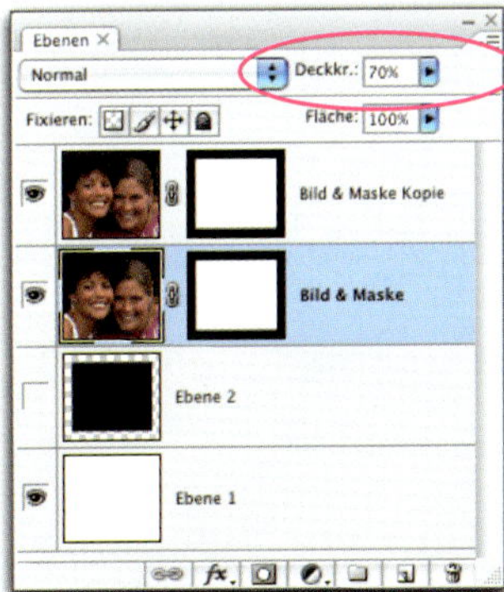

Um die Struktur im Bild zu verringern (aber nicht zu beseitigen), wurde die Ebene Bild & Maske zwar eingeblendet, deren Deckkraft jedoch auf 70% reduziert; dadurch kann die weiße Hintergrundebene etwas durchscheinen.

5 Der »Überall«-Filter. Probieren Sie etwas anderes! Entfernen Sie zuerst den Filtereffekt, indem Sie den letzten Schritt widerrufen (⌘/Strg-Z). Duplizieren Sie die Ebene Bild & Maske in der Ebenen-Palette (⌘/Strg-J), so dass Sie auf der neuen Ebene arbeiten können und das Original mit seiner unscharfen Maske weiterhin intakt bleibt. Blenden Sie die Originalebene aus, indem Sie auf deren 👁 Button klicken. Aktivieren Sie dann die Maske, indem Sie auf die Miniatur klicken.

Wenden Sie nun einen Filter an, der sich auf den gesamten weichgezeichneten Bereich auswirkt, zum Beispiel einen der Strukturierungsfilter; wir verwendeten Filter/Strukturierungsfilter/Mit Struktur versehen. Damit erhalten sowohl Bild als auch »Rahmen« eine Struktur **5a**. Die Kanten gefielen uns, aber vom Bild selbst wollten wir die Struktur größtenteils wieder entfernen. Also schalteten wir die Sichtbarkeit 👁 für die Bild-&-Maske-Ebene ein und arbeiteten mit der Deckkraft **5b**. Das Bild ist durch die »Löcher« zu sehen, die die Maske auf der gefilterten Ebene hinterlässt.

Experimentieren. Mit einer gefilterten Maske, einer unscharfen Maske, einem schwarzen und einem weißen Hintergrund können Sie viele Möglichkeiten für Rahmen ausprobieren, indem Sie die Sichtbarkeit verschiedener Ebenen zum Testen ausschalten. Auf den nächsten Seiten sehen Sie ein paar Beispiele.

BILD AUSTAUSCHEN

Wenn Sie einen Rahmen gestaltet haben, ist es nicht schwer, ihn mit einem anderen, gleich großen Bild auszuprobieren: Aktivieren Sie zuerst die Bild-&-Maske-Ebene und ziehen Sie das neue Bild in die Datei. Drücken Sie ⌘-⌥-G (Mac) bzw. Strg-Alt-G (PC), um eine Schnittmaske der neuen Bildebene und der maskierten Ebene darunter zu erstellen.

ORIGINALFOTO: CORBIS ROYALTY FREE

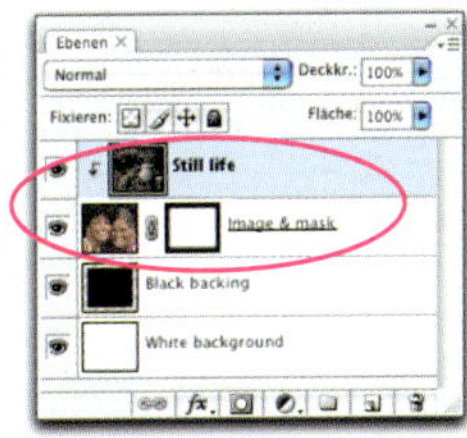

K U R Z U M

Filterrahmen

Die Beispiele auf diesen beiden Seiten sind entstanden, nachdem Filter auf eine unscharfe Maske in einem 800 Pixel breiten Bild angewendet wurden. Der Rahmen wurde analog zu Seite 262 erstellt. Als Vorder- und Hintergrundfarbe waren Schwarz und Weiß eingestellt.

Jedes dieser Bilder im oberen Teil wurde mit nur einem Filter bearbeitet. Auf die Bilder im unteren Bereiche wendeten wir zwei Filter an:

- Für die Zwei-Filter-Bilder auf dieser Seite wurde ein Filter nach dem anderen aus dem Filter-Menü ausgewählt und angewendet, weil beide nicht in der Filtergalerie enthalten sind.
- Für die Beispiele auf Seite 267 wählten wir FILTER/FILTERGALERIE, klickten auf den Button NEUE EFFEKTEBENE (unten rechts in der Dialogbox) und wählten Filter aus dem Pop-up-Menü oben rechts aus. Wir nahmen die Einstellungen vor, klickten erneut auf , wählten einen weiteren Filter, nahmen Einstellungen vor usw.

SIE FINDEN DIE DATEI
auf der DVD unter Wow-Projektdateien/Kapitel 5/Filterrahmen

Für die Beispiele auf dieser Seite wurde die Maske aktiviert, die Ebene mit dem schwarzen Hintergrund ausgeblendet. Schalten Sie sie wieder ein, um weitere Varianten zu sehen.

Raster Vergröberungsfilter/Farbraster (Max. Radius 5, alle Winkel 45)

Skizze Zeichenfilter/Strichumsetzung (Strichlänge 15, Hell/Dunkel-Balance 25, Richtung: Links unten/Rechts oben)

Strudel Verzerrungsfilter/Strudel (Winkel 400°)

Strudel Verzerrungsfilter/Strudel (Winkel 999°)

Konfetti-Scharf Vergröberungsfilter/Farbraster (Standard); Vergröberungsfilter/Kristallisieren (Zellengröße 10)

Konfetti-Weich Malfilter/Spritzer (Sprühradius 25, Glättung 5); Vergröberungsfilter/Kristallisieren (Zellengröße 10)

Kamm Verzerrungsfilter/Schwingungen (Sinus, Generatoren 5, Wellenlänge Min. 10, Max. 11, Amplitude Min. 5, Max. 6, Skalierung 100); Weichzeichnungsfilter/Blendenkorrektur, ⌥/Alt-Klick auf Zurücksetzen (Standard).

Weiches Zickzack
Verzerrungsfilter/Kräuseln (Größe 250, Frequenz: Mittel); Störungsfilter/Helligkeit interpolieren

Körnig Strukturierungsfilter/Körnung (Intensität 85, Kontrast 75, Körnungsart: Vergrößert)

Wellen Verzerrungsfilter/Ozeanwellen (Wellenabstand 1; Wellenhöhe 12)

Spritzer-Weich Malfilter/Spritzer (Sprühradius 15, Glättung 5)

Stufiger Rand Vergröberungsfilter/Mosaikeffekt (Zellengröße 25)

Organisches Mosaik Vergröberungsfilter/Kristallisieren (Zellengröße 25)

Feuchtes Papier Zeichenfilter/Feuchtes Papier (Faserlänge 50; Helligkeit 60, Kontrast 75)

Dither Filtergalerie/Diagonal verwischen (Strichlänge 1, Aufhellungsbereich 15, Intensität 10) unten; Körnung (Intensität 25, Kontrast 50, Körnungsart: Spritzer)

Schwall Filtergalerie/Spritzer (Sprühradius 15, Glättung 5) unten; Ölfarbe getupft (Pinselgröße 10, Bildschärfe 10, Pinselart: Sprenkeln) oben

Rand innen Filtergalerie/Stempel (Hell/Dunkel-Balance 25, Glättung 5) unten; Chrom (Details 1, Glättung 10) oben

Gestanzt Filtergalerie/Ozeanwellen (Wellenabstand 7, Wellenhöhe 15) unten; Stempel (Hell/Dunkel-Balance 25, Glättung 5) oben

Glas Filtergalerie/Glas (Verzerrung 5, Glättung 5, Struktur: Milchglas, Skalierung 85) unten; Sumi-e (Strichbreite 10, Druck 5, Kontrast 0) oben

Reflexionen Filtergalerie/Glas (Verzerrung 10, Glättung 5, Struktur: Milchglas, Skalierung 100) unten; Sumi-e (Strichbreite 10, Druck 5, Kontrast 30) oben

K U R Z U M

Tonwert und Farbe

Photoshop bietet viele Möglichkeiten, ein nicht ganz perfektes Foto gut oder ein gutes genial aussehen zu lassen. Meistens werden Sie nach einer zeitsparenden Lösung suchen, die zu Top-Ergebnissen führt und eine flexible Datei hinterlässt, falls weitere Änderungen nötig sind. Die Kurzum-Reparaturen auf diesen neun Seiten werden dem gerecht. Manchmal wird Sie eine solche schnelle Korrektur vielleicht nicht ganz zum Ziel bringen, ein guter Anfang ist sie jedoch allemal.

Die meisten Einstellungen auf diesen neun Seiten sind über einen Klick auf den Button NEUE FÜLL- ODER EINSTELLUNGSEBENE ERSTELLEN unten in der Ebenen-Palette verfügbar.

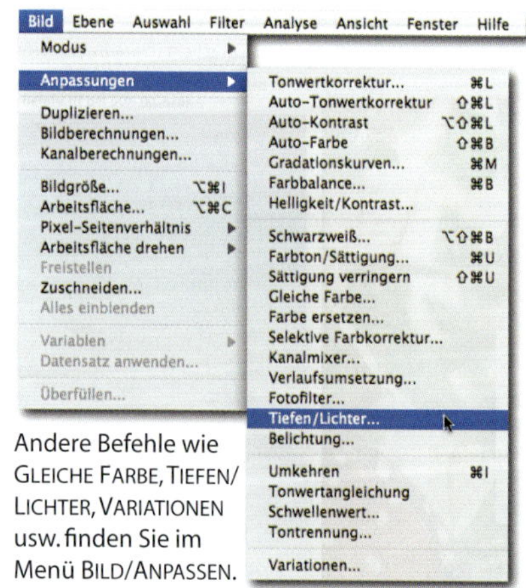

Andere Befehle wie GLEICHE FARBE, TIEFEN/LICHTER, VARIATIONEN usw. finden Sie im Menü BILD/ANPASSEN.

DIE FINDEN DIE DATEIEN

auf der DVD unter Wow-Projektdateien/Kapitel 5/Tonwert und Farbe

Farbe anpassen

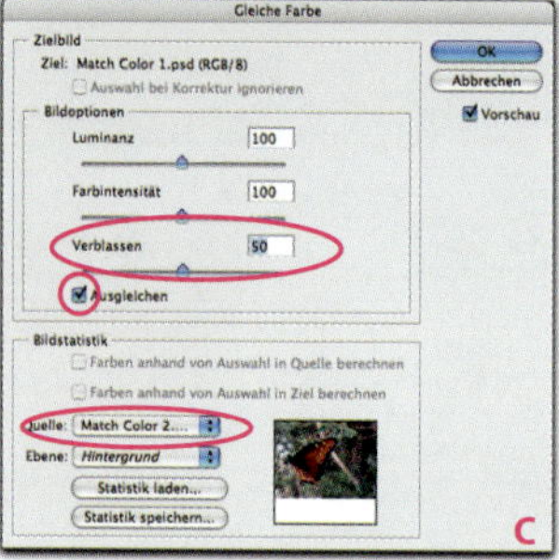

MANCHE BILDER können in Farbe und Kontrast voneinander abweichen – obwohl sie zur selben Zeit am selben Ort aufgenommen worden sind –, bloß weil unterschiedliche Winkel zur Lichtquelle oder Kameraeinstellungen gewählt wurden. Der Befehl GLEICHE FARBE kann helfen, diese Unterschiede in Tonwert und Farbe aufeinander abzustimmen. Öffnen Sie das Bild, das Sie ändern wollen **A**, und das Bild, das als Vorlage gilt **B**. Duplizieren Sie das Bild, das Sie korrigieren wollen, zuerst auf eine neue Ebene, um das Original zu schützen; wählen Sie dann BILD/ANPASSEN/GLEICHE FARBE. Wählen Sie im Pop-up-Menü QUELLE das Bild, an das die Farbe angepasst werden soll **C**. Nun arbeiten Sie mit den Schiebereglern: LUMINANZ für die Helligkeit, FARBINTENSITÄT für die Sättigung; VERBLASSEN, um die Veränderung generell abzuschwächen und in die Originalfarbe überzublenden. Aktivieren Sie AUSGLEICHEN, um einen Farbstich zu entfernen. Bei diesem Bild verwendeten wir VERBLASSEN und AUSGLEICHEN **D**.

 **Farbe-anpassen 1.psd & Farbe-anpassen 2.psd**

Tiefen/Lichter

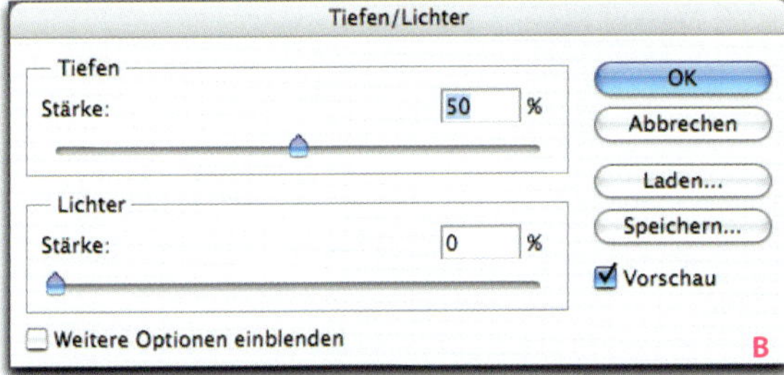

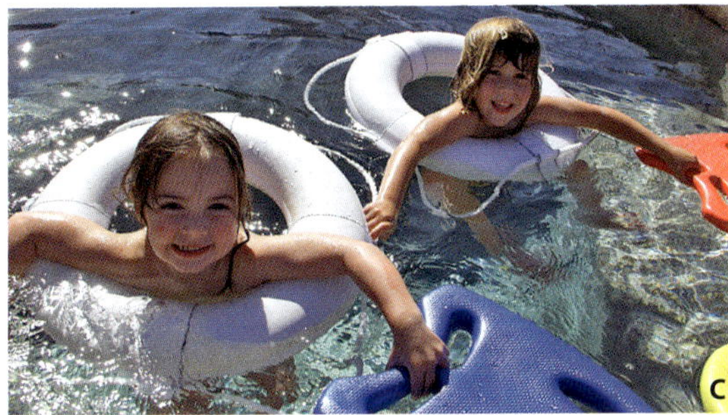

Der bemerkenswerte Befehl TIEFEN/LICHTER kann den Kontrast erhöhen oder vermindern, wo es nötig ist, und gleichzeitig aufhellen oder abdunkeln. ▼ Die Standardeinstellungen (siehe oben) können oft Wunder vollbringen und sollten fast immer bei Bildern mit Schattenproblemen ausprobiert werden. In diesem Bild liegen die Gesichter der Mädchen im Schatten **A**. Da der Befehl TIEFEN/LICHTER nicht als Einstellungsebene zur Verfügung steht, duplizieren Sie das Bild zuerst auf eine andere Ebene (⌘/Strg-J), um das Original unberührt zu lassen. Dann wählten wir BILD/ANPASSEN/TIEFEN/LICHTER und klickten auf OK, um die Standardeinstellungen zu verwenden **B**, die das Bild aufhellten **C**. In CS3 können Sie TIEFEN/LICHTER verlustfrei als Smartfilter anwenden.

MEHR DAVON

▼ Befehl TIEFEN/LICHTER **Seite 170**

Einstellungen maskieren

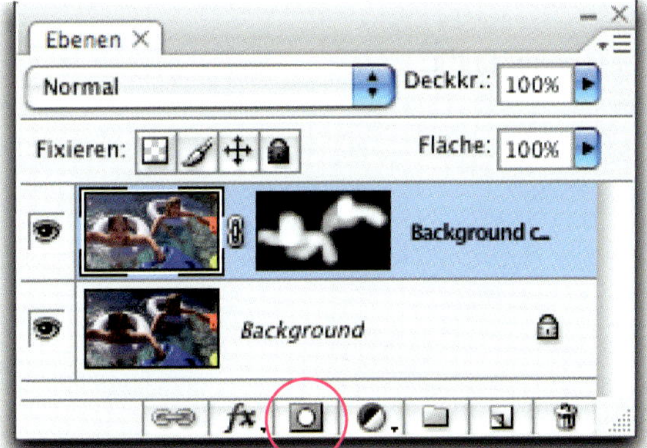

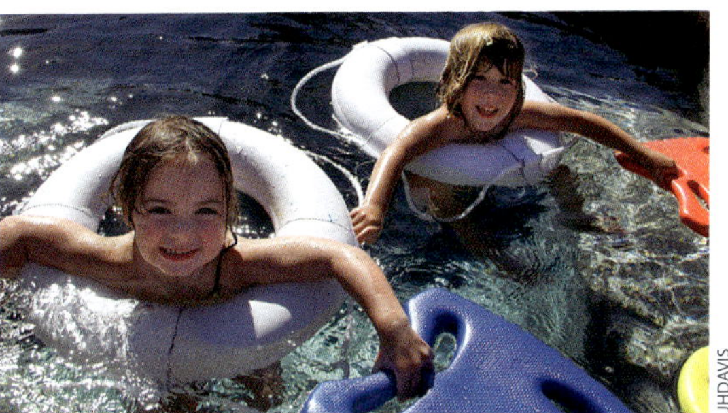

JHDAVIS

Um eine weitere Variante für das mit TIEFEN/LICHTER korrigierte Bild zu finden – die Mädchen aufhellen, aber die anderen Schattenbereiche dunkel lassen –, erzeugten wir eine Maske für die Tiefen/Lichter-Ebene: Wir ⌥/Alt-klickten auf den Button EBENENMASKE HINZUFÜGEN unten in der Ebenen-Palette, um eine schwarze Ebenenmaske einzufügen, die die Tiefen/Lichter-Ebene komplett ausblendete. Dann bemalten wir die Maske mit dem Pinsel mit Weiß und einer großen weichen Pinselspitze. Wir brauchten ca. 20 Sekunden, um dort zu malen, wo die Einstellungen wirksam werden sollten.▼ Da die Ränder der Maske weich sind, gehen die korrigierten Bereiche sanft in die unveränderten über. Durch ⇧-Klicken auf die Miniatur der Maske in der Ebenen-Palette schalteten wir den Masken-Effekt ein und aus, und konnten so die maskierte Version der Korrektur (oben) mit der unmaskierten (links) vergleichen.

Anpassungen-maskieren.psd

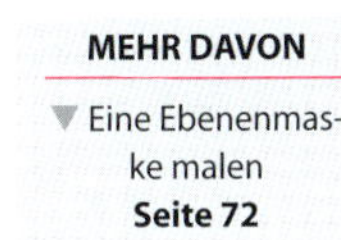
MEHR DAVON

▼ Eine Ebenenmaske malen **Seite 72**

Auto-Tonwertkorrektur oder Gradationskurven

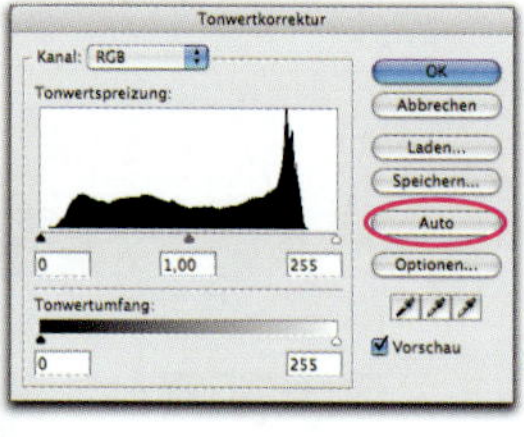

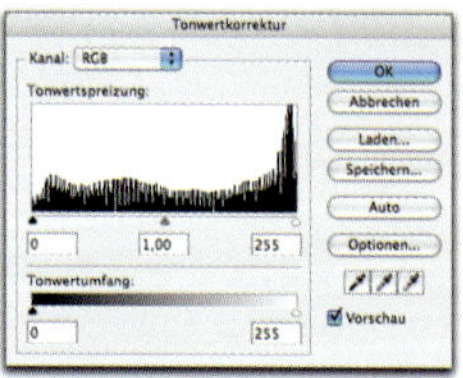

Eine einfache Auto-Korrektur verbessert Kontrast und allgemeine Farbe eines Fotos oft spürbar. Klicken Sie dazu auf den Button NEUE FÜLL- ODER EINSTELLUNGSEBENE HINZUFÜGEN ◐ unten in der Ebenen-Palette und wählen Sie eine Tonwertkorrektur- oder Gradationskurven-Einstellungsebene aus der Liste aus. ▼ Klicken Sie in der Dialogbox auf den Button AUTO. (Natürlich können Sie auch BILD/ANPASSEN/AUTO-TONWERTKORREKTUR wählen. Aber wie immer ist die Einstellungsebene flexibler, wenn Sie später Änderungen vornehmen wollen.)

MEHR DAVON

▼ Tonwertkorrektur, Gradationskurven **Seite 252**

 **Auto.psd**

Auto-Optionen

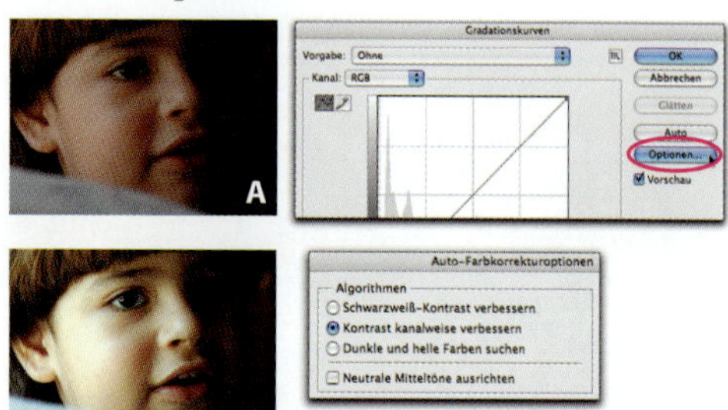

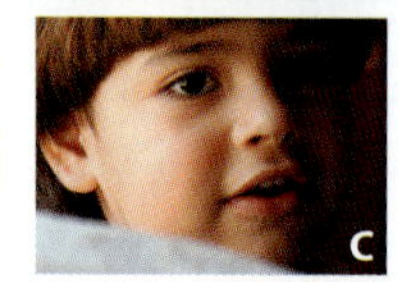

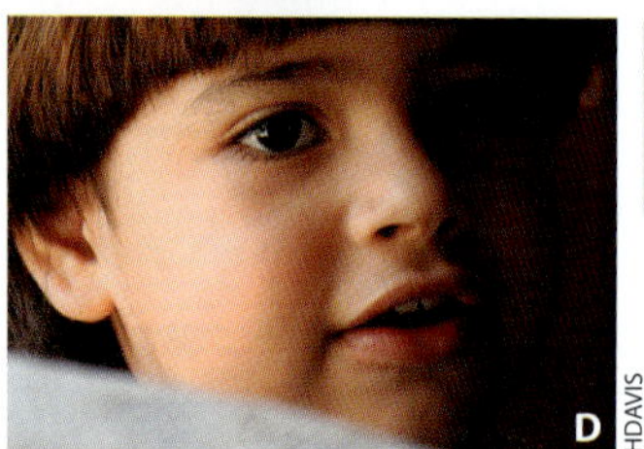

D

JHDAVIS

In der Dialogbox Tonwertkorrektur oder Gradationskurven – ob nun als Einstellungsebene oder über BILD/ANPASSEN gewählt – klicken Sie auf den Button OPTIONEN statt auf AUTO, und es öffnet sich die Dialogbox AUTO-FARBKORREKTUROPTIONEN, in der Sie mehrere Möglichkeiten haben. Wenn ein Bild Farb- und Kontrasteinstellungen benötigt **A**, probieren Sie einfach die drei Optionen nacheinander aus, mit und ohne NEUTRALE MITTELTÖNE AUSRICHTEN. Die Standardoption KONTRAST KANALWEISE VERBESSERN erhalten Sie mit einem Klick auf den Auto-Button **B**. Da der Kontrast für jeden Kanal einzeln ausbalanciert wird, kann diese Option einen unerwünschten Farbstich entfernen (und manchmal auch erzeugen). Die Option SCHWARZWEISS-KONTRAST VERBESSERN passt den Kontrast an, ohne die Farbbalance zu ändern **C**. Sie wendet dieselbe Korrektur an wie BILD/ANPASSEN/AUTO-KONTRAST. Die untere Option DUNKLE UND HELLE FARBEN SUCHEN mit aktivierter Checkbox NEUTRALE MITTELTÖNE AUSRICHTEN **D** erzeugt dasselbe Ergebnis wie BILD/ANPASSEN/AUTO-FARBE (NEUTRALE MITTELTÖNE AUSRICHTEN verschiebt alle fast neutralen Mitteltöne im angepassten Bild nach Neutral, dabei gleiche Anteile der Primärfarben.)

 **Auto-Optionen.psd**

Auswahl & Auto

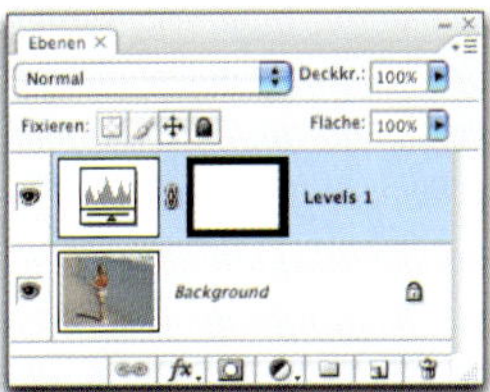

Eine Auto- oder Optionen-Korrektur funktioniert oft besser, wenn Sie den Bereich zuerst auswählen, den Photoshop bei der Kontrastkorrektur berücksichtigen soll. In diesem Foto zum Beispiel **A** klickten wir auf den Optionen-Button in der Tonwertkorrektur-Dialogbox und wählten SCHWARZWEISS-KONTRAST VERBESSERN mit NEUTRALE MITTELTÖNE AUSRICHTEN. Das Ergebnis war jedoch zu dunkel, weil Photoshop in den Randbereichen reines Weiß gefunden hatte und dies als Weißpunkt für das gesamte Bild verwendete **B**. Also klickten wir auf Abbrechen und zogen mit dem Auswahlrechteck ⬚, um eine Auswahl bis kurz vor den Rand zu erstellen. Dann fügten wir eine Tonwertkorrektur-Einstellungsebene ein. Dafür wurden nur die Bereiche innerhalb der Auswahl verwendet, und das Ergebnis war viel besser **C**. Mit der Auswahl entsteht auch die Maske für die Einstellungsebene, die Sie aber löschen können, um die Anpassung auf das gesamte Bild auszudehnen (ziehen Sie die Miniatur auf den 🗑-Button in der Ebenen-Palette).

 **Auswaehlen-Auto.psd**

Auto & Luminanz

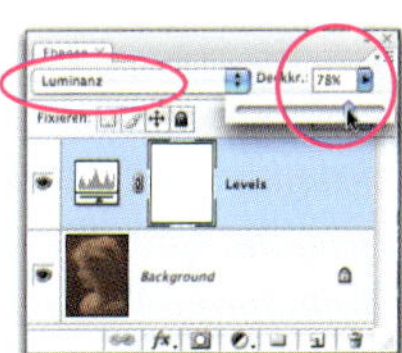

Mit einer Einstellungsebene sind Sie nicht auf die »volle Stärke« (100% Deckkraft) oder den Normal-Modus beschränkt. Für diesen Sepiaton **A** verbesserte die Auto-Korrektur den Kontrast, entfernte jedoch die Farbe **B**. Wir klickten in der Tonwertkorrektur-Dialogbox auf OPTIONEN und probierten SCHWARZWEISS-KONTRAST VERBESSERN; damit wurde die Farbe zu intensiv **C**. Die Option DUNKLE UND HELLE FARBEN SUCHEN korrigierte die Farben auch zu stark. Also kehrten wir zum normalen KONTRAST KANALWEISE VERBESSERN zurück und schlossen die Dialogboxen. Wir änderten den Modus der Einstellungsebene in LUMINANZ und reduzierten die Deckkraft, um etwas Farbe zu erhalten **D**.

 **Auto-Luminanz.psd**

Tonwertkorrektur, G-Kurven & Multiplizieren

A

B

C

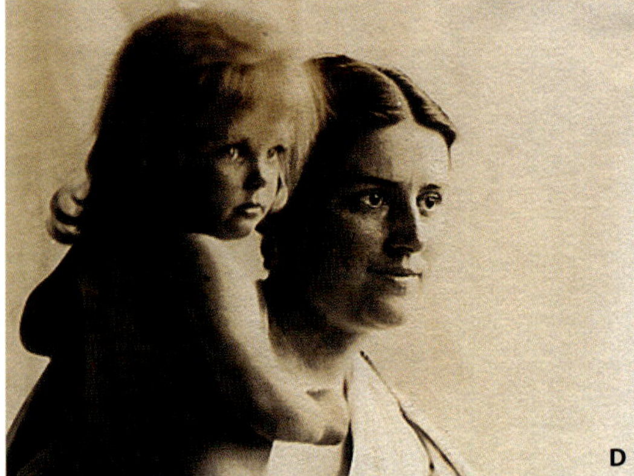
D

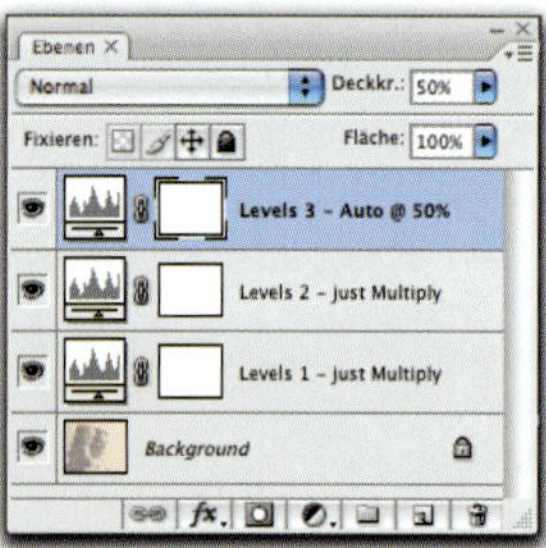

Um die Dichte in einem Foto wiederherzustellen, das stark verwaschen, weil überbelichtet oder verblasst ist **A**, fügen Sie eine Tonwertkorrektur-Einstellungsebene im Modus MULTIPLIZIEREN hinzu (⌥/Alt-Klick auf den Button NEUE FÜLL- ODER EINSTELLUNGSEBENE HINZUFÜGEN unten in der Ebenen-Palette, TONWERTKORREKTUR aus dem Pop-up-Menü wählen). Wählen Sie in der Dialogbox NEUE EBENE MULTIPLIZIEREN als Modus und klicken Sie auf OK. Klicken Sie auch in der Tonwertkorrektur-Dialogbox einfach auf OK, ohne Einstellungen vorzunehmen. Wenn diese »leere« Ebene im Multiplizieren-Modus die Tonwerte nicht ausreichend verbessert hat **B**, duplizieren Sie sie (⌘/Strg-J) **C**. Falls der Kontrast noch immer zu schwach ist, probieren Sie eine Tonwertkorrektur-Einstellungsebene im Normal-Modus oder wenden Sie Tonwertkorrektur entweder von Hand oder mit dem Auto-Button an. Regeln Sie die Deckkraft der obersten Ebene, wenn nötig **D**.

Tonwertkorrektur-Multiplizieren.psd

Mitteltöne setzen

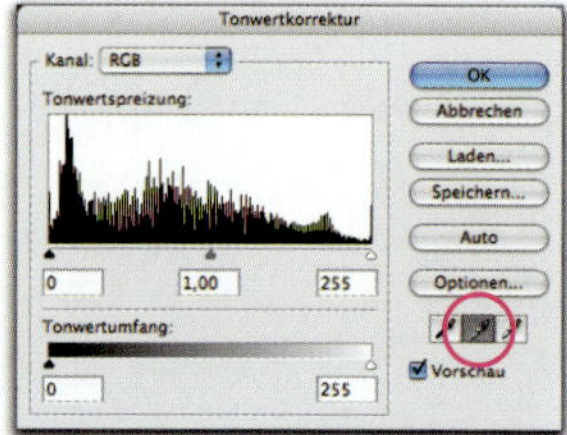

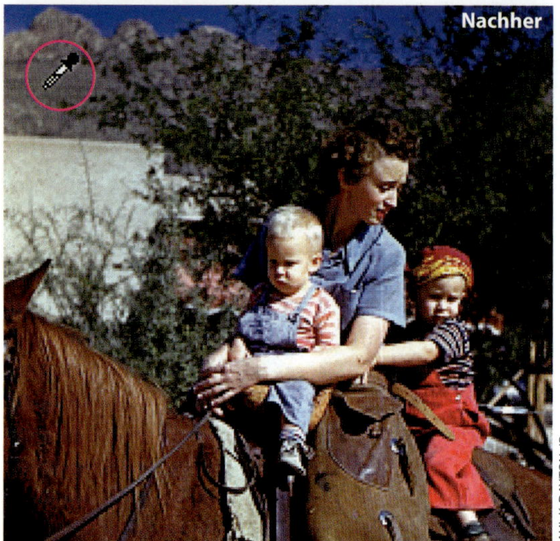

PAUL K. DAYTON, JR.

Die Pipette Mitteltöne setzen, zu finden sowohl in TONWERTKORREKTUR als auch in GRADATIONSKURVEN, kann nützlich sein, um einen Farbstich wie in diesem Dia zu korrigieren. Indem Sie mit der Pipette ins Bild klicken, teilen Sie Photoshop mit, dass die angeklickten Pixel neutral grau sein sollen. Photoshop nimmt dann eine generelle Einstellung der Farbbalance im Bild vor, damit das so ist. Hier wurde die Farbe durch einen Klick auf den grauen Felsen festgelegt. Wenn Sie nicht gleich beim ersten Mal erfolgreich sind, klicken Sie auf einen anderen Punkt, der neutral sein könnte. Wenn Ihr Bild natürlich kein neutrales Grau enthält, funktioniert diese Methode nicht, denn dann fügen Sie bei jedem Klick auf nicht neutrales Grau einen Farbstich hinzu. In diesem Fall sollten Sie die Durchschnitt-Methode ausprobieren, die auf der nächsten Seite dargestellt ist, oder sich die Zeit nehmen und die Farbbalance einstellen. ▼

Graupunkt-setzen.psd

MEHR DAVON

▼ Farbbalance einstellen **Seite 254**

Durchschnitt-Filter

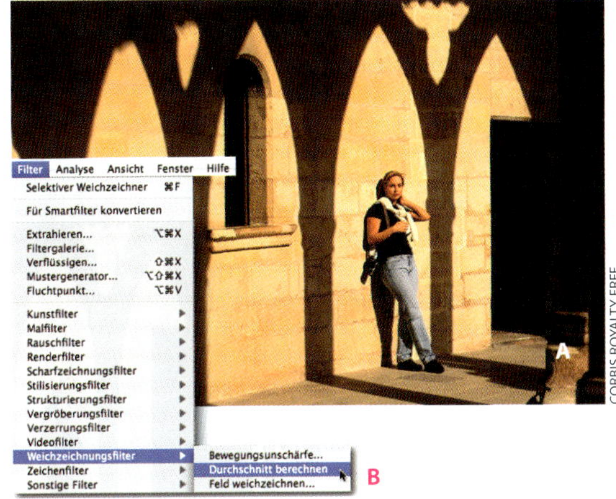

CORBIS ROYALTY FREE

Wenn Sie die Mitteltöne-Methode an einem Bild ausprobiert haben (wie auf der vorherigen Seite beschrieben), aber die Farbe wild von einem Ton zum nächsten wechselt, sollten Sie den Filter DURCHSCHNITT ausprobieren. Aus diesem Bild **A** wollten wir etwas vom goldenen Schein entfernen. Wir duplizierten das Bild auf eine neue Ebene (⌘/Strg-J) und wählten FILTER/WEICHZEICHNUNGSFILTER/DURCHSCHNITT **B**. Der Filter verwandelte die Durchschnittsebene in eine gleichmäßig orangeähnliche Fläche **C**. Dann kehrten wir die Farben um (BILD/ANPASSEN/UMKEHREN oder ⌘/Strg-I), was aus dem Farbüberzug sein Gegenteil, nämlich Blau machte. Indem wir diese Ebene im Modus Farbe **D** (oder Farbton für einen etwas anderen Effekt) anwendeten, konnten wir durch Regulierung der Deckkraft die Färbung neutraler gestalten. Wir reduzierten die Deckkraft der Ebene auf 26% **E**.

Durchschnitt-Filter.psd

Durchschnitt & Auto

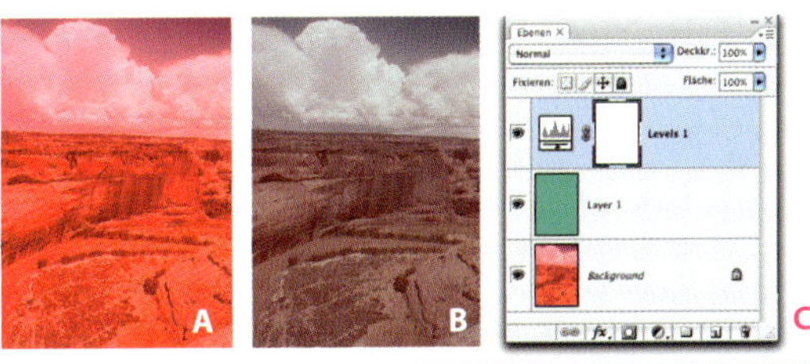

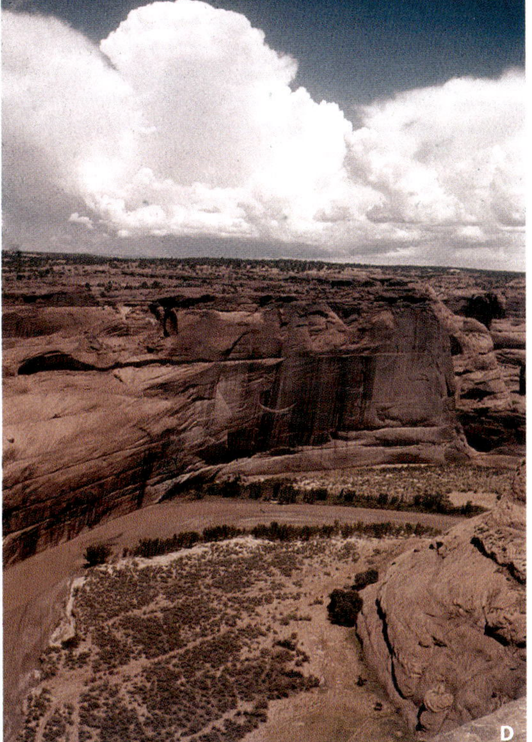

MONA DAYTON

Mit dem Durchschnitt-Filter können Sie auch ein stark verschossenes Foto wiederherstellen. Wir öffneten diesen Scan eines Farbdias aus den 40er-Jahren **A**, duplizierten ihn auf eine neue Ebene (⌘/Strg-J) und wählten FILTER/WEICHZEICHNUNGSFILTER/DURCHSCHNITT (genauso wie für das Bild links). Der Filter färbte die duplizierte Ebene einfarbig pink. Wir kehrten die Farbe um (BILD/ANPASSEN/UMKEHREN oder ⌘/Strg-I), was aus dem Pink ein grünliches Blau macht. Wir änderten die Füllmethode dieser Ebene in Farbe und stellten die Deckkraft nach, um die Farbe unseren Wünschen entsprechend auszubalancieren **B**. Da die Farben jetzt realistischer aussahen, konnten wir eine Tonwertkorrektur-Einstellungsebene **C** hinzufügen und dann auf den Button AUTO klicken **D**.

Durchschnitt-Auto.psd

Aufwärmen

JHDAVIS

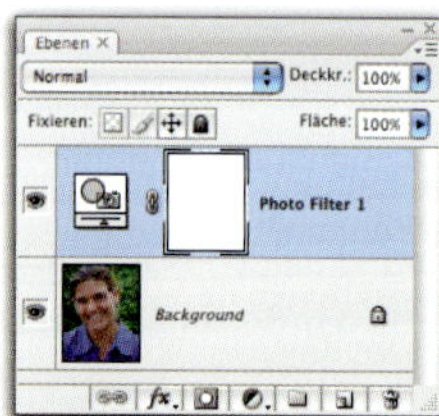

Traditionsgemäß verwenden Fotografen Warmfilter auf ihren Objektiven, um überschüssiges Blau zu absorbieren und bei Außen- oder Blitzaufnahmen wärmere Farbtöne zu erreichen – oder um einfach die Farben in einem Foto etwas »aufzuwärmen«, vor allem in Porträts. Ähnliche Ergebnisse erzielen Sie mit einer Warmfilter-Ebene in Photoshop. Um das Foto **A** etwas aufzuwärmen, klickten wir auf den -Button unten in der Ebenen-Palette und wählten FOTOFILTER. Dann wählten wir WARMFILTER (85) aus dem Menü in der Dialogbox **B** und klickten auf OK **C**.▼

Aufwaermen.psd

Abkühlen

PAUL K. DAYTON, JR.

Um das frische Gefühl des Meeres oder einer Schneeaufnahme zu erhöhen **A**, können Sie eine Kaltfilter-Ebene verwenden. Hier klickten wir auf den Button unten in der Ebenen-Palette und wählten die Option FOTOFILTER. Wir benutzten einen KALTFILTER (80) **B**, **C**. Bei allen Fotofiltern beträgt die Standarddichte 25%, denn sie repräsentiert die am meisten verbreiteten traditionellen Filter. Sie können diesen Wert jedoch für Ihr Bild anpassen. ▼

MEHR DAVON
▼ Fotofilter
Seite 205

Abkuehlen.psd

Farbbalance

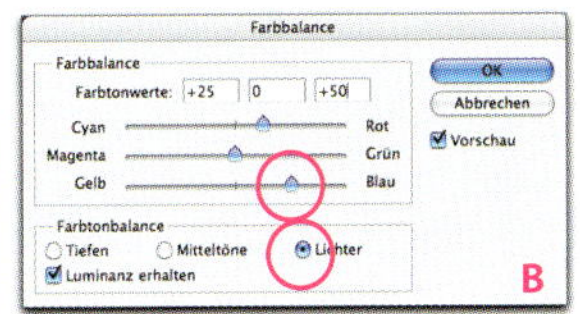

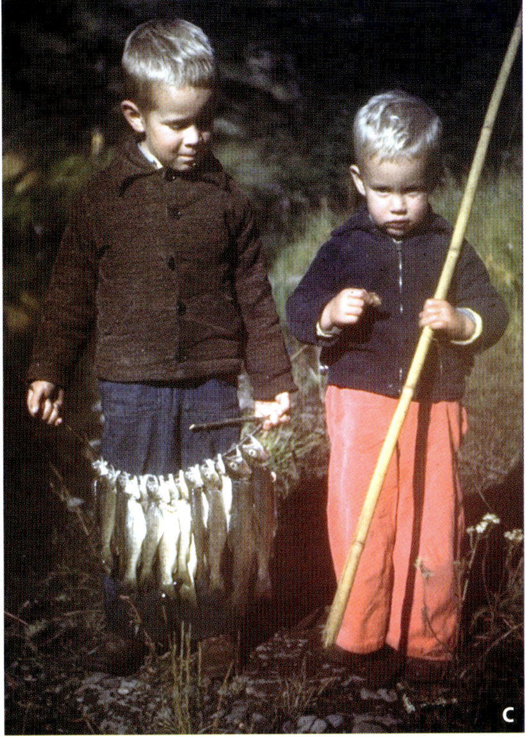

PAUL K. DAYTON, JR.

Eine Farbbalance-Einstellungsebene (auf den Button ◐ klicken und wählen) kann die Lichter, Tiefen und Mitteltöne separat in der Farbe verändern. Sie fügen einfach das Entgegengesetzte der Farbe hinzu, die zu viel im Bild enthalten ist. Dieses RGB-Bild hatte einen gelben Farbstich in den Lichtern **A**. Um das Gelb zu entfernen, wählten wir die Option LICHTER in der Dialogbox Farbbalance und verschoben den Gelb-Blau-Regler nach Blau. Um etwas Wärme zurückzubringen, verschoben wir den Cyan-Rot-Regler leicht nach Rot **B**, **C**. Die Option LUMINANZ ERHALTEN ließen wir aktiviert, damit nur die Farbe und nicht die Tonwerte geändert wurden.

 **Farbbalance.psd**

Farbton/Sättigung

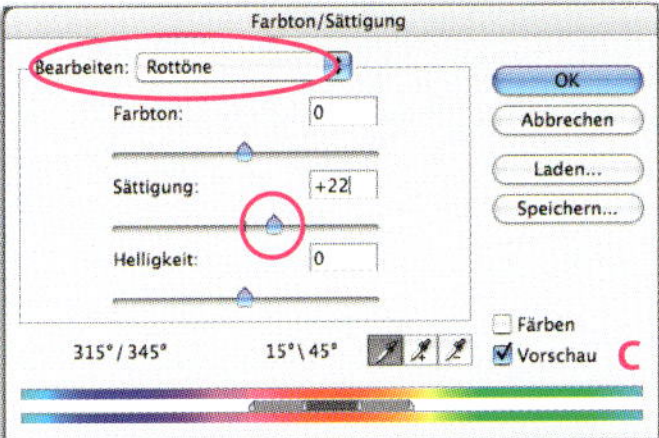

PAUL K. DAYTON, JR.

Manche Bilder brauchen einfach etwas mehr Sättigung, um die Farben wiederherzustellen – entweder allgemein oder in einem bestimmten Farbbereich. Für dieses Bild **A** fügten wir eine Farbton/Sättigung-Einstellungsebene hinzu, indem wir auf den ◐ -Button klickten und den Befehl aus der Liste wählten. In der Dialogbox FARBTON/SÄTTIGUNG bewegten wir den Sättigungsregler leicht nach rechts, um die Farben insgesamt etwas aufzufrischen **B**. Um dann den Overall, das Dreirad und die Blumen hervorzuheben, wählten wir ROTTÖNE aus dem Menü BEARBEITEN und erhöhten auch hier die Sättigung etwas **C**, **D**.

 **Farbton-Saettigung.psd**

Stärkeres CMYK

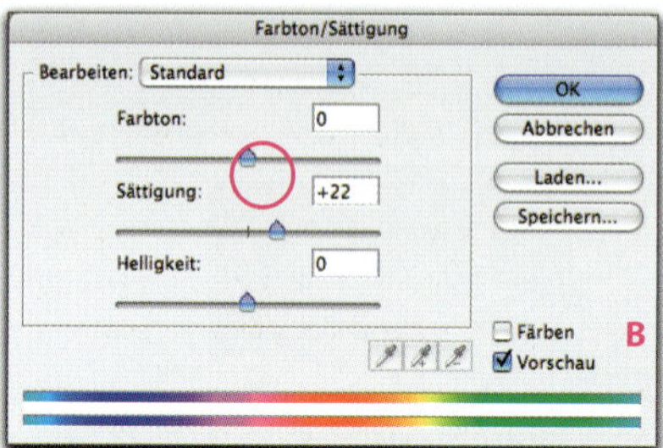

Ein RGB-Bild mit intensiven und lebendigen Farben kann an Biss verlieren, wenn es für den Druck in CMYK umgewandelt wird **A**. In diesem Fall kann eine einfache Änderung auf einer Farbton/Sättigung-Einstellungsebene helfen, das Leuchten der Farben wieder zurückzuholen – entweder allgemein oder in bestimmten Bereichen. Hier klickten wir auf den Button ◐, wählten FARBTON/SÄTTIGUNG und erhöhten die Sättigung insgesamt (mit BEARBEITEN: STANDARD) **B**, **C**.

CMYK-verstaerken.psd

Variationen

Der Befehl VARIATIONEN eignet sich, um Farbanpassungen vornehmen – Farbton, Sättigung und Helligkeit jeweils für Lichter, Tiefen und Mitteltöne –, außerdem sehen Sie gleich mehrere Optionen auf einmal. Mit VARIATIONEN können Sie feinere Einstellungen vornehmen und sich warnen lassen, wenn Sie Farben außerhalb des Farbumfangs erzeugen. Ein großer Nachteil ist, dass VARIATIONEN nicht auf einer Einstellungsebene funktioniert, Sie müssen den Befehl aus dem Menü BILD/ANPASSEN wählen. In CS3 steht der Befehl aber als verlustfreier Smartfilter zur Verfügung. Duplizieren Sie deshalb das Bild, bevor Sie VARIATIONEN wählen. Wenn Sie auf OK klicken, werden alle Ihre Farb- und Tonwertanpassungen auf einmal ins Bild übernommen, und Sie können diese später nur insgesamt rückgängig machen. Um später flexibler zu sein, korrigieren Sie Ihr Bild mit VARIATIONEN. Um sich eine Vorstellung von den nötigen Einstellungen zu verschaffen, brechen Sie dann ab und nehmen Sie die Einstellungen separat auf Einstellungsebenen vor, und zwar mit Befehlen wie FARBBALANCE und FARBTON/SÄTTIGUNG.

Variationen-vorher.psd

Deeanne Edwards entlockt dem Ozean etwas mehr

Für ihre lebhaften Unterwasseraufnahmen (siehe Seite 410) arbeitet Deeanne Edwards oftmals unter wenig idealen Bedingungen – es ist dunkel, kalt, nass, die Zeit ist begrenzt und ihre Motive – und sogar der Hintergrund – sind in ständiger Bewegung. Manchmal fotografiert sie fast »blind«, bis ihr Blitz die Szene beim Fotografieren aufhellt. Erneut fotografieren ist meist keine Option. Um die bestmöglichen Fotos aufzunehmen, benutzt sie einige Schnellkorrekturen, die auch bei Fotos auf dem Land gute Dienste leisten dürften.

MEHR DAVON

▼ Tiefen/Lichter **Seite 170**

▼ Scharfzeichnen **Seite 328**

▼ Abwedeln & Nachbelichten **Seite 331**

Beim Fotografieren in Seetang benutzt Deeanne oft einen Blitz, um die angemessene Belichtung der Umgebung zu gewährleisten. Sie verwendete eine Nikon N90 in einem Nexus-Gehäuse mit zwei Nikonos SB105, um diese Fotos vor San Clemente Island, California aufzunehmen. Für zusätzliche Beleuchtung sorgt der Befehl BILD/ANPASSEN/TIEFEN/LICHTER. Wenden Sie ihn an und klicken Sie einfach in der Dialogbox auf OK, auch ohne die Regler zu benutzen. Das Licht verteilt sich nun viel gleichmäßiger. ▼

In dieser Nahaufnahme eines Sheephead, aufgenommen mit einem 60-mm-Objektiv und einem Kodak-100VS-Film, scheint die Spitze der Lippe am Bildrand abgeschnitten zu sein. Aber Deeanne konnte sie durch erneutes Scannen des Dias wiederherstellen.

DEEANNE EDWARDS

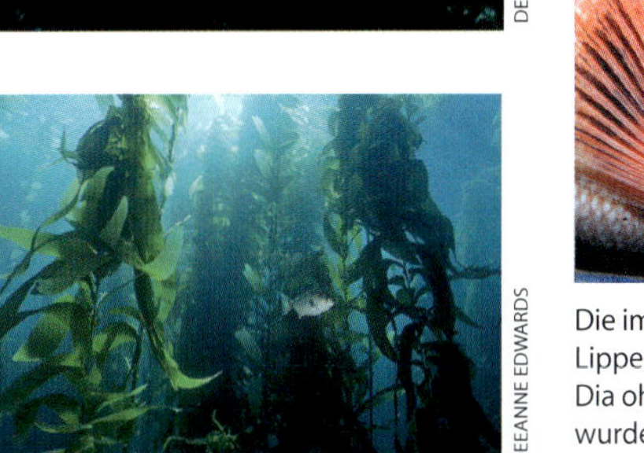

DEEANNE EDWARDS

Die Fotos von Fisch im Tang wurden mit einem 24-mm-Objektiv auf Fuji-Sensia-Film aufgenommen. Links sehen Sie die Original-Scans der Dias. Rechts bringen die Standardeinstellungen von TIEFEN/LICHTER Details in den Tiefen zum Vorschein, so dass Struktur und Räumlichkeit erkennbar werden.

DEEANNE EDWARDS

Die im ersten Scan verloren gegangene Lippe (oben) wurde gerettet, indem das Dia ohne Rähmchen erneut gescannt wurde (Mitte). Scharfzeichnen (FILTER/SCHARFZEICHNUNGSFILTER/UNSCHARF MASKIEREN) ▼ und etwas Abwedeln und Nachbelichten, ▼ um das Maul aufzuhellen und Spiegelungen in den Augen zu reduzieren, komplettierten das Porträt (unten).

Ü B U N G

Objektivkorrektur

»Kameraverzerrungen korrigieren« auf Seite 281 zeigt den Filter OBJEKTIVKORREKTUR (vor CS3: BLENDENKORREKTUR) in Aktion an einem Problem aus dem richtigen Leben. Hier probieren wir die Steuerungen in der Dialogbox aus, um die Arbeitsweise dieses »Megafilters« kennenzulernen. Dazu verwendeten wir ein Rasterbild, um die Verzerrungen zu demonstrieren, für die BLENDENKORREKTUR vorbereitet ist. Ab CS3 können Sie die Funktion verlustfrei als Smartfilter anwenden (Seite 38).

FILTER/VERZERRUNGSFILTER/BLENDENKORREKTUR repariert objektivtypische Verzerrungen: **Tonnenverzerrung** (seitliche Auswölbungen von der Mitte aus, **Kissenverzerrung** (Einstülpungen in Richtung Mitte), **Vignettierung** (dunkle Kanten), **chromatische Aberrationen** (Farbränder an kontrastreichen Kanten).

Blendenkorrektur kann auch Perspektiv- und Winkelverzerrungen beheben, die je nach Kamerawinkel entstehen – wenn Sie zum Beispiel die Kamera schief halten (geneigter Horizont) oder ein hohes Gebäude von unten fotografieren (so dass dessen Spitze schmaler als der Boden aussieht).

BLENDENKORREKTUR hat ein Raster, mit dessen Hilfe Sie die Verzerrung einschätzen und korrigieren können. Sie können die Rastergröße einstellen (Feld GRÖSSE unten in Dialogbox) und das Raster mit dem Rasterverschieben-Werkzeug bewegen, um es an anderen Bildbereichen auszurichten. Es gibt Werkzeuge zum Zoomen und Schwenken. Der Filter besitzt auch eine Vorschau, die Sie ein- und ausschalten können, um die bearbeitete mit der Originalversion zu vergleichen.

Hier benutzen wir Blendenkorrektur, um eine Verzerrung eines quadratischen Rasters sowohl zu erzeugen als auch zu korrigieren, um die Steuerungen auszuprobieren.

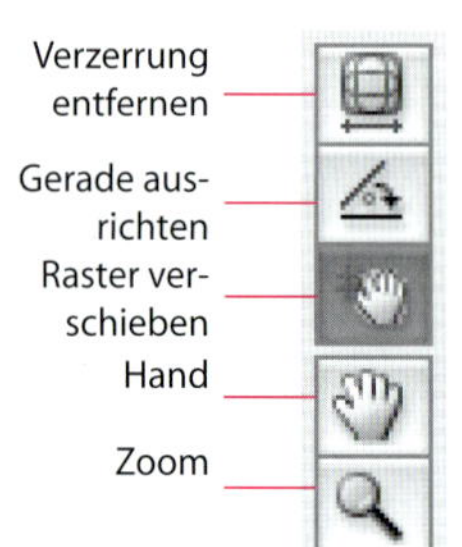

Die Werkzeugpalette links oben in der Dialogbox enthält drei Werkzeuge, um die Oberfläche anzupassen (Raster verschieben, Hand und Zoom), und zwei, um die Einstellungen des Filters anzuwenden (Verzerrung entfernen und Gerade ausrichten).

Sie finden die Datei auf der DVD unter Wow Projektdateien/Kapitel 5/Blendenkorrektur

Tonne und Kissen

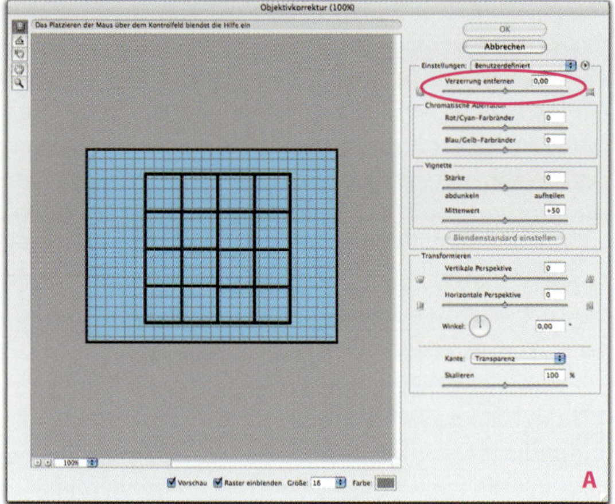

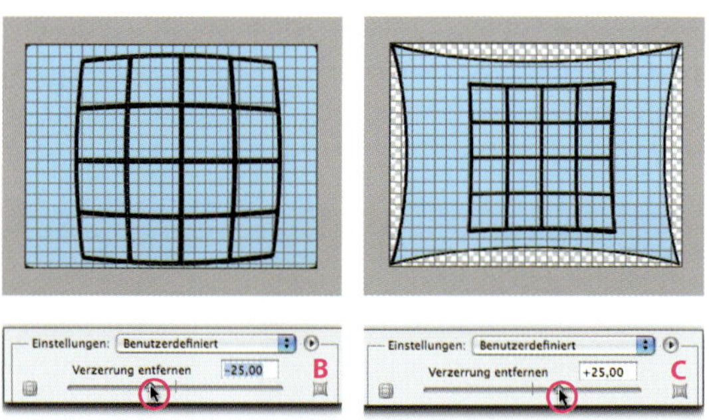

Zum Ausprobieren des Filters Blendenkorrektur öffnen Sie am besten die Datei **Blendenkorrektur Demo.psd** in Photoshop CS2 oder CS3 und wählen FILTER/VERZERRUNGSFILTER/OBJEKTIVKORREKTUR (CS3) bzw. BLENDENKORREKTUR (CS2) **A.** Der Regler VERZERRUNG ENTFERNEN wirkt der Tonnenverzerrung, die vor allem bei Weitwinkelaufnahmen auftreten kann, und der Kissenverzerrung, die häufiger bei Aufnahmen mit dem Teleobjektiv auftritt, entgegen.

Die Option RASTER EINBLENDEN sollte unbedingt aktiviert sein (unten im Dialog), um Ihnen ein paar gerade vertikale und horizontale Hilfslinien vorzugeben. Beginnen Sie, indem Sie die Art Tonnenverzerrung herstellen, die Sie in einem Weitwinkelfoto finden können, indem Sie den Regler VERZERRUNG ENTFERNEN nach links zum Icon verschieben **B**; wir verwendeten den Wert –25. Korrigieren Sie dann den Effekt, indem Sie den Regler in die entgegengesetzte Richtung schieben, bis der Effekt aufgehoben ist. Wenn Sie den Regler weiter verschieben, entsteht eine Kissenverzerrung **C.** Bevor Sie weitermachen, kehren Sie zum »Tonnen«-Zustand bei –25 zurück **B.**

Chromat. Aberrationen

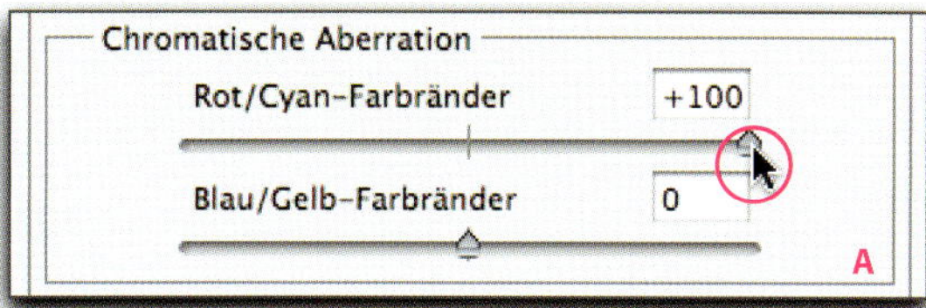

Die Einstellungen im Bereich CHROMATISCHE ABERRATIONEN **A** wurden entwickelt, um Farbränder zu entfernen (oder wenigstens zu vermindern), die bei Kanten mit hohem Kontrast vor allem bei Digitalfotos auftreten. Die Farbränder-Schieberegler steuern die Größe der Farbkanäle im Verhältnis zueinander, um die Farbränder loszuwerden.

Wieder können wir diese Einstellungen anhand der Verzerrung demonstrieren, die sie eigentlich reparieren sollen. Um chromatische Aberrationen deutlicher zu sehen, schalten Sie das Raster im Dialogfeld aus. Bewegen Sie den Regler ROT/CYAN-FARBRÄNDER nach rechts auf +100. Wenn Sie ins Bild zoomen – mit dem 🔍-Werkzeug oder dem Tastenkürzel ⌘/Strg-+ (Plus) –, sehen Sie deutlich die Farbränder, die sich entlang der schwarzen Linien entwickeln **B**. Sie sehen, der Rand ist stärker, je weiter man sich vom der Bildmitte entfernt. Stellen Sie den Farbränder-Regler wieder auf 0.

In der Realität kann es schwierig sein, chromatische Aberrationen loszuwerden. Auf Seite 285 finden Sie ein Beispiel aus dem »richtigen Leben«, und in »Details hervorheben« auf Seite 323 erhalten Sie weitere Lösungsmöglichkeiten für dieses Problem.

Vignette

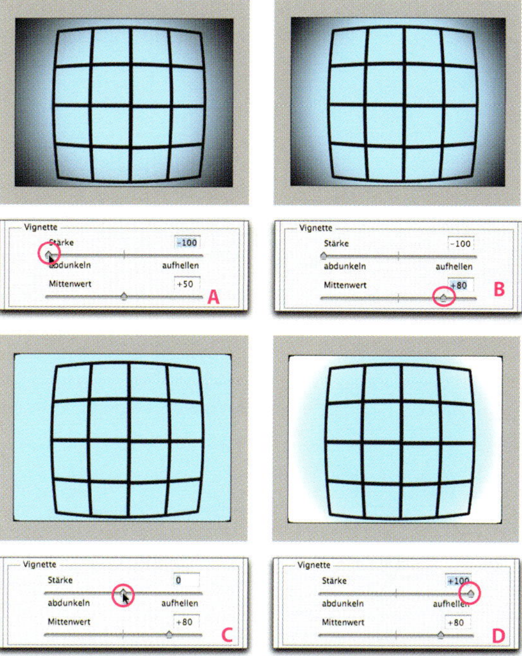

OBJEKTIVKORREKTUR (BLENDENKORREKTUR) kann unerwünschte Vignetten entfernen (Abdunklung an Ecken und Rändern), die bei manchen Objektiven bei bestimmten Blendeneinstellungen und Brennweiten charakteristisch sind. Auch Objektivaufsätze können zu Vignetten führen. Außer um ein Foto zu korrigieren, können Sie mit den beiden Vignette-Reglern auch absichtlich Vignetten hinzufügen, um die Aufmerksamkeit des Betrachters auf den helleren Bildbereich zu lenken oder einen Spezialeffekt zu erzielen. Der Betrag-Regler legt fest, wie dunkel die Vignette ist. Mit MITTELPUNKT bestimmen Sie, wie scharf oder weich die Vignette erstellt oder entfernt wird.

Um eine Vignette zu erzeugen, schieben Sie den Betrag-Regler in Richtung abdunkeln; probieren Sie –100 **A**. Experimentieren Sie dann mit dem Mittelpunkt-Regler **B**. Um schließlich die Vignette wie ein Blendenartefakt zu korrigieren, schieben Sie den Betrag-Regler in Richtung aufhellen. Da wir diese Vignette eben erzeugt haben, wird sie durch Position 0 korrigiert **C**. Wäre die Vignette natürlich in der Kammer entstanden, müssten Sie für BETRAG eine positiven Wert wählen, um Ecken und Kanten aufzuhellen. Wenn Sie den Regler noch weiter nach rechts schieben, erzeugen Sie eine »negative« Vignette, die die Ecken und Kanten aufhellt **D**.

Da BLENDENKORREKTUR zur Korrektur von Objektivartefakten entwickelt wurde, sind Vignetteneffekte und -korrektur immer auf die Bildmitte konzentriert. Eine präzisere Vignettenmethode finden Sie auf Seite 351.

Bevor Sie weitermachen, entfernen Sie die Tonnenverzerrung und die Vignette.

Transformieren

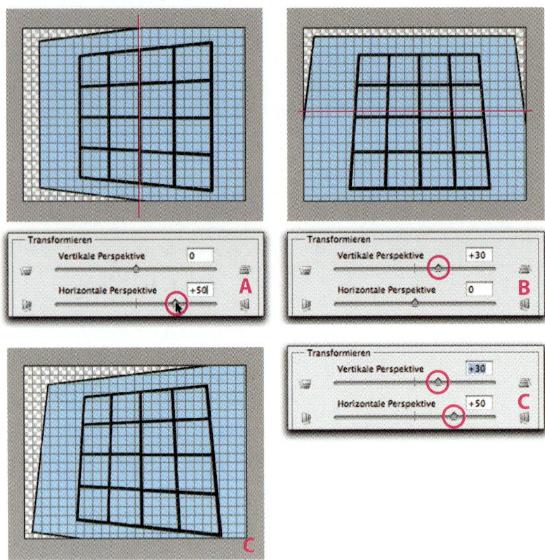

Die Transformationseinstellungen von OBJEKTIVKORREKTUR (vor CS3 BLENDENKORREKTUR) helfen, wenn sich eine Ebene, die eigentlich gerade im Bild stehen sollte, irgendwie neigt. Dafür sollten Sie das Raster wieder einschalten. Lassen Sie uns nun die beiden Perspektive-Regler untersuchen. Der Regler Horizontale Perspektive dreht das Bild um eine vertikale Achse, wie eine Tür, deren Angeln in der Mitte angebracht sind. Dabei bewegt sich die eine Seite näher an den Betrachter heran, die andere bewegt sich weg **A**. Der Regler Vertikale Perspektive tut dasselbe, allerdings mit einer horizontalen Drehachse **B**. Wenn Sie die beiden perspektivischen Verzerrungen auf ein Foto anwenden **C**, noch dazu die Tonnen- und Kissenverzerrung korrigieren, müssen Sie eventuell mit den Reglern etwas experimentieren.

DIE BLENDENKORREKTUR-WERKZEUGE

Das **Verzerrung-entfernen-Werkzeug** korrigiert die Tonnenverzerrung, wenn Sie zur Bildmitte ziehen; ziehen Sie nach außen, um Kissenverzerrung zu beheben. Zuweilen lässt sich das Werkzeug recht schlecht steuern; verwenden Sie für feinere Arbeiten deshalb besser die Schieberegler und Eingabefelder.

Das **Gerade-ausrichten-Werkzeug** ist eine Winkelkorrektur von Hand. Wenn Sie es entlang eines Elements ziehen, das horizontal oder vertikal sein sollte, und dann die Maustaste loslassen, wird das Bild gedreht. Kleinere Änderungen können auch hier schwierig sein, und nicht alle Änderungen spiegeln sich immer im Eingabefeld WINKEL wider.

Winkel

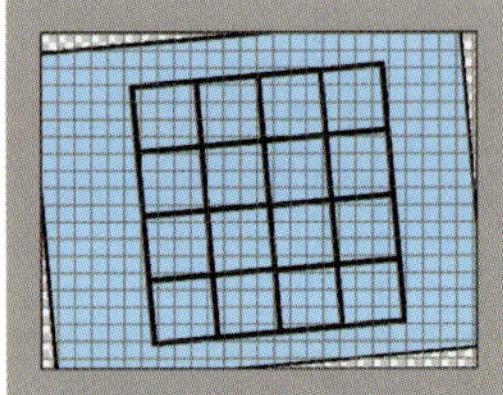

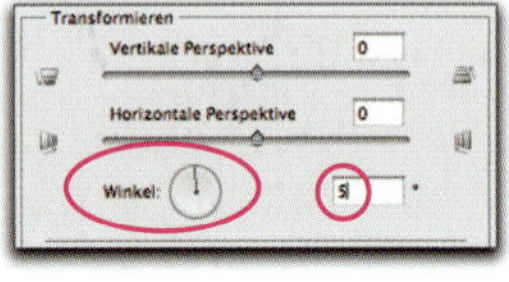

Wenn der Fotograf die Kamera etwas gekippt gehalten hat, kann man das mit der Einstellung WINKEL lösen. Oft ist nur eine winzige Korrektur nötig. Ziehen Sie also kurz mit der Maus über das Wort WINKEL, oder klicken Sie ins Eingabefeld und drücken Sie die Tasten ↑ und ↓ (für Änderungen um jeweils 10 Einheiten halten Sie dabei die ⇧-Taste gedrückt).

Kante und Skalierung

Nach einer Korrektur von Tonnen- oder Kissenverzerrungen, Perspektive und Winkel können leere Bereiche an den Bildkanten auftreten. Mit OBJEKTIVKORREKTUR (BLENDENKORREKTUR) haben Sie vier Möglichkeiten, das zu beheben: Sie können die Bereiche transparent lassen (Standardeinstellung KANTE: TRANSPARENZ), die Kanten verbreitern, um den Platz zu füllen (KANTE: KANTENERWEITERUNG) oder in einem 8-Bit-Bild mit Schwarz füllen (HINTERGRUNDFARBE). Oder Sie verwenden den Regler SKALIERUNG, um das Bild aus der Mitte heraus zu vergrößern, bis die Kanten wieder gefüllt sind. (Bei anderen Freistellungsmethoden außerhalb der Dialogbox haben Sie zwar mehr Kontrolle,▼ aber für eine zentrierte Freistellung besitzt Skalierung den Vorteil, dass Sie damit schnell und automatisch auf das richtige Seitenverhältnis des Fotos freistellen.)

MEHR DAVON
▼ Freistellen **Seite 246**

SCHNELLER RAND

Um einen proportionalen Rand um ein 8-Bit-Bild zu erstellen, wählen Sie FILTER/VERZERRUNGSFILTER/BLENDENKORREKTUR. Stellen Sie den Skalierung-Regler auf unter 100% und wählen Sie KANTE: HINTERGRUNDFARBE. Wenn Sie dafür eine Aktion anlegen, können Sie sie per Stapelverarbeitung auf einen gesamten Bildordner anwenden.

E.A.M. VISSER

Kameraverzerrungen korrigieren

SIE FINDEN DIE DATEIEN
auf der DVD > Wow Projektdateien > Kapitel 5 >Kameraverzerrung:
- Kameraverzerrung-Vorher.psd (zum Probieren)
- Kameraverzerrung-Nachher.psd (zum Vergleichen)

ÖFFNEN SIE DIESE PALETTE
aus dem Fenster-Menü
- Ebenen

ÜBERBLICK
Öffnen Sie den Filter BLENDENKORREKTUR
- Passen Sie das Raster an das Bild an
- Schwenken und kippen Sie das Bild, um die Winkel zu korrigieren
- Reduzieren Sie Kissen- und Tonnenverzerrung
- Reduzieren Sie chromatische Aberrationen

1

RICK WORTHINGTON

Das Originalbild zeigt einen Mix aus rustikalem und modernem Mauerwerk, gewinkelten Flächen und verschiedenen kamerabedingten Verzerrungen. Ihr Ziel ist eine etwas angenehmere Perspektive.

Solche Probleme wie dieses hier korrigieren Sie am besten mit dem Filter OBJEKTIVKORREKTUR (BLENDENKORREKTUR), der eine kompakte Lösung für vielfältige Probleme darstellt. Mit dem anpassbaren Raster und seiner großen Genauigkeit sind mit wenigen Klicks gute Korrekturen möglich. In Photoshop-Versionen vor CS2 gibt es leider keine solche Kompaktlösung, verwenden Sie dazu die Transformieren-Befehle und den Filter WÖLBEN.

Bevor Sie beginnen, schauen Sie sich die Grundlagen des Filters auf Seite 278 an. Wie bei vielen von Photoshops tollen Funktionen ist Blendenkorrektur zwar clever erdacht und entwickelt worden, die verwendeten Algorithmen sind fundiert, und der Filter funktioniert gut. Nur seine Bedienung ist nicht einfach. Wenn Sie dieses Beispiel mit unseren Werten nachvollziehen, denken Sie immer daran, dass der Charme des Befehls unter anderem darin liegt, dass Sie die Schieberegler immer wieder nachstellen und so passende Kombinationen suchen können – und das passiert in CS3 verlustfrei. »Die richtige Lösung« gibt es nicht. Wenn Sie schließlich auf OK klicken, um die Dialogbox zu verlassen, werden alle Änderungen gleichzeitig umgesetzt und das Bild wird nur einmal neu berechnet. So bleibt es schärfer, als wenn Sie die Änderungen mit mehreren Befehlen nacheinander durchgeführt hätten.

Am Ende jedes Schrittes von 3 bis 7 erhalten Sie eine Beschreibung, wie Sie die Korrekturen in älteren Photoshop-Versionen

Eine Kopie speichern

Um das Original Ihres Bildes unverändert zu sichern, wählen Sie gleich nach dem Öffnen DATEI/SPEICHERN UNTER und aktivieren Sie die Option ALS KOPIE. Photoshop speichert dann eine Kopie Ihrer Datei und fügt den Anhang KOPIE zum Dateinamen hinzu.

2a

Der Dialog OBJEKTIVKORREKTUR (BLENDENKORREKTUR) selbst, das Raster und die Vorschau können in der Größe an die gewünschte Präzision angepasst werden. (Die Option IN ANSICHT skaliert das Bild so, dass es in die Vorschau passt, wenn der Dialog nicht den ganzen Bildschirm einnimmt.)

2b

IN ANSICHT ist die Standardvergrößerung; klicken Sie auf das Zahlenfeld unten links, um aus der Liste von Vergrößerungen wählen zu können. Oder drücken Sie die Tasten + oder -. TATSÄCHLICHE PIXEL gibt Ihnen einen genauen Überblick über die Details.

2c

Klicken Sie in das Farbfeld, um zum Farbwähler zu gelangen, und wählen Sie eine Farbe, die zu Ihrem Bild einen Kontrast bildet. Ändern Sie dann die Rastergröße (nachfolgend beschrieben), so dass die Linien ausreichen, um horizontale und vertikale Elemente in Ihrem Bild zu vergleichen. Dabei sollten Sie jedoch nicht das Bild verdecken. Wählen Sie eine Größe aus dem Ausklappmenü oder geben Sie per Hand eine neue Größe ein, oder Sie stellen den Cursor über das Wort GRÖSSE und ziehen (mehrere kleine Bewegungen).

ohne Blendenkorrektur durchführen können. Natürlich können Sie auch mit CS2 und CS3 die Transformieren-Befehle und den Wölben-Filter verwenden.

1 Die Verzerrung analysieren. Öffnen Sie zuerst die Datei **Kameraverzerrung-Vorher.psd** oder eine Ihrer eigenen Dateien (siehe »Eine Kopie speichern« links). Bei unserem offensichtlich verzerrten Foto **1** können wir uns nicht darauf verlassen, uns nach geraden Linien richten zu können. Aber mithilfe des Blendenkorrektur-Rasters können wir uns an einigen einigermaßen geraden Horizontalen und Vertikalen orientieren. Da die Steine im Hintergrund an jeder Wand ungefähr gleich groß sind, konnten wir darauf schließen, dass das Kameraobjektiv und der Winkel, in dem der Fotograf die Kamera gehalten hat, zu der Neigung im Dach führten. Das Bild würde besser aussehen, wenn wir die Wand direkt gegenüber der Kamera platzierten und das Dach horizontal ausrichteten. Diese Korrekturen bedeuten für alle anderen Winkel im Bild eine deutliche Veränderung, also gingen wir sie zuerst an.

Die Mauer auf der rechten Seite mit ihrer deutlicheren Geometrie ist gut geeignet, um nach Tonnen- oder Kissenverzerrungen zu suchen. Tonnenverzerrung können wir erkennen. Außerdem gibt es da ein paar leuchtende Farben an kontraststarken Kanten, vor allem links des Türmchens, die verdeutlichen, dass wir uns auch um chromatische Aberrationen kümmern müssen. Zwar werden wir das Bild für die Montage wie im Nachher-Bild auf Seite 281 freistellen; dennoch führen wir zuerst die Korrektur durch, denn der Filter ist für Bilder gedacht, die direkt von der Kamera kommen und noch nicht freigestellt wurden.

2 Blendenkorrektur. Wählen Sie in Photoshop FILTER/VERZERRUNGSFILTER/OBJEKTIVKORREKTUR (BLENDENKORREKTUR). Standardgemäß öffnet sich der Filter mit der Bildeinstellung IN ANSICHT **2a** und einer neutralen Rastergröße von 16. (Dies ist einer der wenigen Filter in Photoshop, der sich nicht die letzten Einstellungen merkt, sondern immer mit Standardwerten beginnt.)

Zuerst vergrößern Sie das Bild, indem Sie die Einstellung TATSÄCHLICHE PIXEL wählen, um eine pixelgenaue Ansicht des Bildes zu bekommen **2b**. Wählen Sie dann eine Rasterfarbe, die im Kontrast zum Bild steht, und eine Größe, mit der Sie horizontale und vertikale Linien im Bild leicht mit denen im Raster vergleichen können **2c**.

Mit dem Raster-verschieben-Werkzeug ziehen wir das Raster, um es an den Elementen auszurichten, die wir begradigen wollen. Dabei zoomen wir meist weiter ein (⌘/Strg-+) und schwenken das Bild mit dem Hand-Werkzeug. Legen Sie mithilfe des Raster-verschieben-Werkzeugs einige der Raster-

3a

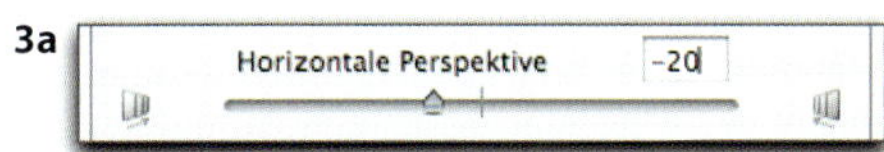

Schwenken Sie die Wand, indem Sie die HORIZONTALE PERSPEKTIVE ändern.

3b

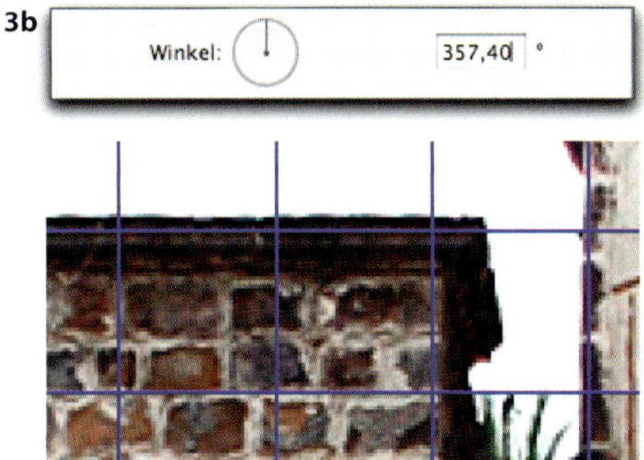

Den Horizont begradigen

3c

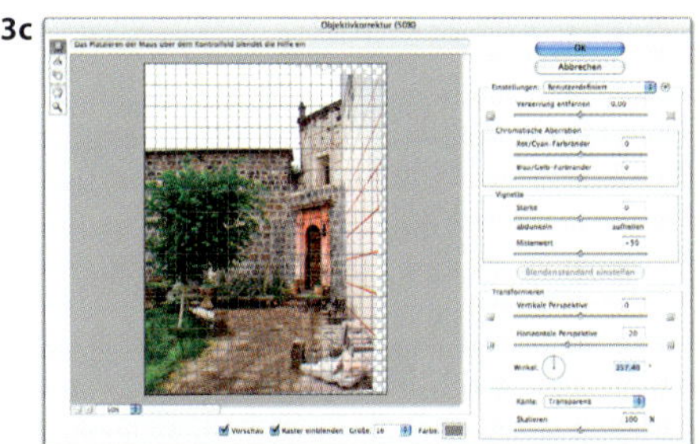

Nach Neigen des Blickpunktes und dem Ausrichten der hinteren Dachlinie.

4a

Die hintere Wand wölbt sich etwas nach oben, was auf eine Tonnenverzerrung hinweist.

linien auf oder in die Nähe der vertikalen Linien der rechten Mauer, des Daches oder des rechten Endes einer Fuge zwischen zwei Steinreihen.

3 Das Bild schwenken und die Kameraneigung korrigieren. Wir beginnen unsere Korrektur mit der scheinbar größten Veränderung, die wir vornehmen wollen; andere Einstellungen werden dadurch womöglich einfacher. In diesem Fall klappen wir die rückwärtige Mauer so um, dass sie uns genau gegenübersteht. Auch die Begradigung der Dachlinie hat das Zeug, das Bild eindrucksvoll als jede andere Korrektur zu verändern.

Beginnen Sie in der Dialogbox OBJEKTIVKORREKTUR (vor CS3 BLENDENKORREKTUR) damit, den Regler HORIZONTALE PERSPEKTIVE nach links zu schieben, um die Wand zu kippen **3a**. Das Bild wird um eine vertikale Achse geschwenkt, die linke Seite der Mauer kommt näher auf den Betrachter zu. Bei dieser Einstellung gibt es nicht viel, woran wir uns orientieren können, also müssen wir uns auf unsere Augen verlassen und mit dem Regler spielen, bis die Steine auf der linken und der rechten Seite der Mauer gleich groß erscheinen. Wir haben uns für einen Wert von –20 entschieden. Dadurch wird auch die Dachneigung größtenteils korrigiert, aber es sieht aus, als wäre die Kamera bei der Aufnahme leicht nach rechts geneigt gewesen. (Um die Änderungen besser zu sehen, passen Sie die Rastergröße erneut an und verwenden Sie das Raster-verschieben-Werkzeug, wenn nötig.)

Um die Neigung zu kompensieren, markieren Sie den Wert im Eingabefeld rechts des Winkel-Diagramms und benutzen Sie die Tasten ↑ oder ↓ (mit ⇧ für gröbere Veränderungen), bis die wichtigsten horizontalen und vertikalen Linien genau auf dem Raster liegen. Auch wenn Sie mit der Maus über das Wort WINKEL schieben, können Sie genaue Einstellungen vornehmen (wenn Sie den Cursor über das Wort stellen, erscheint das Verschieben-Icon; führen Sie kurze, schnelle Bewegungen aus). Für den Winkel ergab sich schließlich ein Wert von 357,40 **3b**. Die Vorschau mit der Vergrößerung IN ANSICHT zeigt, wie weit das Bild bereits korrigiert ist **3c**. (Sie können den aktuellen Zustand mit der Vorher-Version des Bildes vergleichen, indem Sie die Checkbox Vorschau ein- und ausschalten.)

Um die horizontale Perspektive und den Winkel zu korrigieren, **ohne den Filter** OBJEKTIVKORREKTUR (BLENDENKORREKTUR) zu bemühen, wählen Sie Bearbeiten/Transformieren/Perspektive und ziehen die rechte untere Ecke des Arbeitsfensters nach unten außen, um außerhalb des Bildes Platz zu schaffen. Ziehen Sie die linke obere Ecke des Transformationsrahmens nach oben, bis die Ziegel oben links und rechts in der Mauer gleich groß sind. Wir stoppten, als der Wert H in der Optionsleiste auf 128% eingestellt war. Ohne den Transformationsrahmen zu schließen,

4b 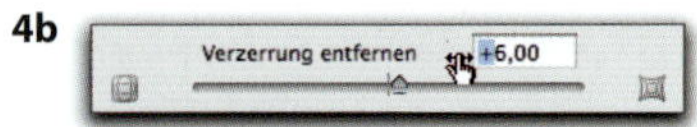

Schieben, um die Verzerrung zu beseitigen

4c 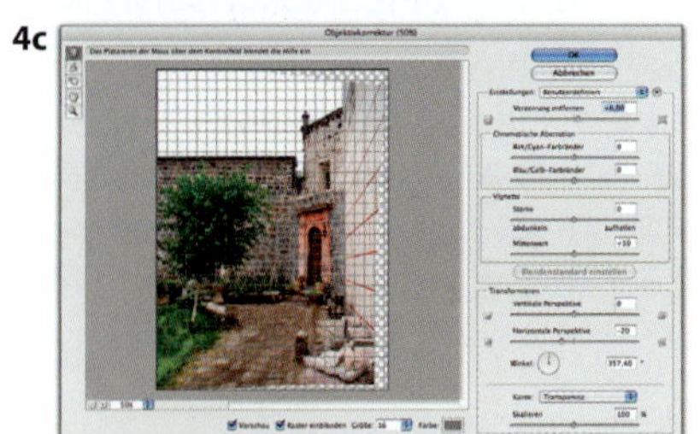

Nach dem Entfernen der Verzerrung, um die Tonnenverzerrung zu beheben.

5a 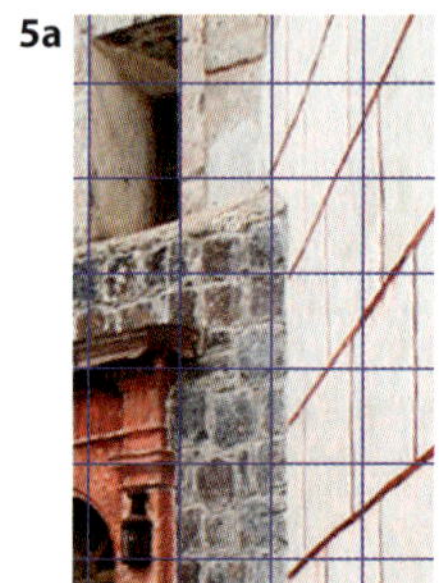

Um die Rastergröße an das Turmfenster anzupassen, verschoben wir den Regler Vertikale Perspektive, bis die vertikalen Elemente oben und unten mit den Rasterlinien parallel verliefen.

5b 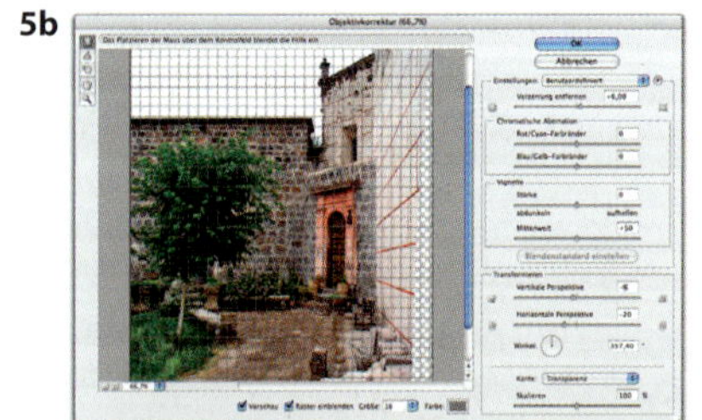

Nach der Korrektur der Tonnenverzerrung und der vertikalen Neigung. Die Korrekturen haben die rechteckige Form des Bildes verzerrt und transparente Ränder hinterlassen.

wählten wir Bearbeiten/Transformieren/Drehen und zogen den gebogenen Cursor außerhalb eines Eckgriffes im Uhrzeigersinn, um die Dachlinie auszurichten. Auch während der Transformationsrahmen geöffnet ist, können Sie eine horizontale Hilfslinie hinzufügen, indem Sie die Lineale einblenden (⌘/Strg-R) und eine Hilfslinie aus dem oberen Lineal ziehen. Nach der Drehung zeigte das Winkel-Feld in der Optionsleiste 11,5°. Schließen Sie den Transformationsrahmen (↵-Taste), um als Nächstes die Tonnenverzerrung zu beheben.

4 Tonnenverzerrung korrigieren. Nachdem die horizontale Perspektive und der Winkel eingestellt sind, ist die Tonnenverzerrung im Dachgiebel der hinteren Wand deutlich zu erkennen, ebenso auf der neueren Mauer rechts **4a**. Im Filter Objektivkorrektur (Blendenkorrektur) korrigieren wir das mit dem Regler Verzerrung entfernen, bis sich das Dach nicht mehr in der Mitte wölbt. Eine Stärke von +6 reduzierte den Tonneneffekt, ohne die anderen Korrekturen zu beeinträchtigen **4b, 4c**.

Um die Tonnenverzerrung ohne Objektivkorrektur (vor CS3 Blendenkorrektur) zu korrigieren, wählen Sie Filter/Verzerrungsfilter/Wölben und beginnen Sie mit einer Stärke von 0. Mit dem »–«-Button in der Dialogbox zoomen Sie aus, um einen möglichst guten Überblick über das Dach zu bekommen. Verschieben Sie den Regler so lange nach links, bis sich der Giebel nicht mehr wölbt; bei uns war das bei –5 der Fall. Klicken Sie dann auf OK, um die Dialogbox zu schließen.

5 Die vertikale Perspektive anpassen. Der Turm und die Wand auf der rechten Seite sehen nach oben hin zu eng bzw. zu schlank aus. Um diese Elemente mithilfe von Blendenkorrektur zu begradigen, verschieben Sie das Raster sorgfältig und passen Sie es in der Größe an, so dass die Linien auf einem vertikalen Element liegen, das Sie als Richtschnur verwenden können. Wir legten unser Raster so, dass es zur Breite des Turmfensters passte. Dann verschoben wir den Regler Vertikale Perspektive leicht nach links (–6), um die Kanten des Fensters zu begradigen. Beobachten Sie dabei Ihre früheren Korrekturen – sie werden von der aktuellen kaum beeinflusst **5a, 5b**.

Ohne Blenden- bzw. Objektivkorrektur in Photoshop CS wählen Sie Bearbeiten/Transformieren/Perspektive und ziehen Sie wieder die rechte untere Ecke des Arbeitsfensters nach unten außen, um außerhalb des Bildes etwas Platz zu schaffen. Ziehen Sie dann die linke obere Ecke des Transformationsrahmens nach links, bis Elemente wie die Fensterkanten, die Tür und die rechte Wand vertikal ausgerichtet sind. Zum Vergleich können Sie eine vertikale Hilfslinie aus dem Lineal am linken Bildrand herausziehen. Drücken Sie ↵, um den Transformationsrahmen zu schließen.

6a

Ein Farbrand ist an mehreren Stellen des Turmes zu sehen.

6b

Rot/Cyan-Farbränder-Regler auf +15, der Farbrand wurde reduziert.

7

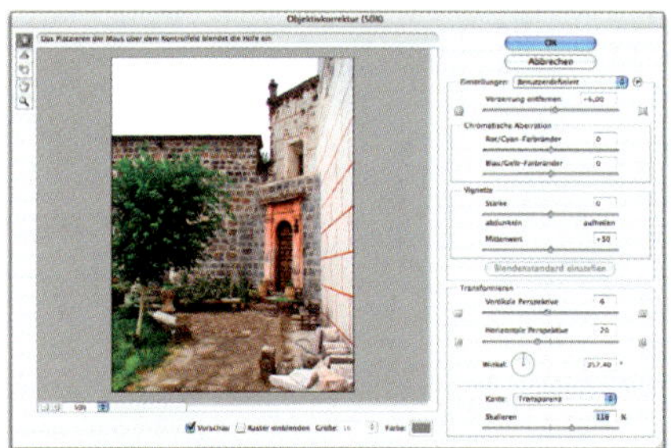

Experiment mit dem Skalieren-Regler in der Objektiv- bzw. Blendenkorrektur. Ein Wert von 116% war die kleinste Vergrößerung, die die Transparenz an den Rändern entfernte. Wir entschieden uns stattdessen für 100% und klickten auf OK. Dann benutzten wir das Freistellungswerkzeug ⌗. Das Ergebnis sehen Sie auf Seite 281.

SIEHE AUCH

▼ Freistellen **Seite 246**

6 Farblängsfehler ausgleichen. Manche Fotos »blühen« entlang von Kanten mit hohem Kontrast etwas, sie besitzen einen Farbrand. Diese **chromatische Aberration** entsteht aus einer Kombination von Faktoren, zum Beispiel wie die Linse verschiedene Wellenlängen (Farben) bricht, aus denen weißes Licht entsteht, und wie die Farbsensoren in einer Digitalkamera auf helles Licht reagieren. Der Filter BLENDENKORREKTUR kann oftmals helfen, diese Farbränder zu beseitigen. Wenn nicht komplett, dann zumindest so, dass sie beim Druck nicht sofort ins Auge stechen. Beim Einzoomen ist der Farbrand zu erkennen **6a**. Während Sie den Regler ROT/CYAN-FARBRÄNDER nach rechts bewegen, sehen Sie, wie manche Farbränder neutraler werden **6b**, verschieben Sie ihn jedoch weiter, tauchen anderswo neue Ränder auf. In vielen Bildern können Sie den Farbrand bis zu einem Punkt reduzieren, an dem der Rand bei Ausgabegröße des Bildes nicht zu sehen ist. Wir haben hier einen Wert von +15 verwendet, der den Farbrand an den Kanten des Turmes reduziert, ohne an anderen Stellen zu merklichen neuen Rändern zu führen. Wenn der Farbrand nach Einsatz der Farbränder-Regler noch zu deutlich zu sehen ist, können Sie ihn mit anderen Methoden beheben, wenn Sie die Dialogbox BLENDENKORREKTUR verlassen haben. Andere Methoden zur Korrektur chromatischer Aberrationen finden Sie zum Beispiel in Schritt 3 auf Seite 325.

7 Das Bild freistellen. Die Funktionen KANTE und SKALIERUNG in der Dialogbox OBJEKTIV- bzw. BLENDENKORREKTUR helfen Ihnen, wenn die Korrekturen die rechteckige Form des Bildes verzerrt haben, wie in unserem Beispiel. Die Standardeinstellung für KANTE ist TRANSPARENZ, der Skalierung-Regler steht bei 100%. Indem Sie die Skalierung erhöhen, vergrößern Sie das Bild, so dass es die ursprüngliche Fläche ausfüllen kann. Dabei bleibt das Seitenverhältnis des Originalbildes erhalten, die transparenten Ränder verschwinden **7**. Wie andere Einstellungen in OBJEKTIV- bzw. BLENDENKORREKTUR wirkt Skalierung von der Mitte aus. Wenn Sie also um einen anderen Punkt als die Bildmitte freistellen wollen oder nicht unbedingt das Seitenverhältnis beibehalten möchten, lassen Sie die Skalierung bei 100% und klicken Sie auf OK. Das Freistellen erledigen Sie dann außerhalb, wie nachfolgend beschrieben wird.

Sie haben mehrere Möglichkeiten, ein Bild auch ohne OBJEKTIV- bzw. BLENDENKORREKTUR freizustellen. ▼ Wir verwendeten das Freistellungswerkzeug ⌗ und klickten auf den Button LÖSCHEN in der Optionsleiste, um das Bild beim Freistellen nicht neu zu berechnen. Dann zogen wir mit dem Werkzeug, um den Freistellungsrahmen zu erzeugen. Die Option ABDECKEN aktivierten wir, PERSPEKT. BEARBEITEN schalteten wir aus. Damit konnten wir an den Griffen des Freistellungsrahmens ziehen, um ihn per Ziehen in die Mitte zu verschieben; mit ↵ schlossen wir die Freistellung ab. Das Ergebnis sehen Sie oben auf Seite 281.

Den radialen Weichzeichner einsetzen

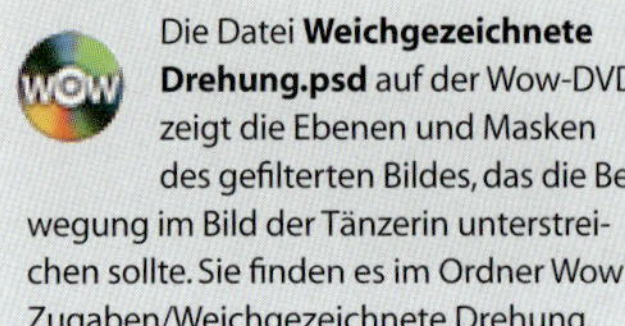

Die Datei **Weichgezeichnete Drehung.psd** auf der Wow-DVD zeigt die Ebenen und Masken des gefilterten Bildes, das die Bewegung im Bild der Tänzerin unterstreichen sollte. Sie finden es im Ordner Wow Zugaben/Weichgezeichnete Drehung.

Auf dieser Seite finden Sie zwei Beispiele für den Radialen Weichzeichner. Eines wurde komplett in der Kamera erstellt, um Probleme mit schlechtem Umgebungslicht zu vermeiden. Das andere entstand in Photoshop, nachdem das Foto ausgenommen wurde, um die Bewegung in ein Standbild zurückzubringen.

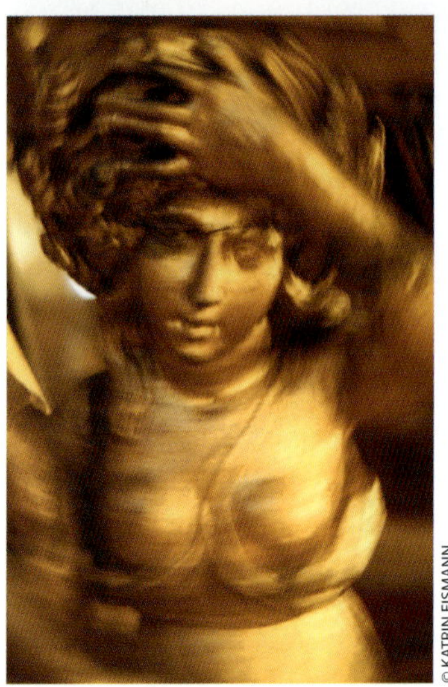

© KATRIN EISMANN

»Real« (fast). Das Bild wurde freigestellt, so dass die »scharfe Mitte« etwas außerhalb der Bildmitte lag.

ORIGINALFOTO: CORBIS ROYALTY FREE

Photoshop (fast). Manche Bewegungen, die hier zu sehen sind, stammen aus dem Blitz des Originalfotos.

»Echt«: Im Coach Museum in Lissabon, wo keine Blitzaufnahmen erlaubt sind, entschied sich die Fotografin Katrin Eismann dafür, die Unschärfe zu steuern, anstatt sie vermeiden zu wollen. Mit einer hohen ISO-Einstellung (800) für die lichtschwache Umgebung brauchte sie dennoch eine Belichtungszeit von einer halben Sekunde, um genügend Licht aufzunehmen. Anstatt die unvermeidlichen Verwackelungen zu vermeiden, begann sie erst mit der Bewegung und drückte dann auf den Auslöser. Durch sanftes Drehen der Kamera entstand eine Unschärfe, die an den Außenkanten des Bildes am stärksten ist. Die Mitte des Objektivs dreht sich nicht, deshalb ist der mittlere Bildbereich relativ scharf. »Für eine solche Aufnahme muss man viel fotografieren und das Glück auf seiner Seite haben!«, sagte Katrin. Wenn Sie das Bild später in Photoshop freistellen, muss die »scharfe Mitte« nicht unbedingt in der Bildmitte liegen.

Photoshop: Der radiale Weichzeichner von Photoshop schien für die Drehung der sich bewegenden Tänzerin ziemlich vielversprechend. Um später eine gefilterte mit einer ungefilterten Version des Bildes zu kombinieren, duplizierten wir das Bild zuerst auf eine neue Ebene (⌘/Strg-J). Dann wählten wir FILTER/WEICHZEICHNUNGSFILTER/RADIALER WEICHZEICHER, um die gleichnamige Dialogbox zu öffnen. ▼ Wir wählten die Option KREISFÖRMIG und zogen das Zentrum der Drehung im Diagramm leicht nach rechts auf die Hüfte der Tänzerin (die Stelle am Rocksaum, von wo die Drehbewegung auszugehen scheint). Da es in der Dialogbox RADIALER WEICHZEICHNER keine Vorschau gibt, wählten wir als Qualität die Option ENTWURF, um ein schnelles Ergebnis zu bekommen, und probierten eine Stärke aus. Dann klickten wir auf OK. Für eine andere Einstellung machten wir den Filter rückgängig (⌘/Strg-Z) und wendeten ihn erneut an (⌘-⌥-F auf dem Mac bzw. Strg-Alt-Z unter Windows). Wir änderten die Stärke-Einstellung auf 10. Nach nochmaligem Widerrufen wendeten wir den Filter erneut an und wählten als Qualität die Option SEHR GUT. Dann klickten wir auf OK.

Während des Weichzeichnens hatten wir die Unschärfe außerhalb des Kleides ignoriert, denn wir wussten, dass wir sie später mit einer Ebenenmaske abdecken konnten. Diese fügten wir jetzt durch ⌥-Alt-Klicken auf den Button unten in der Ebenen-Palette hinzu. Durch Drücken der ⌥/Alt-Taste war die Maske schwarz, so dass wir nur noch mit einem weichen Pinsel und Weiß als Vordergrundfarbe in die Bereiche malen mussten, wo wir die Unschärfe haben wollten, und dabei die Deckkraft in der Optionsleiste nach Wunsch ändern konnten. ▼ Wenn das weiße Gemälde zu viel des gefilterten Bildes freilegte, malten wir mit Schwarz auf die Maske, um es wieder auszublenden.

SIEHE AUCH

▼ Rad. Weichzeichner **Seite 259**

▼ Ebenenmasken **Seite 72**

Aufmerksamkeit aufs Subjekt

SIE FINDEN SIE DATEIEN

auf der DVD > Wow Projektdaten> Kapitel 5 > Aufmerksamkeit lenken:

- Aufmerksamkeit-lenken-Vorher.psd (zum Ausprobieren)
- Wow-Stoerungsmuster.pat
- Aufmerksamkeit-lenken-Nachher.psd (zum Vergleichen)

ÖFFNEN SIE DIESE PALETTEN

aus dem Menü FENSTER:

- Werkzeuge • Ebenen • Kanäle
- Ebenenkomps

ÜBERBLICK

Das Subjekt auswählen • Mit TIEFENSCHÄRFE ABMILDERN den Hintergrund weichzeichnen • Filmkörnung wiederherstellen • Ebenenkomposition • Verringerte Sättigung und Färbung mithilfe von Ebenenkomps ausprobieren • Vergleiche mithilfe einer Ebenenkomp-»Diashow«

Ein beliebter Effekt in Druck, Film und Video ist, das Subjekt eines Bildes zu betonen, indem man den Hintergrund abschwächt. Mit diesem Effekt können Sie das Subjekt hervorheben, um den Hintergrund zu vereinfachen, um ihn mit Text überdrucken zu können oder um ein Bild in eine Serie einzubauen. Für diesen Effekt gibt es drei Herangehensweisen:

- **Den Hintergrund weichzeichnen,** während das Subjekt scharf bleibt. In der Kamera erreichen Sie diese geringe Schärfentiefe durch Einzoomen oder nahes Herangehen ans Subjekt und geringe Blendenzahl. In Photoshop zeichnen Sie den Hintergrund mit dem Filter TIEFENSCHÄRFE ABMILDERN weich, der effizienter arbeitet als der Gauß'sche Weichzeichner. Dabei gehen alle Filmkörnungen und jedes Bildrauschen verloren, das Sie wiederherstellen können, um die weichgezeichneten Bereiche an die scharfen anzupassen.
- **Farbe aus dem Hintergrund entfernen**, so dass das Subjekt kräftiger heraussticht.
- **Den Hintergrund** in einer Kontrastfarbe einfärben.

In vielen Fällen reichen eine oder zwei dieser Techniken aus. Hier untersuchen wir alle drei.

1 Die Technik festlegen. Wählen Sie ein eigenes Farbfoto aus oder öffnen Sie Aufmerksamkeit lenken-Vorher.psd **1a**. Für diese

1a 

CARLA GILBERT

Das Originalfoto

1b 

Das Bild wird auf eine neue Ebene dupliziert.

2a 

Das Magnetische Lasso kann einer deutlichen Kante automatisch folgen. Wenn nötig können Sie klicken, um die Auswahlkante an undeutlichen Stellen zu verankern. Stellen Sie die Option WEICHE KANTE in der Optionsleiste auf 0, bevor Sie beginnen.

2b 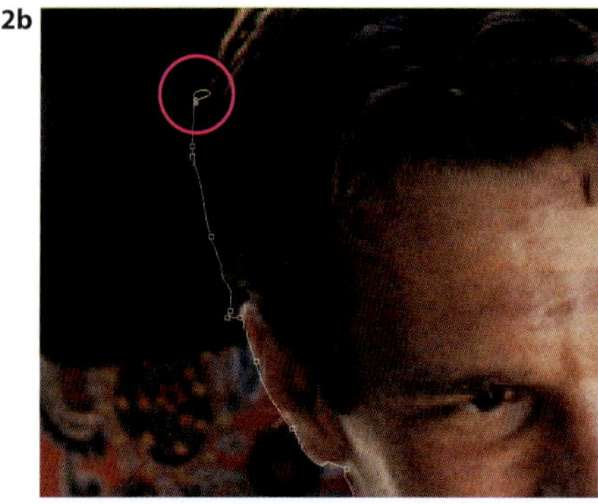

In Bereichen, wo das Magnetische Lasso der Kante nicht folgen kann, können Sie die ⌥-/Alt-Taste drücken und ziehen, um das Lasso zu verwenden.

Außenaufnahme einer Hochzeit, die am späten Nachmittag fotografiert wurde, wollten wir die Hochzeitsgäste im Bild behalten, das Brautpaar jedoch hervorheben. Wir entschieden uns also, zuerst den Hintergrund weichzuzeichnen, dann die Sättigung zu verringern und daraufhin den Hintergrund zu färben.

DEN VORDERGRUND FESTLEGEN

Wenn Sie ein Vordergrund-Subjekt im Fokus behalten und nur den Hintergrund weichzeichnen wollen, ist es leichter, zu einem fotorealistischen Ergebnis zu kommen, wenn sich das Subjekt über die Unterkante des Bildes hinweg ausdehnt, als wäre das Bild eine Nahaufnahme. Dafür lohnt sich sogar eine Freistellung. Andernfalls sind komplizierte Masken nötig um sicherzustellen, dass alle anderen Objekte in derselben Entfernung wie das Subjekt scharf sind, und Objekte, die näher oder weiter entfernt sind, die nötige Unschärfe aufweisen. ▼

Bevor Sie zu experimentieren beginnen, sollten Sie das Bild auf eine neue Ebene duplizieren (z.B. mit ⌘/Strg-J für EBENE/NEU/EBENE DURCH KOPIE) **1b**. Dabei behalten Sie zur Sicherheit ein unverändertes Original.

2 Das Hauptmotiv. Aktivieren Sie die neue Ebene und wählen Sie das Hauptmotiv mit den Photoshop-Werkzeugen und -Befehlen aus. ▼ Für die Datei **Aufmerksamkeit lenken-Vorher.psd** können Sie die Auswahl entweder selbst erstellen und speichern (beschreiben wir gleich), oder Sie machen mit Schritt 3 weiter und verwenden die in der Kanäle-Palette gespeicherte Background-Auswahl.

Für die erste Auswahl in diesem Bild verwendeten wir eine Kombination aus Magnetischem Lasso, Lasso und Polygonlasso. Wählen Sie dazu das Magnetische Lasso aus und wechseln Sie mithilfe von ⌥/Alt-Taste zu den anderen Werkzeugen. Wir wählten zuerst das Magnetische Lasso aus der Werkzeugpalette und stellten die Option WEICHE KANTE auf 0. Dann klickten wir einmal auf den Rand des Schleiers und zogen den Cursor um das Subjekt herum, ohne die Maustaste loszulassen. Dabei zeichnete es die Auswahlkante automatisch, so lange es dem Kantenkontrast folgen konnte **2a**. Hin und wieder klickten wir, um die Auswahlkante zu verankern.

Als das Magnetische Lasso der gewünschten Auswahlkante nicht folgen konnte, weil diese nicht deutlich genug zu erkennen war, wechselten wir kurzzeitig zum normalen Lasso, indem wir die ⌥/Alt-Taste und die Maustaste drückten und zogen **2b**.

SIEHE AUCH

▼ Masken für SCHÄRFENTIEFE MILDERN **Seiten 294 & 295**

▼ Auswahlmethode wählen **Seite 52**

2c 

Wenn Sie mit gehaltener ⌥/Alt-Taste klicken, wechselt das Werkzeug zum Polygonlasso. Indem Sie auf den »Fensterrahmen« direkt unter dem letzten Punkt der Auswahl klicken und dann wieder auf den Rahmen unter dem linken Rand des Subjekts, bevor Sie Ihre Auswahl fortsetzen, stellen Sie sicher, dass keine Pixel vom Bildrand im Auswahlrahmen vergessen werden.

2d 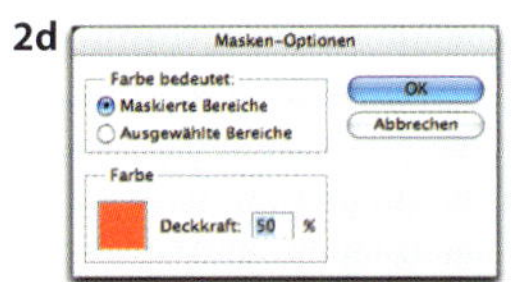

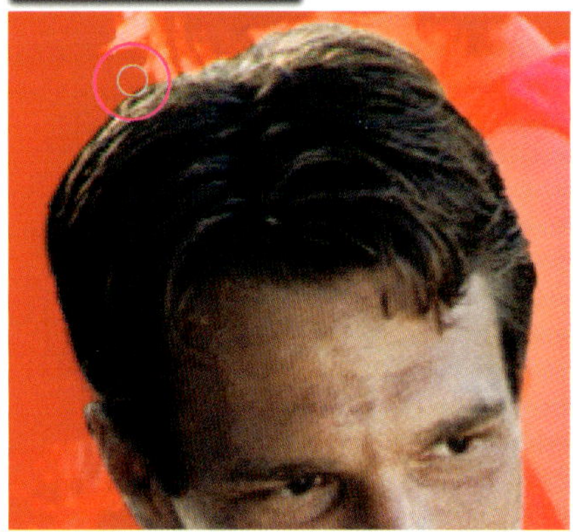

Die Auswahl im Maskierungsmodus mit Standardeinstellungen nachbessern. (Um die Dialogbox zu öffnen und die Einstellungen zu überprüfen, doppelklicken Sie auf den Button .)

2e 

Die umgekehrte Auswahl wird in einem Alpha-Kanal gespeichert, so dass sie später erneut geladen und mit dem Filter TIEFENSCHÄRFE ABMILDERN angewendet werden kann.

An der Unterkante klickten wir mit gehaltener ⌥/Alt-Taste, als dehnte sich die Auswahl über den Rahmen des Arbeitsfensters hinaus aus, um sicherzustellen, dass die Unterkante des Bildes mitausgewählt würde **2c**.

Als der Auswahlumriss vollständig war, klickten wir auf den Button IM MASKIERUNGSMODUS BEARBEITEN in der Werkzeugpalette und verfeinerten die Auswahl mit dem Pinsel. Mit Weiß malten wir, wo wir die rote Maske entfernen wollten, um einen Bereich in die Auswahl einzubinden, mit Schwarz entfernten wir etwas aus der Auswahl und beließen es im Hintergrund **2d**. Dann klickten wir auf den Button IM STANDARDMODUS BEARBEITEN, um die Maske in einen Auswahlumriss zu verwandeln. Weil wir eigentlich den Hintergrund auswählen wollten – nicht das Brautpaar –, um ihn weichzuzeichnen und zu färben, kehrten wir die Auswahl um (AUSWAHL/AUSWAHL UMKEHREN oder ⌘/Strg-⇧-I), bevor wir AUSWAHL/AUSWAHL SPEICHERN wählten, um sie als Alpha-Kanal zu sichern **2e**.

3 Den Hintergrund weichzeichnen. Die Duplikat-Ebene ist noch aktiv. Wählen Sie FILTER/WEICHZEICHNUNGSFILTER/TIEFENSCHÄRFE ABMILDERN und nehmen Sie die Einstellungen in der Dialogbox vor **3**; wenn Sie die Vergrößerung ändern wollen, drücken Sie ⌘/Strg-+ (Plus) und ⌘/Strg-− (Minus). Wir klickten mit gehaltener ⌥/Alt-Taste auf den Abbrechen/Zurück-Button und wählten folgende Einstellungen:

- Im Bereich TIEFENVERSETZUNG wählten wir den Hintergrund-Kanal als QUELLE. Die Weichzeichnen-Brennweite ließen wir bei 0 (minimale Helligkeit oder Schwarz), um dem Filter mitzuteilen, dass die Bildbereiche, die den schwarzen Bereichen des Kanals entsprechen (0 Helligkeit), vor der Weichzeichnung geschützt werden sollen. Da die Maske (für das Hauptmotiv) vollkommen schwarz und (für den Hintergrund) vollkommen weiß war, würde das Hauptmotiv ganz scharf bleiben, während der Hintergrund einheitlich weichgezeichnet würde – bis an die Ränder des Hauptmotivs heran. Einen sanften Übergang gibt es so nicht.
- Im Abschnitt IRIS stellten wir den Radius auf 18 ein, um die Stärke der Weichzeichnung festzulegen. FORM, WÖLBUNG DER IRISBLENDE und DREHUNG ließen wir unverändert.
- Der Abschnitt SPIEGELARTIGE LICHTER besitzt Steuerungen, die imitieren, wie die Kamera mit unscharfen Spitzlichtern umgeht, sie formt und aufhellt. Wir wollten die Lichter im Bild nicht aufhellen, (z.B. die Sonne auf dem Boden und die Gäste), da sie sonst mit dem Subjekt konkurrieren würden. Also ließen wir den Schwellenwert bei 255, so dass nur Pixel mit einer Helligkeit von 255 (weiß) aufgehellt werden (das geht nicht, also werden keine aufgehellt). Auch den Helligkeitswert

3 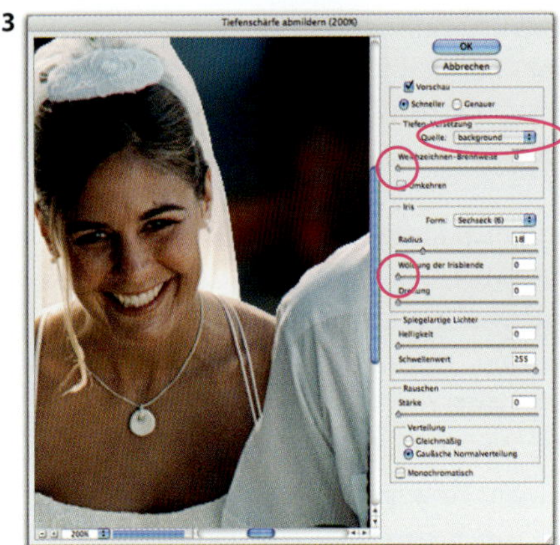

Als QUELLE für die TIEFEN-VERSETZUNG wurde der Hintergrund-Kanal gewählt, außerdem nahmen wir weitere Einstellungen vor. Die unteren beiden Abschnitte blieben in Neutralstellung.

4a 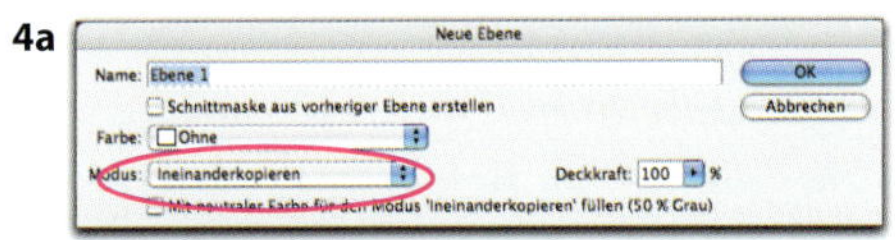

Eine Filmkörnung-Ebene im Modus ÜBERLAGERN/INEINANDERKOPIEREN.

4b 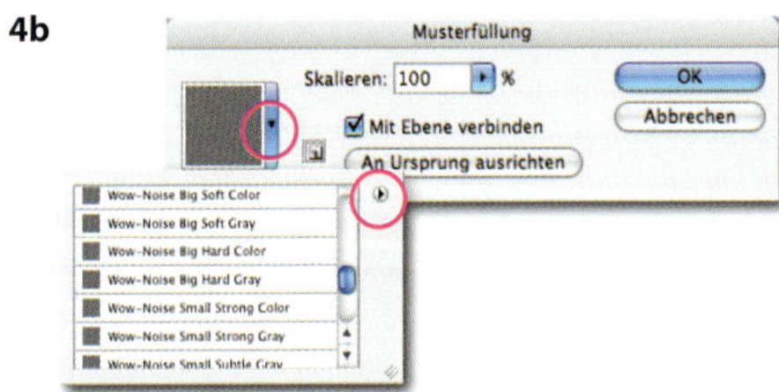

Das Muster Wow-Noise Small Strong Gray als Musterfüllung-Ebene für die Filmkörnung.

4c 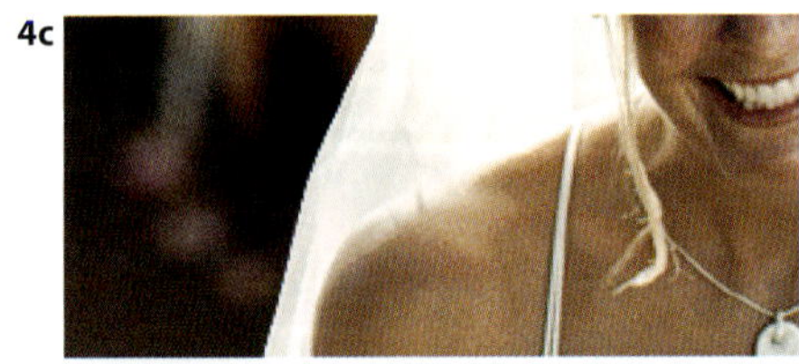

Die Filmkörnung-Ebene bei 80% Deckkraft.

ließen wir bei 0, das heißt, alle Pixel, die aufgehellt werden, würden um 0 aufgehellt, also gar nicht. Eigentlich hätte jede dieser Einstellungen allein ausgereicht, um zu verhindern, dass die Lichter aufgehellt werden.

- Unser Foto besaß eine deutliche Körnung; das Paar hatte darum gebeten, keinen Blitz zu verwenden, also arbeitete der Fotograf mit einem High-Speed-Film im späten Nachmittagsschatten. Wir experimentierten mit den Störung-Einstellungen von TIEFENSCHÄRFE ABMILDERN, die eigentlich Filmkörnung wiederherstellen soll, die durchs Weichzeichnen verloren gegangen ist; STÄRKE 15 und GAUSS brachten schon ein ziemlich gutes Ergebnis in dieser 1200 Pixel breiten Bildversion. Dennoch ließen wir die Stärke bei 0 und stellten die Körnung mit einer Musterfüllung-Einstellungsebene wieder her, wie nachfolgend beschrieben. So hatten wir mehr Möglichkeiten als in diesem Filter.

Als alle Einstellungen abgeschlossen waren, klickten wir auf OK, um die Dialogbox zu beenden.

4 Filmkörnung wiederherstellen. Um eine Musterfüllung-Ebene zu erstellen, die nur zum Hintergrund Filmkörnung hinzufügt, wählen Sie zuerst den Hintergrund aus: ⌘/Strg-klicken Sie dazu am besten in der Kanäle-Palette auf die Miniatur des Hintergrund-Kanals, um ihn als Auswahl zu laden. Um die hinzugefügte Körnung mit dem Original vergleichen zu können, zoomen Sie auf 100% oder 200% in einen Bereich ein, der beide Bildbereiche enthält (⌘/Strg-+ oder ⌘/Strg-−, um ein- oder auszuzoomen).

Als Nächstes klicken Sie mit gehaltener ⌥/Alt-Taste auf den Button NEUE FÜLL- ODER EINSTELLUNGSEBENE ERSTELLEN unten in der Ebenen-Palette und wählen Sie die Option Muster aus der Aufklappliste. In der Dialogbox NEUE EBENE wählen Sie ÜBERLAGERN/INEINANDERKOPIEREN als Modus, damit das Muster nur seine Struktur einbringt und den Hintergrund nicht vollkommen abdeckt **4a**. Benennen Sie die Ebene nach Wunsch (hier Filmkörnung) und klicken Sie auf OK.

In der Dialogbox MUSTERFÜLLUNG **4b** klicken Sie auf den kleinen Pfeil neben dem Musterfeld, um die Musterliste zu öffnen. Falls Sie die Wow-Mustervorgaben noch nicht geladen haben,▼ erscheinen diese auch nicht in der Liste. In diesem Fall klicken Sie auf den Button rechts von der Liste und wählen MUSTER LADEN. Die Muster finden Sie auf der Wow-DVD im Ordner Wow-Vorgaben; die Datei **Wow-Stoerungsmuster.pat** finden Sie auch noch einmal im Ordner mit Dateien für diese Übung.

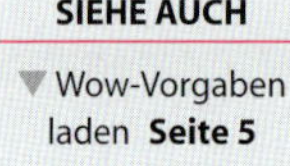

SIEHE AUCH

▼ Wow-Vorgaben laden **Seite 5**

5

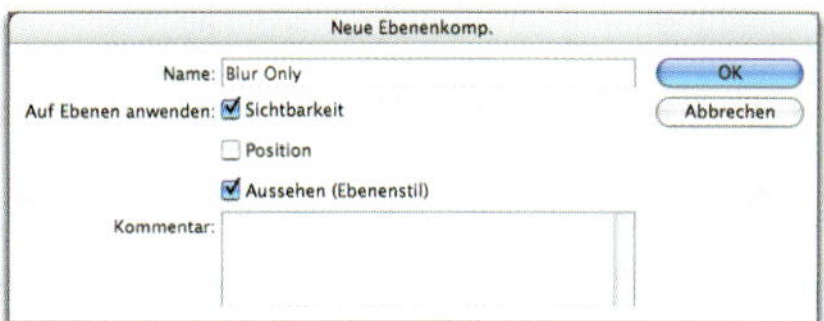

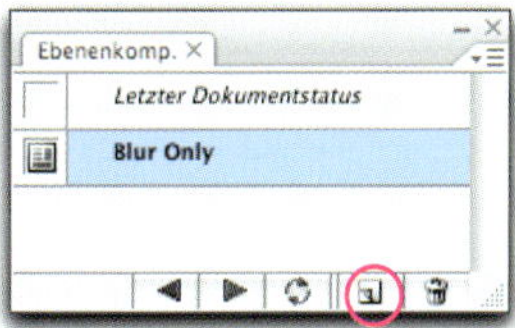

Aus dem aktuellen Zustand des Bildes wird die Ebenenkomp »Nur weichgezeichnet« erstellt, mit unscharfem Hintergrund und Filmkörnung.

6

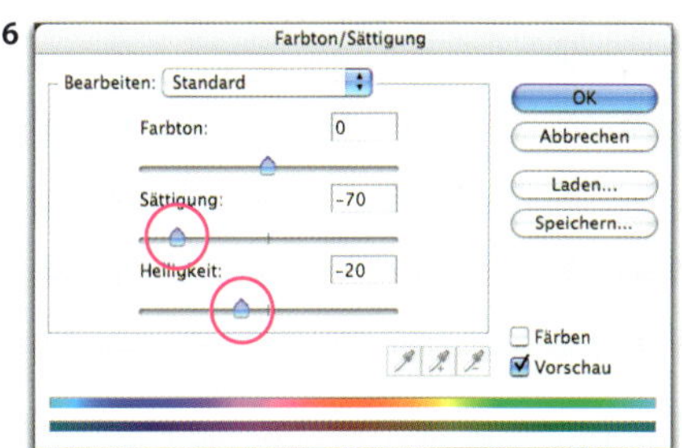

Mit einer Farbton/Sättigung-Einstellungsebene die Farbe aus dem Hintergrund entfernen und diesen abdunkeln.

Wenn Sie die Wow-Muster geladen haben, probieren Sie mehrere aus, bis Sie das finden, das am besten zur Größe, Verteilung und Farbe der Körnung im Bild passt. Wir verwendeten Wow-Noise Small Strong Gray. Wenn nötig, stellen Sie den Skalieren-Regler nach, um die Körnung anzupassen; wie ließen die Skalierung bei 100%. Nun experimentieren Sie mit der Deckkraft und den Füllmethoden der Musterebene; wir ließen sie im Modus ÜBERLAGERN/INEINANDERKOPIEREN und stellten die Deckkraft auf 80% **4c**.

5 Eine Ebenenkomposition erstellen. Auch bei einfachen Projekten können sinnvoll benannte Ebenenkompositionen helfen, verschiedene Designs auszuprobieren. Nehmen Sie einen »Schnappschuss« des aktuellen Zustandes der Ebenen-Palette auf, indem Sie auf den Button NEUE EBENENKOMP. ERSTELLEN unten in der Ebenenkompositions-Palette klicken **5**. Die neue Ebenenkomposition zeichnet Position, Sichtbarkeit, Deckkraft, Füllmethode und Ebenenstil (so vorhanden) für jede Ebene auf und merkt sich diese Einstellungen, auch wenn Sie sie später ändern. (Diese und andere Ebenenkompositionen werden in Schritt 8 für eine »Diashow« verwendet.)

EBENENKOMPS FÜR DIE EWIGKEIT – FAST

Im Unterschied zu Photoshops Protokoll-Schnappschüssen bestehen Ebenenkomps weiter, wenn die Datei geschlossen wird. Sie werden mit der Datei gespeichert und sind noch in der Ebenenkomps-Palette zu finden, wenn Sie sie wieder öffnen.

EBENENKOMPOSITIONEN werden auch automatisch mitgenommen, wenn Sie die Datei duplizieren (BILD/BILD DUPLIZIEREN), *aber nicht, wenn Sie im Dialog die Option NUR ZUSAMMENGEFÜGTE EBENEN DUPLIZIEREN aktiviert haben.* Durch Zusammenfügen der Ebenen werden die Informationen für die Ebenenkompositionen gelöscht.

6 »Geisterhafter« Hintergrund. Wenn Sie eine Farbton/Sättigung-Einstellungsebene hinzufügen, können Sie die Hintergrundfarbe entfernen und auch heller und dunkler machen, wenn das gewünscht wird: Wählen Sie den Hintergrund aus (⌘/Strg-Klick auf die Miniatur der Filmkörnung-Maske in der Ebenen-Palette). Klicken Sie auf den Button NEUE FÜLL- ODER EINSTELLUNGSEBENE HINZUFÜGEN und wählen Sie Farbton/Sättigung aus der Liste aus. Die Auswahl erzeugt eine Maske in der Einstellungsebene, die das Subjekt beschützt, so dass sich nur der Hintergrund verändert, wenn Sie Einstellungen in der Dialogbox FARBTON/SÄTTIGUNG vornehmen.

Reduzieren Sie die Sättigung, indem Sie den Regler nach links schieben; wir verwendeten den Wert –70. Schieben Sie den Helligkeitsregler, so dass der Kontrast zwischen Hintergrund und Subjekt verstärkt wird **6**; wir dunkelten den Hintergrund ab und benutzten den Wert –20. Klicken Sie auf OK und legen Sie eine weitere Ebenenkomposition an, indem Sie auf den Button unten in der Ebenenkomps-Palette klicken; benennen Sie die Ebene sinnvoll.

7a

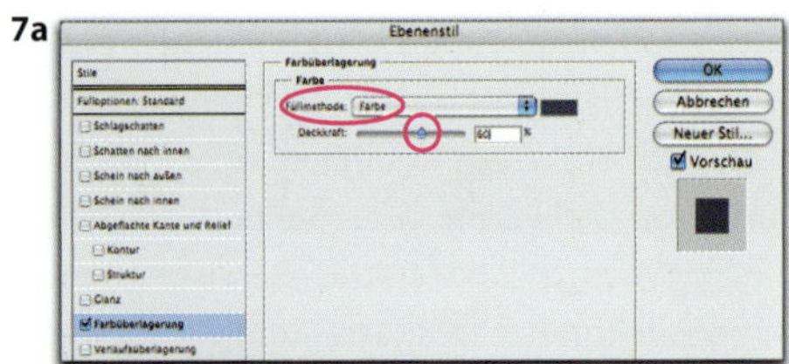

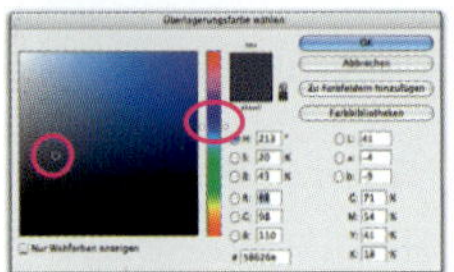

Eine Färbung wurde angebracht, indem wir einen Ebenenstil bestehend aus einer Farbüberlagerung in Graublau mit einer Deckkraft von 60% anwendeten.

7b

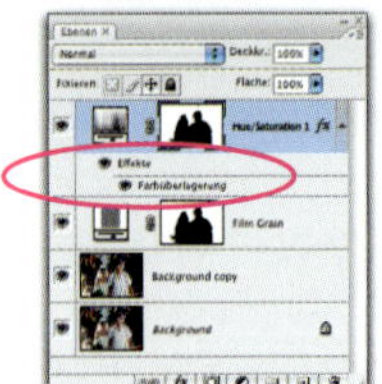

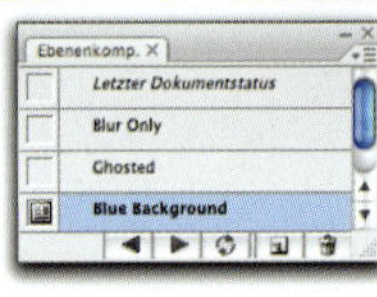

Nach dem Ebenenstil erstellten wir eine weitere Ebenenkomposition.

7c

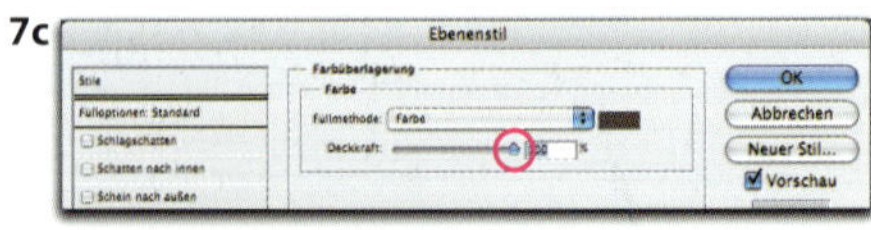

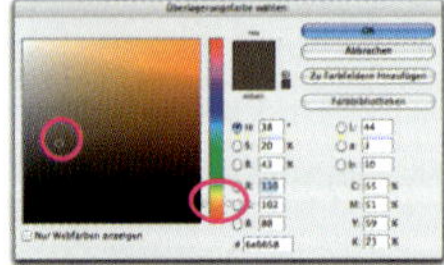

Als Alternative wird die Farbüberlagerung für einen Sepiaton verändert; die Deckkraft beträgt 100%.

8

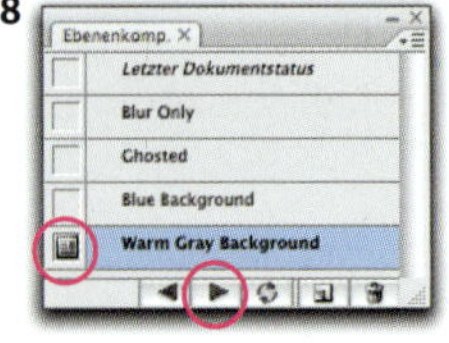

Klicken Sie in der Ebenenkomps-Palette links neben den Namen der Ebenenkomposition, um diesen Zustand der Datei anzuzeigen. Mit dem ► Button bewegen Sie sich durch die Varianten.

7 Einen Farbüberzug hinzufügen. Eine Möglichkeit, den Hintergrund zu färben, ist, die Farbton/Sättigung-Einstellungsebene zu ändern. (Mehr dazu finden Sie in »Kurzum: Aufmerksamkeit lenken« auf Seite 296.) Aber eine Ebenenkomposition *friert das Bild nicht ein*. Wenn Sie die Einstellungen der Farbton-Sättigung-Einstellungsebene ändern würden, bliebe auch die bereits existierende Komposition nicht gleich, zu der diese Einstellungsebene gehört. Um die Farbe zu ändern, ohne eine existierende Komposition zu beeinflussen, können Sie einen Ebenenstil verwenden.

Fügen Sie zur Farbton/Sättigung-Ebene einen Ebenenstil hinzu, indem Sie auf den *fx*-Button unten in der Ebenen-Palette klicken und FARBÜBERLAGERUNG wählen. Die Ebenenmaske der Einstellungsebene limitiert die Wirkung auf den Hintergrund. Wählen Sie in der Dialogbox EBENENSTIL die Option FARBE ALS FÜLLMETHODE und klicken Sie dann in das Farbfeld, um eine Farbe zu wählen **7a**. Wir entschieden uns für ein Graublau und experimentierten mit der Deckkraft der Farbüberlagerung, bis sie schließlich bei 60% stand. Klicken Sie auf OK, wenn Ihnen der Farbüberzug gefällt. Erstellen Sie jetzt eine weitere Ebenenkomposition, um den Farbüberzug zu sichern; wir nannten sie »Blau« **7b**.

Jetzt können Sie die Farbüberlagerung ändern, um andere Farbtöne auszuprobieren, ohne bereits existierende Ebenenkomps zu verändern. Doppelklicken Sie in der Ebenen-Palette auf den Eintrag FARBÜBERLAGERUNG unter der Farbton/Sättigung-Ebene, um die Ebenenstil-Dialogbox zu öffnen. Klicken Sie auf das Farbfeld, um die Farbe zu ändern (wir wählten ein Graubraun). Stellen Sie die Deckkraft nach Wunsch ein **7c**. Klicken Sie auf OK und legen Sie eine neue Ebenenkomp an. Wir nannten sie »Warmes Grau«. Experimentieren Sie ruhig weiter.

8 Die Ebenenkompositionen »abspielen«. Jetzt können Sie die gespeicherten Optionen vergleichen. Klicken Sie in der Ebenenkomps-Palette links vom Namen der Varianten, die Sie anzeigen wollen **8**. Oder klicken Sie wiederholt auf den Button NÄCHSTE AUSGEWÄHLTE EBENENKOMP ANWENDEN ►, um sich durch die Kompositionen zu bewegen. Jeder Klick stellt die Ebenenpalette in dem Zustand wieder her, in dem die Komposition erstellt wurde. Mit dem Button ◄ kehren Sie die Reihenfolge der Kompositionen um. Für den Druck wählten wir »Warmes Grau«. Wow!

SELEKTIVE DIASHOWS

Indem Sie den Button NÄCHSTE AUSGEWÄHLTE EBENENKOMP ANWENDEN ► unten in der Ebenenkomp-Palette öfter klicken, entsteht eine Diashow aus allen Komps in der Palette. Wenn Sie stattdessen nur einige sehen wollen, ⇧-klicken bzw. ⌘/Strg-klicken Sie auf diejenigen, die Sie in der Diashow sehen wollen, und klicken Sie erst dann auf den Button ►.

Ü B U N G

Tiefenschärfe abmildern

Traditionell benutzen Fotografen eine geringe Schärfentiefe, um eine störende Umgebung weichzuzeichnen, während das Subjekt scharf bleibt. Der Filter TIEFENSCHÄRFE ABMILDERN (in CS VERWACKELN genannt) kann ziemlich realistisch eine geringe Schärfentiefe simulieren und sogar Lichter im Hintergrund in unscharfe Lichtpunkte verwandeln. Probieren Sie diesen Filter bei den folgenden Beispielen einfach aus.

Wenn Sie eine realistische Wirkung anstreben, sollten Sie Folgendes bedenken:

- Um ein Foto mit einer geringen Schärfentiefe aufzunehmen, lässt der Fotograf oftmals das Objektiv weit geöffnet (eine geringe Blendenzahl erzeugt eine geringere Schärfentiefe) und geht nah an das Subjekt heran – entweder physisch oder mit einem Teleobjektiv. Nahaufnahmen sind also gute Kandidaten für den Filter.
- Bei einer geringen Schärfentiefe ist der scharfe Bereich ungefähr zu einem Drittel vor dem Subjekt und zu zwei Dritteln dahinter.
- Ein extrem unscharfer Vordergrund – ob realistisch oder nicht – lenkt stark vom Subjekt ab.

Am besten nutzen Sie TIEFENSCHÄRFE ABMILDERN mit einer Graustufenmaske, die als Alphakanal gespeichert ist. Die schwarzen Bereiche der Maske lassen die entsprechenden Bildbereiche scharf. Die weißen Maskenbereiche werden im Bild weichgezeichnet (Sie können das auch in der Dialogbox des Filters umschalten). Je sanfter die Maske von schwarz über Graustufen nach weiß übergeht, desto weicher wird der Schärfeübergang.

DAS ORIGINAL ERHALTEN

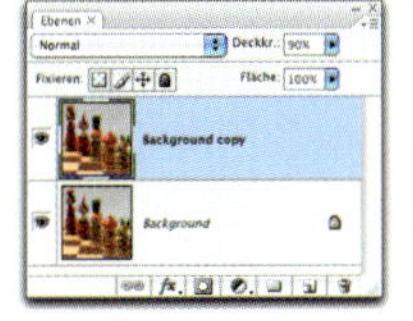

Duplizieren Sie Ihr Bild auf eine neue Ebene (⌘/Strg-J), so dass Sie den Filter TIEFENSCHÄRFE abmildern, auf eine Kopie anwenden und das Original erhalten können. Die Deckkraft der zweiten Ebene können Sie verringern, um den Effekt abzumildern. Der Befehl steht in CS3 leider nicht als verlustfreier SmartFilter zur Verfügung.

DIE DATEIEN FINDEN SIE
auf der DVD > Wow Projektdateien > Kapitel 5 > Tiefenschaerfe

SIEHE AUCH
▼ Alpha-Kanal aus Auswahl erstellen **Seite 64**

Vordergrund-Subjekt

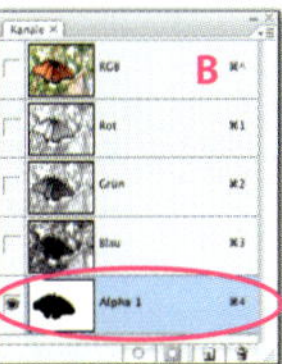

Eine glaubhafte Unschärfe entsteht am einfachsten, wenn das Subjekt des Fotos dem Betrachter am nächsten ist und sich über eine Kante des Bildes hinaus ausdehnt, meistens über die untere. So entsteht eine deutliche Lücke zwischen der scharfen Fläche, auf der sich das Subjekt befindet, und dem unscharfen Hintergrund, und Sie müssen keinen sanften Übergang zwischen scharfen und unscharfen Objekten basteln. »Aufmerksamkeit aufs Subjekt« auf Seite 287 ist ein Beispiel, an dem Sie Schritt für Schritt die Weichzeichnung des Hintergrundes mit dem Filter TIEFENSCHÄRFE ABMILDERN nachvollziehen und Filmkörnung wieder ins Bild einfügen können. Ein weiteres Beispiel, das keinen weichen Schärfeübergang erforderlich macht, ist eine Aufnahme im Flug, wie der Schmetterling oben im Beispiel **A**.

Um den Hintergrund weichzuzeichnen, benötigen Sie eine scharfe Maske für das Subjekt. Im Beispiel **Tiefenschaerfe-Schmetterling.psd** ist der Alpha-Kanal bereits mit gespeichert (Alpha 1). Sie finden ihn in der Kanäle-Palette **B**.▼ Um den unscharfen Hintergrund zu erstellen bzw. weichzuzeichnen, wählen Sie FILTER/WEICHZEICHNUNGSFILTER/TIEFENSCHÄRFE ABMILDERN **C**; mit ⌥/Alt-Klick auf dem Abbrechen-Button kehren Sie zu den Standardwerten des Filters zurück. Experimentieren Sie dann mit den Einstellungen in der Dialogbox, bis Ihnen das Ergebnis gefällt.

 **Tiefenschaerfe-Schmetterling.psd**

Fokusabfall

ORIGINALFOTO: PHOTOSPIN.COM

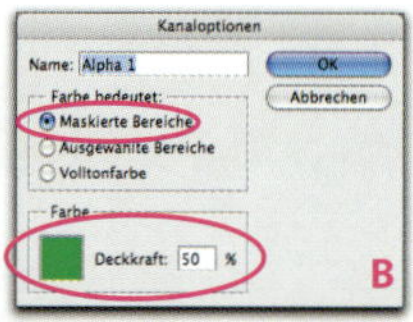

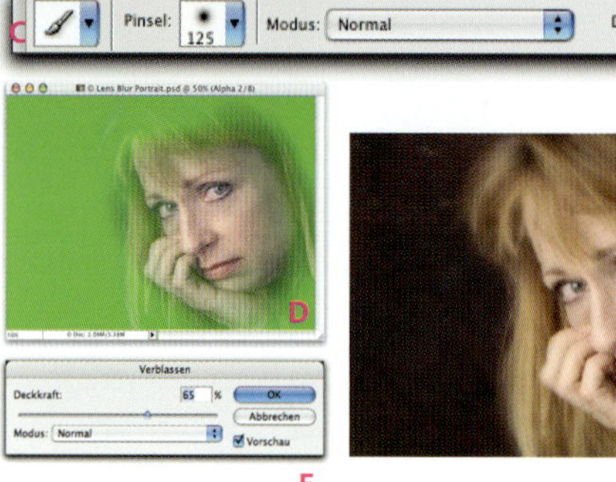

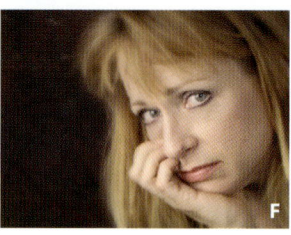

Um nur Teile des Subjekts im Fokus zu behalten, wie einen Ausschnitt des Gesichts in diesem Porträt **A**, muss die Alpha-Kanal-Maske, die mit dem Filter verwendet wird, einen weichen Rand aufweisen. Sie können eine solche Maske malen, indem Sie Alpha-Kanal und Bild gleichzeitig betrachten und im Kanal malen. Klicken Sie auf den Button NEUEN KANAL ERSTELLEN unten in der Kanäle-Palette. Während der schwarze Kanal sichtbar ist, blenden Sie auch das Bild ein; das Bild erhält einen vollständigen Farbüberzug, der die Alpha-Kanal-Maske darstellt. Für unser Porträt änderten wir die Maskenfarbe in Grün (Doppelklick auf die Miniatur des Alpha-Kanals, Klick ins Farbfeld) **B**. Das Grün stellt die unscharfen Bereiche dar.

Wir malten mit dem Pinsel mit Weiß in den Alpha-Kanal und benutzten dabei eine weiche Pinselspitze mit einer Deckkraft von 50% **C**, um die Maske im Bereich des scharfen Fokus vollständig und im Übergang zwischen scharf und unscharf teilweise zu löschen **D.** ▼

Danach aktivierten wir wieder das gesamte Bild und blendeten den Alpha-Kanal aus (Klick auf sein -Icon in der Kanäle-Palette). Wir wählten FILTER/WEICHZEICHNUNGSFILTER/TIEFENSCHÄRFE ABMILDERN; den Kanal **Alpha 1** wählten wir als QUELLE, aber da die Maske an den Stellen weiß war, die wir scharf halten wollten, schalteten wir die UMKEHREN ein. Dann verschoben wir den Radius-Regler (auf ca. 30), um die gewünschte Unschärfe zu erreichen, und klickten auf OK **E**. Der Effekt war stärker, als wir wollten, deshalb reduzierten wir ihn etwas. Dazu wählten wir BILD/VERBLASSEN:TIEFENSCHÄRFE ABMILDERN und reduzierten die Deckkraft. ▼

Tiefenschaerfe-Portraet.psd

Subjekt in der Mitte

ORIGINALFOTO: PHOTOSPIN.COM

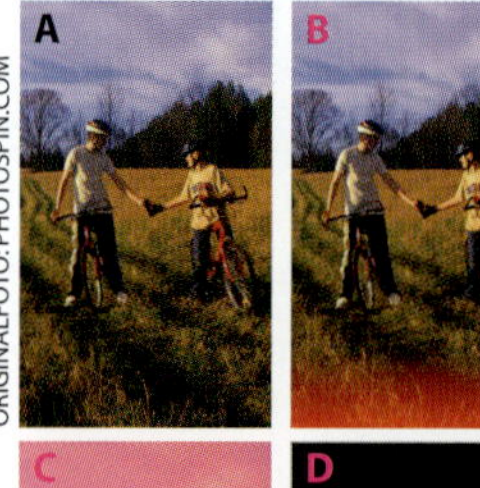

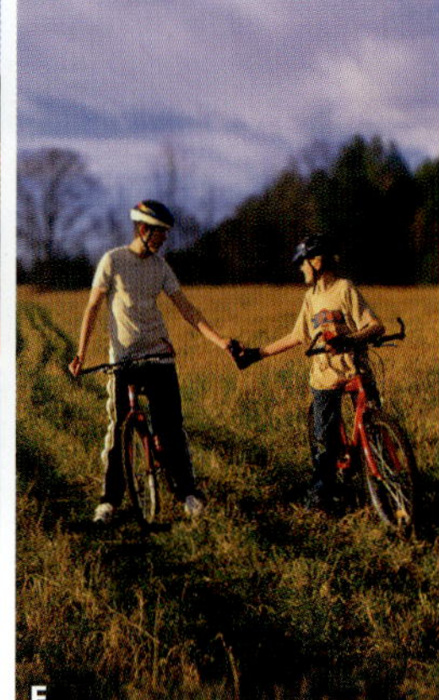

Für ein scharfes Subjekt, das im Bild nicht ganz vorn steht, – wie die Radfahrer hier **A** – muss auch die Oberfläche, auf der das Subjekt steht, scharf fokussiert sein, allerdings wird diese weiter vorn und weiter hinten unscharf. Wir erstellten einen Alpha-Kanal für den Filter (Klick auf unten in der Kanäle-Palette) und blendeten das das gesamte Bild ein. Um den scharfen Bereich im Gras zu definieren, wählten wir das Verlaufswerkzeug mit dem Verlauf Schwarz, Weiß (Optionsleiste: MODUS: NORMAL, STIL: LINEAR und UMKEHREN ein) **B**, um den Verlauf mit Weiß zu beginnen. Um den Vordergrund zu maskieren, hielten wir die ⇧-Taste gedrückt (so hielten wir den Verlauf vertikal), während wir mit dem Verlaufswerkzeug von der Vorderkante des scharfen Bereichs bis zur maximalen Schärfe zogen. Um den Hintergrund zu maskieren, wählten wir den Modus ABDUNKELN, um den bestehenden Verlauf zu schützen. Dann zogen wir mit gehaltener ⇧-Taste vom Ende des scharfen Bereichs nach oben, wo das Bild völlig unscharf sein sollte. Der Verlauf musste auf dem Gras enden und durfte sich nicht in den Horizont fortsetzen **C**.

Nun mussten wir nur noch die Bereiche des Subjekts von der Maske befreien, die sich über den scharfen Bereich hinaus in die Maske erstreckten; dazu verwendeten wir den Pinsel mit einer recht harten Werkzeugspitze (80%) und hoher Deckkraft, um mit Weiß zu malen. Durch Klick auf die Alphakanal-Miniatur konnten wir die Maske allein betrachten **D**.

Wir aktivierten das gesamte Bild, wählten FILTER/WEICHZEICHNUNGSFILTER/TIEFENSCHÄRFE ABMILDERN und klickten mit gehaltener ⌥/Alt-Taste auf den Abbrechen-Button, um die Werte zurückzusetzen. Wir aktivierten die Option UMKEHREN und wählten einen RADIUS von 8 **E**.

SIEHE AUCH

▼ Maske malen **Seite 72**

▼ Befehl VERBLASSEN **Seite 25**

Tiefenschaerfe-Fahrraeder.psd

Andere Elemente maskieren

ORIGINALFOTO: GAREN CHECKLEY

Wenn Ihr Subjekt nicht das einzige »hervorstechende« in Ihrem Bild ist, ist für einen erfolgreichen Einsatz des Filters TIEFENSCHÄRFE ABMILDERN eine etwas komplexere Maske notwendig. In unserem Foto eines Schachbretts **A** wollten wir den Läufer fokussieren, während Turm, Springer und König unscharf und die Königin in der Übergangszone sein sollten.

Wir fügten einen Alpha-Kanal hinzu und erzeugten mit dem Verlaufswerkzeug die »scharfe Zone« als »Subjekt in der Mitte« wie auf der Seite gegenüber **B**. Wir fügten den Läufer zur Maske hinzu **C**, indem wir ihn mit dem Zeichenstift nachzeichneten, und klickten dann auf den Button PFAD ALS AUSWAHL LADEN unten in der Pfade-Palette. Wir füllten die Auswahl mit Weiß – ein oder zweimal X drücken, dann ⌥/Alt-Entf. Der Läufer stand im unscharfen Vordergrund, musste also maskiert werden, um zu den schwarzen unscharfen Bereichen des Kanals zu passen. Mit dem Zeichenstift wählten wir den Teil des Läufers aus, der in den scharfen Bereich hineinragte, und füllten die Auswahl im Alpha-Kanal mit Schwarz (X und Entf).

Dann wählten wir den Turm aus, ließen den Alpha-Kanal aktiv und nahmen mit dem Farbaufnehmer die Maske neben seinem Fuß auf. Wir wiederholten das Auswählen, Aufnehmen und Füllen für die Königin, diesmal nahmen wir ein helleres Grau aus der Übergangszone auf. Der Kanal Alpha 1 in der Datei **Tiefenschaerfe-Schach.psd** enthält die Maske **D** (nur Maske in **E**).

Jetzt wählten wir FILTER/WEICHZEICHNUNGSFILTER/TIEFENSCHÄRFE ABMILDERN, aktivierten die Checkbox UMKEHREN, wählten 25 als Radius und klickten auf OK, um den Effekt abzuschließen **F**.

Tiefenschaerfe-Schach.psd

Flaches Subjekt

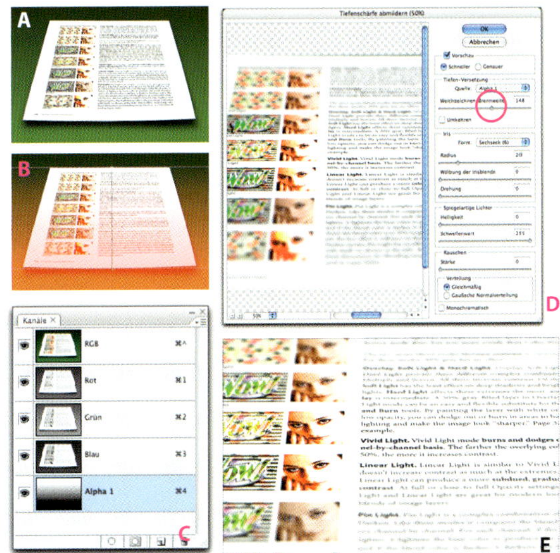

Wenn sich das Subjekt in den Hintergrund erstreckt – wie das Blatt oben **A** –. ist es einfach, den scharfen Fokus an die gewünschte Stelle zu legen. Wir fügten einen Alpha-Kanal hinzu (Klick auf den Button unten in der Kanäle-Palette) und blendeten auch das gesamte Bild ein. Mit dem Verlaufswerkzeug wählten wir in der Optionsleiste den Verlauf Schwarz, Weiß im Modus NORMAL und in LINEAREM STIL. Mit gedrückter ⇧-Taste zogen wir vom oberen Rand des Blattes bis zu seinem unteren Rand, um einen Verlauf zu erstellen **B**, **C**.

Wir aktivierten wieder das gesamte Bild und wählten FILTER/WEICHZEICHNUNGSFILTER/TIEFENSCHÄRFE ABMILDERN, wählten den Kanal **Alpha 1** als QUELLE und deaktivierten die Option UMKEHREN. Im Arbeitsfenster klickten wir an die Stelle, die scharf fokussiert sein sollte, auf die Wörter »Vivid Light«, der Regler WEICHZEICHNEN-BRENNWEITE bewegte sich automatisch **D**, und der Rest des Bildes lief langsam auf den Fokus, sowohl vor als auch hinter dem geklickten Punkt. Wir konnten einfach experimentieren, den Fokus durch Klicken an eine andere Stelle ändern usw. Wenn Sie klicken, wird das Grau aus dem Alpha-Kanal, das dem geklickten Punkt entspricht, zur »scharfen« Farbe, und die helleren oder dunkleren Töne im Verlauf werden zunehmend unschärfer. Bei jedem Klick setzen Sie eine neues »Scharf«-Grau. Indem Sie den Radius ändern, beeinflussen Sie die maximale Weichzeichnung. Wir wählten als RADIUS 20, kehrten zum ursprünglichen Fokuspunkt zurück und klickten auf OK.

SIEHE AUCH
Zeichenstift
Seite 435

Tiefenschaerfe-Seite.psd

K U R Z U M

Aufmerksamkeit lenken

In »Aufmerksamkeit aufs Subjekt« auf Seite 287 konnten Sie lesen, wie Sie ein Subjekt auswählen, um den Hintergrund weichzuzeichnen oder einzufärben, und wie Sie alles mithilfe von Ebenenkomps flexibel halten. Diese Methode ist gut geeignet, wenn Sie ein Subjekt mittels genauer Auswahl isolieren und wenn Sie oder Ihr Kunde mehrere Möglichkeiten untersuchen wollen. Es gibt aber auch weniger komplizierte Varianten, um Farbe oder unscharfe Hintergründe einzusetzen, und andere Techniken, um das Interesse des Betrachters im Foto zu lenken. Viele dieser Methoden benötigen keine genaue Auswahl des Subjekts, deshalb dauern sie auch nicht so lange. Es lohnt sich, zuerst das Foto und das Ziel zu analysieren, dabei »wie Photoshop zu denken« und zu prüfen, ob eine schnelle Methode nicht vielleicht ausreicht:

- Können Sie zum gewünschten Ergebnis gelangen, ohne das Subjekt haargenau auswählen zu müssen? Bei den meisten Beispielen auf diesen acht Seiten ist das nicht notwendig.
- Ist die Umgebungsfarbe des Subjekts relativ neutral? Wenn ja, könnten die Techniken von Seite 298 und 302 interessant sein.
- Können Sie das Subjekt mit einer rechtwinkligen Auswahl isolieren? Vielleicht passt eine der Methoden von Seite 299 bis 301.
- Ist das Subjekt ein Porträt mit recht bewegtem Freiluft-Hintergrund, mit grünen Pflanzen und blauem Himmel? Probieren Sie den Kanalmixer-Trick von Seite 301.

SIE FINDEN DIE DATEIEN

auf der DVD > Wow Projektdateien > Kapitel 5 > Den Fokus lenken

Freistellen

CORBIS ROYALTY FREE

B

Freistellen ist eine nahe liegende Möglichkeit, den Fokus auf ein Subjekt zu lenken: Sie schneiden störende Elemente ab und räumen dem Subjekt mehr Anteil an der Bildfläche ein. Nachdem wir das Bild dupliziert hatten **A** (BILD/BILD DUPLIZIEREN), aktivierten wir das Freistellungswerkzeug , denn damit konnten wir verschiedene Varianten einer Freistellung ausprobieren, indem wir die überflüssigen Bereiche ausblendeten, während wir mit dem Freistellungsrahmen experimentierten. In der Optionsleiste klickten wir auf den Button LÖSCHEN **B,** um sicherzugehen, dass wir die Datei nicht aus Versehen beim Freistellen gleich neu berechnen. Wir zogen mit dem Werkzeug diagonal über das Bild, um einen Rahmen um den Jungen beim Frühstück zu ziehen. Durch Ziehen innerhalb des Feldes verschoben wir den Rahmen, an den Griffen zogen wir, um die Form und Größe zu ändern. Mit schlossen wir die Freistellung ab **C**.

Rahmen mit Fokus

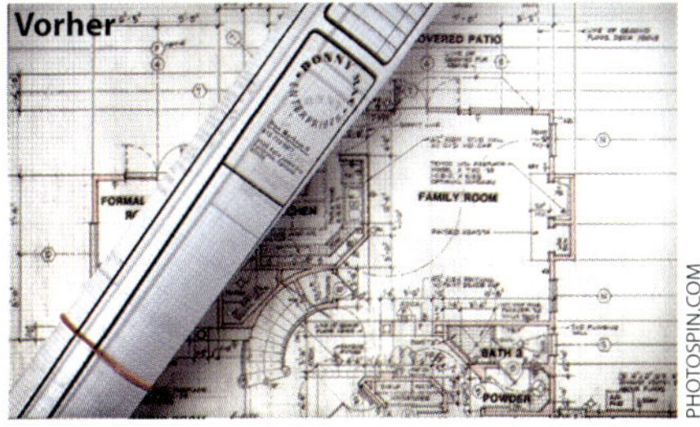

PHOTOSPIN.COM

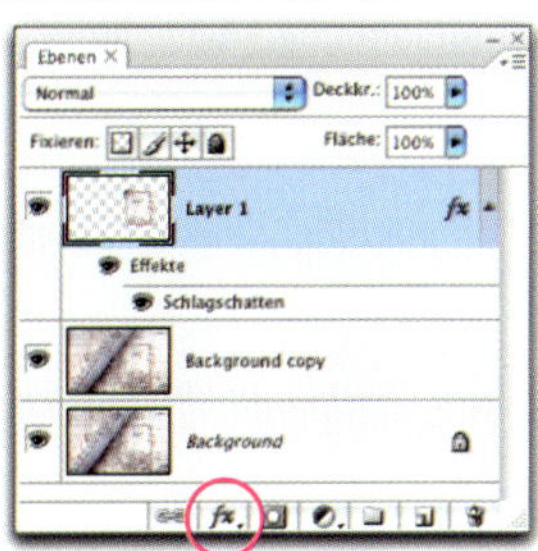

Eine schnelle und einfache Möglichkeit, den Fokus auf einen Bildbereich zu lenken, beginnt mit dem Duplizieren des Bildes auf eine neue Ebene (⌘/Strg-J). Dann wählten wir den Bereich mit dem Auswahl-Rechteck aus. Wir kopierten den Bereich auf eine neue Ebene (⌘/Strg-J) und zeichneten das Originalbild auf der Ebene darunter weich. Hier wendeten wir Filter/Weichzeichnungsfilter/Gaussscher Weichzeichner auf die Ebene Hintergrund-Kopie (Background copy) an; ein Radius von 1,0 reichte aus, um dieses niedrig aufgelöste Bild leicht unscharf zu machen.

Um den Unterschied zwischen scharfen und unscharfen Bereiche zu betonen, fügten wir einen »dunklen Schein« mithilfe eines Ebenenstils hinzu: Klicken Sie dazu auf den Button Ebenenstil hinzufügen unten in der Ebenen-Palette und wählen Sie die Option Schlagschatten aus der Liste. Ändern Sie die Distanz des Schlagschattens in der Dialogbox auf 0 Pixel, so wird ein Schatten ohne Versatz direkt unter dem Subjekt angebracht.

Einrahmen-mit-Fokus.psd

Unschärfe maskieren

E. A. M. VISSER

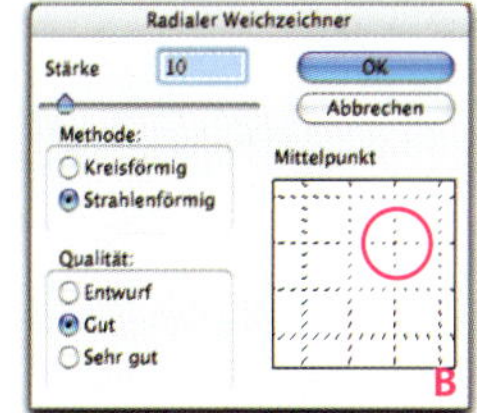

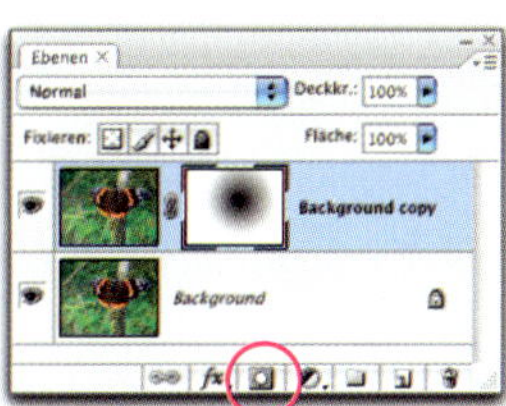

Es gibt eine weitere einfache Möglichkeit, das Subjekt im Fokus zu behalten und einen stilisierten Unschärfe-Effekt zu erzeugen, um den Hintergrund zu verwischen. Vor allem, wenn Sie etwas Bewegung einbringen bzw. verstärken wollen. Legen Sie eine unscharfe Version des Bildes über das scharfe Original und fügen Sie eine Maske hinzu, damit das scharfe Subjekt durchscheint. Hier duplizierten wir das Bild **A** (⌘/Strg-J) und wendeten dann Filter/Weichzeichnungsfilter/Radialer Weichzeichner mit der Option Strahlenförmig an; das Zentrum der Unschärfe legten wir auf unser Subjekt **B**, dann stellten wir die gewünschte Stärke ein (10) und klickten auf OK.

Wir fügten eine Ebenenmaske hinzu (Klick auf den Button unten in der Ebenen-Palette). Wir aktivierten das Verlaufswerkzeug und wählten in der Optionsleiste den Verlauf Schwarz, Weiss mit der Option Radialverlauf aus **C**. Zentrieren Sie den Cursor über dem Subjekt und ziehen Sie nach außen; stoppen Sie dort, wo der Effekt am stärksten sein soll **D**. In CS3 können Sie den Effekt auch verlustfrei als Smartfilter anwenden.

Weichzeichnung-maskieren.psd

Fokus durch Entsättigen

CORBIS ROYALTY FREE

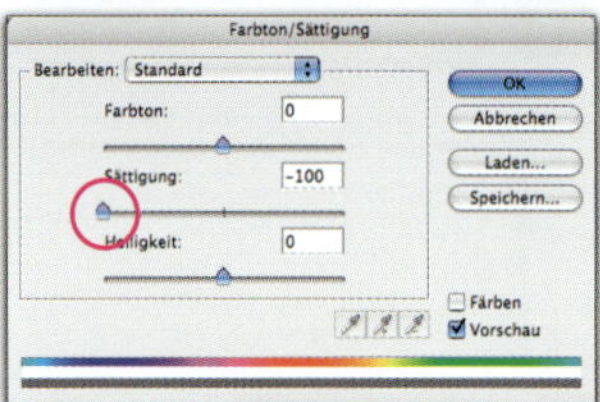

Farbe ist verlockend, so dass das Subjekt hervorgehoben wird, wenn Sie es farbig lassen und den Rest des Bildes schwarzweiß einfärben. Um einen der Rafter hervorzuheben, wählten wir die Auswahlellipse ◌ und stellten die WEICHE KANTE in der Optionsleiste auf 10 ein. Dann zogen wir den Cursor in der Mitte des Bildes, kehrten die Auswahl um (⌘/Strg-⇧-I), um alles andere auszuwählen. Wir klickten auf den Button FÜLL- ODER EINSTELLUNGSEBENE HINZUFÜGEN ◐ unten in der Ebenen-Palette und wählten die Option FARBTON/SÄTTIGUNG aus der Liste. Den Sättigung-Regler schoben wir ganz nach links, um die Farben aus dem Bild zu entfernen, und klickten auf OK. Unsere umgekehrte Auswahl wurde zu einer Maske, die die Farbe des Rafters beschützte. In der Ebenen-Palette experimentierten wir mit der Deckkraft für die Einstellungsebene. Mit 85% Deckkraft ließen wir etwas Farbe ins Bild zurückkehren. (Eine weitere Möglichkeit, die Kanten einer Maske weichzuzeichnen, finden Sie auf Seite 76.)

 **Fokus-durch-Entsaettigen.psd**

Entsättigung und Maske

CORBIS ROYALTY FREE

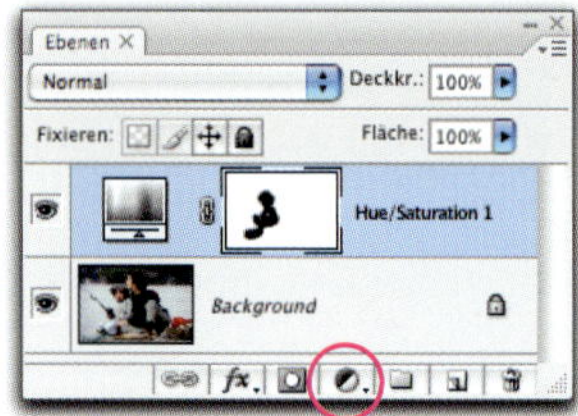

Für dieses Foto wollten wir mehr als eine einfache geometrische Vignette, um die Tochter zu betonen. Wir wollten das mit einer lose gemalten Maske erledigen, deshalb fügten wir eine Farbton/Sättigung-Einstellungsebene hinzu, indem wir auf den ◐ -Button unten in der Ebenen-Palette klickten und FARBTON/SÄTTIGUNG wählten. Den Sättigung-Regler verschoben wir ganz nach links, um die Farbe zu entfernen, und klickten auf OK.

Dann wählten wir den Pinsel mit einer großen, weichen Werkzeugspitze. Wir malten in die Maske die Maske der Einstellungsebene mit Schwarz, um die Farbe des Mädchens wiederherzustellen. (Der neutrale Hintergrund dieses Bildes ist ideal dazu geeignet; Sie müssen da nicht so genau sein.) Wir reduzierten die Pinselspitze und verringerten die Deckkraft in der Optionsleiste, dann malten wir mit Weiß, um die Farbe zu entfernen, die auf die Hand der Mutter geraten war.

 **Entsaettigung-und-Maske.psd**

Bereich isolieren

PHOTOSPIN.COM

Manchmal kann eine einfache »Streifenauswahl« genau richtig sein, um eine Person in einer Gruppe oder einen Bereich in einer Landschaft hervorzuheben. Hier verwendeten wir das Auswahlrechteck, um den Streifen mit der Frau auszuwählen, die wir betonen wollten. Wir kehrten die Auswahl um (AUSWAHL/AUSWAHL UMKEHREN), um alles außerhalb des Streifens auszuwählen. Dann klickten wir auf den Button ◐ und wählten FARBTON/SÄTTIGUNG aus der Liste, um eine entsprechende Einstellungsebene zu erzeugen. Den Sättigung-Regler verschoben wir ganz nach links, um den Rest des Bildes schwarzweiß einzufärben. Nach einem Klick auf OK konnten wir sehen, dass unsere Auswahl eine Maske für die Einstellungsebene erstellt hatte, um die Farben zu schützen.

 **Streifen-isolieren.psd**

Eine Farbe entfernen

CORBIS ROYALTY FREE

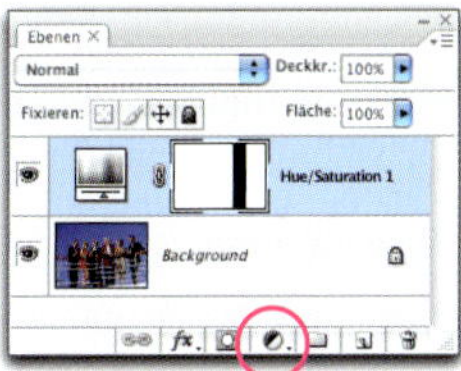

In einem Bild mit fast monochromatischem Hintergrund können Sie die Hintergrundfarbe erhalten, während Sie die Sättigung verringern. Wie im Beispiel links wählten wir einen Passagier aus, kehrten die Auswahl um und fügten eine Farbton/Sättigung-Einstellungsebene hinzu. In der Dialogbox wählten wir aus dem Bearbeiten-Menü die Option ROTTÖNE und schoben den Sättigung-Regler erst dann nach links. Dadurch wurde das Rot in den Hauttönen und der Kleidung derjenigen Passagiere entfernt, die nicht durch die Maske geschützt waren. Der blaue Hintergrund blieb erhalten. Wenn Sie die letzten Farbrest aus den Haaren der Passagiere entfernen wollen, doppelklicken Sie in der Ebenen-Palette auf die Miniatur der Einstellungsebene, um die Dialogbox erneut zu öffnen. Wählen Sie dieses Mal GELBTÖNE und verschieben Sie den Sättigung-Regler nach links; wiederholen Sie das für Magenta.

 **Streifen-einfaerben.psd**

Eine Bildzone verändern

PHOTOSPIN.COM

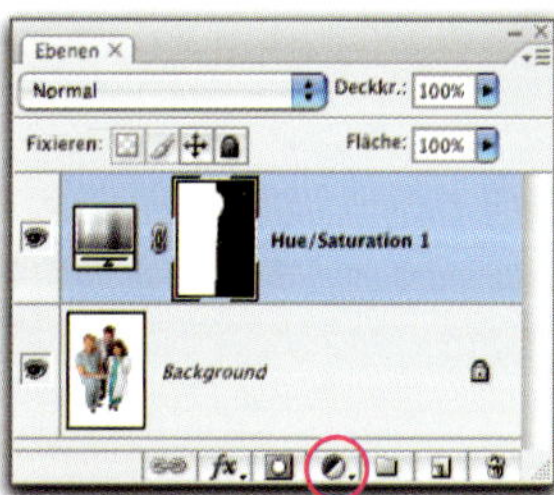

Eine Streifenauswahl kann gut helfen, ein Subjekt zu isolieren, wenn sie vielleicht auch nicht ganz ausreicht. Hier benutzten wir das Auswahlrechteck, um den Streifen um die junge Frau auszuwählen. Wir kehrten die Auswahl um (⌘/Strg/⇧-I), klickten auf den Button ◐ unten in der Ebenen-Palette und fügten eine Farbton/Sättigung-Einstellungsebene hin, wobei wir den Sättigung-Regler ganz nach links schoben. Da der Mann im Hintergrund in fast neutralen Farben gekleidet war, malten wir mit dem Pinsel 🖌 mit Weiß eine Maske über seinen Kopf und das Klemmbrett des anderen Mannes, denn beide waren im Auswahlstreifen enthalten. Dann malten wir einen vertikalen Strich entlang der linken Seite des Streifens, um den Übergang zwischen fast und völlig neutralen Farben etwas weicher zu gestalten.

Bildzone-veraendern.psd

Eine Silhouette betonen

CORBIS ROYALTY FREE

Wenn Sie mit einem Bild beginnen, in dem mehrere Subjekte nur im Umriss zu sehen sind **A**, können Sie ein Subjekt aus der Gruppe herauslösen, indem Sie die Farbe in einem Streifen um das Subjekt umkehren. Wir wählten mit dem Auswahlrechteck einen Streifen um eine der Personen aus. Dann klickten wir auf den Button ◐ unten in der Ebenen-Palette und wählten UMKEHREN. Dadurch wurde eine Umkehrung-Einstellungsebene angelegt, die ein Farbnegativ des Streifens bildete **B**. Indem wir die Füllmethode für die Umkehren-Ebene in FARBE änderten,▼ konnten wir die Silhouette schwarz lassen **C**. (Bei manchen Umrissbildern ist es besser, das Subjekt im Originalhintergrund zu behalten und die Farbe im Rest des Bildes zu ändern. Kehren Sie in diesem Fall die Auswahl um, bevor Sie die Einstellungsebene anlegen.

MEHR DAVON

▼ Füllmethoden
Seite 179

Streifen-um-eine-Silhouette.psd

Bildbereich mit weicher Kante

CORBIS ROYALTY FREE

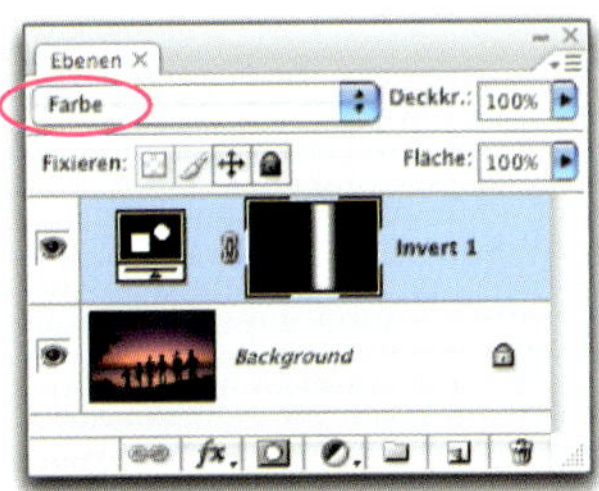

Eine weitere Möglichkeit für eine Silhouette **A** ist, mit einer Streifenauswahl zu beginnen, eine Umkehren-Ebene einzufügen und dann die Maske zu bearbeiten. In dieser Illustration wählten wir das älteste Kind mit dem Auswahlrechteck aus. Dann klickten wir auf den Button unten in der Ebenen-Palette, fügten eine Umkehren-Einstellungsebene hinzu und wählten die Füllmethode FARBE **B**. Wir wählten FILTER/WEICHZEICHNUNGSFILTER/GAUSSSCHER WEICHZEICHNER, aktivierten die Vorschau und beobachteten das Bild, während wir mit dem Radius experimentierten. So zeichneten wir die Kanten der Maske und die Farbübergänge weich. Für dieses 640 Pixel breite Bild entschieden wir uns schließlich für 15 Pixel Radius **C**.

MEHR DAVON

▼ Füllmethoden
Seite 175

Streifen-mit-weicher-Kante.psd

Ein Kanalmixer-Trick

PHOTOSPIN.COM

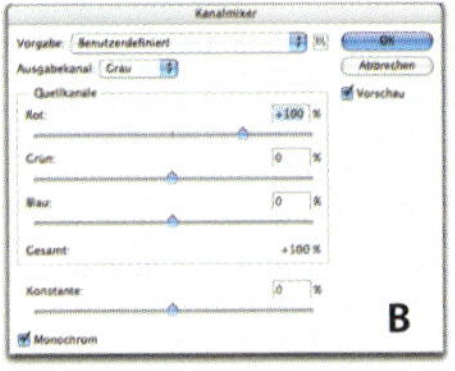

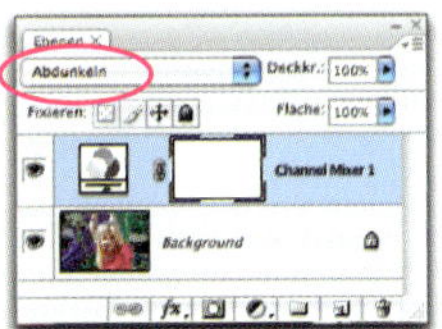

In einem RGB-Bild **A** enthalten menschliche Hauttöne meist mehr Rot als Blau oder Grün. Das können wir nutzen, um ein Subjekt mit wenig Aufwand etwas zu betonen. Wir klickten auf den Button unten in der Ebenen-Palette und wählten die Option KANALMIXER. In der Dialogbox ließen wir die Einstellungen für die Quellkanäle unverändert (100% Rot, 0% Grün, 0% Blau) und aktivierten die Checkbox MONOCHROM **B**. Deshalb benutzt der Kanalmixer den roten Kanal als Schwarzweißversion des Bildes **C**; wir klickten auf OK. In der Ebenen-Palette änderten wir den Modus für die Kanalmixer-Ebene in ABDUNKELN,▼ so dass die Monochrome-Bearbeitung nur in Bereichen auftrat, die dunkler sind als das Original. Rottöne und sehr helle Farben blieben unverändert **D**. In CS3 nehmen Sie statt dem Kanalmixer den Schwarzweißbefehl.

Kanalmixer-Trick.psd

Betonung per Einfärben

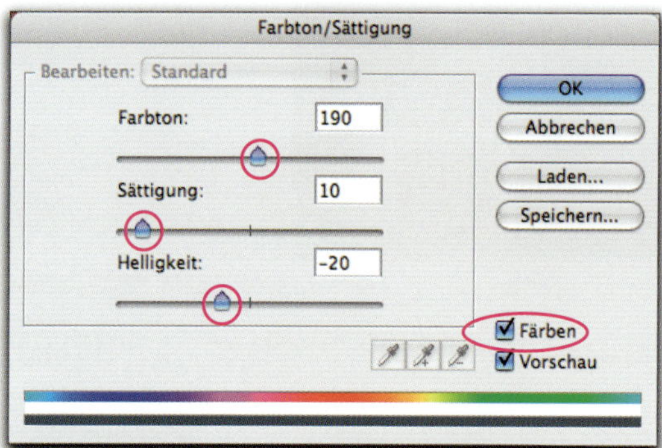

ORIGINALFOTO: CORBIS ROYALTY FREE

Ob Sie nun eine detaillierte Auswahl wie hier erstellen oder eine Streifentechnik wie eben gezeigt einsetzen, in der Dialogbox FARBTON/SÄTTIGUNG finden Sie alle, um die Sättigung zu verringern, abzudunkeln und die Umgebung zu färben. Wir begannen mit dem freigestellten Bild von Seite 296, wählten das Subjekt aus, kehrten die Auswahl um und klickten dann auf den Button unten in der Ebenen-Palette, um eine Farbton/Sättigung-Einstellungsebene hinzuzufügen. In der Dialogbox aktivierten wir die Checkbox FÄRBEN und verschoben die drei Regler, um die Farbe und den Tonwert zu verändern und sie in Kontrast mit dem Subjekt zu setzen, bis wir den gewünschte Effekt erzielt hatten.

Dunkler Schein

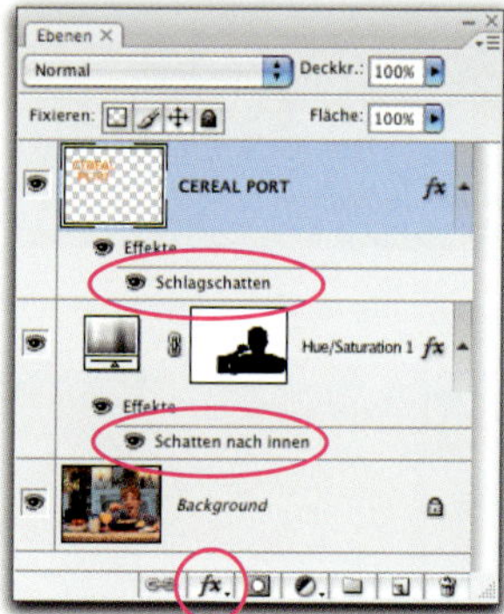

Wenn Sie Ihr Subjekt genau auswählen, um es dann ent- bzw. einzufärben, probieren Sie einen dunklen Schein aus, wenn Sie etwas noch mehr betonen wollen. Wenden Sie dazu einen Ebenenstil auf die Farbton/Sättigung-Ebene an. Standardmäßig folgen alle angewendeten Stile den Kanten der Maske, die in diesem Fall jedoch für die Umgebung und nicht für das Subjekt zuständig ist. Um also einen dunklen Schein um das Subjekt herum zu legen, können wir keinen Schlagschatten verwenden, weil dieser auf das Subjekt fallen würde. Benutzen Sie stattdessen den Schein nach innen: Klicken Sie auf den Ebenenstil-Button unten in der Ebenen-Palette und wählen Sie die Option SCHATTEN NACH INNEN. Setzen Sie die Distanz auf 0. Erhöhen Sie die Größe, um den Schatten auszudehnen; erhöhen Sie den Wert für das Unterfüllen, um den Schatten dichter zu machen.

Alle weiteren Texte oder Grafiken können nun den gleichen dunklen Schein bekommen. Fügen Sie einen Ebenenstil hinzu, dieses Mal einen Schlagschatten. Wählen Sie Distanz 0, Größe wie beim SCHATTEN NACH INNEN und passen Sie das ÜBERFÜLLEN an das UNTERFÜLLEN aus SCHATTEN NACH INNEN an. Und dieses Mal ÜBERFÜLLEN WIE BEIM SCHEIN nach innen.

Einfaerben.psd

Durch Rot ersetzen

CORBIS ROYALTY FREE

Rot erweckt unsere Aufmerksamkeit, auch in kleinsten Punkten. Hier duplizierten wir das Bild zuerst auf eine neue Ebene (⌘/Strg-J), um ein unverändertes Original in Reserve zu behalten. Wir zoomten ins Bild ein, klickten in das Farbfeld für die Vordergrundfarbe in der Werkzeugpalette, wählten im Farbwähler ein Rot aus und klickten auf OK. Wir aktivierten das Farbe-ersetzen-Werkzeug. In der Optionsleiste legten wir die Parameter fest: Modus FARBE, so dass beim Malen Farbton und Sättigung des T-Shirts des Jungen verändert, Licht und Schatten jedoch erhalten wurden; Aufnahme: Kontinuierlich, Toleranz 30%; Grenzen: Kanten suchen, denn durch das Grün des Hemdes wurde die Farbveränderung eingeschränkt. Während wir den Cursor bewegten, ersetzte das Werkzeug die Farbe unter dem Fadenkreuz sowie alle verwandten Schattierungen und Farbtöne durch Rot. Die Pinselgröße reduzierten wir, wenn wir in kleinen grünen Bereichen in diesem niedrig aufgelösten Bild arbeiteten.

Durch-Rot-ersetzen.psd

Spot an

GAREN CHECKLEY

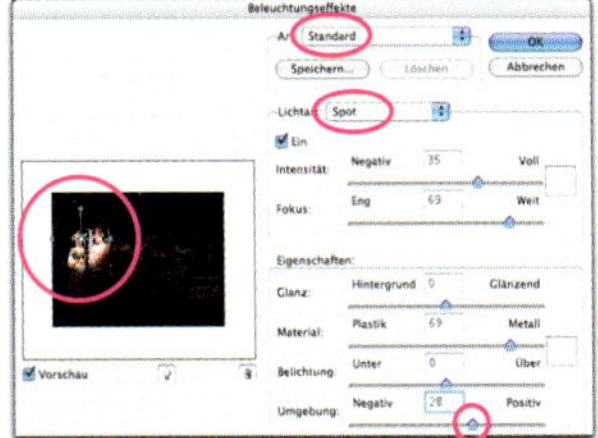

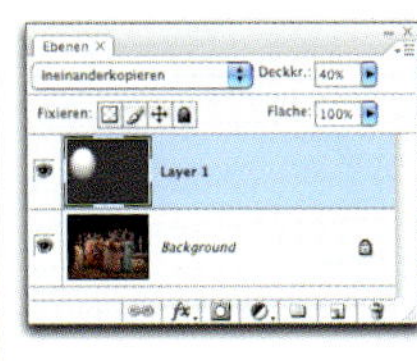

Das Auge des Betrachters lässt sich auch durch einen Lichtspot lenken. Diese Methode funktioniert gut bei Fotos von Menschen oder dort, wo etwas komplexes passiert, so dass man einen Teil abdunkeln kann. Für dieses Foto verwendeten wir den Filter BELEUCHTUNGSEFFEKTE, um einen Spot anzulegen, dann »trennten« wir die Beleuchtung vom Bild, um sie weiter zu verändern. Wir wählten FILTER/RENDERINGFILTER/BELEUCHTUNGSEFFEKTE. Die Vorschau in der Dialogbox ist recht klein, es war also nicht einfach, die Veränderung der Einstellungen sofort zu beobachten. Wir veränderten jedoch den Standardspot, um zunächst eine extremere Beleuchtung als gewünscht zu erzielen: Wir zogen an den Griffen in der Vorschau, um den hervorgehobenen Bereich zu verkleinern, zu erhöhen und von oben zu beleuchten, außerdem änderten wir den Wert für Umgebung auf 28. Mit einem Klick auf OK schlossen wir die Dialogbox.

Indem wir den Spot auf eine eigene Ebene legten, ließ er sich einfacher bearbeiten. Zuerst machten wir jedoch den Filter rückgängig (⌘/Strg-Z). Dann klickten wir mit gehaltener ⌥/Alt-Taste auf den Button NEUE EBENE ERSTELLEN unten in der Ebenen-Palette. In der Dialogbox NEUE EBENE wählten wir ÜBERLAGERN/INEINANDERKOPIEREN als Modus und aktivierten die Checkbox MIT DER NEUTRALEN FARBE FÜR DEN MODUS »INEINANDERKOPIEREN« FÜLLEN (50% GRAU). Nun mussten wir den Spot nur auf dieser Ebene noch einmal erstellen, also ⌘/Strg-F drücken, um den letzten Filter erneut anzuwenden. Nun konnten wir mit der Füllmethode experimentieren▼ und verschiedene Deckkraftwerte ausprobieren; wir entschieden uns für 40%.

Spotlighting.psd

MEHR DAVON

▼ Füllmethoden
Seite 175

Ein Problemfoto korrigieren

SIE FINDEN DIE DATEIEN
auf der DVD > Wow Projektdateien > Kapitel 5 > Ein Problemfoto korrigieren:
• Problemkorrektur-Vorher.psd (zum nachvollziehen)
• Problemkorrektur-Nachher.psd (zum Vergleich)

ÖFFNEN SIE DIESE PALETTEN
aus dem Menü FENSTER:
• Werkzeuge • Ebenen

ÜBERBLICK
Zeichnen Sie eine Kopie des Bildes mit dem Filter STAUB & KRATZER weich • Blenden Sie die unscharfe Ebene mit einer Maske völlig aus • Um Unreinheiten im Foto zu korrigieren, malen Sie auf der Maske mit Weiß darüber oder füllen Sie ausgewählte Bereiche mit Weiß • Bereinigen Sie Fehler, die STAUB & KRATZER nicht beseitigen konnte, mit dem Reparatur-Pinsel, dem Bereichsreparatur-Pinsel und dem Kopierstempel • Korrigieren Sie den Kontrast und entfernen Sie den Farbstich

JHDAVIS

Wenn Sie ein Problemfoto reparieren wollen, können Sie Leistungsstärke und Geschwindigkeit der eingebauten Photoshop-Filter und Einstellungsebenen nutzen, z.B. Staub und Kratzer entfernen sowie Farbe und Tonwerte korrigieren. Sie möchten aber sicher die »menschliche« Seite erhalten und diese automatischen Änderungen etwas steuern, damit sie genau nach Ihren Wünschen funktionieren. Das Bild oben zeigt die »Nachher«-Version eines gescannten Farbdias aus den 60er-Jahren. Die folgende Technik entfernte all die kleinen Partikel aus dem Original (links), und das in nur drei Minuten! Als die Korrektur abgeschlossen war – inklusive kosmetischer und Farbkorrekturen –, blieb das Original unverändert auf der Hintergrund-Ebene, während die Bearbeitungen auf einer separaten Ebene lagen, um wenn nötig weiter modifiziert zu werden. Diese Retuschemethode kann auf alle möglichen Bilder angewendet werden. Sie funktioniert bei relativ unscharfen Porträts wie diesem, aber auch bei detaillierten Landschaften und bei Fotos mit deutlichen Konturen.

1

Der Originalscan des Dias

1 Das Foto analysieren. Suchen Sie zuerst das wichtigste Problem des Fotos, um das Sie sich zuerst kümmern wollen. Jedes Bild hat seine eigenen Probleme, viele alte Fotos sehen jedoch diesem Scan ähnlich **1**. Der größte Fehler waren die dunklen Partikel im gesamten Bild, die durch Staub auf dem Dia oder Probleme in der Emulsion entstanden sind. Die verblasste Farbe stellte ein weiteres Problem dar.

2a

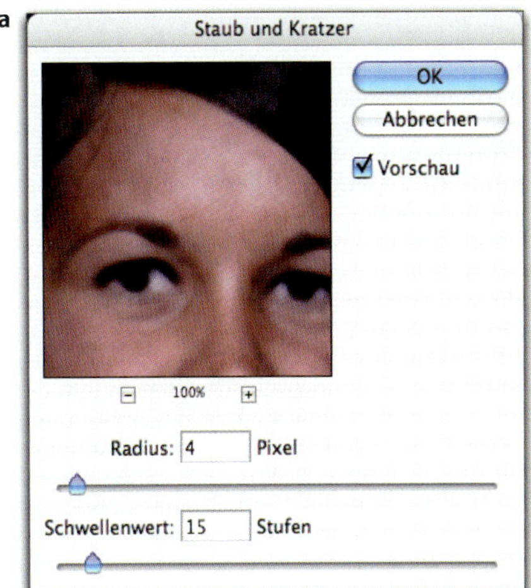

Der Filter STAUB & KRATZER wird auf die duplizierte Ebene angewendet. Ein Radius von 4 und ein Schwellenwert von 15 beseitigen fast alle Unreinheiten im Bild, erhalten jedoch die Filmkörnung.

2b

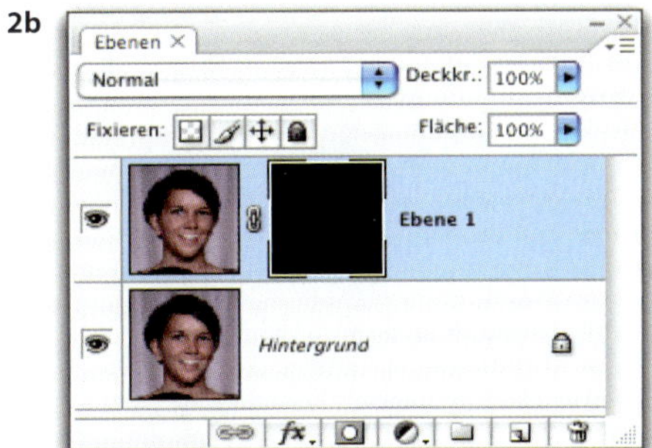

Zur gefilterten Ebene wird eine schwarz gefüllte Ebenenmaske hinzugefügt.

2c

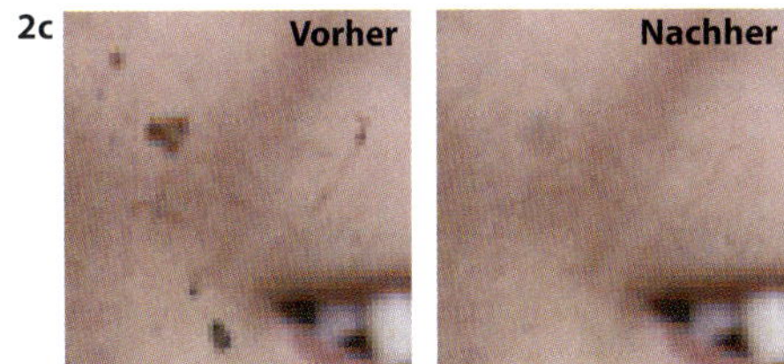

Durch Auftupfen von Weiß auf die Ebenenmaske werden die Defekte beseitigt. Für die größten Punkte und feinsten Kratzer ist jedoch etwas mehr Aufwand erforderlich.

2 Staub und Kratzer entfernen. Um Staub oder Kratzer loszuwerden, kopieren Sie Ihr Originalbild zuerst auf eine andere Ebene (⌘/Strg-J). Filtern Sie dann diese Kopie, um alle (oder fast alle) Partikel zu entfernen: Wählen Sie FILTER/STÖRUNGSFILTER/STAUB UND KRATZER. Dieser Filter sucht nach Punkten, die in Farbe oder Helligkeit von ihrer Umgebung abweichen; dann zeichnet er die Umgebungsfarbe in die Punkte hinein weich, um diese zu entfernen.

Um die Unschärfe zu steuern, verschieben Sie in der Dialogbox STAUB & KRATZER zunächst alle Regler ganz nach links – auf 1 für den Radius und auf 0 für den Schwellenwert. Ziehen Sie den Radius-Regler dann langsam nach rechts, um alle (oder fast alle) Partikel verschwinden zu lassen. Wenn in Ihrem Foto wirklich große Flecken zu sehen sind, lassen Sie diese teilweise übrig, denn eine Radiuseinstellung, die dafür ausreicht, würde das Bild zu stark weichzeichnen. Korrigieren Sie diese später. Wenn Sie einen Radius gefunden haben, der fast alle Flecken entfernt, sind Filmkörnung und Bildrauschen auch fast verschwunden. Um die Körnung wiederherzustellen, lassen Sie den Radius unverändert und ziehen den Schwellenwert-Regler nach rechts, bis die Flecken wieder auftauchen **2a**. Damit soll der Filter nur die Unreinheiten wegzeichnen, die sich sehr von der Umgebung unterscheiden. Kleine Farbunterschiede wie die Filmkörnung bleiben dabei erhalten.

Obwohl die Flecken verschwunden und die Filmkörnung wiederhergestellt ist, werden Sie merken, dass viele wichtige Bilddetails durch die Korrektur verschwunden sind. Das kommt daher, weil der Filter STAUB & KRATZER den Unterschied zwischen einem Kratzer und einer Wimper, zwischen einem Staubkorn und einem Spitzlicht nicht erkennen kann. Das Problem lösen Sie mithilfe einer Ebenenmaske, mit der Sie das gefilterte Bild ausblenden und so das Original örtlich wiederherstellen können: Erstellen Sie eine Maske, um die gefilterte Ebene auszublenden, indem Sie auf den Button ◘ unten in der Ebenen-Palette mit gehaltener ⌥/Alt-Taste klicken **2b**. Die Punkte tauchen wieder auf – die Maske sollte aktiv sein. Wählen Sie Weiß als Vordergrundfarbe.

Wählen Sie den Pinsel ✎ mit einer weichen Werkzeugspitze ungefähr von der Größe der Flecken, die Sie beseitigen wollen. Wählen Sie Normal als Modus und eine Deckkraft von 100%. In detailreichen Bereichen wie im Gesicht tippen Sie mit dem Pinsel auf die Flecken **2c**. Damit tippen Sie »Löcher« in die Maske, durch die das gefilterte Bild hindurchscheinen kann **2d**.

2d

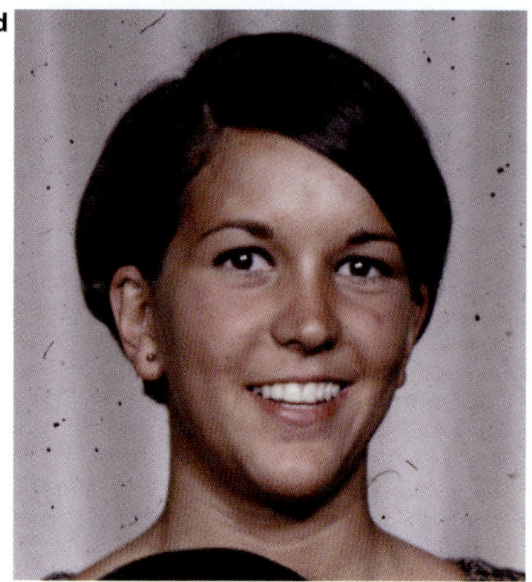

Nach der Entfernung der Flecken, indem wir mit Weiß auf die schwarz gefüllte Ebenenmaske malten.

2e

Um die Flecken aus dem Vorhang im Hintergrund zu entfernen, wurde dieser Bereich ausgewählt und mit Weiß gefüllt.

In Bereichen mit Flecken, die nur wenige oder keine Details enthalten, wählen Sie die Bereiche aus und füllen sie mit Weiß auf der Maske: Wählen Sie das Lasso mit einer weichen Auswahlkante (3 Pixel); ziehen Sie um den Bereich, den Sie auswählen wollen; drücken Sie ⌥/Alt-Entf, um den Bereich mit Weiß, der aktuellen Vordergrundfarbe, zu füllen **2e**, **2f**.

3 Bereinigen und Kosmetik. Der nächste Schritt ist, die verbliebenen Flecken und Kratzer auszublenden, die für die Staub-Kratzer-Ebene zu groß waren, wie z.B. der große Punkt auf der Wange und die Kratzer rechts im Hintergrund. Dafür fügen Sie am besten eine »Reparatur«-Ebene über der Filterebene ein, in der Sie von Hand korrigieren. Dadurch wird das Bild vor Fehlern beim Malen beschützt, und Sie können Ihre Reparaturen später noch einmal ändern. Fügen Sie zuerst eine neue Ebene in der Ebenen-Palette ein **3a**.

Sowohl der Reparatur-Pinsel als auch der Bereichsreparatur-Pinsel funktionieren auf einer separaten Ebene. Mit dem Reparatur-Pinsel nehmen Sie einen »Quellbereich« für die Reparatur auf, dann klicken Sie auf einen Punkt, um diesen zu entfernen. Mit dem Bereichsreparatur-Pinsel wird der Fleck automatisch repariert, wenn Sie in dessen Umgebung klicken. Manchmal arbeiten Sie damit schneller, weil Sie nicht erst eine Quelle auswählen müssen, zuweilen verwendet das Werkzeug jedoch auch Bereiche, die Sie überhaupt nicht verwenden wollen. Dann sollten Sie auf den Reparatur-Pinsel zurückgreifen.

Bis an den Rand auswählen

Um sicherzustellen, dass eine Lassoauswahl mit weicher Kante bis an den Bildrand reicht und keinen Schein halb ausgewählter Pixel zurücklässt, halten Sie die ⌥/Alt-Taste gedrückt und ziehen Sie über die Kanten hinaus. Das funktioniert, egal ob in Ihrem Arbeitsfenster zusätzlicher Raum um das Bild herum angezeigt wird, aber dann sehen Sie es leichter. Drücken Sie ⌘-⌥-− (Minus, Mac) bzw. Strg-Alt-− (Minus, PC), um das Bild zu verkleinern, ohne das sich die Fenstergröße ändert. Um die Fläche außerhalb der Arbeitsfläche zu vergrößern, können Sie auch die rechte untere Ecke des Arbeitsfensters nach außen ziehen.

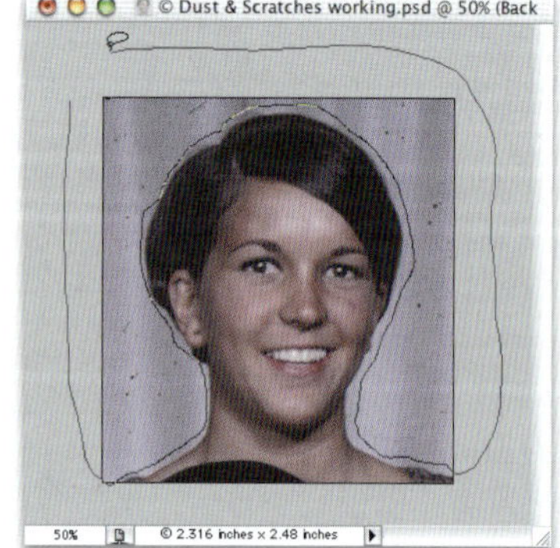

2f 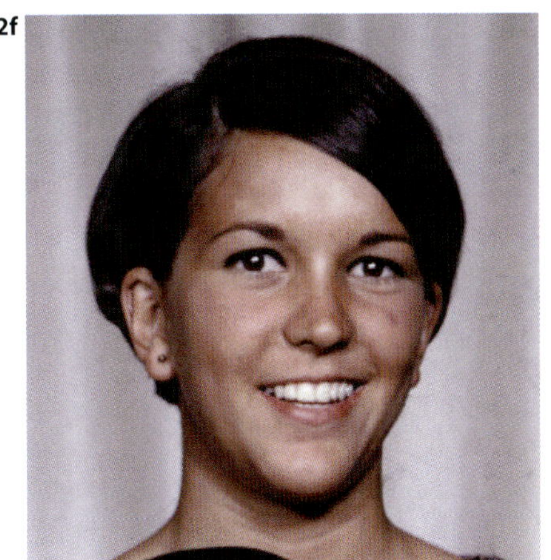

Hier haben wir den ausgewählten Bereich in der Ebenenmaske mit Weiß gefüllt.

3a 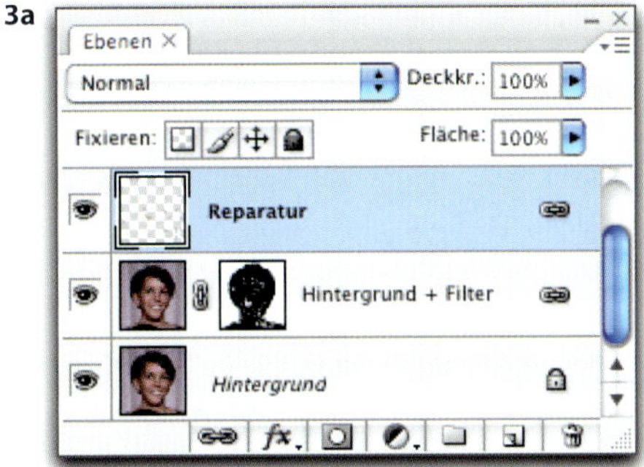

Hier wurde eine Reparaturebene hinzugefügt, auf der die Reparaturen mit dem (Bereichs)-Reparatur-Pinsel und dem Stempel ausgeführt wurden.

3b 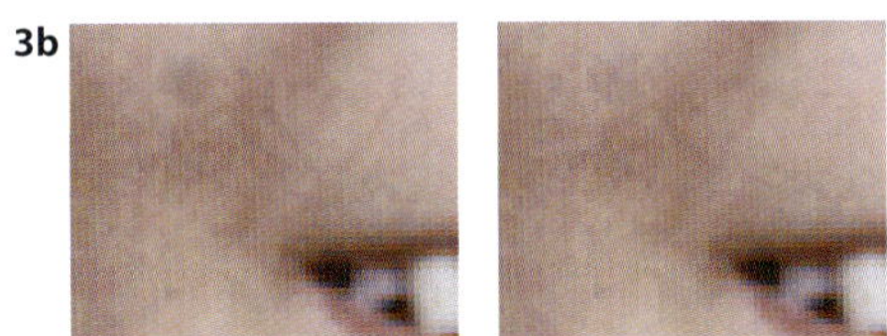

Der Reparatur-Pinsel wird im Modus AUFHELLEN mit der Option ALLE EBENEN VERWENDEN/AUFNEHMEN benutzt, um dunkle Punkte und Kratzer auszublenden.

3c 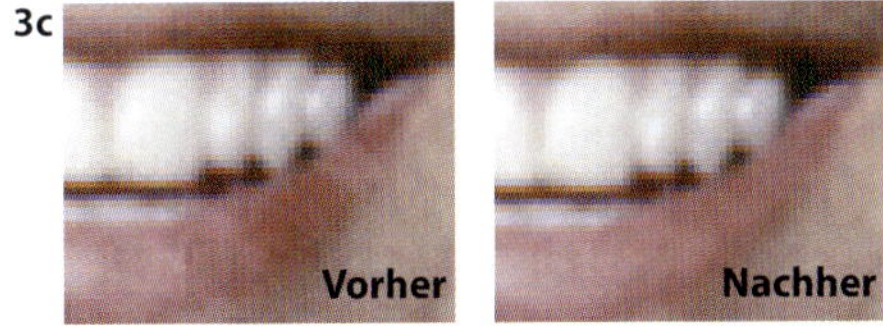

Der Kopierstempel wird verwendet, um einen fleckigen Bereich auf der Lippe zu bereinigen – vor allem durch Tupfen und kurze Striche; mit geringer Deckkraft, häufigem Aufnehmen (⌥/Alt-klicken) und der Option AUSGERICHTET deaktiviert.

Wählen Sie den Reparatur-Pinsel in CS2 oder den Bereichsreparatur-Pinsel. (Der Bereichsreparatur-Pinsel funktioniert jetzt wahrscheinlich gut, weil die vielen kleinen Flecken bereits mit STAUB & KRATZER beseitigt worden sind, so dass das Werkzeug nicht automatisch den einen Fleck durch einen anderen ersetzt.) Klicken Sie in der Optionsleiste auf die Pinselform rechts neben dem Eintrag PINSEL und setzen Sie die Härte auf 100% (das Werkzeug überblendet die Kanten selbst ineinander). Wählen Sie AUFHELLEN als Modus (für dunkle Flecken, ABDUNKELN eignet sich für helle Flecken), und schalten Sie die Option ALLE EBENEN VERWENDEN/AUFNEHMEN ein. Auf diese Weise wendet der (Bereichs)-Reparatur-Pinsel die Korrekturen auf die aktive Reparaturebene an, verwendet aber die Informationen aus den anderen Ebenen, um eine nahtlose Reparatur zu gewährleisten. Wir reparierten die großen Flecken und Kratzer auf dem Gesicht und dem Hintergrund **3b**, indem wir die ⌥/Alt-Taste gedrückt hielten und in die Nähe des Fehlers klickten, um die Quelle für die gewünschte Farbe und Struktur aufzunehmen, und dann über den Fehler zu malen.

Um Probleme zu beheben, die etwas diffuser und komplexer sind als Punkte und Kratzer, hilft der Kopierstempel vielleicht besser weiter als die Reparatur-Pinsel. Der Kopierstempel gibt Ihnen direkte Kontrolle über den Reparaturprozess, vor allem bei Unreinheiten, die keinen starken Kontrast zu ihrer Umgebung aufweisen. Wenn Sie den Stempel für kosmetische Reparaturen einsetzen wollen, wählen Sie in der Optionsleiste eine geringe Deckkraft und schalten Sie die Option ALLE EBENEN VERWENDEN/AUFNEHMEN ein. Halten Sie dann zuerst die ⌥/Alt-Taste gedrückt und klicken Sie, um den Quellbereich aufzunehmen. Malen Sie dann über den Fehler, der beseitigt werden soll **3c**.

4 Kontrast einstellen und Farbstich entfernen. Eine schnelle Möglichkeit, Farbe und Kontrast generell zu korrigieren, ist eine Einstellungsebene. Klicken Sie auf den Button unten in der Ebenen-Palette und wählen Sie TONWERTKORREKTUR **4a**. In diesem Bild funktionierte eine Auto-Korrektur nicht wie auf Seite 268 beschrieben; die feinen Details, die zum Beispiel die Zähne ausmachen, wären verloren, wenn diese in ein zwar helleres, jedoch viel zu flaches Weiß umgewandelt würden. Wenn Sie eine Auto-Korrektur probieren, die nicht funktioniert, halten Sie die ⌥/Alt-Taste gedrückt, so dass sich der Abbrechen-Button in ZURÜCK verwandelt. Klicken Sie darauf, um den Originalkontrast im Bild wiederherzustellen. Schieben Sie dann den Weißpunkt- und den Schwarzpunktregler nach innen und den Gammaregler nach links. Experimentieren Sie, bis Ihnen das Ergebnis gefällt **4b**, aber beenden Sie den Dialog noch nicht.

4a

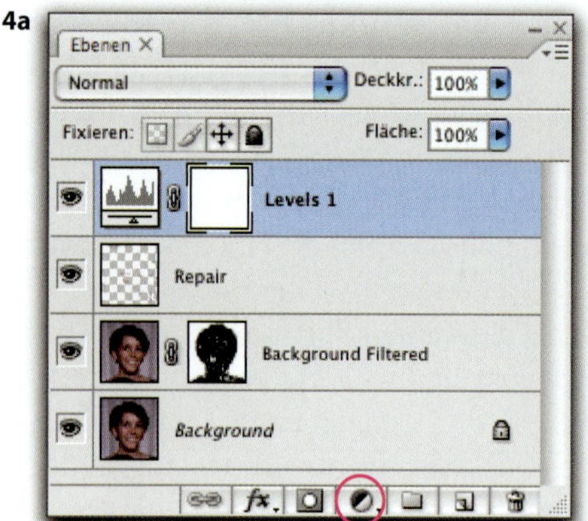

Eine Tonwertkorrektur-Einstellungsebene soll die generellen Farb- und Tonwerte korrigieren.

Um den Farbstich loszuwerden, aktivieren Sie die mittlere Pipette in der Dialogbox (MITTELTÖNE SETZEN) und klicken Sie ins Bild an eine Stelle, die neutral grau sein sollte; wir klickten auf den Hintergrund, weil wir annahmen, dass dieser neutral grau gewesen ist, bevor er verblasste. Wenn Sie nicht beim ersten Mal den Farbstich entfernen können, probieren Sie so lange weiter, bis Sie einen Grauton treffen, der den Farbstich verschwinden lässt. Diese Schnellreparatur eines Farbstichs funktioniert gut, der aus einer Fehlfunktion des Scanners, einem falschen Weißabgleich in der Kamera (wie zum Beispiel beim Fotografieren unter Neonlicht) oder aus dem Verblassen in alten Fotos resultiert. Wenn die Mitteltöne-Pipette das Problem in Ihrem Bild nicht löst (weil Sie kein neutrales Grau finden können), widerrufen Sie diese Aktion mit ⌘/Strg-Z. Klicken Sie dann auf OK, ohne den Farbstich entfernt zu haben.

4b

Tonwertkorrektur

Kanal: RGB

Tonwertspreizung:

22 | 1,12 | 222

Tonwertumfang:

0 | 255

OK | Abbrechen | Laden... | Speichern... | Auto | Optionen... | Vorschau

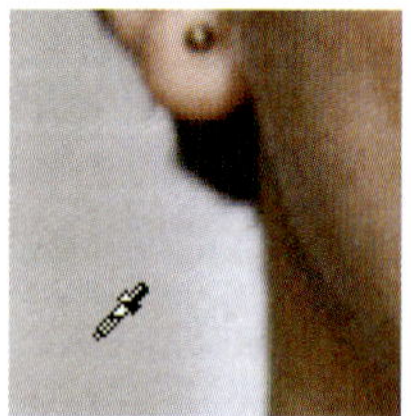

Durch Verschieben der Eingaberegler wird der Kontrast verbessert, mithilfe der Pipette Mitteltöne setzen konnte der Farbstich verringert werden. Das fertig korrigierte Bild sehen Sie oben auf Seite 304.

Probieren Sie Folgendes aus, um einen Farbstich zu korrigieren: Klicken Sie auf den Button ◐ unten in der Ebenen-Palette und fügen Sie eine Farbbalance-Einstellungsebene hinzu. Stellen Sie im Dialog FARBBALANCE die Mitteltöne ein: Finden Sie heraus, welche Farbe den Farbstich im Bild verursacht, und schieben Sie den Schieberegler in die entgegengesetzte Richtung **4c**. Klicken mit dem Farbaufnehmer kann helfen, um im Bild Messpunkte zu setzen. Die Anzeigen in der Info-Palette lassen Sie wissen, was mit der Farbkomposition passiert, während Sie die Schieberegler bedienen. (Je ähnlicher die Werte für R, G und B sind, desto neutraler ist die Farbe.) Wiederholen Sie diese Aktion auch für die Tiefen und Lichter, wenn das nötig ist.

4c

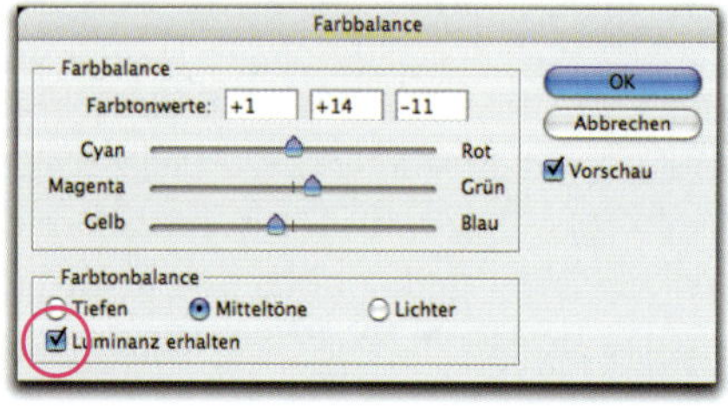

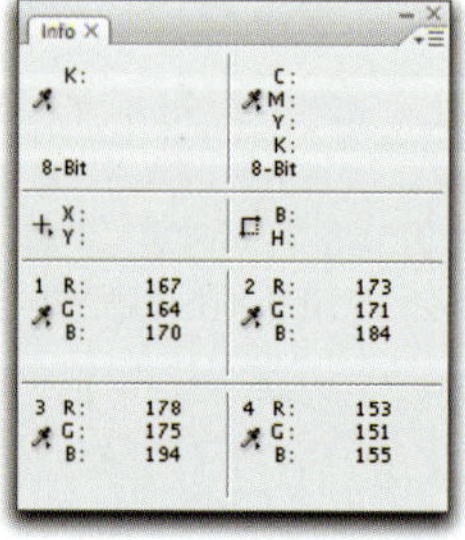

Die Mitteltöne-setzen-Methode neutralisierte die Farben in unserem Bild; wenn dies bei Ihrem jedoch nicht hilft, probieren Sie eine Farbbalance-Einstellungsebene. Lassen Sie in einem RGB-Bild die Option LUMINANZ ERHALTEN aktiviert, damit dabei nicht die allgemeine Helligkeit und der Kontrast im Bild verändert werden. Mithilfe des Farbaufnahme-Werkzeugs und dessen Anzeigen in der Info-Palette können Sie die Neutralität einer Farbe überprüfen. Um ein Ergebnis wie das auf Seite 304 zu erhalten, verwendeten wir die Farbtonwerte wie in der Abbildung für die Mitteltöne, ließen die Lichter unverändert und verwenden für die Tiefen die Farbtonwerte –6, 0, 0.

Porträts Weichzeichnen

SIE FINDEN DIE DATEIEN
auf der DVD unter Wow Projektdateien/Kapitel 5/Portraets weichzeichnen:
• Weiches-Portraet-Vorher (Beginn)
• Weiches-Portraet-Nachher (Vergleich)

ÖFFNEN SIE DIESE PALETTEN
aus dem Fenster-Menü:
• Werkzeuge • Ebenen

ÜBERBLICK
Wenden Sie den Filter STAUB UND KRATZER auf eine Ebenenkopie an • Reduzieren Sie die Deckkraft der gefilterten Ebene, um sie mit dem Original zu mischen • Schützen Sie Bildbereiche mit einer Ebenenmaske vor der Weichzeichnung • Hellen Sie dunkle Linien mit dem Reparatur-Pinsel auf.

1

Das Originalfoto hat das Lächeln sehr schön eingefangen. Allerdings hat der Blitz ein paar Glanzstellen und störende Linien auf dem Hals erzeugt.

Wenn Sie die Haut gleichmäßig weichzeichnen und glätten wollen, leistet der Filter STAUB UND KRATZER ideale Dienste. Sie können mit ihm feine Falten glätten, Glanzstellen korrigieren und dabei die Hautstruktur erhalten. Wenn Sie den Filter auf eine Kopie des Fotos anwenden, können Sie die geglättete Version mit dem scharfen Original mischen, um wirklich überzeugende Ergebnisse zu erzielen. Falls Schönheitsflecken oder dunkle Linien etwas mehr Aufmerksamkeit benötigen, können Sie auch den Reparatur-Pinsel nutzen und das Resultat mit dem Original mischen.

Seit Photoshop CS2 können Sie auch den Filter FELD WEICHZEICHNEN nutzen. Er erzeugt ein etwas anderes Ergebnis, aber auch hier können Sie die Hautstruktur erhalten, wenn Sie wollen (siehe Seite 311).

1 Eine Ebene zum Filtern hinzufügen. Öffnen Sie die Datei **Weiches Porträt-Vorher.psd 1** oder ein eigenes Foto. Duplizieren Sie das Bild in eine neue Ebene, um das Original zu schützen; um der Ebene gleich einen neuen Namen zu geben, halten Sie ⌘-⌥-J (PC: Strg-Alt-J) gedrückt.

2a
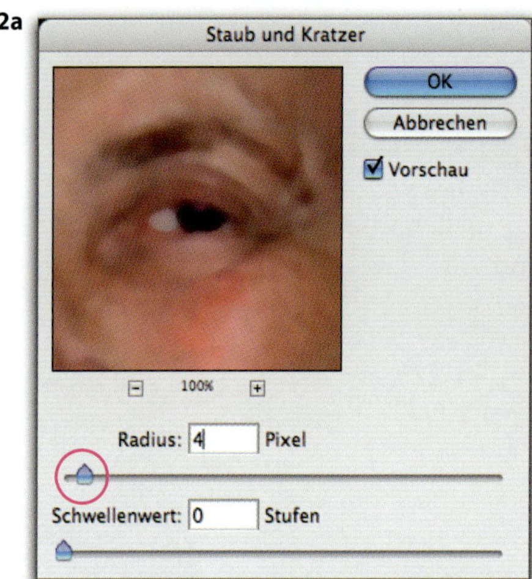

Wählen Sie für den Filter einen Radius von 4, um die Haut weichzuzeichnen, Glanzstellen abzuschwächen und Flecken zu entfernen.

2b
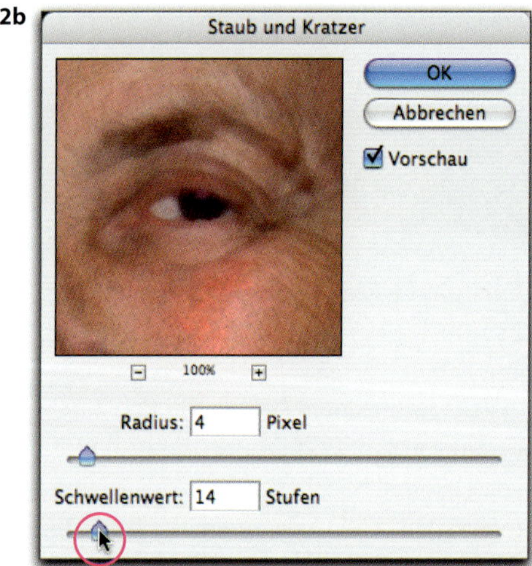

Mit einem Schwellenwert von 14 erhalten Sie die feine Hautstruktur.

2 Mit Staub und Kratzer weichzeichnen. Bei der Porträtretusche können Sie den Filter Staub und Kratzer verwenden, um die Haut zu glätten (indem Sie den Radius erhöhen), aber kein zu stark reduziertes Bild zu erzeugen (indem Sie den Schwellenwert so weit erhöhen, dass die Hautstruktur erhalten bleibt). Sobald der Betrachter Hautporen erkennt, geht er davon aus, dass die Haut wirklich so glatt ist, wie sie aussieht.

Wählen Sie zum Glätten der Haut Filter/Störungsfilter/Staub und Kratzer. Beginnen Sie zunächst mit einem kleinen Radius und einem ebenfalls kleinen Schwellenwert. Erhöhen Sie den Radius, bis Flecken und Falten verschwinden – wir wählten einen Wert von 4, wodurch dunkle Flecken verschwanden und Glanzstellen abgemildert wurden **2a**. (Keine Angst, wenn jetzt einige Details in den Augen, Zähnen oder Haaren verloren gehen. Das korrigieren wir mit einer Maske in Schritt 3. Ignorieren Sie im Moment auch noch die tiefen dunklen Linien auf dem Hals. Wenn wir den Radius jetzt so hoch einstellen würden, dass auch diese verschwinden, würde der Rest des Bildes viel zu stark weichgezeichnet. Warten Sie Schritt 3 ab.)

Um die Hautporen und Originalstörungen wieder ins Bild zu bringen, erhöhen Sie den Schwellenwert, bis die Flecken, die Sie ausblenden wollen, langsam wieder ins Bild kommen. Stellen Sie den Schwellenwert so ein, dass sie gerade so nicht zu sehen sind (hier 14). Hier wurden auf diese Weise die kleinen Lachfältchen abgeschwächt, sie sind aber immer noch zu sehen **2b**.

3 Die Filterebene mit dem Original mischen. Experimentieren Sie in der Ebenen-Palette mit der Deckkraft der gefilterten Ebene. Achten Sie auf die richtige Mischung der gefilterten und der Original-Ebene.

Wir reduzierten die Deckkraft der Filterebene auf 80%, damit gerade die richtige Menge Lachfalten zu sehen ist **3a**. Im nächsten Schritt wollen wir beide Ebenen mithilfe einer Ebenenmaske miteinander mischen. Immer wenn Sie eine Ebenenmaske hinzufügen, müssen Sie eine Entscheidung fällen: Verwenden Sie eine schwarze Maske und malen Sie mit Weiß, um Bildbereiche einzublenden? Oder malen Sie mit Schwarz auf einer weißen Maske? Wir entschieden uns für eine schwarze Maske, um die Filterebene vollständig auszublenden und nur teilweise wieder ins Bild zu malen.

Aktivieren Sie in der Ebenen-Palette die Filterebene und klicken Sie mit gedrückter ⌥/Alt-Taste auf den Button Eine Maske hinzufügen. (Dank ⌥/Alt-Taste erstellen Sie sofort eine schwarze Maske.) Um die Weichzeichnung wieder ins Bild zu

3a

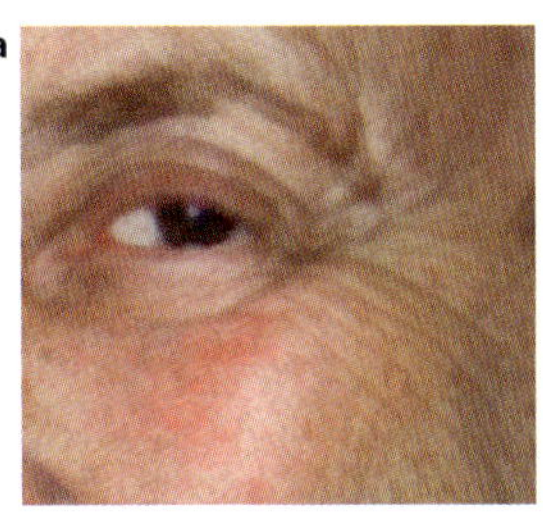

Wenn Sie die Deckkraft der gefilterten Ebene reduzieren, können Sie eine wirklich glaubhafte Weichzeichnung der Haut erzeugen.

3b

Kontrollieren Sie die Weichzeichnung mit einer Ebenenmaske.

bringen, aktivieren Sie den Pinsel mit einer großen, weichen Pinselspitze (35 Pixel) und malen Sie mit Weiß.▼ Malen Sie in den Bereichen, in denen die Weichzeichnung zu sehen sein soll. Sie können auch noch weiter mit der Deckkrafteinstellung experimentieren. Falls Sie versehentlich über scharfe Details gemalt haben, die Sie eigentlich erhalten wollen, wechseln Sie zu einer kleineren Pinselspitze und Schwarz als Vordergrundfarbe (Taste X). Malen Sie auf der Maske, um sie wiederherzustellen **3b**.

Haut glätten mit dem Filter »Feld weichzeichnen«

Der Filter Feld weichzeichnen (ab Photoshop CS2) findet die Kanten – Bereiche mit starkem Kontrast- oder Farbunterschied – und schützt diese, während kleinere, weniger kontrastreiche Details und Strukturen weichgezeichnet werden. Glätten Sie damit die Haut und erhalten Sie die Hautstruktur sowie die Lichter in Augen, Zähnen und Haaren. Allerdings können Sie mit diesem Filter die ganz feinen Details nicht schützen.

Wenn Sie Filter/Weichzeichnungsfilter/Feld weichzeichnen wählen, öffnet sich die Filter-Dialogbox. Der Radius kontrolliert den Bereich, in dem Photoshop die Durchschnittsfarbe der Pixel ausrechnet; je größer der Radius, desto stärker wird das Bild weichgezeichnet. Der Schwellenwert bestimmt, wie ähnlich sich die angrenzenden Pixel sein müssen, um nicht als Kante erkannt zu werden; je höher der Wert, desto weniger Kanten werden erkannt. Der Trick bei diesem Filter liegt darin, Radius und Schwellenwert so auszubalancieren, dass Gesichtsstrukturen und feine Details erhalten bleiben, Poren, feine Falten und Farbinkonsistenzen jedoch weichgezeichnet werden.

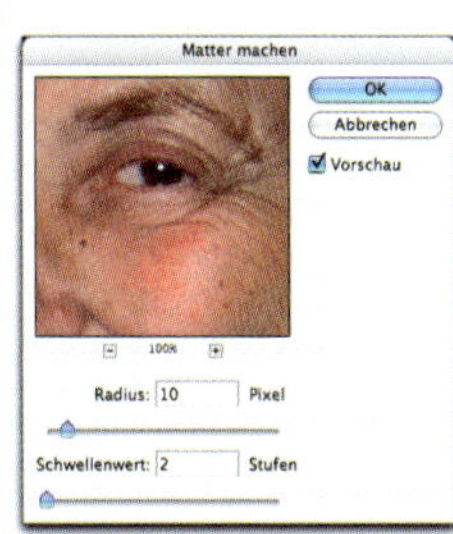

Der Radius von 10 und ein Schwellenwert von 7 erzeugten ein zu starkes Ergebnis, aber wir wussten, dass wir die Stärke noch mit der Deckkraft regulieren konnten und klickten deshalb auf OK.

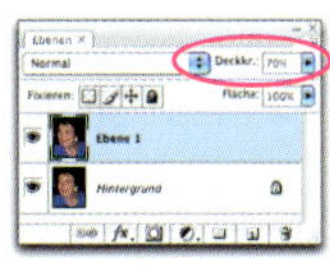

In der Ebenen-Palette reduzierten wir die Deckkraft der Filterebene. Es blieben ein paar sehr helle Lichter und dunkle Flecken, die wir mit dem Bereichsreparatur-Pinsel auf einer separaten Ebene bearbeiteten.

Mehr davon

▼ Pinselspitzen
Seite 365

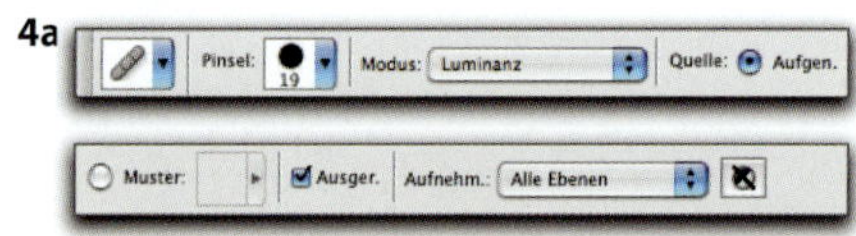

4a Wir wählten den Modus LUMINANZ und aktivierten die Checkboxen AUSGERICHTET und ALLE EBENEN AUFNEHMEN.

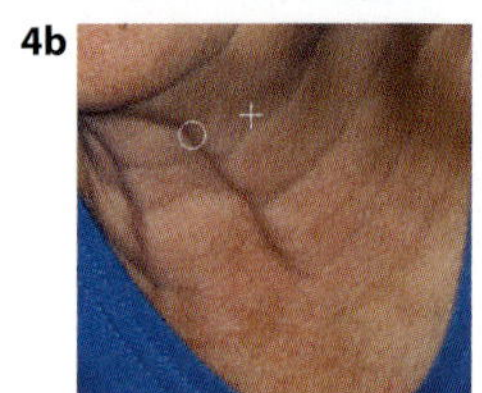

4b Malen Sie mit dem Reparatur-Pinsel über die erste Schattenlinie.

4c

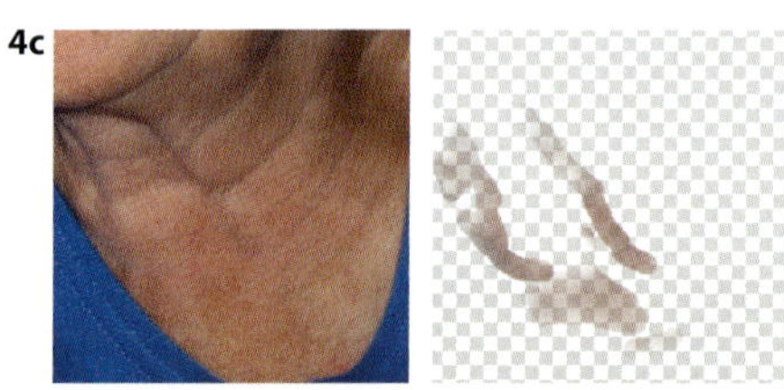

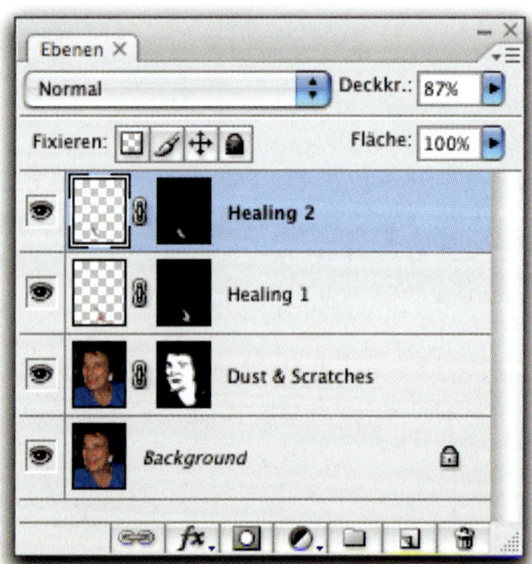

Die Reparaturstriche, nachdem die Deckkraft und die Ebenenmaske angepasst wurden. Die beiden Striche auf der Reparaturebene sehen Sie oben rechts. (Wir probierten auch den Bereichsreparatur-Pinsel mit denselben Einstellungen aus. Für den Schatten rechts funktionierte er auch ganz gut, links erzeugt der Reparatur-Pinsel jedoch ein besseres Ergebnis.)

4 Schattenlinien glätten. Um die dunklen Schattenlinien unter dem Kinn zu glätten, aktivierten wir den Reparatur-Pinsel, klickten mit gedrückter ⌥/Alt-Taste unten in der Ebenen-Palette auf den Button NEUE EBENE ERSTELLEN und gaben der Ebene einen Namen.

Aktivieren Sie in der Optionsleiste Folgendes **4a:**

- Wählen Sie eine **harte Werkzeugspitze,** die nur etwas breiter ist als der Bereich, den Sie abdecken wollen.
- In diesem Bild hat die dunklere Haut dieselbe Farbe wie die umliegenden helleren Bereiche – Sie müssen also nur die Helligkeit (Luminanz) anpassen. Wir wählten deshalb den Modus **LUMINANZ**. So reparieren Sie die dunklen Linien, ohne die Farbe zu ändern.
- Vergewissern Sie sich, dass die Option **AUFGENOMMEN** aktiviert ist, um die Struktur zu erhalten.
- Aktivieren Sie die Option **ALLE EBENEN AUFNEHMEN,** damit der Reparatur-Pinsel aus dem zusammengesetzten Bild aufnehmen und auf der leeren Ebene malen kann.
- Aktivieren Sie auch **AUSGERICHTET**. So nimmt der Werkzeug immer aus einem Bereich parallel zum Strich auf.

Sobald Sie alle Einstellungen in der Optionsleiste vorgenommen haben, verschieben Sie den Cursor rechts oben neben der Schattenlinie. Klicken Sie mit gedrückter ⌥/Alt-Taste, um den Quellbereich aufzunehmen. Verschieben Sie den Cursor anschließend auf die Linie **4b** und malen Sie mit kurzen Strichen. Ab CS2 können Sie auch zum Bereichsreparatur-Pinsel wechseln, wenn Sie mögen (nutzen Sie dieselben Einstellungen in der Optionsleiste) – bei diesem Werkzeug müssen Sie keinen Quellbereich aufnehmen, das macht es automatisch; falls Ihnen das Ergebnis nicht gefällt, machen Sie den Schritt rückgängig (⌘/Strg-Z) und wechseln wieder zum Reparatur-Pinsel.

Fügen Sie eine weitere leere Ebene hinzu und malen Sie mit dem Reparatur-Pinsel über den anderen Schatten. Obwohl die Haut und das T-Shirt eine andere Farbe besitzen, unterscheidet sich deren Luminanz nicht. Weil Sie in der Optionsleiste den Modus LUMINANZ aktiviert haben, wird die Farbe des Shirts nicht verschmiert. Um die Striche des Reparatur-Pinsels in das Foto überzublenden, passen Sie die Deckkraft der Reparaturebene an und fügen Sie (wie in Schritt 2) eine Maske hinzu **4c.**

K U R Z U M

Kosmetische Korrekturen

Wenn Sie Fotos verbessern wollen, nehmen Sie zunächst am besten allgemeine Tonwert- und Farbkorrekturen vor ▼ und im Anschluss spezielle Retuschearbeiten, beispielsweise kosmetische Korrekturen, wie auf den nächsten Seiten beschrieben. In den meisten Fällen nehmen wir die Korrektur auf einer separaten Ebene vor, um das Original zu schützen. Außerdem können Sie die Korrekturen so später auch noch einmal korrigieren. Einige von Photoshops Reparatur-Werkzeugen, beispielsweise der Reparatur-Pinsel, können auf einer separaten, transparenten Ebene über dem Foto angewendet werden. Bei Werkzeugen, die diese Option nicht anbieten, sollten Sie die Bildebene (oder Teile) duplizieren und auf dem Duplikat arbeiten. Für noch mehr Flexibilität können Sie den Ebenenmodus oder die Deckkraft ändern, sowie mit Ebenenmaske arbeiten.

LADEN SIE DIE WOW BILDKORREKTUR-PINSELSPITZEN

Für einige der hier gezeigten Techniken benötigen Sie die **Wow-Bildkorrektur-Pinselspitzen** von der **Wow-DVD-ROM.** Auf Seite 5 in diesem Buch erfahren Sie, wie Sie diese und andere Vorgaben laden. Sie können auch einfach zum Ordner Wow Projektdateien/Kapitel 5/Kosmetische Korrekturen navigieren und doppelt auf die Datei **Wow-Bildkorrektur-Pinselspitzen.tpl** klicken.

GRÖSSE DER WERKZEUGSPITZE

Sie können die Größe der Werkzeugspitze anpassen: mit [Ö] wird sie größer, mit [#] kleiner.

SIE FINDEN DIE DATEIEN

auf der DVD unter Wow Projektdateien/Kapitel 5/Kosmetische Korrekturen

MEHR DAVON

▼ Tonwert- und Farbanpassungen **Seite 250**

Weiße Zähne

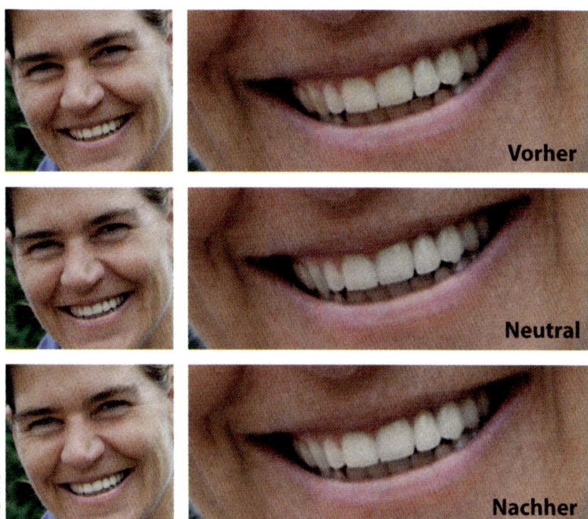

Eine schnelle und einfache Möglichkeit, Zähne oder Augen aufzuhellen, besteht darin, die Pinselspitze **Wow-White Teeth Neutralize** zu nutzen, um die Farbe zu entfernen und die Zähne dann mit **Wow-White Teeth Brighten** aufzuhellen. Falls Sie die Vorgaben noch nicht geladen haben, werfen Sie einen Blick auf Seite 5 oder laden Sie sie von der DVD wie links beschrieben.

Kopieren Sie das gesamte Bild in eine neue Ebene ([⌘]/[Strg]-[J]), oder erstellen Sie beispielsweise mit dem Lasso eine grobe Auswahl des Mundes und kopieren Sie die Auswahl in eine neue Ebene.

Aktivieren Sie den Pinsel und klicken Sie in der Optionsleiste ganz links auf das Icon, um den Pinselwähler zu aktivieren. Klicken Sie doppelt auf die Vorgabe **Wow-White Teeth Neutralize** (mit dem ersten Klick wählen Sie die Vorgabe aus, mit dem zweiten schließen Sie die Palette). In der Optionsleiste sehen Sie, dass die Pinselspitze sehr weich und als Modus FARBE aktiv ist, um die Farben zu neutralisieren, jedoch die Oberflächendetails nicht zu verändern. Die Deckkraft ist sehr gering und die Airbrush-Funktion aktiv, um die Farbe beim Gedrückthalten der Maustaste aufzubauen. Die weiße Farbe ist in die Pinselvorgabe eingebaut.

Passen Sie die Größe der Pinselspitze nach Bedarf an, vermeiden Sie Lippen und Zahnfleisch und kopieren Sie diese Ebene in eine neue.

Aktivieren Sie anschließend die Vorgabe **Wow-White Teeth Brighten**. Malen Sie über die Zähne, um sie zu weißen. Durch Ein- und Ausblenden der Ebene können Sie das Resultat überprüfen. Ist das Ergebnis zu intensiv, verringern Sie einfach die Ebenendeckkraft.

Weisse-Zaehne.psd

Farbige Lippen

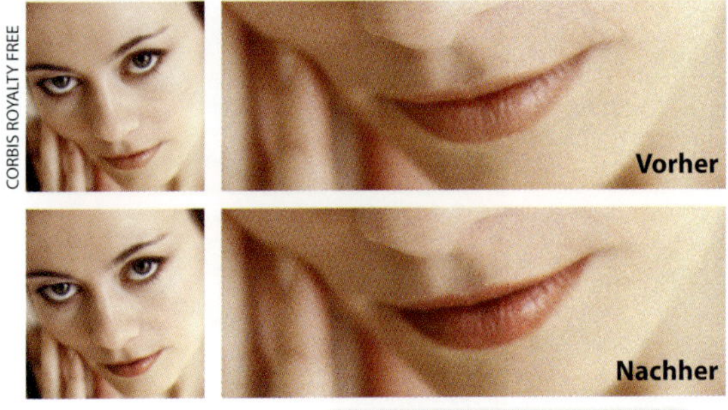

CORBIS ROYALTY FREE

Um blassen Lippen etwas mehr Farbe zu verleihen, ohne die Lichter auszuwaschen, versuchen Sie, eine Kopie der Lippen im Modus FARBIG NACHBELICHTEN mit dem Original und einer geringen Deckkraft zu mischen. Die Farbe der Lippen wird sich in den hellen Tonwerten und Lichtern nur leicht ändern, in den Mitteltönen jedoch deutlich dunkler werden.

Kopieren Sie das Bild in eine neue Ebene, oder erstellen Sie eine lose Auswahl der Lippen (z.B. mit dem Lasso) und kopieren Sie die Auswahl in eine neue Ebene. Aktivieren Sie den Ebenenmodus FARBIG NACHBELICHTEN und fügen Sie eine schwarze Ebenenmaske hinzu, indem Sie mit gedrückter ⌥/Alt-Taste auf den Button EBENENMASKE HINZUFÜGEN klicken.

Aktivieren Sie anschließend den Pinsel und malen Sie mit Weiß (bei aktiver Maske stellen Sie mit der Taste D Weiß als Vordergrundfarbe ein). Wählen Sie in der Optionsleiste des Pinsels den Modus NORMAL und eine geringe Deckkraft (25%). Klicken Sie auf das Pinsel-Icon, um eine kleine, weiche Pinselspitze auszuwählen. Malen Sie nun auf der Maske, um die intensive Farbe der Lippen einzublenden. Falls die Farbe nicht intensiv genug ist, können Sie erneut über die Maske malen. Ist das Ergebnis anschließend zu intensiv, verringern Sie in der Ebenen-Palette einfach die Deckkraft, oder malen Sie mit Schwarz, verringern die Deckkraft des Pinsels (in der Optionsleiste) und malen an den Stellen auf der Maske, wo Sie den Effekt wieder etwas reduzieren wollen.

Augen aufhellen

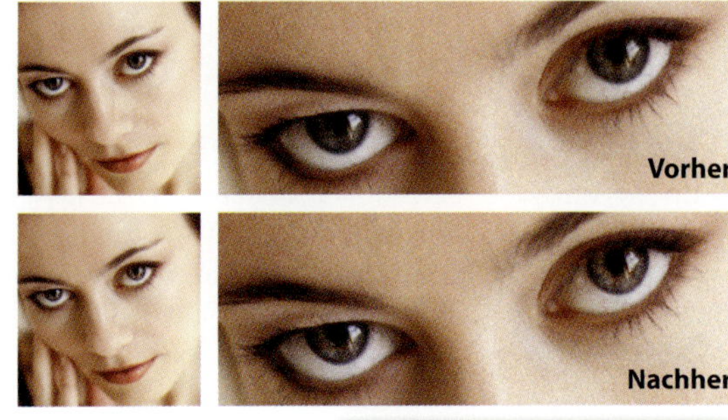

Um Augen funkeln zu lassen, versuchen Sie es mit dem Modus FARBIG ABWEDELN. Wenn Sie eine Kopie der Augen in diesem Modus mit dem Original kombinieren, werden die helleren Farben stärker aufgehellt als dunklere. Falls Sie im Duplikat nur die Iris und die Pupillen auswählen, werden die hellen Farben aufgehellt und der Kontrast wird verstärkt – die Augen funkeln.

Duplizieren Sie das Bild oder nur die Augen in eine neue Ebene. Wir begannen hier mit der Datei, in der die Lippen bereits nachgefärbt wurden. Wir klickten auf die Miniatur der Hintergrundebene, erstellten mit dem Lasso eine Auswahl von den Augen und einem Teil des umliegenden Bereichs und duplizierten diese in eine neue Ebene (⌘/Strg-J).

Fügen Sie eine schwarze Ebenenmaske hinzu, indem Sie mit gedrückter ⌥/Alt-Taste unten in der Ebenen-Palette auf den Button EBENENMASKE HINZUFÜGEN klicken. Aktivieren Sie außerdem den Ebenenmodus FARBIG ABWEDELN.

Malen Sie mit dem Pinsel und Weiß auf der Maske, um die bearbeiteten Augen einzublenden – reduzieren Sie die Deckkraft auf etwa 80%. Falls die Lichter in den Augen jetzt etwas zu ausgebrannt aussehen, malen Sie mit Schwarz auf der Maske; wir reduzierten dafür die Deckkraft des Pinsels auf 40%.

Rote Augen korrigieren

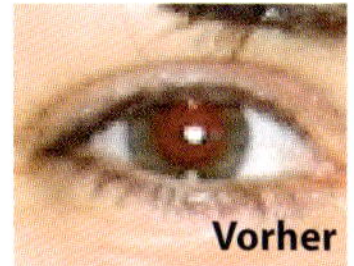

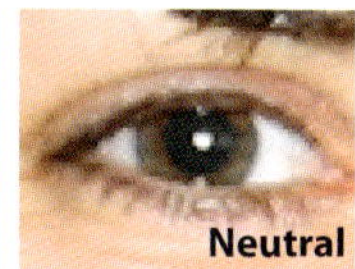

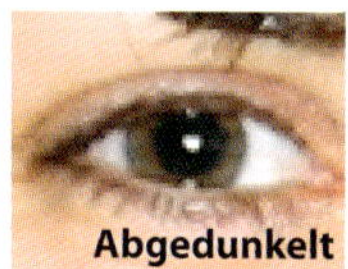

Um Rote Augen zu entfernen, können Sie eine oder mehrere der **Wow-Red-Eye**-Vorgaben nutzen. Installieren Sie die Vorgaben wie auf Seite 5 beschrieben oder laden Sie sie, wie auf Seite 313 nachzulesen ist.

Duplizieren Sie das Bild in eine neue Ebene und aktivieren Sie den Pinsel. Klicken Sie links in der Optionsleiste auf das Pinsel-Icon, um den Pinselwähler zu öffnen. Klicken Sie doppelt auf die Vorgabe **Wow-Red Eye Neutralize**. Mit den Tasten [.] (größer) und [,] (kleiner) können Sie die Größe der Pinselspitze an die Pupille anpassen. Falls Sie Rot entfernen müssen, stellen Sie die Farbe mit einem der Pinsel **Wow-Red Eye Replace** wieder her; wenn Sie mit gedrückter [⌥]/[Alt]-Taste in die Iris klicken, können Sie die Farbe anpassen. Falls Sie die Pupillen abdunkeln müssen, verwenden Sie die Vorgabe **Wow-Red Eye Darken**.

 **Rote-Augen.psd**

Rote Augen

Rote Augen entstehen, wenn die Person die Pupillen weiter geöffnet hat, um unter schwachen Lichtbedingungen besser sehen zu können, und bei der Aufnahme direkt in den Blitz guckt. Das passiert besonders bei Kompaktkameras sehr häufig (egal, ob analog oder digital), weil sich der Blitz dort direkt über dem Objektiv befindet – schaut die Person in die Kamera, guckt sie auch direkt in den Blitz. Die gut durchblutete Retina auf der Rückseite des Auges wird durch die große Menge eindringenden Lichts beleuchtet.

Einige Kameras lösen einen Vorblitz aus, um rote Augen zu reduzieren. Die Augen reagieren dann bereits auf den ersten Blitz, beim eigentlichen Blitz sind die Pupillen dann relativ klein, es gelangt weniger Licht auf die Retina und es entstehen keine roten Augen.

Die Rote-Augen-Reduzierung hat aber auch einen Nachteil. Die Pupillen sehen aus, als wären sie unter hellem Tageslicht und nicht unter schwachen Lichtbedingungen aufgenommen. Durch den Vorblitz muss die Person außerdem länger für das Foto posieren, die Natürlichkeit geht etwas verloren. Manchmal ist es deshalb besser, die roten Augen erst in Photoshop zu entfernen oder ganz zu vermeiden, indem Sie mit einem externen Blitz arbeiten oder die Person nicht in die Kamera blicken lassen.

Das Rote-Augen-Werkzeug

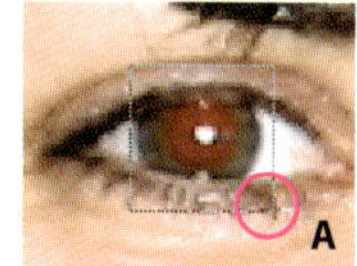

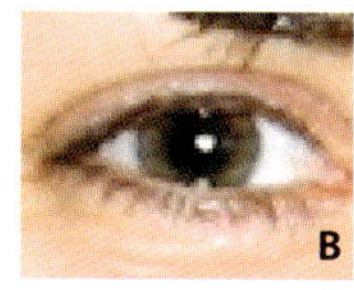

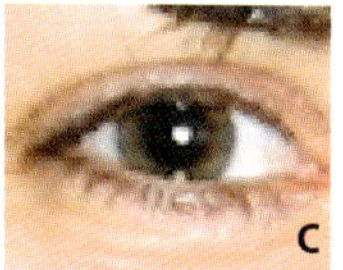

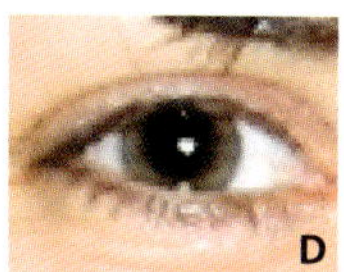

Das Rote-Augen-Werkzeug von Photoshop behebt das Rote-Augen-Problem mit nur einem Klick. Vielleicht gefällt Ihnen der Ansatz links besser, weil Sie mit ihm eine präzisere Kontrolle haben (denn Sie können probieren, rückgängig machen, probieren und wieder rückgängig machen usw.). Weil jedoch das Rote-Augen-Werkzeug so schnell und einfach funktioniert und Sie das Ergebnis auch rückgängig machen können, sollten Sie es ausprobieren.

Aktivieren Sie das Werkzeug und ziehen Sie mit gedrückter [⇧]-Taste diagonal über das Auge, um ein Auswahlrechteck zu erstellen **A**; lassen Sie die Maustaste anschließend los **B**. Wenn Sie nicht nur klicken, sondern dieses Rechteck erstellen, erzeugen Sie ein konsistenteres Ergebnis. Falls Ihnen das Ergebnis nach dem ersten Versuch noch nicht gefällt, machen Sie den Schritt rückgängig ([⌘]/[Strg]-[Z]), ändern die Einstellungen in der Optionsleiste und versuchen es erneut. Für **B** verwendeten wir die Standardeinstellungen von 50% und 50%. Wenn Sie diese Werte verringern, reduzieren Sie die Ausdehnung und die Dichte des Schwarz (hier 1% und 1%) **C**; bei Erhöhung der Werte (100% und 100%) erzeugen Sie das entgegengesetzte Ergebnis **D**.

Zwei Fenster

Gerade bei der Rote-Augen-Korrektur ist es notwendig, in das Bild hineinzukommen. Dann ist es sehr praktisch, wenn Sie ein zweites Fenster öffnen, in dem Sie das Bild in voller Größe sehen, um die Änderungen im Kontext zu überblicken. Wählen Sie dafür Fenster/Anordnen/Neues Fenster für… und stellen Sie die gewünschte Vergrößerung ein. Jetzt können Sie in einem Fenster arbeiten und in beiden die Änderungen nachvollziehen.

Leuchtende Augen korrigieren

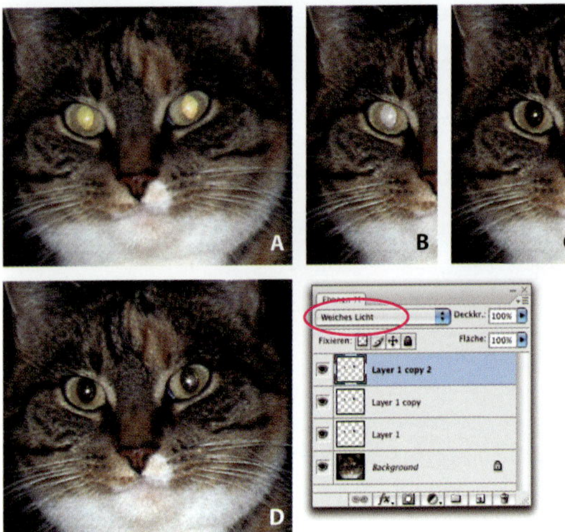

Das Äquivalent zu roten Augen sind bei Katzen, Hunden und einigen anderen Tieren leuchtende Augen **A,** die aufgrund einer stark reflektierenden Augenmembran entstehen. Der erste Korrekturschritt entspricht dem der Rote-Augen-Korrektur – neutralisieren Sie die Farbe mit **Wow-Red Eye Neutralize** (Seite 315) **B**.

Weil die Pupille so hell ist, müssten Sie den Pinsel **Wow-Red Eye Darken** mehrfach anwenden – bei Überlappungen könnte sich die Farbe jedoch ungleichmäßig aufbauen. Sie können die Pupillen auch so abdunkeln: Fügen Sie eine neue Ebene hinzu und stellen Sie Schwarz als Vordergrundfarbe ein (Taste D). Aktivieren Sie den Pinsel und klicken Sie in der Optionsleiste auf das Pinsel-Icon, um den Pinselwähler zu öffnen. Wählen Sie eine Kantenschärfe von 0 und passen Sie den Hauptdurchmesser an die Größe der Pupillen an. Aktivieren Sie den Modus NORMAL und eine Deckkraft von 100%, deaktivieren Sie die Airbrush-Funktion. Malen Sie auf der transparenten Ebene über die Augen, um sie schwarz einzufärben. Wenn das Schwarz gleichmäßig und die Kanten schön weich sind, ändern Sie den Ebenenmodus von NORMAL in WEICHES LICHT. Für mehr Dichte duplizieren Sie die Ebene mehrfach (⌘/Strg-J), bis die Pupillen dunkler sind, als Sie sie haben wollen. Wir verwendeten drei Ebenen **C**.

Verfeinern Sie die Restauration, indem Sie auf der obersten Kopie malen. Wir verwendeten beispielsweise FILTER/WEICHZEICHNUNGSFILTER/GAUSSSCHER WEICHZEICHNER, um die Pupillen besser mit dem Rest des Bildes zu mischen **D**. Sie können auch die Ebenendeckkraft verringern oder auf der Ebenenmaske mit Schwarz malen, um den Effekt teilweise zu reduzieren.

Augenglanz.psd

Hautrötung reduzieren

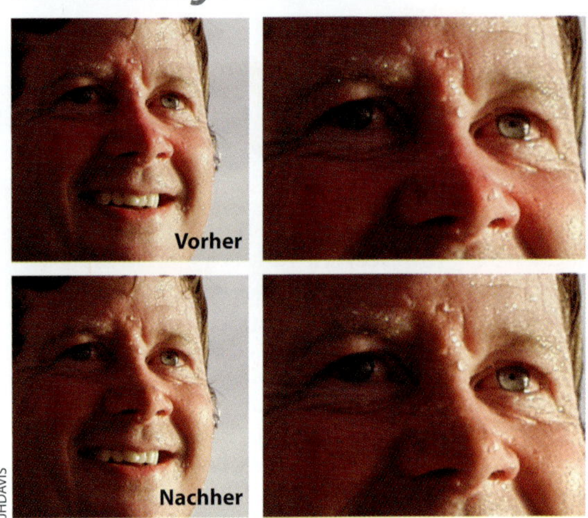

JHDAVIS

Um rötliche Hautflecken zu reduzieren, können Sie mit einem weichen Pinsel mit geringer Deckkraft und im Modus FARBTON malen. Verwenden Sie beispielsweise die Pinselspitze **Wow-Red Skin Neutralize.** Dazu müssen Sie die Vorgaben **Wow Bildkorrektur-Pinselspitzen** wie auf Seite 5 beschrieben installieren oder sie von der DVD laden (siehe Seite 313).

Kopieren Sie das gesamte Bild in eine neue Ebene (⌘/Strg-J), oder erstellen Sie mit dem Lasso eine Auswahl und kopieren Sie diese. Aktivieren Sie den Pinsel und klicken Sie in der Optionsleiste ganz links auf das Pinsel-Icon. Klicken Sie im Pinselwähler doppelt auf die Vorgabe **Wow-Red Skin Neutralize.** Ein Blick in die Optionsleiste verrät, dass die Pinselspitze im Modus FARBTON arbeitet, Sie beim Malen zwar den Farbton der Haut ändern, die Details und Tiefen jedoch nicht ändern. Die Pinselspitze ist weich und arbeitet mit geringer Deckkraft, um die Farbtonänderungen gleichmäßig ins Bild zu malen. Malen Sie nun auf dem Bild, um die rote Farbe zu entfernen. Falls die Farbe der Pinselspitze nicht zum Bild passt, klicken Sie mit gedrückter ⌥/Alt-Taste in das Foto, um die gewünschte Hautfarbe aufzunehmen.

Rot-entfernen.psd

Flecken entfernen

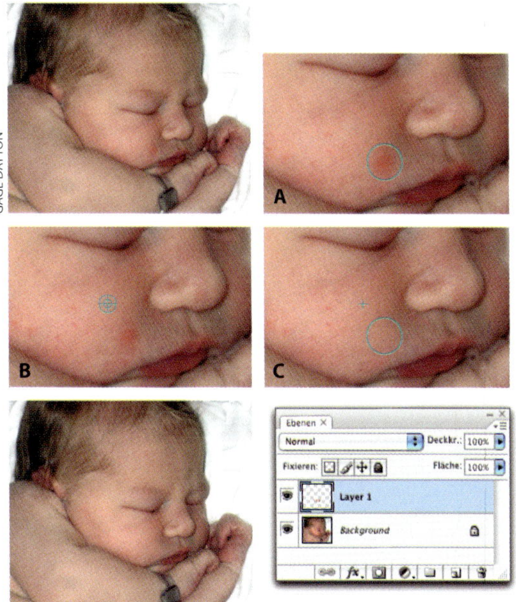

Der Reparatur-Pinsel und der Bereichsreparatur-Pinsel bewirken Wunder, wenn es um das Entfernen von Flecken geht. Öffnen Sie Ihr Bild und erstellen Sie eine neue Ebene für die Reparaturen. Aktivieren Sie den Reparatur- oder Bereichsreparatur-Pinsel und aktivieren Sie in der Optionsleiste die Checkbox ALLE EBENEN AUFNEHMEN. Wählen Sie den Modus NORMAL.

Verschieben Sie den Cursor über den ersten Fleck und passen Sie die Größe der Pinselspitze mit den Tasten [>] (größer) und [<] (kleiner) an **A**.

- Verschieben Sie den Cursor in CS in einen Bereich, der so aussieht, wie der korrigierte Fleck aussehen soll **B**. Klicken Sie mit gedrückter [⌥]/[Alt]-Taste, um einen Quellbereich aufzunehmen. Lassen Sie anschließend die Taste los, verschieben Sie den Cursor über den Fleck und klicken Sie **C**.
- Seit CS2 brauchen Sie, wenn der umliegende Bereich die richtige Farbe und die richtigen Tonwerte aufweist, nur mit dem Bereichsreparatur-Pinsel zu klicken.
- Für die kleineren Flecken verwendeten wir den Reparatur-Pinsel mit aktivierter Option AUSGERICHTET. Nachdem wir einen Bereich über dem kleinen Fleck aufgenommen hatten, konnten wir in die Flecken klicken, das Werkzeug nimmt automatisch einen Quellbereich in der Nähe auf (aufgrund der aktivierten Option).

Flecken-entfernen.psd

Haut glätten

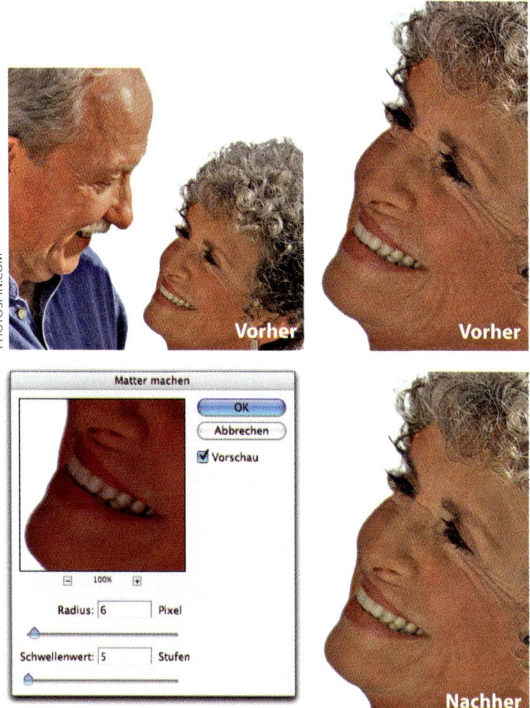

Der Filter Feld weichzeichnen (seit CS2) schützt kontraststarke Kanten und zeichnet die Details weich. Er sucht nach Farb- und Helligkeitsunterschieden und entscheidet, basierend auf Ihren Einstellungen, ob ein Bereich weichgezeichnet wird und wie stark. Der Radius bestimmt die Ausdehnung der Weichzeichnung (je höher der Radius, desto intensiver die Weichzeichnung); der Schwellenwert bestimmt, wie stark auch die Details weichgezeichnet werden (je kleiner der Wert, desto feiner die Details, die weichgezeichnet werden).

Um den Filter für Beispiele wie oben zu sehen zu verwenden, duplieren Sie zunächst die Ebene ([⌘]/[Strg]-[J]), um das Original zu schützen. Wählen Sie anschließend FILTER/WEICHZEICHNUNGSFILTER/MATTER MACHEN (in CS3 arbeiten Sie mit einem verlustfreien Smartfilter). Passen Sie Radius und Schwellenwert an, achten Sie auf die Bereiche, die scharf bleiben sollen. Wir verwendeten hier einen Radius von 6 und einen Schwellenwert von 5, um die Haut des Mannes zu glätten, sie aber nicht bearbeitet aussehen zu lassen. Auch für die Frau funktionierten diese Einstellungen ganz gut, um die Störungen zu entfernen, die dadurch entstanden, dass sie sich im Schatten befand. Beachten Sie, dass die Haare und andere Details scharf bleiben.

Glaetten.psd

Augenringe aufhellen

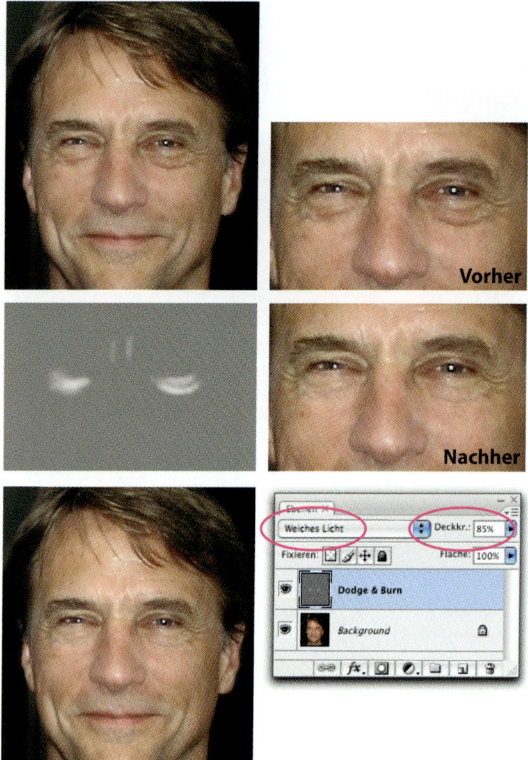

Dunkle Bereiche unter den Augen können mit einer Abwedeln-und-Nachbelichten-Ebene aufgehellt werden. Öffnen Sie Ihr Bild und klicken Sie mit gedrückter ⌥/Alt-Taste auf den Button NEUE EBENE ERSTELLEN. Wählen Sie in der Dialogbox den Modus WEICHES LICHT, aktivieren Sie die Checkbox MIT DER NEUTRALEN FARBE FÜR DEN MODUS »WEICHES LICHT« FÜLLEN (50% GRAU) und klicken Sie auf OK.

Stellen Sie Weiß als Vordergrundfarbe ein. Aktivieren Sie den Pinsel und klicken Sie in der Optionsleiste auf das Pinsel-Icon: Wählen Sie eine Kantenschärfe von 0, um eine weiche Pinselspitze zu erzeugen; passen Sie den Durchmesser an den zu korrigierenden Bereich an; wir begannen hier mit 18 Pixel und reduzierten die Größe. Wählen Sie den Modus NORMAL (WEICHES LICHT ist bereits für die Ebene aktiv), eine Deckkraft von 10% und deaktivieren Sie die Airbrush-Funktion. Malen Sie nun über die Bereiche, die Sie aufhellen wollen. Nehmen Sie maximale Korrekturen vor und experimentieren Sie anschließend mit der Ebenendeckkraft, um die Augenringe genau im richtigen Maße aufzuhellen.

 **Augenringe.psd**

Abwedeln und Nachbelichten

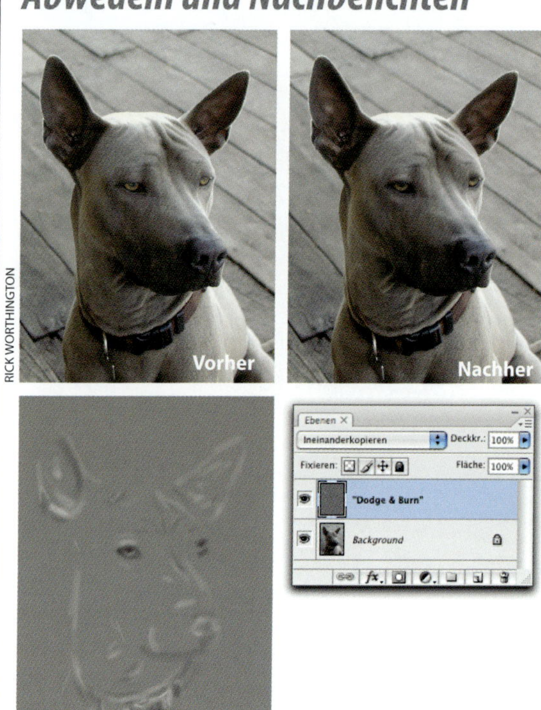

Wichtige Gesichtsdetails fangen in der Regel das Licht ein und werfen einen Schatten auf umliegende Bereiche. Mit einem etwas stärkeren Kontrast als in der Technik links können Sie eine Abwedeln-und-Nachbelichten-Ebene erstellen, mit der Sie Gesichtsstrukturen besser hervorheben. Hier wählten wir für die Abwedeln-und-Nachbelichten-Ebene den Modus ÜBERLAGERN/INEINANDERKOPIEREN; in der Dialogbox NEUE EBENE aktivierten wir die Checkbox MIT DER NEUTRALEN FARBE FÜR DEN MODUS »INEINANDERKOPIERN« FÜLLEN (50% GRAU) und klickten auf OK. Helle Tonwerte werden stärker aufgehellt und dunkle stärker abgedunkelt. Wir malten mit Weiß auf der Ebene, um über den Augen Erhöhungen anzudeuten, und mit Schwarz, um dunkle Bereiche unter den Augenlidern und Augen zu erzeugen. Ähnliche Korrekturen nahmen wir an der Schnauze und am Hals vor. Ebenfalls mit Weiß verstärkten wir das Gegenlicht an den Ohren.

 **Ueberarbeiten.psd**

KURZUM

Abdecken

Photoshops Retusche-Werkzeuge werden in diesem Kapitel immer wieder verwendet. Auf den nächsten drei Seiten werden wir jedoch auf spezielle Anforderungen eingehen – wir reparieren ein altes, geknicktes Foto und entfernen Stromleitungen aus einem Himmel. Ziel ist es, ein Problem zu analysieren und die richtige Lösung zu finden – Werkzeuge (Ausbessern-Werkzeug, Reparatur- und Bereichsreparatur-Pinsel, Kopierstempel) und Filter.

MONA DAYTON

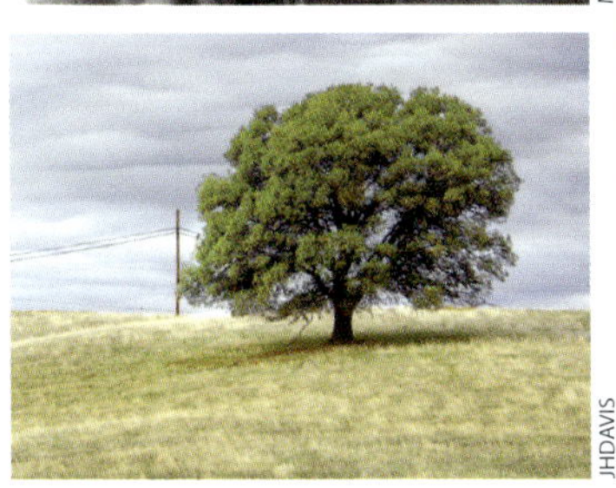

JHDAVIS

SIE FINDEN DIE DATEIEN
auf der DVD unter Wow Projektdateien/Kapitel 5/Abdecken

MEHR DAVON
▼ Auswahlen **Seite 57**

1. Vorbereitung

In diesem Foto müssen drei wesentliche Probleme korrigiert werden. Auf der Jacke, am Hals und auf dem Hut sind Knicke zu sehen, an denen das weiße Papier durchscheint **A**. Dann gibt es noch drei deutliche, wenn auch kleinere Flecken auf der Jacke **B** und kleine Flecken über dem gesamten Bild.

Um mit dem größten Problem zu beginnen – den Rissen –, aktivieren Sie das Ausbessern-Werkzeug, was hier sehr gut geeignet ist. Klicken Sie in der Optionsleiste in den Radiobutton QUELLE **C**, so dass Sie zuerst die Quelle – die Störung selbst – auswählen. Für dieses Werkzeug gibt es keine Option ALLE EBENEN AUFNEHMEN; es arbeitet auf der Bildebene und nicht auf einer separaten, transparenten Reparaturebene. Kopieren Sie das Bild deshalb in eine neue Ebene (⌘/Strg-J), um das Original zu schützen.

Abdecken01.psd

2. Ausbessern

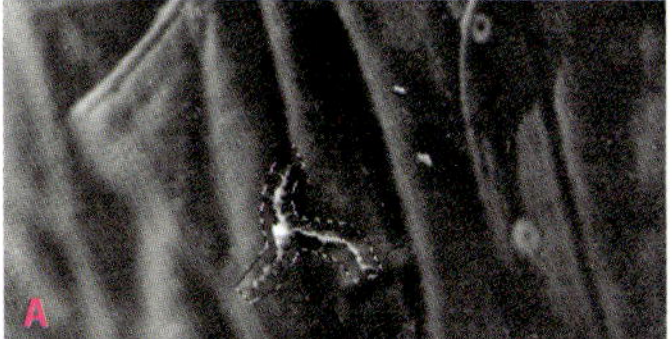

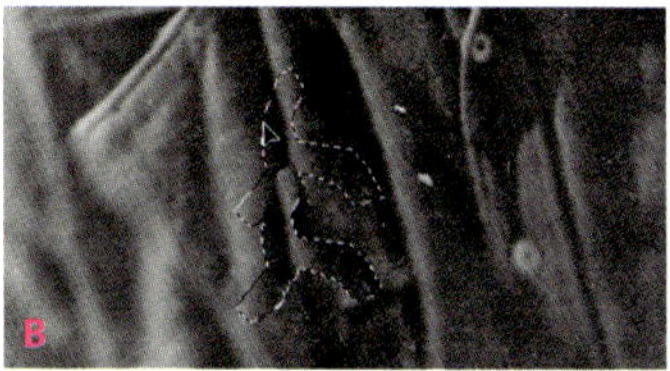

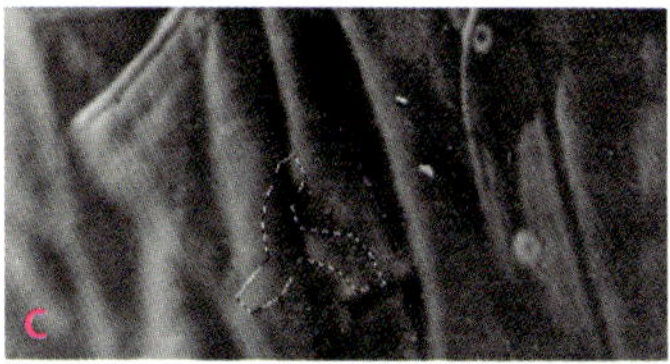

Das Ausbessern-Werkzeug kann wie das Lasso (indem Sie ziehen, um eine Auswahl zu erstellen) oder das Polygonlasso verwendet werden (indem Sie mit gedrückter ⌥/Alt-Taste klicken). Wählen Sie mit dem Werkzeug einen der Risse aus; wir begannen mit dem größten auf der Jacke und klickten mit gedrückter ⌥/Alt-Taste **A**. Verschieben Sie den Cursor anschließend in die Auswahl und ziehen Sie diese in einen Bereich mit der richtigen Struktur, um den Riss zu füllen; wir zogen, bis das Weiß aus der Originalauswahl verschwand **B**. Durch Losloassen der Maustaste wird die Ausbesserung vervollständigt **C**. Wir wendeten dieselbe Technik für die Risse auf dem Hals und dem Hut an. Mit ⌘/Strg-D hoben wir die Auswahlen jeweils wieder auf.

ZUM AUSBESSERN AUSWÄHLEN

Mit dem Ausbessern-Werkzeug können Sie nicht nur innerhalb der Ausbesserung auswählen. Sie können die Auswahl auch mit einem anderen Werkzeug, einem Befehl oder einer Kombination erstellen ▼ und im Anschluss das Ausbessern-Werkzeug aktivieren; nehmen Sie die Einstellungen in der Optionsleiste vor und verschieben Sie den Cursor in die Auswahl, dann ziehen Sie.

3. Bereichsreparatur

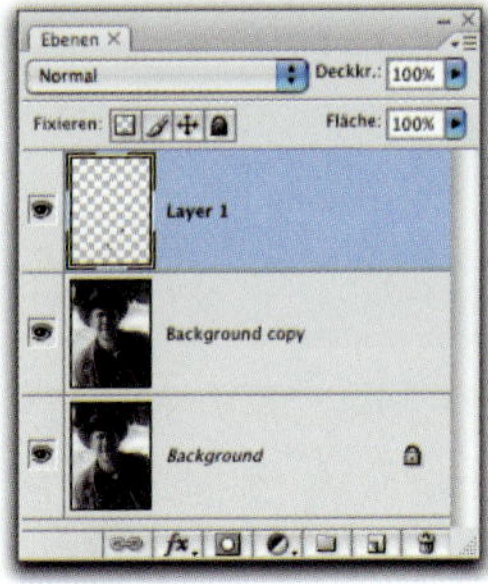

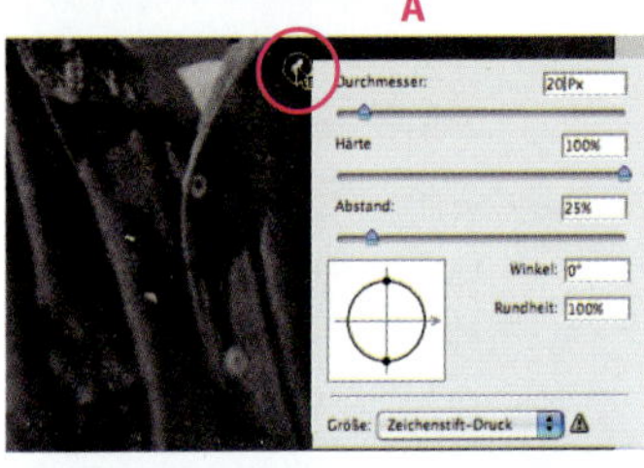

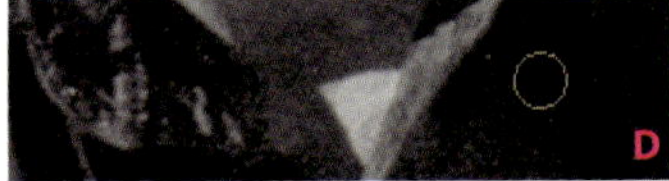

Für die drei kleineren Flecken verwendeten wir den Reparatur- und den Bereichsreparatur-Pinsel (weil es schneller geht). Für beide Werkzeuge gibt es die Option ALLE EBENEN AUFNEHMEN, um Reparaturen auf einer separaten Ebene durchzuführen. Erstellen Sie eine neue Ebene **A**. Photoshops Bereichsreparatur-Pinsel ist ideal, um Flecken abzudecken, deren Umgebung zum Abdecken verwendet werden kann. Aktivieren Sie den Bereichsreparatur-Pinsel (falls Sie in CS arbeiten, verwenden Sie einfach den Reparatur-Pinsel, wie rechts beschrieben). Halten Sie den Cursor über den Fleck und klicken Sie mit gedrückter Ctrl-Taste (PC: Rechts-Klick), um den Werkzeugwähler zu öffnen **B**. Passen Sie den Durchmesser an, so dass die Werkzeugspitze etwas größer ist als der Fleck **C**; klicken Sie einmal, um die Reparatur durchzuführen **D**.

4. Reparatur-Pinsel

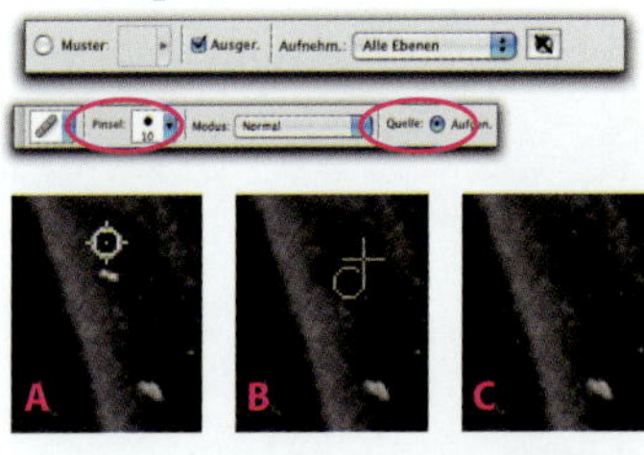

Um die anderen beiden Flecken herum befinden sich unterschiedliche Farbtöne; mit dem Bereichsreparatur-Pinsel würden Sie die dunklen Bereiche nur aufhellen. Hier ist der Reparatur-Pinsel deshalb passender. Aktivieren Sie diesen und in seiner Optionsleiste AUFGENOMMEN und AUSGERICHTET. Klicken Sie für jeden Fleck mit gedrückter Ctrl-Taste (PC: Rechts-Klick) in der Nähe des Flecks – wählen Sie eine Werkzeugspitze, die etwas größer ist als der Fleck. Klicken Sie anschließend mit gedrückter ⌥/Alt-Taste in einen Bereich ähnlicher Farbe und Tonwerte in der Nähe (wir klickten über dem Fleck) **A**, lassen Sie die Taste los und klicken oder ziehen Sie über den Fleck **B**; lassen Sie die Maustaste los, um die Reparatur abzuschließen **C**.

5. Staub und Kratzer

Nutzen Sie für die vielen kleinen Flecken und Punkte den Filter STAUB UND KRATZER. Erstellen Sie zuvor eine zusammengefügte Ebene und wählen Sie im Anschluss FILTER/STÖRUNGSFILTER/STAUB UND KRATZER. Passen Sie die Stärke (um die Flecken auszublenden) und den Schwellenwert an (um die Körnung der Emulsion zu erhalten); für dieses kleine Bild (640 × 838 Pixel) wählten wir Radius 2 Pixel und Schwellenwert 20). ▼

1. Ein Muster für den Reparatur-Pinsel

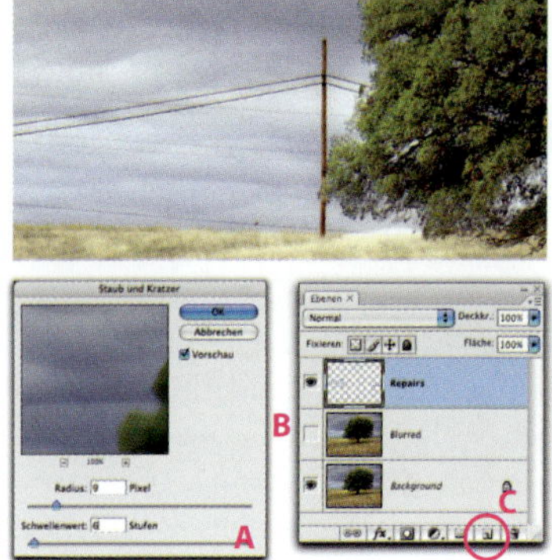

Mit oder ohne Wolken sorgen die Tonwertänderungen des Himmels dafür, dass man nicht problemlos über die Stromleitungen klonen kann. Trotzdem können Sie den Reparatur-Pinsel zusammen mit den Filtern STAUB UND KRATZER und STÖRUNGEN HINZUFÜGEN verwenden, um die Leitungen zu entfernen. Dazu nutzen wir das Werkzeug im Modus MUSTER.

Kopieren Sie zunächst das Bild in eine neue Ebene. Da die Leitungen sehr fein sind, wählen Sie zunächst FILTER/STÖRUNGSFILTER/STAUB UND KRATZER **A**. Wir zeichneten das Bild weich, um die dicken Drähte zu entfernen; mit einem Schwellenwert von 6 verschwanden die Leitungen, aber die Körnung des Bildes blieb erhalten.

Das weichgezeichnete Duplikat legen Sie im nächsten Schritt als Muster fest, indem Sie BEARBEITEN/MUSTER FESTLEGEN wählen. Blenden Sie nun die weichgezeichnete Ebene aus (klicken Sie in der Ebenen-Palette auf das Augen-Icon **B**) und fügen Sie eine neue Ebene für die Reparaturen hinzu **C**.

Abdecken02.psd

MEHR DAVON

▼ Staub und Kratzer **Seite 305**

2. Mit Muster reparieren

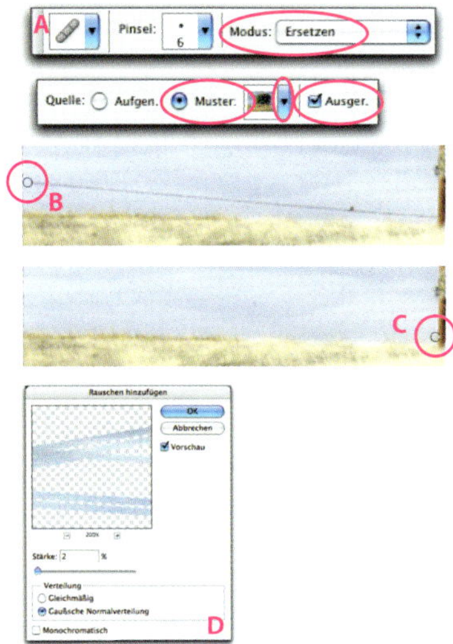

Aktivieren Sie den Reparatur-Pinsel und wählen in der Optionsleiste **A** MUSTER als QUELLE sowie den Modus ERSETZEN (dadurch verhindern Sie das Verwischen, das im Modus NORMAL gern auftritt). Aktivieren Sie außerdem die Option AUSGERICHTET. Klicken Sie mit gedrückter Ctrl-Taste (PC: Rechts-Klick) mit einer Werkzeugspitze, die etwas größer ist, in der Nähe des Kabels (hier: 6 Pixel). Klicken Sie dann einfach auf ein Ende des Kabels **B** und mit gedrückter ⇧-Taste auf das andere Ende, um eine gerade Linie zwischen diesen beiden Punkten zu erstellen **C** (Sie können den Cursor auch ziehen, statt zu klicken). Decken Sie durch ⇧-Klicken das gesamte Kabel ab; vergrößern Sie die Werkzeugspitze, wenn nötig.

Wenn das Kabel nicht mehr zu sehen ist, wählen Sie FILTER/STÖRUNGSFILTER/STÖRUNGEN HINZUFÜGEN, um die Bildkörnung auf der Reparaturebene wiederherzustellen **D**; wir passten die Filtereinstellungen an und kontrollierten das Ergebnis im Arbeitsfenster.

3. Bereichsreparatur

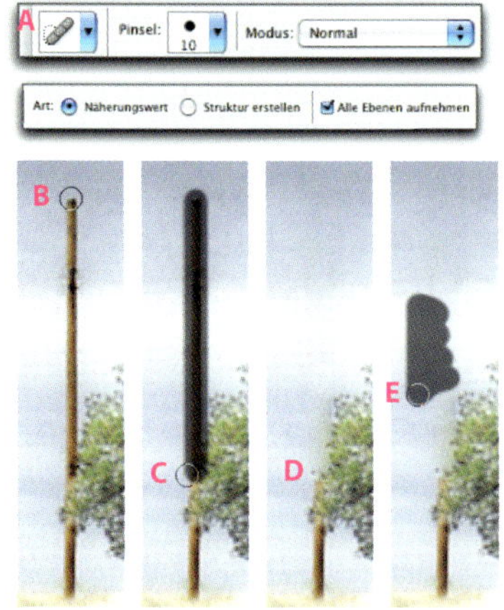

Den Mast können Sie mit dem Bereichsreparatur-Pinsel entfernen. (Falls Sie in CS arbeiten oder den Bereichsreparatur-Pinsel nicht mögen, können Sie auch mit dem Kopierstempel arbeiten.)

Weil der Bereichsreparatur-Pinsel zum Auffüllen Material aus der Umgebung nimmt, ist es wichtig, in die richtige Richtung zu ziehen und den Bereich mit dem Himmel zu füllen. Aktivieren Sie in der Optionsleiste den Modus NORMAL **A** und wählen Sie eine Werkzeugspitze, die etwas größer ist als der Bereich, den Sie abdecken wollen (hier 10 Pixel). Positionieren Sie den Cursor so, dass über dem Mast und an beiden Seiten Himmel erscheint **B**; ziehen Sie nach unten **C,** um den Mast durch Himmel zu ersetzen; wir hielten dabei die ⇧-Taste gedrückt, um den Cursor auf einer geraden Linie zu bewegen. Beim Ziehen des Cursor wird immer der jeweils nächste Teil des Masten abgedeckt. Lassen Sie die Maustaste los, um die Reparatur abzuschließen **D**.

Zoomen Sie in das Bild hinein und hinaus, um die Reparatur zu begutachten. Falls die Kanten noch etwas unsauber sind, wenden Sie noch einmal den Bereichsreparatur-Pinsel an **E**.

4. Klonen

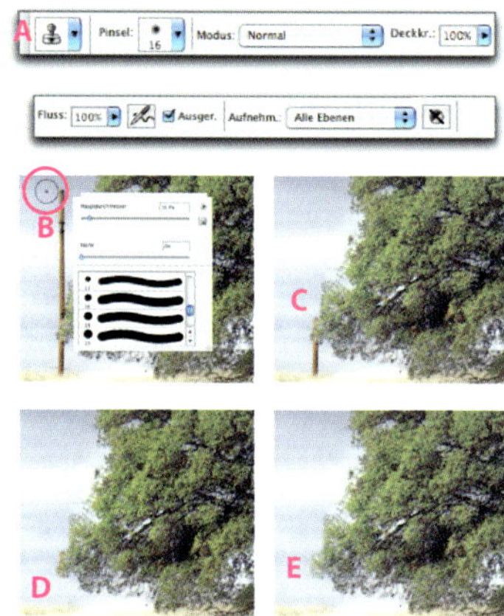

Der Kopierstempel kann statt des Bereichsreparatur-Pinsels verwendet werden, um den Mast aus dem Bild zu entfernen. Für den oberen Bereich aktivierten wir die Option AUSGERICHTET **A**, um immer Himmel direkt links neben dem Cursor aufzunehmen, auch wenn wir neu ansetzen; wir aktivierten außerdem die Option ALLE EBENEN AUFNEHMEN. Eine Werkzeugspitze mit einem Durchmesser, der etwa doppelt so groß wie der des Masten war, leistete uns gute Dienste (hier 16 Pixel, Kantenschärfe 30%) **B**. Die Werkzeugspitze war weich genug, um die Kanten überzublenden. Wir klickten mit gedrückter ⌥/Alt-Taste, um einen Bereich des Himmels direkt neben dem Masten als Quelle aufzunehmen – jedoch achteten wir darauf, nicht zu nahe an den Masten zu kommen, um nicht auch Teile von ihm als Quelle aufzunehmen. Wir verschoben den Cursor über den Masten und zogen nach unten bis zu den Blättern des Baumes **C**.

Im unteren Bereich klickten wir mit gedrückter ⌥/Alt-Taste in den Himmel links neben den Masten und zogen den Cursor nach unten, um ihn abzudecken **D**. Anschließend klickten wir mit gedrückter ⌥/Alt-Taste, um einige Blätter aufzunehmen und über den Masten zu legen **E**.

Rod Deutschmann hält die Hand vor die Sonne

»Ich erzähle meinen Studenten immer, dass sie die Fotos bereits so perfekt wie möglich aufnehmen sollen«, sagt Rod Deutschmann. Hier ist sein Vorschlag, wie man am besten gegen die Sonne fotografiert.

Der Leuchtturm, der Zaun und die Schatten ergeben ein schönes Motiv – auch wenn es für Rod bedeutet, mit seiner Nikon D100 gegen die Sonne zu fotografieren. Rod erstellte eine Aufnahme, auch wenn er sich der Blendenflecke bewusst war, und schaute sich das Bild an. Die Lichtstrahlen sehen zwar toll aus, sind jedoch zu intensiv – der grüne Punkt über den Schatten und die anderen Probleme sind zu komplex, als dass man sie in Photoshop problemlos und vollständig entfernen könnte. Also nahm er das Foto noch einmal auf, hielt dieses Mal jedoch seine Hand vor die Kamera, um die Sonne zu verdecken. Das resultierende Bild lässt sich in Photoshop leicht retuschieren: Bessern Sie den Himmel aus oder ersetzen Sie ihn.

Rod öffnete das Bild in Photoshop und besserte zunächst den Himmel aus, um die Hand aus dem Bild zu entfernen. Und das ist eine Möglichkeit: Erstellen Sie eine neue, leere Ebene über dem Bild (⌘/Strg-⇧-N). Aktivieren Sie das Verlaufswerkzeug und halten Sie die ⌥/Alt-Taste gedrückt, um vorübergehend die Pipette zu wählen, mit der Sie in den Himmel klicken und den blauen Farbton als Vordergrundfarbe aufnehmen können. Mit der Taste X tauschen Sie Vorder- und Hintergrundfarbe; klicken Sie erneut, um eine zweite Farbe aus dem Himmel aufzunehmen.

Die Blendenflecke (links) wollte Rod Deutschmann nicht in Photoshop korrigieren. Deshalb nahm er das Bild mit einem neuen Problem auf (rechts), das einfacher zu beheben ist.

Öffnen Sie in der Optionsleiste den Verlaufswähler und klicken Sie auf den ersten Verlauf (Vordergrund, Hintergrund).

Halten Sie die ⇧-Taste gedrückt und ziehen Sie von der Fingerspitze nach oben, um die Ebene mit dem Himmelverlauf zu füllen. Um das Bild wieder einzublenden, klicken Sie mit gedrückter ⌥/Alt-Taste auf den Button EINE MASKE HINZUFÜGEN (es wird eine schwarze Maske erstellt). Jetzt müssen Sie nur noch den Pinsel mit einer weichen Pinselspitze aktivieren und mit Weiß auf der Maske malen, um den neuen Himmel einzublenden. Rod verwendete eine geringe Deckkrafteinstellung, damit sich der neue Himmel mit dem Originalhimmel mischen kann.

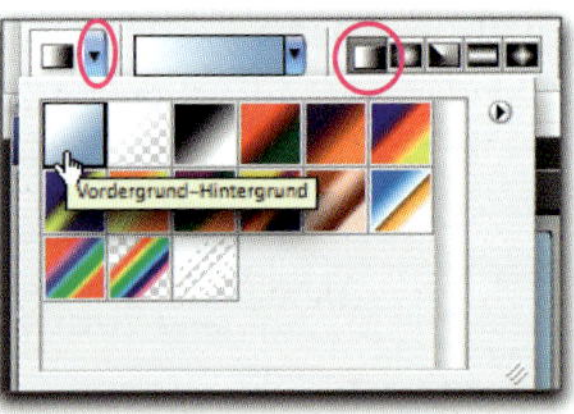

(Falls der Himmel schwer zu reparieren ist, können Sie auch den gesamten Himmel auswählen ▼ und auf Basis dieser Auswahl eine Ebenenmaske erstellen.)

MEHR DAVON

▼ Auswahlmethoden **Seite 51**

ROD DEUTSCHMANN

Auf der schwarzen Maske der Verlaufsebene wurde mit Weiß gemalt, um den Himmel nahtlos zu überblenden.

Details hervorheben

SIE FINDEN DIE DATEIEN
auf der DVD unter Wow Projektdateien/Kapitel 5/Details hervorheben:

- Details-hervorheben-Vorher.psd (zu Beginn)
- Details-hervorheben-Nachher CS.psd & Details-hervorheben-Nachher ab CS2.psd (zum Vergleich, beide können in CS, CS2 und CS3 geöffnet werden)

ÖFFNEN SIE DIESE PALETTEN
aus dem Fenster-Menü:
• Werkzeuge • Ebenen • Histogramm • Info

ÜBERBLICK
Das Foto analysieren • Probleme, die durch die Einstellungen verschlimmert werden (hier Farbränder und Bildrauschen) • Dunkle Bereiche aufhellen, um Details sichtbar zu machen • Helle Bereiche abdunkeln, um die Lichter zu schützen • Den Kontrast in den Mitteltönen verstärken, um den Details Tiefe zu verleihen • Den »Blitzschatten« glätten

1a

RICK WORTHINGTON

Originalfoto

Photoshop bietet verschiedene Möglichkeiten, Details in einem Bild hervorzuheben. Ziel ist es immer, möglichst effizient zu arbeiten und möglichst flexibel zu bleiben, um auch später noch Änderungen vornehmen zu können. In diesem Bild wollen wir zunächst das Bildrauschen und die chromatischen Aberrationen korrigieren und anschließend den Befehl TIEFEN/LICHTER anwenden. Anschließend glätten wir den harten Schatten, ohne die Details in der Wand zu stark weichzuzeichnen. (Andere Ansätze finden Sie auf Seite 328.)

1 Das Foto analysieren. Das Digitalfoto **1a** besitzt die gesamte Palette an Farbtönen, wie im Histogramm zu sehen **1b.** Die Hell-Dunkel-Balance in diesem Bild ist sehr markant, wir wollten jedoch einige Details der Wand im Schatten hervorheben, um einen Archäologie-Artikel zu illustrieren. Wir wollten den zurückgesetzten Bereich aufhellen und wenn nötig den Kontrast erhöhen, sowie die sehr hellen Lichter im Rest des Bildes etwas abdunkeln.

2 Die Änderungen nachverfolgen. Um die hellsten und dunkelsten Bereiche des Bildes zu finden und die Änderungen

1b

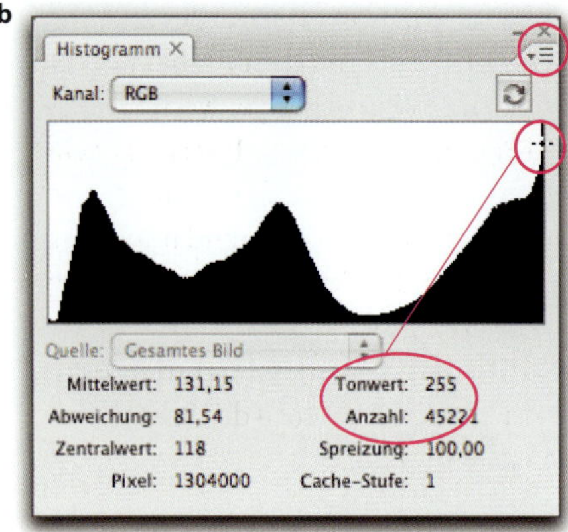

Um eine erweiterte Ansicht einzublenden, klicken Sie oben rechts in der Histogramm-Palette auf den Button. Wenn Sie nun den Cursor über das Histogramm bewegen, erhalten Sie die Anzahl der Pixel der jeweiligen Helligkeitsstufe.

2a

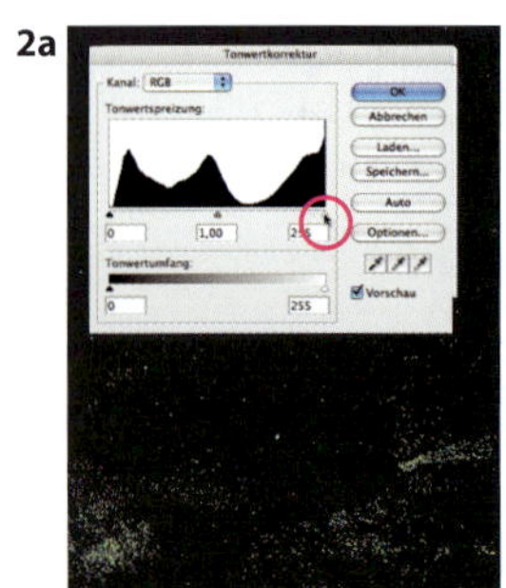

Um zu sehen, wo sich die hellsten Pixel im Bild befinden, halten Sie in der Tonwertkorrektur-Dialogbox die ⌥/Alt-Taste gedrückt, während Sie auf den Lichterregler klicken.

2b

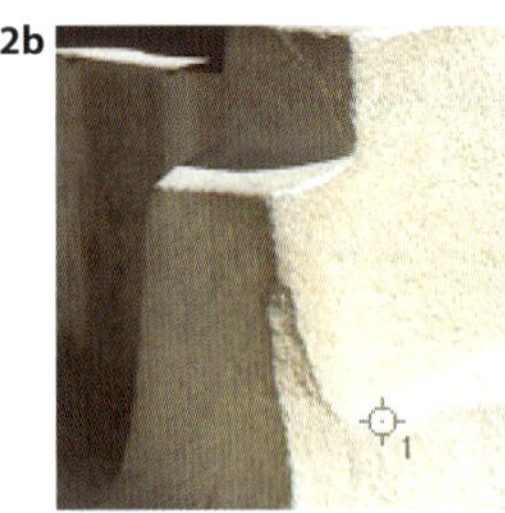

Klicken Sie bei geöffneter Tonwertkorrektur-Dialogbox mit gedrückter ⇧-Taste in das Bild, um Farbaufnehmer zu setzen (bis zu vier sind möglich).

2c

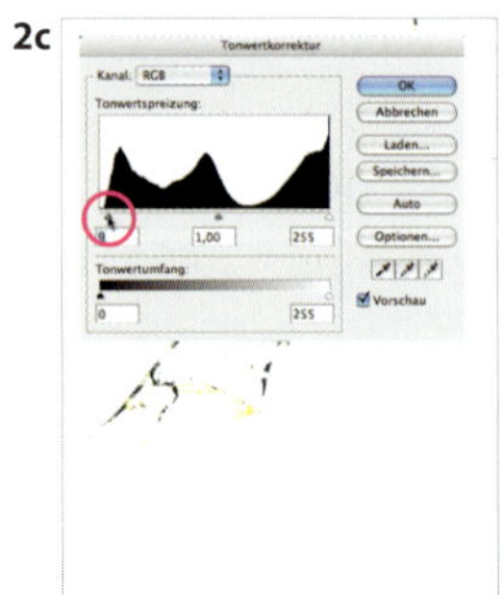

Die dunkelsten Pixel finden Sie, wenn Sie mit gedrückter ⌥/Alt-Taste auf den Schwarzpunktregler klicken.

nachverfolgen zu können, nutzen Sie die Tonwertkorrektur-Dialogbox im Schwellenwert-Modus. Klicken Sie unten in der Ebenen-Palette auf den Button NEUE FÜLLEBENE ODER EINSTELLUNGSEBENE ERSTELLEN und wählen Sie TONWERTKORREKTUR. Um die hellsten Pixel des Bildes zu sehen, halten Sie die ⌥/Alt-Taste gedrückt, setzen den Cursor auf den Lichterregler und drücken die Maustaste **2a**. Achten Sie auf die hellsten Bereiche und wählen Sie einen, um die Änderungen nachzuverfolgen.

Präzise Werte

Um mit dem Histogramm möglichst genau zu arbeiten, klicken Sie immer dann auf den Button ⚠, wenn er im Histogramm erscheint.

Um einen Farbaufnehmer im Bild zu platzieren, halten Sie die ⇧-Taste gedrückt (der Cursor verwandelt sich in den Farbaufnehmer) und klicken Sie in den hellen Bereich; jetzt können Sie die Werte in der Info-Palette ablesen und sehen, wie sich Ihre Änderungen auf die Farbe an dieser Stelle auswirken **2b**. (Gesetzte Farbaufnehmer können Sie mit gedrückter ⌘/Strg-Taste verschieben.)

Wollen Sie die dunkelsten Bildbereiche finden, müssen Sie mit gedrückter ⌥/Alt-Taste auf den Schwarzpunktregler klicken. Falls keine Pixel erscheinen, ziehen Sie den Regler etwas nach innen **2c**. Setzen Sie einen Farbaufnehmer.

Da Photoshop bis zu vier Farbaufnehmer bietet, können Sie noch zwei weitere setzen **2d**. Sind die Farbaufnehmer platziert, schließen Sie die Tonwertkorrektur-Dialogbox, indem Sie auf ABBRECHEN klicken.

Farbaufnehmer ausblenden

Wenn Sie Farbaufnehmer in Ihrem Bild platziert haben, diese jedoch beim Arbeiten verschwinden, können Sie sie wieder einblenden, indem Sie die Taste I für die Pipette oder den Farbaufnehmer drücken.

2d

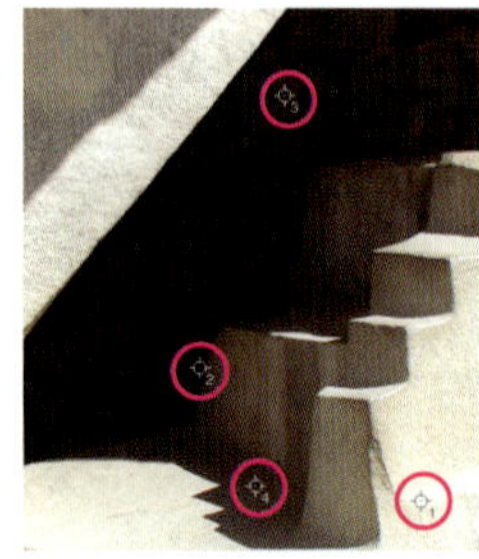

Sie können bis zu vier Farbaufnehmer setzen, deren Werte in der Info-Palette erscheinen. (Ihre Werte können sich von diesen unterscheiden, je nachdem, wo Sie Ihre Farbaufnehmer platziert haben.)

3a

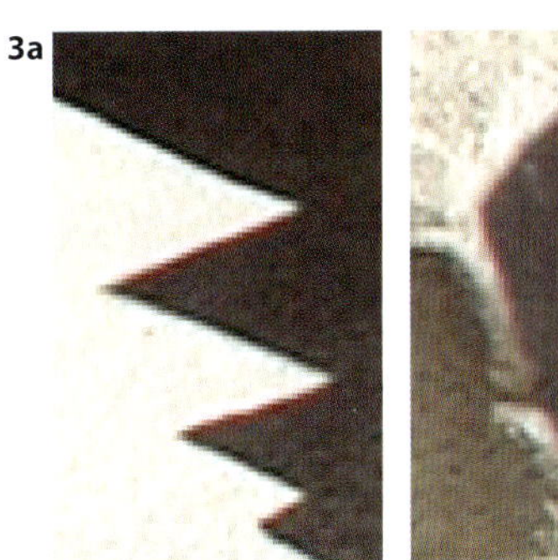

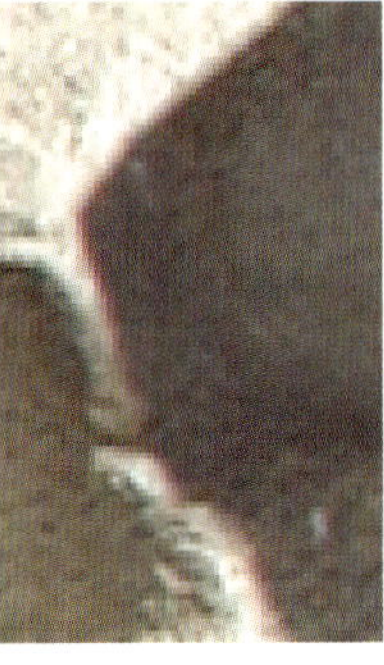

Chromatische Aberrationen in der Kamera führen an kontrastreichen Kanten zu Farbschleiern.

3b

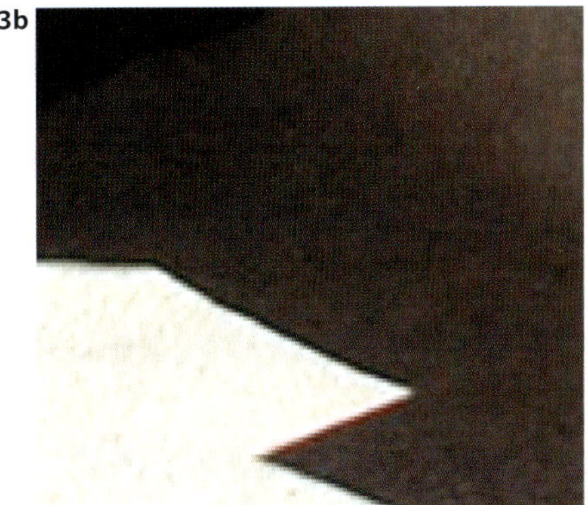

In einigen schattigen Bereichen ist Bildrauschen zu erkennen.

3c

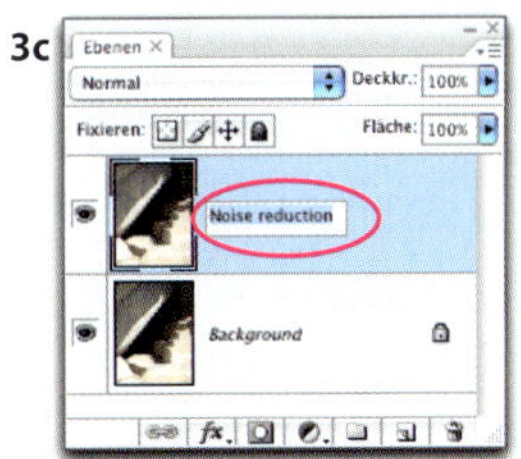

Erstellen Sie eine Ebenenkopie. Ebenen können Sie umbenennen, indem Sie in der Ebenen-Palette doppelt auf den Namen klicken.

3d

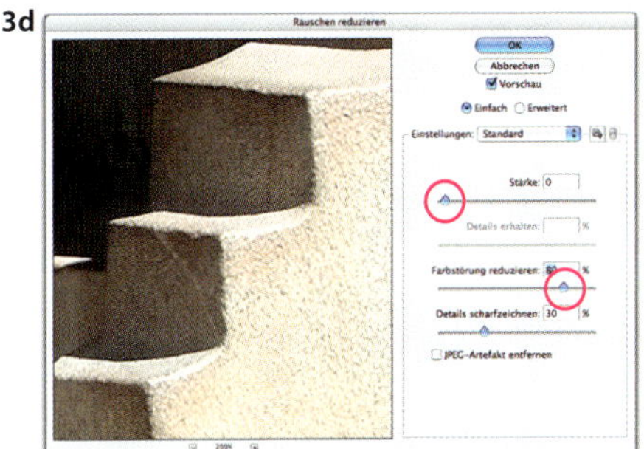

Entfernen Sie Farbstörungen mit dem Filter STÖRUNGEN REDUZIEREN.

3 Farbränder und Bildrauschen entfernen. Bevor Sie die Tonwerte im Bild anpassen, sollten Sie zunächst Probleme beheben, die durch die anschließenden Einstellungen verschlechtert werden könnten. Wählen Sie eine Ansicht von 100% und sehen Sie sich kontrastreiche Kanten an. In diesem Foto sehen Sie entlang des diagonalen Schattens einen roten Farbrand und weitere Farbränder entlang der Schatten der Stufen und unten rechts im Bild **3a**. Diese Ränder werden durch *chromatische Aberrationen* hervorgerufen, Farbtrennungen, die in kontrastreichen Bildteilen auftreten können. Beachten Sie auch das Bildrauschen in einigen schattigen Bereichen **3b**.

Photoshops Blendenkorrektur-Filter enthält Regler zur Korrektur der chromatischen Aberration.▼ Es ist jedoch schwer, mit diesem Filter Farbränder zu entfernen, ohne dass an einer anderen Stelle des Bildes neue entstehen (wie in diesem Foto). (Die chromatische Aberration können Sie auch in Camera Raw korrigieren.) Wir entfernten Farbränder und Farbstörungen in diesem Bild ganz einfach: Kopieren Sie zunächst das Bild in eine neue Ebene (⌘/Strg-J), um das Original zu schützen **3c**. Dann:

MEHR DAVON

▼ Der Filter BLENDENKORREKTUR **Seite 278**

- Wählen Sie FILTER/STÖRUNGSFILTER/STÖRUNGEN REDUZIEREN, um die entsprechende Dialogbox zu öffnen **3d**. Dieser Filter entfernt sowohl Farb- als auch Helligkeitsstörungen. In diesem Bild ist die Hell-Dunkel-Variation sehr wichtig für die Struktur der Steine – deshalb wollten wir sie nicht entfernen. Setzen Sie die STÄRKE, die die Luminanzstörungen kontrolliert, auf 0; die Option DETAILS ERHALTEN steht jetzt nicht mehr zur Verfügung.

  Experimentieren Sie anschließend mit dem Regler FARBSTÖRUNG REDUZIEREN, bis die Farbstörungen nahezu verschwunden sind. Verwenden Sie einen möglichst kleinen Wert. Weil dadurch das Bild etwas weichgezeichnet werden kann, können Sie mit der Option DETAILS SCHARFZEICHNEN die Schärfe wiederherstellen. Weil es aber noch andere Möglichkeiten zum Scharfzeichnen gibt und Sie diesen Schritt am besten als Letztes durchführen, belassen Sie die Einstellung auf 0.

  Die Option JPEG-ARTEFAKT ENTFERNEN verbessert dieses Bild nicht wirklich, deshalb aktivierten wir diese Checkbox nicht.

  Wenn Sie in CS2 arbeiten, machen Sie weiter mit Schritt 4.

3d

Farbstörungen in Photoshop CS reduzieren: Es wurde eine Ebenenkopie im Modus FARBE erstellt. Wenn Sie die Stärke des Gauß'schen Weichzeichners erhöhen, verschwinden Farbstörungen und die chromatische Aberration. Bereiche mit einer neutralen Farbe tolerieren in diesem Fall auch eine etwas stärkere Weichzeichnung.

- In den Versionen vor Photoshop CS2, wo es den Filter STÖRUNGEN REDUZIEREN noch nicht gab, können Sie eine weichgezeichnete Kopie des Bildes im Modus FARBE nutzen, um die Farben zu glätten, die Luminanz des darunterliegenden Bildes jedoch zu erhalten und die Details zu schützen. Um eine Vorschau der Weichzeichnung zu sehen, müssen Sie die Ebene duplizieren **3d**. Wählen Sie anschließend FILTER/WEICHZEICHNUNGSFILTER/GAUß'SCHER WEICHZEICHNER. Aktivieren Sie in der Dialogbox die Checkbox VORSCHAU. Beobachten Sie das Bild im Arbeitsfenster (statt in der kleinen Dialogbox), während Sie den Radius erhöhen, bis die Farbstörungen verschwunden sind (hier 5 Pixel). (In der Vorschau der Dialogbox sehen Sie, wie die weichgezeichnete Ebene im Modus NORMAL aussehen würde – Sie können sie also ignorieren.) Klicken Sie auf OK, um die Dialogbox zu schließen.

4 Die Rückwand aufhellen. Der Befehl TIEFEN/LICHTER hebt Details in den Tiefen hervor. Weil er jedoch nicht als Einstellungsebene angewendet werden kann, müssen Sie eine Ebenenkopie erstellen, um den aktuellen Stand des Bildes zu schützen. In Photoshop CS3 können Sie jedoch TIEFEN/LICHTER wie auch RAUSCHEN REDUZIEREN als verlustfreie Smartfilter anwenden.

- Ab Photoshop CS2 drücken Sie einfach ⌘/Strg-J.
- In Photoshop CS müssen Sie eine reduzierte Kopie erstellen, weil sich das Bild aus dem Original und der weichgezeichneten Ebene im Modus FARBE zusammensetzt: Halten Sie ⌘/⌥-⇧ (PC: Strg-Alt-⇧) und die Taste N gedrückt, anschließend die Taste E **4a**.

Wenden Sie den Befehl TIEFEN/LICHTER auf die Ebenenkopie an, indem Sie BILD/ANPASSEN/TIEFEN/LICHTER wählen. (Beobachten Sie das Histogramm und die Werte der Farbaufnehmer in der Info-Palette, während Sie in der Dialogbox experimentieren.)

In der Dialogbox hellt der Standardwert 50% Stärke für die Tiefen die Rückwand auf **4b**. Aktivieren Sie die Checkbox WEITERE OPTIONEN EINBLENDEN und passen Sie die Tonbreite der Tiefen an (hier 30). Der Standardwert von 50% wirkt sich auf alle Pixel auf, die dunkler sind als 50% Helligkeit; durch einen geringeren Wert schützen Sie die Mitteltöne in den Treppen. Passen Sie den Radius auf 35 an, um wieder etwas Kontrast herzustellen.

Für die Lichter wählten wir folgende Einstellungen: Stärke 10%, Tonbreite 10% und Radius 30 Pixel.

4a

In Photoshop CS müssen Sie eine reduzierte Kopie des Originals und eine weichgezeichnete Version für TIEFEN/LICHTER erstellen. Ab CS2 werden die Störungen auf einer Ebene reduziert, die Sie für TIEFEN/LICHTER duplizieren können.

4b

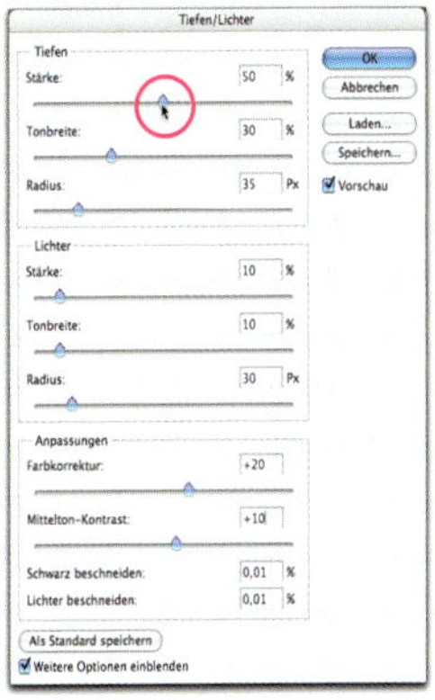

Zwei verschiedene Möglichkeiten, die Störungen zu reduzieren und leicht unterschiedliche Ergebnisse zu erzielen. Der Standard von 50% Stärke für die Tiefen funktionierte ab CS2 für unser Bild sehr gut; in CS erzielten wir mit 45% ein besseres Ergebnis.

Stellen Sie den Mittelton-Kontrast auf +10 ein, um die großen Treppen in der Mitte des Bildes vor einer zu starken Aufhellung zu schützen und der aufgehellten Rückwand etwas mehr Tiefe zu verleihen. Schließen Sie die Dialogbox mit OK.

Das Histogramm zeigt die Änderungen der Tiefen, Mitteltöne und Lichter an **4c**. Sie können auch die neuen Werte der Farbaufnehmer in der Info-Palette mit den Originalwerten vergleichen (aus Schritt 2) – die hellsten Lichter (#1) sind nicht mehr so hell wie vorher, die Tiefen sind etwas heller (#2 und #3) und die dunklen Mitteltöne (#4) wurden ebenfalls etwas aufgehellt, jedoch nicht so stark wie die Tiefen **4d**.

5 Den Schlagschatten glätten. Da die schwarze Wand jetzt etwas aufgehellt wurde, ist der scharfe Schatten, der durch den Blitz entstanden ist, deutlicher zu sehen **5a**. Um diesen etwas zu glätten, ohne Details in der Wand zu verlieren, erstellen Sie zunächst eine neue Reparaturebene im Modus ABDUNKELN. Aktivieren Sie anschließend den Weichzeichner, wählen Sie in der Optionsleiste eine weiche Werkzeugspitze (hier »Weich, rund 13 Pixel«), die Stärke (hier 100%) und aktivieren Sie die Checkbox ALLE EBENEN AUFNEHMEN. »Malen« Sie entlang der äußeren Schattenkante; in der neuen Ebene befindet sich jetzt die weichgezeichnete Version der Kante. Durch die Weichzeichnung wurden einige Pixel heller, einige dunkler. Der Modus ABDUNKELN sorgt jedoch dafür, dass nur die dunkleren Pixel eine Auswirkung haben und dass kein Lichthof entsteht **5b**.

4c

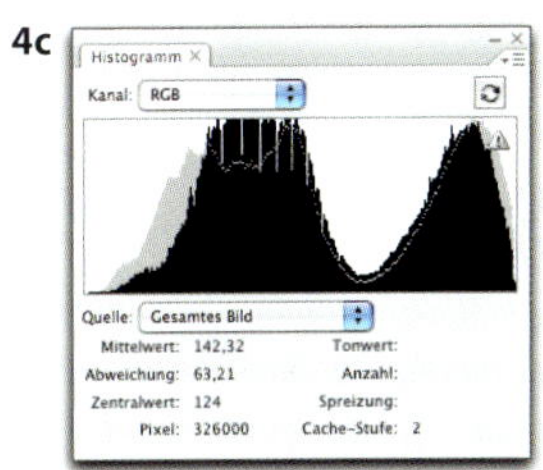

Das Histogramm zeigt zwei Versionen der Tonwertverteilung, während die Dialogbox TIEFEN/LICHTER geöffnet ist. Solange die Vorschau in der Dialogbox aktiviert ist, zeigt die schwarze Kurve die aktuellen Änderungen – die hellgraue Kurve ist die Vorher-Version des Bildes. Beachten Sie die neue Verteilung der Tonwerte.

4d

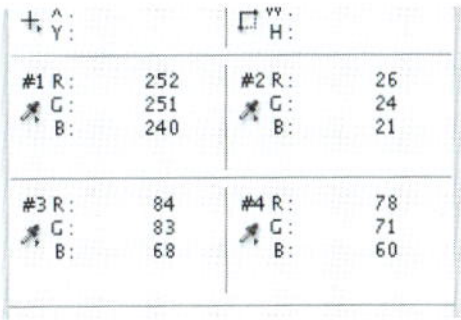

In der Info-Palette können Sie die neuen Werte der Farbaufnehmer ablesen.

Eine gerade Linie weichzeichnen

Der Weichzeichner kann (wie andere Werkzeuge, die ebenfalls mit Werkzeugspitzen arbeiten) auf einer geraden Linie angewendet werden. Klicken Sie dort, wo Sie den geraden Strich beginnen wollen, verschieben Sie den Cursor an den Endpunkt und klicken Sie mit gedrückter ⇧-Taste.

5a

Hier sehen Sie den Schatten, der durch den Blitz entstanden ist.

5b

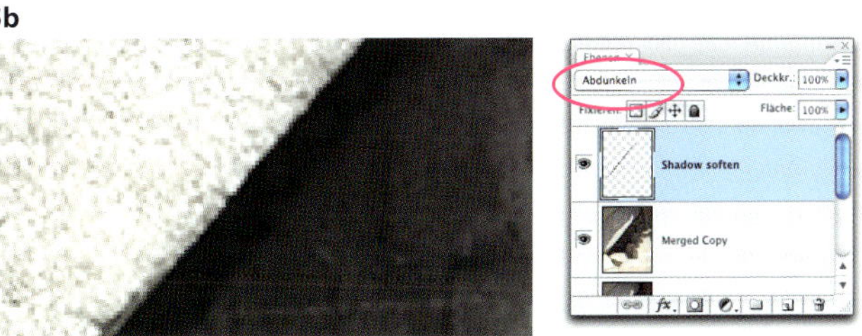

Mit dem Weichzeichner auf einer separaten Ebene im Modus ABDUNKELN können Sie die Kante etwas glätten.

K U R Z U M

Details verstärken

Auf Seite 323 wurden verschiedene Methoden miteinander kombiniert, um versteckte Details in einem Bild hervorzuheben. Hier sind noch ein paar weitere Methoden – schnell und einfach –, um kleine Farb- und Tonwertunterschiede zu verstärken:

- Nutzen Sie Filter wie UNSCHARF MASKIEREN, SELEKTIVER SCHARFZEICHNER oder HOCHPASS, um Farbkanten ausfindig zu machen und deren Kontrast zu verstärken.
- Erstellen Sie eine Ebenenkopie und wenden Sie einen der »Kontrast«-Ebenenmodi an, die Sie oben links in der Ebenen-Palette wählen können (z.B. ÜBERLAGERN/INEINANDERKOPIEREN).
- Nehmen Sie eine Tiefen/Lichter-Einstellung vor oder malen Sie auf einer Abwedeln-und-Nachbelichten-Ebene in einem Kontrast-Modus, um den Kontrast in den Tiefen und Lichtern zu verstärken.
- Erstellen Sie eine Gradationskurven-Einstellungsebene mit einer S- oder M-Kurve.

Egal, welche Methode Sie ausprobieren, arbeiten Sie immer auf einer Ebenenkopie, um das Original zu schützen und möglichst flexibel zu bleiben:

- Sie können verschiedene Kontrast-Modi miteinander vergleichen.
- Sie können den Effekt der Ebenenkopie anpassen, indem Sie die Deckkraft ändern.
- Sie können die Änderungen mithilfe von Ebenenmaske nur in speziellen Bereichen ins Bild malen und ansonsten ausblenden.
- Wenn Sie spezielle Details perfekt verstärkt haben, jedoch einige Tonwerte und Farben vor Änderungen schützen wollen, nutzen Sie die Regler im Abschnitt FARBBEREICH der Ebenenstil-Dialogbox.

Sie müssen sich bei der Bearbeitung Ihrer Bilder nicht nur auf eine Methode verlassen, Sie können die Techniken endlos miteinander kombinieren und variieren.

SIE FINDEN DIE DATEIEN FÜR DIE MEISTEN BEISPIELE

auf der DVD unter Wow Projektdateien/Kapitel 5/Details

Unscharf maskieren

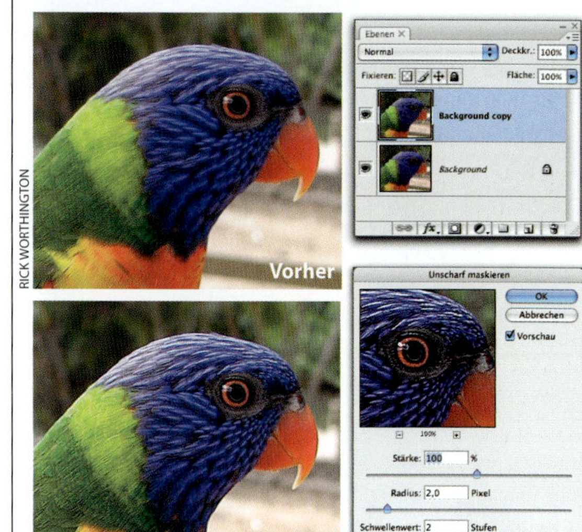

Wenn der Erfolg des Bildes vom Kontrast der Details abhängt, probieren Sie den Filter UNSCHARF MASKIEREN. Wir duplizierten zunächst das Bild in eine neue Ebene, in CS3 nutzen Sie die Smartfilter-Technik. Anschließend wählten wir FILTER/SCHARFZEICHNUNGSFILTER/UNSCHARF MASKIEREN. Beginnen Sie am besten zunächst mit einem Schwellenwert von 0. (Der Schwellenwert legt fest, wie stark die Farbunterschiede an einer Kante sein müssen, damit der Filter diese als Farbkante erkennt und scharfzeichnet; 0 bedeutet, dass alle Unterschiede erkannt werden.) Passen Sie anschließend die Stärke (wie stark der Kontrast verstärkt wird) und den Radius an (wie weit sich die Kontrastverstärkung ausdehnt), bis die wichtigen Details scharf genug sind. Erhöhen Sie anschließend den Schwellenwert so weit es geht, ohne dass die Schärfe in den Details wieder verloren geht. So verhindern Sie, dass beispielsweise die Körnung oder kleine Störungen scharfgezeichnet werden.

Details-Unscharf-maskieren.psd

SCHARFZEICHNUNG UNTERSUCHEN

Eine zu intensive Scharfzeichnung verleiht einem Bild ein zu künstliches Aussehen. Übertreiben Sie es also nicht, denken Sie jedoch beim Druck daran, dass die Scharfzeichnung auf dem Monitor immer stärker aussieht als später im Druck.

Selektiver Scharfzeichner

RICK WORTHINGTON

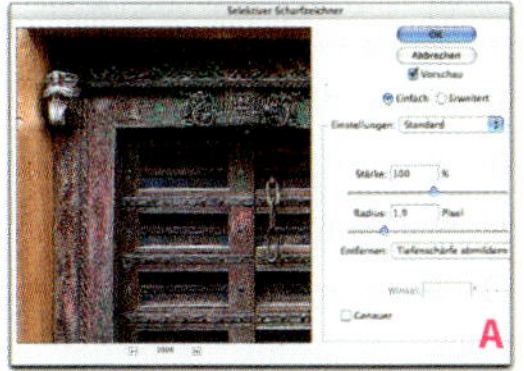

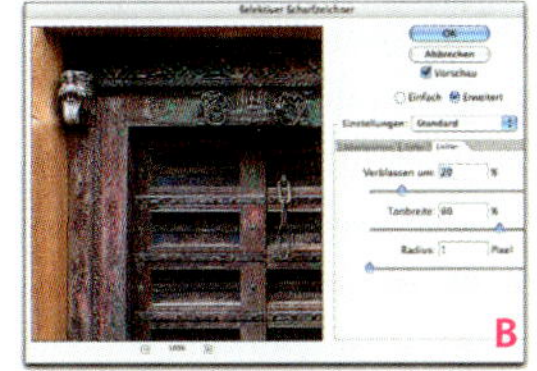

Photoshops Filter SELEKTIVER SCHARFZEICHNER (seit CS2) erzeugt realistischere Ergebnisse, als Sie in früheren Programmversionen erzielen konnten. Auch dieser Filter sucht nach Farbkanten, um diese scharfzuzeichnen, erzeugt dabei aber weniger Halos. Sie können zwischen den Optionen GAUSS'SCHER WEICHZEICHNER (der die Berechnungsmethode des Filters UNSCHARF MASKIEREN verwendet), TIEFENSCHÄRFE ABMILDERN (falls das Bild etwas unscharf fotografiert wurde) und BEWEGUNGSUNSCHÄRFE wählen (bei Kameraverwacklungen oder falls sich das Objekt bewegt hat). In den erweiterten Einstellungen können Sie die Tiefen und Lichter vor einer Scharfzeichnung schützen.

Um die Details in diesem Foto zu verstärken, duplizierten wir das Bild in eine neue Ebene (⌘/Strg-J) und wählten FILTER/SCHARFZEICHNUNGSFILTER/SELEKTIVER SCHARFZEICHNER. Wir entschieden uns für folgende Einstellungen: Stärke 100%, Radius 1,9 Pixel und TIEFENSCHÄFE ABMILDERN **A**. Wir blendeten die erweiterten Optionen ein und experimentierten ein wenig, um die Scharfzeichnung der Lichter (Stärke 15%, Tonbreite 80%, Radius 1) und Tiefen (Stärke 4%, Tonbreite 20%, Radius 5) etwas zu verblassen **B**.

Details-Selektiver-Scharfzeichner.psd

»UNSCHARF MASKIEREN« SELEKTIV ANWENDEN

Einer der Vorteile des SELEKTIVEN SCHARFZEICHNERS ist, dass Sie im erweiterten Modus die Lichter vor einer zu starken Scharfzeichnung schützen können. Sie können auch die Schärfe in den Tiefen reduzieren, in denen das menschliche Auge oder die Kamera eigentlich keine scharfen Details sehen. Falls Sie jedoch mit UNSCHARF MASKIEREN arbeiten, zeige ich Ihnen hier eine Methode, mit der Sie Tiefen und Lichter trotzdem schützen können:

1 Kopieren Sie das Bild in eine neue Ebene (⌘/Strg-J).

2 Wenden Sie auf die neue Ebene den Filter UNSCHARF MASKIEREN an.

Hier wurde der Filter UNSCHARF MASKIEREN angewendet (Stärke 200%, Radius 1, Schwellenwert 4)

3 Öffnen Sie die Fülloptionen der Ebenenstil-Dialogbox (beispielsweise über der Paletten-Menü der Ebenen-Palette).

4 Achten Sie auf die Lichter im scharfgezeichneten Bild und ziehen Sie den Lichterregler im Abschnitt FARBBEREICH (ganz unten in der Dialogbox) etwas in die Mitte. Die Scharfzeichnung der weißen Lichter wird reduziert.

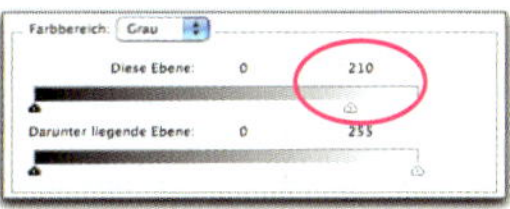

Die Scharfzeichnung der Lichter reduzieren.

5 Für einen weichen Übergang zwischen scharfgezeichneten und nicht scharfgezeichneten Bereichen halten Sie die ⌥/Alt-Taste gedrückt und ziehen Sie die rechte Hälfte des Reglers wieder nach rechts.

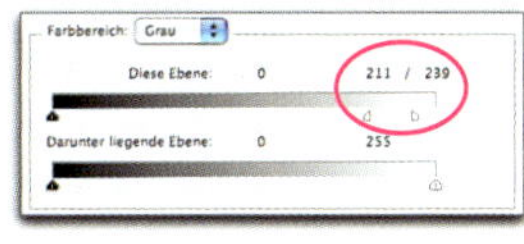

Den Übergang glätten.

6 Um die dunklen Bildbereiche wieder etwas weicher aussehen zu lassen, passen Sie auch den oberen Schwarzpunktregler an (ziehen Sie ihn nach innen, halten ⌥/Alt gedrückt und ziehen Sie die linke Hälfte wieder nach links).

Hochpass im Kontrast-Modus

ANAIKA DAYTON

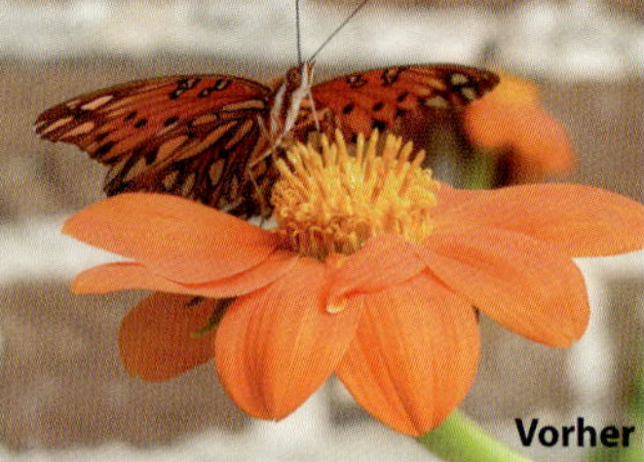
Vorher

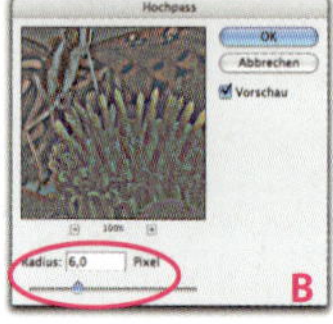

Nachher

Photoshops HOCHPASS-FILTER unterdrückt Farbe und Kontrast fernab von Kanten, behält den Kantenkontrast jedoch bei. Wenn Sie diesen Effekt in einem der Kontrast-Ebenenmodi anwenden (z.B. ÜBERLAGERN/INEINANDERKOPIEREN), haben Sie es mit einem sehr leistungsstarken Werkzeug zum Scharfzeichnen von Details zu tun.

Kopieren Sie zunächst das Bild in eine neue Ebene (⌘/Strg-J). Stellen Sie die Ebene so ein, dass Sie den Effekt des Hochpass-Filters sehen können, während Sie mit den Einstellungen experimentieren: Ändern Sie in der Ebenen-Palette den Modus in ÜBERLAGERN/INEINANDERKOPIEREN **A**. Wenden Sie anschließend den Filter an – FILTER/SONSTIGE FILTER/HOCHPASS und experimentieren Sie mit dem Radius **B**. In der Vorschau der Dialogbox sehen Sie, wie der Filter das Bild in Richtung mittleres Grau verschiebt, außer an den Farbkanten. Im Bildfenster sehen Sie den kombinierten Effekt aus Filter und Ebenenmodus.

Experimentieren Sie im Anschluss ruhig auch mit einigen anderen Kontrast-Ebenenmodi – beispielsweise WEICHES LICHT, HARTES LICHT und STRAHLENDES LICHT, wie rechts zu sehen.

Details-Hochpass.psd

Mit Ebenenmasken schützen

Vor dem Maskieren

Nach dem Maskieren

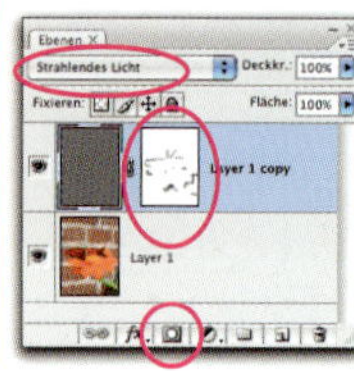

Wenn Ihnen das Ergebnis einer Bearbeitung gefällt, sie diese in bestimmten Bildbereichen jedoch nicht wünschen, können Sie den Effekt mit einer Ebenenmaske ganz leicht ausblenden. Beginnen Sie beispielsweise mit dem fertigen Bild aus der Übung links und aktivieren Sie für die gefilterte Ebene den Modus STRAHLENDES LICHT, um die Details in der Blume und dem Schmetterling noch zu verstärken; die Details in der neutralen Wand sollen allerdings so bleiben, wie sie sind. Der Modus arbeitet auf einer Kanal-für-Kanal-Basis, intensiviert also auch bereits helle Farben, wirkt sich aber nicht auf neutrale Farben und nur wenig in den neutralen Mitteltönen aus. Der Modus kann an einigen Farbkanten jedoch Lichthöfe erzeugen; im Bild oben können Sie diese um einige der Blütenblätter herum erkennen.

Um die Halos zu entfernen, aktivieren Sie die Filterebene und klicken unten in der Ebenen-Palette auf den Button ◘, um eine weiße Maske hinzuzufügen. Aktivieren Sie anschließend den Pinsel, stellen Sie Schwarz als Vordergrundfarbe ein (drücken Sie notfalls die Taste X), reduzieren Sie in der Optionsleiste die Deckkraft (hier 30%) und malen Sie mit einer weichen Pinselspitze auf der Maske, wo Sie den Haloeffekt reduzieren oder vollständig ausblenden können.

Tiefen/Lichter

RICK WORTHINGTON

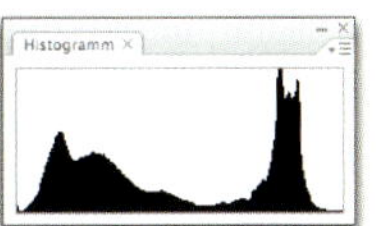

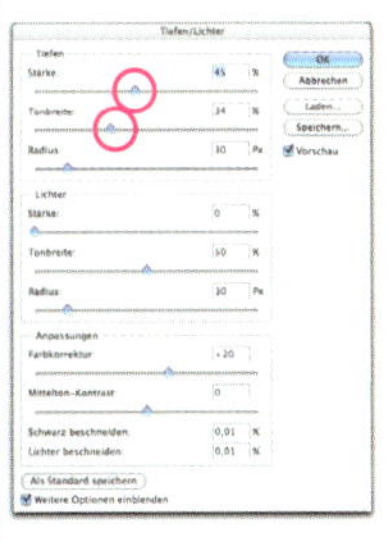

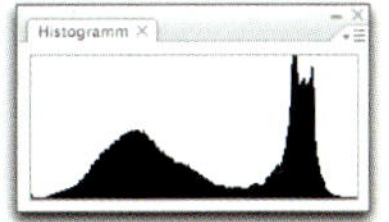

Der Befehl TIEFEN/LICHTER kann Details verstärken, indem der Kontrast dort verstärkt wird, wo helle Lichter ausgewaschen oder die Schattierungen zu dumpf sind. Im Histogramm dieses Bildes sehen Sie eine Spitze der Kurve in den Tiefen – der Boden lässt also noch einige Details vermuten. Wir wählten BILD/ANPASSEN/TIEFEN/LICHTER und klickten in die Checkbox WEITERE OPTIONEN EINBLENDEN. Für die meisten Optionen behielten wir die Standardeinstellungen bei, änderten nur die Stärke und Tonbreite der Tiefen. Mit der Standard-Tonbreite würden einige Details in den Wolken verloren gehen, weil sie so dunkel sind, dass sie in den Tiefenbereich fallen. Deshalb reduzierten wir die Tonbreite auf 34%. Wir experimentierten mit der Stärke, bis wir ein ansprechendes Ergebnis erhielten (45%). Das Histogramm zeigt die Neuverteilung der Tiefen.

Details-Tiefen-Lichter.psd

Abwedeln und Nachbelichten

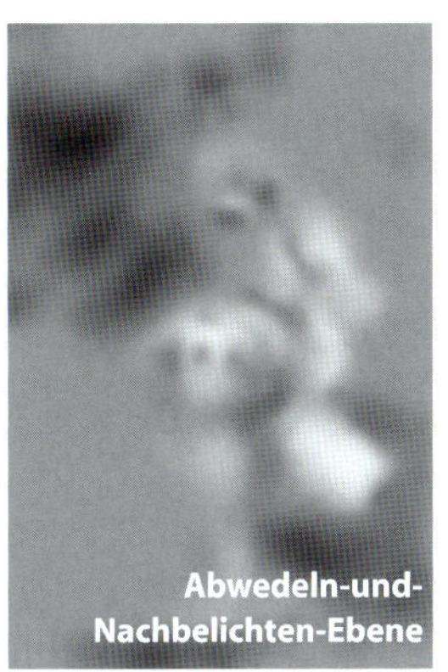

JHDAVIS

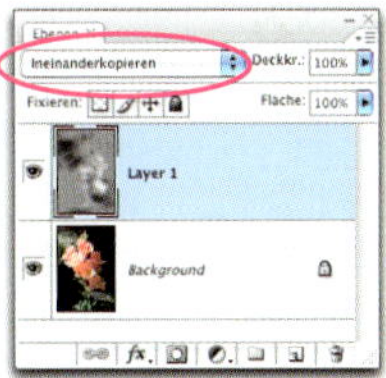

Mit einer ABWEDELN-UND-NACHBELICHTEN-EBENE passen Sie den Kontrast in den hellen und dunklen Bereichen ganz exakt und nach Wunsch an. Öffnen Sie das Bild und klicken Sie mit gedrückter ⌥/Alt-Taste auf den Button NEUE EBENE ERSTELLEN unten in der Ebenen-Palette. Ändern Sie den Modus in der Dialogbox in ÜBERLAGERN/INEINANDERKOPIEREN, aktivieren Sie die Checkbox MIT NEUTRALER FARBE FÜR DEN MODUS »INEINANDERKOPIEREN« FÜLLEN (50% GRAU) und klicken Sie auf OK. Das Bild auf dem Monitor sieht jetzt aus wie vorher, da 50% Grau in diesem Modus nicht sichtbar sind. Sie können jetzt jedoch mit dem Pinsel und Schwarz und Weiß auf der Ebene malen (mit oder ohne Airbrush-Option, geringer Deckkraft und geringem Fluss). Die Farbe wird langsam aufgebaut, so dass Sie das Ergebnis gut kontrollieren können.

Details-Abwedeln-und-Nachbelichten.psd

DER UMGANG MIT EINER A&N-EBENE

Wenn Sie auf einer Abwedeln-und-Nachbelichten-Ebene im Modus ÜBERLAGERN/INEINANDERKOPIEREN malen und das Bild zu gesättigt aussieht, ändern Sie den Modus der Ebene in WEICHES LICHT.

Einen Kontrast-Modus duplizieren

ANAIKA DAYTON

WEICHES LICHT ist ein Ebenenmodus, der hauptsächlich den Kontrast in den Mitteltönen verstärkt und nebenbei auch noch die Farbintensität verstärkt. Er eignet sich also ganz gut für Bilder wie diese – viele Mitteltöne und Farben, die durchaus etwas mehr Pepp vertragen könnten. (Falls Sie mit sehr farbigen Bildern arbeiten, passiert es ganz leicht, dass die Farben mit diesem Modus außerhalb des Farbumfangs für den Druck geraten.)

Um den Effekt einmal auszuprobieren, duplizieren Sie das Bild in eine neue Ebene (⌘/Strg-J) oder fügen Sie eine leere Tonwertkorrektur-Einstellungsebene hinzu. Ändern Sie den Modus der hinzugefügten Ebene in WEICHES LICHT, indem Sie den Modus aus dem Menü oben links in der Ebenen-Palette auswählen.

»LEICHTERE KOPIEN« VON BILDEBENEN

Sie können denselben Effekt erzielen, als würden Sie das Bild in eine neue Ebene kopieren und den Ebenenmodus ändern – jedoch vergrößern Sie die Datei dadurch nicht. Verwenden Sie einfach eine leere Einstellungsebene. Klicken Sie unten in der Ebenen-Palette auf den Button ◐ und wählen Sie TONWERTKORREKTUR (Sie können auch eine der anderen Optionen aus dieser Gruppe wählen). Klicken Sie in der Dialogbox auf OK, um sie ohne Änderungen gleich wieder zu schließen. Ändern Sie in der Ebenen-Palette den Modus dieser neuen Ebene. Ein weiterer Vorteil: Wenn Sie das Bild ändern, müssen Sie die Kopie nicht auch ändern.

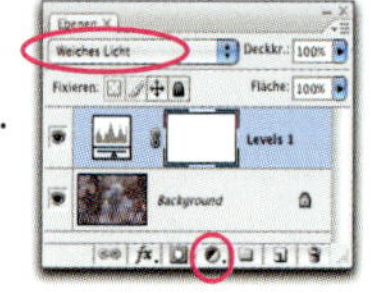

Deckkraft reduzieren

RICK WORTHINGTON

Manchmal erzeugt eine Ebenenkopie oder eine Einstellungsebene genau den richtigen Effekt, nur dass er insgesamt etwas zu intensiv ist. Um den Effekt des Filters, des Ebenenmodus oder der Einstellung etwas zu reduzieren, verringern Sie einfach die Deckkraft dieser Ebene und somit deren Anteil am Gesamtbild.

In diesem Bild wollten wir die Details in den Felsen – um und im Wasser – verstärken. Im Originalfoto **A** waren die Farben relativ neutral, wir wollten die Mitteltöne verstärken. Deshalb entschieden wir uns, die Bildebene zu duplizieren und den Modus WEICHES LICHT anzuwenden **B** (wie links beschrieben). Die Mitteltondetails wurden dadurch wesentlich besser, die Grüntöne wurden jedoch etwas zu stark gesättigt. Und obwohl sich der Modus hauptsächlich auf die Mitteltöne auswirkt, sorgt er auch für Änderungen in den tiefen Schatten, dem Schnee und dem Himmel – dort gingen Details verloren. Wir reduzierten deshalb die Deckkraft dieser Ebene auf 50% und erzeugten ein besseres Bild **C**.

Tonwerte schützen

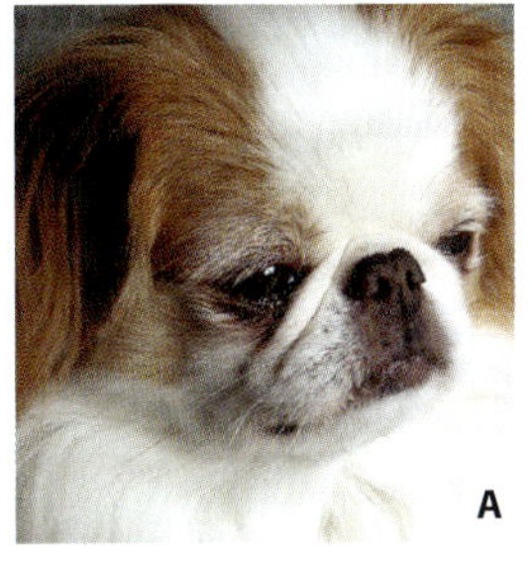

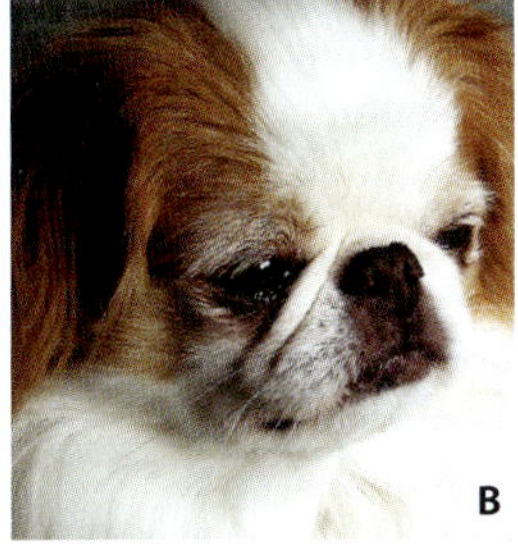

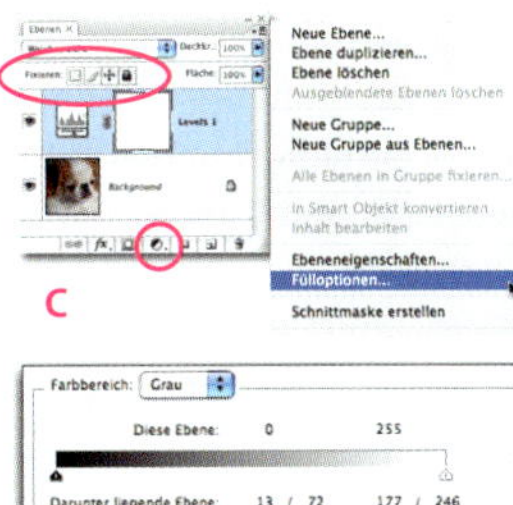

Für dieses Porträt **A** war eine leere Tonwertkorrektur-Einstellungsebene im Modus WEICHES LICHT (siehe Seite 332) genau das Richtige für die braunen Haare, die Verbesserung des Mitteltonkontrasts und die Verstärkung der Farbdetails **B**. In einem Bild, das mit einem vollen Tonwertbereich beginnt (wie dieses), kann der Modus die Tiefen etwas schmutzig oder die Lichter etwas ausgewaschen erscheinen lassen. Nutzen Sie in solchen Situationen die Regler im Abschnitt FARBBEREICH der Ebenenstil-Dialogbox.

Aktivieren Sie in der Ebenen-Palette die Ebene mit dem Modus WEICHES LICHT. Wir öffneten anschließend die Fülloptionen der Ebenenstil-Dialogbox, indem wir FÜLLOPTIONEN aus dem Menü der Ebenen-Palette wählten **C** (bei einer Einstellungsebene können Sie nicht einfach doppelt auf die Ebenenminiatur klicken, wie es bei einer Bildebene möglich ist – es würde sich die Dialogbox der Einstellung öffnen). Verschieben Sie den schwarzen Regler für DARUNTER LIEGENDE EBENE nach rechts **D,** um die Tiefen aufzuhellen, weil die dunklen Tonwerte des Bildes – die Tonwerte links des Schwarzpunktes – jetzt durch die Ebene geschützt sind. Um einen weichen Übergang zu erzeugen, können Sie den Regler einfach teilen, indem Sie ihn mit gedrückter ⌥/Alt-Taste anklicken. Ziehen Sie die linke Hälfte anschließend wieder nach links. Eine ähnliche Einstellung können Sie vornehmen, um die Lichter im Fell des Hundes zu schützen **E**.

 **Details-Fuelloptionen 1.psd**

LINEARES LICHT FÜR DEN HIMMEL VERWENDEN

Weil der Modus LINEARES LICHT die Farben intensiviert und den Kontrast erhöht, eignet er sich bestens, um Details im Himmel zu verstärken – egal, ob dieser blau mit Wolken ist oder ob es sich um einen Sonnenauf- oder Sonnenuntergang handelt. Der Effekt kann für den Himmel ganz hilfreich sein oder, wie unten zu sehen, für dessen Reflexionen an Land, im Schnee oder im Wasser.

Erstellen Sie eine Tonwertkorrektur-Einstellungsebene ohne Änderungen: Klicken Sie unten in der Ebenen-Palette auf den Button NEUE FÜLLEBENE ODER EINSTELLUNGSEBENE ERSTELLEN ◐ und wählen Sie TONWERTKORREKTUR. Klicken Sie in der Dialogbox direkt auf OK. Diese leere Ebene hat keinerlei Auswirkung auf das Bild. Ändern Sie anschließend jedoch den Modus in LINEARES LICHT. Bei den meisten Bildern ist der Effekt etwas intensiver, als das vielleicht gewünscht wird (wie im Bild unten zu sehen).

Reduzieren Sie den Effekt, indem Sie die Ebenendeckkraft verringern.

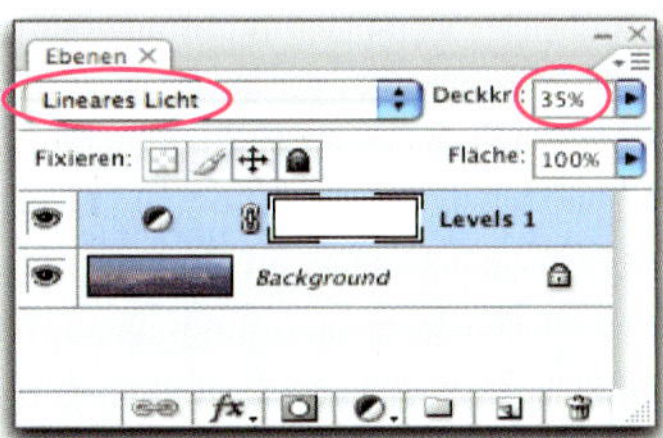

Wir wählten hier eine Deckkraft von 35%, um die Details und Farben so darzustellen, wie sie der Fotograf in Erinnerung hatte, ohne den weichen Dunst zu verlieren.

 **Details-Lineares-Licht.psd**

S-Kurve

E. A. M. VISSER

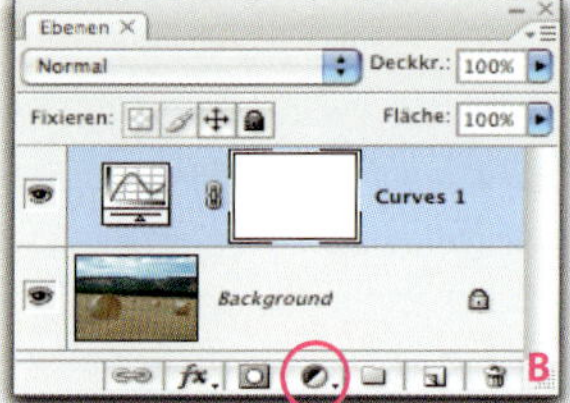
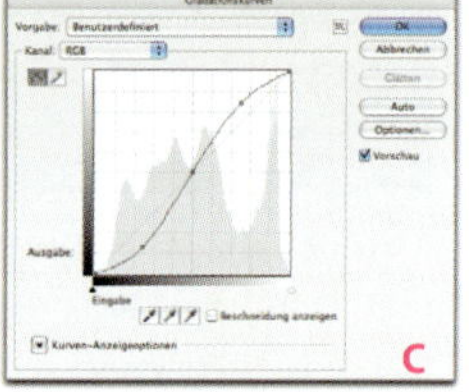

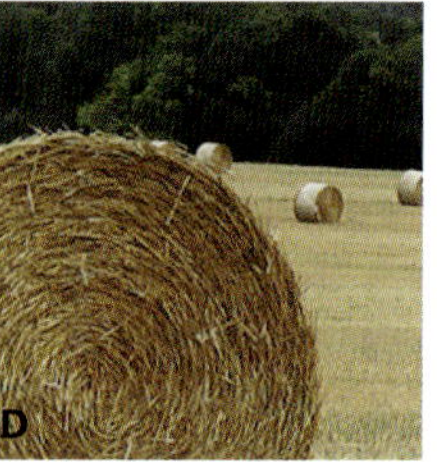

Eine S-Kurven-Einstellung kann ein Bild oder Teile eines Bildes verbessern, das kontrastarme Mitteltöne und wenig helle oder dunkle Töne hat **A**. Um die Details der Strohballen zu betonen, erstellen wir eine Gradationskurven-Einstellungsebene **B**. In der Gradationskurven-Dialogbox **C** klickten wir in die Mitte der Linie, um dort einen Ankerpunkt zu setzen, weil wir die Mitteltöne nicht insgesamt aufhellen oder abdunkeln wollten. Anschließend erstellten wir weiter unten einen weiteren Punkt und zogen diesen nach unten; ein zusätzlicher Punkt weiter oben wurde nach oben gezogen, um eine S-förmige Kurve zu erstellen. In den steileren Bereichen der Kurve wurde der Kontrast erhöht. In den flacheren Bereichen wurde der Kontrast verringert. Die S-Kurve verstärkt die Details, indem die Mitteltöne etwas nach oben und unten verschoben werden **D**.

Beachten Sie, dass bei dieser Einstellung auch der Himmel, die Bäume und die Berge verändert wurden. Wenn Ihnen dieses Änderungen nicht gefallen, können Sie diese Bereiche mithilfe einer Ebenenmaske ausblenden (siehe Seite 330).

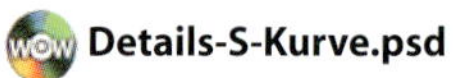
Details-S-Kurve.psd

M-Kurve

RICK WORTHINGTON

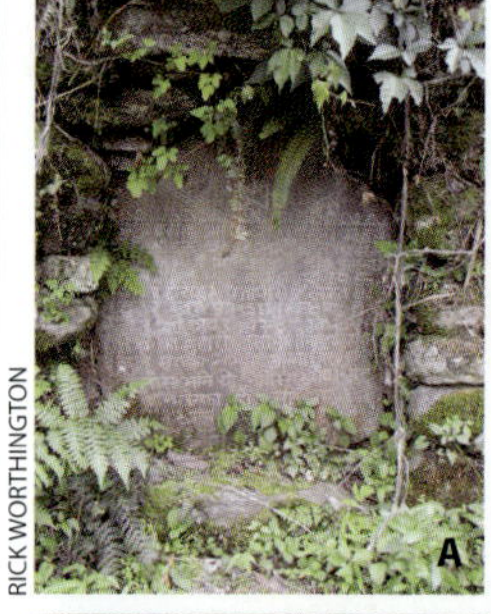
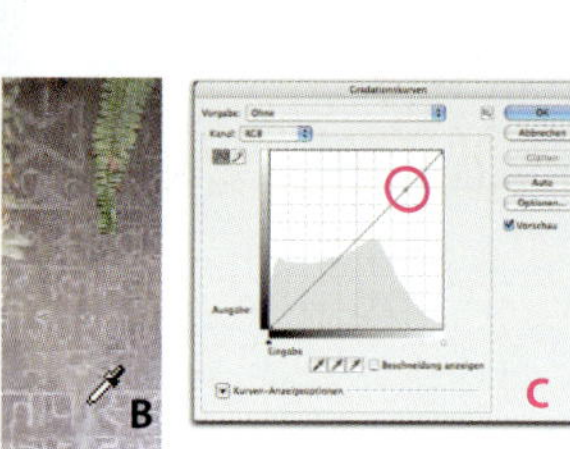

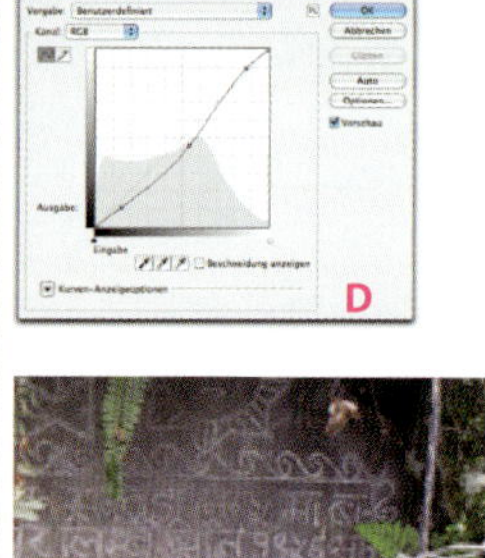

Wenn Sie Details in den Mitteltönen eines Bildes verstärken wollen und das Bild auch einige sehr dunkle Tonwerte enthält **A**, ist eine leichte M-Kurve besser geeignet als eine S-Kurve. Um die eingeritzten Schriftzeichen auf dem Stein zu betonen, fügten wir eine Gradationskurven-Einstellungsebene hinzu. Sobald die Dialogbox geöffnet war, verschoben wir den Cursor in das Bildfenster und zogen ihn über die Oberfläche des Steins **B**. Durch Beobachten der Bewegungen des kleinen Kreises auf der diagonalen Linie in der Gradationskurven-Dialogbox **C** konnten wir sehen, dass ein Großteil der Steinoberfläche Tonwerte im oberen Mitteltonbereich besitzt. Um die Details hervorzubringen, müssen wir den Kontrast in diesem Bereich verstärken – die Kurve muss an dieser Stelle steiler sein. Zunächst zogen wir den Mittelpunkt nach unten rechts, um den gesamten Stein etwas abzudunkeln. Anschließend klickten wir ins obere Ende der Kurve und verschoben den neuen Punkt etwas nach links, die Kurve wurde steiler. Wir vervollständigten das »M«, indem wir ins untere Ende der Kurve klickten und diesen Punkt leicht nach oben links zogen **D**. Die Tiefendetails wurden wiederhergestellt **E** (durch Verschieben des Mittelpunkts wurden sie etwas abgeschwächt). Klicken Sie auf OK, um die Einstellung abzuschließen.

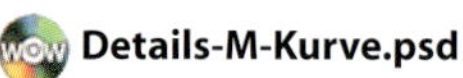
Details-M-Kurve.psd

Ebenenmasken

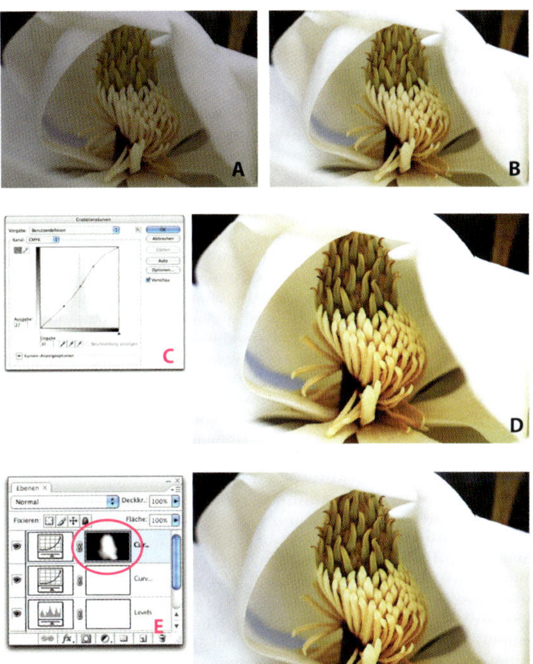

CHRISTINE ZALEWSKI

Um den Effekt, bei dem Details verstärkt werden, nur auf einen bestimmten Bildbereich anzuwenden, können Sie eine Ebenenmaske erstellen, die den gesamten Effekt ausblendet, und dann mit Weiß malen, um ihn nur an den gewünschten Stellen wieder einzublenden. Christine Zalewski wendet S-Kurven in ihren botanischen Porträts oft selektiv an (siehe Seite 356). In der Magnolie hier wendete sie die Änderungen nur auf die Mittelstruktur der Blume an, um das Auge des Betrachters dorthin zu lenken. Sie begann mit dem Originalfoto **A**, nahm verschiedene Einstellungen vor **B** und wendete dann eine Gradationskurve in S-Form an. Sie passte die Kurve so lange an, **C** bis der Mittelpunkt der Blume so aussah, wie sie es sich vorgestellt hatte **D**. Anschließend füllte sie die eingebaute Ebenenmaske mit Schwarz, um den Effekt vollständig auszublenden (wenn Schwarz die Vordergrundfarbe ist, brauchen Sie nur ⌥-Entf [PC: Alt-⟵] zu drücken). Zalewski aktivierte den Pinsel mit einer großen, weichen Pinselspitze. Sie wählte Weiß als Vordergrundfarbe (Taste X) und malte mit Weiß über die Mitte der Blume **E**, **F**.

Farben schützen

E. A. M. VISSER

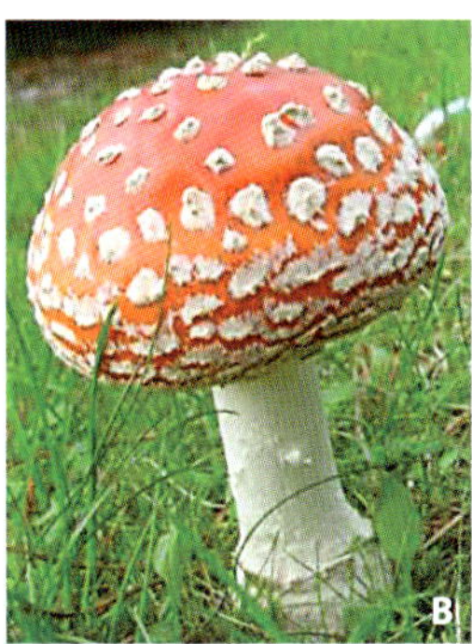

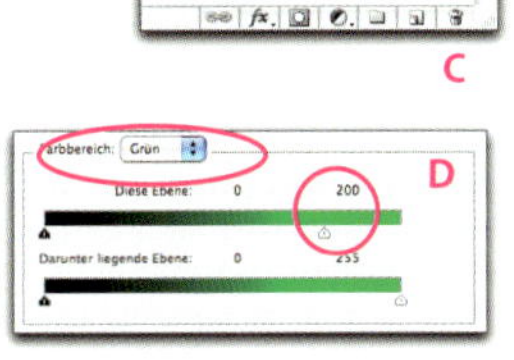

Die Regler im Abschnitt FARBBEREICH der Ebenenstil-Dialogbox können bestimmte Tonwertbereiche schützen (wie im Tipp auf Seite 329 und auf Seite 333 zu sehen). Sie können die Regler aber manchmal auch nutzen, um bestimmte Farben zu schützen. In dem kleinen Foto, das Sie oben sehen **A**, wurde eine Ebenenkopie mit dem Filter UNSCHARF MASKIEREN scharfgezeichnet (Stärke 200, Radius 2, Schwellenwert 1) **B**, **C**. Die Details in der rotweißen Kappe kamen dadurch sehr schön zur Geltung, leider wurde auch der Kontrast des Grases erhöht, was etwas störend wirkt. Weil Gras und Pilzhut von so unterschiedlicher Farbe sind, konnten wir die Regler für den Farbbreich GRÜN nutzen, um den Kontrast aus dem Gras etwas zu entfernen, den Pilzhut jedoch unangetastet zu lassen.

Wir klickten oben rechts in der Ebenen-Palette auf den Button und wählten FÜLLOPTIONEN. Im Abschnitt FARBBEREICH wählten wir aus dem Pop-up-Menü GRÜN, um nur den grünen Kanal zu ändern. Wir verschoben den Weißpunkt für DIESE EBENE nach links. Der Kontrast im Gras wird schneller reduziert als die Schärfe im Pilzhut. Wir wählten eine Einstellung von 200 **D**, **E**.

Details-Fuelloptionen 2.psd

Den Fokus weichzeichnen

SIE FINDEN DIE DATEIEN

auf der DVD unter Wow Projektdateien/Kapitel 5/Weicher Fokus:

- Weicher-Fokus-Vorher.psd (Beginn)
- Weicher-Fokus-Nachher.psd (Vergleich)

ÖFFNEN SIE DIESE PALETTEN

aus dem Fenster-Menü:

• Werkzeuge • Ebenen • Ebenenkomps.

ÜBERBLICK

Eine weichgezeichnete Kopie mit dem scharfen Original mischen • Den Effekt mithilfe der Deckkraft und den Ebenenmodi kontrollieren oder den Tonwertbereich einschränken • Die weichgezeichnete Ebene maskieren

Seit dem Ende des 19. Jahrhunderts verwenden Fotografen einen weichen Fokus und leichten Dunst, um ihren Bildern ein romantisches Gefühl zu verleihen. Oft wird versucht, einen diffusen Schein um die Lichter der Fotos zu erzeugen oder Haut oder Haare weichzuzeichnen. Mit der Kamera können Sie den Effekt erzielen, indem Sie ein durchsichtiges Gel auf einen Neutralverlaufsfilter schmieren oder den Filter anhauchen, damit er beschlägt. In Photoshop können Sie den Gauß'schen Weichzeichner nutzen und eine weichgezeichnete Version des Bildes mit dem scharfen Original mischen – experimentieren Sie mit der Deckkraft, den Ebenenmodi und Masken. Mit der Ebenenkomps-Palette können Sie Ihre Experimente auch aufnehmen und vergleichen, um die beste Option auszuwählen.

1 Duplizieren Sie das Bild in eine neue Ebene. Öffnen Sie die Datei **Weicher-Fokus-Vorher.psd** oder ein eigenes Bild. Kopieren Sie das Bild in eine neue Ebene (⌘/Strg-J) **1**. Alternative in CS3: Wählen Sie FILTER/FÜR SMARTFILTER KONVERTIEREN, so dass anschließend verlustfreie Smartfilter entstehen.

1

CORBIS ROYALTY FREE

Das Original wurde in eine neue Ebene kopiert.

2

Die Ebenenkopie wurde weichgezeichnet.

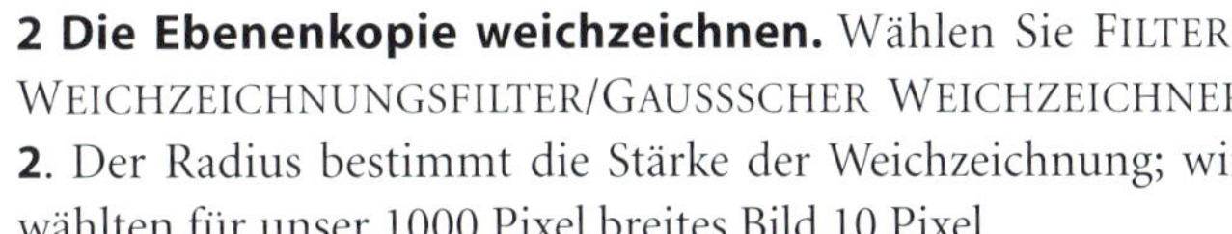

2 Die Ebenenkopie weichzeichnen. Wählen Sie FILTER/ WEICHZEICHNUNGSFILTER/GAUSSSCHER WEICHZEICHNER **2**. Der Radius bestimmt die Stärke der Weichzeichnung; wir wählten für unser 1000 Pixel breites Bild 10 Pixel.

3 Ebenenmodus und Deckkraft anpassen. Um die Weichzeichnung in einen romantischen Schein zu verwandeln, wählen Sie für die Ebene den Modus AUFHELLEN **3a**. Probieren Sie es auch mit NEGATIV MULTIPLIZIEREN **3b**. Beide Modi erlauben den hellen Pixeln des weichgezeichneten Bildes, die darunterliegenden Pixel aufzuhellen, während die dunklen Pixel wenig oder keine Auswirkung haben. Es werden jetzt hauptsächlich die Lichter weichgezeichnet, die scharfen Details in den Tiefen und Mitteltönen bleiben ganz gut erhalten.

Beachten Sie, dass die Lichter nicht ausgewaschen und die Mitteltöne nicht aufgehellt werden, wie es bei NEGATIV MULTIPLIZIEREN der Fall ist. In diesem Modus werden alle Pixel der oberen Ebene verwendet, um die darunterliegenden Pixel aufzuhellen. Im Endeffekt wird das gesamte Bild heller. ▼

4 Ebenenkompositionen erstellen. Bevor Sie weiter experimentieren, erstellen Sie von beiden Optionen Ebenenkomps, um sie später noch einmal vergleichen zu können: Wenn Sie den Modus AUFHELLEN gewählt haben, klicken Sie in der Ebenenkomps-Palette auf den Button NEUE EBENENKOMP ERSTELLEN. Aktivieren Sie in der Dialogbox die Option AUSSEHEN (EBENENSTIL) **4a**. (Sie werden mit der Deckkraft und dem Modus experimentieren.) Vergeben Sie den Namen »Aufhellen« und klicken Sie auf OK **4b**. Ändern Sie den Ebenenmodus anschließend anschließend in NEGATIV MULTIPLIZIEREN und

3a

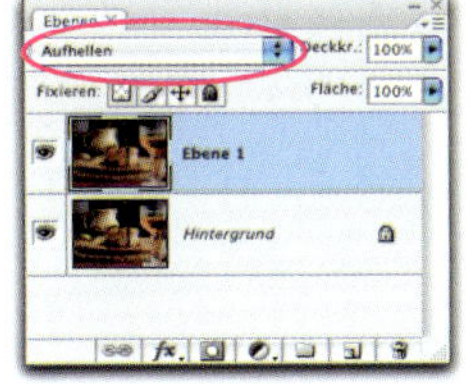

Die Weichzeichnung wurde in »Atmosphäre« verwandelt, indem der Modus AUFHELLEN gewählt wurde.

3b

Durch den Modus NEGATIV MULTIPLIZIEREN wird das Foto noch stärker aufgehellt.

MEHR DAVON

▼ Aufhellen & Negativ multiplizieren
Seite 176

erstellen Sie eine weitere Ebenenkomp namens »Negativ multiplizieren« **4c**.

Experimentieren Sie nun mit der Deckkraft und weiteren Ebenenmodi und erstellen Sie nach Belieben weitere Ebenenkomps. Wir entschieden uns, die Deckkraft 60% und den Modus NEGATIV MULTIPLIZIEREN zu speichern **4d**. Eine weitere Kombination (Deckkraft 60% **4e** und WEICHES LICHT **4f**) erzeugte ebenfalls ein tolles Bild – wir speicherten eine Ebenenkomposition.

AUSSEHEN (EBENENSTIL)

Wenn Sie diese Option in der Dialogbox NEUE EBENENKOMP aktivieren, wird alles aufgenommen, was Sie in der Ebenenstil-Dialogbox einstellen können, inklusive Modus und Deckkraft (auch wenn die bereits in der Ebenen-Palette festgelegt wurden).

5 Überblenden. Von allen Optionen gefiel uns NEGATIV MULTIPLIZIEREN am besten. Probieren Sie es damit: Klicken Sie in der Ebenen-Palette doppelt auf die Miniatur des weichgezeichneten Bildes, um die Ebenenstil-Dialogbox zu öffnen. Wählen Sie im Abschnitt ALLGEMEINE FÜLLMETHODE die Füllmethode NEGATIV MULTIPLIZIEREN und eine Deckkraft von 80%. Im Abschnitt FARBBEREICH: GRAUSTUFEN klicken Sie mit gedrückter ⌥/Alt-Taste für DIESE EBENE auf die rechte Hälfte des schwarzen Reglers und ziehen diese nach rechts **5a**. (Durch Gedrückthalten der Taste wird der Regler geteilt.) Der Balken repräsentiert den gesamten Tonwertbereich von Schwarz bis Weiß. Die Tonwerte rechts des verschobenen Reglers (die helleren) werden in voller Intensität zum Bild hinzugefügt. Die Tonwerte zwischen den beiden Hälften des schwarzen Reglers (die dunkleren) werden nur teilweise genutzt, alle anderen gar nicht. Weil Sie die dunkelsten Pinsel aus der weichgezeichneten Ebene entfernen, wird das Bild insgesamt weicher, die Details bleiben jedoch erhalten, weil sie sich in den dunklen Tonwerten des scharfen Originals befinden.

4a

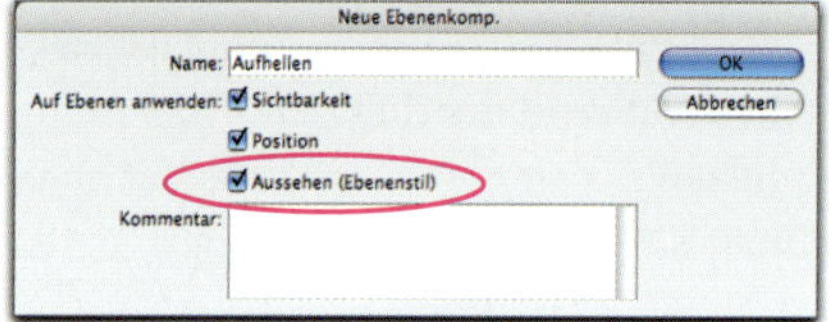

Klicken Sie auf den Button, um die Dialogbox NEUE EBENENKOMP zu öffnen. Aktivieren Sie die Checkbox AUSSEHEN (EBENENSTIL).

4b

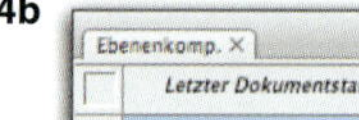

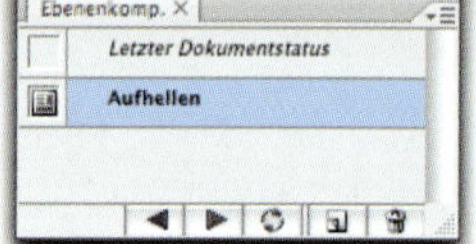

Klicken Sie auf OK, um die Ebenenkomp in die Palette aufzunehmen.

4c

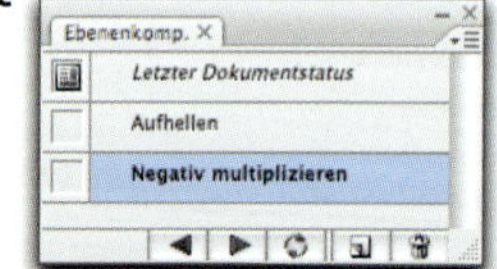

Erstellen Sie auch für den anderen Ebenenmodus eine Ebenenkomp.

4d

Durch eine verringerte Deckkraft der weichgezeichneten Ebene im Modus NEGATIV MULTIPLIZIEREN entsteht ein schönerer Schein.

4e

Wenn Sie für die weichgezeichnete Ebene den Modus INEINANDERKOPIEREN und eine Deckkraft von 60% wählen, werden die hellen Bereiche aufgehellt und die dunklen abgedunkelt.

Durch Teilen des Reglers erstellen Sie einen weichen Übergang **5b**. Probieren Sie auch andere Einstellungen aus. Sobald Ihnen das Ergebnis gefällt, klicken Sie auf OK und erstellen Sie eine Ebenenkomp. Weil Sie die Option AUSSEHEN (EBENENSTIL) aktiviert haben, werden die Einstellungen aus der Ebenenstil-Dialogbox mit aufgenommen.

6 Eine Komp auswählen. Jetzt können wir aus der Ebenenkomp-Palette aus den gespeicherten Optionen wählen **6**. Klicken Sie unten in der Palette auf den Button ▶, um die aufgenommenen Ebenenkomps zu sehen und sich für eine zu entscheiden.

SCHNELLER DURCHLAUF

Um sich einige, aber nicht alle Ebenenkomps noch einmal anzusehen, klicken Sie mit gedrückter ⌘/Strg-Taste auf die Namen, anschließend auf den Button ▶, um von einer zur nächsten zu springen.

7 Den Effekt maskieren. Mit einer schnellen Ebenenmaske können wir den Effekt jetzt ganz gezielt in den gewünschten Bereichen anwenden. Fügen Sie eine Ebenenmaske hinzu (klicken Sie unten in der Ebenen-Palette auf den Button ◘). Aktivieren Sie den Pinsel mit einer großen, weichen Pinselspitze und stellen Sie Schwarz als Vordergrundfarbe ein (Tasten D und X). Wählen Sie in der Optionsleiste des Pinsels eine geringe Deckkraft (hier 15%) und malen Sie mit Schwarz auf der Maske, um den Effekt in einigen Bereichen auszublenden. Falls Sie sich vertan haben, aktivieren Sie Weiß als Vordergrundfarbe (Taste X) und malen Sie erneut über die Stelle. Um die Törtchen zu betonen, maskierten wir den Effekt auf dem Glas, dem Krug und dem Löffel **7**. (Wenn Sie sich jetzt die Ebenenkomposition ansehen, stellen Sie fest, dass alle diese Maske aufweisen.)

4f

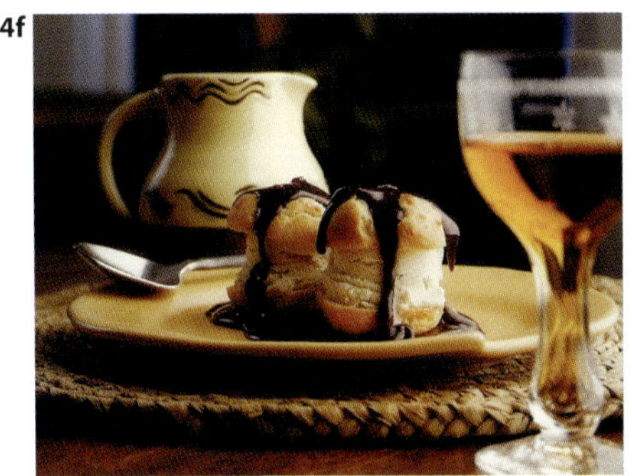

WEICHES LICHT mit 60% Deckkraft betont die Lichter und Tiefen, aber liefert weniger Kontrast als INEINANDERKOPIEREN.

5a

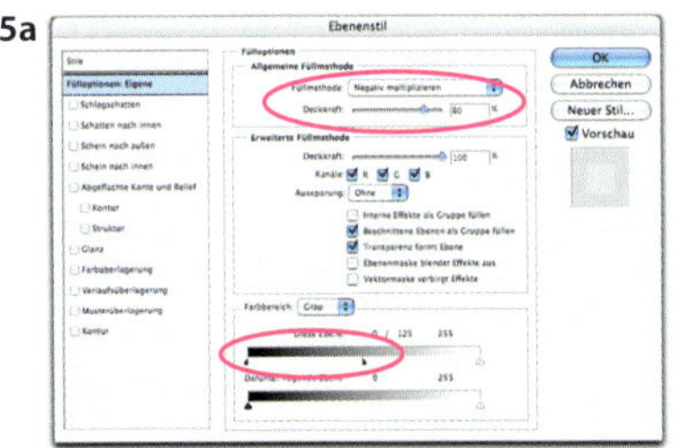

Teilen Sie den schwarzen Regler, um zu kontrollieren, wie die dunklen Töne des weichgezeichneten Bildes auf das Gesamtbild wirken. In diesem Teil der Ebenenstil-Dialogbox können Sie auch Füllmethode und Deckkraft neu wählen.

5b

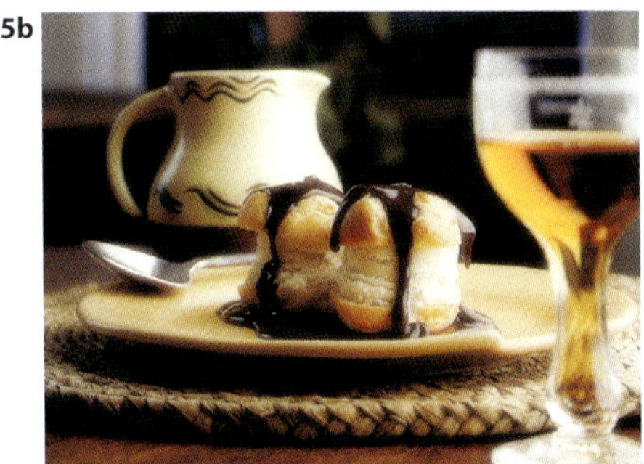

Die Einstellungen für DIESE EBENE begrenzen den Effekt der weichgezeichneten Ebene auf die Lichter und die hellen Mitteltöne.

6

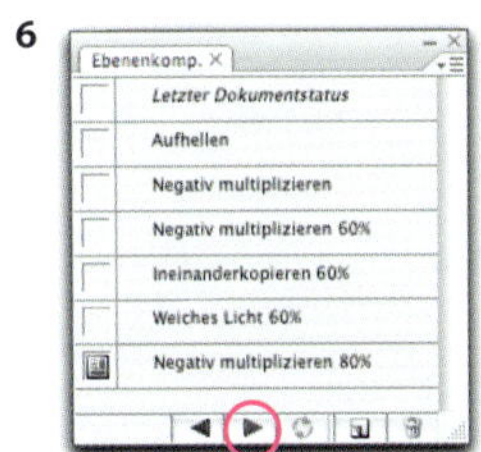

Klicken Sie in der Ebenenkomp-Palette auf den gezeigten Button, um sich die verschiedenen Versionen anzusehen.

7

Eine Ebenenmaske dirigiert den Schein – diese wird auch durch Füllmethode und Deckkraft kontrolliert –, um die Törtchen zu betonen. (Das fertige Bild sehen Sie auf Seite 336.)

Schwarzweißfotos per Hand einfärben

SIE FINDEN DIE DATEIEN
auf der DVD unter Wow Projektdateien/ Kapitel 5/Einfaerben von Hand:
- Einfaerben-Vorher.psd (Beginn)
- Wow-Einfaerben.aco (Farbfelder)
- Einfaerben-Nachher.psd (Vergleich)

ÖFFNEN SIE DIESE PALETTEN
aus dem Fenster-Menü:
• Werkzeuge • Ebenen • Farbfelder

ÜBERBLICK
Beginnen Sie mit einem Schwarzweißbild im RGB-Modus • Malen Sie für jede Farbe auf einer separaten Ebene im Modus FARBE • Arbeiten Sie mit Ebenengruppen • Erstellen Sie eine Abwedeln-und-Nachbelichten-Ebene

1a

Der Original RGB-Scan wurde dupliziert, um auf der Kopie zu arbeiten und das Original zu schützen.

1b

Die Datei **Einfaerben-Vorher.psd**, nachdem die Farben neutralisiert, die Tonwerte angepasst und die Schäden repariert wurden.

Bereits in den Anfangstagen der Fotografie haben Künstler ihre Schwarzweißfotos mit den unterschiedlichsten Farben von Hand eingefärbt. In Photoshop können Sie mit verschiedenen Ebenen im Modus FARBE Ihre Bilder einfärben und die Farben mit dem Schwarzweißbild kombinieren. Sie können dabei sehr detailliert vorgehen, wie wir es für das Gesicht in diesem Porträt getan haben, oder Sie färben recht einfach ein, wie hier für das Kleid und den Hintergrund zu sehen. (Lesen Sie dazu auch Seite 201.)

1 Das Foto vorbereiten. Wir beginnen mit einem Schwarzweißfoto, das das Potenzial zu einem Farbfoto hat. Falls sich Ihre Datei im Graustufenmodus befindet, wandeln Sie diese in RGB um (BILD/MODUS/RGB-FARBE). Das Aussehen des Fotos ändert sich nicht, Sie können es jetzt jedoch einfärben. Wenn Sie mit einer Farbdatei beginnen **1a**, müssen Sie zunächst die Farben mit dem Kanalmixer oder in CS3 mit dem Schwarzweißbefehl neutralisieren. Es gibt aber auch andere schnelle Umwandlungsmethoden.

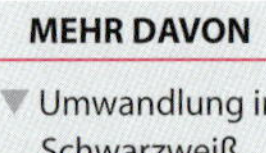

MEHR DAVON
Umwandlung in Schwarzweiß
Seiten 213 & 218

Im Farbmodus einfärben

Wenn Sie ein Schwarzweißfoto einfärben und auf einer Ebene im Modus FARBE malen, können Sie nur schwer vorhersagen, wie die Farbe mit den darunterliegenden Grautönen interagiert. Wir wendeten hier einen vollständig gesättigten Spektralverlauf auf eine transparente Ebene im Modus FARBE an, die sich über einer Graustufenebene befindet.

Sie sehen, dass die Farben keinerlei Auswirkung auf Schwarz und Weiß haben – am intensivsten sind sie in den Mitteltönen. Beachten Sie, dass Sie sehr helle Grautöne mit dieser Methode nicht mit einem intensiven Rot einfärben können. Dunkle Grautöne können hingegen nicht mit einem strahlenden Gelb eingefärbt werden.

Ein Verlauf auf einer Ebene im Modus FARBE färbt die Grautöne der darunterliegenden Ebene.

2

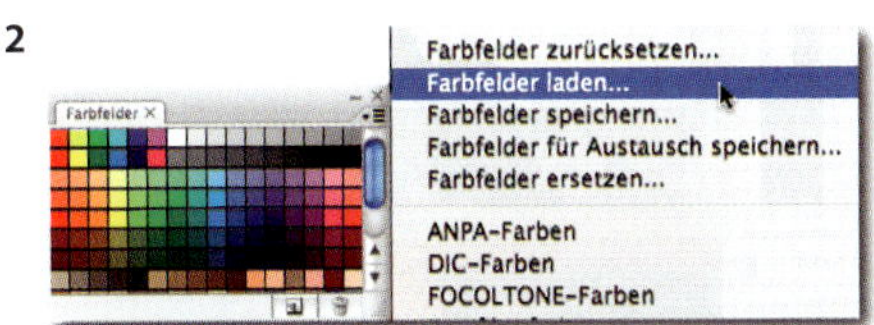

Wow Tints erscheint im Menü der Farbfelder-Palette, wenn Sie die Wow-Vorgaben bereits geladen haben. Ansonsten müssen Sie diese Palette zuerst laden.

Um ein breites Spektrum Grautöne zu erhalten, nutzen Sie eventuell den Befehl TIEFEN/LICHTER oder eine Tonwertkorrektur. ▼ Nehmen Sie nötige Retuschearbeiten mit dem Reparatur-, dem Bereichsreparatur-Pinsel, dem Ausbessern-Werkzeug oder anderen Werkzeugen vor **1b**.▼

2 Farben einstellen. Wählen Sie ein paar Farben aus, die Sie zum Einfärben verwenden wollen. Wir erstellten mit 10 Farben eine eigene Farbpalette, wie im Kasten beschrieben. Wenn Sie dieselben Farben nutzen wollen wie wir, nutzen Sie die Datei **Wow-Einfaerben.aco,** indem Sie sie aus dem Menü der Farbfelder-Palette wählen **2**. Falls Sie die Wow-Vorgaben noch nicht geladen haben,▼ sehen Sie die Palette nicht in der Liste. Sie können jetzt auch nur diese Datei laden und zur Palette hinzufügen (siehe Seite 340).

Farben sammeln

Um nur ein paar Farben einzustellen, aus denen Sie wählen können, speichern Sie diese in der Farbfelder-Palette: Klicken Sie in der Palette auf die entsprechenden Farbfelder. Verschieben Sie den Cursor in einen leeren Bereich am Ende der Palette, er verwandelt sich in das Füllwerkzeug. Klicken Sie, um aus der Vordergrundfarbe ein Farbfeld zu erstellen.

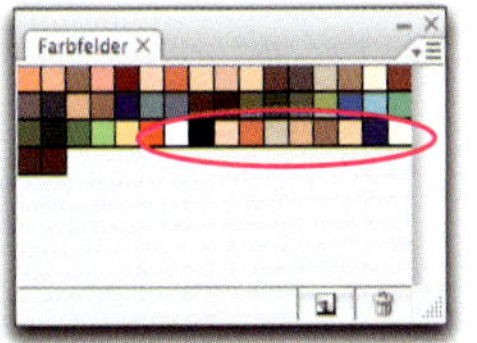

Wir wählten die Farben, die wir zum Einfärben des Bildes nutzen wollten. Das sind die 10 Farbfelder am Ende der **Wow-Einfärben-Palette,** die nach dem schwarzen Farbfeld zu sehen sind. Darin enthalten sind verschiedene Haut-, Haar- und Augenfarben sowie Farben für die Umgebung.

Farbnamen

Um die Farbfelder-Palette als Liste aus Farbfeld und Namen zu sehen, wählen Sie aus dem Paletten-Menü die Option KLEINE LISTE.

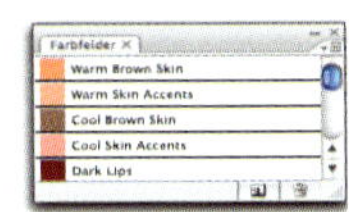

3 Ebenen und Pinsel einstellen. Um möglichst flexibel zu bleiben, werden wir für jede Farbe eine neue Ebene hinzufügen – manchmal sogar mehr als eine Ebene pro Farbe, um verschiedene Bereiche einzufärben. Erstellen Sie eine neue Ebene, indem Sie unten in der Ebenen-Palette auf den Button NEUE EBENE ERSTELLEN klicken. Sobald die Ebene in der Palette erscheint, wählen Sie für diese den Modus FARBE **3a**. Dadurch bleibt die Originalluminanz erhalten und es werden keine komplett deckenden Farben erzeugt.

MEHR DAVON

▼ Tonwertbereich anpassen **Seite 251**

▼ Fotos reparieren **Seite 255**

▼ Wow-Vorgaben laden **Seite 5**

3a

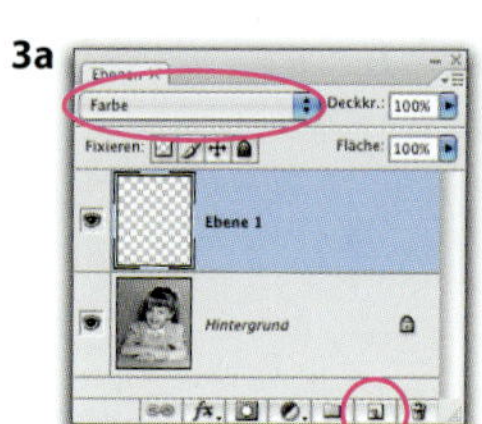

Eine neue Ebene im Modus FARBE wurde hinzugefügt.

3b

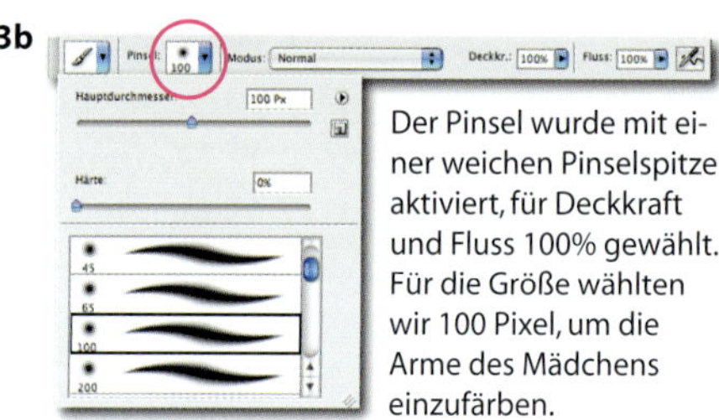

Der Pinsel wurde mit einer weichen Pinselspitze aktiviert, für Deckkraft und Fluss 100% gewählt. Für die Größe wählten wir 100 Pixel, um die Arme des Mädchens einzufärben.

4a

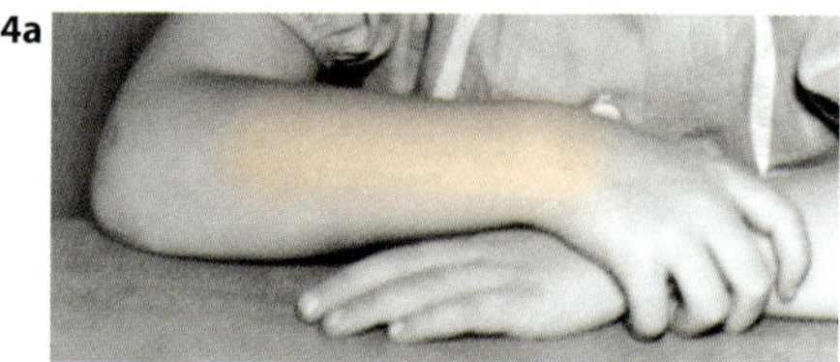

Der erste Strich auf der Ebene mit 100% Deckkraft.

4b

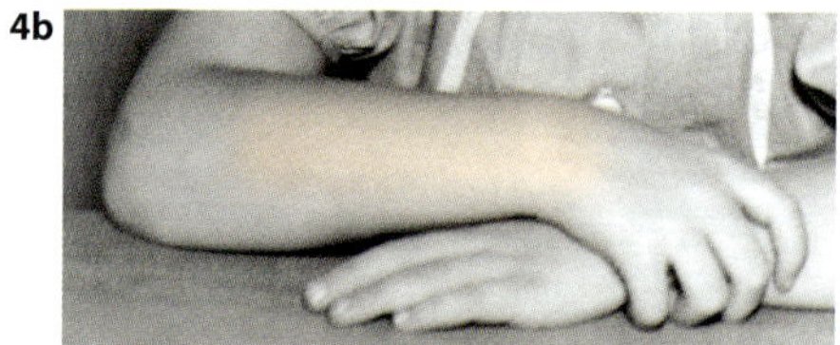

Eine reduzierte Deckkraft von 75% erzeugt ein besseres Ergebnis.

4c

Die Gesichtsfarbe wurde mit dem Radiergummi aus den Augen und Zähnen entfernt. (Links sehen Sie die Farbe mit einer Deckkraft von 100%.)

Aktivieren Sie in der Werkzeug-Palette den Pinsel. Wählen Sie aus dem Pinselwähler in der Optionsleiste **3b** eine weiche Pinselspitze mit einer Größe, die zu dem Bereich passt, den Sie einfärben wollen. Wählen Sie für Deckkraft und Fluss 100%, um die Farbe schön gleichmäßig aufzutragen und keine sich überlappenden Striche zu erzeugen.

Wir testen jede Farbe immer erst bei voller Deckkraft und reduzieren anschließend die Ebenendeckkraft, bis wir den richtigen Wert gefunden haben, mit dem wir malen wollen. Sobald die Deckkraft richtig gewählt und die Farben natürlich aussehen, fühlt sich das Malen ganz natürlich an und geht schnell von der Hand. Um die Farbintensität in bestimmten Bereichen zu reduzieren, malen Sie mit dem Radiergummi im Pinsel-Modus und mit reduzierter Deckkraft über diese Bereiche.

4 Beginnen Sie mit den Hauttönen. Um mit dem Pinsel auf der Farbe-Ebene zu malen, wählen Sie aus der Farbfelder-Palette eine Farbe aus und malen einen Strich; wir begannen mit der Farbe »Light Skin« auf dem Arm **4a**. Passen Sie anschließend die Ebenendeckkraft an, bis Ihnen die Farbe gefällt; wir reduzierten sie auf 75% **4b**. (Wenn Sie durch Anpassen der Deckkraft nicht die richtige Farbe finden, wählen Sie eine andere Farbe aus. Oder klicken Sie in der Werkzeug-Palette in das Feld für die Vordergrundfarbe, um eine neue Farbe zu wählen; haben Sie eine passende Farbe gefunden, speichern Sie diese in der Farbfelder-Palette.)

Beim Malen können Sie die Pinselspitze mit den Tasten [>] (größer) und [<] (kleiner) anpassen. Machen Sie sich im Moment noch nicht allzu viel Sorgen über perfekte Kanten – auch bei der traditionellen Methode werden die Farben nicht perfekt angewendet. Wir malten über den Arm und das Gesicht des Mädchens – auch über Augen und Mund. Mit dem Radiergummi im Pinsel-Modus und mit einer geringen Deckkraft malten wir mit einer kleinen, weichen Pinselspitze über Augen und Mund, um die Farbe dort wieder zu entfernen (wir malten nur über die Augen, nicht über Brauen und Wimpern; und nur über die Zähne, nicht die Lippen). Die Lippen werden später noch separat eingefärbt. Im Anschluss klickten wir in der Ebenen-Palette auf den Namen dieser Ebene und gaben ihr einen neuen Namen, um sie später jederzeit eindeutig zu identifizieren **4c**.

5 Akzente ins Bild malen. Im nächsten Schritt wollen wir einige Akzente ins Gesicht malen. Fügen Sie eine neue Ebene im Modus FARBE hinzu, wählen Sie die Farbe »Light Skin Accents« und eine kleinere Pinselspitze. Probieren Sie einen Pinselstrich auf der Wange und passen Sie die Ebenendeckkraft an, bis die Farbe passt (hier 20%). Malen Sie weiter über die Wangen, das Kinn, die Nasenspitze und die Augenbrauen. Setzen Sie mit einer ganz kleinen Pinselspitze einen Farbpunkt in den Augenwinkeln und entlang des unteren Augenlids **5a**. Wenn Sie mögen, können Sie auch Hände und Arme akzentuieren.

Für die Lippen und das Zahnfleisch können Sie jeweils noch eine eigene Ebene im Modus FARBE erstellen. Bei hellhäutigen Personen sehen die Lippen und das Zahnfleisch in der Regel so aus wie die Hautakzente, vielleicht etwas dunkler **5b**. Bei dunkelhäutigen Personen müssen Sie kühlere Hauttöne (mit einem höheren Blauanteil) für die Lippen und das Zahnfleisch als für die Wangen verwenden.

Fügen Sie weitere Ebenen für die Haare, die Iris, das Weiß der Augen und die Zähne hinzu. Für die Haare wählten wir eine Farbe, die zu den hellsten Werten passt, und beließen die Deckkraft bei 100% **5c**. Haare, die nur mit einer Farbe gemalt werden, sehen künstlich aus, deshalb malten wir mit einer weiteren Farbe Akzente ins Bild. Wir wählten den Ebenenmodus NORMAL und eine Deckkraft von 15% **5d**.

Die Iris der Augen färbten wir blau. Auch das Weiß der Augen und die Zähne wurden eingefärbt. In einem eingefärbten Bild sieht es natürlicher aus, wenn Sie die Augen leicht einfärben, anstatt sie original grau zu lassen **5e**.

6 Ebenen organisieren. Als wir mit dem Malen fertig waren, haben wir alle Ebenen in einer Ebenengruppe zusammengefasst, damit wir später die gesamte Farbintensität durch einfaches Ändern der Deckkraft anpassen können, ohne die Farbbalance zu beeinflussen. Um ein Set bzw. eine Gruppe zu erstellen, müssen Sie die Ebenen auswählen, die in die Gruppe sollen, und dann den entsprechenden Befehl aus dem Paletten-Menü wählen oder (ab CS2) unten in der Ebenen-Palette auf den Button 🗀 klicken.

5a

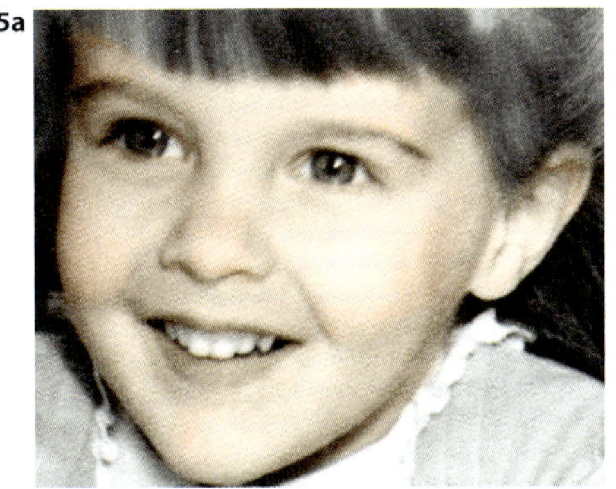

Die Farbe »Light Skin Accents« wurde auf einer neuen Ebene im Modus FARBE und mit 20% Deckkraft angewendet.

5b

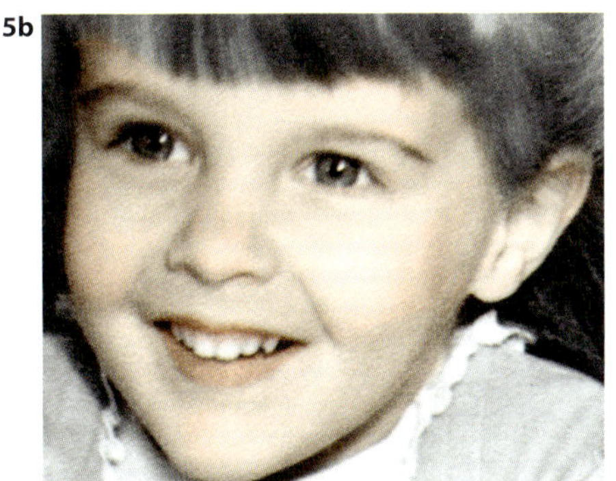

Für die Lippen und das Zahnfleisch wurde dieselbe Farbe angewendet – für die Lippen beträgt die Deckkraft 20%, für das Zahnfleisch 35%.

5c

Die Farbe »Light Brown Hair« wurde mit einer Deckkraft von 100% auf die Haare angewendet.

5d

Mit den Farben »Hair Highlights 1« und »Hair Highlights 2« wurden auf einer separaten Ebene Akzente gesetzt. Die Deckkraft wurde auf 15% reduziert (außer oben, wo Sie nur die Akzente bei 100% sehen).

5e

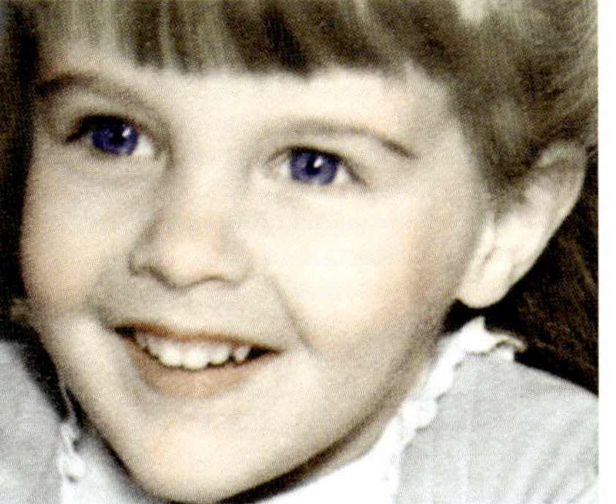

Die Iris wurde mit der Farbe »Blue Eyes« (Deckkraft 25%) eingefärbt, die Farbe »White-Eyes & Teeth« nimmt den Augen (10% Ebenendeckkraft) und den Zähne (20%) das Grau.

6

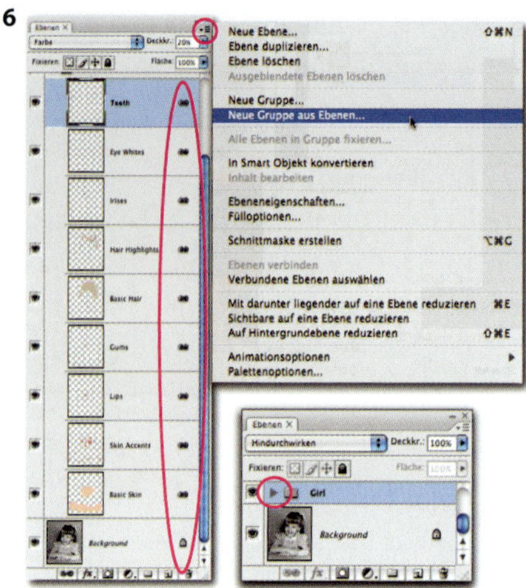

Die Ebenen wurden in einem Ebenenset bzw. einer Gruppe miteinander verbunden. Um alle Ebenen einer Gruppe einzublenden, klicken Sie auf das kleine Dreieck links neben der Ordner-Miniatur.

7

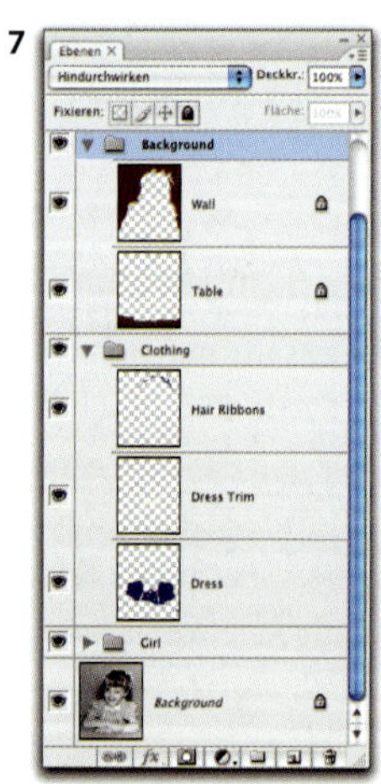

Der Tisch und die Wand wurden mit zwei Brauntönen eingefärbt. In einer Ebenengruppe befinden sich die Ebenen für die Kleidung und in einer anderen, die beiden Ebenen für den Tisch und die Wand.

7 Die Färbung vervollständigen. Färben Sie nun auch die anderen Bildbereiche ein, die Sie kolorieren wollen. Wir färbten das Kleid, die Haarspangen, den Tisch und die Wand auf jeweils separaten Ebenen und erstellten anschließend eine Gruppe. Für das Kleid verwendeten wir dasselbe Blau wie für die Augen, jedoch nur mit einer Deckkraft von 45%. Wir malten auch mit einem sehr blassen Blau über den Kragen – entfernten die Farbe mit einem kleinen Radiergummi jedoch anschließend wieder. Mit dem Radiergummi (und geringer Deckkraft) entstanden einige zu intensive Farben aus den Tiefen. Auf einer neuen Ebene malten wir mit »Pale Yellow« über den Kragen, passten die Deckkraft auf 25% an. Für die Haarspangen wählten wir dieselbe Farbe wie für das Kleid, jedoch wählten wir für die Ebene den Modus Ineinanderkopieren, um den Kontrast zu verstärken; die Deckkraft betrug 50%. Auch Tisch und Wand färbten wir auf separaten Ebenen ein und erstellten eine weitere Ebenengruppe **7**.

8 Letzte Korrekturen. Um Tonwerte und Farben zum finalen Bild auszubalancieren, können Sie eine Abwedeln-und-Nachbelichten-Ebene hinzufügen: Aktivieren Sie die oberste Ebene in der Ebenen-Palette, indem Sie unten mit gedrückter ⌥/Alt-Taste auf den Button klicken. Wählen Sie in der Dialogbox den Modus Überlagern/Ineinanderkopieren, aktivieren Sie die Checkbox Mit neutraler Farbe für den Modus »Überlagern/Ineinanderkopieren« füllen (50% Grau) und klicken Sie auf OK. Malen Sie anschließend mit einem großen, weichen Pinsel, geringer Deckkraft und Schwarz über die Bildbereiche, deren Farbdichte Sie intensivieren wollen, und mit Weiß über die Teile, die Sie aufhellen wollen **8**.

Weitere Optionen. Da sich jede Farbe auf einer separaten Ebene befindet und in Gruppen organisiert wurde, sind Sie unglaublich flexibel. Die beiden Bilder auf der gegenüberliegenden Seite sind zwei Ergebnisse, die nach Schritt 8 entstanden sind:

- Ändern Sie die Farbdichte, indem Sie die Deckkraft der einzelnen Ebenen oder der Ebenengruppe anpassen.
- Ändern Sie die Füllmethoden einiger oder aller Ebenen. Probieren Sie es mit Überlagern/Ineinanderkopieren, Hindurchwirken oder Weiches Licht.

8 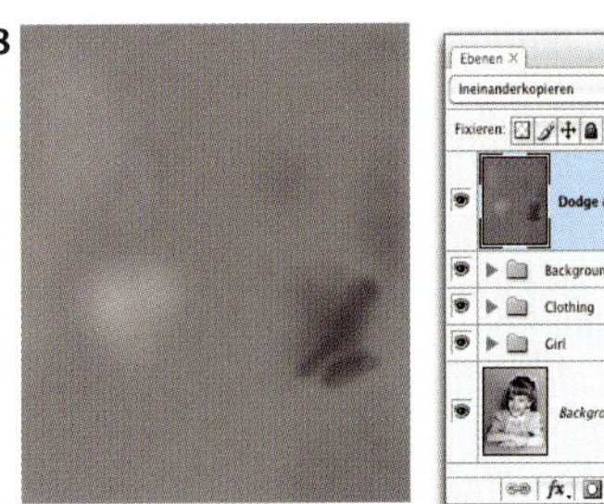

Eine schnelle Abwedeln-und-Nachbelichten-Ebene am oberen Ende des Ebenenstapels wurde verwendet, um die Beleuchtung des Bildes auszubalancieren. Das Gesicht und die Schleife auf der rechten Seite des Bildes wurden auch etwas abgedunkelt. Das Endergebnis sehen Sie auf Seite 340.

- Sie können einzelne Farben ändern, indem Sie eine Farbton/Sättigung-Einstellungsebene als Beschneidungsebene anwenden. Um beispielsweise die Farbe der Wand anzupassen, aktivieren Sie diese Ebene in der Ebenen-Palette, wählen FARBTON/SÄTTIGUNG und aktivieren in der Dialogbox NEUE EBENE die Checkbox SCHNITTMASKE AUS VORHERIGER EBENE ERSTELLEN. Sobald Sie auf OK klicken, erstellen Sie eine Ebene, die sich nur auf die Ebene direkt darunter auswirkt. Passen Sie Farbton und Sättigung an – mit oder ohne Checkbox FÄRBEN –, um die Farbe der Wand zu ändern.

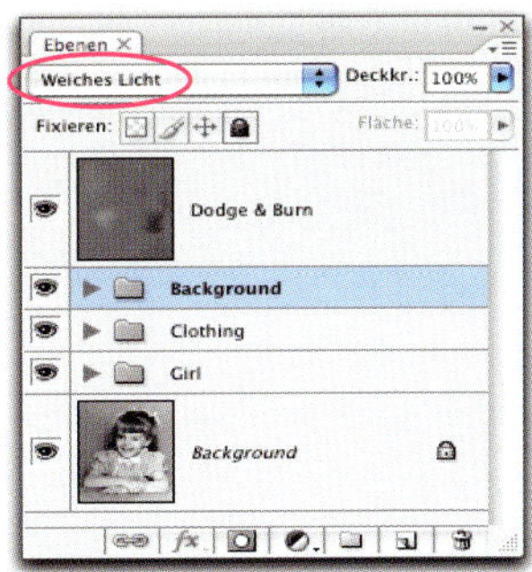

Ausgangspunkt war das Foto aus Schritt 8: Wir änderten die Füllmethode der Ebenensets in WEICHES LICHT und reduzierten die Deckkraft auf 70%.

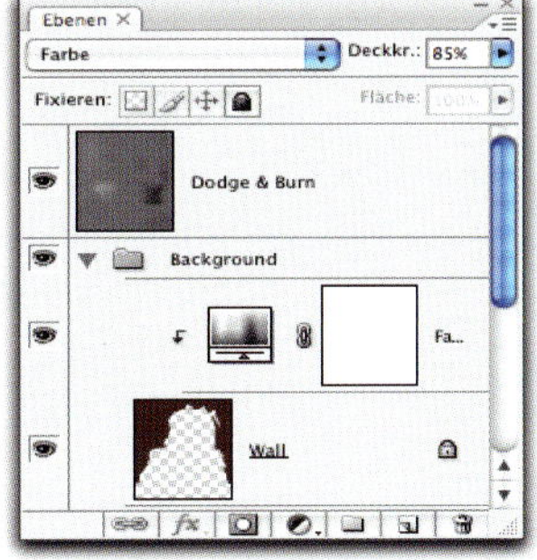

Ausgangspunkt war das Foto auf Seite 340 oben: Wir fügten eine Farbton/Sättigung-Einstellungsebene hinzu, um die Hintergrundfarbe zu ändern. Um zu verdeutlichen, dass sich die Änderung nur auf die Wand auswirkt, ist der Name der Schnittmaske unterstrichen.

Cristen Gillespie verwandelt Tag in Nacht

CRISTEN GILLESPIE BEGANN MIT IHREM EINZIGEN FOTO des Portofino-Cafés, das sie bei Tageslicht fotografierte, und verwandelte es in eine Nachtaufnahme. Photoshops Filter BELEUCHTUNGSEFFEKTE bot alles, was nötig war.▼

Die finale Ebenendatei **Abendlicht.psd** finden Sie auf der Wow-DVD-ROM im Ordner Wow-Zugaben/ Abendlicht.

Um das Originalfoto zu schützen, duplizierte sie das Bild in eine neue Ebene. (In CS3 könnte man die Smartfilter-Technik nehmen). Anschließend wählte Sie FILTER/RENDERINGFILTER/BELEUCHTUNGSEFFEKTE, deaktivierte die LICHTART und nutzte eine blaue Umgebung, um die Kopie abzudunkeln.

Weil die Einstellung UMGEBUNG mit Einstellungen aus dem oberen Bereich interagiert, erzeugen Sie selbst mit einem positiven Wert (+25) ein abgedunkeltes Bild, weil die Lichtart deaktiviert wurde.

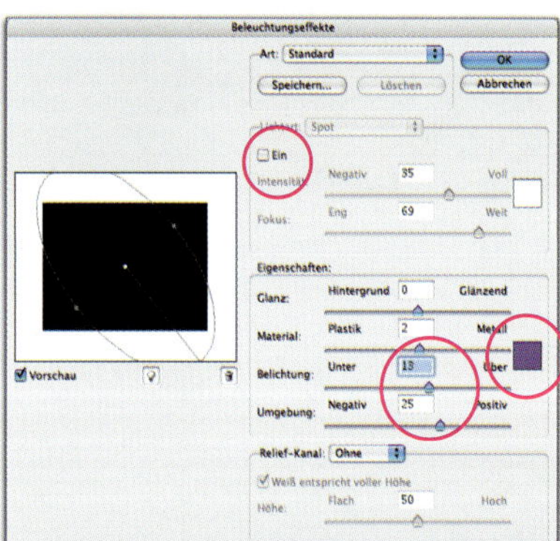

Um die Fenster zu beleuchten, erstellte Cristen eine neue, leere Ebene, wählte die Fenster mit dem Polygonlasso und gedrückter ⇧-Taste aus und entfernte mit gedrückter ⌥/Alt-Taste das Stoppschild und die Pflanze aus der Auswahl. Anschließend füllte Sie die Auswahl auf einer neuen Ebene mit Weiß und hob die Auswahl auf. Mit dem Beleuchtungseffekte-Filter erzeugte Sie in der oberen rechten Ecke ein warmes Licht, damit es so aussieht, als wären im Gebäude die Lampen eingeschaltet.

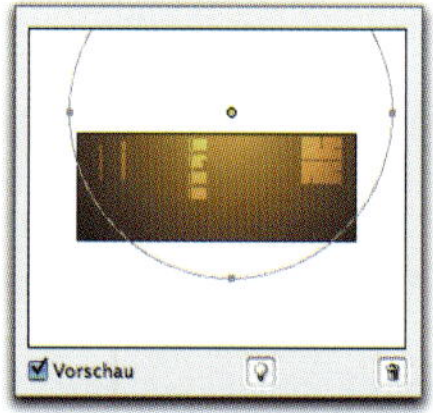

Diffuses Licht gibt in jede Richtung dieselbe Lichtmenge ab. In der Dialogbox sehen Sie, dass das Licht auf auch Oberflächen zwischen den Fenstern fällt; weil die Ebene jedoch transparent ist, werden nur die Fenster eingefärbt.

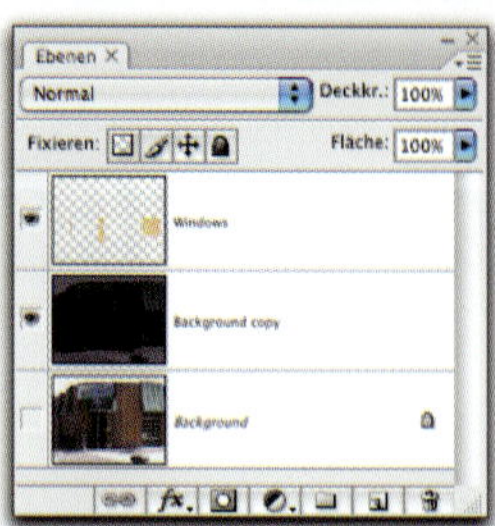

MEHR DAVON

▼ Beleuchtungseffekte **Seite 261**

Für die Lampen neben der Tür und einen Lichtstrahl aus den Fenstern erstellte Cristen eine neue, zusammengesetzte Ebene des Bildes (drücken Sie ⌘-⌥-⇧ bzw. Strg-Alt-⇧ plus die Tasten N und E). Auf diese Ebene wendete sie den Filter BELEUCHTUNGSEFFEKTE an, fügte zwei Spotlichter für die Lampen an der Wand, eines für die Tür und jeweils eines für die drei Fenster hinzu.

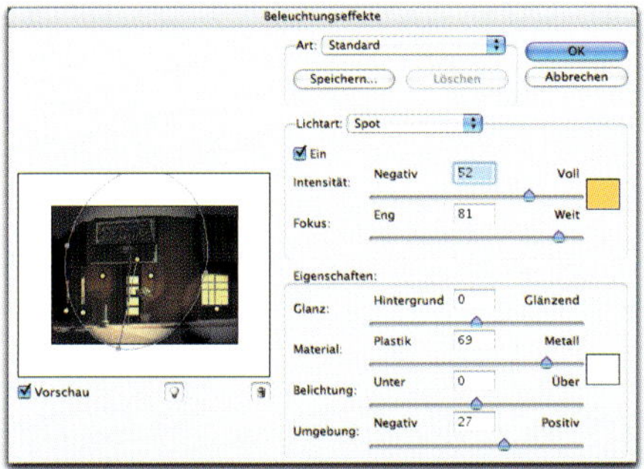

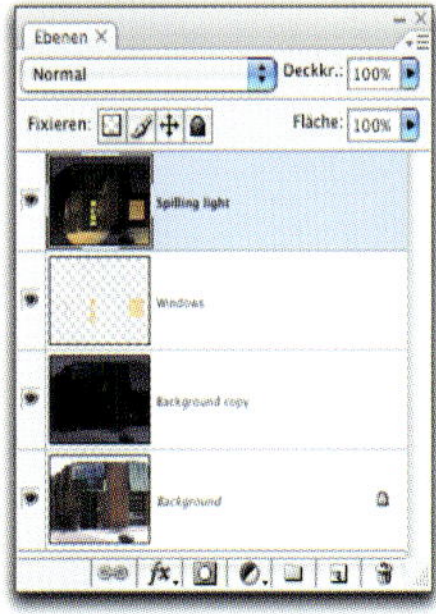

Cristen verwendet Spotlichter, um mehr Licht zu erzeugen als eigentlich notwendig.

Da sie jetzt mehr Licht erzeugt hatte als nötig, konnte Cristen nun eine schwarze Ebenenmaske erstellen (um alles auszublenden) und mit Weiß darauf malen. Sie verwendete einen harten, runden Pinsel mit voller Deckkraft und klickte, um die Lampen neben der Tür hinzuzufügen. Anschließend malte sie mit einer etwas größeren, weicheren Pinselspitze und geringerer Deckkraft auf der Maske, um so viel von der Beleuchtungsebene einzublenden wie nötig. Zum Schluss reduzierte sie die Deckkraft der Fensterebene auf 70%, damit einige Details aus dem Inneren zu sehen sind, und die Deckkraft des Lichts, das auf die Straße fällt, auf 90%.

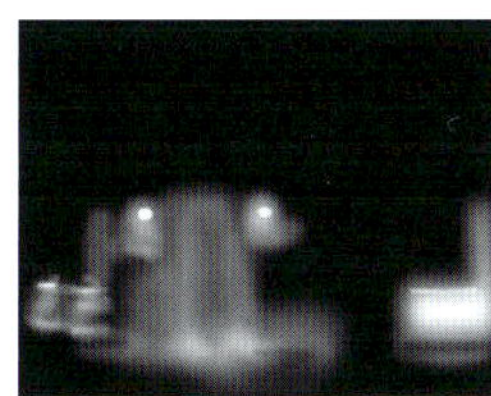

Wenn Sie auf der Ebenenmaske malen und zu viel von der Beleuchtung zu sehen ist, malen Sie einfach mit Schwarz und geringerer Deckkraft erneut darüber, um das Licht wieder auszublenden.

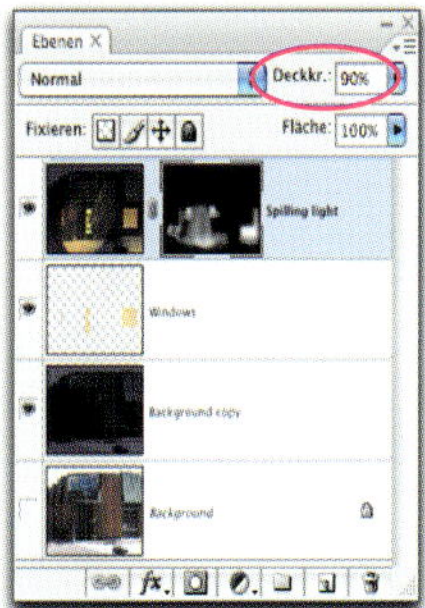

Das fertige Bild.

Spektakuläre Blendenflecke

BLENDENFLECKE ENTSTEHEN, wenn Licht von Oberflächen reflektiert wird und in das Objektiv gelangt. Allerdings ist dieser Effekt oft unerwünscht. Bei Filmkameras (keine Spiegelreflex) sehen Sie die Blendenflecke immer erst, wenn der Film bereits entwickelt und das Bild ruiniert ist. Bei Spiegelreflexkameras, egal ob analog oder digital, sehen Sie die Blendenflecke bereits im Sucher und können sie vermeiden – oder sie als Designelement nutzen und spektakuläre Fotos aufnehmen. Bei anderen Digitalkameras (nicht SLR) sehen Sie die Blendenflecke auch bereits auf dem Monitor und können sie absichtlich ins Bild integrieren. Falls Sie später Blendenflecke hinzufügen wollen, gibt es ja auch noch Photoshop!

REAL ODER SURREAL?

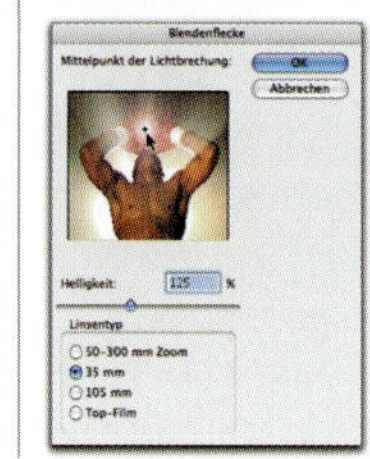

Photoshops Filter BLENDENFLECKE eignet sich hervorragend, um Spezialeffekte zu erzeugen.

Realität: Blendenflecke entstehen in der Kamera, wenn im Motiv oder knapp außerhalb eine sehr helle Lichtquelle zu sehen ist. Das passiert ganz leicht, wenn Sie keinen Objektivschutz verwenden und die Blende sehr weit geöffnet wird.

RICK WORTHINGTON

Der Bogen der fünfeckigen Blendenflecke bildet eine Linie, die den Wanderer über die Brücke zu führen scheint (oben). In einer freigestellten Version des Bildes stellen die Blendenflecke einen Gegenpol zur Silhouette des Wanderers dar und balancieren die tiefen Schatten auf der linken Seite des Bildes aus.

Photoshop: Photoshops FILTER/RENDERINGFILTER/BLENDENFLECKE kann genutzt werden, um Blendenflecke in einem Bild zu simulieren und das Foto dadurch interessanter zu machen.

PHOTOSPIN.COM

In der Vorschau der Dialogbox sehen Sie das Resultat, während Sie mit den Einstellungen experimentieren (Helligkeit, Position der Lichtquelle usw.).

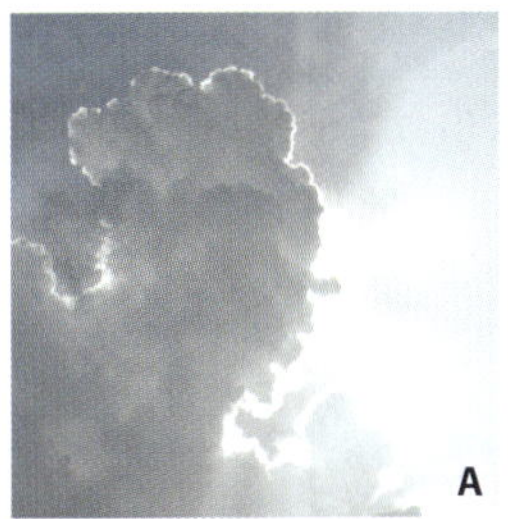
A

B

C

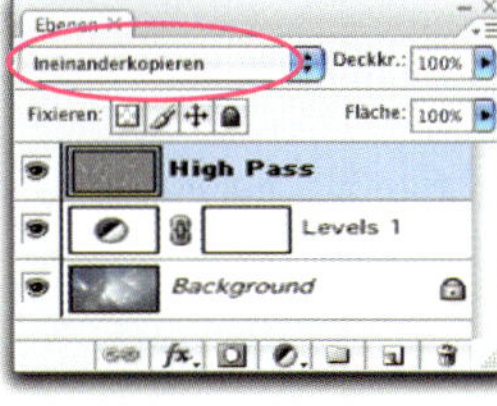

Um diesem Originalfoto noch etwas mehr Dramatik zu verleihen w und das Bild ***Tampa God Rays*** zu erstellen, fügte **Jack Davis** eine Tonwertkorrektur-Einstellungsebene hinzu. Der aktivierte Auto-Button in der Dialogbox dehnt den Tonwertbereich aus **B**.

Anschließend klickte er in der Ebenen-Palette auf die Hintergrundebene und duplizierte sie (⌘/Strg-J). Die Ebenenkopie platzierte er in der Palette ganz oben, über der Einstellungsebene. Um das Gefühl von Dimension und Raum zu verstärken, wählte er FILTER/SONSTIGE FILTER/HOCHPASS. Er verwendete Einstellungen, die die Ebene in einem mittleren Grau darstellen – die Kanten der Wolken und Lichtstrahlen sind auf der einen Seite dunkler, auf der anderen heller, um betont zu werden **C**.

Er änderte den Modus der gefilterten Ebene in ÜBERLAGERN/INEINANDERKOPIEREN – einen der Kontrast-Ebenenmodi –, wodurch das mittlere Grau nicht mehr sichtbar ist, weil 50% Grau neutral oder transparent sind.▼ Die helleren und dunkleren Grautöne verstärkten den Kontrast an den Stellen, an denen Davis ihn betonen wollte – um die bestehenden Formen und Kontrastbereiche, um das Licht und die Schatten dramatischer aussehen zu lassen.

MEHR DAVON

▼ Kontrast-Ebenenmodi **Seite 177**

WÄHLEN SIE ERST DEN EBENENMODUS

Wenn Sie eine Ebene filtern und dann mit dem Bild kombinieren wollen, indem Sie die Füllmethode ändern, überlegen Sie, erst den Modus zu wechseln und die Ebene dann zu filtern. So können Sie beim Experimentieren mit den Filtereinstellungen den Effekt im Bild bereits sehen.

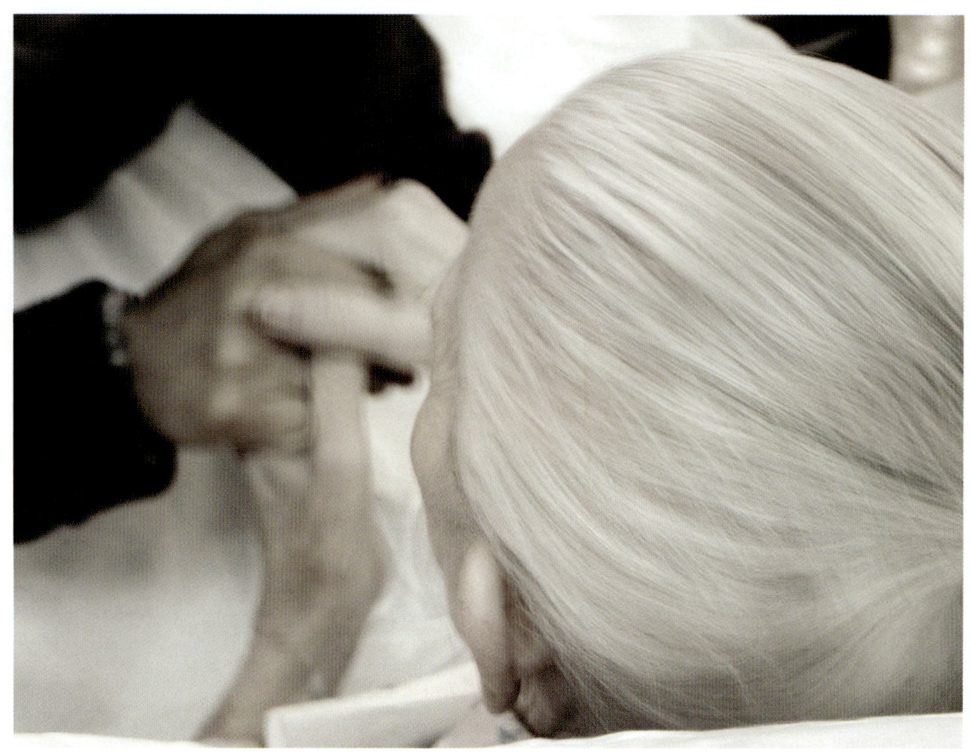

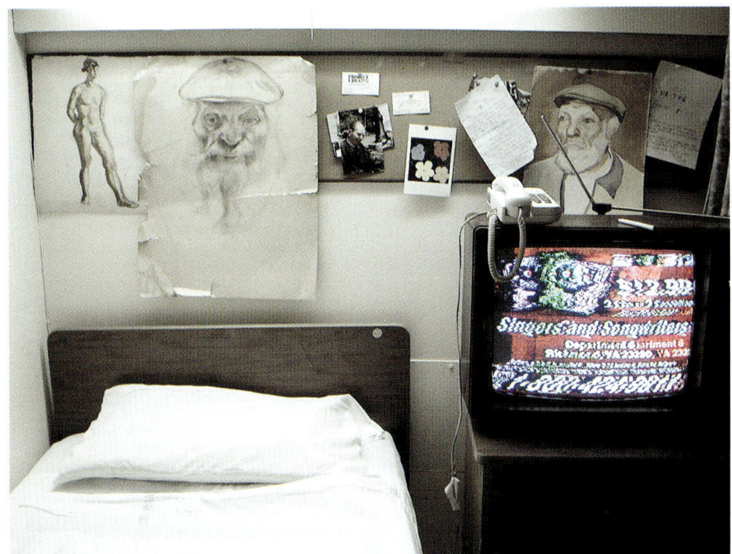

Katrin Eismann wollte ihre Fotoserie über den Alltag einer Seniorin einer Residenz in Greenwich Village nur ganz leicht einfärben. Sie fotografierte unter relativ schwachen Lichtbedingungen und ohne Blitz – als Kamera diente ihr eine Nikon E990 im Programm-Modus, in dem die Kamera die beste Verschlusszeit und Blende errechnet, um ein scharfes Bild zu erzeugen. Mit einem geringen ISO-Wert (100 bis 200) zwang Eismann die Kamera dazu, eine weit geöffnete Blende zu verwenden, die Schärfentiefe zu verringern und eine lange Belichtung zu wählen, um die Bewegungen der Hand verwischt aufzunehmen.

Eismann bearbeitete eines ihrer Fotos und verwendete eine Kanalmixer-Einstellungsebene, um die Farben des Bildes zu reduzieren **A**. Die Monochrom-Mischung, bestehend aus 35% Rot und 70% Grün, hellte das Bild auf und entzog ihm gleichzeitig die Sättigung. ▼ Anschließend reduzierte sie die Deckkraft dieser Ebene auf 50%, um einen Teil der Farben wiederherzustellen. Sobald Sie eine Kanalmixer-Einstellungsebene erstellt hatte, die ihr gefiel, zog sie diese per Drag&Drop auf die anderen Bilder der Serie.

In den beiden Fotos auf der gegenüberliegenden Seite duplizierte Eismann die Kanalmixerebene und experimentierte mit den Ebenenmodi (von NORMAL in WEICHES LICHT) ▼, um die Details der Haare, der Hand und die Details in anderen Bereichen zu betonen **B**.

Für diese beiden Bilder verwendete sie auch die Photoshop-Version einer klassischen Dunkelkammer-Technik – sie machte weniger wichtige Bereich dunkler, um den Kontrast in wichtigen Bereichen zu stärken und so die Aufmerksamkeit des Betrachters auf sie zu lenken. Um die linke und die rechte obere Ecke des Fotos etwas abzudunkeln, fügte sie eine transparente Ebene im Modus WEICHES LICHT hinzu und nutzte das Verlaufswerkzeug ■: In der Optionsleiste wählte sie den Verlauf Schwarz, Transparenz im Modus LINEARER VERLAUF. Anschließend klickte sie fast in der Bildecke und zog nach innen bis zu dem Punkt, an dem der Effekt enden sollte. Sie wiederholte den Vorgang für die verschiedenen Ecken und reduzierte schließlich die Ebenendeckkraft.

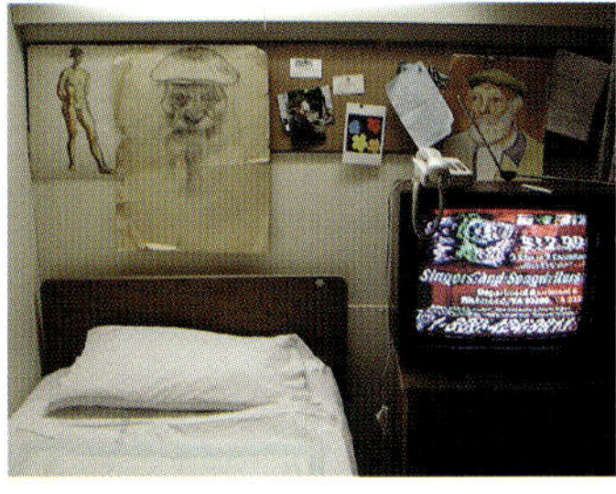

Für das Bild mit dem Bett (das Original sehen Sie klein ganz oben) verwendete sie eine Gradationskurven-Einstellungsebene, um das gesamte Bild aufzuhellen, bevor sie ihm mit einer Kanalmixerebene die Sättigung entzog. In der Kanalmixerebene wählte Sie den Fernsehbildschirm aus und füllte die Auswahl mit Schwarz – dieser Bereich ist nun in voller Farbe zu sehen **C**.

MEHR DAVON

▼ Kanalmixer **Seite 214**
▼ Füllmethoden **Seite 175**

Kanalmixer
Vorgabe: Benutzerdefiniert
Ausgabekanal: Grau
OK
Abbrechen
Vorschau
Quellkanäle
Cyan: +35 %
Magenta: +70 %
Gelb: 0 %
Schwarz: 0 %
Gesamt: +105 %
Konstante: 0 %
Monochrom
A

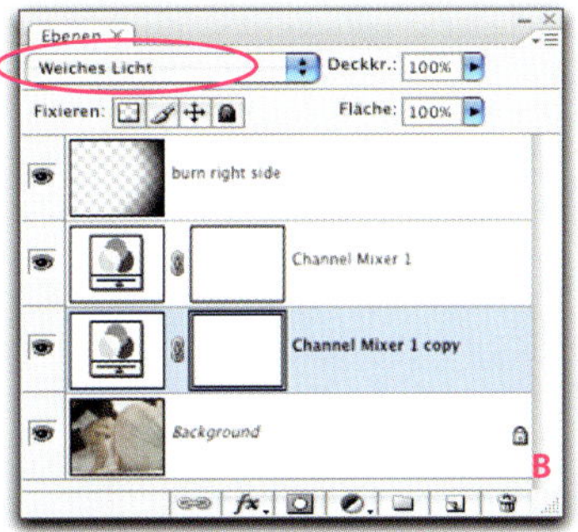

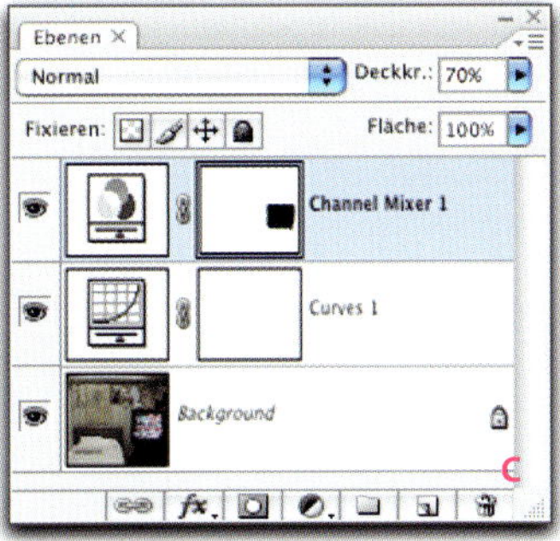

Alexis Marie Deutschmann nahm das Originalfoto für ***Point Loma Harbor*** mit einer Nikon D100 auf und wählte die Belichtung passend für das blaue Wasser. Außerdem verwendete sie einen Grauverlaufsfilter, um die Helligkeit des Himmels zu reduzieren **A**.

Dann nutzte sie Photoshop, um eine Gradationskurven- und eine Farbton/Sättigung-Einstellung anzuwenden, das Bild dadurch aufzuhellen und die Farben zu intensivieren. Sie arbeitete mit Ebenenmodi, der Deckkraft, Einstellungsebenen und einer Ebenenmaske, um drei Versionen des Bildes miteinander zu mischen.

Deutschmann öffnete ihr Bild in Photoshop und duplizierte es in eine neue Ebene (⌘/Strg-J). Sie wählte dann BILD/ANPASSEN/GRADATIONSKURVEN, um den Kontrast zu verstärken **B**.▼ In der Ebenen-Palette wählte Sie den Modus »NEGATIV MULTIPLIZIEREN«, um nur den Kontrast der Lichter und Mitteltöne zu verstärken.▼ Die Tiefen und dunklen Mitteltöne verlieren dadurch keine Details. In der Ebenen-Palette reduzierte sie außerdem die Deckkraft der Ebene auf 60% **C**.

Im Anschluss klickte sie in der Ebenen-Palette auf die Miniatur der Hintergrundebene und duplizierte das Bild erneut. Die neue Ebene platzierte sie im Ebenenstapel ganz oben. Um die Farben dieser dritten Ebene zu intensivieren, wählte sie BILD/ANPASSEN/FARBTON/SÄTTIGUNG und verschob den Sättigungsregler nach rechts **D**. Als Modus für diese Ebene wählte sie »Sättigung«, um die Helligkeit des Bildes nicht zu verändern **E**. Dann fügte Sie eine Ebenenmaske hinzu und malte mit dem Pinsel und schwarzer Farbe auf der Maske, um Bildbereiche vor der Erhöhung der Sättigung zu schützen **F**.▼

MEHR DAVON

▼ Gradationskurven **Seite 252**

▼ Füllmethoden **Seite 176**

▼ Auf Masken malen **Seite 72**

A

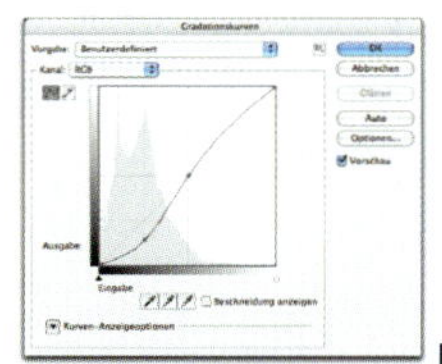

B

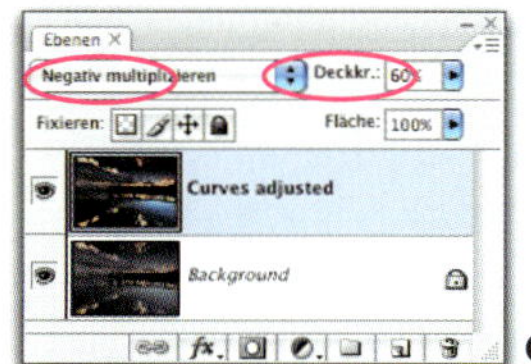
Ebenen
Deckkr.:
Fixieren:
Fläche:
100%
Curves adjusted
Background

C

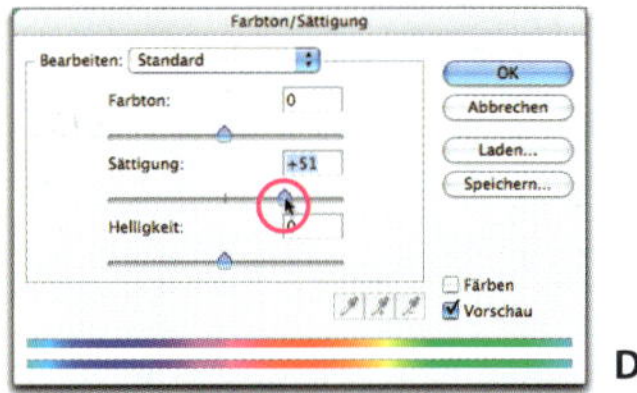
Farbton/Sättigung
Bearbeiten:
Standard
OK
Abbrechen
Farbton:
0
Sättigung:
+51
Helligkeit:
Laden...
Speichern...
Färben
Vorschau

D

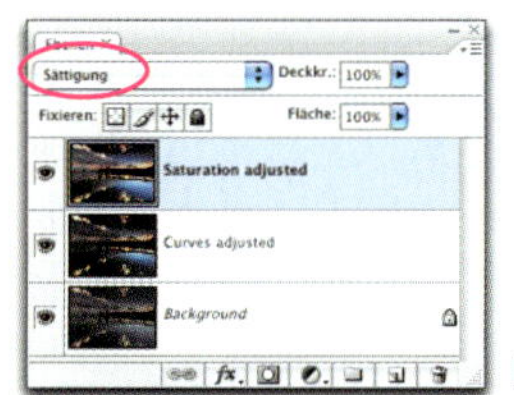
Sättigung
Deckkr.:
100%
Fixieren:
Fläche:
100%
Saturation adjusted
Curves adjusted
Background

E

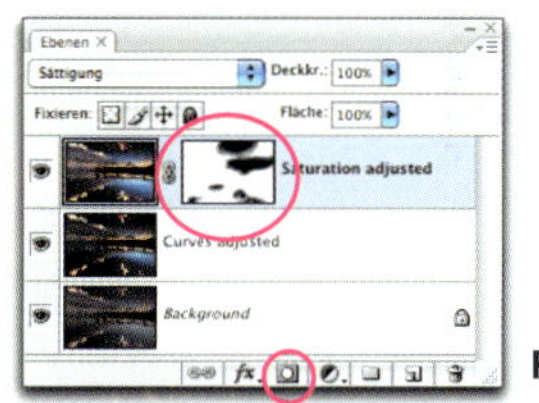
Ebenen
Sättigung
Deckkr.:
100%
Fixieren:
Fläche:
100%
Background

F

Cliff Dwelling von **Loren Haury** besteht eigentlich aus drei Fotos mit jeweils unterschiedlicher Belichtung. Er fotografierte mit seiner Olympus C-50 auf einem Stativ und wählte die Belichtung für das erste Foto **A**. Anschließend nahm er noch zwei weitere Bilder auf – mit der Zeitautomatik, damit sich nur die Verschlusszeit ändert. Eine Aufnahme nahm er mit +2 **B** und die andere mit −2 auf **C**.

VERSCHLUSSZEITEN ÄNDERN

Wenn Sie mehrere Belichtungen aufnehmen und die Bilder später miteinander kombinieren wollen, achten Sie auf gleiche Blende und gleichen ISO-Wert, um Schärfentiefe und Körnung für alle Bilder gleich zu halten. Um die Belichtung zu ändern, ändern Sie die Verschlusszeit.

Haury wählte größere Bereiche aus dem unter- und dem überbelichteten Bild mit dem Lasso aus und kopierte sie in die Datei mit dem korrekt belichteten Foto **D**. Dort reduzierte er die Deckkraft der eingefügten Ebenen auf etwa 50% und richtete sie mit dem Verschieben-Werkzeug am Hintergrundbild aus. Anschließend erhöhte er die Deckkraft wieder, bis die richtige Mischung erreicht war. Mit einem weichen Radiergummi und geringer Deckkraft entfernte er teilweise die Kanten der eingefügten Elemente,▼ um nahtlose Übergänge zu erstellen **E**. (Sie können die Belichtungen auch kombinieren, indem Sie die über- und unterbelichtete Version mit gedrückter ⇧-Taste in die Datei mit der korrekten Belichtung ziehen. Dadurch zentrieren Sie die eingefügten Bereiche und richten sie deckungsgleich aus.) Er fügte zu den importierten Elementen eine schwarze Ebenenmaske hinzu, um diese auszublenden und mit Weiß nur Teile wieder ins Bild zu malen. Die genaue Technik wird im nächsten Absatz beschrieben. Es handelt sich um eine nichtdestruktive Bearbeitung – die über- und unterbelichteten Bilder bleiben intakt. Wenn Sie später die Zusammensetzung der Ebenen ändern wollen, müssen Sie einfach nur die Masken bearbeiten. Der Nachteil ist nur, dass maskierte Ebenen die Datei deutlich größer machen. Bei *Cliff Dwelling* wäre die Datei dann beispielsweise mehr als doppelt so groß wie bei Haurys Version mit Kopieren und Einfügen.

Nachdem er die Einzelteile zusammengesetzt hatte, erstellte Haury eine reduzierte Kopie des Bildes (BILD/BILD DUPLIZIEREN/NUR ZUSAMMENGEFÜGTE EBENEN) und wendete seine Abwedeln-und-Nachbelichten-Methode an. Zunächst hellte er die Decke wie folgt auf: Er duplizierte das Bild in eine neue Ebene und aktivierte für diese Ebene den Modus NEGATIV MULTIPLIZIEREN. Anschließend klickte er mit gedrückter ⌥/Alt-Taste auf den Button EBENENMASKE HINZUFÜGEN, um eine schwarze Maske zu erstellen. Auf dieser Maske malte er mit einem weichen, weißen Pinsel über die Bildbereiche, die er aufhellen wollte **F**.▼

Er erstellte eine weitere reduzierte Kopie, duplizierte das Bild in eine neue Ebene und fügte eine weitere schwarze Maske hinzu. Dieses Mal wählte er jedoch den Modus MULTIPLIZIEREN und malte mit Weiß über die Stellen, die abgedunkelt werden sollten **G**, **H**.

Um zum Abschluss die Farben des Bildes wieder so herzustellen, wie er sie in Erinnerung hatte, wählte Haury BILD/ANPASSEN/FARBTON/SÄTTIGUNG und reduzierte die Sättigung, um die Farben etwas zu neutralisieren. Mit einer Farbbalance-Einstellungsebene (der Button ◐ unten in der Ebenen-Palette) fügte er zu den Mitteltönen und Tiefen Cyan und Gelb hinzu, um die Rottöne auszubalancieren. Er klickte erneut auf den Button ◐ und fügte noch eine Gradationskurven-Einstellungsebene hinzu **I**, erstellte eine S-Kurve, um den Kontrast in den Mitteltönen zu verstärken ▼ und das finale Bild (rechts zu sehen) zu erzeugen.

A

B

C

D

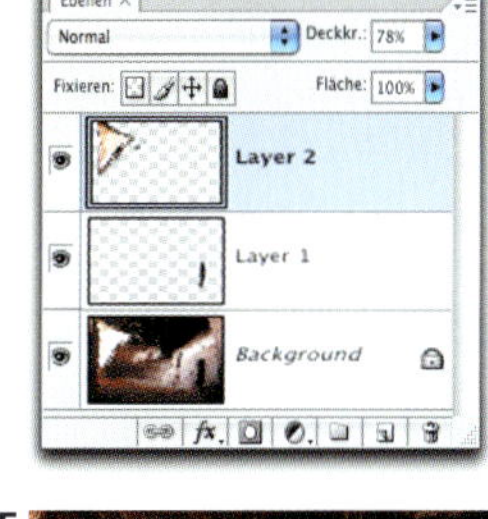

E

F

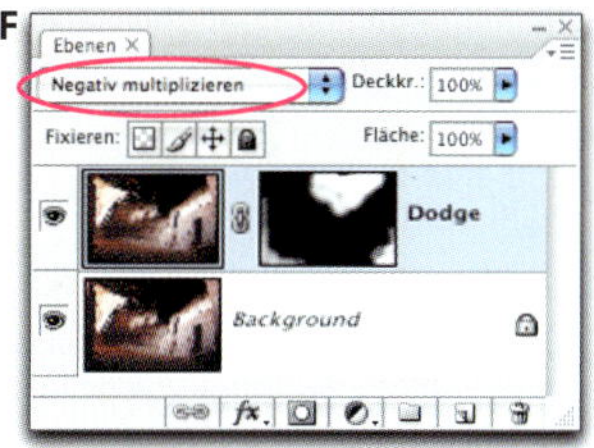

G

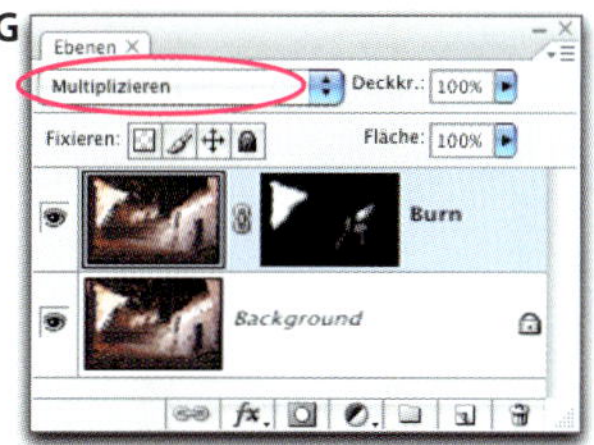

H

I

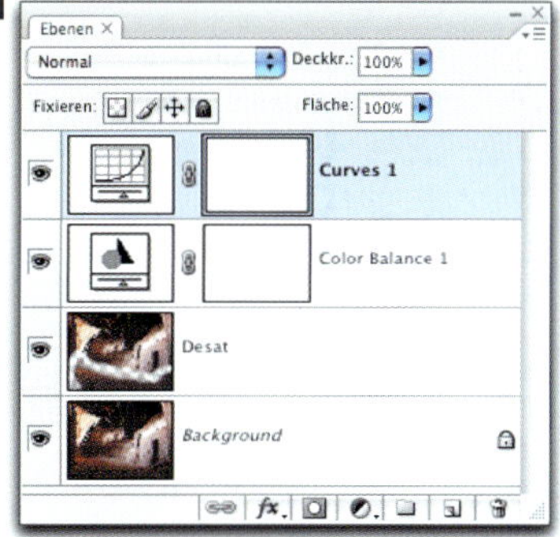

MEHR DAVON

▼ Radiergummi **Seite 364**
▼ Auf einer Maske malen **Seite 72**
▼ S-Gradationskurven **Seite 334**

Für jedes ihrer ***Botanical Portraits*** nahm **Christine Zalewski** die Persönlichkeit der einzelnen Pflanzen in einem Digitalfoto auf. Sie nutzte Photoshop, um Farbe und Kontrast zu verstärken. Sie duplizierte zunächst die Original-Digitalfotos in eine neue Ebene (⌘/Strg-J) und zeichnete die Kopie scharf **A** (sie schützte so das Original). Für ***Anemone***, hier zu sehen, wendete sie im Anschluss einige Einstellungsebenen an, die dem Foto einen Sepia-Look verliehen und Details betonten.

Als Erstes erstellte sie eine Kanalmixerebene, **B** indem Sie unten in der Ebenen-Palette auf den Button NEUE FÜLLEBENE ODER EINSTELLUNGSEBENE ERSTELLEN klickte und KANALMIXER wählte. Sie aktivierte die Checkbox MONOCHROM und verschob die Regler, um ein Schwarzweißbild zu erzeugen. ▼ Anschließend klickte sie auf OK. Sie malte mit einem weichen Pinsel und reduzierter Deckkraft auf der Ebenenmaske der Einstellungsebene, um den Kanalmixereffekt teilweise auszublenden und wieder etwas Farbe ins Bild zu bringen – in die hellen Bereiche der Blütenblätter. Bei der Maske ging es nicht um die Farbe, sondern darum, die hellsten Bereiche der Blütenblätter davor zu schützen, in reines Weiß umgewandelt zu werden, da sie das Bild im nächsten Schritt aufhellte.

Zalewski erstellte eine weitere Einstellungsebene **C** – jetzt Gradationskurven. Sie erstellte eine S-Kurve, um das Bild gleichmäßig und insgesamt aufzuhellen und den Bereich der dunkleren Mitteltöne und Tiefen auszudehnen, um Details in den Blättern hervorzubringen. ▼ Dort, wo die Blätter zu stark abgedunkelt wurden, schützte sie sie mit der eingebauten Ebenenmaske.

Den Sepiaton erzeugte sie mit einer Farbton/Sättigung-Einstellungsebene **D**. In der Dialogbox aktivierte Sie die Checkbox FÄRBEN, passte den Farbton an und wählte eine geringe Sättigung.

Drei weitere Gradationskurven-Einstellungsebenen vervollständigten das Porträt. Zalewski wählte für die Gradationskurvenebene für die Mitte der Blume den Modus LUMINANZ, **E** um den verstärkten Kontrast der S-Kurve zu nutzen, jedoch ohne die Farbintensität, die im Modus NORMAL zu sehen wäre. Auch die Gradationskurve für die Blütenblätter hatte eine S-Form, um den ausgewählten Bereich abzudunkeln und den Bereich der Mitteltöne und Lichter auszudehnen.

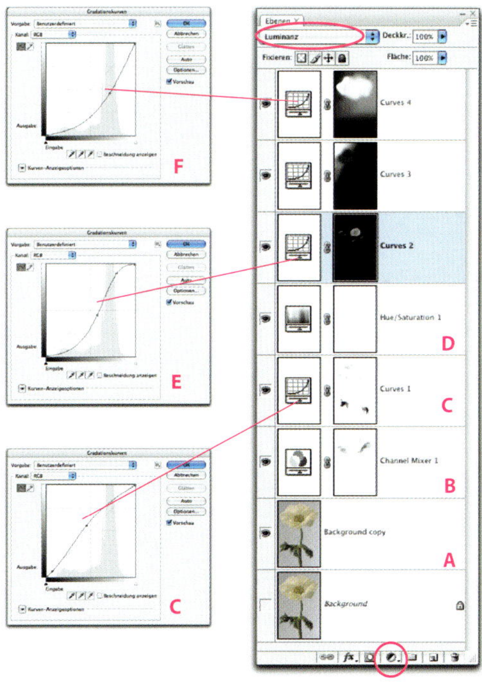

MEHR DAVON

▼ Kanalmixer **Seite 214**

▼ Details mit einer S-Kurve verstärken **Seite 334**

Das Bild ***Grandma's Cherries*** begann **Susan Thompson** mit einem Polaroid-SX-70-Foto (links), bei dem sie die noch feuchte Emulsion bearbeitete und impressionistische Kreise und Strukturen erzeugte, wie links zu sehen; den genauen Prozess finden Sie auf Seite 236. Nachdem sie ein Scan des Bildes in Photoshop geöffnet hatte, duplizierte Thompson das Bild in eine neue Ebene (⌘/Strg-J), um kleine Unreinheiten mit dem Reparatur-Pinsel und dem Kopierstempel zu korrigieren, ohne das Original zu verändern. Sie fügte eine Farbton/Sättigung-Einstellungsebene hinzu. In der Dialogbox aktivierte sie die Rottöne und beobachtete die Änderungen im Bild, als sie den Farbton in Richtung Gelb verschob und Sättigung und Helligkeit verstärkte. Vor dem Schließen der Dialogbox intensivierte sie auch die Farben der Gelb- und Grüntöne. Thompson nahm Farbänderungen vor, indem sie eine Selektive-Farbkorrektur-Einstellungsebene mit einer Ebenenmaske verwendete (siehe Seite 237), um das Ergebnis, das Sie oben sehen, zu erzielen.

A

B

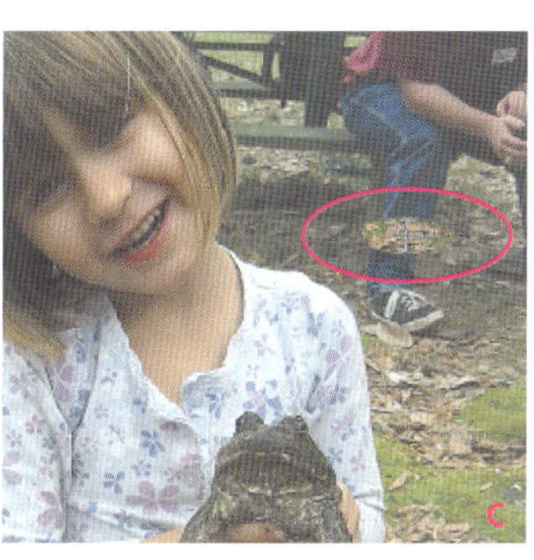

C

Für ***Afternoon in the Park*** duplizierte **Marie Brown** Lily Daytons Foto **A** in eine neue Ebene und wählte FILTER/ FLUCHTPUNKT.▼ Sie klickte mit dem Ebene-erstellen-Werkzeug, um vier Ecken eines Rasters festzulegen, das ihrer Meinung nach die richtige Perspektive zum Klonen des Grases und der Blätter hatte, mit denen störende Objekte im Hintergrund abgedeckt werden sollten **B**. Nachdem sie das Raster mit dem ↖-Werkzeug angepasst hatte, klickte sie mit gedrückter ⌥/Alt-Taste und dem Kopierstempel, um eine Quelle aus dem unteren Bildbereich aufzunehmen. Damit klickte sie dann auf die Bildbereiche, die sie abdecken wollte. Die Werkzeugspitze des Filters zeigt, wie das geklonte Material an den neuen Bereich angepasst wird **C**.

VORSCHAU

Anders als der Cursor des Photoshop-Kopierstempels bis CS2, lässt Sie der des Stempels innerhalb des Filters das geklonte Material inklusive der Kantenschärfe sehen, bevor Sie klicken, um zu klonen. In CS3 nutzen Sie für diese Vorschau die Kopierquellen-Palette.

MEHR DAVON

▼ Fluchtpunkt-Filter
Seite 585

Kapitel 6

Malen

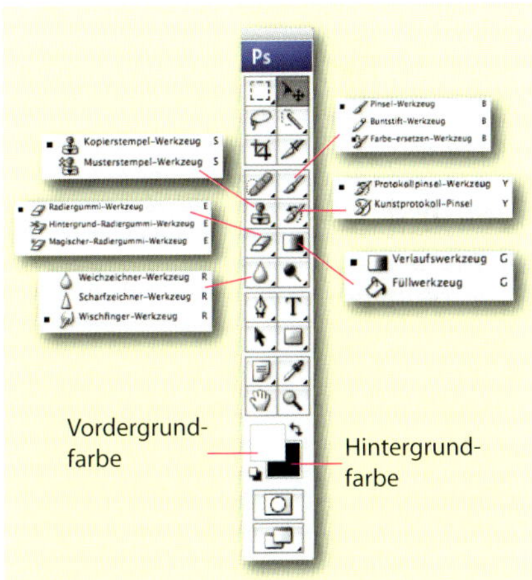

Zu Photoshops Malwerkzeugen gehören der Pinsel, der Buntstift, der Radiergummi und der Wischfinger. Die zum Malen wichtigsten Kopierwerkzeuge sind der Musterstempel (im Modus IMPRESSIONIST) und der Kunstprotokoll-Pinsel. Frühere Bildversionen können Sie mit dem Protokoll-Pinsel wieder ins Bild malen. Die Füllwerkzeuge – Füll- und Verlaufswerkzeug – bringen Farbe in einen bestimmten Bildbereich.

Zwei handgeführte Malwerkzeuge – Pinsel und Wischfinger – wurden hier verwendet, um eine gescannte Skizze einzufärben. Sie sehen hier nur einen Ausschnitt, die vollständige Technik finden Sie auf Seite 372.

PHOTOSHOPS LEISTUNGSFÄHIGE WERKZEUGE ZUM ERSTELLEN VON KUNST AM COMPUTER können die verschiedensten Malmedien und Techniken überzeugend realistisch simulieren. Sie können auch einige neue und andersartige Kombinationen erzeugen, die mit den traditionellen Methoden nur schwer zu erreichen sind. Mit Photoshops Malwerkzeugen erstellen Sie Pixel auf einer digitalen Leinwand und kontrollieren ganz genau, wo Farbe aufgetragen wird. Sie können automatisch klonen (Photoshop wandelt beispielsweise ein ganzes Bild in ein Gemälde um) und die verschiedensten Optionen nutzen, um Ihre Pinselstriche zu kontrollieren.

MALEN IN PHOTOSHOP

Es gibt im Endeffekt vier Möglichkeiten, »Farbe« auf eine »Leinwand« in Photoshop aufzutragen:

- Sie können mit einer leeren Arbeitsfläche, einem gescannten Foto oder einer Zeichnung beginnen und diese mit dem Pinsel von Hand einfärben. Ein Beispiel dazu finden Sie auf Seite 372.
- Sie können auch ein bestehendes Bild nachbearbeiten, indem Sie mit dem Wischfinger malen, wie auf Seite 380 zu sehen.
- Mit der Option IMPRESSIONIST für den Musterstempel können Sie ein Foto ganz einfach in ein gemaltes Meisterwerk umwandeln (Seite 386).
- Mit dem Kunstprotokoll-Pinsel können Sie die Umwandlung eines Fotos in ein Gemälde automatisieren (Seite 390).

Auf den nächsten zehn Seiten werden die Grundlagen der Mal- und Kopierwerkzeuge besprochen, und Sie lernen, wie Sie eine eigene Werkzeugspitze oder ein eigenes Malwerkzeug erstellen; Sie werden die Füllwerkzeuge kennen lernen, Filter anwenden und Ihre Gemälde nachbearbeiten. In Schritt-für-Schritt-Techniken weiter hinten in diesem Kapitel sagen wir Ihnen, wie und wo Sie noch mehr erfahren.

Instant-Pinsel-Palette

Wenn ein Mal- oder Kopierwerkzeug aktiv ist und Sie mit gedrückter Ctrl-Taste (PC: Rechts-Klick) im Arbeitsfenster klicken, erscheint automatisch der Pinselwähler. Dort können Sie eine neue Pinselspitze wählen, ohne über die Optionsleiste oder die Pinsel-Palette gehen zu müssen.

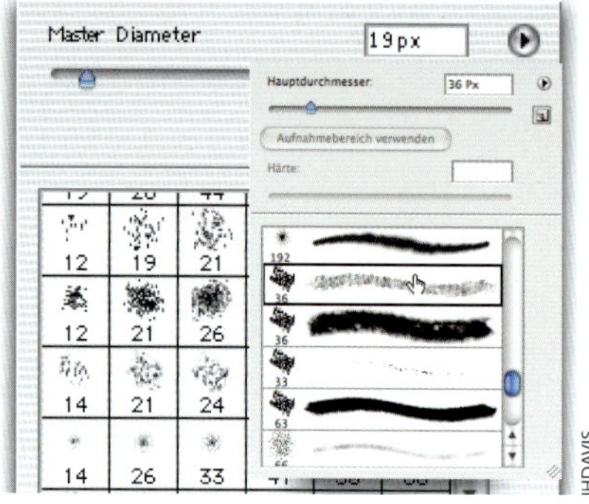

JHDAVIS

Photoshop ist auch mit Werkzeugen für das Technische Zeichnen ausgestattet – diese sind präziser und auflösungsunabhängig für besseres Skalieren. ▼

MEHR DAVON

▼ Malwerkzeuge verwenden **Seite 430**

MALWERKZEUGE

Zu den handgeführten Malwerkzeugen gehören der Pinsel, der Buntstift, der Radiergummi und der Wischfinger. Jedes Werkzeug hat seine eigene Charakteristik. Die meisten Eigenschaften der Malwerkzeuge legen Sie in der Optionsleiste fest – beispielsweise den Modus, die Deckkraft, den Fluss und das Airbrush-Verhalten. (Für genauere und präzisere Einstellungen müssen Sie die Pinsel-Palette öffnen.) Auf der gegen überliegenden Seite sehen Sie die Optionsleiste des Pinsels und die Pinsel-Palette.

Die Wow-Vorgaben für die Mal- und Kopierwerkzeuge vereinen viele dieser Charakteristiken zu eigenen Malwerkzeugen. Auf Seite 397 lernen Sie, die Vorgaben zu nutzen und damit umzugehen.

Wenn das Malen nicht funktioniert

Auf einer Form- oder Textebene bzw. auf einer Ebene, die im Moment nicht sichtbar ist, können Sie nicht malen. Photoshop blendet einen Warnhinweis ein, der Ihnen sagt, warum Sie nicht malen können und was Sie tun müssen. Es gibt aber auch zwei Situationen, in denen Sie ebenfalls nicht malen können, Photoshop Ihnen aber nicht verrät warum:

- Es könnte an einer unsichtbaren aktiven Auswahl liegen – unsichtbar, weil Sie vielleicht in das Bild hineingezoomt haben und sich die Auswahl außerhalb befindet, oder unsichtbar, weil Sie die Auswahlkante mit ⌘/Strg-H ausgeblendet haben. Heben Sie die Auswahl mit ⌘/Strg-D auf.
- Die Ebene, auf der Sie zu malen versuchen, ist möglicherweise geschützt – z. B. deren Transparenz oder Pixel (kontrollieren Sie die Checkboxen für die Fixieren-Optionen oben in der Ebenen-Palette).

Ein paar Worte zur Terminologie

Es gibt einige Überschneidungen in der Terminologie, die Photoshop für seine Malwerkzeuge und in den Paletten verwendet. Vielleicht öffnen Sie Photoshop und überprüfen Folgendes:

Den Pinsel aktivieren Sie in der Werkzeug-Palette oder mit der Taste B.

Wenn Sie den Pinsel oder ein anderes Mal- oder Kopierwerkzeug ausgewählt haben, können Sie die Werkzeugspitze über den Pinselwähler ändern. Diesen finden Sie an zwei Orten: in der Optionsleiste (wie rechts zu sehen) und in der Pinsel-Palette (FENSTER/PINSEL/WERKZEUGSPITZEN).

Im Pinselwähler und in der Pinsel-Palette legen Sie nicht nur die Spitzen für den Pinsel, sondern auch für die anderen Werkzeuge fest.

Werkzeugvorgaben sind bereits voreingestellte Versionen spezieller Werkzeuge. Eine Werkzeugvorgabe für den Pinsel beispielsweise ist nicht nur durch eine Pinselspitze, sondern auch durch einen Modus, eine Deckkraft, einen Fluss und manchmal auch die Farbe definiert. Werkzeugvorgaben finden Sie im Werkzeugvorgabenwähler in der Optionsleiste (wie rechts zu sehen) und in der Werkzeugvorgaben-Palette (FENSTER/WERKZEUGVORGABEN).

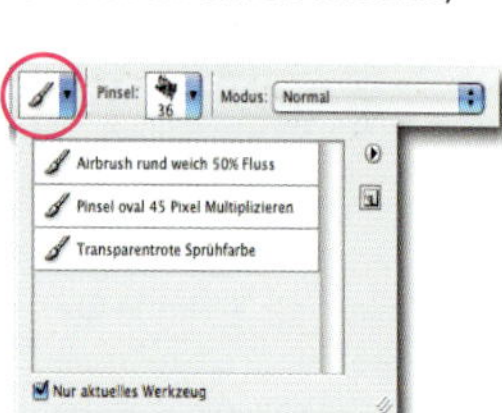

PINSELOPTIONEN

Die Optionsleiste bietet einige Einstellungen, mit denen Sie die Mal- und Kopierwerkzeuge kontrollieren können. Die Pinsel-Palette enthält noch wesentlich mehr Optionen. Unten sehen Sie die Optionsleiste und die Pinsel-Palette für den Pinsel.

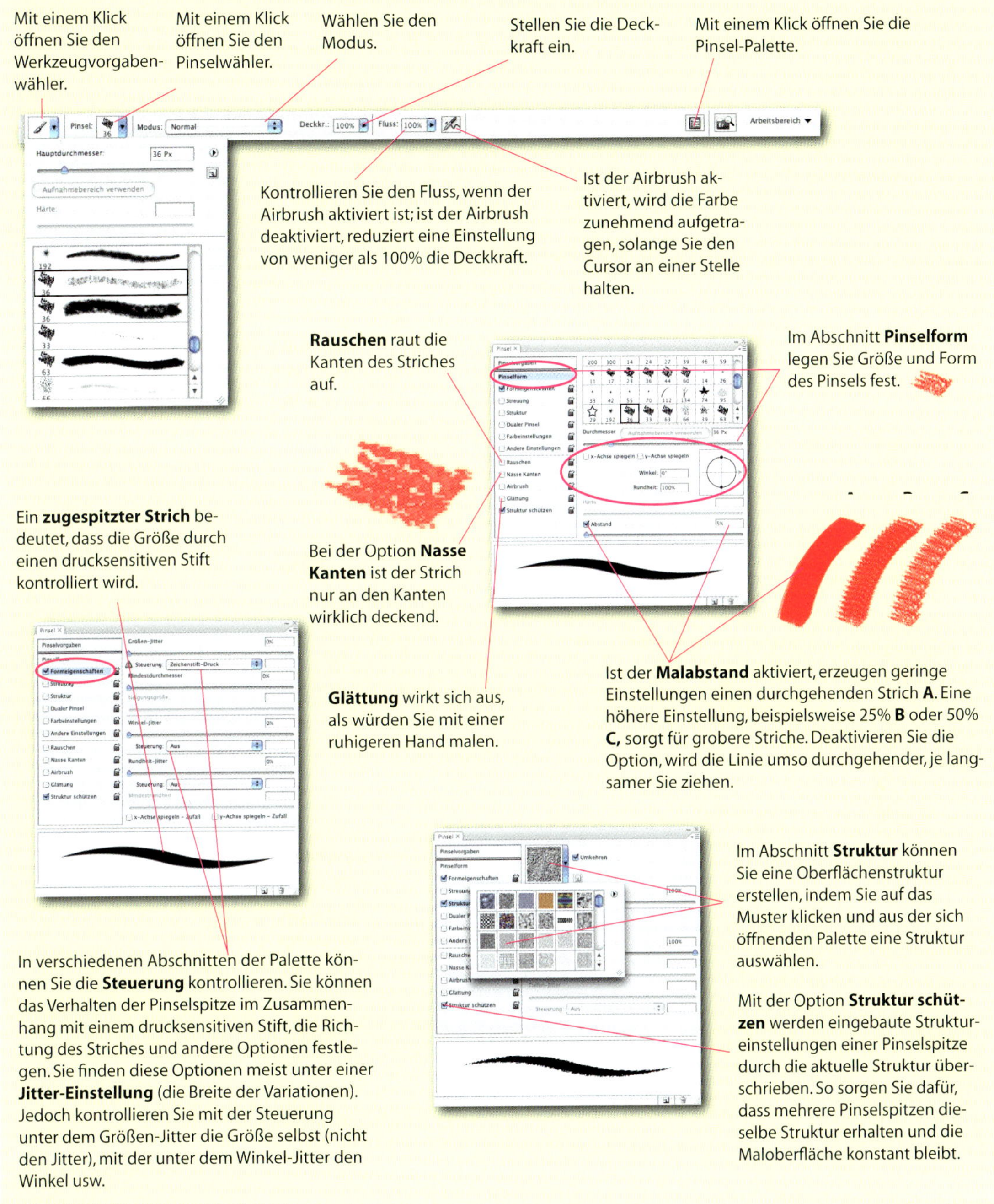

Mit einem Klick öffnen Sie den Werkzeugvorgaben-wähler.
Mit einem Klick öffnen Sie den Pinselwähler.
Wählen Sie den Modus.
Stellen Sie die Deckkraft ein.
Mit einem Klick öffnen Sie die Pinsel-Palette.
Pinsel:
Modus:
Normal
Deckkr.:
100%
Fluss:
100%
Arbeitsbereich
Hauptdurchmesser:
36 Px
Aufnahmebereich verwenden
Härte:
Kontrollieren Sie den Fluss, wenn der Airbrush aktiviert ist; ist der Airbrush deaktiviert, reduziert eine Einstellung von weniger als 100% die Deckkraft.
Ist der Airbrush aktiviert, wird die Farbe zunehmend aufgetragen, solange Sie den Cursor an einer Stelle halten.
Rauschen raut die Kanten des Striches auf.
Im Abschnitt **Pinselform** legen Sie Größe und Form des Pinsels fest.
Ein **zugespitzter Strich** bedeutet, dass die Größe durch einen drucksensitiven Stift kontrolliert wird.
Bei der Option **Nasse Kanten** ist der Strich nur an den Kanten wirklich deckend.
Glättung wirkt sich aus, als würden Sie mit einer ruhigeren Hand malen.
Ist der **Malabstand** aktiviert, erzeugen geringe Einstellungen einen durchgehenden Strich **A**. Eine höhere Einstellung, beispielsweise 25% **B** oder 50% **C**, sorgt für grobere Striche. Deaktivieren Sie die Option, wird die Linie umso durchgehender, je langsamer Sie ziehen.
Im Abschnitt **Struktur** können Sie eine Oberflächenstruktur erstellen, indem Sie auf das Muster klicken und aus der sich öffnenden Palette eine Struktur auswählen.
Mit der Option **Struktur schützen** werden eingebaute Struktureinstellungen einer Pinselspitze durch die aktuelle Struktur überschrieben. So sorgen Sie dafür, dass mehrere Pinselspitzen dieselbe Struktur erhalten und die Maloberfläche konstant bleibt.

In verschiedenen Abschnitten der Palette können Sie die **Steuerung** kontrollieren. Sie können das Verhalten der Pinselspitze im Zusammenhang mit einem drucksensitiven Stift, die Richtung des Striches und andere Optionen festlegen. Sie finden diese Optionen meist unter einer **Jitter-Einstellung** (die Breite der Variationen). Jedoch kontrollieren Sie mit der Steuerung unter dem Größen-Jitter die Größe selbst (nicht den Jitter), mit der unter dem Winkel-Jitter den Winkel usw.

Verblassen

Mit den Malwerkzeugen in Photoshop können Sie interessante Ergebnisse erzeugen, wenn Sie für die Steuerung in der Pinsel-Palette die Option VERBLASSEN aktivieren. Wenn Sie in den Abschnitten FORMEIGENSCHAFTEN, FARBEINSTELLUNGEN und ANDERE EINSTELLUNGEN, beispielsweise VERBLASSEN mit einer unterschiedlichen Anzahl an Schritten aktivieren, können Sie die Größe der Werkzeugspitze einschränken, die Farbe verändern (von der Vorder- zur Hintergrundfarbe) und sie bis zur Transparenz verblassen.

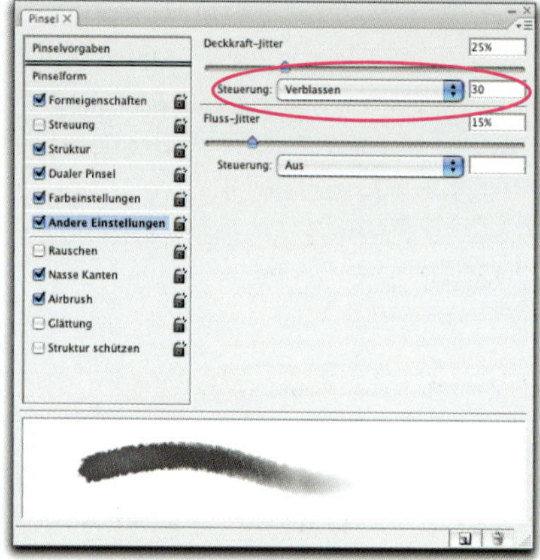

Beide Striche wurden mit dem Pinsel erstellt. Beim linken Strich wählten wir für die Größenänderung, den Übergang von Vorder- zu Hintergrundfarbe und die Deckkraftänderung 40 Schritte. Beim rechten Schritt verblassten wir die Größe in 40 Schritten, wählten für die Farbänderung 15 Schritte und die Deckkraftänderung 30 Schritte. Durch die verschiedenen Jitter-Einstellungen variieren die Striche.

Pinsel

Standardmäßig erzeugt der Pinsel beim Ziehen einen geglätteten Farbstrich. Klicken Sie, ohne zu ziehen, wird ein einzelner Abdruck der Werkzeugspitze hinterlassen. Die meisten Vorgaben (abgesehen von der Standardeinstellung) sind weich, so dass der Strich in der Mitte deckend, an den Kanten jedoch transparenter ist. Diese Eigenschaft wird mit der Kantenschärfe kontrolliert. Die Deckkrafteinstellung (in der Optionsleiste) kontrolliert die Deckkraft, je höher der Wert, desto deckender die Farbe. Mit dem Fluss (auch in der Optionsleiste) ändern Sie die Deckkrafteinstellung; mit Werten unter 100% wird sie reduziert.

Egal, wie lange Sie den Pinsel an einem Platz halten, die Farbe baut sich nicht weiter auf und sie läuft auch nicht aus – es sei denn, Sie haben die Airbrush-Option aktiviert. Je länger Sie dann den Cursor auf einer Stelle halten, desto stärker baut sich die Farbe auf. Mit aktiviertem Airbrush und einer hohen Einstellung für den Fluss baut sich die Farbe schnell auf, bis die volle Deckkrafteinstellung erreicht ist. Mit einem geringen Wert für den Fluss baut sich die Farbe bis zur selben Deckkrafteinstellung auf, es dauert eben nur länger.

Buntstift

Der Buntstift funktioniert wie der Pinsel, nur dass die Kanten des Striches nicht geglättet sind. Weil Photoshop das Glätten der Kanten nicht berechnen muss, gibt es zwischen der Bewegung des Cursors und dem Erscheinen des Striches auf dem Bildschirm keine Verzögerung. Der Buntstift arbeitet von allen Werkzeugen also am natürlichsten. Bei geschwungenen oder schrägen Kanten kommt es leicht zur »Treppchenbildung«, aber bei einer hohen Auflösung oder wenn die Skizze nur als Referenz dient, ist der Buntstift ideal.

Radiergummi

Der Radiergummi entfernt Pixel oder ändert deren Farbe. Wenn Sie auf der Hintergrundebene arbeiten, hinterlässt er die **Hintergrundfarbe**. Auf allen anderen Ebenen radiert er in die **Transparenz**. Der Radiergummi kann wie der Pinsel, Airbrush oder Buntstift funktionieren, je nachdem, welchen Modus Sie in der Optionsleiste auswählen. Ein weiterer Modus ist QUADRAT. (Das war in früheren Photoshop-Versionen der einzige Modus für den Radiergummi. Er ist nicht so nützlich wie die anderen, kann jedoch helfen, Farbe entlang gerader, horizontaler oder vertikaler Kanten zu entfernen.)

Bei kleinen Zeichnungen ist der Leistungsunterschied zwischen dem Buntstift und dem Pinsel mit einer einfachen Werkzeugspitze nicht mehr so deutlich wie in Zeiten, in denen die Computer noch wesentlich langsamer waren. Cher Threinen-Pendarvis verwendete den Pinsel mit der Werkzeugspitze »Hart, rund, 5 Pixel« in der Farbe Grau und erstellte mit einem Grafiktablett eine Skizze für das Bild *Two Ducks* (Seite 396).

Mit der Option BASIEREND AUF PROTOKOLL LÖSCHEN in der Optionsleiste können Sie zu früheren Versionen des Bildes zurückgelangen (siehe Seite 368).

PROTOKOLL: EIN/AUS

Wenn Sie die ⌥/Alt-Taste drücken, aktivieren Sie die Protokollfunktion des Radiergummis.

Wischfinger

Der Wischfinger verschmiert die Farbe beim Ziehen. Ist in der Optionsleiste die Option FINGERFARBE gewählt, verschmiert er mit der Vordergrundfarbe. Ansonsten wird bei jedem Strich zunächst Farbe aus dem Bereich unter dem Cursor aufgenommen und es wird damit gemalt. Wenn die Werkzeugspitze groß genug ist, um mehr als eine Farbe aufzunehmen, wird eine Mischung der aufgenommenen Farben angewendet. Je höher die Einstellung für die STÄRKE in der Optionsleiste, desto weiter werden die Farben verschmiert. Bei einer Stärke von 100% wird nur die erste aufgenommene Farbe verschmiert. Bei geringeren Werten verblasst die erste Farbe und es wird eine weitere aufgenommen. Bei einer anderen Deckkraft als 100% arbeitet das Werkzeug sehr langsam, aber bei 100% lassen sich die Pixel damit sehr effektiv herumschieben, wie auf Seite 378 zu sehen.

Der Wischfinger kann automatisch Farbe aus einem Referenzfoto aufnehmen, wie auf Seite 378 zu sehen. Oben sehen Sie ein Detail des Fotos, darunter dasselbe Detail in einer sehr frühen Phase des Gemäldes.

PINSELSPITZEN UND PINSEL AUSWÄHLEN, BEARBEITEN UND ERSTELLEN

Bevor Sie die Malwerkzeuge anpassen, sollten Sie sich den Tipp auf Seite 362 durchlesen, um Verwirrungen zu vermeiden. Lesen Sie anschließend die folgenden beiden Abschnitte.

Werkzeugspitzen

Die Pinselspitzen für die Mal- und Kopierwerkzeuge stehen Ihnen alle über den Pinselwähler zur Verfügung. Immer, wenn Sie ein Werkzeug mit einer Werkzeugspitze aktivieren, können Sie den Pinselwähler mit seinen Einstellungen für die Größe der Werkzeugspitze und die Kantenschärfe öffnen, indem Sie in der Optionsleiste auf das Pinsel-Icon klicken (das zweite von links). Der Pinselwähler steht Ihnen auch als eigenständige Palette zur Verfügung (FENSTER/PINSEL/WERKZEUGSPITZEN). Die Pinsel-Palette bietet eine Reihe zusätzlicher Funktionen, die Sie auch mithilfe des Buttons PINSEL-PALETTE EIN-/AUSBLENDEN am rechten Ende der Optionsleiste aufrufen können.

Um eine der aktuell geladenen Werkzeugspitzen auszuwählen, öffnen Sie einfach eine Version der Pinsel-Palette und klicken auf die gewünschte Spitze.

Experimentieren Sie mit den Vorder- und Hintergrundfarben in der Werkzeug-Palette und mit den Einstellungen im Abschnitt FARBEINSTELLUNGEN in der erweiterten Pinsel-Palette. So können Sie mit Photoshops Werkzeugspitzen die tollsten Bilder malen. Mit der Vorgabe VERSTREUTE AHORNBLÄTTER wählten wir in den Farbeinstellungen für den Vorder-/Hintergrund-Jitter einen Wert von 100%, um den vollen Farbbereich zwischen dem Vordergrund-Gelb und dem Hintergrund-Orange auszunutzen. Für die Vorgabe DÜNENGRAS lag die Einstellung schon bei 100%, wir mussten also nur noch die Grüntöne für die Vorder- und Hintergrundfarbe auswählen.

Um eine Werkzeugspitze zu ändern und die neue Version zur aktuellen Version des Pinselwählers hinzuzufügen, wählen Sie zunächst eine Werkzeugspitze aus. Ändern Sie anschließend die Einstellungen (Größe, Kantenschärfe usw.) und öffnen Sie das Paletten-Menü, um die Option NEUE WERKZEUGVORGABE zu wählen; geben Sie der Werkzeugspitze in der Dialogbox einen Namen und klicken Sie auf OK. Ihre neue Werkzeugspitze wird jetzt an das Ende des bestehenden Satzes angefügt.

Um eine eigene Pinselvorgabe zu erstellen, konstruieren Sie die Spitze, aktivieren das Auswahlrechteck, um die Werkzeugspitze auszuwählen und wählen dann BEARBEITEN/PINSELVORGABE FESTLEGEN. Ihre neue Werkzeugspitze wird jetzt an das Ende des bestehenden Satzes angefügt. Auf Seite 385 erfahren Sie ausführlich, wie Sie eine eigene Werkzeugspitze und Werkzeugvorgaben erstellen und speichern.

Wenn der Pinselwähler viele Vorgaben enthält und immer langsamer wird, können Sie einzelne Werkzeugspitzen entfernen.

Zum Pinselwähler hinzugefügte Werkzeugspitzen können dauerhaft gespeichert werden, um sie jederzeit wieder laden zu können. Wählen Sie dazu aus dem Paletten-Menü die Option PINSEL SPEICHERN oder VORGABEN-MANAGER, und dann PINSEL.▼

MEHR DAVON

▼ Der Vorgaben-Manager **Seite 43**

Jede Werkzeugspitze, die Sie zu einer Version der Pinselvorgaben hinzugefügt oder daraus entfernt haben, wird auch aus den anderen Vorgaben entfernt oder zu diesen hinzugefügt. Befindet sich eine Vorgabe erst einmal im Pinselwähler, können Sie sie für jedes Werkzeug, das mit Werkzeugspitzen arbeitet, auswählen. Um nicht ständig Werkzeugspitzen zu verlieren, fragt Photoshop, ob Sie ein geändertes Set speichern möchten, bevor Sie es durch das Laden eines anderen ersetzen.

DURCH DIE WERKZEUGSPITZEN NAVIGIEREN

Sie können beim Malen ohne den Pinselwähler durch die Werkzeugspitzen wechseln:

- Mit der Taste . (Punkt) wechseln Sie zur nächsten Vorgabe.
- Mit der Taste , (Komma) aktivieren Sie die vorhergehende Vorgabe.
- Mit ⇧-. wählen Sie die unterste und mit ⇧-, die oberste Werkzeugspitze.

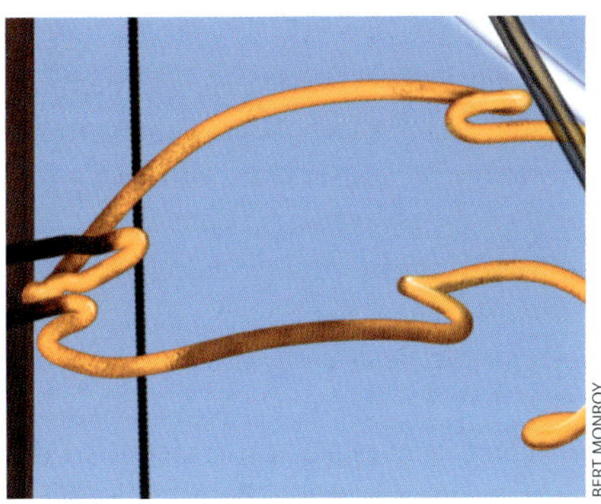

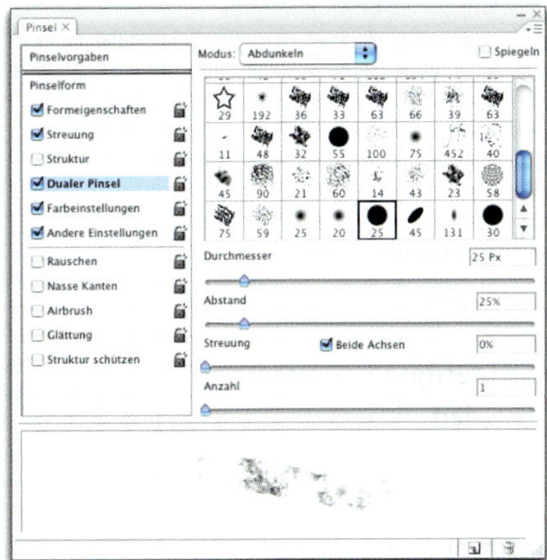

Bert Monroy nutzte die Option DUALER PINSEL in der Pinsel-Palette, um Pinselspitzen für seine Gemälde zu erstellen. Nachdem er eine Pinselspitze erstellt hatte, wandelte er diese in einen DUALEN PINSEL um. Er klickte auf diese Option und wählte eine harte, runde Pinselspitze. Den Durchmesser wählte er passend zur Neonröhre, die entstehen sollte. Details zu dieser Technik und diesem Bild finden Sie auf Seite 399.

GRAFIKTABLETT UND GRIFFEL

Wenn Sie ein Grafiktablett und einen drucksensiblen Stift verwenden, können Sie Malstriche besser kontrollieren und schneller auftragen. Wenn Sie beispielsweise mit einem Tablett wie dem Wacom Intuos arbeiten, experimentieren Sie ein wenig mit den Einstellungen.

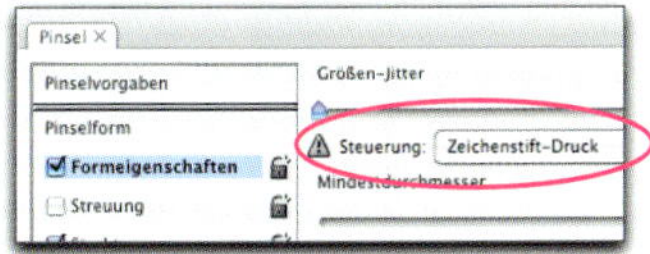

In jedem Abschnitt der Pinsel-Palette gibt es eine Steuerung-Option. Die Optionen ZEICHENSTIFT-DRUCK, ZEICHENSTIFT-SCHRÄGSTELLUNG und STYLUS-RAD stehen zur Verfügung für:

- **Formeigenschaften** – Größe, Winkel und Rundheit
- **Streuung** – Anzahl und Streuung
- **Struktur** – Mindesttiefe
- **Farbeinstellungen** – Vordergrund-/Hintergrund-Jitter
- **Andere Einstellungen** – Deckkraft und Fluss

In der Treibersoftware für den Stift können Sie das einstellen:

- Stellen Sie den oberen Kippschalter an der Seite des Stiftes so ein, dass er als ⌥/Alt-Taste funktioniert.
- Stellen Sie den unteren Kippschalter an der Seite so ein, dass er als Ctrl-Taste bzw. rechte Maustaste funktioniert.
- Stellen Sie den Endschalter als Radiergummi ein, damit Sie den Stift einfach umdrehen und damit radieren können.

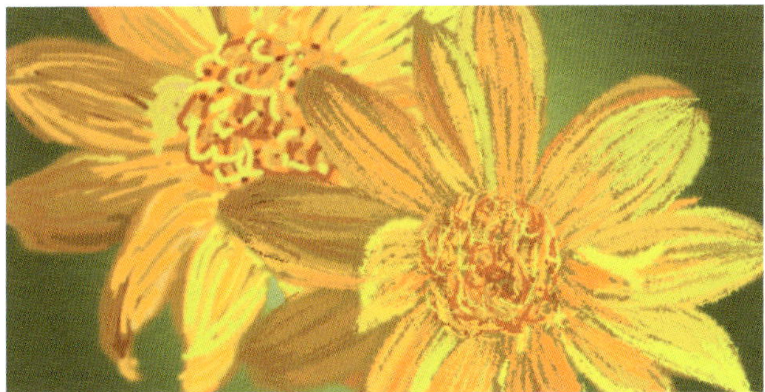

Beide Blumen wurden mit dem Pinsel und einer weichen, runden Pinselspitze erstellt. Als Kantenschärfe wurde ein Wert von 25% und als Malabstand 30% gewählt. Bei der linken Blume (mit der Maus gemalt) änderten wir die Größe der Pinselspitze oft – bei der rechten (mit Grafiktablett und Stift gemalt) änderten wir die Größe nur einmal für die Mitte; ansonsten wird die Strichbreite durch den Stiftandruck reguliert. Der größte Unterschied in beiden Blumen bestand eigentlich nur darin, dass die mit dem Stift gemalte Blume schneller fertig war als die andere.

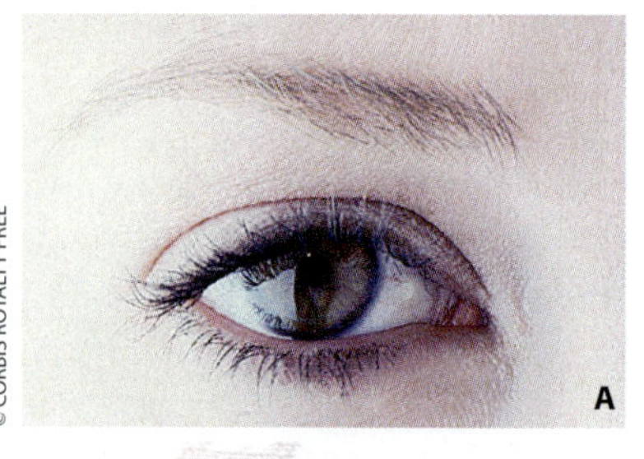

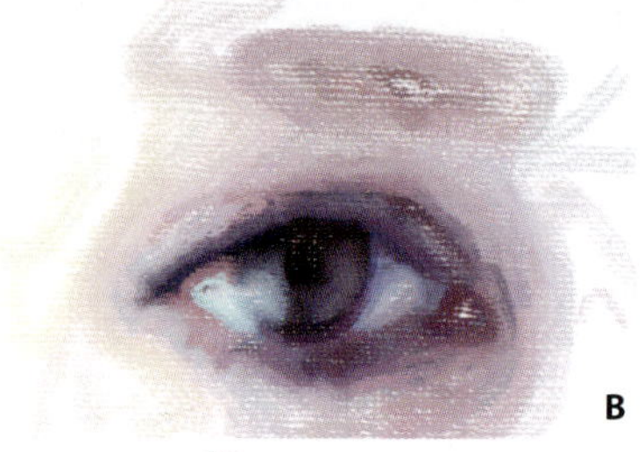

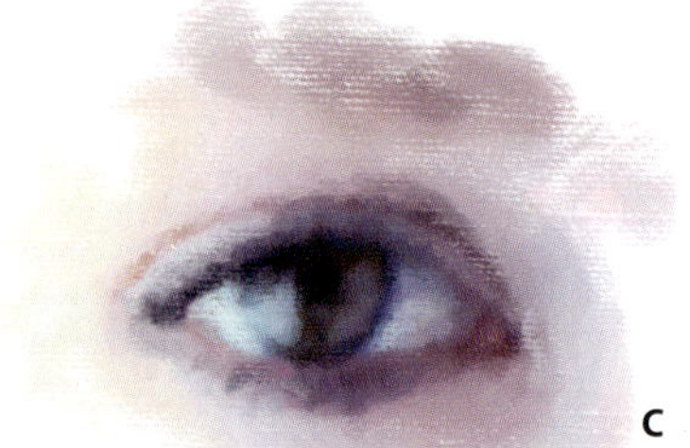

Unter Verwendung desselben Ausgangsbildes **A** und derselben Werkzeugspitze erzeugt der Kunstprotokoll-Pinsel unterschiedliche Ergebnisse – je nach Einstellungen in der Optionsleiste. Wenn Sie den Stil ändern (von **B** in **C**), folgt der Pinsel automatisch stärker den Konturen des Quellbildes – gut für Bilder mit vielen Details, die Sie erhalten wollen.

ZWEI PROTOKOLL-PINSEL

Die Option BASIEREND AUF PROTOKOLL LÖSCHEN für den Radiergummi bietet Ihnen schnellen Zugriff auf zwei unterschiedliche Protokoll-Pinsel: Sie können für beide Werkzeuge eine andere Werkzeugspitze wählen und mithilfe folgender Tastatur-Kurzbefehle schnell zwischen ihnen hin- und herwechseln:

E für den Radiergummi

Y für den Protokoll-Pinsel

Beide Werkzeuge verwenden denselben Protokoll-Schnappschuss als Quelle.

Werkzeugvorgaben

Neben den Vorgaben für die Werkzeugspitzen gibt es noch wesentlich komplexere Werkzeugvorgaben für die einzelnen Malwerkzeuge wie den Pinsel und den Wischfinger. Auf diese haben Sie Zugriff über den Werkzeugvorgabenwähler, den Sie öffnen, indem Sie in der Optionsleiste ganz links auf das kleine Icon klicken oder FENSTER/WERKZEUGVORGABEN wählen. Standardmäßig zeigt die Palette nur die Vorgaben für das aktuelle Werkzeug an. Über das Paletten-Menü können Sie aber auch noch andere Vorgaben laden. Die Vorgaben für die Malwerkzeuge enthalten nicht nur die Werkzeugspitze, sondern auch Einstellungen für die Deckkraft, den Fluss, den Modus und sogar die Farbe.

KOPIERWERKZEUGE

Photoshops Kopierwerkzeuge bieten eine Möglichkeit, Teile des aktuellen Bildes, eines anderen Bildes oder aus einem früheren Schritt der aktuellen Version wiederherzustellen. Zu den wichtigsten Kopierwerkzeugen für digitales Malen gehören der Kunstprotokoll-Pinsel und der Musterstempel im Modus IMPRESSIONIST. Viele der Einstellungen in der Optionsleiste entsprechen den Malwerkzeugen. Andere Optionen sind speziell auf die einzelnen Werkzeuge zugeschnitten.

Musterstempel

Die Option IMPRESSIONIST für den Musterstempel ist nützlich, um ein Referenzfoto in ein von Hand gemaltes Bild zu verwandeln. Das Werkzeug wendet pinselähnliche Striche an, die auf den Referenzfarben basieren. Der Trick bei dieser Option ist, dass Sie zunächst ein Muster des gesamten Bildes erstellen und dieses dann als Quelle für das Gemälde verwenden. In den Techniken auf den Seiten 388 und 399 finden Sie Beispiele dazu.

Kunstprotokoll-Pinsel

Der Kunstprotokoll-Pinsel ist ein automatisiertes Malwerkzeug, das mit einem Klick die verschiedensten Striche erzeugt. Die Striche folgen automatisch den Farbkonturen oder Kontrastgrenzen im ausgewählten Schnappschuss bzw. Arbeitsschritt in der Protokoll-Palette. Um eine Quelle auszuwählen, müssen Sie in die Spalte links neben dem Schnappschuss klicken (für eine der Versionen der Datei, die oben in der Palette zu sehen ist) oder auf einen Arbeitsschritt (die im unteren Bereich der Palette aufgelistet sind).▼

MEHR DAVON

▼ Protokoll-Palette **Seite 25**

LANCE HIDY

STEVE CONLEY

Auch wenn ihre Stile voneinander abweichen, verwenden Lance Hidy und Steve Conley Volltonfarbe- und Verlaufsfüllungen, um ihre Kunstwerke zu kolorieren. Mehr von Hidys Arbeiten sehen Sie auf den Seiten 48 und 412, mehr von Conley finden Sie in der Galerie in Kapitel 10.

Der erfolgreiche Umgang mit dem Kunstprotokoll-Pinsel hängt von der Kontrolle über die automatische Funktion des Werkzeugs ab. Das können Sie teilweise durch die Einstellungen für STIL und BEREICH (in der Optionsleiste) erzielen, denn diese legen fest, wie lang die automatischen Striche sind, wie dicht sie der Farbe im Bild folgen und wie viele Striche mit einem Klick abgelegt werden. Mit der TOLERANZ kontrollieren Sie, wie stark sich die aktuelle Version vom Original unterscheiden muss, damit der Kunstprotokoll-Pinsel darauf malen kann. Das bedeutet, dass Sie einige der erst kürzlich gemalten Details erhalten können, wenn diese sich nicht deutlich vom Protokoll unterscheiden, aus dem Sie malen. Für die meisten Arbeiten ist es jedoch am besten, die Toleranz bei 0 zu belassen, damit der Kunstprotokoll-Pinsel über alle Striche malen kann.

Es kann sehr hilfreich sein, beim Malen mit dem Kunstprotokoll-Pinsel auch das Original zu sehen, denn dort, wo Sie klicken, bestimmen Sie, welche Farbkanten des Originalbildes Form und Farbe der abgelegten Striche am stärksten beeinflussen. Ab Seite 390 erhalten Sie Schritt-für-Schritt-Anweisungen für den Einsatz des Kunstprotokoll-Pinsels. Auf Seite 397 sehen Sie Beispiele für die Verwendung des Werkzeugs mit den Wow-Vorgaben, die diesem Buch beiliegen.

Protokoll-Pinsel

Wie der zurückzeigende Pfeil im Icon vermuten lässt, kann der Protokoll-Pinsel mit einer früheren Version des Bildes als Quelle arbeiten, um frühere Farben und Details Strich für Strich wiederherzustellen. Besonders, wenn Sie vorausdenken und beim Malen Protokoll-Schnappschüsse erstellen, können Sie Teile des Gemäldes jederzeit wiederherstellen. Die Quelle für den Protokoll-Pinsel wählen Sie so wie für den Kunstprotokoll-Pinsel auch (Seite 368).

FÜLLWERKZEUGE

Photoshops Füllwerkzeuge, das Füllwerkzeug und das Verlaufswerkzeug, stellten ursprünglich die einzige Möglichkeit dar, Volltonfarbfüllungen oder Farbverläufe auf eine Ebene oder einen ausgewählten Bereich anzuwenden. In den neueren Programmversionen wurden sie allerdings von den Füllebenen VOLLTONFARBE, MUSTER und VERLAUFSFÜLLUNG sowie von

Saubere Füllungen

Um die Farbe eines gefüllten Bereichs zu ändern, fixieren Sie in der Ebenen-Palette die Transparenz für diese Ebene. Füllen Sie die Ebene mit dem Füll- oder Verlaufswerkzeug neu oder wählen Sie BEARBEITEN/FLÄCHE FÜLLEN. Die Transparenz bleibt erhalten, die Farbe wird ersetzt.

Vor (oben) und nach dem Füllen bei fixierter Transparenz.

Der Regenbogen wurde mit dem Verlaufswerkzeug ins Bild gemalt. Diese Technik wird auf Seite 188 beschrieben.

Der Filter SELEKTIVER WEICHZEICHNER verleiht Bildern ein cartoonhaftes Aussehen, siehe Seite 260.

den Ebenenstilen FARBE, MUSTER und VERLAUFSÜBERLAGERUNG abgelöst. Aber auch die ursprünglichen Klicken-und-Füllen-Werkzeuge sind hin und wieder noch ganz praktisch.

Füllwerkzeug

Das Füllwerkzeug wendet eine Volltonfarbe oder ein Muster an. Es füllt ausgewählte Bereiche basierend auf der aufgenommenen Farbe aus den angeklickten Stellen – entweder die zusammengesetzte Farbe aller Ebenen (wenn in der Optionsleiste ALLE EBENEN aktiviert ist) oder der Farbe der einzelnen aktiven Ebene. Die Toleranzeinstellung bestimmt, wie stark andere Pixel der aufgenommenen Farbe entsprechen müssen, bevor sie ersetzt werden. Mit aktivierter Checkbox BENACHBART ersetzen Sie benachbarte Pixel mit derselben Farbe. Ist diese Option deaktiviert, werden alle Pixel der angeklickten Farbe ersetzt, egal, ob die Originalfarbe angrenzt oder nicht. Die Kanten der Füllung können auf Wunsch geglättet werden.

Verlaufswerkzeug

Das Verlaufswerkzeug füllt eine gesamte Ebene oder einen ausgewählten Bereich mit einem Übergang von einer Farbe zu einer anderen. Die Mitte und die Richtung des Verlaufs legen Sie durch Ziehen des Werkzeugs fest. In der Optionsleiste können Sie Verlaufsvorgaben auswählen: LINEARER VERLAUF, RADIALVERLAUF, VERLAUFSWINKEL, REFLEKTIERTER VERLAUF oder RAUTEVERLAUF. Außerdem können Sie die Anordnung der Farben umkehren sowie DITHER (vermischt die Pixel an den Farbübergängen ein wenig, damit der Verlauf beim Druck nicht streifig erscheint) und TRANSPARENZ einstellen. Auf Seite 188 lernen Sie verschiedene Möglichkeiten kennen, Verläufe anzuwenden.

Andere Fülloptionen

Neben dem Verlaufs- und Füllwerkzeug gibt es mit dem Befehl BEARBEITEN/FÜLLEN zwei weitere Möglichkeiten, Füllungen anzuwenden:

- Sie können eine Füllebene hinzufügen, indem Sie unten in der Ebenen-Palette auf den Button NEUE FÜLLEBENE ODER

Der Magische Radiergummi

Der MAGISCHE RADIERGUMMI funktioniert wie ein Füllwerkzeug, das klare Transparenz statt Farbe verwendet. Wie das Füllwerkzeug kann auch der MAGISCHE RADIERGUMMI benachbarte oder nicht benachbarte Bereiche füllen und geglättete oder nicht geglättete Kanten haben. Der zu füllende Bereich kann auf den zusammengesetzten Farben basieren oder auf der Farbe einer einzelnen Ebene.

EINSTELLUNGSEBENE ERSTELLEN klicken. Je nach Art der Füllebene wird der gesamten Ebene eine Farbe, ein Muster oder ein Verlauf zugewiesen. Die Ebene beinhaltet eine Ebenenmaske, die Sie bearbeiten können, um die Füllung zu kontrollieren.

- Sie können zum Füllen auch einen Farb-, Muster- oder Verlaufsüberlagerungseffekt als Teil eines Ebenenstils verwenden. So können Sie besser kontrollieren, wie die Füllung mit den anderen Effekten, beispielsweise Auren, Schlagschatten usw. interagiert. Die Überlagerungseffekte werden in Kapitel 8 vorgestellt und sie werden immer wieder in verschiedenen Techniken im Verlauf des Buches verwendet.

DEEANNE EDWARDS

Details eines Drucks, bei dem die Filter FARBPAPIER-COLLAGE (Mitte) und TONTRENNUNG UND KANTENBETONUNG (unten) angewendet wurden (siehe Seite 410).

MIT FILTERN & AKTIONEN MALEN

Einige der Photoshop-Filter (und andere Filter, die entwickelt wurden, um Kunstmedien in Photoshop zu simulieren) können genutzt werden, um Bilder als Kunstwerke zu stilisieren. Wählen Sie FILTER/FILTERGALERIE, um die Filter zu öffnen, die speziell für diese Zwecke entwickelt wurden (z.B. Kunstfilter, Malfilter und Zeichenfilter). Nutzen Sie diese Filter als Ausgangspunkt, kombinieren Sie sie in der Filtergalerie, fügen Sie gemalte Details hinzu oder kombinieren Sie ein gefiltertes Bild mit dem ungefilterten Original. Auch der Filter SELEKTIVER WEICHZEICHNER ist ganz nützlich. Beispiele finden Sie im Anhang A: Filter-Demos.

Wenn Sie komplexere Gemälde erstellen, bei denen Sie nicht nur Filter kombinieren, sollten Sie eine Aktion aufnehmen, um die Technik später auch auf andere Bilder anwenden zu können.

EIN GEMÄLDE NACHBEARBEITEN

Sobald Sie ein Gemälde erstellt haben, egal, ob völlig eigenständig oder mithilfe einiger Automationen, wollen Sie vielleicht einige Pigmente oder Strukturen der Pinselstriche auf der Leinwand noch etwas verbessern. Mit den richtigen Füllmethoden angewendet, sind die Filter FOTOKOPIE und KONTUREN FINDEN ganz nützlich, um die Kanten bei Wasserfarben etwas abzudunkeln (wie auf den Seiten 389 und 402 zu sehen). Der Filter RELIEF hilft, die Farbe für einen Impasto-Effekt etwas zu verdicken (Seite 381). Mit einer strukturierten Füllebene können Sie Leinwand- oder Papierstruktur hinzufügen oder die bereits angewendete Struktur betonen (Seite 375).

FRANKIE FREY

Wasserfarbe über Druckfarbe

SIE FINDEN DIE DATEIEN
auf der DVD unter Wow Projektdateien/Kapitel 6/Wasserfarbe ueber Druckfarbe:
- Wasserfarbe-Vorher.psd (zum Beginn)
- Wow-BT Wasserfarbe.tpl (Pinselspitzen)
- Wow-Struktur 01.asl (Stilvorgaben)
- Wasserfarbe-Nachher.psd (zum Vergleich)

ÖFFNEN SIE DIESE PALETTEN
aus dem Fenster-Menü:
• Werkzeuge • Ebenen • Pinsel • Stile

ÜBERBLICK
Eine Zeichnung scannen • Die gescannte Ebene im Modus MULTIPLIZIEREN über eine weiße Ebene legen • Mit dem Pinsel und den Wow-BT-Wasserfarben Pinselspitzen malen, auf separaten Ebenen zwischen Hintergrund und Scan • Malfarben anpassen • Papierstruktur und Hintergrund hinzufügen • Mit dem Wischfinger die Farben verschmieren

Eine schnelle Illustration, die Wasserfarbe über einer Druckfarbe simuliert, kann mit einer handgezeichneten Skizze beginnen, wie in unserem Beispiel, sowie mit einer Linienzeichnung aus Illustrator oder Photoshop oder einem Clipart. Wie bei vielen anderen Methoden in Photoshop ist auch die Wasserfarbe flexibler und lässt mehr durchgehen als traditionelle Materialien. Sie können beispielsweise die Reihenfolge ändern – Dinge, die normalerweise gleichzeitig stattfinden, nacheinander durchführen, oder Schritte tauschen. Sie können die Farben anwenden und ein Gefühl dafür entwickeln, und im Anschluss festlegen, wie stark die Farben verlaufen sollen. Die Farbe für den Hintergrund können Sie auswählen, nachdem Sie die Vordergrundfarben angewendet haben. Für dieses Beispiel begann Frankie Frey mit dem Scan einer Originalzeichnung und malte mit dem Pinsel und den **Wow-BT-Wasserfarbe** Pinselspitzen. Als sie mit dem Malen fertig war, leuchteten die Farben, die Druckfarben waren dort, wo sie mit den Wasserfarben zusammentrafen, verschmiert und auch der Hintergrund war fertig.

1 Die Zeichnung vorbereiten. Scannen Sie die Zeichnung und nehmen Sie, wenn nötig, leichte Korrekturen vor ▼, oder platzieren oder öffnen Sie ein Clipart oder eine Datei **1a**. Für die Entwicklung des Gemäldes befindet sich die Linienzeichnung im Ebenenstapel ganz oben (damit die Farben die Linien nicht überdecken) im Modus MULTIPLIZIEREN (damit der weiße Hintergrund transparent erscheint), die Malebenen befinden sich darunter. Darunter wurde eine »Papierebene« hinzugefügt und im Ebenenstapel ganz unten befindet sich eine Kopie der Zeichnung **1b**.

MEHR DAVON
▼ Linienzeichnungen scannen und bereinigen **Seite 89**

1a

Der Graustufenscan wurde in Photoshop geöffnet und in Farbe umgewandelt (BILD/MODUS/RGB-FARBE).

1b

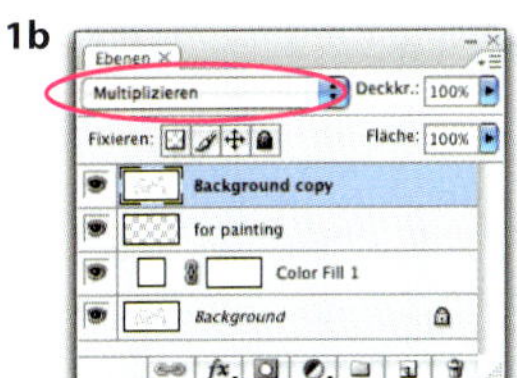

Eine Kopie der Zeichnung im Modus MULTIPLIZIEREN befindet sich im Ebenenstapel ganz oben. Eine Papierebene blendet das Original im Hintergrund aus.

DIE WOW-WASSERFARBEN-VORGABEN

Sie können eine Pinselspitze vergrößern oder verkleinern, indem Sie in der Optionsleiste auf den Pinselbutton klicken und den Hauptdurchmesser anpassen, oder Sie nutzen die Tasten [ö] (zum Vergrößern) und [#] (zum Verkleinern). Arbeiten Sie mit einem drucksensitiven Grafiktablett, wird der Strich durch einen größeren Stiftandruck größer.

Um die Farbmenge zu kontrollieren, können Sie in der Optionsleiste die Deckkraft und den Fluss anpassen. Auch diese beiden Optionen können Sie mithilfe des Stiftandrucks kontrollieren – je stärker Sie drücken, desto höher die Werte.

Für sich überlappende Striche, deren Kanten zu sehen sind, erstellen Sie den Strich, lassen die Maustaste (oder den Stift) los und drücken, um einen neuen Strich zu erstellen.

Für ein gleichmäßiges Verwaschen – um Farbe ohne Einzelstriche aufzubauen – wenden Sie nur einen Strich an und setzen zwischendurch nicht ab.

Die Resultate hängen von den verwendeten Farben (helle Farben lassen weniger Struktur erkennen) und dem Malstil ab (wenn Sie schnell malen, sollten Sie mit einem höheren Fluss arbeiten).

Duplizieren Sie zunächst die Zeichnung ([⌘]/[Strg]-[J]). Fügen Sie zwischen neuer Ebene und Original eine weiße Ebene ein, indem Sie in der Ebenen-Palette auf die Hintergrundminiatur klicken und aus dem Menü NEUE FÜLLEBENE ODER EINSTELLUNGSEBENE ERSTELLEN die Option VOLLTONFARBE auswählen. Stellen Sie im Farbwähler die Farbe Weiß ein und klicken Sie auf OK, um den Farbwähler wieder zu schließen.

Damit die Druckfarbe Schwarz sowie das Weiß in der oberen Ebene mit der Zeichnung transparent erscheinen und die hinzugefügten Farben durchscheinen können, klicken Sie auf die Ebenenminiatur und wählen den Modus MULTIPLIZIEREN. Fügen Sie unter diese Ebene eine transparente Ebene für die erste Farbe hinzu (klicken Sie mit gedrückter [⌘]/[Strg]-Taste auf den Button NEUE EBENE ERSTELLEN, damit die Ebene unter der aktuell aktiven Ebene erscheint).

2 Malen. Aktivieren Sie in der Werkzeug-Palette nun den Pinsel. Klicken Sie links in der Optionsleiste auf den Werkzeugvorgabenwähler und anschließend doppelt auf eine der **Wow-BT-Wasserfarben**-Vorgaben; Frey begann mit **Medium 2a**. (Wenn Sie die Vorgaben noch nicht geladen haben, finden Sie sie auch nicht hier in dieser Liste ▼; um nur die **Wow-BT- Wasserfarben**-Vorgaben für dieses Projekt zu laden, wählen Sie aus dem Paletten-Menü die Option WERKZEUGVOREINSTELLUNGEN LADEN, die Datei finden Sie auf der Wow-DVD-ROM unter Wow Projektdateien/Kapitel 6/Wasserfarben ueber Druck.)

MEHR DAVON

▼ Wow-Vorgaben laden **Seite 5**

Wie herkömmliche Pinsel für Wasserfarben sind auch diese Vorgaben so entwickelt worden, dass die Farben über das Papier fließen und sich aufbauen können, wenn Sie mehrfach über eine Stelle fahren. Die Verschmelzung mit der Papierstruktur ist in die Pinselspitzen eingebaut, damit Sie beim Malen die Struktur sehen können. Wählen Sie eine Farbe aus (klicken Sie dafür beispielsweise in das Farbfeld in der Werkzeug-Palette) und malen Sie lose – passen Sie die Pinselspitze dabei an Ihre Bedürfnisse an (behalten Sie dabei die Tipps aus dem Kasten links im Hinterkopf). Für maximale Flexibilität sollten Sie für jede neue Farbe eine neue Ebene hinzufügen.

Für dieses Bild begann Frey mit der Werkzeugvorgabe **Wow-BT Watercolor-Medium** und reduzierte dessen Größe sowie Deckkraft und Fluss in der Optionsleiste, um die Farbe dünner zu machen und den Aufbau besser zu kontrollieren **2b**. Während sie malte, wechselte sie die Pinselspitze, veränderte Deckkraft und Fluss und fügte weitere Ebenen hinzu **2c, 2d**. Wenn sich die Elemente auf verschiedenen Ebenen befinden, können Sie die Transparenz steigern, indem Sie die Ebenendeckkraft verringern. Für dichtere Farben können Sie eine Ebene auch duplizieren

2a

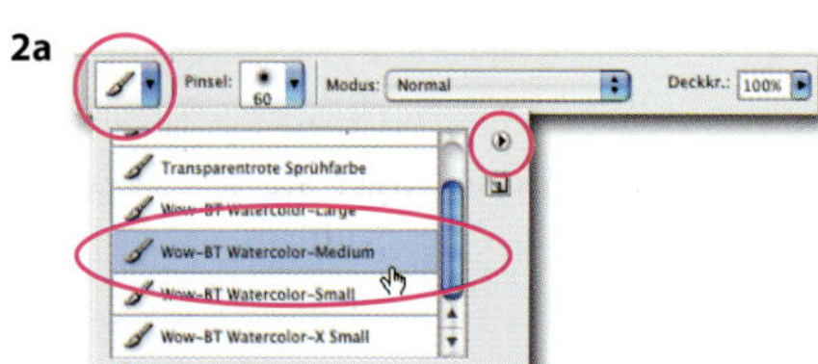

Aktivieren Sie im Werkzeugvorgabenwähler eine mittlere **Wow-BT-Wasserfarben**-Pinselspitze.

und dann die Deckkraft anpassen. Dort, wo sich verschiedene Farben überlappen, können Sie einen Pinsel mit den vermischten Farben laden, wie im Kasten beschrieben.

FARBE AUFNEHMEN

Wenn Sie bei den Mal- und Füllwerkzeugen – Pinsel, Buntstift, Füll- und Verlaufswerkzeug – die ⌥/Alt-Taste gedrückt halten, wechseln Sie temporär zur Pipette, mit der Sie Farbe aufnehmen können (mit einem Klick ändern Sie die Vordergrundfarbe). Mit der Feststelltaste ⇪ können Sie den Zielcursor aktivieren. Der aufgenommene Bereich wird von der Aufnahmegröße der Pipette in der Optionsleiste bestimmt.

2b

Durch Reduzieren der Deckkraft auf etwa 50%, während der Fluss bei 100% blieb, konnte Frey sanft malen und die Farben der pinken Blume links aufbauen. Mit einem reduzierten Fluss (25%) und einer hohen Deckkraft (100%) sind die Farben und Strukturen der rechten Blume offensichtlicher.

3 Ebenen zusammenfügen. Um die Größe der Arbeitsdatei zu verringern, können Sie nun einige Ebenen kombinieren. Bei Farbüberlappungen (beispielsweise auf dem Sofa) ist es jedoch besser, die Ebenen separat zu behalten, falls Sie später Änderungen vornehmen wollen. Wo sich die Farben jedoch nicht überlappen, können Sie Ebenen zusammenfügen. Und das geht so:

- Vor Photoshop CS2 wählten Sie eine der Ebenen in der Ebenen-Palette aus und klicken für die anderen in die Spalte links neben den Miniaturen (neben dem Augen-Icon), um sie zu verbinden. Wählen Sie anschließend EBENE/VERBUNDENE REDUZIEREN oder drücken Sie ⌘/Strg-E) **3**.
- Seit CS2 klicken Sie in der Ebenen-Palette einfach mit gedrückter ⇧- oder ⌘/Strg-Taste auf die Ebenen und drücken dann ⌘/Strg-E, um die Ebenen zu reduzieren.

2c

Für die Gießkanne und den Stoff des Sofas reduzierte Frey die Deckkraft (75%) und den Fluss (25%); sie malte die blauen Streifen auf eine Ebene und die pinken auf eine andere.

2d

Für die Kleidung verwendete sie eine mittlere Deckkraft (ca. 50%) und einen geringen Fluss (25% oder weniger).

3

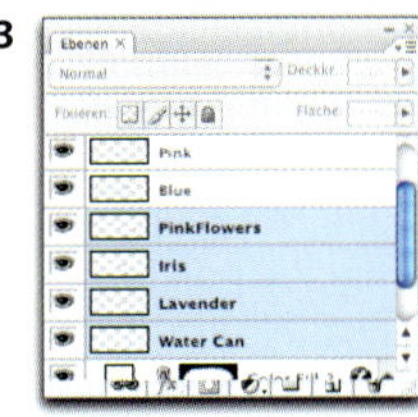

Um die Dateigröße gering zu halten, können Sie Elementebenen, die sich nicht überlappen, markieren und verschmelzen. Benennen Sie die Ebenen um, damit Sie auch jederzeit alles wiederfinden (klicken Sie doppelt auf den Namen und geben Sie einen neuen ein).

4 Die Farben aufhellen. Frey wählte die oberste Malebene aus (direkt unter der Zeichnung), indem sie in der Ebenen-Palette auf deren Miniatur klickte. Anschließend fügte sie über den Button NEUE FÜLLEBENE ODER EINSTELLUNGSEBENE ERSTELLEN eine Farbton/Sättigung-Einstellungsebene hinzu. In der Dialogbox verschob sie den Sättigungsregler nach rechts (+30) und klickte auf OK. Weil das Shirt jetzt etwas zu hell erschien, wählte Sie eine der Standard-Pinselspitzen und malte auf der Ebenenmaske der Farbton/Sättigungsebene mit Schwarz, um den Effekt im Bereich des Shirts auszublenden **4.** (Bei aktiver Maske können Sie Schwarz als Vordergrundfarbe einstellen, indem Sie die Tasten [D] und [X] drücken.)

4

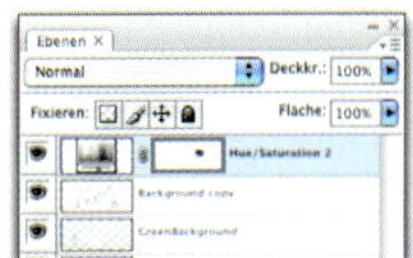

Vor (oben) und nach dem Aufhellen der Farben mit einer Farbton/Sättigung-Einstellungsebene.

5 Den Hintergrund hinzufügen. Um eine verwaschene Hintergrundfarbe hinzuzufügen, erstellen Sie eine weitere Volltonfarbebene: Klicken Sie dazu auf den Button NEUE FÜLLEBENE ODER EINSTELLUNGSEBENE ERSTELLEN. Wählen Sie eine relativ neutrale Farbe aus dem Farbwähler aus und klicken Sie auf OK (alle weißen Bereiche werden gefüllt; wenn einige Bereiche weiß bleiben sollen, müssen Sie mit der Maske arbeiten, wie unten beschrieben). Fügen Sie nun eine Papierstruktur hinzu, die zur Struktur der Pinselstriche passt: Wählen Sie aus dem Menü der Stile-Palette **Wow-Texture Styles** und klicken Sie auf **Wow-Texture 01*** in Palette **5**. (Wenn Sie die Wow-Vorgaben noch nicht geladen haben,▼ erscheinen sie auch nicht in dieser Liste. Um nur die Strukturen für dieses Beispiel zu laden, suchen Sie die Datei **Wow-Struktur 01.asl**, die sich auf der DVD im Ordner zu diesem Projekt befindet.) Das Muster ähnelt dem der **Wow-BT-Wasserfarben**-Werkzeugvorgaben und passt zu den Pinselstrichen. Um die Farbe weich und unregelmäßig zu verwischen, wählten wir eine weiche Pinselspitze mit einem Durchmesser von 100 Pixel und malten mit Schwarz auf der Maske der Volltonfarbebene.

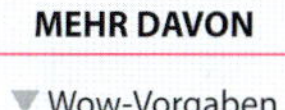

MEHR DAVON

▼ Wow-Vorgaben laden **Seite 5**

5

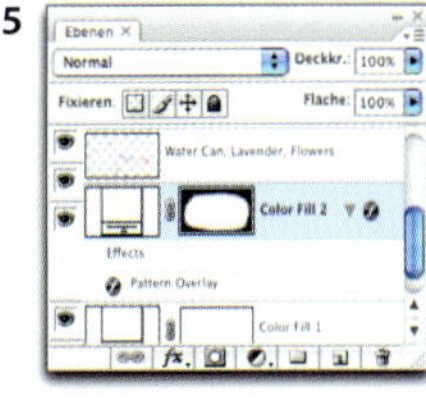

Stile
Wow Brass Edge
Wow Antique
Wow Painted Brick
Wow Antique Stoplight
Wow-Texture 01*

Der Hintergrund wurde mit einer maskierten Volltonfarbebene erstellt. Der Ebenenstil **Wow-Texture 01*** wendet eine Struktur an, die den Werkzeugvorgaben ähnelt.

6 Die Druckfarbe vermischen. Um die wasserlösliche Druckfarbe scheinbar zu verschmieren, klicken Sie in der Ebenen-Palette auf die Miniatur der Hintergrundkopie. Aktivieren Sie anschließend den Wischfinger mit einer weichen Werkzeugspitze. Wir wählten eine weiche Spitze mit einem Durchmesser von 17 Pixel und reduzierten die Kantenschärfe auf 50%. Vergewissern Sie sich, dass in der Optionsleiste die Optionen ALLE EBENEN AUFNEHMEN und FINGERFARBEN deaktiviert sind. Um mit einem einzigen Strich einen größeren Bereich zu verwischen, klicken Sie in der Pinsel-Palette links in der Liste auf PINSELFORM. Jetzt können Sie auf der rechten Seite die Pinselform anpassen – ziehen Sie den oberen Punkt etwas nach unten, um eine Rundung von 50% zu erzeugen **6a**.

Halten Sie im Gemälde nach Stellen Ausschau, an denen die Farbe die Linienzeichnung berührt. Halten Sie den Cursor über die Linie und ziehen Sie nach unten, um die Farbe zu verwischen. Wenn Sie auf, statt über der Linie beginnen, läuft nur die Farbe aus, die Linie bleibt intakt. Wenn Sie über der Linie beginnen und über diese drüber ziehen, wird auch die Linie verwischt. Falls die Ergebnisse nach dem ersten Versuch zu intensiv oder nicht intensiv genug sind, drücken Sie ⌘/Strg-Z und beginnen Sie noch einmal von vorn. Bearbeiten Sie so alle entsprechenden Bereiche des Bildes **6b**.

Auch wenn das Bild fertig ist, gibt es noch Möglichkeiten, mit einigen Änderungen zu experimentieren. **Um die Dichte der Linienzeichnung zu verstärken,** klicken Sie in der Ebenen-Palette doppelt auf den Namen der Hintergrundebene und dann auf OK; ziehen Sie diese dann im Ebenenstapel nach oben, wählen Sie den Modus MULTIPLIZIEREN und passen Sie die Deckkraft an. Auf weiteren transparenten Ebenen können Sie noch Details ins Bild malen. Oder Sie ändern das Papier oder den Hintergrund, indem Sie doppelt auf die Miniatur der Einstellungsebene klicken und eine neue Farbe auswählen.

6a

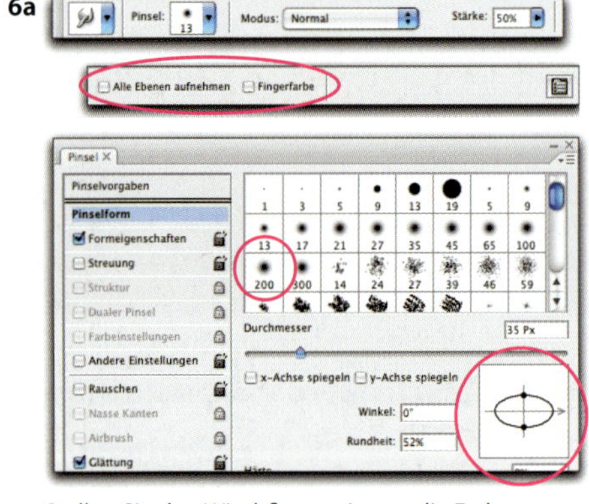

Stellen Sie den Wischfinger ein, um die Farbe zu verschmieren.

6b

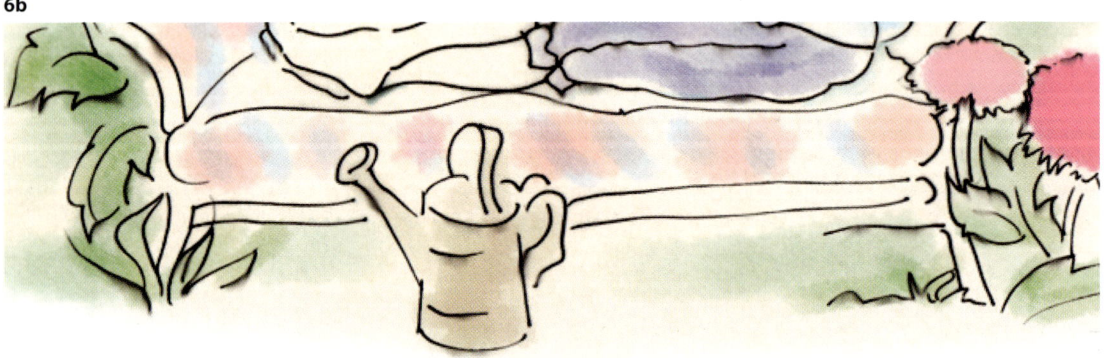

Wenn Sie nach unten ziehen, werden die Farben verwischt. Das vollständige Bild sehen Sie auf Seite 372.

Cher Threinen-Pendarvis und ihre Pinsel-Favoriten

»Wenn Sie einen Blick in die Bibliotheken der Pinsel-Palette werfen, können Sie einige wahre Schätze entdecken«, sagt Cher Threinen-Pendarvis, Autorin des Buches *The Photoshop and Painter Artist Tablet Book,* was wir Ihnen nur ans Herz legen können, wenn Sie am Computer ernsthaft malen wollen. Hier zeigt sie uns einige ihrer Favoriten. Die Beispielstriche malte sie mit einem Pinsel und einem Grafiktablett von Wacom. »Mit einer Maus ist das nicht machbar«, sagt Cher.

Weitere Tipps von Cher finden Sie in einem Auszug aus dem Buch *The Photoshop and Painter Artist Tablet Book: Creative Techniques for Digital Painting* (in englischer Sprache), den Sie in den Wow-Zugaben auf der beiliegenden DVD-ROM finden.

Für Skizzen eignet sich die Vorgabe »Hart, rund, 5 Pixel«. Damit können Sie die Dicke der Linien variieren und der Pinsel reagiert schnell, so dass Sie der Bewegung folgen können.

»Hart, rund, 5 Pixel« im Modus Normal

Die Vorgabe »#2 Pencil« ist eine von Photoshops Pinseln-für-trockene-Farbe-Werkzeugspitzen (siehe Kasten). Ein mittleres Grau im Beispiel simuliert Grafit. Diese Spitze eignet sich für methodisches Zeichnen, ihre Komplexität wirkt sich jedoch auf die Leistungsfähigkeit aus.

»#2 Pencil« im Modus Normal

Für Arbeiten mit Wasserfarbe eignet sich die Vorgabe »Watercolor Loaded Wet Flat Tip«, besonders für kalligrafische Linienzeichnungen. Auch diese Vorgabe ist nicht unbedingt die schnellste, erzeugt dafür aber wunderschöne Pinselstriche.

»Watercolor Loaded Wet Flat Tip« im Modus Normal

Um den transparenten Look herkömmlicher Wasserfarben zu simulieren, ändern Sie den Modus der Pinselspitze in Multiplizieren.

»Watercolor Loaded Wet Flat Tip« im Modus Multiplizieren

Die Vorgabe »Rough Round Bristle« (in Photoshops Standardsatz) macht einfach Spaß, weil sie unterschiedliche Werte der Vordergrundfarbe anwendet. Sie eignet sich für große Bereiche und das Hinzufügen von Struktur über Farbe.

»Rough Round Bristle« im Modus Normal

Wenn Sie halbtransparente, verwaschene Farben erstellen wollen, ändern Sie den Modus in Multiplizieren.

»Rough Round Bristle« im Modus Multiplizieren

Sie können Pastell oder Kreide mit der Vorgabe »Pastel Medium Tip« simulieren. Mit dieser ausdrucksstarken Pinselspitze können Sie feine Überlagerungen von Farbe und Struktur erzeugen.

»Pastel Medium Tip« im Modus Normal

Alternative Werkzeugvorgaben laden

Um andere Werkzeugvorgaben zu laden – beispielsweise den Satz Pinsel für trockene Farbe –, klicken Sie auf die Pinselspitze in der Optionsleiste und öffnen in der Ecke oben rechts das Paletten-Menü. Aus der erscheinenden Liste können Sie dann neue Werkzeugvorgaben auswählen. Wenn Sie dann in der erscheinenden Dialogbox auf OK klicken, werden die aktuellen Vorgaben durch die neuen ersetzt; die Liste bleibt kürzer und übersichtlicher, als wenn Sie Anfügen wählen würden. (Wenn Sie Vorgaben des aktuellen Satzes verändert oder neue hinzugefügt haben, werden Sie darauf hingewiesen, diesen zunächst zu speichern.)

Nass-in-Nass-Technik

SIE FINDEN DIE DATEIEN

auf der DVD unter Wow Projektdateien/Kapitel 6/Nass-in-Nass-Technik:

- Nass-Technik-Vorher.psd (Beginn)
- Wow-Nass-Technik.pat (Mustervorgaben)
- Nass-Technik-Nachher.psd (zum Vergleich)

ÖFFNEN SIE DIESE PALETTEN

aus dem Fenster-Menü:

- Werkzeuge • Ebenen • Pinsel

ÜBERBLICK

Farbe und Freistellung anpassen • Ein Störungsmuster im Modus Überlagern/ INEINANDERKOPIEREN hinzufügen, eine »Leinwand« und eine Ebene zum Malen • Mit dem Wischfinger malen • Eine Reliefkopie des Gemäldes im Modus Überlagern/ INEINANDERKOPIEREN hinzufügen • Weitere Pinselstriche mit einer Musterfüllebene hinzufügen

Wenn Maler Nass-in-Nass mit Öl oder Acrylfarbe malen, nimmt der Pinsel immer auch Farbe vorhergehender Pinselstriche auf und die Farben mischen sich. Nass-in-Nass-Gemälde sind eher informell und schnell. Der Maler will das Licht und die Stimmung einer Landschaft einfangen. Die Farbe bleibt während des Malens nass. Damit die Farben rein aussehen, müssen sie dick aufgetragen werden. Photoshops Wischfinger ist dafür ein geeignetes Werkzeug; solange Ihr Computer leistungsstark genug ist, um den Wischfinger mit einer Stärke von 100% anzuwenden, können Sie sehr spontan malen. Bei geringeren Stärkeeinstellungen muss der Computer mehr Berechnungen durchführen – die Farbe wird nicht simultan zum Pinselstrich aufgetragen. Ein drucksensitives Grafiktablett und ein Stift vermitteln ein noch traditionelleres Malgefühl, da Sie durch den Druck mit dem Stylus auch den Farbauftrag kontrollieren.

1 Ein Bild vorbereiten. Öffnen Sie ein Bild und passen Sie Farbe und Freistellung an, oder öffnen Sie die Datei **Nass-Technik-Vorher.psd 1a**. Um die Farbe zu variieren, fügen Sie eine Musterfüllebene mit einem der **Wow-Störungsmuster** hinzu. Wir verwendeten **Wow-Noise Small Strong Gray**, Sie können aber auch eine andere Vorgabe auswählen; wenn Ihr Bild bereits viele kleine Farbvariationen enthält, müssen Sie auch keine Musterfüllebene hinzufügen.

1a 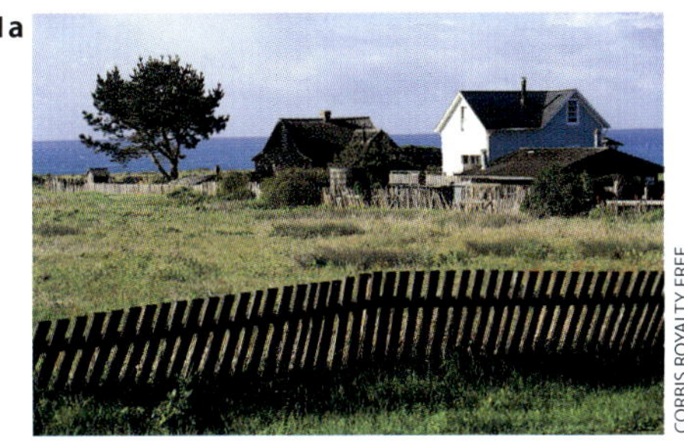

Das Originalfoto.

1b 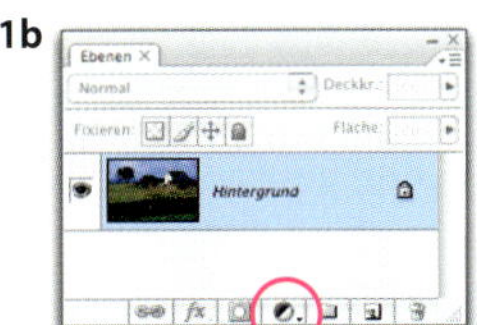

Klicken Sie mit gedrückter ⌥/Alt-Taste auf den Button NEUE FÜLLEBENE ODER EINSTELLUNGSEBENE ERSTELLEN und wählen Sie MUSTER.

1c 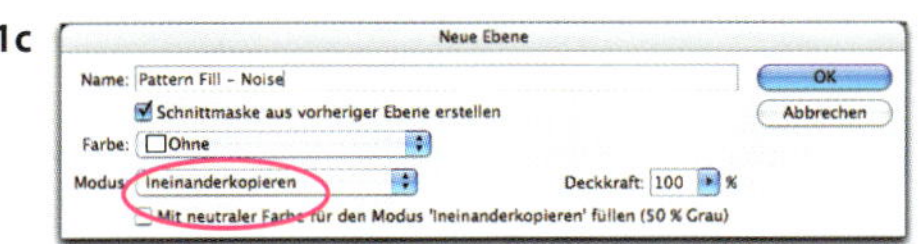

Aktivieren Sie den Modus ÜBERLAGERN/INEINANDERKOPIEREN.

1d 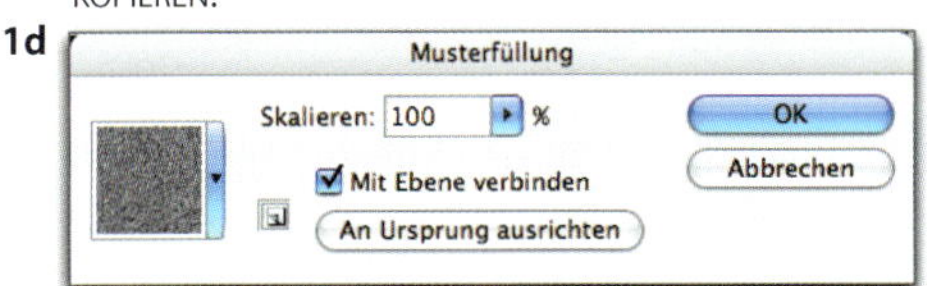

Das Muster **Wow-Noise Small Strong Gray** wurde als Musterfüllung gewählt.

1e  

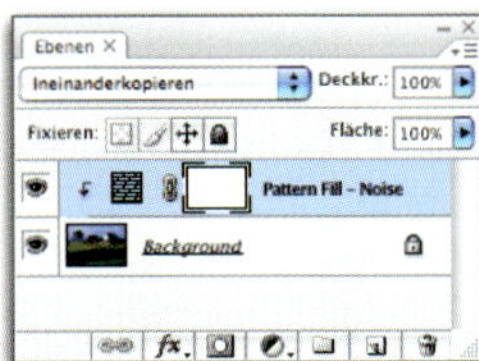

Vor (links) und nach dem Hinzufügen der Musterfüllung im Modus ÜBERLAGERN/INEINANDERKOPIEREN.

2 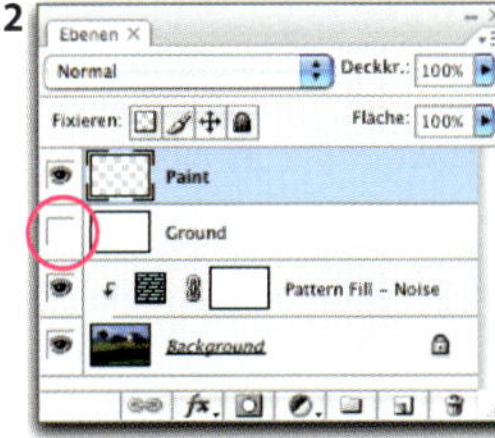

Zur Datei wurde eine »Leinwand« und Malebenen hinzugefügt. Während des Malens ist die »Leinwand« ausgeblendet.

Um eine Musterfüllebene hinzuzufügen, klicken Sie mit gedrückter ⌥/Alt-Taste auf den Button NEUE FÜLLEBENE ODER EINSTELLUNGSEBENE ERSTELLEN unten in der Ebenen-Palette und wählen MUSTER **1b** (durch das Drücken der Taste wird die Dialogbox NEUE EBENE geöffnet). Aktivieren Sie in der Dialogbox **1c** den Modus ÜBERLAGERN/INEINANDERKOPIEREN (Sie können auch die Option SCHNITTMASKE AUS VORHERIGER EBENE ERSTELLEN aktivieren – diese Option wirkt sich hier nicht auf das Gemälde aus, nur auf die Organisation in der Ebenen-Palette).

Wenn Sie auf OK klicken, öffnet sich der Dialog MUSTERFÜLLUNG **1d**. Klicken Sie auf das kleine Dreieck neben dem Musterfeld und wählen Sie das Muster **Wow-Noise Patterns**. (Wenn Sie die Wow-Vorgaben noch nicht geladen haben, ▼ finden Sie die Wow-Muster auch noch nicht im Menü. Wenn Sie nur die für diese Technik nötigen Muster laden wollen, laden Sie die Datei **Wow-Nass-Technik.pat**, die Sie auf der Wow-DVD-ROM finden.) Aktivieren Sie in der Palette anschließend das Muster **Wow-Noise Small Strong Gray** (oder ein anderes) **1e**.

MUSTERNAMEN EINBLENDEN

Falls Sie die Namen der Muster in der Palette nicht sehen – nur die Musterfelder – wählen Sie aus dem Paletten-Menü die Option KLEINE LISTE.

MEHR DAVON

▼ Wow-Vorgaben laden **Seite 5**

2 Bereiten Sie die »Leinwand« und die Malebenen vor. Klicken Sie unten in der Ebenen-Palette auf den Button NEUE EBENE ERSTELLEN und füllen Sie diese mit der Farbe für die Leinwand. Öffnen Sie beispielsweise die Farbfelder-Palette (FENSTER/FARBFELDER) und wählen Sie Weiß (wie hier) oder Schwarz oder eine andere Kontrastfarbe; füllen Sie die Ebene anschließend mit ⌥-Entf (PC: Alt-←). Wir benannten die Ebene um, indem wir doppelt auf den Ebenennamen klickten.

Klicken Sie nun erneut auf den Button NEUE EBENE ERSTELLEN. Lassen Sie die neue Ebene leer. Sie wird die Pinselstriche aufnehmen, die Sie malen. Blenden Sie die Leinwand aus, indem Sie auf das Augen-Icon für diese Ebene klicken **2**. (Wenn Sie das nicht tun, wird der Wischfinger beim Malen Farbe aus der Leinwand statt aus der darunterliegenden Bild-/Musterfüllungsebene aufnehmen.)

3 Bereit zum Malen. Aktivieren Sie in der Werkzeug-Palette den Wischfinger. Belassen Sie den Modus in der Optionsleiste auf NORMAL und die STÄRKE bei 100%, aktivieren Sie die Checkbox ALLE EBENEN AUFNEHMEN **3a**; so können Sie auf der transparenten oberen Ebene malen und gleichzeitig Farbe aus den sichtbaren Ebenen darunter aufnehmen.

3a

Die Optionen des Wischfingers einstellen.

3b

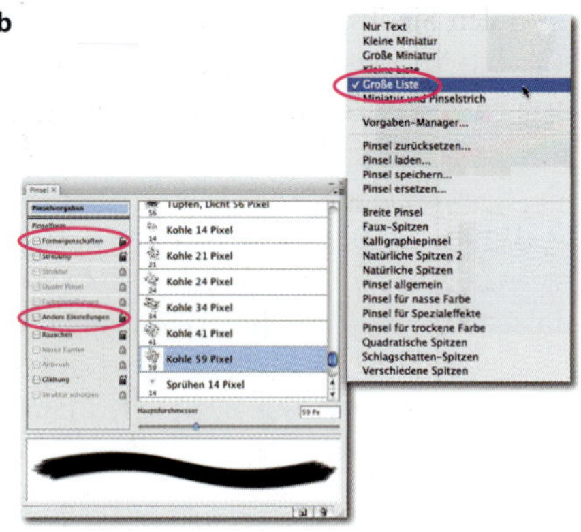

Die Kohlespitzen finden Sie unter den NATÜRLICHEN PINSELSPITZEN.

4a

Hier sehen Sie ein Detail des Bildes. Ohne Leinwandebene (oben) ist es schwierig, die Lücken im Bild festzulegen, weil das Originalbild durchscheint. Mit eingeblendeter Leinwandebene sind die Lücken deutlich zu erkennen.

Vergewissern Sie sich, dass die Option FINGERFARBE deaktiviert ist. Nehmen Sie in der erweiterten Pinsel-Palette einige Änderungen vor **3b**: Klicken Sie links in der Liste auf FORMEIGENSCHAFTEN – auf den Namen, nicht in die Checkbox –, um den Bereich der Palette zu öffnen. Wenn Sie mit einem drucksensitiven Grafiktablett und einem Stift arbeiten, wählen Sie für die erste STEUERUNG die Option STIFTANDRUCK (die Striche werden umso dicker, je mehr Druck Sie ausüben); arbeiten Sie ohne Grafiktablett, wählen Sie AUS. Klicken Sie links als nächstes auf ANDERE EIGENSCHAFTEN und wählen Sie dort für STEUERUNG die Option STIFTANDRUCK (je mehr Druck, desto dichter die verschmierte Farbe); wählen Sie auch hier AUS, wenn Sie ohne Tablett arbeiten. Wählen Sie aus dem Paletten-Menü den Pinselsatz aus, den Sie verwenden wollen; wir wählten **Natürliche Pinselspitzen**. In der Warndialogbox müssen Sie sich entscheiden, ob Sie die neuen Pinselspitzen anfügen oder den aktuellen Satz ersetzen wollen (mit OK).

4 Malen. Wählen Sie eine relativ große Pinselspitze; wir wählten **Kohle 59 Pixel**. Ziehen Sie, um mit dem Wischfinger zu malen. Blenden Sie beim Malen von Zeit zu Zeit die Leinwandebene ein, um das Originalbild auszublenden und den Fortgang des Gemäldes überprüfen zu können **4a**, **4b**, **4c**. Um das Gemälde zu beleben, können Sie Lücken zwischen den Pinselstrichen lassen und diese mit einer Kontrastfarbe füllen. Gehen Sie dazu

TIPPS ZUM MALEN MIT DEM WISCHFINGER

- Um die Farben und Formen des Quellbildes bestmöglich zu nutzen, **verwenden Sie kurze Pinselstriche,** um regelmäßig neu aufzunehmen.
- Wechseln Sie für Details **zu kleineren Pinselspitzen**.
- Sie können beim Malen **die Arbeitsfläche spiegeln oder drehen,** um natürlichere Bewegungen zu machen (BILD/ARBEITSFLÄCHE DREHEN/ARBEITSFLÄCHE HORIZONTAL SPIEGELN; oder 90° IM UZS oder 90° GEGEN UZS). Das Bild wird vollständig gedreht, jedoch nicht verschlechtert.
- Wenn Sie Störungen mit einer Musterfüllebene im Modus ÜBERLAGERN/INEINANDERKOPIEREN hinzufügen (siehe Schritt 1), werden die Farbvariationen besonders in den Mitteltönen deutlich, nicht so sehr in den hellsten und dunkelsten Bildbereichen. Das können Sie vorübergehend ändern, indem Sie als Ebenenmodus für die Musterfüllebene MULTIPLIZIEREN (für die Lichter) oder UMGEKEHRT/NEGATIV MULTIPLIZIEREN (für die Tiefen) wählen und die Deckkraft reduzieren. Wechseln Sie anschließend jedoch wieder in den Modus ÜBERLAGERN/INEINANDERKOPIEREN und erhöhen Sie auch wieder die Deckkraft.

folgendermaßen vor: Klicken Sie in der Ebenen-Palette auf den Namen der Leinwandebene und machen Sie sie dadurch sichtbar. Klicken Sie in der Werkzeug-Palette in das Feld für die Vordergrundfarbe und wählen Sie ihre erste Akzentfarbe aus. Sie haben nun Leinwand- und Malebene im Blick und können die Löcher im Gemälde schnell schließen, indem Sie mit dem Pinsel auf der Leinwandebene malen **4d**, **4e**.

5 Impasto-Effekt hinzufügen. Sie können die Farbe scheinbar dicker auftragen (die Impasto-Technik anwenden), indem Sie von dem fertigen Bild eine Kopie erstellen, anhand derer Sie Ihre Malstriche plastisch herausarbeiten: Klicken Sie in der Ebenen-Palette auf die Malebene und erstellen Sie eine reduzierte Kopie, indem Sie ⌘-⇧-⌥-E (PC: Strg-⇧-Alt-E) drücken. Nur in CS tippen Sie ein N vor dem E.

Ändern Sie den Modus der neuen Ebene in ÜBERLAGERN/INEINANDERKOPIEREN und entziehen Sie ihr die Sättigung (BILD/ANPASSEN/SÄTTIGUNG VERRINGERN). Wählen Sie anschließend FILTER/STILISIERUNGSFILTER/RELIEF **5a**. Im Modus ÜBERLAGERN/INEINANDERKOPIEREN werden die 50% Grau in der Ebene sichtbar, die dunkleren und helleren Tonwerte im Relief erhöhen die Pinselstriche und verleihen ihnen ein plastisches Aussehen (den Impasto-Effekt) **5b**. Auch nach dem Schließen

4b

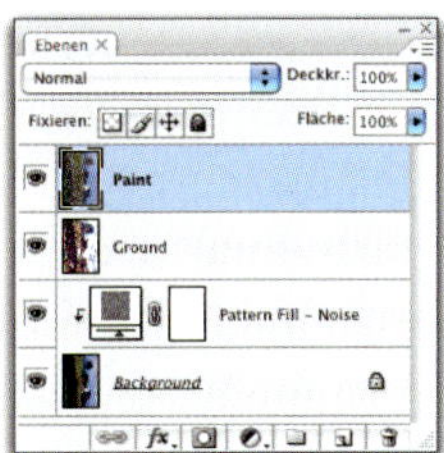

Drehen Sie die Arbeitsfläche, um den Zaun besser malen zu können. Links ist die Leinwandebene nicht zu sehen, rechts wurde sie eingeblendet.

4c

Der Modus der Musterfüllebene wurde vorübergehend in UMGEKEHRT/NEGATIV MULTIPLIZIEREN geändert, um Farbvariationen einzublenden. Auch hier wurde die Leinwandebene aus- (links) und eingeblendet (rechts).

4d

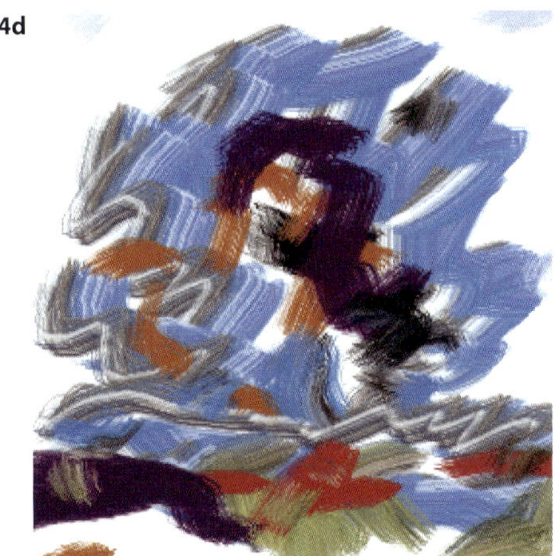

Zum Füllen der Lücken malten wir mit Akzentfarben auf der Leinwandebene. Hier sehen Sie ein Detail dieser Ebene.

4e

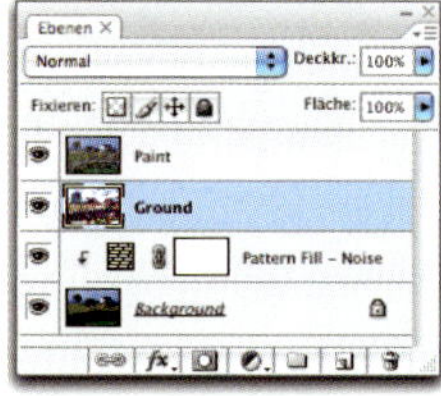

Die bemalte Leinwandfläche füllt die Lücken im Gemälde (alle Ebenen sind sichtbar).

5a

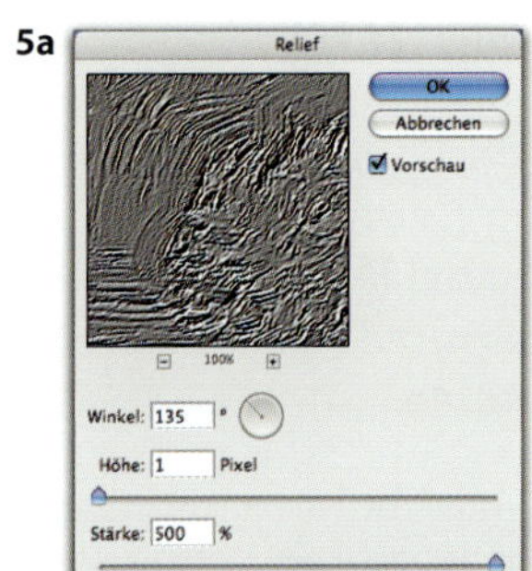

Reliefartige Kopie des Gemäldes mit verringerter Sättigung.

5b

Ein Detail des Gemäldes mit der reliefartigen Impasto-Ebene im Modus ÜBERLAGERN/INEINANDERKOPIEREN mit einer Deckkraft von 100%.

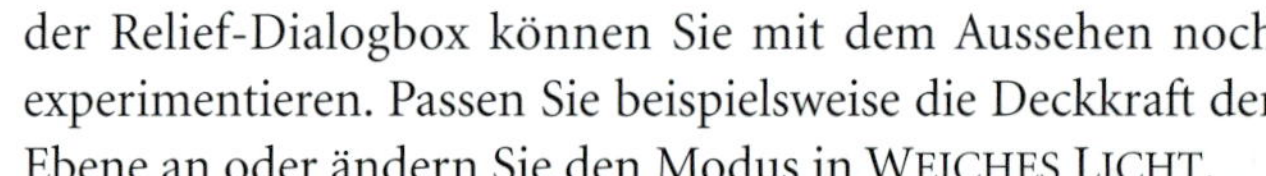

der Relief-Dialogbox können Sie mit dem Aussehen noch experimentieren. Passen Sie beispielsweise die Deckkraft der Ebene an oder ändern Sie den Modus in WEICHES LICHT.

6 Impasto verbessern. Um das Auge noch stärker zu täuschen, können Sie mit weiteren Malstrichen experimentieren. Erstellen Sie eine weitere Musterfüllebene im Modus ÜBERLAGERN/INEINANDERKOPIEREN (wie in Schritt 1), aktivieren Sie dieses Mal jedoch nicht die Option SCHNITTMASKE AUS VORHERIGER EBENE ERSTELLEN, und füllen Sie die Ebene mit einem der Muster **Wow-Canvas + Brush Overlay** (das sind sich wiederholende Muster aus gescannten Pinselstrichen auf einer realen Leinwand; wir wählten **Wow-Canvas + Brush Overlay-Medium 6a**. (Sie können das Muster aus den **Wow-Nass-Technik-Mustern** aus Schritt 1 wählen oder die **Wow-Diverse.pat** laden.) ▼ Experimentieren Sie in der Ebenen-Palette mit der Deckkraft, bis die gewünschte Struktur erreicht ist.

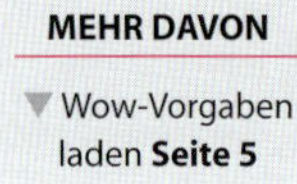

MEHR DAVON

▼ Wow-Vorgaben laden **Seite 5**

Wenn Ihnen einige Pinselstriche aus dem Muster in Ihrem Bild nicht gefallen, malen Sie mit Schwarz auf der Maske der neuen Füllebene; verwenden Sie dieselbe Pinselspitze wie im Bild **6b**. (Bei aktiver Maske können Sie mit den Tasten D und X Schwarz als Vordergrundfarbe einstellen.)

6a

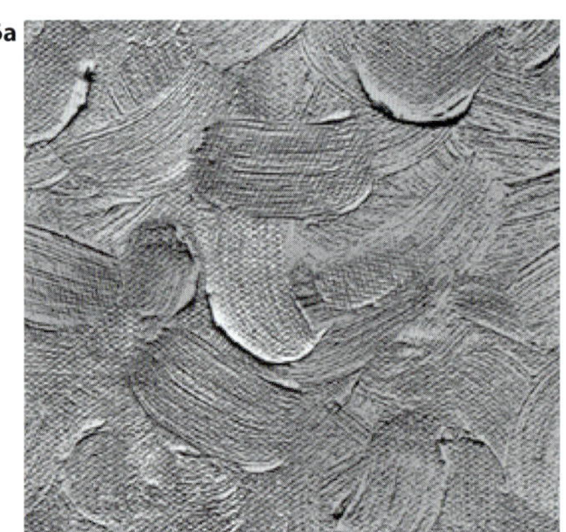

Eine Musterfüllebene dicker Pinselstriche (hier sehen Sie ein Detail) wurde im Modus ÜBERLAGERN/INEINANDERKOPIEREN hinzugefügt, um mehr Pinseldetails zu erzeugen.

6b

Ein Detail des fertigen Gemäldes von Seite 378. Die Musterfüllebene im Modus ÜBERLAGERN/INEINANDERKOPIEREN erzeugt Struktur. Die eingebaute schwarze Maske blendet die Pinselstriche in einigen Bereichen aus.

KURZUM

Pinselspitzen

Sie können die perfekte Pinselspitze für Ihren Zweck nicht finden? Dann lernen Sie hier, wie Sie mit dem Pinselwerkzeug eine eigene Pinselspitze erstellen können. Experimentieren Sie mit den Jitter-Einstellungen in den verschiedenen Abschnitten der Pinsel-Palette. Falls Sie mit einem drucksensitiven Grafiktablett arbeiten, verwenden Sie die Steuerung-Einstellungen, um die Vorteile des Stifts nutzen zu können.

Verschiedene Grössen

Erstellen Sie eine Pinselspitze immer gleich in zwei, drei verschiedenen Größen. Auch wenn Sie diese jetzt nicht brauchen, aber dann haben Sie ein komplettes Set für die Zukunft.

Es ist ganz einfach, eine Pinselspitze während des Malens zu vergrößern oder zu verkleinern. Aber dadurch ändern Sie nicht nur die Größe (das wollen Sie ja), die Pinselspitze an sich wird auch größer und kann irgendwann pixelig aussehen oder feine Details verlieren, wenn sie zu klein wird.

Erstellen Sie am besten immer gleich drei verschiedene Größen einer Pinselspitze.

1. Der Abdruck

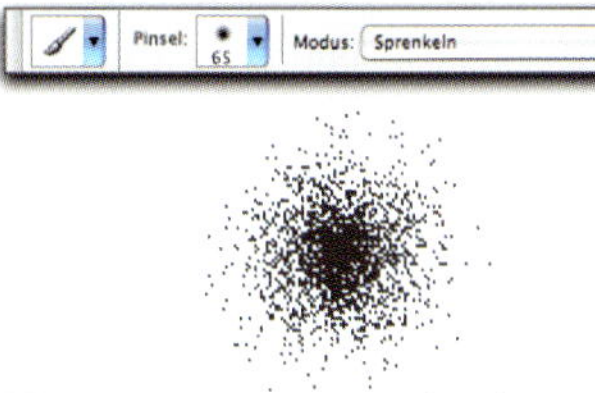

Um ganz von vorn zu beginnen, öffnen Sie eine neue Photoshop-Datei mit einem weißen Hintergrund. Aktivieren Sie den Pinsel mit einer weichen, runden Pinselspitze (klicken Sie dazu auf das Pinsel-Icon in der Optionsleiste). Aktivieren Sie in der Optionsleiste außerdem den Modus SPRENKELN. Dadurch wird die weiche, halbtransparente Pinselspitze in zerstreute Punkte verwandelt. Das werden die Borsten der neuen Pinselspitze. Wählen Sie für die Vordergrundfarbe ein dunkles Grau aus. Klicken Sie anschließend einmal ins Arbeitsfenster. Wiederholen Sie den Vorgang für jede Größe, die Sie erstellen wollen; wir erstellten noch zwei weitere Abdrücke, einmal mit 21 Pixel und einmal mit 45 Pixel.

2. Bearbeiten

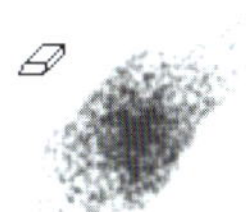

Glätten Sie den Abdruck (FILTER/WEICHZEICHNUNGSFILTER/GAUSSSCHER WEICHZEICHNER mit einem Radius von 0,5). Entfernen Sie mit dem Radiergummi einige der Borsten, stellen Sie in der Optionsleiste als Modus PINSEL ein und wählen Sie eine kleine Pinselspitze. Variieren Sie die Kantenschärfe und Deckkraft des Radiergummis.

3. Als Pinselspitze festlegen

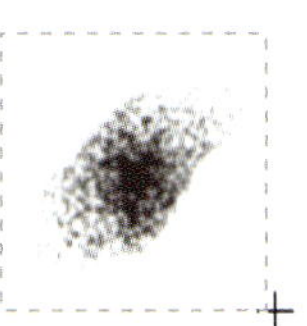

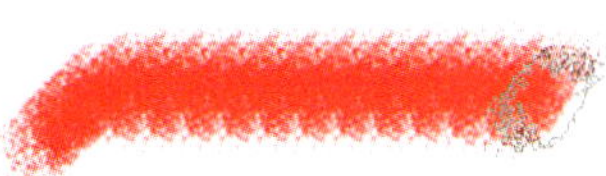

Ziehen Sie mit dem Auswahlrechteck, um den Abdruck auszuwählen. Wählen Sie anschließend BEARBEITEN/PINSELVORGABE FESTLEGEN. Geben Sie Ihrer Kreation einen Namen. Sie erscheint ab sofort als letzte Vorgabe im Pinselwähler. Heben Sie die Auswahl mit [⌘]/[Strg]-[D] auf.

Wenn Sie jetzt ein Malwerkzeug, beispielsweise den Pinsel aktivieren, haben Sie über die Optionsleiste Zugriff auf Ihre Pinselvorgabe. Sie können auch mit gedrückter [Ctrl]-Taste (PC: Rechts-Klick) ins Arbeitsfenster klicken. Wählen Sie eine Farbe aus (beispielsweise über das Farbfeld in der Werkzeug-Palette) und ändern Sie den Modus wieder in NORMAL, um die Vorgabe auszuprobieren.

4. Verfeinern

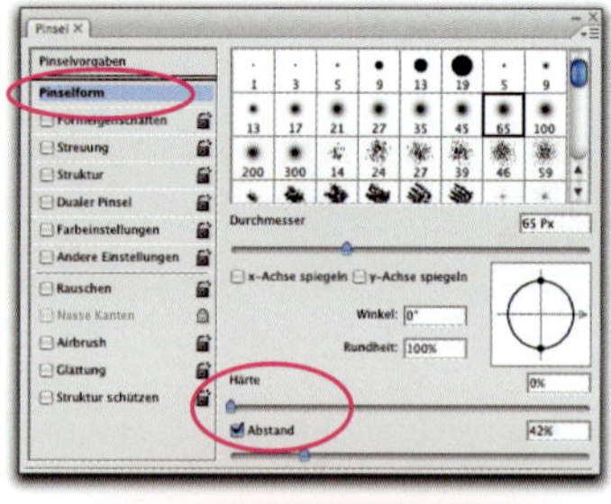

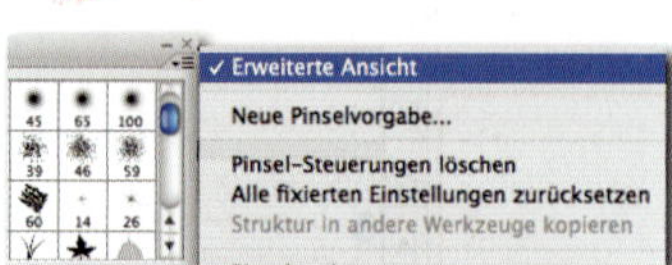

Falls die Vorgabe noch nicht ganz Ihren Vorstellungen entspricht, öffnen Sie die Pinsel-Palette und klicken Sie links in der Liste auf PINSELFORM. Verringern Sie für einen glatteren Strich den Malabstand. Denken Sie jedoch daran: Je geringer der Wert, desto langsamer funktioniert die Pinselspitze. Dadurch kann es zu Verzögerungen kommen. Wir wählten einen Wert von 6%.

Um den geänderten Malabstand als Teil der Werkzeugvorgabe zu speichern, wählen Sie aus dem Paletten-Menü die Option NEUE PINSELVORGABE, vergeben Sie einen Namen und klicken Sie auf OK.

Da Sie jetzt eine Variation der ursprünglichen Pinselspitze erstellt haben, können Sie auch noch die anderen Abschnitte der Pinsel-Palette ausprobieren. Statt mit einer neuen Pinselspitze zu beginnen, ändern Sie den Winkel und die Rundung oder experimentieren Sie mit den Farbeinstellungen oder dem Airbrush. Sichern Sie alle neuen Ergebnisse als neue Pinselvorgabe.

EINE »BILD«-PINSELSPITZE

Photoshops Pinselspitzen sind nicht nur auf herkömmliche Malwerkzeuge beschränkt. Sie können auch eigene Spitzen, beispielsweise mit Symbolen, erstellen.

Photoshops Pinselspitze VERSTREUTE AHORNBLÄTTER verteilt die Blätter entsprechend den Einstellungen für die Streuung. Größen-, Winkel- und Rundheit-Jitter sorgen für Variationen in der Größe, Ausrichtung und Form. Der Farbton-Jitter bestimmt die Farbvariationen, siehe Seite 366.

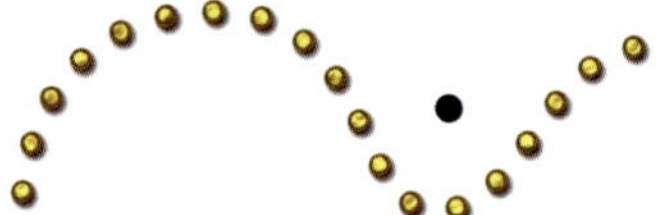

Für eine gepunktete Linie verwendeten wir den Pinsel mit einer harten, runden Pinselspitze. In der Pinsel-Palette wählten wir einen Malabstand von 200%. Anschließend malten wir auf einer neuen Ebene und wendeten den Stil **Wow-Gold** an.▼

Hier verwendeten wir das Eigene-Form-Werkzeug und klickten in der Optionsleiste auf den Button PIXEL FÜLLEN. Mit dem Auswahlrechteck wählten wir den soeben erstellten Pfeil aus und wählten anschließend BEARBEITEN/PINSELVORGABE FESTLEGEN. Wir stellten einen Malabstand von 120% her und wählten für die Steuerung des Winkel-Jitters die Option RICHTUNG. Wir malten dann auf einer neuen Ebene und wendeten den Stil **Wow-Clear Red** (aus **Wow-Plastic Styles**) an.

MEHR DAVON
▼ Ebenenstile
Seite 40

5. Struktur hinzufügen

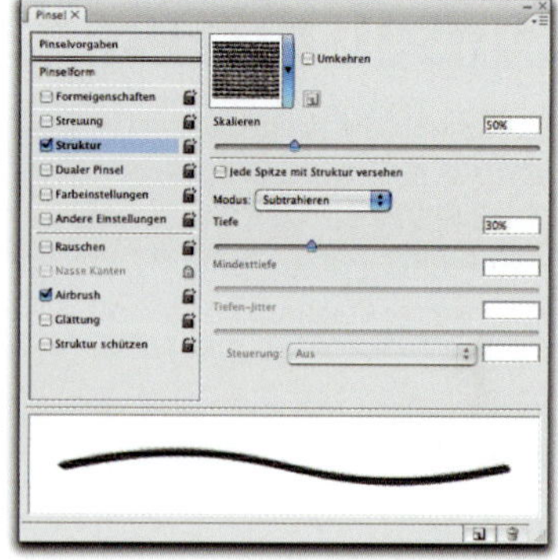

Mit einer eingebauten Struktur kommt beim Malen die Oberfläche der Leinwand zum Vorschein. Klicken Sie in der Pinsel-Palette links auf das Wort STRUKTUR. Über das Paletten-Menü können Sie weitere Mustersets laden. Wir wählten **Wow-Media Patterns** und ersetzten die aktuellen Muster. Dann klickten wir auf das Muster **Wow-Canvas Texture 02**. (Falls Sie die Wow-Vorgaben noch nicht geladen haben,▼ stehen Ihnen diese hier auch nicht zur Verfügung.)

Malen Sie einen Strich mit der hinzugefügten Struktur. Experimentieren Sie anschließend mit den Einstellungen für den Modus, die Skalierung und die Mindesttiefe. Wir wählten folgende Werte: Skalierung 50% mit deaktivierter Checkbox, Subtrahieren und 30%.

MEHR DAVON
▼ Wow-Vorgaben laden
Seite 5

Eine eigene Farbpalette

Um eine eigene Farbpalette zu speichern, öffnen Sie die Farbfelder-Palette (FENSTER/FARBFELDER) und löschen Sie die Farben, die Sie nicht behalten möchten: Klicken Sie mit gedrückter ⌥/Alt-Taste auf die unerwünschten Farbfelder, um sie zu löschen.

Wählen Sie eine Farbe für ein neues Farbfeld:

- Nehmen Sie mit der Pipette eine Farbe aus einer Photoshop-Datei auf.
- Oder klicken Sie in der Werkzeug-Palette in das Feld für die Vordergrundfarbe, um den Farbwähler zu öffnen.
- Oder mischen Sie in der Farbe-Palette (FENSTER/FARBE) eine eigene Farbe zusammen.

Verschieben Sie anschließend den Cursor in einen leeren Bereich der Farbfelder-Palette – er verwandelt sich in ein Füllwerkzeug. Klicken Sie, um die Farbe hinzuzufügen. Wenn Sie ⌥/Alt gedrückt halten, öffnen Sie eine Dialogbox, in der Sie dem Farbfeld einen Namen geben können.

Wenn Sie alle gewünschten Farben hinzugefügt haben, können Sie die Palette speichern: Wählen Sie aus dem Paletten-Menü die Option FARBFELDER SPEICHERN.

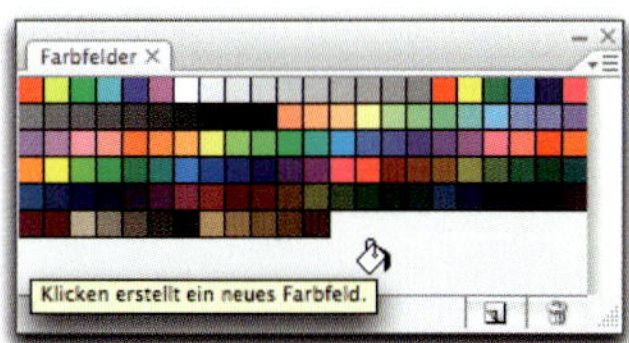

Beginnen Sie mit der Standard-Farbfelder-Palette von Photoshop und löschen Sie alle Farbfelder außer Schwarz, Weiß und verschiedene Grautöne. Anschließend nehmen Sie einige neue Farben auf (siehe Seite 396).

6. Pinselspitzen speichern

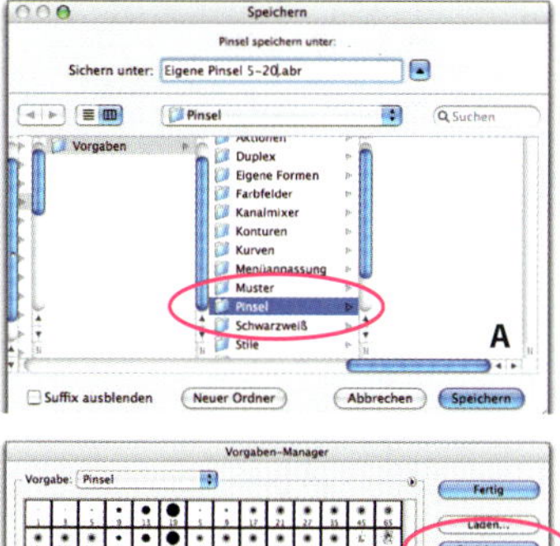

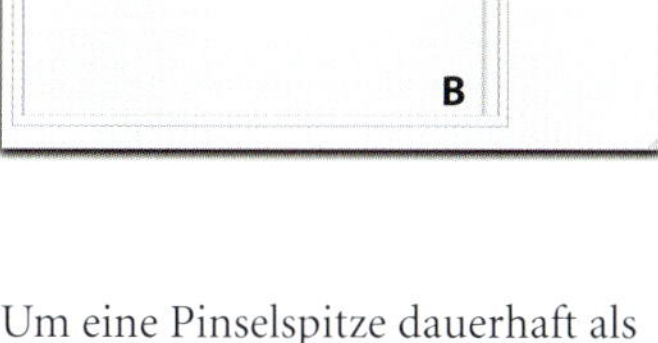

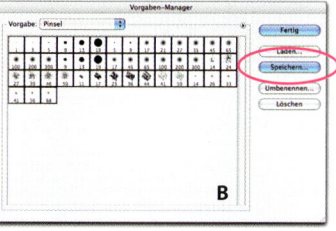

Um eine Pinselspitze dauerhaft als Teil eines Sets zu speichern, stehen Ihnen zwei Möglichkeiten zur Verfügung:

- **Um ein Set aller** aktuell vorhandenen Werkzeugspitzen zu erstellen, wählen Sie aus dem Menü der Pinsel-Palette die Option PINSEL SPEICHERN. (Wenn Sie sie in Photoshops Pinsel-Ordner **A** speichern, finden Sie sie jederzeit schnell und einfach wieder.)
- **Um nur einige** der Pinselspitzen der aktuellen Palette zu speichern, klicken Sie links in der Pinsel-Palette auf das Wort PINSELVORGABEN und wählen aus dem Paletten-Menü VORGABEN-MANAGER. Klicken Sie in der Dialogbox **B** (oben zu sehen) mit gedrückter ⇧-Taste auf die Werkzeugvorgaben, die Sie als Teil eines Sets speichern wollen. Geben Sie diesem Set einen Namen und klicken Sie auf OK. (Um Zeit zu sparen, können Sie auch einfach die löschen, die Sie nicht speichern wollen.)

7. Werkzeugvorgaben speichern

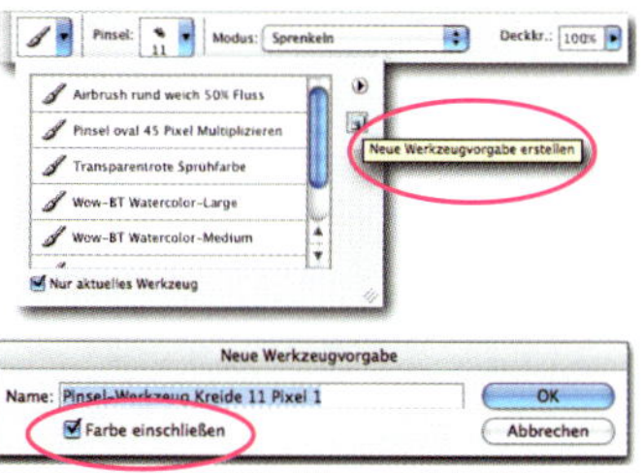

Eine Werkzeugvorgabe für ein Mal- oder Kopierwerkzeug enthält nicht nur eine Pinselspitze, sondern auch Eigenschaften für das spezielle Werkzeug. Wir können beispielsweise die Pinselspitze aus den Schritten 1 bis 5 als Pinselvorgabe speichern. Aktivieren Sie den Pinsel und nehmen Sie in der Optionsleiste die Einstellungen für den Modus, die Deckkraft, den Fluss und den Airbrush vor. Probieren Sie den Pinselstrich aus. Wir reduzierten den Fluss auf 40% und aktivierten die Airbrush-Funktion.

Wenn Sie ein Werkzeug speichern wollen, klicken Sie in der Optionsleiste auf das Icon ganz links. Klicken Sie in der Palette auf den Button NEUE WERKZEUGVOREINSTELLUNG ERSTELLEN; wollen Sie die Vordergrundfarbe einschließen, aktivieren Sie die Checkbox FARBE EINSCHLIESSEN. Sobald Sie in der Dialogbox auf OK klicken, erscheint die neue Werkzeugvorgabe im Vorgabenwähler alphabetisch eingeordnet. Um ein ganzes Set dauerhaft zu speichern, nutzen Sie den Vorgaben-Manager wie in Schritt 6.

Öffnen Sie die Kopie eines Bildes und testen Sie die anderen Werkzeuge aus, die mit Pinselspitzen funktionieren. Falls damit auch ein interessanter Kopierstempel oder Radiergummi entsteht, speichern Sie die Vorgabe auch für diese Werkzeuge.

Aquarelle mit dem Musterstempel

SIE FINDEN DIE DATEIEN
auf der DVD unter Wow Projektdateien/Kapitel 6/Musterstempel Wasserfarben:
- Musterstempel-Vorher.psd (zum Beginn)
- Wow-PS Wasserfarbe.tpl (Werkzeugvorgaben)
- Wow-Struktur 01.asl (Stilvorgaben)
- Musterstempel-Nachher.psd (zum Vergleich)

ÖFFNEN SIE DIESE PALETTEN
aus dem Fenster-Menü:
• Werkzeuge • Ebenen • Stile

ÜBERBLICK
Bereiten Sie ein Foto zum Klonen vor • Legen Sie das Bild als Quelle für den Musterstempel fest • Erzeugen Sie eine »Leinwand«-Oberfläche • Malen Sie auf einer transparenten Ebene • Wenden Sie Ebenenstile und den Filter FOTOKOPIE an

Um ein Foto wirklich glaubhaft in ein Gemälde aus Wasserfarben umzuwandeln, sollten Sie den Musterstempel ausprobieren. Der Musterstempel bietet eine bessere Kontrolle als der Kunstprotokoll-Pinsel. Mit dem Musterstempel werden Sie Strich für Strich malen und Farben, aber keine Details aus dem Quellbild aufnehmen.

1 Das Foto vorbereiten. Wählen Sie ein Foto aus, das Sie in ein Gemälde umwandeln wollen – nutzen Sie beispielsweise **Musterstempel-Vorher.psd** von der Wow-DVD oder eine eigene RGB-Datei **1a**. Wenn Sie mit einem eigenen Foto beginnen, müssen Sie möglicherweise noch folgende Änderungen vornehmen:

- Verstärken Sie Farbe und Kontrast in Ihrem Foto. Wählen Sie beispielsweise BILD/ANPASSEN/FARBTON/SÄTTIGUNG und erhöhen Sie die Sättigung.
- Wenn die Farben zum Rand ausfransen sollen, müssen Sie einen weißen Rand hinzufügen: Drücken Sie die Taste D, um Weiß als Hintergrundfarbe einzustellen. Wählen Sie anschließend BILD/ARBEITSFLÄCHE (⌘-⌥-C [PC: Strg-Alt-C]) und vergrößern Sie die Fläche **1b**.

2 Farbe laden. Um das Foto als Quelle für den Musterstempel zu definieren, legen Sie das gesamte Bild mit BEARBEITEN/MUSTER FESTLEGEN als Muster fest. Geben Sie dem Muster in der Dialogbox einen Namen und klicken Sie auf OK. **2a**.

1a 

Das Originalfoto.

1b 

Das vorbereitete Foto mit intensiveren Farben und einem weißen Rand. Das ist **Musterstempel-Vorher.psd.**

2a 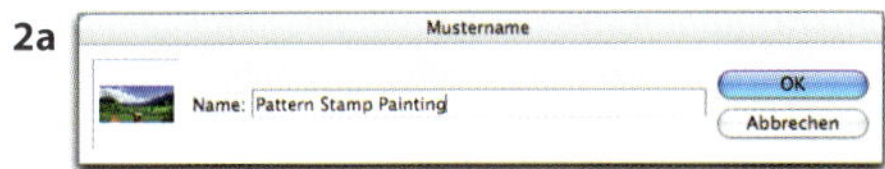

Geben Sie in der Dialogbox einen Namen ein und klicken Sie auf OK.

2b 

Aktivieren Sie den Musterstempel.

2c 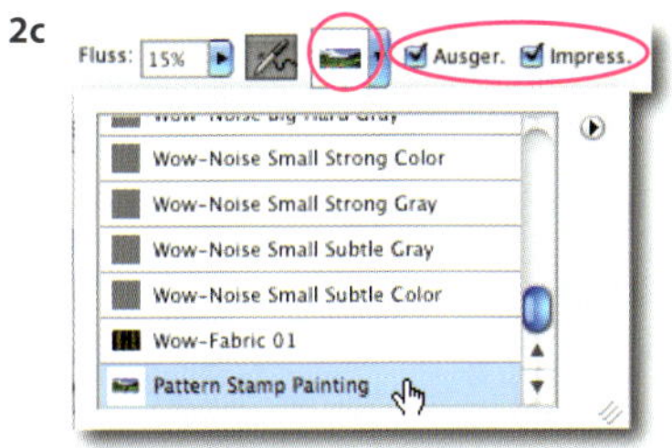

Laden Sie den Musterstempel mit dem Muster.

3a 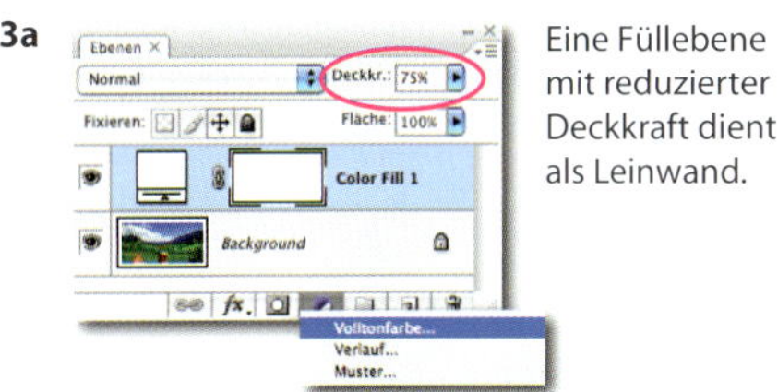

Eine Füllebene mit reduzierter Deckkraft dient als Leinwand.

Stellen Sie dieses neue Muster jetzt als Quelle zum Malen ein: Aktivieren Sie in der Werkzeug-Palette den Musterstempel (er befindet sich in einem Kästchen mit dem Kopierstempel) **2b**. Klicken Sie in der Optionsleiste auf den kleinen Pfeil rechts neben dem Musterfeld, um die Palette mit den Mustervorgaben zu öffnen; am Ende der Palette finden Sie die Miniatur des soeben erstellten Musters. Aktivieren Sie in der Optionsleiste die Checkboxen AUSGERICHTET und IMPRESSIONIST **2c**.

3 Eine »Leinwand« erstellen. In diesem Schritt fügen Sie über dem Bild eine neue Ebene ein, auf der Sie dann malen und die als optische Barriere zwischen dem Foto und der Malebene dient. So können Sie die Pinselstriche jederzeit klar und deutlich sehen. Klicken Sie zum Erstellen der Ebene unten in der Ebenen-Palette auf den Button NEUE FÜLLEBENE ODER EINSTELLUNGSEBENE ERSTELLEN und wählen Sie VOLLTONFARBE. Aktivieren Sie im Farbwähler die Farbe Weiß. Reduzieren Sie in der Ebenen-Palette die Deckkraft dieser neuen Ebene **3a,** um das Foto darunter zu sehen **3b**.

PRAKTISCHE FÜLLEBENEN

Nutzen Sie statt herkömmlicher Ebenen Füllebenen, um die Datei nicht zu vergrößern und RAM zu sparen.

4 Eine Malebene vorbereiten und malen. Klicken Sie unten in der Ebenen-Palette auf den Button NEUE EBENE ERSTELLEN, um eine transparente Ebene zum Malen hinzuzufügen. Klicken Sie bei aktiviertem Musterstempel in der Optionsleiste links auf den Werkzeugwähler **4a** und dort doppelt auf die Vorgabe **Wow-PS Wasserfarben**; wir begannen mit der **Medium**-Version des Werkzeugs. Wenn Sie die Vorgaben bisher noch nicht geladen haben, erscheinen sie auch nicht in der Liste. ▼ Über das Paletten-Menü oben rechts können Sie die Werkzeugvorgabe **Wow PS-Wasserfarbe.tpl** jetzt laden. Sie finden sie auf der Wow-DVD-ROM.

3b 

Durch die verringerte Deckkraft ist das Originalfoto als Referenz zu sehen.

MEHR DAVON

▼ Wow-Vorgaben laden **Seite 5**

4a Wählen Sie eine der **Wow-PS-Wasserfarben-Vorgaben**, um mit dem Malen zu beginnen.

4b

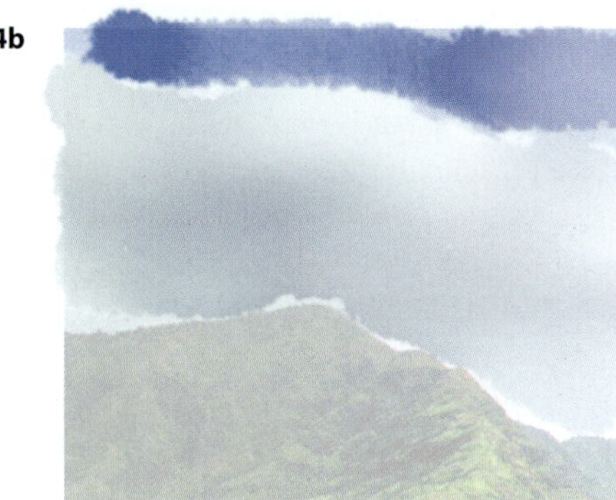

Das Gemälde in der Entstehung bei 75% Deckkraft (oben) und 100% (unten).

5a

Das fertige Gemälde.

Achten Sie beim Malen auf folgende Dinge:

- Beginnen Sie immer mit einer größeren Werkzeugspitze und verkleinern Sie sie für die Details.
- Wenden Sie Pinselstriche an, die den Farb- und Formkonturen des Originals folgen. Achten Sie darauf, dass sich die Farben nicht berühren, sonst laufen die Farben zusammen und die Details werden weichgezeichnet. Wenn einige Kanten scharf bleiben sollen, malen Sie in diesen Bereichen auf einer separaten Ebene.
- Um eine Farbe etwas zu verwischen, malen Sie mit einem Zug über den Bereich, statt zwischendurch abzusetzen.
- Wenn sich die Farbe zu stark aufbaut und die Papierstruktur nicht mehr ausreichend durchscheint, reduzieren Sie in der Optionsleiste den Fluss für den Musterstempel.

DIE GRÖSSE ÄNDERN

Mit einem drucksensitiven Grafiktablett und einem Stift haben Sie ein besseres Gefühl und können den Pinsel besser kontrollieren. Aber auch mit der Maus können Sie die Größe der Werkzeugspitze anpassen. Nutzen Sie die Taste Ö (größer) und # (kleiner).

Erhöhen Sie von Zeit zu Zeit die Deckkraft der Volltonfarbeebene auf 100%, um das Originalbild auszublenden und den Fortgang des Gemäldes zu beurteilen **4b**.

5 Das Gemälde aufbessern. Sind Sie mit dem Malen fertig **5a**, können Sie noch eine der folgenden Techniken anwenden, um die Illusion eines realen Gemäldes zu verstärken:

- Um die Farbdichte zu verstärken, klicken Sie in der Ebenen-Palette auf die Malebene und drücken ⌘/Strg-J, um sie zu kopieren **5b**. Auf dieser Ebene werden Sie Striche erstellen, die teilweise transparent sind. Falls die Farbe jetzt zu intensiv ist, können Sie die Deckkraft der oberen Ebene reduzieren. Entspricht die Farbintensität Ihren Vorstellungen, können Sie die beiden Ebenen reduzieren (⌘/Strg-E.)
- Jetzt können Sie noch die Papierstruktur stärker hervorheben, indem Sie den Stil **Wow-Texture 01*** auf die Malebene anwenden **5c**. Dieser Stil verwendet dieselbe Papierstruktur wie die Vorgabe **Wow-PS Watercolor-Medium**. Aktivieren Sie in der Ebenen-Palette die Malebene; öffnen Sie in der Stile-Palette das Paletten-Menü und wählen Sie **Wow-Texture Styles,** klicken Sie auf den Stil **Wow-Texture 01***. Wenn Sie die **Wow-Texture Styles** bisher noch nicht geladen haben,

5b

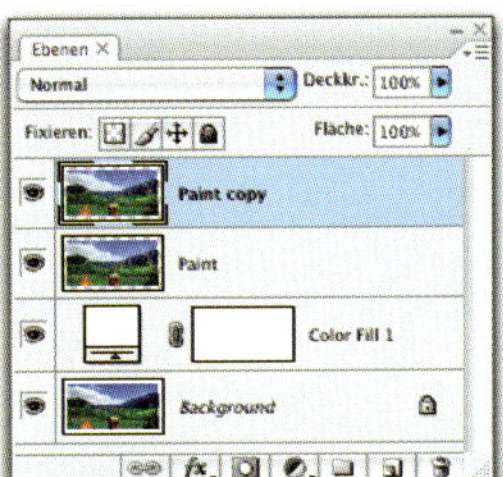

Durch Duplizieren der Malebene verstärken Sie die Farbdichte.

5c

Der Stil **Wow-Texture 01*** wurde auf die reduzierte Malebene angewendet. Der Stil verwendet den Modus Überlagern/INEINANDERKOPIEREN, um dieselbe Papierstruktur anzuwenden, wie die Werkzeugvorgaben. In diesem Modus bei 50% Grau hat das Muster keine Auswirkung. Die helleren und dunkleren Grautöne werden jedoch aufgehellt und abgedunkelt, um die Struktur zu erzeugen. (Wenn Sie das Muster sehen wollen, klicken Sie in der Ebenen-Palette doppelt auf die Musterüberlagerung.)

werden Sie sie in der Palette auch nicht finden; laden Sie sie jetzt,▼ oder nur den Stil **Wow-Texture 01* Style**, den Sie für dieses Projekt benötigen, indem Sie aus dem Menü STILE LADEN wählen und zur entsprechenden Datei auf der Wow-DVD-ROM navigieren (Wow Projektdateien/Kapitel 6/Musterstempel Wasserfarben).

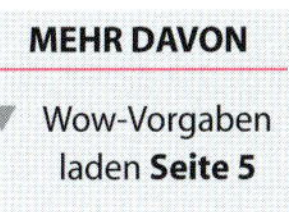

MEHR DAVON

▼ Wow-Vorgaben laden **Seite 5**

- Dunkeln Sie die Ecken der Farben ab, indem Sie den Filter FOTOKOPIE auf eine reduzierte Kopie der Datei anwenden. Wählen Sie dazu alle Ebenen aus und drücken Sie ⌘-⇧-E (PC: Strg-⇧-E); wir klickten doppelt auf den Ebenennamen der neuen Ebene und gaben ihr einen passenderen und leicht wiederzuerkennenden Namen. Achten Sie darauf, dass die Standardfarben für Vorder- und Hintergrund ausgewählt sind. Wählen Sie anschließend FILTER/ZEICHENFILTER/FOTOKOPIE; passen Sie die Einstellungen an (wir wählten Detail: 24 und Dunkelheit: 1) und klicken Sie danach auf OK **5d**. Aktivieren Sie oben links in der Ebenen-Palette anschließend den Modus FARBIG NACHBELICHTEN **5e**.

5d

Nach dem Reduzieren zweier Malebenen wurde eine reduzierte Kopie des gesamten Bildes erstellt und der Filter FOTOKOPIE angewendet.

5e

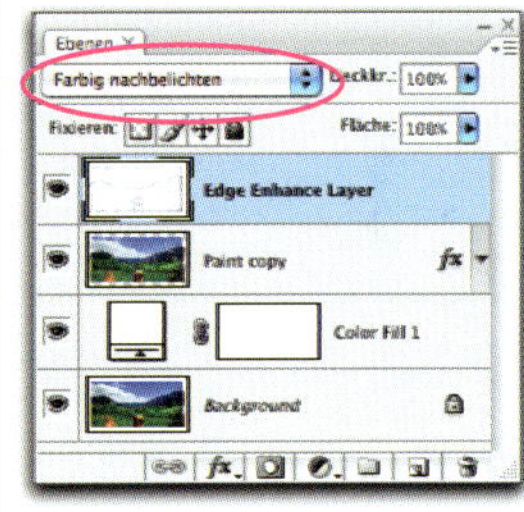

Für die Fotokopie-Ebene wurde der Modus FARBIG NACHBELICHTEN aktiviert.

JHDAVIS

Kunstprotokoll-Pinsel

SIE FINDEN DIE DATEIEN
auf der DVD unter Wow Projektdateien/Kapitel 6/Kunstgeschichte:
- Kunstprotokoll-Vorher.psd (Beginn)
- Wow Kreide.tpl (Werkzeugvorgabe)
- Kunstprotokoll-Nachher.psd (Vergleich)

ÖFFNEN SIE DIESE PALETTEN
aus dem Fenster-Menü:
• Werkzeuge • Ebenen • Protokoll

ÜBERBLICK
Einen Protokoll-Schnappschuss aufnehmen • Eine Papierebene und eine transparente Ebene für die Farbe hinzufügen
• Mit dem Kunstprotokoll-Pinsel malen, Pinselgröße und Form anpassen
• Details mit dem Pinsel hinzufügen
• Eine Fotokopie-Ebene hinzufügen

Photoshops Kunstprotokoll-Pinsel »sieht« sich ein Bild an und erzeugt Striche – bei jedem Mausklick immer gleich mehrere –, um ein Bild als Gemälde wiederzugeben. Je nach Einstellungen in der Optionsleiste kann das Ergebnis sehr abstrakt oder eher fotorealistisch aussehen. Mit sorgfältig gewählten Einstellungen können Sie ein Foto in ein überzeugendes »handgemaltes« Gemälde umwandeln – besonders, wenn Sie mit anderen Malwerkzeugen Details hinzufügen.

1 Das Foto vorbereiten. Öffnen Sie die Datei **Kunstprotokoll-Vorher.psd** von der Wow-DVD-ROM **1a** oder verwenden Sie ein eigenes Foto, das Sie mit DATEI/SPEICHERN UNTER sichern, um das Original zu schützen. Nehmen Sie nötige Retuschearbeiten vor, entfernen Sie alles, was Sie nicht im Bild haben wollen. Wir entfernten die Oberleitungen und den Mast.▼

MEHR DAVON
▼ Unerwünschte Elemente abdecken
Seite 320

Passen Sie die Farben und den Kontrast des Bildes an. Mit BILD/ANPASSEN/FARBTON/SÄTTIGUNG verstärkten wir die Farbe – dazu erhöhten wir die Sättigung auf +47.

1a

Originalfoto, 1000 Pixel breit.

1b

Hier wurden die Oberleitungen entfernt, die Sättigung wurde verstärkt und ein brauner Rahmen hinzugefügt, bevor wir einen Protokoll-Schnappschuss aufnahmen.

2a

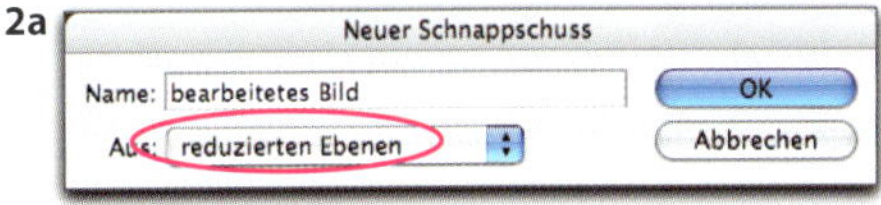

Erstellen Sie einen reduzierten Schnappschuss.

2b

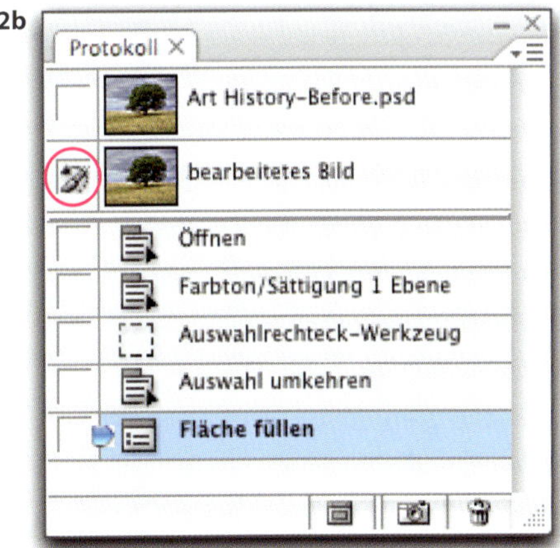

Legen Sie den neuen Schnappschuss als Quelle zum Malen fest.

Der Plan war, mit einer farbigen Ebene zu beginnen, die einen Kontrast um die Bildkanten und in den kleinen Lücken zwischen den Kreidestrichen erzeugt. Wir erstellten mit dem Auswahlrechteck eine Auswahl in etwa der Größe des Bildes und wählten anschließend AUSWAHL/AUSWAHL UMKEHREN, um den Rahmen und nicht das Bild auszuwählen. Mit der Pipette klickten wir in den Baumstamm, um ein dunkles Braun als Vordergrundfarbe aufzunehmen. Mit dieser Farbe füllten wir unsere Auswahl (⌥-Entf [PC: Alt-←]) **1b**. Im Anschluss hoben wir die Auswahl mit ⌘/Strg-D auf.

2 Die Protokollquelle festlegen. Wenn Sie alles wunschgemäß eingestellt haben, fertigen Sie einen Schnappschuss von den reduzierten Ebenen des Fotos an: Öffnen Sie das Paletten-Menü der Protokoll-Palette und wählen Sie NEUER SCHNAPPSCHUSS. Aktivieren Sie in der Dialogbox die Option REDUZIERTE EBENEN **2a**; Sie können dem Schnappschuss auch einen Namen geben; klicken Sie zum Abschluss auf OK.

Stellen Sie diesen Schnappschuss in der Protokoll-Palette dann als Quelle für das Malen ein, indem Sie in die Spalte links neben der Miniatur klicken **2b**.

3 Ebenen für das Papier und die Kreide einrichten. Um maximale Kontrolle und Flexibilität zu erhalten, erstellen Sie eine »Papierebene«, die Sie mit der Farbe für den Hintergrund füllen, und eine weitere Ebene zum Malen. Klicken Sie in der Ebenen-Palette mit gedrückter ⌥/Alt-Taste auf den Button NEUE EBENE ERSTELLEN, geben Sie der Ebene einen Namen und klicken Sie auf OK. Drücken Sie anschließend ⌥-Entf (PC: Alt-←), um die Ebene mit der Vordergrundfarbe zu füllen (derselben wie in Schritt 1b). Um die Pinselstriche besser setzen zu können, müssen Sie durch die Papierebene hindurchsehen können; ändern Sie deshalb die Deckkraft der Papierebene (hier

3

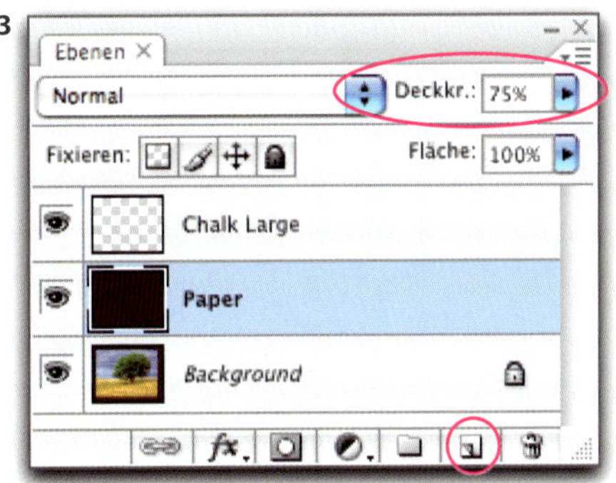

Eine kontrastreiche Papierebene mit einer Deckkraft von 75% lässt einen Blick auf das darunterliegende Bild zu. Die neue, leere Ebene ist zum Malen.

4a 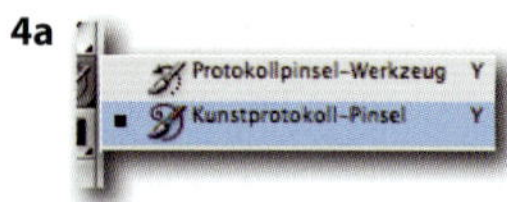

Den Kunstprotokoll-Pinsel finden Sie in der Werkzeug-Palette zusammen mit dem Protokoll-Pinsel.

4b 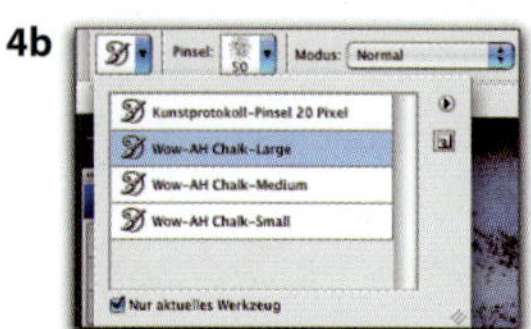

Wenn Sie die Wow-Kreide-Vorgaben geladen haben, können Sie die Vorgabe Wow-AH Chalk-Large aktivieren.

4c 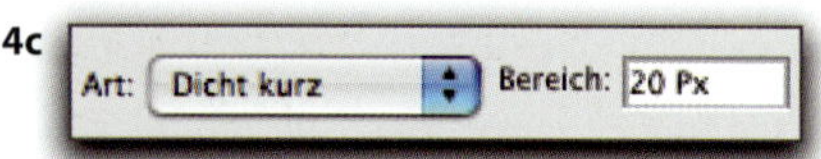

Wow-AH Chalk-Large malt mit kleinen, kurzen Strichen in einem kleinen Bereich.

4d 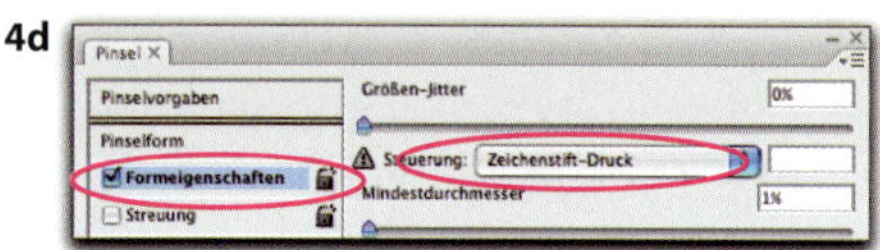

Wählen Sie für die Steuerung des Größen-Jitters die Option ZEICHENSTIFT-ANDRUCK, wenn Sie mit Grafiktablett und Stift arbeiten.

4e 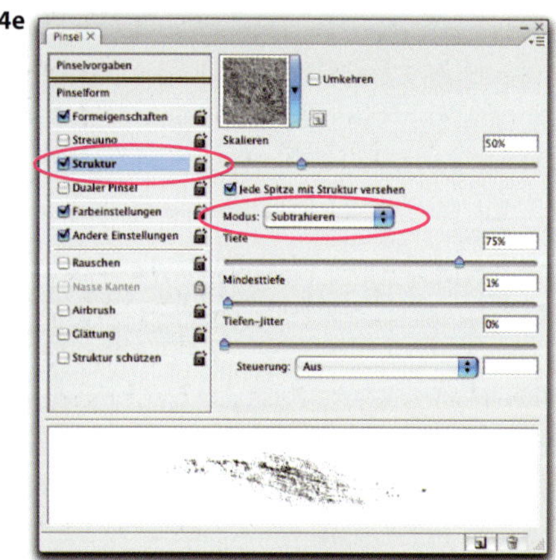

Das Aussehen der Werkzeugspitze entsteht durch die integrierte Struktur im Modus SUBTRAHIEREN.

75%). Erstellen Sie über dieser Ebene noch eine weitere, auf der Sie dann malen **3**. Geben Sie auch dieser Ebene einen Namen.

4 Werkzeugspitzen auswählen. Aktivieren Sie nun den Kunstprotokoll-Pinsel **4a** und öffnen Sie links in der Optionsleiste den Werkzeugvorgabenwähler. Wählen Sie aus dem Paletten-Menü die **Wow-Art History Brushes** und daraus die Vorgabe **Wow-AH Chalk-Large,** wie in **4b** zu sehen. Wenn Sie die Wow-Vorgaben noch nicht geladen haben,▼ können Sie auch nur die für dieses Projekt notwendige Vorgabe **Wow Chalk.tpl** laden; wählen Sie aus den Vorgaben dann **Wow-AH Chalk-Large 4b** und nehmen Sie folgende Einstellungen in der Optionsleiste vor:

- Aktivieren Sie den Modus NORMAL. Für Detailstriche können Sie auch in AUFHELLEN oder ABDUNKELN wechseln, um dramatische Lichter und Tiefen hinzuzufügen.
- Mit einer Deckkraft von 100% sind alle Striche deckend.
- Aktivieren Sie den Stil DICHT KURZ **4c**. Er kontrolliert, wie dicht die Striche den Farbkonturen sowie der Länge und der Form der Striche des Originalbildes folgen (dicht oder eher lose).

STILEINSTELLUNGEN FÜR DEN KUNSTPROTOKOLL-PINSEL

Um mit dem Kunstprotokoll-Pinsel eine Maltechnik zu simulieren, sollten Sie für die groben Arbeiten den Stil DICHT LANG und für die Feinarbeiten dann DICHT KURZ verwenden. Für einige expressionistische Techniken können Sie aber auch von Anfang an mit DICHT KURZ malen. Andere Stile als DICHT LANG, DICHT MITTEL und DICHT KURZ lassen das Ergebnis eher mechanisch als handgemalt aussehen.

- Der Bereich ist mit 20 Pixel angegeben **4c**, was für dieses 1000 Pixel breite Bild ausreichend ist. Bei dieser kleinen Einstellung erzeugt ein Klick mit dem Kunstprotokoll-Pinsel nur ein paar kurze Striche. Je kleiner die Einstellung, desto dichter folgen die Striche dem Cursor und umso weniger Verzögerung gibt es bei deren Darstellung auf dem Computer.
- Die Toleranz hat einen Wert von 0%, damit Sie Striche auch übermalen können.
- Wenn Sie mit einem drucksensitiven Grafiktablett arbeiten, was ich Ihnen nur empfehlen kann, können Sie die Steuerung des Stifts in der erweiterten Pinsel-Palette einstellen. Diese öffnen Sie, wenn Sie ganz rechts in der Optionsleiste auf

MEHR DAVON

▼ Wow-Vorgaben laden **Seite 5**

▼ Einstellungen für ein Grafiktablett **Seite 367**

TIPPS FÜR DEN KUNSTPROTOKOLL-PINSEL

Wenn Sie den Kunstprotokoll-Pinsel nutzen:

- Es gibt drei Möglichkeiten, das Werkzeug zu nutzen – klicken, halten oder ziehen: **Klicken** Sie, um eine Serie von Strichen anzuwenden. Oder **halten Sie die Maustaste gedrückt** (oder den Stift), um die Pinselstriche aufzubauen. **Ziehen** Sie den Pinsel, um mehrere Striche zu malen.
- Arbeiten Sie in der Regel mit **kurzen** Strichen (wählen Sie in der Optionsleiste einen passenden Stil) – siehe Tipp Seite 392.
- Es ist hilfreich, wenn Sie mit dem Cursor in einen Bereich mit einer klaren Kante oder einem klaren Kontrast klicken, damit die Striche den Details folgen können, die Sie verstärken wollen.
- Klicken Sie immer einmal kurz, wenn Sie die Einstellungen in der Optionsleiste geändert haben, um zu sehen, ob Ihnen das Ergebnis gefällt. Wenn nicht, drücken Sie ⌘/Strg-Z.

5a

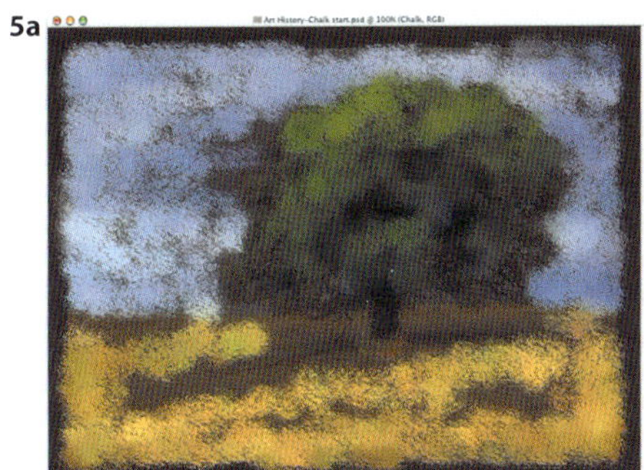

Mit der Vorgabe Wow-AH Chalk-Large wurde auf der leeren Ebene gemalt. Durch die reduzierte Deckkraft der Papierebene können Sie das Original darunter sehen und ihre Striche besser ausrichten.

den Button PINSEL-PALETTE EIN-/AUSBLENDEN klicken. Klicken Sie links in der Palette auf das Wort FORMEIGENSCHAFTEN und wählen Sie für die Steuerung des Größen-Jitters die Option ZEICHENSTIFT-ANDRUCK **4d**. Je fester Sie nun aufdrücken, desto größer die Pinselspitze und desto länger der Pinselstrich.

- In der Pinsel-Palette können Sie mit den Einstellungen experimentieren. Probieren Sie besonders die Einstellungen im Abschnitt STRUKTUR **4e**. Beachten Sie, dass ein Muster namens »Wow-Watercolor Texture« geladen wurde und der Modus SUBTRAHIEREN aktiviert ist. Das Muster entstand aus gescanntem Wasserfarben-Papier. Kombiniert mit dem Modus entsteht ein Ergebnis, als hätten Sie mit einer trockenen Farbe auf einer rauen Oberfläche gemalt.

5 Malen. Vergewissern Sie sich, dass in der Protokoll-Palette der erstellte Schnappschuss aus Schritt 2 als Quelle für den Kunstprotokoll-Pinsel aktiviert ist. Lesen Sie sich, bevor Sie mit dem Malen beginnen, die Tipps links im Kasten durch. Wenn Sie die Ratschläge befolgen, können Sie ansprechende Ergebnisse erzielen.

Beginnen Sie mit der Vorgabe »Wow-AH Chalk-Large« und malen Sie lose über das Bild **5a**. Drücken Sie bei einem Stift fest auf, um große, lange Striche zu erzeugen. Überprüfen Sie hin und wieder den Fortgang Ihrer Arbeit: Aktivieren Sie die Papierebene (klicken Sie auf die Miniatur der Ebenen-Palette) und wählen Sie eine Deckkraft von 100%, um das Original vollständig auszublenden; reduzieren Sie die Deckkraft anschließend wieder.

Um möglichst flexibel zu sein und später noch Änderungen vornehmen zu können, klicken Sie zunächst auf die Miniatur der obersten Ebene und anschließend auf den Button NEUE EBENE ERSTELLEN (halten Sie die ⌥/Alt-Taste gedrückt). Wählen Sie anschließend die Vorgabe »Wow-AH Chalk-Medium« aus. Fügen Sie mit dieser Werkzeugspitze Details hinzu **5b**. Drücken Sie mit einem Stift weniger auf, um feinere, kürzere Striche zu erzeugen.

5b

Die Vorgabe Wow-AH Chalk-Medium erzeugt feinere Striche.

Fügen Sie für noch feinere Details eine weitere neue Ebene hinzu und malen Sie

5c 

Die Vorgabe Wow–AH Chalk-Small bringt mehr Details mit kleineren Strichen hervor.

5d 

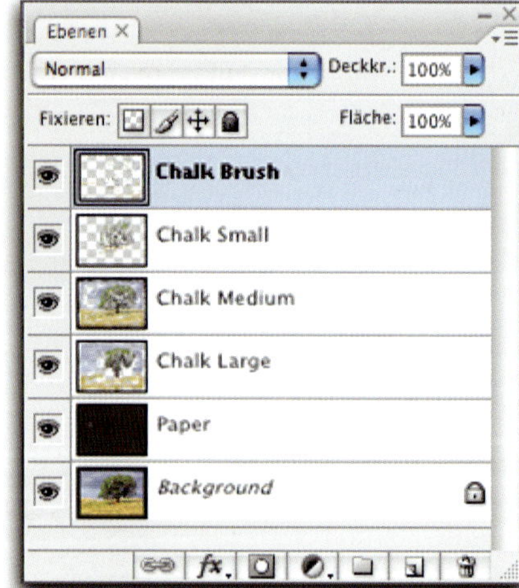

Lichter und andere Details wurden auf einer separaten Ebene mit der Vorgabe »Wow-BT Chalk« und dem Pinsel ins Bild gemalt. (Nur die Details sehen Sie im Bild oben rechts.)

mit der Vorgabe »Wow-AH Chalk-Small« **5c**. Für ein möglichst fotorealistisches Aussehen sollten Sie den Stift nach Möglichkeit nur über das Grafiktablett fliegen lassen.

Vergessen Sie nicht, einige Details mit dem herkömmlichen Pinsel auf einer neuen Ebene ins Bild zu malen **5d** – Feinheiten, die mit dem Kunstprotokoll-Pinsel nicht erzielt werden können. Aktivieren Sie in der Werkzeug-Palette den Pinsel sowie die Vorgabe »Wow-BT Chalk-Small« oder »Wow-BT Chalk-X Small«, um das gleiche Aussehen zu erzeugen wie mit den »Wow-AH Chalk«-Vorgaben für den Kunstprotokoll-Pinsel.

Wenn Sie mit dem Malen fertig sind, können Sie die Deckkraft der Papierebene auf 100% setzen, um das Originalfoto vollständig auszublenden. Wenn Sie Änderungen vornehmen wollen, aktivieren Sie einfach die entsprechende Ebene und malen weitere Pinselstriche ins Bild. Nutzen Sie den Radiergummi, um Pinselstriche zu entfernen.

Wenn Sie mit den Malebenen fertig sind, können Sie sie lassen, wie sie sind, oder miteinander kombinieren (wie hier). Wir haben die Malebenen verbunden und dann alle Ebenen auf eine reduziert:

- Klicken Sie dazu in CS auf die oberste Malebene und aktivieren Sie anschließend das Verbinden-Icon der anderen Malebenen; wählen Sie anschließend EBENE/VERBUNDENE REDUZIEREN.
- Klicken Sie ab CS2 bei gedrückter ⌘/Strg-Taste auf alle Malebenen, um sie auszuwählen, und drücken Sie dann ⌘/Strg-E, um sie auf eine Ebene zu reduzieren.

6a 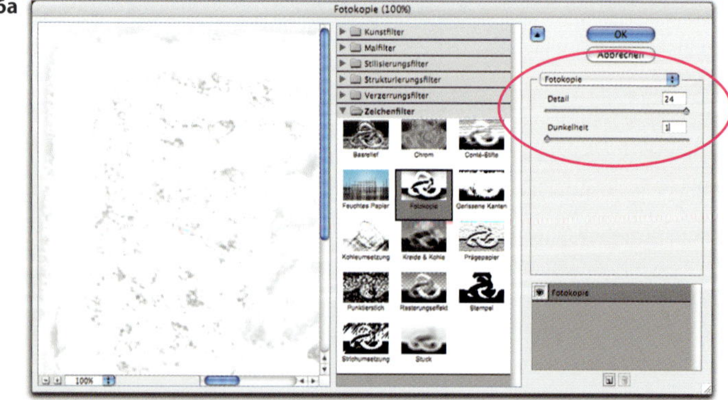

Um die Details zu betonen, wurde eine verschmolzene Version aller Ebenen als neue Ebene ganz oben im Ebenenstapel hinzugefügt und der Filter FOTOKOPIE angewendet.

6b

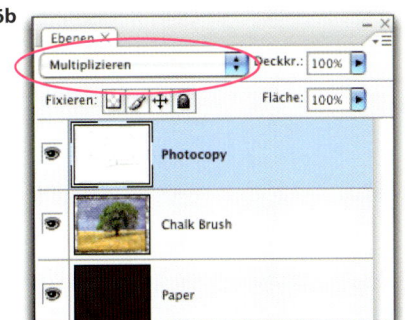

Der Modus der Fotokopie-Ebene wurde in MULTIPLIZIEREN geändert.

6c

Der Filter FOTOKOPIE lässt die Malstriche dicker aussehen.

6d

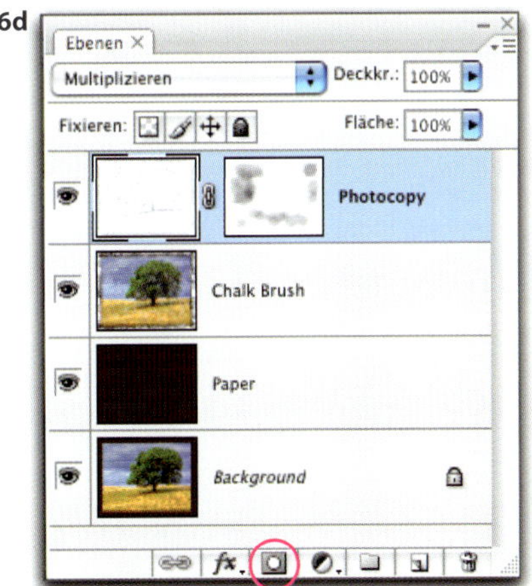

Um den Filtereffekt aus einigen Bereichen zu entfernen, können Sie eine Ebenenmaske anwenden.

So erhielten wir eine einzelne Malebene mit dem Namen der obersten Malebene.

6 Das Gemälde verbessern. Wenn Sie den Filter FOTOKOPIE auf eine reduzierte Version Ihrer Malebenen anwenden und das gefilterte Bild mit dem darunterliegenden Bild kombinieren, verstärken Sie Struktur und Details des Bildes. Aktivieren Sie in der Ebenen-Palette die Miniatur der obersten Ebene. Fügen Sie anschließend eine neue Ebene hinzu: Halten Sie in CS dazu die Taste ⌘-⇧-⌥-N und dann E gedrückt (PC: Strg-⇧-Alt-N, dann E). Ab Version CS2 können Sie die Taste N weglassen, denn durch Drücken der Tasten plus E wird automatisch eine neue Ebene erstellt und eine reduzierte Kopie erzeugt. Wenn Sie doppelt auf den Ebenennamen klicken, können Sie die Ebene beispielsweise in»Fotokopie« umbenennen.

Bevor Sie den Filter auf die neue Ebene anwenden, müssen Sie die Standardfarben für Vorder- und Hintergrund wiederherstellen (Schwarz und Weiß). Wählen Sie anschließend FILTER/ZEICHENFILTER/FOTOKOPIE mit DETAILS 24 und DUNKELHEIT 1. Klicken Sie anschließend auf OK **6a**. Ändern Sie im Anschluss daran den Modus der Filterebene in MULTIPLIZIEREN, um nur die dunklen Bereiche zum Bild hinzuzufügen **6b**. So können Sie Kontrast und Details verstärken **6c**.

In diesem Gemälde sorgt die Struktur der Fotokopie dafür, dass einige braune Punkte des Papiers sehr prominent erscheinen – sie buhlen mit dem Baum um die Aufmerksamkeit des Betrachters. Um diese Bereiche etwas abzuschwächen, fügten wir zur Filterebene eine Ebenenmaske hinzu und malten mit einem weichen, runden Pinsel mit Schwarz auf der Maske, um einen Teil der Struktur zu entfernen **6d**. (Das Endergebnis sehen Sie auf Seite 390.)

Experimentieren. Wenn Sie ein Gefühl für diese Wow-Vorgaben bekommen haben, können Sie auch noch andere ausprobieren▼.

MEHR DAVON

▼ Eine Pinselspitze auswählen **Seite 365**

▼ Beispiele anderer Wow-Vorgaben für den Kunstprotokoll-Pinsel **Seite 398**

Cher Threinen-Pendarvis extrahiert Farben und Formen

Wenn Cher Threinen-Pendarvis malt, egal, ob mit herkömmlicher Farbe und Pinsel oder mit Corel Painter oder Photoshop, verwendet sie oft eigene Fotos als Grundlage. Hier zeigt Sie uns einige Kniffe, um ein Foto als Referenz für ein Stillleben zu nutzen, das entweder mit dem Pinsel (wie Cher es tut) oder dem Kunstprotokoll-Pinsel bzw. dem Musterstempel erstellt wird.

MEHR DAVON

▼ Eigene Farbfelder **Seite 385**

▼ Eigene Werkzeugspitzen **Seite 383**

1 Für ihr Gemälde *»Two Ducks«* (unten rechts zu sehen) richtete sie in ihrem Studio eine Bildkomposition ein, bei der die Enten in unterschiedliche Richtungen blicken. Sie scannte das Foto und erstellte mehrere Kopien. Die erste, unbearbeitete Kopie dient als Referenz für eine Skizze. Auch wenn Sie nicht alle Details reproduzieren, ein Referenzfoto mit gutem Kontrast und guten Details inspiriert.

Der unbearbeitete Scan wurde als Referenz verwendet. Mit einem weißen Hintergrund konnte Cher die Fotoebene nach Belieben ein- und ausblenden.

2 Cher bearbeitete die anderen Kopien des Fotos, um ein Gefühl für die Farben und Formen zu bekommen. In der Annahme, dass sie die Farbpalette auch für andere Bilder verwenden wird, nahm sie mit der Pipette Farben aus dem Referenzfoto auf. Sie mischte andere Farben, indem sie in das Feld für die Vordergrundfarbe klickte und Farben aus dem Farbwähler auswählte. Die Farben speicherte sie in einer eigenen Farbfelder-Palette. ▼

Mit einer Tonwertkorrektureinstellungsebene und nach innen verschobenen Endpunkten werden die Umrisse betont.

Die Formen wurden mit einer Tontrennung-Einstellungsebene (hier mit einem Wert von 5) weiter vereinfacht.

Mit einer Farbton/Sättigung-Einstellungsebene wurde die Sättigung auf +75 erhöht, um eigene Farbfelder zu erstellen.

CHER THREINEN-PENDARVIS

Das fertige Gouache-ähnliche Bild wurde inspiriert durch die plakativen Farben, die in Posterdesigns in den 1930er- und 40er-Jahren und in der Pop Art der 50er verwendet wurden. Cher malte mit einem einfachen, harten, ovalen Pinsel und variierte die Striche, während sie mit dem Stift auf ihrem Wacom-Intuos-Tablett malte. ▼

Ü B U N G

Wow-Malwerkzeuge

Die **Wow-Werkzeuge** (in den Wow-Vorgaben auf der DVD-ROM) enthalten Vorgaben für drei Malwerkzeuge – Pinsel, Kunstprotokoll-Pinsel und Musterstempel.▼ Die Wow-Werkzeuge teilen sich Einstellungen für die Werkzeugspitzen, so dass Sie mit dem automatisierten Kunstprotokoll-Pinsel oder dem Musterstempel zum Malen beginnen und die Details mit dem Pinsel erstellen können. Diese Wow-Malwerkzeuge simulieren Kreide, trockene Farbe, Öl, Pastell, Schwamm, Punkte und Wasserfarbe. Alle Werkzeugspitzen sind drucksensitiv (unten zu sehen). In der Abbildung sehen Sie zum Vergleich Striche, die mit der Maus (oben) und dem Stift (unten) erstellt wurden. Die Vorgaben haben die unterschiedlichsten Größen, wie herkömmliche Pinsel auch.

Alle Vorgaben sind mit einer eingebauten Oberflächenstruktur ausgestattet, um entweder den Charakter der Farbe zu verstärken oder das Papier bzw. die Leinwand hervorzuheben. Die Stile **Wow-Grain & Texture** (Anhang B) sollen die Papier- oder Leinwandstruktur eines Bildes hervorheben oder Farbe hinzufügen – als Impasto-Effekt oder sich aufbauende Wasserfarben.

Die Ebenendatei für die Übung rechts finden Sie auf der Wow-DVD-ROM. Das Originalfoto bildet den Hintergrund. Dieses wurde für Experimente mit den Vorgaben für den Wow-Kunstprotokoll-Pinsel und den Wow-Musterstempel verwendet (siehe Seite 398).

MEHR DAVON

▼ Wow-Vorgaben laden **Seite 5**

SIE FINDEN DIE DATEI

auf der DVD unter Wow Projektdateien/Kapitel 6 Wow Malwerkzeuge

Wow-Pinselvorgaben

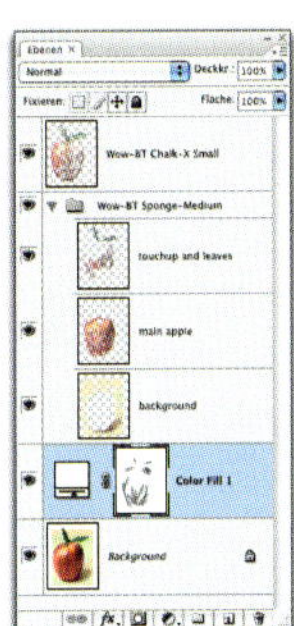

JHDAVIS

Die sieben verschiedenen **WOW-KUNSTPINSEL** sind Vorgaben für das Pinsel-Werkzeug. Mit diesen Werkzeugen erstellen Sie einen Strich nach dem anderen, wie mit herkömmlichen Pinseln auch.

Eine Möglichkeit, diese Werkzeuge zu nutzen, ist, über das Originalfoto **A** eine Leinwandebene zu legen (klicken Sie unten in der Ebenen-Palette auf den Button NEUE FÜLLEBENE ODER EINSTELLUNGSEBENE ERSTELLEN und wählen Sie VOLLTONFARBE). Wir wählten für die Leinwand die Farbe Weiß. Fügen Sie anschließend eine leere Ebene zum Malen hinzu. Blenden Sie die Leinwandebene vorübergehend aus, indem Sie in der Ebenen-Palette auf das Augen-Icon dieser Ebene klicken, um Farbe aus dem Foto aufnehmen (klicken Sie mit gedrückter ⌥/Alt-Taste mit dem Pinsel) und eine eigene Farbpalette erstellen zu können.▼ Blenden Sie die Leinwandebene wieder ein und reduzieren Sie deren Deckkraft. Malen Sie das Bild mit einer großen Pinselspitze auf die Leinwand (hier **Wow-BT Sponge-Medium**); stellen Sie vorübergehend die volle Deckkraft der Leinwand her, um den Fortschritt zu beobachten **B.** Fügen Sie für jeden Bildbereich, den Sie separat kontrollieren wollen, eine neue Ebene hinzu (den Hintergrund malten wir mit **Wow-BT Chalk-X Small C**). Im fertigen Bild können Sie die Deckkraft der Leinwand auf 100% erhöhen oder das Original etwas durchscheinen lassen; Sie können auch mit Schwarz oder Grau auf der Ebenenmaske malen **D,** um das Foto teilweise einzublenden.▼

MEHR DAVON

▼ Eigene Farbfelder **Seite 385**

Auf Ebenenmasken malen **Seite 72**

 **Wow-Malen-mit-dem-Pinsel.psd**

Wow Musterstempel

Wow-PS Watercolor + Wow-Texture 01*

Wow-PS Oil + Wow-Texture 03*

Wow-PS Dry Brush + Wow-Texture 02*

Wow-PS Chalk + Wow-Texture 07*

Mit den **Wow-Musterstempel**-Vorgaben können Sie jeden geklonten Strich des Musterstempels per Hand ins Bild malen. Die Werkzeugspitzen entsprechen den Vorgaben für den Wow-Pinsel auf Seite 390. Der Modus Impressionist (wichtig, wenn Sie malen wollen) ist in die Werkzeugvorgaben eingebaut.

Die Beispiele oben wurden mit den Techniken von Seite 386 erstellt. (In dem Tipp auf Seite 373 finden Sie außerdem Hinweise, wie Sie mit dem Musterstempel und dem Pinsel schöne Wasserfarben-Gemälde erstellen.) Wir legten das Originalfoto als Muster für den Musterstempel fest und verwendeten für jedes Bild eine Leinwandebene, wie auf Seite 397 beschrieben. Außerdem arbeiteten wir mit verschiedenen Malebenen, die wir später miteinander kombinierten.

Nach dem Malen wendeten wir einen der **Wow-Texture Styles** an, indem wir unten in der Ebenen-Palette auf den Button Ebenenstil hinzufügen klickten und einen Stil aus den geladenen Wow-Texture Styles auswählten.▼ (Beispiele dieser Stile finden Sie im Anhang B.)

MEHR DAVON

▼ Wow-Vorgaben laden **Seite 5**

Wow Kunstprotokoll-Pinsel

Wow-AH Watercolor + Wow-Texture 01*

Wow-AH Oil + Wow-Texture 02*

Wow-AH Chalk + Wow-Texture 07*

Wow-AH Stipple + Wow-Texture 10*

Wow-AH Pastel + Wow-Texture 01*

Wow-AH Sponge + Wow-Texture 09*

Die **Wow-Kunstprotokoll-Pinsel**-Vorgaben erstellen Striche, die automatisch dem Kontrast und der Farbe des Quellbildes folgen. Weil der Kunstprotokoll-Pinsel mehrere Striche gleichzeitig erstellt, klont er wesentlich schneller als der Musterstempel – allerdings leidet dadurch die kreative Kontrolle über das Werkzeug. (Im Tipp auf Seite 393 finden Sie Hinweise zum Umgang mit dem Werkzeug.)

Wir malten die Beispiele oben mithilfe der Techniken von Seite 390. Auch hier erstellten wir Leinwand- und mehrere Malebenen, und kombinierten am Ende alles mit einem der **Wow-Texture Styles**, wie links beschrieben.

Bert Monroy arbeitet in Neon

DER MEISTER DES FOTOREALISMUS BERT MONROY geht bei der Erstellung von Neonschildern noch einen Schritt weiter, als es die Techniken von Seite 454 und 546 darstellen. Und hier sein Vorgehen.

Bert erstellt seine Neonröhren für Bilder wie ***Spenger's,*** zu sehen auf Seite 404, indem er einen Pfad mit dem Zeichenstift erstellt und mehrere Male mit dem Pinsel darübermalt, wobei er für jeden Strich eine neue Ebene hinzufügt. ▼ Normalerweise verwendet er folgende Reihenfolge von unten nach oben:

- Mit einer weichen, runden Pinselspitze malt er den äußeren Schein – normalerweise mit Weiß oder einer helleren Version des Hintergrunds.
- Die Röhre selbst besteht aus drei Ebenen. Er beginnt mit einer relativ intensiven Farbe und malt mit einer harten, runden Pinselspitze, wendet dann eine hellere Version mit einer weichen Pinselspitze an. Auf der dritten Ebene malt er mit einem weichen Pinsel einen ganz dünnen weißen Strich.
- Für das reflektierende Licht dupliziert er die Ebene mit dem farbigen Strich und zeichnet die neue Ebene weich (FILTER/WEICHZEICHNUNGSFILTER/GAUSSSCHER WEICHZEICHNER). In der Ebenen-Palette aktiviert er für diese Ebene den Modus HARTES LICHT und platziert sie zwischen Röhre und Hintergrund. Mit dem Verschieben-Werkzeug erzeugt er einen gewissen Versatz.

Durch diese Sandwich-Methode kann er mit der Fülldeckkraft der Ebenen und einzelnen Farben arbeiten.

Bert hat ein paar eigene Vorgaben für den Pinsel erstellt, um den Röhren den städtischen Schmutzfilm zu verleihen. In den verschiedenen Abschnitten der Pinsel-Palette ▼ experimentierte er mit den Größen-, Streuungs- und Winkeleinstellungen für den Pinsel. Er nutzte auch die Optionen für den DUALEN PINSEL, um für innen eine harte, runde Pinselspitze zu erstellen, die dieselbe Größe hat wie die Pinselspitze für die Röhren. Sobald er mit dieser Pinselspitze einen Pfad erstellt, wird der Schmutz aufgrund der Jitter-Einstellungen wahllos entlang der Röhre verteilt. Der DUALE PINSEL sorgt jedoch dafür, dass er nicht über die Kanten der Neonröhre hinausragt.

MEHR DAVON

▼ Pfade zeichnen
Seite 435 & 439

▼ Pinsel-Palette
Seite 363

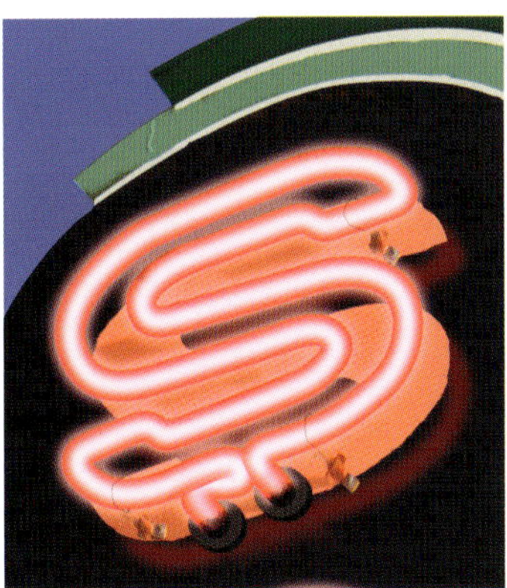

Bert duplizierte die Ebene mit der roten Kontur, um die Neonröhre zu erstellen, zeichnete die Ebene weich und aktivierte den Modus HARTES LICHT. Er versetzte die Reflektion ein wenig, reduzierte die Ebenendeckkraft und fügte ein paar handgemalte Details hinzu.

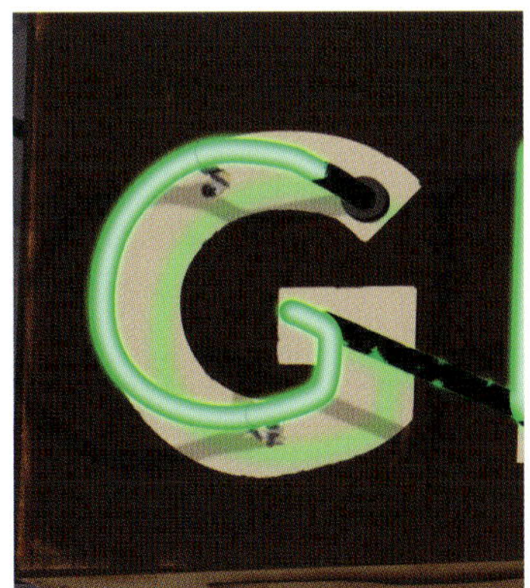

Für die schwarzen Bereiche der Röhre lud Bert den Umriss als Auswahl, indem er in der Ebenen-Palette mit gedrückter ⌘/Strg-Taste auf die Ebenenminiatur klickte. Auf einer neuen Ebene nutzte er den Pinsel mit Schwarz, sowie den Radiergummi, um fehlerhafte Bereiche zu entfernen.

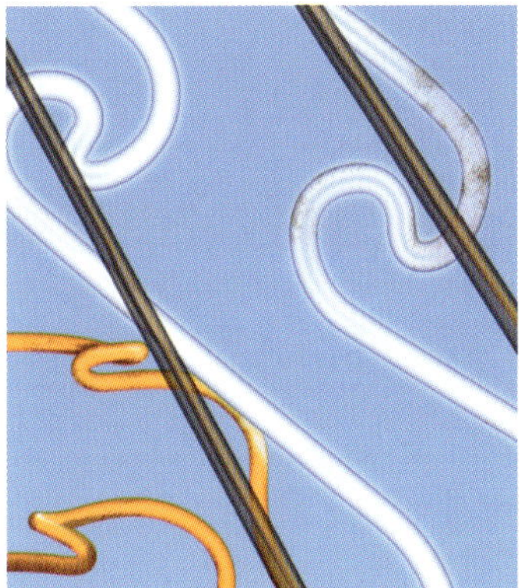

Für die Darstellung des weißen Neons verwendete Bert eine weiche, hellblaue Kontur für den Schein nach außen, eine dunkelblaue Kontur mit einer harten Kante sowie helles Blau und Weiß für den Innenbereich. Anschließend radierte er das Weiß und das helle Blau teilweise, damit man hindurchsehen kann, und fügte etwas Schmutz hinzu.

Terpentin oder Photoshop?

Der Maler Daren Bader hat seine Maltechniken mit Öl und Acryl in Photoshop übertragen, allerdings hat er sich nicht aller traditionellen Pinsel entledigt. Auch wenn es für Daren nichts Besseres gibt als ein fertiges Ölgemälde, hat er doch Gefallen an den Vorteilen der digitalen Technik gefunden.

Daren Baders *Forest Rangers* wurde mit traditionellen Kunstwerkzeugen und Materialien erstellt – Öl auf einer Bleistiftskizze auf einer kalt gepressten Leinwand.

Wenn er am Computer arbeitet, sieht sich Daren das entstehende Gemälde am liebsten in der finalen Druckgröße an (bei kleineren Bildern) oder in der größtmöglichen Ansicht, die der Bildschirm erlaubt. Er vermeidet es, in das Bild hineinzuzoomen, um sich nicht in den Details zu verlieren. Er wartet auf den Tag, an dem digitale Gemälde so illuminiert dargestellt werden wie während des Malens. In der Zwischenzeit können Sie sich kleine Versionen seiner Bilder unter www.darenbader.com ansehen.

DAREN BADER

Viking wurde vollständig in Photoshop erstellt, wie auf Seite 408 beschrieben.

DAREN BADER / © WIZARDS OF THE COAST

Die Coverillustration für R. A. Salvatores Buch *Paths of Darkness* begann in Öl, wurde dann eingescannt und in Photoshop fertig gestellt. Die Arbeit schritt dadurch schneller voran. Daren modifizierte Photoshops Kreide-Pinselspitzen, damit die digitalen Striche den traditionellen so nah wie möglich kommen.

Manchmal ist es am besten, ein traditionelles Gemälde mit digitalen Photoshop-Techniken zu kombinieren. Als ein gemaltes Buchcover geändert werden musste, schickte der Kunde Daren einen Scan des Gemäldes; Daren öffnete das Bild in Photoshop, nahm die erforderlichen Änderungen vor und schickte es per E-Mail zurück an den Kunden. Auf diesem Weg lässt sich eine Menge Zeit sparen – vom Zustellen der Sendung bis hin zur normalerweise benötigten Trockenzeit der Farbe.

A

B

C

D

Für das Bild ***Moorea Canoe*** begann **Jack Davis** mit einer Fotocollage aus Landschaft, Kanu und Wolken. Mit BILD/ANPASSEN/FARBTON/SÄTTIGUNG inten-sivierte er die Farben, wie in diesem Detail zu sehen **A,** und wandelte das aufgehellte Bild in ein Muster um (BEARBEITEN/MUSTER FESTLEGEN). Dieses Muster wird die Quelle für den Musterstempel, den Jack Davis im Modus IMPRESSIONIST verwendet.

Davis ging vor wie auf Seite 386 beschrieben, fügte eine transparente Ebene hinzu und begann zu malen, wobei er den Konturen des Originalbildes folgte (welches darunterlag) **B**.

Um den Effekt von Wasserfarbe über Druckfarbe zu erzeugen, duplizierte Davis die zusammengefügte Ebene und wählte FILTER/STILISIERUNGSFILTER/KONTUREN FINDEN, gefolgt von BILD/ANPASSEN/SCHWELLENWERT, um die Druckfarbe zu erstellen **C**. Er mischte diese duplizierte Ebene mit der Malebene darunter, indem er den Modus MULTIPLIZIEREN aktivierte **D**.

Davis wendete anschließend einen Ebenenstil mit einer Musterüberlagerung (**Wow-Texture 09***; siehe Anhang B) auf die finale Malebene an und verstärkte die Details des Bildes mit dem Filter FOTOKOPIE (Seite 389).

BERT MONROY

Bert Monroy malte ***Spenger's*** teilweise aus dem Gedächtnis (so wie er die Szene in Erinnerung hatte) und teilweise mithilfe eines Referenzfotos, das er mit seiner Digitalkamera aufnahm. Das Foto liefert spezielle Details, während er den Blickwinkel und die Farbe des Sonnenuntergangs aus dem Gedächtnis malte.

Monroy malt mittlerweile fast ausschließlich in Photoshop, da er hier inzwischen nahezu alle Konstruktionswerkzeuge findet, die ihm zuvor nur in Adobe Illustrator zur Verfügung standen. Jetzt verlässt er sich nur noch auf Illustrator, um von einer Linie oder Form in eine andere überzublenden, Zwischenschritte zu erstellen oder Formen durch Ausschneiden und Verbinden von Pfaden zu erstellen, was in Illustrator wesentlich einfacher zu bewerkstelligen ist. Für dieses Gemälde nutzte er Illustrator, um die glänzenden Klammern zu erstellen, die die Leuchtreklame an der Wand fixieren (hier im Detail zu sehen). Er zeichnete und duplizierte Ovale, schnitt sie aus, um Bögen zu erstellen, die er dann füllen konnte. Monroy kopierte die fertigen Illustrator-Elemente in die Zwischenablage und fügte sie in Photoshop mit BEARBEITEN/EINFÜGEN/EINFÜGEN ALS: PFADE ein. Der eingefügte Pfad erscheint in Photoshops Pfade-Palette vorübergehend als Arbeitspfad. Monroy klickte doppelt auf den Arbeitspfad, um ihn in einen dauerhaften Pfad umzuwandeln. Bei aktivem neuen Kanal aktivierte er in der Werkzeug-Palette das Direktauswahl-Werkzeug und klickte damit auf den Unterpfad, den er füllen wollte; er lud den Unterpfad als Auswahl (indem er unten in der Pfade-Palette auf den Button PFAD ALS AUSWAHL LADEN klickte) und füllte ihn mit dem Verlaufswerkzeug.

Als Meister fotorealistischer Beleuchtung und Oberflächenstrukturen verwendet Monroy Ebenenstile nur minimal. Die Neonschrift erstellte er beispielsweise wie auf Seite 399 beschrieben. Auch die Front des Stromkastens (hier zu sehen) erstellte er selbst – die Perspektive erforderte, dass die abgeflachte Kante unten breiter erscheint als oben. Er verwende keinen Ebenenstils, sondern konstruierte stattdessen die Oberfläche der abgeflachten Kante mit dem Zeichenstift, fügte eine neue Ebene hinzu und füllte den Pfad mit der Vordergrundfarbe (einem Orange). Anschließend aktivierte er den Pinsel mit einer weichen Pinselspitze und malte mit Gelb die Kontur des Pfades nach. Monroy vervollständigte die Farbe, indem er den Pfad als Auswahl lud, um die anderen Bereiche vor der weißen Farbe zu schützen, die er mit einer weichen Pinselspitze ins Bild malte.

Für die Farbtropfen auf dem Schild verwendete er einen Ebenenstil. Für jede Tropfengruppe erstellte er eine neue Ebene, auf der er dann mit dem Pinsel und einer harten, runden Pinselspitze malte – im oberen Bereich drückte er den Stift etwas fester auf sein Wacom-Tablett und schwächte den Druck nach unten hin ab, um den Tropfen auslaufen zu lassen. Anschließend reduzierte er die Fülldeckkraft der Malebenen auf 0% und klickte unten in der Ebenen-Palette auf den Button EBENENSTIL HINZUFÜGEN, um ABGEFLACHTE KANTE UND RELIEF auszuwählen. In der Ebenenstil-Dialogbox stellte er die Optionen für die abgeflachte Kante ein – dabei beobachtete er die Farbtropfen. Er deaktivierte die Checkbox GLOBALEN LICHTEINFALL VERWENDEN, um die Beleuchtung für jede Ebene unabhängig von den anderen kontrollieren zu können. Als alles so aussah wie gewünscht, klickte er auf OK, um die Dialogbox zu schließen. Durch Reduzieren der Fülldeckkraft auf 0% konnte er die Farbtropfen effizienter erzeugen (er musste keine Farbe aus dem Bild aufnehmen, weil die Farbe eh wieder verschwinden würde). Außerdem sieht das Ergebnis so wesentlich realistischer aus (die Tropfen werden nur durch Tiefen und Lichter definiert, so dass sie sich perfekt in die Umgebung einpassen).

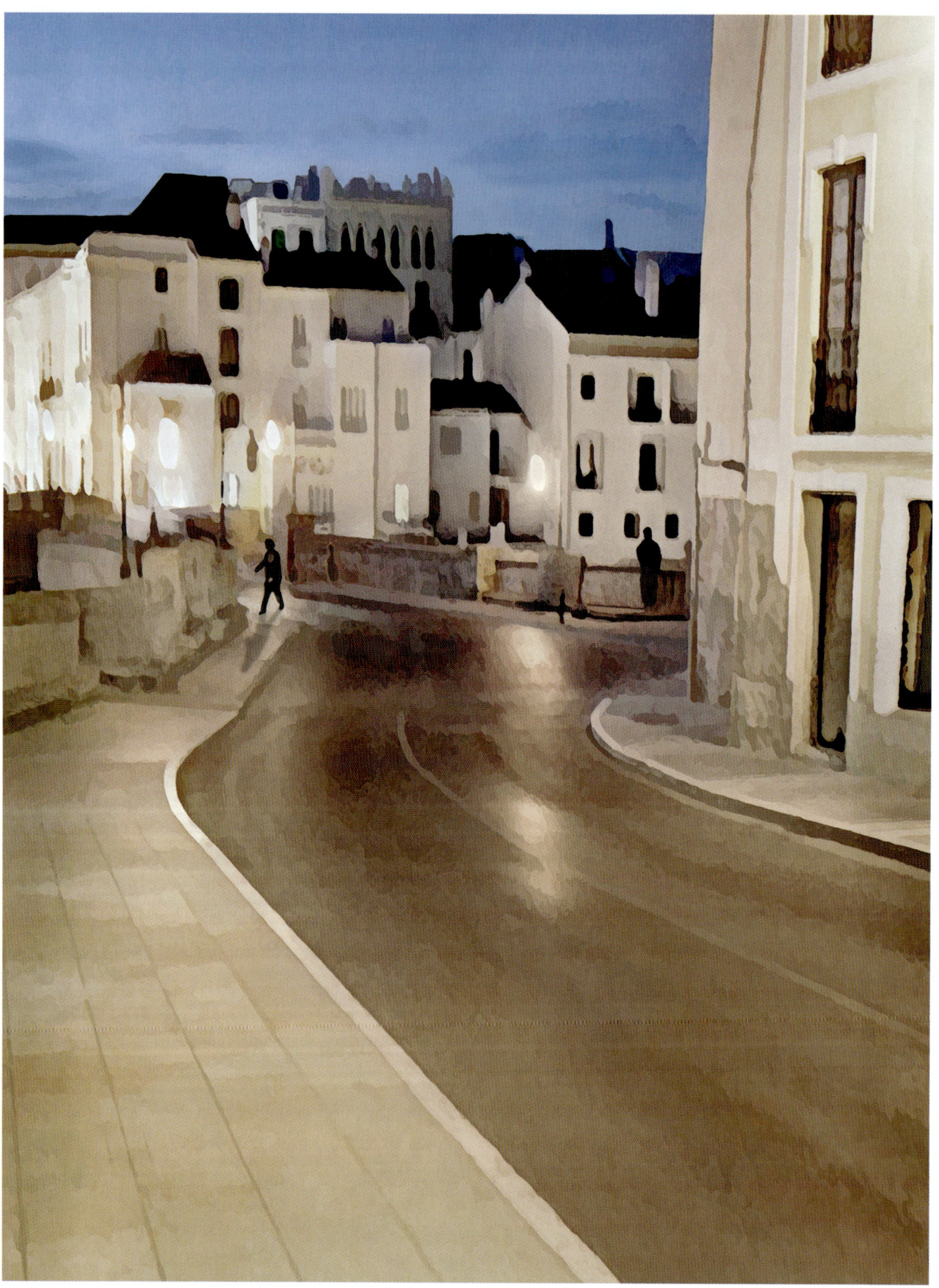

Mark Wainer erstellt limitierte Auflagen seiner Straßenszenen und Landschaften, die er aus Originalfotos entwickelt. Sein Ziel ist es, natürliche Materialien so gut wie möglich zu simulieren, um zu verschleiern, dass die Bilder am Computer entstanden sind. Hier sehen Sie das Bild ***Night Walk***.

Wainer beginnt damit, seine Raw-Bilder umzuwandeln und auf 29 Mbyte zu vergrößern▼, oder mit dem Einscannen eines 35-mm-Films in eine 27-Mbyte-Datei **A**. Anschließend nimmt er Farb- und Tonwertkorrekturen vor,▼ kopiert das bearbeitete Bild in eine neue Ebene (⌘/Strg-J) und wendet den Filter SIMPLIFIER ONE **B** an, der zu dem buZZ-Plug-in von www.Fo2PiX.com gehört.

In der Ebenen-Palette reduziert Wainer die Deckkraft der gefilterten Ebene, um die gewünschte Menge Originaldetails ins Bild zu bringen **C**. Manchmal kontrolliert er die Bilddetails in den verschiedenen Bereichen des Bildes auch mithilfe einer Ebenenmaske. Im Anschluss daran erstellt er eine reduzierte Kopie (BILD/BILD DUPLIZIEREN) und vergrößert sie auf 81 Mbyte, die benötigte Druckausgabegröße.

Jetzt zeichnet Wainer das Bild scharf, um die Kanten hervorzuheben. Dazu wählt er FILTER/KUNSTFILTER/GROBE MALEREI, den er, wenn nötig, mehr als einmal anwendet. In manchen Bildern zeichnet er die Kanten noch stärker scharf, indem er das Bild in eine neue Ebene dupliziert, den Hochpass-Filter anwendet und den Modus der Ebene in WEICHES LICHT ändert, um besonders den Kontrast der Mitteltöne zu verstärken **D**.▼

In diesem Stadium nimmt er oft deutliche Retuschearbeiten vor, wählt Elemente aus, verschiebt und transformiert sie und arbeitet mit Kopierstempel und Ausbessern-Werkzeug oder dem Reparatur-Pinsel, um seine Spuren zu verwischen. Für *Night Walk* stellte er das Bild oben und unten frei ▼ und machte es breiter.▼ Normalerweise erstellt er Auswahlen, um Bildbereiche für Farb- und Tonwerteinstellungen zu isolieren. Um die Person im Bild beispielsweise nahtlos in die Szene zu integrieren, erstellte er mit dem Lasso eine Auswahl mit weicher Auswahlkante ▼ und fügte eine Gradationskurven-Einstellungsebene hinzu. Die Auswahl wurde zur Maske, die die Gradationskurveneinstellung auf den gewünschten Bereich beschränkt **E**. Der Befehl AUSWAHL/FARBBEREICH AUSWÄHLEN ist außerdem nützlich, um beispielsweise Bereiche im Himmel auszuwählen.

MEHR DAVON

▼ Ein Bild vergrößern **Seite 70**

▼ Tonwert und Farbe anpassen **Seite 165**

▼ Ebenenmodi **Seite 174**

▼ Freistellen **Seite 246**

▼ Transformieren **Seite 68**

▼ Auswahlmethoden **Seite 51**

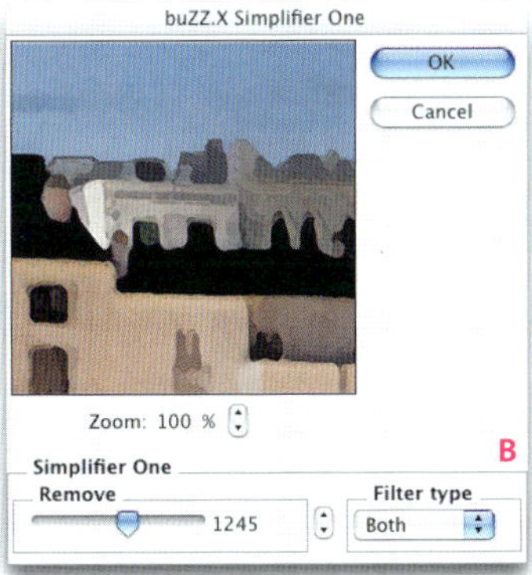

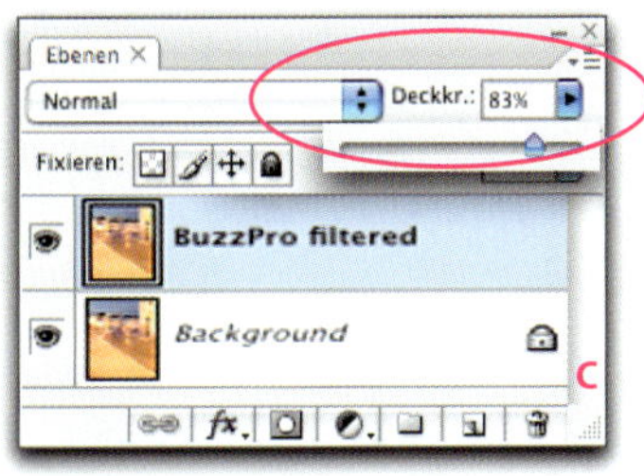

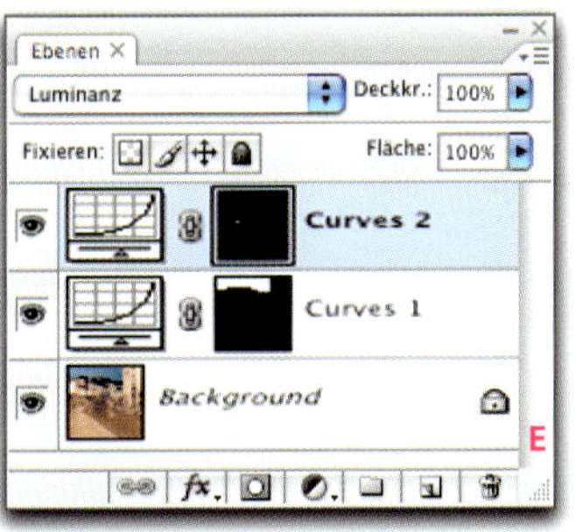

DAREN BADER

Daren Bader beginnt seine digitalen Gemälde wie ***Viking*** (oben) mit dem Scan einer Bleistiftskizze. Anschließend erstellt er eine neue Datei mit gewünschter Größe und Auflösung. Er öffnet ebenfalls den Scan und zieht das Bild per Drag&Drop in die neue Datei, wo die Skizze als Referenz dient. Er passt die Größe des Scans an die Größe der Datei an, verwendet dafür den Befehl BEARBEITEN/FREI TRANSFORMIEREN und hält die ⇧-Taste gedrückt, um die Proportionen zu erhalten. Wenn nötig, verwendet er den Befehl BILD/ANPASSEN/HELLIGKEIT/KONTRAST, um eine scharfe schwarze Linienzeichnung zu erhalten (dazu verwendet er die Methode von Seite 63). Im Anschluss aktiviert er für die Scanebene den Modus MULTIPLIZIEREN, um das weiße Papier durchsichtig zu machen und sowohl die Linienzeichnung, als auch sein Gemälde sehen zu können.

Bader fügt eine transparente Ebene nach der anderen ein und malt darauf mit dem Pinsel und einer Kreide-Pinselspitze. Er wählt die Einstellungen so, dass er Größe und Deckkraft der Striche mit dem Stiftandruck kontrollieren kann.

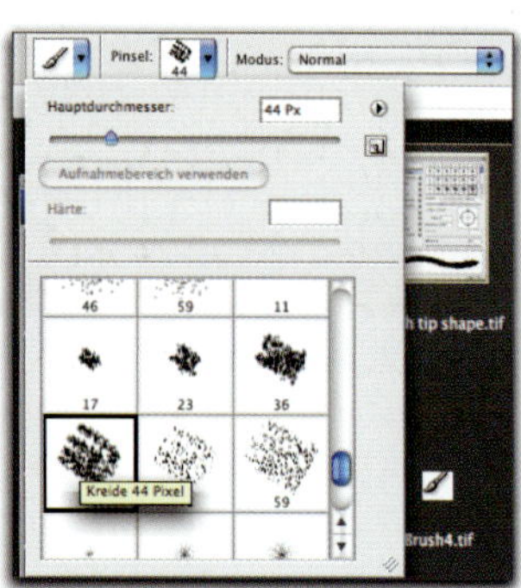

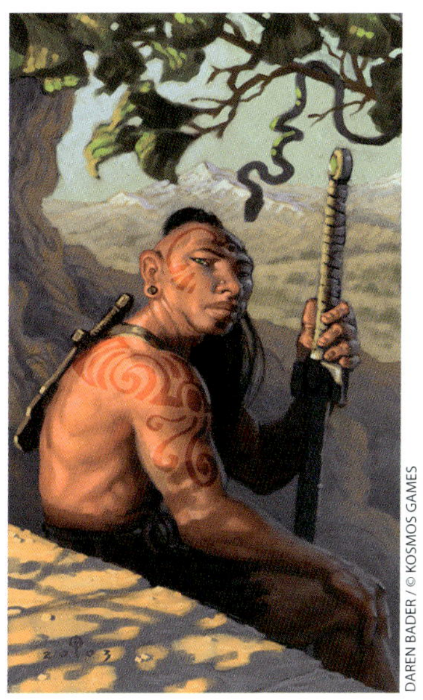

DAREN BADER / © KOSMOS GAMES

DAREN BADER / © KOSMOS GAMES

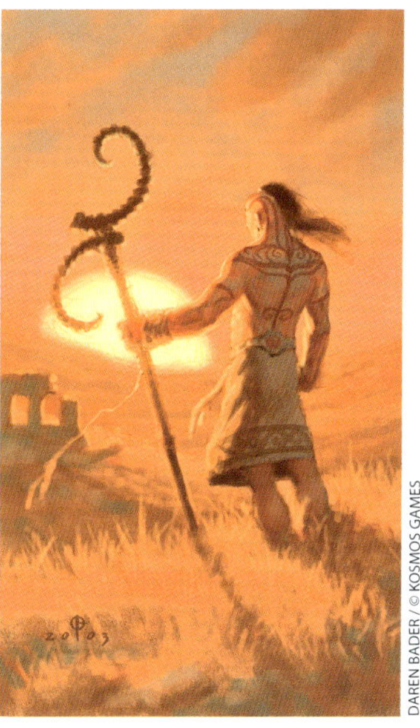

DAREN BADER / © KOSMOS GAMES

Daren Bader beginnt ein neues Bild oft damit, dass er Farben aus einem früheren Bild aufnimmt. Anschließend mischt er die Farben mithilfe des Pinsels zusammen, indem er Pinselstriche mit geringer Deckkraft über bereits bestehende Farben malt. Mit gedrückter ⌥/Alt-Taste nimmt er Farben auf.

Er malt zunächst die Farben ins Bild und fügt anschließend Details hinzu. Durch Ein- und Ausblenden der aktuellen Malebene überprüft er den Fortgang seiner Arbeit. Wenn er mit einer Ebene zufrieden ist, verschmilzt er diese mit dem bereits Bestehenden (⌘/Strg-E). Wenn ihm eine Ebene nicht gefällt, löscht er sie einfach, indem er sie auf den Löschen-Button unten in der Ebenen-Palette zieht. »Ich habe manchmal dieselben Erscheinungen, wenn ich mit Öl oder Acryl male«, sagt Bader, »allerdings sind Fehler dann schwieriger zu korrigieren«, weil durch Übermalen die Farben nur schmutziger werden. In Photoshop kann er abwedeln und nachbelichten, damit die übermalten Farben nicht an Sättigung verlieren. ▼

Um die Leistung des Pinsels möglichst gut auszunutzen, reduziert Bader die Dateigröße, indem er die Ebenen von Zeit zu Zeit reduziert. Manchmal reduziert er auch die gescannte Skizze, aber nicht, ohne vorher eine Kopie des Originals erstellt zu haben (⌘/Strg-J).

Bader passt die Bildgröße immer an den Bildschirm an, um das Bild vollständig sehen zu können. Er zoomt nur hinein, wenn er Details benötigt, wie unten in ***Helitos*** (oben links) zu sehen – eine Serie von 32 Bildern, die Bader für Karten eines Fantasyspiels erstellte.

Für diese Serie erhielt Bader eine Vorlage für das Kartenlayout, der er die Platzierung und Größe der Textfelder entnehmen konnte. Er zog diese Ebene in jede Datei und wählte den Ebenenmodus MULTIPLIZIEREN, um beim Malen die verbotenen Bereiche zu sehen.

Für das erste der Tattoos, hier in ***Kabukat*** (oben Mitte) und ***Silentosol*** sowie in *Helitos* zu sehen, erstellte er eine separate Ebene, auf der er mit dem Buntstift malte. Anschließend zeichnete er die Ebene mit FILTER/WEICHZEICHNUNGSFILTER/GAUSSSCHER WEICHZEICHNER etwas weich. Er wählte einen passenden Ebenenmodus und eine passende Deckkraft, damit die Farbe der Tattoos mit den Schattierungen der Hautfarbe übereinstimmte. Eine fertige Tattoo-Ebene konnte er dann per Drag&Drop in eine neue Datei ziehen, die Inhalte konnte er auswählen und das alte Tattoo mit der Entf-Taste entfernen. Er malte dann ein neues Tattoo in die Ebene – Modus und Deckkraft sind bereits gewählt.

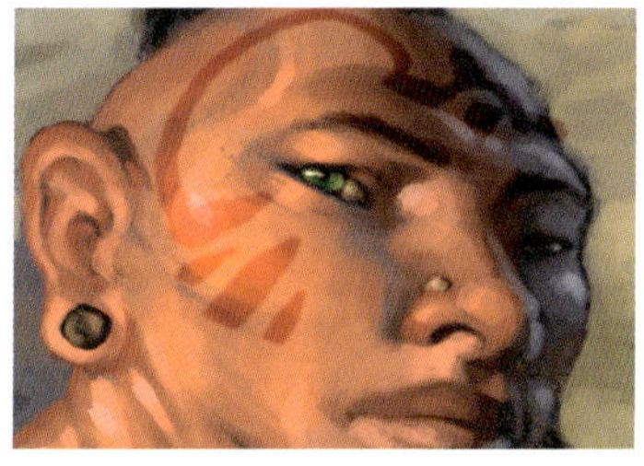

AN DEN BILDSCHIRM ANPASSEN

Um ein Bild auf dem Monitor immer so groß wie möglich zu sehen, drücken Sie ⌘/Strg-0 (Null).

MEHR DAVON

▼ Abwedeln & Nachbelichten **Seite 331**

DEEANNE EDWARDS

Für ihre Bilder ***Marine Life Impressions,*** die sie in Photoshop aus ihren Unterwasserfotos erstellte, begann **Deeanne Edwards** damit, störende Hintergründe zu entfernen. Dazu wählt Sie den Hintergrund aus und dunkelt ihn ab, wie im Bild *Moray Eel, Baja California, Mexico* zu sehen (das Original sehen Sie unten), oder wählt ihn aus und zeichnet ihn weich.▼ Edwards wendet anschließend eine Kombination verschiedener Filter an, um das Bild auf einige wenige Farben zu vereinfachen. Die Filter FARBPAPIER-COLLAGE, GROBE MALEREI, KONTUREN NACHZEICHNEN und TONTRENNUNG & KANTENBETONUNG funktionieren am besten. Diese Filter finden Sie alle in der Filtergalerie. Für die Porträts, die Sie hier sehen, wendete Edwards zunächst den Filter FARBPAPIER-COLLAGE an, klickte auf den Button EFFEKT HINZUFÜGEN und wählte TONTRENNUNG & KANTENBETONUNG. Anschließend konnte sie in der Dialogbox auf die Namen der Filter klicken und deren Einstellungen ändern, bis sie das gewünschte Ergebnis für das Foto erreicht hatte (rechts zu sehen).

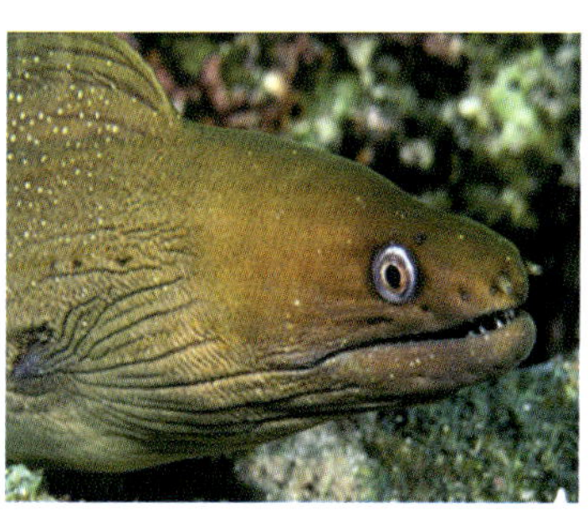

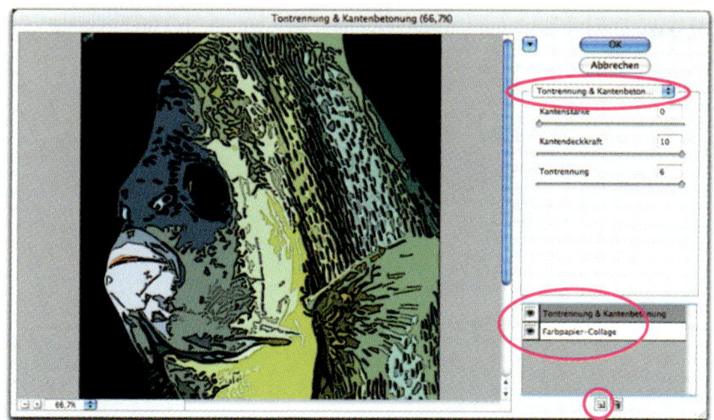

EINE GRÖSSERE VORSCHAU

Wenn Sie auf den Button mit dem Pfeil nach unten klicken, blenden Sie die Miniaturen der Filter ein (so dass Sie einen auswählen können) und aus (um eine größere Vorschau einzublenden).

MEHR DAVON

▼ Einen Hintergrund ausblenden **Seite 287**

FILTER-»SCHNELLSTART«

Wenn Sie Fotos mithilfe von Filtern in Grafiken verwandeln, benötigen Sie wahrscheinlich jedes Mal leicht unterschiedliche Einstellungen. Sobald Sie in der Filtergalerie einen Filter eingestellt haben, der Ihnen gefällt, können Sie diesen ganz einfach als Ausgangspunkt für andere Bilder festlegen, indem Sie eine Aktion aufnehmen: Stellen Sie in der Filtergalerie einen Filter ein und klicken Sie anschließend auf OK, um die Dialogbox zu schließen. Machen Sie den Effekt mit ⌘/Strg-Z rückgängig, um alle Effekte zu entfernen, die Sie mit der Filtergalerie angewendet haben. Öffnen Sie nun die Aktionen-Palette (FENSTER/AKTIONEN) und klicken Sie unten in der Palette auf den Button NEUE AKTION ERSTELLEN **A**; geben Sie der Aktion einen Namen und starten Sie die Aufnahme. Wählen Sie FILTER/FILTERGALERIE (den Eintrag ganz oben, um die letzten Einstellungen noch einmal anzuwenden). Klicken Sie in der Aktionen-Palette links neben den Eintrag »Filtergalerie« **B,** um das Icon einzublenden; stoppen Sie anschließend die Aufnahme **C.** Wenn Sie nun ein anderes Bild öffnen, auf den Namen der Aktion in der Aktionen-Palette klicken **D** und diese wiedergeben **E,** wendet die Filtergalerie die aufgenommenen Änderungen an und lässt die Dialogbox geöffnet, so dass Sie die Einstellungen auf das neue Bild anpassen können.

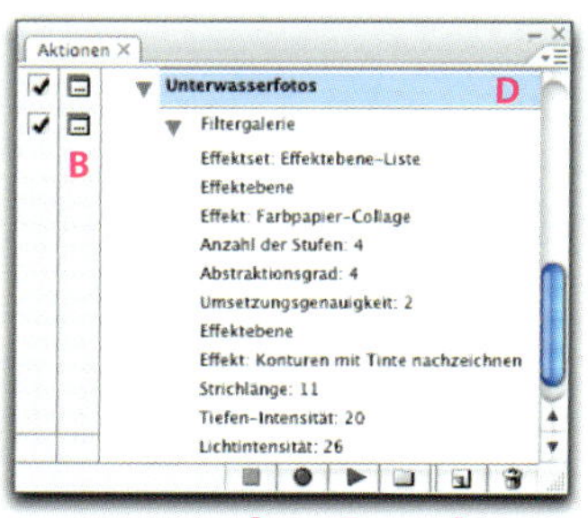

Lance Hidys *Tree Climbers* ist eine von mehreren verschiedenen Illustrationen, die er für die vierte Auflage von Laura Berks Buch *Child Development* (Allyn & Bacon) erstellt hat. Beginnend mit einer Metapher des Herausgebers Elaine Ober, fotografierte Hidy mehrere junge Modelle, die an einem spektakulären Magnolienbaum hinaufkletterten. Dann arbeitete er in Photoshop. Die Ebenen-Palette unten zeigt die Anatomie seiner Datei.

Er scannte das Foto, um später eine Auswahl des Baumes zu erstellen.▼ Er verfeinerte die Auswahl im Maskierungsmodus▼ und speicherte sie mit AUSWAHL/AUSWAHL SPEICHERN als Alphakanal.

Hidy fügte eine leere Ebene für den Hintergrund hinzu und füllte diese mithilfe des Verlaufswerkzeugs mit Farbe.▼ Er erstellte eine weitere Verlaufsfüllebene für den Baum und nutzte die gespeicherte Auswahl, um eine Maske für den Verlauf zu erstellen. (Um eine Ebenenmaske basierend auf dem Alphakanal zu erstellen, klicken Sie mit gedrückter ⌘/Strg-Taste auf die Miniatur des Alphakanals in der Kanäle-Palette. Aktivieren Sie die Ebene anschließend in der Ebenen-Palette und klicken Sie auf EINE EBENENMASKE

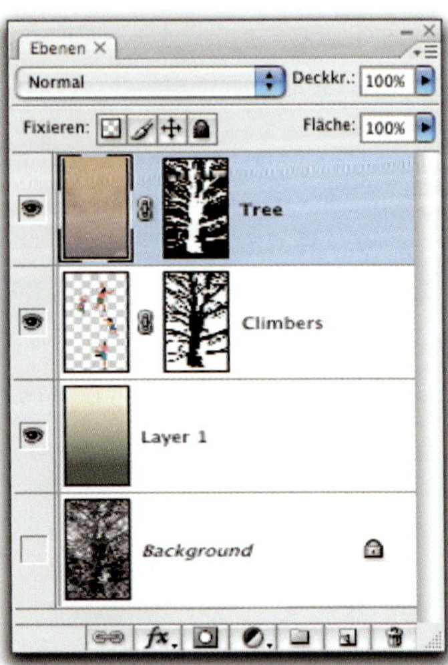

HINZUFÜGEN; durch die Maske ist nur der ausgewählte Bereich der Ebene zu sehen.) Dort, wo Hintergrund und Baum ähnliche Farbwerte besaßen, wendete Hidy den Nachbelichter auf de Baumebene an, um den Helligkeitsunterschied zu verstärken **A**.

Die Kletterer färbte er auf einer eigenen Ebene ein, indem er sie mit dem Lasso auswählte (mit deaktivierter Option GLÄTTEN). Die ausgewählten Bereiche füllte er mit dem Füllwerkzeug (Toleranz = 0, BENACHBART aktiviert, GLÄTTEN und ALLE EBENEN EINBEZIEHEN deaktiviert). Nachdem er einen Bereich gefüllt hatte, konnte er einen angrenzenden problemlos auswählen **B**. Weil er mit dem Füllwerkzeug arbeitete, wurde die Farbe durch die aktive Auswahl und die Farbe der angrenzenden Bereiche beschränkt.

Bei solchen Farbfüllungen vermeidet Hidy es, das Glätten zu verwenden. Er arbeitet mit harten Kanten, damit er, falls er einmal die Farbe wechseln will, nur mit dem Zauberstab (Toleranz = 0, BENACHBART aktiviert und GLÄTTEN deaktiviert) und anschließend mit dem Füllwerkzeug zu klicken braucht. (Einen anderen Ansatz zum Experimentieren mit Volltonfarben, Verläufen und Mustern finden Sie im Kasten rechts.)

Ohne Antialiasing sehen die Kanten verpixelt aus, wenn Sie in das Bild hineinzoomen. In der gedruckten Version sind die Pixel jedoch nicht zu sehen. Denn bei Illustrationen, die für den Standard-CMYK-Halbtondruck gedacht sind, arbeitet Hidy in der Druckgröße, mit einer Auflösung, die etwa doppelt so groß ist wie die Halbtonrasterauflösung, die beim Druck verwendet wird, so dass das Halbtonraster und nicht die Pixel die Glätte der gedruckten Kanten bestimmt. ▼

Hidy verwendete eine weitere Ebenenmaske, die er aus der gespeicherten Baumauswahl erstellte, und maskierte die Bereiche der Kletterer, in denen sich die Äste noch vor den Beinen oder Füßen befinden. (Wenn Sie eine Maske erstellen wollen, die den ausgewählten Bereich ausblendet, klicken Sie mit gedrückter ⌥/Alt-Taste auf den Button EBENENMASKE HINZUFÜGEN.)

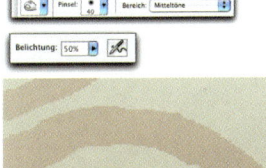

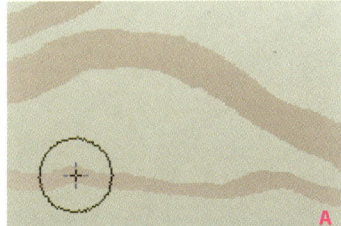

Verstärken Sie mit dem Nachbelichter den Kontrast zwischen Baum und Hintergrund.

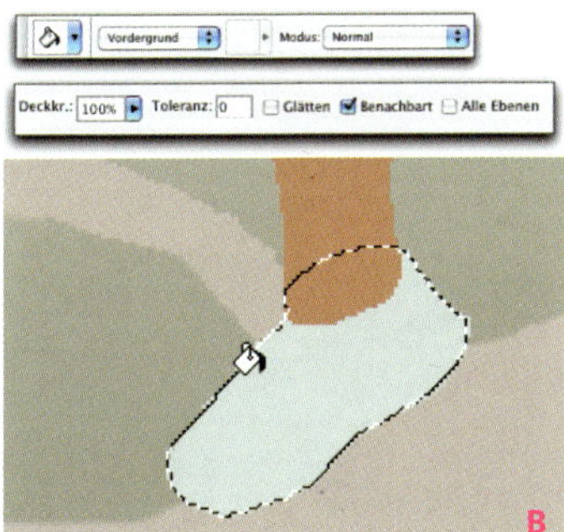

Die Füllung wird durch die Auswahl und das angrenzende Braun begrenzt.

SCHUTZ VOR FARBSCHLEIERN

Um unschöne Farbabstufungen zu vermeiden, bieten die Optionsleiste und die Dialogbox der Verlaufsfüllebene eine Dither-Option, die den Verlauf mit ein paar Störungen versieht.

MEHR DAVON

▼ Auswahlen erstellen **Seite 51**
▼ Maskierungsmodus **Seite 62**
▼ Verläufe erstellen & anwenden **Seite 160**
▼ Druckauflösung **Seite 89**

VORTEILE VON FÜLLEBENEN

Je nachdem, wie Sie Ihre Arbeit in Photoshop organisieren – mithilfe von Füllebenen können Sie die verschiedensten Optionen ausprobieren, wenn Sie mit Farben, Verläufen und Mustern arbeiten. Erstellen Sie zunächst eine Auswahl und wenden Sie anschließend eine Volltonfarbe-, Verlaufs- oder Muster-Füllebene an, indem Sie in der Ebenen-Palette auf NEUE FÜLLEBENE ODER EINSTELLUNGSEBENE ERSTELLEN klicken.

Hier sind einige Vorteile einer Füllebene gegenüber einer herkömmlichen Ebene:

- Um Änderungen vorzunehmen, brauchen Sie nur die entsprechende Dialogbox zu öffnen (oder den Farbwähler), indem Sie doppelt auf die entsprechende Miniatur in der Ebenen-Palette klicken; wählen Sie eine neue Farbe, einen neuen Verlauf oder ein neues Muster. Sie können im Arbeitsfenster auch einfach neu ziehen, um den Verlauf oder das Muster neu anzuordnen.
- Wenn Sie die Art der Füllung ändern wollen, wählen Sie einfach EBENE/INHALT DER EBENE ÄNDERN und die gewünschte Option.
- Wenn Sie im Anschluss ein Werkzeug oder einen Filter anwenden wollen, der nur auf einer pixelbasierten Ebene funktioniert, wählen Sie EBENE/RASTERN/FÜLLFLÄCHE. (Nach dem Rastern besitzt die Ebene allerdings nicht mehr die Eigenschaften einer Füllebene.)

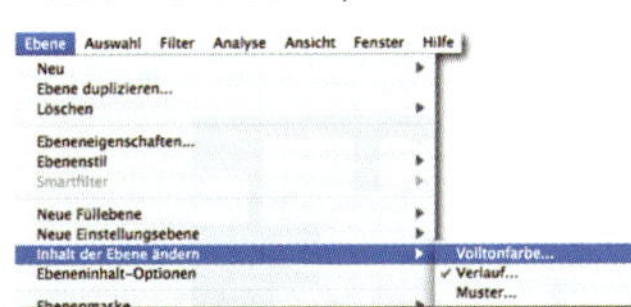

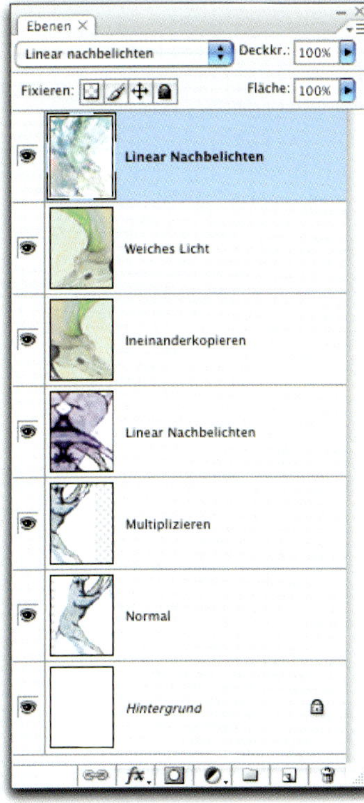

In der Ebenen-Palette links haben wir die Ebenen umbenannt, um Ihnen die Ebenenmodi zu verdeutlichen, die **Laurie Grace** ***in*** ihrem Bild ***Intrusion 38*** verwendet hat. Das Bild stammt aus derselben Serie wie das auf Seite 84. Jedoch spielt hier die Symmetrie nicht so eine große Rolle – hier spielen die Pinselstriche und Farben eine größere Rolle.

Grace begann eine neue Datei mit einem weißen Hintergrund in der Größe des finalen Bildes. Dann experimentierte Sie mit der Anordnung, der Skalierung, sie drehte, spiegelte und reduzierte die Ebene und änderte immer wieder den Ebenenmodus.

Sie kopierte und fügte einen Hund aus einem gescannten Bild ein **A** und skalierte ihn,▼ bis er zum Design des Bildes passte.

Die zweite Ebene war eine Kopie der ersten, die mit dem Verschieben-Werkzeug einfach ein Stück verschoben und für die der Modus MULTIPLIZIEREN aktiviert wurde, damit die Kombination der beiden Ebenen **B** die Umrisse des Hundes wiederholen.

Die dritte Ebene setzt sich aus zwei weiteren Kopien des Hundes zusammen – eine horizontal gespiegelt und zur Seite verschoben, um eine symmetrische Kombination der Formen zu erzeugen. Die obere der beiden Ebenen wurde aktiviert und mit der darunterliegenden auf eine Ebene reduziert. Die reduzierte Ebene wurde anschließend vertikal gespiegelt und zur Seite verschoben, skaliert und eingefärbt▼ **C**. Im Modus LINEAR NACHBELICHTEN werden die Farben abgedunkelt und intensiviert.

Die nächsten beiden Ebenen im Stapel stammen von einer gescannten Ölzeichnung **D**. Wie der Hund ist auch dieses Element größer als das Dokument. Grace spiegelte eine Kopie und verschob sie etwas. Für eine Ebene wählte sie den Modus ÜBERLAGERN/INEINANDERKOPIEREN, für die andere WEICHES LICHT, um den Kontrast zu verstärken und das Bild aufzuhellen **E**.

Die letzte Ebene **F** stellt eine weitere Kombination zweier Kopien des Hundes dar. Eine Kopie wurde vertikal gespiegelt und mit einem Scan eines anderen Gemäldes reduziert.

MEHR DAVON

▼ Transformieren
Seite 68

▼ Mit Farbbalance einfärben
Seite 208

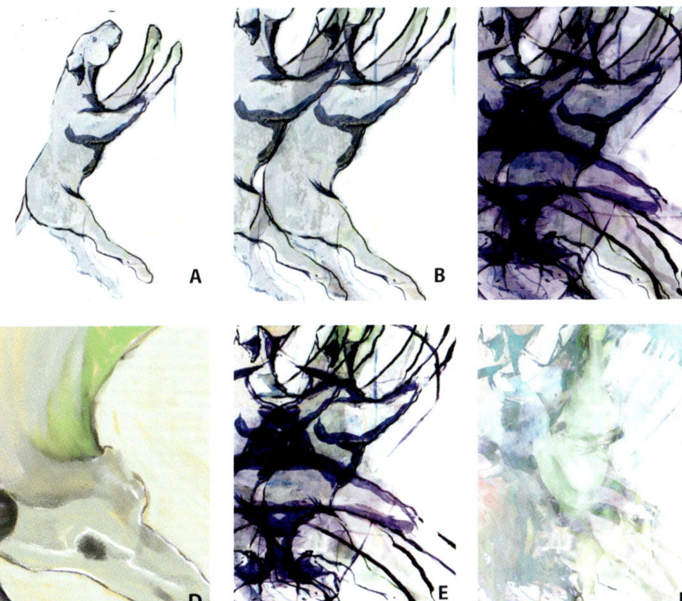

Kapitel 7

Text & Vektorgrafiken

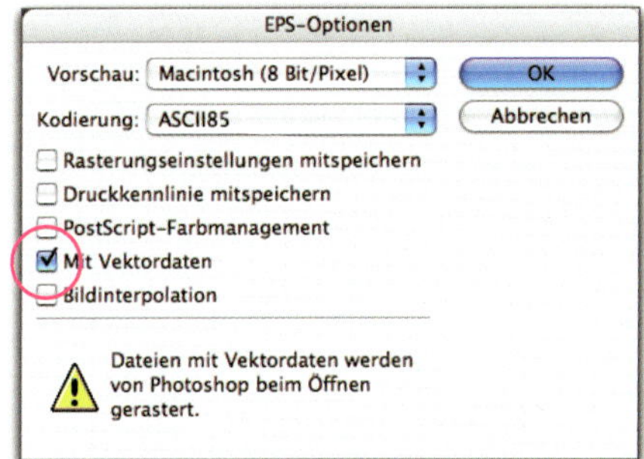

Photoshops Text und vektorbasierte Grafiken sind auflösungsunabhängig. Wenn sie auf einem PostScript-Ausgabegerät ausgegeben werden (wie das, das beispielsweise verwendet wurde, um die Druckplatten für dieses Buch zu erstellen), werden glatte Kanten erzeugt – unabhängig von der ursprünglichen Auflösung der Datei. In diesem Beispiel betrug die Auflösung 38 Pixel/Zoll. Die Datei wurde im Format Photoshop EPS gespeichert, die Vektordaten eingebettet. Im Ausdruck sind die Kanten des Textes und der vektorbasierten Formebene glatt. Die Ebenenstile passen sich ebenfalls an die glatten Kanten an. Das pixelbasierte Muster, das im Stil integriert ist, erscheint jedoch sehr grob, weil es ebenfalls mit 38 ppi erstellt wurde.

Photoshop ist mit den verschiedensten Möglichkeiten für vektorbasierten Text und vektorbasierte Zeichnungen ausgestattet. Sie konkurrieren mit einigen der besten Funktionen aus Programmen wie Adobe Illustrator, Adobe InDesign und QuarkXPress. Vektorbasierter Text und Grafiken können skaliert, gedreht und anderweitig bearbeitet werden, ohne die Kanten zu schädigen. Und das ist mit Photoshop möglich:

- **Text** (mit Rechtschreibprüfung und erweiterten Formatierungsoptionen) **auf** oder **in einem *Pfad*** (siehe unten), der editierbar bleibt und immer scharfe Kanten hat.
- **Pfade**, auflösungsunabhängige Kurven oder Umrisse, die zu keiner bestimmten Ebene gehören, jedoch gespeichert und für die Erstellung von Auswahlen aktiviert werden können; sie können die Grundlinie für Text bilden, ihn umschließen oder bei der Ausgabe für eine Silhouette sorgen.
- **Vektormasken** für scharfkantige Silhouetten einzelner Ebenen oder Ebenengruppen. ▼
- Vektorbasierte **Formebenen**, beispielsweise Volltonfarbebenen mit einer Vektormaske, die den Farbauftrag kontrolliert.

MEHR DAVON

▼ Masken **Seite 65**

Vektorbasierter Text und Grafiken sind sehr effizient (Sie können die Formen ganz leicht ändern) und ökonomisch (die Dateigröße wird nicht so stark erhöht wie bei pixelbasierten Ebenen). In diesem Kapitel lernen Sie, wie Sie Photoshops Vektorpower nutzen. Sie erfahren auch, wann es besser ist, sich auf PostScript-basierte Illustrations- oder Seitenlayout-Programme zu verlassen, und wie Sie Ihre Arbeiten zwischen diesen Programmen und Photoshop austauschen.

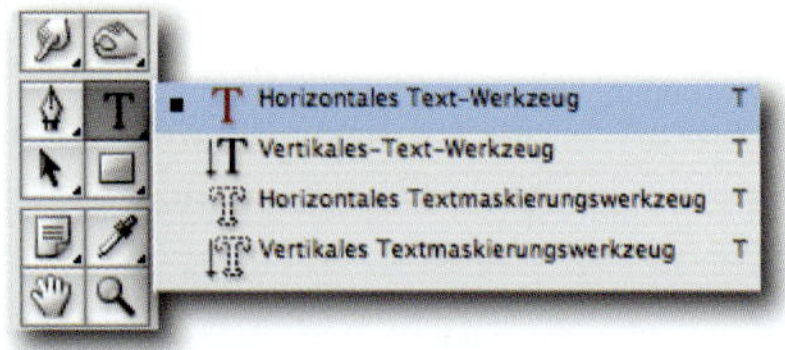

Auch wenn es insgesamt vier verschiedene Textwerkzeuge gibt, wird am häufigsten das für horizontalen Text verwendet. Leiten Sie von dieser Textfunktion Masken ab, statt mit dem Textmaskierungswerkzeug zu arbeiten.

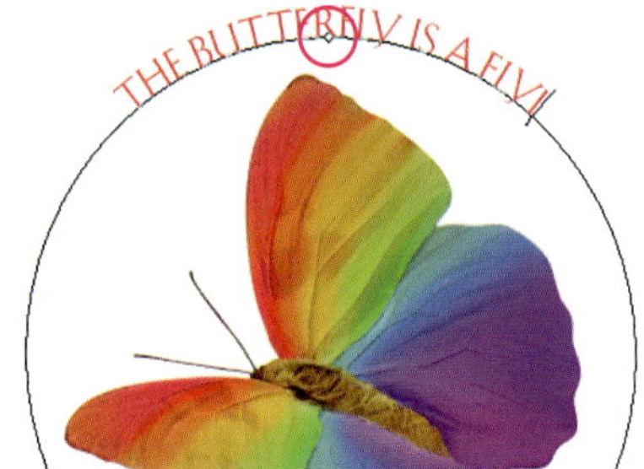

Sie können in Photoshop Pfade als Grundlinien für Ihren Text verwenden. Zentrierter Text (hier zu sehen) breitet sich vom Klickpunkt in beide Richtungen aus.

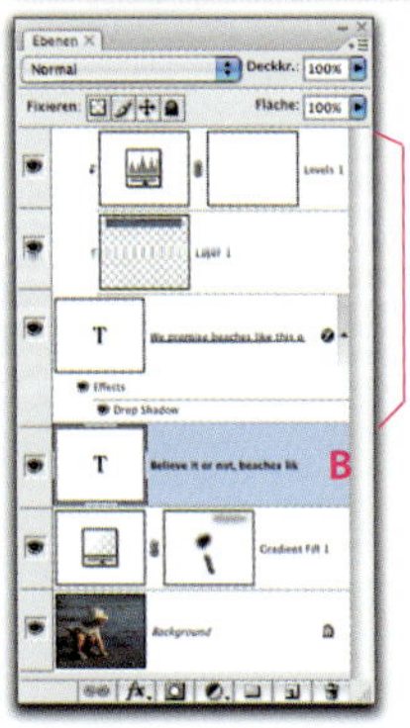

Editierbarer Text kann mit einem Bild gefüllt werden und behält seine Editierbarkeit. Erstellen Sie dazu eine Beschneidungsgruppe **A**, wie in diesem Layout von Seite 593. Die Überschrift wurde als Punkttext erstellt, der Textkörper als Absatztext in einem vordefinierten Bereich **B**.

TEXT

Photoshop verwendet dieselbe leistungsfähige Textengine, die Sie auch in InDesign finden, inklusive der Spezialfunktionen von Open Type (Schriftarten, die für Windows und Mac nur eine Datei verwenden und eine bessere typografische Kontrolle bieten – beispielsweise Glyphen oder Ligaturen). Seit Photoshop CS können Sie Text auf oder in einem Pfad erstellen. Viele der Texteinstellungen für ein bildbasiertes einseitiges Dokument können Sie nun in Photoshop vornehmen.

Unter den meisten Umständen können Sie den Text editierbar belassen und Farbe, Deckkraft sowie Ebeneneffekte und das Überblenden in andere Ebenen kontrollieren. Sie können beispielsweise Ebenenstile anwenden oder den Text verkrümmen. Mithilfe einer Beschneidungsgruppe auf einer Textebene können Sie Text auch maskieren und Bilder einfügen.

Photoshop ist mit vier **Textwerkzeugen** ausgestattet, wie links zu sehen. Das wichtigste ist das **Horizontale Text-Werkzeug T** (der Standard). Wenn wir vom Textwerkzeug sprechen, meinen wir immer dieses. Das **Vertikale Text-Werkzeug** funktioniert wie das horizontale, nur dass die Buchstaben übereinander aufgebaut werden.

Zu Beginn

Um kurz auf die Grundlagen von Text einzugehen, beginnen wir mit einer kurzen allgemeinen Zusammenfassung und werden dann die speziellen Textoptionen besprechen. Text ist selten beim ersten Versuch gleich korrekt eingestellt, deshalb zeigen wir Ihnen, wie Sie Ihren Text genau dort positionieren, wo Sie ihn haben wollen. Weil Pfadtext einen speziellen Umgang verlangt, besprechen wir ihn separat ab Seite 424. Anschließend lernen Sie, Text jederzeit wieder zu ändern. Und schließlich zeigen wir Ihnen, wie Sie Text skalieren und für Spezialeffekte verkrümmen.

Ein kurzer Überblick, wie Sie mit Text arbeiten:

- Erstellen Sie in Ihrer Photoshop-Datei zunächst eine Textebene. Aktivieren Sie dazu das Textwerkzeug, klicken oder ziehen im Arbeitsfenster und beginnen Sie mit der Eingabe. Wenn Sie klicken (und nicht ziehen) erstellen Sie Punkttext – er wird auf einer Zeile erstellt, bis Sie einen Zeilenumbruch einfügen (siehe Seite 419). Wenn Sie mit dem Textwerkzeug ziehen statt zu klicken, erstellt Photoshop einen Textrahmen – der eingegebene Text passt sich automatisch diesem Rahmen an; dieser automatisch umbrechende Text wird als **Absatztext** bezeichnet.

Text innerhalb eines Pfades ist eine spezielle Art von Absatztext. Wenn ein geschlossener Pfad aktiv ist und Sie das Textwerkzeug in den Pfad hineinbewegen, bildet sich der Text-innerhalb-eines-Pfades-Cursor, wie hier zu sehen. Wenn Sie jetzt Text eingeben, wird der Pfad als Umrandung verwendet. So können Sie Text auch in anderen Formen als in einem Rechteck anwenden.

Punkttext ist ideal für Überschriften und Beschriftungen. Er funktioniert auch ganz gut für mehrere Textzeilen, bei denen Sie den Zeilenumbruch kontrollieren oder nicht mit einem Textrahmen hantieren wollen (Seite 427). **Absatztext** eignet sich hervorragend, um Text in einen bestimmten Bereich einzupassen, weil Sie zuerst den Textrahmen erstellen und dann den Text eingeben.

- **Textspezifikationen** – beispielsweise **Schriftart**, **Größe**, **Ausrichtung** und **Abstand** – nehmen Sie in der Optionsleiste, der Zeichen- und der Absatz-Palette vor, die Sie auf den Seiten 422 und 423 sehen. Sie können die Einstellungen bereits vor der Texteingabe vornehmen – direkt, nachdem Sie das Textwerkzeug aktiviert haben –, oder Sie geben zunächst den Text ein und legen dann die Einstellungen fest. Hier erfahren Sie, wie Sie Teile oder den gesamten Text formatieren.

Punkttext über mehrere Zeilen

Um Text über mehrere Linien, jedoch ohne den Begrenzungsrahmen von Absatztext anzuwenden, können Sie Punkttext erstellen. Einen neuen Absatz beginnen Sie ganz einfach mit der ↵-Taste, eine neue Zeile mit ⇧-↵.

- Bei einer **neuen Zeile** springt der Cursor einfach in eine neue Zeile und verwendet dieselbe Ausrichtung (links, rechts oder zentriert, die Sie in der Optionsleiste oder der Absatz-Palette einstellen) und denselben Abstand (das ist der Platz zwischen den Zeilen, den Sie in der Zeichen-Palette eingeben).
- Ein **neuer Absatz** beginnt ebenfalls mit einer neuen Zeile, die jedoch zusätzlich mit einem Leerraum beginnt. Die Einstellungen für den Absatz nehmen Sie in der Absatz-Palette vor.

Der Spielraum Ihrer Einstellungen

Die Einstellungen, die Sie in der Optionsleiste, der Zeichen- oder der Absatz-Palette vornehmen, können auf einzelne Zeichen oder die gesamte Textebene angewendet werden (auch auf mehr als eine Ebene). Wählen Sie dazu die Textebene aus und tun Sie Folgendes:

- **Um nur den neuen Text zu ändern,** den Sie zur Textebene hinzufügen, aktivieren Sie das Textwerkzeug und klicken Sie, um einen Anfangspunkt zu wählen. Wählen Sie die Einstellungen und geben Sie den Text ein.
- **Um nur einen Teil des bestehenden Textes zu ändern,** aktivieren Sie das Textwerkzeug T, wählen Sie den Text aus, den Sie ändern wollen, und ändern Sie die Einstellungen.
- **Um den gesamten Text einer Ebene zu ändern**, aktivieren Sie das Textwerkzeug ohne zu klicken und ändern Sie die Einstellungen.
- **Um mehrere Textebenen gleichzeitig zu ändern**, verbinden Sie in CS die Ebenen, aktivieren Sie das Textwerkzeug, halten die ⇧-Taste gedrückt und ändern Sie die Einstellungen, ohne im Bildfenster zu klicken. Ab CS2 wählen Sie die Textebenen mit gedrückter ⇧-Taste aus.

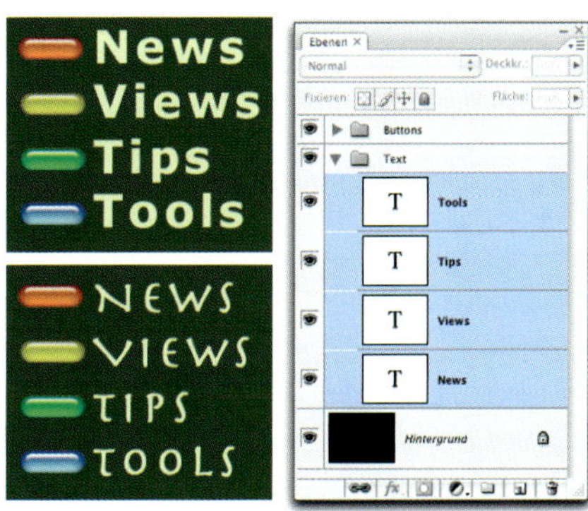

Mithilfe des Farbfeldes in der Optionsleiste des Textwerkzeugs können Sie die Textfarbe ändern, ohne die Vordergrundfarbe in der Werkzeug-Palette zu ändern.

Text rückgängig machen

Wenn Sie auf einer Textebene einen Fehler gemacht oder es sich anders überlegt haben:

- **Um in der Textebene zu bleiben,** den letzten Vorgang jedoch rückgängig zu machen, drücken Sie ⌘/Strg-Z.
- **Um die Textebene zu verlassen** und alles seit Einfügen der Textebene rückgängig zu machen, klicken Sie auf den Abbrechen-Button ⃠ in der Optionsleiste oder drücken Sie die Esc-Taste.

Klicken was das Zeug hält

Durch Klicken mit der Maus können Sie den Text unterschiedlich auswählen:

- Mit einem Klick positionieren Sie den Cursor.
- Mit einem Doppelklick wählen Sie ein Wort aus.
- Dreifaches Klicken wählt die Textzeile aus.
- Durch vierfaches Klicken wählen Sie den Absatz aus (der ist durch einen Zeilenumbruch mit der ↵-Taste definiert).
- Klicken Sie fünfmal hintereinander, wählen Sie den gesamten Textblock aus.

Für Absatztext gibt es mehr Textoptionen als für Punkttext. Dazu gehören der **Blocksatz** (die Möglichkeit, beide Zeilenenden bündig mit dem Textrahmen abzuschließen), **Silbentrennung**, **hängende Interpunktion** (z.B. Anführungszeichen und Kommas, die für eine bessere und optische Balance aus dem Textblock herausragen) sowie der Zugang zu weiteren Einstellungen mit **Adobe Zeilensetzer** (mehr auf Seite 422).

- Egal, ob Punkt- oder Absatztext, Photoshop erstellt immer eine **Textebene**, damit der Text von den anderen Elementen der Datei getrennt wird und separat bearbeitet werden kann. Wenn Sie die Texteingabe beendet haben und etwas anderes machen wollen, drücken Sie am besten ⌘/Strg-↵, aktivieren Sie ein neues Werkzeug oder klicken Sie in der Ebenen-Palette auf die Miniatur einer anderen Ebene. Der Text wird damit automatisch bestätigt.
- **Wenn Sie den Text später noch einmal bearbeiten wollen,** aktivieren Sie das Textwerkzeug und klicken Sie in der Ebenen-Palette auf den Namen der Textebene, und schon sind Sie drin! Sie können nun Text auswählen und Änderungen vornehmen, wie auf Seite 426 beschrieben.
- Wenn Sie in einer Datei, die bereits eine Textebene enthält, **eine weitere, separate Textebene erstellen wollen,** stellen Sie sicher, dass Sie eine neue Textebene beginnen, indem Sie das Textwerkzeug aktivieren und mit gedrückter ⇧-Taste klicken oder ziehen. (Falls Sie mit gedrückter ⇧-Taste ziehen, um Absatztext zu erstellen, wird der Textrahmen quadratisch, es sein denn, Sie lassen die ⇧-Taste direkt nach Beginn des Ziehens wieder los.)

Texteinstellungen

Sobald Sie das Textwerkzeug aktiviert haben, finden Sie alle Einstellungen zu diesem Werkzeug in der Optionsleiste. Von dort aus haben Sie auch Zugang zur **Zeichen-Palette** (für Einstellungen auf Zeichenbasis) und zur **Absatz-Palette** (für Absatzeinstellungen). Auf den Seiten 422 und 423 werden die einzelnen Einstellungen erklärt. Auf Seite 447 lernen Sie etwas über die Laufweite und andere Zeicheneinstellungen sowie über Tastatur-Kurzbefehle, mit denen Sie Ihre Arbeit deutlich beschleunigen können.

Dynamische Größeneinstellung

Die Ziehfunktion kann wunderbar genutzt werden, um Text dynamisch anzupassen. Klicken Sie mit dem Textwerkzeug zunächst in den Text und wählen Sie diesen aus (⌘/Strg-A). Verschieben Sie den Cursor anschließend über das Icon SCHRIFTGRAD EINSTELLEN und ziehen Sie nach links oder rechts, um die Größe anzupassen.

Lorem ipsum dolor sit amet, consectetuer

Wenn Sie an einem der Eckpunkte ziehen, passen Sie die Größe des Textrahmens an. (Hier sehen Sie ein Beispiel für hängende Interpunktion, die Sie aus dem Menü der Absatz-Palette wählen können.)

Roses are red and violets are blue. Sugar is sweet and so are you.

Roses are red and violets are blue. Sugar is sweet and so are you.

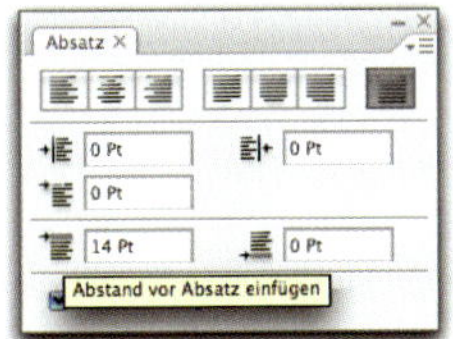

Egal, ob Absatz- oder Pfadtext links, rechts oder zentriert ausgerichtet ist, er beginnt immer so weit oben oder so dicht am Pfad, wie möglich. Falls dadurch ein unschöner Bruch entsteht (oben), verschieben Sie ihn nach unten, indem Sie ↵ drücken und in der Absatz-Palette über das Icon ABSTAND VOR ABSATZ EINFÜGEN »schrubben«.

Schrift anpassen

Um Punkt- oder Absatztext in einen verfügbaren Platz einzupassen, können Sie die Gesamtgröße ändern, indem Sie alles auswählen (⌘/Strg-A) und den Cursor über das Symbol SCHRIFTGRAD EINSTELLEN halten – er verwandelt sich in einen Doppelpfeil und Sie können durch Verschieben nach links und nach rechts die Textgröße dynamisch anpassen. Weitere Einstellmöglichkeiten, beispielsweise die Laufweite, finden Sie in der Zeichen-Palette. Klicken Sie in der Optionsleiste dazu auf den Button . Vermeiden Sie Einstellungen in der Zeichen-Palette, die die Schriftart verändert – beispielsweise Höhe oder Breite der Buchstaben. (Lesen Sie dazu auch den Kasten auf Seite 427.)

Absatztext bietet noch mehr Optionen – eine ist die Vergrößerung des Textrahmens. Wenn Sie mehr Text schreiben als in den Textrahmen passt, nimmt Photoshop den zusätzlichen Text auf und zeigt im Kästchen unten rechts ein kleines Pluszeichen. Wenn Sie an einem der Punkte des Textrahmens ziehen, passen Sie dessen Größe an. Ist der Textrahmen groß genug, wird auch der restliche Text angezeigt. In manchen Fällen können Sie den Textrahmen jedoch nicht vergrößern, weil der Textbereich beschränkt ist. Auf Seite 599 lernen Sie weitere Techniken kennen, wie Sie Absatztext anpassen können und in welcher Reihenfolge.

Die Textanpassung **innerhalb eines Pfades** funktioniert genauso – Sie können den Textrahmen vergrößern oder den Pfad anpassen.

Das Anpassen von Pfadtext wird auf Seite 425 beschrieben.

Text verschieben oder drehen

Um den gesamten Text (Punkt-, Absatz- oder Pfadtext) zu verschieben, müssen Sie sicherstellen, dass die Textebene (klicken Sie bei Bedarf in der Ebenen-Palette auf die Miniatur der Textebene) sowie das Textwerkzeug aktiv sind. Klicken Sie anschließend in den Text und halten Sie die ⌘/Strg-Taste gedrückt, damit sich der Cursor in einen Pfeil verwandelt. Um den Text zu drehen, müssen Sie ebenfalls ⌘/Strg drücken, dann den Cursor außerhalb des Textrahmens verschieben, bis er sich in einen gebogenen Pfeil verwandelt – daraufhin können Sie den Textrahmen drehen.

Achtung: Wenn Sie mit gedrückter ⌘/Strg-Taste einen der Punkte des Textrahmens verschieben, verzerren Sie die Schrift samt Rahmen (siehe Kasten auf Seite 426).

Fortsetzung auf Seite 424

TEXTOPTIONEN

Photoshops anspruchsvolle Optionen für die Erstellung und Bearbeitung von Text finden Sie in der Optionsleiste des Textwerkzeugs, der Zeichen- und Absatz-Palette sowie in verschiedenen Dialogboxen. In der Optionsleiste finden Sie **Schriftart, Schriftgröße** und **Ausrichtung**. Ausführlichere Optionen finden Sie in den Paletten.

Wenn Sie auf den Button VERKRÜMMTEN TEXT ERSTELLEN klicken, öffnet sich eine Dialogbox, in der Sie einen Stil für den Text auswählen und anpassen können.

Die **Optionsleiste** des Textwerkzeugs bietet Möglichkeiten für **horizontalen** oder **vertikalen** Text.

Die **Ausrichtungsoptionen** finden Sie in der Optionsleiste des Text- und Textmaskierungswerkzeugs.

Klicken Sie in das **Farbfeld** (hier oder in der Zeichen-Palette), um die Textfarbe unabhängig von der Vordergrundfarbe zu wählen.

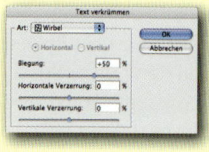

Mit dem Button **Zeichen-/Absatz-Palette ein/ausblenden** öffnen und schließen Sie die Paletten.

Die Textglättung SCHÄRFER ist meist die beste Wahl; SCHARF ist nicht ganz so scharf. Für kleinen Bildschirmtext wählen Sie am besten STÄRKER (um die Schrift schwerer zu machen) sowie ABRUNDEN (für eine glatte Schrift) oder OHNE (wenn die Kanten etwas zackiger sein sollen).

Die Buttons AKTUELLE BEARBEITUNGEN ABBRECHEN und AKTUELLE BEARBEITUNGEN BESTÄTIGEN finden Sie in der Optionsleiste, wenn Sie mit dem Textwerkzeug ins Arbeitsfenster geklickt haben. Der Abbrechen-Button entspricht der Esc-Taste; Sie verlassen den Text, ohne Änderungen vorzunehmen. Der Bestätigen-Button entspricht ⌘/Strg+↵ – Sie bestätigen die Änderungen.

Viele Optionen in der **Absatz-Palette** (beispielsweise der Platz zwischen den Absätzen) stehen Ihnen nur bei Absatz- und Pfadtext zur Verfügung. Mit der Ausrichten-Option können Sie auch den Abstand von Pfadtext einstellen (Seite 426).

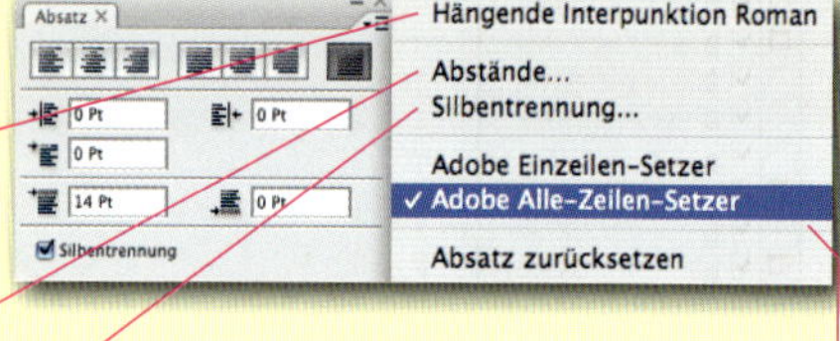

Hängende Interpunktion Roman ermöglicht, dass Satzzeichen wie Anführungszeichen und Kommas über den Textrahmen hinausragen können (unterer Absatz). Weil es sich um sehr kleine Satzzeichen handelt, sehen sie eingerückt aus (oberer Absatz).

"What she did," he said to his long-time friend.

"Yeah, I know," said his friend, putting his drink on the table.

Der Unterschied zwischen dem **Ein-Zeilen-Setzer** und dem **Alle-Zeilen-Setzer** wird in den Abbildungen unten deutlich. **Der Ein-Zeilen-Setzer** stellt die beste Ausrichtung der Wörter für jede Zeile separat ein. Zuerst wird der Abstand der Wörter angepasst, dann die Trennungen, dann der Buchstabenabstand. **Beim Alle-Zeilen-Setzer** kann sich der Abstand des gesamten Absatzes ändern, um ein Problem in einer einzelnen Zeile zu lösen. Höchste Priorität hat die gleichmäßige Verteilung der Wörter im Absatz – deshalb ist diese Option oft besser als der Ein-Zeilen-Setzer.

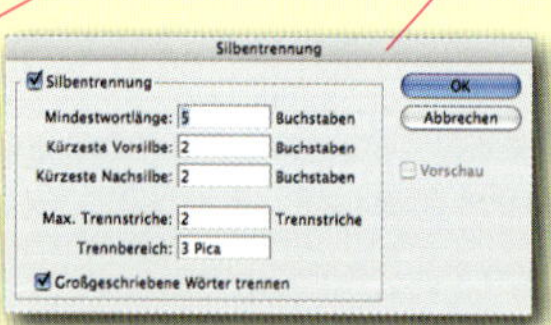

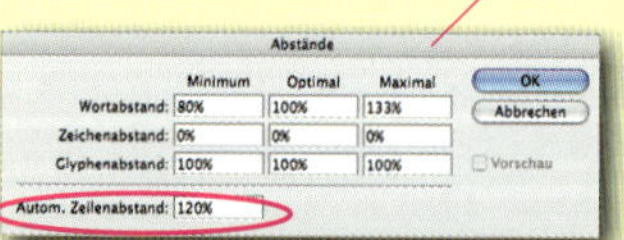

In der Abstände-Dialogbox können Sie verschiedene Abstände definieren (Wortabstand, Zeichenabstand und die Schriftzeichenskalierung). Sie können auch einen Wert für den Auto-Zeilenabstand in der Zeichen-Palette festlegen.

In der **Silbentrennung**-Dialogbox können Sie wählen, ob im Standardtext und in großgeschriebenen Wörtern eine Silbentrennung vorgenommen werden soll. Dabei können Sie die Anzahl der Buchstaben, nach denen getrennt werden darf, und die maximale Anzahl der Trennungen (**Max. Trennstriche**) sowie den **Trennbereich** festlegen; das gilt nur für Text, auf den Sie den Ein-Zeilen-Setzer angewendet haben).

Ein-Zeilen-Setzer

Pellentesque laoreet ligula sit amet eros. In neque mauris, sodales in, pharetra vel, condimentum sit amet, massa. Aenean lacinia ligula sit amet.

Alle-Zeilen-Setzer

Pellentesque laoreet ligula sit amet eros. In neque mauris, sodales in, pharetra vel, condimentum sit amet, massa. Aenean lacinia ligula sit amet.

In der **Zeichen-Palette** können Sie das **Kerning**, die **Laufweite und die Grundlinie** anpassen sowie andere Spezifikationen Zeichen für Zeichen vornehmen.

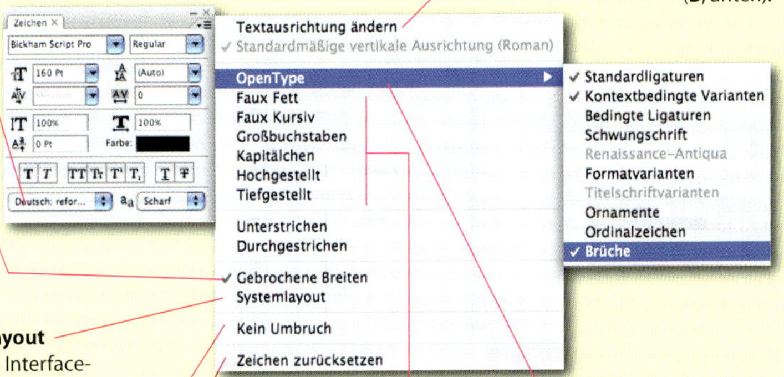

Die Option **Textausrichtung ändern** wechselt zwischen vertikalem und horizontalem Text. **Standard vertikale Ausrichtung** stapelt die Buchstaben übereinander (**A**, unten); ansonsten werden sie horizontal gesetzt und um 90° im Uhrzeigersinn gedreht (**B**, unten).

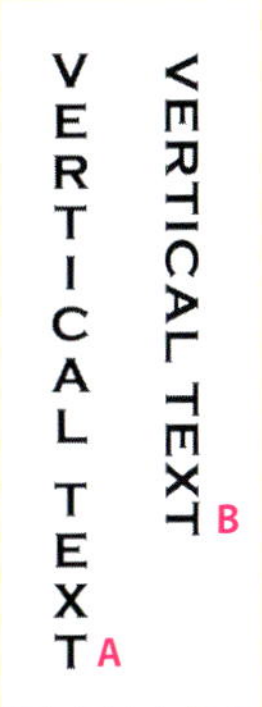

Die gewählte **Sprache** bestimmt, mit welchem Wörterbuch Photoshop arbeitet.

Textausrichtung ändern
✓ Standardmäßige vertikale Ausrichtung (Roman)
OpenType
Faux Fett
Faux Kursiv
Großbuchstaben
Kapitälchen
Hochgestellt
Tiefgestellt
Unterstrichen
Durchgestrichen
✓ Gebrochene Breiten
Systemlayout
Kein Umbruch
Zeichen zurücksetzen

✓ Standardligaturen
✓ Kontextbedingte Varianten
Bedingte Ligaturen
Schwungschrift
Renaissance-Antiqua
Formatvarianten
Titelschriftvarianten
Ornamente
Ordinalzeichen
✓ Brüche

VERTICAL TEXT A

VERTICAL TEXT B

Sie können die Option **Gebrochene Breiten** deaktivieren, damit kleine Buchstaben für die Bildschirmanzeige nicht ineinander laufen.

Mit der Option **Systemlayout** sehen Sie, wie Ihr Text im Interface-Design aussieht. Wenn Sie diese Option aktivieren, wird in der Optionsleiste automatisch die Option GLÄTTEN: OHNE aktiviert.

Sie können einzelne oder mehrere Wörter auswählen, die am Ende einer Zeile nicht umgebrochen werden sollen.

Die Option **Zeichen zurücksetzen** setzt alle Textformatierungen der Zielebene auf die Standards zurück. Zum Standard gehört es auch, dass die Vordergrundfarbe die Textfarbe bildet. Falls die Vordergrundfarbe also aktuell, beispielsweise also grün ist, wird der Text auch grün. Die Absatzeigenschaften werden mit diesem Befehl nicht zurückgesetzt, das müssen Sie in der Absatz-Palette einstellen.

LOREM IPSUM DOLOR SIT AMET, CONSECTETUER

Lorem ipsum dolor sit amet, consectetuer

Die meisten Stile in diesem Teil des Menüs (auch als Icon unten in der Zeichen-Palette zu finden) werden von Photoshop erzeugt. **Kapitälchen** verwenden entweder echte Kapitälchen der Schrift oder verwenden eigene.

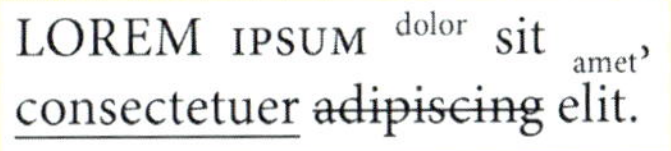

LOREM IPSUM dolor sit amet, consectetuer ~~adipiscing~~ elit.

Text mit der Option **Faux Fett** kann nicht in Formen oder Pfade umgewandelt werden. Aber Faux Fett und **Faux Kursiv** sind nützlich, wenn Sie Ebenenstile oder Filter anwenden wollen. Wenn Schriften wirklich fette und kursive Schriftschnitte enthalten, sehen die Optionen Faux Fett und Faux Kursiv anders aus.

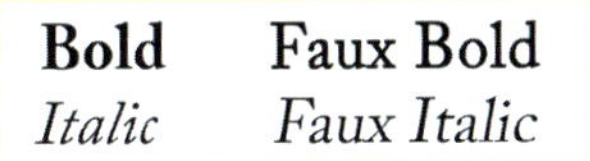

Bold **Faux Bold**
Italic *Faux Italic*

Nicht alle **Open-Type**-Schriftarten enthalten alternative oder zusätzliche Glyphen (Zeichen). Obwohl eine Open-Type-Schrift bis zu 65.000 Glyphen enthalten kann, enthalten viele jedoch nur den Standard von 256 Zeichen. Um zu diesen Alternativen zu gelangen, wählen Sie diese einfach aus dem Menü. Falls ein Menüeintrag verblasst dargestellt ist, bietet die aktuelle Schriftart dazu keine Alternative.

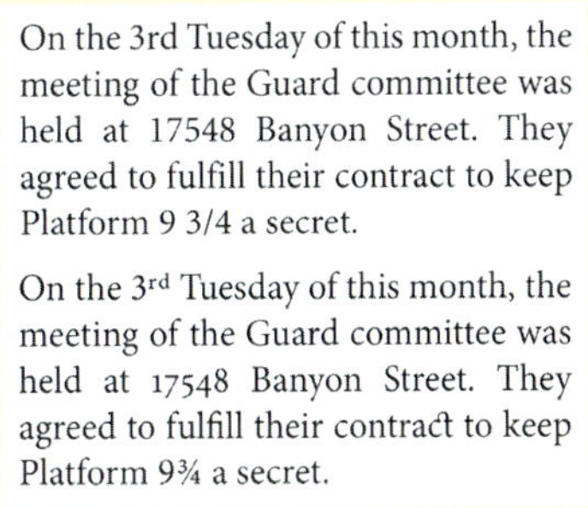

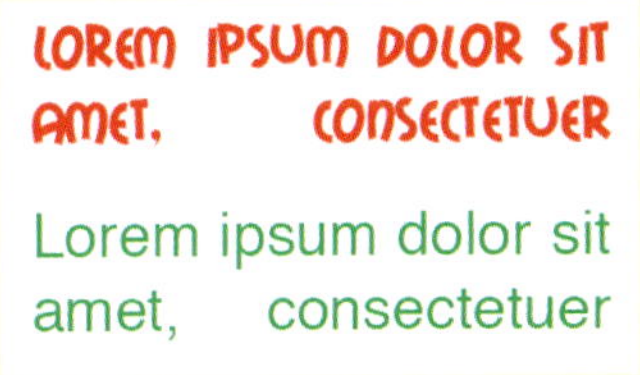

On the 3rd Tuesday of this month, the meeting of the Guard committee was held at 17548 Banyon Street. They agreed to fulfill their contract to keep Platform 9 3/4 a secret.

On the 3rd Tuesday of this month, the meeting of the Guard committee was held at 17548 Banyon Street. They agreed to fulfill their contract to keep Platform 9¾ a secret.

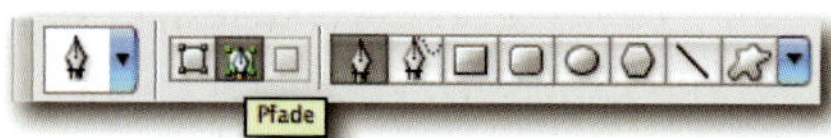

Um einen Pfad für Pfadtext anzulegen, verwenden Sie den Zeichenstift oder eines der anderen Formwerkzeuge mit aktivierter Pfadoption.

Wenn der Pfadtext-Cursor erscheint, folgt Ihre Eingabe dem Pfad.

Erscheint dieser Cursor, können Sie den Anfangspunkt des Textes mit gedrückter ⌘/Strg-Taste entlang des Pfades verschieben.

Wenn dieser Cursor erscheint, lässt sich die Endmarkierung verschieben.

Um den Text zu zentrieren, verschieben Sie einfach den Mittelpunkt, um gleichzeitig auch eine der beiden Endmarken zu verschieben.

Die Markierung für den Textüberhang verdeutlicht, dass noch mehr Text vorhanden ist. Verschieben Sie den Cursor nach außen, um den Text einzublenden.

Pfadtext

Pfadtext ist Punkttext, der einen Pfad als Grundlinie verwendet, und der nicht einfach horizontal (oder vertikal) erstellt wird. Der Pfad kann geöffnet (mit zwei Enden) oder geschlossen sein (fortlaufend ohne offenes Ende). Damit der Text leicht lesbar bleibt, sollten Sie als Pfade und Formen nur schwache und einfache Krümmungen verwenden.

Um Text auf einem Pfad zu erstellen, können Sie einen bestehenden Pfad aktivieren (klicken Sie auf die Miniatur in der Pfade-Palette) oder eine Formebene (klicken Sie auf deren Miniatur in der Ebenen-Palette). Oder Sie legen ganz einfach einen neuen Pfad an: Für einen **handgezeichneten Pfad** aktivieren Sie den Zeichenstift, klicken in der Optionsleiste auf den Pfade-Button und beginnen zu zeichnen. Für eine **Pfadvorgabe (oder Formvorgabe)** aktivieren Sie eines der Formwerkzeuge (mit ⇧-U können Sie zwischen ihnen wechseln); klicken Sie in der Optionsleiste auf den Pfade-Button und erstellen Sie die Form.▼

MEHR DAVON
▼ Zeichenwerkzeuge
Seite 430

Sobald Sie einen Pfad angelegt haben, können Sie die Textspezifikationen in der Optionsleiste vornehmen. Verschieben Sie den Cursor anschließend auf den Pfad, bis er so aussieht: Klicken Sie, um **links**, **rechts** oder **zentriert ausgerichteten Text** zu erstellen.

Haben Sie jedoch einen Moment Geduld, es kann sein, dass Photoshop einen Moment braucht, um den Texteinfügecursor anzuzeigen. In der Ebenen-Palette wird eine neue Textebene angelegt. Zusammen mit dem Einfügecursor erscheinen auf dem Pfad zwei **Endmarkierungen** – »x« und »o«. Photoshop tut sein Bestes, um diese Markierungen dort zu positionieren, wo Sie sie haben wollen:

- Für **linksbündigen** Text befindet sich das »x« dort, wo Sie klicken, das »o« am Ende des Pfades.
- Für **rechtsbündigen** Text befindet sich das »o« dort, wo Sie klicken Sie und das »x« am Beginn des Pfades.
- **Zentrierter Text** ist deutlich interessanter. Zunächst erhalten Sie eine zusätzliche Markierung – eine Raute (◊), die

Wenn Sie eine Formebene als Pfad verwenden, wird eine neue Textebene erstellt, die separate Formebene bleibt erhalten. Um Text an den gegenüberliegenden Seiten eines geschlossenen Pfades zu platzieren, ist es oft besser, den Text auf zwei verschiedenen Ebenen zu platzieren. Der untere Text wurde mit dem horizontalen Textwerkzeug und einer negativen Grundlinienverschiebung erstellt, um ihn unter dem Pfad zu platzieren. Der Name des Autors wurde mit dem vertikalen Textwerkzeug hinzugefügt.

PFADTEXT KONTROLLIEREN

Besonders auf einem geschlossenen Pfad kann es schwierig sein, herauszufinden, was passiert, wenn Sie den Textcursor mit gedrückter ⌘/Strg-Taste über eine Endmarkierung ziehen. In den Abbildungen sehen Sie, was wann passiert.

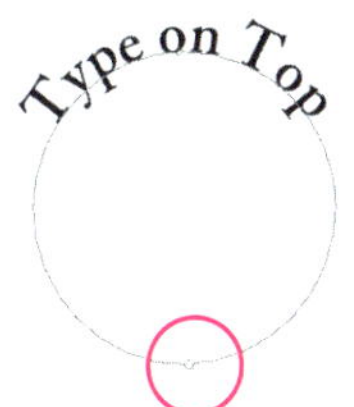

Auf einem geschlossenen Pfad überlappen sich die Endmarkierungen. Achten Sie genau darauf, welchen Marker Sie wählen.

Trennen Sie die Endmarker, indem Sie in die richtige Richtung ziehen und den Text entlang des Pfades verschieben.

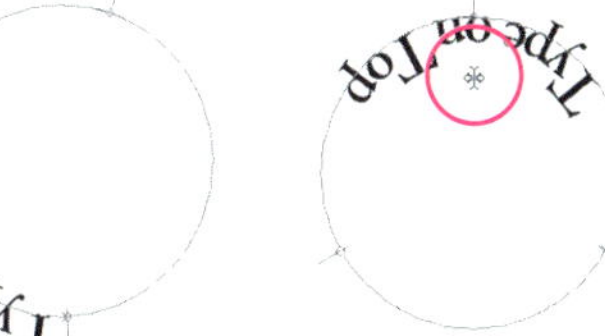

Falls Sie die Endmarker versehentlich kreuzen, wird der Text gespiegelt und kann teilweise verschwinden. Ziehen Sie einfach zurück.

Wenn Sie den Cursor senkrecht über den Pfad verschieben, wird der Text nach unten und rückwärts gespiegelt. Ziehen Sie zurück, um den Text wieder richtig zu stellen.

die Mitte anzeigt. Das Ende des Pfades, das sich näher am Klickpunkt befindet, erhält eine Endmarkierung; die andere Endmarkierung wird *in gleichem Abstand auf der anderen Seite platziert* – das muss auch so sein, damit der Text um den Mittelpunkt zentriert wird.

Wenn Sie mit dem Schreiben beginnen, starten die Zeichen an der entsprechenden Markierung. Falls Sie mehr Text eingeben, als zwischen die Endmarkierungen passt, bewahrt Photoshop diesen Text auf und platziert in der Endmarkierung ein kleines »+«. Sie können die Endmarkierungen jederzeit verschieben, um die Textspanne anzupassen: Aktivieren Sie das Textwerkzeug und klicken Sie in den Text (an eine beliebige Stelle). Halten Sie anschließend die ⌘/Strg-Taste gedrückt und platzieren Sie die Maus über dem Marker, bis sich der Cursor in eines dieser Symbole verwandelt: , , or ; durch Ziehen in eine Richtung verschieben Sie den Marker entlang des Pfades. An dieser Stelle ein paar **Hinweise:**

- Erstens: Wenn Photoshop der Annahme ist, dass Sie den Cursor mit dem dicken Pfeil senkrecht zum Pfad verschieben, springt der Text auf die andere Seite des Pfades und wird gespiegelt. Um das zu korrigieren, stellen Sie die Maus einfach erneut über den Marker, um den Text wieder auf die andere Seite des Pfades zu stellen.
- Zweitens: Falls Sie in der Optionsleiste oder der Absatz-Palette eine andere Textausrichtung wählen, verschieben sich die *Endmarkierungen nicht automatisch mit.* In den meisten Fällen müssen Sie sie selbst verschieben, um sie an die neue Ausrichtung des Textes anzupassen.

Text an einen Pfad anpassen. Um die Größe oder Laufweite eines Pfadtextes anzupassen, nutzen Sie einfach dieselben Methoden wie für Punkt- oder Absatztext (siehe Seite 421). Bei Pfadtext steht Ihnen allerdings noch eine weitere Option zur Verfügung. Wenn Sie auf den -Button in der Optionsleiste klicken, um die Absatz-Palette zu öffnen, sehen Sie dort, dass rechts der Button TEXT IN BLOCKSATZ AUSRICHTEN aktiv ist, der für Punkttext nicht aktiviert werden kann. Wenn Sie auf diesen Button klicken, breitet Photoshop Ihren Text von einer Endmarkierung zur anderen aus. Falls der Text nur aus einem Wort besteht (es zwischen den Buchstaben keinen Leerraum gibt), erhöht Photoshop den Buchstabenabstand. Besteht der Text aus mehr als einem Wort, wird der Text angepasst, indem der Leerraum zwischen den Buchstaben vergrößert wird. Weitere Hinweise finden Sie im unteren Tipp auf Seite 426.

Spezialfunktionen ausschalten

Wenn Sie Pfadtext mit starken Kurven oder Winkeln erstellen, müssen Sie die Laufweite oder das Kerning anpassen. Achten Sie dabei auf spezielle Textfunktionen, die möglicherweise mit diesen Anpassungen interferieren.

Die Buchstaben »Th« reagieren nicht auf Laufweite und Kerning (links), weil in der Zeichen-Palette die Option LIGATUREN aktiviert ist. Wenn Sie diese deaktivieren, funktionieren Laufweite und Kerning (rechts).

Um mehr Platz für den Text entlang eines Pfades zu schaffen, verschieben Sie einfach (wie eben beschrieben) eine oder beide Endmarkierungen. Oder bearbeiten Sie den Pfad, indem Sie das Direktauswahl-Werkzeug aktivieren und einen der Pfadpunkte oder eines der Segmente verschieben.▼ (Ist dieses Werkzeug aktiv, stehen Ihnen auch die Cursor mit den dicken Pfeilen zur Verfügung. Sie müssen also nicht extra das Textwerkzeug aktivieren, um die Marker zu verschieben – achten Sie jedoch darauf, den Text nicht zu spiegeln, siehe Seite 425.)

MEHR DAVON

▼ Pfade bearbeiten **Seite 437**

Pfadtext verschieben oder neigen. Sie können den Text nicht nur entlang des Pfades verschieben, Sie können auch den gesamten Pfad samt Text verschieben. Um den Pfad zu verschieben oder zu neigen, nutzen Sie die für Punkttext beschriebenen Methoden (Seite 425) – drücken Sie bei aktivem Textwerkzeug die ⌘/Strg-Taste und entfernen Sie den Cursor weit genug vom Marker, um dann zu ziehen.

Text bearbeiten

Falls Sie in der Zwischenzeit bereits andere Einstellungen vorgenommen haben, sich dann jedoch entscheiden, den Text noch einmal zu ändern, klicken Sie in der Ebenen-Palette einfach einmal auf den Namen der Textebene und aktivieren Sie das Textwerkzeug T:

- **Um den gesamten Text auf der Ebene zu ändern,** *klicken oder ziehen Sie nicht*. Ändern Sie einfach die Einstellungen in der Optionsleiste oder in der Zeichen- bzw. Absatz-Palette.
- **Um nur einzelne Zeichen zu ändern oder den Text anzupassen,** *klicken Sie in den Text und wählen Sie die entsprechenden Buchstaben aus.* Nehmen Sie anschließend die Änderungen vor.

Pfadtext ausdehnen

Um einen Text gleichmäßig von einem Ende des Pfades zum anderen auszudehnen, geben Sie die Textzeile als einzelnes Wort ein – ohne Leerzeichen **A**. Wählen Sie in der Absatz-Palette die Option BLOCKSATZ **B**. Um Leerräume einzufügen, die Ausdehnung jedoch beizubehalten, klicken Sie an die Stelle des Leerraums und geben Sie einen großen positiven Wert für das Kerning ein **C**; passen Sie gegebenenfalls das Kerning und die Laufweite zusätzlich an.

Rechtschreibkorrektur

Sind Textwerkzeug T und Textebene aktiv, steht Ihnen im Bearbeiten-Menü die Rechtschreibkorrektur zur Verfügung. Es ist ratsam, die Option **ALLE EBENEN PRÜFEN** aktiviert zu lassen. Ansonsten überprüft Photoshop die Rechtschreibung nur in der Zielebene. Diese Einstellung bleibt erhalten, es gibt keine Warnung, wenn Sie nicht alle Ebenen aktiviert haben.

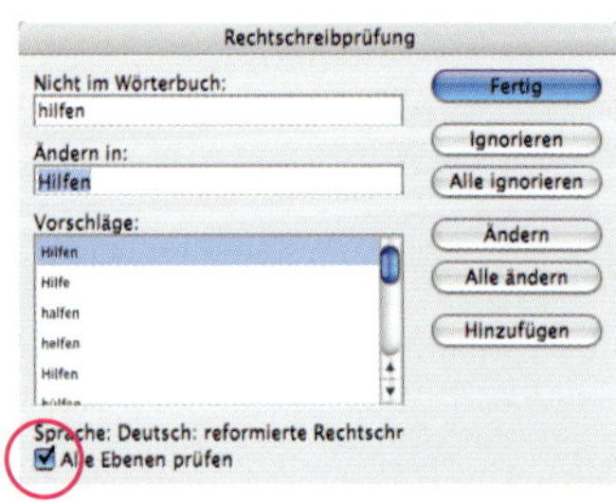

TEXTVERZERRUNGEN VERMEIDEN

Weil aktiver Text vektorbasiert ist, wirkt sich eine Größenänderung nicht auf die Kantenqualität aus, möglicherweise jedoch auf die Ästhetik. So lange Sie den Text nicht verzerren wollen, sollten Sie alle Einstellungen nach Möglichkeit in der Optionsleiste und der Zeichen-Palette vornehmen und nicht den Text selbst transformieren. Wenn Sie die Textgröße deutlich ändern, müssen Sie auch die Laufweite anpassen; Proportionen, die bei kleiner Schriftgröße gut aussehen, wirken bei großer Schrift möglicherweise nicht, und umgekehrt. Auch deutliches horizontales oder vertikales Skalieren kann dicke und dünne Striche unterschiedlich verzerren und so die Proportionen der Zeichen verändern.

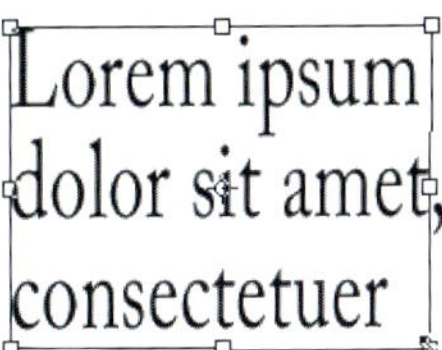

Aktivieren Sie das Textwerkzeug und drücken Sie die [⌘]/[Strg]-Taste. Es erscheint ein Textrahmen, den Sie ziehen können, um die Größe von Rahmen und Text anzupassen.

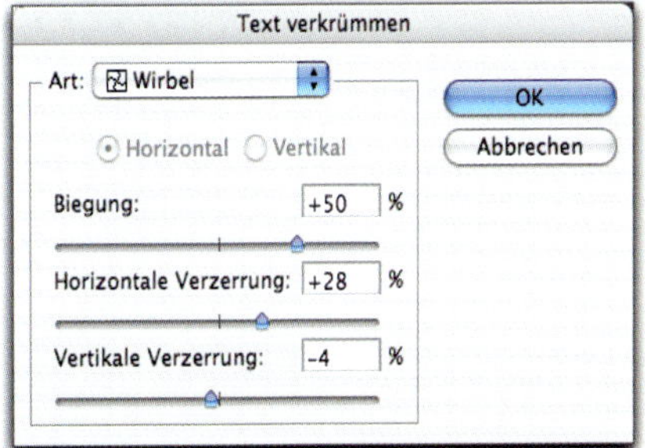

Steven Gordon erstellte vier Zeilen linksbündigen Punkttext mit einem engen Zeilenabstand. Anschließend wendete er eine Textverkrümmung an (siehe Seite 486).

Falls Sie es mit sehr viel Text zu tun haben, können Sie BEARBEITEN/TEXT SUCHEN UND ERSETZEN wählen, um beispielsweise einen falsch geschriebenen Firmennamen zu korrigieren; erwarten Sie jedoch keine voll ausgereifte Dialogbox wie in InDesign oder Microsoft Word.

Größe und Form von Text ändern

Auf das Verformen eines Textrahmens oder Pfades bin ich bereits eingegangen. Es ist jedoch auch möglich, den Text selbst in der Größe anzupassen oder zu verformen, indem Sie einen der Transformieren-Befehle oder die Textverkrümmungsoption nutzen.

Transformieren. Immer wenn es einen Eingabecursor gibt, können Sie Punkt- oder Absatztext in einer Ebene **skalieren, neigen, drehen oder spiegeln**, indem Sie die [⌘]/[Strg]-Taste gedrückt halten, während Sie am Textrahmen ziehen. **Sie können immer nur den gesamten Text transformieren** – Sie haben nicht die Möglichkeit, einzelne Buchstaben auszuwählen. Wenn Sie Text auf oder in einem Pfad transformieren, wird auch der Pfad bearbeitet. Um andere Änderungen am Pfad vorzunehmen – Punkte hinzuzufügen oder zu löschen, die Kurve zu ändern –, nutzen Sie die Pfadbearbeitungswerkzeuge, die Sie zusammen mit dem Zeichenstift finden.▼

MEHR DAVON

▼ Pfade bearbeiten **Seite 437**

Wenn Sie mit gedrückter [⌘]/[Strg]-Taste ziehen und zusätzlich die [⇧]-Taste drücken, erhalten Sie die Proportionen. Falls Sie den Text mithilfe des gebogenen Doppelpfeils drehen, wird die Drehung mit diesen Tasten immer in 15°-Schritten ausgeführt.

Text verkrümmen. Sie können jeden Text mithilfe der **Textverkrümmungsfunktion** bearbeiten. Aktivieren Sie eine Textebene und klicken Sie in der Optionsleiste des Textwerkzeugs auf den Button VERKRÜMMTEN TEXT ERSTELLEN oder wählen Sie EBENE/TEXT/TEXT VERKRÜMMEN. In der Dialogbox können Sie dann einen Stil auswählen und die entsprechenden Parameter einstellen.

- Der **Stil** zeigt die Art der Krümmung, z.B. einen Bogen.
- Die **Biegung** kontrolliert den Grad der Verzerrung und bestimmt, ob es sich beispielsweise um einen flachen (kleiner Wert) oder einen starken Bogen (großer Wert) handelt.
- Die Einstellungen für die **Horizontale** und **Vertikale Verzerrung** legen fest, wo der Effekt zentriert wird – links oder rechts, oben oder unten.

Photoshops Verkrümmungsspeicher

Wenn Sie Text verkrümmen, der sich auf oder in einem Pfad befindet, werden Text und Pfad gleichzeitig verkrümmt, der Pfad scheint zu verschwinden. Sie können ihn später bei Bedarf jedoch wiederherstellen (wenn Sie den Pfad beispielsweise ändern wollen): Duplizieren Sie die gekrümmte Textebene (⌘/Strg-J) und klicken Sie auf das 👁 der Original-Text ebene, um diese auszublenden. Klicken Sie anschließend auf den Button Verkrümmten Text erstellen und wählen Sie Stil: Ohne. Die Krümmung wird zurückgenommen und der Originalpfad ist wieder zu sehen! Klicken Sie mit dem Textwerkzeug in die Textebene oder auf die Pfadminiatur in der Pfade-Palette.

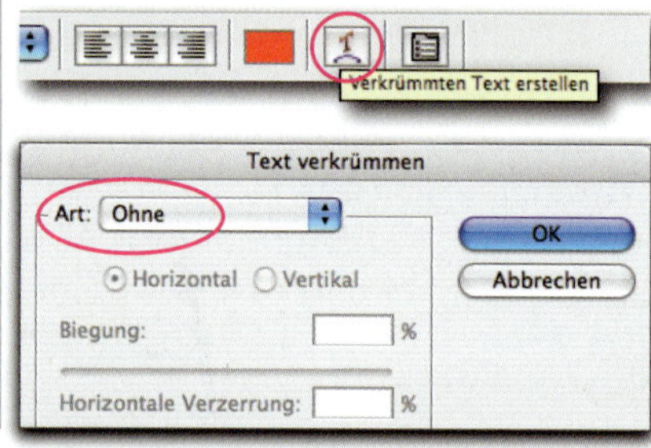

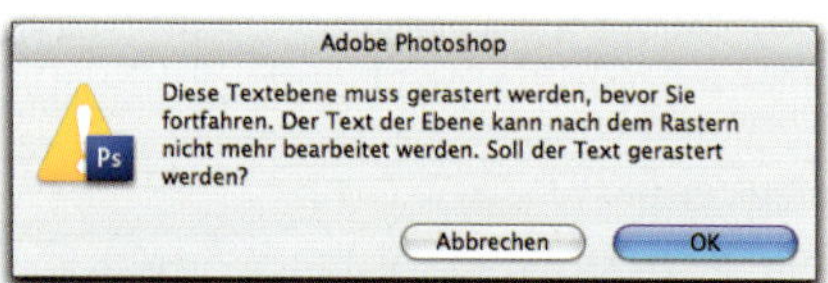

Photoshop nimmt keine destruktiven Einstellungen vor, ohne Sie vorher zu warnen. Wenn Sie einen Filter auf eine Textebene anwenden wollen, werden Sie zuvor gebeten, den Text zu rastern.

Gekrümmter Text bleibt »lebendig«, Sie können ihn also jederzeit wieder ändern und einen neuen Stil wählen.

Wie beim Drehen, Neigen oder Skalieren wird die **Krümmung auf die gesamte Textebene angewendet**; Sie können keine einzelnen Zeichen auswählen und verkrümmen. Sie haben auch keine Möglichkeit, den Stil wie einen Pfad zu bearbeiten. Für ausgeklügeltere Effekte verwenden Sie ein Programm wie Adobe Illustrator oder wandeln den Text um (siehe weiter unten).

Text sichern

Um möglichst flexibel zu sein, sollten Sie alle Dateien, die Text enthalten, im **Photoshop-PSD**-Format speichern. Wenn Sie die Daten als **Photoshop PDF** speichern, schützen Sie die Ebenen und können Vektordaten und Schriften einbetten und die Datei später auflösungsunabhängig im Adobe Reader öffnen. Sie können das PDF auch in Photoshop öffnen, falls Sie den Text noch einmal bearbeiten müssen. Das **Photoshop-EPS**-Format mit aktivierter Option Vektordaten einzuschließen, erhält die Vektorinformationen für den Drucker, der Text kann dann jedoch nicht mehr bearbeitet werden – auch nicht mehr in Photoshop, denn die Datei wurde beim Speichern auf eine Ebene reduziert.

Wann Sie Text umwandeln müssen

Wenn Sie Text in Photoshop so lange wie möglich lebendig und editierbar lassen, bleiben Sie sehr flexibel. Mit Beschneidungsgruppen, Ebenenstilen und der Möglichkeit, die Datei als PDF und EPS zu sichern, müssen Sie Text nur selten rastern oder in eine Formebene umwandeln. Aber natürlich gibt es auch hier einige Ausnahmen:

- **Um einen Filter auf eine Textebene anzuwenden**, müssen Sie die Textebene zunächst rastern (in eine Pixelebene umwandeln). Photoshop fragt dafür nach Ihrer Erlaubnis (siehe Abbildung links) und nimmt die Umwandlung dann vor.
- **Um die Form** einzelner Zeichen eines Textblocks zu ändern, können Sie den Text zunächst in eine Formebene umwandeln (Ebene/Text/In Form konvertieren) und dann einzelne Zeichen auswählen und bearbeiten. Nutzen Sie dafür das Direktauswahl-Werkzeug oder die Werkzeuge, die Sie beim Zeichenstift finden. ▼

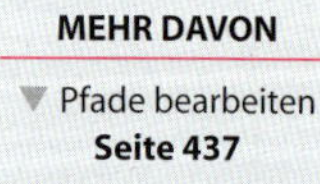
Mehr davon
▼ Pfade bearbeiten
Seite 437

FOOTBALLFOTO: PHOTOSPIN.COM

kick

Mit üblichen Textebenen können Sie ein Bild maskieren und Ebenenstile anwenden. Um jedoch einzelne Zeichen zu drehen oder die Form zu ändern, müssen Sie den Text zunächst in eine Formebene umwandeln (EBENE/TEXT/IN FORM KONVERTIEREN). Nutzen Sie anschließend den Befehl BEARBEITEN/PFAD TRANFORMIEREN und Pfadbearbeitungswerkzeuge, um die Buchstaben separat zu drehen.

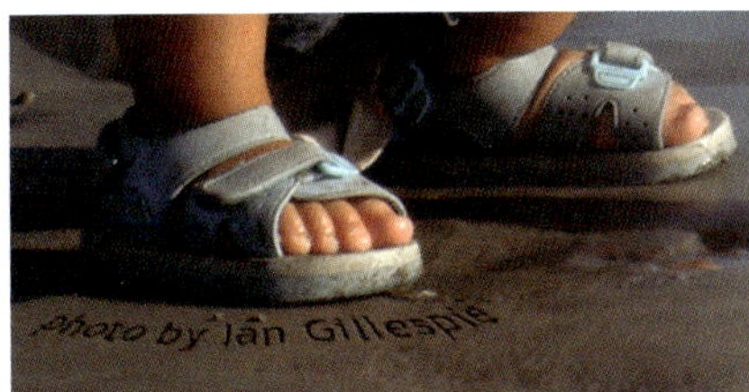

Wenn Sie durch Krümmen und Transformieren nicht das gewünschte Ergebnis erzielen, können Sie den Text auch in eine Formebene umwandeln und dann transformieren. Dieser Effekt wird auf Seite 599 beschrieben.

- Obwohl Sie auch Textebenen transformieren können,▼ stehen Ihnen die Funktionen VERZERREN und PERSPEKTIVE nicht zur Verfügung. **Um auf alle Transformieren-Funktionen zugreifen zu können**, wandeln Sie die Textebene in eine Formebene um (EBENE/TEXT/IN FORM UMWANDELN) und transformieren Sie sie (BEARBEITEN/TRANSFORMIEREN). Ab Photoshop CS2 können Sie nach der Umwandlung des Textes auch BEARBEITEN/TRANSFORMIEREN/VERKRÜMMEN wählen.▼

MEHR DAVON

▼ Transformieren **Seite 68**

▼ Verkrümmen **Seite 68**

- Falls Ihr Text **exakt in** eine Form passen muss (beispielsweise in einen Schmuckfarbenkanal oder eine Maske), ist es sicherer, den Text in eine Formebene umzuwandeln. Denn selbst leichte Änderungen des Namens oder der Laufweite können zu Störungen zwischen Text und Kanal oder Maske führen. Ein passendes Beispiel dafür finden Sie auf Seite 231.

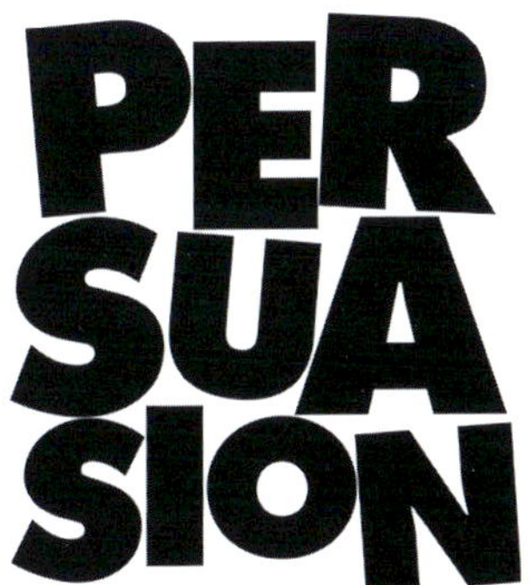

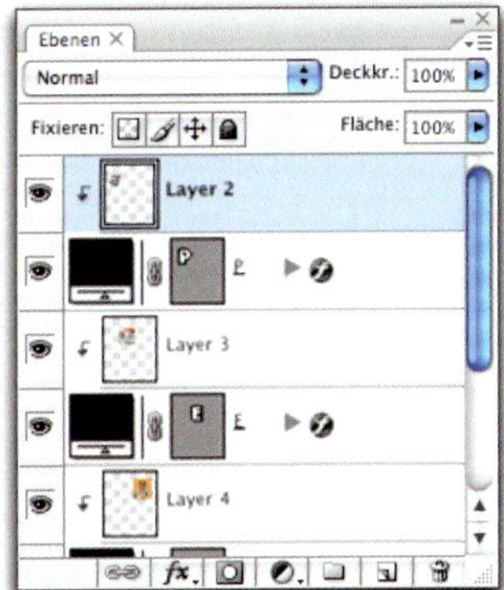

Weil sich jeder Buchstabe dieses Textes auf einer separaten Ebene befindet, musste John Odam den Text nicht umwandeln, um einzelne Buchstaben zu bearbeiten und Fotos einzusetzen. Um jedoch sicherzugehen, dass das Design später auch korrekt gedruckt wird, wandelte er den Text anschließend in Formebenen um. Die Erstellung des Covers wird auf Seite 483 beschrieben.

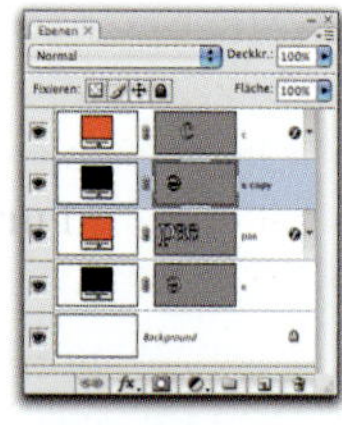

Wenn Sie Kerning, Laufweite und alles andere eingestellt haben, vermeiden Sie Komplikationen, wenn Sie den Text in eine Formebene umwandeln (siehe Seite 451).

FRÜHERE VERSIONEN VON ILLUSTRATOR

Die Adobe Creative Suite bietet mehr Kompatibilität zwischen Adobes wichtigsten Designprogrammen. Wir können jedoch nicht davon ausgehen, dass alle Photoshop-Funktionen mit früheren Versionen von Adobe Illustrator harmonieren. Wenn Sie beispielsweise in Illustrator 9 im PSD-Format speichern, wird die Texteditierbarkeit nicht gewahrt. Vor Photoshop CS wurde Pfadtext noch nicht unterstützt, so dass keine früheren Illustrator-Versionen Pfadtext exportieren, der dann in Photoshop bearbeitet werden kann.

Illustrator besitzt mehr Stile für einen Pfad als Photoshop. Wenn Sie eine Illustrator-Datei im Photoshop-(PSD)-Format speichern, wird der Pfadtext beibehalten. Sie können in Photoshop Text und Pfad bearbeiten. Der Text behält die Ausrichtung am Pfad bei.

Pfadtext.psd

- Um sicherzugehen, dass sich eine Datei mit Anzeigetext richtig öffnen und drucken lässt, egal, ob sich die Schrift auf dem System befindet oder nicht, wandeln Sie den Text in eine Formebene um (EBENE/TEXT/IN FORM UMWANDELN). Die Textglätte bleibt erhalten, es kommt jedoch zu keinerlei Komplikationen in Bezug auf die Schriftart.

Text zwischen Illustrator & Photoshop verschieben

Adobe Illustrator CS/CS2/CS3 und Adobe InDesign CS/CS2/CS3 sowie QuarkXPress besitzen zusätzliche Textfunktionen – beispielsweise die Möglichkeit, Zeichen- und Absatzstile festzulegen –, die einige Projekte deutlich einfacher machen als in Photoshop. Bei ausgereiften, textintensiven Seitenlayoutprojekten ist es oft einfacher, Photoshop-Bilder in Illustrator (oder InDesign oder QuarkXPress) zu platzieren und den Text dort hinzuzufügen.

In anderen Fällen – wenn Sie beispielsweise einen Photoshop-Ebenenstil zu einem Text hinzufügen oder den Text in ein Bild integrieren wollen – sollten Sie den Text in Illustrator erstellen und in Photoshop importieren. Um einen Illustrator-Text als editierbare Textebene zu exportieren (die beim Öffnen in Photoshop nicht gerastert wird), müssen Sie Konturen oder Transparenz entfernen, bevor Sie die Datei speichern. Wählen Sie anschließend DATEI/EXPORTIEREN und speichern Sie sie im Photoshop-(PSD)-Format mit aktivierter Option, die Texteditierbarkeit zu erhalten.

Punkt- und Absatztext können Sie auch einfach in die Illustrator-Zwischenablage kopieren, in Photoshop eine Textebene anlegen und den Text dann einfügen. Einige Textmerkmale wie Schriftart und Farbe bleiben erhalten, andere (z.B. ein Grafikstil) gehen dabei verloren.

ZEICHNEN

Im Vergleich zum pixelbasierten Malen hat das vektorbasierte Zeichnen den Vorteil, auflösungsunabhängig zu sein. Wenn Vektorgrafiken mit einem Postscript-Gerät ausgegeben werden, bleiben die glatten Kanten erhalten, egal, welche Auflösung die Datei besitzt. Deshalb sind Photoshops vektorbasierte Zeichenwerkzeuge – Zeichenstift und Formwerkzeuge – so ideal, scharfe, glatte Grafiken anzufertigen.

Zu Beginn

Wenn Sie in Photoshop zeichnen wollen, müssen Sie drei wichtige Auswahlen treffen:

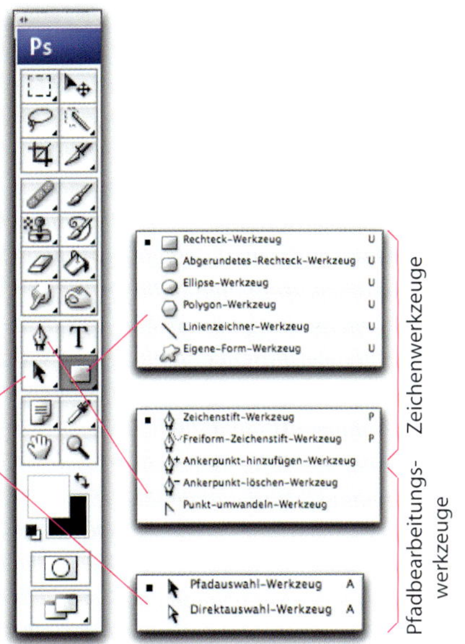

Zu Photoshops Werkzeugen zum Zeichnen und Bearbeiten vektorbasierter Grafiken gehören die Form, die Zeichenstift- und Pfadbearbeitungs-werkzeuge.

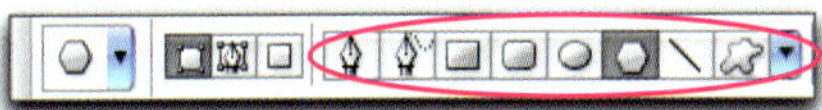

Wenn Sie ein Form- oder Zeichenstift-Werkzeug aktiviert haben, finden Sie in der Optionsleiste Buttons für alle Formen und Zeichenstifte. Um Werkzeuge zu wechseln, klicken Sie nur in der Optionsleiste.

1. **Welches Werkzeug sollten Sie nutzen?** Wählen Sie einen der Zeichenstifte oder eines der Formwerkzeuge aus der Werkzeug-Palette – nutzen Sie einen **Zeichenstift,** um eine eigene Form zu erstellen; ein **Form-Werkzeug,** um eine Formvorgabe zu nutzen.

2. **Welche Art Element wollen Sie erstellen?** Die Buttons am linken Ende der Optionsleiste bestimmen den Modus des Werkzeugs. Sie können eine **Textebene** oder einen **Pfad** erstellen (keine Ebene, einfach nur einen Umriss, den Sie in der Pfade-Palette speichern). Pfade können Sie für Auswahlen, Text-Grundlinien und auch für gefüllte oder Konturelemente auf einer pixelbasierten Ebene nutzen. Sie können auch auf einer bestehenden herkömmlichen Ebene einen Bereich zeichnen, den Sie mit Pixeln füllen.

   Hinweis: Der Modus bleibt so lange erhalten, bis Sie einen neuen wählen. Achten Sie deshalb vor dem Zeichnen darauf, diese Einstellung noch einmal zu prüfen. Es ist sehr frustrierend – von der verschwendeten Zeit einmal ganz abgesehen – eine Formebene erstellen zu wollen und zu zeichnen, um dann festzustellen, dass Sie stattdessen jedoch einen Arbeitspfad angelegt haben. Sie können einen Pfad zwar in eine Formebene umwandeln (wie auf Seite 438 beschrieben), aber das braucht alles Zeit.

3. **Wollen Sie eine neue** Formebene oder einen neuen Pfad anlegen oder **eine bestehende Form bearbeiten**? Klicken Sie dazu in der Optionsleiste rechts auf den entsprechenden Button (siehe Seite 432).

Neben diesen Optionen können Sie auch einen Ebenenstil oder eine andere Farbe integrieren (siehe Seite 432).

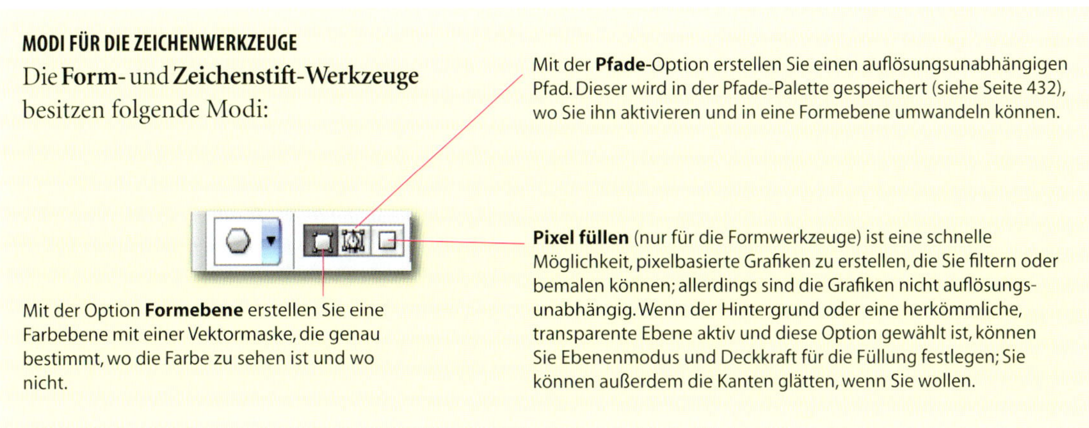

MODI FÜR DIE ZEICHENWERKZEUGE
Die Form- und Zeichenstift-Werkzeuge besitzen folgende Modi:
Mit der Pfade-Option erstellen Sie einen auflösungsunabhängigen Pfad. Dieser wird in der Pfade-Palette gespeichert (siehe Seite 432), wo Sie ihn aktivieren und in eine Formebene umwandeln können.
Pixel füllen (nur für die Formwerkzeuge) ist eine schnelle Möglichkeit, pixelbasierte Grafiken zu erstellen, die Sie filtern oder bemalen können; allerdings sind die Grafiken nicht auflösungs-unabhängig. Wenn der Hintergrund oder eine herkömmliche, transparente Ebene aktiv und diese Option gewählt ist, können Sie Ebenenmodus und Deckkraft für die Füllung festlegen; Sie können außerdem die Kanten glätten, wenn Sie wollen.
Mit der Option Formebene erstellen Sie eine Farbebene mit einer Vektormaske, die genau bestimmt, wo die Farbe zu sehen ist und wo nicht.

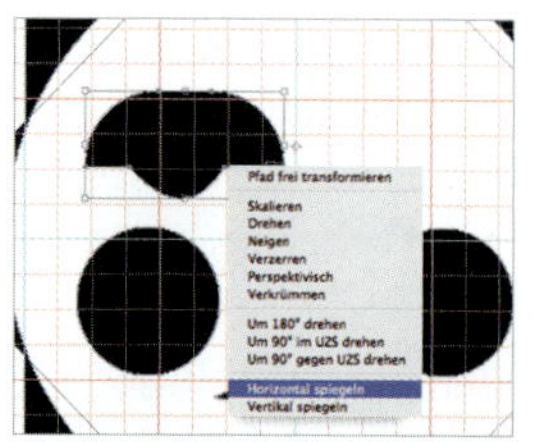

Auf Seite 456 finden Sie ein kleines Tutorial für Vektorzeichnungen und Bearbeitungen. Weitere Tutorials finden Sie unter HILFE/PHOTOSHOP-HILFE.

Neben den Optionen, die Ihnen für alle Vektor-Zeichenwerkzeuge zur Verfügung stehen, besitzt jedes Werkzeug auch noch eigene Optionen. So können Sie beispielsweise festlegen, wie viele Seiten Sie mit dem Polygon-Werkzeug anlegen wollen. Mehr über diese Optionen erfahren Sie auf Seite 434.

Pfad-Terminologie

Pfade, Formebenen und Vektormasken können alle mit dem Begriff ***Pfade*** beschrieben werden. Ein ***Pfad*** besteht aus ***Pfadsegmenten,*** die sich zwischen ***Ankerpunkten*** ausdehnen. Ein Ankerpunkt kann ein gerader oder ein Eckpunkt sein (je nachdem, ob die Kurve gerade durchgeht oder ob sie die Richtung wechselt).

OPTIONEN FÜR ZEICHENWERKZEUGE KOMBINIEREN

Um eine neue Formebene oder einen neuen Pfad anzulegen, klicken Sie auf den Button NEUE FORMEBENE ERSTELLEN. Anschließend können Sie einen der anderen Buttons nutzen.

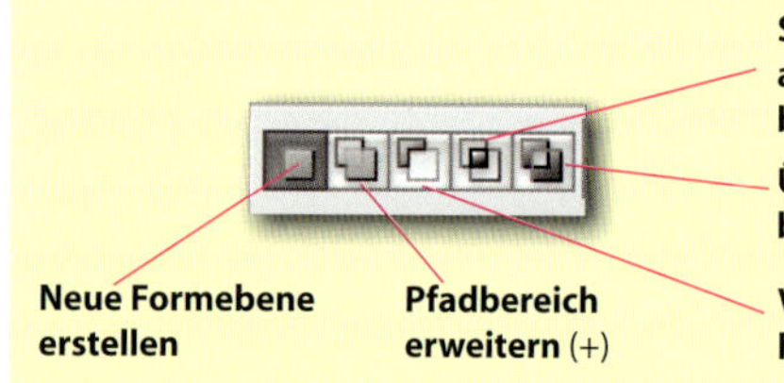

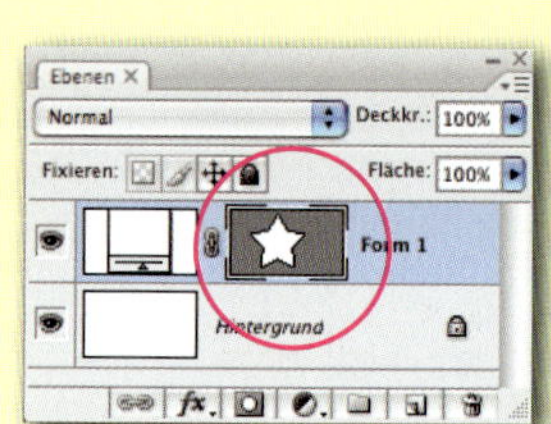

Um eine Formebene zu erweitern oder etwas zu subtrahieren, müssen Sie in der Ebenen-Palette die Maske aktivieren. Klicken Sie dazu ein- oder zweimal auf die Maskenminiatur; mit einem verstärkten Rahmen ist die Maske aktiv.

STIL- UND FARBOPTIONEN FÜR ZEICHENWERKZEUGE

Bei der Erstellung einer Formebene können Sie einen Ebenenstil oder eine Farbe hinzufügen; oder Sie ändern Farbe und Stil hinterher. Sie können auch eine passende Vorgabe speichern (siehe Seite 436).

Wählen Sie einen **Ebenenstil** aus diesem Menü, so müssen Sie nicht erst die Stile-Palette öffnen.

Die **Farbe** kontrollieren Sie unabhängig von der Vordergrundfarbe, indem Sie auf dieses Farbfeld klicken und eine Farbe auswählen.

Ist dieser Button **dunkel** (wie hier), werden alle Stil- und Farbänderungen auf die **aktuell aktive Formebene angewendet**. Ist der Button **hell**, wird der Stil erst bei der **nächsten Formebene angewendet**. Um einen Stil oder eine Farbe für die nächste Formebene festzulegen, ohne die aktuelle Ebene zu verändern, klicken Sie auf den Button, bis er hell ist.

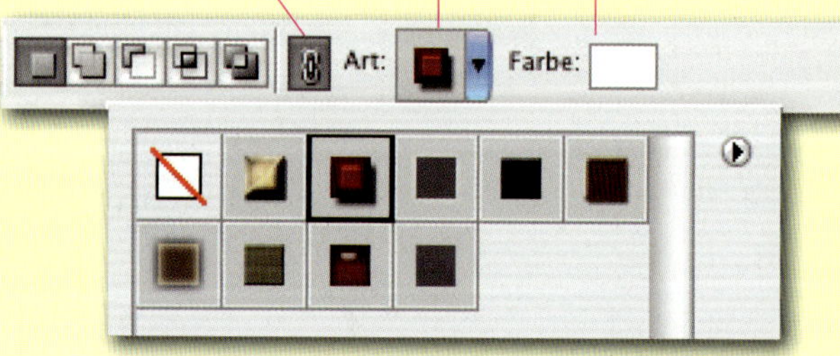

PFAD-BESTANDTEILE

Der Pfad, den Sie mit einem Zeichenstift oder einem Formwerkzeug erstellen, wird durch *Ankerpunkte* (*glatte oder Eckpunkte*) und *Richtungslinien* bestimmt.

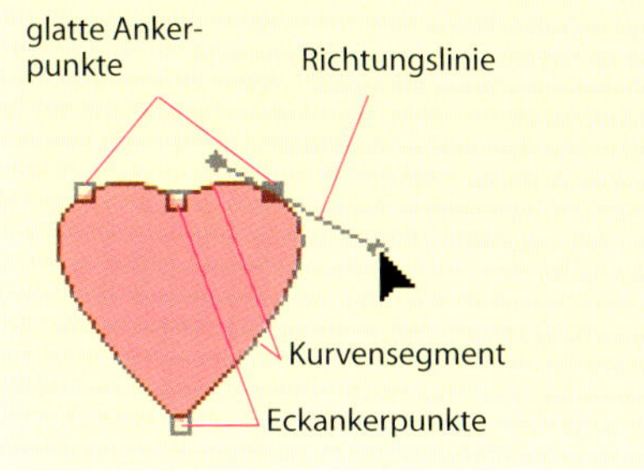

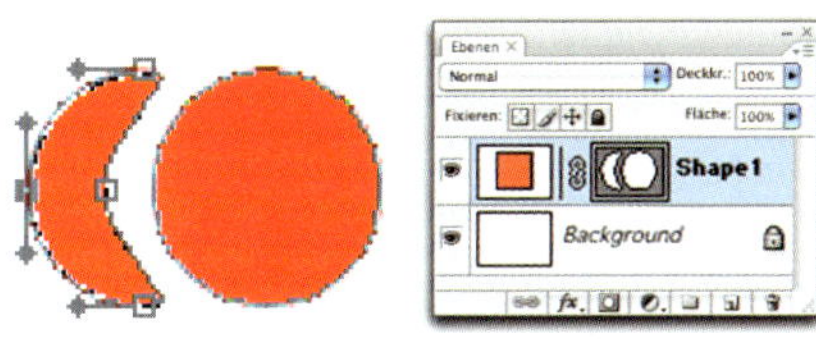

Sie können einzelne Pfadkomponenten einzeln auswählen und bearbeiten.

EINEN ARBEITSPFAD SPEICHERN

Der aktuelle *Arbeitspfad* wird gelöscht, sobald Sie in einen leeren Bereich der Pfade-Palette klicken und einen neuen Pfad beginnen. Um nicht versehentlich einen solchen Pfad zu löschen, klicken Sie doppelt auf dessen Namen in der Pfade-Palette und speichern Sie ihn.

Wie sich ein Pfadsegment zwischen zwei Ankerpunkten verhält, wird durch eine oder zwei ***Richtungslinien*** bestimmt, die von den Ankerpunkten abgehen. Die Stärke der Spannung legt fest, wie steil oder flach ein Kurvensegment ist; die Spannung können Sie anpassen. Die **Richtungslinie für einen glatten Punkt** ist eine gerade Linie, die auf einem glatten Punkt gelagert ist. Wenn Sie ein Ende der Richtungslinie bewegen, bewegen Sie auch das andere Ende und kontrollieren so beide Kurvensegmente. Ein **Eckpunkt besitzt zwei Richtungslinien,** die unabhängig voneinander bewegt werden, damit Sie die beiden Segmente separat kontrollieren.

Ein Pfad kann sich aus mehreren **Pfadkomponenten** oder Subfaden zusammensetzen. Ein zusammengesetzter Pfad entsteht, wenn Sie eine Serie von Segmenten erstellen und separat weitere anlegen, ohne eine neue Formebene, Vektormaske oder einen neuen Pfad anzulegen.

Die Pfade-Palette

Die Pfade-Palette bietet alles, was Sie brauchen, um Pfade zu speichern, zu füllen, Pfadkonturen zu füllen, Auswahlen in Pfade umzukehren, und umgekehrt, und Beschneidungsgruppen zu erstellen.

Die Formwerkzeuge

Die Formwerkzeuge – Rechteck, Abgerundetes Rechteck, Ellipse, Polygon, Linie und Eigene Form – befinden sich in der Werkzeug-Palette alle an einer Stelle, wie auf Seite 431 zu sehen ist. Die Formwerkzeuge funktionieren durch Ziehen. Standardmäßig ziehen Sie von Ecke zu Ecke Ihrer Form. Bei einigen Werkzeugen können Sie die Form jedoch auch aus der Mitte heraus erstellen. Weitere Optionen werden auf Seite 434 beschrieben.

DIE PFADE-PALETTE

Jeder Eintrag in der Pfade-Palette stellt einen **Pfad** dar (auch **zusammengesetzte Pfade**). Es kann sich auch um einen **Beschneidungspfad** handeln, um ein Objekt ohne Hintergrund zu exportieren.

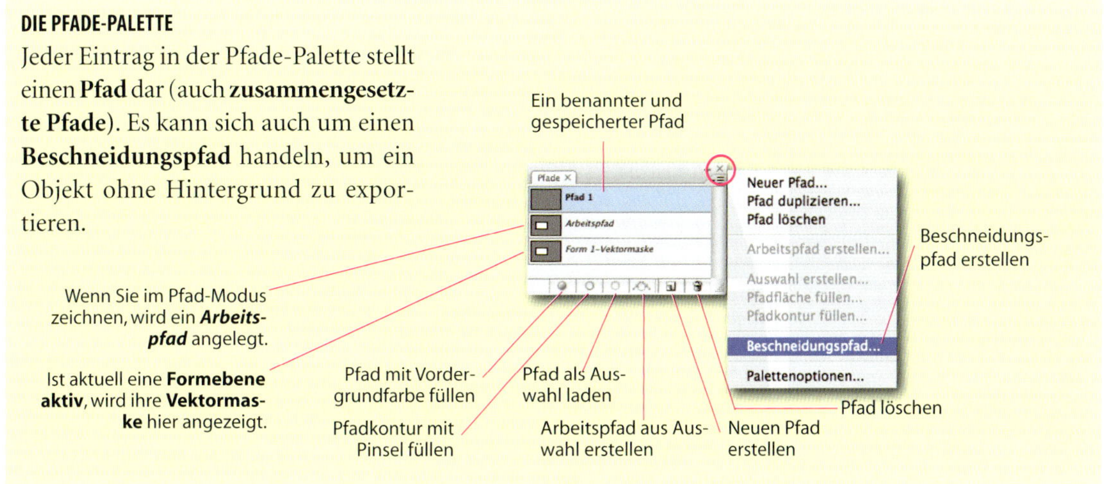

OPTIONEN FÜR SPEZIELLE ZEICHENWERKZEUGE

Neben den Einstellungen für alle Form- und Zeichenstiftwerkzeuge in der Optionsleiste besitzt jedes Werkzeug auch noch eigene Optionen. Zu diesen gelangen Sie, wenn Sie auf den Button klicken. Wenn Sie in der Optionsleiste einen Ebenenstil oder eine Farbe festlegen, erscheint dieser direkt beim Zeichnen.

Für den Zeichenstift steht nur die Option **Gummiband** zur Verfügung, mit der Sie eine Vorschau des nächsten Pfadsegments erhalten.

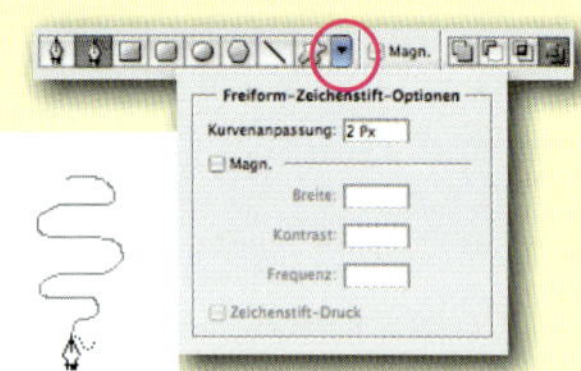

In der Palette für den Freiform-Zeichenstift können Sie die **Kurvenanpassung** festlegen (wie eng der Pfad dem Cursor folgen soll). In der Optionsleiste haben Sie bei diesem Werkzeug auch Zugriff auf den **Magnetischen Zeichenstift** (Seite 441).

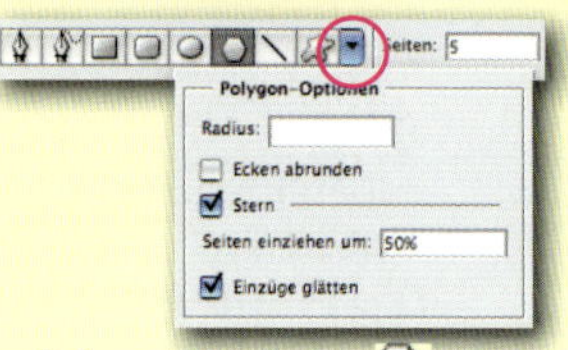

Das **Polygon-Werkzeug** kann **Polygone** und **Sterne** zeichnen. Ohne speziellen **Radius** wird die Größe dadurch bestimmt, wie weit Sie ziehen. Anders als bei den anderen Formen wird diese immer aus der Mitte heraus erstellt; die Höhe-Breiten-Proportion ist fix und die Richtung, in der Sie ziehen, bestimmt die Ausrichtung. Sie können die Ecken abrunden und für die Sterne festlegen, wie die Seiten eingezogen werden und ob die Einzüge geglättet werden sollen.

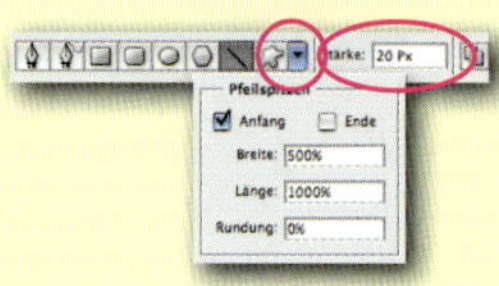

Eigene Pfeile können an ein oder beide Enden einer gezeichneten Linie hinzugefügt werden. **Breite**, **Länge** und **Rundung** legen Sie in Prozent fest. Eine negative Rundung dehnt die Grundlinie des Pfeils von der Spitze weg, wie bei den beiden Pfeilen oben rechts. Für den Pfeil ganz links klickte ich mit dem Linienwerkzeug und zog es dann in Richtung der Spitze, und nicht von dieser weg.

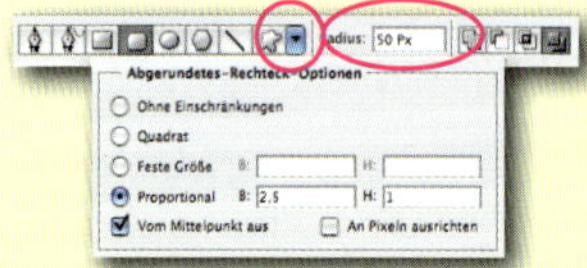

Für das **Rechteck** und das **Abgerundete Rechteck** können Sie die **Quadrat-Option** aktivieren, die **Ellipse** können Sie als **Kreis** zeichnen. Sie können eine **Feste Größe** oder eine **Proportionale Größe angeben**. Zudem können Sie vom Mittelpunkt aus zeichnen und für das abgerundete Rechteck den Radius und die Rundung der Ecken festlegen.

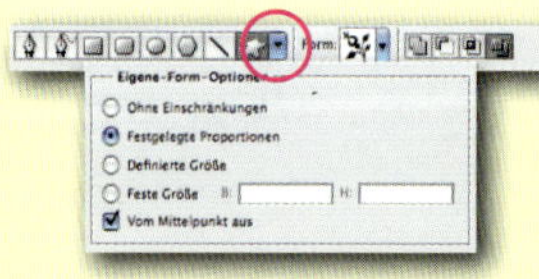

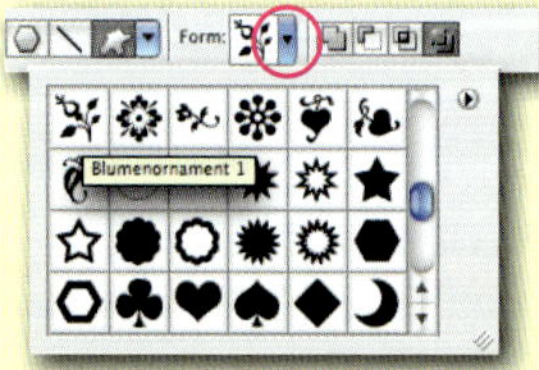

Für das **Eigene-Form-Werkzeug** wählen Sie die gewünschte Form aus dem Formwähler aus – in diesem befinden sich diverse Vorgaben; klicken Sie, um diese Palette zu öffnen, auf den Button in der Optionsleiste. Wenn Sie die Optionen für das Werkzeug einblenden (links), können Sie mit festgelegten Proportionen und Größen oder ohne Einschränkungen arbeiten und vom Mittelpunkt aus zeichnen.

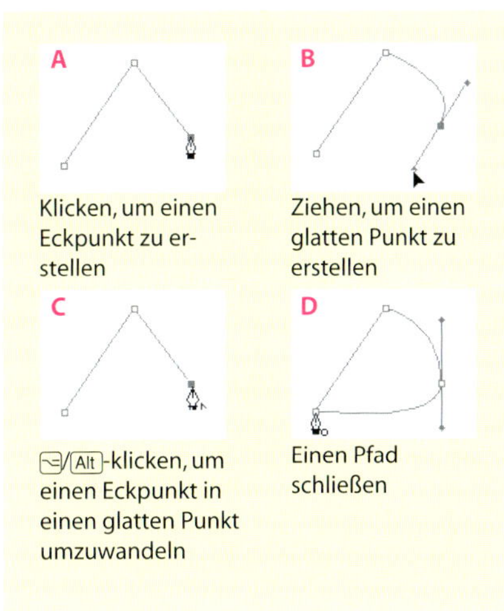

A: Klicken, um einen Eckpunkt zu erstellen

B: Ziehen, um einen glatten Punkt zu erstellen

C: ⌥/Alt-klicken, um einen Eckpunkt in einen glatten Punkt umzuwandeln

D: Einen Pfad schließen

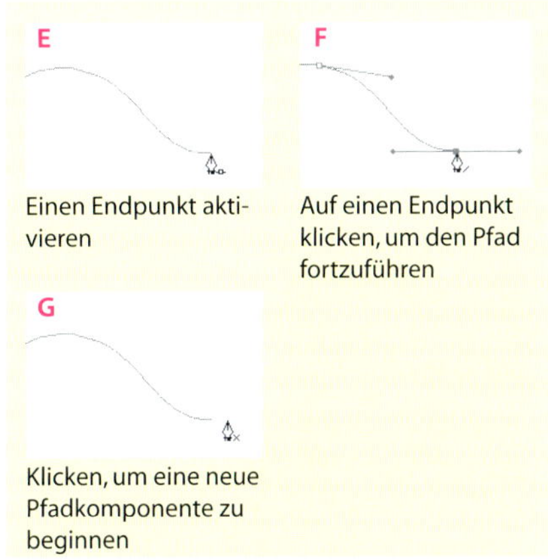

E: Einen Endpunkt aktivieren

F: Auf einen Endpunkt klicken, um den Pfad fortzuführen

G: Klicken, um eine neue Pfadkomponente zu beginnen

Auf einem Raster zeichnen

Wenn Sie Ansicht/Einblenden/Raster und Ansicht/Ausrichten an/Raster wählen, folgt der Zeichenstift dem Raster und legt die Ankerpunkte auf den Rasterpunkten ab, um symmetrische Formen und Kurven anzulegen.

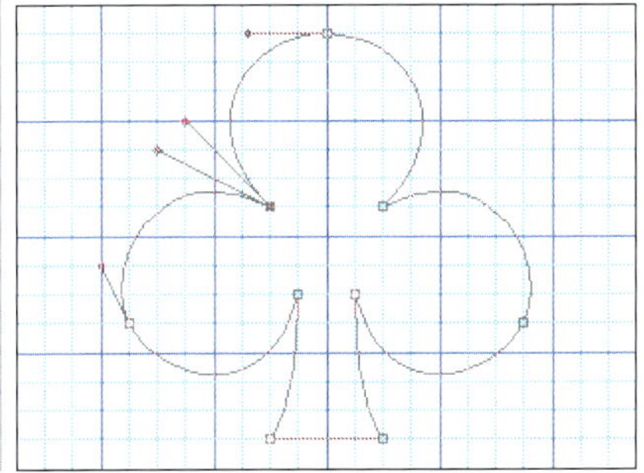

Durch die Eigenen Formen wechseln

Wie bei vielen Paletten können Sie sich mit den Tasten Ö und # durch die Eigene-Form-Werkzeuge in der Optionsleiste bewegen. Markieren Sie ein Werkzeug und drücken Sie die Taste Ö, dann wird das Werkzeug vor dem ausgewählten aktiv. Drücken Sie die Taste #, wird das nachfolgende Werkzeug aktiv. Wenn Sie zusätzlich die ⇧-Taste drücken, gelangen Sie zum ersten bzw. letzten Werkzeug der Palette.

Die Zeichenstift-Werkzeuge

Mit den Werkzeugen aus der Zeichenstiftserie können Sie durch Klicken und Ziehen eigene Pfade erstellen.

Der Umgang mit dem Zeichenstift. Mit dem Zeichenstift können Sie Folgendes tun:

A **Einen Ankerpunkt festlegen.** Klicken Sie, um einen Eckankerpunkt festzulegen.

B **Um einen glatten Kurvenpunkt festzulegen,** klicken Sie an der entsprechenden Stelle und formen Sie die Kurve, indem Sie in die gewünschte Richtung ziehen.

C **Um aus einem glatten Ankerpunkt einen Eckpunkt zu machen, oder umgekehrt,** klicken Sie mit gedrückter ⌥/Alt-Taste auf den Punkt. Lassen Sie die Taste los und fahren Sie mit dem nächsten Punkt fort.

D **Um einen Pfad zu schließen,** bewegen Sie den Cursor in die Nähe des Anfangspunktes und klicken Sie, wenn Sie einen kleinen Kreis neben dem Cursor sehen.

Es gibt drei weitere wichtige Symbole, die neben dem Cursor des Zeichenstifts auftauchen können:

E **Den Pfad vom nächstgelegenen Punkt fortsetzen.**

F Ist kein Punkt gewählt, **wählen Sie den nächsten aus und fahren Sie mit dem Pfad fort.**

G **Beginnen Sie eine neue Pfadkomponente** im momentan aktiven Pfad.

Der Freiform-Zeichenstift. Mit dem **Freiform-Zeichenstift** erstellen Sie durch Ziehen eine Kurve wie mit dem Bleistift; die Ankerpunkte werden automatisch gesetzt. Auch hier können Sie über die Optionen in der Optionsleiste etwas hinzufügen oder löschen. In der Optionsleiste legen Sie auch die **Kurvenanpassung fest** (zwischen 0,5 und 10 Pixel). Je kleiner der Wert, desto enger folgt der Pfad dem Cursor. Die kleinen Symbole aus Abbildung **E**, **F** und **G** erscheinen auch, wenn Sie mit dem Freiform-Zeichenstift einen Pfad beenden wollen.

Fortsetzung auf Seite 437

Stil und Farbe speichern

Grafiken, die oft in einer bestimmten Farbe oder mit einem bestimmten Ebenenstil verwendet werden, können bereits fertig gespeichert werden. Das ist ideal für Logos mit festgelegten Farben, digitale Signaturen oder andere Grafiken, die Sie in Photoshop-Dateien einbinden wollen. Und so geht's:

1 Sobald Sie eine **Formebene** mit einer Grafik erstellt haben, können Sie diese zur Eigene-Formen-Palette hinzufügen: Aktivieren Sie die **Vektormaske** der Ebene und wählen Sie **Bearbeiten/Eigene Form festlegen** (auf Seite 459 sehen Sie ein Beispiel).

1

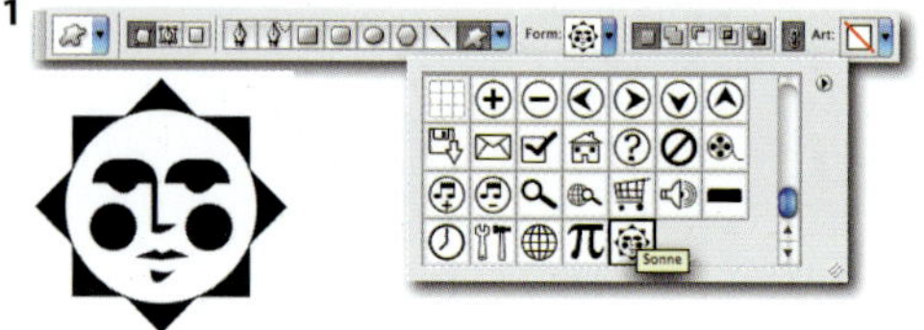

Wenn Sie die eigene Form festgelegt haben, wird diese als schwarze Grafik gespeichert, auch wenn Sie ihr einen Ebenenstil oder eine Farbe zugewiesen haben. Es ist jedoch auch möglich, Stil und Farbe mit der Grafik zu sichern. Legen Sie eine ***Werkzeugvorgabe an***:

2 Klicken Sie mit dem **Eigene-Form-Werkzeug** links in der Optionsleiste auf den Button **Formebene A**. Im Eigene-Form-Wähler klicken Sie auf die gespeicherte Form, um sie auszuwählen **B**. Fügen Sie Stil und Farbe hinzu (nutzen Sie **Stil-Wähler C** und **Farbfeld D** in der Optionsleiste). Skalieren Sie den Stil, wenn nötig.▼

2

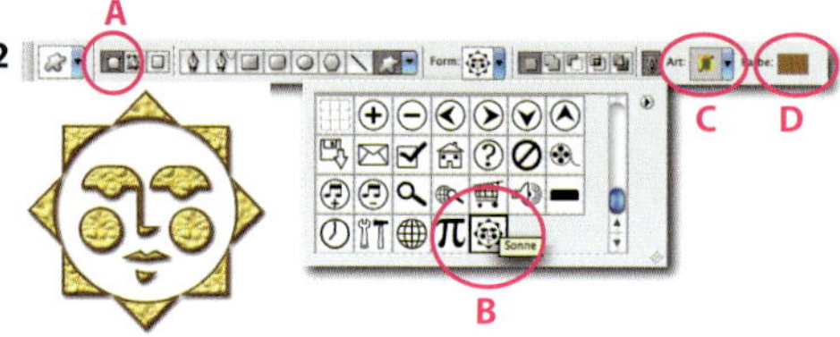

3 **Klicken Sie links in der Optionsleiste auf den Button ▼ A,** um den **Werkzeugvorgaben-Wähler** zu öffnen. Klicken Sie dort auf Neue Werkzeugvorgabe erstellen **B**. In der Dialogbox geben Sie dem Werkzeug einen Namen, aktivieren die Checkbox **Farbe einschließen C** und klicken auf OK.

3

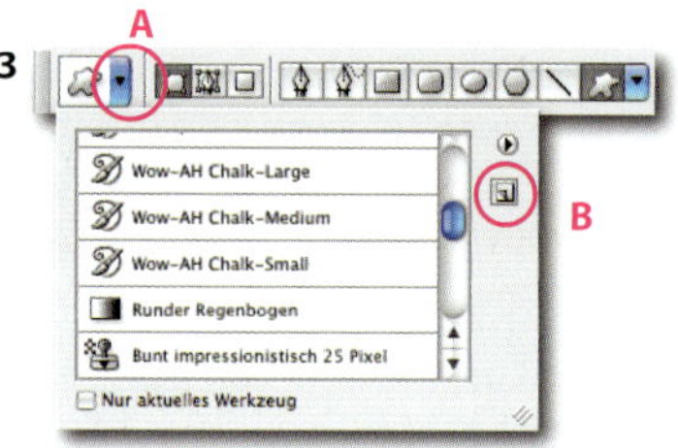

4 Wählen Sie **Bearbeiten/Vorgaben-Manager** und in der Dialogbox **Werkzeuge** (*nicht* Eigene Formen) **A**. Klicken Sie auf Ihr neues Werkzeug **B** und dann mit gedrückter ⇧- oder ⌘/Strg-Taste, falls Sie ein weiteres Werkzeug zum Set hinzufügen wollen. Klicken Sie dann auf Set speichern **C**. In der Dialogbox müssen Sie dem Set einen Namen geben **D** und auf Speichern klicken; im Vorgaben-Manager können Sie dann auf Fertig klicken. Es wird eine neue Werkzeug-Vorgabe mit Ihrem Werkzeug erstellt.

4

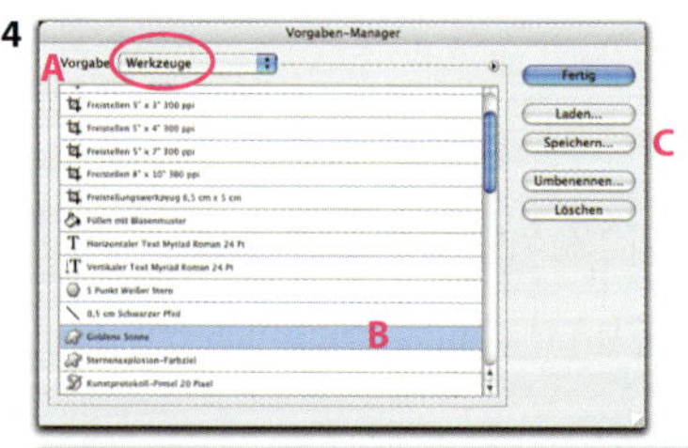

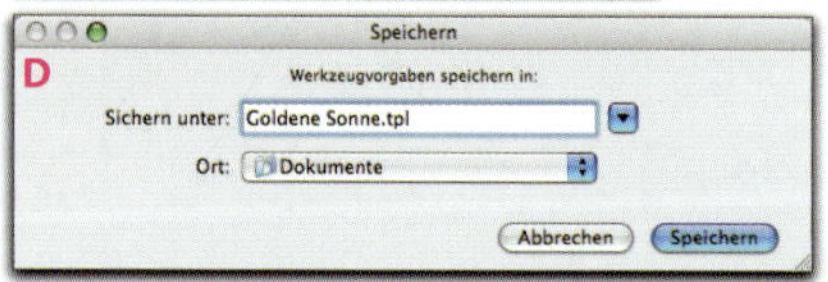

Sie können Ihr Werkzeugset jetzt im Werkzeugwähler aktivieren; öffnen Sie das Paletten-Menü und wählen Sie Werkzeugvorgaben laden. Falls Sie Ihre Vorgabe im Werkzeugordner gesichert haben, der bei der Installation von Photoshop angelegt wurde, erscheint Ihr Set am Ende der Liste der Werkzeugvorgaben. (Sollte das nicht der Fall sein, finden Sie es unter Vorgaben/Werkzeuge im Adobe Photoshop-Ordner.)

Ein perspektivisches Raster

Seit Photoshop CS2 können Sie ein *perspektivisches Raster* erstellen, das Sie als Hilfslinien zum Zeichnen verwenden können. Erstellen Sie in Ihrer Datei eine neue leere Ebene (⌘/Strg-⇧-N) oder duplizieren Sie den weißen Hintergrund (⌘/Strg-J), wie wir es hier getan haben. Wählen Sie anschließend Filter/Fluchtpunkt und erstellen Sie ein perspektivisches Raster. ▼

MEHR DAVON
▼ Fluchtpunkt
Seite 585

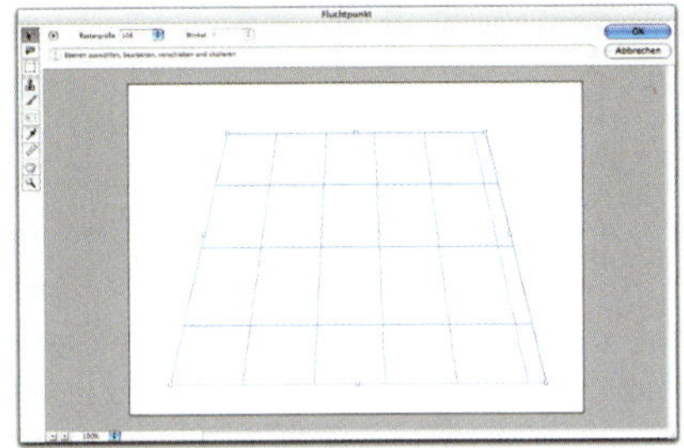

Wenn Sie jetzt die ⌥/Alt-Taste gedrückt halten, während Sie in der Dialogbox auf OK klicken, erscheint das Raster in der eben hinzugefügten Ebene. Um das Raster zum Zeichnen auf einer anderen Ebene zu verwenden, ändern Sie den Modus oder die Deckkraft der Rasterebene. Nach dem Zeichnen können Sie zur Fluchtpunkt-Oberfläche zurück, um in der Perspektive zu malen.

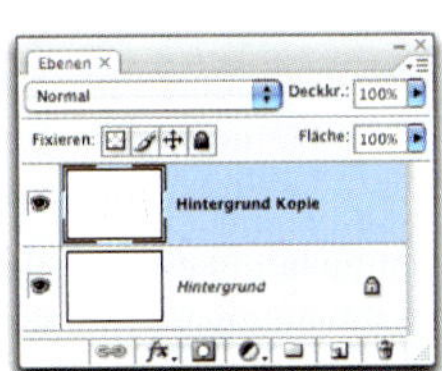

Beenden

Um einen geöffneten Pfad zu schließen, den Sie soeben mit dem Zeichenstift erstellen, halten Sie die ⌘/Strg-Taste gedrückt und klicken Sie irgendwo neben den Pfad. Beim Magnetischen Zeichenstift drücken Sie ↵.

Die Option **Magnetisch** in der Optionsleiste des Freiform-Zeichenstifts verwandelt das Werkzeug in einen Magnetischen Zeichenstift, mit dem Sie einen Pfad erstellen können, der automatisch den Farb- und Kontrastunterschieden des Bildes folgt. Klicken Sie mit dem Werkzeug in der Nähe einer Kante, die Sie nachverfolgen wollen, und folgen Sie dieser, ohne mit der Maus zu klicken. Auch für diesen Zeichenstift können Sie die Kurvenanpassung einstellen, sowie die **Breite** (der Bereich, in dem das Werkzeug nach einer Kante sucht), den **Kontrast** (wie viel Unterschied erkennbar sein muss, um einen Bereich als Kante zu definieren) und die **Frequenz** (damit legen Sie fest, wie weit das Werkzeug zurückgeht, wenn Sie die Entf-Taste drücken). Der Magnetische Zeichenstift ist nicht ganz so einfach anzuwenden – in den meisten Fällen ist es besser, den Zeichenstift oder den Freiform-Zeichenstift zu verwenden.

Kanten nachverfolgen

Zusammen genutzt, sind der Zeichenstift und der Freiform-Zeichenstift besonders nützlich, um in einem Foto Kanten nachzuverfolgen (beispielsweise wenn Sie hübsche Formen und keine perfekt naturgetreuen Umrisse erzielen wollen). Sie können zwischen Zeichenstift und Freiform-Zeichenstift wechseln, indem Sie ⇧-P drücken. Um einen Pfad zu erstellen, indem Sie ein Objekt mit glatten und detaillierten Kanten nachverfolgen, nutzen Sie für die glatten Bereiche den Zeichenstift und wechseln dann mit ⇧-P zum Freiform-Zeichenstift. Folgen Sie den Kanten so sorgfältig wie möglich, passen Sie die Ankerpunkte jedoch nicht gleich beim Zeichnen exakt an, sondern zoomen Sie im Anschluss in das Bild hinein und korrigieren Sie dann die Ankerpunkte, wie im nächsten Absatz beschrieben.

Formen und Pfade bearbeiten

Mit Photoshops Pfad-Bearbeitungswerkzeugen können Sie bereits erstellte Umrisse bearbeiten und verfeinern. Einige dieser Werkzeuge finden Sie in der Werkzeugleiste zusammen mit dem Zeichenstift:

A Klicken Sie mit dem **Ankerpunkt-hinzufügen-Werkzeug** auf ein Pfadsegment, um einen weiteren Ankerpunkt hinzuzufügen.

B Klicken Sie mit dem **Ankerpunkt-löschen-Werkzeug** auf einen Ankerpunkt, um diesen zu entfernen.

C Klicken oder ziehen Sie mit dem **Punkt-umwandeln-Werkzeug** auf einen Ankerpunkt, um ihn in einen Eckankerpunkt umzuwandeln, oder umgekehrt.

Klicken Sie auf ein Pfadsegment, um einen Punkt hinzuzufügen.

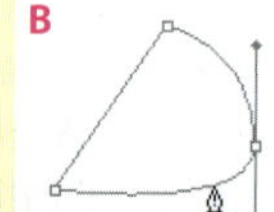

Klicken Sie auf einen Punkt, um ihn zu entfernen.

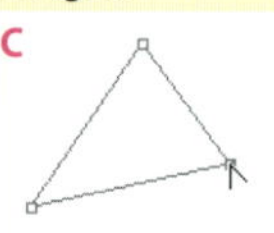

Klicken Sie beispielsweise auf einen Eckpunkt, um diesen in einen glatten Punkt umzuwandeln.

Austauschbarkeit

Sie können eine Formebene als Pfad duplizieren, und umgekehrt. Formen und Pfade können gerastert werden (als Pixel umgewandelt oder dupliziert):

- Duplizieren Sie eine aktive Formebene als gespeicherten Pfad, indem Sie in der Pfade-Palette doppelt auf den Namen klicken.
- Wandeln Sie eine aktive Formebene in Pixel um, indem Sie EBENE/RASTERN/FORM wählen.
- Duplizieren Sie einen gespeicherten Pfad oder Arbeitspfad als Pixel, indem Sie eine transparente oder die Hintergrundebene duplizieren, in der Pfade-Palette auf den Pfad und dann mit gedrückter ⌥/Alt-Taste auf den Button PFAD MIT VORDERGRUNDFARBE FÜLLEN oder den Button PFADKONTUR MIT PINSEL FÜLLEN klicken.

Um einen gesicherten Pfad oder Arbeitspfad als Formebene zu speichern, klicken Sie in der Pfade-Palette auf den Pfadnamen und anschließend auf NEUE FÜLLEBENE ODER EINSTELLUNGSEBENE ERSTELLEN unten in der Ebenen-Palette und wählen Sie VOLLTONFARBE. Sie erhalten eine Formebene – eine Farbebene mit einer Vektormaske.

Zusammen mit dem Zeichenstift finden Sie in der Werkzeugleiste auch noch das Pfadauswahl-Werkzeug und das Direktauswahl-Werkzeug.

Bearbeitungswerkzeuge

Mit den Optionen **Automatisch hinzufügen/löschen** wandeln Sie den Zeichenstift automatisch in das **Ankerpunkt-hinzufügen-Werkzeug** um, wenn er sich über einem Pfadsegment befindet. Wenn Sie den Cursor über einen Ankerpunkt stellen, wird er zum **Ankerpunkt-löschen-Werkzeug**.

Für Pfadsegmente verwenden Sie das Direktauswahl-Werkzeug :

- **Um einen Ankerpunkt oder ein gerades Pfadsegment neu zu positionieren,** ziehen Sie mit dem .
- **Um ein gekrümmtes Pfadsegment steiler oder flacher zu machen,** ziehen Sie mit dem die Mitte des Segments nach oben oder unten.
- Eine andere Möglichkeit, **ein gebogenes Pfadsegment umzuformen,** besteht darin, mit dem auf einen Ankerpunkt zu klicken **und an einem oder beiden Enden der Richtungslinie zu ziehen.** Oder Sie **wandeln einen Ankerpunkt von einem** Eckankerpunkt in einen glatten Ankerpunkt um (bzw. umgekehrt) und formen die Kurve mit gedrückter ⌥/Alt-Taste neu .

Um auf einem gesamten Pfad oder einem zusammengesetzten Pfad zu arbeiten statt auf einem Segment, nutzen Sie das **Pfadauswahl-Werkzeug :**

- **Um einen Pfad zu verschieben,** ziehen Sie mit dem .
- **Um einen Pfad zu duplizieren,** klicken Sie mit dem ein- oder zweimal (bis der Ankerpunkt zu sehen ist), halten Sie die ⌥/Alt-Taste gedrückt und ziehen Sie. (Wenn Sie mehr als eine Pfadkomponente verschieben wollen, müssen Sie mit gedrückter ⇧-Taste klicken.)
- **Um eine Formebene umzukehren,** aktivieren Sie deren Vektormaske (klicken Sie ein- oder zweimal auf die Miniatur in der Ebenen-Palette, bis ein doppelter Rahmen erscheint). Klicken Sie im Arbeitsfenster mit dem auf den Pfad, den Sie umkehren wollen. Klicken Sie dann in der Optionsleiste auf HINZUFÜGEN oder ENTFERNEN (siehe Seite 432).
- **Um geschlossene, zusammengesetzte Pfade zu einem einzelnen Pfad zu kombinieren,** müssen zunächst alle positiven und negativen Attribute für die Pfade wie

Einen Unterpfad auswählen

Es gibt verschiedene Möglichkeiten, eine Pfadkomponente auszuwählen. Diese funktioniert immer: Klicken Sie in der Pfade-Palette auf den Namen des Pfades. Mit dem Direktauswahl-Werkzeug oder dem Pfad-Auswahl-Werkzeug klicken Sie im Arbeitsfenster auf eine Pfadkomponente. Weitere Segmente wählen Sie mit gedrückter ⇧-Taste aus.

gewünscht eingestellt sein. Um diese wiederherzustellen, klicken Sie mit dem ➤ auf einen zusammengesetzten Pfad und dann auf den entsprechenden Button in der Optionsleiste – Hinzufügen, Entfernen, Schnittmenge oder Ausschließen. Sind diese Attribute korrekt gewählt, können Sie die Pfade auswählen, die Sie kombinieren wollen, und in der Optionsleiste auf den Button KOMBINIEREN klicken.

PFADE UND FORMEBENEN AUSRICHTEN

Photoshops präzise Möglichkeiten zur Ausrichtung von Objekten können auch auf Pfade und Formebenen angewendet werden:

- **Um Pfade auszurichten oder gleichmäßig zu verteilen,** klicken Sie sie mit dem Pfadauswahl-Werkzeug ➤ und gedrückter [⇧]-Taste an und klicken Sie in der Optionsleiste auf KOMBINIEREN oder einen der Ausrichten-Buttons.
- **Um Formebenen auszurichten oder zu verteilen,** wählen Sie eine aus, indem Sie auf die Miniatur in der Ebenen-Palette klicken. Wählen Sie anschließend die anderen Formebenen aus und verbinden Sie diese. Aktivieren Sie anschließend das Verschieben-Werkzeug und klicken Sie in der Optionsleiste auf einen der Ausrichten-Buttons.

Seit Photoshop CS2 können Sie Elemente auch mithilfe magnetischer Hilfslinien ausrichten. Wählen Sie einfach ANSICHT/EINBLENDEN/MAGNETISCHE HILFSLINIEN.

PFADE TRANSFORMIEREN

Wenn Sie einen Pfad oder eine Formebene aktiviert haben, wird aus dem Befehl BEARBEITEN/FREI TRANSFORMIEREN der Befehl BEARBEITEN/FREI TRANSFORMIEREN PFAD. Mit diesem Befehl (oder [⌘]/[Strg]-[T]) können Sie den Transformieren-Rahmen skalieren, verzerren oder verschieben. ▼

MEHR DAVON

▼ Transformieren
Seite 68

PFADE UND PFADKONTUREN FÜLLEN

Photoshop bietet verschiedene Möglichkeiten, **Pfade und Pfadkonturen zu füllen.** Sie können einen Pfad oder eine Pfadkontur mit Pixeln auf der ***Hintergrundebene***, einer **herkömmlichen (transparenten) Ebene oder einer Ebenenmaske füllen**; diese Ebenen und Masken sind die einzigen, die eine pixelbasierte

Nutzen Sie das Pfadauswahl-Werkzeug ➤, um Pfade oder zusammengesetzte Pfade zu verschieben, zu duplizieren oder zu kombinieren, um eine Formebene von einer Form auf transparentem Hintergrund in ein »Loch« umzuwandeln oder um zusammengesetzte Pfade auszurichten.

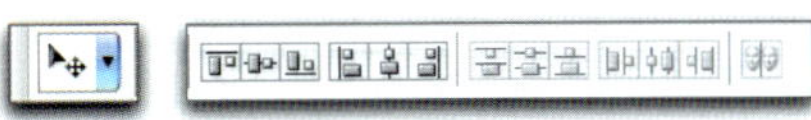

Mit dem Verschieben-Werkzeug können Sie Formebenen ausrichten oder verteilen.

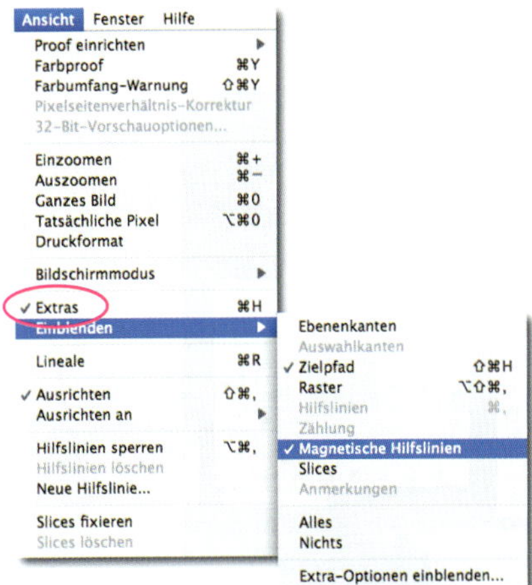

Um magnetische Hilfslinien bei der Ausrichtung von Pfaden zu verwenden, wählen Sie ANSICHT/EINBLENDEN/MAGNETISCHE HILFSLINIEN. Damit diese zu sehen sind, müssen Sie natürlich auch die Extras aktivieren.

GEMUSTERTE FORMEN

Um eine musterbasierte (oder verlaufsbasierte) Formebene zu erstellen, legen Sie mit dem Zeichenstift oder einem Formwerkzeug eine Formebene an und wählen Sie EBENE/INHALT DER EBENE ÄNDERN/MUSTER (VERLAUF).

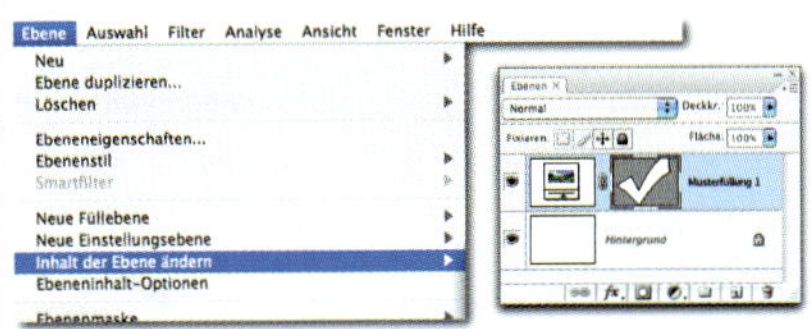

FÜLLOPTIONEN

Sie können mit einem einzelnen Pfad verschiedene Fülleffekte erzielen, je nachdem, welche Optionen Sie in der Dialogbox PFADFLÄCHE FÜLLEN gewählt haben. Klicken Sie mit gedrückter ⌥/Alt-Taste auf den Button ● und nehmen Sie Ihre Einstellungen vor.

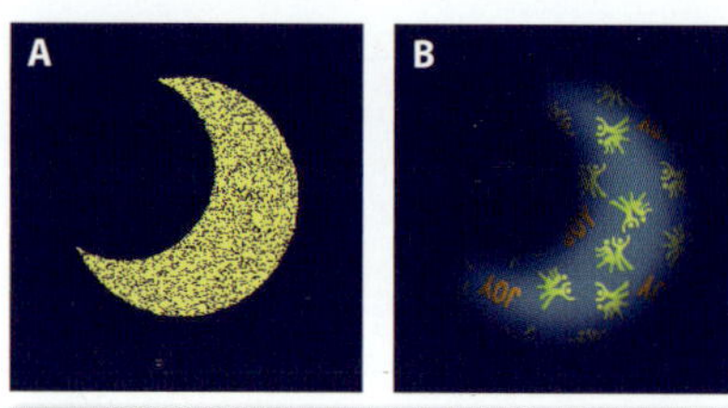

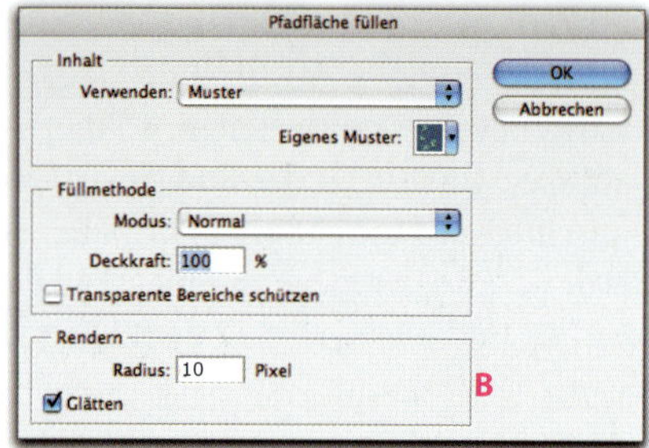

Für beide Beispiele wurde derselbe Pfad verwendet. Einmal wurde er mit der Vordergrundfarbe im Modus SPRENKELN **A** und einmal mit einem Muster im Modus NORMAL und weicher Auswahlkante gefüllt **B**.

Füllung oder Konturfüllung zulassen. Nachdem Sie eine Ebene oder Maske ausgewählt haben, klicken Sie in der Pfade-Palette auf die gewünschte Pfadminiatur. (Falls Sie nur einige Teile des Pfades füllen wollen, klicken Sie diese mit dem Pfadauswahl-Werkzeug und gedrückter ⇧-Taste an.) Dann haben Sie folgende Optionen:

- **Um einfach mit der Vordergrundfarbe zu füllen,** klicken Sie unten in der Pfade-Palette auf den Button MIT VORDERGRUNDFARBE FÜLLEN ●.
- **Um mit einer eigenen Farbe oder einem Muster zu füllen,** klicken Sie mit gedrückter ⌥/Alt-Taste auf den Button ●. In der Dialogbox können Sie dann eine Farbe oder ein Muster auswählen; dort können Sie auch einen Ebenenmodus und eine Deckkraft auswählen sowie die Auswahlkanten glätten.
- **Um eine Pfadkontur mit der Vordergrundfarbe zu füllen,** wählen Sie in der Werkzeug-Palette ein Malwerkzeug aus, wählen Sie die Optionen in der Optionsleiste und klicken Sie unten in der Pfade-Palette auf den Button PFADKONTUR FÜLLEN ○. (Falls es sich beim aktuellen Werkzeug um kein Malwerkzeug handelt, wird die Kontur mit den Einstellungen für den Pinsel oder den aktuellen Einstellungen des letzten Malwerkzeugs angewendet.)
- **Um aus einem Menü aller passenden Werkzeuge zu wählen,** klicken Sie mit gedrückter ⌥/Alt-Taste auf den Button ○, um die Dialogbox zu öffnen. Das genutzte Werkzeug verwendet die letzten Einstellungen; sobald die Dialogbox geöffnet ist, können Sie diese nicht mehr ändern.

KONTUREN IN EBENEN

Sie können eine Pfadkontur mit verschiedenen Werkzeugen, Pinselspitzen und Farben füllen.

Die Dialogbox PFADKONTUR FÜLLEN, die sich öffnet, wenn Sie mit gedrückter ⌥/Alt-Taste auf den Button ○ klicken, enthält ein Menü aller Werkzeuge, die Sie verwenden können.

Konturen-in-Ebenen.psd

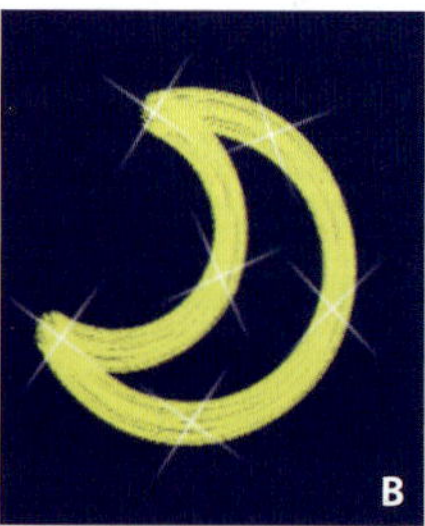

Die Pfadkontur des Mondes wurde auf einer transparenten Ebene mit dem Pinsel und einer speziellen Werkzeugspitze – Durchmesser 60 Pixel, Rundheit 40% – gefüllt **A**. Auf einer weiteren Ebene wurde die Kontur mit einer anderen Pinselspitze gefüllt **B**. Auf beide Ebenen wurde ein Ebenenstil angewendet **C**.

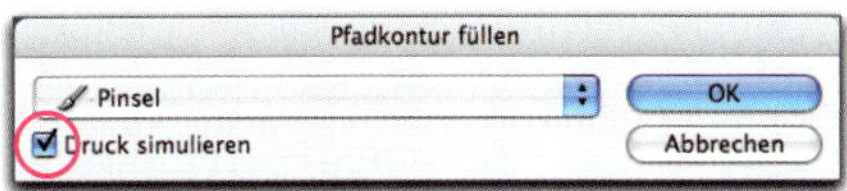

Mit der Option STIFTANDRUCK SIMULIEREN wirkt sich der Stiftandruck auf die entstehende Form aus. Die Kontur beginnt schwach, wird stärker und läuft dann wieder aus.

FORMEBENEN ODER KONTUREN FÜLLEN

Wenn ein Pfad ein Teil einer Formebene ist, können Sie ihn füllen oder die Kontur füllen, wie auf Seite 440 beschrieben. Die Füllung bestimmen Sie mithilfe des Farbfeldes in der Optionsleiste des Formwerkzeugs (siehe Seite 439). Eine andere Möglichkeit ist die Verwendung eines Ebenenstils. Die Effekte FARBE, VERLAUF und MUSTER können zum Füllen von Formen genutzt werden. Mithilfe der Strukturkomponente des Effekts ABGEFLACHTE KANTE UND RELIEF erzeugen Sie eine Oberflächenstruktur. Den Kontur-Effekt können Sie für den Umriss einer Form nutzen. Füllungen und Konturen als Teil eines Ebenenstils können leicht bearbeitet werden. Viele sind auflösungsunabhängig und können problemlos vergrößert werden. Auf Ebenenstile gehe ich in Kapitel 8 genauer ein.

VEKTORZEICHNUNGEN GLÄTTEN

Neben dem Füllen von Pfaden und Pfadkonturen gibt es noch andere Methoden, Strukturen und komplexere Farben zu Vektorgrafiken hinzuzufügen. Auf den Seiten 474 und 467 finden Sie Hinweise und Anregungen dazu.

PHOTOSHOP MIT ADOBE ILLUSTRATOR VERWENDEN

Photoshop kann Grafiken und Text mit Adobe Illustrator tauschen. (Über den Textaustausch habe ich bereits auf Seite 430 gesprochen.)

Illustrators einzigartige Zeichenfähigkeiten

Neben Photoshops typografischen, Vektorzeichnungs- und Layoutwerkzeugen bietet Illustrator noch ein paar bessere Möglichkeiten. Wenn Sie im Besitz von Illustrator sind, zeige Ihnen hier ein paar Möglichkeiten. Falls nicht, können Sie nach dem Abschnitt entscheiden, ob Sie es brauchen oder nicht:

- Illustrators **Spirale-Werkzeug** – mit Kontrolle über die Anzahl der Drehungen und den Radius – bietet mehr Spiralen als Photoshops Eigene-Form-Spirale.
- Wenn Sie die ⌥/Alt-Taste gedrückt halten, erstellt Illustrators **Stern-Werkzeug** Sterne mit automatisch ausgerichteten Kanten. Die Anzahl der Arme kontrollieren Sie beim Zeichnen ebenso wie die Länge der Arme (halten Sie einfach die ⌘/Strg-Taste gedrückt).
- Die beiden **Raster-Werkzeuge** (Rechteck und Radial) eignen sich, um schnell und einfach präzise Pfade für die Formen zu erstellen.
- Wenn Sie eine Serie ähnlicher Formen oder den Zusammenschluss zweier Formen benötigen, nutzen Sie das **Blend-Werkzeug** bzw. den entsprechenden Befehl, um Vektorpfade oder Formen zu verschieben.

K & L DESIGNS

Nutzen Sie Filter und Strukturen, um Vektorgrafiken zu glätten (siehe Seite 467).

Hier sehen Sie verschiedene Sterne und Spiralen, die in Illustrator mit den entsprechenden Werkzeugen erstellt wurden.

Bei den Sternen zwei und drei (von links) sind die Arme nicht ausgerichtet – diese Sterne können Sie auch einfach in Photoshop mit dem Polygon-Werkzeug im Stern-Modus anfertigen (siehe unten). Beim ersten Stern sind die Arme ausgerichtet – das kann in Illustrator automatisch geschehen. In Photoshop lassen sich die Arme genau ausrichten, wenn Sie die Werte kennen, allerdings ändert sich der Wert mit der Anzahl der Seiten. (Bei einem fünfzackigen Stern lautet die magische Zahl 50%.)

Dieser Stern wurde mit Photoshops Polygon-Werkzeug und aktivierten Optionen Stern und Einzüge glätten erstellt. In Illustrator gibt es keine äquivalente Option.

Die drei Formen zwischen dem Stern und dem Kreis wurden mit der Illustrator-Option Objekt/Umwandeln erstellt. Sie können die Anzahl der Schritte angeben (wie hier) oder eine spezielle Distanz zwischen den Schritten. Im unteren Beispiel besaß der Stern keine Füllung. Oben hatte er dieselbe grüne Füllung wie der Kreis, allerdings mit einer Fülldeckkraft von 0%.

- Vektor- oder pixelbasierte Zeichnungen lassen sich mithilfe interaktiver Werkzeuge und Dialoge, die dem Verflüssigen-Filters oder den Text-verkrümmen-Optionen in Photoshop ähnlich sind, sowie dem Befehl Bearbeiten/Transformieren/Verkrümmen bearbeiten.
- Nutzen Sie die Dialogbox 3D-Effekte, um Vektorpfade in ein 3D-Objekt zu verwandeln. Wenden Sie die Dialogbox auf Grafiken aus Photoshop oder Illustrator an. Seit CS2 können Sie dafür Photoshops Verkrümmen-Befehl verwenden.
- Nutzen Sie Vektor-Kunstpinsel, um Wasserfarben, Kreide und kalligrafische Zeichenstifte zu imitieren. Für komplexe Linien und Rahmen lassen sich auch die Musterpinsel nutzen.
- Das Symbol-aufsprühen-Werkzeug sprüht Symbole (Vektor- oder Pixelgrafiken aus Photoshop oder Illustrator) auf die Arbeitsfläche. Größe, Form, Verteilung, Farbe und Transparenz lassen sich interaktiv anpassen.
- In Illustrator haben Sie mehr Optionen, einzelne Form- oder Pfadpunkte auszurichten.
- Texte lassen sich generell leichter in Illustrator bearbeiten.
- In Illustrator CS2 setzt der Befehl Umwandeln Pixel in Vektoren um.
- Mit dem Befehl Live Paint erinnert die Vektorarbeit eher an übliches Zeichnen und Einfärben. Die Pfade werden dabei alle behandelt, als befänden sie sich auf einer ebenen Oberfläche, die in Bereiche eingeteilt wird, um diese mit Farbe zu füllen. Werden die Pfade bearbeitet, passt sich die Farbe an die neuen Formen an.

Zeichnungen zwischen Photoshop & Illustrator verschieben

Manchmal lassen sich Text und Vektorgrafiken zwischen Photoshop und Illustrator so transferieren, dass Schriftinformationen und Pfade intakt bleiben. In anderen Fällen müssen die Vektorgrafiken zunächst gerastert oder zumindest vereinfacht werden, um sie von einem Programm zum anderen zu übertragen. Wie Sie die Grafiken zwischen den Programmen verschieben, hängt davon ab, was Sie verschieben wollen und welche Eigenschaften erhalten bleiben müssen. Da jedes Programm eine Reihe verschiedener Text- und Vektorgrafikoptionen anbietet, ist es schwierig, feste Regeln aufzustellen. Außerdem gibt es auch immer wieder viele Ausnahmen. Es gibt jedoch eine allgemeine Liste, welche Optionen Ihnen für den Transfer von Grafiken zur Verfügung stehen (siehe Seite 430):

Aus Illustrator einfügen

In Illustrator CS/CS2 muss die Option AICB in den Voreinstellungen DATEIEN VERARBEITEN UND ZWISCHENABLAGE aktiviert sein, um Formen oder Pfad in Photoshop einfügen zu können.

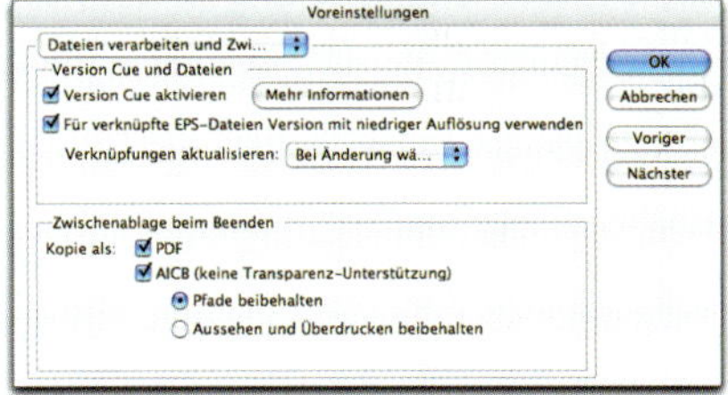

Fügen Sie etwas aus der Zwischenablage in Photoshop ein, können Sie wählen, ob Sie die Inhalte rastern (in Pixel umwandeln) wollen oder nicht. Seit CS2 lassen sich auch Smart Objekte einfügen – so können Sie das Original jederzeit in Illustrator bearbeiten, die Photoshop-Datei wird automatisch aktualisiert.

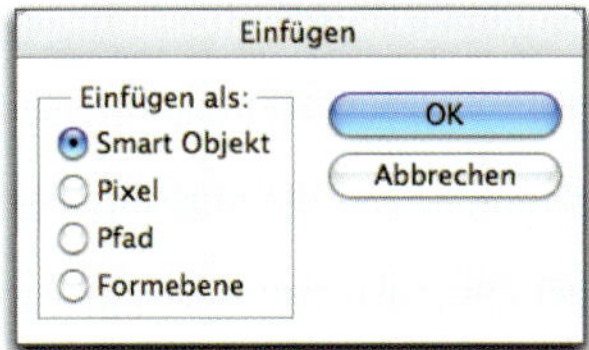

Weitere Grafikprogramme

Natürlich ist Illustrator nicht das einzige PostScript-Grafikprogramm, mit dem sich Dateien erstellen lassen, die in Photoshop geöffnet und verwendet werden können. Auch Dateien aus dem Programm Macromedia FreeHand (Version 8 und höher) können gerastert und als pixelbasierte Bilder in Photoshop verwendet werden.

CorelDraw-Dateien lassen sich rastern und als Photoshop-Dateien exportieren oder im Illustrator-Format speichern. Allerdings kann es passieren, dass die Übersetzung zwischen CorelDraw und Illustrator nicht ganz akkurat abläuft.

Drag&Drop (für Pfade und Formen). Illustrator-Grafiken werden standardmäßig gerastert, wenn sie per Drag&Drop zwischen Illustrator und Photoshop bewegt werden. Wenn Sie dabei jedoch die ⌘-Taste (PC: Strg) gedrückt halten, bleiben die Pfade editierbar. Pfade und Formen erhalten jedoch ihren Vektorcharakter, wenn Sie sie per Drag&Drop zwischen Photoshop und Illustrator bewegen.

Kopieren und Einfügen (für Pixel, Pfade und Formen). Mit den richtigen Voreinstellungen (siehe Kasten) können Sie beim Kopieren und Einfügen von Objekten aus der Zwischenablage wählen, ob Sie diese als Pixel, Pfade oder Formebene einfügen wollen. Seit CS2 können Sie auch Smart Objekte einfügen – diese lassen sich jederzeit in Illustrator bearbeiten, die Photoshop-Datei wird aktualisiert.

Kopieren Sie andersherum einfach ein Objekt in Photoshop und fügen Sie es in das Illustrator-Dokument ein – der Pixel- oder Vektorcharakter bleibt erhalten.

Dateien (für Formen und mehrere Ebenen). Um eine Illustrator-Datei nach Photoshop zu verschieben, aktivieren Sie in der Exportieren-Dialogbox die Option PHOTOSHOP (PSD). So ist Illustrator angehalten, die Datei so editierbar wie möglich zu erhalten (editierbarer Text, Ebenenstruktur).

Um Photoshop-Dateien nach Illustrator zu verschieben, wählen Sie DATEI/EXPORTIEREN/PFADE -> ILLUSTRATOR. Bei Formebenen speichern Sie die Datei im PSD-Format und öffnen diese ganz normal in Illustrator. Wählen Sie in der Photoshop-Importoptionen-Dialogbox von Illustrator die Option PHOTOSHOP-EBENEN IN OBJEKTE KONVERTIEREN UND TEXT NACH MÖGLICHKEIT BEARBEITBAR MACHEN und klicken Sie auf OK.

Wenn Sie eine PSD-Datei in Illustrator öffnen oder platzieren (einbetten), wählen Sie die Option PHOTOSHOP-EBENEN IN OBJEKTE KONVERTIEREN UND TEXT NACH MÖGLICHKEIT BEARBEITBAR MACHEN, um die Ebenenstruktur so gut wie möglich zu erhalten. Die Festlegungen, welche Ebenen reduziert werden und welche nicht, sind sehr komplex – in der Regel werden Ebenen reduziert, die Funktionen enthalten, die Illustrator nicht unterstützt.

Komplexe Grafiken importieren. Oft wird eine komplexe Grafik in Illustrator erstellt und dann in Photoshop geöffnet, um auf einzelne Komponenten Ebenenstile anzuwenden. Da jede Ebene nur mit einem Stil versehen werden kann, ist es das Ziel, alle Ebenen, die mit einem Effekt versehen werden sollen, in

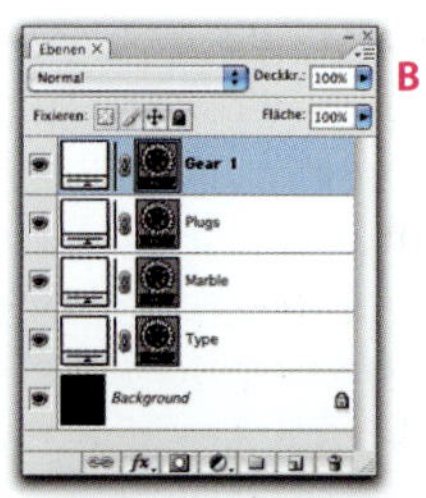

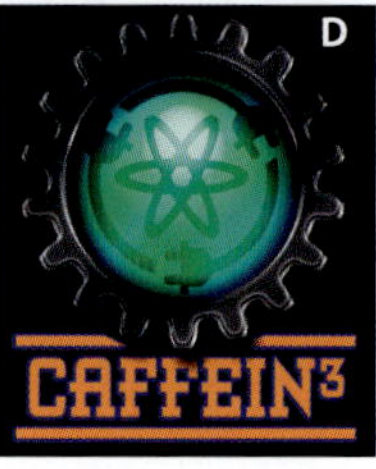

Die Original-Illustrator-Grafik **A** wurde als Formebene importiert und dreimal dupliziert **B**. Anschließend wurden einzelne Pfade aus den Ebenen entfernt **C** und Ebenenstile angewendet **D** (siehe Seite 460).

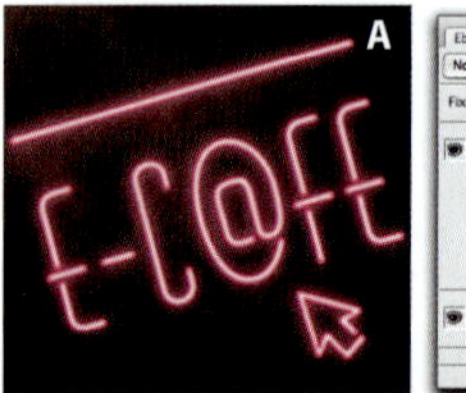

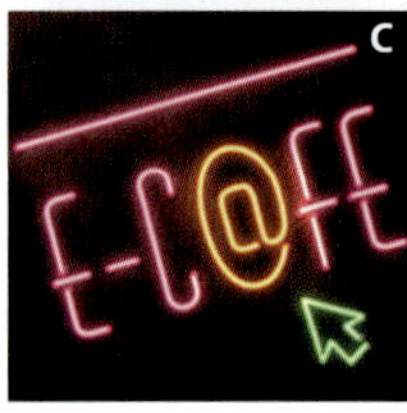

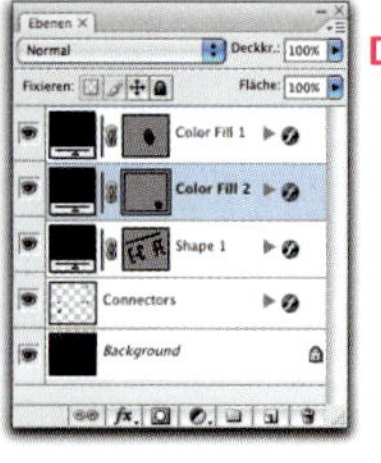

Die Original-Illustrator-Grafik wurde als Formebene in Photoshop eingefügt, anschließend wurde ein Ebenenstil angewendet **A**, **B**. Einige der Pfade wurden ausgewählt, ausgeschnitten und in neuen Ebenen eingefügt, um die Farben zu ändern **C**, **D** (siehe Seite 546).

eigenen Ebenen unterzubringen und wie im Original auszurichten. Einen Ansatz finden Sie auf Seite 474 beschrieben. Eine Illustrator-Datei mit Ebenen wird im PSD-Format gespeichert, die Elemente für die Bearbeitung in Photoshop passend sortiert.

Sie können die gewünschte Grafik aber auch auswählen und in die Zwischenablage von Illustrator kopieren, um sie dann als einzelne Formebenen in eine Photoshop-Datei einzufügen; duplizieren Sie diese Formebene anschließend so oft wie nötig und löschen Sie aus den einzelnen Ebenen die unerwünschten Elemente. Diese Methode wird auf Seite 460 näher beschrieben.

Hier ist noch eine dritte Möglichkeit: Sobald Sie eine Formebene kopiert und eingefügt haben, wählen Sie den Pfad aus, der sich in einer eigenen Ebene befinden soll, und kopieren Sie diesen in die Zwischenablage. Fügen Sie eine Volltonfarbebene sowie eine Vektormaske hinzu und fügen Sie den Pfad ein. Er erscheint in der neuen Ebene an exakt derselben Position. Diese Methode wird auf Seite 546 genauer beschrieben.

Seit CS2 gibt es noch eine weitere Option: Erstellen Sie eine Grafik in Illustrator, kopieren Sie diese in die Zwischenablage und fügen Sie sie in Photoshop als **Smart Objekt** ein.▼ Die Ebene lässt sich dann wie eine herkömmliche Ebene bearbeiten und transformieren. Wollen Sie das Original bearbeiten, klicken Sie einfach doppelt auf die Miniatur des Smart Objekts, um die Datei in Illustrator zu öffnen. Nehmen Sie dort Ihre Änderungen vor – sobald Sie die Datei speichern, wird sie in der Photoshop-Datei aktualisiert.

MEHR DAVON
▼ Smart Objekte
Seite 33

PHOTOSHOP & LAYOUTPROGRAMME

Wenn Sie ein mehrseitiges Dokument erstellen müssen, nutzen Sie Adobe InDesign oder QuarkXPress. In diesen Programmen finden Sie Funktionen wie Absatzstile, ausgeklügeltere Suchen-und-Ersetzen-Funktionen, automatische Seitennummerierung, Inhaltsverzeichnisse und Indizes. In einem Layoutprogramm lassen sich Photoshop-Dateien außerdem in unterschiedlichen Auflösungen einsetzen.

Um einen Pfad als Silhouette für ein Photoshop-Bild zu nutzen, das Sie dann in einem Layoutprogramm platzieren, legen Sie den Pfad als *Beschneidungspfad* fest, um unerwünschte Teile des Bildes auszublenden:

- Erstellen Sie einen Pfad, der auf der Transparenz einer Text- oder Formebene basiert (aktivieren Sie die Ebene in der Ebenen-Palette und klicken Sie auf den Button ARBEITSPFAD AUS AUSWAHL ERSTELLEN unten in der Pfade-Palette).
- Erstellen Sie einen Arbeitspfad, der den Bereich umschließt, den Sie erhalten wollen, und speichern Sie diesen (klicken Sie dazu doppelt auf den Namen des Arbeitspfades in der Pfade-Palette). (Wenn Sie bereits einen ähnlichen Pfad gespeichert haben, können Sie ihn auch einfach anklicken und müssen nicht unbedingt einen neuen erstellen.)

ILLUSTRATOR-GRAFIKEN FÜR SMART OBJEKTE

Jedes Smart Objekt besitzt **Inhalte,** die sich bearbeiten lassen, und einen **Begrenzungsrahmen**, der bei der Erstellung erzeugt wird und später nicht bearbeitet werden kann. Wenn Sie eine Grafik in Illustrator erstellen **A** und sie in Photoshop als Smart Objekt einfügen **B**, stellt der Begrenzungsrahmen das kleinste Rechteck dar, in dem die Grafik Platz findet. Falls Sie die Grafik später über diesen Rahmen hinaus vergrößern, vergrößert Illustrator diesen Rahmen **C**. Speichern Sie die bearbeitete Datei, skaliert Photoshop diese je nach Bedarf (oftmals nicht proportional), um den veränderten Inhalt in den Original-Begrenzungsrahmen einzufügen **D**. Diese Skalierung wird selten gewünscht. Um das zu vermeiden, müssen Sie beim Erstellen der Illustrator-Grafik Folgendes beachten, um sicherzustellen, dass Photoshop einen größeren Begrenzungsrahmen erstellt und die Grafik nicht verzerrt:

Fügen Sie in Illustrator nach der Erstellung der Grafik einen unsichtbaren (keine Kontur, keine Füllung) Begrenzungsrahmen hinzu, der größer ist als die Grafik **E**. Platzieren Sie die Grafik in der Mitte des Kastens, damit das Smart Objekt beim Drehen oder Skalieren in Photoshop korrekt transformiert wird.

Falls Sie die Inhalte des Smart Objekts später in Illustrator ändern, können Sie innerhalb dieses Rahmens Elemente hinzufügen, ohne dass die Grafik in Photoshop verzerrt wird **F**. (Bearbeiten Sie die Grafik in Illustrator, müssen Sie die Mitten möglicherweise neu ausrichten. Tun Sie das, wenn Sie wollen, dass Photoshop die neue Mitte des Smart Objekts nutzt.)

A

Die Original-Grafik in Illustrator (Teil von Don Jolleys Grafiken für »Rusted & Pitted« auf Seite 517)

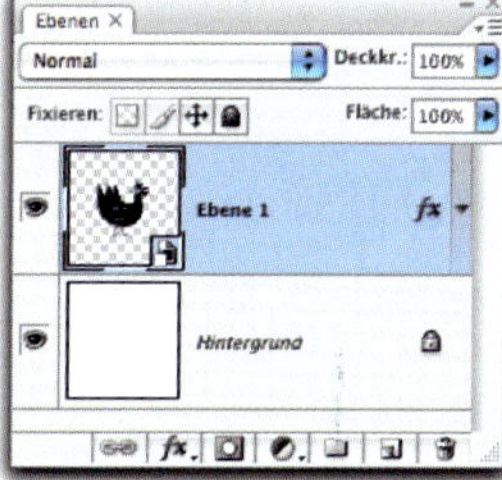

In Photoshop als Smart Objekt eingefügt und einen Ebenenstil hinzugefügt.

C

In Illustrator bearbeitet.

D

Die Photoshop-Datei wird aktualisiert.

E

Fügen Sie ein unsichtbares Rechteck hinzu, um einen unsichtbaren Rahmen für das Smart Objekt zu erstellen.

F

Die Grafik lässt sich bearbeiten, ohne dass die Photoshop-Datei verzerrt wird.

Wenn Sie eine Photoshop-Datei (PSD) mit Ebenen in InDesign platzieren, wird die platzierte Version der Datei auf eine Ebene reduziert. (Das Original in Photoshop jedoch nicht.) Halten Sie während des Imports die ⇧-Taste gedrückt, können Sie wählen, ob Sie den Beschneidungspfad anwenden wollen (wenn mit der Datei einer gespeichert wurde).

PHOTOSPIN.COM

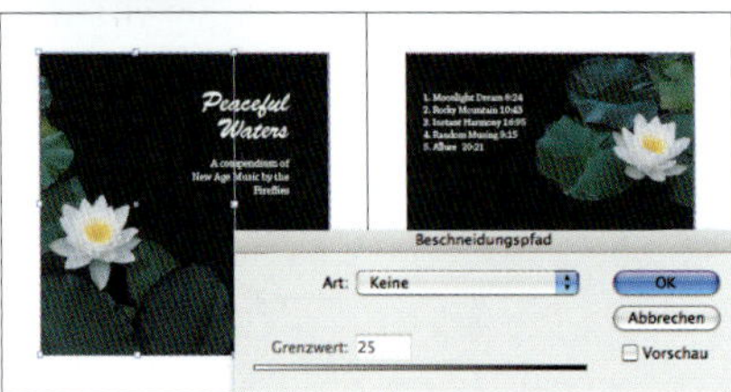

Wird eine Photoshop-Datei mit mindestens einem Pfad in InDesign importiert, öffnet sich eine Dialogbox, in der Sie auswählen können, ob Sie den Beschneidungspfad nutzen wollen. Ein und dasselbe Bild kann mit unterschiedlichen Beschneidungspfaden mehr als einmal platziert werden..

Klicken Sie in der Pfade-Palette dann oben rechts in die Ecke, um aus den Paletten-Optionen den Befehl BESCHNEIDUNGSPFAD auszuwählen. Wählen Sie für die Kurvennäherung einen Wert von 0 oder einen zwischen 8 und 10 – was Adobe für hochauflösende Bilder empfiehlt – bzw. 1 und 3 für gering auflösende Bilder (unter 600 dpi). Klicken Sie im Anschluss auf OK. Speichern Sie die Datei anschließend im Photoshop-Format, um die größtmögliche Flexibilität zu erhalten.

Ist die Photoshop-Grafik für ein InDesign-Dokument bestimmt, ist die gespeicherte PSD-Datei perfekt. Wählen Sie in InDesign einfach DATEI/PLATZIEREN, aktivieren Sie in der Dialogbox die Option PHOTOSHOP-BESCHNEIDUNGSPFAD ANWENDEN und klicken Sie auf OK. Das Bild wird auf eine Ebene reduziert und beschnitten. Sie können die Beschneidung jedoch ändern, indem Sie OBJEKT/BESCHNEIDUNGSPFAD wählen und eine andere Option einstellen (z.B. einen anderen Photoshop-Pfad oder einen Alphakanal▼).

MEHR DAVON
▼ Alphakanäle
Seite 64

Ist die Photoshop-Grafik für ein QuarkXPress-Dokument bestimmt, müssen Sie die Datei nach der Erstellung des Beschneidungspfades im Photoshop-Format speichern, um diesen später bearbeiten zu können. Speichern Sie die Datei anschließend erneut unter einem anderen Namen im Format Photoshop DCS 2.0 (DATEI/SPEICHERN UNTER) – aktivieren Sie dabei die Option VEKTORDATEN EINBINDEN.

DIE VERKNÜPFUNGEN-PALETTE

InDesign CS/CS2 und Illustrator CS/CS2 besitzen eine Verknüpfungen-Palette, in der jede Verknüpfung aufgelistet wird:

- Sie können ein Photoshop-Bild für die Bearbeitung in Photoshop öffnen – die Illustrator- oder InDesign-Datei wird automatisch aktualisiert, wenn Sie die bearbeitete Datei speichern.
- Fehlt ein Bild oder wurde es seit der letzten Verknüpfung bearbeitet, erscheint ein Warndreieck.
- Die Bilder lassen sich nach Namen oder anderen Kriterien sortieren.

Rechts sehen Sie die Verknüpfen-Palette von InDesign.

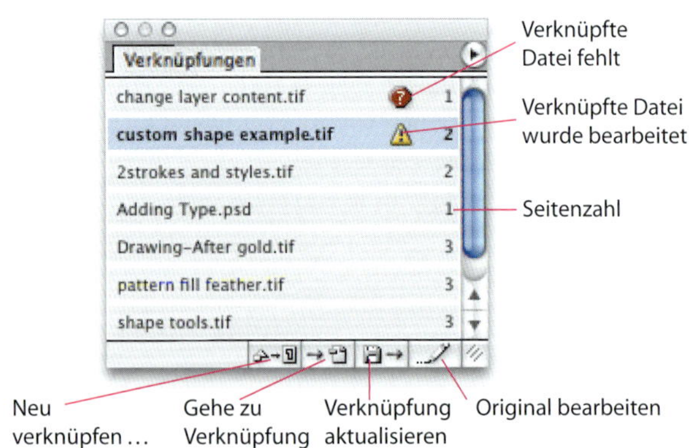

Ü B U N G

Textebenen

Lance Jackson entwickelte die unten stehende Grafik für eine Urlaubskarte der Zeitung *San Francisco Chronicle*. Er nutzte dafür die Schriftart Electra (www.linotype.com). Mit seiner Erlaubnis und der des *Chronicles* verwenden wir den Schriftzug, um Ihnen den Schriftsatz in Photoshop etwas näher zu bringen.

Die Verwaltung von Text in Photoshop ist eine Herausforderung, aber es lohnt sich. Der Erfolg hängt teilweise davon ab, wie gut Sie die Texteinstellungen verstanden haben – die meisten finden Sie in der Optionsleiste. Es gibt aber auch einige wichtige Tipps, die Sie in Hinsicht auf die Verwaltung von Textebenen kennen sollten. In dieser Übung beschäftigen wir uns mit

- der Erstellung von Text,
- globalen Änderungen einer gesamten Textebene,
- Änderungen auf Zeichenbasis,
- der Erstellung neuer Textebenen (anstatt eine bestehende zu erweitern),
- dem Maskieren von Text,
- dem Entkommen aus einer Textebene (siehe Kasten rechts).

Wir haben für unser Beispiel die Schriftart Georgia verwendet (unten), weil es sie für Mac und Windows gibt.

LANCE JACKSON / *SAN FRANCISCO CHRONICLE*

NACH LANCE JACKSON, MIT ERLAUBNIS

1. Text erstellen

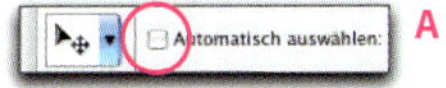

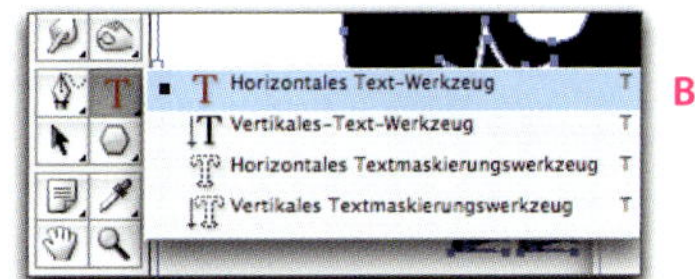

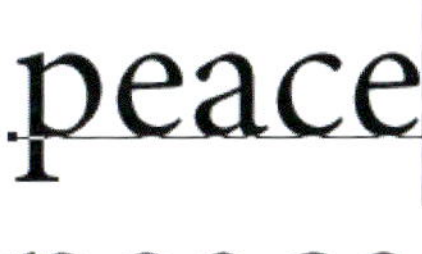

Vor dem Drücken von ⌘/Strg-↵

peace

Nach dem Drücken von ⌘/Strg-↵

Um unserem Beispiel zu folgen, öffnen Sie ein neues Photoshop-Dokument (DATEI/NEU), das etwa 15 cm breit und 7,5 cm hoch ist und eine Auflösung von 225 Pixel/Zoll hat. Es sollte sich im RGB-Modus befinden und einen weißen Hintergrund haben. Aktivieren Sie das Verschieben-Werkzeug und deaktivieren Sie in der Optionsleiste die Option AUTOMATISCH AUSWÄHLEN **A**. Dadurch lassen sich Textebenen besser verwalten.

Aktivieren Sie das Horizontale Text-Werkzeug (T) **B**. (Wir nennen es einfach nur Text-Werkzeug.) Klicken Sie ins Arbeitsfenster und geben Sie das Wort »peace« ein – wir wählten die Schriftart Minion mit einer Größe von 24 pt.

Drücken Sie ⌘/Strg-↵. Das Text-Werkzeug ist immer noch aktiv, die Einfügemarke ist jedoch verschwunden. Jetzt wirken sich die Änderungen in der Optionsleiste auf die gesamte Textebene aus.

DEN FERTIGEN TEXT FINDEN SIE
auf der DVD unter Wow Projektdateien/Kapitel 7/ Textebenen

AUS EINER TEXTEBENE »ENTKOMMEN«

Wenn Sie die Änderungen abgeschlossen haben und Sie wieder vollen Zugriff auf alle Photoshop-Werkzeuge und Menüs haben wollen:

- Drücken Sie ⌘/Strg-↵.
- Um ohne Änderungen fortzufahren, drücken Sie Esc oder ⌘/Strg-.

2. Einstellungen ändern

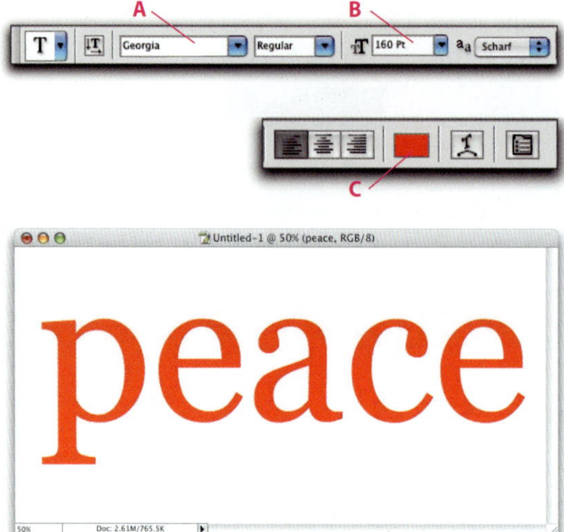

Klicken Sie auf den Button ▼ neben der Schriftart links in der Optionsleiste und wählen Sie Georgia **A**. (Falls Sie diese nicht besitzen, versuchen Sie es mit Arial.)

Um eine höhere Einstellung für die Schriftgröße zu wählen, als in der Optionsleiste angeboten wird, drücken Sie die ⌘-Taste (PC: Strg), stellen Sie den Cursor über das Kästchen mit der Schriftgröße und ziehen nach rechts (wir wählten 160 pt) **B**. Keine Angst, falls der Text jetzt über die Arbeitsfläche hinausragt. Aktivieren Sie das Verschieben-Werkzeug und ziehen Sie den Text in Position (halten Sie dazu nur vorübergehend die ⌘/Strg-Taste gedrückt.

Ändern Sie nun die Textfarbe: Klicken Sie auf das Farbfeld in der Optionsleiste **C,** um den Farbwähler zu öffnen. Wählen Sie ein helles Rot und klicken Sie auf OK.

MEHRERE TEXTEBENEN GLEICHZEITIG ÄNDERN

Um Farbe, Schriftart oder andere Eigenschaften gleich mehrerer Textebenen zu ändern, klicken Sie auf die erste Textebene in der Ebenen-Palette und dann mit gedrückter ⌘-Taste (PC: Strg) auf die anderen, um sie zu verbinden. Aktivieren Sie das Textwerkzeug (so, dass es keine Einfügemarke aufweist) und halten Sie die ⇧-Taste gedrückt, während Sie in der Optionsleiste die Änderungen vornehmen (seit CS2 müssen Sie die ⇧-Taste dazu nicht mehr gedrückt halten).

3. Andere Schriftarten

Wenn Sie jetzt ein paar andere Schriften ausprobieren wollen, ist das gar kein Problem. Aktivieren Sie die Textebene (in der Ebenen-Palette) und das Text-Werkzeug (ohne Einfügemarke). Ändern Sie dann in der Optionsleiste die Schriftart. Um alle Schriftarten nacheinander auszuprobieren, lesen Sie den Kasten unten.

Wenn Sie sich für eine andere Schriftart als Georgia entscheiden, müssen Sie später wahrscheinlich mit anderen Werten für die Laufweite arbeiten.

AUTOMATISIERTE TEXTANZEIGE

Es ist ganz einfach, viele verschiedene Schriftarten für Ihren Text auszuprobieren. Aktivieren Sie die Textebene sowie das Text-Werkzeug (ohne Einfügemarke). Klicken Sie in der Optionsleiste in das Feld SCHRIFTFAMILIE EINSTELLEN. Drücken Sie nun die Pfeiltasten nach oben oder unten (↑ oder ↓), um durch die Schriften zu wechseln.

Wenn Sie dabei die ⇧-Taste gedrückt halten und ↑ drücken, wechseln Sie zur ersten Schrift, und mit ⇧-↓ zur letzten in der Liste.

4. Eine Kontur hinzufügen

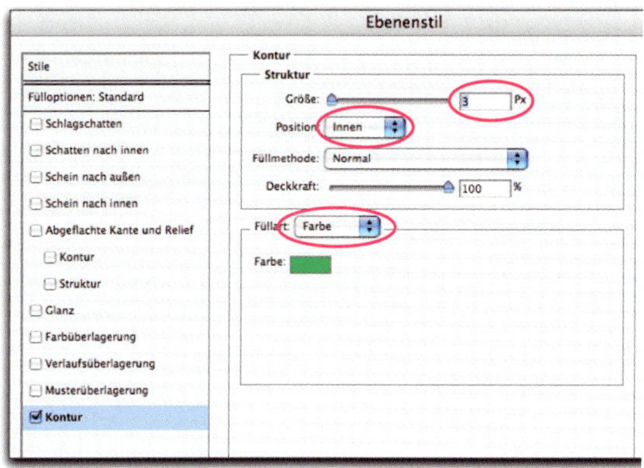

Um den gesamten Text einer Photoshop-Ebene mit einer Kontur zu versehen, wenden Sie am besten einen Ebenenstil an. Aktivieren Sie in der Ebenen-Palette die Textebene und klicken Sie unten in der Palette auf den Button EBENENSTIL HINZUFÜGEN *fx*. Wählen Sie aus dem Pop-up-Menü KONTUR. Klicken Sie in der sich öffnenden Dialogbox auf das Farbfeld, um eine Konturfarbe zu wählen (wir wählten ein helles Grün). Experimentieren Sie mit der Größe und der Position; wir wählten eine Größe von 3 Pixel und die Position INNEN. Klicken Sie auf OK, um die Dialogbox zu schließen und den Ebenenstil anzuwenden.

5. Einen einzelnen Buchstaben ändern

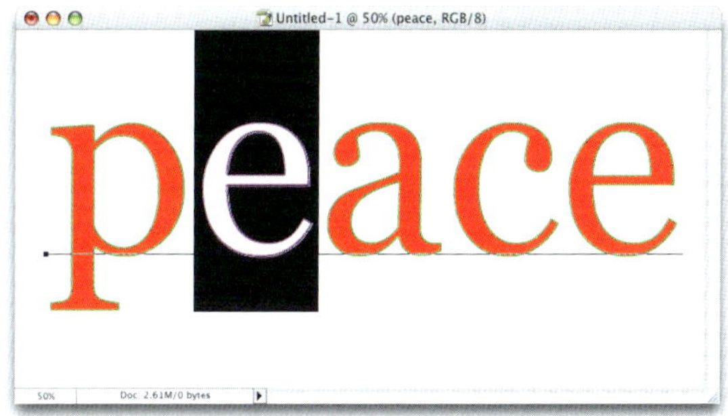

Bisher haben wir alle Änderungen auf die gesamte Textebene angewendet. Jetzt ändern wir Farbe und Position eines einzelnen Buchstaben. Ist nur ein Teil des Textes ausgewählt, werden die Änderungen in der Optionsleiste nur auf diesen angewendet. Aktivieren Sie das Text-Werkzeug, klicken Sie zwischen »p« und »e« und ziehen Sie nach rechts, um das »e« auszuwählen. Ändern Sie die Textfarbe in Schwarz. Beachten Sie, dass die Kontur immer noch vorhanden ist.

Die Markierung ausblenden

Wenn Sie Buchstaben einer Textebene auswählen, werden diese markiert. Die umgekehrte Farbe der Markierung macht es jedoch schwieriger, die Textänderungen nachzuvollziehen. Drücken Sie deshalb ⌘-H (PC: Strg-H), um die Markierung auszublenden (oder um sie wieder einzublenden).

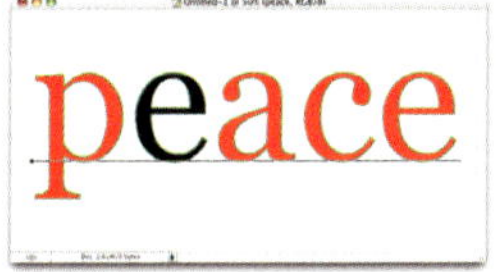

Manchmal ist es schwer, ausgewählten Text genau zu erkennen (links). Um die Auswahl zu erhalten, die Markierung jedoch auszublenden (rechts), drücken Sie ⌘-H (PC: Strg-H).

6. Einen Buchstaben drehen

Sie können in Photoshop ganze Textebenen transformieren (Größe ändern, drehen, neigen usw.), einzelne Zeichen lassen sich jedoch nicht auf die Art und Weise bearbeiten. Um das »e« zu drehen, müssen wir es in eine eigene Ebene kopieren.

Wählen Sie den Buchstaben aus und drücken Sie ⌘-X (PC: Strg-X), gefolgt von ⌘-↩ (PC: Strg-↩), um die Änderung abzuschließen. Beginnen Sie eine neue Textebene für das »e«: Halten Sie die ⇧-Taste gedrückt und klicken Sie in den Bereich, in dem sich der Buchstabe befinden soll. Durch Drücken der genannten Tasten wird eine neue Textebene erstellt, wenn Sie das »e« mit ⌘-V (PC: Strg-V) einfügen **A**. (Beachten Sie, dass die Kontur nicht kopiert wird. Ebenenstile verschwinden beim Kopieren und Einfügen. In unserem Beispiel ist das gut so. Wie Sie einen Stil erhalten, lesen Sie auf Seite 451.)

Zum Drehen des Buchstabens müssen Sie diesen erst korrekt platzieren und die Bearbeitung mit ⌘/Strg-↩ bestätigen. Wählen Sie anschließend BEARBEITEN/TRANSFORMIEREN/UM 180° DREHEN **B**. Wechseln Sie mit gedrückter ⌘/Ctrl-Taste zum Verschieben-Werkzeug und ziehen Sie den Buchstaben an die gewünschte Stelle **C**. (Für sein Design hat Jackson eine Schriftart gewählt, deren »e« höher ist als bei unserer Schriftart. Deshalb haben wir den Buchstaben hier etwas nach unten verschoben.)

Um mit Jacksons Design fortzufahren, müssen wir das »e« hinter die anderen Buchstaben verschieben: Ziehen Sie die Ebenenminiatur für das »e« in der Ebenen-Palette unter die Textebene **D**, **E**.

7. Laufweite

Da sich das »e« nun in einer eigenen Ebene befindet und gedreht wurde, können wir die Laufweite der anderen Buchstaben – »p« und »a« – anpassen, um sie mit dem »e« zu verflechten. Aktivieren Sie in der Ebenen-Palette die »pace«-Ebene und klicken Sie mit dem Text-Werkzeug zwischen »p« und »a« **A**.

Rechts in der Optionsleiste finden Sie einen Button ( ), mit dem sich die Zeichen-Palette öffnen lässt. Verringern Sie den Abstand zwischen den beiden Buchstaben (jedoch nicht so weit, dass sie sich überlappen). Geben Sie dazu einfach einen negativen Wert für die Laufweite ein und drücken Sie ↩ **B**.

Wir zoomten auf 100% in das Dokument hinein; drücken Sie dazu ⌘-⌥-0 (PC: Strg-Alt-0). Dann experimentierten wir mit größeren negativen Werten, bis sich die Umrisse der beiden Buchstaben zu berühren scheinen (bei –93). (Nutzen Sie zum Ändern des Wertes auch die auf Seite 448 beschriebene Methode. Für eine exakte Kontrolle sollten Sie den Wert jedoch per Hand eingeben und mit ↩ bestätigen.) Wenn sich die beiden Buchstaben überlappen, verschwindet auch die Kontur. Denn der Ebenenstil folgt nur den Umrissen des Ebeneninhalts.

Nachdem Sie die Laufweite angepasst haben, drücken Sie ⌘/Strg-↩, um Photoshop mitzuteilen, dass Sie die Bearbeitung abschließen **C**.

8. Die Überlappung

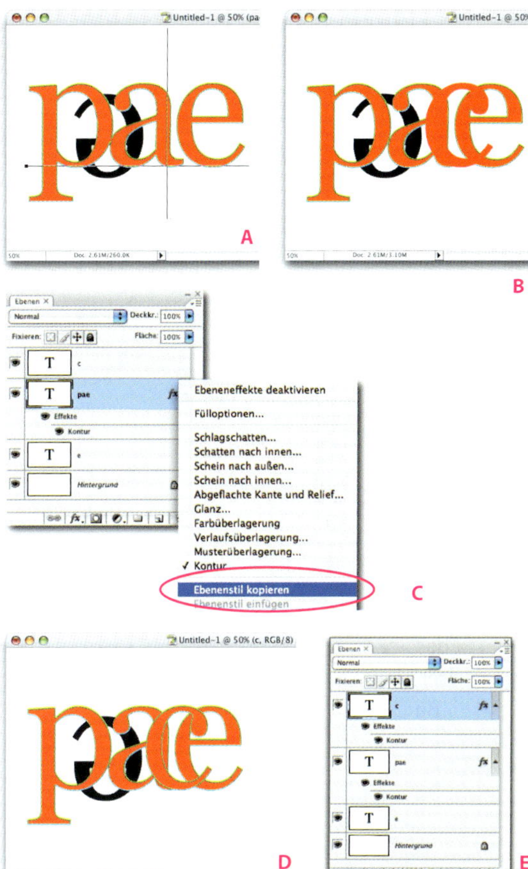

Um das »a« und das »e« zusammenzuziehen und das »c« darübersetzen, schneiden Sie das »c« aus und verringern Sie die Laufweite zwischen den anderen beiden Buchstaben **A** (wie auf der gegenüberliegenden Seite beschrieben); wir wählten eine Laufweite von –129. Drücken Sie [⌘]/[Strg]-[↵] und klicken Sie dann mit gedrückter [⇧]-Taste, um das »c« in eine neue Ebene einzufügen. Drücken Sie erneut [↵]. Aktivieren Sie vorübergehend das Verschieben-Werkzeug und ziehen Sie den Buchstaben an die richtige Position **B**.

Auch hier ist die Kontur verloren gegangen. Wir können Sie jedoch leicht wiederherstellen. Kopieren Sie in der Ebenen-Palette den Ebenenstils der »pae«-Ebene: Klicken Sie dazu mit gedrückter [Ctrl]-Taste (PC: Rechts-Klick) auf das Icon des Ebenenstils *fx* und wählen Sie den entsprechenden Befehl aus dem Menü **C**. Klicken Sie dann ebenfalls mit gedrückter [Ctrl]-Taste (PC: Rechts-Klick) in die »c«-Ebene und fügen Sie den Ebenenstil ein **D**, **E**.

9. Ebenen verflechten

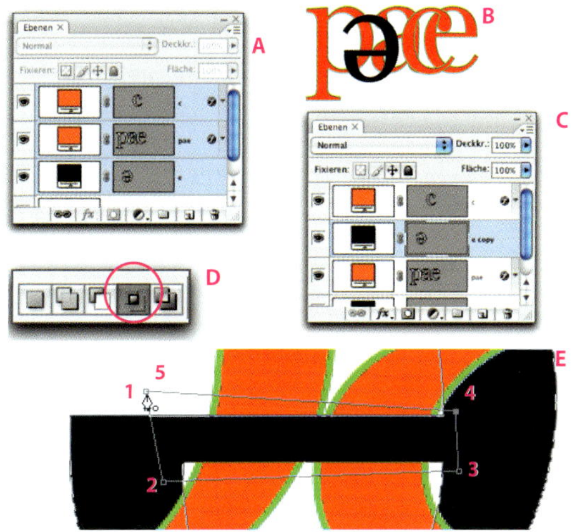

Jetzt werden wir den Text in eine Formebene umwandeln. So vermeiden wir Schriftartprobleme, wenn die Datei auf einem anderen Computer ausgegeben wird. Aktivieren Sie dazu alle Textebenen und wählen Sie EBENE/TEXT/IN FORM KONVERTIEREN **A**.

Um den Querbalken des schwarzen »e« vor das »p« und das »a« zu bringen, platzierten wir ein Duplikat der Ebene vor den roten Buchstaben und blendeten alle anderen Teile bis auf den Querbalken aus. Klicken Sie auf die Miniatur des schwarzen »e« und drücken Sie [⌘]-[J] (PC: [Strg]-[J]), um die Ebene zu duplizieren. Ziehen Sie die Miniatur der neuen Ebene in der Ebenen-Palette zwischen die Ebenen »c« und »pae«. Aktivieren Sie die Vektormaske dieser Ebene (klicken Sie ein- oder zweimal auf die Maskenminiatur in der Ebenen-Palette – bis ein doppelter Rahmen zu sehen ist) **B**, **C**.

Um alles bis auf den Querbalken auszublenden, aktivieren Sie den Zeichenstift und klicken Sie in der Optionsleiste **D** auf den Button SCHNITTMENGE VON FORMBEREICHEN ⧉. Zoomen Sie in die Ansicht hinein und klicken Sie mit dem Zeichenstift von Punkt zu Punkt, um einen Pfad vom Querbalken zu erstellen **E**; es ist okay, wenn Teile des restlichen »e« mit eingeschlossen sind – es darf sich nur nichts in der Auswahl befinden, was ausgeblendet werden soll. Klicken Sie wieder auf den Ausgangspunkt, um den Pfad zu schließen (es erscheint ein kleiner Kreis). Ein Großteil des »e« verschwindet, nur der Querbalken bleibt übrig. Unseren finalen Schriftzug sehen Sie auf Seite 447 unten.

Don Jolley demonstriert eine antike Technik

SIE SEHEN ES IMMER WIEDER: Text, der auf einem Kreis angeordnet ist – ein Teil steht darauf, einer darunter, alles kann von links nach rechts gelesen werden. Wie macht man das? Diese schnelle und verlässliche Methode wurde das erste Mal 1994 verwendet, als Jim McConlogue von Warner Design Associates eine Medaille in Adobe Illustrator anfertigte. Da Sie in Photoshop mittlerweile Text auf einem Pfad platzieren können, haben wir Don Jolley gebeten, diese alte Technik für uns noch einmal neu zum Leben zu erwecken.

Die Datei **Kreistext.psd** finden Sie in den Zugaben der beiliegenden DVD-ROM. Falls Sie die Schriftart »Schneidler Initials« nicht besitzen, müssen Sie eine andere Schriftart aus Ihrem System wählen.

1 Nutzen Sie das Ellipse-Werkzeug mit aktivierter Pfade-Option und erstellen Sie einen Kreis. Don stellte den Cursor etwa in die Mitte des Schmetterlings und begann zu ziehen – mithilfe der Tasten ⇧ und ⌥/Alt entstand es ein perfekter Kreis um den Mittelpunkt. (Wenn Sie den Kreis beim Zeichnen etwas verschieben müssen, drücken Sie die Leertaste und ziehen Sie, lassen Sie diese dann wieder los und ziehen weiter mit gedrückter ⇧-⌥/Alt-Taste.)

Don zeichnete einen Kreispfad um den Schmetterling.

2 Aktivieren Sie nun das Textwerkzeug (T). Wählen Sie in der Optionsleiste die Option ZENTRIERTER TEXT sowie Schriftart, -größe und -farbe.

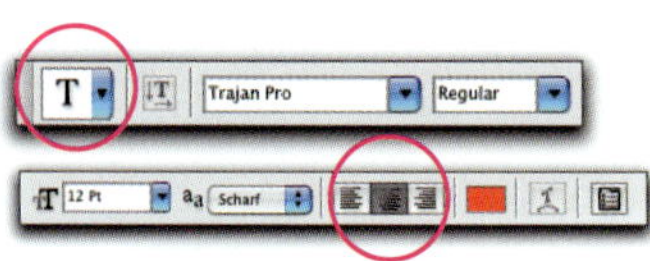

Stellen Sie in der Optionsleiste die Textspezifikationen ein.

3 Klicken Sie oben in den Kreis und geben Sie den Text ein.

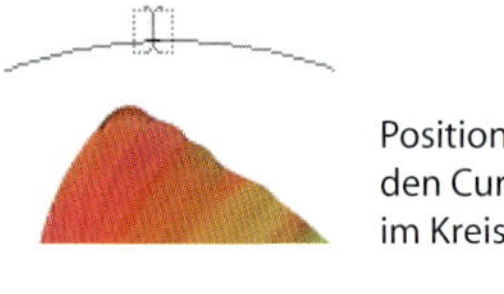

Positionieren Sie den Cursor oben im Kreis.

Bei der Texteingabe breitet sich der Text Mittig über den Kreis aus.

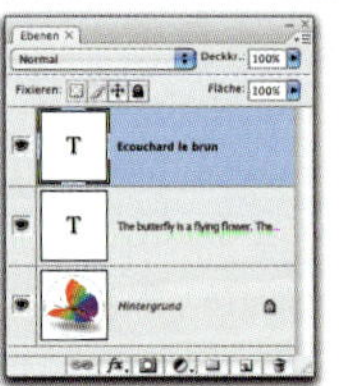

Die fertige Textebene für den oberen Kreis.

4 Für den unteren Text benötigen Sie einen zweiten Kreispfad. Und so erhalten Sie einen, der genau dieselbe Größe hat wie der erste: Duplizieren Sie die Textebene (⌘/Strg-J). Wählen Sie anschließend BEARBEITEN/PFAD TRANSFORMIEREN/VERTIKAL SPIEGELN. Jetzt haben Sie eine Kopie, die sich jedoch innerhalb des Kreises und nicht außerhalb befindet.

Durch Kopieren und Spiegeln der Textebene gelangt der Text im unteren Teil in den Kreis.

5 Bevor Sie den Text nach außen verschieben, ersetzen Sie ihn durch den unteren Text. Wählen Sie den gesamten Text aus und ersetzen Sie ihn durch den, der im unteren Teil erscheinen soll.

Text zum Ersetzen auswählen.

Nach der Eingabe des neuen Textes.

6 Um den Text nach außen zu bringen, müssen Sie einfach die Grundlinie verschieben. Wählen Sie den gesamten Text aus und geben Sie in der Zeichen-Palette einen negativen Wert für die Grundlinienverschiebung ein (FENSTER/ZEICHEN). Experimentieren Sie mit der Einstellung, bis Sie zufrieden sind. Passen Sie auf Kerning und Laufweite an.▼

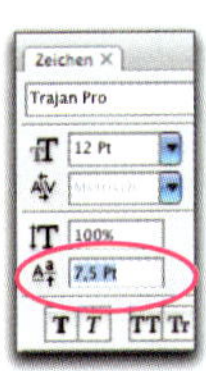

Neben der Grundlinienverschiebung fügte Don weiteren Leerraum ein. Anschließend wählte er den Text aus und änderte die Farbe.

7 Das Drehen des Textes nach links ist seit Photoshop CS2 einfacher als vorher.

In CS2 und CS3 können Sie die beiden Textkreise zusammen drehen: Aktivieren Sie in der Ebenen-Palette die Miniatur einer Textebene und anschließend

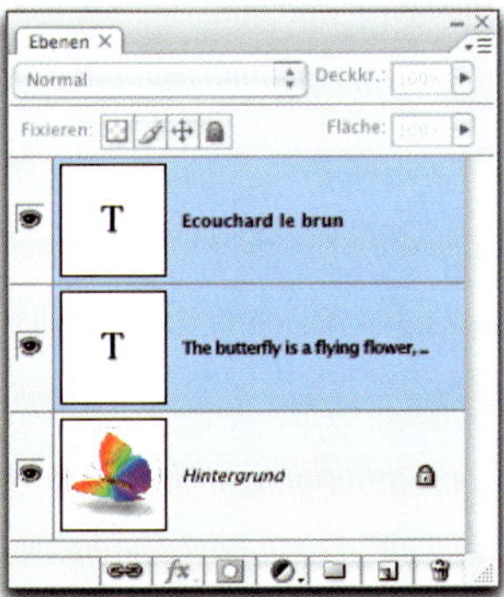

Beide Textebenen auswählen und drehen (Photoshop CS2).

mit gedrückter ⌘/Strg-Taste die andere. Aktivieren Sie dann das Verschieben-Werkzeug, drücken Sie ⌘/Strg-T und ziehen Sie; durch das Drücken von ↵ schließen Sie die Drehung ab.

In CS können Sie eine Textebene drehen und dann die andere. Jedoch erhalten Sie keine direkte Vorschau. Aktivieren Sie die Miniatur einer Textebene und wählen Sie das Verschieben-Werkzeug; drücken Sie ⌘/Strg-T und ziehen Sie. Drücken Sie ↵, wenn Sie zufrieden sind. Wählen Sie anschließend die andere Textebene aus und wiederholen Sie den Vorgang.

MEHR DAVON

▼ Kerning & Laufweite **Seite 454**

DONAL JOLLEY

KURZUM

Neon-Text

Auf Seite 546 erfahren Sie Schritt für Schritt, wie Sie ein Neonschild mithilfe einer Formebene anfertigen, es mithilfe eines Ebenenstils leuchten lassen und Details wie Wandverschraubungen hinzufügen. Auf Seite 399 erfahren Sie von Bert Monroy, dem Meister des Fotorealismus, wie er seinen Neon-Effekt erzeugt. Hier zeige ich Ihnen jetzt noch ein paar einfachere Beispiele für Neon-Text.

Die Dateien zu **Neon-Text** (siehe unten) beinhalten alle hier gezeigten Beispiele (mit gerastertem Text), damit Sie mit den Einstellungen für die Ebenenstile selbst experimentieren können (klicken Sie in der Ebenen-Palette einfach doppelt auf das Icon *fx*, um die Ebenenstil-Dialogbox zu öffnen). Nutzen Sie die Dateien auch als Quelle, um einen Stil zu kopieren, den Sie dann in eine andere Datei einfügen.

SIE FINDEN DIE DATEIEN

auf der DVD unter Wow Projektdateien/Kapitel 7/ Neon-Text

ZEICHEN ANSEHEN

Woher wissen Sie, wie die Zeichen in einer bestimmten Schriftart aussehen? So können Sie es herausfinden:

- Seit Photoshop CS2 beinhaltet das Schriftmenü des Textwerkzeugs eine Spalte mit **Beispielen**. Dort sehen Sie, wie die Zeichen in der gewählten Schriftart aussehen.
- Sowohl unter Windows als auch auf dem Mac können Sie sich Schriftarten ansehen. Mit **Windows Character Map** Utility (zu finden unter **Start/Zubehör** oder **Systemwerkzeuge**) können Sie sich alle Zeichen einer Schriftart ansehen und sie in eine Photoshop-Ebene einfügen. Unter **Mac OS X** zeigt die **Zeichen-Palette** alle Zeichen einer bestimmten Schriftart oder ein und denselben Buchstaben in allen Schriftarten des Systems. Unter **Mac OS 10.3** und **10.4** können Sie **Bearbeiten/Spezielle Zeichen aufrufen**. Unter **Mac OS 10.2** können Sie diese zum Menü am rechten Ende des Finders hinzufügen, indem Sie **Systemeinstellungen/International/Eingabemenü** wählen und die Checkbox für die Zeichen-Palette aktivieren.

Schriftarten für Neon

Bestimmte Schriftarten wie **Eklektic** (siehe Abbildung) und MiniPics **Confetti** (eine Icon-Schriftart, die ich für den Wirbel verwendete) sind ideal, um Neonschrift zu simulieren. Die Zeichen bestehen aus einem Strich (Neonröhren haben einen gleichmäßigen Durchmesser) und haben abgerundete Enden. Das Beleuchten solcher Schriftarten ist ganz einfach (aktivieren Sie das Textwerkzeug T, klicken Sie ins Arbeitsfenster und geben Sie den Text ein). Wenden Sie anschließend einen Ebenenstil an, beispielsweise den von Seite 547 (EBENE/EBENENSTIL/EFFEKTE SKALIEREN).

Hier erstellten wir einen Pfad mit dem Zeichenstift und darauf einen Text. Dann duplizierten wir die Ebene, hielten auf der Kopie die ⌘/Strg-Taste gedrückt und zogen den Text nach unten, um die Wörter zu stapeln. Anschließend ersetzten wir den Text durch die zweite Textzeile. Auf beiden Ebenen wurden die Textspezifikationen angepasst.▼

Wir erstellten eine neue, leere Ebene und wandelten diese in die dritte Textebene um, indem wir darauf schrieben und ein Symbol mit der Schriftart MiniPics Confetti hinzufügten. Um den Wirbel an die beiden Textzeilen anzupassen, änderten wir Größe und Drehung (mit ⌘/Strg-T).

MEHR DAVON

▼ Text entlang eines Pfades anpassen
Seite 425

 **Für-Neon-gemacht.psd**

KERNING & LAUFWEITE

Für das **Kerning** müssen Sie den Cursor des Textwerkzeugs T zwischen zwei Zeichen stellen, ⌥/Alt-gedrückt halten und den Leerraum mit den Pfeiltasten → ← anpassen. Für die **Laufweite** ziehen Sie den Cursor des Textwerkzeugs über den Text und halten ⌥/Alt gedrückt, während Sie die Pfeiltasten → ← drücken.

Gut für Neon

Viele andere Schriftarten, auch wenn sie nicht perfekt sind, sind ebenfalls für Neon geeignet. In den Beispielen oben sehen Sie:

- Die Schriftart **Pump Tri D** (»zebra room«), **Harpoon** (»city deli«) und **Chunky Monkey** sind ebenfalls sehr praktische Kandidaten, auch wenn die Enden eckig und nicht rund sind.
- Für »Motel 5« verwendeten wir die Schriftart **Balloon** (36 Punkt Bold und 80 Punkt Light), die einen gleichmäßigen Durchmesser der Neonröhren bietet. Diese Schriftfamilie hat abgerundete Enden. Den Zeichen fehlen zwar die Lücken zwischen den Strichen, aber für einen Neon-Effekt sind sie ausreichend.
- Die Schriftart **Circle D** (»joe's«) besitzt runde Enden. Die Schriftart allein ist jedoch zu dünn für Neonröhren. Nach der Texteingabe verdickten wir deshalb die Striche: Wir öffneten die Zeichen-Palette und klickten in der oberen rechten Ecke auf den Menübutton, um aus dem Menü die Option FAUX FETT auszuwählen; die Röhren hatten nun die gewünschte Dicke, der Text war immer noch lebendig.
- Die Regenwolken wurden mit der Schriftart **Inkfont Dingbats** erstellt. Für die Farbe fügten wir eine Farbton/Sättigung-Einstellungsebene hinzu (über der Textebene), indem wir unten in der Ebenen-Palette auf den Menübutton klickten, FARBTON/SÄTTIGUNG wählten und den Farbtonregler verschoben). Dadurch wird sowohl der Schein nach innen als auch der Schein nach außen geändert. In diesem Fall ist das erfolgreich, weil sich die Regenwolken unter all den anderen Textebenen befinden und der Hintergrund schwarz ist (er besitzt keinen Farbton). So wird keine der anderen Ebenen von der Farbton/Sättigung-Einstellung verändert.

Immer-für-Neon-gemacht.psd

Neon-Umrisse

Sie können Neonröhren biegen, um Textumrisse mithilfe eines Ebenenstils anzupassen, der eine Verlaufskontur enthält. Geben Sie den Text in jeder beliebigen Farbe ein, der Ebenenstil blendet die Füllung aus. Klicken Sie unten in der Ebenen-Palette auf den Button *fx* und wählen Sie **Fülloptionen**. Wählen Sie im Abschnitt **Erweiterte Füllmethode für die Deckkraft 0**, um den Text transparent zu machen. Außerdem darf die Checkbox **Interne Effekte als Gruppe füllen** ***nicht aktiviert sein***. Dadurch stellen Sie sicher, dass der innerste Teil der Kontur (die wir gleich hinzufügen) auch zu sehen ist.

Klicken Sie auf der linken Seite der Ebenenstil-Dialogbox auf **Kontur**. Wählen Sie für die **Position** die Option **Mitte**. Für die **Füllung** wählen Sie **Verlauf** und für den **Stil Explosion**. Sie benötigen einen Verlauf, der von einer linearen Farbe oder Weiß in der Mitte an jedem Ende in dieselbe helle Farbe übergeht. Damit die Röhren richtig leuchten, experimentieren Sie mit der Größe. Für den Schein um die Röhren fügten wir einen Schein nach innen und einen Schein nach außen im Modus UMGEKEHRT/NEGATIV MULTIPLIZIEREN hinzu.

- Für »crow bar« nutzen wir die Schriftart **Fluf**.
- Für »blue« und »hippo« wählten wir **Beeswax** und **Animal**. Die Punkte sind Pfadtext mit aktivierter Blocktext-Option in der Absatz-Palette, um sie gleichmäßig zu verteilen.
- Für den ersten Buchstaben von »ink« wählten wir **Hygiene** und für den Rest **BubbleSoft**.

Mit-Neon-hervorheben.psd

Ü B U N G

Zeichenwerkzeuge

Mit Photoshops Zeichewerkzeugen – Formwerkzeuge, Zeichenstift und Pfadbearbeitunswerkzeuge – können Sie vektorbasierte Elemente erstellen, die Sie jederzeit neu formen können, ohne die Kantenqualität zu ändern.

Ziel dieser Übung ist es, eine Figur zu erstellen, wie Sie sie unten in der Abbildung sehen – bestehend aus einer Formebene, die Sie als eigene Form speichern können. Sie lernen,

- wie Sie mit Rastern, Hilfslinien und dem Befehl TRANSFORMIEREN arbeiten,
- welche Einstellungen Sie in der Optionsleiste vornehmen müssen,
- wie Sie mit den Form- und Zeichenstift-Werkzeugen zeichnen,
- wie Sie Formen modifizieren,
- wie Sie Formen kopieren – innerhalb einer Ebene oder von Ebene zu Ebene,
- wie Sie die Formwerkzeuge von ImageReady nutzen,
- wie Sie eine eigene Form festlegen.

Lesen Sie auch die Tipps!

SIE FINDEN DIE DATEI

auf der DVD unter Wow Projektdateien/Kapitel 7/Zeichenwerkzeuge

1. Vorbereitung

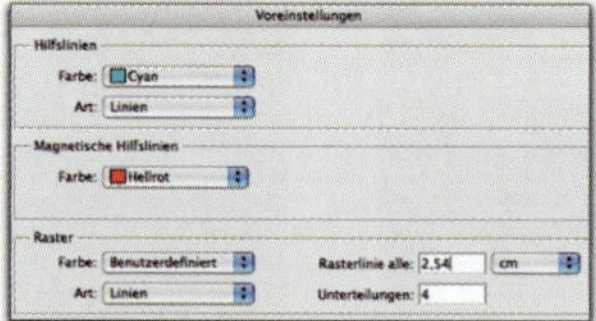

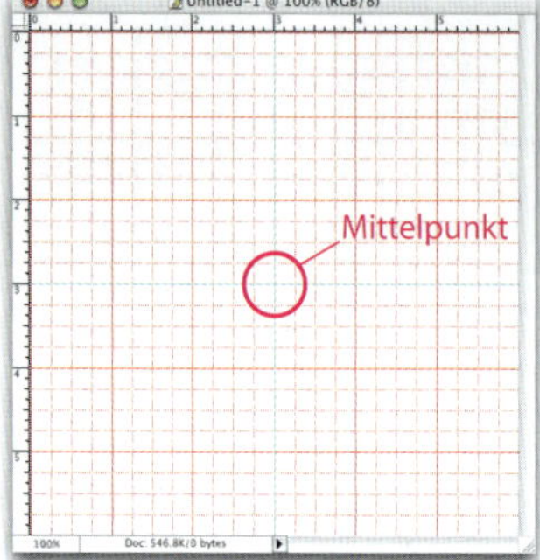

Öffnen Sie eine neue Datei (DATEI/NEU mit 72 ppi). Um ein Raster anzulegen, öffnen Sie die Voreinstellungen (⌘/Strg-K) und wählen Sie HILFSLINIEN, RASTER UND SLICES. Stellen Sie ein Raster ein (wir wählten einen Abstand von 1 Zoll und 4 Unterteilungen) und klicken Sie auf OK. Vergewissern Sie sich, dass ANSICHT/EINBLENDEN/RASTER aktiviert ist.

Setzen Sie nun im Arbeitsfenster einen Mittelpunkt: Drücken Sie ⌘/Strg-R, um die Lineale einzublenden. Ziehen Sie eine vertikale Hilfslinie auf und anschließend eine horizontale, die sich jeweils in der Mitte treffen und so den Mittelpunkt des Dokuments markieren.

Aktivieren Sie im Ansicht-Menü die Option AUSRICHTEN AN/RASTER und HILFSLINIEN. So werden Raster und Hilfslinien magnetisch und ziehen den Cursor an, sobald er in deren Nähe kommt. So können Sie genauer zeichnen.

2. Eine Form zeichnen

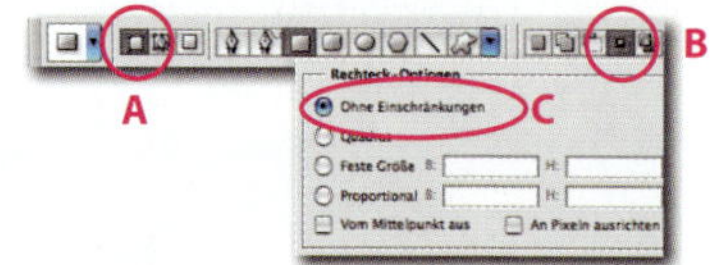

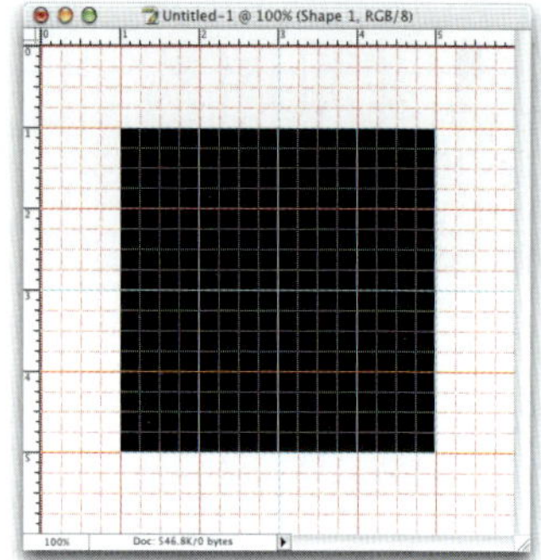

Aktivieren Sie das Rechteck-Werkzeug. In der Optionsleiste muss die Option FORMEBENE aktiviert sein **A**. Klicken Sie auf den Button **B** und vergewissern Sie sich, dass nur die Option OHNE EINSCHRÄNKUNGEN aktiviert ist **C**. So können Sie mithilfe der Umschalttasten die Form ändern (siehe Kasten). Falls das Farbfeld nicht schwarz ist, klicken Sie es an und wählen Sie Schwarz.

Stellen Sie den Cursor auf den Mittelpunkt und ziehen Sie nach unten – halten Sie dabei die Taste ⇧ sowie ⌥/Alt gedrückt. Durch die ⇧-Taste entsteht ein Quadrat; mit der ⌥/Alt-Taste wird die Form nach außen gezeichnet, der Ausgangspunkt wird die Mitte.

TASTENBEFEHLE BEIM ZEICHNEN

Beginnen Sie mit dem Formwerkzeug zu zeichnen und drücken Sie *dann*

- ⇧, um das 1:1-Seitenverhältnis zu erhalten,
- Alt/⌥, um in der Mitte zu beginnen,
- Leertaste, um den Pfad zu verschieben; lassen Sie die Leertaste dann wieder los.

3. Ergänzungen

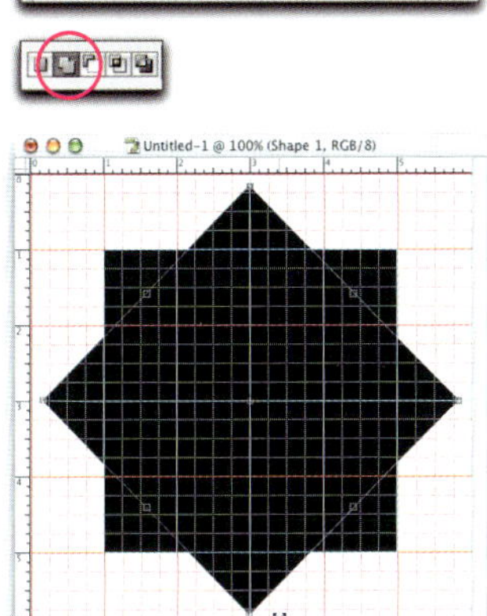

Um ein zweites, gedrehtes Quadrat hinzuzufügen, klicken Sie in der Optionsleiste auf den Button . Um das Quadrat zu kopieren und um 45° zu drehen, drücken Sie ⌘-⌥-T bzw. Strg-Alt-T (PC) und ziehen Sie außerhalb des Rahmens, um ihn um 45° zu drehen. Halten Sie dabei die ⇧-Taste gedrückt, um das Quadrat im 45°-Winkel zu drehen. Klicken Sie doppelt innerhalb des Transformieren-Rahmens (oder drücken Sie ↵), um die Transformation abzuschließen.

4. Aussparung

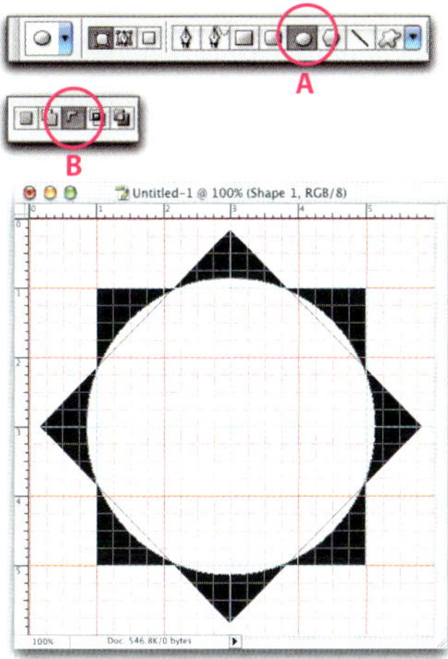

Deaktivieren Sie im Ansicht-Menü nun das magnetische Raster, so dass Sie mehr Freiheiten haben, um die weiteren Elemente platzieren; die Hilfslinien lassen Sie jedoch eingeblendet, denn der Mittelpunkt ist immer noch magnetisch. Klicken Sie in der Optionsleiste auf den Button für das Ellipse-Werkzeug **A** sowie auf den Button **B**. Erstellen Sie einen Kreis, beginnend im Mittelpunkt, halten Sie auch dieses Mal die ⇧-Taste sowie ⌥/Alt gedrückt. Der Kreis muss bis an die Schnittpunkte der Korona reichen.

5. Pfad duplizieren

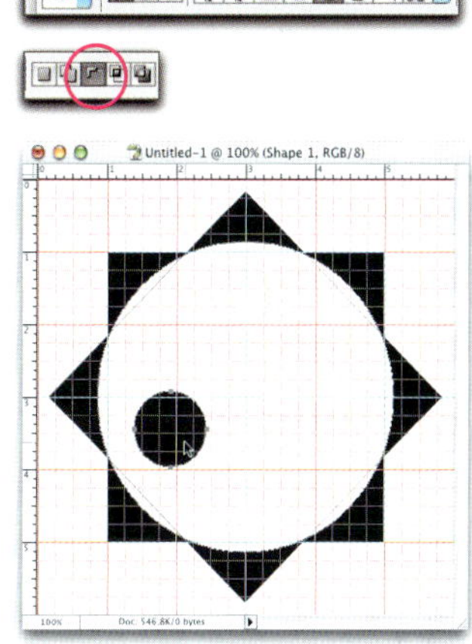

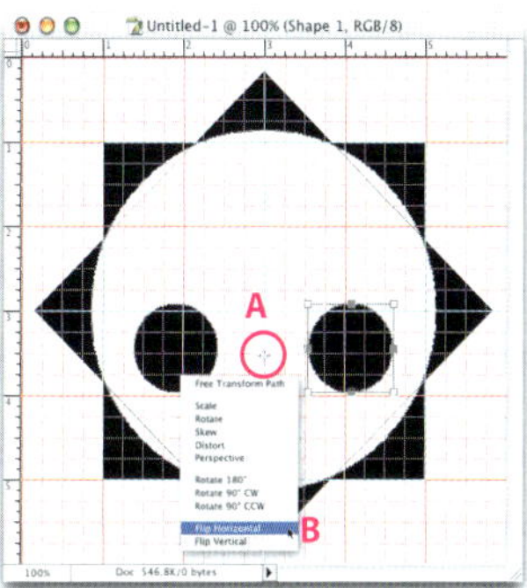

Um die Wangen hinzufügen, klicken Sie in der Optionsleiste auf den Button , halten Sie die ⇧-Taste gedrückt und ziehen Sie mit der Ellipse, um eine der runden Wangen zu erstellen. Halten Sie dann die ⌘/Strg-Taste gedrückt, um das Pfadauswahl-Werkzeug zu aktivieren und die Wange an die richtige Position zu ziehen.

Duplizieren Sie die Wange, um eine zweite zu erstellen: Drücken Sie ⌘-⌥-T bzw. Strg-Alt-T (PC). Verschieben Sie den Mittelpunkt des Transformieren-Rahmens auf der vertikalen Hilfslinie **A**. Klicken Sie anschließend mit gedrückter Strg-Taste (Rechts-Klick) in das Arbeitsfenster, um ein Kontextmenü zu öffnen. Wählen Sie HORIZONTAL SPIEGELN **B**. Klicken Sie innerhalb des Rahmens, um die Verschiebung abzuschließen.

WENN NICHTS MEHR GEHT!

Vielleicht arbeiten Sie auf einer Formebene und wollen etwas zu dieser hinzufügen oder entfernen, allerdings steht Ihnen nur der Modus NEUE FORMEBENE ERSTELLEN zur Verfügung. Der Grund könnte sein, dass die Maske der Formebene nicht mehr aktiv ist. Klicken Sie deshalb in der Ebenen-Palette einfach ein- oder zweimal auf die Miniatur der Maske.

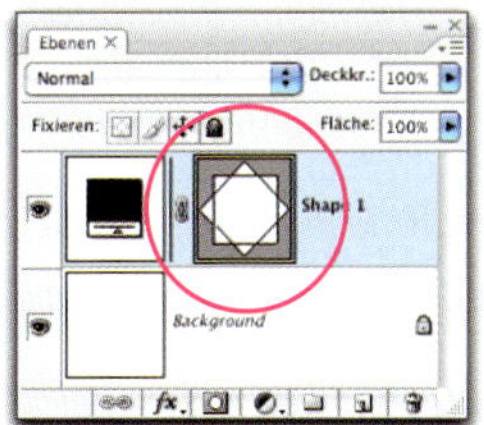

Ein doppelter Rand bedeutet, dass die in die Form-ebene eingebaute Vektormaske aktiv ist. Seit CS2 ist der äußere Rand gestrichelt.

6. Zeichenstift 1

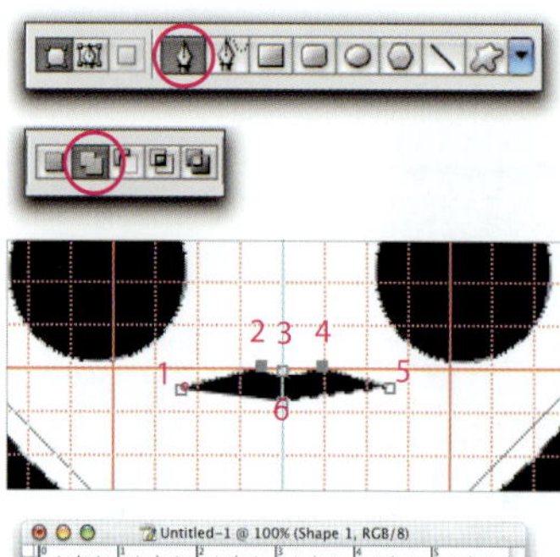

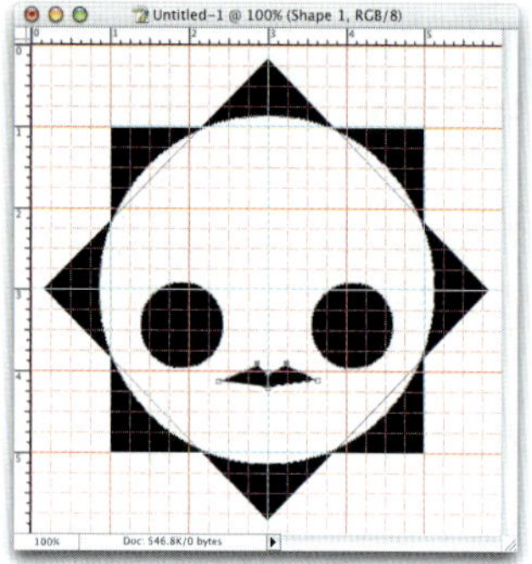

Die Oberlippe besteht aus mehreren geraden Segmenten. Aktivieren Sie den Zeichenstift ✒, erstellen Sie eine Formebene und aktivieren Sie die Option ZUR FORMEBENE HINZUFÜGEN. Klicken Sie von Punkt zu Punkt, ohne zu ziehen (folgen Sie den Zahlen in der Abbildung). Klicken Sie zum Schluss erneut in den Ausgangspunkt.

Falls Sie die Lippe noch einmal verformen wollen, aktivieren Sie das Direktauswahl-Werkzeug (Sie finden es in der Werkzeug-Palette zusammen mit dem Pfadauswahl-Werkzeug). Klicken Sie mit gedrückter ⇧-Taste auf die Punkte, die Sie ändern wollen.

EINEN PFAD NEU FORMEN

Um einen Pfad neu zu formen, aktivieren Sie das Direktauswahl-Werkzeug .

- Ziehen Sie das Pfadsegment.
- Klicken oder ziehen Sie einen Punkt (er ist dann weiß) und verschieben Sie diesen.

7. Zeichenstift 2

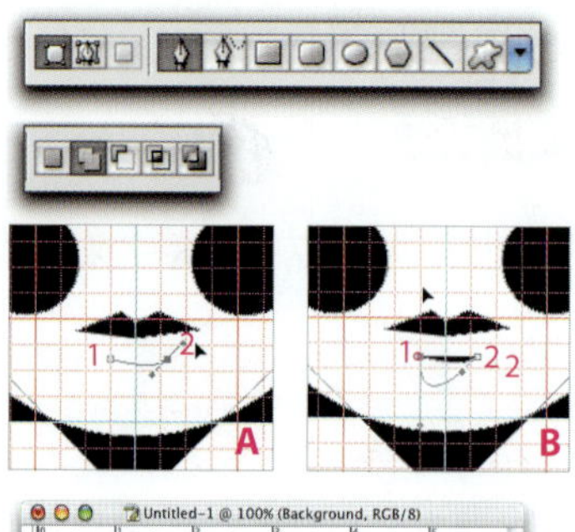

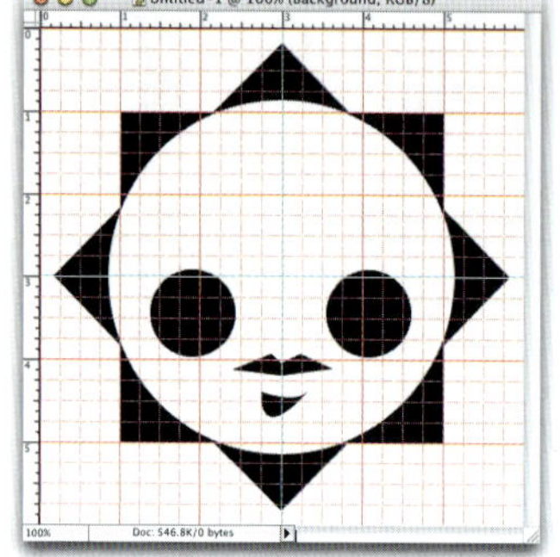

Um den Schatten für die Unterlippe zu erstellen, lesen Sie zunächst die Anleitung und legen Sie dann los. Hier ist aber schon einmal eine kleine Zusammenfassung: Klicken Sie auf die 1, klicken und ziehen Sie die 2, ⌥/Alt-klicken Sie auf die 2, klicken und ziehen Sie Punkt 1.

Klicken Sie mit dem Zeichenstift ✒, um den ersten Punkt zu erstellen (1), klicken und ziehen Sie nach oben rechts, um den nächsten Punkt anzulegen (2) – formen Sie dabei die Kurve zwischen den Punkten 1 und 2 **A**. Photoshop geht jetzt davon aus, dass Sie weitere Kurven erstellen wollen, der nächste Punkt (2) wird deshalb ein Kurvenpunkt. Für die Unterlippe muss Punkt 2 eine scharfe Kante sein. Um Punkt 2 umzuwandeln, müssen Sie die ⌥/Alt-Taste drücken (dieses Icon wird zum Zeichenstift-Cursor hinzugefügt) und klicken Sie erneut auf Punkt 2. Klicken Sie dann auf Punkt 1 und ziehen Sie leicht nach oben links, um das Kurvensegment zu formen und den Pfad zu schließen **B**.

8. Zeichenstift 3

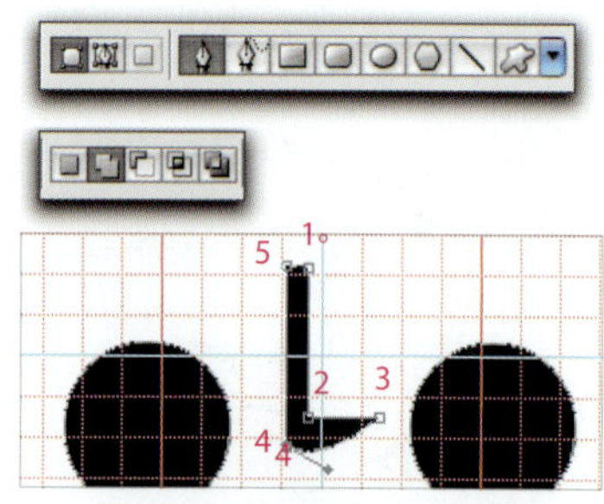

Für die Nase folgen Sie einfach den Anweisungen. (Um nahe der Hilfslinie zu arbeiten, jedoch ohne einzurasten, sollten Sie in das Dokument hineinzoomen – drücken Sie ⌘/Ctrl-+.) Klicken Sie mit dem Zeichenstift ✒, um den Punkt oben rechts zu erstellen (1). Klicken Sie mit gedrückter ⇧-Taste unter den ersten Punkt, um die Nasenspitze zu erstellen (2). Klicken Sie dann mit gedrückter ⇧-Taste rechts daneben (3). Klicken und ziehen Sie (4), um die untere Kurve anzulegen. Weil es sich bei dem letzten Segment um eine Kurve handelt, müssen Sie Photoshop extra mitteilen, dass Punkt 4 kein Kurvenpunkt sein soll. Halten Sie die ⌥/Alt-Taste gedrückt und klicken Sie auf die 4. Wenn Sie nun oben klicken (5), erhalten Sie ein gerades Segement. Klicken Sie auf Punkt 1, um den Pfad zu schließen.

EINEN PFAD SCHLIESSEN

Wenn Sie mit dem Zeichenstift zeichnen, zeigt Ihnen der Cursor mit einem kleinen »o«, wenn Sie den Pfad schließen können.

9. Formen borgen

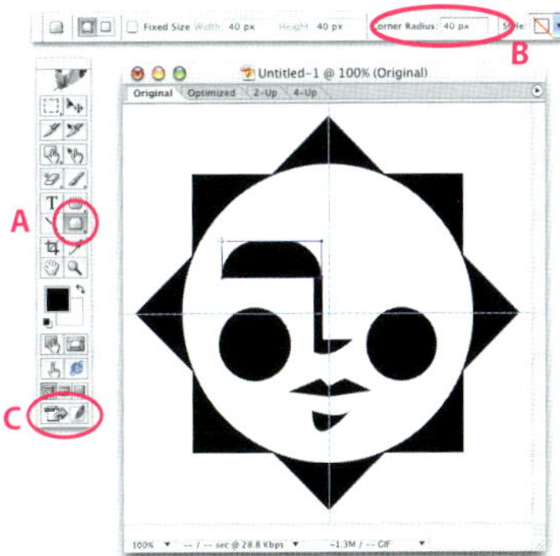

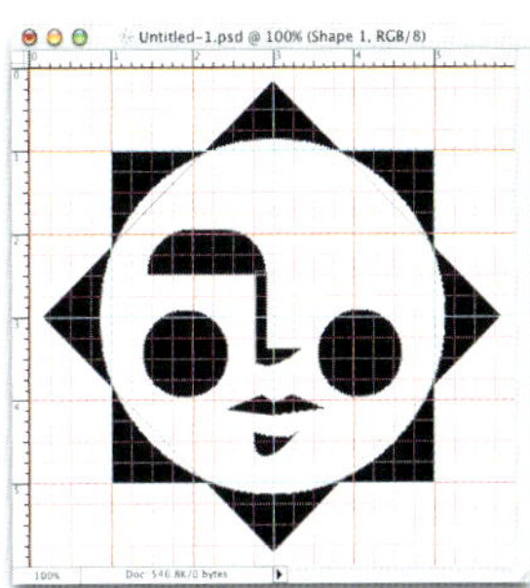

Nutzen Sie den Zeichenstift und das Raster, um symmetrische Augen zu erstellen. Sie können aber in CS/CS2 auch ImageReady nutzen. Klicken Sie unten in der Werkzeug-Palette auf den Button IN IMAGEREADY BEARBEITEN. Wähle Sie dort das Tab-Rechteck-Werkzeug aus **A**, stellen Sie in der Optionsleiste den Eckradius ein (wir wählten 40 Pixel) **B**. Ziehen Sie, um das Auge zu erstellen.

ImageReadys Optionsleiste bietet nicht die Hinzufügen-Option wie Photoshop; wenn Sie das Rechteck aufziehen, wird eine neue Ebene erstellt. Um das Auge in die Ebene mit den anderen Formen zu verschieben, klicken Sie auf den Button IN PHOTOSHOP BEARBEITEN **C**. Aktivieren Sie in Photoshop das Pfadauswahl-Werkzeug und klicken Sie auf das Auge. Kopieren Sie es (⌘/Strg-C) und aktivieren Sie die Formebene, *indem Sie ein- oder zweimal auf die Maskenminiatur klicken*. Fügen Sie das Auge ein (⌘/Strg-V) und klicken Sie in der Optionsleiste auf den Button . (Um die importierte Ebene zu löschen, ziehen Sie diese auf in der Ebenen-Palette.)

10. Pfade kombinieren

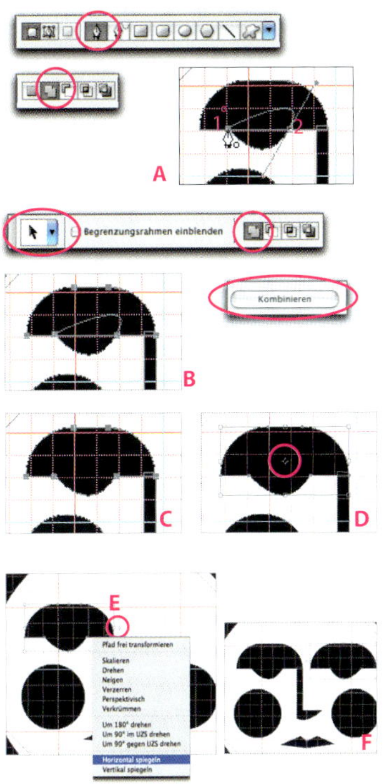

Fügen Sie mit dem Zeichenstift einen Augapfel hinzu, der das Lid überlappt: Aktivieren Sie die Option . Klicken Sie, um einen Punkt zu erstellen (1), klicken und ziehen Sie für eine Kurve (2) und klicken Sie erneut auf Punkt 1, um die Form zu schließen **A**.

Um Augenlid und Augapfel in einer Form zu vereinen, aktivieren Sie das Pfadauswahl-Werkzeug , klicken Sie mit gedrückter ⇧-Taste auf die beiden Pfade und in der Optionsleiste auf den Button KOMBINIEREN **B**, **C**.

Zoomen Sie für das andere Auge hinein (⌘/Strg-+) und drücken Sie ⌘-⌥-T bzw. Strg-Alt-T (PC), um eine Kopie zu erstellen und den Transformieren-Rahmen aufzurufen **D**. Positionieren Sie den Mittelpunkt auf der vertikalen Hilfslinie **E**. Öffnen Sie das Kontextmenü und wählen Sie HORIZONTAL SPIEGELN **F**. Klicken Sie doppelt in den Transformieren-Rahmen, um die Transformation abzuschließen.

11. Speichern

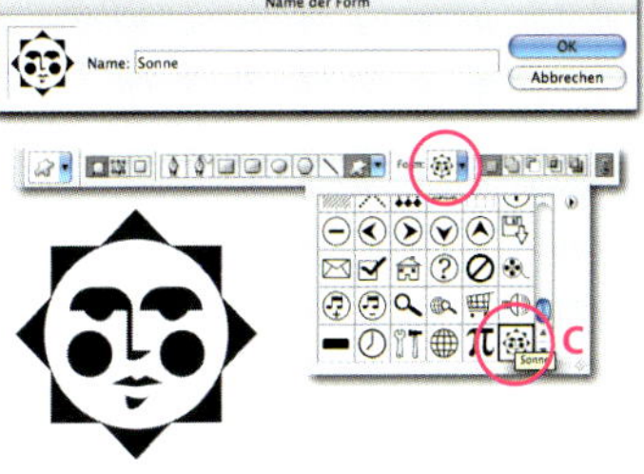

Um die Sonne zu den Formen hinzuzufügen, die Sie mit dem Eigene-Form-Werkzeug erstellen können, muss die Vektormaske aktiviert sein. Wählen Sie BEARBEITEN/EIGENE FORM FESTLEGEN **A**. Geben Sie der Form einen Namen und klicken Sie auf OK **B**. Wenn Sie nun das Eigene-Form-Werkzeug aktivieren , finden Sie die neue Form unten im Formwähler **C**. Halten Sie beim Zeichnen die ⇧-Taste gedrückt, um die Proportion zu erhalten.

STIL BEIM ZEICHNEN

Mit den Pfad-Zeichenwerkzeugen (Formen und Zeichenstift) können Sie beim Zeichnen direkt einen Ebenenstil hinzufügen: Vergewissern Sie sich, dass in der Optionsleiste der Button nicht dunkel ist. Wählen Sie in der Bibliothek STIL einen Stil. Jeder Pfad wird jetzt automatisch mit dem Stil gefüllt.

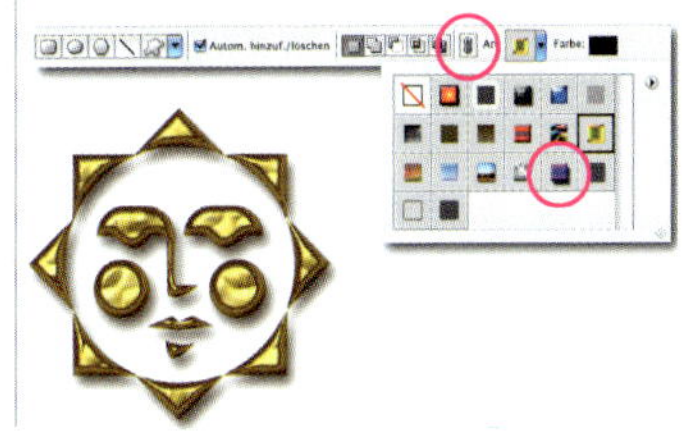

Skalierbarkeit und Animation

SIE FINDEN DIE DATEIEN
auf der DVD unter Wow-Projektdateien/Kapitel 7/Skalieren und Animation:
- Skalierbares-Design-Vorher.psd
- Skalierbares-Design-Nachher.psd
- Skalierbares-Design 100-Nachher.psd (zum Vergleich)

ÖFFNEN SIE DIESE PALETTEN
aus dem Fenster-Menü:
• Werkzeuge • Ebenen

ÜBERBLICK
Grafiken aus Adobe Illustrator importieren • Grafiken zerlegen, um einzelne Elemente in separate Ebenen zu verlagern • Ebenenstile kopieren und einfügen • Separate Ebenen für jede Position, um Grafiken zu drehen • Gedrehte Grafiken verzerren • Grafiken gruppieren und eine Vektormaske anwenden • Eine Datei duplizieren • Die Größe der Kopie anpassen, Ebenenstile mit Grafiken skalieren

Ein herkömmliches Logo-Projekt beginnt wahrscheinlich als Farbgrafik, die für eine Visitenkarte und Briefpapier entwickelt wurde – etwa 2,5 × 3 cm mit einer Auflösung von 300 dpi. Wenn Sie jedoch eine Version für den Startbildschirm einer CD-ROM benötigen, können Sie die Pixelgröße zwar so belassen, brauchen aber eine Auflösung von 72 dpi. Und dann will der Kunde noch, dass das Logo animiert ist. Diese animierte Version lässt sich dann auch für die Website verwenden – allerdings muss sie dafür etwas kleiner sein, sagen wir ca. 100 Pixel. Später brauchen Sie dann das Logo für das Cover einer Broschüre, ein Poster – und wer weiß, was noch alles kommt – vielleicht auch für eine Plakatanzeige!

Weil das Logo CAFFEIN³ für die verschiedenen Verwendungszwecke skaliert werden muss und Teile des Logos für die Animation gedreht und verzerrt werden müssen, ist es das Ziel, das Logo mithilfe von Formebenen und Ebenenstilen zu erstellen – beides lässt sich problemlos immer wieder ändern.

Die Smart-Objekt-Technologie (die es seit Photoshop CS2 gibt) bietet einige der Vorteile von Vektorgrafiken, auch für pixelbasierte Elemente. Wenn Sie ein Element in ein Smart Objekt umwandeln, schützen Sie es vor den *kumulativen* Effekten *wiederholter* Transformationen wie Drehungen und Verzerrungen.▼ Der Fakt, dass pixelbasierte Elemente jedoch pixelig werden, wenn man sie skaliert oder transformiert, bleibt erhalten. Für unser Projekt eignen sich also trotzdem Vektorgrafiken mit Ebenenstilen am besten. (Ein Beispiel für ein Smart Objekt, das mehrfach transformiert wird, finden Sie in der Galerie von Kapitel 10.)

MEHR DAVON
▼ Smart Objekte
Seite 33

1a

Die in Illustrator zum Kopieren ausgewählten Originalgrafiken

1b

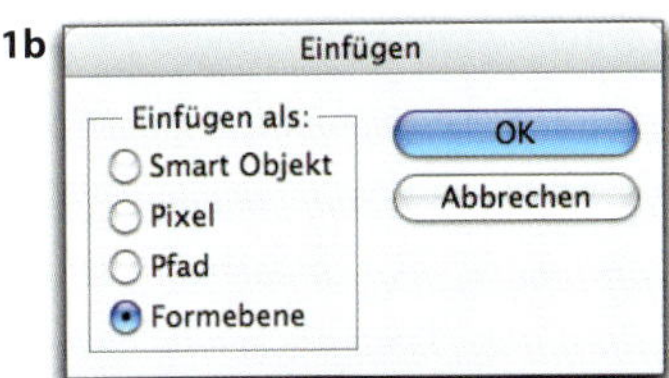

Wenn Sie die Grafiken aus Illustrator in eine Photoshop-Datei einfügen, wird eine Formebene angelegt. Datei: **Skalierbares-Design-Vorher.psd**

2a

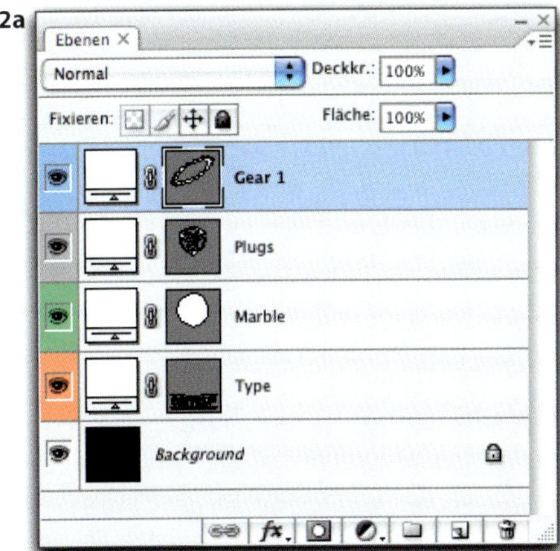

Die Formebene wurde dreimal dupliziert und die Ebenen wurden umbenannt.

1 Grafiken importieren. Wir wollen das flache Logo **1a** in ein mehrdimensionales, dynamisches Logo verwandeln. Selbst in diesem flachen Zustand verdeutlicht die Grafik bereits Energie und Bewegung. Wenn wir den zentralen Teil des Logos jedoch leuchten lassen und das Ritzel sich herumdrehen lassen, können wir dem Ganzen noch deutlich mehr Energie und Bewegung verleihen (siehe gegenüberliegende Seite). Um das Ritzel jedoch in der richtigen Perspektive zu drehen, ist etwas vorausschauende Planung notwendig – die sich drehenden Frames müssen erstellt werden, bevor das Ritzel in die richtige Position gedreht wird. Denn in Photoshop ist es ganz einfach, Grafiken auf der Ebene der Arbeitsfläche zu drehen, schwieriger wird es da schon, Grafiken zu drehen, die die herkömmliche Ebene des Bildes verlassen.

Erstellen oder importieren Sie die Grafik, der Sie ein mehrdimensionales Aussehen verleihen wollen. Wir erstellten die einzelnen Komponenten in Adobe Illustrator. Die AICB-Option in den Illustrator-Voreinstellungen wurde aktiviert,▼ dann kopierten wir das Logo in die Zwischenablage. In Photoshop wählten wir Weiß als Vordergrundfarbe (drücken Sie nacheinander die Tasten D und X). Erstellen Sie eine Datei mit einem schwarzen Hintergrund (DATEI/NEU im RGB-Modus; 375 × 426 Pixel mit 300 ppi). Die kopierte Grafik wurde als Formebene eingefügt (BEARBEITEN/EINFÜGEN/EINFÜGEN ALS FORMEBENE). Da Weiß die aktuelle Vordergrundfarbe ist, ist die Formebene weiß. Die Grafiken lassen sich nach dem Einfügen skalieren (drücken Sie ⌘/Strg-T, halten Sie die ⇧-Taste gedrückt und ziehen Sie an einem der Eckpunkte; klicken Sie doppelt in den Transformieren-Rahmen, um die Bearbeitung abzuschließen) **1b**.

MEHR DAVON

▼ Kopieren und Einfügen aus Illustrator **Seite 443**

2 Die Grafiken in Einzelteile zerlegen. Um die einzelnen Elemente der Formebene zu trennen, duplizieren Sie die Formebene so oft, wie es Einzelteile gibt. Löschen Sie dann aus jeder Ebene die unerwünschten Elemente und lassen Sie nur den entsprechenden Teil übrig. Wir erzeugten folgende Einzelelemente: das Ritzel, das Atom mit den Steckern, den Kreis und den Schriftzug des Logos mit seinen horizontalen Balken – das ergibt vier Formebenen. Die Ebenen lassen sich ganz einfach mit ⌘-J (PC: Strg-J) für EBENE/NEU/EBENE DURCH KOPIE kopieren. Zum Umbenennen einer Ebene klicken Sie einfach doppelt auf den Ebenennamen in der Ebenen-Palette **2a**.

2b

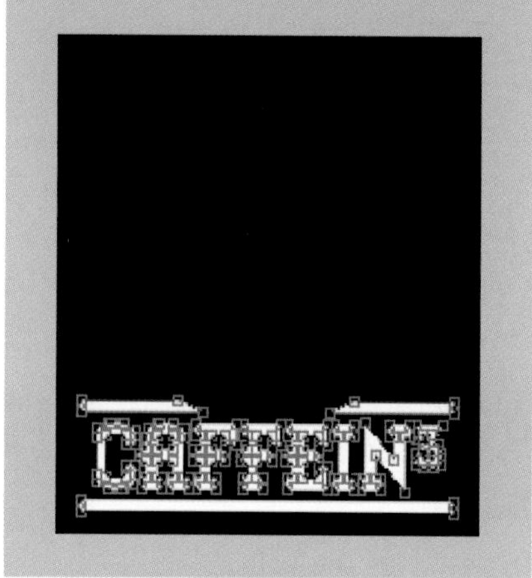

Mit dem Direktauswahl-Werkzeug wählten wir auf einer der Formebenen einen Großteil der Elemente aus, die wir entfernen wollten (oben). Die ausgewählten Elemente lassen sich durch Drücken der [Entf] (PC: [←]) löschen – es bleibt nur der Schriftzug übrig (unten).

2c

In dieser Ebene wird der Kreis durch das Entfernen des Ritzelpfades weiß, da es sich jetzt um den äußersten Pfad handelt (links). Durch Löschen des Kreises werden Ring und Atom weiß, auch der Schriftzug wird entfernt (rechts).

Um Teile aus einer Ebene zu entfernen, klicken Sie in der Ebenen-Palette auf die Miniatur der Vektormaske (neben dem Ebenennamen), bis diese einen doppelten Rahmen aufweist. Damit Sie von den restlichen Formebenen nicht gestört werden, blenden Sie diese einfach aus.

Aktivieren Sie das Direktauswahl-Werkzeug und wählen Sie damit die Elemente aus, die Sie löschen wollen: Klicken Sie auf die Kante eines Elements oder ziehen Sie einen Rahmen auf. Sobald die Auswahl getroffen ist, drücken Sie einfach zweimal die [Entf] (PC: [←]) – einmal, um die gewählten Elemente des Pfades zu löschen und ein weiteres Mal, um den Rest des Pfades zu entfernen **2b**. Dadurch ändert sich die Positiv-Negativ-Verteilung der Formebene. Wenn wir für die »Plug«-Ebene die äußere positive Form (weiß) entfernen, wird der innere Kreis weiß; die Elemente im Inneren (Atom und Kugeln) werden negativ (transparent), der schwarze Hintergrund scheint durch **2c**. Nachdem wir Teile des weißen Kreises entfernten, wurde das Atom mit seinem Ring und den Kugeln wieder weiß; zusätzlich entfernten wir aus dieser Ebene den Schriftzug des Logos.

3 Ebenenstile anwenden. Sobald Sie die einzelnen Grafikebenen vorbereitet haben **3a**, können Sie Ebenenstile anwenden (zum Einfärben, Beleuchten usw.). Um unsere Stile zu verwenden, öffnen Sie die Datei **Skalierbares-Design-Nachher.psd** und klicken Sie in der Ebenen-Palette mit gedrückter [Ctrl]-Taste (PC: Rechts-Klick) auf das *fx*-Icon der entsprechenden Ebene, um deren Ebenenstil zu kopieren. Wechseln Sie wieder in Ihre Datei, halten Sie erneut die [Ctrl]-Taste (PC: Rechts-Klick) gedrückt und klicken Sie in den leeren Bereich neben dem Ebenennamen, um den Stil einzufügen **3b**.

Bei der Entwicklung dieser Stile wussten wir bereits, dass diese zusammen mit den Grafiken skaliert werden sollen – deshalb achteten wir sorgfältig darauf, keine pixelbasierten Effekte anzuwenden. Wir nutzten beispielsweise keine Musterüberlagerung oder Struktur, weil diese Effekte mit pixelbasierten Mustern arbeiten, die sich nicht verlustfrei skalieren lassen.

4 Die Frames für die Animation erstellen. Jetzt benötigen Sie die Planung aus Schritt 1. Im CAFFEIN³-Logo müssen die Ebenen, die für die Animation des Ritzels notwendig sind, an dem Punkt erstellt werden, an dem sich das Ritzel noch parallel zur Arbeitsfläche befindet (in derselben Ebene). Wir benötigen ausreichend Frames, um eine sanfte Drehung im Uhrzeigersinn zu erzeugen – das Ritzel muss sich drehen, bis der Zahn in der obersten Position sich mit der nächsten Zahnposition deckt. Wenn wir die Drehung animieren, können wir die Frames

3a

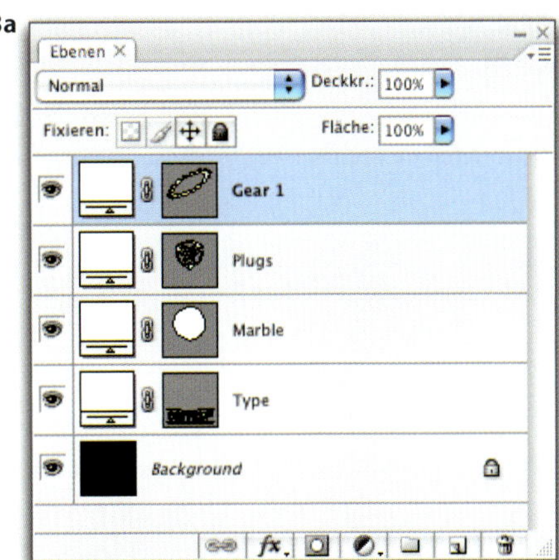

Die vier Formebenen nach den Löschungen.

3b

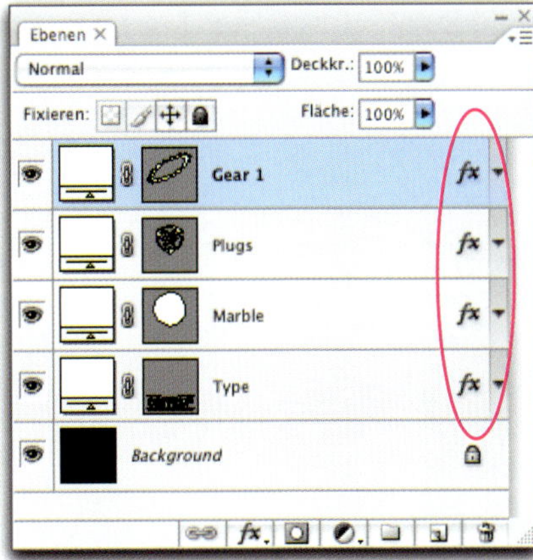

Wenden Sie die Ebenenstile auf die Formebene an, indem Sie sie aus der Datei **Skalierbares-Design-Nachher.psd** kopieren und in Ihrer Datei an die entsprechende Stelle einfügen.

einfach wiederholt abspielen, um eine kontinuierliche, sanfte Bewegung zu erzeugen. Der Gesamtwinkel für die Drehung beträgt 20° (360° in einem Kreis ÷ 18 Zähne = 20° pro Position). Um die Animationsdatei so klein wie möglich zu halten, wollen wir (a) mit so wenigen Frames wie möglich auskommen und (b) eine Zahl erstellen, die durch 20 teilbar ist. Vier Frames sollten dafür ausreichen (20° ÷ 4 Frames = 5° pro Frame).

Die Ebene »Gear 1« diente uns als erster Frame. Für den zweiten Frame duplizierten wir die Ebene (⌘/Strg-J) und nannten die Kopie »Gear 2«. Um diese neue Ebene zu drehen, wählten wir BEARBEITEN/PFAD FREI TRANSFORMIEREN (⌘/Strg-T) und gaben für den Wert der Drehung in der Optionsleiste den Wert 5 ein **4a.** Im Anschluss klickten wir ganz rechts in der Optionsleiste auf den Button ✓.

Ebene »Gear 3« entstand durch das Duplizieren der Ebene »Gear 2«. Um diese neue Ebene um weitere 5° zu drehen, drückten wir ⌘-⇧-T (PC: Strg-⇧-T) **4b**. Wir erstellten eine weitere Ebenenkopie und drehten auch diese um 5°.

4a

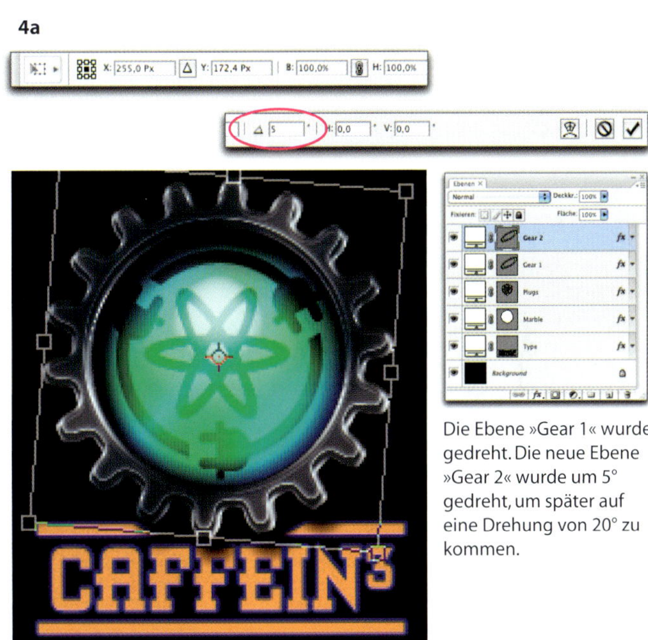

Die Ebene »Gear 1« wurde gedreht. Die neue Ebene »Gear 2« wurde um 5° gedreht, um später auf eine Drehung von 20° zu kommen.

4b

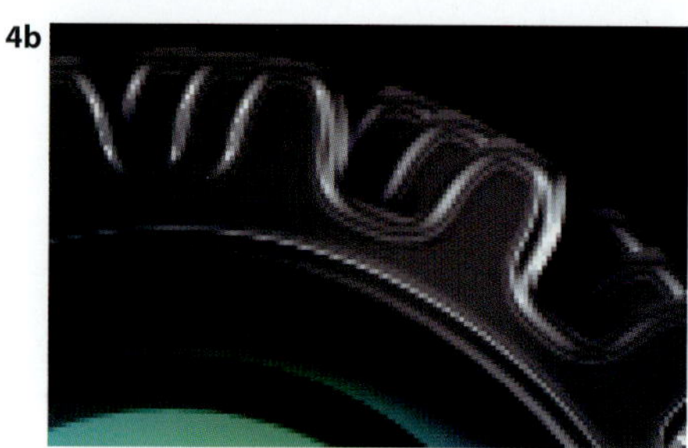

Drehen Sie auch die Ebene »Gear 3«.

5a

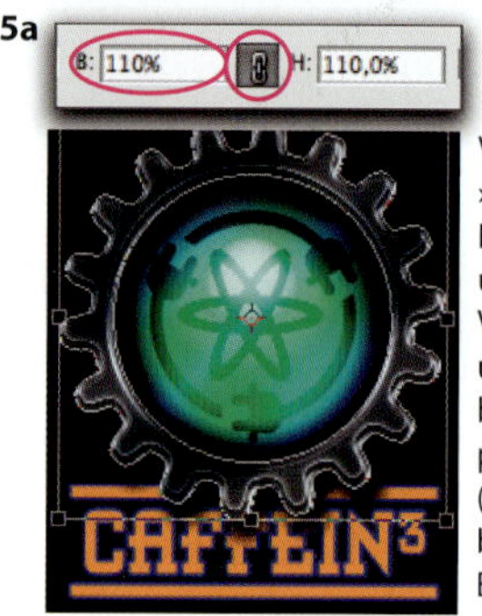

Vergrößern Sie die »Gear«-Ebenen mit FREI TRANSFORMIEREN und der Optionsleiste. Verbinden Sie Höhe und Breite (siehe Abbildung), um die Proportionen zu erhalten. (Wir haben hier alle bis auf eine »Gear«-Ebene ausgeblendet.)

5b

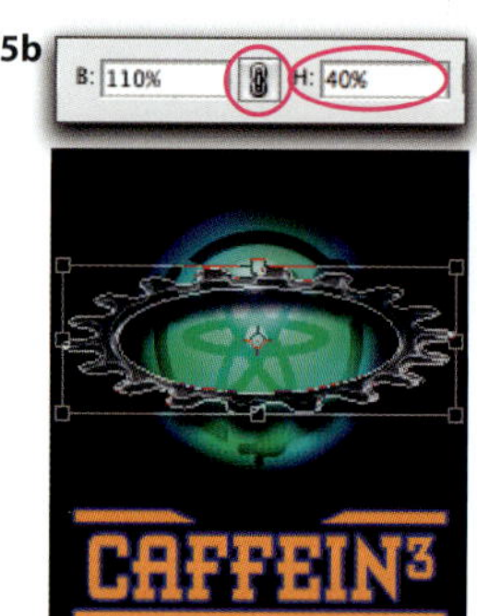

Für die Perspektive müssen Sie zunächst die Verbindung von Höhe und Breite aufheben und die Höhe reduzieren.

5c

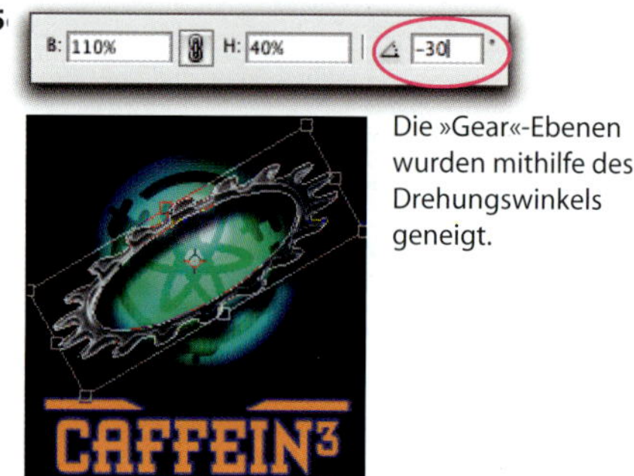

Die »Gear«-Ebenen wurden mithilfe des Drehungswinkels geneigt.

5 Der Drehung Perspektive verleihen. Sind alle Ebenen, die gedreht werden müssen, fertig, können Sie alle Elemente gleichzeitig skalieren und neigen (die einzelnen Zahnräder):

- Verbinden Sie in Photoshop CS die Ebenen wie folgt: Klicken Sie auf die Miniatur einer Ebenen und dann auf das Verbinden-Icon (rechts neben dem Augen-Icon) der anderen Ebenen.
- Seit CS2 klicken Sie einfach auf die Ebenenminiatur einer Ebene und mit gedrückter ⇧-Taste auf die anderen Ebenen.

Drücken Sie ⌘-T (PC: Strg-T). Um das Ritzel etwas zu vergrößern und mehr Platz zwischen ihm und der Atmosphäre zu schaffen, klicken Sie in der Optionsleiste auf das Verbinden-Icon zwischen der Breite und der Höhe, um die Parameter proportional zu skalieren (wir wählten 110%) **5a**. Klicken Sie im Anschluss erneut auf den Button, um die Verbindung wieder aufzuheben, und geben Sie für die Höhe einen Wert von 40% ein **5b**. Geben Sie dann noch einen Winkel für die Drehung ein (hier –30°) **5c** und klicken Sie zum Abschluss ganz rechts in der Optionsleiste auf das Häkchen.

6 Aufräumen. Es kann nun sein, dass Sie einige Elemente neu anordnen müssen, um sie in die neue Perspektive einzugliedern. Wir aktivierten beispielsweise das Verschieben-Werkzeug und die Ebene »Type«, um den Schriftzug etwas nach oben zu ziehen. Mit dem Auswahlrechteck wählten wir das gesamte Logo inklusive Schriftzug (und etwas Platz drum herum) aus und wählten BEARBEITEN/FREISTELLEN **6**.

7 Das drehende Element maskieren. Die nächste Herausforderung ist das sich drehende Element (das Ritzel). Um eine Maske für alle vier Ebenen zu erstellen, aus denen das Ritzel besteht, gruppierten wir die dazugehörigen Ebenen (in der Ebenen-Palette durch das Ordner-Icon dargestellt) und

6

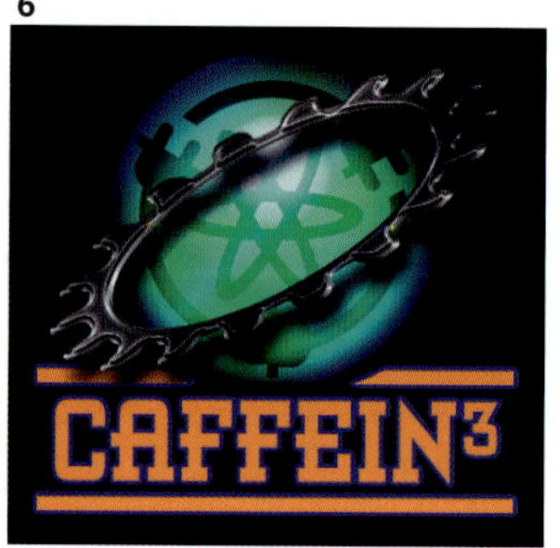

Das neu angeordnete und freigestellte Logo.

7a

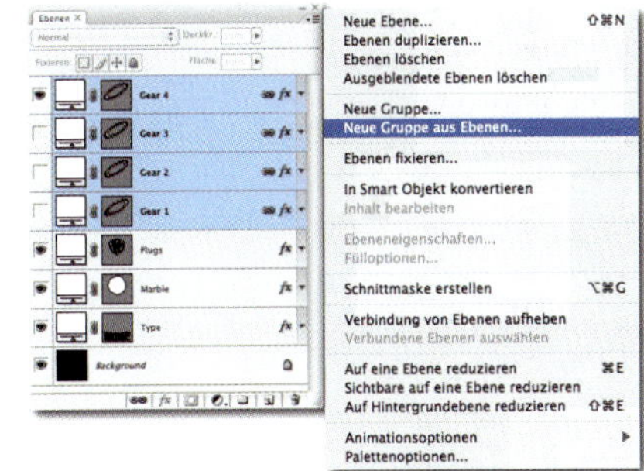

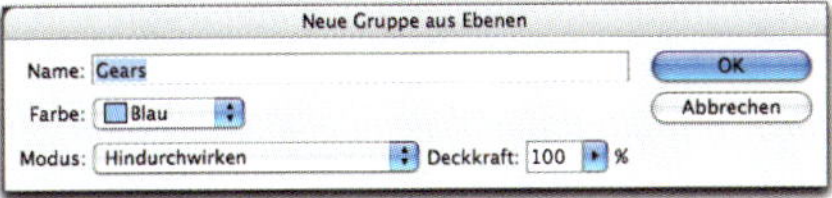

Erstellen Sie eine Ebenengruppe aus den verbundenen Ebenen.

7b

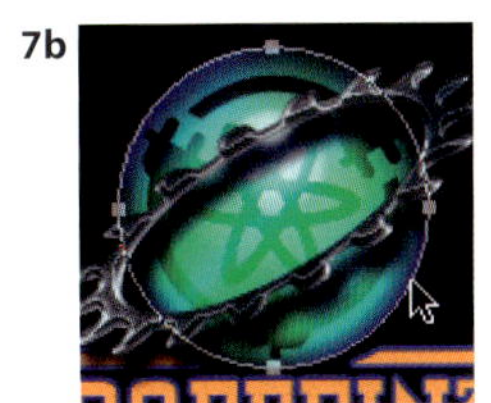

Kopieren Sie die Vektormaske der Ebene »Marble« und fügen Sie diese für die Ebenengruppe ein.

7c

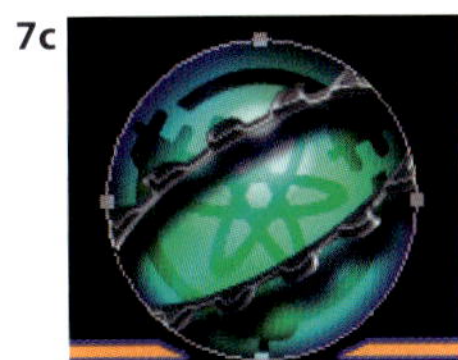

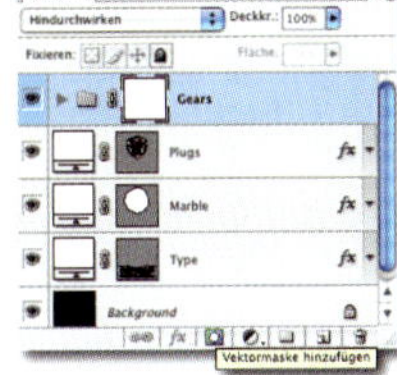

Durch die Vektormaske ist nur der innere Bereich zu sehen.

wendeten auf den gesamten Ordner eine Maske an. Um eine Ebenengruppe zu erstellen, gehen Sie wie folgt vor **7a**:

- In CS sind die entsprechenden Ebenen noch aus Schritt 5 miteinander verbunden. Wählen Sie aus dem Menü der Ebenen-Palette die Option NEUES SET AUS VERBUNDENEN EBENEN.
- Wählen Sie ab CS2 alle entsprechenden Ebenen in der Ebenen-Palette aus und wählen Sie aus dem Paletten-Menü die Option NEUE GRUPPE AUS EBENEN.

An dieser Stelle färbten wir die anderen Elemente der Komposition ein, indem wir mit gedrückter Ctrl-Taste (PC: Rechts-Klick) auf die jeweiligen Ebenennamen klickten und aus dem Kontextmenü die Ebeneneigenschaften auswählten, in denen wir eine Farbe auswählten.

Als Nächstes können wir den Pfad der »Marble«-Ebene als Grundlage für die Maske unserer Ebenengruppe nutzen: Aktivieren Sie die Vektormaske dieser Ebene (klicken Sie ein – oder zweimal auf die Miniatur, bis ein doppelter Rahmen erscheint). Da der Pfad im Arbeitsfenster zu sehen ist, können wir ihn mit dem Pfad-Auswahl-Werkzeug auswählen **7b** und mit ⌘-C (PC: Strg-C) in die Zwischenablage kopieren. Klicken Sie auf die Ordnerminiatur der Ebenengruppe und dann mit gedrückter ⌘-Taste (PC: Strg) unten in der Ebenen-Palette auf den Button, um zum Ordner eine leere Vektormaske hinzuzufügen (ohne das Gedrückthalten der Taste würden Sie eine pixelbasierte Ebenenmaske statt einer pfadbasierten Vektormaske erstellen; eine Vektormaske ist an dieser Stelle besser, weil sie sich problemlos skalieren lässt).

Fügen Sie den kopierten Pfad nun ein. Die Maske wird an den Kanten beschnitten, so dass nur der innere Bereich des runden Umrisses zu sehen ist **7c**. Die Vektormaske muss aktiv sein, damit wir sie umkehren können – das, was momentan zu sehen ist, wird ausgeblendet, und umgekehrt. Klicken Sie dazu in der Optionsleiste auf den Button VON FORMBEREICH SUBTRAHIEREN **7d**.

Jetzt müssen wir die Vektormaske so bearbeiten, dass nur der Teil des Ritzels nicht zu sehen ist, der sich hinter der Kugel befindet (alles davor soll zu sehen sein). Wir können die Hälfte des Kreises der Vektormaske entfernen, indem wir einen der vier Kontrollpunkte des Pfades löschen. Zum Entfernen einer geneigten Hälfte drehten wir zunächst den runden Pfad um –30°, damit sich der unterste Punkt an der richtigen Stelle befindet (drücken Sie bei aktiver Vektormaske ⌘/Strg-T und geben Sie für den Drehungswinkel –30° ein; klicken Sie dann auf das Häkchen ✓).

7d

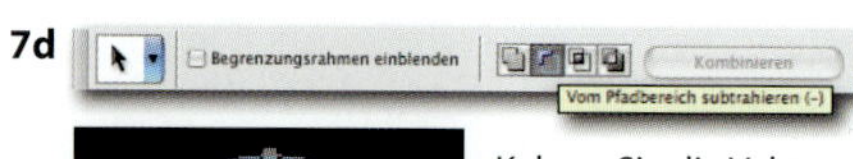

Kehren Sie die Vektormaske um.

7e

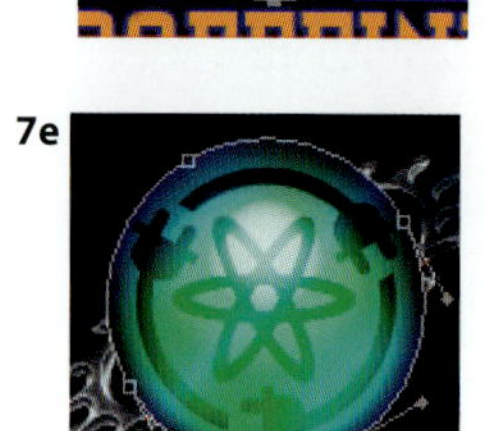

Nachdem die Vektormaske gedreht wurde, wurde der untere Punkt ausgewählt.

7f

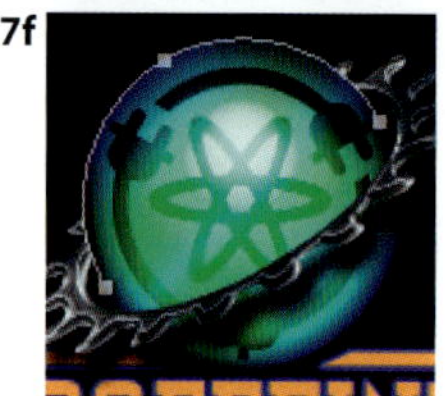

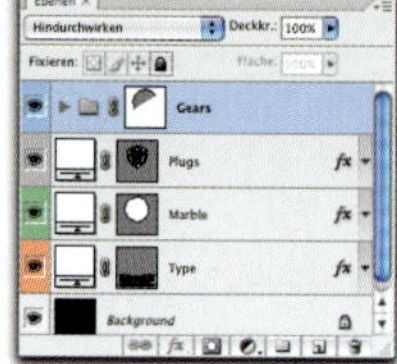

Nach dem Löschen des unteren Punktes ist der untere Teil des Ritzels vor der Kugel zu sehen.

8

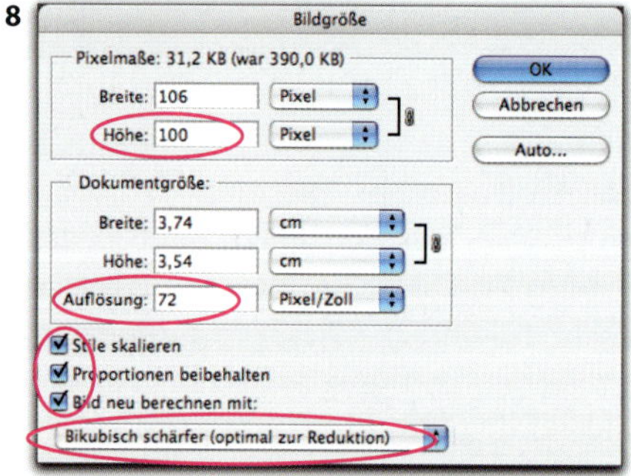

Skalieren Sie die Grafik inklusive Ebenenstile: Aktivieren Sie alle drei Checkboxen unten in der Bildgröße-Dialogbox. Wählen Sie die Auflösung. Stellen Sie anschließend die Höhe ein. Probieren Sie es mit BIKUBISCH SCHÄRFER.

MEHR DAVON

▼ Einstellungen für Ebenenstile
Seite 498

Anschließend aktivierten wir erneut das Direkt-Auswahl-Werkzeug und wählten den unteren Punkt aus (gleichzeitig wird die Auswahl der anderen Punkte aufgehoben), indem wir ein Rechteck aufzogen **7e**; drücken Sie dann die [Entf] (PC: [←]), um den Punkt zu entfernen **7f**. Das Ergebnis sehen Sie auf Seite 460 oben.

8 Die Größe ändern. Um die 100 Pixel hohe Datei zu erstellen, die wir für das Web benötigen, müssen wir die Datei inklusive Ebenenstilen skalieren. Duplizieren Sie zunächst die Datei mit ihren Ebenen (BILD/BILD DUPLIZIEREN und klicken Sie auf OK). Wählen Sie im Anschluss BILD/BILDGRÖSSE. Unten in der Dialogbox müssen alle drei Checkboxen aktiviert sein. Gehen Sie dann wie folgt vor: Ändern Sie in der Mitte der Dialogbox die Auflösung von 300 auf 72 ppi und geben Sie im oberen Abschnitt für die Höhe des Dokuments 100 ein. Dann wählen Sie ganz unten aus dem Menü BILD NEU BERECHNEN MIT die Option BIKUBISCH SCHÄRFER, um die Details so gut wie möglich zu erhalten **8**; klicken Sie anschließend auf OK. (Falls das Bild etwas zu scharf wird, drücken Sie [⌘]/[Strg]-[Z], um die Bildgröße erneut einzustellen; wählen Sie dann die Option BIKUBISCH.)

Jetzt haben wir unsere 100 Pixel hohe Datei, die wir animieren können. Wenn wir wieder mit der Originaldatei beginnen, können wir in einem ähnlichen Vorgang eine Datei erstellen, die 600 Pixel hoch ist und gedruckt werden kann (belassen Sie die Auflösung bei 300 ppi und wählen Sie für die Höhe 600 Pixel, sowie die Option BIKUBISCH GLATTER, um Artefakten vorzubeugen).

Animationen weiterentwickeln. Die Animation der beiden Grafiken (300 und 100 Pixel) wird im Abschnitt »Animieren mit Aktionen« auf Seite 701 beschrieben.

DIE GRÖSSE EINER DATEI MIT EBENENSTILEN ÄNDERN

Größe, Abstand und andere pixelbasierte Einstellungen eines Ebenenstils müssen in ganzen Pixeln angegeben werden. Wird die Größe einer Datei mit Ebenenstilen geändert (BILD/BILDGRÖSSE mit aktiver Option STILE SKALIEREN), kann es zu Rundungsfehlern kommen. Beträgt die Distanz für einen Schlagschatten beispielsweise 15 Pixel für eine 400 Pixel hohe Datei und Sie verkleinern diese auf 100 Pixel (25% des Originals), würde die neue Distanz 4 Pixel betragen, weil sie nicht 3,75 sein kann (15 × 0,25 = 3,75). Der Schatten wird dadurch etwas stärker versetzt als im Original und Sie müssen etwas nachbessern.▼

»Organische« Grafik

SIE FINDEN DIE DATEIEN

auf der DVD unter Wow Projektdateien/Kapitel 7/Organische Grafiken:

- Organische-Grafiken-Vorher.psd
- Wow-Organische Muster.pat (eine Mustervorgabe)
- Organische-Grafiken-Nachher.psd

ÖFFNEN SIE DIESE PALETTEN

aus dem Fenster-Menü:

- Werkzeuge • Ebenen

ÜBERBLICK

Sie beginnen mit einer Grafik (Schwarz und flache Farben auf Weiß), erstellen ein Duplikat im Modus MULTIPLIZIEREN und schattieren die Kanten mit dem Filter FOTOKOPIE • Sie trennen Schwarz und die Farben in zwei Ebenen • Sie fügen einen gemusterten Hintergrund und eine Strukturebene im Modus ÜBERLAGERN hinzu

1

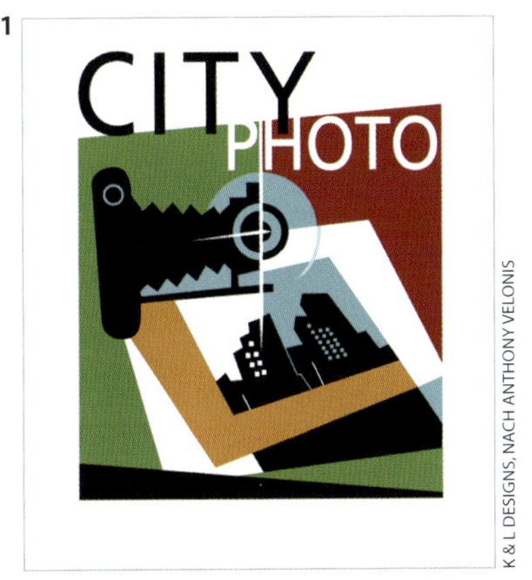

Die Original-Adobe-Illustrator-Zeichnung wird in eine neue Ebene dupliziert.

2a

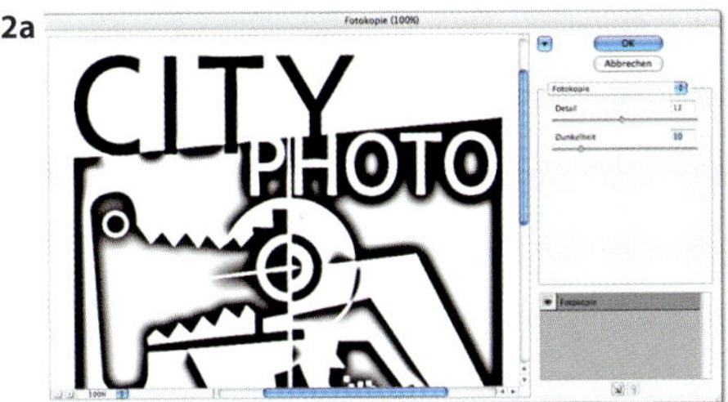

Auf das Duplikat wird der Filter FOTOKOPIE angewendet. (Hier blendete ich die Filterminiaturen aus, indem ich auf den gekennzeichneten Button klickte.) Für die Details wählte ich 12 und für die Dunkelheit 10.

Es gibt Zeiten, in denen Sie eine scharfe Vektorgrafik mit etwas mehr Struktur und Persönlichkeit versehen wollen. Egal, ob Sie mit einem Clipart oder einer eigenen Zeichnung beginnen, sobald Sie ein Verfahren gefunden haben, das Ihnen gefällt, können Sie dieses nutzen, um ganze Serien zu stilisieren. Der Schritt-für-Schritt-Vorgang, den ich Ihnen hier zeige, erlaubt Ihnen, Linien, Farben und den Hintergrund separat zu bearbeiten. (Einen schnelleren Ansatz finden Sie auf Seite 471.)

1 Die PostScript-Zeichnung importieren. Öffnen oder importieren Sie Ihr PostScript in Photoshop.▼ Wir öffneten eine Illustrator-Datei, rasterten sie mit 1000 Pixel Breite und Höhe **1**. Unsere Zeichnung befand sich auf einem weißen Hintergrund, was sehr wichtig ist, denn einige Filter funktionieren auf einem transparenten Hintergrund anders als auf einem weißen (siehe auch Seite 474).

Es ist immer eine gute Idee, eine unberührte Version der Zeichnung aufzuheben. Nutzen Sie sie als Mastergrafik und um davon Kopien anzufertigen, die Sie dann bearbeiten. Duplizieren Sie also zunächst Ihre Zeichnung (entweder mit ⌘/Strg-J oder mit EBENE/NEU/EBENE DURCH KOPIE).

MEHR DAVON

▼ PostScript
Seite 442

Wir benannten die Ebenen »Original« und »Photocopy« um. Klicken Sie dazu einfach doppelt auf den Namen einer Ebene in der Ebenen-Palette und geben Sie einen neuen Namen ein.

2 Konturen schattieren. Aktivieren Sie in der Ebenen-Palette die Ebene »Photocopy« sowie die Standardfarben für Vorder- und Hintergrund, indem Sie die Taste [D] drücken. Wandeln Sie die Ebene anschließend in eine Schwarzweißversion um, indem Sie den Filter FOTOKOPIE anwenden (FILTER/ZEICHEN-FILTER/FOTOKOPIE; wir wählten Details 12, Dunkelheit 10) **2a**. Damit die Farben des darunterliegenden Bildes durchscheinen können, wählen Sie den Ebenenmodus MULTIPLIZIEREN. Um den Effekt etwas abzuschwächen, reduzierten wir die Deckkraft auf 75% **2b**.

3 Schwarz von den Farben trennen. Im nächsten Schritt müssen Sie die schwarzen Bereiche von den Farben trennen, um sie separat bearbeiten zu können. Klicken Sie in der Ebenen-Palette auf die Miniatur der Ebene »Original« und duplizieren Sie diese erneut ([⌘]/[Strg]-[J]). Wir nannten diese neue Ebene »Colors«. Wählen Sie in dieser neuen Ebene die schwarzen Bereiche mithilfe des Zauberstabs aus; verwenden Sie für die Optionsleiste die Einstellungen, die Sie in Abbildung **3a** sehen: **Toleranz** 0, so dass nur 100% Schwarz ausgewählt wird, wenn Sie in ein schwarzes Pixel klicken; **Glätten** ist aktiviert, um glatte Kanten

HOHER KONTRAST, HOHE AUFLÖSUNG

Wenn Sie mit rasterbasierten Grafiken mit sehr kontrastreichen Kanten arbeiten, sollten Sie mit einer Datei beginnen, deren Auflösung etwa zwei- oder dreimal so groß ist wie das Halbtonraster, mit dem Sie drucken werden; bei Web-Grafiken sollte die Auflösung doppelt so groß sein wie für die finale Datei. So vermeiden Sie Bildstörungen durch Filter oder Transformationen.

2b

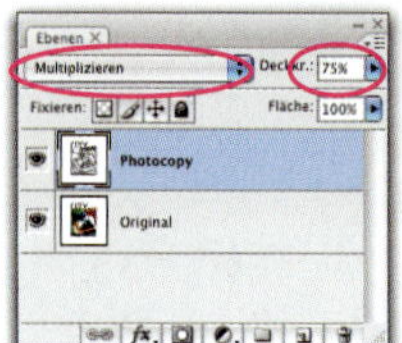

Die gefilterte Ebene befindet sich im Modus MULTIPLIZIEREN; die weißen Bereiche werden transparent. Die Deckkraft beträgt 75%.

3a

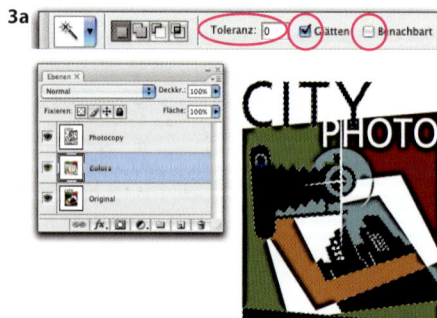

Wählen Sie die schwarzen Bereiche auf einer zweiten Kopie mit dem Zauberstab aus.

WAS MACHT DER FILTER »FOTOKOPIE«?

Das macht der Photoshop-Filter FOTOKOPIE mit Ihren Grafiken:

- Der Filter hat keine Auswirkungen auf **weiße** Bereiche; diese bleiben weiß.
- **Schwarze** Elemente wandelt der Filter in der Mitte in Weiß um und färbt die Konturen schwarz. Wenn die schwarze Originalform sehr eng ist – z.B. bei Text –, kann es sein, dass die Schattierung von außen bis in die Mitte reicht, so dass keine weißen Bereiche zu sehen sind.
- **Farbe** und **Grautöne** reagieren, je nachdem, wie hell oder dunkel sie in Bezug auf ihre Umgebung sind. Befinden sich sie sich neben einer helleren Farbe oder Weiß, behandelt der Filter sie eher wie Schwarz. Befinden sie sich neben einer dunkleren Farbe oder Schwarz, behandelt der Filter sie wie Weiß und der erzeugt kaum Schattierungen. Eine farbige Form weist stärkere Schattierungen auf, wenn sie keinen schwarzen Umriss hat.
- Die **Detail**-Einstellung für den Filter kontrolliert, wie weit sich die Schattierung von den Kanten ausdehnt. Die **Dunkelheit** bestimmt die Dichte der Schattierung. (Wenn Sie bereits mit den Ebenenstilen SCHATTEN und SCHEIN gearbeitet haben, können Sie sich die Dunkelheit auch ähnlich der Größe und die Details ähnlich der Überfüllung vorstellen.)

3b 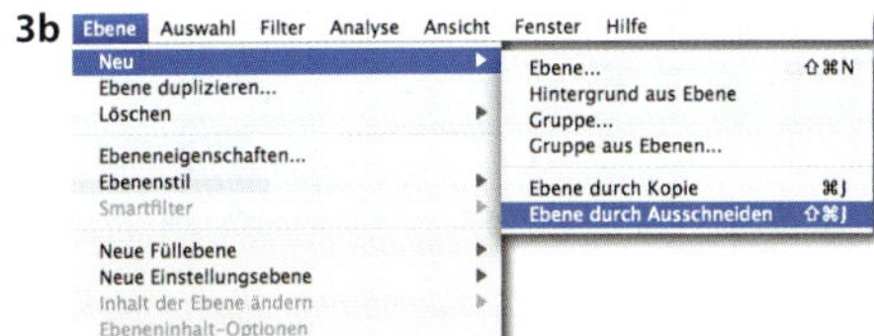

Durch das Kopieren der schwarzen Bereiche in eine neue Ebene bleiben die farbigen Bereiche in einer Ebene. Hier sehen Sie die Ebenen einzeln.

4a 

Fügen Sie eine Musterfüllebene hinzu.

4b 

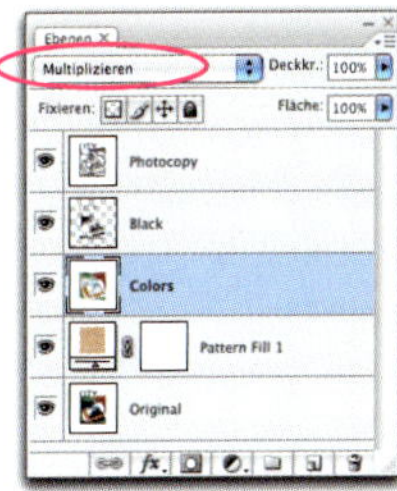

Für einen organischen Hintergrund wurde eine Musterfüllebene hinzugefügt. Die Deckkraft der Ebene BLACK wurde auf 50% reduziert, für die Farbebene der Modus MULTIPLIZIEREN gewählt.

zu erzeugen; die Option **Benachbart ist deaktiviert**, damit alle schwarzen Bereiche ausgewählt werden. Mit diesen Einstellungen wird die Auswahl mit dem Zauberstab perfekt. Sie wird etwas kleiner als das Original, so dass dunkle Konturen zurückbleiben. Das ist jedoch kein Problem, weil die Kanten schließlich mithilfe des Filters definiert werden. Klicken Sie also auf Schwarz, um die Auswahl zu erstellen und kopieren Sie diese anschließend in eine neue Ebene (⌘/Strg-⇧-J) **3b**. Wir nannten diese neue Ebene »Black«.

4 Einen Hintergrund hinzufügen. Durch einen neuen Hintergrund können Sie die organische Struktur besser zum Vorschein bringen. Eine Möglichkeit ist, eine Musterfüllebene hinzuzufügen. Aktivieren Sie in der Ebenen-Palette die Ebene »Original«, indem Sie auf deren Miniatur klicken. Klicken Sie unten in der Ebenen-Palette anschließend auf den Button ◐ und wählen Sie aus der Liste die Option MUSTER. Klicken Sie in der Dialogbox **4a** auf das kleine schwarze Dreieck rechts neben dem Musterfeld, um eine Palette mit zur Verfügung stehenden Mustern zu öffnen. Wir wählten **Wow-Hay Paper** aus dem Set **Wow Organic Patterns**. Wenn Sie die Wow-Vorgaben von der DVD-ROM bisher noch nicht geladen haben, ▼ klicken Sie auf den Button für das Paletten-Menü, um sie jetzt zu laden. Klicken Sie in der Warndialogbox auf ANFÜGEN, um die neuen Muster zum aktuellen Satz hinzuzufügen.

MUSTER NACH NAMEN FINDEN

Suchen Sie nach einem bestimmten Muster? Wo sich die Muster-Palette in Photoshop auch befindet, Sie sehen alle Musternamen auch, wenn Sie aus dem Popup-Menü der Palette die Option GROSSE LISTE wählen. Aber auch ohne einen der Listenmodi sehen Sie die Namen, wenn Sie die Werkzeugtipps in den Allgemeinen Voreinstellungen aktiviert haben. Halten Sie den Cursor dann einfach über ein Muster.

Aktivieren Sie die Ebene »Colors« und versetzen Sie sie in den Modus MULTIPLIZIEREN (oben links in der Ebenen-Palette), damit die Musterfüllung durchscheinen kann. Sie können jetzt mit der Deckkrafteinstellung experimentieren; wir beließen die Deckkraft der Ebene »Colors« bei 100%, reduzierten jedoch die der Ebene »Black« auf 50%, um das gewünschte Aussehen zu erzielen **4b**.

MEHR DAVON

▼ Wow-Vorgaben laden
Seite 5

Ein Muster extrahieren

Immer wenn Sie eine Photoshop-Datei mit einer Musterfüllebene haben, können Sie das Muster zu den Mustervorgaben hinzufügen, damit es immer in der Muster-Palette erscheint. Klicken Sie in der Ebenen-Palette einfach doppelt auf die Miniatur für die Musterfüllebene, um die passende Dialogbox zu öffnen; das Muster wird im Musterfeld angezeigt. Klicken Sie auf den Button Neue Vorgabe aus Muster erstellen .

5

Wenn Sie die Ebene »Colors« weichzeichnen, entsteht ein anderes schönes Ergebnis mit Airbrush-Effekt.

5 Airbrush. Für einen weichen, feinen Airbrush-Effekt aktivieren Sie die Ebene »Colors« und wählen Filter/Weichzeichnungsfilter/Gaussscher Weichzeichner; wir wählten einen Radius von 10 Pixel **5**.

6 Struktur hinzufügen. Um die Grafiken mit einer Struktur zu versehen, testen Sie das Muster Stucco aus den Vorgaben Muster 2, die mit Photoshop zusammen ausgeliefert wird: Klicken Sie in der Ebenen-Palette auf die Ebene »Photocopy«, im Anschluss auf den Button und wählen Sie Muster. Klicken Sie in der Dialogbox auf das kleine Dreieck rechts neben dem Musterfeld, um den Mustervorgabenwähler zu öffnen; klicken Sie dann auf den Button und wählen Sie aus der Liste Muster 2. Klicken Sie in der Warndialogbox auf Anfügen. Die neuen Muster werden an das Ende der Liste angefügt. Sie können jetzt das passende Muster auswählen.

Ändern Sie nun die Füllmethode der neuen Ebene in Überlagern/Ineinanderkopieren oder einen anderen Modus direkt darunter. Wir wählten Strahlendes Licht, um die Hintergrundfarben aufzuhellen und die Struktur zu intensivieren **6**. Das Ergebnis sehen Sie auf Seite 467.

Mit anderen Strukturen experimentieren. Sie können für die Strukturebene jetzt auch andere Strukturen ausprobieren. Klicken Sie doppelt auf die Miniatur der Musterfüllebene und wählen Sie ein anderes Muster aus. Sie können verschiedene Ebenen auch ein- und ausblenden oder mit den Deckkrafteinstellungen experimentieren.

6

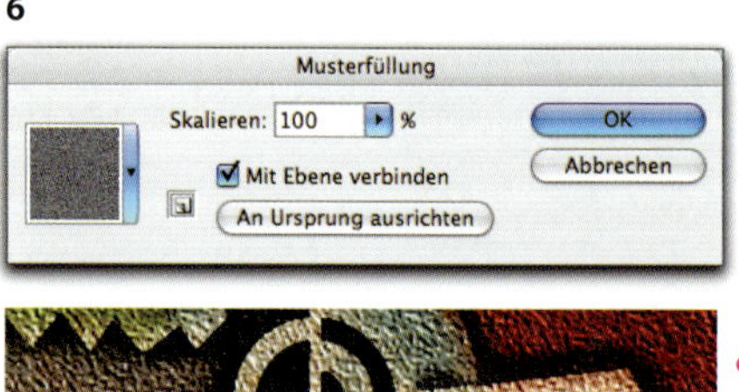

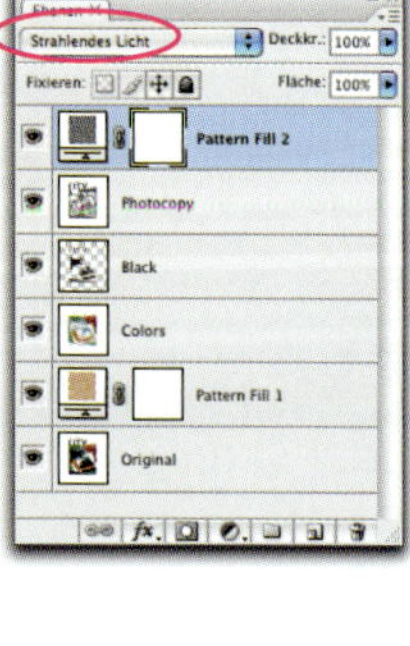

Fügen Sie Struktur mit einer Musterfüllebene im Modus Strahlendes Licht hinzu.

KURZUM

Filterbehandlungen

Einige der Optionen in Photoshops Filtermenü und der Filtergalerie eignen sich besonders gut, um flache PostScript-Linienzeichnungen oder gerasterte Formebenen in etwas Organischeres, Texturiertes oder Plastischeres umzuwandeln. Die nächsten drei Seiten bieten schnelle Lösungen, die Sie auf einzelne Grafiken oder ganze Serien anwenden können.

Für diese Effekte nutzen Sie Photoshops Filtermenü – »FG« bedeutet FILTER/FILTERGALERIE. In CS3 können Sie auch verlustfrei mit Smartfiltern arbeiten (Seite 38). Legen Sie auch mehrere Effekte in einer Datei an.

Die Vorder- und Hintergrundfarbe in der Werkzeug-Palette wurden auf den Standard (Schwarz und Weiß) gesetzt. Dazu können Sie einfach die Taste D drücken.

K & L DESIGNS, NACH ANTHONY VELONIS

Wir begannen mit diesem Logo, das in Illustrator erstellt und in Photoshop bei 1000 Pixel gerastert wurde (inklusive des weißen Randes), wie auf Seite 467 beschrieben.

SIE FINDEN DIE DATEI

auf der DVD unter Wow Projektdateien/Kapitel 7/ Organische Grafiken:

• Organische-Grafiken-Vorher

Linien aufrauen

Diese Filter wirken sich auf die Qualität der Linien und Kanten aus.

MALFILTER/SPRITZER (Radius 5, Glättung 10) FG

VERZERREN/GLAS (Verzerrung 3, Glättung 5, Struktur: Milchglas, Skalierung 100) FG

KUNSTFILTER/TONTRENNUNG UND KANTENBETONUNG (Kantenstärke 2, Kantendeckkraft 6, Tontrennung 2) FG

KUNSTFILTER/GROBES PASTELL (Strichlänge 6, Details 4, Struktur: Leinwand, Skalierung 100, Relief 20, Licht: oben links) FG

Muster & Struktur

Diese Filter erzeugen Muster.

KUNSTFILTER/SCHWAMM (Pinselgröße 0, Definition 25, Glättung 1) FG

VERZERREN/WEICHES LICHT (Körnung 10, Lichtmenge 5, Kontrast 10) FG

VERGRÖBERUNGSFILTER/FARBRASTER (Max. Radius 6, Standard-Winkel)

STRUKTURIERUNGSFILTER/KÖRNUNG (Intensität 30, Kontrast 50, Körnungsart: Kontrastreich) FG

Monochrome Effekte

Die meisten der Zeichenfilter rendern eine Zeichnung in der aktuellen Vorder- und Hintergrundfarbe.

ZEICHENFILTER/KREIDE & KOHLE (Kohle 6, Kreide 6, Druck 1) FG

ZEICHENFILTER/RASTERUNGSEFFEKT (Größe 1, Kontrast 10, Musterart: Linie) FG

ZEICHENFILTER/PUNKTIERSTRICH (Dichte 12, Vordergrund 15, Hintergrund 5) FG

ZEICHENFILTER/CONTÉ-STIFTE (Vordergrund 11, Hintergrund 7, Struktur: Leinwand, Skalierung 100, Relief 4, Licht: Oben rechts) FG

Plastische Effekte

Einige Filter simulieren Licht und Schatten, um Grafiken mehr Plastizität zu verleihen.

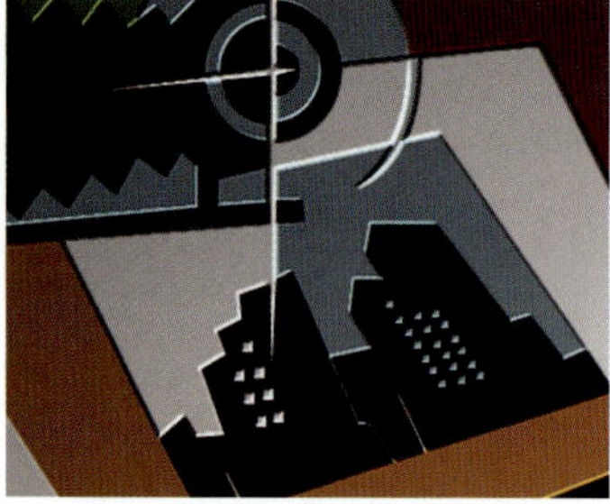

RENDERINGFILTER/BELEUCHTUNGSEFFEKTE (Stil: Standard, Strukturkanal: grün, Höhe 100)

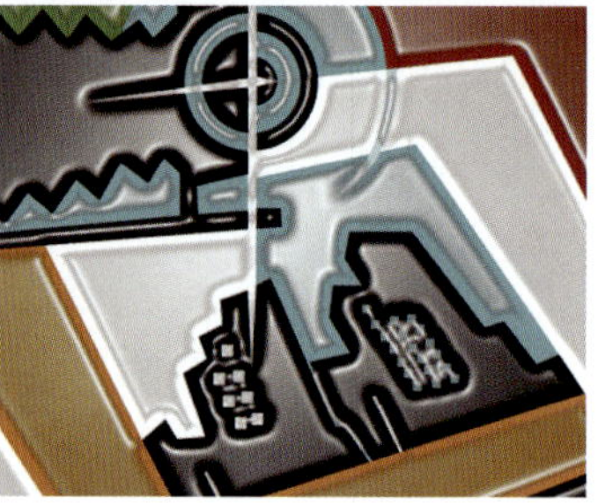

KUNSTFILTER/KUNSTSTOFFVERPACKUNG FG (Glanz 20, Details 7, Glättung 7)

ZEICHENFILTER/PRÄGEPAPIER (Farbverhältnis 20, Körnung 5, Reliefhöhe 10) FG

ZEICHENFILTER/STUCK (Farbverhältnis 29, Glättung 1, Licht: oben rechts) FG

Beleuchtung

Photoshops eingebautes Beleuchtungsstudio (FILTER/RENDERINGFILTER/BELEUCHTUNGSEFFEKTE) und andere Filter hellen Bilder auf.

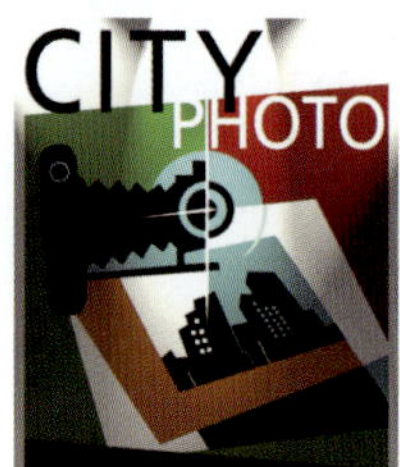

RENDERINGFILTER/BELEUCHTUNGSEFFEKTE (Stil: 3 Spots von oben, Intensität 100)

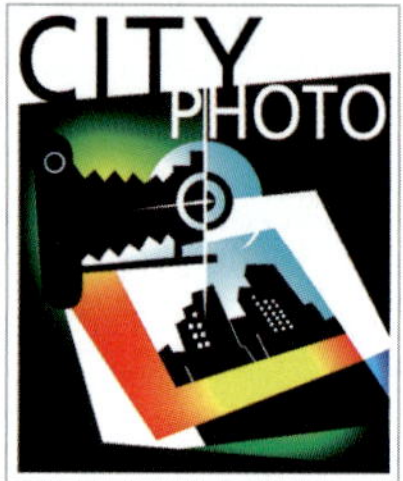

SCHARFZEICHNUNGSFILTER/UNSCHARF MASKIEREN (Stärke 400, Radius 75, Schwellenwert 0)

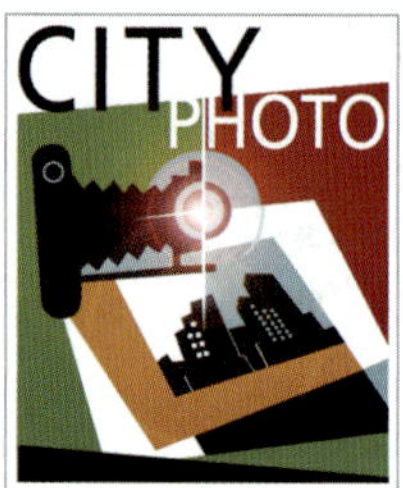

RENDERINGFILTER/BLENDENFLECKE (Helligkeit 100, Mittelpunkt verschoben, Linsentyp: 50–300 mm Zoom)

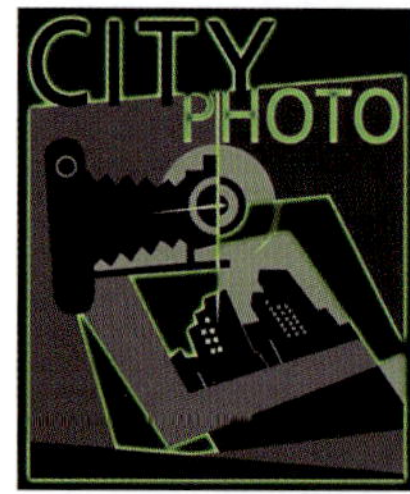

KUNSTFILTER/NEONSCHEIN (Größe 5, Helligkeit: 20, Farbe: gelbgrün) FG

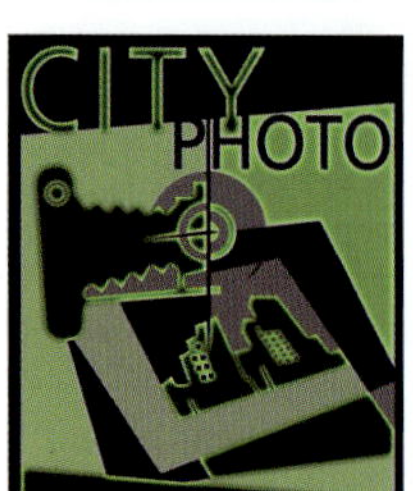

KUNSTFILTER/NEONSCHEIN (Größe –5, Helligkeit 20, Farbe: gelbgrün) FG

Verzerren

Um eine Grafik gleichmäßig bis zum Rand zu verzerren, benötigen Sie um die Grafik herum etwas Freiraum, wie im Beispiel auf Seite 471.

VERZERRUNGSFILTER/STRUDEL (Winkel –30)

VERZERRUNGSFILTER/DISTORSION (Stärke 50)

VERZERRUNGSFILTER/WÖLBEN (Stärke 100, Modus: Normal)

Gefiltert über Original

Sie können plakative Effekte erzielen, wenn Sie ein gefiltertes Bild über das Original legen und Ebenenmodus oder Deckkraft ändern.

RENDERINGFILTER/FASERN (Varianz 16, Stärke 64) im Modus ÜBERLAGERN/INEINANDERKOPIEREN, Deckkraft 50% über dem Original

WEICHZEICHNUNGSFILTER/DURCHSCHNITT im Modus FARBTON, Deckkraft 100% über dem Original

STILISIERUNGSFILTER/KONTUREN FINDEN im Modus MULTIPLIZIEREN, Deckkraft 100% über dem Original

Filterebenen

Interessante Effekte erzielen Sie auch, wenn Sie mehrere gefilterte Ebenen übereinanderlegen und Modus und Deckkraft ändern.

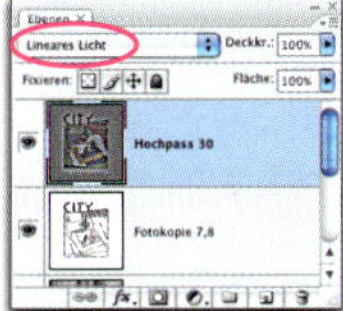

SONSTIGE FILTER/HOCHPASS (Radius 30) im Modus LINEARES LICHT, Deckkraft 100% über ZEICHENFILTER/FOTOKOPIE (Details 7, Dunkelheit 8)

ZEICHENFILTER/RASTERUNGSEFFEKT (Größe 1, Kontrast 10, Musterart: Linie) im Modus FARBIG NACHBELICHTEN bei 100% Deckkraft über SONSTIGE FILTER/HOCHPASS (Radius 30)

KUNSTFILTER/NEONSCHEIN (Größe 5, Helligkeit 20, Farbe: gelbgrün) im Modus NORMAL bei 60% Deckkraft über KUNSTFILTER/KUNSTSTOFFOLIE (Glanz 20, Details 7, Glättung 7) FG

Cliparts einfärben

DIE FINDEN DIE DATEIEN
auf der DVD unter Wow Projektdateien/Kapitel 7/Clip Arts einfaerben:
- Clip-einfaerben-Vorher.psd
- Schachbrettmuster.pat
- Clip-einfaerben-Nachher.psd

ÖFFNEN SIE DIESE PALETTEN
aus dem Fenster-Menü:
• Werkzeuge • Ebenen • Kanäle

ÜBERBLICK
Grafiken in Ebenen aufteilen, um Elemente separat zu bearbeiten • Ebenen mit Linienzeichnungen und weiß gefüllte Ebenen • Ebenen im Modus MULTIPLIZIEREN einfärben • Eine Musterfüllebene hinzufügen • Ebenenstile anwenden

Beginnen Sie mit einer eigenen Grafik, die Sie in einem Zeichenprogramm erstellt haben, oder nutzen Sie eine der unzähligen Clipart-Dateien, die nur darauf warten, bearbeitet zu werden. Wir begannen mit einem Logo von Don Jolley, das er in Adobe Illustrator erstellte. Die genaue Vorgehensweise hängt davon ab, wie komplex die Originalgrafik ist und wie diese erstellt wurde. Wir besprechen hier jedoch verschiedene Konzepte, die nützlich sind, egal, mit was für einer Datei Sie beginnen:

- Isolieren Sie die schwarzen Linien so, dass an den Kanten keine Halos entstehen.
- Isolieren Sie Formen, die auf einer separaten Ebene im Modus MULTIPLIZIEREN eingefärbt werden können, so dass es keine Lücken zwischen Farbfläche und schwarzen Linien gibt.
- Nutzen Sie Photoshops Tonwert-Werkzeuge und den Airbrush, um die Farben aufzubessern.
- Fixieren Sie die Transparenz, um die schwarzen Linien zu bearbeiten.

1a

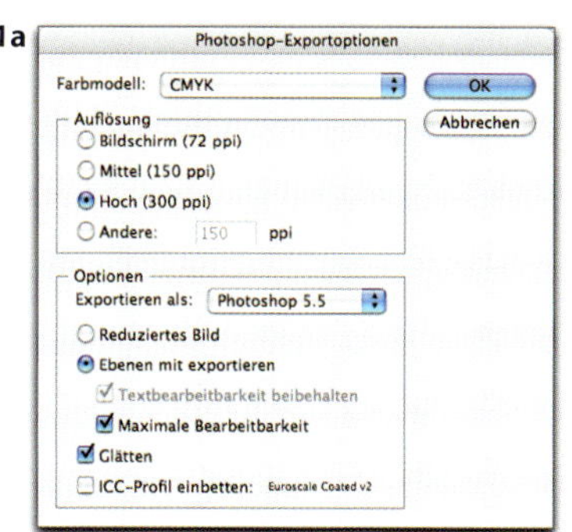

Exportieren Sie die Datei aus Adobe Illustrator im Format Photoshop PSD.

1b

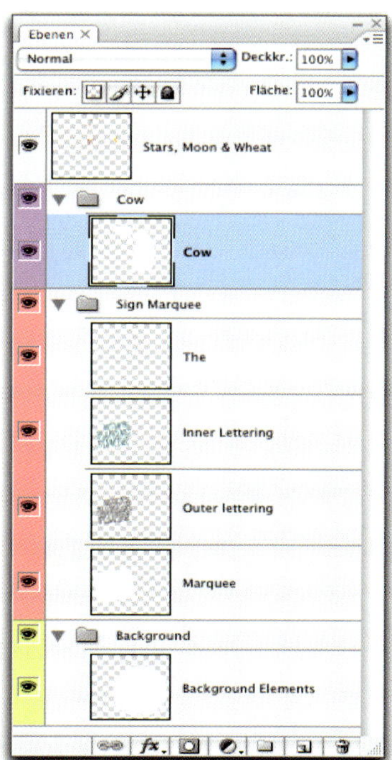

Die Datei in Photoshop mit Ebenengruppen, in denen die Ebenen und Teile der Grafik besser verwalten zu können – die Kuh, das Schild und den Hintergrund.

- Mit einer Musterfüllebene einfärben
- Dreidimensionale Wirkung mit Ebenenstilen erzeugen

Verwenden Sie eine eigene Grafik oder öffnen Sie die Datei **Clip-einfaerben-Vorher.psd**.

1 Die Grafik vorbereiten. In einem ersten Schritt muss die Grafik in Illustrator erstellt und im Format Photoshop PSD gespeichert werden. Jolley hat die Illustrator-Datei im RGB-Modus angelegt. Wir sortierten in Illustrator die einzelnen Objekten, in Ebenen. Dabei versuchten wir, so wenig Ebenen wie möglich, aber so viel wie nötig zu verwenden, um einzelne Bereiche zu isolieren, die später eingefärbt oder auf die Stile angewendet werden sollen. Wir hatten zum Schluss sieben Ebenen – von unten nach oben: eine Ebene für die Hintergrundelemente, vier Ebenen für das Schild und dessen Buchstaben, eine Ebene für die Kuh und eine Ebene für die Sterne und den Mond. Wir entschieden uns, die Kuh, das Schild mit seinen Buchstaben und die Hintergrundelemente zu separieren. So konnten wir einzelne Ebenen einrichten und die Kuh und das Schild auch einzeln verwenden.

Wir exportierten die Datei im PSD-Format **1a**, aktivierten den Farbmodus RGB, wählten eine hohe Auflösung und aktivierten die Option GLÄTTEN, um möglichst weiche Kanten zu erzeugen. Außerdem aktivierten wir die Option EBENEN SCHREIBEN, um die Ebenen direkt in Photoshop-Ebenen zu übersetzen. Wir öffneten die Datei in Photoshop und behielten die Ebenennamen bei. Die drei Bereiche sortierten wir in Gruppen – Kuh, Schild und Hintergrund **1b**.▼

MEHR DAVON
▼ Ebenengruppen
Seite 580

2 Grafiken: schwarz auf transparentem Hintergrund. Die Original-PostScript-Grafik »Bellowing Bluegrass Stampede« besteht aus einem Stapel schwarz und weiß gefüllter Formen. In unserer Photoshop-Datei wollen wir einen Großteil der schwarzen Grafiken in transparenten Ebenen isolieren, um sie als Formen zu nutzen und Ebenenstile anwenden zu können.

Um die schwarzen Linienzeichnungen zu isolieren, laden Sie die Luminanz der Grafikebene als Auswahl (beginnen Sie in diesem Fall mit der Ebene »Cow«): Klicken Sie in der Ebenen-Palette zunächst auf das Augen-Icon aller Ebenen, außer der, die Sie verwenden wollen **2a**. Klicken Sie anschließend in der Kanäle-Palette mit gedrückter ⌘-Taste (PC: Strg) auf den Namen des RGB-Kanals, um dessen Luminanz als Auswahl zu laden **2b**. Dadurch wählen Sie alle weißen Bereiche dieser Ebene aus. Kehren Sie die Auswahl mit ⌘-⇧-I (PC: Strg-⇧-I) um, um die schwarzen Bereiche auszuwählen. Erstellen Sie eine neue

2a

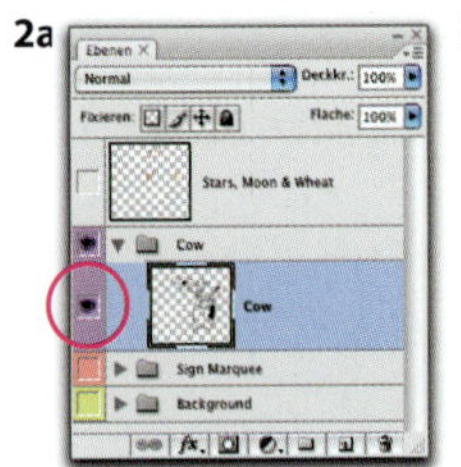

Blenden Sie nur die Ebene mit der Kuh ein.

2b

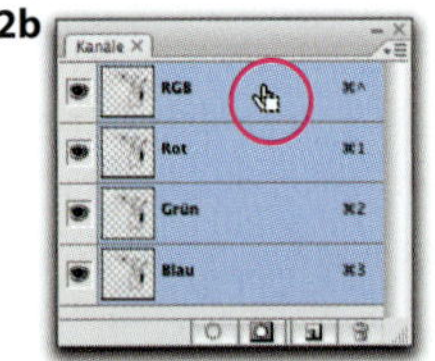

Klicken Sie mit gedrückter ⌘-Taste (PC: Strg) auf den RGB-Kanal, um seine Luminanz als Auswahl zu laden.

Ebene über der Grafik (klicken Sie auf die Kuhebene in der Ebenen-Palette), indem Sie mit gedrückter ⌥-Taste (PC: Alt) unten in der Palette auf den Button NEUE EBENE ERSTELLEN klicken, um der Ebene gleich einen Namen geben zu können; wir nannten unsere »Cow Lines«. Aktivieren Sie die neue Ebene und stellen Sie Schwarz als Vordergrundfarbe ein (Taste X), drücken Sie anschließend ⌥-Entf (PC: Alt-←), um die Auswahl mit Schwarz zu füllen **2c**. Heben Sie die Auswahl anschließend mit ⌘-D (PC: Strg-D) auf. (Durch das Auswählen und Füllen – statt Ausschneiden oder Kopieren – vermeiden Sie graue Schatten entlang der Kanten.)

2c

Die umgekehrte Auswahl wurde auf einer transparenten Ebene mit Schwarz gefüllt, um auf die Grafik Ebenenstile anwenden zu können. Hier sehen Sie einen Teil der neuen Ebene »Cow Lines«.

3 Eine weiße Basisebene für die Grafik. Die schwarze Grafik befindet sich nun in einer eigenen Ebene – das schwarzweiße Original liegt darunter. Wenn Sie die Grafik einfärben wollen (Schritt 4), muss sich die Ebene im Modus MULTIPLIZIEREN befinden, um die schwarzen Linien komplett zu füllen und keine Ränder zu erzeugen. Damit der Modus jedoch funktioniert, benötigt die Farbe eine deckende Unterlage. Wir müssen deshalb eine weiße Form unter der Grafik erstellen.

Um die original Schwarzweißgrafik in eine weiße Basis zu verwandeln, aktivieren Sie die Ebene. Stellen Sie Weiß als Hintergrundfarbe ein und drücken Sie, ohne dass eine Auswahl aktiv ist, ⌘-⇧-Entf (PC: Ctrl-⇧-←), um die nicht transparenten Bereiche dieser Ebene mit Weiß zu füllen **3a**. (Durch Gedrückthalten der ⇧-Taste aktivieren Sie vorübergehend die Funktion TRANSPARENTE PIXEL FIXIEREN, die Sie auch oben in der Ebenen-Palette einstellen können. So bleiben die transparenten Bereiche transparent – halbtransparente Pixel werden eingefärbt, die teilweise Transparenz bleibt jedoch erhalten.)

3a

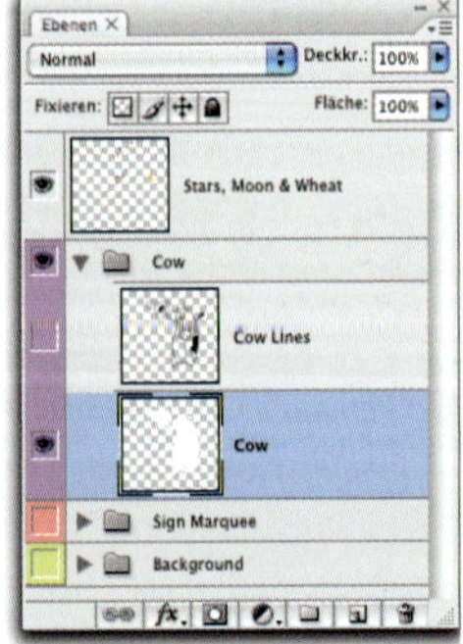

Hier sehen Sie einen Teil der fertigen weißen Basisebene für die Kuh.

Um sicherzustellen, dass in der schwarzen Grafik keine weißen Ränder von der darunterliegenden Ebene zu sehen sind, entfernen wir diese: klicken Sie mit gedrückter ⌘-Taste (PC: Strg) auf die weiße Ebene in der Ebenen-Palette, um sie als Auswahl zu laden. Wählen Sie anschließend AUSWAHL/AUSWAHL VERÄNDERN/VERKLEINERN (1 Pixel) **3b**. Kehren Sie die Auswahl um und drücken Sie die Entf (PC: ←), um die Bereiche zu entfernen; heben Sie die Auswahl mit ⌘-D (PC: Strg-D) auf.

Wir wiederholten die letzten Schritte (die Grafik isolieren, einen weißen Hintergrund erstellen, der beschnitten wird) für die Ebenen »Background Elements«, »Marquee« und das Wort »The« **3c**.

3b

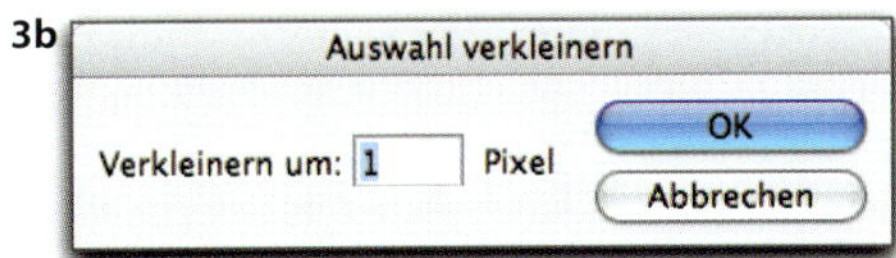

Wir verkleinerten die Auswahl der weißen Basisebene um 1 Pixel (oben). Anschließend kehrten wir die Auswahl um und löschten die 1-Pixel-Kante.

3c

Wir erstellten weitere Ebenen mit Grafik und weißer Basis für die Kuh, den Hintergrund, das Rechteck und das »The«.

4a

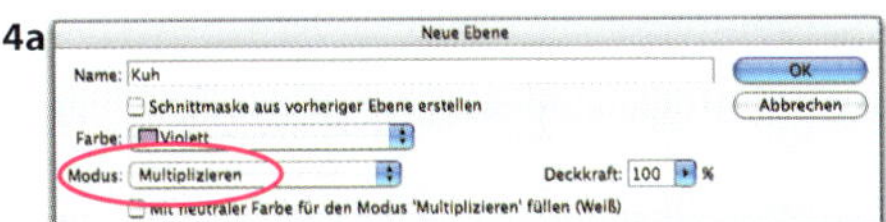

Erstellen Sie für die Farbe eine neue Ebene.

4b

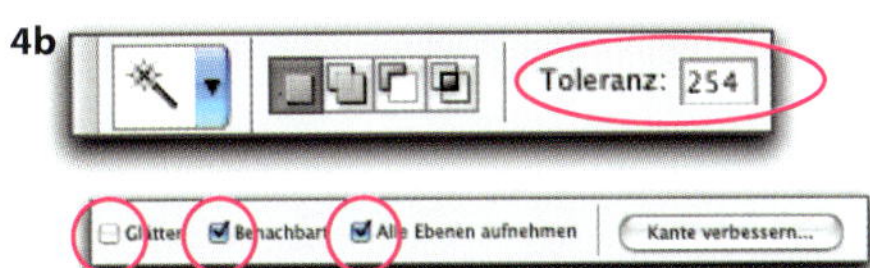

Wählen Sie diese Einstellungen für den Zauberstab.

4 Die Grafik einfärben. Für jedes Paar (Grafik und Basisebene) benötigen Sie eine eigene, darüberliegende Ebene für die Farbe. Aktivieren Sie eine Grafikebene (klicken Sie auf deren Miniatur in der Ebenen-Palette); wir begannen mit der Ebene »Cow«. Klicken Sie mit gedrückter ⌥/Alt-Taste auf den Button unten in der Ebenen-Palette und wählen Sie den Modus MULTIPLIZIEREN) **4a.**

Im nächsten Schritt müssen die einzelnen Formen der Grafik ausgewählt und eingefärbt werden. Aktivieren Sie den Zauberstab mit folgenden Einstellungen **4b**: Aktivieren Sie in der Optionsleiste die Optionen BENACHBART und ALLE EBENEN AUFNEHMEN, deaktivieren Sie die Checkbox GLÄTTEN und wählen Sie eine Toleranz von 254.

- Die Option **BENACHBART** schränkt die Auswahl auf den Bereich der schwarzen Linien ein.
- Mit der Option **ALLE EBENEN AUFNEHMEN** arbeiten Sie auf der transparenten Ebene, während der Zauberstab alle Ebenen berücksichtigt.
- **Deaktivieren Sie GLÄTTEN,** um die Auswahl vollständig mit Farbe zu füllen, statt die Kanten teilweise transparent zu lassen. Dadurch verhindern Sie unsaubere Kanten.
- Wählen Sie eine **Toleranz von 254** (1 weniger als der Maximalwert von 255 Tonwerten). Wenn Sie jetzt in einen weißen Bereich klicken, werden alle Pixel, außer die ganz schwarzen, in die Auswahl aufgenommen. Dadurch überlappt der farbig gefüllte Bereich die schwarzen Linien ganz leicht, Lücken werden so vermieden.

Blenden Sie in der Ebenen-Palette die Grafikebene sowie deren weiße Basis ein; wir begannen mit der Kuhebene – aktivierten also die Augen-Icons für die Ebenen »Cow Color«, »Cow Lines« und »Cow«. Alle anderen Ebenen blendeten wir aus. Klicken Sie mit dem Zauberstab in jeden geschlossenen Bereich der schwarzen Linie – zum Hinzufügen weiterer Bereiche müssen Sie die ⇧-Taste drücken. Wählen Sie anschließend eine Vordergrundfarbe aus (klicken Sie dazu doppelt auf das Farbfeld für die Vordergrundfarbe in der Werkzeug-Palette). Mit ⌥-Entf (PC: Alt-←) füllen Sie die Auswahl mit dieser Farbe **4c.** (Wir wählten für diese Methode den Zauberstab und nicht das Füllwerkzeug, weil wir so gleich mehrere zu füllende Bereiche auswählen und vor dem Füllen sicherstellen können, welche Bereiche gefüllt werden sollen. Der Zauberstab eignet sich hier auch besser als die Schnellauswahl von CS3.) Sie können den Modus der Farb-

4c

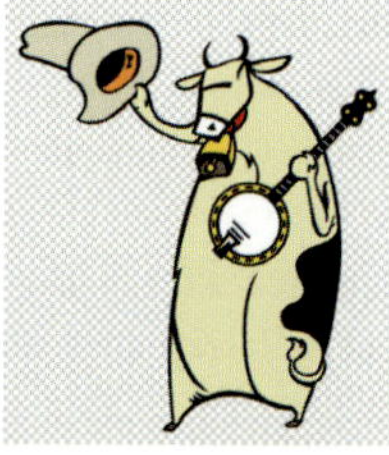

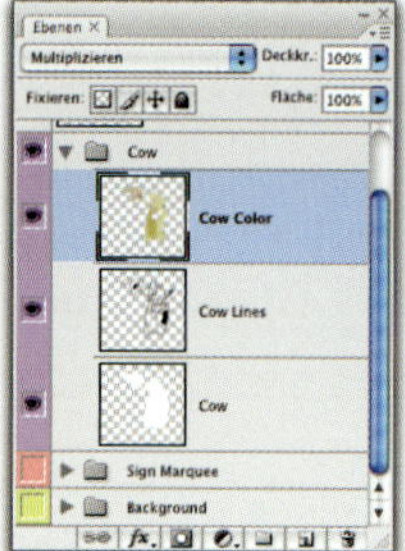

Hier sehen Sie die Ebene »Cow Color« mit ihren Farbfüllungen (oben links) und zusammen mit den Ebenen »Cow Lines« und »Cow« (oben rechts).

5a

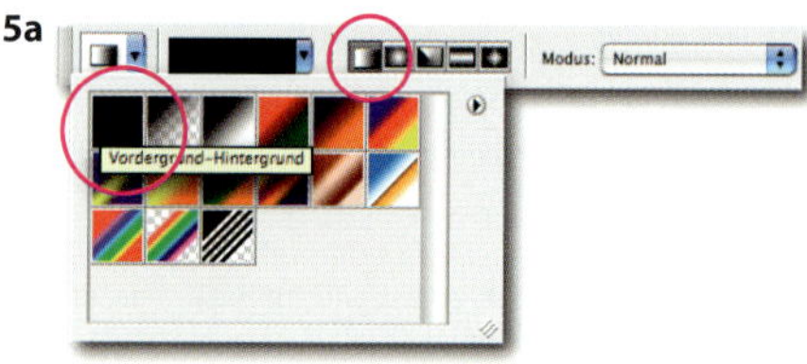

Die Einstellungen für das Verlaufswerkzeug, um damit den Himmel einzufärben.

5b

Die eingefärbten Hintergrundelemente.

6a

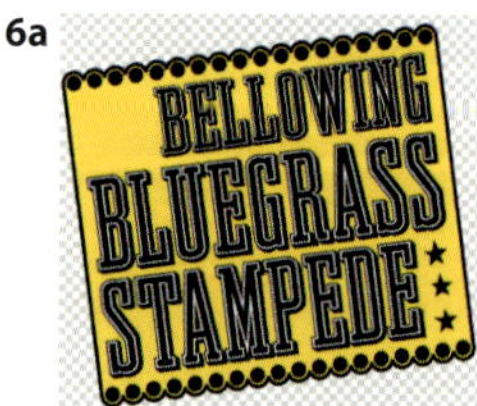

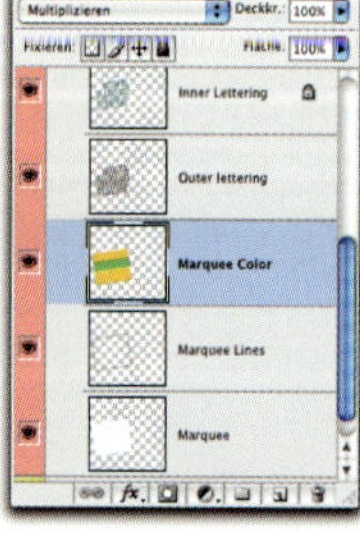

Hier sehen Sie das Rechteck zusammen mit Schriftzug und schwarzen Linien.

ebene vorübergehend von MULTIPLIZIEREN in NORMAL ändern (oben in der Ebenen-Palette), um zu sehen, wie die Farbkanten die schwarzen Linien überlappen.

5 Mit einem Verlauf einfärben. Nachdem wir die Ebene »Cow Color« vollständig eingefärbt hatten, blendeten wir diese Ebenengruppe aus und diejenige mit der Ebene »Background Elements« ein. Auch hier fügten wir eine neue transparente Ebene im Modus MULTIPLIZIEREN hinzu, um auch diese Ebenengruppe einzufärben. Wir verwendeten dabei dieselben Techniken wie eben. Um den Himmel mit einem blauen Verlauf zu füllen, wählten wir die Bereiche des Himmels mit gedrückter ⇧-Taste aus und wählten für Vorder- und Hintergrund zwei unterschiedliche, dunkle Blautöne. Dann aktivierten wir das Verlaufswerkzeug mit dem Verlauf VORDERGRUND, HINTERGRUND und zogen von oben nach unten, um einen linearen Verlauf zu erstellen **5a**.▼ Den runden Rand färbten wir nicht ein **5b**; auf diesen Bereich lässt sich später ganz gut ein Muster anwenden (Schritt 8).

MEHR DAVON

▼ Arbeit mit Verläufen **Seite 160**

6 Einen Farbstreifen hinzufügen. Für das Schild nutzten wir die Auswahl- und Fülltechnik aus Schritt 4, um es gelb einzufärben. Wir blendeten für das Rechteck nicht nur die Linien, die Basisebene und die Farbebene ein, sondern auch die Buchstaben, um das Wort »BLUEGRASS« grün zu hinterlegen **6a**. Um den Streifen zu füllen, müssen wir eine geneigte rechteckige Auswahl erstellen. Eine Möglichkeit ist diese: Aktivieren Sie, um den Neigewinkel he-rauszubekommen, das Messwerkzeug und ziehen Sie damit entlang einer der Kanten des Schildes – positionieren Sie den Cursor beispielsweise an der Ecke unten rechts und ziehen Sie zur oberen Ecke **6b**. So erstellen Sie eine nicht druckbare Linie und können den Wert des Winkels in der Optionsleiste ablesen (A) – dieser wird auch in der Info-Palette angezeigt; merken Sie sich diesen Wert, Sie werden ihn gleich brauchen. Aktivieren Sie das Auswahlrechteck und erstellen Sie ein Rechteck. Wählen Sie AUSWAHL/AUSWAHL TRANSFORMIEREN und geben Sie in der Optionsleiste den Wert für die Drehung ein, den Sie sich eben gemerkt haben, allerdings als negativen Wert **6c**; beträgt der Wert beispielsweise 97,4, müssen Sie –97,4 eingeben. Nutzen Sie dann die Griffe des Transformieren-Rahmens, um die Auswahl in den gewünschten Bereich einzupassen **6d**. Schließen Sie die Transformation ab (drücken Sie ↵ oder klicken Sie doppelt in den Transformieren-Rahmen) und füllen Sie die Auswahl mit einer Farbe **6e**.

MESSUNGEN ERNEUT AUFRUFEN

Es ist ganz einfach, den letzten Messwert für die Länge, Breite oder einen Winkel wiederaufzurufen. Aktivieren Sie einfach erneut das Messwerkzeug und werfen Sie einen Blick in die Optionsleiste.

6b

Nutzen Sie das Messwerkzeug, um den Neigewinkel des Messwerkzeugs herauszufinden.

6c

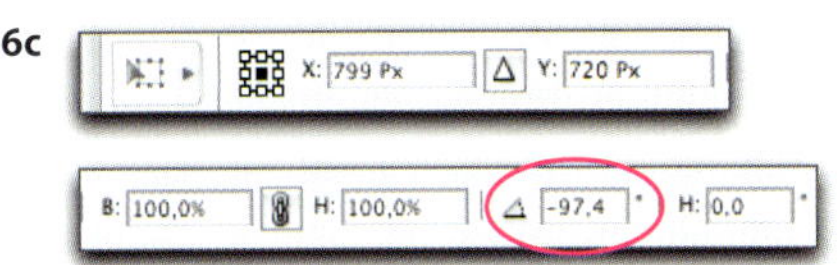

Geben Sie das Negativ des gemessenen Winkels ein und wählen Sie AUSWAHL/AUSWAHL TRANSFORMIEREN.

6d

Hier sehen Sie die geneigte rechteckige Auswahl.

6e

Wir wählten Grün als Vordergrundfarbe und füllten die Auswahl mit ⌥-Entf (PC: Alt-←).

7a

Fixieren Sie die Transparenz der Farbebene.

7 Die Farbe verfeinern. Um die Farben der einzelnen Ebenen zu verfeinern, nutzen Sie zum Aufhellen am besten den Abwedler und zum Abdunkeln den Nachbelichter – für Tiefen und Lichter verwenden Sie den Pinsel mit Airbrush-Funktion. Fixieren Sie zunächst die transparenten Pixel der Farben (indem Sie oben in der Ebenen-Palette auf den Button klicken) **7a**, um nicht versehentlich außerhalb der Linien zu malen. Wenn Sie eine Auswahl füllen müssen, nutzen Sie den Zauberstab, jedoch ohne die Option ALLE EBENEN AUFNEHMEN **7b**, damit sich das Werkzeug nur in der aktiven Ebene orientiert – der Farbebene. Die Option BENACHBART können Sie aktiviert lassen auch die Toleranz von 254 ist in Ordnung. So wählt das Werkzeug alle Farben innerhalb des geklickten Bereichs aus und es entstehen keine Lücken – selbst wenn Sie die Auswahl mit einem Verlauf füllen oder die Farbe verändern. Sie können die Tonwerte oder Füllungen nach Belieben ändern. Mit dem Nachbelichter und einer weichen Pinselspitze dunkelten wir verschiedene Bereiche auf der Kuh und dem Hut nach **7c**. Die Kuhauswahl nutzten wir, um mit dem Pinsel die Hufe und den Schwanz braun einzufärben.

Wir aktivierten den Pinsel mit Airbrush-Funktion, um die Zaunlatten und Pfeiler hervorzuheben **7d**.

7b

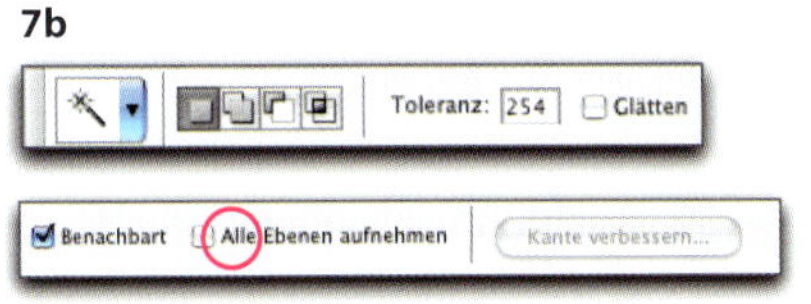

Die Einstellungen für den Zauberstab.

7c

Mit dem Pinsel färbten wir Hufe und Schwanz ein, mit dem Nachbelichter färbten wir Körper und Hut. Beim Körper begannen wir mit einer großen, weichen Pinselspitze (links), zogen vertikal nach unten, um die Farbe abzudunkeln, und verringerten die Größe der Pinselspitze sowie die Belichtung, um die Kanten einzufärben.

7d Die Ebene »Background Elements Color« wurde mit dem Pinsel inklusive Airbrush-Funktion verfeinert – es wurden zwei verschiedene Brauntöne verwendet.

8a

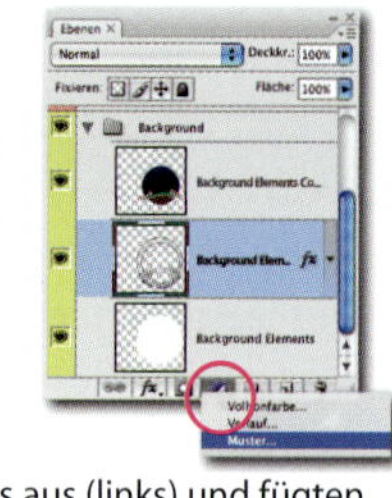

Wir wählten Teile des Rings aus (links) und fügten eine Musterfüllebene hinzu.

8b

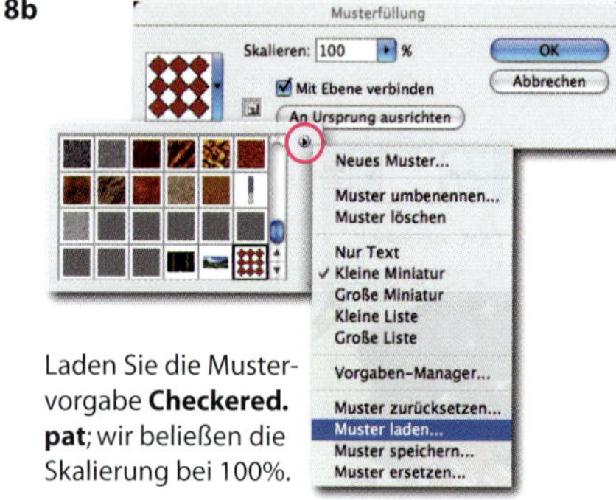

Laden Sie die Mustervorgabe **Checkered.pat**; wir beließen die Skalierung bei 100%.

8c

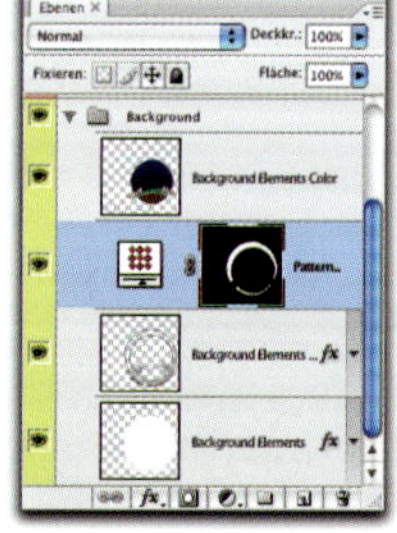

Die Musterfüllebene

8d

Wir blendeten die Ebenengruppe »Cow« ein und passten die Position des Musters im Ring an.

8 Eine Musterfüllebene. Der Ring, der den Himmel und die Erde umrahmt, soll mit einem Muster gefüllt werden. Statt den Ring einfach nur auszuwählen und zu füllen, arbeiteten wir mit einer Musterfüllebene, um die Positionierung und Skalierung des Musters besser kontrollieren zu können. Und so geht's: Aktivieren Sie die Ebene »Background Elements« sowie den Zauberstab mit den Einstellungen aus Schritt 4. Klicken Sie mit gedrückter [⇧]-Taste in alle Bereiche des Rings, um diese auszuwählen. Ist die Auswahl komplett, klicken Sie unten in der Ebenen-Palette auf den Button NEUE FÜLLEBENE ODER EINSTELLUNGSEBENE ERSTELLEN ◐ und wählen Sie MUSTER **8a**. Klicken Sie in der Dialogbox auf das kleine Dreieck neben dem Musterfeld, um den Musterwähler zu öffnen **8b**. Wählen Sie anschließend aus dem Paletten-Menü die Option MUSTER LADEN. Laden Sie die Muster **Checkered.pat** (die Sie bei den anderen Dateien für diese Übung finden) und werfen Sie einen Blick ins Dokumentfenster, während Sie das Muster verschieben oder die Größe anpassen **8c**; skalieren Sie mit einem Faktor von 2 (z.B. 50% oder 25%), um das Muster nicht weichzuzeichnen. (Wenn Sie die Skalierung oder Position des Musters später ändern wollen, klicken Sie einfach doppelt auf die Miniatur der Musterebene, um die Dialogbox mit den letzten Einstellungen erneut zu öffnen.) **8d**.

9 Einige schwarze Linien einfärben. Wir wollten die Sterne, den Mond, das Gras, den Schriftzug »Bellowing Bluegrass Stampede« (die Ebene »Inner Lettering«), die Lichter und Sterne im Rechteck sowie das Wort »The« einfärben.

- Für die Sterne, den Mond und das Gras aktivierten wir die entsprechende Ebene und fixierten die Transparenz (☐). Wir malten mit dem Pinsel und einer harten, runden Pinselspitze mit einer Deckkraft von 100% **9a**; dabei verwendeten wir bereits eingesetzte Farben, indem wir diese mit gedrückter [⌥]-Taste (PC: [Alt]) anklickten. Der Mond wurde zusätzlich etwas nachbelichtet, wie in Schritt 7 beschrieben; das Ergebnis sehen Sie auf Seite 474.
- Dann aktivierten wir die Ebene »Inner Lettering«, wählten eine Farbe, fixierten die Transparenz und drückten [⌥]-[Entf] (PC: [Alt]-[←]), um Buchstaben, Lichter und Sterne gleichzeitig zu färben **9b**. Anschließend änderten wir die Farbe der Lichter und Sterne mithilfe des Pinsels (mit einer harten, runden Pinselspitze) in Weiß **9c**: Mit einer Pinselspitze, die etwas größer ist als die Kreise, klickten wir links neben die oberste Reihe der Lichter, und mit gedrückter [⇧]-Taste neben das untere rechte Ende.

9a

Die Sterne einfärben.

9b

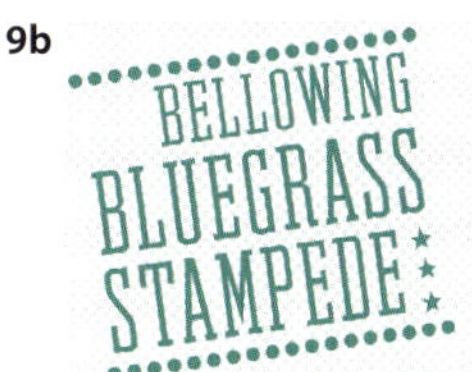

Wir fixierten die Transparenz der Ebene »Inner Lettering« und füllten diese mit Farbe.

9c

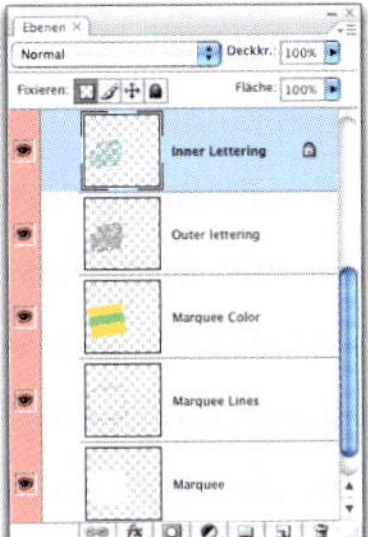

Anschließend malten wir mit Weiß über die Punkte und Sterne.

9d

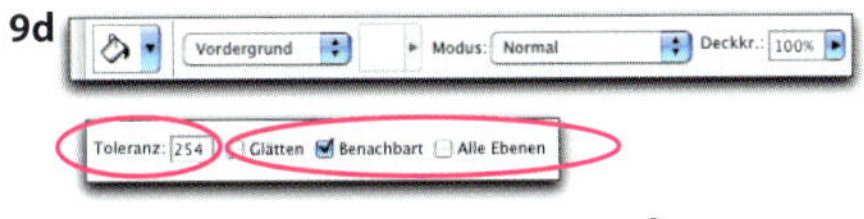

Die Optionen für das Füllwerkzeug .

9e

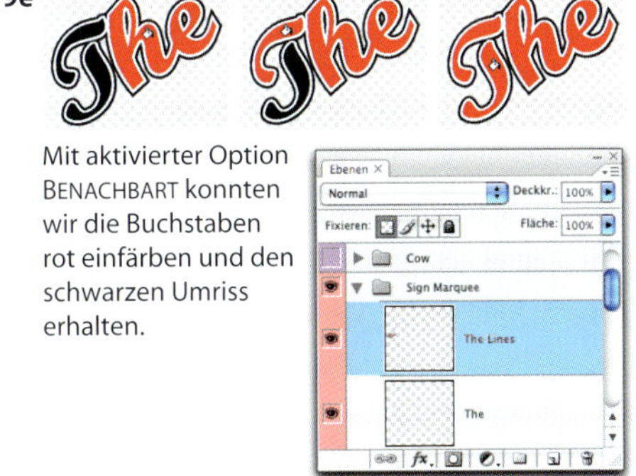

Mit aktivierter Option BENACHBART konnten wir die Buchstaben rot einfärben und den schwarzen Umriss erhalten.

- Um das Wort »The« rot einzufärben, die schwarze Umrisslinie jedoch zu erhalten, fixierten wir die Transparenz der Ebene »The Lines« und aktivierten das Füllwerkzeug. In der Optionsleiste wählten wir eine Toleranz von 254 und aktivierten die Option BENACHBART **9d**; wir klickten dreimal in verschiedene Bereiche der Buchstaben, um alle schwarzen Pixel rot einzufärben, inklusive derjenigen, die teilweise transparent waren **9e**. Der schwarze Umriss blieb erhalten, weil er nicht mit den zentralen Bereichen der Buchstaben verbunden war.

10 Ebenenstile hinzufügen. Wenn Sie mit den Farben zufrieden sind – ansonsten können Sie diese jederzeit ändern –, können Sie nun Ebenenstile hinzufügen; wir wendeten auf die Ebene »Cow Lines« nur eine leichte, abgeflachte Kante an. Dazu aktivierten wir diese Ebene, klickten unten in der Ebenen-Palette auf den Button *fx* und wählten ABGEFLACHTE KANTE UND RELIEF **10**. Wir kopierten den Stil und fügten ihn in die Ebenen »Background Elements Lines« und »Marquee Lines« ein, um auch diese Ebenen mit dem Effekt zu versehen. Zum Kopieren und Einfügen eines Stils klicken Sie in der Ebenen-Palette mit gedrückter [Ctrl]-Taste (PC: Rechts-Klick) auf das Icon *fx* des Ebenenstils und wählen EBENENSTIL KOPIEREN bzw. EBENENSTIL EINFÜGEN. (Seit Photoshop CS2 können Sie einen Stil in mehrere Ebenen gleichzeitig einfügen, indem Sie diese mit gedrückter [⇧]- oder [Ctrl]-Taste (PC: [Strg]) auswählen und den Stil dann einfügen.)

Um die Abbildung auf Seite 474 zu vervollständigen, versahen wir die weißen Basisebenen der Kuh, des Rechtecks und des Hintergrunds mit einem leichten Schlagschatten.

10

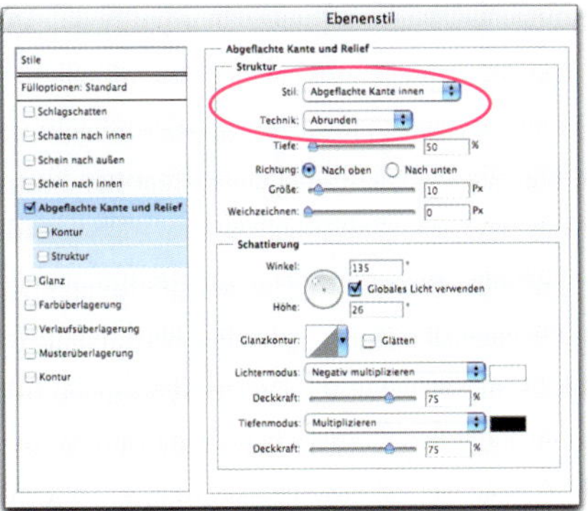

Im Abschnitt ABGEFLACHTE KANTE UND RELIEF der Ebenenstil-Dialogbox verwendeten wir für die oberen beiden Pop-up-Menüs die Standardeinträge und passten Tiefe und Größe des Ebenenstils an.

PERSUASION: RECEPTION AND RESPONSIBILITY

Charles U. Larson 10th Edition

Für die Titelillustration zu ***Persuasion: Reception and Responsibility, Tenth Edition*** von Charles U. Larson (Wadsworth) verwendete der Designer **John Odam** Text, um Fotos zu maskieren. Er wählte die Schriftart Futura Extra Bold und setzte jeden Buchstaben in der Farbe Schwarz in eine eigene Ebene. Viele der Änderungen, die Odam am Text plante – Zeichen skalieren, Grundlinien verschieben usw. – hätte er auch mit einer einzelnen Textebene durchführen können. Zum Drehen der einzelnen Buchstaben, Überlappen und Anwenden eines Schlagschattens ist es aber besser, wenn sich jeder Buchstabe in einer eigenen Ebene befindet.

Der Text musste nicht weiter editierbar bleiben – der Buchtitel würde sich an diesem Punkt nicht noch einmal ändern. Außerdem kann Odam Schriftprobleme während der Ausgabe vermeiden. Sie können eine Textebene zu diesem Zweck in eine Formebene umwandeln (indem Sie auf die Miniatur in der Ebenen-Palette klicken und EBENE/TEXT/IN FORM KONVERTIEREN wählen) oder sie in Pixel rastern (indem Sie die Textebene auswählen und EBENE/RASTERN/TEXT wählen). Die Formebene schützt die scharfen Umrisskanten der Buchstaben, auch wenn die Dateigröße geändert wird.

EINE NEUE TEXTEBENE ANLEGEN

Eine einfache Möglichkeit, Photoshop wissen zu lassen, dass Sie eine neue Textebene beginnen wollen, ist die, eine neue, leere Ebene anzulegen (klicken Sie dazu unten in der Ebenen-Palette auf den Button ⊡ , wenn Sie die ⌘/Strg-Taste dabei gedrückt halten, wird die neue Ebene unter dem Original angelegt); aktivieren Sie dann das Textwerkzeug T , klicken Sie ins Arbeitsfenster und geben Sie den Text ein. Die neue leere Ebene wird automatisch zur Textebene.

Nach der Umwandlung des Textes und der Auswahl eines Buchstabens, transformierte Odam die einzelnen schwarzen Buchstaben (er drückte ⌘/Strg-T, um FREI TRANSFORMIEREN aufzurufen – durch Ziehen außerhalb des Rahmens können die Buchstaben gedreht werden).

Als das Layout fertig war **A**, begann er Fotos hinzuzufügen; einige nahm er selbst mit seiner eigenen Digitalkamera auf, andere stammen aus einem Fotoarchiv. Er öffnete die Fotos und klickte dann in das Arbeitsfenster der Layout-Datei, um sie zu aktivieren. Wenn Sie eine Buchstabenebene auswählen und dann ein Foto, das Sie mit diesem Buchstaben maskieren wollen, in die Datei ziehen, wird die Fotoebene direkt über der Buchstabenebene angelegt. Klicken Sie dann mit gedrückter ⌥/Alt-Taste auf die Linie zwischen den beiden Ebenen, um eine Beschneidungsgruppe (auch Schnittmaske) zu erstellen, die das Foto innerhalb des Buchstabens maskiert **B**. Mit dem Verschieben-Werkzeug ✥ können Sie das Foto so verschieben, dass der richtige Ausschnitt im Buchstaben zu sehen ist.

Sobald sich alle Bilder innerhalb der Buchstaben befanden, wählte Odam eine der Buchstabenebenen aus und fügte einen Standard-Schlagschatten hinzu. Dazu klickte er unten in der Ebenen-Palette auf den Button EBENENSTIL HINZUFÜGEN *fx*, wählte SCHLAGSCHATTEN und klickte in der Dialogbox direkt auf OK, um die Standardwerte anzuwenden. Anschließend duplizierte er den Schlagschatten auf die anderen Ebenen **C** (siehe Kasten rechts).
Eine Datei aus Beschneidungsgruppen und Ebeneneffekten bietet viel Flexibilität, weil Sie stets auf einzelne Fotos, Buchstaben und Effekte zugreifen können.

Als Odam die Illustration beendete, erstellte er eine auf eine Ebene reduzierte Kopie (BILD/BILD DUPLIZIEREN), speicherte diese als TIFF und platzierte sie in einem Layout, wo er die restlichen Informationen hinzufügte.

A

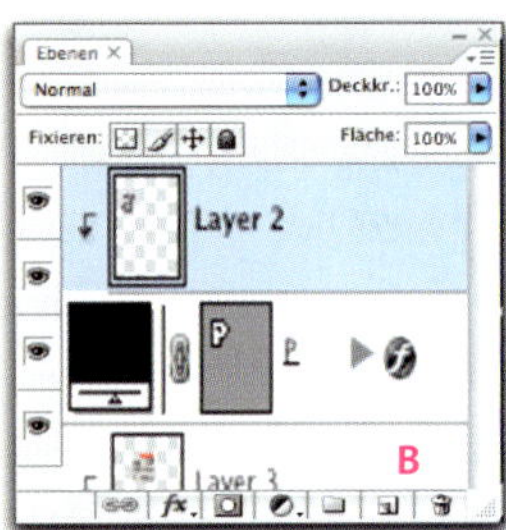

B

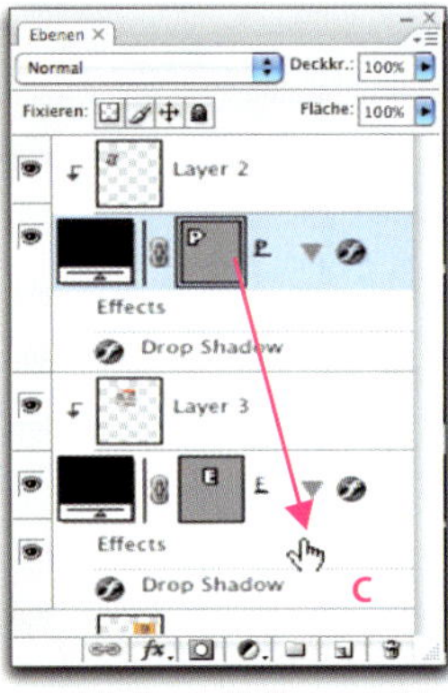

C

DRAG-&-DROP-EFFEKTE

Eine schnelle Methode, einen Effekt von einer Ebene auf eine andere zu kopieren besteht darin, den Effekt einfach auf eine andere Ebene zu ziehen (seit CS2 müssen Sie dabei die ⌥/Alt-Taste gedrückt halten).
Hinweis: Nur die *Effekte* – Schlagschatten, Schein nach innen, Schein nach außen, Musterüberlagerung usw. – werden dabei kopiert. *Fülloptionen* – z.B. Ebenenmodus und Fülldeckkraft – werden dabei nicht kopiert.

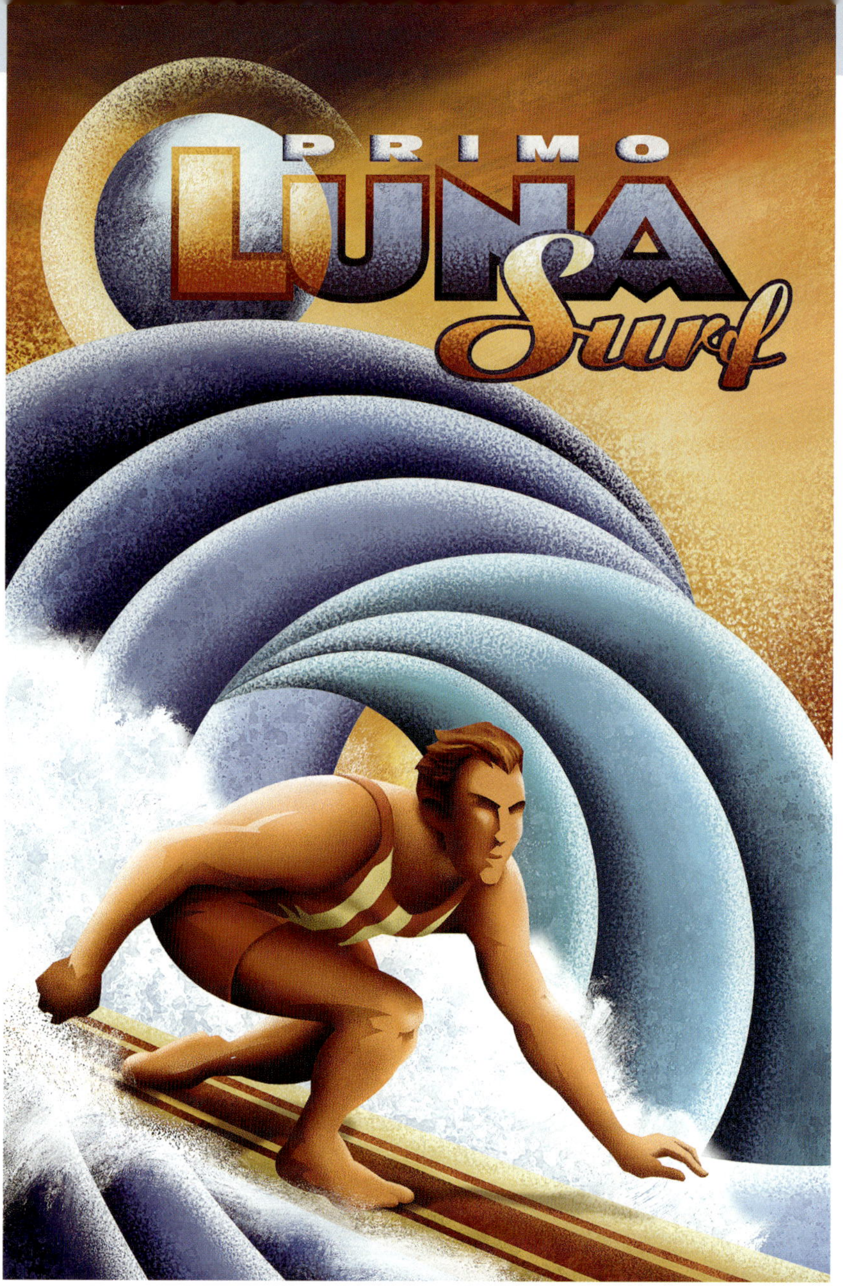

Für beide Bilder ***Luna Surf*** (diese Seite) und ***Taste of Style*** (gegenüberliegende Seite), begann **Mike Kungl** mit einer Bleistiftskizze, die er scannte und als Vorlage in Adobe Illustrator verwendete. Dort zeichnete er Formen und füllte diese mit einfachen Farben, wie in der kleinen Abbildung auf der gegenüberliegenden Seite zu sehen. Als er in Illustrator fertig war, aktivierte er die Option AICB PFADE SCHÜTZEN in Illustrators Voreinstellungen, damit er das Kunstwerk in die Zwischenablage kopieren und als Pfade in Photoshop einfügen konnte. Für die Photoshop-Datei wählte er dieselben Abmessungen wie für die Illustrator-Datei.

In Photoshop wandelte Kungl jeden Unterpfad in einen Alphakanal um – er klickte mit dem Pfadauswahl-Werkzeug auf die Segmente und dann auf den Button . Die Auswahl speicherte er schließlich, indem er unten in der Kanäle-Palette auf den Button klickte. Nachdem er alle Pfade in Alphakanäle umgewandelt hatte, hatte er eine Datei mit einer leeren Ebene und vielen Kanälen, die er im Photoshop-(PSD)-Format speicherte und im Corel Painter öffnete. Er importierte außerdem die Original-Illustrator-Komposition in Painter, um diese als optische Richtlinie zu verwenden, als er die Alphakanäle in Auswahlen

umwandelte. Mithilfe der Formen schränkte er die Verläufe ein, die er mit der Papierstruktur und Pinselstrichen kombinierte.

Als er in Painter fertig war, speicherte er die Datei im PSD-Format und öffnete sie erneut in Photoshop. Die in Painter erstellte Ebenenhierarchie blieb erhalten. In der Ebenendatei verfeinerte er das Kunstwerk – er nutzte beispielsweise den Radiergummi , um Lücken zu erzeugen. Er nahm Farbanpassungen mit den Befehlen FARBTON/SÄTTIGUNG, TONWERTKORREKTUR und SELEKTIVE FARBE vor ▼ und änderte die Ebenendeckkraft, um die Elemente zu kombinieren. Schließlich wandelte er die Datei in CMYK um.

Luna Surf wurde in limitierter Auflage in verschiedenen Größen (von 18 bis 43 Zoll Höhe) auf 330# German Fine Art Soft Archival Papier gedruckt. *Taste of Style* ist eine von sieben Illustrationen, die im Auftrag von Resorts Casinos in Atlantic City, New Jersey, entstanden und für Streichholzkästchen bis hin zu Werbeplakaten verwendet wurden.

MEHR DAVON

▼ Tonwert und Farbe anpassen
Seite 165

WINTER
SPRING
SUMMER
FALL
THE
SEASONS
OF A SOUL
RHYME
WITH
HOT
WARM
COOL
AND
COLD.

Um den abstrakten Hintergrund für den Text im Bild ***Seasons of the Soul*** zu erstellen, öffnete **Steven Gordon** ein Foto **A** und wandelte es in ein Muster um (BEARBEITEN/MUSTER FESTLEGEN). Er schloss das Foto und erstellte ein neues Dokument mit 72 Pixel pro Zoll. Gordon aktivierte den Musterstempel und öffnete links in der Optionsleiste den Vorgabenwähler. Dort wählte er **Wow-PS Dry Brush-Large** aus dem Set **Wow Pattern Stamp Brushes**.▼ In der Optionsleiste reduzierte er die Deckkraft auf 50%, erhielt jedoch die Ausrichtung und ließ die Option IMPRESSIONIST aktiviert. Auf der Leinwand malte Gordon kurze, sich überlappende Pinselstriche **B**. Weil das Quellbild größer war als das Bild, auf dem er dann malte, brauchte er nur die obere linke Ecke für seine Striche mit dem Musterstempel.

Nach dem Malen fügte Gordon eine Farbton/Sättigungs-Ebene hinzu (er klickte unten in der Ebenen-Palette auf den Button) und erhöhte die Sättigung, um die Farben stärker leuchten zu lassen. Er erhöhte die

Auflösung des Dokuments auf 288 ppi (BILD/BILDGRÖSSE mit der Option BILD NEU BERECHNEN MIT) und zeichnete die Pinselstriche mit UNSCHARF MASKIEREN scharf.▼

Für den Schriftzug aktivierte Gordon das horizontale Textwerkzeug T. In der Optionsleiste aktivierte er die Schriftart Cancione von Brenda Walton (www.itcfonts.com). Um einen Textblock zu erstellen, klickte er in der Optionsleiste auf den Button ZEICHEN-PALETTE EINBLENDEN und wählte Größe und Zeilenabstand. Er klickte ins Arbeitsfenster, um automatisch eine neue Textebene anzulegen und gab den Text ein – beginnend mit »WINTER« drückte er nach jedem Wort ↵. Anschließend klickte er in der Optionsleiste auf den Button TEXT VERKRÜMMEN und wählte den Stil WIRBEL **C**. Er passte Biegung und Verzerrung an, bis er die gewünschte Geometrie erhielt **D**. In der Ebenen-Palette änderte Gordon den Ebenenmodus in ÜBERLAGERN/INEINANDERKOPIEREN, damit die Hintergrundfarben des Gemäldes sich auf die Textfarbe auswirken. Anschließend klickte er auf den Button *fx* und fügte einen Schlagschatten hinzu, änderte dessen Farbe in Weiß, wählte den Modus NORMAL und eine Deckkraft von 30%. Um den Text auf der rechten Seite auszublenden, fügte er eine Ebenenmaske hinzu und wendete darauf einen Verlauf an.▼

Für den Vers nutzte Gordon Absatztext: Er zog mit dem Textwerkzeug, um einen Textrahmen zu erstellen. Er bewegte den Cursor außerhalb des Rahmens und zog gegen den Uhrzeigersinn, um den Textrahmen im gewünschten Winkel zu drehen. In der Optionsleiste wählte er die Schriftart OpenType LithosPro und eine rechtsbündige Ausrichtung. In der Zeichen-Palette stellte er Schriftgröße und Zeilenabstand ein. Dann gab er seinen Text ein, drückte ↵, immer wenn er eine neue Textzeile beginnen wollte **E**. Er schloss die Textbearbeitung ab, indem er in der Optionsleiste auf den Button ✓ klickte **F**.

Eine Version des Bildes von Steven Gordon mit geringer Auflösung finden Sie in den Wow-Zugaben (**Jahreszeiten.psd**) auf der beiliegenden DVD.

MEHR DAVON

▼ Wow-Vorgaben laden **Seite 5**

▼ Unscharf maskieren **Seite 328**

▼ Mit Verläufen maskieren **Seite 72**

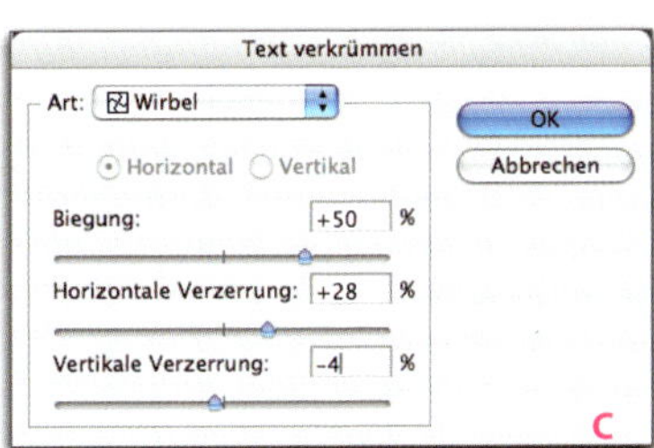

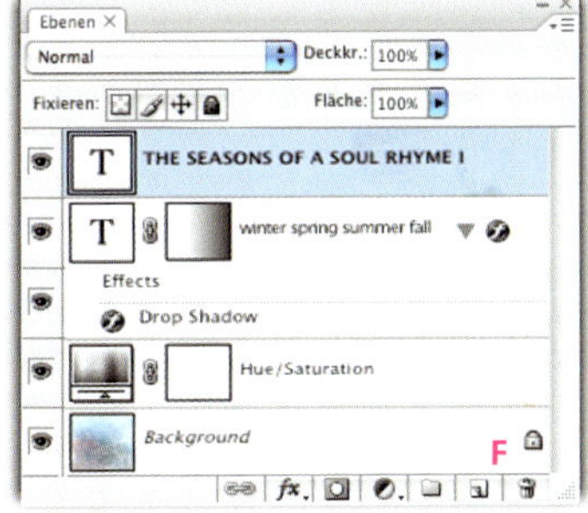

Kapitel 8

Spezialeffekte für Text & Grafiken

Ü B U N G

Ebenenstile

Mit Photoshops Ebenenstilen können Sie einfachen flachen Text und Grafiken in leuchtende, strukturierte, dimensionale Objekte verwandeln oder Fotos ein elegantes Aussehen verleihen. Vom einfachen Schlagschatten bis hin zu farbigen Oberflächen, die Möglichkeiten sind nahezu unbegrenzt. Auf den folgenden Seiten sollen Sie ein Gefühl dafür bekommen, was mit Ebenenstilen alles möglich ist und sich inspirieren lassen. Mehr über den Aufbau von Ebenenstilen, wie Sie sie bearbeiten oder eigene erstellen, erfahren Sie in Kapitel 8 **»Ein Foto aufpeppen«** ab Seite 198.

Weil die Datei »Hot Rods« editierbaren Text enthält, haben wir uns für Schriftarten entschieden, die jeder besitzen dürfte (Arial Black und Trebuchet). Falls Sie beim Öffnen der Datei eine Warnmeldung erhalten, haben Sie möglicherweise nicht die richtigen Versionen der Schriften. Klicken Sie am besten auf AKTUALISIEREN.

SIE FINDEN DIE DATEIEN
auf der DVD unter Wow Projektdateien/Kapitel 1/Stile.
- Hot Rods-Vorher.psd
- Hot Rods-Asphalt.psd (zum Vergleich in Schritt 2)
- Hot Rods-Antik.psd (zum Vergleich in Schritt 5)
- Hot Rods-Buttons.psd (für Schritt 7)
- Wow Übungsstile.asl (Stilvorgaben)

1. Vorbereitung

ÖFFNEN SIE die Datei **Hot Rods-Vorher.psd** und werfen Sie einen Blick in die Ebenen-Palette. Da auf jede Ebene nur ein Ebenenstil angewendet werden kann, befindet sich jedes Element in einer eigenen Ebene, um möglichst flexibel zu sein. Um die Ebenen-Palette jedoch übersichtlich zu halten, erstellten wir eine Ebenengruppe und zogen die entsprechenden Ebenen hinein.

Der *Hintergrund* ist die einzige Ebene, die keine Ebenenstile akzeptiert. Deshalb wandelten wir diese in eine normale Ebene um (klicken Sie doppelt mit gedrückter ⌥/Alt-Taste auf die Ebenenminiatur). Hier wurde die Ebene 0 ausgeblendet – durch einen Klick auf das Augen-Icon.

2. Stile anwenden

Um die **Wow Übungsstile.asl** zur Stile-Palette hinzuzufügen, wählen Sie aus dem Palettenmenü oben rechts die Option STILE LADEN. Klicken Sie auf die Ebenenminiaturen und wenden Sie einen Stil an, indem Sie auf eine Miniatur in der Stile-Palette klicken.

A Wow Hot Rod (ein Abgeflachte Kante und Relief-Effekt, der die Metallbuchstaben formt)
B Wow Red Letter* (die Farbe entsteht durch die Kombination einer Farb- und einer Musterüberlagerung)
C Wow Edge Glow (der Stil besteht aus einem hellen Schlagschatten im Modus NEGATIV MULTIPLIZIEREN)
D Wow Asphalt* (die Oberfläche entsteht durch die Struktur im Effekt ABGEFLACHTE KANTE UND RELIEF)

40 KAPITEL 1: DIE GRUNDLAGEN VON PHOTOSHOP

Wenn Sie bisher noch nicht ausführlich mit Ebenenstilen gearbeitet haben, haben Sie die Seiten 40 bis 43 überblättert – werfen Sie jetzt einen Blick in diesen Abschnitt, dort erhalten Sie eine kleine Einführung. Sie finden dort Tipps zum Anwenden, Kopieren und Speichern von Stilen.

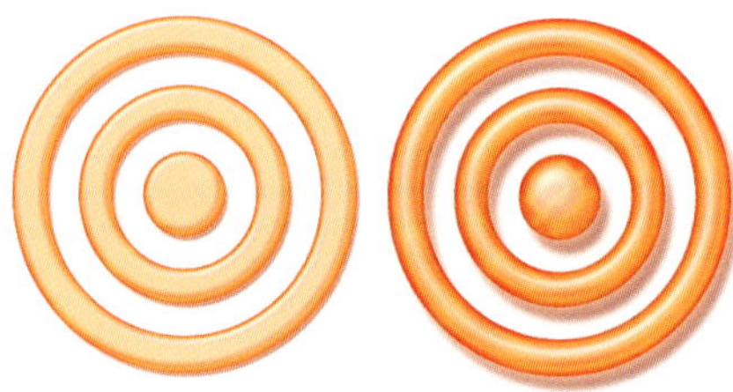

Auf Seite 43 erfahren Sie, wie Sie einen Wow-Stil so aussehen lassen, wie er aussehen soll, auch wenn Sie ihn auf eine Datei mit einer völlig anderen Auflösung anwenden. Dieses kleine Geheimnis macht den Unterschied zwischen dem Bild links (Wow-Clear Orange auf 72 ppi) und dem auf der rechten Seite (derselbe Stil auf 225 ppi) aus.

Eine flache Grafik oder Text in ein durchscheinendes, mehrdimensionales Objekt zu verwandeln, ist nur eine Aufgabe, die Sie mithilfe von Ebenenstilen bewältigen können. Den Ebenenstil für diese Grafik finden Sie auf Seite 513.

Die meisten Spezialeffekte in diesem Kapitel zeigen, was passiert, wenn Licht und verschiedene Materialien miteinander interagieren – vom einfachen Schlagschatten bis hin zu komplexen Reflexionen und Lichtbrechungen auf Chrom, gebürstetem Metall oder Glas. Das Erstellen von lebendigen Spezialeffekten in Photoshop ist eine Sache der Ebenenstile mit der freundlichen Unterstützung von Einstellungsebenen, Masken und Filtern.

Ebenenstile lassen sich zum Glück seit Photoshop CS zusammen mit der Bilddatei skalieren. Wenn sich auch alle Schatten, Strukturen, abgeflachte Kanten oder Stilkomponenten vergrößern oder verkleinern sollen, aktivieren Sie in der Bildgröße-Dialogbox die Option STILE SKALIEREN. Die Änderungen finden dann automatisch statt▼

MEHR DAVON
▼ Bildgröße ändern
Seite 70

MIT EBENENSTILEN ARBEITEN

Mit Ebenenstilen lassen sich mehrdimensionale Beleuchtungs- oder Farbeffekte anwenden. Weil Ebenenstile so leistungsfähig sind, beschäftigt sich bereits Kapitel 1 ab Seite 40 damit. Hier finden Sie aber noch einmal eine kurze Wiederholung der wichtigsten Funktionen.

Ein **Stil** mit allen seinen Effekten kann in andere Ebenen oder Dokumente kopiert werden – er lässt sich sogar benennen und als Vorgabe speichern. Wenn Sie Stile auf andere Ebenen anwenden, lassen diese sich skalieren, um sich an die neuen Elemente anzupassen.

Ebenenstile können auf alle nicht fixierten Ebenen angewendet werden – bearbeiten Sie die Ebenenstil-Effekte, ohne das Element, auf das sie angewendet wurden, zu beeinträchtigen. Die Kante wird von der Umrisslinie der Ebene bestimmt – **sie ist mit anderen Worten der Fußabdruck der Ebenenpixel, des Textes oder der Form** – die Trennung zwischen Transparenz und deckenden Elementen. Der Umriss lässt sich mithilfe einer Ebenenmaske oder Vektormaske modifizieren.▼ Beide Masken helfen standardmäßig, die Kanten für einen Ebenenstil zu definieren.

MEHR DAVON
▼ Masken
Seite 65

Ein Ebenenstil kann aus bis zu 12 verschiedenen Effekten inklusive Fülloptionen bestehen, die festlegen, wie die Effekte mit dem Ebeneninhalt und die Ebenen selbst mit anderen Ebenen der Datei interagieren. Die meisten der Effekte (und der Fülloptionen) sind mit verschiedenen Parametern ausgestattet, die sich ändern lassen, um *Millionen* verschiedener Kombinationen zu erzeugen.

Auf die Grafik wurde derselbe Stil angewendet wie auf den Text. Mehrere Komponenten des Stils wurden angepasst, damit der Wassertropfen dünner aussieht als der Text, siehe Seite 509.

Photoshop ist mit einer Sammlung **Stilvorgaben** ausgestattet, die sich in der Stile-Palette einfach laden und öffnen lassen (FENSTER/STILE). Öffnen Sie das Paletten-Menü oben rechts, ganz unten im Menü sehen Sie die Stile, die sich aktuell im Stile-Ordner befinden (es ist ein Vorgaben-Ordner, der sich innerhalb des Photoshop-Programm-Ordners befindet).

Um **einen eigenen Stil zu entwickeln,** können Sie einen vorhandenen Stil nutzen und diesen in der Ebenenstil-Dialogbox bearbeiten, oder einen komplett neuen Stil erstellen, indem Sie in der Ebenen-Palette eine nicht fixierte Ebene ohne Ebenenstil auswählen und die Ebenenstil-Dialogbox öffnen. Zum Öffnen der Dialogbox klicken Sie unten in der Ebenen-Palette einfach auf den Button EBENENSTIL HINZUFÜGEN *fx* (oder nutzen Sie eine der anderen Methoden aus dem Kasten auf Seite 495). Wählen Sie aus dem Menü einen Effekt aus. Passen Sie in der Dialogbox die Einstellungen für den gewählten Effekt an und

(Fortsetzung auf Seite 493)

IN DIE EBENENSTIL-DIALOGBOX GELANGEN

Es gibt verschiedene Möglichkeiten, die Ebenenstil-Dialogbox zu öffnen. Haben Sie sie einmal geöffnet, nutzen Sie die Liste auf der linken Seite, um von Effekt zu Effekt zu wechseln oder die Fülloptionen einzustellen (siehe Seite 493).

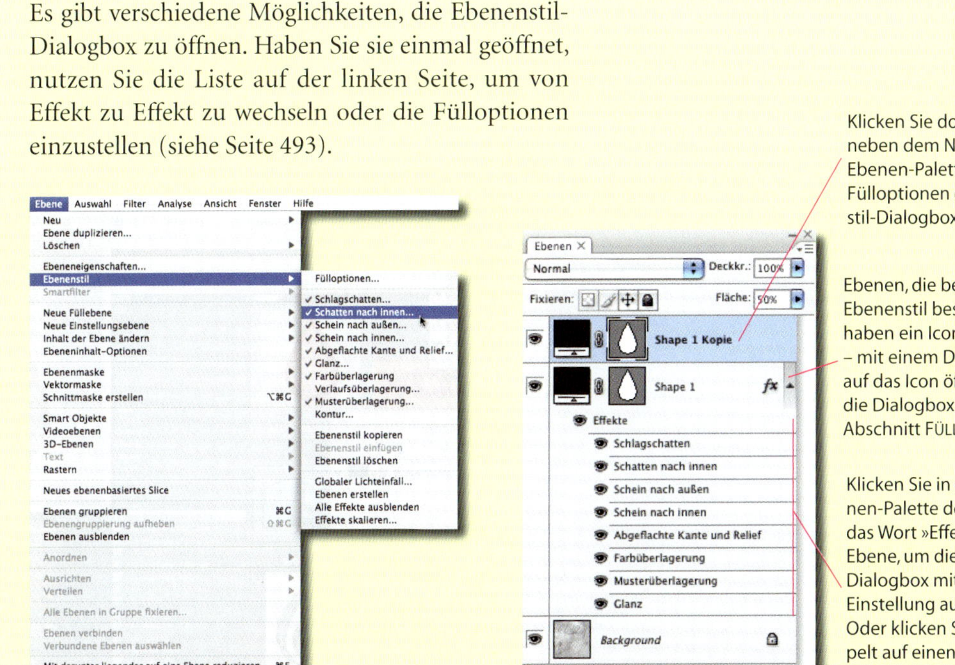

Klicken Sie doppelt rechts neben dem Namen der Ebenen-Palette, um die Fülloptionen der Ebenenstil-Dialogbox zu öffnen.

Ebenen, die bereits einen Ebenenstil besitzen, haben ein Icon (hier CS3) – mit einem Doppelklick auf das Icon öffnen Sie die Dialogbox mit dem Abschnitt FÜLLOPTIONEN.

Klicken Sie in der Ebenen-Palette doppelt auf das Wort »Effekte« einer Ebene, um die Ebenenstil-Dialogbox mit der letzten Einstellung aufzurufen. Oder klicken Sie doppelt auf einen speziellen Eintrag, um sofort dessen Einstellungen zu sehen.

Wählen Sie EBENE/EBENENSTIL und wählen Sie einen Effekt, um die Dialogbox mit diesem Abschnitt zu öffnen.

Klicken Sie unten in der Ebenen-Palette auf den Button EBENENSTIL HINZUFÜGEN und wählen Sie einen Effekt aus.

VORGABEN ANWENDEN

Auf Seite 40 erhalten Sie eine schnelle, aber ausführliche Einführung in die Arbeit mit Ebenenstilen. Hier finden Sie eine Zusammenfassung, wie Sie einen Stil aus der Stile-Palette anwenden. Öffnen Sie Ebenen- und Stile-Palette (aus dem Fenster-Menü):

1 Aktivieren Sie eine nicht fixierte Ebene in der Ebenen-Palette.

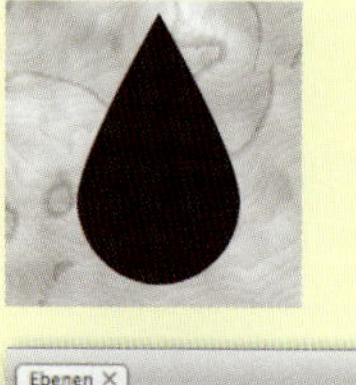

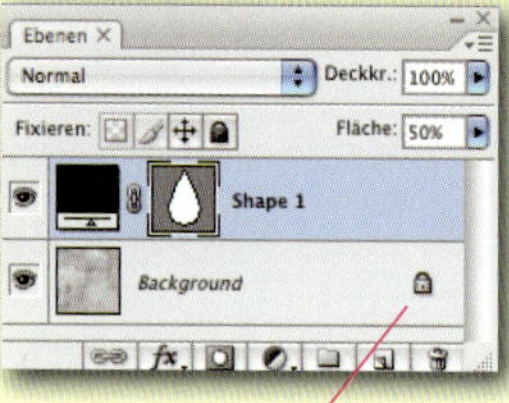

Auf die Hintergrundebene oder eine fixierte Ebene kann kein Stil angewendet werden.

2 Klicken Sie in der Palette auf einen Stil Ihrer Wahl. (Auf Seite 5 erfahren Sie, wie Sie die Wow-Stile von der beiliegenden DVD laden.)

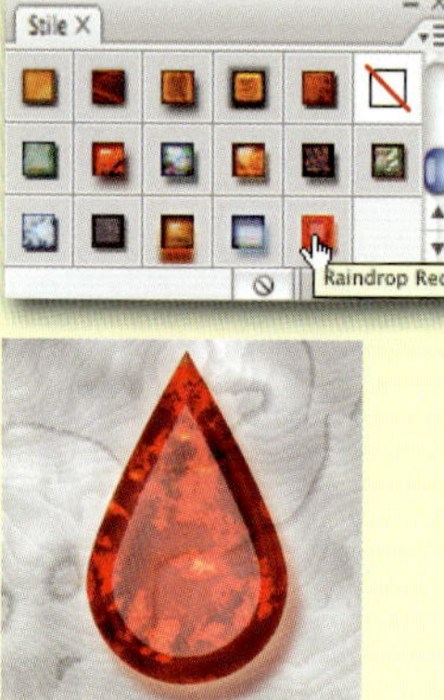

3 Klicken Sie in der Ebenen-Palette mit gedrückter Ctrl-Taste (PC: Rechts-Klick) auf das Icon *fx* und wählen Sie aus dem Kontextmenü EFFEKTE SKALIEREN. Experimentieren Sie mit der Einstellung, bis Ihnen das Ergebnis gefällt (siehe Seite 41).

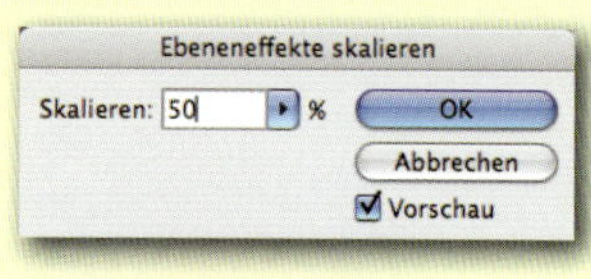

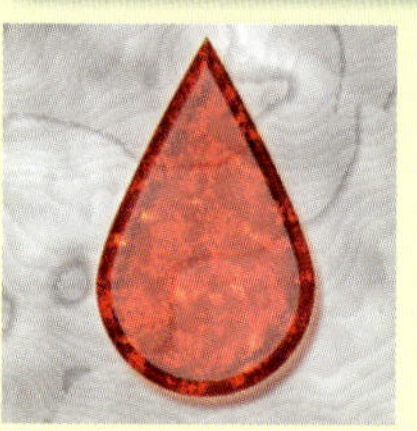

STILE VON EINER ANDEREN EBENE KOPIEREN

Sie können einen Stil von einer Ebene in eine andere kopieren, egal ob sich diese in derselben Datei oder einer anderen befindet:

1 Klicken Sie in der Ebenen-Palette mit gedrückter Ctrl-Taste (PC: Rechts-Klick) neben die Ebenenminiatur und wählen Sie aus dem Kontextmenü EBENENSTIL KOPIEREN.

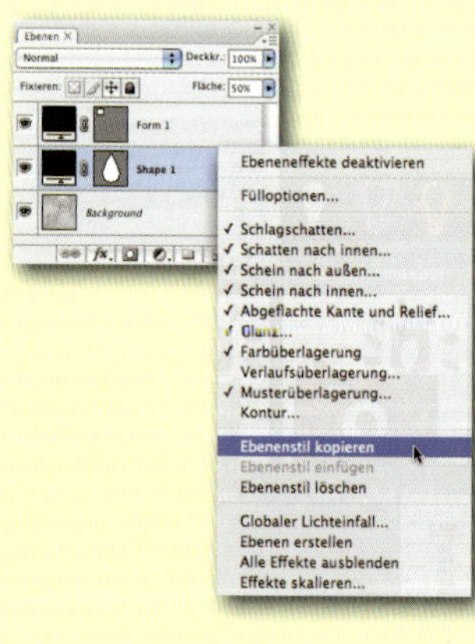

2 Klicken Sie mit gedrückter Ctrl-Taste (PC: Rechts-Klick) rechts neben den Namen einer Ebene ohne Stil und wählen Sie EBENENSTIL EINFÜGEN.

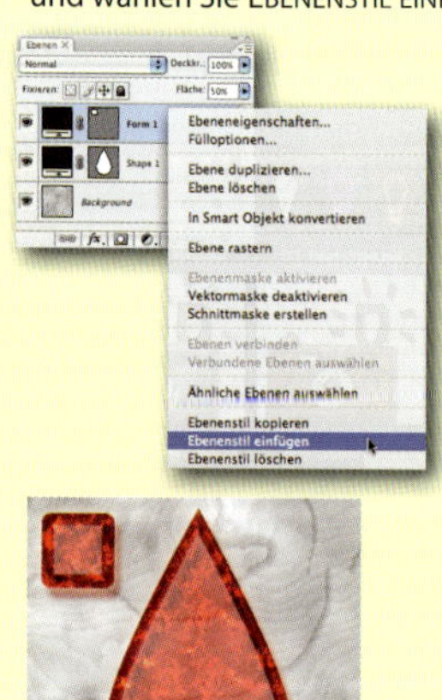

3 Überprüfen Sie die Skalierung des Stils, wie in Schritt 3 oben beschrieben.

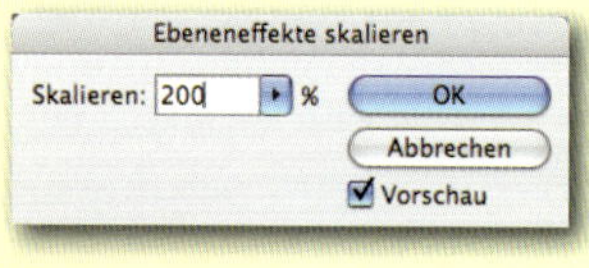

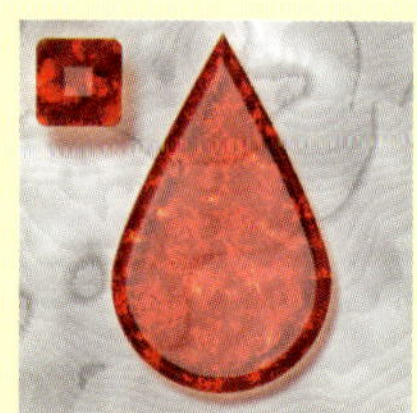

DIE LISTE IN DER EBENENSTIL-DIALOGBOX
Die Effekte, die für einen Ebenenstil zur Verfügung stehen, finden Sie links in der Dialogbox.

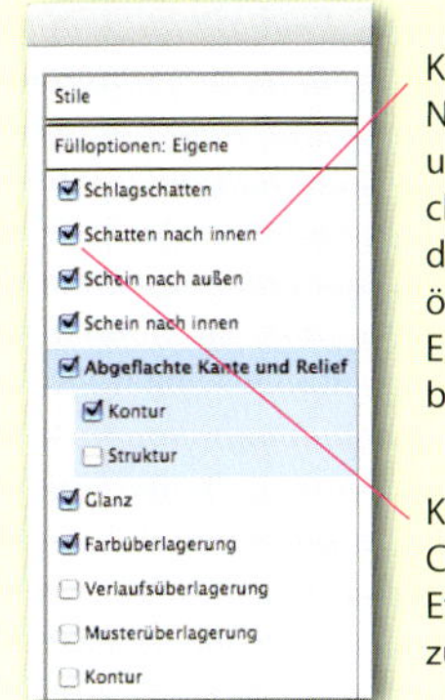

Klicken Sie auf den Namen eines Effekts, um den entsprechenden Abschnitt der Dialogbox zu öffnen und die Einstellungen zu bearbeiten.

Klicken Sie in die Checkbox, um den Effekt ein- oder auszublenden.

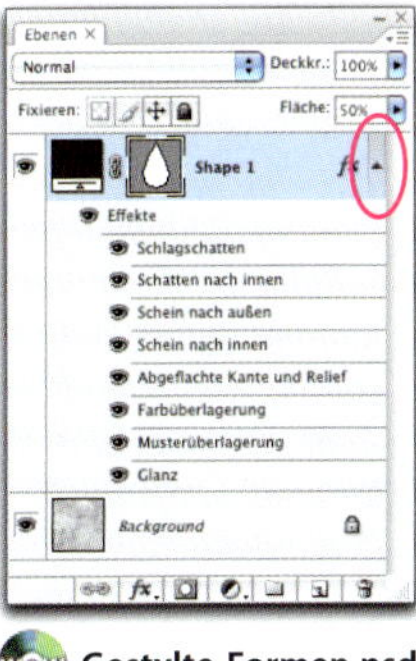

Das Icon *fx* rechts neben dem Ebenennamen verdeutlicht, dass ein Ebenenstil angewendet wurde. Klicken Sie auf das kleine Dreieck rechts daneben, um die Liste der Effekte einzublenden. Für das Juwel (oben) wurde ein Ebenenstil auf eine dunkelgrau gefüllte Form angewendet.

Gestylte-Formen.psd

wählen Sie links in der Liste (wenn Sie wollen) weitere Effekte. Auf diese Art und Weise können Sie Ihren Ebenenstil mit so vielen Effekten versehen, wie Sie wollen.

EBENENSTILE VERSTEHEN

Auf den nächsten Seiten erfahren Sie, wie die einzelnen Effekte von Photoshops Ebenenstilen funktionieren. In den Anatomie-Abschnitten finden Sie Beispiele, wie Sie die Stile nutzen, um verschiedene Materialien mit Tiefe und Beleuchtung auszustatten. Die dazugehörigen Dateien finden Sie auf der Wow-DVD-ROM. Wenn Sie die verschiedenen Fülloptionen und Effekte eines Stils nur leicht anders miteinander kombinieren, lässt sich der Stil deutlich variieren. Lassen Sie ein oder zwei kleine Einstellungen, wie sie sind, oder wählen Sie andere Fülloptionen, erhalten Sie vielleicht statt durchscheinendem, blauen Glas schwarzen Kunststoff!

Die Schritt-für-Schritt-Techniken in diesem Kapitel zeigen Ihnen, wie Sie die Ebenenstil-Einstellungen mit weiteren Bildebenen oder Einstellungsebenen bearbeiten. Falls Sie eine dieser Techniken durchführen wollen, öffnen Sie nicht nur die Vorher-Datei, sondern auch die Nachher-Datei von der DVD-ROM, um vergleichen zu können. Auch wenn Sie einen bestimmten Stil aus der Nachher-Datei nutzen und nicht im Einzelnen wissen wollen, wie er zusammengesetzt ist, können Sie ihn darauf kopieren und in Ihre Datei einfügen, wie auf Seite 492 beschrieben.

Die Ebenenstil-Dialogbox entdecken

Eine Möglichkeit, um herauszufinden, wie die Einstellungen eines Schattens oder eines beliebigen anderen Effekts funktionieren, besteht darin, eine Text- oder Formebene anzulegen, die Ebenenstil-Dialogbox zu öffnen und links in der Liste auf den Namen des Effekts zu klicken, den Sie anwenden wollen. Experimentieren Sie mit der Eckkrafteinstellung von 100%, dem Modus NORMAL und allen Parametern mit ihren Minimaleinstellungen. Ändern Sie die Einstellungen dann eine nach der anderen und beobachten Sie, was in Verbindung mit den anderen Einstellungen passiert.

Stile bearbeiten

Ein weiteres interessantes Experiment besteht darin, mehrere Effekte zu einem Stil zusammenstellen und die Effekte anschließend zu rastern (klicken Sie mit gedrückter Ctrl-Taste bzw.

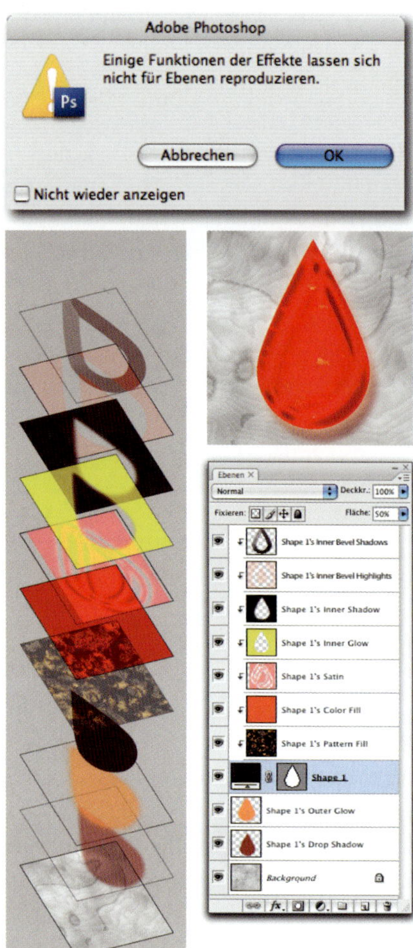

Der Befehl EBENE ERSTELLEN rendert die Effekte eines Ebenenstils als separate Ebenen. Wie hier für den Stil **Gestylte-Formen.psd** von Seite 493 zu sehen, kann die Summe der Effekte dazu führen, dass diese nicht erfolgreich in Ebenen gerastert werden können.

NICHT UMWANDELBAR

Wenn Sie den Befehl EBENE ERSTELLEN wählen, erscheint eine Warnmeldung, die Ihnen mitteilt, dass einige Effekte bei der Umwandlung verloren gehen. Aus Sicherheitsgründen sollten Sie den Stil also vorher besser speichern: Klicken Sie auf den Button ◱ unten in der Stile-Palette, geben Sie dem Stil einen Namen und klicken Sie auf OK. Er wird zur Stile-Palette hinzugefügt.

Rechts-Klick auf das Ebenenstil-Icon *fx* und wählen Sie EBENE ERSTELLEN). Jeder Effekt wird in eine eigene Ebene gepackt – einige Effekte benötigen dabei zwei Ebenen. Beachten Sie die Position der neuen Ebenen in der Palette – einige befinden sich über und einige unter der Ebene, auf die sie angewendet wurden. Die Ebenenreihenfolge kann von Bedeutung sein. Die Effektebenen, die sich über dem Original befinden, sind Teil einer Beschneidungsgruppe ▼, für die die Originalebene als Basis dient (wie in der Abbildung links zu sehen). Diese Effekte sind also nur innerhalb der Umrisse der Originalebene zu sehen. Klicken Sie in der Ebenen-Palette mit gedrückter ⌥-Taste (PC: Alt) auf die Grenze zwischen der Originalebene und der darüberliegenden Ebene, werden die Ebenen aus der Schnittmaske entfernt. Experimentieren Sie nun mit der Sichtbarkeit der Ebenen – klicken Sie auf deren Augen-Icons.

MEHR DAVON

▼ Beschneidungsgruppen **Seite 67**

EBENENSTILKOMPONENTEN

Viele der einzelnen Komponenten eines Ebenenstils sind nach dem speziellen Effekt benannt, den sie erzeugen – Schlagschatten, Schatten nach innen, Schein nach innen, Schein nach außen usw. Beispiele dieser Effekte finden Sie auf der Seite 495. Ein farbiger Schlagschatten kann jedoch auch Teil eines Scheins sein (wie auf Seite 546 zu sehen) und ein dunkler Schein nach innen erzeugt realistische Schatten (siehe Seite 513). Wenn Sie erst einmal verstanden haben, wie die einzelnen Effekte mit anderen interagieren, können Sie das kreative Potenzial von Ebenenstilen deutlich ausweiten.

Ein weiterer wichtiger Aspekt von Ebenenstilen ist die Beleuchtung – aus welcher Richtung kommt das Licht, handelt es sich um direktes Licht, wie intensiv ist es usw.? Beginnen wir mit den einfachsten aller Effekte – der Farb-, Verlauf- oder Musterüberlagerung. Anschließend untersuchen wir die Wirkung der »Licht«-Optionen.

ÜBERLAGERUNGEN

Die drei Überlagerungseffekte bieten eine einfache und flexible Möglichkeit, eine Volltonfarbe, ein Muster oder einen Verlauf hinzuzufügen und diese jederzeit ändern, sowie den Inhalt, die Deckkraft oder die Füllmethode anzupassen. Die Überlagerungen interagieren mit dem Rest in der Reihenfolge, in der sie in der Liste der Ebenenstil-Dialogbox erscheinen: Farbüberlagerung, Verlaufsüberlagerung und dann die Musterüberlage-

(Fortsetzung Seite 496)

EBENENSTIL-OPTIONEN

Ein Ebenenstil kann aus jedem der hier gezeigten Effekte bestehen: Es gibt drei Überlagerungen, zwei Schatten und zweimal SCHEIN, einen Glanzeffekt und eine Kontur. Für ABGEFLACHTE KANTE UND RELIEF gibt es fünf verschiedene Kantenstrukturen sowie eine extra Kontur. Struktur und Beleuchtung dieses Effekts steuern auch das Relief der STRUKTUR.

 **Beispiele.psd**

Schatten nach innen

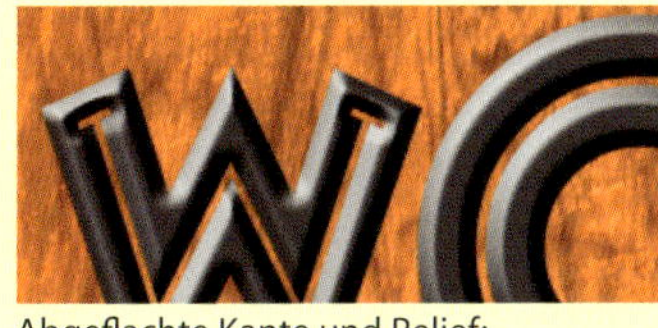
Abgeflachte Kante und Relief: Abgeflachte Kante innen

Schein nach außen

Abgeflachte Kante und Relief: Abgeflachte Kanten außen

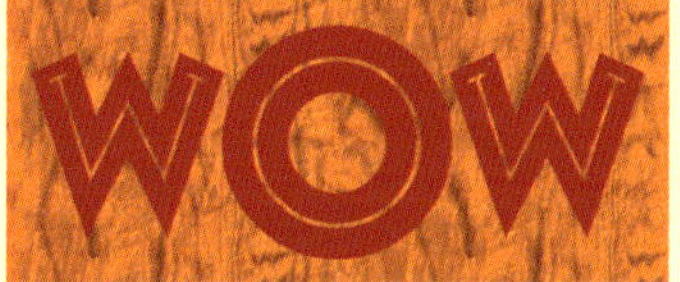

Farbüberlagerung

Schein nach innen: Kante

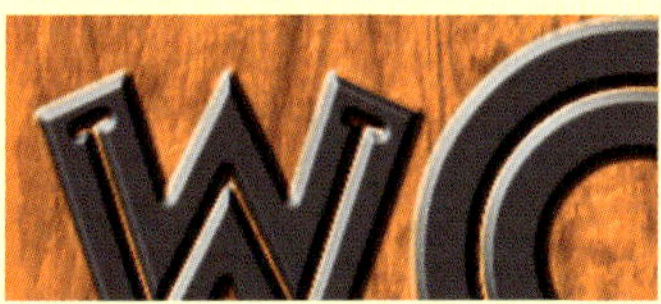
Abgeflachte Kante und Relief: Relief

Verlaufsüberlagerung (Normal, 90°, Reflektiert)

Schein nach innen: Mitte

Abgeflachte Kante und Relief: Relief an allen Kanten

Verlaufsüberlagerung (Sprenkeln, 27°, Linear)

Glanz

Abgeflachte Kante und Relief: Reliefkontur

Musterüberlagerung

Kontur: Farbe

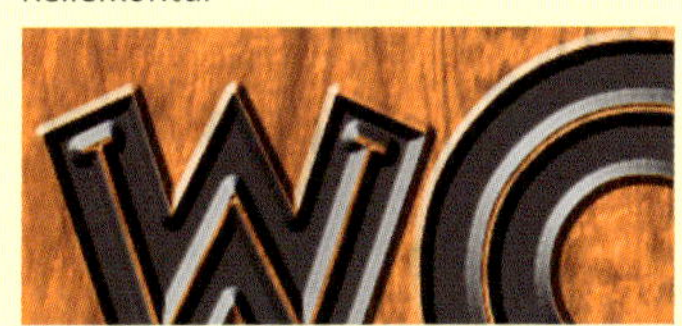
Abgeflachte Kante und Relief mit Kontur

Schlagschatten

Kontur: Explosion

Abgeflachte Kante und Relief mit Struktur

STILE IN MEHREREN SCHRITTEN

Ein Schatten, der mithilfe des Schlagschattens erstellt wurde, kann von der Grafik getrennt und als eigene Ebene gerendert werden (EBENE/EBENENSTIL/EBENE ERSTELLEN). Anschließend lässt er sich verzerren (⌘/Strg-T). Fügen Sie dann einen weiteren Ebenenstil inklusive eines Schlagschattens zur Grafik hinzu, um Tiefe und Oberflächeneigenschaften zu erzeugen, die lebendig und editierbar sind.

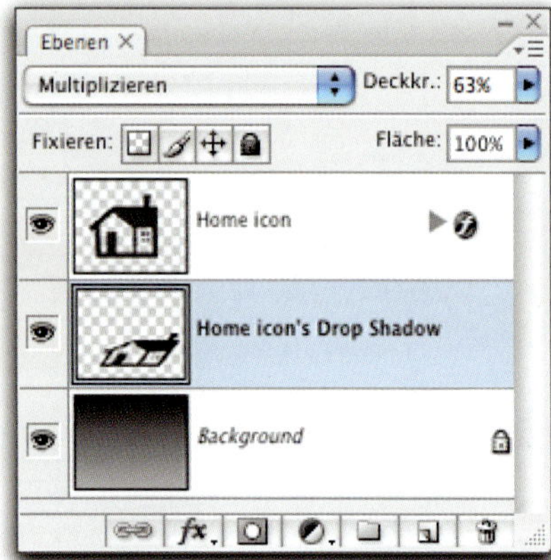

Zur Formebene wurde ein Schlagschatten hinzugefügt. Der Stil wurde gerastert, um eine eigene Schattenebene zu erstellen, die sich bearbeiten lässt. Ein neuer Stil, inklusive eines Schlagschattens mit einem Abstand von 0, wurde zur Formebene hinzugefügt, um Tiefe, Beleuchtung und Oberflächencharakteristiken zu erzeugen.

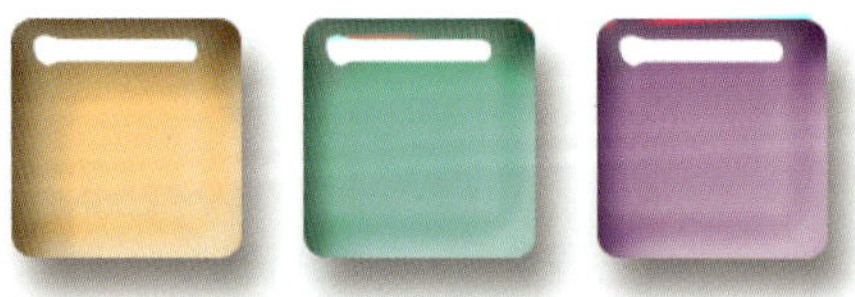

Ändern Sie die Farbüberlagerung, um ein und denselben Stil für verschiedene Navigationsbuttons zu nutzen (siehe Kapitel 10).

Farbueberlagerung.psd

rung. Hier sind einige Dinge, die mit einer **Farbüberlagerung** möglich sind:

- Ein tiefer gelegenes Element abdunkeln, als ob es sich in einem Schatten befindet. Beispiele finden Sie in den Stilen **Wow-Carved** (Anhang B).
- Erstellen Sie eine Serie passender Buttons, indem Sie eine Ebene mit einer Buttongrafik kopieren und dann jeweils nur die Farbüberlagerung ändern, wie unten zu sehen.
- Speichern Sie Farbinformationen, die Sie oft benötigen – beispielsweise die Farbe eines Logos – so lässt sich die Farbüberlagerung bei Bedarf schnell und einfach anwenden.

Ist für die Verlaufsüberlagerung die Checkbox AN EBENE AUSRICHTEN aktiviert, beginnt der Verlauf am Rand des Ebeneninhalts. Dadurch erscheint es, als ob der Verlauf in den Umriss des Ebeneninhalts eingegossen wird. Ohne diese Checkbox wird der Verlauf an der Dokumentkante ausgerichtet – dabei kann es passieren, dass nur Teile des Verlaufs innerhalb des Umrisses zu sehen sind. (Die Dokumentkante kann sich außerhalb der Arbeitsfläche befinden.) Der Winkel legt die Richtung der Farbänderung fest, die Art bietet fünf verschiedene Verlaufstypen (zu sehen auf Seite 160). Nutzen Sie die Skalierung, um den Verlauf anzupassen und die Endfarben auszudehnen, falls die Skalierung weniger als 100% beträgt. Sobald die Ebenenstil-Dialogbox mit dem Abschnitt VERLAUFSÜBERLAGERUNG geöffnet ist, können Sie die Position des Verlaufs anpassen, indem Sie im Bildfenster ziehen.

Ist für die Musterüberlagerung die Option MIT EBENE VERBINDEN aktiviert, beginnt das Muster in der oberen linken Ecke des Bildrahmens. Ist sie nicht aktiviert, beginnt das Muster in der oberen linken Ecke des Dokuments. Wenn Sie die Checkbox erst nach der Anwendung des Musters aktivieren oder deaktivieren, ändert sich die Position nicht. Sie müssen die Checkbox deaktivieren und dann auf den Button AN URSPRUNG AUSRICHTEN klicken. Die Position des Musters ändern Sie auch, indem Sie im Bildfenster ziehen. Die Checkbox MIT EBENE VERBINDEN bindet ein Muster an eine Ebene. Wenn Sie den Ebeneninhalt verschieben (nachdem Sie die Ebenenstil-Dialogbox geschlossen haben), verschieben Sie auch das Muster. Mit der Skalierung passen Sie die Größe des Musters an, ohne den Ebeneninhalt zu verändern.

Hinweis: Da Muster wie die meisten anderen Effekte pixel- und nicht anweisungsbasiert sind, werden diese beim Skalieren etwas weichgezeichnet. Das trifft auch auf Strukturen und gemusterte Konturen zu.▼

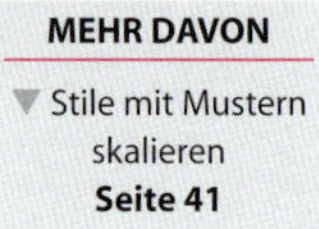
MEHR DAVON
▼ Stile mit Mustern skalieren
Seite 41

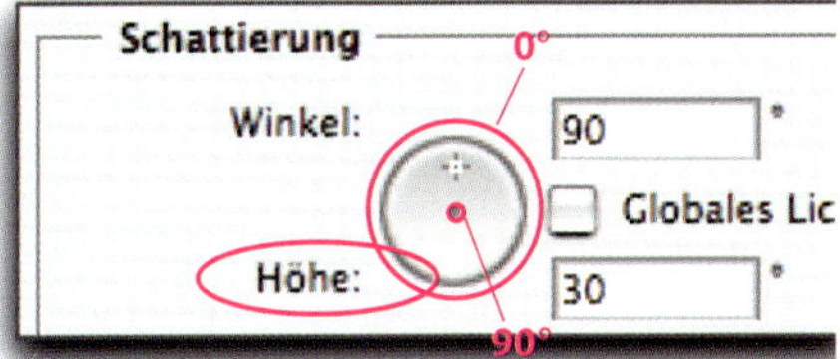

Die Beleuchtung (Schattierung), die Sie in vielen Effekten finden, bestimmt die Richtung der Lichtquelle. Der Abstand von der Mitte des Kreises legt die Höhe des Lichts fest: – 90° ist der höchste Punkt und 0° der niedrigste.

BELEUCHTUNG IN EBENENSTILEN

Um die Beleuchtung eines Ebenenstils zu verstehen, stellen Sie sich vor, dass der Kreis, den Sie in der Beleuchtungseinstellung vieler Ebeneneffekte sehen (siehe links) eine halbrunde Kuppel über Ihrem Bild darstellt. Der Winkel bestimmt, wo das Licht positioniert ist. Mit der Höhe legen Sie fest, wie weit oben sich das Licht befindet – mit 0° bis 90° (in der Spitze der Kuppel).

Globaler Lichteinfall

Jede Photoshop-Datei, die Ebenenstile akzeptiert – selbst eine frisch erzeugte Datei –, besitzt Einstellungen für Höhe und Winkel des globalen Lichteinfalls. Nutzen Sie die Option GLOBALES LICHT VERWENDEN (zu finden unter anderem im Schlagschatten), um die Beleuchtung aller Effekte eines Stils und aller Ebenen einer Datei zu kontrollieren. Dadurch sieht es so aus, als kommt das Licht konsistent aus ein und derselben Richtung.

Wenn Sie einen Ebenenstil auf eine Datei anwenden und die Option GLOBALES LICHT VERWENDEN für einen der Effekte bereits aktiviert ist, richten sich diese Effekte automatisch an der Einstellung des Lichteinfalls für die Datei aus. Das können Adobes Standardeinstellungen sein (Winkel: 120° und Höhe: 30°) oder eigene Einstellungen. Die Einstellungen finden Sie unter EBENE/EBENENSTIL/GLOBALER LICHTEINFALL.

Ist die Option für einen der Effekte eines Ebenenstils Ihrer Datei aktiviert und ändern Sie den Winkel oder die Höhe für diesen Effekt, werden diese Werte zu den neuen Werten des globalen Lichteinfalls und wirken sich auf alle Effekte der Datei aus, bei denen diese Option aktiviert ist. Da die Option in der Ebenenstil-Dialogbox standardmäßig aktiviert ist, passiert es leicht, dass Sie die Beleuchtung der gesamten Datei versehentlich ändern, wenn Sie mit den Einstellungen eines Effekts experimentieren. (Auf Seite 498 finden Sie Tipps für den Umgang mit der Beleuchtung.)

Andere Beleuchtungseinstellungen

Neben der Höhe und dem Winkel sowie der Option GLOBALES LICHT VERWENDEN gibt es noch weitere Einstellungen, die sich auf die Beleuchtung eines Effekts in einem Ebenenstil auswirken. Das sind: Farbe, Füllmethode und Deckkrafteinstellung für die Tiefen und Lichter der einzelnen Effekte sowie die Glanzkontur. Diese Parameter werden im Folgenden beschrieben.

NAMEN VON VORGABEN

Wenn Sie die Werkzeugtipps aktiviert haben (in den allgemeinen Voreinstellungen), sehen Sie die Namen der einzelnen Muster, Konturen oder Stile, sobald Sie die Maus über eine Miniatur in der Palette stellen.

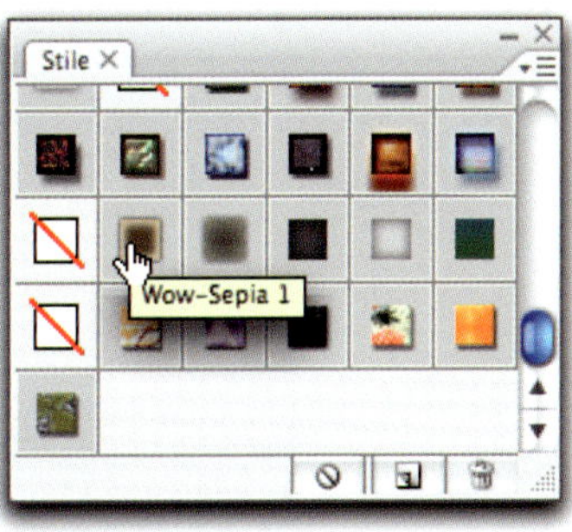

LICHTEINFALL: GLOBAL ODER NICHT?

Die Option GLOBALES LICHT VERWENDEN funktioniert gut, um den Beleuchtungswinkel aller Stile einer Datei zu koordinieren, kann jedoch auch die Oberflächencharakteristiken zerstören, die durch die Höhe erzeugt werden. Glänzende Oberflächen eines Glanzeffekts beispielsweise, die von einer großen Höhe abhängig sind, erscheinen dumpf, wenn durch den globalen Lichteinfall dieselbe Höhe verwendet werden muss wie für die abgeflachte Kante.

Angenommen, Sie erstellen einen Ebenenstil, der mit dem globalen Lichteinfall arbeitet. Da immer nur eine Einstellung für den globalen Lichteinfall in einer Datei verwendet werden kann, riskieren Sie, die Oberflächeneigenschaften zu verändern. Um die Höheneinstellung zu schützen, deaktivieren Sie die Option GLOBALES LICHT VERWENDEN, bevor Sie mit den Einstellungen eines Effekts experimentieren.

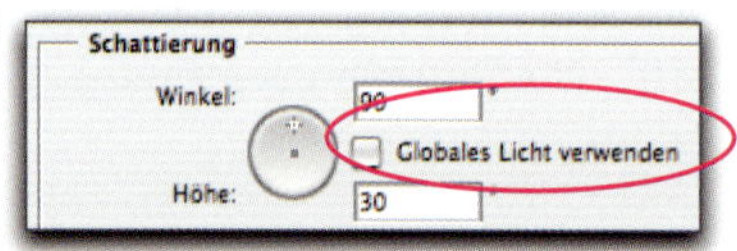

Der grüne Text wurde mit einer gelben Kontur versehen. Für den harten, schwarzen Schatten wurden für den Schatten nach innen und den Schlagschatten Überfüllungen von 100% gewählt; siehe Seite 539.

SCHATTEN & SCHEIN

Wie die meisten Effekte eines Ebenenstils funktionieren Schatten- und Schein-Effekte, indem die Umrisse des Ebeneninhalts dupliziert werden – entweder die Pixel, der Vektorumriss oder eine Kombination, erstellt durch eine Maske. Das Duplikat wird dann mit einer Farbe gefüllt (für den Schlagschatten, den Schein nach außen oder den Schein nach innen) oder als Loch für eine Überlagerung verwendet, die dann mit Farbe gefüllt wird (für den Schatten nach innen und den Schein nach innen); außerdem wird die Größe der Kopie etwas angepasst und sie wird weichgezeichnet. Sobald Sie die weichgezeichnete Kopie als Ausgangspunkt nehmen (siehe Seite 496), können Sie sich den Unterschieden zwischen den Schatten- und Scheineffekten widmen. Die beiden Hauptunterschiede sind:

- **Ein Schatten ist meist seitlich versetzt**, ein Schein breitet sich in alle Richtungen gleichmäßig aus.
- **Ein Schein kann als Verlauf** oder Volltonfarbe verwendet werden; ein Schatten funktioniert nur mir einer Volltonfarbe.

Abstand & Winkel

Der Abstand in einem Schatteneffekt bestimmt, wie weit der Schatten in eine Richtung verschoben wird. Ändern Sie den Abstand mithilfe des Schiebereglers, geben Sie einen Wert ein, nutzen Sie die Pfeiltasten auf Ihrer Tastatur (↑ und ↓) oder ziehen Sie einfach im Arbeitsfenster, während die Dialogbox geöffnet ist.

Passen Sie den Winkel, der die Position der Lichtquelle bestimmt, individuell für jeden Effekt an. Wenn Sie die Option GLOBALES LICHT VERWENDEN aktivieren, wird dieselbe Einstellung für alle Effekte verwendet (siehe Kasten links).

Ein Schein lässt sich nicht verschieben. Wenn Sie links in der Liste der Ebenenstil-Dialogbox einen der Schein-Effekte wählen, sehen Sie, dass es keine Einstellung für Abstand, Winkel oder globales Licht gibt.

Füllmethode, Farbe & Verlauf

Wir stellen uns Schatten in der Regel dunkel und einen Schein hell vor. Aber beide Effekte können sowohl hell als auch dunkel sein, je nach gewählter Farbe und Füllmethode. Standardmäßig sind für Schatten dunkle Farben und der Modus MULTIPLIZIEREN gewählt und für einen Schein helle Farben sowie der Modus NEGATIV/UMGEKEHRT MULTIPLIZIEREN. Sie können die Einstellungen aber auch umkehren oder andere Füllmethoden verwenden.▼ Ein heller Schatten im Modus NEGATIV/UMGE-

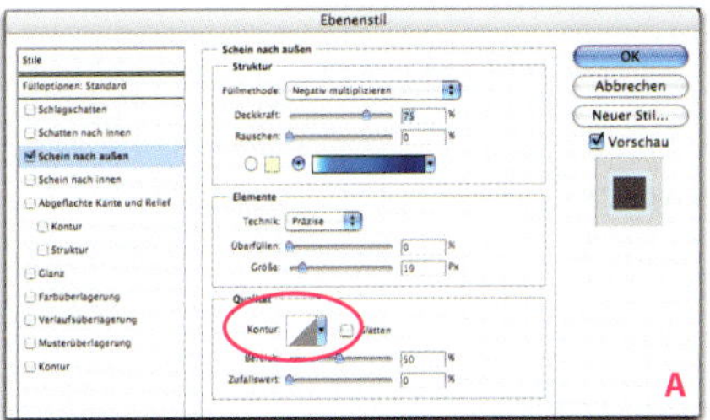

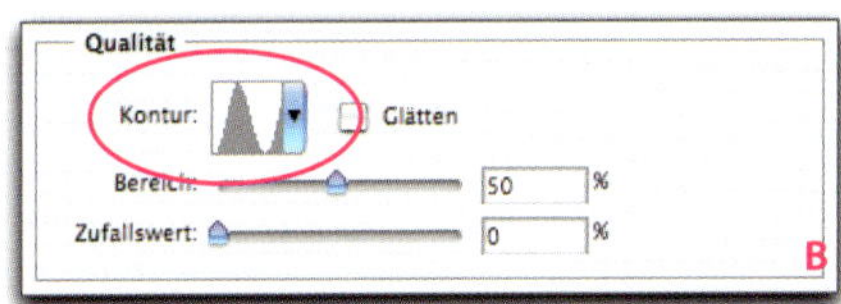

Eine geradlinige Kontur **A** ist der Standard für einen Schatten oder Schein. Ändern Sie jedoch die Kontureinstellung, um die Tonwerte zu tauschen, wie hier für den Schein nach außen zu sehen **B**.

 **Scheinkontur.psd**

MEHR DAVON

▼ Füllmethoden
Seite 174

KEHRT MULTIPLIZIEREN mit einem Abstand von 0 erzeugt einen Schein. Ein dunkler Schein nach außen im Modus MULTIPLIZIEREN wird zu einem Schatten.

Ein Schein lässt sich zwar nicht versetzen, dafür kann er mit Verläufen arbeiten. Er bietet nicht nur ein Farbfeld (wie die Schatten), sondern auch einen Verlauf, der, mit der richtigen Kombination aus Farbe und Transparenz für mehrfarbige Effekte genutzt werden kann. Es gibt drei weitere Einstellungen für einen Verlaufsschein: RAUSCHEN erzeugt ein Streuraster, das auffällige Farbstreifen beim Druck verhindert. ZUFALLSWERT mischt die Farbpixel des Verlaufs so, dass die Farbübergänge nicht mehr so deutlich sind. Wenn Sie den Jitter-Regler ganz nach rechts verschieben, reduzieren Sie den Verlauf auf eine Mischung aus Farbtupfern. Mit dem BEREICH bestimmen Sie, welcher Teil des Verlaufs für den Schein verwendet wird.

Der Unterschied zwischen innen & außen

Logischerweise dehnen sich die Effekte nach außen (Schein nach außen und Schlagschatten) von der Kante des Ebeneninhalts nach außen aus. Stellen Sie sich diese als gefüllte und weichgezeichnete Duplikate des Umrisses vor, die hinter der Ebene platziert werden – im Ebenenstapel unterhalb der Ebene.

Effekte nach innen (Schatten nach innen und Schein nach innen) dehnen sich von der Kante nach innen aus. Der Schatten nach innen und der Schein nach innen mit einer Kante als Quelle breiten sich von der Kante nach innen aus und werden zur Mitte hin immer dünner. Der Schein nach innen mit einer mittigen Quelle dehnt die Farbe von der Mitte nach außen aus; die Farbe wird zur Kante hin immer dünner.

Größe & Überfüllen

Die Größe eines Schattens oder Scheins bestimmt die Stärke der Weichzeichnung, die auf die gefüllte Kopie angewendet wird. Je größer der Wert, desto stärker die Weichzeichnung, desto diffuser der Effekt – er wird dünner und dehnt sich weiter aus.

Die Überfüllung reagiert auf die Größeneinstellung. Wenn Sie die Überfüllung eines Schattens oder Scheins nach außen bzw. eines Scheins nach innen erhöhen, wird der Effekt dichter, denn Sie bestimmen, wo und wie abrupt der Übergang von Dichte zu Transparenz stattfindet.

Die innere Beleuchtung, die durch den Glanzeffekt entsteht, kann fein (oben) oder dramatisch sein. Hier sehen Sie zwei Beispiele im Vorher-Nachher-Vergleich.

 **Glanz.psd**

Kontur

Eine Kontureinstellung ist wie eine Gradationskurveneinstellung. Sie richtet die Zwischentonwerte aus, die bei der Weichzeichnung eines Schattens oder Scheins entstehen. Ist die Standardkontur – **Linear** (45°) – gewählt, verändern sich Tonwerte und Farben nicht und ändern ihre Deckkraft von außen nach innen oder innen nach außen (außer beim Schein nach innen, wo die Mitte am deckendsten ist und die Deckkraft zum Rand abnimmt).

Wenn Sie eine andere Kontur auswählen, ändern sich die dazwischen liegenden Tonwerte entsprechend der Kurve. Wählen Sie eine Kontur mit mehreren extremen Höhen und Tiefen, erzeugen Sie wilde Streifen (siehe Seite 499).

GLANZ

Der Glanzeffekt entsteht durch eine Schnittmenge zweier weichgezeichneter, verschobener und reflektierter Kopien vom Umriss des Ebeneninhalts. Er ist nützlich, um interne Reflexionen oder eine glänzende Oberfläche zu simulieren. Mit der Größe bestimmen Sie die Stärke der Weichzeichnung, wie in anderen Effekten auch. Mit dem Abstand kontrollieren Sie, wie stark sich die beiden weichgezeichneten und verschobenen Kopien überlappen; der Winkel legt die Richtung der Verschiebung fest. Wie bei anderen Effekten verteilt die Kontur die Tonwerte, die bei der Weichzeichnung entstehen, ähnlich einer Gradationskurve.

Um ein Gefühl dafür zu bekommen, was passiert, wenn Sie die Einstellungen für den Glanzeffekt ändern, probieren Sie Folgendes:

1 Aktivieren Sie die Auswahl-Ellipse ◌ mit der Option einer Formebene und erstellen Sie eine Ebene mit einem gefüllten Kreis oder Oval.

2 Klicken Sie in der Ebenen-Palette doppelt rechts neben den Ebenennamen, um die Ebenenstil-Dialogbox mit den Fülloptionen zu öffnen. Vergewissern Sie sich, dass die Checkbox INTERNE EFFEKTE ALS GRUPPE FÜLLEN nicht aktiviert ist und wählen Sie eine Fülldeckkraft von 0. (Der gefüllte Kreis verschwindet.)

3 Klicken Sie links in der Liste der Dialogbox auf GLANZ. Experimentieren Sie mit der Größe (Weichzeichnung), dem Abstand (der Stärke der Überlappung) und dem Winkel. Öffnen Sie die Kontur-Palette, indem Sie auf das kleine Dreieck rechts neben der Konturminiatur klicken, und testen Sie die anderen Konturen aus. Achten Sie darauf, was passiert, wenn Sie eine wirklich komplexe Kontur auswählen – beispielsweise den doppelten Ring – und dann den Abstand anpassen.

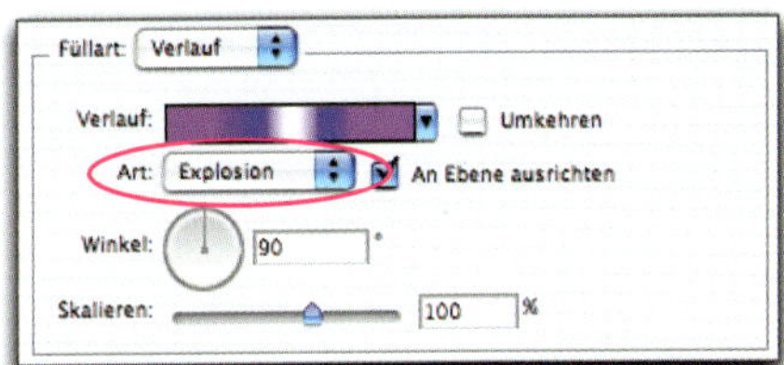

Dieser Button wurde erstellt, indem die Fülldeckkraft der weißen Grafik ganz links auf 0 reduziert und anschließend eine Kontur mit einem Explosionsverlauf hinzugefügt wurde. Der Unterschied zwischen den beiden Buttons rechts ist die Verlaufsfarbe und der Schein nach innen und außen. Die Techniken werden auf Seite 455 beschrieben.

 **Neon-Kontur.psd**

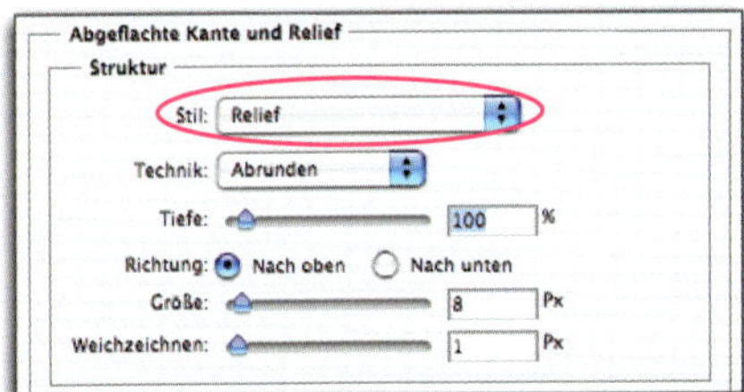

Der Reliefstil des Effekts ABGEFLACHTE KANTE UND RELIEF baut die abgeflachte Kante teilweise nach innen und teilweise nach außen auf. Die Farbe der darunterliegenden Ebene scheint durch, die der aktuellen Ebene ist auch zu sehen. Hier wurde das Relief auf eine Textebene angewendet, die abgeflachte Kante wirkt sich aber auch auf die darunterliegende Ebene aus.

 **Abgeflachte-Kante.psd**

KONTUR

Bei der Kontur legt die Größe die Breite der Kontur fest, die den Ebeneninhalt umreißt. Die Position bestimmt, ob die Kontur von der Kante nach außen oder innen aufgebaut oder auf der Kante zentriert wird. Die Konturbreite wird entsprechend der Füllart gefüllt: Volltonfarbe, Muster oder einer der fünf Verlaufstypen (Linear, Radial, Winkel, Reflektiert oder Raute). Es gibt hier noch eine andere Verlaufsform, die sonst nirgendwo in Photoshop zu finden ist – Explosion. Bei diesem Verlauf folgen die Farben dem Umriss – so lassen sich schnelle Neoneffekte erzeugen (siehe Seite 455), Innen-/Außenkanten-Effekte für Text (siehe Seite 191) oder ein mehrfarbiger Schein, wenn der Verlauf an der Außenkante Transparenz enthält. Muster und Verläufe lassen sich mit der Konturbreite skalieren. Eine farbige Kontur ist nützlich, um eine abgeflachte Kante nach außen zu skalieren, wenn die darunterliegende Ebene nicht durchscheinen soll, wie auf Seite 538 zu sehen.

ABGEFLACHTE KANTE UND RELIEF

Der Abschnitt ABGEFLACHTE KANTE UND RELIEF ist sehr komplex. Wenn Sie jedoch an den Vergleich mit der gefüllten und weichgezeichneten Kopie denken, werden Sie ihn leichter verstehen. Um Effekte zu erzeugen, die eine abgeflachte Kante simulieren, verschiebt Photoshop weichgezeichnete helle und dunkle Duplikate. Aufgrund der Weichzeichnung sind die Tiefen und Lichter teilweise transparent, auch wenn Sie eine Deckkraft von 100% wählen.

Wie Schatten und Scheine, bietet dieser Effekt enormes Potenzial. Einige seiner Möglichkeiten werden ab Seite 541 beschrieben. Experimentieren Sie mit den Einstellungen im Abschnitt STRUKTUR. Passen Sie im Abschnitt SCHATTIERUNG dann die Beleuchtung an.

Anordnung

Wenn Sie mit dem Effekt ABGEFLACHTE KANTE UND RELIEF experimentieren, beginnen Sie am besten immer damit, die Richtung einzustellen: Standardmäßig ist NACH OBEN gewählt – das Objekt wird aus der Oberfläche gehoben; mit NACH UNTEN wird es in die Oberfläche eingelassen.

Wählen Sie dann den Stil: ABGEFLACHTE KANTE INNEN baut die Kante von der Umrisslinie des Ebeneninhalts nach innen auf, das Element selbst erscheint dadurch dünner, die Tiefen und Lichter, die entstehen, mischen sich mit der Farbe des Ebeneninhalts. ABGEFLACHTE KANTEN AUSSEN baut die Kante

Eine große Höhe (70°, in ABGEFLACHTE KANTE UND RELIEF für Gestell und Gläser) erzeugt Dicke und simuliert starke Reflexionen. Der Effekt ABGEFLACHTE KANTE UND RELIEF für die Gläser links wurden mit dem Standardwert für die Höhe von 30° erstellt.

 **Tiefe.psd**

Hier war die Glanzkontur wichtig, um die dunklen und hellen Reflexionen auf der Oberfläche zu erzeugen, wie ab Seite 525 beschrieben.

Der Text wurde mit einer roten Farbüberlagerung eingefärbt und mit dem Effekt ABGEFLACHTE KANTE UND RELIEF aufgehellt. Für die Lichter wählten wir Gelb im Modus NEGATIV/UMGEKEHRT MULTIPLIZIEREN und für die Tiefen Violett im Modus FARBE, um zwei verschiedenfarbige Lichtquellen zu simulieren. Details dazu finden Sie auf Seite 539.

nach außen auf und mischt sich mit dem, was sich unter dem Ebeneninhalt befindet. Das Material außerhalb der Umrisslinie kann von darunterliegenden Ebenen stammen oder es kann sich um ein Farbband handeln, das mit dem Kontureffekt erzeugt wurde. RELIEF baut die abgeflachte Kante zur Hälfte nach innen und zur Hälfte nach außen auf. ABGEFLACHTE KANTE AN ALLEN SEITEN ist eine Art doppelte abgeflachte Kante, die sich von der Umrisslinie aus in beide Richtungen ausdehnt. Wenn Sie eine Kontur hinzufügen, erzeugt die RELIEFKONTUR die abgeflachte Kante lediglich in der Breite der Kontur.

Auch hier legt die Größe die Stärke der Weichzeichnung für den Effekt fest und bestimmt, wie weit er nach innen oder außen reicht – wie viel der Form oder des Hintergrunds von der abgeflachten Kante eingenommen wird. Mit WEICHZEICHNEN legen Sie fest, was mit Kanten passiert, die sich nicht am Ebenenumriss befinden. Je höher der Wert, desto runder die Kante.

Die Tiefe bestimmt, wie steil die Seiten der abgeflachten Kante sind. Je höher der Wert, desto stärker der Kontrast zwischen den Tonwerten für die Tiefen und Lichter und desto deutlicher tritt das Element aus der Oberfläche hervor oder sinkt darin ein.

Schattierung

Der Winkel hier funktioniert wie bei den Schatten, er bestimmt die Lichtrichtung. Je größer die Höhe, desto stärker heben Sie ein Objekt aus der Oberfläche heraus. Die Oberfläche erscheint glatter, die Lichter intensiver.

Die Glanzkontur verteilt die Tonwerte in den Tiefen und Lichtern, damit die Oberfläche mehr oder weniger glänzt und reflektiert. Nutzen Sie die Glanzkontur, um polierte Oberflächen mit vielen Lichtern zu simulieren.

Mit den Einstellungen für Farbe, Modus und Deckkraft kontrollieren Sie die Eigenschaften der Lichter und Tiefen unabhängig voneinander. Wenn Sie wollen, können Sie also zwei verschiedenfarbige Lichtquellen simulieren (wie links zu sehen).

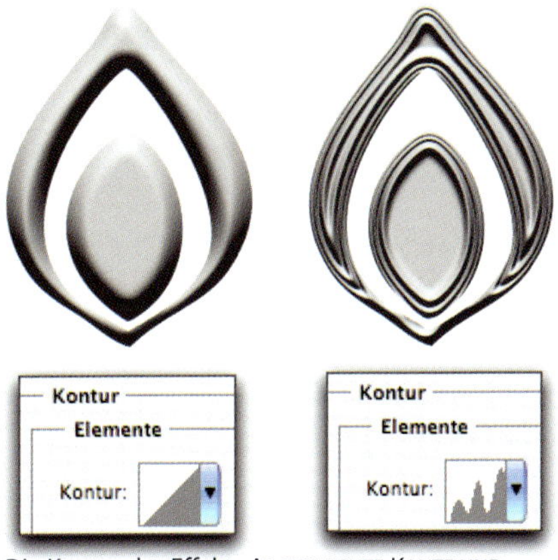

Kontur

Eingerückt unter dem Effekt Abgeflachte Kante und Relief finden Sie das Wort »Kontur«. Diese Kontur hat etwas mit der Struktur der abgeflachten Kante zu tun. Sie definiert die Form der Abschrägung. Um den Effekt auszutesten, beginnen Sie am besten mit einer grauen Form (wie im Beispiel links). Fügen Sie für den Effekt Abgeflachte Kante und Relief die Standardeinstellung hinzu und erhöhen Sie die Größe für eine breitere Kante. Klicken Sie links in der Liste der Dialogbox auf Kontur (eingerückt unter Abgeflachte Kante und Relief) und öffnen Sie den Konturwähler. Sie sehen, dass die Kontur die Überschneidung der abgeflachten Kante ändert. Experimentieren Sie mit dem Bereich, um die Kante zu formen. Je geringerer der Wert, desto kleiner die Abschrägung und desto weiter entfernt ist sie vom Umriss des Ebeneninhalts.

Die Kontur des Effekts Abgeflachte Kante und Relief lässt sich nutzen, um die abgeflachte »Schulter« zu formen. Links sehen Sie die Standardkontur und rechts eine eigene.

 **Abgeflachte-Kontur.psd**

EINSTELLUNGEN FÜR ABGEFLACHTE KANTE UND RELIEF

Mit dem Stil bestimmen Sie, wo die abgeflachte Kante erstellt wird – innen, außen oder überlappend.

Die Technik steuert die Weichheit der abgeflachten Kante. Mit Abrunden erzeugen Sie die weichesten Kanten.

Die Tiefe bestimmt den Kontrast zwischen den Licht- und Tiefenbereichen der abgeflachten Kante. Je höher der Wert, desto stärker der Kontrast und desto steiler erscheinen die Kanten.

Die Richtung bestimmt, ob sich das Element aus der Oberfläche abhebt (Nach oben) oder in sie einsinkt (Nach unten).

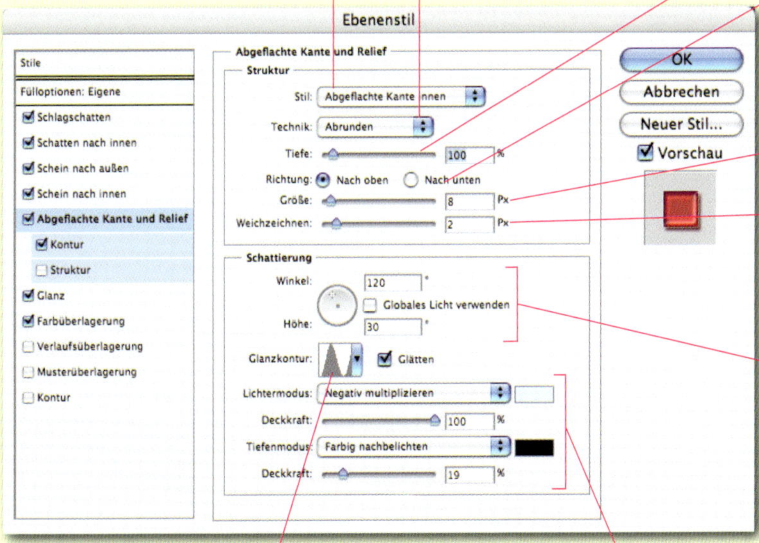

Die Größe bestimmt die Breite der Kante.

Mit Weichzeichnen kontrollieren Sie die Rundung der Kanten, die sich im Bildinneren befinden.

Der Winkel legt fest, aus welcher Richtung das Licht kommt, das die Tiefen und Lichter erzeugt. Die Höhe bestimmt, wie hoch sich die Lichtquelle befindet. Die Option Globales Licht verwenden wendet in allen Ebenenstilen einer Datei dieselbe Beleuchtung.

Die Glanzkontur kontrolliert den Glanz der Oberfläche von matt bis Hochglanz.

Modus, Farbe und Deckkraft lassen sich für Tiefen und Lichter unabhängig einstellen.

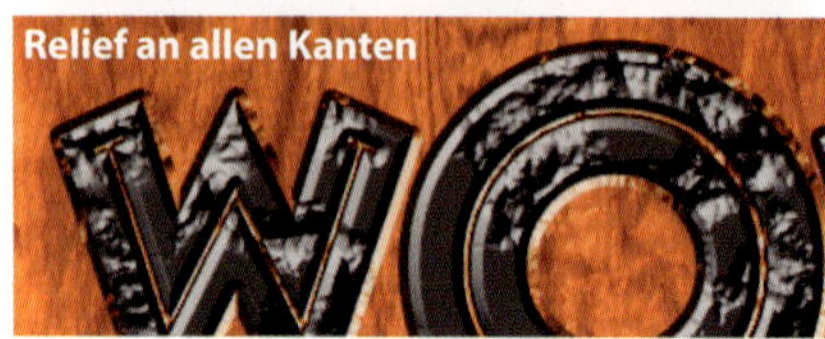

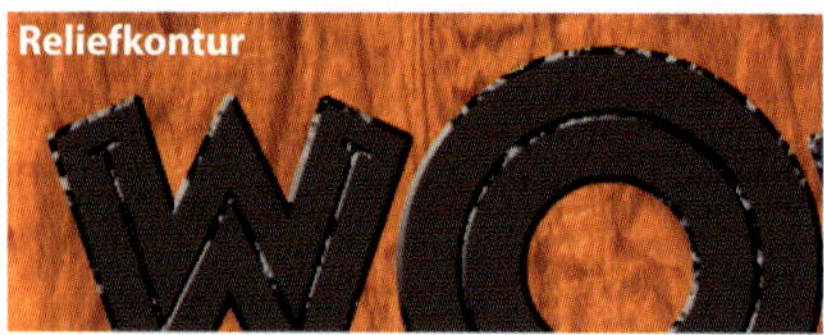

Wenn Sie zum Effekt ABGEFLACHTE KANTE UND RELIEF eine Struktur hinzufügen, bestimmt der Stil des Effekts, wie die Struktur angewendet wird. Nur das unterste Beispiel besitzt eine Extrakontur, und die Struktur ist in dieser zu sehen.

Struktur

Unter der Kontur finden Sie in der Liste links den Eintrag STRUKTUR. Dabei wird ein Relief von dem Muster erstellt, das Sie in diesem Abschnitt auswählen. Das Musterfeld entspricht dem in der Musterüberlagerung, mit der Ausnahme, dass die Muster hier nur in Graustufen erscheinen. Das liegt daran, dass Photoshop nur die Lichter und Schatten der Muster nutzt. Wenn Sie für die Musterüberlagerung und die Struktur dasselbe Muster nutzen, können Sie die Oberflächenstruktur an das Muster der Oberfläche anpassen.

Bei einer abgeflachten Kante nach innen verläuft das Reliefmuster von der Umrisslinie des Ebeneninhalts nach innen; bei einer abgeflachten Kante nach außen verläuft es so, dass es auf der Ebene unter dem Ebenenstil in Erscheinung tritt. Für RELIEF und RELIEF AN ALLEN KANTEN dehnt sich das Muster in beide Richtungen aus, bei der Reliefkontur erscheint es nur innerhalb der Konturbreite. Das Relief des Musters wird durch die Tiefen- und Weichzeichnereinstellungen für ABGEFLACHTE KANTE UND RELIEF und von den Einstellungen im Abschnitt SCHATTIERUNG bestimmt.

FÜLLOPTIONEN

Der Abschnitt FÜLLOPTIONEN der Ebenenstil-Dialogbox (siehe Seite 505) bestimmt, wie die Ebene mit anderen interagiert. In den allgemeinen Einstellungen im oberen Bereich wählen Sie Füllmethode und Deckkraft – diese Einstellungen sind dann auch oben in der Ebenen-Palette zu sehen und können auch dort geändert werden. ▼

Erweiterte Fülloptionen

Auch in der Ebenen-Palette ist die Fülldeckkraft zu finden – die erste Einstellung unter ERWEITERTE FÜLLMETHODEN. Damit können Sie die Deckkraft der Ebenenfüllung verringern, ohne die Deckkraft der gesamten Ebene zu ändern. Sie können also den Ebeneninhalt teilweise transparent machen, Schatten und Scheine jedoch in voller Stärke erhalten.

Die anderen Einstellungen in diesem Abschnitt sind etwas komplexer. Die ersten beiden Checkboxen unter der Fülldeckkraft kontrollieren, ob innere Effekte Teil der Füllung sind oder nicht. Ist die Option INTERNE EFFEKTE ALS GRUPPE FÜLLEN aktiviert, sind Schein nach innen, die drei Überlagerungen und der Glanzeffekt – alles, was innerhalb des Ebenenumrisses zu sehen ist – Teil der Füllung, wenn die Fülldeckkraft reduziert wird. (Der Schatten nach innen ist kein innerer Effekt, weil er durch eine Lichtquelle von außen entsteht.)

MEHR DAVON
▼ Füllmethoden
Seite 174

Die Checkbox BESCHNITTENE EBENEN ALS GRUPPE FÜLLEN kontrolliert, ob Ebenen, die Teil einer Beschneidungsgruppe sind, behandelt werden, als wären sie vor oder nach dem Hinzufügen des Ebenenstils zur Ebene hinzugefügt worden. Eine Farb-, Verlauf- oder Musterüberlagerung blendet das beschnittene Bild aus oder verändert es (siehe Seite 506). Die Füllmethoden der verschiedenen Ebenen spielen ebenfalls eine Rolle und dann wird alles ziemlich schnell ziemlich kompliziert.

Wenn Sie wollen, dass eine Ebene ein Loch in die darunterliegenden Ebenen schneidet, reduzieren Sie die Fülldeckkraft auf 0% und wählen Sie eine passende Option für die Aussparung:

- Wählen Sie STARK, geht die Aussparung bis auf (aber nicht durch) den Hintergrund oder bis auf die Transparenz, falls es in der Datei keinen Hintergrund gibt.
- Ist die Option LEICHT aktiviert, geht die Aussparung nur bis zum ersten logischen Stopp – bis zur unteren Ebene der Beschneidungs- oder Ebenengruppe. Gibt es solch eine

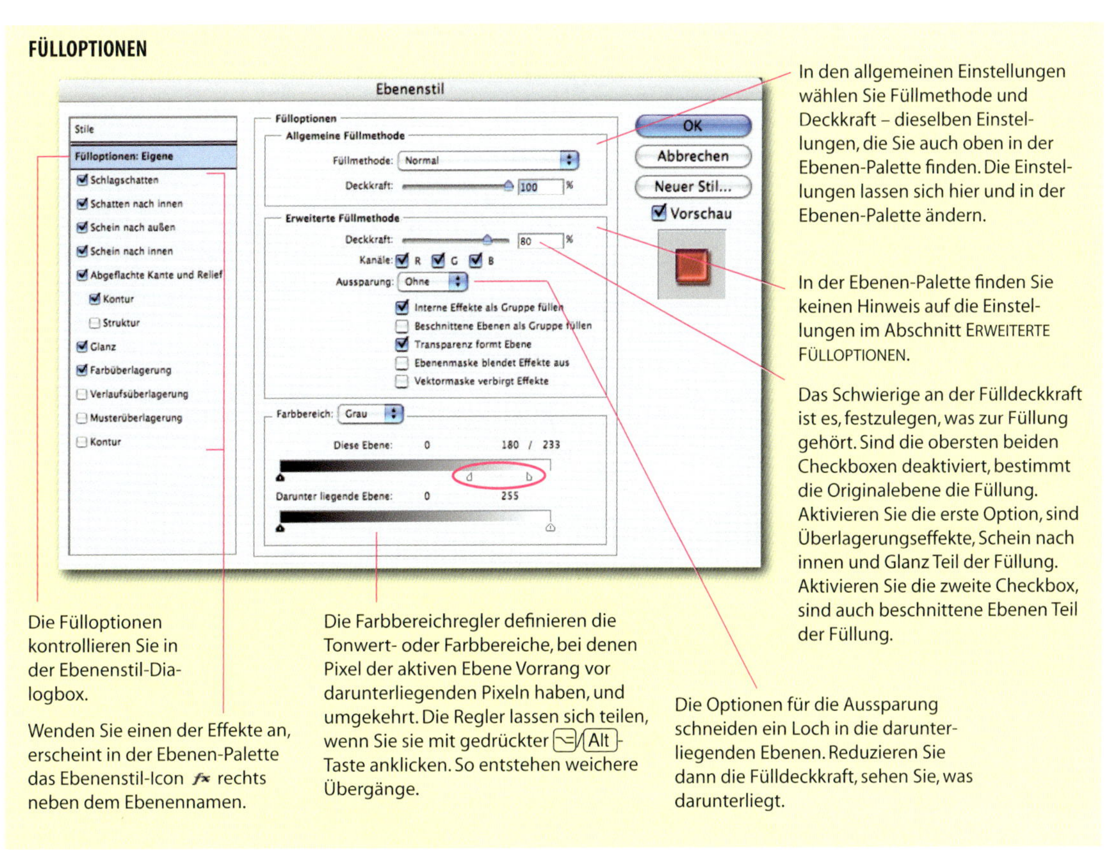

Gruppe nicht, geht die Aussparung bis auf den Hintergrund oder die Transparenz.

- Ist die Standardoption OHNE aktiviert, wird kein Loch in die darunterliegenden Ebenen geschnitten.

Die Ergebnisse der Aussparung lassen sich mit den ersten beiden Checkboxen unterhalb des Pop-up-Menüs bearbeiten sowie mit der Füllmethode HINDURCHWIRKEN für die Ebene, abgesehen von den Füllmethoden der einzelnen Ebenen und davon, ob sie Teil einer Ebenengruppe sind oder nicht. Auch hier wird es schnell kompliziert!

Die Einstellungen »Diese Ebene«

Unten im Fülloptionen-Dialog finden Sie den Abschnitt FARBBEREICH mit zwei Schiebereglern, mit denen Sie eine Ebene mit darunterliegenden Ebenen mischen können.▼ Mit den Reglern kontrollieren Sie, welche Tonwerte und Farben der aktiven Ebene zum Gesamtbild dazugehören und welche verborgen werden, so dass das darunterliegende Bild durchscheinen kann. Diese Regler bieten eine großartige Möglichkeit, Text oder Grafiken mit einer Oberfläche zu mischen.

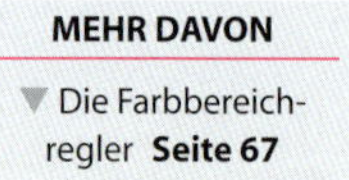

MEHR DAVON

▼ Die Farbbereichregler **Seite 67**

Ist die Option INTERNE EFFEKTE ALS GRUPPE FÜLLEN deaktiviert (links), wird nur die Deckkraft der Originalebene reduziert, wenn Sie die Fülldeckkraft auf 50% verringern; wir sehen keine Reduzierung, weil die Verlaufsüberlagerung darüberliegt. Ist die Checkbox hingegen aktiviert (rechts), wird die Verlaufsüberlagerung behandelt, als wäre sie Teil der Formoberfläche, bevor die Fülldeckkraft reduziert wird.

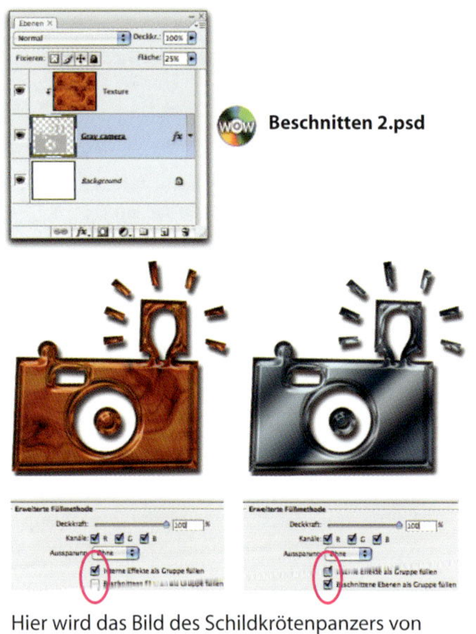

Hier wird das Bild des Schildkrötenpanzers von der Grafik beschnitten. Ist die Option BESCHNITTENE EBENEN ALS GRUPPE FÜLLEN deaktiviert (links), wird die Verlaufsüberlagerung vom Schildkrötenpanzer überdeckt; ist die Option aktiv (rechts), wird der Panzer Teil der Originalgrafik, bevor die Verlaufsüberlagerung hinzugefügt wird.

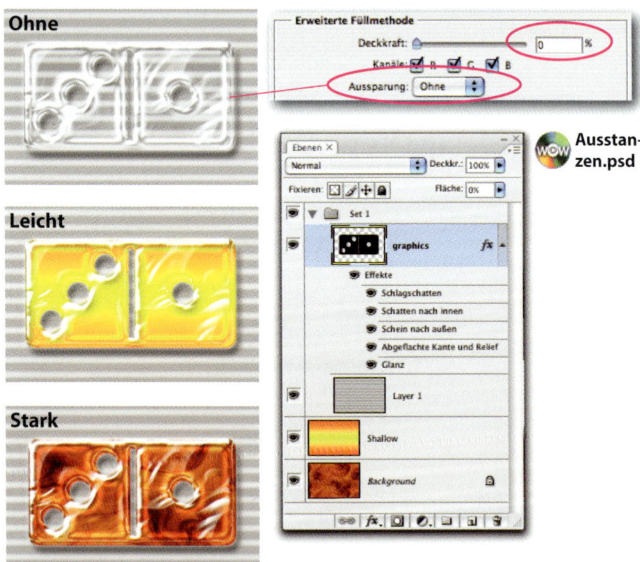

Wählen Sie für AUSSPARUNG die Option OHNE, ist hinter der Grafik die gestreifte Oberfläche zu sehen; mit der Option LEICHT wird auch die gestreifte Oberfläche ausgestanzt, da sie zusammen mit der Grafik Teil der Ebenengruppe ist; bei der Option STARK wird alles bis auf den Hintergrund ausgestanzt.

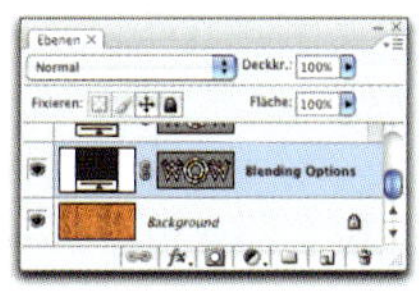

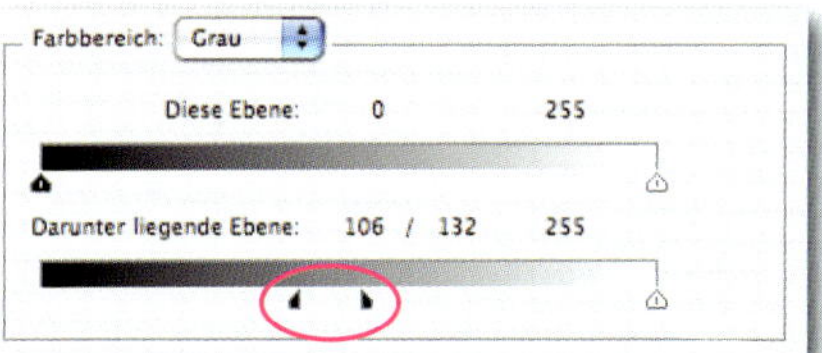

Stellt Ihr Hintergrund eine Mischung aus hellen und dunklen Tonwerten dar, können Sie die Zusammensetzung der aktiven Ebene in den hellen oder dunklen Bereichen gezielt anpassen. Hier wurden die Regler so eingestellt, dass die schwarze Grafik die dunklen Bereiche der Holzmaserung nicht überdeckt. Mit getrennten Reglern (⌥/Alt-Taste gedrückt halten) entstehen weichere Übergänge.

Beispiele.psd

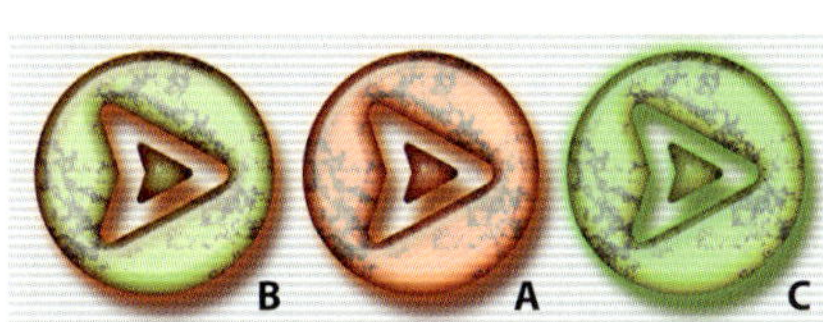

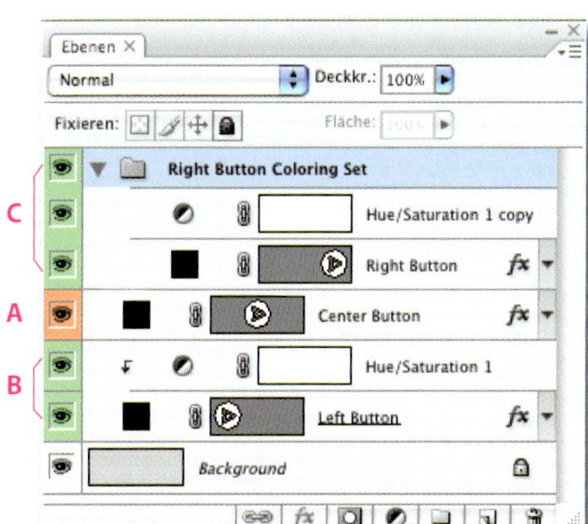

Manchmal lässt sich die Farbe eines Ebenenstils ändern, ohne dass Sie die einzelnen Effekte ändern müssen. Der mittlere Button **A** zeigt die Originalfarbe aller drei Buttons. Um die Farbe des linken Buttons zu ändern, erstellten wir eine Farbton/Sättigung-Einstellungsebene als Teil einer Beschneidungsgruppe mit der Button-Ebene **B**. Beachten Sie, dass sich die Farbe des Schattens nicht geändert hat, weil er sich außerhalb der Grafik befindet. Für den rechten Button **C** verwendeten wir eine Farbton/Sättigung-Einstellungsebene mit denselben Einstellungen, jedoch als Teil einer Ebenengruppe, im Modus NORMAL. Weil die Einstellungsebene hier nicht beschnitten wird, ändert sich hier auch die Farbe des Schattens.

Farbanpassungen.psd

EBENENSTILE AUFWERTEN

Haben Sie einen Ebenenstil erstellt und angewendet, ist es einfacher, eine Farb- oder Beleuchtungsänderung mithilfe einer Einstellungsebene oder des Filters BELEUCHTUNGSEFFEKTE vorzunehmen. Für stark glänzende Oberflächen, die mit einem Ebenenstil erstellt wurden, lassen sich auch Umgebungsreflexionen mit den Verzerrungsfiltern hinzufügen. Filter eignen sich auch, um Oberflächen oder Kanten, die mit einem Stil mit Struktur versehen wurden, aufzurauen.

Einstellungsebenen

Um die Helligkeit einer Ebene mit Ebenenstil anzupassen, nutzen Sie am besten Einstellungsebenen – Tonwertkorrektur, Gradationskurven, Farbbalance und Farbton/Sättigung. So müssen Sie nicht in die Ebenenstil-Dialogbox zurückkehren und die Änderungen dort vornehmen (Beispiele sehen Sie links). Wählen Sie die Einstellungsebene so, dass nur das Innere des Elements oder innere und äußere Effekte sowie alle sichtbaren Ebenen bearbeitet werden. Dazu müssen die »Füllen als«-Checkboxen in der Ebenenstil-Dialogbox passend eingestellt sein, damit sich die Einstellungsebene auf die entsprechenden Effekte auswirkt:

- **Ist die Einstellungsebene Teil der Beschneidungsgruppe,** bei der die Ebene mit Ebenenstil als Basis dient, wirkt sich die Einstellungsebene nur auf das Innere des Elements aus. Ist die Option INTERNE EFFEKTE ALS GRUPPE FÜLLEN aktiv, wirkt sie sich auch auf Überlagerungs-, Glanz- und Schein-nach-innen-Effekte zusammen mit der Originalfüllung aus.
- **Wird die Einstellungsebene nicht beschnitten,** wirkt sie sich auf innere und äußere Effekte aus – Schlagschatten, Schein nach außen sowie andere sichtbare Ebenen.
- Stellen Sie Ihre Datei so ein, dass die **Einstellungsebene mehrere Ebenen verändert, auch wenn sich diese nicht im unteren Teil des Ebenenstapels befinden und sie nicht beschnitten sind.** Erstellen Sie dazu eine Ebenengruppe mit der Einstellungsebene als oberste Ebene und ändern Sie den Modus in NORMAL. (In Photoshop CS erstellen Sie eine Ebenengruppe, indem Sie eine Ebene aktivieren und die anderen dazugehörigen mit dieser Ebene verbinden. Seit CS2 wählen Sie die entsprechenden Ebenen einfach mit gedrückter ⇧-Taste oder ⌘/Strg-Taste aus und wählen aus dem Paletten-Menü die Option NEUE GRUPPE AUS EBENEN.)

Ein Landschaftsfoto wurde mit dem Glasfilter behandelt und über eine Chrom-Grafik gelegt. Die Technik wird ab Seite 525 beschrieben.

Diese Gravur wurde mithilfe eines Ebenenstils erzeugt, der auf eine Grafik auf einer transparenten Ebene angewendet wurde. Diese Ebene wurde im Anschluss mit dem Filter VERSETZEN bearbeitet, damit die abgeflachte Kante der Steinoberfläche folgt. Mit dem Beleuchtungseffekte-Filter wurde ein Spotlicht hinzugefügt. Diese Technik finden Sie ab Seite 540.

Bei diesem Effekt wurde derselbe Ebenenstil (**Wow-Rust**) auf die Grafik und die Hintergrundform angewendet. Mit zwei Einstellungsebenen wurde der Hahn aufgehellt und seine Farbe wurde neutralisiert. Anschließend wurde der Filter SPRITZER angewendet, um die Kanten aufzurauen, damit diese zum Ebenenstil passen. Ein Umgebungsbild wurde hinzugefügt. Diese Technik wird Schritt für Schritt ab Seite 517 beschrieben.

Beleuchtungseffekte

Mit dem Filter BELEUCHTUNGSEFFEKTE lassen sich Spotlichter punktgenau hinzufügen. Um möglichst flexibel zu sein, wenden Sie den Filter am besten mit einer 50% grau gefüllten Ebene im Modus INEINANDERKOPIEREN an. Weil 50% grau in diesem Fall neutral sind (unsichtbar), sind nur die helleren oder dunkleren Bereiche der Ebene zu sehen. Ein Beispiel dazu finden Sie auf Seite 542. Sobald Sie den Filter auf eine graue Ebene angewendet haben (FILTER/RENDERFILTER/BELEUCHTUNGSEFFEKTE), lässt sich die Beleuchtung verfeinern: Fügen Sie eine Ebenenmaske hinzu und ändern Sie die Deckkraft der Spotlicht-Ebene oder positionieren Sie das Licht mit dem Verschieben-Werkzeug neu.

Sonstige Filter

Der Glas-Filter (FILTER/VERZERRUNGSFILTER/GLAS) ist besonders nützlich, um Oberflächenbilder zu verzerren, damit diese wie Reflexionen auf glattem Material aussehen, wie links zu sehen. Beispiele finden Sie auf den Seiten 530 und 534 in diesem Kapitel. Der Filter VERSETZEN verzerrt den Ebeneninhalt so, dass es so aussieht, als wäre ein Objekt in eine Oberfläche eingraviert worden, wie links zu sehen.

Andere Filter, wie SPRITZER, lassen sich einsetzen, um die Kanten einer Grafik zu bearbeiten, so dass deren Struktur beispielsweise zum Ebenenstil auf Seite 517 passt. Die Filter MIT STRUKTUR VERSEHEN, RAUSCHEN HINZUFÜGEN, WOLKEN, FASERN und KACHELN ERSTELLEN eignen sich für die Erstellung von Hintergründen, Strukturen und Mustern, wie auf den Seiten 551 und 558 zu sehen.

2006 CLEAN WATER FESTIVAL

Ein Logo in klarer Farbe

SIE FINDEN DIE DATEIEN

auf der DVD unter Wow Projektdateien/Kapitel 8/Logo in klarer Farbe:

- klares-Logo-Vorher-Text.psd
- klares-Logo-Nachher-Text/Form.psd (zum Vergleich oder als Quelle für den Ebenenstil)

ÖFFNEN SIE DIESE PALETTEN

aus dem Fenster-Menü:

• Werkzeuge • Ebenen • Stile

ÜBERBLICK

Den ersten Buchstaben eingeben • Einen Ebenenstil anwenden • Den Buchstaben duplizieren und bearbeiten • Grafiken importieren • Den Stil kopieren und einfügen • Grafiken mit Einstellungsebenen und Ebenengruppen einfärben

1

Für den Buchstaben »H« wurde die Schriftart BeesWax in 180 Punkt gewählt. Er ist hier in etwa der halben Größe zu sehen.

Eine der Funktionen, die Photoshops Ebenenstile so nützlich macht, ist die Tatsache, dass Sie einmal entwickelte Stile auch ganz einfach auf andere Elemente anwenden können. Für unser Logo entwickelten wir einen Ebenenstil, der sich schnell und einfach skalieren und auch auf andere Elemente anwenden lässt (siehe Seite 513) Wir verwendeten eine Einstellungsebene in einer Ebenengruppe, um Farbe und Dicke des Stils anzupassen.

1 Den ersten Buchstaben eingeben. Öffnen Sie eine neue Datei mit 225 dpi und einem weißen Hintergrund. Aktivieren Sie das Textwerkzeug (T) und wählen Sie in der Optionsleiste Schriftart, -größe und -stil aus. In der Datei **klares-Logo-Vorher.psd** verwendeten wir die Schriftart BeesWax, eine Shareware-TrueType-Schriftart für Windows von Ken Woodward, erhältlich bei **fontfiles.com** und auf anderen Websites; wir nutzten das Dienstprogramm TTFConverter (im Web ganz einfach zu finden), um die Schriftart für den Mac umzuwandeln. Falls Sie diese Schriftart nicht besitzen, ersetzen Sie sie einfach durch eine ähnliche. Klicken Sie mit dem Textwerkzeug in die Stelle des Dokumentfensters, in der der erste Buchstabe erscheinen soll und geben Sie diesen ein **1**. In der Ebenen-Palette erscheint eine neue Textebene (zu erkennen am »T«-Icon) mit dem Namen des eingegebenen Buchstabens.

Wenn Sie den Text umformatieren wollen, markieren Sie den Buchstaben und nehmen Sie die Änderungen in der Optionsleiste vor.▼

MEHR DAVON

▼ Umgang mit dem Textwerkzeug
Seite 418

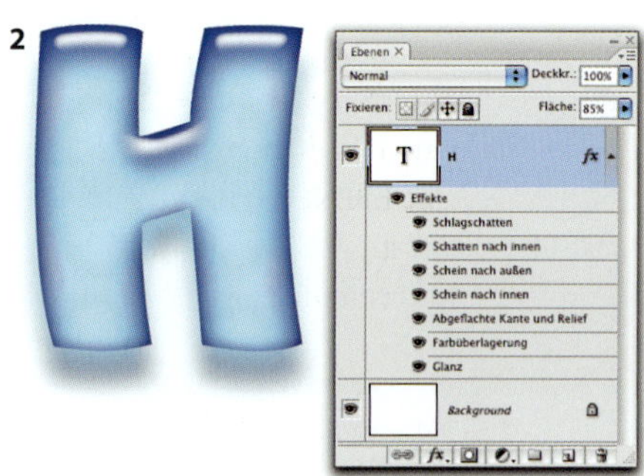

Der Ebenenstil **Wow-Clear Blue** (zu finden auf der beiliegenden DVD) wurde auf den Buchstaben »H« angewendet. Auf Seite 513 erfahren Sie mehr zu diesem Effekt.

2 Einen Stil hinzufügen. Jetzt wandeln Sie den flachen, schwarzen Buchstaben in einen durchscheinenden blauen um, indem Sie ihn mit einem Stil versehen. Wenn Sie die **Wow-Vorgaben▼** bereits installiert haben, wählen Sie aus dem Paletten-Menü den Eintrag **Wow-Plastic Styles**. Klicken Sie auf den Stil **Wow-Clear Blue 2**. Falls Sie die Vorgaben noch nicht installiert haben, werden Sie diese im Paletten-Menü nicht finden; Sie können den Stil dann jedoch aus der Datei **klares-Logo-Nachher.psd** kopieren (wie Sie kopieren und einfügen, erfahren Sie in Schritt 4).

MEHR DAVON
▼ Wow-Vorgaben installieren **Seite 5**

Egal, welchen Weg Sie wählen, um den Stil anzuwenden: Sollte Ihr Buchstabe in Größe und Struktur deutlich von der Schrift BeesWax abweichen, müssen Sie ihn skalieren. Klicken Sie dazu mit gedrückter Ctrl-Taste (PC: Rechts-Klick) auf das kleine Ebenenstil-Symbol *fx* *rechts neben d em Ebenennamen* und wählen Sie aus dem Kontextmenü EFFEKTE SKALIEREN. Aktivieren Sie die Vorschau, um die Änderungen direkt zu sehen.

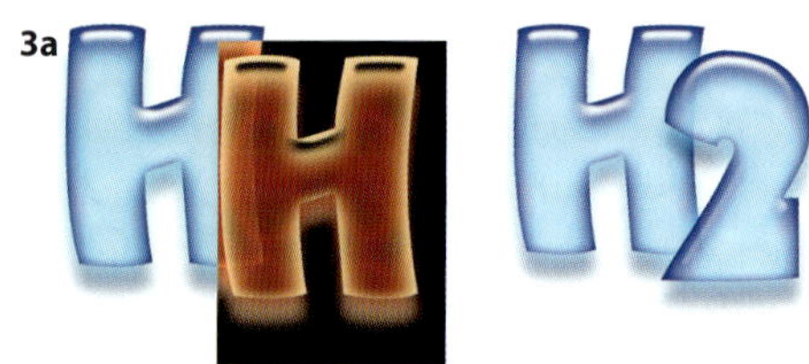

Das zweite »H« wurde mithilfe des Verschieben-Werkzeugs positioniert und mit dem Textwerkzeug ausgewählt, um es in eine »2« zu ändern.

3 Weitere Zeichen hinzufügen. Um einen zweiten Buchstaben hinzuzufügen, kopieren Sie den ersten und bearbeiten Sie die Kopie: Wir duplizierten unsere Textebene (⌘/Strg-J) und zogen ein »H« mit dem Verschieben-Werkzeug an die Position, wo sich die »2« befinden soll. Mit dem Textwerkzeug T wählten wir den Buchstaben aus und änderten ihn in eine »2« – die Eingabe bestätigten wir mit der ↵-Taste **3a**. Wenn Sie die Position eines Buchstabens anpassen müssen, aktivieren Sie das Verschieben-Werkzeug (halten Sie einfach die ⌘/Strg-Taste gedrückt) und drücken Sie eine der Pfeiltasten.

Um das »H2O« zu vervollständigen, aktivieren Sie erneut die »H«-Ebene und drücken Sie ⌘-J (PC: Strg-J), um sie ein weiteres Mal zu kopieren. Ziehen Sie den neuen Buchstaben mit dem Verschieben-Werkzeug in Position. Wählen Sie ihn anschließend aus und geben Sie ein »O« ein **3b**.

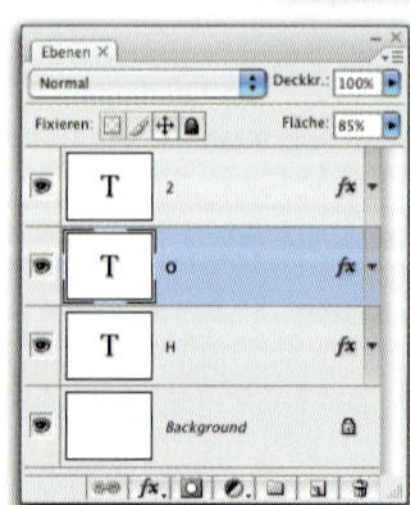

Eine weitere Kopie des »H« wurde in ein »O« umgewandelt. (Wenn Sie auf das kleine Dreieck neben dem Ebenenstil-Symbol *fx* klicken, blenden Sie die Liste der Ebenenstile *fx* aus.)

4 Ein weiteres Element hinzufügen und einen Stil anwenden. Fügen Sie nun ein weiteres Element hinzu. Wir haben den Wassertropfen in Adobe Illustrator erstellt, dort kopiert, den Hintergrund unseres Logos in Photoshop aktiviert und den Tropfen dann eingefügt (BEARBEITEN/EINFÜGEN). Der Wassertropfen wird in eine Ebene über dem Hintergrund, aber unter dem Text eingefügt **4a**. Seit Photoshop CS2 können Sie das Element auch als Smart Objekt einfügen▼. So können Sie später jederzeit zu Illustrator zurückkehren und Änderungen vornehmen.

MEHR DAVON
▼ Smart Objekte **Seite 33**

4a

Der Wassertropfen, erstellt in Illustrator, wurde in die Photoshop-Datei eingefügt.

4b

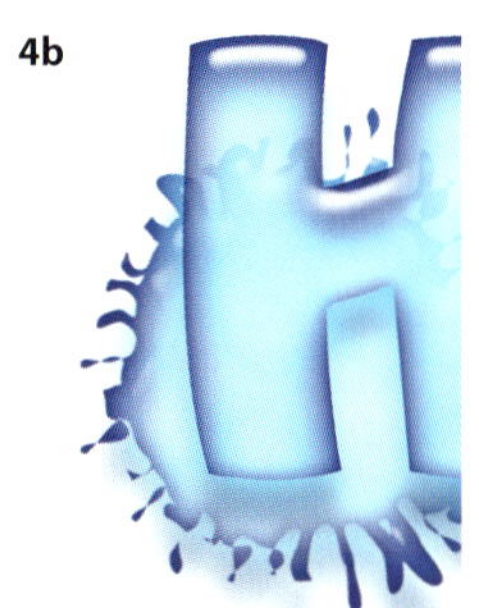

Der Stil **Wow-Clear Blue** wurde aus einer der Textebenen kopiert und auf die Ebene des Wassertropfens angewendet. Er muss jedoch noch skaliert werden.

4c

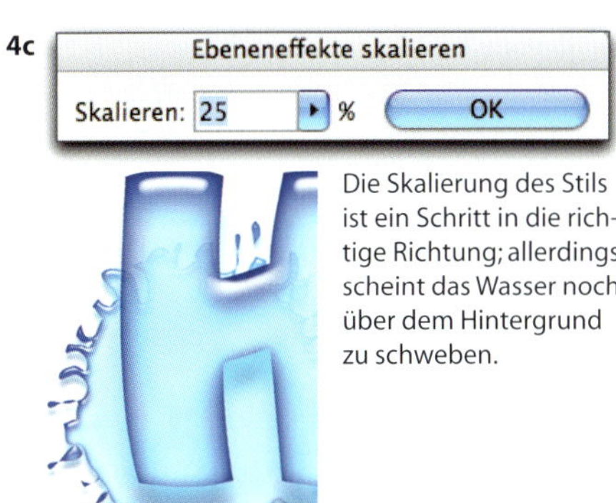

Die Skalierung des Stils ist ein Schritt in die richtige Richtung; allerdings scheint das Wasser noch über dem Hintergrund zu schweben.

4d

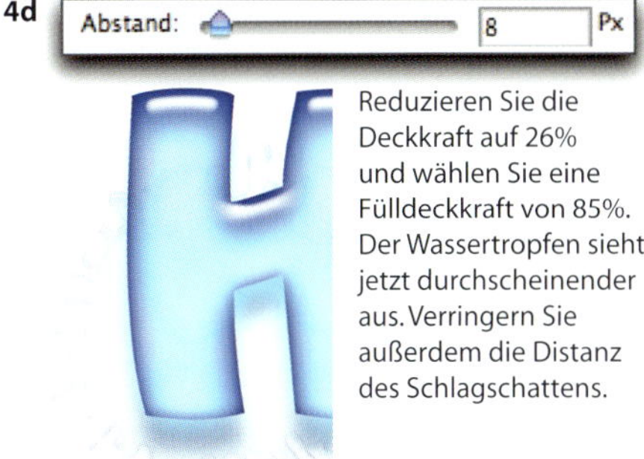

Reduzieren Sie die Deckkraft auf 26% und wählen Sie eine Fülldeckkraft von 85%. Der Wassertropfen sieht jetzt durchscheinender aus. Verringern Sie außerdem die Distanz des Schlagschattens.

Um dieselben Spezifikationen auf das neue Element anzuwenden, kopieren Sie den Stil des Textes: Klicken Sie mit gedrückter [Ctrl]-Taste (PC: Rechts-Klick) direkt auf das Ebenenstil-Icon *fx* für eine der Textebenen und wählen Sie EBENENSTIL KOPIEREN; klicken Sie dann mit gedrückter [Ctrl]-Taste (PC: Rechts-Klick) in die Ebene, die den Stil erhalten soll, und wählen Sie EBENENSTIL EINFÜGEN **4b**.

Sehen Sie sich jetzt Ihr Logo an und überlegen Sie, welche Änderungen Sie vornehmen wollen. Wir wollen, dass der Wassertropfen etwas dünner aussieht als der Schriftzug; außerdem soll er sich hinter dem Text in einer etwas anderen Farbe befinden. Der Stil muss zudem an das Aussehen des Wassertropfens angepasst werden.

Durch die Verkleinerung der Effekte (siehe Schritt 2) wird die dunkle Schattierung aus der Mitte entfernt; der Wassertropfen erhält dadurch mehr Tiefe; wir wählten eine Skalierung von 25% **4c**.

Durch die Reduzierung der Deckkraft wird der Wassertropfen insgesamt heller; wir wählten eine Deckkraft von 26%. Trotz reduzierter Deckkraft und Skalierung scheint der Wassertropfen noch über dem Hintergrund zu schweben. Klicken Sie in der Ebenen-Palette deshalb doppelt auf den Schlagschatten in der Effektliste unter dem Ebenennamen der Wassertropfenebene; es öffnet sich die Ebenenstil-Dialogbox mit den Einstellungen für den Schlagschatten. Verringern Sie die Distanz, bis das Bild aussieht wie gewünscht; wir wählten eine Distanz von 8 Pixel **4d**.

5 Die Farbe anpassen. Um die Farbe des Wassertropfens zu ändern, ohne die einzelnen Effekte des Stils ändern zu müssen, wendeten wir eine Einstellungsebene an. Für einen leichten grünen Farbton fügten wir direkt über der Ebene des Wassertropfens eine Farbton/Sättigung-Einstellungsebene hinzu, indem wir unten in der Ebenen-Palette auf den Button ◐ klickten. Durch Verschieben des Farbtonreglers lässt sich ganz leicht die Farbe ändern **5a**.

Die Anpassung der Farbe ist abgeschlossen, wenn sich der Wassertropfen im Ebenenstapel ganz unten befindet. Aber obwohl der Schriftzug durchscheinend ist, deckt er den Wassertropfen mehr ab, als wir uns das wünschen. Deshalb zogen wir die Ebene mit dem Wassertropfen und die Einstellungsebene im Ebenenstapel ganz nach oben. Die Deckkraft des Wassertropfens wurde deutlich reduziert. Da sich die Einstellungsebene jetzt jedoch über den Textebenen befindet, wird auch der Text eingefärbt **5b**.

5a

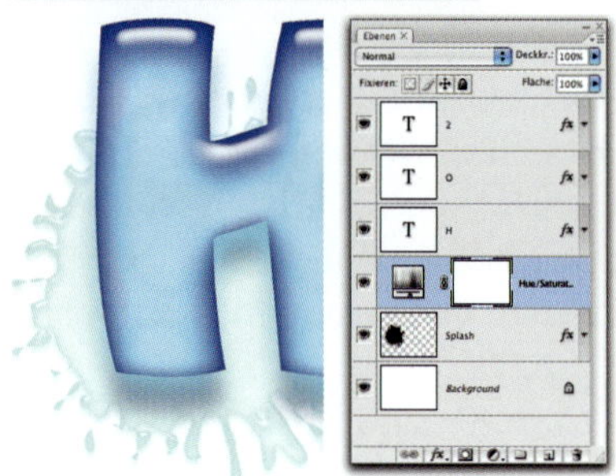

Mit einer Farbton/Sättigung-Einstellungsebene wurde die Farbe des Wassertropfens geändert. Der weiße Hintergrund verändert sich nicht.

5b

Durch das Verschieben des Wassertropfens und der Einstellungsebene nach ganz oben wird alles eingefärbt

5c

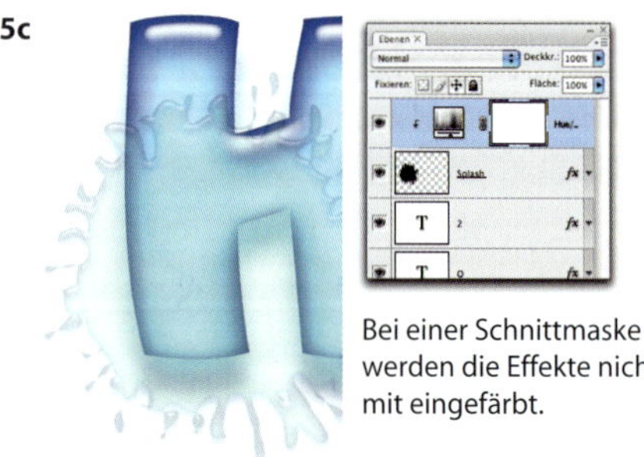

Bei einer Schnittmaske werden die Effekte nicht mit eingefärbt.

5d

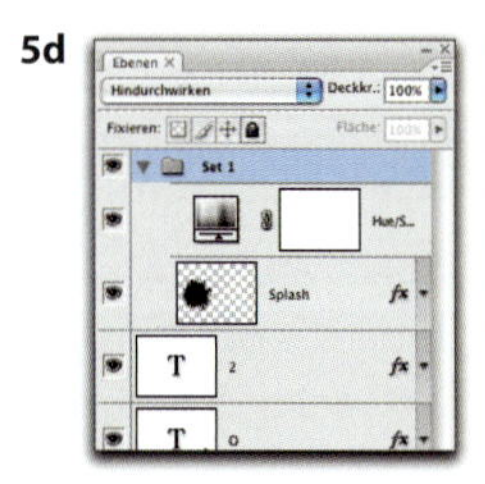

Bei einer Ebenengruppe im Modus HINDURCHWIRKEN werden auch die darunter liegenden Ebenen eingefärbt und es entsteht dasselbe Ergebnis wie in **5b**.

Um die Farbänderung jedoch auf die Ebene des Wassertropfens zu beschränken, experimentierten wir ein wenig und versuchten, wie Photoshop zu denken:

- Wenn wir eine **Schnittmaske** erstellen (indem wir mit gedrückter ⌥/Alt-Taste auf die Grenze zwischen der Ebene mit dem Wassertropfen und der Einstellungsebene klicken), würde die Farbe auf den Innenbereich des Wassertropfens beschränkt und sich nicht auf den Text auswirken. Allerdings wird der Wassertropfen dabei nur innen eingefärbt – Schatten nach innen, Schlagschatten und Schein nach außen blieben unverändert **5c**, das war nicht unser Ziel.
- Wir versuchten, den Wassertropfen und die Einstellungsebene in einer Ebenengruppe zu verbinden (klicken Sie in CS auf die Miniaturen der Ebenen und dann auf das Verbinden-Icon; seit CS2 wählen Sie die Ebenen aus und aktivieren im Paletten-Menü den Eintrag NEUE GRUPPE AUS EBENEN). Allerdings erzeugt auch hier der Standard-Modus HINDURCHWIRKEN nicht das gewünschte Ergebnis – die Farbänderung wird auch auf die Textebenen übertragen **5d**.
- Wir änderten den Modus der Ebenengruppe in NORMAL; jetzt erhielten wir das gewünschte Ergebnis. Die Einstellungsebene ändert die Farbe des Wassertropfens, die Ebenengruppe bewirkt, dass Tropfen und Einstellungsebene als reduzierte Ebene behandelt werden **5e**.

6 Noch mehr Text. Um das Logo zu vervollständigen, aktivierten wir das Textwerkzeug und erstellten eine neue Textebene. In der Optionsleiste wählten wir die Schriftart Myriad Pro, 32 Punkt und klickten in das Farbfeld; mit der Pipette klickten wir in das »H«, um den blauen Farbton aufzunehmen. Mit aktivierter ⇧ gaben wir Folgendes ein: »2006 CLEAN WATER FESTIVAL« **6**. Wir hielten die ⌘-Taste (PC: Strg) gedrückt und zogen den Text in Position.

5e

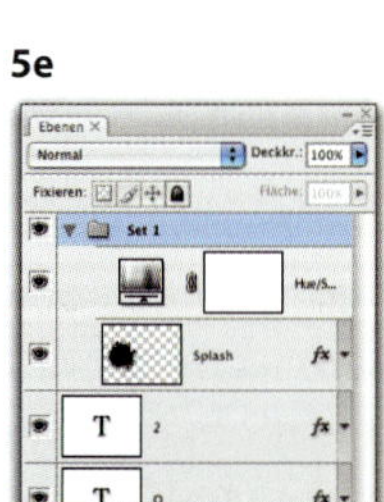

Im Modus NORMAL entsteht das Ergebnis, wie es auf Seite 509 oben zu sehen ist.

6

2006 CLEAN WATER

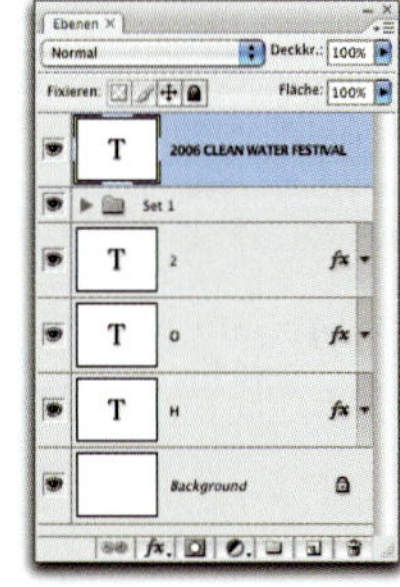

Wir fügten weiteren Text hinzu und verwendeten dafür dasselbe Blau wie für den anderen Schriftzug.

A N A T O M I E

Klare Farbe

Der Ebenenstil **Wow-Clear Blue**, der für das Logo auf Seite 513 verwendet wird, verwandelt Text und Grafiken in dimensionale, durchscheinende Objekte. Um die einzelnen Effekte dieses Stils zu untersuchen, öffnen Sie die Datei **Plastic-O.psd**, die Ebenen-Palette und klicken Sie doppelt auf das Ebenenstil-Symbol *fx* **rechts neben einem Ebenennamen. Links in der Ebenenstil-Dialogbox** lassen sich die einzelnen Effekte anklicken und deren Einstellungen betrachten.

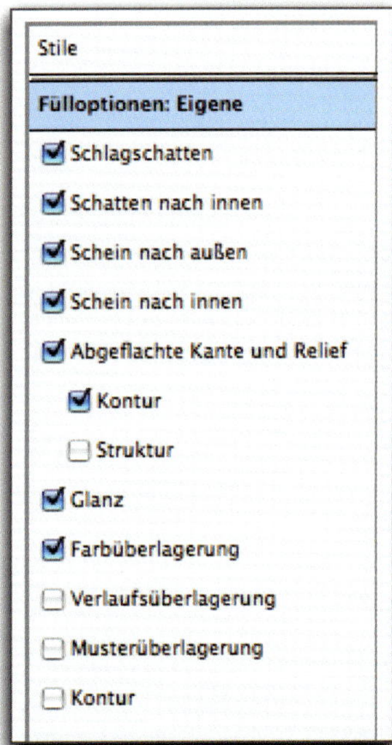

SIE FINDEN DIE DATEIEN auf der DVD unter Wow Projektdateien/Kapitel 8/ Anatomie Klare Farbe

Ebeneninhalt

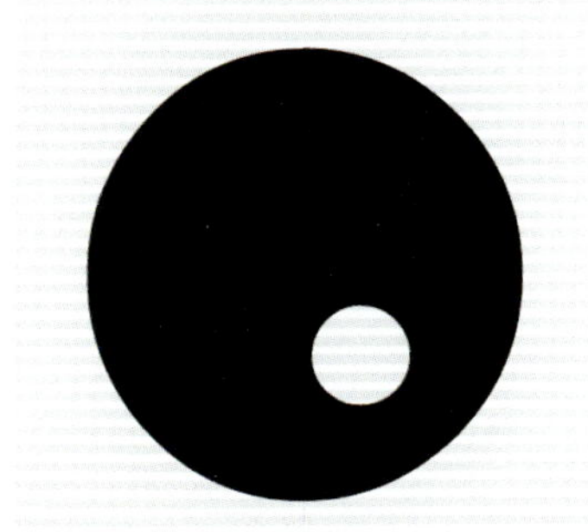

Wir begannen damit, den Buchstaben »O« in der Schriftart BeesWax vor einem gestreiften Hintergrund einzugeben. Der Ebenenstil lässt sich direkt auf den editierbaren Text anwenden. Wir wandelten die Textebene in der Datei **Plastic-O.psd** jedoch in eine Formebene um, um keine Probleme mit der Schriftart zu bekommen.

Farbe übernehmen

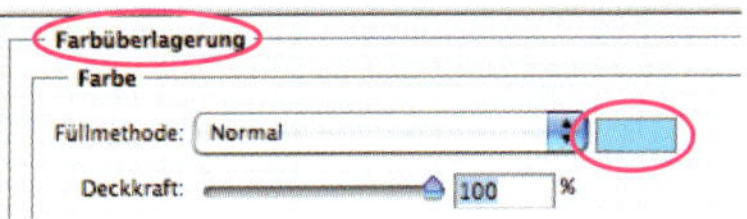

Beim Zusammensetzen des Ebenenstils sollten Sie am besten mit dem Effekt beginnen, der die größte Veränderung hervorruft. Fügen Sie anschließend feinere Effekte hinzu.

Wir wendeten zunächst eine Farbe mit einer FARBÜBERLAGERUNG an. Dazu klickten wir links in der Liste auf den entsprechenden Eintrag, im Anschluss auf das Farbfeld, um den Farbwähler zu öffnen, und wählten ein helles Blau. Wir wählten die Füllmethode NORMAL mit einer Deckkraft von 100%. Die Originalfarbe der Grafik wird dadurch vollständig ersetzt.

Füllen

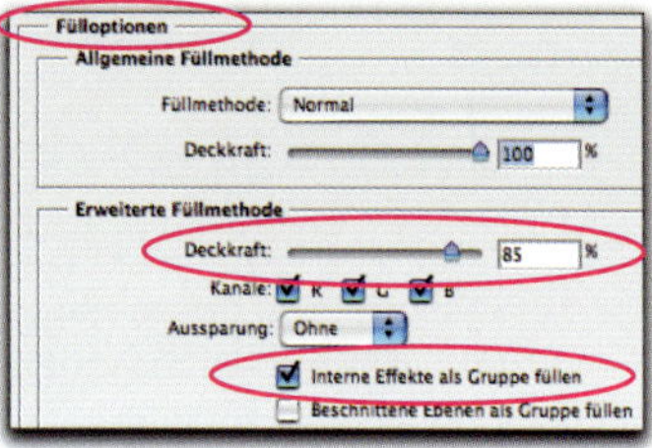

Da wir einen Stil erstellen, der aus verschiedenen Effekten besteht – Farbüberlagerung, Schein nach innen und Glanz –, aktivierten wir in den Fülloptionen die Option INTERNE EFFEKTE ALS GRUPPE FÜLLEN. Dadurch wirkt sich beispielsweise die Fülldeckkraft auf das Innere des »O« als Einheit aus. Wenn Sie die Fülldeckkraft beispielsweise auf 85% reduzieren, um den Buchstaben teilweise transparent zu gestalten, werden auch die Effekte transparent. (Ohne diese Einstellung würde beispielsweise die Farbüberlagerung trotzdem mit 100% Deckkraft angewendet werden und der Buchstabe würde deckend blau, selbst wenn Sie die Fülldeckkraft der Ebene auf 0% reduzieren würden!)

Schlagschatten

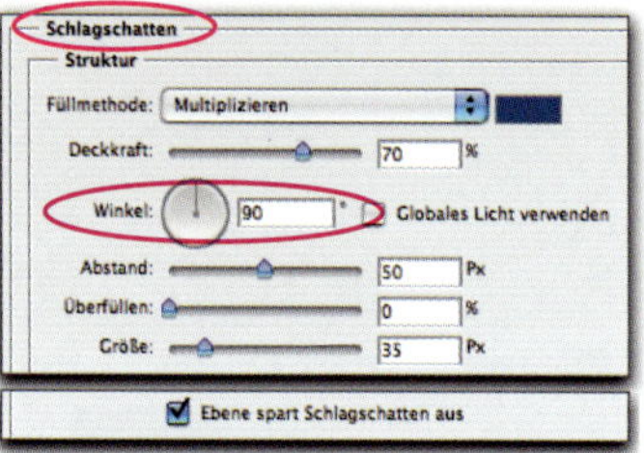

Der SCHLAGSCHATTEN eignet sich gut als nächster Schritt, um Tiefe durch eine weichgezeichnete, versetzte Kopie hinter dem »O« zu erzeugen. Mithilfe des Schlagschattens lässt sich auch die Illusion der Transparenz verstärken. Wir klickten auf das Farbfeld und wählten ein dunkleres, gesättigteres Blau. Um das »O« von oben aufzuhellen, wählten wir für den Schlagschatten einen Winkel von 90°. Es wäre nur einleuchtend, die Option GLOBALES LICHT VERWENDEN zu aktivieren, jedoch ist das riskant, wenn die Höhe für den Effekt eine wichtige Rolle spielt (siehe Seite 498). Unten in der Dialogbox stellten wir sicher, dass die Option EBENE SPART SCHLAGSCHATTEN AUS aktiviert ist, um den teilweise transparenten Buchstaben nicht abzudunkeln.

Kanten schattieren

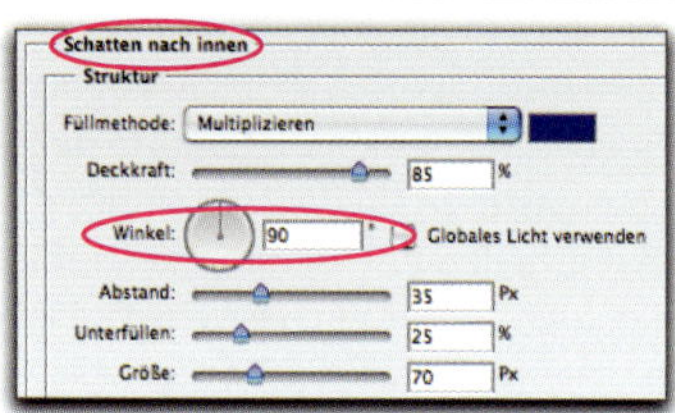

Der SCHATTEN NACH INNEN erzeugt eine weichgezeichnete, verschobene Kopie an der Innenseite der Kante – die Buchstabenkanten werden dadurch besser abgerundet. Wir erstellten einen weichen Übergang (die Größe bestimmt, wie weichgezeichnet das Ergebnis wird). Die bereits erzeugte Farbe (durch die Farbüberlagerung) wird im Standard-Modus MULTIPLIZIEREN abgedunkelt, deshalb wählten wir ein etwas helleres Blau. Für den Winkel wählten wir 90°. (Der Schatten nach innen wird oft für einen Gravureffekt oder eine Ausstanzung verwendet, allerdings ist dafür hier bereits der Schlagschatten zuständig.)

Hinweis: Der Schatten nach innen mischt sich nicht mit den anderen internen Effekten (Überlagerungen, Schein nach innen, Glanz), wenn Sie die Option INTERNE EFFEKTE ALS GRUPPE FÜLLEN aktivieren.

Kanten färben 2

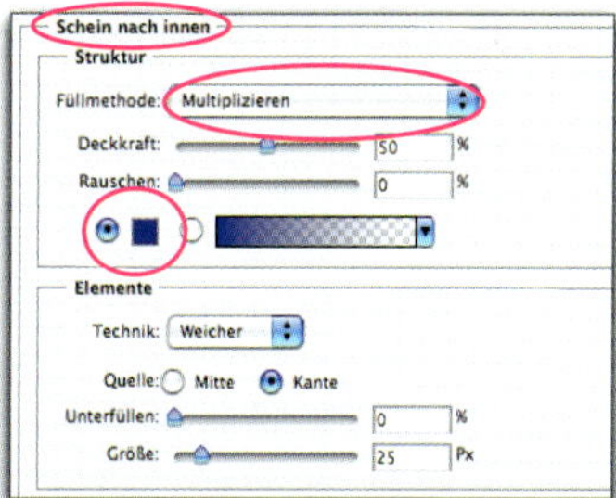

Wir nutzten den SCHEIN NACH INNEN, um die Rundung der Kanten zu verstärken. Wir änderten die Füllmethode in MULTIPLIZIEREN und wählten in etwa dasselbe Blau wie für den Schatten nach innen. In diesem Modus dunkelt der Schein die bereits erzeugte Schattierung ab. Allerdings handelt es sich bei diesem Effekt um keine Verschiebung – die dunklen Halos werden gleichmäßig um die Kanten angewendet und dunkeln die Bereiche ab, die vom Schatten nach innen noch nicht verändert wurden – beispielsweise die Unterkanten des Buchstabens.

Glanzkante

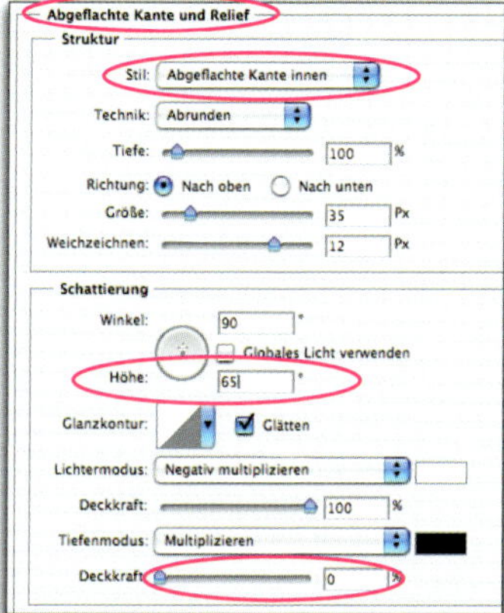

Hier nutzten wir den Effekt ABGEFLACHTE KANTE UND RELIEF, um reflektierende Lichter auf der Oberfläche des Buchstabens zu erzeugen. Wir wählten die ABGEFLACHTE KANTE INNEN im Modus NEGATIV MULTIPLIZIEREN für die Lichter. Den Schatten brauchen wir hier nicht, da wir bereits einen Schatten und einen Schein nach innen angewendet haben – wir reduzierten deshalb dessen Deckkraft auf 0. Für die Höhe wählten wir 65°, damit die Lichter von oben auf die Vorderseite des Buchstaben fallen. Auch hier stellten wir für den Winkel 90° ein.

Den Schein verfeinern

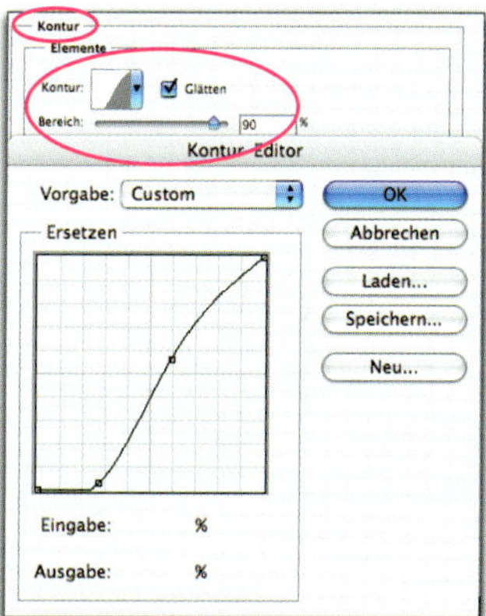

In der Effektliste links in der Dialogbox klickten wir auf KONTUR, im dortigen Abschnitt auf die Konturminiatur, um die Dialogbox KONTUR-EDITOR zu öffnen. Wir änderten den Bereich auf 90%, um die Lichter scharfzuzeichnen und etwas mehr einzuengen, damit sie eher wie Reflexionen auf einer harten Oberfläche aussehen.

Sprenkel

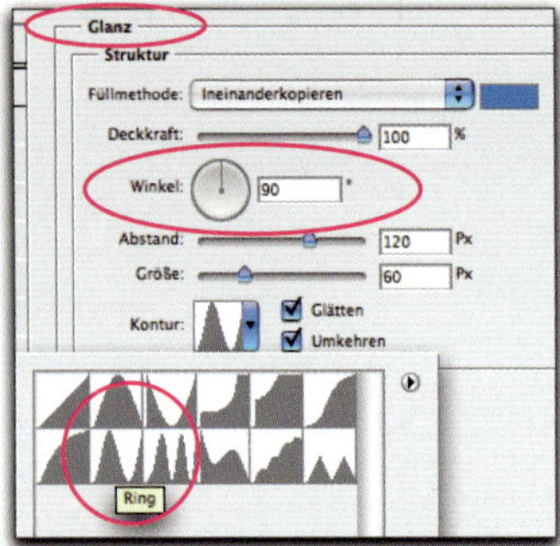

Um der Farbe kleine Striche und Flecken zu verleihen, wendeten wir einen Glanzeffekt in hellem Blau und im Modus ÜBERLAGERN/INEINANDERKOPIEREN an. Der Abstand skaliert die Kopie des Buchstabens, verkleinert ihn vertikal, weil wir einen Winkel von 90° wählten. Dieser Winkel bestimmt den Verzerrungswinkel – das Duplikat wird vertikal zusammengedrückt. Die Größe bestimmt auch hier die Stärke der Weichzeichnung. Wir klickten auf das kleine Dreieck neben der Konturminiatur und wählten RING, um den gewünschten Effekt zu erzielen.

Lichtbrechungen

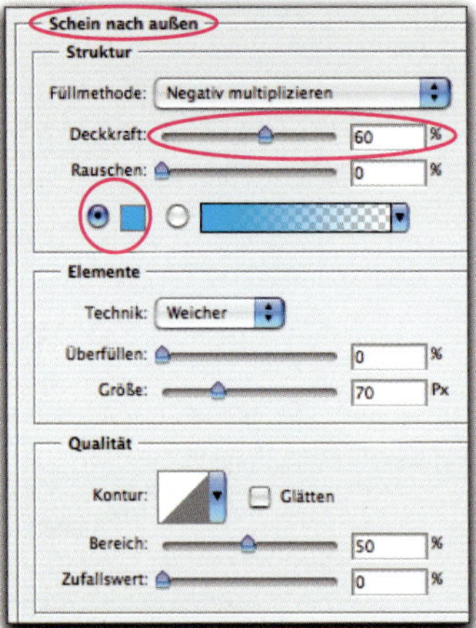

Schließlich wendeten wir den Effekt SCHEIN NACH AUSSEN in einem hellen Blau und mit der Standard-Füllmethode an. Wir wählten die Technik WEICHER, um das Ergebnis etwas diffuser aussehen zu lassen. Durch die Füllmethode wirkt sich der Effekt nur auf die Teile des Schattens aus, die dunkler sind als der Schein nach außen. Die Farbe des Schlagschattens an den Kanten wird leicht aufgehellt. Dadurch sieht es so aus, als würden Sie den Buchstaben durch Kunststoff betrachten – der Schatten wird etwas aufgehellt. Den Grad der Aufhellung kontrollieren Sie mit der Deckkraft.

TRANSPARENZ KONTROLLIEREN

Um die Deckkraft eines Elements zu reduzieren, ohne die Deckkraft der Effekte zu verringern, ändern Sie einfach die Flächen- statt der Ebenendeckkraft. Beide Einstellungen finden Sie im oberen Bereich der Ebenen-Palette und in den Fülloptionen der Ebenenstil-Dialogbox.

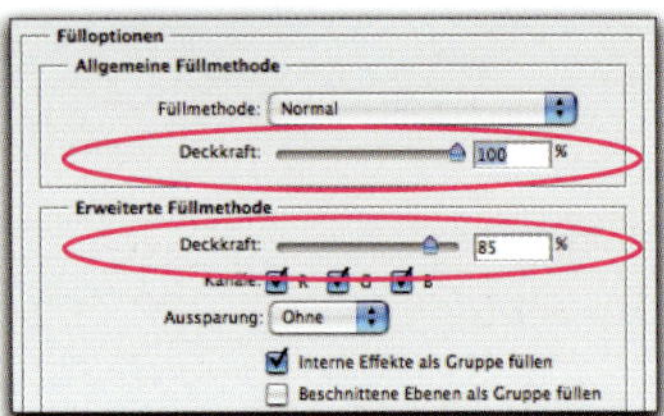

SKALIERUNG ÜBERPRÜFEN

Wenn Sie einen Ebenenstil anwenden, sollten Sie dessen Skalierung überprüfen. Eine Möglichkeit, die entsprechende Dialogbox zu öffnen besteht darin, EBENE/EBENENSTIL/EFFEKTE SKALIEREN zu wählen. Probieren Sie in der Dialogbox verschiedene Einstellungen aus.

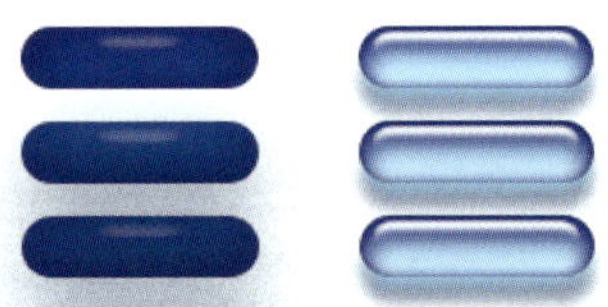

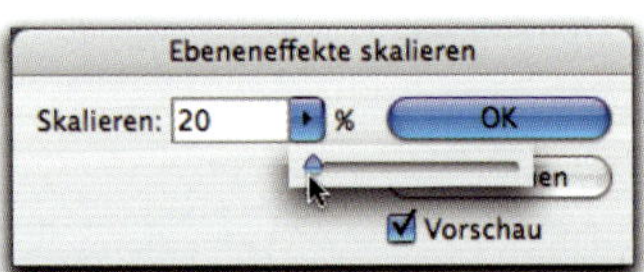

Der Stil **Wow-Clear Blue** sieht anders aus (oben links), bis er auf Buttongröße skaliert wird (oben rechts).

Verrostet & verwittert

SIE FINDEN DIE DATEIEN
auf der DVD WOW unter Wow Projektdateien/Kapitel 8/Verrostet:
- Verrostet-Vorher.psd
- Wow-Rost-Projekte.asl (Vorgaben)
- Verrostet-Nachher.psd

ÖFFNEN SIE DIESE PALETTEN
aus dem Fenster-Menü:
• Werkzeuge • Ebenen • Stile

ÜBERBLICK
Vektorgrafiken erstellen oder importieren • Mit einem Ebenenstil Tiefe, Struktur und Beleuchtung hinzufügen • Kanten mit einer gefilterten Ebenenmaske aufrauen • Einstellungsebenen in Schnittmasken verwenden, um Farbe und Struktur einzelner Elemente zu ändern • Ein Umgebungsfoto hinzufügen

Ebenenmasken mit vektorbasierten Grafiken sowie einem Muster und einer Struktur bieten unglaublich viel Flexibilität bei der Erzeugung realistischer Oberflächen und bei Kanteneffekten. Die hier gezeigte Technik lässt sich auf Grafiken und Text anwenden (auf Seite 428 lesen Sie etwas über die Vorteile der Umwandlung von Text in Formen).

1 Die Datei einrichten. Öffnen Sie die Datei **Verrostet-Vorher.psd** oder legen Sie eine eigene RGB-Datei mit einem weißen Hintergrund an (DATEI/NEU). Fügen Sie Text oder Vektorgrafiken hinzu oder importieren Sie ein Designelement. Unser Logo wurde in Adobe Illustrator erstellt – der Text wurde dort in Pfade umgewandelt. Die Grafik wurde ausgewählt **1a**, in die Zwischenablage kopiert und in Photoshop als Formebene eingefügt **1b**. Wir verkleinerten unsere Grafik ein wenig (drücken Sie ⌘/Strg-T und ziehen Sie mit gedrückter ⌥/⇧-Taste an einem der Eckpunkte, um die Grafik proportional zu skalieren) **1c**. Seit Photoshop CS2 können Sie eine Grafik auch als Smart Objekt einfügen – so haben Sie die Möglichkeit, das Original in Illustrator jederzeit zu bearbeiten; die Photoshop-Datei wird automatisch aktualisiert.▼ Die hier gezeigte Technik funktioniert sowohl mit Smart Objekten als auch mit Formebenen.

In Photoshop fügten wir hinter das Logo noch eine geneigte Platte hinzu: Dazu aktivierten wir zunächst die Hintergrundebene,

MEHR DAVON
▼ Smart Objekte aus Adobe Illustrator importieren
Seite 443

1a

Die Grafik wurde in Adobe Illustrator erstellt, ausgewählt und in die Zwischenablage kopiert.

1b

In Photoshop wurde die Grafik als Formebene eingefügt.

1c

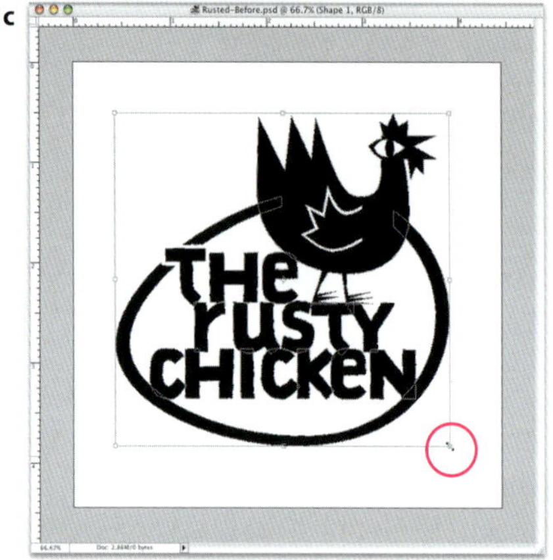

Verkleinern Sie die Grafik in der Photoshop-Datei.

1d

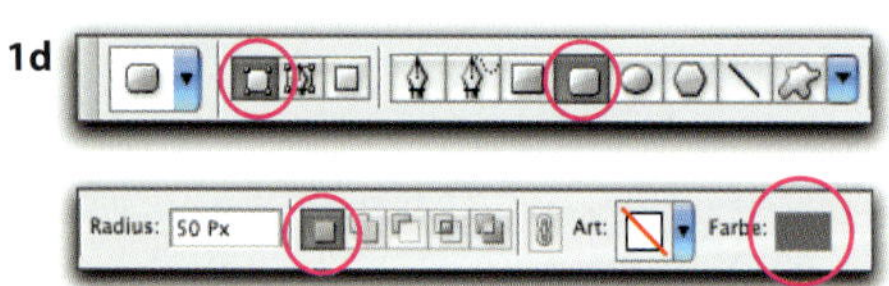

Die Optionen für das Abgerundete-Rechteck-Werkzeug.

1e

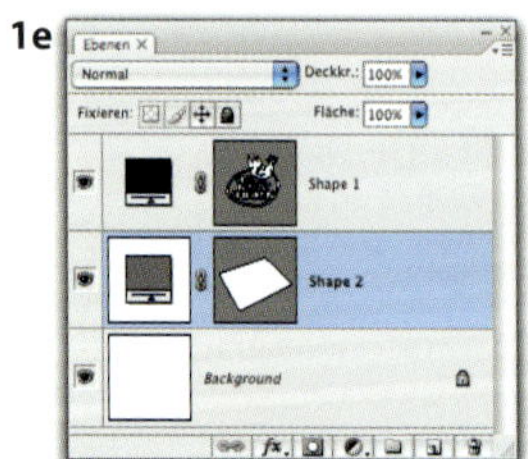

Die importierte Grafik und die Platte dahinter.

damit sich die neu erzeugte Formebene zwischen Hintergrund und importierter Grafik befindet. Wir wählten ein Formwerkzeug (Taste U) und aktivierten in der Optionsleiste die Option FORMEBENE, das abgerundete Rechteck sowie einen Radius von 30 Pixel. Durch einen Klick auf das Farbfeld, öffneten wir den Farbwähler und entschieden uns für ein mittleres Grau **1d**. Wir zogen im Arbeitsfenster, um ein abgerundetes Rechteck zu erstellen. Wir drückten ⌘-T (PC: Strg-T) für BEARBEITEN/FREI TRANSFORMIEREN und drehten die Form. Mit gedrückter ⌘/Strg-Taste zogen wir an den einzelnen Eckpunkten, um die Platte etwas zu verzerren. Durch Ziehen innerhalb des Transformieren-Rahmens verschoben wir die Platte an die richtige Position. Die Transformation wurde mit einem Doppelklick innerhalb des Rahmens abgeschlossen **1e**.

2 Dem Logo und der Platte ein rostiges Aussehen verleihen. Um beide Ebenen mit einer Farbe, Oberflächenstruktur und einer abgeflachten Kante zu versehen, nutzen Sie den Stil **Wow-Rust** Style. (Auf Seite 522 lernen Sie die einzelnen Effekte dieses Stils kennen.)

- Aktivieren Sie in Photoshop CS die Grafikebene (das Logo in der Datei **Verrostet-Vorher.psd**), indem Sie auf die Miniatur in der Ebenen-Palette klicken.
- Seit CS2 können Sie beide Ebenen gleichzeitig mit einem Stil versehen: Klicken Sie erst auf die eine Ebenenminiatur und dann mit gedrückter ⇧-Taste auf die zweite.

Um den Stil anzuwenden, öffnen Sie in der Stile-Palette das Paletten-Menü und wählen **Wow-Metal**. Wenn Sie die Wow-Vorgaben noch nicht geladen haben ▼, sehen Sie die Stile **Wow-Metal** nicht in diesem Menü. Um nur die beiden Stile für dieses Projekt zu laden, wählen Sie STILE LADEN und navigieren Sie zur Datei **Wow-Rost-Projekte.asl** (Wow Projektdateien/Kapitel 8/Verrostet). Nach dem Laden klicken Sie einfach auf die Miniatur **Wow-Rust 2a**, um den Stil auf die Ebenen anzuwenden.

Haben Sie beide Grafikebenen ausgewählt, sind jetzt auch beide mit diesem Stil versehen. In CS müssen Sie nun die zweite Ebene aktivieren und den Stil hier separat anwenden **2b**. (Falls Sie mit einer eigenen Grafik arbeiten, kann es sein, dass Sie den Stil skalieren müssen: Klicken Sie dazu in der Ebenen-Palette mit gedrückter Ctrl/Rechts-Taste auf das Ebenenstil-Symbol *fx* der Ebene mit dem Stil und wählen Sie EFFEKTE SKALIEREN; passen Sie die Skalierung an, bis das Ergebnis ansprechend aussieht.)

MEHR DAVON

▼ Wow-Vorgaben laden **Seite 5**

2a 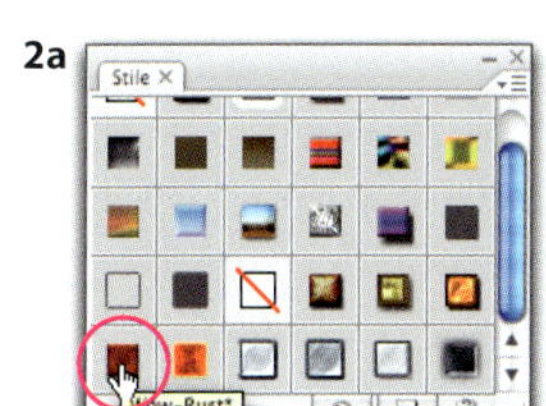

Wählen Sie aus den Wow-Metal-Stilen **Wow-Rust**.

2b 

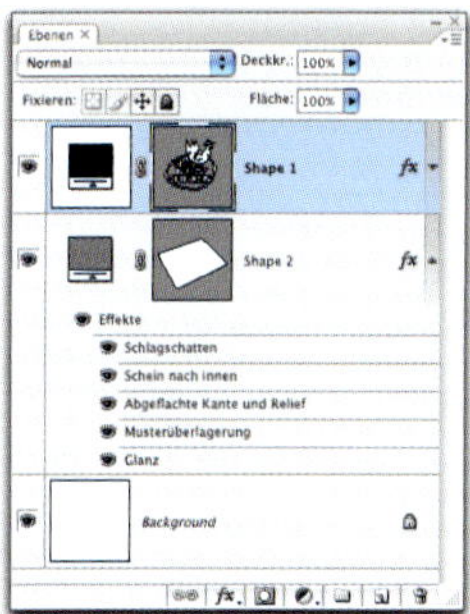

Der Stil Wow-Rust wurde auf beide Grafikebenen angewendet. Die Ebenen-Palette wird kompakter (wie hier für die obere Ebene zu sehen), wenn Sie die einzelnen Effekte der Ebenen ausblenden.

3 Die Kanten eines Logos ausfransen. In diesem Schritt sollten die Kanten des Logos ausgefranst werden. Eine effektiv Möglichkeit, ohne die Grafik an sich zu beschädigen, besteht darin, die Formebene mit einer pixelbasierten Ebenenmaske auszustatten und die Kanten der Ebenenmaske zu bearbeiten. Der Ebenenstil, den wir in Schritt 2 hinzugefügt haben, wendet auf die Form dann die abgeflachte Kante, den Schlagschatten und weitere Effekte an.

Um die Ebenenmaske hinzuzufügen, müssen Sie zunächst sicherstellen, dass die Logo-Ebene aktiv ist (klicken Sie auf deren Miniatur in der Ebenen-Palette). Laden Sie den Umriss der Grafik als Auswahl: Klicken Sie in der Ebenen-Palette mit gedrückter ⌘-Taste (PC: Strg) auf die Maskenminiatur oder die Miniatur des Smart Objekts **3a**. Klicken Sie im Anschluss unten in der Palette auf den Button ◻.

Um die Kanten der Ebenenmaske aufzurauen, wenden Sie den Filter SPRITZER an (FILTER/MALFILTER/SPRITZER). Wählen Sie in der Dialogbox für den unteren Regler zunächst den Maximalwert (15), um eine möglichst raue Kante zu erhalten. Passen Sie anschließend den Sprühradius an, bis Sie den gewünschten Kanteneffekt erhalten (wir wählten 8, da mit einem höheren Wert die Linien und scharfen Punkte auf dem Huhn aufbrechen würden) **3b**. In der Vorschau der Dialogbox erkennen Sie nicht genau, was mit den Kanten passiert. Das liegt an zwei Maskierungselementen, die die Kante definieren – die aufgeraute Ebenenmaske und der harte Vektorumriss. Wo sich der Filter in die Kante der Ebenenmaske einfrisst, sind die Effekte im Resultat zu sehen. Dehnt sich der Filter über die Maskenkante aus, ist kein Effekt zu sehen **3c**. Für unseren gewünschten Effekt ist das hervorragend. Klicken Sie auf OK, um die Filtergalerie zu schließen. Falls Sie den Filter mit einer anderen Einstellung erneut anwenden wollen, drücken Sie ⌘-Z (PC: Strg-Z) und dann ⌘-⌥-F (PC: Strg-Alt-F), um die Filtergalerie erneut zu öffnen.

Wenden Sie die Maske und den Filter auch auf die Ebene mit der Platte im Hintergrund an.

Den Pfad einer Form ausblenden

Falls sich die Umrisse der Formebene mit den Kanten der stilisierten Grafik überschneiden, lässt sich der Pfad ganz einfach mit ⌘/Strg-⇧-H ausblenden. Mit derselben Tastenkombination blenden Sie ihn auch wieder ein.

3a 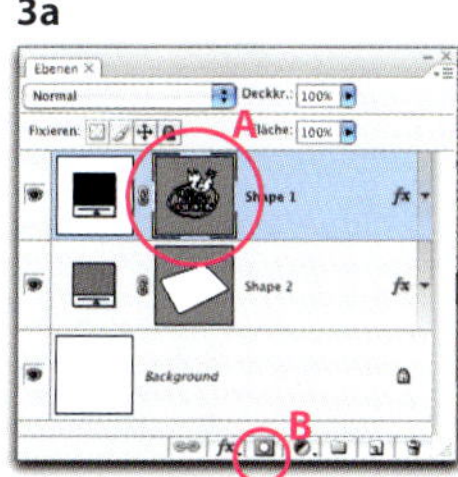

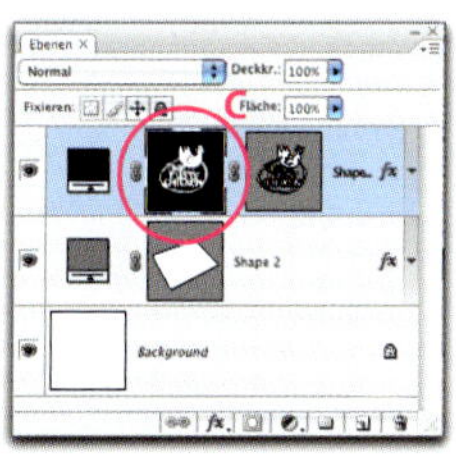

Klicken Sie mit gedrückter ⌘/Strg-Taste auf die Maske der Formebene **A** und dann auf den Button ◻ **B,** um eine passende Ebenenmaske zu erstellen **C**.

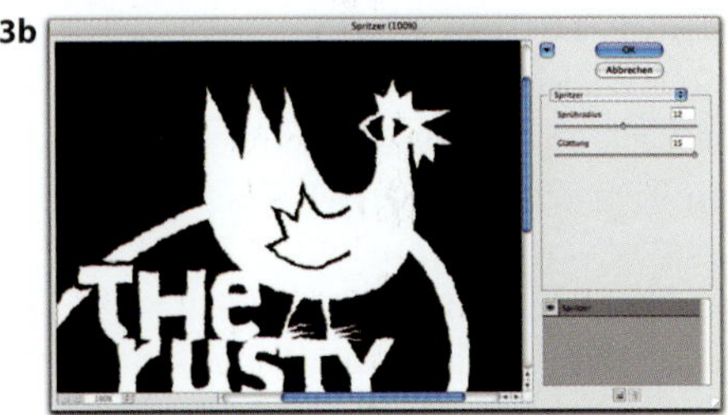

3b Wenden Sie den Filter SPRITZER auf die Ebenenmaske der Logo-Ebene an; wenn Sie den Filter wählen, öffnet sich automatisch die Filtergalerie.

3c Die aufgeraute Kante der Ebenenmaske wurde von der Vektormaske beschnitten (oben). Dadurch wurde die Kante der stilisierten Grafik entfernt.

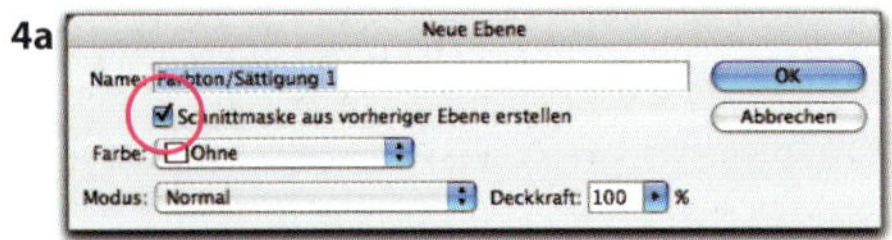

4a Auf die Logo-Ebene wird eine Farbton/Sättigung-Einstellungsebene als Schnittmaske angewendet.

4b Reduzieren Sie die Sättigung auf ein Minimum, um die Farbe zu entfernen.

4 Die Oberflächeneigenschaften ändern. Wenn Sie auf beide Grafikelemente einen Stil angewendet haben, ist es ganz einfach, mit Struktur und Farbe der jeweiligen Ebene zu experimentieren. Um das verrostete Logo in verwittertes (aber nicht verrostetes) Metall zu verwandeln, entfernen Sie die Farbe der Logo-Ebene und verstärken Sie deren Kontrast, um die Struktur zu betonen: Zum Entfernen der Farbe aktivieren Sie die Logo-Ebene und fügen Sie eine Farbton/Sättigung-Einstellungsebene hinzu (klicken Sie dazu unten in der Ebenen-Palette auf den Button ◐). Mithilfe der ⌥/Alt-Taste öffnen Sie die Dialogbox NEUE EBENE **4a**, in der Sie die Option SCHNITTMASKE AUS VORHERIGER EBENE ERSTELLEN aktivieren, um nur die Logo-Ebene zu bearbeiten, nicht die darunter liegenden. Klicken Sie auf OK, um diese Dialogbox zu schließen. In der Dialogbox FARBTON/SÄTTIGUNG reduzieren Sie die Sättigung auf –100 (die Minimaleinstellung) und klicken auf OK **4b**, **4c**.

Um den Kontrast zu erhöhen, klicken Sie mit gedrückter ⌥/Alt-Taste erneut auf den Button ◐, um eine weitere Einstellungsebene hinzuzufügen – wählen Sie TONWERTKORREKTUR und aktivieren Sie auch dieses Mal SCHNITTMASKE AUS VORHERIGER EBENE ERSTELLEN. Verschieben Sie in der Dialogbox den Lichterregler nach links, um den Kontrast zu verstärken, bis Sie einige wirklich weiße Lichter sehen **4d**.

5 »Atmosphäre« hinzufügen. Ihre Elemente sehen noch realistischer aus, wenn Sie etwas »Atmosphäre« hinzufügen. Ziehen Sie ein weichgezeichnetes Umgebungsfoto über die Grafiken; die Datei **Verrostet-Nachher.psd** enthält eine solche Ebene. Ändern Sie den Ebenenmodus (wir wählten HARTES LICHT) und reduzieren Sie die Deckkraft nach Geschmack (wir entschieden uns für 30%).

Das Erstellen der Maske für die Umgebungsebene war schwierig, aber logisch. Zunächst klickten wir mit gedrückter ⌘-Taste (PC: Strg) auf die Vektormaske bzw. das Smart Objekt der Logo-Ebene; der Maskenumriss wird als Auswahl geladen. Im nächsten Schritt klickten wir mit gedrückter ⌘-⌥-⇧-Taste

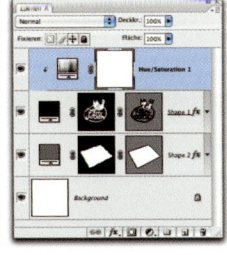

4c Weil die Einstellungsebene von der Logo-Ebene beschnitten wird, wirkt sie sich nicht auf die Farbe der Platte aus. Die Ebene wird in der Ebenen-Palette eingerückt dargestellt und mit einem nach unten zeigenden Pfeil gekennzeichnet.

4d 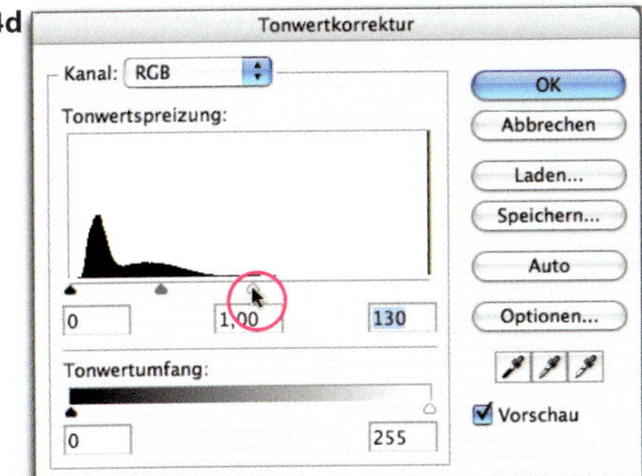

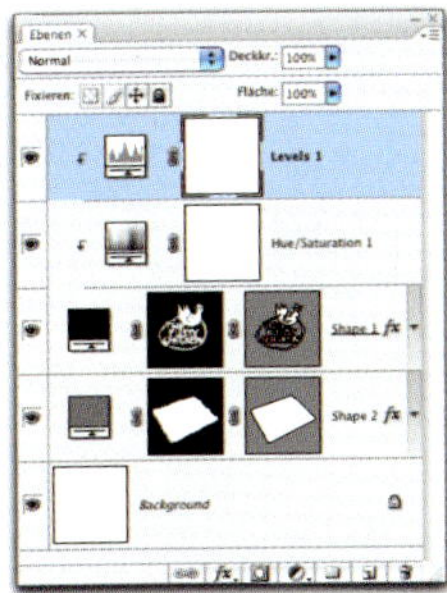

Verschieben Sie den Lichterregler nach links, um die Lichter des Metalls aufzuhellen. Wenn Sie wollen, können Sie auch den Tiefenregler etwas nach rechts verschieben, um den Kontrast etwas zu verstärken.

5 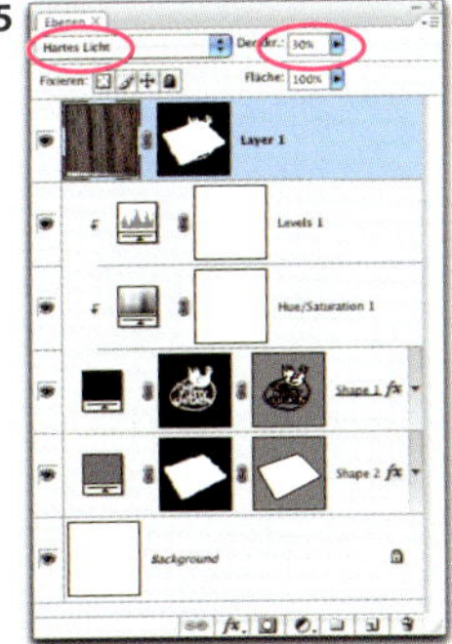

Ein sorgfältig maskiertes und weichgezeichnetes Foto im Modus HARTES LICHT und mit einer Deckkraft von 30% wurde hinzugefügt. Eine zusammengesetzte Ebenenmaske blendet alles außer Logo und Platte aus. Das fertige Bild sehen Sie auf Seite 517 oben.

(PC: Strg-Alt-⇧) auf die Maskenminiatur der Logo-Ebene (dadurch entsteht eine Überschneidung aus Ebenen- und Vektormaske; Bereiche, die über die beiden hinausragen, werden entfernt). Schließlich klickten wir mit gedrückter ⌘/Strg-⇧-Taste auf die Vektormaske der Platte (dieser Umriss wird zur Auswahl hinzugefügt). Mit dieser aktiven, kombinierten Auswahl klickten wir auf die Miniatur der Fotoebene und dann unten in der Ebenen-Palette auf den Button ◙, um eine Ebenenmaske zu erstellen **5**.

Experimentieren Sie. Hier sind zwei weitere Optionen, die Sie ruhig einmal ausprobieren können:

- Um die rostige Farbe vollständig zu entfernen, entfernen Sie die Einstellungsebenen aus der Schnittmaske, damit die Sättigung- und die Tonwertkorrektureinstellung auch auf die Platte angewendet werden. Zum Entfernen klicken Sie mit gedrückter ⌥/Alt-Taste auf die Grenze zwischen dieser Ebene und der darunter liegenden; auch darüber liegende Ebenen werden aus der Schnittmaske entfernt.
- Um heißes, glühendes Metall zu simulieren, blenden Sie die Fotoebene und die Einstellungsebenen aus (klicken Sie auf deren Augen-Icons). Wählen Sie dann die einzelnen Grafikebenen aus und wenden Sie den Stil **Wow-Hot Metal** an (den finden Sie in der Stile-Palette).

Entfernen Sie die Einstellungsebenen aus den Schnittmasken (sie erscheinen nicht mehr eingerückt), um die Einstellungen auf alle Ebenen anzuwenden.

Der Stil **Wow-Hot Metal** bringt das Metall zum Glühen.

ANATOMIE VON »Bumpy«

Im Ebenenstil **Wow-Rust,** den Sie hier sehen und der auch schon auf Seite 517 verwendet wurde, erzeugen die zusammengesetzten Effekte eine verwitterte, metallische Oberflächenstruktur. Um herauszufinden, wie die Effekte für diesen Stil kombiniert werden müssen, öffnen Sie die Datei **Bumpy.psd** und klicken Sie in der Ebenen-Palette doppelt auf das Ebenenstil-Symbol *fx* **rechts neben dem Namen der Grafikebene,** um die Ebenenstil-Dialogbox zu öffnen. Klicken Sie links in der Liste auf die einzelnen Effekte und sehen Sie sich die Optionen an.

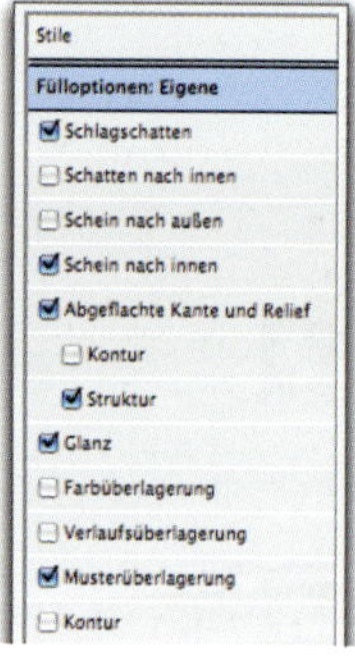

SIE FINDEN DIE DATEI

auf der DVD unter Wow Projektdateien/Kapitel 8/Bumpy.

Ebeneninhalt

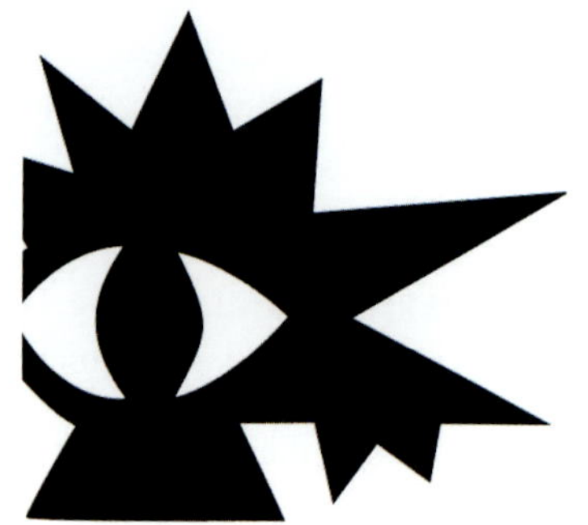

Wir begannen mit einer Grafik, die wir in die Zwischenablage von Illustrator kopierten und in eine Photoshop-Datei als Form einsetzten. Seit Photoshop CS2 lässt sich ein Objekt aus Illustrator auch als Smart Objekt in Photoshop einfügen. So können Sie später jederzeit in das Ursprungsprogramm zurückwechseln und Änderungen vornehmen, die in Photoshop automatisch übernommen werden. (Tipps für die Bearbeitung von Vektor-Smart-Objekten finden Sie auf Seite 445.)

SMART OBJEKT ODER NICHT?

Wenn Sie überlegen, ob Sie ein Objekt als Form oder Smart Objekt einfügen, müssen Sie daran denken, dass jemand, der die Datei in einer Photoshop-Version kleiner als CS2 öffnet, das Smart Objekt nur als pixelbasierte Ebene importieren kann, nicht als vektorbasierte Formebene.

Die Warnmeldung in Photoshop CS, die beim Öffnen einer Datei mit einem Smart Objekt aus CS2 oder höher erscheint, ist nicht so schlimm, wie sie aussieht. Wenn Sie auf OK klicken, wird die Datei einfach nur gerastert, aber auf keinen Fall entfernt.

Farbe & Muster

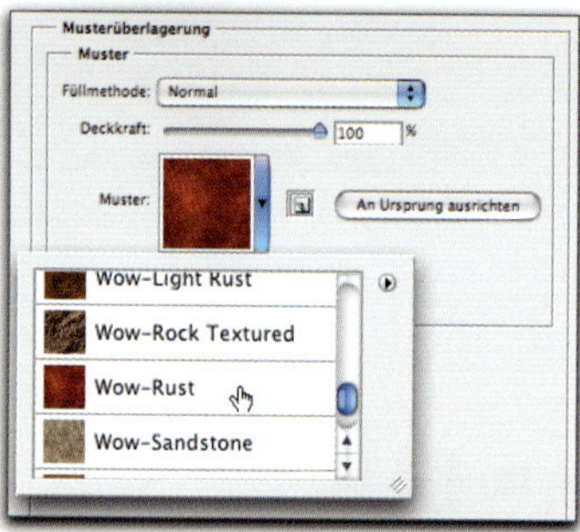

Die Musterüberlagerung liefert im Stil **Wow-Rust** die Farbe und das Muster. Mit der Musterüberlagerung ist es einfacher, die Entwicklung der anderen Effekte zu beobachten. Deshalb aktivierten wir die Musterüberlagerung, indem wir in die Checkbox links in der Ebenenstil-Dialogbox klickten; um die dazugehörigen Einstellungen zu sehen, klicken Sie auf den Namen.

Wir klickten auf das Musterfeld und wählten **Wow-Rust** (**Wow-Rust** ist Teil des Sets **Wow-Misc Surface Patterns**, das Sie auf der beiliegenden DVD finden.) ▼

Lassen Sie die Option MIT EBENE VERBINDEN aktiviert (der Standard). ▼

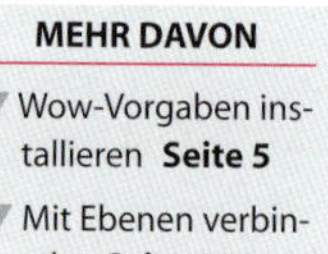

Fülloptionen

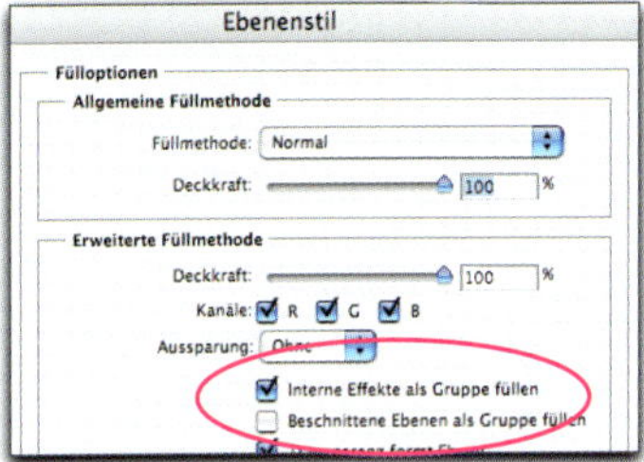

Der nächste Schritt hat keine direkte Auswirkung auf die Grafik, steigert aber die Verwendbarkeit. Aktivierten Sie die Option »**Fülloptionen**« links in der Liste der Ebenenstil-Dialogbox. Dort aktivieren Sie im Abschnitt **Erweiterte Fülloptionen** folgende Optionen:

- »**Interne Effekte als Gruppe füllen**«, damit die verwendete Musterüberlagerung vollständig die ursprüngliche Färbung der Ebene ersetzt.
- »**Beschnittene Ebenen als Gruppe füllen**« haben wir deaktiviert. So können wir die Einstellungsebene in einer Schnittmaske nutzen (wie in Schritt 4 auf Seite 520 beschrieben). Wäre die Option aktiv, würde sich jede Einstellungsebene, die wir in einer Schnittmaske verwenden, auf die ursprüngliche Färbung der Ebene auswirken, bevor der Ebenenstil ins Spiel kommt – der Effekt der Einstellungsebenen wäre nicht zu sehen, er würde durch die Musterüberlagerung überdeckt.

Schlagschatten

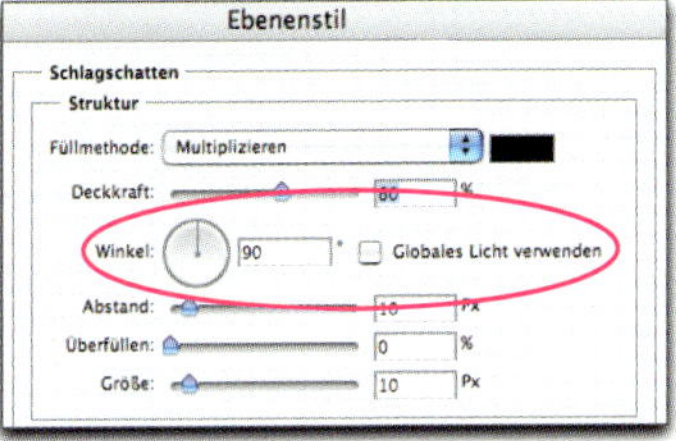

Um die Illusion eines deckenden Objekts zu vermitteln, klickten wir links in der Liste auf »**Schlagschatten**« und passten die Einstellungen an, damit es so aussieht, als würde Schlagschatten auf die Oberfläche fallen:

- Wir verschoben den Cursor ins Arbeitsfenster und zogen den Schatten nach unten. Wir endeten mit einem Winkel von 90° (dadurch sieht es so aus, als befände sich die Lichtquelle auf zwölf Uhr) und einer Distanz von 10 Pixel. Wir deaktivierten den globalen Lichteinfall.▼
- Die Deckkraft reduzierten wir auf 60%, die Größe erhöhten wir, um den Schatten etwas weichzuzeichnen – je höher der Wert für die Größe, desto diffuser der Schatten.

Die Kombination aus Distanz, Winkel, Größe und Deckkraft macht das Umgebungslicht erkennbarer.

Struktur der abgeflachten Kante

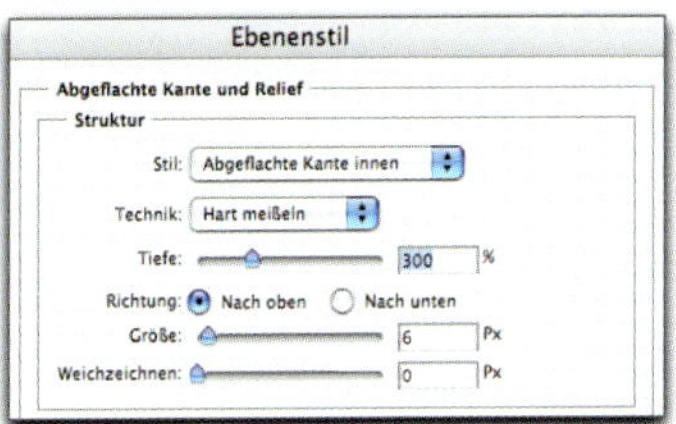

Für mehr plastische Wirkung klickten wir auf »**Abgeflachte Kante und Relief**« und wählten im Abschnitt »Struktur« die Option »Abgeflachte Kante innen«. Dadurch beginnt der Effekt an der Kante der Grafik und breitet sich von dort nach innen aus.▼ Als Technik wählten wir »Hart meißeln«. (Mit »Abrunden« entstehen keine Einkerbungen und mit »Weich meißeln« sieht es so aus, als würde nur relativ weiches Material bearbeitet.) Die Tiefe erhöhten wir auf 300%.

Im Abschnitt »Schattierung« behielten wir alle Standardeinstellungen bei. Die ändern wir erst später.

MEHR DAVON

▼ Globalen Lichteinfall deaktivieren **Seite 498**

▼ Struktur einer abgeflachten Kante **Seite 501**

Schattierung der abgeflachten Kante

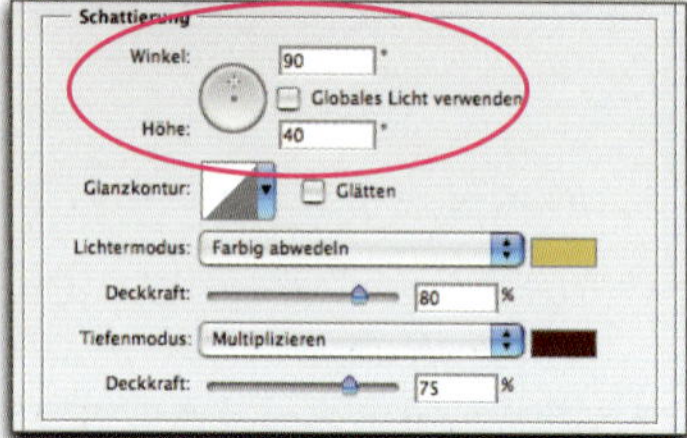

Wir befinden uns immer noch im Abschnitt **Abgeflachte Kante und Relief**. Jetzt kümmern wir uns um die Schattierung: Für das Licht wählten wir ein Gelb, indem wir auf das Farbfeld klickten. Wir aktivierten den Lichtermodus »Farbig abwedeln« mit einer Deckkraft von 80%.

Um die Beleuchtung konsistent zu halten, wählten wir auch hier einen Winkel von 90°. Für die Höhe wählten wir 40°, damit es so aussieht, als würde sich das Licht weiter oben befinden. Den globalen Lichteinfall deaktivierten wir. Hätten wir die Option aktiviert und den Stil auf eine andere Datei angewendet, würde die bestehende Höhe der anderen Datei – der Standard von 30° – den Charakter der abgeflachten Kante ändern.

Für den Tiefenmodus klickten wir auf das Farbfeld und dann in die Musteroberfläche, um ein dunkles Braun aus der Grafik aufzunehmen.

Oberflächenstruktur

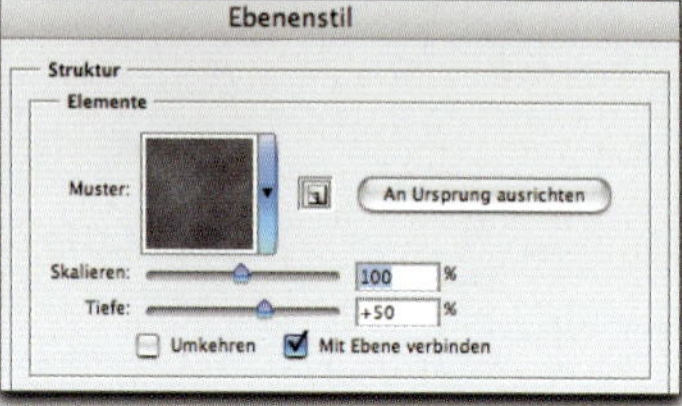

Der Effekt kontrolliert nicht nur die Kante, sondern auch das Relief der Oberflächenstruktur. Wir klickten für den Effekt auf die Unterkategorie »Struktur«.

Wir verwendeten das Muster **Wow-Rust**. Das Musterfeld zeigt das Muster in Graustufen, weil für die Erstellung der Oberflächenstruktur nur die Helligkeit (oder Luminanz) – nicht die Farbe – genutzt wird.

Wir verwenden dasselbe Muster wie für die Musterüberlagerung. Deshalb beließen wir die Skalierung bei 100%. Auch die Option »Mit Ebene verbinden« ließen wir aktiviert, um das Relief mit der Musterüberlagerung auszurichten. (Falls Sie das Muster mit einer anderen Struktur aufbrechen wollen, deaktivieren Sie die Checkbox »Mit Ebene verbinden« und ziehen Sie im Arbeitsfenster, bis die Struktur wie gewünscht unterbrochen ist.)

Die Tiefe kontrolliert die Ausprägung des Reliefs: 50% erzeugen ein eher flaches Relief.

Kantendefinition

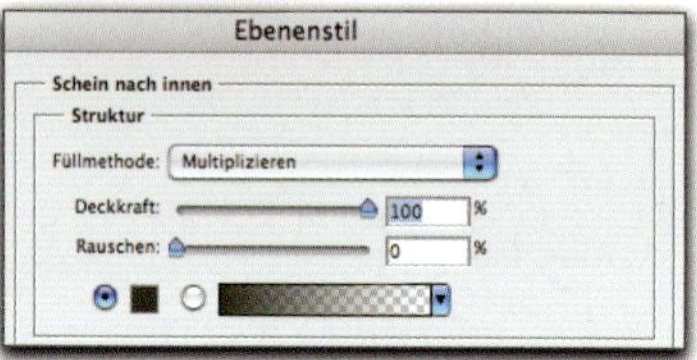

Ein **Schein nach innen** in grau und im Modus »Multiplizieren« modelliert die Innenkanten, verstärkt den Kontrast und verbessert die Kantendefinition

Glanz

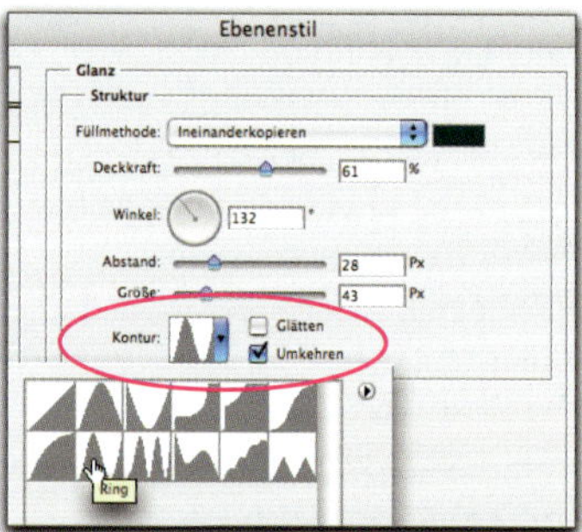

Der Glanzeffekt vervollständigt den Stil (siehe Seite 522 unten). Wir wählten eine Komplementärfarbe, den Modus »Überlagern« und einen passenden Winkel – durch Experimentieren. Wie Gradationskurven werden die Tonwerte in einer weichgezeichneten Kopie des Ebeneninhalts wiedergegeben. Mit dem Glanz ändern Sie die Oberflächenbeleuchtung und verbergen mögliche Wiederholungen in der Musterüberlagerung und der Struktur.

Eigenes Chrom

SIE FINDEN DIE DATEIEN

auf der DVD unter Wow Projektdateien/Kapitel 8 /Eigenes Chrom:

- Chrom-Vorher.psd
- Wow-Chrom-Projekte.asl (Stilvorgaben)
- Wolkenreflexion.psd
- Chrom-Nachher.psd

ÖFFNEN SIE DIESE PALETTEN

aus dem Fenster-Menü:

• Werkzeuge • Ebenen • Kanäle • Stile

ÜBERBLICK

Eine RGB-Datei mit einem Hintergrundbild und einer Grafikebene vorbereiten • Den Stil Wow-Chrome 03 anwenden, um der Grafik Schein und Tiefe zu verleihen • Eine Verschiebungsmatrix aus den Grafiken erstellen • Die Verschiebungsmatrix mit dem Glas-Filter anwenden • Die Chrom-Oberfläche aufpolieren • Eine mehrdimensionale Oberfläche erstellen, auf der die Grafik sitzt • Stile auf die Oberfläche anwenden und bearbeiten

Die Herausforderung bei der Nachahmung glänzender Chrom-Oberflächen besteht darin, die Reflexionen richtig zu erstellen – die komplexen Verzerrungen der Umgebung müssen in den Rundungen des Objekts zu erkennen sein. Eine Möglichkeit, überzeugendes Chrom in Photoshop zu erzeugen, ist die Verwendung eines Ebenenstils, der eine flache Grafik oder Text in ein reflektierendes, mehrdimensionales Objekt verwandelt. Diese Transformation ist Bestandteil von Schritt 2. Auf Seite 530 wird der dabei verwendete Stil analysiert. Im Anhang B finden Sie 19 weitere Chrom-Variationen, die Sie direkt anwenden können – einige sind eher flach, einige rund, einige haben scharfe abgeflachte Kanten und einige enthalten auch Umgebungsreflexionen.

Hier gehen wir mit unserer Chrom-Simulation noch über den Schritt des Ebenenstils hinaus, indem wir den Filter GLAS anwenden, um ein Umgebungsbild auf der Oberfläche zu spiegeln. Anschließend verwenden wir einen weiteren Ebenenstil für die Grundlage der Chrom-Buchstaben.

1 Die Datei vorbereiten. Öffnen Sie die Farbdatei, die Sie als Hintergrund verwenden wollen, oder öffnen Sie die Datei **Chrom-Vorher.psd**. Befindet sich Ihre Datei nicht im RGB-Modus, wandeln Sie sie entsprechend um, denn der Filter funktioniert im CMYK-Modus nicht. Importieren Sie eine Grafik oder einen Text oder erstellen Sie etwas auf einer transparenten Ebene. Wir begannen mit einem 1000 Pixel breiten Scan von Marmor, der blau eingefärbt wurde,▼ und fügten das »Orbit«-Logo hinzu (das in Adobe Illustrator erstellt, in die Zwischenablage kopiert und in Photoshop als Pixel eingefügt wurde)▼ **1.**

MEHR DAVON

▼ Bilder einfärben **Seite 201**

1

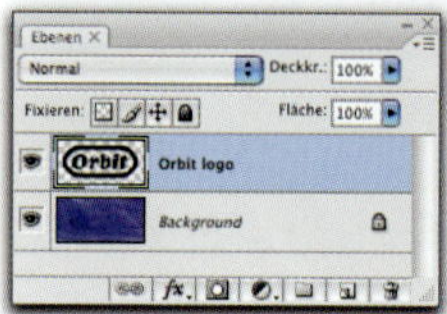

Der Text und die Ellipse wurden in Illustrator erstellt, in die Zwischenablage kopiert und in Photoshop als Pixel eingefügt.

2a

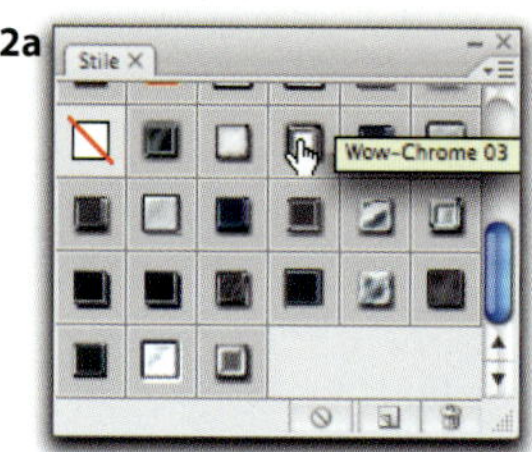

Wählen Sie den Stil **Wow-Chrome 03** aus.

2b

Wird der Stil **Wow-Chrome 03** angewendet, werden seine Bestandteile in der Ebene »Orbit logo« in der Ebenen-Palette eingeblendet.

3a

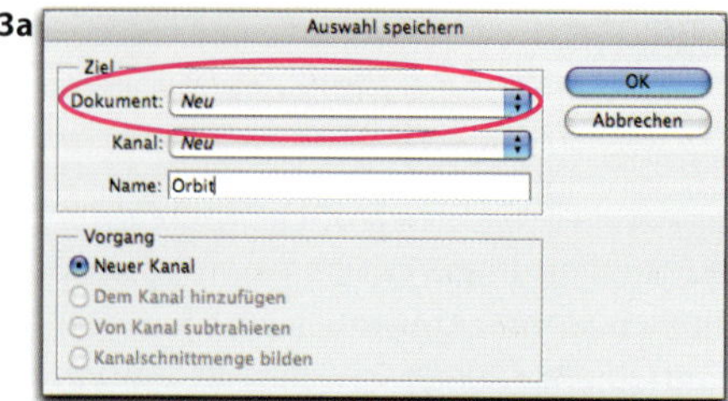

Klicken Sie mit gedrückter ⌘/Strg-Taste auf die »Orbit logo«-Ebene und wählen Sie AUSWAHL/AUSWAHL SPEICHERN, um die Verschiebungsmatrix anzulegen

2 Chrom hinzufügen. Klicken Sie in der Ebenen-Palette einmal auf die Grafikebene. Um die Tiefe und den Schein für das Chrom zu erstellen, wendeten wir auf die Grafik einen Ebenenstil an. Die Erstellung des Ebenenstils wird auf Seite 531 beschrieben (falls Sie ihn selbst nachbauen wollen). Sie können den Stil aber auch einfach so nutzen, indem Sie das Paletten-Menü der Stile-Palette öffnen und **Wow-Chrome Styles** wählen. Falls Sie die Wow-Vorgaben noch nicht geladen haben, ▼ finden Sie die **Wow-Chrome Styles** nicht in diesem Menü. Um nur die Stile für dieses Projekt zu laden, suchen Sie die Datei **Wow-Chrom-Projekte.asl**. Klicken Sie nach dem Laden in der Palette auf **Wow-Chrome 03 2a, 2b**. (Wenn Sie nicht mit der Datei **Chrom-Vorher.psd** arbeiten, müssen Sie den Stil möglicherweise skalieren; ▼ klicken Sie dazu in der Ebenen-Palette mit gedrückter Ctrl-Taste bzw. Rechts-Klick auf das Ebenenstil-Symbol fx der Ebenen, auf die der Stil angewendet wurde, und wählen Sie EFFEKTE SKALIEREN.)

STILNAMEN ANSEHEN

Falls Sie die Namen der Stile in der Palette nicht sehen – nur die Felder –, wählen Sie aus dem Paletten-Menü die Option GROSSE LISTE.

3 Die Verschiebungsmatrix erstellen. Die Strategie, eine Umgebung im Chrom reflektieren zu lassen sieht vor, eine Version des Umgebungsfotos auf der Oberfläche des Chrom-Objekts zu verzerren. Dafür müssen Sie zunächst eine Verschiebungsmatrix (eine separate Datei) von der Grafik erstellen. Neben den feinen Lichtern und Tiefen, die die Reflexionen und Brechungen des Glases simulieren, funktioniert Photoshops Glas-Filter wie der Filter VERSETZEN (siehe Seite 540). Der Glas-Filter verschiebt die Pixel der Ebene, auf die er angewendet wird. Der Abstand, um den die Pixel verschoben werden, hängt von der Luminanz (der Helligkeit) der dazugehörigen Pixel in der Verschiebungsmatrix ab. Jedes Bild im Photoshop-Format (**.psd**) – es sei denn, es befindet sich im Bitmap-Modus – kann als Verschiebungsmatrix dienen. Arbeiten Sie mit einer Graustufendatei, verschieben weiße Pixel die dazugehörigen Pixel im gefilterten Bild um die maximale Distanz in eine Richtung; schwarze Pixel führen zu einer maximalen Verschiebung in die entgegengesetzte Richtung und 50% Helligkeit führten zu keinerlei Verschiebung.

MEHR DAVON
▼ Aus Illustrator einfügen **Seite 443**
▼ Wow-Vorgaben laden **Seite 5**
▼ Ebenenstile skalieren **Seite 41**

3b 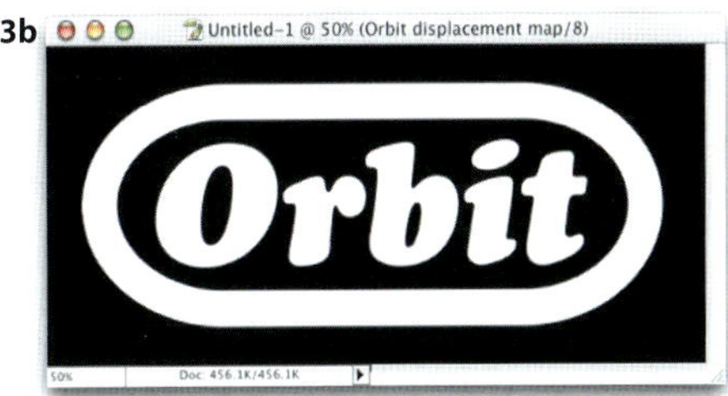

Wenn Sie die Auswahl speichern, wird eine neue Datei mit der Schwarzweißgrafik geöffnet.

3c 

Zeichnen Sie die Verschiebungsmatrix weich.

3d 

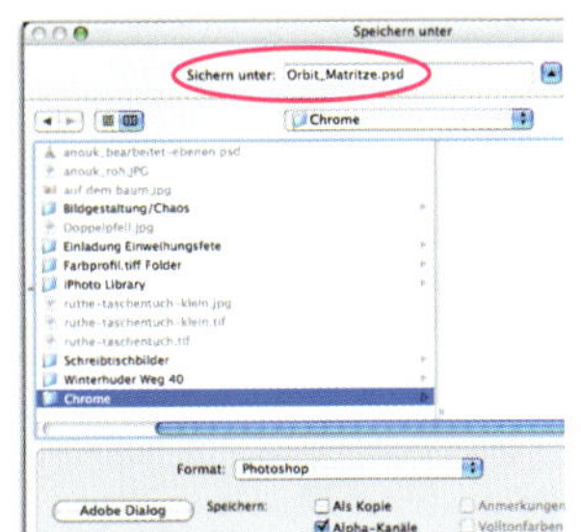

Die Verschiebungsmatrix muss als Photoshop-Datei gespeichert werden, bevor Sie sie im Glas-Filter anwenden können.

4a 

ORIGINALFOTO: JHDAVIS

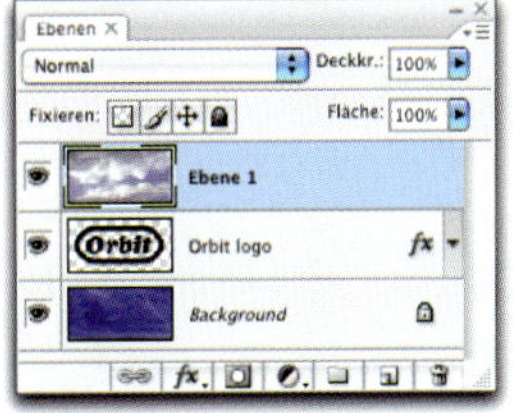

Das importierte Wolkenbild wird positioniert und vergrößert.

Erstellen Sie für die Verschiebungsmatrix zunächst eine aktive Auswahl vom Umriss der Originalgrafik, indem Sie mit gedrückter ⌘-Taste (PC: Strg) auf die Miniatur der Ebene »Orbit logo« in der Ebenen-Palette klicken. Speichern Sie die Auswahl als neue Datei, indem Sie AUSWAHL/AUSWAHL SPEICHERN wählen und die Option NEU aktivieren. Geben Sie der Datei einen eindeutigen Namen und klicken Sie auf OK **3a**, **3b**.

Um weiche, runde Kanten zu erzeugen, benötigt die Verschiebungsmatrix einen weichen Übergang von Schwarz über Grau zu Weiß. Zeichnen Sie die neue Datei weich (FILTER/WEICHZEICHNUNGSFILTER/GAUSSSCHER WEICHZEICHNER); eine gute Faustregel für den Radius ist die Hälfte der Größeneinstellung für die abgeflachte Kante nach innen des Chrom-Ebenenstils. Da die Größeneinstellung für den Stil **Wow-Chrome 03** 16 Pixel beträgt, wählten wir hier einen Radius von 8 Pixel **3c**. (Die Einstellung der abgeflachten Kante sehen Sie, wenn Sie in der Liste der Effekte in der Ebenen-Palette doppelt auf »Abgeflachte Kante und Relief« klicken, um die Ebenenstil-Dialogbox zu öffnen.) Speichern Sie die Verschiebungsmatrix (DATEI/SPEICHERN UNTER), um sie dann mit dem Filter nutzen zu können **3d**.

4 Die Reflexion hinzufügen. Wenn Sie das Bild hinzufügen, das Sie als reflektierende Umgebung verwenden wollen, ist es wichtig, dass es exakt dieselben Pixelmaße hat wie die Arbeitsfläche, damit der Glas-Filter korrekt angewendet werden kann.

Öffnen Sie das Bild, das Sie verwenden wollen (wir wählten die Datei **Wolkenreflexion.psd** von der Wow-DVD-ROM), und ziehen Sie mit dem Auswahlrechteck ⬚, um den Teil auszuwählen, den Sie verwenden wollen, oder drücken Sie ⌘/Strg-A und anschließend ⌘/Strg-C zum Kopieren. Ak-

DIE AUSRICHTUNG IST WICHTIG

Wenn Sie einen Filter mit einer Verschiebungsmatrix anwenden, beispielsweise VERSETZEN oder GLAS, richtet Photoshop die Verschiebungsmatrix mit der oberen linken Kante der Ebene aus, auf die Sie die Matrix anwenden. Dabei kann es zu Problemen kommen, wenn Ihre Datei größer oder deutlich kleiner als die Arbeitsfläche ist. Die Matrix wird dann anders ausgerichtet, als Sie es erwarten. Haben Sie die Verschiebungsmatrix beispielsweise aus einer Grafik erstellt und wenden Sie sie auf eine Ebene an, die deutlich größer oder kleiner ist, passt die Verzerrung des Filters nicht zur Grafik. Um das zu vermeiden, müssen Sie überflüssige Bereiche entfernen, bevor Sie den Filter anwenden – drücken Sie ⌘/Strg-A und wählen Sie BILD/FREISTELLEN. Falls die Pixel die Arbeitsfläche nicht vollständig ausfüllen, müssen Sie vor dem Filter den leeren Bereich füllen oder alles auswählen.

4b

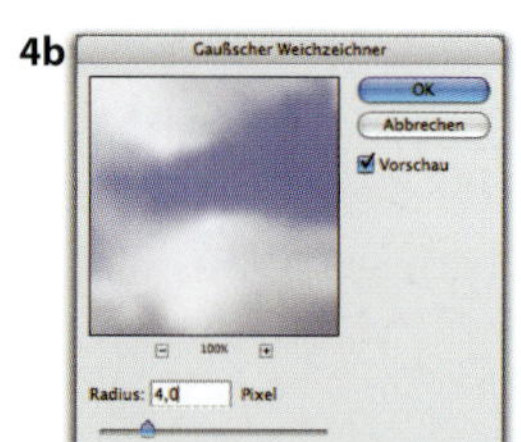

Die Wolken werden leicht weichgezeichnet.

4c

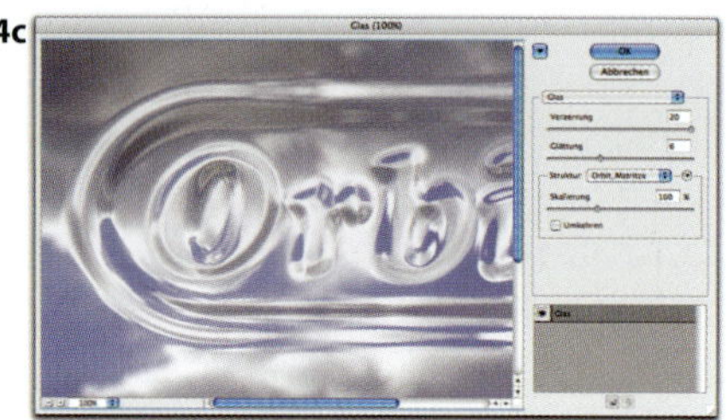

Wenden Sie den Glas-Filter auf die weichgezeichnete Wolkenebene an.

4d

Die Wolkenebene bei voller Deckkraft – nach der Anwendung des Filters.

4e

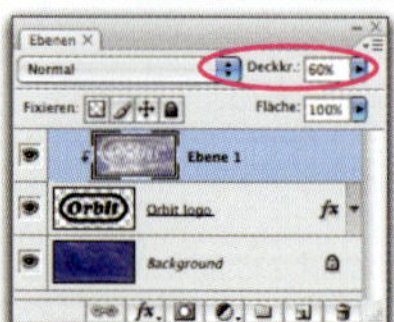

Eine Schnittmaske begrenzt die Wolken auf die Grafik. Die Deckkraft der Wolkenebene wurde reduziert, bis die Reflexionen die richtige Stärke hatten.

5a

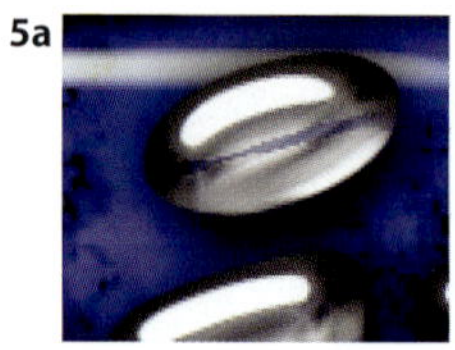

Vor (links) und nach der Anwendung des Weichzeichners.

tivieren Sie die Grafikebene in der Chrom-Datei, indem Sie in der Ebenen-Palette auf deren Miniatur klicken, und fügen Sie die Zwischenablage mit ⌘/Strg-V ein. Reduzieren Sie in der Ebenen-Palette die Deckkraft der neuen Ebene, damit Sie die darunter liegende Grafik sehen können. Um Ihnen selbst etwas mehr Platz zu verschaffen, reduzieren Sie die Bildansicht – jedoch nicht die Fenstergröße. Ziehen Sie die untere rechte Ecke des Fensters nach unten rechts, um grauen Bereich um das Bild einzublenden. Drücken Sie ⌘/Strg-T für FREI TRANSFORMIEREN und vergrößern Sie das Bild, bis es die Arbeitsfläche mehr als ausfüllt (ziehen Sie mit gedrückter ⌥/Alt-Taste an einem Eckpunkt, um das Bild proportional aus der Mitte heraus in alle vier Richtungen zu vergrößern). Positionieren Sie es, indem Sie innerhalb des Transformieren-Rahmens klicken und ziehen **4a**; mit einem Doppelklick innerhalb des Rahmens schließen Sie die Transformation ab. Um überstehende Bereiche abzuschneiden, wählen Sie alles aus (⌘/Strg-A) und wählen Sie BILD/FREISTELLEN.

Ist das Bild platziert, können Sie es nach Geschmack weichzeichnen (FILTER/WEICHZEICHNUNGSFILTER/GAUSSSCHER WEICHZEICHNER). Scharfe Details können von der Form der Grafik ablenken oder zu pixeligen Ergebnissen führen, wenn der Glas-Filter angewendet wird. Für unser Wolkenbild wählten wir einen Gauß'schen Weichzeichner mit einem Radius von 4 Pixel, um die Kanten weicher zu machen und die Filmkörnung auszublenden **4b**.

Wählen Sie nun FILTER/VERZERRUNGSFILTER/GLAS **4c**. Wählen Sie die Option STRUKTUR LADEN und suchen Sie die Verschiebungsmatrix, die Sie in Schritt 3 erstellt haben. Klicken Sie auf ÖFFNEN. Wir wählten für die Verzerrung den Maximalwert von 20 und für die Weichheit 6 – je kleiner der Wert für letzteren Eintrag, desto scharfer die Kanten, allerdings kann es dann auch zu Pixelunterbrechungen im Bild kommen; je höher der Wert, desto weicher die Kanten. Wir beließen die Skalierung bei 100% und deaktivierten die Option UMKEHREN. Gefällt Ihnen das Ergebnis, klicken Sie auf OK **4d**.

Um die Verzerrung auf die Grafik zu beschränken, erstellen Sie eine Schnittmaske: Klicken Sie in der Ebenen-Palette mit gedrückter ⌥/Alt-Taste auf die Grenze zwischen der Bild- und der Grafikebene. Aufgrund der Fülloptionen des Stils **Wow-Chrome 03**▼ interagiert das beschnittene Bild mit den Kanteneffekten der Grafikebene **4e**. Experimentieren Sie mit einer verringerten Deckkraft, um die richtige Mischung zu erzielen; wir wählten eine Deckkraft von 60%.

MEHR DAVON

▼ »Anatomie von Shiny« **Seite 531**

5b

Farbbereich: Grau
Diese Ebene: 0 255
Darunter liegende Ebene: 0 251 / 255

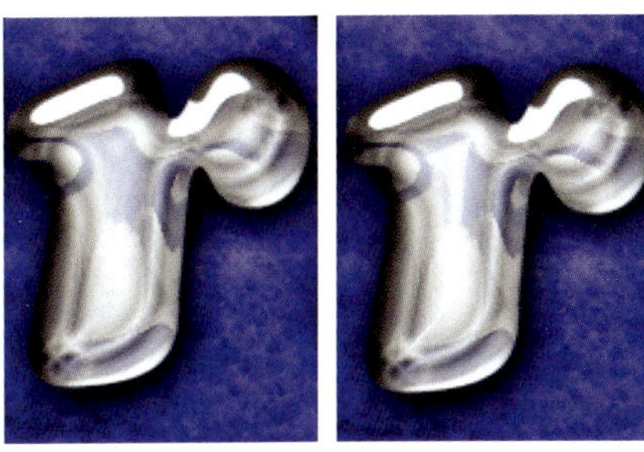

Vor (links) und nach den Einstellungen für DIESE EBENE, um einige der Spitzlichter zurückzuholen, die durch die Überlagerung der Wolken reduziert wurden.

6a

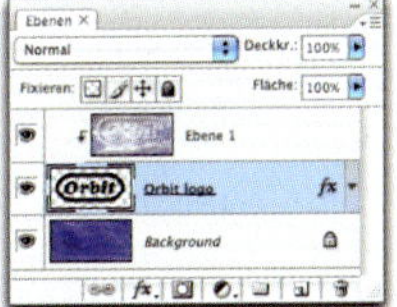

Die Einstellungen des Zauberstabs, um den leeren Bereich innerhalb der Ebene »Orbit logo« auszuwählen.

6b

Fügen Sie die Buchstaben zur ovalen Auswahl hinzu, indem Sie sie mit gedrückter ⇧-Taste und dem Polygonlasso umrahmen.

6c

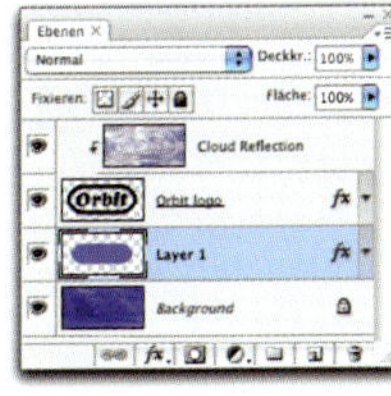

Es wurde eine neue Ebene erstellt und die ovale Auswahl mit Blau gefüllt.

5 Verfeinern. Um die pixeligen Flecken im reflektierten Bild zu glätten – in unserem Beispiel u.a. im i-Punkt –, aktivieren Sie den Weichzeichner; klicken Sie in der Optionsleiste auf das Pinsel-Icon, wählen Sie eine kleine, weiche Pinselspitze und reduzieren Sie die Stärke (wir wählten 13 Pixel und 80%). Malen Sie mit kurzen Strichen im pixeligen Bereich, um die rauen Kanten zu entfernen **5a**.

Wenn Sie verhindern wollen, dass die Wolken die ganz hellen Spitzlichter im Chrom dumpf aussehen lässt, klicken Sie in der Ebenen-Palette doppelt auf die Miniatur der Wolkenebene, um die Fülloptionen-Dialogbox zu öffnen. Ziehen Sie mit gedrückter ⌥-Taste (PC: Alt) den linken Teil des Weißpunktreglers für DARUNTER LIEGENDE EBENE leicht nach links **5b**. Bei einer Einstellung von 251/255 werden die hellsten Lichter vor dem Wolkenbild geschützt.

6 Eine innere Oberfläche hinzufügen. Wir werden jetzt innerhalb des Chrom-Ovals, und hinter den Buchstaben eine Steinoberfläche hinzufügen: Nehmen Sie zunächst blaue Farbe auf: Klicken Sie in der Werkzeug-Palette in das Feld für die Vordergrundfarbe, um den Farbwähler zu öffnen. Klicken Sie in das Blau des Marmor-Hintergrunds und anschließend auf OK, um den Farbwähler zu schließen.

Wählen Sie im Anschluss das Oval aus: Wir aktivierten den Zauberstab und die Ebene »Orbit logo«. In der Optionsleiste ist die Option ALLE EBENEN AUFNEHMEN deaktiviert **6a**. Wir klickten innerhalb des Ovals aber außerhalb der Buchstaben. Um die Buchstaben zur Auswahl hinzuzufügen, aktivierten wir das Polygonlasso, drückten die ⇧-Taste und klickten um die Buchstaben **6b**. (Wir hätten auch mit einem anderen Auswahl-Werkzeug arbeiten können, aber das Polygonlasso ist für diesen Zweck das Schnellste.) Ist die Auswahl vollständig, erstellen Sie unter der Ebene »Orbit logo« eine neue Ebene, indem Sie mit gedrückter ⌘-Taste (PC: Strg) auf den Button NEUE EBENE ERSTELLEN klicken. Drücken Sie ⌥-Entf (PC: Alt-←), um die Auswahl mit Blau zu füllen; heben Sie sie im Anschluss mit ⌘/Strg-D auf **6c**.

7 Einen Stil verändern. Jetzt erstellen wir eine gemusterte, polierte Oberfläche für den Stein, indem wir den Stil **Wow-Red Amber** anwenden und seine Einstellungen anpassen (beispielsweise die rot-orange Farbe ändern). Klicken Sie in der Stile-Palette auf den Stil **Wow-Red Amber** (Teil der Stile **Wow-Gems** und **Wow-Chrom Projekte** aus Schritt 2) **7a**. (Wenn Sie feststellen, dass der Schatten um das Chrom-Oval dichter wird, liegt das am Schlagschatten des Stils Wow-Red Amber.)

7a

Der Stil **Wow-Red Amber** wurde auf das blaue Oval angewendet.

7b

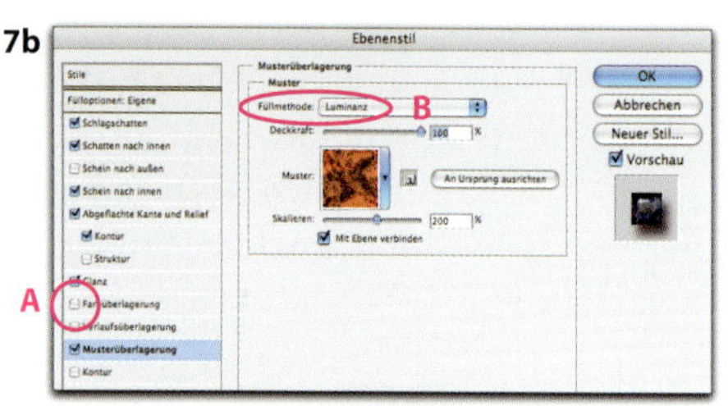

A

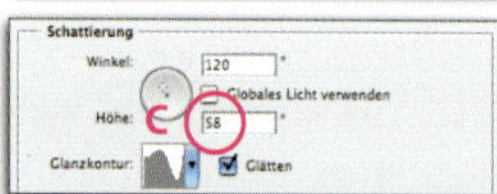

Blenden Sie die FARBÜBERLAGERUNG aus **A,** ändern Sie den Modus der Musterüberlagerung in LUMINANZ **B** und verringern Sie die Höhe für ABGEFLACHTE KANTE UND RELIEF **C,** um den Effekt von Seite 525 zu erzeugen.

Ändern Sie jetzt die Einstellungen: Klicken Sie in der Ebenen-Palette doppelt auf den Eintrag »Farbüberlagerung« für den Stil, den Sie soeben auf das blaue Oval angewendet haben; es öffnet sich die Ebenenstil-Dialogbox mit dem Abschnitt FARBÜBERLAGERUNG. Wir sehen, dass die rote Farbe von der Farbüberlagerung stammt. Weil das Oval bereits blau ist, so wie wir das wollen, benötigen wir die Farbüberlagerung nicht. Klicken Sie links in der Liste in die Checkbox links neben FARBÜBERLAGERUNG, um das Häkchen zu deaktivierten.

Das Rot wird dadurch jedoch nicht vollständig entfernt. Da die Musterüberlagerung nun die einzige noch vorhandene Überlagerung ist, muss die Farbe von diesem Effekt stammen. Klicken Sie links in der Liste auf MUSTERÜBERLAGERUNG (auf den Namen, nicht das Häkchen). Wir sehen, dass die Farbe in das Muster eingebaut ist; das zu ändern, wäre recht kompliziert. Da wir die blaue Farbe für die Ebene bereits bestimmt haben, ist es einfacher, die Füllmethode in LUMINANZ zu ändern. **7b**.

Noch etwas: Um den Edelstein etwas abzuflachen, so dass die Chrom-Buchstaben besser darauf sitzen, verschieben wir die Lichter etwas mehr an die Kanten. Klicken Sie auf ABGEFLACHTE KANTE UND RELIEF und reduzieren Sie die Höhe; wir wählten einen Wert von 58°.

Variationen. Das Aussehen des Chroms hängt sehr von der Wahl des Umgebungsbildes ab. Die Beispiele, die Sie unten sehen, wurden mit einer Negativversion der Orbitgrafik und dem Stil **Wow-Chrome 03** angefertigt. Von der neuen Grafik wurde eine Verschiebungsmatrix erstellt, die für die Verzerrung mit dem Glas-Filter verwendet wurde, wie in Schritt 4. Der einzige Unterschied zwischen den einzelnen Beispielen ist jeweils das Hintergrundbild.

Die Verschiebungsmatrix des modifizierten Logos.

Ein Landschaftsfoto (von Corbis Royalty Free), das auch auf Seite 378 verwendet wurde.

Dasselbe Wolkenbild wie in Schritt 4, jedoch mit einer Deckkraft von 100%.

Ein Foto vom Triumphbogen (von E. A. M. Visser).

Die Datei **Chrom-Reflexionen.psd** auf der Wow-DVD-ROM (zu finden im Kapitel 8) beinhaltet diese drei eigenen Chrom-Varianten.

ANATOMIE VON

»Shiny«

Auf den nächsten drei Seiten untersuchen wir den Ebenenstil **Wow-Chrome 03**. Wir sehen uns an, wie die einzelnen Effekte in diesem und in ähnlichen Stilen interagieren. Ziel ist es, Ihnen zu zeigen, wie Sie einen Ebenenstil erstellen oder bearbeiten, der Ihrem Bild Tiefe und einen Schein verleiht. Um unseren Beispiel zu folgen, öffnen Sie die Datei **Chrom-Anatomie-Vorher.psd** und bauen Sie den Stil Schritt für Schritt nach. Sie können auch die Datei **Chrom-Anatomie-Nachher.psd** öffnen und einfach die beschriebenen Effekte untersuchen.

»Eigenes Chrom« auf Seite 525 lehrt Ihnen etwas über Reflexionen. Und »Chrom« im Anhang B zeigt alle 20 Chrom-Stile auf der Wow-DVD-ROM.

SIE FINDEN DIE DATEIEN
auf der DVD unter Wow-Projektdateien/Kapitel 8/Shiny:
- Chrom-Anatomie-Vorher.psd
- Wow-Chrom.shc
- Chrom-Anatomie-Nachher.psd

Farbe übernehmen

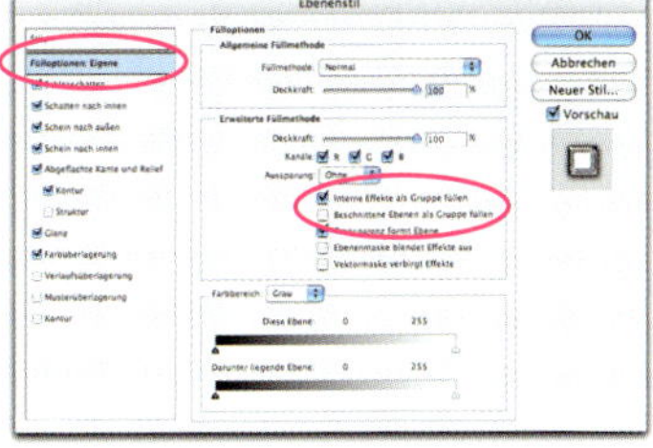

In der geöffneten Ebenen-Palette (Fenster/Ebenen) klickten wir doppelt auf die Miniatur der Ebene »Orbit logo«, um die Ebenenstil-Dialogbox zu öffnen. In den erweiterten Fülloptionen aktivierten wir die Checkbox INTERNE EFFEKTE ALS GRUPPE FÜLLEN und deaktivierten BESCHNITTENE EBENEN ALS GRUPPE FÜLLEN. So können wir ein Bild hinzufügen, das sich im Chrom spiegelt (siehe Schritt 4, Seite 527). Ohne diese Einstellungen wäre die Reflexion nicht zu sehen.

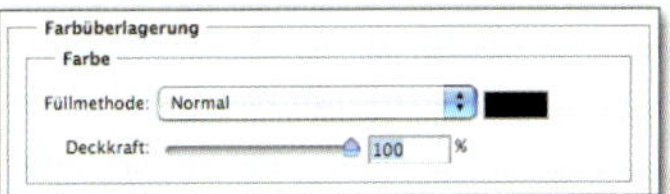

Auch wenn die Grafik »Orbit logo« bereits schwarz ist, wendeten wir eine Farbüberlagerung an, um die Farbe für den Ebenenstil einzustellen und einen Stil zu erzeugen, der ohne Überraschungen auf Texte und Grafiken jeglicher Farbe angewendet werden kann. Links in der Liste klickten wir auf FARBÜBERLAGERUNG (Modus: NORMAL, Deckkraft: 100%). Wir klickten auf das Farbfeld, um Schwarz als Basisfarbe auszuwählen.

Schlagschatten

Um die Illusion physischer Objekte in einem Raum zu erzeugen, klickten wir in der Liste links auf SCHLAGSCHATTEN. Für den Abstand (wie weit der Schlagschatten versetzt ist) wählten wir 10 Pixel und 20 Pixel für die Größe (wie weit er sich ausdehnt), die Überfüllung beließen wir bei 0 Pixel. Die Überfüllung kontrolliert, ob der Schatten weich und diffus ist (ein geringer Wert) oder dicht und scharfkantig (ein hoher Wert).

Für den Winkel behielten wir den Standardwert von 120° bei, deaktivierten jedoch die Option GLOBALES LICHT VERWENDEN, damit der Beleuchtungswinkel unabhängig von anderen Ebenenstilen funktioniert. Und das funktioniert so:

Wenn Sie den globalen Lichteinfall für einen Effekt in der Ebenenstil-Dialogbox aktivieren, ändert die Winkeleinstellung die Beleuchtung auch für andere Stile der Datei, in der die Option aktiviert wurde. Und wenn Sie zu der Datei später einen anderen Stil hinzufügen, der ebenfalls diese Option verwendet, wird auch hier der Winkel neu eingestellt, um sich an den neuen Winkel anzupassen.

Kanten verstärken

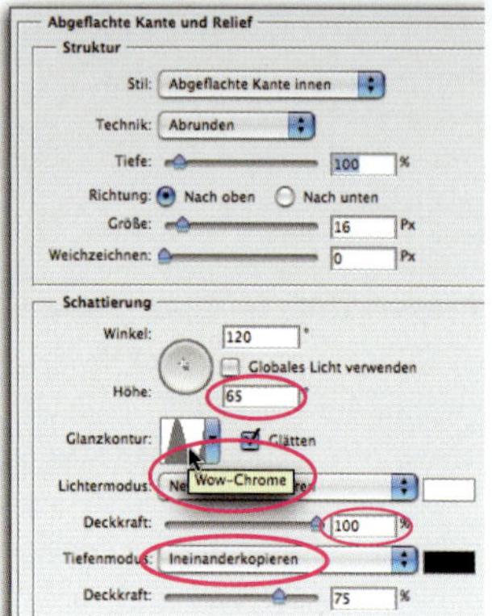

Um eine runde Ecke zu erzeugen, klickten wir links in der Liste auf ABGEFLACHTE KANTE UND RELIEF. Als Technik wählten wir ABRUNDEN, für den Stil aktivierten wir die Option ABGEFLACHTE KANTE INNEN. Die Größe erhöhten wir auf 16 Pixel. Im Abschnitt SCHATTIERUNG deaktivierten wir die Checkbox GLOBALES LICHT VERWENDEN. Die Höhe legten wir mit 65° fest, um das Licht auf der »Schulter« der abgeflachten Kante zu positionieren, als Glanzkontur wählten wir unsere eigene Kontur. Dadurch wird das Licht schön hell und scharf. (Klicken Sie beim Erstellen eines Stils auf das Dreieck rechts neben dem Konturfeld, um die Konturen-Palette zu öffnen. Laden Sie die Datei **Wow-Chrom.shc** und klicken Sie in der Palette auf Wow-Chrom.)

Wir änderten die Deckkraft für den Lichtermodus auf 100% und wählten für den Tiefenmodus INEINANDERKOPIEREN. Der Modus macht jetzt keinen Unterschied aus, wenn wir jedoch den Glanzeffekt hinzufügen, wird dadurch der Kontrast verstärkt.

Kantenrundung

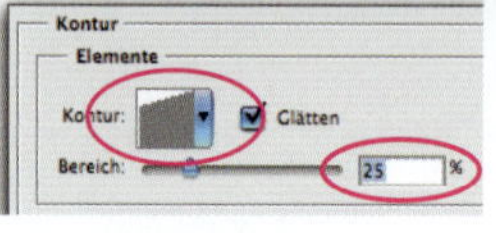

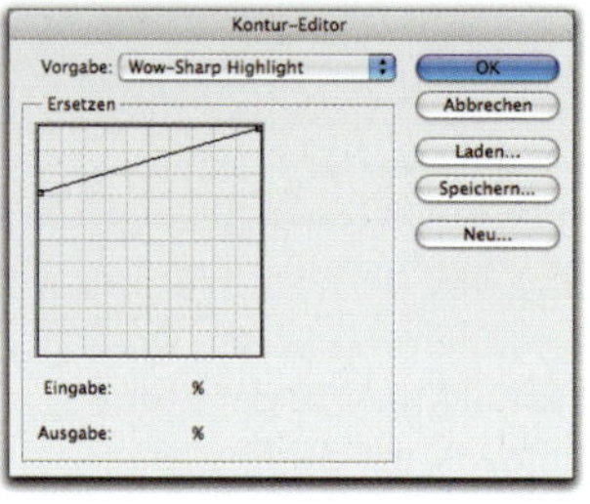

Anschließend klickten wir auf die Unterkategorie KONTUR für ABGEFLACHTE KANTE UND RELIEF. Diese Kontur interagiert mit anderen Charakteristiken der abgeflachten Kante, um die Form und Beleuchtung der Kanten festzulegen. Wir passten die Kontur an, indem wir auf die Konturminiatur klickten und im Editor das linke Ende der Kurve nach oben zogen. Der Kontur-Editor bietet eine Live-Vorschau, so dass Sie direkt sehen, was passiert.

Wir reduzierten den Bereich, um die Komplexität der Lichter zu verstärken und einige der Lichter an der Seite des Objekts auftreten zu lassen.

RASTERSKALIERUNG

Um im Kontur-Editor zwischen einem groben und einem feinen Raster umzuschalten, klicken Sie mit gedrückter ⌥/Alt-Taste in das Raster. (Das funktioniert auch in Photoshops Gradationskurven-Dialogbox.)

Reflexionen

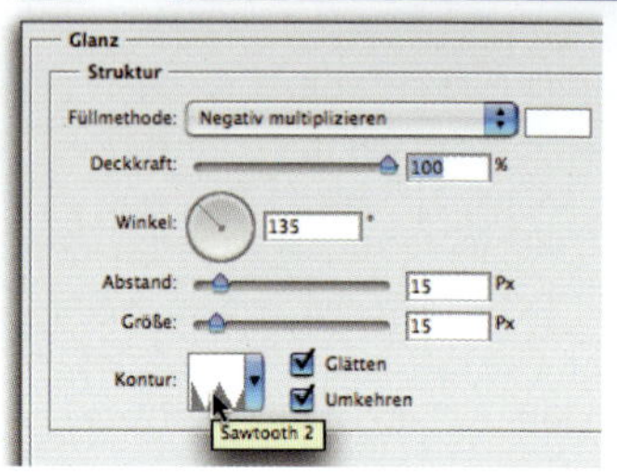

Jetzt können wir den Glanz anwenden, um die magischen Reflexionen zu erzeugen. Wir wählten Weiß als Farbe und die Füllmethode UMGEKEHRT/NEGATIV MULTIPLIZIEREN, um das Objekt insgesamt aufzuhellen. Für die Deckkraft stellten wir 100% ein. Wir aktivierten die Kontur SAWTOOTH 2, um helle und dunkle Streifen zu erzeugen und so mehrere reflektierende Lichtquellen zu simulieren. Wir experimentierten mit dem Winkel und änderten ihn vom Standardwert 19° auf 135°, um die hellsten Lichter genau dort zu positionieren, wo wir sie haben wollten. Um das volle Potenzial des Effekts zu nutzen, experimentierten wir mit dem Abstand – wir hielten ihn niedrig genug (15 Pixel), um gut ausgeprägte Wiederholungen der Grafikform innerhalb der Buchstaben und des Rings zu erzeugen. Die Größe wählten wir hoch genug, (15 Pixel), um die Wiederholungen weichzuzeichnen, ohne sie vollständig zu verwischen.

Reflexionen vertiefen

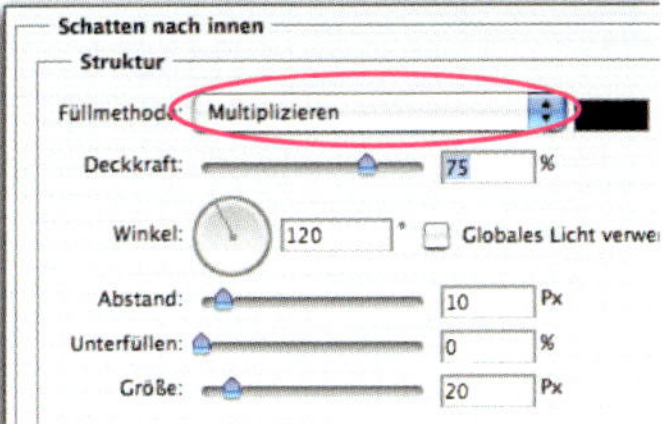

Wir experimentierten mit dem Schatten nach innen und dem Schein nach innen, um die Komplexität der Lichter und Tiefen im Chrom zu verstärken und die Kanten deutlicher hervorzuheben.

Für den SCHATTEN NACH INNEN beließen wir den Winkel bei 120° und deaktivierten GLOBALES LICHT VERWENDEN. Abstand und Größe wurden angepasst, bis beides gut mit dem Glanz harmonierte. Für den Abstand wählten wir am Ende 10 Pixel und für die Größe 20 Pixel.

Rundung verstärken

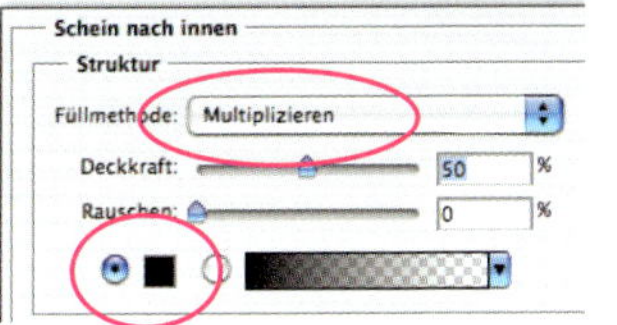

Anders als beim Schatten nach innen, der versetzt angewendet wird, so dass einige Bereiche abgedunkelt werden und andere nicht, wird der Schein nach innen gleichmäßig angewendet. Da die Standardwerte für diesen Effekt einen hellen Schein erzeugen, aktivierten wir Schwarz als Farbe und die Füllmethode MULTIPLIZIEREN. Wir wählten eine moderate Deckkrafteinstellung von 50% – gerade genug, um einen Schatten auf die Kanten zu legen und so die Rundung zu verstärken.

Weitere Schattierung

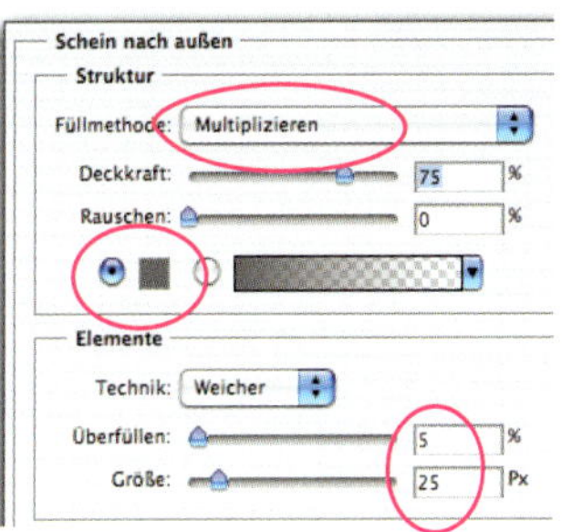

Um das Chrom schließlich so einzustellen, dass es so aussieht, als sitzt es auf der Oberfläche, statt darüber zu schweben, fügten wir einen Schein nach außen in einem mittleren Grau im Modus MULTIPLIZIEREN hinzu. (Durch das Grau hatten wir mithilfe des Deckkraftreglers eine bessere Kontrolle über die Schattendichte.) Wir wählten eine Größe von 35 und eine Überfüllung von 5, um eine diffuse Abdunklung um die Grafik zu erzeugen und so die glänzenden Formen noch besser hervorzuheben. Unser Chrom-Stil war nun vollständig, deshalb klickten wir in der Ebenenstil-Dialogbox auf OK.

EINGEBAUTE REFLEXIONEN

In einem Ebenenstil interagieren die drei Überlagerungseffekte miteinander, als wären sie in der Reihenfolge übereinander gestapelt, in der sie auch in der Liste in der Ebenenstil-Dialogbox erscheinen (Farbe, Verlauf, Muster). Fügen Sie also eine Muster- oder Verlaufsüberlagerung hinzu, werden Deckkraft oder Füllmethode der Farbüberlagerung so angepasst, dass der Verlauf durchscheinen kann.

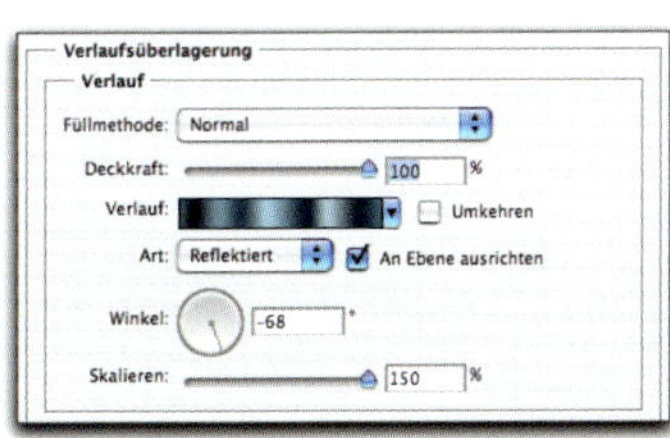

Im Stil **Wow-Chrome 05** wurde mit einer Verlaufsüberlagerung eine reflektierende Umgebung simuliert. Die Deckkraft der weißen Farbüberlagerung wurde verringert, damit der Verlauf zu sehen ist.

Sehen Sie sich auch die anderen Chrom-Stile im Anhang B an. Sie können jeden beliebigen Stil auf eigene Grafiken anwenden, indem Sie ihn in der Stile-Palette anklicken oder aus der Datei **Wow-Chrome Beispiele.psd** (siehe Seite 492) kopieren.

Eigenes Glas

SIE FINDEN DIE DATEIEN

auf der DVD unter Wow Projektdateien/Kapitel 8/Eigenes Glas:

- Eigenes-Glas-Vorher.psd
- Versetzen.psd (eine Verschiebungsmatrix für den Glasfilter)
- Erde.psd (für die Reflexion)
- Eigenes-Glas-Nachher.psd

ÖFFNEN SIE DIESE PALETTEN

aus dem Fenster-Menü:

• Werkzeuge • Ebenen

ÜBERBLICK

Den Stil **Wow-Chrome 03** anwenden • Eine Kopie des Hintergrunds hinzufügen, beschneiden und verzerren • Ebenenstil anpassen • Glanz und Reflexion hinzufügen

Die hier gezeigte Glasplatte wurde mit einer Variation der Technik »Eigenes Chrom« von Seite 525 erstellt. Der Hauptunterschied bei der Erstellung zwischen dem Chrom und dem Glas ist die zusätzliche, verzerrte Kopie des Hintergrundbildes, das durch das Logo beschnitten wird. Dadurch sieht es so aus, als würde der Hintergrund durch das transparente Glas hindurchscheinen. Auch ist die Deckkraft des Umgebungsfotos, das sich auf der Oberfläche spiegelt, geringer als beim Chrom, weil Glas nicht so stark reflektiert. Ein paar strategische Änderungen des Ebenenstils vervollständigen den Glaseffekt.

1 Die Datei einrichten. Öffnen Sie die Datei, die Sie als Hintergrund hinter dem Glasobjekt verwenden wollen. Erstellen Sie auf einer weiteren Ebene eine Grafik oder importieren Sie diese. Unsere Datei **Eigenes-Glas-Vorher.psd** besteht aus einem 1000 Pixel breiten Hintergrund mit einem Logo auf einer zweiten Ebene. Wenden Sie für den Glaseffekt den Stil **Wow-Chrome 03** auf Ihre Grafikebene an, wie auf Seite 525 beschrieben. Oder öffnen Sie einfach die Datei **Eigenes-Glas-Nachher.psd** und kopieren Sie den Stil von dort.▼ Möglicherweise müssen Sie ihn skalieren, um ihn an Ihre Grafik anzupassen; klicken Sie dazu mit gedrückter [Ctrl]-Taste (PC: Rechts-Klick) auf das Ebenenstil-Symbol *fx* und wählen Sie EFFEKT SKALIEREN **1**; machen Sie sich über die äußeren Schatten keine Gedanken, die passen wir in Schritt 3 an.

MEHR DAVON

▼ Ebenenstile kopieren **Seite 492**

1

Die Grafik mit dem Stil **Wow-Chrom 03** vor einem Hintergrundbild.

2 Das Objekt transparent machen. Duplizieren Sie in der Ebenen-Palette das Hintergrundbild – klicken Sie auf die Miniatur und drücken Sie [⌘]-[J] (PC: [Strg]-[J]). Ziehen Sie die Ebenenkopie über die Grafik und klicken Sie mit gedrückter [⌥]-Taste (PC: [Alt]) auf die Grenze zwischen dieser Ebenenkopie und der Grafikebene, um eine Schnittmaske zu erstellen **2a**.

2a

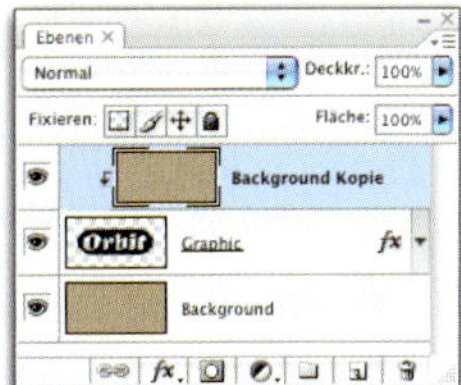

Eine Kopie des Hintergrundbildes wird durch die Grafik beschnitten.

2b

Wenden Sie den Glas-Filter auf die Hintergrundkopie an, um das Bild zu verzerren, als ob es durch das Glas-Logo betrachtet würde.

Um den Hintergrund, der durch das Glas zu sehen ist, zu verzerren, benötigen Sie eine Verschiebungsmatrix von der Grafik, wie in Schritt 3 bei »Eigenes Chrom« beschrieben; unsere Verschiebungsmatrix finden Sie in der Datei **Versetzen.psd**. Nutzen Sie diese zusammen mit dem Glas-Filter C/FILTER/VERZERRUNGSFILTER/GLAS). Klicken Sie in der Glas-Dialogbox auf den Button ⏵, um die Verschiebungsmatrix zu laden; wir wählten für die Verzerrung und die Glättung die Werte 20 und 5 **2b**.

3 Den Stil anpassen. Damit die Grafik eher wie Glas aussieht, ändern Sie den Stil der Grafikebene wie folgt:

- Falls Sie die Effekte in der Ebenen-Palette nicht sehen, klicken Sie auf das kleine Dreieck neben dem *fx*-Icon der Ebene. Klicken Sie doppelt auf SCHATTEN NACH INNEN, um die Ebenenstil-Dialogbox mit diesen Einstellungen zu öffnen. Ändern Sie die Füllmethode in ÜBERLAGERN/INEINANDERKOPIEREN. Dadurch werden die Kanten deutlich aufgehellt **3a**, weil dieser Modus weniger abdunkelt als MULTIPLIZIEREN. Uns gefiel das Ergebnis, Sie können aber auch WEICHES LICHT oder eine andere Füll-methode aus dieser Gruppe testen. ▼

MEHR DAVON

▼ Füllmethoden **Seite 174**

- Klicken Sie in der Liste links in der Dialogbox auf SCHEIN NACH AUSSEN (auf den Namen, nicht in die Checkbox). Um diesen Effekt in einen Schein zu verwandeln, der Licht simuliert, das durch das Glas gebrochen wird und die darunter liegende Oberfläche aufhellt, müssen Sie die Farbe in Weiß ändern; wählen Sie die Füllmethode ÜBERLAGERN/INEINANDERKOPIEREN, um den Effekt aufzuhellen, jedoch nicht so intensiv wie UMGEKEHRT/NEGATIV MULTIPLIZIEREN; experimentieren Sie mit der Größe (wir wählten 20 Pixel) **3b**. Auch wenn wir den Schein nach außen jetzt aufgehellt haben, wirft die Glasgrafik immer noch einen leichten Schatten. Dadurch wird die Illusion eines klaren, aber deckenden Materials erzeugt.

3a

Nach der Bearbeitung des Schattens nach innen.

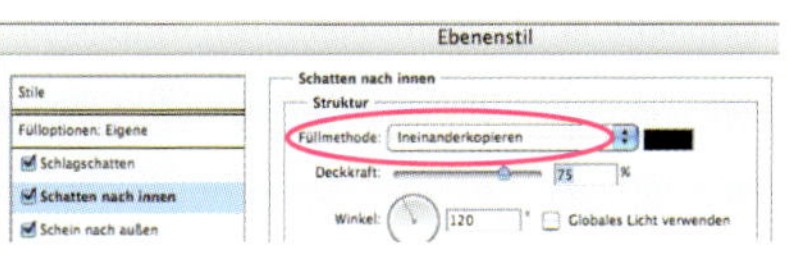

3b

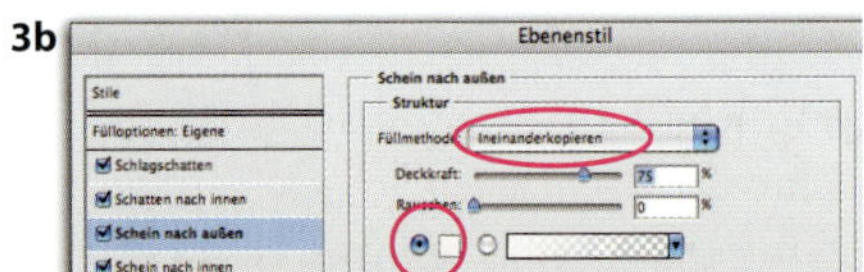

Die Änderungen des Effekts SCHEIN NACH AUSSEN.

- Je nach Hintergrundbild kann es sein, dass das Glas deutlich dunkler oder stärker gesättigt aussieht als der Hintergrund. Ist das der Fall, klicken Sie in der Liste auf ABGEFLACHTE KANTE UND RELIEF und reduzieren Sie die Tiefendeckkraft oder ändern Sie den Modus von ÜBERLAGERN/INEINANDERKOPIEREN in WEICHES LICHT; wir wählten WEICHES LICHT und beließen die Deckkraft bei 75% **3c**.

4 Glanz erzeugen. Sie können diffuses Licht von der Glasoberfläche reflektieren lassen, indem Sie die Deckkraft der Hintergrundkopie verringern; wir wählten 85% **4**.

5 Eine Umgebung reflektieren. Um ein Bild auf der Glasoberfläche reflektieren zu lassen, aktivieren Sie die Hintergrundkopie, öffnen Sie ein Foto und ziehen Sie es per Drag&Drop in die Datei; wir wählten die Datei **Erde.psd**. Fügen Sie diese neue Ebene zur Beschneidungsgruppe hinzu, indem Sie mit gedrückter ⌥-Taste (PC: Alt) auf die untere Ebenengrenze in der Ebenen-Palette klicken. Wir benannten unsere importierte Ebene anschließend um.

Bevor Sie diese Ebene in Glas verwandeln, müssen Sie sicherstellen, überstehende Bereiche der Ebene zu beschneiden (drücken Sie ⌘/Strg-A und wählen Sie BILD/FREISTELLEN). Wenden Sie auf die Ebene den Filter GLAS mit denselben Einstellungen wie vorhin an; für dieselbe Verschiebungsmatrix drücken Sie einfach ⌘/Strg-F **5**. Reduzieren Sie die Ebenendeckkraft nach Wunsch; wir wählten 10%. Das Ergebnis sehen Sie auf Seite 534 oben.

3c

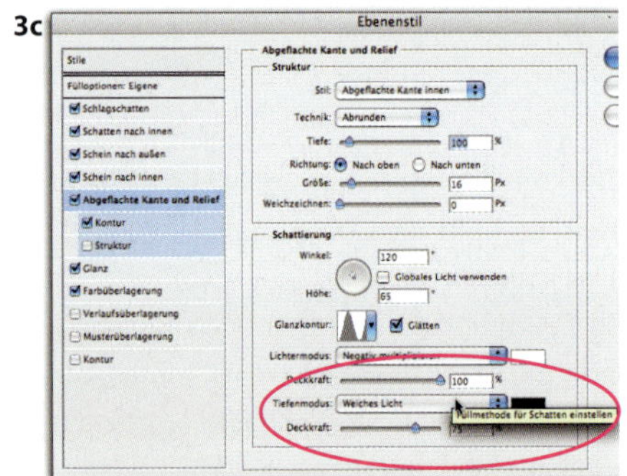

Ändern Sie den Schatten für ABGEFLACHTE KANTE UND RELIEF.

4

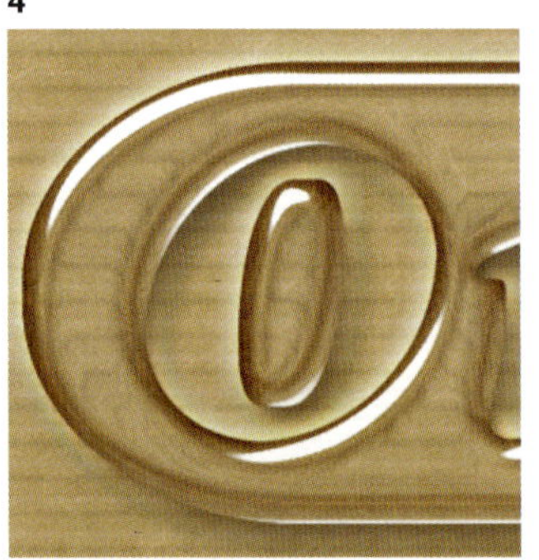

Reduzieren Sie die Deckkraft der Hintergrundkopie, um einen leichten Oberflächenglanz zu erzeugen.

5

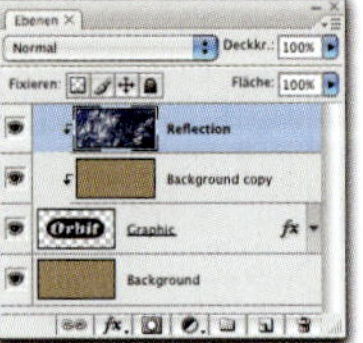

Für die Reflexionen wurde ein Foto hinzugefügt und mit dem Glas-Filter bearbeitet.

ANATOMIE VON

Abgeflachten Kanten

Photoshops Effekt ABGEFLACHTE KANTEN UND RELIEF ist einer der wertvollsten Effekte in der Ebenenstil-Dialogbox, um Text und Grafiken in plastische Objekte zu verwandeln. Er spielt in den meisten Spezialeffekten dieses Kapitels eine Rolle – Sie können vom weichen, abgerundeten Aussehen bis hin zu einem groben und kantigen alles erzeugen. Die Grundlagen für diesen Effekt finden Sie beginnend ab Seite 501 aufgeführt, zusammen mit den Untereffekten KONTUR (siehe Seite 503) und STRUKTUR (siehe Seite 504). Dieser Abschnitt bringt Ihnen die Aspekte desjenigen Effekts näher, auf den ich in diesem Kapitel bisher noch nicht eingegangen bin: Abgeflachte Kanten.

Die wichtigsten Werkzeuge für diesen Effekt finden Sie im Abschnitt ABGEFLACHTE KANTE UND RELIEF der Ebenenstil-Dialogbox sowie in den dazugehörigen Teilabschnitten KONTUR und STRUKTUR. Auch mit dem Kontureffekt lassen sich schöne abgeflachte Kanten erzeugen.

DONAL JOLLEY

In den Ebenenstilen, die auf die Datei **Stern.psd** angewendet wurden, spielt der Effekt »Abgeflachte Kante und Relief« eine Schlüsselrolle, um Tiefe und Dimension zu erzeugen. Nutzen Sie diese Datei, um die Bedeutung des Effekts herauszufinden.

 **Stern.psd**

SIE FINDEN DIE DATEIEN

auf der DVD unter Wow Projektdateien/Kapitel 8/ Anatomie abgeflachter Kanten

Position

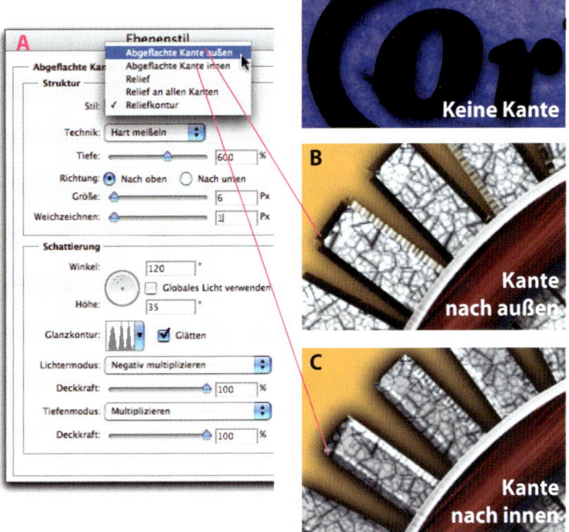

Im Abschnitt ABGEFLACHTE KANTE UND RELIEF der Ebenenstil-Dialogbox **A** stellen Sie im Abschnitt STRUKTUR den Stil der abgeflachten Kante ein. Die Wahl bestimmt, ob die Kante relativ zur Kante des Ebeneninhalts erstellt wird. Die Kanten nach innen und außen dehnen sich, wie der Name schon sagt, nach innen oder außen aus; RELIEF und RELIEF AN ALLEN KANTEN überspannen den Umriss; die Position der Reliefkontur hängt von der Position der Kontur ab (siehe »Abgeflachte Kanten & Konturen« auf der nächsten Seite).

Unten finden Sie ein paar Dinge, die Sie bei der Wahl der Position beachten müssen. Blenden Sie zunächst die Kontur der Ebenen »Spokes« aus. **Hinweis:** Um den Effekt noch besser zu sehen, können Sie auch den Schatten und den Schein ausblenden (wir haben das nicht getan).

- Eine **Kante nach außen** dehnt sich nach außen aus **B**, bei Text benötigen Sie also zusätzlichen Platz zwischen den Buchstaben. Diese Kante ist außerdem halbtransparent und lässt im Ebenenstapel darunter befindliche Objekte durchscheinen (wie die gelbe Farbe hier), es sei denn, Sie verwenden diese Position mit einer Kontur, wie auf Seite 538 beschrieben.
- Die **Kante nach innen** nimmt Charakteristiken des Elements auf – die Kante wird deckend und lässt nichts hindurchscheinen **C**. Diese Kante wird Teil der Form, auf die sie angewendet wird – was manchmal zu einem Problem werden kann.
- Die **Kante nach außen** ist abgerundet, während die **Kante nach innen** scharfe Ecken hat. Ein **Relief** erzeugt eine Rundung innen und außen.

Abgeflachte Kanten & Konturen

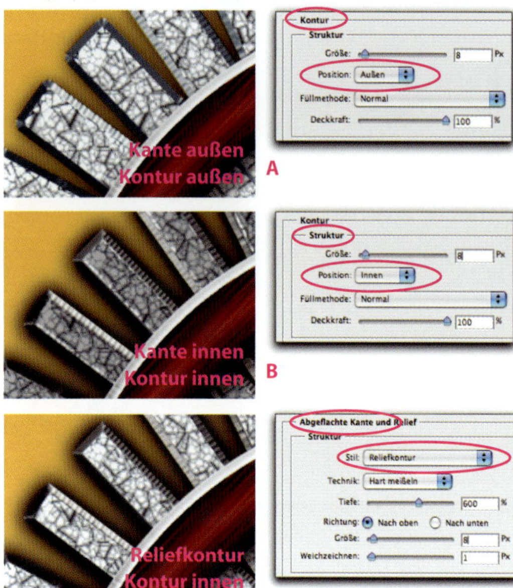

Die Kombination aus ABGEFLACHTER KANTE UND RELIEF und KONTUR hilft Ihnen, die Kantenprofile besser festzulegen:

- Eine **Kante nach außen**, die normalerweise halbtransparent ist, kann durch eine Kontur nach außen gefüllt werden. Mit einer solchen Kontur **A** scheint der gelbe Hintergrund nicht länger durch, wie noch auf Seite 537 zu sehen. Versuchen Sie, die Größeneinstellung der Kontur an die der abgeflachten Kante anzupassen. (Für eine deckende Kante nach außen können Sie auch eine Reliefkontur mit einer Kontur nach außen anwenden.)
- Eine **Kante nach innen** mit einer **Kontur nach innen** erzeugt eine saubere, abgeschnittene Kante, indem Überlagerungseffekte erhalten bleiben (Farbe, Verlauf oder Muster) **B**. (Vergleichen Sie **B** mit der Kante nach innen auf Seite 537.) Eine mittige Kontur lässt sich auf dieselbe Art und Weise für ein Relief oder ein Relief an allen Kanten anwenden. (Beachten Sie, dass eine Kontur eine Struktur, die in Verbindung mit der abgeflachten Kante und dem Relief steht, nicht ausblendet.)
- Die Schattierungseinstellungen für eine abgeflachte Kante nach innen wirken sich nicht nur auf die Kante selbst, sondern auch auf die Oberfläche des Elements aus; in **B** wird die Oberfläche beispielsweise abgedunkelt. Nutzen Sie jedoch die Kontur nach innen; mit einer Reliefkontur erhalten Sie denselben Effekt, jedoch ohne Schattierung der Oberfläche **C**.

Abgeflachte Kanten & Beleuchtung

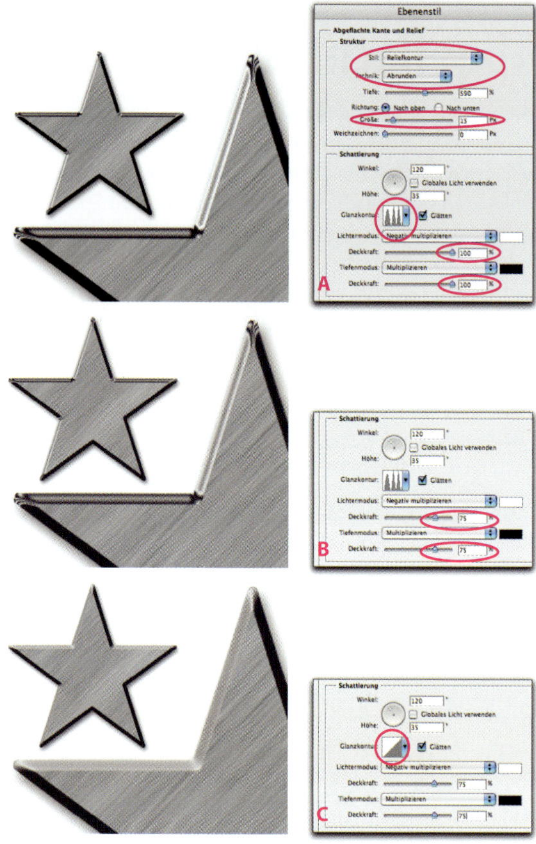

Die Beleuchtung für ABGEFLACHTE KANTEN stellen Sie im Abschnitt SCHATTIERUNG ein – nutzen Sie die Glanzkontur, den Modus und die Deckkrafteinstellungen für Tiefen und Lichter. Mit einer Reliefkontur und einer Kontur (wie links beschrieben) sind die Charakteristiken der abgeflachten Kante und der Oberfläche unabhängig voneinander. Blenden Sie den Glanzeffekt aus (wie hier), um den Effekt deutlicher sehen zu können – die Reliefkontur der Ebene »Small Star« beträgt 15 Pixel, die mittige Kontur 10 Pixel.

Die **stark reflektierende Kante** mit kontrastreichen Lichtern und Tiefen resultiert teilweise aus der komplexen Glanzkontur mit mehreren Bögen (z.B. Adobes Ring-Vorgaben) **A**. Wenn Sie für den Lichter- und den Tiefenmodus die Standardeinstellungen (UMGEKEHRT/NEGATIV MULTIPLIZIEREN und MULTIPLIZIEREN) wählen und höhere Deckkraftwerte verwenden, reflektieren die abgeflachten Kanten noch stärker. Sehen Sie sich den Unterschied an, indem Sie beide Deckkrafteinstellungen auf 75% reduzieren **B**, vergleichen Sie auch den Effekt mit der Standard-Glanzkontur **C**.

Abgeflachte Kante & Farbe

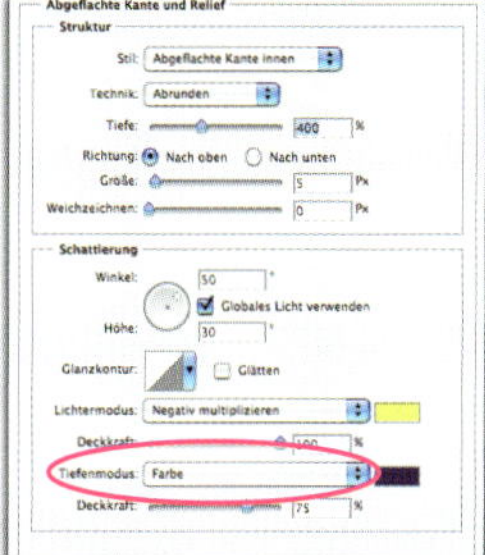

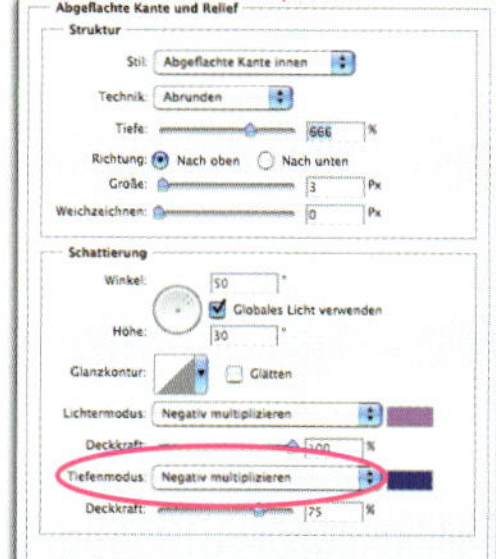

Nutzen Sie den Effekt nicht nur, um Text und Grafiken mehr Tiefe zu verleihen und eine Beleuchtungsrichtung festzulegen, sondern auch, um die Farbe der Beleuchtung festzulegen. Sie sehen hier zwei Beispiele: Text und Rahmen wurden auf separaten Ebenen erstellt, um auf jede einen eigenen Ebenenstil anzuwenden:

- Für die **Abgeflachte Kante innen** auf der Ebene »Space Cadet« wählten wir Gelb für die Lichter und ein helles Violett für die Tiefen. Für den Tiefenmodus stellten wir FARBE ein, um die Farbe der abgeflachten Kante zu überschreiben und es so aussehen zu lassen, als gäbe es eine zweite Lichtquelle von unten.
- Für die schwarzen Umrisse der Ebene »Lines« wählten wir eine **Abgeflachte Kanten innen** mit Lichtern in Magenta und im Modus UMGEKEHRT/NEGATIV MULTIPLIZIEREN sowie violetten Tiefen im selben Modus – auch, um eine weitere Lichtquelle zu simulieren.

(Mit einer größeren Größe für den Effekt auf der Ebene »Space Cadet« – 5 statt 3 – sieht das Logo noch dicker aus und hebt sich stärker vom Hintergrund ab.)

Space.psd

Eine abgeflachte Kante, die keine ist

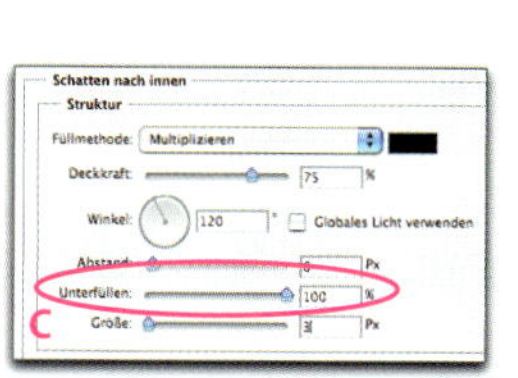

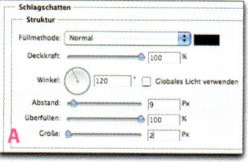

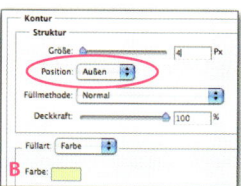

Eine optisch abgeflachte Kante ist in unserem Sinne eigentlich keine abgeflachte Kante, wenn Sie sie mit anderen Effekten in einem Ebenenstil erstellen. Mit dem hier beschriebenen Ansatz erstellen Sie ein plastisches Aussehen. Wir begannen mit einer Grafik, auf die eine Farbüberlagerung sowie ein Schlagschatten mit einer Überfüllung von 100% angewendet wurde **A**; der Abstand des Schlagschattens bestimmt die Verschiebung. Dann erstellten wir die abgeflachte Kante:

- Wir fügten eine helle Kontur hinzu **B**; sie stellt die Oberfläche der abgeflachten Kanten. Die Position AUSSEN für die Struktur lässt die Buchstaben dicker erscheinen.
- Mit dem Schatten nach innen fügen wir einen Schatten hinzu, der die Kontur in eine aufgebaute Kante verwandelt **C**. Für den Schatten nach innen wählten wir eine Überfüllung von 100%, um eine harte Kante zu erzeugen. Wir vergewisserten uns, denselben Winkel wie für den Schlagschatten zu verwenden, um die Beleuchtung konsistent zu halten. (Wenn Sie den Schlagschatteneffekt ein- und ausblenden sehen Sie, dass es wichtig ist, die Buchstaben als deckende Objekte anzulegen. Beachten Sie außerdem, dass, obwohl der Schatten in den Ecken nicht perfekt ist, trotzdem der Eindruck von Tiefe vermittelt wird!)

Big.psd

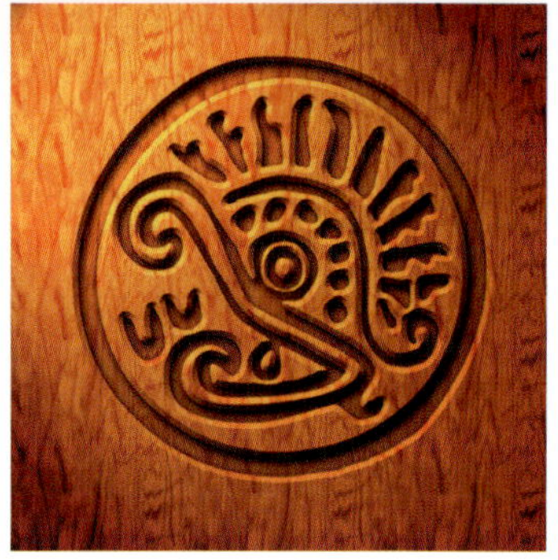

Gravieren

SIE FINDEN DIE DATEIEN
auf der DVD unter Wow Projektdateien/Kapitel 8/Gravieren:
- Gravieren-Vorher.psd-Dateien
- Wow-Gravieren.asl (Stilvorgabe)
- Gravieren-Nachher.psd-Dateien

ÖFFNEN SIE DIESE PALETTEN
aus dem Fenster-Menü:
• Werkzeuge • Ebenen • Stile

ÜBERBLICK
Einen Ebenenstil zu einer Grafik hinzufügen, die in einen einfachen Hintergrund eingraviert wird • Die Tiefe der Gravur mit dem Beleuchtungseffekte-Filter einstellen • Mit einem gemusterten Hintergrundbild arbeiten; eine Kopie der Oberfläche versetzen und mit der Grafik maskieren, um Tiefe zu simulieren • Mit einem strukturierten Hintergrund arbeiten; eine Verschiebungsmatrix anlegen und den Filter VERSETZEN anwenden

Manchmal benötigen Sie für die Illusion einer dritten Dimension lediglich eine Kante, die durch feine Lichter und Tiefen definiert wird und eine Form so aussehen lässt, als wäre sie eingraviert oder ausgestanzt. In Photoshop nutzen Sie dafür am besten einen Ebenenstil bestehend aus diesen Effekten: **Abgeflachte Kante und Relief** für die Kanten, **Schatten nach innen** für die Tiefe und **Farbüberlagerung,** um die Schattierung der Vertiefungen zu kontrollieren. Das ist schon alles, was Sie benötigen, vorausgesetzt, dass es sich um eine einfache, glatte Oberfläche handelt. Allerdings können Sie den Effekt noch verbessern, wenn Sie auch noch den Beleuchtungseffekte-Filter anwenden.

Wenn die glatte Oberfläche deutliche Farbmarkierungen aufweist (beispielsweise eine Holzmaserung), verstärken Sie die Illusion, wenn Sie das Innere der Gravur etwas versetzen. Dadurch werden Sprünge in der Markierung erzeugt, die Vertiefungen kommen deutlicher zum Vorschein.

Haben Sie es mit einer rauen Oberfläche, beispielsweise einem Stein zu tun, sollten Sie den Filter VERSETZEN anwenden, um die Illusion wirklich realistisch zu gestalten. Zusammen mit der Verschiebungsmatrix der Bildoberfläche passt der Filter die Kanten der gravierten Grafik an die Oberflächenstruktur an.

1

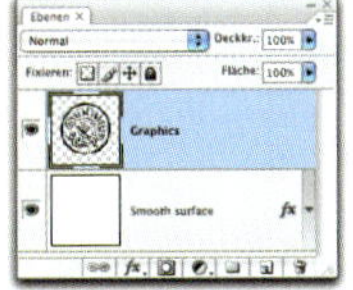

Die Datei **Fein-gravieren-Vorher.psd** enthält eine Grafik auf einer transparenten Ebene und eine glatte Oberfläche, die mit einer Farbfüllebenen erstellt wurde.

1 Die Oberfläche vorbereiten. Öffnen oder erstellen Sie ein Bild mit einer glatten Oberfläche (ohne Markierungen oder eine Struktur). Fügen Sie die Grafik auf einer transparenten Ebene hinzu, die Sie eingravieren wollen; Sie können die Grafik per Drag&Drop oder Kopieren&Einfügen aus einer anderen Datei nehmen oder eine neue erstellen. Oder öffnen Sie die Datei **Fein-gravieren-Vorher.psd 1**. Die rote Oberfläche wurde mit einem Ebenenstil erzeugt (**Wow-Red**, einer der **Wow Plastics** Stile aus dem Anhang B); bei der Grafik handelt es sich um ein gescanntes ClipArt, bei dem der weiße Hintergrund entfernt wurde.

2a

Laden Sie die Stilvorgaben in die Stile-Palette.

2 Die Grafiken mit einem Ebenenstil versehen. Um die Grafik in die Oberfläche einzugravieren, aktivierten wir die Grafikebene (indem wir in der Ebenen-Palette auf deren Ebenenminiatur klickten) und wendeten den Stil **Wow-Carved Sharp** aus dem Set **Wow Halos & Embossing** von der DVD an; auf Seite 537 erfahren Sie, wie dieser Effekt dimensionale Kanten erzeugt. Zum Anwenden des Stils klicken Sie ihn einfach in der Stile-Palette an (vorausgesetzt, Sie haben die Wow-Stile, siehe Seite 5, geladen), oder Sie wählen aus dem Paletten-Menü STILE LADEN **2a** und laden die Datei **Wow-Carving.asl**; sobald der Stil geladen ist, klicken Sie ihn an, um ihn anzuwenden **2b**.

2b

Im Stil **Wow-Carved Sharp** ersetzt eine schwarze Farbüberlagerung die ursprüngliche Farbe der Elemente, auf die der Stil angewendet wird; die reduzierte Fülldeckkraft (25%, in den Stil eingebaut) macht die schwarze Grafik teilweise transparent, so dass sich der Effekt auf die Vertiefungen der Gravur auswirkt.

Je nach Größe und Art der verwendeten Grafik müssen Sie den Stil eventuell skalieren (wir mussten das nicht tun) – vielleicht wollen Sie auch einige Effekte modifizieren. Den Schatten nach innen änderten wir nicht (er erzeugt den Schatten der gravierten Kante), auch die Farbüberlagerung behielten wir so bei (sie dunkelt die vertieften Bereiche ab). Der Effekt ABGEFLACHTE KANTE UND RELIEF erschien uns für unsere Grafik jedoch etwas zu intensiv, weshalb wir in der Ebenen-Palette doppelt auf diesen Eintrag klickten, um einige Änderungen vorzunehmen **2c**: Wir änderten die abgeflachte Kante nach außen in ein Relief, wobei die Hälfte der Kante nach innen und die andere nach außen aufgebaut wird. Wir änderten auch die Einstellung HART MEISSELN in WEICH MEISSELN **2d**. (Wenn Sie auch mit den anderen beiden Effekten experimentieren wollen, klicken Sie auf die entsprechenden Namen in der Ebenenstil-Dialogbox; die Häkchen markieren, welche Effekte aktiv sind und zum Stil gehören – um Änderungen vornehmen zu können, müssen Sie jedoch direkt auf den Namen klicken.)

2c

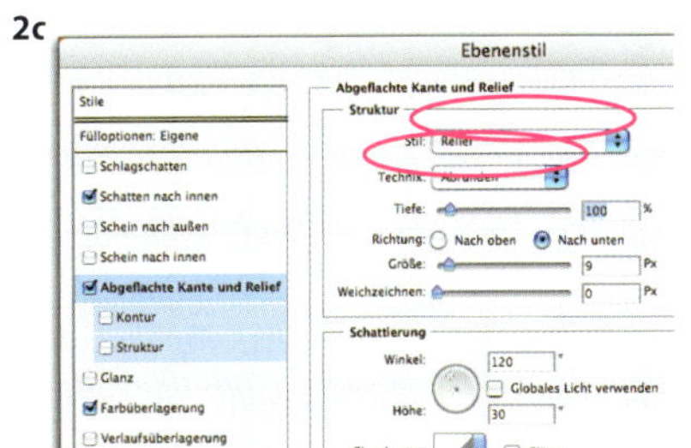

Im Abschnitt »Abgeflachte Kante und Relief« wählten wir den Stil »Relief« und die Technik »Weich meißeln«.

2d

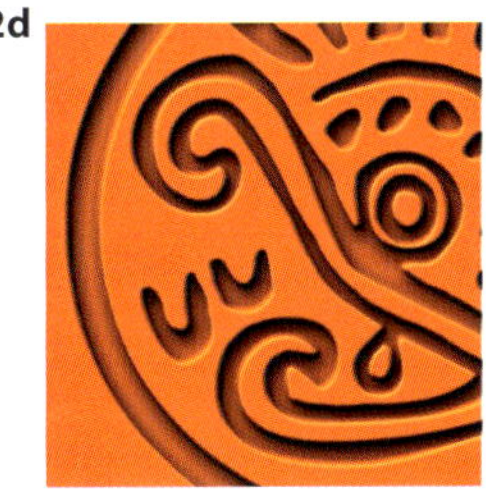

Die gravierte Datei nach Änderung der Ebenenstile.

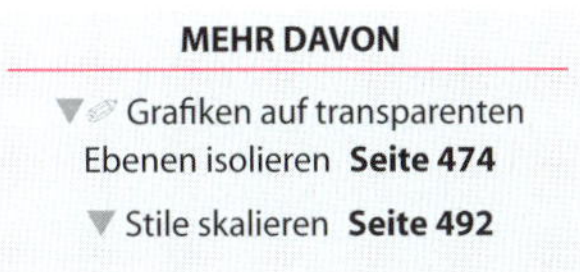
MEHR DAVON

Grafiken auf transparenten Ebenen isolieren **Seite 474**

Stile skalieren **Seite 492**

3a

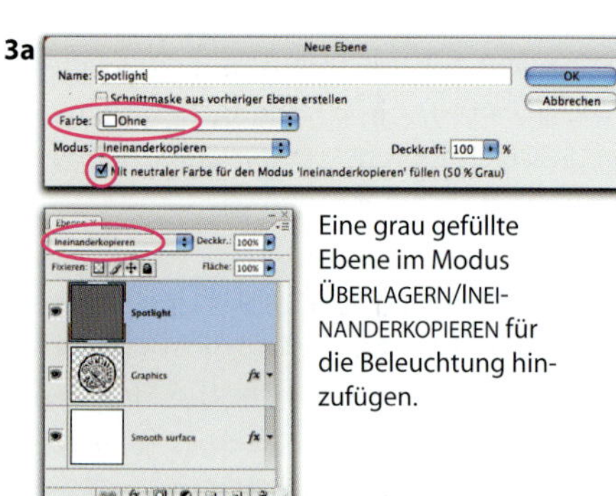

Eine grau gefüllte Ebene im Modus ÜBERLAGERN/INEINANDERKOPIEREN für die Beleuchtung hinzufügen.

3b

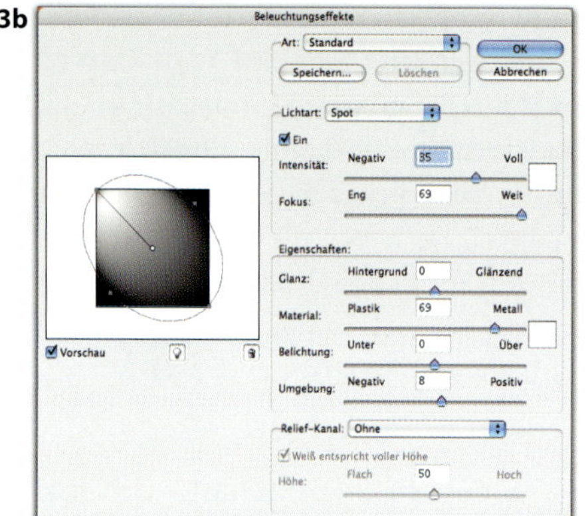

Ein Spotlicht wird eingerichtet.

3c

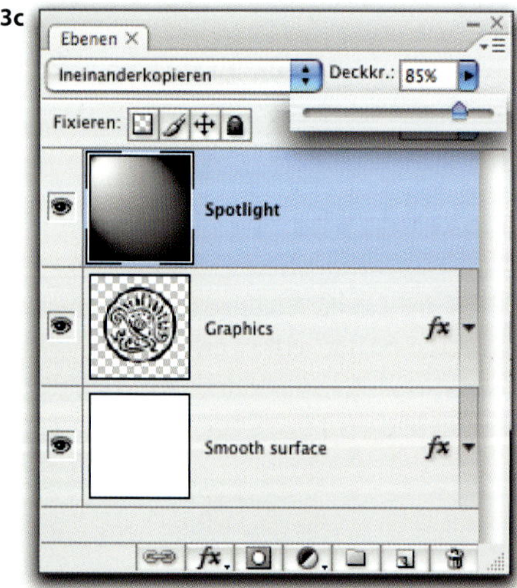

Die Beleuchtung; das Ergebnis sehen Sie auf Seite 540.

3 Eine Aufhellebene erstellen. Um das Bild etwas zu beleben, wendeten wir ein Spotlicht mit dem Filter BELEUCHTUNGSEFFEKTE an, jedoch auf einer separaten Beleuchtungsebene, um den Effekt besser kontrollieren zu können: Aktivieren Sie die Grafikebene und fügen Sie eine neue Ebene im Modus ÜBERLAGERN/INEINANDERKOPIEREN hinzu, indem Sie mit gedrückter ⌥-Taste (PC: Alt) unten in der Ebenen-Palette auf den Button NEUE EBENE ERSTELLEN klicken; wählen Sie in der Dialogbox ÜBERLAGERN/INEINANDERKOPIEREN und die Option MIT NEUTRALER FARBE FÜR DEN MODUS »ÜBERLAGERN/INEINANDERKOPIEREN« FÜLLEN, 50% GRAU **3a**. Da das Grau in diesem Modus neutral ist. ändert sich Ihr Bild nicht, wenn Sie auf OK klicken, um die Dialogbox zu schließen. In der Ebenen-Palette ist die grau gefüllte Ebene zu sehen.

Wählen Sie für das Spotlicht FILTER/RENDERFILTER/BELEUCHTUNGSEFFEKTE **3b**. Wir begannen mit dem Standardlicht, richteten die Lichtquelle jedoch neu aus, damit sie in der Ecke oben links am intensivsten ist, außerdem machten wir sie etwas runder.▼ In der Vorschau sehen Sie nur eine graue Ebene – Sie können sich den Effekt nicht vorher auf Ihrem Bild ansehen. Wenn Sie das Licht jedoch auf einer separaten Ebene einstellen, sind Sie sehr flexibel und haben sehr viel Kontrolle über die Ebene, sobald Sie auf OK klicken, um den Filterdialog zu schließen.

MEHR DAVON

▼ Beleuchtungseffekte **Seite 261**

Experimentieren Sie in der Ebenen-Palette, indem Sie eine andere Füllmethode für die Beleuchtungsebene wählen (oben links im Menü der Ebenen-Palette) oder die Deckkraft reduzieren (oben rechts), um den Effekt abzumildern; oder Sie duplizieren die Ebene mit ⌘-J (PC: Strg-J), um den Effekt zu verstärken. Probieren Sie die Füllmethoden WEICHES LICHT, HARTES LICHT LINEARES LICHT, UMGEKEHRT/NEGATIV MULTIPLIZIREN oder MULTIPLIZIEREN; wir blieben bei ÜBERLAGERN/INEINANDERKOPIEREN, reduzierten jedoch die Deckkraft auf 85% **3c**.

4 Eine gemusterte Oberfläche gravieren. Um eine gemusterte Oberfläche zu gravieren, öffnen Sie entweder eine eigene Datei und fügen Grafiken hinzu (siehe Schritt 1), wenden den Stil **Wow-Carved Sharp** an (Schritt 2) und fügen eine Beleuchtung hinzu (Schritt 3), oder Sie öffnen die Datei **Mustergravieren-Vorher.psd**; der Stil **Wow-Carved Sharp** wurde angewendet (der Stil passt sehr gut zur Holzgravur) und eine Spotlichtebene hinzugefügt **4a**.

4a 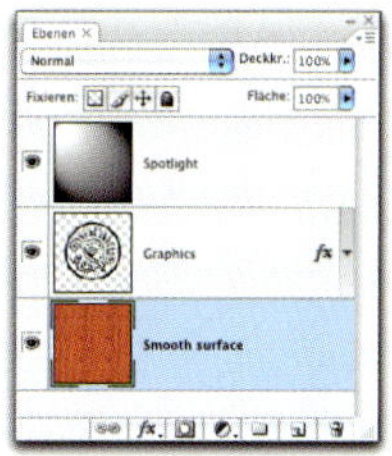

Die Datei **Muster-gravieren-Vorher.psd** mit dem Stil **Wow-Carved Sharp.**

4b 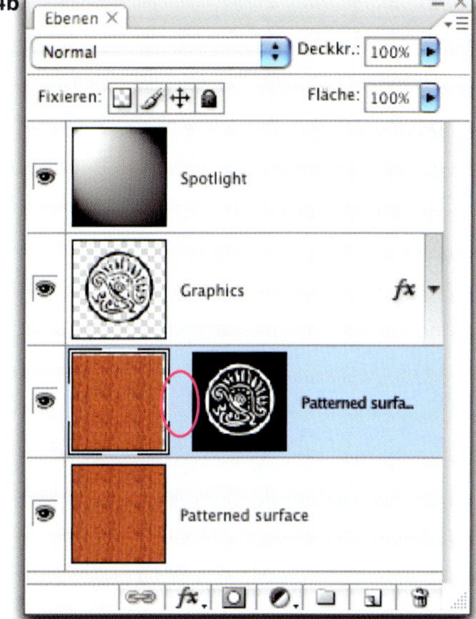

Die duplizierte Musterebene mit einer Ebenenmaske.

4c 

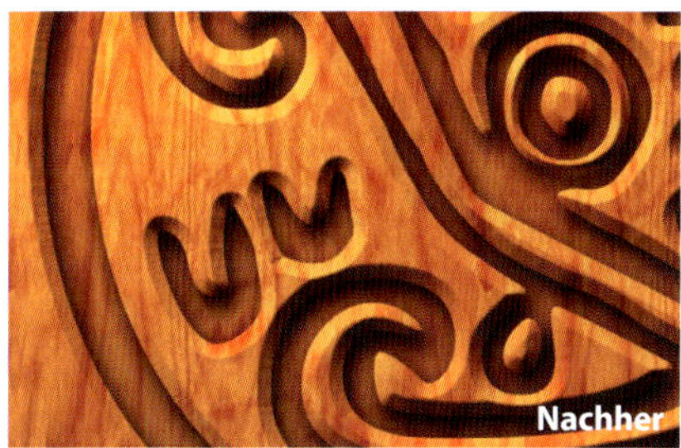

Die duplizierte Ebene wurde leicht versetzt und maskiert, um einen Sprung im Muster zu erzeugen.

Um die vertieften Bereiche leicht zu versetzen und die Illusion der Tiefe zu verstärken, erstellen Sie ein maskiertes Duplikat des Oberflächenbildes: Aktivieren Sie die Oberfläche in der Ebenen-Palette und drücken Sie ⌘-J (PC: Strg-J), um sie zu duplizieren; laden Sie die Grafikebene als Auswahl, indem Sie mit gedrückter ⌘/Strg-Taste auf die Miniatur in der Ebenen-Palette und anschließend auf den Button EBENENMASKE HINZUFÜGEN klicken. Im nächsten Schritt müssen Sie die Maske von den Ebenen trennen (klicken Sie dazu auf das Verbinden-Icon zwischen den beiden Miniaturen) **4b**. Jetzt lässt sich das Holzbild verschieben, während die Maske an Ort und Stelle bleibt: Aktivieren Sie das Bild, nicht die Maske, und anschließend das Verschieben-Werkzeug, um das Bild mithilfe der Pfeiltasten auf der Tastatur zu verschieben **4c**.

5 Eine strukturierte Oberfläche gravieren. Falls es sich um eine raue Oberfläche handelt, die Sie gravieren wollen, können Sie noch etwas tun, um die Illusion zu verstärken. Um unserem Beispiel zu folgen, öffnen Sie die Datei **Grob-gravieren-Vorher.psd** **5a** oder folgen Sie den Schritten 1 bis 4 (nutzen Sie in Schritt 2 jedoch den Stil **Wow-Carved Smooth**), wenn Sie mit eigenem Bildmaterial arbeiten **5b**.

ZWEI MATERIALIEN ÜBEREINANDER LEGEN

Wenn Sie eine gemusterte Oberfläche gravieren, können Sie die Maske, die Sie in Schritt 4 erstellen, nicht nur zum Verschieben der vertieften Oberfläche nutzen, sondern auch, um die Oberfläche zu ersetzen: Aktivieren Sie die Ebene mit der Maske. Öffnen Sie das Bild, das Sie als zweite Oberfläche nutzen wollen, und ziehen Sie es mit dem Verschieben-Werkzeug in die Datei; es wird als Ebene über der maskierten Ebene eingefügt. Kopieren Sie im Anschluss die Maske in die neue Ebene; seit Photoshop CS2 lässt sich die Maske einfach mit gedrückter ⌥/Alt-Taste auf die neue Ebene ziehen.

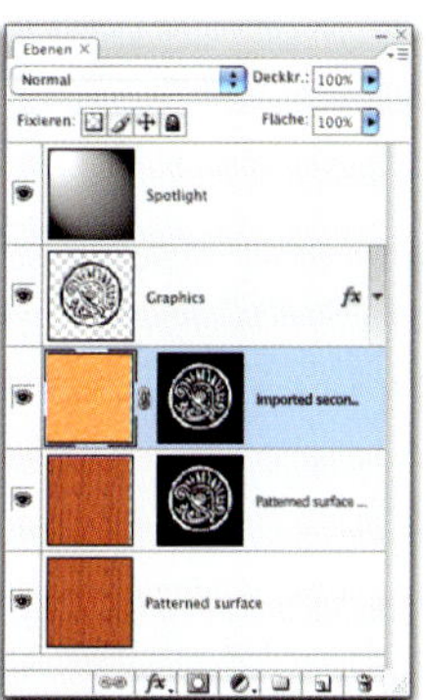

5a 

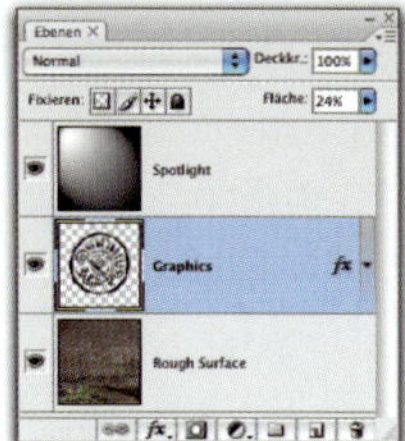

Die Datei **Grob-gravieren-Vorher.psd** mit dem Stil **Wow-Carved Smooth**. Einige der Blätter im Vordergrund sind in der Gravur gefangen, werden in Schritt 6 aber wieder hinzugefügt.

5b 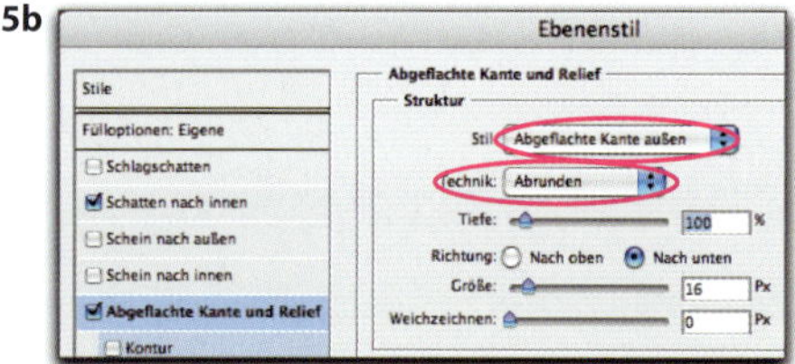

Im Abschnitt »Abgeflachte Kante und Relief« der Ebenenstil-Dialogbox wählten wir eine größere Größe (16 statt 9) und die Technik »Abrunden«, um rundere Kanten zu erzeugen.

6a 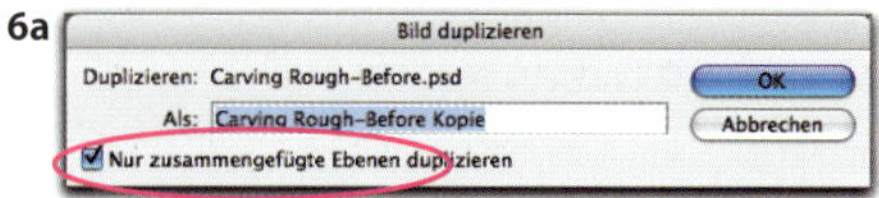

Die Gravieren-Datei wurde dupliziert, um eine Verschiebungsmatrix zu erstellen. Dabei war nur die Stein-Ebene sichtbar geschaltet.

6b 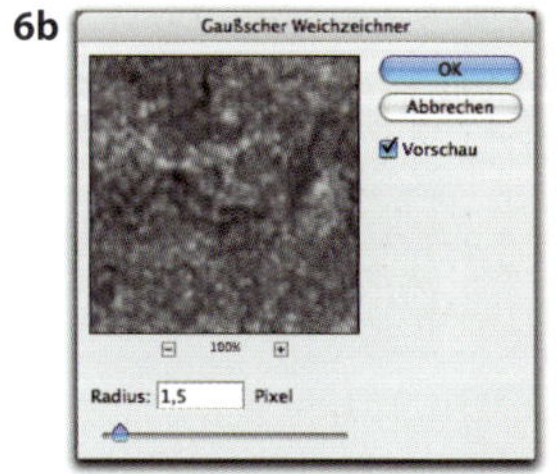

Nach der Umwandlung der Datei in Graustufen zeichneten wir sie leicht weich, um die Details zu glätten.

6 Die Gravur aufrauen. Bei der rauen Oberfläche ist der nächste Schritt, eine Verschiebungsmatrix zu erstellen, die Sie mit dem Filter VERSETZEN anwenden. Der Filter verschiebt die Pixel in einem Bild nach oben oder unten, links oder rechts. Die Richtung für jedes Pixel wird danach bestimmt, ob das dazugehörige Pixel in der Verschiebungsmatrix hell oder dunkel ist – die relative Stärke der Verschiebung wird durch den Grad der Dunkelheit oder Helligkeit bestimmt.▼

MEHR DAVON

▼ Der Filter VERSETZEN **Seite 575**

Falls es zu diesem Zeitpunkt Ebenen gibt, die größer sind als die Arbeitsfläche, ist es eine gute Idee, alles auszuwählen (⌘/Strg-A) und BILD/FREISTELLEN zu wählen, damit die Verschiebungsmatrix, die Sie erstellen, mit der Bildoberfläche übereinstimmt. Blenden Sie in der Ebenen-Palette vorübergehend alle Ebenen bis auf die Oberflächenebene aus (klicken Sie mit gedrückter ⌥/Alt-Taste auf das Augen-Icon) und wählen Sie BILD/DUPLIZIEREN; aktivieren Sie die Option NUR ZUSAMMENGEFÜGTE EBENEN DUPLIZIEREN **6a**.

Um besser zu sehen, wie der Kontrast im neuen Bild funktioniert, wandeln Sie die Datei in Graustufen um (BILD/MODUS/GRAUSTUFEN). So verschwinden unerwünschte Details **6b**, **6c** und der Kontrast wird verstärkt, um den Hell-Dunkel-Unterschied besser zur Geltung zu bringen **6d**. **Speichern Sie die Datei im Photoshop-Format (PSD)**, da der Filter eine Photoshop-Datei erfordert.

Um die Gravur aufzurauen, aktivieren Sie die Grafik in der Ebenen-Palette und blenden Sie diese ein (klicken Sie auf das Augen-Icon). Wählen Sie FILTER/VERZERRUNGSFILTER/VERSETZEN. Geben Sie in der Dialogbox Werte für die vertikale und horizontale Skalierung ein (wir wählten jeweils 6) **6e** und klicken Sie auf OK, um den Filterdialog zu schließen; navigieren Sie zur Verschiebungsmatrix und klicken Sie auf ÖFFNEN. Da der Filter leider nicht mit einer Vorschau ausgestattet ist, müssen Sie sich das Ergebnis ansehen und den Schritt im Notfall rückgängig machen und neue Filtereinstellungen anwenden; mit ⌘-⌥-F (PC: Strg-Alt-F) öffnen Sie die Dialogbox mit den zuletzt verwendeten Filtereinstellungen. Ändern Sie diese.

7 Vordergrundelemente vor die Gravur setzen. Egal, ob Ihre Oberfläche glatt, gemustert oder strukturiert ist: Gibt es im Oberflächenbild ein Objekt, dass vor der Gravur zu sehen sein muss, müssen Sie dieses auswählen und in eine neue Ebene kopieren.

6c

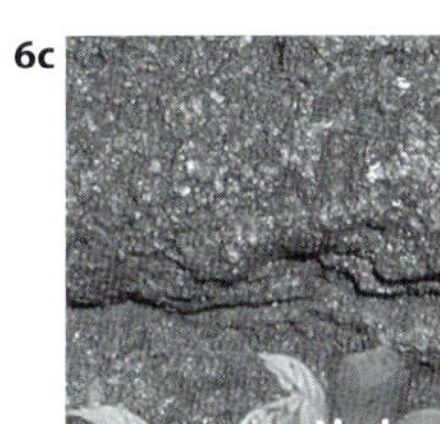

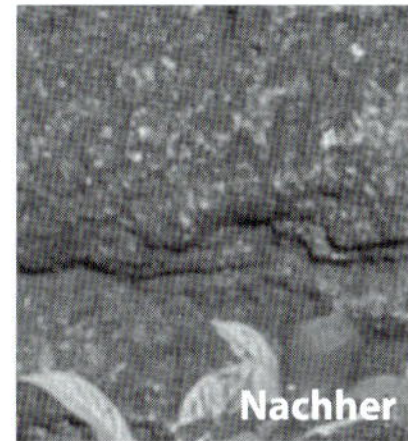

Die Weichzeichnung der Verschiebungsmatrix.

6d

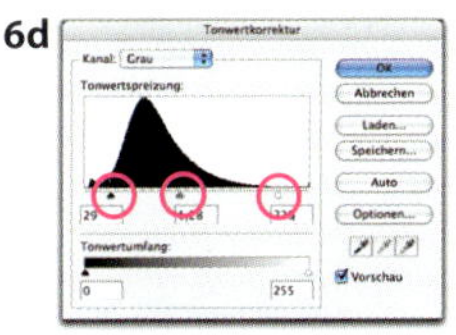

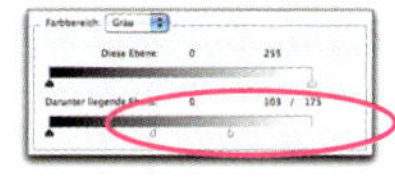

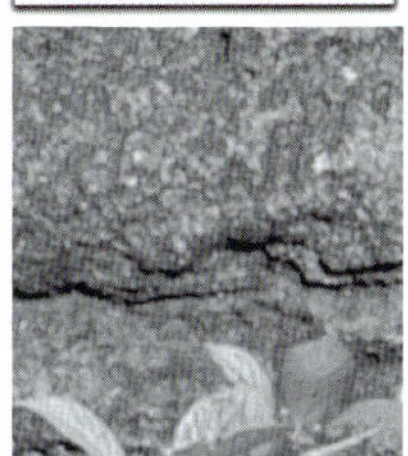

Verstärken Sie den Kontrast der dunklen Tonwerte mit einer Tonwertkorrektur-Einstellungsebene. (Die Fülloptionen öffnen Sie, wenn Sie mit gedrückter Ctrl-Taste bzw. Rechts-Klick auf die Miniatur der Einstellungsebene klicken.)

6e

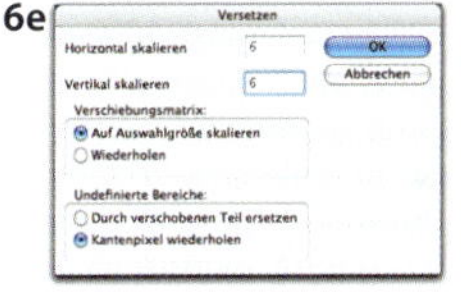

Der Filter »Versetzen« verzerrt die Grafik und passt sie an die Oberfläche an.

7a

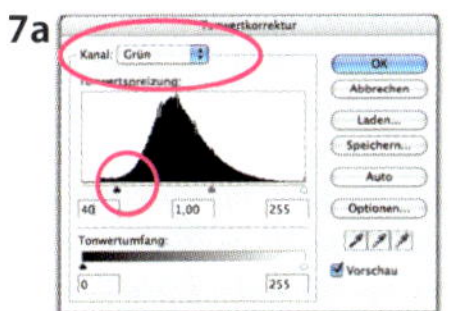

Eine Tonwertkorrektur im grünen Kanal verstärkt den Farbkontrast zwischen den Blättern und dem Stein – die Arbeit mit dem Magnetischen Lasso wird dadurch einfacher.

7b

Haben Sie die Auswahl erstellt, können Sie die Einstellungsebene ausblenden (oder löschen, wie hier). Mit der Auswahl werden Vordergrundelemente kopiert und vor der Grafik platziert.

Wählen Sie eine passende Auswahlmethode für Ihr Objekt.▼ Um so wenig Aufwand wie möglich zu haben, wählen wir wirklich nur die paar Blätter aus, die vor der Gravur erscheinen. Aufgrund der Tonwert- und Sättigungsunterschiede zwischen Blättern und Stein ist es eher schwierig, die Auswahl mit dem Zauberstab, der Schnellauswahl oder dem Befehl FARBBEREICH AUSWÄHLEN zu erstellen. Wir entschieden uns deshalb für das Magnetische Lasso. Das Werkzeug schmiegt sich magnetisch an die Kanten an, ohne dass wir die Maustaste drücken müssen.▼ Dort, wo das Werkzeug Hilfe benötigt, klicken wir mit gedrückter ⌥-Taste (PC: Alt). Bevor wir damit begannen, verstärkten wir den Farbkontrast zwischen den Blättern und dem Stein. Dazu klickten wir auf den Button NEUE FÜLL- ODER EINSTELLUNGSEBENE ERSTELLEN und wählten TONWERTKORREKTUR. Manchmal reicht es aus, den Kontrast zu verstärken, indem der Lichterregler nach innen verschoben wird. Hier nutzten wir die Tatsache, dass sich die grünen Blätter vor einem neutralen Hintergrund befinden. Wir wählten aus dem Kanäle-Pop-up-Menü GRÜN und verschoben den Tiefenregler nach innen, um den Stein in ein dunkles Magenta zu tauchen **7a.** Dadurch wird es einfacher, die Blätter auszuwählen. Nachdem wir die Auswahl erstellt hatten, entfernten wir die Tonwertkorrekturebene, aktivierten die Bildebene und kopierten die Blätter in eine neue Ebene (⌘/Strg-J). Dann mussten wir die Blätter in der Ebenen-Palette einfach noch nach oben ziehen (vor die Gravur) und die Spotlichtebene wieder einblenden **7b**.

Letzte Schönheitskorrekturen. Um die Beleuchtung der abgeflachten Kante am unteren Rand der Gravur etwas abzuschwächen, fügten wir eine leere Ebene im Modus MULTIPLIZIEREN hinzu (⌘/Strg-⇧-N) und malten mit einem schwarzen, weichen Pinsel und geringer Deckkraft auf der Ebene. Falls Ihr Bild in den Tiefen einen Farbstich aufweist, können Sie den Ebenenstil entsprechend anpassen. Für Schatteneffekte klicken Sie in der Ebenenstil-Dialogbox in das Farbfeld und dann in einen Schattenbereich des Bildes, um diese Farbe aufzunehmen. Um den Versatz einiger Elemente stärker hervorzuheben, erstellen Sie eine Kopie der Datei (BILD/DUPLIZIEREN; NUR REDUZIERTE EBENEN DUPLIZIEREN) und experimentieren Sie mit dem Verflüssigen-Filter.▼ Zum Abschluss können Sie das Bild auch noch leicht scharfzeichnen.▼

MEHR DAVON
▼ Auswahlmethoden
Seite 51
▼ Das Magnetische
Lasso Seite 58
▼ Verflüssigen
Seite 612
▼ Scharfzeichnen
Seite 328

Neonschein

SIE FINDEN DIE DATEIEN

auf der DVD unter Wow Projektdateien/Kapitel 8/ Neonschein:

- Neonschein-Vorher.psd
- Wow-Neonschein.grd (eine Verlaufsvorlage)
- Neonschein-Nachher.psd

ÖFFNEN SIE DIESE PALETTEN

from the Window menu:

• Tools • Layers • Styles • Paths

ÜBERBLICK

Eine Datei mit einem dunklen Hintergrund erstellen • Grafiken für die Neonröhren erstellen oder importieren • Einen Neon-Ebenenstil erstellen • Die Grafik verfeinern • Einige Neonelemente in eigene Ebenen kopieren und anders einfärben

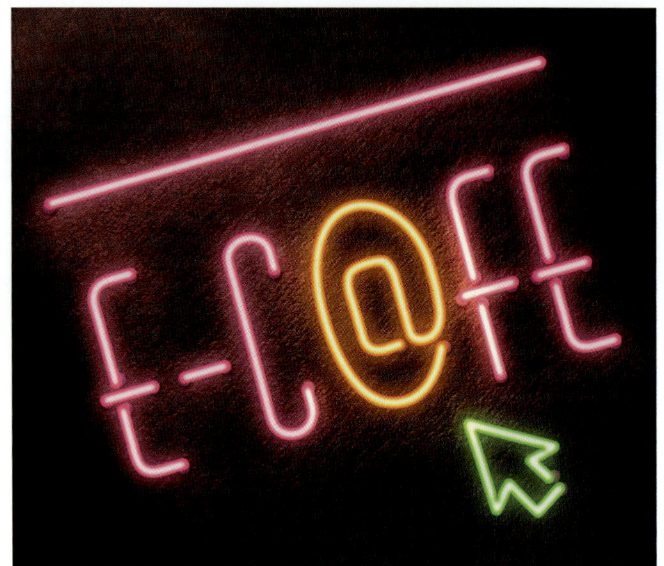

Es gibt verschiedene Möglichkeiten, Neoneffekte für Texte und Grafiken zu erzeugen – inklusive der schnellen Methode von Seite 454. Ist das Neon vektor- und stilbasiert, lassen sich seine Formen bearbeiten, die Grafik kann ohne Probleme skaliert werden und Sie können den Stil und somit die Farbe des Neons ändern, um es beispielsweise an- und auszuschalten. Das Neon, das Sie in der oberen Abbildung sehen, wurde als Pfad aus Adobe Illustrator importiert, in eine Vektormaske umgewandelt und mit Ebenenstilen bearbeitet. Der Grundstil besteht aus einem Schein nach innen, basierend auf einem Verlauf, damit es so aussieht, als würde das Neon innerhalb der Röhren scheinen; zudem wurde ein farbiger Schein nach außen, kombiniert mit einem Schlagschatten im Modus FARBIG ABWEDELN angewendet, um die dunkel strukturierte Oberfläche etwas aufzuhellen. Ziel ist es hier, Neonbeleuchtung zu simulieren – mit einigen zusätzlichen Details erscheint das Neon jedoch deutlich realistischer. (Bert Monroy, Meister des Fotorealismus, fügt den nötigen Schmutz und andere Details hinzu, um die Neonröhren realistischer aussehen zu lassen, wie auf Seite 399 beschrieben.)

1a

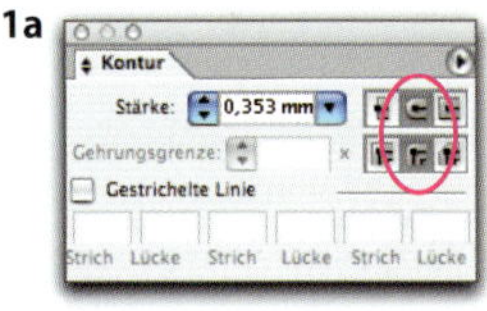

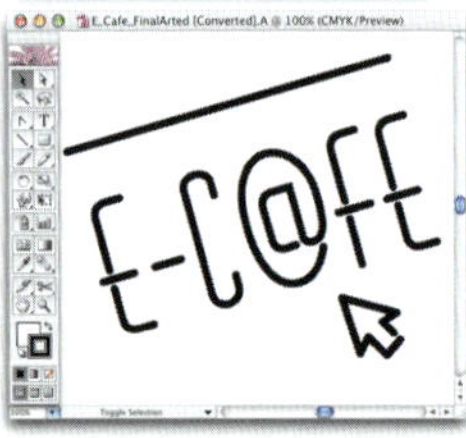

Die Pfade wurden in Illustrator gezeichnet – die Striche bekamen abgerundete Ecken.

1 Die Röhren vorbereiten. In diesem Schritt werden die Neonröhren erstellt. Beginnen Sie mit einer Datei mit einem dunklen Hintergrund; bei uns handelt es sich um eine gescannte Struktur, die mit dem Beleuchtungseffekte-Filter etwas aufgehellt wurde.▼ Die importierten Formen dienen als Basis für die Neonröhren (diese lassen sich auch in Photoshop mit dem Zeichenstift oder dem Textwerkzeug erstellen). Sie können auch unsere Datei »Neonschein-Vorher.psd« öffnen, den Rest dieses Schrittes zur Information lesen und mit Schritt 2 fortfahren.)

MEHR DAVON

▼ Beleuchtungseffekte **Seite 261**

1b

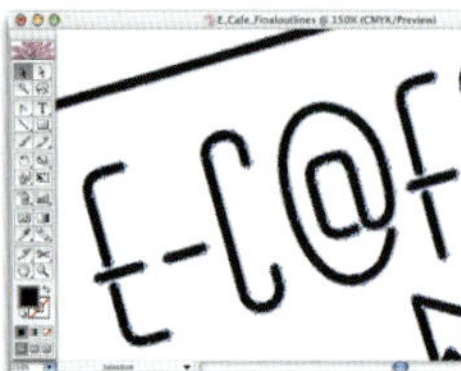
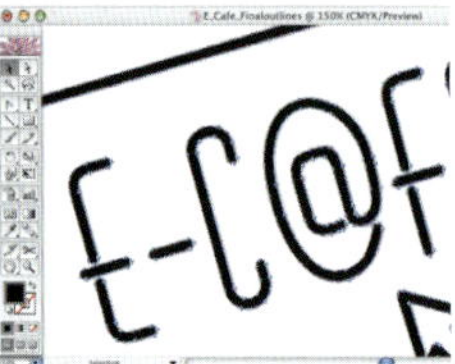

Die Pfade wurden im Anschluss miteinander verbunden.

1c 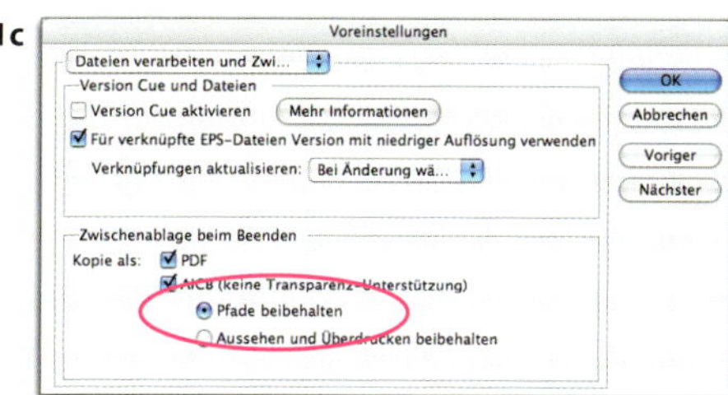

Wählen Sie die Voreinstellungen in Illustrator so, dass die importierten Grafiken in Photoshop als Pfade eingefügt werden können.

1d 

Fügen Sie die kopierten Pfade als Formebene ein. Seit Photoshop CS2 lassen sich Grafiken auch als Smart Objekte importieren – für unser Projekt ist es jedoch besser, die Grafik als Formebene zu kopieren, weil sie später noch in Teile zerlegt werden soll.

1e 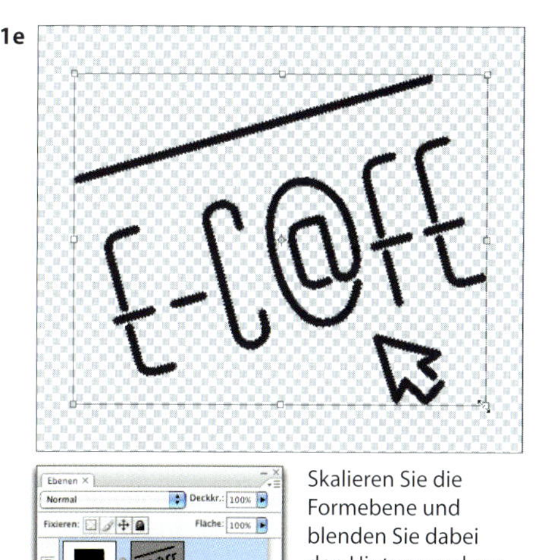

Skalieren Sie die Formebene und blenden Sie dabei den Hintergrund aus.

Wir erstellten die Buchstaben und Symbole in Adobe Illustrator mit einer Serie aus Strichen und Pfaden mit abgerundeten Ecken **1a**.

Um die Röhren so anzulegen, dass wir sie in Photoshop umformen können, wandelten wir die Pfade in Konturlinien um (OBJEKT/PFAD/KONTURLINIE). Um eine einheitliche Grafik ohne überlappende Pfade zu erzeugen, wählten wir in Illustrator alle Pfade aus und klickten in der Pathfinder-Palette auf den Button DEM FORMBEREICH HINZUFÜGEN **1b**.

Bevor wir die Pfade in Photoshop importierten, stellten wir sicher, dass in den Illustrator-Voreinstellungen (im Abschnitt DATEIEN VERARBEITEN UND ZWISCHENABLAGE) die Optionen AICB und PFADE BEIBEHALTEN aktiviert waren **1c**. Anschließend kopierten wir die Grafik in die Zwischenablage, öffneten Photoshop und fügten sie als Formebene ein **1d**. Falls Sie die Formebene im Anschluss skalieren müssen, nutzen Sie den Befehl FREI TRANSFORMIEREN und ziehen Sie mit gedrückter ⇧-Taste an einem der Eckpunkte **1e** (falls der Transformieren-Rahmen nicht vollständig zu sehen ist, drücken Sie ⌘/Strg-0 – Null –, um das Fenster entsprechend zu vergrößern). Klicken Sie zum Abschluss der Bearbeitung doppelt innerhalb des Transformieren-Rahmens oder drücken Sie ↩.

2 Der Neon-Ebenenstil. Aktivieren Sie die Grafikebene und klicken Sie unten in der Ebenen-Palette auf den Button EBENENSTIL HINZUFÜGEN *fx*; wählen Sie SCHEIN NACH INNEN. Wählen Sie im Abschnitt STRUKTUR die Füllmethode NORMAL und eine Deckkraft von 100%, damit der Neonverlauf, den Sie erstellen werden, die vorhandene Farbe der Grafik vollständig überdeckt. Aktivieren Sie statt der Volltonfarbe den Verlauf und wählen oder erstellen Sie einen Verlauf von Weiß zu einer dunklen Farbe (hier ist es Pink) – die Zwischenfarbe ist ein etwas schwächeres Pink. Klicken Sie auf das kleine Dreieck rechts neben dem Verlaufsfeld, um die Verläufe-Palette zu öffnen. Dort können Sie einen Verlauf auswählen oder laden, indem Sie das Palettenmenü öffnen. Die Wow-Verläufe enthalten einige gute Vorgaben für Neon – Sie können aber auch die Datei »Wow-Neonschein.grd« laden. Um die Dialogbox VERLÄUFE BEARBEITEN zu öffnen, klicken Sie doppelt auf den Verlauf selbst. Jetzt können Sie einen ganz individuellen Verlauf erstellen. ▼

MEHR DAVON
▼ Wow-Vorgaben laden **Seite 5**
▼ Verläufe erstellen **Seite 161**

2a
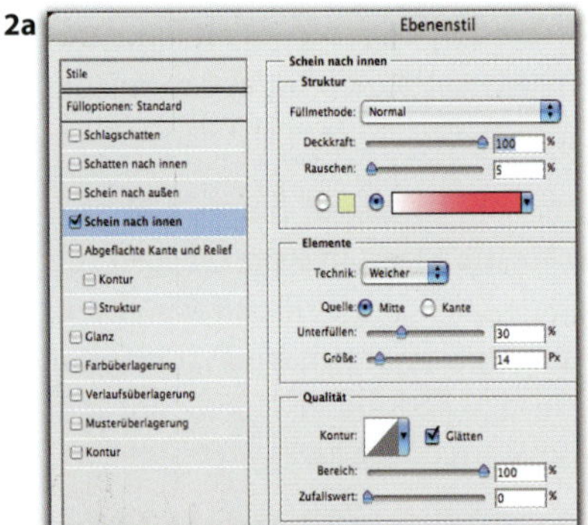

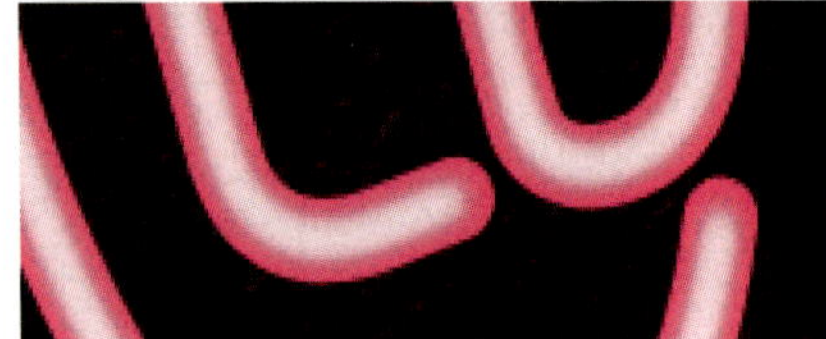

Die Röhren werden mit einem Schein nach innen aufgehellt und abgerundet.

2b
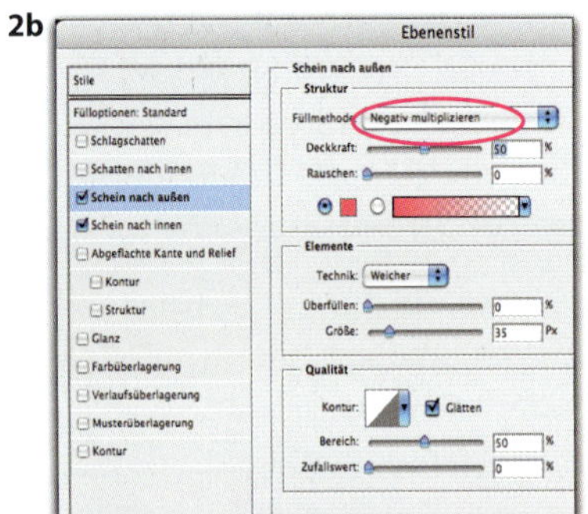

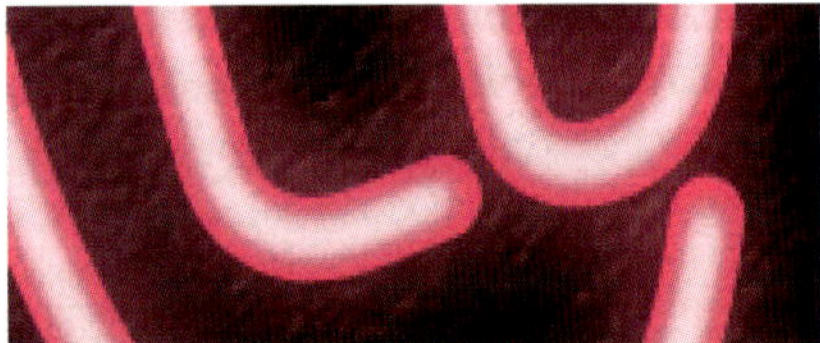

Ein Schein nach außen wirft Licht auf die Wand.

2c
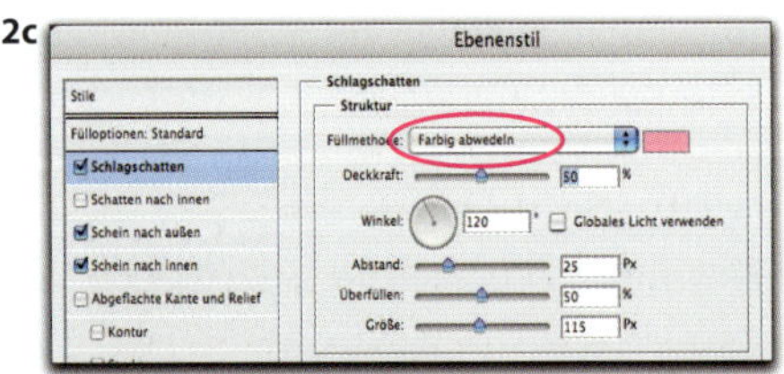

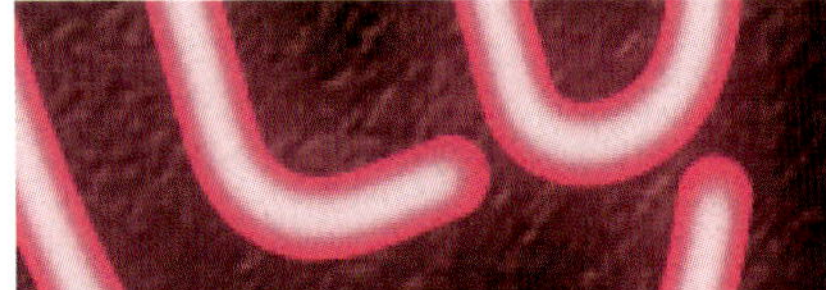

Details werden im Hintergrund mit einem Schlagschatten aufgehellt.

Im Abschnitt ELEMENTE **2a** aktivieren Sie die Technik WEICHER, so sind die parallelen Striche des Verlaufs nicht so deutlich sichtbar. Als Quelle wählen Sie MITTE (so dass der Verlauf in der Mitte weiß und an den Rändern farbig ist); falls Sie den Verlauf versehentlich umgekehrt erstellt haben, müssen Sie hier statt MITTE die Option KANTE aktivieren. Stellen Sie einen Qualitätsbereich von 100% ein, damit der gesamte Verlauf die Röhren einfärbt. Im Abschnitt ELEMENTE stellen Sie für die Überfüllung einen Wert von 0 ein und passen die Größe so an, bis der Übergang von Weiß zur Farbe korrekt aussieht; passen Sie im Anschluss die Überfüllung an, um die Breite der äußeren Farbe zu bestimmen. Wir waren mit unserem Ergebnis bei einer Überfüllung von 30% zufrieden.

Gefällt Ihnen der Schein nach innen, klicken Sie links in der Liste der Dialogbox auf SCHEIN NACH AUSSEN. Da die Füllmethode NEGATIV MULTIPLIZIEREN gewählt ist, hellt der Schein den dunklen Hintergrund hinter dem Neon auf **2b**. Wir wählten die Farbe Pink mit einer Größe von 35 Pixel und einer Überfüllung von 0, um einen möglichst diffusen Schein zu erzeugen. Für die Deckkraft wählten wir 50%; ist Ihr Hintergrund sehr dunkel oder wollen Sie ein dramatisches Ergebnis erzeugen, können Sie die Deckkraft natürlich auch deutlich erhöhen. Wir experimentierten mit einem Bereich von 50%.

Um den Schein außerhalb der Röhren realistischer aussehen zu lassen, klickten wir links in der Liste der Effekte auf SCHLAGSCHATTEN, wählten die Farbe Pink und die Füllmethode FARBIG ABWEDELN, um die Farbe in der darunter liegenden Ebene aufzuhellen und den Kontrast zu verstärken **2c**. Der Schlagschatten harmoniert mit dem Schein nach außen und der Beleuchtung des Hintergrunds, und erzeugt so den gewünschten Effekt auf den Neonröhren. Für den Abstand wählten wir 0, für Winkel und Distanz jedoch 25 Pixel, um diesen zusätzlichen Schein etwas nach rechts unten zu verschieben und das Gefühl zu vermitteln, dass man von unten auf die Röhren blickt.

3 Die Röhren verfeinern. Da Sie die Röhren jetzt aufgehellt haben, können Sie die Formen verändern und das Ergebnis realistischer aussehen lassen. Aktivieren Sie in der Ebenen-Palette die Formebene, indem Sie deren rechte Miniatur (die Vektormaske) anklicken; im Arbeitsfenster ist jetzt auch der Pfad zu sehen. (Wenn Sie editierbaren Text in Photoshop erstellt haben, wandeln Sie diesen in eine Formebene um, damit Sie die Buchstaben verändern können; wählen Sie EBENE/TEXT/IN FORM UMWANDELN.) Aktivieren Sie den Zeichenstift. Halten Sie die ⌘-Taste (PC: Strg) gedrückt, um zum Direktauswahl-Werkzeug zu wechseln; klicken Sie auf den Pfad, um die Kontrollpunkte einzublenden, und lassen Sie die Taste los.

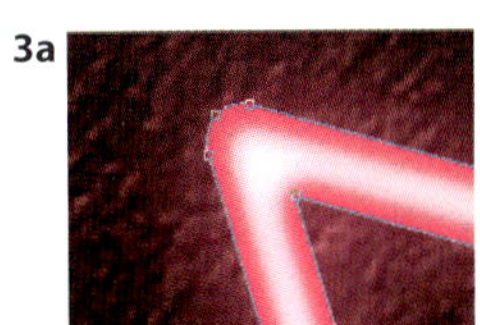
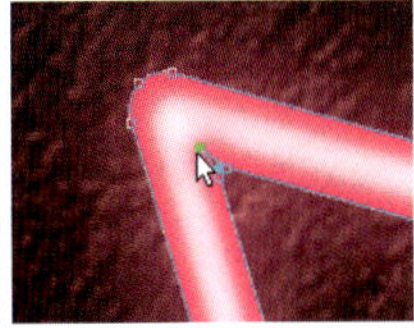

3a Der Pfad wird bearbeitet.

3b

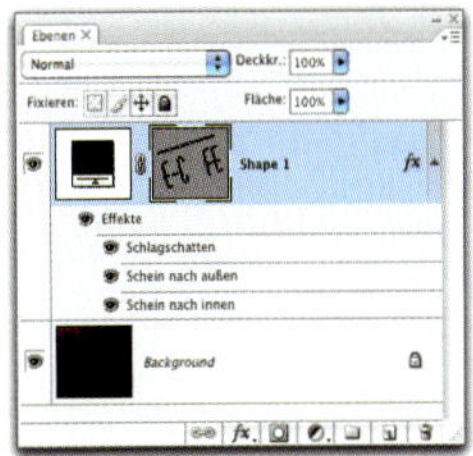

Die fertigen Neonröhren.

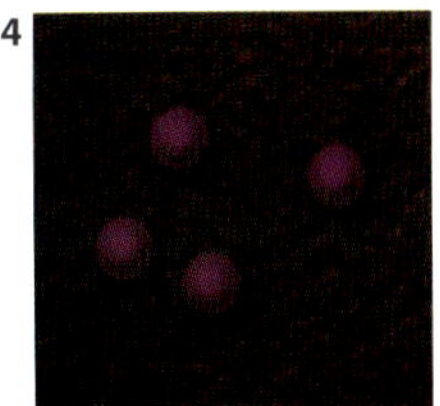
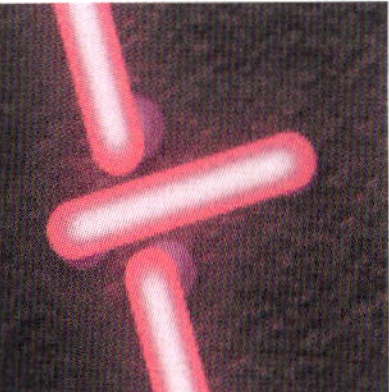

4

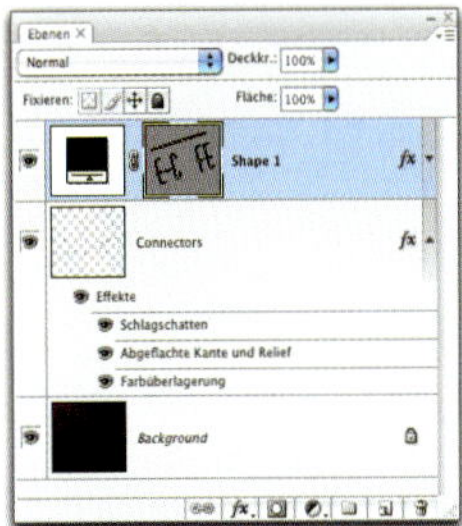

Wir erstellten eine Verbindungsebene. Sie sehen die Verbinder hier ohne (links oben) und mit Neonebene.

Damit der Ebenenstil den Bögen der Röhren folgt, fügten wir mit dem Zeichenstift Pfadpunkte an jedem der scharfen Eckpunkte hinzu. Wir drückten erneut die ⌘/Strg-Taste, um den Originalpunkt verschieben zu können und neue Punkte hinzuzufügen **3a** und die Neonröhren zu vervollständigen **3b**.

4 Die Röhren mit der Wand verbinden. Um die Röhren mit der Wand zu verbinden, können Sie an den Berührungspunkten einfach runde Punkte erstellen und einen Ebenenstil hinzufügen **4**. Wir aktivierten die Hintergrundebene und erstellten darüber eine neue Ebene, indem wir mit gedrückter ⌥-Taste (PC: Alt) unten in der Ebenen-Palette auf den Button NEUE EBENE ERSTELLEN und in der erscheinenden Dialogbox auf OK klickten. Mit dem Pinsel und einer 19 Pixel harten, runden, schwarzen Pinselspitze klickten wir in verschiedene Punkte (falls Sie statt mit der Maus mit einem Zeichenstift arbeiten, deaktivieren Sie in der Pinsel-Palette die Formeigenschaften). Wir fügten einen Stil mit einer Farbüberlagerung hinzu, um die Punkte einzufärben (wir verwendeten ein Rotbraun), und wendeten eine einfache abgeflachte Kante und einen Schatten an, um dem Ganzen etwas Tiefe zu verleihen. Die Einstellungen für den Stil finden Sie in der Datei **Neonschein-Nachher.psd**.

5 Farben hinzufügen. Um das Schild zu beleben, können Sie einzelne Elemente mit einer anderen Farbe hervorheben. Erstellen Sie dazu beispielsweise eine Ebenengruppe und arbeiten Sie mit einer Farbton/Sättigung-Einstellungsebene für eine Farbänderung; passen Sie anschließend den Modus der Gruppe von HINDURCHWIRKEN in NORMAL an – wie auf Seite 507 beschrieben. Diese Technik ist großartig, weil dafür nur eine einfache Farbanpassung notwendig ist. In diesem Fall funktioniert sie jedoch nicht, weil wir für den Schlagschatten den Modus FARBIG ABWEDELN verwenden; der Schein auf der Wand würde dann eher aussehen wie aufgesprüht.

Wir wenden hier einen anderen Ansatz an. Zunächst kopieren wir Unterpfade der Formebene und erstellen daraus neue Ebenen. Dann kopieren wir den originalen Neon-Ebenenstil und fügen ihn ein. Im Anschluss passen wir die Farben der einzelnen Effekte an, um die Farbe des Neons zu ändern.

Klicken Sie in der Ebenen-Palette auf die Maskenminiatur der Formebene mit der Grafik und aktivieren Sie das Pfadauswahl-Werkzeug, um die einzelnen Unterpfade anklicken zu können, die Sie in eine eigene Ebene verschieben wollen (um mehr als einen Pfad gleichzeitig auszuwählen, klicken Sie mit gedrückter ⇧-Taste) **5a**. Entfernen Sie den Pfad mit ⌘/Strg-X und kopieren Sie ihn in die Zwischenablage. Klicken Sie in der Pfade-Palette auf den Button und drücken Sie dann ⌘/Strg-V **5b**.

5a

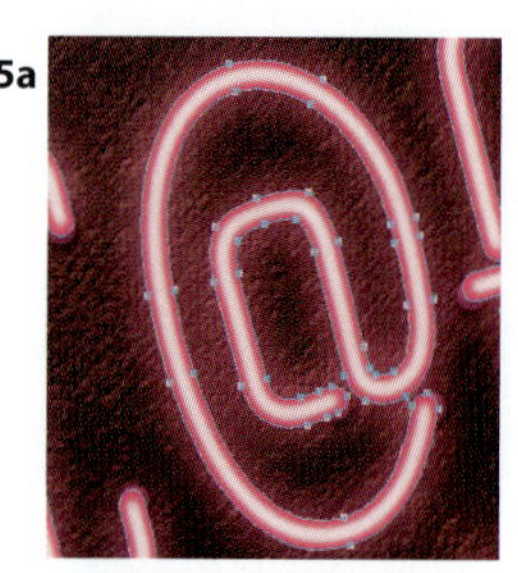

Der Unterpfad des »@« – ausgewählt mit dem Pfadauswahl-Werkzeug .

5b

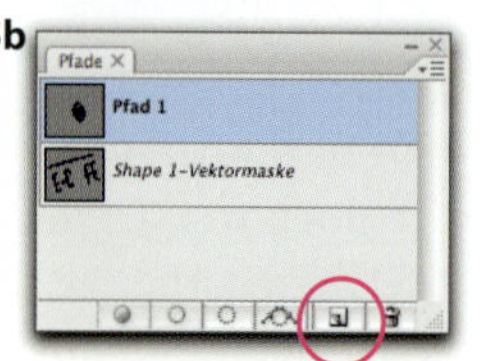

Das »@« wurde ausgeschnitten, ein neuer Pfad erstellt und das »@« eingefügt.

5c

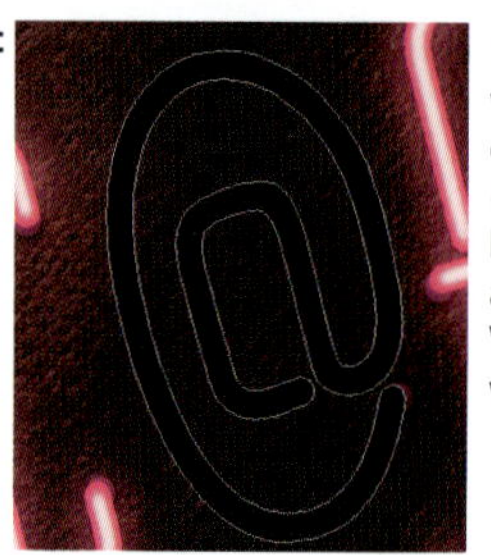

Der neue Pfad wurde aktiviert und eine Volltonfarb-Einstellungsebene hinzugefügt, bei der automatisch eine Vektormaske erstellt wird.

5d

Nachdem wir den Cursor ausgeschnitten und in eine neue Ebene eingefügt hatten, kopierten und fügten wir den Ebenenstil ein und bearbeiteten die eingefügten Ebenenstile.

5e

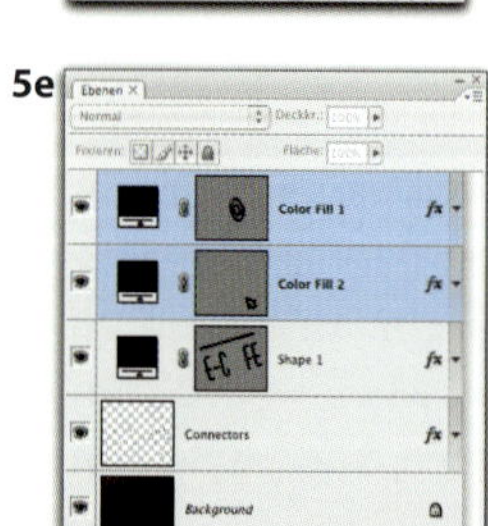

Seit CS2 können Sie einen Ebenenstil in mehr als eine Ebene gleichzeitig einfügen. Wählen Sie dazu die gewünschten Ebenen mit ⌘/Strg-Klicks aus und fügen Sie den Stil ein.

Der eingefügte Pfad ist immer noch aktiv (in der Pfade-Palette markiert); fügen Sie nun eine Volltonfarbe-Einstellungsebene hinzu, indem Sie unten in der Ebenen-Palette auf den Button NEUE FÜLL- ODER EINSTELLUNGSEBENE ERSTELLEN klicken und VOLLTONFARBE wählen. Klicken Sie auf OK. Den Farbwähler können Sie auch direkt wieder schließen, indem Sie auf OK klicken, denn die Farbe spielt hier und jetzt keine Rolle – der Schein nach innen des Ebenenstils blendet die Farbe ohnehin aus. Die neue Ebene, die zur Datei hinzugefügt wurde, besitzt eine Vektormaske, die aus dem ausgeschnittenen und eingefügten Unterpfad besteht **5c**. Erstellen Sie mit dieser Technik (einen Unterpfad auswählen, ausschneiden, einfügen und eine Volltonfarbebene hinzufügen) weitere Ebenen – so viele, wie Sie getrennte Neonfarben erzeugen wollen. Für den Pfeil erstellten wir eine weitere eigene Ebene.

Statt für die unterschiedlichen Farben jeweils einen neuen Ebenenstil zu erstellen, ist es sinnvoller, den bereits vorhandenen Stil zu kopieren, einzufügen und zu bearbeiten. Klicken Sie dazu mit gedrückter Ctrl-Taste (PC: Rechts-Klick) auf das Icon *fx* rechts neben dem Namen der originalen Formebene und wählen Sie aus dem Kontextmenü EBENENSTIL KOPIEREN. Klicken Sie für jede der neuen Neonebenen mit gedrückter Ctrl-Taste (PC: Rechts-Klick) rechts neben den Ebenennamen, um den Stil einzufügen **5d**. Seit CS2 lässt sich der Stil in mehrere Ebenen gleichzeitig einfügen **5e**. Um die Neonfarbe der Ebene zu ändern, klicken Sie doppelt auf das Icon *fx*, um die Ebenenstil-Dialogbox zu öffnen. Dort haben Sie Zugriff auf die einzelnen Effekte und können die Farben ändern. Unser Endergebnis finden Sie auf Seite 546 oben – die Änderungen in der Datei **Neonschein-Nachher.psd**. Klicken Sie dort doppelt auf das Icon *fx* für die gelbe und grüne Ebene und sehen Sie sich die Effekte an.

K U R Z U M

Hintergründe & Strukturen

Photoshop bietet Ihnen zauberhafte Filter, Muster und Ebenenstile – alles hervorragende Ausgangspunkte, wenn Sie auf der Suche nach Rohmaterial für ein bestimmtes Bild oder Konzept sind. Mit diesen Werkzeugen lassen sich ausgiebige Muster und Strukturen erzeugen – entweder für Hintergründe oder um Text und Grafiken in flächige Objekte zu verwandeln. Auf den nächsten sieben Seiten finden Sie einige Beispiele, die Sie als Ausgangspunkt nutzen können.

Bevor Sie beginnen, sollten Sie sicherstellen, dass Sie die **Wow-Vorgaben** (zumindest die Muster und Verläufe) wie auf Seite 5 beschrieben geladen haben.

Zusätzlich zu den hier gezeigten Methoden lassen sich Muster in einem Ebenenstil – als Musterüberlagerung oder Struktur für eine abgeflachte Kante und ein Relief – verwenden, um großartige Oberflächenstrukturen zu erzeugen. Lesen Sie dazu auch »Anatomie von Bumpy« auf Seite 522. In CS3 können Sie die hier besprochenen Filter auch als verlustfreie Smartfilter anwenden. Aktivieren Sie einfach zuerst die gewünschte Ebene und wählen Sie Filter/Für Smartfilter konvertieren. Danach arbeiten Sie weiter wie hier beschrieben.

MEHR DAVON

▼ Verlaufsumsetzung **Seite 209**

▼ Verlaufseditor **Seite 161**

▼ Beleuchtungseffekte **Seite 261**

Marmor

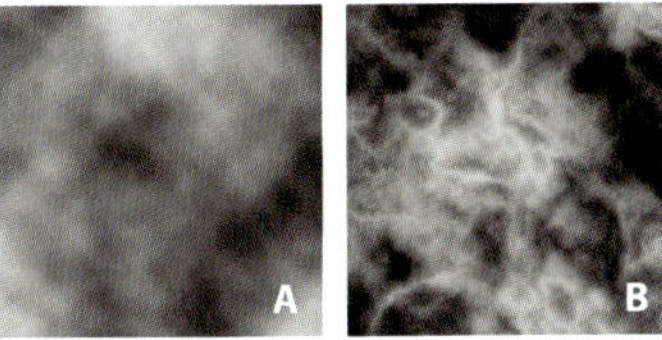

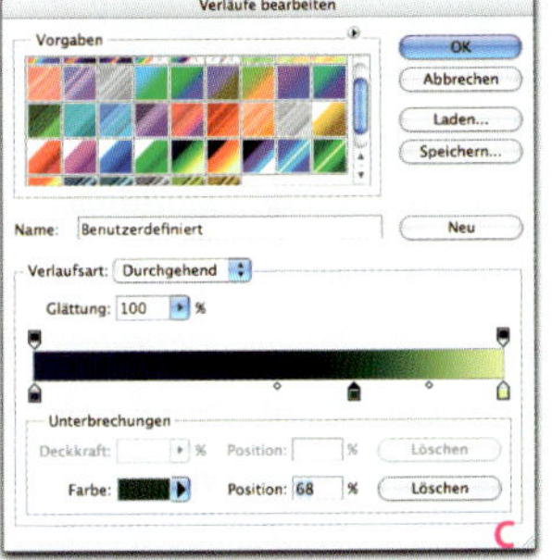

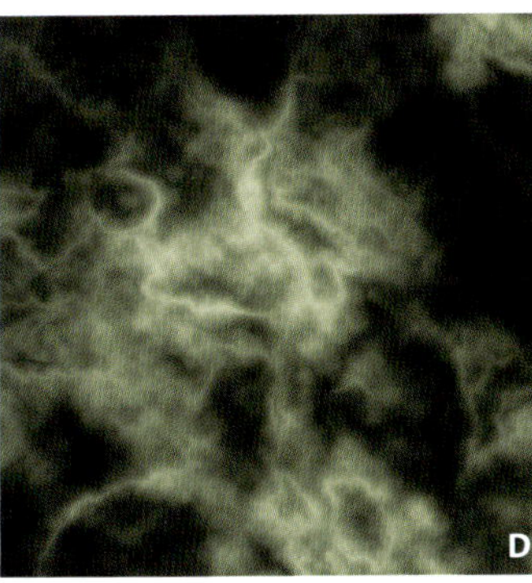

Je öfter Sie den Filter Differenz-Wolken anwenden, desto weniger sieht das Ergebnis wie Wolken aus, sondern eher wie Marmor oder ein steinerner Hintergrund: Öffnen Sie eine weiße RGB-Datei, stellen Sie die Standardfarben für Vorder- und Hintergrund ein und wählen Sie Filter/Renderfilter/Differenz-Wolken **A**. Drücken Sie dann ⌘-F (PC: Strg-F), um den Filter erneut anzuwenden – wiederholen Sie das Tastenkürzel, bis Ihnen das Muster gefällt **B**.

Um das Muster einzufärben, können Sie nun unten in der Ebenen-Palette auf Neue Füll- oder Einstellungsebene erstellen klicken und Verlaufsumsetzung wählen. Klicken Sie in den Verlaufsbalken, um den Verlaufseditor zu öffnen und einen Verlauf zu erstellen **C**.▼

Grober Fels

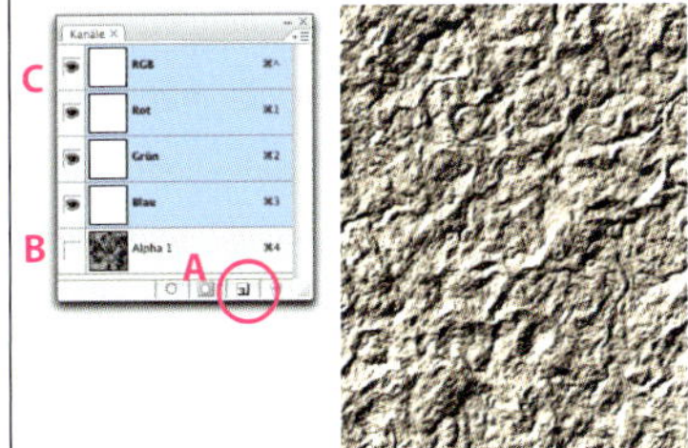

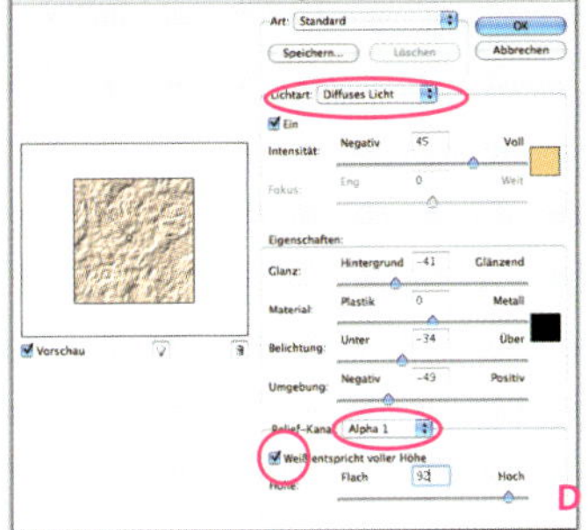

Sie können eine Vielzahl steinerner Oberflächen erzeugen, indem Sie mit den Filtern Wolken oder Differenz-Wolken beginnen und anschließend den Filter Beleuchtungseffekte anwenden, um von der Oberfläche ein Relief zu erstellen und sie einzufärben. Beginnen Sie mit einer neuen RGB-Datei (⌘/Strg-N) mit einem weißen Hintergrund. Erstellen Sie in der Kanäle-Palette einen neuen Kanal (Alpha 1), indem Sie auf den Button Neuen Kanal erstellen klicken **A**. Aktivieren Sie den neuen Kanal und wählen Sie Filter/Renderfilter/Differenz-Wolken. Wiederholen Sie den Filter (⌘/Strg-F), bis ein passendes Muster entstanden ist **B**. Denken Sie daran, dass die dunklen Bereiche die Täler und die hellen die Hügel darstellen werden.

Aktivieren Sie den RGB-Kanal und wählen Sie Filter/Renderfilter/Beleuchtungseffekte **D**. Wählen Sie direktionales Licht und eine gewünschte Farbe.▼ Aktivieren Sie im Relief-Kanal Alpha 1 sowie die Option Weiss entspricht voller Höhe. Passen Sie die weiteren Einstellungen nach Ihrem Geschmack an.

Bewölkter Himmel

Mit Filter/Renderfilter/Wolken erzeugen Sie Wolken und einen Himmel. Das Ergebnis ist alleine nicht gerade überzeugend. Wenn Sie die Wolken jedoch zu einem bestehenden Hintergrund hinzufügen wollen, wenden Sie den Filter auf einer separaten Ebene über dem Bild an. Wählen Sie als Vordergrundfarbe ein Blau, das Sie aus dem Himmel des Bildes aufgenommen haben, und stellen Sie Weiß als Hintergrundfarbe ein. Wenn Sie zunächst eine Maske für den Himmel erstellen (indem Sie z.B. mit dem Zauberstab in den Himmel klicken und dann eine Ebenenmaske anwenden), sehen Sie, wie sich der Himmel entwickelt, wenn Sie ⌘/Strg-F drücken, um den Filter erneut anzuwenden. Ändern Sie nach Belieben Füllmethode und Deckkraft der Wolkenebene oder malen Sie mit Schwarz auf der Maske: Wählen Sie dazu einen großen, weichen Pinsel und Schwarz als Vordergrundfarbe sowie eine geringe Deckkraft. ▼

PETER CARLISLE

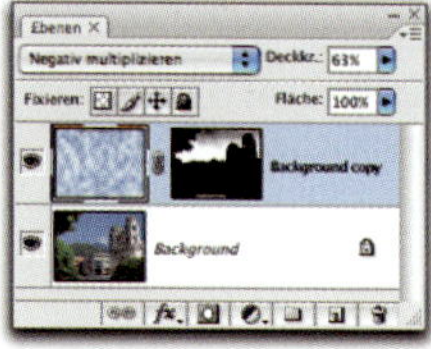

Metall aus Störungen

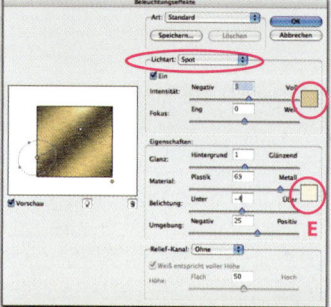

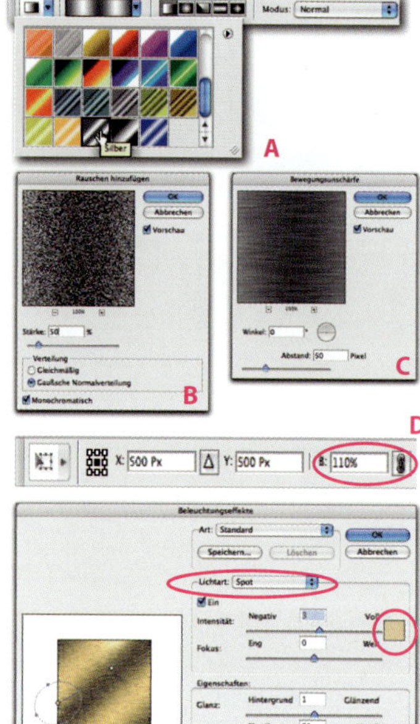

Der Filter Rauschen hinzufügen ist ein guter Ausgangspunkt, um gebürstetes Metall zu erzeugen. Beginnen Sie mit einer Datei mit weißem Hintergrund oder erstellen Sie mit dem Verlaufswerkzeug einen metallischen Verlauf; wir nutzten den Silber-Verlauf (aus dem Satz Metall) **A** Ziehen Sie diagonal über die Ebene. ▼

Wählen Sie Filter/Rauschfilter/Rauschen hinzufügen **B**, anschließend Filter/Weichzeichnungsfilter/Bewegungsunschärfe **C**; wir wählten Winkel: 0°, Abstand: 50 Pixel. Weil dabei seltsame Kanten entstehen, wählten wir Bearbeiten/Transformieren mit einer Breite von 110% **D** und klickten auf das ✓, um die Transformation zu bestätigen. Für Farbe und Glanz wählten wir Filter/Renderfilter/Beleuchtungseffekte mit farbigen Spotlichtern **E**. ▼

Gemischte Metalle

Für interessante metallische Effekte aktivieren Sie am besten das Verlaufswerkzeug und wenden einen der Adobe-Metallverläufe auf zwei verschiedenen Ebenen in leicht unterschiedlichen Winkeln an (mit oder ohne Transparenz, das stellen Sie in der Optionsleiste ein). Wählen Sie in der Ebenen-Palette für die obere Ebene den Modus Überlagern/Ineinanderkopieren, Weiches Licht oder einen ähnlichen, wie in der Abbildung unten zu sehen.

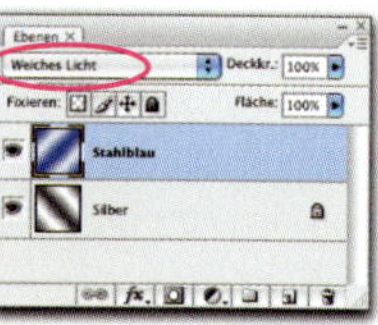

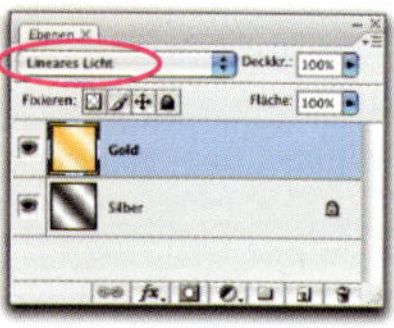

MEHR DAVON

▼ Pinsel **Seite 363**

▼ Verläufe **Seite 160**

▼ Beleuchtungseffekte **Seite 261**

Papier aus Störungen

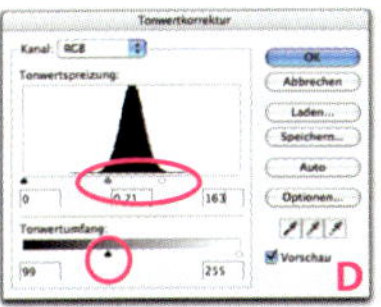

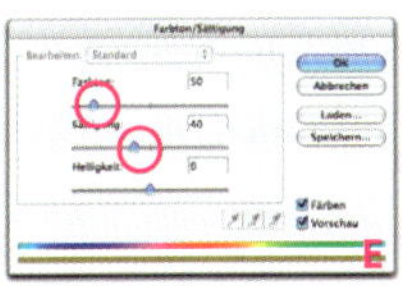

Um grobes Papier oder Wandoberflächen zu erstellen, legen Sie eine neue Datei mit einem weißen Hintergrund an. Erzeugen Sie einige Störungen (FILTER/RAUSCHFILTER/RAUSCHEN HINZUFÜGEN) mit schwachen Einstellungen **A**. Zeichnen Sie das Ergebnis etwas weich – wir wählten FILTER/WEICHZEICHNUNGSFILTER/GAUSSSCHER WEICHZEICHNER **B**. Wählen Sie im Anschluss FILTER/STILISIERUNGSFILTER/RELIEF **C**.

Anschließend ist es ganz einfach, Tonwert und Farbe des Musters anzupassen. Arbeiten Sie einfach mit Einstellungsebenen oder mit Befehlen aus dem Anpassungen-Menü (BILD/ANPASSUNGEN). Wir erstellten eine Tonwertkorrektur-Einstellungsebene, um das Papier aufzuhellen **D**, und färbten es mit einer Farbton/Sättigung-Einstellungsebene und aktiver Checkbox FÄRBEN ein **E**.

Mit Struktur versehen

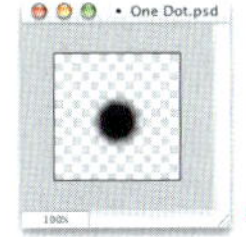
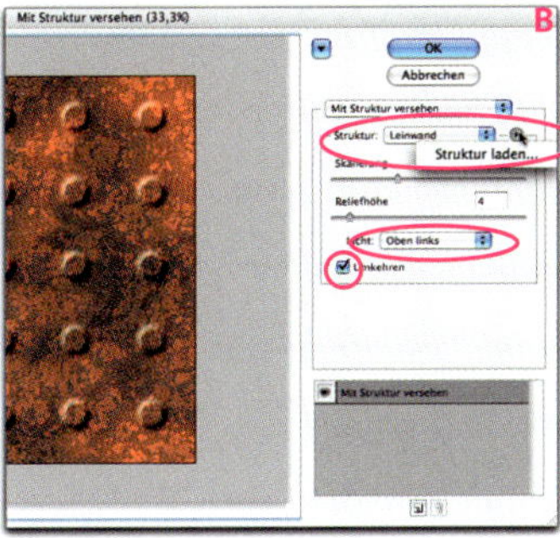

Der Filter MIT STRUKTUR VERSEHEN kann genutzt werden, um ein Oberflächenrelief zu erstellen. Diesem Filter fehlen allerdings die Beleuchtungseinstellungen, die Sie im Beleuchtungseffekte-Filter finden – die einzige Lichtquelle ist gerichtet. Sie können jedoch jede beliebige Photoshop-Datei als Reliefstruktur laden. Das Muster lässt sich auf 50% oder bis zu 200% skalieren – so kontrollieren Sie, wie oft es wiederholt wird. Für ein kleineres Muster mit mehr Wiederholungen beginnen Sie mit einer Datei, die kleiner ist als Ihr Hintergrundbild. Für rundere Kanten wenden Sie vorher einen Gauß'schen Weichzeichner an.

Wir begannen hier mit einer kleinen Datei mit einem einzelnen Punkt auf einer transparenten Ebene **A**; den Punkt erstellten wir mit dem Pinsel, schwarzer Farbe, einer 45 Pixel großen Pinselspitze und einer Kantenschärfe von 50%. Die Datei speicherten wir im PSD-Format. Um unser Bild mit einer Struktur zu versehen **B**, wählten wir aus dem Paletten-Menü STRUKTUR LADEN und luden die Datei »One Dot.psd«. Für das Licht wählten wir OBEN LINKS und aktivierten die Checkbox UMKEHREN.

STRUKTUREN NUTZEN

Die Strukturdateien, die Adobe liefert (sie befinden sich in den Vorgaben), eignen sich gut, um Oberflächenreliefs für den Filter MIT STRUKTUR VERSEHEN zu erstellen.

Einige der Dateien im Strukturen-Ordner befinden sich bereits im PSD-Format, das für den Filter notwendig ist. Bei anderen handelt es sich um JPEGs – um auch diese mit dem Filter verwenden zu können (wie auch für VERSETZEN ▼ und für andere Filter), müssen Sie sie einfach nur in Photoshop öffnen und im PSD-Format (Photoshop) speichern.

Um Strukturen mit dem Filter MIT STRUKTUR VERSEHEN zu nutzen (wie links beschrieben), wählen Sie FILTER/STRUKTURIERUNGSFILTER/MIT STRUKTUR VERSEHEN und öffnen Sie das Palettenmenü um den Befehl STRUKTUR LADEN zu wählen. Navigieren Sie zum Strukturen-Ordner, wählen Sie eine Struktur und klicken Sie auf LADEN.

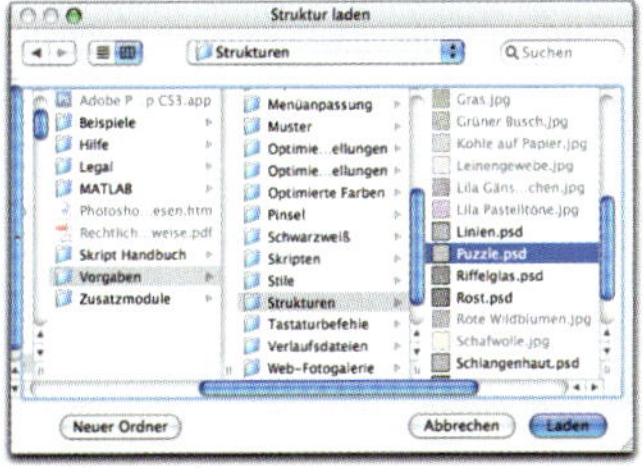

MEHR DAVON

▼ Der Filter VERSETZEN **Seite 575**

Reliefmuster

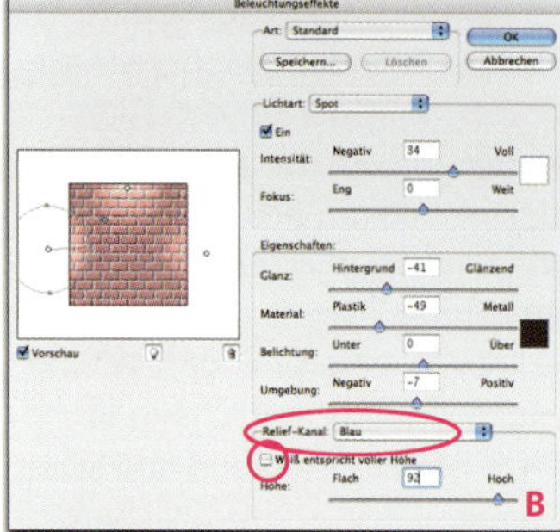

Eine MUSTERVORGABE eignet sich gut, um eine Oberflächenstruktur zu erstellen. Die gewünschte Tiefe erzeugen Sie mit dem Filter BELEUCHTUNGSEFFEKTE. Verwenden Sie dort einen der Farbkanäle (Rot, Grün oder Blau) als Relief-Kanal. Mithilfe des Filters lassen sich verschiedene Lichtquellen mischen. Für unsere Mauer füllten wir eine Ebene mit der Mustervorgabe **Wow-Brick** (aus den **Wow Misc Surface** Mustern); wählen Sie dazu BEARBEITEN/FLÄCHE FÜLLEN/MUSTER und wählen Sie das genannte Muster aus **A**. Wählen Sie im Anschluss FILTER/RENDERFILTER/BELEUCHTUNGSEFFEKTE und legen Sie die Parameter fest **B**.▼ Wir erzeugten ein blaues, gerichtetes Licht von oben links und fügten drei weiße Spotlichter hinzu. Wir aktivierten den blauen Kanal als Relief-Kanal, weil er einen guten Kontrast aufweist. Die Option WEISS ENTSPRICHT VOLLER HÖHE deaktivierten wir **C** und klickten zum Abschluss auf OK.

Neue Oberfläche

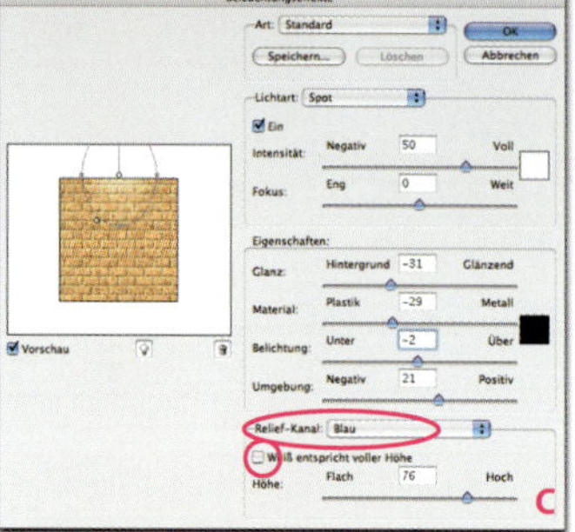

Um die Ziegelstruktur zu erhalten, jedoch das Material zu ändern, öffneten wir eine neue Datei und füllten diese mit dem Muster **Wow-Sandstone A**. Um das Muster »Wow-Bricks« als Kanal im Beleuchtungseffekte-Filter verwenden zu können, fügten wir einen Alphakanal hinzu (klicken Sie unten in der Kanäle-Palette auf den Button NEUEN KANAL ERSTELLEN) und füllten diesen mit dem Muster **Wow-Brick B**. Wir aktivierten das Sandsteinbild (indem wir auf die Miniatur des RGB-Kanals oben in der Kanäle-Palette klickten) und wählten FILTER/RENDERFILTER/BELEUCHTUNGSEFFEKTE **C**.▼ Für die goldene Farbe und gleichmäßige Beleuchtung verwendeten wir eine warme, direktionale Lichtquelle und ein weiches Spotlicht. Als Relief luden wir ALPHA 1 und aktivierten WEISS ENTSPRICHT VOLLER HÖHE **D**.

MEHR DAVON

▼ Beleuchtungseffekte **Seite 261**

Mörtel aufhellen

In dem eben erstellten Muster (links) hat der Mörtel dieselbe Farbe wie die Steine **A**. Um ihn weiß einzufärben, fügten wir unter der Sandsteinebene eine mit dem Ziegelmuster gefüllte Ebene hinzu und ließen den weißen Mörtel dieser Ebene durch die darüber liegende Ebene durchscheinen. Da die Sandsteinebene eine Hintergrundebene ist, mussten wir diese zunächst in eine herkömmliche Ebene umwandeln (klicken Sie dazu doppelt auf die Ebenen-Miniatur in der Ebenen-Palette und auf OK in der Dialogbox). Im Anschluss fügten wir die neue Ebene hinzu und füllten sie mit dem Ziegelmuster **B**; aktuell wurde die Ebene noch vollständig von der darüber liegenden Ebene verdeckt.

Wir klickten doppelt auf die Miniatur der Sandsteinebene, um die Ebenenstil-Dialogbox zu öffnen. Im Abschnitt FARBBEREICH verschoben wir den Lichterregler für DARUNTER LIEGENDE EBENE auf 205 **C**, was dazu führte, dass die Ebene das, was in der darunter liegenden Ebene ganz hell war, nicht länger überdeckte – der weiße Mörtel konnte durchscheinen **D**.

Fasern

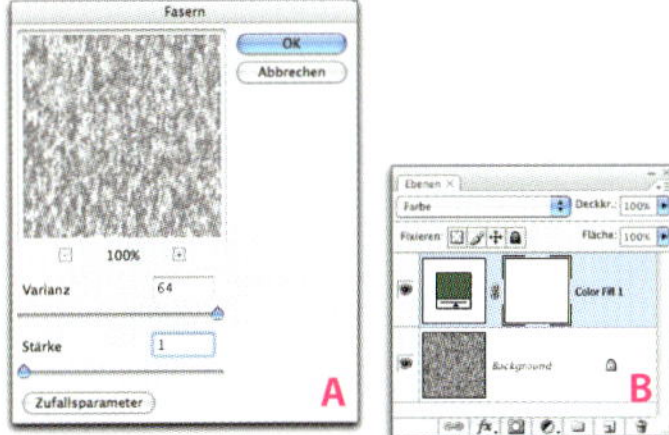

Der Filter FASERN ist ein guter Ausgangspunkt, um Teppichböden und faserige Stoffe zu erzeugen. Wenn Sie FILTER/RENDERFILTER/FASERN wählen, sehen Sie in der Dialogbox zwei Schieberegler – Varianz und Stärke. Sind beide Werte sehr klein, werden lange, dünne Fasern erzeugt – so fein, dass Sie die einzelnen Fasern nicht auseinanderhalten können. Je höher die Varianz, desto kürzer die Fasern; je höher die Stärke, desto stärker der Kontrast zwischen den einzelnen Fasern – diese sind dann deutlicher zu erkennen und dicker.

Um einen Stoff mit kurzen, dichten Fasern zu erstellen, legten wir eine neue Datei an und stellten Schwarz und Weiß als Vorder- und Hintergrundfarbe ein (Taste D). Wir öffneten die Fasern-Dialogbox und wählten eine Varianz von 64 und eine Stärke von 1 **A**. Dann klickten wir auf OK, um die Dialogbox zu schließen. Um den Teppich einzufärben, fügten wir eine Volltonfarbebene hinzu und änderten die Füllmethode der Ebene in FARBE **B**.

Holzmaserung

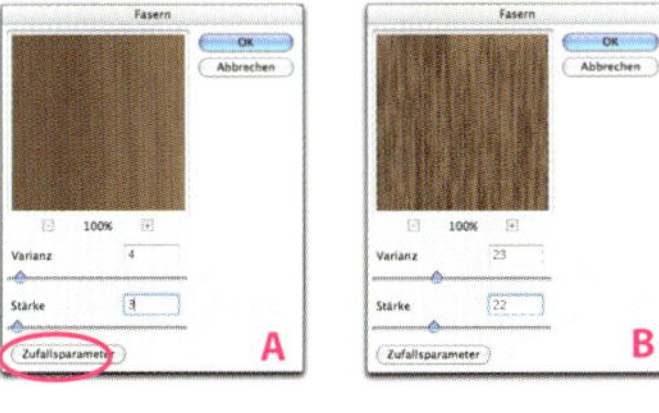

Der Filter FASERN lässt sich auch nutzen, um feine oder deutlich ausgeprägte Holzstrukturen zu erzeugen. Wir klickten in der Werkzeug-Palette in das Feld für die Vordergrundfarbe und wählten ein dunkles Rotbraun; für den Hintergrund wählten wir ein blasses Rotbraun. Wir öffneten eine neue Datei und wählten FILTER/RENDERFILTER/FASERN mit sehr kleinen Einstellungen (Varianz: 4 und Stärke: 3), um lange, feine Fasern zu erzeugen. Durch einen Klick auf den Button ZUFALLSPARAMETER werden die Farben nett gemischt **A**. Wir duplizierten die Ebene und wendeten den Filter erneut an (Varianz: 23 und Stärke: 22) **B**. (Die neuen Fasern ersetzen die alten.) Dann mischten wir beide Ebenen, indem wir für die obere den Modus WEICHES LICHT aktivierten **C**; die Körnung sieht jetzt komplexer und realistischer aus als mit nur einer Ebene.

Das Holz anpassen

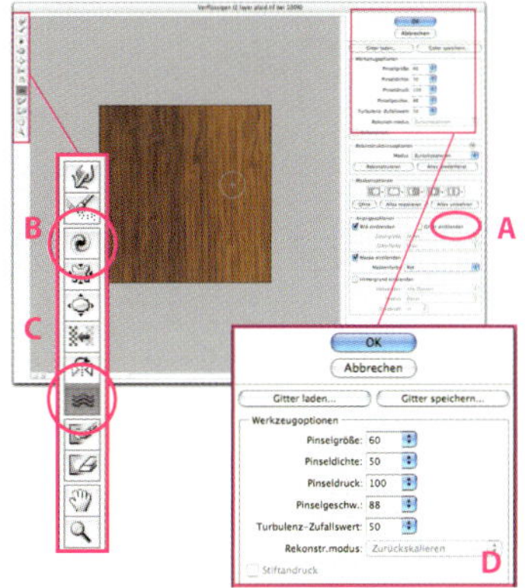

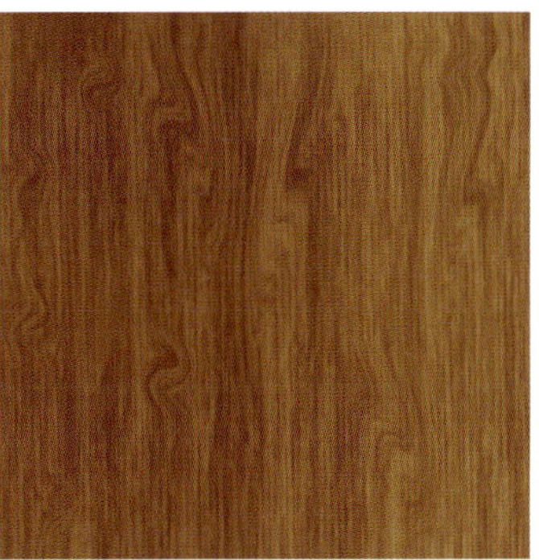

Um der Holzstruktur noch mehr Charakter zu verleihen, reduzierten wir zunächst die beiden Ebenen auf eine, um auf diese den Verflüssigen-Filter anzuwenden; halten Sie zum Reduzieren der Ebenen die ⌘-⌥-⇧-Taste gedrückt (PC: Strg-Alt-⇧) und drücken Sie erst N, dann E (ab CS2 können Sie die Taste N weglassen).

Wir wählten FILTER/VERFLÜSSIGEN und blendeten das Raster aus **A**, um die Körnung besser zu sehen. Mit dem Strudel- **B** und Turbulenz-Werkzeug **C** simulieren wir die Holzmaserung – die Größe der Werkzeugspitze passten wir regelmäßig an **D**. Um die Kanten machten wir uns keine Sorgen, da die darunter liegenden Ebenen die Löcher ohne Probleme füllen.▼

MEHR DAVON

▼ Der Verflüssigen-Filter **Seite 614**

Wellenfasern

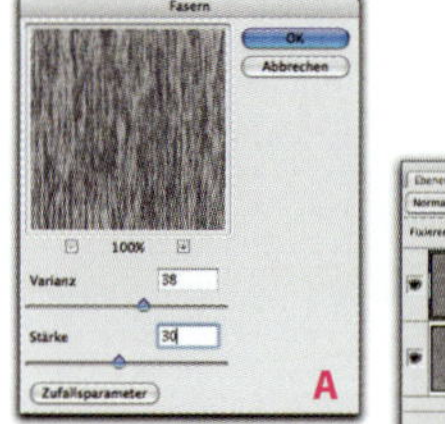

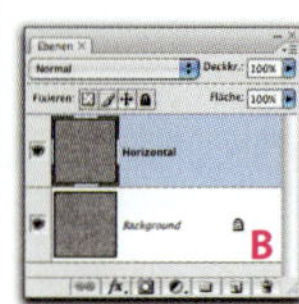

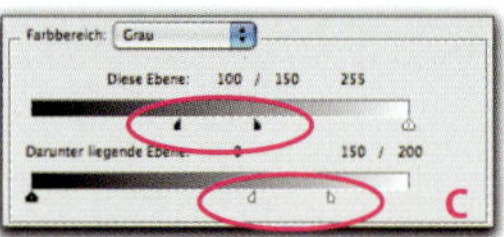

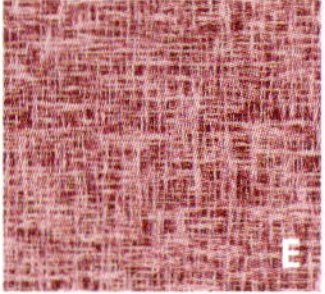

Der Filter FASERN kann auch genutzt werden, um grobe Gitter und Wellen zu erzeugen. Um den Kontrast zu kontrollieren, begannen wir mit einem hellen und einem dunklen Grau als Vorder- und Hintergrundfarbe. Für die vertikalen Fasern wählten wir FILTER/RENDERFILTER/FASERN mit einer recht hohen Varianz von 38, um möglichst kurze Fasern zu erstellen. Für die Stärke wählten wir einen Wert von 30 für dünne bis mitteldicke Fasern **A**. Wir duplizierten die Ebene mit ⌘/Strg-J und drehten das Duplikat (BEARBEITEN/TRANSFORMIEREN/UM 90° IM UZS DREHEN) **B**. Damit die horizontalen Fasern mit der vertikalen interagieren, klickten wir doppelt auf die Miniatur der oberen Ebene, um die Fülloptionen der Ebenenstil-Dialogbox zu öffnen. Wir drückten die ⌥-Taste (PC: Alt) und klickten auf den Regler für DARUNTER LIEGENDE EBENE, um ihn zu trennen **C**, **D**. Im Anschluss fügten wir eine Farbbalance-Einstellungsebene hinzu (dazu klickten wir auf den Button ◐) und färbten Lichter, Mitteltöne und Tiefen mithilfe der Schieberegler ein **E**.

Gewebemuster

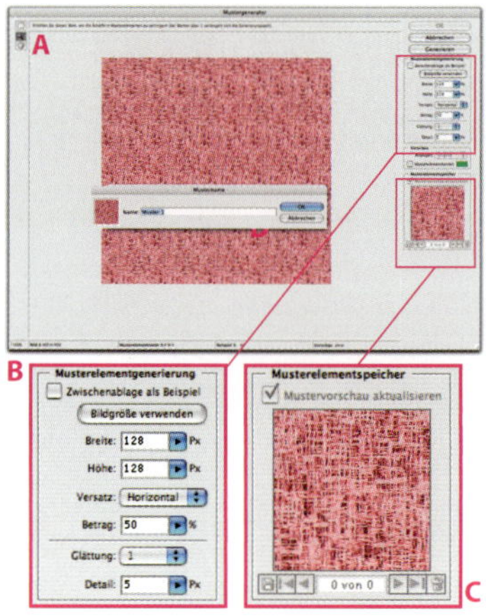

Photoshops **Mustergenerator** ist in der Lage, Tapeten- oder Stoffmuster (mit offensichtlichen Wiederholungen) basierend auf einer Bildauswahl zu erzeugen. Wir nutzten den Mustergenerator mit dem eben erzeugten Muster (links), um komplexere Wellenmuster zu erzeugen **A**. Zunächst duplizierten wir die Datei (BILD/DUPLIZIEREN; NUR ZUSAMMENGEFÜGTE EBENEN DUPLIZIEREN). In der neuen Datei wählten wir dann FILTER/MUSTERGENERATOR. In der Dialogbox zogen wir mit gedrückter ⇧-Taste, um einen quadratischen Bereich auszuwählen. Das Muster wird durch die Einstellungen auf der rechten Seite bestimmt. Im Abschnitt MUSTERELEMENTGENERIERUNG **B** wählten wir eine Größe von 128 Pixel und wenig Details (3; höhere Einstellungen benötigen längere Renderzeiten). Wir aktivierten einen vertikalen Versatz von 50% und klickten auf GENERIEREN; in der Vorschau sehen Sie ein Muster. Wenn Sie unten in der Dialogbox auf den Button SICHERT DAS VOREINGESTELLTE MUSTER klicken **C**, können Sie dem Muster einen Namen geben und es speichern **D**. Klicken Sie anschließend auf ERNEUT GENERIEREN. Mithilfe der Pfeiltasten können Sie sich die verschiedenen Muster ansehen und entscheiden, welche Sie speichern wollen.

Strukturen aus Fotos

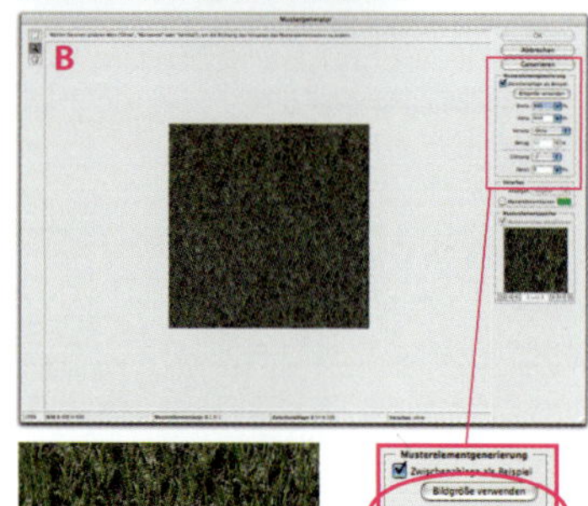

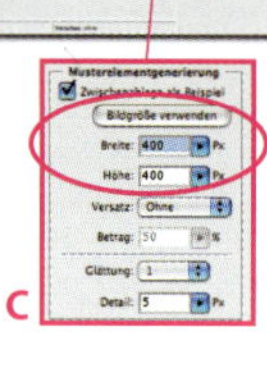

Sie können nicht nur Muster mit offensichtlichen Wiederholungen erstellen (wie links), sondern den Mustergenerator auch nutzen, um ganze Ebenen mit einer sich nicht wiederholenden Hintergrundstruktur zu füllen, die Sie aus einem Bildbereich erstellt haben. Ersetzen Sie den Inhalt des Quellbildes durch den neuen Hintergrund oder kopieren Sie das Quellmaterial aus einer Datei oder Ebene und füllen Sie eine andere Ebene. Hier wählten wir aus einem Foto ein Stück Gras aus **A**, indem wir mit gedrückter ⇧-Taste mit dem Auswahlrechteck zogen (die weiche Auswahlkante betrug 0); wir kopierten die Auswahl in die Zwischenablage.

Wir legten eine neue Datei an und wählten FILTER/MUSTERGENERATOR **B**. Wir aktivierten die Checkbox ZWISCHENABLAGE ALS BEISPIEL und klickten auf den Button BILDGRÖSSE VERWENDEN **C**. Sobald wir auf GENERIEREN klicken, füllt sich die Vorschau mit Gras. Wir sahen uns weitere Optionen an, indem wir auf ERNEUT GENERIEREN klickten, und speicherten unsere Favoriten.

Farbmischungen

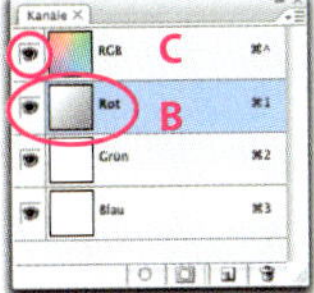

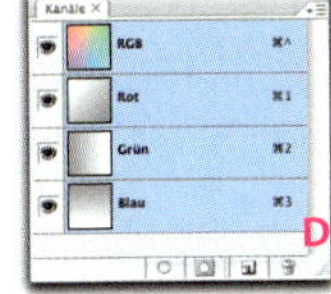

Für einen Hintergrund frei schwebender Farben erstellen Sie eine neue RGB-Datei mit einem weißen Hintergrund. Aktivieren Sie das Verlaufswerkzeug ◼.▼ Wählen Sie für Pastellfarben Grau und Weiß als Vorder- und Hintergrundfarbe. Aktivieren Sie in der Optionsleiste des Verlaufswerkzeugs den Verlauf VORDERGRUND, HINTERGRUND **A**.

Klicken Sie in der Kanäle-Palette (FENSTER/KANÄLE) auf einen der drei Farbkanäle – wir begannen mit Rot **B** – und auf das Augen-Icon des RGB-Kanals **C**, um die sich entwickelnden Farben zu sehen. Ziehen Sie diagonal über das Arbeitsfenster, um einen Verlauf im roten Kanal zu erstellen (in der Miniatur des roten Kanals ist der Verlauf zu sehen, im Arbeitsfenster sehen Sie einen Farbbalken). Im Anschluss aktivierten wir den grünen Kanal und füllten ihn mit einem horizontalen Verlauf von links nach rechts; im blauen Kanal erstellten wir einen Verlauf von oben nach unten **D**.

Gefilterte Farben

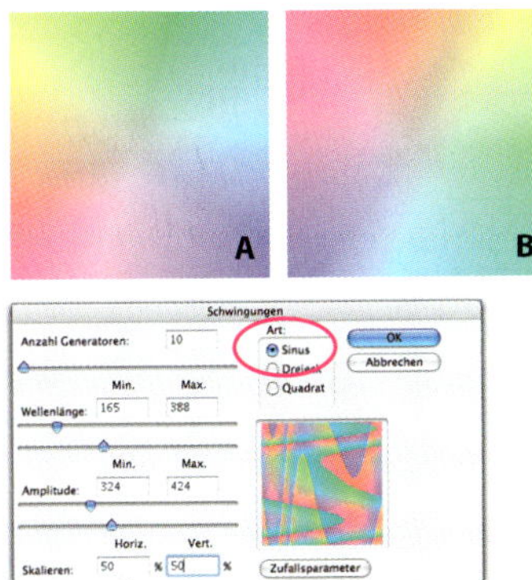

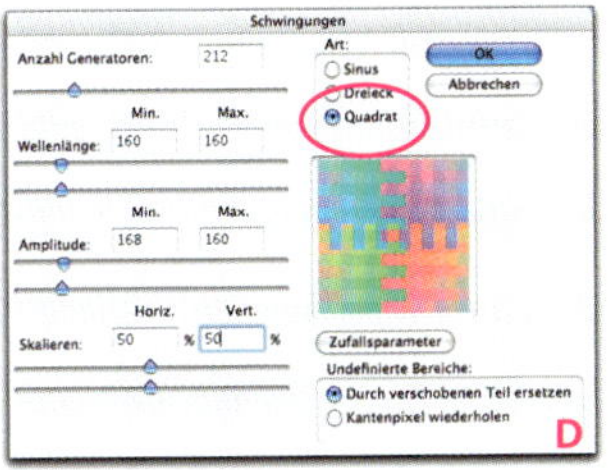

Sobald Sie eine Farbmischung erstellt haben (links), lassen sich die Farben mithilfe einer Einstellungsebene anpassen. Erstellen Sie eine Farbton/Sättigung-Einstellungsebene und verschieben Sie den Farbtonregler **A**, **B**. Oder duplizieren Sie die Farbebene und wenden Sie einen Filter an. Wir wählten FILTER/VERZERRUNGSFILTER/SCHWINGUNGEN im Modus SINUS **C** und QUADRAT **D** und experimentierten mit dem Glas- und dem Strudel-Filter **E**. Wenn Sie die Farbe als Ebene im Modus ÜBERLAGERN/INEINANDERKOPIEREN anwenden, lassen sich Hintergrundbilder sehr schön einfärben.

MEHR DAVON

▼ Verläufe **Seite 160**

▼ Störungsverläufe **Seite 190**

▼ Muster **Seite 558**

Karomuster

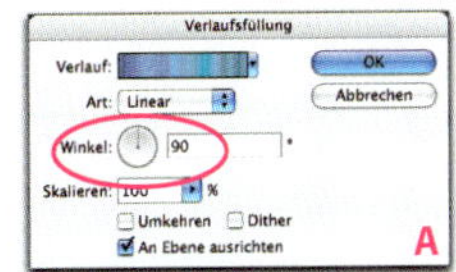

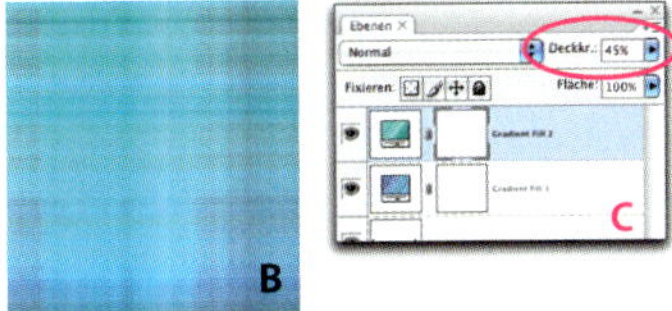

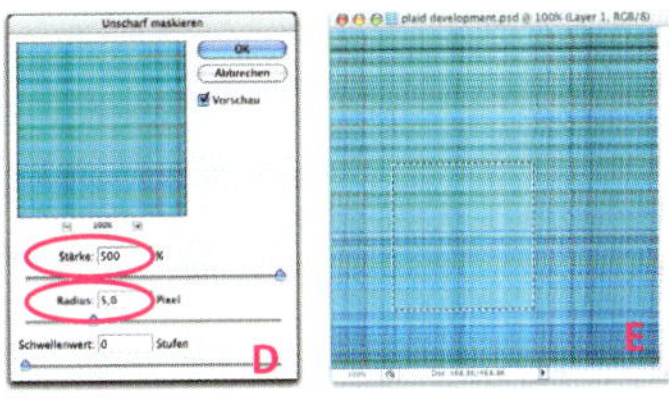

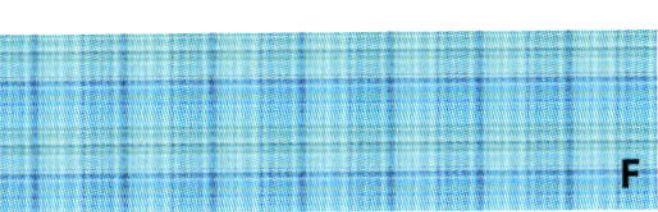

Um ein Karomuster zu erstellen, legten wir eine neue Datei an und fügten eine Verlaufsebene hinzu (indem wir unten in der Ebenen-Palette auf den Button ◐ klickten und VERLAUF wählten). Wir wählten einen Störungsverlauf **A**, ließen den Winkel bei **90°** und klickten auf OK.▼ Wir duplizierten die Ebene und klickten in der Ebenen-Palette doppelt auf die Miniatur der neuen Ebene, um die Verlaufsfüllung-Dialogbox erneut zu öffnen; wir wählten einen Winkel von **0°** und klickten auf OK. Anschließend reduzierten wir die Deckkraft dieser zweiten Ebene, bis uns das Ergebnis gefiel **B**, **C**.

Wir erstellen eine auf eine Ebene reduzierte Kopie (klicken Sie unten in der Ebenen-Palette auf den Button ◼ und drücken Sie ⌘-⌥-E bzw. Strg-Alt-E); wir zeichneten die Kopie stark scharf **D**. Mit dem Auswahlrechteck und gedrückter ⇧-Taste wählten wir einen Bereich aus **E** und wählten dann BEARBEITEN/MUSTER FESTLEGEN, um ein Muster festzulegen, das wir beliebig verwenden können **F**.▼

KURZUM

Nahtlose Muster

Bei den unzähligen Möglichkeiten, Muster in Photoshop zu nutzen, ist es auch ganz gut, wenn Sie wissen, wie Sie eigene Muster erstellen. Wenn Sie ein Bild (beispielsweise das auf Seite 551, »Kurzum: Hintergründe & Strukturen«) in ein nahtloses Muster verwandeln wollen, müssen Sie zunächst die Nähte ausfinding machen, die entstehen, wenn Sie einfach das gesamte Bild als Muster definieren. Anschließend gilt es, eine Möglichkeit zu finden, diese Nähte zu verstecken.

Einige Musterbilder sind automatisch nahtlos. Der Stoff auf Seite 557 besteht beispielsweise aus Linien, die gerade von links nach rechts und oben nach unten reichen, so dass die Kanten automatisch perfekt ausgerichtet werden können, wenn sich das Muster wiederholt. Andere Beispiele sind das Muster »Joy« und seine Verwandten (aus Grafikelementen von Seite 33 und 568 zusammengesetzt) und das Design von Seite 561. Allerdings benötigen die meisten Materialien, auch wenn sie nur ganz feine Strukturen besitzen (Seite 551 oder 553), etwas Bearbeitung.

Sobald Sie die Naht, wie rechts beschrieben, ausfindig gemacht haben, sollten Sie eine der Methoden auf den nächsten beiden Seiten nutzen, um diese zu entfernen. Suchen Sie das Muster dann noch einmal nach Nahtstellen ab und überdecken Sie auch diese, wenn nötig. Schließlich lässt sich das bearbeitete Bild als Muster festlegen, wie auf Seite 561 beschrieben.

Für die Abbildung wurden Muster als Musterüberlagerung und Strukturkomponenten auf Grafikebenen angewendet. Öffnen Sie die Datei, um die Muster zu untersuchen oder für eigene Zwecke aufzunehmen, wie auf Seite 561 beschrieben.

Nahtlose-Muster.psd

SIE FINDEN DIE DATEIEN

auf der DVD unter Wow Projektdateien/Kapitel 8/Nahtlose Muster

Die Naht ausfindig machen

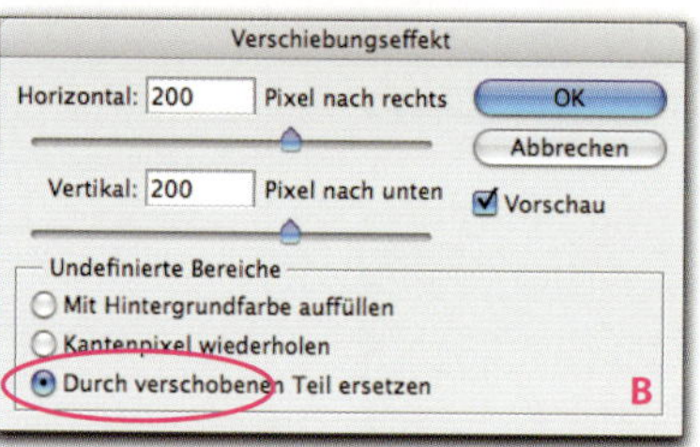

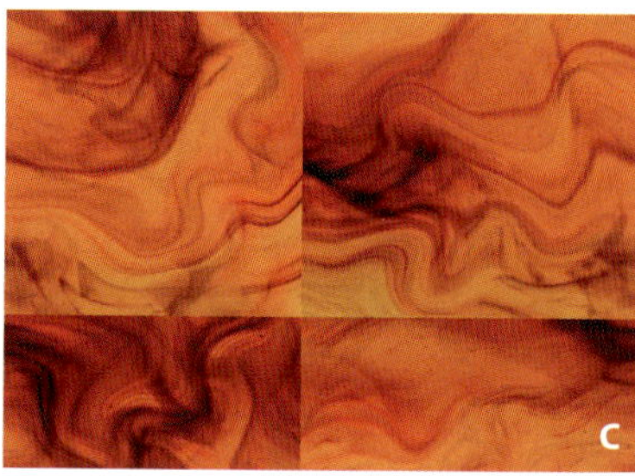

Um eine Musterkachel zu erstellen, benötigen Sie eine Datei **mit nur einer Ebene,** die nur den Bereich enthält, den Sie für das Muster verwenden wollen; hier wählten wir eine Datei, die 300 Pixel hoch ist. Falls Ihr Bild mehr als eine Ebene besitzt oder Sie nicht das gesamte Bild nutzen wollen, duplizieren Sie die Datei (BILD/DUPLIZIEREN; aktivieren Sie wenn möglich die Checkbox NUR ZUSAMMENGEFÜGTE EBENEN DUPLIZIEREN); wenn Sie in der Kopie nur Bildteile verwenden wollen, wählen Sie den Bereich mit dem Auswahlrechteck aus und stellen Sie diesen frei (BILD/FREISTELLEN).

Nutzen Sie im Anschluss den Filter VERSCHIEBUNGSEFFEKT (FILTER/SONSTIGE FILTER/VERSCHIEBUNGSEFFEKT) **B**: Geben Sie für die beiden Angaben Pixelwerte ein – diese sollten etwa einem Drittel oder der Hälfte des Bildes entsprechen; aktivieren Sie die Option DURCH VERSCHOBENEN TEIL ERSETZEN und klicken Sie auf OK. Nicht passende Nähte werden in die Bildmitte verschoben und sind dort deutlich sichtbar **C**. Wenn Sie keine Nähte sehen, können Sie direkt mit den Anweisungen auf Seite 561 fortfahren. Lesen Sie ansonsten die Methoden auf den nächsten beiden Seiten, um die Nähte verschwinden zu lassen.

Kanten überblenden

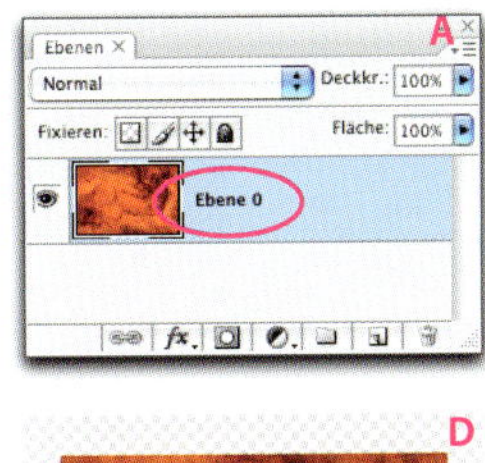

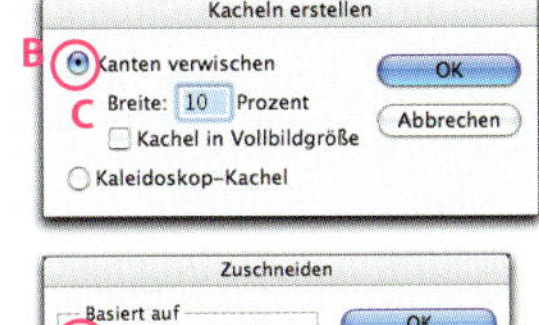

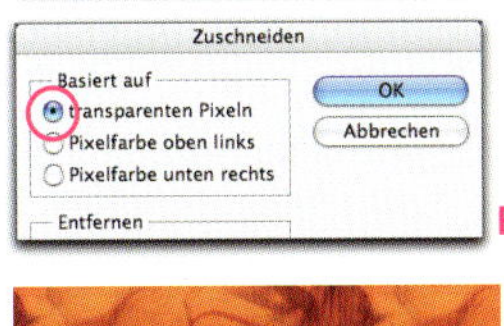

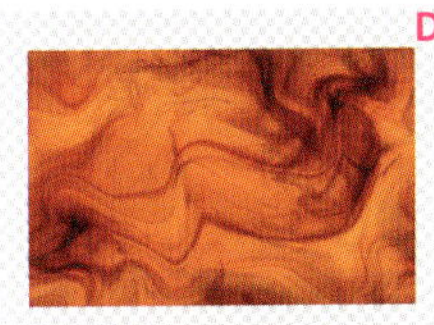

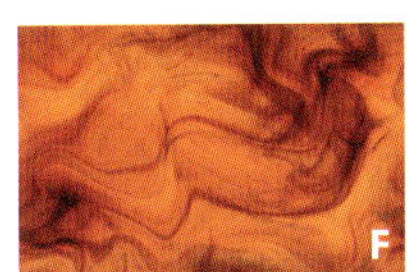

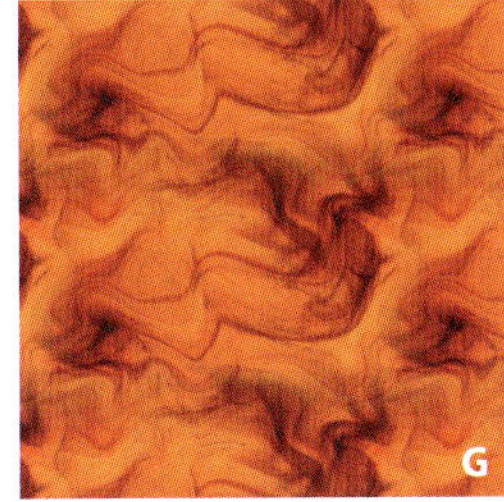

Ist Ihr Bild flüssig und amorph, wie das auf der gegenüberliegenden Seite oder das auf Seite 551, können Sie die Kanten mit dem Filter Kacheln erstellen ausblenden (nicht in CS3). Falls Sie den Test mit dem Filter Verschiebungseffekt ausprobiert haben, machen Sie diesen Schritt rückgängig (⌘/Strg-Z). Handelt es sich bei Ihrem Bild um einen Hintergrund, wandeln Sie diesen in eine herkömmliche Ebene um **A**, indem Sie in der Ebenen-Palette doppelt auf die Ebene und in der Dialogbox auf OK klicken.

Um den Filter zu starten, wählen Sie Filter/Sonstige/**Kacheln erstellen** (sehen Sie den Filter in dem Untermenü nicht, lesen Sie den Tipp im Kasten oben rechts). Aktivieren Sie in der Dialogbox die Option Kanten verwischen **B**. Damit wird das Bildmaterial von rechts nach links und links nach rechts verwischt, sowie von oben nach unten und unten nach oben. Die Breite legt dabei fest, wie weit verwischt wird **C**; der Standardwert von 10% reicht oft aus, um ein gutes Ergebnis zu erzielen. (Die Option Kacheln in Vollbildgrösse können Sie deaktivieren. Dadurch wird die Kachel etwas kleiner als das Original, weil durch das Ausblenden der Kanten Überlappungen entstehen. Bei aktiver Option wird das Bild jedoch oft weichgezeichnet.) Klicken Sie auf OK, um den Filter anzuwenden **D**.

Entfernen Sie die leeren Bereiche an den Kanten, indem Sie Bild/Zuschneiden mit der Option Transparente Pixel an allen vier Seiten wählen **E**, **F**. Wenn Sie wollen, können Sie den Filter auch noch einmal anwenden; fahren Sie dann auf Seite 561 fort **G**.

Den Tile Maker laden

Der Filter Tile Maker (Kacheln erstellen), der Teil von ImageReady ist, wurde entwickelt, um nahtlose Muster für Webseitenhintergründe zu erstellen. Sie können ihn aber auch in Photoshop verwenden. Suchen Sie das entsprechende Plug-in (unter Adobe Photoshop CS oder CS2/Zusatzmodule/Adobe ImageReady Only/Filter) und ziehen Sie das Icon in den Ordner Adobe Photoshop CS oder CS2/Zusatzmodule/Filter). Starten Sie Photoshop anschließend neu. Sie finden den Filter jetzt unter Filter/Other.

Der Kaleidoskop-Modus

Der Filter bietet zwei Optionen, Kacheln zu erstellen: Kanten verwischen (links beschrieben) und Kaleidoskop-Kachel. Letztere erzeugt Kacheln aus mehreren Reflexionen eines ausgewählten Bildbereichs oder des gesamten Bildes. Arbeiten Sie mit einer Bildkopie, wählen Sie einen Bildbereich aus und wählen Sie dann Filter/Sonstige/Kacheln erstellen. Aktivieren Sie in der Dialogbox die Option Kaleidoskop-Kacheln und klicken Sie auf OK.

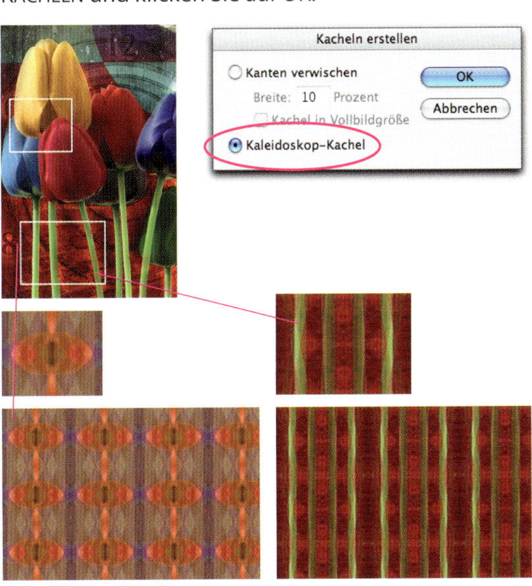

Diese beiden Kacheln wurden aus einer rechteckigen Auswahl des Bildes ganz oben erstellen. Dabei wurde die Option Kaleidoskop-Kacheln verwendet. Beide Kacheln wurden dann als Muster definiert (Bearbeiten/Muster festlegen) und mit dem Befehl Bearbeiten/Fläche füllen verwendet.

Die Naht reparieren

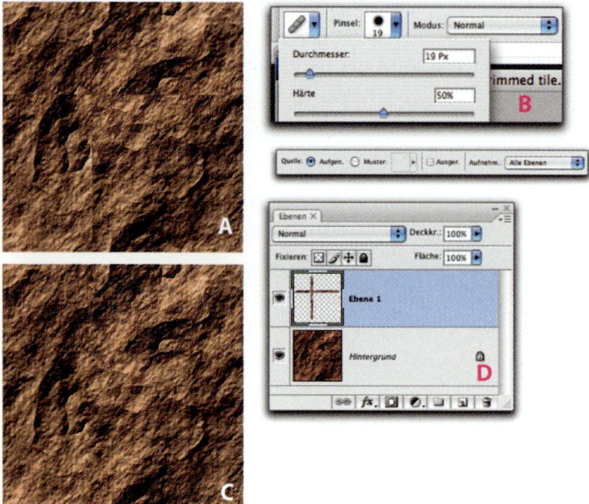

Wenn die Struktur in Ihrem Bild nach der Anwendung des Filters VERSCHIEBUNGSEFFEKT willkürlich und feinkörnig ist **A** (Seite 558), können Sie die Naht ganz einfach durch eine Reparatur ausblenden. Um Fehler besser korrigieren zu können, erstellen Sie eine neue Reparaturebene (⌘/Strg-⇧-N). Aktivieren Sie den Reparatur-Pinsel und in der Optionsleiste den Modus NORMAL **B** sowie die Option ALLE EBENEN AUFNEHMEN. Öffnen Sie den Pinselwähler (klicken Sie auf das kleine Rechteck neben der Pinselminiatur); wir wählten eine 19 Pixel große Pinselspitze mit einer Kantenschärfe von 50%.

Um aufzunehmen und zu malen, halten Sie die ⌥-Taste (PC: Alt) gedrückt und klicken Sie in ausreichendem Abstand zur vertikalen Naht, nahe der Oberkante des Bildes, um Quellmaterial aufzunehmen; lassen Sie die Taste los und klicken Sie in derselben Höhe wie eben auf die Naht. Klicken Sie mit gedrückter ⇧-Taste in die Nähe der Unterkante der vertikalen Naht, um einen Strich zu erstellen, der die Naht abdeckt. Wiederholen Sie den Vorgang für die horizontale Naht **C**. Untersuchen Sie das Ergebnis nach auffallenden Kanten. Sind welche zu sehen, nutzen Sie den Radiergummi oder das Lasso, um diese zu entfernen, oder arbeiten Sie einfach erneut mit dem Reparatur-Pinsel.

Reduzieren Sie das Bild auf eine Ebene (EBENE/AUF HINTERGRUNDEBENE REDUZIEREN), wenden Sie den Filter VERSCHIEBUNGSEFFEKT erneut an (siehe Seite 558) und suchen Sie in der Bildmitte erneut nach Nähten (es sollten keine mehr zu sehen sein). Sind noch kleine Korrekturen nötig, nutzen Sie den Reparatur-Pinsel auf einer weiteren Reparaturebene und reduzieren Sie das Bild anschließend wieder auf eine Ebene. Fahren Sie im Anschluss mit dem Schritt auf Seite 561 fort.

MEHR DAVON

▼ Smart Objekte
Seite 33

Kopieren

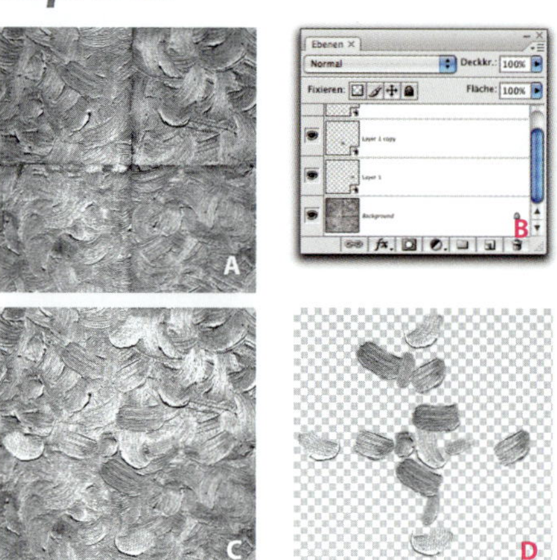

Handelt es sich bei Ihrem Bild **A** um eine Struktur, die nicht gerade feinkörnig ist und sich nicht einfach so reparieren lässt, sollten Sie einfach Bildbereiche kopieren und die Nahtstellen damit überdecken. Diese Technik funktioniert sehr gut bei Fotos mit abstrakten Motiven. Wir aktivierten das Lasso, um einen der Pinselstriche im Bild auszuwählen. Das ausgewählte Element kopierten wir in eine neue Reparaturebene (⌘/Strg-J); seit Photoshop CS2 lässt sich die Ebene auch in ein Smart Objekt umwandeln, um es vor eventuellen Weichzeichnungen zu schützen.▼ Nutzen Sie den Befehl FREI TRANSFORMIEREN (⌘/Strg-T) und ziehen Sie das Element über die Naht. Sie können es natürlich auch drehen, skalieren oder spiegeln; achten Sie jedoch darauf, den Einfallswinkel des Lichts nicht zu verändern; schließen Sie die Transformation mit ↩ ab. Duplizieren Sie das Element und verschieben und transformieren Sie die neue Kopie, um einen weiteren Teil der Naht abzudecken. Nutzen Sie dasselbe Element jedoch nicht zu oft, weil die Reparatur dadurch zu offensichtlich wird und das Element dadurch außerdem zu weichgezeichnet wird (es sei denn, Sie haben es in ein Smart Objekt verwandelt). Aktivieren Sie stattdessen lieber wieder die originale Bildebene und erstellen Sie eine neue Auswahl, die Sie zum Kopieren und Reparieren verwenden. Ist die Naht nicht mehr zu sehen **B**, **C**, **D**, reduzieren Sie die Datei auf eine Ebene (EBENE/AUF HINTERGRUNDEBE REDUZIEREN) und wenden Sie den Filter VERSCHIEBUNGSEFFEKT mit den Einstellungen von Seite 558 an. Nehmen Sie, wenn nötig, weitere Reparaturen vor und fahren Sie dann mit dem nächsten Schritt fort.

Muster festlegen & anwenden

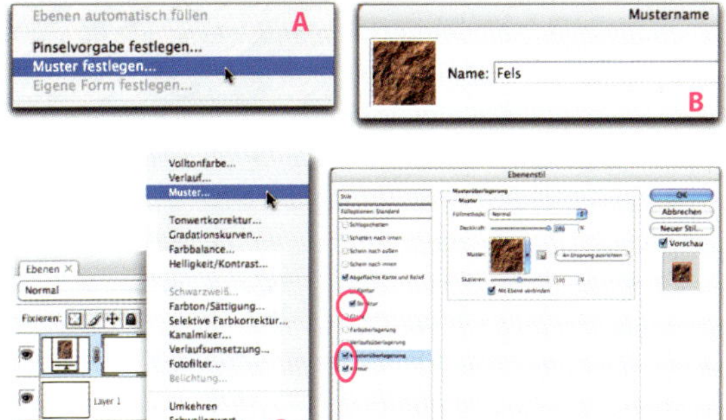

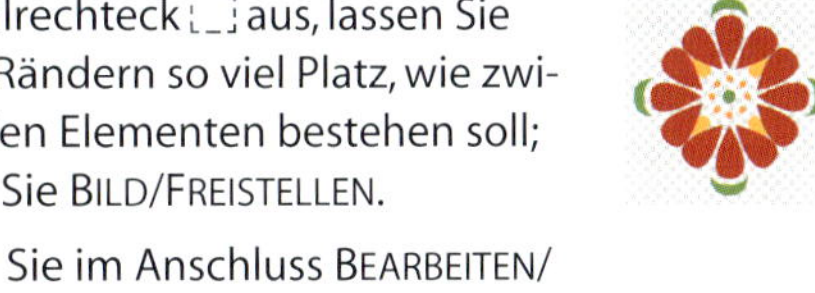

Sobald Sie ein Bild repariert haben, wählen Sie BEARBEITEN/MUSTER FESTLEGEN **A**. Geben Sie dem Muster in der Dialogbox einen Namen **B** und klicken Sie auf OK. Das neue Muster erscheint als letztes Muster in der Muster-Palette in Photoshop.

Sie können das Muster jetzt als **Musterfüllebene C**, in einem Effekt eines **Ebenenstils D**, mit dem Musterstempel oder als Füllung für eine Ebene oder Auswahl (mit BEARBEITEN/FLÄCHE FÜLLEN) anwenden. Siehe Anhang C.

EIN MUSTER AUFNEHMEN

Jedes Muster, das in einer Musterfüllebene oder in einem Ebenenstil verwendet wird, kann ganz leicht aufgenommen und zur Muster-Palette hinzugefügt werden. Zunächst müssen Sie das Muster finden: Klicken Sie in der Ebenen-Palette doppelt auf die Miniatur der Musterfüllebene oder die Musterüberlagerung, die Struktur oder Kontur (dort, wo das Muster verwendet wird). Sobald Sie im Musterfeld das Muster sehen, das Sie aufnehmen wollen, klicken Sie auf den kleinen Button rechts daneben. Das Muster wird zur Muster-Palette hinzugefügt und steht Ihnen nun überall in Photoshop zur Verfügung, wo Sie mit Mustern arbeiten können.

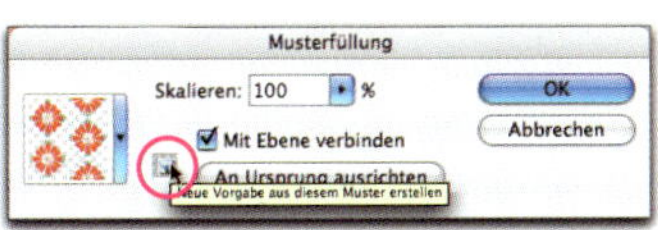

EIN MUSTER SPEICHERN

Um ein Muster dauerhaft zu speichern, wählen Sie BEARBEITEN/VORGABEN-MANAGER (dieser steht Ihnen auch im Paletten-Menü der Muster-Palette zur Verfügung). Aktivieren Sie in der Dialogbox die Vorgabe MUSTER. Klicken Sie mit gedrückter ⇧- oder ⌘/Strg-Taste auf die Muster, die Sie speichern wollen, und im Anschluss auf den Button SPEICHERN.

EINE OFFENSICHTLICHE WIEDERHOLUNG

So erstellen Sie ein Muster mit einer Wiederholung:

1 Erstellen Sie das Musterelement auf einer transparenten Ebene. Wählen Sie es mit dem Auswahlrechteck aus, lassen Sie an den Rändern so viel Platz, wie zwischen den Elementen bestehen soll; wählen Sie BILD/FREISTELLEN.

2 Wählen Sie im Anschluss BEARBEITEN/MUSTER FESTLEGEN; geben Sie dem Muster einen Namen und klicken Sie auf OK. Sie können hier aufhören oder ein komplexeres Muster erstellen, wie in den Schritten 3 bis 5 beschrieben.

3 Um das Muster mit einem gewissen Versatz zu erstellen, legen Sie eine neue Datei an, die doppelt so breit und hoch ist wie das Musterelement aus Schritt 1 (wählen Sie DATEI/NEU mit einem transparenten Hintergrund). Füllen Sie die Ebene mit dem Muster, das Sie in Schritt 2 festgelegt haben.

4 Aktivieren Sie das Auswahlrechteck und wählen Sie eine Spalte aus. Wenden Sie dann FILTER/SONSTIGE FILTER/VERSCHIEBUNGSEFFEKT an (mit der Option DURCH VERSCHOBENEN TEIL ERSETZEN). Wählen Sie für die horizontale Verschiebung 0 und verschieben Sie die Elemente mit den Pfeiltasten nach oben oder unten ganz nach Wunsch.

5 Heben Sie die Auswahl mit ⌘-D (PC: Strg-D) auf und wählen Sie BEARBEITEN/MUSTER FESTLEGEN. Sie können das Muster jetzt auf einen Hintergrund anwenden; um die Farbe zu ändern, nutzen Sie einfach eine Farbüberlagerung als Teil eines Ebenenstils oder in Form einer Einstellungsebene.

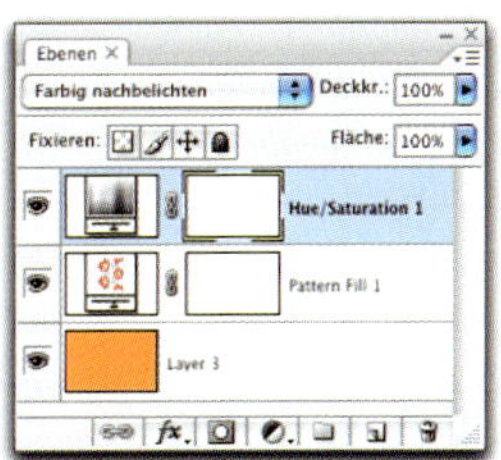

from far away she looked like jesus
wild mane of hair
crown of thorns
from far away she looked like jesus
crucified, suffering
now close I can see
she is an angel
her disguise translucent as tissue paper
laid in wet strips over her breaking heart
the pain of her possession
how much she wants to have it
comfort comes only
in the shape of a lover
the size of the earth
who sees the beauty of sadness
who sees love inside fear
who pushes through her like the ocean
and changes the tide forever
this cocoon falls away
I can see what I've been seeing
hear what I've been hearing
touch what I've been touching
lavish heart
perfect beauty
turning everyone inside out
her music still resonating
within me
escape
within me
Fig.97
close I can see
is an angel

Für das CD-Cover **From Far Away She Looked Like Jesus** nutzte **Alicia Buelow** ein gescanntes Foto einer Stuckwand, um dem Hintergrund ein organisches Aussehen zu verleihen. Mit dem Verschieben-Werkzeug zog sie Fotos von Bäumen und Stämmen in ihr Arbeitsdokument und blendete die Ebenen in den Hintergrund über, indem sie den Modus FARBIG NACHBELICHTEN mit einer Deckkraft von 50% für die Bäume und LUMINANZ mit 90% Deckkraft für die Stämme anwendete.▼

Für die schemenhafte Figur in der Bildmitte verwendete Buelow drei Bilder – Fotos von dem Kopf eines Kindes, dem Körper eines Jugendlichen und den Scan ihrer eigenen Hand. Sie kehrte die Farbe des Kopfes und des Körpers um (⌘/Strg-I). Dann erstellte sie für jedes der drei Objekte eine weichgezeichnete Auswahl und zog diese mit dem Verschieben-Werkzeug in das Arbeitsdokument. Für Kopf und Körper wählte sie den Modus NEGATIV MULTIPLIZIEREN, für die Hand LUMINANZ. Sie blendete die drei Ebenen ineinander über, indem Sie die Deckkrafteinstellungen anpasste und Ebenenmasken verwendete. Im Anschluss malte sie mit einem weichen, schwarzen Pinsel und einer geringen Deckkraft auf der Maske.

Sie nutzte das Bild eines Flügels von Getty Images, zog dieses in ihre Arbeitsdatei, kopierte die Ebene und spiegelte die Ebenenkopie, um ein Flügelpaar zu erzeugen. Sie duplizierte jede Flügelebene und zeichnete die unteren Kopien der Ebenen weich (FILTER/WEICHZEICHNUNGSFILTER/BEWEGUNGSUNSCHÄRFE).

In Adobe Illustrator zeichnete Buelow einen weißen Würfel, kopierte diesen in die Zwischenablage und fügte ihn in Photoshop als Pixel ein.▼ Als Ebenenmodus für den Würfel wählte sie INEINANDERKOPIEREN und klickte dann unten in der Ebenen-Palette auf das Ebenenstil-Symbol *fx*, um den Effekt SCHEIN NACH AUSSEN auszuwählen. Sie nutzte die Standardfarbe (Gelb) jedoch im Modus ÜBERLAGERN mit einer Deckkraft von 80%. Um die Illustration zu vervollständigen, aktivierte Buelow das Textwerkzeug, gab Zahlen und Wörter auf verschiedenen Ebenen ein und zeichnete einige dieser Ebenen weich (FILTER/WEICHZEICHNUNGSFILTER/GAUSSSCHER WEICHZEICHNER). Den Schlagschatten hinter dem Textblock links erzeugte sie, indem sie die Textebene duplizierte und ein dunkles Grau für die Ebenenkopie auswählte. Mit dem Verschieben-Werkzeug zog sie die Ebene etwas nach unten und nach rechts; sie wendete einen starken Gauß'schen Weichzeichner und den Modus FARBIG NACHBELICHTEN an. Weil es sich bei dem Schatten um eine eigene Ebene und keinen Schlagschatteneffekt handelt, konnte sie eine Ebenenmaske hinzufügen und mit Schwarz darauf malen, um Teile des Schattens zu entfernen und den gewünschten verwitterten Effekt zu erzielen.

KOPIEREN & TRANSFORMIEREN

Um eine Ebene zu kopieren und die Kopie gleichzeitig zu transformieren, halten Sie beim Transformieren die ⌥/Alt-Taste gedrückt – z.B. wenn Sie BEARBEITEN/TRANSFORMIEREN/HORIZONTAL SPIEGELN wählen.

MEHR DAVON

▼ Füllmethoden **Seite 174**

▼ Aus Adobe Illustrator kopieren und einfügen **Seite 443**

Für Illustrator **Rob Magiera** ist die »Acorn-to-oak«-Metapher der perfekte Ausdruck für die Verbreitung von Akronymen mit der immer größeren Ausdehnung des Internets. Magiera begann **Seeds of Internet Growth** im 3D-Programm Autodesk Maya. Dort malte er Schlüsselbereiche des Bildes mit Mayas Maleffektwerkzeugen. Magiera profitierte in diesem Programm von der Fähigkeit der Software, beim Rendern einen Alphakanal zu erzeugen. Dadurch lassen sich die Bäume in Photoshop ganz einfach isolieren. Er kann den Alphakanal als Auswahl laden (AUSWAHL/AUSWAHL LADEN), die Auswahl umkehren (⌘/Strg-⇧-I) und die Entf (PC: ←) drücken, um den schwarzen Hintergrund zu entfernen. Um alle verbleibenden schwarzen Spuren an den Kanten des Baumes zu entfernen, nutzte Magiera den Photoshop-Befehl EBENE/BASIS/SCHWARZ ENTFERNEN – schwarze Pixel werden durch Transparenz ersetzt. (Er hat in Maya einen schwarzen Hintergrund gewählt, weil er da bereits diesen Befehl im Hinterkopf hatte.)

Für den Boden legte Magiera eine Schaufel Erde auf seinen Flachbettscanner und scannte diese; zuvor hatte er ein Stück Klarsichtfolie auf das Scannerglas gelegt, um die Oberfläche nicht zu zerkratzen und die Erde hinterher leichter wieder entfernen zu können. Für die keimende Eichel öffnete er ein Archivbild in Photoshop, malte Wurzeln daran und fügte einen Schlagschatten hinzu.

Magiera öffnete im Anschluss den gerenderten Baum, kopierte und fügte weitere Bäume ein, außerdem die Eichel sowie die Erde. Um die einzelnen Elemente besser zu verwalten, erstellte er Ebenengruppen für die Bäume im Hintergrund und den im Vordergrund. (Um Ebenen in einer Gruppe zu verwalten, klicken Sie in CS auf eine der Ebenenminiaturen und anschließend auf die anderen, aktivieren Sie dann die Augen-Icons und wählen Sie aus dem Paletten-Menü NEUES SET AUS VERBUNDENEN EBENEN; seit CS2 wählen Sie die Ebenen aus und klicken dann unten in der Ebenen-Palette auf den Button NEUE GRUPPE ERSTELLEN.

Für den Text aktivierte Magiera das Textwerkzeug T und erstellte ein Rechteck, das größer war als der Baum im Vordergrund, um Absatztext zu erstellen. (Photoshop erstellt automatisch eine Textebene, wenn Sie mit dem Textwerkzeug ziehen.) Er wählte in der Optionsleiste Schriftart, -größe und -farbe. Um den Text scheinen zu lassen, fügte er einen Ebenenstil hinzu, indem er auf den Ebenenstil-Button *fx* klickte und SCHEIN NACH AUSSEN wählte. Zum Aufhellen wählte er für die Textebene den Modus UMGEKEHRT/NEGATIV MULTIPLIZIEREN.

Magiera duplizierte die Textebene (⌘/Strg-J) und zog die Miniatur der Kopie in der Ebenen-Palette über die Ebene mit den Bäumen im Hintergrund. Er verkleinerte den duplizierten Text (mit FREI TRANSFORMIEREN) und rasterte anschließend beide Textebenen.

Nachdem er alle Elemente in Photoshop zusammengesetzt hatte, begann Magiera, sie zu modifizieren. Dafür verwendete er Ebenenmasken, Schnittmasken und Einstellungsebenen, um so flexibel wie möglich zu bleiben. Er maskierte die Wurzel der Eichel und malte am Grund des Baumes, innerhalb der Erdebene einen Schatten, indem er eine Schnittmaske mit der Erde als Basis anlegte – Teile des Schattens und der Wurzel, die über die Erdebene hinausragen, wurden ausgeblendet. In dieser Beschneidungsgruppe befand sich auch eine Farbton/Sättigungs-Ebene, die die Erde um die Eichel herum aufhellt. (Um eine solche Beschneidungsgruppe zu erstellen, aktivieren Sie die Ebenen, die Sie als Maske verwenden wollen und klicken Sie mit gedrückter ⌥/Alt-Taste auf die Grenze zwischen dieser Ebene und der nächsten darüber liegenden Ebene. Wenn Sie wollen, können Sie auf diese Art und Weise weitere Ebenen anklicken.)

Er fügte zu jeder Textebene eine Ebenenmaske hinzu, damit der Text nur in den Blättern der Bäume zu sehen ist. In diesem Fall funktionieren Ebenenmasken besser als Schnittmasken, da sich die Masken bearbeiten lassen – die Kanten können leicht weichgezeichnet werden, mit Schwarz lassen sich Bereiche ausblenden, damit Äste und Stamm zu sehen sind. Die Masken erstellte er, indem er mit gedrückter ⌘-Taste (PC: Strg) auf die Miniatur für den Baum klickte, dann die Textebene aktivierte und unten in der Ebenen-Palette auf den Button EBENENMAKSE ERSTELLEN klickte. Als die Masken erstellt waren, wählte er FILTER/WEICHZEICHNUNGSFILTER/GAUSSSCHER WEICHZEICHNER, um die Kanten der Blätter zu glätten. Durch Klicken auf das Verbinden-Icon 🔗 zwischen der Ebenen- und der Maskenminiatur konnte er Text und Maske trennen, um den Text an gewünschter Stelle zu platzieren.

Magiera nutzte mehrere Ebenen, um die Atmosphäre in seinem Bild zu erzeugen. Er begann mit einer grau gefüllten Ebene am unteren Ende des Ebenenstapels. Zwischen die Bäume in der Ferne und den im Vordergrund legte er eine weiße Ebene mit reduzierter Deckkraft, um Nebel und somit auch Tiefe zu erzeugen. Mit einer Farbton/Sättigung-Einstellungsebene färbte er den Nebel etwas ein, oben wurde er mit einer Verlaufsfüllebene im Modus ÜBERLAGERN/INEINANDERKOPIEREN abgedunkelt. Das Grün änderte er mit einer Ebenenmaske, um den Baum im Vordergrund vor der Farbe zu schützen.

Um im Vordergrund noch mehr Atmosphäre zu erzeugen, erstellte Magiera eine weichgezeichnete, dunkelgrüne Kopie des Baumes, indem er die Ebene mit einem Schlagschatten versah (wie bereits für die Eichel beschrieben). Dann legte er den Schatten in seine eigene Ebene (EBENE/EBENENSTIL/EBENE ERSTELLEN), deren Deckkraft er anpasste.

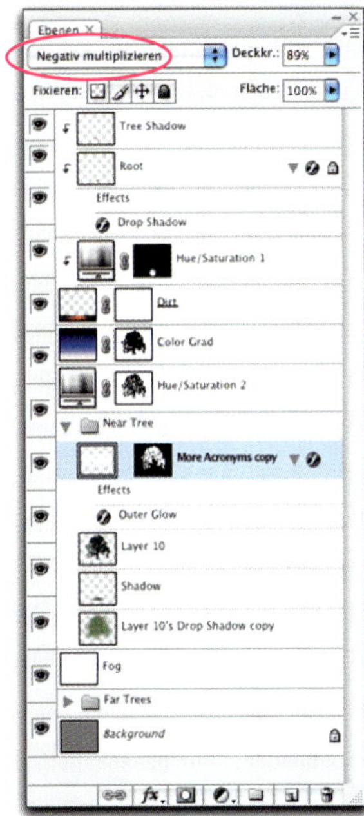

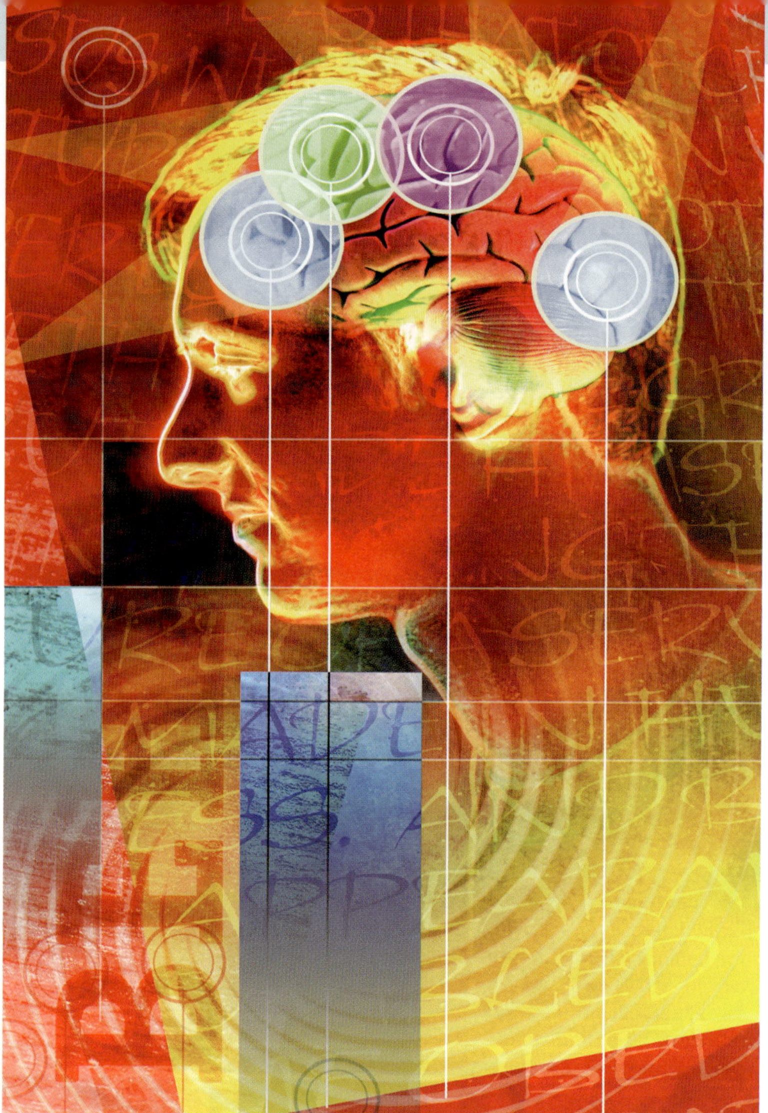

Die Tiefe und Farbe von **Don Jolleys** eindrucksvoller Illustration **Behavior** wurden mithilfe mehrerer Fotos, Illustrator-Grafiken, Masken, Füllmethoden und Einstellungsebenen erzeugt. Der Ebenenstil in dieser Datei soll keine Tiefe erzeugen, sondern ist eine Design-Lösung, die sich im Laufe der Bildentwicklung herauskristallisierte.

Für seine Komposition legte Jolley eine gefilterte Kopie vom Foto eines Freundes über das Original **A** und fügte mehrere Kopien eines Gehirnmodells hinzu **B**. Er zog eigene Strukturen ins Bild (siehe Seite 147) und fügte transparente Ebenen hinzu, auf denen er mit dem Pinsel malte▼. Um die Farben zu bearbeiten, maskierte er Einstellungsebenen ▼ **C**. Aus Illustrator importierte er Text, sowie dynamische Spiralelemente, auf die der Illustrator-Filter WIRBEL angewendet wurde; in Photoshop fügte er Ebenenmasken hinzu, um einen Großteil des Textes und der Spiralen auszublenden – dort, wo sie das Gesicht des Mannes überdeckten **D**.▼

Jolley fügte auch ein Linienraster und Kreise in die Datei ein, die er ebenfalls in Illustrator erstellte und die die vier Bereiche des Gehirns darstellen sollen **E**; eine auf eine Ebene reduzierte Version seiner Komposition nutzte er als Vorlage in Illustrator, um Kreise und Linien an die gewünschten Stellen einzufügen. Anschließend fügte er geometrische, gefüllte Auswahlen sowie kopierte Teile des Rasters hinzu.

Um jede der vier Gehirnregionen farbig hervorzuheben, musste Jolley einen runden Kreis auswählen, der größer ist als die importierten Kreise aus Illustrator. Er fand die jeweilige Mitte eines Paares konzentrischer Kreise , um ausgehend davon eine Auswahl zu erstellen. Und so nutzte er dafür den Mittelpunkt des Transformieren-Rahmens: Er blendete die Lineale ein (⌘/Strg-R) und zog eine

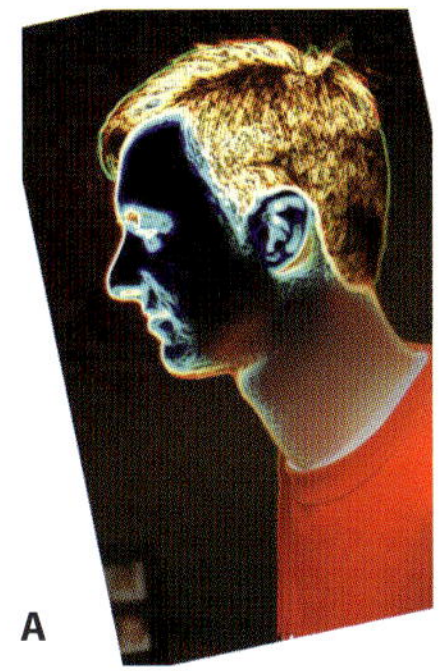

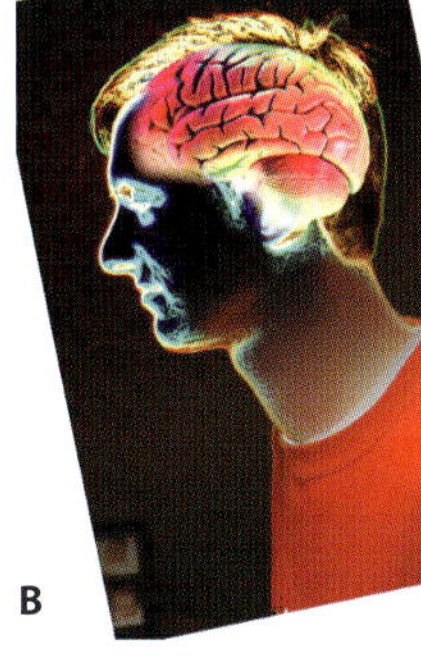

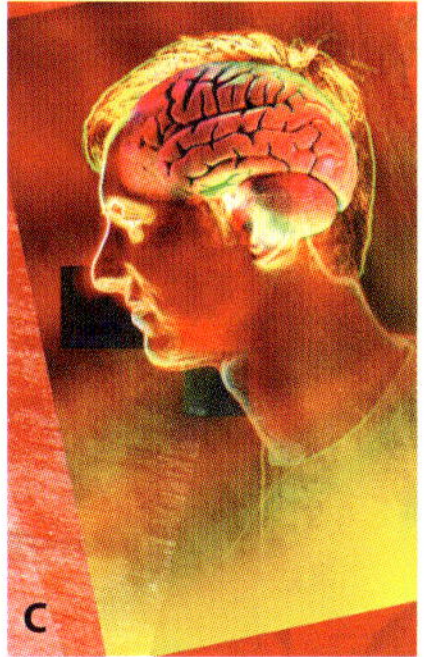

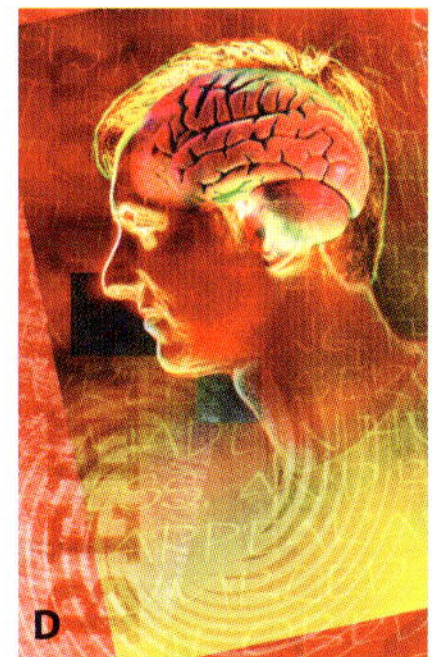

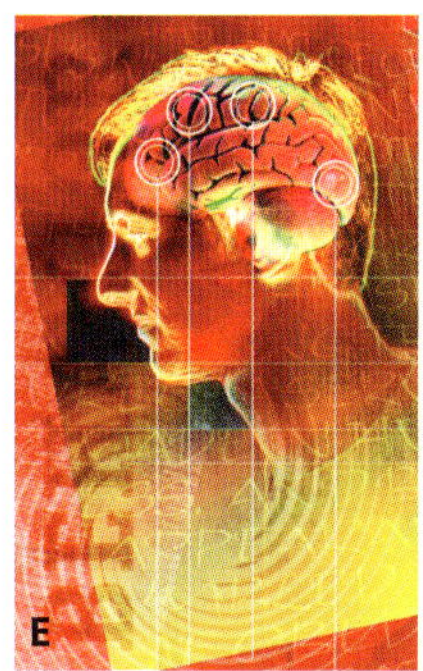

Hilfslinie aus dem vertikalen Lineal **F**. Mit dem Auswahlrechteck und der Hilfslinie erstellte er eine Auswahl von der Oberkante des äußeren Kreises bis zur Unterkante (die Breite des Rechtecks spielt keine Rolle, nur die Höhe). Mit ⌘-T (PC: Strg-T) blendete er den Transformieren-Rahmen ein **G**. Mit der Einrasten-Funktion zog er eine neue Hilfslinie aus dem oberen Lineal, bis es in der Mitte des Rahmens einrastete **H**. Jetzt konnte er den Transformieren-Rahmen ausblenden und die Aus-wahl aufheben (⌘/Strg-D). Nur die neuen Hilfslinien sind noch zu sehen.

Da die Mitten der Kreise durch die Überschneidung der Hilfslinien markiert sind, aktivierte Jolley die Auswahlellipse und zog von dieser Überschneidung aus mit gedrückter ⌥-Taste (PC: Alt), um einen Kreis in der gewünschten Größe zu erstellen **I**. Dann erstellte er eine neue Farbton/Sättigung-Einstellungsebene. Er aktivierte die Checkbox FÄRBEN, passte des Farbtonregler an und verstärkte die Helligkeit. Die runde Auswahl wird zu einer Maske für die Farbton/Sättigung-Änderungen.

Für die zusätzlichen Lichter fügte Jolley weitere Farbton/Sättigung-Ebenen hinzu. Mithilfe sich überschneidender Hilfslinien machte er die Mitten der Kreise ausfindig und rief dann die runde Auswahl wieder auf (er klickte dafür in der Ebenen-Palette mit gedrückter ⌘/Strg-Taste auf die Ebenenmaske der Farbton/Sättigung-Ebene) und verschob sie in die entsprechende Position **J**. Dazu können Sie AUSWAHL/AUSWAHL TRANSFORMIEREN wählen und innerhalb der Auswahl ziehen, bis die Mitte des Rahmens im Mittelpunkt der Hilfslinien einrastet. Drücken Sie dann anschließend Esc. Seit Photoshop CS2 wird der Transformieren-Rahmen nicht länger benötigt; die Mitte der Auswahl rastet automatisch in den sich überschneidenden Hilfslinien ein, wenn Sie die Auswahl bewegen.

Mit den Farbton/Sättigung-Einstellungsebenen entschied sich Jolley, eine Kontur um jeden der größeren Kreise zu erstellen. Jetzt kommt der Ebenenstil ins Spiel. Er aktivierte eine der Einstellungsebenen und klickte unten in der Ebenen-Palette auf den Ebenenstil-Button *fx*; aus der Liste wählte er KONTUR. Die Kontur folgt automatisch der Kante der Ebenenmaske. Er experimentierte mit der Größe (wählte für sein 1700 Pixel breites Bild dann 10 Pixel), Position (er wählte AUSSEN) und der Farbe, bis er das gewünschte Ergebnis vor sich sah **K**, **L**, **M**. Anschließend konnte er den Stil kopieren und in die andere Einstellungsebene einfügen.▼

MEHR DAVON

▼ Der Pinsel **Seite 364**

▼ Einstellungsebenen **Seite 164**

▼ Masken **Seite 65**

▼ Stile kopieren und einfügen **Seite 492**

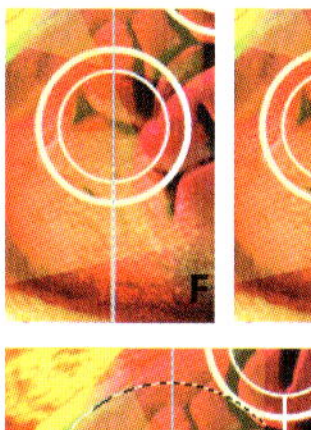

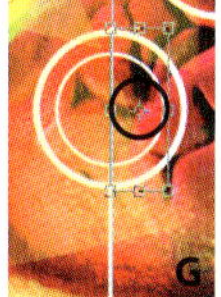

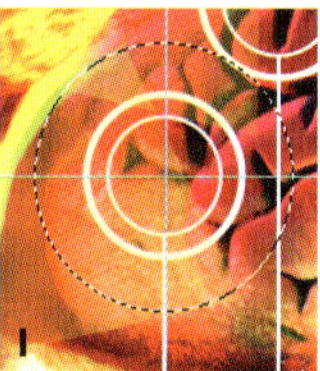

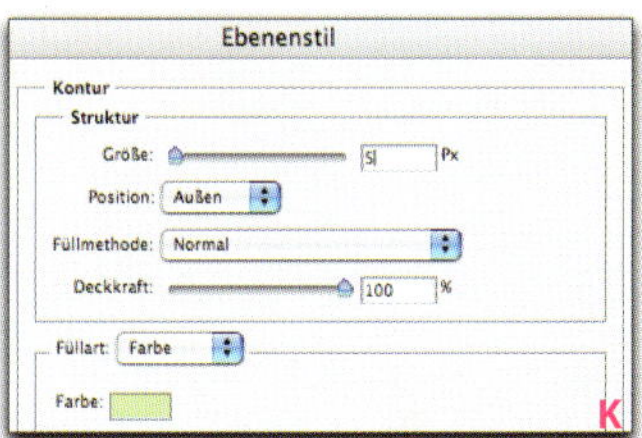

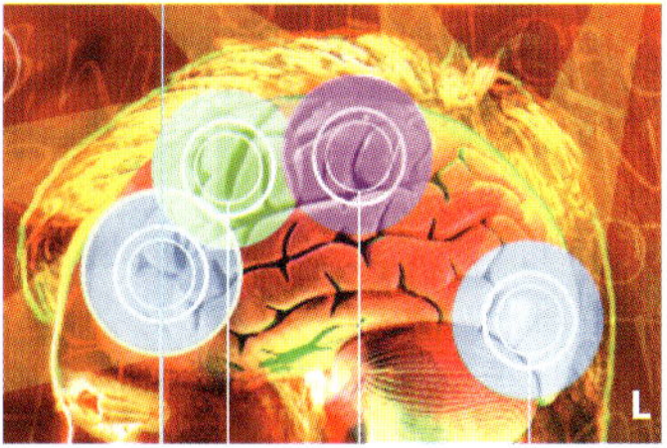

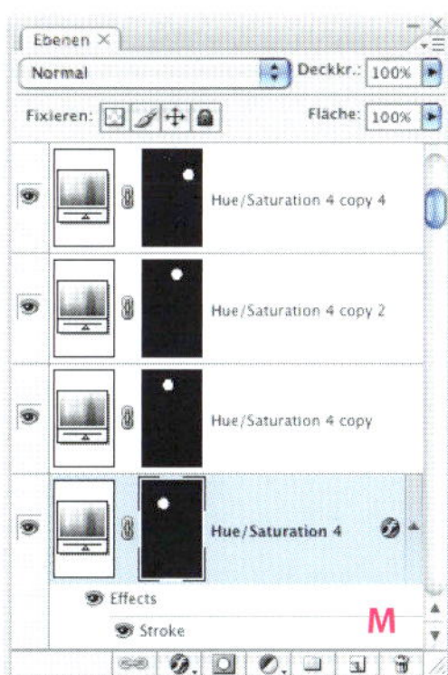

ORIGINAL ILLUSTRATIONS: PHOTOSPIN.COM

Als **Cristen Gillespie** ihre **Lady with a Harp** entwickelte, das zweite Stück einer Serie, war es wichtig, eine optische Beziehung zu den anderen Illustrationen herzustellen – allerdings wollte sie auch keine identischen Muster verwenden. Da sie bei der Erstellung der Muster für die erste Illustration mit Smart Objekten arbeitete (oben links) und die Datei mit Ebenen und Smart Objekten speicherte, musste sie einfach nur neue Muster erstellen, um einige Elemente in der Datei zu ändern. (Auf Seite 33 erfahren Sie, wie die Originalmuster erstellt wurden.)

Gillespie entschied sich, die neuen Ebenen auf einer transparenten Ebene zu erstellen, um sie auch vor einem Hintergrund anwenden zu können. Sie öffnete ihre Musterdatei (**Uebung-SO-Nachher.psd** von Seite 33) und blendete Hintergrund- und Volltonfarbebene aus, indem sie auf die Augen-Icons dieser Ebenen klickte. Um das neue Muster für die Harfe zu erstellen, wollte sie den Text und die tanzenden Figuren separat kontrollieren. Sie entschied sich, zwei separate Muster zu erstellen – eines mit »JOY« und ein anderes mit den Tänzern. Um mit »JOY« zu beginnen, blendete sie auch das Smart Objekt »Leaping Lady« aus **A**.

Sie änderte den Ebenenstil des Smart Objekts, fügte eine Farbüberlagerung und einen Glanzeffekt hinzu. ▼ Um das Muster aufzunehmen, klickte sie mit gedrückter ⌘-Taste (PC: Strg) auf die Maske der Volltonfarbebene, um diese als Auswahl zu laden (diese Maske wurde für das Muster siehe Seite 34 erstellt) **B**. Bei aktiver Auswahl wählte sie BEARBEITEN/MUSTER FESTLEGEN und speicherte das Muster unter einem passenden Namen.

Gillespie änderte anschließend die Tänzer **C**: Sie blendete das Smart Objekt »Leaping Lady« ein und die Ebene »JOY« aus. Sie klickte doppelt auf die Smart-Objekt-Miniatur, um die .psb-Datei zu öffnen, und anschließend auf eine der darin befindlichen Instanzen. In der zweiten offenen .psb-Datei fügte sie eine neue Ebene mit einem anderen Buchstaben aus der Schriftart Pedestria PictOne hinzu und blendete die darunter liegenden Ebenen aus. Mit FREI TRANSFORMIEREN passte sie die Größe des neuen Buchstabens an, damit er in das Dokument passt; sie fügte einen Ebenenstil mit einer Verlaufsüberlagerung hinzu, um den Buchstaben einzufärben.

Dann arbeitete sie rückwärts, um die eingebetteten Smart Objekte zu aktualisieren: Beim Speichern der Smart-Objekt-Datei werden automatisch alle Instanzen des tanzenden Paares aktualisiert. Als sie mit den Buchstaben in der Gruppe zufrieden war, speicherte sie auch die »Super«-Smart-Objekt-Datei. Sie legte ein Muster mit den tanzenden Figuren auf einer transparenten Ebene fest. Dabei wendete sie dieselbe Methode wie beim »JOY«-Muster an **D**.

Um ein Muster mit der tanzenden Frau auf einem transparenten Hintergrund zu erstellen, öffnete Gillespie eingebettete Smart Objekte, bis sie das richtige gefunden hatte – dann blendete sie nur dieses ein (die anderen aus) **E** und speicherte die Datei für eine automatische Aktualisierung. Um die tanzende Frau in allen Musterelementen zu ersetzen, musste sie mehrere Arbeiten doppelt ausführen – einmal, um sie im Smart Objekt »Leaping Lady« zu ersetzen, und einmal im Super-Smart-Objekt »JOY«. Zurück in der Muster-Datei blendete sie beide Smart-Objekt-Ebenen ein und die restlichen Ebenen aus **F**.

Jetzt konnte Gillespie die neuen Muster auf ihre Illustration anwenden. Sie aktivierte den Hintergrund des Bildes und klickte mit dem Zauberstab und aktivierter Option BENACHBART in den blauen Hintergrund. ▼ Im Anschluss klickte sie mit gedrückter ⌥-Taste (PC: Alt) unten in der Ebenen-Palette auf den Button ◐ und wählte MUSTER. In der Dialogbox **G** wählte sie das neu erstellte Muster aus, skalierte es auf 50% und klickte auf OK. Die Tapete erschien zu hell, deshalb reduzierte sie die Deckkraft der Musterebene auf 80%.

Gillespie aktivierte erneut den Hintergrund und klickte mit gedrückter ⇧-Taste und dem Zauberstab, um alle drei Bereiche der goldenen Harfe auszuwählen. Dann erstellte sie eine weitere Musterebene. Sie duplizierte die Ebene und klickte doppelt auf die Ebenenminiatur des Duplikats, um die Dialogbox für die Musterfüllung erneut zu öffnen. Dort wählte sie das Muster »JOY« aus. Weil Photoshop standardmäßig jedes Muster oben links im Dokument beginnt, sind beide Muster perfekt miteinander ausgerichtet und vermitteln den Eindruck eines einzelnen Musters. Der Vorteil der beiden separaten Muster besteht darin, dass Gillespie den Modus der »JOY«-Ebene unabhängig von den tanzenden Figuren einstellen kann. Für ein interessanteres Ergebnis wählte sie HARTES LICHT.

Um die Muster auszubalancieren und die grauen Strähnen im Haar der Frau zu überdecken, fügte Gillespie eine weitere Musterebene mit dem Muster »leaping lady« (auf 25% skaliert) hinzu. Sie wählte die Füllmethode LUMINANZ (damit die Farbe des Musters keine Auswirkung hat) und reduzierte die Deckkraft, um das Muster etwas abzuschwächen **H**.

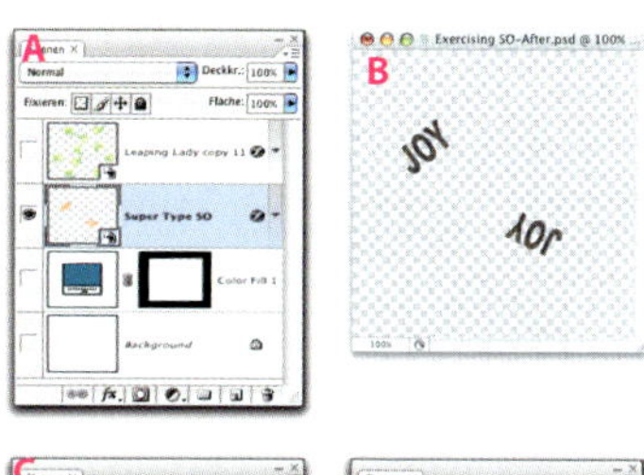

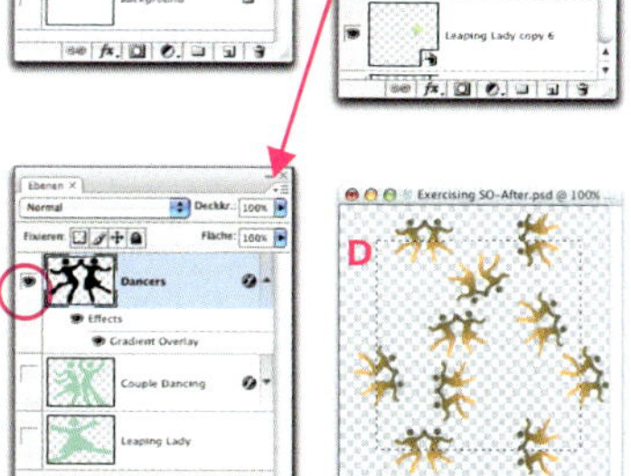

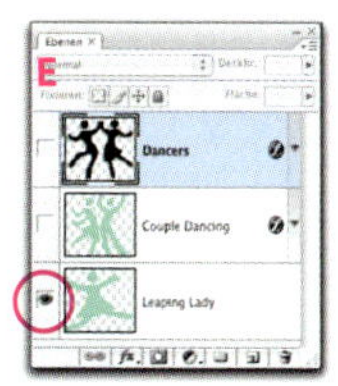

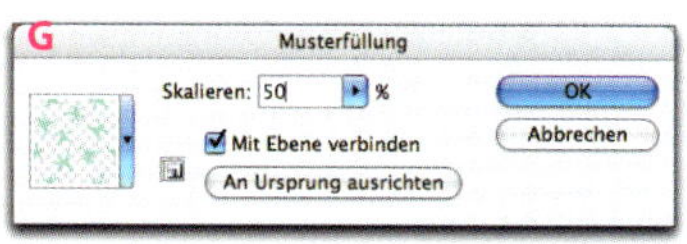

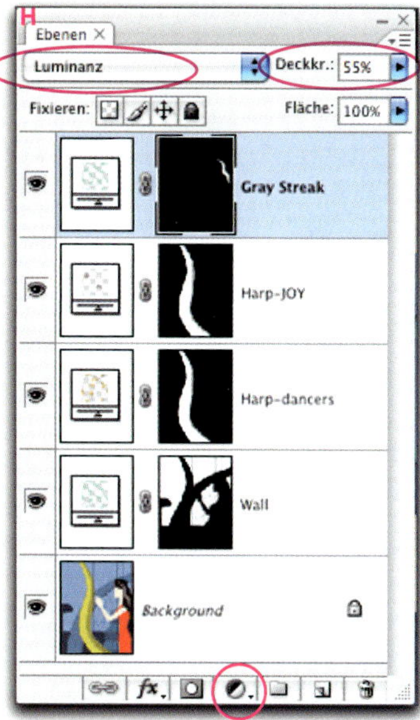

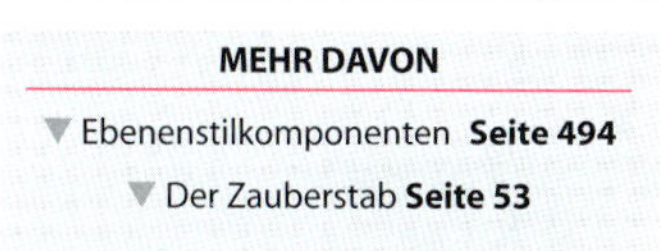

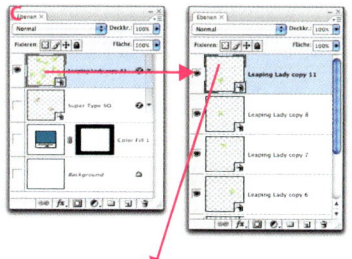

MEHR DAVON

▼ Ebenenstilkomponenten **Seite 494**

▼ Der Zauberstab **Seite 53**

SIE FINDEN DIE DATEI

auf der DVD unter Wow Projektdateien/Zugaben/Kapitel 8/Frau mit Harfe.

Kapitel 9

Hier kommt alles zusammen

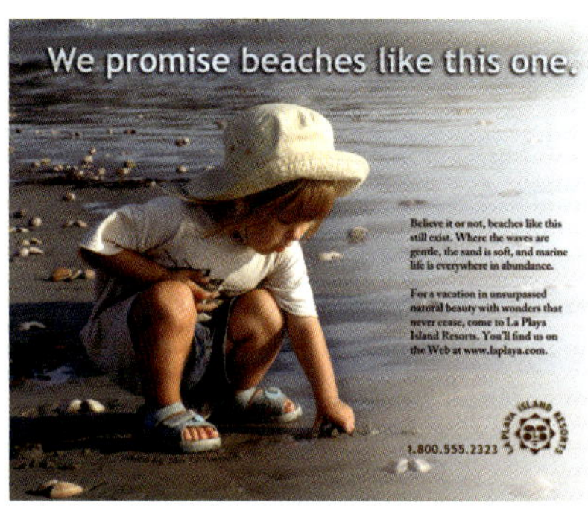
We promise beaches like this one.
Believe it or not, beaches like this still exist. Where the waves are gentle, the sand is soft, and marine life is everywhere in abundance.
For a vacation in unsurpassed natural beauty with wonders that never cease, come to La Playa Island Resorts. You'll find us on the Web at www.laplaya.com.
1.800.555.2323
La Playa Island Resorts

»Text ins Bild einbinden« auf Seite 593 demonstriert die verschiedenen Markierungs- und Überblendungstechniken von Photoshop, um Fotos, Text und Grafiken zu kombinieren.

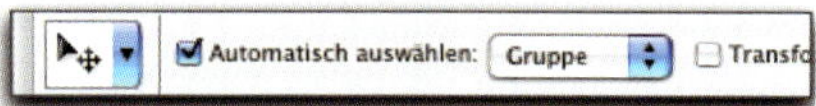
Automatisch auswählen:
Gruppe
Transf

Wenn AUTOMATISCH AUSWÄHLEN: EBENE in der Optionsleiste des Verschieben-Werkzeugs gewählt ist, arbeiten Sie im Bildfenster automatisch an der obersten Ebene, die unter dem Cursor nicht leer ist, solange deren Deckkraft 50% oder mehr beträgt. Seit CS2 können Sie auch die Option GRUPPE wählen, wodurch Sie auf der obersten Ebene oder der damit verbundenen Gruppe arbeiten.

WAS »SIEHT« AUTOMATISCH AUSWÄHLEN?

Eine Ebene mag durch ihre Füllmethode vielleicht unsichtbar sein, aber die Option AUTOMATISCH AUSWÄHLEN des Verschieben-Werkzeugs sieht sie trotzdem, solange sie in der Ebenen-Palette eingeblendet ist. AUTOMATISCH AUSWÄHLEN »sieht« eine Ebene nicht, wenn deren Deckkraft unter 50% liegt. Wenn Sie die Transparenz jedoch mithilfe der Flächendeckkraft regeln, *wird* die Auto-Funktion die Ebene trotzdem erkennen.

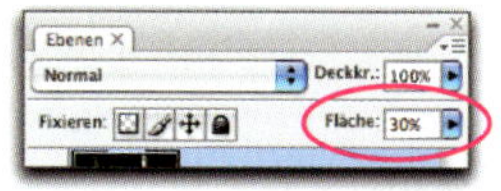
Ebenen
Normal
Deckkr.: 100%
Fixieren:
Fläche: 30%

Mit Photoshops genialer Fähigkeit, Elemente zu kombinieren, können Sie alles Mögliche zusammensetzen – von einem nahtlos »gefälschten« Bild bis hin zur offensichtlichen Montage oder zu einem Seitenlayout. In diesem Kapitel geht es um die Fertigkeiten und Techniken aus den vorhergehenden Kapiteln, die zur Kombination von Fotos miteinander und mit anderen Elementen verwendet werden.

KOMPOSITIONSMETHODEN

Bei Kompositionen in Photoshop spielen **Auswahlen, Beschneidungsgruppen und Fülloptionen** eine zentrale Rolle (siehe Kapitel 2), ebenso die **Füllmethoden und Einstellungsebenen** aus Kapitel 4. Viele dieser und anderer Montagefunktionen können über die Ebenen-Palette eingesetzt und verwaltet werden, wie auf Seite 574 zu sehen ist.

Die folgenden Werkzeuge und Befehle von Photoshop werden Sie bei Kompositionen wohl am meisten benutzen:

- Mit dem **Verschieben-Werkzeug** können Sie Ebenen umherschieben, bis Ihnen die Komposition gefällt. Photoshop erhält sogar die Bereiche der Ebenen, die Sie aus der Arbeitsfläche hinausschieben. Falls Sie sich also später anders entscheiden, gibt es das gesamte Element noch und Sie können es zurück ins Bild bewegen.
- Gemeinsam mit dem Verschieben-Werkzeug helfen Ihnen die MAGNETISCHEN HILFSLINIEN seit Photoshop CS2, Elemente beim Zusammensetzen auszurichten. Mit den Ausrichten- und Verteilen-Befehlen im Ebene-Menü können Sie mehrere Elemente gleichzeitig anordnen. Seit Photoshop CS2 können Sie mehrere Ebenen gleichzeitig aktivieren, vorher mussten diese Ebenen gruppiert sein.
- Das **Ausbessern-Werkzeug** und der Kopierstempel kopieren Material von einem Teil der Komposition und wiederholen es an anderer Stelle.

Im Filterdialog FLUCHTPUNKT (seit CS2) klicken Sie zuerst mit dem Ebene-erstellen-Werkzeug , um die vier Eckpunkte einer perspektivischen Ebene festzulegen. Wenn das Gitter angelegt und eingestellt ist, können eingefügte Elemente wie die Grafik oben auf das Gitter gezogen werden, wodurch sie sich perfekt an die Perspektive anpassen lassen. Mit dem Fluchtpunkt-Filter können Sie auch in der Perspektive malen und kopieren. Mehr zu diesem Filter erfahren Sie auf Seite 585.

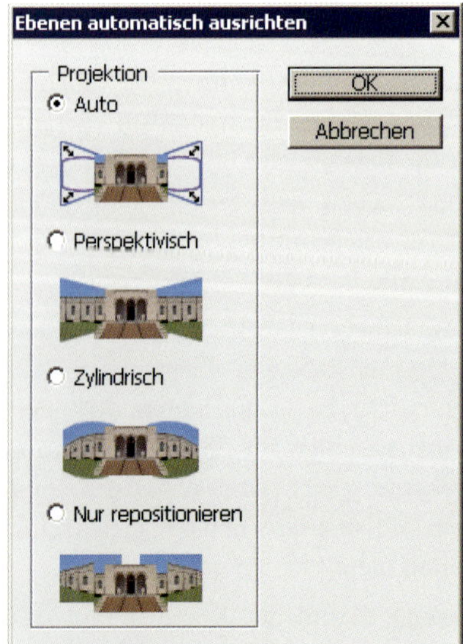

Der Befehl **Ebenen automatisch ausrichten** macht Ebenen deckungsgleich und kann sie dafür auch skalieren oder verzerren.

- **FILTER/EXTRAHIEREN** nimmt sehr saubere Auswahlen von Elementen mit komplizierten natürlichen Rändern vor, wie z.B. Haaren, so dass sie nahtlos mit dem Hintergrund kombiniert werden können. Ein Beispiel dafür, wie man den Hintergrund austauscht, finden Sie auf Seite 625.
- Die Befehle **BEARBEITEN/TRANSFORMIEREN** und **FREI TRANSFORMIEREN** sind oft beim Anpassen der Größe und Verzerren von Elementen wichtig. ▼ Seit Photoshop CS2 können Sie eine Komponente in ein Smart Objekt umwandeln, um bei der Komposition besser experimentieren zu können. Wenn nötig, können Sie mehrfach transformieren, ohne die Bildqualität stärker zu beeinträchtigen als bei einer einzigen Transformation. ▼
- Mit dem Filter FLUCHTPUNKT ist es möglich, ein Element automatisch in der richtigen Bildperspektive einzufügen. »Fluchtpunkt-Übungen« auf Seite 585 führt Sie schrittweise durch diesen Prozess.
- Um ein Bild besser an die Oberfläche eines anderen Bildes anzupassen, sind der Verflüssigen-Filter, der Versetzen-Filter und der Befehl BEARBEITEN/TRANSFORMIEREN/VERKRÜMMEN wichtige Ressourcen (Seite 575). Ein weiteres Werkzeug, um Elemente anzupassen, ist VERKRÜMMTER TEXT (Seite 480).
- Der Photomerge-Befehl hilft Ihnen, aus einer Serie von extra dafür aufgenommenen Fotos ein Panorama zusammenzustellen. Wie er funktioniert, erfahren Sie auf Seite 577, wie Sie ihn am besten einsetzen auf Seite 601.
- Der Befehl BILD/VARIABLEN (seit Photoshop CS2) erlaubt es Ihnen, eine Vorlage zu erstellen, die Foto- und Textsets automatisch im selben Layout ersetzt. Wie das funktioniert, erfahren Sie auf Seite 632.
- Häufig will man Ebenen mit identischen Bildteilen deckungsgleich ausrichten, etwa bei Panoramen, Animatio-nen, HDR-Montagen oder für Gruppenfotos, bei denen einzelne Köpfe ausgetauscht werden. Wählen Sie die Ebenen in der Palette aus, dann klicken Sie in Photoshop CS3 auf den neuen Befehl **BEARBEITEN/EBENEN AUTOMATISCH AUSRICHTEN.** Wenn Sie die Optionen AUTO, PERSPEKTIVISCH oder ZYLINDRISCH nutzen, werden die Ebenen häufig nicht nur verschoben, sondern auch skaliert oder leicht verzerrt, bis sie perfekt übereinander sitzen; mit AUTO entsteht fast immer das optimale Ergebnis. Die Vorgabe NUR REPOSITIONEREN verschiebt die Ebenen dagegen nur. Dieses automatische Ausrichten ist in vielen anderen Befehlen als Option mit eingebaut, etwa bei **DATEI/AUTOMATISIEREN/PHOTOMERGE** (für Panoramen) oder in **DATEI/SKRIPTEN/DATEIEN IN STAPEL LADEN.** Nur bei Photo-shop CS3 Extended ermöglicht auch der Befehl **DATEI/SKRIPTEN/STATISTIK** das automatische Ausrichten.

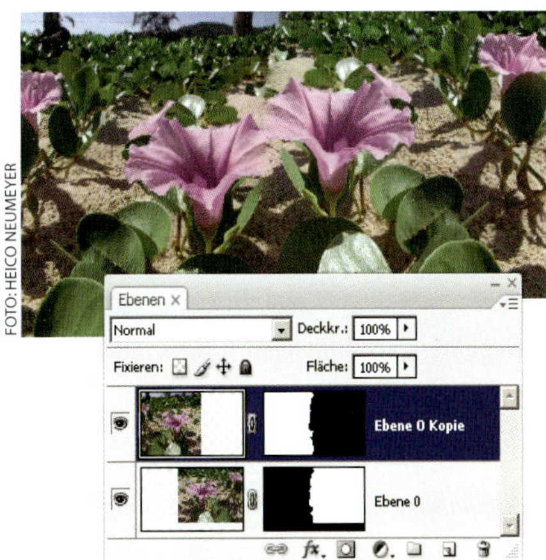

FOTO: HEICO NEUMEYER

Die Blumen-Ebene wurde dupliziert, horizontal gespiegelt und nach außen geschoben. Der Befehl **Ebenen automatisch füllen** sorgt mit Ebenenmasken für einen nahtlosen Übergang.

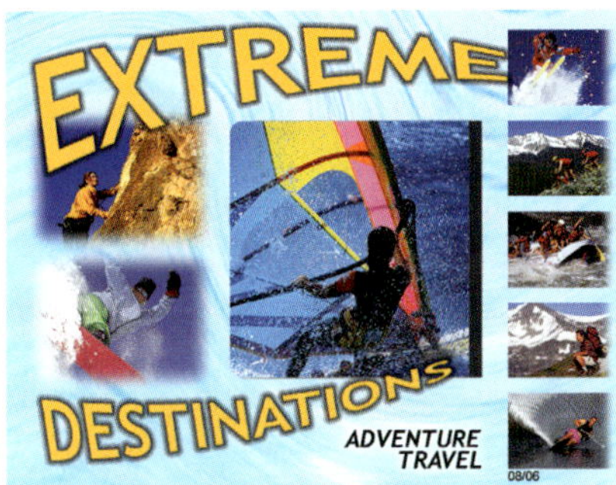

Die Elemente einer Komposition wie dieser werden auf der gegenüberliegenden Seite näher bezeichnet und erklärt. Das Layout wurde mit Masken, Beschneidungsgruppen und Ebenengruppen erstellt. Die Techniken für eine ähnliche Konstruktion finden Sie schrittweise erläutert auf Seite 632. Die fertige Vorlage wurde in einer Form angelegt, in der Text und Bilder automatisch in einem neuen Layout ersetzt werden können, um eine Reihe von Splash-Screens, Postkartenwerbung oder Broschürentiteln zu erstellen.

- Der neue CS3-Befehl **Bearbeiten, Ebenen automatisch füllen** ergänzt die Funktion **Ebenen automatisch ausrichten**. Der Befehl **Ebenen automatisch füllen** sorgt für nahtlose Übergänge, wenn sich Ebenen nur teilweise überdecken – zum Beispiel in Panoramen. Photoshop versucht, die eine Ebene so aus- und die angrenzende Ebene so einzublenden, dass Sie ein nahtloses Gesamtbild sehen. Dazu entstehen Ebenenmasken, die Sie anschließend normal weiterbearbeiten. Wollen Sie eine Hintergrund-Ebene mit bearbeiten, verwandeln Sie die erst in eine Ebene 0 oder ähnlich. Die Konturen sollten schon so deckungsgleich wie möglich übereinanderliegen, denn **Ebenen automatisch füllen** verschiebt und verbiegt nichts mehr. Auch der Horizont sollte schon bei den Einzelbildern übereinstimmen.

KOMPONENTEN AUSWÄHLEN UND VORBEREITEN

Wenn Sie nahtlose Fotomontagen erstellen wollen, sollten Sie Fotomaterial aussuchen, das in bestimmten Belangen gut zusammenpasst. Das Licht sollte zum Beispiel aus derselben Richtung kommen, Farbe und Details in den Tiefen und Lichtern sollten ähnlich sein, und auch die Bildkörnung sollte passen. Manche dieser Faktoren sind dabei jedoch wichtiger als andere:

- **Details in den Tiefen und Lichtern** passen Sie mithilfe des Befehls BILD/ANPASSUNGEN/TIEFEN/LICHTER an, in CS3 auch als verlustfreier Smartfilter, Tonwertkorrektur oder Gradationskurven speziell als Einstellungsebenen. ▼

MEHR DAVON

▼ Transformieren **Seite 69**
▼ Smart Objekte **Seite 33**

Fortsetzung auf Seite 575

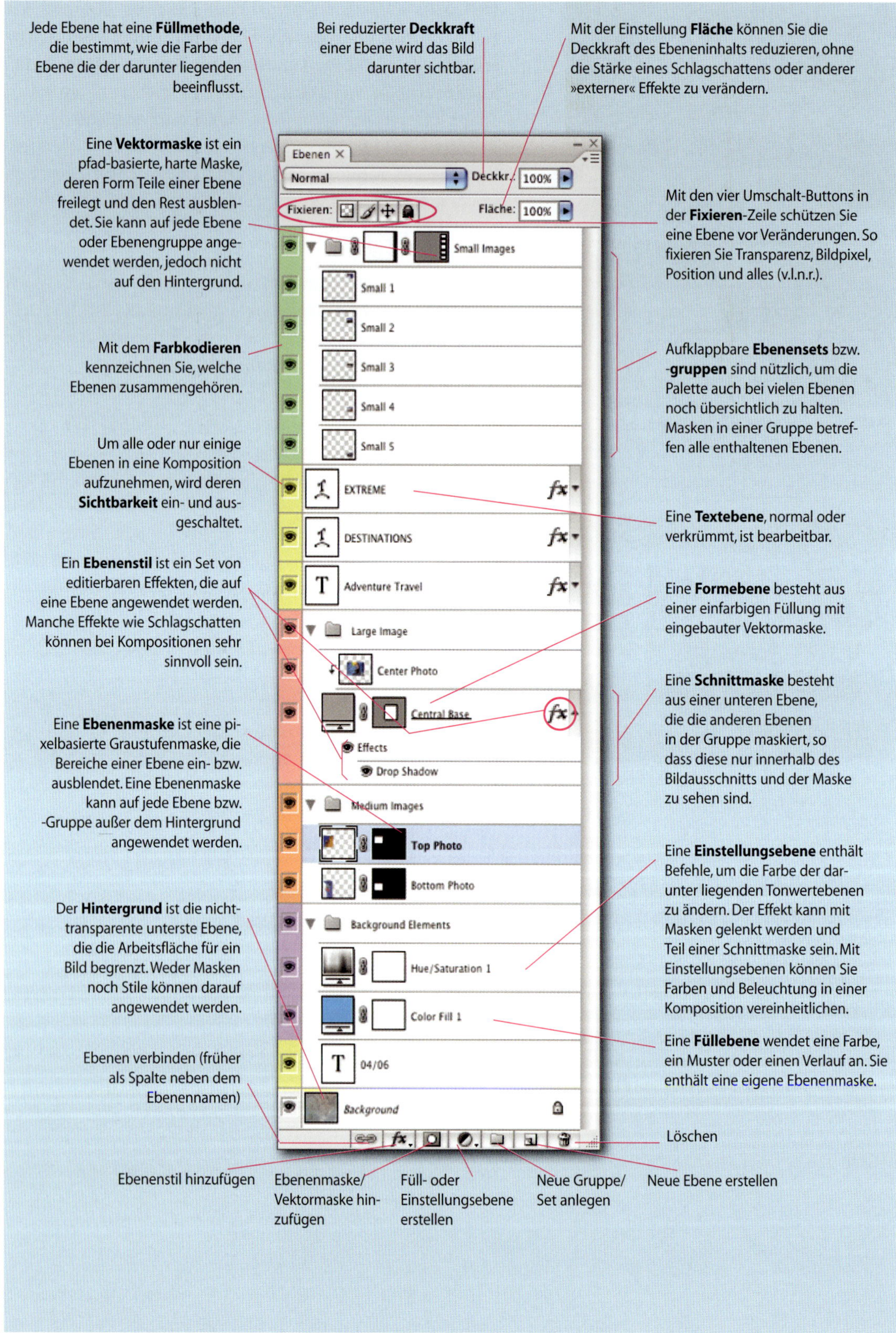
Jede Ebene hat eine Füllmethode, die bestimmt, wie die Farbe der Ebene die der darunter liegenden beeinflusst.
Bei reduzierter Deckkraft einer Ebene wird das Bild darunter sichtbar.
Mit der Einstellung Fläche können Sie die Deckkraft des Ebeneninhalts reduzieren, ohne die Stärke eines Schlagschattens oder anderer »externer« Effekte zu verändern.
Eine Vektormaske ist ein pfad-basierte, harte Maske, deren Form Teile einer Ebene freilegt und den Rest ausblendet. Sie kann auf jede Ebene oder Ebenengruppe angewendet werden, jedoch nicht auf den Hintergrund.
Mit den vier Umschalt-Buttons in der Fixieren-Zeile schützen Sie eine Ebene vor Veränderungen. So fixieren Sie Transparenz, Bildpixel, Position und alles (v.l.n.r.).
Mit dem Farbkodieren kennzeichnen Sie, welche Ebenen zusammengehören.
Aufklappbare Ebenensets bzw. -gruppen sind nützlich, um die Palette auch bei vielen Ebenen noch übersichtlich zu halten. Masken in einer Gruppe betreffen alle enthaltenen Ebenen.
Um alle oder nur einige Ebenen in eine Komposition aufzunehmen, wird deren Sichtbarkeit ein- und ausgeschaltet.
Eine Textebene, normal oder verkrümmt, ist bearbeitbar.
Ein Ebenenstil ist ein Set von editierbaren Effekten, die auf eine Ebene angewendet werden. Manche Effekte wie Schlagschatten können bei Kompositionen sehr sinnvoll sein.
Eine Formebene besteht aus einer einfarbigen Füllung mit eingebauter Vektormaske.
Eine Schnittmaske besteht aus einer unteren Ebene, die die anderen Ebenen in der Gruppe maskiert, so dass diese nur innerhalb des Bildausschnitts und der Maske zu sehen sind.
Eine Ebenenmaske ist eine pixelbasierte Graustufenmaske, die Bereiche einer Ebene ein- bzw. ausblendet. Eine Ebenenmaske kann auf jede Ebene bzw. -Gruppe außer dem Hintergrund angewendet werden.
Eine Einstellungsebene enthält Befehle, um die Farbe der darunter liegenden Tonwertebenen zu ändern. Der Effekt kann mit Masken gelenkt werden und Teil einer Schnittmaske sein. Mit Einstellungsebenen können Sie Farben und Beleuchtung in einer Komposition vereinheitlichen.
Der Hintergrund ist die nicht-transparente unterste Ebene, die die Arbeitsfläche für ein Bild begrenzt. Weder Masken noch Stile können darauf angewendet werden.
Eine Füllebene wendet eine Farbe, ein Muster oder einen Verlauf an. Sie enthält eine eigene Ebenenmaske.
Ebenen verbinden (früher als Spalte neben dem Ebenennamen)
Löschen
Ebenenstil hinzufügen
Ebenenmaske/ Vektormaske hinzufügen
Füll- oder Einstellungsebene erstellen
Neue Gruppe/ Set anlegen
Neue Ebene erstellen
Ebenen
Normal
Deckkr.: 100%
Fixieren:
Fläche: 100%
Small Images
Small 1
Small 2
Small 3
Small 4
Small 5
EXTREME
DESTINATIONS
Adventure Travel
Large Image
Center Photo
Central Base
Effects
Drop Shadow
Medium Images
Top Photo
Bottom Photo
Background Elements
Hue/Saturation 1
Color Fill 1
04/06
Background

MARIE BROWN / FOTOS: LILY DAYTON (KIND); ALBERTO MARINHO (ISTOCKPHOTO) (RAHMEN)

Ein Spot, der mit dem Filter Beleuchtungseffekte erzeugt wurde, hilft, diese Komposition zu vereinheitlichen, er unterstützt die Beleuchtung durch die Ebenenstile. Mehr zur Konstruktion dieses Bildes finden Sie auf Seite 664.

 **Regentag.psd**

- Ein **Farbstich** – beispielsweise in einem Schatten – kann mithilfe der RGB- oder CMYK-Werte in der Info-Palette erkannt werden (Fenster/Info oder F8). ▼ Dann stellen Sie die Farben ein, mit Gradationskurven, Tonwertkorrektur oder Gleiche Farbe. ▼ Im Abschnitt »Einen Hintergrund austauschen« auf Seite 625 wird dazu der Befehl Gleiche Farbe verwendet.
- **Es kann bedeutend schwieriger sein, die Richtung des Lichts zu ändern,** als die Details in den Tiefen anzupassen oder einen Farbstich zu entfernen. Wenn die Elemente, die Sie überblenden wollen, fast flach sind (wie Bilder an einer Wand), helfen der Filter Beleuchtungseffekte oder der Ebenenstil Abgeflachte Kante und Relief oder Schlagschatten allein oder in Kombination recht gut. Wenn es der gesuchte Effekt zulässt, können Sie die natürliche Beleuchtung in den Elementen verdrängen, indem Sie ein und denselben Effekt auf alle Teile der Komposition anwenden. Lichter und Tiefen können Sie auch abwedeln und nachbelichten. ▼ Falls jedoch schnelle Beleuchtungseffekte oder Abwedeln-Nachbelichten-Korrekturen nicht helfen, erzielen Sie bessere Ergebnisse, wenn Sie nach Fotoelementen mit passender Beleuchtung suchen, anstatt die vorhandenen zu korrigieren.
- **Filmkörnung und digitales Rauschen können simuliert werden,** um die Körnung an andere Elemente anzupassen. Verwenden Sie den Filter Tiefenschärfe abmildern (Seite 290) oder eines der Wow-Noise-Muster.

EIN ELEMENT AN DIE OBERFLÄCHE ANPASSEN

Wenn Sie möchten, dass ein Bild die Konturen oder die Oberflächenstruktur eines anderen Bildes, das im Stapel darunter liegt, annimmt, bietet Photoshop mehrere Möglichkeiten, um das Bild zu verzerren und so anzupassen. Dazu gehören die Filter Versetzen und Verflüssigen sowie die Verkrümmen-Befehle seit Photoshop CS2.

Versetzen

Der Befehl Versetzen (Filter/Verzerrungsfilter/Versetzen) benötigt ein drittes Bild, die so genannte Verschiebungsmatrix, um das obere Bild zu verzerren. Er verwendet Helligkeitsunterschiede, um die Stärke der Verschiebung festzulegen, die in den unterschiedlichen Teilen des Bildes angewendet werden soll. Dunkle Pixel in der Verschiebungsmatrix verschieben die Bildpixel nach unten rechts, helle Pixel schieben nach links oben. In vielen Fällen verschiebt eine Verschiebungsmatrix, die aus der Oberfläche des Bildes selbst er-

MEHR DAVON

▼ Tonwertkorrektur & Gradationskurven **Seite 251**

▼ Info-Palette **Seite 162**

▼ Abwedeln & Nachbelichten **Seite 256**

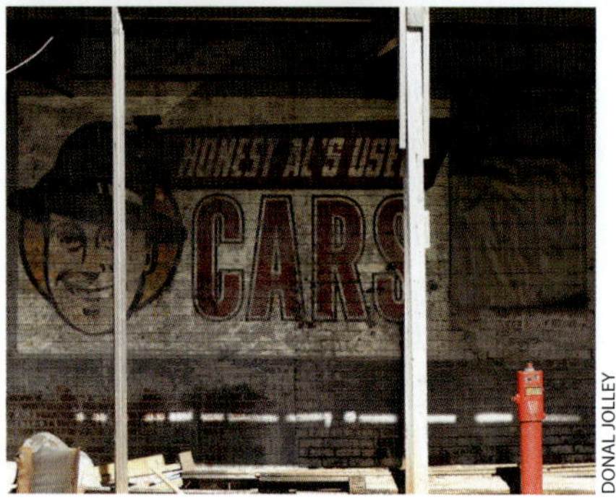

Bei diesem Bild brachte Don Jolley eine Grafik auf der Wand auf, alterte sie künstlich und verwendete dabei den Versetzen-Filter, um die Grafik auf die Ziegel zu »malen«. Einzelheiten zu der verwendeten Technik finden Sie in »Ein Bild auf eine strukturierte Fläche aufbringen« auf Seite 608.

Der Verflüssigen-Filter ist gut geeignet, um ein Bild oder eine Grafik an natürliche Strukturen anzupassen, wie z.B. an die Gesichtszüge in diesem Foto. Mehr dazu in »Mit Verflüssigen verformen« auf Seite 612.

zeugt wurde, das Bild so, dass es sich an die Erhebungen und Vertiefungen des Bildes anzupassen scheint. Das funktioniert natürlich nicht, wenn starke Tiefen oder Lichter im Bild enthalten sind, die mit der Oberfläche nichts zum tun haben – beispielsweise Muster oder Schlagschatten. In einem Fall wie diesem können Sie ihre eigenen Verschiebungsmatrizen malen, indem Sie mit dem Pinsel dunkle Vertiefungen und helle Hügel aufbringen.

Gerasterte Schrift, bekannte Formen oder fette Muster mit starken vertikalen oder horizontalen Motiven sind gut für die Verwendung mit dem Versetzen-Filter geeignet, denn deren Verzerrung ist leicht zu erkennen. Im Unterschied dazu ist bei belebten Bildern oder Mustern oft kaum etwas von der Verschiebungsmatrix zu sehen. Auf Seite 608 finden Sie ein Beispiel, wie Sie Bilder mit dem Versetzen-Filter kombinieren können.

Verflüssigen

Im Unterschied zu Versetzen, das keine Vorschau hat, können Sie dem Verflüssigen-Filter direkt bei der Arbeit zusehen. Damit modellieren Sie das obere Bild auf die Konturen des darunter liegenden, und zwar so stark Sie wollen. Sie können den Filter so einrichten, dass Sie sowohl das verzerrte Bild als auch den Rest der Komposition sehen, um die Kombination beobachten zu können. Zwar sind die Veränderungen am Bild auf dem Bildschirm zu sehen, an der verflüssigten Ebene selbst entstehen jedoch keine Veränderungen, bis Sie auf OK klicken, um die Verflüssigen-Dialogbox zu schließen. Das heißt, dass die Pixel nicht an der wiederholten Bearbeitung durch diesen Filter leiden. Er lässt sich aber leider in CS3 nicht als Smartfilter nutzen.

Bei der Arbeit verzerren Sie eigentlich das Verflüssigen-Gitter, das wiederum das Bild verzerrt. Da Verflüssigen nur auf jeweils eine Ebene gleichzeitig angewendet wird, können Sie das Gitter speichern, bevor Sie den Dialog schließen, um mehrere Komponenten an dieselbe Oberfläche anzupassen.

Verkrümmen

Der Photoshop-Befehl BEARBEITEN/TRANSFORMIEREN/VERKRÜMMEN (seit CS2) ist ideal geeignet, um Grafiken oder Fotos auf Formen aufzubringen, die gebogen und geometrisch sind. Im Unterschied zu den Verflüssigen- und Versetzen-Filtern, die nur auf Pixelebenen angewendet werden können (die Filter bieten an, eine Ebene zu rastern, sollte sie es noch nicht sein), kann der Verkrümmen-Befehl auf pixelbasierte oder Formebenen und auf Smart Objekte angewendet werden. Bei einem Smart Objekt bietet der Filter so etwas wie eine »Oberflächenvorlage«, mit der Sie schnell verschiedene Bilder oder Grafiken als Oberflächenbild austauschen können. Mehr

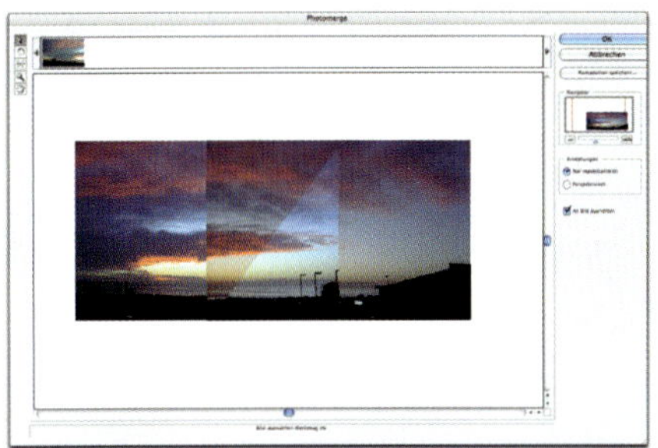

Tipps, wie Sie Fotos für nahtlose Panoramen aufnehmen, finden Sie in »Mit Photomerge zum Panorama« auf Seite 601. Auch wenn der Photomerge-Befehl eine Serie von Bildern nicht erfolgreich zusammensetzen kann, ist die Dialogbox hilfreich, um die Bilder an ihren Positionen anzuordnen, so dass Sie sie mit Masken zusammenführen können.

dazu finden Sie in »Grafiken auf eine Oberfläche krümmen« auf Seite 617.

Techniken kombinieren

Die realistischste Anpassung an komplizierte Oberflächen, und wenn es wirklich darauf ankommt, dass Oberfläche und Bild gut aufeinander passen, erreichen Sie, indem Sie zuerst den Versetzen-Filter und VERKRÜMMEN (oder auch VERKRÜMMTEN TEXT) verwenden und dann das Ganze mit VERFLÜSSIGEN verfeinern, so dass die Konturen klarer erscheinen.

PHOTOMERGE

Wenn Sie den Befehl Photomerge wählen (DATEI/AUTOMATISIEREN/PHOTOMERGE oder in Bridge bzw. dem Dateibrowser), öffnet sich eine Dialogbox, in der Sie die Bilder auswählen, die Sie zu einem Panorama montieren wollen. Hier legen Sie auch fest, wie sehr Ihnen Photomerge beim Zusammensetzen der Komponenten helfen soll. Beim Klick auf OK öffnet sich eine zweite Dialogbox, in der Sie das eigentliche Panorama zusammensetzen. Hier gibt es mehrere Möglichkeiten, um dort die Perspektive zu korrigieren und Details besser zu überblenden, wo sich die Einzelteile berühren.

Fortsetzung auf Seite 579

DIE PHOTOMERGE-OBERFLÄCHE

Photomerge finden Sie über DATEI/AUTOMATISIEREN/PHOTOMERGE, im Automatisieren-Menü des Dateibrowsers (CS) oder in WERKZEUGE/PHOTOSHOP/PHOTOMERGE in Bridge. Der Befehl öffnet die Dialogbox, wie unten zu sehen.

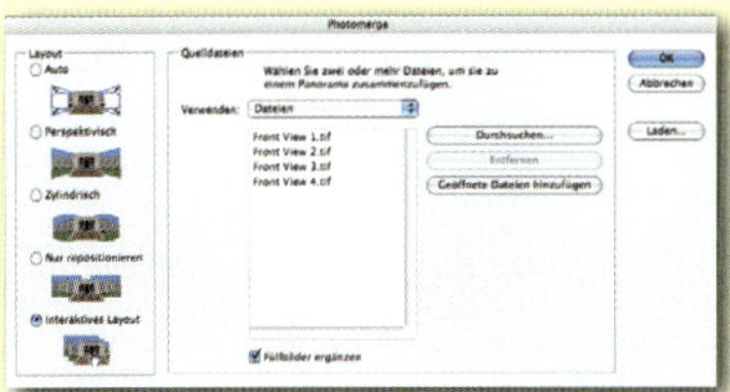

Jede Datei in der Liste der ersten Photomerge-Dialogbox wird für das Panorama verwendet. Nun können Sie wählen, ob Photomerge die Einzelbilder automatisch zusammensetzen soll. Ein Klick auf OK öffnet den zweiten Photomerge-Dialog (siehe rechts). In CS3 sehen Sie den zweiten Dialog nur, wenn Sie im ersten Dialog INTERAKTIVES LAYOUT wählen. Testen Sie jedoch zuerst die Vorgabe AUTOMATISCH. Dabei entstehen meist perfekte Panoramen – zusammengesetzt aus Einzelebenen und Ebenenmasken

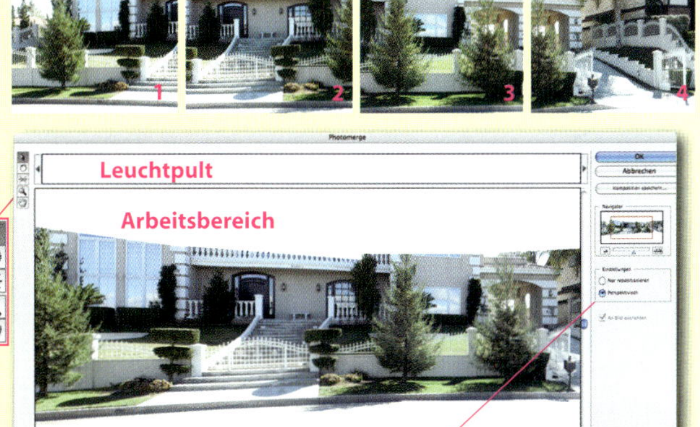

Im zweiten Photomerge-Dialog (CS, CS2) können Sie die Bilder vom Leuchttisch (oben) in den Arbeitsbereich (unten) ziehen, oder umgekehrt. Benutzen Sie dazu das Auswahlwerkzeug. Mit dem Bild-drehen-Werkzeug neigen Sie ein Bild, um es besser anzupassen.

Mit der Option PERSPEKTIVISCH erstellen Sie ein Panorama, das den Standpunkt der Kamera berücksichtigt. Standardmäßig wird ein Mittelbild gewählt, das sich direkt vor der Kamera befindet, und die anderen werden perspektivisch entsprechend ausgerichtet. Falls Sie mehr Bilder auf der einen Seite von der Mitte aufgenommen haben als auf der anderen, können Sie mit dem Fluchtpunkt-setzen-Werkzeug das Panorama neu aufbauen, indem Sie ein anderes Bild als direkt vor der Kamera befindlich bestimmen.

EIN PANORAMA ANLEGEN

Die Option ERWEITERTES ÜBERBLENDEN (nur in CS und CS2) verbindet die Schnitt-punkte der zusammengesetzten Bilder. Wählen Sie für die Perspektive die Option ZYLINDRISCHE ZUORDNUNG. Wenn Sie eine der Optionen gewählt haben, klicken Sie auf den Vorschau-Button, um die Änderungen zu sehen.

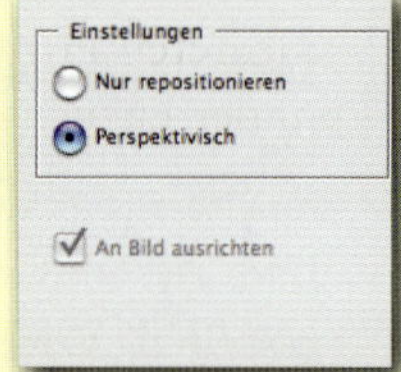

Zum Vergleich wurden die Panoramen, die Sie unten sehen, mit der Normal- oder Perspektive-Option zusammengesetzt. Anschließend wurden die Panoramen mit dem größtmöglichen Rechteck freigestellt. Die vier Einzelbilder finden Sie auf der beiliegenden DVD. In CS3 wählen Sie diese Optionen direkt im ersten Photomerge-Dialog, sofern Sie nicht die Option AUTOMATISCH wählen.

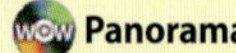 **Panorama**

Normal

Perspektivisch (freigestellt aus der Anordnung auf der Seite gegenüber)

Perspektivische und zylindrische Anordnung

Perspektivisch mit anderem Fluchtpunkt

Perspektivische und zylindrische Anordnung, mit Fluchtpunkt geändert wie oben

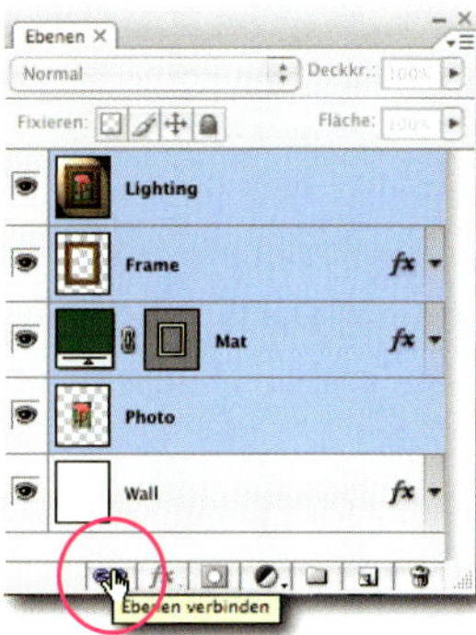

In Photoshop CS2 markieren Sie alle Ebenen, die Sie verbinden wollen (indem Sie auf eine Miniatur in der Ebenen-Palette klicken und die anderen dann mit ⇧-Klick oder ⌘/Strg-Klick markieren). Klicken Sie dann auf den Button 🔗 unten in der Palette. Um die Verbindung wieder aufzuheben, wählen Sie die gewünschten Ebenen aus und klicken Sie erneut auf den Button 🔗.

MEHRERE EBENEN GLEICHZEITIG BEARBEITEN

Manche Operationen in Photoshop können Sie gleichzeitig in mehreren Ebenen ausführen. Verbinden Sie die Ebenen dazu in der Ebenen-Palette. Fassen Sie sie in einer Gruppe/Set zusammen oder markieren Sie einfach mehrere Ebenen auf einmal durch ⇧- oder ⌘-/Strg-Klick auf ihre Miniaturen.

Verbinden und mehrere aktivieren

Ebenen können mithilfe der Verbinden – Mechanismen in der Ebenen-Palette verbunden werden. Je nach Photoshop-Version funktioniert das etwas anders.

- Wenn Sie eine der verbundenen/aktiven Ebenen transformieren, werden alle transformiert. **Hinweis:** In Photoshop CS kann es sein, dass das nicht funktioniert, wenn alle Ebenen Formebenen sind; fügen Sie eine leere, transparente Ebene hinzu, verbinden Sie sie mit den Formebenen und transformieren Sie diese, so werden alle transformiert.
- Wenn Sie eine verbundene Ebene aus dem Arbeitsfenster in eine andere Datei ziehen, werden auch die anderen Ebenen mitbewegt. Bewegen Sie jedoch die Miniatur aus der Ebenen-Palette, sind die verbundenen Ebenen nicht betroffen. Diesen Unterschied können Sie für sich nutzen, wenn Sie die verbundenen Ebenen zurücklassen wollen.
- Sie können alle verbundenen/markierten Ebenen auf einmal fixieren, indem Sie den Befehl VERBUNDENE EBENEN FIXIEREN bzw. Ebenen fixieren aus dem Ebene-Menü oder dem Palettenmenü der Ebenen-Palette wählen.
- Auf verbundene Ebenen in Photoshop CS wenden Sie denselben Ebenenstil an, indem Sie ihn von einer »Spender«-Ebene kopieren und dann zu einer der verbundenen Ebenen hinzufügen. In Photoshop CS2 können Sie bei aktiven Ebenen kopieren und einfügen. Bei verbundenen Ebenen markieren Sie die vorher diejenigen, die den Effekt erhalten sollen, und wählen dann VERBUNDENE EBENEN AUSWÄHLEN aus dem Palettenmenü der Ebenen-Palette. ▼

MEHR DAVON
▼ Ebenenstile kopieren & einfügen
Seite 492

Zwar bieten Ebenensätze/Gruppen gewisse Vorteile gegenüber verbundenen Ebenen, dennoch haben auch solche Verbindungen ihren Reiz: Sie können Ebenen auch dann verbinden, wenn sie in der Palette nicht aufeinander folgen, während Ebenen in einem Satz (Set)/einer Gruppe direkt übereinander liegen müssen.

TASTENKÜRZEL ZUM GRUPPIEREN

Um mehrere aktive Ebenen in einer Gruppe zusammenzufassen, tippen Sie ⌘/Strg-G. Um die Gruppe aufzulösen und den Order zu löschen, die Ebenen jedoch zu behalten, drücken Sie ⌘/Strg-⇧-G.

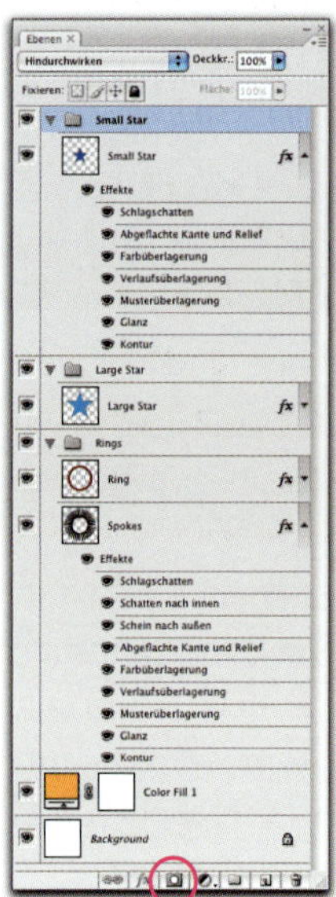

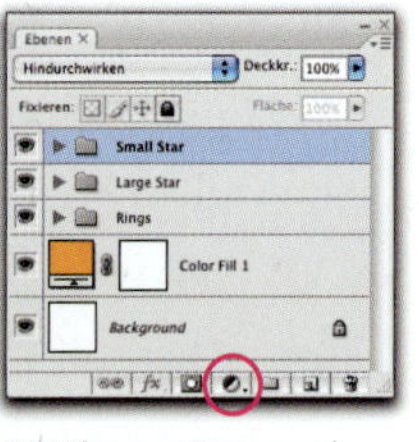

Mit Ebenensätzen und -gruppen lässt es sich leicht »aufräumen«. Sie erstellen eine Ebenengruppe mit einem Klick auf das Icon unten in der Ebenen-Palette, um einen Ordner in den Ebenenstapel einzufügen und dann die Miniaturen der gewünschten Ebenen hineinzuziehen.

Ebenengruppen und -sets

Ebenengruppen sind gut geeignet, um Ihre Ebenen zu organisieren – Sie lagern mehrere Ebenen in einem einzigen Ordner in der Ebenen-Palette; diese wird dadurch kompakter. Außerdem halten Sie zusammengehörende Ebenen so zusammen. Durch einen Klick auf das kleine Dreieck neben dem Ordner-Icon in der Ebenen-Palette blenden Sie die Ebenen in einer Gruppe ein und aus. In einer Datei mit vielen Ebenen kann es beim Auffinden und der Arbeit schon hilfreich sein, die Ebenenflut etwas einzudämmen.

Sie haben die Möglichkeit, eine Gruppe völlig neu anzulegen, oder Sie erstellen eine aus verbundenen bzw. aktiven Ebenen. In CS klicken Sie auf eine der verbundenen Ebenen und wählen EBENE/NEU/SET AUS VERBUNDENEN EBENEN oder wählen diesen Befehl aus dem Palettenmenü der Ebenen-Palette. Seit CS2 erstellen Sie eine Gruppe aus aktiven Ebenen mit EBENE/NEU/GRUPPE AUS EBENEN. Wenn Sie mit verbundenen Ebenen beginnen, die nicht aktiv sind, wählen Sie sie alle aus und gruppieren sie dann. Ist eine Gruppe einmal eingerichtet, fügen Sie Ebenen hinzu, indem Sie Miniaturen auf den Ordner in der Ebenen-Palette ziehen. Oder Sie ziehen sie direkt an die Position, an der Sie sie haben wollen. Sie können auch eine neue Ebene zur Ebenengruppe hinzufügen, indem Sie den Ordner in der Ebenen-Palette aktivieren und dann auf den Button NEUE EBENE ERSTELLEN unten in der Ebenen-Palette klicken.

Der Ordner selbst kann keinen eigenen Pixel-Inhalt haben, aber dennoch ist eine Ebenengruppe mehr als nur eine Möglichkeit zum Aufräumen. Damit können Sie bestimmte Ebenenattribute für die gesamte Gruppe auf einmal steuern und auch eigene Ebenen- und Vektormasken anwenden. Wenn eine Maske auf eine Gruppe angewendet wird, bleiben mögliche individuelle Masken der Ebenen dennoch aktiv; wie das geht, lesen Sie auf Seite 581.

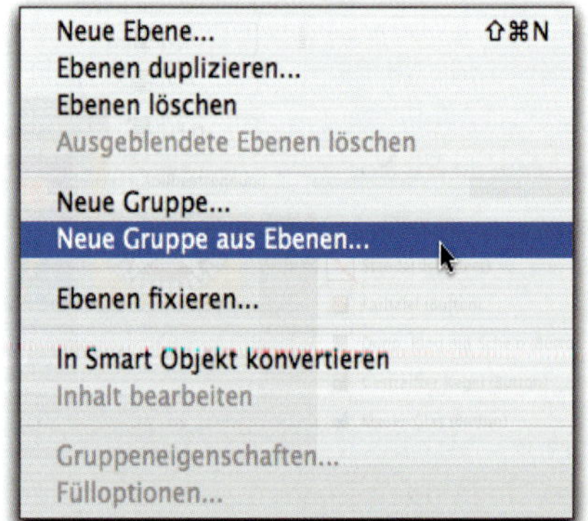

Seit CS2 wählen Sie die Ebenen mit gehaltener ⇧-Taste aus und wählen dann NEUE GRUPPE AUS EBENEN aus dem Palettenmenü der Ebenen-Palette oder Sie ⇧-klicken auf das Icon NEUE GRUPPE ERSTELLEN unten in der Ebenen-Palette.

Deckkraft und Füllmethoden für den Ordner ersetzen die Einstellungen für die Einzelebenen nicht. Sie interagieren:

- **Die Deckkraft des Ordners ist ein Multiplikator** für die Deckkraft jeder Ebene in der Gruppe. Bei 100% verändert die Gruppen-Deckkraft die Ebenen nicht. Darunter reduziert sie die Deckkraft der einzelnen Ebenen proportional. Wenn also einige Ebenen in Ihrem Set eine Deckkraft von 50% oder 80% haben, reduziert eine Gruppendeckkraft von 50% die Deckkraft dieser Einzelebenen entsprechend auf 25% bzw. 40%.

Ein Set/Eine Gruppe bewegen

Um alle Ebenen einer Gruppe gleichzeitig zu verschieben, aktivieren Sie den Ordner in der Ebenen-Palette und das Verschieben-Werkzeug. Gehen Sie wie folgt vor:

- Wenn alle Ebenen in der Gruppe verbunden sind, ziehen Sie einfach im Bildfenster, um die Gruppe zu bewegen.
- Sind manche Ebenen der Gruppe nicht verbunden, stellen Sie die Optionsleiste so ein, dass alle bewegt werden können. In CS schalten Sie die automatische Wählfunktion aus und ziehen im Arbeitsfenster.

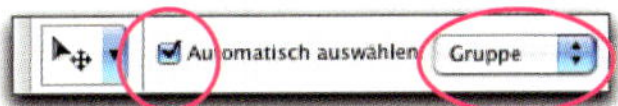

Seit CS2 aktivieren Sie Automatisch auswählen: Gruppe und ziehen im Arbeitsfenster.

- **Die Standard-Füllmethode für den Ordner ist Hindurchwirken,** was nichts weiter heißt, als dass die Einzelebenen in der Gruppe ihre eigene Füllmethode beibehalten. Wenn Sie für den Ordner eine andere Füllmethode einstellen, ist das, als hätten Sie alle Ebenen in der Gruppe auf eine reduziert und wendeten dann die Füllmethode des Ordners an.

Da Sie Gruppen ineinander verschachteln können, sind komplexe Masken und Überblendungen möglich. Aber nicht alles, was bei einer Ebene geht, ist auch bei einer Gruppe möglich. Zum Beispiel können Sie keine Ebeneneffekte auf einen Ordner anwenden, auch wenn der Ordner eine eigene Ebenen- oder Vektormaske hat. Ordner können auch nicht zu Schnittmasken gehören, und die Masken eines Ordners werden nicht von den Ebenenstilen der Ebenen im Ordner beeinflusst.

Um eine Ebene aus einer Gruppe zu entfernen, ziehen Sie ihre Miniatur aus der Gruppe heraus darüber oder darunter in der Ebenen-Palette. Eine gesamte Gruppe löschen Sie aus der Datei, indem Sie ihr Icon auf den Button unten in der Ebenen-Palette ziehen. Um den Ordner, nicht jedoch die darin enthal-

»Doppelte Maske« mit Gruppen/Sets

Eine Ebenengruppe kann mehr, als nur viele Ebenen zu organisieren und zu maskieren. Mit nur einer Ebene bieten sie die Möglichkeit, die Effekte zweier Ebenenmasken auf diese eine Ebene anzuwenden. Um die Ebene selbst zu maskieren, aktivieren Sie sie in der Ebenen-Palette. Wählen Sie dann im Arbeitsfenster den Bereich aus, der sichtbar bleiben soll, und klicken Sie auf den Button unten in der Ebenen-Palette. Während die Ebene noch immer aktiv ist, fügen Sie eine neue Gruppe/einen neuen Satz hinzu. Ziehen Sie dann die Miniatur der maskierten Ebene auf die Miniatur des Ordners. Nun können Sie eine Maske zur Gruppe hinzufügen. Wählen Sie den Bereich aus, der sichtbar bleiben soll, und klicken Sie erneut auf den Button. Daraufhin wird die zweite Maske angewendet.

In dieser Montage blendet die Maske der »Ryan«-Ebene den Hintergrund des Fotos aus, so dass der neue Hintergrund der Landschaftsaufnahme sichtbar ist. Die zusätzliche Ebenenmaske auf der Gruppe »Ryan Xtra Mask« verdeckt Teile der Matratze und des Wassers im Vordergrund der »Ryan«-Ebene, um diese zwischen dem Vorder- und dem Hintergrund der Hintergrundebene anzuordnen, lässt aber trotzdem noch Spielraum, um sie nach links oder rechts zu drehen und etwas zu bewegen. Beispiele für maskierte Gruppen/Sätze finden Sie auf den Seiten 611 und 668.

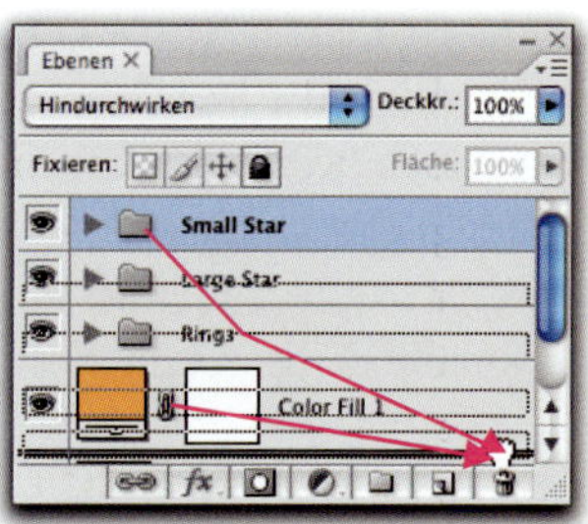

Meist geht es am schnellsten, wenn Sie die Miniatur einer Gruppe auf das Icon 🗑 ziehen, um sie zu entfernen. Photoshop fragt auch nicht nach, ob Sie es ernst meinen. ⌘/Strg-ziehen Sie, wenn Sie nur den Ordner, aber nicht den Inhalt entfernen wollen.

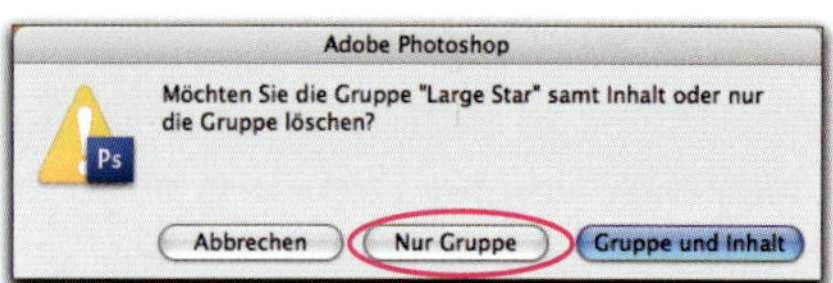

Wenn Sie eine Gruppe aktivieren und dann auf den Button 🗑 unten in der Ebenen-Palette klicken, öffnet sich ein Warndialog, in dem Sie wählen können, ob Sie Gruppe und Inhalt oder nur die Gruppe löschen wollen.

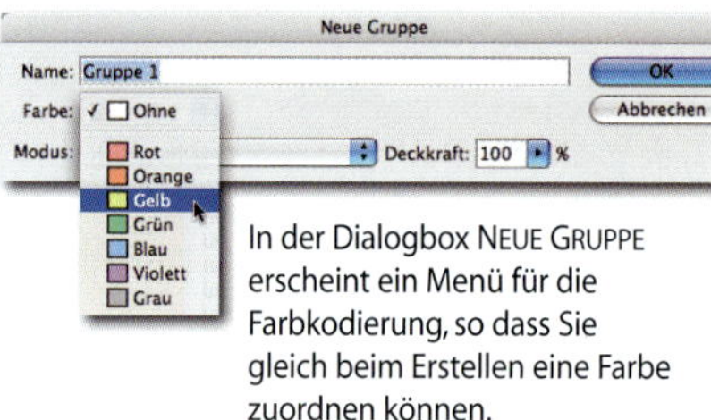

In der Dialogbox NEUE GRUPPE erscheint ein Menü für die Farbkodierung, so dass Sie gleich beim Erstellen eine Farbe zuordnen können.

Wenn Sie einer existierenden Ebene oder Gruppe eine Farbe zuweisen wollen, geht das am schnellsten, wenn Sie in der Ebenen-Palette auf das 👁 -Icon Ctrl/rechtsklicken und eine Farbe aus dem Kontextmenü wählen.

tenen Ebenen zu löschen, halten Sie die ⌘/Strg-Taste beim Ziehen gedrückt. **Hinweis:** Wenn Sie eine Gruppe aufheben, werden eventuell zugewiesene Masken gelöscht, ohne vorher angewendet zu werden.

GROSS UND KLEIN – SCHNELL

Öffnen oder schließen Sie eine Ebenengruppe oder alle, indem Sie auf den Pfeil links von einem Ordner Rechts-/Ctrl-klicken und aus dem Kontextmenü wählen.

Farbkodierung

In der Ebenen-Palette können Sie den Ebenen Farbcodes zuweisen, indem Sie verwandten Ebenen dieselbe Farbe zuweisen. Auf die Ebenen oder Ordner direkt hat das keinen Einfluss, es dient lediglich der visuellen Organisation.

Hier einige Ideen, wozu Sie die Farbkodierung verwenden können:

- Sie könnten alle Ebenen einer Gruppe mit derselben Farbe kennzeichnen, um schnell zu sehen, wo die Gruppe beginnt und wo sie endet, wenn sie in der Palette aufgeklappt ist.
- Oder Sie verwenden eine Farbe, um alle Ebenen zu kennzeichnen, die von einer Originalebene dupliziert wurden. (Wenn eine Ebene dupliziert wird, bleibt die Farbkodierung erhalten.)
- Oder Sie kennzeichnen mit derselben Farbe verwandte Elemente in unterschiedlichen Dateien; vielleicht färben Sie aus Gewohnheit alle bearbeitbaren Text-Ebenen gelb, so dass Sie sie schneller auffinden können, wenn Sie die Datei vereinfachen und den Text in Formen wandeln oder rastern wollen.

Farbcodes weisen Sie entweder beim Erstellen einer Ebene bzw. Gruppe oder auch später zu:

- Wenn Sie eine Ebene/Ebenengruppe erstellen, halten Sie die ⌥/Alt-Taste gedrückt, während Sie auf den Button ◻ oder ◻ unten in der Ebenen-Palette klicken. Eine Dialogbox öffnet sich, in der Sie eine Farbe wählen können.
- Um einer bereits existierenden Ebene (oder Gruppe) eine Farbe zuzuweisen, wählen Sie EBENE/EBENENEIGENSCHAFTEN oder verwenden Sie das Kontextmenü wie links zu sehen.
- Beim Färben einer Gruppe färben Sie automatisch alle darin enthaltenen Ebenen. Wenn Sie jedoch eine Ebene in eine Gruppe hineinziehen, behält sie ihre eigene Farbe, wenn sie eine hat, oder sie nimmt die der Gruppe an, falls sie vorher noch nicht farbkodiert war.

SHARON STEUER

In der Ebenenkomp.-Palette speichern Sie Alternativen einer Komposition aus mehreren Ebenen, wie hier in Sharon Steuer's Oil Spirit. Steuer begann mit einem Foto ihrer Originalskulptur (oben links), duplizierte das Bild mehrfach, wendete Filter und andere Effekte an, setzte Füllmethoden ein und maskierte sie, um die Ergebnisse miteinander zu kombinieren. Während sie die Alternativen entwickelte, sammelte Steuer sie als Ebenenkompositionen. Bei jeder einigermaßen gelungenen Komposition erstellte sie eine Ebenenkomposition und benannte sie. So konnte sie später zurückkehren und mit einem Klick die Sichtbarkeit für alle Ebenen und Masken einschalten, die zu einer bestimmten Bildversion notwendig waren.

EBENENKOMPOSITIONEN

Für eine Datei mit vielen Ebenen, komplexen Masken und Ebenenstilen sind Ebenenkompositionen sehr wertvoll, damit Sie sich in den Alternativen für eine endgültige Komposition zurecht finden können. Eine Ebenenkomp ist ein »Schnappschuss« des aktuellen Zustandes einer Ebene. Wählen Sie dazu NEUE EBENENKOMP. aus dem Palettenmenü der Ebenenkomp.-Palette oder klicken Sie unten in der Palette auf den Button NEUE EBENENKOMP. ERSTELLEN. Die neue Ebenenkomposition nimmt Position, Sichtbarkeit und Maskierung, Deckkraft und Füllmethode jeder Ebene auf. Sie zeichnet auch alle Einstellungen der Ebenenstile-Dialogbox auf – Füllmethode, Füllen mit Einstellungen und andere Optionen wie die Effekte. Wenn Sie eine Ebenenkomposition aufgezeichnet haben, ändert sie sich nicht, wenn Sie die aktuellen Einstellungen ändern. So können Sie mit Optionen wie Sichtbarkeit, Positionen oder Effekten experimentieren und dann andere Kompositionen erstellen. Um zum Zustand einer Komposition zurückzugelangen, klicken Sie einfach in die Spalte links des Kompositions-Namens in der Ebenenkomp.-Palette.

Eine Ebenenkomposition friert den Inhalt einer Ebene nicht ein. Wenn Sie also Pixel hinzufügen oder entfernen, Formebenen bearbeiten und Ebenen im Stapel nach oben oder unten bewegen, den Text in einer Textebene ändern usw., werden diese Änderungen sehr wohl auch an der bestehenden Ebenenkomposition vorgenommen, die die bearbeiteten Ebenen enthält. Natürlich können Sie auch den Inhalt ändern und die Ebenenkompositionen beibehalten. Sie nehmen die Änderungen einfach an einer neuen Ebene vor – indem Sie zum Beispiel eine Text-Ebene in der Ebenen-Palette duplizieren, die Original-Ebene ausblenden und die Kopie bearbeiten – und dann eine neue Ebenenkomposition erstellen.

Es ist für später sehr hilfreich, wenn Sie Ihren Ebenenkompositionen sinnvolle Namen geben. Klicken Sie einfach auf den Namen in der Ebenenkomp-Palette – ändern Sie den Namen, passen Sie Ebenenposition, Effekte usw. an und aktualisieren Sie dann die Ebenenkomposition.

Wie Sie Ebenenkompositionen verwenden, lesen Sie links, auf Seite 287 und in Kapitel 10. In RGB-Dateien werden Ebenenkomps zwischen ImageReady und Photoshop übernommen.

EBENEN NEU ANORDNEN

Um die Stapelreihenfolge der Ebenen in Ihrer Datei zu ändern, ziehen Sie die Miniaturen in der Ebenen-Palette nach oben oder unten. Oder Sie verwenden die folgenden Tastenkürzel: ⌘/Strg-Ä bewegt die Ebene im Stapel eine Position nach oben, ⌘/Strg-# verschiebt sie nach unten. Um die Ebenen im Stapel ganz nach oben oder unten zu verschieben, drücken Sie ⌘/Strg-⇧-Ä oder ⌘/Strg-⇧-#.

Optionen beim Reduzieren

Im Palettemenü der Ebenen-Palette und im Ebenen-Menü stehen mehrere Optionen zum Verschmelzen von Ebenen zur Verfügung. Das Tastenkürzel ⌘/Strg-E funktioniert für die meisten von ihnen:

- In Photoshop CS kombiniert der Befehl **Verbundene Ebene reduzieren (⌘/Strg-E)** die aktive Ebene und alle damit verbundenen sichtbaren Ebenen, die ausgeblendeten verbundenen Ebenen werden gelöscht. Seit CS2 aktivieren Sie zuerst die verbundenen Ebenen und wählen dann Auf eine Ebene reduzieren ⌘/Strg-E.
- Ist der Ordner einer Gruppe in der Ebenen-Palette aktiviert, kombiniert Gruppe zusammenfügen (⌘/Strg-E) alle sichtbaren Ebenen der Gruppe und löscht die ausgeblendeten Ebenen.
- **Mit darunter liegender auf eine Ebene reduzieren (⌘/Strg-E)** kombiniert die aktive Ebene mit der nächsten Ebene darunter; die unterste Ebene dieser Reduzierung muss eine Pixelebene sein.
- **Sichtbare auf eine Ebene reduzieren (⌘/Strg-⇧-E)** kombiniert alle sichtbaren Ebenen, erhält jedoch die ausgeblendeten.
- Bearbeiten/Auf eine Ebene reduziert kopieren (⌘/Strg-⇧-C) legt eine Kopie an, die den ausgewählten Bereich aller sichtbaren Ebenen einschließt, als wäre es eine einzige Ebene. Mit Bearbeiten/Einfügen (⌘/Strg-V) machen Sie aus der Kopie eine neue Ebene.
- Der Befehl Bild/Duplizieren bietet die Option Nur zusammengefügte Ebenen duplizieren, die eine reduzierte Kopie der Datei erzeugt, dabei jedoch die ausgeblendeten Ebenen ignoriert.
- Wenn Sie die Checkbox Ebenen in der Sichern unter-Dialogbox ausschalten, speichern Sie eine reduzierte Kopie der Datei.

EBENEN VERSCHMELZEN

Beim Reduzieren werden zwei oder mehr sichtbare Ebenen zu einer einzigen Ebene zusammengefügt. Nach Ihrer Arbeit können Sie einige Ebenen zusammenfügen, wenn Sie die Ebenen nicht mehr benötigen. Das Reduzieren vermindert die Anzahl der Ebenen und somit auch die Dateigröße, also auch den benötigten RAM. Beim Reduzieren werden Ebenenstile und -masken angewendet und Schrift wird gerastert. Die neue, reduzierte Ebene übernimmt die Füllmethode und Deckkraft aus der untersten beteiligten Ebene; Sie wird zum Hintergrund, wenn die unterste beteiligte Ebene die Hintergrund-Ebene war.

Für bestimmte Dateiformate sind reduzierte Dateien notwendig. Manchmal reicht noch nicht einmal eine einzelne Ebene mit der Fähigkeit zur Transparenz aus. Der Befehl Auf Hintergrundebene reduzieren verschmilzt sämtliche sichtbaren Ebenen zu einer einzigen Hintergrundebene. Eine Nachricht warnt Sie, dass ausgeblendete Ebenen verloren gehen. Alle transparenten Bereiche im kombinierten Bild werden mit der aktuellen Hintergrundfarbe gefüllt. Alpha-Kanäle bleiben erhalten.

Eine zusammengefügte Kopie

Wenn Sie alle Ebenen weiter bearbeiten wollen, kann es dennoch sein, dass Sie eine Kopie eines sich entwickelnden Bildes in einer einzigen Ebene haben wollen. Wenn Sie zum Beispiel einen Filter oder eine andere Veränderung an einem Bild aus mehreren Ebenen vornehmen wollen, fügen Sie die Ebenen zu einer zusammen und bearbeiten diese. Um eine zusammengefügte Kopie als eigenständige Ebene anzulegen, schalten Sie die Sichtbarkeit für alle Ebenen ein, die in der zusammengefügten Kopie enthalten sein sollen, halten ⌘/Strg, ⌥/Alt und ⇧ und drücken dann nacheinander N und E.

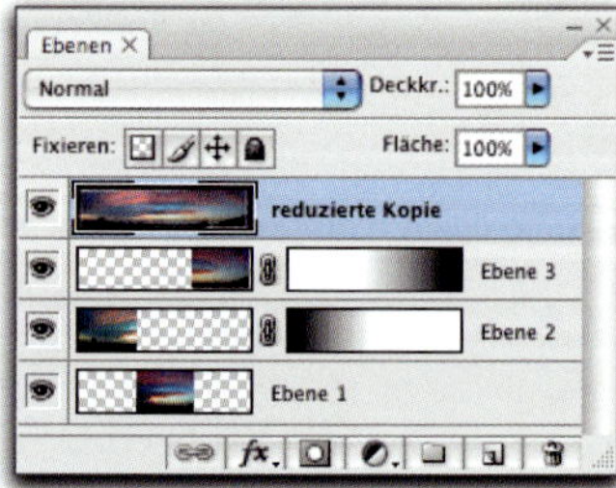

Wir legten hier eine zusammengefügte Kopie der drei maskierten Ebenen an, um den Befehl Bild/Anpassungen/Tiefen/Lichter auf das gesamte reduzierte Bild anwenden zu können.

Ü B U N G

Fluchtpunkt

Mit dem Fluchtpunkt-Filter (seit Photoshop CS2) können Sie in der Perspektive einfügen, malen und kopieren. Wenn Sie einmal ein perspektivisches Raster erzeugt haben, bleibt es bei der Datei, und Sie können zwischen dem Filter und Photoshop umschalten und wenn nötig zum Raster zurückkehren.

Dieses Projekt zeigt die Grundlagen des Fluchtpunkt-Filters – Einrichten des Rasters, ein neues Schild an Ort und Stelle einfügen, einen Holzbalken über die gesamte Wand verlängern, eine Alarmklingel entfernen und jede Menge Aufräumarbeiten, um die Komposition wie unten zu erzeugen.

Fluchtpunkt kann auf leere Ebenen einfügen, malen und kopieren, Sie können also den Rest der Datei vor Veränderungen bewahren und Ihre Arbeiten später in Photoshop weiter verändern. Im Fluchtpunkt-Filter ist mehrfaches Widerrufen möglich – drücken Sie ⌘/Strg-Z, um sich schrittweise rückwärts zu bewegen.

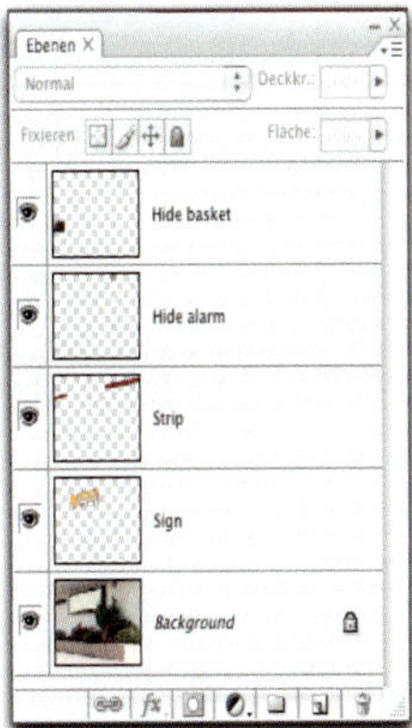

Bei der Arbeit ist es sinnvoll, die Änderungen auf verschiedenen Ebenen abzulegen und diese entsprechend ihrem Inhalt zu benennen (Doppelklick auf Ebenennamen und neuen eintippen).

SIE FINDEN DIE DATEIEN auf der DVD unter Wow Projektdateien/Kapitel 9/ Fluchtpunkt

FP-Nachher.psd

1. Komponenten anordnen

A

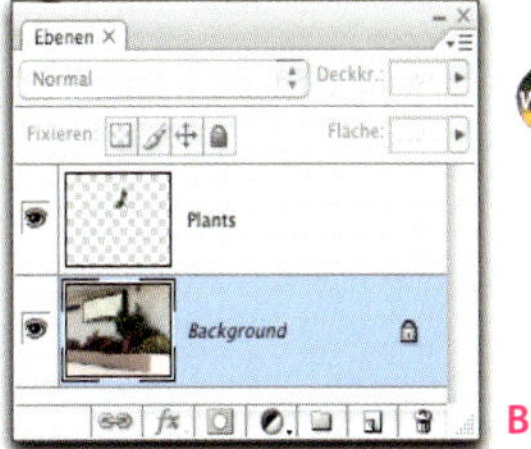

B

FP-Vorher.psd
Sunrise Bakery.psd

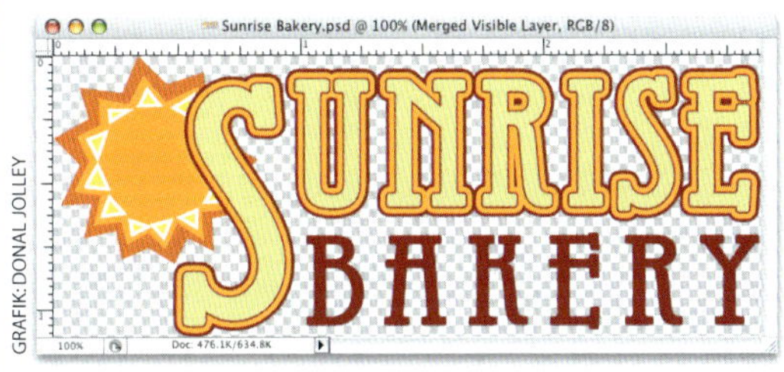

GRAFIK: DONAL JOLLEY

C

Öffnen Sie die Dateien **FP-Vorher.psd** und **Sunrise Bakery.psd**. An der Datei **FP-Vorher.psd** haben wir etwas Vorarbeit geleistet **A**. Wir entfernten das Logo, um eine leere Werbefläche zu erstellen. Außerdem isolierten wir die grünen Blätter vor dem Schild mithilfe einer rechteckigen Auswahl und dem Befehl AUSWAHL/FARBBEREICH AUSWÄHLEN. Wir kopierten die Blätter aus dem Hintergrund auf eine neue Ebene (⌘/Strg-J) **B**. Nun können alle Einstellungen mit dem Fluchtpunkt-Filter auf anderen Ebenen vorgenommen werden, die wir zwischen den beiden eingefügt haben. In der Ebenen-Palette können wir die Pflanzen-Ebene ein- und mit einem Klick auf das Augen-Icon aus- und einschalten.

Die neuen Grafiken für das Schild wurden in Adobe Illustrator auf Maß angefertigt, so dass wir sie nicht strecken mussten, damit sie auf das Schild passten. Wir speicherten die Datei als EPS und öffneten sie in Photoshop in derselben Auflösung wie das Foto (225 ppi) und fast so groß wie das Schild im Bild (ca. 9 × 3 cm) **C**, so dass sie beim Kopieren im Fluchtpunkt-Filter in einer leicht handhabbaren Größe ins Bild gelangte.

2. Perspektivebene anlegen

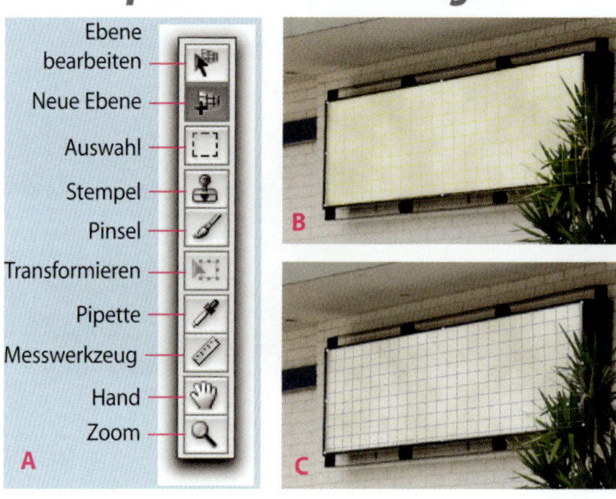

Öffnen Sie in **FP-VORHER.psd** den Fluchtpunkt-Filter (FILTER/FLUCHTPUNKT). Hier beginnt alles mit dem Raster, das Sie zeichnen, der **Perspektivebene**. Die Werkzeuge **A** ändern automatisch die Proportionen jeder Bildbearbeitung, mit der Sie die Perspektive anpassen. Um ein Raster für Ihr Bild anzulegen, stellen Sie einen Ankerpunkt an die vier Ecken eines Objektes, von dem Sie denken, dass er die Bildperspektive gut wiedergibt, z.B. eine Tür oder ein Fenster. Oder eben das Schild in unserem Bild. Stellen Sie die Eckpunkte wie nötig ein. Bevor Sie jedoch die Punkte setzen, lesen Sie rechts den Abschnitt »Rastergymnastik«, um einen kurzen Überblick zu erhalten.

Der Erfolg hängt vom Raster ab. Wenn Sie beim Arbeiten mit dem Ebene-erstellen-Werkzeug die Taste X gedrückt halten, zoomen Sie zwischendurch ins Bild, um besser sehen zu können (X funktioniert auch dann, wenn andere Fluchtpunkt-Werkzeuge aktiv sind). Wenn Sie den vierten Punkt gesetzt haben und den Cursor loslassen, sehen Sie ein rotes, gelbes **B** oder blaues Raster **C**. Zwar können Sie die Werkzeuge auch bei Rot oder Gelb einsetzen, die Farbe warnt Sie jedoch, dass der Fluchtpunkt nicht exakt skalieren könnte oder die Elemente nicht richtig proportioniert werden. Ein **blaues** Raster ist das Ziel. Nach dem Setzen des vierten Punktes ist automatisch das Ebene-bearbeiten-Werkzeug aktiv, und Sie können die Ankerpunkte verschieben und das Raster anpassen. In **FP-Vorher.psd** sahen wir, dass das Zeichen von der Perspektive nicht stark verzerrt wurde, also wählten wir die Position für den vierten Punkt, um ein Raster anzulegen, dessen Zellen nicht deutlich verzogen waren (das blaue Raster in der Abbildung). Damit Sie leichter sehen, wie sich die Elemente im Bild zur Perspektivebene des Fluchtpunkt-Filters verhalten, ändern Sie die RASTERGRÖSSE (oben in der Dialogbox) und richten Sie das Raster mit dem Ebene-bearbeiten-Werkzeug aus.

Sobald das Raster fertig ist, klicken Sie auf OK und kehren ins Arbeitsfenster von Photoshop zurück.

RASTERGYMNASTIK

Müssten wir eine Fluchtpunkt-Perspektivebene auf einer Oberfläche erstellen, der wir direkt gegenüberstünden, dann bestünde diese aus quadratischen Zellen **A**.

Je geneigter die Oberfläche ist, desto stärker wird die perspektivische Verzerrung, entsprechend verzerrt wirken die Quadrate. Bei einer Wand, der wir im spitzen Winkel gegenüberstehen, sind die Zellen in schlanke geneigte Rechtecke verzerrt, da das Raster verkürzt ist **B**.

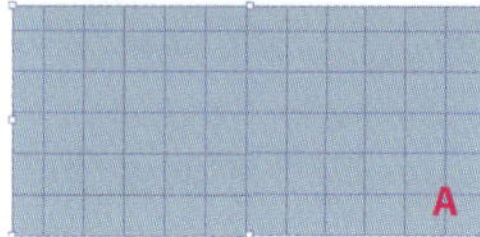

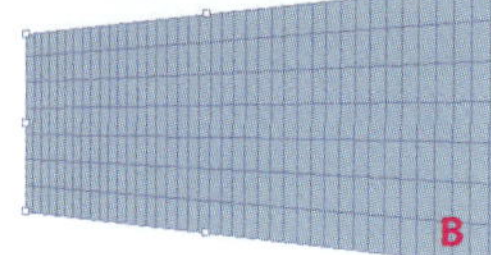

Wenn Sie in Fluchtpunkt eine perspektivische Ebene erzeugen (siehe unten), kann eine kleine Verschiebung eines einzigen Punktes schon das Raster und damit das gesamte Filterergebnis vollkommen verändern.

Es ist weniger wichtig, die vier Punkte genau an den Ecken des rechteckigen Elements zu platzieren, als sicherzustellen, dass sie ein Raster erzeugen, das für das Bild sinnvoll ist, auch wenn man dazu ein paar Ankerpunkte kreativ verschieben muss. Warum kann es sein, dass Sie einige Punkte verschieben müssen, damit der Filter funktioniert? Darum:

- Trotz stärkster Bemühungen kann es sein, dass Sie einen Punkt etwas außerhalb des rechteckigen Elements positioniert haben.
- Das verwendete »Rechteck« könnte in Wirklichkeit nicht ganz rechteckig sein.
- Das Kameraobjektiv kann Verzerrungen hervorrufen.
- Auch eine Kombination der oben genannten Faktoren kommt in Frage.

3. Perspektivisch einfügen

Um das neue Schild in die Datei **Sunrise Bakery.psd** zu holen, wählen Sie die gesamte Grafik aus (⌘/Strg-Alt) und kopieren Sie sie in die Zwischenablage (⌘/Strg-C). Aktivieren Sie in der Datei **FP-Vorher.psd** die Hintergrund-Ebene und fügen Sie darüber eine neue Ebene ein (⌘/Strg-⇧-N). Auf dieser Ebene wird das Schild eingefügt, wenn Sie es im Fluchtpunkt-Filter in die Datei einfügen.

Während die neue Ebene aktiv ist, öffnen Sie den Fluchtpunkt-Filter (⌘-⌥-V auf dem Mac, Strg-Alt-V auf dem PC) und fügen Sie die kopierte Grafik ein (⌘/Strg-V). Das eingefügte Element erscheint in der linken oberen Ecke **A** und die Rechteckauswahl ⬚ ist aktiv. Ziehen Sie innerhalb des eingefügten Elements, um es in die Ebene zu bewegen – die Perspektive wird sich entsprechend anpassen **B**. **Hinweis:** Wenn sich Ihr Raster von unserem unterscheidet, erhalten Sie auch ein anderes Ergebnis als dieses hier. Oder Sie öffnen die Datei **FP-mit-Raster.psd**, öffnen FLUCHTPUNKT, fügen die Grafik ein und machen von da aus weiter.

Passen Sie jetzt mit dem Transformieren-Werkzeug die eingefügte und verschobene Logografik an. Wie bei der Transformieren-Funktion in Photoshop wird das Logo durch ⇧-Ziehen eines Eckpunktes nach innen proportional verkleinert. Wenn Sie den Cursor in den Transformieren-Rahmen stellen und ziehen, positionieren Sie das Logo neu. Wir reduzierten die Grafiken so stark, dass sie nicht höher als das Schild waren, und verschoben sie, bis der Weißraum um die Grafik auf beiden Seiten gleich war **C**. Wenn das Schild fertig ist, machen Sie mit Schritt 4 weiter, ohne FLUCHTPUNKT zu verlassen.

4. Perspektive erweitern

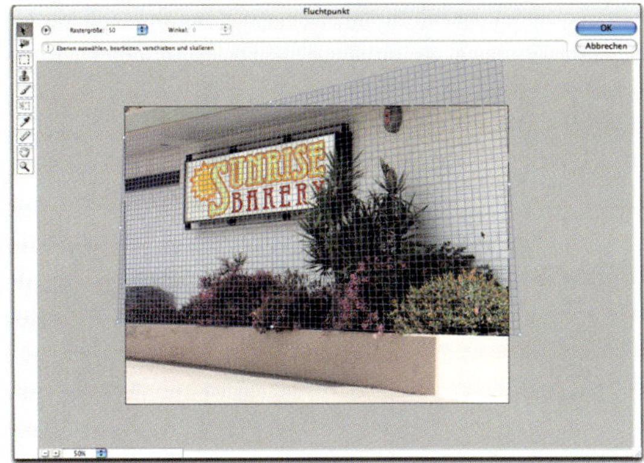

Wenn Sie die Perspektivebene in FLUCHTPUNKT erstellt haben (Schritt 2), können Sie sie jederzeit mit dem Ebene-bearbeiten-Werkzeug anpassen und erweitern. Indem Sie die Ebene bearbeiten, ändert sich nicht die Perspektive von Änderungen, die Sie bereits vorgenommen haben, nur die folgenden sind betroffen.

In unserem Bild ist die Perspektive des Schildes nur etwas anders als die der Wand, auf der es sich befindet, sowie von der zurückgesetzten Wand ganz links. Aber die Perspektiven sind sich so ähnlich, dass wir wahrscheinlich dasselbe Raster für alle drei Ebenen verwenden können, anstatt drei verschiedene, sich dennoch überlagernde Raster zu schaffen.

Um die Ebene über alle drei Flächen auszudehnen, ziehen Sie jeden Mittelpunkt-Griff nach außen. Um auszuzoomen, so dass Sie das gesamte Bild sehen können, drücken Sie ⌘/Strg-0 (Null – die Photoshop-Abkürzungen zum Zoomen sind auch im Fluchtpunkt-Filter verfügbar – ⌘/Strg-− zum Aus- und ⌘/Strg-+ zum einzoomen).

Wenn Ihr Raster wie hier angelegt und erweitert ist, klicken Sie auf OK, um FLUCHTPUNKT zu verlassen. Erstellen Sie in Photoshop eine neue Ebene für den Holzstreifen. Öffnen Sie dann wieder den Fluchtpunkt-Filter.

EIN KLEINER TRICK

Wenn nötig, können Sie in vielen Fällen die Proportionen eines eingefügten Elements leicht nachbearbeiten, ohne dass die Verzerrung deutlich wird. Ziehen Sie einen Seiten-, mittleren oder oberen Mittelpunktgriff vertikal oder horizontal. Bei gehaltener ⌥/Alt-Taste wird das Element um die Mitte herum nach allen Seiten gleich verändert.

Falls Sie sehr viel schummeln müssen, damit das eingefügte Element wie gewünscht passt, sollten Sie jedoch besser das Raster neu zeichnen.

5. Malen

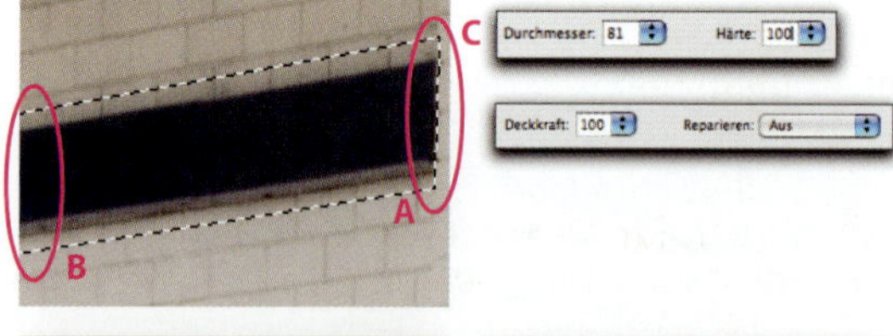

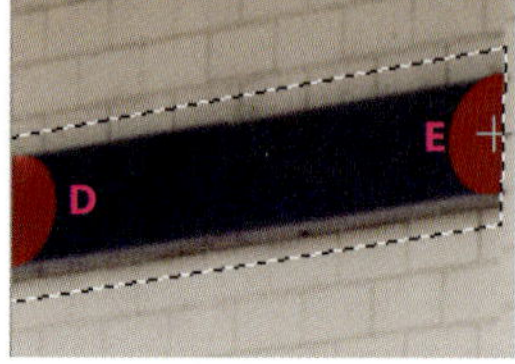

Wenn Sie vermeiden wollen, dass Farbe beim Malen über den Rand gerät, sollten Sie zuerst eine Auswahl anlegen ⬚, innerhalb der Sie malen können. Wir verwendeten eine weiche Auswahlkante von 1 Pixel. Das Auswahlrechteck kann Kantenpixel des Bildes aus der Auswahl aussparen, wenn Sie die Auswahl nicht über die Dokumentgrenzen hinausziehen. Falls Sie bereits eingezoomt haben und die Auswahl nicht mehr erweitern können (wie hier links), wählen Sie in der entgegengesetzten Richtung etwas mehr aus, stellen Sie dann den Cursor in die Auswahl hinein und ziehen Sie die Auswahl so, dass die Kante dort zu liegen kommt, wo Sie aufhören wollen zu malen **A**. Das andere Ende der Auswahl »verschwindet« am Dokumentrand **B**, was heißt, dass die Auswahl nun über die Kante hinausgeht.

Die Farbe für den Pinsel stellen Sie in FLUCHTPUNKT etwas anders ein als sonst in Photoshop. Wenn Sie eine Farbe aufnehmen wollen, die der Pinsel dann auftragen soll, tun Sie das, bevor Sie den Pinsel wählen. Benutzen Sie die Pipette und klicken Sie auf das Rot im Wort »Bakery«. Nehmen Sie dann den Pinsel. Um das Blau vollständig zu überdecken, wählen Sie REPARIEREN: AUS und lassen Sie die HÄRTE bei 100% **C**. Stellen Sie den Cursor an die Stelle, an der Sie mit dem Malen beginnen möchten, und wählen Sie den Durchmesser – verwenden Sie dazu die Tasten # und ´ (Akzente) und beobachten Sie die Form und Größe der Pinselspitze, um die gewünschte Größe zu erhalten. (Für feinere Einstellungen ziehen Sie über das Wort »Durchmesser« oder markieren Sie den Wert und geben Sie einen neuen ein.) Wir begannen links am Holzstreifen mit einem Durchmesser von 81 (der kann bei Ihnen je nach Raster anders sein). Der Pinsel passt seine Spitze automatisch an die Perspektivebene an, während Sie malen. Klicken Sie, wo Sie zu malen anfangen wollen **D**, und ⇧-klicken Sie am anderen Ende (die ⇧-Taste begrenzt den Pinsel auf eine gerade Linie) **E**, **F**. Drücken Sie ⌘/Strg-H, um die Auswahl auszublenden und die Kanten sehen zu können. Mit ⌘/Strg-Z widerrufen Sie den letzten Schritt.

Die Reparatur-Modi

Die Werkzeuge im Fluchtpunkt-Filter (Auswahlrechteck, Stempel und Pinsel) verhalten sich völlig normal, wenn REPARIEREN: AUS eingestellt ist: sie kopieren, duplizieren und malen. Man kann sie aber auch in anderen Modi betreiben: REPARIEREN: EIN und REPARIEREN: LUMINANZ. Dann verhält sich das Auswahlrechteck wie eine Kombination aus Auswahl und Ausbessern-Werkzeug, der Stempel verhält sich wie ein Stempel in Kombination mit dem Reparatur-Pinsel, der Pinsel wie Pinsel plus Bereichsreparatur-Werkzeug.

Der Pinsel malt. Bei REPARIEREN: AUS malt er mit der gewählten Farbe und deckt alles darunter ab. Bei REPARIEREN: LUMINANZ malt er mit der gewählten Farbe, verwendet jedoch die Luminanz des abgedeckten Bereichs. Bei REPARIEREN: EIN nimmt der Pinsel die Farbe und Luminanz aus dem Malbereich auf und ignoriert die gewählte Farbe.

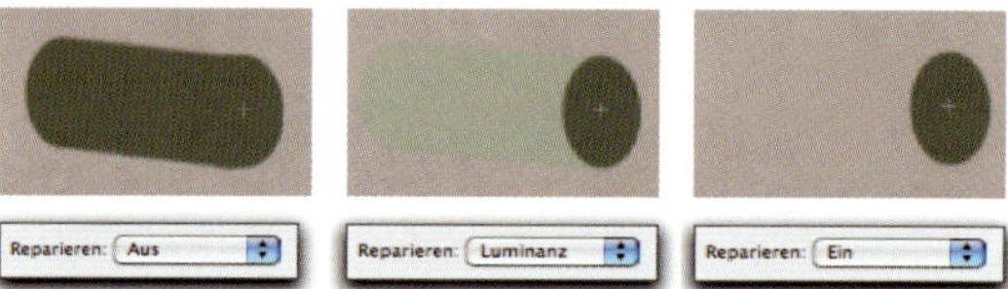

Bei REPARIEREN: AUS bedecken das Auswahlrechteck ⬚ und der Stempel das Bild durch Kopieren der festgelegten Quelle. Deckkraft und Weichzeichnung bzw. Härte legen fest, wie stark das Bild abgedeckt wird. Während die Quelle beim Stempel zuerst festgelegt werden muss, hat das Auswahlrechteck zwei VERSCHIEBUNGSMODI – ZIEL und QUELLE. Am besten lassen Sie den Verschiebungsmodus bei Ziel und benutzen Modifikatortasten, um den Modus zu ändern: ⌘/Strg-ziehen Sie, um Material von außerhalb der Auswahl zu kopieren, oder ziehen Sie, um den ausgewählten Bereich an eine andere Stelle im Bild zu verschieben. Mit REPARIEREN: AUS kopieren Auswahlrechteck und Stempel das ausgewählte Material und decken damit den darunter liegenden Bereich ab. Mit REPARIEREN: LUMINANZ bleibt die Luminanz des Zielbereichs erhalten, Mit REPARIEREN: EIN wird der Quellbereich für die Details verwendet, jedoch mit der Farbe und Luminanz des Zielbereichs kombiniert.

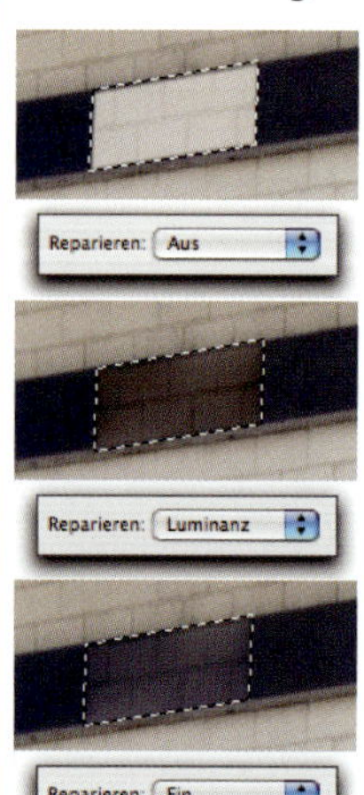

6. Auswahl zum Kopieren

Als Nächstes kopieren wir den roten Streifen auf die rechte Seite der Wand und verlängern ihn auch links etwas. Schalten Sie dazu die Auswahlkanten wieder ein, drücken Sie also ⌘/Strg-H. Nehmen Sie das Auswahlrechteck ⬚ (Weiche Kante 1, Deckkraft 100, Reparieren: Aus) und wählen Sie den Streifen links zum großen Teil aus, inklusive des Schattens am unteren Rand. Halten Sie dann die ⌥/Alt-Taste gedrückt (zum Kopieren) und ziehen Sie nach rechts. Drücken Sie dabei die ⇧-Taste, um die Kopie mit dem Original auszurichten. Der Streifen wird proportional größer, während Sie ihn auf der Wand bewegen **A**. Er deckt die Alarmglocke teilweise ab, aber die wollten wir ja ohnehin entfernen. Richten Sie die linke Kante des Streifens am Schild aus (überprüfen Sie mit ⌘/Strg-H). Lassen Sie die Maustaste und die anderen Tasten los. Heben Sie die Auswahl nicht auf.

Um den Streifen zu erweitern (und nicht in der Kopie anzusetzen, das kann Spuren hinterlassen), können Sie die Kopie einfach dehnen, denn hier gibt es ja keine Struktur oder Details, die Probleme bereiten könnten. Wählen Sie also das Transformieren-Werkzeug und ziehen Sie den rechten mittleren Anker kurz über den rechten Rand **B** (zoomen Sie wenn nötig mit ⌘/Strg-Minus aus, um den Rand zu sehen).

Um den original roten Streifen in den Bereich direkt links des Schilds zu kopieren, verwenden Sie das Auswahlrechteck ⬚ wie das Ausbessern-Werkzeug in Photoshop. Ziehen Sie mit dem Auswahlrechteck um den kleinen Bereich, den Sie ersetzen wollen, und versetzen Sie die Auswahl etwas nach oben, um dem Versatz der beiden Wände zu entsprechen. Lassen Sie in der Auswahl genügend Platz, um den Schatten mit einzufügen. ⌘/Strg-ziehen Sie dann in den Originalstreifen, um in die Auswahl zu kopieren **C**. Notfalls regeln Sie mit ⌘/Strg-H und dem Transformieren-Werkzeug nach **D**. Klicken Sie auf OK.

7. Objekt wegstempeln

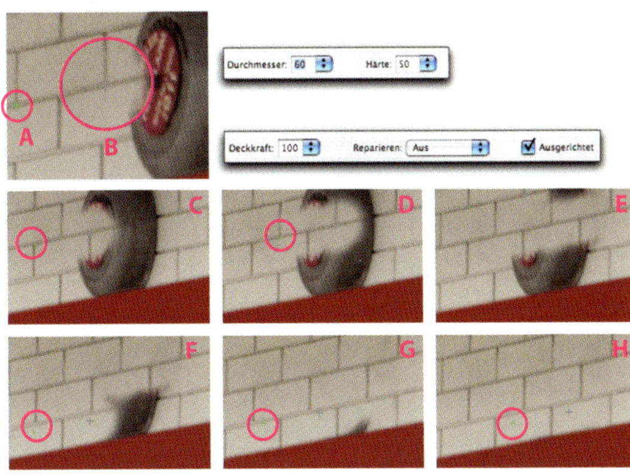

Zurück in Photoshop, erstellen Sie eine neue leere Ebene und öffnen Sie den Fluchtpunkt-Filter erneut. Um die Klingel zu entfernen, decken wir sie mit Ziegeln ab. Dazu scheint das Auswahlrechteck am besten geeignet zu sein. Der einzige Bereich, der jedoch groß genug ist, um eine Auswahl in Größe der Alarmglocke abzudecken, ist aber heller als die Ziegel direkt neben der Klingel. Und da die Glocke sehr dunkel ist, helfen weder REPARIEREN: LUMINANZ noch REPARIEREN: EIN.

Wählen Sie stattdessen den Stempel, halten Sie die ⌥/Alt-Taste gedrückt und richten Sie das Fadenkreuz an einer Fugenkreuzung zwischen den Steinen links des Alarms aus **A**; so vermeiden Sie die helleren Steine rechts und den Schatten neben dem Schild.

Da Sie keine Vorschau der geladenen Werkzeugspitze des Stempels sehen können **B,** bis Sie auf Ihren Quellpunkt ⌥/Alt-klicken, ist es einfacher, die Größe der Spitze einzustellen, nachdem Sie die Quelle gewählt haben. Wählen Sie die Größe so, dass sie sich leicht mit den bereits existierenden Steinen ausrichten lässt, klein genug jedoch, keine Teile der Glocke mit aufzunehmen. Wir verwendeten hier einen Durchmesser von 60 und eine weiche Werkzeugspitze (Härte 50%), um gut sehen zu können, wie die Steine mit dem Original übereinander passen, und um harte Kanten zu vermeiden; außerdem aktivierten wir AUSGERICHTET, um beim Bewegen des Cursors das Bild neu zu berechnen.

Sobald der Stempel vorbereitet ist, verschieben Sie ihn nach rechts auf die nächste Kreuzfuge und klicken Sie. Ein paar Klicks weiter nach rechts **C**, **D**, **E** bedecken die Mitte der Alarmglocke. Da Sie links mit der Aufnahme begonnen haben, sollten Sie beim Arbeiten von links nach rechts immer eine saubere Quelle zur Verfügung haben. Diesen Prozess wiederholen Sie für oben und unten **F**, **G**, **H**. Falls trotzdem Schmierspuren entstehen, können Sie die Farbe angleichen, indem Sie rechts eine neue Quelle setzen und rückwärts kopieren. Klicken Sie auf OK, um wieder zu Photoshop zu gelangen.

8. Abdecken mit Auswahl und Stempel

Um den Einkaufswagen zu entfernen, fügen Sie eine neue Ebene hinzu und wählen Sie FILTER/FLUCHTPUNKT (⌘-⌥-V oder Strg-Alt-V). Da wir hier mit mehreren geraden Kanten arbeiten können (Dokumentrand links, Schild rechts, Oberkanten der Pflanzmauer unten), entschieden wir uns für das Auswahlrechteck. Für Details können wir später notfalls auf den Stempel zurückgreifen.

Wählen Sie mit dem Auswahlrechteck den Bereich aus, den Sie ersetzen wollen. Erweitern Sie die Auswahl bis über das Dokument hinaus, um auch alle Kantenpixel einzuschließen **A**. Um aus einem anderen Bereich in Ihre Auswahl zu kopieren, halten Sie die ⌘/Strg-Taste, während Sie den Cursor zu den Büschen ziehen, mit denen Sie den Korb ersetzen wollen. Wenn Sie beim Ziehen die ⇧-Taste gedrückt halten, wird die Bewegung auf das Perspektivraster beschränkt, damit die Kanten gerade bleiben. Sobald Ihnen in der Vorschau gefällt, wie der Wagen verschwindet, lassen Sie die Maus los, um das Klonen zu bestätigen **B**. Falls Sie das rückgängig machen und wiederholen wollen, müssen Sie noch einen Schritt zurückgehen (⌘/Strg-Z), bis der Verschiebungsmodus nicht mehr gedimmt ist. Mit ⌘/Strg-D heben Sie die Auswahl auf.

Der Stempel kopiert gut kleinere Objekte an harten Kanten oder über sich wiederholende Elemente. Aktivieren Sie den Stempel, ⌥/Alt-klicken Sie, um ihn zu »laden«, und klicken Sie, um neue Elemente aus Gebüsch und Steinen hinzuzufügen. Laden Sie gegebenenfalls neu. Verwenden Sie eine kleine, harte Werkzeugspitze an den Steinrändern und eine größere, weiche Spitze zum Säubern **C**. Wenn nötig, widerrufen Sie mit ⌘/Strg-Z und probieren dann neu, bis Ihnen das Ergebnis gefällt. Klicken Sie dann auf OK.

9. Säubern

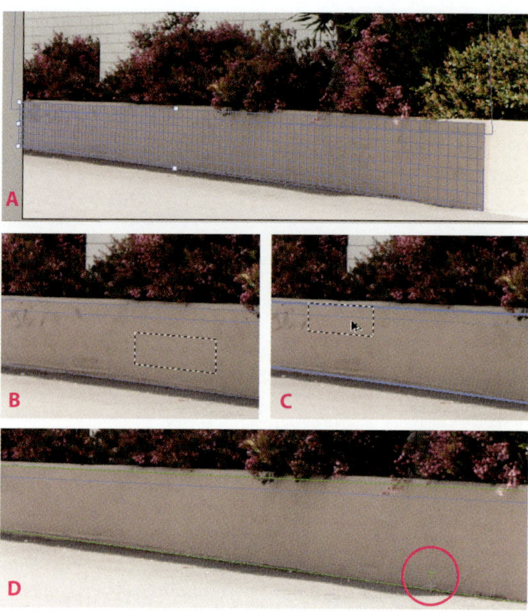

Fügen Sie wieder eine neue Ebene hinzu und öffnen Sie FLUCHTPUNKT. Die Mauer ist etwas beschädigt, aber das Auswahlrechteck säubert große Flächen recht schnell, denn Sie können saubere Bereiche darüber ziehen.

Wenn Sie den Griff unten in der Mitte des Rasters mit dem Ebene-bearbeiten-Werkzeug nach unten ziehen, sehen Sie, dass das Originalraster nicht zur Perspektive der Mauer passt. Für diese Art von Bereinigung (leere Mauer mit etwas Struktur) müsste das existierende Raster ausreichen. Da aber eventuell ohnehin ein neues Raster nötig wird, sollten wir gleich eines für die Pflanzmauer anlegen; setzen Sie die Anker mit dem Ebene-erstellen-Werkzeug und bearbeiten Sie das Raster mit dem Ebene-bearbeiten-Werkzeug, um das Raster anzupassen **A** (siehe Schritt 2).

Um die Spuren von der Wand zu entfernen, ohne die Luminanz oder Farbe des Originals zu verlieren, verwendeten wir das Auswahlrechteck mit REPARIEREN: EIN. Wir wählten einen sauberen Bereich aus **B** und zogen wiederholt mit gedrückter ⌥/Alt-Taste, um die schlimmsten Unreinheiten zu verdecken **C**. Nach Aufheben der Auswahl (⌘/Strg-D) nahmen wir den Stempel mit kleiner, weicher Spitze und 60% Deckkraft, REPARIEREN: EIN, um am Grund der Mauer zu arbeiten, ohne den Schatten des Fußweges auf unsere Reparaturen wirken zu lassen. **D**. Klicken Sie auf OK.

WIEDERHOLEN

Wenn Sie in Fluchtpunkt eine Änderung rückgängig machen, sie dann aber wiederhaben wollen, drücken Sie ⌘-⇧-Z (Mac) oder Strg-⇧-Z (Windows).

10. Ecke drehen

Um unser Schild auf die Pflanzmauer zu malen, kopieren Sie **Sunrise Bakery.psd** wieder in die Zwischenablage und fügen Sie zur Datei **FP-Vorher.psd** eine weitere neue Ebene hinzu. Wir können probieren, etwas zum Raster der Mauer hinzuzufügen, so dass sie um die Ecke geht und zur Perspektive der Wand passt. Wenn das misslingt, legen wir ein neues Raster an.

Halten Sie die ⌘/Strg-Taste gedrückt und ziehen Sie mit dem Ebene-bearbeiten-Werkzeug den rechten, mittleren Anker nach rechts. Damit wird eine neue Ebene im rechten Winkel aufgezogen. Wenn das Raster nicht zur Mauer passt, haben Sie mehrere Möglichkeiten:

- Verschieben Sie die Eckpunkte des Zusatzrasters, um sie mit der Seitenmauer auszurichten. Damit ändert sich auch das eigentliche Mauerraster, das mit dem Zusatzraster verbunden ist. Alle Änderungen – durch Malen, Einfügen oder Klonen – bleiben jedoch erhalten (siehe »Mit mehr als einer Ebene arbeiten« rechts).
- Oder wählen Sie das Ebene-erstellen-Werkzeug und setzen Sie damit vier Eckpunkte für eine neue Ebene auf der Pflanzmauer.

Unser Zusatzraster hat fast gepasst, also stellen wir die Ankerpunkte nach **A**. Da die Seitenwand uns fast genau gegenübersteht, sind die Rasterzellen fast quadratisch.

Sobald das Raster mit der Seitenwand ausgerichtet ist, drücken Sie ⌘/Strg-V, um das Schild in FLUCHTPUNKT einzufügen. Ziehen Sie es dann auf die Pflanzmauer. Sie sehen, wie es sich entsprechend der Perspektive anpasst. Wenn es ungefähr da ist, wo Sie es haben wollen **B**, bringen Sie es mit dem Transformieren-Werkzeug in Position und skalieren Sie es mithilfe der ⇧-Taste (proportional), indem Sie einen Eckpunkt ziehen **C**. Klicken Sie auf OK, um zu Photoshop zurückzukehren.

11. Verfeinerung in Photoshop

Da Sie die Fluchtpunkt-Bearbeitungen auf separaten Ebenen vorgenommen haben, können Sie sie jetzt in Photoshop weiter verfeinern. Öffnen Sie die Datei **FP-Nachher.psd** (Seite 585). Um das Bild fertigzustellen, verwendeten wir eine Einstellungsebene in einer Beschneidungsgruppe, um die roten Streifen nachzudunkeln. ▼ Mit einer weiteren Tonwertkorrektur-Ebene in einer Beschneidungsgruppe hellten wir das Schild auf der Pflanzmauer auf, damit es zur Mauer passt; mit einem Ebenenstil verstärkten wir die Struktur der Wand auf dem gemalten Schild. ▼ Das größere Schild schien zu scharf und hell für das Bild zu sein, also fügten wir eine maskierte Farbfüllungsebene mit Farbe aus der Mauer hinzu und reduzierten deren Deckkraft auf 15%.

MEHR DAVON

▼ Einstellungsebenen **Seite 165**
▼ Ebenenstile **Seite 40**
▼ Füllebenen **Seite 159**
▼ Maskieren **Seite 72**

MIT MEHR ALS EINER EBENE ARBEITEN

Nachdem Sie mit dem Ebene-erstellen- und Ebene-bearbeiten-Werkzeug in FLUCHTPUNKT die erste Perspektivebene erstellt haben, können Sie entweder verwandte Ebenen anlegen oder neue erstellen. Die Werkzeuge arbeiten immer mit der Perspektive der Ebene, in der sich der Cursor befindet.

Um eine neue Ebene zu beginnen, klicken Sie mit dem Ebene-erstellen-Werkzeug. Um vier neue Eckpunkte anzulegen, stellen Sie sie mit dem Ebene-bearbeiten-Werkzeug nach.

Um eine zweite Ebene zu erstellen, die eine rechtwinklige Ecke zur aktiven Ebene bildet, ziehen Sie mit dem Ebene-bearbeiten-Werkzeug mit gehaltener ⌘/Strg-Taste an einem Mittelpunktgriff. Passt die zweite Ebene fast zur den Elementen, die Sie wünschen, stellen Sie nur noch die Eckpunkte nach. Bedenken Sie, dass die Einstellungen bestehende Ebenen beeinflussen werden. Wenn Sie also die Originalebene erhalten wollen, sollten Sie widerrufen und eine neue unabhängige Ebene anlegen.

Um eine Ebene zu löschen, markieren Sie sie und drücken Sie die Entf.

Bei überlappenden Perspektivebenen können Sie die gewünschte Ebene aktivieren, indem Sie wiederholt mit gehaltener ⌘/Strg-Taste hineinklicken und die Ebenen im Stapel nacheinander aktivieren.

Wenn Sie mit dem Auswahlrechteck mit gehaltener ⌘/Strg oder ⌥/Alt-Taste von einer Ebene zur anderen kopieren, wird der Klon manchmal vertikal oder horizontal gespiegelt. Klicken Sie dann mit dem Transformieren-Werkzeug auf die entsprechende Transformation oben in der Dialogbox.

Ist das echt? Oder ist es Photoshop?

Katrin Eismann gibt dem Begriff »Montage« eine neue Bedeutung

Wenn jemand »Montage« sagt, denken Photoshop-Anwender meist an Fotos verschiedener Objekte – entweder nahtlos zu einem gefälschten Foto komponiert oder als Collage deutlich erkennbar. Die Fotografin
Katrin Eismann denkt bei diesem Begriff jedoch etwas weiter: Das Foto ganz unten ist optisch unmöglich. Um sowohl die extreme Nahaufnahme des Fisches als auch den Hintergrund gleichzeitig scharf zu bekommen, ist eine Montage notwendig – wenn auch nicht so, wie Sie es sich auf den ersten Blick vorstellen.

Katrin arrangierte ihr Foto »Horse Mackerel Beauty« auf ihrem Balkon. Mit einem Stativ stellte sie ihre Nikon D100 nur wenige Zentimeter über die Pferdemakrele, die sie auf einem Spiegel platziert hatte. Sie richtete die Kamera auf dieses Stillleben, fokussierte unendlich weit, um den gespiegelten Himmel scharf aufnehmen zu können **A**. Dabei war ihr klar, dass sie das Bild, das im Spiegel reflektiert wurde, mit einem Fokus basierend auf der Entfernung zum Himmel und nicht auf der Distanz Kamera – Spiegel aufnehmen musste.

Nachdem sie den Spiegel aufgenommen hatte, richtete sie das Makro-Objektiv auf die Fischhaut. Da das Objektiv bei Nahaufnahmen eine sehr geringe Schärfentiefe hat, nahm sie drei Fotos auf, jedes bei unterschiedlicher Distanz, um Details der Rückenhaut **B**, der Flosse **C** und des Bauchs aufzunehmen **D**.

Katrin ordnete die vier Bilder als Ebenen in einer Datei an, den Himmel zuunterst. Dann fügte sie überall außer in der Himmel-Ebene eine Maske hinzu und malte mit Schwarz über die unscharfen Stellen. Das Ergebnis war eine Montage, bei der alles scharf ist. Schließlich brachte Frau Eismann durch Einstellungsebenen und Füllmethoden die Farben und Details in Ordnung.

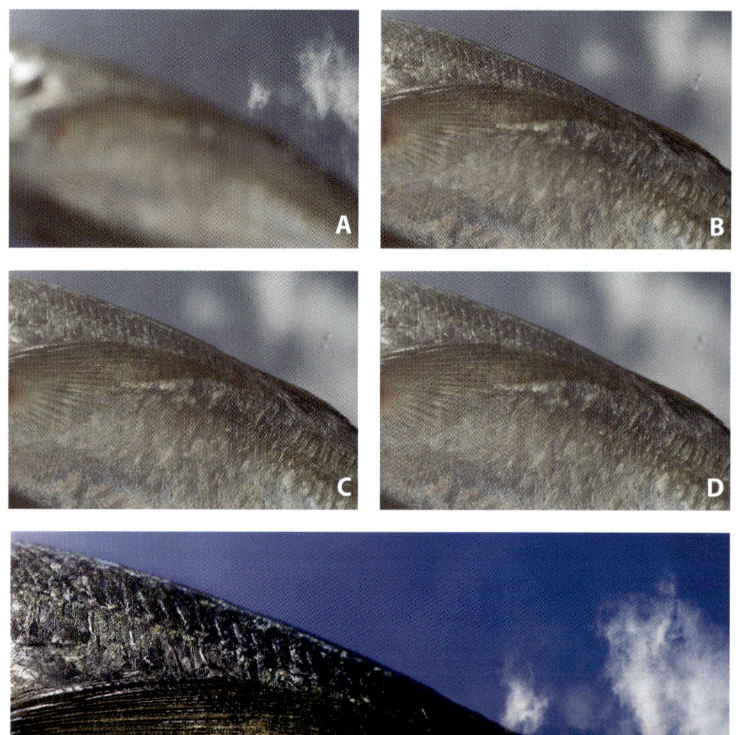

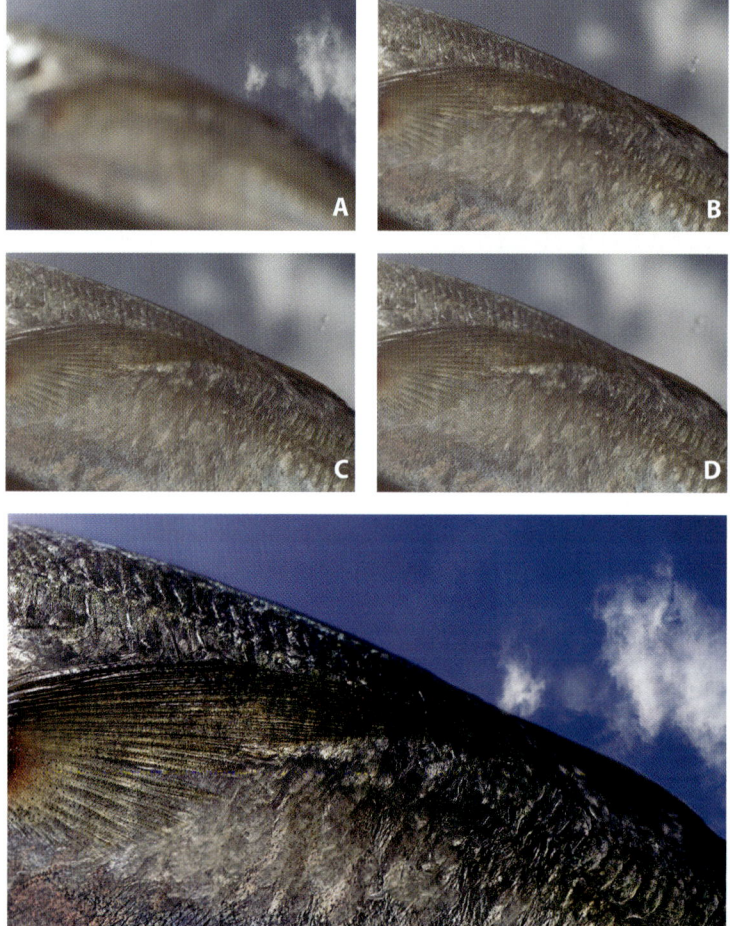

»Horse Mackerel Beauty« ist eine von Katrins Eismanns Arbeiten aus der Serie »Silent Beauty«. In der Galerie am Ende dieses Kapitels sehen Sie weitere daraus, außerdem erfahren Sie dort mehr über die Techniken zur Optimierung von Farben, Farbtönen und Bilddetails.

We promise beaches like this one.
Believe it or not, beaches like this still exist. Where the waves are gentle, the sand is soft, and marine life is everywhere in abundance.
For a vacation in unsurpassed natural beauty with wonders that never cease, come to La Playa Island Resorts. You'll find us on the Web at www.laplaya.com.
1.800.555.2323
LAPLAYA ISLAND RESORTS
Photo by Ian Gillespie

Text hinzufügen

SIE FINDEN DIE DATEIEN
auf der DVD unter Wow Projektdateien/ Kapitel 9 /Text hinzufuegen:
- Text-hinzufuegen-Vorher.psd
- Wow-Sonnenlogo.csh
- Text-hinzufuegen-Nachher.psd

ÖFFNEN SIE DIESE PALETTEN
aus dem Fenster-Menü:
• Werkzeuge • Ebenen • Zeichen • Absatz

ÜBERBLICK
Bildhintergrund erweitern • Überschrift mit Bild füllen • Bereiche des Hintergrunds aufhellen und Absatztext setzen • Logo importieren und Ebenenstil hinzufügen • Text im Kreis setzen • Text setzen und in Sand eingraben

Früher musste man beim Design einer Werbeanzeige oftmals nach der Bearbeitung des Fotos in Photoshop in ein anderes Programm wechseln, um den Text hinzuzufügen. Jetzt – mit Text auf und in Pfaden in Kombination mit der professionellen Textfunktion von Photoshop – ist es einfach, Werbung zu entwerfen, vom Logo bis zum Text, ohne Photoshop verlassen zu müssen.

1 Ein Foto auswählen. Wir begannen unsere Arbeit, indem wir ein Foto auswählten, das zum Thema passte, und auf das wir Text, Überschrift und Logo aufbringen konnten **1**. Wie häufig passte das Layout des Fotos nicht ganz zur Idee, für die wir es einsetzen wollten. Links war mehr Foto, als wir eigentlich brauchten, allerdings war es rechts zu schmal. Auch oben war es zu kurz, um die Überschrift unterzubringen. Aufgrund des flüssigen und natürlichen Hintergrunds konnten wir das Foto an die gewünschten Maße anpassen.

2 Das Bild neu proportionieren. Wir öffneten unsere Fotodatei und legten außerdem eine neue RGB-Datei in der gewünschten Größe an (DATEI/NEU, 22 cm breit und 16 cm hoch, 225 ppi Auflösung). Mit dem Verschieben-Werkzeug zogen wir das Foto in die neue Datei und verschoben es nach links. (Wenn es nötig gewesen wäre, die Größe der Datei zu ändern und für die Anzeige passend zu machen, hätten wir das jetzt getan. ▼) Um die Datei zu bereinigen, reduzierten wir die

1

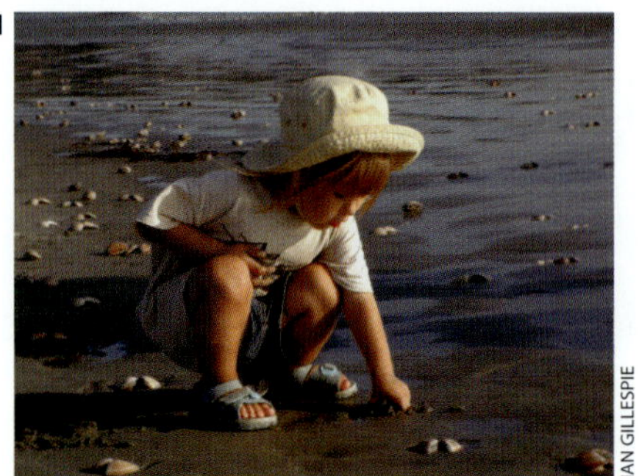

IAN GILLESPIE

Das Originalfoto

2a

Das ist **Text-hinzufuegen-Vorher.psd**. Für die kleine Werbeanzeige wurde eine Datei angelegt, das Foto wurde in Position gebracht und auf die Hintergrundebene reduziert.

2b

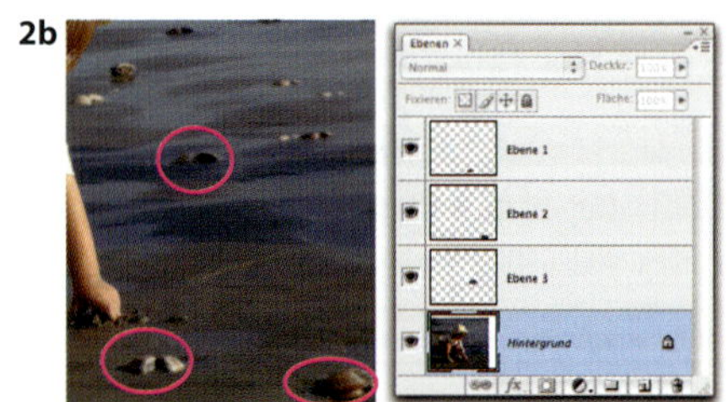

Einzelne Gruppen von Muscheln werden auf neue Ebenen kopiert, so dass sie unverändert erhalten bleiben, wenn der Hintergrund gestreckt wird.

2c

Der obere Teil des Bildes (nicht der Weißraum darüber) wird ausgewählt und bis zum oberen Rand der Arbeitsfläche gestreckt.

Kandidaten zum Strecken

Sie müssen ein Bild nicht sofort verwerfen, nur weil die Proportionen nicht zu Ihrem geplanten Layout passen. Viele Bilder mit flüssigen, organischen Hintergründen oder Porträts vor einem abstrakten Hintergrund können gedehnt werden. Für detailreiche Hintergründe oder Hintergründe mit festen Proportionen gilt das natürlich nicht, weil dort die Verzerrungen zu erkennen wären. In einem Foto mit deutlicher Körnung kann die Dehnung zu Streifen führen.

neue Bildebene auf die Hintergrundebene (EBENE/SICHTBARE AUF EINE EBENE REDUZIEREN oder ⌘/Strg-E) **2a**. Dabei wird das Bild auf die Hintergrundebene reduziert, außerdem wird das gesamte Material außerhalb der Arbeitsfläche beschnitten.

MEHR DAVON
▼ Größe anpassen
Seite 70

Bevor Sie den Hintergrund erweitern, möchten Sie sicher einige Elemente in ihren ursprünglichen Proportionen behalten, um damit später Elemente zu ersetzen, bei denen die Erweiterung deutlich sichtbar wurde. Um in diesem Bild einige Muscheln zu behalten, wählen Sie mit dem Lasso eine Gruppe aus (Weiche Auswahlkante bei 2 Pixel in der Optionsleiste) und kopieren sie aus dem Hintergrund auf eine neue Ebene (⌘/Strg-J). Aktivieren Sie den Hintergrund erneut und wählen Sie eine weitere Gruppe Muscheln aus. Kopieren Sie auch diese. Wir fuhren so fort, bis wir die drei größten und prominentesten Muscheln gesichert hatten **2b**.

Nun zum Strecken. Aktivieren Sie wieder die Hintergrund-Ebene und ⌥/Alt-klicken Sie auf deren Icon, um sie allein zu betrachten. Ziehen Sie mit dem Auswahlrechteck und wählen Sie den oberen Bereich des Fotos über dem Kopf des Kindes aus. Drücken Sie ⌘/Strg-T (für BEARBEITEN/FREI TRANSFORMIEREN) und ziehen Sie den mittleren oberen Griff des Transformationsrahmens nach oben, um die Arbeitsfläche oben mit dem Bild zu füllen **2c**; drücken Sie ↵, um die Transformation abzuschließen. Wählen Sie dann möglichst viel von der rechten Seite des Bildes aus, ohne jedoch das Kind zu berühren (je breiter die Auswahl ist, desto weniger müssen Sie sie strecken). Transformieren Sie auch diesen Bereich, bis er die rechte Kante der Arbeitsfläche berührt **2d**.

3 Die Details reparieren. Um nun die Muscheln zu entfernen, bei denen die Streckung offensichtlich ist, wenden Sie den Kopierstempel auf den Hintergrund an. ⌥/Alt-klicken Sie, um einen leeren Strandbereich aufzunehmen, lassen Sie dann die ⌥/Alt-Taste los und malen Sie damit über die gestreckten Muscheln **3a**. ⌥/Alt-klicken Sie in der Ebenen-Palette auf das Icon für die Hintergrund-Ebene, um alle Ebenen wieder einzublenden. Ziehen Sie mit dem Verschieben-Werkzeug (mit Option AUTOMATISCH AUSWÄHLEN: EBENE) die ko-

2d

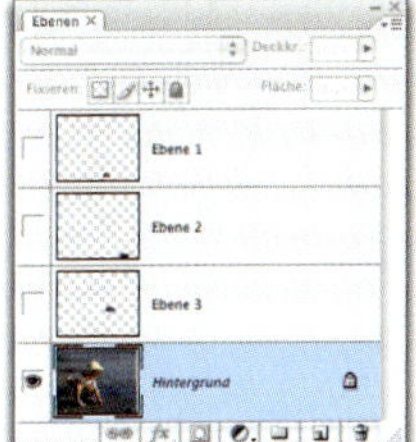

Der Hintergrund, nachdem er rechts und oben gestreckt wurde.

3a

Mit dem Kopierstempel entfernen Sie offensichtlich gestreckte Details.

3b

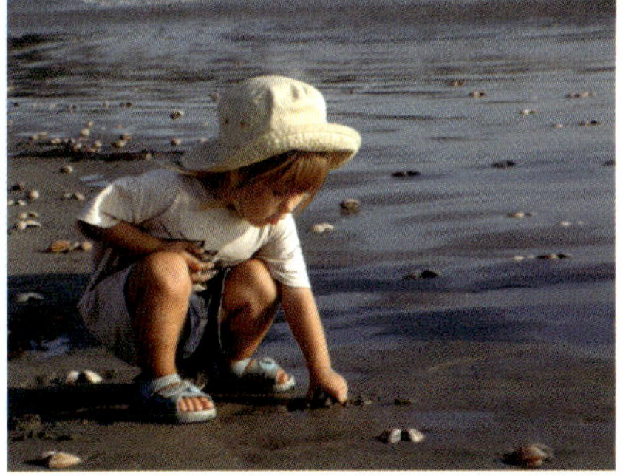

Mit der Option Automatisch wählen: Ebene in der Optionsleiste des Verschieben-Werkzeugs wird es einfacher, die Ebenen mit den »geretteten« Muscheln zu platzieren.

4a

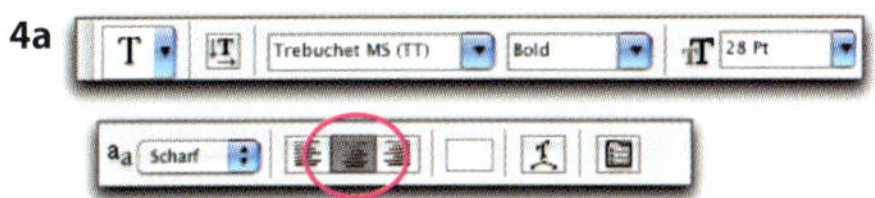

Die Optionsleiste wird eingerichtet, um die Überschrift zu tippen.

pierten Muscheln an ihre neuen Positionen auf dem transformierten Strand **3b**. Suchen Sie nun nach Stellen, an denen die Manipulation offensichtlich ist. (Wenn es solche gibt, fügen Sie eine leere Ebene hinzu, indem Sie ⌘/Strg-⇧-N tippen und dann den Reparatur-Pinsel, den Bereichsreparatur-Pinsel oder den Kopierstempel mit der Option ALLE EBENEN EINBEZIEHEN verwenden.) ▼ Reduzieren Sie schließlich alle Ebenen auf die Hintergrund-Ebene (⌘/Strg-⇧-E).

4 Die Überschrift eingeben und gestalten. Wählen Sie für die Überschrift das Text-Werkzeug T. Wählen Sie in der Optionsleiste eine Bold-Schriftart (hier Trebuchet MS Bold bei 28 pt für diese kleine Anzeige), stellen Sie die Ausrichtung auf TEXT ZENTRIEREN und klicken Sie in das Farbfeld, um eine vor dem Hintergrund gut erkennbare Farbe auszuwählen (hier Weiß) **4a**. Klicken Sie bei zentriertem Text einmal an die Stelle, an der die Linie zentriert werden soll (hier in der Bildmitte) und tippen Sie. Wenn Sie fertig sind, drücken Sie ⌘/Strg-↵ **4b**. Bei aktivem Text-Werkzeug können Sie die Textposition verändern, indem Sie die ⌘/Strg-Taste halten (um kurzzeitig zum Verschieben-Werkzeug zu wechseln) und ziehen. Schalten Sie entweder die Option AUTOMATISCH WÄHLEN: EBENE aus oder ziehen Sie vorsichtig.

Fügen Sie einen Ebenenstil hinzu, bevor Sie die Zeichenabstände der Überschrift einstellen, denn deren Aussehen kann sich durch den Effekt stark verändern. Klicken Sie auf den Button EBENENSTIL HINZUFÜGEN unten in der Ebenen-Palette und wählen Sie Schlagschatten. Schalten Sie GLOBALES LICHT VERWENDEN ▼ aus und stellen Sie WINKEL (hier 45° für einen Schatten nach links unten) und ABSTAND (hier 13 Pixel) ein. Legen Sie die GRÖSSE fest (um zu bestimmen, wie weit sich der Schatten ausdehnt, hier 12 Pixel) und ÜBERFÜLLEN (wie dicht der Schatten ist, hier 23%). FÜLLMETHODE und DECKKRAFT ließen wir bei den Standardwerten MULTIPLIZIEREN und 75%. Klicken Sie in der Ebenenstil-Dialogbox auf OK.

Nun sehen Sie, wie der Ebenenstil den Zeichenabstand beeinflusst **4c**, es ist also Zeit für die Feinabstimmung. Klicken Sie zwischen zwei Buchstaben, deren Abstand geändert werden soll (Kerning), oder wählen Sie mehrere Zeichen aus, um den allgemeinen Abstand zu korrigieren (Laufweite). Halten Sie die ⌥/Alt-Taste gedrückt und drücken Sie → oder ←, um den Wert zu vergrößern oder zu verringern. Oder benutzen Sie die Zeichen-Palette (klicken Sie auf den Button in der Optionsleiste des Text-Werkzeugs), um einen Wert einzugeben, oder »schrubben« Sie mit der Maus, um Änderungen vorzunehmen. Wenn Ihnen

MEHR DAVON

▼ Reparatur-Pinsel **Seite 320**

▼ Bereichsreparatur-Pinsel **Seite 321**

▼ Option Globales Licht **Seite 497**

4b

Überschrift getippt

4c

Mit Schlagschatten

5a

Auswahlrechteck für den kompletten Text

5b

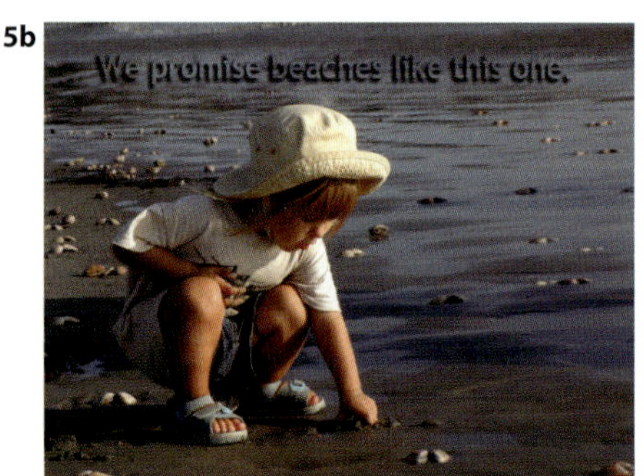

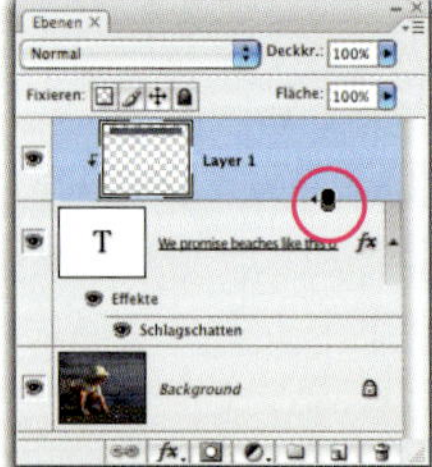

Eine Beschneidungsgruppe, um das Bild in der Schrift zu maskieren. Da das maskierte Bild und der Hintergrund identisch sind, definiert momentan nur der Schlagschatten den Text.

5c

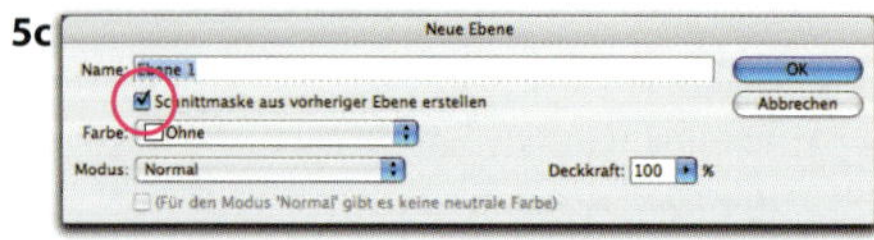

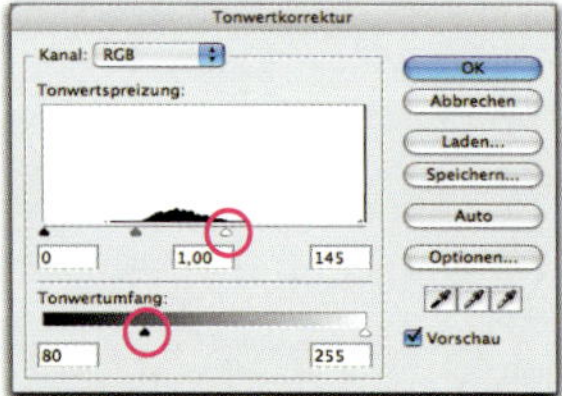

Fügen Sie eine Tonwertkorrektur-Einstellungsebene zur Beschneidungsgruppe hinzu, um das Bild aufzuhellen.

der Zeichenabstand gefällt, drücken Sie ⌘/Strg-↵, um die Änderungen umzusetzen.

5 Überschrift füllen. Als Nächstes füllen wir die Überschrift mit dem Hintergrundbild. Ziehen Sie mit dem Auswahlrechteck ⬚ eine Auswahl um den Text **5a**. Blenden Sie dann die Text-Ebene in der Ebenen-Palette aus (Klick auf das Icon 👁) und aktivieren Sie den Hintergrund. Kopieren Sie den ausgewählten Bereich (⌘/Strg-C), aktivieren Sie dann die Text-Ebene und fügen Sie ein (⌘/Strg-V); weil die Text-Ebene aktiv ist, wird die Auswahl als Ebene darüber eingefügt. Blenden Sie den Text jetzt wieder ein, der durch die eingefügte Ebene verdeckt wird: ⌥/Alt-klicken Sie in der Ebenen-Palette auf die Grenze zwischen Text-Ebene und eingefügter Ebene, um eine Beschneidungsgruppe anzulegen, die die eingefügte Ebene nur innerhalb des Textes sichtbar werden lässt **5b**.

Der ausgewählte und in der Überschrift sichtbare Bereich ist mit dem Hintergrund identisch, aber durch die Beleuchtung wird er deutlicher hervortreten. ⌥/Alt-klicken Sie auf den Button NEUE FÜLL- ODER EINSTELLUNGSEBENE ERSTELLEN ◐, wählen Sie Tonwertkorrektur und aktivieren Sie die Checkbox SCHNITTMASKE AUS VORHERIGER EBENE ERSTELLEN, so dass nur das Bild innerhalb des Textes von der Tonwertkorrektur betroffen ist. Klicken Sie auf OK, um die Dialogbox NEUE EBENE zu schließen, und hellen Sie die Schrift in TONWERTKORREKTUR auf; wir verschoben den Weißpunktregler nach links, um sowohl den Kontrast zu erhöhen als auch die Schrift aufzuhellen, und schoben den Schwarzpunktregler nach rechts, um die Schrift weiter aufzuhellen, ohne den Kontrast weiter zu verstärken **5c**. Klicken Sie auf OK, um TONWERTKORREKTUR zu schließen **5d**.

5d

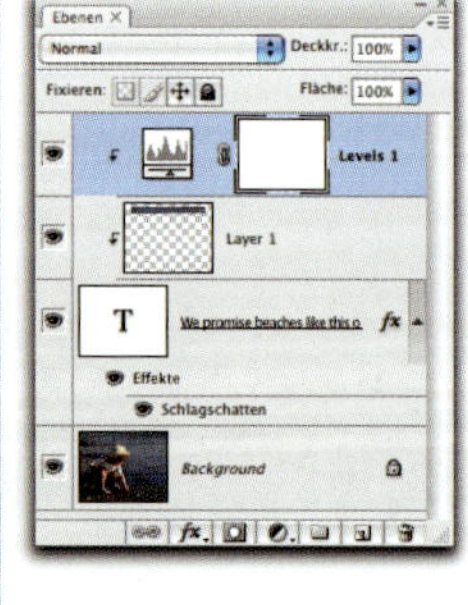

In der Schnittmaske ist die Text-Ebene die Basis, die sowohl das Bildrechteck als auch die Tonwertkorrektur maskiert.

6a 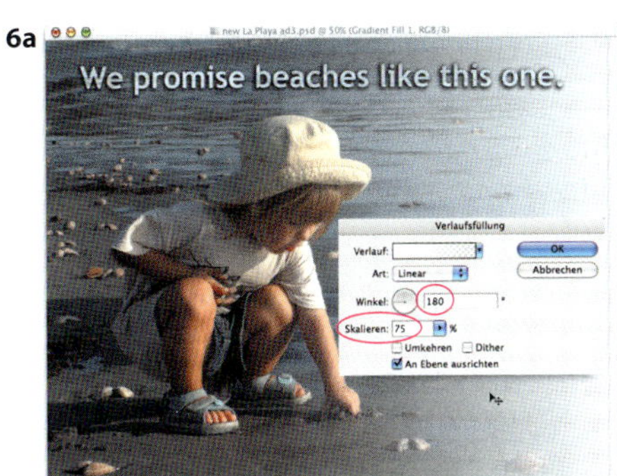

Ein Verlauf für die Verlaufsfüllung-Ebene.

6b 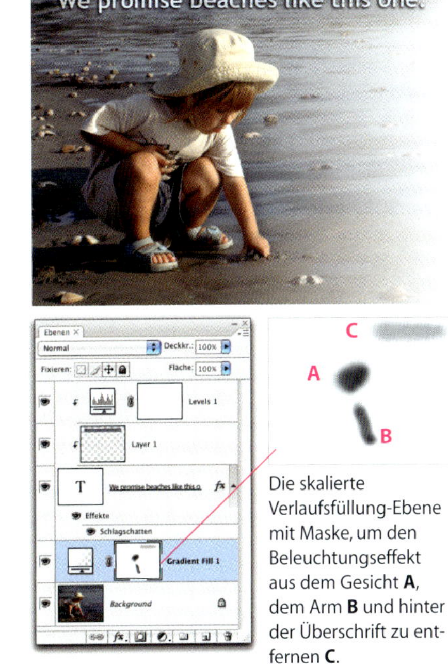

Die skalierte Verlaufsfüllung-Ebene mit Maske, um den Beleuchtungseffekt aus dem Gesicht **A**, dem Arm **B** und hinter der Überschrift zu entfernen **C**.

7a 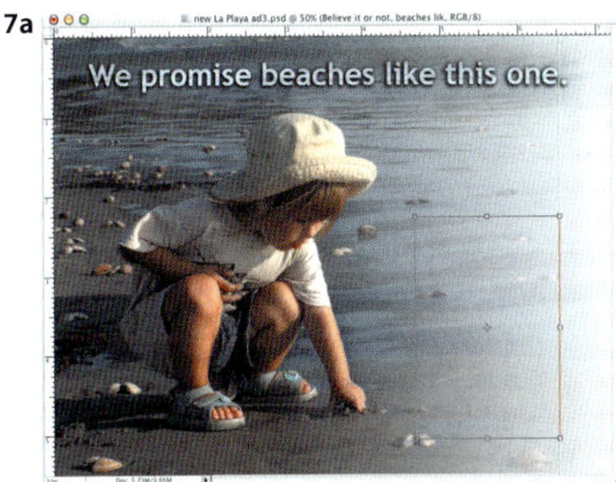

Durch Ziehen mit dem Text-Werkzeug T wird ein Textfeld für Absatztext definiert, das Feld kann später korrigiert werden.

6 Ein Textfeld vorbereiten. Eine Verlaufsfüllung-Ebene ist eine gute Möglichkeit, um Teile des Fotos aufzuhellen, um den darauf platzierten dunklen Text besser lesen zu können. ▼ Wählen Sie Weiß als Vordergrundfarbe (drücken Sie [D] und dann [X]). Aktivieren Sie die Hintergrund-Ebene und klicken Sie auf den Button ◐ unten in der Ebenen-Palette und wählen Sie VERLAUF aus der Liste. Stellen Sie in der Verlaufsfüllung-Dialogbox sicher, dass der Verlauf von Weiß nach Transparent verläuft (falls nicht, wählen Sie den richtigen Verlauf Vordergrund nach Transparent – im Verlaufswähler, indem Sie auf den Verlauf klicken). Stellen Sie den Verlauf dann wie folgt ein **6a**:

- Für einen einfachen Links-rechts-Übergang von Durchsichtig zu Weiß wählen Sie Linear als Stil und einen Winkel von 180°.
- Bei geöffneter Dialogbox VERLAUFSFÜLLUNG können Sie den Verlauf verschieben und seine Wirkung verändern, um den Hintergrund für den Text vorzubereiten: Stellen Sie dazu den Cursor ins Bildfenster, wo er automatisch zum Verschieben-Werkzeug wird. Ziehen Sie den Verlauf im Bildfenster nach rechts, bis der Effekt direkt über der Wange des Kindes beginnt (aus dem Gesicht und dem Arm des Kindes können Sie ihn später entfernen).
- Stellen Sie die Skalierung im Dialog VERLAUFSFÜLLUNG ein (hier 75%), um den Übergang von Transparent zu Weiß auf einer kürzeren Strecke zu realisieren und genug hellen Hintergrund für den Text zu schaffen.

Wenn Sie mit Position und Skalierung des Verlaufs zufrieden sind, klicken Sie auf OK. Die Füllmethode können Sie bei NORMAL lassen, weil der Verlauf weiß ist. Wäre er farbig, sollten Sie UMGEKEHRT/NEGATIV MULTIPLIZIEREN oder AUFHELLEN probieren.

Die automatische Maske der Verlaufsfüllung-Ebene können Sie nutzen, um Bereiche zu reparieren, die der Verlauf zu stark aufhellt, z.B. das Gesicht des Kindes und sein Arm. Wir nahmen den Pinsel 🖌, wählten in der Optionsleiste eine weiche Spitze aus dem Pinsel-Wähler. Außerdem verringerten wir in der Optionsleiste die Deckkraft auf 50% (um die Dichte besser steuern zu können) und änderten die Vordergrundfarbe in Schwarz ([D] oder [X] drücken). Über dem Gesicht und dem Arm malten wir auf die Maske, um den Effekt zu beseitigen. Auch hinter dem rechten Ende der Überschrift malten wir etwas, um den Kontrast zwischen Text und Hintergrund zu verstärken **6b**.

7 Den Text eingeben. Um Absatztext rechts an der Überschrift auszurichten, blenden Sie die Lineale ein ([⌘]/[Strg]-[R]) und ziehen Sie eine Hilfslinie vom

MEHR DAVON

▼ Verlaufsfüllebenen
Seite 189

7b

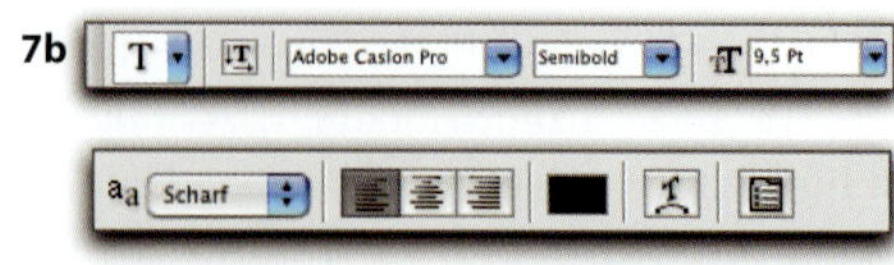

Die Textoptionen

7c

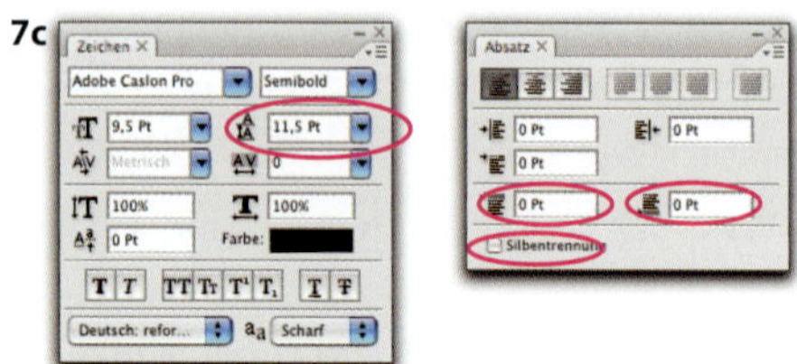

Mit Zeichen- und Absatz-Palette den Text formatieren.

7d

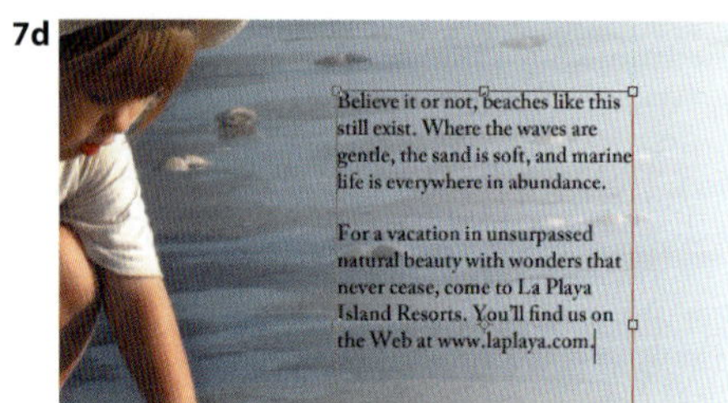

Der Text wird in den Rahmen getippt. Zwar ist es möglich, den Abstand zwischen den Absätzen automatisch zu steuern, wir verwendeten dazu aber die ⏎-Taste.

Rechtschreibprüfung

Sobald Sie Ihren Text eingegeben haben, sollten Sie sichergehen, keine Fehler produziert zu haben. Wählen Sie BEARBEITEN/ RECHTSCHREIBPRÜFUNG, und Photoshop öffnet die entsprechende Dialogbox, in der die unbekannten Begriffe aufgeführt sind. Hier ersetzen Sie diese Wörter mit Pendants aus dem Photoshop-Wörterbuch. Oder Sie ignorieren die Vorschläge bzw. fügen eigene Begriffe zum Wörterbuch hinzu, so dass diese beim nächsten Mal nicht kritisiert werden. Hier können Sie den gesamten bearbeitbaren Text in Ihrem Dokument untersuchen lassen.

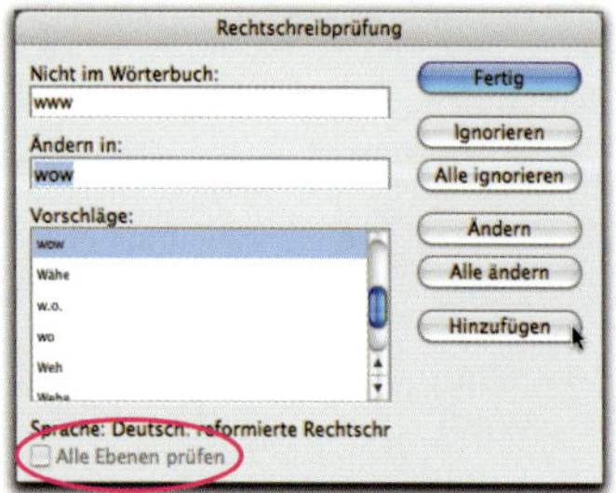

linken Lineal, die Sie am letzten Buchstaben der Überschrift ausrichten. Wählen Sie dann das Text-Werkzeug T. Beginnen Sie an der Hilfslinie in Höhe der Augen des Kindes und ziehen Sie nach links unten, um einen Rahmen für den Text aufzuziehen **7a**; wenn Sie ihn verschieben wollen, halten Sie die ⌘/Strg-Taste und ziehen Sie.

In der Optionsleiste des Text-Werkzeugs wählen Sie einen Zeichensatz für den Text, der stark genug ist, um vor dem Hintergrund sichtbar zu sein (hier Adobe Caslon Pro Semibold); als Größe wählten wir 9,5 pt und klickten auf TEXT LINKS AUSRICHTEN **7b**. Stellen Sie in der Zeichen-Palette den Zeilenabstand ein (hier 11,5 pt) **7c**. In der Absatz-Palette schalteten wir die SILBENTRENNUNG aus und stellten die Optionen ABSTAND VOR ABSATZ EINFÜGEN und ABSTAND NACH ABSATZ EINFÜGEN auf 0, weil wir zwischen den Zeilen eine Leerzeile lassen wollten. Tippen Sie den Text ein **7d**. Falls Sie eine Rechtschreibkorrektur wünschen, sollten Sie das jetzt tun, bevor Sie die Abstände korrigieren (siehe Kasten links). Wenn der Text nicht in den Rahmen passt, passen Sie ihn zuerst ein, wie auf der folgenden Seite beschrieben.

8 Ein gespeichertes Logo hinzufügen. Als Nächstes fügen wir das Logo hinzu, das als Eigene-Form-Vorgabe gespeichert ist und als Formebene hinzugefügt wird. Wählen Sie das Eigene-Form-Werkzeug. Klicken Sie auf das Form-Icon in der Mitte der Optionsleiste, um den Eigene-Form-Wähler zu öffnen **8a**, öffnen Sie dort das Palettenmenü. Wählen Sie Formen laden und laden Sie die Datei **Wow Sonnenlogo.csh** aus dem Ordner **Text hinzufügen.** Klicken Sie nun auf das Icon Wow Sun Logo unten im Öffnen-Dialog. Klicken Sie auf das Icon weiter links in der Optionsleiste, um das Eigene-Form-Menü zu öffnen **8b**, und schalten Sie unbedingt die Option Festgelegte Proportionen ein, damit die Proportionen des Logos erhalten bleiben; klicken Sie auf den Formebene-Button links in der Optionsleiste. Klicken Sie in das Farbfeld und wählen Sie eine Farbe. Wir nahmen ein dunkles, warmes Braun aus dem Schatten des Beins auf. Um das Logo zu positionieren, fügten wir eine horizontale Hilfslinie unter der Sandale des Kindes ein. Ziehen Sie das Logo nun mit dem Eigene-Form-Werkzeug auf die gewünschte Größe. Mit der ⌘/Strg-Taste verwandeln Sie es kurzzeitig ins Verschieben-Werkzeug, um das Logo zu positionieren **8c**.

Wir wendeten einen Schlagschatten auf das Logo an, um es etwas von der Seite anzuheben. Klicken Sie dazu auf den Button EBENENSTIL HINZUFÜGEN *fx* unten in der Ebenen-Palette und wählen Sie SCHLAGSCHATTEN. Schalten Sie die Option GLOBALES LICHT aus und stellen Sie den Schlagschatten ein: wir verwendeten WINKEL 45°, ABSTAND 3 px, ÜBERFÜLLEN 1% und GRÖSSE 7 px **8d**.

TEXT EINPASSEN

Hier einige Einstellungen, mit denen Sie den Text besser in den verfügbaren Raum einpassen können:

1 Photoshop verwendet die InDesign-Type-Engine für die Zeichen- und Wortabstände. Mit dem im Palettenmenü der Absatz-Palette aktivierten **Adobe Alle-Zeilen-Setzer** kann Photoshop die Abstände überall im Absatz korrigieren, um ein Problem in einer beliebigen Zeile zu lösen. Wenn Sie den Textrahmen etwas verkleinern oder vergrößern können, erhalten Sie ein professionelles Layout meist schon, indem Sie den Textrahmen einstellen und dann den Rest vom Adobe Alle-Zeilen-Setzer erledigen lassen.

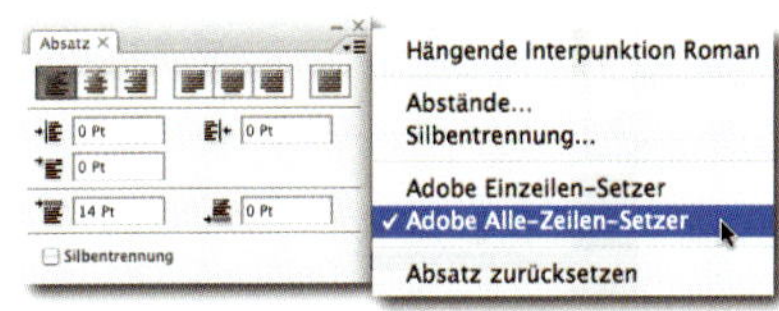

2 Wenn Ihnen der Schriftsatz noch nicht gefällt und der Textrahmen nicht mehr verändert werden kann, ändern Sie **Schriftgröße und Zeilenabstand** in der Zeichen-Palette; Zahlen mit zwei Dezimalstellen sind hier möglich.

3 Schalten Sie die **Silbentrennung** ein, wenn Ihr Projekt das zulässt.

4 Schließlich stellen Sie manuell **Kerning und Laufweite** für den Absatz in der Zeichen-Palette ein.

8a

Laden Sie das Wow Sun Logo in die Eigene-Form-Palette.

8b

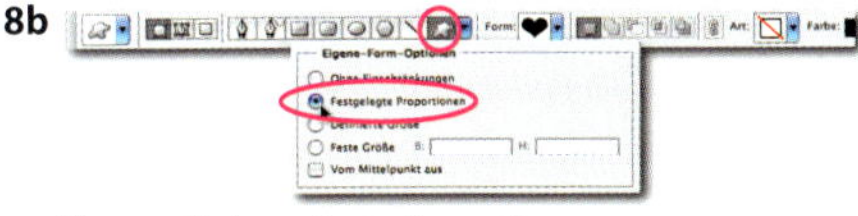

Nutzen Sie festgelegte Proportionen.

9 Schrift auf einem Kreis. Um den Text um das Logo herum zu setzen, erstellen Sie zuerst einen Kreis-Pfad: Nehmen Sie das Ellipse-Werkzeug und klicken Sie auf den Pfade-Button links in der Optionsleiste. Zeichnen Sie von der Mitte der Logo-Form nach außen. Halten Sie dann die ⇧- und die ⌥/Alt-Tasten gedrückt, um einen perfekten Kreis um Ihren Anfangspunkt herum zu erhalten. Falls Ihnen der Mittelpunkt verrutscht, halten Sie zusätzlich die Entf gedrückt, positionieren Sie den Kreis neu, lassen Sie die Entf los und zeichnen Sie weiter.

Wählen Sie das Text-Werkzeug T und nehmen Sie die Einstellungen vor. Wir wählten in der Optionsleiste Trebuchet MS Bold bei 11 pt und klickten auf Text zentrieren. Dann klickten wir in das Farbfeld und dann auf das Logo, um dessen Farbe aufzunehmen. In der Zeichen-Palette klickten wir auf den Button KAPITÄLCHEN und trugen 25 in das Feld für die Laufweite ein. Stellen Sie den Cursor in die Mitte oberhalb des Pfades; er verwandelt sich in das Text-auf-Pfad-Icon. Klicken Sie und tippen Sie den Firmennamen. Mit ⌘/Strg-↵ übernehmen Sie den Text **9**. Stellen Sie wenn nötig die Schriftgröße ein.

Um den Schriftstil an das Logo anzupassen, Ctrl-klicken (Mac) bzw. rechts-klicken (PC) Sie auf das Ebeneneffekt-Icon in der Logo-Ebene und wählen Sie EBENENSTIL KOPIEREN. Ctrl-/Rechts-klicken Sie in denselben Bereich für die Text-Ebene und wählen Sie EBENENSTIL EINFÜGEN.

Jetzt passen Sie Laufweite und Kerning an, um den Text wie bei der Überschrift um den Kreis anzupassen. Wenn Sie den Text dann um den Kreis neu anordnen müssen, verwenden Sie das Pfadauswahl-Werkzeug, stellen Sie den Cursor in die Mitte des Textkreises, bis er zum I mit Doppelpfeil wird und ziehen. (Wenn Sie den gesamten Textkreis um das Logo verschieben müssen, ziehen Sie ihn mit dem Verschieben-Werkzeug.)

Die Telefonnummer wurde als Punkttest in Trebuchet MS Bold, 10 pt gesetzt. Wir klickten in der Optionsleiste auf das Farbfeld und nahmen die Logofarbe auf. Die Hilfslinie diente als Grundlinie.

10 Text in den Sand malen. Der Name des Fotografen wird verzerrt, als sei er in den Sand gemalt: Wählen Sie den Zeichenstift und klicken Sie auf den Pfade-Button in der Optionsleiste; klicken und ziehen Sie, um einen verzerrten Pfad unter dem rechten Fuß des Kindes anzulegen **10a**.▼ Aktivieren Sie das Textwerkzeug T. Nehmen Sie die Einstellungen vor: Trebuchet MS, Bold,

MEHR DAVON

▼ Zeichenstift
Seite 435

8c

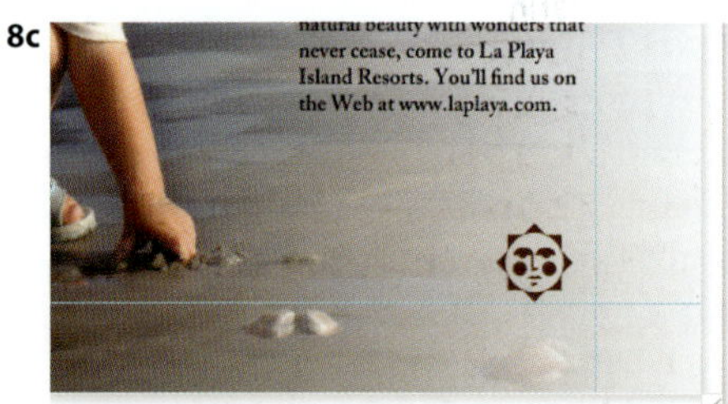

Das skalierte Logo wurde am Fuß des Kindes ausgerichtet.

8d

Ein Schlagschatten wurde dem Logo als Ebeneneffekt hinzugefügt.

9

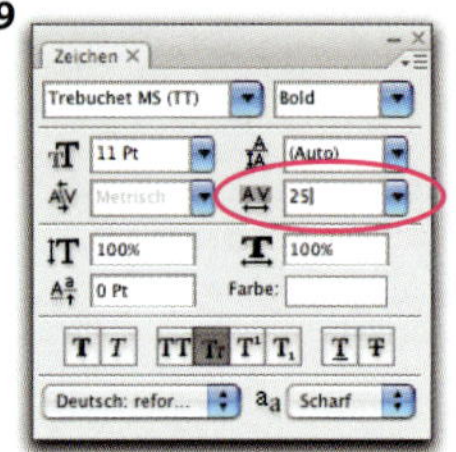

Kapitälchen vereinheitlichen das runde Textband. Die Kapitälchen erhielten die Buchstabenhöhe im Verhältnis zur Sonne, ohne die Punktgröße und Lesbarkeit zu verringern. Eine positive Laufweite (+25) verbessert das Aussehen von Text auf einem Kreis häufig.

9 pt, links ausgerichtet; als Farbe nahmen wir den feuchten Sand aus dem Bild auf. Klicken Sie auf den Pfad, tippen Sie den Namen ein und drücken Sie ⌘/Strg-↵ **10b**.

Um den Text zu verzerren, verwendeten wir den Verzerren-Befehl, den wir einfacher zu steuern fanden als VERKRÜMMTER TEXT (oder BEARBEITEN/TRANSFORMIEREN/VERKRÜMMEN). Verzerren ist einer der Transformieren-Befehle, der nicht auf Textebenen anino

nngewendet werden kann. Wandeln Sie die Schrift also zuerst in Pixel um (EBENE/RASTERN/TEXT). Wählen Sie dann BEARBEITEN/TRANSFORMIEREN/VERZERREN und ziehen Sie die Griffe des Rahmen so, dass der Text auf dem Sand zum Liegen kommt. Doppelklicken Sie in den Transformieren-Rahmen, um die Verzerrung abzuschließen **10c** (falls etwas schiefgeht und Sie erneut anfangen wollen, können Sie ⌘/Strg-Punkt oder Esc drücken und dann erneut BEARBEITEN/TRANSFORMIEREN/VERZERREN wählen).

Dann verzerrten wir die Buchstaben mit dem Kräuseln-Filter leicht und fügten einen Ebenenstil hinzu, um Schatten und Tiefe zu erzeugen. Wählen Sie FILTER/VERZERRUNGSFILTER/KRÄUSELN, nehmen Sie die Einstellungen vor (hier KLEIN und 70%)**10d**, und klicken Sie auf OK. Klicken Sie dann auf das Ebenenstil-Icon in der Ebenen-Palette und wählen Sie ABGEFLACHTE KANTE UND RELIEF. Wählen Sie ABGEFLACHTE KANTE INNEN und ABRUNDEN, GLOBALES LICHT: AUS; RICHTUNG: NACH UNTEN und Einstellungen so, dass der Schatten im Text dem der Sandhäufchen im Bild entspricht (Winkel 35°, Höhe 16°, Tiefe 50%, Größe und Weichzeichnen 0). In der Ebenen-Palette reduzierten wir die Flächen-Deckkraft auf 80% **10e**, was die Buchstaben aufhellte, ohne die Schattierung des Ebeneneffekts zu sehr zu verändern, wie es die normale Deckkraft getan hätte.

10a

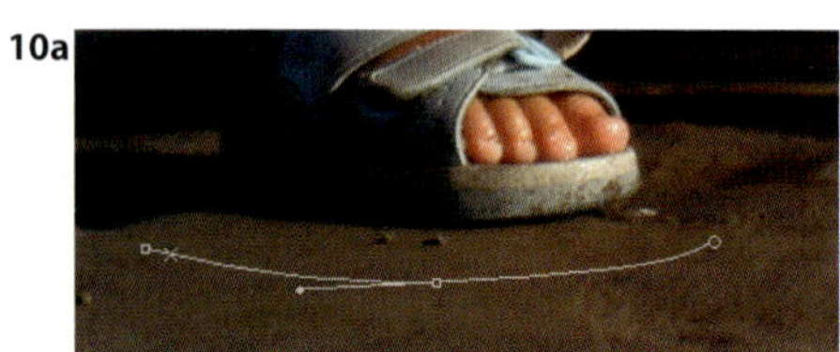

Ein Pfad für den Text.

10b

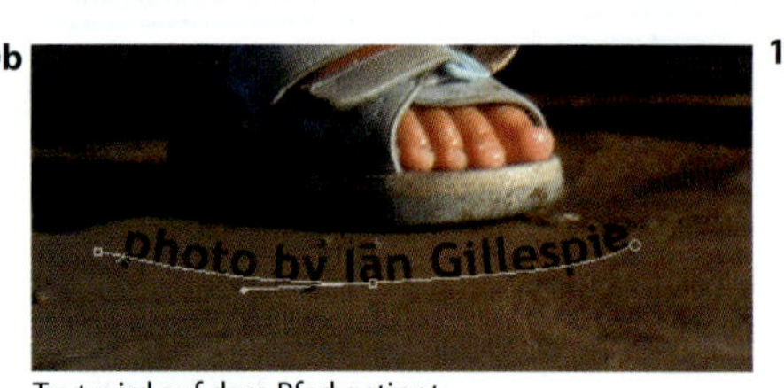

Text wird auf dem Pfad getippt.

10c

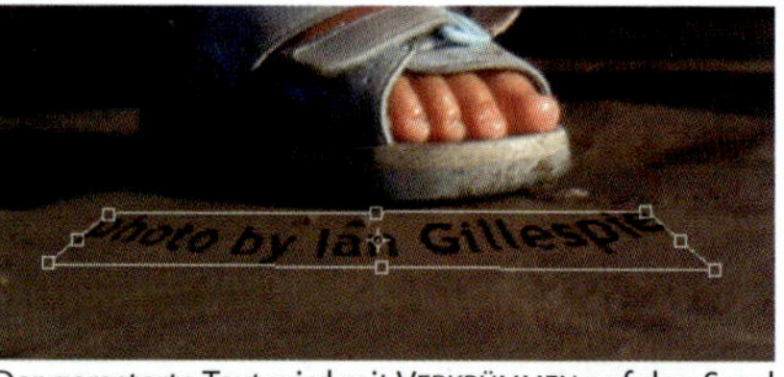

Der gerasterte Text wird mit VERKRÜMMEN auf den Sand gelegt.

10e

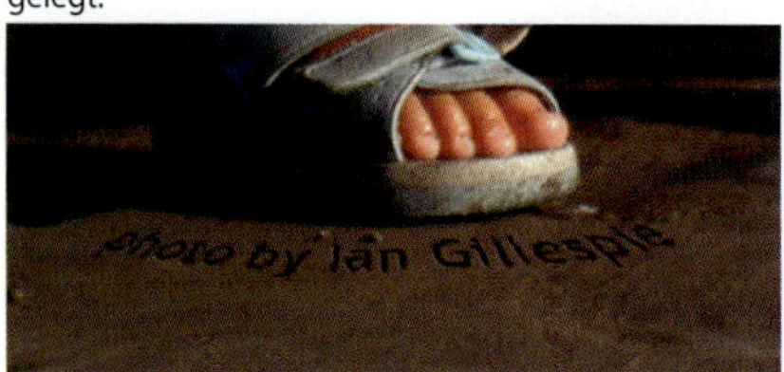

Der »In-den-Sand-geschrieben«-Look nach dem Kräuseln-Filter, einem Ebenenstil und reduzierter Flächen-Deckkraft.

10d

Leichtes Kräuseln auf dem Text.

Mit Photomerge zum Panorama

SIE FINDEN DIE DATEIEN

auf der DVD (WOW) unter Wow Projektdateien/ Kapitel 9/Photomerge Panorama:

- Left.psd, Center.psd und Right.psd
- Photomerge Panorama-Nachher.psd (zum Vergleich)

ÖFFNEN SIE DIESE PALETTE

aus dem Fenster-Menü

- Ebenen

ÜBERBLICK

Wenn nötig, passen Sie die Farben der Bilder in der Serie an • Testen Sie Photomerge als automatisiertes Panorama oder als Arbeitsfenster zum Ausrichten von Ebenen • Überblenden Sie ausgerichtete Ebenen mit Ebenenmasken • Überprüfen Sie den Übergang mit Tiefen und Lichter • Stellen Sie Farben und Farbton ein

1a

Die drei Originalbilder in der Panoramaserie.

Nicht alle Panoramen lassen sich so ohne Weiteres zusammensetzen, denn die Tonwerte der Einzelbilder passen nicht immer nahtlos zusammen. Nur in Photoshop CS3 ist das kein Problem: Mit automatisch erzeugten Ebenenmasken entstehen in CS3 oft perfekte Übergänge ganz ohne Eingriffe des Anwenders. Anders in Photoshop CS und CS2: Hier bereiten Sie das Bild in der Photomerge-Vorschau vor und legen später Ebenenmasken und Übergänge von Hand an. Die folgende Anleitung richtet sich vor allem an CS- und CS2-Anwender. Aber sie eignet sich auch für CS3, wenn Sie das erste, automatische Ergebnis noch verbessern wollen. ▼

MEHR DAVON

▼ Photomerge **Seite 577**

Der Befehl GLEICHE FARBE ist ein Segen beim Zusammen-stellen von Panoramen, denn damit können Sie die Farb-anpassung zwischen den Bildern einer Serie deutlich abkürzen. Automatische Kameras, sowohl Digital- als auch Filmkameras, ändern ihre Belichtungseinstellungen mit dem Licht, und oft ist es genau das, was der Fotograf möchte. Aber wenn Sie für ein Panorama foto-

FÜR EIN PANORAMA FOTOGRAFIEREN

Wenn Sie Fotos für ein Panorama aufnehmen, sollten Sie die folgenden Dinge beachten:

- Überprüfen Sie, ob die Kamera einen speziellen Modus für Panoramabilder besitzt.
- Wenn nicht, stellen Sie die Belichtung von Hand ein, wenn das möglich ist. Wählen Sie sie einmal, und lassen Sie sie für den Rest der Serie unverändert.
- Halten Sie die Kamera wenn möglich an derselben Position, drehen Sie sie, statt sie zu bewegen. Und halten Sie sie gerade und kippen Sie sie weder zur Seite noch nach vorn. Ein Stativ ist eine große Hilfe.
- Nehmen Sie die Bilder so auf, dass sie sich zu ca. 25% überlagern. Bei mehr müssen Sie zu oft fotografieren, bei weniger wird das Zusammenfügen schwer.
- Machen Sie bei den üblichen Horizont-Panoramen die Bilder höher als Sie benötigen, lassen Sie genug Platz über und unter dem Horizont. So schneiden Sie nichts Wichtiges ab, wenn die Fotos nach oben oder unten verschoben bzw. bei der Montage verzerrt werden, um sie auszurichten.

1b

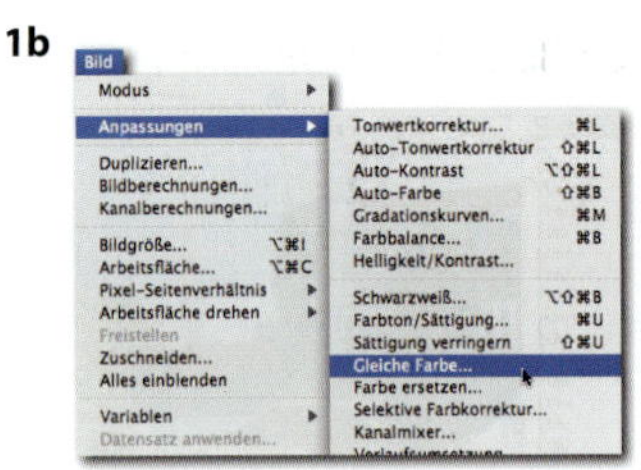

Der Befehl GLEICHE FARBE: Sie finden ihn im Menü ANPASSUNGEN, jedoch nicht als Einstellungsebene.

1c

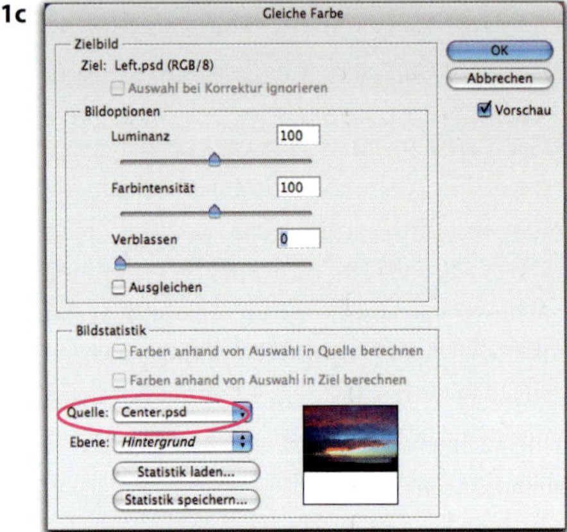

Die Farbe von **Left.psd** wird an die von **Center.psd** angepasst.

2

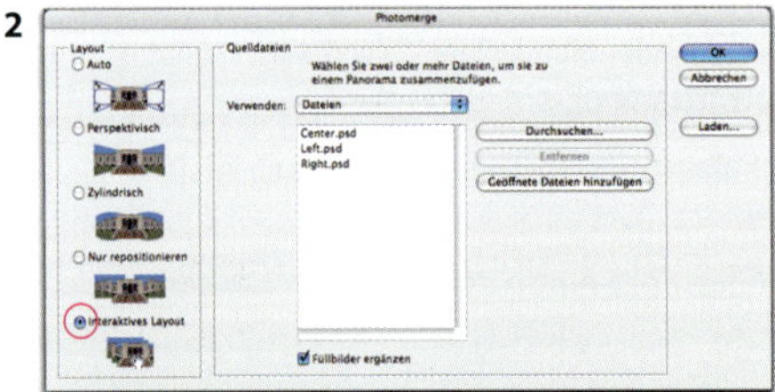

Die geöffneten Dateien zusammenfügen.

3a

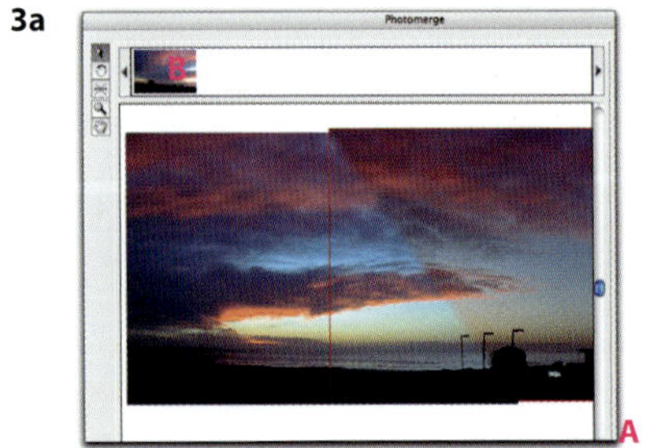

Photomerge richtet das mittlere und das rechte Bild aus **A**, beim linken funktioniert es nicht **B**.

grafieren, können die automatischen Belichtungseinstellungen zu Farbunterschieden zwischen den Bildern der Serie führen. Diese Farbverschiebung kann das Hauptproblem sein, um das Sie sich beim Montieren von Panoramen kümmern müssen. So war es auch beim Zusammensetzen dieser drei Fotos.

1 Die Bilder vorbereiten. Überprüfen Sie, ob Sie die Farben der Bilder anpassen müssen. Wenn die Aufnahmen extra für ein Panorama gemacht wurden (siehe »Für ein Panorama fotografieren« gegenüber), ist eventuell keine Farbkorrektur nötig. Also können Sie die Bilder in Bridge bzw. dem Dateibrowser markieren (⌘/Strg-klicken oder ⇧-klicken) und dann direkt in Photomerge öffnen (Bridge: WERKZEUGE/PHOTOSHOP/PHOTOMERGE, im Dateibrowser AUTOMATISIEREN/PHOTOMERGE). Wenn keine Farbkorrektur notwendig ist, fahren Sie mit Schritt 3 fort.

Bei unseren Aufnahmen vom Sonnenuntergang war klar, dass **Left.psd** korrigiert werden musste, damit die Farben zu den beiden anderen Fotos passen **1a**. Wenn Sie also die Übung an unseren Dateien nachvollziehen, öffnen Sie die Dateien in Photoshop.

Aktivieren Sie **Left.psd** und wählen Sie BILD/ANPASSUNGEN/GLEICHE FARBE **1b**. Wählen Sie in der Dialogbox GLEICHE FARBE das Bild als Quelle, dessen Farbe Sie als Vorbild verwenden wollen **1c**; wir entschieden uns für **center.psd** und überprüften das Ergebnis im Arbeitsfenster. Ist der Effekt zu stark, bearbeiten Sie ihn mit dem Verblassen-Regler. Klicken Sie dann auf OK, um die Dialogbox zu schließen. Speichern Sie die geänderte Datei (mit DATEI/SPEICHERN, wenn Sie irgendwo anders noch ein Original der Datei haben, sonst mit SPEICHERN UNTER und einem neuen Dateinamen).

2 Photomerge aus Photoshop starten. Wenn Ihre Dateien in Photoshop geöffnet sind, wählen Sie DATEI/AUTOMATISIEREN/PHOTOMERGE und klicken Sie im Dialog auf GEÖFFNETE DATEIEN HINZUFÜGEN **2** und dann auf OK.

3 Arbeiten in Photomerge. Photomerge geht nun an die Arbeit und versucht, die Bilder bestmöglich zu montieren und die Komponenten auszurichten. Wenn es nicht ganz erfolgreich ist (wie bei dieser Serie), erhalten Sie eine Warnmeldung; klicken Sie auf OK, um fortzufahren **3a**. Im Photomerge-Dialog erscheinen Bilder, die ausgerichtet werden konnten, im großen unteren Bereich. Alle anderen werden oben im Leuchttisch vorgehalten, das Auswahl-Werkzeug ist aktiv. Mit dem Navigator-Regler oben rechts im Dialog können Sie die Ansicht vergrößern **3b**. Um diese Photomerge-Vorschau in CS3 zu sehen, müssen Sie im ersten Photomerge-Dialog INTERAKTIVES LAYOUT wählen.

3b

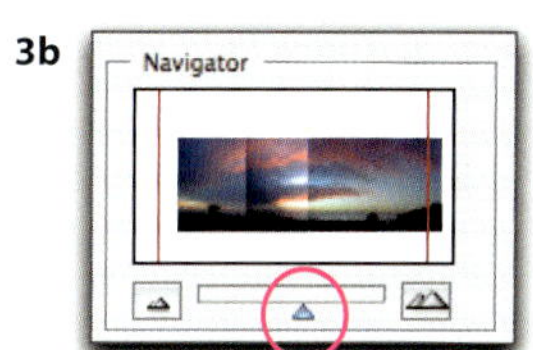

Die Ansicht in Photomerge vergrößern.

3c

AN BILD AUSRICHTEN hilft Ihnen, die Segmente automatisch zu platzieren.

3d

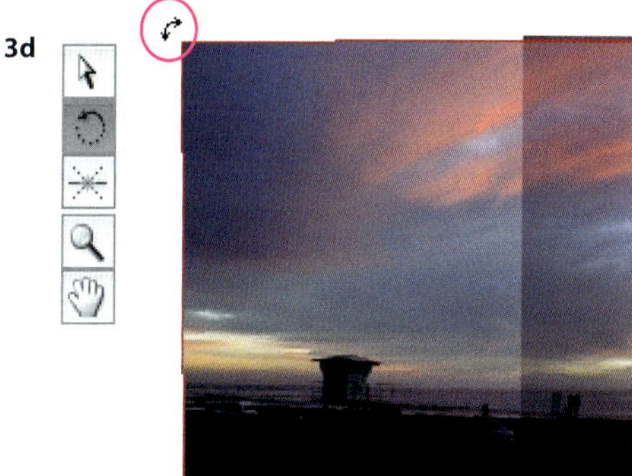

Das linke Bild leicht drehen.

3e

Das Bild wurde zwar ausgerichtet, jedoch nicht besonders gut überblendet.

Ziehen Sie jedes Bild aus dem oberen Band in das untere Feld, wo es halb transparent wird, so dass Sie es manuell ausrichten können. Mit der Option AN BILD AUSRICHTEN **3c** übernimmt Photomerge und richtet die Bilder aus, so bald sie in die Nähe des Bildrandes kommen; für bessere Kontrolle schalten Sie die Option aus.

Wenn Sie ein Bild etwas drehen müssen, um es ausrichten zu können, verwenden Sie das Bild-drehen-Werkzeug (Tastenkürzel R) und ziehen Sie mit dem Cursor, um das Bild zu drehen **3d**; wir drehten das linke Bild leicht entgegen dem Uhrzeigersinn, um den Horizont zu begradigen, und verschoben das Bild nach oben, um es mit dem mittleren auszurichten.

Wenn Sie und Photomerge alle Bilder ausgerichtet und überlappt haben, gibt es mehrere Möglichkeiten, das Panorama abzuschließen. Bereits in der Vorschau ist deutlich, dass unser Sonnenuntergang etwas Nachbehandlung nötig hat, damit die Übergänge feiner werden **3e**. Aktivieren Sie also mit CS/CS2 die Checkbox ALS EBENEN BEIBEHALTEN, um diese zu erhalten, so dass Sie die Bilder mithilfe der Ebenenmasken überblenden können. Ab CS3 werden Ebenen in jeden Fall beibehalten, die Checkbox gibt es nicht mehr. Klicken Sie dann auf OK. Photomerge erzeugt automatisch eine Datei mit dem Panorama, wobei jedes Einzelbild auf einer eigenen Ebene liegt.

4a

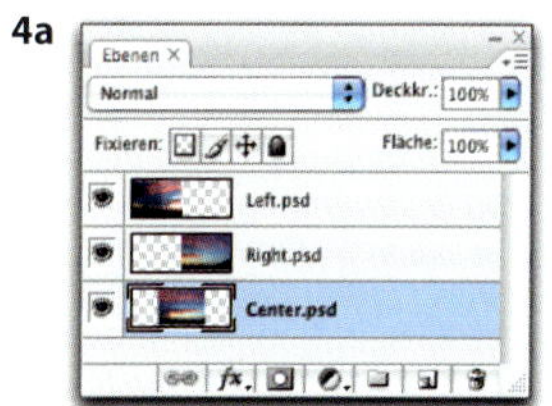

Das mittlere Bild ist als untere Ebene angelegt. Die linke und rechte Ebene werden maskiert.

4b

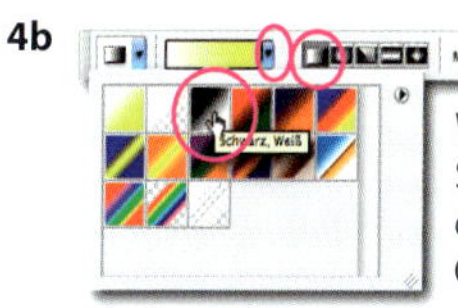

Wählen Sie den Verlauf SCHWARZ, WEISS mit dem Stil LINEAR, die Option UMKEHREN ist ausgeschaltet.

AUSRICHTEN GEHT NICHT?

Wenn Sie die Details durch bloßes Überlappen der Bilder nicht perfekt überblenden können, haben Sie noch ein paar andere Optionen. **Zuerst innerhalb von Photomerge:**

Wenn die Ausrichtung im Standardmodus nicht funktioniert, probieren Sie sowohl PERSPEKTIVISCH als auch ZYLINDRISCH. Um das Ergebnis von ZYLINDRISCH sehen zu können, klicken Sie auf VORSCHAU.

Falls die Ausrichtung schon passabel ist, versuchen Sie die Option ERWEITERTES ÜBERBLENDEN. Hier werden zwar die Bilder in der Mitte besser ausgerichtet, jedoch auf Kosten der Ränder; mit VORSCHAU sehen Sie ein Zwischenergebnis. Allerdings haben Sie hier nicht die Möglichkeit, separate Ebenen zu behalten, die spätere Bearbeitung wird also komplizierter.

Außerhalb von Photomerge: Wenn Sie ein Element nicht ausrichten können, das sich von einem Teil des Panoramas in einen anderen erstreckt, probieren Sie Folgendes: Reduzieren Sie in der Ebenen-Palette die Deckkraft der oberen der beiden Ebenen, so dass Sie die Elemente auf beiden Ebenen gleichzeitig sehen können. Wählen Sie das Element auf einer der beiden Ebenen aus und wählen Sie dann BEARBEITEN/TRANSFORMIEREN/VERZERREN (oder drücken Sie ⌘/Strg-T und halten dann die ⌘/Strg-Taste); ziehen Sie einen Eckpunkt, um das Element zu verzerren und mit seinem Gegenpart im anderen Panoramateil auszurichten.

4c

Ziehen Sie mit dem Verlaufswerkzeug , um eine Maske zu erzeugen. Den Effekt sehen Sie unten.

4d

Überprüfen Sie die Wirkung der oberen Ebenenmaske. Das Ergebnis sieht gut aus.

4e
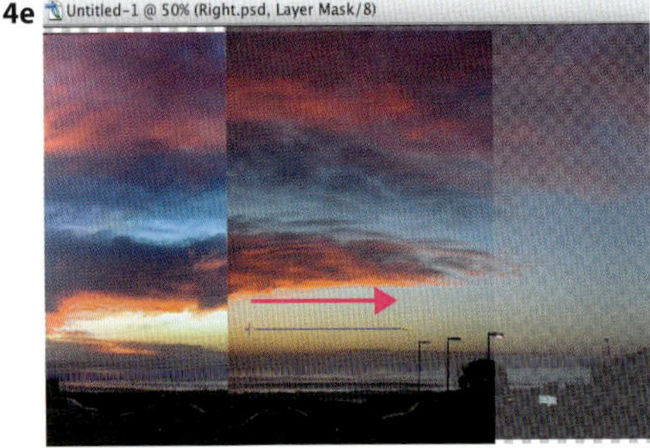

Die Maske für die Ebene »Right.psd«.

4 Mit Ebenenmasken überblenden. Sie sollten die Ebenen in der Reihenfolge stapeln, die für die notwendigen Reparaturen logisch erscheint. Ziehen Sie einfach die Miniaturen der einzelnen Ebenen in der Ebenen-Palette nach oben oder unten. Für dieses Panorama haben wir die »Center«-Ebene nach unten gelegt **4a**. Die Ebenen »Left« und »Right« maskierten wir, um die »Center«-Ebene freizulegen.

Nun erstellen Sie Ebenenmasken, um festzulegen, wie sich das Bild jeder Ebene mit dem nächsten in dem Überlappungsbereichen überblendet. Ein Schwarzweißverlauf bildet die Basis für jede Maske, wenn nötig werden die Details von Hand eingezeichnet. Aktivieren Sie die obere Ebene in Ihrem Stapel, hier »Left«. Ändern Sie deren Deckkraft in 90% (mit dem Regler oben in der Palette), so dass man die Überblendung sieht. Klicken Sie auf den Button EBENENMASKE HINZUFÜGEN unten in der Ebenen-Palette.

Nehmen Sie das Verlaufswerkzeug , um eine Überblendungsmaske zu erstellen. Klicken Sie in der Optionsleiste auf den Button LINEAR und öffnen Sie die Verlaufspalette, indem Sie auf den kleinen Pfeil rechts des Verlaufsfeldes klicken **4b**; wählen Sie den Schwarzweißverlauf (den dritten in der Standardpalette).

Ziehen Sie mit dem Verlaufswerkzeug über den überlappenden Bereich. Beginnen Sie, wo diese Ebene vollkommen unsichtbar sein soll, und hören Sie da auf, wo sie die darunter liegende Ebene vollständig verdecken soll **4c**. Stellen Sie die Deckkraft wieder auf 100%, um die Überblendung zu testen **4d**. Wenn beim ersten Versuch kein sanfter Übergang in Beleuchtung und Farbe der beiden Ebenen entstanden ist, können Sie die Deckkraft wieder auf 90% verringern und den Verlauf neu zeichnen. Falls bei der Überblendung Geisterbilder von Details entstanden sind, die nicht perfekt übereinander liegen, können Sie die Verlaufsmaske von Hand verfeinern. Mit Schwarz lassen Sie der unteren Ebene den Vortritt, mit Weiß hat die obere Ebene Priorität. ▼

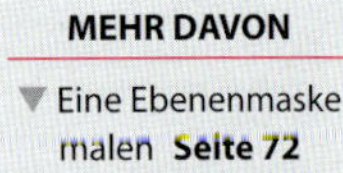
MEHR DAVON
▼ Eine Ebenenmaske malen **Seite 72**

4f

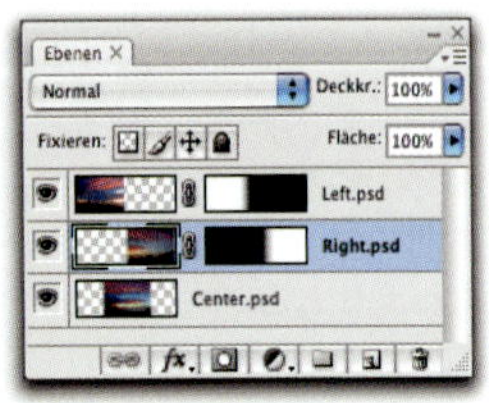

Das überblendete Panorama mit zwei verlaufsbasierten Ebenenmasken.

5a

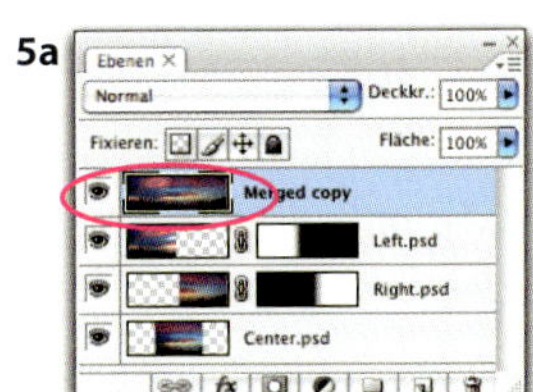

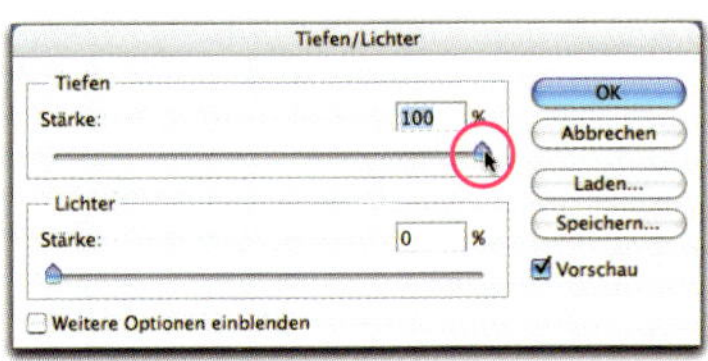

Überprüfen Sie die Details, indem Sie eine reduzierte Kopie des Bildes mit TIEFEN/LICHTER aufhellen. Je nach Bild können Sie auch einen anderen Befehl (oder eine Einstellungsebene, z.B. Tonwertkorrektur) verwenden, um Probleme zu finden.

5b

Nach dem Widerruf von TIEFEN/LICHTER.

6a

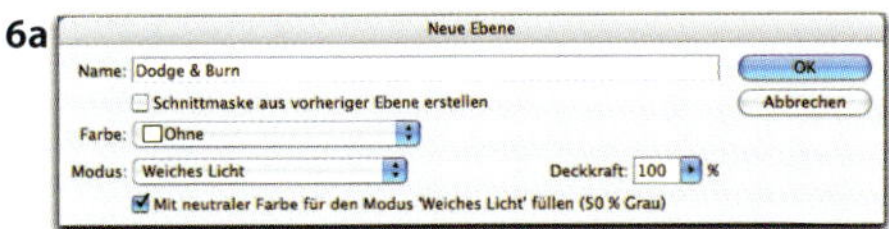

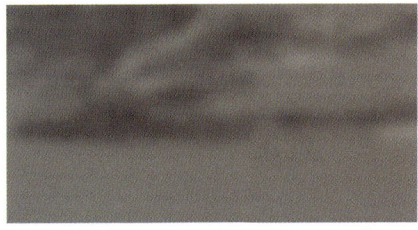

Eine Abwedeln- & Nachbelichten-Ebene im Modus WEICHES LICHT wird hinzugefügt und bemalt (hier allein zu sehen).

Wiederholen Sie die Maskierung für alle Ebenen außer der untersten. Zur »Right«-Ebene fügten wir eine Verlaufsmaske hinzu **4e**, weitere Änderungen waren jedoch nicht nötig **4f**. (Wenn Sie an den Ebenen einzelne Farbanpassungen vornehmen wollen, fügen Sie am besten eine Einstellungsebene hinzu und beschränken Sie deren Wirkung, indem Sie eine Schnittmaske mit der entsprechenden Ebene einrichten.) ▼

MEHR DAVON

▼ Beschneidungsgruppen **Seite 67**

5 Den Übergang prüfen. Bei diesem Sonnenuntergang ist das Vordergrundbild ziemlich dunkel. Damit uns jedoch keine Brüche entgehen oder wir Doppelbelichtungen übersehen, die beim Druck offensichtlich werden, prüften wir das Bild folgendermaßen: Wir erzeugten eine reduzierte Kopie des Bildes (in Photoshop CS, ⌘-⌥-⇧-N (Mac) oder Strg-Alt-⇧-N (Windows) dann E; seit CS2 tun Sie dasselbe, lassen aber das N weg). Dann wendeten wir den Befehl TIEFEN/LICHTER auf das neue Gesamtbild an (BILD/ANPASSUNGEN/TIEFEN/LICHTER) und schoben den Regler für die Tiefenstärke auf 100%, um die Details besser zu erkennen **5a**. Hätten wir Probleme gefunden (fanden wir nicht), hätten wir auf einer oder allen Verlaufsmasken malen können, wie in Schritt 4 beschrieben. Nach dieser Überprüfung widerriefen wir den Befehl TIEFEN/LICHTER mit ⌘/Strg-Z **5b**.

6 Farbe und Farbton allgemein anpassen. In diesem Bild sind die Wolken sozusagen der »Star« der Show. Um sie noch dramatischer wirken zu lassen, verwendeten wir eine Abwedeln-Nachbelichten-Ebene und eine Farbton/Sättigung-Ebene.

Wir fügten eine Abwedeln-/Nachbelichten-Ebene hinzu, indem wir auf den Button NEUE EBENE ERSTELLEN ⌥/Alt-klickten und im erscheinenden Dialog den Modus WEICHES LICHT wählten. Die Checkbox MIT NEUTRALER FARBE FÜR DEN MODUS WEICHES LICHT FÜLLEN (50% GRAU) aktivierten wir **6a**. Dann malten wir in diese Ebene mit dem Pinsel; in der Optionsleiste wählten wir eine weiche Pinselspitze mit geringer Deckkraft und schalteten die Airbrush-Funktion ein. Wir malten mit Schwarz in die Ebene, um die Farbe der Frontseite der Wolken etwas abzudunkeln, und mit Weiß an ihre Unterseiten, um diese aufzuhellen. Da wir im Modus WEICHES LICHT arbeiteten, wurden vor allem die Mitteltöne intensiviert **6b**.

Schließlich fügten wir eine Farbton/Sättigung-Ebene hinzu, indem wie auf den Button NEUE FÜLL- ODER EINSTELLUNGSEBENE HINZUFÜGEN unten in der Ebenen-Palette klickten und den Befehl aus der Liste wählten. Wir erhöhten die Sättigung, um die Farbe der Wolken brillanter werden zu lassen, und zogen den Farbton-Regler etwas nach rechts, um die Farben aufzuwärmen **6c**. Wir schalteten die Farbumfang-Warnung ein (Ansicht-Menü), so dass uns Photoshop warnen konnte, wenn die Farben für den Druck zu stark gesättigt wären. Falls dies eingetreten wäre, hätten wir den fraglichen Bereich gewählt und die Sättigung reduziert, bis die Warnung verschwunden gewesen wäre. Manche Farben drucken trotz Warnung gut, deshalb ließen wir kleine Überschreitungen zu und holten die Farben nicht komplett zurück.

7 Die Kanten bereinigen. Um die Kanten zu säubern, zogen wir mit dem Auswahlrechteck ⬚ um den größtmöglichen Bereich, ohne unebene Kanten einzubeziehen **7.** Dann wählten wir BILD/FREISTELLEN. (Man kann auch mit dem Kopierstempel Material in die leeren Bereiche an den Kanten kopieren.)

6b

Die Abwedeln-Nachbelichten-Ebene macht den Himmel dramatischer.

6c

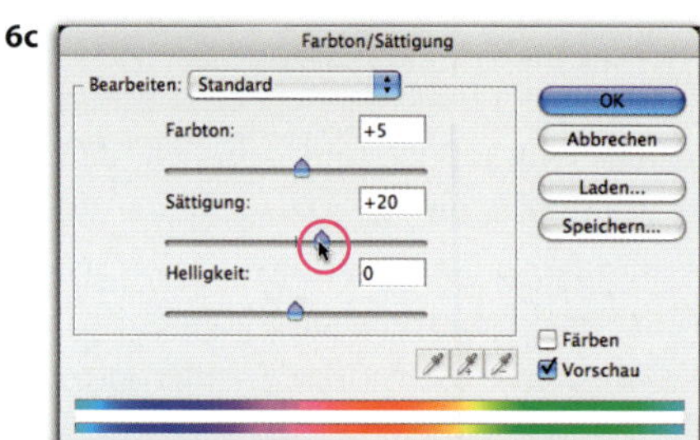

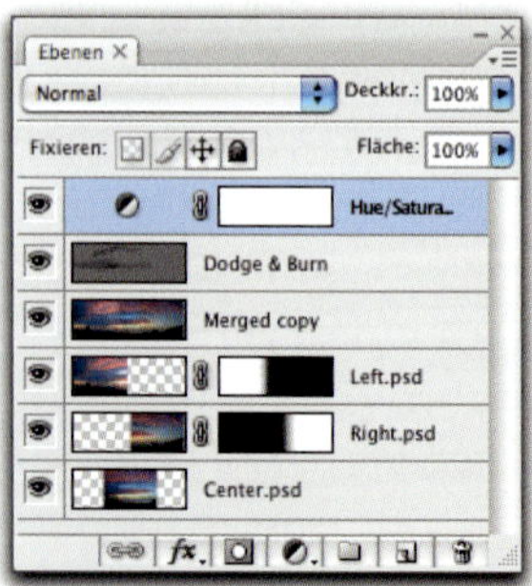

Eine Farbton/Sättigung-Einstellungsebene lässt die Himmelsfarben lebendiger erscheinen.

NICHT DRUCKBARE FARBEN?

Wenn Sie die Sättigung der Farben erhöhen wollen – entweder mit FARBTON/SÄTTIGUNG oder dem Schwamm im Modus SÄTTIGUNG, sollten Sie die Farbumfang-Warnung einschalten. So sehen Sie, wo die Farben über den möglichen Druckbereich der aktuellen CMYK-Einstellungen hinaus intensiviert wurden.

Um die Farbumfang-Warnung ein- und auszuschalten, wählen Sie zuerst den CMYK-Arbeitsbereich (ANSICHT/PROOF EINRICHTEN). Wählen Sie dann ANSICHT/FARBUMFANG-WARNUNG (oder drücken Sie ⌘/Strg-⇧-Y). »Nicht druckbare Frben« werden als graue Flecken angezeigt, in den Voreinstellungen können Sie jedoch eine andere Warnfarbe wählen (⌘/Strg-K, dann Transparenz & Farbumfang bzw. ⌘/Strg-4).

Sowohl ANSICHT/FARBUMFANG-WARNUNG als auch ⌘/Strg-⇧-Y funktionieren, wenn eine Dialogbox bereits geöffnet ist. Falls Sie diese Option also vergessen und der Farbton/Sättigung-Dialog offen ist, können Sie das nachholen.

Hinweis: Die Farbumfang-Warnung ist eher etwas konservativ. Sie definiert manchmal Farben außerhalb des Farbumfangs, obwohl diese sich dennoch recht gut drucken lassen.

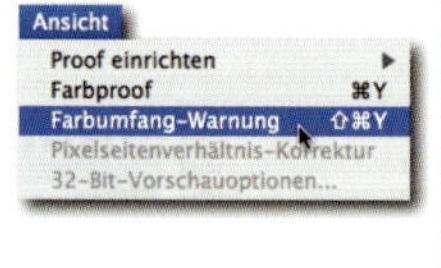

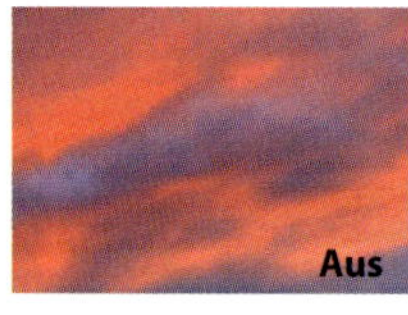

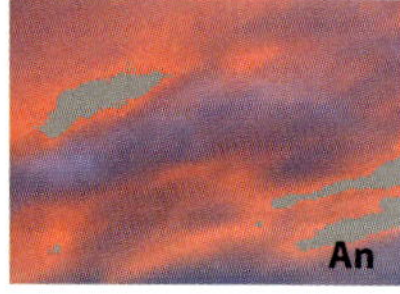

7

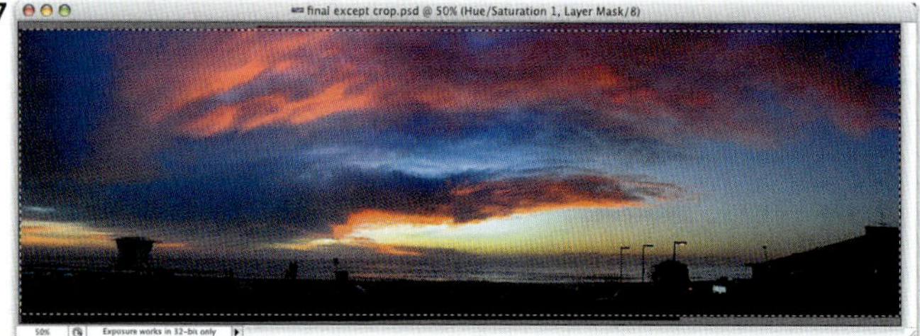

Mit dem Auswahlrechteck ⬚ freistellen.

Reflexionen

Reflexionen können einer Szene Beschaulichkeit oder Eleganz verleihen. In Photoshop simuliert, sorgen Reflexionen bei zusammengesetzten Bildern oft dafür, dass diese realistischer und dreidimensionaler aussehen, indem das Objekt besser in die Umgebung eingepasst wird. Hier finden Sie drei Ansätze, um Reflexionen einzufangen.

Realität: Eine Möglichkeit, eine traumhafte und überzeugende Reflexion einzufangen, besteht darin, einen großen Berg zu besteigen, sich hinzusetzen und zu fotografieren.

PAUL DAYTON

Diese Methode erfordert viel Geduld.

Photoshop: Ein weiterer Ansatz besteht darin, das Objekt zu duplizieren und zu spiegeln und die gespiegelte Version dann mit einer Ebenenmaske auszublenden, wie auf Seite 699 beschrieben.

JHDAVIS

Heben Sie die Verbindung zwischen Ebenenmaske und Textebene auf, um die Reflexion unter dem eigentlichen Text zu positionieren, ohne die »Atmosphäre« zu verändern.

»Realität«: Eine dritte Möglichkeit besteht darin, einen See, Ozean oder Nebel immer in der Hosentasche bei sich zu führen. Rod Deutschmann zeigt uns diesen Ansatz. Ein flacher Spiegel wird mit oder ohne Polfilter senkrecht vor das Objektiv gehalten. Bei einer Digitalkamera können Sie sich leicht die Bildvorschau auf dem Monitor ansehen. Drehen Sie Kamera und Spiegel, um die gewünschte Bildkomposition zu erzielen.

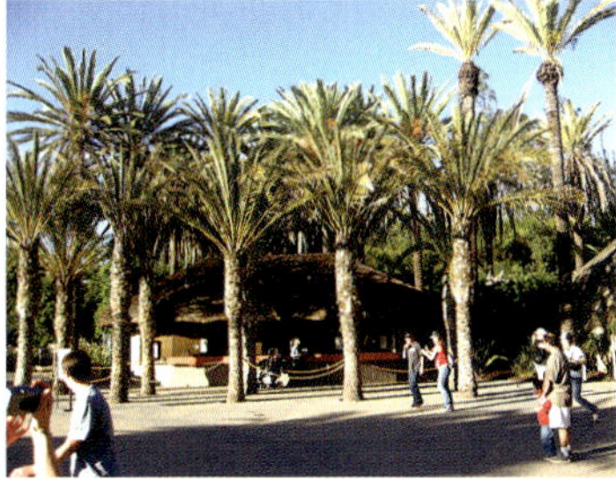

Im ersten Schritt müssen Sie den richtigen Bildausschnitt finden.

Deutschmann wählte das obere Ende der Palmen aus.

Ein Freund lieferte die dritte Hand, um den Polfilter zu halten. So konnte Deutschmann die richtige Position aus Kamera, Polfilter und Spiegel finden und sich die Vorschau auf dem Monitor der Kamera ansehen.

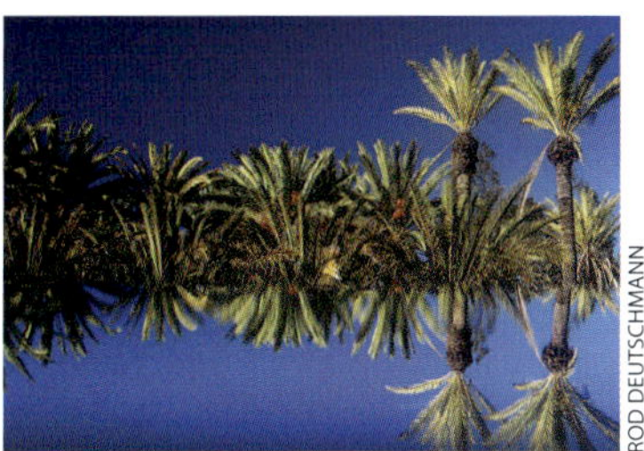
ROD DEUTSCHMANN

Das Bild inklusive Reflexionen: Für die leichte Bewegungsunschärfe im »Wasser« entfernte Deutschmann das Silber aus einigen Bereichen des Spiegels mit einem leichten Zitrusreiniger.

ROD DEUTSCHMANN

Die Struktur erzeugt eine neue Geometrie.

ROD DEUTSCHMANN

Der Spiegel verstärkt die Skyline von St. Louis.

DONAL JOLLEY

Ein Bild auf eine strukturierte Fläche aufbringen

SIE FINDEN DIE DATEIEN

auf der DVD unter Wow Projektdateien/ Kapitel 9/Bilder anwenden:

- Bilder-anwenden-Vorher.psd
- Bilder-anwenden-Nachher.psd

ÖFFNEN SIE DIESE PALETTEN

aus dem Fenster-Menü

• Werkzeuge • Ebenen • Kanäle

ÜBERBLICK

Grafiken einer Ebene auf eine Struktur einer anderen Ebene anwenden, die Grafik wird mithilfe der Helligkeit der Oberfläche an die Struktur angepasst • Füllmethode und Deckkraft anpassen • Masken wie benötigt einsetzen

Indem Sie ein Bild oder eine Grafik biegen, leicht verzerren und »altern«, so dass sie als Teil einer strukturierten Oberfläche in einem anderen Bild erscheinen, können Sie eine visuelle Illusion erzeugen, die sehr überzeugend wirken kann. Um das in Photoshop schnell, einfach und dennoch glaubhaft zu schaffen, wenden Sie ein Bild mit der richtigen Füllmethode, Transparenz, Maskierung und dem Versetzen-Filter mit einer Verschiebungsmatrix, die aus der Oberfläche selbst entsteht, auf diese Fläche an. (Der Verflüssigen-Filter, so gut er auch ein Bild auf die natürlichen Strukturen eines anderen angepasst hat, wie auf Seite 612, war zu der genauen Arbeit nicht in der Lage, die nötig ist, um eine Grafik in abgenutzte Ziegel und Mörtel wie in diesem Bild einzupassen.)

1 Die Komponenten vorbereiten. Wählen Sie das Bild oder die Grafik aus, die Sie anwenden wollen – in diesem Fall begannen wir mit dem Schild als Clipart, die wir in Illustrator nachbearbeiteten **1a**. Öffnen Sie außerdem die Datei, die als Oberfläche dienen soll, auf der das Bild montiert wird – hier ein nettes Foto einer alten Mauer hinter hellen Pfosten **1b**.

1a

Die Grafik in Adobe Illustrator

1b

Das Foto

2a

Das Schild, nachdem es eingefügt wurde.

2b

Mit dem Modus ÜBERLAGERN/INEINANDERKOPIEREN und 50% Deckkraft wurde das Schild dargestellt.

2 Die Elemente kombinieren. Fügen Sie die Grafik als neue Ebene zur Datei hinzu. Donald Jolley kopierte die Grafik in Illustrator und fügte sie zur Datei hinzu (BEARBEITEN/EINFÜGEN/ALS PIXEL), positionierte und skalierte die Elemente so, dass sie in den verfügbaren Platz passten **2a**; das ist die Datei **Bilder-anwenden-Vorher.psd**.

Wählen Sie als Füllmethode in der Ebenen-Palette die Option ÜBERLAGERN/INEINANDERKOPIEREN und reduzieren Sie die Deckkraft etwas (oben rechts in der Palette), bis die Grafik und der Hintergrund wie gewünscht ineinander übergehen; uns gefiel 50% Deckkraft **2b**. (Ignorieren Sie im Moment die Teile des Bildes, die vor dem eingefügten Element liegen sollten – hier die beiden Pfosten; darum kümmern wir uns in Schritt 5.) Sie können auch mit anderen Füllmethoden wie MULTIPLIZIEREN, WEICHES LICHT, HARTES LICHT oder FARBE experimentieren, um verschiedene Effekte zu erzielen. Wir testeten WEICHES LICHT, das das Schild aufhellte und verblasste **2c**, und MULTIPLIZIEREN, das es abdunkelte und verblasste **2d**, ÜBERLAGERN/INEINANDERKOPIEREN bei 50% gefiel uns jedoch am besten, also stellten wir diese Einstellung wieder her.

3 Die Verschiebungsmatrix anfertigen. Als Nächstes fertigten wir aus der Ebene der Bildoberfläche eine Graustufen-Verschiebungsmatrix an. Diese verwenden wir in Schritt 4 mit dem Versetzen-Filter, um die Grafik so zu verzerren, dass sie aussieht, als befände sie sich auf der Oberfläche (hier auf der Mauer). **Hinweis:** Wenn Ihre Grafik über einen der Bildränder hinausgeht, müssen Sie die Grafik beschneiden, damit die Verschiebung im nächsten Schritt richtig funktioniert. Wählen Sie dazu alles aus (⌘/Strg-Alt) und wählen Sie BILD/FREISTELLEN. Nach dem Erstellen der Verschiebungsmatrix sollte das Bild nicht mehr freigestellt oder skaliert werden – zumindest bis Sie den Versetzen-Filter angewendet haben.

Um aus der Foto-Ebene eine Verschiebungsmatrix zu erstellen, ⌥/Alt-klicken Sie auf deren Icon 👁 in der Ebenen-Palette, um sie als einzige einzublenden. Wählen Sie dann BILD/DUPLIZIEREN und aktivieren Sie die Option NUR ZUSAMMENGEFÜGTE EBENEN DUPLIZIEREN in der Dialogbox. Klicken Sie auf OK. Wählen Sie im neuen Bild BILD/MODUS/GRAUSTUFEN. Damit das Graustufenbild besser als Verschiebungsmatrix funktioniert, sollten Sie es weichzeichnen, um die feinsten Details loszuwerden (bei diesem Bild haben wir darauf verzichtet, denn die Mörtelfugen sind recht klein und die Verschiebung wäre dann minimal). Vielleicht erhöhen Sie den Kontrast, um die Hell-Dunkel-Unterschiede zu betonen (wir verwendeten TONWERTKORREKTUR) **3**. (Zwar haben wir das hier nicht getan, aber vielleicht sollten Sie mit Grau über besonders helle oder dunkle Stellen malen, die nicht zur Oberflächen-struktur gehören. Indem Sie mit dem Pinsel 🖌 vorher ins Bild ⌥/Alt-klicken, können Sie Mittelgrau

2c

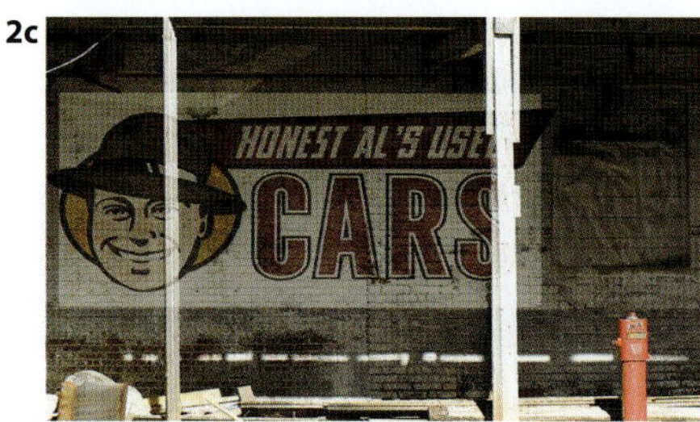

Die Schild-Ebene im Modus Weiches Licht bei 65% Deckkraft.

2d

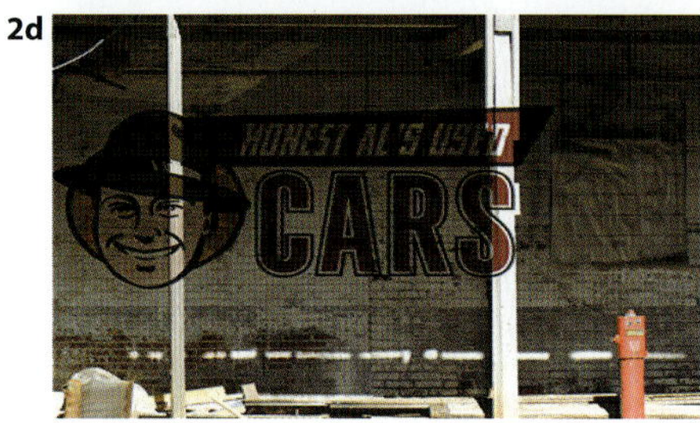

Die Schild-Ebene im Modus Multiplizieren bei 100% Deckkraft.

3

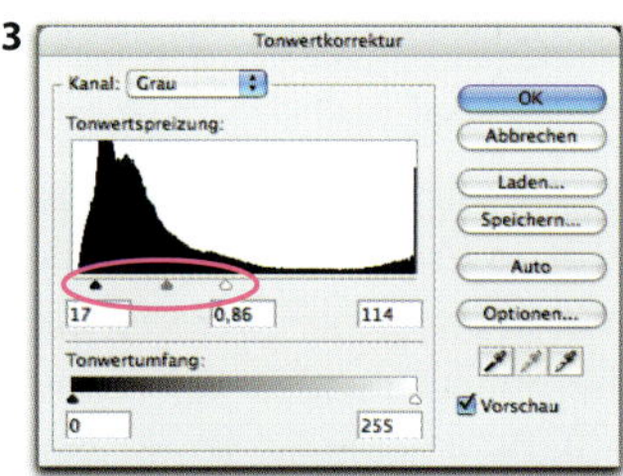

Die Datei, nur das Hintergrundbild ist sichtbar, wird dupliziert und in Graustufen gewandelt. Mit einer Tonwertkorrektur erhöhen Sie den Kontrast zwischen Fugen und Ziegeln.

4a

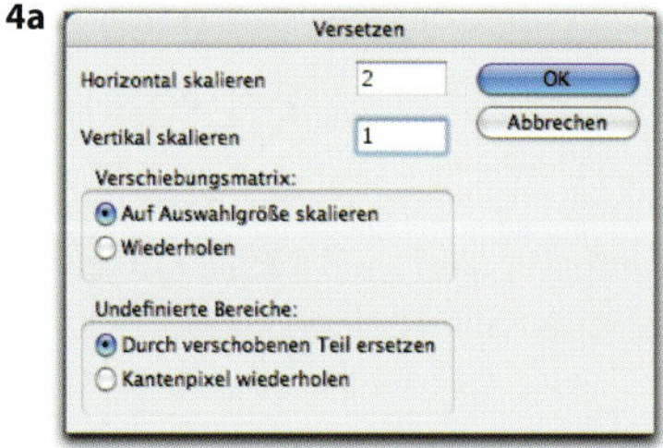

Der Versetzen-Filter. Für ein höher auflösendes Bild oder einen größeren Versatz benötigen Sie höhere Skalieren-Werte als hier eingestellt.

aufnehmen). Wenn Ihr Graustufenbild fertig ist, speichern Sie es im Photoshop-Format (Datei/Speichern unter), denn der Versetzen-Filter akzeptiert nur PSD-Dateien.

4 Die Verschiebungsmatrix anwenden. Klicken Sie im Montage-Bild in der Ebenen-Palette auf die Miniatur der Grafik-Ebene, um sie zu aktivieren, und machen Sie sie wieder sichtbar. Wählen Sie dann Filter/Verzerrungsfilter/Versetzen (wenn Ihre Grafik eine Form- oder Text-Ebene oder ein Smart Objekt ist, werden Sie jetzt gewarnt, dass diese gerastert werden). Wählen Sie im Versetzen-Dialog **4a** die Werte für die horizontale und vertikale Skalierung; je höher diese sind, desto weiter werden die Pixel Ihrer Grafik durch die entsprechenden dunklen und hellen Pixel der Verschiebungsmatrix verschoben. Da wir nur feine Veränderungen brauchten, um die Farbe in die Fugen zu »drücken«, wählten wir kleine Werte – Horizontal 2 und Vertikal 1. (Die Bereiche Verschiebungsmatrix und Undefinierte Bereiche sind unwichtig, denn die beiden Dateien sind exakt gleich groß und der Versatz ist minimal.) Klicken Sie auf OK, suchen Sie die eben erstellte Verschiebungsmatrix und klicken Sie auf Öffnen. Der Filter wendet die Grafik an **4b**.

5 Die Grafik maskieren. Um die Grafik »hinter« Elemente zu stellen, die davor erscheinen sollen, verwenden wir eine Ebenenmaske. Aktivieren Sie dazu die Ebene des Oberflächenfotos und wählen Sie die vorderen Elemente aus. ▼ Für die beiden Holzpfosten verwendete Jolley den Zauberstab mit einer Toleranz von 32 (Optionsleiste), um weiche Kanten zu erzeugen, schaltete die Option Benachbart aus und ebenso die Option Alle Ebenen einbeziehen (so dass der Zauberstab wirklich nur das Foto und nicht die Grafik verwendet) **5a**.

MEHR DAVON
▼ Auswahlmethoden
Seite 51

Er begann die Auswahl, indem er in einen großen weißen Bereich klickte, sich die Auswahl ansah, und dann auf einen fast weißen Bereich ⇧-klickte, um die Auswahl zu erweitern. Statt zu versuchen, auch die schattierten Bereiche des Pfostens mit dem Zauberstab auszuwählen, wechselte er jetzt in den Maskierungsmodus (Klick auf das Icon Im Maskier-ungsmodus bearbeiten unten in der Werkzeugleiste). Mit dem Pinsel mit einer harten runden Spitze (9 Pixel) und der Farbe Weiß (drücken Sie D, dann X) entfernte er die Maske in den schattierten Bereichen des größeren Pfostens. Für den dün neren Pfosten hielt Jolley die ⇧-Taste wenn nötig gedrückt, während er mit dem Pinsel in vertikalen Linien arbeitete **5b**; er löschte auch einige kleine Spuren in der Wand. Mit Schwarz hätte er die weiße gestrichelte Linie auf der Wand entfernen können, da sie aber zu tief saß, um dem Schild ins Gehege zu kommen, beließ er es dabei. Als die Maske fertig war, klickte er auf den Button Standardmodus unten in der Werkzeugleiste, um zur aktiven Auswahl zurückzukehren. Er ak-

4b

Vor (links) und nach dem Versetzen-Filter.

5a

Die Einstellungen des Zauberstabs.

5b

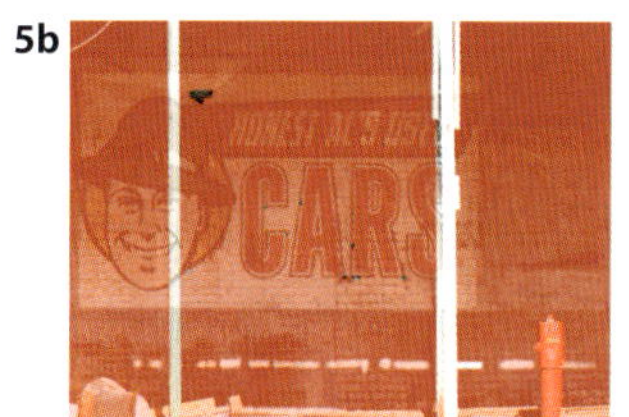

Die Schnellmaske wird über Pfosten und Wanddetails gelöscht.

6

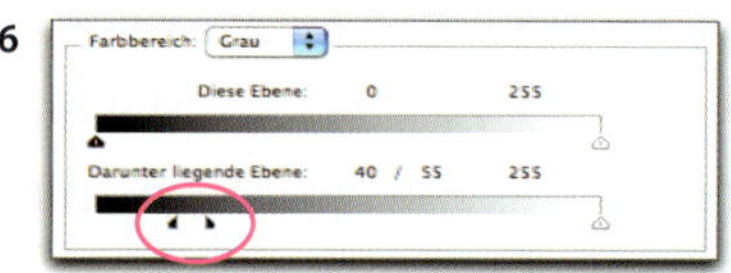

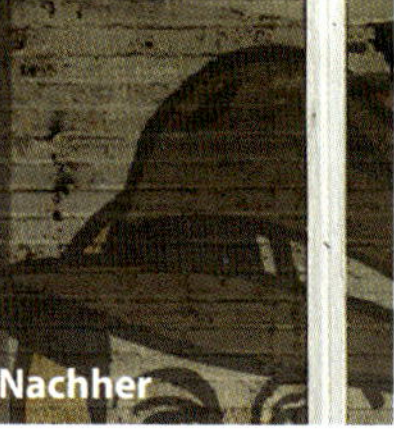

Der Schwarzpunktregler für die darunter liegende Ebene wird nach innen gezogen, so dass die dunkelsten Stellen auf der Wand noch zu erkennen sind, so dass alles noch abgetragener und verdreckter wirkt. Mit ⌥/Alt teilen Sie den Regler, um den Übergang für diese Bereiche weicher zu machen.

7a

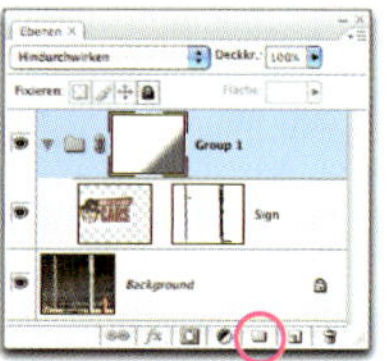

Eine maskierte Gruppe blendet die rechte untere Ecke des Schildes aus.

7b

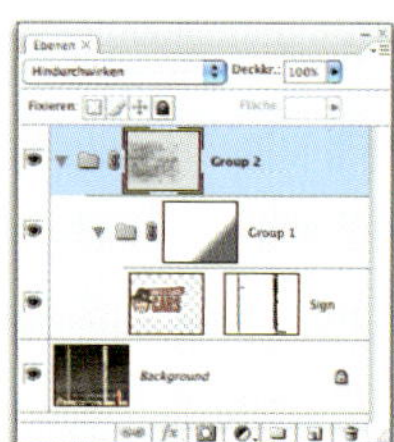

Der maskierte Ordner ist in eine andere Gruppe eingebettet, die wiederum maskiert ist, so dass das Schild etwas »abgetragen« wirkt und die Wand stärker zu sehen ist.

tivierte die Grafikebene in der Ebenen-Palette und ⌥/Alt-klickte auf den Button EBENENMASKE HINZUFÜGEN am unteren Palettenrand; durch Drücken der ⌥/Alt-Taste erzeugte er eine Ebenenmaske, die das Schild in den ausgewählten Bereichen ausblendete und den Rest offenlegte – die Pfosten erschienen also vor dem Schild.

6 Mit Fülloptionen experimentieren. Um Teile der aufgebrachten Grafik scheinbar »abzunutzen«, Ctrl/rechts-klicken Sie in der Ebenen-Palette auf die Miniatur der Grafikebene, um ein Menü zu öffnen, in dem Sie FÜLLOPTIONEN wählen, um die Dialogbox EBENENSTILE zu öffnen; stellen Sie nun die Farbbereichs-Regler ein **6**.▼

7 Masken für Beleuchtung und Schmutz hinzufügen. Indem Sie die Grafikebene in eine Ebenengruppe legen, ▼ haben Sie die Möglichkeit, eine zweite Ebenenmaske anzuwenden: Klicken Sie auf den Button NEUE GRUPPE ERSTELLEN unten in der Ebenen-Palette und ziehen Sie die Miniatur der Grafikebene in die neue »Ordner«-Ebene. Aktivieren Sie dann den neuen Ordner und fügen Sie durch Klick auf den Button unten in der Ebenen-Palette eine neue Maske hinzu. Füllen Sie die Maske mit einem Schwarzweißverlauf, so dass die rechte untere Ecke des Schildes verblasst **7a**.▼

Wenn Sie diese Gruppe in eine andere einbetten und zum äußeren Ordner wieder eine Maske hinzufügen, haben Sie eine weitere Möglichkeit für eine Maske, mit der Sie dem Schild etwas »Schmutz« angedeihen lassen können. Aktivieren Sie die erste Gruppe, klicke Sie erneut auf den Button und ziehen Sie den ersten Ordner in den neuen. In einem Alphakanal der Datei **Bilder-anwenden-Vorher.psd** finden Sie eines der vielen Fotos aus Don Jolley's Strukturen-Kollektion. Und so machen Sie aus dem Foto eine Maske: ⌘/Strg-klicken Sie in der Kanäle-Palette auf die Miniatur »Alpha 1«, um die Luminanz des Kanals als Auswahl zu laden. Aktivieren Sie den neuen Ordner in der Ebenen-Palette und klicken Sie auf den Button. Wie stark die Maske das Zeichen »erodiert«, beeinflussen Sie mit BILD/ANPASSUNGEN/TONWERTKORREKTUR. Stellen Sie hier die Ein- und Ausgabewerte ein. Sobald die Schmutz-Maske an Ort und Stelle ist 7b, können Sie auch die Schild-Ebene aufhellen; wir erhöhten die Deckkraft auf 80%, um das Ergebnis von Seite 608 zu bekommen.

MEHR DAVON

▼ Farbbereichsregler **Seite 67**

▼ Ebenengruppen **Seite 580**

▼ Mit Verläufen maskieren **Seite 72**

Mit Verflüssigen verformen

SIE FINDEN DIE DATEIEN
auf der DVD unter Wow Projektdateien/ Kapitel 9/Verfluessigen:
- Verfluessigen-Vorher.psd
- Verfluessigen-Nachher.psd

ÖFFNEN SIE DIESE PALETTEN
aus dem Fenster-Menü:
• Werkzeuge • Ebenen • Kanäle

ÜBERBLICK
Bilder als Ebenen in einer Datei auswählen und ausrichten • Bild mit Ebenenmaske auf einen bestimmten Bereich beschränken • Bild mit Verflüssigen »modellieren« • Farbe und Kontrast anpassen • Mit Kanalmixer in Schwarzweiß umwandeln

JHDAVIS / MODEL: JENNIFER LUTTRELL / AGENTUR: ANDERSONPHOTOGRAPHICS.COM

1a

JHDAVIS

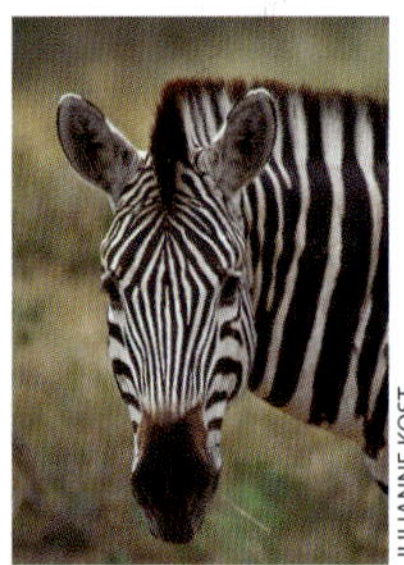
JULIANNE KOST

Die Originalfotos des Modells (712 Pixel breit) und des Zebras

1b
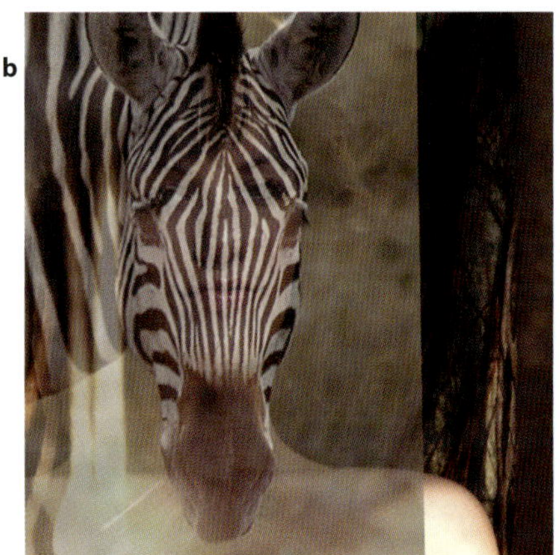

Die Deckkraft der Zebra-Ebene ist reduziert, die Ebene wurde gespiegelt, gedehnt und verschoben, um besser auf das Gesicht des Modells zu passen.

Wenn Sie Elemente in Photoshop verschmelzen, sind es oft die feinen Einstellungen – wie das Modellieren eines Bildes mit VERFLÜSSIGEN, um es an die Oberfläche eines anderen anzupassen –, die das Ergebnis überzeugend wirken lassen. VERFLÜSSIGEN ist einer der Filter, die Photoshop CS3 leider nicht als Smartfilter anbietet. Sie können also die Originalebene nicht verlustfrei verformen.

1 Bilder auswählen und ausrichten. Wenn Sie die Bilder zum Kombinieren auswählen, suchen Sie welche, die in Beleuchtung, Perspektive und Schärfe ähnlich sind. Der Blickwinkel unserer beiden Fotos war fast identisch (Frontalaufnahme) **1a**, die Beleuchtung des Zebras war flach genug, so dass es mit fast jedem anderen Bild verwendet werden konnte.

Um das Bild wie oben nachzuvollziehen, öffnen Sie die Datei **Verfluessigen-Vorher.psd**. Das Zebra-Foto war bereits in die Aufnahme unseres Modells aus dem Dschungel gezogen worden. Um den Blickwinkel der beiden Fotos noch stärker aneinander anzupassen, spiegelten wir die Zebra-Ebene (BEARBEITEN/TRANSFORMIEREN/HORIZONTAL SPIEGELN). Wir reduzierten seine Deckkraft, so dass wir hindurchsehen konnten, um es an der »Jennifer«-Fotoebene darunter auszurichten. Dann platzierten wir es und passten die Größe an: Nach BEARBEITEN/FREI TRANSFORMIEREN (⌘/Strg-T) stellten wir den Cursor in den Rahmen und zogen das Zebra in Position. Mit den Eckgriffen passten wir die Größe an, hielten dabei jedoch die ⇧-Taste gedrückt, um beim Skalieren die Proportionen zu erhalten. Wir

1c 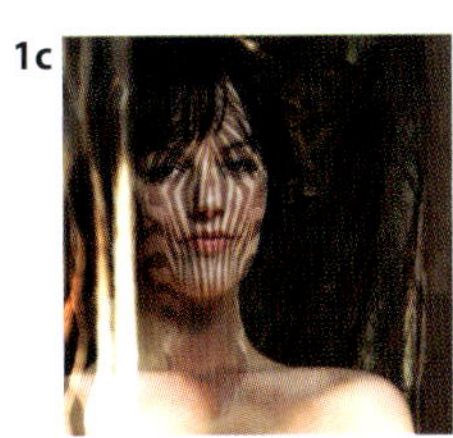

Die »Zebra«-Ebene bei 60% Deckkraft, mit der Füllmethode ÜBERLAGERN/ INEINANDERKOPIEREN, um die Bilder bestmöglich zu kombinieren.

2a 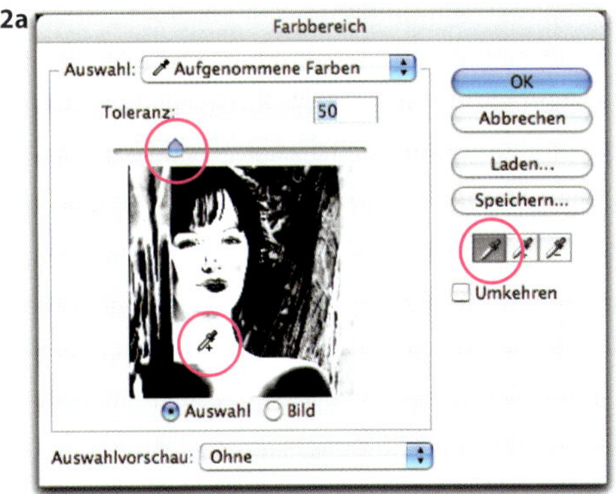

Mit FARBBEREICH wählten wir die Hauttöne des Modells aus.

2b 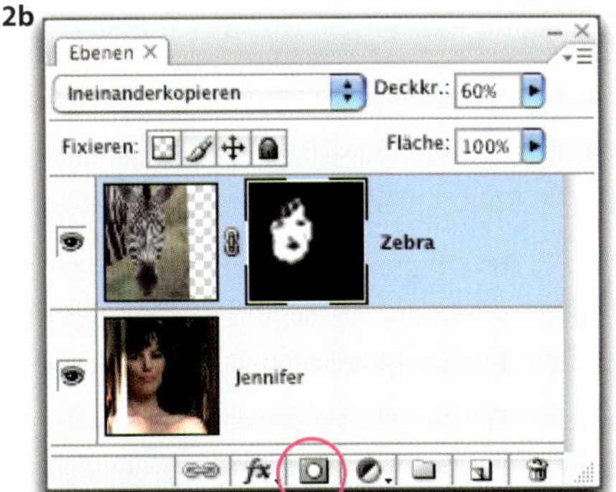

Aus der Farbbereich-Auswahl wurde eine Maske erstellt und mit dem Pinsel verfeinert, um die Streifen auf das Gesicht zu beschränken.

arbeiteten mit FREI TRANSFORMIEREN, bis die bestmögliche Ausrichtungerreicht war, und drückten dann ⏎, um die Transformation zu bestätigen und den Rahmen zu schließen **1b**.

Um den gestreiften Tattoo-Effekt zu erzielen, experimentieren Sie mit Deckkraft und Füllmethode der »Zebra«-Ebene. Ausprobieren sollten Sie auf jeden Fall ÜBERLAGERN/INEINANDERKOPIEREN, WEICHES LICHT, HARTES LICHT, LEBENDIGES LICHT, LINEARES LICHT und LICHTPUNKT – sie alle benutzen die hellen und dunklen Bereiche der aktiven Ebene (nicht die mittelgrauen Farben), um die darunter liegenden Ebenen zu verändern. ▼ Wir entschieden uns für 60% Deckkraft und den Modus ÜBERLAGERN/ INEINANDERKOPIEREN **1c**.

2 Auswählen und maskieren. Als Nächstes beschränken wir die Zebrastreifen auf das Gesicht. Um die Hautfarben zu isolieren, blenden Sie die Zebra-Ebene aus (Klick auf) und wählen Sie AUSWAHL/FARBBEREICH. Wählen Sie in der Dialogbox AUSWAHL: AUFGENOMMENE FARBEN. Klicken Sie dann mit der Pipette aus dem Dialog in das Gesicht und ⇧-ziehen Sie über alle Farben, die Sie auswählen wollen. Vermeiden Sie Augen, Mund und Haare **2a**. (Wenn Sie aus Versehen Farben aufnehmen, die Sie nicht wollten, halten Sie die ⌥/Alt-Taste und klicken Sie in die ungewünschte Farbe.) Wählen Sie eine relativ hohe Toleranz (hier 50), um einen sanften Übergang zwischen der Auswahl und dem Bereich außerhalb zu erhalten. Klicken Sie dann auf OK.

Wenn die Hautfarben ausgewählt sind, aktivieren Sie die Zebra-Ebene und klicken Sie dann auf den Button EBENENMASKE HINZUFÜGEN unten in der Ebenen-Palette. So entsteht eine Maske, die mit der Vorschau aus dem Dialog FARBBEREICH AUSWÄHLEN identisch ist. Durch die weißen Bereiche kann die Zebramaske durchscheinen, die sind dann im Jennifer-Bild zu sehen, die schwarzen Bereiche blenden den Rest der Zebra-Ebene aus.

Um die Maske zu verfeinern, wählen Sie den Pinsel mit einer weichen Pinselspitze. ▼ Aktivieren Sie die Maske, nicht das Bild selbst (klicken Sie in der Ebenen-Palette auf deren Miniatur). Wählen Sie Schwarz als Vordergrundfarbe (D oder X drücken) und malen Sie auf der Zebra-Ebene, um mehr von dem Tier auszublenden (z.B. am Hals des Modells) **2b**. Beim Arbeiten können Sie auf die Miniatur der Maske ⌥/Alt-klicken, um zwischen der Vorschau und der Maskenansicht umzuschalten **2c**.

MEHR DAVON

▼ Füllmethoden **Seite 177**

▼ Pinselspitzen auswählen und anpassen **Seite 365**

2c

Die verfeinerte Ebenenmaske allein (links) und bei der Arbeit (rechts).

3

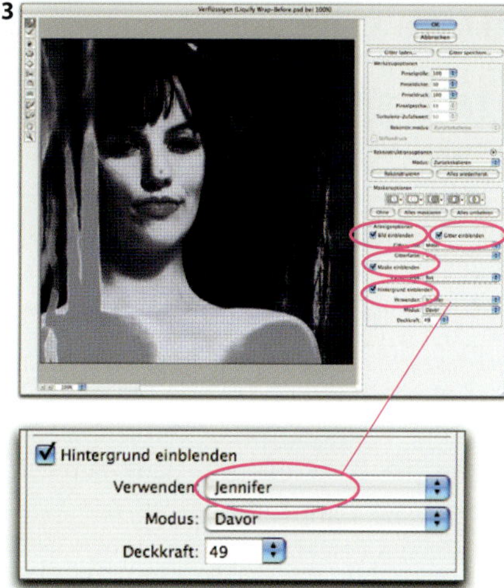

Das Verflüssigen-Fenster zeigt die Jennifer-Ebene als Hintergrund und Blau als Gitterfarbe (für besseren Kontrast).

4a

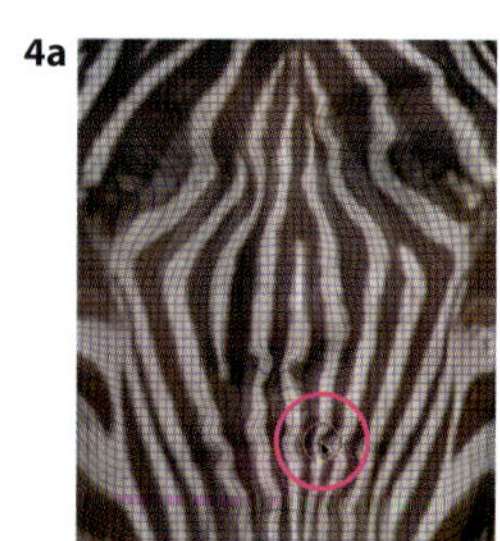

Das Vorwärtskrümmen-Werkzeug wird zuerst mit großer Spitze verwendet, um die Streifen von den Augen nach innen und an den Wangen nach außen zu wölben. Dann passt eine kleinere Spitze die Streifen um die Augen und den Mund an.

4b

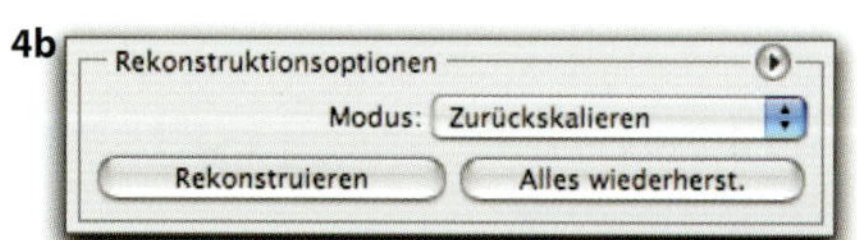

Um die Verzerrung in einigen Bereichen zu widerrufen, verwenden Sie das Rekonstruktionswerkzeug mit der Option ZURÜCKSKALIEREN im Optionsbereich des Verflüssigen-Fensters.

3 Verflüssigen einrichten. Jetzt wird's lustig! Klicken Sie in der Ebenen-Palette auf die Zebra-Miniatur, um das Bild und nicht die Maske zu aktivieren. Wählen Sie das Gesicht mit dem Auswahlrechteck aus. Wählen Sie dann FILTER/VERFLÜSSIGEN. Wählen Sie in der Dialogbox die Anzeigeoptionen so, dass Sie das Bild und das verzerrende Gitter sehen können, die Jennifer-Ebene bildet den Hintergrund **3**. So sehen Sie sowohl die Zebra-Ebene, auf die Sie den Filter anwenden, als auch das Gesicht des Models. Sie können also die Streifen so verformen, dass sie zum Gesicht passen. Experimentieren Sie mit den Hintergrund-Modi und der Deckkraft, um die beste Anzeige zu erreichen.

VERFLÜSSIGEN-BEREICH WÄHLEN

Wenn Sie nur einen Teil eines Bildes verflüssigen wollen, sollten Sie diesen Bereich auswählen, bevor Sie FILTER/VERFLÜSSIGEN wählen. So muss sich der Filter nicht um das ganze Bild kümmern und arbeitet schneller.

DEN HINTERGRUND EINRICHTEN

Der Hintergrund ist in VERFLÜSSIGEN eine geniale Einrichtung, mit der Sie andere Ebenen außer der bearbeiteten sehen können. Für den Hintergrund haben Sie zwei Möglichkeiten – eine einzelne Ebene nach Wahl oder ALLE EBENEN, wobei Sie hier alle sichtbaren Ebenen inklusive der sehen, die Sie verflüssigen wollen. Bei einer Datei mit vielen Ebenen sollten Sie ALLE EBENEN verwenden, um das gesamte Bild zu sehen. Das kann allerdings verwirren, denn so sehen Sie die »Vorher«-Version der Ebene, die Sie verflüssigen, und manchmal ist das Original dann schwer von der neuen Version zu unterscheiden, vor allem bei feinen Änderungen.

Wenn Sie nicht «doppelt« sehen wollen, probieren Sie eine reduzierte Kopie des gewünschten Hintergrundes aus, bevor Sie den Filter VERFLÜSSIGEN wählen: Blenden Sie alle Ebenen ein, die im Hintergrund zu sehen sein sollen (nicht jedoch die Ebene, die Sie verflüssigen wollen). Drücken Sie dann ⌘-⌥-⇧ (Mac) bzw. Strg-Alt-⇧ (Windows) und drücken Sie N und daraufhin E. (Seit CS2 lassen Sie N weg.) Wählen Sie dann FILTER/VERFLÜSSIGEN und wählen Sie die reduzierte Ebene als Hintergrund.

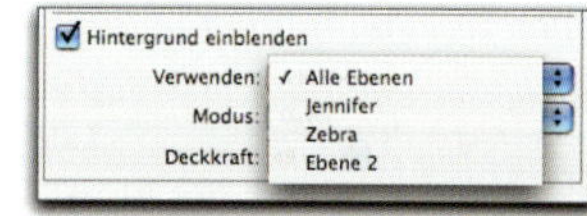

4 Details verflüssigen. Beginnen Sie mit dem Vorwärtskrümmen-Werkzeug mit einer großen Pinselspitze (hier 100) und mittlerem Pinseldruck (50). Verschieben Sie die Zebrastreifen entsprechend den Konturen des darunter liegenden Gesichts. Um die Streifen glaubwürdiger wirken zu lassen, ziehen Sie diejenigen über den Augen in Richtung Nase und diejenigen über den Wangen in Richtung der Ohren. Reduzieren Sie die Pinselgröße (jetzt 25) und stellen Sie die Details um die Augenbrauen, Nasenlöcher und Lippen ein. Wählen Sie Hintergrund-Einstellungen, die Ihnen die bestmögliche Sicht erlauben **4a**.

4c 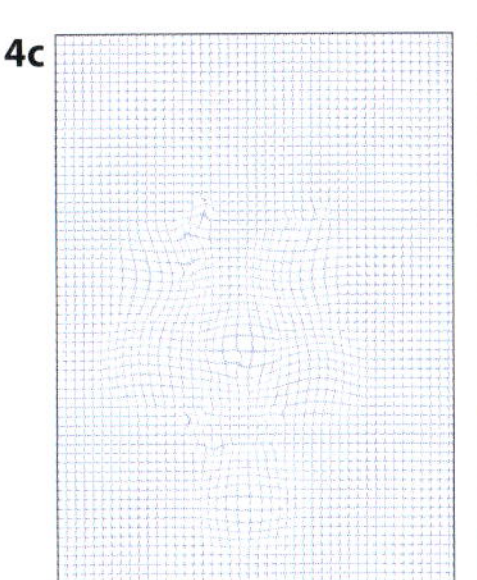 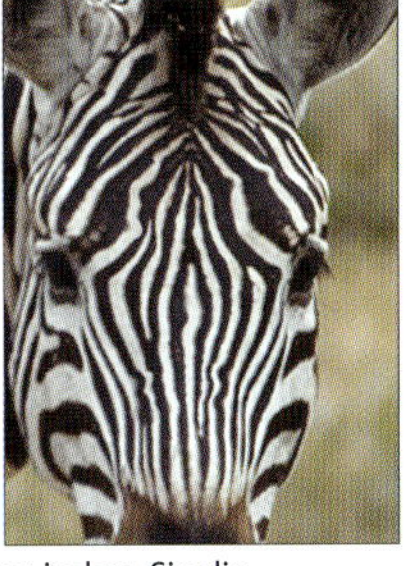

Überprüfen Sie die Verzerrung, indem Sie die Sichtbarkeit von Hintergrund, Bild und Gitter umschalten.

4d 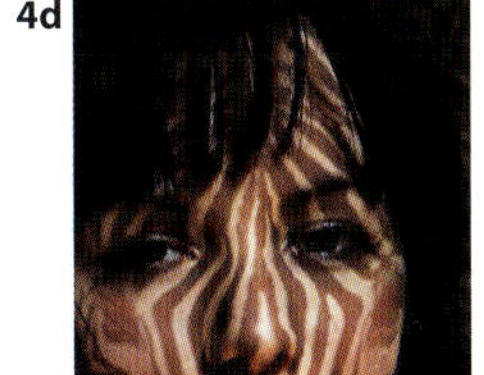

Die verflüssigten Streifen an Ort und Stelle.

Wechseln Sie schließlich zum Aufblasen-Werkzeug und klicken Sie nur auf Bereiche wie die Nasenspitze und das Kinn, um die Streifen scheinbar nach vorn kommen zu lassen **4a**. Um Korrekturen vorzunehmen, frieren Sie mit dem Fixierungsmaske-Werkzeug Bereiche ein, die Sie behalten wollen. Nehmen Sie dann das Rekonstruktionswerkzeug im Modus ZURÜCKSKALIEREN **4b** und malen Sie über die unerwünschten Verzerrungen. Überprüfen Sie Ihre Arbeit **4c**, klicken Sie auf OK und heben Sie die Auswahl auf (⌘/Strg-D) **4d**.

»MASKIEREN« = »FIXIEREN«

Mit der Maskenfunktion in VERFLÜSSIGEN legen Sie fest, welche Bereiche Ihres Bildes fixiert werden (vor den Verflüssigen-Werkzeugen geschützt sind) und welche verändert werden können. Standardmäßig hat eine Ebenenmaske in diesem Dialog keinen Effekt. Sie können sie jedoch jederzeit zum Fixieren verwenden, indem Sie Ebenenmaske aus einem Pop-up-Menü im Bereich Maskenoptionen wählen. Schwarze Bereiche des Maske schützen, weiße legen frei. Mit dem Fixierungsmaske-Werkzeug und dem Maske-lösen-Werkzeug bearbeiten Sie die Masken.

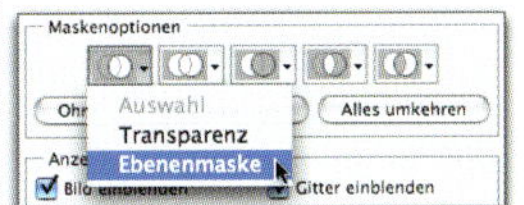

5a 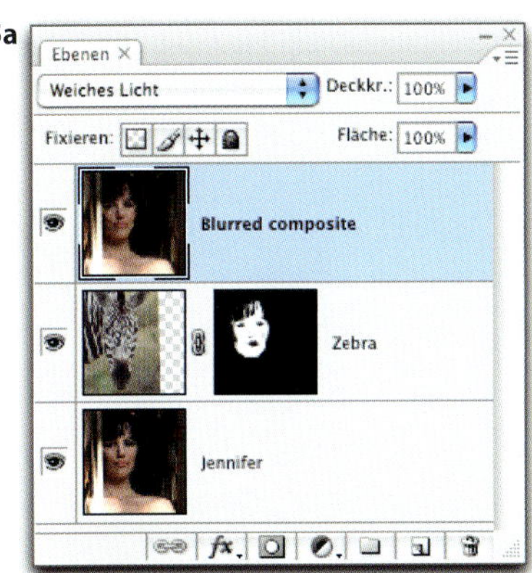

Eine Kopie aus zusammengefügten Ebenen wurde hinzugefügt.

5 Die Teile vereinheitlichen. Als die verflüssigten Streifen an Ort und Stelle waren, wollten wir etwas weichzeichnen und gleichzeitig Farbe und Kontrast verstärken. Zuerst brauchten wir eine Kopie der Gesamtmontage, so dass wir auf dem »tätowierten« Gesicht als einheitlichem Bild arbeiten konnten. Halten Sie dazu ⌘-⌥-⇧ (Mac) bzw. Strg-Alt-⇧ (Windows) gedrückt und drücken Sie dann nacheinander N und E. (Seit Photoshop CS2 lassen Sie N weg.) Damit wird die neue Ebene zu einer zusammengefügten Kopie aller sichtbaren Ebenen, wobei die anderen Ebenen intakt bleiben **5a**. (Ohne die ⌥/Alt-Taste würden die anderen Einzel-Ebenen gelöscht.)

Um die Ebene sanfter zu gestalten, werden wir sie weichzeichnen und die Ebenen darunter ansprechend kombinieren. Wählen Sie FILTER/WEICHZEICHNUNGSFILTER/GAUSSSCHER WEICHZEICHNER (wir verwendeten den Radius 5, denn unsere Erfahrung sagte uns, dass diese Weichzeichnung zum Bild passen könnte); klicken Sie dann auf OK. Als Nächstes ändern Sie die Füllmethode für die Ebene. Wir wählten WEICHES LICHT, das die darunter liegende Ebene scharf lässt, während die neue Ebene einen Schein und stärkere Farbintensität erhält **5b**.

5b 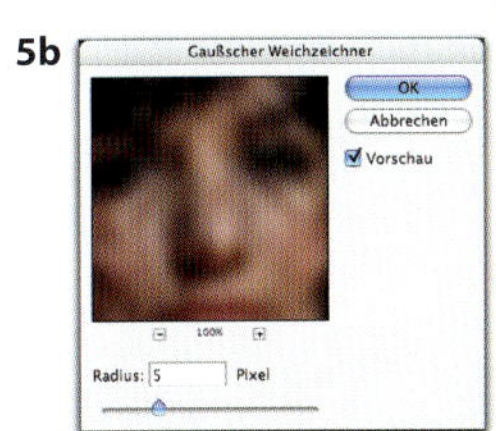

Die Kopie-Ebene wurde weichgezeichnet, als Füllmethode dient WEICHES LICHT.

Die weichgezeichnete Ebene bietet die richtige Atmosphäre, blendet aber auch manche Tiefendetails im Bild aus. Eine schnelle Lösung für dieses Problem sind die Farbbereich-Regler in der Ebenenstil-Dialogbox, um zu verhindern, dass

5c

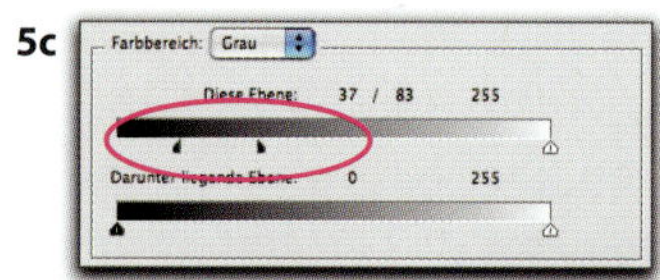

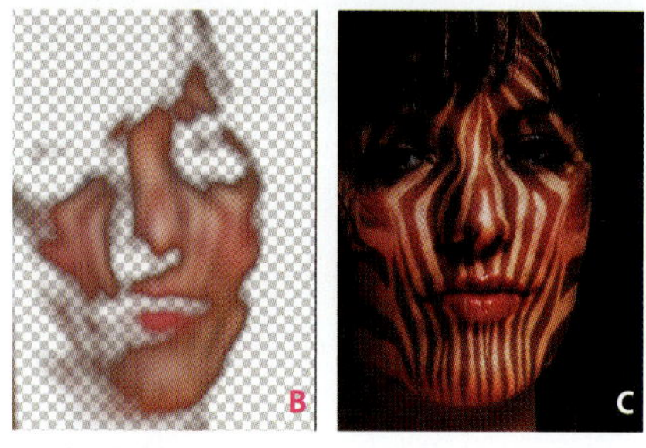

Mit den Farbbereich-Reglern in der Ebenenstil-Dialogbox **A** schränken Sie die Wirkung der dunklen Bereiche in der Weiches-Licht-Ebene ein (hier allein zu sehen **B**), so dass Ihr Bild die Tiefendetails behält (hier mit allen Ebenen sichtbar **C**).

die dunkelsten Bereiche der weichen Ebene zum kombinierten Bild beitragen. Doppelklicken Sie in der Ebenen-Palette auf die Miniatur der »weichen« Komposit-Ebene, um die FÜLLOPTIONEN im Ebenenstil-Dialog zu öffnen. Ziehen Sie das schwarze Dreieck im Bereich DIESE EBENE der Farbbereich-Optionen unten im Dialog **5c**. Während Sie das Dreieck nach rechts ziehen, scheinen die dunklen Bereiche der weichen Ebene zu verschwinden. Um den Übergang zwischen ausgeblendeten und weiterhin vorhandenen Bildbereichen sanfter zu gestalten, können Sie die Regler teilen, indem Sie mit gehaltener ⌥/Alt-Taste an einer Hälfte ziehen. Wenn die Tiefen-Details der darunter liegenden Ebene wieder sichtbar sind, klicken Sie auf OK.

6 Umwandlung in Schwarzweiß. Jetzt verwenden wir eine Kanalmixer-Einstellungsebene, um das Vollfarbbild in Schwarzweiß zu verwandeln. In CS3 nehmen Sie die Schwarzweißfunktion. Untersuchen Sie die Kanäle-Palette; der rote Kanal ist der hellste, der blaue der dunkelste. Klicken Sie auf das Icon FÜLL- ODER EINSTELLUNGSEBENE HINZUFÜGEN unten in der Ebenen-Palette und wählen Sie Kanalmixer **6a**. In der Dialogbox aktivieren Sie die Checkbox MONOCHROM. Nun mixen Sie die Farbkanäle mithilfe der Schieberegler, um eine Schwarzweißversion zu erzeugen, die Ihnen gefällt. Wir reduzierten den roten Kanal von +100 auf +50%, ließen Grün bei 0 und verstärkten Blau auf 60%. Damit reduzierten wir die Helligkeit der weißen Streifen und erhöhten die Dichte der dunklen **6b**. Das Ergebnis sehen Sie auf Seite 612 oben.

Variationen. Änderungen im Kanalmixer können zu großen Unterschieden bei der Umwandlung eines Bildes in Schwarzweiß führen. Hier sehen Sie zwei weitere Möglichkeiten.

6a

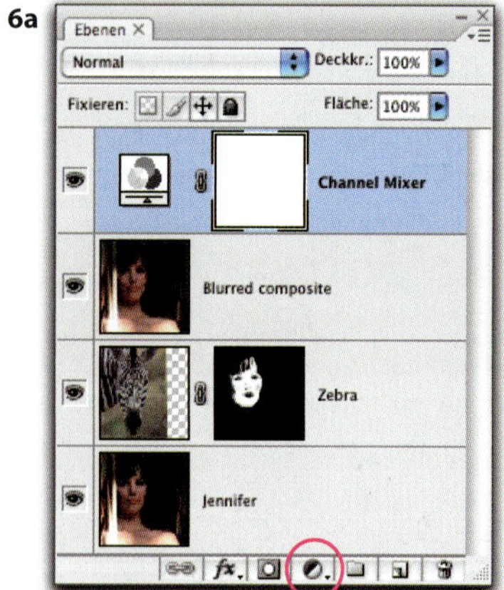

Eine Kanalmixer-Einstellungsebene kommt hinzu.

6b

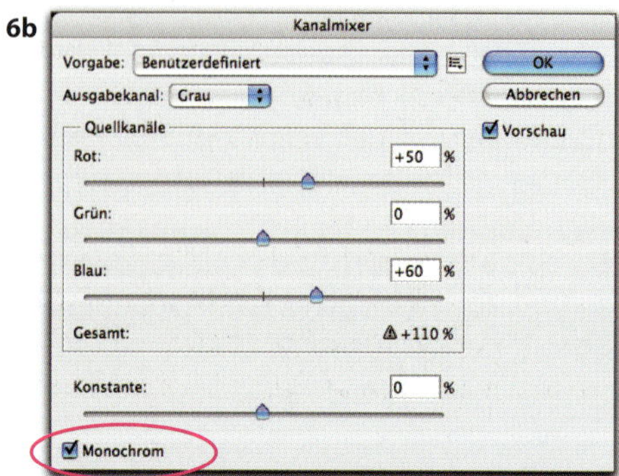

Die Monochrom-Checkbox wird eingeschaltet, durch Experimentieren mit den Reglern entstand das Bild auf Seite 612 oben.

Rot: +100%; Grün: 0%; Blau: 0%. Die Lippen und die dunklen Streifen werden aufgehellt, denn weder Grün noch Blau wirken auf Rot, das in der Farbe der Lippen und der Haut stark vertreten ist.

Rot: –30%; Grün: +200%; Blau: +100%. Durch das Reduzieren von Rot unter 0 werden die Lippen abgedunkelt. Durch Erhöhen der Anteile an Grün und Blau auf fast 300% wird das Weiß in den Streifen, den Augen und dem Licht auf den Lippen verstärkt.

ORIGINALGRAPHIK: DONAL JOLLEY

ORIGINALFOTO: PHOTOSPIN.COM

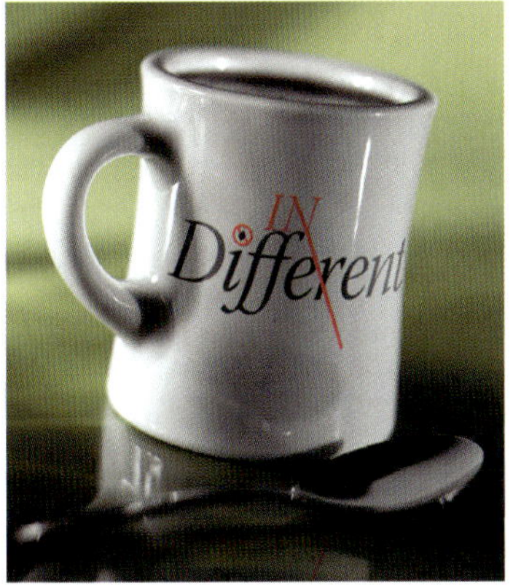

Grafiken auf eine Oberfläche modellieren

SIE FINDEN DIE DATEIEN

auf der DVD unter Wow Projektdateien/ Kapitel 9/Grafiken verkruemmen

- Tasse verkruemmen-Vorher.psd
- Verkruemmen Grafikdateien
- Verkruemmen Dateien nachher
- 3D Transformation (für CS2)

ÖFFNEN SIE DIESE PALETTEN

aus dem Fenster-Menü:

- Werkzeuge • Ebenen

ÜBERBLICK

Ein Raster zeichnen • Umwandlung in ein Smart Objekt • Skalieren, Positionieren, Verkrümmen und Überblenden • Das Smart Objekt öffnen, Grafiken hinzufügen und die Datei speichern • Die Datei speichern und die Kopie verfeinern

Der Verkrümmen-Befehl (ab Photoshop CS2) eignet sich bestens, um Grafiken auf leicht gekrümmte Oberflächen – beispielsweise einer Flasche, eines Autos oder einer Tasse – anzuwenden. Für bestmögliche Qualität und Effizienz sollten Sie den Verkrümmen-Befehl mit der Smart-Objekt-Technologie verbinden und zusätzlich mit Füllmethoden arbeiten. Hier nutzten wir diese Kombination, um drei verschiedene Tassen zu erzeugen. Wir verwendeten eine Datei für die Krümmung und passten die einzelnen Designs dann in separaten Dateien an. (Photoshop CS ist weder mit dem Verkrümmen-Befehl noch mit 3D-Objekten ausgestattet, nutzen Sie dort den Transformieren-Filter; siehe Dateien »3D Transformation« auf der beiliegenden DVD.)

1 Ein Smart-Objekt-Raster erstellen. Öffnen Sie die Datei mit dem Objekt, auf das Sie die Grafiken anwenden wollen, oder nutzen Sie unsere Datei **Tasse-verkruemmen-Vorher. psd 1a**. Bei dieser Tasse handelt es sich um einen Zylinder, der in der Mitte etwas zusammengedrückt ist.

Um ein Gefühl für die Größe des Grafikbereichs (die Grafiken werden auf der uns zugewandten Seite platziert) und die Geometrie der Verkrümmung zu bekommen, erstellen Sie zunächst ein Raster passend für das Objekt: Aktivieren Sie das Eigene-Form-Werkzeug. Klicken Sie links in der

1a Die Datei **Tasse-verkruemmen-Vorher.psd**.

CORBIS ROYALTY FREE

1b

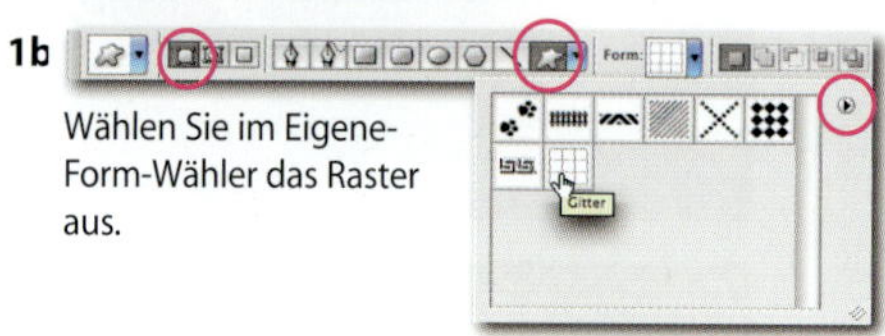

Wählen Sie im Eigene-Form-Wähler das Raster aus.

1c

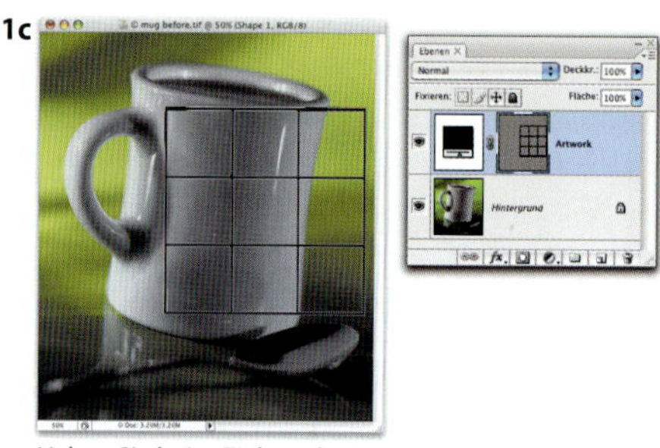

Halten Sie beim Ziehen die ⇧-Taste gedrückt. Wir haben die Ebenen in der Palette doppelt angeklickt und umbenannt, um sie besser identifizieren zu können.

1d

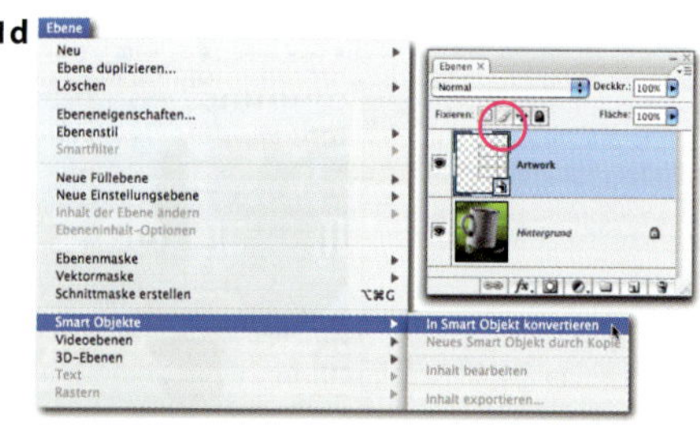

Wenn Sie eine Grafik in ein Smart Objekt umwandeln, wird es in der Ebenen-Palette durch ein kleines Icon unten rechts gekennzeichnet.

2a

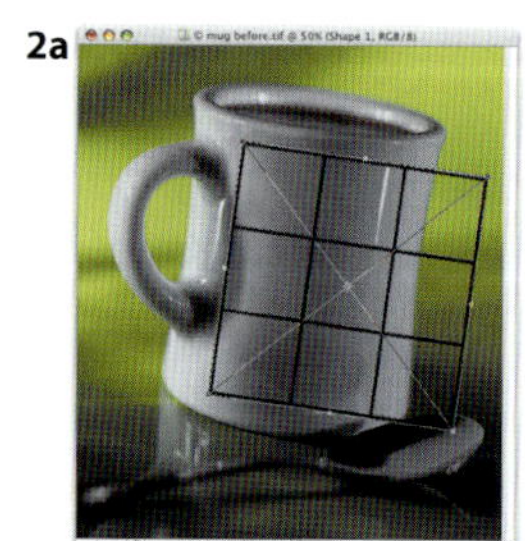

Drehen, skalieren und positionieren Sie das Raster mit FREI TRANSFORMIEREN.

Optionsleiste auf den Button FORMEBENE, anschließend auf den kleinen Pfeil rechts, um den Eigene-Form-Wähler zu öffnen und das Raster auszuwählen **1b**. Um ein quadratisches Raster zu erstellen, müssen Sie beim Aufziehen die ⇧-Taste gedrückt halten **1c**.▼

Bevor Sie das Raster an die Oberfläche anpassen, sollten Sie es in ein **Smart Objekt**▼ umwandeln, um die Grafiken zu schützen und jederzeit einfacher austauschen zu können: Aktivieren Sie in der Ebenen-Palette die Rasterebene und wählen Sie EBENE/SMART OBJEKT/IN NEUEM SMART OBJEKT GRUPPIEREN **1d**.

2 Das Smart Objekt verkrümmen. Um das Raster an das Objekt anzupassen (in diesem Fall die Tasse), wählen Sie BEARBEITEN/TRANSFORMIEREN (⌘/Strg-T). Nehmen Sie zuerst die größeren und dann die kleineren Veränderungen vor. Wir haben beispielsweise zuerst das Raster korrekt ausgerichtet und skaliert, im Anschluss in die zylindrische Form gebracht und die Verkrümmung schließlich verfeinert.

Für die linke Seite des Rasters **2a** ziehen Sie innerhalb des Transformieren-Rahmens, um es zu verschieben. Verschieben Sie den Cursor dann nach außerhalb, bis er sich in einen gebogenen doppelten Pfeil verwandelt, und drehen Sie das Raster. Wenn nötig, können Sie die Größe anpassen, indem Sie an einem der Eckpunkte mit gedrückter ⇧-Taste ziehen. Um das Raster zu verbiegen, klicken Sie mit gedrückter Ctrl-Taste (PC: Rechts-Klick) innerhalb des Rahmens und wählen Sie aus dem Kontextmenü VERKRÜMMEN **2b**, oder klicken Sie in der Optionsleiste einfach auf den Button).

Das Verkrümmungsraster ist mit den Kontrollpunkten an allen vier Ecken des Gitters verbunden. Die zwei Griffe, die sich an den Kontrollpunkten befinden, sind dazu gedacht, um die Kurve zwischen den Punkten zu verschieben und das Gitter so nach Wunsch zu verbiegen. Nehmen Sie jetzt Ihre Einstellungen vor – Änderungen sind aber auch später jederzeit möglich. Das Smart Objekt sammelt alle Transformationsinformationen und wendet diese an, ohne das Gitter stärker zu belasten als mit dem Befehl TRANFORMIEREN/VERKRÜMMEN. So haben wir das Raster der Tasse verkrümmt:

- Ziehen Sie die zwei Kontrollpunkte rechts in Position **2c**.
- Damit Ober- und Unterseite des Rasters dem Bogen der Tasse folgen **2d**, ziehen Sie an den entsprechenden Griffen (ziehen Sie, wenn nötig, auch leicht zur Seite) nach oben bzw. nach unten.

MEHR DAVON

▼ Zeichenwerkzeuge **Seite 456**

▼ Smart Objekte **Seite 14**

2b

Wenn Sie vom Befehl TRANSFORMIEREN zu VERKRÜMMEN wechseln, nutzen Sie dazu ruhig das Kontextmenü des Transformieren-Befehls.

2c

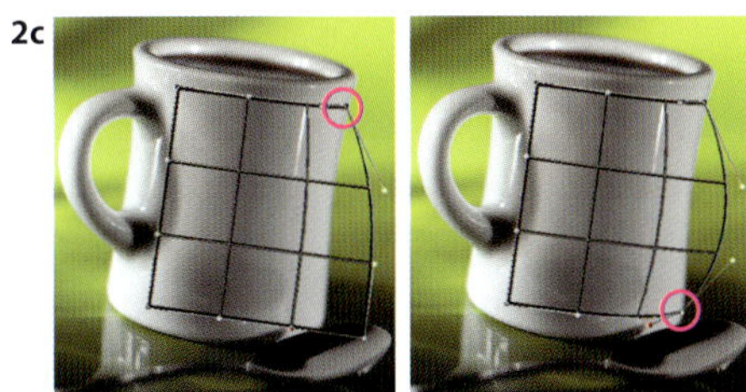

Verschieben Sie die Kontrollpunkte für die rechten Ecken.

2d

Nutzen Sie die horizontalen Griffe der Eckpunkte, um Ober- und Unterkante zu biegen.

2e

Ziehen Sie die linke Seite nach innen, indem Sie die Griffe der Eckpunkte verschieben.

- Um die »Taille« des Rasters leicht nach innen zu verschieben, ziehen Sie die Griffe links nach innen. Wiederholen Sie den Vorgang im Anschluss für die Griffe auf der rechten Seite **2e**.
- Die mittlere Spalte des Gitters ist am nächsten an uns dran – die beiden äußeren folgen der sich biegenden Oberfläche der Tasse nach hinten. Ziehen Sie die oberen Griffe leicht nach außen, so dass die mittlere Spalte etwas breiter wird als die beiden Randspalten. Wiederholen Sie den Vorgang für die unteren Griffe.
- Die mittlere Reihe des Gitters ist von uns weggedrückt und muss deshalb etwas kürzer sein als die obere und untere Reihe – ziehen Sie deshalb den oberen Griff etwas nach unten und den unteren etwas nach oben.
- Wir passten nun die Gitterlinien noch etwas an, um die finale Form zu erreichen **2f**. In der mittleren Spalte sollten die Quadrate direkt übereinander ausgerichtet sein (passend zur Biegung der Tasse natürlich).

Sehen Gitter und Raster in Ihren Augen in Ordnung aus, blenden Sie die Kontrollpunkte aus und überprüfen Sie beides noch einmal **2g**: Mit ANSICHT/EXTRAS oder ⌘/Strg-H blenden Sie das Gitter aus (durch erneutes Drücken der Tastenkombination blenden Sie es wieder ein). Wir beschlossen daraufhin, die obere linke Ecke noch etwas nach links zu verschieben – dazu zogen wir einfach am entsprechenden Eckpunkt, auch wenn das Gitter nicht zu sehen war.

Ist das Raster korrekt, drücken Sie ↵ (oder klicken Sie in der Optionsleiste auf den Bestätigen-Button ✓). Das Gitter wird zu einer unsichtbaren Vorlage, die sich entsprechend beliebigen Grafiken skalieren, ausrichten und verkrümmen lässt (siehe Schritt 5). Auch das Verkrümmungsgitter bleibt editierbar – so können Sie es später jederzeit anpassen.

3 Die Grafik in die Oberfläche überblenden. Jetzt können Sie mit Füllmethode und Deckkraft der Grafikebene experimentieren, um das Bild an die Oberfläche des Objekts anzupassen (Störungen, Körnung, Struktur, Beleuchtung), so dass es aussieht, als befinde sich die Grafik tatsächlich auf der Tasse **3**. Wir wählten den Modus ÜBERLAGERN/INEINANDERKOPIEREN mit einer Deckkraft von 90%.

2f 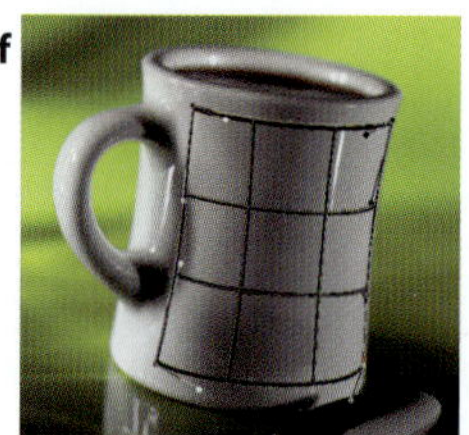

Nach dem Anpassen der einzelnen Gitterzellen.

2g 

Das Gitter wurde ausgeblendet, die obere linke Ecke final angepasst.

3 

Ändern Sie die Füllmethode der Grafik in ÜBERLAGERN/INEINANDERKOPIEREN und die Deckkraft auf 90%, um ihr etwas Glanz zu verleihen und sie mit der Oberfläche der Tasse zu verschmelzen.

4a 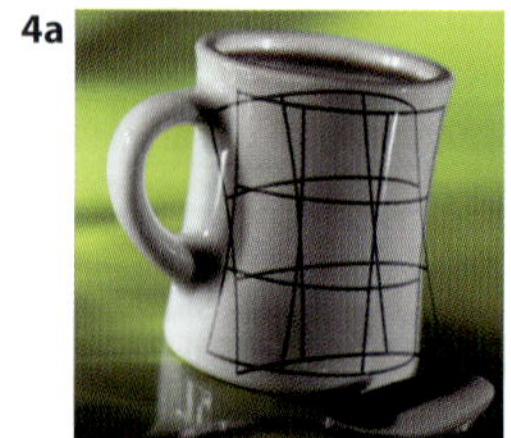 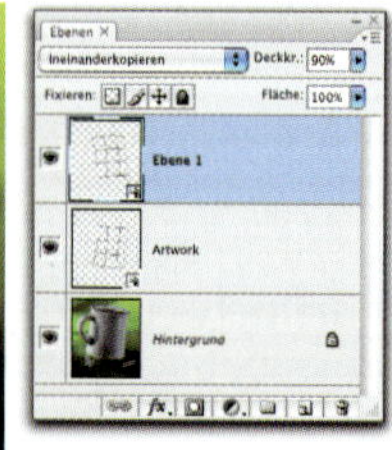

Das Smart Objekt wurde dupliziert und die Ebenenkopie vertikal gespiegelt; wir nannten die neue Ebene »Reflection«.

4b 

Das duplizierte Raster wurde nach unten gezogen.

4 Eine Reflexion hinzufügen. Um die Illusion zu verstärken, dass sich die Grafik tatsächlich auf der Tasse befindet, können wir diese auch zur Reflexion der Tasse hinzufügen. Wenn wir die Reflexion aus der Kopie des Smart Objekts erstellen, ändert diese sich automatisch, wenn wir die Grafik austauschen. Duplizieren Sie also zunächst die Smart-Objekt-Ebene (⌘/Strg-J); benennen Sie die Ebenen um, wenn Sie wollen; wir nannten sie »Reflection«. Spiegeln Sie die Ebene vertikal (BEARBEITEN/TRANSFORMIEREN/VERTIKAL SPIEGELN) **4a**. Passen Sie die Kopie an, indem Sie sie nach unten ziehen und drehen **4b**. Passen Sie auch das Gitter an, um den sichtbaren Teil der Reflexion einzustellen **4c**.

Um das Raster dort, wo der Löffel liegt, auszublenden, fügen Sie einfach eine Ebenenmaske hinzu: Klicken Sie unten in der Ebenen-Palette auf EBENENMASKE HINZUFÜGEN . Wir malten mit einem schwarzen Pinsel und einer runden Werkzeugspitze mit einer Kantenschärfe von 50% sowie einer Deckkraft von 100% auf der Maske.▼ Um den Kontrast zu verringern, änderten wir den Ebenenmodus in WEICHES LICHT und reduzierten die Deckkraft auf 40% **4d**.

MEHR DAVON

▼ Auf Ebenenmasken malen **Seite 72**

5 Grafiken im Smart Objekt ersetzen. Lassen Sie uns nun die Rastergrafik ersetzen. Klicken Sie in der Ebenen-Palette doppelt auf die Miniatur der Smart-Objekt-Ebene (»Artwork« oder »Reflection«), um die Unterdatei zu öffnen (**Artwork.psb**). Fügen Sie dann Grafiken hinzu; wir öffneten die erste der drei Dateien – **Kuhgrafik.psd**. Mit dem Verschieben-Werkzeug zogen wir die Grafik in unsere Arbeitsdatei **5a**. So lange Sie die Grafik skalieren (mit gedrückter ⇧-Taste an einer der Ecken ziehen), damit sie vollständig in das Raster passt, werden die Grafiken bei der Anwendung nicht freigestellt bzw. beschnitten.

4c 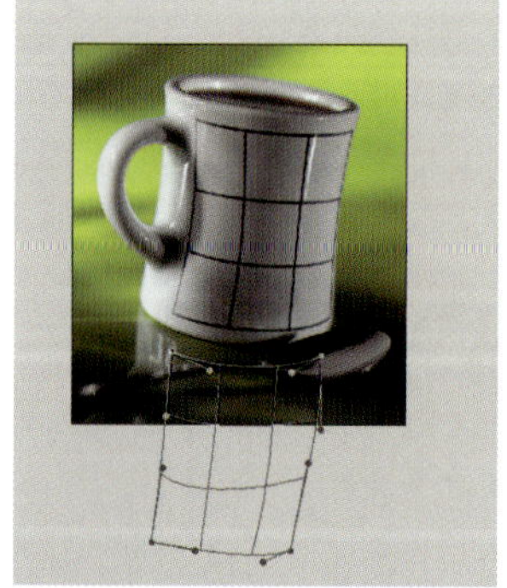

Die Verkrümmung wurde an die Reflexion der Tasse angepasst. Passen Sie die Fenstergröße an, um das Gitter vollständig zu sehen.

4d  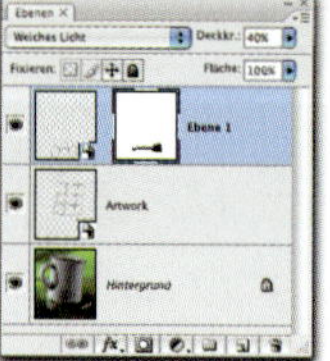

Auf die Ebene »Reflection« wurde eine Ebenenmaske angewendet, um den Löffel vor die Reflexion zu bringen (Füllmethode: WEICHES LICHT; Deckkraft: 40%).

5a 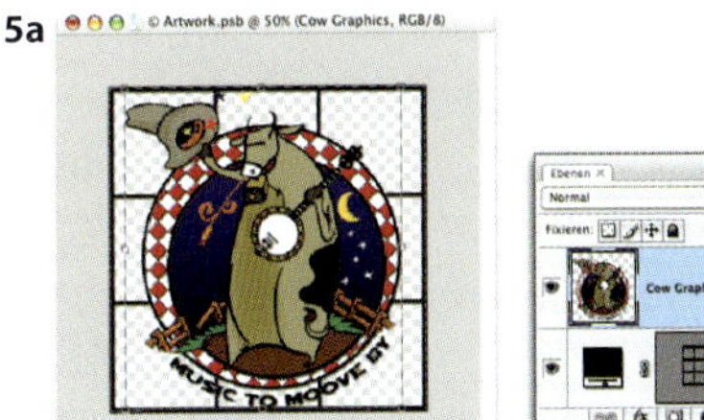

Hier wurde die Kuhgrafik in die Datei **Artwork.psd** importiert und skaliert. Das Raster hilft bei der Positionierung der Grafik.

5b 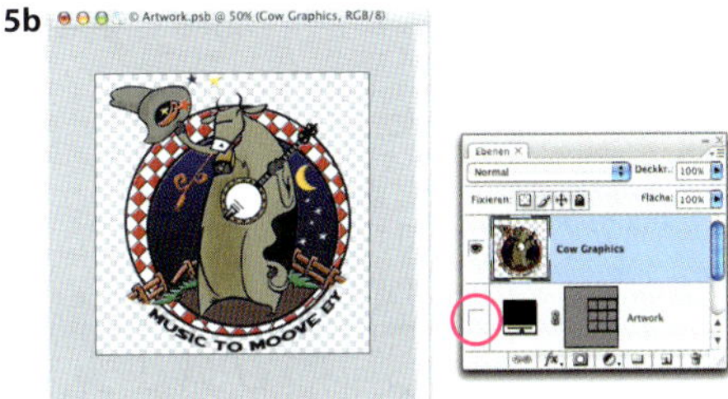

Hier sehen Sie die Datei inklusive skalierter Grafik und ausgeblendetem Raster – fertig zum Speichern.

5c 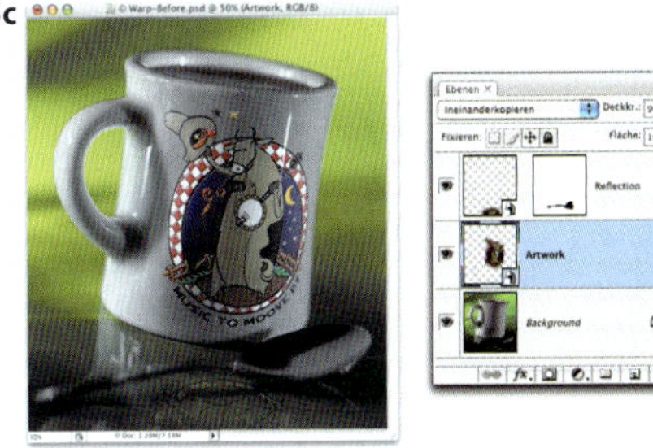

Wenn Sie nach dem Speichern ins Arbeitsfenster klicken, wird das Raster in beiden Kopien des Smart Objekts durch die Kuhgrafiken ersetzt.

6 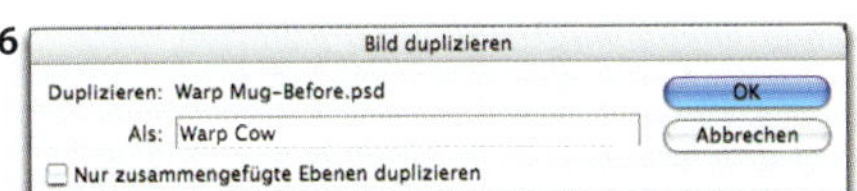

Duplizieren Sie die Datei, bevor Sie die Kuhgrafik verfeinern.

7a 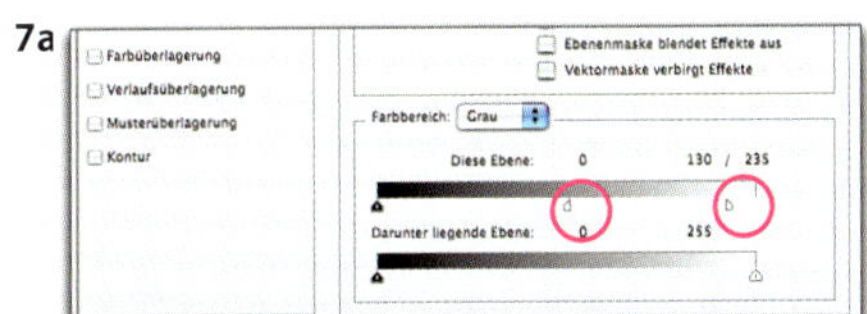

Nutzen Sie den Weißpunktregler für DIESE EBENE, um das Weiß aus der Grafikebene zu entfernen. Dieselbe Änderung nahmen wir in der Ebene »Reflection« vor.

Ist die neue Ebene platziert, können Sie die Rasterebene ausblenden, indem Sie in der Ebenen-Palette auf das Augen-Icon klicken **5b**. Speichern Sie die Datei im Anschluss (⌘/Strg-S). Klicken Sie dann einfach ins Arbeitsfenster der Datei. Die neue Grafik ersetzt das bisherige Raster – automatisch gekrümmt und an Tasse und Reflexion angepasst **5c**.

6 Eine separate Datei erstellen. Die Feinarbeit der Kuhgrafik unterscheidet sich von der für die anderen Grafiken. Deshalb ist es sinnvoll eine separate Kopie der Datei zu erstellen, um dort dann letzte Änderungen vornehmen zu können. (Wenn Sie alle drei Versionen in dieser Datei fertigstellen wollen, würde sich die Feinarbeit auf alle drei Designs auswirken.) Eine schnelle Möglichkeit – und eine, bei der das Smart Objekt editierbar bleibt – besteht darin, eine Kopie der Datei mit dem Befehl BILD/DUPLIZIEREN zu erstellen (ohne die Option REDUZIERTE EBENEN) **6**; geben Sie der neuen Datei einen passenden Namen.

7 Die Grafiken verfeinern. In unserer Datei ist zu erkennen, dass das Weiß der Grafik zu hell ist für die Schattierungen der Tasse. Um das Weiß der Grafik nicht zu drucken und das Weiß der Tasse durchscheinen zu lassen, probieren Sie Folgendes: Aktivieren Sie in der Ebenen-Palette die Ebene »Artwork« und wählen Sie aus dem Paletten-Menü die Option FÜLLMETHODEN. Unten in der Dialogbox finden Sie den Abschnitt DIESE EBENE **7a**. Verschieben Sie dort den weißen Regler leicht nach links, bis das Weiß im Schachbrettmuster und im Banja verschwindet; wir stoppten bei einem Wert von 235 – alle Pixel dieser Ebene, die heller sind als 235 (reines Weiß besitzt den Wert 255), sollten im Bild nicht zu sehen sein. Halten Sie die ⌥-Taste (PC: Alt) gedrückt und ziehen Sie die linke Hälfte des Reglers weiter nach links (hier 130), um die weißen Ränder zu entfernen. Durch das Teilen des Reglers bearbeiten Sie auch andere helle, nicht nur weiße Pixel – beispielsweise die Kanten; die Halbtransparenz erzeugt einen weichen (und keinen abrupten) Übergang. Um das Weiß aus der Ebene »Reflection« zu entfernen, wiederholen Sie das Vorgehen von eben auf dieser Ebene **7b**. Durch die Einstellungen erscheinen die hellen Farben der Grafik jetzt etwas blasser als gewünscht, aber das werden wir gleich korrigieren.

8 Die erste Datei fertigstellen. Um unsere Arbeit abzuschließen, änderten wir den Hintergrund der Tasse, indem wir eine Farbe aus der Grafik aufnahmen. Wir können auch die Farbdichte wiederherstellen und die Grafiken etwas aufhellen. Um die Hintergrundfarbe zu ändern, wendeten wir eine Farbton/Sättigung-Einstellungsebene im Modus FARBTON an, weil sich damit der Hintergrund ändern lässt, ohne die grauen Tonwerte das Tasse zu bearbeiten (neutrale Farben werden von

7b

Die hellsten Tonwerte der Ebenen »Artwork« und »Reflection« wurden ausgeblendet, damit die Tasse durchscheinen kann.

8a

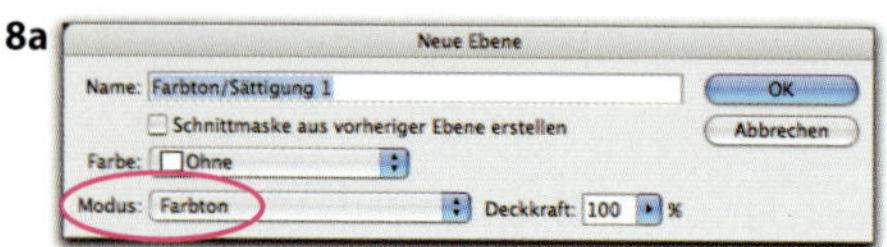

Um den farbigen Hintergrund, jedoch nicht die Tasse umzufärben, wenden Sie eine Farbton/Sättigung-Einstellungsebene im Modus FARBTON an.

8b

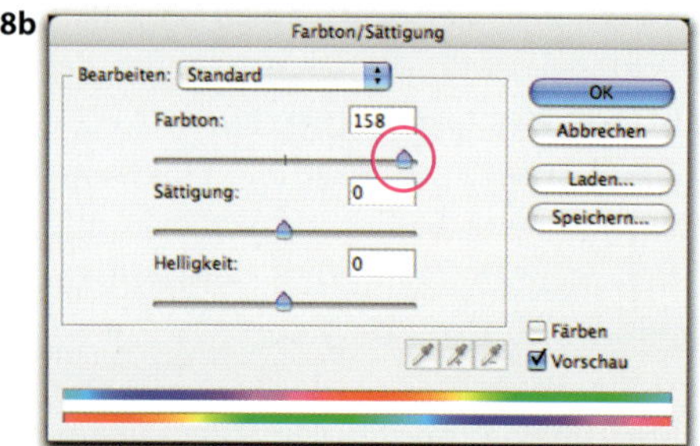

Verschieben Sie den Farbtonregler, um den Hintergrund umzufärben.

8c 8d

Der umgefärbte Hintergrund.

Die Datei wurde mit einer Kopie der Ebene »Artwork« im Modus MULTIPLIZIEREN vervollständigt sowie mit einer Tonwertkorrektureinstellung und einer Abwedeln-Nachbelichten-Ebene.

Einstellungsebenen im Modus FARBE nicht beeinträchtigt). ▼ Klicken Sie in der Ebenen-Palette mit gedrückter ⌥-Taste (PC: Alt) auf den Button NEUE FÜLL- ODER EINSTELLUNGSEBENE ERSTELLEN und wählen Sie FARBTON/SÄTTIGUNG. Wählen Sie in der Dialogbox den Modus FARBTON **8a** und klicken Sie auf OK. Verschieben Sie den Farbtonregler in der Dialogbox **8b** nach rechts (wir stoppten bei +158), um aus dem grünen einen blauen Hintergrund zu machen; klicken Sie auf OK **8c**.

Um die Grafiken auf der Tasse etwas aufzuhellen, aktivierten wir zunächst die Ebene »Artwork« und duplizierten diese. Für die Ebenenkopie wählten wir den Modus MULTIPLIZIEREN und reduzierten die Deckkraft auf 40%.

Wir fügten eine grau gefüllte Ebene zum Abwedeln und Nachbelichten im Modus ÜBERLAGERN/INEINANDERKOPIEREN hinzu, indem wir mit gedrückter ⌥/Alt-Taste unten in der Ebenen-Palette auf den Button NEUE EBENE ERSTELLEN klickten, den Modus auswählten, die Checkbox MIT NEUTRALER FARBE FÜR DEN MODUS »ÜBERLAGERN/INEINANDERKOPIEREN« FÜLLEN (50% GRAU) aktivierten und dann auf OK klickten. Wo mehr Licht zu sehen sein sollte, malten wir lose mit einem weichen Pinsel und geringer Deckkraft auf der Ebene; für dunklere Bereiche an den Kanten aktivierten wir Schwarz. ▼ Um den Kontrast zu verbessern und das Bild von Seite 624 zu vervollständigen, fügten wir eine Tonwertkorrektur-Einstellungsebene hinzu und klickten in der Dialogbox auf AUTO **8d**. ▼

Sobald Sie mit dem Feinschliff fertig sind, speichern Sie die Datei (DATEI/SPEICHERN UNTER) im Photoshop-Format; das Smart Objekt wird zusammen mit der Datei gespeichert. Falls Sie die Füllung, Krümmung, Tonwerte oder Farben ändern wollen (oder auch das Smart Objekt), können Sie die Änderungen ganz einfach durchführen, ohne die Originaldatei zu verändern. Falls Sie die Grafiken ändern wollen, klicken Sie auf eine der Smart-Objekt-Ebenen in der Datei, um die dazugehörige Smart-Objekt-Datei mit den entsprechenden Ebenen zu öffnen.

9 Ein Foto für die zweite Tasse. Um ein Foto anzuwenden, müssen Sie in die Arbeitsdatei wechseln, wie sie nach Schritt 5 aussah (hier ist es die Datei **Tasse-verkruemmen-Vorher.psd**). Klicken Sie in der Ebenen-Palette doppelt auf die Miniatur für die Ebene »Artwork« oder »Reflection«.

MEHR DAVON

▼ Füllmethoden
Seite 178

▼ Abwedeln & Nachbelichten
Seite 331

▼ Auto-Tonwertkorrektur
Seite 270

9a

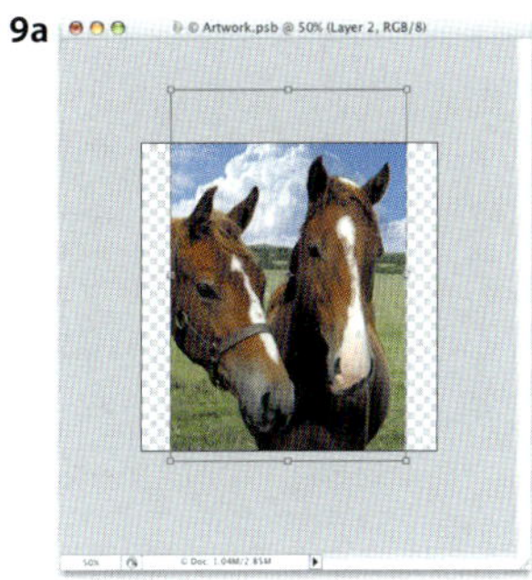

Das Foto **Pferde.psd** wurde in die .psb-Datei gezogen und skaliert. Wir ließen einen Teil des Fotos über den Bildrand hinausragen; das Foto wird dadurch freigestellt, wenn es auf die Tasse angewendet wird.

9b

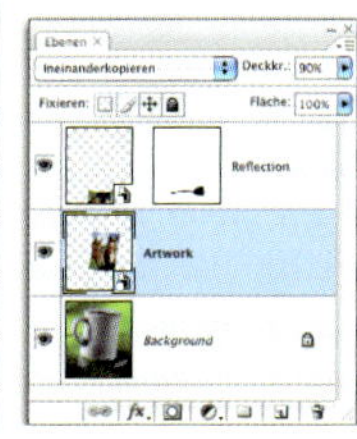

Beim Speichern der .psb-Datei wird das Foto automatisch auf die Tasse angewendet.

9c

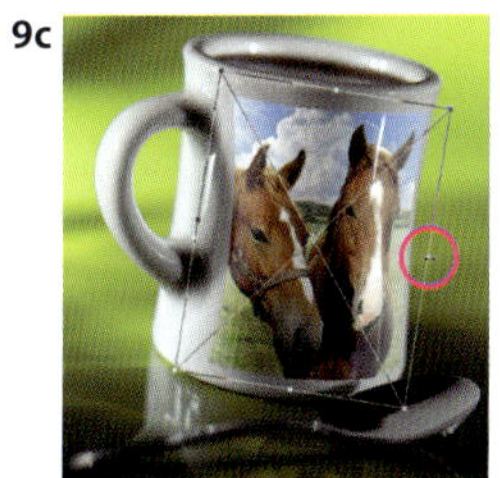

Nutzen Sie den Platz besser aus, indem Sie das Foto nach links und rechts strecken. Diese Dehnung wird Teil der gespeicherten Transformation der Smart-Objekt-Ebene.

9d

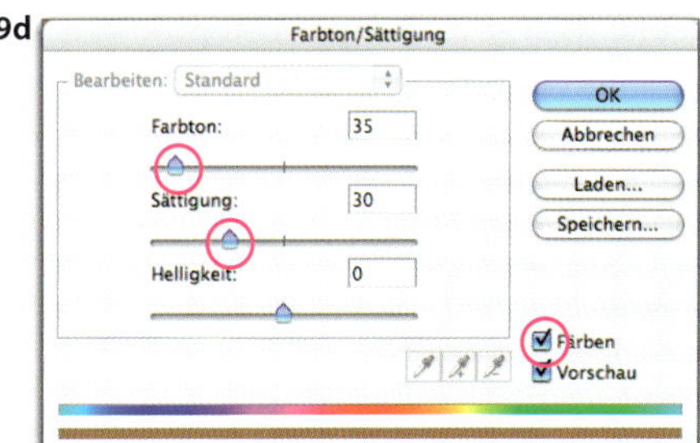

Färben Sie Tasse und Hintergrund mit der Färben-Funktion einer Farbton/Sättigung-Einstellungsebene ein.

Öffnen Sie die Datei mit dem Foto, das Sie anwenden wollen; wir wählten **Pferde.psd**. Ziehen Sie das Foto in die .psb-Datei und skalieren Sie es mit ⌘/Strg-T). **9a**. Blenden Sie alle Ebenen bis auf das Foto aus und speichern Sie die .psb-Datei (⌘/Strg-S); klicken Sie dann ins Arbeitsfenster der Datei, um das Foto auf der Tasse und in der Reflexion zu sehen **9b**.

Duplizieren Sie die Datei **Tasse-verkruemmen-Vorher** (wie in Schritt 6; BILD/DUPLIZIEREN); wir gaben unserer Datei den Namen »Warp Horses«. Geben Sie der Datei nun den letzten Schliff:

- Nachdem wir das Foto auf der Tasse platziert hatten, wollten wir den vorhandenen Platz besser ausnutzen. Mit ⌘/Strg-T lässt sich das Foto dehnen – ziehen Sie einfach den rechten Griffpunkt nach außen **9c**. (Diese Verfeinerung nehmen Sie lieber in einer eigenen Datei vor, denn dieses Foto lässt sich bis zu einem gewissen Grad dehnen, ohne dass es verzerrt aussieht; bei der Kuhgrafik wäre das nicht möglich.) Wir dehnten im gleichen Maße die »Reflection«-Ebene.
- Den Hintergrund färbten wir mit einer Farbton/Sättigung-Einstellungsebene mit aktivierter Checkbox FÄRBEN und im Modus NORMAL ein **9d**.
- Uns gefiel das Ergebnis, als wir die Pferdeebene in WEICHES LICHT änderten und die volle Deckkraft (100%) wiederherstellten. Im Anschluss duplizierten wir die Ebene (⌘/Strg-J) und wählten für das Duplikat den Modus MULTIPLIZIEREN sowie eine Deckkraft von 40% **9e**. Die weißen Bereiche ließen wir deckend damit es aussieht, als wären sie auf die Tasse gedruckt.
- Wir fügten (wie in Schritt 8) eine Tonwertkorrektur-Einstellungsebene hinzu, jedoch keine Ebene zum Abwedlen und Nachbelichten; das Ergebnis sehen Sie auf Seite 617.

10 Der Schriftzug »Indifferent«. Wir gingen wieder zurück zur Datei **Tasse-verkruemmen-Vorher.psd** und klickten doppelt auf die Grafikebene, um die .psb-Datei zu öffnen. Wir wählten nun die Datei **Indifferent.psd 10a**, indem wir die gesamte Ebenengruppe aus der Ebenen-Palette ins Arbeitsenster der .psb-Datei zogen. Wir skalierten die Datei passend zum Raster – das »t« ließen wir etwas über die rechte Kante hinausragen, damit es sich um die Tasse biegt **10b**. Wir speicherten die .psb-Datei erneut und klickten im Anschluss ins Arbeitsfenster, um das Bild zu aktualisieren.

Unsere dritte Version der Datei nannten wir »Warp-Indifferent«. Wir aktivierten die Ebene »Artwork«, dann das Verschieben-Werkzeug und positionierten die Grafik. Außerdem passten wir die Deckkraft der Ebene auf 85% an. Um das Motiv zu

9e

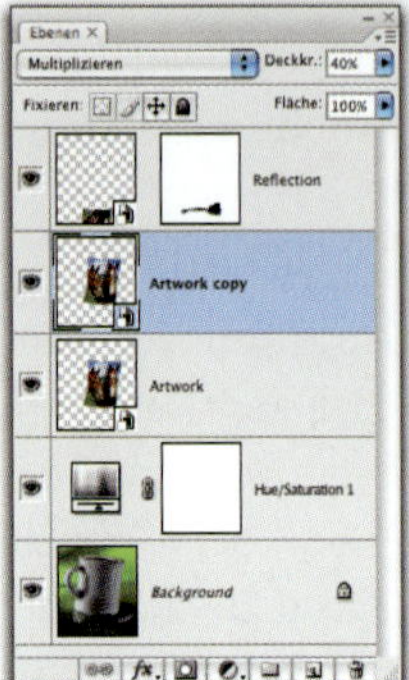

Zwei Ebenen – in den Modi WEICHES LICHT und MULTIPLIZIEREN – wurden verwendet, um das Foto in die Tasse überzublenden.

betonen, fügten wir eine Farbton/Sättigung-Einstellungsebene über der Fotoebene hinzu und reduzierten die Sättigung. Die Vorderseite der Tasse lag im Schatten – wir fügten jedoch eine Tonwertkorrektur-Einstellungsebene hinzu (ganz oben im Ebenenstapel) und klickten auf AUTO, um den Kontrast zu verbessern (siehe Seite 617).

10b

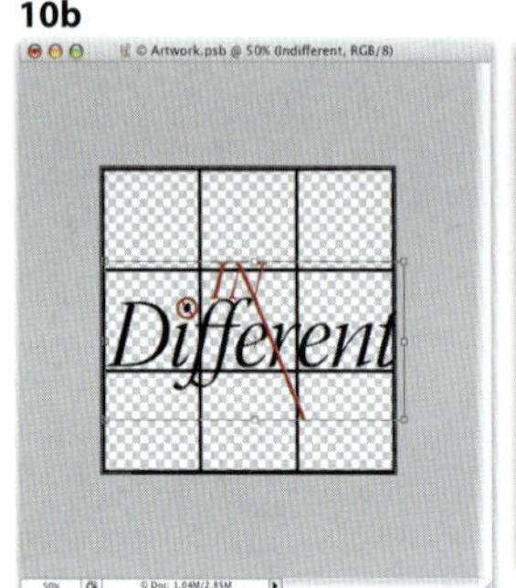

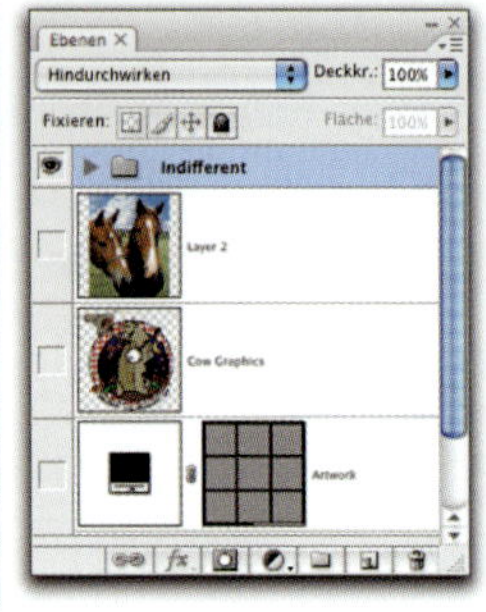

Positionieren Sie die Grafik in der Datei so, dass der Text an der Seite ausläuft.

10a

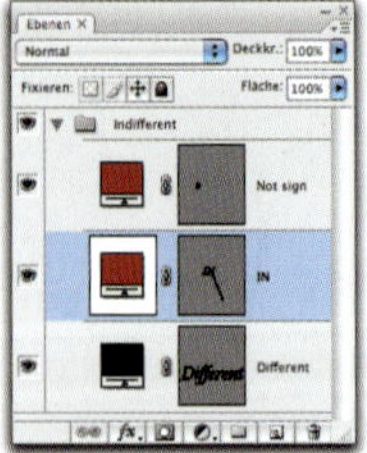

Für die Datei **Indifferent.psd** erstellten wir zwei Textebenen (»IN« in Rot und »Different« in Schwarz) und wandelten diese in Formebenen um.▼ Das Verbotszeichen (aus Photoshops Vorgaben) wurde mit dem Eigene-Form-Werkzeug angewendet; als Füllmethode wurde für diese Ebene FARBIG NACHBELICHTEN gewählt. Im Anschluss wurden alle drei Teile des Designs in der Ebenen-Palette ausgewählt und zu einer Gruppe zusammengeführt (NEUE GRUPPE AUS EBENEN im Paletten-Menü).

MEHR DAVON

▼ Mit Text arbeiten **Seite 418**

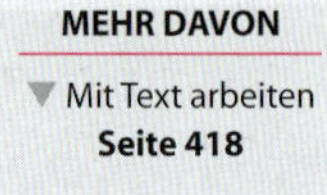

ETIKETTEN AUF GLAS ANBRINGEN

Wenn Sie ein Etikett auf einem Glas anbringen wollen, können Sie die Transparenz des Glases mit weiteren Details noch realistischer wirken lassen:

- Erstellen Sie eine Ebene mit dem Etikett und eine weitere mit dem dazugehörigen Text. Verringern Sie die Deckkraft der Etikettenform, bis das darunter liegende Bild durchscheint. Aktivieren Sie dann die Textebene und reduzieren Sie beide Ebenen auf eine, um beide Teile des Etiketts zu kombinieren. Die teilweise Transparenz der Form und die volle Deckkraft der Schrift bleiben erhalten.
- Falls sich etwas im Glas befindet, können Sie einen Schlagschatten auf der Ebene des Glasinhalts anbringen: Klicken Sie unten in der Ebenen-Palette auf EBENENSTIL HINZUFÜGEN und wählen Sie SCHLAGSCHATTEN. Wählen Sie in der Dialogbox eine Schattenfarbe aus. Stellen Sie DECKKRAFT, ÜBERFÜLLEN und GRÖSSE ein, um den Schatten an das Licht im Bild anzupassen. Experimentieren Sie mit der Distanz und dem Winkel, indem Sie den Schatten im Bild verschieben.

JHDAVIS

Das Etikett wurde mit schwarzem Text auf einer Ebene erzeugt, darunter entstand eine weiße Ebene mit Etikettenform mit einer Deckkraft von 70%. Die beiden Ebenen wurden auf eine reduziert und ein Schlagschatten wurde eingebaut.

Verkruemmen-Extra.psd

Einen Hintergrund austauschen

SIE FINDEN DIE DATEIEN

auf der DVD unter Wow Projektdateien/Kapitel 9/Hintergrund austauschen:

- Austauschen-Vorher 1 & 2.psd
- Austauschen-Nachher.psd

ÖFFNEN SIE DIESE PALETTEN

aus dem Fenster-Menü:

- Werkzeuge • Ebenen

ÜBERBLICK

Das Objekt aus dem Hintergrund extrahieren • Die Kanten mit einer Ebenenmaske verbessern • Einen neuen Hintergrund importieren • Den Befehl GLEICHE FARBE und andere Einstellungen nutzen, um die Beleuchtung anzupassen

Um ein Objekt aus einem Foto mit dem Hintergrund eines anderen zu kombinieren, müssen Sie zuerst durch eine exakte Auswahl das Objekt vom Original-Hintergrund trennen. Arbeiten Sie mit einem Porträt, bedeutet das normalerweise, das Problem mit den Haaren zu lösen: Wie erstellen Sie eine Auswahl, die die Haare vom Hintergrund trennt, ohne dass sie zu glatt oder zu hart ausgeschnitten wirken? Die beste Methode hängt unter anderem davon ab, wie sehr sich die Haarfarbe vom Hintergrund abhebt und ob die Haarsträhnen vom Objektiv der Kamera scharf oder weich abgebildet sind. Photoshops Extrahieren-Filter bietet dafür in unseren Augen die beste Lösung.

Auch wenn das Haarproblem gelöst und die Auswahl erstellt ist, gibt es weitere wichtige Faktoren, die Ihnen helfen, das Objekt nahtlos in seine neue Umgebung einzufügen:

- Das Umgebungslicht muss für das Hauptmotiv und den Hintergrund gleich sein.
- Das gerichtete Licht muss ebenfalls gleich bleiben.
- Die Schärfentiefe muss realistisch aussehen. Ist das gesamte Objekt scharf, kann der Hintergrund entweder scharf oder verschwommen sein. Ist das Objekt jedoch nur teilweise scharf, sollte der Hintergrund unscharf sein.
- Filmkörnung oder Bildrauschen innerhalb des zusammengesetzten Bildes müssen zusammen passen (siehe Seite 290).

1

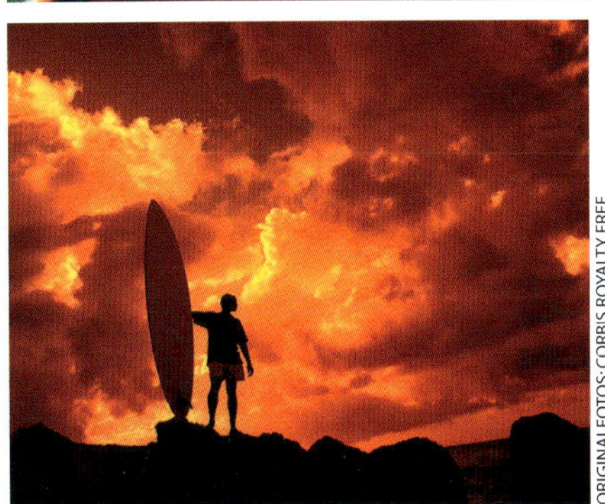

ORIGINALFOTOS:CORBIS ROYALTY FREE

Das Originalobjekt und die Hintergrundfotos

Vor der Anwendung des Befehls EXTRAHIEREN erstellten wir aus Sicherheitsgründen eine Kopie des Bildes.

1 Die Fotos analysieren. Wählen Sie die beiden Fotos aus, die Sie kombinieren wollen, und stellen Sie sie gegebenenfalls frei. Bei der Wahl des Objekts und des Hintergrunds sollten Sie darauf achten, dass sich die Lichter der Bilder nicht »beißen«. In unserem Beispiel kontrastierte das Umgebungslicht des Himmels farblich mit dem Licht in unserem Porträt – ein warmes Goldbraun gegenüber einem kühlen Grün **1**. Wir glichen diesen Unterschied durch eine Farbeinstellung der grün getönten Lichter aus dem Porträt aus (Schritt 5). Das Licht im Hintergrundfoto wies direkt in die Kamera. Es gab also keine Probleme mit dem gerichteten Licht aus dem Porträt (von links hinten; achten Sie auf die Lichter auf den Schultern).

2 Mit dem Extrahieren beginnen. Haarprobleme oder andere Auswahlschwierigkeiten lassen sich meist mit dem Befehl BILD/EXTRAHIEREN lösen. Der Prozess ist jedoch destruktiv – er löscht Pixel dauerhaft. Sie sollten also vor dem Extrahieren Ihre Bildebene sicherheitshalber duplizieren (⌘/Strg-J). Klicken Sie dann auf das Augen-Symbol der untersten Ebene, um das Ergebnis Ihrer Freistellung zu begutachten.

Öffnen Sie als Nächstes aus dem Filter-Menü die Dialogbox EXTRAHIEREN. Wählen Sie aus dem Pop-up-Menü LICHT eine Farbe. Wir wechselten wegen des grünen Fotohintergrunds vom voreingestellten Grün zu Rot.

Haben Sie das Kantenlicht gewählt, stellen Sie die Werkzeugspitzengröße ein: Für weiche oder unscharfe Kanten eignet sich eine große Spitze. Wir wählten das Haar mit einer relativ großen Spitze (40) aus. Obwohl der Kontrast zwischen dem grünen Hintergrund und den schwarzen Haaren zunächst sehr groß schien, ist die Schärfentiefe gering, einige Haare sind daher unscharf. Der grüne Hintergrund erzeugt grüne Lichter im Haar. Mit einer großen Werkzeug-spitze könnten wir rasch an den Kanten entlang ziehen und alle feinen Haarsträhnen auf einmal erwischen. Ziehen Sie das Kantenlicht, um die Überlappungsbereiche von Objekt und Hintergrund aufzuhellen **2b**. Diese Aufhellung definiert das

HINWEISE ZUM EXTRAHIEREN

Hier ein paar generelle Regeln zum Hervorheben von Kanten, wenn Sie mit BILD/EXTRAHIEREN ein Objekt von seinem Hintergrund trennen:

1 Einige Kanten sind möglicherweise »ausgefranst«, weil sie teilweise außerhalb des scharf gestellten Bereichs liegen oder teilweise transparent sind; oder sie enthalten Lichter oder Schatten in der Hintergrundfarbe. Typische Kanten dieser Art sind Haarsträhnen vor einem Hintergrund oder Grashalme vor einem Himmel. Um die unscharfen Kanten hervorzuheben, nutzen Sie das Kantenlicht mit einer breiten Spitze.

2 Wo die Kante, die Sie auswählen wollen, klar ausgeprägt und kontrastreich ist, aktivieren Sie die Checkbox HERVORHEBUNGSHILFE für das Kantenlicht.

3 Nachdem Sie das Objekt mit einer Kontur umschlossen, den Umriss mit dem Füllwerkzeug gefüllt und die Vorschau eingeschaltet haben, wenden Sie das Bereinigen-Werkzeug auf Punkte an, die Sie aus dem extrahierten Bild herausnehmen wollen. Halten Sie die ⌥/Alt-Taste gedrückt, wenn Sie Bildteile wiederherstellen wollen.

4 Nutzen Sie den Kanten-Bereiniger, um raue Kanten zu glätten.

DIE VORSCHAU NAVIGIEREN

Mit Tastenkürzeln können Sie vorübergehend Navigationswerkzeuge in der Dialogbox EXTRAHIEREN aktivieren, ohne das Kantenlicht zu bewegen:

- Um mit dem **Handwerkzeug** zu scrollen, halten Sie die **Leertaste** gedrückt.
- Halten Sie ⌘/Strg-**Leertaste** gedrückt, um das Zoom-Werkzeug zu aktivieren.
- Halten Sie ⌘-⌥-**Leertaste** (PC: Strg-Alt-**Leertaste**) gedrückt, um aus dem Bild herauszuzoomen.

2b

Nutzen Sie das Kantenlicht mit einer großen Spitze und die Farbe Rot als Hervorhebungsfarbe für Bereiche, die transparent sind oder bei denen die Hintergrundfarbe durchscheint.

2c

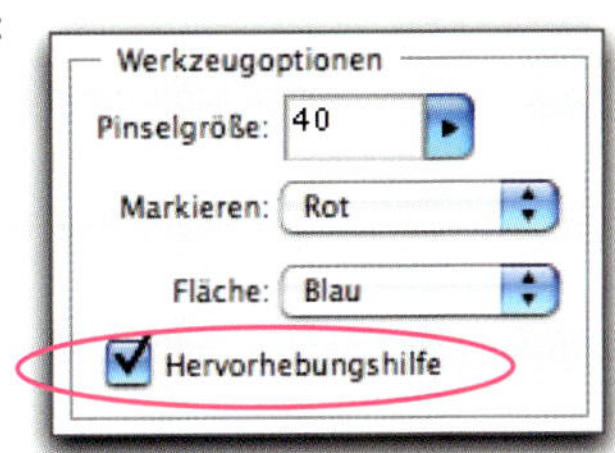

Aktivieren Sie die HERVORHEBUNGSHILFE, um die Kante »magnetisch« nachzuzeichnen.

Schnelle Reparaturen

Einen Fehler mit dem Kantenlicht beheben Sie folgendermaßen:

- Sie können etwas hinzufügen, indem Sie mit dem Werkzeug zurück über den Bereich ziehen, den Sie ausgelassen haben.
- Sie können Kantenmaterial wieder entfernen, indem Sie mit gedrückter ⌥/Alt-Taste ziehen (das ist vorübergehend der Radiergummi).

2d

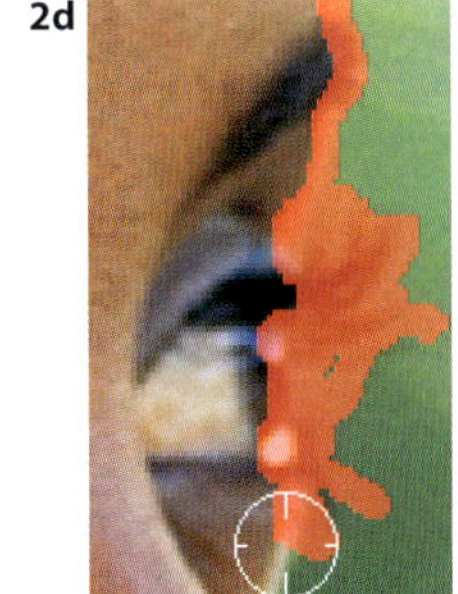

Befindet sich das Kantenlicht im Hervorhebungsmodus, ändert sich der Cursor.

2e

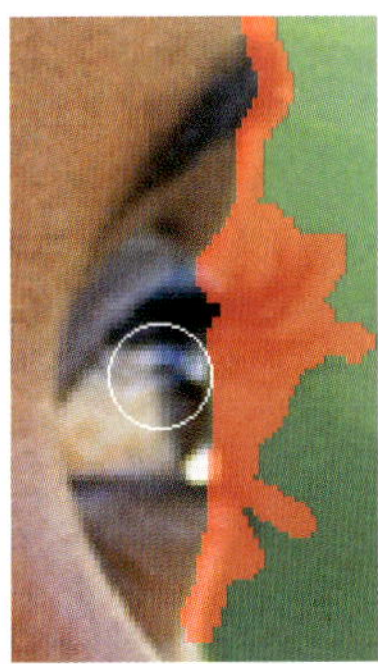

Halten Sie die ⌥/Alt-Taste gedrückt, verwandelt es sich vorübergehend in den Radiergummi.

Band, an dem die Funktion EXTRAHIEREN bei der Objektauswahl nach den Kanten sucht. Während des folgenden Extraktionsprozesses kann alles, was sich innerhalb des Bandes befindet, transparent gemacht werden. In unserem Bild helfen die breiten Striche bei der Auswahl der feinen Details und erlauben es, dass das Haar teilweise transparent ausgewählt wird, ohne Farbstich aus dem Hintergrund. Als das extrahierte Bild dann vor den neuen Hintergrund gesetzt wurde, konnte der neue Hintergrund wegen der Halbtransparenz der Haare seine eigene Farbnuance hinzufügen.

Eine kleinere Werkzeugspitze ist besser für harte Kanten oder wenn sich zwei Kanten dicht nebeneinander befinden. In unserem Bild konnten wir eine kleine Werkzeugspitze verwenden, um eine scharfe Auswahl der linken Halsseite zu erstellen. Anstatt die Werkzeugspitze jedoch wieder zurückzustellen, aktivierten wir die HERVORHEBUNGSHILFE **2c**. Dadurch werden Cursor und Kantenlicht magnetisch: Es folgt automatisch den Kanten und verkleinert dort, wo es möglich ist, die Werkzeugspitze.

In unserem Porträt gab es zwei wirklich kontrastreiche Kanten im Profil der Frau – die grünweiße Kante zwischen Hintergrund und Licht und die weißbraune Kante zwischen Licht und Hautfarbe. Wir zoomten in das Bild hinein (siehe »Die Vorschau navigieren« auf Seite 626), um in der Vergrößerung der Kante besser folgen zu können **2d**. Wir mussten das Kantenlicht wieder manuell führen (mit gedrückter ⌘/Strg-Taste) und reduzierten die Größe der Werkzeugspitze auf 10, um dem Licht auf den Schultern zu folgen, damit es die weißen Kanten nicht abschnitt, sondern behielt. Automatisch wäre das Kantenlicht der kontrastreichen Kante zwischen dem weißen Licht und der dunkleren Haut gefolgt. Wir säuberten die Kante durch Drücken der ⌥/Alt-Taste, um die bestehenden Lichter zu entfernen **2e**.

Die Hervorhebung ist komplett, wenn das gesamte Objekt vollständig innerhalb des Lichtes eingeschlossen ist; die Außenkanten des Bildes können Sie aber beim Ziehen

Hervrohebungshilfe

Unglücklicherweise ist die Hervorhebungshilfe nur gut bei scharfen, kontrastreichen Kanten. Ziehen Sie also von einem Bereich mit einer kontrastreichen Kante in einen Bereich mit wenig Kontrast, müssen Sie die Hervorhebungshilfe ausschalten. Halten Sie die ⌘/Strg-Taste gedrückt, wird eine aktive Hervorhebungshilfe automatisch ausgeschaltet, andernfalls eingeschaltet. Lassen Sie die Taste einfach los, um wieder zurückzuwechseln.

Werkzeugspitzengrösse ändern

Sie können die Werkzeugspitze für die Extrahieren-Werkzeuge ändern wie bei den Malwerkzeugen: Drücken Sie zum Vergrößern die Taste #, zum Verkleinern Ö.

3a

Füllen Sie den gesamten Umriss mit dem Füllwerkzeug, wird der Vorschau-Button oben rechts in der Dialogbox aktiv. Ein hoher Glätten-Wert zeichnet die Kanten stärker weich als ein niedriger.

3b

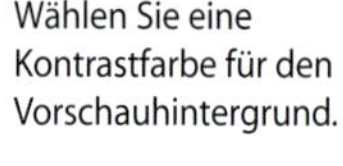
Wählen Sie eine Kontrastfarbe für den Vorschauhintergrund.

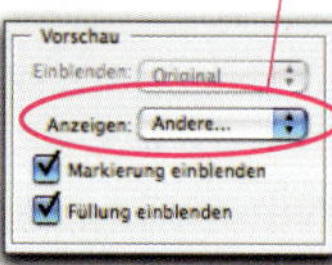

3c

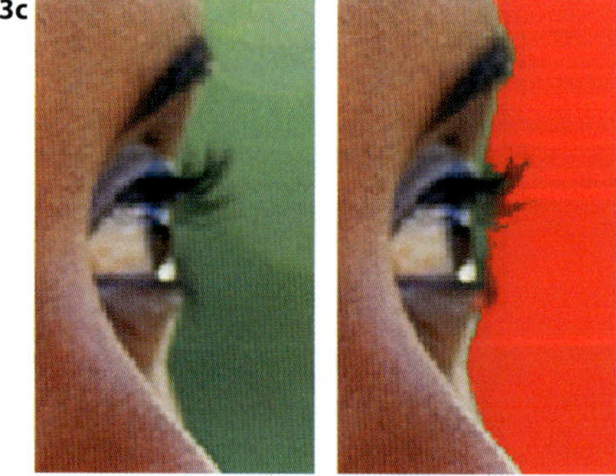

Schalten Sie die Einstellung »Zeigen« im Original (links) auf »Extrahiert« um, um die Kanten zu kontrollieren.

außer Acht lassen: In diesem Foto erstreckt sich das Licht beispielsweise von der unteren Kante des Fotos auf der linken Seite nach oben und um das Profil bis zur rechten Kante des Bildes.

3 Extrahieren fertigstellen. Bevor Sie die Auswahl, die Sie mit dem Kantenlicht erstellt haben, sehen können, müssen Sie eine Füllung hinzufügen. Wählen Sie in der Dialogbox das Füllwerkzeug aus und klicken Sie in die Hervorhebung, um den gesamten Bereich zu füllen und den Vorschau-Button verfügbar zu machen **3a**. Im Abschnitt EXTRAHIERUNG innerhalb der Dialogbox können Sie den Wert GLÄTTEN auf 100 einstellen, damit möglichst wenig Störung an den Kanten entsteht. Diese können Sie später mit dem Kantenverfeinerer noch weiter glätten. Klicken Sie auf den Vorschau-Button, um den Hintergrund wieder verschwinden zu lassen.

Unter VORSCHAU unten in der Dialogbox können Sie im Abschnitt ANZEIGEN eine Farbe angeben, die mit dem Original-Hintergrund des Fotos kontrastiert. Dadurch sehen Sie sofort, wie gut Ihre Extrahierung ist. Finden Sie im Menü keine passende Farbe, wählen Sie im Menü ANDERE und nehmen Sie eine Farbe auf; wir entschieden uns für ein Rot, um mit dem Grün im Original einen Kontrast herzustellen **3b**. Indem Sie in der Vorschau zwischen EINBLENDEN/EXTRAHIERT und EINBLENDEN/ORIGINAL hin und her springen, können Sie die extrahierten Kanten mit dem Original vergleichen **3c**.

In der Ansicht EINBLENDEN/EXTRAHIEREN aktivierten wir das Freistellungswerkzeug (Taste C), um überflüssiges Material an den Kanten zu entfernen **3d**. *Wirklich interessant ist die Tatsache, dass Sie das Freistellungswerkzeug auch mit gedrückter ⌥/Alt-Taste verwenden können, um Material, das beim Extrahieren verloren gegangen ist, wieder herzustellen.* Neben der Werkzeugspitzengröße können Sie die Deckkraft (oder Druckkraft) des Werkzeugs ändern, indem Sie die Zahlentasten drücken (1 bis 9 für 10 bis 90% und 0 für 100%). Verwenden Sie für glatte Kanten eine niedrige Deckkrafteinstellung. Normalerweise erzielen Sie gute Ergebnisse, wenn Sie bei sehr geringer Deckkraft mit dem Werkzeug ziehen. Mit dem Kantenverfeinern können Sie die Kante glätten. Er entfernt automatisch den Pixelmüll an den Kanten.

Während Sie die Kanten verfeinern und bald soweit sind, die Dialogbox wieder zu schließen, denken Sie daran, dass es besser ist, zu viel Bildmaterial zu haben als zu wenig. Sie können die Kanten nach dem Extrahieren noch weiter verfeinern (wie in Schritt 4 beschrieben), es ist jedoch wesentlich schwieriger, etwas zurückzuholen. Wenn Sie die gesamte Kante so gut wie möglich untersucht und verfeinert haben, klicken Sie auf OK, um die Extrahierung zu beenden und die Dialogbox zu schließen **3e**.

3d

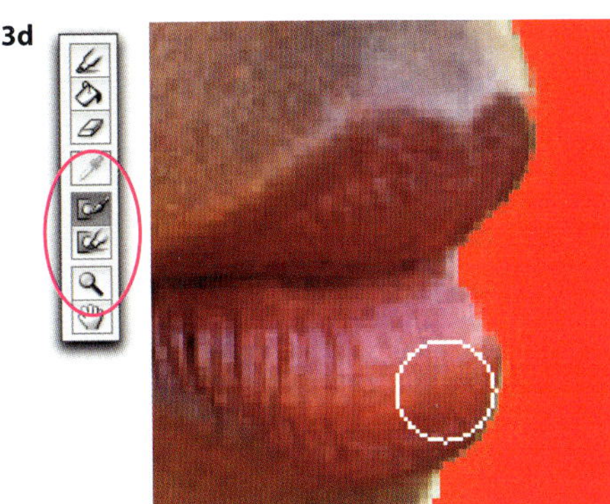

Nach dem Klick auf den Vorschau-Button sind Bereinigen-Werkzeug (hier zu sehen) und Kantenverfeinerer verfügbar; damit können Sie vor der Fertigstellung der Extrahierung die Kante optimieren.

3e

Die Objektebene nach dem Extrahieren.

4a

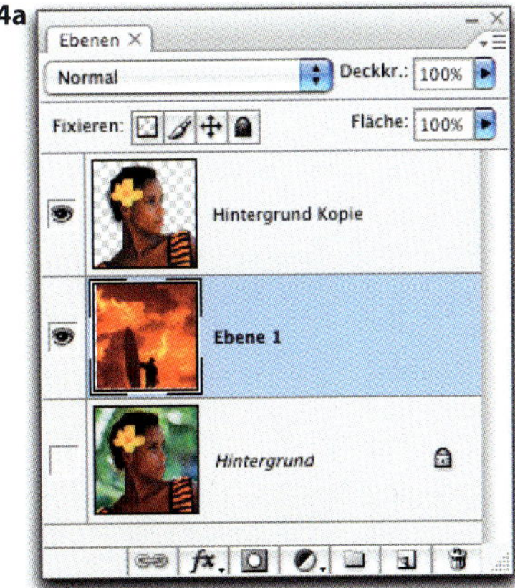

Fügen Sie den neuen Hintergrund ein.

4 Objekt mit neuem Hintergrund kombinieren. Klicken Sie mit dem Verschieben-Werkzeug in das neue Hintergrundbild und bringen Sie dieses per Drag&Drop in die Porträt-Datei. In der Ebenen-Palette ziehen Sie den importierten Ebenennamen an die Position unter der extrahierten Ebene **4a**; um die Ebene umzubenennen, klicken Sie doppelt auf den Namen und geben Sie einen neuen ein. Positionieren Sie das Bild mit dem Verschieben-Werkzeug nach Wunsch neu. Oder skalieren Sie es mit BEARBEITEN/FREI TRANSFORMIEREN und ziehen Sie mit gedrückter ⇧-Taste an einem der Eckpunkte. Sie können das Bild auch weichzeichnen (FILTER/WEICHZEICHNUNGSFILTER/GAUSSSCHER WEICHZEICHNER oder TIEFENSCHÄRFE ABMILDERN)▼.

MEHR DAVON

▼ Tiefenschärfe abmildern **Seite 293**

Jetzt, wo sich der Hintergrund an seinem Platz befindet, wollen Sie die Kanten Ihres extrahierten Objekts möglicherweise noch weiter verfeinern. Eine flexible, nicht destruktive Methode besteht darin, eine Ebenenmaske zu erstellen, die genau auf das Objekt passt, und dann die Kanten der Maske zu bearbeiten. Erstellen Sie zunächst eine Auswahl, indem Sie die Transparenzmaske der Ebene laden (⌘/Strg-Klick auf die Ebenenminiatur) **4b**. Fügen Sie dann die Ebenenmaske hinzu **4c**. Weil die Kanten der Transparenzmaske halbtransparent sind, wird die Ebenenmaske, die Sie von der Transparenzmaske erstellen, automatisch ein wenig kleiner. Diese Veränderung allein glättet möglicherweise schon die Kanten oder entfernt unerwünschte Hintergrundfarbe **4d**.

Müssen Sie die Kante noch weiter verfeinern, wenden Sie auf die gesamte Kante oder ausgewählte Bereiche noch einmal einen Gauß'schen Weichzeichner an **4e**. Oder malen Sie mit Schwarz auf der Ebenenmaske, um noch mehr des extrahierten Bildes auszublenden (nutzen Sie den Pinsel im Airbrush-Modus und mit einem geringen Druck).▼ Falls Ihnen das

4b

Laden Sie die Transparenz als Auswahl.

Ergebnis nicht gefällt, machen Sie diesen Schritt rückgängig (⌘/Strg-⇧-Z), um die Original-Extrahierung Stück für Stück wiederherzustellen, oder malen Sie mit Weiß auf der Maske.

MEHR DAVON

▼ Auf einer Maske malen **Seite 72**

5 Umgebungslicht einstellen. Jetzt können Sie Änderungen an der Farbe und Intensität des Lichts vornehmen, damit sich das Objekt besser dem Hintergrund anpasst. Der Befehl GLEICHE FARBE funktioniert hier ganz gut, steht jedoch leider nicht als Einstellungsebene zur Verfügung – Sie ändern damit also das Bild. Um Ihre bisherige Arbeit jedoch zu schützen, duplizieren Sie die extrahierte Ebene mit ⌘/Strg-J und blenden Sie die untere der beiden Ebenen aus **5a**.

Aktivieren Sie die Miniatur der duplizierten Ebene und wählen Sie BILD/ANPASSUNGEN/GLEICHE FARBE. Beginnen Sie in der Dialogbox ganz unten im Abschnitt BILDSTATISTIK. Wählen Sie für die Quelle den Namen der aktuellen Datei. Unter EBENE wählen Sie die Ebene »Sunset«. Die Farbe im Arbeitsfenster ändert sich dramatisch **5b**. Nutzen Sie den Verblassen-Regler, um die Färbung zu reduzieren (wir wählten einen Wert von 75) **5c** und klicken Sie auf OK. Experimentieren Sie mit der Füllmethode dieser Ebene und wählen Sie BEARBEITEN/VERBLASSEN (dieser Befehl steht Ihnen nur direkt im Anschluss an den Befehl GLEICHE FARBE zur Verfügung); testen Sie die Füllmethoden FARBE und FARBTON; wir entschieden uns für FARBE – er entfernt einen Teil der Beleuchtung, die Wärme und Intensität des Sonnenuntergangs bleiben jedoch erhalten **5d**.

(Die helle Farbe des Sonnenuntergangs wirkt sich auf alle Farbtöne aus – Lichter, Mitteltöne und Tiefen. Bei einem dezenteren Hintergrund können Sie die Farbanpassung auch auf die Tiefen oder Lichter beschränken oder Tiefen und Lichter

4c

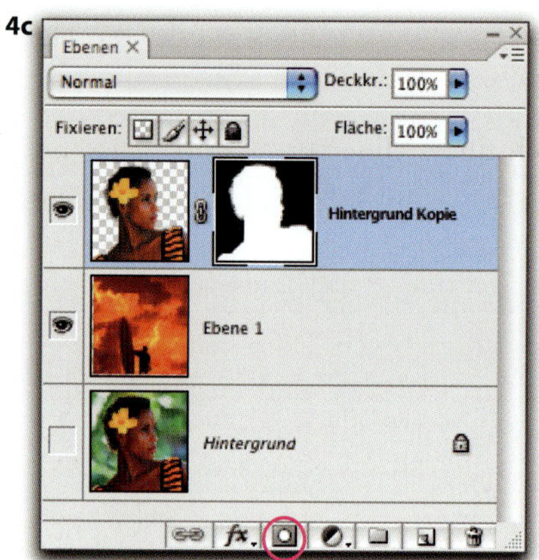

Erstellen Sie aus der transparenten Maskenauswahl eine Ebenenmaske, die Sie der Objektebene hinzufügen.

4d

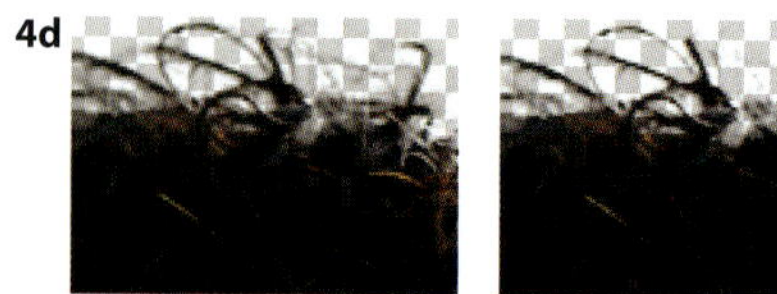

Der Umriss vor (links) und nach dem Hinzufügen der Ebenenmaske.

4e

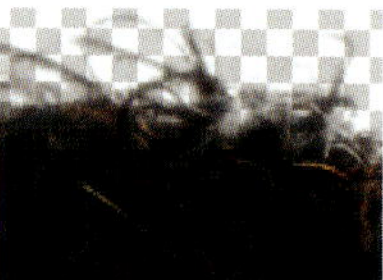

Zeichnen Sie die Maske weich, um die Kanten zu glätten (2 Pixel).

5a

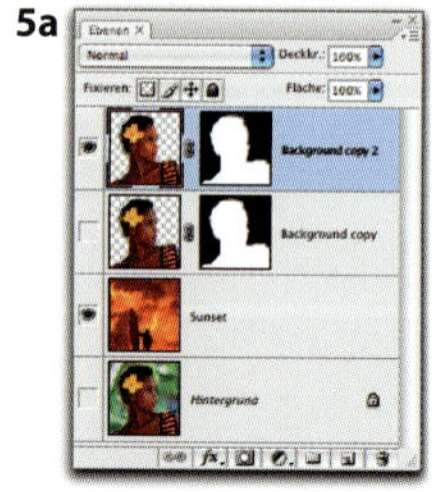

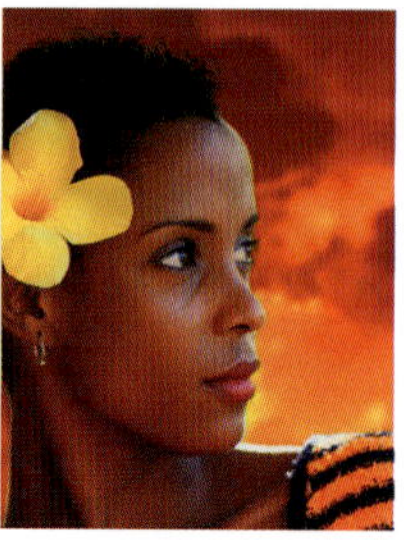

Wenden Sie auf die duplizierte Ebene den Befehl GLEICHE FARBE an.

5b

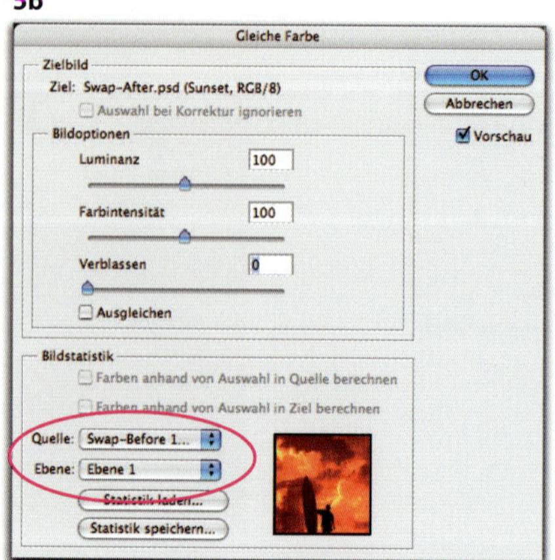

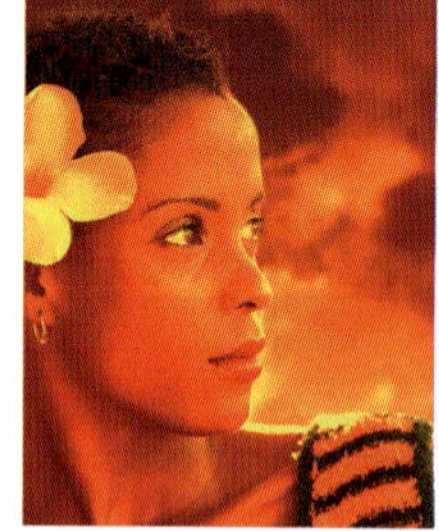

Wählen Sie die Ebene »Sunset« als Quelle.

einfärben, aber Mitteltöne schützen. Mehr dazu erfahren Sie auf den Seiten 72, 329, 339 und 616.)

Da sich das Objekt bei solch einem Hintergrund normalerweise im Schatten befinden würde, dunkelten wir es mit einer Gradationskurven-Einstellungsebene etwas ab: Klicken Sie in der Ebenen-Palette mit gedrückter ⌘/Strg-Taste auf die Maskenminiatur des Hauptmotivs, um diese als Auswahl zu laden; klicken Sie dann unten in der Palette auf den Button NEUE FÜLL- ODER EINSTELLUNGSEBENE ERSTELLEN und wählen Sie GRADATIONSKURVE **5e**. Verschieben Sie den Mittelpunkt der Kurve nach unten, um das Bild abzudunkeln; wir stellten fest, dass durch eine S-Kurve (durch Verschieben des Punktes leicht nach links und das Hinzufügen eines weiteren) die Details in den Lichtern erhalten bleiben.▼ Die Farbintensität wird dadurch verstärkt, das Porträt etwas abgedunkelt; für die Einstellungsebene aktivierten wir den Modus LUMINANZ, um die Farbverstärkung zu vermeiden.

MEHR DAVON

▼ »S«-Kurven **Seite 334**

▼ Verlaufsmasken **Seite 72**

▼ Auf einer Maske malen **Seite 72**

6 Gerichtetes Licht anpassen. Um das gerichtete Licht in den beiden Bildern aneinander anzupassen, werden wir beide etwas bearbeiten. Da das Licht im Originalporträt von rechts zu kommen scheint, wollten wir den Eindruck vermitteln, dass sich die untergehende Sonne rechts im Bild befindet: Wir aktivierten die Ebene mit dem Sonnenuntergang und klickten unten in der Ebenen-Palette auf den Button NEUE FÜLL- ODER EINSTELLUNGSEBENE HINZUFÜGEN, um eine Tonwertkorrektur-Einstellungsebene zu erzeugen; wir verschoben den Gammaregler auf 1,35, um das Bild aufzuhellen **6a**. Mit dem Verlaufswerkzeug und dem Schwarzweißverlauf im Modus RADIAL zogen wir von der rechten Kante nach innen, um eine Maske für die Beleuchtung zu erstellen▼. Außerdem malten wir weiche schwarze Striche auf die Maske der Gradationskurvenebene, um das Licht des Sonnenuntergangs auf Stirn und Hals darzustellen **6b**.▼ Das fertige Bild sehen Sie auf Seite 625.

5c

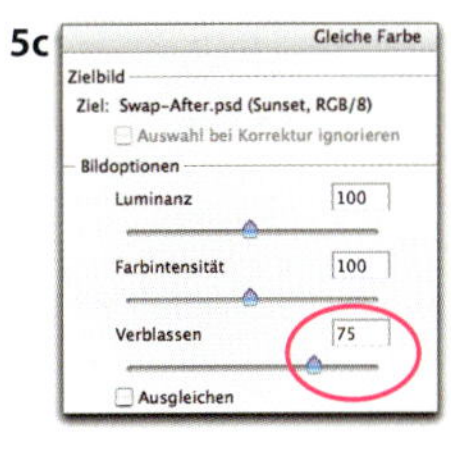

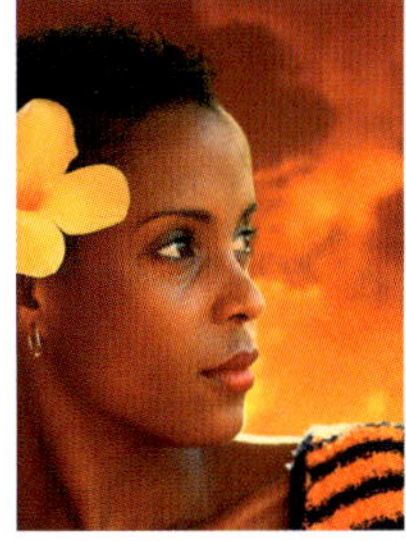

Dämpfen Sie die Stärke des Befehls.

5d

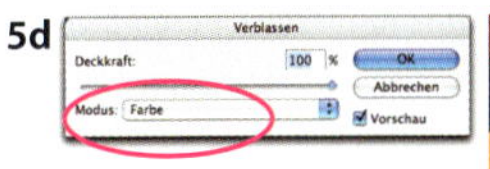

Wählen Sie BEARBEITEN/VERBLASSEN im Modus FARBE.

5e

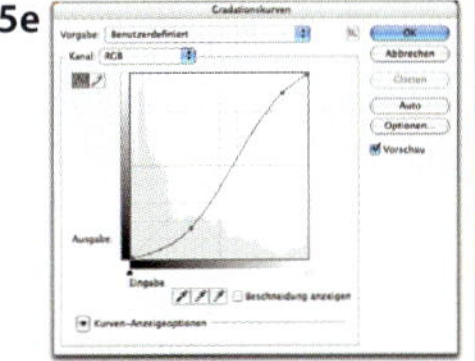

Wenden Sie eine Gradationskurven-Einstellungsebene im Modus LUMINANZ an.

6a

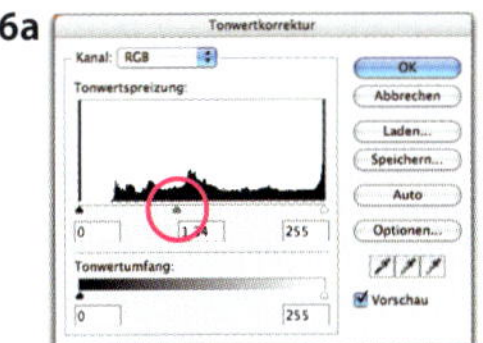

Hellen Sie mit einer Tonwertkorrektur-Einstellungsebene den Himmel rechts auf.

6b

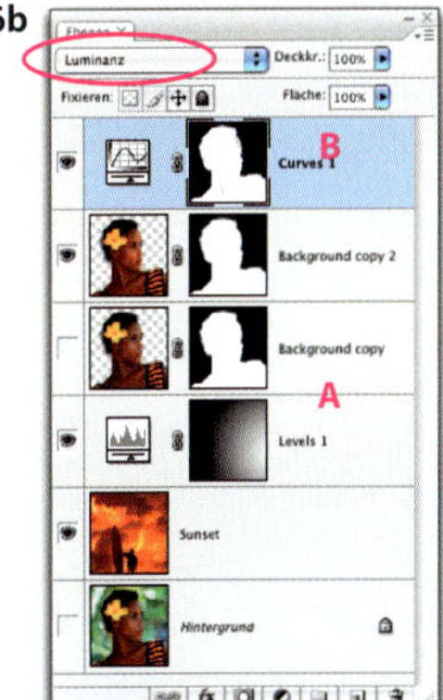

Eine maskierte Tonwertkorrektur-Ebene betont den Sonnenuntergang rechts **A**, die Gradationskurvenebene **B** verstärkt das gerichtete Licht im Gesicht.

Ein Layout mit Masken & Beschneidungs-gruppen erstellen

SIE FINDEN DIE DATEIEN

auf der DVD unter Wow Projektdateien/ Kapitel/Ein Layout erstellen

- Layout-Vorher
- Layout-Nachher.psd (zum Vergleich)

ÖFFNEN SIE DIESE PALETTEN

aus dem Fenster-Menü:

- Werkzeuge • Ebenen

ÜBERBLICK

Ein Layout mit Formebenen, Ebenenmasken, Text- und Formebenen erstellen • Das Layout mit Fotos bestücken • Fotos auf Platzhalter-Größe zuschneiden • Dasselbe Layout für neue Fotos und anderen Text verwenden, die Stile nach Bedarf anpassen

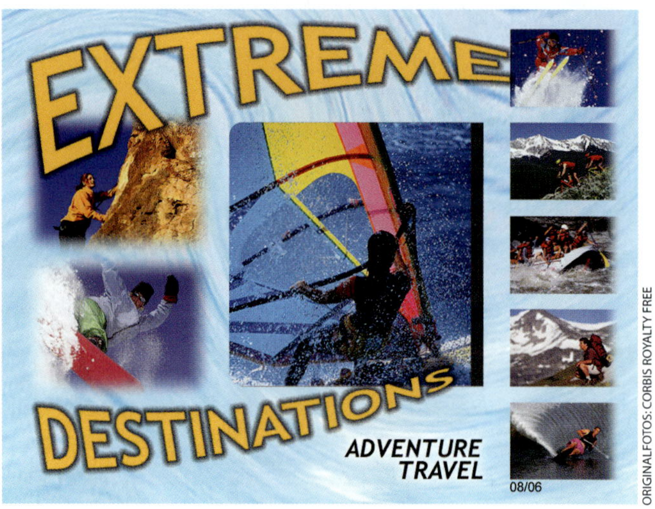

ORIGINALFOTOS: CORBIS ROYALTY FREE

Für den Startbildschirm einer Website, eine Postkartenanzeige oder andere kleine Designprojekte eignet sich Photoshop als praktisches Layout-Werkzeug. Sie können Ihr Layout entwickeln – inklusive Platzhalter für Bilder, Maskierungseffekte und Ebenenstile – und den Text einblenden. Fügen Sie dann einfach die Fotos, jedes in einer eigenen Ebene, hinzu. So können Sie die Layout-Datei immer wieder verwenden und Text und Bilder leicht austauschen. (Wenn Sie aus dem Layout verschiedene Kompositionen erstellen wollen, sollten Sie überlegen, eine automatisierte Vorlage anzulegen, siehe Seite 640.)

1 Die Datei einrichten. Beginnen Sie Ihr Layout mit einer neuen Datei (DATEI/NEU) mit weißem Hintergrund; oder nutzen Sie unsere Datei **Layout-Vorher.psd**. Dabei handelt es sich um eine RGB-Datei mit 1000 × 750 Pixeln und einer Auflösung von 225 ppi sowie einem bunten Hintergrundbild und einer Farbebene im Modus NEGATIV MULTIPLIZIEREN, allerdings wurden diese Elemente zunächst ausgeblendet **1a**.

1a

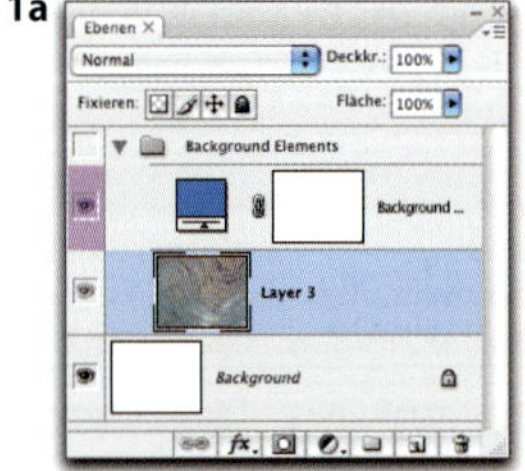

Die Datei **Layout-Vorher.psd** besitzt einen weißen Hintergrund und zwei weitere Ebenen für den Hintergrund und das Layout. Für die Erstellung des Designs ist nur der Hintergrund sichtbar.

Wählen Sie ein mittleres Grau für die Platzhalter (klicken Sie dazu in der Werkzeug-Palette doppelt auf das Kästchen für die Vordergrundfarbe und wählen Sie im Farbwähler links ein passendes Grau aus) **1b**. Das Grau der Platzhalter wird später durch die Fotos überdeckt, in der Zwischenzeit machen sie die Effekte der Maskierung und der Ebenenstile deutlich.

1b

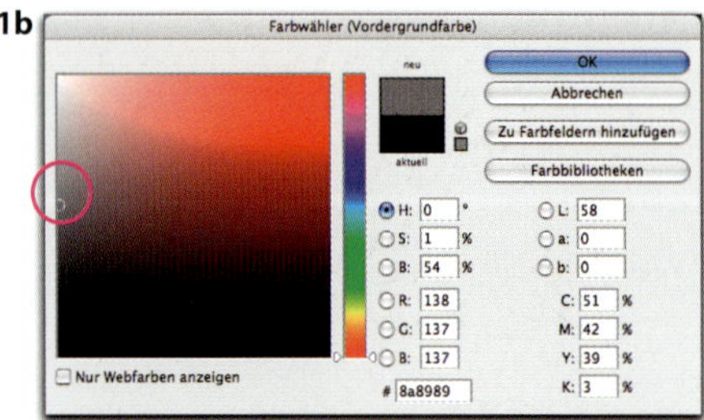

Wählen Sie ein mittleres Grau für die Platzhalter.

Für unsere Postkartenserie (das erste Design sehen Sie oben), wollten wir ein Foto in der Mitte, eine Spalte mit fünf gleichmäßig verteilten Fotos rechts sowie zwei vignettierte Fotos links erstellen. Der Text soll die Bilder zusammenhalten.

2a 

Die Optionsleiste des Rechteck-Werkzeugs für die Erstellung einer Formebene.

2b 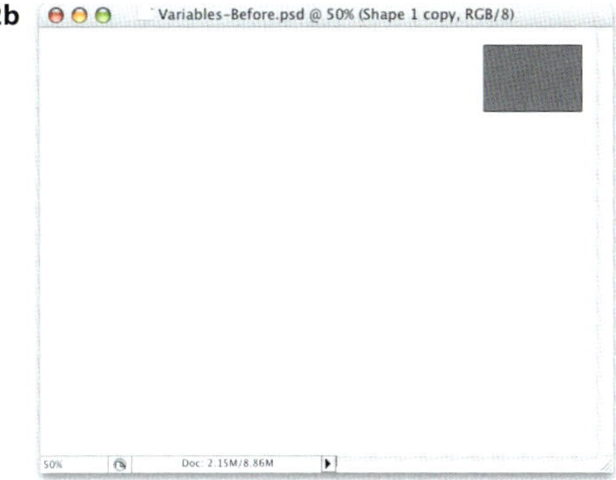

Der Platzhalter für das erste kleine Foto wurde mit dem Rechteck-Werkzeug erstellt. Unser Platzhalter ist etwas breiter als ein herkömmliches 35-mm- oder Digitalfoto, so dass das Foto oben und unten beschnitten werden muss.

2c 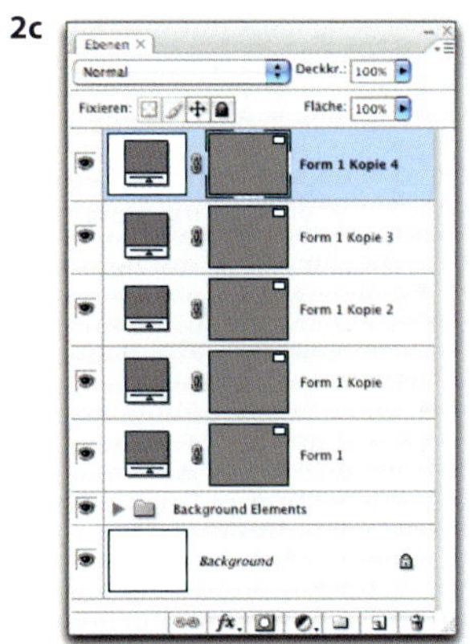

Das kleine Rechteck wurde viermal dupliziert.

Wir werden zunächst die Platzhalter für die fünf kleinen Fotos rechts erstellen und gleichmäßig verteilen. Der große mittlere Platzhalter kann dann so erstellt werden, dass er genauso hoch ist wie die die mittleren drei Fotos rechts.

2 Platzhalter für die fünf kleinen Fotos rechts erstellen. Aktivieren Sie das Rechteck-Werkzeug und klicken Sie in der Optionsleiste auf den Button FORMEBENE, um eine neue Ebene zu erstellen **2a**. Ziehen Sie ein kleines Rechteck auf, positionieren Sie es mit dem Verschieben-Werkzeug oben rechts in der Ecke des Dokumentfensters **2b**.

Erstellen Sie die anderen vier Platzhalter, indem Sie diese Ebene duplizieren (viermal ⌘/Strg-J) **2c**. Um die Rechtecke gleichmäßig zu verteilen, ziehen Sie die Platzhalter mit dem Verschieben-Werkzeug nach unten **2d**. Tun Sie in der Ebenen-Palette dann Folgendes:

- Klicken Sie in CS auf das Verbinden-Icon der Rechteckebenen.
- Ab CS2 wählen Sie alle Rechteckebenen mit gedrückter ⇧-Taste aus **2e**.

Wenn alle fünf Ebenen ausgewählt und verbunden sind, werden in der Optionsleiste die Buttons VERTEILEN UND AUSRICHTEN aktiv **2f**. Klicken Sie auf den Button OBERE KANTE VERTEILEN, um den Platz zwischen den Rechtecken gleichmäßig aufzuteilen.

3 Eine Kante der kleinen Fotos ausblenden. Um die rechte Kante aller fünf Platzhalter auszublenden, erstellen Sie aus den fünf Ebenen eine Ebenengruppe:

2d 

Der Platzhalter wurde nach ganz unten verschoben.

2e 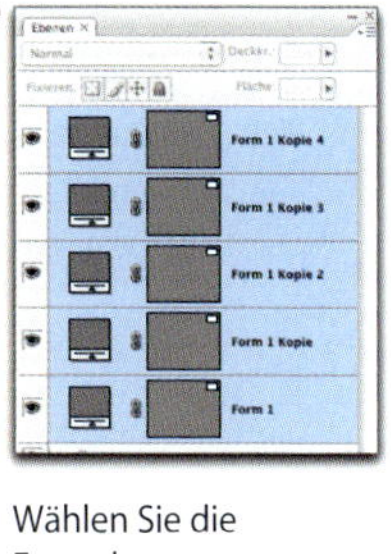

Wählen Sie die Formebenen aus.

2f 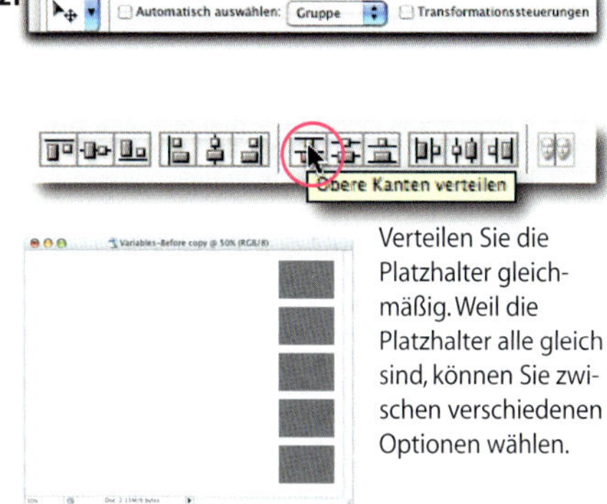

Verteilen Sie die Platzhalter gleichmäßig. Weil die Platzhalter alle gleich sind, können Sie zwischen verschiedenen Optionen wählen.

3a

Wählen Sie aus dem Paletten-Menü der Ebenen-Palette den Befehl NEUE GRUPPE AUS EBENEN.

3b

Die Ebenengruppe wurde mit einer Maske versehen.

3c

Ziehen Sie mit dem Verlaufswerkzeug auf der Ebenenmaske.

- Wählen Sie in CS aus dem Paletten-Menü NEUES SET AUS VERBUNDENEN EBENEN.
- Ab CS2 wählen Sie aus dem Paletten-Menü NEUE GRUPPE AUS EBENEN **3a**.

Fügen Sie dann eine Maske hinzu, die auf die gesamte Gruppe angewendet wird, indem Sie unten in der Ebenen-Palette auf den Button EBENENMASKE HINZUFÜGEN klicken **3b**. Aktivieren Sie dann das Verlaufswerkzeug und in der Optionsleiste den Verlauf SCHWARZ, WEISS (der dritte im Verlaufswähler) sowie die Option LINEAR **3c**. Ziehen Sie von der Innenkante des Rechtecks mit gedrückter ⇧-Taste bis zu der Stelle, wo das Foto vollständig deckend zu sehen sein soll **3d**.▼ Wir wendeten zusätzlich einen leichten Gauß'schen Weichzeichner mit einem Radius von 5 auf die Maske an **3e**.

MEHR DAVON
▼ Verlaufsmasken
Seite 72

4 Einen Platzhalter für das mittlere Foto erstellen. Wenn Sie mit Hilfslinien arbeiten, wird es einfacher, das mittlere Foto auszurichten. Seit Photoshop CS2 gibt es auch magnetische Hilfslinien, allerdings finden wir diese für diesen Zweck nicht ganz so verlässlich wie die herkömmlichen Hilfslinien. Blenden Sie zunächst mit ⌘/Strg-R die Lineale ein und ziehen Sie aus dem oberen Lineal eine Hilfslinie, die Sie an der Oberkante des zweiten kleinen Rechtecks ausrichten; ziehen Sie eine weitere an die Unterkante des vierten Rechtecks **4a**.

Aktivieren Sie das Abgerundete-Rechteck-Werkzeug (ein weiteres Formwerkzeug) **4b** und ziehen Sie ein abgerundetes Rechteck auf **4c**. Aktivieren Sie im Anschluss das Rechteck-Werkzeug, klicken Sie auf den Button VOM FORMBEREICH ABZIEHEN und erstellen Sie ein Rechteck, das die abgerundeten Ecken entfernt **4d**.

3d 3e

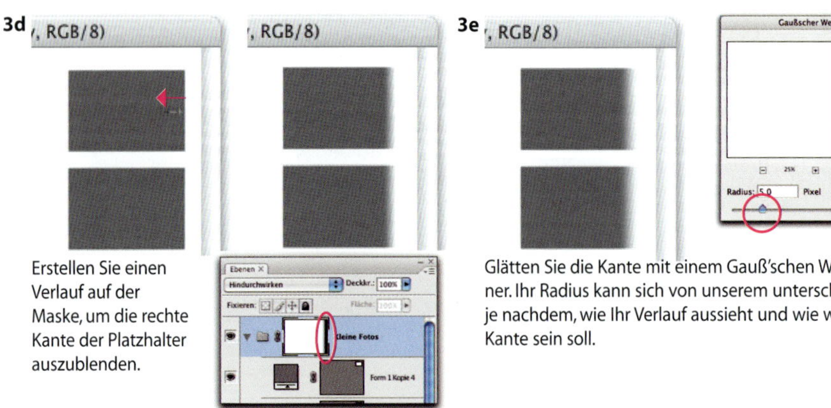

Erstellen Sie einen Verlauf auf der Maske, um die rechte Kante der Platzhalter auszublenden.

Glätten Sie die Kante mit einem Gauß'schen Weichzeichner. Ihr Radius kann sich von unserem unterscheiden, je nachdem, wie Ihr Verlauf aussieht und wie weich die Kante sein soll.

Modifying Soft-Edged Masks

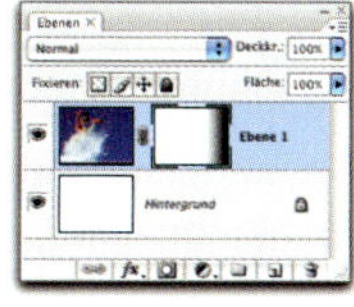

Um die Kante einer weichen Maske zu verfeinern, können Sie mit einer dieser Methoden experimentieren:

- Verändern Sie den Übergang, indem Sie FILTER/WEICHZEICHNUNGSFILTER/GAUSSSCHER WEICHZEICHNER wählen und mit dem Radius experimentieren;

Ein Gaussscher Weichzeichner vergrößert den Übergang.

- Erstellen Sie einen abrupteren Übergang oder verlagern Sie ihn nach links oder rechts, indem Sie BILD/ANPASSUNGEN/TONWERTKORREKTUR wählen und mit den Reglern experimentieren. ▼

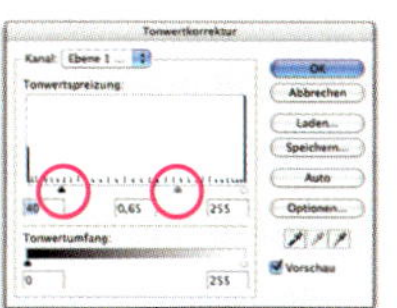

Mit BILD/ANPASSUNGEN/TONWERTKORREKTUR auf der Verlaufsmaske wird der Übergang härter, wenn Sie die Regler nach innen verschieben.

Fügen Sie zur rechten Kante nun einen Schlagschatten hinzu: Klicken Sie unten in der Ebenen-Palette auf den Button EBENENSTIL HINZUFÜGEN *fx* und wählen Sie SCHLAGSCHATTEN. Ändern Sie in der Ebenenstil-Dialogbox **4e** die Füllmethode in NORMAL und erhöhen Sie die Deckkraft auf 100%; behalten Sie entweder die schwarze Farbe bei oder klicken Sie auf das Farbfeld, um eine andere Farbe auszuwählen. Wählen Sie einen Winkel von 180° (der Schatten fällt nach rechts), eine Größe von 0 (der Schatten wird nicht größer als die Form, auf die er angewendet wird) und eine Überfüllung von 100% (um eine scharfe Kante zu erzeugen); wählen Sie für den Abstand einen Wert nach Wunsch; wir wählten 20 Pixel. Klicken Sie auf OK, um die Ebenenstil-Dialogbox zu schließen.

5 Platzhalter für zwei vignettierte Fotos erstellen. Um die Platzhalter für die beiden Fotos links zu erstellen, aktivieren Sie zunächst die Option AUSRICHTEN (im Ansicht-Menü). Markieren Sie mit einer Hilfslinie die Höhe des großen Rechtecks: Ziehen Sie eine Hilfslinie aus dem oberen Lineal, bis sie auf der Hälfte einrastet. Erstellen Sie mit dem Auswahlrechteck eine Auswahl, deren Unterkante mit der Unterkante des großen Rechtecks übereinstimmt – die Oberkante befindet sich unterhalb der Hilfslinie in der Mitte **5a**.

4b

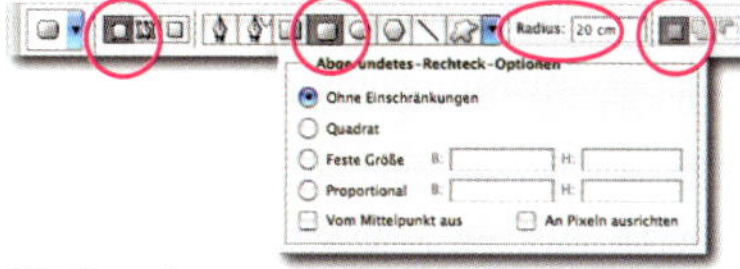

Die Einstellungen des Abgerundeten Rechteck-Werkzeugs für den mittleren Platzhalter – der Eckradius beträgt 20 Pixel.

4a

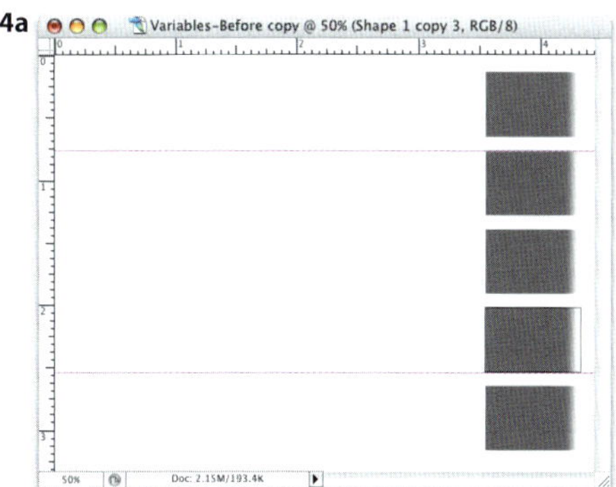

Legen Sie Hilfslinien an, um die Höhe des mittleren Platzhalters besser abschätzen zu können.

4c

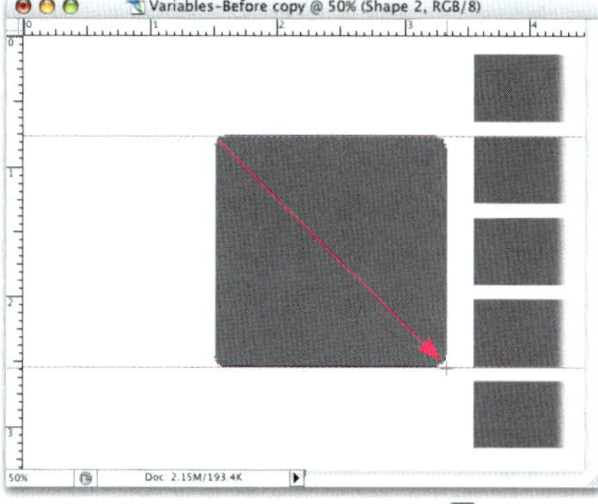

Erstellen Sie ein abgerundetes Rechteck .

MEHR DAVON

▼ Tonwertkorrektur
Seite 270

4d

Subtrahieren Sie einen Bereich mit dem Rechteck-Werkzeug , um rechts scharfe Ecken zu erstellen.

4e

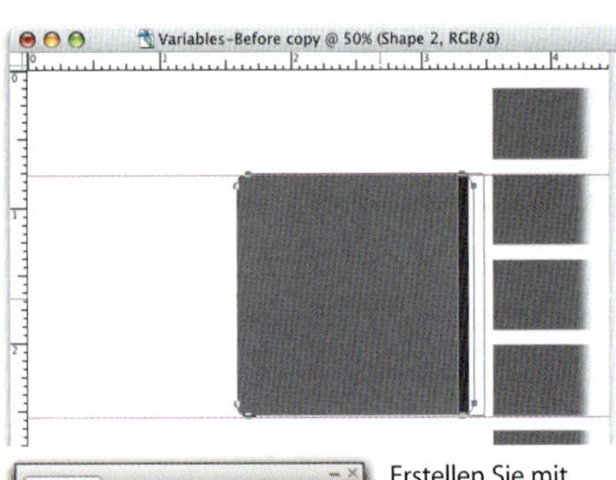

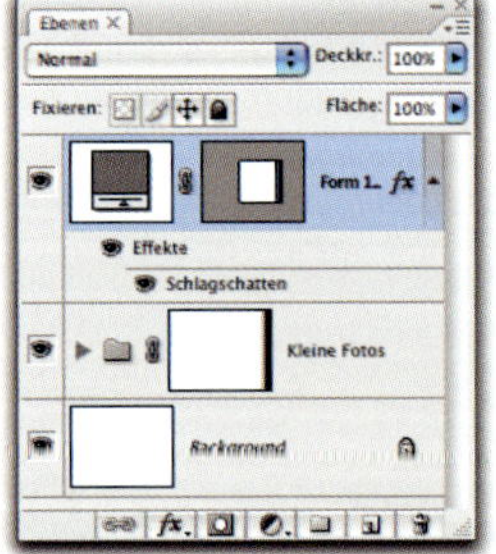

Erstellen Sie mit einem Schlagschatten einen Balken auf der rechten Seite des Platzhalters.

Wenn Sie die Rechteckauswahl erstellt haben, klicken Sie unten in der Ebenen-Palette auf den Button NEUE FÜLL- ODER EINSTELLUNGSEBENE ERSTELLEN und wählen Sie VOLLTONFARBE; klicken Sie, sobald sich der Farbwähler öffnet, in einen der grauen Platzhalter, um die graue Farbe aufzunehmen, und im Anschluss auf OK. Falls Sie die Kanten glätten wollen, wählen Sie FILTER/WEICHZEICHNUNGSFILTER/GAUSSSCHER WEICHZEICHNER mit einem Radius Ihrer Wahl; wir wählten 10. Klicken Sie auf OK, um die Filter-Dialogbox zu schließen.

Duplizieren Sie die Ebene mit ⌘-J (PC: Strg-J) und ziehen Sie das Rechteck mit dem Verschieben-Werkzeug und gedrückter ⇧-Taste nach oben, um den zweiten Platzhalter für die vignettierten Fotos zu erstellen – richten Sie den Platzhalter an der Oberkante der oberen Hilfslinie des großen Rechtecks aus **5b**.

6 Text hinzufügen. Jetzt wollen wir verkrümmten und verzerrten Text hinzufügen, der jedoch editierbar bleiben soll, um später jederzeit Änderungen vornehmen zu können.▼ Aktivieren Sie das Text-Werkzeug inklusive Schriftart und Größe. Wir entschieden uns für Trebuchet/Bold (eine Standardschrift für Windows und Mac) mit einer Größe von 48 pt. Wenn Sie unserem Beispiel folgen, drücken Sie die Feststelltaste ⇧-Taste und geben Sie »EXTREME« ein **6a**, drücken Sie ↵, um die Eingabe zu bestätigen. (Falls Sie mit einem eigenen Layout arbeiten, wählen Sie die Schriftart nach Ihrem Belieben mit der passenden Schriftgröße – besonders dann, wenn Ihre Datei keine Auflösung von 225 ppi hat.)

Um etwas Tiefe und Bewegung in das Design zu bringen, aktivieren Sie die eben erstellte Textebene, das Text-Werkzeug und klicken Sie in der Optionsleiste auf den Button TEXT VERKRÜMMEN **6b**. Wählen Sie in der Dialogbox den Stil TORBOGEN; behalten Sie die Standard-Option HORIZONTAL bei und wählen Sie eine Biegung von +50% bis +20%, um keinen zu extremen Bogen zu erstellen. Wählen Sie für die horizontale Verzerrung –60%, damit der Text in das

5a

Ziehen Sie mit dem Auswahlrechteck , um den Bereich für den ersten Vignetten-Platzhalter festzulegen.

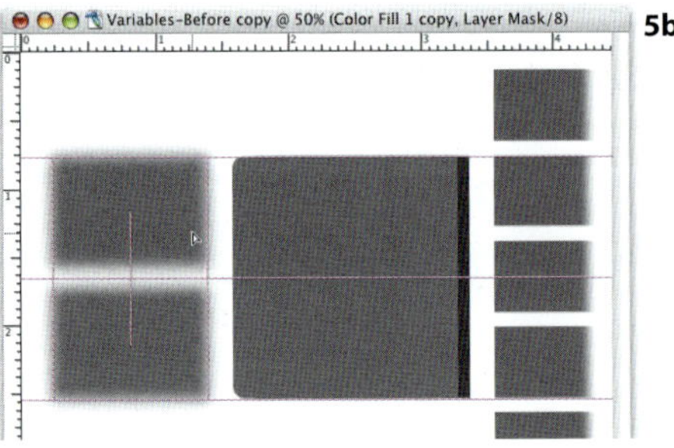

5b

Ziehen Sie den zweiten Platzhalter an seine Position.

Layout hineinläuft, belassen Sie die vertikale Verzerrung bei 0 und klicken Sie auf OK, um die Dialogbox zu schließen; drücken Sie im Anschluss ↵, um den verkrümmten Text zu bestätigen.

Drücken Sie nun ⌘-T (PC: Strg-T), um den Befehl FREI TRANSFORMIEREN aufzurufen. Experimentieren Sie, indem Sie den Textrahmen verändern und den Text bewegen; Sie können den Transformieren-Rahmen auch drehen, indem Sie den Cursor außerhalb des Rahmens stellen, so dass er sich in einen gebogenen, doppelten Pfeil verwandelt; wenn Sie an einem der Seitengriffe ziehen, dehnen Sie den Text **6c**. Drücken Sie ↵, um Ihre Eingaben zu bestätigen.

Erstellen Sie eine neue Textebene für das Wort »DESTINATIONS«, indem Sie mit gedrückter ⇧-Taste das Text-Werkzeug aktivieren (so stellen Sie sicher, dass Sie eine neue Textebene beginnen und nicht versehentlich in der alten landen). Wir gaben das Wort in derselben Schriftart, jedoch mit einer Schriftgröße von 27 pt ein. Wir verkrümmten den Text erneut als Bogen, verwendeten dieses Mal jedoch eine negative Biegung (– 15%) und drehten und dehnten den Text wieder **6d**. Da der Text editierbar ist, können Sie Position, Größe und Verkrümmung später jederzeit anpassen und auf Ihre Fotos abstimmen.

7 Untertitel und Datum hinzufügen. Um den Untertitel »ADVENTURE TRAVEL« und das kleine Datum hinzuzufügen **7**, erstellen Sie mit gedrückter ⇧-Taste jeweils eine neue Textebene. Wir wählten die Schriftart Arial Bold Italic 12 pt für »ADVENTURE TRAVEL« und setzten »ADVENTURE« und »TRAVEL« in zwei separate Ebenen. (Wir hätten auch zwei Zeilen in einer Ebene wählen können, aber zwei Ebenen eigen sich besser für den Befehl VARIABLEN, siehe Seite 640.)

6a

Geben Sie die erste Textzeile ein.

6b

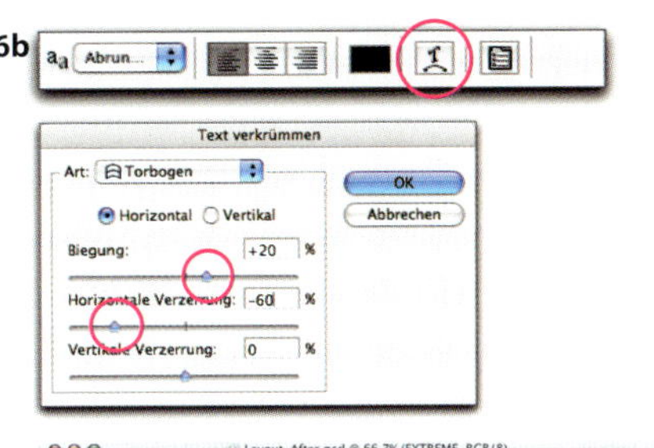

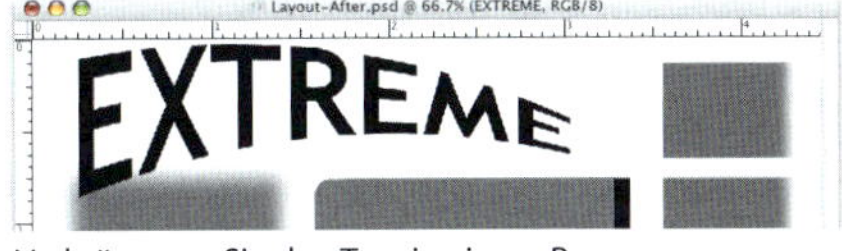

Verkrümmen Sie den Text in einem Bogen.

6c

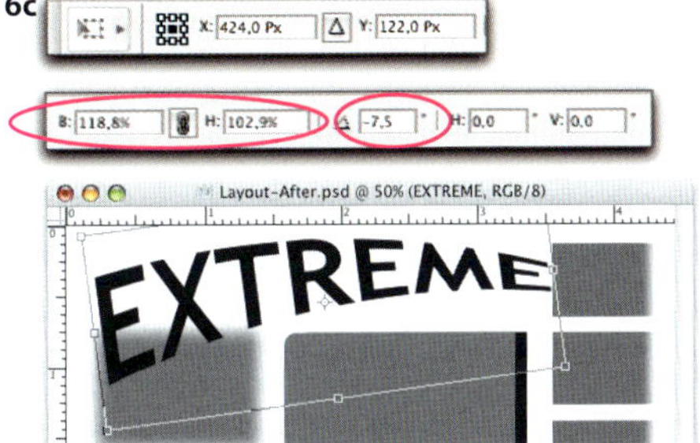

Drehen und bearbeiten Sie den Text mit dem Befehl FREI TRANSFORMIEREN.

6d

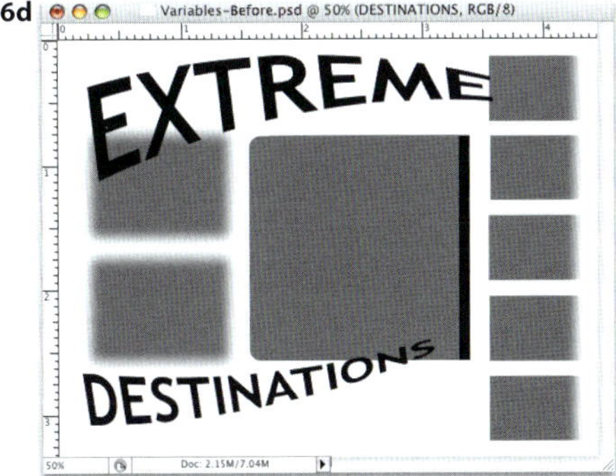

»DESTINATIONS« wurde in 27 pt hinzugefügt, verkrümmt und gedehnt, um sich ins Layout einzupassen.

DIE HERVORHEBUNG NUTZEN

Photoshops Textverkrümmung funktioniert für eine gesamte Text-ebene. Sie müssen den Text dazu vorher nicht markieren. Manchmal sind die Verkrümmungseinstellungen jedoch einfacher zu verstehen, wenn Sie den Text vorher auswählen und sehen, wie sich die Markierung ändert, während Sie Ihre Einstellungen vornehmen.

7

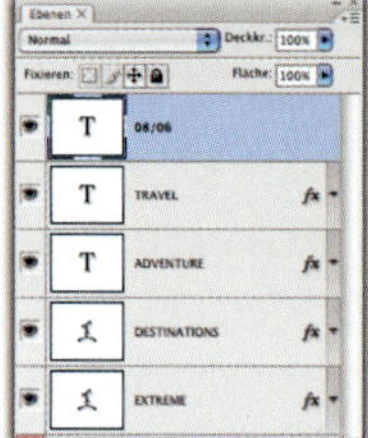

Die Layout-Datei mit dem platzierten Text – auch die Hintergrundelemente sind sichtbar.

8a

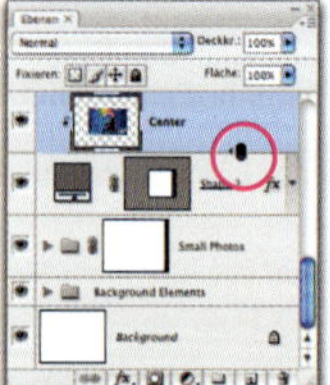

Wir wählten im Layout den Platzhalter für das mittlere Foto aus, zogen das Foto in die Datei, gaben der Ebene einen neuen Namen und beschnitten sie. Wir positionierten das Bild und skalierten es proportional.

8b

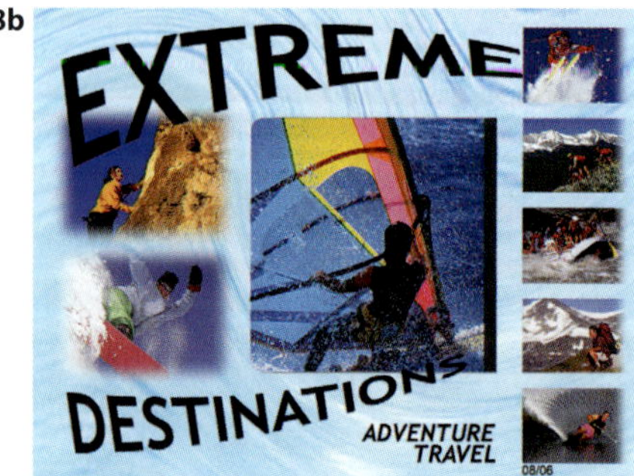

Das Layout inklusive aller Fotos.

Für das Datum wählten wir Arial Regular 6,5 pt. Im Anschluss blendeten wir auch den Ordner »Background Elements« wieder ein, indem wir auf das Augen-Icon für den Ordner klickten.

8 Die Fotos einsetzen. Da das Design jetzt vollständig ist, können Sie die Fotos einsetzen: Wählen Sie dazu DATEI/ÖFFNEN und navigieren Sie zum Ordner **Layout-Vorher** (siehe Seite 632); wählen Sie alle Dateien außer **Layout-Vorher.psd** aus und klicken Sie auf ÖFFNEN. Jetzt lassen sich die einzelnen Bilder in Ihr Layout ziehen. **Hinweis:** Deaktivieren Sie in der Optionsleiste die Option EBENE AUTOMATISCH WÄHLEN/GRUPPE, sofern sie aktiv ist.

Aktivieren Sie in der Ebenen-Palette der Layout-Datei den Platzhalter für das Foto, das Sie einfügen wollen, indem Sie auf die entsprechende Miniatur klicken; wir begannen mit dem Platzhalter für das große Foto in der Mitte. Aktivieren Sie das Verschieben-Werkzeug, klicken Sie in die Foto-Datei und ziehen Sie es per Drag&Drop in das Layout auf den Platzhalter; wir begannen mit dem Bild **windsurfer.tif**. In der Ebenen-Palette erscheint das Foto über der Ebene mit dem Platzhalter. Klicken Sie doppelt auf den Ebenennamen und geben Sie einen neuen ein, beispielsweise »Center«. Um das Foto auf die Größe des Platzhalters zu beschneiden, klicken Sie mit gedrückter ⌥-Taste (PC: Alt) auf die Grenze zwischen beiden Ebenen in der Ebenen-Palette **8a**, um eine Beschneidungsgruppe zu erstellen.

Wenn Sie das Bild anpassen müssen, drücken Sie ⌘-T (PC: Strg-T) und ziehen Sie mit gedrückter ⇧-Taste an einem der Eckpunkte, um das importierte Foto proportional zu skalieren und an die Größe des Platzhalters anzupassen. Oder ziehen Sie mit dem Verschieben-Werkzeug, um einfach nur die Freistellung anzupassen; achten Sie darauf, dass keine Lücken entstehen.

Wiederholen Sie den Import für die anderen Fotos: Aktivieren Sie den entsprechenden Platzhalter im Layout, ziehen Sie das Foto hin und erstellen Sie eine Schnittmaske; passen Sie im Anschluss die Bildgröße an **8b**.

9 Ebenenstile für den Text. Wenden Sie auf die Texte nun einen Ebenenstil an. Wir aktivierten in der Ebenen-Palette die Ebene »EXTREME«, klickten unten in der Palette auf den Button EBENENSTIL HINZUFÜGEN *fx* und wählten FARBÜBERLAGERUNG. Wir klickten auf das Farbfeld und nahmen aus dem Foto mit dem Bergsteiger ein helles Gelb auf **9a**. Um den Text besser vom Hintergrund abzuheben, fügten wir einen

9a

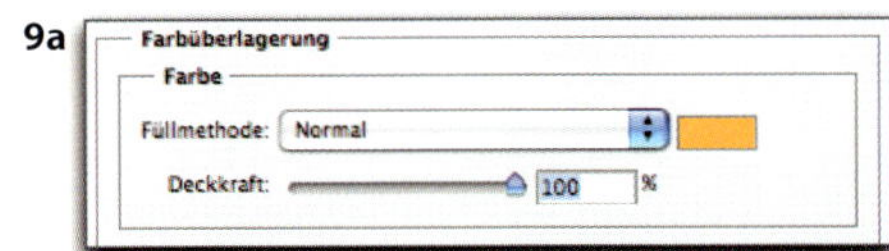

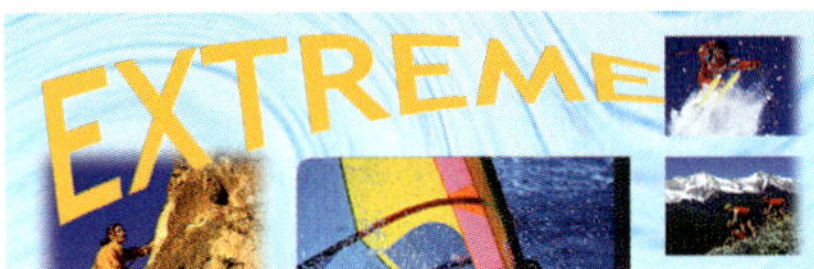

Fügen Sie zur Ebene »EXTREME« eine Farbüberlagerung hinzu.

9b

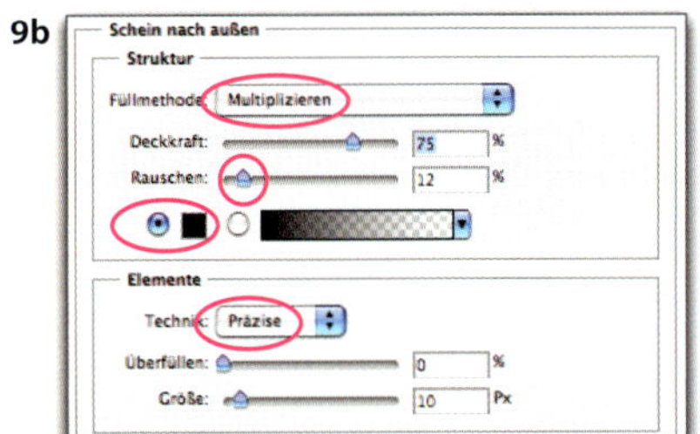

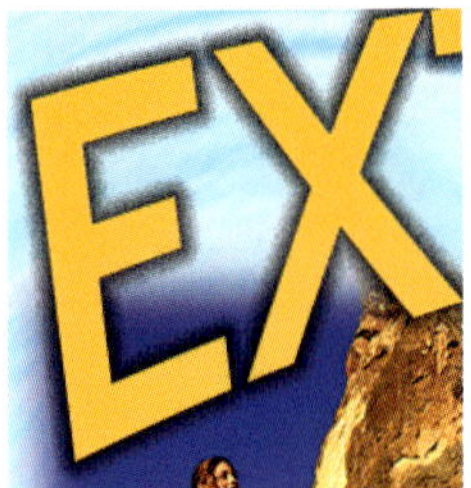

Ein schwarzer Schein nach außen im Modus MULTIPLIZIEREN und mit einem Rauschen von 12% erzeugt einen dunklen Rand um den Text. Wählen Sie die Technik PRÄZISE.

9c

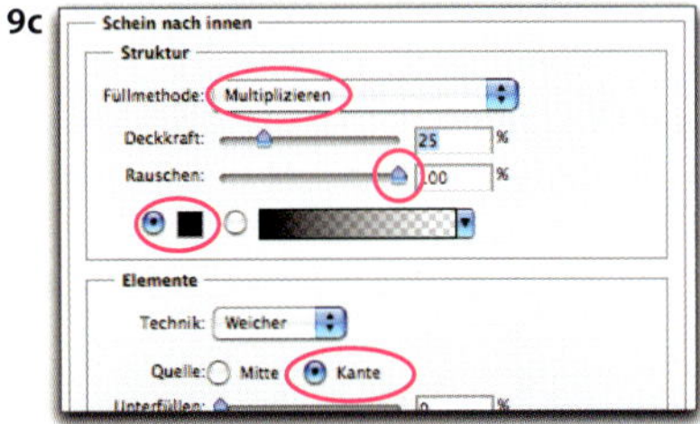

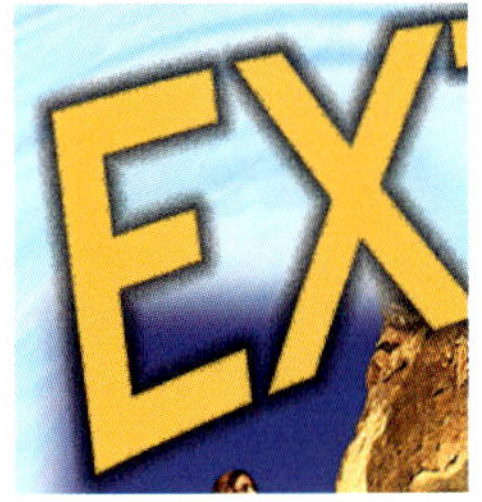

Wir wendeten auf die Textkanten auch noch einen schwarzen Schein nach innen im Modus MULTIPLIZIEREN mit einer Deckkraft von 25% und einem Rauschen von 100% an.

Schein nach außen mit einer schwarzen Störung hinzu **9b**. Für die Kanten wählten wir einen Schein nach innen, ebenfalls mit schwarzen Störungen **9c**.

Nachdem wir die Ebenenstil-Dialogbox mit OK geschlossen hatten, kopierten wir den Stil (klicken Sie dazu in der Ebenen-Palette mit gedrückter Ctrl-Taste bzw. Rechts-Klick auf das Ebenenstil-Icon *fx* der Ebene und wählen Sie EBENENSTIL KOPIEREN) und fügten ihn in die Ebene »DESTINATIONS« ein (ebenfalls über das Kontextmenü mit dem Befehl EBENENSTIL EINFÜGEN).

Wir fügten einen Ebenenstil bestehend aus einem weißen Schein nach außen im Modus UMGEKEHRT/NEGATIV MULTIPLIZIEREN zu den Ebenen »adventure« und »travel« hinzu. Das Ergebnis sehen Sie auf Seite 632.

Ordnung schaffen. Jetzt gibt es einige Dinge, die Sie tun können, um Ihre Ebenen-Palette besser zu verwalten – so dass Sie die Ebenen für die Ersetzungen besser identifizieren können. Benennen Sie die Fotoebenen entsprechend ihrer Positionen im Layout um (die Textebenen und »Center« haben bereits passende Namen) und sammeln Sie sie in Ebenengruppen (siehe Schritt 3). Die kleinen Fotoebenen nannten wir »Small 1« bis »Small 5« (von oben nach unten), die zwei vignettierten Fotos »Left top« und »Left bottom«. Wenn Sie wollen, können Sie den Ebenen auch Farbcodierungen zuweisen. In der Datei **Layout-Nachher.psd** sehen Sie die von uns gewählten Farben und Namen.

Das Layout wiederverwenden. Es ist nun ganz einfach, neue Bilder in der Layout einzusetzen. Gehen Sie für jedes neue Foto wie folgt vor: Öffnen Sie die Datei und wählen Sie alles aus (⌘/Strg-A). Aktivieren Sie in der Layout-Datei den entsprechenden Platzhalter in der Ebenen-Palette und blenden Sie das aktuelle Foto der Schnittmaske aus. Ziehen Sie das neue Foto mit dem Verschieben-Werkzeug in das Layout. (Es ist wichtig, dass Sie in der Foto-Datei vorher eine Auswahl erstellen, um die Schnittmaske nicht aufzuheben, wenn Sie das Foto in das Layout ziehen. Das alte Foto müssen Sie ausblenden, um das neue nach dem Einsetzen sehen zu können.) Sie können das alte Foto behalten oder entfernen (ziehen Sie es dann unten in der Palette auf den Löschen-Button).

Der Text im Layout ist editierbar – Sie können ihn also jederzeit bearbeiten und verändern. Auch die Ebenenstile lassen sich ändern, wie in Schritt 9 auf Seite 638 beschrieben.

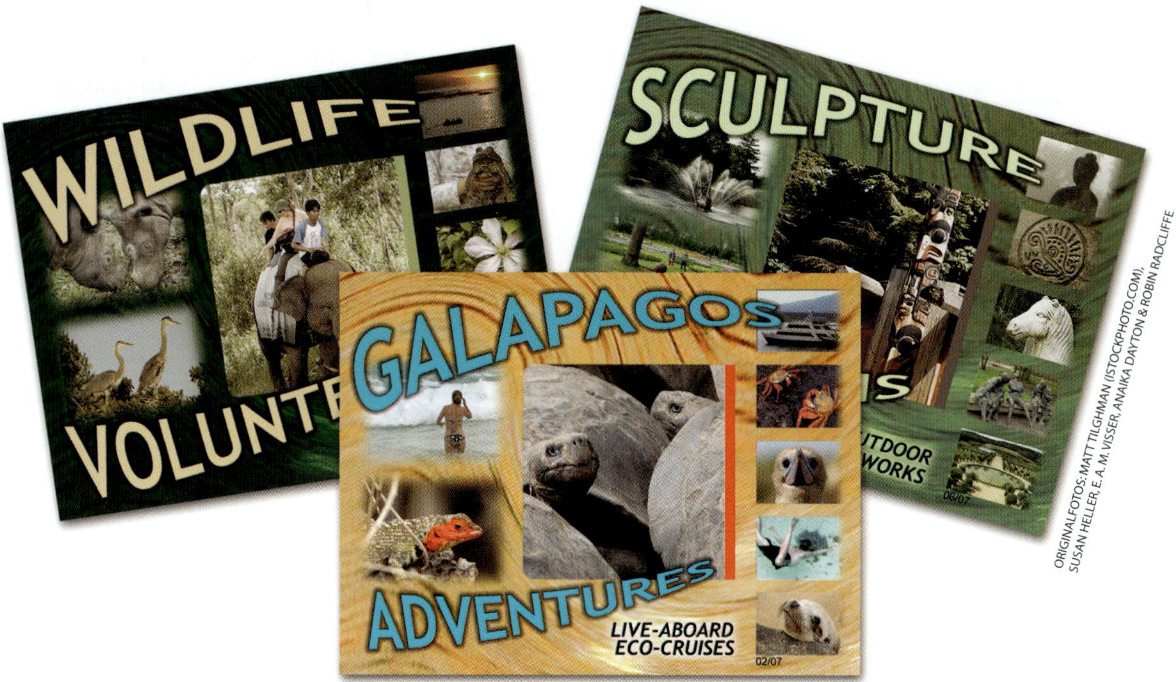

ORIGINALFOTOS: MATT TILGHMAN (ISTOCKPHOTO.COM), SUSAN HELLER, E. A. M. VISSER, ANAIKA DAYTON & ROBIN RADCLIFFE

Mehrere Versionen aus einer Vorlage

SIE FINDEN DIE DATEIEN

auf der DVD unter Wow Projektdateien/ Kapitel 9/Variablen

- Variablen-Vorher.psd (1 & 2)
- Postkarten-Dateien (3, 4 & 5)
- Variablen-Nachher (zum Vergleich)

ÖFFNEN SIE DIESE PALETTEN

aus dem Fenster-Menü:

• Werkzeuge • Ebenen

ÜBERBLICK

Beginnen Sie mit einer Layout-Datei, die Text- und Bildebenen beinhaltet, definieren Sie Variablen, um neue Versionen zu erstellen • Datensätze erstellen, um nach Bildern zu suchen und Texte zu ersetzen • Datensätze importieren • Datensätze anwenden, um neue Layoutversionen zu erstellen • Das Layout in Photoshop anpassen

Für Projekte, die mehrere Versionen desselben Layouts erfordern – bei denen beispielsweise Name und Foto ausgetauscht werden –, eignet sich der Befehl BILD/VARIABLEN, um automatisch verschiedene Versionen zu erzeugen. (In Photoshop CS finden Sie diesen Befehl nur in ImageReady.) Hier nutzen wir Variablen, um drei weitere Postkarten-Layouts (siehe Seite 639) zu erstellen. Nachdem wir Text und Bilder ersetzen, passen wir die einzelnen Versionen in Photoshop noch an.

1 Variablen verstehen. Das Ersetzen von Text und Bildern mit Photoshops Befehl VARIABLEN erfordert drei Arbeitsschritte:

- Legen Sie zunächst die Variablen fest **1a**, damit Photoshop weiß, welche Elemente im Layout ersetzt werden sollen und wie die neuen Elemente behandelt werden sollen (sind sie sichtbar oder nicht, müssen sie skaliert oder freigestellt werden usw.). Wenn Sie die Variablen festgelegt haben, werden die Vorgaben beim Speichern der Datei mitgesichert.
- Für jede neue Version, die Sie erstellen wollen, müssen Sie einen Datensatz anlegen, der Photoshop mitteilt, welche Bilder und welcher Text ersetzt werden **1b**. Sie können einen Datensatz in der Variablen-Dialogbox erstellen, indem Sie nach den neuen Bildern suchen und den neuen Text eingeben. Oder Sie bereiten außerhalb von Photoshop einen oder mehre Datensätze als Textdatei vor und importieren diese in Photoshop, um die neuen Bilder und Texts einzufügen.

1a

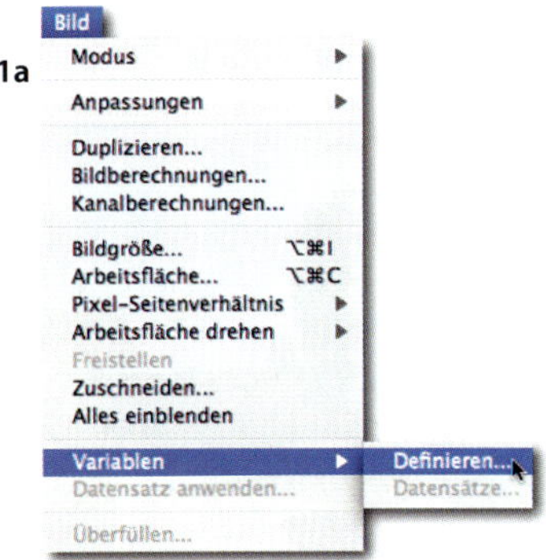

Um Variablen festzulegen, müssen Sie BILD/VARIABLEN/DEFINIEREN wählen.

1b

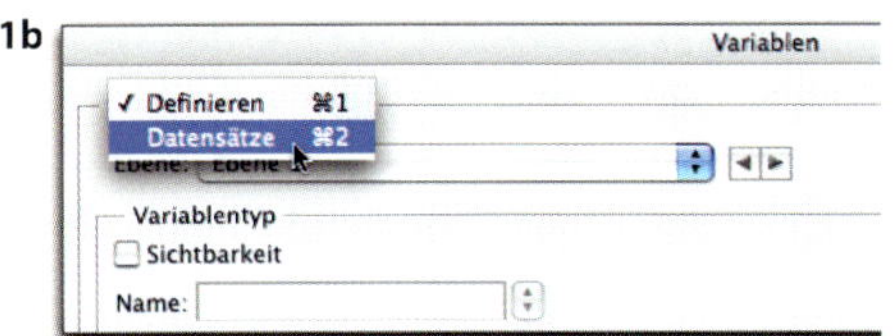

Sind die Variablen festgelegt, können Sie Datensätze anlegen, die automatisch neue Bilder und neue Texte in die Datei bringen und so neue Layoutversionen erzeugen.

2a

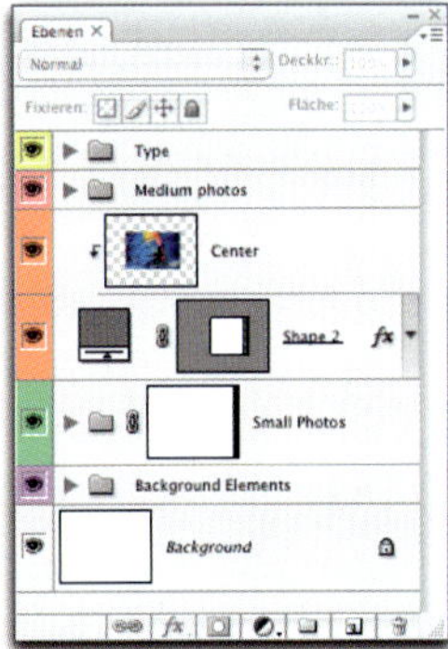

Die Datei **Variablen-Vorher.psd** enthält Fotos in Beschneidungsgruppen und editierbare Textebenen. Für den Balken rechts im mittleren Foto wurde ein Ebenenstil erstellt, ebenso für den Text.

- Wenden Sie im Anschluss den Datensatz an. Sobald Sie einen Datensatz erstellt oder importiert und sich die Änderungen in der Variablen-Dialogbox angesehen haben, können Sie das alternative Layout exportieren.

Gehen wir noch einmal alles Schritt für Schritt durch.

2 Die Variablen festlegen und die Datei speichern. Öffnen Sie eine eigene, einfache Layout-Datei oder nutzen Sie unsere (**Variablen-Vorher.psd**) **2a**. Falls Sie noch mit **Photoshop CS arbeiten, müssen Sie an dieser Stelle zu ImageReady wechseln**.

Um eine Vorlage von der Datei zu erstellen, wählen Sie BILD/VARIABLEN/DEFINIEREN. In der Dialogbox legen Sie dann fest, welche Ebenen Variablen sind – welche automatisch ein- oder ausgeblendet werden können; Text und Bilder lassen sich auch ersetzen. Bei der Festlegung der Variablen legen Sie fest, welche Ebenen Sie ändern wollen, und Sie geben den Variablen einen Namen. Wählen Sie zunächst oben in der Dialogbox aus dem Ebene-Menü den Namen der gewünschten Ebene **2b**. In der Datei **Variablen-Vorher.psd** wählen Sie die Ebene »Center«, das zentrale Foto im Layout. Im Abschnitt VARIABLENTYP stellen Sie für eine Bildebene wie »Center« ein, ob die Ebene vollständig sichtbar ist (Sichtbarkeit) und ob die Inhalte durch ein anderes Bild ersetzt werden sollen (Pixelersetzung):

- Für unsere Postkarten soll die Ebene »Center« in jeder Version ersetzt werden. Aktivieren Sie also die Option PIXELERSETZUNG sowie die Methode FLÄCHE FÜLLEN; behalten Sie die zentrierte Ausrichtung bei. (Diese Einstellungen nutzen wir für alle unsere Bilder im Layout.) Sobald Sie sich für eine Methode entschieden haben und den Cursor über diese Wahl stellen, erscheint unten in der Dialogbox ein Diagramm, das zeigt, wie die Methode funktioniert **2c**. **Fläche füllen** wird beispielsweise proportional skaliert. Dabei wird die Größe des Fotos bereits leicht angepasst, Sie haben aber immer noch die Flexibilität, das Bild freizustellen oder zu skalieren, um es an das Layout anzupassen. Die Option ist für dieses Projekt deshalb eine sehr gute Wahl.
- Lassen Sie die Option AUF BEGRENZUNGSRAHMEN BESCHNEIDEN deaktiviert, damit Ihnen in der Datei das gesamte Bild zur Verfügung steht und es nicht dauerhaft freigestellt wird. Unsere Datei ist so eingerichtet, dass die grauen Platzhalterebenen die Fotos in die richtigen Formen bringen – ohne die eben genannte Checkbox lässt sich das Foto nach Belieben verschieben und einpassen.

2b

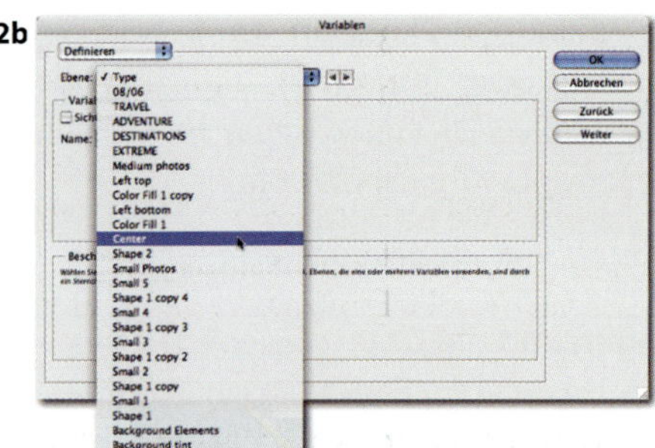

In der Variablen-Dialogbox zeigt das Ebene-Menü für die Datei **Variablen-Vorher.psd** alle Einträge aus der Ebenen-Palette: Textebenen, Bildebenen, Platzhalter (Formebenen), Ordner für Ebenengruppen und den Hintergrund. Wir werden nur für die Foto- und Textebenen Variablen festlegen.

2c

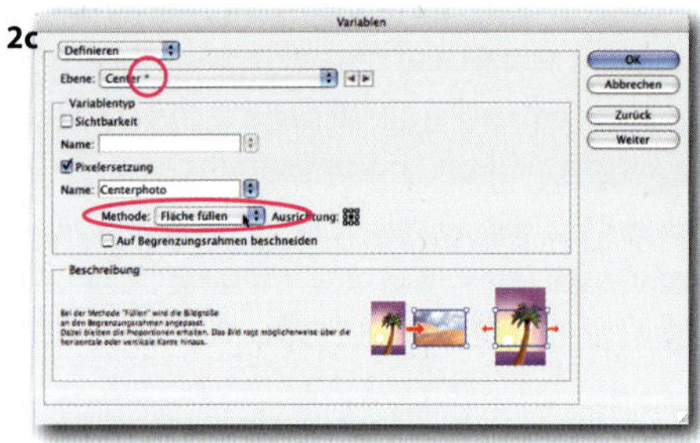

Hier wird die Variable **»Centerphoto«** definiert (um das große Foto in der Mitte des Layouts zu ersetzen). Das Sternchen nach dem Namen im Ebenenmenü zeigt, dass diese Ebene als Variable festgelegt wurde. Es wurde die Option FLÄCHE FÜLLEN gewählt, die Checkbox AUF BEGRENZUNGSRAHMEN BESCHNEIDEN deaktiviert, damit das neue Bild proportional skaliert und in den Begrenzungsrahmen der Originalebene eingepasst wird. Normalerweise reicht das Bild dann über den Begrenzungsrahmen hinaus; ist die mittlere Ausrichtung aktiviert, wird der Überschuss oben und unten oder links und rechts gleichmäßig verteilt (wie im Diagramm zu sehen). Die Sichtbarkeit wird nicht verändert.

- Für unsere Postkartenserie werden wir die Sichtbarkeitsoption nicht verwenden (damit lässt sich eine Ebene in einigen Versionen ein- und in anderen ausblenden). Lassen Sie die Checkbox SICHTBARKEIT unberührt; Photoshop/ImageReady behalten die Sichtbarkeit der Ebene wie in der Originalvorlage immer bei.
- Bevor Sie zur nächsten Variable übergehen, geben Sie dieser einen Namen; wir wählten »Centerphoto«. **Der Name darf keine Leerzeichen und keine ungewöhnlichen Zeichen enthalten.**

Legen Sie jetzt eine Variable für die Ebene »EXTREME« fest **2d**: Aktivieren Sie diese im Ebene-Menü, lassen Sie die Checkbox SICHTBARKEIT deaktiviert, damit diese sich nicht ändert, und aktivieren Sie die Option TEXTERSETZUNG, da wir den Text auf jeder Postkarte ändern wollen. Geben Sie der Variable einen Namen; wir wählten »Head1« da es sich um die erste Zeile der Überschrift handelt.

Wiederholen Sie diesen Vorgang für die anderen Text- und Fotoebenen der Datei, jedoch nicht für Ordner, Platzhalter (Formebenen), die Ebenen für die Hintergrundelemente und den Hintergrund. Wir arbeiteten immer mit denselben Einstellungen (**Fläche füllen, ohne Beschneidung**) für alle Fotoebenen; wir benannten die Variablen nach den Ebenen, jedoch ohne Leerzeichen; für die Textebenen wählten wir: die Ebene »DESTINATIONS« heißt »Head2«, die Ebenen »ADVENTURE« und »TRAVEL« heißen »Subhead1« und »Subhead2« und »08/06« heißt »Date«.

Speichern Sie die Datei (DATEI/SPEICHERN UNTER), wenn Sie alle Variablen festgelegt haben. Wir nannten unsere **Variablen-Definiert.psd**.

3 Einen Datensatz erstellen und anwenden. Ein Datensatz teilt Photoshop/ImageReady mit, welche Bilder und welchen Text Sie einsetzen wollen. Sie erstellen ihn, indem Sie nach den gespeicherten Texten und Bildern suchen oder indem Sie eine Textdatei importieren, die die neuen Texte und Bilder auflistet.

2d

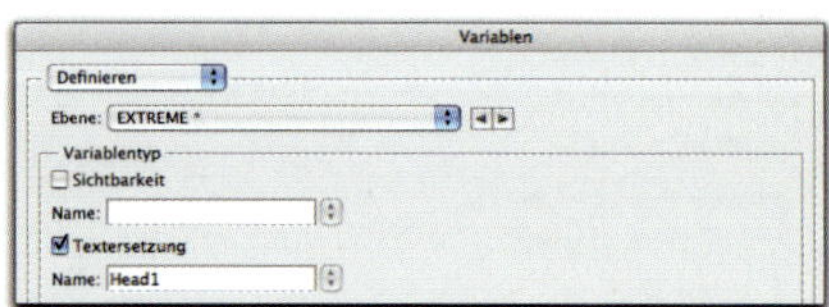

Hier wurde die Variable für die Textebene »EXTREME« erstellt (»Head1«). Auch hier wurde die Sichtbarkeit nicht verändert.

3a

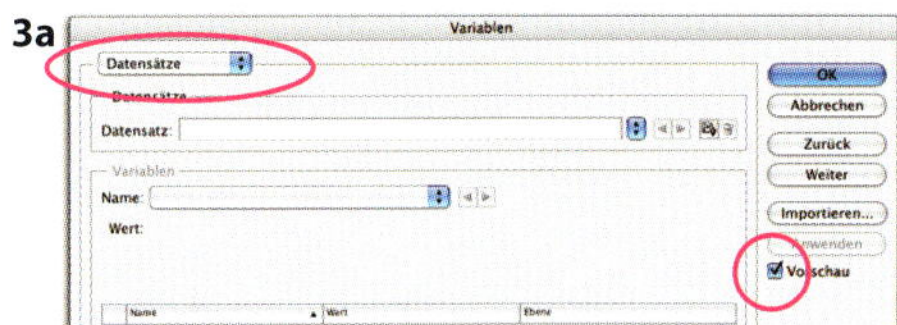

Öffnen Sie den Abschnitt DATENSÄTZE.

3b

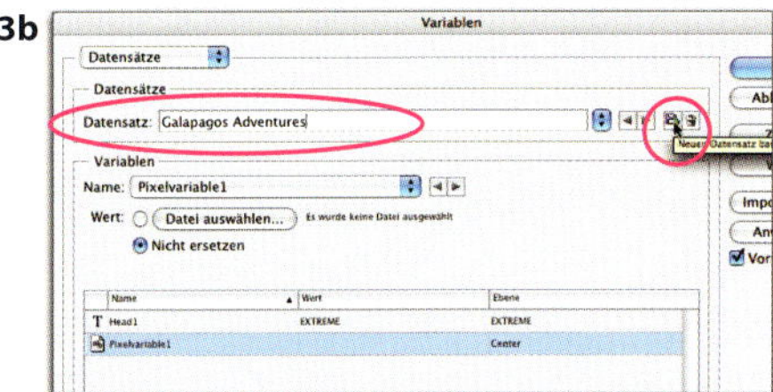

Wir begannen mit einem neuen Datensatz basierend auf den definierten Variablen und nannten ihn »Galapagos Adventures«.

3c

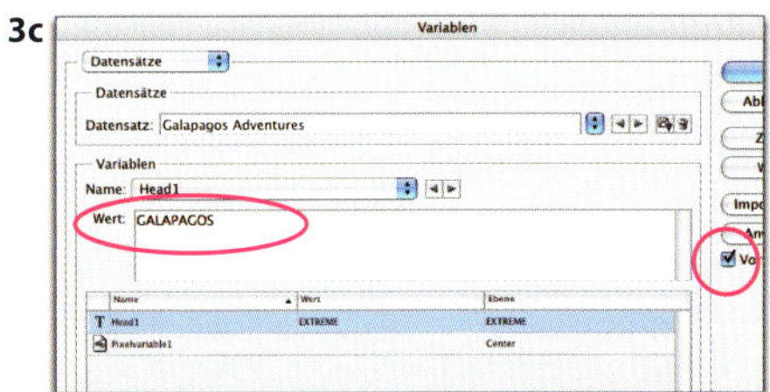

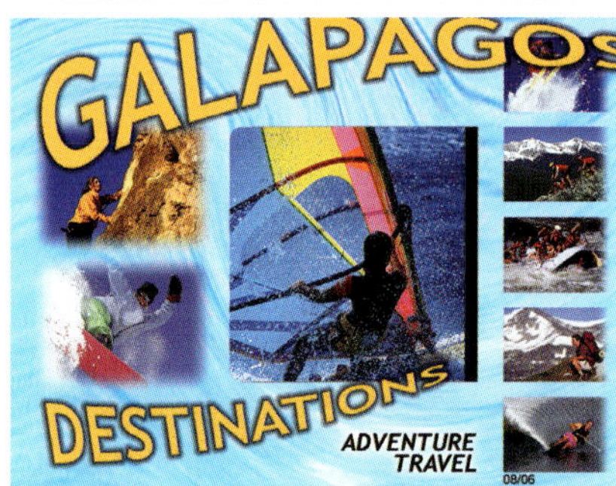

Stellen Sie einen neuen Wert für »Head1« im Datensatz »Galapagos Adventures« ein. Aktivieren Sie die Vorschau, um die Änderungen im Arbeitsfenster zu sehen.

- Wenn Sie eine Sammlung mehrerer Bilder haben, aus denen Sie auswählen wollen, sollten Sie sich für die Durchsuchen-Methode entscheiden.
- Importieren sollten Sie stattdessen, wenn Sie die Fotos bereits im Vorfeld auswählen und die Textdatei mit den Dateinamen erstellen können. So nehmen Sie alle Ersetzungen gleichzeitig vor.

Einen Datensatz durch Durchsuchen und Eingabe erstellen. Öffnen Sie eine Datei, für die Sie bereits Variablen definiert haben. Wenn Sie unserem Beispiel folgen, kopieren Sie den Ordner **Postkarten** von der DVD auf die Festplatte Ihres Computers und öffnen Sie die Datei **Variablen-Definiert.psd** file. Wenn Sie mit unserer Datei arbeiten, gehen Sie sicher, dass die Variablennamen exakt zu den Datensätzen passen. Wählen Sie BILD/VARIABLEN/DATENSÄTZE **3a**. Aktivieren Sie in der Dialogbox die Vorschau, damit Sie sehen, wie sich Ihr neues Dokument entwickelt.

Klicken Sie im Abschnitt DATENSATZ oben in der Dialogbox auf den Button NEUEN DATENSATZ ERSTELLEN **3b** (in ImageReady wird der erste Datensatz automatisch erstellt). Ändern Sie den Standardnamen, wenn Sie wollen; wir wählten »Galapagos Adventures«.

In der Namensspalte finden Sie eine Liste aller Variablen, die für die Ebenen der Datei festgelegt wurden (Schritt 2). Für jede Textvariable zeigt die Spalte WERT den Text, der sich aktuell in der Ebene befindet. Um den Wert einer Textebene für den neuen Datensatz zu ändern, klicken Sie unten in der Dialogbox auf den Ebenennamen, wählen Sie den Text aus, der im Abschnitt WERT erscheint, und geben Sie den neuen Text ein **3c** (drücken Sie nicht ↵; Photoshop reagiert, sobald Sie in der Dialogbox auf OK klicken). Wir änderten »Head1« und »Head2« in »GALAPAGOS« und »ADVENTURES«; »Subhead1« und »Subhead2« in »LIVE-ABOARD« und »ECO-CRUISES« sowie »Date« in »02/07«. (Falls Sie Probleme bei der Auswahl des Textes haben, drücken Sie die Entf/←, um den alten Text zu entfernen, und geben Sie den neuen ein.)

Für jede Pixelersetzungsvariable klicken Sie in der Liste unten in der Dialogbox auf den Ebenennamen. Klicken Sie anschließend auf DATEI AUSWÄHLEN **3d** (in ImageReady heißt der Button AUSWÄHLEN oder DURCHSUCHEN) und suchen Sie nach der gewünschten Datei. Suchen Sie den Ordner **Galapagos** im Ordner **Postkarten**; wählen Sie für die Variable »Centerphoto« die Datei **Schildkroeten.jpg** und weitere Fotos für weitere Bildvariablen. Wenn Sie eine Datei auswählen, erscheint der Name (zusammen mit dem Pfad, der anzeigt, wo sich die Datei auf Ihrem Computer befindet) in der Spalte WERT.

3d 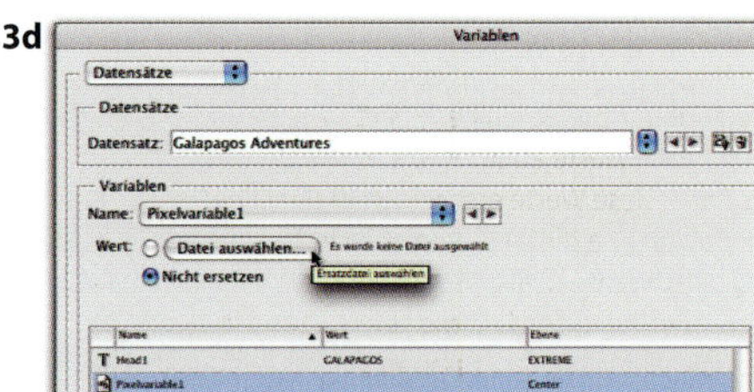

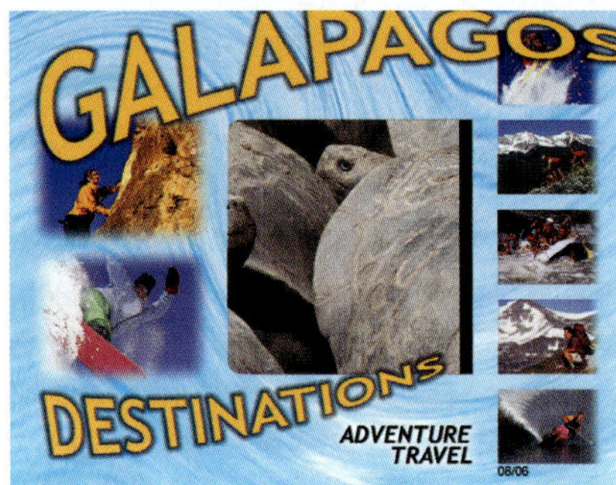

Suchen Sie nach der Ersetzung für die Variable »Centerphoto«. Die Änderung wird in der Vorschau des Arbeitsfensters angezeigt.

3e 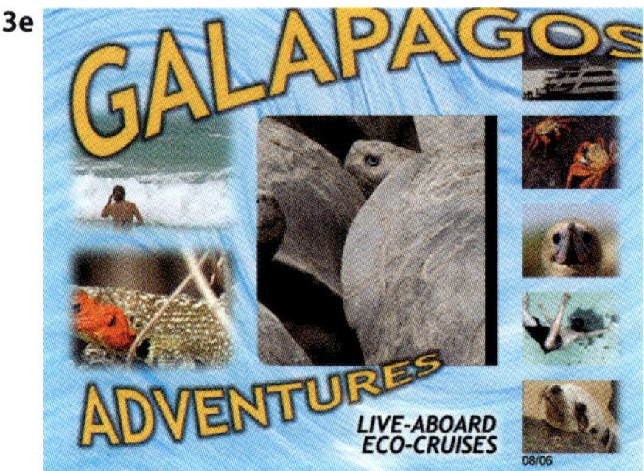

Nach der Änderung der Foto- und Textvariablen.

3f 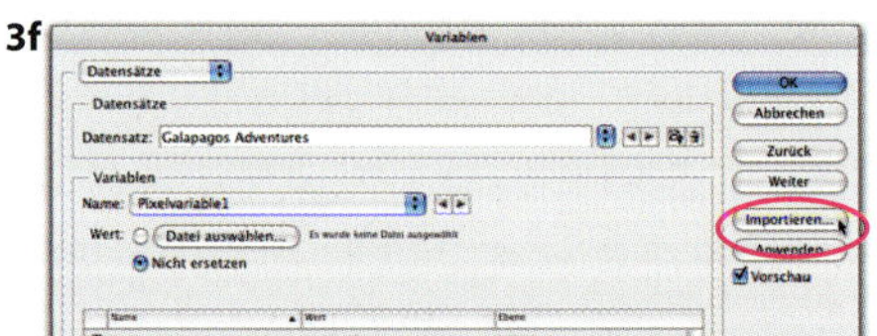

Zum Importieren von Datensätzen klicken Sie auf IMPORTIEREN.

3g 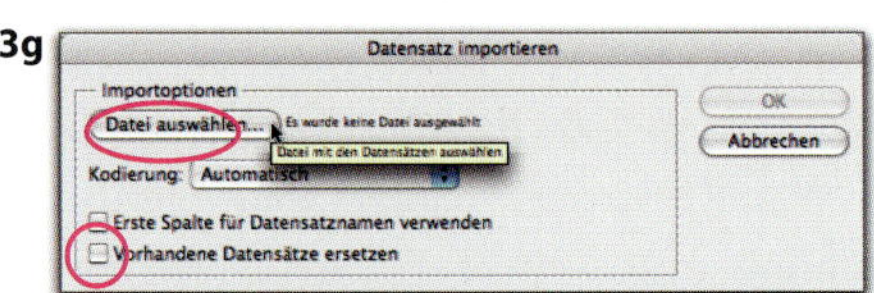

In der Dialogbox DATENSATZ IMPORTIEREN in Photoshop (in ImageReady heißt sie VARIABLEN DATENSATZ IMPORTIEREN), deaktivieren Sie die Checkbox VORHANDENE DATENSÄTZE ERSETZEN, wenn Sie einen neuen Datensatz importieren.

Wenn Sie die Werte für alle Variablen geändert haben, sehen Sie in der Vorschau alle Text- und Bildersetzungen **3e**. Klicken Sie noch nicht auf OK oder ANWENDEN.

Datensätze importieren: Wenn Sie im Vorfeld bereits eine Datensatz-Textdatei mit einem oder mehreren Datensätzen erstellt haben, lassen sich Texte und Bilder ganz einfach ändern, indem Sie diese Textdatei importieren. Wir haben zu diesem Zweck die Datei **Postkarten.txt** erstellt.

Klicken Sie in der Variablen-Dialogbox auf IMPORTIEREN **3f**, **3g**. Klicken Sie im Anschluss auf DATEI AUSWÄHLEN und suchen Sie die Datei **Postkarten.txt** im Ordner **Postkarten**. Nachdem Sie die Datei geladen haben, klicken Sie in der Dialogbox auf OK. **Hinweis:** Da Sie die Datensatz-Datei zusammen mit dem Befehl VARIABLEN verwenden, werden Sie nicht immer den Inhalt der Textdatei sehen (siehe Seite 645, dort erfahren Sie, was ein Datensatz ist und wie Sie einen erstellen).

IMAGEREADY BRAUCHT RGB

Wenn Sie mit Variablen in ImageReady arbeiten, müssen sich alle Dateien im RGB-Modus befinden, da das Programm mit anderen Farbmodi nicht umgehen kann.

In der Variablen-Dialogbox sehen Sie den Namen der importierten Datei in der Wert-Spalte, jedoch ohne Pfad. Wir müssen den Pfad nicht in unseren Datensatz einbauen, weil wir die Bilder im selben Ordner wie die Textdatei gespeichert haben. Sollten sich die Bilder nicht im selben Ordner befinden, müssen Sie den Pfad in die Datei integrieren – beispielsweise Meine Festplatte/Projekte/Postkarten/Krabben.jpg – damit Photoshop weiß, wo die Datei zu finden ist.

Klicken Sie auf OK, um die Variablen-Dialogbox zu schließen. Die originalen Bilder und Texte von »Extreme Destinations« werden wiederhergestellt, wenn Sie die Datei jedoch speichern, werden die erstellten oder importierten Datensätze mit gespeichert.

DATENSÄTZE ERSTELLEN

Um einen Datensatz für die Verwendung mit Photoshop oder ImageReady vorzubereiten, können Sie jedes beliebige Textverarbeitungsprogramm nutzen, mit dem sich einfache Textdateien (.txt) erstellen lassen. Trennen Sie Ihre Einträge mit Kommas oder Tabs. Drücken Sie am Ende einer Zeile ↵.

Rechts sehen Sie eine Textdatei, die in Microsoft Word erstellt wurde. Sie dient dem Import zweier Datensätze für das Beispiel in Schritt 3 (Seite 644).

In Zeile 1 befinden sich immer die Namen der Variablen, die in der Variablen-Dialogbox zugewiesen wurden.

Jede andere Zeile ist ein Datensatz, der die zu ersetzenden Werte auflistet (Dateinamen/Pfade und Text). Diese Werte erscheinen in derselben Reihenfolge wie die Variablen in Zeile 1, damit das Programm weiß, wie diese zusammenpassen. In Zeile 2 und 3 werden hier die zu ersetzenden Werte für zwei verschiedene Versionen des Layouts aufgelistet – Zeile 2 enthält die Werte für »Sculpture Gardens« und Zeile 3 für »Wildlife Volunteers«.

```
Centerphoto,Date,Head1,Head2,Leftbottom,Lefttop,Small1,
Small2,Small3,Small4,Small5,Subhead1,Subhead2
totems.jpg,06/07,SCULPTURE,GARDENS,chained
trees.jpg,fountain.jpg,buddha.jpg,carving.jpg,horse.jpg
,three seated.jpg,formal garden.jpg,OUTDOOR,ARTWORKS
elephant riders.jpg,04/
07,WILDLIFE,VOLUNTEERS,herons.jpg,rhinos.jpg,sunset.jpg
,frog.jpg,flower.jpg,small
mammal.jpg,duck.jpg,HABITAT,RECOVERY
```

In diesen Datensätzen erscheinen die einzelnen Bildnamen ohne Pfad. Sollten sich die Bilder jedoch nicht im selben Ordner befinden wie die Textdatei, muss der Pfad mit angegeben werden.

4

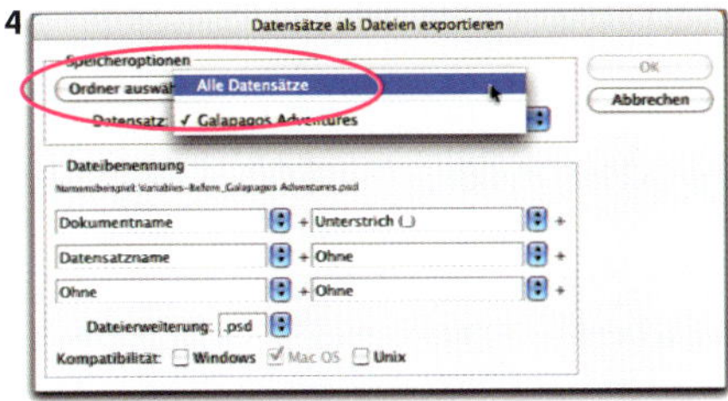

Exportieren Sie die drei neuen Postkarten-Layouts.

5a

Hier sehen Sie die Version »Wildlife Volunteers«, die nach dem Export der Datensätze entstanden ist. Die Fotos in den Dateien müssen neu eingerahmt, Text und Farbe angepasst werden.

4 Datensätze anwenden. Um die Erstellung neuer Layoutversionen zu automatisieren, nutzen Sie die Datei aus Schritt 3 oder öffnen Sie **Variablen-Datensatz.psd**. Wählen Sie DATEI/EXPORTIEREN/DATENSÄTZE ALS DATEI. Klicken Sie in der Dialogbox auf ORDNER AUSWÄHLEN (in ImageReady WÄHLEN) und wählen Sie den Speicherort der neuen Postkartendateien – erstellen Sie einen neuen Ordner, wenn Sie wollen. Wählen Sie im Anschluss aus dem Menü DATENSATZ **Alle Datensätze 4**. Nehmen Sie Änderungen in der Dateibenennung vor (wir behielten die Standardeinstellungen bei) und klicken Sie auf OK. Es werden drei neue Postkartendateien erstellt, aber nicht geöffnet.

5 Der letzte Schliff. Nach den Ersetzungen brauchen die drei Dateien noch einen Feinschliff **5a**. Öffnen Sie die Dateien in Photoshop und nehmen Sie folgende Änderungen vor:

- Aktivieren Sie die einzelnen Fotoebenen, indem Sie sie in der Ebenen-Palette anklicken. Wählen Sie das Verschieben-Werkzeug ▸✥ aus und aktivieren oder deaktivieren Sie die Option EBENE AUTOMATISCH WÄHLEN (je nach Bedarf) – GRUPPE AUTOMATISCH WÄHLEN sollte deaktiviert sein. Skalieren Sie die Fotos mit ⌘/Strg-T proportional, indem Sie beim Verschieben der Ecken die ⇧-Taste gedrückt halten. Passen Sie die Bilder an die Rahmen der Beschneidungsgruppe an. In einigen Fällen spiegelten wir die Ebenen horizontal (BEARBEITEN/TRANSFORMIEREN/HORIZONTAL SPIEGEL).

- Skalieren Sie den Text und passen Sie die Krümmung an, wenn nötig. In Schritt 6 auf Seite 636 erfahren Sie, wie Sie Text transformieren und verkrümmen.
- Nehmen sie Farbanpassungen vor. Wir klickten in jeder neuen Datei beispielsweise doppelt auf die Ebene »Background tint«, um die Farbe zu ändern; wir experimentierten außerdem mit der Ebenendeckkraft und der Füllmethode.

Wir blendeten die Effekte einer Ebene ein, indem wir auf das kleine Icon *fx* rechts neben dem Ebenennamen klickten **5b**. Durch einen Doppelklick auf den Effektnamen öffnet sich die Ebenenstil-Dialogbox mit dem entsprechenden Abschnitt. Um die Farbe für die Farbüberlagerung des Textes zu ändern, klicken Sie doppelt auf FARBÜBERLAGERUNG, dort auf das Farbfeld und nehmen Sie eine Farbe aus den Fotos auf. Wählen Sie für die zweite Textzeile die neu gewählte Farbe der ersten Textzeile, damit die Farben zusammenpassen. Wir änderten auch die Farbe des Schlagschattens für das Foto in der Mitte.

Ein Ansatz, um mehrere Bilder in ein Set zu verwandeln, dem Sie eine einzelne Farbe zuweisen, besteht darin, eine Farbton/Sättigung-Einstellungsebene über allen anderen Ebenen anzulegen und die Ebenendeckkraft nach Geschmack anzupassen **5c**.

Die finalen Postkarten-Layouts finden Sie im Ordner **Variablen-Nachher** und oben auf Seite 640.

5b

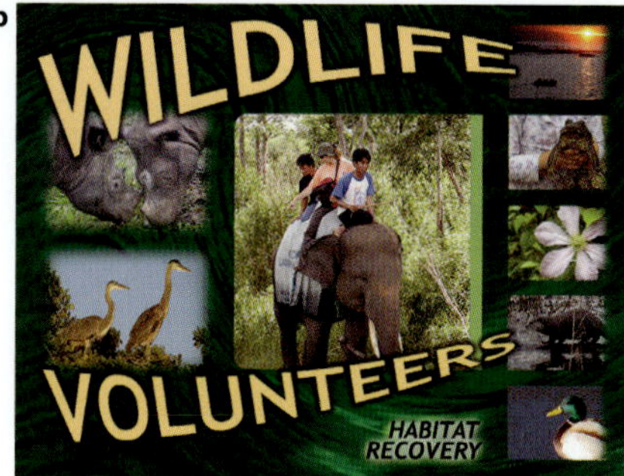

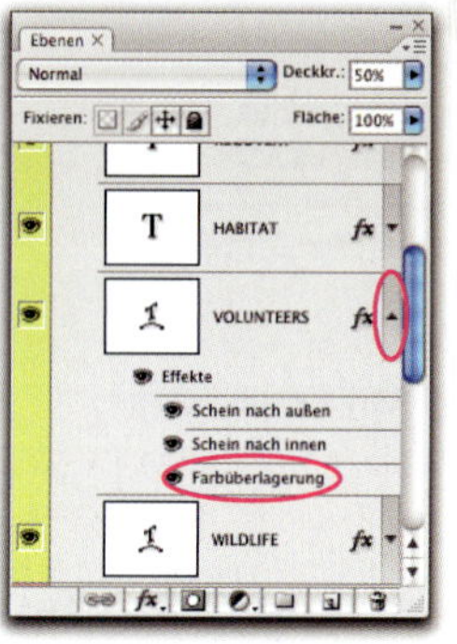

Text und Fotos wurden proportional skaliert und teilweise gespiegelt; die Farben der Ebenenstile wurden geändert.

5c

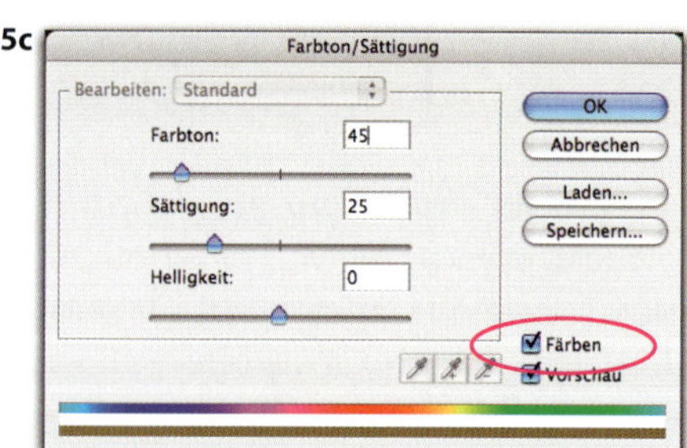

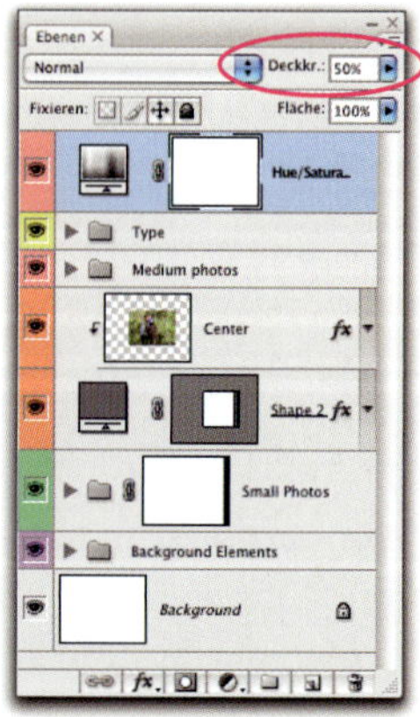

Vereinheitlichen Sie die Version »Wildlife Volunteers« (siehe Seite 640). Eine Farbton/Sättigung-Einstellungsebene mit reduzierter Deckkraft (50%) wurde hinzugefügt, um alle Ebenen einzufärben.

Die Fotos, die **Katrin Eismann** für ihre Serie **Silent Beauty** nutzte, wurden im Freien aufgenommen. Der Fisch wurde auf einem Spiegel platziert und mit einer Nikon D100 inklusive Makro-Objektiv und Stativ fotografiert. Für **Long Mackerel** (oben) fotografierte sie die Einstellung viermal – beim ersten Mal fokussierte sie auf den Himmel im Spiegel und dann auf verschiedene Abstände, damit jeder Teil des Fisches in mindestens einem Foto scharf ist.

Als sie die Dateien in Photoshop öffnete, verwendete Eismann Ebenenmasken, um die vier Bildversionen zusammenzusetzen. Sie malte mit Schwarz und Weiß auf den Masken, um weichgezeichnete Bereiche aus- und scharfe Bereiche einzublenden.▼

Eismann hellte jedes Auge mit einer eigenen Gradationskurveneinstellung auf,▼ eine im Modus Farbig abwedeln und eine im Modus Aufhellen▼. Sie malte auf den Ebenenmasken, um die Änderungen auf die Augen zu beschränken. Um die Fischhaut zu betonen, malte sie goldene und blaue Striche

MEHR DAVON

▼ Auf Ebenenmaske malen **Seite 72**

▼ Gradationskurven **Seite 252**

▼ Füllmethoden **Seite 175**

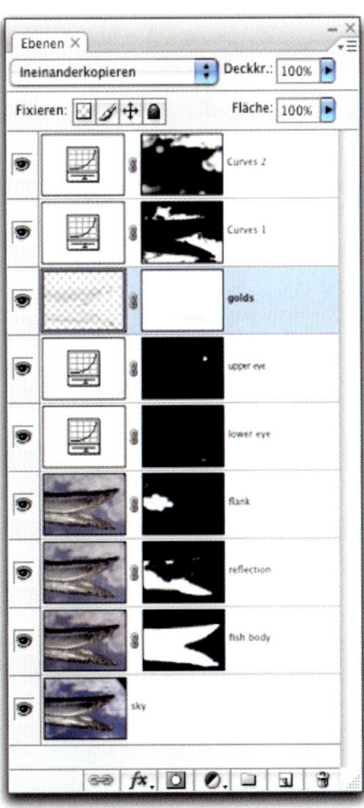

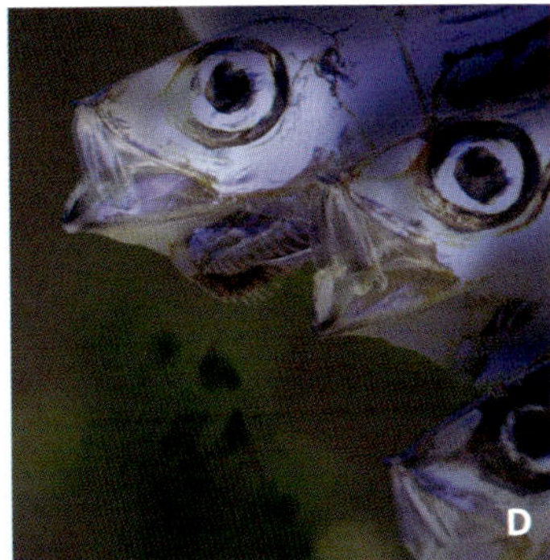

mit dem Pinsel ins Bild – mit geringer Deckkraft und auf einer transparenten Ebene im Modus ÜBERLAGERN/INEINANDERKOPIEREN. Mit einer weiteren Gradationskurven-Einstellungsebene hellte sie den blauen Kanal auf – die Maske beschränkt die Änderung auf den Himmel. Sie fügte eine weitere Gradationskurvenebene hinzu, um die Wolken aufzuhellen.

Für **Blue Guys** platzierte **Katrin Eismann** sechs Fische auf einem Spiegel neben einem Ficus Benjamini. Sie fotografierte die Szene mit einer Nikon D100 mit einem Makro-Objektiv (wie auch die Bilder der Serie **Silent Beauty**). Bei einem Foto achtete sie darauf, dass die Reflexionen der Blätter und Äste der Pflanze im Spiegel leicht unscharf waren; bei einem anderen fokussierte sie auf die Fische.

Sie fotografierte mit der Kamera im Raw-Format (.nef, bei Nikon), so dass die Rohdaten des Bildes separat von den Entwicklungsanweisungen gespeichert werden. Als sie die Raw-Fotos in Photoshop öffnete, erschien automatisch das Camera-Raw-Plug-in auf dem Bildschirm. ▼

Camera Raw ermöglicht Eismann die Arbeit mit den Raw-Daten der Bilder. So kann sie die Farben anpassen und den Weißabgleich einstellen. Das Foto wurde unter Tageslicht aufgenommen, allerdings wählte sie die Option FLOURESZIEREND, um die Fische eher blau einzufärben und die Farbtemperatur im Anschluss noch etwas anzupassen. Die direkte Kontrolle der Farbtemperatur ist einer der Vorteile des Raw-Formats – es gibt keine vergleichbare Einstellung in Photoshop, die ohne das Camera-Raw-Plug-in möglich ist. Eismann passte auch die Belichtung an, um die Farben aufzuhellen. Mit ähnlichen Einstellungen verstärkte sie die Farben im Bild auf Seite 592.

Eismann passte mithilfe der Camera-Raw-Dialogbox auch die Farbtöne des Bildes an und verstärkte die Sättigung (das ist

auch in Photoshops Farbton/Sättigung-Dialogbox möglich, aber Camera Raw bietet für Rot, Grün und Blau eigene Regler). Ein weiterer Vorteil ist die Möglichkeit, interaktiv mit verschiedenen
Farbeinstellungen zu arbeiten.

Blue Guys besteht aus drei Bildern, wie auf der gegenüberliegenden Seite zu sehen. Die drei »Originale« sind die Hintergrundaufnahme **A**, mehrere Kopien des scharfen Fisches **B** und eine Version des scharfen Fotos, das mit dem Verzerrungsfilter WELLEN bearbeitet wurde **C**. Zusätzlich zur Maskierung, die in den anderen Bildern der Serie angewendet wurde (siehe Seite 592 und 647), nutzte Eismann Füllmethoden, um den Hintergrund mit der Fischebene zu kombinieren.▼ Eine unmaskierte Ebene im Modus ABDUNKELN verleiht der Pflanze ein gemaltes Aussehen **D**. Eine Ebene im Modus AUFHELLEN (maskiert, um den Hintergrund zu schützen) füllt den größten Teil des restlichen Fischbildes aus **E**, und eine Ebene im Modus UMGEKEHRT/NEGATIV MULTIPLIZIEREN sorgt für einen hellen Schein **F**. Für die Neonstriche maskierte Eismann das gefilterte Bild auf einer Ebene direkt über der Ebene im Modus ABDUNKELN. Die Filterebene erhielt den Modus STRAHLENDES LICHT; die hellen Striche ersetzen einige der dunkleren
Pixel in der Komposition **G**.

Um die Komposition zu vervollständigen, dunkelte Eismann die obere linke Ecke ab – dazu verwendete sie die auf Seite 351 beschriebene Methode. (Unten sehen Sie die Ebenen-Palette der Datei in diesem Status.)

Um die Details des Bildes zu betonen, nutzte sie den PhotoKit Sharpener von PixelGenius (ein Plug-in, das Scharfzeichnungsroutinen über Photoshops Menü DATEI/AUTOMATISIEREN bietet). Einzelne Scharfzeichnungsprozesse, bei denen die Pixel der Datei nicht dauerhaft geändert werden, eignen sich für die verschiedensten Quellen und den Druck bei verschiedenen Auflösungen und Halbtonrastern (www.pixelgenius.com).

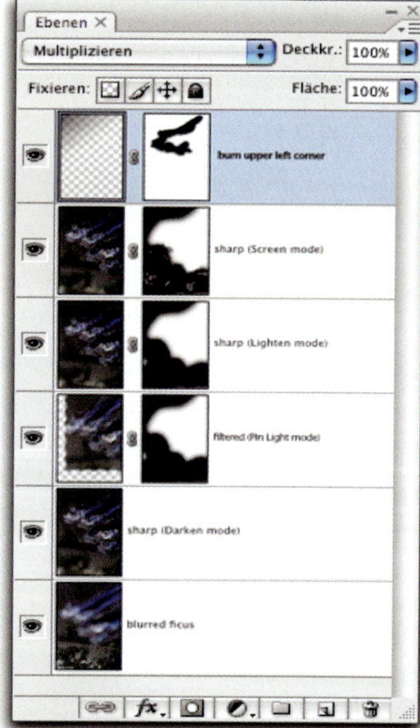

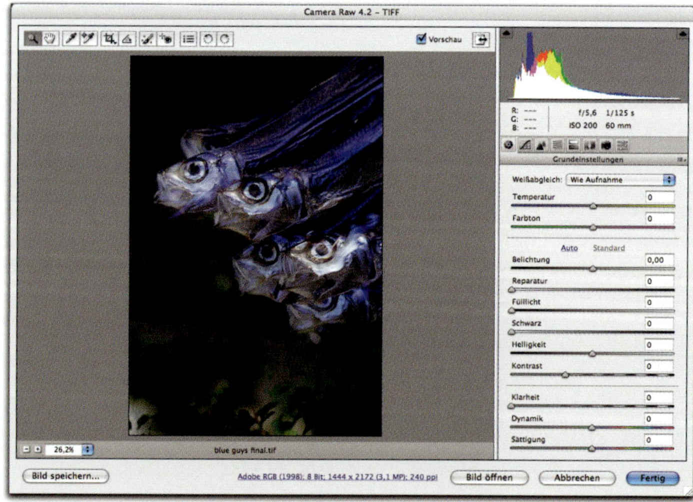

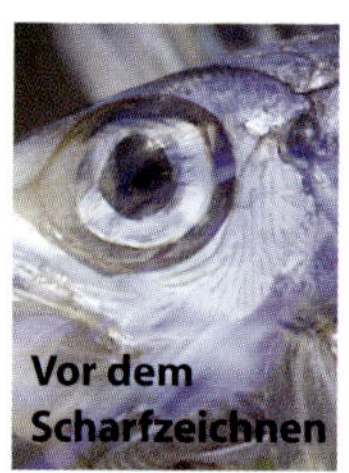

Mark Wainers Oregon Beach besteht eigentlich aus drei Fotos. Er öffnete die beiden Strandfotos (rechts zu sehen) in Camera Raw. Dort konnte er ein wenig experimentieren und Farbtemperatur und Farbton anpassen.▼

Er vergrößerte jede Datei auf 29 MByte▼ und begann mit dem Hauptmotiv **A**. Wainer vergrößerte die Arbeitsfläche nach unten (BILD/ARBEITSFLÄCHE), zog das Foto vertikal in die Länge und spiegelte es horizontal. Dazu kann er das Bild mit dem Auswahlrechteck auswählen und ⌘/Strg-T drücken, um FREI TRANSFORMIEREN aufzurufen und das Bild zu verlängern; bevor er die Bearbeitung mit ↵ abschloss, öffnete er das Kontextmenü und wählte HORIZONTAL SPIEGELN.

MEHR DAVON

▼ Camera Raw **Seite 100**
▼ Eine Datei vergrößern **Seite 70**

Wainer erstellte die Steinformation im Hintergrund mit dem Kopierstempel. Mit dem Lasso kopierte er den Stein mit dem Seestern aus dem zweiten Bild **B** und fügte ihn in das erste Bild ein. Er spiegelte auch diese Ebene, damit die Beleuchtung passt (BEARBEITEN/TRANSFORMIEREN/HORIZONTAL SPIEGELN). Mit dem Verschieben-Werkzeug positionierte er die Ebene richtig. Mit den Methoden von Seite 407 passte er Tonwert und Farbe an, um aus den Fotos ein Gemälde zu erzeugen.

Dann fügte er den Himmel aus dem dritten Foto hinzu (hier nicht zu sehen). Er drückte ⌘/Strg-A, gefolgt von ⌘/Strg-C, wählte dann den Himmel aus, der ersetzt werden sollte (bei einfarbigen Flächen eignet sich hierfür auch der Zauberstab oder in CS3 das Schnellauswahl-Werkzeug) und wählte dann BEARBEITEN/IN DIE AUSWAHL EINFÜGEN. Dadurch wird auf der neu eingefügten Ebene eine Maske erstellt. Mit dem Verschieben-Werkzeug lässt sich das eingefügte Bild so weit verschieben, bis die Maske nur den gewünschten Bereich einblendet.

Don Jolley wendet Masken, Füllmethoden und Einstellungsebenen an, um seine Foto- und Grafikelemente in tolle Kompositionen zu verwandeln, die die Aufmerksamkeit des Betrachters auf sich ziehen. Um den Hintergrund für **Hannah's Hand** zu erstellen, begann Jolley mit einem abstrakten Foto, färbte es grün ein und wählte in einer Ecke ein Rechteck aus, das er aufhellte.▼ Darüber legte er zwei Versionen derselben Hand-Silhouette,▼ drehte diese in verschiedene Winkel, färbte sie ein, um sie an das Foto anzupassen, und reduzierte die Ebenendeckkraft auf etwa die Hälfte, damit das abstrakte Bild durchscheinen kann **A**. Im Anschluss fügte er ein unscharfes Foto von Kerzen im Modus FARBE hinzu **B**. Schließlich erstellte er einige Grafiken in Adobe Illustrator, kopierte diese in die Zwischenablage und fügte sie in Photoshop als Pixel ein ▼ **C**.

Das Handbild besteht aus drei Kopien ein und desselben Fotos, alle im Modus NORMAL. Er zog das Bild mit dem Verschieben-Werkzeug in die Komposition und aktivierte das Auswahlrechteck, um einen Bildbereich auszuwählen. Im Anschluss klickte er unten in der Ebenen-Palette auf den Button EBENENMASKE HINZUFÜGEN, um eine schwarze Maske zu erstellen, die den ausgewählten Bereich einblendet. Er aktivierte in der Ebenen-Palette die Maske und dann das Verlaufswerkzeug mit dem Verlauf VORDERGRUND, TRANSPARENT, um den unteren Teil des Bildes in den Hintergrund überzublenden **D**.▼ Jolley duplizierte dann die maskierte Ebene (⌘/Strg-J). Dort, wo das maskierte Bild vollständig deckend oder transparent ist, macht die duplizierte Ebene keinen Unterschied. In den teilweise transparenten Bereichen baut sich die Dichte jedoch auf **E**.

TRANSPARENZ REGULIEREN

Ein Übergang von voller Deckkraft zu Transparenz kann mithilfe zweier Ebenenkopien eines halbtransparenten Bildes geändert werden; verschieben Sie in der Ebenen-Palette den Flächen- oder Deckkraftregler der oberen Ebene – stoppen Sie, sobald die gewünschte Transparenz erreicht ist.

Jolley duplizierte die Handebene erneut und fügte eine Farbton/Sättigung-Ebene als Teil einer Beschneidungsgruppe hinzu, um sie nur auf die obere Handebene anzuwenden.▼ In der Farbton/Sättigung-Dialogbox verschob er den Farbtonregler, um die Hand blau einzufärben. Mit dem Verlaufswerkzeug passte er die Maske an, um die blaue Hand mit der auf der unteren Ebene zu mischen **F**.

Die großen Ziffern »2« und »4« wurden in Illustrator erstellt und in Photoshop als Pixel eingefügt. Im Anschluss fügte Jolley einen Schlagschatten zu dieser neuen Ebene hinzu. Er reduzierte die Flächendeckkraft (in der Ebenen-Palette) der Zahlenebene, damit das darunter liegende Bild durchscheinen kann. Mit derselben Technik fügte er die Ziffern »5« und »3« hinzu. Weil er die Flächen- und nicht die Gesamtdeckkraft dieser Ebenen anpasste, änderte sich die Dichte des Schlagschattens nicht.

Ebenen mit kleinen quadratischen Farbfeldern und weiteren Händen (unten und auf der rechten Seite) vervollständigen die Montage. Schließlich erstellte Jolley einen Übergang von den hellen Farben im oberen Bildbereich zu den warmen, monochromen Farben unten. Dazu fügte er eine Farbton/Sättigung-Einstellungsebene hinzu (ans obere Ende des Ebenenstapels), aktivierte die Checkbox FÄRBEN und zog mit dem Verlaufswerkzeug auf der eingebauten Ebenenmaske, um die Färbung im oberen Bereich aus- und nur im unteren Teil des Bildes einzublenden.

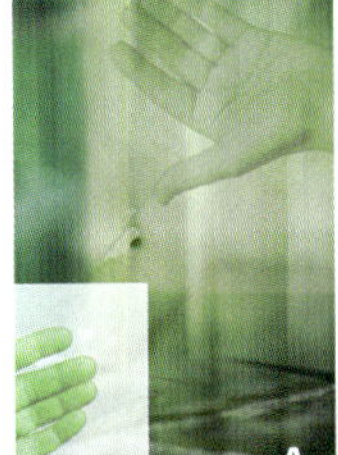

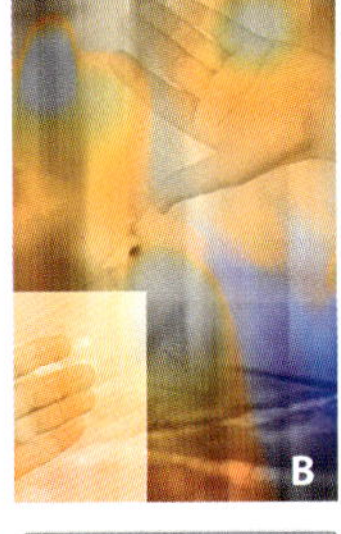

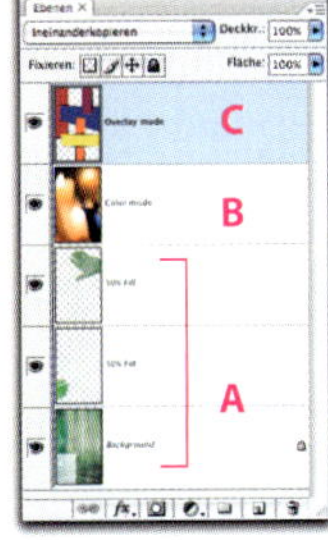

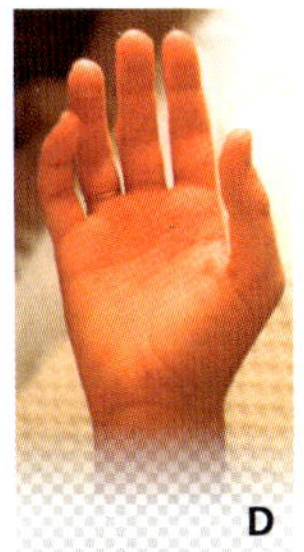

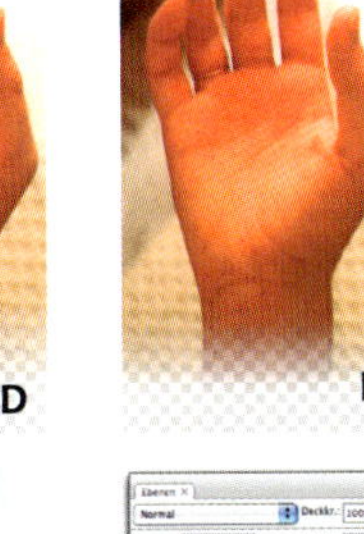

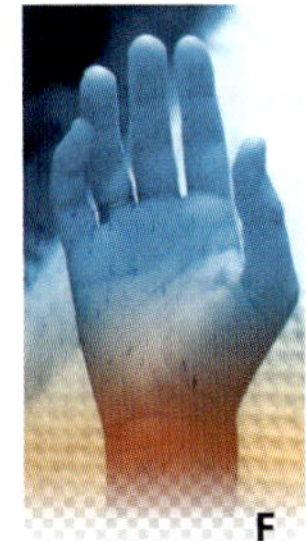

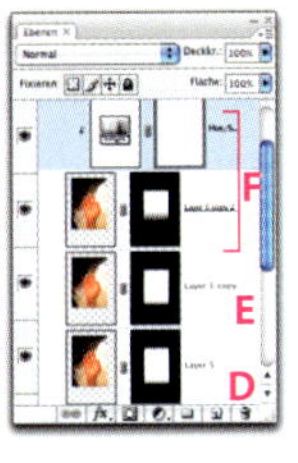

MEHR DAVON

▼ Einfärben **Seite 202**
▼ Silhouetten-Techniken **Seite 46**
▼ Aus Illustrator kopieren & einfügen **Seite 443**
▼ Mit Verläufen maskieren **Seite 72**
▼ Beschneidungsgruppen **Seite 67**

John McIntosh experimentierte mit Photoshops Photomerge-Befehl. Für jedes der symmetrischen Bilder auf dieser Seite begann McIntosh mit einer Kopie eines Fotos, ohne starke, gerichtete Schatten. Mit dem Auswahlrechteck [⬚] wählte er etwas mehr von dem Foto aus, als er für die Hälfte des finalen Bildes benötigte (links oder rechts), und stellte das Bild frei (BILD/FREISTELLEN). Er duplizierte das freigestellte Foto (BILD/DUPLIZIEREN), wählte alles aus (⌘/Strg-A), spiegelte und duplizierte das Bild (BEARBEITEN/TRANSFORMIEREN/HORIZONTAL SPIEGELN). Er speicherte beide Dateien, weil Photomerge nur mit gespeicherten Dateien funktioniert, und wählte DATEI/AUTOMATISIEREN/PHOTOMERGE. In der Dialogbox wählte er GEÖFFNETE DATEIEN und ließ die Bilder automatisch anordnen. Photomerge nutzt die eingebaute Überlappung, um die gespiegelten Bilder perfekt aneinander auszurichten.

Im Bild **Tomar Twin Castle Stairs** (oben) wirkt die Symmetrie auf den ersten Blick wirklich glaubhaft, weil die Architektur handgemacht ist. Die Details sind so glaubwürdig wie im Bild **Tomar Park Trees,** allerdings ist uns hier klarer, dass es in der Natur keine solche perfekte Symmetrie gibt. In CS3 brauchen Sie Photomerge nicht. Sie legen die Bilder als Ebenen übereinander, wählen die Ebenen in der Ebenen-Palette aus und wählen dann BEARBEITEN/EBENEN AUTOMATISCH FÜLLEN. CS3 erzeugt eine Überblendung mit Ebenenmasken, die Sie noch bearbeiten können.

John McIntoshs Rosenquist Opening at the Guggenheim ist eine Montage aus sieben sich überlappenden Fotos, die er aus einer der oberen Etagen im Guggenheim-Museum aufgenommen und dann von Hand in Photomerge zusammengesetzt hat. Bevor McIntosh ein Foto aufnimmt, stellt er die Belichtung seiner Kamera auf MANUELL, um von Foto zu Foto eine möglichst konsistente Beleuchtung zu erhalten. (Bei einer automatischen Belichtung passt sich die Kamera immer wieder an die Lichtquelle an und die Ergebnisse unterscheiden sich voneinander. Falls Sie solche Bilder korrigieren müssen, lesen Sie Seite 601.)

McIntosh öffnete alle Fotos aus dem Museum und wählte BILD/ANPASSUNGEN/TIEFEN/LICHTER, um die Belichtung von Bild zu Bild leicht auszubalancieren.▼ Im Anschluss nahm er DATEI/AUTOMATISIEREN/PHOTOMERGE und wählte eine Option, bei der er die Bilder manuell zusammensetzen kann – die Bilder erscheinen dann im Leuchttisch im oberen Bereich der Dialogbox. Von dort aus kann er sie im Hauptfenster mit dem Bild-auswählen-Werkzeug zusammensetzen und dabei die Überlappung kontrollieren. Je nach Bedarf lassen sich die Bilder auch drehen. Bilder, die nicht in der Montage enthalten sein sollen, legte er wieder im Leuchttisch ab.

Er aktivierte die Vorschau, um den Fortschritt der Montage beurteilen zu können, verließ die Vorschau wieder, passte die Zusammensetzung der Bilder an, aktivierte die Vorschau erneut usw., bis er mit dem Ergebnis zufrieden war. Die glatten, scharfen Kurven der Wände sowie die angepassten Tonwerte und Farben vereinheitlichen die einzelnen Bilder zu einem großen Ganzen.

Nachdem er mit der Montage fertig war, fügte er einen schwarzen Rahmen hinzu: Er klickte mit gedrückter ⌘/Strg-Taste auf die Miniatur in der Ebenen-Palette und wählte BEARBEITEN/KONTUR, stellte Breite und Position ein und klickte schließlich auf OK, um seine Arbeit abzuschließen.

MEHR DAVON

▼ Tiefen/Lichter **Seite 170**

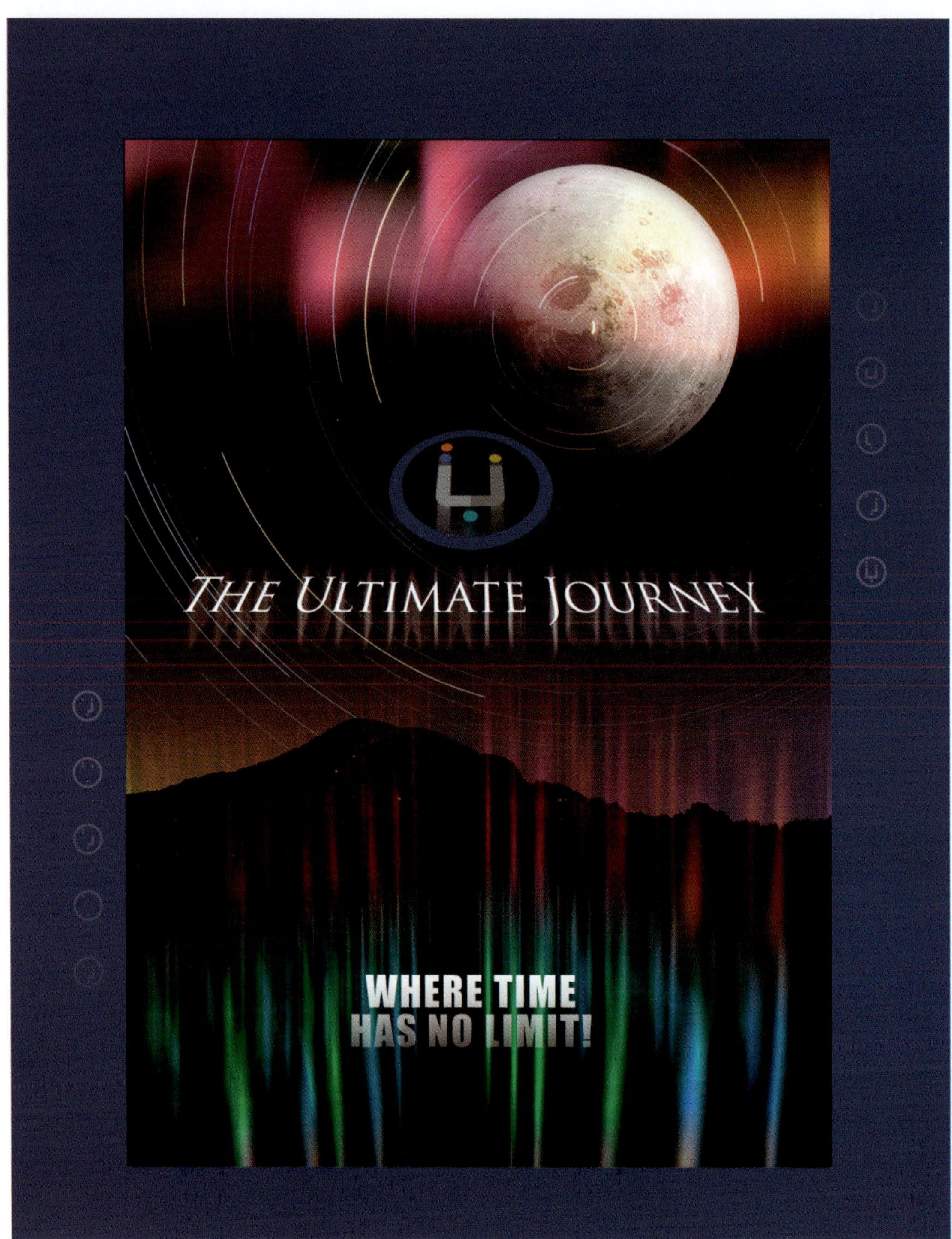
THE ULTIMATE JOURNEY
WHERE TIME
HAS NO LIMIT!

Designer **Wayne Rankin** brachte Bilder und Photoshop-Effekte zusammen, um eine Serie von Postern für **The Ultimate Journey**, einem neuen Live-Entertainment-Konzept zum Thema Zeitreisen zu erstellen. Dazu öffnete er die Langzeitbelichtung einer Landschaft mit Sternschweifen, die einen Zeittunnel andeutet. Für den Lichthof im oberen Bildbereich fügte er neue Ebenen hinzu und malte mit dem Pinsel im Airbrush-Modus, um helle Pinselabdrücke zu erstellen. Dann wählte er FILTER/WEICHZEICHNUNGSFILTER/BEWEGUNGSUNSCHÄRFE mit einem Winkel von 90° und passte den Abstand an.

Er wählte den Mond aus einem anderen Bild aus, hielt die Tasten [⌥]/[Alt]-[⇧] gedrückt und erstellte mit der Auswahlellipse einen Kreis. Mit dem Verschieben-Werkzeug zog er die Mondauswahl auf das Hintergrundfoto in die Mitte der konzentrischen Sternschweife. Rankin wählte für die Mondebene den Modus LINEAR ABWEDELN, um die hellen Farben im darunter liegenden Bild noch etwas mehr aufzuhellen, so dass die Schweife und die Aurora vor dem Mond erscheinen. ▼ Er erstellte außerdem eine Ebenenmaske und malte mit dem Verlaufswerkzeug, um den unteren Teil des Mondes auszublenden und in den schwarzen Hintergrund überzublenden. ▼

Für die hellen Striche im unteren Teil der Illustration zog Rankin medizinische Kapseln auf einem schwarzen Hintergrund ins Bild und wendete den Filter BEWEGUNGSUNSCHÄRFE an. Zum Einfärben wählte er BILD/ANPASSUNGEN/FARBTON/SÄTTIGUNG, aktivierte in der Dialogbox die Checkbox FÄRBEN, wählte eine Farbe aus und verschob den Sättigungsregler nach rechts, um die Farbe zu intensivieren. Er wählte die Streifen mit einem weichgezeichneten Lasso aus, kehrte die Auswahl um und drückte die [Entf] (PC: [⟵]), um einen Großteil des schwarzen Hintergrunds zu entfernen. Im Anschluss kopierte er die Ebene mit [⌘]/[Strg]-[J] mehrere Male, positionierte die neuen Ebenen mit dem Verschieben-Werkzeug und reduzierte die Deckkraftwerte. Mit dem Befehl FARBTON/SÄTTIGUNG änderte er die Farben einiger Ebenen – auf einer Ebene verbog er die Lichter leicht mit dem Verzerrungsfilter WÖLBEN.

Für den Titel aktivierte Rankin das Text-Werkzeug T, klickte in das Bild (um eine neue Textebene zu erstellen) und wählte die Schriftart Trajan. Er gab den Titel »The Ultimate Journey« ein und verlieh ihm im Anschluss etwas Perspektive. Auch wenn Sie editierbaren Text frei transformieren können, stehen Ihnen dabei nicht alle Optionen zur Verfügung: Skalieren, Drehen und Neigen funktionieren, aber Verzerren und perspektivisch Verzerren funktionieren nicht. Rankin klickte deshalb mit gedrückter [Ctrl]-Taste (PC: Rechts-Klick) auf den Namen der Textebene in der Ebenen-Palette und rasterte die Ebene. Dann wählte er BEARBEITEN/TRANSFORMIEREN/PERSPEKTIVISCH VERZERREN und zog einen der oberen Griffe des Transformieren-Rahmens in die Mitte, um die Perspektive zu verzerren.

Für den Schattentext hinter dem Titel duplizierte Rankin die Textebene und wendete den Filter BEWEGUNGSUNSCHÄRFE an (wieder mit einem Winkel von 90°; den Abstand passte er nach Geschmack an).

Für den Untertitel »Where Time Has No Limit!« aktivierte Rankin das Text-Werkzeug mit zentriertem Text und klickte in das Bild. Er gab die erste Textzeile ein, hielt dann die [⇧]-Taste gedrückt und drückte [⟵], um die zweite Textzeile einzugeben. Er fügte eine Ebenenmaske hinzu und malte mit dem Verlaufswerkzeug, um den Text von oben nach unten zu maskieren.

Für weitere Poster dieser Serie verwendete Rankin Farbton/Sättigung-Einstellungen, um die Farben der Aurora und Streifen zu ändern. Den Untertitel änderte er, indem er ihn mit dem Textwerkzeug auswählte und durch neuen Text ersetzte.

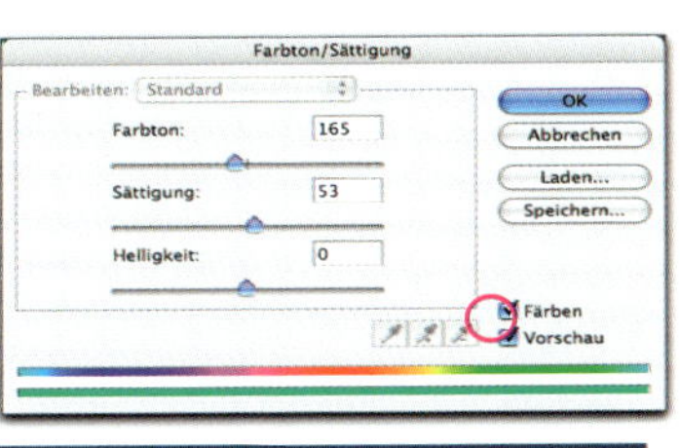

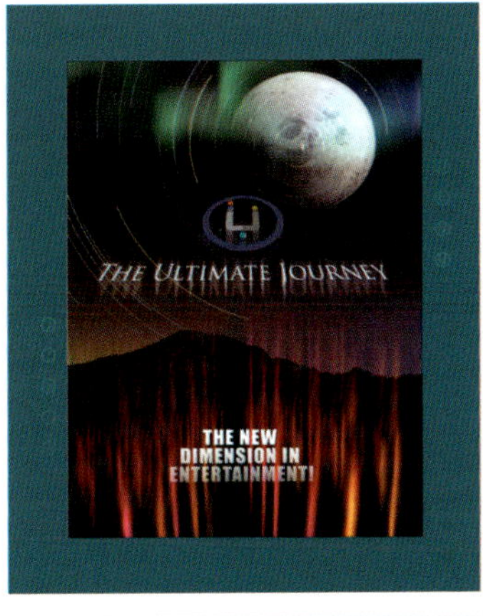

MEHR DAVON

▼ Füllmethoden **Seite 177**

▼ Mit Verläufen maskieren **Seite 72**

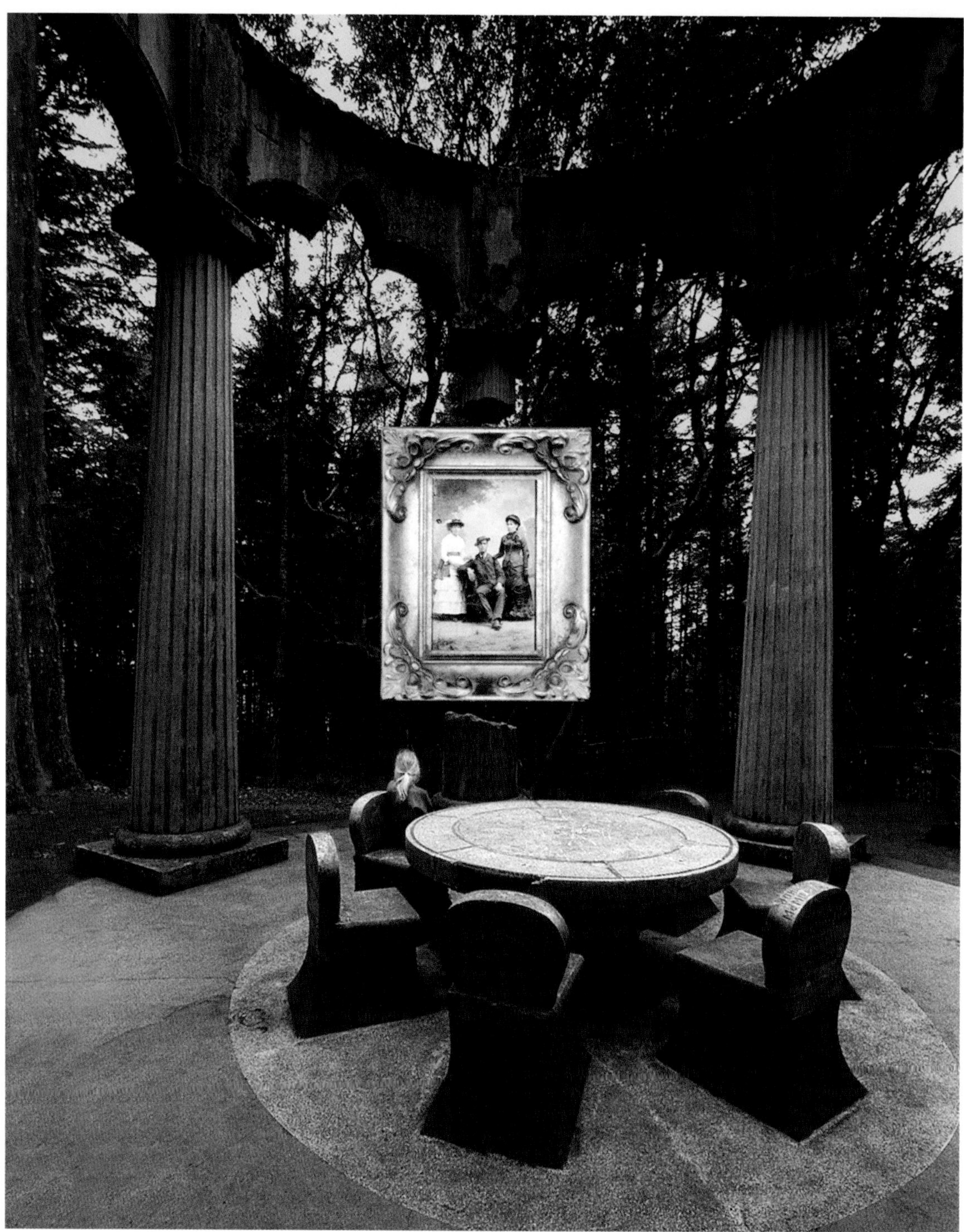

Für **Whispers in the Forest,** das **Darryl Baird** als Ehrung alter Fotos für seine Serie »Transcending Loss« erstellte, entwickelte der Künstler das Bild in Schwarzweiß und nutzte dann eine Duplexfarbe, um in etwa das Aussehen eines alten Fotoabzuges zu erzeugen. Im Anschluss wandelte er das Foto in RGB-Farben um, weil er nicht vorhatte, die Datei mit zwei separaten Druckfarben zu drucken, und deshalb die Duplexdatei nicht länger notwendig war. Und so ging er dabei vor:

Baird begann mit einem 35-mm-Schwarzweißfoto von einem Mausoleum in den Wäldern von San Juan Island, Washington. Er entwickelte das Foto als Kodak Photo CD und öffnete es im RGB-Modus in Photoshop. Er scannte außerdem als zwei separate Dateien ein leicht eingefärbtes Foto und einen Bilderrahmen, den er direkt auch dem Scanner platzierte. Mit dem Verschieben-Werkzeug zog er das Foto in die Datei mit dem Bilderrahmen. Zunächst entfernte er die Farbe aus den Bildern behielt den RGB-Modus jedoch bei (nutzen Sie dafür beispielsweise den Kanalmixer mit der Option MONOCHROM).▼ Er wählte BEARBEITEN/FREI TRANSFORMIEREN (⌘/Strg-T), um die eingefärbte Ebene neu zu positionieren und die Größe anzupassen. Dafür zog er mit gedrückter ⇧-Taste an einem der Eckpunkte, um das Bild proportional zu skalieren. Mit ↵ bestätigte er die Transformation und beschnitt beide Ebenen mithilfe des Rechteck-Werkzeugs ⬚ – er wählte damit den Bereich aus, den er erhalten wollte, kehrte die Auswahl um (⌘/Strg-⇧-I) und drückte die Entf (PC: ←), um die Kanten zu entfernen. Er reduzierte beide Ebenen auf eine, indem er die eingefärbte Ebene anklickte und ⌘/Strg-E drückte.

Im Anschluss zog er das Bild per Drag&Drop in die andere Bilddatei und nutzte den Befehl FREI TRANSFORMIEREN, um es zu skalieren und zu positionieren.

Um die Aussage des Fotos zu verstärken und Rahmen und Bild einzigartig zu machen, wendete er den Beleuchtungseffekte-Filter an.▼ Er aktivierte die gerahmte Ebene und wählte FILTER/RENDERFILTER/BELEUCHTUNGSEFFEKTE. In der Dialogbox stellte er ein eigenes Spotlicht ein.

Als er mit dem Filter fertig war (dieser funktioniert übrigens nur im RGB-Modus), wandelte er die Datei in ein Duplex um (BILD/MODUS/GRAUSTUFEN und im Anschluss BILD/MODUS/DUPLEX). In der Dialogbox wählte er die Art DUPLEX und lud die Duplexvorgaben, die Adobe zusammen mit Photoshop ausliefert. Er verwendete schließlich Schwarz und Pantone 478, ein warmes Braun. Er klickte auf die Miniatur der Duplexkurve für die Pantone-Farbe und experimentierte mit der Kurve, um das gewünschte Ergebnis zu erzielen (siehe Abbildung unten). Als er zufrieden war, klickte er in der Dialogbox auf OK und wandelte die Datei wieder in den RGB-Modus um.

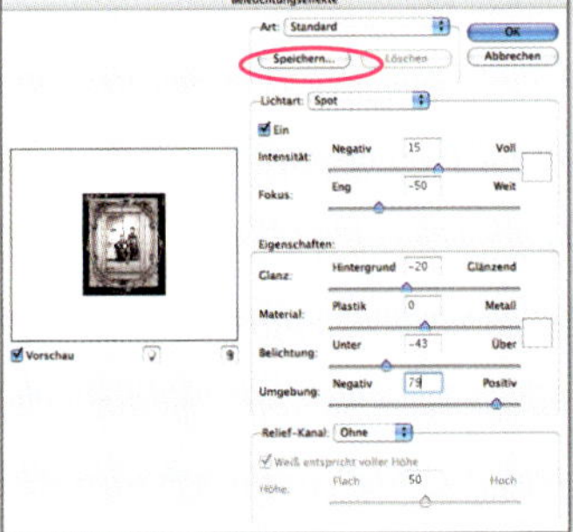

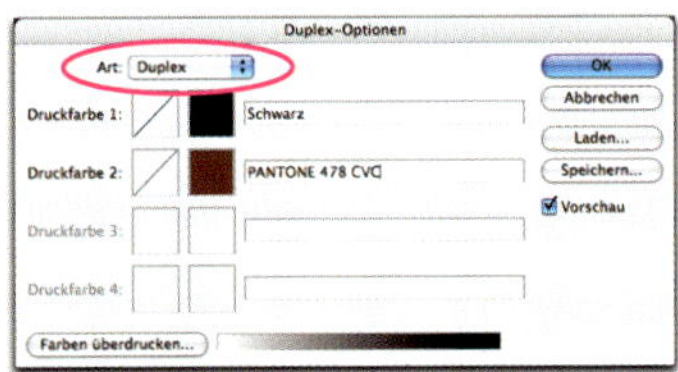

MEHR DAVON

▼ Von Farbe zu Schwarzweiß
Seite 213

▼ Beleuchtungseffekte
Seite 261

A Look Back at 40 years of Adventure

by John D. Mead, President, Adventure 16

FOOTPRINTS

Adventure 16 – Outdoor & Travel Outfitters – Since 1962

Where Your Adventure Begins! Spring-Summer 2002-Number 85

Commemorative Issue

A Look Back at 40 years of Adventure

Remember 16mm movie cameras? Maybe not, but in the early 1960s they were state-of-the-art for anyone who wanted to make adventure films under adverse conditions—say, running a river or backpacking in the Sierra. Despite the formidable cost of equipment and film, a group of teenage Explorer Scouts under the leadership of a fellow named Andy Drollinger, whose son Ralph was in the group, set out to film their adventures for a lecture series. "How to raise the money for a camera?" they wondered. "What if… what if…

…continued on page 2

Backpacking / Mountaineering / Climbing / Adventure Travel, Hiking / Equipment / Clothing / Classes

Equipment Innovations in the last 40 years… Adventure 16 was there!

Dominant Domes

Snug and Warm On The North Face

The Puff That Warmed

Wayne's Way

Für den 40. Jahrestag von **Footprints,** dem Newsletter des Reiseausrüsters »Footprinter«, erstellte **Betsy Schulz** einen Titel und mehrere Innenseiten als Photoshop-Datei mit Ebenen. Für jede Seite legte sie eine RGB-Datei in Photoshop (22 x 12 Zoll) mit einer Auflösung von 300 ppi an. Mit Photoshops Befehl DATEI/IMPORTIEREN scannte sie verschiedene Fotos und Zeichnungen und zog diese dann per Drag&Drop in die Layout-Datei. Einige der Ebenen färbte sie ein ▼ und nutzte BEARBEITEN/FREI TRANSFORMIEREN (⌘/Strg-T), um um Größe, Drehung und Position anzupassen.

Für den Schriftzug auf der Titelseite zog sie ein Bild von verrostetem Metall per Drag&Drop in die Datei (das Bild stammt von www.mindcandy.com). Mit dem Zeichenstift erstellte Sie einen Pfad für die gewünschte Form der Namenstafel (für das Werkzeug aktivierte sie die Option PFADE und ZU PFADBEREICH HINZUFÜGEN). ▼ Anschließend erstellte sie eine Auswahl aus dem Pfad (indem sie unten in der Pfade-Palette auf den Button PFAD ALS AUSWAHL LADEN klickte). Im Anschluss fügte sie eine Ebenenmaske hinzu (klicken Sie bei aktiver Auswahl auf das Masken-Icon unten in der Ebenen-Palette, um alle Bereiche außer den ausgewählten auszublenden). Sie stanzte bei aktiver Ebenenmaske den Text aus: Dafür verwendete sie zunächst das Horizontales-Text-Maske-Werkzeug und drückte dann ⌘/Strg-↵. ▼ Sie drückte die Entf (PC: ↵), um den Text mit Schwarz zu füllen (ist eine Maske aktiv und Schwarz die Hintergrundfarbe, wird die Auswahl durch Drücken der Entf/↵ mit Schwarz gefüllt).

Betsy erstellte für jedes Foto einen Schatten, indem sie unten in der Ebenen-Palette auf das Ebenenstil-Icon klickte, SCHLAGSCHATTEN auswählte und den Schatten auf einer separaten Ebene renderte. (Um Effekte in einem Ebenenstil zu rastern, klicken Sie mit gedrückter Ctrl-Taste – PC: Rechts-Klick – auf das Ebenenstil-Icon *fx* neben der Ebenenminiatur und wählen Sie EBENE ERSTELLEN.) Da sich jeder Schatten auf einer eigenen Ebene befindet, konnte sie diese verzerren (BEARBEITEN/TRANSFORMIEREN/VERZERREN).

Für die Papierstreifen, auf denen sich der Text befindet (der in QuarkXPress gesetzt wird), scannte Schulz ein strukturiertes Blatt Papier und fügte einen Schlagschatten hinzu. Für jedes benötigte Stück Papier duplizierte sie die Ebene und färbte die Kopien teilweise ein. Mit dem Zeichenstift erstellte Sie die benötigten Pfade. Auch hier erstellte sie von jedem Pfad eine Auswahl und fügte eine Ebenenmaske hinzu, die das Bild nur im ausgewählten Bereich einblendet. Der Schlagschatten passt sich automatisch an die Form an, die die Maske vorgibt.

Schulz speicherte die fertige Datei im Format Photoshop EPS und importierte sie in QuarkXPress, wo sie die Logos und andere Grafiken sowie den Text in der Schriftart VType-writer von Vintage Type (www.vintagetype.com) hinzufügte.

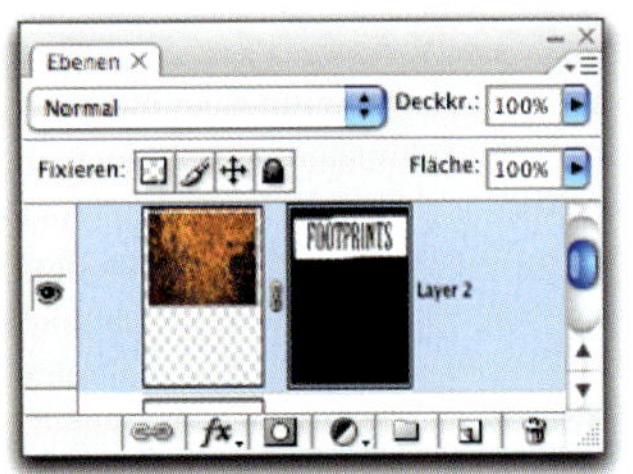

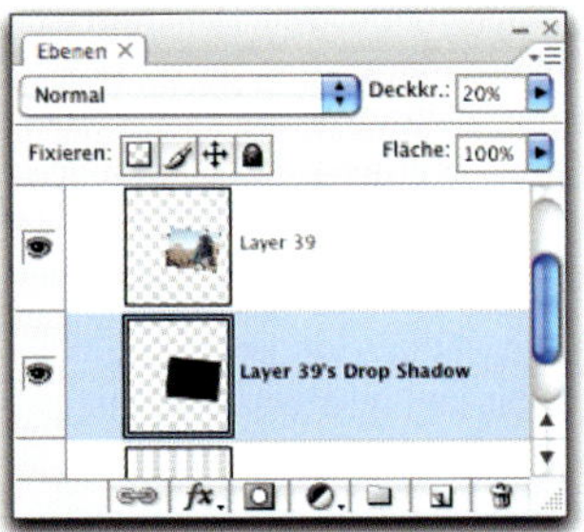

MEHR DAVON

▼ Bilder einfärben **Seite 202**
▼ Zeichenstift **Seite 435**
▼ Textwerkzeuge **Seite 418**

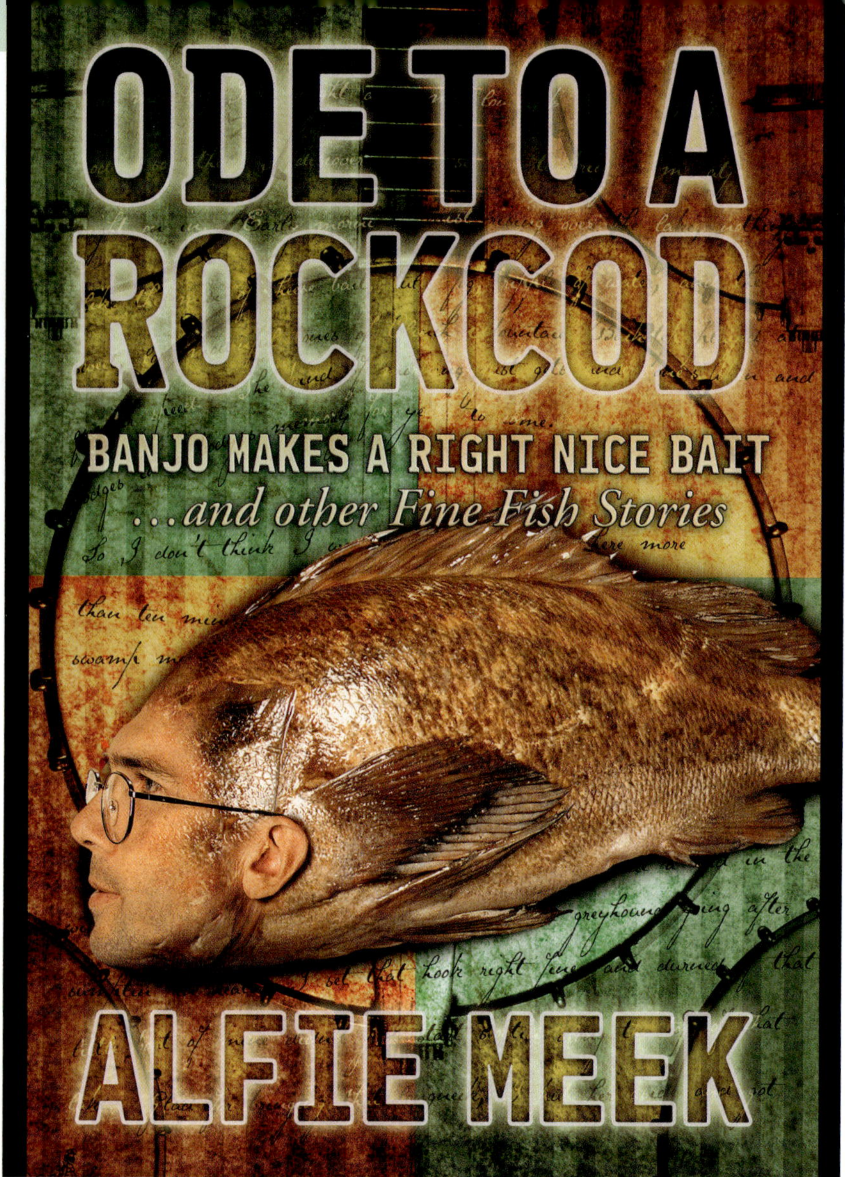

Auf seinem Buchcover zu **Ode to a Rockcod** packte **Don Jolley** wirklich alles zusammen. Der Hintergrund besteht aus zwei Bildern (siehe Seite 147), die im Modus ÜBERLAGERN/INEINANDERKOPIEREN über eine Farbebene gelegt wurden **A**. Jolley fügte Fotos einer Banja-Silhouette im Modus MULTIPLIZIEREN in der Mitte und den Ecken hinzu **B**. Dann fügte er eine weitere Ebene hinzu, bei der sich das Banja im Modus ÜBERLAGERN/INEINANDERKOPIEREN direkt in der Mitte befindet – aus diesem Foto entfernte er die Farbe (z.B. mit BILD/ANPASSUNGEN/SÄTTIGUNG VERRINGERN). Schließlich setzte er das Banjo in der Mitte noch einmal auf einer dritten Ebene ein (wieder im Modus ÜBERLAGERN/INEINANDERKOPIEREN, allerdings mit intakten Farben) **C**. Durch die Verwendung separater Kopien mit und ohne Farbe und mit verschiedenen Füllmethoden konnte er in der Ebenen-Palette arbeiten, um die Fülldeckkraft der einzelnen Ebenen exakt anzupassen und den Kontrast ganz nach Wunsch zu mischen **D**.

Er markierte die Mitte des Hintergrundes mithilfe von Hilfslinien (siehe Kasten auf der gegenüberliegenden Seite) und nutzte die Hilfslinien zusammen mit dem Auswahlrechteck ⬚, um eine Maske für die Farbton/Sättigungsebene zu erstellen, die er hinzufügte, um die Rechtecke für den Hintergrund zu erzeugen (die Maskierungsmethode finden Sie auf Seite 212.)

Die Textebenen für den Titel, Untertitel und Autor wurden mit Ebenenstilen versehen, um ihnen

Farbe und Tiefe zu verleihen. Für den »handgeschriebenen« Text nutzte er zuerst den Zeichenstift, um eine Serie gebogener Pfade zu erstellen E, die er dann in dauerhafte Arbeitspfade umwandelte, indem er sie unten in der Pfade-Palette auf den Button NEUEN PFAD ERSTELLEN zog. Im Anschluss klickte er mit dem Textwerkzeug auf den Pfad, um den Text einzugeben.

Um sein eigenes Porträt mit dem Fisch zu kombinieren, legte Jolley zwei Bilder übereinander **F** und arbeitete mit Ebenenmaske, um den Fisch zu isolieren und das Gesicht zu maskieren **G**.

Um die Überblendung der beiden Bilder zu verfeinern, nutzte Jolley eine Fischebene, aus der er die Sättigung entfernte, im Modus ÜBERLAGERN/INEINANDERKOPIEREN und eine in Farbe und im Modus NORMAL. Er begann auf jeder dieser Ebenen mit einer schwarzen Ebenenmaske und malte darauf mit Weiß, um an den gewünschten Stellen Fischeigenschaften ins Bild zu malen **H**, **I**, **J**. Jolley fügte weitere transparente Ebenen im Modus MULTIPLIZIEREN hinzu, auf denen er einen Schlagschatten für den Fisch und einen Schatten für das Ohr erstellte.

Um die horizontalen Elemente in der Komposition besser auszubalancieren, fügte er eine Ebene mit vertikalen schwarzen Streifen im Modus ÜBERLAGERN/INEINANDERKOPIEREN hinzu (direkt über den Hintergrund). Um das fertige Cover einzurahmen, erstellte er noch eine Ebene mit schwarzen Streifen im Modus NORMAL.

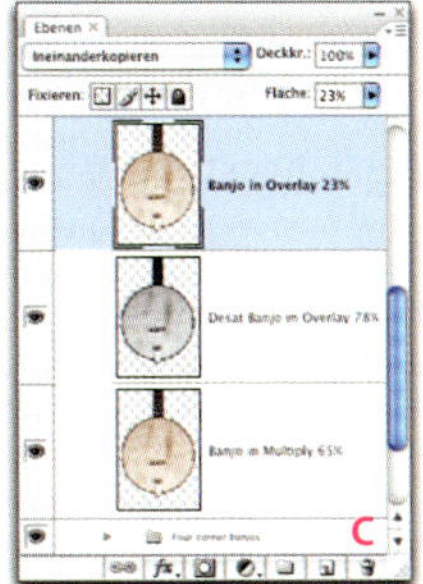

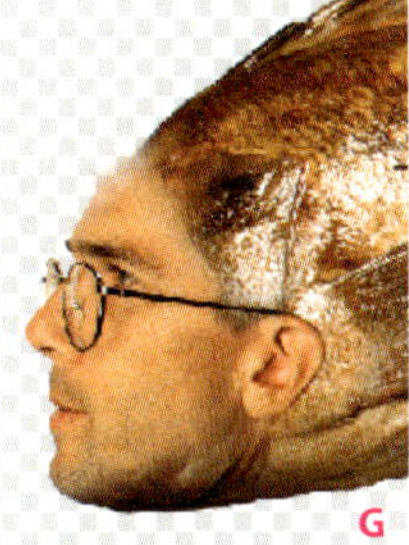

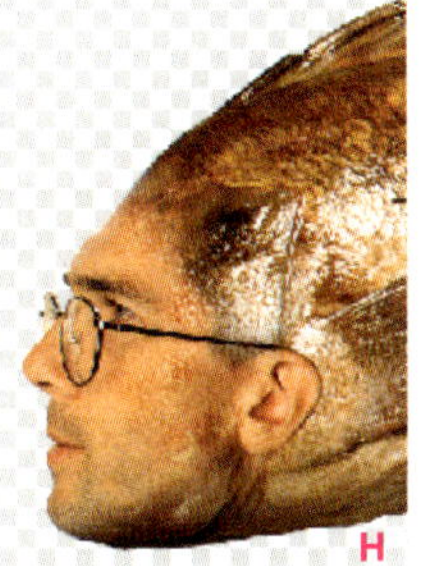

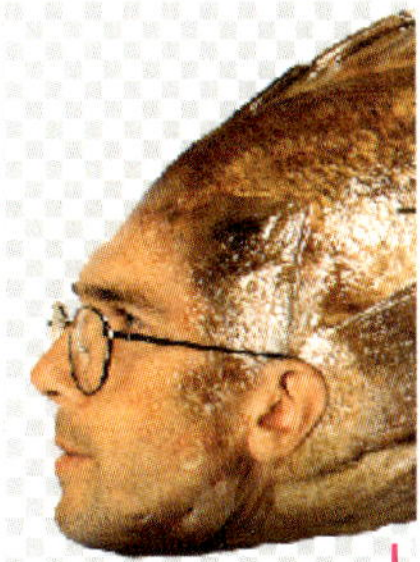

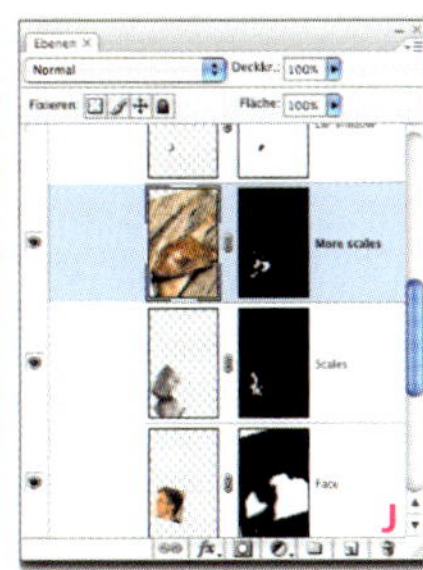

DIE MITTE FINDEN, OHNE ZU RECHNEN

Wollten Sie schon einmal die Mitte einer Ebene oder eines ausgewählten Bereichs markieren, um diese als Ausgangspunkt für weitere Arbeiten zu nutzen? Hier zeigen wir Ihnen eine schnelle Möglichkeit, wie Sie in einer pixelbasierten Ebene die Mitte finden (eine Hintergrundebene muss zunächst in eine herkömmliche Ebene umgewandelt werden; klicken Sie dazu doppelt auf den Ebenennamen in der Ebenen-Palette). Aktivieren Sie die Ebene, blenden Sie die Lineale ein (⌘/Strg-R) und öffnen Sie den Frei-transformieren-Rahmen (⌘/Strg-T).

Der Frei-transformieren-Rahmen ist in der Mitte mit einem Kreis und dicken vertikalen und horizontalen Linien ausgestattet. Aktivieren Sie im Ansicht-Menü die Option AUSRICHTEN. Wenn Sie jetzt eine Hilfslinie aus einem der Lineale ziehen, rastet diese in der Mitte des Transformieren-Rahmens ein.

Der Mittelpunkt des Transformieren-Rahmens (oben) kann genutzt werden, um die Hilfslinien daran auszurichten.

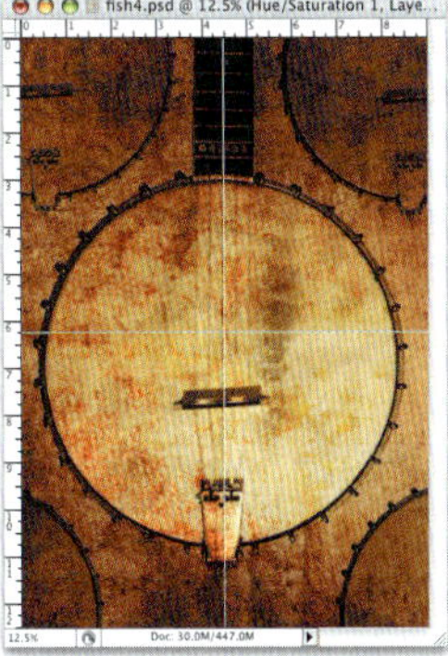

ORIGINALFOTOS: BEVERLY GOWARD (MÄDCHEN MIT REGENSCHIRM) / ALBERTO MARINHO (ISTOCKPHOTO.COM) (BILDERRAHMEN)

Bei der Erstellung des Bildes **Rainy Day** begann **Marie Brown** damit, das Foto von Beverly Goward eines Mädchens im Regen mit einem anderen Foto (dem Rahmen) zu kombinieren – jedes Bild bekam eine eigene Ebene zugewiesen. Zusätzlich erstellte sie zwei weitere Elemente mithilfe von Ebenenstilen (den Hintergrund und die Wand). Sie erstellte eine auf eine Ebene reduzierte Kopie des Bildes und wendete den Filter BELEUCHTUNGSEFFEKTE an. (Die fertige Datei finden Sie auf der beiliegenden DVD im Ordner Wow Zugaben.)

Brown begann mit einer neuen Datei und aktivierte in dieser den weißen Hintergrund, um ihn in eine herkömmliche Ebene umzuwandeln (EBENE/NEU/EBENE AUS HINTERGRUND) **A**, um einen Ebenenstil (die Tapete) hinzufügen zu können. Sie klickte unten in der Ebenen-Palette auf den Button EBENENEFFEKT HINZUFÜGEN *fx* und wählte MUSTERÜBERLAGERUNG mit einer Skalierung von 20% **B**. Links aus der Liste wählte sie im Anschluss FARBÜBERLAGERUNG und änderte die Farbe; als Füllmethode wählte sie FARBE, damit das Muster eingefärbt und nicht abgedeckt wird **C**.▼

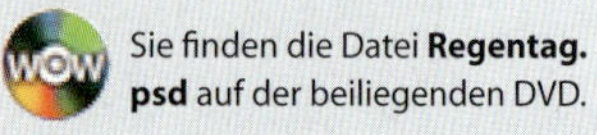

Sie finden die Datei **Regentag.psd** auf der beiliegenden DVD.

Dann öffnete sie Gowards Foto und zog es mit dem Verschieben-Werkzeug in ihre Datei **D**. Im nächsten Schritt musste sie den Rahmen öffnen und ebenfalls in das Bild ziehen – der Rahmen befand sich bereits auf einer transparenten Ebene. Als der Rahmen platziert war **E**, konnte sie die Beleuchtung für das zusammengesetzte Bild erstellen und bekam eine bessere Vorstellung des Passepartouts. Brown aktivierte die Rahmenebene, öffnete die Ebenenstil-Dialogbox und wählte SCHLAGSCHATTEN. Die Beleuchtung auf den Rahmen war sehr direkt, das Gold reflektierte das Licht, so dass Brown den Winkel für den Schlagschatten relativ frei wählen konnte. Sie behielt jedoch den Standardwinkel von 120° bei und aktivierte die Checkbox GLOBALEN LICHTEINFALL VERWENDEN, um den Winkel für Rahmen und Passepartout später jederzeit problemlos ändern zu können. Bevor sie die Ebenenstil-Dialogbox verließ, erzeugte sie mit einem gleichmäßigen, knappen Schatten etwas mehr Tiefe. Dazu wählte sie SCHEIN NACH AUSSEN, änderte die helle Farbe des Scheins in eine dunklere und die Füllmethode in MULTIPLIZIEREN **F**.▼

Für das Passepartout aktivierte Brown die Fotoebene (dazu klickte sie auf die entsprechende Miniatur

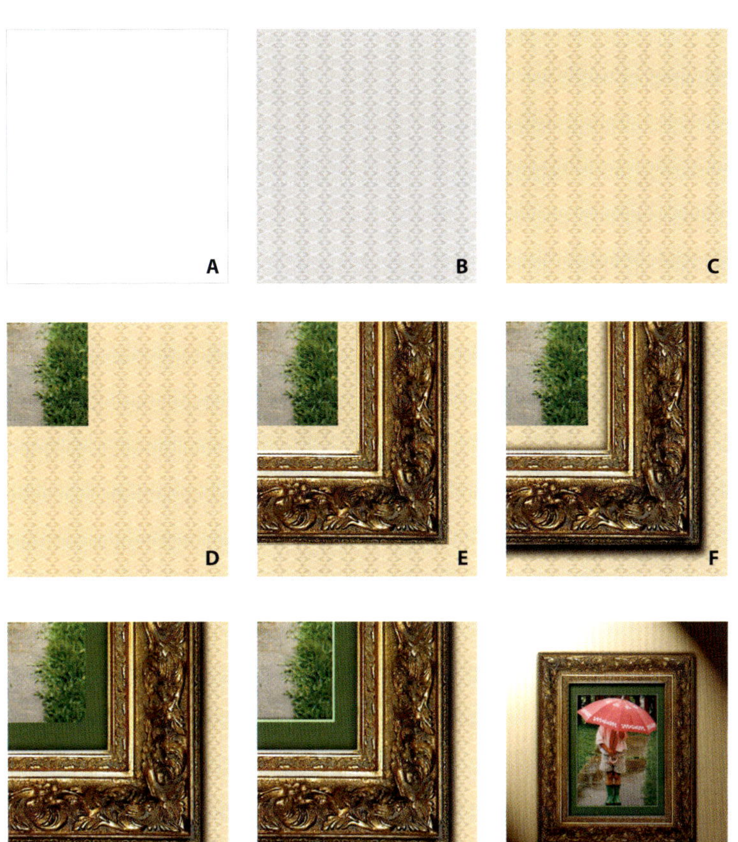

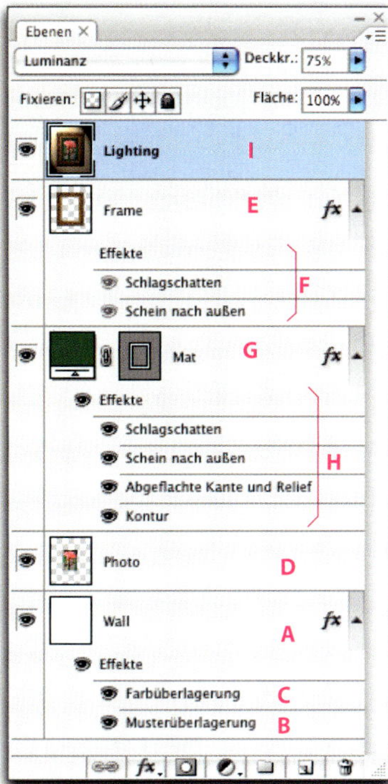

in der Ebenen-Palette), damit die Formebene, die sie erstellen wollte, direkt darüber erscheint (zwischen Foto und Rahmen). Mit dem Auswahlrechteck erstellte sie eine Formebene.▼ Sie zeichnete das Rechteck groß genug, damit es die Rahmenöffnung vollständig ausfüllt und sogar etwas darüber hinausgeht, damit keine Lücken entstehen. Anschließend reduzierte sie die Deckkraft der Ebene, bis das Foto durchscheinen konnte. Sie aktivierte erneut das Auswahlrechteck – dieses Mal mit der Option VOM FORMBEREICH SUBTRAHIEREN, um die Öffnung des Passepartouts gerade groß genug für das Foto zu machen; im Anschluss stellte sie die Deckkraft von 100% wieder her **G**.

Die Kante des Passepartouts erstellte sie mithilfe eines Ebenenstils, bestehend aus einem SCHLAGSCHATTEN, einer KONTUR, sowie mit einer ABGEFLACHTEN KANTE und RELIEF, bei der sie den globalen Lichteinfall aktivierte, damit die Beleuchtung zu der des Schlagschattens auf der Rahmenebene passt **H**.▼ Auch hier erstellte sie (wie für den Rahmen) einen Schein nach außen.

Brown wollte mithilfe des Beleuchtungseffekte-Filters das Bild einzigartig machen. Zunächst musste sie eine reduzierte Kopie der Datei erstellen, da der Filter nur auf eine Ebene angewendet werden kann (⌘-⌥-⇧ bzw. Strg-Alt-⇧, gefolgt von den Tasten N und E). Im Anschluss wählte sie FILTER/RENDERFILTER/BELEUCHTUNGSEFFEKTE. Da es schwer ist, das Ergebnis des Effekts zu sehen (die Vorschau in der Dialogbox ist recht klein), fügte Brown ein Spotlicht hinzu, dass das Bild von oben links aufhellt (es ist konsistent mit der Beleuchtung der Ebenenstile); sie wählte das Licht stärker, als es eigentlich sein muss **I**. Nachdem sie auf OK klickte, um die Dialogbox wieder zu verlassen, reduzierte sie die Deckkraft der neuen Ebene, bis der gewünschte Effekt erzielt war (auf der gegenüberliegenden Seite zu sehen).

MEHR DAVON

▼ Überlagerungseffekte in Ebenenstilen **Seite 494**

▼ Schatten und Schein-Effekte **Seite 498**

▼ Formwerkzeuge **Seite 433**

▼ Abgeflachte Kanten **Seiten 501 & 537**

ORIGINALFOTOS: BEVERLY GOWARD

Angesichts der **Hochzeitsbilder** für die Gäste der Hochzeitsfeier wollte Fotografin **Beverly Goward** ein Porträt der Braut mit vier weiteren Bildern kombinieren. **Marie Brown** arbeitete mit Gowards Fotos und nutzte Photoshops Befehl BILDPAKET II – sie begann mit der Seite für das Blumenmädchen. Brown öffnete Bridge (das geht aus Photoshop heraus, indem Sie oben rechts in der Optionsleiste auf den Button GEHE ZU BRIDGE klicken).▼ Dort navigierte sie zum Ordner, der das Porträt der Braut enthält, und stellte es auf das endgültige Format (5 × 7 [ca. 13 × 18 cm], Querformat) frei.▼ Sie klickte auf das Porträt, um es auszuwählen, und wählte WERKZEUGE/PHOTOSHOP/BILDPAKET II.

In der Bildpaket-Dialogbox wählte sie das Seitenformat 20,3 × 25,4 cm **A** und eine Auflösung von 300 ppi **B**. Außerdem aktivierte sie die Option (1)5 × 7 (4)2,5 × 3,5 **C** – diese entsprach am ehesten dem gewünschten Endergebnis. Das Porträt war in jedem der fünf Zonen des Layouts zu sehen **D**.

Photoshops Bildpaket-Routine nutzt den Platz auf der Ausgabeseite optimal aus und ermöglicht Ihnen noch das Zuschneiden der Bilder. Brown und Goward wünschten sich jedoch ein anderes Ergebnis – eine ausbalancierte Anordnung mit ausreichend Platz zwischen den Bildern. Bevor sie vier der Fotos durch Bilder mit dem Blumenmädchen ersetzte, veränderte Brown das Layout. Dazu klickte sie auf den Button LAYOUT BEARBEITEN **E**, um eine weitere Dialogbox zu öffnen.

Oben links in der Dialogbox gab sie dem Layout den Namen »Hochzeit« **F** und aktivierte die Einheit »Zoll« **G**. Um die einzelnen Zonen besser bearbeiten zu können, aktivierte sie die Checkbox AUSRICHTEN AN **H**, um das magnetische Raster einzublenden; sie wählte eine Größe von 0,25 **I**.

Sie zog an den Seiten der großen Zone, um diese zu verkleinern und mehr Platz drum herum zu schaffen. Sie stellte den Cursor in das Bild und zog die Mitte der Zone an das obere Ende der Seite. Im Anschluss nutzte sie die Seitengriffe, um die kleineren

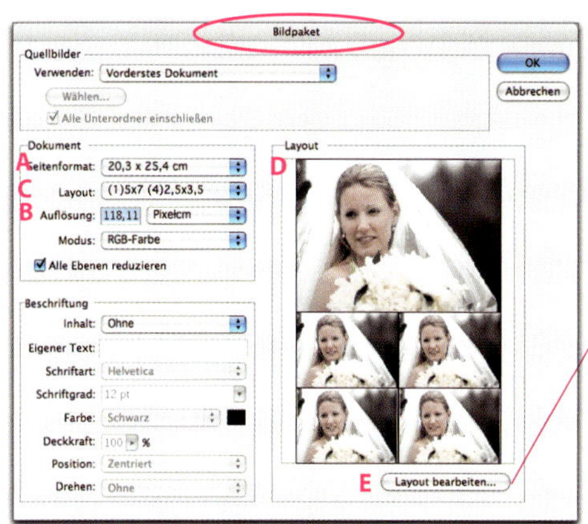

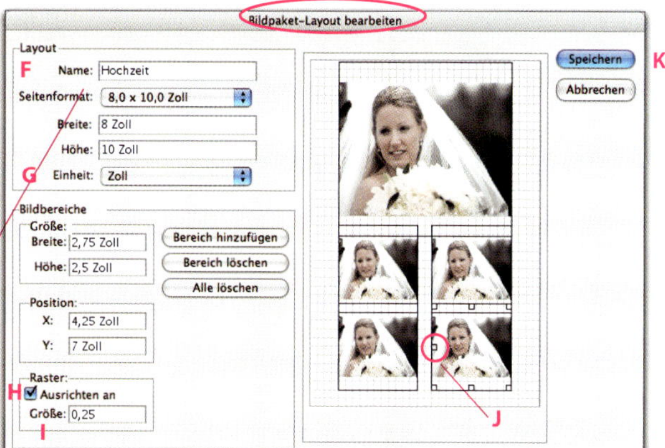

Zonen zu verändern – sie zog auch innen, um die Außenkanten an die des großen Fotos anzupassen **J**. Nun konnte sie die einzelnen Zonen noch nach oben oder unten verschieben. Dabei zeigen die weißen Bereiche an, wie viel Platz später zwischen den Fotos sein wird.

»Ich bin auf ein interessantes Verhalten in der Bildpaket-Dialogbox gestoßen«, sagt Brown. »Wenn ich sowohl das Layout bearbeiten als auch einige Fotos ersetzen will, ist es wichtig, erst die **Bearbeitung vorzunehmen** und dann die Fotos zu ersetzen, weil die Ersetzungen sonst verloren gehen, sobald ich auf den Button LAYOUT BEARBEITEN klicke.«

»Zweitens funktioniert die Größenanpassung einer Zone anders als die Skalierung mit Photoshops Transformieren-Befehl. Im Befehl BILDPAKET ist es egal, an welcher Seite Sie ziehen, das Bild wird immer proportional skaliert. Wenn Sie einen der mittleren Griffe verwenden, wird oben und unten leerer Raum hinzugefügt. Ich nutze die mittleren Griffe immer, wenn ich die Seitenkanten von Fotos ausrichten will. Bei den oberen und unteren mittleren Griffen ist die Höhe das kritische Maß und an den Seiten wird leerer Raum hinzugefügt; will ich die Ober- oder Unterkanten eines Fotos ausrichten, passe ich die Zonen mit den oberen oder unteren Griffen an.«

Als Brown auf SPEICHERN klickte **K** und sich die Dialogbox NEUEN DATEINAMEN EINGEBEN öffnete, gab sie dem Layout einen Namen und klickte auf SPEICHERN. In der Bildpaket-Dialogbox ist nun das neue Layout zu sehen; im Menü finden Sie auch dessen Namen, so dass Sie es jederzeit wieder verwenden können.

Um die kleinen Fotos zu ersetzen, wechselte Brown in Bridge wieder zum Ordner, in dem sich die Bilder des Blumenmädchens befinden. Diese wurden auf das Format 5 × 7 horizontal freigestellt – dasselbe Seitenverhältnis wie 2,5 × 3,5. In Bridge klickte sie auf eines der Bilder und zog es in die Bildpaket-Dialogbox auf die gewünschte Zone. Diesen Vorgang wiederholte sie, bis alle vier Fotos platziert waren **L**. (Sie können die die Bilder einfach per Drag&Drop auf die Zonen ziehen, oder in die Zonen klicken und dann das gewünschte Bild auswählen.)

In der Dialogbox aktivierte Brown die Checkbox ALLE EBENEN REDUZIEREN, klickte auf OK und beobachtete Photoshop, wie das Programm eine Datei namens BILDPAKET 1 erstellt – alle Fotos befinden sich in einer Ebene.

Sie fügte zu der Datei dann eine Basis hinzu. Dazu aktivierte sie in der Ebenen-Palette den Hintergrund und klickte unten in der Palette auf den Button NEUE FÜLL- ODER EINSTELLUNGSEBENE ERSTELLEN, um den Befehl VOLLTONFARBEN zu wählen. Sie nahm die Farbe aus einem der Fotos auf.

Um die Basis zu beschneiden, aktivierte sie die Fotoebene, indem sie auf die Miniatur in der Ebenen-Palette klickte und anschließend den Ebenenstil ABGEFLACHTE KANTE UND RELIEF wählte. Sie wählte eine abgeflachte Kante nach außen, damit der Hintergrund abgeflacht erscheint und nicht das Foto selbst. ▼

MEHR DAVON

▼ Bridge **Seite 127**
▼ Freistellen **Seite 296**
▼ Abgeflachte Kanten Seiten **501 & 537**

Für das Bild **Waikiki Kids** begann **Jack Davis** mit Einzelfotos der beiden Kinder. Für das zusammengesetzte Bild wählte er das von Rachel mit Diamond Head im Hintergrund **A**. Die Herausforderung beim Maskieren bestand darin, Ryan **B** zwischen Rachel und den Hintergrund zu setzen. Um bei der Position etwas flexibel zu sein, maskierte Davis das Bild in zwei Schritten.

Zunächst erstellte er mit dem Zeichenstift einen Arbeitspfad um Ryan und seine Luftmatratze. Dabei sorgte er sich nicht um den Vordergrund, denn den würde er ohnehin mit einer zweiten Maske ausblenden. Er wandelte den Pfad in eine Auswahl um, aktivierte Ryans Ebene und klickte unten in der Ebenen-Palette auf den Button EBENENMASKE HINZUFÜGEN, um eine Maske zu erstellen, die Ryan zeigt und den Hintergrund ausblendet **C**.

In einem zweiten Schritt erstellte er eine ähnliche Auswahl von Rachel, ihrer Luftmatratze und dem Wasser im Vordergrund. Statt aber diese Auswahl zu verwenden, um die Maske auf Ryans Ebene zu verändern, erstellte Davis eine Ebenengruppe, indem er unten in der Ebenen-Palette auf den entsprechenden Button klickte. Dann zog er die Miniatur von Ryans Ebene in den neuen Ordner, aktivierte die Ordnerminiatur und erstellte eine weitere Maske **D**. Durch die separate Maske für den Ordner konnte Davis Ryans Ebene skalieren und positionieren, ohne die Kante zu verändern, die die Überlappung zu Rachels Ebene darstellt.

Mit Fotos, die bereits über 30 Jahre alt sind, erstellte Marv Lyons die Bilder **Woman Waiting in Papeete** (oben) und **Three Girls** (rechts). Dazu scannte er die Bilder und arbeitete mit Ebenen. In beiden Fällen kombinierte Lyons das Originalfoto mit einem Bild von Palmenblättern, das er durch ein Umlenkprisma aufnahm. Lyons nimmt oft Bilder wie das Palmenfoto auf und nutzt diese, um Fotos vom selben Schauplatz mit mehr Atmosphäre zu versehen. Die Methode nutzte er zuerst in der Dunkelkammer, dann führte er sie in Photoshop fort, wo er mit Ebenen, verschiedenen Füllmethoden und Deckkraft arbeitete.

In **Woman Waiting** befindet sich die Ebene mit den Palmenblättern im Modus ÜBERLAGERN/INEINANDERKOPIEREN mit einer Deckkraft von 100% Opacity. Lyons erstellte einen Warmfilter, indem er Gold als Vordergrundfarbe wählte, eine leere Ebene hinzufügte und diese mit Farbe füllte (⌥-Entf bzw. Alt-←). Für diese Ebene wählte er MULTIPLIZIEREN und 17% Deckkraft.

Für **Three Girls** verwendete Lyons die Palmenblätter doppelt – einmal im Modus ÜBERLAGERN/INEINANDERKOPIEREN mit 100% und einmal im Modus MULTIPLIZIEREN mit 41% Deckkraft.

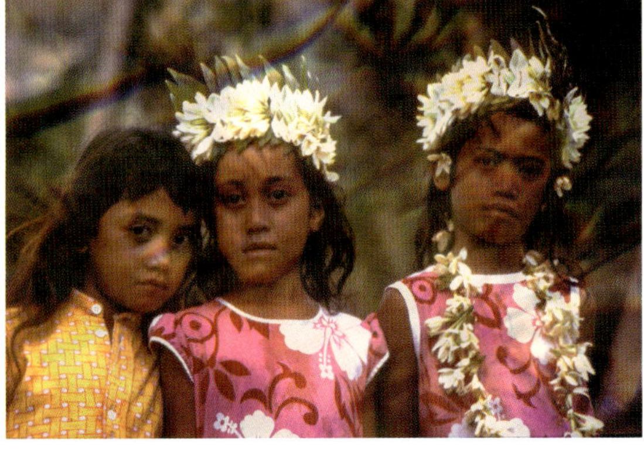

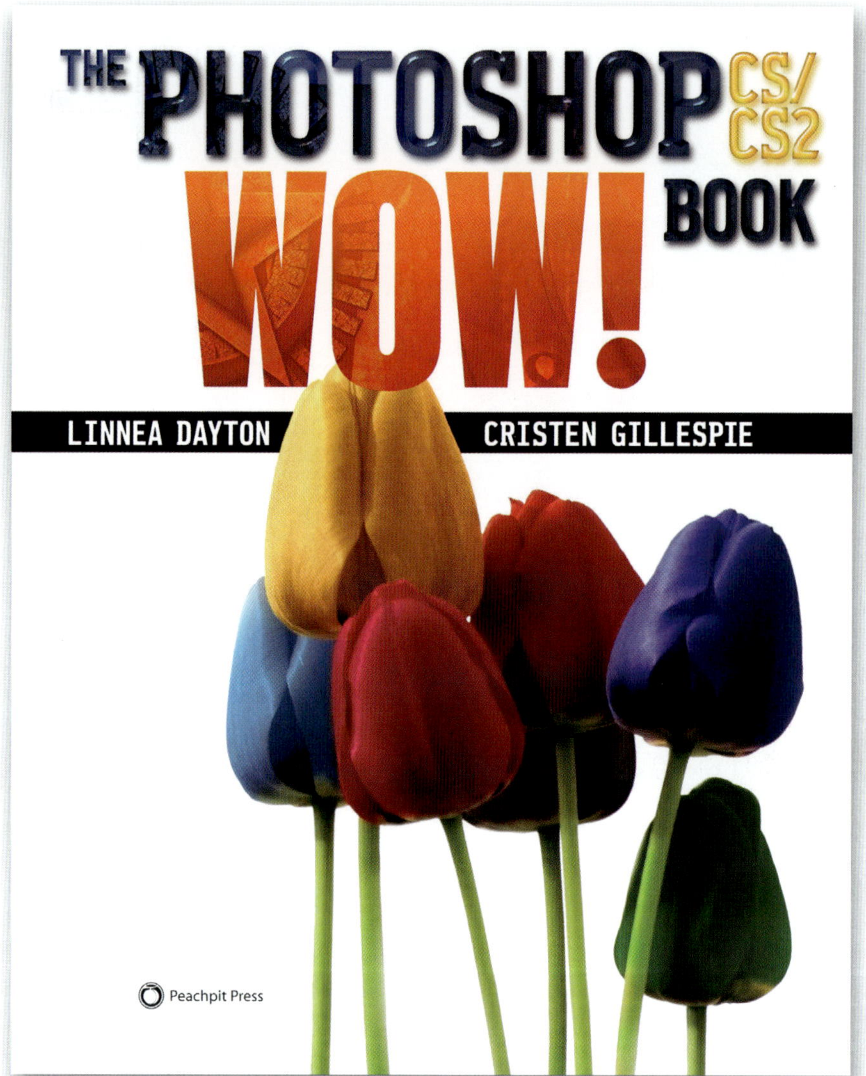

Bei der Erstellung des Buchcovers für die Originalausgabe des Photoshop WOW! Buches verwendete **Don Jolley** zwei Versionen von jeder Datei – eine für den Text und eine für den Rest. Beide Dateien wurden im EPS-Format gespeichert und in Adobe InDesign zusammengesetzt. Um das EPS für den Text zu erstellen, erzeugte Jolley diesen in Adobe Illustrator, wandelte ihn in Pfade um, um Schriftprobleme zu vermeiden und kopierte ihn dann in die Zwischenablage. Er fügte den Text in Photoshop als Pfade ein, damit er dort als Arbeitspfad in der Pfade-Palette erscheint. Er schützte den Pfad, indem er die Miniatur auf den Button NEUEN PFAD ERSTELLEN unten in der Palette zog, um Pfad 1 zu erstellen. Er aktivierte den neuen Pfad und wählte aus dem Paletten-Menü BESCHNEIDUNGSPFAD. Beim Speichern der Datei als EPS mit Beschneidungspfad blendet Pfad 1 den Rest des Bildes aus und sorgt für scharfe Kanten um die Buchstaben.

Für die zweite Datei, den Hintergrund, blendete Jolley den Text aus – lies jedoch einige Bestandteile, beispielsweise den weichen Schlagschatten und das Licht hinter dem blauen Text sichtbar.

Beide Dateien wurden in InDesign zusammengesetzt, um die Titelseite zu erstellen – dort wurden auch der Name des Autors und das Logo des Verlags hinzugefügt.

Um sicherzustellen, dass die geglätteten Kanten der Buchstaben beim Beschneiden nicht die Hintergrundfarbe aufnehmen, vergrößerte Jolley die Buchstaben etwas über den

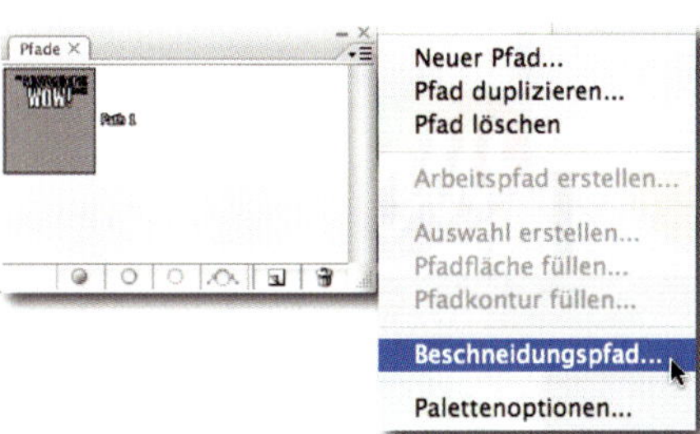

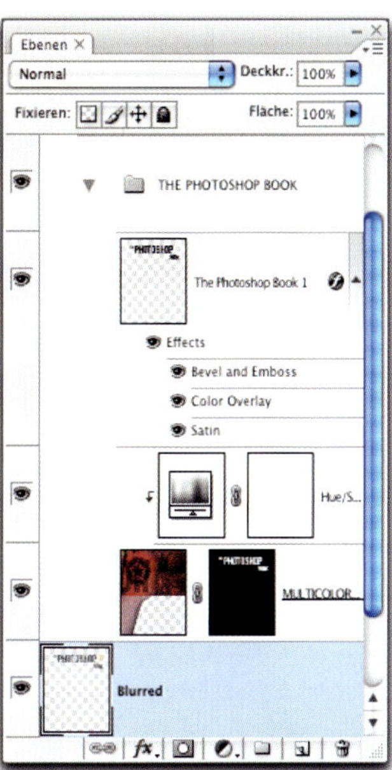

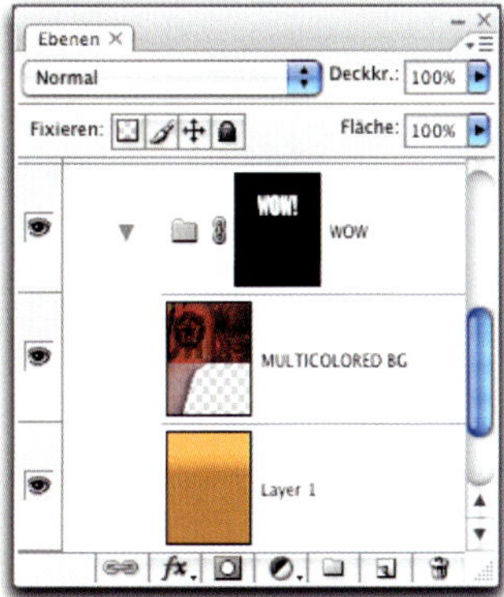

Pfad hinaus, um halbtransparente Bereiche mit derselben Farbe zu füllen wie die Buchstaben. Um die Buchstaben etwas größer als ihren Beschneidungspfad zu machen (wie oben zu sehen), lud Jolley den Pfad als Auswahl, indem er mit gedrückter ⌘-Taste (PC: Strg) auf dessen Miniatur in der Pfade-Palette klickte und AUSWAHL/AUSWAHL VERÄNDERN/VERGRÖSSERN mit einem Wert von 5 Pixeln wählte (in CS3 ist AUSWAHL/KANTE VERBESSERN der leichtere Weg). Er nutzte diese Auswahl, um eine Ebenenmaske für diese Ebenengruppe (für Bild und Einstellungsebenen sowie die farbigen Buchstaben) zu erstellen.

Das Wort »Wow!« besteht aus zwei Ebenen, die sich im Modus ÜBERLAGERN/INEINANDERKOPIEREN und mit einem Gold-Verlauf vor dem Hintergrund befinden. Die Ebenen werden von der Maske der Ebenengruppe maskiert.

Die Konstruktion der Buchstaben für »THE PHOTOSHOP BOOK« ist etwas komplexer. Innerhalb der Buchstaben wurde dasselbe Hintergrundbild maskiert – eine Farbton/Sättigung-Einstellungsebene färbt die Buchstaben blau. Darüber befindet sich eine Kopie der Buchstaben in Schwarz, jedoch wurde die Flächendeckkraft dieser Ebene auf 16% reduziert; auf die Ebene wurde ein Ebenenstil - angewendet, damit die Buchstaben wie eine klare Farbfläche über dem blauen Bild aussehen.

Um die Illusion von Transparenz zu verstärken, wendete Jolley einen Gauß'schen Weichzeichner auf die Kopie der Buchstaben an, um eine Kombination aus Schlagschatten und gebrochenem Licht zu erzeugen.

Kapitel 10

Das Web & Animationen

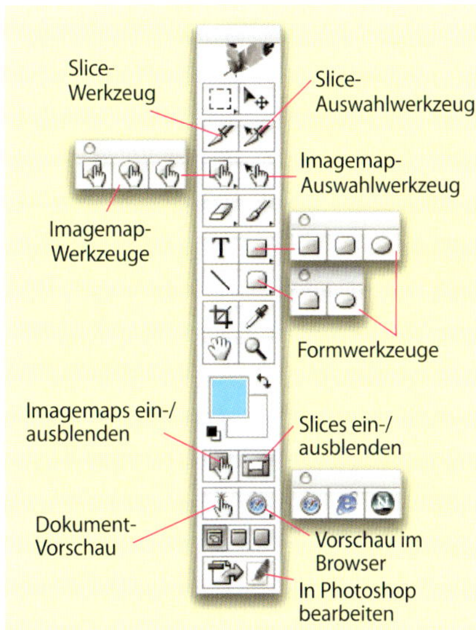

Einzigartig in der Werkzeugleiste von ImageReady sind Werkzeuge für die Erstellung und Vorschau von Imagemaps und Rollovers. ImageReadys ausklappbare Paletten ermöglichen Ihnen einen Blick auf alle Werkzeuge. Es gibt zwei Formwerkzeuge, die Sie in ImageReady, aber nicht in Photoshop finden – das Registerkarten-Rechteck- und das Ovales-Rechteck-Werkzeug .

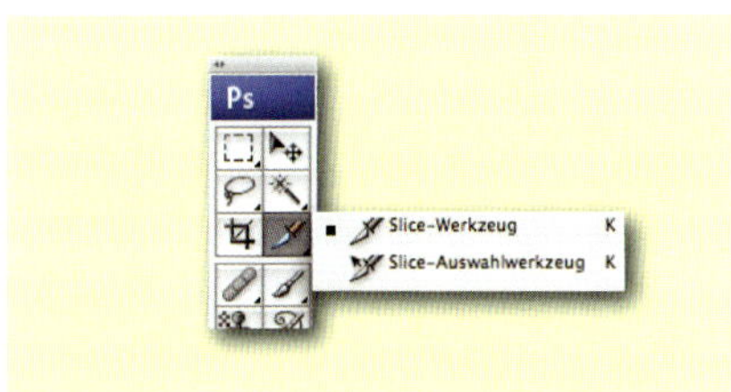

Photoshops Werkzeugleiste ist mit denselben Slice- und Slice-Auswahlwerkzeugen ausgestattet wie ImageReady (im unteren Teil finden Sie auch den Button In ImageReady bearbeiten). Die Buttons aus ImageReady finden Sie in Photoshops Dialogbox Für Web speichern.

Mit Photoshop und ImageReady können Sie ein Web-Projekt von der ersten Skizze bis zum fertigen HTML und JavaScript begleiten. Beide Programme weisen mittlerweile deutliche Verbesserungen auf, wenn es darum geht, Bilder und Grafiken webfähig zu machen. Als Künstler können Sie sich auf die Bilder und Grafiken selbst konzentrieren und diese im Anschluss schnell in eine Serie von Webgrafiken oder Seiten umwandeln. Seit Photoshop CS2 gibt es magnetische Hilfslinien, Variablen und Animationen, die vorher nur in ImageReady zu finden waren. Arbeiten Sie mit einer früheren Photoshop-Version, müssen Sie deutlich öfter zwischen den Programmen wechseln. Photoshop CS3 wird komplett ohne ImageReady ausgeliefert. Die meisten Web-Funktionen stehen allerdings innerhalb von Photoshop CS3 zur Verfügung. Wenn Sie mehrere Photoshop-Versionen einschließlich CS3 nutzen, können Sie natürlich weiterhin für Ihr Webdesign ImageReady aus CS2 oder aus CS öffnen.

DER ARBEITSABLAUF

Zu einem grundlegenden Arbeitsablauf gehört das Planen, Entwickeln und Erstellen sowie die Optimierung der Dateien (möglichst kleine Dateien ohne Verlust der Bildqualität), die Vorschau und deren Speicherung. Mit einem effizienten Arbeitsablauf bewegen Sie sich sehr komfortabel zwischen Photoshop und ImageReady bewegen und Letzteres als HTML-Werkzeug nutzen. Arbeiten Sie mit Adobe GoLive, lassen sich Ihre Webseiten aus Photoshop und ImageReady ganz schnell und ohne viel Aufwand in eine Website verwandeln.

Durch die Vielzahl der Projekte, die sich mit Photoshop und ImageReady erstellen lassen, gibt es keinen besten Weg. Allgemein lässt sich jedoch sagen, dass es am besten ist, in Photoshop zu beginnen. Ab CS2 ist Photoshop mit derselben Animations-Palette ausgestattet wie ImageReady (vorher mussten Sie zwischen

Fortsetzung auf Seite 675

EINIGE TYPISCHE ARBEITSABLÄUFE FÜR PHOTOSHOP & IMAGEREADY

Beginnen Sie mit Ihrer Arbeit in Photoshop. Wie es dann weitergeht, hängt davon ab, was für eine Art Webgrafiken Sie erstellen.

Die meisten Einzelgrafiken – egal mit welcher Farbtiefe – können in Photoshop (ohne die Hilfe von ImageReady) begonnen und fertiggestellt werden. Photoshops Dialogbox FÜR WEB SPEICHERN (siehe Seite 677) ermöglicht Ihnen das Speichern der Datei als JPEG, GIF oder HTML mit Komprimierung und mit allen dazugehörigen Slices.

Vor der Version CS2 mussten Animationen in ImageReady erstellt werden – seither ist das auch in Photoshop möglich. Sie animieren durch Tweening, um Zwischenbilder zwischen zwei Frames zu erstellen (oben; siehe auch Seite 697), durch manuelle Bearbeitung der einzelnen Frames (Seite 710) oder indem Sie die Frames aus Ebenen oder Ebenenkompositionen automatisch erstellen lassen (Seite 705).

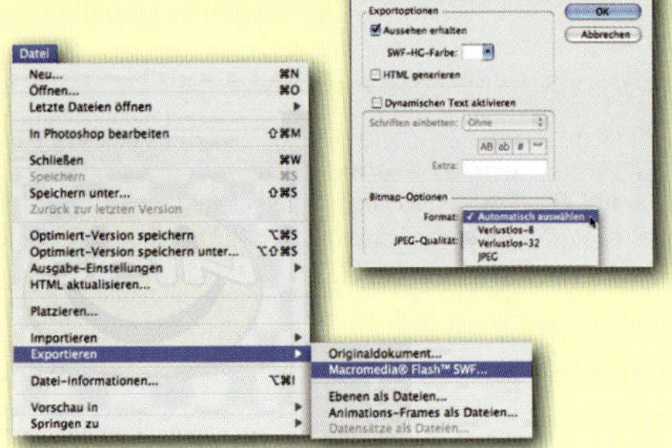

Um Dateien im Format Macromedia Flash SWF zu exportieren, wählen Sie in ImageReady den Befehl DATEI/EXPORTIEREN/MACROMEDIA® FLASH™ SWF (siehe Seite 683). In CS3 nutzen Sie den Befehl DATEI/EXPORTIEREN/VIDEO RENDERN, um Quick-Time-Dateien oder Bildsequenzen zu speichern. In CS3 Extended gibt es weitere Formate wie MPEG-4 und Flash (FLV).

Nutzen Sie ImageReady oder Photoshop CS3, um kombinierte Rolloverstile für Buttons zu erstellen und anzuwenden. Rolloverstile können dreidimensional wirken, so wie die 15 Wowbuttonstile (siehe Seite 767; weitere 35 finden Sie auf der bei-liegenden Wow-DVD-ROM). »Kurzum: Button-Rollover« auf Seite 716 zeigt, wie Sie interaktive Buttons erstellen.

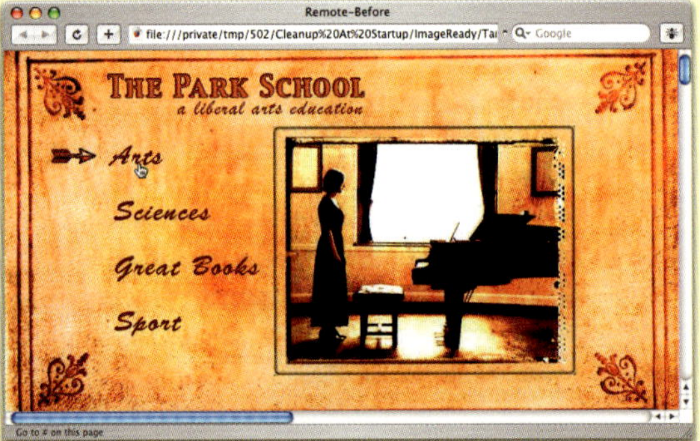

Vollständige Seiten, die in ImageReady gespeichert wurden, können Links, Rollover und Slices enthalten. Erstellen Sie die einzelnen Elemente in Photoshop und wechseln Sie dann zu ImageReady, um dort die interaktiven Optionen hinzuzufügen (siehe Seite 721).

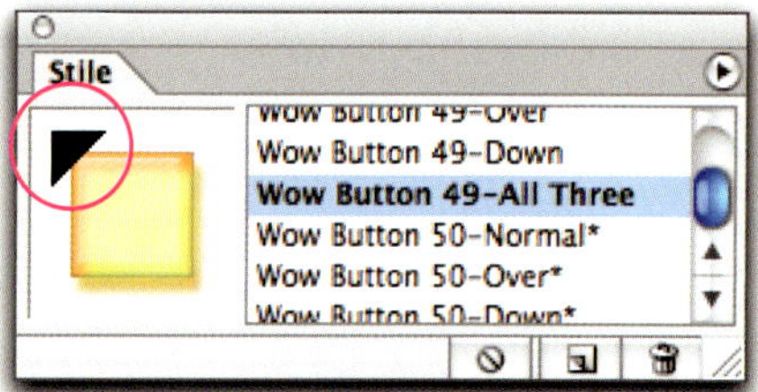

In ImageReady können (wie auch in Photoshop) vorgegebene Ebenenstile angewendet werden. Eine schwarze Ecke oben links in der Stile-Palette von ImageReady zeigt einen kombinierten Rolloverstil mit eingebauter Interaktivität an. Mehr über Rolloverstile erfahren Sie auf Seite 716.

EBENENSTILE VERSCHIEBEN

Photoshop und ImageReady verfolgen Ebenenstile unabhängig voneinander. Wenn Sie Stile in Photoshop laden – oder erstellte Stile speichern –, stehen Ihnen diese nicht auch automatisch in ImageReady zur Verfügung, und umgekehrt.

Wenn Sie zwischen den Programmen wechseln, bleiben Stile, die Sie auf eine Datei angewendet haben, erhalten, so dass Sie sie bearbeiten, kopieren und einfügen können – importierte Stile werden jedoch nicht in der Stile-Palette aufgelistet.

Um einen Stil nach dem Wechsel ins andere Programm zur Stile-Palette hinzuzufügen, klicken Sie in der Ebenen-Palette auf den gewünschten Stil und in der Stile-Palette dann auf den Button. Geben Sie dem Stil denselben Namen wie in dem anderen Programm.

Hinweis: Wenn Sie einen kombinierten Rolloverstil zwischen den Programmen bewegen wollen, wird nur der Normalzustand des Stils übertragen.

den Programmen wechseln). In ImageReady können Buttons hinzugefügt oder verschiedene Versionen gespeichert werden. Wenn Sie etwas tun müssen, womit ImageReady nicht so gut klarkommt (z.B. Tonwert- und Farbkorrekturen), wechseln Sie zu Photoshop und im Anschluss zurück zu ImageReady. Die bereits erstellten Elemente bleiben erhalten – Sie müssen also nur die Zeit zum Wechseln investieren.

Planen, Designen & Erstellen

Hier sind einige allgemeine Tipps zum Erstellen von Webgrafiken:

- Wenn Sie darüber nachdenken, wie eine Website aussehen und genutzt werden soll, denken Sie klein. Je schneller alles geladen wird, desto besser. Allerdings müssen Bilder und Grafiken bei kleinen Dateigrößen trotzdem gut aussehen. Überlegen Sie, welche Dateiformate Ihnen zur Verfügung stehen (JPEG, GIF oder Flash), da nicht alle Formate mit jeder Art von Bildern und Grafiken harmonieren.
- **Eingebaute Flexibilität.** Achten Sie darauf, dass Ihre Arbeit so weit es geht editierbar bleibt – arbeiten Sie mit Ebenen, Ebenengruppen, Ebenenkompositionen, Ebenenstilen und Einstellungsebenen. Mit Ebenenstilen (z.B. einem Schlagschatten oder einem Schein) lassen sich Elemente einer Ebene bearbeiten. Sie können aber auch auf andere Ebenen übertragen werden, um ein einheitliches Aussehen zu erzeugen. Nutzen Sie auch die Vorteile von Slices (siehe Seite 686). Beispiele dazu finden Sie auf Seite 721.
- **Nutzen Sie Hilfslinien, magnetische Hilfslinien und ähnliche Optionen,** um Texte und Grafiken auszurichten und die Seite zu strukturieren.
- **Nutzen Sie die Vorteile der Textoptionen.** In Photoshop und ImageReady bieten die Optionsleiste des Textwerkzeugs sowie die Zeichen-Palette Funktionen, die sich besonders für Bildschirmtext eignen. Die Antialias-Optionen **Schärfe** und **Stark** lassen Text schärfer oder schwerer aussehen. Bei kleineren Punktgrößen liefert die Option **Scharf** einen etwas leichteren Text (**Abrunden** lässt kleinen Text leicht weichgezeichnet aussehen.) Deaktivieren Sie im Menü der

SCHRIFT FÜR DEN BILDSCHIRM

Für scharfen, lesbaren, kleinen Text sollten Sie eine Bitmap-Schriftart verwenden. Sehen Sie sich im Web um, dort werden Sie viele mögliche Schriftarten finden.

Die Schriftart »Sevenet« von Peter Bruhn ist ideal für winzige Beschriftungen. Sie können sie sich kostenlos unter **www.fountain.nu**. herunterladen.

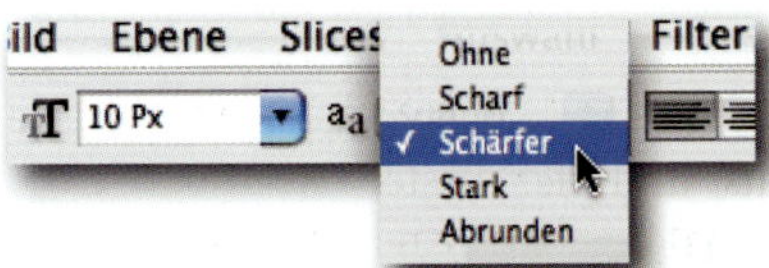

In der Optionsleiste des Textwerkzeugs und der Zeichen-Palette, finden Sie verschiedene Optionen für das Antialiasing, die besonders für Bildschirmtext gedacht sind.

ImageReadys Optionsleiste für das Verschieben-Werkzeug bietet zwei nützliche Verteiloptionen, die es in Photoshop nicht gibt. Wählen Sie die Ebenen aus, deren Inhalt Sie verteilen wollen, und geben Sie die Anzahl der Pixel ein, die sich zwischen den Elementen befinden sollen. Klicken Sie dann entweder auf HORIZONTALEN ABSTAND DER EBENEN VERTEILEN oder auf VERTIKALEN ABSTAND DER EBENEN VERTEILEN. ImageReady belässt das linke oder obere Element an Ort und Stelle und richtet das andere entsprechend aus (auf Seite 716 finden Sie ein Beispiel).

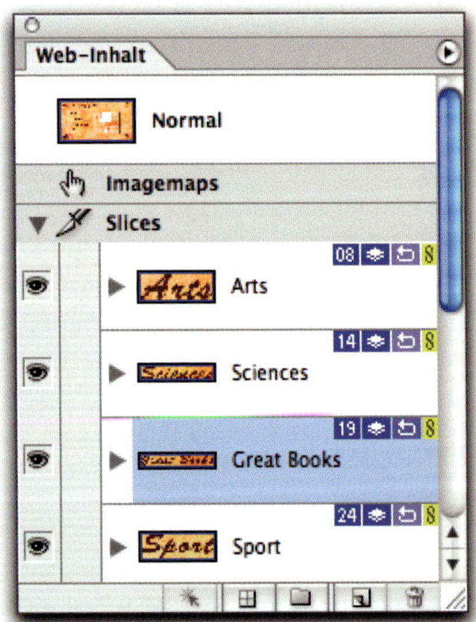

Die Web-Inhalt-Palette in ImageReady verwaltet alle Slices, Rollovers und Imagemaps einer Datei an einem Ort.

EINEN KLICKPUNKT VERDEUTLICHEN

Nutzen Sie die Unterstreichen-Option für Text (im Paletten-Menü) und deaktivieren Sie die Kantenglättung, um Text lebendig und interaktiv aussehen zu lassen – lenken Sie den Besucher auf dieses Wort, damit er darauf klickt.

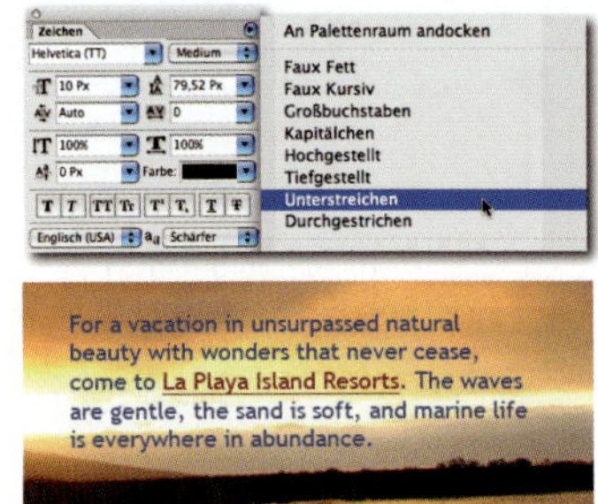

Zeichen-Palette die Option GEBROCHENE BREITEN, damit kleiner Text auf dem Bildschirm nicht zusammenläuft.

- **Lernen Sie, welche Werkzeuge sich in welchem Programm befinden.** Photoshop und ImageReady teilen sich viele Werkzeuge und Funktionen. Es gibt aber auch Unterschiede zwischen den beiden Programmen. **Photoshop ist mit besseren Auswahl-, Bildbearbeitungs- und Malwerkzeugen ausgestattet.** In Photoshop können Sie Farbe aus einer Datei aufnehmen, während der Farbwähler geöffnet ist. Photoshop besitzt auch mehr **vektorbasierte Zeichen- und Bearbeitungswerkzeuge.** Sie können beispielsweise nur in Photoshop eigene Formen mit Zeichenwerkzeugen wie in Adobe Illustrator erstellen. ImageReadys Vektor-Werkzeuge sind auf die fünf Grundformen beschränkt – Rechteck, Abgerundetes Rechteck, Ellipse sowie Registerkarten- und ovales Rechteck. ImageReady kann die Größe einer in Photoshop erstellten Form ändern, jedoch keine eigenen Formen erstellen oder bearbeiten. **Einstellungsgebenen**, die Ihnen eine schnelle und einfache Bearbeitung Ihrer Ebenen ohne dauerhafte Änderung der Pixel ermöglichen, lassen sich in Photoshop hinzufügen oder ändern. Einstellungsebenen werden in ImageReady übernommen. Wenn Sie diese bearbeiten wollen, müssen Sie jedoch zurück zu Photoshop wechseln.

  Nur ImageReady ist mit **Image-Werkzeugen** ausgestattet, mit denen sich nicht rechteckige Hotspots (Links) erstellen lassen (siehe Seite 685).

  Image Ready ist das einzige Programm, in dem Sie **kombinierte Rolloverstile** erstellen – das sind Ebenenstile, die sich je nach Cursorbewegung oder Klickverhalten ändern (siehe Seite 716).

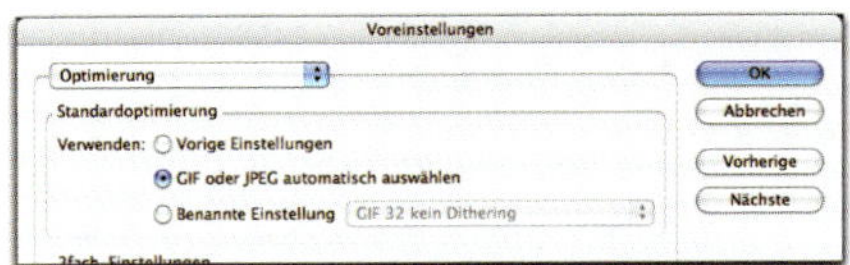

Wenn Sie in ImageReady BEARBEITEN/VOREINSTELLUNGEN/OPTIMIERUNG wählen, können Sie einstellen, dass das Programm automatisch den besten Kompromiss zwischen Dateigröße und Bildqualität findet, wenn Sie die Datei als GIF oder JPEG speichern. Die automatische Auswahl kann von Ihnen jedoch jederzeit überarbeitet werden.

PROGRESSIVE ANZEIGE

Bei großen JPEGs müssen Sie den Betrachter nicht warten lassen, bis das gesamte Bild geladen ist – aktivieren Sie in der Optimieren-Palette einfach die Option MEHRERE DURCHGÄNGE. Das Bild erscheint dann schneller, zunächst zwar etwas pixeliger, dann wird es aber scharf.

Optimieren, Vorschau & Speichern

Sowohl Photoshop als auch ImageReady sind mit Werkzeugen für die Optimierung ausgestattet – dabei geht es um die Wahl des besten Dateiformats und der besten Komprimierung. **Photoshop besitzt die Dialogbox FÜR WEB SPEICHERN, Image Ready die Optimieren- und die Farbpalette.** Damit lassen sich Dateigrößen, Dateiformate, Anzahl der Farben und Art der Komprimierung festlegen. Bevor Sie Ihre Auswahl treffen müssen, können Sie sich entsprechende Vorschauen ansehen.

Beide Programme verwenden eine gewichtete Optimierung, bei der Alphakanäle, Text- oder Formebenen genutzt werden, um festzulegen, welche Bereiche einer Datei wichtiger sind und geschützt werden müssen. Diese Art der Optimierung hilft, unerwünschte Artefakte zu vermeiden. Auf Seite 705 finden Sie ein Beispiel, bei dem der Alphakanal für die Optimierung verwendet wird (verlustbehaftetes GIF).

Fortsetzung auf Seite 679

ANSICHTEN OPTIMIEREN

Photoshops Dialogbox Für Web speichern **(in CS3 »Für Web & Geräte speichern«)** hilft Ihnen, Bildqualität und Bildgröße auszubalancieren. Sie finden hier selben Ansichtsoptionen, die es auch in ImageReady gibt – Original, optimierte Version, 2-fach (Original und eine optimierte Version) und 4-fach (das Original und drei optimierte Versionen). Sie können zum Vergleich in alle Fenster gleichzeitig zoomen – nutzen Sie die Standard-Tastenkürzel ⌘/Strg-+ und ⌘/Strg-− (Minus).

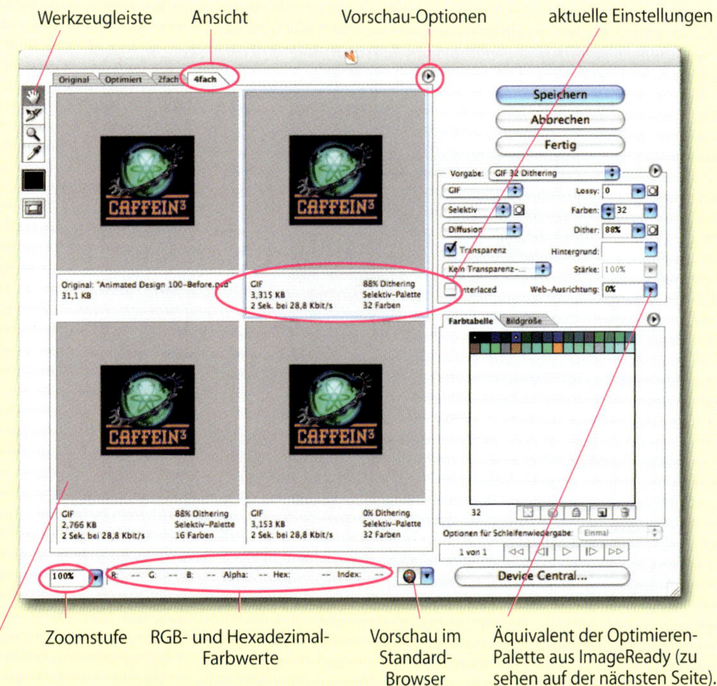

In der 4-fach-Ansicht sehen Sie das Original – Format und Komprimierung lesen Sie in der Optimieren-Palette (rechts) ab – sowie drei weitere kompri-mierte Optionen. Für jede Version werden Größe und Downloadzeit angegeben. Die Werkzeuge in der Dialogbox – zum Verschieben, Vergrößern und Farbe aufnehmen – sind auch in ImageReady zu finden – jedoch in der herkömmlichen Werkzeugleiste.

DIE OPTIMIERUNG-PALETTE

In Photoshop oder ImageReady wählen Sie eine Vorgabe für die Komprimierung, inklusive Dateiformat, Art der Farbreduzierung und Anzahl der verwendeten Farben sowie das Dithering. Die Einstellung für die Web-Ausrichtung legt fest, wie sehr die Originalfarbe eine websichere Farbe sein muss, bevor sie automatisch an der websicheren Palette ausgerichtet wird. Ist die Checkbox Transparenz aktiviert, bleiben vollständig transparente Pixel auch transparent; ist sie nicht aktiviert, wird die Transparenz durch die Basisfarbe ersetzt.

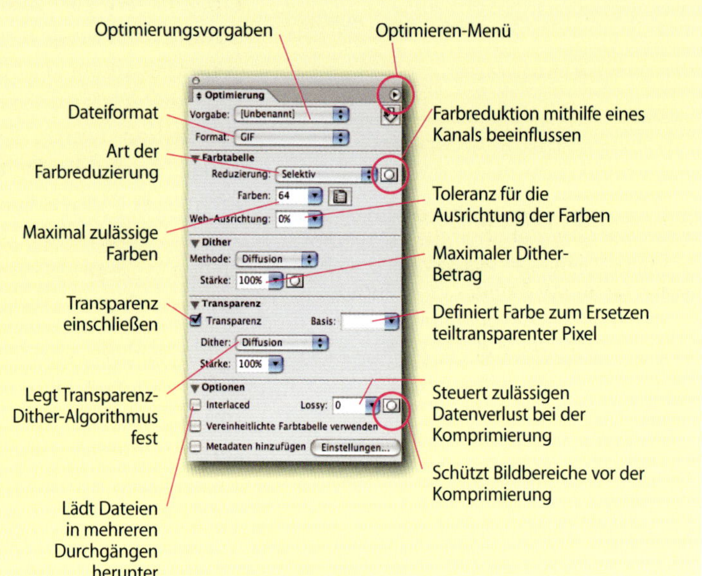

DIE FARBTABELLE

In der **Farbtabelle** wählen und sortieren Sie die Farben. Damit Farben nicht entfernt werden, wenn Sie die Anzahl der Farben einer Datei verringern, fixieren Sie diese.

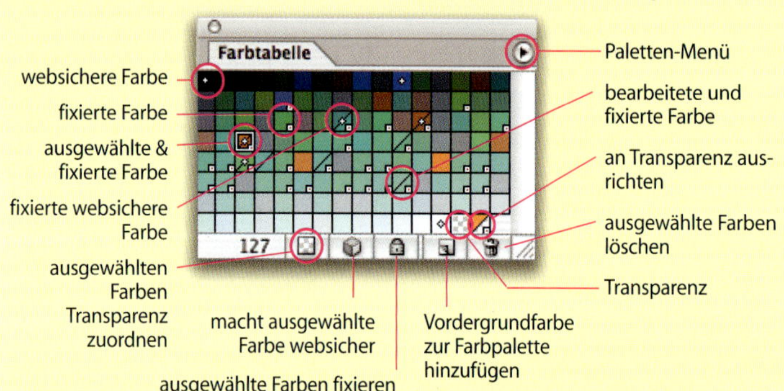

Eine dicke Umrisslinie bedeutet, dass dieses Farbfeld aktuell ausgewählt ist – sie lässt sich fixieren, lösen oder verschieben

Ein kleines Quadrat unten rechts in der Ecke zeigt, dass eine Farbe fixiert ist.

Eine kleine weiße Raute zeigt eine websichere Farbe an.

Ist die Transparenz-Checkbox in der Optimieren-Palette aktiviert, erscheint dieses Farbfeld in der Farbpalette.

MASKIERUNGSBUTTONS

In der Optimierung-Palette in ImageReady und dem entsprechenden Abschnitt in der Dialogbox FÜR WEB (UND GERÄTE) SPEICHERN in Photoshop ermöglichen Ihnen die Maskierungsbuttons, Umrisse von Text- oder Formebenen (beides vektorbasiert) sowie Alphakanäle zu verwenden, um bestimmte Bildbereiche vor Artefakten zu schützen. So lässt sich die Dateigröße reduzieren, Farbflächen bleiben jedoch störungsfrei erhalten.

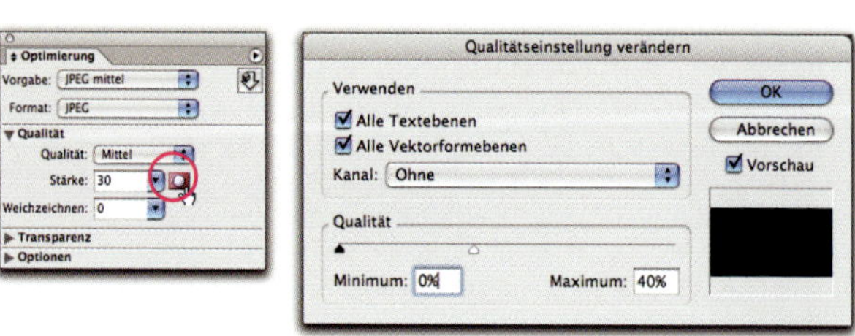

Eine exakte Vorschau erhalten Sie mit dem Button VORSCHAU IM STANDARD-BROWSER (am Icon Ihres Browsers zu erkennen). Diesen finden Sie in der FÜR-WEB-SPEICHERN-Dialogbox in Photoshop unten rechts und auch unten rechts in ImageReadys Werkzeugleiste. So sehen Sie, wie sich Ihre Grafik auf der Seite verhält. Diese Art der Vorschau ist besonders wichtig, um Bewegungen in Animationen oder Rollover zu überprüfen. ImageReady besitzt zusätzlich noch einen Button für die Dokumentvorschau (so können Sie sich Rollover ansehen, ohne das Programm verlassen zu müssen).

Zum Speichern in Photoshop klicken Sie in der Web-Dialogbox auf SPEICHERN; es öffnet sich eine weitere Dialogbox. In ImageReady wählen Sie DATEI/OPTIMIERT-VERSION SPEICHERN. In der Dialogbox wählen Sie das gewünschte Speicherformat aus.

Bei der Erstellung von Grafiken sind Photoshop und ImageReady oft mit denselben Optimierungs-, Vorschau- und Speicheroptionen ausgestattet. Allerdings gibt es auch ein paar bedeutende Unterschiede zwischen den beiden Programmen:

- In ImageReady können Sie DATEI/EXPORTIEREN/MACROMEDIA **FLASH SWF** oder EBENEN ALS DATEIEN wählen. In CS3 Standard (ohne ImageReady) gibt es nur Quick-Time.
- Photoshops Befehl DATEI/AUTOMATISIEREN/WEB-FOTOGALERIE ist mit Vorlagen ausgestattet, die Sie so verwenden können, wie sie sind, oder die Sie bearbeiten können. Auf Seite 689 finden Sie Vorschläge für die Bearbeitung von Vorlagen für die Web-Fotogalerie.

GRÖSSER BEGINNEN

Oftmals erzielen Sie bessere Ergebnisse, wenn Sie für die Dateigröße in Photoshop die doppelten oder vierfachen Pixelmaße verwenden als eigentlich nötig, und die fertige Grafik dann verkleinern. Ein praktischer Nebeneffekt ist, dass Sie die Datei dann auch gleich drucken können.

Wenn Sie die Grafik auf ihre endgültige Größe reduzieren wollen, wählen Sie BILD/BILDGRÖSSE oder nutzen Sie die Dialogbox AUF DATEIGRÖSSE OPTIMIEREN, die Sie im Menü der Optimierung-Palette finden. Geben Sie dort die gewünschte Dateigröße ein. Aktivieren Sie die Option AKTUELLE EINSTELLUNGEN, nutzt Photoshop die aktuellen Einstellungen der Optimieren-Palette. Wählen Sie hingegen GIF/JPEG AUTOMATISCH WÄHLEN, analysiert Photoshop die Farben im Bild und wählt basierend darauf das passende JPEG- oder GIF-Profil.

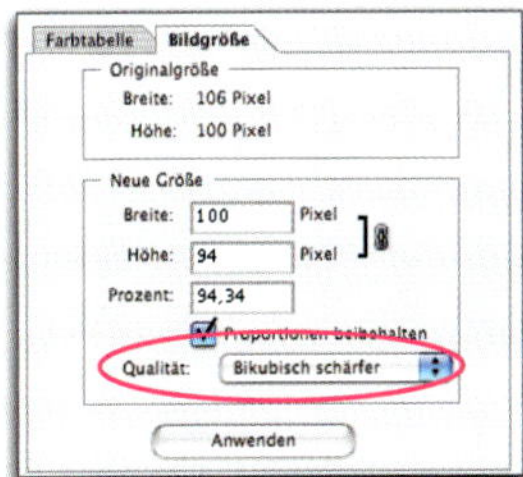

Der Bildgröße-Abschnitt in Photoshops Dialogbox FÜR WEB (UND GERÄTE) SPEICHERN lässt Sie Pixelabmessungen oder einen bestimmten Prozentsatz der Originalmaße angeben. Wählen Sie für die Qualität BIKUBISCH SCHÄRFER, um das Bild beim Verkleinern scharfzuzeichnen.

GOLIVE

Bei einfachen Webseiten können Sie eine vollständige Photoshop-Datei zu einer geöffneten HTML-Seite in Adobe GoLive hinzufügen. GoLive erstellt daraus HTML, JavaScript und andere fertige Webdateien. Nicht sichtbare Ebenen oder Slices werden ignoriert. Wenn Sie eine Seite später in Photoshop oder ImageReady ändern und die Datei speichern, kann GoLive das HTML automatisch aktualisieren.

DATEIFORMATE FÜR STATISCHE WEBGRAFIKEN

Wenn Sie auf der Suche nach einem Format für eine statische Webgrafik sind, müssen Sie den Inhalt der Datei analysieren und etwas über den Unterschied der verschiedenen Dateikomprimierungen wissen. **JPEG** (.jpg) eignet sich am besten für Fotos. Für Grafiken verwenden Sie am besten **GIF** (.gif), da dieses Format Transparenzoptionen bietet.

JHDAVIS

Für farbige Grafiken wie Logos oder Zeichnungen können Sie mit dem GIF-Format die Anzahl der Farben reduzieren, wie auf Seite 693 beschrieben. Außerdem ist hier Transparenz möglich – die Grafik muss also nicht rechteckig sein.

ORIGINALFOTO: SUSAN HELLER

Für **rechteckige Fotos** oder andere Farbbilder ohne transparente Bereiche sollten Sie JPEG verwenden. Probieren Sie verschiedene Qualitätseinstellungen aus und vergleichen Sie die Ergebnisse. Eine geringe Qualität eignet sich oft für Fotos, während für Farbverläufe eine mittlere notwendig ist. Wollen Sie das Bild anschließend in Macromedia Flash verwenden, ist JPEG eine Option, Sie sollten aber auch über PNG (.png) nachdenken. Das Dateiformat PNG-24 unterstützt qualitativ hochwertige Farbe und Transparenz (über Alphakanäle).

JHDAVIS

Sollte Ihr Bild bzw. das Foto nicht rechteckig sein – besonders, wenn es eine weiche Kante hat oder Transparenz enthält, ist JPEG immer noch eine Option, wenn der Hintergrund der Webseite eine nahtlose Struktur aufweist und keine exakte Ausrichtung erfordert. Dasselbe Muster, das für den Hintergrund verwendet wurde, wurde auch in die Grafiken für diese Seite eingebaut. Die Grafiken wurden als JPEGs mit derselben Komprimierung gespeichert, die für den Hintergrund verwendet wurden.

Handelt es sich um ein kleines deutlich konturiertes Bild, sollten Sie das GIF-Format verwenden. Das trifft besonders zu, wenn Sie den Hintergrund nicht wie oben beschrieben verwenden können. Dabei geht zwar die Farbvielfalt etwas verloren, aber das ist bei der kleinen Größe wahrscheinlich zu verkraften.

JHDAVIS

ORIGINALFOTO: SUSAN HELLER

Das Flash-Format (.swf) ist eine Option, wenn Sie ein farbiges Logo oder einen Text direkt über ein Foto legen wollen. Weder GIF noch JPEG sind dafür besonders gut geeignet. Wenn Sie die Datei mit ihren Ebenen jedoch in ImageReady öffnen, lässt sie sich in einzelnen Ebenen exportieren und in Flash wieder zusammensetzen.

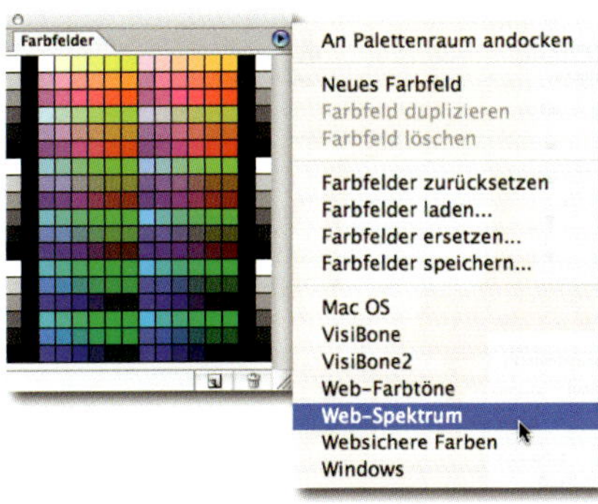

Wählen Sie Photoshop oder ImageReady aus dem Paletten-Menü eine Liste der Farbfelder aus.

Die Datei **Web-Wow-Farben-Palette.gif** im Ordner Wow Zugaben auf der DVD liefert zwei Layouts websicherer Farben. Die vier reinen Grautöne, die in dieser Palette existieren, werden herausgehoben, und Sie haben Platz, eigene, wichtige Farben zu speichern.

Web-Wow-Farben-Palette.gif

Beide Dateien sind 256 Pixel breit und enthalten 256 Farben und Dither. Der diagonale Verlauf links wird auf 20K komprimiert, der horizontale rechts auf 10K.

Wenn Sie im JPEG-Format optimieren, stehen Ihnen drei Vorgaben oder fünf Qualitätseinstellungen zur Verfügung. Wählen Sie beispielsweise auch einen Alphakanal, um bestimmte Bildbereiche zu schützen (siehe Seite 705). Wenn Sie das Bild vor der Komprimierung leicht weichzeichnen, wird die Datei noch kleiner. Probieren Sie es mit einer Weichzeichnung in der Optimierung-Palette. Adobe schlägt Werte zwischen 0,1 und 0,5 vor.

STATISCHE BILDER ODER GRAFIKEN

Viele der Grundregeln für Design und Komposition gelten sowohl für die Bildschirmanzeige als auch für den Druck Wenn es um Bilder und Grafiken für das Web geht, müssen Sie aber immer auch die Dateigröße im Hinterkopf behalten. Bereits bei der Planung sollten Sie wichtige Dinge beachten, um die Dateigröße für den Download möglichst gering zu halten.

- Lassen Sie jedes Bild oder jede Grafik so klein wie möglich erscheinen.
- Verwenden Sie für Grafiken so wenig Farben wir möglich, ohne dass das Design darunter leidet.
- Wählen Sie Farben aus der websicheren Farbpalette (216), denn viele Leute besitzen Computer, die nur maximal 256 Farben anzeigen können, davon sind nur 216 auf allen Computern gleich. Die Websicherheit ist jedoch nicht so wichtig, wie sie sein sollte, weil die aktuellen Monitore und Webbrowser durchaus in der Lage sind, Tausende oder Millionen von Farben anzuzeigen. Falls Sie allerdings mit einer websicheren Palette arbeiten müssen (beispielsweise für drahtlose Anwendungen), aktivieren Sie beispielsweise die Web-Spektrum-Farbfelder, die auf der Photoshop-Programm-CD enthalten sind. Oder öffnen Sie die Datei **Web-Wow-Farben-Palette.gif** von der beiliegenden DVD-ROM. Falls Sie auf keine speziellen Farben zurückgreifen müssen, sollten Sie trotzdem Farben aus der websicheren Palette verwenden, um die Farbkomprimierung so einfach wie möglich zu halten.
- Vermeiden Sie diagonale Verläufe, wenn Sie die Datei im GIF-Format speichern wollen. Aufgrund der Komprimierungsmethode entstehen dabei deutlich größere Dateien.

Optimierung, Vorschau & Speicherung statischer Grafiken

Für statische Webgrafiken eignen sich die Formate **JPEG, GIF** und **Flash (SWF)** am besten. PNG, welches die besten Transparenzoptionen bietet, ist in manchen Fällen auch nicht schlecht; WBMP eignet sich für einfache Schwarzweißgrafiken. Auf Seite 693 lernen Sie Schritt für Schritt, die Dateigröße für GIF-Grafiken zu verringern. Die Optimierung von JPEGs ist ähnlich und wird auf Seite 120 besprochen.

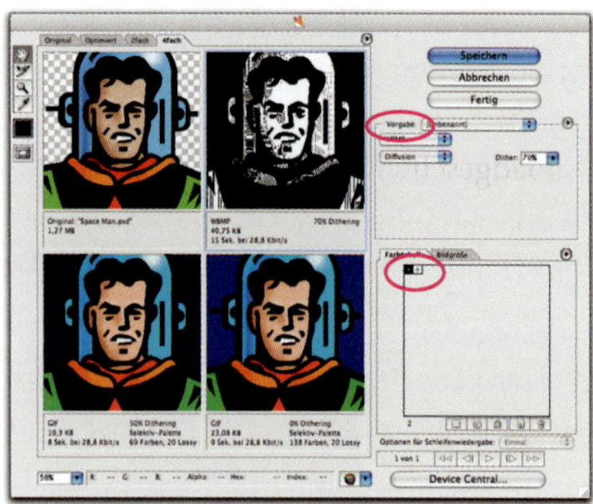

Wenn Sie reine Schwarzweißgrafiken erstellen, nutzen Sie das WBMP-Format. Beachten Sie jedoch, dass feine Linien verschwinden und Verläufe je nach Farbe schlecht umgewandelt werden können.

ANIMATIONEN

Eine Animation besteht aus einer Serie von Einzelbildern, die als Frames bezeichnet werden. Dabei gleicht ein Frame seinem Vorgänger mit einigen kleinen Änderungen. Wenn Sie die Frames in einer Sequenz abspielen, entstehen Bewegungen. Viele Planungs- und Designstrategien, die für einzelne Grafiken gelten, gelten auch für Animationen. Da Letztere jedoch komplexer sind, müssen Sie auch noch andere Aspekte berücksichtigen.

Animationen planen

Ihre Animationsdatei besteht aus mehreren Grafiken und nicht nur aus einer. Es ist daher besonders wichtig, dass die Einzelgrafiken möglichst klein und einfach gehalten werden. Wie Sie die Grafiken erstellen, hängt davon ab, ob Sie ein animiertes GIF erstellen oder die Datei im Flash-Format (SWF) speichern wollen. Entscheiden Sie sich also gleich zu Beginn für ein Format.

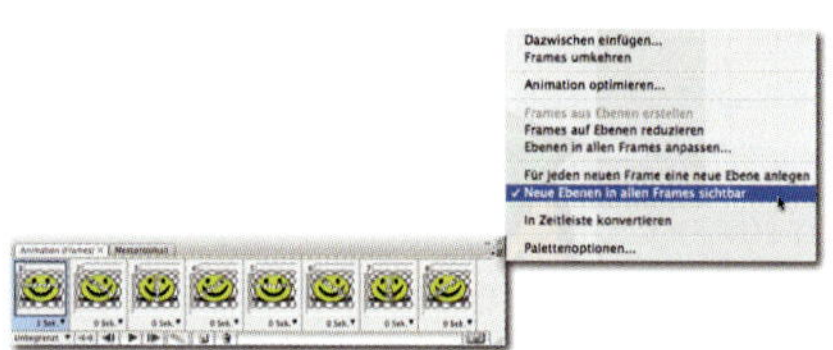

Ab Photoshop CS2 erhalten Sie dieselbe Animation-Palette wie in ImageReady CS/CS2. Wie in ImageReady können Sie die Animation so einstellen, dass eine neue Ebene nur im aktuellen Frame erscheint. Damit eine Ebene in allen Frames erscheint, aktivieren Sie die Option NEUE EBENEN IN ALLEN FRAMES SICHTBAR.

Falls Ihr Projekt hauptsächlich aus (ohne Ebenenstile) besteht, ist Flash eine gute Wahl, weil die Datei schön klein bleibt – besonders dann, wenn die Animation aus ein paar Frames mehr besteht. Wenn mit Flash vektorbasierte Formen animiert werden, kommen mathematische Berechnungen ins Spiel. GIF muss sich auf der anderen Seite mit Pixeln herumschlagen, die eine größere Datenmenge mitbringen. Bei langen oder komplexen Animationen wirkt sich das deutlich auf die Dateigröße aus. Fotos lassen sich besser im Flash animieren, weil dabei JPEG-Komprimierungen unterstützt werden. Allgemein lässt sich sagen: Je komplexer Ihre Animation, desto eher sollten Sie sich für das Flash-Format entscheiden.

Flash ist jedoch mit einigen Richtlinien ausgestattet, die Sie kennen sollten. Damit ein Browser eine Flash-Datei abspielen kann, muss er mit einem Flash-Player-Plug-in ausgestattet sein. Viele besitzen einen solchen kostenlosen Flash-Player, einige aber auch nicht, manche wollen sich einen solchen auch nicht zulegen. Handelt es sich um eine einfache Animation mit wenigen Frames, sollten Sie ein animiertes GIF vorziehen, denn für dessen Wiedergabe ist kein extra Plug-in notwendig. Wenn Sie bewegliche Elemente in der Animation auf bestimmte Bereiche beschränken, mit Volltonfarben arbeiten und Verläufe vermeiden, lassen sich wirklich kleine GIF-Animationen erzeugen.

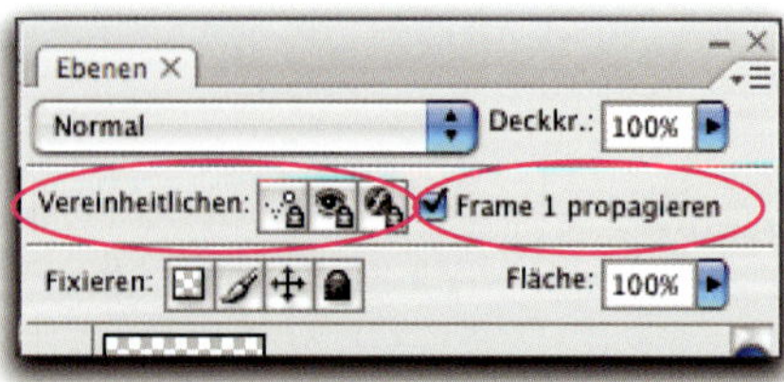

In Photoshops Ebenen-Palette finden Sie dieselben Vereinheitlichen-Buttons wie in ImageReady. Damit können Sie den Inhalt, die Position oder den Ebenenstil der aktuellen Ebenen zu allen Frames der Animation hinzufügen. Es ist auch möglich, dass Änderungen, die Sie im ersten Frame vornehmen, auf alle anderen übertragen werden. Diese Buttons erscheinen in der Photoshop-Ebenen-Palette jedoch nur, wenn die Animation-Palette geöffnet ist.

Sollten Sie eine Flash-Animation planen, sollten Sie sich immer auf die Stärken des Formats besinnen. Flash-Dateien sind am kleinsten, wenn der Inhalt vektorbasiert ist (Text und Formen). Je mehr Pixel (nicht vektorbasierte Bilder) Sie in einem Projekt verwenden, desto größer wird die Flash-Datei und desto länger dauert der Download. Beim Export in Flash erhält ImageReady Formen und Text als Vektorgrafiken – es sei

AKTIONEN IN IMAGEREADY

ImageReady ist mit einer Vielzahl von Aktionen zum Zoomen und Drehen ausgestattet. Auch wenn einige nicht wirklich selbsterklärend sind, sind sie sehr schnell – testen Sie diese in einer Kopie Ihrer Datei!

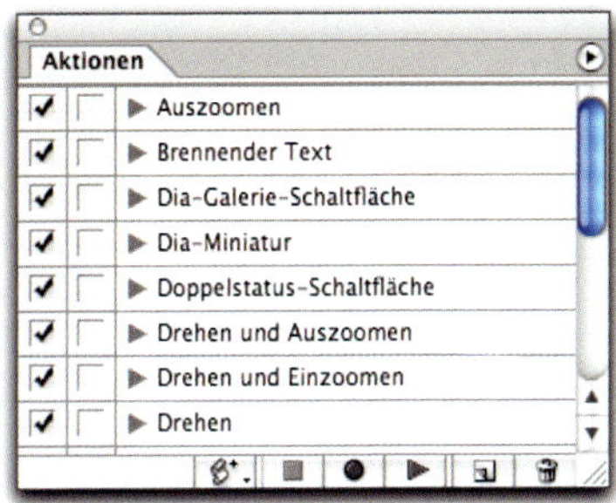

PHOTOSHOP & GIF

Photoshop kann GIF-Dateien mit mehr Funktionen erstellen und exportieren, als es erkennt, wenn Sie die Datei erneut im Programm öffnen:

- **Transparenz**, die Sie in Photoshops Dialogbox FÜR WEB (UND GERÄTE) SPEICHERN erzeugen können, ist sichtbar, wenn Sie das GIF in einem Browser oder in ImageReady öffnen. In Photoshop werden die transparenten Bereiche jedoch mit einer Farbe gefüllt.
- **Animationsframes,** die in Photoshops Animation-Palette erzeugt werden können, verschwinden (außer der erste Frame), wenn Sie das animierte GIF direkt in Photoshop öffnen. Wenn Sie die Frames eines animierten GIFs in Photoshop retuschieren wollen, öffnen Sie die Datei in ImageReady und klicken Sie auf IN PHOTOSHOP BEARBEITEN. Haben Sie die Bearbeitung in Photoshop abgeschlossen, optimieren und speichern Sie die Datei erneut oder klicken Sie auf den Button IN IMAGEREADY BEARBEITEN, um die Datei dort zu sichern.

denn, Sie haben mit Ebenenstilen gearbeitet. Das heißt nicht, dass Sie in Flash-Animationen keine Stile verwenden können; Sie müssen dabei nur beachten, dass die Größe der Datei ansteigt und sich die Downloadgeschwindigkeit verringert.

Planen Sie, Ihre Datei als Flash zu exportieren (DATEI/EXPORTIEREN/MACROMEDIA FLASH SWF), wenn Ihre Animation aus einem vektorbasierten Text besteht, der sich vor einem Foto befindet. Beim Export wählen Sie die Komprimierung der vektorbasierten Elemente und der pixelbasierten Bilder und erstellen Sie eine Datei, die sich direkt in Flash öffnen und dort weiter bearbeiten lässt. ImageReady wendet bei einem Flash-Export dieselbe Komprimierung auf alle pixelbasierten Bilder an. Entscheiden Sie sich dabei für JPEG, werden alle Bilder als JPEGs mit derselben Qualität komprimiert. Enthält Ihre Datei pixelbasierte Elemente, die unterschiedlich komprimiert werden sollen, sollten Sie diese separat als JPEGs oder PNGs speichern und später in Flash zusammensetzen.

Eine Animation entwickeln und erstellen

Photoshop ist ein gutes Programm, um Grafiken für eine Animation zu erstellen. In CS mussten Sie die Animation noch in ImageReady vornehmen, seit CS2 gibt es die Animation-Palette jedoch auch in Photoshop. Hier sind drei Möglichkeiten, die Frames für eine Animation zu erstellen:

- **Von Hand animieren.** Erstellen Sie einen einzelnen Frame. Kopieren Sie den Frame und nehmen Sie Änderungen vor, so dass sich der zweite Frame leicht vom ersten unterscheidet. Kopieren Sie diesen Frame und erstellen Sie den nächsten usw. ImageReady CS/CS2 und Photoshop CS2/CS3 sind mit der Option EBENE FÜR JEDEN NEUEN FRAME ERSTELLEN ausgestattet. Dabei wird automatisch eine neue, leere Ebene erstellt, sobald Sie einen neuen Animationsframe anlegen.
- **Frames aus Ebenen oder Ebenenkompositionen erstellen.** Sie können auch Grafiken für alle Frames erstellen – als separate Ebenen oder Ebenenkompositionen. Nutzen Sie dann den Befehl FRAMES AUS EBENEN ERSTELLEN, den Sie im Menü der Animation-Palette finden.
- **Dazwischen einfügen.** Sie müssen die Frames nicht alle von Hand erstellen oder jeweils eigene Ebenen anlegen. Fertigen Sie einfach einen Start- und einen Endframe an und lassen Sie die dazwischen liegenden Frames automatisch erzeugen. Dieser automatisierte Prozess wird als »Tweening« bezeichnet. Sie können alle dazwischen liegenden Ebenen automatisch erstellen lassen oder nur bestimmte. Drei Eigenschaften eignen

GENOANDREWS.COM

Geno Andrews erstellte seine Animation recht schnell, weil er sie vorher gut durchdachte und mit Tastenkürzeln arbeitete. Er gab den Text »SPIN« über der Bildebene ein, wählte EBENE/TEXT/RASTERN und duplizierte die Ebene, um sie um 45° zu drehen. Dazu verwendete er lediglich ein Tastenkürzel: ⌘-⌥-T (PC: Strg-Alt-T). Dann wählte er FILTER/WEICHZEICHNUNGSFILTER/RADIALER WEICHZEICHNER, um das Wort weichzuzeichnen und das Ergebnis noch sechs weitere Male zu drehen: ⌘-⌥-⇧-T (PC: Strg-Alt-⇧-T). In der Ebenen-Palette wählte er alle Textebenen aus und verzerrte sie (BEARBEITEN/TRANSFORMIEREN/PERSPEKTIVISCH VERZERREN UND SKALIEREN), um das Wort in das Gesicht einzupassen (das muss nach der Drehung durchgeführt werden). In der Animation-Palette wählte er die Option FRAMES AUS EBENEN ERSTELLEN und klickte schließlich auf die Miniatur der Bildebene, um diese zu aktivieren. Oben in der Ebenen-Palette aktivierte er den Button EBENENSICHTBARKEIT VEREINHEITLICHEN (siehe Kasten rechts). Er löschte den ersten Frame (der aus der Bildebene) und passte die Verzögerungen der restlichen Frames an.

 **Drehung.psd**

sich für das Tweening: **Position**, **Deckkraft** und **Effekte** (Ebenenstile und verkrümmter Text). Mithilfe der Vereinheitlichen-Buttons in der Ebenen-Palette wählen Sie eine Ebene aus und fixieren Position, Sichtbarkeit oder Ebenenstil. (Die Option EBENE FÜR JEDEN NEUEN FRAME ERSTELLEN erzeugt beim Tweening keine neuen Ebenen.)

Sobald Sie die Frames erstellt haben, stellen Sie in der Animation-Palette die Verzögerung und die Schleifen-Optionen ein. Sehen Sie sich dann die Vorschau der Animation an und nehmen Sie gegebenenfalls Änderungen vor (siehe Seite 710).

Optimierung, Vorschau & Speicherung von Animationen

Wenn Sie aus dem Paletten-Menü der Animation-Palette den Befehl ANIMATION OPTIMIEREN wählen, stehen Ihnen zwei Auswahlmöglichkeiten zur Verfügung, mit denen Sie die Anzahl der Pixel im Frame drastisch reduzieren können und die Datei verkleinern, ohne die Bildqualität zu verschlechtern:

- **Begrenzungsrahmen** stellt den Frame so frei, dass nur noch der geänderte Bereich eingeschlossen wird.
- **Entfernen redundanter Pixel** verringert die Größe noch weiter, indem alle Pixel transparent gemacht werden, die mit dem vorhergehenden Frame übereinstimmen.

In älteren Browsern (vor Version 3.x) können solche optimierten GIFs falsch gerendert werden, heutzutage spielt das jedoch keine Rolle mehr, weshalb Sie beide Optionen aktivieren können.

Sobald Sie in der Dialogbox ANIMATION OPTIMIEREN auf OK klicken, sollten Sie in der Optimierung-Palette das GIF-Format aktivieren. Um Farbverschiebungen von Frame zu Frame zu vermeiden, wählen Sie für die Farbreduzierung ADAPTIV,

ZUSÄTZE

Wenn Sie die Option NEUE EBENEN IN ALLEN FRAMES SICHTBAR deaktiviert haben, später jedoch wollen, dass die Ebene doch in allen Frames erscheint, aktivieren Sie die Ebenen und klicken Sie oben in der Ebenen-Palette auf den Button EBENENSICHTBARKEIT VEREINHEITLICHEN.

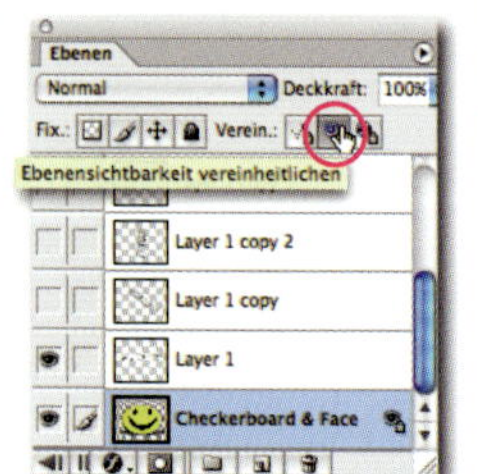

Hier wurde der gezeigte Button verwendet, um Gesicht und Hintergrund zu allen Frames der Animation hinzuzufügen (links zu sehen).

Um Punkte um die Kante eines Ovals oder ein Element perspektivisch zu drehen (wie auf der gegenüberliegenden Seite), müssen Sie erst die Drehung erstellen und dann die Transformation ausführen. Um in dieser Abbildung die Punkte um die Kante zu erstellen, fertigten wir zunächst mehrere Kopien an und drehten diese, verbanden alle Ebenen miteinander und skalierten sie vertikal, um die Kreise in Ovale zu verwandeln. Die Transformation ist dieselbe wie auf Seite 460.

Ovale Animation-Dateien

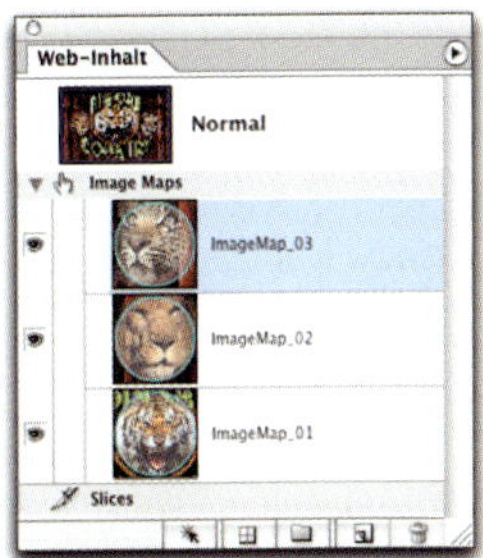

Bei diesem Bild eignen sich »Hot Spots« besser als rechteckige Slices. Wir erstellten einen solchen Hot Spot für den Tiger in der Mitte, indem wir mit gedrückter ⌥/Alt-Taste und dem kreisförmigen Imagemap-Werkzeug in ImageReady von der Nase nach außen zogen. Für den Löwen links gingen wir genauso vor. Für den Leoparden rechts zogen wir die Miniatur des Löwen-Hot-Spots in der Web-Inhalt-Palette auf den Button ROLLOVER-STATUS ERSTELLEN und zogen die Kopie in Position.

STANDBILDER

Das Gegenteil von Animieren ist das Erstellen von Schnappschüssen Ihrer Animation und der Export der einzelnen Frames als einzelne Dateien. In ImageReady wählen Sie dazu einfach DATEI/EXPORTIEREN/ANIMATIONSFRAMES ALS DATEIEN. So lassen sich Standbilder für Webseiten oder andere Animationsprogramme erstellen. In der Exportieren-Dialogbox wählen Sie ein passendes Dateiformat.

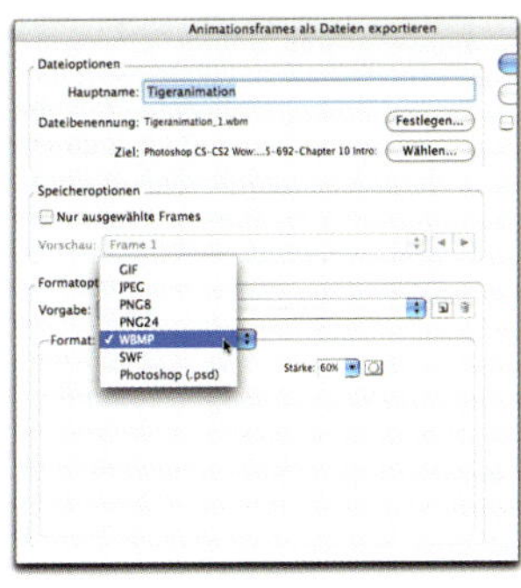

PERZEPTIV oder SELEKTIV. Sehen Sie sich die Browservorschau Ihrer Animation an und speichern Sie diese im Anschluss.

INTERAKTIVITÄT FÜR WEBSEITEN

Auch die Interaktivität ist mit einer gewissen Terminologie verknüpft:

- Ein **Link** ist ein Satz HTML-Anweisungen, die mit einer Region einer Webseite verbunden sind. Wird in diesen Bereich geklickt, wechselt die Bildschirmanzeige – auf derselben Website oder auf einer vollständig anderen Website. Buttons sind beispielsweise mit Links ausgestattet. Bei einer solchen Region kann es sich um ein *Slice* oder ein *Imagemap* handeln.
- Ein **Slice** ist ein rechteckiges Stück eines Bildes. Jedes Slice kann zu einem klickbaren Link werden. Slices können auch mit einem Rollover-Status ausgestattet werden, um zu reagieren, wenn sich der Cursor über diesem Bereich befindet, diesen anklickt oder sich wieder entfernt. Wenn Sie Slices erstellen und die Datei speichern, wird in der HTML-Datei automatisch eine Tabelle erstellt. In der Tabelle wird festgehalten, wie der Browser zu reagieren hat und mit welchen URLs die Links verbunden sind.
- Ein **Imagemap** ist ein Bild, das mehrere »Hot Spots« enthalten kann (klickbare, mit einem Link versehene Regionen). Ein Vorteil von Imagemaps gegenüber Slices ist, dass die Hot Spots nicht rechteckig sein müssen.
- Ein **Rollover** ist ein JavaScript-Code, der in die HTML-Datei eingebettet wird. Das JavaScript kann in einem Slice ein Bild durch ein anderes austauschen. So können Sie (jedoch nur in ImageReady) einen Button erstellen, der sich ändert, wenn sich der Cursor darüber befindet, klickt oder wieder entfernt (siehe Seite 716 und 767).

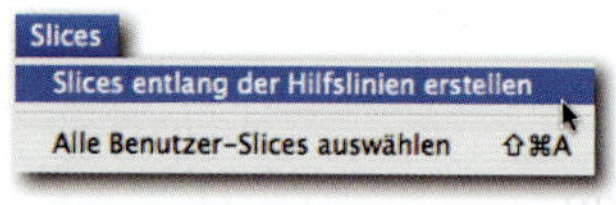

Benutzer-Slices können mit dem Slice-Werkzeug erstellt, aus Hilfslinien abgeleitet oder in Image-Ready aus einer aktiven Auswahl erstellt werden. Jedes Benutzer-Slice ist mit einem blauen Icon und einer Ziffer in der oberen linken Ecke gekennzeichnet. Das aktive Slice ist gelb hervorgehoben.

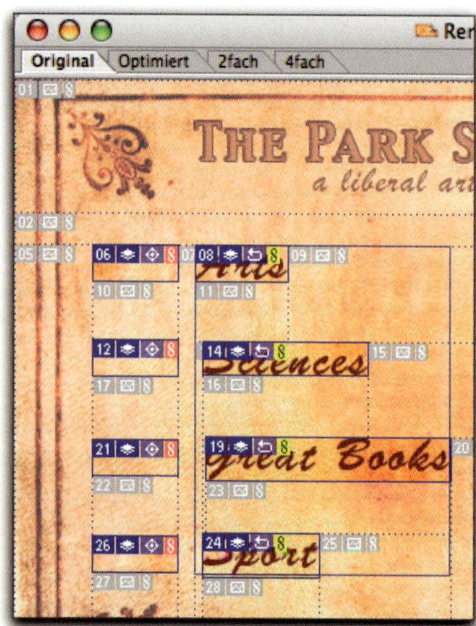

Photoshop oder ImageReady füllen den leeren Bereich automatisch mit Auto-Slices, die durch graue Ziffern und eine gepunktete Linie gekennzeichnet sind. Wenn Sie ein neues Slice erstellen, werden die Auto-Slices automatisch neu angepasst. Auf Seite 721 wurden ebenenbasierte Slices für die vier Pfeile erstellt – ImageReady erstellt im Anschluss automatisch die Auto-Slices, wie hier zu sehen.

- ImageReady kann auch ***Remote-Rollover*** erstellen: Wenn sich der Cursor über ein Slice bewegt, wird das Bild in einem anderen Slice ausgetauscht (siehe Seite 721).

Interaktive Seiten planen

Die meisten Webseiten sind Sammlungen einzelner Grafikelemente – Logos und Fotos werden oft einfach nebeneinander angeordnet. Es ist sehr effizient, eine Seite als einzelne Datei zu erstellen. Allerdings müssen Sie dann meistens ein Format für die gesamte Site wählen, was dazu führen kann, dass einige Bereiche in diesem Format nicht gut aussehen. Wenn Sie die Seite aufbrechen, können Sie für die Fotos beispielsweise eine JPEG-Komprimierung wählen und aus den Logos GIFs erstellen.

Interaktive Seiten entwickeln und erstellen

Um dem Besucher einer Website zu helfen, die richtigen Informationen zu finden, sollten Sie mit leicht zu interpretierenden Buttons und anderen Navigationselementen arbeiten. Eine Website muss außerdem leicht zu erhalten und zu aktualisieren sein.

Slices anlegen. Es gibt drei Arten von Slices, die Sie in ImageReady erstellen können; zwei davon – benutzerdefinierte Slices und Auto-Slices – können auch in Photoshop erstellt werden:

- **Benutzer-Slices** erstellen Sie mit dem Slice-Werkzeug oder mithilfe von Hilfslinien. In ImageReady oder CS2 und CS3 können Sie Benutzer-Slices auch erstellen, indem Sie einen Bereich auswählen und dann AUSWAHL/SLICE AUS AUSWAHL ERSTELLEN wählen.
- **Ebenenbasierte Slices** (diese gibt es nur in ImageReady) entstehen, wenn Sie in der Ebenen-Palette auf eine Ebenenminiatur klicken und EBENE/NEUES EBENENBASIERTES SLICE wählen. Das rechteckige Slice basiert automatisch auf dem kleinstmöglichen Begrenzungsrahmen, der alle nicht transparenten Pixel der Ebene einschließt. Nutzen Sie diese Art Slice für Elemente in eigenen Ebenen – sie lassen sich einfacher und akkurater erstellen als mit dem Slice-Werkzeug. Außerdem ändern sich die Slices automatisch, wenn sich der Ebeneninhalt ändert. Ebenenbasierte Slices können nicht manuell angepasst werden – sie sind mit dem Ebeneninhalt verbunden. Wollen Sie ein solches Slice verschieben oder umformen, aktivieren Sie das Slice-Auswahl-Werkzeug und und wählen Sie SLICES/IN BENUTZER-SLICE UMWANDELN; es handelt sich nun um ein Benutzer-Slice ohne ebenenbasierte Eigenschaften.
- **Auto-Slices** sind die, die Photoshop oder ImageReady automatisch erstellen, um den Arbeitsbereich um ebenenbasierte oder Benutzer-Slices zu füllen.

Slice/Slice-Auswahl

In ImageReady und Photoshop wechseln Sie mit der ⌘-Taste (PC: Strg) zwischen dem Slice-Werkzeug und dem Slice-Auswahl-Werkzeug.

Die Ausrichtung beibehalten

Durch das Erstellen von Slices können Sie jede beliebige Tabelle erstellen, um Ihre Webseitenelemente zusammenzufügen. Versuchen Sie dabei, mit so wenigen Slices wie möglich auszukommen. Je komplexer die Tabelle, desto länger benötigt der Browser für die Darstellung. Wenn Sie ein Slice erstellen, sorgen Photoshop oder ImageReady für die Auffüll-Slices. Wenn Sie Ihre interaktiven Seiten auf einem Rechteck basierend erstellen, werden weniger Auffüll-Slices benötigt.

Die Bilder in diesem Layout wurden durch Formebenen beschnitten, die auf einem rechteckigen Raster angeordnet wurden (siehe Seite 632). Wenn aus Formebenen ebenenbasierte Slices erstellt werden, sind nur wenige Benutzer-Slices notwendig. (Für diese Ansicht wählten wir in ImageReady VOREINSTELLUNGEN/SLICES und orange Slice-Begrenzungen, um einen besseren Kontrast zu erzeugen. Außerdem wählten wir eine größere Darstellung der Slice-Ziffern.

In Photoshop lässt sich die URL für einen Link einem Slice zuweisen, indem Sie in der Optionsleiste des Slice-Auswahl-Werkzeugs auf den Button SLICE-OPTIONEN klicken. In ImageReady weisen Sie die URL oben in der Slice-Palette hinzu.

ImageReadys **Tabellen-** und **Web-Inhalt-Palette** sind mit speziellen Werkzeugen ausgestattet:

- In ImageReadys Tabellen-Palette legen Sie die Höhe und Breite der Tabelle in Prozent fest – nicht in Pixeln. Dadurch kann die Tabelle besser an das Browserfenster angepasst werden. Sie können auch die **Attributs** der Zellen (Slices) vorbestimmen, indem Sie Werte für die Begrenzung, den Innenabstand und den Abstand eingeben; das ist nur für Zellen nützlich, die Text und keine Bilder enthalten.
- Tabellen können sehr komplex sein. Sie können Slices gruppieren und eine verschachtelte Tabelle erstellen, indem Sie die Slices in der Web-Inhalt-Palette mit gedrückter ⇧- oder ⌘/Strg-Taste auswählen und unten in der Palette auf den Button SLICE IN TABELLE GRUPPIEREN klicken.

  Durch das Gruppieren ähnlicher Slices isolieren Sie Elemente im HTML-Code. Dadurch wird der Code modularer und leichter zu bearbeiten. Tabellen werden oft auch verwendet, um Objekte an einem bestimmten Ort auf der Seite zu fixieren. Durch das Verschachteln von Tabellen lässt sich eine kleine Tabelle erstellen, die die Teile der Grafikelemente zusammenhält und diese dann in einer größeren Tabelle positionieren. So lässt sich die Grafik leichter verschieben oder in der Größe anpassen. Und noch ein Vorteil verschachtelter Tabellen: Sie können bestimmte Inhalte ein- oder ausblenden. Wenn Sie Slices basierend auf dem Inhalt isolieren und diese als Set speichern, lassen sich Sets in einer verschachtelten Tabelle isolieren – so lassen sich Slices einfacher austauschen, ohne andere Elemente der Seite zu verändern.
- **Slice-Sets** besitzen eine ähnliche Funktion wie Ebenenkompositionen. Nutzen Sie diese, um die Slices eines Dokuments in ein Dokument einzupassen, um nicht mehrere Dateien für verschiedene Seiten einer Website anlegen zu müssen. Wenn Sie beispielsweise ein Seitendesign mit Informationen zu verschiedenen Produkten erstellen, können Sie eine Ebenenkomposition erstellen, um die einzelnen Produktfotos einzublenden. Weil jedes Produkt eine andere Form und Farbe besitzt, sind verschiedene Slices für die bestmögliche Optimierung notwendig. Wenn Sie eine spe-

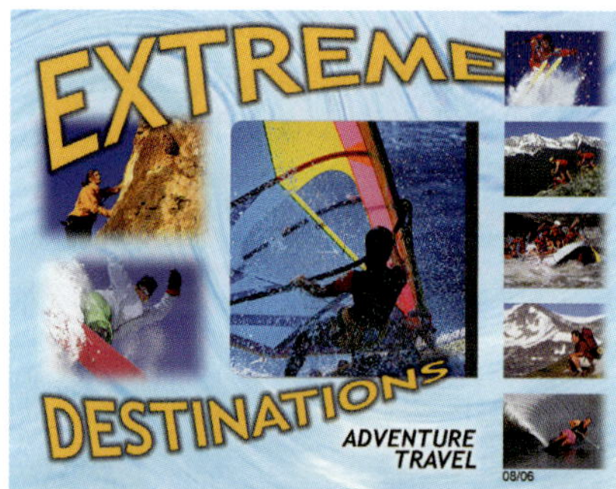

In der Übung beginnend auf Seite 640 wurde der Befehl BILD/VARIABLEN verwendet, um drei neue Versionen der Postkarte von Seite 632 zu erstellen. Das Originaldesign sehen Sie auf dieser Seite ganz oben. Für die Galapagos-Version wurden neue Werte für die Variablen (Bilder und Text) gewählt. Für die andere Version wurde eine Textdatei mit den Variablennamen und neuen Werten importiert. Durch den Import neuer Daten entsteht automatisch eine neue Version.

zielle Ebenenkomposition aktivieren, um die Seite zu exportieren (in der Dialogbox OPTIMIERTE VERSION SPEICHERN UNTER), können Sie das passende Slice-Set für diesen Inhalt auswählen.

Variablen. In ImageReady und in Photoshop (ab CS2) können Sie Variablen zu Ihrem Dokument hinzufügen. So lassen sich Vorlagen-Dateien erstellen und automatisch verschiedene Seiten generieren, indem Sie einfach neue Bilder oder neuen Text importieren, die in einem Datensatz festgelegt sind. Es gibt drei Dinge an einer Ebene, die als Variable festgelegt werden können: **Sichtbarkeit** (ist die Ebene ein- oder ausgeblendet), **Pixel-Ersetzung** (der Ebeneninhalt wird durch die Datei im Datensatz ersetzt) und **Text-Ersetzung** (der Text einer Ebene wird durch den im Datensatz ersetzt). Es gibt einige logische Begrenzungen für Variablen: Variablen können keinem *Hintergrund* zugewiesen werden, Text-Ersetzungen gelten nur für Textebenen und Pixel-Ersetzungen können nicht auf eine Textebene angewendet werden.

Um Variablen für eine Ebene zu erstellen, öffnen Sie die Dialogbox VARIABLEN (BILD/VARIABLEN/DEFINIEREN). Wählen Sie die Ebene, die Sie definieren oder für die Sie Variablen importieren wollen sowie den Variablen-Typ. Sie können hier auch die Bilder und den Text festlegen, die verwendet werden sollen, oder Dateien importieren, indem Sie ganz oben aus dem Popup-Menü DATENSÄTZE wählen. In Kapitel 9 finden Sie ein Schritt-für-Schritt-Beispiel.

Rollover. Rollover-Effekte lassen sich in der Web-Inhalt-Palette erstellen. Nachdem Sie ein Rollover für ein Slice erstellt haben, können Sie diesen als Stilvorgabe aufnehmen und auf andere Slices in Ihrem Projekt anwenden. Weil ImageReadys kombinierte Rollover-Vorgaben nur Änderungen annehmen, die vollständig mit Ebenenstilen erstellt wurden, sollten Sie Farb-, Muster- oder Verlaufsänderungen als Überlagerungseffekte in der Ebenenstil-Dialogbox anwenden. Lesen Sie dazu auch Seite 716. Sie können einen Rollover-Stil auch erstellen, indem Sie einen bestehenden, ebenenbasierten Stil, beispielsweise einen der Wow-Button-Rollover von der beiliegenden DVD-ROM (siehe Seite 767) auf Ihre Buttonebene anwenden, die Stadien bearbeiten und den neuen Stil speichern.

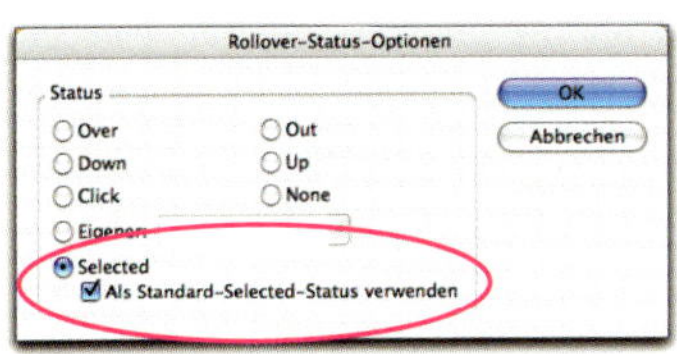

Um den Besucher darauf hinzuweisen, wo er zuerst klicken soll, können Sie einen Selected-Status eines Buttons erstellen. Klicken Sie dazu in der Web-Inhalt-Palette doppelt auf den Selected-Status einer der Buttons und aktivieren Sie in der sich öffnenden Dialogbox die Option ALS STANDARD-SELECTED-STATUS VERWENDEN. Hier wählten wir dafür den Button »Tours« aus.

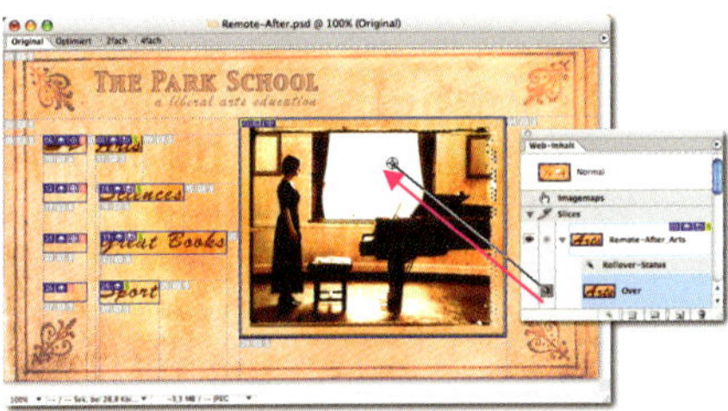

Um ein Remote-Rollover zu erstellen, aktivieren Sie zunächst den Button-Status in der Web-Inhalt-Palette. Blenden Sie in der Ebenen-Palette dann die Ebene ein, die erscheinen soll. Ziehen Sie schließlich die Ziellinie des Status aus der Palette in das Arbeitsfenster (siehe Seite 726).

Remote-Rollover. Die Änderungen, die Sie an einem Slice in einem Rollover-Status vornehmen, sind nicht auf das Slice begrenzt. Sie werten eine Webseite deutlich auf, wenn Sie einen *Remote-Rollover*-Effekt einbauen: Der Cursor des Besuchers fährt über einen Bereich und wie von Zauberhand ändert sich ein anderer Bereich auf dieser Seite! Ziehen Sie das Slice-Icon aus der Web-Inhalt-Palette (das immer dann erscheint, wenn Sie ein Remote-Rollover erstellen) in das Arbeitsfenster, um das Remote-Slice festzulegen, das sich ändern soll (siehe Seite 721).

Interaktive Dateien optimieren und speichern

Bevor Sie Ihre Arbeit speichern, sollten Sie sich die Vorschau ansehen. Die Browser-Vorschau-Option in ImageReadys Werkzeug-Palette und Photoshops Dialogbox FÜR WEB (UND GERÄTE) SPEICHERN liefert eine exakte Vorschau, weil HTML, JavaScript und die Bilddateien erstellt und an den Browser auf Ihrem Computer übergeben werden. So sehen Sie die Seite, wie der Besucher später auch.

Wenn Sie eine Datei mit Ebenenkompositionen haben, die verschiedene Seiten einer Website enthalten, sollten Sie sich die Vorschau der einzelnen Vorschläge ansehen und nicht einfach davon ausgehen, dass alle Seiten gut aussehen, wenn eine einzelne gut aussieht. Dasselbe gilt für Datensätze. Laden Sie jeden Datensatz und sehen Sie sich die Vorschau an.

Wenn Sie Ihre Arbeit speichern, können Sie wählen, ob das Programm den HTML-Code mit allen benötigten Informationen für Links, Slices und Imagemaps erstellen soll. Wenn Ihre Datei Rollover enthält, wird JavaScript in die HTML-Datei eingebettet. ImageReady kann auch automatisch mehrere HTML-Seiten erstellen, die auf erstellten Slice-Sets basieren.

EINE WEB-FOTOGALERIE ERSTELLEN

Photoshops Befehl WEB-FOTOGALERIE erstellt automatisch eine Website mit allen Bilddateien eines Ordners oder ausgewählter Bilder in Bridge. Das Portfolio enthält interaktive Miniatur-Buttons, die bei einem Klick zu einer größeren Bildversion führen. Den Befehl finden Sie in Photoshop unter DATEI/AUTOMATISIEREN bzw. in Bridge unter WERKZEUGE/PHOTOSHOP/WEB-FOTOGALERIE. Die Vorlagen sorgen automatisch für die optimale Anpassung der Größe, die Komprimierung und die HTML-Codierung.

Durch den Erwerb der Firma Macromedia gibt es noch mehr Flash- und Animationstechnik seit Photoshop CS3. Für weitere interessante Webgalerie-Vorlagen innerhalb von Photoshop

Was ist mit Frames?

HTML unterstützt die Verwendung von Frames in einem Browser, um modulare Seiten zu erstellen, bei denen sich Elemente wiederverwenden und somit Downloadzeiten verringern lassen. Mit Frames können Sie verschiedene HTML-Dateien in verschiedenen Regionen desselben Browserfensters anzeigen. Bleiben Navigationsbuttons beispielsweise die ganze Zeit auf dem Bildschirm zu sehen, lässt sich eine separate HTML-Datei für diese Buttons erstellen und in einem eigenen Frame unterbringen. Innerhalb eines Frames kann die HTML-Seite Slices enthalten, um die Inhalte des Frames so klein wie möglich zu halten. In einem Photoshop-ImageReady-Workflow lässt sich für jeden Frame HTML erstellen.

Die einzige Möglichkeit, dass Photoshop oder ImageReady direkt mit Frames arbeiten, besteht im Befehl DATEI/AUTOMATISIEREN/WEB-FOTOGALERIE. Dort wurden die Frames bereits erstellt; Sie können Inhalt und Layout anpassen.

Jack Davis passte die Web-Fotogalerie für einige seiner Gemälde an, indem er die Miniaturen quadratisch anlegte (siehe Seite 729).

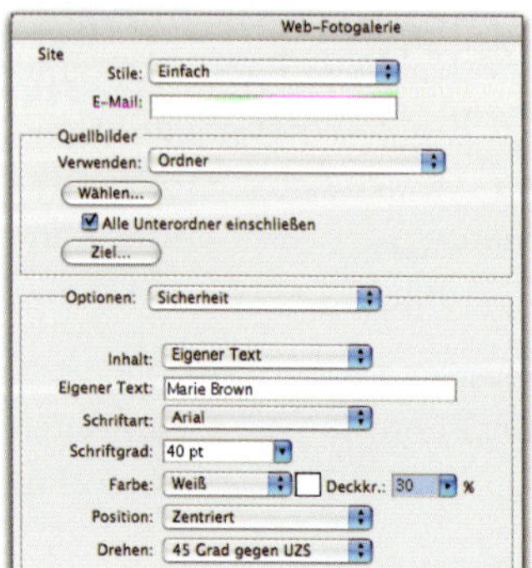

Die Sicherheitsfunktion in der Web-Fotogalerie ermöglicht Ihnen das Hinzufügen von Wasserzeichen zu Ihren Dateien.

CS3 bietet Adobe kostenlos den neuen, englischen Media Gallery Manager an. Sie finden ihn unter **http://labs.adobe.com**, dort tippen Sie „media gallery" ins Suchfeld und nehmen das erste Ergebnis. Beachten Sie allerdings: Sie brauchen Bridge mindestens in der Version 2.1 (wählen Sie in Bridge HILFE, AKTUALISIERUNGEN, um Updates zu suchen). Lesen Sie auch die englischen Hinweise zu Installation und Problemen.

Wenn Sie im Umgang mit einem HTML-Editor vertraut sind, können Sie die Vorlagen der Web-Fotogalerie anpassen und eigene Vorlagen erstellen. Die Anpassung ist aber auch ohne Codierung möglich. Nutzen Sie einfach die Beschreibung in er Dialogbox DATEI-INFORMATIONEN (DATEI/DATEI-INFORMATIONEN), um eigene Bildunterschriften für die Miniaturen zu erzeugen. Sie können auch Wasserzeichen und weitere Sicherheitsoptionen anwenden.

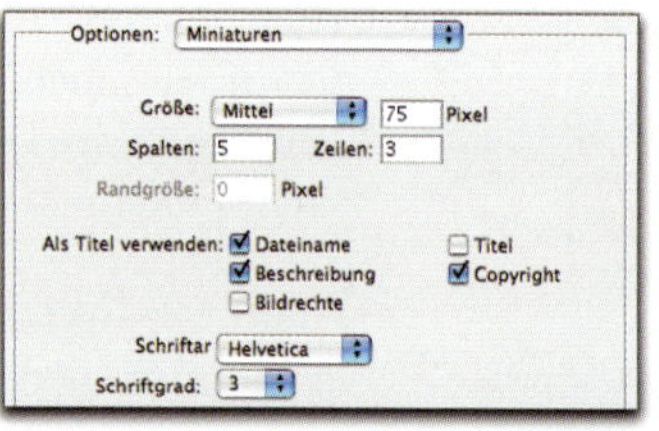

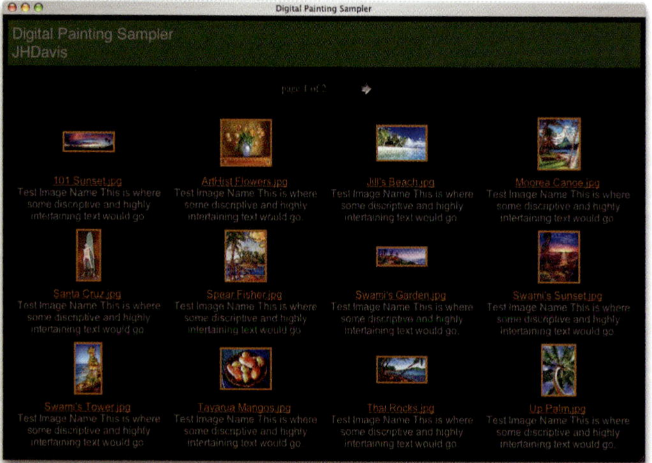

Sie können die Miniaturen einer Web-Fotogalerie mit Bildunterschriften versehen, indem Sie den Text in die Dialogbox DATEI-INFORMATIONEN eingeben, bevor Sie den Befehl WEB-FOTOGALERIE aufrufen. Hier sehen Sie eine Galerie mit der Vorgabe ***Einfach***.

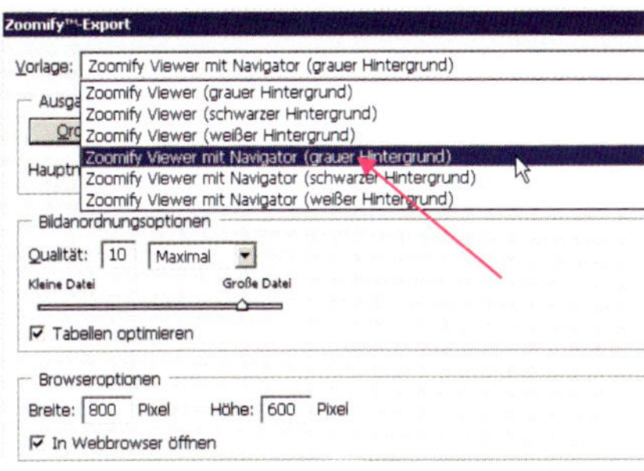

Im Zoomify-Dialog stellen Sie Pixelgröße und Bildqualität ein.

ZOOMBARE BILDER FÜRS WEB (CS3)

Mit dem **Zoomify**-Befehl von Photoshop CS3 stellen Sie Riesenbilder verkleinert ins Web. Der Betrachter kann zoomen und den Bildausschnitt ändern – wie in einem Bildfenster in Photoshop. Der sichtbare Bildausschnitt erscheint immer in bester Qualität. Im Hintergrund liegen eine HTML-Tabelle mit JPEG-Bildsegmenten und ein Flash-Film.

Der Befehl heißt DATEI/EXPORTIEREN/ZOOMIFY. Im VORLAGE-Klappmenü entscheiden Sie, ob Zoomify-Fenster mit Navigator erscheinen soll – also mit einer verkleinerten Gesamtansicht, die das komplette Motiv auch dann zeigt, wenn der Nutzer nur ein Detail herangezoomt an. Mit einem verschiebbaren Rahmen in diesem Navigatorbereich lässt sich zudem der Bildausschnitt ändern. Im Bereich BILDANORDNUNGSOPTIONEN steuern Sie die Qualität der einzelnen Bildsegmente – je höher die Qualität, desto größer die Datenmengen, die zu laden sind. Stufe 9 reicht meist für tadellose Abbildungen. Das Seitenverhältnis sollte zu den Bildproportionen passen, sonst erhalten Sie in der kleinsten Zoomstufe unschöne weiße Ränder.

Die Pixelmaße des Zoomify-Fensters auf der Webseite stellen Sie frei ein, das Navigator-Fenster gibt es aber nur in einer Einheitsgröße. Der Zoomify-Betrachter bietet Zoomregler und eine Schaltfläche, mit der schnell wieder das vollständige Bild sichtbar wird.

FOTO: HEICO NEUMEYER

Zum Zoomify-Betrachter auf der Webseite gehört wahlweise auch das Navigator-Rechteck links oben. Es zeigt stets das Gesamtbild.

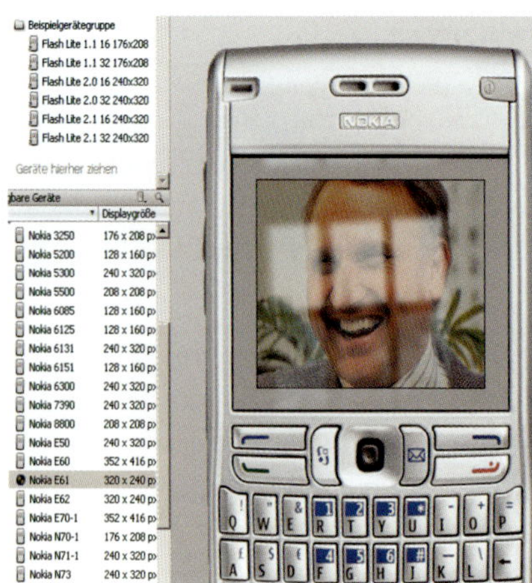

Das CS3-Programm Device Central simuliert die Wirkung von Bilddateien auf Handys und anderen Endgeräten.

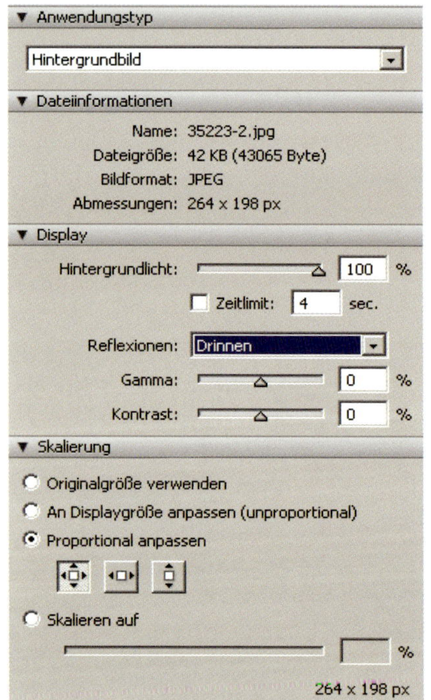

Testen Sie in Device Central verschiedene Lichtsituationen und Größen für das geplante Bild.

OPTIMIERUNG FÜR ENDGERÄTE (CS3)

Neu im Paket Photoshop CS3 ist das Programm Device Central, mit dem Sie Ihre Fotos für Handys und andere mobile Endgeräte optimieren. Sie können hier die Größe auf verschiedenen Displays testen und den Speicherbedarf ermitteln.

Sie erreichen Device Central in Photoshop oder Bridge über das Datei-Menü, außerdem aus dem Photoshop-Dialog Für Web und Geräte speichern heraus. Wählen Sie links das gewünschte Gerät. Sie können die Geräte auch nach Netzbetreiber, Displaygröße und anderen Eigenschaften sortieren. In den Rubriken ALLGEMEIN, FLASH, BITMAP, VIDEO und WEB meldet Device Central die technischen Möglichkeiten des Geräts. Profile für neue Geräte laden Sie in Device Central mit dem Befehl Geräte/Nach Geräteupdates suchen.

In der Karteikarte Neues Dokument legen Sie die Verwendung des Bildes fest, zum Beispiel BILDSCHIRMSCHONER oder ANRUFDISPLAY. Klicken Sie auf ERSTELLEN, entsteht eine neue leere Datei in den passenden Maßen, zum Beispiel 320 × 240 Pixel im RGB-Modus mit sRGB-Farbprofil. Hier fügen Sie Ihr geplantes Bild ein und speichern.

Haben Sie bereits ein passendes Bild, laden Sie es in Device Central per Datei/Öffnen. Alternativ ziehen Sie eine Bilddatei direkt aus Bridge oder aus der Dateiverwaltung über das Device-Central-Fenster. Sie können Ihr Bild jetzt mit verschiedenen Gerätetypen und in verschiedenen Größen testen sowie Lichtsituationen wie DRAUSSEN oder SONNENLICHT simulieren. Ändern Sie bei Bedarf GAMMA (Mittelton-Helligkeit) und KONTRAST.

K U R Z U M

GIF-Optimierung

Die Herausforderung bei der Optimierung eines GIFs besteht darin, die Anzahl der Farben in der Datei zu reduzieren (und somit die Dateigröße zu verringern), die Grafik dabei jedoch nicht zu verschlechtern. Wir begannen hier mit einem Astronauten auf transparentem Hintergrund. Wir wählten das GIF-Format, um die Transparenz erhalten zu können. (JPEG erlaubt keine Transparenz; PNG wäre noch eine Option gewesen, aber damit können nicht alle Browser umgehen.) Falls Ihre Datei ebenfalls transparent ist, sollten Sie die Farbe der Webseite herausfinden, auf der sie erscheinen soll, bevor Sie die Grafik optimieren. Klicken Sie dazu entweder in den Hintergrund oder öffnen Sie den Farbwähler und geben Sie den Hexadezimalcode ein (hier 000099). Handelt es sich um keine Volltonfarbe, nehmen Sie mit der Pipette Raumfahrer eine Durchschnittsfarbe auf und wählen Sie in der Optionsleiste 5X5 DURCHSCHNITT.

Öffnen Sie eine eigene Grafik oder unsere Datei **Raumfahrer.psd** in Photoshop oder ImageReady. Wählen Sie im Anschluss einen dieser Arbeitsschritte:

- In Photoshop (hier zu sehen) wählen Sie DATEI/FÜR WEB (UND GERÄTE) SPEICHERN.
- In ImageReady öffnen Sie die Optimierung-Palette und die Farbtabelle. Sollten in der Tabelle keine Farben zu sehen sein, klicken Sie auf das gelbe Warndreieck.

Blenden Sie die 2-fach- oder 4-fach-Ansicht ein.

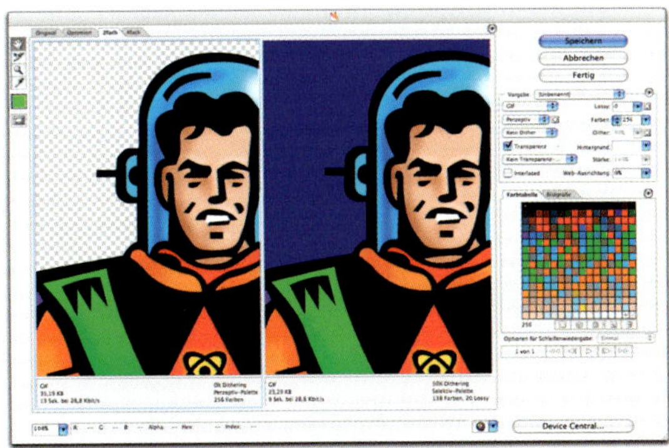

Die Datei **Raumfahrer.psd** in Photoshops Dialogbox FÜR WEB UND GERÄTE SPEICHERN: Aktivieren Sie 256 Farben und sortieren Sie diese nach der Luminanz (über das Paletten-Menü).

SIE FINDEN DIE DATEIEN

auf der DVD unter Wow Projektdateien/Kapitel 10/ GIF-Optimierung

1. Größe verringern

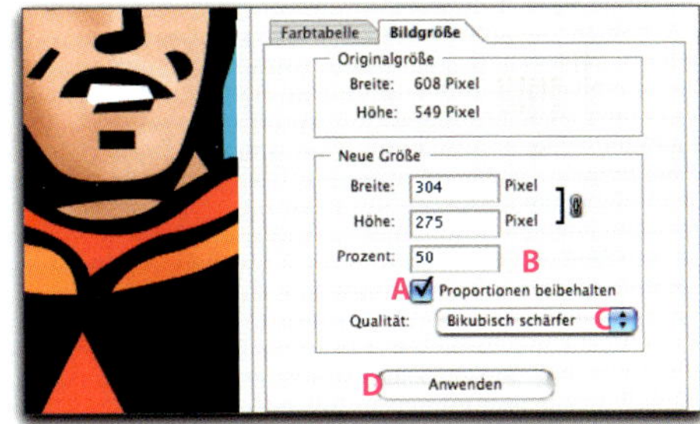

Falls Sie die Grafik größer erstellt haben als benötigt, ▼ verringern Sie zunächst die Größe. In Photoshop müssen Sie dazu die Dialogbox nicht verlassen – klicken Sie unten rechts einfach auf den Reiter BILDGRÖSSE. In ImageReady wählen Sie BILD/BILDGRÖSSE. Aktivieren Sie die Option PROPORTIONEN BEIBEHALTEN **A**. Legen Sie Höhe, Breite oder einen Prozentwert fest **B**; wir gaben 50% ein. Versuchen Sie es mit der Qualitätseinstellung BIKUBISCH SCHÄRFER **C**. Klicken Sie in Photoshop auf ANWENDEN **D**; in ImageReady auf OK.

MEHR DAVON

▼ Vorteile großer Bilder **Seite 679**

2. Einen Algorithmus wählen

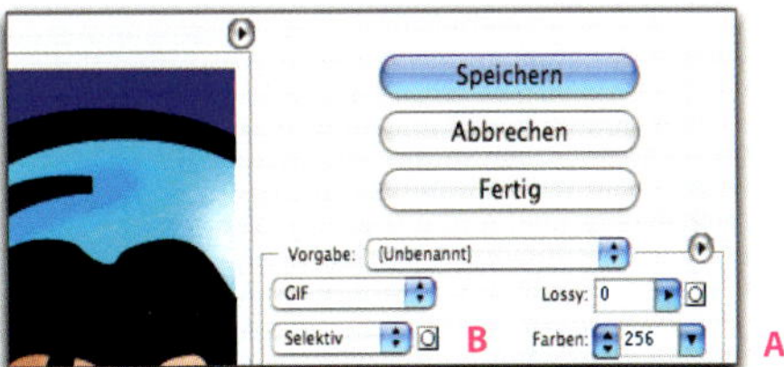

Wählen Sie zunächst 256 (den Maximalwert) **A**. Aktivieren Sie dann eine der adaptiven Paletten (Adaptiv, Perzeptiv oder Selektiv), je nach Grafik:

- Eine **adaptive** Palette ist so optimiert, dass die häufigsten Farben des Bildes reproduziert werden.
- Eine **perzeptive** Palette funktioniert wie eine adaptive Palette, berücksichtigt aber besonders das Spektrum, auf das das menschliche Auge stärker reagiert.
- Eine **selektive** Palette – oft die beste Wahl – funktioniert wie eine perzeptive Palette, nur dass websichere Farben und Farben, die in großen einfarbigen Bereichen erscheinen, stärker mit in Betracht gezogen werden.

Wir wählte hier die Option SELEKTIV **B**.

3. Wichtige Farben fixieren

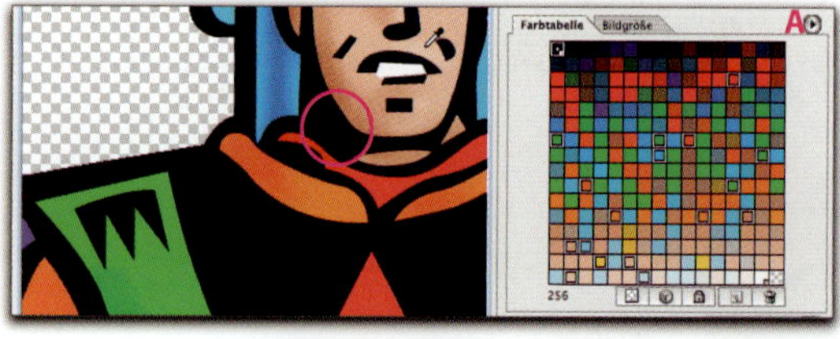

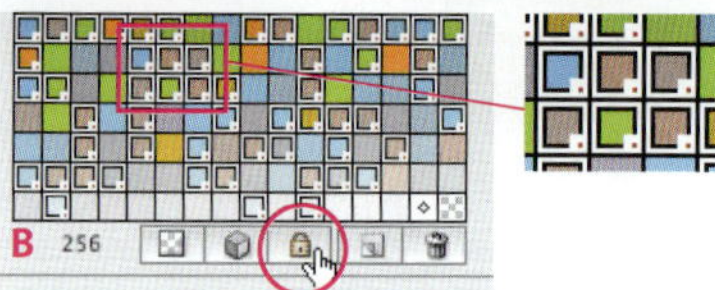

Um die wichtigen Farben auszuwählen, klicken Sie diese mit gedrückter ⇧-Taste an oder fahren Sie im Bild mit der Pipette über die entsprechenden Farben (in Photoshop finden Sie diese oben links in der Dialogbox **A**; in ImageReady in der Werkzeug-Palette). Die gewählten Farben werden in der Farbtabelle hervorgehoben.

Klicken Sie auf das kleine Schloss unten in der Palette **B**, damit die ausgewählten Farben die letzten sind, die bei der Reduzierung der Farben entfernt werden.

TRANSPARENZ VERWENDEN

Auch wenn Ihre Datei keine transparenten Pixel enthält, kann es hilfreich sein, die Transparenz in der Farbtabelle vorübergehend zu aktivieren. Nutzen Sie diese, um sicherzugehen, keine fixierten Farben zu löschen. Das transparente Farbfeld ▨ besitzt eine Priorität zwischen fixierten und nicht fixierten Farben. Wenn Sie die Anzahl der Farben verringern, bleibt die Transparenz erhalten, bis alle nicht fixierten Farben gelöscht wurden:

- Wenn Sie die Anzahl der Farben verringern und feststellen, dass die restlichen Farben fixiert sind, allerdings noch das transparente Farbfeld vorhanden ist, wissen Sie, dass keine fixierten Farben entfernt wurden.
- Verringern Sie die Anzahl der Farben und ist das transparente Farbfeld verschwunden (rechts), stellen Sie die Farben wieder her, bis das transparente Farbfeld wieder erscheint.

4. Die Anzahl der Farben reduzieren

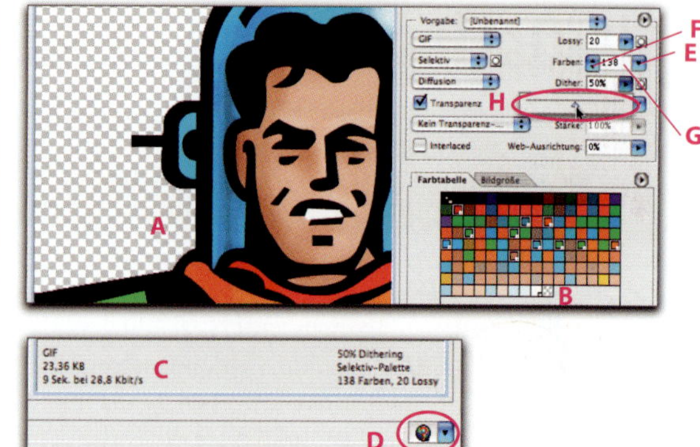

Um unwichtige Farben zu entfernen (und so die Dateigröße zu verringern), sollten Sie auf die optimierte Version achten **A**, während Sie die Anzahl der Farben verringern. Werfen Sie auch einen Blick in die Farbtabelle, um keine fixierten Farben zu verlieren **B**. Achten Sie außerdem auf Dateigröße und Downloadzeit **C**. Experimentieren Sie mit der Dither-Einstellung. Gehen Sie so weit, bis sich die Bildqualität deutlich verschlechtert. Gegebenenfalls müssen Sie die Anzahl der Farben wieder etwas erhöhen. Sehen Sie sich eine Vorschau im Browser an **D** (in ImageReady befindet sich der entsprechende Button in der Werkzeug-Palette); passen Sie die Optimierungseinstellungen an, öffnen Sie erneut die Vorschau usw., bis Sie mit dem Ergebnis zufrieden sind.

- **Um die Anzahl der Farben** in großen Schritten zu verringern, nutzen Sie das Pop-up-Menü **E**.
- **Um immer nur eine Farbe zu entfernen,** nutzen Sie die Pfeile neben dem FARBEN-Eingabefeld **F** oder klicken Sie auf das entsprechende Farbfeld **G** sowie auf die Pfeiltaste nach oben oder unten auf Ihrer Tastatur. Wenn Sie dabei die ⇧-Taste gedrückt halten, entfernen Sie immer gleich 10 Farben.

Dither vermischt zwei verschiedene Farben, um die Illusion einer dritten Farbe zu erzeugen. So lassen sich beispielsweise Übergänge glätten, allerdings kann dabei manchmal auch die Dateigröße ansteigen, auch wenn Sie die Anzahl der Farben verringern. Die Dither-Einstellung mit der Farbreduktion zu optimieren erfordert einiges Experimentieren **H**. Um Bildbereiche vor dem Dithering zu schützen, lesen Sie den Kasten ganz rechts auf Seite 695.

5. Der Umgang mit Transparenz

In einer GIF-Datei wird Transparenz anders gehandhabt als in einer herkömmlichen Photoshop-Datei – stellen Sie sich die Transparenz einfach als eine der Farben in der Farbtabelle vor. Jedes Pixel einer GIF-Datei ist entweder vollständig transparent oder farbig. Es gibt aber auch Möglichkeiten, falsche Transparenz zu erzeugen – beispielsweise um geglättete Kanten zu schützen. Klicken Sie auf das Basis-Farbfeld, um den Farbwähler zu öffnen, und geben Sie die Farbe des Web-Hintergrunds ein (hier 000099).

Wenn Sie die Transparenz deaktivieren, werden alle transparenten Bereiche Ihrer Grafik durch die Basisfarbe ersetzt **A**.

Aktivieren Sie die Transparenz, wird die Basisfarbe in die teilweise transparenten Pixel übergeblendet (wie hier in den geglätteten Bereichen), vollständig transparente Pixel bleiben jedoch auch transparent **B**.

Falsche Transparenz

Transparenz-Dither hilft, teilweise transparente Bereiche in geglätteten Grafiken zu simulieren – wenn beispielsweise ein Schlagschatten vor unterschiedlich gefärbten Hintergründen erscheinen muss; **Diffusion-**Transparenz-Dither ist meist am effektivsten. Eine geringe Stärke macht mehr halbtransparente Pixel vollständig transparent.

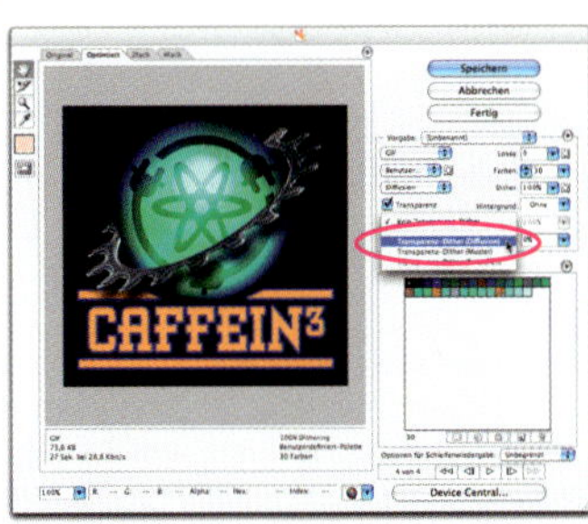

6. Komprimierung prüfen & speichern

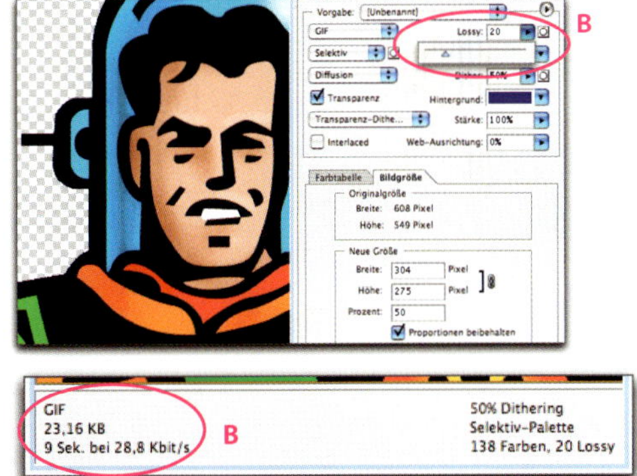

Eine verlustbehaftete Komprimierung erzeugt bei der Verringerung der Dateigröße auch eine geringere Bildqualität. Eine Einstellung zwischen 10% und 40% verschlechtert das Bild jedoch nicht allzu sehr **A**. Wenn Sie wollen, können Sie bestimmte Bildbereiche schützen. Sind Sie mit den Farben und der Dateigröße zufrieden **B**, klicken Sie in Photoshop auf SPEICHERN oder wählen Sie in ImageReady DATEI/OPTIMIERTE VERSION SPEICHERN UNTER.

Bereiche schützen

Die drei Maskensymbole in der Optimierung-Palette sind da, um bestimmte Bildbereiche bei der Verringerung der Dateigröße zu schützen. Klicken Sie auf eines der Symbole, um eine Dialogbox zu öffnen, in der Sie einen zu verwendenden Kanal einstellen können. Weiße Bereiche werden geschützt, schwarze Bereiche sind nicht ausgewählt, graue Bereiche wurden teilweise ausgewählt.

- Das neben der Farbeinstellung erhält vornehmlich die Farben des ausgewählten Bereichs, wenn Sie die Anzahl der Farben verringern.
- Das neben der Dither-Einstellung schützt den ausgewählten Bereich vor dem Dithering. In der Dialogbox stellen Sie Minimum und Maximum des Ditherings ein.
- Das neben der Lossy-Einstellung schützt die ausgewählten Bereiche vor der Komprimierung. Minimum und Maximum funktionieren wie für den eben beschriebenen Dither-Schutz.

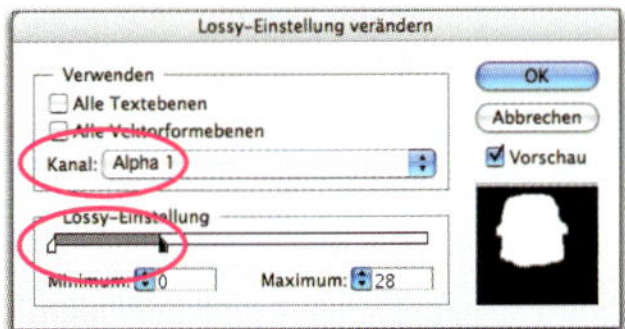

K U R Z U M

Dazwischen einfügen (Tweening)

Beim Tweening handelt es sich um die Erstellung von Zwischenframes zwischen Start- und Endframe einer Animationssequenz. Bei vielen GIF-Animationen können Sie so sehr viel Zeit sparen. Um die Animation zu verfeinern, lassen sich in den einzelnen Frames automatisch Änderungen vornehmen. Das automatisierte Tweening funktioniert so: Wählen Sie in der Animations-Palette den gewünschten Frame der Sequenz aus. Klicken Sie anschließend auf den -Button und stellen Sie ein, ob Sie Zwischenframes zum vorhergehenden, zum nächsten oder zum ersten Frame erstellen wollen. Legen Sie auch die Eigenschaften fest – Position, Deckkraft und Effekte – und ob alle Ebenen oder nur die aktuelle einbezogen werden sollen. Klicken Sie im Anschluss auf OK.

SIE FINDEN DIE DATEIEN

auf der DVD unter Wow Projektdateien/Kapitel 10/Tweening

UNIVERSELLE ÄNDERUNGEN

Wenn Sie einen einzelnen Frame (nicht Frame 1) auswählen und Position, Deckkraft oder Ähnliches ändern, wird nur diese eine Frame geändert. Um die veränderbaren Eigenschaften für die gesamte Animation anzupassen, wählen Sie zunächst alle Frames aus und nehmen Sie dann die Änderungen vor. Oder ändern Sie einen Frame und klicken Sie in der Ebenen-Palette auf einen der »Unify«-Buttons.

Position variieren

 **Tug-O-War Banner.psd und .gif**

Bei unserer Datei handelt es sich um einen farbigen Hintergrund. Die Hände wurden aus einer größeren Datei per Drag&Drop über den Hintergrund gezogen; beim Zentrieren ragen die Hände links und rechts über die Arbeitsfläche hinaus.

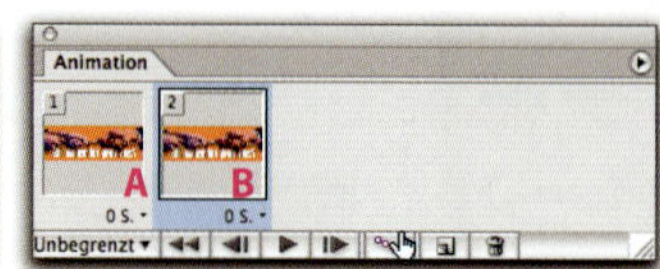

In der Animation-Palette duplizierten wir den ersten Frame **A**. Dann verschoben wir die Ebene mit den Händen um 4 Pixel nach rechts **B** (mit dem Verschieben-Werkzeug und).

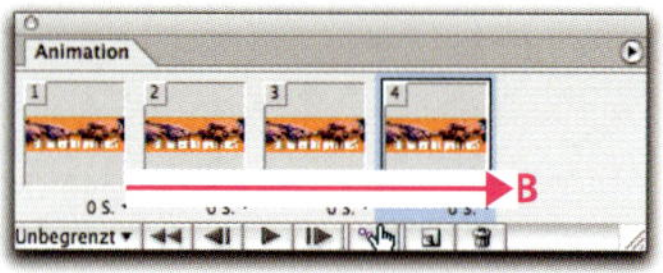

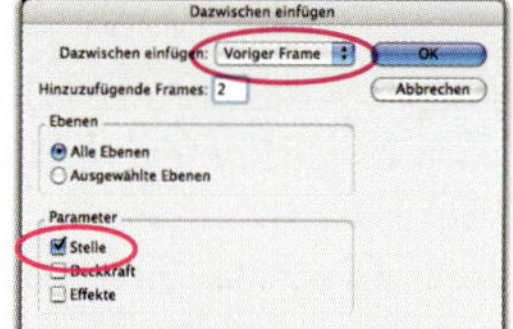

Wir aktivierten den zweiten Frame und fügten Frames bis zum vorherigen Frame ein. Jetzt hatten wir vier Frames.

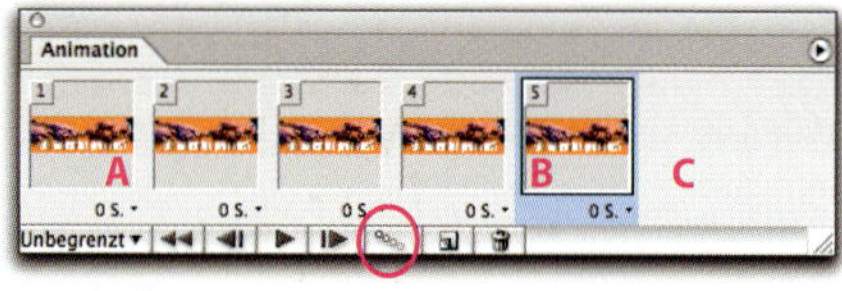

Wir duplizierten den vierten Frame, um den fünften zu erstellen, und verschoben die Handebene um 8 Pixel nach links **C** – sie befand sich jetzt 4 Pixel links neben dem Ausgangspunkt.

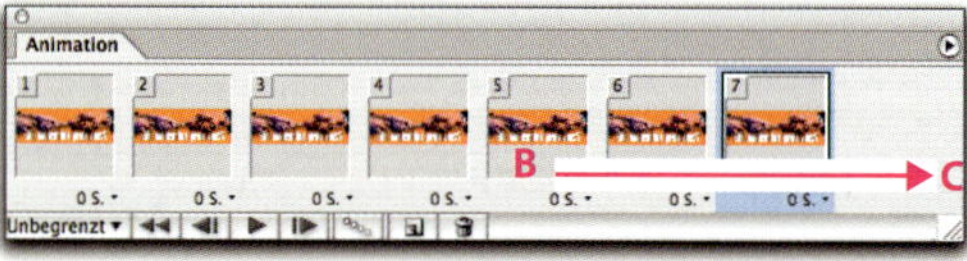

Wir fügten erneut dazwischenliegende Frames für den vorherigen Frame ein.

Um die Animation zu vervollständigen, erstellten wir zwei weitere dazwischenliegende Frames, um die Hände wieder in ihre Ausgangsposition zu bringen. Außerdem erstellten wir eine unbegrenzte Schleife für die Animation. Klicken Sie mit dem Verschieben-Werkzeug auf einzelne Frames und nutzen Sie die Pfeiltasten, um die Positionen anzupassen.

Einen Stil variieren

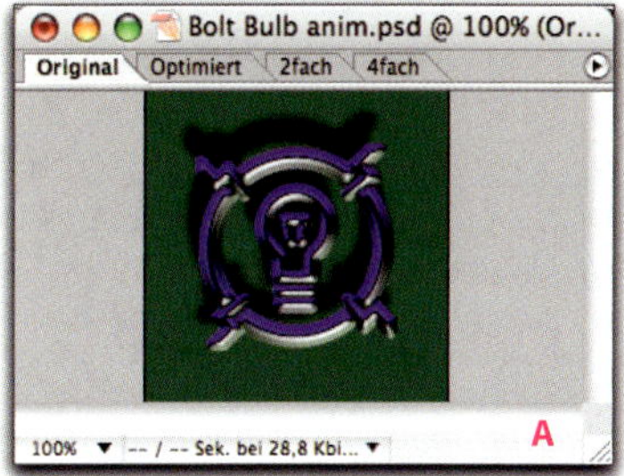

Ziel bei dieser Animation war es, die Position der Lichtquelle zu verschieben. Dafür änderten wir nur ein Attribut – den globalen Lichteinfall – des Ebenenstils, der aus einem Schlagschatten und einer Abgeflachten Kante und einem Relief besteht. Wir aktivierten für beide Effekte den globalen Lichteinfall und wählten einen Winkel von 90°, damit die Lichtquelle auf 12 Uhr steht **A**.

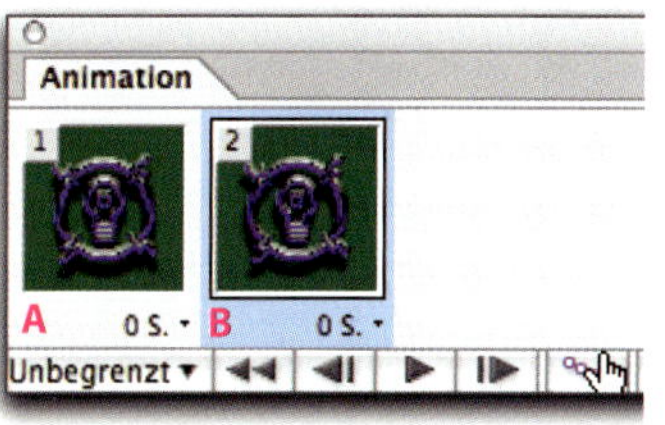

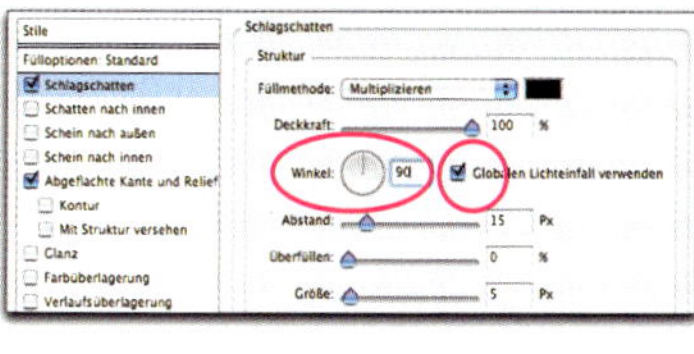

In der Animation-Palette duplizierten wir den ersten Frame und klickten anschließend doppelt auf den Schlagschatten in der Ebenen-Palette, um die Ebenenstil-Dialogbox zu öffnen. Wir mussten die Lichtquelle so verschieben, dass ein Winkel von –90° (6 Uhr) entsteht. Da die Option GLOBALEN LICHTEINFALL VERWENDEN aktiviert war, ändert sich der Winkel auch für den zweiten Ebenenstil (ABGEFLACHTE KANTE UND RELIEF). Schatten und Kantenlichter bewegen sich daraufhin gemeinschaftlich **B**.

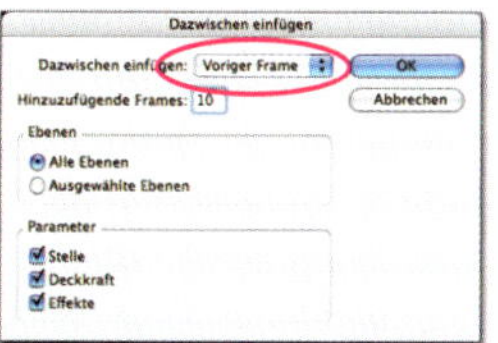

Wir aktivierten den zweiten Frame, klickten auf den Button DAZWISCHEN EINFÜGEN und fügten 10 weitere Frames ein.

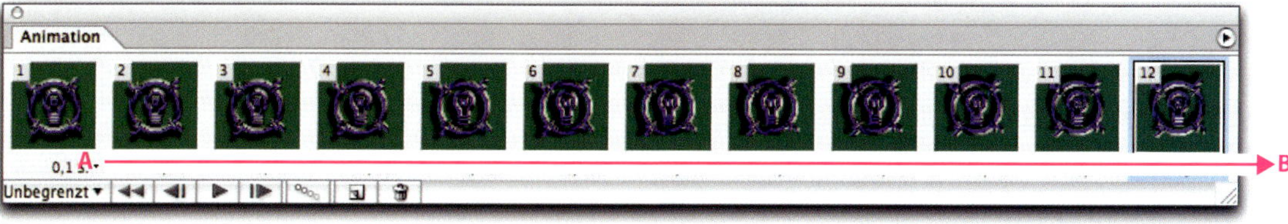

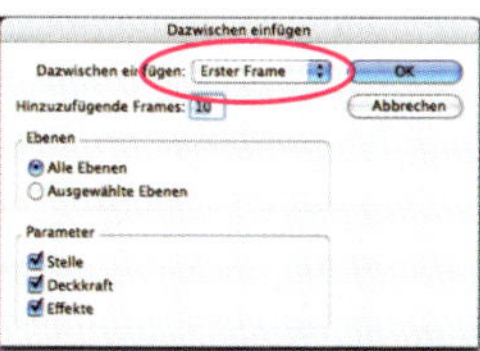

Anschließend klickten wir erneut auf den Button und fügten 10 weitere Frames zum ersten Frame ein, um die Drehung des Lichts zu vervollständigen.

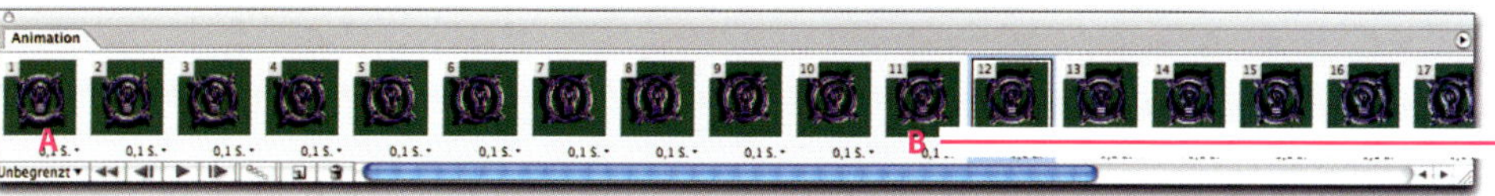

Position & Stil variieren

Tween-Stile-Ball.psd und .gif

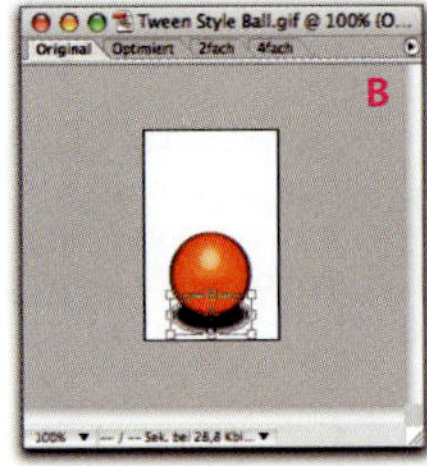

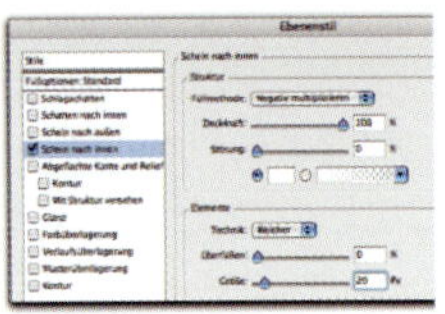

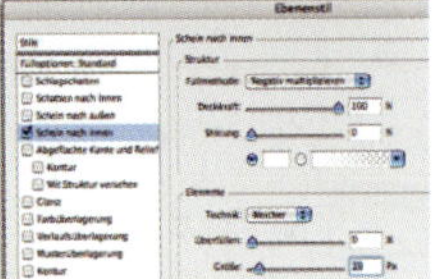

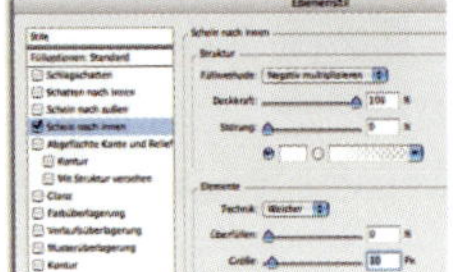

Bei der Animation eines springenden Balls wollten wir, dass er beim Auftreffen auf der Erde zusammengestaucht wird und sich anschließend wieder normal nach oben bewegt. Auch Dichte, Größe und Position des Schattens sollten sich ändern. Da sich Ebenenstile und Deckkraft auch für das Tweening eignen, können wir einen Schein nach innen nutzen, um den Schatten einzuschränken und mithilfe der Deckkrafteinstellung aufzuhellen. Der Ball muss als eigener Frame hinzugefügt werden, da das Tweening nicht auf Formen angewendet werden kann. Wir erstellten eine Photoshop-Datei mit Ebenen: Eine Formebene mit einem roten Kreis (inklusive Rundung und Beleuchtung), eine Ebenenkopie, bei der der Ball jedoch vertikal skaliert wurde sowie eine schwarze Formebene mit einem Schein nach innen.

Durch Anpassen von Deckkraft, Stil und Ebenensichtbarkeit lassen sich diese drei Frames erstellen:

A Der Ball in seiner höchsten Position mit einer geringen Deckkraft für den Schatten.

B Der Ball in seiner niedrigsten Position mit verschobenem Schatten.

C Der eingedrückte Ball auf dem Boden.

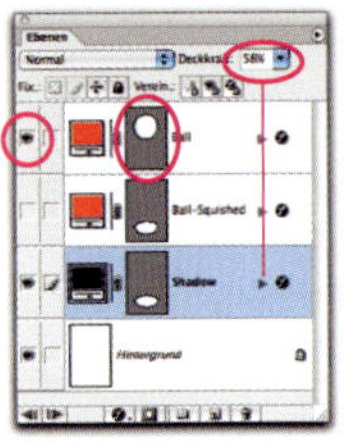

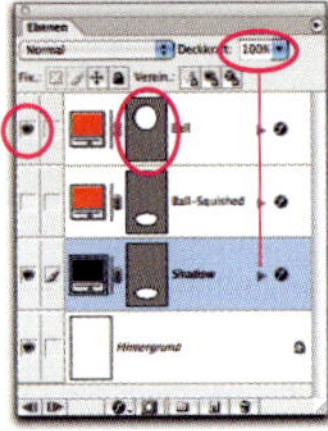

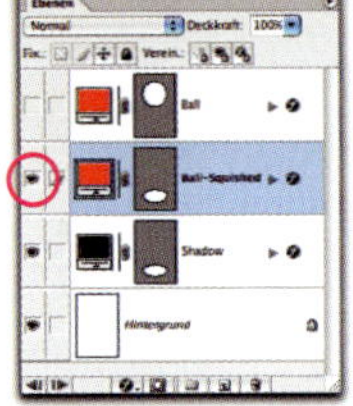

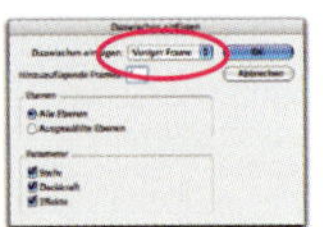

Für den ersten Frame wurden der rote Kreis und die Schattenebenen eingeblendet, die Deckkraft der Schatten reduziert und die gequetschte Ebene ausgeblendet. Der Frame wurde dupliziert, um einen zweiten zu erstellen, der Ball wurde verschoben. Die Deckkraft der Schattenebene wurde erhöht und die Größe des Scheins nach innen reduziert. Anschließend klickten wir auf den Tween-Button, um fünf dazwischenliegende Frames zum vorherigen Frame einzufügen.

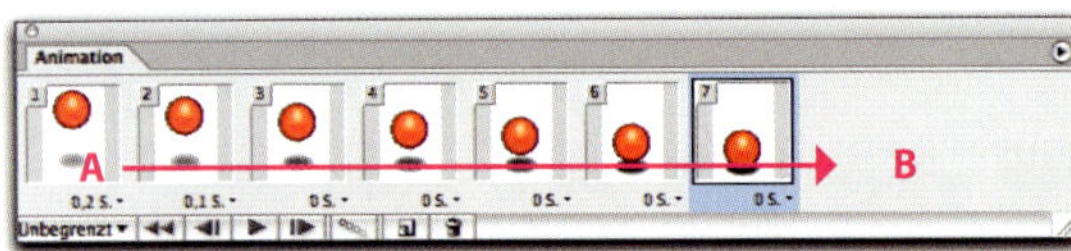

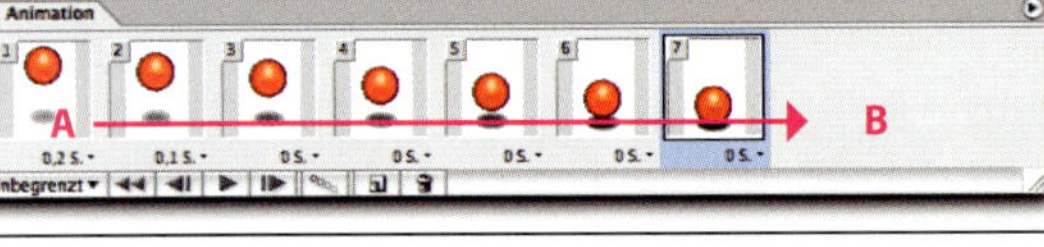

Der letzte Frame wurde dupliziert und die Ebenensichtbarkeit angepasst: Die rote Kreisebene wurde ausgeblendet, der gestauchte Kreis eingeblendet.

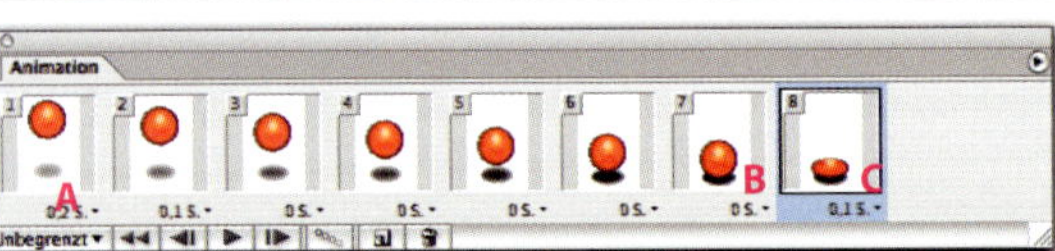

Der gestauchte Ball **B** wurde mit gedrückter ⌥/Alt-Taste nach rechts gezogen **C,** um ihn zu kopieren.

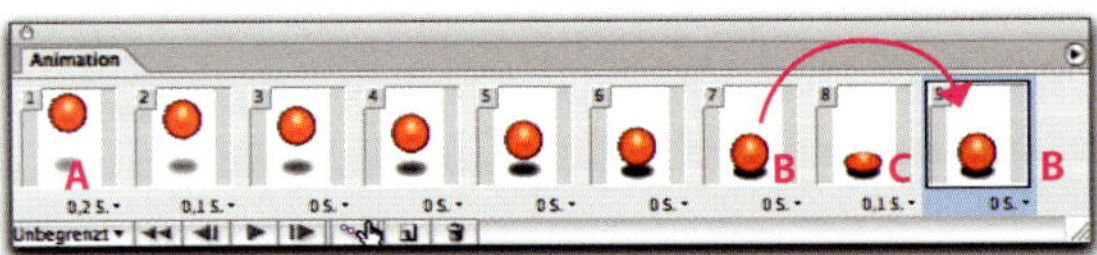

Wir klickten erneut auf den Tween-Button, um dazwischenliegende Frames zum ersten Frame einzufügen.

Um Beschleunigung und Verlangsamung besser darzustellen, fügten wir eine Verzögerung von 0,2 Sekunden für den ersten Frame hinzu. Für den zweiten, den letzten und die gestauchten Frames wählten wir 0,1 Sekunde.

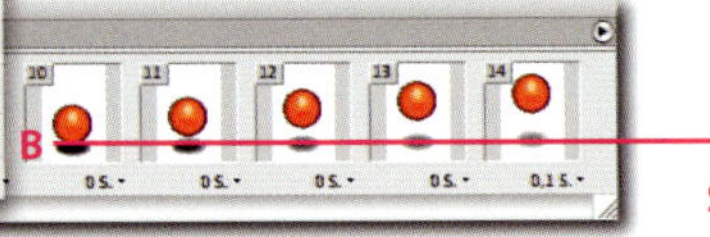

Eine Textverkrümmung variieren  Text-verkruemmen-Tween.psd und GIF-Datei

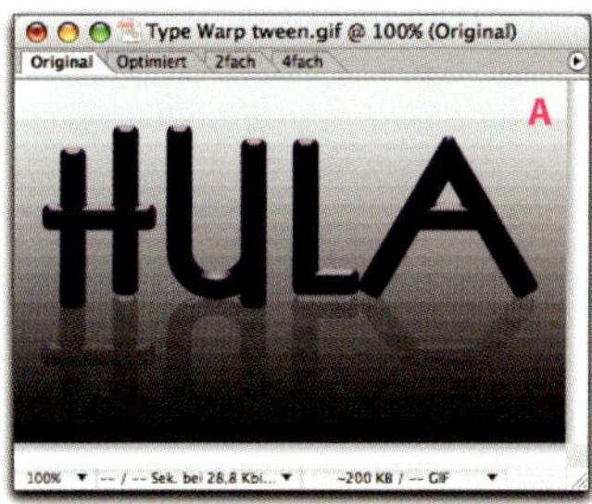

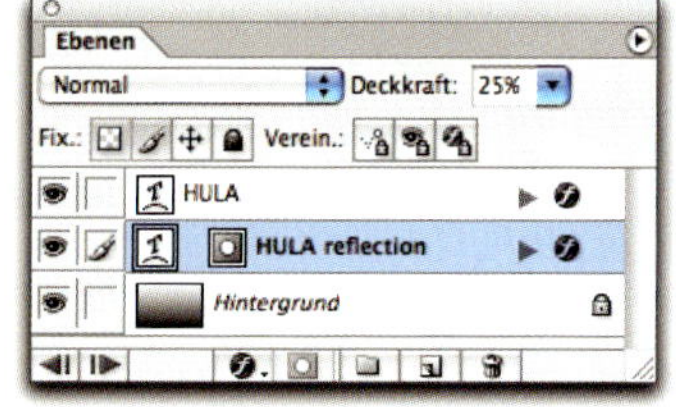

Textverkrümmungen gehören zu den Effekten, für die sich dazwischen liegende Frames erzeugen lassen. Wir begannen mit einem Hintergrund, auf den wir einen Verlauf anwendeten. Mit dem Text-Werkzeug T erstellten wir das Wort »HULA«, auf das wir einen Ebenenstil anwendeten. Wir duplizierten die Textebene und spiegelten sie mit ⌘-⌥-T (PC: Strg-Alt-T) – den Transformationspunkt oben in der Mitte zogen wir nach unten. Eine Verlaufsmaske auf der Ebenenkopie blendet die Reflexion aus **A**.

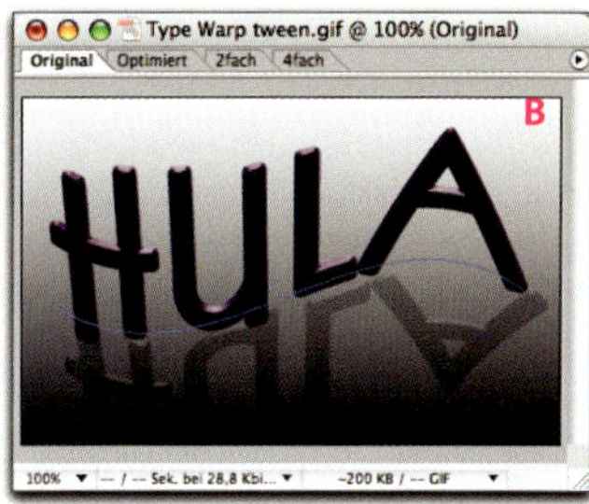

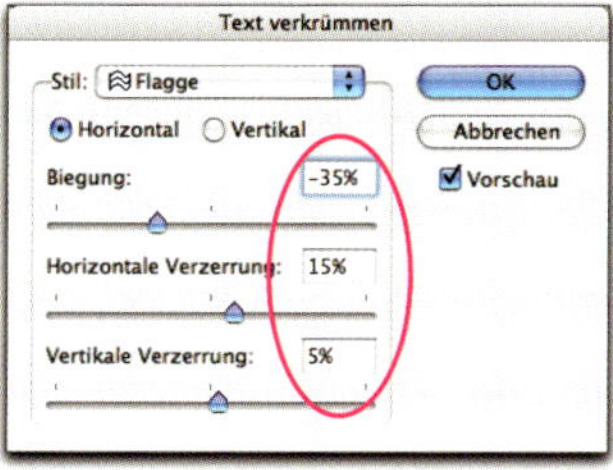

In der Animation-Palette wurde Frame 1 dupliziert. Die originale Textebene wurde verzerrt, indem wir in der Optionsleiste des Text-Werkzeugs auf den Verkrümmen-Button klickten und die nebenstehenden Einstellungen wählten. Durch einen Klick auf OK wird der Text verkrümmt. Dieselbe Verkrümmung wendeten wir auf die duplizierte Ebene an, allerdings mit genau entgegengesetzten Einstellungen – negative Werte wurden positiv, und umgekehrt **B**.

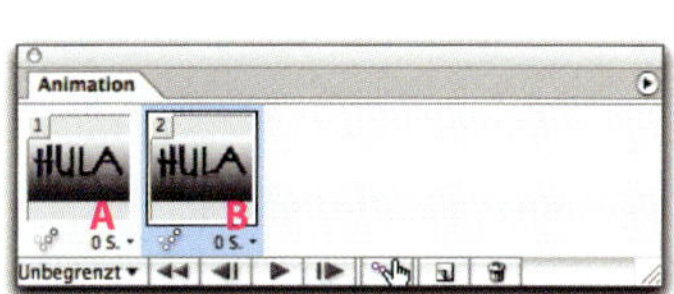

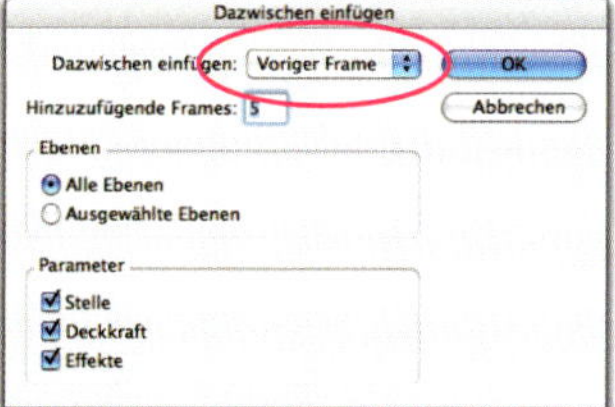

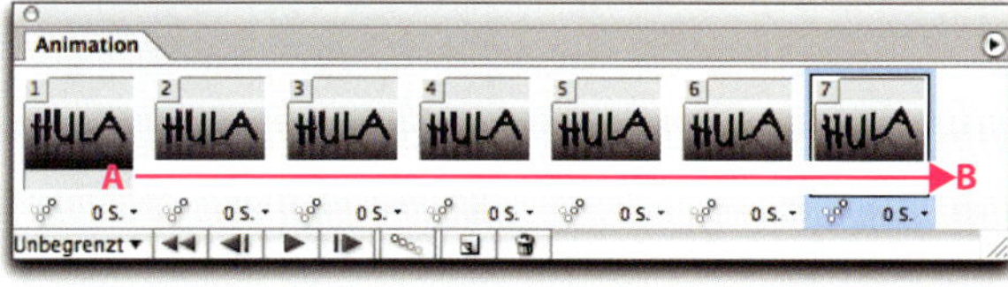

Wir aktivierten den zweiten Frame und machten beide Textebenen sichtbar. Wir klickten auf den Tween-Button und fügten fünf Frames zum vorherigen Frame ein, um dazwischenliegende Frames für die Position der Buchstaben in beiden Textebenen zu erzeugen.

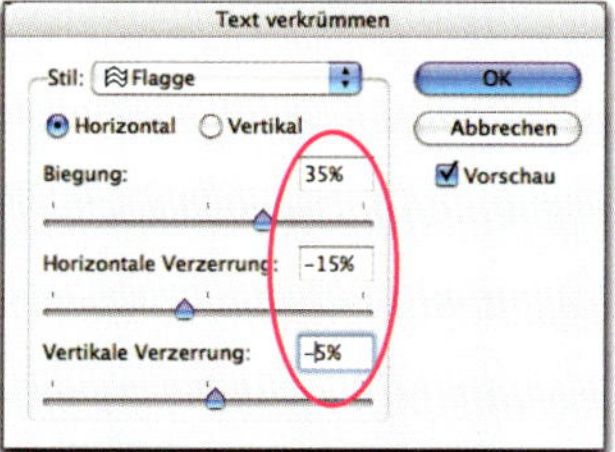

Der letzte Frame wurde erneut dupliziert. Die Textverkrümmung wurde angepasst, um das »H« nach oben zu verschieben **C**. Für die Reflexionsebene wurden entgegengesetzte Werte gewählt. Jetzt wurden dazwischenliegende Frames zum vorhergehenden Frame eingefügt. Unsere fertige Animation bestand schließlich aus 24 Frames.

Geno Andrews animiert eine Formverschiebung

Die Tweening-Funktion in der Animation-Palette von ImageReady und Photoshop (ab CS2) kann Zwischenframes von Positionen, Ebenenstilen, Textverkrümmungen und Deckkraft erstellen – jedoch nicht von einer Form zur nächsten. Um für eine GIF-Animation aus dem Wort »Act« das Wort »Now« zu machen, berief sich Geno Andrews auf einige Illustrator-Talente und vervollständigte die Animation in Photoshop & ImageReady.

Öffnen Sie Genos **Aktionen.gif** Animation in einem Browser oder in ImageReady. Sie können sich auch die Datei **Aktionen.psd** ansehen. Werfen Sie einen Blick in den Zugaben-Ordner auf der beiliegenden Wow DVD-ROM.

Nachdem Geno in Illustrator die Worte »Act« und »Now« geschrieben hatte, wandelte er den Text in Umrisse um, um sechs Zwischenschritte für den Übergang von einem Wort zum anderen zu erstellen. Er wählte »Objekt/Umwandeln«, um die einzelnen Elemente zu trennen. Dann packte er die acht Stadien – zwei Originale und sechs Zwischenschritte – in eigene Ebenen. Er exportierte die Datei als Photoshop-Datei mit Ebenen und öffnete sie in Photoshop. Er wendete auf jede Ebene denselben Stil an ▼ und fügte einen Hintergrund hinzu. (Die Animation-Palette gibt es in Photoshop erst seit Version CS2, vorher ist es nötig, an dieser Stelle zu ImageReady zu wechseln.)

Aus dem Menü der Animation-Palette wählte Geno die Option **Frames aus Ebenen erstellen,** um die Animation automatisch zu erzeugen.

Um den Hintergrund zu jedem Frame hinzuzufügen, klickte er in der Ebenen-Palette auf die Miniatur des Hintergrunds und oben in der Palette dann auf den Button **Ebenensichtbarkeit vereinheitlichen**. **Anschließend klickte er erneut auf den Button**. Er löschte Frame 1 (den Hintergrund), indem er auf die Frame-Miniatur in der Animation-Palette und dann auf den Löschen-Button klickte. Der alte Frame 2 wird zu Frame 1, Frame 3 zu Frame 2 usw.

MEHR DAVON

▼ Zeichnungen von Illustrator nach Photoshop verschieben **Seite 442**
▼ Ebenenstile **Seite 40**

Um vom Wort »Act« zurück zu »Now« zu gelangen, klickte Geno auf den neuen Frame 2 und mit gedrückter ⇧-Taste auf Frame 7, um alle Frames von 2 bis 7 auszuwählen. Er kopierte sie mit dem passenden Befehl aus dem Paletten-Menü und fügte die kopierten Frames zur bestehenden Animation hinzu, indem er auf die Miniatur für Frame 8 klickte und **Frames einfügen** mit der Option **Nach Auswahl einfügen** wählte.

Er wählte die neu eingefügten Frames in der Animation-Palette aus und wählte **Frames umkehren**.

Schließlich änderte er die Dauer für Frame 1 und Frame 8 auf 1 Sekunde, um die Animation bei den Wörtern »Now« und »Act« kurz anzuhalten.

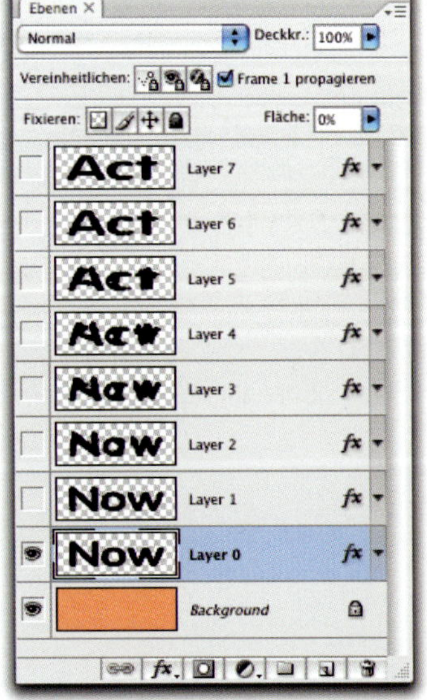

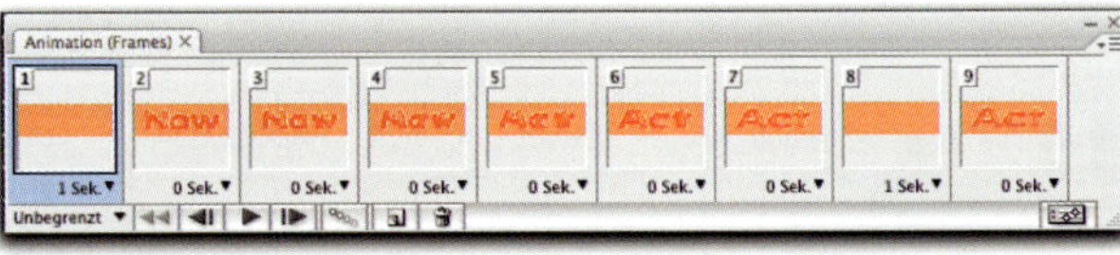

Nach dem Erstellen der Frames aus den Ebenen und vor dem Löschen des ersten Frames.

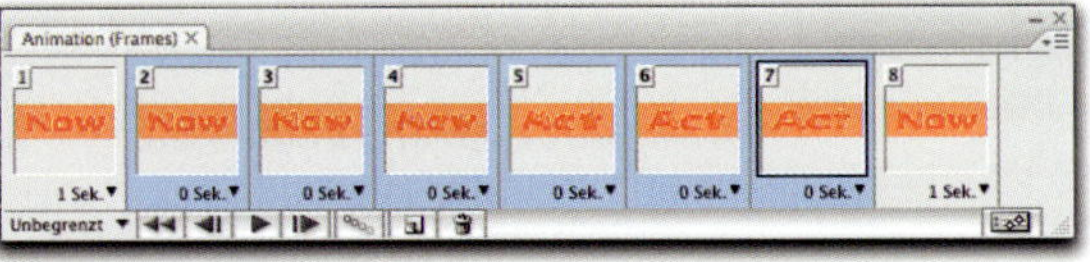

Geno wählte alle inneren Frames aus und kopierte diese.

Für einen sanften Übergang fügte er die kopierten Frames ein und kehrte deren Reihenfolge um.

Mit Aktionen animieren

SIE FINDEN DIE DATEIEN
auf der DVD unter Wow Projektdateien/ Kapitel 10/Mit Aktionen animieren:

- Animiertes Design Vorher
- Animiertes Design Nachher
- Caffein-355.gif und Caffein-100.gif (zum Vergleich)

ÖFFNEN SIE DIESE PALETTEN
aus dem Fenster-Menü:
• Werkzeuge • Ebenen • Aktionen • Animation

ÜBERBLICK
Optimieren Sie die erste Version einer duplizierten Datei • Speichern Sie die Optmierungseinstellungen • Nehmen Sie eine Aktion für eine Animation auf • Exportieren Sie die Datei • Öffnen Sie eine zweite Datei, wenden Sie die Aktion an und exportieren Sie die Datei

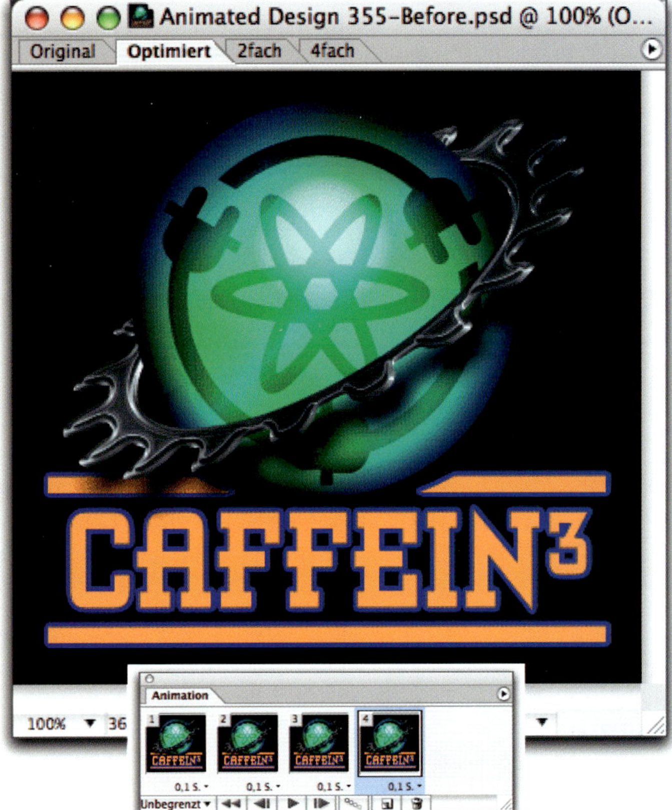

1a

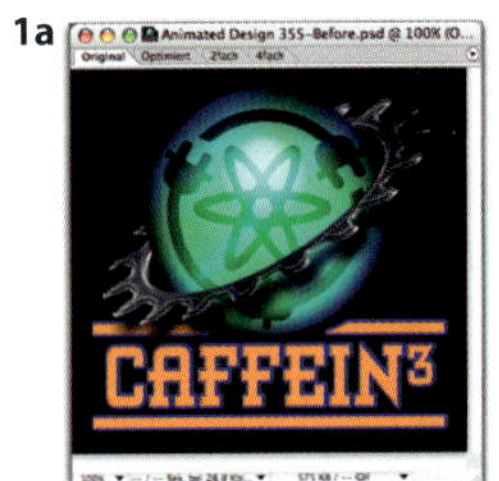

Die Datei **Animiertes-Design-355-Vorher .psd** wurde in Image-Ready geöffnet – die Ebene »Gear 1« ein-, die anderen Ebenen dieser Gruppe ausgeblendet.

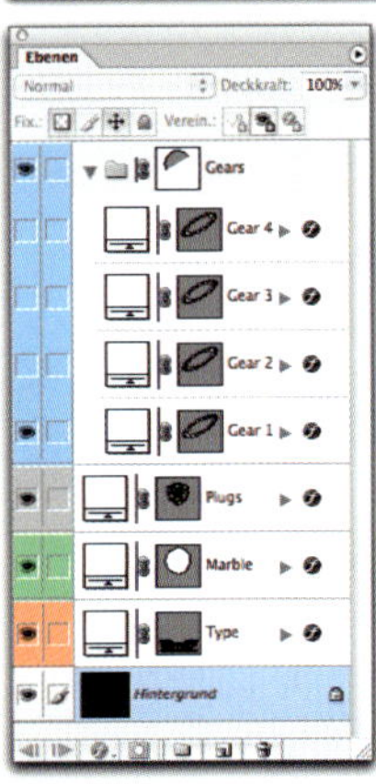

Wenn Sie ein und dieselbe GIF-Animation in verschiedenen Größen erstellen wollen, sparen Sie Zeit, wenn Sie zunächst die Dateien in den verschiedenen Größe anlegen, dann eine Aktion aufnehmen, während Sie eine der Dateien animieren, und die Aktion dann auf eine andere Datei anwenden. Hier animierten wir zwei verschiedene Dateigrößen. Da es seit CS2 eine Animation-Palette in Photoshop gibt, sind für dieses Projekt keine bedingten Aktionen (die es früher nur in ImageReady gab) nötig; in CS2 haben Sie die Wahl zwischen Photoshop und in ImageReady – wir arbeiten hier mit ImageReady.

1 Optimieren Sie zunächst die größere Datei. Wenn Sie die Ebenendatei in Photoshop fertig gestellt und in zwei oder mehr Größen gespeichert haben, öffnen Sie die größte Dateiversion in ImageReady. Unsere Versionen sind 355 Pixel und 100 Pixel hoch – wir öffneten zunächst die größere Datei (**Animiertes-Design-355-Vorher.psd**) **1a**.

1b

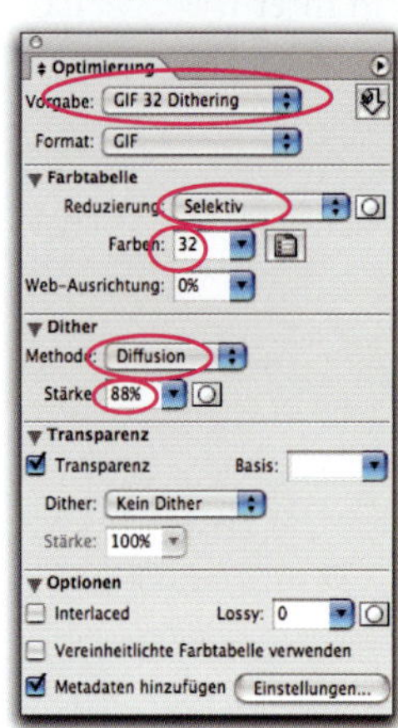

Durch die Wahl von **GIF 32 Dithering** wird eine von Adobes Optimierungsvorgaben geladen, die sich als Ausgangspunkt nutzen lässt.

Öffnen Sie die Optimierung-Palette (in Photoshop die Dialogbox FÜR WEB (UND GERÄTE) SPEICHERN). Klicken Sie im Arbeitsfenster auf den Reiter OPTIMIERT, um eine Vorschau der optimierten Bildversion zu sehen. Beginnen Sie mit der Reduzierung entweder bei Null (nutzen Sie die Methode von Seite 693) oder beginnen Sie mit einer der Vorgaben aus dem Vorgaben-Menü **1b**; wir wählten **GIF 32 Dithering**.

GIF 32 Dithering arbeitet mit einer selektiven Palette – dabei werden die Farben bevorzugt, auf die das menschliche Auge am empfindlichsten reagiert, sowie große einfarbige Bereiche. Hier wird außerdem die Dither-Methode **Diffusion mit 88%** verwendet; dabei wird die Anzahl der benötigten Farben reduziert, indem einige Mischfarben erzeugt werden (Blau und Rot ergeben beispielsweise Violett). In die-sem Bild würden ohne Dithering deutlich mehr Farben verschwinden als mit – das Dithering wirkt sich auch auf die Dateigröße aus.▼

MEHR DAVON

▼ Dithering und Dateigröße **Seite 694**

1c

Um die Dateigröße zu verringern, erhöhten wir die Stärke für das Dithering, senkten die Zahl der Farben und deaktivierten die Option METADATEN HINZUFÜGEN.

Experimentieren Sie nun mit den Einstellungen **1c**:

- Erhöhen Sie den **Dither auf 100%**; auch wenn die Datei dadurch etwas größer wird, verschwinden Farbränder und das Bild sieht deutlich besser aus.
- Um zu sehen, ob Sie **die Anzahl der Farben verringern können**, klicken Sie in das Feld FARBE und drücken Sie die Pfeiltaste nach unten – wenn wir von 30 auf 29 Farben wechseln, sieht unser Bild jedoch deutlich schlechter aus, deshalb blieben wir bei 30.
- Deaktivieren Sie in den Optionen die Checkbox METADATEN HINZUFÜGEN (wenn Copyright-Infos nicht notwendig sind), um die Datei weiter zu verkleinern.
- Wählen Sie für die Lossy-Einstellung den Wert 0. Denn bei dieser Komprimierung werden Störungen im Bild erzeugt. Das muss in den sich bewegenden Bereichen der Animation nicht weiter schlimm sein, allerdings können Störungen auch zu leichten Variationen in statischen Bildbereichen führen, die dann sehr störend wirken.

1d

Verschieben Sie das Orange für das Logo in den Bereich der websicheren Farben.

Klicken Sie in der Farbpalette auf das Farbfeld für das Orange des Textes und anschließend unten in der Palette auf den Button VERSCHIEBT AUSGEWÄHLTE FARBE ZU WEB-PALETTE **1c**. Dadurch stellen Sie sicher, dass auf das Orange kein Dithering angewendet wird. Wählen Sie im Anschluss aus dem Paletten-Menü den Eintrag FARBTABELLE SPEICHERN **1d**. So können Sie dieselben Einstellungen später auch auf die kleinere

1e

Die Farbtabelle speichern

1f

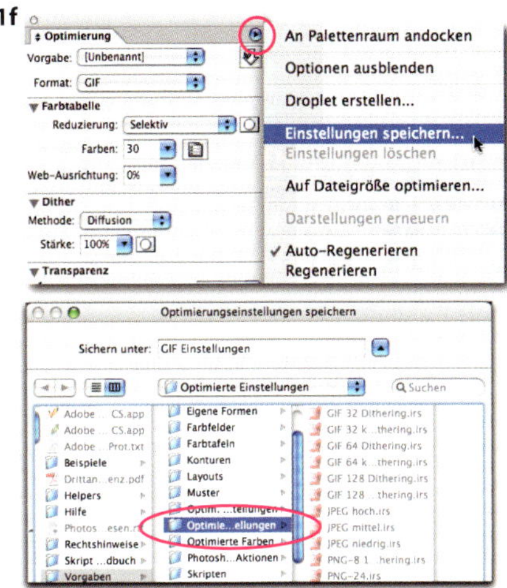

Speichern Sie die Optimierungseinstellungen als Vorgabe. So erscheinen sie im Vorgaben-Menü der Optimierung-Palette.

2a

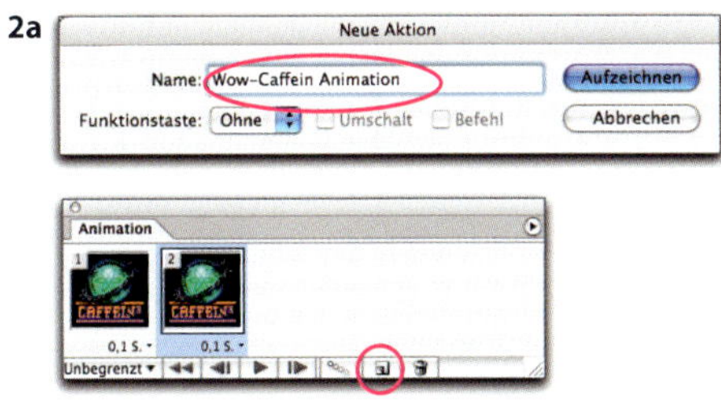

2b

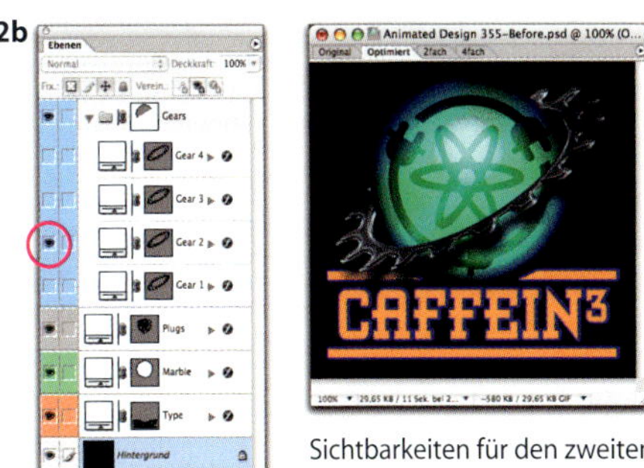

Sichtbarkeiten für den zweiten Frame

Datei anwenden – inklusive angepasster Farbtabelle **1e**; geben Sie der Einstellung einen passenden Namen.

2 Die Datei animieren und eine Aktion aufnehmen. Wählen Sie die Sichtbarkeit der Ebenen in Ihrer Datei so, dass das zu sehen ist, was im ersten Frame der Animation zu sehen sein soll: Klicken Sie dazu auf die entsprechenden Augen-Icons der Ebenen. Wir blendeten alle Logokomponenten ein, inklusive des Ordners, der die Ebenenmaske enthält – allerdings nur eine der **Gear-Ebenen**.

Wir aktivierten den **Hintergrund,** der in allen Frames zu sehen ist (siehe **1a**). Blenden Sie nun für die verschiedenen Frames der Animation die einzelnen Gear-Ebenen ein und aus, um die gewünschte Drehung zu erzeugen. Dadurch, dass der Hintergrund die aktive Ebene ist, kann es nicht passieren, dass eine aktive Ebene unsichtbar ist – was zu Problemen innerhalb der Aktionen hätte führen können.

Haben Sie die Datei für den ersten Frame korrekt eingestellt, klicken Sie unten in der Aktionen-Palette auf NEUE AKTION ERSTELLEN. Geben Sie der Aktion in der Dialogbox einen Namen **2a**, weisen Sie ihr, wenn Sie wollen, eine Funktionstaste zu und klicken Sie auf AUFZEICHNEN.

Weil Photoshop/ImageReady automatisch das aufnimmt, was Sie tun, wählen Sie in den Einstellungen oben in der Optimierung-Palette die gespeicherten Einstellungen aus Schritt 1. Wenn Sie diese anwenden, während die Aktion aufgenommen wird, stellen Sie sicher, dass die Einstellungen Teil der Aktion werden. Laden Sie aus diesem Grund auch die eigene Farbtabelle, die Sie ebenfalls in Schritt 1 gespeichert haben.

Duplizieren Sie im Anschluss den ersten Frame in der Animation-Palette: Klicken Sie unten in der Palette auf den Button AKTUELLEN FRAME DUPLIZIEREN. Passen Sie die Sichtbarkeit der Ebenen so an, dass alles für den zweiten Frame zu sehen ist **2b**. Wir blendeten die Ebene »Gear 1« aus und »Gear 2« ein. **Achtung:** Warten Sie, während Sie die Aktion aufnehmen, darauf, dass die Änderungen auf dem Bildschirm zu sehen sind, bevor Sie einen neuen Frame erstellen. Bei langsameren Computern kann das einen Moment dauern!

Fügen Sie weitere neue Frames hinzu, indem Sie den aktuellen Frame duplizieren und die Ebenensichtbarkeiten anpassen. Wir erstellten einen Frame, in dem die Ebene »Gear 3« sichtbar war **2c** und einen weiteren mit Ebene »Gear 4«. Diese vier Frames

2c

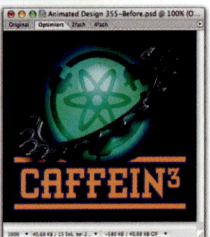

Sichtbarkeiten für den vierten Frame

2d

Alle vier Frames wurden ausgewählt und eine Verzögerung von 0,1 Sekunde gewählt.

2e

Die Aktion wurde aufgenommen, während die Optimierungseinstellungen gewählt wurden.

3

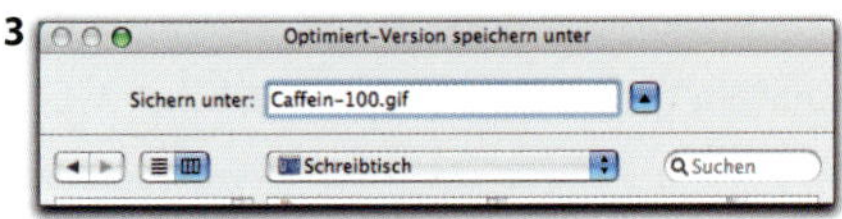

Das zweite, animierte GIF exportieren

reichen aus, denn die Grafiken wurden so angelegt, dass sie ohne Probleme als Schleife abgespielt werden können (wie auf Seite 462 beschrieben).

Legen Sie, während die Aktion aufgenommen wird, die Zeiten für die Animation ein: Aktivieren Sie alle Frames der Animation und klicken Sie unten auf die Zeitangabe eines Frames, um einen Wert aus dem Pop-up-Menü auszuwählen **2d**. Wir wählten **0,1 Sekunden** – das kürzeste Intervall –, um die Animation nicht in der schnellsten Geschwindigkeit wiederzugeben. Aktivieren Sie die Schleifen-Option (klicken Sie unten links in der Palette auf UNBEGRENZT).

Ist die Animation vollständig, können Sie die Aufzeichnung der Aktion beenden, indem Sie unten in der Aktionen-Palette auf den Button ■ klicken **2e**. Geben Sie die Animation wieder, um sie zu überprüfen. (Wenn Sie wollen, können Sie den ersten Schritt »Set Optimization to GIF89a« löschen, indem Sie ihn unten in der Palette auf den Papierkorb ziehen; dieser Schritt war für die Dummy-Vorgabe, damit Sie im Anschluss Ihre eigenen Einstellungen laden können. Es schadet jedoch nichts, wenn Sie diesen Schritt erhalten.)▼

MEHR DAVON

▼ Aktionen bearbeiten
Seite 114

Sehen Sie sich die Animation in einem Browser an, indem Sie auf den Vorschau-Button klicken. In Photoshop befindet sich das Browser-Icon unten rechts in der Dialogbox FÜR WEB (UND GERÄTE) SPEICHERN; in ImageReady in der Werkzeug-Palette. Schließen Sie das Browserfenster im Anschluss wieder. Exportieren Sie die Datei (DATEI/OPTIMIERTE VERSION SPEICHERN UNTER oder in Photoshop durch einen Klick auf den Speichern-Button); wählen Sie in der Dialogbox das Format NUR BILDER.

3 Eine kleinere Version des Bildes optimieren und animieren. Öffnen Sie die zweite Version der Datei, wählen Sie die Sichtbarkeiten für den ersten Frame und aktivieren Sie eine Ebene, die in allen Frames zu sehen ist (z.B. den Hintergrund). Klicken Sie in der Aktionen-Palette auf den Namen Ihrer Aktion und dann auf den Button ▶. Photoshop/ImageReady lädt die Optimierungseinstellungen, erstellt die Frames für die kleinere Animation und passt das Timing an. Ist die größere Datei deutlich größer als die zweite Version, können Sie die Dateigröße weiter optimieren, indem Sie noch weniger Farben auswählen. Sehen Sie sich im Anschluss eine Vorschau an und exportieren Sie die Datei **3**. Wow!

Mit Ebenenkompositionen animieren

SIE FINDEN DIE DATEIEN
auf der DVD unter Wow Projektdateien/Kapitel 10/Animiertes Neon:
- Animiertes-Neon-Vorher.psd
- Animiertes-Neon-Nachher.psd und Animiertes-Neon.gif (zum Vergleich)

ÖFFNEN SIE DIESE PALETTEN
aus dem Fenster-Menü:
- Werkzeuge • Ebenen • Ebenenkomps
- Animation

ÜBERBLICK
Erstellen Sie einen Alphakanal, um den Hintergrund zu schützen • Ebenendeckkraft und Stile für Ebenenkomps anpassen • Frames aus Ebenenkomps erstellen • Mit der Lossy-Komprimierung und Alphakanal optimieren • Vorschau im Browser

Falls Ihre Animation aus Grafiken besteht, die auf Ebenen liegen, und sich die Ebenendeckkraft, Füllmethoden oder Ebenenstile ändern sollen, sind Ebenenkompositionen ganz nützlich, um die verschiedenen Stadien der Grafik aufzuzeichnen. Ebenenkompositionen sind besonders für Animationen hilfreich, bei denen sich Frames an verschiedenen Punkten der Animation wiederholen. Wahrscheinlich verstehen Sie unser Anliegen besser, wenn Sie sich zunächst die Datei Animiertes Neon.gif ansehen. Öffnen Sie die Datei in ImageReady; klicken Sie dort in der Werkzeug-Palette auf den Button DOKUMENT-VORSCHAU oder sehen Sie sich die Vorschau im Browser an.

1

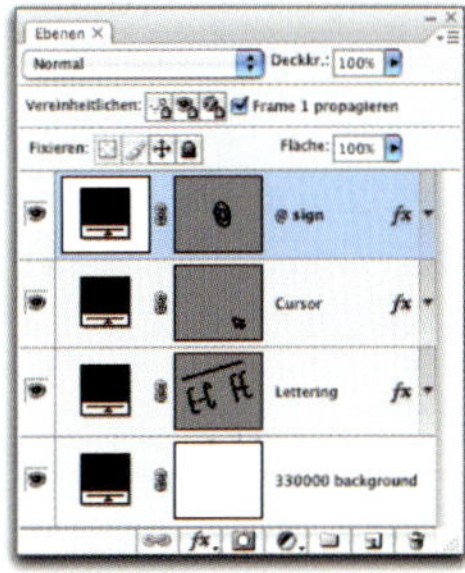

Durch einen Klick auf den Button NEUE FÜLL- ODER EINSTELLUNGSEBENE ERSTELLEN wurde eine Volltonfarbebene hinzugefügt. Im Farbwähler gaben wir den Hexadezimalwert des Webhintergrunds ein (330000).

1 Die Grafiken vorbereiten. **Animiertes Neon-Vorher.psd** wurde aus der Datei von Seite 550 entwickelt. Die Datei ist kleiner als das Original und die Ebenenstile wurden entsprechend angepasst, damit sie zum dunklen Hintergrund der Website passen (Hexadezimal 33000) **1**.

2 Einen Alphakanal für eine gewichtete Optimierung erstellen. Im eingeschalteten Zustand hellt das Neonschild auch den Hintergrund auf. Dadurch entstehen viele verschiedene Farbschattierungen. Die Lossy-Komprimierung, die in der Optimierung-Palette zur Verfügung steht, kann mit verschiedenen Farben ganz gut umgehen, erzeugt oft jedoch flaue Farben. Um den einfarbigen Hintergrund vor Farbstreifen zu schützen, erstellten wir einen Alphakanal, den wir als Maske verwendeten, um die Lossy-Komprimierung auf die Neonröhren und den Schein außen herum zu begrenzen.

2a

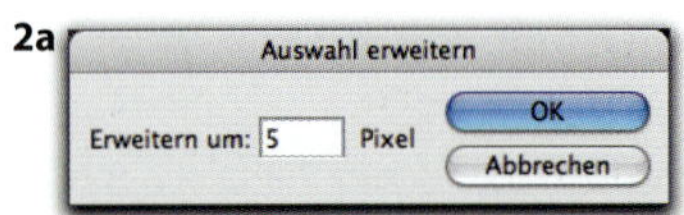

Wir wählten das Neon aus, wählten dann AUSWAHL/AUSWAHL VERÄNDERN/AUSWAHL ERWEITERN.

2b

Erstellen Sie eine weiche Kante für die Auswahl.

2c

Die Auswahl wurde umgekehrt, um den Hintergrund auszuwählen und als Alphakanal zu speichern. Diesen verwenden wir als Maske, um den Hintergrund vor der Lossy-Komprimierung zu schützen.

Für die Alphakanalmaske luden wir die Grafik als Auswahl, indem wir mir gedrückter ⌘-Taste (PC: Strg) auf die Ebenenminiatur in der Ebenen-Palette, im Anschluss mit ⇧-⌘ (PC: ⇧-Strg) auf die anderen beiden Grafikebenen klickten. Um etwas Platz um die Grafiken zu schaffen (für den Schein), erweiterten wir die Auswahl (AUSWAHL/AUSWAHL VERÄNDERN/AUSWAHL ERWEITERN; 5 Pixel) **2a**. Um den Übergang zwischen den geschützten und den nicht geschützten Bereichen etwas zu glätten, aktivierten wir eine weiche Auswahlkante (AUSWAHL/AUSWAHL VERÄNDERN/WEICHE KANTE; 5 Pixel) **2b**. Schließlich kehrten wir die Auswahl um, um den Hintergrund auszuwählen (⌘/Strg-⇧-I). Wir verwandelten den Hintergrund in einen Alphakanal (AUSWAHL/AUSWAHL SPEICHERN) **2c**.

3 Die Ebenenkomps anlegen. Um flackerndes Neon zu erzeugen, erstellten wir Ebenenkomps für »all on« und »all off« und zwei weitere – ein Stadium, bei dem nur das @-Zeichen leuchtet und eins, bei dem @ und Cursor leuchten.

- Um die Ebenenkomp für zu erstellen, müssen alle Ebenen der Datei sichtbar sein. Klicken Sie anschließend unten in der Ebenenkomps-Palette auf NEUE EBENENKOMP. ERSTELLEN. Aktivieren Sie in der Dialogbox die beiden Checkboxen SICHTBARKEIT und AUSSEHEN (EBENENSTIL) **3a**. kontrolliert, ob die Ebene zu sehen ist und kontrolliert alles, was in der Ebenenstil-Dialogbox festgelegt werden kann, inklusive Ebenendeckkraft. Benennen Sie die Ebenenkomp mit »all on« (verwenden Sie treffende Namen, um die Ebenenkomps später leichter zu finden) und klicken Sie auf OK, um die Dialogbox wieder zu schließen.
- Für die Ebenenkomp reduzieren Sie in der Ebenen-Palette die Deckkraft der Grafikebenen; wir wählten 50%. Klicken Sie ebenfalls in der Ebenen-Palette auf die Ebenenstil-Icons *fx*, um die Ebenenstile einzublenden **3b**. Klicken Sie in der Ebenenkomps-Palette auf den -Button, geben Sie den Namen »all off« ein und klicken Sie auf OK, um die Ebenenkomposition zu speichern.

3a

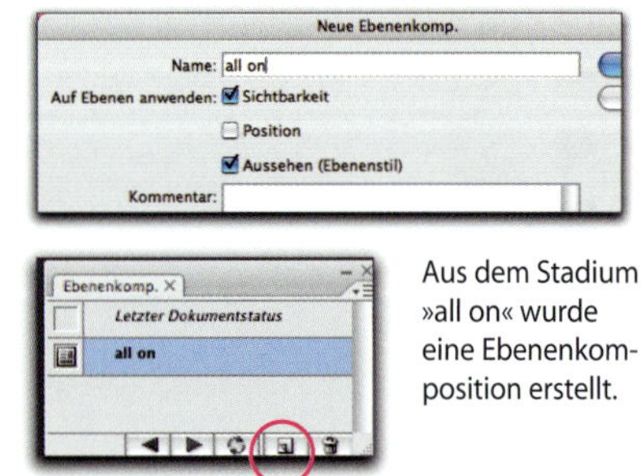

Aus dem Stadium »all on« wurde eine Ebenenkomposition erstellt.

3b

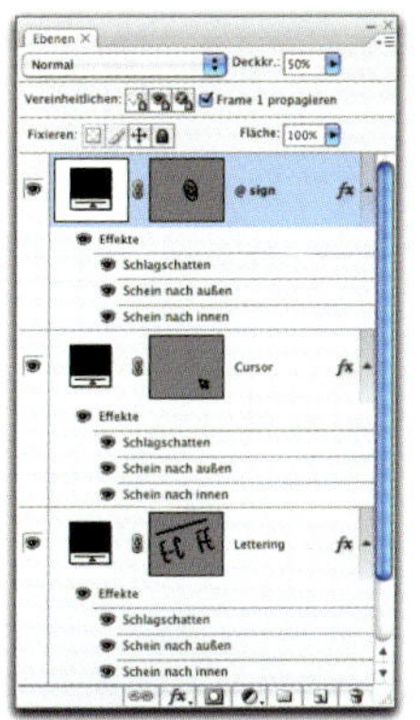

Reduzieren Sie die Ebenendeckkraft und blenden Sie den Schlagschatten sowie den Schein nach außen aus, bevor Sie die Ebenenkomp »all off« erstellen.

3c

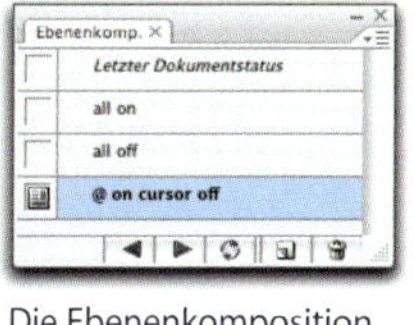

Die Ebenenkomposition »@ on cursor off«

3d

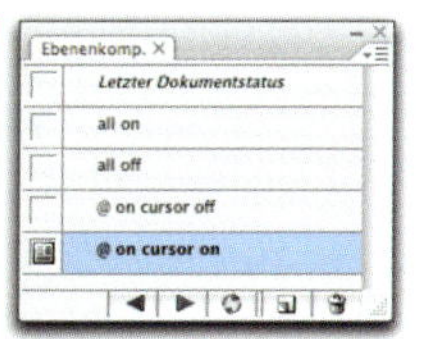

Die Ebenenkomposition »@ on cursor on«

4a

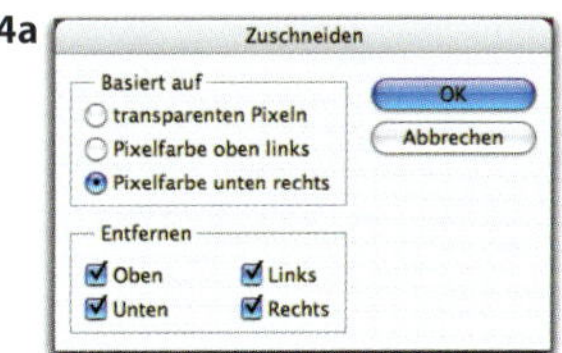

Der Befehl BILD/ZUSCHNEIDEN

- Stellen Sie für die Ebenenkomposition »@ on cursor off« die Deckkraft der @-Ebene wieder auf 100% und blenden Sie auch den Schlagschatten und den Schein nach außen ein. Klicken Sie auf den Button NEUE EBENENKOMP. ERSTELLEN und speichern Sie diesen Zustand **3c**.
- Nun brauchen wir noch die Ebenenkomposition »@ on cursor on«. Hierfür müssen Sie zusätzlich zum @-Zeichen die Deckkraft der Cursorebene sowie deren Ebenenstile wiederherstellen bzw. einblenden. Klicken Sie auf ⊡, vergeben Sie einen Namen und speichern Sie die Ebenenkomp **3d**.

4 Die Größe verringern. Um die Dateigröße zu verringern, aber trotzdem einen nahtlosen Übergang von der Grafik zum Hintergrund zu gewährleisten, entfernen Sie überflüssigen Hintergrund, ohne dabei jedoch die weichen Kanten des Scheins zu entfernen: Blenden Sie die Ebenenkomposition »all on« ein, da diese den hellsten Schein aufweist. Wählen Sie im Anschluss BILD/ZUSCHNEIDEN; aktivieren Sie die Option PIXELFARBE UNTEN RECHTS (oder PIXELFARBE OBEN LINKS) und alle vier Entfernen-Optionen **4a**.

Um die Datei zu verkleinern (unsere Zielhöhe beträgt 200 Pixel), wählen Sie BILD/BILDGRÖSSE **4b**. Aktivieren Sie alle drei Checkboxen in der linken unteren Ecke. Geben Sie für die Höhe 200 Pixel ein und klicken Sie auf OK.

5 Die Animationsframes erstellen. Arbeiten Sie mit einer Photoshop-Version ab CS2, bleiben Sie in Photoshop. Wechseln Sie ansonsten zu ImageReady, um Zugang zur Animation-Palette zu haben; die erstellten Ebenenkompositionen bleiben der Datei erhalten.

Nutzen Sie in einem der Programme die Ebenenkomposition, um die Animationsframes zu erstellen:

- **Erster Frame:** In der Animation-Palette wird der erste (und einzige) Frame ausgewählt. Klicken Sie in der Ebenenkomp-Palette in das Kästchen für »all on«, um dieses Stadium auszuwählen **5a**.
- **Zweite Frame:** Klicken Sie unten in der Animation-Palette auf den Button AUSGEWÄHLTEN FRAME DUPLIZIEREN ⊡, um einen zweiten Frame hinzuzufügen. Um den Inhalt des Frames zu ändern, blenden Sie die Ebenenkomp »all off« ein.
- **Dritter Frame:** Klicken Sie in der Animation-Palette auf den Button ⊡, um einen dritten Frame zu erstellen. Wählen Sie in der Ebenenkomp-Palette »@ on cursor on« **5b**.

4b

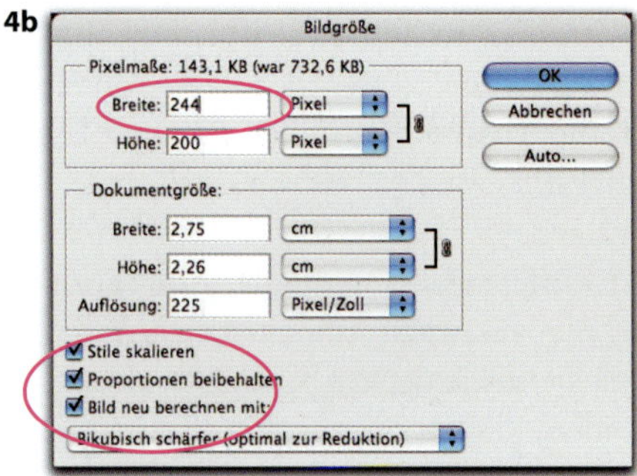

Verringern Sie die Pixelmaße für eine kleinere Datei.

5a

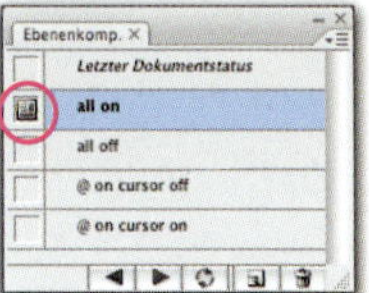

Aktivieren Sie »all on« für Frame 1.

5b

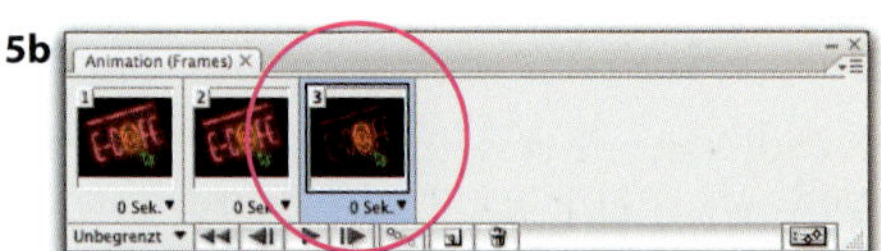

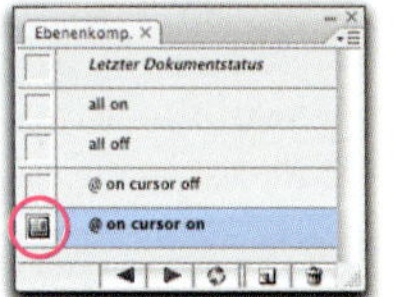

Frame 3

6a

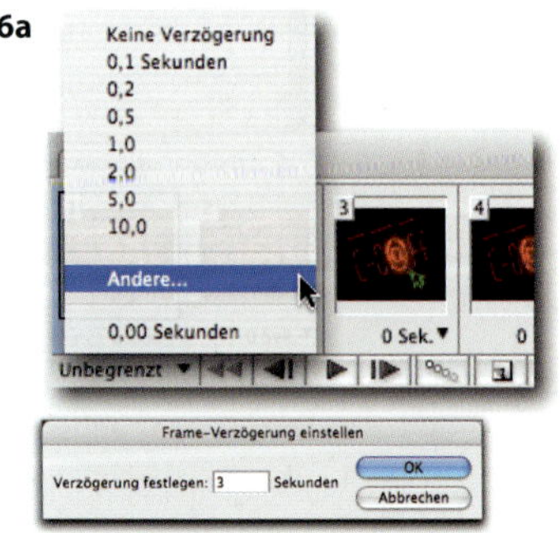

Wählen Sie für Frame 1 eine Verzögerung von 3 Sekunden.

- **Vierter Frame:** Fügen Sie einen weiteren Frame für die Ebenenkomposition »@ on cursor off« hinzu.
- **Fünfter Frame:** Erstellen Sie einen letzten Frame, erneut für die Ebenenkomp »@ on cursor on«.

6 Das Timing anpassen. Stellen Sie nun das Timing für die Animation ein, indem Sie auf die Zeitanzeige einer der Frames klicken und aus dem Pop-up-Menü einen Eintrag wählen. Wir wollen den Cursor flackern lassen, allerdings nicht im gleichen Takt wie das @-Zeichen, damit die Animation interessanter wird. Wir wählten für den ersten Frame eine Verzögerung von 3 Sekunden, indem wir aus dem Menü den Eintrag ANDERE wählten und in die Dialogbox den entsprechenden Betrag eingaben **6a**. Für den zweiten Frame wählten wir 2 Sekunden, für den dritten 0,5, für den vierten 0,1 und für den fünften 0,5 Sekunden (das @ leuchtet in den Frames 3 bis 5 über eine Sekunde, so dass nur der Cursor flackert).

Wählen Sie unten links in der Animation-Palette eine Schleifenoption; wir wählten ANDERE und gaben in die Dialogbox den Wert 5 ein **6b**. Wenn Sie auf den Wiedergabebutton ▶ klicken, sehen Sie eine Vorschau der Animation. Nehmen Sie nötige Anpassungen vor (z.B. an der Zeit) und testen Sie die Animation erneut.

7 Optimieren. Um die Dateigröße für einen schnellen Download zu verringern, wählen Sie aus dem Menü der Animation-Palette ANIMATION OPTIMIEREN und aktivieren Sie beide Checkboxen. Falls Sie mit Photoshop CS2 oder höher arbeiten, öffnen Sie die Dialogbox FÜR WEB UND GERÄTE SPEICHERN. Wählen Sie in Photoshop oder ImageReady den Frame mit den meisten Farbvariationen aus (hier Frame 1) und klicken Sie auf den Reiter OPTIMIERT, um die Änderungen direkt nachverfolgen zu können.

Wählen Sie in der Optimieren-Palette **7a** eine Reduktionsmethode; wir entschieden uns für SELEKTIV sowie für einen Diffusion-Dither von 100%, um die Farbblöcke zu vermeiden, die bei einer drastischen Reduzierung der Farbanzahl sonst auftreten können. Wählen Sie wichtige Farben mit der Pipette aus und fixieren Sie diese ; schließen Sie die Hintergrundfarbe mit ein. Für diese Animation wiederholten wir die Auswahl und Fixierung der Farben auch für Frame 2. So schützten wir alle wichtigen Farben und konnten die Gesamtanzahl der Farben auf 64 reduzieren **7a**.

Prüfen Sie, ob Sie mithilfe der Lossy-Einstellungen die Dateigröße noch weiter verringern können. Klicken Sie auf das Masken-Icon und wählen Sie in der Dialogbox den Alphakanal aus, den Sie in Schritt 2 erstellt haben. Experimentieren Sie mit den Einstellungen **7b** – wir verschoben den linken Regler ganz nach

6b

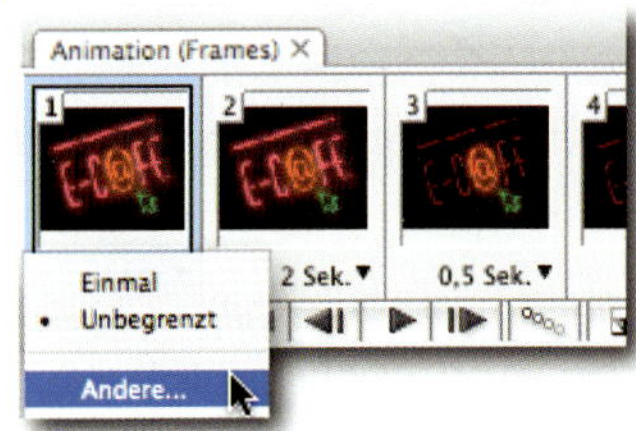

Wählen Sie ANDERE und geben Sie in die Dialogbox einen Wert von 5 ein.

7a

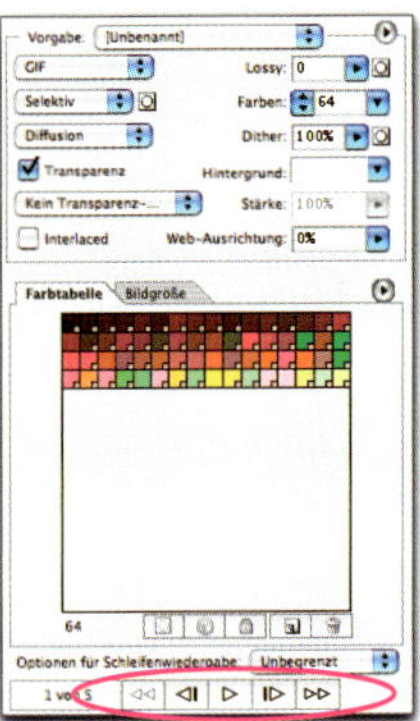

Optimierung mit selektiven und fixierten Farben in den Frames 1 und 2 – die Gesamtanzahl der Farben wurde auf 64 reduziert. In Photoshop lassen sich zur Vorschau die Steuerungen unter der Farbtabelle nutzen.

7b

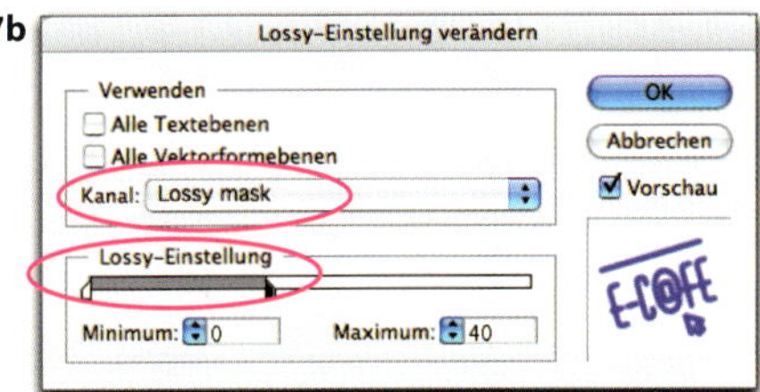

Minimum steht bei 0, um die weißen Bereiche der Maske zu schützen. Wir wählten als Maximum 40.

8

Stellen Sie die Hintergrundfarbe für die Vorschau im Browser ein.

9

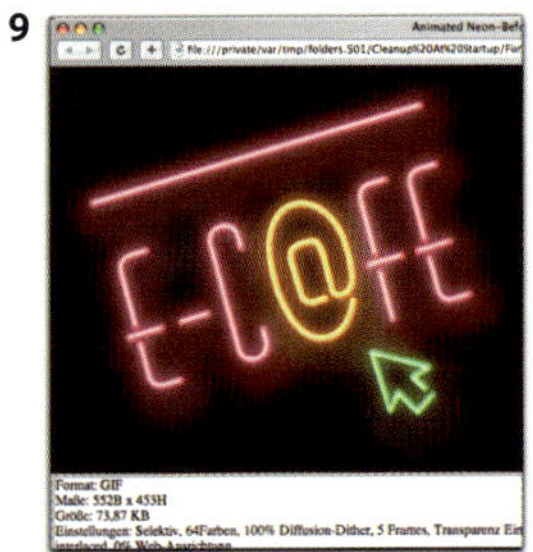

Vorschau im Browser vor dem Hintergrund der Website.

links (auf Null) und wählten den rechten Regler klein genug, damit nicht zu viele Störungen im Bild entstehen **7b**. Unser Alphakanal konzentriert die Lossy-Komprimierung um das Neon (die schwarzen Bereiche des Alphakanals) und schützt den Hintergrund (den weißen Bereich der Maske) vor Artefakten. Klicken Sie im Anschluss auf OK, um die Dialogbox zu schließen.

8 Vorschau im Browser. Sobald Sie die Komprimierung gewählt haben, sehen Sie sich die Animation am besten in der Browservorschau an **8**:

- Aktivieren Sie in Photoshop ab CS2 die Für-Web-speichern-Pipette und klicken Sie damit in eine Ecke des Bildes, um die Hintergrundfarbe erneut aufzunehmen. Wählen Sie aus dem Paletten-Menü AUSGABEEINSTELLUNGEN BEARBEITEN. Wählen Sie in der Dialogbox aus dem zweiten Menü von oben HINTERGRUND und dann PIPETTENFARBE.
- Aktivieren Sie in ImageReady die Pipette und nehmen Sie die Hintergrundfarbe heraus. Wählen Sie DATEI/AUSGABEEINSTELLUNGEN/HINTERGRUND und wählen Sie im Menü HINTERGRUNDFARBE den Punkt VORDERGRUNDFARBE.

Klicken Sie auf OK und sehen Sie sich die Browservorschau an. Sollten Probleme auftauchen, passen Sie die Einstellungen für die Lossy-Komprimierung oder die Anzahl der Farben an.

9 Die Animation exportieren. Sieht die Browservorschau gut aus, können Sie das animierte GIF speichern:

- Klicken Sie in Photoshop auf den Button FÜR WEB SPEICHERN.
- In ImageReady wählen Sie DATEI/OPTIMIERTE VERSION SPEICHERN UNTER.

Geben Sie der Datei einen Namen und wählen Sie das Format NUR BILDER (weil die Datei keine Links enthält). Klicken Sie dann auf SPEICHERN.

ADAPTIV KÖNNTE IDEAL SEIN

Probieren Sie in der Optimieren-Palette auch die Option ADAPTIV, wenn es sich um eine Grafik mit wenigen Farbtönen, aber vielen Abstufungen handelt.

Frame für Frame animieren

SIE FINDEN DIE DATEIEN
auf der DVD unter Wow Projektdateien/ Kapitel 10/Frame-fuer-Frame:

- Katzenanimation-Vorher.psd
- Katzenanimation-Nachher.psd und Katzenanimation-Nachher.gif (zum Vergleich)

ÖFFNEN SIE DIESE PALETTEN
aus dem Fenster-Menü:

- Werkzeuge • Ebenen
- Animation

ÜBERBLICK
Setzen Sie die Frames einer Animation durch Verschieben, Transformieren und Bearbeiten der Komponenten zusammen • Das Timing anpassen • Eine Ebene für jeden Frame erstellen • Ebenen kopieren, Kopien filtern und mit dem Original kombinieren• Die Animation optimieren und speichern

Auch wenn es ausgeklügeltere Möglichkeiten gibt, Animationen für das Web zu erstellen (z.B. vektorbasierte Flash-Animationen), kann eine einfache Animation im GIF-Format in jedem Browser betrachtet werden, der Grafiken unterstützt. Wir begannen hier mit gezeichneten Elementen, die zusammengesetzt, bearbeitet und animiert wurden, um einen Cartoon bestehend aus sechs Frames zu erstellen. Mithilfe des Filters FOTOKOPIE fügten wir etwas Tiefe und Bewegung hinzu. Um bei der finalen Größe unserer Animation flexibel zu sein, begannen wir unsere Arbeit bei 200%.

Es gibt verschiedene Möglichkeiten, das Timing einer Bewegung in einer Animation zu kontrollieren. Sehen Sie sich die Datei an, indem Sie sie in ImageReady öffnen und die Browservorschau wählen:

- Die Maus rennt mit unterschiedlicher Geschwindigkeit über den Bildschirm. Das rührt hauptsächlich daher, dass sich das Tier in einigen Frames weiter bewegt als in anderen. Ähnliche Effekte lassen sich erreichen, wenn der Kopf, die Pfote oder der Schwanz mal in einem kleineren und mal in einem größeren Bogen bewegt werden. Diese Änderungen wurden bei der Zusammensetzung der Frames Schritt für Schritt vorgenommen.
- Bevor die Maus erscheint, gibt es eine lange Pause, wenn die Katze nach der Maus angelt, gibt es nur eine kurze Pause. Diese Pausen wurden nach der Erstellung der Frames angelegt – die Verzögerung dieser beiden Frames wurde erhöht.
- Die feinen Bewegungen der Muskeln rühren vom Filter FOTOKOPIE her.

1 Die Grafiken vorbereiten. Arbeiten Sie mit Photoshop oder ImageReady – beide Programme funktionieren bis auf einige Ausnahmen, auf die wir hinweisen, identisch. Öffnen Sie die Datei mit den benötigten Grafiken für die Animation oder die Datei **Katzenanimation-Vorher.psd 1a**.

1a

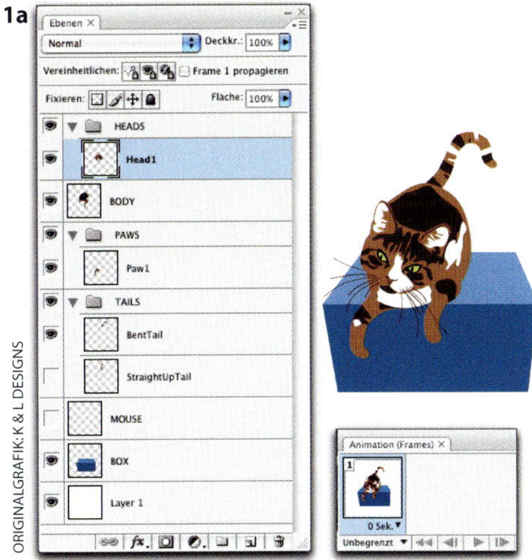

ORIGINALGRAFIK: K & L DESIGNS

In der Datei **Katzenanimation-Vorher.psd** wurde die Ebenensichtbarkeit für Frame 1 gewählt. Arbeiten Sie mit einer eigenen Datei, klicken Sie auf die entsprechenden Augen-Icons, um festzulegen, was in Frame 1 zu sehen sein soll und was nicht.

Unsere Datei beinhaltet den Kopf der Katze, ihren Körper, eine Pfote, zwei Versionen des Schwanzes (gebogen und gerade aufgerichtet), eine Maus, den blauen Kasten und den weißen Hintergrund – die Ebenen wurden der Übersichtlichkeit halber in Gruppen organisiert. Körper der Katze und blauer Kasten sind in allen Frames der Animation zu sehen und bewegen sich nicht. Die anderen Elemente lassen sich nach Bedarf ändern und duplizieren.

Bevor Sie die Frames erstellen, deaktivieren Sie in Photoshop CS2/CS3 oben in der Ebenen-Palette die Option FRAME 1 PROPAGIEREN **1b**; in ImageReady müssen Sie die Option im Paletten-Menü deaktivieren. Falls Sie Frame 1 später bearbeiten müssen, ändern Sie dadurch nicht auch versehentlich die anderen Frames. (Deaktivieren Sie die Option, wenn Frame 1 aktiv ist, es sei denn, die Änderung soll auf alle Frames angewendet werden, dann können Sie die Option vorübergehend wieder aktivieren.) Deaktivieren Sie im Menü der Animation-Palette auch die Option NEUE EBENEN IN ALLEN FRAMES SICHTBAR.

1b

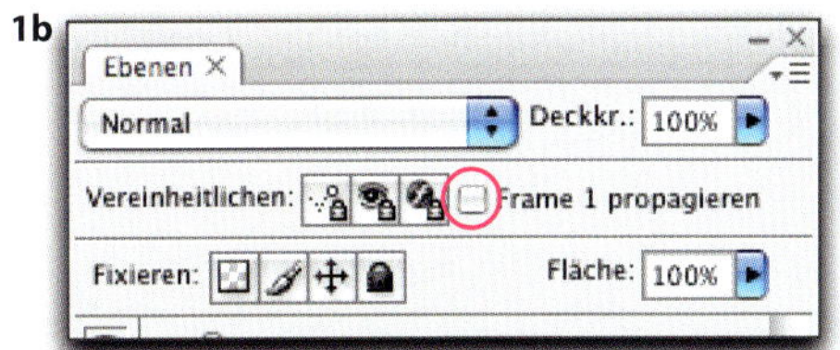

In der Ebenen-Palette wurde die Option FRAME 1 PROPAGIEREN deaktiviert, damit der erste Frame später jederzeit bearbeitet werden kann.

Um die Szene des ersten Frames zu erhalten, erstellen Sie einfach einen zweiten, der dann aktiv wird: **1c**. Ihr erster Frame ändert sich nun nicht, wenn Sie den zweiten bearbeiten.

1c

Klicken Sie auf den Button AUSGEWÄHLTEN FRAME DUPLIZIEREN, um Frame 1 zu kopieren. Änderungen, die Sie nun im Bild vornehmen, sind in Frame 2 zu sehen.

2 Animation durch Transformation: Frame 2. Trans-formieren Sie nun die Komponenten der Grafik nach Bedarf, um die einzelnen Frames der Animation zu erstellen. Die Änderungen in sind Folgende: die Maus erscheint und der Kopf der Katze bewegt sich, da die Maus die Aufmerksamkeit auf sich zieht. Blenden Sie in der Ebenen-Palette die Ebene »MOUSE« ein, indem Sie auf deren Augen-Icon klicken. Klicken Sie dann auf die Miniatur für »Head1« und duplizieren Sie diese mit ⌘-J (PC: Strg-J) **2a**. Drehen Sie den Kopf gegen den Uhrzeigersinn, damit die Maus nach rechts blickt. Drücken Sie dazu ⌘-T und ziehen Sie den gebogenen, doppelten Pfeil gegen den Uhrzeigersinn **2b**; klicken Sie doppelt innerhalb des Transformieren-Rahmens, um ihn zu schließen. Wir malten mit dem Pinsel Änderungen in die Augen **2c**, hielten dabei die ⌥/Alt-Taste gedrückt, um Farben aufzunehmen.▼ Ist der zweite Frame vollständig, klicken Sie erneut auf den Button um den dritten Frame zu erstellen **2d**.

3 Animation durch Transformation: Frame 3. Ziehen Sie in Frame 3 die Ebene »MOUSE« mit dem Verschieben-Werkzeug etwas weiter nach links **3a**. **Klicken Sie unten in der Animation-Palette auf den Button für den vierten Frame 3b.**

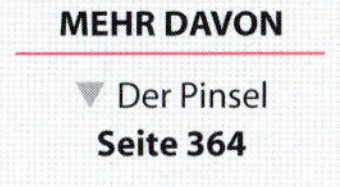
MEHR DAVON
▼ Der Pinsel
Seite 364

2a 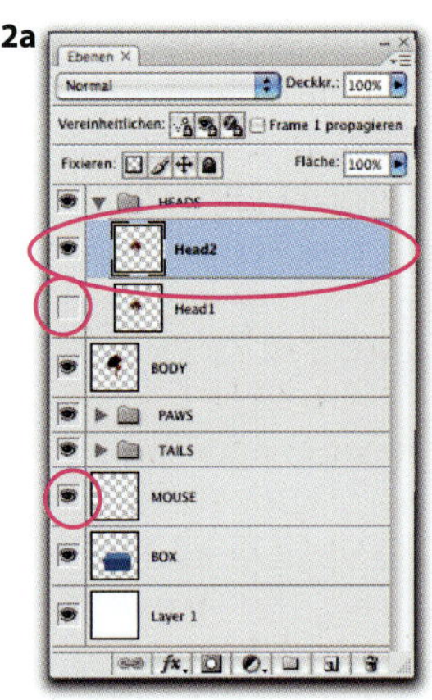

Für Frame 2 wurde die Ebene »MOUSE« eingeblendet, die Ebene »Head1« dupliziert und umbenannt (»Head2«). Die Ebene »Head1« wurde ausgeblendet.

2b 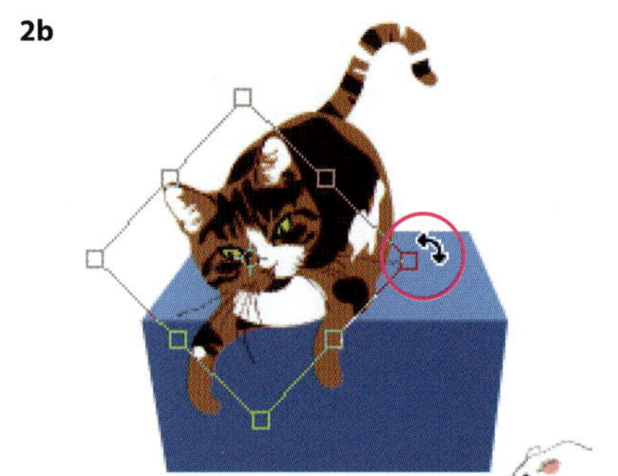

»Head2« wurde in Richtung Maus gedreht.

2c 

Die Augen wurde neu gemalt, damit die Katze die Maus anschaut – die Farben wurden aus der Grafik aufgenommen.

2d 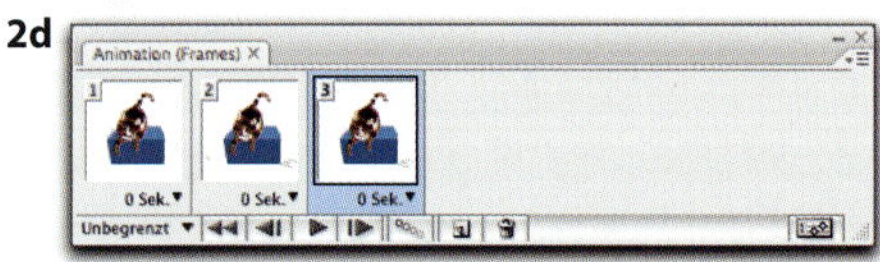

Duplizieren Sie Frame 2, wenn er vollständig ist, um Frame 3 zu beginnen.

MEHR DAVON

▼ Der Zeichenstift
Seite 435

4 Animation durch Transformation: Frame 4. Nutzen Sie für diesen Frame das Verschieben-Werkzeug und ziehen Sie die Maus direkt vor die Katze. Klicken Sie in der Ebenen-Palette direkt auf die Miniatur der Ebene »Head1« und drücken Sie ⌘-J (PC: Strg-J), um die Ebene »Head3« zu erstellen – blenden Sie diese Ebene ein und Ebene »Head2« aus. Drehen Sie die neue Ebene und malen Sie die Augen so, dass die Katze auf die Maus schaut. Blenden Sie die Ebene »BentTail« aus und die Ebene »StraightUpTail« ein **4a**.

Um die Pfote auszufahren, duplizieren Sie Ebene »Paw1«. Es entsteht Ebene »Paw2«. Blenden Sie das Original aus. Blenden Sie mit ⌘-T (PC: Strg-T) den Frei-transformieren-Rahmen ein. Ziehen Sie den Mittelpunkt der Drehung auf die Schulter **4b**. Drehen Sie den Rahmen im Anschluss gegen den Uhrzeigersinn,

Hilfslinien für Bewegungen

Eine vorübergehende **Hilfslinie** hilft, weiche Bewegungen zu erzeugen. Aktivieren Sie dazu die oberste Ebene der Datei, klicken Sie unten in der Ebenen-Palette auf den Button NEUE EBENE ERSTELLEN und aktivieren Sie den Zeichenstift im Pfade-Modus, um einen Bogen zu zeichnen.▼ Damit der Bogen leichter zu sehen ist, malen Sie den Pfad mit dem Pinsel nach und klicken Sie unten in der Pfade-Palette auf den Button ○ . Blenden Sie diese Ebene einfach aus, wenn Sie sie nicht benötigen, damit sie in der Animation nicht zu sehen ist.

Um die Geschwindigkeit der Bewegung zu kontrollieren, ist ein **Raster** ganz hilfreich, das die Bewegung in gleichmäßige Abschnitte einteilt. Wählen Sie ANSICHT/EINBLENDEN/RASTER und im Anschluss PHOTOSHOP/VOREINSTELLUNGEN/HILFSLINIEN, RASTER & SLICES und wählen Sie dort für die Unterteilungen 1 – werfen Sie dabei einen Blick ins Arbeitsfenster, damit Sie ausreichend Zeilen und Spalten erzeugt haben.

Um die aktuelle Ebene mit einem Element auszurichten, das in einem vorhergehenden Frame verwendet wurde, probieren Sie es mit der klassischen »Zwiebelschichten-Methode«. Blenden Sie die aktuelle Ebenen ein sowie die Ebenen, mit denen Sie sie vergleichen wollen. Verringern Sie dann die Deckkraft (versuchen Sie es mit 50%) für eine oder mehr Ebenen und richten Sie sie entsprechend aus. Stellen Sie im Anschluss die volle Deckkraft (100%) der aktuellen Ebene wieder her und blenden Sie die Ebenen aus, die nicht im Frame zu sehen sein sollen.

JHDAVIS, GRAFIK: HAVANA STREET, IN THE MOOD

Eine gemalte Hilfslinie, ein Raster und eine verringerte Ebenendeckkraft helfen, weichere, gleichmäßigere Bewegungen zu erzeugen. Sind alle Elemente richtig positioniert, können Sie Hilfslinie und Raster ausblenden und die Ebenendeckkraft der Ebenen anpassen.

3a

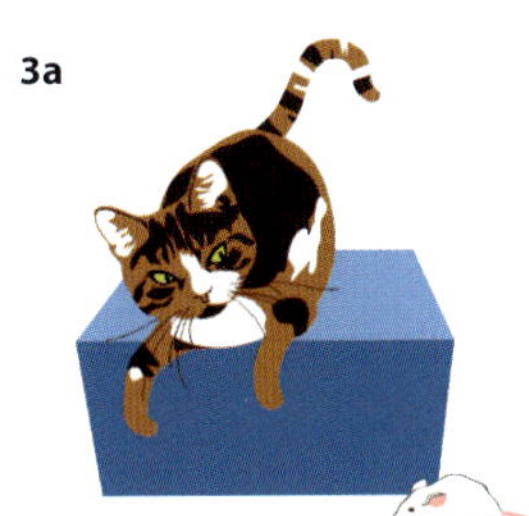

In Frame 3 wurde die Ebene »MOUSE« leicht bewegt.

3b

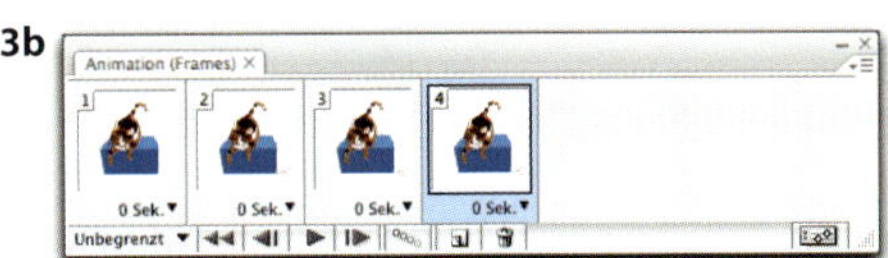

Duplizieren Sie Frame 3 für Frame 4.

4a

In Frame 4 bewegt sich die Maus über eine längere Distanz, der Kopf der Katze dreht sich, die Augenlider schließen sich etwas, der Schwanz ist gerade aufgerichtet.

4b

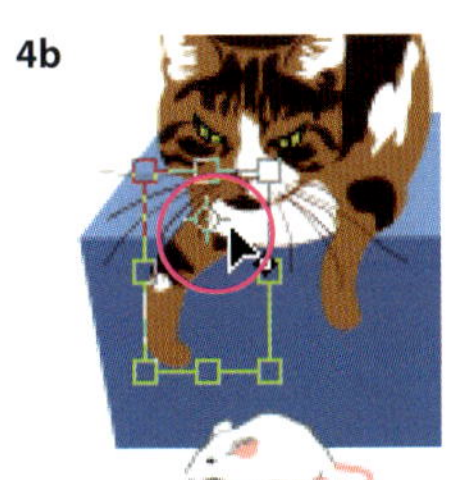

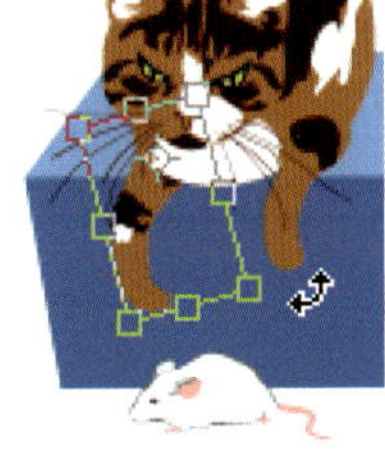

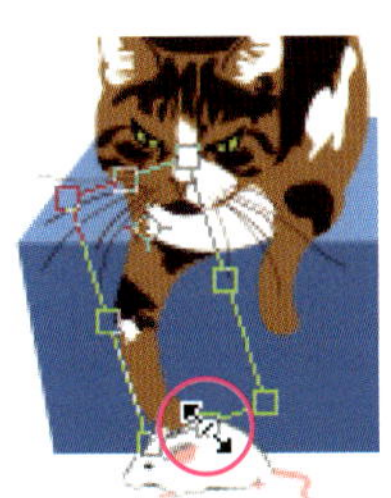

Verschieben Sie den Mittelpunkt der Drehung in der Ebene »Paw2« auf die Schulter (oben links). Drehen Sie die Ebene (oben rechts) und verlängern Sie die Pfote.

4c

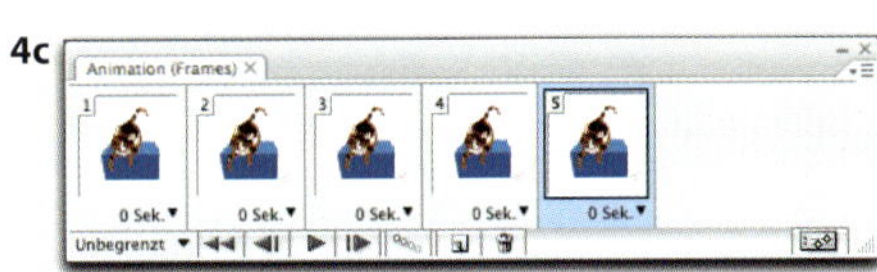

Für Frame 5 wurde ein neuer Frame erstellt.

bis die Pfote nach unten zeigt und die Schulter den Drehpunkt für die Bewegung darstellt. Ziehen Sie im Anschluss den unteren Griffpunkt des Rahmens nach unten, um die Pfote zu verlängern. Frame 4 ist nun vollständig. Klicken Sie auf den Button , um den fünften Frame zu erstellen **4c**.

5 Animation durch Transformation: Frame 5. Verschieben Sie die Maus weiter nach links. Blenden Sie Ebene »Head3« aus und »Head1« (die Originalposition des Kopfes) ein.

Erstellen Sie eine weitere Kopie der Ebene »Paw1«; blenden Sie diese neue Ebene ein und reduzieren Sie die Deckkraft der anderen beiden Pfoten-Ebenen. Aktivieren Sie die Ebene »Paw3«, blenden Sie den Frei-transformieren-Rahmen ein und verschieben Sie den Mittelpunkt der Drehung erneut auf die Schulter. Drehen Sie die Gliedmaße in eine Position zwischen »Paw1« und »Paw2«; ziehen Sie innerhalb des Rahmens, um die Pfote leicht nach unten zu verschieben **5a**. Stellen Sie die Deckkraft der Ebenen »Paw1« und »Paw« wieder her und blenden Sie die Ebenen auch wieder ein.

Um den Schwanz wackeln zu lassen, blenden Sie die Ebene »BentTail« ein und duplizieren Sie diese. Verschieben Sie den Mittelpunkt der Drehung in dieser Ebene auf den Schwanzansatz und drehen Sie die Position **5b**. Wählen Sie im Anschluss BEARBEITEN/TRANSFORMIEREN/HORIZONTAL SPIEGELN **5c** und passen Sie wenn nötig die Position an. Stellen Sie die Deckkraft der anderen beiden Schwanzebenen wieder her und blenden Sie diese aus. Legen Sie einen neuen Frame an **5d**.

6 Animation durch Transformation: Frame 6. In diesem Frame bewegt sich die Maus noch weiter nach links. Duplizieren Sie die Ebene »BentTail copy« aus Schritt 5, verschieben Sie den Mittelpunkt der Drehung und drehen Sie noch weiter nach links **6**. Passen Sie die Sichtbarkeit an.

5a

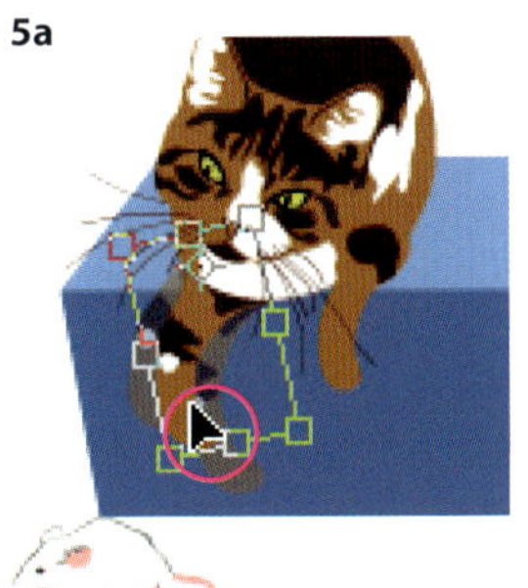

Für »Paw3« nutzten wir die Zwiebelschichten-Methode (siehe Kasten linke Seite).

5b

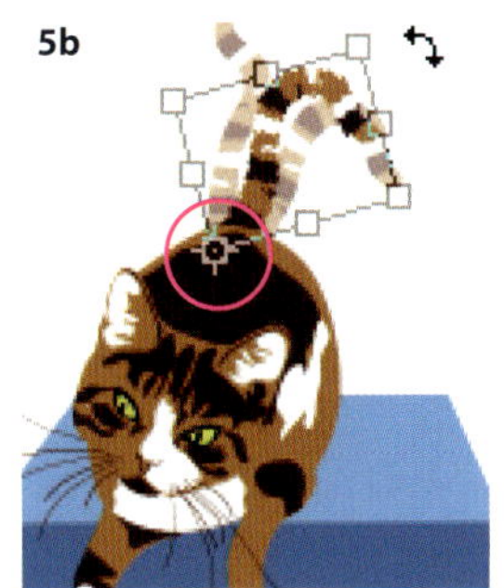

Die Ebene »BentTail« wurde dupliziert, die Ebenenkopie im Anschluss gedreht.

5c

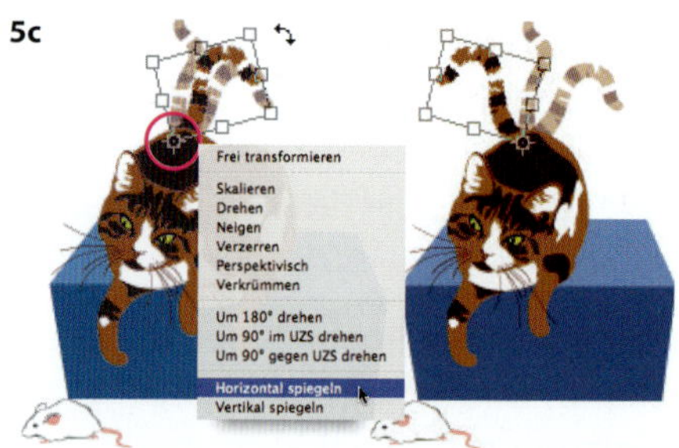

Spiegeln Sie die Ebene »BentTail copy«. Ab Photoshop CS2 klicken Sie bei geöffnetem Transformieren-Rahmen einfach mit gedrückter Ctrl-Taste (PC: Rechts-Klick) und wählen den Befehl aus dem Kontextmenü.

5d

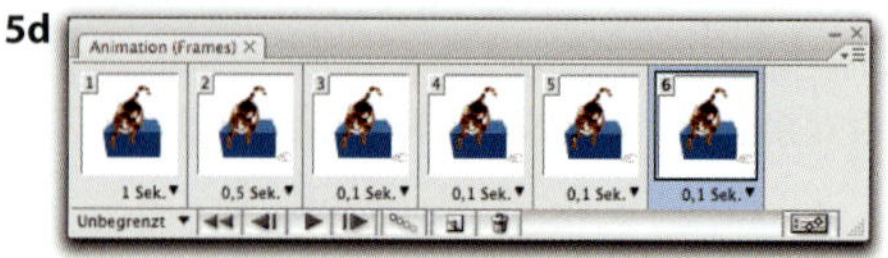

Duplizieren Sie Frame 5 für Frame 6.

6

Frame 6 vervollständigt die Bewegung – die Maus entkommt.

7

Ändern Sie die Verzögerung für Frame 1.

8a

Erstellen Sie aus jedem Frame eine eigene Ebene.

7 Die Animation testen und die Verzögerungen einstellen. Klicken Sie auf den Abspielen-Button ▶ unten in der Animation-Palette, um sich die Bewegung Frame für Frame anzusehen. Klicken Sie auf ■, um die Wiedergabe zu beenden, passen Sie, wenn nötig, das Timing der Frames an: Klicken Sie dazu auf das kleine Dreieck rechts unten im Frame; wir wählten 2 Sekunden für Frame 1 (eine lange Pause), 0,5 Sekunden für Frame 2, 0,1 Sekunden für Frame 3, 0,3 Sekunden für Frame 4 und dann wieder 0,1 Sekunden für die Frames 5 und 6 (für eine schnelle Flucht).

Überprüfen Sie nun das Timing: Öffnen Sie in Photoshop die Dialogbox FÜR WEB (UND GERÄTE) SPEICHERN und klicken Sie unterhalb der Farbtabelle auf den Abspielen-Button ▷. Sehen Sie sich auch die Browservorschau an. Um wieder zu Photoshop zurückzukehren, klicken Sie in der Dialogbox auf ABBRECHEN; in ImageReady finden Sie beide Buttons (für die Vorschau und die Browservorschau) in der Werkzeug-Palette.

Jetzt können Sie das Timing in der Animation-Palette anpassen, wenn Sie wollen. Überprüfen Sie Ihre Korrekturen mit einer erneuten Vorschau. Wiederholen Sie den Vorgang, bis Sie mit dem Ergebnis zufrieden sind. Falls Sie die Grafik in einem Frame ändern wollen, aktivieren Sie den entsprechenden Frame, ändern Sie Position und Sichtbarkeiten nach Wunsch und spielen Sie eine erneute Vorschau ab.

8 Tiefe hinzufügen. Der Filter FOTOKOPIE verleiht den Kanten etwas Tiefe. Weil Sie einen Filter nicht auf einen Frame anwenden können –, Sie benötigen eine Ebene –, müssen Sie von jedem Frame eine eigene Ebene erstellen, indem Sie aus dem Menü der Animation-Palette den Befehl FRAMES AUF EBENEN REDUZIEREN wählen. **8a**. Im Ebenenstapel ganz oben entsteht eine neue Ebene **8b**.

Bearbeiten Sie die neuen Ebenen mit dem Filter FOTOKOPIE. Aktivieren Sie jedoch zunächst das Verschieben-Werkzeug ▸✥, um die Füllmethode der Ebene mithilfe der Tastenkürzel zu bestimmen. Stellen Sie auch die Standardfarben für Vorder- und Hintergrund wieder her (Taste D). Wenn Ihre Animation aus vielen Frames besteht, sparen Sie eine Menge Zeit, wenn Sie eine Aktion aufnehmen (siehe Seite 133). Da wir es jedoch mit nur wenigen Frames zu tun haben, nutzen wir stattdessen die Tastenkürzel.

Klicken Sie auf den ersten Frame in der Animation-Palette. In der Ebenen-Palette wird automatisch die dazugehörige Ebene ausgewählt – Sie müssen sie jedoch noch anklicken, damit sie aktiv wird. Duplizieren Sie die Ebene mit ⌘-J (PC: Strg-J).

8b

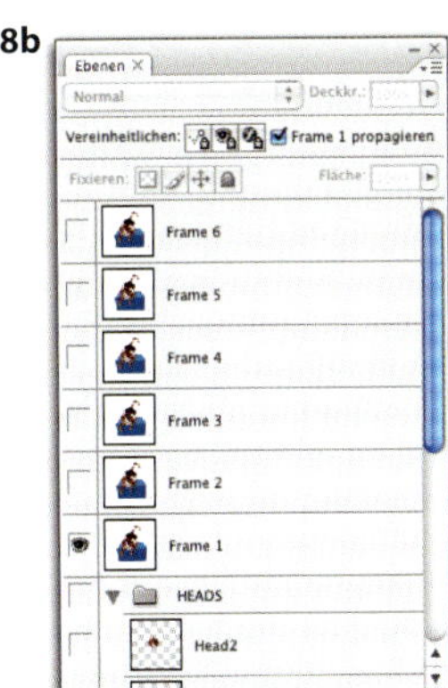

Nach der Erstellung einzelner Ebenen aus den Frames, jedoch vor der Wahl der Ebene für Frame 1.

8c

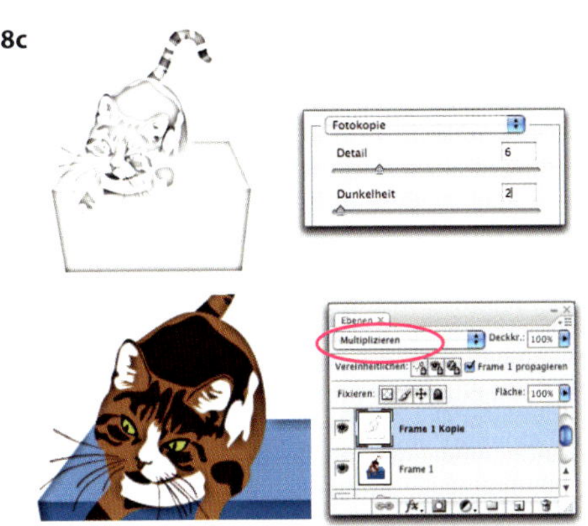

Wenden Sie den Filter FOTOKOPIE auf eine Kopie der Ebene »Frame 1« an (oben). Wählen Sie dann den Modus MULTIPLIZIEREN.

9a

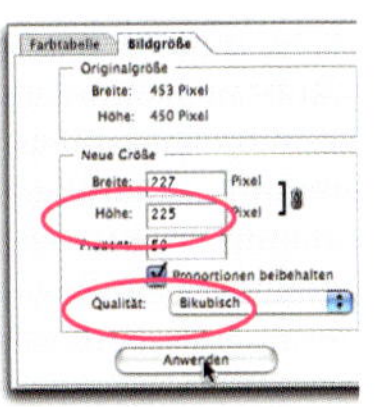

Reduzieren Sie die Bildgröße auf 50% im Dialog FÜR WEB (UND GERÄTE) SPEICHERN. Klicken Sie auf ANWENDEN, um das GIF zu verkleinern, jedoch nicht die Größe der **.psd**-Datei zu verändern.

9b

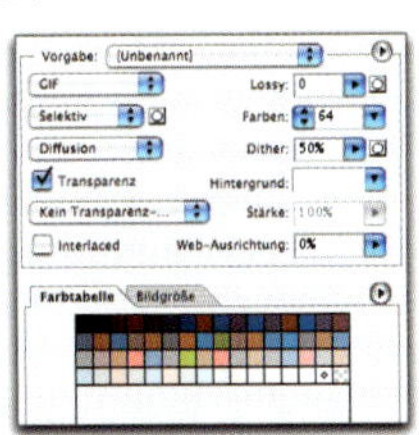

Wir wählten die Option SELEKTIV mit 64 Farben, Diffusion-Dither mit 50% und eine Lossy-Einstellung von 0. Die Downloadzeit betrug dann nur noch 9 Sekunden.

Wählen Sie im Anschluss FILTER/ZEICHENFILTER/FOTOKOPIE und geben Sie die Werte für DETAILS (hier 6) und DUNKELHEIT (hier 2) ein; klicken Sie auf OK, um die Dialogbox zu schließen; falls Ihnen das Ergebnis nicht gefällt, machen Sie den Schritt einfach rückgängig (⌘/Strg-Z), öffnen den Filter erneut und wählen andere Einstellungen, die Sie erneut mit OK bestätigen. Wählen Sie für die gefilterte Ebene dann den Modus MULTIPLIZIEREN (drücken Sie ⇧-+++ vom Ziffernblock) **8c**. Reduzieren Sie die Ebene dann mit ⌘/Strg-E auf die Originalebene; der Frame wird automatisch aktualisiert.

Fahren Sie mit dem nächsten Frame fort und wiederholen Sie die Tastenkürzel: ⌘/Strg-Ä bzw. # (vom Ziffernblock), um die Ebene auszuwählen, ⌘/Strg-J, um sie zu duplizieren, ⌘/Strg-F, um den Filter erneut aufzurufen und ⇧-+++ für den Modus MULTIPLIZIEREN. Wir wiederholten die Schritte auch für Frame 3, wichen bei Frame 4 jedoch von dieser Routine ab. Dort drückten wir ⌘-⌥-F (PC: Strg-Alt-F), um die Filter-Dialogbox erneut aufzurufen und die Einstellungen zu ändern (DETAILS: 10 und DUNKELHEIT: 2). Für die nächsten Ebenen stellten wir die Filterwerte 6 und 2 wieder her.

9 Optimieren und speichern. Wählen Sie aus dem Menü der Animation-Palette den Befehl ANIMATION OPTIMIEREN und stellen Sie sicher, dass beide Checkboxen aktiviert sind. Die Optimierung einer GIF-Animation kommt der Optimierung eines GIFs nahe, wie wir sie bereits auf Seite 693 beschrieben haben. Verringern Sie zunächst die Dateigröße (denken Sie daran, dass wir die Grafik doppelt so groß erstellt haben wie nötig) **9a**.

Um die Farben zu reduzieren, müssen Sie zunächst den Frame mit den meisten Farben auswählen – in unserer Animation unterscheiden sich die Farben von Frame zu Frame nicht wirklich. Wir entschieden uns für Frame 4, weil dort auch die Maus zu sehen ist und die Kanten mehr Schattierungen aufweisen **9b**.

Sobald Sie die Datei optimiert haben, sehen Sie sich die Browservorschau an – stimmt alles, klicken Sie auf SPEICHERN oder wählen Sie (in ImageReady) DATEI/OPTIMIERTE VERSION SPEICHERN UNTER. Wählen Sie in beiden Programmen die Option NUR BILDER, um die Datei als animiertes GIF zu speichern.

K U R Z U M

Button-Rollover

Für die Navigationsleiste einer Reisewebsite wollten wir Reiter wie in einem Notizbuch erstellen. Mithilfe von ebenenbasierten Rollover-Stilen lässt sich der Stil eines Buttons auf die anderen übertragen. Unsere Button-Rollover nehmen drei Stadien ein: »Normal« (nicht ausgewählt), »Over« (wenn sich der Cursor über dem Button befindet) und »Selected« (wenn der Button geklickt wird). »Selected« ist wie »Down«, was direkt auf einen Klick reagiert, jedoch direkt im Anschluss wieder endet.

Um diese Übung optisch etwas zu vereinfachen, haben wir ein Modell aller Elemente außer der Buttons gerastert und auf einen gelben Hintergrund reduziert. Wir fügten eine Ebene für den gerasterten Text hinzu, der in Orange-Rot auf den Buttons erscheint. Beide Farben wurden aus der websicheren Farbpalette ausgewählt.

Wir nutzten ImageReadys Rechteck-Werkzeug, um einen der Buttons zu erstellen. Für die anderen beiden Buttons kopierten wir die Ebene zweimal (⌘/Strg-J). Wir klickten doppelt auf die Namen der Buttonebenen und benannten diese passend zum Text um, die darauf zu sehen sind. Weil ImageReady die Ebenennamen benutzt, wenn der Code für die Rollovers erstellt wird, vermieden wir Leerzeichen und ungewöhnliche Zeichen, mit denen es in HTML Probleme geben könnte.

ORIGINALFOTOS: MATT TILGHMAN (ISTOCKPHOTO.COM) SUSAN HELLER (SEAL)

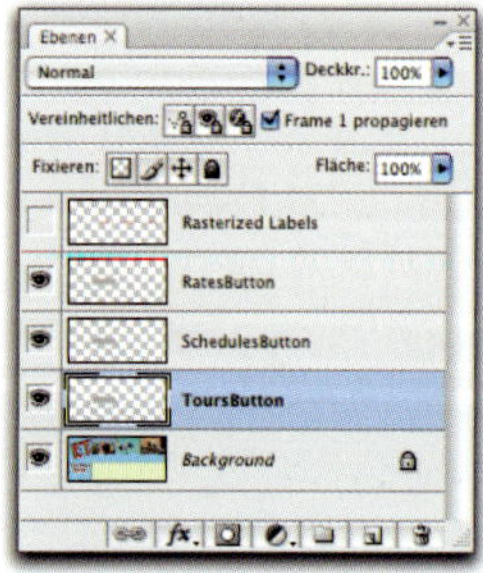

Die Datei **Rollover-Vorher.psd** ist mit drei identischen Buttons ausgestattet – jeder in einer eigenen Ebene. Wir erstellten einen Button als graue Formebene, rasterten und duplizierten diese zweimal. Die Ebenenstile, die wir für die verschiedenen Stadien erstellen, werden die graue Farbe später ersetzen.▼

SIE FINDEN DIE DATEIEN

auf der DVD unter Wow Projektdateien/Kapitel 10/Rollover

1. Abstände der Buttons

Um mit unserem Beispiel fortzufahren, öffnen Sie die Datei **Rollover-Vorher.psd** in ImageReady. Klicken Sie mit gedrückter ⇧-Taste auf die Miniaturen in der Ebenen-Palette, um alle Buttonebenen auszuwählen **A**. Aktivieren Sie das Verschieben-Werkzeug und geben Sie in der Optionsleiste 3 Pixel für den Abstand zwischen den Buttons ein (in das Kästchen ganz rechts) **B**. Klicken Sie im Anschluss auf den Button HORIZONTALEN ABSTAND DER EBENEN VERTEILEN **C**. Der Reiter ganz links bleibt, wo er ist, die anderen beiden werden automatisch mit einem Abstand von 3 Pixel zueinander verrückt **D**. (Blenden Sie jetzt die gerasterte Textebene ein **E**.)

MEHR DAVON
▼ Formwerkzeuge
Seite 433

2. Einen Rollover-Stil anlegen

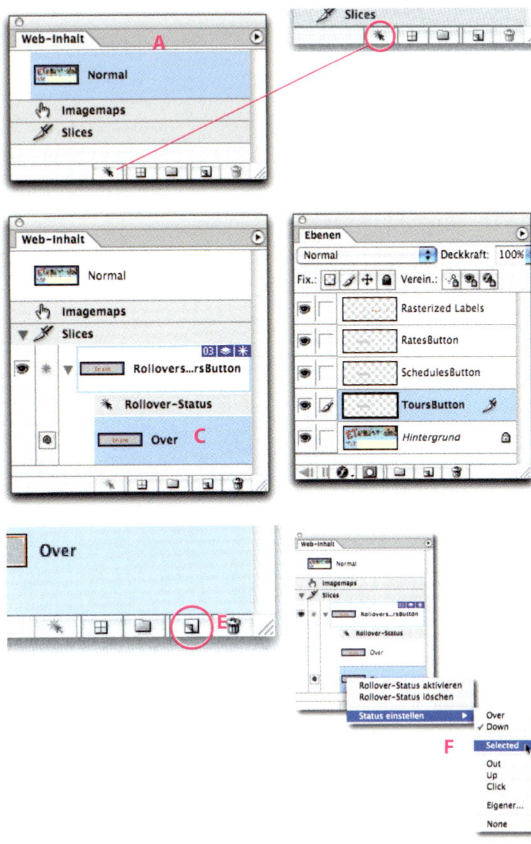

Aktivieren Sie für die Erstellung des Rollover-Stils in der Ebenen-Palette den Button »Tours«, öffnen Sie die Palette WEB-INHALT und werfen Sie einen Blick hinein. Sie sehen einen Eintrag für die Zielebene im Stadium NORMAL (ohne Rollover)**A**. Klicken Sie auf den Button ROLLOVER BASIEREND AUF EBENE ERSTELLEN **B**. ImageReady erstellt automatisch einen Rollover-Status – Over **C** und fügt zur Ebene in der Ebenen-Palette ein Slice-Icon hinzu; dieses zeigt an, dass der Inhalt dieser Ebene ein ebenenbasiertes Slice definiert **D**.

Klicken Sie erneut auf den Button unten in der Web-Inhalt-Palette **E**. ImageReady fügt das nächste Stadium (Down) hinzu. Allerdings sollte unser Status SELECTED sein. Der Status lässt sich ganz leicht ändern, indem Sie mit gedrückter Ctrl-Taste (PC: Rechts-Klick) auf den Statusnamen in der Web-Inhalt-Palette klicken und aus dem Kontextmenü den gewünschten Eintrag auswählen – hier SELECTED **F**.

3. Farben in ImageReady anpassen

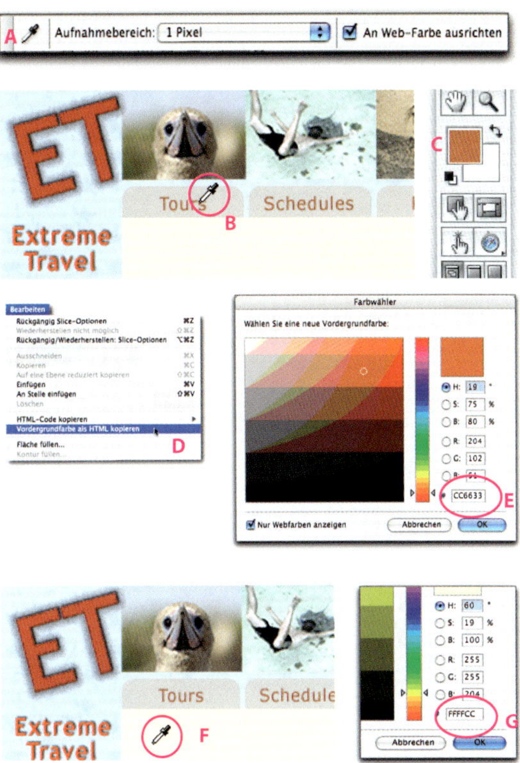

Anders als Photoshop kann ImageReady mit der Pipette keine Farben aus geöffneten Dokumenten aufnehmen, sobald der Farbwähler geöffnet ist. Deshalb sollten Sie die gewünschten Farben auswählen, *bevor* Sie die Rollover-Stile erstellen. Schreiben Sie sich beispielsweise die Hexadezimalwerte auf; eine der Farben können Sie auch in der Zwischenablage speichern.

Aktivieren Sie die Pipette **A** und klicken Sie in den orange-roten, gerasterten Text **B**, um diese Farbe als Vordergrundfarbe festzulegen **C**. Wählen Sie anschließend BEARBEITEN/VORDERGRUNDFARBE ALS HTML KOPIEREN, um die Farbe in der Zwischenablage zu sichern **D**. (Zu Sicherheitszwecken – falls Sie die Zwischenablage noch für etwas Anderes benötigen – sollten Sie auch noch doppelt auf das Vordergrundfarbfeld in der Werkzeug-Palette klicken und sich aus dem Farbwähler den Hexadezimalcode **E** notieren.)

Klicken Sie mit der Pipette im Anschluss in den gelben Hintergrund **F** und dann auf das Farbfeld für die Vordergrundfarbe in der Werkzeug-Palette. Notieren Sie sich den Farbcode **G**. Notieren Sie sich auch noch den Wert für die blaue Farbe aus dem Hintergrund.

4. Ein Stil für den Normal-Status

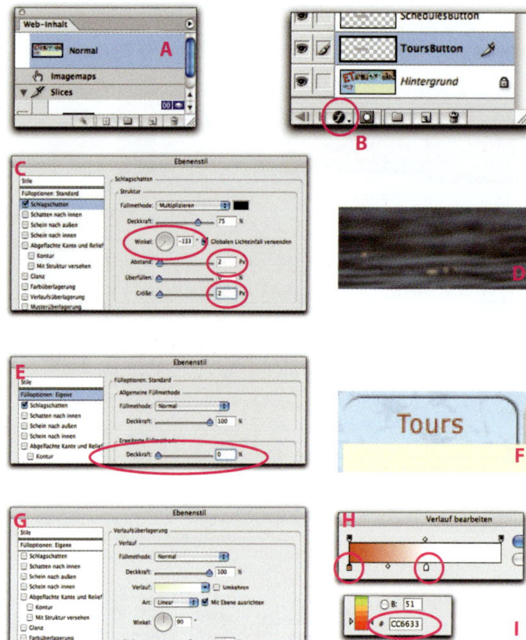

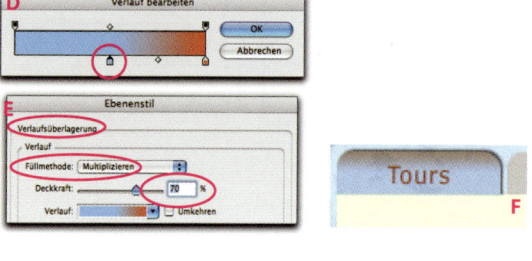

Erstellen Sie nun einen Stil für den Status NORMAL: Aktivieren Sie den Status in der Web-Inhalt-Palette **A**. Klicken Sie im Anschluss unten in der Ebenen-Palette auf den Button EBENENEFFEKT HINZUFÜGEN *fx* **B** und wählen Sie **Schlagschatten.** Im entsprechenden Abschnitt **C** der Ebenenstil-Dialogbox **C** wählen Sie den Winkel passend zum Schlagschatten des Textes im Hintergrund; wir gaben –135° ein sowie einen Abstand von 2 px, eine Überfüllung von 0% und eine Größe von 2 px **D**.

Klicken Sie in der Liste links in der Dialogbox auf **Fülloptionen E**; reduzieren Sie die **Fülldeckkraft** auf 0, um die graue Farbe des Reiters zu entfernen **F**.

Wählen Sie dann die **Verlaufsüberlagerung**. Belassen Sie den Winkel bei 90°, um einen vertikalen Verlauf zu erstellen **G**, und aktivieren Sie die Füllmethode ABDUNKELN. Klicken Sie in den Verlaufsbalken, um die Dialogbox VERLAUF BEARBEITEN zu öffnen. Nehmen Sie die folgenden Änderungen vor **H**: Klicken Sie auf den rechten Farbstopp unterhalb des Farbbalkens und wählen Sie WEISS; um den Verlauf auf die obere Hälfte des Reiters zu beschränken, ziehen Sie den Farbstopp bis in die Mitte des Farbbalkens. Klicken Sie dann auf den linken Farbstopp und geben Sie den Hexadezimalcode aus Schritt 3 ein. Schließen Sie die Dialogbox mit einem Klick auf OK **J**.

5. Stile für die anderen Stadien

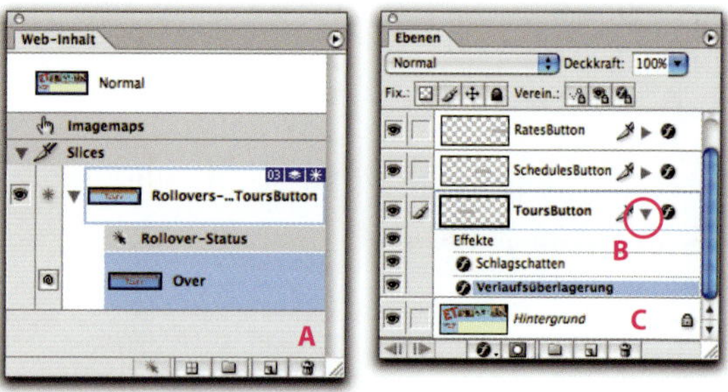

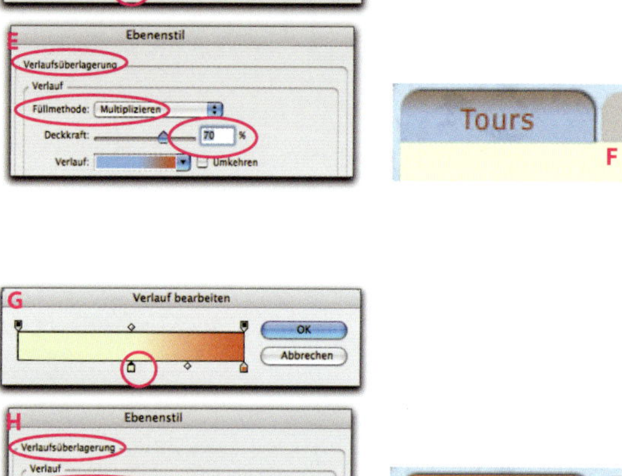

Der Stil, den Sie dem Normal-Status soeben zugewiesen haben, wird automatisch auch auf die anderen Stadien angewendet. Ändern Sie nun den Status OVER, um dem Nutzer mitzuteilen, dass dies eine Schaltfläche ist: Aktivieren Sie den Status in der Web-Inhalt-Palette **A**; sollten die Effekte in der Ebenen-Palette nicht zu sehen sein, klicken Sie auf das kleine Dreieck, um sie einzublenden **B**. Klicken Sie doppelt auf den Eintrag VERLAUFSÜBERLAGERUNG **C**. Öffnen Sie die Dialogbox VERLAUF BEARBEITEN **D** und klicken Sie doppelt auf den weißen Farbstopp, um den Farbwähler zu öffnen. Geben Sie den Hexadezimalcode für die blaue Farbe aus Schritt 3 ein und klicken Sie auf OK. Ändern Sie die Füllmethode in MULTIPLIZIEREN und reduzieren Sie die Deckkraft auf 70% **E**, **F**.

Aktivieren Sie den Status SELECTED und ersetzen Sie das Weiß im Verlauf durch den gelben Hintergrund (den Sie sich auch in Schritt 3 notiert haben) **G**; ändern Sie die Füllmethode in NORMAL **H**, **I**.

6. Vorschau und speichern

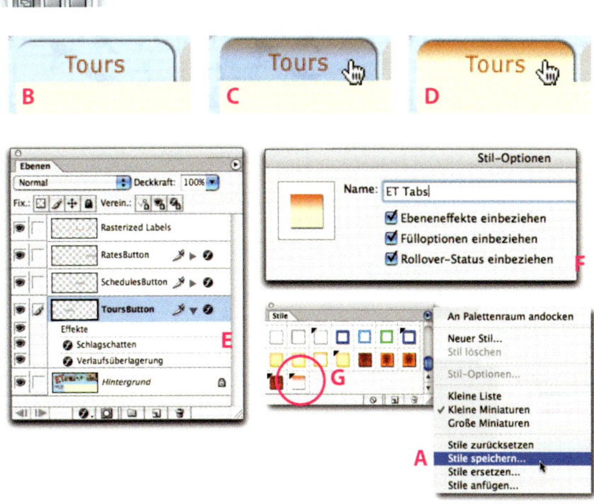

Wenn Ihr Rollover-Stil vollständig ist, sollten Sie in der Werkzeug-Palette auf den Button Dokument-Vorschau klicken **A**. Befindet sich der Cursor nicht über dem Button, sollte der Normal-Status zu sehen sein **B**. Sobald Sie den Cursor über den Button verschieben, wird der Over-Status aktiv **C**, durch einen Klick aktivieren Sie den Selected-Status **D**, der erhalten bleibt, wenn Sie den Cursor wieder entfernen. Wenn Sie mit den Effekten zufrieden sind, klicken Sie erneut auf den Button , um die Vorschau zu verlassen.

Speichern Sie nun den Rollover-Stil: Aktivieren Sie dazu zunächst die Ebene mit dem Stil in der Ebenen-Palette **E.** Öffnen Sie die Stile-Palette (Fenster/Stile) und klicken Sie auf den Button Neuen Stil erstellen unten in der Palette. Aktivieren Sie in der Dialogbox alle drei Checkboxen **F**, um Effekte, Fülloptionen und Rollover-Stadien in den Stil einzubinden. Schließen Sie die Dialogbox mit OK. Der neue Stil erscheint als letzter Eintrag in der Stile-Palette **G**. Um sicherzustellen, dass der Stil auch wirklich dauerhaft gespeichert wird, wählen Sie aus dem Paletten-Menü den Befehl Stile speichern **H**.

7. Die anderen Buttons

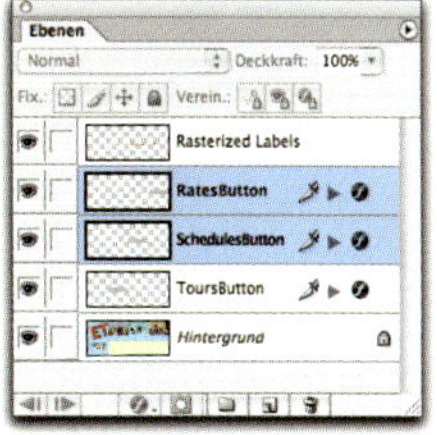

Um den neuen Rollover-Stil auch auf andere Buttons anzuwenden, aktivieren Sie in der Ebenen-Palette einfach die entsprechenden Ebenen und klicken Sie in der Stile-Palette auf den Rollover-Stil. ImageReady erstellt automatisch ebenenbasierte Slices für jeden Button und fügt die entsprechenden Effekte hinzu.

8. Einen Standard-Button festlegen

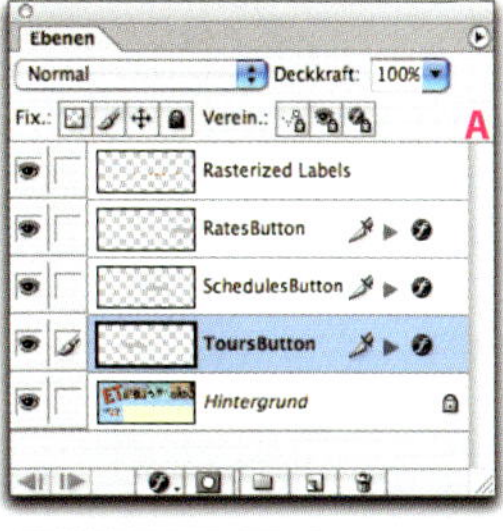

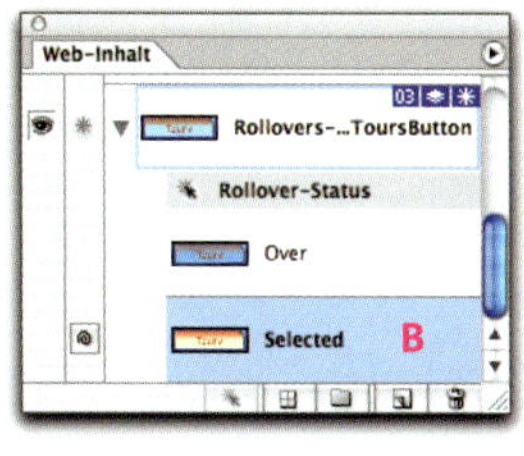

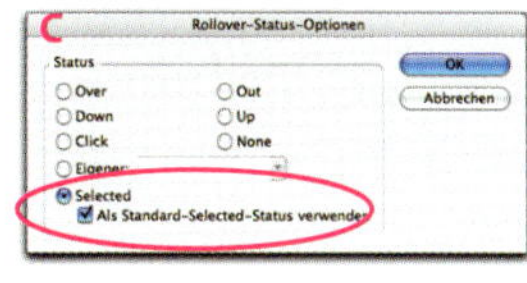

Standardmäßig befinden sich alle Buttons im Normal-Status, wenn das Dokument im Webbrowser geladen wird. Es ist jedoch auch möglich, den Status Selected eines Buttons anzuzeigen. Um den Nutzer dazu aufzufordern, mit dem Button »Tours« zu beginnen, aktivieren Sie die dazugehörige Ebene in der Ebenen-Palette **A** und klicken Sie doppelt auf den Selected-Status in der Web-Inhalt-Palette **B**; wählen Sie in der Dialogbox Rollover-Status-Optionen **C** die Option Als Standard-Selected-Status verwenden.

Sehen Sie sich erneut die Dokument- und jetzt auch die Browservorschau an, um sicherzustellen, dass sich alle Buttons so verhalten, wie Sie es beabsichtigt haben. Der Button »Tours« sollte zu Beginn gelb sein **D** und gelb bleiben, bis Sie auf einen der anderen Buttons klicken.

9. Die Buttons optimieren

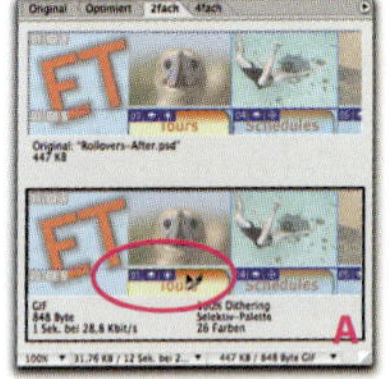

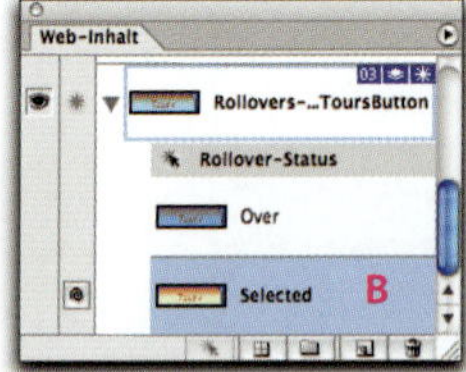

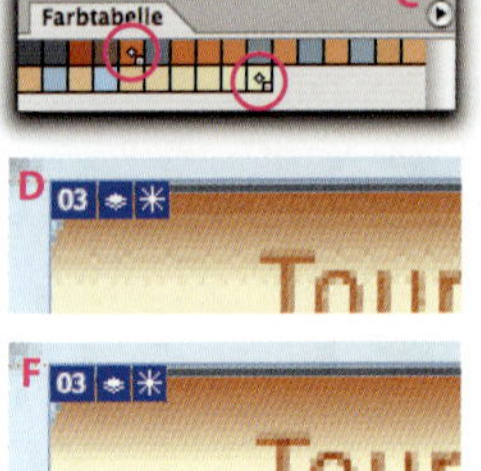

In einem letzten Schritt müssen Sie die Buttons nun noch optimieren und die kleinste Dateigröße finden, bei der das Ergebnis noch gut aussieht. Sollte die Optimierung-Palette noch nicht geöffnet sein, wählen Sie FENSTER/OPTIMIERUNG; aktivieren Sie die 2-fach-Ansicht, um die optimierte Version mit dem Original vergleichen zu können. Aktivieren Sie das Slice-Auswahl-Werkzeug und klicken Sie im Optimiert-Fenster auf einen der Buttons **A**. Klicken Sie in der Web-Inhalt-Palette auf den gelben »Selected«-Status **B** – das Gelb sowie der weiche Übergang im Verlauf sollen geschützt werden.

Fixieren Sie in der Farbtabelle alle Farben, die geschützt werden müssen ▼; wir wählten das Gelb für den Hintergrund und das Orange-Rot **C**. Wählen Sie in der Optimierung-Palette **Gif 32 Dithered** und erhöhen Sie den Diffusions-Dither auf 100%. Mit 32 Farben wird ein weicher Verlauf erzeugt; probieren Sie auch 16 Farben; jetzt sind deutliche Artefakte zu sehen **D**. Klicken Sie in das Eingabefeld und erhöhen Sie die Farben, bis die Artefakte verschwunden sind (hier sind es 26 Farben) **E**, **F**. Aktivieren Sie in der Web-Inhalt-Palette auch die anderen Stadien, um diese ebenfalls zu optimieren.

Wählen Sie aus dem Paletten-Menü im Anschluss den Befehl EINSTELLUNGEN SPEICHERN und geben Sie diesen einen Namen. Falls Sie die Einstellungen am vorgeschlagenen Ort speichern, können Sie mit dem Slice-Auswahl-Werkzeug den nächsten Button wählen und die gespeicherten Einstellungen anwenden. Sehen Sie sich im Anschluss erneut die Browservorschau an und speichern Sie die Datei im .psd-Format (zum Vergleich unsere Datei: **Rollover-Nachher.psd**). Wählen Sie im Anschluss DATEI/OPTIMIERTE VERSION SPEICHERN UNTER mit der Option HTML UND BILDER (**Rollover-Operational**).

EINEN VORHANDENEN STIL VERÄNDERN

Es ist ganz einfach, ebenenbasierte Rollover-Buttons zu erstellen, wenn Sie ein relativ einfaches Aussehen benötigen. Wollen Sie jedoch ein etwas komplexeres Aussehen erzeugen – beispielsweise einen metallischen Button oder einen aus Glas oder Kunststoff oder eine Variante eines bereits gespeicherten Stils – nutzen Sie bereits vorhandene Stile und bearbeiten Sie diese. Dazu müssen Sie die Paletten STILE, EBENEN und WEB-INHALT ÖFFNEN.

1 Aktivieren Sie die Buttonebene in der Ebenen-Palette. Klicken Sie in der Stile-Palette auf den Rollover-Stil, mit dem Sie beginnen wollen (hier Wow Button 05; siehe Seite 767).

2 Ändern Sie Stadien oder fügen Sie neue hinzu; wir änderten hier DOWN in SELECTED (klicken Sie doppelt auf den Eintrag und wählen Sie in der Dialogbox SELECTED).

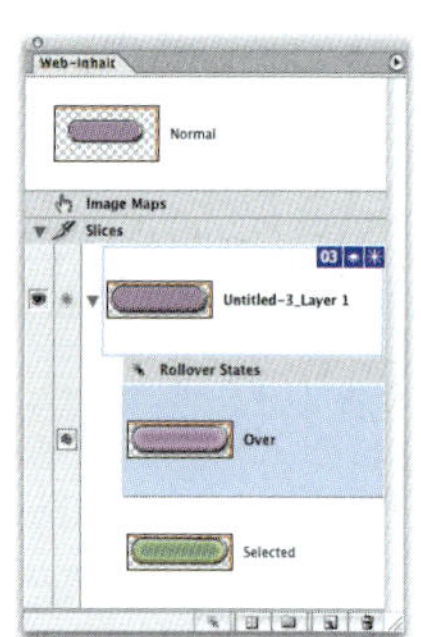

3 Aktivieren Sie die jeweiligen Stadien in der Web-Inhalt-Palette; klicken Sie in der Ebenen-Palette doppelt auf das Ebenenstil-Icon *fx*; nehmen Sie die gewünschten Änderungen vor ▼ und klicken Sie auf OK, um die Ebenenstil-Dialogbox wieder zu schließen. Wir änderten hier die Farbüberlagerung für den Status NORMAL, sowie Farbüberlagerung und Schein nach innen für OVER.

4 Klicken Sie unten in der Stile-Palette auf den Button NEUEN STIL ERSTELLEN, geben Sie dem geänderten Rollover-Stil einen Namen und klicken Sie auf OK, um ihn zu speichern.

MEHR DAVON

▼ Farben fixieren **Seite 694**
▼ Effekte in Ebenenstilen **Seite 494**

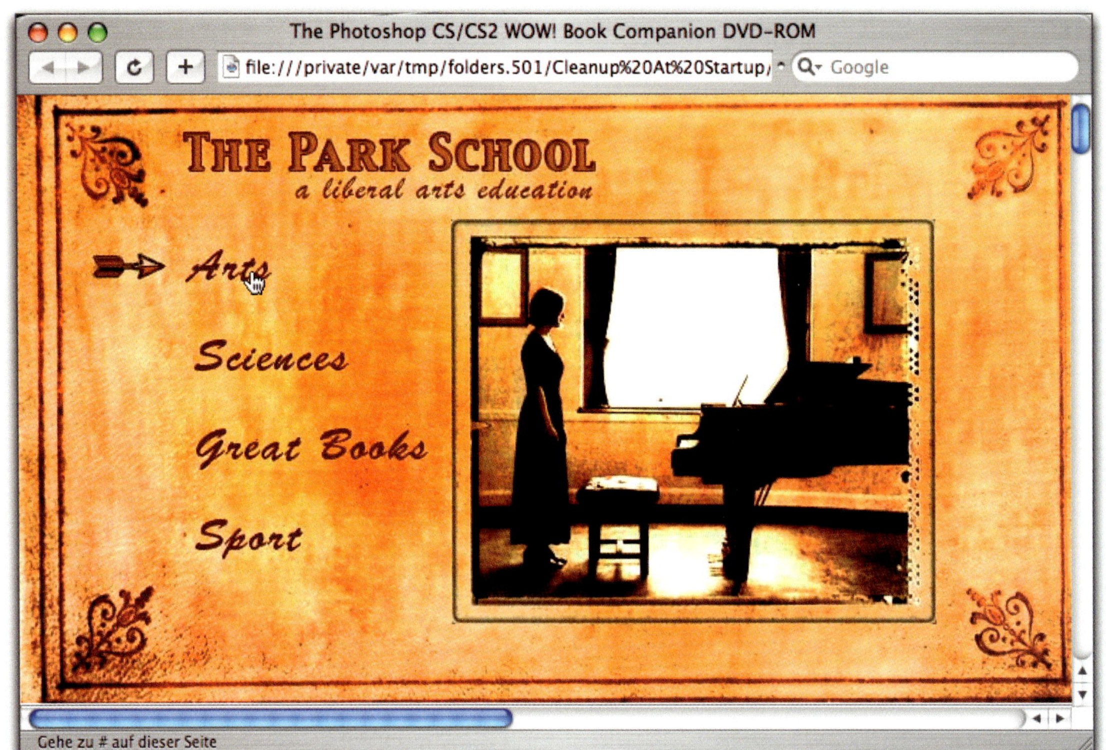

JAN KABILI / FOTOS: ISTOCKPHOTO.COM/DUNCAN WALKER (HINTERGRUND BUCHUMSCHLAG) & ALEKSEJS LAPKOVSKIS (ANDERE BILDER)

Remote-Rollover erstellen

SIE FINDEN DIE DATEIEN
auf der DVD unter Wow Projektdateien/ Kapitel 10/Remote Rollover:
- Remote-Vorher.psd
- Remote-Nachher.psd (zum Vergleich)
- Remote Ausgabe (zum Vergleich)

ÖFFNEN SIE DIESE IMAGEREADY-PALETTEN
aus dem Fenster-Menü:
• Werkzeuge • Ebenen • Web-Inhalt • Optimierung

ÜBERBLICK
Öffnen Sie in ImageReady ein Web-Layout • Erstellen Sie Slices für die Buttons • Programmieren Sie die Buttons für zwei Remote-Events • Slices optimieren • Die optimierten Slices in einer HTML-Datei mit JavaScript speichern

Sie können einen Button in ImageReady programmieren, um eine Aktion irgendwo anders auf der Website auszulösen, wenn der Mauszeiger über diesen Button fährt. Solch ein Remote-Rollover ist eine gute Möglichkeit, eine Seite zu beleben und zusätzliche Informationen in Form von Grafiken, Bildern oder Text anzubieten. Die Photoshop-Expertin Jan Kabili nutzte Remote-Rollover auf ihrer Website, um auf die einzelnen Textbuttons aufmerksam zu machen, wenn diese aktiv werden – so dass der Benutzer weiß, dass sich der Cursor gerade auf dem Button befindet (neben dem Button erscheint ein Pfeil). Dasselbe Rollover führt auch noch zu einer weiteren Aktion – das eingerahmte Foto ändert sich, damit der Besucher weiß, wo er hingelangen wird, wenn er den Button anklickt. Diese Anleitung ist ein Goodie für alle, die mit Photoshop CS2 oder CS arbeiten, mit CS3 lässt sie sich leider nicht nachvollziehen.

1 Das Layout in Photoshop festlegen. Photoshop kann kein Rollover programmieren; das müssen Sie in ImageReady erledigen. Weil Photoshop jedoch mehr Möglichkeiten für das Seitenlayout bietet, begann Kabili in Photoshop und wählte dort DATEI/NEU **1a** mit den Pixelmaßen 760 × 410, um notfalls ausreichend Platz für die Scrollbalken zu lassen. Sie aktivierte RGB-Farbe mit einer Farbtiefe von 8 Bit und im erweiterten Abschnitt das Farbprofil sRGB IEC61966-2.1, um die typischen Webfarben auf einem Windows-Computer zu simulieren.

1a 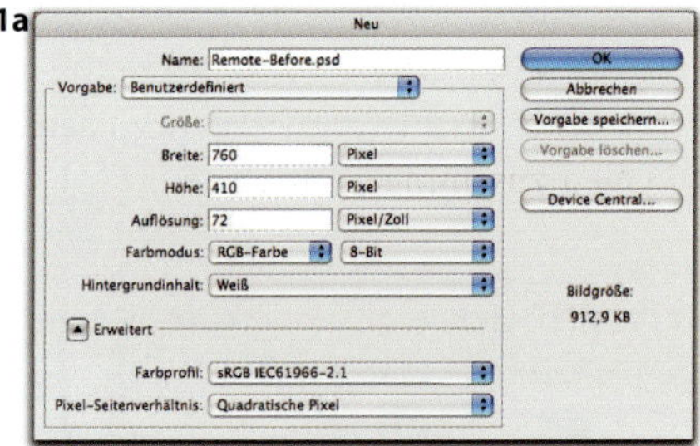

Beginnen Sie das Seitenlayout in Photoshops Dialogbox NEU.

1b 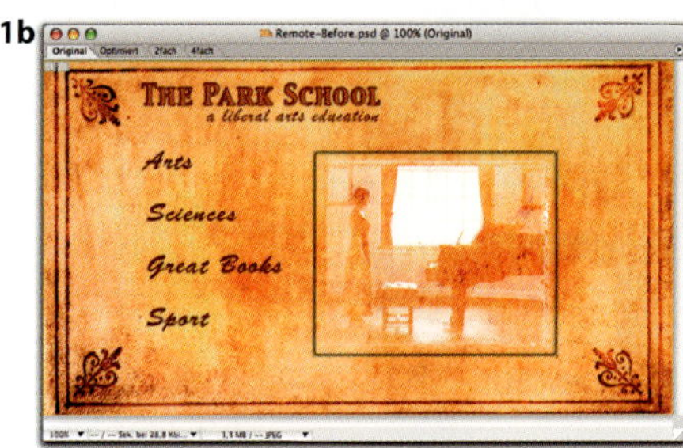

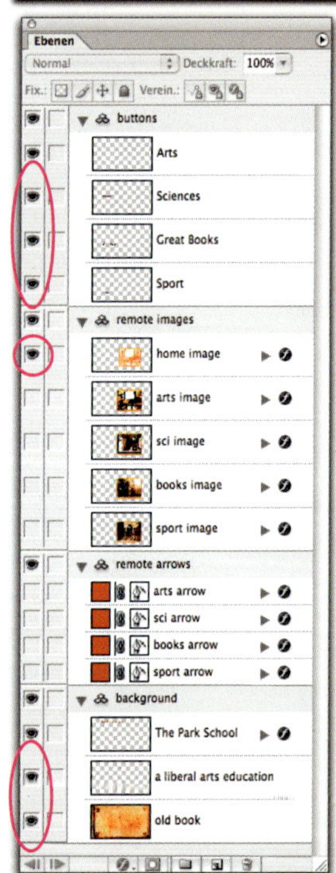

Die Datei **Remote-Vorher.psd** enthält alle Grafiken, die für die Remote-Rollover notwendig sind. Die Sichtbarkeit der Ebenen wurde so eingestellt, dass genau das zu sehen ist, was beim Laden der Website zu sehen sein soll: Hintergrundbild, Titel und Untertitel, alle vier Buttons, das Startbild, jedoch keinerlei Pfeile.

DIE RICHTIGE GRÖSSE FÜR IHRE WEBSITE

Bevor Sie eine Website in Photoshop erstellen, sollten Sie einige Informationen über Ihr Zielpublikum in Erfahrung bringen. Finden Sie heraus, auf welcher Plattform, mit welchem Webbrowser und welchen Monitorauflösungen die Leute arbeiten. Erstellen Sie einen Screenshot vom Browser, entfernen Sie Scroll- und Werkzeugleisten und wählen Sie dann DATEI/NEU. Aktivieren Sie ganz unten im Vorgaben-Menü den Namen der freigestellten Datei. Diese bestimmt dann automatisch die Größe der neuen Datei.

Öffnen Sie die Datei Remote-Vorher.psd in ImageReady und sehen Sie sich deren Aufbau an. Bei der Erstellung des Layouts platzierte Kabili jeden Textbutton, jedes Bild und jeden Pfeil in einer separaten Ebene, um jedes Objekt einzeln programmieren zu können. Sie verwaltete die Ebenen in ImageReady in Gruppen, um sie in der Ebenen-Palette leichter ausfindig machen zu können **1b**.

Klicken Sie auf den kleinen Pfeil ▶ neben einer Ebenengruppe, um deren Inhalt einzublenden.

- Die vier Textebenen in der Ebenengruppe »background« wurden in 30 pt Capitals gesetzt. Außerdem wurde ein Ebenenstil mit zwei Effekten angewendet – ein Schatten nach innen und eine Kontur.▼ Für die Textzeile »a liberal arts education« wurde die Schriftart Brush Script MT in 24 pt gewählt. Alle Textebenen wurden gerastert, damit sie auf dem Bildschirm auch korrekt angezeigt werden.
- Die Ebene »old book« in der Ebenengruppe »background« stellt das Foto eines Buchcovers dar.
- Die Ebenengruppe »remote images« enthält fünf Fotoebenen. Eine rechteckige Auswahl der Ebene »old book«, etwas größer als die Fotos, wurde fünfmal in eine separate Ebene kopiert, die Kopien in der Ebenen-Palette jeweils unter eines der Fotos gezogen. Für die Fotoebenen wurde die Füllmethode HARTES LICHT gewählt (mit Ausnahme der Ebene »home image«, diese befindet sich im Modus UMGEKEHRT/NEGATIV MULTIPLIZIEREN).▼ Jede Fotoebene wurde auf die darunter liegende Ebene reduziert (⌘/Strg-E). Auf die resultierenden Ebenen wurde ein Ebenenstil mit einem Schatten nach innen angewendet.
- Die Ebenengruppe »remote arrows« enthält vier Formebenen,▼ alle mit demselben Pfeil, der mit dem Eigene-Form-Werkzeug erstellt wurde.

MEHR DAVON
▼ Mit Text arbeiten **Seite 418**
▼ Ebenenstile hinzufügen **Seite 40**
▼ Füllmethoden **Seite 174**

2a

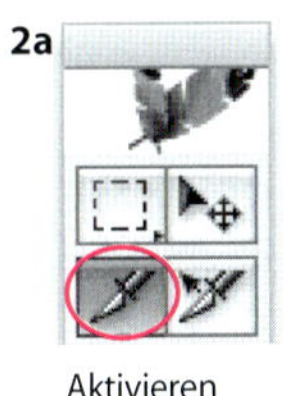

Aktivieren Sie das Slice-Werkzeug.

2b

Blenden Sie alle Ebenen der Gruppe »remote images« ein, um zu sehen, wie groß Sie das Slice ziehen müssen.

2c

Erstellen Sie mit dem Slice-Werkzeug ein Slice um die Bilder. Das Slice ist an der blauen Zahl und dem blauen Symbol in der Ecke oben links und dem Rahmen zu erkennen. ImageReady erstellt zusätzliche Slices, um den Platz um dieses Slice herum auszufüllen. Dieser Bereich wird als **Auto-Slice** bezeichnet und ist an der grauen Zahl, dem grauen Symbol, einer verblassten Darstellung und dem gepunkteten Rahmen zu erkennen. Immer wenn Sie ein neues Slice erstellen, zeichnet ImageReady die Auto-Slices neu.

2d

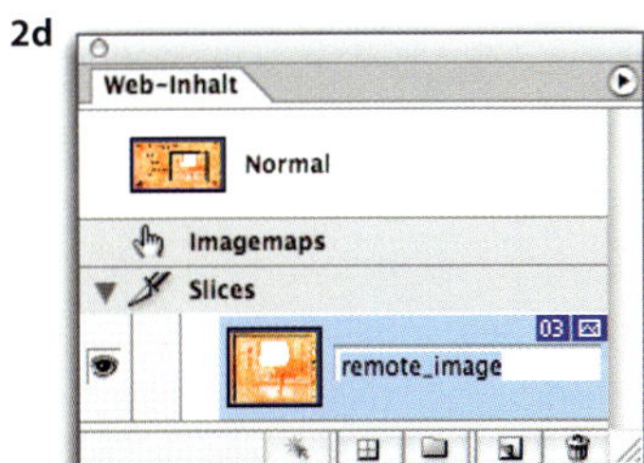

In der Web-Inhalt-Palette sind die erstellten Slices zu sehen. In dieser Palette verwalten Sie alle Slices und Rollover-Stadien.

Beginnen Sie mit der Datei **Remote-Vorher.psd** oder mit einer eigenen – erstellen Sie Slices, programmieren Sie Remote-Rollover, optimieren Sie die Slices und erzeugen Sie für jeden Rollover-Status eigene Dateien zusammen mit einer HTML-Datei, die JavaScript enthält.

2 Slices erstellen. Für jeden der Bereiche, der zu den Rollovern gehört – der Bildbereich, die Pfeile und die Textbuttons – müssen Slices für die Rollover-Grafiken erstellt werden. Die Slices ▼ können in Photoshop oder ImageReady erstellt werden – wir arbeiten in ImageReady, weil wir dort dann ohnehin die Rollover programmieren müssen. (Arbeiten Sie an einer eigenen Datei in Photoshop, wechseln sie vorübergehend zu ImageReady.)

Wir stellen die Rollover so ein, dass zwei Dinge außerhalb des Buttons passieren, wenn der Besucher der Website mit der Maus über einen der vier Textbuttons fährt. Links neben dem Textbutton erscheint ein Pfeil und rechts wird ein Bild eingeblendet, in dem deutlich wird, wo man hingelangt, wenn man den Button anklickt. Wir werden zunächst ein Slice um den Remote-Bereich erstellen, in dem die Bilder eingeblendet werden.

Aktivieren Sie in ImageReadys Werkzeug-Palette das Slice-Werkzeug **2a**. Wir nutzen hier das Slice-Werkzeug und keine ebenenbasierten Slices (wie weiter unten), weil die Remote-Bilder nicht alle dieselbe Größe aufweisen. Wir wollen alle Bilder in ein Slice packen und keine Probleme durch sich überlappende Slices erzeugen. Es ist effizienter, wenn Sie alle Bildebenen einblenden und manuell ein Slice um das größte Bild erstellen. Blenden Sie in der Ebenen-Palette also alle fünf Bildebenen ein **2b,** indem Sie in deren Spalte mit dem Augen-Icon links neben der Ebenenminiatur klicken. Es ist egal, welche Ebene aktiv ist, weil das Slice-Werkzeug durch alle Ebenen der Datei schneidet. Ziehen Sie mit dem Werkzeug im Arbeitsfenster ein Rechteck auf, das groß genug für das größte Bild ist – schließen Sie auch etwas vom Hintergrund mit ein **2c**. Die Größe des Slices passen Sie an, indem Sie an einer der Rahmenkanten ziehen. Im Anschluss klickte Kabili auf die Augen-Icons aller Ebenen dieser Gruppe, außer auf »home image«, um dieses Bild einzublenden.

MEHR DAVON
▼ Formebenen
Seite 431
▼ Slices
Seite 685

3a

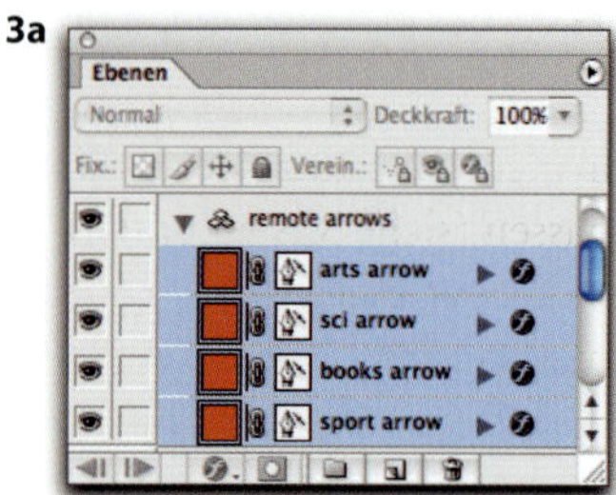

Um für alle Pfeile gleichzeitig ein Slice zu erstellen, aktivieren Sie alle Ebenen. Hier wurden die Pfeilebenen auch alle eingeblendet.

3b

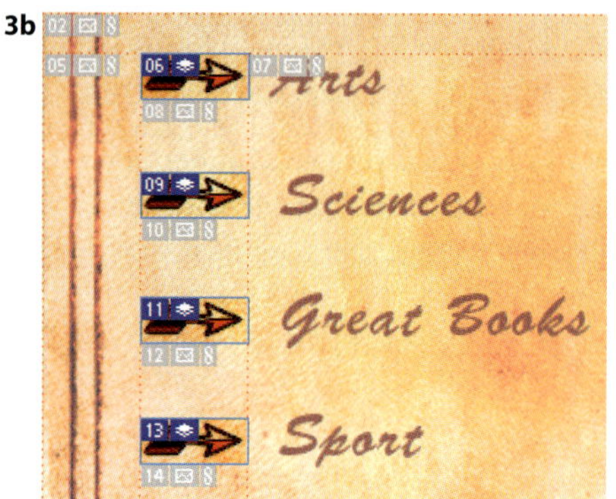

Ebenenbasierte Slices entstehen automatisch um den Inhalt der ausgewählten Ebene herum – hier der einzelnen Ebenen der Gruppe »remote arrows«.

3c

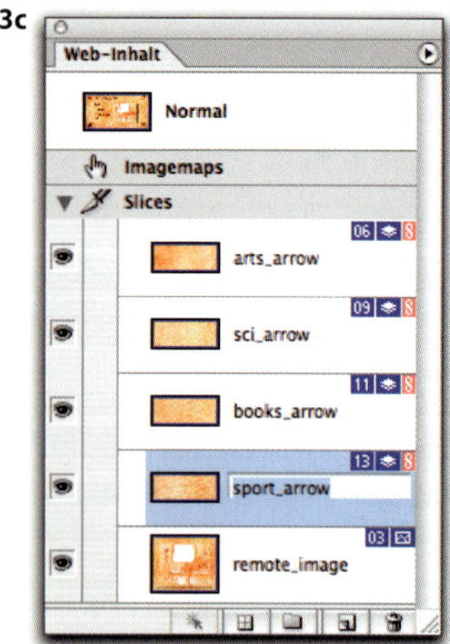

Die ebenenbasierten Slices um die Pfeile erscheinen automatisch in der Web-Inhalt-Palette, wo Sie ihnen passende Namen geben können.

Das Slice erscheint mit einem Standardnamen in der Web-Inhalt-Palette. Um Kabilis gut durchdachtes Namensschema zu übernehmen, klicken Sie doppelt auf den Slicenamen und geben Sie »remote_image« ein **2d**. Die Web-Inhalt-Palette verwaltet alle Slices und Rollover-Stadien der Datei. Die Slicenamen werden Teil der Dateinamen, die ImageReady erzeugt. Um sicherzugehen, dass die Datei von allen Browsern gelesen werden kann, verwenden Sie einen Unterstrich statt eines Leerzeichens und achten Sie auf kurze Namen.

3 Slices um die Pfeile. Wenn der Besucher der Website mit seinem Mauszeiger über einen der Textbuttons fährt, ändert sich nicht nur das Bild rechts, links neben dem entsprechenden Button erscheint auch ein Pfeil. Wenn die Maus über die Buttons nach unten fährt, bewegt sich auch der Pfeil nach unten. Der Pfeil erscheint dann vor einer einfachen Hintergrundgrafik ohne Pfeil. Für jeden der Bereiche, der solch einen Pfeil enthalten soll, muss ein Slice erstellt werden (um daraus ein Remote-Rollover zu erstellen, siehe Schritt 6). Dieses Mal arbeiten wir mit dem ebenenbasierten Slicing und nicht mit dem Slice-Werkzeug.

Das ebenenbasierte Slicing kann zum Einsatz kommen, wenn Slices für ein oder mehrere Objekte in eigenen Ebenen erstellt werden müssen. Diese Methode ist dem Slice-Werkzeug durchaus vorzuziehen, besonders dann, wenn sich die einzelnen Objekte nicht überschneiden. Diese Methode ist schnell und exakt und Sie erstellen so viele Slices mit nur einem Klick. Außerdem bewegen sich die Slices zusammen mit der Grafik, so dass die Slices später automatisch angepasst werden, wenn Sie das Design ändern.

Wählen Sie alle Ebenen der Gruppe »remote arrows« aus, indem Sie auf die oberste Ebene klicken, die ⇧-Taste drücken und dann auf die unterste Ebene klicken **3a**. (Um die Pfeile auch im Arbeitsfenster zu sehen, müssen Sie deren Augen-Icons aktivieren.) Wählen Sie EBENE/NEUER EBENENBASIERTER IMAGEMAP-BEREICH. Um die vier Pfeile im Seitenlayout erscheint ein blauer Rahmen – die grauen Auto-Slices werden entsprechend angepasst **3b**. Die vier neuen Slices werden in der Web-Inhalt-Palette aufgeführt. Geben Sie ihnen neue Namen **3c**, wie schon in Schritt 2. Kabili blendete die Ebenen der Gruppe »remote arrows« im Anschluss wieder aus.

EBENENBASIERTE SLICES ANPASSEN

Eine nette Funktion ebenenbasierter Slices ist, dass sie sich automatisch anpassen, wenn der Ebeneninhalt geändert wird. Wenn Sie ein solches Slice jedoch verändern oder verschieben wollen, ohne den Ebeneninhalt zu ändern, aktivieren Sie das Slice-Auswahl-Werkzeug und wählen Sie SLICES/IN BENUTZER-SLICES UMWANDELN.

4a

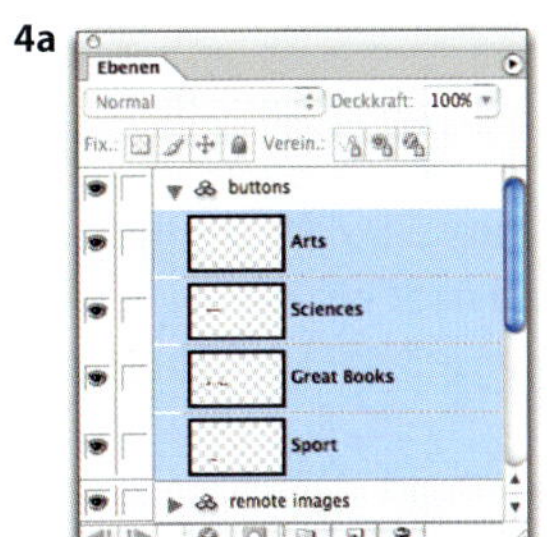

Wählen Sie alle Ebenen der Gruppe »buttons« aus, um ebenebasierte Slices zu erstellen.

4b

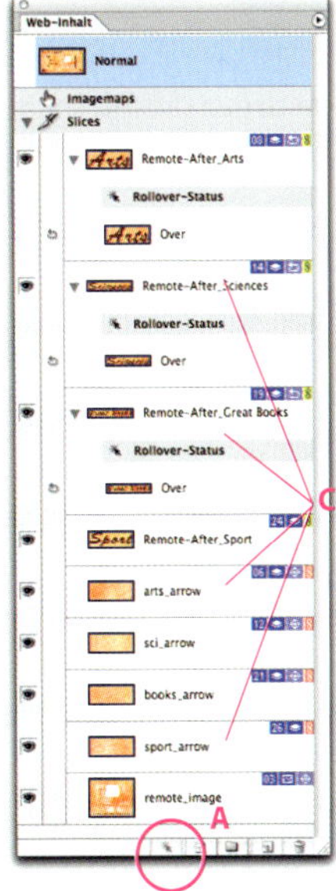

Klicken Sie auf den Button ROLLOVER BASIEREND AUF EBENE ERSTELLEN **A**, um Slices um den Inhalt der ausgewählten Ebenen zu erstellen **B** sowie den Status OVER hinzuzufügen, wie in der Palette zu sehen **C**.

4 Slices für die Buttons und Rollover erstellen. Jetzt werden Sie die ebenebasierten Slices noch einen Schritt weiter führen und Rollover erstellen. Für mehr Effizienz sollten Sie zunächst die Namen der Slices anpassen (siehe Kasten unten). Jede Ebene der Gruppe »buttons« enthält einen Textbutton. Aktivieren Sie in der Ebenen-Palette alle vier Ebenen **4a**, klicken Sie auf den Button ROLLOVER BASIEREND AUF EBENE ERSTELLEN unten in der Web-Inhalt-Palette **4b**. So wird automatisch um jeden Button ein Slice erstellt – zusammen mit einem Over-Status. Die Slices sind nun erstellt.

STANDARD-SLICE-NAMEN ÄNDERN

Um kurze Namen für ebenenbasierte Slices zu erstellen, können Sie die Namensroutine von ImageReady ändern: Wählen Sie DATEI/AUSGABE-EINSTELLUNGEN/SLICES. Klicken Sie in das erste Feld im Abschnitt STANDARDMÄSSIGE SLICE-BENENNUNG und wählen Sie EBENENNAME ODER SLICE-NR., die anderen Felder lassen Sie leer. (Um alles noch etwas zu vereinfachen, wählen Sie bereits in Photoshop bei der Erstellung der Datei Ebenennamen mit Unterstrichen statt mit Leerzeichen – der Unterstrich wird automatisch in den Slice-Namen übernommen und problemlos gespeichert.)

5 Den Normal-Status bestätigen. Der Rollover, den Sie jetzt programmieren werden, besitzt einen Normal-Status und den Over-Status. Im Normal-Status ist die Seite so zu sehen, wie sie beim ersten Laden im Webbrowser erscheint. Klicken Sie in der Web-Inhalt-Palette auf NORMAL und prüfen Sie dann, dass die Ebenensichtbarkeit wie folgt eingestellt ist: Für diesen Status müssen alle Ebenen der Gruppe »remote arrows« ausgeblendet sein; auch die Ebenen der Gruppe »remote images« – bis auf die Ebene »home image« – dürfen nicht zu sehen sein; die Buttonebenen müssen alle sichtbar sein. Im Arbeitsfenster sollten alle vier Textbuttons, keine Pfeile und ein Bild mit hellen Lichtern zu sehen sein.

5

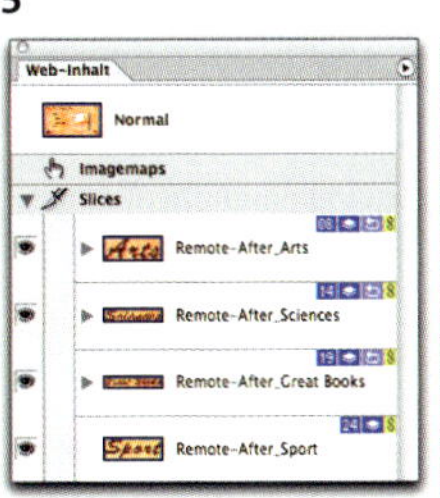

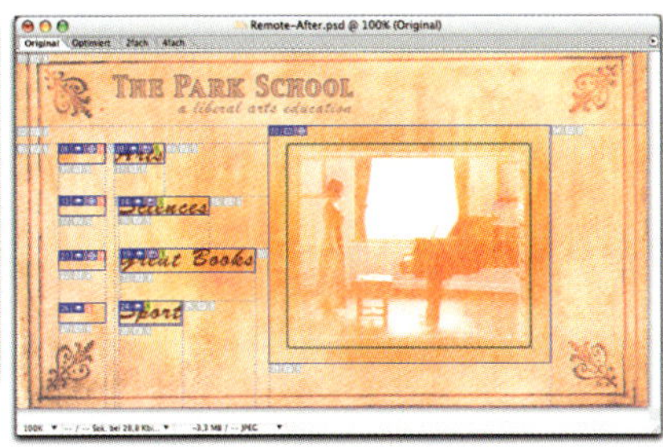

Aktivieren Sie den Status NORMAL und stellen Sie sicher, dass in der Ebenen-Palette die Sichtbarkeit gewählt ist wie in Abbildung **1b** (Seite 722). Das Bild im Arbeitsfenster sieht jetzt so aus wie die Browseranzeige, wenn die Website das erste Mal geladen wir (nur dass da die Slice-Kanten nicht zu sehen sind).

6a

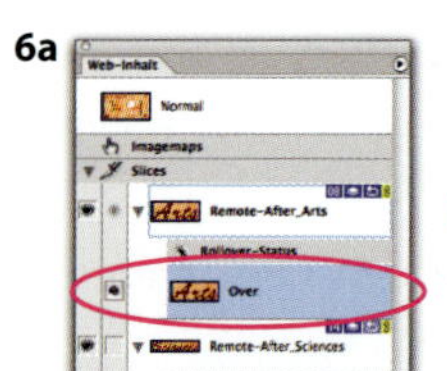

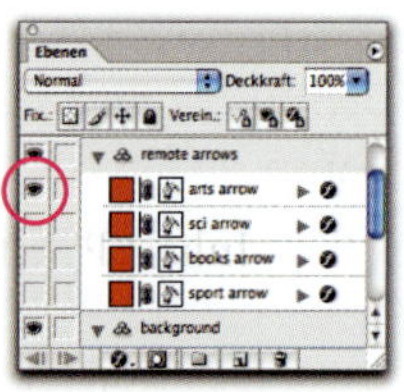

Für den ersten Rollover-Effekt für den Button »Arts« aktivieren Sie den Status OVER in der Web-Inhalt-Palette. Blenden Sie in der Ebenen-Palette die Ebene »arts arrow« ein.

6b

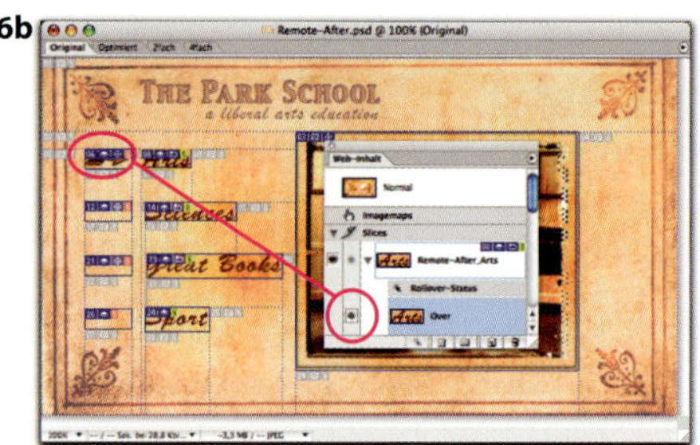

Ziehen Sie eine Ziellinie vom Status OVER des Slice »Arts« in der Web-Inhalt-Palette auf das Slice »arts_arrow« – der Effekt wird im Arbeitsfenster erstellt.

6c

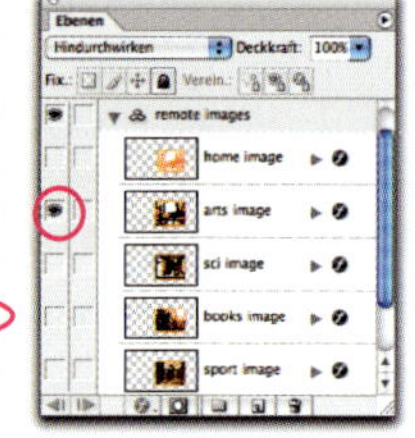

Für den zweiten Rollover-Effekt aktivieren Sie den Status OVER des Slice »Arts«. Blenden Sie in der Ebenen-Palette die Ebene »arts image« ein und die anderen dieser Gruppe aus.

6d

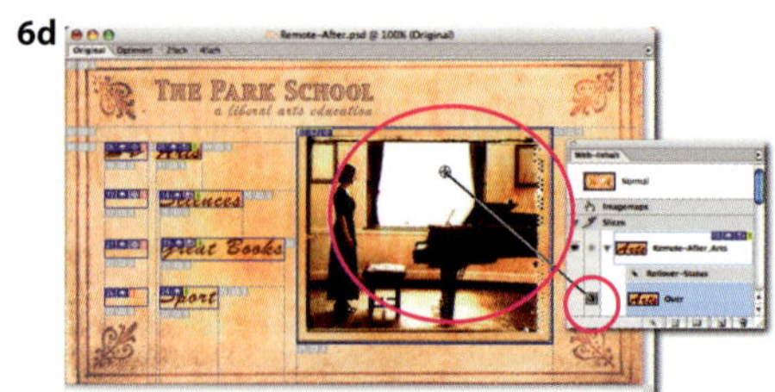

Ziehen Sie die Ziellinie vom Status OVER in der Web-Inhalt-Palette auf das Slice »remote_image« – das Bild wird ausgetauscht, auch das zweite Rollover funktioniert.

6 Den Over-Status eines Buttons mit Rollover-Aktionen programmieren. Aufgrund der Art und Weise, wie die Slices für die vier Textbuttons in Schritt 4 erstellt wurden, ist jeder Button mit einem Over-Status ausgestattet – dieser zeigt die Seite so, wie sie aussieht, wenn der Besucher der Website den Mauszeiger über einen der Buttons stellt. Jetzt werden wir die Remote-Aktion für den ersten der Buttons erstellen.

Wir wollen zwei Ereignisse erstellen – neben dem Button soll ein Pfeil erscheinen und das Foto rechts soll sich ändern. Programmieren Sie zunächst das Slice »arts_arrow« für den Over-Status: Klicken Sie in der Web-Inhalt-Palette auf diesen Status für das Slice »Arts«. Blenden Sie in der Ebenen-Palette die Ebene »arts arrow« ein **6a**. Links neben dem Button »Arts« sehen Sie im Arbeitsfenster einen Pfeil. Sie werden das Slice des Buttons jetzt mit dem Slice des Rollovers verbinden. Klicken Sie dazu in der Web-Inhalt-Palette auf das Spiral-Icon links neben den Over-Status für das Slice »Arts« und ziehen Sie eine Ziellinie auf das Slice »arts_arrow« **6b**.

Programmieren Sie nun die zweite Aktion für diesen Button – die Änderung des Fotos. Der Over-Status ist immer noch aktiv, richten Sie Ihre Aufmerksamkeit jetzt auf die Ebenen-Palette. Blenden Sie in der Gruppe »remote images« die Ebene »arts image« ein und die Ebene »home image« aus (klicken Sie auf die entsprechenden Augen-Icons) **6c**. In der Web-Inhalt Palette klicken Sie auf das -Icon für den Over-Status des Arts-Slice. Ziehen Sie die Ziellinie dieses Mal auf das Slice »remote_images« **6d**.

7 Eine Vorschau der Effekte. Sehen Sie sich nun die Vorschau der Effekte in ImageReady an, um sicherzugehen, dass sie auch funktionieren. Klicken Sie auf den Button SLICES EINBLENDEN/AUSBLENDEN unten in der Werkzeug-Palette, um die Umrisse der Slices auszublenden. Klicken Sie anschließend auf DOKUMENT-VORSCHAU (direkt daneben) und stellen Sie den Cursor über den Button »Arts«. Links neben dem Button erscheint ein Pfeil und rechts ist ein größeres und dunkleres Foto zu sehen **7**. Klicken Sie erneut auf den Button , um den Vorschaumodus wieder zu verlassen. Sollte einer der Rollover-Effekte nicht funktionieren, wählen Sie SLICES, ALLE LÖSCHEN und gehen Sie wieder zurück zu Schritt 2. Das scheint zwar etwas entmutigend, aber oft ist es besser, von vorn zu beginnen, als ewig zu suchen, wo der Fehler liegt.

7

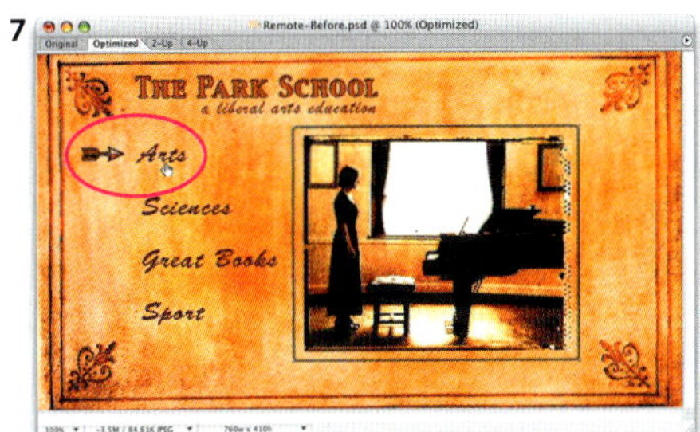

Stellen Sie den Cursor über den Button »Arts«, um einen Pfeil und ein anderes Bild einzublenden.

8

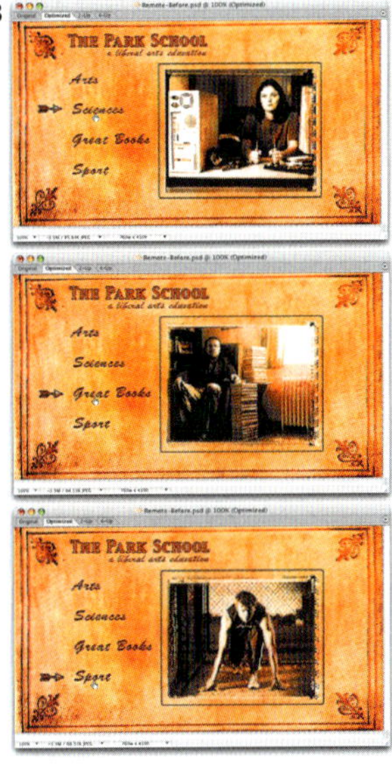

Die Vorschau der Rollover für die Buttons »Sciences«, »Great Books« und »Sport«.

9a

Hier wurden für die Optimierung alle Slices ausgewählt.

8 Die anderen Buttons programmieren. Wiederholen Sie die Schritte 6 und 7 für den Button »Sciences«. Hier noch einmal die Zusammenfassung:

A Aktivieren Sie in der Web-Inhalt-Palette den Over-Status für das Slice »Sciences«.

B Blenden Sie in der Ebenen-Palette die Ebene »sci arrow« ein und alle anderen der Gruppe »remote arrow« aus.

C Ziehen Sie einen Ziellinie vom -Icon des Over-Status des Slice »Sciences« auf das Slice »sci_arrow« im Arbeitsfenster.

D Blenden Sie in der Ebenen-Palette die Ebene »sci image« ein und alle anderen der Gruppe »remote images« aus.

E Ziehen Sie einen Ziellinie vom -Icon des Over-Status des Slice »Sciences« auf das Slice »sci_image« im Arbeitsfenster.

F Klicken Sie, wenn nötig, auf den Button SLICES EINBLENDEN/AUSBLENDEN. Sehen Sie sich anschließend die Dokumentvorschau an.

G Stellen Sie den Mauszeiger über den Button »Sciences«. Links daneben erscheint ein Pfeil und rechts wird ein neues Foto eingeblendet. Klicken Sie erneut auf den Button DOKUMENT-VORSCHAU, um den Vorschaumodus wieder zu verlassen.

Wiederholen Sie diese Schritte für die Buttons »Great Books« und »Sport« **8**.

9 Die Slices optimieren. Jetzt müssen die Slices optimiert werden, um die kleinstmögliche Dateigröße zu erzeugen (für einen schnellen Download) – dabei sollen sie aber immer noch gut aussehen. JPEG ist für dieses Beispiel ein passendes Format.▼ Alle Fotos, Pfeile und Buttons sollen nahtlos in das Foto des Buchcovers übergeblendet werden, so dass alles zusammen eher wie ein Bild und nicht wie ein zusammengewürfeltes Mosaik aussieht. Für eine nahtlose Überblendung müssen Sie für alle Slices dieselben Optimierungseinstellungen verwenden, denn mit unterschiedlichen JPEG-Einstellungen entstehen heterogene Slices.

Klicken Sie im Arbeitsfenster auf den Reiter 2-FACH oder 4-FACH. Aktivieren Sie in der Werkzeug-Palette das Slice-Auswahl-Werkzeug. Für die Optimierung können Sie eine der folgenden Optionen wählen (das hängt von Ihrem Layout ab). Lesen Sie sich alle drei Möglichkeiten aufmerksam durch – wählen Sie für diese Datei dann die dritte Option:

MEHR DAVON

▼ Formate für Webgrafiken **Seite 680**

9b

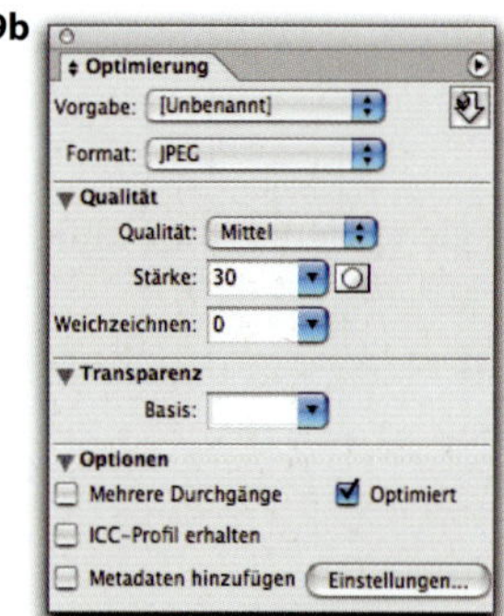

Die Optimierungseinstellungen für die Website »The Park School«; vergleichen Sie die Vorher-Nachher-Dateigrößen unten in **9a**.

10a

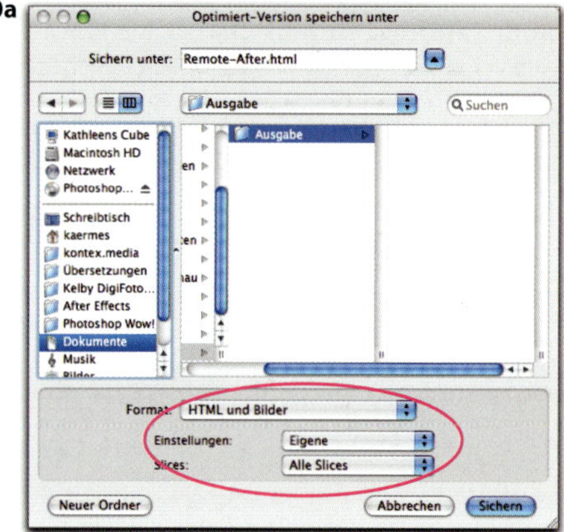

Speichern Sie das HTML und die Bilder.

10b

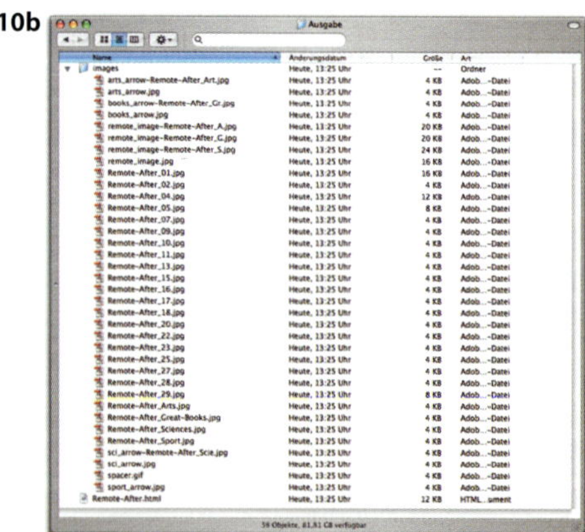

Hier sehen Sie die Bilddateien, die aus den Slices erstellt wurden. Die Dateinamen (außer die für die Auto-Slices) stellen eine Kombination aus Slice-Namen, Verbindungsnamen und Rollover-Status dar.

- Um ein Slice für die Optimierung auszuwählen, klicken Sie dieses im Arbeitsfenster oder der Web-Inhalt-Palette an.
- Um Zeit zu sparen und gleiche Slices gleich zu optimieren, wählen Sie alle gleichzeitig aus und entscheiden Sie sich dann für den Befehl SLICES/SLICES FÜR OPTIMIERUNG VERBINDEN. (Die grauen Auto-Slices werden automatisch miteinander verbunden.)
- Um alle Slices gleichzeitig zu optimieren **9a**, wählen Sie AUSWAHL/ALLES AUSWÄHLEN.

Wählen Sie im Anschluss in der Optimierung-Palette **9b** das JPEG-Format und experimentieren Sie mit der Qualität; Kabili wählte eine mittlere Qualität und beließ die Stärke bei 30. In den Optionen deaktivierte sie die Checkbox MEHRERE DURCHGÄNGE, um die Größe möglichst gering zu halten. Außerdem deaktivierte sie die Checkbox ICC-PROFIL ERHALTEN, weil diese Option die Dateigröße ansteigen lässt und die meisten Browser ICC-Profile ohnehin nicht lesen können. Die dritte Checkbox METADATEN HINZUFÜGEN deaktivierte sie ebenfalls.

10 Speichern. Wählen Sie DATEI/OPTIMIERTE VERSION SPEICHERN UNTER. Klicken Sie in der Dialogbox **10a** auf den Button NEUER ORDNER und wählen Sie im unteren Bereich die Option HTML UND BILDER; belassen Sie die Option SLICES auf ALLE SLICES und klicken Sie auf SICHERN. ImageReady speichert aus den Slices JPEG-Dateien, inklusive mehrerer Rollover-Grafiken **10b**. Gleichzeitig wird eine HTML-Datei inklusive JavaScript erstellt, damit die Rollover auch funktionieren. Im Anschluss haben Sie die Möglichkeit, einige oder alle dieser Dateien in einem passenden Programm zu einer Website zusammenzubauen.

Wählen Sie in einem letzten Schritt DATEI/SPEICHERN, um die PSD-Quelldatei mit allen Slice-Informationen zu sichern. So können Sie jederzeit zu dieser Quelldatei zurückkehren und Änderungen vornehmen.

Digital Painting Sampler

Digital Painting Sampler / Tavarua Mangos
JHDavis

Die Miniaturen, die Photoshops Web-Fotogalerie erzeugt ▼, sind Miniaturversionen der Bilder selbst. Sie lassen sich jedoch anpassen, indem Sie die Dateien im vom Befehl erzeugten Miniaturen-Ordner öffnen und Änderungen vornehmen. Als **Jack Davis** die Web-Fotogalerie nutzte, um seine interaktive **Digital Paintings Gallery** zu erstellen, wiesen die originalen Miniaturen unterschiedliche Proportionen auf (wie rechts zu sehen). Standardmäßig hatten jedoch alle eine Höhe oder Breite von 75 Pixel.

Um die quadratischen Miniaturen zu erstellen, öffnete Davis jede einzelne Datei im Miniaturen-Ordner und wies ihr eine Größe von 75 x 75 Pixel zu (BILD/ARBEITSFLÄCHE). Dann erstellte er Detailansichten der einzelnen Bilder, indem er mit gedrückter ⇧-Taste und dem Auswahlrechteck eine quadratische Auswahl aufzog (im Original) und diese dann kopierte (⌘/Strg-C). Anschließend fügte er die Kopie in die Miniaturdatei ein (⌘/Strg-V) und verringerte, wenn nötig, die Größe (z.B. mit ⌘/Strg-T). Dann reduzierte er die Datei auf eine Ebene (⌘/Strg-E) und speicherte sie (⌘/Strg-S)

AUTOMATISIERUNG

Um einen Vorgang zu automatisieren, den Sie für viele Dateien wiederholen müssen (beispielsweise das Ändern der Arbeitsflächengröße für Miniaturen), nehmen Sie am besten eine Aktion auf ▼. Wenden Sie die Aktion dann einfach auf den gesamten Ordner an (DATEI/AUTOMATISIEREN/STAPELVERARBEITUNG). ▼

MEHR DAVON

▼ Web-Fotogalerie **Seite 689**
▼ Eine Aktion aufnehmen **Seite 111**
▼ Stapelverarbeitung **Seite 113**

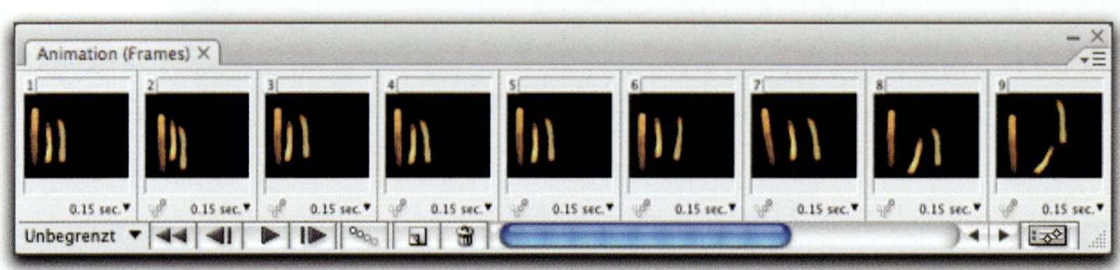

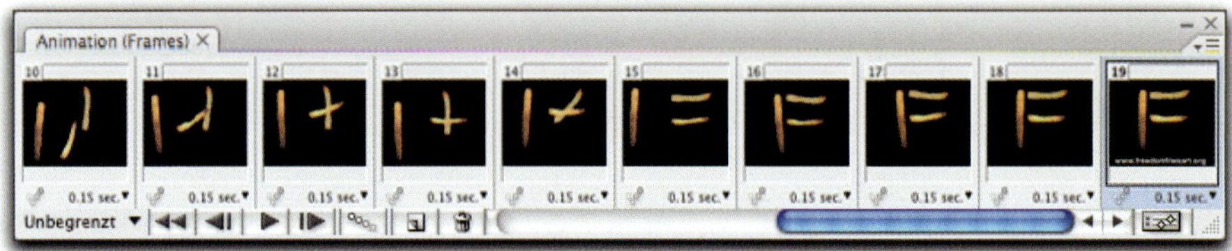

Als **Sharon Steuer** zwei Uhr nachts mit einer Inspiration für das **animierte Logo für das Freedom Fries Art Collective** aufwachte, überfiel sie den Kühlschrank und machte sich an ihre Knetidee. Wie bei einem Trickfilm mit Knetfiguren musste sie die Einzelteile der Szene herstellen und für jeden Frame neu anordnen. Statt die Szene jedoch für jeden Frame neu zu fotografieren, erstellte sie nur ein Foto und nahm den Rest der Anordnung in Photoshop CS2 mithilfe der Animation-Palette und Smart Objekten vor.

Steuer begann damit, drei Pommes Frites so auf einem weißen Hintergrund zu platzieren, dass sie ein »F« ergeben. Dann fotografierte sie die Szene mit einer Digitalkamera. Sie öffnete ein neues Dokument in Photoshop in RGB-Farbe, mit 640 × 480 Pixel und einem schwarzen Hintergrund.

Nachdem sie eine intakte Kopie des Fotos gespeichert hatte (Datei/Speichern unter), nutzte sie den Zauberstab mit deaktivierter Option Benachbart und klickte in den weißen Hintergrund, um diesen auszuwählen. Sie wechselte in den Maskierungsmodus (mit dem Button unten in der Werkzeugleiste) und bereinigte die Auswahl; anschließend wechselte sie wieder in den Standardmodus und drückte die Entf-Taste (PC: ←). Die drei Pommes Frites befanden sich nun auf einer transparenten Ebene. Sie wählte alles aus, kopierte es und klickte in das Arbeitsfenster für das schwarze Dokument, um die Pommes dort einzufügen. Um das »F« auf die gewünschte Größe zu skalieren **A**, nutzte Sie den Befehl Frei transformieren (⌘/Strg-T) und zog mit gedrückter ⇧-Taste an einem der Eckpunkte.

Steuer erstellte anschließend mit dem Lasso-Werkzeug eine lose Auswahl von einem der Pommes und kopierte diese in eine separate Ebene (⌘/Strg-J). Sie wiederholte den Vorgang ein zweites Mal. **B**.

Sie wandelte alle drei Ebenen in Smart Objekte um, indem sie deren Miniaturen in der Ebenen-Palette anklickte und dann Ebene/Smart Objek/In neuem Smart Objekt gruppieren wählte. So zerstört sie die Originale nicht, wenn sie sie immer wieder und wieder dreht und in neue Positionen bringt, um die einzelnen Frames der Animation zu erstellen.

Steuer blendete die »F«-Ebene aus, indem Sie auf deren Augen-Icon klickte. Jetzt wurde es Zeit für den Knetprozess: Sie aktivierte in der Optionsleiste für das Verschieben-Werkzeug die Optionen Automatisch auswählen und Transformationssteuerungen **C**. Sie zog innerhalb des Transformieren-Rahmens mit dem Werkzeug, um die Position der einzelnen Pommes zu ändern – zum Drehen verschob sie den Cursor nach außen, bis der doppelte, gebogene Pfeil erschien **D**. Mit ↩ schloss sie die Transformationen ab. Als sie die Pommes für deren Startposition ausgerichtet hatte (für den ersten Frame der Animation), öffnete sie die Animation-Palette und das Startbild für Frame 1. Durch Klicken auf den Button Dupliziert ausgewählte Frames unten in der Palette erstellte sie einen zweiten Frame und verschob und transformierte für diesen die Smart Objekte.

Sie fügte weitere Frames hinzu und ordnete die Pommes an. Um den letzten Frame mit der Adresse der Website zu versehen, wählte sie im Menü der Animation-Palette die Option Neue Ebenen in allen Frames sichtbar **E**, damit der Text nur im letzten Frame erscheint. Im Anschluss fügte sie mit dem Textwerkzeug die Adresse hinzu und wandelte den Text in Pixel um (Ebene/Rastern/Text).

Steuer wendete auf alle Frames dieselbe Dauer an. Für die Schleifen wählte Sie die Option Einmal aus (unten links in der Ecke) und sah sich eine Vorschau der Animation an – dazu klickte sie auf den Wiedergabe-Button ▶. Um die Dauer einzustellen, wählte sie alle Frames aus (sie klickte mit gedrückter ⇧-Taste auf den ersten und den letzten). Sie klickte dann auf eines der winzigen Dreiecke in einem der Frames, wählte aus dem Pop-up-Menü Andere und gab einen Wert von 0,15 Sekunden ein.

Um die Animation im QuickTime-Format zu exportieren, musste Steuer die Datei in ImageReady, öffnen. Sie speicherte also eine weitere Kopie der Datei, um die Smart Objekte zu schützen – diese würden beim Übertrag in ImageReady verloren gehen; dann klickte Sie auf In ImageReady bearbeiten. In ImageReady sah sie sich die Animation der Browservorschau an, um das Timing noch einmal genau zu überprüfen. Dann wählte sie Datei/Exportieren/Originaldokument, wählte QuickTime als Format und klickte auf Speichern. In der Dialogbox Komprimierungseinstellungen **F** behielt sie das Standard-Format Photo-JPEG bei, akzeptierte die beste Tiefe und die mittlere Qualität und klickte auf OK.

Jeff Jacoby nutzte Apple Final Cut Pro, um die QuickTime-Animation mit einer Sprecherstimme, Musik und anderem Videomaterial aufzurüsten und daraus einen QuickTime-Videotrailer für die Eröffnung der ersten Veranstaltung der FFAC im Oktober 2005 zu erstellen. Das fertige Video finden Sie unter www.freedomfriesart.org/pages/viewtrailer.html.

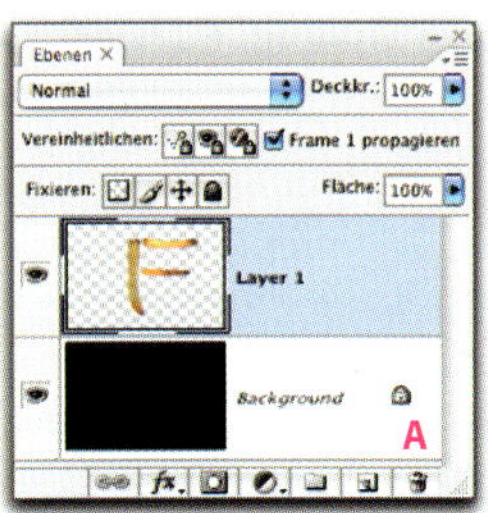

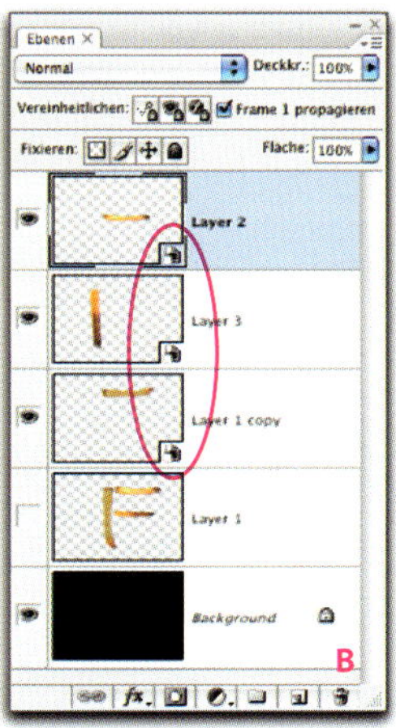

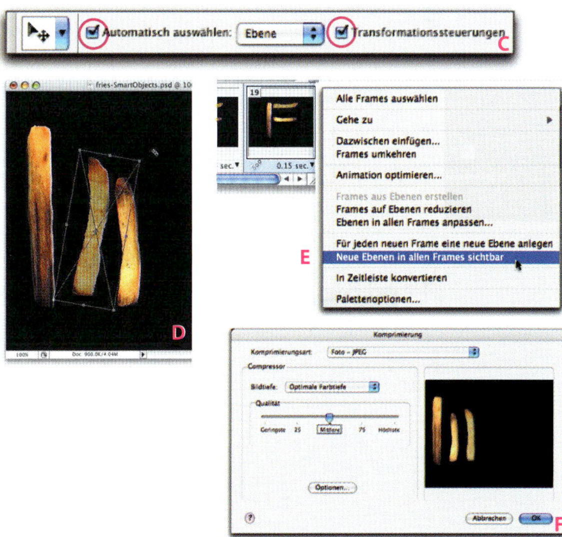

ASTOUNDING SPACE THRILLS
The DAILY ADVENTURES

by STEVE CONLEY
SPACE QUAKES
PART 46

TOONORAMA EPISODE 229 AST WEB SITE ARCHIVE AST STORE MESSAGE BOARD E-MAIL STEVE

Steve Conley begann die Grafiken für zwei Episoden seines Comics **Astounding Space Thrills** mit gescannten Handskizzen. Er zog die Skizzen nach, um schwarze Linienzeichnungen auf transparentem Hintergrund zu erstellen. Dann fügte er eine neue Ebene hinzu – die erste Farbebene – indem er unten in der Ebenen-Palette auf den Button NEUE EBENE ERSTELLEN klickte. Er fügte weitere Ebenen hinzu – für jede wesentliche Farbe eine neue Ebene – und verschob die Linienzeichnung im Ebenenstapel ganz nach oben. Er aktivierte die Linienzeichnung und wählte dann die einzelnen Bereiche aus, die eingefärbt werden müssen (dazu verwendete er den Zauberstab bzw. das Polygon-Lasso). Beim Polygon-Lasso hielt er die ⌥-Taste (PC: Alt) gedrückt, um zwischen Polygon-Lasso und normalem Lasso zu wechseln. Er wählte die Auswahlkanten so, dass die Kanten die schwarzen Striche leicht überlappen, um keine Lücken zwischen den schwarzen Linien und der Farbfüllung entstehen zu lassen. Beim Zauberstab aktivierte er die Option BENACHBART (um nur einen geschlossenen Bereich auszuwählen). Er deaktivierte die Option GLÄTTEN (um die Auswahl komplett mit Farbe zu füllen) sowie die Option ALLE EBENEN VERWENDEN (damit die Auswahl nur auf der aktuellen Ebene basiert). Er vergrößerte die Zauberstab-Auswahlen um jeweils 1 Pixel (AUSWAHL/VERÄNDERN/VERGÖSSERN) und füllte sie dann mit einer Farbe.

Nachdem er eine Auswahl erstellt hatte, aktivierte Conley die Farbebene, indem er auf die entsprechende Ebene in der Ebenen-Palette klickte, und füllte die Auswahl mit BEARBEITEN/FLÄCHE FÜLLEN bzw. indem er mit dem Pinsel und einer harten Pinselspitze in der Auswahl malte.

Nachdem er die wichtigten Farbflächen gefüllt hatte, fügte Conley Details hinzu – fixierte vorher jedoch die Transparenz (oben in der Ebenen-Palette), um nur innerhalb der Linien zu malen. Er malte mit dem Pinsel, teilweise mit Airbrush-Option.

Die Asteroiden und die Landschaft in Episode 229 wurden in Bryce er-

stellt, anschließend in Photoshop geöffnet und in die Datei gezogen. Conley wählte das Bryce-Bild in allen Ebenen etwas größer als der Bereich, den er damit füllen wollte, und nutzte die Farb- und Linienzeichnungsebenen im Ebenenstapel weiter oben, um die Kanten zu maskieren.

Conley erstellte seinen Comicstreifen groß genug, um ihn auch drucken zu können. Im Anschluss

ASTOUNDING SPACE THRILLS

by STEVE CONLEY

SPACE QUAKES

NUMBER 2

TOONDRAMA EPISODE 185 AST WEB SITE AST STORE MESSAGE BOARD E-MAIL STEVE

reduzierte er die Größe für die Darstellung im Web. Dazu skalierte er die Zeichnung (mit dem Befehl BILDGRÖSSE oder der Dialogbox FÜR WEB (UND GERÄTE) SPEICHERN). Er wählte 468 Pixel, eine Standard-Bannerbreite für das Web. Durch Reduzierung der Breite auf 468 Pixel wurde die Höhe automatisch auf 190 Pixel reduziert. Er erstellte den Streifen so, dass er 250 Pixel groß sein kann, inklusive Titel, Werbung und Buttons. Bei dieser Größe muss der Betrachter selbst auf einem kleinen Monitor nicht scrollen.

Es wurden noch Sprechblasen hinzugefügt. (In Photoshop lassen sich häufig verwendete Formen als Eigene-Form-Vorgaben speichern und dann mit dem Eigene-Form-Werkzeug anwenden.) Die Deckkraft der Sprechblasenebenen wurde auf 80% reduziert, damit die Bilder darunter durchscheinen können. Conley setzte dann die Buchstaben ein – für jeden Text einer Sprechblase legte er eine neue Ebene an. Er verwendete dafür selbst erstellte Schriftarten sowie Schriftarten, die speziell für Comics entwickelt wurden. Conley fügte die Texte erst hinzu, nachdem er die finale Dateigröße eingestellt hatte – also zweimal, einmal für den Druck und einmal fürs Web. Der Text erhält dadurch jedoch eine bessere Qualität und das ist den zusätzlichen Aufwand wert.

Die Buttons über dem Comicstreifen wurden mit URLs verlinkt – dazu verwendete er die Imagemap-Funktion in ImageReady.

Bevor er seinen Comicstreifen im Web veröffentlichte, reduzierte Conley jeden Streifen auf 45 Kbyte oder weniger, damit sie sich schnell herunterladen lassen. Wenn er durch die Reduzierung der Farben die passende Dateigröße gefunden hatte, experimentierte er in einer der anderen drei Ansichten mit der Dither-Funktion, um die Farben eventuell zu verbessern, ohne jedoch die Dateigröße von 45 Kbyte zu überschreiten.

COMIC-SCHRIFTARTEN

Hier ist eine gute Quelle für professionelle Comic-Schriften: **www.comicbookfonts.com**.

EINE ZIELGRÖSSE AUSWÄHLEN

Der Befehl FÜR DATEIGRÖSSE OPTIMIEREN im Menü der Optimieren-Palette der Photoshop-Dialogbox FÜR WEB (UND GERÄTE) SPEICHERN oder der Optimierung-Palette in ImageReady ermöglicht Ihnen die Auswahl einer Zieldateigröße. Wenn Sie in der 4-fach-Ansicht arbeiten, können Sie für jede der optimierten Optionen dieselbe Zielgröße wählen und die drei Variationen und die Einstellungen in der Farbpalette miteinander vergleichen, um das beste Ergebnis herauszufiltern.

Anhänge

Anhang A: Filter-Demos

SIE FINDEN DIE DATEIEN auf der DVD unter Wow Projektdateien/Anhang/Filter-Demo-Vorher.psd

Die Filter auf diesen Sei-ten finden Sie im unteren Teil des Photoshop-Filter-Menüs.

Aquarell
Basrelief
Buntglas-Mosaik
Buntstiftschraffur
Chrom
Conté-Stifte
Diagonal verwischen
Dunkle Malstriche
Farbpapier-Collage
Feuchtes Papier
Fotokopie
✓ Fresko
Gekreuzte Malstriche
Gerissene Kanten
Glas
Grobe Malerei
Grobes Pastell
Kacheln
Kanten betonen
Kohleumsetzung
Konturen mit Tinte nachzeichnen
Körnung
Körnung & Aufhellung
Kreide & Kohle
Kreuzschraffur
Kunststofffolie
Leuchtende Konturen
Malgrund
Malmesser
Mit Struktur versehen
Neonschein
Ölfarbe getupft
Ozeanwellen
Patchwork
Prägepapier
Punktierstich
Rasterungseffekt
Risse
Schwamm
Spritzer
Stempel
Strichumsetzung
Stuck
Sumi-e
Tontrennung & Kantenbetonung
Verwackelte Striche
Weiches Licht

Viele dieser Filter finden Sie auch in einer alphabetischen Liste, die erscheint, wenn Sie FILTER/FILTERGALERIE wählen und auf den Filternamen unter den Buttons unten rechts klicken.

Hinweis: Falls Ihnen diese Liste nicht in der Filtergalerie zur Verfügung steht, klicken Sie auf den Button NEUE EFFEKT-EBENE unten rechts in der Dialogbox.

ORIGINALFOTO: CORBIS ROYALTY FREE

Dieser »Katalog« zeigt die meisten der Photoshop-Filter. (Die Super-Filter oben aus dem Filter-Menü finden Sie hier nicht.) Die gezeigten Filter wurden auf das oben gezeigte Foto bzw. die oben gezeigte Zeichnung angewendet. Die Zeichnung wurde mit dem Zeichenstift erstellt, die Pfade wurden auf einer transparenten Ebene mit dem Pinsel nachgemalt, dann ein Schein nach außen hinzugefügt. Schließlich wurde diese Zeichnung vor Holz als Hintergrund angeordnet und die Ebenen reduziert.

Die Filter in diesem Katalog sind wie im Filter-Menü angeordnet. Viele Filter stehen auch über FILTER/FILTERGALERIE in alphabetischer Reihenfolge zur Verfügung. Sie können Filtereffekte in CS3 auch als verlustfreie Smartfilter kombinieren; tauschen Sie das Bild gegen ein anderes aus, werden die Filter sofort angewendet (Seite 38).

Falls Einstellungen nicht den Standardeinstellung entsprechen, sind sie in der Reihenfolge wie in der Dialogbox aufgeführt. Wurden die Standardwerte eingesetzt, sind keine Einstellungen extra gelistet.

Das Beispielbild, auf das die Filter angewendet wurden, misst 408 × 408 Pixel. Viele Filtereinstellungen werden in Pixel vorgenommen, um also einen Effekt einschätzen zu können, sollten Sie die Einstellung zur Bildgröße ins Verhältnis setzen. Bei einem Bild, das ca. doppelt so groß wie unseres ist, (z.B. 800 × 800 Pixel) benötigen Sie statt einer Einstellung von 20 eher 40 Pixel, um denselben Effekt im Bild zu erzielen.

Kunstfilter

Die Kunstfilter können Sie über die Filtergalerie aufrufen (hier mit »FG« gekennzeichnet). Die meisten Kunstfilter simulieren traditionelle Kunstmaterialien. Der Filter KUNSTSTOFFFOLIE bietet Tiefen und Lichter, um Tiefe und eine glatte Oberflächenstruktur zu erzeugen.

Nur bei 8 Bit pro Kanal

Filter FG

Filter FG

Grobe Malerei FG

Körnung & Aufhellung FG

Fresko FG

Neonschein FG

Ölfarbe getupft FG

Malmesser FG

Kunststofffolie FG

Tontrennung & Kantenbetonung FG

Grobes Pastell FG

Kunstfilter (Fortsetzung)

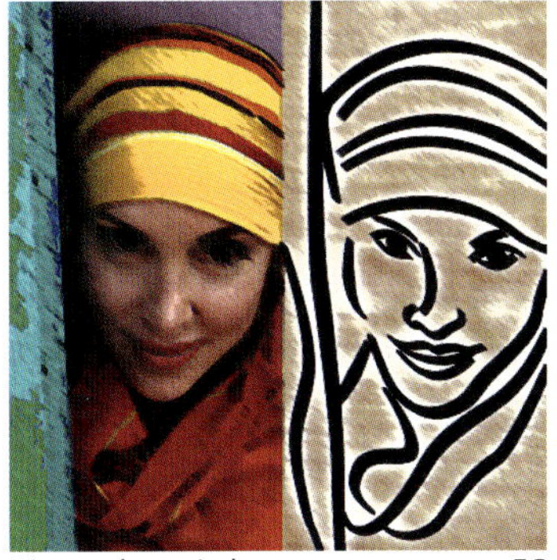
Diagonal verwischen FG

Schwamm FG

Malgrund FG

Aquarell FG

NICHT ALLE FILTER FUNKTIONIEREN IN ALLEN FARBMODI

Wenn Sie Ihre Photoshop-Datei in CMYK, Graustufen oder Indizierten Farben abliefern müssen, sollten Sie die kreativen Arbeiten in RGB erledigen und die Farbumwandlung hinterher vornehmen. Zum einen funktionieren alle Filter im RGB-Modus, in anderen Farbmodi engt sich dieses Spektrum deutlich ein. Zum Beispiel können Blendenflecke und Beleuchtungseffekte nur in RGB eingesetzt werden. **Im CMYK-Modus verlieren Sie die Filtergalerie und alle darin enthaltenen Einzelfilter!** Auch der Fluchtpunkt-Filter ist in CMYK nicht verfügbar.

Weichzeichnungsfilter

Seit Photoshop CS sind zu diesem Menü einige Filter hinzugekommen, die Weichzeichnungsfilter haben sich so stark vermehrt wie sonst keine. So ist es nun möglich, mithilfe von Tiefenschärfe abmildern die Tiefenschärfe eines Bildes mithilfe eines Filters zu beeinflussen, und vieles mehr.
8 & 16 Bit/Kanal, oder wie angegeben)

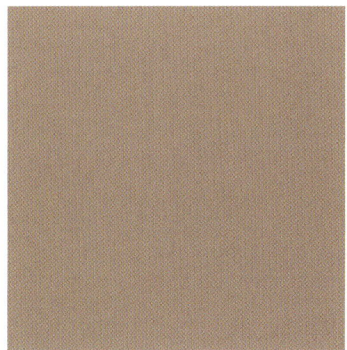
Durchschnitt berechnen (auch 32 Bit)

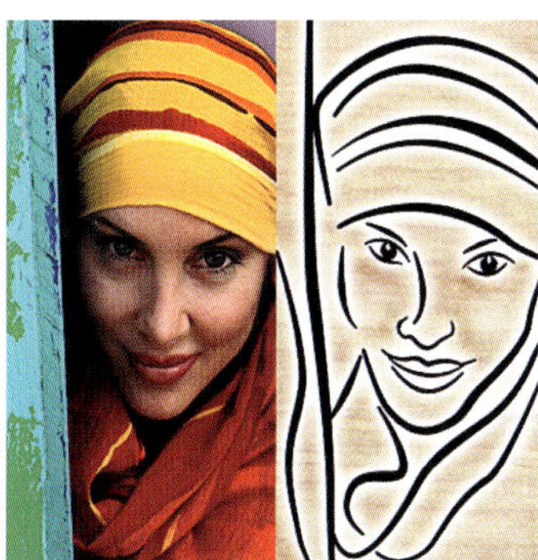
Weichzeichnen

Stark weichzeichnen

Matter machen (20) (auch 32 Bit)

Gaußscher Weichzeichner (10)

Weichzeichnungsfilter (Forts.)

Tiefenschärfe abmildern

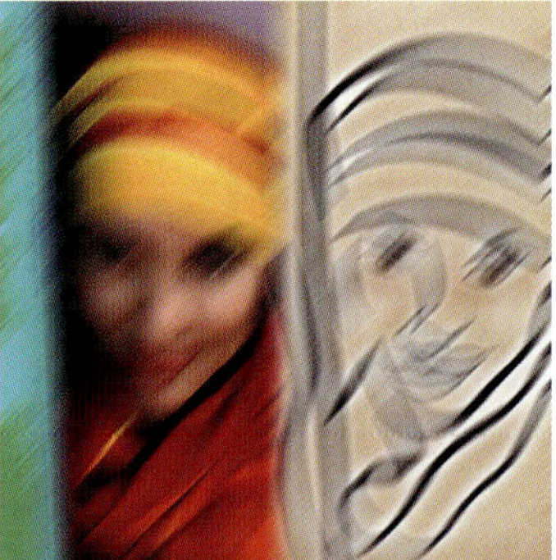
Bewegungsunschärfe (45/30, auch 32 Bit)

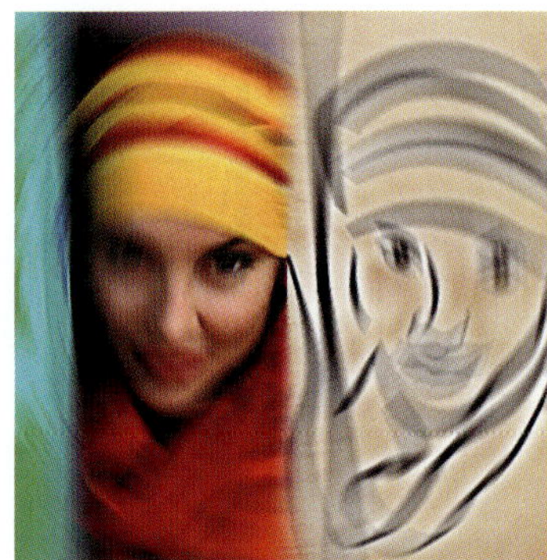
Radialer Weichz. (Kreisf./10, auch 32 Bit)

WEICHZEICHNER TESTEN

Experimentieren Sie beim Radialen Weichzeichner vorerst bei Entwurfsqualität, um die Stärke und den Mittelpunkt herauszufinden. Widerrufen Sie dann (⌘/Strg-Z) und verwenden Sie GUT (bei sehr großen Bildern SEHR GUT).

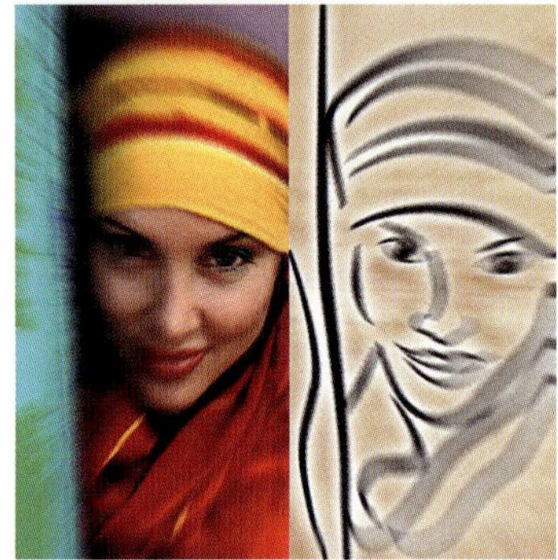
Radialer Weichz. (Strahlenf./20, auch 32 Bit)

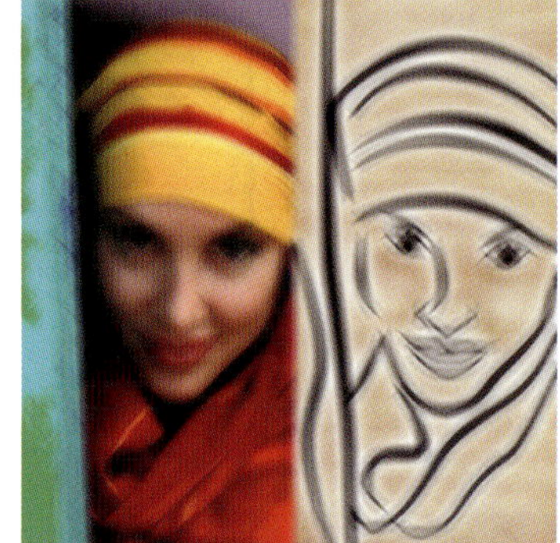
Form weichz. (10/ Musterelem. 3) (auch 32 Bit)

FORM WEICHZEICHNEN »STERNE«

In kontrastreichen Bereichen erzeugt dieser Filter ein Muster; das hängt von der Form ab, die Sie in der Dialogbox auswählen. Jedes der unten gezeigten Beispiele begannen wir mit einem weißen Punkt (erzeugt mit dem Pinsel und einer harten runden Spitze, 19 Pixel). Wir zeichneten dann jeden Punkt einzeln weich (FILTER/WEICHZEICHNUNGSFILTER/FORM WEICHZEICHNEN) und hellten das Ergebnis mit einer Tonwertkorrektur-Einstellungsebene auf.

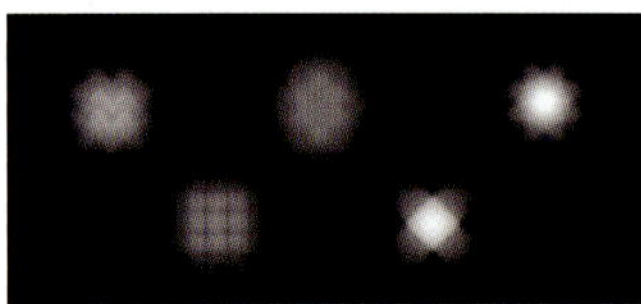
Die Sterne entstanden aus den folgenden Formen: Oben: — Wellen (aus Natur, Radius 15), Sonne 2 (aus Natur, Radius 20), Schneeflocke 3 (aus Natur, Radius 20); unten — Gitter (aus Musterelemente, Radius 15), Musterelement 3 (aus Musterelemente, Radius 15).

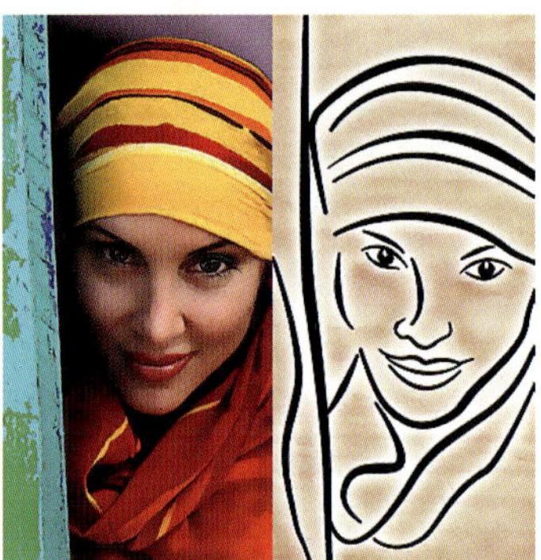
Selektiver Weichz. (3/25/Flächen) (8 Bit)

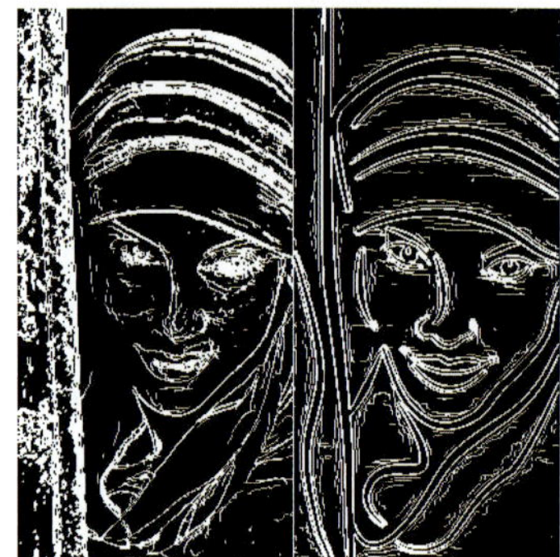
Selektiver Weichz. (3/25 Nur Kante) (8 Bit)

Feld weichzeichnen (15/15) (auch 32 Bit/ Kanal, nicht in ImageReady)

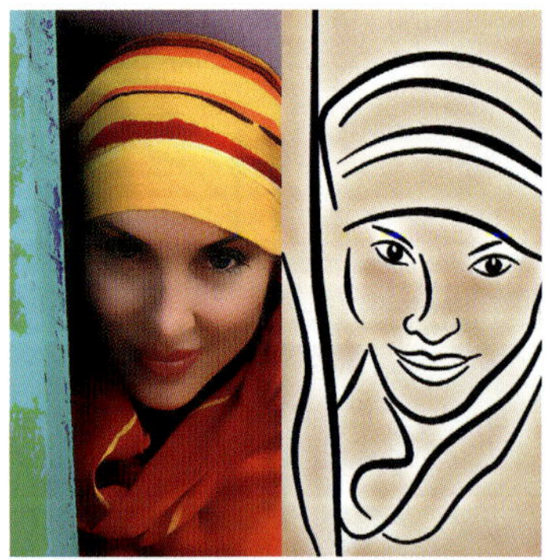
Feld weichzeichnen (15/35) (auch 32 Bit/ Kanal, nicht in ImageReady)

Malfilter

Die Malfilter sind auch über die Filtergalerie verfügbar (durch »FG« gekennzeichnet). Ihre Effekte können dort mit anderen Filtern kombiniert werden. Die Malfilter simulieren verschiedene Arten des Farbauftrags.

nur in 8 Bit/Kanal

Kanten betonen FG

Gekreuzte Malstriche FG

Kreuzschraffur FG

Dunkle Malstriche FG

Konturen mit Tinte nachzeichnen FG

Spritzer FG

Verwackelte Striche FG

Sumi-e FG

Einstellungen aufzeichnen

Bis Sie für einen bestimmten Effekt die richtige Kombination gefunden haben, müssen Sie oft viel herumprobieren. Und meist vergisst man die Einstellungen ziemlich schnell. Vermeiden Sie, alles noch einmal tun zu müssen:

- Einige Filter, vor allem die neueren, haben Speichern-Buttons, um die Einstellungen zu sichern. Geben Sie der Datei einen eindeutigen Namen, um sie besser wiederzufinden.
- In der Filtergalerie können Sie die Einstellungen in einer Aktion speichern und auf andere Dateien anwenden.
- Bei Filtern außerhalb der Filtergalerie und ohne Speichern-Button hilft das Protokoll. Schalten Sie unter Voreinstellungen/Allgemein die Option Verlaufsprotokoll ein und wählen Sie Detailliert für Bearbeitungsprotokolleinträge, um so viele Filtereinstellungen wie möglich aufzuzeichnen. Lesen Sie das Protokoll zu einer Datei (Datei/Dateiinformationen/Protokoll), um eine Aktion für den Effekt anzulegen und diesen wiederholen zu können. ▼

MEHR DAVON

▼ Aktionen erstellen
Seite 109

Verzerrungsfilter

Mit Ausnahme von Objektivkorrektur wenden diese Filter Spezialeffekte und Strukturen auf ein Bild an. Versetzen »biegt« das Bild basierend auf hellen und dunklen Bereichen in einer Verschiebungsmatrix (ein separates Bild, das wie die Struktur einer Oberfläche agiert, auf die das Bild angewendet wird). Bei einer Versetzung können einige Pixel vom Bildrand nach innen gezogen werden. Sie können festlegen, dass der Filter die Lücke mit den Pixeln vom gegenüberliegenden Bildrand füllen soll (Durch verschobenen Teil ersetzen) oder dass die Pixel am Rand gedehnt werden (Kantenpixel wiederholen). Einige Verzerrungsfilter (gekennzeichnet durch »FG«) sind in der Filtergalerie enthalten.

Seit CS3 nehmen Sie zuerst die Einstellungen in der Dialogbox Versetzen vor und wählen dann in einem Öffnen-Dialog die Verschiebungsmatrix.

Objektivkorrektur entfernt normalerweise Verzerrungen, kann aber auch für Spezialeffekte herangezogen werden.

8 Bits/Kanal, oder wie angegeben

Weiches Licht FG

Versetzen (Wabe 10/Kantenpixel wiederholen)

Versetzen (Freie Striche 25/D. v. T. ers.)

Versetzen (Schichten/Kantenp. wiederh.)

Glas (Milchglas) FG

Glas (Quader) FG

Mehr Verschiebungsmatrizen

Bei der normalen Installation von Photoshop werden zwei Datei-Sets geladen, die mit dem Versetzen-Filter verwendet werden können: Verschiebungsmatrizen im Zusatzmodule-Ordner und Strukturen im Vorgaben-Ordner. Sie können auch eigene Verschiebungsmatrizen erstellen, wie in Schritt 6 auf Seite 544 beschrieben ist.

Objektivkorrektur (Chrom. Aberration –100/+100; Skalieren 70; Kantenerweiterung), (auch 16 Bit/Kanal)

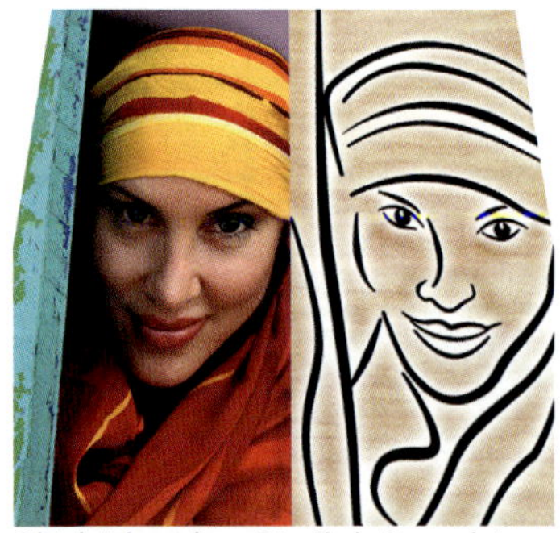

Objektivkorrektur (Vertikale Perspektive +50) (auch 16 Bit/Kanal)

Verzerrungsfilter (Forts.)

Ozeanwellen FG

Distorsion (100%)

Distorsion (–100%)

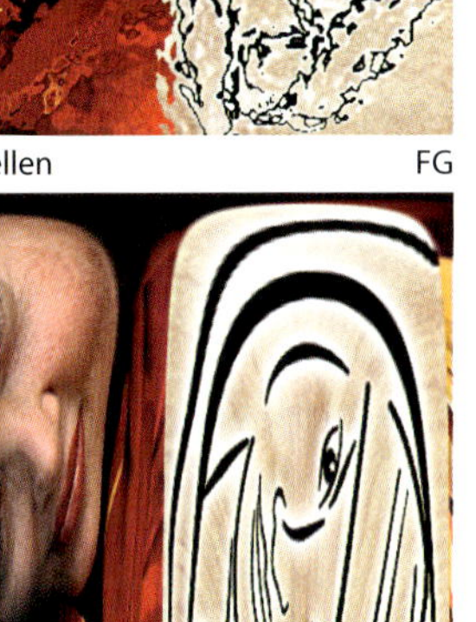

Polarkoordinaten (Polar -> Rechteckig)

Polarkoordinaten (Rechteckig -> Polar)

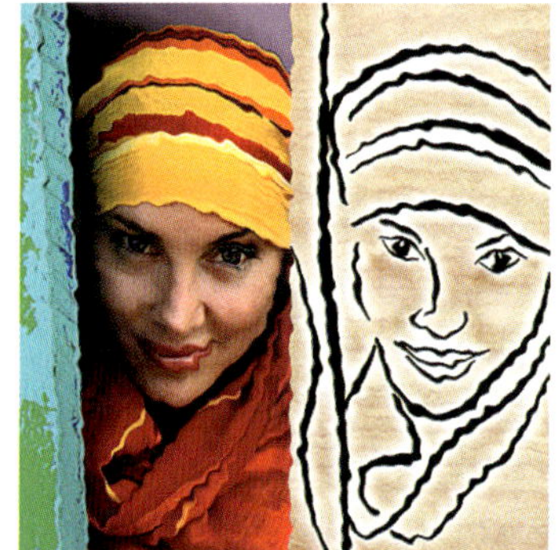

Kräuseln

Verbiegen

Wölben (100%/Normal)

Wölben (–100%/Normal)

Strudel

Schwingungen

Wellen (Konzentrisch aus der Mitte)

Rauschfilter

Der Filter RAUSCHEN HINZUFÜGEN (früher Störungen) wird verwendet, um ein Bild zu vergröbern, die anderen Rauschfilter glätten das Bild und entfernen Rauschen, das von einer Digitalkamera erzeugt wurde, ebenso Filmkorn und JPEG-Artefakte. 8 & 16 Bit/Kanal

Rauschen hinzuf. (Gauß/50%/Monochrom.

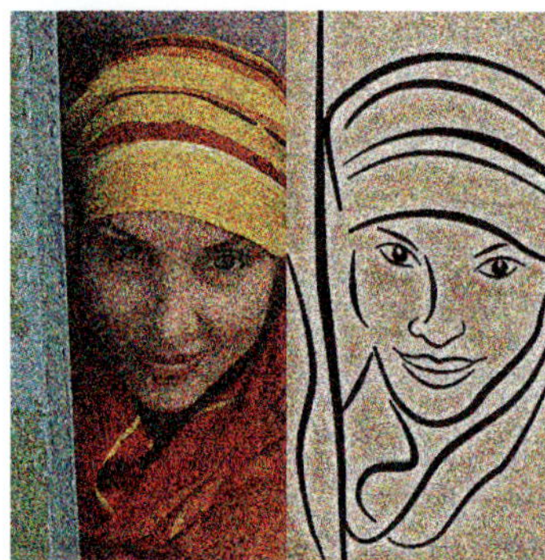

Rauschen hinzuf. (Gleichverteilung/50%)

Rauschen entfernen

Staub und Kratzer (5/25)

Helligkeit interpolieren (5)

Rauschen reduzieren (10/0)

KANALRAUSCHEN ENTFERNEN

Der Filter Rauschen reduzieren kann auf einzelne Farbkanäle angewendet werden. Ist zum Beispiel der blaue Kanal besonders gestört, der grüne Kanal enthält jedoch starken Kontrast, filtern Sie nur den blauen Kanal, ohne die Details im grünen Kanal zu verschlechtern. Dadurch wird das Bild generell besser, oder Sie können den blauen Kanal besser als Quelle für die Schwarzweißumwandlung verwenden.

Klicken Sie in der Dialogbox auf ERWEITERT, um das Rauschen nur in einem bestimmten Kanal zu reduzieren, wie hier im blauen Kanal. Eine Detailaufnahme des blauen Kanals vor der Rauschreduzierung sehen Sie zum Vergleich rechts.

MEHR DAVON

▼ Farbe in Schwarzweiß umwandeln **Seite 213**

Vergröberungs-filter

Die meisten Vergröberungsfilter machen aus Ihrem Bild ein Muster aus einfarbigen Punkten. Meist können Sie die Punktgröße steuern und sehr unterschiedliche Effekte erzeugen.

nur 8 Bit/Kanal

Farbraster

Kristallisieren (10)

Facetteneffekt

Verwackelungseffekt

Mezzotint (Großer Punkt)

Mezzotint (Mittlere Linien)

Mosaikeffekt

Punktieren (Hintergrundfarbe Weiß)

Filterdialoge navigieren

Ein typischer Photoshop-Filter hat eine Vorschau, einen oder mehr Schieber-egler und einige Ein-gabefelder für die Filter-Parameter, Zoom-Buttons, außerdem können Sie den Bildausschnitt im Vorschaufenster mit dem Cursor verschieben (der Hand-Cursor erscheint automatisch). Oder Sie klicken dazu an eine andere Stelle im Arbeitsfenster.

Filter erneut anwenden

Um den zuletzt benutzten Filter mit unveränderten Einstellungen zu wiederholen, drücken Sie ⌘/Strg-F.

Wollen Sie den letzten Filter erneut aufrufen, jedoch zuerst die Dialogbox öffnen, um die Einstellungen zu ändern, drücken Sie ⌘-⌥-F (Mac) oder Strg-Alt-F (Windows).

Das funktioniert für Einzelfilter und die Filtergalerie.

Renderfilter

Die Renderfilter erzeugen Strukturen und »Atmosphäre«. Zwei funktionieren unabhängig von der Farbe im Bild: Wolken erzeugt einen Himmel, und Fasern kann verschiedene Stoffe kreieren.

Außer den Filtern, die automatisch in diesem Menü erscheinen, gibt es noch zwei – 3D-Transformieren und Strukturfüllung – die Sie installieren können: aus dem Ordner Zusatzmodule im Ordner Filter auf der Photoshop-CD. Kopieren Sie sie in den Filter-Ordner, der auf Ihrer Festplatte installiert wurde.

Mit Strukturfüllung können Sie einen Alpha-Kanal mit einem Muster füllen; der Kanal erzeugt dann mit dem Filter BELEUCHTUNGSEFFEKTE eine Struktur.

Der Filter 3D-TRANSFORMIEREN wurde in Photoshop CS verwendet, um Grafiken oder Fotos auf zylindirsche Formen anzuwenden.

8 Bit/Kanal oder wie beschrieben

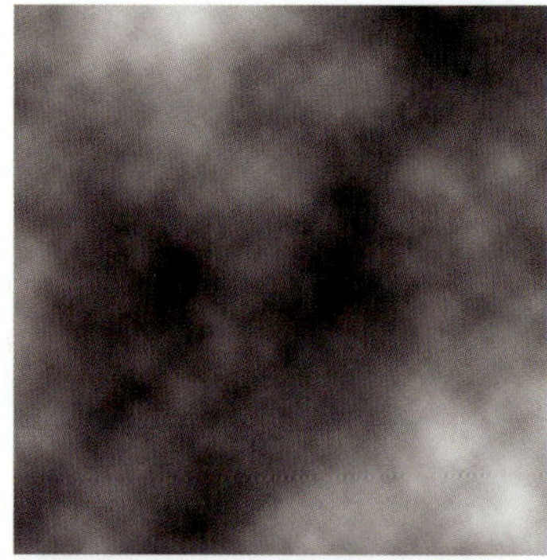

Wolken

BLAUER HIMMEL

Der Wolken-Filter erzeugt Wolken in der Hintergrund- und Himmel aus der Vordergrundfarbe. Mit blauem Hintergrund und weißem Vordergrund entsteht ein realistischer blauer Himmel.

Differenz-Wolken

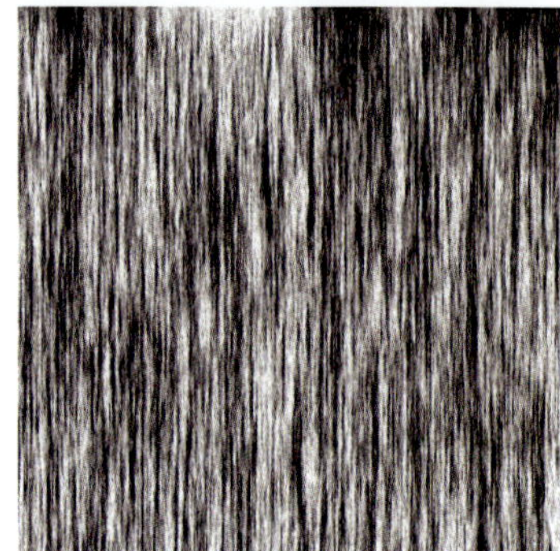

Fasern (auch 16 Bit/Kanal

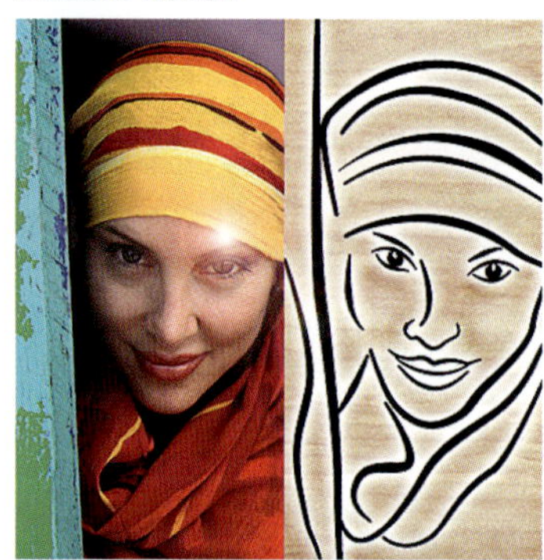

Blendenflecke (auch 16 und 32 Bit/Kanal)

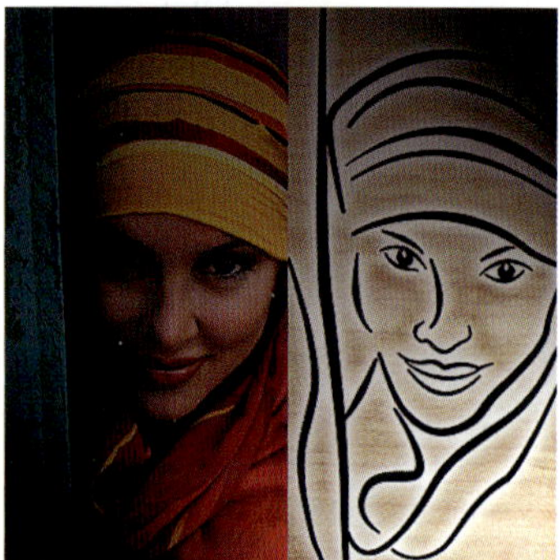

Beleuchtungseffekte (Standard)

Beleuchtungseffekte (weiches, gerichtetes Licht, beides weiß)

Beleuchungseffekte (Blitz)

Beleuchtsungeffekte (Blitz: Struktur Grüner Kanal)

Scharfzeichnungsfilter

Von den fünf Scharfzeichnungsfiltern in Photoshop verwenden Sie wahrscheinlich vor allem UNSCHARF MASKIEREN und SELEKTIVER SCHARFZEICHNER (seit Photoshop CS2), denn hier können Sie den Effekt genauer einstellen. Der Selektive Scharfzeichner ist etwas komplizierter in den Bedienung als UNSCHARF MASKIEREN, aber Sie können steuern, wie stark Tiefen und Lichter scharfgezeichnet werden sollen. Beide Filter werden auf Seite 329 verglichen.

8 & 16 Bit/Kanal oder wie angegeben

SCHARFZEICHNEN SPEZIAL

Zu starkes Scharfzeichnen kann zu interessanten Effekten führen. Wenden Sie z.B. im Lab-Modus auf den Helligkeits-Kanal UNSCHARF MASKIEREN an (Stärke 500, Radius 20, Schwellenwert 0).

Scharfzeichnen

Kanten scharfzeichnen

Stark scharfzeichnen

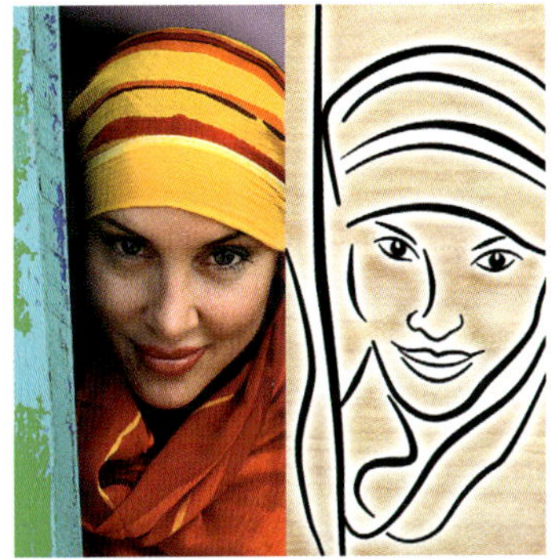

Selektiver Scharfzeichner (Stärke 50, 1,0)

MIT ANDEREN FILTERN SCHÄRFEN

Manchmal ist es mit den Scharfzeichnungsfiltern schwer, nur die Kanten scharfzuzeichnen, den Rest aber unverändert zu lassen, z.B. die feine Struktur einer Haut. Dazu können Sie zwei andere Filter verwenden, nämlich FILTER/SONSTIGE/HOCHPASS und FILTER/STILISIERUNGSFILTER/RELIEF.

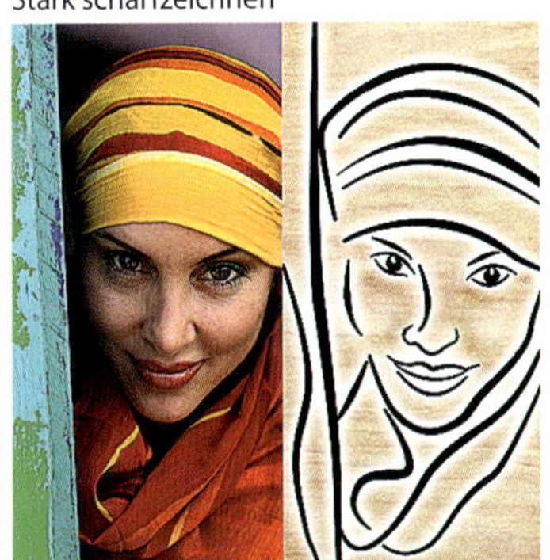

Unscharf maskieren (auch 32 Bit/Kanal)

Zeichenfilter

Die Zeichenfilter finden Sie in der Filtergalerie, sie fügen einige künstlerische Effekte zum Bild hinzu. Manche imitieren Zeichentechniken, während andere verschiedene Medien simulieren. Dazu werden Vorder- und Hintergrundfarbe verwendet. Die hier gezeigten Effekte wurden mit Schwarz und Weiß erzeugt.

8 Bits/Channel mode only

Basrelief FG

Kreide & Kohle FG

Zeichenfilter (Forts.)

Kohleumsetzung FG

Chrom FG

Conté-Stift FG

Strichumsetzung FG

Rasterungseffekt (Punkt) FG

Prägepapier FG

Fotokopie FG

Stuck FG

Punktierstrich FG

Stempel FG

Gerissene Kanten FG

Feuchtes Papier FG

Stilisierungsfilter

Bei den Stilisierungsfiltern finden Sie eine Kollektion unterschiedlichen Kantenbearbeitungen und andere Spezialeffekte. Der Filter Leuchtende Konturen ist in der Filtergalerie zu finden.

8 Bit/Kanal oder wie angegeben

Korneffekt

Relief (auch 16 Bit/Kanal)

Extrudieren (Quader)

Extrudieren (Pyramiden)

Konturen finden (auch 16 Bit/Kanal)

Leuchtende Konturen FG

Solarisation (auch 16 Bit/Kanal)

Kacheleffekt

Konturen nachzeichnen (50/Obere)

Windeffekt (Wind)

Neutrales Relief

Um die Farbe aus einem Bild zu entfernen, das mit dem Relief-Filter bearbeitet wurde, und nur die Tiefen und Lichter zu behalten, wählen Sie Bild/Anpassungen/Sättigung entfernen.

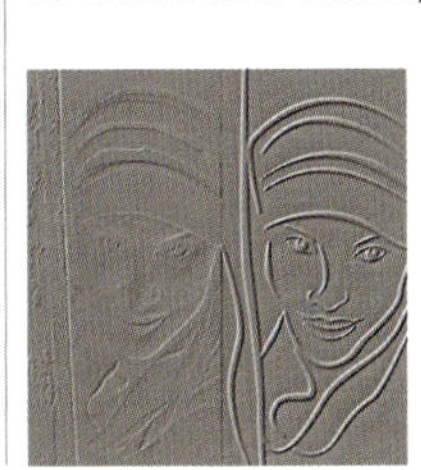

Strukturierungsfilter

Die meisten Strukturierungsfilter erzeugen die Illusion, dass das Bild auf einer unebenen Oberfläche aufgebracht sei. Kacheln unterteilt das Bild in Polygone, die alle mit unterschiedlichen Farben gefüllt sind. Alle Strukturierungsfilter sind in der Filtergalerie enthalten (FG).
nur 8 Bit/Kanal

Risse FG

Körnung (Spritzer) FG

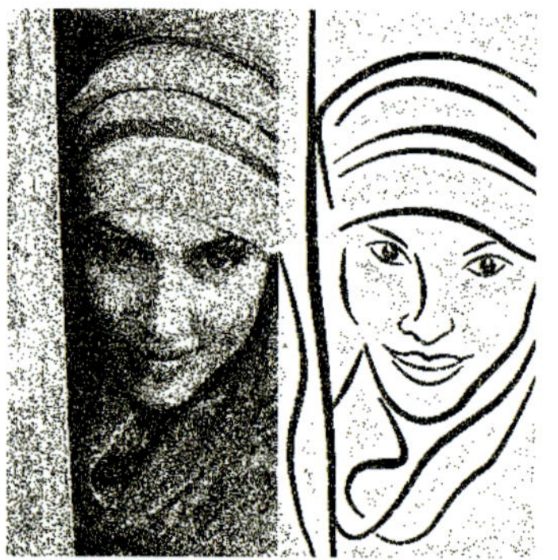

Körnung (Getupft) FG

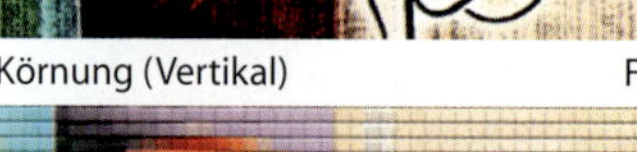

Körnung (Vertikal) FG

Körnung (Sprenkel) FG

Buntglas-Mosaik (25/2/4) FG

Patchwork FG

Kacheln (3/1/1) FG

Mit Struktur versehen (Ziegel) FG

Mit Struktur versehen (Leinwand) FG

Mit Struktur versehen (Sandstein) FG

Videofilter

Der De-Interlace-Filter (siehe S. 139) »repariert« auf Video aufgenommene Bilder, indem er die geraden oder ungeraden Interlace-Linien ersetzt, um das Bild zu glätten. Der andere Videofilter, NTSC-Farben, verhindert das Ausbluten von Farben, indem er die Farben im Bild auf im TV darstellbare limitiert.

8, 16 & 32 Bit/Kanal

NTSC-Farben

Sonstige Filter

Die Filter Helle bzw. Dunkle Bereiche vergrößern werden eingesetzt, um Linien dünner oder dicker zu machen.

8 & 16 Bit/Kanal oder wie beschrieben

Eigener Filter (Siehe unten)

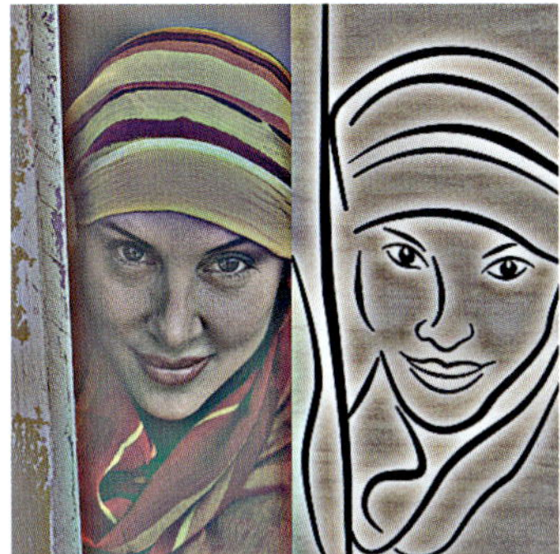

Hochpass (10) (auch 32 Bit/Kanal)

Dunkle Bereiche vergrößern (1)

Helle Bereiche vergrößern (1)

Verschiebungseffekt (100/100/Durch verschobenen Teil ersetzen) (auch 32 Bit/Kanal)

EIGENE FILTER

Mit der Dialogbox Eigener Filter können Sie einen eigenen Filter schaffen. Sobald Ihnen der Effekt gefällt, speichern Sie ihn, um ihn später wieder verwenden zu können.

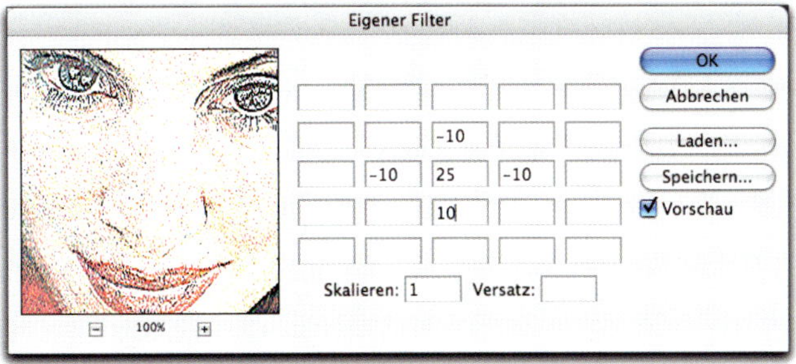

Digimarc

FILTER/DIGIMARC/MIT WASSERZEICHEN VERSEHEN erlaubt es Ihnen, ein wiedererkennbares Rauschmuster in Ihr Bild einzubetten, um die unautorisierte Wiederverwendung Ihres Bildes zu verhindern.

Nur 8 Bit/Kanal

Mit Wasserzeichen versehen (4)

Bert Monroy fügt eigene »Wasserzeichen« ein

Mit dem Digimarc-Filter können Sie ein registriertes, wiedererkennbares Rauschmuster einbetten, das selbst nach Bearbeitung einer Datei noch erkennbar ist. Der Filter erkennt auch Wasserzeichen in einer Datei. Wasserzeichen bedeuten für Leute, die Ihre Bilder ohne ausdrückliche Genehmigung anwenden wollen, zwei Dinge: (1) Sie wünschen das nicht. (2) Falls es dennoch geschieht, werden Sie das erkennen und beweisen können. Einige Künstler, u.a. auch Bert Monroy, sind jedoch der Meinung, dass Wasserzeichen, die stark genug sind, auch nicht genehmigte Veränderungen an der Datei zu überstehen, auch stark genug sind, um die Integrität des Bildes zu beeinflussen. Monroy bindet oft einen Copyright-Vermerk in seine Bilder ein. Aber er verwendet auch kleine Schriftzüge, die bei jeder Veröffentlichung eines Bildes an anderer Stelle erscheinen. Wenn er später sieht, dass das Bild ohne seine Zustimmung verwendet wurde, kann er genau sagen, woher die Datei stammt. Die Markierung ist klein und wirkt nicht störend – Monroy entwirft sie so, dass sie fast unsichtbar ist, wenn man nicht gerade danach sucht.

In diesem Detail, das auf 200% der Original-Dokumentgröße vergrößert wurde, sehen Sie Bert Monroy's "»Text-ID« des Spenger's-Bildes, das auch auf Seite 404 in der Galerie dieses Buches zu finden ist.

Anhang B: Wow-Ebenenstile

FOTO: BEVERLY GOWARD

Die **Wow-Stile** wurden für ein Druckbild mit einer Auflösung von 225ppi entworfen. In unserem Katalog wendeten wir sie auf Bilder von 1000 Pixel in ihrer größten Abmessung (Höhe oder Breite) an. Wenn der Schlagschatten sichtbar sein soll, der in einige Wow-Rahmenstile eingebaut ist, (z.B. **Wow-Edge Color**), lassen Sie etwas Platz um das Bild, in den sich der Schatten ausdehnen kann. Um an den Rändern Platz hinzuzufügen, wählen Sie BILD/ARBEITSFLÄCHE und erhöhen Sie Höhe und Breite.

Die **Wow Stile** für Text und Grafik sollten auch auf 225 ppi-Bilder angewendet werden und sind in der Ebenenstile-Palette zu finden.

Die **Wow-Button-Stile** wurden für 72 ppi entworfen, um auch auf kleinen Navigationselementen auf dem Bildschirm zu wirken.

STILE FÜR DEN HINTERGRUND

Wenn Sie einen Stil auf den Hintergrund anwenden, passiert nichts. Doppelklicken Sie auf die Hintergrundebene und wandeln Sie sie in eine Ebene 0 um, dann können Sie auch einen Stil anwenden.

MEHR DAVON

▼Die Wow Ebenenstile installieren **Seite 5**

▼ Stile auf Dateien mit einer anderen Auflösung als 225 oder 72 ppi anwenden **Seite 43**

▼ Stile kopieren und einfügen **Seite 42**

DIESER ANHANG IST EIN »KATALOG« mit Beispielen der Wow-Ebenenstile, der schnellen Lösungen, die auf der DVD zum Buch mitgeliefert werden. Wenn Sie sie installiert haben, ▼ können Sie sie mithilfe der Ebenenstile-Palette in Photoshop anwenden. Folgende Stile gibt es:

- Stile für Fotos und gemalte Bilder (Seiten 752 bis 758), um diese zu rahmen, ihnen Struktur hinzuzufügen oder Farbe und Farbton anzupassen.
- Stile für Grafiken und Text, die überraschende Farbe, Tiefe und Licht ins Bild bringen (Seiten 759 bis 766).
- Interaktive Rollover-Stile, um kleine Navigationselemente interessanter zu machen (Seite 767), indem sie Besucher von Websites zum Klicken animieren Reaktionen auf die Klicks liefern.

Sie finden hier auch Hinweise, wie einige der Effekte funktionieren und wie Sie mit einem Wow-Stil als Ausgangspunkt für einen eigenen beginnen. Vielleicht ändern Sie einfach eine Farbe, ersetzen ein Muster oder skalieren einen Schein, ohne jedoch die relative Größe eines Effekts zu verändern. Erfahren Sie mehr darüber, wie Sie Stile entwickeln, und zwar in »Übung: Ebenenstile« auf Seite 40, ebenfalls in den Technik- und Anatomie-Abschnitten in Kapitel 8.

Ob Sie einen Wow-Stil auf eine Datei mit derselben Auflösung wie im Originalbild anwenden (225 ppi bei Fotos, 72 ppi bei Buttons) oder auf eine datei mit vollkommen anderer Auflösung, ▼ Sie sollten in jedem Fall die Dialogbox EFFEKTE SKALIEREN öffnen (EBENE/EBENENSTIL/EFFEKTE SKALIEREN). Experimentieren Sie mit der Skalierung um herauszufinden, ob Sie die Größe und das »Gewicht« des Stils für Ihren speziellen Fall anpassen wollen.

Alle Wow-Stile mit dem Symbol * verwenden ein eingebautes Muster. In einer Datei mit einer Auflösung von 225 ppi (oder 72 ppi bei Button-Stilen) skalieren die Faktoren 25%, 50%, 100%, und 200% den Stil, ohne das Muster zu beeinträchtigen. Bei anderen Prozentwerten oder Dateien mit einer anderen Auflösung sollten Sie einzoomen und die Qualität des Bildes genau beobachten, wenn Sie das Muster skalieren.

Kanten & Rahmen

Die **Wow-Rahmenstile** ▼ sind ein guter Start, um eigene Stile zu entwickeln, um Bilder auf einer Seite zu rahmen.

In **Wow-Soft White** lässt ein weicher Schatten nach innen die Bildkanten verschwinden. Der Abstand für den Schatten nach innen wurde auf 0 gestellt, so dass die gesamte Bildkante verblasst. Ein weißer Schein nach innen im Modus Sättigung verblasst die Farben an den Rändern. Wenn Sie die Farbe erhalten möchten, klicken Sie auf das Icon 👁 in der Ebenen-Palette, um den Effekt zu deaktivieren.

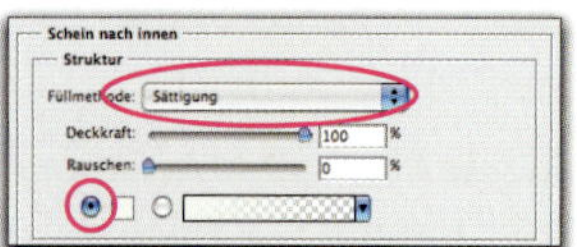

Wow-Soft White

Wow-Edge Color verwendet auch einen weißen Schatten nach innen und einen Schein nach innen, aber der Schein wird im Modus Differenz angewendet, er kehrt also die Farben an den Rändern um. Außerdem enthält der Stil einen Schlagschatten, den Sie sehen, wenn um das Bild herum ein transparenter Hintergrund eingefügt wurde.

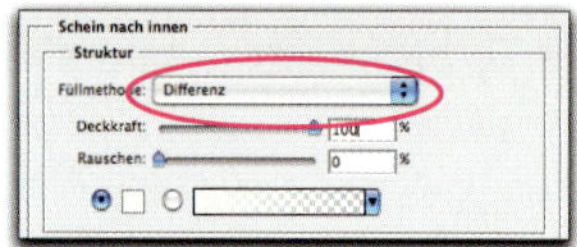

Wow-Edge Color

Wow-Modern erzeugt einen abgedunkelten, getupften Rand. Die Tupfen kommen aus dem Rauschen des Schattens nach innen (100%), die scharfe Kante entsteht durch die 100% Überfüllung, die den Schatten »härtet«. Die äußeren Kanten werden durch einen schwarzen Schein nach innen betont.

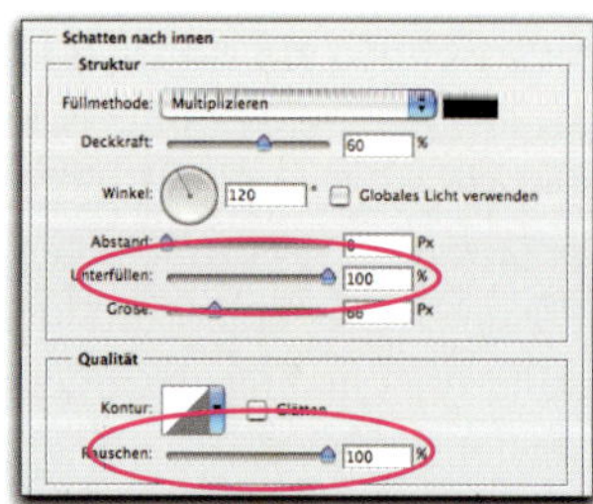

Wow-Modern

Drei »traditionelle« Rahmenstile – **Wow-Wood Frame, Wow-Wood&Mat, and Wow-Fabric&Mat** – verwenden die Effekte KONTUR sowie ABGEFLACHTE KANTE UND RELIEF. Für letzteren wird der Stil RELIEFKONTUR eingesetzt. Die Kontur unterstützt die Form des Holzrahmens, für die KONTUR wurde als FÜLLART die Option MUSTER gewählt. Sie ändern die Auswahl, indem Sie auf das Muster-Feld klicken und ein anderes Muster auswählen.

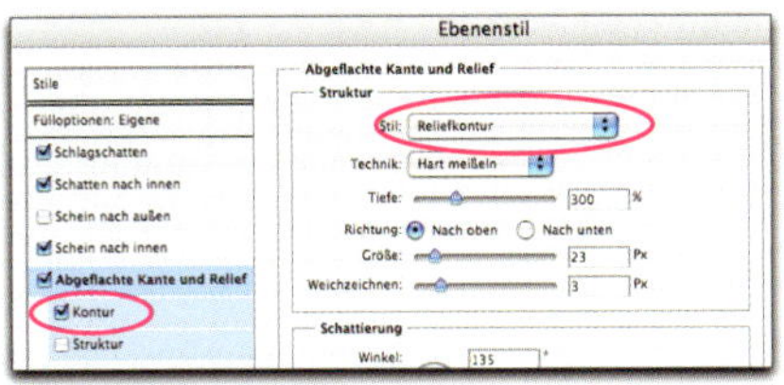

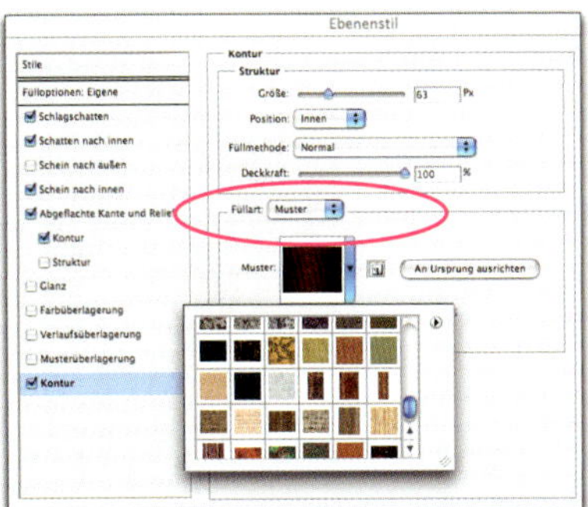

Als Unterlage in **Wow-Wood&Mat und Wow-Fabric&Mat** dient ein SCHEIN NACH INNEN. Die Überfüllung steht bei 100% bzw. 90%, um aus dem Schein einen festen Streifen zu machen. Sie entfernen den Hintergrund, indem Sie den Schein nach innen ausschalten (Klick auf das Icon 👁 in der Ebenen-Palette). Oder ändern Sie die Farbe (Klick ins Farbfeld) oder nehmen Sie eine Farbe aus dem Bild auf.

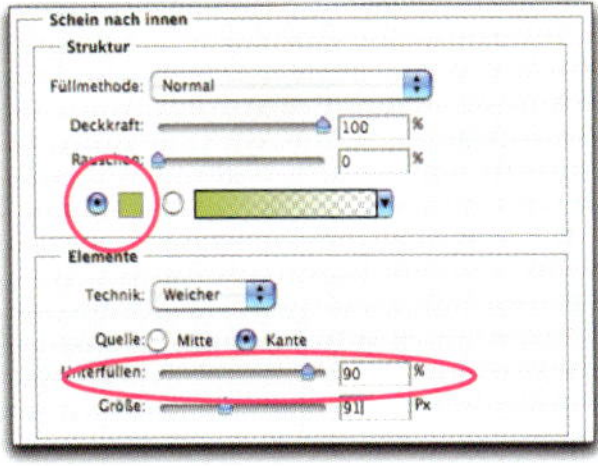

Wow-Wood Frame*

Wow-Wood&Mat*

Wow-Fabric&Mat*

Vignetten

Die **Wow-Vignetten-Stile** simulieren Effekte, die traditionell mit Linsen und Filtern erreicht werden, entweder auf der Kamera oder in der Dunkelkammer. Sie lenken die Aufmerksamkeit auf die Bildmitte, indem sie die Ränder abdunkeln und manchmal die Mitte aufhellen, wärmen oder abkühlen.

Wow-Top&Bottom erzeugt seinen Effekt mit einer Verlaufsüberlagerung. Ein reflektierter Schwarz-Transparent-Verlauf (Umkehren ein) wird benutzt, um die Mitte transparent zu lassen, während der Rand schwarz wird. Der Winkel für den Verlauf wurde auf 90° eingestellt (vertikal). Der Verlauf wird im Modus ÜBERLAGERN/INEINANDERKOPIEREN angewendet, die Intensität wird mthilfe der Deckkraft gesteuert.

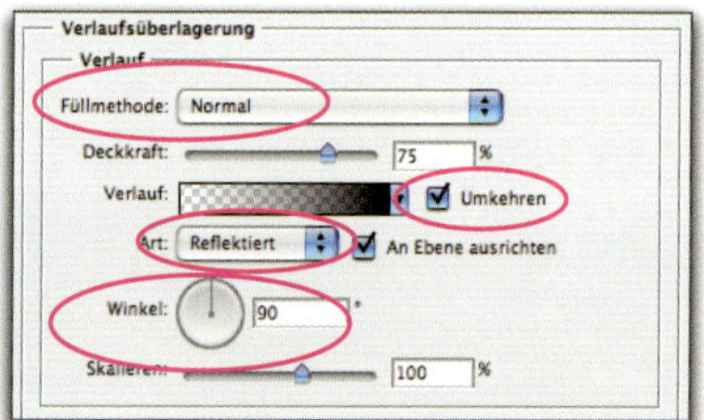

Die Serien **Wow-Vignette 1** und **Wow-Vignette 2** enthalten alle einen schwarzen SCHATTEN NACH INNEN im Modus WEICHES LICHT, mit einem Abstand von 0, so dass die Abdunklung rundherum gleichmäßig ist. Ein Unterschied zwischen der Serie Vignette 1 und der Serie Vignette 2 ist die Deckkraft des Schattens nach innen – sie beträgt 75% in Vignette 1 und 100% in Vignette 2, die Stile der Serie Vignette 2 dunkeln also stärker ab.

Die andere Komponente der **Wow-Vignette 1- und Wow-Vignette 2-Stile** ist ein SCHEIN NACH INNEN im Modus INEINANDERKOPIEREN (hellt das Bild stärker auf als WEICHES LICHT). Als QUELLE wurde MITTE ausgewählt, denn da ist der Schein am hellsten.

Wow-Top&Bottom

Wow-Vignette 1

Wow-Vignette 1 Warm

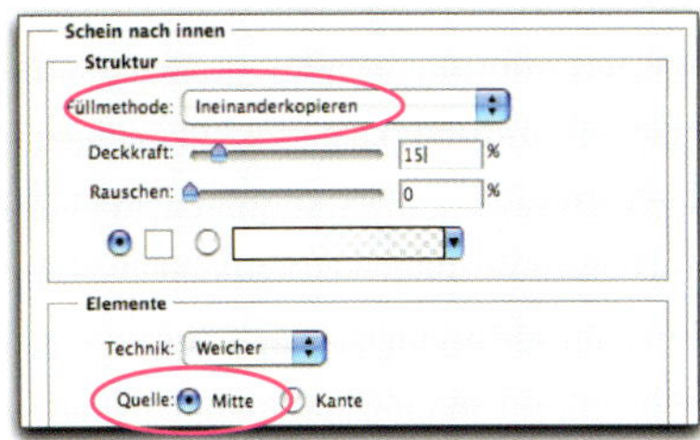

Die Größe für Schein und Schatten wurde auf das Maximum von 250 Pixel eingestellt, die Überfüllung auf 0, um beide Effekte möglichst weich und diffus wirken zu lassen. Also verteiult sich das Licht von der Mitte aus, die Dunkelheit eher am Rand.

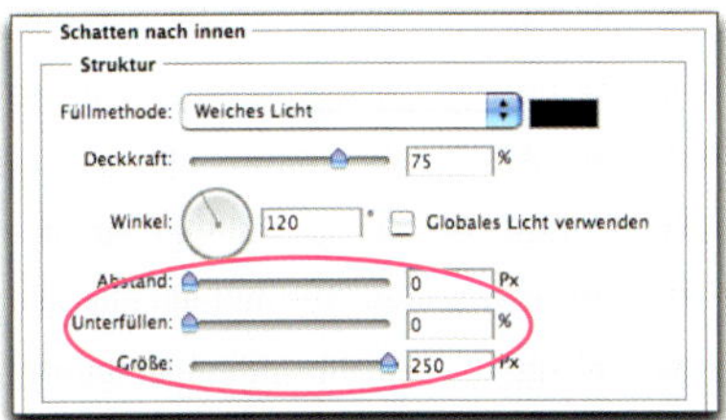

Um die Balance zwischen Aufhellen in der Mitte und Abdunkeln am Rand zu verschieben, ändern Sie einfach die Deckkraft des Schattens bzw. Scheins nach innen.

Die Stile **Wow-Vignette 1** und **Wow-Vignette 2** unterscheiden sich in Farbe und Deckkraft des Scheins nach innen. **Wow-Vignette 1 Warm** (siehe unten) und die beiden Stile **Wow-Vignette 2** Styles benutzen ein gelborange, kombinieren also Vignette und Warmfilter. **Wow-Vignette 1 Cool** verwendet ein helles Blau für den Schein nach innen.

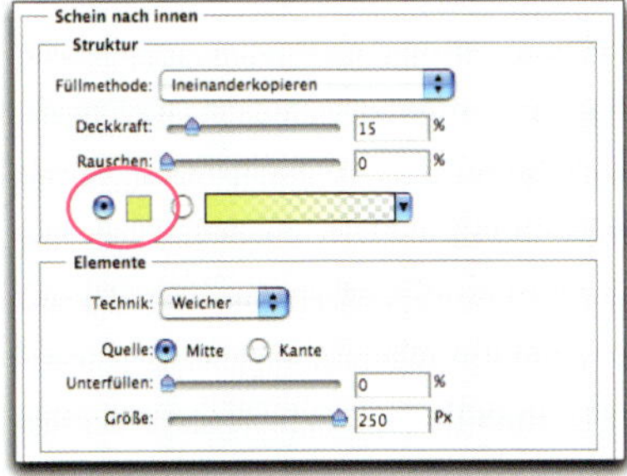

Wow-Vignette 1 Cool

Wow-Vignette 2 Warm

Wow-Vignette 2 Warmer

Tonungen

Die Stile **Wow-Farben-Stile** wenden Farbe an oder entfernen sie, manche bearbeiten die Kanten und Struktur. Die Kanten werden mithilfe eines Scheins bzw. Schattens nach innen verändert.

Wow-Sepia 1 verwendet eine Farbüberlagerung, um ein warmes Braun im Modus Farbe aufzutragen. Die Deckkraft wird auf 60% reduziert, um etwas Originalfarbe durchscheinen zu lassen.

In **Wow-Sepia 2** ist die Deckkraft für die Farbüberlagerung höher (95%). Statt Braun wurde hier jedoch eine neutralere Farbe verwendet, um einen kühleren Sepia-Ton zu erzeugen. In **Wow-Sepia 2** ist eine generelle Oberflächenstruktur eingebaut, die mithilfe der Option STRUKTUR von ABGEFLACHTE KANTE UND RELIEF aufgebracht wurde. Um die Struktur im gesamten Bild sichtbar zu machen, wurde als Stil Abgeflachte Kante innen gewählt, eine ungewöhnliche Kontur verhindert jedoch ein Abflachen der Kanten (mehr dazu finden Sie auf Seite 764).

Um die beiden **Wow-Sepia-Stile** zu variieren, verändern Sie die Deckkraft, um die Originalfarbe stärker oder weniger stark durchzusehen. Wählen Sie Farbton als Modus für die Farbüberlagerung, um die neutralen Farben im Original vor dem Einfärben zu schützen.

Wow-Black&White wendet Schwarz als Farbüberlagerung im Modus Farbton an (auch Farbe oder Sättigung hätten funktioniert).

Wow-Subdue verwendet eine weiße Farbüberlagerung im Modus NORMAL bei 100% Deckkraft, das Bild kann also als Hintergrund für Text oder andere Elemente eingesetzt werden.

Wow-Gradient Tint setzt seinen Verlauf im Modus FARBE ein. Der Stil ist für Landschaften sinnvoll, denn er intensiviert die Farbe des Himmels und des Grases darunter. Mit einem anderen Verlauf verändern Sie den Stil, um die Farben eines Sonnenuntergangs zu verstärken.

PHOTOSPIN.COM

Originalfoto

Wow-Sepia 1

Wow-Sepia 2*

Wow-Black&White

Wow-Subdue

Wow-Gradient Tint

Körnung & Strukturen

Die meisten der Stile **Wow-Koernige-Struktur-Stile** verwendet eine MUSTERÜBERLAGERUNG, um im Modus ÜBERLAGERN/INEINANDERKOPIEREN oder WEICHES LICHT ein Grau-stufenmuster anzuwenden. Da Mittelgrau in diesen beiden Modi »unsichtbar« ist, wirken nur die Tiefen und die Lichter im Bild und fügen eine Struktur zur Oberfläche hinzu. **Wow-Texture 05, 06, 07 und 10** verwenden die Struktur-Komponente von ABGEFLACHTE KANTE UND RELIEF statt einer MUSTERÜBERLAGERUNG, um die Oberflächenstruktur etwas zu erhöhen.

Wow-G&T 01*

Wow-G&T 02*

Wow-G&T 03*

Wow-Texture 01*

Wow-Texture 02*

Wow-Texture 03*

Wow-Texture 04*

Wow-Texture 05*

Wow-Texture 06*

Wow-Texture 07*

Wow-Texture 08*

Wow-Texture 09*

Wow-Texture 10*

Chrom

Die **Wow-Chrome-Stile** ▼ simulieren verschiedene glänzende, reflektierende Oberflächen. Zwar sind Reflexionen in viele Stile eingebaut, denoch können alle ein Bild reflektieren. gehen Sie dazu wie auf Seite 525 beschrieben vor.

Hier werden die **Wow-Chrome-Stile** auf eine der Eigenen Formen in Photoshop angwendet. ▼ Die Krone zeigt, wie die Stile auf relativ dicken und dünnen Komponenten aussehen, mit scharfen und mit weichen Kanten. Beachten Sie auch, was mit der Stärke der Elemente und dem Abstand zwischen ihnen passiert, wenn sich die Abgeflachte Kante im Stil nach außen erstreckt (wie in **05**, **07**, **15**, **17** und **19**).

Die meisten **Wow-Chrome-Stile** ersetzen die Originalfarbe der Grafik oder des Textes. **Wow-Chrome 11** ist der einzige Stil, bei dem etwas Originalfarbe durchscheint. Wenn Sie also mit einem bunten Symbol beginnen (unten rechts) statt mit einem schwarzen wie hier, weist Ihr Chrom einen leichten Farbstich auf.

Runde Ecken

Chrom-Stile mit runden statt scharfen Abgeflachten Kanten (wie **Wow-Chrome 11**) wirken besonders gut bei Grafiken oder Text mit runden Ecken. Das sollten Sie bedenken, wenn Sie die Grafien auswählen, oder Sie bearbeiten die Ecken, nachdem der Stil eingesetzt wurde.

Sie runden die Ecken ab, indem Sie Eckpunkte in Kurvenpunkte umwandeln und ihre Position anpassen.

Wow-Chrom-Beispiele.psd

MEHR DAVON

▼ Wow-Stile installieren **Seite 5**
▼ Ebenenstile anwenden **Seite 40**
▼ Eigene Formen **Seite 434**
▼ Pfade bearbeiten **Seite 437**

Wow-Chrome 01*

Wow-Chrome 02*

Wow-Chrome 03

Wow-Chrome 04

Wow-Chrome 05

Wow-Chrome 06

Wow-Chrome 07

Wow-Chrome 08

Wow-Chrome 09

Wow-Chrome 10*

Wow-Chrome 11*

Wow-Chrome 12

Wow-Chrome 13

Wow-Chrome 14*

Wow-Chrome 15

Wow-Chrome 16*

Wow-Chrome 17*

Wow-Chrome 18

Wow-Chrome 19

Wow-Chrome 20

Wow-Chrome 11* auf roter Grafik

Metall

Einige **Wow-Metall-Stile**▼ haben strukturierte Oberflächen, andere Oberflächen sind gemustert aber glatt. Auf Seite 522 erfahren Sie, wie ein Ebenenstil zusammengesetzt ist, der eine strukturierte Oberfläche anwendet. Eine weitere wichtige Variable ist die Größe der abgeflachten Kante im Effekt ABGEFLACHTE KANTE UND RELIEF. Ein großer Wert wie in **Wow-Cast Metal** verbraucht mehr von der Form, auf die Sie ihn anwenden und hinterlkässt weniger von der Oberfläche als die anderen **Wow-Metall-Stile** mit ihren geringeren Größen.

FÜLLMETHODEN EINSTELLEN

Wenn ein Schatten/Schein in einem Ebenenstil vor einem weißen oder schwarzen Hintergrund nicht zu sehen sind, testen Sie eine andere Füllmethode. **Wow-Hot Metal** zeigt ein Glühen auf Grau (unten), auf Weiß jedoch nicht (rechts). Um ein Glühen auf Weiß oder Schwarz zu erzeugen, ändern Sie den Modus des Schlagschattens in MULTIPLIZIEREN, den des Scheins nach außen in NEGATIV/UMGEKEHRT MULTIPLIZIEREN.

Glas, Eis & Kristall

Die **Wow-Glas-Stile** ▼ sind farblos und lassen so das Bild im Ebenenstapel darunter durch. Die Transparenz wird mir einer reduzierten Deckkraft erreicht, das Hintergrundbild wird durch Effekte im Modus ÜBERLAGERN/INEINANDERKOPIEREN aufgehellt. Die hellen Oberflächenreflexionen in **Wow-Ice** und **Wow-Clear Ice** entstehen durch die Einstellungen in ABGEFLACHTE KANTE UND RELIEF. Durch Musterüberlagerung entstehen die Einschlüsse in **Wow-Crystal** und **Wow-Smoky Glass**.

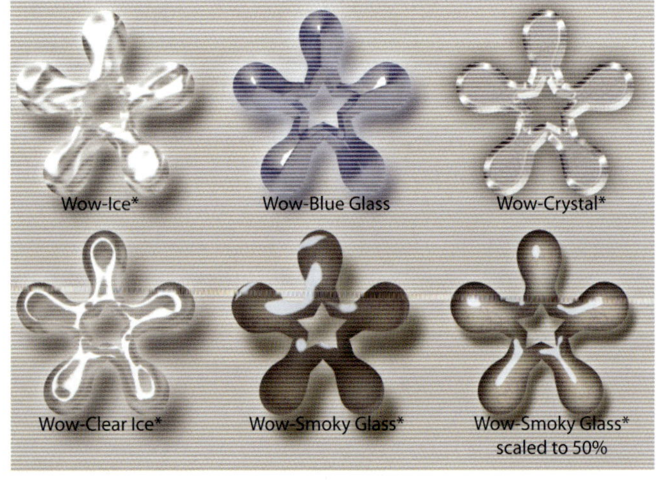

EFFEKTE SKALIEREN

Immer, wenn Sie einen räumlichen Ebenenstil anwenden, experimentieren Sie mit der Skalierung, indem Sie auf das *fx*-Icon Ctrl/rechts-klicken und den Effekt skalieren.

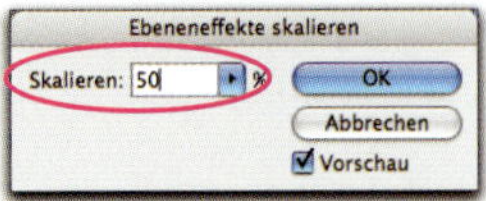

Juwelen & Polierte Steine

Einige **Wow-Diverse** ▼ sind deckend, während andere transparent oder durchscheinend sind. Die Illusion von durchscheinendem Licht und dessen Verstärkung durch den Stein (z. B. in **Wow-Gibson Opal**, **Wow-Amber**, **Wow-Tortoise Shell** und **Wow-Clear Opal**) entsteht durch einen farbigen Schlagschatten im Modus Multiplizieren und einen heller farbigen Schein nach außen, im Modus NEGATIV/UMGEKEHRT MULTIPLIZIEREN oder ÜBERLAGERN/INEINANDERKOPIEREN.

Hier wurden die **Wow-Diverse** auf eine Form angwendet, die mit dem Polygonwerkzeug ⬡ erstellt wurde. In der Optionsleiste wurden 3 Seiten und ECKEN ABRUNDEN gewählt (Klick auf das kleine Dreieck links vom Seiten-Feld).

 **Wow-Diverse Beispiele.psd**

GEMUSTERTE STILE SKALIEREN

In einem Ebenenstil ist ein Muster, das mithilfe einer Musterüberlagerung aufgebracht wurde (wie bei **Wow-Holz-Stile** und **Wow-Diverse**) pixelbasiert. Bei zu starker Vergrößerung kann das Muster weichgezeichnet werden.

Holz

Manche der **Wow-Holz-Stile** ▼ haben eine rauhe Maserung, während andere poliert und glatt sind. Alle Stile enthalten ein Oberflächenmuster durch Musterüberlagerung.

 **Wow-Holz Beispiele.psd**

MEHR DAVON

▼ Wow-Stile installieren **Seite 5**

▼ Stile skalieren **Seite 41**

▼ Muster und Struktur in Stilen **Seite 504**

Plastik

Die **Wow-Kunststoff-Stile**▼ sind unterschiedlich lichtdurchlässig oder transparent. Auf Seite 513 erfahren Sie, wie Sie diese Merkmale in Ebenenstile einbauen können und wie sie mit Farben und räumlicher Tiefe in diesen Stilen interagieren.

Weitere klare, bunte Wow-Stile

Viele der 150 **Wow-Button-Stile** (Seite 767) sind kunststoffähnlich. Sie sind jedoch nicht auf Web-Elemente beschränkt, sondern können auch auf Text und andere Grafiken angewendet werden. Um auch diese klaren, farbigen Optionen nutzen zu können, laden Sie die **Wow-Button-Stile** in die Stile-Palette und klicken Sie auf die Miniaturen, um die Stile anzuwenden. Skalieren Sie den Stil dann, um Farbe, Klarheit und Räumlichkeit nach Wunsch einzustellen.

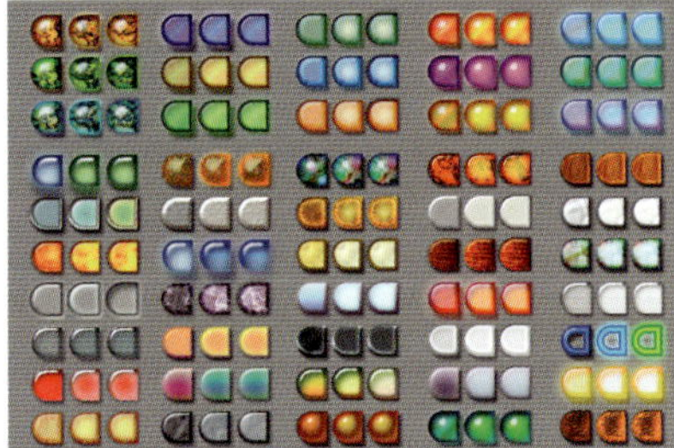

Mehr zu den **Wow-Button-Stilen** und ihren IDs finden Sie auf Seite 767. Die meisten haben farbige, reflektierende Oberflächen und sind ähnlich transluzent wie die Plastik-Stile.

Zeichen & Nummernschilder

Zwei der **Wow-Kunststoff-Stile** (**Wow-Sign Base** und **Wow-Sign Emboss**) können auf Ebenenstapeln angewendet werden, um ein geprägtes und gemaltes Metallschild zu simulieren. Die Datei **Wow-Abgeflachte-Kante-und-Relief.psd** demonstriert, wie Sie ein solches Schild mit diesem Stil in zwei Ebenen anlegen. Die Stapelung von Ebenen mit Effekten funktioniert, denn der Stil **Wow-Sign Emboss** verwendet die Relief-Funktion in der abgeflachten Kante innen und außen.▼ Der Teil der abgeflachten Kante, der über den Rand hinausreicht, ist farblos, so dass die Farbe der Ebene darunter durchscheinen kann.

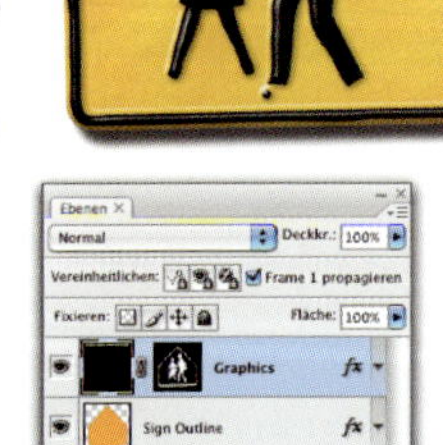

Wow-Abgeflachte-Kante-und-Relief.psd

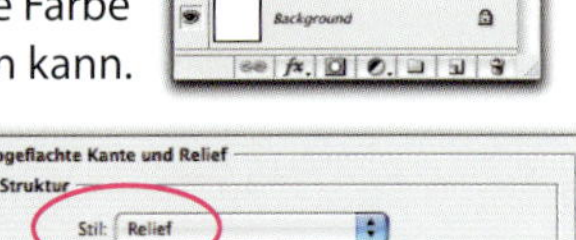

Natürliche Materialien

Die **Wow-Organische-Stile** ▼ erhalten ihren Charakter aus nahtlos aneinander gesetzten Mustern aus Fotos von natürlichen Strukturen. Die meisten Muster in diesen Stilen sowie 17 andere natürliche Muster finden Sie in der Datei **Wow-Organische-Muster.pat** auf der Wow-DVD-ROM. Die Muster sind als Musterüberlagerung in die Stile eingebunden. Manchmal wurden sie auch als Struktur im Effekt ABGEFLACHTE KANTE UND RELIEF angewendet, um der Struktur Tiefe zu verleihen.

 **Wow-Natur Beispiele.psd**

MUSTER PLATZIEREN

Wenn Sie einen Ebenenstil mit relativ großer Musterüberlagerung (wie **Wow-Seed Pod**-Stilen) auf ein relativ kleines Element anwenden, können Sie selbst bestimmen, welcher Teil des Musters auf dem Element zu sehen ist. (Das funktioniert bei Stilen ohne »geprägte« Oberflächenstruktur.) Um das Muster neu zu positionieren, öffnen Sie den Abschnitt MUSTERÜBERLAGERUNG im Ebenenstile-Dialog (z.B. durch Doppelklick auf das Ebenenstil-Icon *fx* rechts vom Ebenennamen in der Ebenen-palette, dann Klick auf MUSTERÜBERLAGERUNG in der Effektliste). Ziehen Sie jetzt mit dem Cursor im Bildfenster von Photoshop, um das Muster zu verschieben.

Wow-Seed Pod 1**

Wow-Seed Pod 2*

Wow-Water*

Wow-Green Mat*

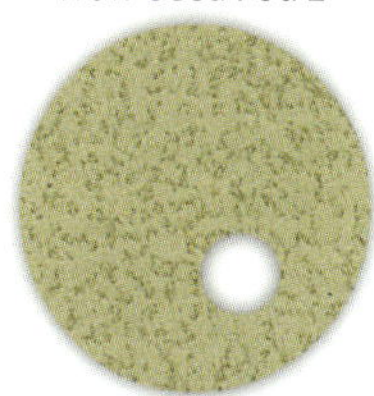

Wow-Green Mezzo Paper*

Wow-Brown Paper*

Wow-Rice Paper*

Wow-Bamboo*

Wow-Green Weave*

Wow-Brown Weave*

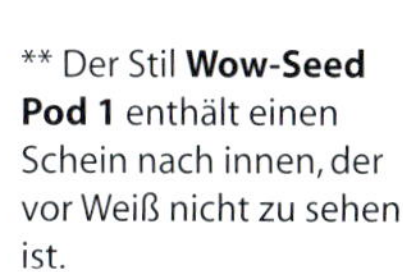

** Der Stil **Wow-Seed Pod 1** enthält einen Schein nach innen, der vor Weiß nicht zu sehen ist.

MEHR DAVON

▼ Wow-Stile installieren **Seite 5**

Gewebe

Die **Wow-Gewebe-Stile**▼ sind nahtlos wiederholende Muster mit leichtem Relief. Die Kanten sind abgeflacht, aber das kann ausgeschaltet werden, wie auf Seite 770 beschrieben, wenn Sie das Muster nur als Hintergrund verwenden wollen. Die 6 Muster in den **Wow-Gewebe-Stile** und 39 weitere Gewebemuster finden Sie in den **Wow-Gewebe-Muster**-Vorgaben auf Seite 769.

 **Wow-Gewebe Beispiele.psd**

Wow-Butterfly*

Wow-Violet*

Wow-Black Geometric*

Wow-Pineapple*

Wow-Yellow Ikat*

Wow-Flowing Triangles*

Mauern & Steine

Die **Wow-Gestein-Stile**▼ haben gemusterte, strukturierte Oberflächen und abgeflachte Kanten. Für viele dieser Stile wird dasselbe Muster als Musterüberlagerung für die Oberfläche als auch als Komponente von Abgeflachte Kante und Relief verwendet. In **Wow-Veined Stone** wurde das Muster in der Struktur umgekehrt, so dass die dunklen Venen in den Stein geprägt zu sein scheinen und nicht daraus hervortreten.

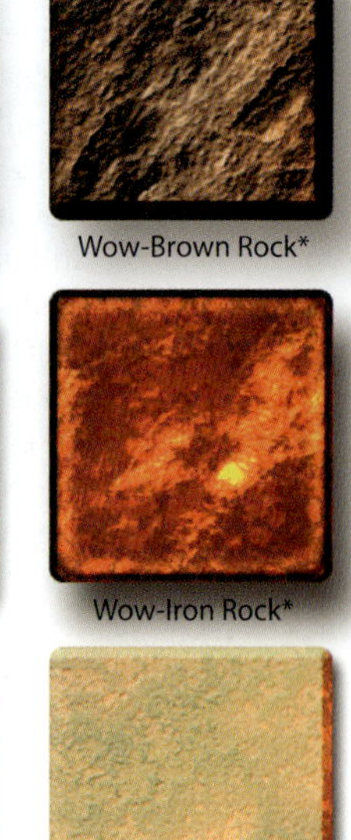

Wow-Bricks* Wow-Green Rock* Wow-Brown Rock*

Wow-Purple Rock* Wow-Granite* Wow-Iron Rock*

Wow-Veined Stone* Wow-Weathered Wall* Wow-Stucco*

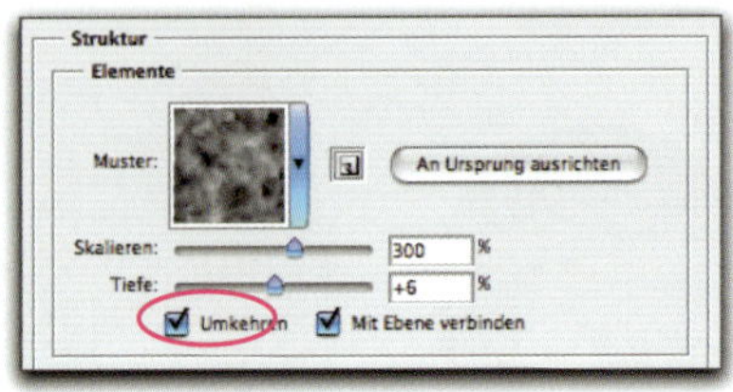

Wow-Gestein Beispiele.psd

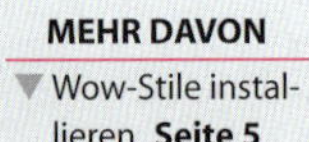

MEHR DAVON

▼ Wow-Stile installieren **Seite 5**

Muster, Struktur und Relief

In einem Ebenenstil mit Oberflächenstruktur wie **Wow-Veined Stone** (oben) wird die Struktur meist über die Strukturkomponente im Effekt Abgeflachte Kante und Relief angewendet. Sie können die Struktur ausschalten,während die kante aktiv bleibt, und umgekehrt. Öffnen Sie dazu den Ebenenstil-Dialog (Doppelklick auf das Ebenenstil-Icon *fx* rechts vom Namen der Ebene in der Ebenen-Palette). Arbeiten Sie dann mit der Liste der Effekte links in der Dialogbox. Klicken Sie auf OK, wenn Sie mit den Einstellungen fertig sind.

- Um die geprägte Struktur zu entfernen, die abgeflachte Kante jedoch zu behalten, deaktivieren Sie die Checkbox für Struktur (unter Abgeflachte Kante und Relief) **A**.
- Um die abgeflachte Kante zu entfernen, die Oberflächenstruktur jedoch zu erhalten, funktioniert das nicht, denn die Struktur ist Bestandteil des Effekts ABGEFLACHTE KANTE UND RELIEF und würde somit auch deaktiviert werden. Klicken Sie stattdessen auf Abgeflachte Kante und Relief (den Namen, nicht die Checkbox), um in den entsprechenden Bereich der Dialogbox zu gelangen. Ziehen Sie den Größe-Regler im Abschnitt Struktur ganz nach links auf 0. Die abgeflachte Kante ist verschwunden, aber da der Effekt an sich noch da ist, kann die Struktur erhalten werden. Klicken Sie auf den Begriff STRUKTUR links in der Liste und erhöhen Sie die Tiefe, um die Oberflächenstruktur wiederherzustellen **B**.

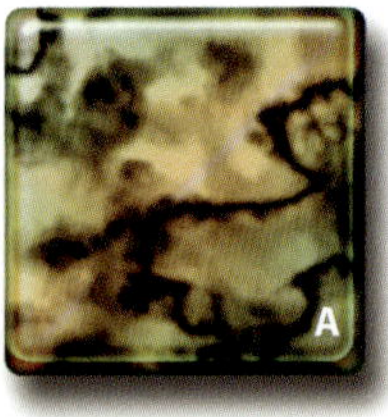

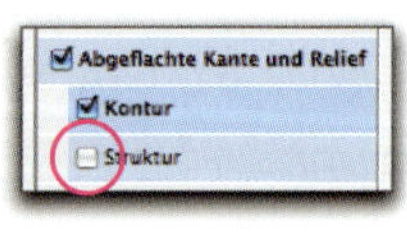

Deaktivieren Sie die Struktur, verschwindet diese, doch die plastische Kante bleibt erhalten.

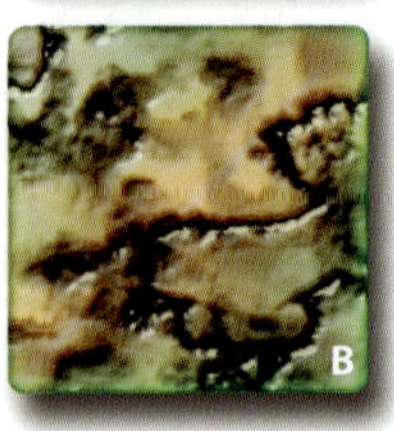

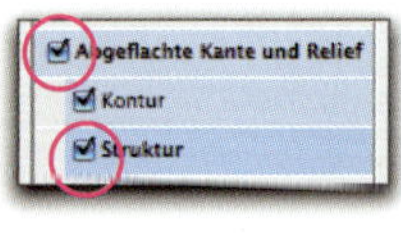

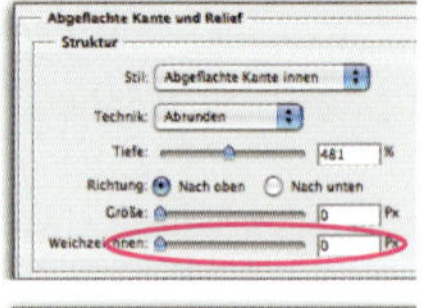

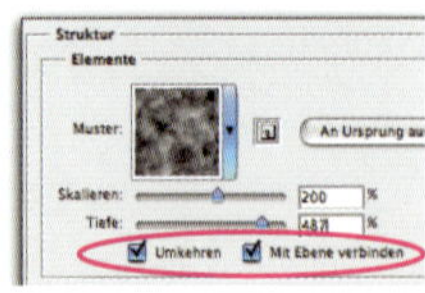

Aktivieren Sie Abgeflachte Kante und Relief und Struktur, reduzieren Sie die Größe auf 0, und erhöhen Sie die Tiefe der Struktur auf die Original-Größe der abgeflachten Kante plus der der Struktur.

Schein & Relief

Wie einige der Leucht- und Neonstile auf der nächsten Seite erzeugen auch die **Wow-Halo-Stile**▼ dunkle oder helle Kanten sowohl innerhalb als auch außerhalb der Kanten, auf die Sie sie anwenden. Hier brachten wir die Stile auf eine rote Grafik auf. Manche Stile enthalten eine graue oder schwarze Farbüberlagerung, bei machen ist die Deckkraft reduziert. Bei den beiden »Carved«-Stilen erzeugt eine schwarze Farbüberlagerung kombiniert mit leicht reduzierter Deckkraft eine Schattierung für die vertiefte Oberfläche.

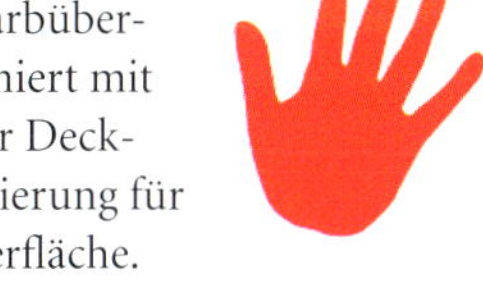

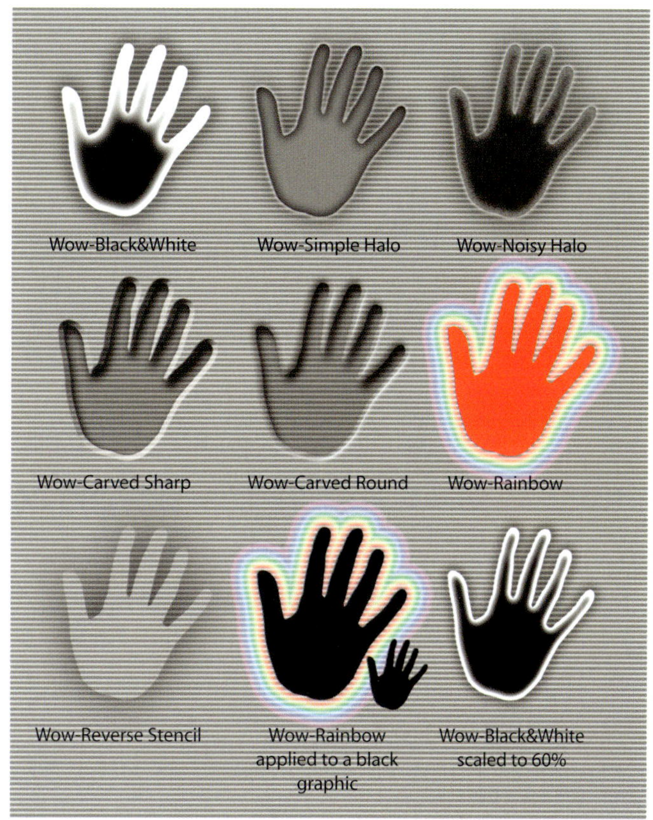

MEHR DAVON

▼ Wow-Stile installieren **Seite 5**

Wow-Halo Beispiele.psd

Einen einzelnen Effekt kopieren

Wenn ein Stil einen Effekt enthält, den Sie »borgen« wollen, wie zum Beispiel den Schein nach außen im Stil **Wow-Rainbow**, können Sie diesen in einen anderen Stil übernehmen, wie zum Beispiel **Wow-Black&White**. Das geht so:

1 Aktivieren Sie in der Ebenenpalette die Ebene, die Sie bearbeiten wollen.

2 Fügen Sie den Stil hinzu (hier **Wow-Black&White**), indem Sie in der Stile-Palette auf dessen Namen klicken.

3 Duplizieren Sie die Ebene (Ctrl/⌘-J) und wenden Sie auf diese neue Ebene den Stil an, den Sie kopieren wollen (hier **Wow-Rainbow**). Erweitern Sie in der Ebenen-Palette die Liste von Effekten für die Ebene (Klick auf das Ebenenstil-Icon *fx* neben dem Namen der Ebene).

4 Ziehen Sie dann den gewünschten Effekt mit gehaltener ⌥/Alt-Taste von einer Ebene in die andere (vor CS2 ohne gehaltene Taste). Als Signal, dass Sie auf der Zielebene angekommen sind, wird um diese ein dicker schwarzer Rand angezeigt. Lassen Sie die Maustaste dann los.

Der Effekt **Schein nach außen** von **Wow-Rainbow** wurde dem Stil **Wow-Back&White** hinzugefügt, der Stil wurde dann auf 60% skaliert.

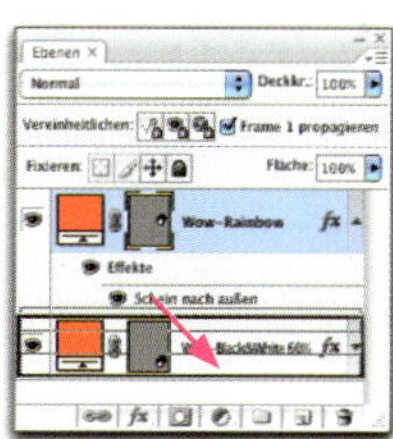

Konturen & Füllungen

Die meisten **Wow-Konturen-Stile**▼ enthalten einen Kontur-Effekt. Eine Kontur oder einen anderen Effekt können Sie durch einen anderen Stil ersetzen, indem Sie ihn einfach per Drag & Drop bewegen (wie eben beschrieben). Die Position der Kontur legt fest, ob der Stil die Grafik dicker oder dünner aussehen lässt.

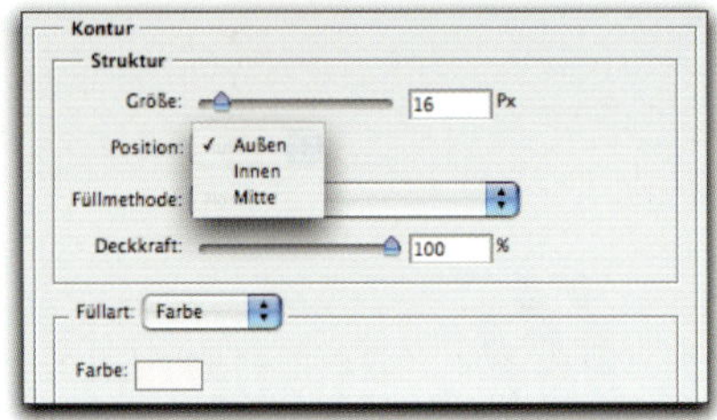

Wow-Kontur Beispiele.psd

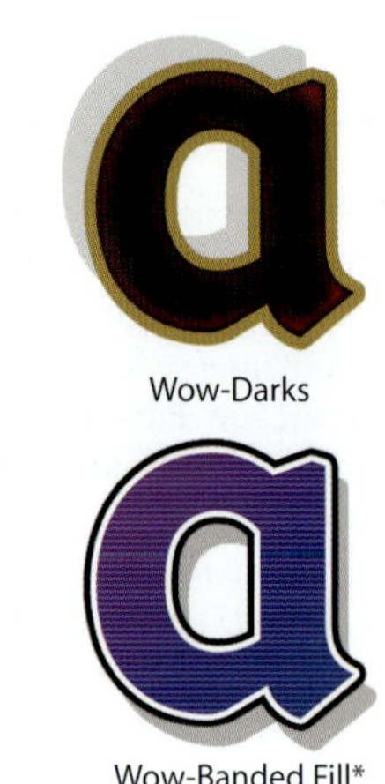

Licht & Neon

Die meisten **Wow-Glanzstile** verwenden eine Fläche-Deckkraft von 0%, um die Grafik bzw, den Text verschwinden zu lassen und einen Schein hinzuzufügen, der den Umriss nachzeichnet. Manche **Wow-Glanzstile** ▼ funktionieren am besten, wenn man sie auf Text oder Grafik vor einem mittleren oder dunklen Hintergrund anwendet, der einen guten Kontrast zum hellen Licht bildet. Andere sehen wie Neonröhren im ausgeschalteten Zustand aus bzw. als würden sie am Tag leuchten. Die Farbe eines solches Stils ändern Sie, indem Sie den Ebenenstil-Dialog für die Ebene mit dem Effekt öffnen und die Farben der einzelnen Effekte anpassen wie auf Seite 549 beschrieben wurde.

Wow-Schein Beispiele.psd

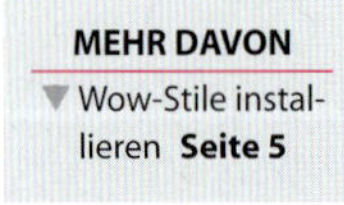

MEHR DAVON

▼ Wow-Stile installieren **Seite 5**

Button-Stile

Auf dieser Seite sehen Sie 200 Button-Stile, die für Dateien mit 72 ppi entworfen wurden, die vor allem als Button-Grafiken auf dem Bildschirm zum Einsatz kommen. ▼ Die Datei **Wow-Button-Stile.psd** (rechts) enthält 150 einzelne Button-Ebenen mit Ebenenstilen – 50 Sätze zu je drei Stilen. Die oberen drei Zeilen jeder Spalte sind Farbvariationen von fünf Stilen.

In der Datei **Wow-Button Rollover.psd** (rechts unten) sind 50 Ebenen enthalten, von denen jede einen kombinierten Rollover-Stil enthält ▼, der aus den drei Zuständen Normal, Over und Down besteht.

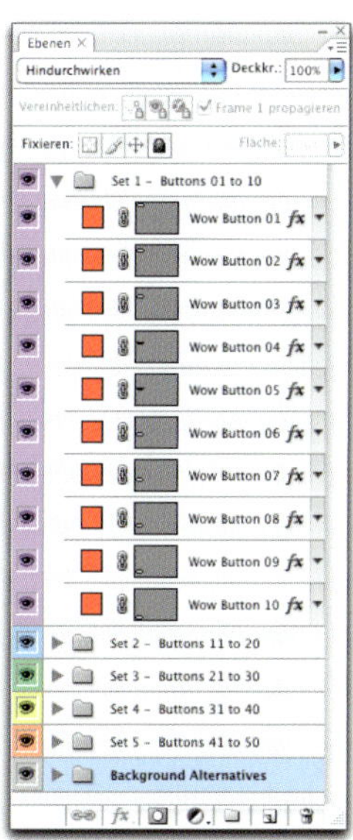

Das ist die Ebenen-Palette der Datei **Wow Button Rollover.psd**, die Sie rechts sehen. Die Buttons können Sie vor einem hellen, mittleren oder dunklen Hintergrund betrachten, indem Sie das Set Background Alternatives öffnen und den gewünschten Hintergrund sichtbar machen (Klick auf 👁). Dieselben Hintergründe stehen für die Datei **Wow Button Stile.psd** zur Verfügung.

Wow Button Styles

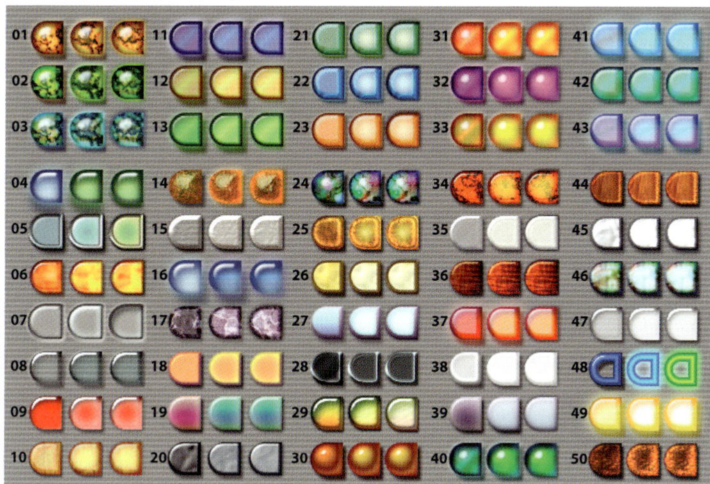

Sie können die 150 Button-Stile in die Stile-Palette von Photoshop laden, indem Sie aus dem Palettenmenü die Option Wow-Button Styles wählen. Aktivieren Sie dann eine Ebene und klicken Sie auf die entsprechende Stilminiatur in der Stile-Palette, um den Stil auf eine 72-ppi-Datei anzuwenden. Oder kopieren Sie einzelne Stile aus der Datei Wow Button Styles.psd.

Wow Button Rollover Styles

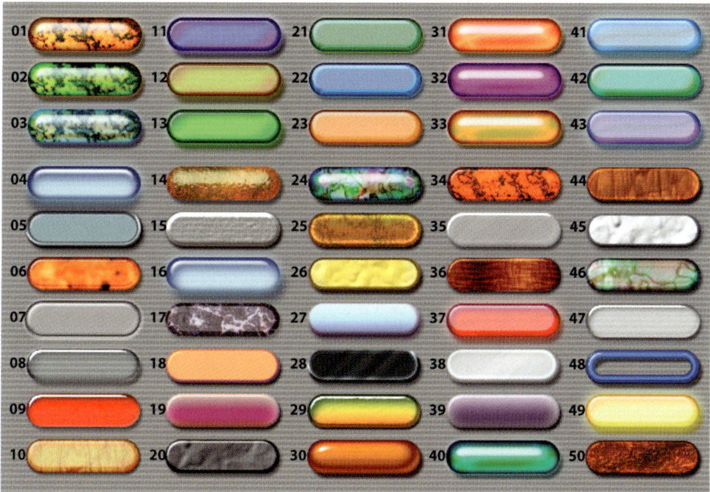

Jeder Wow-Rollover-Stil enthält JavaScript-Code für die Zustände Normal, Over und Down. Sie können die 50 Rollover-Stile und auch die 150 Einzelstile aus der Abbildung oben zu Ihrer Stile-Palette von ImageReady hinzufügen, indem Sie sie aus dem Palettenmenü der Stile-Palette auswählen. Dann wenden Sie die Stile an, indem Sie eine 72 ppi-Ebene auswählen und auf die Miniatur des Stils in der Palette klicken. Sie sehen alle Rollovers gleichzeitig, indem Sie die Datei **Open in Browser.html** in einem Webbrowser öffnen und die Buttons dort bedienen.

MEHR DAVON

▼ Wow-Stile installieren **Seite 5**

▼ Ebenenstile anwenden **Seite 40**

▼ Rollover-Stile **Seite 716**

Anhang C: Wow-Muster

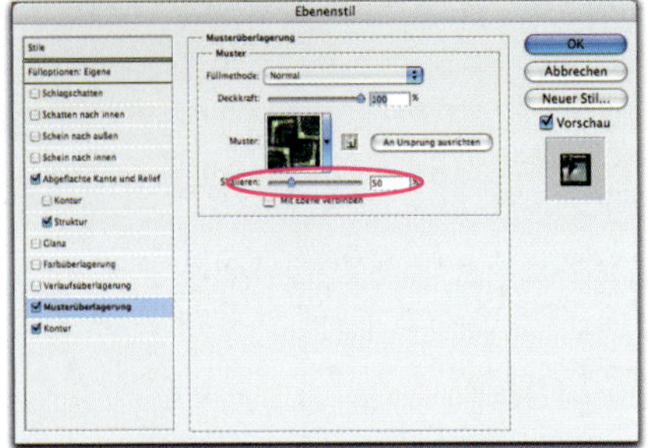

Wenn Sie ein Muster in einer Musterfüllungsebene (oben) oder als Ebenenstil (unten) einsetzen, können Sie es skalieren und auch im Arbeitsfenster an eine gewünchte Position ziehen.

Auf den nächsten Seiten finden Sie die Muster (**Wow Patterns**) von der DVD zum Buch. Manche begannen mit einer rechteckigen Auswahl aus einem Scan oder einem Digitalfoto. Die Muster **Wow-Marmor** und **Wow-Diverse** entstanden zum Beispiel so. Aus dem Rechteck wurde dann ein sich nahtlos wiederholendes Muster, das wie auf Seite 558 beschrieben, erstellt wurde. Auf Seite 551 finden Sie verschiedene Vorschläge, was Sie aus der Original-Kachel machen können. Die **Wow-Gewebe**-Muster entstanden mithilfe des Plug-Ins Terrazzo von Xaos Tools (www.xaostools.com).

Photoshop bietet verschiedene Möglichkeiten, Muster anzuwenden:

- Eine Musterfüllung-Ebene
- Einen oder mehrere Effekte in einem Ebenenstil, wo Muster als Musterüberlagerung eingesetzt werden (Oberflächenmuster), als Strukturkomponente in ABGEFLACHTE KANTE UND RELIEF (für die Höhe der Oberfläche) oder als Kontur (um Muster um die Ränder eines Ebeneninhalts einzusetzen).
- Der Befehl BEARBEITEN/FÜLLEN
- Der Musterstempel

In Photoshop gibt es eine Palette mit einem Menü, in dem Sie alle aktuell geladenen Muster sehen können, wenn Sie sie brauchen. ▼ Mithilfe des Befehls Muster laden können Sie Muster aus Ordnern in Photoshop laden, auch wenn Sie sich nicht im Photoshop-Ordner befinden.

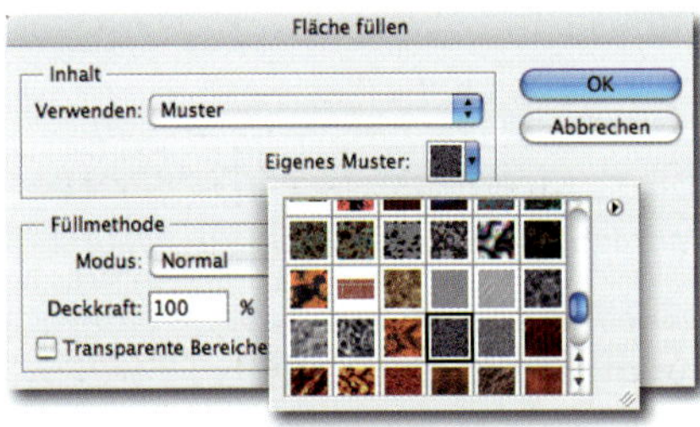

Der Befehl BEARBEITEN/FLÄCHE BZW. KONTUR FÜLLEN bietet weder Skalierung noch Positionierung und auch keinen Tausch wie bei einer Füllebene oder einem Ebenenstil. Dafür können Sie das Muster in einer Ebenenmaske oder einem Alphakanal einsetzen.

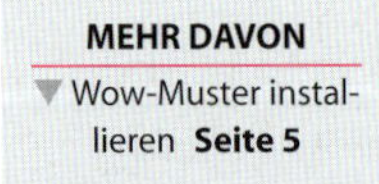

MEHR DAVON

▼ Wow-Muster installieren **Seite 5**

PHOTO: DAVID RUDIE

In Terrazzo 2, einem Plug-In von Xaos Tools, wählen Sie eine von 18 Symmetrien (um Musterelemente anzuordnen) und weisen den Bereich zu, der zur Basis Ihres Musters wird. Mit der Option Continuous Preview zeigt Terrazzo neue, geoetrische nahtlose Muster sofort an, während Sie noch die Größe oder Position ändern bzw. eine neue Symmetrie wählen.

Gewebe

Die **Wow-Gewebe**-Muster sind ideal als Hintergrund und Füllung geeignet. Als Musterüberlagerung in einem Ebenenstil kann dasselbe Muster auch als Strukturkomponente von Abgeflachte Kante und Relief verwendet werden, um das Oberflächenmuster leicht einzuprägen. Die **Wow-Gewebe-Stile** (Seite 763) sind so konstruiert. Ändern Sie das Muster in diesen Stilen, indem Sie ein anderes der **Wow-Gewebe**-Muster als Struktur im Stil verwenden.

Wie hier zu sehen, wurden viele der Gewebe-Muster auf 50% skaliert, um das sich wiederholende Muster besser zu zeigen.

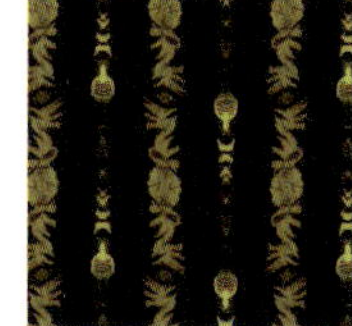
Wow-Fabric 01 (50%)

Wow-Fabric 02 (50%)

Wow-Fabric 03 (50%)

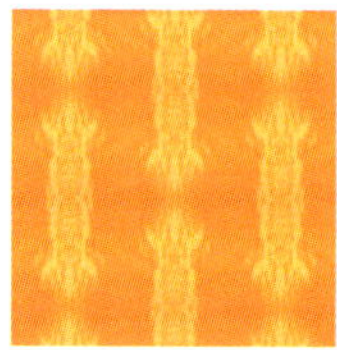
Wow-Fabric 04 (50%)

Wow-Fabric 05 (50%)

Wow-Fabric 06 (50%)

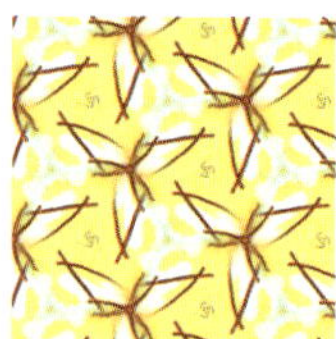
Wow-Fabric 07 (50%)

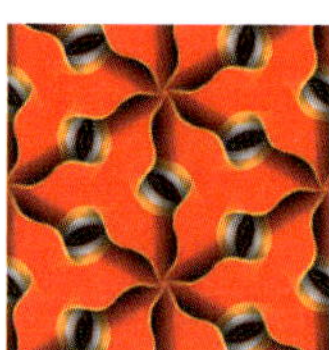
Wow-Fabric 08 (50%)

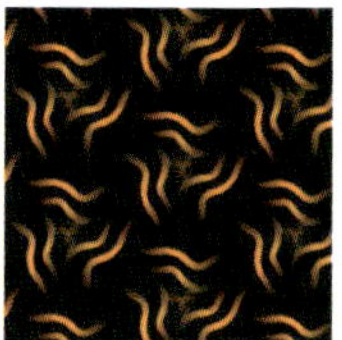
Wow-Fabric 09 (50%)

Wow-Fabric 10 (50%)

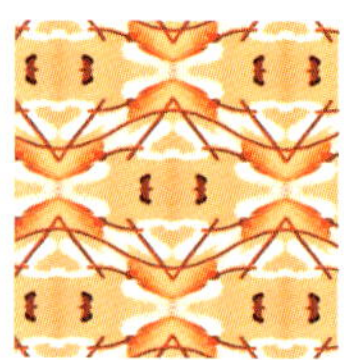
Wow-Fabric 11 (50%)

Wow-Fabric 12 (50%)

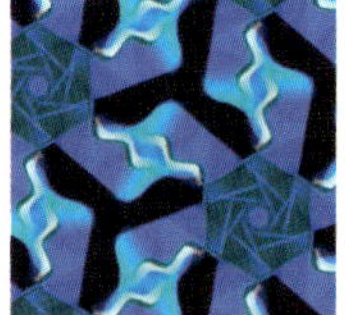
Wow-Fabric 13 (50%)

Wow-Fabric 14 (50%)

Wow-Fabric 15 (50%)

Wow-Fabric 16

Wow-Fabric 17

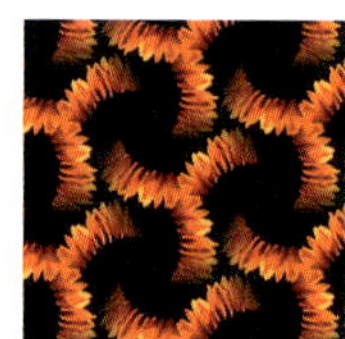
Wow-Fabric 18

Wow-Fabric 19 (50%)

Wow-Fabric 20 (50%)

Wow-Fabric 21

Wow-Fabric 22

Wow-Fabric 23 (50%)

Wow-Fabric 24 (50%)

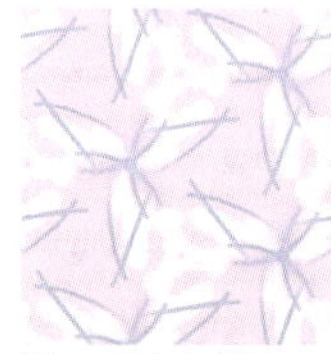
Wow-Fabric 25

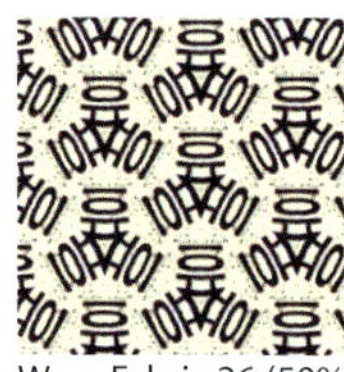
Wow-Fabric 26 (50%)

Wow-Fabric 27 (50%)

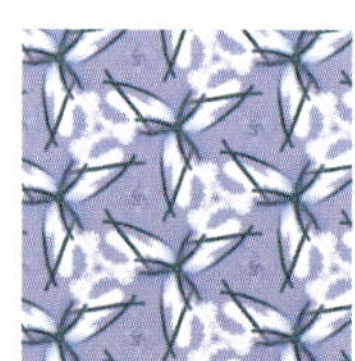
Wow-Fabric 28 (50%)

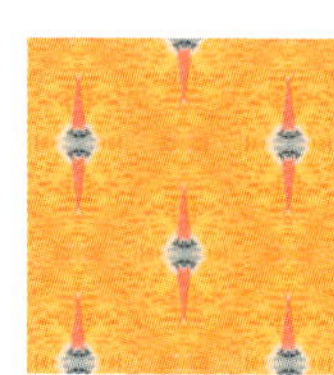
Wow-Fabric 29 (50%)

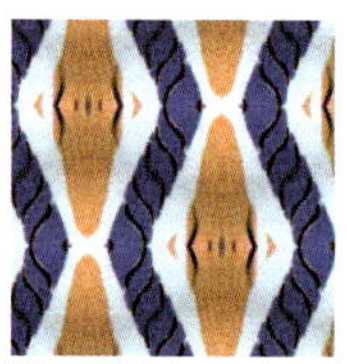
Wow-Fabric 30 (50%)

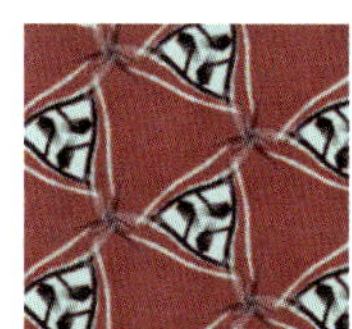
Wow-Fabric 31

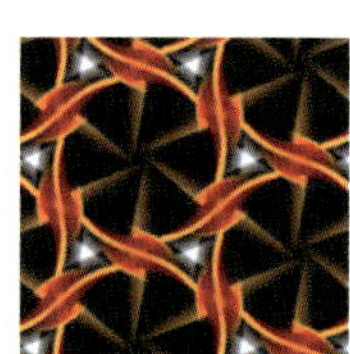
Wow-Fabric 32

Wow-Fabric 33 (50%)

Wow-Fabric 34 (50%)

Wow-Fabric 35

Wow-Fabric 36 (50%)

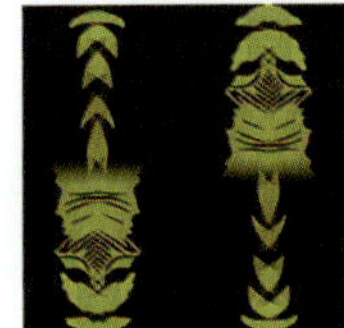
Wow-Fabric 37

Wow-Fabric 38 (50%)

Wow-Fabric 39 (50%)

Wow-Fabric 40

Wow-Fabric 41 (50%)

Wow-Fabric 42 (50%)

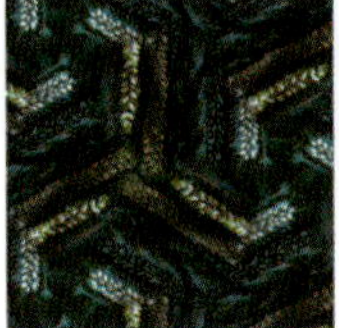
Wow-Fabric 43 (50%)

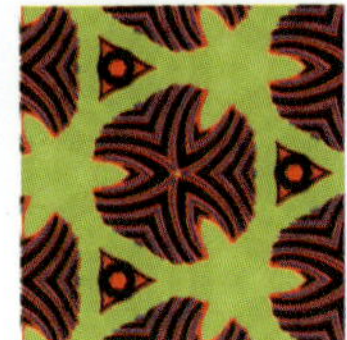
Wow-Fabric 44 (50%)

Wow-Fabric 45 (50%)

MEHR DAVON

▼ Arbeiten mit Verläufen **Seite 160**

▼ Strukturen und Ebenenstile **Seite 504**

Marmor

Die **Wow-Marmor**-Muster sind gut als Hintergründe geeignet, Sie können sie auch mittels Einstellungsebene verändern (Button ◐ unten in der Ebenen-Palette). Verwenden Sie eine Farbton/Sättigung-Ebene mit Färben-Funktion. Wählen Sie Farbe als Füllmethode, um Schwarz und Weiß im Muster zu erhalten und die Grautöne zu färben. Oder verwenden Sie eine Verlaufsumsetzung-Ebene; verschieben Sie die Unterbrechungen in der Dialogbox VERLÄUFE bearbeiten oder ändern Sie die Farben, um den gewünschten Effekt zu erzielen. ▼ Eigene marmorähnliche Hintergründe erzeugen Sie mit dem Wolken-Filter.

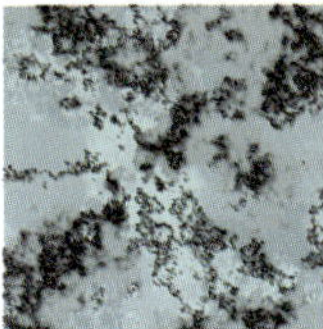
Wow-Marble B&W 01

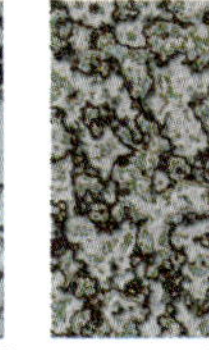
Wow-Marble B&W 02

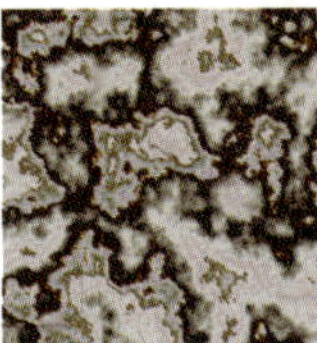
Wow-Marble B&W 03

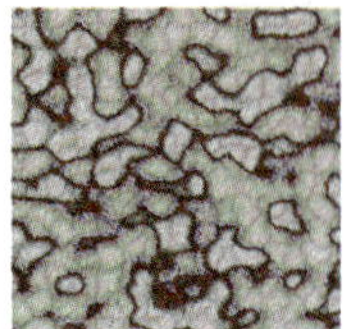
Wow-Marble B&W 04

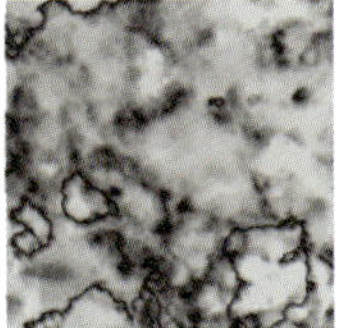
Wow-Marble B&W 05

Wow-Marble Purple

Wow-Marble Brown

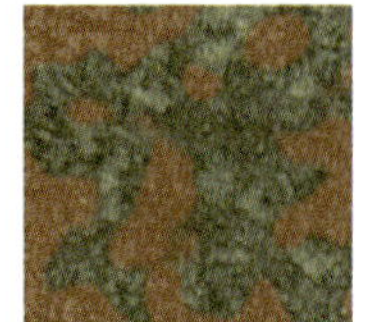
Wow-Marble Green 01

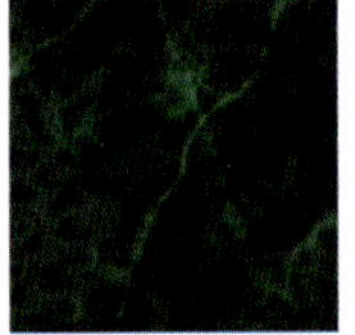
Wow-Marble Green 02

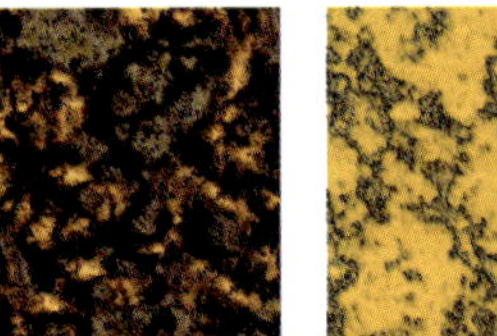
Wow-Marble Gold 01

Wow-Marble Gold 02

Weitere Oberflächen

Die **Wow-Oberflaechen**-Muster sind gut geeignet, um glatte oder polierte oder strukturierte Oberflächen zu schaffen. Manche wurden in den **Wow-Gestein-Stile** verwendet, und Sie selbst können ähnliche Stile erzeugen, indem Sie einen Stil auf eine Ebene anwenden und das Muster durch eines aus diesem Set ersetzen. ▼

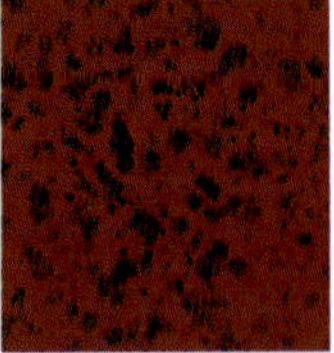

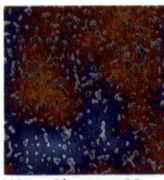

Wow-Abstract 02

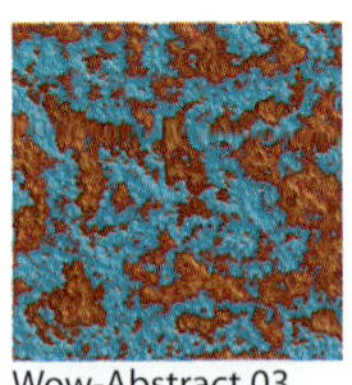
Wow-Abstract 03

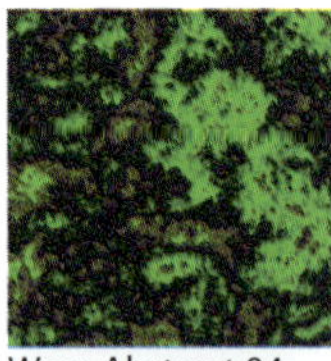
Wow-Abstract 04

Wow-Abstract 05

Wow-Abstract 06

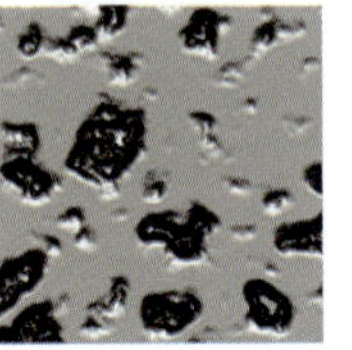
Wow-Abstract 07

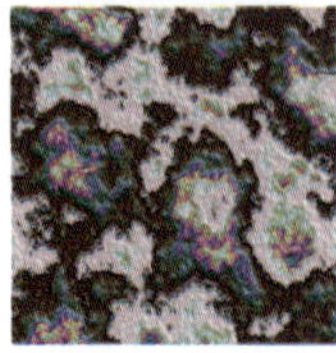
Wow-Abstract 08

Wow-Abstract 09

Wow-Abstract 10

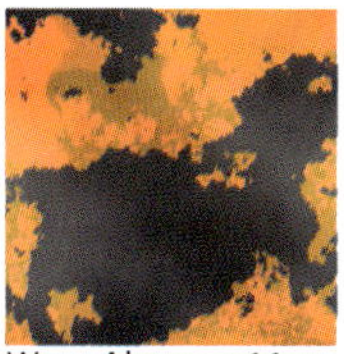

Wow-Abstract 11

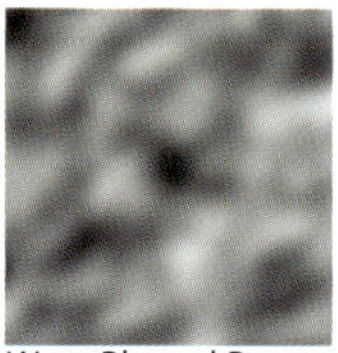

Wow-Blurred Bump

Wow-Brick (50%)

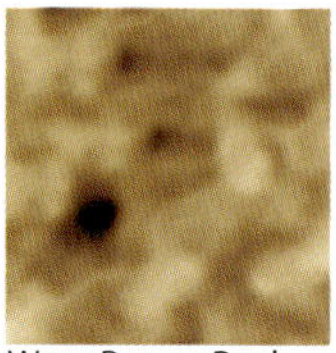

Wow-Brown Rock

Wow-Brushed Metal

Wow-Brushed Stucco

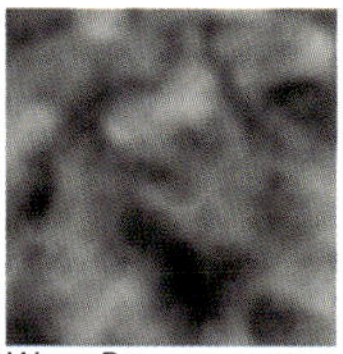

Wow-Bump

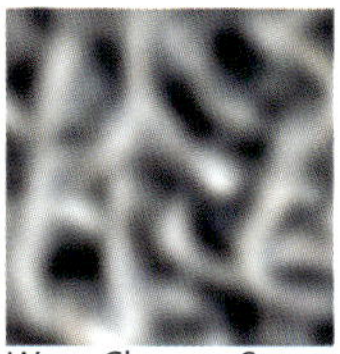

Wow-Chrome Spaghetti

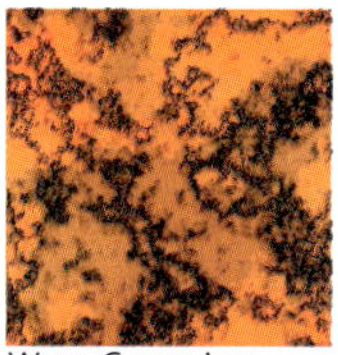

Wow-Corrosion

Wow-Granite 01

Wow-Granite 02

Wow-Inferno 01

Wow-Inferno 02

Wow-Inferno 03

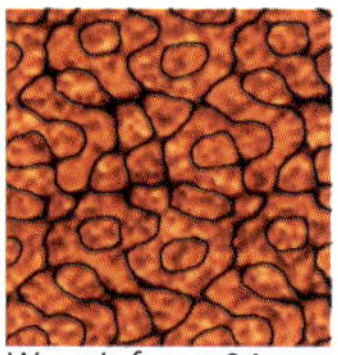

Wow-Inferno 04

Wow-Light Rust

Wow-Rock Textured

Wow-Rust

Wow-Sandstone

Wow-Streaked Gold

Wow-Stripes (200%)

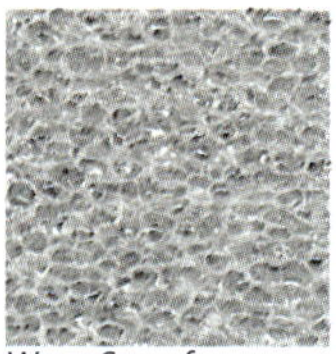

Wow-Styrofoam

Natur

Die **Wow-Organische**-Muster basieren auf Fotos, die sich im Hintergrund nahtlos wiederholen. Wenn Sie ein solches Muster als Füllebene oder Musterüberlagerung anwenden, können Sie das Muster im Arbeitsfenster verschieben, um den geeigneten Ausschnitt zu wählen. Vor allem bei Mustern mit großen Komponenten ist das sinnvoll.

Wow-Brown Paper

Wow-Cork

Wow-Green Mezzo Paper

Wow-Hay Paper

Wow-Rice Paper Black

Wow-Rice Paper White

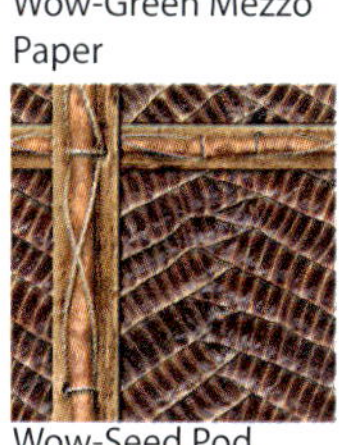

Wow-Seed Pod Cover 01 (50%)

Wow-Seed Pod Cover 02 (50%)

Wow-Seed Pod Spine

Wow-Weave 01 (50%)

Wow-Weave 02 (50%)

Wow-Weave 03

Wow-Weave 04 (50%)

Wow-Weave 05

Wow-Weave 06

Wow-Bamboo Wall

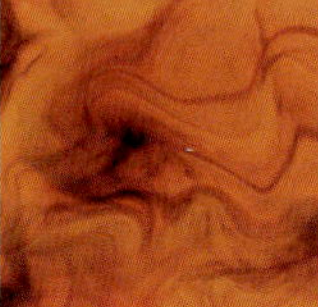
Wow-Tortoise Shell

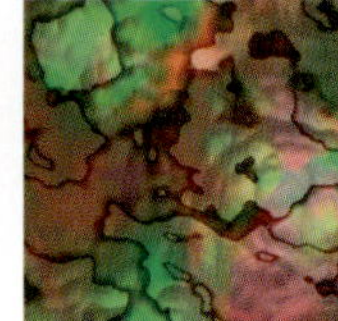
Wow-Abalone 01

Wow-Abalone 02

Wow-Wood 01 (50%)

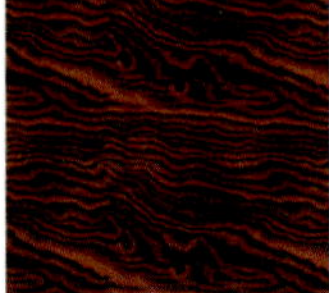
Wow-Wood 02 (50%)

Wow-Wood 03

Wow-Wood 04 (50%)

Wow-Wood 05 (50%)

Wow-Wood 06

Rauschen

Die meisten **Wow-Stoerungen**-Muster wurden entworfen, um Filmkörnung oder digitales Rauschen zu simulieren. Oder sie werden eingesetzt, wenn Bereiche durch Weichzeichnung zu glatt aussehen und an den Rest des Bildes angepasst werden sollen. Sie wirken gut als Komponente eines Ebenenstils oder als Musterfüllung-Ebene mit Ebenenmaske, wenn nötig. Die **Wow-Stoerungen**-Muster sind grau, um im Modus ÜBERLAGERN/INEINANDERKOPIEREN oder mit anderen Kontrast-Füllmethoden eingesetzt werden zu können.

Wow-Noise Big Soft Color

Wow-Noise Big Soft Gray

Wow-Noise Big Hard Color

Wow-Noise Big Hard Gray

Wow-Noise Small Strong Color

Wow-Noise Small Strong Gray

Wow-Noise Small Subtle Gray

Wow-Noise Small Subtle Color

Medien

Die **Wow-Diverse**-Muster imitieren Maloberflächen und Farbe. Viele sind grau, denn sie sollen in den Kontrast-Füllmethoden angewendet werden, die mit ÜBERLAGERN/INEINANDERKOPIEREN gruppiert sind. In diesen Modi ist 50% Grau unsichtbar, dunklere und hellere Töne erzeugen Tiefen und Lichter, um das Bild zu strukturieren, je nachdem, ob Sie das Muster allein oder als Relief anwenden (FILTER/STILISIERUNGSFILTER/RELIEF).

Wow-Canvas Background

Wow-Canvas Texture 01

Wow-Canvas Texture 02

Wow-Canvas Brush + Overlay-Large

Wow-Canvas + Brush Overlay-Medium

Wow-Canvas + Brush Overlay-Small

Wow-Watercolor Background

Wow-Watercolor Texture

Wow-Watercolor Overlay

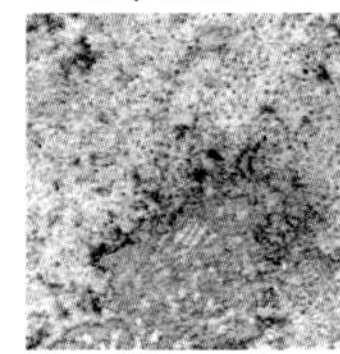

Wow-Watercolor Salt Overlay

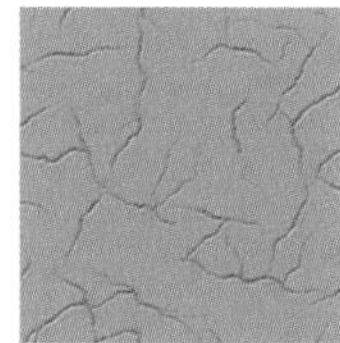

Wow-Cracked Paint

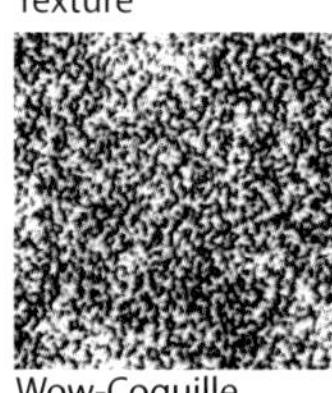

Wow-Coquille Board 01

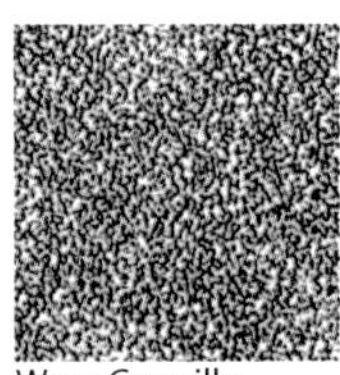

Wow-Coquille Board 02

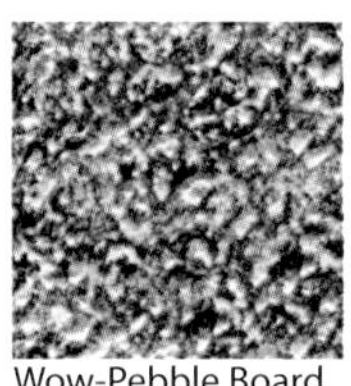

Wow-Pebble Board 01

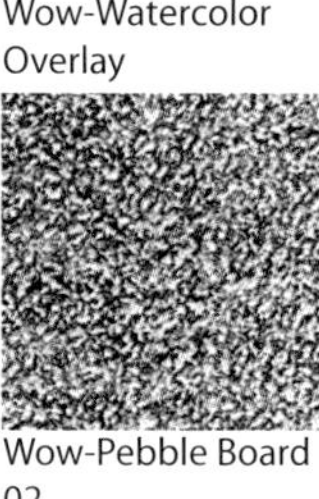

Wow-Pebble Board 02

Wow-Reticulation

Wow-Reticulation Blotched

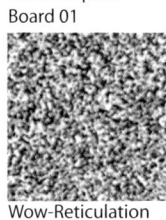

Wow-Reticulation Rough

Anhang D: Künstler & Fotografen

Anants
www.istockphoto.com

Anderson Photo-Graphics Richard Anderson
(Models, Jennifer Luttrell and Latisha Tolbert)
4793 N.E. 11th Avenue
Fort Lauderdale, FL 33334
954-772-4210
andersonphotographic@mac.com
www.andersonphotographics.com

Geno Andrews
www.genoandrews.com

Daren Bader
daren@darenbader.com
www.darenbader.com

Darryl Baird
dbaird@umflint.edu
http://spruce.flint.umich.edu/~dbaird
www.re-picture.info

Lucy Bartholomay

Lisa Baskin

Alicia Buelow
415-522-5902
Fax: 415-522-5910
Alicia@aliciabuelow.com
www.aliciabuelow.com

Stanley Breedon

Marie Brown

Peter Carlisle

Garen Checkley
GarenCheckley@gmail.com
GarenCheckley.com

Chip Coakley

Steve Conley

Jack Davis, JHDavis
www.software-cinema.com/htw

Jill Davis

Anaika Dayton

Gage Dayton

Lily Dayton

Mona Dayton

Paul Dayton

Paul K. Dayton, Jr.

Alexis Marie Deutschmann

Rod Deutschmann
www.infocuslearningcenter.com

Deeanne Edwards
info@marinelifephoto.com
www.marinelifephoto.com

Katrin Eismann
Katrin@photoshopdiva.com
www.photoshopdiva.com

Frankie Frey

Carla Gilbert
Carla Gilbert Photography
858-755-3804

Cristen Gillespie

Ian Gillespie
ian_gillespie@mac.com

Steven Gordon
Cartagram, LLC
136 Mill Creek Crossing
Madison, AL 35758
www.cartagram.com

Beverly Goward
bgoward@cox.net

Laurie Grace
lgrace@gmail.com
860-659-0748

Wendy Grossman

Francois Guérin

Loren Haury

Susan Heller
hellersd@yahoo.com

Lance Hidy
2 Summer Street
Merrimac, MA 01860
lance@lancehidy.com

Lance Jackson
San Francisco Chronicle
900 Mission Street
San Francisco, CA 94103
415-777-8944
ljackson@sfchronicle.com
www.lancejackson.net

Jeff Jacoby
Broadcast and Electronic Arts Department
San Francisco State University
info@freedomfriesart.org
www.jeffjacoby.net

Donal Jolley
10505 Wren Ridge Road
Johns Creek, GA 30022
don@s30d.com

K & L Designs
Kelly Williamson & Lisa Schornak
619-987-8662
kelly@knldesigns.com
lisa@knldesigns.com
www.knldesigns.com

Jan Kabili
jkabili@gmail.com
http://photoshoponline.tv

Michal Koralewski
www.sxc.hu

Scott Kosofski

Julianne Kost

Michael L. Kungl, Mike Kungl
M. Kungl Studios
Costa Mesa, CA 92627
info@mkunglstudios.com
www.mkunglstudios.com

Jeff Lancaster
Lancaster Photographics
619-234-4325
www.lancasterphoto.com

Aleksejs Lapkovskis
www.istockphoto.com

Marv Lyons
619-884-8420
lyons@gaialink.com
www.dij-wiz.com

Rob Magiera
9636 Ruskin Circle
Sandy, UT 84092
801-943-365
Fax: 801-943-6693
www.studionoumena.com

Martino Mardersteig

Alberto Marinho
www.istockphoto.com

Chaz Maviyane-Davies

John McIntosh
209 East 23rd Street
NYC, NY 10010
212-592-2526
www.svacomputerart.com

Bert Monroy
11 Latham Lane
Berkeley, CA 94708
510-524-9412
bert@bertmonroy.com

John Odam
jodam@san.rr.com

Paul Parisi

Chris Pullman

Wayne Rankin
Rankin Design Group Pty Ltd.
P. O. Box 221
Warrandyte, Victoria 3113
Australia
613-9844-1138
Fax: 613-9844-1138
wayne.@rankindesign.com.au
www.rankindesign.com.au

Robin Radcliffe

Lloyd Reynolds

David Rudie
dave@catalinaop.com

Betsy Sarles

Betsy Schulz
A Design Garden
www.adesigngarden.com

Sharon Steuer
studio@ssteuer.com
www.ssteuer.com

Susan Thompson
160 North Elmwood Avenue
Lindsay, CA 93247
559-562-5155
susan@sx70.com
www.sx70.com

Matt Tilghman
www.istockphoto.com

Cher Threinen-Pendarvis
cher@pendarvis-studios.com
www.pendarvis-studios.com

Anthony Velonis

E. A. M. Visser
LilVisser@gmail.com

Mark Wainer
831-447-2344
mark@markwainer.com
www.markwainer.com

Gay Walker

Duncan Walker
www.istockphoto.com

Peter Walton

William White
info@marketplace-creative.com

Rick Worthington
rickworthington@sbcglobal.net

Tommy Yune 91

Christine Zalewski
www.zalewskiphotography.com

Index

Symbole

A

B

C

D

E

F

G

H

I

J

K

L

M

N

O

P

Q

R

S

T

U

V

W

Z

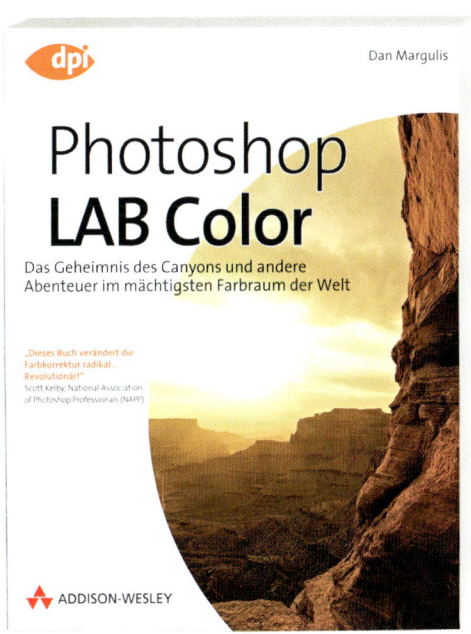